वर्बल रीज़निंग

(लॉजिकल और एनालिटिकल रीज़निंग संहित)

(A MODERN APPROACH TO VERBAL, LOGICAL AND ANALYTICAL REASONING)

निम्न प्रतियोगी परीक्षाओं हेतु उपयोगी:

- IBPS-CWE Bank PO/Clerical/Specialist Officers, RRB Officers; SBI-PO/Clerical; NABARD and IDBI Bank Executive Officers
- SSC-CGL (Tiers I and II); SSC-CHSL (10+2); SSC-FCI Grade III; SSC-CPO/ SI/ASI, Income Tax, etc.
- LIC/GIC/UIICO AAOs, etc.
- UPSC—CSAT, SCRA etc.; and other State Services Exams
- Railways Grade 'D' and other Technical and Non-technical Exams
- MAT; CMAT; CET (MBA); SNAP; BBA; BBM and other B School Admission Tests
- NTSE; CLAT; Hotel Management, etc.

कैंपस साक्षात्कार के लिए भी उपयोगी

डॉ. आर. एस. अग्रवाल

S. CHAND PUBLISHING

एस चन्द एण्ड कम्पनी लिमिटेड

(ISO 9001 Certified Company)

S Chand And Company Limited

(ISO 9001 Certified Company)

Head Office: D-92, Sector – 02, Noida 201301, U.P. (India), Ph. 91-120-4682700

Registered Office: A-27, 2nd Floor, Mohan Co-operative Industrial Estate, New Delhi – 110 044
Phone: 011-49731800

www.**schandpublishing.com**; e-mail: **info@schandpublishing.com**

Marketing Offices:

Chennai	:	Ph: 044-2363 2120, chennai@schandpublishing.com
Guwahati	:	Ph: 0361-4066 369, guwahati@schandpublishing.com
Hyderabad	:	Ph: 040-4018 6018, hyderabad@schandpublishing.com
Jalandhar	:	Ph: 0181-4645 630, jalandhar@schandpublishing.com
Kolkata	:	Ph: 033-2335 7458 kolkata@schandpublishing.com
Lucknow	:	Ph: 0522-400 3633, lucknow@schandpublishing.com
Mumbai	:	Ph: 022-2500 0297, mumbai@schandpublishing.com
Patna	:	Ph: 0612-226 0011, patna@schandpublishing.com

A Modern Approach to Verbal Reasoning

First Edition, Hindi Translation 2020
Reprint 2021

ISBN : 978-93-5283-858-5 **Product Code:** H4BTV49APTI40HIAA20O

PRINTED IN INDIA

By Vikas Publishing House Private Limited, Plot 20/4, Site-IV, Industrial Area Sahibabad, Ghaziabad – 201 010 and Published by S Chand And Company Limited, A-27, 2nd Floor, Mohan Co-operative Industrial Estate, New Delhi – 110 044

प्रस्तावना

भाषिक, तार्किक और विश्लेषणात्मक तर्कशक्ति परीक्षण (Verbal, Logical and Analytical Reasoning) जैसे महत्त्वपूर्ण विषय पर लिखी गयी इस पुस्तक के नए संस्करण को प्रस्तुत करने में मुझे अपार प्रसन्नता हो रही है। आजकल प्रत्येक प्रतियोगी परीक्षा — MBA, MAT, CAT, Bank PO, LIC AAO, GIC AAO, SSC, Railways, Hotel Management, SBI-CGL Tier I, AFCAT, SBI (PO), RBI Grade B और यहाँ तक कि कैंपस साक्षात्कार में भी सफलता तर्कशक्ति अनुभाग में उम्मीदवार के प्रदर्शन पर निर्भर करती है। इसलिए इसके लिए बहुत तेज, सधे हुए और बुद्धिमान दृष्टिकोण की आवश्यकता होती है। यह पुस्तक इस उद्देश्य को पूरा करती है।

मुख्य विशेषताएँ

- नवीनतम परीक्षा पैटर्न के आधार पर प्रश्नों (स्मृति पर आधारित) का संग्रह।
- एक वर्गीकृत, सुव्यवस्थित और श्रेणीबद्ध तरीके से नवीनतम पैटर्न पर आधारित सभी प्रकार के प्रश्नों का समावेश।
- हल सहित अभ्यास के ढ़ेर सारे प्रश्नों का समावेश जो अन्य परीक्षाओं में समान प्रकृति के प्रश्नों को हल करने के लिए सही मार्गदर्शन दे सकते हैं।
- प्रत्येक विषय का सार समझने के लिए पूरी तरह से हल किए गए उदाहरण।

हाल के वर्षों में विभिन्न प्रतियोगी परीक्षाओं में पूछे गए अधिकांश प्रश्नों को इस पुस्तक में शामिल करने के लिए अथक प्रयास किए गए हैं, जिन्हें हमारे पाठक समय-समय पर स्मृति के आधार पर हमें भेजते रहे हैं। पाठकों की आवश्यकताओं और सुझावों को इस पुस्तक के संकलन के दौरान प्रमुख रूप से ध्यान में रखा गया है और मुझे विश्वास है कि यह पुस्तक प्रतियोगी परीक्षार्थियों को तर्कशक्ति के क्षेत्र में महारत दिलाएगी।

मैं इस पुस्तक के प्रकाशन में अपार सहयोग के लिए एस. चंद एंड कंपनी के संपूर्ण प्रबंधन के लिए अपना आभार व्यक्त करता हूं।

मैं अपने दोनों बेटों दीपक अग्रवाल और विकास अग्रवाल को धन्यवाद देता हूँ जिन्होंने इस पुस्तक को तैयार करने में महत्त्वपूर्ण योगदान दिया है।

डॉ. आर. एस. अग्रवाल

विषय-सूची

खंड I-सामान्य मानसिक योग्यता (GENERAL MENTAL ABILITY)

खंड II- तार्किक निगमन (LOGICAL DEDUCTION)

खंड III– विश्लेषणात्मक तर्कशक्ति (Analytical Reasoning)

खंड – I
सामान्य मानसिक योग्यता

1 श्रृंखला पूर्णता (SERIES COMPLETION)

श्रृंखला परीक्षण से संबंधित प्रश्नों में संख्याओं या वर्णमाला अक्षरों की श्रृंखला या दोनों के संयोजन वाले प्रश्न दिए जाते हैं, जिन्हें आम तौर पर श्रृंखला के पद (टर्म) कहा जाता है। ये पद पूरी श्रृंखला में एक निश्चित पैटर्न का पालन करते हैं। दी गई श्रृंखला का अध्ययन करके श्रृंखला में दिए गए पैटर्न की पहचान करनी होती है और इस पैटर्न के आधार पर या तो दी गयी श्रृंखला को सबसे उपयुक्त विकल्प के साथ पूरा करना होता है या श्रृंखला में गलत पद को ज्ञात करना होता है।

प्रकार 1: संख्या श्रृंखला (NUMBER SERIES)

केस I: दी गई श्रृंखला में रिक्त पद ज्ञात करना

दिशा निर्देश: निम्न श्रृंखला में से प्रत्येक में रिक्त पद को ज्ञात करें:

उदा. 1. 1, 6, 15, ?, 45, 66, 91 **(B.B.S. 2004)**

(*a*) 25 (*b*) 26 (*c*) 27 (*d*) 28

हल: दी गयी श्रृंखला निम्नलिखित पैटर्न का पालन करती है: $+5, +9, +13, +17, +21, +25, ...$

$1 + 5 = 6, 6 + 9 = 15, ...$

अत: रिक्त पद $= 15 + 13 = 28$

इसलिए सही विकल्प (*d*) है।

उदा. 2. 2, 5, 9, 19, 37, ? **(C.P.O. 2003)**

(*a*) 73 (*b*) 75 (*c*) 76 (*d*) 78

हल: दी गयी श्रृंखला निम्नलिखित पैटर्न का पालन करती है:

$2 \times 2 + 1 = 5, 5 \times 2 - 1 = 9,$

$9 \times 2 + 1 = 19, 19 \times 2 - 1 = 37, ...$

अत: रिक्त पद $= 37 \times 2 + 1 = 75$

सही विकल्प (*b*) है।

उदा. 3. 4, 8, 28, 80, 244, ? **(B.T.M. 2006)**

(*a*) 278 (*b*) 428 (*c*) 628 (*d*) 728

हल: दी गयी श्रृंखला निम्नलिखित पैटर्न का पालन करती है:

$3^1 + 1, 3^2 - 1, 3^3 + 1, 3^4 - 1, 3^5 + 1, ...$

अत: रिक्त पद $= 3^6 - 1 = 729 - 1 = 728$

सही विकल्प (*d*) है।

उदा. 4. 10000, 11000, 9900, 10890, 9801, ? **(PGDTM, 2006)**

(*a*) 10241 (*b*) 10423 (*c*) 10781 (*d*) 10929

हल: दी गयी श्रृंखला में अगला पद प्राप्त करने के लिए पिछले पद से वैकल्पिक रूप से 10% जोड़ा व 10% घटाया जा रहा है।

अत: 10000 + (10% का 10000) = 11000;

11000 − (10% का 11000) = 9900,

9900 + (10% का 9900) = 10890, 10890 − (10% का 10890) = 9801

अत: रिक्त पद = 9801 + (10% of 9801) = 9801 + 980 = 10781

अत: सही विकल्प (*c*) है।

उदा. 5. 0, 6, 24, 60, 120, 210, ?

(*a*) 240 (*b*) 290 (*c*) 336 (*d*) 504

हल: दी गयी श्रृंखला निम्नलिखित पैटर्न का पालन करती है:

$1^3 - 1, 2^3 - 2, 3^3 - 3, 4^3 - 4, 5^3 - 5, 6^3 - 6.$

अत: रिक्त पद $= 7^3 - 7 = 343 - 7 = 336$

इसलिए, सही विकल्प (*c*) है।

उदा. 6. 1, 4, 27, 16, ?, 36, 343 **(SNAP, 2004)**

(*a*) 25 (*b*) 87 (*c*) 120 (*d*) 125

हल: दी गयी श्रृंखला विषम अंकों के घन और सम अंको के वर्ग से मिलकर बनी है।

$1^3, 2^2, 3^3, 4^2, ...$

अत: रिक्त पद $= 5^3 = 125$

इसलिए, सही विकल्प (*d*) है।

उदा. 7. 4, 6, 12, 14, 28, 30, ?

(*a*) 32 (*b*) 60 (*c*) 62 (*d*) 64

हल: दी गयी श्रृंखलाए दो श्रृंखलाओं का संयोजन है।

प्रथम 4, 12, 28, ? और द्वितीय 6, 14, 30, ...

दोनों ही श्रृंखलाओं में निम्नलिखित पैटर्न का प्रयोग किया गया है– $+8, +16, +32, ...$

अत: रिक्त संख्या $= (28 + 32) = 60$

इसलिए, सही विकल्प (*b*) है।

उदा. 8. 1, 3, 3, 6, 7, 9, ?, 12, 21

(*a*) 10 (*b*) 11 (*c*) 12 (*d*) 13

हल: दी गयी श्रृंखलाएँ दो श्रृंखलाओं का संयोजन है।

प्रथम. 1, 3, 7, ?, 21 और द्वितीय 3, 6, 9, 12

प्रथम का पैटर्न $+2, +4, ...$ और द्वितीय का पैटर्न 3 है

रिक्त संख्या $= 7 + 6 = 13$

अत: सही विकल्प (*d*) है।

उदा. 9. निम्नलिखित श्रृंखला में अगली भिन्न क्या होगी

$\frac{1}{2}, \frac{3}{4}, \frac{5}{8}, \frac{7}{16}, ?$ **(M.A.T. 2005)**

(*a*) $\frac{9}{32}$ (*b*) $\frac{10}{17}$ (*c*) $\frac{11}{34}$ (*d*) $\frac{12}{35}$

हल: दी गयी श्रृंखला में प्रत्येक अगली भिन्न को पिछली भिन्न के अंश में 2 जोड़कर तथा हर में 2, 4, 8 जोड़कर प्राप्त किया गया है। इस प्रकार, भिन्न के हर में $2^1, 2^2, 2^3, 2^4$ पैटर्न है।

अतः रिक्त भिन्न का अंश = 7 + 2 = 9

रिक्त भिन्न का हर = 16 + 16 = 32

अतः सही विकल्प (*a*) है।

त्रिकोणीय पैटर्न श्रृंखला:

कभी-कभी, श्रृंखला के संलग्न पदों के बीच का अंतर, फिर से एक श्रृंखला बनाता है। और इस प्रकार प्राप्त नई श्रृंखला के संलग्न पदों के बीच का अंतर, फिर से एक नई श्रृंखला बनाता है। और यह पैटर्न तब तक जारी रहता है जब तक श्रृंखला के संलग्न पदों के बीच एक समान अंतर प्राप्त नहीं हो जाता। इसे त्रिकोणीय पैटर्न श्रृंखला कहते हैं।

उदा. 10. 3, 20, 63, 144, 275 श्रृंखला में लुप्त पद ज्ञात करें। **(B.T.M. 2005)**

(*a*) 354 (*b*) 468 (*c*) 548 (*d*) 554

हल: जैसा कि ऊपर चर्चा की गई है। हम दी गयी श्रृंखला को श्रृंखला I मान लेते हैं और उसके संलग्न पदों के अंतर से निर्मित श्रृंखला को श्रृंखला II मान लेते हैं। और इसी प्रकार श्रृंखला III और IV बना लेते हैं।

श्रृंखला I : 3 20 63 144 275 ?

श्रृंखला II : 17 43 81 131 ?

श्रृंखला III : 26 38 50 ?

श्रृंखला IV : 12 12

श्रृंखला III में पैटर्न + 12 है।

अतः श्रृंखला III में प्रश्नचिन्ह के स्थान पर = 50 + 12 = 62 आएगा।

श्रृंखला II में प्रश्नचिन्ह के स्थान पर = 131 + 62 = 193 आएगा।

श्रृंखला I में प्रश्नचिन्ह के स्थान पर = 275 + 193 = 468 आएगा।

अतः सही विकल्प (*b*) है।

प्रत्यक्ष विधि:

रिक्त पद = 275 + (131 + 50 + 12) = 468

श्रेणियों की आधारभूत समझ:

I. समांतर श्रेणी (Arithmetic Progression) (A.P.) –

यह श्रेणी कुछ इस प्रकार से होती है:

$a, a+d, a+2d, a+3d, ...$

जहाँ, सार्व अंतर (common difference) = d

उदाहरण– 3, 6, 9, 12, ... एक समांतर श्रेणी है जहाँ पहला पद (first term) = $a = 3$ है तथा सार्व अंतर (common difference) $d = 6 - 3 = 3$ है।

समांतर श्रेणी का nवां पद = $a_n = a + (n-1)d$

II. गुणोत्तर श्रेणी (Geometric Progression (G.P.)) —

यह श्रेणी कुछ इस प्रकार से होती है:

$a, ar, ar^2, ar^3, ...$

जहाँ,

पहला पद (first term) = a

सार्व अनुपात (common difference) = r

उदाहरण-1, 5, 25, 125, ... एक गुणोत्तर श्रेणी है, जहाँ पहला पद (first term) = a = 1 है तथा सार्व अनुपात (common dfiference) = $r = 5/1 = 5$ है।

गुणोत्तर श्रेणी का nवां पद = ar^{n-1}.

उदा. 11. निम्नलिखित श्रृंखला का 10वां पद क्या होगा?

357, 363, 369, ...,

(*a*) 405 (*b*) 411 (*c*) 413 (*d*) 417

हल: दी गयी श्रेणी एक समांतर श्रेणी हैं जहाँ, $a = 357$ और $d = 6$.

अतः श्रृंखला का 10वां पद = $a + (10-1)d = a + 9d = (357 + 9 \times 6) = (357 + 54) = 411$

अतः सही विकल्प (*b*) है।

उदा. 12. निम्नलिखित श्रृंखला में कुल कितने पद हैं?

201, 208, 215, ..., 369?

(*a*) 23 (*b*) 24 (*c*) 25 (*d*) 26

हल: दी गयी श्रेणी एक समांतर श्रेणी हैं जहाँ, $a = 201$ और $d = 7$.

माना पदों की संख्या = n

अतः श्रृंखला का nवां पद = $a + (n-1)d$

$369 = 201 + (n-1) \times 7$ or $n = 25$

अतः सही विकल्प (*c*) है।

उदा. 13. निम्नलिखित श्रृंखला का 10वां पद क्या होगा। 7, 14, 28, ...,

(*a*) 1792 (*b*) 2456 (*c*) 3584 (*d*) 4096

हल: दी गयी श्रेणी एक गुणोत्तर श्रेणी हैं जहाँ, a = 7 और $r = 2$

अतः श्रृंखला का 10वां पद = $ar^9 = 7 \times 2^9$

$= 7 \times 512 = 3584$

अतः सही विकल्प (*c*) है।

अभ्यास 1A

दिशानिर्देश: ***निम्नलिखित में से प्रत्येक प्रश्न में, एक संख्या श्रृंखला दी गयी है जिसका एक पद रिक्त है। दिए गए विकल्पों में से सही विकल्प चुनें, जो उस श्रृंखला के पैटर्न को जारी रखे और दी गयी श्रृंखला में प्रश्न चिह्न (?) को प्रतिस्थापित करे।***

1. 1, 9, 25, 49, ?, 121 **(S.S.C. 2002)**

(*a*) 64 (*b*) 81 (*c*) 91 (*d*) 100

2. 4, 7, 12, 19, 28, ? **(M.C.A. 2005)**

(*a*) 30 (*b*) 36 (*c*) 39 (*d*) 49

3. 11, 13, 17, 19, 23, 25, ? **(R.R.B. 2004)**

(*a*) 26 (*b*) 27 (*c*) 29 (*d*) 37

4. 6, 12, 21, ?, 48 **(R.R.B. 2003)**

(*a*) 33 (*b*) 38 (*c*) 40 (*d*) 45

5. 2, 5, 9, ?, 20, 27 **(R.R.B. 2002)**

(*a*) 14 (*b*) 16 (*c*) 18 (*d*) 24

6. 6, 11, 21, 36, 56, ? **(Hotel Management, 2003)**

(*a*) 42 (*b*) 51 (*c*) 81 (*d*) 91

7. 10, 18, 28, 40, 54, 70, ? **(M.C.A. 2005)**

(*a*) 85 (*b*) 86 (*c*) 87 (*d*) 88

8. 120, 99, 80, 63, 48, ? **(R.R.B. 2005)**

(*a*) 35 (*b*) 38 (*c*) 39 (*d*) 40

9. 22, 24, 28, ?, 52, 84 **(S.S.C. 2002)**

(*a*) 36 (*b*) 38 (*c*) 42 (*d*) 46

10. 4832, 5840, 6848, ? **(S.S.C. 2000)**

(*a*) 7815 (*b*) 7846 (*c*) 7856 (*d*) 7887

11. 10, 100, 200, 310, ? **(S.S.C. 1999)**

(*a*) 400 (*b*) 410 (*c*) 420 (*d*) 430

12. 0, 2, 8, 14, ?, 34 **(B.B.S. 2004)**

(*a*) 20 (*b*) 23 (*c*) 24 (*d*) 25

13. 28, 33, 31, 36, ?, 39 **(N.M.A.T. 2003)**

(*a*) 32 (*b*) 34 (*c*) 38 (*d*) 40

14. 125, 80, 45, 20, ? (M.A.T. 1999)
(*a*) 5 (*b*) 8 (*c*) 10 (*d*) 12

15. 1, 5, 13, 25, 41, ?
(*a*) 51 (*b*) 57 (*c*) 61 (*d*) 63

16. 2, 15, 41, 80, ?
(*a*) 111 (*b*) 120 (*c*) 121 (*d*) 132

17. 6, 17, 39, 72, ? (R.R.B. 2002)
(*a*) 83 (*b*) 94 (*c*) 116 (*d*) 127

18. 325, 259, 204, 160, 127, 105, ? (I.I.T.T.M. 2005)
(*a*) 94 (*b*) 96 (*c*) 98 (*d*) 100

19. 1, 4, 10, 22, 46, ? (R.R.B. 2005)
(*a*) 64 (*b*) 86 (*c*) 94 (*d*) 122

20. 0.5, 0.55, 0.65, 0.8, ?
(*a*) 0.9 (*b*) 0.82 (*c*) 1 (*d*) 0.95

21. 5, 6, 9, 15, ?, 40
(*a*) 21 (*b*) 25 (*c*) 27 (*d*) 33

22. 2, 3, 5, 7, 11, ?, 17
(*a*) 12 (*b*) 13 (*c*) 14 (*d*) 15

23. 4, 9, 25, ?, 121, 169, 289, 361 (M.A.T. 2001)
(*a*) 49 (*b*) 64 (*c*) 81 (*d*) 87

24. 1, 9, 25, 49, 81, ? (B.T.M. 2006)
(*a*) 100 (*b*) 112 (*c*) 121 (*d*) 144

25. 1, 1, 4, 8, 9, 27, 16, ?
(*a*) 32 (*b*) 64 (*c*) 81 (*d*) 256

26. 4, 12, 36, 108, ? (M.B.A. 2005)
(*a*) 144 (*b*) 216 (*c*) 304 (*d*) 324

27. 1, 1, 2, 6, 24, ?, 720 (M.A.T. 2001)
(*a*) 100 (*b*) 104 (*c*) 108 (*d*) 120

28. 240, ?, 120, 40, 10, 2 (R.R.B. 2005)
(*a*) 180 (*b*) 240 (*c*) 420 (*d*) 480

29. 4, 6, 9, $13\frac{1}{2}$, ? (PGDTM, 2006)
(*a*) $17\frac{1}{2}$ (*b*) 19 (*c*) $20\frac{1}{4}$ (*d*) $22\frac{3}{4}$

30. 5760, 960, ?, 48, 16, 8 (S.S.C. 2002)
(*a*) 120 (*b*) 160 (*c*) 192 (*d*) 240

31. 1, 2, 6, 7, 21, 22, 66, 67, ? (M.C.A. 2005)
(*a*) 70 (*b*) 134 (*c*) 201 (*d*) 301

32. 48, 24, 96, 48, 192, ? (C.P.O. 2004)
(*a*) 76 (*b*) 90 (*c*) 96 (*d*) 98

33. 1, 2, 3, 6, 9, 18, ?, 54
(*a*) 18 (*b*) 27 (*c*) 36 (*d*) 81

34. 165, 195, 255, 285, 345, ?
(*a*) 375 (*b*) 390 (*c*) 420 (*d*) 435

35. 9, 27, 31, 155, 161, 1127, ? (S.S.C. 2003)
(*a*) 316 (*b*) 1135 (*c*) 1288 (*d*) 2254

36. 2, 3, 3, 5, 10, 13, ?, 43, 172, 177
(*a*) 23 (*b*) 38 (*c*) 39 (*d*) 40

37. 3, 15, ?, 63, 99, 143 (S.S.C. 2003)
(*a*) 27 (*b*) 35 (*c*) 45 (*d*) 56

38. 7, 26, 63, 124, 215, 342, ? (Hotel Management, 2004)
(*a*) 391 (*b*) 421 (*c*) 481 (*d*) 511

39. 3, 7, 15, ?, 63, 127 (B.T.M. 2006; R.R.B. 2003)
(*a*) 30 (*b*) 31 (*c*) 47 (*d*) 52

40. 4, 10, ?, 82, 244, 730
(*a*) 24 (*b*) 28 (*c*) 77 (*d*) 218

41. 6, 13, 25, 51, 101, ? (I.I.T.T.M. 2006)
(*a*) 201 (*b*) 202 (*c*) 203 (*d*) 205

42. 8, 28, 116, 584, ? (R.R.B. 2002)
(*a*) 1752 (*b*) 3502 (*c*) 3504 (*d*) 3508

43. 6, 13, 28, 59, ?
(*a*) 111 (*b*) 113 (*c*) 114 (*d*) 122

44. 3, 7, 23, 95, ? (S.S.C. 2002)
(*a*) 62 (*b*) 128 (*c*) 479 (*d*) 575

45. 2, 3, 8, 27, 112, ?
(*a*) 226 (*b*) 339 (*c*) 452 (*d*) 565

46. 1, 5, 14, 30, 55, 91, ? (M.C.A. 2005)
(*a*) 130 (*b*) 140 (*c*) 150 (*d*) 160

47. 198, 194, 185, 169, ? (M.A.T. 1999)
(*a*) 92 (*b*) 112 (*c*) 136 (*d*) 144

48. 2, 2, 5, 13, 28, ?
(*a*) 49 (*b*) 50 (*c*) 51 (*d*) 52

49. 2, 7, 27, 107, 427, ? (S.S.C. 2003)
(*a*) 1262 (*b*) 1707 (*c*) 4027 (*d*) 4207

50. 24, 60, 120, 210, ?
(*a*) 300 (*b*) 336 (*c*) 420 (*d*) 525

51. 3, 12, 27, 48, 75, 108, ?
(*a*) 147 (*b*) 162 (*c*) 183 (*d*) 192

52. 563, 647, 479, 815, ?
(*a*) 672 (*b*) 386 (*c*) 279 (*d*) 143

53. 5, 2, 7, 9, 16, 25, ? (S.S.C. 2005)
(*a*) 41 (*b*) 45 (*c*) 48 (*d*) 52

54. 10, 14, 26, 42, 70, ? (PGDTM, 2006)
(*a*) 100 (*b*) 102 (*c*) 106 (*d*) 114

55. 2, 8, 16, 128, ? (S.S.C. 2002)
(*a*) 2042 (*b*) 2046 (*c*) 2048 (*d*) 2056

56. 3, 10, 101, ? (C.P.O. 2004)
(*a*) 10101 (*b*) 10201 (*c*) 10202 (*d*) 11012

57. 589654237, 89654237, 8965423, 965423, ? (B.B.S. 2004)
(*a*) 58965 (*b*) 65423 (*c*) 89654 (*d*) 96542

58. 5824, 5242, ?, 4247, 3823 (S.S.C. 2000)
(*a*) 4467 (*b*) 4718 (*c*) 4856 (*d*) 5164

59. 1, 3, 4, 8, 15, 27, ?
(*a*) 37 (*b*) 44 (*c*) 50 (*d*) 55

60. 66, 36, 18, ?
(*a*) 3 (*b*) 6 (*c*) 8 (*d*) 9

61. 3, 8, 13, 24, 41, ?
(*a*) 70 (*b*) 75 (*c*) 80 (*d*) 85

62. 45, 54, 47, ?, 49, 56, 51, 57, 53 (R.R.B. 2006)
(*a*) 48 (*b*) 50 (*c*) 55 (*d*) इनमें से कोई नहीं

63. 6, 18, 3, 21, 7, 56, ? (PGDTM, 2006)
(*a*) 8 (*b*) 9 (*c*) 63 (*d*) 64

64. 2, 15, 4, 12, 6, 7, ?, ? (U.P.S.C. 2004)
(*a*) 8, 8 (*b*) 8, 0 (*c*) 3, 8 (*d*) इनमें से कोई नहीं

65. 20, 20, 19, 16, 17, 13, 14, 11, ?, ? (S.S.C. 2003)
(*a*) 10, 10 (*b*) 10, 11 (*c*) 13, 14 (*d*) 13, 16

66. 0, 2, 3, 5, 8, 10, 15, 17, 24, 26, ? (B.T.M. 2005)
(*a*) 28 (*b*) 30 (*c*) 32 (*d*) 35

67. 13, 35, 57, 79, 911, ? (I.I.T.T.M. 2006)
(*a*) 1110 (*b*) 1112 (*c*) 1113 (*d*) 1315

68. 625, 5, 125, 25, 25, ?, 5 (M.A.T. 2001)
(*a*) 5 (*b*) 25 (*c*) 125 (*d*) 625

69. 3, 4, 7, 7, 13, 13, 21, 22, 31, 34, ?
(*a*) 42 (*b*) 43 (*c*) 51 (*d*) 52

70. 11, 10, ?, 100, 1001, 1000, 10001
(*a*) 101 (*b*) 110 (*c*) 111 (*d*) इनमें से कोई नहीं

71. 13, 32, 24, 43, 35, ?, 46, 65, 57, 76
(*a*) 45 (*b*) 52 (*c*) 54 (*d*) 55

72. 0, 4, 6, 3, 7, 9, 6, ?, 12
(*a*) 8 (*b*) 10 (*c*) 11 (*d*) 14

73. 2, 1, 2, 4, 4, 5, 6, 7, 8, 8, 10, 11, ?
(*a*) 9 (*b*) 10 (*c*) 11 (*d*) 12

74. 8, 9, 8, 7, 10, 9, 6, 11, 10, ?, 12
(*a*) 5 (*b*) 7 (*c*) 8 (*d*) 11

75. 90, 180, 12, 50, 100, 200, ?, 3, 50, 4, 25, 2, 6, 30, 3
(*a*) 150 (*b*) 175 (*c*) 225 (*d*) 250

76. $\frac{2}{3}, \frac{4}{7}, ?, \frac{11}{21}, \frac{16}{31}$ (S.S.C. 2000)
(*a*) $\frac{5}{9}$ (*b*) $\frac{6}{11}$ (*c*) $\frac{7}{13}$ (*d*) $\frac{9}{17}$

77. $\frac{4}{9}, \frac{9}{20}, ?, \frac{39}{86}$
(*a*) $\frac{17}{40}$ (*b*) $\frac{19}{42}$ (*c*) $\frac{20}{45}$ (*d*) $\frac{29}{53}$

78. $\frac{2}{\sqrt{5}}, \frac{3}{5}, \frac{4}{5\sqrt{5}}, \frac{5}{25}, ?$
(*a*) $\frac{6}{5\sqrt{5}}$ (*b*) $\frac{6}{25\sqrt{5}}$ (*c*) $\frac{6}{125}$ (*d*) $\frac{7}{25}$

79. $11\frac{1}{9}, 12\frac{1}{2}, 14\frac{2}{7}, 16\frac{2}{3}, ?$
(*a*) $8\frac{1}{3}$ (*b*) $19\frac{1}{2}$ (*c*) 20 (*d*) $22\frac{1}{3}$

80. 3, 10, 29, 66, 127, ?
(*a*) 164 (*b*) 187 (*c*) 216 (*d*) 218

81. 2, 12, 36, 80, 150, ? (S.S.C. 2002)
(*a*) 194 (*b*) 210 (*c*) 252 (*d*) 258

82. 2, 9, 28, ?, 126, 217, 344 (R.R.B. 2005)
(*a*) 50 (*b*) 65 (*c*) 70 (*d*) 82

83. श्रृंखला 10, 17, 24, 31, 38, ... का रिक्त पद क्या होगा?
(*a*) 48 (*b*) 346 (*c*) 574 (*d*) 1003

84. श्रृंखला 1, 8, 27, 64, 125, ... का रिक्त पद क्या होगा?
(*a*) 256 (*b*) 512 (*c*) 729 (*d*) 1000

85. श्रृंखला 3, 9, 15, ..., में, 21वां पद क्या होगा?
(*a*) 117 (*b*) 121 (*c*) 123 (*d*) 129

86. श्रृंखला 2, 6, 18, 54, ..., में, 8वां पद क्या होगा?
(*a*) 4370 (*b*) 4374 (*c*) 7443 (*d*) 7434

87. श्रृंखला 5, 8, 11, 14, का कौन सा पद 320 होगा?
(*a*) 104th (*b*) 105th (*c*) 106th (*d*) 64th

88. श्रृंखला 5, 10, 20, 40, ..., का कौन सा पद 1280 होगा?
(*a*) 10th (*b*) 9th (*c*) 8th (*d*) इनमें से कोई नहीं

हल-अभ्यास 1(A)

1. (*b*) : दी गयी श्रृंखला में पैटर्न, $1^2, 3^2, 5^2, 7^2$,.....
अत: रिक्त पद $= 9^2 = 81$.

2. (*c*) : दी गयी श्रृंखला में पैटर्न, + 3, + 5, + 7, + 9, ...
अत: रिक्त पद = 28 + 11 = 39.

3. (*c*) : दी गयी श्रृंखला में पैटर्न, + 2, + 4, + 2, + 4, ...
अत: रिक्त पद = 25 + 4 = 29.

4. (*a*) : दी गयी श्रृंखला में पैटर्न, + 6, + 9, + 12, + 15, ...
अत: रिक्त पद = 21 + 12 = 33.

5. (*a*) : दी गयी श्रृंखला में पैटर्न, + 3, + 4, + 5, + 6, ...
अत: रिक्त पद = 9 + 5 = 14.

6. (*c*) : दी गयी श्रृंखला में पैटर्न, + 5, + 10, + 15, + 20, ...
अत: रिक्त पद = 56 + 25 = 81.

7. (*d*) : दी गयी श्रृंखला में पैटर्न, + 8, + 10, + 12, + 14, ...
अत: रिक्त पद = 70 + 18 = 88.

8. (*a*) : दी गयी श्रृंखला में पैटर्न, − 21, − 19, − 17, − 15, ...
अत: रिक्त पद = 48 − 13 = 35.

9. (*a*) : दी गयी श्रृंखला में पैटर्न, + 2, + 4, + 8, + 16, ...
अत: रिक्त पद = 28 + 8 = 36.

10. (*c*) : दी गयी श्रृंखला में पैटर्न, + 1008.
अत: रिक्त पद = 6848 + 1008 = 7856.

11. (*d*) : दी गयी श्रृंखला में पैटर्न, + 90 + 100, + 110, ...
अत: रिक्त पद = 310 + 120 = 430.

12. (*c*) : दी गयी श्रृंखला में पैटर्न, + 2, + 6, + 6, + 10, + 10, ...
अत: रिक्त पद = 14 + 10 = 24.

13. (*b*) : दी गयी श्रृंखला में पैटर्न, + 5, − 2, + 5, − 2, ...
अत: रिक्त पद = 36 − 2 = 34.

14. (*a*) : दी गयी श्रृंखला में पैटर्न, − 45, − 35, − 25, ...
अत: रिक्त पद = 20 − 15 = 5.

15. (*c*) : दी गयी श्रृंखला में पैटर्न, + 4, + 8, + 12, + 16, ...
अत: रिक्त पद = 41 + 20 = 61.

16. (*d*) : दी गयी श्रृंखला में पैटर्न, + 13, + 26, + 39, ...
अत: रिक्त पद = 80 + 52 = 132

17. (*c*) : दी गयी श्रृंखला में पैटर्न, + 11, + 22, + 33, ...
अत: रिक्त पद = 72 + 44 = 116

18. (*a*) : दी गयी श्रृंखला में पैटर्न, − 66, − 55, − 44, − 33, − 22, ...
अत: रिक्त पद = 105 − 11 = 94

19. (*c*) : दी गयी श्रृंखला में पैटर्न, + 3, + 6, + 12, + 24, ...
अत: रिक्त पद = 46 + 48 = 94.

20. (*c*) : दी गयी श्रृंखला में पैटर्न, + 0.05, + 0.10, + 0.15, ...
अत: रिक्त पद = 0.8 + 0.20 = 1

21. (*b*) **:** दी गयी श्रृंखला में पैटर्न, $+1, +3, +6, ...,$ *i.e.* $+1, +(1+2), +(1+2+3), ...$

अतः रिक्त पद $= 15 + (1+2+3+4) = 25$

22. (*b*) **:** दी गई श्रृंखला में 2 से शुरू होने वाले अभाज्य अंक (प्राइम नंबर) शामिल हैं। इसलिए, रिक्त पद 11 के बाद आने वाली अभाज्य संख्या 13 होगी।

23. (*a*) **:** दी गई श्रृंखला में लगातार आने वाले अभाज्य अंको (प्राइम नंबर) के वर्ग शामिल हैं, अर्थात $2^2, 3^2, 5^2, ..., 11^2, 13^2, 17^2, 19^2$

अतः रिक्त पद $= 7^2 = 49$

24. (*c*) **:** दी गई श्रृंखला में लगातार आने वाले विषम अंको के वर्ग शामिल हैं, अर्थात $1^2, 3^2, 5^2, 7^2, 9^2, ...$

अतः रिक्त पद $= 11^2 = 121$

25. (*b*) **:** दी गई श्रृंखला लगातार आने वाली प्राकृत संख्याओं के क्रमशः वर्गों और घनों से मिलकर बनी है, अर्थात $1^2, 1^3, 2^2, 2^3, 3^2, 3^3, 4^2, ...$

अतः रिक्त पद $= 4^3 = 64$

26. (*d*) **:** दी गयी श्रृंखला में पैटर्न, $\times 3$

अतः रिक्त पद $= 108 \times 3 = 324$

27. (*d*) **:** दी गयी श्रृंखला में पैटर्न, $\times 1, \times 2, \times 3, \times 4, ...$

अतः रिक्त पद $= 24 \times 5 = 120$

28. (*b*) **:** दी गयी श्रृंखला में पैटर्न, $\div 1, \div 2, \div 3, \div 4, \div 5$

अतः रिक्त पद $= 240 \div 1 = 240$

29. (*c*) **:** दी गयी श्रृंखला में पैटर्न, $\times \frac{3}{2}$

अतः रिक्त पद $= 13\frac{1}{2} \times \frac{3}{2} = \frac{27}{2} \times \frac{3}{2} = \frac{81}{4} = 20\frac{1}{4}$

30. (*c*) **:** दी गयी श्रृंखला में पैटर्न, $\div 6, \div 5, \div 4, \div 3, \div 2$

अतः रिक्त पद $= 960 \div 5 = 192$

31. (*c*) **:** दी गयी श्रृंखला में पैटर्न, $+1, \times 3, +1, \times 3, +1, \times 3, +1, ...$

अतः रिक्त पद $= 67 \times 3 = 201$

32. (*c*) **:** दी गयी श्रृंखला में पैटर्न, $\div 2, \times 4, \div 2, \times 4, ...$

अतः रिक्त पद $= 192 \div 2 = 96$

33. (*b*) **:** दी गयी श्रृंखला में पैटर्न, $\times 2, \times \frac{3}{2}, \times 2, \times \frac{3}{2}, \times 2, ...$

अतः रिक्त पद $= 18 \times \frac{3}{2} = 27$

34. (*d*) **:** श्रृंखला का प्रत्येक पद क्रमागत अभाज्य संख्याओं को 15 से गुणा कर प्राप्त किया जा रहा है। अर्थात $15 \times 11, 15 \times 13, 15 \times 17, 15 \times 19, 15 \times 23, ...$

अतः रिक्त पद $= 15 \times 29 = 435$

35. (*b*) **:** दी गयी श्रृंखला में पैटर्न $\times 3, +4, \times 5, +6, \times 7, ...$

अतः रिक्त पद $= 1127 + 8 = 1135$

36. (*c*) **:** दी गयी श्रृंखला में पैटर्न $+1, \times 1, +2, \times 2, +3, \times 3, +4, \times 4, +5$

अतः रिक्त पद $= 13 \times 3 = 39$

37. (*b*) **:** दी गयी श्रृंखला में पैटर्न, $(2^2 - 1), (4^2 - 1), ...,$ $(8^2 - 1), (10^2 - 1), (12^2 - 1)$

अतः रिक्त पद $= (6^2 - 1) = (36 - 1) = 35$

38. (*d*) **:** दी गयी श्रृंखला में पैटर्न, $(2^3 - 1), (3^3 - 1), (4^3 - 1), (5^3 - 1), (6^3 - 1), (7^3 - 1), ...$

अतः रिक्त पद $= (8^3 - 1) = (512 - 1) = 511$

39. (*b*) **:** दी गयी श्रृंखला में प्रत्येक संख्या पिछले संख्या के दोगुने से एक अधिक है।

अतः रिक्त पद $= (15 \times 2) + 1 = 31$

40. (*b*) **:** दी गयी श्रृंखला में प्रत्येक संख्या पिछले संख्या के तीन गुने से 2 कम है।

अतः रिक्त पद $= (10 \times 3) - 2 = 28$

41. (*c*) **:** दी गयी श्रृंखला में पैटर्न, $\times 2 + 1, \times 2 - 1, \times 2 + 1, \times 2 - 1, ...$

अतः रिक्त पद $= 101 \times 2 + 1 = 203$

42. (*d*) **:** दी गयी श्रृंखला में पैटर्न, $\times 3 + 4, \times 4 + 4, \times 5 + 4, ...$

अतः रिक्त पद $= 584 \times 6 + 4 = 3508$

43. (*d*) **:** दी गयी श्रृंखला में पैटर्न, $\times 2 + 1, \times 2 + 2, \times 2 + 3, ...$

अतः रिक्त पद $= 59 \times 2 + 4 = 122$

44. (*c*) **:** दी गयी श्रृंखला में पैटर्न, $\times 2 + 1, \times 3 + 2, \times 4 + 3, ...$

अतः रिक्त पद $= 95 \times 5 + 4 = 479$

45. (*d*) **:** दी गयी श्रृंखला में पैटर्न, $\times 1 + 1, \times 2 + 2, \times 3 + 3, \times 4 + 4, ...$

अतः रिक्त पद $= 112 \times 5 + 5 = 565$

46. (*b*) **:** दी गयी श्रृंखला में पैटर्न, $+4, +9, +16, +25, +36, ...$ *i.e.* $+2^2, +3^2, +4^2, +5^2, +6^2, ...$

अतः रिक्त पद $= 91 + 7^2 = 91 + 49 = 140$

47. (*d*) **:** दी गयी श्रृंखला में पैटर्न, $-4, -9, -16, ...$ *i.e.* $-2^2, -3^2, -4^2, ...$

अतः रिक्त पद $= 169 - 5^2 = 169 - 25 = 144$

48. (*d*) **:** दी गयी श्रृंखला में पैटर्न, $+0, +3, +8, +15, ...$ *i.e.* $+(1^2 - 1), +(2^2 - 1), +(3^2 - 1), +(4^2 - 1), ...$

अतः रिक्त पद $= 28 + (5^2 - 1) = 28 + 24 = 52$

49. (*b*) **:** दी गयी श्रृंखला में पैटर्न, $+5, +20, +80, +320, ...$ *i.e.* $+(5 \times 1^2), +(5 \times 2^2), +(5 \times 4^2), +(5 \times 8^2), ...$

अतः रिक्त पद $= 427 + (5 \times 16^2) = 427 + 1280 = 1707$

50. (*b*) **:** दी गयी श्रृंखला में पैटर्न, $+36, +60, +90, ...$ *i.e.* $+[6 \times (6+0)], +[6 \times (6+4)], +[6 \times (6+9)], ...$

अतः रिक्त पद $= 210 + [6 \times (6 + 15)] = 210 + 126 = 336$

51. (*a*) **:** दी गयी श्रृंखला में पैटर्न, $3 \times 1^2, 3 \times 2^2, 3 \times 3^2, 3 \times 4^2, 3 \times 5^2, 3 \times 6^2, ...$

अतः रिक्त पद $= 3 \times 7^2 = 3 \times 49 = 147$

52. (*d*) **:** दी गयी श्रृंखला में पैटर्न, $+84, -168, +336, ...$ *i.e.* $+84, -(84 \times 2), +(84 \times 2^2), ...$

अतः रिक्त पद $= 815 - (84 \times 2^3) = 815 - 672 = 143$

53. (*a*) **:** श्रृंखला में प्रत्येक पद (पहले दो पदों को छोड़कर) पिछले दो पदों का योग है।

अत: रिक्त पद $= 16 + 25 = 41$

54. (*d*) : श्रृंखला में प्रत्येक पद (पहले दो पदों को छोड़कर) पिछले दो पदों के योग से 2 अधिक है।
अत: रिक्त पद $= (42 + 70) + 2 = 114$

55. (*c*) : श्रृंखला में प्रत्येक पद (पहले दो पदों को छोड़कर) पिछले दो पदों का गुणनफल है।
अत: रिक्त पद $= 16 \times 128 = 2048$

56. (*c*) : श्रृंखला में प्रत्येक पद पिछले पद के वर्ग में 1 जोड़कर प्राप्त किया जा रहा है।
अत: रिक्त पद $= (101)^2 + 1 = 10202$

57. (*d*) : श्रृंखला के आगे की संख्याओं को प्राप्त करने के लिए पिछली संख्या के क्रमश: आगे व पीछे के अंकों को हटाया जा रहा है।
अत: रिक्त पद = 95542

58. (*b*) : श्रृंखला में प्रत्येक शब्द पिछले पद के पहले तीन अंकों द्वारा निर्मित संख्या को उस पद से घटाकर प्राप्त किया जा रहा है।
अत: रिक्त पद $= 5242 - 524 = 4718$

59. (*c*) : श्रृंखला के लगातार तीन पदों का योग करने से अगला पद प्राप्त हो रहा है।
अत: रिक्त पद $= 8 + 15 + 27 = 50$

60. (*c*) : श्रृंखला में प्रत्येक पद पिछले पद के अंकों का गुणनफल है।
अत: रिक्त पद $= 1 \times 8 = 8$

61. (*a*) : दी गयी श्रृंखला में पैटर्न,
nवां पद + $(n+1)$वां पद + $(n+1) = (n+2)$वां पद।
इस प्रकार,
पहला पद + दूसरा पद + 2 = तीसरा पद
दूसरा पद + तीसरा पद + 3 = चौथा पद, आदि।
अत: रिक्त पद = 6वां पद = 4वां पद + 5वां पद + 5 = 24 + 41 + 5 = 70

62. (*c*) : दी गयी श्रृंखलाए दो श्रृंखलाओं का संयोजन है:
I. 45, 47, 49, 51, 53 और II. 54, ?, 56, 57
प्रथम श्रृंखला में हर अगला पद पिछले से 2 अधिक है, जबकि दूसरी श्रृंखला 54 से शुरू हो रही प्राकृत संख्याओं की श्रृंखला है।
अत: रिक्त पद = 55

63. (*a*) : श्रृंखला में सम स्थान वाला प्रत्येक पद अपने दो निकटवर्ती पदों का गुणनफल है:
अत: रिक्त पद $7 \times x = 56$ और $x = 56 \div 7 = 8$

64. (*b*) : माना दी गयी श्रृंखला के रिक्त पद x_1 और x_2 हैं।
इस प्रकार, दी गयी श्रृंखला 2, 15, 4, 12, 6, 7, x_1, x_2 होगी जोकि दो श्रृंखलाओं का संयोजन है।
I. 2, 4, 6, x_1 और II. 15, 12, 7, x_2
श्रृंखला I, सम अंकों की श्रृंखला है अत: $x_1 = 8$.
श्रृंखला II, में पैटर्न, $-3, -5, \ldots$.
अत: $x_2 = 7 - 7 = 0$

65. (*a*) : माना दी गयी श्रृंखला के रिक्त पद x_1 और x_2 हैं।
इस प्रकार, दी गयी श्रृंखला 20, 20, 19, 16, 17, 13, 14, 11, x_1, x_2 होगी जोकि दो श्रृंखलाओं का संयोजन है:
I. 20, 19, 17, 14, x_1 और II. 20, 16, 13, 11, x_2
श्रृंखला I में पैटर्न, $-1, -2, -3, \ldots$.
अत: $x_1 = 14 - 4 = 10$.
श्रृंखला II में पैटर्न, $-4, -3, -2, \ldots$.
अत: $x_2 = 11 - 1 = 10$

66. (*d*) : दी गयी श्रृंखला, दो श्रृंखलाओं का संयोजन है:
श्रृंखला I. 0, 3, 8, 15, 24, ? तथा
श्रृंखला II. 2, 5, 10, 17, 26
श्रृंखला I और II में से प्रत्येक में पैटर्न $+3, +5, +7, +9, \ldots$
अत: रिक्त पद $= 24 + 11 = 35$

67. (*c*) : श्रृंखला के पदों को लगातार आने वाली विषम संख्याओं को मिलाकर प्राप्त किया जा रहा है। जैसे 1 और 3, 3 और 5, 5 और 7, 7 और 9, 9 और 11, ...
अत: रिक्त पद = 11 और 13 को मिलाने से प्राप्त संख्या = 1113

68. (*c*) : दी गयी श्रृंखला, दो श्रृंखलाओं का संयोजन है:
श्रृंखला I. 625, 125, 25, 5 और श्रृंखला II. 5, 25, ?
श्रृंखला I में पैटर्न, $\div 5$, श्रृंखला II में पैटर्न, $\times 5$
अत: रिक्त पद $= 25 \times 5 = 125$.

69. (*b*) : दी गयी श्रृंखला, दो श्रृंखलाओं का संयोजन है:
श्रृंखला I. 3, 7, 13, 21, 31, ? और
श्रृंखला II. 4, 7, 13, 22, 34
श्रृंखला I में पैटर्न, $+4, +6, +8, +10, \ldots$
श्रृंखला II में पैटर्न, $+3, +6, +9, +12, \ldots$
अत: रिक्त पद $= 31 + 12 = 43$.

70. (*a*) : दी गयी श्रृंखला में पैटर्न, $-1, \times 10 + 1, -1, \times 10 + 1, -1, \times 10 + 1, \ldots$
अत: रिक्त पद $= 10 \times 10 + 1 = 101$

71. (*c*) : दी गयी श्रृंखला, दो श्रृंखलाओं का संयोजन है:
श्रृंखला I. 13, 24, 35, 46, 57 तथा
श्रृंखला II. 32, 43, ?, 65, 76
श्रृंखला I और II में से प्रत्येक में पैटर्न, $+11$.
अत: रिक्त पद $= 43 + 11 = 54$.

72. (*b*) : दी गयी श्रृंखला, तीन श्रृंखलाओं का संयोजन है:
श्रृंखला I. 0, 3, 6
श्रृंखला II. 4, 7, ?
श्रृंखला III. 6, 9, 12
इन श्रृंखलाओं में से प्रत्येक में पैटर्न, $+3$
अत: रिक्त पद $= 7 + 3 = 10$

73. (*b*) : दी गयी श्रृंखला, तीन श्रृंखलाओं का संयोजन है:
श्रृंखला I. प्रथम, चौथा, 7वां, 10वां, 13वां पद अर्थात 2, 4, 6, 8?
श्रृंखला II. दूसरा, 5वां, 8वां, 11वां, पद अर्थात 1, 4, 7, 10

श्रृंखला III. तीसरा, 6वां, 9वां, 12वां पद अर्थात 2, 5, 8, 11

श्रृंखला I, लगातार आने वाली सम संख्याओं की श्रृंखला है।

अत: रिक्त पद = 10

74. (*a*) : दी गयी श्रृंखला, तीन श्रृंखलाओं का संयोजन है:

श्रृंखला I. प्रथम, चौथा, 7वां, 10वां पद अर्थात 8, 7, 6,

श्रृंखला II. दूसरा, 5वां, 8वां, 11वां, पद अर्थात 9, 10, 11, 12

श्रृंखला III. तीसरा, 6वां, 9वां पद अर्थात 8, 9, 10

श्रृंखला I, में पैटर्न, – 1

अत: रिक्त पद = $6 - 1 = 5$

75. (*a*) : दी गयी श्रृंखला में पैटर्न, $90 = 30 \times 3$, $180 = 6 \times 30$, $12 = 2 \times 6$, $50 = 25 \times 2$, $100 = 4 \times 25$, $200 = 50 \times 4$.

अत: रिक्त पद = $3 \times 50 = 150$.

76. (*c*) : दी गयी श्रृंखला में भिन्न के अंश में पैटर्न, + 2, + 3, + 4 + 5 और हर में पैटर्न, + 4, + 6, + 8, + 10

अत: रिक्त भिन्न का अंश = $(4 + 3) = 7$

रिक्त भिन्न का हर = $(7 + 6) = 13$

अत: रिक्त भिन्न $\frac{7}{13}$

77. (*b*) : दी गयी श्रृंखला में भिन्न के अंश में पैटर्न, + 5, + 10, + 20, ... और हर में पैटर्न, + 11, + 22, + 44, ...

अत: रिक्त भिन्न का अंश = $(9 + 10) = 19$ रिक्त भिन्न का हर = $(20 + 22) = 42$. अत: रिक्त भिन्न $\frac{19}{42}$

78. (*b*) : दी गयी श्रृंखला में दिए गए भिन्नों के अंश लगातार आने वाली प्राकृतिक संख्याएं हैं।

अत: रिक्त भिन्न का अंश 6.

दी गयी श्रृंखला में दिए गए भिन्नों के हर अपने से पिछली भिन्न के हर को $\sqrt{5}$ से गुणा करके प्राप्त किए जा रहे हैं। अत: रिक्त भिन्न का हर $25\sqrt{5}$ होगा। अत: रिक्त भिन्न $\frac{6}{25\sqrt{5}}$ है।

79. (*c*) : दी गयी श्रृंखला में पैटर्न, $\frac{100}{9}, \frac{25}{2}, \frac{100}{7}, \frac{50}{3}$, ... अर्थात

$\frac{100}{9}, \frac{100}{8}, \frac{100}{7}, \frac{100}{6}$, ...

अत: रिक्त पद = $\frac{100}{5} = 20$

80. (*d*) : दी गई श्रृंखला एक त्रिकोणीय पैटर्न श्रृंखला है।

3 10 29 66 127 ?

7 19 37 61

12 18 24

6 6

अत: रिक्त पद = $127 + (61 + 24 + 6)$

$= 127 + 91 = 218$

81. (*c*) : दी गई श्रृंखला एक त्रिकोणीय पैटर्न श्रृंखला है।

2 12 36 80 150 ?

10 24 44 70

14 20 26

6 6

अत: रिक्त पद = $150 + (70 + 26 + 6)$

$= 150 + 102 = 252.$

82. (*b*) : दी गई श्रृंखला एक त्रिकोणीय पैटर्न श्रृंखला है।

श्रृंखला I : 2 9 28 ? 126 217 344

श्रृंखला II : 7 19 ? ? 91 127

श्रृंखला III : 12 ? ? ? 36

स्पष्ट है कि, त्रिकोणीय पैटर्न श्रृंखला को पूरा करने पर, श्रृंखला III के रिक्त पद क्रमश: 18, 24, और 30 होंगे।

अत: रिक्त पद = $28 + (19 + 18) = 28 + 37 = 65$

83. (*b*) : दी गई श्रृंखला में 7 से विभाजित करने पर शेष आने वाली संख्याएं दी गई हैं। दिए गए विकल्पों में केवल 346 ही इस प्रकार की संख्या है।

84. (*a*) : दी गई श्रृंखला प्राकृतिक संख्याओं के घन से बनी है। 256 किसी भी प्राकृतिक संख्या का घन नहीं है।

85. (*c*) : स्पष्टत: $3 + 6 = 9, 9 + 6 = 15$, ...

अत: दी गयी श्रृंखला एक समांतर श्रेणी है। जहाँ, $a = 3$ और $d = 6$

∴ अत: श्रेणी का 21वां पद

$= a + (21 - 1)\,d = a + 20d$

$= 3 + 20 \times 6 = 123$

86. (*b*) : स्पष्टत: $2 \times 3 = 6, 6 \times 3 = 18, 18 \times 3 = 54$, ...

अत: दी गयी श्रृंखला एक गुणोत्तर श्रेणी है। जहाँ, $a = 2, r = 3$.

∴ अत: श्रेणी का 8वां पद

$= ar^{(8-1)} = ar^7 = 2 \times 3^7 = (2 \times 2187)$

$= 4374$

87. (*c*) : स्पष्टत: $5 + 3 = 8, 8 + 3 = 11, 11 + 3 = 14$, ...

अत: दी गयी श्रृंखला एक समांतर श्रेणी है। जहाँ,

$a = 5$ और $d = 3$

माना श्रेणी का nवां पद 320

तब, $320 = 5 + (n - 1) \times 3$ और $(n - 1) = 105$ or $n = 106$

88. (*b*) : स्पष्टत: $5 \times 2 = 10, 10 \times 2 = 20, 20 \times 2 = 40$, ...

अत: दी गयी श्रृंखला एक गुणोत्तर श्रेणी है। जहाँ $a = 5$ और $r = 2$.

माना श्रेणी का nवां पद 1280

$5 \times 2^{n-1} = 1280 \Leftrightarrow 2^{n-1} = 256 = 2^8$

$\Leftrightarrow n - 1 = 8 \Leftrightarrow n = 9$

केस II: दी गई श्रृंखला में गलत पद ज्ञात करना

दिशानिर्देश: निम्न श्रृंखला में से प्रत्येक में गलत पद ज्ञात कीजिए:

उदा. 1. निम्न श्रृंखला में गलत संख्या ज्ञात कीजिए:

7, 28, 63, 124, 215, 342, 511

(*a*) 7 (*b*) 28 (*c*) 124 (*d*) 215 (*e*) 342

हल दी गई श्रृंखला का पैटर्न,

$2^3 - 1, 3^3 - 1, 4^3 - 1, 5^3 - 1, 6^3 - 1, 7^3 - 1, 8^3 - 1.$

अत: गलत संख्या 28 है। इसकी जगह $(3^3 - 1)$ अर्थात 26 आएगा।

अत: सही विकल्प (*b*) है।

उदा. 2. निम्न श्रृंखला में गलत संख्या ज्ञात कीजिए:

3, 8, 15, 24, 34, 48, 63

(*a*) 15 (*b*) 24 (*c*) 34 (*d*) 48 (*e*) 63

हल. दी गयी श्रृंखला के पदों के बीच क्रमश: 5, 7, 9, 11, 13 और 15 का अंतर है।

स्पष्ट रूप से गलत संख्या 34 है। इसकी जगह (24 + 11) अर्थात 35 आना चाहिए।

अत: सही विकल्प (*c*) है।

उदा. 3. निम्न श्रृंखला में गलत संख्या ज्ञात कीजिए:

69, 55, 26, 13, 5 **(M.A.T. 2003)**

(*a*) 5 (*b*) 13 (*c*) 26 (*d*) 55

हल. दी गई श्रृंखला में, प्रत्येक पद अपने से पिछले पद के अंकों के गुणनफल से 1 अधिक है।

$(6 \times 9) + 1 = 55, (5 \times 5) + 1 = 26,$

$(2 \times 6) + 1 = 13$

अत: गलत संख्या 5 है। इसकी जगह $(1 \times 3) + 1$ अर्थात 4 आना चाहिए। अत: सही विकल्प (*a*) है।

अभ्यास 1B

दिशानिर्देश (प्रश्न 1 से 40): ***निम्न में से प्रत्येक प्रश्न में एक संख्या श्रृंखला दी गयी है, जिसमें एक पद गलत है। उस गलत पद को ज्ञात कीजिए।***

1. 196, 169, 144, 121, 101
(*a*) 101 (*b*) 121 (*c*) 169 (*d*) 196

2. 3, 10, 27, 4, 16, 64, 5, 25, 125
(*a*) 3 (*b*) 4 (*c*) 10 (*d*) 27

3. 25, 36, 49, 81, 121, 169, 225
(*a*) 36 (*b*) 49 (*c*) 169 (*d*) 225

4. 2, 5, 10, 17, 26, 37, 50, 64
(*a*) 17 (*b*) 26 (*c*) 37 (*d*) 64

5. 5, 27, 61, 122, 213, 340, 509
(*a*) 27 (*b*) 61 (*c*) 122 (*d*) 509

6. 121, 143, 165, 186, 209
(*a*) 143 (*b*) 165 (*c*) 186 (*d*) 209

7. 16, 22, 30, 45, 52, 66
(*a*) 30 (*b*) 45 (*c*) 52 (*d*) 66

8. 8, 13, 21, 32, 47, 63, 83
(*a*) 13 (*b*) 21 (*c*) 32 (*d*) 47

9. 4, 10, 22, 46, 96, 190, 382 **(S.S.C. 2002)**
(*a*) 4 (*b*) 10 (*c*) 96 (*d*) 382

10. 125, 126, 124, 127, 123, 129
(*a*) 126 (*b*) 124 (*c*) 123 (*d*) 129

11. 105, 85, 60, 30, 0, – 45, – 90
(*a*) 105 (*b*) 60 (*c*) 0 (*d*) – 45

12. 325, 259, 202, 160, 127, 105, 94
(*a*) 94 (*b*) 127 (*c*) 202 (*d*) 259

13. 380, 188, 92, 48, 20, 8, 2 **(R.R.B. 1999)**
(*a*) 8 (*b*) 20 (*c*) 48 (*d*) 188

14. 89, 78, 86, 80, 85, 82, 83
(*a*) 83 (*b*) 82 (*c*) 86 (*d*) 78

15. 56, 58, 62, 70, 84, 118, 182
(*a*) 58 (*b*) 62 (*c*) 84 (*d*) 118

16. 15, 16, 22, 29, 45, 70
(*a*) 16 (*b*) 22 (*c*) 45 (*d*) 70

17. 1, 2, 4, 8, 16, 32, 64, 96
(*a*) 4 (*b*) 32 (*c*) 64 (*d*) 96

18. 24576, 6144, 1536, 386, 96, 24 **(M.A.T. 2003)**
(*a*) 96 (*b*) 386 (*c*) 1536 (*d*) 6144

19. 6, 15, 35, 77, 165, 221
(*a*) 35 (*b*) 77 (*c*) 165 (*d*) 221

20. 2, 5, 10, 50, 500, 5000
(*a*) 5 (*b*) 10 (*c*) 50 (*d*) 5000

21. 46080, 3840, 384, 48, 24, 2, 1
(*a*) 384 (*b*) 48 (*c*) 24 (*d*) 2

22. 5, 10, 40, 80, 320, 550, 2560
(*a*) 80 (*b*) 320 (*c*) 550 (*d*) 2560

23. 10, 14, 28, 32, 64, 68, 132
(*a*) 28 (*b*) 32 (*c*) 64 (*d*) 132

24. 3, 7, 15, 39, 63, 127, 255, 511
(*a*) 15 (*b*) 39 (*c*) 63 (*d*) 127

25. 8, 14, 26, 48, 98, 194, 386
(*a*) 14 (*b*) 48 (*c*) 98 (*d*) 194

26. 10, 26, 74, 218, 654, 1946, 5834
(*a*) 26 (*b*) 74 (*c*) 218 (*d*) 654

27. 1, 3, 10, 21, 64, 129, 356, 777 **(R.R.B. 1999)**
(*a*) 21 (*b*) 129 (*c*) 10 (*d*) 356

28. 3, 4, 10, 32, 136, 685, 4116 **(M.A.T. 2003)**
(*a*) 10 (*b*) 32 (*c*) 136 (*d*) 4116

29. 2, 6, 24, 96, 285, 568, 567 **(R.R.B. 2005)**
(*a*) 6 (*b*) 24 (*c*) 285 (*d*) 567

30. 445, 221, 109, 46, 25, 11, 4
(*a*) 25 (*b*) 46 (*c*) 109 (*d*) 221

31. 93, 309, 434, 498, 521, 533 **(I.R.M.A. 2005)**
(*a*) 309 (*b*) 434 (*c*) 498 (*d*) 521

32. 1, 3, 12, 25, 48 **(N.M.A.T. 2003)**
(*a*) 3 (*b*) 12 (*c*) 25 (*d*) 48

33. 1236, 2346, 3456, 4566, 5686
(*a*) 1236 (*b*) 3456 (*c*) 4566 (*d*) 5686

34. 3, 2, 8, 9, 13, 22, 18, 32, 23, 42
(*a*) 8 (*b*) 9 (*c*) 13 (*d*) 22

35. 2, 3, 4, 4, 6, 8, 9, 12, 16 **(M.A.T. 2003)**
(*a*) 3 (*b*) 6 (*c*) 9 (*d*) 12

36. 1, 5, 5, 9, 7, 11, 11, 15, 12, 17
(*a*) 11 (*b*) 12 (*c*) 17 (*d*) 15

37. 11, 5, 20, 12, 40, 26, 74, 54
(*a*) 5 (*b*) 20 (*c*) 40 (*d*) 26

38. 1, 5, 9, 15, 25, 37, 49
(*a*) 9 (*b*) 15 (*c*) 25 (*d*) 37

39. 5, 27, 61, 122, 213, 340, 509
(*a*) 27 (*b*) 61 (*c*) 122 (*d*) 509

40. 0, 2, 3, 5, 8, 10, 15, 18, 24, 26, 35
(*a*) 18 (*b*) 24 (*c*) 26 (*d*) 10

दिशानिर्देश (प्रश्न 41 से 45): ***निम्नलिखित संख्या श्रृंखला में से प्रत्येक में या तो एक पद रिक्त है या गलत है, जोकि दिए गए विकल्पों में से एक के रूप में दिया गया है। उस विकल्प को ज्ञात कीजिए जो इस रिक्त पद या गलत पद को इंगित करता है।***

41. 1, 2, 5, 10, 17, 28
(*a*) 30 (*b*) 28 (*c*) 27 (*d*) 17

42. 1, 5, 11, 19, 29, 55
(*a*) 55 (*b*) 41 (*c*) 29 (*d*) 19

43. 2, 3, 5, 8, 13, 34
(*a*) 21 (*b*) 25 (*c*) 29 (*d*) 34

44. 0, 3, 8, 15, 24, 33
(*a*) 8 (*b*) 15 (*c*) 26 (*d*) 33

45. 1, 5, 14, 30, 55, 93
(*a*) 97 (*b*) 95 (*c*) 93 (*d*) 55

दिशानिर्देश (प्रश्न 46 से 50): ***निम्नलिखित में से प्रत्येक संख्या श्रृंखला में, दो पद ब्रैकेट (कोष्ठक) के भीतर रखे गए हैं। इन्हें निम्न निर्देशों के अनुरूप हल करें।*** **(M.A.T. 2005)**

(a) यदि ब्रैकेट में दिए गए दोनों पद सही हैं।
(b) यदि ब्रैकेट में दिया गया पहला पद सही है और दूसरा गलत है।
(c) यदि ब्रैकेट में दिया गया पहला पद गलत है और दूसरा सही है तथा
(d) यदि ब्रैकेट में दिए गए दोनों पद गलत हैं।

46. 4, 6, 10, (12), 16, (14), 22

47. 3, 10, 29, (66), (127), 218

48. 2, 3, (6), 11, 18, (30), 38

49. (2), 5, (12), 25, 41, 61

50. 4, 7, (9), 10, 13, 15, (16), 19

हल-अभ्यास 1(B)

1. (*a*) : दी गयी श्रृंखला में पैटर्न, $(14)^2, (13)^2, (12)^2, (11)^2, (10)^2$.
अत: गलत संख्या 101 है। इसकी जगह $(10)^2 = 100$ आना चाहिए।

2. (*c*) : दी गयी श्रृंखला में पैटर्न, $3, 3^2, 3^3, 4, 4^2, 4^3, 5, 5^2, 5^3$.
अत: गलत संख्या 10 है। इसकी जगह $3^2 = 9$ आना चाहिए।

3. (*a*) : दी गयी श्रृंखला में पैटर्न, $5^2, 7^2, 9^2, 11^2, 13^2, 15^2$.
अत: गलत संख्या 36 है।

4. (*d*) : दी गयी श्रृंखला में पैटर्न, $(1^2+1), (2^2+1), (3^2+1), (4^2+1), (5^2+1), (6^2+1), (7^2+1)$, ...
अत: गलत संख्या 64 है। इसकी जगह $(8^2+1) = 65$.

5. (*a*) : दी गयी श्रृंखला में पैटर्न, $(2^3-3), (3^3-3), (4^3-3), (5^3-3), (6^3-3), (7^3-3), (8^3-3)$.
अत: गलत संख्या 27 है। इसकी जगह $(3^3-3) = 24$ आना चाहिए।

6. (*c*) : श्रृंखला का हर अगला पद पिछले पद में 22 जोड़कर प्राप्त हो रहा है।
अत: गलत संख्या 186 है। इसकी जगह $(165+22) = 187$ आना चाहिए।.

7. (*b*) : दी गयी श्रृंखला में पैटर्न, +6, +8, +10, +12, +14
अत: गलत संख्या 45 है। इसकी जगह $(30+10) = 40$ आना चाहिए।

8. (*d*) : दी गयी श्रृंखला में पैटर्न, +5, +8, +11, +14, ...
अत: गलत संख्या 47 है। इसकी जगह $(32+14) = 46$ आना चाहिए।

9. (*c*) : दी गयी श्रृंखला में पैटर्न, + 6, + 12, + 24, + 48, +96, +192
अत: गलत संख्या 96 है। इसकी जगह $(46+48) = 94$ आना चाहिए।

10. (*d*) : दी गयी श्रृंखला में पैटर्न, +1, −2, +3, −4, +5
अत: गलत संख्या 129 है। इसकी जगह $(123+5) = 128$ आना चाहिए।

11. (*c*) : दी गयी श्रृंखला में पैटर्न, −20, −25, −30, ...
अत: गलत संख्या 0 है। इसकी जगह $(30-35) = -5$ आना चाहिए।

12. (*c*) : दी गयी श्रृंखला में पैटर्न, − 66, − 55, − 44, − 33, −22, −11.
अत: गलत संख्या 202 है। इसकी जगह $(259-55) = 204$ आना चाहिए।

13. (*c*) : दी गयी श्रृंखला में पैटर्न, −192, −96, −48, −24, −12, −6.
अत: गलत संख्या 48 है। इसकी जगह (92 − 48) 44 आना चाहिए।

14. (*c*) : दी गयी श्रृंखला 86 में पैटर्न, − 11, + 9, − 7, + 5, −3, +1
अत: गलत संख्या 86 है। इसकी जगह $(78+9) = 87$ आना चाहिए।

15. (*c*) : दी गयी श्रृंखला में पैटर्न, +2, +4, +8, +16, +32, +64 अर्थात $+2, +2^2, +2^3, +2^4, +2^5, +2^6$.
अत: गलत संख्या 84 है। इसकी जगह $(70+16) = 86$ आना चाहिए।

16. (*b*) : दी गयी श्रृंखला में पैटर्न, +1, +4, +9, +16, +25 अर्थात $+1^2, +2^2, +3^2, +4^2, +5^2$.
अत: गलत संख्या 22 इसकी जगह $(16+4) = 20$ आना चाहिए।

17. (*d*) : श्रृंखला का प्रत्येक पद पिछले पद को 2 से गुणा करके प्राप्त किया जा रहा है।
अत: गलत संख्या 96 है। इसकी जगह $(64 \times 2) = 128$ आना चाहिए।

18. (*b*) : श्रृंखला का प्रत्येक पद पिछले पद को 4 से भाग करके प्राप्त किया जा रहा है।
अत: गलत संख्या 1536 है। इसकी जगह $(1536 \div 4) = 384$ आना चाहिए।

19. (*c*) : श्रृंखला का प्रत्येक पद लगातार आने वाली दो अभाज्य संख्याओं का गुणनफल है। अर्थात, (2×3), (3×5), (5×7), (7×11), ...
अत: गलत संख्या 165 है। इसकी जगह $(11 \times 13) = 143$ आना चाहिए।

20. (*d*) : श्रृंखला का प्रत्येक पद पिछले दो पदों का गुणनफल है।
अत: गलत संख्या 5000 है। इसकी जगह $(50 \times 500) = 25000$ आना चाहिए।

21. (*c*) : दी गयी श्रृंखला में पैटर्न, $\div 12, \div 10, \div 8, \div 6$, ...
अत: गलत संख्या 24 है। इसकी जगह $(48 \div 6) = 8$ आना चाहिए।

22. (*c*) : दी गयी श्रृंखला में पैटर्न, $\times 2, \times 4, \times 2, \times 4$, ...
अत: गलत संख्या 550 है। इसकी जगह $(230 \times 2) = 640$ आना चाहिए।

23. (*d*) : दी गयी श्रृंखला में पैटर्न, $+ 4, \times 2, + 4, \times 2$, ...
अत: गलत संख्या 132 है।
इसकी जगह $(68 \times 2) = 136$ आना चाहिए।

24. (*b*) : दी गयी श्रृंखला में पैटर्न, $\times 2 + 1$
अत: 39 गलत संख्या है। इसकी जगह $(15 \times 2 + 1) = 31$ आना चाहिए।

25. (*b*) : दी गयी श्रृंखला में पैटर्न, $\times 2 - 2$
अत: गलत संख्या 48 है। इसकी जगह $(26 \times 2 - 2) = 50$ आना चाहिए।

26. (*d*) : दी गयी श्रृंखला में पैटर्न, $\times 3 - 4$
अत: गलत संख्या 654 है। इसकी जगह $(218 \times 3 - 4) = 650$ आना चाहिए।

27. (*d*) : दी गयी श्रृंखला में पैटर्न, $\times 2 + 1, \times 3 + 1, \times 2 + 1, \times 3 + 1$, ...
अत: गलत संख्या 356 है। इसकी जगह $(129 \times 3 + 1) = 388$ आना चाहिए।

28. (*b*) : दी गयी श्रृंखला में पैटर्न, $\times 1 + 1, \times 2 + 2, \times 3 + 3, \times 4 + 4$, ...
अत: गलत संख्या 32 है। इसकी जगह $(10 \times 3 + 3) = 33$ आना चाहिए।

29. (*b*) : दी गयी श्रृंखला में पैटर्न, $\times 6 - 6, \times 5 - 5, \times 4 - 4$, ...
अत: गलत संख्या 24 है। इसकी जगह $(6 \times 5 - 5) = 25$ आना चाहिए।

30. (*b*) : दी गई श्रृंखला में अगला पद प्राप्त करने के लिए पहले पिछले पद से 3 घटाया जा रहा है और इस तरह प्राप्त संख्या को 2 से भाग दिया जा रहा है।
अत: गलत संख्या 46 है। इसकी जगह $\left(\frac{109 - 3}{2}\right)$ $= 53$ आना चाहिए।

31. (*d*) : दी गयी श्रृंखला में पैटर्न, $+ 6^3, + 5^3, + 4^3, + 3^3$, ...
अत: गलत संख्या 521 है। इसकी जगह $(498 + 3^3) = 525$ आना चाहिए।

32. (*c*) : दी गयी श्रृंखला में पैटर्न, $(1^2 - 0^2), (2^2 - 1^2), (4^2 - 2^2), (6^2 - 3^2)$ एवं $(8^2 - 4^2)$
अत: गलत संख्या 25 है। इसकी जगह $(6^2 - 3^2) = 27$ आना चाहिए।

33. (*d*) : दी गयी श्रृंखला में पैटर्न, $+ 1110$
अत: गलत संख्या 5686 है। इसकी जगह $(4566 + 1110) = 5676$ आना चाहिए।

34. (*b*) : दी गयी श्रृंखला, दो श्रृंखलाओं का संयोजन है:
श्रृंखला I. 3, 8, 13, 18, 23
श्रृंखला II. 2, 9, 22, 32, 42
श्रृंखला I में पैटर्न, + 5
श्रृंखला II में पैटर्न, + 10
अत: गलत संख्या 9 है। इसकी जगह $(2 + 10) = 12$ आना चाहिए।

35. (*c*) : दी गयी श्रृंखला, तीन श्रृंखलाओं का संयोजन है:
श्रृंखला I. प्रथम, चौथा, 7वां, पद अर्थात 2, 4, 9, ...
श्रृंखला II. दूसरा, 5वां, 8वां, पद अर्थात 3, 6, 12, ...
श्रृंखला III. तीसरा, 6वां, 9वां पद अर्थात 4, 8, 16, ...
तीनों श्रृंखलाओं में पैटर्न, $\times 2$
अत: गलत संख्या 9 है। इसकी जगह $(4 \times 2) = 8$ आना चाहिए।

36. (*b*) : दी गयी श्रृंखला, दो श्रृंखलाओं का संयोजन है:
श्रृंखला I. 1, 5, 7, 11, 12
श्रृंखला II. 5, 9, 11, 15, 17
दोनों श्रृंखलाओं में पैटर्न, + 4, + 2, + 4, + 2
अत: गलत संख्या 12 है। इसकी जगह $(11 + 2) = 13$ आना चाहिए।

37. (*b*) : दी गयी श्रृंखला, दो श्रृंखलाओं का संयोजन है:
श्रृंखला I. 11, 20, 40, 74
श्रृंखला II. 5, 12, 26, 54
दोनों श्रृंखलाओं में पैटर्न, + 9, + 18, + 36, ...
अत: गलत संख्या 40 है। इसकी जगह $(20 + 18) = 38$ आना चाहिए।

38. (*b*) : दी गयी श्रृंखला, के पद $1^2, (2^2 + 1), 3^2, (4^2 + 1), 5^2, (6^2 + 1), 7^2$ है।
अत: गलत संख्या 40 है। इसकी जगह $(4^2 + 1) = 17$ आना चाहिए।

39. (*a*) : स्पष्ट है कि यदि श्रृंखला IV का प्रत्येक पद 6 हो तो दी गई श्रृंखला, त्रिकोणीय श्रृंखला पैटर्न बनाएगी।

I:	5	27	61	122	213	340	509
II :	22	34	61	91	127	169	
III:	12	27	30	36	42		
IV:	15	3	6	6			

अत: श्रृंखला III में, 27 को $(30 - 6) = 24$ से और 12 को $(24 - 6) = 18$ से प्रतिस्थापित किया जाना चाहिए।
इसी प्रकार, श्रृंखला II में, 34 को $(61 - 24) = 37$ से और 22 को $(37 - 18) = 19$ से प्रतिस्थापित किया जाना चाहिए।
इस प्रकार दी गयी श्रृंखला में, 27 को $(5 + 19) = 24$ से

प्रतिस्थापित किया जाना चाहिए।

40. (*a*) : दी गयी श्रृंखलाए दो श्रृंखलाओं का संयोजन है:
श्रृंखला I. 0, 3, 8, 15, 24, 35
श्रृंखला II. 2, 5, 10, 18, 26
दोनों श्रृंखलाओं में पैटर्न, + 3, + 5, + 7, + 9, ...
अत: गलत संख्या 18 है। इसकी जगह $(10+7)=17$ आना चाहिए।

41. (*b*) : दी गयी श्रृंखला में पैटर्न, + 1, + 3, + 5, + 7, + 9.
अत: गलत संख्या 28 है। इसकी जगह $(17+9)=26$ आना चाहिए।

42. (*b*) : दी गयी श्रृंखला में पैटर्न, + 4, + 6, + 8, + 10, ...
अत: 29 से अगला पद $= 29+12=41$
41 से अगला पद $= 41+14) = 55$
$\therefore$ अत: रिक्त पद = 41

43. (*a*) : श्रृंखला का प्रत्येक पद पिछले दो पदों का योग है।
$8+13=21$ और $13+21=34$
अत: रिक्त पद = 21

44. (*d*) : दी गयी श्रृंखला में पैटर्न, + 3, + 5, + 7, + 9, + 11.
अत: 33 गलत संख्या है। इसकी जगह $(24+11)=35$ आना चाहिए।

45. (*c*) : दी गयी श्रृंखला में पैटर्न, + 4, + 9, + 16, + 25, + 36 *i.e.* $+2^2, +3^2, +4^2, +5^2, +6^2$
अत: गलत संख्या 93 है। इसकी जगह $(55+36)=91$ आना चाहिए।

46. (*b*) : दी गयी श्रृंखला में पैटर्न, + 2, + 4, + 2, + 4, ...
स्पष्ट है कि 12 सही है किन्तु 14 गलत है। 14 की जगह $(16+2)=18$ आना चाहिए।

47. (*a*) : दी गयी श्रृंखला में पैटर्न, $1^3+2, 2^3+2, 3^3+2, 4^3+2, 5^3+2, 6^3+2$
स्पष्ट है कि 66 एवं 127 दोनों ही पद सही हैं।

48. (*b*) : दी गयी श्रृंखला में पैटर्न, + 1, + 3, + 5, + 7, + 9, + 11
स्पष्ट है कि 6 सही है किन्तु 30 गलत है। 30 की जगह $(18+9)=27$ आना चाहिए।

49. (*d*) : दी गयी श्रृंखला में पैटर्न, + 4, + 8, + 12, + 16, + 20.
स्पष्ट है कि 2 एवं 12 दोनों ही पद गलत हैं। 2 की जगह $(5-1)=4$ तथा 12 की जगह $(5+8)=13$ आना चाहिए।

50. (*a*) : दी गयी श्रृंखला में पैटर्न, + 3, + 2, + 1, + 3, + 2, + 1, + 3
स्पष्ट है कि 9 एवं 16 दोनों ही पद सही हैं।

प्रकार 2: वर्णमाला श्रृंखला (ALPHABET SERIES)

इस प्रकार के प्रश्नों में, एकल, जोड़े, अक्षरों के समूह या अक्षरों और अंकों के संयोजनों की एक श्रृंखला दी जाती है। श्रृंखला के पद अंग्रेजी वर्णमाला में अक्षरों की स्थिति के अनुसार एक निश्चित पैटर्न बनाते हैं। इस पैटर्न को समझ कर दी गयी श्रृंखला में रिक्त पद या गलत पद को ज्ञात करना होता है।

हल साहित उदाहरण

उदा. 1. निम्न श्रृंखला के अगले दो पदों को ज्ञात करें:
A, C, F, J, ?, ? **(C.B.I. 2003)**
(*a*) L, P (*b*) M, O (*c*) O, U (*d*) R, V

हल दी गयी श्रृंखला में पैटर्न,

$A \xrightarrow{+2} C \xrightarrow{+3} F \xrightarrow{+4} J \xrightarrow{+5} O \xrightarrow{+6} U$

अत: 5वां पद O और 6वां U होगा।
अत: सही विकल्प (*c*) है।

उदा. 2. निम्न श्रृंखला का अगला पद क्या होगा?
(*a*) UW (*b*) VW (*c*) UX (*d*) TV
(*e*) इनमें से कोई नहीं **(Bank Recruitment, 2005)**

हल दी गयी श्रृंखला में पैटर्न,
(A + 5, C + 5), (F + 5, H + 5), (K + 5, M + 5), (P + 5, R + 5),
अत: अगला पद UW होगा।
अत: सही विकल्प (*a*) है।

उदा. 3. निम्न श्रृंखला का अगला पद ज्ञात कीजिए **(S.S.C. 2005)**
(*a*) KSU (*b*) LMN (*c*) SOV (*d*) SOW

हल दी गयी श्रृंखला के पहले अक्षर में पैटर्न,

$B \xrightarrow{+3} E \xrightarrow{+3} H \xrightarrow{+3} \textcircled{K}$

श्रृंखला के दूसरे अक्षर में पैटर्न,

$M \xrightarrow{+2} O \xrightarrow{+2} Q \xrightarrow{+2} \textcircled{S}$

श्रृंखला के तीसरे अक्षर में पैटर्न,

$O \xrightarrow{+2} Q \xrightarrow{+2} S \xrightarrow{+2} \textcircled{U}$

अत: अगला पद KSU होगा।
अत: सही विकल्प (*a*) है।

उदा. 4. निम्न श्रृंखला का अगला पद ज्ञात कीजिए
(*a*) QOL (*b*) QGL (*c*) TOL (*d*) QNL

हल दी गयी श्रृंखला में पैटर्न,
पहला अक्षर

$Y \xrightarrow{-2} W \xrightarrow{-2} U \xrightarrow{-2} S \xrightarrow{-2} \textcircled{Q}$

दूसरा अक्षर

$E \xrightarrow{+1} F \xrightarrow{+2} H \xrightarrow{+3} K \xrightarrow{+4} \textcircled{O}$

तीसरा अक्षर

$B \xrightarrow{+2} D \xrightarrow{+3} G \xrightarrow{+2} I \xrightarrow{+3} \textcircled{L}$

अत: अगला पद QOL होगा।
अत: सही विकल्प (*a*) है।

उदा. 5. निम्न श्रृंखला में प्रश्नचिन्ह (?) के स्थान पर कौन सा पद आएगा?

ABD, DGK, HMS, MTB, SBL, ?

(*a*) ZKU (*b*) ZKW (*c*) ZAB (*d*) XKW

Sol. दी गयी श्रृंखला में पैटर्न,

पहला अक्षर

$A \xrightarrow{+3} D \xrightarrow{+4} H \xrightarrow{+5} M \xrightarrow{+6} S \xrightarrow{+7} \textcircled{Z}$

दूसरा अक्षर

$B \xrightarrow{+5} G \xrightarrow{+6} M \xrightarrow{+7} T \xrightarrow{+8} B \xrightarrow{+9} \textcircled{K}$

तीसरा अक्षर

$D \xrightarrow{+7} K \xrightarrow{+8} S \xrightarrow{+9} B \xrightarrow{+10} L \xrightarrow{+11} \textcircled{W}$

अत: रिक्त पद ZKW होगा। अत: सही विकल्प (*b*) है।

अभ्यास 1C

दिशानिर्देश: निम्नलिखित में से प्रत्येक प्रश्न में, वर्णमाला श्रृंखला के विभिन्न पद दिए गए हैं जिनमें से एक या अधिक पद रिक्त हैं, जिन्हें प्रश्नचिन्ह (?) से दर्शाया गया है। दिए गए विकल्पों में से रिक्त पद ज्ञात कीजिए।

1. R, U, X, A, D, ? **(B.T.M. 2006)**
(*a*) F (*b*) G (*c*) H (*d*) I

2. T, R, P, N, L, ?, ? **(C.P.O. 2004)**
(*a*) J, G (*b*) J, H (*c*) K, H (*d*) K, I

3. B, D, F, I, L, P, ? **(S.S.C. 2002)**
(*a*) R (*b*) S (*c*) T (*d*) U

4. U, B, I, P, W, ? **(A.I.M.A.T.S. 2002)**
(*a*) D (*b*) F (*c*) Q (*d*) Z

5. H, I, K, N, ? **(IGNOU, 2003)**
(*a*) O (*b*) Q (*c*) R (*d*) S

6. Z, ?, T, ?, N, ?, H, ?, B **(S.S.C. 1999)**
(*a*) W, Q, K, E (*b*) W, R, K, E
(*c*) X, Q, K, E (*d*) X, R, K, E

7. A, G, L, P, S, ? **(R.R.B. 2002)**
(*a*) U (*b*) W (*c*) X (*d*) Y

8. a, d, c, f, ?, h, g, ?, i **(S.S.C. 2001)**
(*a*) e, j (*b*) e, k (*c*) f, j (*d*) j, e

9. A, D, H, M, ?, Z **(C.P.O. 2005)**
(*a*) T (*b*) G (*c*) N (*d*) S

10. A, I, P, V, A, E, ? **(I.I.T.T.M. 2006)**
(*a*) E (*b*) F (*c*) G (*d*) H

11. Z, U, Q, ?, L **(I.I.T.T.M. 2003)**
(*a*) I (*b*) K (*c*) M (*d*) N

12. Z, W, S, P, L, I, E, ? **(M.A.T. 2002)**
(*a*) B (*b*) D (*c*) F (*d*) K

13. Z, Y, X, U, T, S, P, O, N, K, ?, ? **(M.B.A. 2003)**
(*a*) H, G (*b*) H, I (*c*) I, H (*d*) J, I

14. Y, W, T, P, K, E, X, ?, ?
(*a*) G, H (*b*) P, G (*c*) R, G (*d*) S, R

15. Z, X, S, I, R, R, ?, ? **(B.T.M. 2006)**
(*a*) G, I (*b*) J, I (*c*) J, K (*d*) K, M

16. A, B, N, C, D, O, E, F, P, ?, ?, ? **(M.A.T. 2002)**
(*a*) G, H, I (*b*) G, H, J (*c*) G, H, Q (*d*) J, K, L

17. A, B, B, D, C, F, D, H, E, ?, ? **(R.R.B. 2005)**
(*a*) E, F (*b*) F, G (*c*) F, I
(*d*) J, F (*e*) J, K

18. Y, B, T, G, O, ? **(M.C.A. 2005)**
(*a*) N (*b*) M (*c*) L (*d*) K

19. C, Z, F, X, I, V, L, T, O, ?, ? **(B.T.M. 2006)**
(*a*) O, P (*b*) P, Q (*c*) R, R (*d*) S, R

20. M, N, O, L, R, I, V, ? **(Bank P.O. 2003)**
(*a*) A (*b*) E (*c*) F (*d*) H (*e*) Z

21. Z, S, W, O, T, K, Q, G, ?, ?
(*a*) N, C (*b*) N, D (*c*) O, C (*d*) O, D

22. b e d f ? h j ? l
(*a*) i m (*b*) m i (*c*) i n (*d*) j m

23. AB, DEF, HIJK, ?, STUVWX **(M.A.T. 2004)**
(*a*) LMNO (*b*) LMNOP (*c*) MNOPQ (*d*) QRSTU

24. AI, BJ, CK, ? **(R.R.B. 2002)**
(*a*) DL (*b*) DM (*c*) GH (*d*) LM

25. AZ, GT, MN, ?, YB **(R.R.B. 2006)**
(*a*) JH (*b*) SH (*c*) SK (*d*) TS

26. GH, JL, NQ, SW, YD, ? **(R.B.I. 2003)**
(*a*) EJ (*b*) FJ (*c*) EL (*d*) FL

27. AZ, CX, FU, ? **(Hotel Management, 2002)**
(*a*) IR (*b*) IV (*c*) JQ (*d*) KP

28. DF, GJ, KM, NQ, RT, ?
(*a*) UW (*b*) YZ (*c*) XZ
(*d*) UX (*e*) YA

29. ajs, gpy, ?, sbk, yhq **(M.B.A. 2004)**
(*a*) dmv (*b*) mve (*c*) oua (*d*) qzi

30. PMT, OOS, NQR, MSQ, ? **(S.S.C. 2003)**
(*a*) LUP (*b*) LVP (*c*) LVR (*d*) LWP

31. BMX, DNW, FOU, ? **(C.E.T. 2006)**
(*a*) GHO (*b*) GPS (*c*) HPS
(*d*) HPT (*e*) HQS

32. BZA, DYC, FXE, ?, JVI **(Bank P.O. 2003)**
(*a*) HUG (*b*) HWG (*c*) UHG (*d*) WHG
(*e*) इनमें से कोई नहीं

33. ABD, DGK, HMS, MTB, SBL, ? **(M.A.T. 2005)**

(*a*) XKW (*b*) ZAB (*c*) ZKU (*d*) ZKW

34. DHL, PTX, BFJ, ? **(S.S.C. 2002)**

(*a*) CGK (*b*) KOS (*c*) NRV (*d*) RVZ

35. WFB, TGD, QHG, ? **(C.E.T. 2006)**

(*a*) NIJ (*b*) NIK (*c*) NJK
(*d*) OIK (*e*) PJK

36. AZY, BUT, CXW, DWV, ? **(B.T.M. 2003)**

(*a*) EVA (*b*) EVU (*c*) VEU (*d*) VUE

37. UPI, ?, ODP, MBQ, IAW **(Bank P.O. 1999)**

(*a*) RHJ (*b*) SHJ (*c*) SIJ
(*d*) THK (*e*) TIJ

38. DEF, HIJ, MNO, ?

(*a*) STU (*b*) RST (*c*) RTV
(*d*) SRQ (*e*) TUV

39. AYD, BVF, DRH, ?, KGL

(*a*) FMI (*b*) GMJ (*c*) GLJ (*d*) HLK

40. ejo tyd ins xch ?

(*a*) nrw (*b*) mrw (*c*) msx
(*d*) nsx (*e*) nsw

41. A, CD, GHI, ?, UVWXY

(*a*) LMNO (*b*) MNO (*c*) MNOP (*d*) NOPQ

42. AYBZC, DWEXF, GUHVI, JSKTL, ? **(S.S.C. 2002)**

(*a*) MQORN (*b*) MQNRO (*c*) NQMOR (*d*) QMONR

43. PERPENDICULAR, ERPENDICULA, RPENDICUL, ? **(R.B.I. 2004)**

(*a*) PENDICUL (*b*) PENDIC (*c*) ENDIC
(*d*) ENDICU (*e*) इनमें से कोई नहीं

44. ATTRIBUTION, TTRIBUTIO, RIBUTIO, IBUTI, ? **(I.B.P.S. 2002)**

(*a*) IBU (*b*) UT (*c*) UTI (*d*) BUT
(*e*) इनमें से कोई नहीं

45. ADVENTURE, DVENTURE, DVENTUR, ?, VENTU

(*a*) DVENT (*b*) VENTURE (*c*) VENTUR
(*d*) DVENTU (*e*) इनमें से कोई नहीं

46. निम्नलिखित श्रृंखला पर विचार कीजिए: **(UPSC, 2005)**

A B C D ..... X Y Z | Y X ..... B A | B C D ..... Y Z | Y X ..... C B A | BC ..... Y Z .....

उपरोक्त श्रृंखला में 1000वें स्थान पर कौन-सा अक्षर आएगा?

(*a*) B (*b*) C (*c*) X (*d*) Y

हल-अभ्यास 1(C)

1. (*b*) : $R \xrightarrow{+3} U \xrightarrow{+3} X \xrightarrow{+3} A \xrightarrow{+3} D \xrightarrow{+3} G$

2. (*b*) : $T \xrightarrow{-2} R \xrightarrow{-2} P \xrightarrow{-2} N \xrightarrow{-2} L \xrightarrow{-2} (J) \xrightarrow{-2} (H)$

3. (*c*) : $B \xrightarrow{+2} D \xrightarrow{+2} F \xrightarrow{+3} I \xrightarrow{+3} L \xrightarrow{+4} P \xrightarrow{+4} (T)$

4. (*a*) : $U \xrightarrow{+7} B \xrightarrow{+7} I \xrightarrow{+7} P \xrightarrow{+7} W \xrightarrow{+7} (D)$

5. (*c*) : $H \xrightarrow{+1} I \xrightarrow{+2} K \xrightarrow{+3} N \xrightarrow{+4} (R)$

6. (*a*) : $Z \xrightarrow{-6} T \xrightarrow{-6} N \xrightarrow{-6} H \xrightarrow{-6} (B)$

$Z \xrightarrow{-3} (W) \xrightarrow{-3} T \xrightarrow{-3} (Q) \xrightarrow{-3} N \xrightarrow{-3} (K) \xrightarrow{-3} H \xrightarrow{-3} (E) \xrightarrow{-3} B$

7. (*a*) : $A \xrightarrow{+6} G \xrightarrow{+5} L \xrightarrow{+4} P \xrightarrow{+3} S \xrightarrow{+2} (U)$

8. (*a*) : $a \xrightarrow{+3} d \xrightarrow{-1} c \xrightarrow{+3} f \xrightarrow{-1} (e) \xrightarrow{+3} h \xrightarrow{-1} g \xrightarrow{+3} j \xrightarrow{-1} i$

9. (*d*) : $A \xrightarrow{+3} D \xrightarrow{+4} H \xrightarrow{+5} M \xrightarrow{+6} (S) \xrightarrow{+7} Z$

10. (*d*) : $A \xrightarrow{+8} I \xrightarrow{+7} P \xrightarrow{+6} V \xrightarrow{+5} A \xrightarrow{+4} E \xrightarrow{+3} (H)$

11. (*d*) : $Z \xrightarrow{-5} U \xrightarrow{-4} Q \xrightarrow{-3} (N) \xrightarrow{-2} L$

12. (*a*) : $Z \xrightarrow{-3} W \xrightarrow{-4} S \xrightarrow{-3} P \xrightarrow{-4} L \xrightarrow{-3} I \xrightarrow{-4} E \xrightarrow{-3} (B)$

13. (*d*) : $(Z \rightarrow Y \rightarrow X) \xrightarrow{-3} (U \rightarrow T \rightarrow S) \xrightarrow{-3} (P \rightarrow O \rightarrow N) \xrightarrow{-3} (K \rightarrow (J) \rightarrow (I))$

14. (*b*) : $Y \xrightarrow{-2} W \xrightarrow{-3} T \xrightarrow{-4} P \xrightarrow{-5} K \xrightarrow{-6} E \xrightarrow{-7} X \xrightarrow{-8} (P) \xrightarrow{-9} (G)$

15. (*a*) : $Z \xrightarrow{-2} X \xrightarrow{-5} S \xrightarrow{-10} I \xrightarrow{-17} R \xrightarrow{-26} R \xrightarrow{-37} (G) \xrightarrow{-50} (I)$

नोट- श्रृंखला के पदों के बीच के अंतर से निर्मित श्रृंखला - 2, 5, 10, 17, 26, 37, 50 पुन: एक श्रृंखला का निर्माण कर रही है, जिसमें पैटर्न, + 3, + 5, + 7, + 9 + 11, + 13 है।

16. (*c*) **:** दी गई श्रृंखला को 2 समूहों में विभाजित किया जा सकता है:

I. A, B, C, D, E, F, ?, ? और II. N, O, P, ?

दी गई श्रृंखला में क्रमशः श्रृंखला I के दो पद तथा श्रृंखला II के एक पद का प्रयोग किया गया है।

श्रृंखला I में रिक्त पद G और H हैं, जबकि श्रृंखला II में रिक्त पद Q है।

17. (*d*) **:** दी गयी श्रृंखला, दो श्रृंखलाओं का संयोजन है:

श्रृंखला I. पहला, तीसरा, 5वां, 7वां, 9वां, 11वां, पद अर्थात A, B, C, D, E, ?

श्रृंखला II. दूसरा, चौथा, 6वां, 8वां, 10वां अर्थात B, D, F, H, ?

श्रृंखला I में लगातार आने वाले अक्षरों का प्रयोग किया गया है जबकि श्रृंखला II में एक अक्षर छोड़कर अगले अक्षर का प्रयोग किया गया है।

अत: श्रृंखला I में रिक्त पद F होगा जबकि श्रृंखला II में रिक्त पद J है।

अत: 10वां व 11वां पद क्रमशः J और F होंगे।

18. (*c*) **:** दी गयी श्रृंखलाए दो श्रृंखलाओं का संयोजन है:

श्रृंखला I, T, T, O और

श्रृंखला II. B, G, ?

श्रृंखला I में अंग्रेजी वर्णमाला के अंत से दूसरे, 7वें और 12वें अक्षर शामिल हैं जबकि श्रृंखला II में अंग्रेजी वर्णमाला के प्रारंभ से दूसरे, 7वें और 12वें अक्षर शामिल हैं।

अत: श्रृंखला II में रिक्त पद अंग्रेजी वर्णमाला के प्रारंभ से 12वां अक्षर होगा।

अत: रिक्त पद L है।

19. (*c*) **:** दी गयी श्रृंखला, दो श्रृंखलाओं का संयोजन है:

श्रृंखला I. C, F, I, L, O, ? और

श्रृंखला, II. Z, X, V, T, ?

श्रृंखला I में पैटर्न: $C \xrightarrow{+3} F \xrightarrow{+3} I \xrightarrow{+3} L \xrightarrow{+3} O \xrightarrow{+3} \textcircled{R}$

श्रृंखला II में पैटर्न: $Z \xrightarrow{-2} X \xrightarrow{-2} V \xrightarrow{-2} T \xrightarrow{-2} \textcircled{R}$

20. (*b*) **:** दी गयी श्रृंखला, दो श्रृंखलाओं का संयोजन है:

श्रृंखला I. M, O, R, V और

श्रृंखला II. N, L, I, ?

श्रृंखला I में पैटर्न,

$M \xrightarrow{+2} O \xrightarrow{+3} R \xrightarrow{+4} V$

श्रृंखला II में पैटर्न,

$N \xrightarrow{-2} L \xrightarrow{-3} I \xrightarrow{-4} E$

अत: रिक्त पद E है।

21. (*a*) **:** दी गयी श्रृंखला, दो श्रृंखलाओं का संयोजन है:

श्रृंखला I. Z W, T, Q, ? और

श्रृंखला II. S, O, K, G, ?

श्रृंखला I में पैटर्न

$Z \xrightarrow{-3} W \xrightarrow{-3} T \xrightarrow{-3} Q \xrightarrow{-3} \textcircled{N}$

श्रृंखला II में पैटर्न,

$S \xrightarrow{-4} O \xrightarrow{-4} K \xrightarrow{-4} G \xrightarrow{-4} \textcircled{C}$

22. (*a*) **:** दी गयी श्रृंखला को निम्न प्रकार से समूह में विभाजित किया जा सकता है:

b e d / f ? h / j ? l

पहले समूह में दूसरे और तीसरे अक्षर पहले अक्षर से क्रमशः तीन और दो अधिक हैं। दूसरे और तीसरे समूहों में भी इसी पैटर्न का पालन किया गया है।

23. (*c*) **:** दी गयी श्रृंखला के पदों में अक्षरों की संख्या प्रत्येक चरण में पहले से एक बढ़ जाती है। प्रत्येक पद का पहला अक्षर पिछले पद के अंतिम अक्षर से दो अधिक है। साथ ही प्रत्येक पद में लगातार आने वाले अक्षरों का प्रयोग किया गया है।

24. (*a*) **: पहला अक्षर :** $A \xrightarrow{+1} B \xrightarrow{+1} C \xrightarrow{+1} \textcircled{D}$

दूसरा अक्षर : I $\xrightarrow{+1}$ J $\xrightarrow{+1}$ K $\xrightarrow{+1}$ (L)

25. (*b*) : **पहला अक्षर** : A $\xrightarrow{+6}$ G $\xrightarrow{+6}$ M $\xrightarrow{+6}$ (S) $\xrightarrow{+6}$ Y

दूसरा अक्षर : Z $\xrightarrow{-6}$ T $\xrightarrow{-6}$ N $\xrightarrow{-6}$ (H) $\xrightarrow{-6}$ B

26. (*d*) : **पहला अक्षर** : G $\xrightarrow{+3}$ J $\xrightarrow{+4}$ N $\xrightarrow{+5}$ S $\xrightarrow{+6}$ Y $\xrightarrow{+7}$ (F)

दूसरा अक्षर : H $\xrightarrow{+4}$ L $\xrightarrow{+5}$ Q $\xrightarrow{+6}$ W $\xrightarrow{+7}$ D $\xrightarrow{+8}$ (L)

27. (*c*) : **पहला अक्षर** : A $\xrightarrow{+2}$ C $\xrightarrow{+3}$ F $\xrightarrow{+4}$ (J)

दूसरा अक्षर : Z $\xrightarrow{-2}$ X $\xrightarrow{-3}$ U $\xrightarrow{-4}$ (Q)

28. (*d*) : **पहला अक्षर** : D $\xrightarrow{+3}$ G $\xrightarrow{+4}$ K $\xrightarrow{+3}$ N $\xrightarrow{+4}$ R $\xrightarrow{+3}$ (U)

दूसरा अक्षर : F $\xrightarrow{+4}$ J $\xrightarrow{+3}$ M $\xrightarrow{+4}$ Q $\xrightarrow{+3}$ T $\xrightarrow{+4}$ (X)

29. (*b*) : **पहला अक्षर** : a $\xrightarrow{+6}$ g $\xrightarrow{+6}$ (m) $\xrightarrow{+6}$ s $\xrightarrow{+6}$ y

दूसरा अक्षर : j $\xrightarrow{+6}$ p $\xrightarrow{+6}$ (v) $\xrightarrow{+6}$ b $\xrightarrow{+6}$ h

तीसरा अक्षर : s $\xrightarrow{+6}$ y $\xrightarrow{+6}$ e $\xrightarrow{+6}$ k $\xrightarrow{+6}$ q

30. (*a*) : **पहला अक्षर** :

P $\xrightarrow{-1}$ O $\xrightarrow{-1}$ N $\xrightarrow{-1}$ M $\xrightarrow{-1}$ (L)

दूसरा अक्षर : M $\xrightarrow{+2}$ O $\xrightarrow{+2}$ Q $\xrightarrow{+2}$ S $\xrightarrow{+2}$ (U)

तीसरा अक्षर : T $\xrightarrow{-1}$ S $\xrightarrow{-1}$ R $\xrightarrow{-1}$ Q $\xrightarrow{-1}$ (P)

31. (*d*) : **पहला अक्षर** : B $\xrightarrow{+2}$ D $\xrightarrow{+2}$ F $\xrightarrow{+2}$ (H)

दूसरा अक्षर : M $\xrightarrow{+1}$ N $\xrightarrow{+1}$ O $\xrightarrow{+1}$ (P)

तीसरा अक्षर : X $\xrightarrow{-1}$ W $\xrightarrow{-2}$ U $\xrightarrow{-1}$ (T)

32. (*b*) : **पहला अक्षर** : B $\xrightarrow{+2}$ D $\xrightarrow{+2}$ F $\xrightarrow{+2}$ (H) $\xrightarrow{+2}$ J

दूसरा अक्षर : Z $\xrightarrow{-1}$ Y $\xrightarrow{-1}$ X $\xrightarrow{-1}$ (W) $\xrightarrow{-1}$ V

तीसरा अक्षर : A $\xrightarrow{+2}$ C $\xrightarrow{+2}$ E $\xrightarrow{+2}$ (G) $\xrightarrow{+2}$ I

33. (*d*) : **पहला अक्षर** : A $\xrightarrow{+3}$ D $\xrightarrow{+4}$ H $\xrightarrow{+5}$ (M) $\xrightarrow{+6}$ S $\xrightarrow{+7}$ (Z)

दूसरा अक्षर : B $\xrightarrow{+5}$ G $\xrightarrow{+6}$ M $\xrightarrow{+7}$ T $\xrightarrow{+8}$ B $\xrightarrow{+9}$ (K)

तीसरा अक्षर : D $\xrightarrow{+7}$ K $\xrightarrow{+8}$ S $\xrightarrow{+9}$ B $\xrightarrow{+10}$ L $\xrightarrow{+11}$ (W)

34. (*c*) : **पहला अक्षर** : D $\xrightarrow{+12}$ P $\xrightarrow{+12}$ B $\xrightarrow{+12}$ (N)

दूसरा अक्षर : H $\xrightarrow{+12}$ T $\xrightarrow{+12}$ F $\xrightarrow{+12}$ (R)

तीसरा अक्षर : L $\xrightarrow{+12}$ X $\xrightarrow{+12}$ J $\xrightarrow{+12}$ (V)

35. (*b*) : **पहला अक्षर** : W $\xrightarrow{-3}$ T $\xrightarrow{-3}$ Q $\xrightarrow{-3}$ (N)

दूसरा अक्षर : F $\xrightarrow{+1}$ G $\xrightarrow{+1}$ H $\xrightarrow{+1}$ (I)

तीसरा अक्षर : B $\xrightarrow{+2}$ D $\xrightarrow{+3}$ G $\xrightarrow{+4}$ (K)

36. (*b*) : **पहला अक्षर** : A $\xrightarrow{+1}$ B $\xrightarrow{+1}$ C $\xrightarrow{+1}$ D $\xrightarrow{+1}$ (E)

दूसरा अक्षर : Z $\xrightarrow{-5}$ U $\xrightarrow{+(5-2)=+3}$ X $\xrightarrow{-(3-2)=-1}$ W $\xrightarrow{+(1-2)=-1}$ (V)

तीसरा अक्षर : Y $\xrightarrow{-5}$ T $\xrightarrow{+(5-2)=+3}$ W $\xrightarrow{-(3-2)=-1}$ V $\xrightarrow{+(1-2)=-1}$ (U)

37. (*b*) : **पहला अक्षर** : U $\xrightarrow{-2}$ (S) $\xrightarrow{-4}$ O $\xrightarrow{-2}$ M $\xrightarrow{-4}$ I

दूसरा अक्षर : P $\xrightarrow{-8}$ (H) $\xrightarrow{-4}$ D $\xrightarrow{-2}$ B $\xrightarrow{-1}$ A

तीसरा अक्षर : I $\xrightarrow{+1}$ J $\xrightarrow{+6}$ P $\xrightarrow{+1}$ Q $\xrightarrow{+6}$ (W)

38. (*a*): **पहला अक्षर** : D $\xrightarrow{+4}$ H $\xrightarrow{+5}$ M $\xrightarrow{+6}$ (S)

दूसरा अक्षर : E $\xrightarrow{+4}$ I $\xrightarrow{+5}$ N $\xrightarrow{+6}$ (T)

तीसरा अक्षर : F $\xrightarrow{+4}$ J $\xrightarrow{+5}$ O $\xrightarrow{+6}$ (U)

39. (*b*): **पहला अक्षर** : A $\xrightarrow{+1}$ B $\xrightarrow{+2}$ D $\xrightarrow{+3}$ G $\xrightarrow{+4}$ (K)

दूसरा अक्षर : Y $\xrightarrow{-3}$ V $\xrightarrow{-4}$ R $\xrightarrow{-5}$ M $\xrightarrow{-6}$ (G)

तीसरा अक्षर : D $\xrightarrow{+2}$ F $\xrightarrow{+2}$ H $\xrightarrow{+2}$ J $\xrightarrow{+2}$ (L)

40. (*b*) : प्रत्येक पद के पहले और दूसरे, दूसरे और तीसरे अक्षर के बीच 4 का अंतर है। साथ ही किसी पद के अंतिम अक्षर और अगले पद के पहले अक्षर के बीच भी 4 का अंतर है।

41. (*c*) : प्रत्येक पद में लगातार आने वाले अक्षरों का प्रयोग किया गया है। प्रत्येक अगले पद में अक्षरों की संख्या 1 बढ़ जाती है। इसके अलावा, पहले पद के अंतिम अक्षर और दूसरे पद के पहले अक्षर के बीच एक अक्षर का एक अंतर है, दूसरे पद के अंतिम अक्षर और तीसरे पद के पहले अक्षर के बीच दो अक्षर का अंतर है, और इसी तरह आगे भी। इसलिए, तीसरे पद के अंतिम अक्षर और चौथे पद के पहले अक्षर के बीच तीन अक्षर का अंतर होना चाहिए।

42. (*b*): **पहला अक्षर** : A $\xrightarrow{+3}$ D $\xrightarrow{+3}$ G $\xrightarrow{+3}$ J $\xrightarrow{+3}$ (M)

दूसरा अक्षर : Y $\xrightarrow{-2}$ W $\xrightarrow{-2}$ U $\xrightarrow{-2}$ S $\xrightarrow{-2}$ (Q)

तीसरा अक्षर : B $\xrightarrow{+3}$ E $\xrightarrow{+3}$ H $\xrightarrow{+3}$ K $\xrightarrow{+3}$ (N)

चौथा अक्षर : Z $\xrightarrow{-2}$ X $\xrightarrow{-2}$ V $\xrightarrow{-2}$ T $\xrightarrow{-2}$ (R)

पाँचवा अक्षर : C $\xrightarrow{+3}$ F $\xrightarrow{+3}$ I $\xrightarrow{+3}$ L $\xrightarrow{+3}$ (O)

43. (*e*) : दी गयी श्रृंखला का प्रत्येक पद, पिछले पद से दो अक्षरों को हटाकर (शुरुआत से एक और अंत में से एक) प्राप्त किया जा रहा है। अत: रिक्त पद PENDICU है।

44. (*c*) : पहले चरण में, पद के शुरुआत से एक अक्षर और पद के अंत से एक अक्षर को हटाकर अगला पद प्राप्त किया जा रहा है। दूसरे चरण में, पद की शुरुआत से दो अक्षर हटाये जा रहे हैं। इन दो चरणों को वैकल्पिक रूप से दोहराया जा रहा है।

45. (*c*) : पहले पद के शुरुआत के एक अक्षर को हटाया जाता है, फिर अंत के एक अक्षर को हटाया जाता है और इसी क्रम को वैकल्पिक रूप से आगे बढाया जा रहा है।

46. (*a*) : हमारे पास 3 श्रृंखला पैटर्न है:
श्रृंखला I. ABCD ..... XYZ, जो केवल एक बार होता है।
श्रृंखला II. YX ..... BA, जो वैकल्पिक रूप से दोहराया जा रहा है।
श्रृंखला III. BC ..... YZ, जो वैकल्पिक रूप से दोहराया जा रहा है।
श्रृंखला I में 26 पद हैं।
अत: वांछित पद से पहले आने वाले पदों की संख्या = (999 – 26) = 973
श्रृंखला I के बाद की सभी श्रृंखलाओं में 25 पद हैं।
973 को 25 से भाग देने पर भागफल = 38 और शेषफल = 23
इस प्रकार, दी गयी श्रृंखला का 1000वां पद श्रृंखला I के बाद 39वीं श्रृंखला का 24वां पद है।
39वीं श्रृंखला, श्रृंखला I होगी जिसका 24वां पद B है।

प्रकार 3: अक्षरांकीय श्रृंखला (ALPHA-NUMERIC SERIES)

अक्षरांकीय श्रृंखला में दिए प्रश्न अभी तक पढ़े गए प्रकार 1 (संख्या श्रृंखला) और प्रकार 2 (अक्षर श्रृंखला) के प्रश्नों का मिश्रित रूप हैं। इस प्रकार के प्रश्नों में दी गई श्रृंखला के पद, अक्षरों और अंकों का संयोजन होते हैं तथा एक निर्धारित पैटर्न का पालन करते हैं।

हल सहित उदाहरण

उदा. 1. दी गयी अक्षरांकीय श्रृंखला में अगला पद खोजें: Z1A, X2D, V6G, T21J, R88M, P445P, ? **(M.B.A. 2004)**
(*a*) N2676S (*b*) N2676T (*c*) T2670N (*d*) T2676N

हल : दी गयी श्रृंखला में पैटर्न:

पहला अक्षर : $Z \xrightarrow{-2} X \xrightarrow{-2} V \xrightarrow{-2} T \xrightarrow{-2} R \xrightarrow{-2} P \xrightarrow{-2} \textcircled{N}$

दूसरा अक्षर : $A \xrightarrow{+3} D \xrightarrow{+3} G \xrightarrow{+3} J \xrightarrow{+3} M \xrightarrow{+3} P \xrightarrow{+3} \textcircled{S}$

दी गयी श्रृंखला में अंकों 1, 2, 6, 21, 88, 445, ... में पैटर्न $\times 1 + 1, \times 2 + 2, \times 3 + 3, \times 4 + 4, \times 5 + 5$, ...

अत: लुप्त अंक = $445 \times 6 + 6 = 2676$

इसलिए, लुप्त पद N2676S अत: सही विकल्प (*a*) है।

उदा. 2. दी गई श्रृंखला में वह पद ज्ञात करें, जो श्रृंखला में उपयुक्त नहीं है: G4T, J10R, M20P, P43N, S90L **(N.M.A.T. 2003)**

(*a*) G4T (*b*) J10R (*c*) M20P (*d*) P43N (*e*) S90L

हल : दी गई श्रृंखला में पैटर्न:

पहला अक्षर : $G \xrightarrow{+3} J \xrightarrow{+3} M \xrightarrow{+3} P \xrightarrow{+3} \textcircled{S}$

दूसरा अक्षर : $T \xrightarrow{-2} R \xrightarrow{-2} P \xrightarrow{-2} N \xrightarrow{-2} \textcircled{L}$

दी गई संख्या श्रृंखला 4, 10, 20, 43, 90 में पैटर्न $\times 2 + 1, \times 2 + 2, \times 2 + 3, \times 2 + 4$

अत: 10 गलत है $(4 \times 2 + 1) = 9$ से प्रतिस्थापित किया जाएगा।

इस प्रकार J 10 R श्रृंखला में उपयुक्त नहीं है। सही पद J9R. अत: सही विकल्प (*b*) है।

अभ्यास 1D

दिशानिर्देश: निम्नलिखित में से प्रत्येक प्रश्न में, एक अक्षरांकीय श्रृंखला दी गयी है, जिसके एक या अधिक पद लुप्त हैं, जिन्हें (?) द्वारा दिखाया गया है, दिए गए विकल्पों में से लुप्त पद का चयन करें।

1. D-4, F-6, H-8, J-10, ?, ?
(*a*) K-12, M-13 (*b*) L-12, M-14
(*c*) L-12, N-14 (*d*) K-12, M-14

2. 2B, 4C, 8E, 14H, ? **(M.A.T. 2002)**
(*a*) 16K (*b*) 20I (*c*) 20L (*d*) 22L

3. 3F, 6G, 11I, 18L, ?
(*a*) 21O (*b*) 25N (*c*) 25P
(*d*) 27P (*e*) 27Q

4. W-144, ?, S-100, Q-81, O-64 **(S.S.C. 2002)**
(*a*) U-121 (*b*) U-122 (*c*) V-121 (*d*) V-128

5. 2, A, 9, B, 6, C, 13, D, ? **(R.R.B. 2005)**
(*a*) 9 (*b*) 10 (*c*) 12 (*d*) 19

6. KM5, IP8, GS11, EV14, ?
(*a*) BX17 (*b*) BY17 (*c*) CY17
(*d*) CY18 (*e*) CZ17

7. C4X, F9U, I16R, ?
(*a*) K25P (*b*) L25P (*c*) L25O (*d*) L27P

8. 2Z5, 7Y7, 14X9, 23W11, 34V13, ?
(*a*) 27U24 (*b*) 45U15 (*c*) 47U15 (*d*) 47V14

9. N5V, K7T, ?, E14P, B19N **(S.B.I.P.O. 1999)**
(*a*) H9R (*b*) H10Q (*c*) H10R (*d*) I10R

10. Q1F, S2E, U6D, W21C, ? **(M.A.T. 2004)**
(*a*) Y44B (*b*) Y66B (*c*) Y88B (*d*) Z88B

11. 2A11, 4D13, 12G17, ?
(*a*) 36I19 (*b*) 36J21 (*c*) 48J21 (*d*) 48J23

12. J2Z, K4X, I7V, ?, H16R, M22P
(*a*) I11T (*b*) L11S (*c*) L12T
(*d*) L11T (*e*) L12S

13. दी गई श्रृंखला में वह पद ज्ञात करें, जो श्रृंखला में उपयुक्त नहीं है: **(M.A.T. 2003)**

1CV, 5FU, 9IT, 15LS, 17OR

(*a*) 5FU (*b*) 15LS (*c*) 9IT (*d*) 17OR

हल-अभ्यास 1 D

1. (*c*) : दी गयी श्रृंखला में अगले पद का अक्षर पिछले पद के अक्षर से 2 अधिक है और संख्याएं अंग्रेजी वर्णमाला में अक्षरों के क्रम को प्रदर्शित करती हैं।

2. (*d*) : दी गयी श्रृंखला में संख्या पैटर्न : $2 \xrightarrow{+2} 4 \xrightarrow{+4} 8 \xrightarrow{+6} 14 \xrightarrow{+8} \textcircled{22}$

दी गयी श्रृंखला में अक्षर पैटर्न : $B \xrightarrow{+1} C \xrightarrow{+2} E \xrightarrow{+3} H \xrightarrow{+4} \textcircled{L}$

3. (*d*): दी गयी श्रृंखला में संख्या पैटर्न : $3 \xrightarrow{+3} 6 \xrightarrow{+5} 11 \xrightarrow{+7} 18 \xrightarrow{+9} \textcircled{27}$

दी गयी श्रृंखला में अक्षर पैटर्न : $F \xrightarrow{+1} G \xrightarrow{+2} I \xrightarrow{+3} L \xrightarrow{+4} \textcircled{P}$

4. (*a*): दी गयी श्रृंखला में अक्षर पैटर्न : $W \xrightarrow{-2} U \xrightarrow{-2} S \xrightarrow{-2} Q \xrightarrow{-2} \textcircled{O}$

दी गयी श्रृंखला में संख्या पैटर्न : $144 (12^2) \longrightarrow 121 \ (11^2) \longrightarrow 100 (10^2) \longrightarrow 81 (9^2) \longrightarrow 64 (8^2)$

5. (*b*) : दिया गया अनुक्रम, दो श्रृंखलाओं का संयोजन है:

श्रृंखला I 2, 9, 6, 13, ? और श्रृंखला II. A, B, C, D

श्रृंखला I मे पैटर्न: $2 \xrightarrow{+7} 9 \xrightarrow{-3} 6 \xrightarrow{+7} 13 \xrightarrow{-3} (10)$

अतः लुप्त पद 10 है।

6. (*c*) : पहला अक्षर : $K \xrightarrow{-2} I \xrightarrow{-2} G \xrightarrow{-2} E \xrightarrow{-2} (C)$

तीसरा अक्षर : $M \xrightarrow{+3} P \xrightarrow{+3} S \xrightarrow{+3} V \xrightarrow{+3} (Y)$

संख्या : $5 \xrightarrow{+3} 8 \xrightarrow{+3} 11 \xrightarrow{+3} 14 \xrightarrow{+3} (17)$

7. (*c*) : पहला अक्षर : $C \xrightarrow{+3} F \xrightarrow{+3} I \xrightarrow{+3} (L)$

संख्या : $4 (2^2) \longrightarrow 9 (3^2) \longrightarrow 16 (4^2) \longrightarrow (25) \ (5^2)$

तीसरा अक्षर : $X \xrightarrow{-3} U \xrightarrow{-3} R \xrightarrow{-3} (O)$

8. (*c*) : पहली संख्या : $2 \xrightarrow{+5} 7 \xrightarrow{+7} 14 \xrightarrow{+9} 23 \xrightarrow{+11} 34 \xrightarrow{+13} (47)$

मध्य अक्षर : $Z \xrightarrow{-1} Y \xrightarrow{-1} X \xrightarrow{-1} W \xrightarrow{-1} V \xrightarrow{-1} (U)$

तीसरी संख्या : $5 \xrightarrow{+2} 7 \xrightarrow{+2} 9 \xrightarrow{+2} 11 \xrightarrow{+2} 13 \xrightarrow{+2} (15)$

9. (*c*) : पहला अक्षर : $N \xrightarrow{-3} K \xrightarrow{-3} (H) \xrightarrow{-3} E \xrightarrow{-3} B$

मध्य संख्या : $5 \xrightarrow{+2} 7 \xrightarrow{+3} (10) \xrightarrow{+4} 14 \xrightarrow{+5} 19$

तीसरा अक्षर : $V \xrightarrow{-2} T \xrightarrow{-2} (R) \xrightarrow{-2} P \xrightarrow{-2} N$

10. (*c*) : पहला अक्षर : $Q \xrightarrow{+2} S \xrightarrow{+2} U \xrightarrow{+2} W \xrightarrow{+2} (Y)$

मध्य संख्या : $1 \xrightarrow{\times 1+1} 2 \xrightarrow{\times 2+2} 6 \xrightarrow{\times 3+3} 21 \xrightarrow{\times 4+4} (88)$

तीसरा अक्षर : $F \xrightarrow{-1} E \xrightarrow{-1} D \xrightarrow{-1} C \xrightarrow{-1} (B)$

11. (*d*) : पहली संख्या : $2 \xrightarrow{\times 2} 4 \xrightarrow{\times 3} 12 \xrightarrow{\times 4} (48)$

मध्य अक्षर : $A \xrightarrow{+3} D \xrightarrow{+3} G \xrightarrow{+3} (J)$

तीसरी संख्या : $11 \xrightarrow{+2} 13 \xrightarrow{+4} 17 \xrightarrow{+6} (23)$

12. (*d*) : श्रृंखला में विषम स्थान वाले पदों के पहले अक्षर में पैटर्न $J \xrightarrow{-1} I \xrightarrow{-1} H$, श्रृंखला में सम स्थान वाले पदों के पहले अक्षर में पैटर्न : $K \xrightarrow{+1} L \xrightarrow{+1} M$.

मध्य संख्या : $2 \xrightarrow{+2} 4 \xrightarrow{+3} 7 \xrightarrow{+4} (11) \xrightarrow{+5} 16 \xrightarrow{+6} 22$

तीसरा अक्षर : $Z \xrightarrow{-2} X \xrightarrow{-2} V \xrightarrow{-2} (T) \xrightarrow{-2} R \xrightarrow{-2} P$

13. (*b*) : पहली संख्या : $1 \xrightarrow{+4} 5 \xrightarrow{+4} 9 \xrightarrow{+4} (13) \xrightarrow{+4} 17$

दूसरा अक्षर : $C \xrightarrow{+3} F \xrightarrow{+3} I \xrightarrow{+3} (L) \xrightarrow{+3} O$

तीसरा अक्षर : $V \xrightarrow{-1} U \xrightarrow{-1} T \xrightarrow{-1} (S) \xrightarrow{-1} R$

अतः पद 15LS गलत है और 13LS प्रतिस्थापित किया जाएगा।

प्रकार 4: निरंतर पैटर्न श्रृंखला (CONTINUOUS PATTERN SERIES)

इस प्रकार के प्रश्नों में सामान्यत: छोटे अक्षरों की श्रृंखला दी जाती है, जो एक निश्चित पैटर्न का पालन करते हैं। इस श्रृंखला में कुछ अक्षर लुप्त होते हैं। दिए गए विकल्पों में से एक विकल्प में इन लुप्त अक्षरों का सही अनुक्रम दिया जाता है। इस विकल्प को उत्तर के रूप में चुनना होता है।

उदा.: aab __ aaa __ bba __

(*a*) baa (*b*) abb (*c*) bab

(*d*) aab (*e*) bbb

हल : इस प्रश्न को नीचे दिए गए चरणों के अनुसार हल करें:

1. पहले रिक्त स्थान को 'b' से भरा जाना चाहिए जिससे दो a और उसके बाद दो b की श्रृंखला बने।
2. दूसरे रिक्त स्थान को या तो 'a' द्वारा भरना चाहिए जिससे हमारे पास दो b के बाद चार a हों या दूसरे रिक्त स्थान को 'b'

द्वारा भरना चाहिए जिससे हमारे पास तीन a के बाद तीन b हों।

3. अंतिम स्थान 'a' द्वारा भरा जाना चाहिए।
4. इस प्रकार, हमारे पास दो संभावित उत्तर हैं: 'baa' और 'bba'। लेकिन दिए गए विकल्पों में केवल 'baa' दिया गया है 'bba' नहीं।

   अत: सही विकल्प (*a*) है।
5. यदि हमारे पास विकल्पों में दोनों संभावित उत्तर होते, तो हम दोनों में से अधिक उपयुक्त विकल्प का चयन करते, जो aabb/aaabbb/aa है। इस स्थिति में सही विकल्प 'bba' होता।

अनुरूपता श्रृंखला (Correspondence Series):

इस प्रकार की श्रृंखला में तीन अनुक्रम होते हैं, जोकि तीन अलग-अलग तत्वों (सामान्यत: अंग्रेजी वर्णमाला के बड़े अक्षर, अंक और अंग्रेजी वर्णमाला के छोटे अक्षर) से बने होते हैं। दिए गए तीन अनुक्रमों में समान क्रम वाले पदों में अनुरूपता होती है जैसे किसी श्रृंखला में एक निश्चित क्रम का अंग्रेजी वर्णमाला का बड़ा अक्षर दूसरी श्रृंखला में उसी क्रम की संख्या और तीसरी श्रृंखला में उसी क्रम के अंग्रेजी वर्णमाला के छोटे अक्षर के अनुरूप होता है। अभ्यर्थी को इस अनुरूपता का पता लगाना होता है और श्रृंखला के लुप्त पदों को ज्ञात करना होता है।

हल सहित उदाहरण

उदा.: निम्नलिखित श्रृंखला में, उस विकल्प का चयन करें जिसमें चिह्नित रिक्त स्थान में भरे जाने वाले अंको का सही क्रम दिया गया है:

B __ __ D __ __ C A B D A C B

__ __ 4 1 3 2 __ __ ? ? ? ?

a __ a __ b c __ c __ __ __ __

(*a*) 1, 2, 3, 4 (*b*) 2, 3, 1, 4
(*c*) 1, 2, 4, 3 (*d*) 2, 1, 4, 3

हल: स्पष्ट है, कि दूसरी श्रृंखला में, 1 उसी स्थिति में है जिस स्थिति में d, पहली श्रृंखला में है। अत: 1, d के अनुरूप है। इस प्रकार, d के नीचे दिया गया पहला प्रश्न चिह्न 1 से प्रतिस्थापित किया जाना चाहिए।

तीसरी श्रृंखला में, आठवीं जगह पर c, पहली श्रृंखला में A के अनुरूप है जबकि छठी जगह पर c, दूसरी श्रृंखला में 2 के अनुरूप है। अत: 2, A के अनुरूप है। इस प्रकार, A के नीचे दिया गया दूसरा प्रश्न चिह्न 2 से प्रतिस्थापित किया जाना चाहिए।

तीसरी श्रृंखला में पहली जगह a, पहली श्रृंखला में B के अनुरूप है और तीसरी जगह a, दूसरी श्रृंखला में II के अनुरूप है। अत: 4, B अनुरूप है। इस प्रकार, B के नीचे दिए गए प्रश्न चिह्न को 4 से प्रतिस्थापित किया जाना चाहिए।

अंकों में अब केवल 3 शेष है। अत: 3, C के अनुरूप है। इस प्रकार, C के नीचे दिए गए प्रश्न चिह्न को 3 से प्रतिस्थापित किया जाना चाहिए।

इस प्रकार, DACB, 1, 2, 3, 4 के अनुरूप है।

अत: सही विकल्प (*a*) है।

अभ्यास 1E

दिशानिर्देश: ***निम्न में से प्रत्येक अक्षर श्रृंखला में कुछ अक्षर लुप्त हैं, जो दिए गए विकल्पों में से किसी एक विकल्प में क्रमशः दिए गए हैं। सही विकल्प का चयन कीजिए।***

1. __ __ aba __ __ ba __ ab
(*a*) abbba (*b*) abbab (*c*) baabb (*d*) bbaba

2. ab __ __ baa __ __ ab __ **(S.S.C. 2005)**
(*a*) aaaaa (*b*) aabaa (*c*) aabab (*d*) baabb

3. m __ nm __ n __ an __ a __ ma __ **(C.B.I. 2003)**
(*a*) aamnan (*b*) ammanm (*c*) aammnn (*d*) amammn

4. a __ ba __ b __ b __ a __ b **(Hotel Management, 2004; R.R.B. 2002)**
(*a*) abaab (*b*) abbab (*c*) aabba (*d*) bbabb

5. __ stt __ tt __ tts __ **(S.S.C. 2000)**
(*a*) tsts (*b*) ttst (*c*) sstt (*d*) tsst

6. __ op __ mo __ n __ __ pnmop __ **(M.C.A. 2005)**
(*a*) mnpmon (*b*) mpnmop (*c*) mnompn (*d*) mnpomn

7. __ nmmn __ mmnn __ mnnm __ **(C.P.O. 2005)**
(*a*) nmmn (*b*) mnnm (*c*) nnmm (*d*) nmnm

8. __ tu __ rt __ s __ __ usrtu __ **(S.S.C. 2002)**
(*a*) rtusru (*b*) rsutrr (*c*) rsurtr (*d*) rsurts

9. ba __ cb __ b __ bab __ **(I.A.F. 2001)**
(*a*) acbb (*b*) bacc (*c*) bcaa (*d*) cabb

10. bca __ b __ aabc __ a __ caa **(A.T.M.A. 2004)**
(*a*) acab (*b*) bcbb (*c*) cbab (*d*) ccab

11. __ aa __ ba __ bb __ ab __ aab **(S.S.C. 2003)**
(*a*) aaabb (*b*) babab (*c*) bbaab (*d*) bbbaa

12. ab __ d __ aaba __ na __ badna __ b **(M.A.T. 2001)**
(*a*) andaa (*b*) babda (*c*) badna (*d*) dbanb

13. a __ n __ b __ __ ncb __ __ ncb **(S.S.C. 2003)**
(*a*) abbbcc (*b*) abcbcb (*c*) bacbab (*d*) bcabab

14. gfe __ ig __ eii __ fei __ gf __ ii
(*a*) eifgi (*b*) figie (*c*) ifgie (*d*) ifige

15. a __ bbc __ aab __ cca __ bbcc
(*a*) bacb (*b*) acba (*c*) abba (*d*) caba

16. c __ bbb __ __ abbbb __ abbb __
(*a*) aabcb (*b*) abccb (*c*) abacb (*d*) bacbb

17. c __ bba __ cab __ ac __ ab __ ac
(*a*) abcbc (*b*) acbcb (*c*) babcc (*d*) bcacb

18. ccbb __ aa __ cc __ bbbaa __ c
(*a*) acbc (*b*) baca (*c*) baba (*d*) acba

19. __ a __ b __ abaa __ bab __ abb **(M.A.T. 2001)**
(*a*) aaabb (*b*) ababb (*c*) babab (*d*) babba

20. ac __ cab __ baca __ aba __ acac
(*a*) aacb (*b*) acbc (*c*) babb (*d*) bcbb

21. __ bc __ ca __ aba __ c __ ca **(Hotel Management, 2002)**
(*a*) abcbb (*b*) bbbcc (*c*) bacba (*d*) abbcc

22. ab __ aa __ bbb __ aaa __ bbba
(*a*) abba (*b*) baab (*c*) aaab (*d*) abab

23. abca __ bcaab __ ca __ bbc __ a
(*a*) ccaa (*b*) bbaa (*c*) abac (*d*) abba

24. __ bbca __ bcca __ ac __ a __ cb
(*a*) abcba (*b*) acbab (*c*) bacab (*d*) bcaab

25. __ bcc __ ac __ aabb __ ab __ cc
(*a*) aabca (*b*) abaca (*c*) bacab (*d*) bcaca

26. a __ bccb __ ca __ cca __ baab __ c
(*a*) ababc (*b*) abcaa (*c*) accab (*d*) bacaa

27. c __ baa __ aca __ cacab __ acac __ bca
(*a*) acbaa (*b*) bbcaa (*c*) bccab (*d*) cbaac

28. __ c __ bd __ cbcda __ a __ db __ a **(M.B.A. 2000)**
(*a*) adabcd (*b*) bdbcba (*c*) cdbbca (*d*) daabbc

29. a __ bd __ da __ dbc __ b __ dc **(Hotel Management, 1999)**
(*a*) aabbc (*b*) bbcca (*c*) caabb (*d*) ccbaa

30. a __ bc __ a __ bcda __ ccd __ bcd **(M.B.A. 2003)**
(*a*) abddbd (*b*) acbdbb (*c*) adbbad (*d*) adbcad

31. a __ bb __ baa __ bbb __ aa __ **(Hotel Management, 2002)**
(*a*) aabba (*b*) bbaab (*c*) abaaa (*d*) baabb

32. __ aba __ cabc __ dcba __ bab __ a
(*a*) abdca (*b*) bcadc (*c*) abcdd (*d*) cbdaa

33. a __ cdaab __ cc __ daa __ bbb __ ccddd
(*a*) bdbda (*b*) bddca (*c*) dbbca (*d*) bbdac

34. a __ abbb __ cccd __ ddccc __ bb __ ba
(*a*) abcda (*b*) abdbc (*c*) abdcb (*d*) abcad

35. __ bcdbc __ dcabd __ bcdbc __ dc __ bd
(*a*) aaaaa (*b*) ccccc (*c*) bbbbb (*d*) ddddd

36. adb __ ac __ da __ cddcb __ dbc __ cbda
(*a*) bccba (*b*) cbbaa (*c*) ccbba (*d*) bbcad

37. __ acca __ ccca __ acccc __ aaa
(*a*) acca (*b*) caaa (*c*) ccaa (*d*) caac

38. aa __ aaa __ aaaa __ aaaa __ b
(*a*) baaa (*b*) bbaa (*c*) bbbb (*d*) bbba

39. a __ ca __ bc __ bcc __ bca
(*a*) bbaa (*b*) bbab (*c*) aabb (*d*) baba

40. ab __ bcbca __ __ c __ bab
(*a*) acbc (*b*) baaa (*c*) abcc (*d*) ccaa

41. a __ cacbc __ baca __ __ b
(*a*) baba (*b*) babc (*c*) abac (*d*) cacb

42. __ aaba __ bba __ bba __ abaa __ b
(*a*) aabab (*b*) ababa (*c*) baaba (*d*) bbaba

43. ab __ bbc __ c __ ab __ ab __ b
(*a*) ccaac (*b*) cbabc (*c*) cacac (*d*) bccab

44. __ bca __ cca __ ca __ b __ c
(*a*) aaaaa (*b*) bbbab (*c*) aabaa (*d*) bbabb

45. b __ ac __ cc __ cb __ ab __ ac
(*a*) cbaba (*b*) bbaac (*c*) abbbc (*d*) aabba

46. c __ ac __ aa __ aa __ bc __ bcc
(*a*) cabba (*b*) ccbbb (*c*) bbbbb (*d*) cbacb

47. abc __ d __ bc __ d __ b __ cda
(*a*) bacde (*b*) cdabe (*c*) dacab (*d*) decdb

48. m n o n o p q o p q r s __ __ __ __ __
(*a*) mnopq (*b*) oqrst (*c*) pqrst (*d*) qrstu

49. b __ ccacca __ ba __ bbc __ bc __ a **(Hotel Management, 1999)**
(*a*) baabc (*b*) abaaa (*c*) acbca (*d*) bacab

50. aab __ ab __ cabcca __ bcab __ c
(*a*) bbbc (*b*) bbab (*c*) cabc (*d*) cbab

51. ccbab __ caa __ bccc __ a __
(*a*) babb (*b*) bbba (*c*) baab (*d*) babc

52. a __ c __ abb __ a __ bc __ bc __ ab
(*a*) cbcaaa (*b*) bcccab (*c*) bccaac (*d*) acbabc

53. b __ b __ bb __ __ bbb __ bb __ b
(*a*) bbbbba (*b*) bbaaab (*c*) ababab (*d*) aabaab

54. a __ bc __ c __ abb __ bca __
(*a*) cccbc (*b*) cbbac (*c*) accba (*d*) abbba

55. __ c __ bd __ cbcda __ a __ db __ a
(*a*) adabcd (*b*) cdbbca (*c*) daabbc (*d*) bdbcba

दिशानिर्देश (प्रश्न 56 से 60): निम्नलिखित में से प्रत्येक प्रश्न में, अक्षरों और संख्याओं की एक श्रृंखला दी गयी है। श्रृंखला के पद, समूहों में कुछ निश्चित पैटर्न का पालन करते हैं। श्रृखला में कुछ पद लुप्त हैं, जोकी श्रृंखला के नीचे दिए गए विकल्पों में से किसी एक विकल्प में क्रमश: दिए गए हैं। सही विकल्प का चयन कीजिए। **(B.T.M. 2005)**

56. 2 3 B __ 6 __ F G __ 5 D __ 8 __ H I
(*a*) C, 7, 4, E, 9 (*b*) D, 8, 6, C, 7
(*c*) E, 8, 7, D, 9 (*d*) W, 8, 7, I, 6

57. Z __ 25 Y B 23 X C __ W __ 19 __ E 17
(*a*) A, 21, D, V (*b*) A, 27, C, V
(*c*) X, 21, C, W (*d*) X, 27, F, W

58. D __ 6 E G P __ H J __ 12 K M B 15 __
(*a*) E, 7, J, L (*b*) F, 8, M, K
(*c*) G, 9, I, M (*d*) J, 9, V, N

59. F __ U 6 __ 9 I __ T 7 __ 20 __ 4 D 23
(*a*) 11, G, 16, K, U (*b*) 13, H, 15, L, M
(*c*) 17, J, 19, R, S (*d*) 21, R, 18, G, W

60. X W C __ T S 20 __ P 12 __ L 15 K __ P __ G S 7
(*a*) 17, F, I, S, T (*b*) 19, E, L, R, H
(*c*) 21, G, L, N, F (*d*) 23, H, K, O, H

दिशानिर्देश (प्रश्न 61 से 65): निम्नलिखित में से प्रत्येक प्रश्न में, अक्षरों और अंकों के तीन अनुक्रम दिए गए हैं जो एक दूसरे से मेल खाते हैं। प्रत्येक प्रश्न में, आपको खाली स्थानों (?) में आने अक्षरों/अंकों को खोजना है। इन्हें प्रश्न के नीचे दिए गए चार विकल्पों में से एक के रूप में दिया गया है। दिए गए निर्देशों के अनुरूप सही विकल्प का चयन करें।

61. C B __ __ D __ B A B C C B
__ __ 1 2 4 3 __ __ ? ? ? ?
a __ a b __ c __ b __ __ __ __
(*a*) 3, 4, 4, 3 (*b*) 3, 2, 2, 3 (*c*) 3, 1, 1, 3 (*d*) 1, 4, 4, 1

62. __ A C __ B D __ C D C D
2 __ 4 1 __ 1 4 __ __ __ __
c d __ b c __ a ? ? ? ?
(*a*) a, b, a, b (*b*) a, c, a, c (*c*) c, b, c, b (*d*) c, d, c, d

63. C __ B __ D __ A __ B B D D
2 __ __ 4 __ 3 4 __ ? ? ? ?
__ a __ c b a __ d __ __ __ __
(*a*) 2, 2, 1, 1 (*b*) 2, 2, 3, 3 (*c*) 3, 3, 4, 4 (*d*) 3, 3, 1, 1

64. A __ B A C __ D __ B C D C
__ 3 __ 2 __ 1 __ 4 ? ? ? ?
d c __ __ b a c b __ __ __ __
(*a*) 1, 3, 4, 3 (*b*) 1, 4, 3, 4 (*c*) 2, 3, 4, 3 (*d*) 3, 4, 1, 4

65. __ A D A C B __ __ B D C C
1 3 __ __ 1 2 4 2 __ __ __ __
a __ __ b __ __ c d ? ? ? ?
(*a*) a, c, d, d (*b*) a, d, c, c (*c*) c, a, d, d (*d*) d, c, a, a

हल-अभ्यास 1 E

1. (*b*) : दी गयी श्रृंखला में 'ab' को दोहराया जा रहा है। अतः दी गयी श्रृंखला ab/ab/ab/ab/ab/ab है।

2. (*b*) : दी गयी श्रृंखला में 'aba' को दोहराया जा रहा है। अतः दी गयी श्रृंखला aba/aba/aba/aba है।

3. (*c*) : दी गयी श्रृंखला में 'man' को दोहराया जा रहा है। अतः दी गयी श्रृंखला man/man/man/man/man है।

4. (*d*) : दी गयी श्रृंखला में 'abb' को दोहराया जा रहा है। अतः दी गयी श्रृंखला abb/abb/abb/abb है।

5. (*d*) : दी गयी श्रृंखला में 'tst' को दोहराया जा रहा है। अतः दी गयी श्रृंखला tst/tst/tst/tst है।

6. (*a*) : दी गयी श्रृंखला में 'mopn' को दोहराया जा रहा है अतः दी गयी श्रृंखला mopn/mopn/mopn/mopn है।

7. (*c*) : दी गयी श्रृंखला में 'nnmm' को दोहराया जा रहा है। अतः दी गयी श्रृंखला nnmm/nnmm/nnmm/nnmm है।

8. (*d*) : दी गयी श्रृंखला में 'rtus' को दोहराया जा रहा है। अतः दी गयी श्रृंखला rtus/rtus/rtus/rtus है।

9. (*b*) : दी गयी श्रृंखला में 'babc' को दोहराया जा रहा है। अतः दी गयी श्रृंखला babc/babc/babc है।

10. (*a*) : दी गयी श्रृंखला में 'bcaa' को दोहराया जा रहा है। अतः दी गयी श्रृंखला bcaa/bcaa/bcaa/bcaa है।

11. (*c*) : दी गयी श्रृंखला में 'baab' को दोहराया जा रहा है। अतः दी गयी श्रृंखला baab/baab/baab/baab है।

12. (*a*) : दी गयी श्रृंखला में 'abadna' को दोहराया जा रहा है। अतः दी गयी श्रृंखला abadna/abadna/abadna/ab है।

13. (*d*) : दी गयी श्रृंखला में 'abncb' को दोहराया जा रहा है। अतः दी गयी श्रृंखला abncb/abncb/abncb है।

14. (*c*) : दी गयी श्रृंखला में 'gfeii' को दोहराया जा रहा है अतः दी गयी श्रृंखला gfeii/gfeii/gfeii/gfeii है।

15. (*b*) : दी गयी श्रृंखला में 'aabbcc' को दोहराया जा रहा है। अतः दी गयी श्रृंखला aabbcc/aabbcc/aabbcc है।

16. (*b*) : दी गयी श्रृंखला में 'cabbbb' को दोहराया जा रहा है। अतः दी गयी श्रृंखला cabbbb/cabbbb/cabbbb है।

17. (*b*) : दी गयी श्रृंखला में 'cabbac' को दोहराया जा रहा है। अतः दी गयी श्रृंखला cabbac/cabbac/cabbac है।

18. (*b*) : दी गयी श्रृंखला में 'ccc bbb aaa' को दोहराया जा रहा है। अतः दी गयी श्रृंखला ccc bbb aaa/ccc bbb aaa/c है।

19. (*d*) : दी गयी श्रृंखला में 'baa/bba' को दोहराया जा रहा है। अतः दी गयी श्रृंखला baa/bba/baa/bba/baa/bb है।

20. (*a*) : दी गयी श्रृंखला में 'acac/abab' को दोहराया जा रहा है। अतः दी गयी श्रृंखला acac/abab/acac/abab/acac है।

21. (*a*) : दी गयी श्रृंखला में अक्षर चक्रीय क्रम में आ रहे हैं। अतः दी गयी श्रृंखला abc/bca/cab/abc/bca है।

22. (*b*) : दी गयी श्रृंखला में अक्षरों को पहले दो बार दोहराया जाता है, फिर तीन बार और फिर चार बार दोहराया जाता है और इसी तरह आगे भी यह संख्या बढ़ती जाती है। अतः दी गयी श्रृंखला abb/aaabbb/aaaabbbb/है।

23. (*c*) : दी गयी श्रृंखला abc/aabc/aabbc/aabbcc/a है।

24. (*b*) : दी गयी श्रृंखला abbc/ac/bcca/ba/caab/cb है।

25. (*c*) : दी गयी श्रृंखला में अक्षर युग्म चक्रीय क्रम में आ रहे हैं। अतः दी गयी श्रृंखला bbccaa/ccaabb/aabbcc है।

26. (*a*) : दी गयी श्रृंखला में अक्षर युग्म चक्रीय क्रम में आ रहे हैं तथा मध्य अक्षर केवल एक बार आ रहा है। अतः दी गयी श्रृंखला aabcc/bbcaa/ccabb/aabcc है।

27. (*a*) : दी गयी श्रृंखला में 'cacab/cacab/aa' को दोहराया जा रहा है। अतः दी गयी श्रृंखला cab/aa/cacab/cacab/aa/cacab/ca है।

28. (*a*) : दी गयी श्रृंखला में चार-चार अक्षरों के समूह हैं जिनमें पिछले समूह के अक्षरों को ही तीसरा, पहला, दूसरा और चौथा के क्रम में दोहराया जा रहा है। अतः दी गयी श्रृंखला acdb/dacb/cdab/acdb/da है।

29. (*d*) : दी गयी श्रृंखला में चार-चार अक्षरों के समूह हैं जिनमें पिछले समूह के अक्षरों को ही दूसरा, चौथा, पहला, और तीसरा के क्रम में दोहराया जा रहा है। अतः दी गयी श्रृंखला acbd/cdab/dbca/badc है।

30. (*c*) : दी गयी श्रृंखला aabcd/abbcd/abccd/abcdd है।

31. (*c*) : दी गयी श्रृंखला के प्रत्येक चरण में, a की संख्या एक बढ़ जाती है जबकि b की संख्या एक कम हो जाती है। अतः दी गयी श्रृंखला aabbbb/aaabbb/aaaa है।

32. (*a*) : दी गयी श्रृंखला में प्रारंभ से और अंत से समान दूरी वाले पद समान अक्षरों से बने हैं केवल उनके क्रम को पलट दिया गया है। अतः दी गयी श्रृंखला aabab cabcd dcbac babaa है।

33. (*d*) : दी गयी अक्षर श्रृंखला में प्रथम समूह के अक्षरों को दूसरे समूह में दो बार और तीसरे समूह में तीन बार दोहराया जा रहा है। अतः दी गयी श्रृंखला abcd/aabbccdd/aaabbbcccddd है।

34. (*c*) : दी गयी श्रृंखला aaa/bbbb/cccc/dddd/cccc/bbbb/a है।

35. (*a*) : दी गयी श्रृंखला में चार-चार अक्षरों के समूह हैं जिनमें पिछले समूह के अक्षरों को ही दूसरा, तीसरा, पहला, और चौथा के क्रम में दोहराया जा रहा है। अतः दी गयी श्रृंखला abcd/bcad/cabd/abcd/bcad/cabd है।

36. (*b*) : दी गयी श्रृंखला में प्रारंभ से और अंत से समान दूरी वाले पद समान अक्षरों से बने हैं केवल उनके क्रम को पलट दिया गया है। अतः दी गयी श्रृंखला adbc acbd abcd dcba dbca cbda है।

37. (*b*) : दी गयी श्रृंखला ca/ccaa/cccaaa/ccccaaaa है।

38. (*d*) : दी गयी श्रृंखला के प्रत्येक चरण में, a की संख्या संख्या एक बढ़ रही है। अतः दी गयी श्रृंखला aab/aaab/aaaab/aaaaab है।

39. (*a*) : दी गयी श्रृंखला abcab/bcabc/cabca है।

40. (*d*) : दी गयी श्रृंखला में अक्षरों के तीन समूह हैं। पहला समूह a से शुरू होता है, दूसरा समूह b से और तीसरा समूह c से शुरू होता है। जो समूह जिस अक्षर से शुरू हो रहा है, उस समूह में उस अक्षर को छोड़कर अन्य अक्षरों के युग्म का दो बार प्रयोग किया जा रहा है। अतः दी गयी श्रृंखला abcbc/bcaca/cabab है।

41. (*b*) : दी गयी श्रृंखला में अक्षरों के तीन समूह हैं। प्रत्येक समूह के प्रथम तीन अक्षर चक्रीय क्रम में दिए गए हैं और बाद के दो अक्षर उसी समूह के पहला और तीसरा अक्षर हैं। अतः दी गयी श्रृंखला abcac/bcaba/cabcb है।

42. (*a*) : दी गयी श्रृंखला aaab/aabb/abbb/aaab/aabb है।

43. (*c*) : दी गयी श्रृंखला abc/b/bca/c/cab/a/abc/b है।

44. (*b*) : दी गयी श्रृंखला bbca/bcca/bcaa/bbc है।

45. (*d*) : दी गयी श्रृंखला baac/accb/cbba/baac है।

46. (*b*) : दी गयी श्रृंखला ccacc/aabaa/bbcbb/cc है।

47. (*c*) : दी गयी श्रृंखला abcdd/abccd/abbcd/a है।

48. (*c*) : दी गयी श्रृंखला mno/nopq/opqrs/pqrst है।

49. (*a*) : दी गयी श्रृंखला bbcca/ccaab/aabbc/bbcca है।

50. (*d*) : दी गयी श्रृंखला में पैटर्न 'ccaa' के बाद दो बार पैटर्न 'bcab' का प्रयोग किया गया है। अत: दी गयी श्रृंखला aa/bcab/bcab/ccaa/bcab/bc है।

51. (*a*) : दी गयी श्रृंखला ccba/bbca/aabc/ccba/b है।

52. (*c*) : दी गयी श्रृंखला में पैटर्न abccab/bcaabc को दोहराया जा रहा है। अत: दी गयी श्रृंखला abccab/bcaabc/abccab है।

53. (*c*) : दी गयी श्रृंखला में प्रत्येक अगले पद में 'a' एक स्थान आगे चला जाता है और उसकी जगह 'b' ले लेता है। चौथे पद में 'a' समूह के बाहर हो जाता है। अत: दी गयी श्रृंखला babb/bbab/bbba/bbbb है।

54. (*c*) : दी गयी श्रृंखला aabcc/ccabb/bbcaa है।

55. (*a*) : दी गयी श्रृंखला में प्रत्येक समूह का तीसरा अक्षर, उससे अगले समूह का पहला अक्षर है। अत: दी गयी श्रृंखला acdb/dacb/cdab/acdb/da है।

56. (*a*) : दिए गए विकल्पों से यह स्पष्ट है कि श्रृंखला को 4 पदों के समूहों में विभाजित किया जा सकता है। प्रत्येक समूह के प्रारंभ में दो संख्या और अंत में दो अक्षर होंगे। जिन्हें निम्न प्रकार से दिखाया जा सकता है:

23 B _ / 6 _ F G / _ 5 D _ / 8 _ H I

स्पष्ट है कि प्रत्येक समूह में पहले स्थान पर दिया गया नंबर तीसरे स्थान पर दिए गए अक्षर की अंग्रेजी वर्णमाला में स्थिति का प्रतिनिधित्व करता है। अत: दी गयी श्रृंखला में तीसरा लुप्त पद अंग्रेजी वर्णमाला में D की स्थिति का प्रतिनिधित्व करेगा। अत: तीसरा लुप्त पद 4 होगा।

अत: विकल्प (*a*) सही है।

2 3 B C / 6 7 F G / 4 5 D E / 8 9 H I

स्पष्ट है कि प्रत्येक समूह में दूसरे स्थान पर दिया गया नंबर चौथे स्थान पर दिए गए अक्षर की अंग्रेजी वर्णमाला में स्थिति का प्रतिनिधित्व करता है।

57. (*a*) : दिए गए विकल्पों से यह स्पष्ट है कि श्रृंखला को 3 पदों के 5 समूहों में विभाजित किया जा सकता है। प्रत्येक समूह के प्रारंभ में दो अक्षर और अंत में एक संख्या है। जिन्हें निम्न प्रकार से दिखाया जा सकता है:

Z _ 25 / Y B 23 / X C _ / W _ 19 / _ E 17

समूह YB23 को देखकर हम पाते हैं कि समूह के अंत में दी गयी संख्या, समूह के प्रारंभ में दिए गए दो अक्षरों की अंग्रेजी वर्णमाल में स्थिति का अंतर है।

अक्षरों की अंग्रेजी वर्णमाल में स्थिति:

A = 1, B = 2, ..., Y = 25, Z = 26,

इस प्रकार,

Y – B = 25 – 2 = 23

इसी प्रकार तीसरे समूह में लुप्त पद = X – C = 24 – 3 = 21

पहले समूह में लुप्त पद = Z – 25 = 26 – 25 = 1 = A.

अत: पहला व दूसरा लुप्त पद क्रमश: 1 और 21 होंगे, जैसा कि केवल विकल्प (*a*) में दिया गया है।

58. (*d*) : दिए गए विकल्पों से यह स्पष्ट है कि श्रृंखला को 4 पदों के 4 समूहों में विभाजित किया जा सकता है। प्रत्येक समूह में तीन अक्षर और तीसरे स्थान पर एक संख्या है। जिन्हें निम्न प्रकार से दिखाया जा सकता है:

D _ 6 E / G P _ H / J _ 12 K / M B 15 _

6E और 12K, युग्म का अध्ययन करने पर पता चलता है कि प्रत्येक समूह में दी गयी संख्या चौथे स्थान पर दिए गए अक्षर की अंग्रेजी वर्णमाल में स्थिति से एक अधिक है।

अक्षरों की अंग्रेजी वर्णमाल में स्थिति:

A = 1, B = 2, ..., Y = 25, Z = 26,

इस प्रकार,

दूसरा लुप्त पद = H + 1 = 8 + 1 = 9

चौथा लुप्त पद = 15 – 1 = 14th letter = N.

इस प्रकार दूसरा व चौथा लुप्त पद क्रमश: 9 व N हैं जैसा कि केवल विकल्प (*d*) में दिया गया है।

59. (*d*) : दिए गए विकल्पों से यह स्पष्ट है कि श्रृंखला को 4 पदों के 4 समूहों में विभाजित किया जा सकता है। प्रत्येक समूह में दो अक्षर और दो संख्याएं हैं। अक्षर और संख्याएं बारी-बारी से प्रयोग किए गए हैं। जिन्हें निम्न प्रकार से दिखाया जा सकता है:

F _ U 6 / _ 9 I _ / T 7 _ 20 / _ 4 D 23

अंतिम समूह में दिए गए 4D से यह पता चलता है कि दूसरे स्थान पर दी गयी संख्या, तीसरे स्थान पर दिए गए अक्षर की अंग्रेजी वर्णमाला में स्थिति को प्रदर्शित करती है।

तीसरे समूह में दिए गए T 7 _ 20 से यह पता चलता है कि चौथे स्थान पर दी गयी संख्या, पहले स्थान पर दिए गए अक्षर की अंग्रेजी वर्णमाला में स्थिति को प्रदर्शित करती है।

अक्षरों की अंग्रेजी वर्णमाल में स्थिति: A = 1, B = 2, ..., Y = 25, Z = 26,

इस प्रकार,

पहला लुप्त पद = U = 21;

तीसरा लुप्त पद = 7th अक्षर = G;

5वां लुप्त पद = 23rd अक्षर = W.

60. (*d*) : दिए गए विकल्पों से, यह स्पष्ट है कि श्रृंखला को 4 पदों के 4 समूहों में विभाजित किया जा सकता है। प्रत्येक समूह में तीन अक्षर और एक संख्या है। जिन्हें निम्न प्रकार से दिखाया जा सकता है:

X W C _ / T S 20 _ / P 12 _ L / 15 K _ _ P / _ G S 7

उपर्युक्त श्रृंखला का निरीक्षण करके, हम पाते हैं कि प्रत्येक समूह में लगातार आने वाले दो अक्षर दिए गए हैं और दी गयी संख्या इन अक्षरों में से एक अक्षर की अंग्रेजी वर्णमाला में स्थिति का प्रतिनिधित्व करती है।

अत: पहला लुप्त पद W या X की अंग्रेजी वर्णमाला में स्थिति को प्रदर्शित करेगा। अर्थात पहले लुप्त पद की जगह 23 या 24 आएगा।

समूह — G S 7 में 7, G की अंग्रेजी वर्णमाला में स्थिति को प्रदर्शित कर रहा है अत: पाँचवां लुप्त पद F या H होगा।

स्पष्ट रूप से (*d*) उपर्युक्त दोनों शर्तों को पूरा करता है।

61. (*c*) : दिए गए प्रश्न में अंग्रेजी वर्णमाला के बड़े अक्षरों, छोटे अक्षरों और संख्याओं की स्थिति की तुलना कर, हम पाते हैं कि:
a, c के अनुरूप है और 1, a के अनुरूप है। अत: a और 1, C के अनुरूप हैं।
b, A के अनुरूप है और 2, b के अनुरूप है। अत: b और 2, A के अनुरूप हैं।
4, D के अनुरूप है। अत: बची हुई संख्या 3, B के अनुरूप होगी।
अत: BCCB के अनुरूप 3, 1, 1, 3 होगा।

62. (*a*) : स्पष्ट है कि 4, C के अनुरूप है। और a, 4 के अनुरूप है। अत: a, C के अनुरूप हैं।
1, D के अनुरूप है और b, 1 के अनुरूप है। अत: b, D के अनुरूप है।
अत: CDCD के अनुरूप a, b, a, b होगा।

63. (*d*) : स्पष्ट है कि 2, C के अनुरूप है और 4, A के अनुरूप है। अत: 1 और 3, B व D के अनुरूप होंगे।
अत: लुप्त समूह 1, 1, 3, 3, या 3, 3, 1, 1 होगा।

64. (*b*) : स्पष्ट है कि 2, A के अनुरूप है।
b, C के अनुरूप है और 4, b के अनुरूप है। अत: 4, C के अनुरूप है।
c, D के अनुरूप है और 3, c के अनुरूप है। अत: d, D के अनुरूप है।
अत: बची हुई संख्या अर्थात 1, B के अनुरूप है।
अत: BCDC के अनुरूप 1, 4, 3, 2 होगा।

65. (*d*) : स्पष्ट है कि b, A के अनुरूप है।
1, C के अनुरूप है और a, 1 के अनुरूप है। अत: a, C के अनुरूप है।
2, B के अनुरूप है और d, B के अनुरूप है। अत: d, B के अनुरूप है।
अत: बची हुई संख्या अर्थात c, D के अनुरूप है।
अत: BDCC के अनुरूप d, c, a, a होगा।

हल सहित अतिरिक्त प्रश्न

अभ्यास

दिशानिर्देश (*प्रश्न 1 से 4*): *दी गयी श्रृंखला में एक या दो पद लुप्त हैं। दिए गए विकल्पों में से सही विकल्प चुनें जो श्रृंखला को पूरा करे:*

1. 36, 34, 30, 28, 24, ?
(a) 20 (b) 23 (c) 22 (d) 26
[SSC-CGL Tier I Exam, 2015]

2. 3, 5, 35, 10, 12, 35, ___, ____
(a) 19, 35 (b) 17, 19 (c) 19, 24 (d) 22, 35
[SSC-CGL Tier I Exam, 2015]

3. FAK IEM LIO ?
(a) OMQ (b) OPQ (c) MNO (d) NOP
[SSC-CGL Tier I Exam, 2015]

4. दिए गए विकल्पों में से कौन सा अक्षर समूह, दी गयी श्रृंखला में अनुक्रमिक रूप से रखे जाने पर, श्रृंखला को पूरा करेगा?
BR _ _ NB _ 0 _ NB
(a) WNWN (b) OWRW (c) OWOW (d) RORO
[SSC-CGL Tier I Exam, 2015]

दिशानिर्देश (*प्रश्न 5 से 6*): *निम्नलिखित प्रश्नों में, कौन सा अक्षर समूह, दी गयी श्रृंखला में अनुक्रमिक रूप से रखे जाने पर, श्रृंखला को पूरा करेगा?*

5. a _ _ dba _ _ bcad _ _ da _ _ cd
(a) cbcddcba (b) bccdbcab
(c) aabbccdd (d) abcddcba
[SSC-CGL Tier I Exam, 2015]

6. ccbab _ caa _ bccc _ a _
(a) babc (b) babb (c) baab (d) bbba
[SSC-CGL Tier I Exam, 2015]

दिशानिर्देश (*प्रश्न 7 से 9*): *निम्नलिखित प्रश्नों में एक श्रृंखला दी गयी है, जिसमें एक पद लुप्त है। दिए गए विकल्पों में से उस विकल्प को चुनें जो श्रृंखला को पूरा करे:*

7. 4, 6, 10, 16, 24, ?
(a) 40 (b) 34 (c) 30 (d) 28
[SSC-CGL Tier I Exam, 2015]

8. 3, 5, 9, 17, ?
(a) 33 (b) 42 (c) 26 (d) 65
[SSC-CGL Tier I Exam, 2015]

9. दिए गए अक्षर समूहों में से कौन सा अक्षर समूह, दी गयी श्रृंखला में अनुक्रमिक रूप से रखे जाने पर, श्रृंखला को पूरा करेगा?
ipi_upog_pig_pogi__g
(a) iupgg (b) upgii (c) puigp (d) giupi
[SSC-CGL Tier I Exam, 2014]

दिशानिर्देश (*प्रश्न 10 से 12*): *निम्नलिखित प्रश्नों में एक श्रृंखला दी गयी है, जिसमें एक पद लुप्त है। दिए गए विकल्पों में से उस विकल्प को चुनें जो श्रृंखला को पूरा करे:*

10. 1, 0, 3, 2, 5, 6, ?, 12, 9, 20
(a) 9 (b) 10 (c) 7 (d) 8
[SSC-CGL Tier I Exam, 2014]

11. SHG, RIF, QJE, PKD, ?
(a) NME (b) NLB (c) OLE (d) OLC
[SSC-CGL Tier I Exam, 2014]

12. 7, 8, 18, 57, ?, 1165
(a) 174 (b) 232 (c) 224 (d) 228
[SSC-CGL Tier I Exam, 2014]

दिशानिर्देश (*प्रश्न 13 से 14*): *दिए गए विकल्पों में से कौन सा अक्षर समूह, दी गयी श्रृंखला में अनुक्रमिक रूप से रखे जाने पर, श्रृंखला को पूरा करेगा?*

13. b_ab_b_aab_b
(a) abbb (b) abba (c) baaa (d) aabb
[SSC-CGL Tier I Exam, 2013]

14. _bcab_cabc_abca_b
(a) abca (b) aabc (c) bbca (d) abac
[SSC-CGL Tier I Exam, 2013]

दिशानिर्देश (प्रश्न 15 से 19): एक श्रृंखला दी गयी है जिसमें एक पद लुप्त है। दिए गए विकल्पों में से सही विकल्प को चुनें जो श्रृंखला को पूरा करे:

15. AFI, JOR, MRU, ?
(a) GJU (b) HMP (c) PMO (d) RJL
[SSC-CGL Tier I Exam, 2013]

16. bc, cde, de, efg, fg, ?
(a) ghi (b) fgh (c) hij (d) ijk
[SSC-CGL Tier I Exam, 2013]

17. C – 3, E – 5, G – 7, I – 9, ?,
(*a*) X – 24, M – 21 (*b*) K – 11, M – 13
(*c*) O – 15, X – 24 (*d*) M – 18, K – 14
[SSC-CGL Tier I Exam, 2013]

18. 5, 16, 51, 158, ?
(*a*) 1452 (*b*) 483 (*c*) 481 (*d*) 1454
[SSC-CGL Tier I Exam, 2013]

19. 9 * 2 : 9 * 9 : : 9 * 5 : ?
(*a*) 9 × 4 (*b*) 9 × 6 (*c*) 9 × 7 (*d*) 9 × 8
[SSC-CGL Tier I Exam, 2013]

हल

1. (*c*) : दिए गए प्रश्न के अनुसार

36 34 30 28 24 [22]
(36 → 30: –6, 30 → 24: –6; 34 → 28: –6, 28 → 22: –6)

2. (*b*) : दिए गए प्रश्न के अनुसार

3 5 35 10 12 35 [17] [19]
(+2, +5, +2, +5, +2)

3. (*a*) : दिए गए प्रश्न के अनुसार

F A K
+3 +4 +2
I E M
+3 +4 +2
L I O
+3 +4 +2
[O M Q]

4. (*b*) : दिए गए प्रश्न के अनुसार

B R [O] [W] N / B [R] O [W] N / B

अत: विकल्प (b) सही है।

5. (*a*) : a c b d / b a c d / b c a d / d c d a / b a c d

अत: विकल्प (a) सही है।

6. (*b*) : c c / b a / b b / c a / a a / b c / c c / b a / b

अत: विकल्प (b) सही है।

7. (*b*) :

4 6 10 16 24 [34]
(+2, +4, +6, +8, +10)

8. (*a*) :

3 5 9 17 [33]
(+2, +4, +8, +16)

9. (*d*) : ip/ig/up/og/ip/ig/up/og/ip/ig

अत: विकल्प (d) सही है।

10. (*c*) :

1 0 3 2 5 6 [7] 12 9 20
(+2, +2, +2, +2)

अत: सही उत्तर 7 है।

11. (*d*) :

$S \xrightarrow{-1} R \xrightarrow{-1} Q \xrightarrow{-1} P \xrightarrow{-1}$ [O]
$H \xrightarrow{+1} I \xrightarrow{+1} J \xrightarrow{+1} K \xrightarrow{+1}$ [L]
$G \xrightarrow{-1} F \xrightarrow{-1} E \xrightarrow{-1} D \xrightarrow{-1}$ [C]

अत: सही उत्तर OLC है।

12. (*b*) : 7 × 1 + 1 = 8
8 × 2 + 2 = 18
18 × 3 + 3 = 57
57 × 4 + 4 = [232]
232 × 5 + 5 = 1165

13. (*d*) : ba/ab/ab/ba/ab/bb

14. (*a*) : abc/abb/cab/cca/bca/ab

15. (*b*) :

A F I J O R M R U [H M P]
(+5, +3 प्रत्येक पद में)

16. (*a*) : दी गयी श्रृंखला में पद का अंतिम अक्षर, नये पद का प्रथम अक्षर है, साथ ही उस अक्षर के बाद आने वाले दो अन्य अक्षर भी नये पद में शामिल हैं।
अत: विकल्प (a) सही है।

17. (*b*) : दी गयी श्रृंखला में एक-एक अक्षर को छोड़कर अक्षर दिए गए हैं तथा उनके साथ उनके अंग्रेजी वर्णमाला में

उनके स्थान दिए गए हैं।
अतः विकल्प (b) सही है।

18. (*c*) **:** दी गयी श्रृंखला निम्न प्रकार है:
$5 \times 3 + 1 = 16$
$16 \times 3 + 3 = 51$
$51 \times 3 + 5 = 158$
$158 \times 3 = 7 = \boxed{481}$

19. (*b*) **:** $9 \times 2 : 9 \times 9 :: 9 \times 5 : ?$
$18 : 81 : : 45 : \boxed{54}$
$9 \times 2 : 9 \times 9 : : 9 \times 5 : \boxed{9 \times 6}$
अतः प्रश्न चिन्ह के स्थान पर 9×6 आएगा।

2

सादृश्यता
(ANALOGY)

सादृश्यता का अर्थ होता है– समरूपता या समानता।

सादृश्यता से संबंधित प्रश्नों में, एक विशेष प्रकार की समानता को दिया जाता है और दिए गए विकल्पों में से उसी विशेष प्रकार की समानता वाले विकल्प को चुनना होता है। सादृश्यता परीक्षण का उद्देश्य उम्मीदवार के समग्र ज्ञान, तर्कसंगत सोचने की क्षमता और त्वरित व सटीक सोचने की योग्यता की जाँच करना है। नीचे कुछ प्रमुख समरूपताओं को दिया जा रहा है जिससे आपको प्रश्नों में दी गयी अधिकतर समरूपताओं को पहचानने में मदद मिलेगी:

कुछ प्रमुख समरूपतायें

1. देश और राजधानी:

उदा. अफगानिस्तान : काबुल

काबुल, अफगानिस्तान की राजधानी है।

कुछ और उदाहरण नीचे दिए गए हैं:

ऑस्ट्रेलिया : कैनबरा
ऑस्ट्रिया : वियना
बांग्लादेश : ढाका
भूटान : थिम्फू
इराक : बगदाद
डेनमार्क : कोपेनहेगन
इंडोनेशिया : जकार्ता
पुर्तगाल : लिस्बन
श्रीलंका : कोलंबो
यूएसए : वाशिंगटन

कनाडा : ओटावा
स्पेन : मैड्रिड
ग्रीस : एथेंस
चीन : बीजिंग
ईरान : तेहरान
नेपाल : काठमांडू
केन्या : नैरोबी
पाकिस्तान : इस्लामाबाद
रूस : मॉस्को

जापान : टोक्यो
इटली : रोम
मिस्र : काहिरा
फ्रांस : पेरिस
भारत : दिल्ली
क्यूबा : हवाना
नॉर्वे : ओस्लो
थाईलैंड : बैंकॉक
यूके : लंदन

2. राज्य और राजधानी:

उदा. महाराष्ट्र : मुंबई

मुंबई, महाराष्ट्र की राजधानी है।

कुछ और उदाहरण नीचे दिए गए हैं:

कर्नाटक : बैंगलोर
उड़ीसा : भुवनेश्वर
गुजरात : गांधीनगर
हिमाचल प्रदेश : शिमला
तमिलनाडु : चेन्नई

असम : दिसपुर
राजस्थान : जयपुर
उत्तर प्रदेश : लखनऊ
मेघालय : शिलांग
आंध्र प्रदेश : हैदराबाद

बिहार : पटना
सिक्किम : गंगटोक
केरल : त्रिवेंद्रम
नागालैंड : कोहिमा
पश्चिम बंगाल : कोलकाता

3. देश और मुद्रा:

उदा. भारत : रुपया

रुपया, भारत की मुद्रा है।

कुछ और उदाहरण नीचे दिए गए हैं:

अर्जेंटीना : पेसो
चीन : युआन
इराक : दिनार

बांग्लादेश : टका
ग्रीस : ड्रैक्मा (वर्तमान में यूरो)
जापान : येन

बर्मा (वर्तमान म्यांमार) : क्यात
ईरान : रियाल
कोरिया (उत्तरी व दक्षिणी दोनों) : वॉन

कुवैत : दिनार	यूके : पाउंड	यूएसए : डॉलर
थाईलैंड : बहत	संयुक्त अरब अमीरात : दिरहम	तुर्की : लीरा
स्पेन : पेसेटा (वर्तमान में यूरो)	रूस: रूबल	जर्मनी : मार्क
नीदरलैंड्स : गिल्डर	स्वीडन : क्रोना	

4. उपकरण और मापन:

उदा. बैरोमीटर : दाब

बैरोमीटर एक उपकरण है जो दाब को मापने के लिए उपयोग किया जाता है।

कुछ और उदाहरण नीचे दिए गए हैं:

थर्मामीटर : तापमान	एनीमोमीटर : पवन	ओडोमीटर : दूरी
हाइग्रोमीटर : आर्द्रता	तुला : भार	पैमाना : लंबाई
अमीटर : विद्युत धारा	टेजोमीटर : तनाव	स्क्रू गेज : मोटाई
सीस्मोग्राफ : भूकंप	स्फाइगनोमैनोमीटर : रक्तचाप	

5. राशि और उसकी मापन इकाई:

उदा. लंबाई : मीटर

मीटर, लंबाई मापने की इकाई है।

कुछ और उदाहरण नीचे दिए गए हैं:

भार : किलोग्राम	समय : सेकेंड	बल : न्यूटन
ऊर्जा : जूल	प्रतिरोध : ओह्म	आयतन : लीटर
कोण : रेडियन	शक्ति : वाट	विभवान्तर : वोल्ट
कार्य : जूल	विद्युत धारा : एम्पीयर	दाब : पास्कल
क्षेत्रफल : हेक्टेयर	तापमान : डिग्री	विद्युत चालकता : म्हो
प्रकाशीय तीव्रता : कैंडेला	चुंबकीय क्षेत्र : ओर्स्टेड	

6. व्यक्ति और संबंधित समूह:

उदा. नाविक : क्रू

नाविकों के समूह को क्रू कहा जाता है।

कुछ और उदाहरण नीचे दिए गए हैं:

मवेशी : हर्ड	भेड़ : झुंड फ्लॉक	फूल : गुलदस्ता
मधुमक्खी : झुंड (Swarm)	घुड़सवार : श्रेणी	मानव : भीड़
अंगूर : गुच्छा	गायक : कोरस	कलाकार : मंडली
सैनिक : सेना	मछली : झुंड शोल	नोमाड्स : होर्ड
खिलाड़ी : टीम	उपद्रवी : मोब	लुटेरे : गिरोह
मंत्री : परिषद	संगीतकार : बैंड	छात्र : कक्षा
तीर्थयात्री : कारवां	बत्तख : झुंड गैगल	चिकन : ब्रूड
दीमक : कॉलोनी	वस्तुएं : स्टॉक	दराज : अलमारी

7. जीव/जंतु और बच्चा:

उदा. गाय : बछड़ा

बछड़ा, गाय का बच्चा होता है।

कुछ और उदाहरण नीचे दिए गए हैं:

भालू : कब मुर्गी : चूजा बिल्ली : किटन

घोड़ा : कोल्ट/फिली/फोल	शेर/टाइगर : शावक (कब)	आदमी : बच्चा
बतख : डक्लिंग	भेड़ : मेमना	कीट : लार्वा
तितली : कैटरपिलर	मृग : फॉन	फ्रॉग : टैड्पोल
कुत्ता : पिल्ला	हिरण : फॉन	हंस : सिग्नेट
कॉकरोच : निम्फ		

8. नर और मादा:

उदा. घोड़ा : घोड़ी

घोड़ी, घोड़े का स्त्रीलिंग है।

कुछ और उदाहरण नीचे दिए गए हैं:

कुत्ता : कुतिया	बैल : गाय	मुर्गा : मुर्गी
नर मधुमक्खी : मधुमक्खी	मृग : मृगी	शेर : शेरनी
कोल्ट (घोड़े का बच्चा) : फिली (घोड़े की बच्ची)	बछड़ा : बछिया	हंस : हंसिनी
फॉक्स (लोमड़ी) : विक्सन (लोमड़ी)	ड्रेक : डक	कुंवारा : कुंवारी
भतीजा : भतीजी	पुत्र : पुत्री	स्वामी : स्वामिनी
भाई : बहन	जादूगर : जादूगरनी	भिक्षु : भिक्षुणी
अध्यापक : अध्यापिका	शिक्षक : शिक्षिका	बादशाह : बेगम

9. पशु और संबंधित गति:

उदा. बतख : वाडल

बतख के चलने को वाडल (ठुमकना) कहा जाता है।

कुछ और उदाहरण नीचे दिए गए हैं:

पक्षी : उड़ना	मुर्गा : स्ट्रट	बाज : स्वूप
उल्लू : फ्लिट	भालू : लम्बर	गधा : ट्राट
हाथी : ऐम्बल	घोड़ा : गैलप (चौकड़ी)	मेमना : फ्रिस्क
शेर : प्राउल चूहा : स्कैम्पर खरगोश : लीप		

10. पशु/वस्तु और ध्वनियां:

उदा. शेर : (दहाड़ना) रोर

शेर द्वारा उत्पादित ध्वनि को दहाड़ना कहते हैं।

कुछ और उदाहरण नीचे दिए गए हैं:

गधा : रेंकना	मेंढक : टरटराना	बकरी : मिमियाना
घोड़ा : हिनहिनाना	साँप : फुफकारना	सियार : भूंकना
चूहे : चिचयाना	बिल्ली : म्याऊ	मवेशी : रंभाना
ऊंट : घुरघुराना	हाथी : चिंघाड़ना	बंदर : बड़बड़ाना
मुर्गा : कुकुरू कूं करना	उल्लू : हूहू करना	गौरैया : कूजन करना
कौआ : कांव-कांव करना	बत्तख : क्वैक-क्वैक करना	मुर्गी : कुकुरू कूं करना
घंटा : झंकार करना	ड्रम : ताल देना	सिक्के : झनझनाना
बिजली : गरजना	पत्तियां : खड़खड़ाहट	वर्षा : पटपटाना

11. व्यक्ति/वस्तु और वर्ग:

उदा. छिपकली : सरीसृप

छिपकली, सरीसृप वर्ग से संबंधित है।

कुछ और उदाहरण नीचे दिए गए हैं:

पुरुष : स्तनपायी	तितली : कीट	व्हेल : स्तनपायी
शुतुरमुर्ग : पक्षी	सांप : सरीसृप	चूहा : कृंतक
मेंढक : उभयचर	पेन : स्टेशनरी	पर्दा : ड्रैपरी
कुर्सी : फर्नीचर	कप : क्रॉकरी	शर्ट : परिधान

12. जीव/जंतु और रहने वाले स्थान:

उदा. कुत्ता : केनेल

कुत्ता, केनेल (कुत्ता-घर) में रहता है।

कुछ और उदाहरण नीचे दिए गए हैं:

मधुमक्खी : छत्ता	बर्ड : घोंसला	गाय : गोशाला
चील : एरी	खरगोश : मांद	घोड़ा : अस्तबल
शेर : गुफा	चूहा : बिल	उल्लू : बार्न
सुअर : शूकरशाला	मकड़ी : जाला	अपराधी : जेल
एस्किमो : इग्लू	जिप्सी : कारवां	राजा : महल
सामन्त : हवेली	पागल : पागलखाना	भिक्षु : मठ
योगिन : आश्रम	किसान : कुटिया	सैनिक : बैरक्स

13. पशु/वस्तुएं और उनसे संबंधित स्थान:

उदा. कार : गैरेज

कार, गैरेज में खड़ी की जाती है।

कुछ और उदाहरण नीचे दिए गए हैं:

हवाई जहाज : हैंगर	मधुमक्खी : एपीएरी (मधुमक्षिशाला)	पक्षी : एवियरी (पक्षीशाला)
पशु : चिड़ियाघर	कपड़े : अलमारी	मछली : एक्वेरियम (जलजीवशाला)
अनाज : अन्नागार (ग्रेनेरी)	बंदूकें : आर्मरी	कलाकृतियां : संग्रहालय
औषधि : औषधालय	रोगी : अस्पताल	शराब : सेलर (सुरागार)

14. खेल और खेलने का स्थान:

उदा. बैडमिंटन : कोर्ट

बैडमिंटन, कोर्ट में खेला जाता है।

कुछ और उदाहरण नीचे दिए गए हैं:

बॉक्सिंग : रिंग	एथलेटिक्स : स्टेडियम	व्यायाम : जिमखाना/ व्यायामशाला
हॉकी : ग्राउंड	स्केटिंग : स्केटिंग रिंग	क्रिकेट : पिच
रेस : ट्रैक	टेनिस : कोर्ट	कुश्ती : अखाड़ा

15. कर्मचारी और उनसे संबंधित उपकरण:

उदा. लोहार : हथौड़ा

हथौड़ा, लोहार के द्वारा उपयोग में लाया जाने वाला उपकरण है।

कुछ और उदाहरण नीचे दिए गए हैं:

बढ़ई : आरा	शेफ : चाकू	लकड़हारा : कुल्हाड़ी
लेखक : पेन	सैनिक : गन	योद्धा : तलवार
डॉक्टर : स्टेथोस्कोप	किसान : हल	सर्जन : छुरी
माली : हैरो	राजमिस्री : साहुल	मूर्तिकार : छेनी
मजदूर : फावड़ा	दर्जी : सुई	

16. उपकरण और कार्य:

उदा. सुई : सिलना

सुई का उपयोग सिलाई के लिए किया जाता है।

कुछ और उदाहरण नीचे दिए गए हैं:

चाकू : काटना	गन : गोली मारना	चम्मच : खाना खिलाना
दूरबीन : दूर की वस्तुओं को देखना	तलवार : बध करना	फावड़ा : खोदना
छेनी : तराशना	चप्पू : खेना	कुल्हाड़ी : आकार देना
बरमा : छेदना	कुदाल : खोदना	ढाल : रक्षा करना
गैंती : उत्खनन करना	पेन : लिखना	पाना : जकड़ना
चिमटा : पकड़ना	सूक्ष्मदर्शी : आवर्धन करना	लाउडस्पीकर : बढ़ाना

17. कर्मचारी और संबंधित कार्यस्थल:

उदा. शेफ : रसोईघर

शेफ, रसोईघर में काम करता है।

कुछ और उदाहरण नीचे दिए गए हैं:

किसान : खेत	शिक्षक : विद्यालय	लिपिक : कार्यालय
मल्लाह : जहाज	अभियंता : साइट	योद्धा : युद्धक्षेत्र
डॉक्टर : अस्पताल	नौकर : घर	बनिया : दुकान
चित्रकार : चित्रशाला	वेटर : रेस्टोरेंट	पेंटर : गैलरी
वर्कर : फैक्टरी	अंपायर : पिच	गैम्बलर : कैसीनो
ब्यूटीशियन : पार्लर	कलाकार : रंगमंच	अभिनेता : मंच
मैकेनिक : गैरेज	वकील : कोर्ट	वैज्ञानिक : प्रयोगशाला
खगोलविद : वेधशाला		

18. कर्मचारी और संबंधित उत्पाद:

उदा. राजमिस्त्री : दीवार

राजमिस्त्री, दीवार बनाता है।

कुछ और उदाहरण नीचे दिए गए हैं:

कोरियोग्राफर : नृत्यनाटक	नाटककार : नाटक	मोची : जूते
संपादक : समाचार पत्र	निर्माता : फिल्म	शेफ : भोजन
वास्तुकार : डिजाइन	दर्जी : कपड़े	कवि : कविता
किसान : फसल	लेखक : पुस्तक	सुनार : गहने
बढ़ई : फर्नीचर	कसाई : मांस	
शिक्षक : शिक्षा		

19. उत्पाद और कच्चे माल:

उदा. प्रिज्म : कांच

प्रिज्म, कांच से बनाता है।

कुछ और उदाहरण नीचे दिए गए हैं:

मक्खन : दूध	कपड़ा : रेशे	पेपर : लुगदी
शराब : अंगूर	रेशे : सूत	दीवार : ईंट
सड़क : डामर	फर्नीचर : लकड़ी	किताब : पृष्ठ
जूते : चमड़े	स्वेटर : ऊन	बोरा : जूट
आमलेट : अंडे	धातु : अयस्क	आभूषण : सोना
रबड़ : क्षीर	क्षोमवस्त्र : पटसन	गुड़ : गन्ना
तेल : बीज		

20. भाग और सम्पूर्ण संबंध:

उदा. कलम : निब

निब, कलम का एक भाग है।

कुछ और उदाहरण नीचे दिए गए हैं:

पेंसिल : लीड	कक्षा : छात्र	घड़ी : सुई
वृत्त : चाप	घर : कक्ष	कार : स्टीयरिंग
हवाई जहाज : कॉकपिट	पुस्तक : अध्याय	पंखा : ब्लेड
गाड़ी : पहिये	साइकिल : पेडल	

21. जोड़ी संबंध:

उदा. जूते : मोजे

जूते और मोजे एक साथ पहने जाते हैं।

कुछ और उदाहरण नीचे दिए गए हैं:

शर्ट : पतलून	कुर्सी : मेज	ताला : चाबी
साड़ी : ब्लाउज	पेंसिल : रबड़	दरवाजा : खिड़की
कप : प्लेट	घोड़ा : तांगा	प्रश्न : उत्तर

22. अध्ययन और विषय:

उदा. ऑर्निथोलॉजी : पक्षी

ऑर्निथोलॉजी पक्षियों के अध्ययन से संबंधित विषय है।

कुछ और उदाहरण नीचे दिए गए हैं:

सीस्मोलॉजी : भूकंप	एंटोमोलॉजी : कीड़े	बॉटनी : पादप
एंथ्रोपोलॉजी : मानव	कार्डियोलॉजी : हृदय	माइकोलॉजी : फंगी
पैथोलॉजी : रोग	फिजियोलॉजी : शरीर	हीमेटोलॉजी : रक्त
फाइकोलॉजी : शैवाल	पेडोलॉजी : मृदा	नेफ्रोलोजी : गुर्दा
पैलेन्टोलॉजी : जीवाश्म	इचिथोलॉजी : मछली	हर्पेटोलॉजी : एम्फिबियन
टैक्सोनॉमी : वर्गीकरण	सेलेनोग्राफी : चंद्रमा	एक्क्रिनोलॉजी : स्रावण
क्रैनोलॉजी : खोपड़ी	कोंकोलॉजी : शैल	पैलियोग्राफी : लेखन
एस्ट्रोलॉजी : भविष्य	आर्कियोलॉजी : पुरातत्व कलाकृति	ओनोमेटोलॉजी : नाम
जूलॉजी : पशु	ओलॉजी : अंडे	वायरोलॉजी : वायरस

23. शब्द और तीव्रता

उदा. गुस्सा : क्रोध

गुस्से की तुलना में क्रोध उच्च तीव्रता का शब्द है।

कुछ और उदाहरण नीचे दिए गए हैं:

मुराद : इच्छा
बैठ जाना : डूब जाना
त्रुटि : दोष
नकारना : त्यागना
बोलना : चिल्लाना

स्पर्श : धक्का
जलमग्न होना : डूबना
नामी : प्रख्यात
अपराध : पाप

प्रज्वलित करना : जलाना
झगड़ा : युद्ध
अप्रसन्न : दुखी
नम करना : बौछार करना

24. शब्द और समानार्थी

उदा. आवास : आशियाना

आवास, आशियाना का पर्यायवाची है।

कुछ और उदाहरण नीचे दिए गए हैं:

सम्मिश्रण करना : संयुक्त करना
पूर्वज्ञान : पूर्वानुमान
खोट : अपूर्ण
प्रतिस्थापन : स्थानापन्न
मानना : समझना
गंभीर : शांत
भगाकर ले जाना : अपहरण करना

विनती करना : अनुरोध करना
सौंपना : आवंटन करना
प्रखर : हिंसक
मरम्मत : दुरुस्ती
कगार : किनारा
नष्ट होना : गँवाना
रिक्त : खाली

निषेध : प्रतिबन्ध
अभिमान : अहंकार
भ्रान्ति : छल
ढलना : उतरना
घर : गृह
अकाल : अभाव

25. शब्द और विलोम

उदा. हमला : बचाव

बचाव, हमले का विलोम है।

कुछ और उदाहरण नीचे दिए गए हैं:

बढ़ावा देना–पीछे करना
डूबना : तैरना
श्रेष्ठ : निकृष्ट
ताजा : बासा
प्रारंभिक : अंतिम
शोक : आनंद
घनीभूत करना : विस्तार करना
अराजकता : शान्ति

क्रूर : दयालु
सज्जन : दुर्जन
उपेक्षा करना : ध्यान देना
आलस्य : चौकन्नापन्न
जलाना : बुझाना
निर्माण करना : नष्ट करना

मजबूत : कमजोर
गहरा : उथला
सौहार्दपूर्ण : शत्रुतापूर्ण
पुष्टि करना : इनकार करना
उधार देना : उधार लेना
अनुक्रमिक : आकस्मिक

प्रकार 1: सादृश्यता युग्म को पूरा करना

इस प्रकार के प्रश्नों में, दो शब्द दिए जाते हैं। ये शब्द किसी न किसी तरीके से एक दूसरे से संबंधित होते हैं। एक और शब्द भी दिया जाता है। उम्मीदवार को पहले दो शब्दों के बीच के संबंध को जानकर दिए गए विकल्पों से ऐसा शब्द चुनना होता है, जो तीसरे शब्द के साथ उसी प्रकार का संबंध रखता हो, जैसा की पहले दो शब्दों के मध्य होता है।

हल सहित उदाहरण

उदा. 1. विशालकाय : बौना :: बुद्धिमान : ? **(I.I.T.T.M. 2005)**

(*a*) दुष्ट (*b*) सज्जन (*c*) मूर्ख (*d*) छोटा

हल: 'बौना' 'विशालकाय' का विलोम होता है। इसी प्रकार, 'बुद्धिमान' का विलोम 'मूर्ख' है। अत: सही उत्तर (*c*) होगा।

उदा. 2. समाचार पत्र : प्रेस :: कपड़ा : ?

(*a*) दर्जी (*b*) कपड़ा (*c*) फाइबर (*d*) मिल

हल: जैसे की एक प्रेस में समाचार पत्र तैयार किया जाता है वैसे ही कपड़ा मिल में निर्मित होता है। अत: सही उत्तर (*d*) होगा।

उदा. 3. एनीमिया : रक्त :: अराजकता : ? **(C.P.O. 2004)**

(*a*) कानूनहीनता (*b*) सरकार (*c*) राजशाही (*d*) विकार

हल: एनीमिया रक्त की कमी की स्थिति है। इसी तरह, अराजकता सरकार की कमी की स्थिति है। अत: सही उत्तर (*b*) होगा।

उदा. 4. मवेशी : हर्ड :: भेड़ : ?

(*a*) झुंड (*b*) स्वार (*c*) शोल (*d*) मोब

हल: मवेशियों का समूह हर्ड कहलाता है। इसी प्रकार भेड़ों का समूह झुंड कहलाता है। अत: सही उत्तर (*a*) होगा।

उदा. 5. वनस्पति विज्ञान : पौधे :: एंटोमोलॉजी : ? **(S.S.C. 2002)**

(*a*) सांप (*b*) कीड़े (*c*) पक्षी (*d*) रोगाणु

हल: वनस्पति विज्ञान, विज्ञान की शाखा है जोकि पौधों के अध्ययन से संबंधित है। इसी प्रकार, एंटोमोलॉजी विज्ञान की शाखा है जोकि कीड़ों के अध्ययन से संबंधित है। अतः सही उत्तर (*b*) होगा।

उदा. 6. अभिनय : रंगमंच :: जुआ : ?

(*a*) कैसीनो (*b*) क्लब (*c*) बार (*d*) जिम

हल: जिस प्रकार अभिनय, रंगमंच में किया जाता है। उसी प्रकार, जुआ कैसीनो में खेला जाता है। अतः सही उत्तर (*a*) होगा।

उदा. 7. सतर्क : सावधान :: व्यवहार्य : ?

(*a*) सक्रिय (*b*) निराशाजनक (*c*) संभाव्य (*d*) उपयोगी

हल: 'सावधान' 'सतर्क' का पर्याय है। इसी तरह, 'व्यवहार्य' का समानार्थी 'संभाव्य' है। अतः सही उत्तर (*c*) होगा।

उदा. 8. मुंबई : महाराष्ट्र :: त्रिवेंद्रम : ?

(*a*) कोलकाता (*b*) गुजरात (*c*) केरल (*d*) सिक्किम

हल: मुंबई, महाराष्ट्र की राजधानी है। इसी तरह, त्रिवेंद्रम केरल की राजधानी है। अतः सही उत्तर (*c*) होगा।

उदा. 9. मेनू : भोजन :: कैटलॉग : ? (S.S.C. 2003)

(*a*) रैक (*b*) अख़बार (*c*) पुस्तकालय (*d*) किताबें

हल: मेनू में रेस्तरां में सभी खाद्य पदार्थों की सूची को कहा जाता है। इसी प्रकार, लाइब्रेरी में सभी पुस्तकों की सूची को कैटलॉग (सूचीपत्र) कहा जाता है। अतः सही उत्तर (*d*) होगा।

उदा. 10. लुगदी : पेपर :: पटसन : ? (S.S.C. 2001)

(*a*) टोकरी (*b*) यार्न (*c*) रस्सी (*d*) कपास

हल: लुगदी, कागज के उत्पादन में उपयोग की जाने वाली कच्ची सामग्री है। इसी प्रकार, पटसन, रस्सी बनाने के लिए प्रयोग में लाया जाता है। अतः सही उत्तर (*c*) होगा।

अभ्यास 2A

दिशानिर्देश: *निम्नलिखित में से प्रत्येक प्रश्न में, चिन्ह (::) के एक तरफ एक शब्द युग्म दिया गया है, जिसमें दिए गए दोनों शब्दों के बीच एक निश्चित संबंध है। चिन्ह (::) के दूसरी तरफ भी एक शब्द युग्म है जिसमें से एक शब्द को दिया गया है तथा दूसरे शब्द को दिए गए विकल्पों में दिया गया है। चिन्ह (::) के दूसरी तरफ के शब्दों में भी वही संबंध है जो चिन्ह के पहली तरफ के शब्दों में है। सही विकल्प चुनें।*

1. आम : फल :: आलू: ? (Bank Recruitment, 2005)

(*a*) जड़ (*b*) फल (*c*) तना (*d*) फूल

2. कुत्ता : भौंकना :: बकरी: ?

(*a*) मिमियाना (*b*) गुर्राना (*c*) घुरघुराना (*d*) रेंकना

3. भोजन : पेट :: ईंधन: ?

(*a*) विमान (*b*) ट्रक (*c*) इंजन (*d*) स्वचालित

4. चंद्रमा : उपग्रह :: पृथ्वी : ?

(*a*) सूरज (*b*) ग्रह (*c*) सौर तंत्र (*d*) छोटा तारा

5. हंसी : मस्ती :: रोना : ? (R.R.B. 2003)

(*a*) दुःख (*b*) पश्चताप (*c*) बच्चा (*d*) दण्ड

6. क्रिकेट : बल्ला :: हॉकी : ?

(*a*) मैदान (*b*) छड़ी (*c*) खिलाड़ी (*d*) गेंद

7. पक्षी : पंख :: मछली : ?

(*a*) गलफड़ा (*b*) फिन (मछली का पर)
(*c*) पूंछ (*d*) पैमाना

8. नारियल : शैल :: पत्र : ?

(*a*) पत्र-बॉक्स (*b*) टिकट (*c*) मेल (*d*) लिफाफा

9. धुआं : प्रदूषण :: युद्ध : ? (C.P.O. 2005)

(*a*) विनाश (*b*) संधि (*c*) विजय (*d*) शांति

10. कांडला : गुजरात :: कोचीन : ?

(*a*) कर्नाटक (*b*) केरल (*c*) गोवा (*d*) चेन्नई

11. कमोडोर : नौसेना :: ब्रिगेडियर : ?

(*a*) कप्तान (*b*) कमांडर (*c*) वायुसेना (*d*) सेना

12. असम : बिहू : केरल : ?

(*a*) कथकली (*b*) कुचीपुड़ी (*c*) कथक (*d*) भरतनाट्यम

13. वर्ग : डायमंड :: गोला : ? (Hotel Management, 2003)

(*a*) चिकना (*b*) गोल (*c*) अंडाकार (*d*) गेंद

14. रूबी : लाल :: नीलमणि : ?

(*a*) नीला (*b*) सफेद (*c*) हरा (*d*) रजत

15. आदमी : मशीन :: मास्टर : ? (I.I.T.T.M. 2005)

(*a*) कर्मचारी (*b*) प्रबंधक (*c*) घर (*d*) दास

16. अच्छा : बुरा :: गुण : ?

(*a*) दोष (*b*) पाप (*c*) निराशा (*d*) उपाध्यक्ष

17. पिघलना : तरल :: जमना : ?

(*a*) बर्फ (*b*) गाढ़ा (*c*) ठोस (*d*) भंगुर

18. डर : धमकी :: गुस्सा : ?

(*a*) मजबूरी (*b*) दहशत (*c*) उकसावा (*d*) दवाब

19. स्क्रैप : भोजन :: लीज : ? (M.B.A. 2004)

(*a*) रोटी (*b*) चाय (*c*) शराब (*d*) चावल

20. सुरक्षित : सकुशल :: बचाना : ? (S.S.C. 2005)

(*a*) संरक्षित करना (*b*) निश्चित (*c*) रक्षा करना (*d*) बंद करना

21. लड़की : ब्यूटीफुल :: लड़का : ?

(*a*) स्मार्ट (*b*) वीर (*c*) साहसी (*d*) हैंडसम

22. स्पर्श करना : महसूस करना :: नमस्कार : ?

(*a*) मुस्कान (*b*) शिष्टाचार (*c*) स्वीकार (*d*) सफलता

23. कुर्सी : फर्नीचर :: जूता : ? (Bank Recruitment, 2005)

(*a*) मोजे (*b*) जूते (*c*) चमड़ा (*d*) दर्जी

24. टाइपिस्ट : टाइपराइटर :: लेखक : ? (S.S.C. 2002)

(*a*) पुस्तक (*b*) कागज (*c*) लिपि (*d*) कलम

25. रुपया : भारत :: येन : ?

(*a*) तुर्की (*b*) बांग्लादेश (*c*) जापान (*d*) पाकिस्तान

26. कुत्ता : रेबीज : मच्छर : ?

(*a*) प्लेग (*b*) मौत (*c*) मलेरिया (*d*) डंक

27. घोड़ा : घुड़सवार :: कार : ?

(*a*) मिस्त्री (*b*) ड्राइवर (*c*) स्टीयरिंग (*d*) ब्रेक

28. नाव : अयस्क :: साइकिल : ? (M.A.T. 2002)

(*a*) पेडल (*b*) गद्दी (*c*) सड़क (*d*) पहिया

29. हवाई जहाज : कॉकपिट :: ट्रेन : ?

(*a*) बोगी (*b*) कोच (*c*) डिब्बे (*d*) इंजन

30. शब्दस्मृतिलोप : स्मृति :: पक्षाघात : ?

(*a*) गति (*b*) अंग (*c*) विकलांग (*d*) पैर

31. मस्तिष्कावरण शोथ : मस्तिष्क :: अधितंतुरुजा (सिरोसिस) : ?

(*a*) फेफड़े (*b*) मस्तिष्क (*c*) यकृत (*d*) दिल

32. पुस्तक : प्रकाशक :: फिल्म : ? (S.S.C. 2003; R.R.B. 2004)
(*a*) निर्माता (*b*) निदेशक (*c*) संपादक (*d*) लेखक

33. पूर्वानुमान : भविष्य :: खेद :?
(*a*) वर्तमान (*b*) प्रायश्चित करना
(*c*) अतीत (*d*) पाप

34. इन्फ्लुएंजा : विषाणु :: टाइफाइड : ?
(*a*) बैसिलस (*b*) परजीवी (*c*) प्रोटोजोआ (*d*) बैक्टीरिया

35. हेमोग्लोबिन : लोहा :: क्लोरोफिल : ?
(*a*) तांबा (*b*) मैग्नीशियम (*c*) कोबाल्ट (*d*) कैल्शियम

36. रेडियो : श्रोता :: फिल्म : ? (S.S.C. 2003)
(*a*) निर्माता (*b*) अभिनेता (*c*) दर्शक (*d*) निदेशक

37. दूध : इमल्शन :: मक्खन : ?
(*a*) एयरोसोल (*b*) निलंबन (*c*) सोल (*d*) जेल

38. मकड़ी : कीट :: मगरमच्छ : ?
(*a*) सरीसृप (*b*) स्तनधारी (*c*) मेंढक (*d*) मांसाहारी

39. गरज : बारिश :: ? : रात (S.S.C. 2002)
(*a*) शाम (*b*) अँधेरा (*c*) दिन (*d*) गोधुलि

40. पहाड़ : पहाड़ी :: वृक्ष : ? (C.P.O. 2003)
(*a*) मैदान (*b*) पत्ता (*c*) वन (*d*) झाडी

41. सांख्य : कपिल :: योग : ?
(*a*) जैमिनी (*b*) चाणक्य (*c*) गौतम (*d*) पतंजलि

42. आर्यभट्ट : गणितज्ञ :: वाराहमिहिर : ?
(*a*) चिकित्सक (*b*) खगोलविद (*c*) वैज्ञानिक (*d*) वास्तुकार

43. डॉक्टर : रोगी :: राजनीतिज्ञ : ? (M.B.A. 2005)
(*a*) जनता (*b*) मतदाता (*c*) शक्ति (*d*) अध्यक्ष

44. चमड़ा : मोची :: लकड़ी : ?
(*a*) फर्नीचर (*b*) कुटीर (*c*) बढ़ई (*d*) राजमिस्त्री

45. कैनो : नाव :: हवेली : ?
(*a*) झोपड़ी (बीमहल) (*b*) स्थान
(*c*) घर (*d*) बंगला

46. भारत : राष्ट्रपति :: राज्य : ? (S.C.R.A. 2000)
(*a*) प्रधान मंत्री (*b*) गवर्नर (*c*) मुख्यमंत्री (*d*) महापौर

47. चाकू : काटना :: कुल्हाड़ी : ?
(*a*) फाड़ना (*b*) छाटना (*c*) टुकड़े करना (*d*) पृथक करना

48. मवेशी : चारा :: मछली : ?
(*a*) चारा (*b*) सूखी घास (*c*) कीड़े (*d*) तैरते जीव

49. वायु : वायुमंडल :: पानी : ? (R.R.B. 2005)
(*a*) जल मंडल (*b*) पारिस्थितिकी
(*c*) बायोस्फीयर (*d*) स्ट्रेटोस्फीयर

50. स्काउट : सेना :: लिपिक : ?
(*a*) कार्यालय (*b*) फाइलें (*c*) अधिकारी (*d*) प्रशासन

51. शीतकालीन : हाइबरनेशन :: ग्रीष्मकालीन : ?
(*a*) उत्तरजीविता (*b*) सक्रियण (*c*) एस्टिवेशन (*d*) गुप्त जगह

52. खेल : लोगो :: राष्ट्र : ?
(*a*) गान (*b*) शासक (*c*) ध्वज (*d*) प्रतीक

53. स्टील : मिश्र धातु :: जिंक : ? (I.R.M.A. 2000)
(*a*) धातु (*b*) गैर धातु (*c*) नमक (*d*) हलोजन

54. ऊर्जा : जूल :: आयतन : ? (M.B.A. 2004)
(*a*) ठोस (*b*) क्षमता (*c*) किलोग्राम (*d*) लीटर

55. बिजली : तार :: पानी : ? (Specialist Officers' 2002)
(*a*) पाइप (*b*) नदी (*c*) जग (*d*) बोतल

56. नाटक : स्टेज :: टेनिस : ?
(*a*) टूर्नामेंट (*b*) नेट (*c*) कोर्ट (*d*) रैकेट

57. वृक्ष : वन :: घास : ?
(*a*) लॉन (*b*) खेत (*c*) बगीचा (*d*) फार्म

58. गरम : ओवन :: शीत : ?
(*a*) आइसक्रीम (*b*) एयर कंडीशनर
(*c*) बर्फ (*d*) फ्रीज

59. सम्मेलन : अध्यक्ष :: समाचारपत्र : ? (I.I.T.T.M. 2005)
(*a*) सवाद दाता (*b*) वितरक (*c*) छापने वाला (*d*) संपादक

60. किनारा : नदी :: तट : ?
(*a*) बाढ़ (*b*) लहरें (*c*) सागर (*d*) समुद्र तट

61. फूल : तितली :: गंदगी : ?
(*a*) चूहे (*b*) मक्खी (*c*) कीड़े (*d*) सफाईवाला

62. मलेरिया : रोग :: भाला : ?
(*a*) घाव (*b*) तलवार (*c*) हथियार (*d*) युद्ध

63. शेर : गुफा :: खरगोश : ? (S.S.C. 2000)
(*a*) बिल (*b*) होल (*c*) पिट (*d*) मांद

64. यात्रा : सहचर :: पेशे : ?
(*a*) साथी (*b*) सहकर्मी (*c*) सहयोगी (*d*) सह अपराधी

65. लकड़ी : खपची :: रोटी : ?
(*a*) भाग (*b*) किरच (*c*) टुकड़ा (*d*) डली

66. सोमवार : शनिवार : गुरुवार : ? (C.B.I. 2000)
(*a*) रविवार (*b*) मंगलवार (*c*) बुधवार (*d*) शुक्रवार

67. सिक्के : टंकशाला :: ईटें : ?
(*a*) भट्ठी (*b*) गोदाम (*c*) कब्रिस्तान (*d*) शमशान

68. शराब : तहखाना :: हथियार : ?
(*a*) गोदाम (*b*) शस्त्रागार
(*c*) सेना मुख्यालय (*d*) काल कोठरी

69. रोग : चिकित्सा :: अकाल : ? (E.P.F.O.S.S.A. 2004)
(*a*) बादल (*b*) वर्षा (*c*) सूखा (*d*) नदी

70. उत्पाद : अपशिष्ट :: विषमता : ?
(*a*) समता (*b*) सही (*c*) विरोध (*d*) विरोधाभास

71. बछड़ा : गाय :: पिल्ला : ?
(*a*) कुत्ता (*b*) कुतिया (*c*) घोड़ा (*d*) गधा

72. कोयला : ऊष्मा :: मोम : ? (Section Officers' 2004)
(*a*) ऊर्जा (*b*) मोमबत्ती (*c*) लाइट (*d*) मधुमक्खी

73. स्क्विन्ट : आँख :: स्क्वीज : ?
(*a*) जीभ (*b*) कपड़ा (*c*) गले (*d*) हाथ

74. योगी : एकांत :: घुसपैठिए : ?
(*a*) चोर (*b*) गोपनीयता (*c*) सेंधमार (*d*) परिसंपत्ति

75. चाय : कप :: तंबाकू : ?
(*a*) पत्तियां (*b*) हुक्का (*c*) विष (*d*) सिगार

76. अंधा : दृश्य :: बहरा : ? (S.S.C. 2001)
(*a*) ध्वनि (*b*) श्रवण (*c*) सुनवाई (*d*) सुनना

77. ट्रेन : यात्री :: हवाई जहाज : ?
(*a*) एयरोनॉट (*b*) अंतरिक्ष यात्री
(*c*) पायलट (*d*) एयर होस्टेस

78. कॉलेज : अध्यक्ष :: संग्रहालय : ?
(*a*) संग्राध्यक्ष (*b*) जेलर (*c*) अभिरक्षक (*d*) पर्यवेक्षक

79. भारत : नई दिल्ली :: पाकिस्तान : ? (Hotel Management, 2004)
(*a*) रावलपिंडी (*b*) पेशावर (*c*) लाहौर (*d*) इस्लामाबाद

80. हाथी : हौदा :: घोड़ा : ?
(*a*) लाउंज (*b*) खुर (*c*) काठी (*d*) कूबड़

81. पेंट्री : भंडार :: बर्तन सफाई स्थान : ?
(*a*) रसोइया (*b*) रसोई (*c*) बर्तन (*d*) स्कलरी

82. बढ़ई : आरी :: दर्जी : ? (R.R.B. 2003)
(*a*) मापन (*b*) सिलाई (*c*) कपड़ा (*d*) सुई

83. चुनाव : घोषणापत्र :: बैठक : ?
(*a*) परिपत्र (*b*) एजेंडा (*c*) प्रस्तावना (*d*) रिपोर्ट

84. एंटीसेप्टिक : रोगाणु :: एंटीडोट : ?
(*a*) एलर्जी (*b*) जहर (*c*) घाव (*d*) संक्रमण

85. पक्षी : उड़ना :: सांप : ? (Hotel Management, 1999)
(*a*) छिद्र (*b*) रेंगना (*c*) खटखटाना (*d*) टहलना

86. शेर : हिरण :: नेवला : ?
(*a*) चूहा (*b*) सांप (*c*) छिपकली (*d*) गिलहरी

87. पतंग : कीट :: चूहा : ?
(*a*) बिल्ली (*b*) तिल (*c*) कृंतक (*d*) चूहा

88. पौधा : पेड़ :: लड़की : ? (R.R.B. 2005)
(*a*) पत्नी (*b*) मां (*c*) महिला (*d*) बहन

89. घड़ी : समय :: थर्मामीटर : ?
(*a*) ऊष्मा (*b*) विकिरण (*c*) ऊर्जा (*d*) तापमान

90. मुस्लिम : मस्जिद :: सिख : ?
(*a*) स्वर्ण मंदिर (*b*) मदीना
(*c*) अग्नि मंदिर (*d*) गुरुद्वारा

91. पंजा : बिल्ली :: खुर : ?
(*a*) घोड़ा (*b*) शेर (*c*) भेड़ (*d*) हाथी

92. यात्री : यात्रा :: नाविक : ? (M.B.A. 2002)
(*a*) पानी (*b*) जहाज (*c*) जलयात्रा (*d*) चालकदल

93. आँख : मायोपिया :: दांत : ?
(*a*) पायरिया (*b*) मोतियाबिंद (*c*) ट्रेकोमा (*d*) चर्मरोग

94. ट्रैक्टर : ट्राली :: घोड़ा : ?
(*a*) घोडा गाड़ी (*b*) गाड़ी (*c*) सैडल (*d*) काठी

95. वास्तविक : प्रामाणिक :: मृगजाल : ? (S.S.C. 2002)
(*a*) प्रतिबिंब (*b*) शरण (*c*) भ्रम (*d*) छवि

96. स्क्रिब्बल : लिखना :: स्टैमर : ?
(*a*) चलना (*b*) खेलना (*c*) बोलना (*d*) नृत्य

97. फूल : कली :: पौधा : ?
(*a*) बीज (*b*) स्वाद (*c*) फूल (*d*) टहनी

98. धकेलना : खीचना :: फेकना : ?
(*a*) कूदना (*b*) एकत्र करना
(*c*) उठाना (*d*) खेल

99. बन्दूक : कारतूश :: चिमनी : ?
(*a*) मैदान (*b*) घर (*c*) छत (*d*) धुआं

100. कार : गेराज :: हवाई जहाज : ?
(*a*) बंदरगाह (*b*) डिपो (*c*) हेंगर (*d*) हार्बर

हल-अभ्यास 2(A)

1. (*c*) : जैविक रूप से, आम एक फल है, जबकि आलू एक रूपांतरित स्टेम (तना) है।

2. (*a*) : दूसरा ध्वनि है, जिसका उत्पादन पहले द्वारा किया जाता है।

3. (*c*) : भोजन को शरीर के कार्यों के लिए ऊर्जा प्रदान करने के लिए पेट द्वारा संसाधित किया जाता है। इसी प्रकार, ईंधन को ऑटोमोबाइल के कार्यों के लिए ऊर्जा प्रदान करने के लिए इंजन द्वारा संसाधित किया जाता है।

4. (*b*) : चंद्रमा एक सैटेलाइट (उपग्रह) है और पृथ्वी एक प्लानेट (ग्रह) है।

5. (*a*) : पहला, दूसरे को इंडीकेट करता है।

6. (*b*) : क्रिकेट में गेंद को बैट से मारा जाता है। इसी प्रकार, हॉकी में गेंद को एक स्टिक से मारा जाता है।

7. (*b*) : पहले के मूवमेंट के लिए दूसरा ऑर्गन है।

8. (*d*) : दूसरे के अंदर पहला संलग्न है।

9. (*a*) : पहले का परिणाम दूसरा है।

10. (*b*) : गुजरात में कांडला एक प्रसिद्ध बंदरगाह है। इसी प्रकार, केरल में कोचीन एक प्रसिद्ध बंदरगाह है।

11. (*d*) : नौसेना में कमोडोर एक रैंक है, जबकि सेना में उसके समान रैंक ब्रिगेडियर है।

12. (*a*) : असम का लोक नृत्य बिहू है। इसी प्रकार, केरल का लोक नृत्य कुचीपुडी है।

13. (*c*) : दूसरा एक आकार है जिसे पहले के विपरीत किनारों को खींचकर प्राप्त किया गया है।

14. (*a*) : रूबी लाल रंग का एक कीमती पत्थर है और नीलमणि नीले रंग का एक कीमती पत्थर है।

15. (*d*) : मशीन एक आदमी द्वारा काम करने के लिए बनाई जाती है। इसी प्रकार, दास को अपने मालिक के निर्देशों के अधीन काम करना पड़ता है।

16. (*d*) : प्रत्येक जोड़ी में शब्द एक दूसरे के विलोम हैं।

17. (*c*) : दूसरी भौतिक स्थिति है जिसे पहली द्वारा शुरू की गई प्रक्रिया के परिणामस्वरूप प्राप्त किया जाता है।

18. (*c*) : दूसरे से पहला उत्पन्न होता है।

19. (*c*) : दूसरे का बचा हुआ भाग पहला है।

20. (*c*) : प्रत्येक जोड़ी में शब्द एक दूसरे के समानार्थी हैं।

21. (*d*) : दूसरा एक शब्द है जिसका उपयोग पहले की सुंदरता का वर्णन करने के लिए किया जाता है।

22. (*c*) : स्पर्श को महसूस किया जाता है और नमस्कार को स्वीकार किया जाता है।

23. (*b*) : दूसरा उस वर्ग को दर्शाता है जिससे पहला संबंधित है।

24. (*d*) : दूसरा एक डिवाइस है जिसका इस्तेमाल पहले द्वारा किया जाता है।

25. (*c*) : भारत की करेंसी रूपया है। उसी प्रकार, जापान की करेंसी येन है।

26. (*c*) : पहले के काटने के कारण दूसरा उत्पन्न होता है।

27. (*b*) : दूसरे द्वारा पहला संचालित है।

28. (*a*) : दूसरा उस भाग का संकेत करता है कि वह पहले का हिस्सा है, जिस पर प्रयास किया जाता है।

29. (*d*) : विमान का पायलट कॉकपिट में कार्य करता है, उसी प्रकार, एक ट्रेन का चालक इंजन में काम करता है।

30. (*a*) : पहला नाम है जिसे दूसरे के नुकसान का वर्णन करने के लिए दिया गया है।

31. (*c*) : पहला एक बीमारी है जो दूसरे को प्रभावित करती है।

32. (*a*) : पहले का उत्पादन दूसरे द्वारा किया जाता है।

33. (*c*) : पूर्वानुमान भविष्य की घटनाओं के लिए किया जाता है और खेद पिछले कार्यों के लिए किया जाता है।

34. (*d*) : पहली एक बीमारी है, जो दूसरे के कारण उत्पन्न होती है।

35. (*b*) : पहले का मुख्य संघटक दूसरा है।

36. (*c*) : दूसरा पहले को सुनने/देखने वाला है।

37. (*d*) : दूध एक इमल्शन है, जबकि मक्खन एक जेल है।

38. (*a*) : दूसरा उस वर्ग को दर्शाता है जिससे पहला संबंधित है।

39. (*a*) : दूसरे का अनुसरण पहला करता है।

40. (*d*) : पहला दूसरे का बड़ा आकार है।

41. (*d*) : पहला दर्शनशास्त्र की प्रणाली है जिसे दूसरे द्वारा स्थापित किया गया।

42. (*a*) : आर्यभट्ट एक प्रसिद्ध गणितज्ञ और वराहमिहिर प्राचीन काल के एक प्रसिद्ध चिकित्सक थे।

43. (*a*) : पहला दूसरे के लिए काम करता है।

44. (*c*) : पहला कच्चा सामग्री है जिसकी जरूरत दूसरे को है।

45. (*c*) : पहला, दूसरे का एक प्रकार है।

46. (*b*) : दूसरा, पहले का संवैधानिक प्रमुख है।

47. (*b*) : दूसरा, पहले की कार्रवाई को दर्शाता है।

48. (*d*) : दूसरा, पहले का भक्षण करता है।

49. (*a*) : पहला, दूसरे का निर्माण करता है।

50. (*a*) : दूसरे का कार्य सबसे शुरूआती स्तर पर पहले द्वारा किया जाता है।

51. (*c*) : जानवरों के विंटर स्लीप को हाइबरनेशन कहते है और समर स्लीप को एस्टिवेशन कहते है।

52. (*d*) : दूसरा, पहले का प्रतीक है।

53. (*a*) : स्टील एक मिश्र धातु है, और जस्ता एक धातु है।

54. (*d*) : दूसरा, पहले को मापने के लिए इकाई है।

55. (*a*) : दूसरे का प्रयोग पहले को संचारित करने के लिए किया जाता है।

56. (*c*) : ड्रामा स्टेज पर किया जाता है। इसी तरह, टेनिस कोर्ट में खेला जाता है।

57. (*a*) : जंगल वृक्ष से बना होता है और लॉन घास से बना होता है।

58. (*d*) : खाद्य वस्तुओं को गर्म करने के लिए ओवन नामक उपकरण का इस्तेमाल किया जाता है। उसी प्रकार, खाद्य वस्तुओं को ठंडा रखने के लिए फ्रिज का इस्तेमाल किया जाता है।

59. (*d*) : अध्यक्ष एक सम्मेलन का सर्वोच्च अधिकारी है। इसी प्रकार, संपादक एक समाचार पत्र एजेंसी का सर्वोच्च अधिकारी है।

60. (*c*) : नदी के किनारे वाली भूमि को बैंक (किनारा) कहते हैं। इसी प्रकार, समुद्र के किनारे वाली भूमि को तट कहते हैं।

61. (*b*) : पहला दूसरे को आकर्षित करता है।

62. (*c*) : दूसरा उस वर्ग को दर्शाता है जिससे पहला संबंधित है।

63. (*d*) : दूसरा पहले का निवास स्थान है।

64. (*b*) : यात्रा में सहयोगी को एक सहचर कहा जाता है। उसी प्रकार, पेशे में एक सहयोगी को सहकर्मी कहा जाता है।

65. (*c*) : पहला एक नाम है, जिसे दूसरे के छोटे टुकड़े को दिया जाता है।

66. (*b*) : दूसरा पहले से पाँच दिन आगे होता है।

67. (*a*) : कॉइन का निर्माण टकसाल में किया जाता है। उसी प्रकार, ईंट को एक भट्ठी में पकाया जाता है।

68. (*b*) : दूसरा वह स्थान है जहाँ पहले को संग्रहित किया जाता है।

69. (*b*) : पहले से छुटकारा दिलाने में दूसरा मदद करता है।

70. (*a*) : प्रत्येक जोड़ी में शब्द एक दूसरे के विलोम हैं।

71. (*b*) : संबंध जो बच्चे और माता के बीच होता है।

72. (*c*) : दूसरे के उत्पादन के लिए पहले को जला दिया जाता है।

73. (*d*) : आंखों के कन्स्ट्रिक्ट को कनखी मारना (स्क्विन्ट) कहते हैं जबकि हाथ के कन्स्ट्रिक्ट को स्क्वीज करना कहते हैं।

74. (*c*) : प्रत्येक जोड़ी में शब्द एक दूसरे का समानार्थी हैं।

75. (*d*) : पहला, दूसरे में सम्मिलित है।

76. (*b*) : अँधापन में दृश्य दोष होता है। उसी प्रकार, बहरापन में श्रवण दोष होता है।

77. (*a*) : जो ट्रेन में यात्रा करता है उसे पैसेंजर (यात्री) कहते है। उसी प्रकार, जो हवाई जहाज में यात्रा करता है उसे एयरोनॉट कहते है।

78. (*a*) : दूसरे द्वारा पहले का नेतृत्व किया जाता है।

79. (*d*) : नई दिल्ली भारत की राजधानी है। इसी प्रकार, पाकिस्तान की राजधानी इस्लामाबाद है।

80. (*c*) : हाथी की पीठ पर बैठने की सीट को हौदा कहा कहते है। उसी प्रकार तरह, घोड़े की पीठ बैठने की सीट को काठी कहते है।

81. (*d*) : रसोईघर का हिस्सा, जिसका इस्तेमाल अनाज, बर्तन आदि के भंडारण के लिए किया जाता है उसे पेंट्री कहते है। उसी प्रकार, रसोईघर का हिस्सा, जिसका इस्तेमाल बर्तन धोने के लिए प्रयोग किया जाता है, को स्कलरी कहते है।

82. (*d*) : दूसरा टूल है जिसका इस्तेमाल पहले द्वारा किया जाता है।

83. (*b*) : चुनाव के बाद पार्टी द्वारा की जाने वाले सभी कार्यों को घोषणापत्र में सूचीबद्ध किया जाता है। उसी प्रकार, मीटिंग में की जाने वाली चर्चा के सभी मुद्दों को एजेंडा में सूचीबद्ध किया जाता है।

84. (*b*) : पहला, दूसरे के प्रभाव का विरोध करता है।

85. (*b*) : दूसरा, पहले का मूवमेंट है।

86. (*b*) : पहला, दूसरे को मारता है और खाता है।

87. (*c*) : दूसरा उस वर्ग को दर्शाता है जिससे पहला संबंधित है।

88. (*c*) : पहला, दूसरे में विकसित होता है।

89. (*d*) : पहला, एक इंस्ट्रूमेंट है जो दूसरे को मापता है।

90. (*d*) : दूसरा, पहले के लिए पूजा का स्थान है।

91. (*a*) : पहला नाम है जिसे दूसरे के पैर को दिया गया है।

92. (*c*) : दूसरा नाम है जिसे पहले की यात्रा प्रकिया को दिया गया है।

93. (*a*) : दूसरा एक बीमारी है जो पहले को प्रभावित करती है।

94. (*b*) : पहले द्वारा दूसरे को दबाया जाता है।

95. (*c*) : प्रत्येक जोड़ी का शब्द एक दूसरे का समानार्थी हैं।

96. (*c*) : पहला दूसरे का अनुपयुक्त रूप है।

97. (*a*) : पहला दूसरे से विकसित हुआ है।

98. (*c*) : प्रत्येक जोड़ी में शब्द एक दूसरे के विपरीतार्थक हैं।

99. (*d*) : दूसरा पहले से निकलता है।

100. (*c*) : पहले को दूसरे में अस्थायी रूप से पार्क किया जाता है।

अभ्यास 2B

दिशानिर्देश: निम्नलिखित में से प्रत्येक प्रश्न में, चिन्ह (::) के एक तरफ एक शब्द युग्म दिया गया है, जिसमें दिए गए दोनों शब्दों के बीच एक निश्चित संबंध है। चिन्ह (::) के दूसरी तरफ भी एक शब्द युग्म है जिसमें से एक शब्द को दिया गया है जबकि दूसरे का चयन दिए गए विकल्पों में से करना है। चिन्ह (::) के दूसरी तरफ के शब्दों में भी वही संबंध है जो चिन्ह के पहली तरफ के शब्दों में है। सही विकल्प का चयन करें

1. गहने : सोना :: सुई : ? (S.S.C. 2000)
(*a*) सिलाई (*b*) टांका लगाना
(*c*) स्टील (*d*) धागा

2. आग : राख :: विस्फोट : ?
(*a*) आग (*b*) मौत (*c*) ध्वनि (*d*) मलबा

3. दौड़ : थकान :: उपवास : ?
(*a*) खाद्य (*b*) क्षुधा (*c*) भूख (*d*) कमजोरी

4. सब्जी : काटना :: शरीर : ?
(*a*) काटना (*b*) अंगच्छेदन करना
(*c*) छीलना (*d*) छाटना

5. लक्षद्वीप : कवारत्ती :: अंडमान और निकोबार : ? (I.A.F. 2001)
(*a*) पोर्ट ब्लेयर (*b*) दमन (*c*) पांडिचेरी (*d*) सिल्वासा

6. रेखा : वर्ग :: वृत्त चाप : ?
(*a*) अंगूठी (*b*) गोला (*c*) वृत्त (*d*) गेंद

7. फल : केले :: स्तनपायी : ?
(*a*) गाय (*b*) सांप (*c*) मछली (*d*) गोरैय्या

8. चूहा : बिल्ली :: कीड़ा : ? (S.S.C. 2002)
(*a*) मत्स्य पालन (*b*) पृथ्वी (*c*) पक्षी (*d*) रेशम

9. पृथ्वी : सूर्य : चंद्रमा : ?
(*a*) कक्षा (*b*) आकाश (*c*) तारा (*d*) पृथ्वी

10. बैंक : धन :: परिवहन : ?
(*a*) सामान (*b*) सड़क (*c*) यातायात (*d*) गति

11. जहाज : सागर :: ऊंट : ?
(*a*) वन (*b*) भूमि (*c*) पर्वत (*d*) रेगिस्तान

12. चलना : दौड़ना :: मुस्कुराना : ? (R.R.B. 2003)
(*a*) महसूस करना (*b*) हंसना (*c*) चेहरा (*d*) रोना

13. पहाड़ : घाटी :: प्रतिभा : ?
(*a*) मस्तिष्क (*b*) बेवकूफ (*c*) सोचना (*d*) बुद्धिमत्ता

14. मिसोगामी : विवाह :: मिसोगयनी : ?
(*a*) बच्चे (*b*) पति (*c*) संबंध (*d*) महिला

15. नेत्र : झपकी :: दिल : ?
(*a*) चलना (*b*) धड़कना (*c*) निकलना (*d*) तरकश

16. टकराव : युद्ध :: रोग : ? (I.I.T.T.M. 2005)
(*a*) चिकित्सा (*b*) रोगी (*c*) महामारी (*d*) संक्रमण

17. अशुद्धिपत्र : पुस्तकें :: दरार : ?
(*a*) पांडुलिपियों (*b*) धातु (*c*) भाषण (*d*) चार्टर

18. घर : कचरा :: अयस्क : ?
(*a*) कूड़ा करकट (*b*) आधात्री (*c*) रेत (*d*) मैल

19. सुसंगत : स्पष्ट :: क्रुद्ध : ? (Hotel Management, 1999)
(*a*) गुस्से में (*b*) अनुचित (*c*) दुखी (*d*) परेशान

20. सन्तोष : दुःख :: आश्वासन : ?
(*a*) चिड़चिड़ाहट (*b*) मारना (*c*) शोक (*d*) चोट

21. क्षय रोग : फेफड़े :: मोतियाबिंद : ?
(*a*) कान (*b*) गले (*c*) त्वचा (*d*) आँख

22. दुःख : मौत :: खुशी : ?
(*a*) प्यार (*b*) नृत्य (*c*) रोना (*d*) जन्म

23. चिकित्सक : उपचार :: न्यायाधीश : ? (S.S.C. 2005)
(*a*) न्यायालय (*b*) निर्णय (*c*) वकील (*d*) सजा

24. कैलेंडर : तिथियां :: शब्दकोश : ?
(*a*) शब्दावली (*b*) भाषा (*c*) शब्द (*d*) पुस्तक

25. वृत्त : परिधि :: वर्ग : ? (C.P.O. 2005)
(*a*) आयतन (*b*) क्षेत्र (*c*) विकर्ण (*d*) परिमाप

26. हवा : चक्रवात :: बूंदा बांदी : ?
(*a*) भूकंप (*b*) तूफान
(*c*) बाढ़ (*d*) मूसलाधार बारिश

27. मोमबत्ती : मोम :: पेपर : ?
(*a*) लकड़ी (*b*) वृक्ष (*c*) बांस (*d*) लुगदी

28. प्रवाह : नदी :: स्थिर : ? (S.S.C. 2002)
(*a*) नहर (*b*) धारा (*c*) नदी (*d*) कुंड

29. ललित : अश्लील :: सुंदर : ?
(*a*) भद्दा (*b*) प्रिय (*c*) असमान (*d*) गंदे

30. प्रोफेसर : व्याख्यान :: डॉक्टर : ?
(*a*) अस्पताल (*b*) रोग (*c*) चिकित्सा (*d*) रोगी

31. घोड़ा : हिनहिनाना :: गीदड़ : ?
(*a*) किकियाना (*b*) चहचाना (*c*) भूकना (*d*) रगड़ना

32. इंक : पेन :: रक्त : ? (S.S.C. 2000)
(*a*) दान (*b*) नस (*c*) दुर्घटना (*d*) डॉक्टर

33. अनाज : भण्डार :: लकड़ी : ?
(*a*) ढेर (*b*) गठरी (*c*) संग्रह (*d*) रस्सी

34. पोषण : उपेक्षा :: नकारना : ? (C.A.T. 1997)
(*a*) भेद प्रकट करना (*b*) सराहना
(*c*) मान्यता देना (*d*) कलंक लगाना

35. ग्रह: कक्षा :: प्रक्षेप्य:?
(*a*) प्रक्षेपण (*b*) पगडंडी (*c*) मिल्की वे (*d*) पथ

36. महासागर : रेगिस्तान :: लहरें : ?
(*a*) सागर (*b*) धूल
(*c*) रेत का टीला (*d*) तरंगें

37. पोर्क: सुअर :: बीफ : ?
(*a*) किसान (*b*) झुण्ड (*c*) गाय (*d*) मेमना

38. गश्त : सुरक्षा :: बीमा : ? (R.R.B. 2003)
(*a*) वित्त (*b*) नीति (*c*) पैसा (*d*) संरक्षण

39. कीटनाशक : फसल :: एंटीसेप्टिक : ?
(*a*) घाव (*b*) संक्रमण (*c*) बंधन (*d*) रक्तस्राव

40. राजा : सिंहासन :: घुड़सवार : ?
(*a*) सीट (*b*) घोड़ा (*c*) काठी (*d*) कुर्सी

41. महासागर : पानी :: ग्लेशियर : ?
(*a*) रेफ्रिजरेटर (*b*) बर्फ (*c*) पर्वत (*d*) गुफा

42. अनिच्छुक : उत्सुक : उल्लेखनीय : ?
(*a*) सामान्य (*b*) प्रतिबंधित (*c*) हड़ताल (*d*) उत्थान

43. मूर्तिकार : मूर्ति :: कवि : ?

(a) किरमिच (b) कलम (c) कविता (d) छिद्र

44. **क्लोरोफिल : पोधा :: हेमोग्लोबिन : ?** (S.S.C. 2000)
(a) रक्तस्राव (b) रक्त (c) ऑक्सीजन (d) लाल

45. **वीणा : ढोल :: बासुरी : ?**
(a) वायलिन (b) बिगुल (c) हार्मोनियम (d) पियानो

46. **बंदी बनाना : जेल :: निर्वासन : ?**
(a) देश (b) प्रस्थान
(c) देश निकाला (d) दंड

47. **रोटी : खमीर :: दही : ?** (Hotel Management, 2002)
(a) फंगी (b) बैक्टीरिया (c) रोगाणु (d) वायरस

48. **ग्लूकोज : कार्बोहाइड्रेट :: सोयाबीन : ?**
(a) प्रोटीन (b) विटामिन (c) खनिज (d) फलियां

49. **खतरा : संकट :: ईर्ष्या : ?**
(a) विद्वेष (b) असुरक्षा (c) वासना (d) पाप

50. **महासागर : प्रशांत :: द्वीप : ?**
(a) ग्रीनलैंड (b) आयरलैंड (c) नीदरलैंड्स (d) बोर्नियो

51. **मांस : शाकाहारी :: शराब : ?** (M.B.A. 2003)
(a) पागल (b) अंतर्मुखी (c) मद्यत्यागी (d) मूर्ख

52. **एम्बर : पीला :: कारमाइन : ?** (M.B.A. 2003)
(a) लाल (b) हरा (c) नीला (d) नारंगी

53. **आवास : किराया :: यात्रा : ?**
(a) व्यय (b) चुंगी (c) फ्रेट (d) भाड़ा

54. **दीप : उथला :: स्वतंत्रता : ?**
(a) जेल (b) अनुशासन (c) दोषी (d) लोकतंत्र

55. **सिर : कैप :: उंगली : ?**
(a) दस्ताने (b) थिम्बल (c) नाखून (d) अंगूठा

56. **प्रोटीन : वृद्धि :: कार्बोहाइड्रेट : ?**
(a) ऊर्जा (b) ताकत (c) प्रतिरोध (d) रोग

57. **मोम : वेन :: जेनिथ : ?**
(a) अवनति (b) नीचे (c) पतन (d) गहराई

58. **कोशिकाएं : ऊतक :: परमाणु : ?**
(a) तत्व (b) अणु (c) इलेक्ट्रॉन (d) अंग

59. **क्वैक : बत्तख :: बेलोव्स : ?** (S.S.C. 2002)
(a) बिल्ली (b) मेंढक (c) बैल (d) लोमड़ी

60. **कैंची : लीवर :: टूथ व्हील : ?** (S.C.R.A. 2000)
(a) कील (b) गियर (c) प्रेस (d) चरखी

61. **मेजर : बटालियन :: कर्नल : ?**
(a) कंपनी (b) रेजिमेंट (c) सेना (d) सैनिक

62. **कलाई : कोहनी :: टखना : ?**
(a) हील (b) उंगलियां (c) पैर (d) घुटने

63. **निरक्षरता : शिक्षा :: बाढ़ : ?**
(a) वर्षा (b) पुल (c) बांध (d) नदी

64. **कालकोठरी : कारावास :: असाइलम : ?**
(a) शरण (b) दया (c) कामचोरी (d) पछतावा

65. **पुस्तक : आलोचना :: भवन : ?** (S.S.C. 2001)
(a) इंजीनियर (b) ठेकेदार (c) भार (d) मूल्यांकक

66. **शावक : शेर :: कोल्ट : ?**
(a) डो (b) स्टैग (c) तेंदुआ (d) स्टैलियन

67. **ड्रिल : बोर :: सिव : ?**
(a) थ्रेश (b) स्विफ्ट (c) प्रे (d) रिंस

68. **न्यायालय : न्याय :: स्कूल : ?** (Hotel Management, 2004)
(a) शिक्षक (b) छात्र (c) अज्ञानता (d) शिक्षा

69. **टाइल : मोजेक :: नॉट : ?**
(a) कढ़ाई (b) अबेकस (c) मैक्रम (d) ईसेली

70. **आयात : निर्यात :: व्यय : ?**
(a) कमी (b) राजस्व (c) ऋण (d) टैक्स

71. **पहाड़ी : पहाड़ :: स्ट्रीम : ?**
(a) नदी (b) नहर (c) ग्लेशियर (d) हिमस्खलन

72. **बाजार : माँग :: खेती : ?** (I.I.T.T.M. 2005)
(a) किसान (b) मानसून (c) खाद्यान्न (d) आपूर्ति

73. **कोकिला: वारबल :: मेंढक :?**
(a) येल्प (b) क्रोक (c) केकल (d) स्क्वीक

74. **रोंडो : संगीत :: ले : ?**
(a) गीत (b) कविता (c) लिरिक (d) कहानी

75. **जामा मस्जिद : दिल्ली :: रेड स्क्वायर : ?**
(a) हैदराबाद (b) मास्को (c) न्यूयॉर्क (d) लाहौर

76. **वीडियो : कैसेट :: कंप्यूटर : ?** (S.S.C. 1999)
(a) रील (b) रिकॉर्डिंग (c) फाइलें (d) फ्लॉपी

77. **जीवाश्म : जीव :: ममी : ?**
(a) मिस्र (b) मानव (c) पशु (d) शहीद

78. **साँप : फेंग :: मधुमक्खी : ?**
(a) हनी (b) हाइव (c) वैक्स (d) स्टिंग

79. **आदेश : आदेश :: भ्रम : ?** (Bank P.O. 2000)
(a) अनुशासन (b) स्पष्टता (c) अराजकता (d) समस्या

80. **क्वार्ट्ज : रेडियो :: जिप्सम : ?**
(a) ग्लास (b) चीनी मिट्टी के बरतन
(c) सीमेंट (d) पाउडर

81. **क्रोमाइट : क्रोमियम :: इल्मेनाइट : ?**
(a) चूना पत्थर (b) कोबाल्ट (c) मैंगनीज (d) टाइटेनियम

82. **डार्विन : विकास :: आर्किमिडीज : ?**
(a) घर्षण (b) स्नेहन
(c) उत्प्लावकता (d) तरल पदार्थ

83. **सुई : घड़ी :: पहिया : ?** (R.R.B. 2004)
(a) वॉक (b) रोड (c) वाहन (d) ड्राइविंग

84. **विंबलडन ट्रॉफी : टेनिस :: वॉकर कप : ?**
(a) हॉकी (b) पोलो (c) गोल्फ (d) कुश्ती

85. **कंकाल : शरीर :: व्याकरण : ?**
(a) भाषा (b) वाक्य (c) अर्थ (d) शिक्षा

86. **परमाणु : पदार्थ :: कण : ?**
(a) प्रोटॉन (b) इलेक्ट्रॉन (c) अणु (d) धूल

87. **रोग : रोगविज्ञान :: ग्रह : ?**
(a) ज्योतिष (b) भूविज्ञान
(c) खगोल विज्ञान (d) पुरापाषाण काल

88. **परिपक्व : पछतावा :: विविध : ?**
(a) लयबद्ध (b) नीरस (c) सजावटी (d) अप्रचलित

89. **क्रूर : दयालु :: सुस्ती : ?** (S.S.C. 2003)
(a) तेज (b) चेतावनी (c) दिलचस्पी (d) चतुर

90. द्वीपमण्डल : द्वीप :: मासिफ : ?
(*a*) पर्वत (*b*) गुफाएं (*c*) वन (*d*) पहाड़ी

91. नौसिखिया : शिक्षार्थी :: हरबिंगर : ?
(*a*) मैसेंजर (*b*) चोर (*c*) पिकपॉकेट (*d*) डाकू

92. सिक्किम : गंगटोक :: मणिपुर : ?
(*a*) दिसपुर (*b*) चेरापूंजी (*c*) शिलांग (*d*) इंफाल

93. क्रैंग : डर :: जंभाई : ? (S.S.C. 2001)
(*a*) चिंता (*b*) गुस्सा (*c*) प्रतिक्रिया (*d*) बोरियत

94. ड्यूस : टेनिस :: गुगली : ?
(*a*) फुटबॉल (*b*) क्रिकेट (*c*) हॉकी (*d*) पोलो

95. नीग्रो : अफ्रीका :: शेरपा : ?
(*a*) तिब्बत (*b*) पाकिस्तान (*c*) रूस (*d*) जापान

96. लुधियाना : होजरी :: सूरत : ?
(*a*) सिल्क (*b*) टेक्सटाइल (*c*) मृद्भाण्ड (*d*) ऊन

97. डेटॉल : एंटीसेप्टिक :: फिनाइल : ?
(*a*) डिओडोरेंट (*b*) परिरक्षक (*c*) एंटीडोट (*d*) डिटर्जेंट

98. विद्युत धारा : सर्किट :: पृथ्वी : ?
(*a*) ग्रह (*b*) सौर मंडल (*c*) ऑर्बिट (*d*) पाथ

99. सर्कस : मनोरंजन :: मंदिर : ?
(*a*) देवता (*b*) पूजा (*c*) भक्ति (*d*) दान

100. चाणक्य : राजनेता :: कालिदास : ?
(*a*) साहित्य (*b*) संस्कृत
(*c*) विक्रमादित्य (*d*) नाटककार

हल - अभ्यास 2(B)

1. (*c*) : पहले का निर्माण दूसरे से किया जाता है।
2. (*d*) : पहले के बचे हुए अवशेष को दूसरे का नाम दिया गया है।
3. (*c*) : दूसरा पहले के कारण होता है।
4. (*b*) : दूसरा पहले को काटने का कार्य है।
5. (*a*) : दूसरा पहले की राजधानी है।
6. (*c*) : पहला दूसरे का भाग है।
7. (*a*) : पहला उस वर्ग को दर्शाता है जिससे दूसरा संबंधित है।
8. (*c*) : दूसरा पहले को खाता है।
9. (*d*) : पहला दूसरे के चारों ओर घूमता है।
10. (*a*) : दूसरे का लेनदेन पहले के माध्यम से किया जाता है।
11. (*d*) : समुद्र में परिवहन का मुख्य साधन जहाज है। इसी तरह, रेगिस्तान में परिवहन का मुख्य साधन ऊंट है।
12. (*b*) : पहले का अधिक तीव्र रूप दूसरा है।
13. (*b*) : प्रत्येक जोड़ी में शब्द एक दूसरे के विलोम हैं।
14. (*d*) : पहला दूसरे का तिरस्कार करता है।
15. (*b*) : दूसरा पहले की गतिविधि को दर्शाता है।
16. (*c*) : दूसरा पहले का अधिक तीव्र रूप है।
17. (*b*) : पुस्तकों की त्रुटियां इरेटा कहलाती हैं। उसी प्रकार, मेटल में त्रुटियों को फ्ला (खामियां) कहते हैं।
18. (*b*) : घर के अपशिष्ट को कचरा कहा जाता है। उसी प्रकार, अयस्क में अशुद्धियों को आधात्री (गंगुए) कहते है।
19. (*a*) : प्रत्येक जोड़ी में शब्द एक दूसरे के समानार्थी हैं।
20. (*c*) : पहला दूसरे से राहत दिलाता है।
21. (*d*) : पहला एक बीमारी है जो दूसरे को प्रभावित करती है।
22. (*d*) : पहला दूसरे के साथ जुड़ा हुआ महसूस करता है।
23. (*b*) : दूसरा पहले द्वारा किए गए कार्य को दर्शाता है।
24. (*c*) : दूसरे को पहले में देखा जाता है।
25. (*d*) : दूसरा पहले के बाउंड्री की माप है।
26. (*d*) : दूसरा पहले से अधिक तीव्रता का है।
27. (*d*) : पहला दूसरे से बना है।
28. (*d*) : नदी में बहने वाला पानी होता है। उसी प्रकार, पूल में स्थिर पानी होता है।
29. (*a*) : प्रत्येक जोड़ी में शब्द एक दूसरे के विलोम हैं।
30. (*c*) : प्रोफेसर जिस प्रकार से अपने छात्रों को लेक्चर देता है। उसी प्रकार, डॉक्टर अपने मरीजों को दवा देता है।
31. (*c*) : दूसरा पहले द्वारा उत्पन्न की गयी ध्वनि है।
32. (*b*) : केशिका क्रिया एक्शन द्वारा पहला दूसरे में जाता है।
33. (*b*) : दूसरा पहले का संग्रह है।
34. (*b*) : प्रत्येक जोड़ी के शब्द एक दूसरे के विलोम शब्द हैं।
35. (*a*) : दूसरा पहले द्वारा पता लगाया हुआ मार्ग है।
36. (*c*) : यदि महासागर रेगिस्तान है, तो लहरें रेत का टीला होंगी।
37. (*c*) : पहला दूसरे के मांस को दिया गया नाम है।
38. (*d*) : दूसरा उस उद्देश्य को दर्शाता है जिसके लिए पहला कार्य किया जाता है।
39. (*a*) : कीटनाशक कीड़े से फसलों की रक्षा करता है और एंटीसेप्टिक रोगाणुओं से घाव की रक्षा करता है।
40. (*c*) : एक राजा एक सिंहासन पर बैठता है और एक राइडर काठी पर बैठता है।
41. (*b*) : पहले में दूसरा शामिल है।
42. (*a*) : प्रत्येक जोड़ी का शब्द एक दूसरे का विलोम है।
43. (*c*) : पहले द्वारा दूसरा तैयार किया जाता है।
44. (*b*) : क्लोरोफिल पौधे को हरा रंग प्रदान करता है। इसी प्रकार, हीमोग्लोबिन रक्त को लाल रंग प्रदान करता है।
45. (*b*) : ड्रम की तुलना में वीणा की आवाज तीक्ष्ण है। बिगुल की तुलना में बांसुरी एक शीतल ध्वनि उत्पन्न करती है।
46. (*c*) : प्रत्येक जोड़ी का शब्द एक दूसरे का समानार्थी शब्द है।
47. (*b*) : पहला दूसरे के कार्य द्वारा उत्पादित किया जाता है।
48. (*a*) : ग्लूकोज कार्बोहाइड्रेट से समृद्ध है और सोयाबीन प्रोटीन से समृद्ध है।
49. (*a*) : पहला दूसरा का अधिक गहन रूप है।
50. (*a*) : सबसे विशाल महासागर प्रशांत महासागर है। इसी तरह, सबसे बड़ा द्वीप ग्रीनलैंड है।
51. (*c*) : मांस नहीं खाने वाले व्यक्ति को शाकाहारी कहा जाता है और शराब नहीं पीने वाले व्यक्ति को मद्यत्यागी कहा जाता है।
52. (*a*) : अम्बर पीले रंग की छाया है। इसी प्रकार, कारमाइन लाल रंग की छाया है।
53. (*d*) : आवास के लिए भुगतान की जाने वाले राशि को किराया कहा जाता है। इसी प्रकार, यात्रा के लिए भुगतान की जाने वाले राशि को यात्री-भाड़ा कहा जाता है।
54. (*b*) : प्रत्येक जोड़ी का शब्द एक दूसरे का विलोम शब्द है।

55. (*b*) : पहला दूसरे द्वारा कवर किया गया है।

56. (*a*) : प्रोटीन वृद्धि के लिए आवश्यक है। इसी तरह, ऊर्जा प्रदान करने के लिए कार्बोहाइड्रेट आवश्यक है।

57. (*a*) : प्रत्येक जोड़ी का शब्द एक दूसरे का विलोम शब्द है।

58. (*b*) : कोशिकाओं के मिलने से ऊतकों का निर्माण होता है और परमाणुओं के मिलने से अणुओं का निर्माण होता है।

59. (*c*) : पहली वह ध्वनि है जिसकी उत्पति दूसरे द्वारा होती है।

60. (*b*) : दूसरा मशीनों की उस श्रेणी को दर्शाता है जिससे पहला संबंधित है।

61. (*b*) : बटालियन का नेतृत्व मेजर करता है, उसी प्रकार रेजिमेंट का नेतृत्व कर्नल करता है।

62. (*d*) : कोहनी का निचला भाग कलाई है। इसी प्रकार, घुटने का निचला हिस्सा एडी है।

63. (*c*) : पहले से छुटकारा पाने में दूसरा मदद करता है।

64. (*a*) : एक कैदी कालकोठरी के भीतर बंद रहता है, और एक असहाय व्यक्ति असाइलम के भीतर शरण लेता है।

65. (*d*) : पहला दूसरे का मूल्यांकन और टिप्पणियां करता है।

66. (*d*) : पहला दूसरे का बच्चा है।

67. (*b*) : दूसरा पहले द्वारा किए गए कार्य को दर्शाता है।

68. (*d*) : पहला वह स्थान है जहाँ दूसरा प्रदान किया जाता है।

69. (*c*) : जैसे मोजेक में टाइल्स एक पैटर्न बनाता हैं, उसी प्रकार मैक्रैम के टुकड़े की जोड़ी से भी पैटर्न बनाता हैं।

70. (*b*) : प्रत्येक जोड़ी का शब्द एक दूसरे का विलोम शब्द है।

71. (*a*) : दूसरा पहले का एक बड़ा रूप है।

72. (*b*) : पहला परिणामों के लिए दूसरे पर निर्भर करता है।

73. (*b*) : दूसरा पहले द्वारा उत्पादित ध्वनि है।

74. (*a*) : पहला दूसरे का एक प्रकार है।

75. (*b*) : जामा मस्जिद दिल्ली में स्थित है। इसी तरह, रेड स्क्वायर मास्को में स्थित है।

76. (*d*) : दूसरे के रिकॉर्डिंग की कल्पना पहले की जाती है।

77. (*b*) : जीवाश्म प्राणियों के अवशेष हैं। इसी तरह, ममी मनुष्यों के अवशेष हैं।

78. (*d*) : दूसरा पहले के काटने के कारण होता है।

79. (*c*) : प्रत्येक जोड़ी का शब्द एक दूसरे का समानार्थी शब्द है।

80. (*c*) : दूसरा बनाने के लिए पहले का इस्तेमाल किया जाता है।

81. (*d*) : क्रोमाइट, क्रोमियम का खनिज है और इल्मेनाइट, टाइटेनियम का खनिज है।

82. (*c*) : डार्विन ने विकास का सिद्धांत दिया। इसी प्रकार, आर्किमिडीज ने उत्प्लावकता का सिद्धांत दिया।

83. (*c*) : पहला दूसरे का गतिशील भाग है।

84. (*c*) : विंबलडन ट्रॉफी टेनिस के खेल से जुड़ा हुआ है। इसी प्रकार, वाकर कप गोल्फ के खेल से जुड़ा हुआ है।

85. (*a*) : जैसे कंकाल शरीर के ढांचे का निर्माण करता है, वैसे ही व्याकरण भी भाषा के ढांचे का निर्माण करता है।

86. (*d*) : पदार्थ की सबसे छोटी इकाई परमाणु है उसी प्रकार से धूल की सबसे छोटी इकाई कण है।

87. (*c*) : पैथोलॉजी में बीमारियों का अध्ययन किया जाता है। इसी प्रकार, खगोल विज्ञान में ग्रहों का अध्ययन किया जाता है।

88. (*b*) : प्रत्येक जोड़ी का शब्द एक दूसरे का विलोम है।

89. (*b*) : प्रत्येक जोड़ी का शब्द एक दूसरे का विलोम है।

90. (*a*) : पहला दूसरे का एक समूह है।

91. (*a*) : प्रत्येक जोड़ी का शब्द एक दूसरे का समानार्थी है।

92. (*d*) : गंगटोक सिक्किम की राजधानी है और इम्फाल मणिपुर की राजधानी है।

93. (*d*) : पहला दूसरे का संकेत है।

94. (*b*) : पहला शब्द दूसरे से जुड़ा हुआ है।

95. (*a*) : नीग्रोस अफ्रीका के निवास हैं। इसी तरह, शेरपा तिब्बत के निवासी हैं।

96. (*b*) : पहला स्थान दूसरे के उत्पादन के लिए प्रसिद्ध है।

97. (*a*) : पहले का इस्तेमाल दूसरे के रूप किया जाता है।

98. (*c*) : बिजली सर्किट के माध्यम से प्रवाहित होती है। इसी तरह, पृथ्वी सूर्य के चारों ओर अपनी कक्षा में घूमती है।

99. (*b*) : आदमी मनोरंजन के लिए सर्कस और पूजा के लिए एक मंदिर में जाता है।

100.(*d*): चाणक्य एक प्रसिद्ध राजनेता थे और कालिदास एक प्रसिद्ध नाटककार थे।

अभ्यास 2C

दिशा-निर्देश: ***निम्नलिखित में से प्रत्येक प्रश्न में, चिन्ह (::) के एक तरफ एक शब्द युग्म दिया गया है, जिसमें दिए गए दोनों शब्दों के बीच एक निश्चित संबंध है। चिन्ह (::) के दूसरी तरफ भी एक शब्द युग्म है जिसमें से एक शब्द को दिया गया है तथा दूसरे शब्द को दिए गए विकल्पों में दिया गया है। चिन्ह (::) के दूसरी तरफ के शब्दों में भी वही संबंध है जो चिन्ह के पहली तरफ के शब्दों में है। सर्वश्रेष्ठ विकल्प का चयन करें-***

1. अच्छा : बुरा :: छत : ? **(S.S.C. 2000)**
(*a*) खिड़की (*b*) मंजिल (*c*) दीवार (*d*) स्तंभ

2. आदमी : जीवनी :: राष्ट्र : ?
(*a*) नेता (*b*) लोग (*c*) भूगोल (*d*) इतिहास

3. कोहरा : दृश्यता :: एड्स : ?
(*a*) स्वास्थ्य (*b*) प्रतिरोध (*c*) वायरस (*d*) मृत्यु

4. पॉर्क्यपाइन : कृंतक :: फफूंदी : ?
(*a*) कवक (*b*) जर्म (*c*) कीट (*d*) रोगजनक

5. पढ़ना : ज्ञान :: काम : ?
(*a*) अनुभव (*b*) सगाई (*c*) ठठरोजगार (*d*) प्रयोग

6. सफेद : शांति :: लाल : ? **(M.B.A. 2005)**
(*a*) हिंसा (*b*) गुलाब (*c*) घृणा (*d*) स्वच्छता

7. ओटावा : कनाडा :: कैनबरा : ?
(*a*) अर्जेंटीना (*b*) स्विट्जरलैंड
(*c*) श्रीलंका (*d*) ऑस्ट्रेलिया

8. विजय : प्रोत्साहन :: असफलता : ?
(*a*) उदासी (*b*) हार (*c*) गुस्सा (*d*) निराशा

9. इग्लू : बर्फ :: मार्की : ?
(*a*) कैनवस (*b*) सिल्क (*c*) बकरम (*d*) सैटिन

10. विलम्बकारी : शीघ्र :: प्रत्यक्ष : ?
(*a*) पेचीदा (*b*) घुमावदार (*c*) सीधा (*d*) वक्र

11. चालाक : लोमड़ी :: डरपोक : ?
(*a*) घोडा (*b*) चींटी (*c*) गधा (*d*) खरगोश

12. पथ : लेन :: सड़क : ? (S.C.R.A. 2000)
(*a*) एवेन्यू (*b*) राजमार्ग (*c*) फुटपाथ (*d*) जंक्शन

13. बाल : गंजा :: फसल : ?
(*a*) फील्ड (*b*) किसान (*c*) बारिश (*d*) बंजर

14. फाउंडेशन : शिक्षा :: संविधान : ?
(*a*) सरकार (*b*) राज्य (*c*) राष्ट्र (*d*) कैबिनेट

15. टैक्सोनोमी : वर्गीकरण :: पेडोलॉजी : ?
(*a*) प्रकृति (*b*) खेती (*c*) मृदा (*d*) पर्वत

16. एकरसता : विविधता :: क्रूरता : ? (S.S.C. 2001)
(*a*) शोधन (*b*) कच्चा (*c*) संयम (*d*) सरलता

17. घंटा : सेकंड :: तृतीयक : ? (C.P.O. 2005)
(*a*) मध्यवर्ती (*b*) प्राथमिक (*c*) साधारण (*d*) माध्यमिक

18. पेंटिंग : कलाकार :: सिम्फनी : ?
(*a*) उपन्यासकार (*b*) कवि (*c*) निबंधकार (*d*) संगीतकार

19. पोंजी : सिल्क :: शालोट : ?
(*a*) नाव (*b*) बिल्डिंग (*c*) जहाज (*d*) स्ट्रीम

20. सुबह : शाम :: उद्घाटन : ?
(*a*) निमंत्रण (*b*) मान्यता (*c*) दोहराव (*d*) संगठन

21. टेक्टोनिक्स : बिल्डिंग :: टैक्सिडर्मि : ?
(*a*) वर्गीकरण (*b*) संरक्षण
(*c*) स्टफिंग (*d*) एकत्रित करना

22. दक्षिण : उत्तर-पश्चिम :: पश्चिम : ? (Hotel Management, 1999)
(*a*) दक्षिण-पश्चिम (*b*) उत्तर-पूर्व
(*c*) पूर्व (*d*) दक्षिण

23. कट्टरपंथी : मध्यम :: क्रांति : ?
(*a*) सुधार (*b*) शांति (*c*) अराजकता (*d*) परिवर्तन

24. हांगकांग : चीन :: वेटिकन : ?
(*a*) रोम (*b*) मैक्सिको (*c*) कनाडा (*d*) ईसाई धर्म

25. स्टील : रेल :: अलनिको : ?
(*a*) विमान (*b*) मशीनरी
(*c*) सिल्वर वेयर (*d*) मैग्नेट

26. शिखर सम्मेलन : सर्वोच्च :: समन : ?
(*a*) जज (*b*) कोर्ट (*c*) बेकन (*d*) साक्षी

27. राजशाही : राजा :: अभिजात वर्ग : ?
(*a*) नोबल्स (*b*) धनवान (*c*) लोग (*d*) भगवान

28. कार्डियोलॉजी : हार्ट :: जूलॉजी : ? (M.B.A. 2004)
(*a*) कीट (*b*) पशु (*c*) पौधे (*d*) रोगाणु

29. साक्षात्कार : नौकरी :: आयुध : ?
(*a*) युद्ध (*b*) संधि (*c*) एमनेस्टी (*d*) समझौता

30. विषुव : अश्व :: शूल : ?
(*a*) डॉग (*b*) कैट (*c*) वुल्फ (*d*) ईगल

31. समय : बरबादी :: पैसा : ?
(*a*) व्यय (*b*) कमाएँ (*c*) हार (*d*) चुकता

32. आग : बुझाने :: प्यास : ?
(*a*) बुझाना (*b*) सटेट (*c*) मिट्टेट (*d*) पीना

33. चावल : कुक :: मछली : ? (S.S.C. 2004)
(*a*) बेक (*b*) फ्राई (*c*) सिजल (*d*) रोस्ट

34. कार : पोलिश :: मंजिल : ?
(*a*) वाइप (*b*) वॉश (*c*) क्लीन (*d*) स्क्रब

35. नाखून : पारे :: मूंछ : ?
(*a*) क्लिप (*b*) कट (*c*) शेव (*d*) ब्लो

36. सिर : हिला :: कंधे : ?
(*a*) श्रग (*b*) हंच (*c*) कंपकंपी (*d*) मोड़

37. जादूगर : चुड़ैल :: भिक्षु : ?
(*a*) मैडम (*b*) विधवा (*c*) नन (*d*) वर्जिन

38. घोड़ा : सरपट :: बतख : ? (M.B.A. 2004)
(*a*) स्ट्रट (*b*) वडल (*c*) प्रोल (*d*) ट्रॉट

39. क्रिकेट : पिच :: स्केटिंग : ?
(*a*) एरिना (*b*) कोर्स (*c*) कोर्ट (*d*) रिंक

40. कप : तश्तरी :: चाकू : ?
(*a*) रसोई (*b*) ट्रे (*c*) कांटा (*d*) सब्जी

41. पारखी : कला :: पेटू : ?
(*a*) खाद्य (*b*) मनी (*c*) पेय (*d*) मांस

42. जनवरी : नवंबर :: रविवार : ? (S.S.C. 2003)
(*a*) सोमवार (*b*) मंगलवार (*c*) शुक्रवार (*d*) शनिवार

43. बर्गलर : हाउस :: समुद्री डाकू : ?
(*a*) सागर (*b*) जहाज (*c*) नाविक (*d*) चालक दल

44. पक्षी : चिंप :: घोड़ा : ? (S.S.C. 2000)
(*a*) ब्रे (*b*) पड़ोसी (*c*) रेस (*d*) स्थिर

45. बटेर : भाग :: याक : ?
(*a*) गाय (*b*) हिरण (*c*) बैल (*d*) मृग

46. इंजीनियर : मानचित्र :: ईंटक : ?
(*a*) डिजाइन (*b*) टेम्पल (*c*) मोल्ड (*d*) सीमेंट

47. पहाड़ी : पर्वत :: ? : दर्द (NMAT, 2003)
(*a*) भय (*b*) सिरदर्द (*c*) बेचैनी (*d*) संकट

48. दिल : पेरीकार्डियम :: मस्तिष्क : ?
(*a*) हड्डियों (*b*) हेड (*c*) खोपड़ी (*d*) क्रैनियम

49. क्रो : कैरियन :: लीच : ?
(*a*) कीड़े (*b*) रक्त (*c*) मांस (*d*) हड्डियों

50. सम्मिलित करें : निकालें :: ताकतवर : ?
(*a*) पतला (*b*) मजबूत (*c*) कमजोर (*d*) शुल्क

51. पर्च : ताजा पानी :: ? : खारा पानी
(*a*) क्रोकोडाइल (*b*) मेंढक (*c*) कॉड (*d*) स्नेक

52. पक्षी विज्ञानी : पक्षी :: मानवविज्ञानी : ?
(*a*) पौधे (*b*) पशु
(*c*) मानव जाति (*d*) पर्यावरण

53. माँ : बाल :: बादल : ? (C.P.O. 2003)
(*a*) मौसम (*b*) बारिश (*c*) थंडर (*d*) पानी

54. प्रणाम : पूजा :: परोपकार : ? (M.B.A. 1998)
(*a*) महिमा (*b*) होमेज (*c*) तारीफ (*d*) अनुशंसा

55. जल : संवहन :: अंतरिक्ष : ?
(*a*) चालन (*b*) संक्रमण (*c*) निर्वात (*d*) विकिरण

56. वृद्धि : मृत्यु :: वृद्धि : ?
(*a*) सहजता (*b*) कमी (*c*) छेड़ो (*d*) संघर्ष

57. ऑक्सीजन : जला :: कार्बन डाइऑक्साइड : ?
(*a*) अलग (*b*) फोम (*c*) बुझना (*d*) विस्फोट

58. गणित : तर्क :: विज्ञान : ? (S.S.C. 2001)
(a) तथ्य (b) वैज्ञानिक (c) प्रयोग (d) प्रयोगशाला

59. मैट्रिकाइड : माँ :: होमिसाइड : ?
(a) मानव (b) बच्चे (c) पिता (d) एप्स

60. कबूतर : शांति :: सफेद झंडा : ?
(a) दोस्ती (b) विजय (c) समर्पण (d) युद्ध

61. तेहरान : ईरान :: बीजिंग : ?
(a) चीन (b) जापान (c) तुर्की (d) मलेशिया

62. पर्याप्त : अतिरिक्त :: पर्याप्तता : ?
(a) पर्याप्तता (b) अधिशेष (c) योग्यता (d) आयात

63. अंधेरा : भय :: ईमानदारी : ? (Bank P.O. 2000)
(a) व्यक्तित्व (b) पैसा
(c) विश्वासघात (d) ट्रस्ट

64. काफिले : जहाज :: प्रतिनियुक्ति : ?
(a) मतदाता (b) प्रतिनिधि (c) राजनेता (d) लेखक

65. टैनिंग : चमड़ा :: आतिशबाजी बनाना : ?
(a) ऊन (b) आतिशबाजी
(c) बम (d) मशीनरी

66. शार्क : मछली :: लैवेंडर : ?
(a) श्रूब (b) ट्री (c) हर्ब (d) क्लाइंबर

67. मक्खन : दूध :: पुस्तक : ? (R.R.B. 2003)
(a) लेखक (b) प्रिंटिंग (c) अध्याय (d) पेपर

68. कार : पेट्रोल :: टेलीविजन : ?
(a) बिजली (b) ट्रांसमिशन (c) मनोरंजन (d) एंटीना

69. सुअर : फैरो :: कुत्ता : ?
(a) घोड़ी (b) पिल्ला (c) कुतिया (d) बछेड़ा

70. मटका : डिग :: फावड़ा : ?
(a) ब्रेक (b) पुश (c) स्कूप (d) व्हिच

71. नोल : पहाड़ी :: परितंत्र : ?
(a) कविता (b) संगीत (c) नाटक (d) गाथा

72. रिसेप्शनिस्ट : कार्यालय :: परिचारिका : ?
(a) विमान (b) क्रू (c) अस्पताल (d) हवाई अड्डा

73. अवहेलना : अवमूल्यन :: अपग्रेड : ? (Hotel Management, 1999)
(a) रिवेल्यू (b) स्तुति
(c) डिमोट (d) को बढ़ावा देना

74. भूकम्प : भूकंप :: तापमापी : ?
(a) ज्वालामुखी (b) प्रतिरोध (c) भूस्खलन (d) उपभेद

75. दम दम : कोलकाता :: पालम : ?
(a) केरल (b) दिल्ली (c) चेन्नई (d) मुंबई

76. दूरदर्शिता : प्रत्याशा :: अनिद्रा : ?
(a) उपचार (b) रोग
(c) नींद न आना (d) अशांति

77. यूएसए : कांग्रेस :: ईरान : ?
(a) अलटिंग (b) स्टॉटिंग (c) मजलिस (d) कोर्टेस

78. कर्नाटक : स्वर्ण :: मध्य प्रदेश : ?
(a) डायमंड (b) आयरन (c) कॉपर (d) रत्न

79. कार्बन : हीरा :: कोरन्डम : ? (S.S.C. 2000)
(a) पर्ल (b) पुखराज (c) गार्नेट (d) रूबी

80. दुर्गंध : विटामिन :: क्यूरी : ?
(a) यूरेनियम (b) रेडियम
(c) रेडियोधर्मिता (d) फोटोग्राफी

81. विषाणु विज्ञान : विषाणु :: शब्दार्थ : ?
(a) अमीबा (b) भाषा (c) प्रकृति (d) सोसायटी

82. पिट्यूटरी : मस्तिष्क :: थाइमस : ?
(a) स्वरयंत्र (b) स्पाइनल कॉर्ड
(c) गला (d) छाती

83. नवीनता : बुढ़ापा :: नयापन : ? (S.S.C. 2002)
(a) संस्कृति (b) डिस्कवरी (c) मॉडल (d) पुरातनता

84. कुंद : तीव्र :: बोना : ?
(a) जल (b) क्रो (c) फार्म (d) रिप

85. पायरोफोबिया : अग्नि :: ओक्लोफोबिया : ?
(a) घोड़े (b) भीड़ (c) लाइट (d) विदेशी

86. धन : अमास :: अनाज : ?
(a) पूल (b) इकट्ठा (c) घेरा (d) स्क्वैंडर

87. लेग एंड : स्टोरी :: मर्लिन : ?
(a) हॉक (b) ईगल (c) क्रो (d) पैराकेट

88. एनीहिलेशन : अग्नि :: प्रलय : ? (S.S.C. 2003)
(a) भूकंप (b) बाढ़
(c) आपातकाल (d) भाप

89. लेमूर : बंदर :: रूक : ?
(a) कैट (b) क्रो (c) गिद्ध (d) उल्लू

90. वस्त्र : चर्च :: औषधालय : ?
(a) प्रयोगशाला (b) अस्पताल (c) स्कूल (d) मठ

91. आगंतुक : निमंत्रण :: गवाह : ?
(a) सबपोना (b) अनुमति (c) असेंट (d) डॉक्यूमेंट

92. ओएसिस : रेत :: द्वीप : ?
(a) नदी (b) सागर (c) जल (d) लहरें

93. एनाटॉमी : जूलॉजी :: पीडियाट्रिक्स : ?
(a) रसायन विज्ञान (b) चिकित्सा
(c) पैलियंटोलॉजी (d) मैकेनिक्स

94. रिल : स्ट्रीम :: टट्टू : ?
(a) घोड़ी (b) खच्चर (c) गधा (d) घोड़ा

95. रोस्टर : ड्यूटी :: इन्वेंटरी : ? (C.A.T. 1998)
(a) फर्नेस (b) निर्यात (c) माल (d) उत्पादन

96. वाइन : अंगूर :: वोदका : ?
(a) आलू (b) सेब (c) संतरा (d) आटा

97. जंगल : चिड़ियाघर :: समुद्र : ?
(a) एक्वेरियम (b) हार्बर (c) जल (d) मत्स्य

98. ओरिगेमी : पेपर :: इकेबाना : ?
(a) पेड़ (b) थिएटर (c) फूल (d) टेपेस्ट्री

99. उद्यमी : लाभ :: विद्वान : ?
(a) आय (b) ज्ञान (c) सेवा (d) व्यवसाय

100. इग्लू : कनाडा :: रोंडावेल्स : ?
(a) अफ्रीका (b) रंगून (c) रूस (d) इंडोनेशिया

हल - अभ्यास 2(C)

1. (*b*) : प्रत्येक जोड़ी में शब्द एक -दूसरे के विपरीत हैं।
2. (*d*) : दूसरे में पहले की कहानी शामिल है।
3. (*b*) : पहले दूसरे को ख़राब कर देता है।
4. (*a*) : पोर्क्यूपिन एक कृंतक और फफूंदी एक कवक है।
5. (*a*) : दूसरे का पहले से अधिग्रहण किया जाता है।
6. (*a*) : दूसरे का प्रतीक पहला है।
7. (*d*) : ओटावा कनाडा की राजधानी है और कैनबरा ऑस्ट्रेलिया की राजधानी है।
8. (*d*) : पहले के कारण दूसरा उत्पन्न होता है।
9. (*a*) : पहले दूसरे से बना है।
10. (*b*) : प्रत्येक जोड़ी में शब्द एक-दूसरे के विपरीत हैं।
11. (*c*) : लोमड़ी एक चालाक जानवर है और गधा एक डरपोक जानवर है।
12. (*a*) : दूसरा पहला का छोटा रूप है।
13. (*d*) : बालों के बिना सिर को गंजा कहा जाता है और फसल के बिना जमीन को बंजर कहा जाता है।
14. (*c*) : पहले दूसरे के आधार का निर्माण करता है।
15. (*c*) : टैक्सोनोमी विज्ञान वर्गीकरण से संबंधित विज्ञान है। इसी प्रकार, पेडोलॉजी मिट्टी के अध्ययन से संबंधित विज्ञान है।
16. (*a*) : प्रत्येक जोड़ी में शब्द एक-दूसरे के विपरीत हैं।
17. (*b*) : सेकेंड, मिनट और घंटे समय की तीन इकाइयां हैं- सेकंड सबसे छोटी इकाई है और अनुक्रम में घंटा तीसरी इकाई है। इसी तरह, 'प्राथमिक' प्रारंभिक चरण का प्रतिनिधित्व करता है और 'तृतीयक' प्रक्रिया में तीसरे चरण का प्रतिनिधित्व करता है।
18. (*d*) : दूसरे द्वारा पहला तैयार किया जाता है।
19. (*a*) : पहला दूसरे का एक प्रकार है।
20. (*b*) : एक का अनुसरण दूसरे द्वारा किया जाता है।
21. (*c*) : टेक्टोनिक्स विज्ञान की इमारत से संबंधित विज्ञान है। इसी तरह, टैक्सिडमी जानवरों को भरने की कला है।
22. (*b*) : प्रत्येक जोड़ी में दूसरे शब्द द्वारा इंगित दिशा पहले शब्द द्वारा संकेतित दिशा का 135 डिग्री दक्षिणावर्त है।
23. (*b*) : प्रत्येक जोड़ी में शब्द एक-दूसरे के विपरीत हैं।
24. (*a*) : हांगकांग चीन में एक शहर है। इसी तरह, वेटिकन रोम में एक शहर है।
25. (*d*) : पहले का उपयोग दूसरे के मिश्र धातु को बनाने के लिए किया जाता है।
26. (*c*) : प्रत्येक जोड़ी में शब्द एक दूसरे का समानार्थी हैं।
27. (*a*) : राजा के शासन को राजशाही कहते है। इसी प्रकार, कुलीन वर्गों के शासन को ऐरिस्टाक्रसी कहते है।
28. (*b*) : कार्डियोलॉजी विज्ञान की शाखा है जो हृदय के अध्ययन से संबंधित है। इसी प्रकार, प्राणीशास्त्र विज्ञान की शाखा है जो जानवरों के अध्ययन से संबंधित है।
29. (*b*) : पहला दूसरे के बाद किया जाता है।
30. (*c*) : एक्वाइन घोड़े के समान दिखाई देता है और वल्पाइन (लोमड़ी) भेड़िया के समान दिखाई देता है।
31. (*d*) : बर्बाद करने के कार्य को नाम दूसरा दिया गया है।
32. (*d*) : दूसरा नाम पहले से दूर करने के कार्य को दिया गया है।
33. (*b*) : दूसरा पहले को खाने योग्य बनाने का तरीका है।
34. (*d*) : पहले की सफाई करने का दूसरा सबसे अच्छा तरीका है।
35. (*a*) : दूसरा नाम ट्रिमिंग द्वारा पहले को आकार देने को दिया गया है।
36. (*a*) : दूसरा नाम पहले को स्थानांतरित करके एक राय व्यक्त करने वाले को दिया गया है।
37. (*c*) : दूसरा पहले का स्त्रीलिंग है।
38. (*b*) : दूसरा पहले की गति को सूचित करता है।
39. (*d*) : दूसरा वह जगह है जहाँ पहली बार खेला/प्रदर्शन किया जाता है।
40. (*c*) : प्रत्येक जोड़ी में आइटम आम तौर पर एक साथ जाते हैं।
41. (*a*) : पहले का दूसरे के लिए अच्छा स्वाद है।
42. (*c*) : नवंबर और जनवरी क्रमशः वर्ष के क्रमागत महीने हैं। इसी प्रकार, शुक्रवार और रविवार सप्ताह के क्रमागत दिन हैं।
43. (*b*) : पहला दूसरा को लूटता है।
44. (*b*) : दूसरा पहला द्वारा उत्पादित ध्वनि है।
45. (*c*) : पहला दूसरे परिवार के अंतर्गत आता है।
46. (*b*) : दूसरा पैटर्न देता है जिसका अनुपालन पहला करता है।
47. (*d*) : दूसरा पहला का एक बड़ा रूप है।
48. (*d*) : दूसरा पहले का एक हड्डीयुक्त सुरक्षात्मक कवर है।
49. (*b*) : पहला दूसरे का भक्षण करता है।
50. (*d*) : प्रत्येक जोड़ी में शब्द एक -दूसरे के विपरीत हैं।
51. (*c*) : एक पर्चएक ताजा पानी की मछली है। इसी प्रकार, एक कॉड एक खारे पानी की मछली है।
52. (*c*) : ऑर्निथोलॉजिस्ट पक्षियों के अध्ययन के विशेषज्ञ होते हैं। इसी प्रकार, ऐन्थ्रपालजिस्ट मानव जाति के अध्ययन के विशेषज्ञ होते हैं।
53. (*b*) : पहले दूसरे को जन्म देता है।
54. (*a*) : प्रत्येक जोड़ी में शब्द एक दूसरे के समानार्थी हैं।
55. (*d*) : दूसरा पहले के माध्यम से ऊष्मा को हस्तांतरण का तरीका है।
56. (*d*) : दूंसरा पहले द्वारा शुरू किए गए कार्यों को समाप्त करता है।
57. (*c*) : कार्बन डाइऑक्साइड आग बुझाने के दौरान ऑक्सीजन के जलने का समर्थन करता है।
58. (*a*) : दूसरा उस सिद्धांत के बारे में बताता है जिस पर पहला आधारित है।
59. (*a*) : पहला नाम दूसरे की हत्या करने के कार्य को दिया गया है।
60. (*c*) : कबूतर शांति का प्रतीक है और सफेद झंडा आत्मसमर्पण का प्रतीक है।
61. (*a*) : तेहरान ईरान की राजधानी है और बीजिंग चीन की राजधानी है।
62. (*b*) : 'एनफ' का इस्तेमाल 'सफिशन्सी' को इंगित करने के लिए किया जाता है जबकि 'एक्सेस' का इस्तेमाल 'सरप्लुस' को इंगित करने के लिए किया जाता है।
63. (*d*) : पहला दूसरे की ले ओर जाता है।
64. (*b*) : पहला दूसरे का एक समूह है, जिसे एक निश्चित उद्देश्य के लिए इस्तेमल किया जाता है।
65. (*b*) : पहला निर्माण करने की प्रक्रिया है।
66. (*a*) : शार्क एक मछली है और लैवेंडर एक झाड़ी है।
67. (*d*) : दूसरा पहले तैयार करने के लिए इस्तेमाल किया जाता है।
68. (*a*) : पहले को काम करने के लिए दूसरे की आवश्यकता होती है।
69. (*b*) : दूसरा पहले का बच्चा है।

70. (*c*) : मैटॉक सख्त जमीन को खोदने के लिए इस्तेमाल किया जाने वाला एक उपकरण है। इसी तरह, फावड़ा इकट्ठा करने के लिए इस्तेमाल किया जाने वाला एक उपकरण है।

71. (*a*) : नोल एक छोटी पहाड़ी है और एक्लोग एक छोटी कविता है।

72. (*a*) : पहला दूसरे में ग्राहकों को संभालता है।

73. (*d*) : प्रत्येक जोड़ी में शब्द एक दूसरे के समानार्थी हैं।

74. (*d*) : भूकंप की तीव्रता को मापने के लिए सेस्मोग्राफ एक इंस्ट्रूमेंट है। इसी तरह, टेजोमीटर स्ट्रेन को मापने के लिए एक इंस्ट्रूमेंट है।

75. (*b*) : दमदम कोलकाता में एक हवाई अड्डा है और पालम दिल्ली में एक हवाई अड्डा है।

76. (*c*) : प्रत्येक जोड़ी में शब्द एक दूसरे का समानार्थी हैं।

77. (*c*) : यू.एस.ए. के संसद को कांग्रेस कहा जाता है और ईरान के संसद मजलिस कहा जाता है।

78. (*a*) : कर्नाटक में सोने का खनन किया जाता है। इसी तरह, मध्य प्रदेश में हीरे का खनन किया जाता है।

79. (*d*) : दूसरा पहले का एक रूप है।

80. (*b*) : फंक ने विटामिन की खोज और क्यूरी ने रेडियम की खोज की थी।

81. (*b*) : वायरोलॉजी वायरस के प्रभाव से संबंधित है। इसी प्रकार, सिमैन्टिक्स भाषा के प्रभाव से संबंधित है।

82. (*d*) : पिट्यूटरी मस्तिष्क में एक ग्रंथि है। इसी तरह, थाइमस छाती की एक ग्रंथि है।

83. (*d*) : प्रत्येक जोड़ी में शब्द एक-दूसरे के विपरीत हैं।

84. (*d*) : प्रत्येक जोड़ी में शब्द एक-दूसरे के विपरीत हैं।

85. (*b*) : आग का डर को फायरोफोबिया कहते है। इसी तरह, भीड़ के डर को ओक्लोफोबिया कहते है।

86. (*c*) : दूसरा नाम पहले के जमा करने के कार्य को दिया गया है।

87. (*a*) : पहला दूसरे का एक प्रकार है।

88. (*b*) : पहला दूसरे का एक परिणाम है।

89. (*b*) : दूसरा परिवार को दर्शाता है जिससे पहला संबंधित है।

90. (*b*) : दूसरा पहले की तुलना में एक उच्च संस्थान है।

91. (*a*) : एक आगंतुक को किसी अवसर पर जाने का निमंत्रण दिया जाता है। इसी तरह, गवाह को अदालत में उपस्थिति के लिए एक सबपोना दिया जाता है।

92. (*c*) : ओएसिस रेगिस्तान के बीच एक जल स्रोत है। इसी प्रकार, द्वीप पानी के बीच भूमि का एक टुकड़ा है।
नोट: अगर 'रेत' के स्थान पर 'रेगिस्तान' था तो उसका उत्तर 'सागर' होगा।

93. (*b*) : एनाटॉमी प्राणीशास्त्र की एक शाखा है। इसी प्रकार, पेडियाट्रिक्स दवा की एक शाखा है।

94. (*d*) : रिल एक छोटी धारा को कहते है और टट्टू (पोनी) एक छोटे घोड़े को कहते है।

95. (*c*) : कार्यों की एक सूची को रोस्टर कहते है और माल की सूची को इन्वेंटरी कहते है।

96. (*d*) : पहले को दूसरे से तैयार किया जाता है।

97. (*a*) : जंगल में रहने वाले जीवों को कृत्रिम रूप से एक चिड़ियाघर में रखा जाता है। इसी प्रकार, समुद्र में रहने वाले जीवों को कृत्रिम रूप से एक मछलीघर में रखा जाता है।

98. (*c*) : पहला एक कला है जो दूसरे से जुड़ा हुआ है।

99. (*b*) : पहला दूसरे को हासिल करने का प्रयास करता है।

100.(*a*): पहला देश में आमतौर पर पाया जाना वाला वाले एक प्रकार का घर है जिसे दूसरे द्वारा द्वारा दर्शाया जाता है।

प्रकार 2: प्रत्यक्ष/सरल सादृश्यता

अभ्यास 2D

1. *भाग* का संबंध *संपूर्ण* से उसी तरह से है जैसे *चाप* का संबंध ....? ...... से है। **(S.S.C. 2001)**
(*a*) समलंब (*b*) वृत्त (*c*) त्रिभुज (*d*) वर्ग

2. *जूते* उसी तरह से *कोबलर* से संबंधित हैं जिस तरह से *चश्मा* ....? ...... से संबंधित है।
(*a*) ऑकुलिस्ट (*b*) नेत्र रोग विशेषज्ञ
(*c*) ऑप्टोमेट्रिस्ट (*d*) ऑप्टिशियन

3. *मेजर* का संबंध *लेफ्टिनेंट* से उसी तरह है जैसे *स्क्वाड्रन लीडर* का संबंध ......?...... से है। **(L.D.C. 2006)**
(*a*) ग्रुप कैप्टन (*b*) फ्लाइंग अटेंडेंट
(*c*) उड़ान अधिकारी (*d*) पायलट अधिकारी

4. *टेनिस* का संबंध *कोर्ट* से उसी तरह से है जैसे कि *बॉक्सिंग* का संबंध ....? ...... से है।
(*a*) पूल (*b*) रिंग (*c*) एरिना (*d*) कोर्स

5. *नेकलेस, ज्वैलरी* से उसी तरह संबंधित है जैसे *शर्ट* ....?...... से संबंधित है। **(Bank P.O. 2003)**
(*a*) थ्रेड (*b*) क्लॉथ (*c*) कॉटन (*d*) परिधान

6. *डॉक्टर रोगी* से उसी तरह संबंधित है जैसे *वकील* ....?...... से संबंधित है।
(*a*) ग्राहक (*b*) अभियुक्त (*c*) मजिस्ट्रेट (*d*) क्लाइंट

7. *सुख दुःख* से उसी तरह संबंधित है जैसे कि *आराम* ....?...... से संबंधित है।
(*a*) कठिनाई (*b*) आराम (*c*) गरीबी (*d*) कठिनाई

8. *सुई* का सम्बन्ध *थ्रेड* से उसी तरह है जैसे *पेन* का संबंध ....? ...... से है। **(Bank P.O. 2004)**
(*a*) इंक (*b*) कैप (*c*) पेपर (*d*) वर्ड
(*e*) स्टेशनरी

9. *शेफ, रेस्तरां* से उसी तरह संबंधित है जैसे *ड्रगिस्ट* ....? ...... से संबंधित है।
(*a*) चिकित्सा (*b*) फार्मेसी (*c*) स्टोर (*d*) केमिस्ट

10. *जेंट्स कैप* से उसी तरह संबंधित है जैसे *लेडीज* ....? ...... से संबंधित है।
(*a*) स्कार्फ (*b*) टोपी (*c*) रूमाल (*d*) हेयरबैंड

11. *इंजीनियर मशीन* से उसी तरह संबंधित है जैसे *डॉक्टर* ....? ...... से संबंधित है।
(*a*) अस्पताल (*b*) शरीर (*c*) रोग (*d*) चिकित्सा

12. *रिदम संगीत* से उसी तरह संबंधित है जैसे कि *डिजाइन* का संबंध ....? ...... से है।

(*a*) सिमिट्री (*b*) आर्किटेक्ट (*c*) ब्यूटी (*d*) बिल्डिंग

13. *नाटक* का संबंध *निर्देशक* से उसी तरह है जैसे *पत्रिका* का संबंध ......? ...... से होता है। **(IGNOU, 2003)**

(*a*) स्टोरी (*b*) संपादक (*c*) रीडर (*d*) प्रिंटर

14. *जूल* का संबंध उसी प्रकार *ऊर्जा* से है जिस तरह *पास्कल* का संबंध ......? ...... से है।

(*a*) वॉल्यूम (*b*) दबाव (*c*) घनत्व (*d*) शुद्धता

15. *डांसर, स्टेज* से उसी तरह से संबंधित है जिस तरह से *मंत्री* ......? ...... से संबंधित है।

(*a*) पल्पिट (*b*) विधानसभा (*c*) संसद (*d*) राज्य

16. *पारिस्थितिकी* का *पर्यावरण* से उसी प्रकार संबंध है जिस प्रकार *हिस्टोलॉजी* का संबंध ......? ...... से है।

(*a*) जीवाश्म (*b*) इतिहास (*c*) ऊतक (*d*) हार्मोन

17. *वैक्स* का संबंध *ग्रीज* से उसी तरह से है जैसे *दूध* का संबंध ......? ...... से है। **(M.B.A. 1998)**

(*a*) पेय (*b*) घी (*c*) दही (*d*) प्रोटीन

18. *अश्व* का संबंध *सूखी घास* से उसी प्रकार है जैसे *गाय* का संबंध ......? ...... से है।

(*a*) पत्तियां (*b*) चारा (*c*) दूध (*d*) पुआल

19. *पुष्प, इत्र* से उसी तरह संबंधित है जैसे *ओवेन* ......? ...... से संबंधित है। **(L.D.C. 2006)**

(*a*) वाष्प (*b*) अग्नि (*c*) हीट (*d*) भाप

20. *असंभव, संभव* से उसी तरह से संबंधित है जैसे *सैद्धांतिक* का संबंध ......? ...... से है। **(S.S.C. 2000)**

(*a*) रेडिकल (*b*) प्रयोग करने योग्य
(*c*) व्यावहारिक (*d*) साध्य

21. *साबुन* का सम्बन्ध *वाश* से उसी प्रकार है जैसे कि *झाडू* का सम्बन्ध ......? ...... से है।

(*a*) स्वच्छ (*b*) धूल (*c*) स्वीप (*d*) मंजिल

22. *लकड़ी चारकोल* से उसी तरह संबंधित है जैसे *कोयला* ......? ...... से संबंधित है।

(*a*) फायर (*b*) धुआं (*c*) कोक (*d*) ऐश

23. *नाटक* दृश्य से उसी तरह संबंधित है जैसे *पुस्तक* ......? ...... से संबंधित है।

(*a*) कहानी (*b*) पेज (*c*) अध्याय (*d*) लेखक

24. *पान* का संबंध *चबाना* से उसी प्रकार है जैसे *फुटबॉल* का संबंध ......? ...... से है।

(*a*) खेल (*b*) रन (*c*) रोल (*d*) किक मारना

25. *चक्रवात, प्रतिचक्रवात* से उसी तरह संबंधित है जैसे *बाढ़* का संबंध ......? ...... से है। **(R.R.B. 2002)**

(*a*) तबाही (*b*) कहर (*c*) नदी (*d*) सूखा

26. *गुरुत्वाकर्षण* का संबंध *खींचने* से उसी तरह से है जैसे *चुंबकत्व* का संबंध ......? ...... से है।

(*a*) प्रतिकर्षण (*b*) पृथक्करण (*c*) आकर्षण (*d*) पुश

27. *बिल्ली, किटन* से उसी तरह से संबंधित है जैसे *मछली* ......? ...... से संबंधित है।

(*a*) फ्राई (*b*) फॉन (*c*) फिन (*d*) फॉयल

28. *पृथ्वी, अक्ष* से उसी तरह से संबंधित है जिस तरह से *पहिया* का संबंध ......? ...... से है। **(Hotel Management, 2003)**

(*a*) टायर (*b*) कार (*c*) रोड (*d*) हब

29. *लेखक, पुस्तक* से उसी तरह संबंधित है जैसे *कोरियोग्राफर* ......? ...... से संबंधित है।

(*a*) ड्रामा (*b*) बैले (*c*) मैस्क (*d*) ओपेरा

30. *तलवार* का संबंध *वध* से उसी तरह से है जैसे *स्कैल्पेल* का संबंध ......? ...... से है।

(*a*) मर्डर (*b*) स्टैब (*c*) सर्जरी (*d*) चॉपिंग

31. *अपहरण* का संबंध *किडनैपिंग* से उसी तरह से है जैसे कि *लारेंसी* का संबंध ......? ...... से है।

(*a*) चोरी (*b*) अपराध (*c*) ब्लैकमेल (*d*) सिन

32. *पत्ती सैप* से उसी तरह से संबंधित है जैसे *हड्डी* ......? ...... से संबंधित है।

(*a*) द्रव (*b*) रक्त (*c*) मज्जा (*d*) कैल्शियम

33. *टाउन, गाँव* से उसी तरह से संबंधित है जिस तरह से *शहर* ......? ...... से संबंधित है। **(IRMA, 2005)**

(*a*) सिटी (*b*) महानगर (*c*) ग्रामीण (*d*) अर्ध) शहरी

34. *चीनी* का संबंध *मोलासेस* से उसी प्रकार है जैसे *गैसोलीन* का संबंध ......? ...... से है।

(*a*) मेरा (*b*) क्वारी (*c*) ड्रिल (*d*) पेट्रोलियम

35. *भुखमरी* उसी तरह से *पोषण* से संबंधित है जिस तरह से *थकावट* ......? ...... से संबंधित है।

(*a*) ऊर्जा (*b*) बहादुरी (*c*) ताजगी (*d*) साहस

36. *एस्टोनिया, रूबल* से उसी तरह संबंधित है जैसे *चिली* ......? ...... से संबंधित है।

(*a*) दीनार (*b*) पेसो (*c*) पेसटा (*d*) फ्रांस

37. *विज्ञान, प्रयोगशाला* से उसी तरह संबंधित है जैसे *खगोल विज्ञान* ......? ...... से संबंधित है।

(*a*) वेधशाला (*b*) दूरबीन (*c*) स्पेस (*d*) स्टेशन

38. *शेर* उसी तरह से *निर्दयी* से संबंधित है जिस तरह से *कुत्ते* ......? ...... से संबंधित है।

(*a*) शरारती (*b*) विश्वासयोग्य
(*c*) टिमिड (*d*) अप्रत्यक्ष

39. *बिब्लीअफाइल, पुस्तकों* से उसी तरह संबंधित है जैसे *पैट्रियट* ......? ...... से संबंधित है।

(*a*) रक्षा (*b*) देश (*c*) मैनकाइंड (*d*) सोसायटी

40. *पूर्वज* उसी तरह से *वंशज* से संबंधित है जिस तरह *सुंदर का* संबंध ......? ...... से है।

(*a*) ग्लॉमी (*b*) हैंडसम (*c*) लड़की (*d*) बदसूरत

41. *वेसल* उसी तरह *खाली* से संबंधित है जिस तरह *सीट* ......? ...... से संबंधित है।

(*a*) वाहन (*b*) यात्री (*c*) रिक्त (*d*) रिक्त

42. *ग्लुटन* उसी तरह ईट से संबंधित है जिस तरह *गैरूलस* का संबंध ......? ...... से है।

(*a*) टॉक (*b*) वॉक (*c*) हंसी (*d*) यात्रा

43. *खरगोश* का संबंध *बिल* से उसी तरह है जैसे कि *उल्लू* का संबंध ......? ...... से होता है।

(*a*) घोंसला (*b*) छत्ता (*c*) छेद (*d*) खलिहान

44. *आय, लाभ* से उसी तरह संबंधित है जैसे *व्यय* ......? ...... से संबंधित है। **(Specialist Officers' 2002)**

(*a*) शेष (*b*) नुकसान (*c*) बिक्री (*d*) प्राप्तियां
(*e*) अधिशेष

45. *विट्रो, ग्लास* से उसी तरह संबंधित है जैसे *लिग्नो* ....? ...... से संबंधित है।
(*a*) संगमरमर (*b*) धातु (*c*) रॉक (*d*) लकड़ी

46. *सुराग रहस्य* से उसी तरह संबंधित है जैसे *चेतावनी* ....? ...... से संबंधित है।
(*a*) आपदा (*b*) एहतियात (*c*) जोखिम (*d*) खतरे

47. *किलोग्राम* उसी तरह *क्विंटल* से संबंधित है जिस तरह से *पैसा* का संबंध ....? ...... से है।
(*a*) रुपया (*b*) सिक्का (*c*) धन (*d*) धन

48. *संवेदना* उसी तरह से *हानि* से संबंधित है जिस तरह से *बधाई* ....? ...... से संबंधित है।
(*a*) प्रशंसा (*b*) उपलब्धि (*c*) आरोप (*d*) इनाम

49. *कोंकणी, गोवा* से उसी तरह संबंधित है जैसे *डोगरी* ....? ...... से संबंधित है।
(*a*) हिमाचल प्रदेश (*b*) सिक्किम
(*c*) जम्मू (*d*) असम

50. डिप्लोमा, *शिक्षा* से उसी तरह संबंधित है जैसे *ट्रॉफी* ....? ...... से संबंधित है। **(I.B.P.S. 2002)**
(*a*) मूल्य (*b*) जीतना (*c*) खेल (*d*) एथलीट

51. *रक्त* उसी तरह से *परिसंचरण* से संबंधित है जैसे *हार्मोन* का संबंध ....? ...... से है।
(*a*) उत्सर्जन (*b*) नियंत्रण (*c*) समन्वय (*d*) पाचन

52. *त्रिकोणमिति, त्रिभुज* से उसी प्रकार संबंधित है जैसे कि *मेन्सुरेशन* ....? ...... से संबंधित है।
(*a*) ज्यामिति (*b*) मंडलियाँ (*c*) क्षेत्र (*d*) बहुभुज

53. *स्थल* का संबंध *सुरंग* से उसी तरह से है जैसे *पानी* का संबंध ....? ...... से है।
(*a*) जल संधि (*b*) लैगून (*c*) खाड़ी (*d*) द्वीप

54. *छाता, बारिश* से उसी तरह से संबंधित है जैसे *गॉगल्स* ....? ...... से संबंधित है।
(*a*) लाइट (*b*) ग्लेर (*c*) स्टेयर (*d*) दृष्टि

55. चेहरा *अभिव्यक्ति* से उसी तरह संबंधित है जैसे *हाथ* ....? ...... से संबंधित है।
(*a*) लहराते (*b*) हैंडशेक (*c*) कार्य (*d*) इशारे

56. *घमंड* उसी तरह *नम्रता* से संबंधित है जिस तरह *इच्छा* का संबंध ....? ...... से है।
(*a*) विश (*b*) घृणा (*c*) दमन (*d*) उदासीनता

57. *मजदूर* का संबंध *श्रम* से उसी तरह से है जैसे *उद्यमी* का संबंध ....? ...... से है। **(R.R.B. 2004)**
(*a*) ऋण (*b*) ब्याज (*c*) कर (*d*) लाभ

58. *जलाना* उसी तरह *बर्न* से संबंधित है जिस तरह से *गुस्सा* ....? ...... से संबंधित है।
(*a*) चिड़चिड़ा (*b*) निर्धारित (*c*) आक्रोशपूर्ण (*d*) उग्र

59. *नाव, पालों* से उसी तरह से संबंधित है जिस तरह से *गुब्बारा* ....? ...... से संबंधित है।
(*a*) गर्म हवा (*b*) रस्सी (*c*) नायलॉन (*d*) रबर

60. *कमल, क्यूटिकल* से उसी तरह संबंधित है जैसे *मछली* ....? ...... से संबंधित है।
(*a*) स्केल (*b*) गिल्स (*c*) टेल (*d*) फिन्स

61. जेड हरे से उसी तरह संबंधित है जैसे *गार्नेट* ....? ...... से संबंधित है।
(*a*) नीला (*b*) ऑरेंज (*c*) लाल (*d*) पीला

62. *परमाणु* का संबंध *अणु* से उसी प्रकार है जैसे *सेल* का संबंध ....? ...... से है। **(R.R.B. 2006)**
(*a*) पदार्थ (*b*) न्यूक्लियस (*c*) ऑर्गेनिज्म (*d*) बैटरी

63. *जल* का संबंध *समुद्र* से उसी तरह से है जैसे कि *हिम* का संबंध ....? ...... से है।
(*a*) चोटियां (*b*) हेल (*c*) ग्लेशियर (*d*) माउंटेन

64. *ताजमहल, प्यार* से उसी तरह संबंधित है जैसे *जलियांवाला बाग* ....? ...... से संबंधित है।
(*a*) अमृतसर (*b*) शहादत (*c*) वार (*d*) पंजाब

65. *कोबरा, सांप* से उसी तरह संबंधित है जैसे *तेंदुआ* ....? ...... से संबंधित है।
(*a*) टाइगर (*b*) शेर (*c*) कैट (*d*) जेबरा

66. *शोर, कोलाहल* से उसी तरह संबंधित है जैसे कि *शांति* ....? ...... से संबंधित है।
(*a*) नीरव (*b*) गूंगा (*c*) गैग (*d*) मुंह

67. *रोन्टजेन, एक्स किरणों* से उसी तरह संबंधित है जैसे कि *बीकरेल* ....? ...... से संबंधित है।
(*a*) यूरेनियम (*b*) रेडियोधर्मिता
(*c*) विखंडन (*d*) अतिचालकता

68. *पुष्प, पेटल* से उसी तरह संबंधित है जैसे *पुस्तक* ....? ...... से संबंधित है। **(A.A.O. 2005)**
(*a*) पेज (*b*) सामग्री (*c*) लेखक (*d*) लाइब्रेरी
(*e*) कैटलॉग

69. *डिस्टिल, व्हिस्की* से उसी तरह संबंधित है जैसे ब्रू का संबंध ....? ...... से है। **(Hotel Management, 2003)**
(*a*) किण्व (*b*) जिन (*c*) बीयर (*d*) चीनी

70. *एनोटेट* उसी तरह से *पाठ* से संबंधित है जिस तरह *कैप्शन* ....? ...... से संबंधित है।
(*a*) उपन्यास (*b*) कानून (*c*) फिल्म (*d*) फोटोग्राफ

71. *फिजियोलॉजी, जीवविज्ञान* से उसी तरह संबंधित है जैसे *मेटाफिजिक्स* ....? ...... से संबंधित है।
(*a*) भौतिकी (*b*) सांख्यिकी (*c*) गणित (*d*) दर्शनशास्त्र

72. *हाईब्रो* उसी तरह *कल्टिव* से संबंधित है जिस तरह से *सुवे* ....? ...... से संबंधित है।
(*a*) एलिगेंट (*b*) अर्बेन
(*c*) स्टाइलिश (*d*) ब्रॉड - माइंडेड

73. *पुष्टि, चार्ज* से उसी तरह संबंधित है जैसे *संकेत* ....? ...... से संबंधित है।
(*a*) इंसुकेट (*b*) अस्वीकार (*c*) कन्विंस (*d*) इनकार

74. *मित्र* का सम्बन्ध *शत्रु* से उसी प्रकार है जैसे कि *संघ* का संबंध ....? ...... से है।
(*a*) अलग (*b*) अलग (*c*) डिसॉर्डर (*d*) तलाक

75. *कॉलेज, छात्र* से उसी तरह संबंधित है जैसे *अस्पताल* ....? ...... से संबंधित है। **(Asstt. Manager, 2005)**
(*a*) डॉक्टर (*b*) नर्स (*c*) उपचार (*d*) रोगी

76. *कॉन्सर्ट, थियेटर* से उसी तरह संबंधित है जैसे कि *बैंक्वेट* ....? ...... से संबंधित है।
(*a*) होटल (*b*) पार्टी (*c*) दावत (*d*) खाना

77. *प्रतिमा* का *आकार* से उसी तरह से संबंध है जिस तरह से *गीत* का संबंध ....? ...... से है।
(*a*) कविता (*b*) सिंग (*c*) ट्यून (*d*) कम्पोज

78. *दांत, ग्रिट* से उसी तरह संबंधित है जैसे *मुट्ठी* ....? ...... से संबंधित है।

(*a*) ब्लो (*b*) हाथ (*c*) ओपन (*d*) क्लेंक

79. *चारमीनार* उसी तरह *भारत* से संबंधित है जिस प्रकार *स्फिंक्स* ....? ...... से संबंधित है।

(*a*) इंग्लैंड (*b*) कनाडा (*c*) मिस्र (*d*) वेटिकन

80. *दर्पण* का संबंध उसी प्रकार *परावर्तन* से है जिस तरह से *पानी* का संबंध ....? ...... से है।

(*a*) आचरण (*b*) फैलाव (*c*) विसर्जन (*d*) अपवर्तन

81. *गर्दन* उसी तरह *टाई* से संबंधित है जिस तरह *कमर* ....? ...... से संबंधित है। **(R.R.B. 2005)**

(*a*) वॉच (*b*) बेल्ट (*c*) रिबन (*d*) शर्ट

82. *गणित* का संबंध *संख्या* से उसी तरह है जैसे कि *इतिहास* का संबंध ....? ...... से है।

(*a*) लोग (*b*) इवेंट्स (*c*) डेट्स (*d*) वॉर्स

83. *थैला* उसी तरह *सामान* से संबंधित है जिस तरह *जहाज* का संबंध ....? ...... से है।

(*a*) कोयला (*b*) स्टॉक (*c*) कार्गो (*d*) वजन

84. *गिल, लामेल्ला* से उसी तरह संबंधित है जैसे *फेफड़े* ....? ...... से संबंधित है।

(*a*) रिब्स (*b*) ट्रेकिआ (*c*) एल्वियोली (*d*) ग्रसनी

85. *ड्वेल* का संबंध *डेनिजेन* से उसी तरह से है जैसे कि *इनहेरिट* का संबंध ....? ...... से है।

(*a*) अधिग्रहण (*b*) उत्तराधिकारी (*c*) आउटकास्ट (*d*) वारिस

86. *लेखक* का संबंध *पाठक* से उसी प्रकार से है जिस प्रकार *निर्माता* का संबंध ....? ...... से है। **(R.R.B. 2003)**

(*a*) विक्रेता (*b*) उपभोक्ता (*c*) निर्माता (*d*) ठेकेदार

87. *अफगानिस्तान, काबुल* से उसी तरह संबंधित है जिस तरह *ऑस्ट्रिया* का संबंध ....? ...... से है।

(*a*) एयराना (*b*) तिराना
(*c*) वियना (*d*) इनमें से कोई नहीं

88. *बहुत, कई* से संबंधित है जिस तरह से *मापन* ....? ...... से संबंधित है।

(*a*) वजन (*b*) उपाय (*c*) गणना (*d*) गणना

89. *मोटे* का संबंध *पतले* से उसी प्रकार है जैसे कि *प्रत्यक्ष* का संबंध ....? ...... से है। **(A.A.O. 2001)**

(*a*) सदाचारी (*b*) व्यवसाय (*c*) अप्रत्यक्ष (*d*) गतिविधि

90. *बैल, खींचना* से उसी तरह संबंधित है जैसे *गाय* ....? ...... से संबंधित है।

(*a*) पशुधन (*b*) मिलाप (*c*) फार्म (*d*) चारा

हल – अभ्यास 2(D)

1. (*b*) : पहला, दूसरे का हिस्सा है।
2. (*b*) : दूसरा, पहले का निर्माण करने में विशेषज्ञ हैं।
3. (*c*) : मेजर और स्क्वाड्रन लीडर क्रमश: सेना और वायु सेना में बराबर रैंक हैं, और इसी तरह से लेफ्टिनेंट और फ्लाइंग अधिकारी भी हैं।
4. (*b*) : दूसरा वह स्थान है जहां पहले खेल द्वारा खेला जाने वाला खेल आयोजित किया जाता है।
5. (*d*) : दूसरा उस समूह को सूचित करता है जिससे पहला संबंधित है।
6. (*d*) : पहला दूसरे के लिए कार्य करता है और उससे अर्जित करता है।
7. (*a*) : प्रत्येक जोड़ी में शब्द एक दूसरे का विलोम हैं।
8. (*a*) : काम करने वाले पहले द्वारा दूसरे की आवश्यकता होती है।
9. (*b*) : दूसरा, पहले के लिए कार्यस्थल है।
10. (*a*) : पहले द्वारा दूसरे को सिर पर पहना जाता है।
11. (*c*) : पहला, दूसरे से कार्य करता है।
12. (*d*) : पहले के अनुसार दूसरे का निर्माण किया जाता है।
13. (*b*) : पहले का निर्माण दूसरे के दिशानिर्देशों के अनुसार किया जाता है।
14. (*b*) : पहला दूसरे को मापने की एक इकाई है।
15. (*a*) : पहला वह स्थान है, जहाँ दूसरा कार्य करता है।
16. (*c*) : इकोलॉजी पर्यावरण के अध्ययन से संबंधित है। इसी प्रकार, हिस्टोलॉजी ऊतकों के अध्ययन से संबंधित है।
17. (*c*) : पहले का इस्तेमाल दूसरे को तैयार करने के लिए किया जाता है।
18. (*b*) : दूसरा, पहले का आहार है।
19. (*c*) : दूसरा उस विशेषता को दर्शाता है जिसके लिए पहले उपयोग किया जाता है।
20. (*c*) : प्रत्येक जोड़ी में शब्द एक दूसरे के विलोम हैं।
21. (*c*) : दूसरा, पहले के कार्य को दर्शाता है।
22. (*c*) : दूसरे को पहले से प्राप्त किया जाता है।
23. (*c*) : दूसरा, पहले की एक इकाई है।
24. (*d*) : पहला वस्तु है और दूसरा एक कार्य है जिसे उस पर पूरा किया जाता है।
25. (*d*) : प्रत्येक जोड़ी में शब्द विपरीत स्थितियों का प्रतिनिधित्व करते हैं।
26. (*c*) : पहला वस्तुओं को दूसरे के माध्यम से निकट खींचता है।
27. (*a*) : दूसरा, पहले का बच्चा है।
28. (*d*) : पहला, दूसरा के चारों ओर घूमता है।
29. (*b*) : पहला, दूसरे का निर्माण करता है।
30. (*c*) : दूसरा उस उद्देश्य को दर्शाता है जिसके लिए पहले उपयोग किया जाता है।
31. (*a*) : प्रत्येक जोड़ी में शब्द एक दूसरे के समानार्थी हैं।
32. (*c*) : दूसरा तरल पदार्थ है जो पहले में निहित है।
33. (*c*) : प्रत्येक जोड़ी में शब्द एक दूसरे के विलोम हैं।
34. (*d*) : पहले को दूसरे से प्राप्त किया जाता है।
35. (*a*) : पहला, दूसरे की कमी को दर्शाता है।
36. (*b*) : रूबल स्टोनिया की मुद्रा है और पेसो चिली की मुद्रा है।
37. (*a*) : एक प्रयोगशाला में वैज्ञानिक प्रयोग किए जाते हैं। इसी प्रकार, खगोलीय अवलोकन एक वेधशाला में किए जाते हैं।
38. (*b*) : दूसरा पहले के साथ एक असाधारण विशेषता को दर्शाता है।
39. (*b*) : किताबों के प्रेमी को बिब्लीअफाइल कहते है। इसी प्रकार, किसी के देश के प्रेमी को देशभक्त (पेट्रीअट) कहते है।
40. (*d*) : प्रत्येक जोड़ी में शब्द एक दूसरे के विलोम हैं।
41. (*c*) : एक बर्तन जिसमें कुछ भी नहीं होता है उसे खाली कहा जाता है। इसी प्रकार, एक सीट जिस पर कोई भी नहीं बैठा होता है, उसे खाली कहा जाता है।

42. (*a*) : ग्लुटन वह है जो बहुत ज्यादा खाता है। गैरलस वह है जो बहुत ज्यादा बातें करता है।

43. (*d*) : दूसरा पहले का निवास स्थान है।

44. (*b*) : 'व्यय' का विलोम शब्द 'आय' है। इसी प्रकार, 'लाभ' का विलोम शब्द 'हानि' है।

45. (*d*) : विट्रो का मतलब है 'ग्लास से संबंधित' और लिग्नो का अर्थ है 'लकड़ी से संबंधित'।

46. (*d*) : एक सुराग एक रहस्य हल करने में मदद कर सकता है। इसी प्रकार, एक चेतावनी खतरे को रोकने में मदद कर सकती है।

47. (*a*) : दूसरा पहले की तुलना में बड़ी इकाई है, हालांकि दोनों का उपयोग समान राशि को मापने के लिए किया जाता है। 100 किलोग्राम = 1 क्विंटल और 100 पैसे = 1 रुपये।

48. (*b*) : दूसरों को नुकसान की स्थिति में सांत्वना दी जाती है, और जब कोई एक उपलब्धि प्राप्त करता है, तो उसे बधाई दी जाती है।

49. (*c*) : कोंकणी, गोवा की भाषा है और डोगरी, जम्मू की भाषा है।

50. (*c*) : दूसरे में उत्कृष्टता के लिए पहले को सम्मानित किया जाता है।

51. (*c*) : दूसरा, पहले का कार्य है।

52. (*c*) : त्रिकोणमिति में त्रिभुजों का अध्ययन किया जाता है। उसी प्रकार से, क्षेत्रमिती में क्षेत्रों का अध्ययन किया जाता है।

53. (*c*) : अंतरीप जल में दिखाए जाने वाली भूमि को कहते है और भूमि में दिखाए जाने वाले जल निकाय को खाड़ी कहते है।

54. (*b*) : पहला, दूसरे से सुरक्षा प्रदान करता है।

55. (*d*) : दूसरा पहले के साथ एक विचार को व्यक्त करने का तरीका है।

56. (*b*) : प्रत्येक जोड़ी में शब्द एक दूसरे के विलोम हैं।

57. (*d*) : पहला दूसरे के रूप में अर्जित करता है।

58. (*d*) : दूसरा पहले की तुलना में उच्च तीव्रता का है।

59. (*a*) : नाविक की वजह एक नाव से चलती है और गर्म हवा की वजह से एक गुब्बारा उड़ता है।

60. (*a*) : दूसरा पानी के नुकसान से पहले के शरीर की रक्षा करता है।

61. (*c*) : जेड एक हरा बहुमूल्य पत्थर है और गार्नेट एक लाल कीमती पत्थर है।

62. (*c*) : पहला, दूसरा का निर्माण करता है।

63. (*c*) : महासागर पानी का एक गतिशील निकाय है। इसी तरह, ग्लेशियर बर्फ का एक गतिशील निकाय है।

64. (*b*) : पहला हमें दूसरे की याद दिलाता है।

65. (*c*) : दूसरा उसे परिवार को दर्शाता है जिससे पहला संबंधित है।

66. (*a*) : दूसरा पहले का एक अधिक गहन रूप है।

67. (*b*) : रोन्टजेन ने एक्स-किरणों की खोज की। इसी तरह, बेकेलेल ने रेडियोधर्मिता की खोज की।

68. (*a*) : पंखुड़ियों की संख्या एक फूल का निमाण करती है। इसी प्रकार, पृष्ठों की संख्या एक किताब का निर्माण करती है।

69. (*c*) : पहला, दूसरी के तैयारी की प्रक्रिया है।

70. (*d*) : पहला, दूसरे के बारे में एक टिप्पणी है।

71. (*d*) : फिजियोलॉजी जीवविज्ञान की एक शाखा है। इसी तरह, मेटा. फिजिक्स दर्शनशास्त्र की एक शाखा है।

72. (*b*) : प्रत्येक जोड़ी में शब्द एक दूसरे के समानार्थी हैं।

73. (*a*) : पुष्टि 'चार्ज की पुष्टि करने के लिए' है और संकेत 'कुछ इंगित करने' है।
इसी प्रकार, चार्ज का अर्थ है 'दोष देना' और इंसिन्यूंट का अर्थ है 'परोक्ष रूप से सुझाव देना'।

74. (*c*) : प्रत्येक जोड़ी में शब्द एक दूसरे के विलोम हैं।

75. (*d*) : पहला दूसरे के लिए कार्य करता और अर्जित करता है।

76. (*a*) : दूसरा वह स्थान है जहाँ पहले का आयोजन किया जाता है।

77. (*c*) : दूसरा वह मानदंड है जिसके द्वारा पहले की गुणवत्ता निर्धारित की जाती है।

78. (*d*) : दांतों से पकड़ने को ग्रिट कहा जाता है और मुट्ठी से पकड़ने को क्लिंच कहा जाता है।

79. (*c*) : चारमीनार भारत में स्थित है। इसी प्रकार, स्फिंक्स मिस्र का एक स्मारक है।

80. (*d*) : एक दर्पण पर गिरने वाली प्रकाश की किरणें प्रतिबिंब से गुजरती हैं और पानी पर गिरने वाले प्रकाश की किरणें अपवर्तन से गुजरती हैं।

81. (*b*) : गर्दन में टाई पहनी जाती है और कमर पर बेल्ट पहना जाता है।

82. (*b*) : गणित संख्याओं का सिद्धांत है और इतिहास पिछले घटनाओं का सिद्धांत है।

83. (*c*) : दूसरा वह भार है जिसे पहला ढोता है।

84. (*c*) : दूसरा पहले का ऑक्सीजन अवशोषित करने वाला भाग है।

85. (*d*) : जब नागरिक रहते है, वे स्थान पर कब्जा कर लेते है। जब उत्तराधिकारी विरासत में प्राप्त करता है, तो वह सिंहासन पर कब्जा करता है।

86. (*b*) : एक लेखक पाठक के लिए लिखता है। इसी प्रकार, एक निर्माता उपभोक्ता के लिए वस्तु तैयार करता है।

87. (*c*) : काबुल अफगानिस्तान की राजधानी है और वियना ऑस्ट्रिया की राजधानी है।

88. (*d*) : अधिक मापने से संबंधित है और अनेक गिनने से संबंधित है।

89. (*c*) : प्रत्येक जोड़ी में शब्द एक दूसरे के विलोम हैं।

90. (*b*) : बुल एक खींचने वाला जानवर (बोझ का जानवर) है और गाय एक दुधारू पशु (दूध उपज) है।

अभ्यास 2E

1. *परिधान* उसी तरह *कपड़े* से संबंधित है जिस तरह *जूते* से संबंधित है ....? ......। **(Bank P.O. 2003)**
(*a*) सामग्री (*b*) चमड़ा (*c*) मोची (*d*) जूते
(*e*) सैंडल

2. *शहद, वैक्स* से उसी तरह संबंधित है जैसे *दूध* का संबंध ....? ...... से है।
(*a*) गाय (*b*) चमड़ा (*c*) अंडे (*d*) पानी

3. *इंच, सेंटीमीटर* से उसी तरह संबंधित है जैसे *पिंट* ....? ...... से संबंधित है।
(*a*) साहित्य (*b*) वॉल्यूम (*c*) गैलन (*d*) चिपचिपापन

4. *हड्डी रोग विशेषज्ञ, हड्डी* से उसी तरह संबंधित है जैसे कि *चिरोपोडिस्ट* ....? ...... से संबंधित है।
(*a*) नाखून (*b*) आवाज (*c*) पैर (*d*) दिल

5. *अनाज, ग्रैनरी* से उसी तरह संबंधित है जैसे कि *क्यूरियोस* ....? ...... से संबंधित है।

(*a*) अभिलेखागार (*b*) संग्रहालय (*c*) लाइब्रेरी (*d*) चिड़ियाघर

6. निम्नलिखित में से कौन *मेलोडी* से उसी तरह से संबंधित है जैसा *स्वादिष्ट, स्वाद* से संबंधित है? **(R.B.I. 2002)**

(*a*) आवाज (*b*) बोलना (*c*) जीभ (*d*) हाइनेस

7. जिस तरह से *सत्र कॉनक्लूड* से संबंधित है, उसी तरह *लैप्स* से संबंधित है?

(*a*) छुट्टी (*b*) परमिट (*c*) एजेंसी (*d*) नीति

8. *टैपवार्म, टैनियासिस* से उसी तरह संबंधित है जैसे *प्लास्मोडियम* ....? ...... से संबंधित है।

(*a*) मलेरिया (*b*) कब्ज (*c*) डिप्थीरिया (*d*) डायरिया

9. *सत्यजीत* रे उसी तरह से *फिल्म* से संबंधित हैं जिस तरह *पिकासो* का संबंध ....? ...... से है?

(*a*) साहित्य (*b*) नाटक (*c*) कविता (*d*) पेंटिंग

10. *उधारकर्ता* उसी तरह से *ऋण* से संबंधित है जैसे कि *भिखारी* का संबंध ....? ...... से है?

(*a*) अलार्म (*b*) दया (*c*) मनी (*d*) उपहार

11. *तरंगें, वायु* से उसी प्रकार संबंधित हैं जैसे कि *लहरों* का संबंध ....? ...... से है? **(Hotel Management, 2003)**

(*a*) विंड (*b*) पानी (*c*) स्टॉर्म (*d*) स्मोक

12. *संस्थान* उसी तरह *अकादमी* से संबंधित है जिस तरह से *डिक्री* ....? ...... से संबंधित है।

(*a*) दोष (*b*) कोर्ट (*c*) न्यायाधीश (*d*) जनादेश

13. *स्वास्थ्य*, उसी तरह से *प्रदूषित* से संबंधित है जिस तरह से *ज्ञान* ....? ...... से संबंधित है।

(*a*) सरल (*b*) असामान्य (*c*) सीक्रेट (*d*) दुखद

14. *यीशु, ईसाइयों* से उसी तरह से संबंधित है जिस तरह से *जोरोस्टर* ....? ...... से संबंधित है।

(*a*) यहूदी (*b*) पारसी (*c*) आदिवासी (*d*) कैथोलिक

15. *हथेली* का संबंध *हाथ* से उसी तरह से होता है जिस तरह से *एड़ी* का संबंध ....? ...... से होता है।

(*a*) टांग (*b*) टखने (*c*) घुटने (*d*) पैर

16. *जवान* का संबंध *वृद्ध* से उसी तरह है जैसा कि *चौड़े* का संबंध ....? ...... से है। **(R.B.I. 2003)**

(*a*) अपर्याप्त (*b*) बड़ा (*c*) संकीर्ण (*d*) लंबा

17. *बरमा, कारपेंटर* से उसी तरह से संबंधित है जिस तरह *सूआ* ....? ...... से संबंधित है।

(*a*) मूर्तिकार (*b*) मोची (*c*) बावर्ची (*d*) मेसन

18. *पक्षी एवियरी* (पक्षीशाला) से उसी तरह संबंधित हैं जैसे *मधुमक्खियां* ....? ...... से संबंधित है?

(*a*) एक्वेरियम (*b*) हाइव (*c*) ब्रेवरी (*d*) अप्रैरी

19. *इस्तीफा, पॉलिटिशियन* से उसी तरह संबंधित है जैसे कि *अब्दिकेट* ....? ...... से संबंधित है।

(*a*) प्रिंस (*b*) राजा (*c*) दायरे (*d*) सिंहासन

20. *यदि, स्थिति* से उसी तरह संबंधित है जैसे कि *लेकिन* ....? ...... से संबंधित है। **(S.B.I.P.O. 2002)**

(*a*) अस्वीकृति (*b*) अनुपूरक (*c*) निषेध (*d*) विरोधाभास

21. *परवाह* का संबंध *उपेक्षा* से उसी तरह से है जैसा कि *शांति लाना* ....? ...... से संबंधित है।

(*a*) विजय (*b*) इनसाइट (*c*) एले (*d*) युद्ध

22. *लोइटर* का संबंध *डावडले* से उसी तरह है जैसे *इम्पुगन* का संबंध ....? ...... से है?

(*a*) चैलेंज (*b*) जुआ (*c*) जब्त (*d*) बदला

23. *पूडल* का संबंध कुत्ते उसी तरह से है जैसे कि मूस का संबंध ....? ...... से है?

(*a*) डक (*b*) गधा (*c*) फाउल (*d*) हिरण

24. *धान* फील्ड से उसी तरह संबंधित है जैसे *स्टील* का संबंध ....? ...... से है। **(S.B.I.P.O. 1999)**

(*a*) मेरा (*b*) कारखाना (*c*) लोहा (*d*) अयस्क

25. *डॉक्टर डायग्नोसिस* से उसी तरह संबंधित है जिस तरह *न्यायाधीश* ....? ...... से संबंधित है। **(Bank P.O. 2005)**

(*a*) कोर्ट (*b*) सजा (*c*) वकील (*d*) जजमेंट

26. *प्रशंसा* का संबंध *पुरस्कार* से उसी तरह है जैसे *अपमान* का संबंध ....? ...... से है?

(*a*) अपराध (*b*) अपराधबोध (*c*) आरोप (*d*) सजा

27. *नेफथलीन* का संबंध *ऊनी* से उसी तरह है जैसे *एंटीबायोटिक्स* का संबंध ....? ...... से है?

(*a*) रोगाणु (*b*) प्रतिरक्षा (*c*) रोग (*d*) शरीर

28. *सेवानिवृत्ति, सेवा* से उसी तरह से संबंधित है जिस तरह से *बर्खास्तगी* ....? ...... से संबंधित है।

(*a*) समझौता (*b*) संचार (*c*) रोजगार (*d*) अपनाना

29. *ड्रमर* उसी तरह *ऑर्केस्ट्रा* से संबंधित है जिस तरह से *मंत्री* ....? ...... से संबंधित है।

(*a*) मतदाता (*b*) निर्वाचन क्षेत्र (*c*) कैबिनेट (*d*) विभाग

30. *आव्रजन* का संबंध *आगमन* से उसी तरह से होता है जिस तरह से *उत्प्रवास* का संबंध ....? ...... से होता है। **(S.S.C. 2001)**

(*a*) एमिगेंट (*b*) नेटिव (*c*) लीविंग (*d*) एलियन

31. *शुतुरमुर्ग*, मृग से उसी तरह संबंधित है जैसे *बगुला* ....? ...... से संबंधित है।

(*a*) गाय (*b*) भैंस (*c*) ऊंट (*d*) जेबरा

32. *सिम्फनी, संगीतकार* से उसी तरह संबंधित है जैसे कि *फ्रेस्को* ....? ...... से संबंधित है।

(*a*) पेंटर (*b*) आविष्कारक (*c*) गायक (*d*) लेखक

33. *लाइब्रेरियन, पुस्तकों* से उसी तरह से संबंधित है जैसे *बैंकर* ....? ...... से संबंधित है।

(*a*) ग्राहक (*b*) बैंक (*c*) मनी (*d*) लेनदार

34. *माउस, कैट* से उसी तरह संबंधित है जैसे कि *फ्लाई* ....? ...... से संबंधित है।

(*a*) पशु (*b*) हार्स (*c*) स्पाइडर (*d*) चूहा

35. *वाहन* का सम्बन्ध *कारवां* से उसी प्रकार है जिस प्रकार *खिलाड़ी* का संबंध ....? ...... से है। **(Asstt- Manager Exam, 2005)**

(*a*) कोच (*b*) कप्तान (*c*) टीम (*d*) फील्ड

36. *लुहार* का संबंध *कुल्हाड़ी* से उसी तरह से है जैसे कि *शेफ* का संबंध ....? ...... से है?

(*a*) स्केलपेल (*b*) पोकर (*c*) छेनी (*d*) कोलंडर

37. *रोटी, गेहूं* से उसी तरह संबंधित है जैसे *ईंट* का संबंध ....? ...... से है?

(*a*) क्ले (*b*) फायर (*c*) सीमेंट (*d*) बिल्डिंग

38. *स्क्रेपुलस* उसी तरह से *सिद्धांतों* से संबंधित है जिस तरह *नैतिक* का संबंध ....? ...... से है?

(*a*) नैतिकता (*b*) गुण (*c*) धर्म (*d*) लाभ

39. *जीत, प्रतियोगिता* से उसी तरह संबंधित है जैसे *आविष्कार* ....? ...... से संबंधित है। **(I.R.M.A. 2005)**

(*a*) उत्पाद (*b*) डिस्कवरी (*c*) परीक्षण (*d*) प्रयोगशाला

40. *संग्रहालय, संग्रहाध्यक्ष* से उसी तरह संबंधित है जैसे कि कारागार ....? ...... से संबंधित है।

(*a*) प्रबंधक (*b*) मॉनिटर (*c*) जेलर (*d*) वार्डन

41. *पुस्तक, पत्रिका* से उसी प्रकार संबंधित है जैसे *समाचार पत्र* ....? ...... से संबंधित है।

(*a*) जर्नल (*b*) समाचार (*c*) अनुच्छेद (*d*) हेडलाइन

42. *टंगस्टन* उसी तरह से *फिलामेंट* से संबंधित है जैसे *कांस्य* ....? ...... से संबंधित है।

(*a*) कॉपर (*b*) जहाज (*c*) टिन (*d*) आभूषण

43. *क्लेरमोर, तलवार* से उसी तरह संबंधित है जैसे कि *बर्तेटा* ....? ...... से संबंधित है।

(*a*) क्लब (*b*) एक्स (*c*) चाकू (*d*) गन

44. *वृक्ष* उसी प्रकार *पौधा* से संबंधित है जिस प्रकार *अश्व* का संबंध ....? ...... से है। **(Bank P.O. 2003)**

(*a*) टट्टू (*b*) खच्चर (*c*) शावक (*d*) पन्नी
(*e*) पिल्ला

45. दरवाजा, *बैंग* से उसी तरह संबंधित है जैसे चैन ....? ...... से संबंधित है।

(*a*) थंडर (*b*) क्लिनच (*c*) टिंकल (*d*) क्लैंक

46. *प्रोफीट, सरेंडर* से उसी प्रकार संबंधित है जैसे *रेमिट* का संबंध ....? ...... से है?

(*a*) प्रतिशत (*b*) जब्त (*c*) छूट (*d*) कैंसिल

47. *जहर, सुकरात* से उसी तरह संबंधित है जैसे कि *अपराध* का संबंध ....? ...... से है?

(*a*) जीसस (*b*) ईसाई (*c*) अरस्तू (*d*) चर्च

48. जिस तरह से *कैसॉक, पुजारी* से संबंधित है उसी तरह से *स्नातक* से संबंधित है?

(*a*) कैप (*b*) टाई (*c*) कोट (*d*) गाउन

49. *कोर्ट* उसी तरह *वकील* से संबंधित है जिस तरह *अस्पताल* ....? ...... से संबंधित है। **(Specialist Officers' 2005)**

(*a*) रोगी (*b*) चिकित्सा (*c*) नर्स (*d*) डॉक्टर

50. इंडोलेंस उसी तरह *वर्क* से संबंधित है जिस तरह *टैसिटर्न* का संबंध ....? ...... से है?

(*a*) निरीक्षण (*b*) बोलना (*c*) धोखा (*d*) अधिनियम

51. *अफ्लाटॉक्सिन, फूड पॉयजनिंग* से उसी तरह संबंधित है जैसे *हिस्टामाइन* ....? ...... से संबंधित है।

(*a*) एलजी (*b*) सिरदर्द (*c*) एन्थ्रेक्स (*d*) संदूषण

52. *बाल्ड* का संबंध *ब्लॉन्ड* से उसी तरह से है जैसा कि *बंजर* का संबंध ....? ...... से है?

(*a*) वनस्पति (*b*) खेत (*c*) उपजाऊ (*d*) आबाद

53. *कैटलॉग, लाइब्रेरी बुक्स* से उसी तरह संबंधित है जैसे *इंडेक्स* ....? ...... से संबंधित है।

(*a*) अध्याय (*b*) पुस्तकें (*c*) प्रस्तावना (*d*) सामग्री

54. *तंबाकू* का संबंध *नर्व* से उसी तरह से है जैसे *शराब* का संबंध.......? ...... से है?

(*a*) जिगर (*b*) शराब (*c*) नशा (*d*) सिर

55. *मनुष्य* का सम्बन्ध *चिल्लाने* से उसी प्रकार है जैसे *कौआ* का संबंध ....? ...... से है।

(*a*) कांव-कांव (*b*) कलरव (*c*) गुरगुराहट (*d*) भीड़

56. *गुलदस्ते* का संबंध *फूल* से उसी तरह से होता है, जिस तरह *वाक्य* का संबंध ....?...... से है? **(Bank P.O. 2003)**

(*a*) निर्माण (*b*) शब्द (*c*) पत्र (*d*) अनुच्छेद

57. *अविवेकी* का संबंध *अनुचित* से उसी तरह संबंधित है जैसे *नाखुश* ....? ...... से संबंधित है।

(*a*) चिंतित (*b*) महत्वपूर्ण (*c*) स्पष्ट (*d*) अनिच्छुक

58. *हरित क्रांति* उसी तरह *पौधों* से संबंधित है जिस तरह से *रजत क्रांति* ....? ...... से संबंधित है।

(*a*) पोल्ट्री (*b*) रबर (*c*) पशु (*d*) वन

59. *ट्रांजिस्टर, रेडियो* से उसी तरह से संबंधित है जैसे *टेलीविजन* ....? ...... से संबंधित है।

(*a*) मनोरंजन (*b*) सिनेमा (*c*) वीडियो (*d*) कैसेट

60. *मनुष्य* का संबंध *भुजाओं* से उसी तरह से है जैसा कि *कॉकरोच* का संबंध ....? ...... से है?

(*a*) पंख (*b*) स्यूडोपोडिया (*c*) पैर (*d*) एंटेना

61. *फैक्टरी, उत्पादन* से उसी तरह संबंधित है जैसे *स्कूल* ....? ...... से संबंधित है। **(R.R.B. 2005)**

(*a*) अनुशासन (*b*) बिल्डिंग (*c*) शिक्षा (*d*) शिक्षक

62. *जीवन, मृत्यु* से संबंधित है उसी तरह जैसे *आशा* का संबंध ....? ...... से है?

(*a*) उदास (*b*) निराशा (*c*) दर्द (*d*) रोना

63. हूक उसी तरह से *कोशिकाओं* से संबंधित है जैसे *मूल्डर* ....? ...... से संबंधित है।

(*a*) कार्बोहाइड्रेट (*b*) खनिज (*c*) विटामिन (*d*) प्रोटीन

64. DDT *संक्षिप्त रूप* से उसी तरह संबंधित है जैसे LASER ....? ...... से संबंधित है।

(*a*) एंटीथिसिस (*b*) स्क्रोनिम (*c*) एपिग्राम (*d*) एपिथेट

65. *हेल्म* का संबंध रूडर से उसी तरह है जैसे *मस्तिष्क* का संबंध ....? ...... से है?

(*a*) हार्ट (*b*) रिब्स (*c*) लिम्ब्स (*d*) बॉडी

66. *थर्मामीटर* उसी तरह *तापमान* से संबंधित है जिस तरह से *हाइग्रोमीटर* ....? ...... से संबंधित है। **(M.B.A. 2004)**

(*a*) उपभेदों (*b*) आर्द्रता (*c*) दबाव (*d*) घनत्व

67. *कैंची, कपड़ों* से उसी तरह संबंधित है जिस तरह से *स्काईथ* ....? ...... से संबंधित है।

(*a*) वुड (*b*) स्टील (*c*) ग्रास (*d*) पेपर

68. *माली, खुरपी* से उसी तरह संबंधित है जैसे *सीमस्ट्रेस* ....? ...... से संबंधित है।

(*a*) सॉ (*b*) कैंची (*c*) स्नीकर्स (*d*) क्राउबर

69. *गद्य, लेखन* उसी तरह से संबंधित है जिस तरह *लिस्प* ....? ...... से संबंधित है।

(*a*) पढ़ना (*b*) संगीत (*c*) भाषण (*d*) ड्राइंग

70. *शावक* का संबंध *टाइगर* से उसी प्रकार है जैसे *फॉन* का संबंध ....? ...... से है।

(*a*) स्टैग (*b*) बंदर (*c*) गधा (*d*) भेड़

71. *सिरिअस, स्टार* से उसी तरह संबंधित है जैसे *साइगनस* ....? ...... से संबंधित है।

(*a*) नक्षत्र (*b*) क्षुद्रग्रह (*c*) गैलेक्सी (*d*) उल्का

72. *छोटा गांव* का संबंध *गाँव* से उसी तरह है जिस तरह *महानगर* का संबंध ....? ...... से है? (Specialist Officers' 2002)

(*a*) शहरी (*b*) शहर (*c*) जिला (*d*) प्लेस

73. *एंथ्रोपोलॉजी* का संबंध *मनुष्य* से उसी प्रकार है जिस प्रकार *ऐन्थालजी* का संबंध ....? ...... से है?

(*a*) प्रकृति (*b*) पेड़ (*c*) एप्स (*d*) कविताएं

74. जिस प्रकार चटर, *दांत* से संबंधित है, उसी तरह से *पत्तियां* किससे संबंधित हैं?

(*a*) व्हिसल (*b*) रिपल (*c*) रस्टल (*d*) केकल

75. *शेर* का संबंध *प्रोल* से उसी तरह है जैसे *भालू* का संबंध ....? ...... से है?

(*a*) फ्रिस्क (*b*) लंबर (*c*) स्ट्राइड (*d*) बाउंड

76. *हृदय, रक्त* से उसी तरह संबंधित है जैसे *फेफड़े* ....? ...... से संबंधित है। (S.B.I.P.O. 1999)

(*a*) वायु (*b*) ऑक्सीजन (*c*) चेस्ट (*d*) श्वसन

77. *विवेक* का संबंध उसी तरह *गलत* से है जैसे पुलिस का संबंध ....? ...... से है?

(*a*) चोर (*b*) कानून (*c*) अनुशासन (*d*) अपराध

78. *पर्णपाती, विलो* से उसी तरह संबंधित है जैसे *शंकुधारी* ....? ...... से संबंधित है।

(*a*) लाइम (*b*) स्प्रूस (*c*) ओक (*d*) एल्म

79. *पायोगोग्राफी, राइटिंग* से उसी तरह संबंधित है जैसे *इचथोलॉजी* का संबंध ....? ...... से है?

(*a*) मछलियां (*b*) व्हेल (*c*) ओएस्टर (*d*) स्तनधारी

80. *नॉटिलस, मछली* से उसी तरह संबंधित है जैसे *चौती* का संबंध ....? ...... से है?

(*a*) चिकन (*b*) डॉल्फिन (*c*) बतख (*d*) कबूतर

81. *प्राइमो* उसी तरह से *संगीत* से संबंधित है जिस तरह *उपनगर* का संबंध ....? ...... से है?

(*a*) प्रांत (*b*) देश (*c*) राज्य (*d*) शहर

82. *बैक, बैकबोन* से उसी तरह से संबंधित है जैसे बेली ....? ...... से संबंधित है। (Hotel Management, 2002)

(*a*) नाभि (*b*) दिल (*c*) गले (*d*) पसलियों

83. *साल्वे, ओइंटमेंट* से उसी तरह संबंधित है जैसे *सेटर्न* का संबंध ....? ...... से है?

(*a*) ड्रिकं (*b*) शराब (*c*) बेवेरज (*d*) दवा

84. *नेत्रों* का संबंध *आंखों* से उसी प्रकार है जैसे *रिकेट्स* का संबंध ....? ...... से है?

(*a*) किडनी (*b*) बॉडी (*c*) बोन (*d*) चाइल्ड

85. *फर्म, फ्लैबबी* से उसी तरह संबंधित है जैसे कि *पिकेटेंट* ....? ...... से संबंधित है।

(*a*) ब्लैंड (*b*) नमकीन (*c*) सुखद (*d*) छोटा

86. *मोटरसाइकिल* का संबंध *बैटरी* से उसी प्रकार है जिस प्रकार *जीवन* का संबंध ....? ...... से है।

(*a*) पृथ्वी (*b*) सूर्य (*c*) चंद्रमा (*d*) मनुष्य

87. *बैलवर्म, कॉटन* से उसी तरह संबंधित है जैसे *घुंडीबाग* ....? ...... से संबंधित है।

(*a*) गेहूं (*b*) चावल (*c*) बाजरा (*d*) टमाटर

88. *दुर्घटना* का संबंध उसी तरह से *सावधानी* से है जिस तरह *रोग* का संबंध ....? ...... से है?

(*a*) स्वच्छता (*b*) उपचार (*c*) चिकित्सा (*d*) चिकित्सक

89. *सहानुभूति*, सदगुण से उसी तरह संबंधित है जैसे *क्रूरता* ....? ...... से संबंधित है। (R.B.I. 2003)

(*a*) अवगुण (*b*) दयालुता (*c*) भावना (*d*) शत्रुता

90. *जेस्टर* का संबंध *मूर्ख* से उसी तरह से है जैसे कि *लैरीकिन* का संबंध ....? ...... से है?

(*a*) डांसर (*b*) संगीतकार (*c*) संत (*d*) गुंडे

91. *इत्मीनान, सुस्त* से उसी तरह संबंधित है जैसे *टार्डी* ....? ...... से संबंधित है।

(*a*) सुस्त (*b*) मंद (*c*) दाऊद (*d*) खट्टा

92. *इंग्लैंड, अटलांटिक महासागर* से उसी तरह संबंधित है जैसे *ग्रीनलैंड* ....? ...... से संबंधित है।

(*a*) प्रशांत महासागर (*b*) अटलांटिक महासागर
(*c*) आर्कटिक महासागर (*d*) अंटार्कटिक महासागर

93. रूंग, *सीढ़ी* से उसी तरह संबंधित है जैसे *टहनी* ....? ...... से संबंधित है।

(*a*) लीफ (*b*) फ्लावर (*c*) ट्री (*d*) बड

94. *सोलसेंट* का संबंध *कंसर्न* से उसी तरह है जैसे *वर्बोस* का संबंध ....? ...... से है?

(*a*) थकान (*b*) वर्डिनेस (*c*) वाक् (*d*) बहरापन

95. *विंस* का संबंध दर्द से उसी तरह है जैसे कि *प्रदर्शन* ....? ...... से संबंधित है।

(*a*) असंगति (*b*) निराशा (*c*) विनम्रता (*d*) तनावग्रस्त

हल - अभ्यास 2(E)

1. (*b*) : पहले का निर्माण दूसरे से किया जाता है।

2. (*b*) : हनी और मोम दोनों एक ही जीव से प्राप्त होते हैं अर्थात मधुमक्खी। इसी तरह, दूध और चमड़े दोनों भैंस से प्राप्त होते हैं।

3. (*c*) : इंच एक एफपीएस है और सेंटीमीटर लंबाई की एक मीट्रिक इकाई है। इसी प्रकार, पिंट एक एफपीएस है और गैलन तरल पदार्थ के आयतन की एक मीट्रिक इकाई है।

4. (*c*) : पहला दूसरे का विशेषज्ञ है।

5. (*b*) : अनाज को एक अनाजघर में संग्रहीत किया जाता है। इसी प्रकार, अनोखी वस्तुएं (संग्रहीत दुर्लभ चीजें) संग्रहालय में रखी जाती हैं।

6. (*a*) : डिलिशिस अच्छे स्वाद का प्रतिनिधित्व करता है। इसी तरह, मेलोडी सुखद आवाज का वर्णन करता है।

7. (*d*) : पहले का अंत करने का दूसरा एक माध्यम है।

8. (*a*) : दूसरा एक बीमारी है जो पहले के कारण उत्पन्न होता है।

9. (*d*) : सत्यजीत रे फिल्मों के क्षेत्र में एक प्रसिद्ध व्यक्तित्व है। इसी तरह, पिकासो एक प्रसिद्ध चित्रकार है।

10. (*a*) : पहला दूसरे के रूप में पैसा प्राप्त करता है।

11. (*b*) : तरंगे हवा में यात्रा करती हैं; लहरें पानी में यात्रा करती हैं।

12. (*d*) : प्रत्येक जोड़ी में शब्द एक दूसरे का समानार्थी हैं।

13. (*a*) : प्रत्येक जोड़ी में शब्द एक दूसरे का विलोम हैं।

14. (*b*) : यीशु ईसाइयों के धर्म के संस्थापक थे और जोरोस्टर पारसी के धर्म के संस्थापक थे।

15. (*d*) : पहला, दूसरे का सबसे निचला सपाट भाग है।

16. (*c*) : प्रत्येक जोड़ी में शब्द एक दूसरे का विलोम हैं।

17. (*b*) : पहला एक उपकरण है जिसका दूसरे द्वारा उपयोग किया जाता है।

18. (*d*) : दूसरा उस स्थान को दर्शाता है जहां पहले को रखा और उसका पालन-पोषण किया जाता है।

19. (*b*) : पहला स्वेच्छा से दूसरे पद को छोड़ने के कार्य को दर्शाता है।

20. (*b*) : पहले का उपयोग दूसरे को इंगित करता है।

21. (*b*) : प्रत्येक जोड़ी में शब्द एक दूसरे का विलोम हैं।

22. (*a*) : प्रत्येक जोड़ी में शब्द एक दूसरे का समानार्थी हैं।

23. (*d*) : पूडल कुत्ते की नस्ल है और मूस हिरण की नस्ल है।

24. (*b*) : दूसरा वह स्थान है जहां पहला उगाया जाता है / उत्पादित होता है।

25. (*d*) : डॉक्टर का कार्य किसी बीमारी का निदान करना है और न्यायाधीश का निर्णय देना है।

26. (*d*) : दूसरा पहले को लेकर आता है।

27. (*d*) : पहले का इस्तेमाल जीवाणुओं और कीड़ों के हमले से दूसरे की रक्षा के लिए इस्तेमाल किया जाता है।

28. (*c*) : पहला, दूसरे को समाप्त करता है।

29. (*c*) : पहला, दूसरे को सदस्य है।

30. (*c*) : 'आप्रवासन' का अर्थ है किसी देश में बसने के लिए एक विदेशी का आगमन। 'प्रवासन' का अर्थ है कि दूसरे देश में बसने के लिए अपने देश को छोड़ देना।

31. (*b*) : प्रत्येक जोड़ी में दो जीव एक सहजीवी संबंध को साझा करते हैं यानी वे एक दूसरे से लाभ प्राप्त करने के लिए एक साथ रहते हैं।

32. (*a*) : पहले को दूसरे द्वारा तैयार किया जाता है।

33. (*c*) : पहला दूसरे को संभालता और उसका प्रबंधन करता है।

34. (*c*) : दूसरा, पहले को खाता है।

35. (*c*) : दूसरा एक नाम है, जिसे पहले के समूह को दिया जाता है।

36. (*d*) : दूसरा एक उपकरण है जिसका इस्तेमाल दूसरे द्वारा किया जाता है।

37. (*a*) : दूसरा का इस्तेमाल पहले को तैयार करने के लिए किया जाता है।

38. (*a*) : जब कोई दूसरे का अनुपालन करता है, तो उसे स्वभाव से किया हुआ माना जाता है।

39. (*c*) : जैसे ही प्रतियोगिता जीत में समाप्त होती है, वैसे ही परीक्षण आविष्कार में समाप्त होता है।

40. (*c*) : दूसरे की देखभाल और प्रबंधन पहले द्वारा किया जाता है।

41. (*a*) : दूसरे में पहले की प्रकृति के समान ही छोटे लेख होते हैं।

42. (*d*) : पहले का इस्तेमाल दूसरे को तैयार करने के लिए किया जाता है।

43. (*d*) : पहला, दूसरे का एक प्रकार है।

44. (*d*) : दूसरा पहले का बच्चा है।

45. (*d*) : दूसरा वह ध्वनि है, जिसका उत्पादन पहले द्वारा किया जाता है।

46. (*d*) : प्रत्येक जोड़ी में शब्द एक दूसरे का समानार्थी हैं।

47. (*a*) : पहला, दूसरे की मौत का कारण है।

48. (*d*) : पहला एक आधिकारिक परिधान है जिसे दूसरा पहनता है।

49. (*c*) : वकील अदालत में दलील देता है। इसी तरह से, एक नर्स अस्पताल में काम करती है।

नोट: न्यायालय, न्यायाधीश से संबंधित है जैसे अस्पताल डॉक्टर से संबंधित है।

50. (*b*) : प्रत्येक जोड़ी में शब्द एक दूसरे के विलोम हैं।

51. (*a*) : पहले के कारण दूसरा उत्पन्न होता है।

52. (*c*) : प्रत्येक जोड़ी में शब्द एक दूसरे के विलोम हैं।

53. (*d*) : कैटलॉग लाइब्रेरी किताबों के नाम खोजने के लिए एक व्यवस्थित सूची है। इसी तरह, सूचकांक (इंडेक्स) सामग्रियों की एक व्यवस्थित सूची है।

54. (*a*) : पहले के उपभोग करने से दूसरा प्रतिकूल तरीके से प्रभावित होता है।

55. (*d*) : दूसरा शोर युक्त ध्वनि है जिसका उत्पादन पहले द्वारा किया जाता है।

56. (*b*) : पहला दूसरे में शामिल है।

57. (*d*) : प्रत्येक जोड़ी में शब्द एक दूसरे के समानार्थी हैं।

58. (*c*) : पहला नाम दूसरे के उत्पादन में वृद्धि के लिए दिया गया है।

59. (*b*) : दूसरा, पहले का बड़ा रूप है।

60. (*d*) : पहला पकड़ने के उद्देश्य से दूसरे का उपयोग किया जाता है।

61. (*c*) : कारखाना उत्पादन करने का स्थान है। इसी तरह, स्कूल शिक्षा प्रदान करने का एक स्थान है।

62. (*b*) : प्रत्येक जोड़ी में शब्द एक दूसरे का विलोम हैं।

63. (*d*) : हुक ने कोशिकाओं की खोज की। इसी प्रकार, मुलडर ने प्रोटीन की खोज की।

64. (*b*) : DDT एक लघुरूप है और LASER एक स्क्रोनिम नाम है।

65. (*d*) : हेलम रडार को नियंत्रित करता है और मस्तिष्क शरीर को नियंत्रित करता है।

66. (*b*) : पहला एक उपकरण है जिसे दूसरे को मापने के लिए उपयोग किया जाता है।

67. (*c*) : पहला एक उपकरण है जिसे दूसरे को काटने के लिए उपयोग किया जाता है।

68. (*b*) : दूसरा वह उपकरण है जिसका इस्तेमाल पहले द्वारा किया जाता है।

69. (*c*) : पहले दूसरे का एक प्रकार है।

70. (*a*) : पहला दूसरे का बच्चा है।

71. (*a*) : सिरियस एक तारा है और सिग्नस एक नक्षत्रमंडल है।

72. (*b*) : पहले दूसरे का एक प्रकार है।

73. (*d*) : मानव विज्ञान के अध्ययन से विज्ञान को ऐन्थ्रपालजी कहते है। इसी तरह, ऐन्थालजी कथाओं कविताओं के संग्रह से संबंधित है।

74. (*c*) : पहला शोर दूसरे द्वारा उत्पादित होता है।

75. (*b*) : दूसरा पहला चलने का तरीका है।

76. (*b*) : पहला मानव शरीर में दूसरे के परिसंचरण का मुख्य अंग होता है।

77. (*d*) : पहला दूसरे को रोकता है।

78. (*b*) : विलो एक पर्णपाती पेड़ है और स्पूस एक शंकुधारी पेड़ है।

79. (*a*) : पालीओग्राफी प्राचीन लेखन का अध्ययन है। इसी तरह, इचिथोलॉजी मछलियों का अध्ययन है।

80. (*c*) : नॉटिलस एक प्रकार का मछली है और टील एक प्रकार का बतख है।

81. (*d*) : पहला दूसरे का हिस्सा है।

82. (*a*) : पहला दूसरे को सहारा देने वाली हड्डी है।

83. (*b*) : Salve एक मलहम है और Sauterne एक प्रकार का शराब है।

84. (*c*) : पहला एक बीमारी है जो दूसरे को प्रभावित करती है।

85. (*a*) : प्रत्येक जोड़ी में शब्द एक दूसरे के विलोम हैं।

86. (*b*) : दूसरा पहले के लिए उर्जा का अंतिम स्रोत है।

87. (*b*) : पहला एक कीट है जो दूसरे की फसल को नुकसान पहुंचाती है।

88. (*a*) : दूसरे की कमी के कारण पहला उत्पन्न होता है।

89. (*a*) : 'क्रूरता' का विलोम शब्द 'सहानुभूति' है। इसी तरह, 'सदगुण' का विलोम शब्द 'अवगुण' है।

90. (*d*) : प्रत्येक जोड़ी में शब्द एक दूसरे का समानार्थी हैं।

91. (*a*) : प्रत्येक जोड़ी में शब्द एक दूसरे का समानार्थी हैं।

92. (*c*) : इंग्लैंड अटलांटिक महासागर में एक द्वीप है। इसी तरह, ग्रीनलैंड आर्कटिक महासागर में एक द्वीप है।

93. (*c*) : पहला दूसरे का हिस्सा है।

94. (*b*) : पहला दूसरे को प्रदर्शित करता है।

95. (*c*) : पहला दूसरे को चिन्ह है।

अभ्यास 2F

दिशानिर्देश: ***निम्नलिखित प्रत्येक प्रश्न में, पहले दो शब्दों के मध्य एक निश्चित संबंध है। दिए गए चार विकल्पों में से एक शब्द चुनें, जो तीसरे शब्द से उसी प्रकार संबंधित है जिस प्रकार पहले दो के बीच संबंध है।***

1. जिस प्रकार *संविधान* सम्बंधित है *संशोधन* से उसी प्रकार *किताब* सम्बंधित है?
(*a*) शुद्धिपत्र से (*b*) सामग्री से
(*c*) प्रस्तावना से (*d*) पावती से

2. जिस प्रकार *अनानास* सम्बंधित है *जेली* से उसी प्रकार *टमाटर* सम्बंधित है?
(*a*) जाम से (*b*) पुरी से (*c*) स्क्वाश से (*d*) अचार से

3. जिस प्रकार *रिकेट्स* सम्बंधित है *बच्चों* से उसी प्रकार *ओस्टियोमालाशिया* सम्बंधित है?
(*a*) शिशु (*b*) मां (*c*) वयस्क (*d*) पुराना

4. जिस प्रकार *अमर्थुस* सम्बंधित है है *घास फूस* से उसी प्रकार *बोर्डेक्स* सम्बंधित है?
(*a*) कीटनाशक (*b*) खरपतवार
(*c*) रोगाणुनाशक (*d*) कवकनाश

5. जिस प्रकार *हाइग्रोमीटर* सम्बंधित है *आर्द्रता* से उसी प्रकार *स्फीग्मोमनोमीटर* सम्बंधित है?
(*a*) दबाव (*b*) रक्तचाप
(*c*) वर्षा (*d*) दिल की धड़कन

6. जिस प्रकार *मोम* सम्बंधित है *पतन* से उसी प्रकार *चरम सीमा* सम्बंधित है?
(*a*) गहराई (*b*) पतन (*c*) नादिर (*d*) नीचे

7. जिस प्रकार *स्टील* सम्बंधित है *बोकारो* से उसी प्रकार *होजरी* सम्बंधित है?
(*a*) मद्रास (*b*) पटना
(*c*) विशाखापत्तनम (*d*) लुधियाना

8. जिस प्रकार *एसील* सम्बंधित है पोल्ट्री से उसी प्रकार *सैल्मन* सम्बंधित है?
(*a*) गाय (*b*) ऊंट (*c*) मछली (*d*) घोड़ा

9. जिस प्रकार *दूध* सम्बंधित है *पानी* से उसी प्रकार *घी* सम्बंधित है?
(*a*) वानस्पति (*b*) सरसों का तेल
(*c*) आर्जेमोन (*d*) क्रीम

10. जिस प्रकार *चपाती* सम्बंधित है *बनाने* से उसी प्रकार *मीट* सम्बंधित है?
(*a*) उबाल (*b*) फ्राई (*c*) सेंकना (*d*) रोस्ट

11. जिस प्रकार *इंसुलिन* सम्बंधित है *हार्मोन* से उसी प्रकार *ट्राप्सिन* सम्बंधित है?
(*a*) रस (*b*) लिवर (*c*) एंजाइम (*d*) पाचन

12. जिस प्रकार *जुताई* सम्बंधित है *मिट्टी में वायु* से उसी प्रकार *खाद* सम्बंधित है?
(*a*) उपजाऊ (*b*) पुनर्पूर्ति (*c*) धरती (*d*) कृषि

13. जिस प्रकार *पर्याक्रमण* सम्बंधित है *भोजन* से उसी प्रकार *संक्रमण* सम्बंधित है?
(*a*) रोगाणु (*b*) रोग (*c*) शरीर (*d*) सूक्ष्मजीव

14. जिस प्रकार *फूल* सम्बंधित है *पुष्पांजलि* से उसी प्रकार *मंत्री* सम्बंधित है? **(Hotel Management, 2002)**
(*a*) विभाग (*b*) निर्वाचन क्षेत्र (*c*) मतदाता (*d*) कैबिनेट

15. जिस प्रकार *विचलन* सम्बंधित है *अलगाव* से उसी प्रकार *अलगाव* सम्बंधित है?
(*a*) अवरोध (*b*) व्यवहार (*c*) उत्पीड़न (*d*) अहंकार

16. जिस प्रकार *लेटेक्स* सम्बंधित है *रबर* से उसी प्रकार *फ्लेक्स* सम्बंधित है?
(*a*) लिनन (*b*) ऊन (*c*) जूट (*d*) कपास

17. जिस प्रकार *शैवाल* सम्बंधित है *पानी* से उसी प्रकार *विषाणु* सम्बंधित है
(*a*) मैन (*b*) होस्ट (*c*) परिवेश (*d*) मृदा

18. जिस प्रकार *सपेरो* सम्बंधित है *बीज* से उसी प्रकार *सिल्क्वार्म* सम्बंधित है?
(*a*) रेशम (*b*) मेपल (*c*) शहतूत (*d*) पाइन

19. जिस प्रकार *शुक्र* सम्बंधित है *पृथ्वी* से उसी प्रकार *बुध* सम्बंधित है?
(*a*) सूर्य (*b*) प्लूटो (*c*) मंगल (*d*) चंद्रमा

20. जिस प्रकार *अनिद्रा* सम्बंधित है लेड से उसी प्रकार *मिनामता* सम्बंधित है?
(*a*) तंबाकू (*b*) बुध (*c*) शराब (*d*) क्रोमियम

21. जिस प्रकार *भाखड़ा* सम्बंधित है *सतलज* से उसी प्रकार *असवान* सम्बंधित है?
(*a*) सिंधु (*b*) दामोदर (*c*) वोल्गा (*d*) नाइल

22. जिस प्रकार *ऑरेंज* सम्बंधित है *छिलका* से उसी प्रकार *टूथ* सम्बंधित है?
(*a*) मसूड़ों (*b*) लौंग (*c*) तामचीनी (*d*) जोड़ों

23. जिस प्रकार *बर्मा* सम्बंधित है *पगोडास* से उसी प्रकार *पाकिस्तान* सम्बंधित है?
(*a*) नदियां (*b*) नहरें (*c*) कृषि (*d*) डैम्स

24. जिस प्रकार *महिलाओं* से सम्बंधित है *पर्स* से उसी प्रकार *आदमी* सम्बंधित है?
(*a*) बैग (*b*) पॉकेट (*c*) वॉलेट (*d*) केस

25. जिस प्रकार *सुनना* सम्बंधित है *बहरा* से उसी प्रकार *बोलना* सम्बंधित है?
(*a*) शांत (*b*) मूक (*c*) मुम्ब (*d*) गूंगा

26. जिस प्रकार *व्यायाम* सम्बंधित है *मोटापे* से उसी प्रकार *पानी* सम्बंधित है?
(*a*) प्यास (*b*) शराब (*c*) पीना (*d*) शुद्धता

27. जिस प्रकार *भोजन* सम्बंधित है फड से उसी प्रकार *धर्म* सम्बंधित है
(a) क्रूसीफिकेशन (b) धारणा
(c) अंधविश्वास (d) पौराणिक कथाओं

28. जिस प्रकार *ईसाई* सम्बंधित है *दफन* से उसी प्रकार *हिन्दू* सम्बंधित है?
(a) हत्या (b) श्मशान (c) निष्पादन (d) जला

29. जिस प्रकार *सल्फर* सम्बंधित है *वल्कनाइजेशन* से उसी प्रकार *क्लोरीन* सम्बंधित है
(a) निष्कर्षण (b) ब्लीचिंग
(c) धातु विज्ञान (d) अपररूपता

30. जिस प्रकार *मैग्नलियम* सम्बंधित है *अल्युमीनियम* से उसी प्रकार *पीतल* सम्बंधित है
(a) लीड (b) मैग्नीशियम (c) लौह (d) कॉपर

31. जिस प्रकार *अल्ट्रावाइलेट* सम्बंधित है *ऊष्मा* से उसी प्रकार *इन्फ्रा* सम्बंधित है
(a) कैंसर (b) छाले (c) उत्परिवर्तन (d) ओजोन

32. जिस प्रकार *पत्रिका* सम्बंधित है *लेख* से उसी प्रकार *स्लोका* सम्बंधित है
(a) एसेटेटिक (b) वेद (c) रिकिट (b) बुक

33. जिस प्रकार *निकेल* सम्बंधित है *जस्ता* से उसी प्रकार *निकेल* सम्बंधित है
(a) विमान (b) संक्षारण
(c) इलेक्ट्रोप्लाटिंग (d) फिलामेंट

34. जिस प्रकार *तरलता* सम्बंधित है *द्रव* से उसी प्रकार *कॉमेडियन* सम्बंधित है
(a) रिडिक्यूल (b) हास्य (c) गंभीरता (d) सहयोगी

35. जिस प्रकार *सफाई* सम्बंधित है *दोषमुक्त* से उसी प्रकार *सटीक* सम्बंधित है
(a) संक्षिप्त (b) अवधारणा (c) संक्षिप्त (d) विशेष

36. जिस प्रकार *चोपर* सम्बंधित है *मीट* से उसी प्रकार *स्पेनेर* सम्बंधित है
(a) सब्जियां (b) केक (c) पागल (d) मांस

37. जिस प्रकार *किलोमीटर* सम्बंधित है *दूरी* से उसी प्रकार *पौन्देल* सम्बंधित है
(a) घनत्व (b) त्वरण (c) मोमेंटम (d) फोर्स

38. जिस प्रकार *भैंस* सम्बंधित है *चमड़े* से उसी प्रकार *लामा* सम्बंधित है
(a) ऊन (b) मांस (c) रेशम (d) फर

39. जिस प्रकार *झूट* सम्बंधित है *वफादारी* से उसी प्रकार *निष्ठा* सम्बंधित है
(a) कर्मचारी (b) धोखेबाज (c) परिश्रम (d) वफादार

40. जिस प्रकार *मनमुटाव* सम्बंधित है *लड़ाई* से उसी प्रकार *मितव्ययी* सम्बंधित है
(a) स्प्रिंट (b) अस्पष्ट (c) गलत (d) महत्वपूर्ण

41. जिस प्रकार *प्रस्तावना* सम्बंधित है *किताब* से उसी प्रकार *सन्धिप्रस्ताव* सम्बंधित है
(a) ओपेरा (b) Ballad (c) उपन्यास (d) सिम्फनी

42. जिस प्रकार *उत्तरी अमेरिका* सम्बंधित है *प्रेयरी* से उसी प्रकार डाउन सम्बंधित है
(a) यूरोप (b) ऑस्ट्रेलिया (c) अफ्रीका (d) भारत

43. जिस प्रकार *एल्यूमीनियम* सम्बंधित है *बॉक्साइट* से उसी प्रकार *आयरन* सम्बंधित है
(a) पाइराइट (b) मैग्नेसाइट
(c) पायरोल्यूसाइट (d) हेमाटाइट

44. जिस प्रकार *आंधी* सम्बंधित है *तूफान* से उसी प्रकार *स्लिम* सम्बंधित है
(a) वसा (b) मोटा (c) पतला (d) सुंदर

45. जिस प्रकार *ऑक्सीजन* सम्बंधित है *पानी* से उसी प्रकार *नमक* सम्बंधित है
(a) आयरन (b) सोडियम (c) कैल्शियम (d) प्रोटीन

46. जिस प्रकार *ट्रम्पेट* सम्बंधित है *बैंड* से उसी प्रकार *चाकू* सम्बंधित है
(a) कांटा (b) धातु (c) कटलरी (d) कटौती

47. जिस प्रकार *चॉकलेट* सम्बंधित है *मिठाई* से उसी प्रकार *बुक* सम्बंधित है
(a) शब्दकोश (b) पुस्तकालय (c) विश्वकोष (d) एटलस

48. जिस प्रकार *असमानता* सम्बंधित है *परिभाषा* से उसी प्रकार *लापरवाही* सम्बंधित है
(a) ऊर्जा (b) जागरूकता (c) समानता (d) सहयोगी

49. जिस प्रकार *शर्ट* सम्बंधित है *बटन* से उसी प्रकार *जूते* सम्बंधित है
(Bank Recruitment, 2007)
(a) सिलाई (b) पैर
(c) मोजे (d) इनमें से कोई नहीं

50. जिस प्रकार *सपने* सम्बंधित है *वास्तविकता* से उसी प्रकार *झूठ* सम्बंधित है
(a) सुधार (b) निष्पक्षता (c) सत्य (d) असत्य

हल – अभ्यास 2(F)

1. (a) : पहले में कोई भी बदलाव दूसरे के माध्यम से किया जाता है।
2. (b) : पहले को दूसरे के रूप में संरक्षित किया जाता है।
3. (c) : रिकेट्स बच्चों की एक बीमारी है; आस्टीओमलेश वयस्कों की एक बीमारी है।
4. (d) : द्वितीय उस श्रेणी को दर्शाता है जिस पर पहला संबंधित होता है।
5. (b) : पहला दूसरे को मापने के लिए एक साधन है।
6. (c) : प्रत्येक जोड़ी में शब्द एक दूसरे का विलोम हैं।
7. (d) : बोकारो इस्पात उद्योग के लिए प्रसिद्ध है और लुधियाना होजरी उद्योग के लिए प्रसिद्ध है।
8. (c) : एसील पोल्ट्री की नस्ल है और सामन मछली की नस्ल है।
9. (a) : दूसरे का उपयोग करके पहले में मिलावट किया जाता है।
10. (d) : दूसरा वह प्रक्रिया है जिसके द्वारा पहले को खाने के लिए तैयार किया जाता है।
11. (c) : द्वितीय उस श्रेणी को दर्शाता है जिससे पहला संबंधित होता है।
12. (b) : मिट्टी में हवा के प्रवेश करने के लिए जुताई की जाती है मिट्टी में पोषक तत्वों की पूर्ति के लिए खाद डाला जाता है।
13. (c) : रोगाणुओं द्वारा भोजन के संदूषण को इन्फेस्टेशन कहा जाता है। इसी प्रकार, रोगाणुओं द्वारा शरीर पर हमले को इन्फेक्शन कहा जाता है।
14. (d) : पहला दूसरे की इकाई / सदस्य है।
15. (c) : प्रत्येक जोड़ी में शब्द एक-दूसरे के समानार्थी हैं।
16. (a) : पहला कच्चा माल है जिसे उपयोग दूसरे को प्राप्त करने के लिए किया जाता है।
17. (b) : दूसरा पहले का निवास स्थान है।
18. (c) : पहला दूसरे को खाता है।
19. (a) : शुक्र पृथ्वी के नजदीक ग्रह है। इसी प्रकार, बुध सूर्य के नजदीक ग्रह है।
20. (b) : दूसरे के विषैलेपन के कारण पहला उत्पन्न होता है।

21. (*d*) : भाखड़ा सतलज नदी पर स्थित एक बांध है। इसी प्रकार, असवान नील नदी पर स्थित एक बांध है।

22. (*c*) : दूसरा सबसे पहले सुरक्षात्मक कवर है।

23. (*b*) : बर्मा पगोडास के लिए प्रसिद्ध है और पाकिस्तान नहरों के लिए प्रसिद्ध है।

24. (*c*) : महिलाएं और पुरूष अपने पैसे को क्रमश: पर्स एवं वॉलेट में रखते हैं।

25. (*d*) : जो सुन नहीं सकता वह बहरा है। इसी प्रकार, जो कोई बात नहीं कर सकता वह गूंगा है।

26. (*a*) : पहला दूसरे को समाप्त करता है।

27. (*c*) : दूसरा नाम पहले के बारे में गलत धारणाओं को दिया गया है।

28. (*b*) : पहला एक विशिष्ट धर्म के लोगों को दर्शाता है और दूसरा उनके मृतकों के अंतिम क्रिया के तरीके से संदर्भित करता है।

29. (*b*) : रबर के वुलकनिसशन के लिए सल्फर का उपयोग किया जाता है। इसी तरह, क्लोरीन का उपयोग ब्लीचिंग के लिए किया जाता है।

30. (*d*) : मैग्नलियम ल्यूमीनियम का मिश्र धातु है और पीतल तांबा का मिश्र धातु है।

31. (*a*) : दूसरा पहले द्वारा उत्पन्न किया गया प्रभाव है।

32. (*b*) : एक पत्रिका में लेख होते हैं। इसी प्रकार, वेद में श्लोक होते हैं।

33. (*c*) : दूसरा वह उद्देश्य है जिसके लिए पहले का उपयोग किया जाता है।

34. (*b*) : दूसरा पहले की परिभाषित करने वाली विशेषता है।

35. (*d*) : दिए गए शब्द एक-दूसरे के समानार्थी हैं।

36. (*c*) : पहला एक उपकरण है जो दूसरे पर लागू होता है।

37. (*d*) : किलोमीटर दूरी की एक इकाई है और पाउंड बल की एक इकाई है।

38. (*a*) : दूसरा एक उत्पाद है जो पहले से प्राप्त होता है।

39. (*b*) : पहले की कमी दूसरे की परिभाषित करने वाली विशेषता है।

40. (*c*) : दूसरा पहले की तुलना में उच्च तीव्रता का है।

41. (*a*) : पहला दूसरे पर एक शुरूआती टिप्पणी है।

42. (*b*) : उत्तरी अमेरिकन घास के मैदानों को प्रेयरी कहते है और ऑस्ट्रेलिया घास के मैदानों को डाउन कहते है।

43. (*d*) : दूसरा अयस्क है, जिससे पहले का निष्कर्षण किया जाता है।

44. (*c*) : पहला दूसरे की तुलना में उच्च तीव्रता वाला है।

45. (*b*) : दूसरा पहले का घटक है।

46. (*c*) : ट्रम्पेट बैंड का हिस्सा है। इसी प्रकार, चाकू कटलरी का एक सामान है।

47. (*c*) : दूसरा पहले का एक बड़ा रूप है।

48. (*a*) : प्रत्येक जोड़ी में शब्द एक-दूसरे का विलोम है।

49. (*d*) : उत्तर 'लेसेस' है। दूसरे का उपयोग पहले को बांधने के लिए किया जाता है।

50. (*c*) : प्रत्येक जोड़ी में शब्द एक दूसरे का विलोम है।

प्रकार 3: सादृश्यता युग्म का चयन करना

इस प्रकार के प्रश्नों में, शब्दों की एक जोड़ी दी जाती है, इसके बाद विकल्प के रूप में शब्दों के चार जोड़े होते हैं। उम्मीदवार को उस जोड़ी को चुनना आवश्यक है जिसमें दिए गए शब्द एक दूसरे से प्रश्न में दिए गए जोड़े के शब्दों के समान संबंध रखते हैं।

उदा. 1. अंधेरा : दीपक **(Bank P.O. 2005)**

(*a*) थकान : व्यायाम (*b*) प्यास : पानी
(*c*) चिकित्सा : बीमारी (*d*) अध्ययन : कक्षा

हल. जिस प्रकार एक दीपक अंधकार को समाप्त करता है, उसी प्रकार जल भी प्यास को समाप्त करता है। अत: उत्तर (*b*) है।

उदा. 2. मछली : शोल **(R.R.B. 2004)**

(*a*) श्रोता : थिएटर (*b*) शार्क : स्कूल
(*c*) हाथी : फ़्लॉक (*d*) व्हेल : हर्ड

हल. मछली के एक समूह को शोल कहा जाता है। इसी तरह, हाथियों के समूह को फ्लॉक कहा जाता है। अत: उत्तर (*c*) है।

उदा. 3. ऊर्जा : जूल **(B.B.S. 2004)**

(*a*) कुल्हाड़ी : पीसना (*b*) एमीटर : धारा
(*c*) शक्ति : एम्पियर (*d*) प्रतिरोध : ओम

हल. जूल ऊर्जा को मापने की इकाई है। इसी तरह, ओम प्रतिरोध को मापने की इकाई है। अत: उत्तर (*d*) है।

उदा. 4. इंडोलेंस : बीवर **(Section Officers' 2004)**

(*a*) लालित्य : मोर (*b*) फेरस : मेमने
(*c*) निष्क्रियता : गाय (*d*) खुशहाली : हाइना

हल. जिस तरह बीवर अपनी अकर्मण्यता के लिए जाना जाता है, उसी तरह मोर भी अपनी सुंदरता या शान के लिए जाना जाता है। अत: उत्तर (*a*) है।

उदा. 5. सिगरेट : तंबाकू **(M.I.B. 2005)**

(*a*) कॉफी : कैफीन (*b*) दूध : बोतल
(*c*) सिगार : फ़िल्टर (*d*) जूते : मोज़े

हल. सिगरेट का मुख्य घटक तंबाकू है। इसी तरह, कॉफी का मुख्य घटक कैफीन है। अत: उत्तर (*a*) है।

उदा. 6. चिमनी : धुआँ **(C.B.I. 2003)**

(*a*) चाय : केटल (*b*) क्ले : सिरेमिक
(*c*) हाउस : रूफ (*d*) गन : बुलेट

हल. चिमनी से धुआं निकलता है और बंदूक से गोली निकलती है। अत: उत्तर (*d*) है।

उदा. 7. सॉनेट : कविता **(I.I.T.T.M. 2003)**

(*a*) झूठ : मिथ्यात्व (*b*) अध्याय : पुस्तक
(*c*) मर्डर : क्राइम (*d*) बैलाड : स्टेंजा

हल. सॉनेट एक प्रकार की कविता है। इसी तरह, हत्या एक प्रकार का अपराध है। अत: उत्तर (*c*) हैं।

उदा. 8. सैवेज : सभ्य **(Hotel Management, 2003)**

(*a*) अनपढ़ : पुस्तक (*b*) डार्क : लाइटेड
(*c*) जंगली : पशु (*d*) क्रूर : वीर

हल. सैवेज का विलोम सभ्य है। इसी प्रकार, 'डार्क' का विलोम 'लाइटेड' है। अत: उत्तर (*b*) है।

उदा. 9. धर्मत्यागी : धर्म **(M.B.A. 2005)**

(*a*) शिक्षक : शिक्षा (*b*) देशद्रोही : देश
(*c*) पोटेंशेट : किंगडम (*d*) जेलर : लॉ

हल. धर्मत्यागी वह है जो धर्म का त्याग करता है। इसी तरह, देशद्रोही वह है जो अपने देश के साथ विश्वासघात करता है। अत: उत्तर (*b*) है।

उदा. 10. प्रकाश : ग्लिंट **(M.B.A. 2006)**

(*a*) ज्वार : वेव (*b*) खुशबू : फूंक
(*c*) रंग : शेड (*d*) आवाज : धमाका

हल. ग्लिंट प्रकाश की एक फ्लैश है। इसी तरह से, धमाका आवाज है। अत: उत्तर (*d*) है।

अभ्यास 2G

दिशानिर्देश: ***निम्नलिखित प्रश्नों में दो शब्द दिये हैं जिनमें परस्पर एक निश्चित संबंध है, इसके बाद दो-दो शब्दों के चार विकल्प दिए है। उस जोड़े का चयन करें जिसमें शब्दों के मूल जोड़े के समान संबंध है।***

1. भागना : रेस (Bank P.O. 2004)
(a) आनंद : यात्रा (b) व्याख्यान : अध्ययन
(c) अध्ययन : पुस्तक (d) पार्टी : नृत्य

2. ट्रेन : ट्रैक
(a) आइडिया : मस्तिष्क (b) बुलेट : बैरल
(c) पानी : नाव (d) प्रसिद्धि : टेलीविजन

3. बाती : मोमबत्ती
(a) लेड : पेंसिल (b) धागा : ऊन
(c) लाइट : डार्कनेस (d) त्वरित : तीव्र

4. सिप : घूंट
(a) टच : पुश (b) कप : कक्षा
(c) तम्बू : झोपड़ी (d) सूप : पानी

5. शब्दावली : शब्द (M.A.T. 2001)
(a) कोश : तुक (b) एटलस : मानचित्र
(c) कैटलॉग : तिथियां (d) शब्दकोश : शब्द

6. सागर : तट
(a) ट्रेन : रेल (b) सड़क : फुटपाथ
(c) महासागर : खाड़ी (d) नदी : डेल्टा

7. मंडल : व्यास (IIHM, 2003)
(a) आयताकार : विकर्ण (b) व्यास : त्रिज्या
(c) स्क्वायर : आयताकार (d) बिसेक्टर : कोण

8. क्षेत्र : बॉल
(a) मंडल : डिस्क (b) घन : पासा
(c) रेखा : रस्सी (d) त्रिकोण : शंकु

9. भोर : सुबह
(a) सुबह : शाम (b) सूर्य : वर्षा
(c) लैंप : लाइट (d) शरद ऋतु : शीतकालीन

10. हाथ : दस्ताने (T.G.T. 2005)
(a) बैंक : धुंध (b) मोजे : फीट
(c) मछली : पानी (d) पैर : जूते

11. चाकू : चोपर
(a) चलना : स्वास्थ्य (b) तैरना : बहना
(c) कैंची : कपड़ा (d) रजाई : कंबल

12. पक्षी : एवेस
(a) मछली : पानी (b) व्हेल : मछली
(c) छिपकली : कीट (d) मैन : होमोसेपियन

13. गधे : चूर करना (M.B.A. 2006)
(a) फ्लाईज : स्क्वाक (b) हेन : मियांउ
(c) फॉक्स : थूथना (d) भेड़ : ब्लीट

14. पक्षी : पंख
(a) व्हेल : पानी (b) कुत्ता : फेफड़े
(c) कार : व्हील (d) पेन : पेपर

15. आशा : आकांक्षा
(a) नकली : साधारण (b) मिथ्या : झूठ
(c) फिल्म : फ्लैम (d) लव : उन्नत करना

16. नाला : नदी (SANP, 2005)
(a) पेन : पेपर (b) अड्डा : गली
(c) पथ : राजमार्ग (d) नस : धमनी

17. वृक्ष : शाखाएं
(a) नदी : सहायक नदियों (b) महाद्वीप : द्वीप
(c) धारा : डेल्टा (d) महासागर : समुद्र

18. भजन : स्तुति (A.T.M.A. 2006)
(a) शोकगीत : दुख (b) प्रार्थना : मंडली
(c) मरणोत्तर गीत : अनुष्ठान (d) लोरी : बच्चे

19. रसोई : शयनकक्ष
(a) महिला : आदमी (b) सब्जी : फल
(c) वनस्पति विज्ञान : प्राणीशास्त्र (d) गैस : सिलेंडर

20. भोजन : भूख
(a) विचार : राजनीति (b) पानी : नदी
(c) आराम : थके हुए (d) शराब : इंटॉक्सिकेशन

21. अस्पताल : डॉक्टर (M.B.A.2002)
(a) सेना : सैनिक (b) स्कूल : शिक्षक
(c) वकील : कोर्ट (d) कॉलेज : छात्र

22. छाला : त्वचा
(a) दुख : पैर की अंगुली (b) आंख की बिलनी : आंख
(c) गेंद : पिचर (d) घाव : हाथ

23. आयोडीन : गोइटर
(a) इंसुलिन : मधुमेह (b) आम : एनीमिया
(c) हार्मोन : हैमोफिलिया (d) वसा : मोटापा

24. नाविक : समुद्री डाकू
(a) पुलिस : लुटेरे (b) शेर : मेमना
(c) पादप : कवक (d) मेजर : सिपाही

25. विशुद्ध: प्रामाणिक (BBS, 2004)
(a) मृगतृष्णा : भ्रम (b) महासागर : पानी
(c) समीर : चक्रवात (d) भय : खतरा

26. चाक : ब्लैकबोर्ड
(a) टाइप : पेंट (b) टेबल : चेयर
(c) इंक : पेपर (d) दरवाजा : हैंडल

27. दांत : चबाना
(a) मन : सोचो (b) स्वेटर : हीट
(c) खाद्य : स्वाद (d) आंखें : झिलमिलाहट

28. संपादक : समाचार पत्र (C.P.O. 2004)
(a) ब्लैकस्मिथ : भट्टी (b) लेखक : उपन्यास
(c) जर्नल : पत्रकार (d) टेबल : बढ़ई

29. कबूतर : शांति
(a) क्रो : झाड़ना (b) चाकू : कट
(c) शांति काल : तूफान (d) मोती : शुद्धता

30. लुगदी : पेपर
(a) रस्सी : भांग (b) रेयन : सेलूलोज
(c) धागा : सुई (d) सूत : कपड़ा

31. कैलेंडर : तिथि
(a) समय : घंटा (b) परिवहन : बस
(c) शब्दकोश : शब्द (d) शहर : पिनकोड

32. मधुमक्खी : मधुमुखी का छत्ता (M.I.B. 2005)
(a) घोड़ा : गाड़ी (b) गाय : गोशाला
(c) राइडर : साइकिल (d) कुत्ता : दिखाएँ

33. परमानंद : खुशी
(a) घृणा : स्नेह (b) हर्ष : दुख
(c) क्रोध : बोलो (d) बुदबुदाना गड़गड़ाहट : बोलो

34. शाखा : वृक्ष
(a) शिखा : लहर (b) बल्ब : फिलामेंट
(c) कपड़े : अलमारी (d) पानी : नल टोटी

35. चोट : दर्द (S.S.C. 2001)
(a) पदार्थ : श्रम (b) घुमाना : मंथन
(c) गड़गड़ाहट : बिजली (d) ग्रेड : मेरिट

36. बावला : पागल
(a) लाल : गुलाबी (b) स्वस्थ : वसा
(c) बहादुर : कायर (d) छरहरा : पतला

37. अभियोगी : प्रतिवादी (M.B.A. 2006)
(a) न्यायाधीश : जूरी (b) कोर्ट : कानून
(c) अटॉर्नी : वकील (d) घायल : आरोपी

38. आंखें : आँसू
(a) सागर : जल (b) ज्वालामुखी : लावा
(c) दिल : धमनी (d) भूख : रोटी

39. लालच : भ्रष्टाचार
(a) अपमान : दुश्मन (b) सोना : सपना
(c) सद्‌भावना : दोस्ती (d) ज्ञान : पुस्तक

40. मुर्गी पालन : फार्म
(a) चावल : धान्यागार (b) बालक : खेल का मैदान
(c) मधुमक्खी : छत्ता (d) रबड़ : संपत्ति

41. शराब : नशा (AIMATS, 2002)
(a) इंजन : ईंधन (b) चिकित्सा : इलाज
(c) व्हिस्की : शराब (d) बोतल : कॉर्क

42. गरीब : पैसा (I.A.M. 2003)
(a) कमजोर : बोल्ड (b) साहसिक : अंधेरा
(c) मजबूत : शरीर (d) कमजोर : ताकत

43. सिग्नल : यातायात (IIHM, 2003)
(a) बांध : नदी (b) लेंस : लाइट
(c) दरवाजा : हाउस (d) ऑपरेशन : डॉक्टर

44. आराम : कार्य
(a) प्ले : धोखा (b) लंच : रात्रिभोज
(c) मुस्कान : हंसी (d) ताजा : बासी

45. यहूदी : आराधनालय
(a) पारसी : मंदिर (b) जैन : अग्नि मंदिर
(c) बौद्ध : पगोडा (d) हिंदू : वेद

46. ग्रंथि : एंजाइम (M.A.T. 2003)
(a) मांसपेशी : ऐंठन (b) जनरेटर : वर्तमान
(c) अंग : गुर्दा (d) मस्तिष्क : प्रांतस्था

47. सीमा : देश
(a) पेन : कैप (b) बुक : कवर
(c) हैंडल : कुदाल (d) फ्रेम : चित्र

48. स्टेशनरी : मोबाइल
(a) रजाई : चादर (b) बल्ब : ट्यूबलाइट
(c) वाहन : बस (d) बाह्य त्वचा : विशेषज्ञ

49. इनक्यूबेटर : शिशु (C.D.S. 2005)
(a) अभिलेखागार : दस्तावेज (b) बुलेट : रिवाल्वर
(c) ग्रीन हाउस : प्लांट (d) छत्ता : मधुमक्खी

50. ढोर : झुंड
(a) सैनिक : कर्मी दल (b) अनाज : पोटली बांधना
(c) मुर्गिया : समूह (d) मधुमक्खी : ढेर

51. धन्यवाद : कृतज्ञता
(a) सौजन्य : शिष्टाचार (b) अभिवादन : ध्वज
(c) विरोध : असंतोष (d) परीक्षण : त्रुटि

52. शरद ऋतु : ताजगी खोना (M.A.T. 2004)
(a) ऋतु : बदलना (b) वसंत : फूल
(c) शीतकालीन : वापसी (d) पतन : पीछे हटना

53. प्लेटफार्म : ट्रेन
(a) हवाई जहाज : हवाई अड्डा (b) होटल : पर्यटक
(c) घाट : जहाज (d) फुटपाथ : यात्री

54. पेपर : रीम
(a) अंडे : डोजन (b) किताबें : ढेर
(c) डंडी : झाड़ी (d) खाद्य : पैकेट

55. त्रुटि : अचूक (M.B.A. 2006)
(a) इलाज : अपरिवर्तनीय (b) दोष : त्रुटिहीन
(c) भावना : अनावश्यक (d) दोष : असहिष्णु

56. औषधि-विक्रेता : फार्मेसी (S.S.C. 2002)
(a) चिकित्सक : रोगी (b) बढ़ई : लकड़ी
(c) लाइब्रेरियन : कैटलॉग (d) प्रधान रसोइया : रेस्टोरेंट

57. जूता : चमड़ा (M.A.T. 2000)
(a) चिकित्सा : डॉक्टर (b) राजमार्ग : डामर
(c) ट्रेन : माल-डिब्बा (d) बस : कंडक्टर

58. दर्द : शूल
(a) बुखार : बीमारी (b) पीड़ा : परेशानी
(c) आलसी : सुस्त (d) नम : शुष्क

59. मछली : मत्स्यांगना
(a) बिल्ली : शेर (b) घोड़ा : सेंटौर
(c) एक सींग का जानवर : टेपेस्ट्री
(d) पेगासस : फ्लाई

60. घन : क्यूबॉयड
(a) अंडाकार : गोला (b) स्क्वायर : क्यूब
(c) क्षेत्र : दीर्घवृत्ताभ (d) त्रिकोण : शंकु

61. सेना : सैन्य-तंत्र (R.R.B. 2004)
(a) स्कूल : छात्र (b) युद्ध : तर्क
(c) टीम : व्यक्तिगत (d) व्यापार : रणनीति

62. किंग : क्राउन (M.A.T. 2003)
(a) मूर्तिकार : छिद्र (b) शिक्षक : चाक
(c) सैनिक : गन (d) पुजारी : बड़े पादरी का ताज

63. पक्षी : पिंजरे
(a) पशु : चिड़ियाघर (b) चोर : जेल
(c) प्राचीन : संग्रहालय (d) अपराध : सजा

64. भूविज्ञान : पृथ्वी
(a) आर्किटेक्ट : बिल्डिंग (b) जीवविज्ञान : विज्ञान
(c) एक्वेरियम : मछली (d) पुरातत्व : कलाकृतियों

65. बिक्री : खरीद
(a) देना : लेना (b) दुकान : बाजार
(c) नकद : क्रेडिट (d) लाभ : हानि

66. तरफदार : आग्रह (IGNOU, 2004)
(a) सुस्त : अधिक ठहरना (b) डींगिया : डींग मारना
(c) झझंट करना : स्वीकार करना
(d) चालबाज : जोखिम

67. दृष्टिकोण : सामान्य से विचलन
(*a*) कम करना : पछतावा (*b*) माफ करना : अपराध
(*c*) त्रुटि : चूक (*d*) दोषसिद्धि : आपराधिक

68. पसलियों : फेफड़े
(*a*) बॉल : गोलाकार (*b*) हाथ : फिंगर्स
(*c*) ताबूत : नट (*d*) कोट : टाई

69. कचरा : डस्टबिन
(*a*) वृक्ष : आम (*b*) चिकित्सा : कैप्सूल
(*c*) रसोई : घर (*d*) चूड़ियां : हाथ

70. हिरासत : रिलीज (SCMHRD, 2002)
(*a*) विषाक्तता : हमला (*b*) आपदा : मरम्मत
(*c*) प्रेरण : निर्वहन (*d*) योग्यता : नियुक्त करना

71. क्रीम : प्रसाधन सामग्री
(*a*) बाघ : वन (*b*) पत्रिका : संपादक
(*c*) सागौन : लकड़ी (*d*) माउंटेन : घाटी

72. स्पाइडर : मकड़ी का जाला (R.R.B.2006)
(*a*) इंक : पेन (*b*) मुर्गा : मुर्गी
(*c*) शिक्षक : छात्र (*d*) कवि : कविता

73. चश्मा : आंखें (M.B.A.2002)
(*a*) खपच्ची बांधना : लेग (*b*) लट : हेयर
(*c*) दस्ताने : हाथ (*d*) टाई : गर्दन

74. बाधा डालना : बोलो
(*a*) चिल्लाओ : शोर (*b*) घुसपैठ : दर्ज करें
(*c*) स्वीकार करें : बचाव (*d*) हस्तक्षेप : सहायता

75. झाड़ी : छाँटना
(*a*) दाढ़ी : मूंड़ना (*b*) बाल : ट्रिम करें
(*c*) ऊन : शीयर (*d*) लॉन : मऊ

76. डो : स्टैग (M.A.T. 2001)
(*a*) भेड़ : झुंड (*b*) बतख : ड्रेक
(*c*) कुत्ता : केनेल (*d*) घोड़ा : कोल्ट

77. शील्ड : सैनिक
(*a*) कानून : कोर्ट (*b*) स्टेथोस्कोप : डॉक्टर
(*c*) हेलमेट : राइडर (*d*) पुस्तक : पाठक

78. चाफ : गेहूं
(*a*) हड्डी : मांस (*b*) रक्त : नस
(*c*) ड्रेग्स : शराब (*d*) बकवास : हाउस

79. चोरी : कबूल करना
(*a*) लड़ना : साहस (*b*) दोष : प्रवेश करना
(*c*) हत्या : प्रतिबद्धता

80. व्हिस्पर : बोलो (M.A.T. 2000)
(*a*) हीट : चिल (*b*) ब्रश : टच
(*c*) अनुरोध : पूछें (*d*) सुनो : भालू

81. फ्रेज़ाइल : क्रैक
(*a*) कब्रिस्तान : मौत (*b*) व्यवहार्य : झुकना
(*c*) हाइड्रो : पानी (*d*) ईर्डयूसिबल : कम करें

82. गधा : ट्रॉट
(*a*) बंदर : Waddle (*b*) बिल्ली : छलांग
(*c*) ईगल : स्ट्राइड (*d*) माउस : स्कैपर

83. जिप्सी : कारवां
(*a*) हरे : बायर (*b*) नाइट : हवेली
(*c*) भिक्षु : मंदिर (*d*) अभियोग : सेल

84. ध्वज : राष्ट्र
(*a*) प्रतीक : समृद्धि (*b*) इन्सिग्निया : रैंक
(*c*) धन : प्रेस्टिज (*d*) सम्मान : स्थिति

85. संतुष्ट : भूख (I.A.M. 2002)
(*a*) वश में करना : विद्रोह (*b*) उन्माद : बना हुआ
(*c*) हंसमुख : यूफोरिक (*d*) प्यास : क्वेंच

86. पौधे : कोयला
(*a*) फसलों : खाद (*b*) पशु : तेल
(*c*) गाय : दूध (*d*) आग : धुआं

87. ऑगर : बढ़ई (M.B.A. 2005)
(*a*) सीमेंट : मेसन (*b*) सुआ : Cobbler
(*c*) एप्रन : महाराज (*d*) सीम : सीमस्ट्रेस

88. डिप्लीट : एनरेटेट
(*a*) कसकर : ढीला (*b*) निकास : दुर्बल करना
(*c*) जान डालना : थक जाना (*d*) मजबूत : कमजोर

89. ध्वनिक : ध्वनि
(*a*) गणित : ज्यामिति (*b*) रेडियो : गीत
(*c*) संचार : फोन (*d*) पैथोलॉजी : रोग

90. धमकी : असुरक्षा
(*a*) चुनौती : लड़ो (*b*) थंडर : बिजली
(*c*) बादल : वर्षा (*d*) रोग : मौत

91. बस : चालक (M.B.A. 2003)
(*a*) कुक : रसोई (*b*) कक्षा : छात्र
(*c*) युद्ध : सैनिक (*d*) मशीन : ऑपरेटर

92. रॉकेट : ईंधन
(*a*) मैन : एनर्जी (*b*) मशीन : ऑयल
(*c*) वर्तमान : बिजली (*d*) नदी : पानी

93. कोरोनेशन : शासन
(*a*) टीकाकरण : प्रतिरक्षा (*b*) मूर्तिकला : मूर्ति
(*c*) डिग्री : स्नातक (*d*) ग्रीष्मकालीन : वर्षा

94. त्रयी : उपन्यास
(*a*) गन : कार्ट्रिज (*b*) चावल : हुस्क
(*c*) दूध : क्रीम (*d*) सीरियल : एपिसोड

95. नीच : अत्याचारी (A.T.M.A. 2005)
(*a*) सत्तावादी : सुपीरियरता (*b*) उदार : उदारता
(*c*) कुशल : सेलिब्रिटी (*d*) संदिग्ध : अवैधता

96. वाष्पीकरण : बादल
(*a*) माउंटेन : बर्फ (*b*) दबाव : वायुमंडल
(*c*) पुस्तक : पन्ने (*d*) तनाव : टूटना

97. शारीरिक : आध्यात्मिक
(*a*) अध्यापन : शिक्षक (*b*) विदेशी : आप्रवासी
(*c*) मोरॉन : सावंत (*d*) मेसा : पठार

98. घूमना : गिरेट
(*a*) पुटरी : रिसेप्शन (*b*) अनाकारवाद : क्यूबिज्म
(*c*) आलिंगन : डेटा (*d*) निरस्त : तटस्थ

99. कोट : लैपल (M.B.A. 2002)
(*a*) वाक्य : खंड (*b*) गार्डन : सब्जी
(*c*) सूटकेस : ट्रंक (*d*) पक्षी : पक्षी का बच्चा

100. आगंतुक : स्वागत
(*a*) भिखारी : भूख (*b*) पूजा : भगवान
(*c*) आपराधिक : मुकदमा (*d*) योद्धा : जीत

हल - अभ्यास 2(G)

1. (*c*) : कोई व्यक्ति रेस में दौड़ता है और एक किताब का अध्ययन करता है।

2. (*b*) : एक ट्रेन पटरियों पर चलती है। इसी प्रकार, एक गोली बंदूक की बैरल के माध्यम से यात्रा करती है।

3. (*a*) : पहला, दूसरे का कार्यशील हिस्सा है।

4. (*a*) : दूसरा, पहले की तुलना में उच्च तीव्रता का है।

5. (*b*) : पहले में दूसरे का संग्रह शामिल है।

6. (*b*) : पहले के दोनों तरफ दूसरा है।

7. (*a*) : दूसरा पहले को दो बराबर क्षेत्रों में विभाजित करता है।

8. (*b*) : पहला दूसरे के त्रि–आयामी आकार को दर्शाता है।

9. (*d*) : पहला दूसरे के बाद किया जाता है।

10. (*d*) : पहला शरीर के उस हिस्से को दर्शाता है जहाँ दूसरे को पहना जाता है।

11. (*d*) : नाइफ और चोपर दोनों का उपयोग एक ही उद्देश्य जैसे कि काटने के लिए किया जाता है। इसी तरह, रजाई और कंबल दोनों को ठंड से सुरक्षा के लिए उपयोग किया जाता है।

12. (*d*) : द्वितीय श्रेणी को दर्शाता है जिससे पहला संबंधित है।

13. (*d*) : दूसरा पहले द्वारा उत्पादित ध्वनि है।

14. (*c*) : दूसरे का उपयोग पहले द्वारा गतिशीलता के लिए किया जाता है।

15. (*b*) : प्रत्येक जोड़ी में शब्द एक दूसरे का समानार्थी हैं।

16. (*c*) : दूसरा पहले का एक बड़ा रूप है।

17. (*a*) : शाखाएं एक पेड़ का फैला हुआ हिस्सा हैं। इसी तरह, सहायक नदियाँ एक नदी के फैला हुआ हिस्सा हैं।

18. (*a*) : भजन धार्मिक घटनाओं के दौरान गाए गए प्रशंसा का एक गीत है। इसी तरह, डर्ज अंतिम संस्कार में गाए गए दुख का एक गीत है।

19. (*c*) : रसोई और शयनकक्ष दोनों ही घर का हिस्सा हैं। इसी तरह, वनस्पति विज्ञान और जंतुविज्ञान दोनों ही जीवविज्ञान की शाखाएं हैं।

20. (*c*) : एक भूखे व्यक्ति को भोजन की आवश्यकता होती है और थके हुए व्यक्ति को आराम की आवश्यकता होती है।

21. (*b*) : पहला दूसरे की कामकाजी जगह है।

22. (*b*) : ब्लिस्टर त्वचा का संक्रमण है। इसी तरह, स्टाई आंख का संक्रमण है।

23. (*a*) : पहले की कमी के कारण दूसरा उत्पन्न होता है।

24. (*c*) : दोनों एक ही प्रजाति/वर्ग के हैं लेकिन पहला उपयोगी है जबकि दूसरा हानिकारक है।

25. (*a*) : प्रत्येक जोड़ी में शब्द एक दूसरे का समानार्थी हैं।

26. (*c*) : पहले का इस्तेमाल दूसरे पर लिखने के लिए किया जाता है।

27. (*a*) : दूसरा पहले का कार्य है।

28. (*b*) : पहला दूसरे के सभी लेखों को लिखता और संपादित करता हैं।

29. (*d*) : पहला दूसरे का प्रतीक है।

30. (*d*) : पहले का उपयोग दूसरे को तैयार करने के लिए किया जाता है।

31. (*c*) : जैसे कैलेंडर में व्यवस्थित तरीके से तिथियां होती हैं, शब्दकोश में व्यवस्थित तरीके शब्दों को शामिल किया जाता है।

32. (*b*) : दूसरा पहले का निवास स्थान है।

33. (*c*) : पहला दूसरे का एक और अधिक तीव्र रूप है।

34. (*a*) : पहला दूसरे का हिस्सा है।

35. (*c*) : पहले के कारण दूसरा उत्पन्न होता है ।

36. (*d*) : पहला दूसरे का एक और अधिक तीव्र रूप है।

37. (*d*) : घायल अभियुक्त और दोषी प्रतिवादी है।

38. (*b*) : दूसरा पहले से बाहर आता है।

39. (*c*) : पहला दूसरे की ओर ले जाता है।

40. (*d*) : एक फार्म में कुक्कुट पालन किया जाता है। इसी प्रकार, एक स्टेट में रबड़ को उगाया जाता है।

41. (*b*) : दूसरा पहले का प्रभाव है।

42. (*d*) : पहला दूसरे की कमी का संकेत करता है।

43. (*a*) : पहला दूसरे के प्रवाह या गतिशीलता को निर्यंत्रित करता है।

44. (*d*) : प्रत्येक जोड़ी में शब्द एक दूसरे का विलोम हैं।

45. (*c*) : यहूदी एक सभास्थल में पूजा करते हैं। इसी प्रकार, बौद्ध एक पैगोडा में पूजा करते हैं।

46. (*b*) : पहला दूसरे का उत्पादन करता है।

47. (*d*) : पहला दूसरे की सीमा को चिह्नित करता है।

48. (*d*) : प्रत्येक जोड़ी में शब्द एक दूसरे का विलोम हैं।

49. (*c*) : पहले में दूसरा के वांछित स्थितियों और पर्यावरण को प्रदान किया जाता है।

50. (*c*) : ड्रोव मवेशियों का एक समूह है। इसी तरह, ब्रूड मुर्गियों का एक समूह है।

51. (*c*) : पहला दूसरा प्रदर्शित करने का एक तरीका है।

52. (*b*) : दूसरा, पहले द्वारा बतां गए मौसम में देखी गई प्रमुख गतिविधि को दर्शाता है।

53. (*c*) : पहला स्थान दूसरे के अवरोध के लिए तैयार किया गया है।

54. (*a*) : कागज रीम्स में खरीदा जाता हैं। इसी तरह, अंडे को दर्जन में खरीदा जाता हैं।

55. (*b*) : दूसरा पहले के बिना होने की गुणवत्ता को दर्शाता है।

56. (*d*) : दूसरा पहले के लिए कार्यस्थल है।

57. (*b*) : पहले को बनाने के लिए दूसरा उपयोग की जाने वाली सामग्री है।

58. (*c*) : दूसरा पहले का एक और गहन रूप है।

59. (*b*) : एक मत्स्यांगना मछली की तरह काल्पनिक प्राणी है। इसी तरह, एक सेंटौर एक घोड़े की तरह काल्पनिक प्राणी है।

60. (*c*) : दूसरा पहला का विस्तारित रूप है।

61. (*d*) : पहले के सफल होने के लिए दूसरा आवश्यक है।

62. (*d*) : पहले को दूसरे द्वारा सम्मानित किया जाता है।

63. (*b*) : दूसरा वह स्थान है जहां पहले को बंदी बनाया जाता है।

64. (*d*) : पहला विज्ञान की शाखा है जो दूसरे के अध्ययन से संबंधित है।

65. (*a*) : बिक्री देने और खरीदना प्राप्त करने से मेल खाता है।

66. (*b*) : स्टिकलर वह है जो पूर्णता पर जोर देता है। एक ब्रगगार्ट वह है जो घमंक है।

67. (*b*) : पहला दूसरे की उपेक्षा करने का कार्य है।

68. (*c*) : पहला दूसरे को घेरता है और इसकी रक्षा करता है।

69. (*b*) : पहला दूसरे में शामिल है।

70. (*c*) : प्रत्येक जोड़ी में शब्द एक दूसरे का विलोम हैं।

71. (*c*) : द्वितीय श्रेणी को दर्शाता है जिससे पहला संबंधित है।

72. (*d*) : स्पाइडर वेब का निर्माण करता है, कवि कविता कीर रचना करता है।

73. (*c*) : दूसरे की बाहरी बाह्य प्रवाह से रक्षा करने के लिए पहले को पहना जाता है।

74. (*d*) : प्रत्येक जोड़ी में शब्द एक दूसरे के विलोम हैं।

75. (*b*) : दूसरा पहले के अनावश्यक हिस्सों को काटने की प्रक्रिया है।

76. (*b*) : पहला दूसरे की मादा है।

77. (*c*) : सुरक्षा के लिए दूसरे द्वारा पहले का उपयोग किया जाता है।

78. (*c*) : चाफ गेहूं का अपशिष्ट है। इसी तरह, ड्रेग शराब से कचरा है।

79. (*b*) : चोरी को कबूल किया जाता है और गलती स्वीकार की जाती है।

80. (*c*) : दूसरा पहले का एक और गहन रूप है।

81. (*b*) : एक नाजुक चीज में आसानी से दरारें पड़ जाती हैं। इसी प्रकार, एक व्यवहार्य वस्तु आसानी से झुक जाता है।

82. (*d*) : दूसरा पहले की गति को दर्शाता है।

83. (*b*) : जिप्सी एक कारवां में रहता है। इसी प्रकार, नाइट एक हवेली में रहता है।

84. (*b*) : ध्वज राष्ट्र का प्रतीक है। इसी तरह, प्रतीक चिन्ह रैंक का प्रतीक है।

85. (*a*) : पहला दूसरे को वशीभूत करने या दूर करने के कार्य को संदर्भित करता है।

86. (*b*) : पौधे के क्षय से कोयले की उत्पति होती है इसी प्रकार, पशुओं के क्षय से तेल का उत्पादन होता है।

87. (*b*) : पहला एक उपकरण है जिसे दूसरे द्वारा उपयोग किया जाता है।

88. (*b*) : प्रत्येक जोड़ी में शब्द एक दूसरे का समानार्थी हैं।

89. (*d*) : अकूस्टिक्स ध्वनियों का विज्ञान है। इसी प्रकार, पैथोलॉजी रोगों का अध्ययन है।

90. (*a*) : पहला दूसरे की ओर ले जाता है।

91. (*d*) : दूसरे के कारण पहला काम करने लगता है।

92. (*a*) : पहले को काम करने के लिए दूसरे की जरूरत होती है।

93. (*d*) : पहले दूसरे के बाद किया जाता है।

94. (*d*) : दूसरा पहले का हिस्सा है।

95. (*b*) : दूसरा वह गुणवत्ता है जिसे पहले द्वारा धारण किया जाता है।

96. (*d*) : दूसरा पहले का परिणाम है।

97. (*c*) : प्रत्येक जोड़ी में शब्द एक दूसरे के विलोम हैं।

98. (*d*) : प्रत्येक जोड़ी में शब्द एक दूसरे के समानार्थी हैं।

99. (*a*) : दूसरा पहले का हिस्सा है।

100.(*c*) : एक आगंतुक का स्वागत किया जाता है और आपराधी पर मुकदमा चलाया जाता है।

अभ्यास 2H

दिशानिर्देश: *निम्नलिखित प्रश्नों में दो शब्द दिए हैं जिनमें प्रत्येक के साथ एक निश्चित संबंध है, इसके बाद शब्दों के चार जोड़े दिये है। उस एक जोड़े का चयन करें जिसमें पहले मुद्रित शब्दों के मूल जोड़े के समान संबंध है।*

1. युद्ध : विनाश
(*a*) आग : जलाना (*b*) न्यायालय : न्याय
(*c*) पानी : डूबना (*d*) भोजन : भूख

2. रुझान : प्रवृत्ति **(M.B.A. 2006)**
(*a*) प्रस्तावना : परिशिष्ट भाग (*b*) मास्टर : दास
(*c*) साहस : धृष्टता (*d*) आचरण : अनैतिकता

3. उपहास : अवमानना
(*a*) मुख की विरूपता : दर्द (*b*) गरजना : बेचौनी
(*c*) शोक करना : निराशा (*d*) मजाक : खुशी

4. डॉक्टर : अस्पताल
(*a*) प्लम्बर : रिंच (*b*) रसोइया : रसोई
(*c*) जल : जलाशय (*d*) किसान : गांव

5. दुर्व्यवहार : निश्चित **(AIMATS, 2003)**
(*a*) गर्म : गुस्सा (*b*) ठंडा : गर्म
(*c*) लंबा : बढ़ा (*d*) लघु : बौना

6. येन : मुद्रा
(*a*) पीतल : धातु (*b*) फूल : सुगंध
(*c*) पेपर : पुस्तक (*d*) कर्नाटक : राज्य

7. पुल : कार्ड
(*a*) बांध : नदी (*b*) गैंबल : पैसा
(*c*) छवि : मिरर
(*d*) तलवार फेंकने की कला : तलवार

8. बरगद का पेड़ : लता-तंतु **(I.I.T.T.M. 2003)**
(*a*) आलू : कंद (*b*) पर्वतारोही : लता-तंतु
(*c*) अदरक : स्टेम (*d*) पालक : रूट

9. रिहर्सल : प्रदर्शन
(*a*) प्रवेश : खेल (*b*) सगाई : विवाह
(*c*) तालियां : दर्शक (*d*) संतुष्टि : भूख

10. हवा : आंधी **(M.A.T. 2002)**
(*a*) घृणा : उत्तेजना (*b*) तूफान : सागर
(*c*) प्यार : जुनून (*d*) आपदा : विपत्ति

11. दीमक : लकड़ी
(*a*) नीम : कपास (*b*) फाइबर : जूट
(*c*) थ्रेड : कपड़ा (*d*) कीट : ऊन

12. पूर्व : पूरबी देश
(*a*) उत्तर : ध्रुवीय (*b*) उत्तर : उष्णकटिबंधीय
(*c*) दक्षिण : मकर राशि (*d*) पश्चिम : पश्चिमी देश

13. कटाक्ष : भाला
(*a*) म्यान : तलवार (*b*) खंड-खंड करना : लौह
(*c*) धनुष : तीर (*d*) बाड़ लगाना : ईपीई

14. चरणलर : स्टेशनरी **(M.A.T. 2001)**
(*a*) फिक्सर : गम (*b*) बुलेट : शस्त्रागार
(*c*) पिन : सुई (*d*) टेप : पेपर

15. जंभाई : बोरियत
(*a*) आँसू : आंखें (*b*) अभिव्यक्ति : चेहरा
(*c*) मुस्कुराना : खुशी (*d*) शोक : दु:ख

16. बड़ा : विशाल
(*a*) बड़ा : छोटा (*b*) मोटा : स्थूल
(*c*) कम : ज्यादा (*d*) शाही : कुलीन

17. वैसलिन : पेट्रोल
(*a*) चाय : पत्तियां (*b*) पौधे : पेड़
(*c*) मक्खन : घी (*d*) क्रीम : दूध

18. कचरा : मलिनता **(A.T.M.A. 2004)**
(*a*) गरीब : भूख (*b*) हीरा : भव्यता
(*c*) रंग : ब्रश (*d*) गंदगी : सफाई

19. लॉन : घास
(*a*) ऊन : भेड़ (*b*) त्वचा : बकरी
(*c*) रोवां : चमड़ा (*d*) चावल : फार्म

20. रंगमंच का अग्र-भाग : चरण (M.A.T. 2003)
(*a*) लैंप : टेबल (*b*) लिनन का कपड़ा : बिस्तर
(*c*) बरामदा : हाउस (*d*) कम्पास : सुई

21. विरासत : प्राप्त करें
(*a*) पदानुक्रमित : उत्तराधिकार (*b*) सहज : आदत
(*c*) हानि : लाभ (*d*) जानें : डिस्कवर

22. सराय : यात्री
(*a*) लॉजिंग : मैन (*b*) देश : नागरिक
(*c*) छात्रावास : छात्र (*d*) आश्रम : गुरु

23. कतरनी : पानी
(*a*) हाउस : परिवार (*b*) कप : चाय
(*c*) फूलदान : जल (*d*) पुस्तक : ज्ञान

24. पदानुक्रम : रैंक करना (SNAP, 2005)
(*a*) इन्फिनिटी : फिक्स्ड (*b*) समीकरण : हल करना
(*c*) क्रोनोलॉजी : अनुक्रमिक (*d*) आलोचना : पक्षपातपूर्ण

25. पशु : प्राणी-शाला
(*a*) चित्रकारी : संग्रहालय (*b*) फूल : फूलदान
(*c*) दूध : ग्लास (*d*) अंगूर : गुच्छा

26. प्रस्तावना : संविधान
(*a*) शब्द : शब्दकोश (*b*) सामग्री : पत्रिका
(*c*) स्पष्टीकरण : कविता (*d*) प्रस्तावना : पुस्तक

27. प्रामाणिकता : शंकायुक्त (M.B.A. 2006)
(*a*) ईमानदारी : पाखंडी (*b*) दृढ़ता : कट्टर
(*c*) कलाकृति : भ्रामक (*d*) दुष्टता : घृणास्पद

28. अनाज : नमक
(*a*) चिप्स : ग्लास (*b*) ब्लेड : घास
(*c*) श्रेय : लकड़ी (*d*) ठीकरा : बर्तन

29. फिरौन : मिस्र
(*a*) सॉक्रेटीस : ग्रीस (*b*) राजा : भारत
(*c*) इंपीरेटर : रोम (*d*) सरकार : राज्य

30. यूटोपिया : अंग्रेजी (M.A.T. 2002)
(*a*) ओडिसी : ग्रीक (*b*) तुलसीदास : संस्कृत
(*c*) मोनालिसा : अंग्रेजी (*d*) दांते : लैटिन

31. क्रांति : बदलाब
(*a*) रोग : चिकित्सा (*b*) प्रसिद्ध : कुख्यात
(*c*) खाद्य : ऊर्जा (*d*) संधि : शांति

32. पत्नी : विवाह
(*a*) बैंक : पैसा (*b*) राष्ट्रीयता : नागरिकता
(*c*) सेवा : योग्यता (*d*) उपस्थिति : रजिस्टर करना

33. नस्लवाद : अनैतिक (M.B.A. 2007)
(*a*) लैंगिकवाद : अंधराष्ट्रीयता (*b*) पारिस्थितिकता : भाषावाद
(*c*) राष्ट्रवाद : पहचान (*d*) सांप्रदायिकता : धर्म

34. पोर्टफोलियो : प्रतिभूतियां
(*a*) व्याख्यान : माल (*b*) स्टार : कक्षा
(*c*) संरक्षक : कंपनी (*d*) पैनल : जूरी-सदस्य

35. वेटर : टिप देना
(*a*) छात्र : अंक (*b*) मजदूर : बोनस
(*c*) कर्मचारी : मजदूरी (*d*) क्लर्क : रिश्वत

36. छत : आधार
(*a*) पठार : पहाड़ (*b*) फूस : घास
(*c*) हिल : माउंटेन (*d*) चोटी : पहाड़

37. कोयला : खान (I.A.M. 2003)
(*a*) शक्ति : भौतिकी (*b*) बिजली : लाइट
(*c*) काला : रात (*d*) कच्चा तेल : रिफाइनरी

38. रिवॉल्वर : पिस्तौलदान
(*a*) पुस्तक : बैग (*b*) नेत्र : आंखों
(*c*) जूस : ग्लास (*d*) नथना : नाक

39. वसंत : ग्रीष्मकालीन
(*a*) किशोरावस्था : युवा (*b*) लड़ना : युद्ध
(*c*) विचलत : चलना (*d*) पढ़ना : सीखना

40. दुराचार : घोर अपराध (JMET, 2004)
(*a*) दुर्घटना : आपदा (*b*) अपराध : उपाधि
(*c*) चोर : सेंधमार (*d*) पुलिस : जेल

41. ध्वनि : अवरुद्ध
(*a*) नमी : आर्द्र (*b*) रंग : फीका
(*c*) निराशा : गुस्सा (*d*) गंध : तीखा

42. चॉकलेट : चीनी
(*a*) अंडे : जर्दी (*b*) सड़क : यातायात
(*c*) भवन : सीमेंट (*d*) दूध : क्रीम

43. अध्याय : उपन्यास (SCMHRD, 2002)
(*a*) भिन्न : भाग (*b*) पियानो : ऑर्केस्ट्रा
(*c*) दृश्य : नाटक (*d*) डायमंड : मणि

44. सांप : नेवला
(*a*) दूध : बकरी (*b*) मछली : सारस
(*c*) व्हेल : कौआ (*d*) पानी : आकाश

45. अंडे : आमलेट
(*a*) बांध : नदी (*b*) छात्र : कक्षा
(*c*) मिट्टी : मिट्टी के पात्र (*d*) प्याज : सलाद

46. दिवा : ओपेरा
(*a*) नाटक : अभिनेता (*b*) कंडक्टर : बस
(*c*) निदेशक : नाटक (*d*) निर्माता : नाटकशाला

47. वफादारी : निष्ठा (M.B.A. 2002)
(*a*) समझौता : सहमति (*b*) परिश्रम : आलस्य
(*c*) कोड : एनकोड (*d*) दर्द : ईर्ष्या

48. थकान : विश्राम (I.A.M. 2002)
(*a*) श्रम : ऊंचा (*b*) छिटपुट : निराला
(*c*) आश्रित : आरामदायक (*d*) अधिक वजन : आहार

49. पंखा : घसीना
(*a*) आग : धुआं (*b*) वर्षा : सूखा
(*c*) हवा : वाष्पीकरण (*d*) फसल : फसल

50. बेर : झाड़ी
(*a*) जड़ी बूटी : वनस्पति (*b*) चाय : पत्तियां
(*c*) खरबूजे : बेल (*d*) कॉफी : बागान

51. ज्वैलर : आभूषण
(*a*) आर्किटेक्ट : योजनाएं (*b*) कारीगर : गोल्डस्मिथ
(*c*) डॉक्टर : मरीज (*d*) मैकेनिक : मरम्मत

52. निंदा : द्वेष (A.T.M.A. 2004)
(*a*) प्रतिक्रिया : बैर (*b*) रोमांटिक : मजबूत
(*c*) मुख्य : विशिष्ठ (*d*) शुद्धता : पापमय

53. एकांतवासी : एकांत
(*a*) योद्धा : सभ्यता (*b*) गद्दार : वफादारी
(*c*) तपस्वी : आत्मत्याग (*d*) शोधकर्ता : ढूँढना

54. स्क्रिप्ट : नाटक
(*a*) अनुच्छेद : पत्रिका (*b*) अध्याय : पुस्तक
(*c*) गीत : टिप्पणी (*d*) स्कोर : स्वर समता

55. पढ़ना : पढ़ने योग्य
(*a*) सुनना : सुनने योग्य (*b*) योग्यता : योग्य
(*c*) दृष्टि करना : अस्पष्ट (*d*) आवश्यकता : स्वीकार्य

56. वकील : सुनने योग्य (M.B.A. 2002)
(*a*) लेक्सिकोग्राफर : कॉपी (*b*) निदेशक : बोर्ड
(*c*) लूटेरा : लूट (*d*) अग्रदूत : मुखावरण

57. भूमि : केप
(*a*) हाउस : गेट (*b*) पैर : पैर की अंगुली
(*c*) हाथ : दस्ताने (*d*) उंगली : नाखून

58. शराब : मदिरा से उन्मत्त करना
(*a*) तेल : लीपना (*b*) चिकित्सा : पीड़ा कम करना
(*c*) ड्रग : नशेड़ी
(*d*) अफीम का सत्त्व : शामक औषधि देना

59. कोयला : तापीय ऊर्जा
(*a*) पावर : ऊर्जा (*b*) बल्ब : लाइट
(*c*) वायु : वायुमंडल (*d*) पानी : जल-विद्युत ऊर्जा

60. वेग-युक्त गमन : चाल (M.A.T. 1999)
(*a*) लंगड़ा : चलना (*b*) सोना : झपकी लेना
(*c*) बकवास : वार्ता (*d*) मंत्र : गायन

61. चील : शिकारी पक्षी (गरुड़, चील, बाज) का बहुत ऊँचाई पर बना घोंसला
(*a*) भेड़ : मवेशियों का बाड़ा (*b*) लोमड़ी : शूकरशाला
(*c*) शेर : कुंड (*d*) भेड़ : दरबा

62. भेड़ : मटन
(*a*) बतख : भुना हुआ (*b*) मुर्गी : मुर्गी पालन
(*c*) हिरण : वेनिसन
(*d*) भेड़ का बच्चा : बछड़े का मांस

63. हथकड़ी : कैदी
(*a*) अंगूठी : उंगली (*b*) पूंछ : पतंग
(*c*) पट्टा : कुत्ता (*d*) जूते : पैर

64. टैडपोल : मेंढक (M.A.T. 2001)
(*a*) नदी : सागर (*b*) कमला : तितली
(*c*) तारा : चंद्रमा (*d*) मधुमक्खी : फूल

65. कंजूस : उदार
(*a*) संत : पवित्र (*b*) कायर : बहादुर
(*c*) कंगाल : राजकुमार (*d*) लोभी : वफादार

66. भिक्षु : मठ
(*a*) कुलीन : हाउस (*b*) किसान : गांव
(*c*) स्कूल : शिक्षक (*d*) मठवासिनी : मठ

67. शोकाकुल : दुखद (M.B.A. 2004)
(*a*) तेजस्वी : प्रसन्न (*b*) क्रोधित : उत्साहित
(*c*) विश्वसनीय : अविश्वसनीय (*d*) उल्लासमय : दुखद

68. स्टीयरिंग : कार
(*a*) सुई : कपड़ा (*b*) पैडल : डोंगी
(*c*) चाकू : छीलना (*d*) रंगसाज की पटिया : पेंटर

69. ताजमहल : आगरा
(*a*) एफिल टॉवर : फ्रांस (*b*) अल्जीरिया : अफ्रीका
(*c*) कपास : अहमदाबाद (*d*) तुर्की : एशिया

70. किले की दीवार : किले
(*a*) नदी : झील (*b*) बाड़ : घर
(*c*) पिंजरे : पशु (*d*) रेलिंग : छत

71. शिरश्छेदन करना : कर्तन-यन्त्र (NMIMS, 2005)
(*a*) पोलिश : नाखून (*b*) दोषहीन : चित्र
(*c*) चोर : जेल (*d*) लटकाना : फांसी का तख्ता

72. ग्रेफाइट : स्नेहक
(*a*) संचलन : घर्षण (*b*) लौह : स्टील
(*c*) ऊन : कपड़ा (*d*) डायमंड : घर्षक

73. मंच : रंगमंच
(*a*) शयनकक्ष : घर (*b*) कार : सड़क
(*c*) रोगी : अस्पताल (*d*) स्कूल : शिक्षा

74. दरिद्र : धन (M.A.T. 1999)
(*a*) आत्मसंतुष्ट : शिकायत (*b*) तृप्तता : खुशी
(*c*) प्रतापी : महानता (*d*) उत्पीड़न : पोषण

75. फिल्टर : पानी
(*a*) एक्सपुर्ज : पुस्तक (*b*) संपादित करना : पाठ
(*c*) सेंसर : नाटक (*d*) घटाना : गतिविधि

76. अनुमान : निश्चितता
(*a*) झूठ : सत्य (*b*) अफवाह : प्रामाणिकता
(*c*) प्रमेय : प्रमाण (*d*) झुकाना : अनुमान लगाना

77. डींगिया : विनम्रता
(*a*) जुआरी : जोखिम (*b*) बहुरूपिया : पहचान
(*c*) बदमाश : नम्रता (*d*) मसखरा : विनम्रता

78. ठंडक : शीत (M.B.A. 2002)
(*a*) आकर्षक : सुंदर (*b*) लंबाई : चौड़ाई
(*c*) वनस्पति : वृक्ष (*d*) सोना : लवण-जल

79. गंजापन : बाल
(*a*) वार्ता : कानाफूसी (*b*) खिसियाना : हंसी
(*c*) शांत : शांति (*d*) मौन : शोर

80. पीपा : शीशी
(*a*) पुस्तक : पाठक (*b*) पुस्तक : पुस्तिका
(*c*) विवरणिका : संकलक (*d*) लंबाई : ऊंचाई

81. चुनना : छोड़ना
(*a*) खींचना : पुश (*b*) लव : बहुत चाहना
(*c*) चलना : भागना (*d*) बैठना : खड़े होना

82. मोहरा : बिल्डिंग (M.B.A. 2003)
(*a*) पृष्ठ : पुस्तक (*b*) डायल करना : देखना
(*c*) गर्दन : बोतल (*d*) बाड़ लगाना : गार्डन

83. धन : लेनदेन
(*a*) जीवन : मृत्यु (*b*) पानी : पीना
(*c*) विचार : आदान प्रदान (*d*) भाषा : वार्तालाप

84. अकस्मात : क्रमिक (I.A.M. 2002)
(*a*) बंजर : उपजाऊ (*b*) रिवर्स : पिछड़ा
(*c*) मोशन : फॉरवर्ड (*d*) चपल : शांत

85. टॉक्सिन : खतरा (M.B.A. 2006)
(*a*) विषमारक : इलाज (*b*) शकुन : चेतावनी
(*c*) क्लैरीअन : युद्ध (*d*) समाधिवाली झंकार : मौत

86. तमाशा : अनौचित्य
(*a*) रोग : चिकित्सा (*b*) चौरिटी : उदारता
(*c*) त्रासदी : कॉमेडी (*d*) ऊर्जा : बिजली

87. कहानी : उपन्यास
(*a*) सागर : महासागर (*b*) स्कूल : विश्वविद्यालय
(*c*) पुस्तक : शब्दकोश (*d*) कविता : नाटक

88. पदच्छेद : व्याकरण
(*a*) दौड़ना : स्वास्थ्य (*b*) प्रार्थना : भगवान
(*c*) पैराट्रूपिंग : वायु सेना (*d*) सफाई : घर

89. इमोलिएंट : त्वचा को ठंडा **(A.T.M.A. 2006)**
(*a*) डायनेमो : जेनरेट (*b*) ऊंचाई : स्तर
(*c*) तूफान : ट्रैक (*d*) वर्षा : गिरना

90. ओणम : केरल
(*a*) क्रिसमस : ईसाई (*b*) भांगड़ा : पंजाब
(*c*) कथक : उत्तर प्रदेश (*d*) बिहू : असम

91. मुस्लिम : कुरान
(*a*) हिंदू : मंदिर (*b*) सिख : अवेस्ता
(*c*) ईसाई : मसीह (*d*) यहूदी : तोराह

92. मेमने : उछलना
(*a*) हिरण : झपट्टा (*b*) बिल्ली : चोरी करना
(*c*) भालू : छलांग (*d*) शेर : लंबे डग मारना

93. प्रोलॉग : नाटक **(IGNOU, 2003)**
(*a*) उपसंहार : भाषण (*b*) इंटरमेजो : सिम्फनी
(*c*) ओवरचर : गीतिनाट्य (*d*) अध्याय : उपन्यास

94. जीवंत : कुंठित
(*a*) भावनात्मक : संवेदनशील (*b*) फूल : कोंपल
(*c*) व्यवसायी : बेरोजगार (*d*) हैप्पी : समलैंगिक

95. क्रिकेट : फुटबॉल
(*a*) ठोस : तरल (*b*) हॉकी : बॉल
(*c*) गद्य : पद्य (*d*) जूते : दस्ताने

96. हेलमेट : हेड
(*a*) बस्ता : पीठ (*b*) सीना : छाती
(*c*) गन : हाथ (*d*) पेडल : फुट

97. धन : बैंक **(M.A.T. 2002)**
(*a*) सिक्का : सिक्का ढालना (*b*) ध्वनि : संगीत
(*c*) तीर : तरकस (*d*) डर : थरथरना

98. जूट : बोरा
(*a*) जूता : जुराब (*b*) ऊन : स्वेटर
(*c*) कपास : फाइबर (*d*) मिल : कपड़ा

99. वर्ग : घन
(*a*) त्रिकोण : प्रिज्म (*b*) मंडल : क्षेत्र
(*c*) रेखा : बेलन (*d*) क्षेत्र : पृथ्वी

100. शौकीन : अति अनुरक्त
(*a*) सशक्त : चिंता (*b*) वाचाल : अधिक बोलने वाला
(*c*) हवा का झोंका : बर्फीला तूफान
(*d*) भव्य : वैभवशाली

हल – अभ्यास 2(H)

1. (*a*) : पहले के कारण दूसरा उत्पन्न होता है।
2. (*c*) : प्रत्येक जोड़ी में शब्द एक दूसरे का समानार्थी हैं।
3. (*a*) : स्नीयर अवमानना का संकेत है। इसी तरह, ग्रिमस दर्द का संकेत है।
4. (*b*) : दूसरा पहले के लिए कार्यस्थल है।
5. (*b*) : प्रत्येक जोड़ी में शब्द एक दूसरे का विलोम हैं।
6. (*d*) : येन एक मुद्रा है। इसी प्रकार, कर्नाटक एक राज्य है।
7. (*d*) : पुल का खेल कार्ड द्वारा खेला जाता है। इसी प्रकार, बाड़ लगाने का खेल तलवार से खेला जाता है।
8. (*b*) : दूसरा पहले को समर्थन प्रदान करता है।
9. (*b*) : पहला दूसरे के बाद किया जाता है।
10. (*c*) : दूसरा पहले एक और गहन रूप है।
11. (*d*) : दूसरा पहले को नुकसान पहुँचाता है।
12. (*d*) : दूसरा पहले का एक और नाम है।
13. (*d*) : पहले कार्य को दूसरे के साथ किया जाता है।
14. (*b*) : द्वितीय श्रेणी को दर्शाता है जिससे पहला संबंधित है।
15. (*c*) : पहला दूसरे को प्रदर्शित करता है।
16. (*b*) : दूसरा पहला का एक अधिक गहन रूप है।
17. (*d*) : पहले को दूसरे से निष्कर्षित किया जाता है।
18. (*b*) : दूसरा पहले का गुण है।
19. (*c*) : दूसरा पहले पर बढ़ता है।
20. (*c*) : पहला दूसरे का हिस्सा है।
21. (*a*) : प्रत्येक जोड़ी में शब्द एक दूसरे के समानार्थी हैं।
22. (*c*) : पहला दूसरे के लिए रात में रहने का स्थान है।
23. (*b*) : पहले का इस्तेमाल दूसरे को पकड़ने के लिए किया जाता है।
24. (*c*) : हाइआरार्की व्यक्तियों के रैंकिंग का एक अनुक्रम है। इसी तरह, क्रोनोलॉजी घटनाओं का अनुक्रमिक क्रम है।
25. (*a*) : दूसरा वह स्थान है जहाँ पहले को प्रदर्शनी के लिए रखा जाता है।
26. (*d*) : प्रस्तावना संविधान का परिचय है। इसी तरह, प्रस्ताव एक पुस्तक का परिचय है।
27. (*a*) : दूसरा वह है जिसकी कमी पहले को है।
28. (*a*) : नमक दानों से मिलकर बनता हैं और कांच चिप्स से मिलकर बनता है।
29. (*b*) : मिस्र के शासकों को फराओ कहा जाता था। इसी प्रकार, भारत के शासकों को राजाओं के रूप में जाना जाता था।
30. (*a*) : यूटोपिया अंग्रेजी साहित्य का एक प्रसिद्ध कार्य है। इसी तरह, ओडिब) ग्रीक साहित्य का कार्य है।
31. (*d*) : पहले के परिणामस्वरूप दूसरा होता है।
32. (*c*) : पहला हासिल करने के लिए दूसरा आवश्यक है।
33. (*a*) : प्रत्येक जोड़ी में शब्द एक दूसरे के समानार्थी हैं।
34. (*d*) : एक पोर्टफोलियो प्रतिभूतियों का पूरा समूह है जो व्यक्ति निवेश के लिए रखता है। इसी तरह, एक पैनल ज्यूरर्स का एक पूरा समूह है।
35. (*b*) : दूसरा बेहतर सेवा के लिए पहले को दिया गया अतिरिक्त धन है।
36. (*d*) : छत और नींव एक घर के ऊपर और नीचे हैं। इसी प्रकार, चोटी और घाटी पहाड़ के ऊपर और नीचे हैं।

37. (*d*) : पहले को दूसरे से प्राप्त किया जाता है।

38. (*a*) : पहले को दूसरे के अंदर रखा जाता है।

39. (*a*) : पहले को दूसरे के बाद किया जाता है।

40. (*a*) : दूसरा पहले का एक अधिक गहन रूप है।

41. (*b*) : दूसरा धीरे-धीरे पहले के गायब होने की प्रक्रिया है।

42. (*c*) : पहले का निर्माण करने के लिए दूसरा आवश्यक है।

43. (*c*) : पहला दूसरे का हिस्सा है।

44. (*b*) : दूसरा पहले को खाता है।

45. (*c*) : दूसरा पहले से बना है।

46. (*a*) : दीवा (महिला गायक) एक ओपेरा (संगीत नाटक) में एक प्रमुख भूमिका निभाती है। इसी तरह, थस्पियन (अभिनेता) एक नाटक में एक प्रमुख भूमिका निभाता है।

47. (*b*) : प्रत्येक जोड़ी में शब्द एक दूसरे के विलोम हैं।

48. (*d*) : दूसरा पहले को दूर करने में मदद करता है।

49. (*b*) : पहला दूसरे से छुटकारा पाने में मदद करता है।

50. (*c*) : बेर झाड़ी पर उगता है; खरबूजे बेल पर बढ़ता है।

51. (*a*) : पहला दूसरे को तैयार करता है।

52. (*c*) : प्रत्येक जोड़ी में शब्द एक दूसरे के समानार्थी हैं।

53. (*c*) : एक साधु एकांत का जीवन जीता है। इसी तरह, एक तपस्वी आत्म-परित्याग का जीवन जीता है।

54. (*d*) : स्क्रिप्ट नाटक का एक लिखित रूप है। इसी प्रकार, स्कोर सिम्फनी (संगीत का एक प्रकार) का एक लिखित टुकड़ा है।

55. (*a*) : लेजबल का अर्थ पढ़ने में सक्षम है। इसी तरह, ऑडबल का मतलब सुनने में सक्षम है।

56. (*c*) : पहला दूसरे में शामिल है।

57. (*b*) : केप भूमि का विक्षेप है। इसी प्रकार, पैर की अंगुली पैर का विक्षेप है।

58. (*d*) : दूसरा खाने के बाद पहले का प्रभाव है।

59. (*d*) : कोयला तापीय ऊर्जा पैदा करता है। इसी प्रकार, पानी जल-विद्युत ऊर्जा पैदा करता है।

60. (*c*) : 'स्करी' का मतलब तेजी से आगे बढ़ना है। इसी तरह, 'चौटर' का अर्थ तेजी से बात करना है।

61. (*a*) : दूसरा पहला का निवास स्थान है।

62. (*c*) : भेड़ के मांस को मटन कहा जाता है। इसी प्रकार, हिरण के मांस को वेनिसन कहा जाता है।

63. (*c*) : पहले का इस्तेमाल दूसरे को पकड़ने और उसे कैप्टिव बनाने के लिए प्रयोग किया जाता है।

64. (*b*) : पहला दूसरे का बच्चा है

65. (*b*) : प्रत्येक जोड़ी में शब्द एक दूसरे का विलोम हैं।

66. (*d*) : दूसरा पहले का निवास स्थान है।

67. (*b*) : पहला दूसरे का एक और अधिक तीव्र रूप है।

68. (*b*) : पहले का इस्तेमाल दूसरे के गति को निर्देशित करने के लिए किया जाता है।

69. (*a*) : दूसरा उस स्थान को दर्शाता है जहाँ पहले द्वारा चिन्हित स्मारक स्थित है।

70. (*d*) : पहला एक संरचना है जो दूसरे को घेरे रहता है।

71. (*d*) : दूसरा वह संरचना है जहाँ आरोपी को पहले द्वारा निर्देशित गई सजा दी जाती है।

72. (*d*) : ग्रेफाइट का इस्तेमाल एक स्नेहक और हीरे का इस्तेमाल एक घर्षक के रूप में किया जाता है।

73. (*a*) : पहला दूसरे का हिस्सा है।

74. (*d*) : पहले को दूसरी की बहुत अधिक आवश्यकता होती है।

75. (*c*) : एक फिल्टर पानी से आपत्तिजनक अशुद्धियों को हटा देता है। इसी प्रकार, सेंसर एक नाटक से आपत्तिजनक दृश्यों को हटा देता है।

76. (*b*) : संबंध धारणा या आंशिक जानकारी, और निश्चितता के आधार पर संभावना का है।

77. (*d*) : दूसरे की गुणवत्ता पहले के बिल्कुल विपरीत है।

78. (*a*) : दूसरा पहले का एक और गहन रूप है।

79. (*d*) : पहला दूसरे की कमी की स्थिति का प्रतिनिधित्व करता है।

80. (*b*) : पहला दूसरे का एक बड़ा रूप है।

81. (*a*) : प्रत्येक जोड़ी में शब्द एक दूसरे के विलोम हैं।

82. (*b*) : पहला दूसरे का चेहरा या सामने का दृश्य है।

83. (*d*) : दूसरा पहले के आदान-प्रदान की प्रक्रिया है।

84. (*a*) : प्रत्येक जोड़ी में शब्द एक दूसरे का विलोम हैं।

85. (*c*) : टॉक्सिन खतरे को इंगित करने के लिए एक अलार्म है। इसी प्रकार, क्लैरीअन एक तुरही है जो युद्ध के आरंभ को चिह्नित करने के लिए बजाया जाता था।

86. (*b*) : प्रत्येक जोड़ी में शब्द एक दूसरे का समानार्थी हैं।

87. (*a*) : दूसरा पहले का एक अधिक विशाल रूप है।

88. (*c*) : पहला दूसरे का एक अनिवार्य हिस्सा है।

89. (*a*) : त्वचा को शांत करने के लिए इमोलिएंट का उपयोग किया जाता है। इसी तरह, एक डायनेमो का इस्तेमाल बिजली उत्पादन करने के लिए किया जाता है।

90. (*d*) : ओणम केरल का त्यौहार है। इसी प्रकार, बिहू असम का त्यौहार है।

91. (*d*) : कुरान मुसलमानों का धार्मिक ग्रंथ है। इसी तरह, तोराह यहूदियों का धार्मिक ग्रंथ है।

92. (*b*) : दूसरा पहले के चलने के तरीके को दर्शाता है।

93. (*c*) : प्रोलॉग एक प्रारंभिक भाषण है जो एक नाटक की शुरु में दिया जाता है। इसी तरह, ओवरचर एक ऑर्केस्ट्रल संरचना है जो ओपेरा का परिचय देती है।

94. (*c*) : प्रत्येक जोड़ी में शब्द एक दूसरे का विलोम हैं।

95. (*c*) : क्रिकेट और फुटबॉल दोनों एक ही श्रेणी यानी खेल के हैं। इसी तरह, गद्य और पद्य दोनों एक ही श्रेणी यानी साहित्य से संबंधित हैं।

96. (*b*) : सुरक्षा के लिए दूसरे के उपर पहले को पहना जाता है।

97. (*c*) : बैंक में पैसा रखा जाता है। इसी प्रकार, तीर को कमान में रखा जाता है।

98. (*b*) : पहले का उपयोग दूसरे को तैयार करने के लिए किया जाता है।

99. (*a*) : एक घन का प्रत्येक चेहरा एक वर्ग है और प्रिज्म का प्रत्येक चेहरा एक त्रिकोण है।

100. (*c*) : पहला दूसरे की तुलना में कम तीव्र है।

अभ्यास 2I

दिशानिर्देश: ***निम्नलिखित प्रश्नों में दो शब्दों को दिया गया है, जिनमें एक-दूसरे से एक निश्चित संबंध होता है, इसके बाद शब्दों के चार जोड़े होते हैं। उस शब्द जोड़े का चयन करें, जिसमें शब्दों की मूल जोड़ी के समान संबंध हो।***

1. ऊन : गर्मी (M.A.T. 2000)
(*a*) वसंत : लोच (*b*) विपणन : विज्ञापन
(*c*) व्यक्ति : सफलता (*d*) रेडियो : प्रसारण

2. कढ़ाई : कपड़ा
(*a*) पैच : रजाई (*b*) दाग : ग्लास
(*c*) उत्कीर्ण : चाकू (*d*) चेज : धातु

3. कमी : जीवन
(*a*) स्थिर : गति (*b*) क्रमबद्ध : पैटर्न
(*c*) शुष्क : रेगिस्तान (*d*) मोटापा : भार

4. पशु : प्राणी शास्त्र (T.G.T. 2005)
(*a*) शरीर : फिजियोलॉजी (*b*) रोग : जीवाणु विज्ञान
(*c*) कविताएँ : मानवविज्ञान (*d*) मनुष्य : परोपकार

5. पत्रिका : आवधिक
(*a*) गन : सैनिक (*b*) कटाई : कृषि
(*c*) पुन : मजाक (*d*) ट्रक : परिवहन

6. भालू : हाइबरनेशन
(*a*) मैन : इमिग्रेशन (*b*) बर्ड : माइग्रेशन
(*c*) खाद्य : मिलावट (*d*) मेंढक : सौंदर्य

7. रोष : इटैलिक (M.B.A. 2006)
(*a*) मनोरंजन : खुशी (*b*) मजाक : हंसी
(*c*) आक्षेप : एंठन (*d*) क्राई : व्हिस्पर

8. टॉस : हर्ल
(*a*) फेंको : पकड़ो (*b*) पर विचार करें : गठन
(*c*) बोलो : चिल्लाओ (*d*) उछाल : किक

9. वान : रंग
(*a*) गूढ़ : पहेली (*b*) पलिड : कॉम्प्लेक्शन
(*c*) इनसिपिड : फ्लेवर (*d*) कॉपुलेंट : वजन

10. शोल : मछली (JMET, 2004)
(*a*) एरी : ईगल्स (*b*) एपरी : मधुमक्खियों
(*c*) ड्रेक : बतख (*d*) गैगल : गीज

11. तिरस्कार : त्रुटि (A.T.M.A. 2005)
(*a*) दृढ़ता : व्युत्पत्ति (*b*) विवाद : प्रतिष्ठा
(*c*) पुनर्वास : व्यसन (*d*) बेलिबेट : इम्फफेक्शन

12. छिद्रित : छिद्र
(*a*) पश्चाताप : पाप (*b*) स्पेकल : स्पॉट
(*c*) फिल्टर : पानी (*d*) सजाने के लिए : कमरे

13. व्यय : प्रतिपूर्ति
(*a*) एक्सहर्ट : प्रोत्साहित (*b*) रूप : विद्रोह
(*c*) दोष : त्मरवपद (*d*) अतिक्रमण : व्यवसाय

14. मस्टर : क्रू (IGNOU, 2004)
(*a*) खारिज : जूरी (*b*) जयकार : टीम
(*c*) डिमोबिलाइज : ट्रूप्स (*d*) संयोजक : समिति

15. नियुक्ति : योग्यता
(*a*) स्थानांतरण : सजा (*b*) व्यापार : पैसा
(*c*) पदोन्नति : मेरिट (*d*) परीक्षा : सफलता

16. कर्नाटक : बैंगलोर
(*a*) मैसूर : वृंदाबन (*b*) हरियाणा : सोनीपत
(*c*) गुजरात : आनंद (*d*) उड़ीसा : भुवनेश्वर

17. गीत : गीत
(*a*) लिफाफा : पत्र (*b*) गद्य : साहित्य
(*c*) बिल्ली : तेंदुआ (*d*) ऑड : कविता

18. लोथ : जबरदस्ती
(*a*) इरेट : दुश्मनी (*b*) चिड़चिड़ाहट : दुलार करना
(*c*) अनिच्छुक : अनुनय (*d*) समकालीन : ध्यान संबंधी

19. पौराणिक : मिथक (M.B.A. 2002)
(*a*) विट्टी : एमिकेबल (*b*) लंबाई : प्रवचन
(*c*) कॉमिक : एपिक (*d*) डिडक्टिक : फैबल

20. ड्राल : बोलो (M.A.T. 2002)
(*a*) सॉटर : वॉक (*b*) पारे : ट्रिम
(*c*) स्किन्टलेट : फ्लैश (*d*) फोस्टर : डेवलप

21. सर्जन : स्केलपेल (M.B.A. 2006)
(*a*) संगीतकार : इंस्ट्रूमेंट (*b*) बेकर : ओवन
(*c*) बढ़ई : कैबिनेट (*d*) मूर्तिकार : छेनी

22. वफादारी : गद्दार
(*a*) समझ : ऋषि (*b*) परिश्रम : कार्यकर्ता
(*c*) आशा : आशावादी (*d*) सत्यता : स्पंत

23. कन्फाइन : कैदी (M.A.T. 2001)
(*a*) प्रभाव : अध्यक्ष (*b*) पता लगाना : संदेह
(*c*) घात : संतरी (*d*) ट्रेस : भगोड़ा

24. पहचान : गुमनामी (M.B.A. 2006)
(*a*) फ्लॉ : पूर्णता (*b*) लापरवाह : गलती
(*c*) सत्य : झूठ (*d*) भय : खुशी

25. मैदानी : भेड़
(*a*) स्थिर : घोड़ा (*b*) हेय : कीट
(*c*) ग्रास : ग्रासहॉपर (*d*) चरागाह : मवेशी

26. आवश्यकता : आविष्कार
(*a*) जिज्ञासा : ज्ञान (*b*) राष्ट्र : नागरिक
(*c*) भाषा : वार्तालाप (*d*) मूल्य : कमोडिटी

27. निपुण : अनाड़ी (Hotel Management, 2002)
(*a*) किन्नर : पारदर्शी (*b*) ब्राउज करें : देखो
(*c*) दोष : आलोचना (*d*) निराशावादी : आशावादी

28. जर्दी : अंडा (M.A.T. 2003)
(*a*) बतख : फाउल (*b*) डंठल : मकई
(*c*) रिंड : तरबूज (*d*) न्यूक्लियस : सेल

29. पोस्टकार्ड : अंतर्देशीय (AIMATS, 2002)
(*a*) नाव : ओर्स (*b*) फूल : गुच्छा
(*c*) शर्ट : ब्लाउज (*d*) तकिया : खाट

30. यात्री : गंतव्य
(*a*) भिखारी : दान (*b*) दुर्घटना : अस्पताल
(*c*) शिक्षक : शिक्षा (*d*) शरणार्थी : आश्रय

31. एस्पिरिन : सिरदर्द
(*a*) अमीबा : पेचिश (*b*) एसिड : बर्न्स
(*c*) क्विनिन : मलेरिया (*d*) आयरन : एनीमिया

32. सींग : बैल (M.B.A. 2006)

(*a*) माने : शेर (*b*) एंटलर : स्टैग
(*c*) खुर : घोड़ा (*d*) वाटल्स : तुर्की

33. वर्गीकरण : वर्गीकृत
(*a*) हैगलर : सौदा (*b*) डॉक्टर : चिकित्सा
(*c*) दया : दान (*d*) इंजीनियर : बिल्डिंग

34. प्रॉक्टर : पर्यवेक्षण
(*a*) पैगंबर : नियम (*b*) कौतुक : आश्चर्य
(*c*) लाभार्थी : उपभोग (*d*) खर्चीला : अपव्यय

35. दर्द : सेडेटिव
(*a*) दर्द : निष्कर्षण (*b*) ट्रान्स : नारकोटिक
(*c*) आराम : उत्तेजक (*d*) दुख : सांत्वना

36. ओले : निरीक्षण करें (M.B.A. 2004)
(*a*) फ्लंट : डिस्प्ले (*b*) डिस्कर्न : प्रतिशत
(*c*) कोलाहल : बावजूद (*d*) हैगल : बहिर्गमन

37. जीवनी : आत्मकथा
(*a*) संस्मरण : इतिहास (*b*) लेखक : कलाकार
(*c*) मोबाइल : ऑटोमोबाइल (*d*) गवाही : स्वीकारोक्ति

38. अभियोजक : अपराधी
(*a*) फूलवाला : फूल (*b*) बातचीत : हत्या
(*c*) कसाई : पशु (*d*) श्रमिक : प्रबंधक

39. क्लिच : कॉमनप्लेस (A.T.M.A. 2004)
(*a*) एनॉय : नष्ट (*b*) मैक्सिम : ट्रिक
(*c*) गंभीर : चंचल (*d*) कड़वा : गोली

40. कंगारू : ऑस्ट्रेलिया
(*a*) व्हेल : नदी (*b*) हाथी : रूस
(*c*) पेंगुइन : अंटार्कटिका (*d*) भारत : मोर

41. हिटलर : जर्मनी
(*a*) शेक्सपियर : इंग्लैंड (*b*) मुसोलिनी : इटली
(*c*) बोरिस येल्तसिन : रूस (*d*) तुलसीदास : भारत

42. दांत : दंत चिकित्सक
(*a*) पैर : परोपकारी (*b*) आंखें : ऑकुलिस्ट
(*c*) ऑपरेशन : सर्जन (*d*) दृष्टि : स्पेक्ट्रम

43. क्यूरेटर : संग्रहालय (AIMATS, 2003)
(*a*) बुद्धि : बुद्धि (*b*) बैंक : टेलर
(*c*) प्रबंधक : कार्यालय (*d*) चिकित्सक : रोगी

44. संदिग्ध : निर्विवाद
(*a*) बदनामी : निंदलेख (*b*) दर्दनाक : पीड़ा
(*c*) अशुभ : उदार (*d*) परिप्रेक्ष्य : तप

45. सुलेख : लेखन
(*a*) संगीत : गीत (*b*) गीत : कविता
(*c*) नाटक : गद्य (*d*) अध्याय : स्टैंजा

46. रेस्तरां : मेनू
(*a*) लाइब्रेरी : कैटलॉग (*b*) जर्नल : समाचार पत्र
(*c*) पुस्तक : विश्वकोश (*d*) महाविद्यालय : खाता

47. अकवार : कंगन (PGDTM, 2006)
(*a*) कलाई : घड़ी (*b*) कफ : पायजामा
(*c*) बकल : बेल्ट (*d*) हुक : कोट

48. ज्ञान : अज्ञान
(*a*) इलाज : स्वास्थ्य (*b*) चिंता : छिपाना
(*c*) सांस : दम घुटना (*d*) निर्माण : युद्ध

49. लोकसभा : विधानमंडल
(*a*) अध्यक्ष : कार्यकारी (*b*) मंत्री : बैठक
(*c*) न्यायाधीश : न्यायालय (*d*) लोग : चुनाव

50. आर्क : सर्कल (B.T.M. 2006)
(*a*) सेगमेंट : लाइन (*b*) अंश : प्रतिशत
(*c*) पाई : स्लाइस (*d*) संख्या : गणना

51. वनस्पति विज्ञान : पौधे (B.B.S. 2004)
(*a*) ऑर्निथोलॉजी : अंडे (*b*) कॉन्सोलॉजी : फॉसिल्स
(*c*) पैथोलॉजी : मैन (*d*) एन्टोमोलॉजी : कीट

52. हुक : मछली
(*a*) स्टेडियम : खेल (*b*) दस्ताने : बॉल
(*c*) सिम्फनी : संगीत (*d*) शब्द : वर्णमाला

53. गरीबी : समृद्धि
(*a*) लव : सोरो (*b*) ट्रेन : कार्ट
(*c*) वर्षा : बाढ़ (*d*) बुद्धिमत्ता : मूर्खता

54. खुशी : उत्साह (Hotel Management, 2003)
(*a*) गरीबी : धन (*b*) मेलानचोली : डिप्रेशन
(*c*) दु :ख : खुशी (*d*) शोर : प्रदूषण

55. ऋतु : ग्रीष्म
(*a*) अध्याय : पुस्तक (*b*) सप्ताह : सात
(*c*) गरम : तापमान (*d*) महीना : दिसंबर

56. हाथी : दु :ख (A.T.M.A. 2005)
(*a*) एनकोमियम : आलोचना (*b*) आरोग्यम : यूफोरिया
(*c*) तिर्यक : आनंद (*d*) स्तवन : प्रशंसा

57. चोरी : उधार (M.A.T. 2003)
(*a*) शुद्ध : फिल्टर (*b*) विस्तार : प्राप्त करें
(*c*) विस्फोट : प्रज्वलित (*d*) पायलट : चोरी

58. न्यूमिजमाटिस्ट : सिक्के
(*a*) फिलाटेलिस्ट : टिकटें (*b*) जौहरी : ज्वेल्स
(*c*) मानचित्रकार : मानचित्र (*d*) अनुवांशिकता : गुणसूत्र

59. एजेंडा : बैठक
(*a*) कार्यक्रम : समारोह (*b*) प्रदर्शन : टिकट
(*c*) मानचित्र : स्केल (*d*) फुटनोट : लेख

60. डिप्लोमेट : टैक्टलेस (Section Officers' 2004)
(*a*) कायर : निडर (*b*) खराब : आक्रामक
(*c*) चार्लटन : गिलफुल (*d*) भूखा : कमजोर

61. लोमड़ी : चालाक
(*a*) बिल्ली : चंचल (*b*) घोड़ा : धावक
(*c*) विक्सेन : क्यूट (*d*) एंट : इंडिविजुअल

62. यातायात : सड़क
(*a*) हवाई जहाज : एयरोड्रम (*b*) मूल : वृक्ष
(*c*) रक्त : नसें (*d*) कार : गैराज

63. दुखवादी : दर्द (M.B.A. 2000)
(*a*) हत्यारा : मौत (*b*) शिक्षक : पुपिल
(*c*) चोट : पट्टी (*d*) शराब : डिप्सोमनियाक

64. न्यायाधीश : सहायक
(*a*) शोधकर्ता : अनुकरण (*b*) मध्यस्थ : सुलह
(*c*) अपीलकर्ता : प्उचसवतम (*d*) एडवोकेट : जूरी

65. ऊर्जा : डिसिपेट
(*a*) परमाणु : विस्फोट (*b*) पावर : जनरेटर
(*c*) मनी : स्क्वांडर (*d*) बैटरी : चार्ज

66. खजाना : छाती (M.A.T. 2000)
(*a*) नकद : तिजोरी (*b*) वित्त : उत्कृष्ट

(*c*) सिक्के : टकसाल (*d*) धन : खाता

67. फ्रेज : आभूषण (A.T.M.A. 2005)
(*a*) राहत : फॉर्म (*b*) आर्क : डिवाइड
(*c*) स्तंभ : समर्थन (*d*) नैव : सीमा

68. दोस्ताना : अनिमेष
(*a*) लिथोस्फीयर : जलमंडल (*b*) संयम : बचना
(*c*) निंदा : अनुमोदन (*d*) निराशा : शर्मिंदगी

69. लागू करें : कम करें
(*a*) शामिल : दुर्व्यवहार (*b*) एक्सॉनरेट : एक्वायिट
(*c*) गबन : आरोप (*d*) पर्जरी : धोखाधड़ी

70. क्षमा : अपराध (PGDTM, 2006)
(*a*) क्षमा करें : गलत (*b*) आत्मसमर्पण : भगोड़ा
(*c*) पता लगाएँ : उल्लंघन (*d*) पश्चाताप : पाप

71. मौन : शोर (BTM, 2006)
(*a*) गंजापन : बाल (*b*) गाना : नृत्य
(*c*) छोड़ो : शांति (*d*) बात : कानाफूसी

72. जूते : सैंडल
(*a*) चाचा : भतीजा (*b*) तलवार : कटार
(*c*) नमक : मसाले (*d*) पुस्तक : अध्ययन

73. प्रश्न : प्रश्न चिह्न (R.R.B. 2006)
(*a*) टिप्पणी : बृहदान्त्र (*b*) एक तरफ : कोष्ठक
(*c*) वाक्य : अवधि (*d*) खंड : अर्धविराम

74. अभ्यास : पूर्णता (M.A.T. 2005)
(*a*) दृढ़ता : उपलब्धि (*b*) भागो : कूदो
(*c*) परीक्षा : योग्यता (*d*) चिकित्सा : उपचार

75. तहखाने : अटारी
(*a*) नादिर : जेनिथ (*b*) जेनिथ : एपेक्स
(*c*) जेनिथ : रूट (*d*) एपेक्स : शिखर

76. कलाकार : मंडली
(*a*) बाजार : भीड़ (*b*) फूल : माला
(*c*) गायक : कोरस (*d*) मछलियाँ : तालाब

77. दल : कोवे
(*a*) निदेशक : बैंड (*b*) माउंटेन : रेंज
(*c*) भेड़ : झुंड (*d*) माल : माल

78. बारिश : पैटर
(*a*) द्वार : बैंग (*b*) पक्षी : उड़ान
(*c*) पशु : चरना (*d*) पुरुष : चलना

79. न्यायालय : न्याय
(*a*) पुलिस : अपराध (*b*) शिक्षक : अध्ययन
(*c*) डॉक्टर : बीमारी (*d*) ऑडिटर : सटीकता

80. स्कैथ : काटना
(*a*) लाइट : शाइनिंग (*b*) कतरें : काटना
(*c*) आक्षेप : ग्लूइंग (*d*) पेंच : टर्निंग

81. डन्स : चतुर (M.A.T. 2005)
(*a*) फूल : पंखुड़ी (*b*) चिंता : खराब
(*c*) सुंदर : आकर्षक (*d*) भयभीत : साहसी

82. चोट : शपथ (IGNOU, 2004)
(*a*) जूरी : स्वर (*b*) अनादर : आयु
(*c*) गबन : ट्रस्ट (*d*) साहित्यिक चोरी : प्राधिकरण

83. प्यार : स्नेह (IITTM, 2003)
(*a*) सुपाठ्य : योग्य (*b*) उड़ान : पहनें
(*c*) स्नेह : उदासीनता (*d*) अभिमान : पक्षपात

84. हार : मोती
(*a*) कमरा : दरवाजा (*b*) दरवाजा : हैंडल
(*c*) पृष्ठ : पुस्तक (*d*) श्रृंखला : लिंक

85. अचानक : अचानक (M.A.T. 2002)
(*a*) डेथ : भरपूर (*b*) दुर्घटना : दुर्घटना
(*c*) शांत करें : प्रोवोक (*d*) प्रख्यात : कुख्यात

86. हिलॉक : पर्वत (M.B.A. 2002)
(*a*) कुत्ता : कुतिया (*b*) सपलिंग : ट्री
(*c*) चींटी : हाथी (*d*) दिन : वर्ष
(*e*) महासागर : नदी

87. प्रतिमान : पैटर्न
(*a*) संरचना : फ्रेमवर्क (*b*) मैक्सिम : सिद्धांत
(*c*) कंटेनर : सामग्री (*d*) कंकाल : मांस

88. फेब्राइल : बीमारी (SCMHRD, 2002)
(*a*) भ्रम : पागलपन (*b*) सनकी : भेदभाव
(*c*) तनु : विस्मय (*d*) किशोर : परिपक्वता

89. मनुष्य : मानवता (M.A.T. 1999)
(*a*) फ्रेम : चित्र (*b*) स्कॉलर : किताबें
(*c*) फूल : खुशबू (*d*) ड्रॉप : महासागर

90. अंपायर : खेल (M.A.T. 2001)
(*a*) कौतुक : आश्चर्य (*b*) मॉडरेटर : बहस
(*c*) विधायक : चुनाव (*d*) शेफ : भोज

91. शावर : विलंब (Hotel Mgmt, 2002)
(*a*) यूटर : येल (*b*) चिल्ला : रो
(*c*) थंडर : स्टॉर्म (*d*) रियल : सिमुलेटेड

92. मैराथन : सहनशक्ति (C.D.S. 2005)
(*a*) रिले : स्वतंत्रता (*b*) जोग : थकावट
(*c*) स्प्रिंट : तेजी (*d*) बाधा : दृढ़ता

93. शैल : भूविज्ञानी (M.B.A. 2005)
(*a*) रीफ : ज्योतिषी (*b*) लव : फिलॉजिस्ट
(*c*) ओबिलिस्क : फायरमैन (*d*) एस्टर : वनस्पति विज्ञानी

94. गिरावट : गति (A.T.M.A. 2005)
(*a*) इंटरपोलेट : अंतराल (*b*) परिकल्पना : जीवन शक्ति
(*c*) डिकॉनामेटेट : बाँझपन (*d*) जल शुष्कक : सूखापन

95. वैराग्य : आत्म-सम्मान (M.B.A. 2006)
(*a*) पर्फिडियस : वफादार (*b*) पंचशील : सावधान
(*c*) लेसिक : मामूली (*d*) छावनी : शिकायती

96. सर्पिल : सांप (F.C.A. 2006)
(*a*) ल्यूपिन : वुल्फ (*b*) पैंगुरियन : पोरचिइन
(*c*) Psittacine : तोते (*d*) ओफियोलाट्री : साँप

97. घृणा : प्रतिकर्षण
(*a*) सपना : नींद (*b*) चोरी : अपराध
(*c*) प्रतिष्ठा : व्यवहार (*d*) इंटेलिजेंस : विट

98. ब्रूज : फॉल
(*a*) वॉक : रन (*b*) घाव : एंटीसेप्टिक
(*c*) टिप्स : पेय (*d*) टॉनिक : स्वास्थ्य

99. उद्दीप्त : चमक
(*a*) फ्लैश : लौ (*b*) थकाऊ : बोर
(*c*) ब्रूर : ओफिश (*d*) इंडिफैटिबल : अनटेयरिंग

100. इंटेलिजेंस : एलीटिस्ट (M.B.A. 2006)
(*a*) सामान्यता : सामान्य वर्ग (*b*) जेंट्री : पब्लिक
(*c*) रैबल : प्लेबीयन (*d*) आउटर शेल : सी शेल

हल - अभ्यास 2(I)

1. (*a*) : दूसरा पहले की विशेष संपत्ति है जिसका उपयोग किया जाता है।
2. (*d*) : एक पैटर्न की कपड़े पर कढ़ाई की जाती है और धातु पर उत्कीर्ण किया जाता है।
3. (*a*) : प्रत्येक जोड़ी में शब्द एक दूसरे का विलोम हैं।
4. (*a*) : प्राणीशास्त्र विज्ञान की वह शाखा है जो जानवरों के अध्ययन से संबंधित है। इसी प्रकार, फिजियोलॉजी विज्ञान की वह शाखा है जो मानव शरीर के अध्ययन से संबंधित है।
5. (*c*) : पहला दूसरे का एक प्रकार है।
6. (*b*) : एक भालू को ठंड से बचाने के लिए हाइबरनेशन (शीतनिद्रा) से गुजरना पड़ता है। इसी तरह, एक पक्षी खुद को ठंड से बचाने के लिए प्रवास से गुजरता है।
7. (*c*) : पहला दूसरे का अधिक तीव्र रूप है।
8. (*c*) : दूसरा पहले का गहन रूप है।
9. (*b*) : वान पीला रंग को संदर्भित करता है। इसी प्रकार, पैलिड पीले त्वचा के रंग को संदर्भित करता है।
10. (*d*) : पहला नाम दूसरे समूह के लिए दिया गया नाम है।
11. (*b*) : पहला दूसरे की कमी का संकेत करता है।
12. (*b*) : छिद्रित का अर्थ छेद है। इसी तरह, स्पेकल का मतलब धब्बे छोड़ना है।
13. (*c*) : प्रत्येक जोड़ी में शब्द एक दूसरे का विलोम हैं।
14. (*d*) : पहला दूसरे को बनाने की प्रक्रिया है।
15. (*c*) : पहले दूसरे पर निर्भर करता है।
16. (*d*) : बैंगलोर कर्नाटक की राजधानी है। इसी तरह, भुवनेश्वर उड़ीसा की राजधानी है।
17. (*d*) : पहला दूसरे का एक प्रकार है।
18. (*c*) : लोथ और रिलक्टेंट एक-दूसरे के समानार्थी हैं। इसी प्रकार, जबरन और उत्परिवर्तन एक दूसरे के समानार्थी हैं।
19. (*d*) : पहला दूसरे की प्रकृति को दर्शाता है।
20. (*a*) : ड्रॉल मतलब धीरे-धीरे बोलना है। इसी प्रकार, सॉन्टर का मतलब आराम से चलना है।
21. (*d*) : दूसरा एक उपकरण है जिसका उपयोग दूसरे द्वारा किया जाता है।
22. (*d*) : पहला दूसरे की तुलना में एक गुणवत्ता को दर्शाता है।
23. (*b*) : एक कैदी को सजा के लिए जेल में रखा जाता है। इसी तरह, एक संदिग्ध को जाँच के लिए हिरासत में लिया जाता है।
24. (*a*) : दूसरा पहले की कमी की स्थिति है।
25. (*d*) : पहला दूसरे का चराई स्थल है।
26. (*a*) : पहला दूसरे के लिए अनिवार्य रूप से आवश्यक है।
27. (*d*) : प्रत्येक जोड़ी में शब्द एक दूसरे के विलोम हैं।
28. (*d*) : पहला दूसरे के केंद्रीय भाग का निर्माण करता है।
29. (*c*) : प्रत्येक जोड़ी में दोनों शब्द एक ही श्रेणी के हैं।
30. (*d*) : एक यात्री गंतव्य चाहता है। इसी प्रकार, एक शरणार्थी आश्रय चाहता है।
31. (*c*) : दूसरे को ठीक करने के लिए दवा के रूप में पहले का इस्तेमाल किया जाता है।
32. (*b*) : एक बैल के सिर पर सींग होता है। इसी तरह, एक बारहसिंगे के सिर पर ऐन्ट्लर होता है।
33. (*a*) : एक टैक्सोनोमिस्ट वर्गीकृत करता है और एक हैगलर सौदेबाजी करता है।
34. (*d*) : एक प्रोक्टर छात्रों की देख रेख करता है और एक खर्चीला धन का अपव्यय करता है।
35. (*d*) : दूसरा पहले से राहत प्रदान करता है।
36. (*a*) : पहला दूसरे का एक और अधिक तीव्र रूप है।
37. (*d*) : एक जीवनी किसी व्यक्ति द्वारा लिखी गई व्यक्ति के जीवन की कहानी है; जबकि एक आत्मकथा स्वयं की कहानी है। इसी प्रकार, एक गवाही किसी के द्वारा गलत काम करने की गंभीर घोषणा है; जबकि एक इकबालिया बयान खुद के गलत-कर्ता होने का दावा है।
38. (*c*) : दूसरे की मृत्यु के लिए पहला जिम्मेदार है।
39. (*b*) : प्रत्येक जोड़ी में शब्द एक दूसरे के समानार्थी हैं।
40. (*c*) : कंगारू ऑस्ट्रेलिया का मूल निवास है। इसी प्रकार, पेंगुइन अंटार्कटिका का मूल निवास है।
41. (*b*) : हिटलर जर्मनी का एक तानाशाह था। इसी तरह, मुसोलिनी इटली का एक तानाशाह था।
42. (*b*) : एक दंत चिकित्सक द्वारा दांत की जाँच की जाती है। इसी प्रकार, आंखों की जांच एक नेत्र-विशेषज्ञ द्वारा की जाती है।
43. (*c*) : दूसरा वह स्थान है जिसकी देखभाल पहले द्वारा की जाती है।
44. (*c*) : प्रत्येक जोड़ी में शब्द एक दूसरे का विलोम हैं।
45. (*b*) : पहला दूसरे का एक प्रकार है।
46. (*a*) : मेनू रेस्तरां में उपलब्ध वस्तुओं की एक सूची है। इसी तरह, कैटलॉग पुस्तकालय में मौजूद पुस्तकों की सूची है।
47. (*c*) : पहला दूसरा को कसने का एक उपकरण है।
48. (*c*) : प्रत्येक जोड़ी में शब्द एक दूसरे के विलोम हैं।
49. (*a*) : पहले दूसरे का हिस्सा है।
50. (*a*) : पहला दूसरा का टुकड़ा है।
51. (*d*) : पहला विज्ञान की वह शाखा है जो दूसरे के अध्ययन से संबंधित है।
52. (*b*) : पहले दूसरे को पकड़ने में मदद के लिए इस्तेमाल किया जाता है।
53. (*d*) : प्रत्येक जोड़ी में शब्द एक दूसरे के विलोम हैं।
54. (*b*) : दूसरा पहले की तुलना में उच्च तीव्रता का है।
55. (*d*) : पहला उस वर्ग को दर्शाता है जिससे दूसरा संबंधित है।
56. (*d*) : लिजी दुख का एक गीत है। इसी प्रकार, स्तुति प्रशंसा का भाषण है।
57. (*b*) : पहले दूसरे द्वारा की गई गतिविधियों का एक अवैध रूप है।
58. (*a*) : एक नूमिज़्मटिस्ट सिक्के एकत्र करता है। इसी तरह, एक फिलैटलिस्ट टिकटों को इकट्ठा करता है।
59. (*a*) : पहले में दूसरे का विवरण शामिल हैं।
60. (*a*) : प्रत्येक जोड़ी में शब्द एक दूसरे के विलोम हैं।
61. (*d*) : फॉक्स को चालाक माना जाता है। इसी प्रकार, चींटी को एक मेहनती प्राणी माना जाता है।
62. (*c*) : सड़क पर यातायात चलती है। इसी प्रकार, रक्त नसों के माध्यम से यात्रा करता है।
63. (*a*) : पहला दूसरों पर दुसरे को थोपता है।
64. (*b*) : दूसरा पहले के कार्य को दर्शाता है।
65. (*c*) : दूसरा पहले को बर्बाद करने का कार्य है।
66. (*a*) : पहले को सुरक्षित रखने के लिए दूसरा एक मजबूत घेरा है।
67. (*c*) : दूसरा उस उद्देश्य को दर्शाता है जिसके लिए पहले का निर्माण किया गया / बनाया गया है।
68. (*c*) : प्रत्येक जोड़ी में शब्द एक दूसरे के विलोम हैं।
69. (*b*) : प्रत्येक जोड़ी में शब्द एक दूसरे के समानार्थी हैं।

70. (*a*) : पहला दूसरा छोड़ने के कार्य को संदर्भित करता है।

71. (*a*) : पहला दूसरे की अनुपस्थिति की स्थिति को संदर्भित करता है।

72. (*b*) : प्रत्येक जोड़ी में दोनों आइटम एक ही श्रेणी के हैं।

73. (*b*) : दूसरा एक चिह्न है, जिसे पहले के लिए इस्तेमाल किया जाता है।

74. (*a*) : दूसरा पहले का परिणाम है।

75. (*a*) : नादिर (निम्नतम बिंदु) और जेनिथ (उच्चतम बिंदु) की तुलना क्रमश: बेसमेंट और अटारी से की जा सकती है।

76. (*c*) : दूसरा पहले का एक-साथ समूह है।

77. (*d*) : दूसरा एक नाम है, जिसे पहले के संग्रह को दिया गया है।

78. (*a*) : पटर बारिश से उत्पन्न आवाज है। इसी तरह, बैंग एक बंद दरवाजे से उत्पन्न होने वाली ध्वनि है।

79. (*d*) : अदालत का कर्तव्य न्याय करना है। इसी प्रकार, एक लेखापरीक्षक का कर्तव्य वित्तीय मामलों में सटीकता प्रदान करना है।

80. (*b*) : दूसरा उस उद्देश्य को दर्शाता है जिसके लिए पहले का उपयोग किया जाता है।

81. (*d*) : प्रत्येक जोड़ी में शब्द एक दूसरे के विलोम हैं।

82. (*c*) : पहला दूसरे के उल्लंघन या भंग को संदर्भित करता है।

83. (*d*) : दूसरा पहला एक और गहन रूप है।

84. (*d*) : दूसरा पहले की एक इकाई है।

85. (*b*) : पहला दूसरा का एक और अधिक तीव्र रूप है।

86. (*b*) : पहला दूसरा का छोटा रूप है।

87. (*a*) : प्रत्येक जोड़ी में शब्द एक दूसरे का समानार्थी हैं।

88. (*a*) : पहला दूसरे की अवस्था से संबंधित है।

89. (*c*) : दूसरा वह गुणवत्ता है जिसके लिए पहले को पसंद या प्रशंसा की जाती है।

90. (*b*) : पहला वह व्यक्ति है जो दूसरे को सर्वसम्मति तक पहुँचने या निर्णय लेने में मदद करता है।

91. (*a*) : दूसरा पहला एक और गहन रूप है।

92. (*c*) : दूसरा पहले के लिए अनिवार्य रूप से आवश्यक है।

93. (*d*) : पहला दूसरे के अध्ययन की एक वस्तु है।

94. (*b*) : पहले दूसरे के नुकसान को संदर्भित करता है।

95. (*b*) : पहला दूसरा का एक और अधिक तीव्र रूप है।

96. (*a*) : कोलबिन का अर्थ है 'सांप की तरह'। इसी तरह, ल्यूपिन का अर्थ है 'भेड़िया की तरह'।

97. (*d*) : पहले के परिणामस्वरूप दूसरा उत्पन्न होता है।

98. (*c*) : पहला दूसरे का परिणाम है।

99. (*d*) : प्रत्येक जोड़ी में शब्द एक दूसरे का समानार्थी हैं।

100. (*c*) : प्रत्येक जोड़ी में शब्द एक दूसरे का समानार्थी हैं।

अभ्यास 2J

दिशानिर्देश: ***निम्नलिखित में से प्रत्येक प्रश्न में दो शब्द दिए हैं जिनमें एक दूसरे के साथ एक निश्चित संबंध है, इसके बाद दो शब्दों के जोड़े के चार विकल्प दिए है। पहले दिए गये शब्द जोड़ी का चार विकल्पों में से एक का चयन करें जिसमें शब्दों की मूल जोड़ी के समान संबंध हैं।***

1. मोटरकार : ऑटोमोबाइल (PGDTM, 2006)
(*a*) संगमरमर : मूर्ति (*b*) रॉकर : कुर्सी
(*c*) रंग : सीढ़ी (*d*) हैंगर : हवाई जहाज

2. फैक्टरी : सायरन (UPSC, 2006)
(*a*) पुस्तकालय : पुस्तक (*b*) हाउस : कमरा
(*c*) मोटर कार : इंजन (*d*) घड़ी : अलार्म

3. आशावादी : निराशावादी
(*a*) मुश्किल : असंभव (*b*) अध्ययन : प्ले
(*c*) सहनशीलता : घृणित (*b*) निर्यात : आयात

4. शराब : पीना
(*a*) रोटी : मक्खन (*b*) चाय : पेय
(*c*) स्नफ : इनहेल (*b*) पानी : सिप

5. शहद उत्पन्न करनेवाला : कोलाहल (R.R.B. 2004)
(*a*) दिखौवा : जेब (*b*) मितव्ययी : बचत
(*c*) सुगंधित : हानिकारकता (*d*) आनंदकर : यूफनी

6. मछली : शोल
(*a*) शार्क : समूह (*b*) व्हेल : हर्ड
(*c*) हाथी : झुंड (*b*) दर्शक : रंगमंच

7. कैनवास : पेंटर
(*a*) चमड़ा : जूता (*b*) छिद्र : लकड़ी
(*c*) संगमरमर : मूर्तिकार (*d*) हथौड़ा : बढ़ई

8. जयध्वनि : तालियां (M.A.T. 1999)
(*a*) गरीबी : रुइन (*b*) विजय : विफलता
(*c*) घोर पराजय : हार (*d*) दुख : हानि

9. संदिग्धार्थता : अर्थ (SCMHRD, 2002)
(*a*) परिष्करण : अभिनव (*b*) ट्रेवेस्टी : अंतर्दृष्टि
(*c*) नेकी : योग्यता (*d*) बनावटी आक्रमण : इरादा
(*e*) गोपनीयता : चुपके

10. रंभाहट : पशु
(*a*) भेड़ : बीफ (*b*) बत्तखों का झुण्ड : चिकन
(*c*) सूअर की आवाज : सुअर (*d*) झुंड : बकरी

11. स्वर की समता : संगीत
(*a*) भित्ति : चित्रकारी (*b*) स्तोत्र : गपशप करना
(*c*) प्रस्तावना : पुस्तक (*d*) संपादकीय : जर्नल

12. धोखेबाज : निष्ठा
(*a*) निष्पादक : विश्वसनीयता (*b*) विद्रोही : अवज्ञा
(*c*) प्रबंधक : प्रशासन (*d*) आशा : निराशावाद

13. खनिक : खदान (M.A.T. 2001)
(*a*) मूर्तिकार : शिल्पशाला (*b*) कवि : सोननेट
(*c*) पेंटर : ब्रश (*d*) बढ़ई : आरी

14. रैंक : चिन्ह (Hotel Mgmt, 2002)
(*a*) व्यक्ति : स्थिति (*b*) कार्यालय : पदनाम
(*c*) ध्वज : राष्ट्र (*d*) पदक : सम्मान

15. क्षणिक : स्थायीता (M.B.A. 2004)
(*a*) सराहनीय : प्रतिष्ठा (*b*) पवित्र : स्वच्छता
(*c*) अनियमित : भविष्यवाणी (*d*) नकली : अनुकरण

16. मांग : आपूर्ति
(*a*) स्वीकार करें : अस्वीकार करें
(*b*) दें : लें
(*c*) आवश्यकता : प्रस्ताव (*d*) श्रम : पूंजी

17. अत्यंत धीमी गति : आगे बढ़ें (A.T.M.A. 2005)
(*a*) क्रोध : नष्ट (*b*) कमजोर : वंश
(*c*) क्षीण होना : घटाएं (*d*) पोषण : बढ़ो

18. हीरो : सराहना (M.B.A. 2006)
(*a*) गँवार : अनुग्रह (*b*) सलाहकार : सलाह
(*c*) उपहास का पात्र : उपहास (*d*) प्रतिवादी : अभियोग

19. सिक्का : पुदीना
(*a*) अनाज : खेत (*b*) सूखी घास : स्थिर
(*c*) शराब : शराब की भठ्ठी (*d*) पुस्तक : प्रकाशक

20. राज्य : निर्वासन
(*a*) चर्च : समाज से बहिष्कृत करना
(*b*) पुलिस : गिरफ्तार
(*c*) संविधान : संशोधन
(*d*) न्यायाधीश : अपराधी घोषित करना

21. संक्रमण : बीमारी
(*a*) संतुष्टि : भूख (*b*) तालियां : दर्शक
(*c*) रिहर्सल : प्रदर्शन (*d*) एंटीडोट : रोग

22. शराब : नशा (AIMATS, 2003)
(*a*) इंजन : ईंधन (*b*) चिकित्सा : इलाज
(*c*) बोतल : कॉर्क (*d*) व्हिस्की : शराब

23. मंद हवा : गैले (M.B.A. 2004)
(*a*) जीवाश्म : वृद्ध
(*b*) छाप : उभारदार नक्काशी करन
(*c*) रिसाव : धार
(*d*) मौत : बीमारी

24. सीढ़ियां : रेलिंग
(*a*) ट्रेन : ट्रैक (*b*) डेक : रेलिंग
(*c*) सभागार : सीट (*b*) सिनेमा : स्क्रीन

25. इंद्र : बारिश
(*a*) शिव : निर्माण (*b*) शेक्सपियर : नाटक
(*c*) कामदेव : प्यार (*d*) वीनस : युद्ध

26. मस्तिष्क : फ्रैक्चर
(*a*) भक्ति : आशीर्वाद (*b*) उत्तेजना : उन्माद
(*c*) नींद : सपना (*d*) बुखार : मलेरिया

27. नीच प्रकृतिवाला : कायर (J.M.E.T. 2004)
(*a*) आशावादी : निराशावादी (*b*) उदारता : मनुष्यद्रोही
(*c*) लौकिक : उद्यमी (*d*) निर्धन : भिक्षुक

28. रणभूमि : संघर्ष (SNAP, 2005)
(*a*) यूटोपिया : प्लेस (*b*) शरण : पीछा
(*c*) मृगतृष्णा : वास्तविकता (*d*) मंच : चर्चा

29. हंसिनी : हंस
(*a*) बतख : नर बत्तख (*b*) मुर्गी : चिकन
(*c*) घोड़ा : नियंत्रण रखना (*d*) गधा : ब्रे (हाकंना)

30. देशभक्ति : नागरिक
(*a*) नैतिकता : सत्यता (*b*) चरित्र : मूल्य
(*c*) एकाग्रता : छात्र (*d*) श्रद्धांजलि : शहीद

31. पानी : प्यास
(*a*) परिपक्व : फसल (*b*) पुस्तक : अज्ञानता
(*c*) सुई : सिलाई (*d*) वर्षा : सूखा

32. मायावी : कब्जा (M.A.T. 2003)
(*a*) समझदार : तय करें (*b*) हठी : नियंत्रण
(*c*) लोचदार : खिंचाव (*d*) सीधा : चाल

33. बचत : घाटा (PGDTM, 2006)
(*a*) अकाल : कमी (*b*) मानसून : सूखा
(*c*) आवश्यकता : मजदूरी (*d*) ब्रेड : चौड़ाई

34. नियम : संविधान
(*a*) समीकरण : पद (*b*) रॉकेट : पायलट
(*c*) कार्बोरेटर : मिश्रण (*d*) द्विपदीय : एकाक्षिक

35. आयताकार : सिलेंडर
(*a*) स्क्वायर : क्षेत्र (*b*) मंडल : डिस्क
(*c*) त्रिकोण : शंकु (*b*) दीवार : कमरा

36. विद्याडम्बरी : पांडित्य
(*a*) कुंद : राजनीतिज्ञ (*b*) दुश्मन : दोस्ताना
(*c*) कूटनीतिज्ञ : उद्दंड (*d*) पाखंडी : विनम्रता

37. सूक्ति : उपदेशात्मक (M.A.T. 2003)
(*a*) सिद्धांत : अलौकिक (*b*) कहावत : प्रतीकात्मक
(*c*) स्तुति : प्रशंसा (*d*) आलोचना : अनावश्यक

38. धर्म : अनुष्ठान (M.B.A. 2002)
(*a*) विश्वास : अभ्यास (*b*) इंजन : प्रज्वलन
(*c*) आग : माचिस (*d*) संभव : असभव

39. ट्रेलर : चलचित्र (M.A.T. 2001)
(*a*) वाणिज्यिक : उत्पाद (*b*) संस्करण : उपन्यास
(*c*) रंगमंच : प्ले (*d*) ट्रक : जहाज का बोझ

40. शुद्धता : मिलावट
(*a*) अति : उपलब्धता (*b*) विश्वासघात : ईमानदारी
(*c*) दुर्लभ : अल्प (*d*) सिंक : डुबाना

41. समझौता : विरोध
(*a*) अवतरण : जुर्माना (*b*) अक्षांश : प्रतिरोध
(*c*) फूट : विचलन (*d*) गतिरोध : स्वीकार करना

42. बलूत : शंकुधारी
(*a*) वृक्ष : कुंज (*b*) पशु : मांसभक्षी
(*c*) मछली : सागर (*d*) चिम्पांजी : बंदर

43. एम्पीयर : धारा
(*a*) ध्वनि : लहरें (*b*) गति : समय
(*c*) दूरी : किलोमीटर (*d*) ओहम : प्रतिरोध

44. अल्फाबेट्स : शब्द (PGDTM, 2006)
(*a*) गृहकार्य : स्कूल (*b*) क्लब : लोग
(*c*) उत्पाद : फैक्टरी (*d*) पृष्ठ : पुस्तक

45. नदी : महासागर (B.T.M. 2006)
(*a*) चाइल्ड : स्कूल (*b*) लेन : रोड
(*c*) पुस्तक : पुस्तकालय (*d*) कपड़ा : शरीर

46. मानवतावादी : परोपकारी (R.R.B. 2004)
(*a*) अतिथि : असभ्य (*b*) आदर्शवादी : निंदक
(*c*) मेजबान : मेहमाननवाज (*d*) कलाकार : कृत्रिम

47. व्यर्थ : अमूल्य
(*a*) महंगा : कट – दर (*b*) कृपण : परोपकारी
(*c*) मितव्ययिता : धन (*d*) बचत : सस्ता

48. दुष्ट : दुर्जन
(*a*) खर्चोत्तर : अतिव्यापी (*b*) कुख्यात : प्रसिद्ध
(*c*) विनम्र : हर्ष (*d*) हत्यारा : क्रूरता

49. गहने : शरीर
(*a*) भित्ति-चित्र : दीवार (*b*) चित्रकारी : कैनवास
(*c*) प्रकाश : सड़क (*d*) सफाई : अस्पताल

50. गुणगान : सराहने योग्य (M.A.T. 2001)
(*a*) प्रस्तावना : निर्णायक (*b*) आलोचना : ढीठ
(*c*) एकालाप : लंबी (*d*) निंदा : अपमानजनक

51. मशाल : लिबर्टी (M.A.T. 2000)
(*a*) वजन : माप (*b*) शेष राशि : अपक्षपात
(*c*) तराजू : न्याय (*d*) कानून : न्यायालय

52. कॉफी : पेय पदार्थ
(*a*) रोटी : मक्खन (*b*) दूध : चाय
(*c*) बर्गर : स्नैक्स (*d*) अंगूर : शराब

53. परिचय : समाप्ति
(*a*) अभिवादन : विदाई (*b*) जमा : लेना
(*c*) सहयोगी : दुष्ट (*d*) आपस में मिलना : उभरना

54. खुर : घोड़ा
(*a*) अयाल : शेर (*b*) पंजे : बिल्ली
(*c*) पंख : कबूतर (*d*) सिहंग : बुल

55. प्रतिशोधी : दया (M.B.A. 2003)
(*a*) संदिग्ध : भरोसेमंदता (*b*) मामूली : गौरव
(*c*) अंतर्दृष्टि : आशा (*d*) कंजूस : लालच

56. दरिद्र : अमीर
(*a*) विद्वान : वैज्ञानिक (*b*) भद्दा : सुंदर
(*c*) मूल : समृद्ध (*d*) गुस्सा : अमीर

57. अस्थिर : विश्वसनीयता
(*a*) मनमाना : सनकी (*b*) अविश्वसनीय : अमानवीय
(*c*) दृढ़ता : व्यावहारिकता (*d*) तात्कालिक : भविष्यवाणी

58. घूस : राजनीति (PGDTM, 2006)
(*a*) लोकतंत्र : चुनाव (*b*) न्याय : न्यायालय
(*c*) नकल : परीक्षा (*d*) दंड : पाप

59. किक : फुटबॉल (B.T.M. 2006)
(*a*) फेंकना : रिंग (*b*) धुलाई : व्यंजन
(*c*) झाड़ू : स्वीप (*d*) धूल : चीर

60. आह भरना : राहत
(*a*) आंसू : जॉय (*b*) कांपना : डर
(*c*) लापरवाही : दुर्घटना (*d*) पसीना : गर्म

61. काला जादू : भूत
(*a*) रोमांस : कहानियां (*b*) जादू : ताबीज
(*c*) कीमिया : गोल्ड (*d*) जादूगर : आत्माएं

62. रेंज : माउंटेन
(*a*) प्वाइंट : रेखा (*b*) गुलदस्ता : फूल
(*c*) स्कूल : कक्षा (*d*) स्ट्रिंग : बीड

63. बृहस्पति : ग्रह
(*a*) गौरैया : पक्षी (*b*) यमुना : नदी
(*c*) चिल्का : झील (*d*) एवरेस्ट : पीक

64. पाखंड : ईमानदारी
(*a*) साहित्य : दर्शन (*b*) अभिमानी : कुख्यात
(*c*) शायद ही कभी : अक्सर (*d*) हत्या : सहानुभूति

65. गदा : महिमा (Section Officers' 2004)
(*a*) पुस्तक : ज्ञान (*b*) तलवार : सैनिक
(*c*) डिग्री : ज्ञान (*d*) राजा : ताज

66. गन : ट्रिगर (M.I.B. 2005)
(*a*) किक : दर्द (*b*) लैंप : स्विच
(*c*) कुरसी : बांह (*d*) इंजन : ईंधन

67. उधार लें : चोरी करो
(*a*) दर्ज करें : अतिचार करना (*b*) बताओ : बोलो
(*c*) पूछो : बेग (*d*) हिट : मार डालो

68. मोमबत्ती : बाती (I.I.T.T.M. 2006)
(*a*) साइकिल : व्हील (*b*) चूल्हा : आग
(*c*) हथौड़ा : नाखून (*d*) लाइट : बल्ब

69. ताले : गीत
(*a*) कौवे : कुड़कुड़ाना (*b*) बाघ : तीखी आवाज
(*c*) उल्लू : हूट (*d*) ऊंट : मिमियाहट

70. कूल : उदासीन
(*a*) उज्ज्वल : अन्धकारमय (*b*) कुंड : सौम्य
(*c*) थोड़े थोड़े गरम : उष्ण (*d*) कमी : प्रचुर मात्रा में

71. निरक्षर : अशिक्षित
(*a*) देश : राज्य (*b*) शहर : गांव
(*c*) पैलेस : झोपड़ी (*d*) दृष्टिगोचर : दृष्टि

72. डुरिलमिन : विमान
(*a*) पीतल : मिश्र धातु (*b*) पत्थर : मूर्तिकार
(*c*) आयरन : स्टील (*d*) कांस्य : मूर्ति

73. सर्किटस : रूट (M.B.A. 2004)
(*a*) गहन : गहराई (*b*) न्यायिक : चयन
(*c*) चालाक : तर्क (*d*) समस्याग्रस्त : संदेहनिवृत्ति

74. विद्वेष : घृणा (A.T.M.A. 2004)
(*a*) नृत्य : कूदो (*b*) विलाप : रोना
(*c*) परिपक्व : खाओ (*d*) लिखें : पढ़ें

75. मांसभक्षी : शाकाहारी
(*a*) पशु : पक्षी (*b*) मांस : पौधा
(*c*) ऊंट : जिराफ (*d*) घोड़ा : शेर

76. भूमध्य रेखा : अक्षांश
(*a*) आगंतुक : अतिथि (*b*) सुई : दिशा
(*c*) मछली : पानी (*d*) कबूतर : पक्षी

77. धमकाना : मान जाओ ना (M.B.A. 2006)
(*a*) संकल्प : अविवेकी (*b*) निर्देशांक : विघटन
(*c*) अपवित्र करना : फटकार (*d*) स्तुति करना : असंतोष

78. दाग : सम्मान (M.A.T. 2005)
(*a*) बदनामी : अखंडता (*b*) संदेह : प्रतिष्ठा
(*c*) धब्बा : आवरण (*d*) हार : प्रसिद्धि

79. समझौता : मित्रता
(*a*) गुप्त : छुपाएं (*b*) बकवादी : पकड़
(*c*) स्पष्ट : समझाना (*d*) बुजदिल : निर्भीक

80. तैरनेवाला चिह्न लगाना : समुद्र-संधि
(*a*) सफेद रेखा : राजमार्ग
(*b*) लाइट हाउस : जहाज
(*c*) लाल रोशनी : सड़क
(*d*) मानचित्र: यात्रा

हल - अभ्यास 2(J)

1. (b) : पहला दूसरे का प्रकार है।
2. (d) : कारखाने में आपातकाल के समय या ब्रेक के समय ध्वनी करने के लिए सायरन होता है। इसी तरह, लोगों को जगाने के लिए घड़ी में अलार्म होता है।
3. (d) : प्रत्येक जोड़ी में शब्द एक दूसरे के विलोम हैं।
4. (b) : दूसरा उस श्रेणी को दर्शाता है जिससे पहला संबंधित है।
5. (c) : प्रत्येक जोड़ी में शब्द एक दूसरे का विलोम हैं।
6. (a) : दूसरा पहले का सामूहिक समूह है।
7. (c) : पहले पर दूसरा काम करता है।
8. (c) : प्रत्येक जोड़ी में शब्द एक दूसरे का समानार्थी हैं।
9. (d) : पहला दूसरे की कमी की स्थिति को दर्शाता है।
10. (c) : पहला दूसरा द्वारा उत्पादित ध्वनि है।
11. (a) : पहला दूसरे का एक प्रकार है
12. (b) : दूसरा पहले को परिभाषित करने वाली विशेषता है।
13. (a) : दूसरा पहले के लिए कार्यस्थल है।
14. (b) : दूसरा पहले के मामले में किसी व्यक्ति की स्थिति/स्थिति का संकेत करता है।
15. (c) : पहला दूसरे की कमी की स्थिति को दर्शाता है।
16. (c) : मांग से आवश्यकता का संकेत मिलता है और आपूर्ति बिक्री के ऑफर को दर्शाती है।
17. (c) : दूसरा पहला की अधिक तेज कार्रवाई का संकेत करता है।
18. (d) : पहला अपने कार्यों के लिए दूसरे के योग्य है।
19. (c) : दूसरा वह स्थान है जहाँ पहले का उत्पादन किया जाता है।
20. (a) : दूसरा पहले व्यक्ति को निर्वासित करने की स्थिति है।
21. (c) : पहला दूसरे के बाद किया जाता है।
22. (b) : दूसरा खपत के बाद पहले पर प्रभाव को दर्शाता है।
23. (c) : दूसरा पहले का एक और गहन रूप है।
24. (b) : दूसरा सुरक्षा और आराम के लिए पहले पर संरचना है।
25. (c) : इंद्र वर्षा के देवता है। इसी प्रकार, कामदेव प्यार के देवता है।
26. (b) : दूसरा पहले का एक और गहन रूप है।
27. (d) : प्रत्येक जोड़ी में शब्द एक दूसरे के समानार्थी हैं।
28. (d) : पहला स्थान दूसरे के लिए है।
29. (a) : पहले दूसरे की मादा है।
30. (c) : पहला वह गुणवत्ता है जिसे दूसरे में उपस्थित होना चाहिए।
31. (d) : पहले की कमी के कारण दूसरा उत्पन्न होता है।
32. (b) : 'अपमानजनक' का मतलब है 'कब्जा करने में कठिनाई'। इसी तरह, 'हेडस्ट्रांग' का अर्थ है 'नियंत्रण करने में कठिनाई'।
33. (b) : प्रत्येक जोड़ी में शब्द एक दूसरे के विलोम हैं।
34. (a) : दूसरा पहला का हिस्सा है।
35. (c) : पहला, अपने किनारों के साथ घूर्णन करते हुए, दूसरे का निर्माण करता है।
36. (d) : एक पेडेंट (रूढ़िवादी) एक व्यक्ति है जो विद्रोह (विद्वान सीखने) का प्रदर्शन करता है। इसी प्रकार, एक प्रूड (कपटी) महिला है जो विनम्रता का प्रदर्शन करती है।
37. (c) : दूसरा पहले की प्रकृति का वर्णन करता है।
38. (a) : दूसरा एक गतिविधि है जो पहले पर आधारित है।
39. (b) : एक ट्रेलर एक तस्वीर या फिल्म का एक क्लिप है। इसी प्रकार, एक संस्करण एक किताब का एक प्रिंट है।
40. (b) : प्रत्येक जोड़ी में शब्द एक दूसरे का विलोम हैं।
41. (b) : प्रत्येक जोड़ी में शब्द एक दूसरे का विलोम हैं।
42. (d) : ओक शंकुधारी पेड़ों की श्रेणी से संबंधित है। इसी प्रकार, चिम्पांजी लंगूरों के वर्ग से संबंधित है।
43. (d) : पहला दूसरे को मापने की एक इकाई है ।
44. (d) : पहला दूसरे का निर्माण करता है।
45. (b) : पहला दूसरे में मिलता है और समाप्त होता है।
46. (c) : प्रकृति द्वारा पहले को दूसरा होना चाहिए ।
47. (b) : प्रत्येक जोड़ी में शब्द एक दूसरे का विलोम हैं।
48. (a) : प्रत्येक जोड़ी में शब्द एक दूसरे का समानार्थी हैं।
49. (a) : दूसरे को सजाने के लिए पहले का प्रयोग किया जाता है।
50. (d) : दूसरा पहले की प्रकृति का वर्णन करता है।
51. (c) : पहला दूसरे का प्रतीक है।
52. (c) : दूसरा उस श्रेणी को दर्शाता है जिससे पहला संबंधित है।
53. (a) : प्रत्येक जोड़ी में शब्द एक दूसरे का विलोम हैं।
54. (b) : पहला नाम दूसरे के पैरों को दिया गया है।
55. (a) : दूसरा पहले का बिल्कुल विपरीत है।
56. (b) : प्रत्येक जोड़ी में शब्द एक दूसरे का विलोम हैं।
57. (c) : प्रत्येक जोड़ी में शब्द एक दूसरे का समानार्थी हैं।
58. (c) : पहले दूसरे में झूठे साधनों के उपयोग को संदर्भित करता है।
59. (a) : पहला दूसरे के साथ खेलने / उपयोग करने का एक तरीका है।
60. (b) : पहला दूसरे का संकेत है।
61. (d) : नेक्रमैन्सी में भूत के साथ संवाद करके भविष्य की भविष्यवाणी करना शामिल है। इसी तरह, सॉर्सरी (जादूटोना) आत्माओं से संबंधित है।
62. (d) : पहला नाम दूसरे की निरंतर श्रृंखला को दिया गया है।
63. (d) : बृहस्पति सबसे बड़ा ग्रह है। इसी प्रकार, एवरेस्ट सबसे ऊँची चोटी है।
64. (c) : प्रत्येक जोड़ी में शब्द एक दूसरे का विलोम हैं।
65. (c) : पहला दूसरे का प्रतीकात्मक है।
66. (b) : पहले को काम करने के लिए दूसरे को स्थानांतरित करने / दबाने की आवश्यकता है।
67. (a) : दूसरा पहले दर्शायें गए गतिविधि में शामिल होने का एक अवैध तरीके को बताता है।
68. (a) : दूसरा पहले का सबसे आवश्यक कार्यशील हिस्सा है।
69. (c) : दूसरा वह शोर है जिसे पहले द्वारा उत्पादित किया जाता है।
70. (c) : चीजों को जमने के लिए फ्रिज एक चरम स्थान है। इसी प्रकार, टेपिड केवल हल्का गर्म करने और टोर्रिड गर्म कर्ण सूखाने से संबंधित है।
71. (d) : प्रत्येक जोड़ी में शब्द एक दूसरे का समानार्थी हैं।
72. (d) : पहले एक मिश्र धातु है, जिसका इस्तेमाल दूसरे का निर्माण करने के लिए किया जाता है।
73. (c) : पहले दूसरे के घुमावदार तरीके को दर्शाता है।
74. (d) : प्रत्येक जोड़ी में शब्द एक दूसरे का समानार्थी हैं।
75. (b) : मांस खाने वाले मांसाहारी हैं और पौधे खाने वाले जीव शाका. हारी हैं।

76. (*d*) : दूसरा उस श्रेणी को दर्शाता है जिससे पहला संबंधित है।

77. (*d*) : प्रत्येक जोड़ी में शब्द एक दूसरे का विलोम हैं।

78. (*a*) : पहला दूसरे को खराब करने का कार्य है।

79. (*a*) : प्रत्येक जोड़ी में शब्द एक दूसरे का समानार्थी हैं।

80. (*a*) : एक बुई (तैरनेवाला चिह्न) उचित चैनल या जहाज के लिए मार्ग का पालन करने का संकेत करता है; सफेद रेखा राजमार्ग पर वाहनों मार्ग दिखाती है।

प्रकार 4: दोहरी सादृश्यता

अभ्यास 2K

दिशानिर्देश (प्रश्न 1 से 40): निम्नलिखित में से प्रत्येक प्रश्न में, I और II द्वारा संकेतित दो शब्द छोड़े गए हैं। I के स्थान पर आने वाला सही शब्द चार विकल्पों [(1), (2), (3) और (4)] में से एक के रूप में दिया जाता है II के स्थान पर आने वाला सही शब्द चार विकल्पों [(A), (B), (C) और (D)] में से एक के रूप में दिया जाता है। चिह्न (: :) के बायीं ओर दो शब्दों के बीच कुछ संबंध है और वही संबंध चिह्न (: :) के दायीं ओर दो शब्दों के बीच प्राप्त करता है। I और II का सही संयोजन चार विकल्पों (a), (b), (c) और (d) में से एक के रूप में दिया गया है। प्रत्येक प्रश्न में सही संयोजन का पता लगाएं।

1. I : दूरी :: किलोग्राम : II (SNAP, 2004)
I. (1) सुदूर (2) मीटर (3) यूरोप (4) यात्रा
II. (A) भारी (B) औंस (C) वजन (D) शोर
(*a*) 1 (A) (*b*) 2 (A) (*c*) 2 (B) (*d*) 2 (C)

2. I : जड़ें:: हाउस : II
I. (1) फूल (2) वृक्ष (3) शाखाएं (4) ट्रंक
II. (A) फाउंडेशन (B) दीवारें (C) तल (D) मंच
(*a*) 1 (B) (*b*) 2 (A) (*c*) 3 (D) (*d*) 4 (C)

3. I : तलवार :: धागा : II
I. (1) डैगर (2) चाकू (3) योद्धा (4) मार डालो
II. (A) सुई (B) दर्जी (C) रस्सी (D) सिलाई
(*a*) 2 (C) (*b*) 4 (D) (*c*) 1 (A) (*d*) 3 (B)

4. I : जहाज :: प्लेटफॉर्म : II
I. (1) कप्तान (2) घाट (3) बंदरगाह (4) तट
II. (A) कूलि (B) स्टेशन (C) ट्रेन (D) बेंच
(*a*) 2 (C) (*b*) 1 (A) (*c*) 3 (B) (*d*) 4 (D)

5. I : घोड़ा :: ब्रे : II (SNAP, 2004)
I. (1) पड़ोसी (2) खुर (3) सवारी (4) काठी
II. (A) रिले (B) टट्टू (C) वैगन (D) गधा
(*a*) 1 (A) (*b*) 1 (D) (*c*) 2 (D) (*d*) 3 (*c*)

6. I : निष्क्रिय :: सक्रिय : II
I. (1) स्थिर (2) सांखिकी (3) हीलियम (4) वायु
II. (A) जिमनास्ट (B) गतिशील (C) भागीदारी (D) स्मार्ट
(*a*) 1 (B) (*b*) 2 (A) (*c*) 3 (C) (*d*) 4 (D)

7. I : बागवानी :: बल्ले : II
I. (1) कुदाल (2) गार्डनर (3) फूल (4) घास
II. (A) बजाना (B) क्रिकेट (C) बॉल (D) खिलाड़ी
(*a*) 2 (D) (*b*) 4 (A) (*c*) 3 (C) (*d*) 1 (B)

8. I : पिघल गया :: चमक : II
I. (1) तरल (2) बर्फ (3) हीट (4) फ्रीज
II. (A) सुस्त (B) चमकदार (C) प्रकाश (D) रंग
(*a*) 1 (D) (*b*) 2 (C) (*c*) 3 (B) (*d*) 4 (A)

9. I : इंग्लैंड :: लीरा : II (SNAP, 2004)
I. (1) लंदन (2) पौंड (3) राजा (4) कॉलोनी
II. (A) इटली (B) मेक्सिको (C) मंडोलिन (D) पैसा
(*a*) 1 (A) (*b*) 1 (B) (*c*) 2 (A) (*d*) 1 (D)

10. I : गेहूं :: ईंट : II
I. (1) अनाज (2) फील्ड (3) रोटी (4) किसान
II. (A) बिल्डिंग (B) राज (C) मिट्टी (D) भट्टी
(*a*) 1 (A) (*b*) 2 (D) (*c*) 3 (C) (D) 4 (*b*)

11. I : गारलैंड :: स्टार : II
I. (1) इत्र (2) हीरो (3) फूल (4) सम्मान
II. (A) गैलेक्सी (B) चमक (C) सूर्य (D) रात
(*a*) 3 (C) (*b*) 3 (A) (*c*) 2 (D) (*d*) 4 (D)

12. I : वर्ग :: चाप : II
I. (1) रेखा (2) विकर्ण (3) आयताकार (4) परिधि
II. (A) तार (B) मंडल (C) व्यास (D) परिधि
(*a*) 2 (C) (*b*) 3 (A) (*c*) 4 (D) (*d*) 1 (B)

13. I : कभी नहीं :: सभी : II (SNAP, 2004)
I. (1) हमेशा (2) आमतौर पर
(3) शायद ही कभी (4) अक्सर
II. (*a*) कोई नहीं (B) पूरे (C) प्रत्येक (D) कुल
(*a*) 1 (A) (*b*) 2 (B) (*c*) 4 (A) (*d*) 4 (D)

14. I : जल :: थर्मामीटर : II
I. (1) आर्द्रता (2) बारिश (3) कलश (4) वाष्पीकरण
II. (A) तापमान (B) बुध (C) डॉक्टर (D) बुखार
(*a*) 1 (D) (*b*) 3 (B) (*c*) 4 (A) (*d*) 2 (C)

15. I : प्रुन :: बाल : II
I. (1) दाढ़ी (2) लॉन (3) ऊन (4) झाड़ू
II. (A) शेव (B) काटना (C) तराशना (D) शीयर
(*a*) 4 (C) (*b*) 1 (A) (*c*) 2 (B) (*d*) 3 (D)

16. I : गम :: कीड़ा : II
I. (1) बोतल (2) ब्रांड
(3) पाव रोटीलोफ (4) पेड़
II. (A) सिल्क (B) कीट (C) कोकून (D) धागा
(*a*) 1 (B) (*b*) 2 (C) (*c*) 3 (D) (*d*) 4 (A)

17. I : पक्षी :: छप्पर : II (SNAP, 2004)
I. (1) उद्यम (2) उड़ान
(3) प्रवास करना (4) गिरना
II. (A) खलिहान (B) कुत्ता (C) सूखी घास है(*d*) फार्म
(*a*) 2 (A) (*b*) 2 (C) (*c*) 4 (A) (*d*) 4 (D)

18. I : भेड :: आरोग्यआश्रम : II

I. (1) कुत्ता-घर (2) मोड़ (3) चूर करना (4) सुअर पालना
II. (A) घोड़े (B) सैनिक (C) अमान्य (D) मछलियों
(a) 1 (D) (b) 4 (B) (c) 2 (C) (d) 3 (A)

19. I : फूल :: आकाशगंगा : II
I. (1) गार्डन (2) संयंत्र (3) फल (4) पंखुड़ियों
II. (A) गैलेक्सी (B) तारे (c) आकाश (D) ग्रह
(a) 2 (A) (b) 4 (C) (c) 1 (B) (d) 3 (D)

20. I : संविधान :: प्रस्तावना : II (SNAP, 2004)
I. (1) आजादी (2) कानून (3) प्रस्तावना (4) संशोधन
II. (A) प्रशंसा भाषण (B) लिखें मौखिक तर्क
(C) प्ल (D) उपसंहार
(a) 1 (D) (b) 3 (A) (c) 4 (A) (d) 4 (D)

21. I : जेल :: अध्यक्ष : II
I. (1) जेलर (2) कल्पित (3) प्रकोष्ठ (4) वार्डन
II. (A) इलाज (B) संग्रहालय (C) जिज्ञासा (D) परिपक्व
(a) 1 (D) (b) 3 (A) (c) 1 (B) (d) 2 (C)

22. I : लघु :: विश्वासघात : II
I. (1) बौना (2) छोटा (3) लंबा (4) शानदार
II. (A) वफादारी (B) महिमा (C) अपमान (D) सम्मान
(a) 3 (A) (b) 1 (D) (c) 4 (B) (D) 2 (c)

23. I : चारकोल :: कोयला : II
I. (1) ईंधन (2) आग (3) लकड़ी (4) काला
II. (A) भस्म (B) कोक (C) धुआं (D) आग
(a) 2 (D) (b) 1 (A) (c) 4 (C) (d) 3 (B)

24. I : वर्षा :: बांध : II (SNAP, 2004)
I. (1) बादल (2) धुंध
(3) पानी (4) छतरी
II. (A) बिजली (B) बाढ़
(C) उच्च (D) उबड़-खाबड़ मार्ग
(a) 1 (A) (b) 1 (B) (c) 3 (B) (d) 4 (B)

25. I : महासागर :: पत्थर : II
I. (1) ग्लेशियर (2) झील (3) महाद्वीप (4) नदी
II. (A) रॉक (B) कंकड़ (C) ग्रेनाइट (D) पर्वत
(a) 1 (C) (b) 2 (A) (c) 3 (D) (d) 4 (B)

26. I : लेनदेन :: भाषा : II
I. (1) पैसा (2) व्यवसाय (3) अनुबंध (4) समझौता
II. (A) संचार (B) मीडिया (C) वार्तालाप (D) विद्वान
(a) 4 (A) (b) 2 (B) (c) 1 (C) (d) 3 (D)

27. I : झुंड :: स्टार : II
I. (1) भेड़ (2) भेड़ियों (3) मवेशी (4) मछली
II. (A) नक्षत्र (B) ग्रह (C) सौर प्रणाली (D) सूर्य
(a) 2 (C) (b) 4 (B) (c) 3 (A) (d) 1 (D)

28. I : शांतिवादी :: धर्म : II (SNAP, 2004)
I. (1) युद्ध (2) अटलांटिस (3) वस्तु (4) विवेक
II. (A) देवता (B) पवित्र (C) नास्तिक (D) मंत्री
(a) 1 (C) (b) 4 (A) (c) 4 (B) (d) 4 (C)

29. I : बढ़ाना :: उतरना : II
I. (1) बढ़ो (2) घटाएं (3) उदय (4) मूल्य
II. (A) कम करें (B) नीचे (C) चढ़ना (D) माउंटेन
(a) 1 (C) (b) 2 (C) (c) 3 (A) (d) 4 (B)

30. भाग : I :: कक्षा : II
I. (1) धारा (2) पूरे (3) स्कूल (4) छात्र
II. (A) छात्र (B) स्कूल (C) शिक्षक (D) कमरे
(a) 1 (C) (b) 2 (B) (c) 3 (A) (d) 4 (D)

31. जूता : I :: तालिका : II
I. (1) फुट (2) मोजे (3) ऊँची एड़ी (4) फैक्टरी
II. (A) दराज (B) अध्यक्ष (C) लकड़ी (D) बढ़ई
(a) 3 (A) (b) 1 (B) (c) 4 (D) (d) 2 (C)

32. I : कनाडा :: रंगून : II (SNAP, 2004)
I. (1) डेट्रॉइट (2) फ्लोरिडा (3) टोरंटो (4) अल्बर्टा
II. (A) इंडोनेशिया (B) बर्मा
(C) पूर्वी पाकिस्तान (D) सिलोन
(a) 2 (B) (b) 3 (A) (c) 3 (B) (d) 3 (D)

33. बिजली : I :: II : आकाश
I. (1) बादल (2) वर्षा (3) इंद्रधनुष (4) आकाश
II. (A) वर्षा (B) हवा (C) गड़गड़ाहट (D) इंद्रधनुष
(a) 1 (D) (b) 2 (C) (c) 3 (B) (D) 4 (A)

34. I : फेफड़े :: II : नट
I. (1) श्वसन (2) वायु (3) पसलियों (4) सांस
II. (A) खाएं (B) शैल (C) बादाम (D) तेल
(a) 2 (D) (b) 1 (A) (c) 1 (C) (d) 3 (D)

35. I : कुत्ता :: II : बकरी
I. (1) कुतिया (2) पिल्ला (3) बिल्ली (4) बछेड़ा
II. (A) मेमने (B) पशुशावक
(C) टट्टू (D) सुअर पालना
(a) 2 (A) (b) 1 (B) (c) 4 (C) (d) 3 (D)

36. आधुनिक : I :: II : पुराना
I. (1) प्राचीन (2) मौत (3) प्रसिद्ध (4) सभ्यता
II. (A) औद्योगीकरण (B) युवा
(C) फैशन (D) पश्चिमी
(a) 1 (B) (b) 1 (D) (c) 2 (A) (d) 3 (C)

37. I : शीतकालीन :: II : मलेरिया
I. (1) ठंडा (2) रजाई (3) कंपकंपी (4) ऊन
II. (A) मच्छर (B) कुनेन की दवा
(C) बुखार (D) महामारी
(a) 1 (D) (b) 3 (A) (c) 2 (B) (d) 4 (C)

38. स्कूल : I :: अस्पताल : II
I. (1) छात्र (2) शिक्षा (3) ज्ञान (4) किताबें
II. (A) डॉक्टर (B) रोग (C) उपचार (D) दवाएं
(a) 1 (A) (b) 2 (C) (c) 3 (B) (d) 4 (D)

39. विस्फोट : I :: टिड्डा : II
I. (1) बम (2) बर्बाद (3) मलबे (4) धुआं
II. (A) फसल (B) प्रलय (C) कीट (D) फील्ड
(a) 1 (D) (b) 2 (C) (c) 3 (B) (d) 4 (A)

40. शिखर सम्मेलन : सर्वोच्च :: I : II
I. (1) सुंदर (2) चित्र (3) आकर्षक (4) मोहक
II. (A) आरामदायक (B) सुंदर (C) स्वस्थ (D) बहादुर
(a) 1 (B) (b) 2 (A) (c) 3 (A) (b) 4 (D)

दिशानिर्देश *(प्रश्न 41 से 50)*: *निम्नलिखित में से प्रत्येक वाक्य में पहला शब्द है और अंतिम शब्द शेष है। शब्दों के पांच जोड़े में से एक जोडे को चुनें और रिक्त स्थान में भरें ताकि वाक्य सत्य और पूर्ण हो जाए। केवल एक जोडा ही सही है।* (I.A.M. 2000)

41. .... भूमि के लिए है वेसे ही नौसेना है ....

(*a*) जहाज – इन्फैंट्री (*b*) सेना – सागर

(*c*) धरती – सागर (*d*) समुद्री – वाय

(*e*) आगमन – प्रस्थान

42. .... के लिए खोना है, पास .... के लिए है।

(*a*) विन – सफल (*b*) खोया – सफल

(*c*) खोया – असफल (*d*) विन – विफल

(*e*) विन – रन

43. .... घोड़े के लिए है चालक के लिए .... है।

(*a*) माने – वर्दी (*b*) माने – मालिक

(*c*) स्थिर – लिमोसिन (*d*) जॉकी – ऑटो

(*e*) हार्नेस – ऑटो

44. .... जैसा अंतर है वेसे ही जोड़ना है ....

(*a*) बदलें – घटाना (*b*) घटाना – कुल

(*c*) कटौती – घटाएं (*b*) समझौता – वृद्धि

(*e*) वही – अधिक

45. .... के लिए कारक कॉर्क है बॉक्स .... के लिए है।

(*a*) स्पॉट – क्रेट (*b*) शराब – टोपी

(*c*) बोतल – ढक्कन (*d*) बोतल – टोकरी

(*e*) लकड़ी – लड़ो

46. .... पशु के लिए है उसी रूप में रिन्द .... के लिए है।

(*a*) भूसी – अखरोट (*b*) मैन – कठिन

(*c*) भूसी – खरबूजे (*d*) त्वचा – अखरोट

(*e*) त्वचा – खरबूजे

47. .... सेकंड के लिए है उसी प्रकार दिन .... के लिए है।

(*a*) देखें – शुक्रवार (*b*) मिनट – घंटा

(*c*) प्रथम घंटे (*d*) प्रथम – प्रकाश

(*e*) मिनट – शुक्रवार

48. .... के लिए बैल हे उसी तरह है उसी तरह सुअर .... के लिए है।

(*a*) सांड – चॉप (*b*) गाय का मांस – चॉप

(*c*) गाय – सुअरिया (*d*) गाय का मांस – सुअर

(*e*) सांड – सुअर

49. .... सबसे ज्यादा के लिए है बुरे .... के लिए है।

(*a*) बहुत – अंतिम (*b*) अधिक – अंतिम

(*c*) कम – सर्वश्रेष्ठ (*d*) कई – सर्वश्रेष्ठ

(*e*) कई – बदतर

50. .... दोड़ने के लिए है उसी प्रकार धीमी गति .... के लिए है।

(*a*) तीव्र – चहलक़दमी (*b*) तीव्र – ठेहेरना

(*c*) सरपट – फास्ट (*d*) रन – तीव्र

(*e*) गति – देर हो चुकी है

हल – अभ्यास 2(K)

1. (*d*) : पहला दूसरे को मापने की एक इकाई है।

2. (*b*) : दूसरा पहले के आधार पर इसका सहायक हिस्सा है।

3. (*a*) : दूसरा पहले का एक बड़ा रूप है।

4. (*a*) : पहला वह स्थान है जहाँ दूसरा अस्थायी रूप से रूकता है।

5. (*b*) : पहला दूसरा द्वारा उत्पादित ध्वनि है।

6. (*a*) : प्रत्येक जोड़ी में शब्द एक दूसरे का समानार्थी हैं।

7. (*d*) : दूसरा उस गतिविधि को दर्शाता है जिसमें पहले का उपयोग किया जाता है।

8. (*d*) : प्रत्येक जोड़ी में शब्द एक दूसरे का विलोम हैं।

9. (*c*) : पहला उस देश की मुद्रा है, जिसे दूसरे द्वारा दर्शाया जाता है।

10. (*c*) : दूसरा का उपयोग पहले को तैयार करने के लिए किया जाता है।

11. (*b*) : पहला दूसरे का हिस्सा है।

12. (*d*) : पहला दूसरे का हिस्सा है।

13. (*a*) : प्रत्येक जोड़ी में शब्द एक दूसरे का विलोम हैं।

14. (*b*) : पहले में दूसरा शामिल है।

15. (*a*) : दूसरा पहले के अनावश्यक हिस्सों को काटने का कार्य है।

16. (*d*) : दूसरे को पहले से प्राप्त किया जाता है।

17. (*d*) : पक्षियों को पंख बदलने में पंख गिराने के लिए मौल्टिंग की प्रक्रिया से गुजरना पड़ता है। इसी तरह, खेतों को में नई पत्तियों के बढ़ने से पहले पेड़ों को गिराने की अवस्था से गुजरना पड़ता है।

18. (*c*) : पहला वह स्थान है जहाँ दूसरे को रखा जाता है।

19. (*c*) : दूसरा पहले का हिस्सा है।

20. (*b*) : पहला दूसरा का प्रारंभिक हिस्सा है।

21. (*c*) : पहला दूसरे की देखभाल करता है।

22. (*a*) : प्रत्येक जोड़ी में शब्द एक दूसरे का विलोम हैं।

23. (*d*) : दूसरे को पहले से प्राप्त किया जाता है।

24. (*d*) : पहले दूसरे से सुरक्षा प्रदान करता है।

25. (*b*) : दूसरा पहला का बड़ा रूप है।

26. (*c*) : दूसरे के लिए पहला आवश्यक है।

27. (*c*) : दूसरा पहले का सामूहिक समूह है।

28. (*a*) : दूसरा वह नाम है जो पहले की निंदा करता है।

29. (*b*) : प्रत्येक जोड़ी में शब्द एक दूसरे का विलोम हैं।

30. (*b*) : प्रत्येक जोड़ी में शब्दों में आंशिक और संपूर्ण संबंध है।

31. (*a*) : दूसरा पहला का हिस्सा है।

32. (*c*) : दूसरा देश को दर्शाता है जिसमें पहले द्वारा दर्शाया गया शहर स्थित है।

33. (*a*) : बादलों में बिजली चमकती है और आकाश में इंद्रधनुष बनता है।

34. (*d*) : पहला दूसरे का सुरक्षात्मक कवर है।

35. (*a*) : पहले दूसरे का बच्चा है

36. (*a*) : प्रत्येक जोड़ी में शब्द एक दूसरे का विलोम हैं।

37. (*c*) : पहले दूसरे से सुरक्षा प्रदान करता है।

38. (*b*) : पहला दूसरे को प्रदान करने वाला एक संस्थान है।

39. (*c*) : पहले की कार्रवाई के बाद दूसरा बचा हुआ है।

40. (*a*) : प्रत्येक जोड़ी में शब्द एक दूसरे का समानार्थी हैं।

41. (*b*) : पहला रक्षा बल है जो दूसरे पर काम कर रहा है।

42. (*d*) : प्रत्येक जोड़ी में शब्द एक दूसरे का विलोम हैं।

43. (*d*) : पहला नाम दूसरे के पेशेवर राइडर/ड्राइवर को दिया गया है।

44. (*b*) : दूसरा नाम पहले द्वारा दिए गए ऑपरेशन को करने पर प्राप्त परिणाम को दिया गया नाम है।

45. (*c*) : पहले को बंद रखने के लिए दूसरे का इस्तेमाल किया जाता है।

46. (*e*) : पहला दूसरा का ऊपरी आवरण है।

47. (*b*) : सेकेंड से मिनट बनता हैं, और घंटे से दिन बनता हैं।

48. (*d*) : पहला नाम दूसरे के मांस को दिया गया है।

49. (*c*) : प्रत्येक जोड़ी में शब्द एक दूसरे का विलोम हैं।

50. (*a*) : एक दौड़ में तेजी से चलता है और स्ट्रोल में धीरे-धीरे चलता है।

प्रकार 5: एक समान शब्द का चयन करना

इस प्रकार के प्रश्नों में, तीन/चार शब्दों का एक समूह दिया जाता है, इसके बाद चार अन्य शब्दों को विकल्प के रूप में दिया जाता है। सही विकल्प को चुनिये जो दिए गए शब्दों के समान हो।

व्याख्यात्मक उदाहरण

उदा. 1. लखनऊ : पटना : भोपाल : जयपुर (B.T.M. 2006)

(*a*) इंदौर (*b*) पुण (*c*) मैसूर (*d*) शिमला

हल: लखनऊ, पटना, भोपाल और जयपुर क्रमश: विभिन्न भारतीय राज्यों (यूपी, बिहार, एमपी और राजस्थान) के सभी राजधानी शहर हैं। इसी प्रकार, शिमला हिमाचल प्रदेश की राजधानी है। अत: उत्तर (*d*) है।

उदा. 2. सितार : गिटार : तनपुरा

(*a*) ट्रम्पेट (*b*) व्हायोलिन (*c*) हार्मोनियम (*d*) मृदंगा

हल: सितार, गिटार और तनपुरा सभी स्ट्रिंग यंत्र हैं। व्हायोलिन भी एक स्ट्रिंग उपकरण है। अत: उत्तर (*b*) है।

उदा. 3. लिवर : दिल : किडनी (R.R.B. 2004)

(*a*) रक्त (*b*) नाक (*c*) फेफड़े (*d*) मूत्र

हल: लिवर, दिल और गुर्दे मानव शरीर के सभी आंतरिक अंग हैं और इसी तरह फेफड़े भी हैं। इसलिए, उत्तर (*c*) है।

अभ्यास 2L

दिशानिर्देश *(प्रश्न 1 से 35): निम्नलिखित में से प्रत्येक प्रश्न में, तीन/चार अन्तर-संबंधित शब्दों का एक समूह दिया जाता है। दिए गए विकल्पों से एक शब्द चुनें, जो दिए गए शब्दों के समान है और एक ही समूह से संबंधित है।*

1. लोहा : कॉपर : जिंक (R.R.B. 2005)
(*a*) सिरेमिक (*b*) कार्बन (*c*) रजत (*d*) कोक

2. बछड़ा : बच्चे : पिल्ला
(*a*) शिशु (*b*) यंग (*c*) लार्वा (*d*) पशु

3. जूट : कपास : ऊन (R.R.B. 2004)
(*a*) टेरीलीन (*b*) रेशम (*c*) रेयन (*d*) नायलॉन

4. हीरा : नीलमणि : रूबी
(*a*) गोल्ड (*b*) रजत (*c*) एमराल्ड (*d*) कांस्य

5. क्लच : ब्रेक : हॉर्न
(*a*) स्कूटर (*b*) स्टीयरिंग (*c*) कार (*d*) दुर्घटना

6. आलू : गाजर : मूली
(*a*) टमाटर (*b*) पालक (*c*) तिल (*d*) मूंगफली

7. दादा : पिता : भाई (M.B.A. 2000)
(*a*) दामाद (*b*) बेटा (*c*) दामाद (*b*) बेबी

8. ओहम : वाट : वोल्ट
(*a*) लाइट (*b*) बिजली (*c*) घंटा (*d*) एम्पीयर

9. मटर : ग्राम : दालें
(*a*) चावल (*b*) जौ (*c*) बीन्स (*d*) नारियल

10. कनाडा : चिली : जर्मनी
(*a*) स्पेन (*b*) पेरिस (*c*) शिकागो (*d*) ओटावा

11. बैंगनी : ऑरेंज : पीला
(*a*) बैंगनी (*b*) नीला (*c*) सफेद (*d*) गुलाबी

12. संगमरमर : स्लेट : शैल
(*a*) क्वार्टजाइट (*b*) चूना पत्थर (*c*) कोयला (*d*) बलुआ पत्थर

13. चावल : गेहूं : मक्का (R.R.B. 2005)
(*a*) ज्वार-बाजरा (*b*) तंबाकू (*c*) जूट (*d*) कपास

14. बाल : घास : फर
(*a*) पंख (*b*) कपड़ा (*c*) लकड़ी (*d*) चमड़ा

15. पिट्यूटरी : थायराइड : पैंक्रियास
(*a*) एड्रेनल (*b*) दिल (*c*) लिवर (*d*) किडनी

16. शार्क : काड : ईल
(*a*) व्हेल (*b*) डॉल्फिन (*c*) मछली (*d*) ऑयस्टर

17. सोडियम : पोटेशियम : जिंक
(*a*) सल्फर (*b*) कैल्शियम (*c*) पानी (*d*) आयोडीन

18. जड़ : तना : शाखा
(*a*) लकड़ी (*b*) पत्ता (*c*) वृक्ष (*d*) उर्वरक

19. जाम : जेली : अचार
(*a*) मक्खन (*b*) मुरब्बा (*c*) अंगूर (*d*) संरक्षक

20. गुलबहार : ग्रीवत : गुलाब
(*a*) गार्डन (*b*) संयंत्र (*c*) बैंगनी (*d*) लाल

21. पीट : लिग्नाइट : बिटुमिनस
(*a*) ग्रेनाइट (*b*) बेसल्ट (*c*) एंथ्रासाइट (*d*) कोक

22. मुंबई : कोलकाता : मैंगलोर (R.R.B. 2005)
(*a*) हैदराबाद (*b*) कोचीन (*c*) दिल्ली (*d*) जयपुर

23. मिमियाहट : चूर करना : घुरघुर
(*a*) भौंकना (*b*) टरटराना (*c*) दहाड़ना (*d*) चिल्लाओ

24. हार : अंगूठी : चूड़ी
(*a*) बेल्ट (*b*) गहने (*c*) कंगन (*d*) आभूषण

25. सांप : गिरगिट : छिपकली
(*a*) मगरमच्छ (*b*) मेंढक (*c*) कछुए (*d*) व्हेल

26. हैदराबाद : मुंबई : दिसपुर
(*a*) कोचीन (*b*) ट्रॉम्बे (*c*) उदयपुर (*d*) चेन्नई

27. टोकरी : पुल : पान
(*a*) चम्मच (*b*) कटोरा (*c*) कांटा (*d*) चाकू

28. भुजा : कॉर्नर : टिप
(*a*) बर्फ (*b*) हिल (*c*) इंट (*d*) कैप

29. होकायडो : होन्शू : शिकोकू
(*a*) मेडागास्कर (*b*) क्यूशू (*c*) शंघाई (*d*) सिकियांग

30. कोयला : आबनूस : सूट **(M.B.A. 1998)**
(*a*) जंग (*b*) रख
(*c*) काला कोआ (*d*) झेपना

31. कंठ : घाटी : घुमाव
(*a*) मौरैनस (*b*) सहायक नदियों
(*c*) डेल्टास (*d*) पर्वत

32. वनस्पति विज्ञान : प्राणीशास्त्र : कार्डियोलॉजी
(*a*) मोर्फोलॉजी (*b*) भूकंप विज्ञान
(*c*) पैडोलॉजी (*d*) वर्गीकरण

33. मूल : पास्कल : फोरट्रान
(*a*) साइक्लोट्रोन (*b*) कम्प्यूटर (*c*) कोबोल (*d*) भोपाल

34. कंचनजंगा : अनैमुडी : धौलागिरी
(*a*) हिमाद्री (*b*) जस्कर (*c*) नंददेवी (*d*) काराकोरम

35. पैथोलॉजी : कार्डियोलॉजी : रेडियोलॉजी : ओप्थाल्मोलॉजी **(B.T.M. 2006)**
(*a*) भूविज्ञान (*b*) प्राणीशास्त्र (*c*) हेमेटोलॉजी (*d*) जीवविज्ञान

दिशानिर्देश (प्रश्न 36 से 55): निम्नलिखित में से प्रत्येक प्रश्नों में चार वैकल्पिक प्रतिक्रियाएं हैं। सही वैकल्पिक प्रतिक्रिया का चयन कीजिए।

36. निम्नलिखित में से कौन सा **बाढ़, आग, चक्रवात** के समान है? **(R.R.B. 2004)**
(*a*) नुकसान (*b*) भूकंप (*c*) वर्षा (*d*) दुर्घटना

37. निम्नलिखित में से कौन सा **खरगोश, चूहा, तिल** के समान है?
(*a*) मोंगोस (*b*) मेंढक (*c*) केंचुआ (*b*) चींटी

38. निम्नलिखित में से कौन सा **रेडियम, पोलोनियम, यूरेनियम** के समान है?
(*a*) थोरियम (*b*) सेसियम (*c*) बेरियम (*d*) स्ट्रोंटियम

39. निम्नलिखित में से कौन सा **नॉर्वे, पोलैंड, स्पेन** के समान है? **(R.R.B. 2005)**
(*a*) फ्रांस (*b*) रोम (*c*) केन्या (*d*) टोक्यो

40. निम्नलिखित में से कौन सा **दर्जन, स्कोर, दशक** के समान है?
(*a*) सदी (*b*) संख्या (*c*) मापन (*d*) गिनती

41. निम्नलिखित में से कौन सा **गीति-काव्य, गाथागीत, गीत** के समान है?
(*a*) गद्य (*b*) महाकाव्य
(*c*) चौदह पंक्तियों का लघुकाव्य (*d*) सार

42. निम्नलिखित में से कौन सा **फेफड़े, ग्रसनी, ब्रोंचीओल्स** के समान है?
(*a*) वायुकोष्ठिका (*b*) पसलियों (*c*) ग्रासनली (*d*) नेफ्रॉन

43. निम्नलिखित में से कौन सा **मुक्त करो, निः शुल्क, रिलीज** के समान है? **(M.B.A. 1998)**
(*a*) उदार (*b*) छोड़ें (*c*) क्षमा (*d*) अनदेखा करें

44. इनमें से कौन सा **स्टील, कांस्य, पीतल** के समान है? **(R.R.B. 2004)**
(*a*) कैल्साइट (*b*) मैग्नलियम (*c*) मीथेन (*d*) जिंक

45. इनमें से कौन सा **वीविल, भृंग, बेधक** के समान है?
(*a*) दीमक (*b*) जूस (*c*) कीट (*d*) दाद

46. निम्नलिखित में से कौन सा **डोंगी, बेड़ा, वांगन** के समान है?
(*a*) डिंगी (*b*) शैलोट (*c*) चंदवा (*d*) पनडुब्बी

47. इनमें से कौन सा चित्त पर **प्रबाव डालना, अंदरूनी, सूचित करना** के समान है?
(*a*) साक्षात्कार (*b*) संस्थान (*c*) इरादा (*d*) बुद्धिमान

48. इनमें से कौन सा **कथक, बिहू, गरबा** के समान है?
(*a*) कथकली (*b*) पोंगल (*c*) भांगड़ा (*d*) भरतनाट्यम

49. इनमें से कौन सा **भिलाई, राउरकेला, दुर्गापुर** के समान है? **(R.R.B. 2005)**
(*a*) चंडीगढ़ (*b*) बड़ौदा (*c*) लखनऊ (*d*) बोकारो

50. निम्नलिखित में से कौन सा **कलम बंधे का काम, आख बंधना, लेयरिंग** के समान है?
(*a*) खरपतवार (*b*) खुदाई (*c*) फील्ड (*d*) बीज

51. निम्नलिखित में से कौन सा **कुश्ती, कराटे, मुक्केबाजी** के समान है?
(*a*) तैरना (*b*) पोलो (*c*) ध्रुव वॉल्ट (*d*) जूडो

52. इनमें से कौन सा **सियाल, सिमा, आवरण** के समान है?
(*a*) कोर (*b*) क्षुद्रग्रह (*c*) आयनमंडल (*d*) धूमकेतु

53. निम्नलिखित में से कौन सा **मीजल, रेबीज, कैंसर** जैसा ही है?
(*a*) निमोनिया (*b*) मधुमेह (*c*) टेटनस (*d*) हेपेटाइटिस

54. निम्नलिखित में से कौन सा **गणना, सूची, वजन** के समान है? **(R.R.B. 2004)**
(*a*) तुलना करें (*b*) अनुक्रम (*c*) संख्या (*d*) उपाय

55. निम्नलिखित में से कौन सा **सिग्नस, प्लाईड्स, वृश्चिक** जैसा ही है?
(*a*) सिरियस (*b*) ओरियन (*c*) वीनस (*d*) वेगा

हल - अभ्यास 2(L)

1. (*c*) : ये सभी मेटल हैं।
2. (*c*) : ये सभी जानवर के बच्चे हैं।
3. (*b*) : ये सभी नेचुरल फाइबर हैं।
4. (*c*) : ये सभी कीमती स्टोन हैं।
5. (*b*) : ये सभी कार के पार्ट्स हैं।
6. (*d*) : ये सभी जमीन के अंदर बढ़ते हैं।
7. (*b*) : ये सभी रक्त संबंधी हैं।
8. (*d*) : ये सभी इलेक्ट्रिसिटी के यूनिट को मापते हैं।
9. (*c*) : ये सभी प्रोटीन से भरपूर हैं।
10. (*a*) : ये सभी देश हैं।
11. (*b*) : ये सभी इंद्रधनुष के रंग हैं।
12. (*a*) : ये सभी रूपांतरित चट्टानें हैं।
13. (*a*) : ये सभी खाद्य फसलें हैं।
14. (*a*) : ये सभी सतह की रक्षा करते है जिसे वे कवर करते हैं।
15. (*a*) : ये सभी अंतः स्रावी ग्रंथियां हैं।
16. (*b*) : ये सभी मछलियाँ हैं।

17. (*b*) : ये सभी मेटल्स हैं।
18. (*b*) : ये सभी पौधे के भाग हैं।
19. (*b*) : ये सभी अलग–अलग रूप हैं जिनमें फल/सब्जियां को संरक्षित किया जाता है।
20. (*c*) : ये सभी फुल हैं।
21. (*c*) : ये सभी कोयला की विभिन्न किस्मे हैं।
22. (*b*) : ये सभी बंदरगाह हैं।
23. (*a*) : ये सभी जानवरों द्वारा उत्पन्न आवाज हैं।
24. (*c*) : ये सभी ज्वेलरी के आइटम हैं।
25. (*a*) : ये सभी सरीसृप हैं।
26. (*d*) : ये सभी राजधानी हैं।
27. (*b*) : ये सभी कंटेनर के रूप में इस्तेमाल किया जाता है।
28. (*c*) : ये सभी समानार्थी हैं।
29. (*b*) : ये सभी जापानी द्वीप हैं।
30. (*c*) : ये सभी काले रंग में हैं।
31. (*c*) : ये सभी नदियों द्वारा बनाई गई भौतिक विशेषताएं हैं।
32. (*a*) : ये सभी जीवविज्ञान की शाखाएं हैं।
33. (*c*) : ये सभी कंप्यूटर की भाषाएं हैं।
34. (*c*) : ये सभी पहाड़ की चोटियाँ हैं, जबकि अन्य विकल्प पर्वत श्रृंखलाओं के नाम हैं।
35. (*c*) : ये सभी चिकित्सा विज्ञान की शाखाएं हैं।
36. (*b*) : ये सभी प्राकृतिक आपदाएं हैं।
37. (*a*) : ये सभी रोडेंट हैं और होल्स में रहते हैं।
38. (*a*) : ये सभी रेडियोधर्मी तत्व हैं।
39. (*a*) : ये सभी यूरोपीय देश हैं।
40. (*a*) : ये सभी शब्द वस्तुओं की एक निश्चित संख्या के लिए इस्तेमाल किया गया है।
41. (*c*) : ये सभी कविता के रूप हैं।
42. (*a*) : ये सभी श्वसन तंत्र के अंग हैं।
43. (*a*) : ये सभी समानार्थी हैं।
44. (*b*) : ये सभी मिश्र धातु हैं।
45. (*c*) : ये सभी पौधे के कीट हैं।
46. (*a*) : ये सभी बोट प्रकार हैं।
47. (*c*) : इन सभी शब्दों में 'In' प्रिफिक्स के रूप में इस्तेमाल किया गया है।
48. (*c*) : ये सभी उत्तर भारत के लोक नृत्य है।
49. (*d*) : ये सभी स्टील प्लांट के प्रसिद्ध इंडस्ट्रियल टाउन हैं।
50. (*a*) : ये सभी कृषि पद्धतियां हैं।
51. (*d*) : ये सभी मार्शल आर्ट्स हैं।
52. (*a*) : ये सभी पृथ्वी की पपड़ी की परते हैं।
53. (*d*) : ये सभी वायरस के कारण होने वाले रोग हैं।
54. (*d*) : ये सभी मात्रात्मक माप से संबंधित शर्ते हैं।
55. (*b*) : ये सभी राशि चिन्ह के संकेत हैं।

प्रकार 6: सादृश्यता का पता लगाना

इस प्रकार के प्रश्नों में दिए गए शब्दों के बीच छुपी हुए समानता या उभयनिष्ठ विशेषता का पता लगाकर उस शब्द को चुनना है जो दिए गए शब्दों के लिए उभयनिष्ठ विशेषता का रखता हो।

व्याख्यात्मक उदाहरण

उदा. जूडो : कराटे : तायक्वोंडो
(*a*) वे मार्शल आर्ट्स के नाम हैं।
(*b*) वे मोटापे से ग्रस्त व्यक्तियों द्वारा किया जा सकता है।
(*c*) वे मंच पर प्रदर्शन कर रहे हैं।
(*d*) वे एशियाई खेलों के महत्वपूर्ण आइटम हैं।

हल: जूडो, कराटे और तायक्वोंडो मार्शल आर्ट्स के नाम हैं। विकल्प (*a*) सभी तीनों के लिए सबसे उपयुक्त वर्णन है। इसलिए, उत्तर (*a*) है।

अभ्यास 2M

दिशानिर्देश *(प्रश्न 1 से 70)*: *प्रत्येक प्रश्न में तीन शब्द दिए हैं, जिनमें कुछ उभयनिष्ठ गुण हैं। इन तीन शब्दों के लिए, चार दिए गए विकल्पों में से, सबसे उपयुक्त विवरण चुनिये।*

1. बलुआ पत्थर : चूना पत्थर : कोयला
(*a*) ये रूपांतर चट्टानों द्वारा गठित होते हैं।
(*b*) ये रासायनिक खनिज हैं।
(*c*) ये नदी के बिस्तरों में पाए जाते हैं।
(*d*) ये तलछट चट्टानों द्वारा गठित होते हैं।

2. एनालेक्ट्स : जेंड अवेस्ता : तोराह
(*a*) ये पूजा के स्थान हैं।
(*b*) ये मुसलमानों के तीन संप्रदाय हैं।
(*c*) ये धर्मों के नाम हैं।
(*d*) ये धार्मिक किताबों के नाम हैं।

3. मंगल : बुध : शुक्र
(*a*) उनके पास कोई विपरीत गति नहीं है।
(*b*) ये दुष्ट ग्रह हैं।
(*c*) ये पृथ्वी के नजदीक ग्रह हैं।
(*d*) उनके पास कोई भाग्यशाली पत्थर नहीं है।

4. जीएनयू : इमु : कल्र्यु
(*a*) ये तेज धावक हैं। (*b*) ये पक्षी हैं।
(*c*) ये छोटे कीड़े हैं। (*d*) ये पशु कीट हैं।

5. चेन : लिंक : ब्रिज
(*a*) ये सभी हुक है।
(*b*) ये गहने से संबंधित हैं।
(*c*) ये दो भागों में शामिल हो जाते हैं।
(*d*) शर्ते जेल से संबंधित हैं।

6. स्वीप : स्क्रब : वाइप
(*a*) ये रगड़ने से जुड़े शब्द हैं।
(*b*) ये कार्ड के खेल हैं।
(*c*) ये मोटर मैकेनिक्स द्वारा उपयोग की जाने वाली शब्दावली हैं।
(*d*) ये सफाई के साथ जुड़े शब्द हैं।

7. दिल्ली : आगरा : मथुरा
(*a*) वे देश की राजधानियां हैं।
(*b*) यहां उत्तम मंदिर हैं।
(*c*) इनकी धार्मिक पृष्ठभूमि है।
(*d*) वे यमुना नदी के तट पर स्थित हैं।

8. नाइट : रूक : बिशप
(*a*) ये मिशनरी हैं। (*b*) ये शतरंज के खिलाड़ी हैं।
(*c*) ये चर्चमैन हैं। (*d*) ये सेना के रैंक हैं।

9. मगरमच्छ : गिरगिट : कछुआ
(*a*) ये सरीसृप हैं। (*b*) इनके पास कठोर गोले हैं।
(*c*) ये पानी के पास रहते हैं। (*d*) ये रंग बदलते रहते हैं।

10. हिस : हूट : ट्रम्पेट
(*a*) ये कुछ प्राणियों द्वारा बनाई गई आवाजें हैं।
(*b*) ये बच्चों की खुशी से रोते हैं।
(*c*) ये युद्ध-यंत्रों द्वारा बनाई गई आवाजें हैं।
(*d*) शब्दों का इस्तेमाल अंडरवर्ल्ड की गतिविधियों के संबंध में किया जाता है।

11. प्रेस : टेलीविजन : सिनेमा
(*a*) ये मनोरंजन के साधन हैं।
(*b*) ये मास मीडिया के साधन हैं।
(*c*) ये दुनिया भर में समाचार देते हैं।
(*d*) सभी सार्वजनिक उपक्रम हैं।

12. धूमकेतु : सितारे : उपग्रह
(*a*) ये चमकते हुए लोग हैं।
(*b*) ये प्रकाश देते हैं।
(*c*) ये बाएं से दाएं घूर्णन कर रहे हैं।
(*d*) ये स्वर्गीय शरीर हैं।

13. कैनो : नौका : डिंगी
(*a*) ये जनजातीय लोग हैं। (*b*) ये प्रसिद्ध क्लब हैं।
(*c*) ये नौकाओं के नाम हैं। (*d*) ये आराम घर हैं।

14. छाल : गिल्टी रोग : दस्त
(*a*) यह बैक्टीरिया के कारण होने वाली बीमारियां हैं।
(*b*) ये पौधे कीट हैं।
(*c*) ये रोगजनक हैं।
(*d*) ये पेट के संक्रमण हैं।

15. यॉट्स : गालिब : कबीर
(*a*) इन्हें नोबेल पुरस्कार दिया गया था।
(*b*) ये कवि थे।
(*c*) ये सामाजिक सुधारक थे।
(*d*) ये संत थे।

16. वेसुवियस : एटना : किलिमंजारो
(*a*) ये ज्वालामुखी की साइटें हैं।
(*b*) ये इटली की पहाड़ी हैं।
(*c*) ये द्वीप देश हैं।
(*d*) ये ध्रुवीय क्षेत्रों में स्थित हैं।

17. हेमलेट : मैकबेथ : फॉस्टस
(*a*) ये राजा थे।
(*b*) ये शेक्सपियर द्वारा नाटक हैं।
(*c*) ये विभिन्न नाटकों के प्रसिद्ध पात्र हैं।
(*d*) ये पात्र हैं जो हत्यारे थे।

18. बरौनी : डिगबोई : अंकलेश्वर
(*a*) ये तेल क्षेत्रों के लिए प्रसिद्ध हैं।
(*b*) ये प्रसिद्ध धार्मिक स्थान हैं।
(*c*) ये दक्षिण भारत के पर्यटन स्थल हैं।
(*d*) ये हैंडलूम के लिए प्रसिद्ध हैं।

19. महाधमनी : पल्मोनरी : वेंट्रिकल
(*a*) ये नसें हैं जो रक्त की आपूर्ति करती हैं।
(*b*) ये दिल के कुछ हिस्सों के नाम हैं।
(*c*) ये फेफड़ों से संबंधित हैं।
(*d*) ये खाद्य पाइप के विभिन्न वर्ग हैं।

20. वाइपर : क्रेट : मम्बा
(*a*) ये बूट पॉलिश हैं।
(*b*) ये प्रेतवाधित आत्माएं हैं।
(*c*) ये सांप हैं।
(*d*) ये झाड़ियों में रहने वाली कीड़े हैं।

21. पल्पिट : प्यूज : स्टीपल
(*a*) ये एक ग्लेशियर घाटी से जुड़े हुए हैं।
(*b*) ये चर्च से जुड़े हुए हैं।
(*c*) शर्तें रेस कोर्स से जुड़े हुए हैं।
(*d*) ये एक पौधे के हिस्से हैं।

22. पालक : मेथी : अजवाइन
(*a*) ये कैक्टस पौधे हैं। (*b*) ये जंगली फूल हैं।
(*c*) ये जंगली पौधे हैं। (*d*) ये पत्तेदार सब्जियां हैं।

23. अंडाशय : ऊतक : गर्भाशय ग्रीवा
(*a*) ये उत्सर्जित अंग हैं। (*b*) ये प्रजनन अंग हैं।
(*c*) ये एंडोक्राइन ग्रंथियां हैं।
(*d*) ये पौधों में निषेचन के लिए अंग हैं।

24. प्यार : सम्मान : सहानुभूति
(*a*) ये भावनाएं हैं। (*b*) ये भावनाएं हैं।
(*c*) ये पारस्परिक नहीं हैं।
(*d*) ये प्रदर्शित नहीं किया जा सकता है।

25. टोला : माशा : रत्ती
(*a*) ये समय की इकाइयां हैं।
(*b*) ये जंगली पौधों के फल हैं।
(*c*) ये वजन की इकाइयां हैं।
(*d*) ये आयुर्वेद में उपयोग की जाने वाली शर्तें हैं।

26. क्वान्जा : फ्रैंक : लेम्पीरा
(*a*) ये प्राचीन कस्बे हैं।
(*b*) ये रियासतें हैं।
(*c*) ये प्रसिद्ध मछली पकड़ने के मैदान हैं।
(*d*) ये मुद्राएं हैं।

27. एफिड्स : घुन : टिड्डियां
(*a*) ये पौधे कीट हैं।
(*b*) ये लकड़ी को नुकसान पहुंचाते हैं।
(*c*) ये होस्ट के अंदर रहते हैं।
(*d*) ये मवेशियों में बीमारियां के कारण हैं।

28. येनेसी : ओरिनोको : मार्केजी

(*a*) ये छोटी गोलियां हैं।
(*b*) ये समुद्री बंदरगाह हैं।
(*c*) ये नदियों के नाम हैं।
(*d*) ये समृद्ध कृषि भूमि हैं।

29. गाँठ : वाट : फाथॉम

(*a*) नाविकों द्वारा इन शब्दों का उपयोग किया जाता है।
(*b*) इन शब्दों को बिजली स्थापित करने के लिए उपयोग किया जाता है।
(*c*) शब्द रस्सी से जुड़े हुए हैं।
(*d*) ये माप की इकाइयां हैं।

30. निसान : टोयोटा : इसुजू

(*a*) ये जापान के शहर हैं। (*b*) ये जापान में बंदरगाह हैं।
(*c*) ये जापान की कारें हैं। (*d*) ये टेली कार्यक्रम हैं।

31. मेजेनता : फॉन : फिरोजा

(*a*) ये समुद्री जीव हैं। (*b*) ये प्रवासी पक्षी हैं।
(*c*) ये कीमती और अर्द्ध कीमती पत्थर हैं।
(*d*) ये रंग हैं।

32. मुंडा : गद्दी : शम्पेन्स

(*a*) ये चारा की किस्में हैं।
(*b*) ये विभिन्न प्रकार के चरागाह हैं।
(*c*) ये जनजातीय समूह हैं।
(*d*) ये अच्छे पर्वतारोही हैं।

33. मिशिगन : बाइकल : निकारागुआ

(*a*) ये झीलों के नाम हैं। (*b*) ये शहरों के नाम हैं।
(*c*) ये यूरोप के देश हैं। (*d*) ये अच्छे व्यापार केंद्र हैं।

34. झपकी : ऊंघना : अल्प निंद्रा

(*a*) ये चिकित्सा पद हैं। (*b*) ये शब्द नींद से जुड़े हुए हैं।
(*c*) ये शब्द शांति से जुड़े हैं।
(*d*) ये सोममबुलिज्म के पहले लक्षण हैं।

35. अरब : लैब्राडोर : स्कैंडिनेविया

(*a*) ये द्वीपों के नाम हैं।
(*b*) ये मुस्लिम देश हैं।
(*c*) यहां मछली पकड़ने के मैदान हैं।
(*d*) ये प्रायद्वीप के नाम हैं।

36. कोलंबस : मैगेलन : वास्को डी गामा

(*a*) ये प्राचीन खगोलविद हैं।
(*b*) ये प्राचीन नाविक हैं।
(*c*) उन्होंने कुछ एशियाई देशों की खोज की।
(*d*) ये एक जहाज डिजाइन करने वाले पहले व्यक्ति थे।

37. चेरी : जामुन : खुबानी

(*a*) ये क्रीपर पर उगते हैं।
(*b*) इन्हें गर्म जलवायु की जरूरत है।
(*c*) ये बहुत महंगे फल हैं।
(*d*) उनके अंदर एक कठोर पत्थर है।

38. आबनूस : रोज़वुड : महोगनी

(*a*) ये समशीतोष्ण क्षेत्रों के पेड़ हैं।
(*b*) ये दृढ़ लकड़ी के पेड़ हैं।
(*c*) ये ईंधन के लिए अच्छी लकड़ी पैदा करते हैं।
(*d*) ये शंकुधारी पेड़ हैं।

39. हरा : बैंगनी : ऑरेंज

(*a*) ये प्राथमिक रंग हैं।
(*b*) ये रंग इंद्रधनुष में एक साथ होते हैं।
(*c*) ये अन्य रंगों को मिलाकर बनाए जाते हैं।
(*d*) ये रंग तितलियों में नहीं पाए जाते हैं।

40. बोरलाग : भारेंदु : बिड़ला

(*a*) ये प्रसिद्ध वैज्ञानिक हैं।
(*b*) ये महान योद्धा हैं।
(*c*) इन्होंने साहित्य के क्षेत्र में काम किया।
(*d*) ये पुरस्कार से जुड़े हुए हैं।

41. नीलमणि : रूबी : टॉपज

(*a*) ये मछलियों के परिवार से संबंधित हैं।
(*b*) ये कीमती खनिज हैं।
(*c*) ये कीमती पत्थरों हैं।
(*d*) ये अपघर्षक के रूप में उपयोग किया जाता है।

42. पेट्रोल : फॉस्फोरस : एलपीजी

(*a*) ये ईंधन हैं।
(*b*) ये अत्यधिक ज्वलनशील हैं।
(*c*) ये परमिट के बिना बेचा नहीं जा सकता है।
(*d*) भारत इन्हें आयात करता है।

43. अर्जुन : उद्धव : सुदामा

(*a*) ये पांडव थे। (*b*) ये सभी राजकुमार थे।
(*c*) ये महान योद्धा थे। (*d*) ये कृष्ण के मित्र थे।

44. सारस : हंस : बतख

(*a*) ये साइबेरिया से भारत चले गए।
(*b*) ये पानी के पक्षी हैं।
(*c*) ये सफेद हैं।
(*d*) प्रजातियां गायब हो रही हैं।

45. मजलिस : डायट : केसेट

(*a*) ये विदेशी भाषाएं हैं।
(*b*) ये देश के संसद हैं।
(*c*) ये अलग-अलग देशों में खाने वाले खाद्य पदार्थों के नाम हैं।
(*d*) ये कुछ देशों के पुराने नाम हैं।

46. सारनाथ : कपिलवस्तु : सांची

(*a*) ये बड़े पैमाने पर स्तम्भ वाले स्थान हैं।
(*b*) ये भगवान बुद्ध से जुड़े हुए हैं।
(*c*) ये पत्थर की गुफाओं के लिए प्रसिद्ध हैं।
(*d*) इनके प्राचीन विश्वविद्यालय हैं।

47. अभि भट्टाचार्य : उत्पल दत्त : सत्यजीत रे

(*a*) ये चरित्र अभिनेता हैं।
(*b*) ये बंगाली फिल्मों के निदेशक हैं।
(*c*) ये प्रसिद्ध अभिनेता हैं जिन्हें पद्मश्री सम्मान से सम्मानित किया गया था।
(*d*) ये सभी भूतपूर्व सिल्वर स्क्रीन के व्यक्तित्व बंगाल के थे।

48. थीटा : फाई : ओमेगा

(*a*) ये लैटिन वर्णमाला हैं।
(*b*) ये बीजगणित के संकेत हैं।
(*c*) ये यूनानी अक्षर हैं।
(*d*) इन्हें भौतिक व्युत्पन्न में उपयोग किया जाता है।

49. पौरूष : बड़ा जीवर्नब : सहनशक्ति

(*a*) सभी पद दवाओं से संबंधित हैं।
(*b*) सभी पद लड़ने के लिए एक की वृत्ति से संबंधित हैं।

(*c*) सभी पद सहिष्णुता के लिए एक माप हैं।
(*d*) सभी पद आंतरिक शक्ति से संबंधित हैं।

50. मायोसिन : कोलेजन : एक्टिन
(*a*) ये प्रोटीन हैं।
(*b*) ये एंजाइमों के नाम हैं।
(*c*) ये रक्त के घटक हैं।
(*d*) ये हार्मोन के नाम हैं।

51. क्लोरीन : फ्लूराइन : आयोडीन
(*a*) ये निष्क्रिय गैसों के नाम हैं।
(*b*) ये कमरे के तापमान पर गैस हैं।
(*c*) ये संक्रमण तत्व हैं।
(*d*) ये हलोजन हैं।

52. प्राकृत : पाली : संस्कृत
(*a*) ये एशिया और यूरोप की शास्त्रीय भाषाएं हैं।
(*b*) वेदों को इन भाषाओं में लिखा गया है।
(*c*) ये भारत की पुरानी भाषाएं हैं।
(*d*) ये मृत भाषाएं हैं।

53. विंची : एंजेलो : राफेल
(*a*) ये इतालवी इंजीनियरों थे। (*b*) ये यूरोपीय चित्रकार थे।
(*c*) ये तानाशाह थे। (*d*) ये प्रसिद्ध राजनेता थे।

54. भोला-भाला : निष्कपटता : निश्छल
(*a*) सभी शब्द बुरे समाज शिष्टाचार से जुड़े हैं।
(*b*) अपराधियों के लिए इन शब्दों का उपयोग किया जाता है।
(*c*) ये तकनीकी शब्द हैं जिनका उपयोग सामाजिक कार्यकर्ता पिछड़े क्षेत्रों में करते हैं।
(*d*) ये निर्दोषता के विभिन्न आयामों को चित्रित करते हैं।

55. क्रोम : ओचर : लेमन
(*a*) ये फूलों के नाम हैं। (*b*) ये टुंड्रा पौधों के फल हैं।
(*c*) ये पीले रंग के रंग हैं। (*d*) ये खट्टे फल हैं।

56. कान्हा : पेरियार : दचिगम
(*a*) ये प्रसिद्ध लैगून हैं। (*b*) ये पहाड़ी स्टेशन हैं।
(*c*) ये पशु अभयारण्य हैं। (*d*) ये पर्वत शिखर हैं।

57. जेम्स बॉण्ड : शर्लक होम्स : हरक्यूलिस पोइरेट
(*a*) ये निजी जासूस हैं। (*b*) ये C.B.I. के एजेंट हैं।
(*c*) ये जासूसी कथा के पात्र हैं। (*d*) ये केवल जासूस एजेंट हैं।

58. मद्रास : विशाखापत्तनम : रंगून
(*a*) ये भारतीय नौसेना के आधार हैं।
(*b*) वे बंगाल की खाड़ी के तट पर स्थित बंदरगाह हैं।
(*c*) ये राज्यों की राजधानियां हैं।
(*d*) ये अपने वास्तुकला के लिए प्रसिद्ध हैं।

59. किट्टीवीक : गुल : अल्बट्रॉस
(*a*) ये तालाबों में पाए जाते हैं। (*b*) ये मछलियों को खाते हैं।
(*c*) ये मछलियों की नस्लें हैं। (*d*) ये समुद्री पक्षी हैं।

60. रिकेट्स : स्कर्वी : बेरी-बेरी
(*a*) ये कीड़े हैं। (*b*) ये संक्रामक रोग हैं।
(*c*) ये विटामिन की कमी के कारण होने वाली बीमारियां हैं।
(*d*) ये कुछ कीट काटने से होने वाली बीमारियां हैं।

61. केनेडी : इंदिरा : पाल्मे
(*a*) ये राष्ट्रपतियों थे।
(*b*) ये प्रधान मंत्री थे।
(*c*) ये बच्चों के बीच बहुत लोकप्रिय थे।
(*d*) उन सभी की हत्या कर दी गई थी।

62. प्रजातियां : वंश : परिवार
(*a*) ये जैविक शब्द हैं।
(*b*) ये वर्गीकरण के लिए जीवित चीजों के बारे में जानकारी देते हैं।
(*c*) ये पशु प्रजाती के लक्षण हैं।
(*d*) ये जानवरों के समूह हैं।

63. राउरकेला : बोकारो : दुर्गापुर
(*a*) यहां इस्पात संयंत्र हैं।
(*b*) यहां कोयले की खान है।
(*c*) यहां परमाणु ऊर्जा संयंत्र हैं।
(*d*) यहां सर्वश्रेष्ठ तकनीकी कॉलेज हैं।

64. अल्बर्टा : ओन्टारियो : क्यूबेक
(*a*) ये नदियों पर शहर हैं।
(*b*) ये पर्यटन स्थल हैं।
(*c*) ये कनाडाई राज्य हैं।
(*d*) यहां अच्छे बंदरगाह हैं।

65. सुपरनोवा : प्रोटोस्टार : रेड जायंट
(*a*) ये सितारों के प्रकार हैं।
(*b*) ये आकाशगंगाओं के सदस्य हैं।
(*c*) ये एक तारे के जीवन के चरण हैं।
(*d*) यहां सूर्य से संबंधित गति हैं।

66. अंत:प्रकोष्ठिका : प्रोटोस्टार : अंतर्जंघिका
(*a*) ये मांसपेशियों हैं।
(*b*) ये मूत्र प्रणाली के अंग हैं।
(*c*) ये रक्त समूहों के लिए तकनीकी नाम हैं।
(*d*) ये हड्डियां हैं।

67. देविका रानी : सोहराब मोदी : राज कपूर
(*a*) ये महान निर्देशक थे।
(*b*) उनके क्रेडिट में उनकी सबसे बड़ी फिल्में हैं।
(*c*) उन्हें दादा साहेब फाल्के पुरस्कार मिला।
(*d*) उन्हें बहुत प्रतिष्ठित पुरस्कार पद्मश्री से सम्मानित किया गया।

68. जादूगर : इंद्रजाल : काला जादू
(*a*) ये प्राचीन कलाएं मूर्तियों में पाए जाते हैं।
(*b*) ये काले जादू से जुड़े शब्द हैं।
(*c*) ये प्राचीन लिपियों हैं।
(*d*) वे पूर्व ऐतिहासिक युग के संचार के साधन हैं।

69. नौकर : नौकरानी : सेवक
(*a*) ये रेस्तरां में नियोजित हैं।
(*b*) ये लोग हैं जो बच्चों की देखभाल करते हैं।
(*c*) ये विभिन्न प्रकार के नौकर हैं।
(*d*) ये घर के सदस्य हैं।

70. रकाब : निहाई : ढोल
(*a*) ये सवार द्वारा उपयोग किये जाते हैं।
(*b*) ये कान के कुछ हिस्से हैं।
(*c*) ये संगीत वाद्ययंत्र हैं।
(*d*) ये लोक कलाकारों द्वारा उपयोग किया जाता है।

दिशानिर्देश (प्रश्न 71 से 100): *नीचे दिए गए प्रत्येक प्रश्न में तीन शब्द दिए गए हैं, जिनमें आपस में कुछ समानताएं हैं। दिए गए चार विकल्पों में से एक को चुनें, जिसमें दिए गए तीन शब्दों के समान गुणवत्ता या समानता हो।*

71. गेहूं : जौ : चावल
(*a*) खाद्य (*b*) कृषि (*c*) चना (*d*) अनाज

72. यॉट्स : गालिब : कबीर
(*a*) सुधारक (*b*) कवि (*c*) संत (*d*) नेता

73. बुध : शनि : प्लूटो
(*a*) मंगल (*b*) पृथ्वी (*c*) ग्रह (*d*) बृहस्पति

74. रॉकीज : अप्लेशियन : एडीज (R.R.B. 2002)
(*a*) परिसर (*b*) ढलान (*c*) चोटियों (*d*) हिल्स

75. वॉलीबॉल : हॉकी : फुटबॉल
(*a*) खिलाडी (*b*) खेल (*c*) बेसबॉल (*d*) एक्वाटिक्स

76. मूंगफली : तिल : सरसों
(*a*) अनाज (*b*) फलियां
(*c*) पत्तेदार सब्जियां (*d*) तिलहन

77. चौकी : मेज : कुर्सी
(*a*) कार्यालय (*b*) कालीन (*c*) बेंच (*d*) फर्नीचर

78. परादीप : हल्दिया : कांडला
(*a*) औद्योगिक केंद्र (*b*) जहाज
(*c*) बंदरगाह कस्बों (*d*) तटीय शहरों

79. दोहा : चौदह पंक्तियों का लघुकाव्य : तुक्तक
(*a*) प्रोज (*b*) गाने (*c*) गीत (*d*) कविता

80. केरोसिन : पेट्रोल : डीजल
(*a*) फायरवुड (*b*) इंजन (*c*) ईंधन (*d*) कोयला

81. चना : अनाज : पाउंड
(*a*) मुद्रा (*b*) वस्तुएं (*c*) अनाज (*d*) वजन

82. शेर : बाघ : तेंदुए
(*a*) शाकाहारी (*b*) मांसभक्ष (*c*) चिड़ियाघर (*d*) सर्कस

83. तताया : झींगुर : भृंग
(*a*) कीड़े (*b*) रोगजनक (*c*) सूक्ष्मजीव (*d*) कीटनाशक

84. ग्रेफाइट : डायमंड : कोक
(*a*) अपरूप (*b*) अपघर्षक (*c*) इलेक्ट्रोड (*d*) ईंधन

85. कोयला : लौह : मायका
(*a*) गोल्ड (*b*) रॉक (*c*) पृथ्वी (*d*) खनिज

86. कोलोराडो : सीन : वोल्गा
(*a*) बंदरगाह (*b*) नदियां (*c*) झीलें (*d*) अनाथालय

87. गिग्गल : टिटर : गुफ्फव
(*a*) हैप्पीनेस (*b*) जॉय (*c*) लाफ (*d*) मेर्रिमेंट

88. मक्खी : मधुमक्खी : चींटी
(*a*) कॉकरोच (*b*) स्पाइडर (*c*) दीमक (*d*) कीट

89. जालसाज : झूठी बात : कूटकरण करना
(*a*) तस्करी (*b*) छल
(*c*) झूठी (*d*) डिजाइन किया गया

90. पशुशावक : बछड़ा : बिल्ली का बच्चा
(*a*) वंश (*b*) गाय
(*c*) आकर्षक (*d*) हानिरहित

91. बछड़ा : बाम मछली : घोड़े का बच्चा
(*a*) शिकारी (*b*) युवा
(*c*) महिला जानवर (*d*) जंगली जानवरों

92. हैट : कोट : पतलून
(*a*) पोशाक (*b*) दर्जी (*c*) शर्ट (*d*) सज्जनो

93. क्यात : युआन : रियाल
(*a*) राष्ट्रीयताएं (*b*) राजधानियां
(*c*) मुद्राएं (*d*) संसद

94. शिन : इंचरण : बछड़ा
(*a*) पैर के भाग (*b*) पशु मांस (*c*) युवा (*d*) मांस

95. कैप : पगड़ी : हैट
(*a*) टोपी (*b*) छतरी (*c*) बाल (*d*) सुरक्षा

96. हरमट्ट : चिनूक : फोहेन (M.B.A. 1998)
(*a*) मछलियां (*b*) पक्षी (*c*) हवाएं (*d*) कीड़े

97. चाक : घन : पुश्ता
(*a*) खेल (*b*) मिट्टी (*c*) धोखा देना (*d*) चौगान

98. समाचार पत्र : होर्डिंग : टेलीविजन
(*a*) प्रेस (*b*) मीडिया (*c*) प्रसारण (*d*) अफवाह

99. बैंटस : खासी : माओरिस
(*a*) जनजातीय समूह (*b*) चरवाहा
(*c*) चरागाह भूमि (*d*) पर्वतारोही

100. वोट : मतपत्र : पोल
(*a*) चुनाव (*b*) नामांकन (*c*) चयन (*d*) भागीदारी

हल – अभ्यास 2(M)

1. (*d*)	**2.** (*d*)	**3.** (*c*)	**4.** (*b*)	**5.** (*c*)	**6.** (*d*)	**7.** (*d*)	**8.** (*b*)	**9.** (*a*)	**10.** (*a*)	**11.** (*b*)	**12.** (*d*)
13. (*c*)	**14.** (*a*)	**15.** (*b*)	**16.** (*a*)	**17.** (*c*)	**18.** (*a*)	**19.** (*b*)	**20.** (*c*)	**21.** (*b*)	**22.** (*d*)	**23.** (*b*)	**24.** (*d*)
25. (*c*)	**26.** (*d*)	**27.** (*a*)	**28.** (*c*)	**29.** (*d*)	**30.** (*c*)	**31.** (*d*)	**32.** (*c*)	**33.** (*a*)	**34.** (*b*)	**35.** (*d*)	**36.** (*b*)
37. (*d*)	**38.** (*b*)	**39.** (*c*)	**40.** (*d*)	**41.** (*c*)	**42.** (*b*)	**43.** (*d*)	**44.** (*b*)	**45.** (*b*)	**46.** (*b*)	**47.** (*d*)	**48.** (*c*)
49. (*d*)	**50.** (*a*)	**51.** (*d*)	**52.** (*c*)	**53.** (*b*)	**54.** (*d*)	**55.** (*c*)	**56.** (*c*)	**57.** (*c*)	**58.** (*b*)	**59.** (*d*)	**60.** (*c*)
61. (*d*)	**62.** (*b*)	**63.** (*a*)	**64.** (*a*)	**65.** (*c*)	**66.** (*d*)	**67.** (*c*)	**68.** (*b*)	**69.** (*c*)	**70.** (*b*)	**71.** (*d*)	**72.** (*b*)
73. (*c*)	**74.** (*a*)	**75.** (*b*)	**76.** (*d*)	**77.** (*d*)	**78.** (*c*)	**79.** (*d*)	**80.** (*c*)	**81.** (*d*)	**82.** (*b*)	**83.** (*a*)	**84.** (*a*)
85. (*d*)	**86.** (*b*)	**87.** (*c*)	**88.** (*d*)	**89.** (*c*)	**90.** (*a*)	**91.** (*b*)	**92.** (*a*)	**93.** (*c*)	**94.** (*a*)	**95.** (*a*)	**96.** (*c*)
97. (*d*)	**98.** (*b*)	**99.** (*a*)	**100.** (*a*)								

प्रकार 7: बहु-वचन सादृश्यता

इस प्रकार के प्रश्नों में, तीन या चार अंतर-संबंधित शब्दों का एक समूह दिया जाता है। इन शब्दों के बीच संबंधों का पता लगाकर प्रदान किए गए विकल्पों में से समान संबंध वाले दूसरे समूह का चयन करना होता है।

व्याख्यात्मक उदाहरण

उदा. 1. पेन : पेंसिल : इंक

(*a*) नारंगी : केले : रस (*b*) मेज : कुर्सी : लकड़ी
(*c*) गाय : दूध : दही (*d*) मछली : शार्क : पानी

हल: कलम में स्याही होती है और पेंसिल, पेन यानी स्टेशनरी के समान श्रेणी से संबंधित होती है। इसी प्रकार, नारंगी में रस होता है और केले, नारंगी यानी फल के समान श्रेणी से संबंधित होता है। अत: उत्तर (*a*) है।

उदा. 2. संवाददाता : समाचार : समाचार पत्र (R.R.B. 2006)

(*a*) सड़क : वाहन : गंतव्य (*b*) बादल : पानी : तालाब
(*c*) किसान : फसल : भोजन (*d*) राज : सीमेंट : निर्माण

हल: जैसे एक संवाददाता समाचार पत्र के लिए समाचार एकत्र करता है और स्वरूपित करता है, वैसे ही एक किसान भी भोजन के लिए फसलों को बढ़ाता है और फसल देता है। अत: उत्तर (*c*) है।

उदा. 3. तहसील : जिला : राज्य : देश (M.B.A. 2005)

(*a*) मेट्रोपॉलिटन : मेगापोलिस : टाउन : सिटी
(*b*) ब्लॉक : कॉलोनी : जोन : शहर
(*c*) प्रांत : जिला : राज्य : देश
(*d*) मध्य प्रदेश : महाराष्ट्र : मुंबई : विक्टोरिया टर्मिनस

हल: दिए गए समूह में निम्नतम से उच्चतम स्तर के क्रम में, पदानुक्रमिक प्रणाली के चार पद होते हैं। (*b*) के घटकों के बीच एक समान संबंध मौजूद है। अत : उत्तर (*b*) है।

अभ्यास 2N

दिशानिर्देश: ***निम्नलिखित प्रत्येक प्रश्न में, कुछ शब्द दिए गए हैं जो किसी न किसी तरह से संबंधित हैं। इसके तहत दिए गए चार विकल्पों में से एक में शब्दों के बीच समान संबंध है। सही विकल्प ढूंढें।***

1. हड्डी : कंकाल : तंत्रिका (Hotel Management, 1999)
(*a*) हाउस : दरवाजा : खिड़की (*b*) छड़ : व्हील : हैंडल
(*c*) नेत्रपटल : आंख : पुतली (*d*) बर्फ : बादल : बर्फ

2. पत्रिका : कहानी : अनुच्छेद
(*a*) चाय : दूध : चीनी
(*b*) टेलीविजन : समाचार पत्र : मनोरंजन
(*c*) बिस्तर : रजाई : तकिया (*d*) उपन्यास : नाटक : साहित्य

3. मांसाहारी : बाघ : वुल्फ
(*a*) आम : केले : फल (*b*) कर्मचारी : मास्टर : प्रबंधक
(*c*) बिल्ली : गाय : दूध (*d*) छात्र : लड़का : लड़की

4. वाष्पीकरण : बादल : बारिश
(*a*) छींकना : खांसी : ठंडा (*b*) दुर्घटना : चोट : दर्द
(*c*) टैनिंग : चमड़ा : पर्स (*d*) बड : फूल : सुगंध

5. कुत्ता : गिलहरी : पूंछ
(*a*) कुटिया : झोपड़ी : पैलेस (*b*) मछली : मगरमच्छ : पानी
(*c*) घोड़ा : बैल : हॉर्न (*d*) ट्रक : स्कूटर : गियर

6. चेयर : दरवाजा : छड़ी
(*a*) टमाटर : आलू : बैंगन (*b*) राज : बढ़ई : मोची
(*c*) मूर्ति : ईंट : मटकी (*d*) पुस्तक : पेन : नोटबुक

7. फर्नीचर : टेबल : अल्मिराह (Hotel Management, 1999)
(*a*) भवन : दीवार : ईंट (*b*) फल : ऑरेंज : ऐप्पल
(*c*) मां : पिताजी : बहन (*d*) सागर : सड़क : शहर

8. शिकार : खुशी : आतंक
(*a*) मौत : रोग : रोगाणु (*b*) खेल : मैच : जीत
(*c*) चोरी : लाभ : हानि (*d*) बारिश : बादल : बाढ़

9. गांव : शहर : उपनगर
(*a*) पिल्ला : कुत्ता : कुतिया
(*b*) स्कूल : कॉलेज : विश्वविद्यालय
(*c*) महाद्वीप : देश : राज्य
(*d*) ट्रांजिस्टर : रेडियो : टेलीविजन

10. चित्र : घड़ी : दीवार
(*a*) तकिया : रजाई : बिस्तर (*b*) पेन : पेंसिल : रंग
(*c*) फूल : गार्डन : पार्क (*d*) फुटपाथ : सड़क : राजमार्ग

11. छिपकली : सरीसृप : कीड़े
(*a*) लोमड़ी : भेड़िया : वन (*b*) मक्खी : कीट : मधुमक्खी
(*c*) आदमी : सर्वव्यापी : मांस (*d*) बाघ : स्तनपायी : हिरण

12. कक्षा : स्कूल : छात्र (Hotel Management, 1999)
(*a*) गेंद : बल्ले : पिच (*b*) बहन : परिवार : भाई
(*c*) हाथ : शरीर : उंगली (*d*) पत्ता : पेड़ : रूट

13. घोड़ा : घोड़े का बच्चा : घोड़ी
(*a*) भेड़ : भेड़ का बच्चा : बकरी
(*b*) शेर : क्यूब : डेन (*c*) मैन : चाइल्ड : वुमन
(*d*) बिल्ली : बिल्ली का बच्चा : पिल्ला

14. इंक : पेन : पेपर
(*a*) देखें : डायल करें : पट्टा (*b*) पुस्तक : पेपर : शब्द
(*c*) किसान : हल : खेत (*b*) रंग : ब्रश : कैनवास

15. शोधकर्ता : इतिहासकार : विद्वान
(*a*) महाकाव्य : उपन्यास : पुस्तक
(*b*) शिक्षक : स्नातक : कवि
(*c*) शिक्षक : प्रोफेसर : व्याख्याता
(*b*) इतिहास : कहानी : पुस्तक

16. हाथ : कलाई : चूड़ी
(*a*) फुट : टखने : पायल (*b*) पैर की अंगुली : पैर : घुटने
(*c*) गर्दन : सिर : कॉलर (*d*) फुट : मोजे : पैर की अंगुली

17. लोहा : चांदी : सोना (Hotel Management, 1999)
(*a*) माता-पिता : पिता : माँ (*b*) गेहूं : जौ : अनाज
(*c*) पेड़ : शाखा : फल (*d*) हिरण : शेर : वुल्फ

18. मुस्कुराना : हंसना : रोना
(*a*) बैठना : सोना : खेलना
(*b*) तेवर : गुस्सा : स्वभाव
(*c*) सुबह : रात : दिन
(*d*) स्पर्श करना : पकड़ना : रिलीज

19. स्टूडियो : मुंबई : सितारे
(*a*) जहाज : मद्रास : हार्बर (*b*) संतरे : नागपुर : रस
(*c*) संसद : दिल्ली : मंत्री (*d*) सूर्योदय : दार्जिलिंग : शेरपास

20. बाल : ब्रश : विग

(*a*) लौह : हथौड़ा : एक्स (*b*) रोटी : मक्खन : दूध

(*c*) सीमेंट : ईंट : बिल्डिंग (*d*) पेपर : पेन : पेंसिल

21. गुलाबी : लाल : सफेद

(*a*) ऑरेंज : पीला : काला (*b*) हरा : नीला : पीला

(*c*) पीला : लाल : हरा (*d*) ब्राउन : काला : नीला

22. फ्रांस : स्पेन : जर्मनी

(*a*) जापान : चीन : तुर्की

(*b*) श्री लंका : जापान : भारत

(*c*) इराक : कुवैत : ईरान

(*b*) कनाडा : कैलिफोर्निया : मेक्सिको

23. सुबह : शाम : संध्या

(*a*) त्रिकोण : चतुर्भुज : पंचभुज

(*b*) खुश : समलैंगिक व्यक्ति : उत्साहित

(*c*) ग्रीष्मकालीन : शीतकालीन : शरद ऋतु

(*d*) वनस्पति विज्ञान : प्राणीशास्त्र : फिजियोलॉजी

24. प्यार : पूजा : भयावहता

(*a*) मुस्कान : तेवर : गुस्से में

(*b*) नफरत : नापसंद : आकर्षित करें

(*c*) हत्या : घाव : कतल करना

(*d*) इनमें से कोई नहीं

25. संगीत : गिटार : कलाकार

(*a*) नृत्य : ट्यून : उपकरण

(*b*) भोजन : पकाने की विधि : कुक

(*c*) रोगी : चिकित्सा : डॉक्टर

(*d*) चाल : रस्सी : कलाबाज

हल - अभ्यास 2(N)

1. (*c*) : पहला और तीसरा दोनों दूसरे का हिस्सा हैं।

2. (*a*) : पहले में दूसरा और तीसरा दोनों शामिल हैं।

3. (*d*) : बाघ और भेड़िया दोनों मांसाहारी जानवर हैं। इसी प्रकार, लड़के और लड़कियां दोनों छात्र हैं।

4. (*b*) : दूसरा पहले के कारण होता है और दूसरा तीसरे की ओर ले जाता है।

5. (*d*) : कुत्ते और गिलहरी दोनों के पूंछ होती हैं। इसी प्रकार, ट्रक और स्कूटर दोनों में गियर होता है।

6. (*c*) : सभी तीन एक समान कच्चे पदार्थ से बने होते हैं।

7. (*b*) : दूसरा और तीसरा दोनों पहले द्वारा दर्शाए गए वर्ग से संबंधित हैं।

8. (*c*) : जिस प्रकार शिकार करने से शिकारियों को खुशी मिलती है और शिकार में घबराहट उत्पन्न होती है, उसी प्रकार से चोरी करने से चोर को लाभ होता है और लूटने वाले व्यक्ति को नुकसान होता है।

9. (*b*) : दूसरा और तीसरा क्रमशः पहले और दूसरे की तुलना में बड़े और अधिक जटिल रूप हैं।

10. (*a*) : तस्वीर और घड़ी दोनों दीवार पर लटका दी गई है। इसी प्रकार, बिस्तर पर सोते समय तकिया और रजाई दोनों का उपयोग किया जाता है।

11. (*d*) : दूसरा उस श्रेणी को दर्शाता है जिससे पहला संबंधित है। साथ ही, तीसरा पहले को खाता है

12. (*c*) : तीसरा, पहले का हिस्सा है जो बदले में, दूसरे का हिस्सा है।

13. (*c*) : दूसरा बच्चा है और तीसरा पहले की मादा है।

14. (*d*) : पहले को दूसरे के साथ तीसरे स्थान पर काम करने की आवश्यकता है।

15. (*a*) : तीसरा उस वर्ग को दर्शाता है जिससे पहला और दूसरा संबंधित है।

16. (*a*) : कलाई हाथ का एक हिस्सा है और कलाई पर चूड़ी पहनी जाती है। इसी प्रकार, टखना पैर का एक हिस्सा है और उस पर पायल पहनी जाती है।

17. (*d*) : सभी तीनों एक ही श्रेणी के हैं। आयरन, सिल्वर और सोना सभी धातुएं हैं; हिरण, शेर और भेड़िया सभी जंगली जानवर हैं।

18. (*d*) : दूसरा पहला का एक तीव्र रूप है, जबकि दूसरे का विपरीत तीसरा है।

19. (*c*) : पहला तीसरे का कार्यस्थल है और और दूसरा उस शहर को दर्शाता है जिसमें पहला स्थित है।

20. (*a*) : दूसरे और तीसरे को बनाने के लिए पहले का इस्तेमाल किया जाता है।

21. (*b*) : दो अन्य रंगों के संयोजन से पहला रंग प्राप्त होता है।

22. (*c*) : सभी तीन देश के नाम हैं, मध्य वाला अन्य दो देशों के बीच स्थित है।

23. (*c*) : पहले का अनुसरण दूसरा करता है और दूसरे का अनुसरण तीसरा करता है।

24. (*c*) : पहले और दूसरे की तुलना में दूसरा और तीसरा क्रमशः उच्च तीव्रता वाला है।

25. (*d*) : एक कलाकार एक गिटार पर संगीत बजाता है। इसी प्रकार, एक नट रस्सी पर करतब दिखाता है।

प्रकार 8: संख्या सादृश्यता

यह खंड निम्नलिखित प्रकार के प्रश्नों से संबंधित है:

I. किसी जोड़े में दी गयी संख्या से संबंधित दूसरी संख्या को उसी आधार पर चुनना जिस आधार पर दी गयी अन्य जोड़ी की दो संख्याएं एक दूसरे से संबंधित हैं;

II. संख्या जोड़ी में दी गई संख्याओं के मध्य संबंध को समझकर समान संबंध वाली दूसरी संख्या जोड़ी का चयन करना;

III. कुछ सामान्य विशेषताओं के आधार पर संख्याओं के समूह में दी गयी संख्याओं के समान संख्या का चयन करना;

IV. किसी दिए गए संख्या सेट के समान संख्या सेट का चयन करना।

व्याख्यात्मक उदाहरण

उदा. 1. 3 : 11 : : 7 : ?

(a) 22 (b) 29 (c) 18 (d) 51

हलः स्पष्ट रूप से, $3^2+2=11$, अब, $7^2+2=51$.

इसलिए, यदि पहला नंबर x है, तो दूसरा नंबर है x^2+2, इस प्रकार संबंध है $x : x^2+2$ इसलिए, उत्तर (d) है।

उदा. 2. 11 : 1210 (R.R.B. 2004)

(a) 8 : 448 (b) 6 : 2160 (c) 7 : 1029 (d) 9 : 729

हलः स्पष्ट रूप से, संबंध है $x = x^2(x-1)$

यह संबंध (a) में मौजूद है। इसलिए, उत्तर (a) है।

उदा. 3. कौन सी संख्या दिए गए संख्या समूह के समान है?

दिया गया समूहः (3, 17, 31)

(a) 5 (b) 15 (c) 45 (d) 49

हलः स्पष्ट रूप से, दिए गए समूह में संख्या सभी अभाज्य संख्या हैं। 5 भी एक अभाज्य संख्या है और इसलिए समान समूह से संबंधित है। इसलिए, उत्तर (a) है।

उदा. 4. विकल्पों में संख्याओं के दिए गए समूह में से कौन सा समूह प्रश्न में दिए गए समूह के समान है?

दिया गया समूह : (48, 24, 12)

(a) (44, 22, 10) (b) (46, 22, 11)

(c) (40, 20, 10) (d) (42, 20, 10)

हलः स्पष्ट रूप से, प्रश्न में दिए गए समूह में, पहली संख्या दूसरी संख्या का दोगुना है और दूसरी संख्या तीसरी संख्या का दोगुना है। समूह (40, 20, 10) में संख्याओं के बीच एक समान संबंध मौजूद है। इसलिए, उत्तर (c) है।

अभ्यास 20

दिशानिर्देश (प्रश्न 1 से 36): निम्नलिखित में से प्रत्येक प्रश्न में, :: के एक ओर दी गयी दो संख्याओं के बीच एक निश्चित संबंध है और :: के दूसरी ओर एक संख्या को दिया गया है, जबकि दूसरी संख्या को दिए गए विकल्पों में से खोजना है, लेकिन ध्यान रखना है कि इन दोनों संख्याओं में भी वही संबंध हो जोकि :: के एक ओर दी गयी जोड़ी की संख्याओं के मध्य है। सर्वोत्तम विकल्प का चयन करें।

1. 21 : 3 : : 574 : ?

(a) 23 (b) 82 (c) 97 (d) 113

2. 18 : 30 : : 36 : ? (S.S.C. 2002)

(a) 54 (b) 62 (c) 64 (d) 66

3. 17 : 52 : : 1 : ?

(a) 3 (b) 4 (c) 5 (d) 51

4. 3 : 243 : : 5 : ? (S.S.C. 1999)

(a) 425 (b) 465 (c) 546 (d) 3125

5. 20 : 11 : : 102 : ? (R.R.B. 2004)

(a) 49 (b) 52 (c) 61 (d) 98

6. 42 : 20 : : 64 : ?

(a) 31 (b) 32 (c) 33 (d) 34

7. 121 : 12 : : 25 : ?

(a) 1 (b) 2 (c) 6 (d) 7

8. 6 : 222 : : 7 : ? (S.S.C. 2003)

(a) 210 (b) 336 (c) 343 (d) 350

9. 26 : 5 : : 65 : ? (Bank Recruitment, 2006)

(a) 6 (b) 7 (c) 8 (d) 9

10. 25 : 125 : : 36 : ?

(a) 180 (b) 206 (c) 216 (d) 318

11. 14 : 9 : : 26 : ? (R.R.B. 2004)

(a) 12 (b) 13 (c) 15 (d) 31

12. 8 : 28 : : 27 : ? (R.R.B. 2002)

(a) 55 (b) 63 (c) 64 (d) 65

13. 68 : 130 : : ? : 350 (S.S.C. 2002)

(a) 210 (b) 216 (c) 222 (d) 240

14. 1 : 1 : : 25 : ?

(a) 26 (b) 125 (c) 240 (d) 625

15. 6 : 18 : : 4 : ?

(a) 2 (b) 6 (c) 8 (d) 16

16. 42 : 56 : : 72 : ? (C.P.O. 2003)

(a) 81 (b) 90 (c) 92 (d) 100

17. 49 : 81 : : 100 : ? (S.S.C. 2002)

(a) 64 (b) 144

(c) 169 (d) None of these

18. 9 : 80 : : 100 : ?

(a) 901 (b) 1009 (c) 9889 (d) 9999

19. 7584 : 5362 : : 4673 : ? (C.P.O. 2004)

(a) 2367 (b) 2451

(c) 2531 (d) None of these

20. 3265 : 4376 : : 4673 : ? (C.P.O. 2003)

(a) 2154 (b) 3562 (c) 5487 (d) 5784

21. 149 : 238 : : 159 : ? (S.S.C. 2002)

(a) 169 (b) 248 (c) 261 (d) 268

22. 335 : 216 : : 987 : ?

(a) 867 (b) 868 (c) 872 (d) 888

23. 25 : 37 : : 49 : ?

(a) 41 (b) 56 (c) 60 (d) 65

24. 5 : 124 : : 7 : ? (C.B.I. 2003)

(a) 125 (b) 248 (c) 342 (d) 343

25. 5 : 36 : : 6 : ? (C.P.O. 2005)

(a) 48 (b) 49 (c) 50 (d) 56

26. 16 : 56 : : 32 : ? (S.S.C. 2005)

(a) 96 (b) 112 (c) 118 (d) 128

27. 0.16 : 0.0016 : : 1.02 : ? (S.S.C. 2002)

(a) 0.0102 (b) 0.102 (c) 1.020 (d) 10.20

28. 7 : 56 : : 9 : ? (R.R.B. 2004)

(a) 63 (b) 81 (c) 90 (d) 99

29. 9 : 8 : : 16 : ?

(a) 27 (b) 18 (c) 17 (d) 14

30. 8 : 81 : : 64 : ?

(a) 125 (b) 137 (c) 525 (d) 625

31. 182 : ? : : 210 : 380 (C.P.O. 2005)
(a) 156 (b) 240 (c) 272 (d) 342

32. 42 : 56 : : 110 : ? (L.I.C.A.A.O. 2005)
(a) 18 (b) 132 (c) 136 (d) 140

33. 48 : 122 : : 168 : ? (S.S.C. 2002)
(a) 215 (b) 225 (c) 290 (d) 292

34. 11529 : 72135 : : 152943 : ?
(a) 62034 (b) 163044 (c) 203448 (d) 213549

35. 583 : 293 : : 488 : ?
(a) 291 (b) 378 (c) 487 (d) 581

36. 5 : 100, 4 : 64 : : 4 : 80, 3 : ? (A.A.O. 2005)
(a) 26 (b) 48 (c) 54 (d) 60

दिशानिर्देश *(प्रश्न 37 से 42): निम्नलिखित में से प्रत्येक प्रश्न में संख्याओं की एक जोड़ी है जिसमें दी गयी संख्याओं का एक-दूसरे के साथ एक निश्चित संबंध है, इसके बाद विकल्पों के चार अन्य जोड़े दिए गए हैं। उस जोड़ी को चुनें जिसमें दी गयी संख्याएं प्रश्न में दी गयी जोड़ी की संख्याओं से समान रूप से संबंधित हैं।*

37. 12 : 144 (R.R.B. 2004)
(a) 22 : 464 (b) 20 : 400 (c) 15 : 135 (d) 10 : 140

38. 27 : 9
(a) 64 : 8 (b) 125 : 5 (c) 135 : 15 (d) 729 : 81

39. 5 : 35 (M.B.A. 2006)
(a) 7 : 77 (b) 9 : 45 (c) 11 : 55 (d) 3 : 24

40. 8 : 256 (R.R.B. 2002)
(a) 7 : 343 (b) 9 : 243 (c) 10 : 500 (d) 5 : 75

41. 11 : 1210 (M.B.A. 2006)
(a) 6 : 216 (b) 7 : 1029 (c) 8 : 448 (d) 9 : 729

42. 7 : 24
(a) 30 : 100 (b) 23 : 72 (c) 19 : 58 (d) 11 : 43

दिशानिर्देश *(प्रश्न 43 से 48): निम्नलिखित में से प्रत्येक प्रश्न में, एक संख्या को चुनें जो दिए गए सेट में संख्याओं के समान है।*

43. दिया गया सेट: 363, 489, 579
(a) 562 (b) 471 (c) 382 (d) 281

44. दिया गया सेट: 282, 354, 444
(a) 453 (b) 417 (c) 336 (d) 255

45. दिया गया सेट: 992, 733, 845, 632
(a) 114 (b) 326 (c) 425 (d) 947

46. दिया गया सेट: 134, 246, 358
(a) 372 (b) 460 (c) 572 (d) 684

47. दिया गया सेट: 538, 725, 813
(a) 814 (b) 712 (c) 328 (d) 219

48. दिया गया सेट: 4718, 5617, 6312, 8314
(a) 2715 (b) 3410 (c) 5412 (d) 6210

दिशानिर्देश *(प्रश्न 49 से 65): निम्नलिखित में से प्रत्येक प्रश्न में, चार वैकल्पिक सेटों से संख्याओं का सेट चुनें, जो दिए गए सेट के समान है।*

49. दिया गया सेट: (2, 14, 16) (S.S.C. 2003)
(a) (2, 7, 8) (b) (2, 9, 16)
(c) (3, 21, 24) (d) (4, 16, 18)

50. दिया गया सेट: (3, 18, 36) (S.S.C. 2002)
(a) (2, 10, 16) (b) (4, 24, 48)
(c) (6, 42, 48) (d) (12, 72, 96)

51. दिया गया सेट: (6, 15, 28) (M.A.T. 2003)
(a) (46, 56, 66) (b) (50, 59, 71)
(c) (60, 67, 72) (d) (60, 69, 82)

52. दिया गया सेट: (81, 77, 69) (M.A.T. 2005)
(a) (56, 52, 44) (b) (64, 61, 53)
(c) (75, 71, 60) (d) (92, 88, 79)

53. दिया गया सेट: (32, 24, 8) (S.S.C. 2005)
(a) (26, 32, 42) (b) (34, 24, 14)
(c) (24, 16, 0) (d) (42, 34, 16)

54. दिया गया सेट: (9, 15, 21)
(a) (10, 14, 16) (b) (7, 21, 28)
(c) (5, 10, 25) (d) (4, 8, 12)

55. दिया गया सेट: (14, 23, 32) (R.R.B. 2002)
(a) (15, 23, 31) (b) (14, 19, 24)
(c) (13, 21, 29) (d) (12, 21, 30)

56. दिया गया सेट: (1, 8, 27) (S.S.C. 2002)
(a) (5, 12, 32) (b) (32, 39, 59)
(c) (60, 79, 86) (d) (64, 125, 216)

57. दिया गया सेट: (49, 25, 9)
(a) (36, 16, 4) (b) (36, 25, 16)
(c) (39, 26, 13) (d) (64, 27, 8)

58. दिया गया सेट: (6, 36, 63) (S.S.C. 2003)
(a) (7, 49, 98) (b) (8, 64, 46)
(c) (9, 84, 45) (d) (11, 111, 84)

59. दिया गया सेट: (21, 51, 15)
(a) (21, 30, 51) (b) (21, 35, 41)
(c) (21, 51, 42) (d) (21, 91, 35)

60. दिया गया सेट: (8, 3, 2)
(a) (10, 6, 5) (b) (63, 8, 3)
(c) (95, 24, 5) (d) (168, 15, 4)

61. दिया गया सेट: (23, 29, 37) (S.S.C. 2000)
(a) (13, 15, 23) (b) (17, 21, 29)
(c) (31, 37, 49) (d) (41, 47, 53)

62. दिया गया सेट: (18, 8, 2)
(a) (3, 7, 1) (b) (11, 12, 10)
(c) (17, 9, 3) (d) (24, 22, 4)

63. दिया गया सेट: (63, 49, 35) (C.P.O. 2003)
(a) (72, 40, 24) (b) (72, 48, 24)
(c) (64, 40, 28) (d) (81, 63, 45)

64. दिया गया सेट: (246, 257, 358)
(a) (145, 235, 325) (b) (143, 253, 246)
(c) (273, 365, 367) (d) (233, 343, 345)

65. दिया गया सेट: (223, 324, 425) (S.S.C. 2003)
(a) (225, 326, 437) (b) (451, 552, 636)
(c) (554, 655, 756) (d) (623, 723, 823)

हल - अभ्यास 2(O)

1. (*b*) : संबंध इस प्रकार है $7x : x$
2. (*d*) : संबंध इस प्रकार है $x : (2x - 6)$
3. (*b*) : संबंध इस प्रकार है $x : (3x + 1)$
4. (*d*) : संबंध इस प्रकार है $x : x^5$
5. (*b*) : संबंध इस प्रकार है $x : (x/2 + 1)$
6. (*a*) : संबंध इस प्रकार है $x : (x/2 - 1)$
7. (*c*) : संबंध इस प्रकार है $x^2 : (x + 1)$
8. (*d*) : संबंध इस प्रकार है $x : (x^3 + x)$
9. (*c*) : संबंध इस प्रकार है $(x^2 + 1) : x$
10. (*c*) : संबंध इस प्रकार है $x^2 : x^3$
11. (*c*) : संबंध इस प्रकार है $(2x - 4) : x$
12. (*d*) : संबंध इस प्रकार है $x^3 : (x + 1)^3 + 1$
13. (*c*) : स्पष्ट रूप से, $68 = 4^3 + 4$; $130 = 5^3 + 5$; $350 = 7^3 + 7$ इसलिए लुप्त संख्या है $= 6^3 + 6 = 216 + 6 = 222$
14. (*d*) : संबंध इस प्रकार है $x : x^2$
15. (*c*) : संबंध इस प्रकार है $x : x^2/2$
16. (*b*) : स्पष्ट रूप से, $42 = 6 \times 7$; $56 = 7 \times 8$; $72 = 8 \times 9$ इसलिए गुम संख्या है $= 9 \times 10 = 90$
17. (*b*) : संबंध इस प्रकार है $x^2 : (x + 2)^2$
18. (*d*) : संबंध इस प्रकार है $x : (x^2 - 1)$
19. (*b*) : संबंध इस प्रकार है $x : (x - 2222)$
20. (*d*) : संबंध इस प्रकार है $x : (x + 1111)$
21. (*b*) : संबंध इस प्रकार है $x : (x + 89)$
22. (*b*) : संबंध इस प्रकार है $x : (x - 119)$
23. (*d*) : संबंध इस प्रकार है $x^2 : (x + 1)^2 + 1$
24. (*c*) : संबंध इस प्रकार है $x : (x^3 - 1)$
25. (*b*) : संबंध इस प्रकार है $x : (x + 1)^2$
26. (*b*) : संबंध इस प्रकार है $x : 7x/2$
27. (*a*) : संबंध इस प्रकार है $100x : x$
28. (*c*) : संबंध इस प्रकार है $x : x(x + 1)$
29. (*a*) : संबंध इस प्रकार है $xy : (x - 1)(y + 1)$
    चूँकि $16 = 4^2$, इसलिए आवश्यक संख्या
    $= (4 - 1)^{2+1} = 3^3 = 27$
30. (*d*) : संबंध है $xy : (x + 1)(y + 1)$
    चूँकि $64 = 4^3$, इसलिए आवश्यक संख्या
    $= (4 + 1)^{3+1} = 5^4 = 625$
31. (*d*) : स्पष्ट रूप से, $210 = (15)^2 - 15$ और $380 = (15 + 5)^2 - (15 + 5)$ अब, $18^2 = (13)^2 + 13$
    इसलिए आवश्यक संख्या है
    $= (13 + 5)^2 + (13 + 5) = (18)^2 + 18 = 342$
32. (*b*) : स्पष्ट रूप से, $42 = 7 \times 6$ और $56 = 7 \times (6 + 2)$
    उसी प्रकार से, $110 = 11 \times 10$
    इसलिए आवश्यक संख्या है
    $= 11 \times (10 + 2) = 11 \times 12 = 132$
33. (*c*) : संबंध है $(x^2 - 1) : [(x + 4)^2 + 1]$
    चूँकि $168 = (13)^2 - 1$, इसलिए आवश्यक संख्या
    $= (13 + 4)^2 + 1 = (17)^2 + 1 = 290$
34. (*d*) : प्रत्येक जोड़ी में संख्याओं के अंकों का योग समान है।
35. (*b*) : पहली संख्या के अंकों का योग दूसरी संख्या के अंकों के योग से 2 अधिक है।
36. (*b*) : हमारे पास है: $100 = 5 \times 20, 64 = 4 \times 16$
    उसी प्रकार से, $80 = 4 \times 20$
    इसलिए आवश्यक संख्या है $= 3 \times 16 = 48$
37. (*b*) : संबंध है $x : x^2$
38. (*d*) : संबंध है $x^3 : x^2$
39. (*a*) : दूसरी संख्या प्राप्त करने के लिए पहली संख्या को अगली अभाज्य संख्या से गुणा किया जाता है।
40. (*c*) : संबंध है $x : x^3/2$
41. (*c*) : संबंध है $x : (x^3 - x^2)$
42. (*b*) : संबंध है $x : (3x + 3)$
43. (*b*) :

संख्या	अंकों का योग	अंकों का नया योग
363	$3 + 6 + 3 = 12$	$1 + 2 = 3$
489	$4 + 8 + 9 = 21$	$2 + 1 = 3$
579	$5 + 7 + 9 = 21$	$2 + 1 = 3$
471	$4 + 7 + 1 = 12$	$1 + 2 = 3$

44. (*a*) : इन सभी संख्याओं में, अंकों का योग 12 है और सबसे बड़ा अंक बीच में स्थित है।
45. (*c*) : इन सभी संख्याओं में, बीच वाला अंक अन्य दो अंकों के गुणनफल के अंकों का योग है।
    अब $9 \times 2 = 18, 1 + 8 = 9$ (992 में बीच वाला अंक);
    $7 \times 3 = 21, 2 + 1 = 3$ (733 में बीच वाला अंक);
    $8 \times 5 = 40, 4 + 0 = 4$ (845 में बीच वाला अंक) और इसी प्रकार से आगे भी।
46. (*b*) : संख्याओं के पहला अंक 1, 2, 3, 4 श्रृंखला का निर्माण करते हैं। संख्याओं के दूसरे अंक 3, 4, 5, 6 श्रृंखला का निर्माण करते हैं। संख्याओं के अंतिम अंक 4, 6, 8, 0 श्रृंखला का निर्माण करते हैं।
47. (*d*) : इन सभी संख्याओं में, (पहली संख्या + तीसरी संख्या) – बीच वाली संख्या = 10
    इस प्रकार, $5 + 8 - 3 = 10, 7 + 5 - 2 = 10, 8 + 3 - 1 = 10$
48. (*c*) : इन सभी संख्याओं में, पहले और अंतिम अंकों का गुणनफल मध्य दो अंकों के योग का एक गुणक है।
    इस प्रकार, $4 \times 8 = 32$ है $(7 + 1)$ का गुणक, अर्थात, 8, $5 \times 7 = 35$ है $(6 + 1)$ का गुणक, अर्थात, 7 और इसी तरह से आगे भी।
49. (*c*) : प्रत्येक सेट में, दूसरी संख्या = (पहली संख्या × 7) और तीसरी संख्या = (पहली संख्या × 8)
50. (*b*) : प्रत्येक सेट में, दूसरी संख्या = (पहली संख्या × 6) और तीसरी संख्या = (दूसरी संख्या × 2)

51. (*d*) : प्रत्येक सेट में, दूसरी संख्या = (पहली संख्या + 9) और तीसरी संख्या = (दूसरी संख्या + 13)

52. (*a*) : प्रत्येक सेट में, दूसरी संख्या = (पहली संख्या – 4) और तीसरी संख्या = (दूसरी संख्या – 8)

53. (*c*) : प्रत्येक सेट में, दूसरी संख्या = (पहली संख्या – 8) और तीसरी संख्या = (दूसरी संख्या – 16)

54. (*d*) : प्रत्येक सेट में, (पहली संख्या + तीसरी संख्या)/2 = दूसरी संख्या।

55. (*d*) : प्रत्येक सेट में, दूसरी संख्या = (पहली संख्या + 9) और तीसरी संख्या = (दूसरी संख्या + 9)

56. (*d*) : प्रत्येक सेट में क्रमशः लगातार तीन प्राकृतिक संख्याओं के घन दिए गए हैं।

57. (*a*) : प्रत्येक सेट में उलटे क्रम में तीन वैकल्पिक प्राकृतिक संख्या का वर्ग शामिल है।

58. (*b*) : प्रत्येक सेट में, दूसरी संख्या पहली संख्या का वर्ग है और तीसरी संख्या दूसरी संख्या के अंकों के क्रम को उलटकर प्राप्त की गयी है।

59. (*d*) : प्रत्येक सेट में, (तीसरी संख्या × 2) + पहली संख्या = दूसरी संख्या

60. (*b*) : प्रत्येक सेट में, पहली संख्या = $(\text{दूसरी संख्या})^2 - 1$; और दूसरी संख्या = $(\text{तीसरी संख्या})^2 - 1$

61. (*d*) : प्रत्येक सेट में केवल अभाज्य संख्याएं शामिल हैं।

62. (*d*) : प्रत्येक सेट में केवल वे सम संख्याएं होती हैं जिनका एचसीएफ 2 है

63. (*d*) : प्रत्येक सेट में वे संख्याएं शामिल हैं जिन्हें क्रमशः 9, 7 और 5 को एक निश्चित संख्या से गुणा करके प्राप्त किया जाता है। इस प्रकार, दिए गए सेट में, $63 = 7 \times 9, 49 = 7 \times 7, 35 = 7 \times 5$ उसी प्रकार से, $81 = 9 \times 9, 63 = 9 \times 7, 45 = 9 \times 5$

64. (*c*) : सेट में संख्याओं के अंकों का योग क्रमशः 12, 14 और 16 है।

65. (*c*) : प्रत्येक सेट में, दूसरी संख्या = (पहली संख्या + 101); और तीसरी संख्या = (दूसरी संख्या + 101)

प्रकार 9: वर्णमाला सादृश्यता

इस प्रकार के प्रश्नों में, एक दूसरे से संबंधित अक्षरों के दो समूह दिए जाते हैं। उम्मीदवार को इस संबंध को जानने की आवश्यकता है और उसके बाद या तो एक ऐसे अक्षर-समूह को चुनना होता है जो कि प्रश्न में प्रदान किए गए तीसरे समूह से संबंधित हो या समान प्रकार से संबंधित अक्षर-समूह को चुनना होता है।

व्याख्यात्मक उदाहरण

उदा. 1. BEGK, ADFJ से उसी प्रकार संबंधित है जिस प्रकार PSVY..........?........... से संबंधित है। (C.E.T. 2006)

(*a*) LOQT (*b*) ROUX (*c*) OTUZ (*d*) ORUX

हल: स्पष्ट रूप से, एक जोड़ी में पहले समूह के प्रत्येक अक्षर दूसरे समूह के संबंधित अक्षर को प्राप्त करने के लिए एक चरण पीछे खिसकता है।

B	E	G	K	P	S	V	Y
–1↓	–1↓	–1↓	–1↓	–1↓	–1↓	–1↓	–1↓
A	D	F	J	O	R	U	X

इसलिए, उत्तर (*d*) है।

उदा. 2. ABCD : NPRT : : FGHI : ? (M.C.A. 2005)

(*a*) KLMN (*b*) OQRT (*c*) RTUW (*d*) SUWY

हल: स्पष्ट रूप से, पहले समूह के पहले, दूसरे, तीसरे और चौथे अक्षरों से दूसरे समूह के संबंधित अक्षरों को प्राप्त करने के लिए उन्हें क्रमशः 13, 14, 15 और 16 चरण आगे बढ़ाया जाता है।

A	B	C	D
+13↓	+14↓	+15↓	+16↓
N	P	R	T

F	G	H	I
+13↓	+14↓	+15↓	+16↓
S	U	W	Y

उदा. 3. BLOCKED : YOLXPVW : : ? : OZFMXS (M.A.T. 2005)

(*a*) LAUNCH (*b*) DEBATE (*c*) LABOUR (*d*) RESULT

हल: स्पष्ट रूप से, पहले समूह में प्रत्येक अक्षर वर्णमाला की शुरुआत तथा दूसरे समूह के संबंधित अक्षर वर्णमाला के अंत से समान दूरी पर हैं।

अब O, Z, F, M, X, S क्रमशः वर्णमाला के अंत से 12वें, पहले, 21वें, 14वें, तीसरे, 8वें अक्षर हैं।

इस प्रकार, आवश्यक अक्षर समूह में वर्णमाला की शुरुआत से 12वां, पहला, 21वां, 14वां, तीसरा, 8वां अक्षर होगा, जो LAUNCH है। इसलिए, उत्तर (*a*) है।

अभ्यास 2 P

दिशानिर्देश (प्रश्न 1 से 40): निम्नलिखित में से प्रत्येक प्रश्न में, :: के एक ओर दो दी गए संख्याओं के बीच एक निश्चित संबंध है और वही संबंध इसके दाईं ओर के दो शब्दों के बीच है। साथ ही, प्रत्येक प्रश्न में, या तो :: के दाईं ओर या इसके बाईं ओर एक शब्द गुम है। यह शब्द प्रत्येक प्रश्न के नीचे दिए गए विकल्पों में से एक के रूप में दिया गया है। इस शब्द का पता लगाएं।

1. AG : IO : : EK : ?

(*a*) LR (*b*) MS (*c*) PV (*d*) SY

2. ADE : FGJ : : KNO : ? (I.I.T.T.M. 2003)

(*a*) PQR (*b*) PQT (*c*) RQP (*d*) TPR

3. MAD : JXA : : RUN : ? (R.R.B. 2006)

(*a*) ORK (*b*) OSQ (*c*) PRJ (*d*) UXQ

4. acE : bdF :: fhJ : ? (Hotel Management, 2002)
(*a*) giK (*b*) ghK (*c*) dfH (*d*) fhL

5. Dda : aDD :: Rrb : ?
(*a*) BBr (*b*) bRR (*c*) RRR (*d*) BrR

6. CAT : DDY :: BIG : ?
(*a*) CLL (*b*) CLM (*c*) CML (*d*) CEP

7. KMF : LLH :: RMS : ?
(*a*) SLR (*b*) SLU (*c*) SSU (*d*) SUS

8. BIGE : JQOM :: RYWU : ? (M.B.A. 2003)
(*a*) AGFD (*b*) ZFDB (*c*) ZGEC (*d*) ZYVX

9. QDXM : SFYN :: UIOZ : ? (R.R.B. 2006)
(*a*) WKPA (*b*) QNLA (*c*) LPWA (*d*) PAQM

10. ASTN : ZTSO :: MSUB : ? (M.B.A. 2002)
(*a*) LRRC (*b*) LTTA (*c*) NTVC (*d*) LTTC

11. FILM : ADGH :: MILK : ? (S.S.C. 2003)
(*a*) ADGF (*b*) HDGE (*c*) HDGF (*d*) HEGF

12. QPRS : TUWV :: JIKL : ? (C.P.O. 2006)
(*a*) MNOP (*b*) MNPO (*c*) NMOP (*d*) NMPO

13. FJUL : BOQQ :: LHRX : ? (L.I.C.A.A.O. 2005)
(*a*) BKPR (*b*) MNCC (*c*) HRYY (*d*) HMNC

14. EJOT : VQLG :: BGLQ : ? (S.S.C. 2005)
(*a*) AEIM (*b*) AFKP (*c*) YTOJ (*d*) ZUPK

15. kcaC : Cack :: XgmF : ?
(*a*) EmgF (*b*) EgmX (*c*) FmgX (*d*) GmeF

16. EGIK : FILO :: FHJL : ?
(*a*) GJMP (*b*) GMJP (*c*) JGMP (*d*) JGPM

17. PALE : LEAP :: POSH : ? (R.R.B. 2002)
(*a*) HSOP (*b*) POHS
(*c*) SHOP (*d*) None of these

18. JLNP : OMKI :: SUWY : ? (C.P.O. 2003)
(*a*) FGHI (*b*) MLKJ (*c*) PLHD (*d*) XVTR

19. AFHO : GBDJ :: CHFM : ? (M.I.B. 2005)
(*a*) GBIM (*b*) GBLD (*c*) GPLD (*d*) IDBH

20. NOPQ : MLKJ :: HIJK : ? (S.S.C. 2002)
(*a*) DEFG (*b*) EFGH (*c*) FEDC (*d*) GFED

21. MUMBAI : LTLAZH :: DELHI : ? (M.A.T. 2002)
(*a*) CDKGG (*b*) IHLED (*c*) CDKGH (*d*) BCKGH

22. CLOSE : DNRWJ :: OPEN : ? (S.S.C. 2003)
(*a*) PRHR (*b*) PRJQ (*c*) RPJB (*d*) RZWR

23. ? : ALKLO :: WOULD : TLRIA (N.M.A.T. 2003)
(*a*) BLOCK (*b*) BARGE (*c*) CONES (*d*) DONOR

24. ? : DURXQG :: POLICE : SROLFH (N.M.A.T. 2003)
(*a*) ARMOUR (*b*) AROUND
(*c*) GROUND (*d*) SHOULD

25. EIGHTY : GIEYTH :: OUTPUT : ? (S.S.C. 2002)
(*a*) TUOTUP (*b*) TUOUTP
(*c*) UTOPTU (*d*) UOTUPT

26. computer : fqprxvht :: language : ? (N.M.A.T. 2006)
(*a*) oxpixdig (*b*) ocqicyig (*c*) ocqixcjg (*d*) ocqixcig

27. corden : zrogbq :: ? : pxivro (N.M.A.T. 2006)
(*a*) mulmul (*b*) sulsul (*c*) munmun (*d*) srspql

28. ? : QEHMDF :: WIDELY : HVCDXK (N.M.A.T. 2006)
(*a*) DEMAND (*b*) FRANCE
(*c*) FRINGE (*d*) STRING

29. BUCKET : ACTVBDJLDFSU :: BONUS : ? (R.R.B. 2002; M.B.A. 2006)
(*a*) ACMNMOTVRT (*b*) SUNOB
(*c*) ACNPMOTVRT (*d*) ACMNMOTURT

30. COUNSEL : BITIRAK :: GUIDANCE : ?
(*a*) EOHYZKBB (*b*) FOHYZJBB
(*c*) FPHZZKAB (*d*) HOHYBJBA

31. DWH, WDS से उसी प्रकार संबंधित है जिस प्रकार FUL ....?.......... से संबंधित है।
(*a*) UFO (*b*) OFU (*c*) FOU (*d*) ELV

32. KORT, PJWO से उसी प्रकार संबंधित है जिस प्रकार FINR ....?.......... से संबंधित है।
(*a*) KCSM (*b*) KDSM (*c*) JSMR (*d*) JCRN

33. CFED, PSQR से उसी प्रकार संबंधित है जिस प्रकार JMKL ....?.......... से संबंधित है।
(*a*) YXZW (*b*) YVZX (*c*) WZWZ (*d*) UVXZ

34. EGIK, WUSQ से उसी प्रकार संबंधित है जिस प्रकार DFHJ ....?.......... से संबंधित है।
(*a*) BDFH (*b*) ECGI (*c*) SQOM (*d*) XVTR

35. USPL, KMPT से उसी प्रकार संबंधित है जिस प्रकार LJGC ....?.......... से संबंधित है।
(*a*) BDGK (*b*) CEHL (*c*) GHIJ (*d*) QSUW

36. TRADE, UQBCF से उसी प्रकार संबंधित है जिस प्रकार PLATE..........?.......... से संबंधित है। (Specialist Officers' 2006)
(*a*) QKBSF (*b*) QKBUF (*c*) OMZUD (*d*) QMBUF

37. CIRCLE, RICELC से उसी प्रकार संबंधित है जिस प्रकार SQUARE ....?.......... से संबंधित है। (M.B.A. 2006)
(*a*) QSUERA (*b*) QUSERA (*c*) UQSAER (*d*) UQSERA

38. THEREFORE, TEEOERFRH से उसी प्रकार संबंधित है जिस प्रकार HELICOPTER..........?.......... से संबंधित है।
(*a*) HELICORETP (*b*) HLCPERTOIE
(*c*) RETPOCILEH (*d*) RETPOCILHE

39. DRIVEN, EIDRVN से उसी प्रकार संबंधित है जिस प्रकार BEGUM..........?.......... से संबंधित है। (S.S.C. 2003)
(*a*) BGMEU (*b*) BGMUE (*c*) EUBGM (*d*) UEBGM

40. RATIONAL, RATNIOLA से उसी प्रकार संबंधित है जिस प्रकार TRIBAL ....?.......... से संबंधित है।
(*a*) TIRLAB (*b*) TRIALB (*c*) TIRLBA (*d*) TRILBA

दिशानिर्देश ***(प्रश्न 41 से 45): निम्नलिखित में से प्रत्येक प्रश्न में अक्षर-समूह का एक जोड़ा है, जिसमें से एक-दूसरे के साथ एक निश्चित संबंध है, इसके बाद विकल्प के रूप में अक्षर-समूहों के चार अन्य जोड़े दिए गए हैं। उस जोड़े को चुनें जिसमें अक्षर-समूह समान प्रकार से संबंधित हैं।***

41. BC : FG (R.R.B. 2004)
(*a*) PQ : ST (*b*) HI : LM (*c*) AD : PQ (*d*) JK : LM

42. OT : PS (R.B.I. 2005)

(*a*) TV : SW (*b*) IL : HK
(*c*) PN : PM (*d*) BE : FC
(*e*) None of these

43. MN : OP (M.A.T. 2002)

(*a*) AD : GH (*b*) AB : PQ (*c*) QR : ST (*d*) RS : TV

44. CEH : IKN (Section Officers' 2004)

(*a*) ACD : FHJ (b) CDF : IJK
(*c*) EFH : KMN (d) OQT : UWZ

45. LLAMS : SMALL (A.I.M.A.T.S. 2002)

(*a*) SRENID : DINERS (*b*) CHART : TRACH
(*c*) BARK : KRAB (*d*) TREE : EERT

46. निम्नलिखित में से कौन सा जोड़ा AZ, EV, GT और DW के समान है? (R.R.B. 2005)

(*a*) UD (*b*) WZ (*c*) HS (*d*) BW

47. निम्नलिखित में से कौन सा उसी संबंध को दर्शाता है जैसा LOWER का WORLE से है? (Bank P.O. 2005)

(*a*) GLAZE : AGELZ (*b*) AMONG : OMNAG
(*c*) WORDS : ROSWD (*d*) ENTRY : RNYET
(*e*) इनमें से कोई नहीं

दिशानिर्देश *(प्रश्न 48 से 54)*: *निम्नलिखित प्रश्न नीचे दिए गए आकृति के साथ लिखे गए अक्षरों पर आधारित हैं। प्रत्येक प्रश्न में :: के बायीं ओर लिखे गए दो पदों के बीच एक निश्चित संबंध है वही संबंध :: के दायीं ओर के दो पदों में है। इन चार पदों में से एक पद लुप्त है। दिए गए विकल्पों में से इस शब्द को चुनें।*

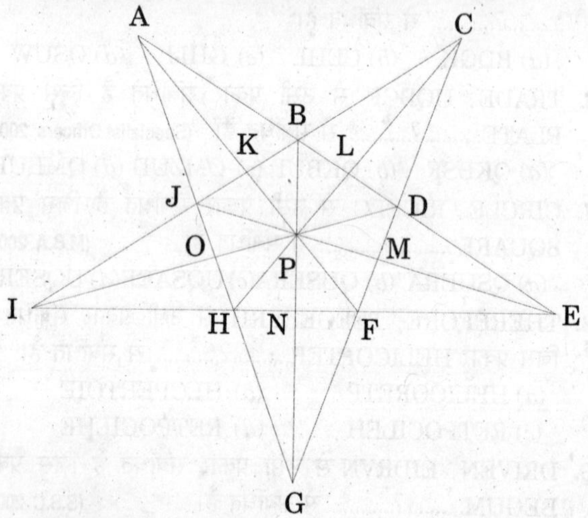

48. GHF : CDB :: EFD : ?

(*a*) ABJ (*b*) CBD (*c*) IJH (*d*) AJB
(*e*) AKB

49. AKJ : GNH :: EMD : ?

(*a*) CLB (*b*) CLD (*c*) AKB (*d*) EMF
(*e*) CDB

50. HNP : PDA :: DLP : ?

(*a*) PJG (*b*) CDP (*c*) CLP (*d*) PME
(*e*) PHE

51. AFHO : GBDM :: CHFM : ?

(*a*) GBLD (*b*) GBJO (*c*) GPLD (*d*) GBDM
(*e*) IBDE

52. AKJO :: IOHN :: ? : CLBK

(*a*) LDME (*b*) EMGH (*c*) GNFM (*d*) EMDL
(*e*) CLDM

53. BPM : GNJ :: ? : AKD

(*a*) FPO (*b*) FPM (*c*) HPB (*d*) LPH
(*e*) KPD

54. AOE : ? :: GMA : NKM

(*a*) KLM (*b*) KLF (*c*) OBM (*d*) KLO
(*e*) KMN

दिशानिर्देश *(प्रश्न 55 से 59)*: *प्रत्येक अनुक्रम में, बाईं ओर वाले शब्द और दाईं ओर के अर्थहीन अक्षरों के बीच एक संबंध है। यह संबंध सभी तीन पंक्तियों में प्राप्त होता है। प्रत्येक प्रश्न में दिए गए चार विकल्पों में से एक को ढूंढें जो तीसरी पंक्ति में रिक्त स्थान में फिट बैठता है। यही आपका उत्तर है।*

55. WONDER PES
CLUSTER MTF
MUSCLE (?)

(*a*) LRK (*b*) NSM (*c*) TBD (*d*) VDF

56. RESPONSIBLE KHMOD
SENSITIVE USRD
CLARIFICATION (?)

(*a*) MHZHHZ (*b*) KSEBSN
(*c*) NSBEQK (*d*) PUDGSM

57. RHINOCEROS SKQGWY
MOMENTOUS NOHXZ
HARASSMENT (?)

(*a*) GPDOZN (*b*) ITDWJZ (*c*) BCVIYL (*d*) ISTNOM

58. SERPENTINE RNQA
PROSPEROUS OQOO
REPORTER (?)

(*a*) ETU (*b*) DPO (*c*) SQH (*d*) QMB

59. EXTRAORDINARY DWQZQCMZX
TRANSCRIPTION SQMRQHSHM
PROPOSITION (?)

(*a*) OQONHSNM (*b*) QSQPJUPO
(*c*) ONNHHM (*d*) QPPJJO

दिशानिर्देश *(प्रश्न 60 से 65)*: *निम्नलिखित में से प्रत्येक प्रश्न में, :: के बायी ओर के दो पदों के बीच कुछ संबंध हैं और वही संबंध :: के दायीं ओर के दोनों पदों के बीच भी है। इसके अलावा, प्रत्येक प्रश्न में, एक शब्द या तो :: के दायीं ओर या इसके बायीं ओर लुप्त है। यह शब्द प्रत्येक प्रश्न के नीचे दिए गए विकल्पों में से एक के रूप में दिया गया है। इस शब्द का पता लगाएं।*

60. B : 16 :: D : ? (S.S.C. 2003)

(*a*) 120 (*b*) 150 (*c*) 200 (*d*) 256

61. C : 16 :: F : ? (S.S.C. 2003)

(*a*) 30 (*b*) 40 (*0*) 49 (*d*) 50

62. M × N : 13 × 14 :: F × R : ? (S.S.C. 2005)

(*a*) 7 × 19 (*b*) 5 × 17 (*c*) 14 × 15 (*d*) 6 × 18

63. DE : 10 :: HI : ? (S.S.C. 2002)

(*a*) 17 (*b*) 20 (*c*) 36 (*d*) 46

64. MK : $\frac{169}{121}$ :: JH : ? (S.S.C. 2002)

(*a*) $\frac{100}{64}$ (*b*) $\frac{100}{81}$ (*c*) $\frac{64}{120}$ (*d*) $\frac{81}{100}$

65. $\frac{T}{J}$: 2 :: $\frac{X}{H}$: ? (S.S.C. 2005)

(*a*) 2 (*b*) 3 (*c*) $\frac{23}{7}$ (*d*) 4

हल - अभ्यास 2(P)

1. (*b*) : पहले समूह का प्रत्येक शब्द दूसरे समूह के संबंधित शब्द को प्राप्त करने के लिए आठ चरण आगे बढ़ गया है।

2. (*b*) : पहले समूह के पहले और तीसरे अक्षर में से प्रत्येक अक्षर पांच चरण आगे बढ़ गया है जबकि दूसरे समूह के संबंधित अक्षरों को प्राप्त करने के लिए दूसरा अक्षर तीन चरण आगे बढ़ गया है।

3. (*a*) : पहले समूह का प्रत्येक अक्षर दूसरे समूह के संबंधित अक्षर को प्राप्त करने के लिए तीन चरण पीछे खिसक गया है।

4. (*a*) : पहले समूह का प्रत्येक अक्षर दूसरे समूह के संबंधित अक्षर को प्राप्त करने के लिए एक चरण आगे बढ़ गया है।

5. (*b*) : दूसरे समूह को प्राप्त करने के लिए पहले समूह के अक्षरों के क्रम को उलट दिया गया है और बीच के अक्षर को बड़े अक्षर से बदल दिया गया है।

6. (*a*) : पहले समूह के पहला, दूसरा और तीसरा अक्षर दूसरे समूह के संबंधित अक्षरों को प्राप्त करने के लिए क्रमशः एक, तीन और पांच चरण आगे बढ़ गए हैं।

7. (*b*) : दूसरे समूह के संबंधित अक्षर को प्राप्त करने के लिए पहले समूह के पहला और तीसरा अक्षर क्रमशः एक और दो चरण आगे बढ़ गए हैं जबकि दूसरा अक्षर एक चरण पीछे खिसक गया है।

8. (*c*) : दूसरे समूह के संबंधित अक्षर प्राप्त करने के लिए पहले समूह के प्रत्येक अक्षर को आठ चरण आगे किया गया है।

9. (*a*) : दूसरे समूह के संबंधित अक्षरों को प्राप्त करने के लिए पहले समूह के पहले दो अक्षरों में से प्रत्येक को क्रमशः दो चरण आगे बढाया गया है जबकि अंतिम दो अक्षरों में से प्रत्येक अक्षर एक चरण आगे बढ़ गया है।

10. (*d*) : दूसरे समूह के संबंधित अक्षरों को प्राप्त करने के लिए पहले समूह के पहले और तीसरे अक्षर में से प्रत्येक अक्षर को एक चरण पीछे खिसकाया जाता है जबकि दूसरे और चौथे अक्षर में से प्रत्येक को एक चरण आगे बढाया जाता है।

11. (*c*) : दूसरे समूह के संबंधित अक्षर को प्राप्त करने के लिए पहले समूह का प्रत्येक अक्षर को पांच चरण पीछे खिसकाया जाता है।

12. (*b*) : दूसरे समूह के संबंधित अक्षर को प्राप्त करने के लिए पहले समूह के पहले और चौथे अक्षर में से प्रत्येक अक्षर को तीन चरण आगे बढ़ाया जाता है जबकि दूसरे और तीसरे अक्षर में से प्रत्येक अक्षर को पांच चरण आगे बढाया जाता है।

13. (*d*) : दूसरे समूह के संबंधित अक्षरों को प्राप्त करने के लिए पहले समूह के पहले और तीसरे अक्षर में से प्रत्येक अक्षर चार चरण आगे बढ़ जाता है जबकि दूसरे और चौथे अक्षर में से प्रत्येक अक्षर पांच चरण आगे बढ़ जाता है।

14. (*c*) : पहले समूह का प्रत्येक अक्षर वर्णमाला की शुरुआत से तथा दूसरे समूह का संबंधित अक्षर वर्णमाला के अंत से समान स्थिति पर है।

15. (*c*) : दूसरे समूह को प्राप्त करने के लिए पहले समूह के अक्षरों का क्रम उलट दिया जाता है।

16. (*a*) : दूसरे समूह के संबंधित अक्षरों को प्राप्त करने के लिए पहले समूह के पहले, दूसरे, तीसरे और चौथे अक्षर को क्रमशः एक, दो, तीन और चार चरण बढ़ाया जाता है।

17. (*c*) : दूसरे समूह का पहला, दूसरा, तीसरा और चौथा अक्षर क्रमशः पहले समूह का तीसरा, चौथा, दूसरा और पहला अक्षर हैं।

18. (*d*) : पहले समूह का प्रत्येक अक्षर एक चरण पीछे खिसक जाता है और ऐसा करने पर प्राप्त अक्षर-समूह से दूसरे समूह को प्राप्त करने के लिए इन्हें उलटे क्रम में लिखा जाता है।

19. (*d*) : दूसरे समूह के संबंधित अक्षरों को प्राप्त करने के लिए पहले समूह के पहले और चौथे अक्षरों को क्रमशः छह चरण आगे और पांच चरण पीछे बढाया जाता है, जबकि दूसरे और तीसरे अक्षरों में से प्रत्येक को चार चरण पीछे बढ़ जाता है।

20. (*d*) : दूसरे समूह के संबंधित अक्षर प्राप्त करने के लिए पहले समूह के पहले, दूसरे, तीसरे और चौथे अक्षर को क्रमशः एक, तीन, पांच और सात चरण पीछे बढाया जाता है।

21. (*c*) : दूसरे समूह के संबंधित अक्षर को प्राप्त करने के लिए पहले समूह के प्रत्येक अक्षर को एक चरण पीछे बढाया जाता है।

22. (*a*) : दूसरे समूह के संबंधित अक्षर को प्राप्त करने के लिए पहले समूह के पहले, तीसरे, चौथे, पांचवें, ... अक्षर को क्रमशः दो, तीन, चार, पांच, ... चरण आगे बढ़ाया जाता है।

23. (*d*) : दूसरे समूह के संबंधित अक्षर को प्राप्त करने के लिए पहले समूह का प्रत्येक अक्षर तीन चरण पीछे खिसकाया जाता है।

24. (*b*) : दूसरे समूह के संबंधित अक्षर को प्राप्त करने के लिए पहले समूह का प्रत्येक अक्षर तीन चरण आगे बढाया जाता है।

25. (*a*) : दूसरे समूह को प्राप्त करने के लिए पहले समूह के पहले तीन अक्षरों और अंतिम तीन अक्षरों को अलग-अलग उलट दिया जाता है।

26. (*c*) : दूसरे समूह के संबंधित अक्षरों को प्राप्त करने के लिए पहले समूह में विषम संख्या वाले पदों पर स्थित अक्षर में से प्रत्येक तीन चरण आगे बढ़ जाता है, जबकि सम संख्या वाले पदों पर स्थित अक्षरों में से प्रत्येक संख्यां दो चरण आगे बढ़ जाता है।

27. (*b*) : दूसरे समूह के संबंधित अक्षरों को प्राप्त करने के लिए पहले समूह के पहले, तीसरे और पांचवें अक्षर में से प्रत्येक तीन चरण पीछे खिसक गया है, जबकि दूसरे, चौथे और छठे अक्षरों में से प्रत्येक तीन चरण आगे बढ़ गया है।

28. (*c*) : दूसरे समूह को प्राप्त करने के लिए पहले समूह के प्रत्येक अक्षर को एक चरण पीछे बढ़ाया जाता है और फिर पहले दो और अंतिम दो अक्षरों को एक विपरीत क्रम में लिखा जाता हैं।

29. (*c*) : पहले समूह के प्रत्येक अक्षर को दूसरे समूह में दो अक्षरों द्वारा प्रतिस्थापित किया जाता है – उसके बाद वाले और उसके पहले वाले से।

30. *(b)* : दूसरे समूह के संबंधित अक्षरों को प्राप्त करने के लिए पहले समूह के पहले, तीसरे, पांचवें और सातवें अक्षरों में से प्रत्येक को एक चरण पीछे खिसकाया जाता है। उत्तर प्राप्त करने के लिए अन्य अक्षरों को स्थानांतरित करने की आवश्यकता नहीं है।

31. *(a)* : पहले समूह के पहले दो अक्षरों को दूसरे समूह में एक उलटे क्रम में लिखा गया हैं। तीसरे अक्षर को अंग्रेजी वर्णमाला के अंत से उसी समान स्थिति वाले एक अक्षर द्वारा प्रतिस्थापित किया गया है जो इस अक्षर की प्रारंभ से स्थिति है।

32. *(b)* : दूसरे समूह के संबंधित अक्षरों को प्राप्त करने के लिए पहले समूह के पहले और तीसरे अक्षरों में से प्रत्येक पांच चरण आगे बढ़ता है, जबकि दूसरे और चौथे अक्षरों में से प्रत्येक पांच चरण पीछे खिसक जाता है।

33. *(c)* : दूसरे समूह के संबंधित अक्षरों को प्राप्त करने के लिए पहले समूह के पहले और दूसरे अक्षरों में से प्रत्येक 13 चरण आगे बढ़ जाता है, तीसरा अक्षर 12 चरण आगे बढ़ा जाता है और चौथा अक्षर 14 चरण आगे बढ़ जाता है।

34. *(d)* : E, G, I, K वर्णमाला की शुरुआत से पांचवें, सातवें, नौवें और ग्यारहवें अक्षर हैं और W, U, S, Q वर्णमाला के अंत से चौथे, छठे, आठवें और दसवें अक्षर हैं। उसी प्रकार से, D, F, H, J वर्णमाला की शुरुआत से चौथे, छठे, आठवें और दसवें अक्षर हैं। इसलिए, आवश्यक समूह में वे अक्षर होंगे जो वर्णमाला के अंत से तीसरे, पांचवें, सातवें और नौवें स्थान पर होंगे।

35. *(a)* : पहले समूह के अक्षरों को उल्टा क्रम में लिखा गया है। इस प्रकार से प्राप्त समूह से दूसरे समूह के संबंधित अक्षरों को प्राप्त करने के लिए इस समूह के पहले और चौथे अक्षरों में से प्रत्येक अक्षर एक चरण पीछे खिसक गया है और दूसरे और तीसरे अक्षरों में से प्रत्येक तीन चरण पीछे खिसक गया है।

36. *(a)* : दूसरे समूह के संबंधित अक्षरों को प्राप्त करने के लिए पहले समूह के पहले, तीसरे और पांचवें अक्षरों में प्रत्येक एक चरण आगे बढ़ गया है जबकि दूसरे और चौथे अक्षरों में से प्रत्येक एक चरण पीछे खिसक गया है।

37. *(d)* : दूसरे समूह को प्राप्त करने के लिए पहले समूह के पहले तीन अक्षरों और अंतिम तीन अक्षरों को एक उलटे क्रम में लिखा गया है।

38. *(b)* : पहले अक्षर से शुरू करते हुए पहले समूह के वैकल्पिक अक्षरों को लिखा गया है और उसके बाद दूसरे समूह को प्राप्त करने के लिए फिर शेष समूह को उलटे क्रम में लिखा गया है।

39. *(d)* : दूसरे समूह में, पहले समूह के अंत से सम-संख्यांकित पदों पर स्थित अक्षरों को इस क्रम में लिखा गया है, कि वे दायें से बाएं क्रम में दिखाई देते हैं, उसके बाद शेष अक्षरों को इस प्रकार से लिखा गया है जिस प्रकार वो पहले समूह में बाएं से दाएं दिखाई देते हैं।

40. *(d)* : पहले तीन अक्षर अपनी स्थिति को नहीं बदलते हैं। शेष अक्षर तीन के समूहों में चक्रीय गति दिखाते हैं।

41. *(b)* : दूसरे समूह के संबंधित अक्षर को प्राप्त करने के लिए पहले समूह का प्रत्येक अक्षर चार चरण आगे बढ़ जाता है।

42. *(e)* : दूसरे समूह के संबंधित अक्षर को प्राप्त करने के लिए पहले समूह का पहला अक्षर एक चरण आगे बढ़ गया है, जबकि दूसरा अक्षर एक चरण पीछे खिसक गया है।

43. *(c)* : एक जोड़ी में दोनों समूहों में दिए गए अक्षर क्रम में क्रमागत अक्षर हैं। पहले समूह का दूसरा अक्षर और दूसरे समूह का पहला अक्षर भी क्रमशः क्रमागत अक्षर है।

44. *(d)* : दूसरे समूह के संबंधित अक्षर को प्राप्त करने के लिए पहले समूह का प्रत्येक अक्षर छह चरण आगे बढ़ जाता है।

45. *(a)* : दूसरा समूह, पहले समूह के अक्षरों के क्रम को उलटकर गठित किया गया सार्थक शब्द है।

46. *(c)* : प्रत्येक जोड़ी में, पहला अक्षर अंग्रेजी वर्णमाला की शुरुआत से उसी स्थिति पर है जिसपर दूसरा अक्षर वर्णमाला के अंत से।

47. *(c)* : दूसरे समूह में क्रमागत – तीसरा, दूसरा, पांचवां, पहला, चौथा रूप में पहले समूह के अक्षर शामिल हैं।

48. *(a)* **49.** *(c)* **50.** *(a)* **51.** *(b)* **52.** *(d)*

53. *(a)* **54.** *(e)*

55. *(d)* : प्रत्येक पंक्ति में, दाईं ओर के अर्थहीन शब्दों को बाईं ओर के शब्द में सम-संख्यांकित पदों पर स्थित अक्षरों को एक चरण आगे स्थानांतरित करके प्राप्त किया गया है।

WONDER	CLUSTER	MUSCLE
+1↓+1↓+1↓	+1↓+1↓+1↓	+1↓+1↓+1↓
PN EES	WMNTE F	MVSDLF

56. *(c)* : प्रत्येक पंक्ति में, दाईं ओर के अर्थहीन शब्दों को बाईं ओर के शब्द में सम-संख्यांकित पदों पर स्थित अक्षरों को एक चरण आगे स्थानांतरित करके और फिर उलटे क्रम लिखकर प्राप्त किया गया है।

RESPONSIBLE	SENSI TIVE
–1↓–1↓–1↓–1↓–1↓	–1↓–1↓–1↓–1↓
D O M H K	D R S U
K H M O D	U S R D

CLARIFICATION
–1↓–1↓–1↓–1↓–1↓–1↓
K Q E B S N
N S B E Q K

57. *(b)* : प्रत्येक पंक्ति में, दाईं ओर के वाक्यांशों में बाईं ओर के अक्षर के पहले, तीसरे, चौथे, छठे, आठवें और दसवें अक्षर को क्रमशः एक, दो, तीन, चार, पांच और छह चरण आगे स्थानांतरित करके प्राप्त किया गया है।

R HINOCEROS	MOMENTOUS
+1↓+2↓+3↓+4↓+5↓+6↓	+1↓+2↓+3↓+4↓+5↓
S K Q G W Y	N O H X Z

HAR ASSMENT
+1↓+2↓+3↓+4↓+5↓+6↓
I T D W J Z

58. *(d)* : प्रत्येक पंक्ति में, दाईं ओर के वाक्यांशों में बाईं ओर के अक्षर के पहले, तीसरे, चौथे, सातवें, और दसवें अक्षर को क्रमशः एक, दो, तीन, और चार, चरण पीछे स्थानांतरित करके प्राप्त किया गया है।

SERPENTINE PROSPEROUS
−1↓ −2↓ −3↓ −4↓ −1↓ −2↓ −3↓ −4↓
R N Q A Q Q O O

REPORTER
−1↓ −2↓ −3↓
Q M B

59. (*a*) : प्रत्येक पंक्ति में, दाईं ओर के वाक्यांशों में बाईं ओर के अक्षर के पहले, दूसरे, चौथे, पांचवें, सातवें, आठवें, दसवें, ग्यारहवें और तेरहवें अक्षर को क्रमशः एक चरण पीछे स्थानांतरित करके प्राप्त किया गया है।

E XTR AOR DIN ARY
−1↓−1↓−1↓−1↓−1↓−1↓−1↓−1↓−1↓
D W Q Z Q C M Z X

T RAN SCR IPT ION
−1↓−1↓−1↓−1↓−1↓−1↓−1↓−1↓−1↓
S Q M R Q H S H M

P ROP OSI TIO N
−1↓−1↓−1↓−1↓−1↓−1↓−1↓−1↓
O Q O N H S N M

60. (*d*) : B अंग्रेजी वर्णमाला का दूसरा अक्षर है और $2^4 = 16$
उसी प्रकार से, D अंग्रेजी वर्णमाला का चौथा अक्षर है और $4^4 = 256$

61. (*c*) : C अंग्रेजी वर्णमाला में तीसरा अक्षर है और $(3 + 1)^2 = 16$
उसी प्रकार से, F अंग्रेजी वर्णमाला में छठा अक्षर है और $(6 + 1)^2 = 49$

62. (*d*) : M और N अंग्रेजी वर्णमाला के क्रमशः 13वें और 14वें अक्षर हैं। इसलिए, $M \times N$ संबंधित है 13×14 से
उसी प्रकार से, F और R अंग्रेजी वर्णमाला के क्रमशः 6वें और 18वें अक्षर हैं। इसलिए, $F \times R$ संबंधित है 6×18 से

63. (*c*) : D और E अंग्रेजी वर्णमाला के क्रमशः 4वें और 5वें अक्षर हैं। इसलिए, $(4 \times 5) \div 2 = 10$
उसी प्रकार से, H और I अंग्रेजी वर्णमाला के क्रमशः 8वें और 9वें अक्षर हैं। इसलिए, $(8 \times 9) \div 2 = 36$

64. (*a*) : M और K अंग्रेजी वर्णमाला के क्रमशः 13वें और 11वें अक्षर हैं। इसलिए, $\frac{(13)^2}{(11)^2} = \frac{169}{121}$
उसी प्रकार से, J और H अंग्रेजी वर्णमाला के क्रमशः 10वें और 8वें अक्षर हैं। इसलिए, $\frac{(10)^2}{8^2} = \frac{100}{64}$

65. (*b*) : T और J अंग्रेजी वर्णमाला के क्रमशः 20वें और 10वें अक्षर हैं। इसलिए, $20 \div 10 = 2$
उसी प्रकार से, X और H अंग्रेजी वर्णमाला के क्रमशः 24वें और 8वें अक्षर हैं। इसलिए, $24 \div 8 = 3$

हल सहित अतिरिक्त प्रश्न

अभ्यास

दिशानिर्देश (प्रश्न 1 से 6): दिए गए विकल्पों से संबंधित शब्द /अक्षर/संख्या का चयन करें

1. किडनी: नेफ्रॉन:: केंद्रीय तंत्रिका तंत्र:? [SSC-CGL Tier I Exam, 2015]
(*a*) सेरेब्रम (*b*) मस्तिष्क
(*c*) न्यूरॉन्स (*d*) स्पाइनल कार्ड

2. 4 : 17 : : 7 : ? [SSC-CGL Tier I Exam, 2015]
(*a*) 48 (*b*) 50 (*c*) 51 (*d*) 49

3. DFHJ : WUSQ : : HJLN : ? [SSC-CGL Tier I Exam, 2015]
(*a*) RTVX (*b*) TWYZ
(*c*) PRTW (*d*) SQOM

4. कीड़े: एंटोमोलॉजी :: सांप:? [SSC-CGL Tier I Exam, 2015]
(*a*) एग्रोलॉजी (*b*) कैट्रोलॉजी
(*c*) माईकोलॉजी (*d*) ओफियोलॉजी

5. $Y^2 : 4 : : V^2 : ?$ [SSC-CGL Tier I Exam, 2015]
(*a*) 49 (*b*) 25 (*c*) 16 (*d*) 9

6. JOKE : GLHB : : RISK : ? [SSC-CGL Tier I Exam, 2015]
(*a*) QHRJ (*b*) SJTL
(*c*) ULVN (*d*) OFPH

दिशानिर्देश (प्रश्न 7 से 12): निम्नलिखित प्रश्नों में से दिए गए विकल्पों से संबंधित अक्षर / शब्द / संख्या का चयन करें:

7. 2 : 32 : : 3 : ? [SSC-CGL Tier I Exam, 2015]
(*a*) 243 (*b*) 293 (*c*) 183 (*d*) 143

8. $D \times H : 4 \times 8 : : M \times Q : ?$ [SSC-CGL Tier I Exam, 2015]
(*a*) 12 × 17 (*b*) 13 × 17 (*c*) 12 × 16 (*d*) 14 × 18

9. हेमेटोलॉजी: रक्त:: फाइकालॉजी:? [SSC-CGL Tier I Exam, 2015]
(*a*) रोग (*b*) शैवाल
(*c*) मछलियों (*d*) कवक

10. MAN : PDQ :: WAN : ? [SSC-CGL Tier I Exam, 2015]
(*a*) NAW (*b*) ZDQ (*c*) YDQ (*d*) YQD

11. शेरों का प्राइड :: बिल्लियों का ? [SSC-CGL Tier I Exam, 2015]
(*a*) क्लाउडर (*b*) हर्ड (*c*) स्कूल (*d*) बंच

12. AEFJ : KOPT : : ? QUVZ [SSC-CGL Tier I Exam, 2015]
(*a*) HKQL (*b*) GLKP
(*c*) HLKP (*d*) GKLP

दिशानिर्देश (प्रश्न 13 से 18): निम्नलिखित प्रश्नों में से दिए गए विकल्पों से संबंधित अक्षर / शब्द / संख्या का चयन करें:

13. आशावादी: हंसमुख:: निराशावादी:? [SSC-CGL Tier I Exam, 2014]
(*a*) तुच्छ (*b*) स्वार्थी (*c*) उदास (*d*) संयम

14. YTOJ : XSNI : : WRMH : ? [SSC-CGL Tier I Exam, 2014]
(*a*) VQLG (*b*) TOJE
(*c*) RMHC (*d*) UPKF

15. EIGK : EACY : : RVTY : ? [SSC-CGL Tier I Exam, 2014]
(*a*) RVSQ (*b*) RNPM
(*c*) RWUY (*d*) RMPL

16. 720 : 840 : : 60 : ? [SSC-CGL Tier I Exam, 2014]
(*a*) 76 (*b*) 80 (*c*) 70 (*d*) 74

17. 225 : 256 : : 289 : ? [SSC-CGL Tier I Exam, 2014]
(*a*) 234 (*b*) 361 (*c*) 324 (*d*) 432

18. धन : दुर्विनियोग : लेखन : ? [SSC-CGL Tier I Exam, 2014]
(*a*) धोखा (*b*) गलती
(*c*) साहित्यिक चोरी (*d*) चोरी

दिशानिर्देश *(प्रश्न 19 से 22): दिए गए विकल्पों से संबंधित अक्षर / शब्द / संख्या का चयन करें:*

19. टैनिंग : चमड़ा :: पायरोटेक्निक : ? [SSC-CGL Tier I Exam, 2013]
(*a*) बम (*b*) आतिशबाजी
(*c*) ऊन (*d*) मशीनरी

20. राजा : सिंहासन :: राइडर : ? [SSC-CGL Tier I Exam, 2013]
(*a*) चेयर (*b*) घोड़ा (*c*) सीट (*d*) सैडल

21. F : 216 : : L : ? [SSC-CGL Tier I Exam, 2013]
(*a*) 1728 (*b*) 1700 (*c*) 1600 (*d*) 1723

22. MOUSE : KPSTC : : LIGHT : ? [SSC-CGL Tier I Exam, 2013]
(*a*) MGHFU (*b*) JGEFR
(*c*) JJEIR (*d*) MJHIU

दिशानिर्देश *(प्रश्न 23 से 27): निम्नलिखित में से प्रत्येक प्रश्न में विकल्प पता लगाएं जो प्रश्न चिह्न को प्रतिस्थापित करेगा:*

23. एनाटॉमी : प्राणीशास्त्र :: पेडियाट्रिक्स : ? [AFCAT, 2016]
(*a*) रसायन विज्ञान (*b*) दवा
(*c*) पालीटोलॉजी (*d*) यांत्रिकी

24. एस्क्रिनोलॉजी : स्राव :: सेलेनोग्राफी : ? [AFCAT, 2016]
(*a*) सूर्य (*b*) मेंटल
(*c*) क्रस्ट (*d*) चंद्रमा

25. वायरोलॉजी : वायरस :: सेमेन्टिक्स : ? [AFCAT, 2016]
(*a*) अमीबा (*b*) भाषा (*c*) प्रकृति (*d*) समाज

26. टेक्टोनिक्स : बिल्डिंग :: टैक्सीडर्मी : ? [AFCAT, 2016]
(*a*) वर्गीकरण (*b*) संरक्षण
(*c*) भरना (*d*) एकत्रित करना

27. एनिहिलेशन : आग :: कैटक्लिजम : ? [AFCAT, 2016]
(*a*) आपातकाल (*b*) विपत्ति
(*c*) चिंता (*d*) बाढ़

दिशानिर्देश *(प्रश्न 28 से 32): निम्नलिखित में से प्रत्येक प्रश्न में, (: :) के एक तरफ दो दिए गए जिन शब्दों के बीच कुछ संबंध हैं और (: :) की दूसरी तरफ के एक शब्द को दिया गया है, जबकि दूसरे शब्द को दिए गए विकल्पों से चुना जाना है, इन दोनों शब्दों में वही संबंध होना चाहिए, जैसा कि दिए गए जोड़ी के शब्दों के बीच है। सही विकल्प चुनें:*

28. पिघलना: तरल:: जमना:? [AFCAT, 2016]
(*a*) बर्फ (*b*) कंडेनस
(*c*) ठोस (*d*) क्रिस्टल

29. पूर्वानुमान: भविष्य:: खेद:? [AFCAT, 2016]
(*a*) वर्तमान (*b*) एटोन
(*c*) अतीत (*d*) पाप

30. डर : खतरा :: गुस्सा : ? [AFCAT, 2016]
(*a*) मजबूरी (*b*) दहशत
(*c*) उत्तेजना (*d*) बल

31. घड़ी : समय :: थर्मामीटर : ? [AFCAT, 2016]
(*a*) हीट (*b*) विकिरण
(*c*) ऊर्जा (*d*) तापमान

32. पंजा : बिल्ली :: खुर : ? [AFCAT, 2016]
(*a*) घोड़ा (*b*) शेर (*c*) भेड़ (*d*) हाथी

दिशानिर्देश *(प्रश्न 33 से 37): निम्नलिखित में से प्रत्येक प्रश्न में उस विकल्प पता लगाएं जो प्रश्न चिह्न (?) को प्रतिस्थापित करेगा।*

33. पूर्व : प्राच्यदेश :: ? : ? [AFCAT, 2015]
(*a*) उत्तर : ध्रुवीय (*b*) उत्तर : उष्णकटिबंधीय
(*c*) दक्षिण : कैपरिकोन (*d*) पश्चिम : ओसीडेंट

34. बदनामी : अपकीर्ति :: ? : ? [AFCAT, 2015]
(*a*) मौत : विजय (*b*) शहीद : आदमी
(*c*) प्रसिद्धि : वीरता (*d*) विनाश : विजय

35. विमुख : जबरन :: ? : ? [AFCAT, 2015]
(*a*) डिटेस्ट : कैसिंग (*b*) परेशान : कैसरिंग
(*c*) खिन्नता : मनमुटाव (*d*) अनिच्छुक : उत्परिवर्तन

36. उपन्यास-त्रयी : उपन्यास :: ? : ? [AFCAT, 2015]
(*a*) चावल : हुस्क (*b*) दूध : क्रीम
(*c*) सीरियल : एपिसोड (*d*) ग्रीन : कार्ट्रिज

37. पत्नी : विवाह :: ? : ? [AFCAT, 2015]
(*a*) बैंक : पैसा (*b*) राष्ट्रीयता : नागरिकता
(*c*) सेवा : योग्यता (*d*) उपस्थिति : रजिस्टर

दिशानिर्देश *(प्रश्न 38 से 42): निम्नलिखित में से प्रत्येक प्रश्न में वैकल्पिक विकल्प पता लगाएं जो प्रश्न चिह्न को प्रतिस्थापित करेगा:*

38. कार्बन : डायमंड [AFCAT, 2014]
कोरंडम : ......?......
(*a*) गार्नेट (*b*) रुबी (*c*) पुखराज (*d*) पर्ल

39. वास्तुकार : भवन [AFCAT, 2014]
मूर्तिकार : ......? ......
(*a*) संग्रहालय (*b*) पत्थर (*c*) छिद्र (*d*) मूर्ति

40. आंख : मायोपिया [AFCAT, 2014]
दांत : ......? ......
(*a*) पायरिया (*b*) मोतियाबिंद
(*c*) ट्रेकोमा (*d*) एक्जिमा

41. सम्मेलन : अध्यक्ष [AFCAT, 2014]
समाचार पत्र : ......?......
(*a*) रिपोर्टर (*b*) वितरक (*c*) प्रिंटर (*d*) संपादक

42. सेफ : सिक्योर [AFCAT, 2014]
प्रोटेक्ट : ......?......
(*a*) लॉक (*b*) स्योर (*c*) गार्ड (*d*) कंजर्व

हल

1. (*c*) : नेफ्रॉन किडनी की एक कार्यात्मक इकाई है और न्यूरॉन केंद्रीय तंत्रिका तंत्र की एक कार्यात्मक इकाई है। इसलिए, उत्तर (*c*) है।

2. (*b*) : $(4)^2 + 1 = 17$

$(7)^2 + 1 = \boxed{50}$ इसलिए, उत्तर (*b*) है।

3. (*d*) :

A	B	C	D	E	F	G	H	I	J	K	L	N
↓	↓	↓	↓	↓	↓	↓	↓	↓	↓	↓	↓	↓
Z	Y	X	W	V	U	T	S	R	Q	P	O	M

अत:

D F H J
↓ ↓ ↓ ↓
W U S Q

इसी प्रकार,

H J L N
↓ ↓ ↓ ↓
$\boxed{\text{S Q O M}}$

4. (*d*) : कीड़ों के अध्ययन को एंटोमोलॉजी कहा जाता है और सांपों का अध्ययन ओपियोलॉजी कहा जाता है।
इसलिए उत्तर (*d*) है।

5. (*b*) : वर्णमाला श्रृंखला की स्थिति में पीछे से गिनने पर हमें प्राप्त होता है, Y = 2 और V = 5
इसलिए, $(Y)^2 = (2)^2 = 4$ और $(V)^2 = (5)^5 = \boxed{25}$

6. (*d*) :

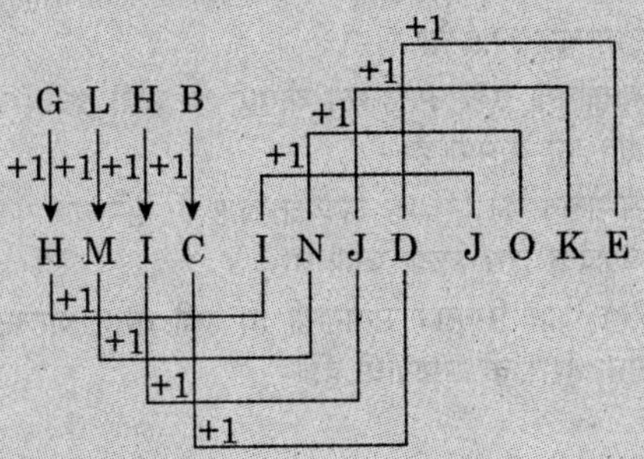

इसी प्रकार,

O	F	P	H
+1↓	+1↓	+1↓	+1↓
P	G	Q	I
+1↓	+1↓	+1↓	+1↓
Q	H	R	J
+1↓	+1↓	+1↓	+1↓
R	I	S	K

7. (*a*) : $(2)^5 = 32$

$(3)^5 = \boxed{243}$ इसलिए, विकल्प (*a*) सही है।

8. (*b*) : वर्णमाला श्रृंखला में D और H की स्थिति 4 और 8 है उसी प्रकार से, वर्णमाला श्रृंखला में M और Q की स्थिति 13 और 17 है। इसलिए, विकल्प (*b*) सही है।

9. (*b*) : रक्त का अध्ययन हेमेटोलॉजी कहा जाता है। शैवाल का अध्ययन फाइकालजी कहा जाता है।
इसलिए, विकल्प (*b*) सही है।

10. (*b*) : जैसे

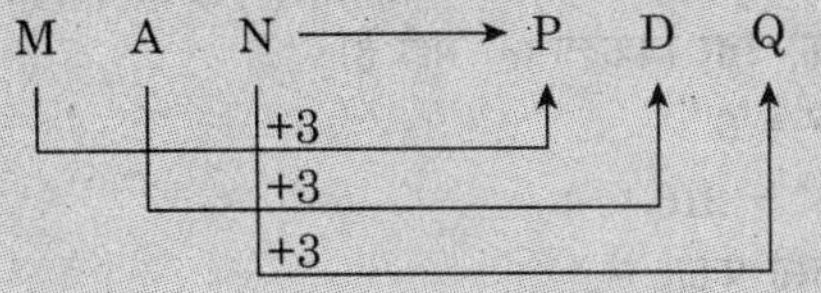

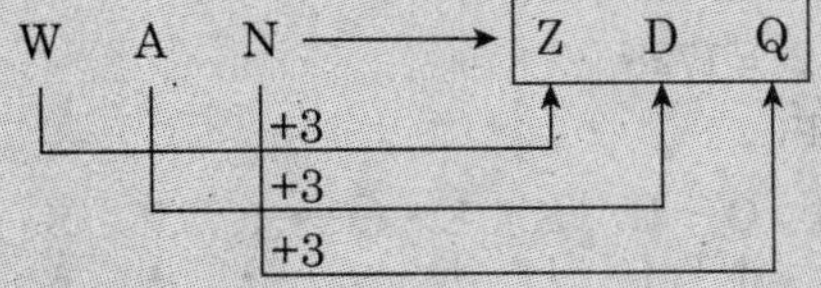

इसलिए, आवश्यक शब्द है = ZDQ

11. (*a*) : शेरों के समूह को प्राइड कहते है। उसी प्रकार से, बिल्लियों के समूह को क्लाउडर कहते है। इसलिए, उत्तर (*a*) सही है।

12. (*d*) : उत्तर GKLP है क्योंकि,

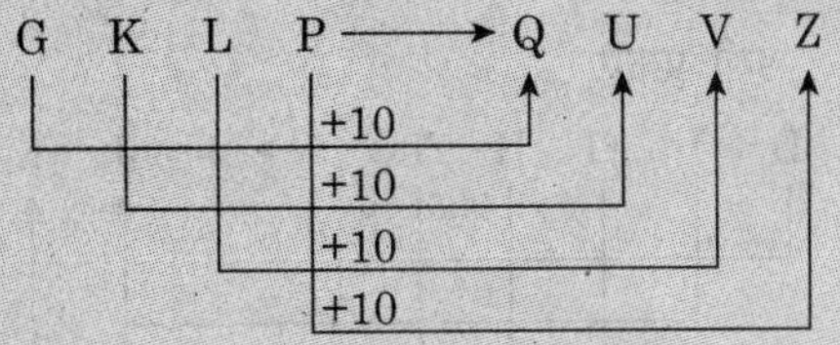

13. (*c*) : आशावादी हमेशा हंसमुख रहता है जबकि निराशावादी हमेशा उदास रहता है।

14. (*a*) : शब्द का प्रत्येक अक्षर 1 घट रहा है। इसलिए

W	R	M	H
–↓	–↓	–↓	–↓
V	Q	L	G

15. (*b*) : जैसे

E	I	G	K
+0↓	–8↓	–4↓	+14↓
E	A	C	Y

इसी प्रकार,

R	V	T	Y
+0↓	–8↓	–4↓	+14↓
R	N	P	M

16. (*c*) : $720 : 840 = 120 \times 6 : 120 \times 7 = 6 : 7$

इसी प्रकार, $60 : \boxed{70} = 10 \times 6 : 10 \times 7 = 6 : 7$

17. (*c*) : $225 : 256 \rightarrow (15)^2 : (15+1)^2$

इसी प्रकार, $289 : \boxed{324} \rightarrow (17)^2 : (17+1)^2$

18. (*c*) : धन का दुर्विनियोग किया जा सकता है, इस तरह से लेखन की साहित्यिक चोरी की जा सकती है।

19. (*b*) : लेदर को फिनिश प्रदान करने के लिए टैनिंग प्रक्रिया का उपयोग किया जाता है, वैसे ही, पायरोटेक्निक का उपयोग आतिशबाजी के लिए किया जाता है। अत: विकल्प (*b*) सही है।

20. (*c*) : राजा सिंहासन पर बैठता है, वैसे ही राइडर सीट पर बैठता है। तो, उत्तर विकल्प (*c*) सही है।

21. (*a*) : F = 6

$6^3 = 216$

उसी प्रकार से,

L = 12

$12^3 = 1728$

22. (*c*) : जैसे

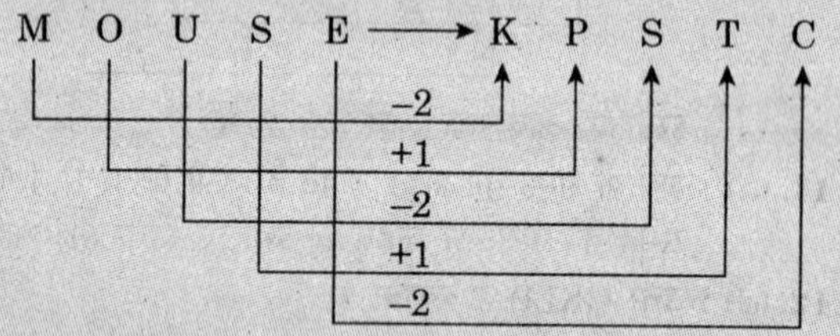

इसी प्रकार,

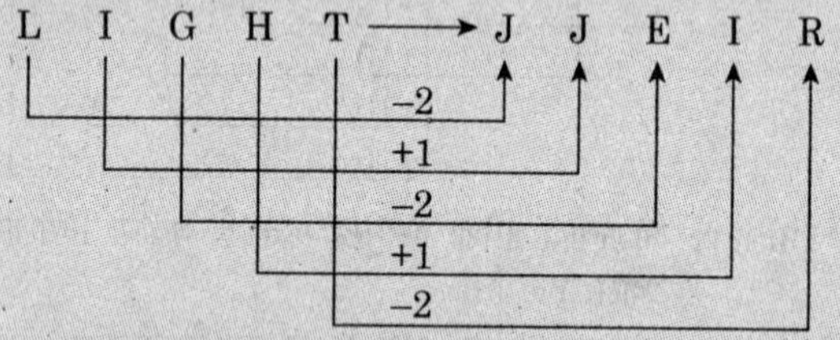

इसलिए, विकल्प (*c*) सही है।

23. (*b*) : एनाटॉमी प्राणीशास्त्र की शाखा है, वैसे ही पेडियाट्रिक्स दवा की शाखा है।

24. (*d*) : एस्क्रिनोलॉजी स्राव से संबंधित है। उसी प्रकार से, सेलेनोग्राफी चंद्रमा से संबंधित है।

25. (*b*) : वायरोलॉजी वायरस का अध्ययन है। सेमेन्टिक्स भाषा का अध्ययन है।

26. (*c*) : टेक्टोनिक्स इमारत की कला है। उसी प्रकार से, टैक्सिडमी भराई की कला है।

27. (*d*) : एनिहिलेशन चीजों का अग्नि से नष्ट होना है। उसी प्रकार से, कैटक्लिजम पानी का एक विशाल प्रवाह अर्थात बाढ़ से नष्ट होना है।

28. (*c*) : पिघलने से, तरल बनता है। जबकि जमने से ठोस बनाया जाता है।

29. (*c*) : पूर्वानुमान का भविष्य के कार्यों के लिए उपयोग किया जाता है जबकि खेद शब्द अतीत के कार्यों से जुड़ा है।

30. (*c*) : खतरे के कारण, भय उत्पन्न होता है। उसी प्रकार से, उत्तेजित होने के कारण, गुस्सा आता है।

31. (*a*) : समय घड़ी के माध्यम से दिखाया जाता है और तापमान थर्मामीटर के माध्यम से दिखाया जाता है।

32. (*a*) : बिल्ली के पैर को पंजा कहा जाता है। घोड़े के पैर को खुर कहा जाता है।

33. (*a*) : प्राच्यदेश पूर्व दिशा में स्थित है। इसी तरह, ध्रुवीय और उत्तर दिशा संबंधित हैं।

34. (*c*) : बदनामी और अपकीर्ति किसी व्यक्ति के नकारात्मक गुण हैं। इसी तरह, प्रसिद्धि और वीरता व्यक्ति के सकारात्मक गुण हैं।

35. (*c*) : अनिच्छुक और जबर्दस्ती नकारात्मक प्रकृति का गुण हैं। उसी प्रकार से, खिन्नता और मनमुटाव नकारात्मक प्रकृति के गुण हैं।

36. (*c*) : उपन्यास, उपन्यास-त्रयी का हिस्सा है। एपिसोड, धारावाहिक का एक हिस्सा है।

37. (*c*) : शादी के बाद महिला पत्नी बन जाती है। योग्यता के बाद एक व्यक्ति सेवा के लिए योग्य हो जाता है।

38. (*b*) : डायमंड, कार्बन का अयस्क है। रूबी, कोरंडम का अयस्क है।

39. (*d*) : भवन का निर्माण वास्तुकार द्वारा किया जाता है। मूर्ति, मूर्तिकार द्वारा बनाई गई है।

40. (*a*) : मायोपिया एक आंख की बीमारी है। उसी प्रकार से, पायरिया दांत की बीमारी है।

41. (*d*) : सम्मेलन का अध्यक्ष अध्यक्ष होता है। समाचार पत्र का नेतृत्व संपादक द्वारा किया जाता है।

42. (*c*) : सेफ और सिक्योर समानार्थी हैं। इसी तरह, प्रोटेक्ट और गार्ड एक दूसरे के समानार्थी हैं।

3 वर्गीकरण (CLASSIFICATION)

वर्गीकरण का अर्थ है - 'किसी दिए गए समूह की वस्तुओं को उनके उभय-निष्ठ गुणों के आधार पर एक समूह में वर्गीकृत करना और फिर दिए गए समूह से विषम या विजातीय वस्तु को पहचान कर उसे हटाना'। इस परीक्षण में, आपको कुछ वस्तुओं का एक समूह दिया जाता है, जिनमें से एक वस्तु को छोड़कर अन्य सभी आपस में एक-दूसरे से संबंधित होती हैं। आपको उस विषम या विजातीय वस्तु को चुनना होता है जो दिए गए समूह की वस्तुओं से संबंधित नहीं होती है।

प्रकार 1: विषम/विजातीय शब्द को चुनना (CHOOSING THE ODD WORD)

दिशानिर्देश: ***दिए गये शब्द समूह में उस शब्द का चयन करें जो समूह के अन्य शब्दों से कम समानता रखता है।***

उदा. 1. (*a*) जेबरा (*b*) शेर (*c*) टाइगर (*d*) घोड़ा (*e*) जिराफ **(Bank P.O. 2003)**

हल: यहां, घोड़े को छोड़कर अन्य सभी जंगली जानवर हैं, जबकि घोड़े को पालतू बनाया जा सकता है।
अत: सही विकल्प (*d*) है।

उदा. 2. (*a*) तोता (*b*) चमगादड़ (*c*) कौआ (*d*) चिड़िया (*e*) कबूतर **(R.B.I. 2003)**

हल: यहां, चमगादड़ को छोड़कर सभी, पक्षी वर्ग से संबंधित हैं, जबकि चमगादड़ एक स्तनपायी है।
अत: सही विकल्प (*b*) है।

उदा. 3. (*a*) तांबा (*b*) जस्ता (*c*) पीतल (*d*) एल्यूमिनियम (*e*) लोहा **(Bank P.O. 2004)**

हल: यहां, पीतल को छोड़कर सभी धातुएं हैं, जबकि पीतल एक मिश्र धातु है।
अत: सही विकल्प (*c*) है।

उदा. 4. (*a*) सेब (*b*) गेंदा (*c*) गुलाब (*d*) लिली (*e*) कमल **(Bank Recruitment, 2005)**

हल: यहां, सेब को छोड़कर सभी फूल हैं, जबकि सेब एक फल है।
अत: सही विकल्प (*a*) है।

उदा. 5. (*a*) जनवरी (*b*) मई (*c*) जुलाई (*d*) अगस्त (*e*) नवंबर **(B.B.A. 2004)**

हल: यहां, नवंबर को छोड़कर सभी महीने 31 दिन के हैं, जबकि नवंबर में 30 दिन होते हैं।
अत: सही विकल्प (*e*) है

उदा. 6. (*a*) जंबुमणि (*b*) रुबी (*c*) संगमरमर (*d*) नीलमणि (*e*) हीरा **(M.B.A. 2005, H.M. 2004)**

हल: यहां, संगमरमर को छोड़कर सभी कीमती पत्थर हैं।
अत: सही विकल्प (*c*) है।

उदा. 7. (*a*) अदरक (*b*) प्याज (*c*) चुकंदर (*d*) धनिया (*e*) आलू **(NABARD, 2002)**

हल: यहां, धनिया को छोड़कर अन्य सभी परिवर्तित तने हैं।
अत: सही विकल्प (*d*) है।

उदा. 8. (*a*) सेंकना (*b*) छीलना (*c*) तौलना (*d*) उबालना (*e*) भूनना **(Bank P.O. 2005)**

हल: यहां, छीलना को छोड़कर सभी खाना पकाने के विभिन्न रूप हैं।
अत: सही विकल्प (*b*) है।

उदा. 9. (*a*) पिस्तौल (*b*) तलवार (*c*) गन (*d*) राइफल (*e*) तोप

हल: यहां, तलवार को छोड़कर सभी आग्नेय शस्त्र (फाइअरार्म) हैं, जिन्हें दूरी से प्रयोग किया जाता है।
अत: सही विकल्प (*b*) है ।

उदा. 10. (*a*) प्रधान गिरजा घर (*b*) मस्जिद (*c*) चर्च (*d*) मठ (*e*) मंदिर

हल: मठ को छोड़कर सभी पूजा के स्थल हैं, जबकि मठ एक ऐसी जगह है जहां भिक्षु रहते हैं।
अत: सही विकल्प (*d*) है।

अभ्यास 3A

दिशानिर्देश: ***निम्नलिखित में से प्रत्येक प्रश्न में, पांच शब्द दिए गए हैं, जिनमें से चार किसी न किसी रूप से समान हैं, जबकि पांचवां एक अलग है। विजातीय को चुनें:***

1. (*a*) नाशपाती (*b*) सेब (*c*) लीची (*d*) अमरूद (*e*) सन्तरा **(Bank P.O. 2003)**

2. (*a*) दही (*b*) मक्खन (*c*) तेल (*d*) पनीर (*e*) क्रीम

3. (*a*) कत्ल करना (*b*) हत्या करना (*c*) किडनैप करना (*d*) छुरा भोंकना (*e*) वध करना

4. (*a*) शहनाई (*b*) मशकबीन (बैग्पाइप) (*c*) बांसुरी (*d*) सितार (*e*) अकार्डियन

5. (*a*) फुटबॉल (*b*) वॉलीबॉल (*c*) क्रिकेट (*d*) शतरंज (*e*) हॉकी **(R.R.B. 2002)**

6. (*a*) लीमा (*b*) अल्जीयर्स (*c*) न्यूयॉर्क (*d*) टोक्यो (*e*) बीजिंग

7. (*a*) पोटेशियम (*b*) सिलिकॉन (*c*) जर्कोनीअम (*d*) गैलियम (*e*) जर्मेनियम

8. (*a*) कछुआ (*b*) बतख (*c*) सांप (*d*) व्हेल (*e*) कौआ **(Bank P.O. 1997)**

9. (*a*) फेदर्ज (पंख) (*b*) टेन्टकल (*c*) स्कैल्ज (*d*) यूडोपोडिया (*e*) फ्लैगेला

10. (*a*) तुषार-वर्षा (*b*) धुंध (*c*) ओला (*d*) वाष्प (*e*) कोहरा

11. (*a*) बिस्कुट (*b*) चॉकलेट (*c*) केक (*d*) रोटी (*e*) पेस्ट्री

12. (*a*) छापा मारना (*b*) हमला करना (*c*) आक्रमण करना (*d*) रक्षा करना (*e*) घात लगाना

13. (*a*) चींटी (*b*) मधुमक्खी (*c*) पतंगा (*d*) छोटा कीड़ा (*e*) मकड़ी

14. (*a*) बैंगनी (*b*) नीला (*c*) हरा (*d*) सफेद (*e*) पीला

15. (*a*) अभिनेता (*b*) कलाकार (*c*) संगीतकार (*d*) नर्तक (*e*) कवि

16. (*a*) अभियंता (*b*) वास्तुकार (*c*) मैकेनिक (*d*) राजमिस्त्री (*e*) लोहकार

17. (*a*) एशिया (*b*) अर्जेंटीना (*c*) अफ्रीका (*d*) ऑस्ट्रेलिया (*e*) अंटार्कटिका

18. (*a*) चाय (*b*) सिनकोना (*c*) रबड़ (*d*) इलायची (*e*) खड़िया (चाक) **(S.B.I.P.O. 2005)**

19. (*a*) कानपुर (*b*) इलाहाबाद (*c*) वाराणसी (*d*) मथुरा (*e*) हरिद्वार

20. (*a*) कंधे (*b*) पैर (*c*) कोहनी (*d*) बाहें (*e*) ऊँगली

21. (*a*) गुलाब (*b*) कमल (*c*) गेंदा (*d*) लिली (*e*) ट्यूलिप

22. (*a*) पुस्तक (*b*) पेपर (*c*) पेंसिल (*d*) पेन (*e*) शार्पनर

23. (*a*) बाजरा (*b*) सरसों (*c*) चावल (*d*) गेहूं (*e*) जौ **(I.B.P.S. 2002)**

24. (*a*) ज्यामिति (*b*) बीजगणित (*c*) त्रिकोणमिति (*d*) गणित (*e*) अंकगणित

25. (*a*) पोलैंड (*b*) यूनान (*c*) स्पेन (*d*) इटली (*e*) कोरिया

26. (*a*) बछड़ा (*b*) शावक (*c*) सुअर का बच्चा (*d*) बत्तख का बच्चा (*e*) ठेकेदार

27. (*a*) खाका (*b*) आरेख (*c*) पोस्टर (*d*) चार्ट (*e*) पेपर

28. (*a*) मीटर (*b*) फर्लांग (*c*) यार्ड (*d*) मील (*e*) एकड़

29. (*a*) चीता (*b*) शेर (*c*) भालू (*d*) टाइगर (*e*) तेंदुआ **(Bank P.O. 2000)**

30. (*a*) बांसुरी (*b*) गिटार (*c*) सितार (*d*) सारंगी (*e*) वीना

31. (*a*) कुदाल (*b*) पाना (स्पैनर) (*c*) खुरपा (*d*) रैक (घास जमा करने का औजार) (*e*) कुदाली (पिकैक्स)

32. (*a*) जिराफ (*b*) लकड़बग्गा (*c*) हिरण (*d*) गेंडा (*e*) जेबरा

33. (*a*) चिड़िया (*b*) हंस (*c*) तोता (*d*) कोयल (*e*) गिद्ध **(R.B.I. 2004)**

34. (*a*) कीवी (*b*) ईगल (*c*) इमु (*d*) पेंगुइन (*e*) शुतुरमुर्ग

35. (*a*) झील (*b*) सागर (*c*) नदी (*d*) पूल (*e*) तालाब

36. (*a*) तीर (*b*) कुल्हाड़ी (*c*) चाकू (*d*) भाला (*e*) तलवार

37. (*a*) सूर्य (*b*) चंद्रमा (*c*) तारे (*d*) ग्रह (*e*) ब्रह्मांड **(Bank P.O. 1997)**

38. (*a*) घर (*b*) कुटिया (*c*) विद्यालय (*d*) महल (*e*) झोपड़ी

39. (*a*) टमाटर (*b*) ककड़ी (*c*) बैंगन (*d*) गाजर (*e*) लोकी **(M.B.A. 2002)**

40. (*a*) ब्रिक (*b*) हार्ट (*c*) ब्रिज (*d*) स्पैड (*e*) क्लब

41. (*a*) छात्रावास (*b*) होटल (*c*) सराय (*d*) क्लब (*e*) मोटल

42. (*a*) श्वानालय (*b*) घर (*c*) अस्तबल (*d*) चिड़ियाखाना (एविएरी) (*e*) जलजीवशाला (एक्वेरियम)

43. (*a*) गाय (*b*) हिरण (*c*) गधा (*d*) गेंडा (*e*) बकरी

44. (*a*) अमरूद (*b*) लीची (*c*) पपीता (*d*) तरबूज (*e*) कटहल **(Bank P.O. 2004)**

45. (*a*) कछुआ (*b*) मेमना (*c*) घोड़े का बच्चा (*d*) कुतिया (*e*) सुअर की झल (फैरो)

46. (*a*) ऋग्वेद (*b*) यजुर्वेद (*c*) अथर्ववेद (*d*) आयुर्वेद (*e*) सामवेद

47. (*a*) निर्माता (*b*) निदेशक (*c*) निवेशक (*d*) वित्तदाता (*e*) उद्यमी

48. (*a*) महीना (*b*) वर्ष (*c*) दो सप्ताह (*d*) ऋतु (*e*) सप्ताह

49. (*a*) मां (*b*) मित्र (*c*) बहन (*d*) पिता (*e*) भाई

50. (*a*) भागना (*b*) चलना (*c*) सोचना (*d*) कूदना (*e*) तैरना **(Bank P.O. 2002)**

51. (*a*) मुंबई (*b*) कोचीन (*c*) कंदला (*d*) मैसूर (*e*) विशाखापत्तनम

52. (*a*) ट्राइसिकल (*b*) ट्राइडन्ट (*c*) ट्राइफल (*d*) ट्राइकलर (*e*) ट्रिलजी

53. (*a*) जापान (*b*) भारत (*c*) श्रीलंका (*d*) न्यूजीलैंड (*e*) मालगासी

54. (*a*) कोट (*b*) शर्ट (*c*) ब्लाउज (*d*) पैंट (*e*) स्वेटर

55. (*a*) टन (*b*) क्विंटल (*c*) ग्राम (*d*) किलोग्राम (*e*) किलोमीटर

56. (*a*) नानक (*b*) मसीहा (*c*) बुद्ध
(*d*) गांधी (*e*) महावीर

57. (*a*) भृगु (क्लिफ) (*b*) घाटी (*c*) दर्रा
(*d*) गॉर्ज (*e*) कन्दरा

58. (*a*) लोमड़ी (*b*) याक (*c*) भालू
(*d*) कंगारू (*e*) भेड़

59. (*a*) शीप (*b*) घोंघा (*c*) स्कैलप
(*d*) कोडी (*e*) बड़ा घोंघा

60. (*a*) पाठक (*b*) लेखक (*c*) मुद्रक
(*d*) प्रकाशक (*e*) रिपोर्टर

61. (*a*) कार (*b*) स्कूटर (*c*) हेलीकॉप्टर
(*d*) हवाई जहाज (*e*) साइकिल **(R.R.B. 2005)**

62. (*a*) कैलेंडर (*b*) वर्ष (*c*) तिथि
(*d*) महीना (*e*) दिवस **(B.S.R.B. 1998)**

63. (*a*) स्पेक्ट्रम (*b*) चश्मा (*c*) दूरबीन
(*d*) माइक्रोफोन (*e*) टेलीस्कोप

64. (*a*) झाड़ू लगाना (*b*) पोंछना (*c*) साफ करना
(*d*) धोना (*e*) धब्बा

65. (*a*) खर्राटा (*b*) नींद (*c*) जम्भाई
(*d*) झपकी (*e*) सपना

66. (*a*) स्वाद (*b*) चबाना (*c*) निगलना
(*d*) गटकना (*e*) चाटना

67. (*a*) जॉर्डन (*b*) भूटान (*c*) तुर्की
(*d*) नॉर्वे (*e*) स्पेन

68. (*a*) कोट (*b*) चादर (*c*) रजाई
(*d*) तकिया (*e*) कंबल **(C.A.T. 1998)**

69. (*a*) म्याऊ (*b*) गरजना (*c*) भौंकना
(*d*) घुरघुराना (*e*) चिल्लाना

70. (*a*) ट्रिगर (*b*) बंदूक का मुँह (मजल)
(*c*) छर्रा (*d*) बन्दूक की नली (बैरल)
(*e*) गोली

71. (*a*) कटार (*b*) हथौड़ा (*c*) चाकू
(*d*) तलवार (*e*) ब्लेड **(Bank P.O. 2003)**

72. (*a*) भेड़ (*b*) हिरण (*c*) आइबेक्स
(*d*) छछूँदर (*e*) टपीर

73. (*a*) सिगार (*b*) सिगरेट (*c*) तंबाकू
(*d*) चिलम (*e*) हुक्का

74. (*a*) द्वीप (*b*) तट (*c*) बंदरगाह
(*d*) मरु उद्यान (*e*) प्रायद्वीप

75. (*a*) तना (*b*) वृक्ष (*c*) फल
(*d*) पत्ता (*e*) फूल **(Bank Recruitment, 2005)**

76. (*a*) बाढ़ (*b*) तूफान (*c*) हिमस्खलन
(*d*) भूकंप (*e*) विस्फोट

77. (*a*) राजा (*b*) रानी (*c*) मोहरा
(*d*) मंत्री (*e*) वजीर **(S.B.I.P.O. 1997)**

78. (*a*) लंबा (*b*) विशाल (*c*) पतला
(*d*) तीव्र (*e*) छोटा

79. (*a*) भद्दा (*b*) अपरिष्कृत (*c*) अशिष्ट
(*d*) कुरूप (*e*) कुंद

80. (*a*) सील (*b*) बिच्छू (*c*) मछली
(*d*) बैल (*e*) सिंह

81. (*a*) जिंक (*b*) आयरन (*c*) एल्यूमिनियम
(*d*) कॉपर (*e*) पारा
(Management Trainees* Exam, 2003)

82. (*a*) बीकर (*b*) ग्लास (*c*) मग
(*d*) तश्तरी (*e*) कप

83. (*a*) पाउंड (*b*) येन (*c*) औंस
(*d*) फ्रैंक (*e*) डॉलर

84. (*a*) मृगी (*b*) कुतिया (*c*) जादूगरनी
(*d*) ड्रोन (नर मधुमक्खी) (*e*) घोड़ी

85. (*a*) कन्या (*b*) मीन (*c*) धनुष
(*d*) कर्क (*e*) ओरियन

86. (*a*) मुर्गा (*b*) सांप (*c*) हंस
(*d*) मगरमच्छ (*e*) मेंढक **(NABARD, 2002)**

87. (*a*) कविता (*b*) गीत (*c*) गाथा
(*d*) लिमरिक (*e*) महाकाव्य

88. (*a*) हैंगर (*b*) प्लेटफार्म (*c*) डॉक
(*d*) पार्क (*e*) बस स्टैंड

89. (*a*) विश्वासघात (*b*) धोखाधड़ी (*c*) छल
(*d*) झांसा (*e*) दूषित

90. (*a*) भावना (*b*) आनंद (*c*) चिंता
(*d*) गुस्सा (*e*) दुख **(S.B.I.P.O. 2001)**

91. (*a*) गंगटोक (*b*) सिंहभूम (*c*) हैदराबाद
(*d*) चेन्नई (*e*) भुवनेश्वर

92. (*a*) गिरगिट (*b*) मगरमच्छ (*c*) घड़ियाल
(*d*) टिड्डा (*e*) सैलमैन्डर

93. (*a*) कुत्ता (*b*) घोड़ा (*c*) बकरी
(*d*) बिल्ली (*e*) लोमड़ी **(R.B.I. 2004)**

94. (*a*) टमाटर (*b*) गाजर (*c*) अदरक
(*d*) आलू (*e*) हल्दी **(E.P.F.O. Exam, 2004)**

95. (*a*) गोभी (*b*) पपीता (*c*) लोकी
(*d*) ककड़ी (*e*) बैगन **(Agriculture Officers' 2006)**

96. (*a*) जीरा (*b*) मूंगफली (*c*) दालचीनी
(*d*) काली मिर्च (*e*) लौंग

97. (*a*) कैप (*b*) पगड़ी (*c*) हेलमेट
(*d*) घूंघट (*e*) हैट **(Specialist Officers' 2006)**

98. (*a*) भौतिक विज्ञान (*b*) रसायन विज्ञान
(*c*) भूगोल (*d*) वनस्पति विज्ञान
(*e*) प्राणीशास्त्र

99. (*a*) डेक (*b*) क्वे (*c*) स्टर्न
(*d*) बो (*e*) मैस्ट **(M.B.A. 1997)**

100. (*a*) स्कल (कपाल) (*b*) अपेन्डिक्स
(*c*) पेल्विस (*d*) फिब्यल (*e*) वर्टिब्रे

हल-अभ्यास 3(A)

1. (*e*) : समूह में सन्तरा ही एकमात्र खट्टा फल है।
2. (*c*) : तेल को छोड़कर सभी दूध से प्राप्त उत्पाद हैं।
3. (*c*) : किडनैप को छोड़कर सभी हत्या के कार्य हैं।
4. (*d*) : सितार को छोड़कर सभी हवा वाद्य यंत्र हैं, जबकि सितार एक तार वाद्ययंत्र है।
5. (*d*) : शतरंज को छोड़कर सभी आउटडोर गेम हैं।

6. (*c*) : न्यूयॉर्क को छोड़कर सभी राजधानी नगर हैं।

7. (*a*) : पोटेशियम को छोड़कर सभी धातुएं अर्धचालक उपकरणों में उपयोग की जाती हैं।

8. (*d*) : व्हेल को छोड़कर सभी अंडे देते हैं।

9. (*a*) : फेदर्ज को छोड़कर सभी अलग-अलग जीवों में चलने के अंग हैं।

10. (*d*) : वाष्प को छोड़कर सभी वर्षा के विभिन्न रूप हैं।

11. (*b*) : चॉकलेट को छोड़कर सभी बेक्ड आइटम हैं।

12. (*d*) : रक्षा को छोड़कर सभी हमले के रूप हैं।

13. (*e*) : मकड़ी को छोड़कर सभी चार पैर वाले कीड़े हैं।

14. (*d*) : सफेद को छोड़कर सभी इंद्रधनुष के रंग हैं।

15. (*e*) : कवि को छोड़कर सभी मंच पर प्रदर्शन करते हैं।

16. (*c*) : मैकेनिक को छोड़कर सभी घर बनाने में मदद करने वाले हैं।

17. (*b*) : अर्जेंटीना को छोड़कर सभी महाद्वीप हैं, जबकि अर्जेंटीना एक देश है।

18. (*e*) : चॉक को छोड़कर सभी को फसलों से प्राप्त किया जाता है।

19. (*d*) : मथुरा को छोड़कर सभी गंगा नदी के तट पर स्थित शहर हैं।

20. (*b*) : पैर को छोड़कर सभी हाथ के हिस्से हैं।

21. (*b*) : कमल को छोड़कर सभी जमीन पर उगने वाले फूल हैं, जबकि कमल पानी में उगता है।

22. (*a*) : पुस्तक को छोड़कर सभी स्टेशनरी वस्तु हैं।

23. (*b*) : सरसों को छोड़कर सभी खाद्यान्न हैं, जबकि सरसों एक तिलहन है।

24. (*d*) : गणित को छोड़कर सभी गणित की शाखाएं हैं।

25. (*e*) : कोरिया को छोड़कर सभी यूरोपीय देश हैं, जबकि कोरिया एक एशियाई देश है।

26. (*e*) : ठेकेदार को छोड़कर सभी जानवरों, पक्षियों के युवा हैं।

27. (*e*) : अन्य सभी को कागज पर खींचा जा सकता है।

28. (*e*) : एकड़ को छोड़कर सभी दूरी मापने की इकाइयां हैं, जबकि एकड़ क्षेत्र की एक इकाई है।

29. (*c*) : भालू को छोड़कर सभी बिल्ली परिवार के हैं।

30. (*a*) : बांसुरी को छोड़कर सभी स्ट्रिंग यंत्र हैं।

31. (*b*) : स्पैनर को छोड़कर सभी माली द्वारा उपयोग किए जाने वाले उपकरण होते हैं, जबकि एक स्पैनर का उपयोग एक बढ़ई द्वारा किया जाता है।

32. (*b*) : समूह में लकड़बग्गा ही एकमात्र मांस खाने वाला जानवर है।

33. (*b*) : समूह में हंस ही एकमात्र जल पक्षी है।

34. (*b*) : ईगल को छोड़कर सभी उड़ानहीन पक्षी हैं।

35. (*c*) : नदी को छोड़कर सभी में पानी स्थिर होता है।

36. (*a*) : तीर को छोड़कर अन्य सभी का हाथ में पकड़ के उपयोग किया जाता है।

37. (*e*) : ब्रह्मांड को छोड़कर सभी ब्रह्मांड का एक हिस्सा बनाते हैं।

38. (*c*) : विद्यालय छोड़कर सभी जगह निवास स्थान हैं।

39. (*d*) : गाजर एकमात्र सब्जी है जो भूमिगत होती है।

40. (*a*) : ब्रिक को छोड़कर सभी ताश के पत्तों की सूट हैं।

41. (*d*) : क्लब को छोड़कर सभी जगहें हैं जहां लोग रह सकते हैं।

42. (*b*) : घर को छोड़कर सभी जानवर को रखने के लिए जगह हैं।

44. (*d*) : तरबूज के अलावा सभी पेड़ पर उगते हैं, जबकि तरबूज लता (बेल) पर बढ़ता है।

45. (*d*) : कुतिया को छोड़कर सभी जानवरों के युवा हैं, जबकि कुतिया एक मादा कुत्ता है।

46. (*d*) : आयुर्वेद को छोड़कर सभी पवित्र शास्त्रो, चार वेदों के नाम हैं। आयुर्वेद दवा की एक शाखा है।

47. (*b*) : निदेशक को छोड़कर सभी पैसे खर्च करते हैं।

48. (*d*) : ऋतु को छोड़कर सभी दिन के लिए सटीक माप हैं।

49. (*b*) : मित्र को छोड़कर सभी रक्त संबंधों को दर्शाते हैं।

50. (*c*) : सोच को छोड़कर सभी शारीरिक गतिविधियों को दर्शाते हैं।

52. (*c*) : ट्राइफल को छोड़कर सभी में, 'ट्रि,' 'तीन' को इंगित करता है।

53. (*b*) : भारत छोड़कर सभी द्वीप हैं, जबकि भारत एक प्रायद्वीप है।

54. (*d*) : पैंट को छोड़कर सभी कपड़े ऐसें हैं जो शरीर के ऊपरी भाग को ढकते हैं।

55. (*e*) : अन्य सभी वजन मापने की इकाइयां हैं।

56. (*d*) : गांधी को छोड़कर अन्य सभी धर्मों के संस्थापक हैं।

57. (*a*) : भृगु (क्लिफ) को छोड़कर सभी नदी से जुड़े भौगोलिक विशेषताएं हैं, जबकि क्लिफ समुद्र से जुड़ा हुआ है।

58. (*d*) : कंगारू को छोड़कर सभी को उनकी त्वचा पर मोटे बाल या फर होते हैं।

59. (*c*) : स्कैलप को छोड़कर सभी गोले में रहते हैं।

60. (*a*) : पाठक को छोड़कर सभी जर्नल, समाचार पत्र या पत्रिका की तैयारी में शामिल होते हैं।

61. (*e*) : साइकिल के अलावा सभी ईंधन से चलते है।

62. (*a*) : अन्य सभी कैलेंडर के हिस्से हैं।

63. (*d*) : माइक्रोफोन को छोड़कर सभी आंखों से संबंधित हैं।

64. (e) : धब्बा को छोड़कर सभी सफाई से संबंधित शब्द हैं।

65. (*c*) : जम्भाई को छोड़कर सभी नींद संबंधी क्रियाएं हैं, जबकि जम्भाई बोरियत का एक रूप है।

66. (*a*) : स्वाद को छोड़कर सभी खाने के तरीके हैं।

67. (*c*) : तुर्की को छोड़कर सभी देश राजाओं द्वारा शासित हैं।

68. (*a*) : कोट को छोड़कर सभी बिस्तर पर बिछाने से संबंधित हिस्से हैं।

69. (e) : चिल्लाए जाने को छोड़कर अन्य सभी जानवरों द्वारा उत्पादित ध्वनियां हैं।

70. (*c*) : छर्रा को छोड़कर सभी बंदूक के हिस्से हैं।

71. (b) : हथौड़ा को छोड़कर सभी तेज धारदार हैं और एक काटने में काम आते हैं।

72. (*b*) : हिरण को छोड़कर सभी जानवर पहाड़ों में पाए जाते हैं।

73. (*c*) : तंबाकू को छोड़कर सभी धूम्रपान के साधन हैं।

74. (*d*) : मरु उद्यान को छोड़कर सभी समुद्र से संबंधित विशेषताएं हैं, जबकि मरु उद्यान रेगिस्तान से संबंधित है।

75. (*b*) : अन्य सभी वृक्ष के कुछ हिस्से हैं।

76. (*e*) : विस्फोट को छोड़कर सभी प्राकृतिक आपदाएं हैं।

77. (*d*) : मंत्री को छोड़कर अन्य सभी शतरंज से संबंधित हैं।

78. (*d*) : तीव्र को छोड़कर सभी आयाम से संबंधित हैं।

79. (*e*) : कुंद को छोड़कर सभी पर्यायवाची (समानार्थी) हैं।

80. (*a*) : सील को छोड़कर अन्य सभी जंतु राशि चक्र से संबंधित प्राणी हैं।

81. (*e*) : समूह में पारा एकमात्र तरल धातु है।

82. (*d*) : सॉसर (चटनि रखने का पात्र) को छोड़कर सभी तरल पदार्थ रखने के लिए उपयोग किया जाता है।

83. (*c*) : औंस को छोड़कर सभी मुद्राओं के नाम हैं, जबकि औंस वजन की एक इकाई है।

84. (*d*) : ड्रोन को छोड़कर सभी मादा हैं।

85. (*e*) : ऑरियन को छोड़कर सभी राशि चक्र संकेत हैं, जबकि ओरियन एक नक्षत्र है।

86. (*a*) : मुर्गे को छोड़कर सभी पानी में रह सकते हैं।

87. (*e*) : महाकाव्य को छोड़कर सभी कविताओं के विभिन्न रूप हैं।

88. (*d*) : पार्क को छोड़कर सभी परिवहन के विभिन्न साधनों के खड़े होने के स्थान हैं।

89. (*e*) : दूषित को छोड़कर सभी 'धोखे' के समानार्थी हैं।

90. (*a*) : अन्य सभी विभिन्न भावनाओं को दर्शाते हैं।

91. (*b*) : सिंहभूम को छोड़कर सभी भारत के राज्यों की राजधानियां हैं।

92. (*d*) : टिड्डा को छोड़कर सभी सरीसृप हैं, जबकि टिड्डा एक कीट है।

93. (*e*) : लोमड़ी को छोड़कर सभी घरेलू जानवर हैं, जबकि लोमड़ी एक जंगली जानवर है।

94. (*a*) : टमाटर को छोड़कर सभी भूमिगत रूप से उपजते हैं।

95. (*b*) : पपीता को छोड़कर सभी सब्जियां हैं, जबकि पपीता एक फल है।

96. (*b*) : मूंगफली को छोड़कर सभी मसाले हैं।

97. (*d*) : घूंघट को छोड़कर सभी सिर को कवर करते हैं, जबकि घूंघट चेहरे को ढकता है।

98. (*c*) : भूगोल को छोड़कर सभी विज्ञान की शाखाएं हैं।

99. (*b*) : क्वे को छोड़कर सभी जहाज के कुछ हिस्सों के नाम हैं।

100.(*b*): अपेन्डिक्स को छोड़कर सभी हड्डियां हैं, जबकि अपेन्डिक्स एक अंग है।

अभ्यास 3B

दिशानिर्देश: ***निम्नलिखित में से प्रत्येक प्रश्न में, पांच शब्द दिए गए हैं, जिनमें से चार किसी न किसी रूप से समान हैं, जबकि पांचवां एक अलग है। विजातीय को चुनें:***

1. (*a*) लिखना (*b*) पढ़ना (*c*) ज्ञान (*d*) जानना (*e*) अध्ययन करना **(S.B.I.P.O. 2005)**

2. (*a*) तीर (*b*) मिसाइल (*c*) तलवार (*d*) बुलेट (*e*) भाला

3. (*a*) पेंच (*b*) हथौड़ा (*c*) सुई (*d*) पिन (*e*) कील **(Bank P.O. 1998)**

4. (*a*) कैनो (*b*) इग्लू (*c*) यॉट (*d*) डिंगी (*e*) राफ्ट

5. (*a*) लियोन (*b*) दिरहम (*c*) बहत (*d*) लेम्पिरा (*e*) कोर्टेस

6. (*a*) चोटी (*b*) पर्वत (*c*) पहाड़ी (*d*) टीला (*e*) घाटी

7. (*a*) ऊपर (*b*) नीचे (*c*) इससे नीचे (*d*) इससे उपर (*e*) छोटा **(R.B.I. 2003)**

8. (*a*) कूदना (*b*) चलना (*c*) दौड़ना (*d*) जॉगिंग (*e*) व्यायाम

9. (*a*) मेडागास्कर (*b*) थाईलैंड (*c*) क्यूबा (*d*) ग्रीनलैंड (*e*) तस्मानिया

10. (*a*) संचयन (*b*) संग्रह (*c*) समूह (*d*) संयोजन (*e*) संकलन

11. (*a*) शिमला मिर्च (*b*) अनानस (*c*) चेरी (*d*) स्ट्रॉबेरी (*e*) बेर

12. (*a*) टमाटर (*b*) लोकी (*c*) बैंगन (*d*) ककड़ी (*e*) आलू **(Bank P.O. 2002)**

13. (*a*) कीट (*b*) मधुमक्खी (*c*) छिपकली (*d*) एफिड्स (*e*) कॉकरोच

14. (*a*) चिड़िया (*b*) चील (*c*) बाज (*d*) गिद्ध (*e*) उल्लू

15. (*a*) क्रोध (*b*) दुःख (*c*) विनोदपूर्ण (*d*) दयालुता (*e*) आनंद

16. (*a*) विक्रमादित्य (*b*) चंद्रगुप्त (*c*) हर्षवर्धन (*d*) चाणक्य (*e*) समुद्रगुप्त

17. (*a*) भेंस (*b*) लामा (*c*) गाय (*d*) बकरी (*e*) ऊंट

18. (*a*) कौआ (*b*) कबूतर (*c*) तोता (*d*) तितली (*e*) मोर

19. (*a*) जेल सिंह (*b*) वी.वी. गिरि (*c*) जाकिर हुसैन (*d*) राजीव गांधी (*e*) डॉ राजेंद्र प्रसाद **(A.I.M.A.T.S. 2002)**

20. (*a*) पुतली (*b*) आईरिस (*c*) कॉर्निया (*d*) मेडुला (*e*) रेटिना

21. (*a*) दर्जी (*b*) बढ़ई (*c*) लोहार (*d*) नाई (*e*) अभियंता

22. (*a*) कुल्हाड़ी (*b*) तलवार (*c*) चाकू (*d*) बेलचा (*e*) आरा

23. (*a*) प्यार (*b*) आलिंगन करना (*c*) लिपटाना (*d*) चिपट जाना (*e*) दुलार करना

24. (*a*) दहकना (*b*) झलकना (*c*) उबालना (*d*) जगमगाना (*e*) टिम-टिमाना

25. (*a*) तालिका (*b*) अलमारी (*c*) कुर्सी (*d*) सोफा (*e*) पेपरवेट

26. (*a*) हाइड्रोजन (*b*) ऑक्सीजन (*c*) आयोडीन (*d*) नाइट्रोजन (*e*) क्लोरीन

27. (*a*) रेडियो (*b*) टेलीविजन (*c*) कंप्यूटर (*d*) टेलीफोन (*e*) एक्स-रे

28. (*a*) इंक (*b*) पेपर (*c*) पेन (*d*) पेंसिल (*e*) शार्पनर **(R.B.I. 2004)**

29. (*a*) क्षय रोग (*b*) चेचक (*c*) हेजा (*d*) टायफाइड (*e*) टेटनस

30. (*a*) आंख (*b*) कान (*c*) हाथ (*d*) पैर (*e*) नाक

31. (*a*) टेलीस्कोप (*b*) पेरिस्कोप (*c*) माइक्रोफोन (*d*) बायोस्कोप (*e*) कैलिडोस्कोप

32. (*a*) ओथेलो (*b*) मैकबेथ (*c*) हेमलेट (*d*) रिपब्लिक (*e*) किंग लीयर

33. (*a*) घरेलु मक्खी (*b*) मकड़ी (*c*) मच्छर (*d*) तितली (*e*) कॉकक्रोच **(Bank P.O. 2004)**

34. (*a*) मंगोलिया (*b*) चीन (*c*) बर्मा (*d*) अफगानिस्तान (*e*) बांग्लादेश

35. (*a*) उदास (*b*) शांत (*c*) सुस्त (*d*) तनापूर्ण (*e*) तनाव

36. (*a*) संवेदनशील (*b*) भावुक (*c*) जुनूनी (*d*) उचित (*e*) सनसनीखेज

37. (*a*) श्लोक (*b*) तुकांत (*c*) दोहा (*d*) वाक्पटुता (*e*) गद्यांश

38. (*a*) अरावली पहाड़ियां (*b*) शिवालिक पहाड़ियां (*c*) मोल पहाड़ियां (*d*) सतपुरा पहाड़ियां (*e*) नीलगिरी पहाड़ियां

39. (*a*) हाथी (*b*) मानव (*c*) सील (*d*) बाज (*e*) व्हेल

40. (*a*) कछुआ (*b*) मेंढक (*c*) चूहा (*d*) नेवला (*e*) सांप **(Bank P.O. 2002)**

41. (*a*) बुली (*b*) बंगकर (*c*) कॉर्नर (*d*) ड्रिबल (*e*) स्कूप

42. (*a*) बाबर (*b*) हुमायूं (*c*) शेर शाह (*d*) अकबर (*e*) जहांगीर

43. (*a*) हिनहिनाना (*b*) दहाड़ना (*c*) फुंकारना (*d*) घुरघुर करना (*e*) ठोंकना

44. (*a*) सेमीनार (*b*) सेमीकोलन (*c*) सेमीफाइनल (*d*) सेमीसर्कल (*e*) सेमीटोन **(Hotel Management, 2003; Teachers' Exam, 2005)**

45. (*a*) शुक्र (*b*) शनि (*c*) पृथ्वी (*d*) बुध (*e*) वरुण

46. (*a*) मछली (*b*) केकड़ा (*c*) कछुआ (*d*) झींगा (*e*) छिपकली

47. (*a*) तुषार (*b*) ओस (*c*) धुंध (*d*) मानसून (*e*) बारिश

48. (*a*) घेंघा (*b*) टायफाइड (*c*) सूखा रोग (*d*) एनीमिया (*e*) स्कर्वी रोग

49. (*a*) सेब (*b*) केला (*c*) आम (*d*) नाशपाती (*e*) पपीता

50. (*a*) टमाटर (*b*) गाजर (*c*) मूली (*d*) बैंगन (*e*) गोभी

51. (*a*) कुत्ता (*b*) शेर (*c*) गीदड़ (*d*) बाघ (*e*) चीता **(Bank P.O. 2003)**

52. (*a*) फर्न (*b*) काई (*c*) शैवाल (*d*) फंगी (*e*) घास

53. (*a*) मीठा (*b*) नमकीन (*c*) स्वादिष्ट (*d*) खट्टा (*e*) कड़वा

54. (*a*) चावल (*b*) मक्का (*c*) ज्वार (*d*) बाजरा (*e*) गेहूं **(Bank P.O. 2005)**

55. (*a*) शहद (*b*) मोती (*c*) मूंगा (*d*) मोम (*e*) रेजिन

56. (*a*) इन्फ्लुएंजा (*b*) खसरा (*c*) डेंगू (*d*) रेबीज (*e*) पेचिश

57. (*a*) बैल (*b*) जिराफ (*c*) गधा (*d*) ऊंट (*e*) गधा **(Bank P.O. 2006)**

58. (*a*) बंदगोभी (*b*) फूलगोभी (*c*) भिंडी (*d*) मूली (*e*) मटर

59. (*a*) कपाल (*b*) मेरुदंड (*c*) पसलियां (*d*) फीमर (*e*) नस

60. (*a*) गैलीलियो (*b*) कॉपरनिकस (*c*) कोलंबस (*d*) भास्कर (*e*) आर्यभट्ट

61. (*a*) सांभर (*b*) डल (*c*) बैकाल (*d*) सियाचिन (*e*) चिल्का

62. (*a*) कोणार्क (*b*) मदुरई (*c*) एलोरा (*d*) खजुराहो (*e*) दिलवाड़ा **(M.B.A. 2005)**

63. (*a*) कीट्स (*b*) वर्ड्सवर्थ (*c*) टॉल्स्टॉय (*d*) गालिब (*e*) टैगोर

64. (*a*) कुदाल (*b*) चाकू (*c*) कुल्हाड़ी (*d*) हथौड़ा (*e*) लोहार **(R.B.I. 2003)**

65. (*a*) पेटल (*b*) स्टैमेन (*c*) सेपल (*d*) सीड (*e*) कार्पेल

66. (*a*) शैल पत्थर (*b*) स्लेट (*c*) संगमरमर (*d*) स्फटिक (*e*) क्वार्टजाइट

67. (*a*) पाइन (*b*) फर (*c*) बरगद (*d*) देवदार (*e*) स्पूस

68. (*a*) शेर (*b*) बाघ (*c*) लोमड़ी (*d*) गीदड़ (*e*) हिरण **(S.B.I.P.O. 2005)**

69. (*a*) मंगल (*b*) सूर्य (*c*) शनि (*d*) बुध (*e*) प्लूटो **(C.E.T. 2006)**

70. (*a*) लिम्फोसाइट्स (*b*) प्लाज्मा (*c*) फाइब्रिनोजेन (*d*) हेमोग्लोबिन (*e*) पेप्सीनोजेन

71. (*a*) मणिपुर (*b*) सिक्किम (*c*) महाराष्ट्र (*d*) हरियाणा (*e*) लक्षद्वीप

72. (*a*) रणथंभौर (*b*) सुंदरबन (*c*) काजीरंगा (*d*) घाना (*e*) गंगटोक

73. (*a*) हिंदी (*b*) सिंधी (*c*) उड़िया (*d*) उर्दू (*e*) गुजराती

74. (*a*) बाघ (*b*) डॉल्फिन (*c*) जेबरा (*d*) शेर (*e*) मगरमच्छ **(Bank P.O. 2005)**

75. (*a*) महावीर (*b*) बुद्ध (*c*) मार्क्स (*d*) जीसस (*e*) गांधी

76. (*a*) तुलसीदास (*b*) शेरिडन (*c*) कालिदास (*d*) शेक्सपियर (*e*) बर्नार्ड शॉ

77. (*a*) रिकॉर्ड (*b*) शॉर्टहैण्ड (*c*) मोर्स (*d*) कोड (*e*) सेमाफोर

78. (*a*) मछली (*b*) वृश्चिक (*c*) केकड़ा (*d*) ऑक्टोपस (*e*) मगरमच्छ

79. (*a*) गुजरात (*b*) महाराष्ट्र (*c*) उत्तर प्रदेश (*d*) पश्चिम बंगाल (*e*) केरल

80. (*a*) बाड़ा (*b*) शूकरशाला (*c*) अस्तबल (*d*) श्वानालय (*e*) बछेड़ा

81. (*a*) लहसुन (*b*) मिर्च (*c*) अदरक (*d*) आलू (*e*) चीनी चुकंदर **(Bank Recruitment, 2004)**

82. (*a*) सरसों (*b*) तिल (*c*) मकई (*d*) जैतून (*e*) प्याज **(Bank P.O. 2004)**

83. (*a*) मोतियाबिंद (*b*) दूरदृष्टि दोष (*c*) ट्रेकोमा (*d*) एक्जिमा (*e*) ग्लूकोमा

84. (*a*) रेडियम (*b*) थोरियम (*c*) सोडियम (*d*) पोलोनियम (*e*) यूरेनियम

85. (*a*) दस्त (*b*) पीलिया (*c*) खसरा (*d*) हेजा (*e*) टायफाइड

86. (*a*) मेंढक (*b*) टोड (*c*) न्यूट (*d*) सालामैंडर (*e*) सांप

87. (*a*) दंत चिकित्सा (*b*) इन्साइजर (*c*) कैनाइन (*d*) प्रीमोलर (*e*) मोलर

88. (*a*) छिपकली (*b*) केचुआ (*c*) सीप (*d*) घोंघा (*e*) मकड़ी

89. (*a*) सूरजमुखी (*b*) गुलाब (*c*) सरसों (*d*) गेहूं (*e*) मूली

90. (*a*) निस्तारण (*b*) निस्पंदन (*c*) अपकेंद्रण (*d*) ऊर्ध्वपातन (*e*) संघनन

91. (*a*) गेहूं (*b*) जौ (*c*) चावल (*d*) मटर (*e*) सरसों **(R.R.B. 2002)**

92. (*a*) नेफ्रोलोजी (*b*) एंटोमोलॉजी (*c*) अस्ट्रालजी (*d*) माईकोलॉजी (*e*) पैथोलॉजी

93. (*a*) फाई (*b*) गामा (*c*) डेल्टा (*d*) पेसो (*e*) बीटा

94. (*a*) रक्तमणि (*b*) रुबी (*c*) ग्रेफाइट (*d*) जवाहिर (*e*) पुखराज

95. (*a*) बुध (*b*) मंगल (*c*) पृथ्वी (*d*) बृहस्पति (*e*) नेप्च्यून

96. (*a*) खाद (*b*) नाइट्रोजन (*c*) अमोनिया (*d*) यूरिया (*e*) पोटाश **(Agriculture Officers' 2005)**

97. (*a*) पेपर (*b*) ऊन (*c*) लकड़ी (*d*) प्लास्टिक (*e*) चमड़ा

98. (*a*) लोहा (*b*) पोटेशियम (*c*) सोडियम (*d*) क्लोरीन (*e*) आयोडीन **(Bank P.O. 2003)**

99. (*a*) टॉर्टस (*b*) घोंघा (*c*) टर्टल (*d*) मकड़ी (*e*) ऑयस्टर

100. (*a*) ग्रासलैंड (*b*) पैम्पाज (*c*) डाउन (*d*) प्रेयरी (*e*) सवाना

हल-अभ्यास 3(B)

1. (*c*) : ज्ञान प्राप्त करने के लिए अन्य सभी का सहारा लिया जाता है।

2. (*c*) : तलवार को छोड़कर सभी दूर से लक्ष्य पर हमला करते हैं।

3. (*b*) : हथौडे को छोड़कर अन्य सभी नुकीले हैं।

4. (*b*) : इग्लू को छोड़कर सभी नौकाओं के प्रकार हैं, जबकि इग्लू ध्रुवीय क्षेत्रों में एक प्रकार का घर है।

5. (*e*) : कॉर्ट्स को छोड़कर सभी मुद्राएं हैं, जबकि कॉर्ट्स एक संसद है।

6. (*e*) : घाटी को छोड़कर सभी ऊंचाई से संबंधित हैं।

7. (*e*) : छोटा को छोड़कर अन्य सभी पूर्वसर्ग हैं, जबकि छोटे को विशेषण के रूप में उपयोग किया जाता है।

8. (*e*) : अन्य सभी व्यायाम के विभिन्न रूप हैं।

9. (*b*) : थाईलैंड को छोड़कर सभी द्वीप हैं।

10. (*c*) : समूह को छोड़कर सभी चयनित वस्तुओं के संग्रह को दर्शाते हैं।

11. (*a*) : शिमला मिर्च को छोड़कर सभी फल हैं।

12. (*e*) : आलू समूह में एकमात्र सब्जी है जो भूमिगत रूप से उपजता है।

13. (*c*) : छिपकली को छोड़कर सभी कीड़े हैं, जबकि छिपकली एक सरीसृप है।

14. (*a*) : चिड़िया को छोड़कर सभी मांस खाने वाले पक्षी हैं।

15. (*c*) : विनोदपूर्ण को छोड़कर सभी संज्ञाएं हैं, जबकि विनोदपूर्ण एक विशेषण है।

16. (*d*) : चाणक्य को छोड़कर सभी प्राचीन राजा थे।

17. (*b*) : लामा को छोड़कर सभी दूध देने वाले जानवर हैं।

18. (*d*) : तितली को छोड़कर सभी पक्षी हैं, जबकि तितली एक कीट है।

19. (*d*) : राजीव गांधी को छोड़कर सभी भारत के पूर्व राष्ट्रपति हैं।

20. (*d*) : मेंडूला को छोड़कर सभी आंखों के अंग हैं, जबकि मेंडूला मस्तिष्क का हिस्सा है।

21. (*d*) : नाई को छोड़कर सभी को काम करने के लिए कच्चे माल की आवश्यकता होती है।

22. (*d*) : बेलचा को छोड़कर सभी का उपयोग काटने के लिए किया जाता है।

23. (*a*) : प्यार को छोड़कर सभी ममता के संकेत हैं।

24. (*c*) : उबालना को छोड़कर सभी प्रकाश से जुड़े होते हैं, जबकि उबालना पकाने का एक तरीका है।

25. (*e*) : पेपरवेट को छोड़कर सभी फर्नीचर के सामान हैं।

26. (*c*) : आयोडीन को छोड़कर सभी गैस हैं, जबकि आयोडीन एक तरल है।

27. (*e*) : एक्स-रे को छोड़कर सभी मास मीडिया के साधन हैं।

28. (*e*) : शार्पनर को छोड़कर सभी को लेखन के लिए उपयोग किया जाता है।

29. (*b*) : चेचक को छोड़कर सभी बैक्टीरिया के कारण होने वाली बीमारियां हैं, जबकि चेचक वायरस के कारण होता है।

30. (*e*) : नाक को छोड़कर सभी ऐसे हिस्से हैं जो मानव शरीर में जोड़े में मौजूद हैं।

31. (*c*) : माइक्रोफोन को छोड़कर सभी प्रकाश के सिद्धांतों के आधार पर कार्य करने वाले उपकरण हैं।

32. (*d*) : रिपब्लिक को छोड़कर सभी शेक्सपियर के काम हैं।

33. (*b*) : मकड़ी को छोड़कर अन्य सभी उड़ सकते हैं।

34. (*a*) : मंगोलिया को छोड़कर सभी भारत के पड़ोसी देश हैं।

35. (*e*) : तनाव को छोड़कर सभी विशेषण हैं, जबकि तनाव एक संज्ञा है।

36. (*e*) : सनसनीखेज को छोड़कर सभी शब्द किसी व्यक्ति की प्रकृति का वर्णन करने के लिए उपयोग किए जाते हैं।

37. (*d*) : वाक्पटुता को छोड़कर सभी कविता से जुड़े शब्द हैं।

38. (*c*) : अन्य सभी भारत में स्थित पहाड़ियां हैं।

39. (*d*) : बाज को छोड़कर सभी स्तनधारी हैं।

40. (*e*) : समूह में सांप ही एकमात्र जहरीला जानवर है।

41. (*b*) : बंगकर को छोड़कर सभी हॉकी से जुड़े शब्द हैं, जबकि बंगकर पोलो से जुड़ा हुआ है।

42. (*c*) : शेरशाह को छोड़कर सभी मुगल शासक थे।

43. (*e*) : ठोंकना को छोड़कर सभी जानवरों की आवाज हैं।

44. (*a*) : सेमीनार को छोड़कर सभी में, 'सेमी', 'आधा' को इंगित करता है।

45. (*c*) : पृथ्वी को छोड़कर सभी रोमन या ग्रीक देवताओं और देवियों को दर्शाते हैं।

46. (*e*) : छिपकली को छोड़कर सभी जलीय जानवर हैं।

47. (*d*) : मानसून को छोड़कर सभी वर्षा के रूप हैं।

48. (*b*) : टाइफाइड को छोड़कर अन्य सभी किसी कमी के कारण होने वाली बीमारियां हैं।

49. (*b*) : केला को छोड़कर सभी का बीज होता है।

50. (*d*) : बैंगन को छोड़कर सभी को कच्चा खाया जा सकता है।

51. (*a*) : कुत्ते को छोड़कर सभी जंगली जानवर हैं।

52. (*e*) : घास को छोड़कर सभी गैर–फूलीय पौधे हैं।

53. (*c*) : स्वादिष्ट को छोड़कर सभी मानवीय जीभ के स्वाद हैं।

54. (*e*) : गेहूं को छोड़कर सभी खरीफ या ग्रीष्मकालीन फसलें हैं, जबकि गेहूं एक रबी फसल है।

55. (*e*) : रेजिन समूह में एकमात्र उत्पाद है जो पेड़ों से प्राप्त होता है।

56. (*e*) : पेचिश को छोड़कर सभी वायरस के कारण होने वाली बीमारियां हैं, जबकि पेचिश, प्रोटोजोआ के कारण होता है।

57. (*b*) : जिराफ को छोड़कर सभी जानवर बोझ उठाने के लिए प्रयोग किए जाते हैं।

58. (*c*) : भिंडी को छोड़कर सभी सब्जियां हैं जो सर्दियों में सबसे अच्छी होती हैं।

59. (*e*) : नस को छोड़कर सभी कंकाल प्रणाली के हिस्से होते हैं, जबकि नस मांसपेशी प्रणाली का हिस्सा हैं।

60. (*c*) : कोलंबस को छोड़कर सभी खगोलविद थे, जबकि कोलंबस एक खोजकर्ता था।

61. (*d*) : सियाचिन को छोड़कर सभी झील हैं, जबकि सियाचिन एक ग्लेशियर है।

62. (*c*) : एलोरा को छोड़कर सभी मंदिरों के लिए प्रसिद्ध हैं, जबकि एलोरा गुफाओं के लिए प्रसिद्ध है।

63. (*c*) : टॉल्स्टॉय को छोड़कर सभी कवि हैं, जबकि टॉल्स्टॉय एक कहानी लेखक है।

64. (*e*) : लोहार को छोड़कर सभी उपकरण हैं।

65. (*d*) : सीड को छोड़कर अन्य सभी फूलों के हिस्से हैं।

66. (*a*) : शैल को छोड़कर सभी मेटामोर्फिक चट्टान हैं, जबकि शैल एक तलछट चट्टान है।

67. (*c*) : बरगद को छोड़कर सभी शंकुधारी पेड़ हैं।

68. (*e*) : हिरण को छोड़कर सभी मांसाहारी जानवर हैं।

69. (*b*) : सूर्य को छोड़कर सभी ग्रह हैं, जबकि सूर्य एक सितारा है।

70. (*e*) : पेप्सीनोजेन को छोड़कर सभी रक्त के घटक होते हैं, जबकि पेप्सीनोजेन एंजाइम होता है।

71. (*e*) : लक्षद्वीप को छोड़कर सभी भारत के राज्य हैं, जबकि लक्षद्वीप एक संघ शासित प्रदेश है।

72. (*e*) : गंगटोक को छोड़कर सभी पशु अभयारण्य हैं, जबकि गंगटोक सिक्किम की राजधानी है।

73. (*d*) : उर्दू को छोड़कर सभी इंडो–आर्य भाषाएं हैं।

74. (*e*) : मगरमच्छ को छोड़कर सभी स्तनधारियों हैं, जबकि मगरमच्छ एक सरीसृप है।

75. (*c*) : मार्क्स को छोड़कर अन्य सभी ने अहिंसा को प्रचारित किया है।

76. (*a*) : तुलसीदास को छोड़कर अन्य सभी प्रसिद्ध नाटककारों के नाम हैं।

77. (*a*) : रिकॉर्ड को छोड़कर सभी एक भाषा में संक्षिप्त नोटेशन हैं, जबकि रिकॉर्ड एक विस्तृत खाका है।

78. (*b*) : बिच्छू को छोड़कर सभी पानी में रहते हैं।

79. (*c*) : उत्तर प्रदेश को छोड़कर सभी समुद्र तट रखते हैं।

80. (*e*) : बछेड़ा को छोड़कर सभी उन जगहों के नाम हैं जहां जानवर रहते हैं।

81. (*b*) : मिर्च को छोड़कर सभी संशोधित उपज हैं।

82. (*d*) : प्याज को छोड़कर सभी को तेल निकालने के लिए उपयोग किया जाता है।

83. (*d*) : एक्जिमा को छोड़कर सभी आंखों में संक्रमण होते हैं, जबकि एक्जिमा त्वचा संक्रमण होता है।

84. (*c*) : सोडियम को छोड़कर सभी रेडियो–आइसोटोप हैं, जबकि सोडियम धातु है।

85. (*c*) : खसरा को छोड़कर अन्य सभी वे बीमारियां हैं जो संक्रमित भोजन और पानी के माध्यम से फैलती हैं।

86. (*e*) : सांप को छोड़कर अन्य सभी उभयचर हैं।

87. (*a*) : डेंटिन को छोड़कर सभी दांतों के प्रकार हैं, जबकि डेंटिन दांत का हिस्सा होता है।

88. (*a*) : छिपकली को छोड़कर सभी अकशेरुकी हैं यानी उनके पास रीढ़ की हड्डी नहीं है।

89. (*b*) : गुलाब को छोड़कर सभी जड़ी बूटी हैं, जबकि गुलाब एक झाड़ी है।

90. (*e*) : संघनन को छोड़कर सभी मिश्रणों को अलग करने के लिए नियोजित तरीके हैं।

91. (*c*) : चावल को छोड़कर सभी रबी फसलें हैं, जबकि चावल खरीफ फसल है।

92. (*c*) : अस्ट्रालजी को छोड़कर सभी जीवविज्ञान की शाखाएं हैं।

93. (*d*) : पेसो को छोड़कर सभी यूनानी अक्षर हैं, जबकि पेसो एक मुद्रा है।

94. (*c*) : ग्रेफाइट को छोड़कर सभी कीमती पत्थर हैं।

95. (*a*) : बुध समूह में एकमात्र ऐसा ग्रह है जिसमें कोई चंद्रमा नहीं है।

96. (*b*) : नाइट्रोजन को छोड़कर सभी उर्वरकों के रूप में उपयोग किए जाते हैं।

97. (*d*) : प्लास्टिक को छोड़कर सभी बायोडिग्रेडेबल सामग्री हैं।

98. (*a*) : आयरन को छोड़कर सभी बहुत अस्थिर हैं।

99. (*d*) : मकड़ी को छोड़कर अन्य सभी के पास सुरक्षात्मक कवच है।

100.(*a*): ग्रासलैंड को छोड़कर सभी ग्रासलैंड के प्रकार हैं।

अभ्यास 3C

दिशानिर्देश: ***निम्नलिखित में से प्रत्येक प्रश्न में, पांच शब्द दिए गए हैं, जिनमें से चार किसी न किसी रूप से समान हैं, जबकि पांचवां एक अलग है। विजातीय को चुनें:***

1. (*a*) बाबून (*b*) गिब्बन (*c*) चिम्पांजी (*d*) गोरिल्ला (*e*) जगुआर

2. (*a*) प्रतिद्वंद्वी (*b*) जीवनसाथी (*c*) साथी (*d*) सहयोगी (*e*) सहचर

3. (*a*) सहारा (*b*) थार (*c*) गोबी (*d*) सुंदरबन (*e*) कालाहारी

4. (*a*) बड़ा (*b*) छोटा (*c*) मामूली (*d*) नन्हा (*e*) विशाल **(Bank P.O. 2004)**

5. (*a*) भूत (*b*) आत्मा (*c*) प्रेत (*d*) कंकाल (*e*) पिशाच

6. (a) धनिया (b) जैस्मीन (c) कमल
(d) लिली (e) गुलाब

7. (a) तैरना (b) गोता लगाना (c) वाहन चलाना
(d) नौकायन (e) मत्स्य पालन

8. (a) कपास (b) जूट (c) रेशम
(d) नायलॉन (e) ऊन

9. (a) पर्वत (b) घाटी (c) ग्लेशियर
(d) तट (e) टीला

10. (a) कथकली (b) डिस्को (c) गरबा
(d) भांगड़ा (e) कथक

11. (a) मृग (b) कंगारू (c) दरयाई घोडा
(d) यूनिकॉर्न (e) गेंडा

12. (a) सारस (b) राजहंस (c) कोयल
(d) जलमुर्गी (e) बतख

13. (a) मकई (b) गेहूं (c) कपास
(d) ज्वार (e) बाजरा (Agriculture Officers', 2005)

14. (a) मेडागास्कर (b) क्यूबा (c) ग्रीनलैंड
(d) हवाई (e) चिली

15. (a) क्वस्शिओकोर (b) बोनापन (c) मरैज्मस
(d) घेंघा (e) अस्थिमृदुता (आस्टीओमलेश) (M.B.A. 2005)

16. (a) इंच (b) फुट (c) यार्ड
(d) क्वार्ट (e) मीटर

17. (a) लैपीज (b) स्टलैक्टाइट (c) क्लिफ्स
(d) सिंकहोल्स (e) स्टलैग्माइट

18. (a) कन्फ्यूशियस (b) पैगंबर (c) गुरु गोबिंद
(d) मूसा (e) लाओ त्से

19. (a) एडमिरल (b) कर्नल (c) कप्तान
(d) कमोडोर (e) लेफ्टिनेंट

20. (a) खरगोश (b) चूहा (c) नेवला
(d) गिलहरी (e) बिल्ली (Bank P.O. 2005)

21. (a) अप्सरा (b) जर्लिना (c) पूर्णिमा
(d) साइरस (e) अपोलो

22. (a) प्लासी (b) हल्दीघाटी (c) पानीपत
(d) सारनाथ (e) कुरुक्षेत्र (R.R.B. 2004)

23. (a) गतिकी (b) यांत्रिकी (c) इलेक्ट्रॉनिक्स
(d) प्रकाशिकी (e) भौतिकी

24. (a) हाइड्रोजन (b) वारफारिन (c) मैलाथियन
(d) अग्रोसन (e) सल्फर

25. (a) तारापुर (b) कोटा (c) कल्पक्कम
(d) पारादीप (e) नरोरा

26. (a) नन (b) सामन्त (c) भिक्षु
(d) पुजारी (e) पादरी

27. (a) सेब (b) आम (c) सन्तरा
(d) नाशपाती (e) पपीता (Bank P.O. 2004)

28. (a) दिसंबर (b) फरवरी (c) मार्च
(d) जुलाई (e) मई

29. (a) अंगूर (b) अनानस (c) काजू
(d) सेब (e) संतरा

30. (a) चाचा (b) भतीजा (c) भाई
(d) चचेरा भाई (e) भतीजी (S.B.I.P.O. 1998)

31. (a) पेलाग्रा (b) बेरीबेरी (c) स्कर्वी
(d) रिकेट्स (e) घेंघा

32. (a) पारा (b) ब्रोमींन (c) एल्यूमिनियम
(d) सोडियम (e) टाइटेनियम

33. (a) पेंटर (b) कैनवास (c) ब्रश
(d) रंग (e) पैलेट

34. (a) दमन (b) पांडिचेरी (c) चंडीगढ़
(d) लखनऊ (e) लक्षद्वीप

35. (a) टमाटर (b) ककड़ी (c) मटर
(d) गोभी (e) आलू

36. (a) आयतन (b) आकृति (c) बड़ा
(d) आकार (e) भार (Bank P.O. 2003)

37. (a) नाखून (b) पंख (c) ट्रंक
(d) देवदार (e) पूंछ

38. (a) हेपेटाइटिस (b) टेटनस (c) कैंसर
(d) कन्जंगक्टवाइटिस (e) खसरा

39. (a) थायमिन (b) नियासिन (c) ट्रिप्सिन
(d) रिबोफाल्विन (e) एस्कोरबिक एसिड

40. (a) बादाम (b) हल्दी (c) काली मिर्च
(d) जीरा (e) मिर्च

41. (a) पत्रिका (b) उपन्यास (c) सामयिकी
(d) जर्नल (e) अखबार

42. (a) स्टीरियो (b) ट्रांजिस्टर (c) टेलीविजन
(d) रेडियो (e) लाउडस्पीकर

43. (a) गुलाब (b) गुड़हर (c) डहलिया
(d) गेंदा (e) लिली (R.B.I. 2003)

44. (a) महक (b) गंध (c) मलिन
(d) खुशबु (e) सुगंध

45. (a) लोकतंत्र (b) नौकरशाही (c) लोकतंत्र
(d) कूटनीति (e) धर्मतंत्र

46. (a) अरहर (b) उरद (c) मूंग
(d) चना (e) ज्वार

47. (a) गेंडा (b) शेर (c) हिरण
(d) गधा (e) गाय

48. (a) छड़ी (b) सुई (c) कांटा
(d) पिन (e) कील (R.R.B. 2004)

49. (a) रक्त (b) हड्डियां (c) उपास्थि
(d) कंधे (e) मांसपेशियों

50. (a) देखना (b) सुनना (c) सूंघना
(d) स्वाद लेना (e) सोचना (R.B.I. 2004)

51. (a) स्पाइरकल (b) गिल (c) लंग
(d) ट्रेकेआ (e) स्टोमाटा

52. (a) वोल्गा (b) नील (c) अमेजॅन
(d) कांगो (e) नियाग्रा

53. (a) बगदाद (b) बीजिंग (c) दिल्ली
(d) पाकिस्तान (e) रंगून

54. (a) विनम्र (b) नम्र (c) सिविल
(d) दयावान (e) ईमानदार

55. (a) ठंडा (b) गर्म (c) उमसदार
(d) तप्त (e) नम (S.B.I.P.O. 2002)

56. (a) दिसपुर (b) पणजी (c) शिमला
(d) लेह (e) आइजोल (M.B.A. 2005)

57. (*a*) चाप (*b*) विकर्ण (*c*) स्पर्शरेखा (*d*) त्रिज्या (*e*) व्यास **(Bank P.O. 1998)**

58. (*a*) सनौबर (*b*) स्प्रूस (*c*) देवदार (*d*) मेपल (*e*) आबनूस

59. (*a*) मेट्टूर (*b*) असवान (*c*) हीराकुंड (*d*) सतलज (*e*) पोंग

60. (*a*) बारदोली (*b*) भद्रावती (*c*) पोरबंदर (*d*) चंपारण (*e*) साबरमती

61. (*a*) अधिकेन्द्र (*b*) भूकंप विज्ञान (*c*) फोकस (*d*) क्रेटर (*e*) रिक्टर स्केल

62. (*a*) घोड़ी (*b*) कुतिया (*c*) हिरणी (*d*) मधुमक्खी (*e*) शावक (कब)

63. (*a*) घाटी (*b*) सागर (*c*) टॉवर (*d*) पर्वत (*e*) नदी **(Bank P.O. 2003)**

64. (*a*) रद्द करना (*b*) बदलना (*c*) निरसित करना (*d*) वापस लेना (*e*) रोकना

65. (*a*) एक्स-रे (*b*) टेलीफोन (*c*) रेडियो (*d*) कंप्यूटर (*e*) टेलीविजन

66. (*a*) सरसों (*b*) सफेद सरसों (*c*) तिल (*d*) काजू (*e*) मूंगफली

67. (*a*) पिट्यूटरी (*b*) पैनक्रियास (*c*) थैलमस (*d*) एड्रेनल (*e*) टेस्टिस **(M.B.A. 2005)**

68. (*a*) चलना (*b*) खींचना (*c*) सुनना (*d*) कूदना (*e*) भागना **(R.B.I. 2003)**

69. (*a*) गोबलिन (*b*) गाब्लिट (*c*) इम्प (*d*) नोम (*e*) जिन्न

70. (*a*) लाओस (*b*) भारत (*c*) नेपाल (*d*) अफगानिस्तान (*e*) बोलीविया

71. (*a*) संथाल (*b*) खोंड (*c*) भोटिया (*d*) डोगरी (*e*) अबोर्स

72. (*a*) पिता (*b*) माता (*c*) चाची (*d*) चाचा (*e*) चचेरा भाई **(Bank P.O. 2005)**

73. (*a*) मसूरी (*b*) पहलगाम (*c*) जयपुर (*d*) दार्जिलिंग (*e*) मनाली

74. (*a*) नर्व (*b*) ऑरिकल (*c*) आर्टरी (*d*) वाल्व (*e*) एऑर्ट

75. (*a*) मम्बा (*b*) क्राइट (*c*) वाइपर (*d*) पायथन (*e*) कोबरा

76. (*a*) फिर से (*b*) से पहले (*c*) अब (*d*) के बाद (*e*) तब **(S.B.I.P.O. 2002)**

77. (*a*) व्हेल (*b*) डॉल्फिन (*c*) शार्क (*d*) काड (*e*) स्टारफिश

78. (*a*) सिग्नस (*b*) ओरियन (*c*) स्कोर्पिओ (*d*) कैसिओपिया (*e*) वेगा

79. (*a*) गार्ज (*b*) बार (*c*) कैन्यन (*d*) मियांडर (*e*) रैपिड

80. (*a*) नीला (*b*) नारंगी (*c*) पीला (*d*) गुलाबी (*e*) हरा

81. (*a*) बकरी (*b*) कुत्ता (*c*) भेड़ (*d*) गाय (*e*) ऊंट

82. (*a*) फैराडे (*b*) न्यूटन (*c*) एडिसन (*d*) मार्कोनी (*e*) बीथोवन

83. (*a*) सियाल (*b*) मेंटल (*c*) कोर (*d*) सिमा (*e*) पेंजिया

84. (*a*) मैग्नलियम (*b*) जर्मेनियम (*c*) डुरिलमिन (*d*) कांस्य (*e*) पीतल

85. (*a*) अनानास (*b*) संतरा (*c*) माल्टा (*d*) केला (*e*) नींबू **(S.B.I.P.O. 1998)**

86. (*a*) रफियान (*b*) क्रिमिनल (*c*) गैंगस्टर (*d*) पैरागोन (*e*) पाइरैट

87. (*a*) टैक्सी (*b*) फिटिन (*c*) कार्ट (*d*) रिक्शा (*e*) तांगा

88. (*a*) मोरारजी देसाई (*b*) जवाहरलाल नेहरू (*c*) चरण सिंह (*d*) लाल बहादुर (*e*) एस राधाकृष्णन

89. (*a*) मारियाना (*b*) निगार (*c*) एंजेल (*d*) गेर्सोपा (*e*) विक्टोरिया

90. (*a*) ग्रेनाइट (*b*) लिग्नाइट (*c*) पीट (*d*) एंथ्रासाइट (*e*) बिटुमिनस

91. (*a*) गैसोलीन (*b*) मीथेन (*c*) डामर (*d*) पैराफिन मोम (*e*) डीजल

92. (*a*) वायुमंडल (*b*) समताप मण्डल (*c*) बहिर्मंडल (*d*) आयनमंडल (*e*) क्षोभ मंडल

93. (*a*) घास (*b*) अमरैंथस (*c*) ओट्स (*d*) चेनोपोडियम (*e*) शंखपुष्पी

94. (*a*) यूफ्रेट्स (*b*) ह्वांग हो (*c*) अमेजॅन (*d*) ब्रह्मपुत्र (*e*) सिंधु

95. (*a*) ध्रुवीय भालू (*b*) रेनडियर (*c*) याक (*d*) सिल्वर फॉक्स (*e*) तेंदुआ

96. (*a*) मैन्डबल (*b*) रिब (*c*) स्टर्नम (*d*) उलना (*e*) पिन्ना

97. (*a*) सुक्रोज (*b*) पटालिन (*c*) एमिलेज (*d*) पेप्सीन (*e*) लिपेज

98. (*a*) थर्मामीटर (*b*) हाइग्रोमीटर (*c*) एनीमोमीटर (*d*) सिसमोग्राफ (*e*) स्फिग्मोमैनोमीटर

99. (*a*) क्रेनीअम (*b*) टेनड्रोन (*c*) डायाफ्राम (*d*) पंजर (*e*) पेरीकार्डियम

100. (*a*) बीरबल (*b*) अबुलफजल (*c*) तानसेन (*d*) फैज अहमद (*e*) टोडरमल

हल-अभ्यास 3(C)

1. (*e*) : जगुआर को छोड़कर सभी बंदर या एप की विभिन्न प्रजातियां हैं, जबकि जगुआर बिल्ली परिवार से संबंधित है।

2. (*a*) : प्रतिद्वंद्वी को छोड़कर सभी किसी न किसी प्रकार से साथी हैं।

3. (*d*) : सुंदरबन को छोड़कर सभी रेगिस्तान हैं, जबकि सुंदरबन, वन भूमि है।

4. (*c*) : मामूली को छोड़कर अन्य सभी वस्तुओं के भौतिक आकार का वर्णन करते हैं।

5. (*d*) : कंकाल को छोड़कर सभी समानार्थी हैं और अंधविश्वास से संबंधित हैं।

6. (*a*) : धनिया को छोड़कर सभी फूल हैं।

7. (*c*) : ड्राइविंग को छोड़कर सभी पानी में की जाने वाली गतिविधियां हैं।

8. (*d*) : नायलॉन को छोड़कर सभी प्राकृतिक फाइबर हैं, जबकि नायलॉन सिंथेटिक फाइबर है।

9. (*c*) : यह एकमात्र भौगोलिक विशेषता है जिसमें गति है।

10. (*b*) : डिस्को को छोड़कर सभी लोक नृत्य हैं।

11. (*d*) : यूनिकॉर्न को छोड़कर सभी जानवर जानवर हैं, जबकि यूनिकॉर्न एक काल्पनिक प्राणी है।

12. (*c*) : कोयल को छोड़कर सभी पानी से संबंधित पक्षी हैं।

13. (*c*) : कपास को छोड़कर सभी खाद्य फसलें हैं, जबकि कपास एक फाइबर फसल है।

14. (*e*) : चिली को छोड़कर सभी द्वीप हैं।

15. (*b*) : क्रेटिनिज्म को छोड़कर सभी किसी कमी से होने वाली बीमारियां हैं, जबकि क्रेटिनिज्म एक हार्मोनल बीमारी है।

16. (*d*) : क्वार्ट को छोड़कर सभी दूरी को मापने की इकाइयां हैं।

17. (*c*) : क्लिफ को छोड़कर सभी भूमिगत पानी द्वारा बनाई गई संरचनाएं हैं, जबकि क्लिफ का निर्माण समुद्र द्वारा किया जाता है।

18. (*c*) : गुरु गोबिंद को छोड़कर सभी ने धर्म की स्थापना की है।

19. (*b*) : कर्नल को छोड़कर सभी सेना के आर्मी हैं।

20. (*e*) : बिल्ली को छोड़कर सभी रोडन्ट (कृंतक) हैं।

21. (*e*) : अपोलो को छोड़कर सभी भारत में परमाणु रिएक्टरों के नाम हैं।

22. (*d*) : सारनाथ को छोड़कर सभी प्रसिद्ध युद्धक्षेत्र हैं।

23. (*e*) : भौतिकी को छोड़कर सभी भौतिकी की शाखाएं हैं।

24. (*a*) : हाइड्रोजन को छोड़कर सभी कीटनाशक हैं, जबकि हाइड्रोजन रॉकेट ईंधन है।

25. (*d*) : पारादीप को छोड़कर सभी परमाणु ऊर्जा स्टेशन हैं, जबकि पारादीप एक बंदरगाह है।

26. (*b*) : सामंत को छोड़कर सभी धार्मिक व्यक्ति हैं।

27. (*b*) : आम को छोड़कर सभी में एक से अधिक बीज होते हैं।

28. (*b*) : फरवरी को छोड़कर सभी 31 दिन के महीने हैं, जबकि फरवरी में 28 या 29 दिन होते हैं।

29. (*c*) : काजू को छोड़कर सभी फल हैं।

30. (*c*) : भाई को छोड़कर सभी माता-पिता के भाइयों और बहनों से संबंधित संबंध हैं।

31. (*e*) : घेंघा (गोइटर) को छोड़कर सभी विटामिन सी कमी के कारण बीमारियां हैं, जबकि गोइटर आयोडीन की कमी के कारण होता है।

32. (*b*) : ब्रोमाइन को छोड़कर सभी धातुएं हैं, जबकि ब्रोमाइन एक गैर-धातु है।

33. (*a*) : अन्य सभी चित्रकार द्वारा उपयोग की जाने वाली चीजें हैं।

34. (*d*) : लखनऊ को छोड़कर सभी केंद्र शासित प्रदेश हैं।

35. (*e*) : आलू को छोड़कर सभी को कच्चा खाया जा सकता है।

36. (*c*) : बड़ा को छोड़कर सभी वस्तुओं के सामान्य भौतिक गुण हैं।

37. (*d*) : देवदार को छोड़कर सभी पक्षियों या जानवरों के हिस्से हैं, जबकि देवदार एक पेड़ है।

38. (*b*) : टेटनस को छोड़कर सभी वायरस के कारण होने वाली बीमारियां हैं, जबकि टेटनस बैक्टीरिया के कारण होता है।

39. (*c*) : ट्रिप्सिन को छोड़कर सभी विटामिन के रासायनिक नाम हैं, जबकि ट्रिप्सिन एक एंजाइम है।

40. (*a*) : बादाम को छोड़कर सभी मसाले हैं, जबकि बादाम एक ड्राई फ्रूट है।

41. (*e*) : यह लोगों के लिए दैनिक समाचार का एकमात्र स्रोत है।

42. (*c*) : टेलीविजन एकमात्र ऑडियो-विजुअल उपकरण है; अन्य केवल ध्वनि उत्पन्न करते हैं।

43. (*b*) : गुड़हल को छोड़कर सभी फूल हैं।

44. (*c*) : मलिन को छोड़कर सभी समानार्थी हैं।

45. (*d*) : कूटनीति को छोड़कर सभी प्रशासन के रूप हैं।

46. (*e*) : ज्वार को छोड़कर सभी दालें हैं, जबकि ज्वार एक मोटा अनाज है।

47. (*d*) : गधा समूह में बोझ ढोने वाला एकमात्र जानवर है।

48. (*a*) : छड़ी को छोड़कर सभी चुभते हैं।

49. (*e*) : मांसपेशियों को छोड़कर सभी संयोजी ऊतकों के उदाहरण हैं।

50. (*e*) : सोच को छोड़कर सभी इन्द्रियों द्वारा किए गए कार्य हैं।

51. (*e*) : स्टोमाटा को छोड़कर सभी जानवरों में श्वसन अंग हैं।

52. (*e*) : नियाग्रा को छोड़कर सभी नदियों हैं, जबकि नियाग्रा एक झरना है।

53. (*d*) : पाकिस्तान को छोड़कर सभी शहर हैं, जबकि पाकिस्तान एक देश है।

54. (*c*) : सिविल को छोड़कर सभी मानव प्रकृति से संबंधित हैं।

55. (*a*) : ठंडा को छोड़कर सभी असहज मौसम की स्थिति को दर्शाते हैं।

56. (*d*) : लेह को छोड़कर सभी भारतीय राज्यों की राजधानियां हैं, जबकि लेह एक पहाड़ी स्टेशन है।

57. (*b*) : विकर्ण को छोड़कर सभी वृत्त से जुड़े शब्द हैं।

58. (*e*) : आबनूस को छोड़कर सभी शंकुधारी पेड़ हैं, जबकि आबनूस एक सदाबहार पेड़ है।

59. (*d*) : सतलुज को छोड़कर सभी बांध हैं, जबकि सतलुज नदी है।

60. (*b*) : भद्रावती को छोड़कर सभी गांधीजी से संबंधित स्थान हैं।

61. (*d*) : क्रेटर को छोड़कर सभी भूकंप से जुड़े शब्द हैं।

62. (*e*) : शावक को छोड़कर सभी मादा जानवर हैं।

63. (*c*) : टॉवर को छोड़कर सभी प्राकृतिक भौगोलिक विशेषताएं हैं, जबकि टॉवर मानव निर्मित है।

64. (*b*) : बदलना को छोड़कर सभी समानार्थी हैं।

65. (*a*) : एक्स-रे को छोड़कर सभी इलेक्ट्रॉनिक मीडिया हैं।

66. (*d*) : काजू को छोड़कर सभी को तेल निकालने के लिए उपयोग किया जाता है।

67. (*c*) : थैलमस को छोड़कर सभी हार्मोन-स्राव ग्रंथियां हैं।

68. (*c*) : सुनना के अलावा सभी शारीरिक गतिविधियां हैं।

69. (*b*) : गाब्लिट को छोड़कर सभी अलौकिक प्राणी हैं।

70. (*b*) : भारत को छोड़कर सभी स्थल आबद्ध देश हैं, जबकि भारत एक प्रायद्वीप है।

71. (*d*) : डोगरी को छोड़कर सभी जनजातीय समूह हैं, जबकि डोगरी एक भाषा है।

72. (*e*) : चचेरे भाई को छोड़कर सभी एक ही पीढ़ी से संबंधित हैं।

73. (*c*) : जयपुर को छोड़कर सभी पहाड़ी स्टेशन हैं।

74. (*a*) : नर्व को छोड़कर सभी दिल के कुछ हिस्से हैं।

75. (*d*) : पाइथन को छोड़कर सभी विषैले सांप हैं।

76. (*a*) : फिर से को छोड़कर अन्य सभी समय की निश्चित अवधि को दर्शाते है।

77. (*a*) : व्हेल को छोड़कर सभी मछलियों के परिवार से संबंधित हैं, जबकि व्हेल एक स्तनपायी है।

78. (*e*) : वेगा को छोड़कर सभी नक्षत्र हैं, जबकि वेगा एक सितारा है।

79. (*b*) : बार को छोड़कर सभी नदियों द्वारा गठित संरचनाएं हैं, जबकि बार समुद्र द्वारा गठित होते हैं।

80. (*d*) : गुलाबी को छोड़कर सभी इंद्रधनुष में देखे गए रंग हैं।

81. (*b*) : कुत्ते को छोड़कर सभी मवेशियों की श्रेणी में आते हैं।

82. (*e*) : बीथोवन को छोड़कर सभी वैज्ञानिक थे, जबकि बीथोवन एक संगीतकार थे।

83. (*e*) : पेंजिया को छोड़कर सभी पृथ्वी की परतें हैं।

84. (*b*) : जर्मेनियम को छोड़कर अन्य सभी मिश्र धातु हैं, जबकि जर्मेनियम धातु है।

85. (*d*) : केले को छोड़कर सभी रसदार फल हैं।

86. (*d*) : पैरागोन को छोड़कर सभी अपराधी हैं।

87. (*a*) : टैक्सी को छोड़कर सभी जंतुओं द्वारा खींचे जाते हैं।

88. (*e*) : एस राधाकृष्णन को छोड़कर सभी भारत के प्रधान मंत्री थे।

89. (*a*) : मारियाना को छोड़कर सभी झरने हैं, जबकि मारियाना एक खाई है।

90. (*a*) : ग्रेनाइट को छोड़कर सभी कोयले के विभिन्न प्रकार होते हैं, जबकि ग्रेनाइट एक चट्टान है।

91. (*b*) : मीथेन को छोड़कर सभी पेट्रोलियम से प्राप्त उत्पाद हैं।

92. (*a*) : वायुमंडल को छोड़कर सभी वातावरण के स्तर हैं।

93. (*c*) : ओट को छोड़कर सभी घास फूस हैं।

94. (*c*) : अमेजॅन को छोड़कर सभी एशियाई नदियाँ हैं।

95. (*e*) : तेंदुए को छोड़कर सभी ध्रुवीय क्षेत्रों में पाए जाते हैं।

96. (*e*) : पिन्ना को छोड़कर सभी हड्डियां हैं, जबकि पिन्ना कान का बाहरी हिस्सा है।

97. (*a*) : सुक्रोज को छोड़कर सभी एंजाइम होते हैं, जबकि सुक्रोज एक प्रकार की चीनी होता है।

98. (*e*) : स्फिग्मोमनामिटर को छोड़कर सभी भौगोलिक यंत्र हैं, जबकि स्फिग्मोमनामिटर रक्तचाप को मापने के लिए एक नैदानिक साधन है।

99. (*b*) : टेनड्रोन को छोड़कर अन्य सभी शरीर के अंगों पर हड्डी, सुरक्षात्मक कवच हैं।

100.(*d*): फैज अहमद को छोड़कर सभी अकबर की अदालत में नौ रत्नों में से थे।

अभ्यास 3D

दिशानिर्देश: ***निम्नलिखित में से प्रत्येक प्रश्न में चार शब्द दिए गए हैं, जिनमें से तीन किसी न किसी रूप से समान हैं, जबकि चौथा एक अलग है। विजातीय को चुनें:***

1. (*a*) मध्यम (*b*) औसत (*c*) सामान्य (*d*) भयानक
(Hotel Management, 2004)

2. (*a*) मलेरिया (*b*) प्लेग (*c*) डेंगू (*d*) टेटनस

3. (*a*) बकरी (*b*) पिल्ला (*c*) गाय (*d*) भेंस
(S.S.C. 2003)

4. (*a*) नेत्र (*b*) कान (*c*) नाक (*d*) मस्तिष्क

5. (*a*) गैलन (*b*) टन (*c*) क्विंटल (*d*) किलोग्राम

6. (*a*) पॉलिएस्टर (*b*) कपास (*c*) टेरीलीन (*d*) नायलॉन
(C.B.I. 2004)

7. (*a*) मशरूम (*b*) खमीर (*c*) फफूंदी (*d*) कालिख

8. (*a*) बैंगलोर (*b*) नागपुर (*c*) भोपाल (*d*) रांची
(R.R.B. 2003)

9. (*a*) लकड़ी (*b*) छाल (*c*) पत्थर (*d*) पेपर

10. (*a*) वीना (*b*) सितार (*c*) ड्रम (*d*) गिटार
(B.B.A. 2004)

11. (*a*) सिरिंज (*b*) ट्वीजर (*c*) ड्रॉपर (*d*) स्ट्रॉ

12. (*a*) लार्वा (*b*) प्यूपा (*c*) कैटरपिलर (*d*) निम्फ

13. (*a*) हार (*b*) आभूषण (*c*) चूड़ी (*d*) अंगूठी
(Teachers' Exam, 2005)

14. (*a*) आयत (*b*) वर्ग (*c*) घन (*d*) त्रिकोण
(R.R.B. 2004)

15. (*a*) अलमारी (*b*) रैक (*c*) सेफ (*d*) कबर्ड

16. (*a*) घर (*b*) दीवार (*c*) छत (*d*) बीम
(IGNOU, 2003)

17. (*a*) संशोधन (*b*) सुधार (*c*) उन्नति (*d*) झुकाव

18. (*a*) चिल्लाना (*b*) सिसकी (*c*) रोना (*d*) हंसना

19. (*a*) सीमेंट (*b*) पेस्ट (*c*) तेल (*d*) गोंद
(C.B.I. 2003)

20. (*a*) क्रस्ट (*b*) मेंटल (*c*) कोर (*d*) ज्वालामुखी

21. (*a*) सैन्डस्टोन (*b*) बेसाल्ट (*c*) ग्रेनाइट (*d*) पमिस

22. (*a*) एटली (*b*) बेविन (*c*) चेम्बरलेन (*d*) चर्चिल
(A.I.M.A.T.S. 2002)

23. (*a*) आयरन (*b*) निकल (*c*) कोबाल्ट (*d*) एल्यूमिनियम

24. (*a*) भालू (*b*) हाथी (*c*) हिरण (*d*) मेंढक

25. (*a*) नाविक (*b*) दर्जी (*c*) सुनार (*d*) लोहार
(I.I.M.S. 2002)

26. (*a*) जैस्मीन (*b*) क्रोटन (*c*) पामग्रैनट (*d*) युकेलिप्टस

27. (*a*) हाउस (*b*) अपार्टमेंट (*c*) सोसाइटी (*d*) बिल्डिंग
(S.S.C. 2003)

28. (*a*) कॉपर (*b*) रजत (*c*) सोना (*d*) प्लैटिनम

29. (*a*) पीतल (*b*) कांस्य (*c*) स्टील (*d*) जर्मन चांदी

30. (*a*) कोयला (*b*) पेट्रोलियम (*c*) प्राकृतिक गैस (*d*) बायोगैस

31. (*a*) स्केच (*b*) पेपर (*c*) पोस्टर (*d*) आरेख
(R.R.B. 2004)

32. (*a*) तूफान (*b*) समुद्री तूफान (*c*) चक्रवात (*d*) मानसून

33. (*a*) गधा (*b*) ऊंट (*c*) गाय (*d*) खच्चर

34. (*a*) ब्रोकर (*b*) सेल्समैन (*c*) ग्राहक (*d*) हॉकर
(R.R.B. 1998)

35. (*a*) किरमिजी (*b*) काकरेजी (*c*) सिंदूरी (*d*) लाल

36. (*a*) वृत्त (*b*) अंडाकार (*c*) गोला (*d*) घन

37. (*a*) चेर (*b*) चंदेल (*c*) पल्लव (*d*) चोल

38. (*a*) मेट्रोपोलिस (*b*) घर (*c*) टाउन (*d*) गांव
(Teachers' Exam, 2005)

39. (*a*) शहनाई (*b*) बांसुरी (*c*) तुरही (*d*) वायलिन

40. (*a*) टाइफाइड (*b*) खसरा (*c*) मिर्गी (*d*) इन्फ्लुएंजा

41. (*a*) जिला (*b*) टाउन (*c*) मेट्रोपोलिस (*d*) राज्य

42. (*a*) फेल्डस्पर (*b*) बॉक्साइट (*c*) अजुरिट (*d*) क्रायोलिट
43. (*a*) मतपत्र (*b*) घोषणापत्र (*c*) चुनाव (*d*) वोट
44. (*a*) टोकरी (*b*) पर्स (*c*) बैग (*d*) हैट
(M.A.T. 2003)
45. (*a*) कमांडर (*b*) कमोडोर (*c*) ब्रिगेडियर (*d*) एडमिरल
46. (*a*) ग्रेफाइट (*b*) मोती (*c*) डायमंड (*d*) कोयला
47. (*a*) रेंगना (*b*) चलना (*c*) घुड़सवारी (*d*) भागना
48. (*a*) पगड़ी (*b*) स्कर्ट (*c*) साड़ी (*d*) फ्रॉक
(S.S.C. 2001)
49. (*a*) एलबेट्रॉस (*b*) शुतुरमुर्ग (*c*) पेलकन (*d*) पेंगुइन
50. (*a*) फॉन (*b*) मरमेड (*c*) मिनर्वा (*d*) स्फिंक्स
51. (*a*) पियानो (*b*) टाइपराइटर (*c*) कंप्यूटर (*d*) कैलक्यूलेटर
52. (*a*) यात्रा (*b*) जलयात्रा (*c*) चलना (*d*) घुड़सवारी
(A.I.M.A.T.S. 2002)
53. (*a*) कार (*b*) ऑटोरिक्शा (*c*) वैन (*d*) टैक्सी
54. (*a*) माइक्रोस्कोप (*b*) टेलीस्कोप (*c*) पेरिस्कोप (*d*) स्टेथोस्कोप
55. (*a*) रेहा (*b*) ट्राउट (*c*) लैंपरी (*d*) सैमन
(R.R.B. 2004)
56. (*a*) त्रिभुज (*b*) आयत (*c*) वृत्त (*d*) वर्ग
(S.S.C. 2002)
57. (*a*) ईमानदार (*b*) मेधावी (*c*) धोखेबाज (*d*) बुद्धिमान
58. (*a*) भेंस (*b*) बारहसिंगा (*c*) ऊंट (*d*) गेंडा
59. (*a*) ऊँगली (*b*) हतेली (*c*) घुटना (*d*) कलाई
60. (*a*) वोल्ट (*b*) शक्ति (*c*) आयतन (*d*) बल
(B.B.A. 2004)
61. (*a*) झील (*b*) नदी (*c*) हवा (*d*) धारा
62. (*a*) फैरिंगक्स (ग्रसनी) (*b*) ब्रांगकीओल (श्वासोपनलिका) (*c*) ऑरिकल (आलिंद) (*d*) ऐल्वीअलस
63. (*a*) दूरदर्शी (*b*) ट्रांजिस्टर (*c*) टेपरेकॉर्डर (*d*) टेलीफोन
(C.B.I. 2003)
64. (*a*) गेहूं (*b*) धान (*c*) ज्वार (*d*) सरसों
65. (*a*) कुर्सी (*b*) बेंच (*c*) मेज (*d*) स्टूल
66. (*a*) हुस्न (*b*) सुन्दरता (*c*) चरित्र (*d*) मनोहरता
67. (*a*) कान (*b*) किडनी (*c*) फेफड़े (*d*) लीवर
(C.B.I. 2004)
68. (*a*) नदी (*b*) ब्रिज (*c*) स्ट्रीम (*d*) नहर
69. (*a*) डर (*b*) गुस्सा (*c*) सचेत (*d*) प्यार
70. (*a*) माइक्रोस्कोप (*b*) माइक्रोफोन (*c*) माइक्रोफिल्म (*d*) माइक्रोबेब
(S.S.C. 2002)
71. (*a*) पारा (*b*) एसीटोन (*c*) पेट्रोल (*d*) केरोसिन
72. (*a*) छितरा देना (*b*) इकट्ठा करना (*c*) एकत्रित करना (*d*) जमा करना
73. (*a*) कबूतर (*b*) कौआ (*c*) तोता (*d*) कीवी
(S.S.C. 2000)
74. (*a*) दिन (*b*) पखवाड़ा (*c*) कैलेंडर (*d*) माह
(M.B.A. 2002)
75. (*a*) सिखाना (*b*) निर्देशित करना (*c*) शिक्षित करना (*d*) समझाना
(A.I.M.A.T.S. 2002)
76. (*a*) त्सगपो (*b*) हजारीबाग (*c*) कान्हा (*d*) बांदीपुर
77. (*a*) टेल्यूरियम (*b*) फ्रांसिम (*c*) स्ट्रोंटियम (*d*) स्कैंडियम
78. (*a*) बीवर (*b*) अल्पाका (*c*) वालरस (*d*) कोआला
79. (*a*) पुण्यात्मा (*b*) तपस्वी (*c*) पवित्र (*d*) सन्यासी
80. (*a*) कछुआ (*b*) मगरमच्छ (*c*) घोंघा (*d*) सीप
(Teachers' Exam, 2005)
81. (*a*) बीच (*b*) लैगून (*c*) बार्स (*d*) मोरेंस
82. (*a*) परिकल्पना (*b*) मानना (*c*) निरीक्षण (*d*) प्रयोग
83. (*a*) शिक्षक (*b*) प्रिंसिपल (*c*) छात्र (*d*) व्याख्याता
84. (*a*) ब्लेड (*b*) कुल्हाड़ी (*c*) कैंची (*d*) सुई
85. (*a*) थायरोक्साइन (*b*) एड्रेनालाईन (*c*) आयोडीन (*d*) इंसुलिन
86. (*a*) सलाह (*b*) परामर्श (*c*) सुझाव (*d*) प्रत्यक्ष
(B.B.A. 2004)
87. (*a*) त्रिवेंद्रम (*b*) बैंगलोर (*c*) भुवनेश्वर (*d*) विजयवाड़ा
88. (*a*) कीवी (*b*) शुतुरमुर्ग (*c*) चील (*d*) पेंगुइन
89. (*a*) मजदूरी (*b*) परिश्रामिक (*c*) पॉकेट मनी (*d*) वेतन
90. (*a*) दूध (*b*) सोडा पानी (*c*) कोल्ड ड्रिंक (*d*) बीयर
(C.B.I. 1998)

हल–अभ्यास 3(D)

1. (*d*) : भयानक को छोड़कर अन्य सभी पर्यायवाची हैं।
2. (*d*) : टिटेनस को छोड़कर अन्य सभी बीमारियां कीट या मच्छरों द्वारा फैलाने से होती हैं।
3. (*b*) : पिल्ले को छोड़कर अन्य सभी प्राणियों के नाम हैं जबकि पिल्ला कुत्ते के बच्चे को कहते हैं।
4. (*d*) : मस्तिष्क को छोड़कर अन्य सभी संवेदी अंग हैं।
5. (*a*) : गैलन को छोड़कर अन्य सभी किसी ठोस के वजन को नापने की इकाईयां हैं।
6. (*b*) : कपास को छोड़कर अन्य सभी कृत्रिम रेशे हैं जबकि कपास प्राकृतिक रेशा है।
7. (*d*) : कालिख को छोड़कर सभी फफूंद के प्रकार हैं।
8. (*b*) : नागपुर को छोड़कर अन्य सभी राजधानी नगर हैं।
9. (*c*) : पत्थर को छोड़कर अन्य सभी को प्रत्यक्ष या अप्रत्यक्ष रुप से वृक्षों से प्राप्त किया जाता है।
10. (*c*) : ड्रम को छोड़कर अन्य सभी तंतुवाद्य हैं।
11. (*b*) : ट्वीजर को छोड़कर अन्य सभी वायु दाब की घटना पर आधारित हैं।
12. (*d*) : निम्फ को छोड़कर अन्य सभी तितली के जीवन चक्र की अवस्थाएं हैं, निम्फ छोटे कॉकरोच को कहते हैं।
13. (*b*) : अन्य सभी विविध प्रकार के आभूषण हैं।
14. (*c*) : घन को छोड़कर अन्य सभी द्वि आयामी समतल आकृतियां हैं।
15. (*b*) : रेक को छोड़कर अन्य सभी को बन्द किया जा सकता है।

16. (*a*) : अन्य सभी घर के भाग हैं।

17. (*d*) : अन्य सभी पर्यायवाची हैं।

18. (*d*) : अन्य सभी मस्तिष्क की विषादपूर्ण स्थिति दर्शाते हैं।

19. (*c*) : तेल को छोड़कर अन्य सभी का उपयोग किसी न किसी प्रकार से योगने के लिये किया जाता है।

20. (*d*) : ज्वालामुखी को छोड़कर अन्य सभी पृथ्वी की परते हैं।

21. (*a*) : सैन्डस्टोन को छोड़कर अन्य सभी मैग्मा के ठन्डे होने से बने हुए पत्थर हैं जबकि सैन्डस्टोन अवसादी चट्टान है।

22. (*b*) : बेविन को छोड़कर अन्य सभी यूके के प्रधानमंत्री रहे हैं जबकि बेविन यूके के विदेशी सचिव रहे हैं।

23. (*d*) : एल्युमिनियम को छोड़कर अन्य सभी चुंबकीय सामग्री हैं।

24. (*c*) : हिरन को छोड़कर अन्य सभी शीतनिद्रा में जाते हैं।

25. (*a*) : नाविक को छोड़कर अन्य सभी को काम करने के लिये नवीन सामग्री की आवश्यकता होती है।

26. (*d*) : युकेलिप्टस को छोड़कर अन्य सभी झाड़ियां हैं, युकेलिप्टस वृक्ष है।

27. (*c*) : समाज को छोड़कर अन्य सभी एकल इकाईयां हैं।

28. (*a*) : तांबे को छोड़कर अन्य सभी धातुओं का उपयोग आभूषण बनाने के लिये किया जाता है।

29. (*c*) : स्टील को छोड़कर अन्य सभी तांबे की मिश्रधातु है।

30. (*d*) : बायोगैस को छोड़कर अन्य सभी जीवाष्म ईंधन हैं।

31. (*b*) : अन्य सभी को कागज पर बनाया जाता है।

32. (*d*) : मानसून को छोड़कर अन्य सभी विध्वंसक हवाएं हैं।

33. (*c*) : गाय को छोड़कर अन्य सभी भार ढोने वाले पशु हैं।

34. (*c*) : अन्य सभी ग्राहकों से कमाई करते हैं।

35. (*d*) : अन्य सभी लाल रंग के शेड्स हैं।

36. (*d*) : घन को छोड़कर अन्य सभी वृत्ताकार आकृतियां हैं।

37. (*b*) : चन्देलों को छोड़कर अन्य सभी दक्षिण भारतीय साम्राज्यों से संबंधित हैं जबकि चन्देलों द्वारा उत्तर भारत में अपना साम्राज्य स्थापित किया गया था।

38. (*b*) : घर को छोड़कर अन्य सभी आवश्यक बुनियादी ढांचे के साथ आवासीय इकाइयों का संग्रह है।

39. (*d*) : वायलिन को छोड़कर अन्य सभी वायु वाद्ययंत्र हैं।

40. (*c*) : हिस्टीरिया को छोड़कर अन्य सभी संक्रामक बीमारियां हैं।

41. (*d*) : अन्य सभी राज्यों के भाग हैं।

42. (*c*) : एजुराइट को छोड़कर अन्य सभी एल्युमिनियम के अयस्क हैं।

43. (*c*) : अन्य सभी शब्दावलियां चुनाव से संबंधित हैं।

44. (*d*) : हैट को छोड़कर अन्य सभी का उपयोग कुछ रखने के लिये होता है।

45. (*c*) : ब्रिगेडियर को छोड़कर अन्य सभी नेवी के पद है, ब्रिगेडियर आर्मी का पद है।

46. (*b*) : मोती को छोड़कर अन्य सभी कार्बन के विविध प्रकार हैं।

47. (*c*) : घुड़सवारी को छोड़कर अन्य सभी विविध अंगों द्वारा गति को दर्शाते हैं।

48. (*a*) : पगड़ी को छोड़कर अन्य सभी महिलाओं के वस्त्र हैं।

49. (*b*) : शतुरमुर्ग को छोड़कर अन्य सभी जलीय पक्षी हैं।

50. (*c*) : मिनर्वा को छोड़कर अन्य सभी अर्ध मानव रचना हैं, मिनर्वा देवी है।

51. (*a*) : समूह में पियानो एकमात्र संगीत वाद्य है।

52. (*a*) : अन्य सभी परिवहन के विविध प्रकार हैं।

53. (*b*) : ऑटोरिक्शा को छोड़कर अन्य सभी में चार पहिये हैं।

54. (*d*) : स्टेथ्स्केस्कोप को छोड़कर अन्य सभी ऑप्टिकल उपकरण हैं।

55. (*a*) : रिहा को छोड़कर अन्य सभी मछलियों के प्रकार हैं।

56. (*c*) : वृत्त को छोड़कर अन्य सभी आकृतियां सीधी रेखा की मदद से बनती हैं।

57. (*c*) : धोखेबाज को छोड़कर अन्य सभी में बेहतर गुण हैं।

58. (*c*) : ऊंट को छोड़कर अन्य सभी को सींग हैं।

59. (*c*) : घुटने को छोड़कर अन्य सभी हाथ के भाग हैं।

60. (*a*) : वोल्ट को छोड़कर अन्य सभी भौतिक मात्राएं हैं जबकि वोल्ट गणना की इकाई है।

61. (*a*) : झील को छोड़कर अन्य सभी में गति होती है।

62. (*c*) : ऑरिकल को छोड़कर अन्य सभी फेफड़ों के भाग हैं, ऑरिकल हृदय का भाग है।

63. (*a*) : टेलीस्कोप को छोड़कर अन्य सभी श्रव्य उपकरण हैं।

64. (*d*) : सरसो को छोड़कर अन्य सभी खाद्य अनाज हैं, सरसो तिलहन है।

65. (*c*) : मेज को छोड़कर अन्य सभी का उपयोग बैठने के लिये होता है।

66. (*c*) : चरित्र को छोड़कर अन्य सभी बाहरी गुण हैं।

67. (*a*) : कान को छोड़कर अन्य सभी आन्तरिक भाग हैं।

68. (*b*) : पुल को छोड़कर अन्य सभी में जल है।

69. (*c*) : सचेत को छोड़कर अन्य सभी संवेदनाएं हैं।

70. (*d*) : माईक्रोब को छोड़कर अन्य सभी में, माईक्रो प्रत्यय के रुप में लगा है।

71. (*a*) : समूह में पारा एकमात्र धातु है।

72. (*a*) : छितरा देना को छोड़कर अन्य सभी एकत्रित करने के पर्यायवाची हैं।

73. (*d*) : समूह में केवल कीवी एक ऐसा पक्षी है जो उड़ नही सकता है।

74. (*c*) : अन्य सभी कैलेन्डर के भाग हैं।

75. (*b*) : निर्देशित करना को छोड़कर अन्य सभी सीखने की प्रक्रियाएं हैं।

76. (*a*) : सांगपो को छोड़कर अन्य सभी राष्ट्रीय उद्यान है।

77. (*a*) : टेलेरियम को छोड़कर अन्य सभी धातु हैं, टेलेरियम गैर धातु है।

78. (*c*) : वालरस को छोड़कर अन्य सभी फर वाले प्राणी हैं।

79. (*c*) : अन्य सभी पर्यायवाची हैं।

80. (*c*) : घड़ियाल को छोड़कर अन्य सभी के पास सुरक्षात्मक कवच है।

81. (*d*) : मोरेंस को छोड़कर अन्य सभी प्रकार समुद्र के कारण बनते हैं, जबकि मोरेंस ग्लेशियर्स से बनता है।

82. (*d*) : अन्य सभी प्रयोग के भाग हैं।

83. (*c*) : विद्यार्थी को छोड़कर अन्य सभी किसी शैक्षणिक संस्थान के कर्मचारी हैं।

84. (*d*) : सुई को छोड़कर अन्य सभी काटने के काम आते हैं।

85. (*c*) : आयोडीन को छोड़कर अन्य सभी हारमोन हैं।

86. (*d*) : प्रत्यक्ष को छोड़कर अन्य सभी पर्यायवाची हैं।

87. (*d*) : विजयवाडा को छोड़कर अन्य सभी भारत के राज्यों की राजधानियां हैं।

88. (*c*) : बाज को छोड़कर अन्य सभी बिना उड़ान के पक्षी हैं।

89. (*c*) : अन्य सभी को किसी काम के किये जाने पर भुगतान के रुप में लिया जाता है।

90. (*a*) : दूध को छोड़कर अन्य सभी को कृत्रिम रुप से तैयार किया जाता है।

अभ्यास 3E

1. (a) सिद्ध करना (b) अन्वेषण करना (c) विचार विमर्श (d) जांच करना (Teachers' Exam, 2005)
2. (a) रियाल (b) क्नेसेट (c) गिल्डर (d) ड्रैक्मा
3. (a) रामायण (b) महाभारत (c) उपनिषद (d) पंचतंत्र
4. (a) कंगारू (b) ओरंग-यूटांग (c) गोरिल्ला (d) बाबून (A.I.M.A.T.S. 2002)
5. (a) गन्ना (b) कॉफी (c) तंबाकू (d) चावल
6. (a) निंदाकरना (b) धिक्कारना (c) फटकारना (d) पुनर्प्राप्त करना
7. (a) सेन्टॉर (b) कछुआ (c) बकरी (d) शेर (S.S.C. 2002)
8. (a) टन (b) पाइन्ट (c) गैलन (d) लीटर
9. (a) हेनरी बेक्कुरेल (b) रॉन्टजन (c) मैडम क्यूरी (d) आइंस्टीन
10. (a) मणिपुर (b) कोहिमा (c) सिक्किम (d) मिजोरम (S.S.C. 2000)
11. (a) हिमाद्री (b) शिवालिक (c) कांडला (d) हिमाचल
12. (a) मॉस (b) लाइकन (c) फर्न (d) कैक्टस
13. (a) निकालना (b) जमा राशि (c) कटौती (d) निकासी (S.S.C. 1999)
14. (a) कोहरेदार (b) पारदर्शी (c) पंकिल (d) मेघाच्छादित
15. (a) समानता (b) निष्पक्षता (c) पक्षपात (d) न्याय
16. (a) आईएमएफ (b) सार्क (c) यूनिसेफ (d) डब्ल्यूएचओ (M.A.T. 2003)
17. (a) शिशु (b) पशुशावक (c) हिरणी (d) किटन
18. (a) झील (b) नाला (c) धारा-पवाह (d) नदी
19. (a) मां (b) दादाजी (c) पिता (d) पत्नी (C.P.O. 2003)
20. (a) क्लेप्टोमैनिया (b) स्किजोफ्रेनिया (c) एगोराफोबिया (d) अल्जाइमर (M.I.B. 2005)
21. (a) यूरी गगारिन (b) राकेश शर्मा (c) नील आर्मस्ट्रांग (d) एडमंड हिलेरी
22. (a) निमित्ज (b) यामामोतो (c) नेल्सन (d) मोंटगोमेरी (M.B.A. 1997)
23. (a) वी.वी. गिरि (b) जनरल जिया (c) जनरल इरशाद (d) लाल बहादुर शास्त्री
24. (a) विद्युत (b) टेलीफोन (c) टेलीग्राम (d) पोस्ट (S.S.C. 2002)
25. (a) गद्दा (b) तकिया (c) चादर (d) पर्दा
26. (a) क्रैंक (b) स्टीयरिंग (c) व्हील (d) ब्रेक
27. (a) महोत्सव (b) पार्टी (c) समारोह (d) अंतिम संस्कार
28. (a) स्कूप (b) कॉर्नर (c) बंकर (d) बुली (I.I.T.T.M. 2005)
29. (a) आयताकार (b) वर्ग (c) त्रिभुज (d) समचतुर्भुज
30. (a) भ्रम (b) छलावा (c) पहचान (d) माया
31. (a) सीमा शुल्क (b) सेवा कर (c) आयकर (d) बिक्री कर (B.B.A. 2004)
32. (a) राफ्ट (b) चौरीअट (रथ) (c) स्लेज (d) कार्ट (ठेलागाड़ी)
33. (a) मर्मैड (b) स्फिंक्स (c) यूनिकॉर्न (d) डायनासोर
34. (a) खुश (b) प्रसन्न (c) नाराज (d) प्रफुल्लित (A.I.M.A.T.S. 2002)
35. (a) आश्चर्यचकित (b) प्रसन्न (c) आश्चर्यपूर्ण (d) भौंचक्का
36. (a) पणजी (b) भोपाल (c) पुणे (d) शिलांग
37. (a) गेंद (b) साया (c) ग्लोब (d) गोला (Teachers' Exam, 2005)
38. (a) जलूस निकलना (b) अवलोकन करना (c) प्रदर्शन निकलना (d) तमाशा निकलना
39. (a) महानदी (b) कावेरी (c) नर्मदा (d) कृष्णा
40. (a) मैत्री (b) लगाव (c) आत्मीयता (d) शत्रुता (R.R.B. 2004)
41. (a) क्रिकेट (b) हॉकी (c) बिलियर्ड्स (d) फेन्सिंग (M.B.A. 2005)
42. (a) औषधि (b) फूल (c) वृक्ष (d) झाड़ी
43. (a) नाइजर (b) सुएज (c) मिसिसिपी (d) कोलोराडो
44. (a) लॉर्ड डलहौजी (b) लॉर्ड माउंटबेटन (c) लॉर्ड लिनलिथगो (d) लॉर्ड टेनीसन (M.A.T. 1997)
45. (a) सीढ़ी (b) सोपान (c) ब्रिज (d) एस्केलेटर
46. (a) कॉकरोच (b) गोलकृमि (c) अमीबा (d) मेंढक
47. (a) गुहा (b) छत (c) बिल (d) घोंसला (S.S.C. 2002)
48. (a) बोमिला (b) ल्हासा (c) नाथुला (d) शिपकीला
49. (a) श्वास लेना (b) तैरना (c) नृत्य करना (d) बजाना
50. (a) हरा (b) गुलाबी (c) आसमानी (d) बैंगनी (Teachers' Exam, 2005)
51. (a) भौतिकी (b) रसायन शास्त्र (c) जीवविज्ञान (d) भूगोल (R.R.B. 2005)
52. (a) टाइटन (b) बुध (c) पृथ्वी (d) बृहस्पति
53. (a) सेब (b) आम (c) आलू (d) संतरा
54. (a) आचार्य कृपलानी (b) सी.वी. रमन (c) राजगोपालाचारी (d) राधाकृष्णन (A.I.M.A.T.S. 2002)
55. (a) पत्रिका (b) उपन्यास (c) शब्दकोश (d) शोधपत्र (M.B.A. 2002)
56. (a) व्हेल (b) बराक्यूडा (c) शार्क (d) हेरिंग (S.S.C. 2000)
57. (a) सैन्य दस्ता (b) समूह (c) भीड़ (d) कक्षा (S.S.C. 2004)
58. (a) आरा (b) कुल्हाड़ी (c) हथौड़ा (d) पेचकस
59. (a) पैथोलॉजी (b) हिस्टोलॉजी (c) हेमेटोलॉजी (d) आर्कीआलजी

60. (a) कैनो (b) डिंगी (c) याट (d) जहाज

61. (a) जांच (b) विश्लेषण (c) खोज (d) निष्कर्ष

(S.S.C. 2005)

62. (a) ऊन (b) शहद (c) रेशम (d) मोम

63. (a) सूर्य (b) ग्रह (c) तारे (d) उपग्रह

64. (a) कमल (b) हाइड्रिला (c) डकवीड (d) मैन्ग्रोव

65. (a) दस्ताने (b) पगड़ी (c) हैट (d) कैप

(R.R.B. 2003)

66. (a) सेंकना (b) गरम करना (c) ठंडा करना (d) उबालना

67. (a) पुनः आरंभ करना (b) मान लेना (c) स्वीकार करना (d) निर्भर होना

68. (a) अफगानिस्तान (b) भूटान (c) भारत (d) पाकिस्तान (A.I.M.A.T.S. 2002)

69. (a) धुंध (b) बादल (c) वर्षा (d) कोहरा

(Teachers' Exam, 2005)

70. (a) रोग (b) मर्ज (c) स्वास्थ्य (d) बीमारी

71. (a) नेता (b) डाकू (c) चीफ (d) बॉस

72. (a) चील (b) बाज (c) हॉक (d) वल्चर

(S.S.C. 2004)

73. (a) मैकेंजी (b) येनेसी (c) मिशिगन (d) डेन्यूब

74. (a) विस्कोमीटर (b) एनीमोमीटर (c) स्पेक्ट्रोस्कोप (d) पायनोमीटर

75. (a) प्लेटफॉर्म (b) गोदी (डाक) (c) बस स्टैंड (d) पार्क (R.R.B. 2004)

76. (a) बरौनी (b) ट्रॉम्बे (c) नेवेली (d) मेट्टूर

77. (a) डिस्कस (b) स्पिर (c) जैवलिन (d) हॉकी

78. (a) इन्फ्रारेड किरणें (b) रेडियो तरंगें (c) एक्स-रे (d) अल्ट्रावाइलेट किरणें

(S.S.C. 2000)

79. (a) पुरातत्व विज्ञान (b) पारिस्थितिकी (c) शिलालेख (d) जीवाश्म विज्ञान

80. (a) ओलंपस (b) अपोलो (c) नटराज (d) डायना

81. (a) हवेली (b) अपार्टमेंट (c) गेराज (d) विला

82. (a) उल्लू (b) चील (c) वाज (d) तोता

(R.R.B. 1998)

83. (a) डूस (b) पिच (c) क्रीज (d) स्टंप

84. (a) पेटीकोट्स (b) पतलून (c) स्कर्ट (d) लुंगी

85. (a) पर्याप्त (b) प्रचुर (c) भरपूर (d) प्रचुरता

(S.S.C. 2000)

हल-अभ्यास 3(E)

1. (c) : विचार विमर्श को छोड़कर अन्य सभी अनुसंधान का अर्थ प्रकट करते हैं।

2. (b) : क्नेसेट को छोड़कर अन्य सभी मुद्राओं के नाम हैं।

3. (d) : पंचतंत्र को छोड़कर अन्य सभी धार्मिक पुस्तकें हैं।

4. (a) : कंगारु को छोड़कर अन्य सभी कपि प्रजाति के हैं।

5. (d) : चावल को छोड़कर अन्य सभी नकदी फसलें हैं, धान अनाज है।

6. (d) : अन्य सभी पर्यायवाची हैं।

7. (a) : सेन्टॉर ही समूह में काल्पनिक पात्र है।

8. (a) : टन को छोड़कर अन्य सभी तरल को मापने की इकाईयां हैं।

9. (d) : आइंस्टीन को छोड़कर अन्य सभी रेडियो सक्रियता से संबंधित हैं।

10. (b) : कोहिमा को छोड़कर अन्य सभी राज्यों के नाम है, कोहिमा नागालैन्ड की राजधानी है।

11. (c) : कांडला को छोड़कर अन्य सभी हिमालय की परिसीमा में हैं, कान्डला समुद्री बन्दरगाह है।

12. (d) : कैक्टस को छोड़कर अन्य सभी ध्रुवीय क्षेत्रों में पनपते हैं।

13. (b) : जमा राशि को छोड़कर अन्य सभी होने वाली कमी को दर्शाते हैं।

14. (b) : अन्य सभी पर्यायवाची हैं।

15. (c) : अन्य सभी पर्यायवाची हैं।

16. (b) : सार्क को छोड़कर अन्य सभी वैश्विक संगठन हैं।

17. (c) : हिरणी को छोड़कर अन्य सभी प्राणियों के शावक हैं जबकि यह मादा हिरण है।

18. (a) : झील को छोड़कर अन्य सभी में जल गतिमान अवस्था में होता है।

19. (d) : पत्नी को छोड़कर अन्य सभी वरिष्ठ हैं।

20. (d) : अल्जाइमर को छोड़कर अन्य सभी बीमारियां मानसिक समस्याओं से संबद्ध हैं।

21. (d) : एडमन्ड हिलेरी को छोड़कर अन्य सभी अंतरिक्ष यात्री हैं, एडमन्ड हिलेरी पर्वतारोही है।

22. (d) : मोंटगोमेरी को छोड़कर अन्य सभी एडमिरल हैं। निमित्ज यूएस के एडमिरल थे, यामामोतो जापानी एडमिरल थे और नेल्सन ब्रिटिश एडमिरल थे, जबकि मोंटगोमेरी ब्रिटिश फील्ड मार्शल थे।

23. (d) : लाल बहादुर शास्त्री को छोड़कर अन्य सभी राष्ट्रपति थे। लाल बहादुर शास्त्री प्रधानमंत्री थे।

24. (a) : विद्युत को छोड़कर अन्य सभी संवाद के साधन हैं।

25. (d) : परदे को छोड़कर अन्य सभी बिछौने पर बिछाने के साधन हैं।

26. (a) : क्रैंक को छोड़कर अन्य सभी कार के यांत्रिक भाग हैं।

27. (d) : अंतिम संस्कार को छोड़कर अन्य सभी अवसर आनंद और खुशी से संबंधित हैं।

28. (c) : बंकर को छोड़कर अन्य सभी शब्द हॉकी से संबंधित हैं।

29. (c) : त्रिभुज को छोड़कर अन्य सभी में चार भुजाएं हैं।

30. (c) : पहचान को छोड़कर अन्य सभी पर्यायवाची हैं।

31. (d) : अन्य सभी कर केन्द्र द्वारा लगाए और वसूल किये जाते हैं।

32. (a) : राफ्ट को छोड़कर अन्य सभी प्राणियों द्वारा चलाये जाते हैं।

33. (d) : डायनोसोर को छोड़कर अन्य सभी काल्पनिक प्राणी हैं।

34. (c) : अन्य सभी आनंद की स्थितियां दर्शाते हैं।

35. (b) : अन्य सभी पर्यायवाची हैं।

36. (c) : पुणे को छोड़कर अन्य सभी भारत के राज्यों की राजधानियां हैं।

37. (b) : अन्य सभी गोलाकार वस्तुएं हैं।

38. (b) : अवलोकन करना को छोड़कर अन्य सभी पर्यायवाची हैं।

39. (c) : नर्मदा को छोड़कर अन्य सभी नदियां बंगाल की खाड़ी की ओर बहती है, नर्मदा अरब सागर की ओर जाती है।

40. (*d*) : शत्रुता को छोड़कर अन्य सभी पर्यायवाची हैं।

41. (*c*) : बिलियर्ड्स को छोड़कर अन्य सभी मैदानी (आउटडोर) खेल हैं।

42. (*b*) : फूल को छोड़कर अन्य सभी पौधों के प्रकार हैं।

43. (*b*) : स्वेज को छोड़कर अन्य सभी नदियां हैं। स्वेज नहर है।

44. (*d*) : लॉर्ड टेनिसन को छोड़कर अन्य सभी भारत के गवर्नर जनरल या वायसराय हैं।

45. (*c*) : ब्रिज को छोड़कर अन्य सभी में ऊपर व नीचे की ओर की जाने वाली गति से संबंधित हैं।

46. (*c*) : अमीबा को छोड़कर अन्य सभी बहुकोशिकीय हैं, अमीबा एक कोशिकीय है।

47. (*b*) : छत को छोड़कर अन्य सभी प्राणियों के निवास स्थान हैं।

48. (*b*) : ल्हासा को छोड़कर अन्य सभी पर्वतीय दर्रे हैं।

49. (*a*) : श्वसन को छोड़कर अन्य सभी स्वैच्छिक गतिविधियां हैं।

50. (*b*) : गुलाबी को छोड़कर अन्य सभी इन्द्रधनुष के रंग हैं। इन्द्रधनुष या स्पैक्ट्रम के सात रंग हैं, लाल, नारंगी, पीला, हरा, आसमानी, नीला, तथा बैंगनी।

51. (*d*) : भूगोल को छोड़कर अन्य सभी विज्ञान की शाखाएं हैं।

52. (*a*) : टाइटन को छोड़कर अन्य सभी सौर मन्डल के ग्रह हैं।

53. (*c*) : आलू को छोड़कर अन्य सभी फल हैं, आलू सब्जी है।

54. (*a*) : आचार्य कृपलानी को छोड़कर अन्य सभी भारत रत्न प्राप्तकर्ता हैं।

55. (*d*) : अन्य सभी सामान्य पुस्तकें हैं।

56. (*a*) : व्हेल को छोड़कर अन्य सभी समुद्री मछलियां हैं, व्हेल स्तनधारी है।

57. (*c*) : भीड़ को छोड़कर अन्य सभी व्यवस्थित समूह हैं।

58. (*b*) : कुल्हाड़ी को छोड़कर अन्य सभी औजारों को कारपेन्टर द्वारा इस्तेमाल किया जाता है।

59. (*d*) : आर्कीआलजी (पुरातत्वशास्त्र) को छोड़कर अन्य सभी जीव विज्ञान की शाखाएं हैं।

60. (*d*) : जहाज को छोड़कर अन्य सभी नावों के प्रकार हैं।

61. (*d*) : अन्य सभी जांच के प्रारंभिक चरण हैं।

62. (*a*) : ऊन को छोड़कर अन्य सभी कीटकों से मिलते हैं, ऊन भेड़ से प्राप्त होती है।

63. (*c*) : तारों को छोड़कर अन्य सभी सौर मन्डल का भाग हैं।

64. (*d*) : मैन्ग्रोव को छोड़कर अन्य सभी जलीय पौधे हैं।

65. (*a*) : दस्तानों को छोड़कर अन्य सभी का उपयोग सिर को ढंकने के लिये होता है।

66. (*c*) : ठंडा करना को छोड़कर अन्य सभी को उष्मा की आवश्यकता है।

67. (*d*) : निर्भर होना को छोड़कर अन्य सभी पर्यायवाची हैं।

68. (*a*) : अफगानिस्तान को छोड़कर अन्य सभी सार्क के सदस्य हैं।

69. (*b*) : बादल को छोड़कर अन्य सभी विविध प्रकार के वर्षण के उदाहरण हैं।

70. (*c*) : अन्य सभी स्वास्थ्य संबंधी समस्या दर्शाते हैं।

71. (*b*) : डाकू को छोड़कर अन्य सभी नाम प्रमुख को दिये जाते हैं।

72. (*b*) : बाज को छोड़कर अन्य सभी मृत का मांस खाने वाले हैं।

73. (*c*) : मिशिगन को छोड़कर अन्य सभी नदियां हैं, मिशिगन झील है।

74. (*b*) : एनीमोमीटर को छोड़कर अन्य सभी उपकरणों का उपयोग भौतिकी में होता है।

75. (*d*) : पार्क के अलावा अन्य सभी वे स्थान हैं जहां पर वाहन आकर कुछ समय के लिये रुकते हैं।

76. (*d*) : मेट्टूर को छोड़कर अन्य सभी प्रसिद्ध थरमल पावर स्टेशन्स हैं।

77. (*b*) : स्पिर को छोड़कर अन्य सभी खेलने की वस्तुएं हैं, स्पिर हथियार हैं।

78. (*b*) : रेडियो तरंगों को छोड़कर अन्य सभी विकिरण की लघु तरंगदैर्ध्य होती हैं।

79. (*b*) : पारिस्थितिकी को छोड़कर अन्य सभी इतिहास के साक्ष्य देते हैं।

80. (*d*) : डायना को छोड़कर अन्य सभी मूर्तियों के नाम हैं।

81. (*c*) : गैराज के अलावा सभी रहने के स्थान हैं।

82. (*d*) : तोते को छोड़कर अन्य सभी शिकारी पक्षी हैं।

83. (*a*) : डूस को छोड़कर अन्य सभी शब्द क्रिकेट से संबंधित हैं।

84. (*a*) : इस समूह में केवल पेटीकोट ही अन्तर्वस्त्र है।

85. (*d*) : अन्य सभी विशेषण है।

प्रकार 2: दो शब्दों के जोड़े में असंगत या विषम जोड़े को चुनना

इस प्रकार के प्रश्नों में, शब्दों के कुछ जोड़े दिए जाते हैं, जिनमें से एक को छोड़कर अन्य सभी जोड़ों में दिए गए शब्द एक सामान्य संबंध रखते हैं। उम्मीदवार को इस संबंध को समझना होता है और उत्तर के रूप में उस जोड़े को चुनना होता है जिसमें दिए गए शब्द इस संबंध का पालन नहीं करते हैं।

व्याख्यात्मक उदाहरण

दिशानिर्देश: ***शब्दों के विषम जोड़े को चुनें।***

उदा 1. (*a*) ब्लैकस्मिथ : निहाई (*b*) बढ़ई : आरी
(*c*) नाई : कैंची (*d*) सुनार : गहने
(*e*) मूर्तिकार : छेनी।

हल. सही उत्तर (*d*) है।
अन्य सभी जोड़ों में, दूसरा उपकरण पहले शब्द में दिए गए व्यक्ति द्वारा इस्तेमाल किया जाता है।

उदा 2. (*a*) पेंटर : चित्रशाला (*b*) अभिनेता : मंच
(*c*) राज : दीवार (*d*) किसान : खेत
(*e*) कर्मचारी : फैक्टरी

हल. सही उत्तर (*c*) है।
अन्य सभी जोड़ों में, दूसरा पहले का कार्यस्थल है।

उदा. 3. (*a*) गाय : बछड़ा (*b*) कुत्ता: कुतिया
(*c*) शेर : शावक (*d*) टॉर्टस : टर्टल
(*e*) कीट : लार्वा

हल. सही उत्तर (*b*) है।
अन्य सभी जोड़ों में, दूसरा, पहले का एक बच्चा है, जबकि (*b*) में दूसरा पहले कीमादा है।

उदा. 4. (*a*) आयतन : लीटर (*b*) समय : सेकेंड
(*c*) लंबाई : मीटर (*d*) प्रतिरोध : ओम
(*e*) दबाव : बैरोमीटर

हल. सही उत्तर (*e*) है।

अन्य सभी जोड़ों में, दूसरा, पहले को मापने की इकाई है। जबकि बैरोमीटर एक उपकरण है।

उदा. 5. (*a*) सफेद : गंदे (*b*) आसान : मुश्किल
(*c*) बहादुर : कायर (*d*) अंत : शुरुआत **(S.S.C. 2003)**

हल. सही उत्तर (*a*) है।
अन्य सभी जोड़ों में, दोनो शब्द एक दूसरे के विलोम हैं।

उदा. 6. (*a*) छिड़कना : बहाना (*b*) खुशी : आनंद
(*c*) कोहरा : धुंध (*d*) अप्रसन्न : दुखी

हल. सही उत्तर (*d*) है।
अन्य सभी जोड़ों में, दूसरा में पहले की तुलना में उच्च तीव्रता का होता है जबकि विकल्प (*d*) में पहले में दूसरे की तुलना में अधिक तीव्रता है।

उदा. 7. (*a*) चीन : बीजिंग (*b*) रूस : मॉस्को
(*c*) जापान : सिंगापुर (*d*) स्पेन : मैड्रिड

हल. सही उत्तर (*c*) है।
अन्य सभी जोड़ों में पहले शब्द में देश व दूसरे में देश की राजधानी को दर्शाया गया है।

अभ्यास 3F

दिशानिर्देश (प्रश्न 1 से 15): ***निम्नलिखित में से प्रत्येक प्रश्न में, शब्दों के पांच जोड़े दिए गए हैं जिनमें से चार जोड़ों में शब्द एक सामान्य संबंध रखते हैं। विषम जोड़े का चयन करें।***

1. (*a*) जूता : चमड़ा (*b*) लोहा : कुल्हाड़ी
(*c*) मेज : लकड़ी (*d*) आभूषण : सोना
(*e*) कमीज : कपड़ा **(R.B.I. 2003)**

2. (*a*) राज : दीवार (*b*) मोची : जूता
(*c*) किसान : फसल (*d*) शेफ : कुक
(*e*) कोरियोग्राफर : नृत्यनाटक

3. (*a*) साहसी : कायर (*b*) सुंदर : आकर्षक
(*c*) स्पष्ट : अस्पष्ट (*d*) युवा : वयस्क
(*e*) मूल : विदेशी

4. (*a*) देखना : आँख (*b*) सुनना : कान
(*c*) सूंघना : नाक (*d*) स्पर्श करना : त्वचा
(*e*) जीभ : स्वाद **(Bank P.O. 2003)**

5. (*a*) बोतल : शराब (*b*) कप : चाय
(*c*) घड़ा : पानी (*d*) गेंद : बल्लेबाज
(*e*) इंकपॉट : इंक

6. (*a*) सांड : बछड़ा (*b*) घोड़ा : घोड़ी
(*c*) कुत्ता : कुतिया (*d*) नर बत्तक : बतख
(*e*) नर मधु मक्खी : मधुमक्खी

7. (*a*) बासी : ताजा (*b*) सत्य : झूठ
(*c*) धीमा : सुस्त (*d*) सिखाना : जानना
(*e*) दयालु : क्रूर **(Bank P.O. 2003)**

8. (*a*) शेर : दहाड़ (*b*) सांप : फुंकार
(*c*) मेंढक : मिमियाहट (*d*) मधुमक्खी : गुंजन
(*e*) पक्षी : कूजन

9. (*a*) एटम : इलेक्ट्रॉन (*b*) ट्रेन : इंजन
(*c*) घर : कमरा (*d*) स्कूटर : गियर्स
(*e*) दही : दूध

10. (*a*) सोना : गहने (*b*) कपड़ा : गारमेंट्स
(*c*) लकड़ी : फर्नीचर (*d*)चमड़ा : जूते
(*e*) मिट्टी के बर्तन : मिट्टी **(S.B.I.P.O. 2001)**

11. (*a*) पक्षीविज्ञान : पक्षी (*b*) माईकोलॉजी : फंगी
(*c*) जीवविज्ञान : वनस्पति विज्ञान
(*d*) शैवाल विज्ञान : शैवाल (*e*) कीटविज्ञान : कीड़े

12. (*a*) मछली : मछलियों का समुदाय
(*b*) गाय : पशु समूह (*c*) भेड़ : झुंड
(*d*) आदमी : भीड़
(*e*) मधुमक्खी : मधुमक्खियों का झुंड

13. (*a*) मंद : चमकदार (*b*) गलत : ठीक
(*c*) उथला : गहरा (*d*) वास्तविक : असली
(*e*) भागीदारी : उदासीनता **(Bank P.O. 2003)**

14. (*a*) किसान : हल (*b*) कसाई : चोपर
(*c*) लेखक : पुस्तक (*d*) जॉकी : टैक
(*e*) लंबरजैक : कुल्हाड़ी

15. (*a*) पास्कल : दबाव (*b*) वाट : शक्ति
(*c*) एम्पीयर : धारा (*d*) रेडियन : डिग्री
(*e*) जूल : ऊर्जा

दिशानिर्देश (प्रश्न 16 से 50): ***निम्नलिखित में से प्रत्येक प्रश्न में, शब्दों के चार जोड़े दिए गए हैं जिनमें से तीन जोड़ों में शब्द एक सामान्य संबंध रखते करते हैं। वह जोड़ा चुनें जिसमें दोनों शब्द अन्य से भिन्न हैं।***

16. (*a*) बिल्ली : चूहा (*b*) शेर : हिरण
(*c*) गाय : मुर्गी (*d*) हॉक : कबूतर
(Hotel Management, 2001)

17. (*a*) पिस्तौल : गन (*b*) चाकू : कटार
(*c*) इंजन : ट्रेन (*d*) कार : बस

18. (*a*) लघु : लंबा (*b*) अपराध : दोष
(*c*) हल्का : भारी (*d*) गरीब : अमीर **(S.S.C. 2003)**

19. (*a*) बिल्ली : पंजा (*b*) छिपकली : पैड
(*c*) घोड़ा : खुर (*d*) आदमी : पैर

20. (*a*) तेल : लैंप (*b*) पानी : नल
(*c*) ऑक्सीजन : जीवन (*d*) शक्ति : मशीन
(I.I.T.T.M. 1998)

21. (*a*) स्टाम्प : पत्र (*b*) टिकट : ट्रेन
(*c*) इंक : पेन (*d*) कार : इंजन

22. (*a*) पति : पत्नी (*b*) शेर : लोमड़ी
(*c*) कुत्ता : बिल्ली (*d*) राजा : मंत्री

23. (*a*) वृक्ष : शाखा (*b*) हाथ : उंगली
(*c*) मेज : कुर्सी (*d*) कमरा : तल

24. (*a*) फावड़ा : मिट्टी (*b*) पेंचकस : पेंच
(*c*) हथौड़ा : नाखून (*d*) पेन : पेंसिल
(Hotel Management, 2004)

25. (*a*) गुलदस्ता : फूल (*b*) गुच्छा : अंगूर
(*c*) फर्नीचर : कुर्सी (*d*) एल्बम : तस्वीरें

26. (*a*) कमर : बेल्ट (*b*) गर्दन : टाई
(*c*) कलाई : बैंड (*d*) जूता : लेस

27. (a) चाफ : गेहूं (b) ग्रिट : दालें (c) अनाज : फसल (d) ड्रग्स : शराब
28. (a) चावल : मकई (b) टमाटर : आलू (c) छात्र : कक्षा (d) पुस्तक : पुस्तकालय
29. (a) एमिटर : धारा (b) हाइग्रोमीटर : दबाव (c) ओडोमीटर : गति (d) सेस्मोग्राफ : भूकंप
30. (a) प्रोटीन : मारस्मस (b) सोडियम : रिकेट (c) आयोडीन : घेंगा (d) आयरन : एनीमिया
31. (a) चर्च : स्मारक (b) कार : बस (c) तालाब : झील (d) पिस्टल : गन (C.P.O. 2005)
32. (a) भेड़ : मिमियाना (b) घोड़ा : हिनहिनाना (c) गधा : घुरघुराना (d) उल्लू : हूहू करना
33. (a) दरवाजा : बैंग (b) पियानो : बजाना (c) वर्षा : पटपटाहट (d) ड्रम : ताल
34. (a) संगमरमर : चूना पत्थर (b) स्लेट : शेल (c) क्वार्टजाइट : बलुआ पत्थर (d) स्फटिक : क्वाट्‌र्ज
35. (a) पेरियार : केरल (b) काजीरंगा : असम (c) गिर : गुजरात (d) कॉर्बेट : बिहार
36. (a) रेबीज : घाव (b) मलेरिया : प्रोटोजोआ (c) इन्फ्लूएंजा : वायरस (d) हेजा : बैक्टीरिया
37. (a) बर्फ का टुकड़ा : शीत (b) आयरन : कठोर (c) संगमरमर : चिकना (d) पर्स : पैसा (Hotel Management, 2002)
38. (a) पीलिया : लिवर (b) रिकेट्स : हड्डियों (c) क्षय रोग : फेफड़े (d)डेंगू : बुखार
39. (a) मछली : मछली का फर (b) व्हेल : फ्लिपर्स (c) चमकदाड़ : पंख (d) मेंढक : फेफड़े
40. (a) छात्र : विद्वान (b) धान : चावल (c) सैनिक : योद्धा (d) राजनेता : नेता
41. (a) सुई : चुभन (b) बंदूक : आग (c) बरमा : छेद (d) छेनी : काट कर चित्र बनाना
42. (a) कप्तान : टीम (b) बॉस : गिरोह (c) प्रधान मंत्री : कैबिनेट (d) कलाकार : मंडली
43. (a) कांस्य : जिंक (b) डूरेलियम : एल्यूमिनियम (c) स्टील : लौह (d) पीतल : तांबा
44. (a) घाटी : गहराई (b) अच्छा : बुरा (c) ऊँचा : नीचा (d) काला : सफेद (Hotel Management, 2001)
45. (a) डायमंड : ग्लास कटर (b) ग्रेफाइट : पेंसिल लीड (c) कालिख : ऑटोमोबाइल टायर (d) कोक : जूता पॉलिश
46. (a) फूल : पंखड़ी (b) कुर्सी : पैर (c) वृत्त : आर्क (d) कवर : पृष्ठ
47. (a) शराब : अंगूर (b) पेपर : पल्प (c) जूते : चमड़ा (d) गेहूं : फसल
48. (a) बृहस्पति : ग्रह (b) संगीतकार : कलाकार (c) व्यापारी : व्यापार (d) मक्का : अनाज
49. (a) ईरान : एशिया (b) कैनबरा : ऑस्ट्रेलिया (c) नॉर्वे : यूरोप (d) अल्जीरिया : अफ्रीका
50. (a) आदमी : गेराज (b) सुअर : स्टाई (c) घोड़ा : अस्तबल (d) गाय : छप्पर (Hotel Management, 2004)

हल-अभ्यास 3(F)

1. (b) : अन्य सभी जोड़ों में पहला, दूसरे से बना उत्पाद है।
2. (d) : अन्य सभी जोड़ों में दूसरे को पहले से बनाया जाता है।
3. (b) : अन्य सभी जोड़ों में दोनों शब्द एक दूसरे के विलोम हैं।
4. (e) : अन्य सभी जोड़ों में दूसरा, पहले के कार्य को दर्शाता है।
5. (d) : अन्य सभी जोड़ों में पहला, दूसरे को रखने के काम आता है।
6. (a) : अन्य सभी जोड़ों में दूसरा, पहले की मादा है।
7. (c) : अन्य सभी जोड़ों में दोनों शब्द एक दूसरे के विलोम हैं।
8. (c) : अन्य सभी जोड़ों में दूसरा, पहले के द्वारा उत्पादित शोर है।
9. (e) : अन्य सभी जोड़ों में दूसरा, पहले का हिस्सा है।
10. (e) : अन्य सभी जोड़ों में पहला, दूसरे के उत्पादन में प्रयोग होने वाली कच्ची सामग्री है।
11. (c) : अन्य सभी जोड़ों में पहला, दूसरे का अध्ययन है।
12. (d) : अन्य सभी जोड़ों में दूसरा, पहले का सामूहिक समूह है।
13. (d) : अन्य सभी जोड़ों में दोनों शब्द एक दूसरे के विलोम हैं।
14. (c) : अन्य सभी जोड़ों में दूसरा उपकरण है जिसका इस्तेमाल पहले द्वारा होता है।
15. (d) : अन्य सभी जोड़ों में पहला, दूसरे के मापन की इकाई है।
16. (c) : अन्य सभी जोड़ों में पहला, दूसरे से भोजन प्राप्त करता है।
17. (c) : अन्य सभी जोड़ों में दोनों शब्द एक ही वर्ग के हैं।
18. (b) : अन्य सभी जोड़ों में, दोनों शब्द एक दूसरे के विलोम हैं।
19. (d) : अन्य सभी जोड़ों में दूसरा, पहले के पैर का नाम है।
20. (b) : अन्य सभी जोड़ों में दूसरे को कार्य करने के लिए पहले की आवश्यकता होती है।
21. (d) : अन्य सभी जोड़ों में, दूसरे का उपयोग करने के लिए पहले की अनिवार्य रूप से आवश्यकता होती है।
22. (d) : अन्य सभी जोड़ों में, पहला नर है जबकि दूसरा मादा है।
23. (c) : अन्य सभी जोड़ों में, दूसरा पहले का हिस्सा है।
24. (d) : अन्य सभी जोड़ों में, पहला उपकरण है जो दूसरे के काम करता है।
25. (c) : अन्य सभी जोड़ों में पहला, दूसरे के संग्रह को दर्शाता है।
26. (d) : अन्य सभी जोड़ों में, पहला शरीर का हिस्सा होता है जिस पर दूसरा पहना जाता है।
27. (c) : अन्य सभी जोड़ों में, पहला कचरा है जो दूसरे से प्राप्त होता है।
28. (b) : अन्य सभी जोड़ों में, पहले दूसरे का हिस्सा है।
29. (b) : अन्य सभी जोड़ों में पहला दूसरे को मापने के लिए उपकरण है।
30. (b) : अन्य सभी जोड़ों में दूसरा एक बीमारी है जो पहले की कमी के कारण होती है।
31. (a) : अन्य सभी जोड़ों में दो शब्द एक ही वर्ग के हैं।
32. (c) : अन्य सभी जोड़ों में दूसरा, पहले द्वारा उत्पादित ध्वनि है।
33. (b) : अन्य सभी जोड़ों में दूसरा, पहले द्वारा उत्पादित ध्वनि है।
34. (d) : अन्य सभी जोड़ों में पहला एक चट्टान है जो दूसरे के रूपांतर से बना है।
35. (d) : अन्य सभी जोड़ों में पहला राष्ट्रीय उद्यान/अभयारण्य का नाम होता है जबकि दूसरा राज्य उस राज्य को दर्शाता है जहां यह स्थित है।
36. (a) : अन्य सभी जोड़ों में पहले एक बीमारी का नाम होता है जबकि दूसरा इसके कारक जीव का नाम होता है।

37. (*d*) : अन्य सभी जोड़ों में, दूसरा पहले की गुण को दर्शाता है।

38. (*d*) : अन्य सभी जोड़ों में, दूसरा पहले वर्णित बीमारी से प्रभावित हिस्से को दर्शाता है।

39. (*d*) : अन्य सभी जोड़ों में, दूसरा पहले की गति का अंग है।

40. (*b*) : अन्य सभी जोड़ों में पहला, जब एक विशेषज्ञ बन जाता है, तो उसे दूसरा नाम दिया जाता है।

41. (*a*) : अन्य सभी जोड़ों में दूसरा, पहला, का कार्य है।

42. (*d*) : अन्य सभी जोड़ों में पहले दूसरे का प्रमुख होता है।

43. (*a*) : अन्य सभी जोड़ों में पहला, दूसरे का मिश्र धातु है।

44. (*a*) : अन्य सभी जोड़ों में दोनो शब्द एक दूसरे के विलोम हैं।

45. (*d*) : अन्य सभी जोड़ों में पहला दूसरे का एक आवश्यक घटक है।

46. (*d*) : अन्य सभी जोड़ों में दूसरा पहले का हिस्सा है।

47. (*d*) : अन्य सभी जोड़ों में दूसरा पदार्थ है जिसे पहले को तैयार करने के लिए उपयोग किया जाता है।

48. (*c*) : अन्य सभी जोड़ों में दूसरा उस वर्ग को दर्शाता है जिससे पहला संबंधित है।

49. (*b*) : अन्य सभी जोड़ों में दूसरा वह महाद्वीप है जिस पर पहले में दिया गया देश संबंधित है।

50. (*a*) : अन्य सभी जोड़ों में दूसरा पहले का रहने का स्थान है।

अभ्यास 3G

दिशानिर्देश: ***निम्नलिखित में से प्रत्येक प्रश्न में, शब्दों के कुछ समूह दिए गए हैं जिनमें से एक को छोड़कर अन्य समूह में दिए गए शब्द समान रूप से संबंधित हैं। वह समूह चुनें जिसमें दोनों शब्द अलग प्रकार से संबंधित हैं।***

1. (*a*) कार : सड़क (*b*) जहाज : सागर
(*c*) रॉकेट : अंतरिक्ष (*d*) हवाई जहाज : पायलट

2. (*a*) ब्यूटीशियन : पार्लर (*b*) केमिस्ट : मेडिसिन
(*c*) वकील : कोर्ट (*d*) अभियंता : साइट

3. (*a*) आरी : लकड़ी (*b*) पेन : पेपर
(*c*) लेखक : पुस्तक (*d*) चाक : ब्लैकबोर्ड

4. (*a*) पानी : प्यास (*b*) प्रतिभा : शिक्षा
(*c*) खाद्य : भूख (*d*) वायु : घुटन **(Bank P.O. 2003)**

5. (*a*) सेब : मुर्रब्बा (*b*) नींबू : साइट्रस
(*c*) ऑरेंज : स्क्वैश (*d*) टमाटर : पुरी

6. (*a*) गाय : चारा (*b*) कौआ : सड़ा हुआ मांस
(*c*) पोल्ट्री : फार्म (*d*) गिद्ध : शिकार

7. (*a*) मछली : पिसिकल्चर (*b*) पक्षी : हॉर्टिकल्चर
(*c*) मधुमक्खी : एपिकल्चर (*d*) रेशम : सिरीकल्चर

8. (*a*) विस्तृत : चौड़ा (*b*) हल्का : भारी
(*c*) नन्हा : छोटा (*d*) बड़ा : लम्बा **(M.B.A. 1998)**

9. (*a*) तिनके : नेस्ट (*b*) लकड़ी : फर्नीचर
(*c*) मटका : बर्तन (*d*) सोना : गहने

10. (*a*) डोनाल्ड : कॉमेडी (*b*) होम्स : सस्पेंस
(*c*) प्रेमचंद : उपन्यास (*d*) रॉबिन्सन : साहसिक

11. (*a*) आकाश : बादल (*b*) पर्स : वॉलेट
(*c*) कबर्ड : अलमारी (*d*) कुर्सी : वेंच
(Hotel Management, 2002)

12. (*a*) दुकानदार : ग्राहक (*b*) डॉक्टर : रोगी
(*c*) वकील : क्लाइंट (*d*) क्लर्क : फाइल

13. (*a*) बुध : सूर्य (*b*) चंद्रमा : पृथ्वी
(*c*) स्टार : गैलेक्सी (*d*) पहिया : धुरा

14. (*a*) वीनस : शुक्रा (*b*) यूरेनस : इंद्र
(*c*) मार्स : मंगल (*d*) सैटर्न : बुद्ध

15. (*a*) धातु : अयस्क (*b*) घी : दूध
(*c*) गैसोलीन : पेट्रोलियम (*d*) मृदा : पृथ्वी

16. (*a*) वृक्ष : तना (*b*) चेहरा : आँख
(*c*) कुर्सी : सोफा (*d*) पोधा : फूल **(S.S.C. 2003)**

17. (*a*) जीभ : स्वाद (*b*) नेत्र : अंधा
(*c*) कान : बहरा (*d*) पैर : लंगड़ा

18. (*a*) बीन्स : दालें (*b*) चावल : अनाज
(*c*) चाय : पेय पदार्थ (*d*) फली : गांठ

19. (*a*) मृत्यु : रोग (*b*) दूध : मक्खन
(*c*) अंगूर : शराब (*d*) पानी : ऑक्सीजन

20. (*a*) प्रधानाचार्य : स्कूल (*b*) सैनिक : बैरक
(*c*) कलाकार : मंडली (*d*) गायक : कोरस

21. (*a*) अपराध : सजा (*b*) निर्णय : वकालत
(*c*) उद्यम : सफलता (*d*) व्यायाम : स्वास्थ्य

22. (*a*) स्टील : बर्तन (*b*) कांस्य : मूर्ति
(*c*) ड्यूरालुमिन : विमान (*d*) लोहा : रेल

23. (*a*) पुस्तक : पृष्ठ (*b*) मेज : दराज
(*c*) करघा : कपड़ा (*d*) कार : पहिया
(A.A.O. Exam, 2004)

24. (*a*) स्कैल्पल : सर्जन (*b*) छेनी : सैनिक
(*c*) सूआ : मोची (*d*) चाकू : शेफ

25. (*a*) सूर्य : तारा (*b*) रॉकेट : अंतरिक्ष
(*c*) चंद्रमा : उपग्रह (*d*) बृहस्पति : ग्रह

26. (*a*) झाड़ू : साफ सफाई (*b*) चम्मच : भोजन
(*c*) नट : क्रैक (*d*) साबुन : स्नान

27. (*a*) कॉकरोच : एंटीना (*b*) छिपकली : फ्लजेलम
(*c*) हाइड्रा : टेन्टकल (*d*) प्लाज्मोडियम : सिलीअ

28. (*a*) मलेरिया : प्रोटोजोआ (*b*) खमीर : कवक
(*c*) टाइफाइड : बैक्टीरिया (*d*) पोलियो : वायरस

29. (*a*) पायरोहेलीमीटर : विकिरण (*b*) कैलोरीमीटर : ऊष्मा
(*c*) प्लानमीटर : क्षेत्र (*d*) बैरोमीटर : आर्द्रता

30. (*a*) चंद्रगुप्त : मौर्य (*b*) बाबर : मुगल
(*c*) कनिष्क : कुषाण (*d*) महावीर : जैन धर्म

31. (*a*) सेना : जनरल (*b*) टीम : कप्तान
(*c*) क्रेचे : शिशु (*d*) बैठक : अध्यक्ष

32. (*a*) शर्ट : ड्रेस (*b*) लड़का : लड़की
(*c*) आम : फल (*d*) मेज : फर्नीचर **(S.S.C. 2000)**

33. (*a*) कक्षा : छात्र (*b*) वाक्य : शब्द
(*c*) वृक्ष : वन (*d*) घंटा : मिनट

34. (*a*) समाचार पत्र : संपादक (*b*) फिल्म : निदेशक
(*c*) टिकट : फिलैटलिस्ट (टिकट संग्रही)
(*d*) पुस्तक : लेखक

35. (*a*) एफिड : पेपर (*b*) कीट : ऊन
(*c*) दीमक : लकड़ी (*d*) टिड्डा : पौधा

36. (*a*) ठोस : कोमल (*b*) लम्बा : ऊँचा

(*c*) मीठा : खट्टा (*d*) नुकीला : कुंद

(Assistant Grade, 1997)

37. (*a*) झोंका : बर्फीला तूफान (*b*) मॉइसन : ड्रेन्च
(*c*) प्रिक : स्टैब (*d*) स्क्रब : पोलिश

38. (*a*) मुलडर : प्रोटीन (*b*) क्यूरी : रेडियम
(*c*) बेक्कुरल : रेडियोधर्मिता (*d*) आइंस्टीन : टेलीविजन

39. (*a*) सोल्डर : टिन (*b*) हेमाटाइट : लौह
(*c*) बॉक्साइट : एल्यूमिनियम (*d*) मलाकाइट : कॉपर

40. (*a*) व्हेल : स्तनधारी (*b*) सैलमैन्डर : कीट
(*c*) सांप : सरीसृप (*d*) मेंढक : उभयचर

41. (*a*) ओनामैटोलॉजी : नाम (*b*) निडोलॉजी : घोंसला
(*c*) फाईकोलोजी : शैवाल (*d*) कोंकोलोजी : शैल

42. (*a*) लाभ : हानि (*b*) बुद्धिमान : मूर्ख
(*c*) सद्‌गुण : दोष (*d*) लुभाना : आकर्षित करना

43. (*a*) हिरण : मांस (*b*) सारस : मछली
(*c*) कौआ : मृत पशु (*d*) नेवला : सांप

44. (*a*) पंखा : ब्लेड (*b*) दीपक : बल्ब
(*c*) घड़ी : अलार्म (*d*) साइकिल : पेडल

45. (*a*) ताइवान : ताइपेई (*b*) चीन : मंगोलिया
(*c*) ईरान : तेहरान (*d*) जापान : टोक्यो

46. (*a*) अवेस्ता : पारसी (*b*) तोराह : यहूदी
(*c*) त्रिपिटक : बौद्ध (*d*) मंदिर : हिंदू

47. (*a*) पेट्रोल : कार (*b*) इंक : पेन
(*c*) कचरा : डस्टबिन (*d*) लेड : पेंसिल **(M.A.T. 1998)**

48. (*a*) सहारा : अफ्रीका (*b*) थार : भारत
(*c*) कालाहारी : अमेरिका (*d*) गोबी : मंगोलिया

49. (*a*) पेलिकन : सरीसृप
(*b*) ग्नू (बैल के समान मृग) : एंटेलोप
(*c*) एल्क (एक प्रकार का बारहसिंघा) : हिरण
(*d*) शार्क : मछली

50. (*a*) ईमानदार : धोखा (*b*) ठीक : अच्छा
(*c*) खर्चीला : किफायती (*d*) कभी कभार : अक्सर

हल–अभ्यास 3(G)

1. (*d*) : अन्य सभी समूहों में प्रथम, दूसरे में परिवहन का प्रकार है।

2. (*b*) : अन्य सभी समूहों में, दूसरा वह स्थान है जहां पर पहला कार्य करता है।

3. (*c*) : अन्य सभी समूहों में, प्रथम वह उपकरण है जो दूसरे पर कार्य करता है।

4. (*b*) : अन्य सभी समूहों में, पहले की कमी के कारण दूसरा होता है।

5. (*b*) : अन्य सभी जोड़ों में, दूसरा वह रूप है जिसमें पहला संरक्षित है।

6. (*c*) : अन्य सभी समूहों में, दूसरा वह आहार है जो पहले द्वारा लिया जाता है।

7. (*b*) : अन्य सभी समूहों में, दूसरा वह नाम है जो पहले की कृत्रिम स्थिति के लिये जिम्मेदार है।

8. (*b*) : अन्य सभी समूहों में, आपस में पर्यायवाची संबंध है।

9. (*c*) : अन्य सभी समूहों में, प्रथम वह सामान है जिसे दूसरे को बनाने के लिये इस्तेमाल किया जाता है।

10. (*c*) : अन्य सभी समूहों में, पहली वह विशेषता है जिसकी संबंधित फिल्म दूसरे में दी गई है।

11. (*a*) : अन्य सभी समूहों में, दो शब्द मिलकर एक ही प्रयोजन के बारे में बताते हैं।

12. (*d*) : अन्य सभी समूहों में, दूसरा वह व्यक्ति है जिससे पहला व्यक्ति धन कमाता है।

13. (*c*) : अन्य सभी समूहों में, प्रथम दूसरे के परित: चलता है।

14. (*d*) : अन्य सभी समूहों में, दूसरा उस ग्रह का भारतीय नाम है जिसे पहले में दिया गया है।

15. (*d*) : अन्य सभी समूहों में, प्रथम वह उत्पाद है जिसे दूसरे से निकाला जाता है।

16. (*c*) : अन्य सभी समूहों में, दूसरा पहले का एक भाग है।

17. (*a*) : अन्य सभी समूहों में, दूसरा पहले के कार्य न करने की स्थिति के बारे में बताता है।

18. (*d*) : अन्य सभी समूहों में, दूसरा उस वर्ग के बारे में बताता है जिससे पहले का संबंध है।

19. (*a*) : अन्य सभी समूहों में, दूसरा वह उत्पाद है जिसे पहले से प्राप्त किया जाता है।

20. (*a*) : अन्य सभी समूहों में, दूसरा, पहले का संबद्ध समूह है।

21. (*b*) : अन्य सभी समूहों में, द्वितीय, पहले का परिणाम है।

22. (*d*) : अन्य सभी समूहों में, प्रथम वह मिश्रधातु है जिसका उपयोग दूसरे को बनाने के लिये किया जाता है। (लौह धातु है, मिश्रधातु नही है)

23. (*c*) : अन्य सभी समूहों में, दूसरा, पहले का भाग है।

24. (*b*) : अन्य सभी समूहों में, प्रथम वह उपकरण है जिसका उपयोग द्वितीय के लिये किया जाता है।

25. (*b*) : अन्य सभी समूहों में, द्वितीय वह वर्ग है जिसमें प्रथम को रखा जाता है।

26. (*c*) : अन्य सभी समूहों में, द्वितीय, प्रथम के उपयोग के प्रयोजन के बारे में बताता है।

27. (*b*) : अन्य सभी समूहों में, द्वितीय वह अंग है जिससे प्रथम में गति होती है।

28. (*b*) : अन्य सभी समूहों में, प्रथम वह बीमारी है जो कि दूसरे के कारण होती है।

29. (*d*) : अन्य सभी समूहों में, प्रथम वह उपकरण है जिसका उपयोग दूसरे की गणना के लिये होता है।

30. (*d*) : अन्य सभी समूहों में, द्वितीय वह नाम है जिस साम्राज्य को प्रथम द्वारा स्थापित किया गया है।

31. (*c*) : अन्य सभी समूहों में, द्वितीय प्रथम का प्रमुख है।

32. (*b*) : अन्य सभी समूहों में, द्वितीय वह वर्ग है जिसका संबंध प्रथम से है।

33. (*c*) : अन्य सभी समूहों में, द्वितीय प्रथम की इकाई है।

34. (*c*) : अन्य सभी समूहों में, प्रथम के द्वारा द्वितीय को बनाया जाता है।

35. (*a*) : अन्य सभी समूहों में, प्रथम वह कीट है जो द्वितीय को नष्ट करता है।

36. (*b*) : वे शब्द जो अन्य सभी युग्मों में हैं, एक दूसरे के विलोम हैं।

37. (*a*) : अन्य सभी जोड़ों में, दूसरा पहले की तुलना में अधिक तीव्रता का है।

38. (*d*) : अन्य सभी समूहों में, प्रथम उस शोधकर्ता का नाम है जिनके द्वारा द्वितीय की खोज की गई।

39. (*a*) : अन्य सभी समूहों में, द्वितीय उस धातु का नाम है जो पहले अयस्क से प्राप्त की जाती है। जबकि सोल्डेर एक अयस्क है।

40. (*b*) : अन्य सभी समूहों में, द्वितीय प्राणी का नाम है जिसका संबंध प्रथम के वर्ग से है।
41. (*d*) : अन्य सभी समूहों में, प्रथम, द्वितीय का अध्ययन है।
42. (*d*) : अन्य सभी समूह में शब्द एक दूसरे के विलोम है।
43. (*a*) : अन्य सभी समूहों में, प्रथम, द्वितीय का अध्ययन है।
44. (*c*) : अन्य सभी समूहों में, द्वितीय प्रथम का प्रमुख भाग है और महत्वपूर्ण प्रयोजन को साध्य करता है।
45. (*b*) : अन्य सभी समूहों में, द्वितीय, प्रथम की राजधानी है।
46. (*d*) : अन्य सभी समूहों में, प्रथम द्वितीय की धार्मिक पुस्तक है।
47. (*c*) : अन्य सभी समूहों में, प्रथम की आवश्यकता द्वितीय के सही कार्य के लिये होती है।
48. (*c*) : अन्य सभी समूहों में, प्रथम एक रेगिस्तान का नाम है जो कि द्वितीय में दिये देश से संबंधित है।
49. (*a*) : अन्य सभी समूहों में, प्रथम, दूसरे का प्रकार है।
50. (*b*) : अन्य सभी समूहों में, दिये गए शब्द एक दूसरे के विलोम हैं।

प्रकार 3: विषम संख्या का चयन

इस प्रकार के प्रश्नों में, कुछ संख्याएं दी जाती हैं, जिनमें से एक को छोड़कर अन्य सभी में कुछ उभयनिष्ठ विशेषताएं होती हैं जिनके आधार पर ये संख्याएं समान होती हैं। इन समान संख्याओं की विशेषता को पहचान कर समूह में दी गयी भिन्न संख्या को उत्तर के रूप चुनना होता है।

व्याख्यात्मक उदाहरण

दिशानिर्देश: *उस संख्या को चुने जो दिए गए समूह में अन्य संख्याओं से भिन्न है।*

उदा. 1. (*a*) 13 (*b*) 17 (*c*) 23 (*d*) 63 (*e*) 71
(Bank P.O. 2005)
हल: 63 को छोड़कर प्रत्येक संख्या, एक अभाज्य संख्या है।
अत: सही विकल्प (*d*) है।

उदा. 2. (*a*) 12 (*b*) 25 (*c*) 37 (*d*) 49 (*e*) 57
हल: स्पष्ट है कि 37 समूह में एकमात्र अभाज्य संख्या है।
अत: सही विकल्प (*c*) है।

उदा. 3. (*a*) 25 (*b*) 36 (*c*) 78 (*d*) 144 (*e*) 196
(R.R.B. 2002)
हल: 78 को छोड़कर प्रत्येक संख्या, एक पूर्ण वर्ग है।
अत: सही विकल्प (*c*) है।

उदा. 4. (*a*) 8 (*b*) 28 (*c*) 64 (*d*) 125 (*e*) 216
हल: 28 को छोड़कर प्रत्येक संख्या, एक पूर्ण घन है।
अत: सही विकल्प (*b*) है।

उदा. 5. (*a*) 21 (*b*) 36 (*c*) 49 (*d*) 56 (*e*) 91
हल: 36 को छोड़कर प्रत्येक संख्या, 7 से विभाजित है।
अत: सही विकल्प (*b*) है।

उदा. 6. (*a*) 295 (*b*) 381 (*c*) 552 (*d*) 729 (*e*) 903
हल: 552 को छोड़कर प्रत्येक संख्या, एक विषम संख्या है।
अत: सही विकल्प (*c*) है।

उदा. 7. (*a*) 48 (*b*) 12 (*c*) 36 (*d*) 24 (*e*) 59
हल: 59 को छोड़कर सभी संख्याओं में, इकाई का अंक दहाई के अंक से दो गुना है।
अत: सही विकल्प (*e*) है।

उदा. 8. (*a*) 131 (*b*) 151 (*c*) 161 (*d*) 171 (*e*) 191
(S.B.I.P.O. 2001)
हल: 161 को छोड़कर प्रत्येक संख्या के अंकों का योग एक विषम संख्या है।
अत: सही विकल्प (*c*) है।

उदा. 9. (*a*) 751 (*b*) 734 (*c*) 981 (*d*) 853 (*e*) 532
हल: 751 को छोड़कर प्रत्येक नंबर में, पहले और तीसरे अंक का अंतर मध्य अंक के बराबर है।
अत: सही विकल्प (*a*) है।

उदा. 10. (*a*) 8314 (*b*) 2709 (*c*) 1315 (*d*) 2518 (*e*) 3249
हल: 8314 को छोड़कर अन्य सभी नंबरों में, पहले तीन अंकों का योग इकाई अंक के बराबर है।
अत: सही विकल्प (*a*) है।

उदा. 11. (*a*) 48 (*b*) 50 (*c*) 82 (*d*) 170 (*e*) 290
(R.B.I. 2003)
हल: 48 को छोड़कर प्रत्येक संख्या, एक निश्चित संख्या के वर्ग से एक से अधिक है।
अत: सही विकल्प (*a*) है।

अभ्यास 3H

दिशानिर्देश *(प्रश्न 1 से 33): निम्नलिखित में से प्रत्येक प्रश्न में, पांच संख्याएं दी गई हैं। इनमें से चार एक निश्चित तरीके से समान हैं लेकिन शेष एक अलग है। वह एक संख्या चुनें जो अन्य चार से भिन्न है:*

1. (*a*) 17 (*b*) 27 (*c*) 29 (*d*) 37 (*e*) 59
(Bank P.O. 2004)
2. (*a*) 6 (*b*) 12 (*c*) 18 (*d*) 9 (*e*) 7
3. (*a*) 15 (*b*) 21 (*c*) 24 (*d*) 28 (*e*) 30
4. (*a*) 43 (*b*) 53 (*c*) 63 (*d*) 73 (*e*) 83
5. (*a*) 10 (*b*) 26 (*c*) 24 (*d*) 21 (*e*) 18
6. (*a*) 29 (*b*) 53 (*c*) 85 (*d*) 125 (*e*) 147
(Bank P.O. 2003)
7. (*a*) 51 (*b*) 144 (*c*) 64 (*d*) 121 (*e*) 256
8. (*a*) 45 (*b*) 99 (*c*) 109 (*d*) 126 (*e*) 207
9. (*a*) 37 (*b*) 45 (*c*) 49 (*d*) 65 (*e*) 79
(Bank P.O. 2003)
10. (*a*) 27 (*b*) 125 (*c*) 343 (*d*) 729 (*e*) 1321

11. (a) 21 (b) 39 (c) 51 (d) 63 (e) 83 (S.B.I.P.O. 1997)
12. (a) 145 (b) 197 (c) 257 (d) 325 (e) 399 (S.B.I.P.O. 2005)
13. (a) 324 (b) 244 (c) 136 (d) 352 (e) 514
14. (a) 15 (b) 63 (c) 143 (d) 195 (e) 257 (Bank P.O. 2003)
15. (a) 35 (b) 49 (c) 50 (d) 63 (e) 140
16. (a) 385 (b) 572 (c) 671 (d) 264 (e) 427
17. (a) 2384 (b) 1592 (c) 3756 (d) 4298 (e) 3629
18. (a) 120 (b) 168 (c) 290 (d) 380 (e) 728 (NABARD, 2002)
19. (a) 3759 (b) 2936 (c) 6927 (d) 4836 (e) 5814
20. (a) 5698 (b) 7894 (c) 9865 (d) 8793 (e) 6958
21. (a) 7359 (b) 1593 (c) 9175 (d) 3781 (e) 9317
22. (a) 126 (b) 217 (c) 345 (d) 513 (e) 730 (S.B.I.P.O. 2002)
23. (a) 325 (b) 236 (c) 178 (d) 639 (e) 538
24. (a) 3740 (b) 4635 (c) 5869 (d) 7946 (e) 2378
25. (a) 13 (b) 17 (c) 23 (d) 37 (e) 73 (Bank Recruitment, 2005)
26. (a) 263 (b) 111 (c) 242 (d) 551 (e) 383
27. (a) 5698 (b) 4321 (c) 7963 (d) 4232 (e) 8597
28. (a) 7487 (b) 5963 (c) 8218 (d) 6596 (e) 9259
29. (a) 57 (b) 87 (c) 131 (d) 133 (e) 143 (Bank P.O. 2002)
30. (a) 1532 (b) 8749 (c) 4268 (d) 5846 (e) 6137
31. (a) 7851 (b) 6432 (c) 5789 (d) 1325 (e) 8167
32. (a) 372164 (b) 376821 (c) 318951 (d) 319446 (e) 387315
33. (a) 121 (b) 137 (c) 153 (d) 177 (e) 183

दिशानिर्देश (प्रश्न 34 से 60): निम्नलिखित में से प्रत्येक प्रश्न में चार संख्याएं दी गई हैं। इनमें से तीन एक निश्चित प्रकार से समान हैं लेकिन शेष एक अलग है। वह एक संख्या चुनें जो अन्य तीन से भिन्न है:

34. (a) 27 (b) 64 (c) 125 (d) 144 (S.S.C. 2005)
35. (a) 11 (b) 13 (c) 15 (d) 17 (R.R.B. 2004, M.B.A. 1997)
36. (a) 1236 (b) 2346 (c) 4566 (d) 5686 (R.R.B. 2003)
37. (a) 10 (b) 11 (c) 15 (d) 16
38. (a) 7 (b) 15 (c) 31 (d) 57 (R.R.B. 2004)
39. (a) 144 (b) 168 (c) 196 (d) 256 (N.I.F.T. 1997)
40. (a) 2 (b) 16 (c) 56 (d) 128 (M.A.T. 1998)
41. (a) 37 (b) 49 (c) 132 (d) 154
42. (a) 21 (b) 69 (c) 81 (d) 83
43. (a) 28 (b) 45 (c) 72 (d) 81 (S.S.C. 2003)
44. (a) 49 (b) 63 (c) 77 (d) 81
45. (a) 140 (b) 240 (c) 360 (d) 480
46. (a) 6895 (b) 6958 (c) 7948 (d) 978 (C.B.I. 2003)
47. (a) 119 (b) 136 (c) 147 (d) 153
48. (a) 246 (b) 356 (c) 527 (d) 639 (S.S.C. 2003)
49. (a) 232 (b) 431 (c) 612 (d) 813
50. (a) 150 (b) 175 (c) 200 (d) 250
51. (a) 25631 (b) 33442 (c) 34424 (d) 52163 (M.A.T. 2000)
52. (a) 28 (b) 65 (c) 126 (d) 215
53. (a) 2345 (b) 3456 (c) 5467 (d) 5678
54. (a) 369 (b) 462 (c) 761 (d) 862 (C.B.I. 2005)
55. (a) 361 (b) 484 (c) 566 (d) 529 (S.S.C. 2002)
56. (a) 392 (b) 326 (c) 414 (d) 248
57. (a) 2468 (b) 2648 (c) 4826 (d) 6482
58. (a) 9611 (b) 7324 (c) 2690 (d) 1754
59. (a) 21 (b) 69 (c) 81 (d) 83 (R.R.B. 2004)
60. (a) 5788 (b) 5878 (c) 6482 (d) 9748 (M.A.T. 2003)

हल–अभ्यास 3(H)

1. (b) : 27 को छोड़कर अन्य सभी अभाज्य संख्याएं हैं।
2. (e) : 7 इस समूह की एकमात्र अभाज्य संख्या है।
3. (d) : 28 को छोड़कर अन्य सभी संख्याएं 3 से विभाज्य हैं।
4. (c) : 63 को छोड़कर अन्य सभी अभाज्य संख्याएं हैं।
5. (d) : 21 को छोड़कर अन्य सभी सम संख्याएं हैं।
6. (d) : संख्या समूह में 125 एकमात्र ऐसी संख्या है जो पूर्ण घन है।
7. (a) : 51 को छोड़कर अन्य सभी संख्याएं पूर्ण वर्ग है।
8. (c) : 109 को छोड़कर प्रत्येक संख्या, 9 से विभाजित है।
9. (c) : समूह में 49 एकमात्र संख्या है जो पूर्ण वर्ग है।
10. (e) : अन्य सभी संख्याएं विषम संख्याओं के घन हैं।
11. (e) : समूह में 83 एकमात्र अभाज्य संख्या है।
12. (e) : 399 को छोड़कर प्रत्येक संख्या, एक निश्चित संख्या के वर्ग से एक से अधिक है।
13. (a) : अन्य सभी संख्याओं में अंकों का योग 10 है।
14. (e) : 257 को छोड़कर अन्य सभी संख्याएं किसी संख्या के वर्ग से एक कम हैं।
15. (c) : 50 को छोड़कर अन्य सभी संख्याएं 7 से विभाजित हैं।
16. (e) : अन्य सभी संख्याओं में मध्य अंक अन्य दोनो अंकों का योग है।
17. (e) : अन्य सभी संख्याओं में आखरी अंक प्रथम से दोगुना है।
18. (d) : 380 को छोड़कर अन्य सभी संख्याएं, किसी संख्या के वर्ग से एक ज्यादा या एक कम है।
19. (b) : अन्य सभी संख्याओं में दूसरे और आखरी अंक का योग पहले और तीसरे अंक के योग से दोगुना है।
20. (d) : प्रत्येक अन्य संख्या में अंकों का योग 28 है।
21. (d) : अन्य सभी संख्याओं में केवल विषम अंक ही हैं।
22. (c) : 345 को छोड़कर प्रत्येक संख्या, एक निश्चित संख्या के घन से एक से अधिक है।
23. (b) : अन्य सभी संख्याओं में अन्तिम अंक, प्रथम दो का योग है।

24. (*a*) : अन्य सभी संख्याओं में, पहले और तीसरे अंक का योग अन्य दोनो अंको के योग के बराबर है।

25. (*c*) : प्रत्येक संख्या अभाज्य संख्या है, लेकिन केवल 23 को छोड़कर अन्य सभी संख्याओं में अंकों का क्रम पलटने पर प्राप्त संख्या भी अभाज्य हैं।

26. (*e*) : अन्य सभी संख्याओं में, मध्य अंक, अन्य दोनो अंकों के गुणनफल के बराबर है।

27. (*d*) : केवल यही एक संख्या है जिसमें अंकों की पुनरावृत्ति हैं।

28. (*b*) : अन्य सभी संख्याओं में पहला और आखरी अंक समान है।

29. (*c*) : 131 समूह में एकमात्र अभाज्य संख्या है।

30. (*c*) : अन्य संख्याओं में, आखरी अंक प्रथम अंक से एक अधिक है।

31. (*b*) : 6432 को छोड़कर प्रत्येक संख्या विषम संख्या है।

32. (*a*): प्रत्येक संख्या में अंकों का योग 27 है।

33. (*a*): समूह में 121 एकमात्र ऐसी संख्या है जो पूर्ण वर्ग है।

34. (*d*) : 144 को छोड़कर अन्य सभी संख्याएं पूर्ण घन हैं।

35. (*c*) : 15 को छोड़कर प्रत्येक संख्या, अभाज्य संख्या है।

36. (*d*) : अन्य सभी संख्याओं में पहले तीन अंक लगातार आने वाले अंक हैं।

37. (*b*) : समूह में 11 ही एकमात्र अभाज्य संख्या है।

38. (*d*) : अन्य सभी संख्याओं में 2 के घातांक −1 का पैटर्न है। जैसे $7 = 2^3 - 1, 15 = 2^4 - 1, 31 = 2^5 - 1$

39. (*b*) : 168 को छोड़कर अन्य सभी संख्याएं पूर्ण वर्ग है।

40. (*c*) : 56 को छोड़कर अन्य सभी संख्याओं में 2 के घातांक का पैटर्न है।

41. (*a*) : समूह में केवल 37 ही अभाज्य संख्या है।

42. (*c*) : समूह में केवल 81 ही पूर्ण वर्ग संख्या है।

43. (*a*) : अन्य सभी संख्याओं में अंकों का योग 9 है।

44. (*d*) : 81 को छोड़कर अन्य सभी संख्याएं 7 से विभाजित हैं।

45. (*a*) : 140 को छोड़कर अन्य सभी संख्याएं 120 की गुणक हैं।

46. (*d*) : अन्य सभी संख्याओं में अंकों का योग 28 है।

47. (*a*) : केवल 119 में अलग फैक्टर हैं − 7 और 17 और कोई फैक्टर की पुनरावृत्ति नही है।

48. (*b*) : अन्य सभी संख्याओं में, पहले दो अंकों का योग तीसरे अंक के बराबर है।

49. (*d*) : अन्य सभी संख्याओं में, अंकों का गुणनफल 12 है।

50. (*b*) : 175 को छोड़कर अन्य सभी 25 के सम गुणक हैं।

51. (*b*) : अन्य संख्याओं में, अंकों का योग 17 है।

52. (*a*) : 28 अकेली संख्या है जिसके अंक सम हैं।

53. (*c*) : अन्य सभी संख्याओं में लगातार आने वाले चार अंक क्रमबद्ध रूप से दिए गए हैं।

54. (*c*) : 761 समूह में एकमात्र अभाज्य संख्या है।

55. (*c*) : 566 को छोड़कर प्रत्येक संख्या एक पूर्ण वर्ग है।

56. (*a*) : अन्य सभी संख्याओं में अंकों का गुणनफल पूर्ण वर्ग है।

57. (*a*) : अन्य सभी संख्याओं में पहले चार क्रमबद्ध सम संख्याएं हैं लेकिन सही क्रम में नही हैं।

58. (*b*) : अन्य सभी संख्याओं में अंकों का योग 17 है।

59. (*d*) : 83 को छोड़कर अन्य सभी संख्याएं 3 से विभाज्य है।

60. (*c*) : अन्य सभी संख्याओं में, अंकों का योग 28 है।

प्रकार 4: विषम संख्या जोड़े/समूह का चयन

इस प्रकार के प्रश्नों में, संख्याओं के कुछ जोडे/समूह दिए जाते हैं, जिनमें से एक को छोडकर अन्य सभी किसी प्रकार से समान होते हैं जबकि एक अलग होता है। इन समान जोड़ों/समूहों में संख्याएं समान प्रकार से संबंधित हो सकती हैं या एक ही नियम के अनुसार एक-दूसरे से संबंधित हो सकती हैं। इन समान जोड़ों/समूहों में से विषम जोड़े/समूह को चुनना होता है।

व्याख्यात्मक उदाहरण

दिशानिर्देश: ***संख्याओं के विषम जोड़े/समूह का चयन करें:***

उदा. 1. (*a*) 50 − 66 (*b*) 32 − 38 (*c*) 64 − 80 (*d*) 63 − 77 **(S.S.C. 2005)**

हल: विकल्प (*d*) को छोड़कर प्रत्येक जोड़े में, दूसरा नंबर पहले की तुलना में 16 अधिक है।

अत: सही विकल्प (*d*) है।

उदा. 2. (*a*) 70 − 80 (*b*) 54 − 62 (*c*) 28 − 32 (*d*) 21 − 24 (*e*) 14 − 16

हल: विकल्प (*b*) को छोड़कर प्रत्येक जोड़े में, दो संख्याओं का अनुपात 7 : 8 है।

अत: सही विकल्प (*b*) है।

उदा. 3. (*a*) 14, 12 (*b*) 24, 7 (*c*) 37, 4 (*d*) 42, 4

हल: विकल्प (*c*) को छोड़कर प्रत्येक जोड़े में, संख्याओं का गुणनफल 168 है।

अत: सही विकल्प (*c*) है।

उदा. 4. (*a*) 42: 4 (*b*) 36: 6 (*c*) 32: 2 (*d*) 15: 5

हल: विकल्प (*a*) को छोड़कर प्रत्येक जोड़े में, पहला नंबर दूसरे का एक गुणज है।

अत: सही विकल्प (*a*) है।

उदा. 5. (*a*) 71, 7, 3, 17 (*b*) 67, 71, 3, 5 (*c*) 41, 5, 3, 47 (*d*) 37, 14, 1 9, 7 (*e*) 11, 3, 3, 17

हल: विकल्प (*d*) को छोड़कर अन्य सभी समूहों में केवल अभाज्य संख्याएं हैं, जबकि विकल्प (*d*) में एक सम संख्या, 14 भी है।

अत: सही विकल्प (*d*) है।

उदा. 6. (*a*) 1 (5) 2 (*b*) 7 (113) 8 (*c*) 2 (20) 4 (*d*) 5 (61) 6 (*e*) 3 (17) 4 **(M.B.A. 2002)**

हल: विकल्प (*e*) को छोड़कर प्रत्येक विकल्प में, ब्रैकेट के अंदर की संख्या इसके बाहर की संख्याओं के वर्गों का योग है।

अत: सही विकल्प (*e*) है।

अभ्यास 3I

दिशानिर्देश: *संख्याओं के विषम जोड़े/समूह का चयन करें:*

1. (a) 34–43 (b) 55 – 62 (c) 62–71 (d) 83–92 (S.S.C. 2002)
2. (a) 2–8 (b) 3 – 27 (c) 4 – 32 (d) 5 – 125
3. (a) 80 – 9 (b) 64 – 8 (c) 36 – 6 (d) 7 – 49 (C.B.I. 2003)
4. (a) 3 – 5 (b) 5 – 3 (c) 6 – 2 (d) 7 – 3
5. (a) 1 – 0 (b) 3 – 8 (c) 6 – 35 (d) 7 – 50
6. (a) 22 – 3 (b) 28 – 4 (c) 36 – 5 (d) 43 – 6 (e) 50 – 7 (Hotel Management, 2004)
7. (a) 12 – 144 (b) 13 – 156 (c) 15 – 180 (d) 16 – 176
8. (a) 23 – 29 (b) 19 – 25 (c) 13 – 17 (d) 3 – 5
9. (a) 1975 – 1579 (b) 3152 – 5321 (c) 4283 – 8432 (d) 7319 – 9731 (e) 8271 – 8721 (R.B.I. 2003)
10. (a) 73 – 61 (b) 57 – 69 (c) 42 – 29 (d) 35 – 47
11. (a) 343 : 7 (b) 243 : 9 (c) 512 : 8 (d) 216 : 6
12. (a) 21 : 24 (b) 28 : 32 (c) 54 : 62 (d) 70 : 80 (R.R.B. 2004)
13. (a) 13 – 21 (b) 19 – 27 (c) 15 – 23 (d) 16 – 24
14. (a) 2 : 4 (b) 4 : 8 (c) 6 : 18 (d) 8 : 32
15. (a) 3 : 12 (b) 4 : 20 (c) 6 : 42 (d) 7 : 63
16. (a) 12 : 96 (b) 13 : 117 (c) 15 : 120 (d) 16 : 128 (S.S.C. 2003)
17. (a) 18 : 45 (b) 16 : 40 (c) 14 : 28 (d) 8 : 20
18. (a) 10 – 20 (b) 30 – 40 (c) 40 – 50 (d) 50 – 60
19. (a) 5 : 50 (b) 8 : 128 (c) 11 : 242 (d) 15 : 375
20. (a) 12 – 72 (b) 24 – 48 (c) 60 – 74 (d) 84 – 96 (S.S.C. 1999)
21. (a) 140 – 45 (b) 110 – 35 (c) 100 – 30 (d) 80 – 25
22. (a) 13 – 31 (b) 45 – 54 (c) 16 – 61 (d) 71 – 88
23. (a) 21 : 6 (b) 28 : 4 (c) 42 : 12 (d) 84 : 24
24. (a) 4 : 16 (b) 6 : 42 (c) 8 : 24 (d) 17 : 54
25. (a) 117 : 13 (b) 162 : 18 (c) 171 : 19 (d) 304 : 16 (C.P.O. 2005)
26. (a) 45, 27 (b) 30, 18 (c) 20, 10 (d) 15, 12
27. (a) 72, 45 (b) 51, 24 (c) 46, 20 (d) 32, 13
28. (a) 14, 9 (b) 17, 8 (c) 21, 6 (d) 42, 3 (S.S.C. 2003)
29. (a) 16 – 64 (b) 9 – 36 (c) 36 – 216 (d) 49 – 343
30. (a) 6 – 15 (b) 21 – 43 (c) 25 – 51 (d) 29 – 59
31. (a) 8 – 27 (b) 125 – 216 (c) 343 – 512 (d) 1009 – 1331
32. (a) 18 : 108 (b) 23 : 138 (c) 20 : 80 (d) 26 : 156 (S.S.C. 2004)
33. (a) 15 : 46 (b) 12 : 37 (c) 9 : 28 (d) 8 : 33
34. (a) 7 : 26 (b) 8 : 30 (c) 10 : 35 (d) 13 : 44
35. (a) 15 : 63 (b) 22 : 91 (c) 23 : 95 (d) 31 : 97
36. (a) 3, 5 (b) 6, 2 (c) 1, 7 (d) 7, 3 (N.I.F.T. 1997)
37. (a) (18, 45) (b) (23, 14) (c) (29, 82) (d) (36, 27) (C.P.O. 2004)
38. (a) 9 – 3 (b) $\frac{1}{2}-\frac{1}{8}$ (c) $\frac{1}{3}-\frac{1}{12}$ (d) 24 – 6
39. (a) 16 – 18 (b) 56 – 63 (c) 96 – 108 (d) 86 – 99
40. (a) 21 – 49 (b) 24 – 64 (c) 25 – 54 (d) 81 – 36
41. (a) (52, 142) (b) (54, 126) (c) (56, 168) (d) (58, 184) (S.S.C. 2002)
42. (a) 7 – 84 (b) 6 – 108 (c) 5 – 75 (d) 3 – 99 (R.R.B. 2004)
43. (a) 48 : 134 (b) 40 : 110 (c) 18 : 48 (d) 30 : 80
44. (a) 3, 4 (b) 4, 7 (c) 5, 12 (d) 20, 21
45. (a) 62 – 37 (b) 74 – 40 (c) 85 – 60 (d) 103 – 78 (S.S.C. 1999)
46. (a) 11, 115 (b) 10, 90 (c) 9, 72 (d) 8, 56
47. (a) 24 – 21 (b) 46 – 32 (c) 62 – 23 (d) 84 – 24
48. (a) 34 – 12 (b) 43 – 30 (c) 52 – 21 (d) 62 – 19 (S.S.C. 2000)
49. (a) 43 : 6 (b) 28 : 4 (c) 50 : 7 (d) 36 : 5
50. (a) 7 : 18 (b) 9 : 26 (c) 11 : 36 (d) 13 : 42 (M.B.A. 1998)
51. (a) 81, 63 (b) 24, 48 (c) 21, 15 (d) 13, 39
52. (a) 12 – 42 (b) 14 – 82 (c) 23 – 64 (d) 36 – 72 (R.R.B. 2002)
53. (a) 2, 3, 6 (b) 6, 1, 6 (c) 3, 3, 9 (d) 6, 2, 5 (C.B.I. 1998)
54. (a) 133 – 98 (b) 150 – 115 (c) 182 – 140 (d) 188 – 153 (S.S.C. 2000)
55. (a) 3, 9, 6, 15 (b) 6, 18, 12, 30 (c) 4, 16, 12, 24 (d) 12, 36, 24, 60 (I.I.T.T.M. 2003)
56. (a) 1, 4, 3, 8 (b) 2, 4, 3, 9 (c) 3, 2, 3, 8 (d) 5, 3, 2, 9 (Hotel Management, 2003)
57. (a) 3, 9, 27 (b) 5, 25, 125 (c) 7, 49, 343 (d) 9, 81, 529
58. (a) 5, 10, 20, 15 (b) 10, 20, 40, 30 (c) 10, 20, 60, 45 (d) 15, 30, 60, 45
59. (a) 2, 3, 5, 7 (b) 17, 19, 23, 29 (c) 53, 59, 61, 67 (d) 37, 41, 43, 49 (M.B.A. 2003)
60. (a) 0.50, $1\frac{1}{2}$, 3.00, 0.20 (b) $\frac{1}{2}$, 0.75, $1\frac{1}{2}$, 1.00 (c) 0.5, 0.75, 1.5, 1 (d) 1.00, $1\frac{1}{2}$, 3.00, 2.00 (M.B.A. 2003)

61. (*a*) 22, 4, 5 (*b*) 34, 4, 8
(*c*) 37, 4, 9 (*d*) 54, 4, 13

62. (*a*) 4, 16, 24, 12 (*b*) 2, 8, 4, 16
(*c*) 1, 4, 2, 8 (*d*) 3, 12, 6, 24

(I.I.T.T.M. 2003)

63. (*a*) 8 (34) 9 (*b*) 5 (120) 12
(*c*) 7 (144) 11 (*d*) 9 (270) 15

64. (*a*) 1 (– 80) 9 (*b*) 6 (12) 2
(*c*) 7 (33) 4 (*d*) 11 (112) 3
(*e*) 8 (39) 5

65. (*a*) 1 (9) 2 (*b*) 3 (243) 6
(*c*) 5 (854) 9 (*d*) 4 (441) 7

हल-अभ्यास 3(I)

1. (*b*) : अन्य सभी युग्मों में, दूसरी संख्या, पहली संख्या से 9 अधिक है।

2. (*c*) : अन्य सभी युग्मों में, दूसरी संख्या, पहली का घन है।

3. (*a*) : अन्य सभी युग्मों में, एक संख्या दूसरी का वर्ग है।

4. (*d*) : अन्य सभी युग्मों में, दोनो संख्याओं का योग 8 है।

5. (*d*) : अन्य सभी युग्मों में, दूसरी संख्या पहली संख्या के वर्ग से एक अंक कम है।

6. (*b*) : अन्य सभी युग्मों में, पहली संख्या को दूसरी से भाग देने पर शेष 1 आता है।

7. (*d*) : अन्य सभी युग्मों में, दूसरी संख्या को पहली को 12 से गुणा कर प्राप्त किया जा रहा है।

8. (*b*) : अन्य सभी युग्मों में, केवल अभाज्य संख्याएं हैं।

9. (*a*) : अन्य सभी युग्मों में, दूसरी संख्या तब मिलती है जब पहली संख्या के अंक अवरोही क्रम में होते हैं।

10. (*c*) : अन्य सभी युग्मों में, दो संख्याओं के मध्य का अन्तर 12 है।

11. (*b*) : अन्य सभी युग्मों में, पहली संख्या दूसरी का घन है।

12. (*c*) : अन्य सभी युग्मों में, दोनो संख्याएं किसी समान अंक के साथ लगातार आने वाले गुणज है।

13. (*d*) : अन्य सभी युग्मों में, केवल विषम संख्याएं हैं।

14. (*a*) : अन्य सभी युग्मों में, पहली संख्या के वर्ग को 2 से भाग देने पर दूसरी संख्या प्राप्त हो रही है।

15. (*d*) : अन्य सभी युग्मों में, (पहली संख्या) × (पहली संख्या + 1) = दूसरी संख्या

16. (*b*) : अन्य सभी युग्मों में, पहली संख्या को 8 से गुणा कर दूसरी संख्या को प्राप्त किया जा रहा है।

17. (*c*) : अन्य सभी युग्मों में, दूसरी संख्या = पहली संख्या × 2.5

18. (*a*) : यह एकमात्र युग्म है जिसमें दूसरी संख्या पहली की दुगुनी है।

19. (*d*) : अन्य सभी युग्मों में, पहली संख्या के वर्ग को 2 से गुणा करने पर दूसरी संख्या प्राप्त हो रही है।

20. (*c*) : अन्य सभी युग्मों में, दो संख्याओं का महत्तम समापवर्तक 12 है।

21. (*c*) : अन्य सभी युग्मों में, $\frac{\text{पहली संख्या} - 5}{3}$ = दूसरी संख्या

22. (*d*) : अन्य सभी युग्मों में, दूसरी संख्या को पहली संख्या के अंकों को बदलकर बनाया जा रहा है।

23 (*b*) : अन्य सभी युग्मों में, पहली संख्या = $\frac{7}{2}$ दूसरी संख्या

24. (*d*) : अन्य सभी युग्मों में, दूसरी संख्या पहली संख्या का गुणज है।

25. (*d*) : अन्य सभी युग्मों में, पहली संख्या दूसरी का नौ गुना है।

26. (*c*) : अन्य सभी युग्मों में, दो संख्याओं में 3 एक उभयनिष्ठ गुणन खंड है।

27. (*d*) : यह एकमात्र समूह है जिसमें दो संख्याओं में उभयनिष्ठ गुणन खंड नहीं है।

28. (*b*) : अन्य सभी युग्मों में, दो संख्याओं का गुणनफल 126 है।

29. (*b*) : अन्य सभी युग्मों में, किसी संख्या के वर्ग व घन को दिया गया है। उदाहरण के लिये 36 = 6^2 और 216 = 6^3 है।

30. (*a*) : अन्य सभी युग्मों में, दूसरी संख्या = (पहली संख्या × 2) + 1

31. (*d*) : अन्य सभी युग्मों में, लगातार आने वाली प्राकृतिक संख्याओं के घन दिए गए हैं।
उदाहरण के लिये 8 = 2^3 और 27 = 3^3 है।

32. (*c*) : अन्य सभी युग्मों में, दूसरी संख्या पहली संख्या का छः गुना है।

33. (*d*) : अन्य सभी युग्मों में, दूसरी संख्या = (पहली संख्या × 3) + 1

34. (*b*) : अन्य सभी युग्मों में, दूसरी संख्या = (पहली संख्या × 3) + 5

35. (*d*) : अन्य सभी युग्मों में, दूसरी संख्या = (पहली संख्या × 4) + 3

36. (*d*) : अन्य सभी युग्मों में, दो अंकों का योग 8 है।

37. (*c*) : अन्य सभी युग्मों में, दो संख्याओं का अन्तर 9 का गुणज है।

38. (*a*) : अन्य सभी युग्मों में, प्रथम संख्या दूसरी से चार गुना अधिक है।

39. (*d*) : अन्य सभी युग्मों में, दो अंकों का अनुपात 8 : 9 है।

40. (*c*) : यह एकमात्र जोडी है जिसमें दो अंकों में कोई उभयनिष्ठ गुणनखंड नहीं हैं।

41. (*c*) : अन्य सभी युग्मों में, दोनो अंकों का योग समान है।

42. (*a*) : अन्य सभी युग्मों में, दूसरी संख्या को पहली संख्या के वर्ग को किसी अभाज्य संख्या से गुणा कर प्राप्त किया जा रहा है।
उदाहरण के लिये 108 = $6^2 \times 3$, 75 = $5^2 \times 3$, 99 = $3^2 \times 11$

43. (*c*) : अन्य सभी युग्मों में, दूसरी संख्या = (पहली संख्या × 3) – 10

44. (*d*) : अन्य सभी युग्मों में, दोनो संख्याओं में से एक अभाज्य है।

45. (*b*) : अन्य सभी युग्मों में, दोनो संख्याओं के बीच का अन्तर 25 है।

46. (*a*) : अन्य सभी युग्मों में, दो संख्याओं का योग पूर्ण वर्ग है।

47. (*c*) : अन्य सभी युग्मों में, प्रथम संख्या को दूसरी संख्या को दो से गुणा कर प्राप्त संख्या के अंकों को पलटकर प्राप्त किया जा रहा है।

48. (*d*) : अन्य सभी युग्मों में, दोनो संख्याओं के अंतर से प्राप्त संख्या के अंकों का योग 4 है।

49. (*b*) : अन्य सभी युग्मों में, $\frac{\text{पहली संख्या} - 1}{7}$ = दूसरी संख्या

50. (*c*) : अन्य सभी युग्मों में, दूसरी संख्या = (पहली संख्या × 4) – 10

51. (*a*) : यह एकमात्र समूह है जिसमें दोनों संख्याओं के अंकों का योग समान है।

52. (*d*) : अन्य सभी युग्मों में, दूसरी संख्या के अंकों का योग, पहली संख्या के अंकों के योग से दो गुना है।

53. (*d*) : अन्य सभी समूहों में, तीसरा अंक पहले दो अंकों के गुणनफल के बराबर है।

54. (*c*) : अन्य सभी युग्मों में, पहली संख्या दूसरी से 35 अधिक है।

55. (*c*) : अन्य सभी समूहों में, संख्याएं 1 : 3 : 2 : 5 के अनुपात में हैं।

56. (*d*) : अन्य सभी समूहों में, पहले तीन अंकों का योग चौथे अंक के बराबर है।

57. (*d*) : अन्य सभी समूहों में, संख्या, उसके वर्ग और उसके घन दिए गए है।

58. (*c*) : अन्य सभी समूहों में, संख्याएं 1 : 2 : 4 : 3 के अनुपात में है।

59. (*d*) : अन्य सभी समूहों में, चार लगातार आने वाली अभाज्य संख्याएं हैं।

60. (*a*) : अन्य सभी समूहों में, संख्याएं 2 : 3 : 6 : 4 के अनुपात में है।

61. (*c*) : अन्य सभी समूहों में, प्रथम संख्या को पाने के लिये दूसरी और तीसरी संख्या के गुणनफल में 2 जोडा जाता है।

62. (*a*) : अन्य सभी समूहों में, संख्याएं 1 : 4 : 2 : 8 के अनुपात में है।

63. (*c*) : अन्य सभी समूहों में, कोष्टक के अन्दर मौजूद संख्या बाहरी संख्याओं के योग से दुगुनी है।

64. (*b*) : अन्य सभी समूहों में, कोष्टक के अन्दर मौजूद संख्या बाहरी संख्याओं के वर्ग के अन्तर के बराबर है।

65. (*d*) : अन्य सभी समूहों में, कोष्टक के अन्दर मौजूद संख्या बाहरी संख्याओं के घनों का योग है।

प्रकार 5: विषम अक्षर समूह का चयन

इस प्रकार के प्रश्नों में, आमतौर पर अक्षरों के पांच समूह दिए जाते हैं। उनमें से चार किसी न किसी प्रकार से एक दूसरे के समान होते हैं जबकि एक अलग होता है। दिए गए अक्षरों के समूह से इस विषम समूह को चुनना होता है।

व्याख्यात्मक उदाहरण

दिशानिर्देश: ***विषम अक्षर समूह का चयन करें:***

उदा. 1. (*a*) BD (*b*) IK (*c*) PN (*d*) SU (*e*) WY

हल: अन्य सभी समूहों में लगातार आने वाले अक्षरों (एक अक्षर को छोड़कर) को क्रम में दिया गया है जबकि विकल्प (*c*) में वे विपरीत क्रम में हैं।

अतः सही विकल्प (*c*) है।

उदा. 2. (*a*) BCD (*b*) KMN (*c*) QRS (*d*) GHI (*e*) WXY

हल: अन्य सभी समूहों में लगातार आने वाले तीन अक्षर दिए गए हैं।

अतः सही विकल्प (*b*) है।

उदा. 3. (*a*) POCG (*b*) KLIZ (*c*) BUDX (*d*) FQMV (*e*) ARTG

हल: अन्य सभी समूहों में प्रत्येक में एक स्वर है लेकिन इस समूह में कोई स्वर नहीं है।

अतः सही विकल्प (*d*) है।

उदा. 4. (*a*) CZHK (*b*) MLAG (*c*) XUBU (*d*) SENO (*e*) YDFP

हल: यह एकमात्र समूह है जिसमें एक अक्षर दोहराया गया है।

अतः सही विकल्प (*c*) है।

उदा. 5. (*a*) BDGK (*b*) JLOS (*c*) NPSW (*d*) MORU (*e*) HJMQ

हल: अन्य सभी समूहों में, पहले और दूसरे अक्षर के बीच 1 अक्षर का अंतर है। दूसरे और तीसरे अक्षरों के बीच 2 अक्षर, और तीसरे और चौथे अक्षरों के बीच 3 अक्षर का अन्तर है।

अतः सही विकल्प (*d*) है।

उदा. 6. (*a*) BDGK (*b*) JLOS (*c*) NPSW (*d*) MORU (*e*) HJMQ

हल: अन्य सभी समूहों में, प्रत्येक अगला अक्षर, पिछले अक्षर से 3 ज्यादा है।

अतः सही विकल्प (*b*) है।

उदा. 7. (*a*) DkUZ (*b*) LPuB (*c*) FoMY (*d*) UXeN (*e*) WaQS

हल: अन्य सभी समूहों में, छोटा अक्षर स्वर है।

अतः सही विकल्प (*a*) है।

उदा. 8. (*a*) FCGDE (*b*) TRQPS (*c*) KJHMF (*d*) KHGJI (*e*) XVYZW

हल: अन्य सभी समूहों में लगातार आने वाले अक्षर हैं। हालांकि वे क्रम में नहीं हैं।

अतः सही विकल्प (*c*) है।

उदा. 9. (*a*) AUgPZ (*b*) MXiDV (*c*) KFeCO (*d*) YGLhT (*e*) UHmQY

हल: अन्य सभी समूहों में मध्य अक्षर छोटा है।

अतः सही विकल्प (*d*) है।

उदा. 10. (*a*) DXCLQZ (*b*) PFZUBM (*c*) XGKNTY (*d*) NWMBHJ (*e*) GJMQVX

हल: विकल्प (*b*) एकमात्र समूह है, जिसमें एक स्वर है।

अतः सही विकल्प (*b*) है।

अभ्यास 3J

दिशानिर्देश ***(प्रश्न 1 से 41): निम्नलिखित में से प्रत्येक प्रश्न में, अक्षरों के कुछ समूह दिए गए हैं, जिनमें से एक को छोड़कर अन्य सभी एक समान समानता रखते हैं जबकि एक अक्षर समूह भिन्न है। भिन्न अक्षर समूह को चुनें:***

1. (*a*) H (*b*) Q (*c*) T (*d*) Z **(M.A.T. 2003)**

2. (*a*) A (*b*) O (*c*) U (*d*) Y

3. (*a*) DE (*b*) PQ (*c*) TU (*d*) MO (*e*) FG
4. (*a*) XW (*b*) FG (*c*) ML (*d*) PO (*e*) TS
5. (*a*) GE (*b*) MK (*c*) WU (*d*) QN **(M.A.T. 2006)**
6. (*a*) BD (*b*) HK (*c*) MP (*d*) NQ (*e*) TW
7. (*a*) AE (*b*) AI (*c*) IO (*d*) EI (*e*) OU
8. (*a*) DW (*b*) HS (*c*) MN (*d*) GT (*e*) KO **(Bank P.O. 2005)**
9. (*a*) VT (*b*) MQ (*c*) PR (*d*) DF (*e*) FG
10. (*a*) BCD (*b*) NPR (*c*) KLM (*d*) RQP (*e*) HGF
11. (*a*) ABD (*b*) FGI (*c*) LMO (*d*) STU (*e*) WXZ
12. (*a*) HGF (*b*) XWV (*c*) NML (*d*) OPQ (*e*) UTS
13. (*a*) ACE (*b*) PRT (*c*) UWY (*d*) MNO (*e*) GIK
14. (*a*) RTW (*b*) QOM (*c*) IKG (*d*) IKM (*e*) BDF
15. (*a*) PRT (*b*) MOQ (*c*) GEC (*d*) TVX (*e*) SUW
16. (*a*) BEH (*b*) CFI (*c*) DGJ (*d*) EHL (*e*) FIL
17. (*a*) AOT (*b*) CPA (*c*) REB (*d*) TIW (*e*) QUD
18. (*a*) BDW (*b*) DFU (*c*) FHS (*d*) GIQ (*e*) IKP **(S.B.I.P.O. 1999)**
19. (*a*) VRT (*b*) RMP (*c*) YUW (*d*) FBD (*e*) MIK **(M.B.A. 2002)**
20. (*a*) DEB (*b*) HIF (*c*) NOL (*d*) RTP **(S.S.C. 2002)**
21. (*a*) HJN (*b*) JLP (*c*) PRU (*d*) QSW **(B.B.S. 2004)**
22. (*a*) CHG (*b*) LMM (*c*) BBC (*d*) HEG **(M.A.T. 2006)**
23. (*a*) DAH (*b*) IFM (*c*) ROV (*d*) QNT (*e*) SPW
24. (*a*) PQO (*b*) AZY (*c*) TWS (*d*) VBU (*e*) EXD
25. (*a*) GDA (*b*) OLI (*c*) VSP (*d*) KHE (*e*) WYZ
26. (*a*) NPM (*b*) IJL (*c*) QSZ (*d*) BHK (*e*) XGT
27. (*a*) EBA (*b*) XUT (*c*) TQP (*d*) JFE (*e*) YVU
28. (*a*) BHE (*b*) DJG (*c*) SYV (*d*) JPM (*e*) PUS
29. (*a*) RAT (*b*) OUT (*c*) BED (*d*) LOT **(M.A.T. 2006)**
30. (*a*) BYX (*b*) LPO (*c*) EVU (*d*) FUT (*e*) IRQ
31. (*a*) CHM (*b*) HMR (*c*) RWB (*d*) DIN (*e*) LPU
32. (*a*) XUW (*b*) DAC (*c*) PMN (*d*) HEG (*e*) TQS
33. (*a*) RAT (*b*) CAT (*c*) SAT (*d*) MAT (*e*) GET
34. (*a*) OTP (*b*) ABA (*c*) SZX (*d*) UVB (*e*) YQR
35. (*a*) BDI (*b*) HKA (*c*) LMO (*d*) XYU (*e*) PQS
36. (*a*) RUX (*b*) GJM (*c*) YBE (*d*) ZCF (*e*) NPS
37. (*a*) FAA (*b*) OFF (*c*) ATT (*d*) IFF (*e*) EPP
38. (*a*) PQs (*b*) AtB (*c*) SlM (*d*) mnZ (*e*) DfE
39. (*a*) BdE (*b*) XpD (*c*) HQu (*d*) MkV (*e*) PtZ
40. (*a*) RNJ (*b*) XTP (*c*) MIE (*d*) ZWR
41. (*a*) PUT (*b*) END (*c*) OWL (*d*) ARM

दिशानिर्देश (प्रश्न 42 से 45): ***निम्नलिखित में से प्रत्येक प्रश्न में ऐसे अक्षर-संख्या समूह को चुनें जो अन्य समूहों से भिन्न हो:***

42. (*a*) 18R (*b*) 24X (*c*) 22V (*d*) 12M (*e*) 16P
43. (*a*) DG2 (*b*) EK5 (*c*) JR6 (*d*) PY8 (*e*) RV3 **(Bank P.O. 1999)**
44. (*a*) M5S (*b*) B9L (*c*) T4Y (*d*) F4J (*e*) Q5W
45. (*a*) OE3 (*b*) XD6 (*c*) JB5 (*d*) VK2 (*e*) PH3

हल-अभ्यास 3(J)

1. (*b*) : अन्य सभी अक्षर अंग्रेजी वर्णमाला में क्रम की दृष्टि से सम स्थान पर आते हैं।
2. (*d*) : अन्य सभी अक्षर स्वर हैं।
3. (*d*) : अन्य सभी समूहों में अंग्रेजी वर्णमाला में क्रमश: आने वाले दो अक्षर दिए गए हैं।
4. (*b*) : अन्य सभी समूहों में दो क्रमबद्ध अक्षर उल्टे क्रम में दिए गए हैं।
5. (*d*) : अन्य सभी समूहों में दो वैकल्पिक अक्षर उल्टे क्रम में दिए गए हैं।
6. (*a*) : अन्य सभी समूहों में, दूसरा अक्षर पहले से तीन चरण आगे है।
7. (*b*) : अन्य सभी समूहों में अंग्रेजी के दो क्रमबद्ध स्वर हैं।
8. (*e*) : अन्य सभी समूहों में, पहला अक्षर A से जितनी दूरी पर है, दूसरा अक्षर भी Z से उतनी दूरी पर है। उदाहरण के लिए प्रथम अक्षर में D प्रारंभ से चौथा अक्षर है और W अंत से चौथा अक्षर।
9. (*e*) : अंग्रेजी वर्णमाला में क्रम: A = **1**, B = **2**, ...
   हमारे पास है :
   VT = V + T = 22 + 20 = 42 (सम);
   MQ = M + Q = 13 + 17 = 30 (सम);
   PR = P + R = 16 + 18 = 34 (सम);
   DF = D + F = 4 + 6 = 10 (सम);
   FG = F + G = 6 + 7 = 13 (विषम).
10. (*b*) : अन्य सभी समूहों में तीन क्रमबद्ध अक्षर हैं।
11. (*d*) : अन्य सभी समूहों में, पहले दोनों अक्षर क्रमबद्ध है और तीसरा अक्षर दूसरे अक्षर से एक अक्षर आगे है।
12. (*d*) : अन्य सभी समूहों में, तीन अक्षर उल्टे क्रम में क्रमबद्ध रूप से दिए गए हैं।
13. (*d*) : अन्य सभी समूहों में वैकल्पिक अक्षरों को क्रम से दिया गया है।
14. (*a*) : अन्य सभी समूहों में वैकल्पिक अक्षरों को दिया गया है।
15. (*c*) : अन्य सभी समूहों में वैकल्पिक अक्षरों को क्रम से दिया गया है।
16. (*d*) : अन्य सभी समूहों में पहले और दूसरे अक्षर में दो अक्षरों का अंतर है। दूसरे और तीसरे अक्षर में भी दो अक्षरों का अंतर है।
17. (*b*) : अन्य सभी समूहों में मध्य अक्षर स्वर है।
18. (*d*) : अन्य सभी समूहों में, पहले दोनो अक्षर अंग्रेजी वर्णमाला के वैकल्पिक अक्षर हैं, जबकि दूसरे और तीसरे अक्षर अंग्रेजी वर्णमाला में क्रमश: प्रारंभ व अंत से समान दूरी पर हैं।
19. (*b*) : अन्य सभी समूहों में, दूसरे, तीसरे और पहले अक्षर, अंग्रेजी वर्णमाला में वैकल्पिक रूप से आने वाले अक्षर हैं।
20. (*d*) : अन्य सभी समूहों में, तीसरे और चौथे स्थान के अक्षर अंग्रेजी वर्णमाला के वैकल्पिक अक्षर हैं, जबकि पहले दो अक्षर क्रमबद्ध अक्षर हैं।
21. (*c*) : अन्य सभी समूहों में, तीसरा अक्षर, दूसरे अक्षर से चार स्थान आगे है और दूसरा अक्षर, पहले अक्षर से दो स्थान आगे है।
22. (*d*) : यह एकमात्र समूह है जिसमें स्वर हैं।

23. (*d*) : अन्य सभी समूहों में पहला अक्षर, दूसरे अक्षर से तीन स्थान आगे है और तीसरा अक्षर, पहले अक्षर से चार स्थान आगे है।

24. (*b*) : अन्य सभी समूहों में, तीसरा और पहला अक्षर अंग्रेजी वर्णमाला के क्रम में है।

25. (*e*) : अन्य सभी समूहों में, दूसरा और पहला अक्षर क्रमशः तीसरे और दूसरे अक्षर से तीन स्थान आगे हैं।

26. (*b*) : अन्य किसी भी समूह में स्वर नहीं है।

27. (*d*) : अन्य सभी समूहों में तीसरा और दूसरा अक्षर अंग्रेजी वर्णमाला के क्रमबद्ध अक्षर हैं और पहला अक्षर दूसरे अक्षर से तीन स्थान आगे है।

28. (*e*) : अन्य सभी समूहों में तीसरा और दूसरा अक्षर क्रमशः पहले और तीसरे अक्षर से तीन स्थान आगे है।

29. (*b*) : केवल इसी समूह में दो स्वर हैं।

30. (*b*) : अन्य सभी समूहों में पहला और दूसरा अक्षर प्रारंभ और अंत से समान स्थान रखता है। तीसरा अक्षर प्राप्त करने के लिए दूसरे अक्षर को दो स्थान पीछे खिसकाया जाता है।

31. (*e*) : अन्य सभी समूहों में अक्षरों के मध्य आने वाले चार अक्षरों को छोड़ दिया गया है।

32. (*c*) : अन्य सभी समूहों में, तीसरा अक्षर प्राप्त करने के लिए दूसरे अक्षर को 2 स्थान आगे ले जाया जाता है और पहला अक्षर प्राप्त करने के लिए तीसरे अक्षर को एक स्थान आगे बढ़ाया जाता है।

33. (*e*) : अन्य सभी समूह AT से समाप्त होते हैं।

34. (*b*) : अन्य किसी भी समूह में अक्षरों की पुनरावृत्ति नहीं है।

35. (*e*) : अन्य सभी समूहों में अंतिम अक्षर स्वर है।

36. (*e*) : अन्य सभी समूहों में दूसरा और तीसरा अक्षर प्राप्त करने के लिए क्रमशः प्रथम और द्वितीय अक्षरों को तीन स्थान आगे किया गया है।

37. (*a*) : अन्य सभी समूहों में स्वर के आगे समान व्यंजन दो बार आ रहा है।

38. (*d*) : यह एकमात्र समूह है जिसमें दो छोटे अक्षर हैं।

39. (*c*) : अन्य सभी समूहों में मध्य अक्षर छोटा है।

40. (*d*) : अन्य सभी समूहों में दूसरा और तीसरा अक्षर प्राप्त करने के लिए क्रमशः प्रथम और द्वितीय अक्षरों को चार स्थान पीछे किया गया है।

41. (*a*) : अन्य सभी समूहों में प्रथम अक्षर स्वर है।

42. (*d*) : अन्य सभी समूहों में अंक, अंग्रेजी वर्णमाला में अपनी स्थिति को दर्शाता है।

43. (*c*) : अंग्रेजी वर्णमाला में क्रमः A = 1, B = 2, ..., Z = 26,

DG2 = G − (D + 2) = 7 − (4 + 2) = 1;

EK5 = K − (E + 5) = 11 − (5 + 5) = 1;

JR6 = R − (J + 6) = 18 − (10 + 6) = 2;

PY8 = Y − (P + 8) = 25 − (16 + 8) = 1;

RV3 = V − (R + 3) = 22 − (18 + 3) = 1

44. (*d*) : अन्य सभी समूहों में, अंक दोनों अक्षरों के मध्य अंग्रेजी वर्णमाला में आने वाले अंकों की संख्या को दर्शाता है।

45. (*e*) : अंग्रेजी वर्णमाला में क्रमः A = 1, B = 2, C = 3, ..., Z = 26,

OE = O ÷ E = 15 ÷ 5 = 3;

XD = X ÷ D = 24 ÷ 4 = 6;

JB = J ÷ B = 10 ÷ 2 = 5;

VK = V ÷ K = 22 ÷ 11 = 2;

PH = P ÷ H = 16 ÷ 8 = 2

अभ्यास 3K

दिशानिर्देश (प्रश्न 1 से 26): निम्नलिखित में से प्रत्येक प्रश्न में, कुछ अक्षरों के पांच समूह दिए गए हैं, जिनमें से एक अक्षर समूह को छोड़कर अन्य सभी एक समान समानता रखते हैं। भिन्न अक्षर समूह को चुनें:

1. (*a*) BCDE (*b*) PQRS (*c*) WXYZ (*d*) STUW (*e*) GHIJ

2. (*a*) UTSR (*b*) IHGE (*c*) NMLK (*d*) ZYXW (*e*) SRQP

3. (*a*) ABBC (*b*) PQQR (*c*) HIIJ (*d*) WYYZ (*e*) KLLM

4. (*a*) ACEG (*b*) IKMO (*c*) TVWY (*d*) FHJL (*e*) NPRT

5. (*a*) AJKL (*b*) IXYZ (*c*) EPQR (*d*) OFGH (*e*) VCBA

6. (*a*) EWZQ (*b*) OSLS (*c*) GFKD (*d*) VSPM (*e*) QBTV

7. (*a*) AKEW (*b*) PNTO (*c*) LCUF (*d*) HJMX (*e*) IRVD

8. (*a*) APBQ (*b*) CRDT (*c*) EUFV (*d*) GWHX (*e*) LNMO **(Hotel Management, 2004)**

9. (*a*) HSRI (*b*) MVUN (*c*) OLKP (*d*) PJQX (*e*) WDCX

10. (*a*) RNJH (*b*) SOKG (*c*) QMIE (*d*) MIEA (*e*) PLHD

11. (*a*) PEAR (*b*) TORE (*c*) REAP (*d*) TEAR (*e*) LEAR

12. (*a*) YDWB (*b*) TKRI (*c*) QNOM (*d*) HLFJ (*e*) WFUD

13. (*a*) OUQT (*b*) QFSE (*c*) LKNJ (*d*) BSDR (*e*) UCYB

14. (*a*) CEAR (*b*) WEAR (*c*) TEAR (*d*) DEAR (*e*) NEAR

15. (*a*) DFBG (*b*) IKGM (*c*) SUQV (*d*) MOKP (*e*) VXTY

16. (*a*) ACHI (*b*) DFKL (*c*) MNST (*d*) OQVW (*e*) PRWX

17. (*a*) ABDG (*b*) IJLO (*c*) MNPS (*d*) RSUY (*e*) PQSV

18. (*a*) PXZD (*b*) QSBR (*c*) RAEG (*d*) SUVW (*e*) XYZA

19. (*a*) PORM (*b*) WVYT (*c*) KJMH (*d*) QPSN (*e*) FEJC **(M.B.A. 2002)**

20. (*a*) ACZX (*b*) BDYW (*c*) EGVT (*d*) GITR (*e*) CEUS

21. (a) BCYZ (b) EFVW (c) HIUV (d) JKQR (e) ABZA
22. (a) ADGJ (b) PSVY (c) LORU (d) ILMP (e) FILO
23. (a) abcq (b) pqrB (c) mnpC (d) ñyzT (e) efgP
24. (a) ABpQ (b) npRS (c) PQrT (d) EFGh (e) LNrX
25. (a) APoQ (b) DXeM (c) SFiK (d) OWjB (e) CQuL
26. (a) CegI (b) FhjL (c) PrtV (d) KnpR (e) UwyA

दिशानिर्देश (प्रश्न 27 से 50): निम्नलिखित में से प्रत्येक प्रश्न में, कुछ अक्षरों के चार समूह दिए गए हैं, जिनमें से एक अक्षर समूह को छोड़कर अन्य सभी एक समान समानता रखते हैं। विषम अक्षर समूह को चुनें:

27. (a) SVUT (b) FGHI (c) CFED (d) ILKJ (S.S.C. 2002)
28. (a) ACDF (b) FGKL (c) HIVW (d) TUOP (C.P.O. 2005)
29. (a) SUWY (b) MOQS (c) CEGI (d) HJMO (R.R.B. 2005)
30. (a) DECB (b) GDFE (c) HKIJ (d) JFHG (B.B.S.2004)
31. (a) SSTO (b) OOTU (c) TTOU (d) USTO (M.A.T.2002)
32. (a) JIHG (b) OPNM (c) SRQP (d) ZYXW (S.S.C.1999)
33. (a) AEGC (b) HLNJ (c) OSVQ (d) VZBX (S.S.C.2003)
34. (a) BDYW (b) CEXZ (c) DFYW (d) EGXV
35. (a) OUST (b) PIGS (c) TEPJ (d) XLPA (B.B.S.2004)
36. (a) AEIO (b) BFJN (c) CGKO (d) DHLP (C.P.O.2004)
37. (a) TPLH (b) SOKG (c) ZVRN (d) UQMJ (S.S.C.2005)
38. (a) JKST (b) GHQR (c) ABKL (d) DENO (M.C.A.2005)
39. (a) GJOV (b) BFJQ (c) ILQX (d) RUZG (S.S.C.2003)
40. (a) MKGA (b) PNID (c) RPLF (d) VTPJ (S.S.C.2003)
41. (a) BDGI (b) JLOQ (c) ZADF (d) RTWY (S.S.C.2002)
42. (a) CGON (b) FJQP (c) HLTS (d) LPXW (S.S.C.2000)
43. (a) DJFB (b) IOKG (c) OUQM (d) RXTO (S.S.C.1999)
44. (a) XZCG (b) OQTX (c) IMNQ (d) EGJN
45. (a) UAZF (b) SCXH (c) RDWJ (d) KBPG
46. (a) BFJM (b) DEFG (c) JMPS (d) PRTV (B.B.S. 2004)
47. (a) FJOU (b) EINT (c) JNRX (d) ADHM S.S.C.2002)
48. (a) AEFJ (b) EHIL (c) KOPT (d) UYZD (S.S.C.2000)
49. (a) CXGT (b) EVBY (c) DXEY (d) AZDW (R.R.B. 2005)
50. (a) BdEg (b) KmNp (c) PrSu (d) TwXz

हल-अभ्यास 3(K)

1. (d) : प्रत्येक समूह में चार क्रमबद्ध अक्षर हैं।
2. (b) : अन्य सभी समूहों में अक्षर वर्णमाला के विपरीत क्रम में हैं।
3. (d) : अन्य सभी समूहों में तीन क्रमबद्ध अक्षर हैं जिनमें दूसरे अक्षर की पुनरावृत्ति हो रही है।
4. (c) : अन्य सभी समूहों में अक्षर वैकल्पिक क्रम में दिए गए हैं।
5. (e) : अन्य सभी समूहों में, पहला अक्षर स्वर है जिसके आगे तीन क्रमबद्ध अक्षर हैं।
6. (b) : अन्य किसी भी समूह में कोई भी अक्षर दोबारा नहीं आया है।
7. (d) : यह एकमात्र समूह है जिसमें कोई स्वर नहीं है।
8. (b) : अन्य सभी समूहों में पहला व तीसरा अक्षर तथा दूसरा व चौथा अक्षर क्रमबद्ध हैं।
9. (d) : अन्य सभी समूहों में पहला और चौथा अक्षर क्रमबद्ध हैं, जबकि दूसरा और तीसरा अक्षर विपरीत वर्णमाला क्रम में है।
10. (a) : अन्य सभी समूहों में दो क्रमबद्ध अक्षरों के मध्य तीन अक्षरों का अंतर है।
11. (b) : अन्य सभी समूहों में E, A और R शामिल है।
12. (c) : अन्य सभी समूहों में तीसरे और चौथे अक्षरों को क्रमशः पहले और दूसरे अक्षर से दो स्थान पीछे जाकर प्राप्त किया जा रहा है।
13. (e) : अन्य सभी समूहों में तीसरे अक्षर को पहले अक्षर से दो स्थान बढ़ाकर प्राप्त किया जा रहा है जबकि, चौथा और दूसरा अक्षर वर्णमाला के क्रम में हैं।
14. (a) : अन्य सभी समूहों में अर्थपूर्ण शब्द हैं।
15. (b) : अन्य सभी समूहों में दूसरा और चौथा अक्षर क्रमबद्ध है जबकि तीसरे और पहले के मध्य एक अक्षर का अंतर है।
16. (c) : अन्य सभी समूहों में, पहले दो अक्षर वैकल्पिक हैं जबकि तीसरा और चौथा अक्षर क्रमबद्ध है। दूसरे और चौथे अक्षर के मध्य चार अक्षरों का अन्तर है।
17. (d) : अन्य सभी समूहों में दूसरा, तीसरा और चौथा अक्षर प्राप्त करने के लिए पहले, दूसरे और तीसरे अक्षर को क्रमशः एक, दो और तीन स्थान आगे बढ़ाया जा रहा है।
18. (e) : यह एकमात्र समूह है जिसमें चार क्रमबद्ध अक्षर सही वर्णमाला क्रम में दिए गए हैं।
19. (e) : अन्य सभी समूहों में पहला व तीसरा अक्षर तथा चौथा व दूसरा अक्षर वैकल्पिक क्रम में हैं।
20. (e) : अन्य सभी समूहों में, पहला व दूसरा तथा चौथा व तीसरा अक्षर क्रमबद्ध हैं। साथ ही पहला और तीसरा अक्षर अंग्रेजी वर्णमाला के प्रारंभ और अंत से समान दूरी पर हैं।
21. (c) : अन्य सभी समूहों में, पहला व दूसरा तथा तीसरा व चौथा अक्षर वैकल्पिक क्रम में हैं। साथ ही पहला और तीसरा अक्षर अंग्रेजी वर्णमाला के प्रारंभ (A से आगे) और अंत (Z से पीछे) से समान दूरी पर हैं।
22. (d) : अन्य सभी समूहों में अगला अक्षर प्राप्त करने के लिए पिछले अक्षर को तीन स्थान आगे बढ़ाया जाता है।
23. (a) : अन्य प्रत्येक समूह में एक बड़ा अक्षर है।
24. (b) : अन्य प्रत्येक समूह में एक छोटा अक्षर है।
25. (d) : अन्य प्रत्येक समूह में तीसरा अक्षर छोटा और स्वर है।
26. (d) : अन्य प्रत्येक समूह में, अक्षर वैकल्पिक हैं और मध्य के दोनो अक्षर छोटे हैं।
27. (b) : यह एकमात्र समूह है जिसमें चार क्रमबद्ध अक्षर सही वर्णमाला क्रम में दिए गए हैं।
28. (a) : अन्य प्रत्येक समूह में पहला व दूसरा अक्षर तथा तीसरा और चौथा अक्षर क्रमबद्ध हैं।
29. (d) : अन्य सभी समूहों में अक्षरों को वैकल्पिक क्रम में दिया गया है।
30. (d) : अन्य सभी समूहों में, चार क्रमबद्ध अक्षर हैं परंतु वे सही वर्णमाला क्रम में नहीं हैं।

31. (*d*) : अन्य सभी समूहों में एक अक्षर की पुनरावृत्ति हो रही है।

32. (*b*) : अन्य सभी समूहों में, चार क्रमबद्ध अक्षर विपरीत वर्णमाला क्रम में हैं।

33. (*c*) : अन्य सभी समूहों में वैकल्पिक अक्षर दिए गए हैं हालाँकि ये सही क्रम में नही हैं।

34. (*b*) : अन्य सभी समूहों में पहला और दूसरा अक्षर वैकल्पिक क्रम में हैं, तीसरा और चौथा अक्षर भी वैकल्पिक क्रम में हैं साथ ही अंग्रेजी वर्णमाला के विपरीत क्रम में दिए गए हैं।

35. (*a*) : यह एकमात्र समूह है जिसमें दो स्वर हैं।

36. (*a*) : अन्य सभी समूहों में प्रत्येक दो क्रमबद्ध अक्षरों के मध्य तीन अक्षरों का अन्तर है।

37. (*d*) : अन्य सभी समूहों में, पहले तीन अक्षरों में से प्रत्येक अगले अक्षर से चार कदम आगे है।

38. (*a*) : अन्य सभी समूहों में, पहला और दूसरा तथा तीसरा और चौथा अक्षर क्रमबद्ध है और तीसरा अक्षर दूसरे से नौ चरण आगे है।

39. (*b*) : अन्य सभी समूहों में, दूसरा, तीसरा और चौथा अक्षर क्रमशः पहले, दूसरे और तीसरे अक्षर से तीन, पांच और सात चरण आगे है।

40. (*b*) : अन्य सभी समूहों में, पहला, दूसरा और तीसरा अक्षर क्रमशः दूसरे, तीसरे और चौथे अक्षर से दो, चार और छः कदम आगे है।

41. (*c*) : अन्य सभी समूहों में, पहला और दूसरा तथा तीसरा और चौथा अक्षर वैकल्पिक रूप से आते हैं और तीसरा अक्षर दूसरे अक्षर से तीन चरण आगे है।

42. (*b*) : अन्य सभी समूहों में, दूसरा, चौथा और तीसरा अक्षर क्रमशः पहले, दूसरे और चौथे अक्षर से चार, सात और एक चरण आगे है।

43. (*d*) : अन्य सभी समूहों में, चौथा, पहला और तीसरा अक्षर वैकल्पिक क्रम में हैं।

44. (*c*) : अन्य सभी समूहों में, पहले और दूसरे अक्षर के मध्य एक अक्षर का, दूसरे और तीसरे के मध्य दो अक्षर का, तीसरे और चौथे के मध्य तीन अक्षर का अन्तर है।

45. (*c*) : अन्य सभी समूहों में, तीसरे और चौथे अक्षरों में क्रमश पहले और दूसरे अक्षर से पांच अक्षरों की वृद्धि है।

46. (*a*) : अन्य सभी समूहों में, आसन्न अक्षरों के बीच छोड़े गए अक्षरों की संख्या एक समान है।

47. (*c*) : अन्य सभी समूहों में, दो क्रमबद्ध अक्षरों के मध्य छोड़े गये अक्षरों की संख्या बांए से दांए की ओर बढ़ रही है।

48. (*b*) : अन्य सभी समूहों में, दूसरे और चौथे अक्षर क्रमशः पहले और तीसरे अक्षरों से चार कदम आगे हैं जबकि दूसरा और तीसरा अक्षर क्रमबद्ध है।

49. (*c*) : अन्य सभी समूहों में, पहला और दूसरा अक्षर क्रमशः अंग्रेजी वर्णमाला के प्रारंभ से और अंत से समान दूरी पर हैं जबकि तीसरा और चौथा अक्षर क्रमबद्ध है।

50. (*d*) : अन्य सभी समूहों में, दूसरा, तीसरा और चौथा अक्षर क्रमशः पहले, दूसरे और तीसरे अक्षर से दो, एक और दो चरण आगे है।

अभ्यास 3L

दिशानिर्देश (प्रश्न 1 से 16): निम्नलिखित में से प्रत्येक प्रश्न में, अक्षरों के चार समूह दिए गए हैं। उनमें से तीन एक निश्चित तरीके से समान हैं जबकि एक अलग है। इस अलग समूह को चुनें।

1. (*a*) MEWGN (*b*) PBQTX (*c*) DRYSN (*d*) CGHKV (*e*) HLWZP

2. (*a*) EDCBA (*b*) PONML (*c*) UTSRQ (*d*) YXWVZ (*e*) KJIHG

3. (*a*) SUWYA (*b*) LJNPR (*c*) KMOQS (*d*) BDFHJ (*e*) ACEGI (M.B.A. 1998)

4. (*a*) VYAKB (*b*) MYGHZ (*c*) LMVOX (*d*) FSYLD (*e*) QBSPN (R.R.B. 2002)

5. (*a*) ECBFD (*b*) LQPOM (*c*) WSVTU (*d*) ROQNP (*e*) QSRTP

6. (*a*) EMGIK (*b*) BHJFD (*c*) WUSQY (*d*) NOSUX (*e*) VTRPX

7. (*a*) BCDEI (*b*) PQRSW (*c*) LMNOS (*d*) TUVWA (*e*) HIKLO

8. (*a*) ADGJM (*b*) PSVYB (*c*) HKNQT (*d*) SVXAD (*e*) NQTWZ

9. (*a*) TREAT (*b*) LATER (*c*) TABLE (*d*) RATES (e) GREAT

10. (*a*) JOEHNP (*b*) LZKMSU (*c*) GWOURV (*d*) SFXPMG (*e*) TQUHOS

11. (*a*) CALORIC (*b*) DRUID (*c*) LEVEL (*d*) ELOPE (*e*) FRETFUL

12. (*a*) LAHMQW (*b*) HUTMCX (*c*) CLOVIK (*d*) IXMLBC (*e*) NILHQR

13. (*a*) MOTXYZ (*b*) GKRVWX (*c*) PSBEFG (*d*) ORNODF (*e*) CHJLMN

14. (*a*) STUTTER (*b*) RESURRECT (*c*) SURRENDER (*d*) CUNNING (*e*) SUCCEED

15. (*a*) QePFoLA (*b*) OrDFkV (*c*) TuMBiNJ (*d*) XZaWoB (*e*) DNeRiF

16. (*a*) jAnUaRy (*b*) mArCh (*c*) mAy (*d*) oCtObEr (*e*) dEcEmBeR

दिशानिर्देश (प्रश्न 17 से 31): निम्नलिखित में से प्रत्येक प्रश्न में, अक्षरों के चार समूह दिए गए हैं। उनमें से तीन एक निश्चित तरीके से समान हैं जबकि एक अलग है। इस अलग समूह का चयन करें।

17. (*a*) ZGPKU (*b*) FRGSP (*c*) NEXFL (*d*) LANCP (S.S.C. 2002)

18. (*a*) USNID (*b*) VTOJE (*c*) UPKEA (*d*) OMIDB (R.R.B. 2002)

19. (*a*) USAGE (*b*) USUAL (*c*) UNITE (*d*) URINE

20. (*a*) CROWD (*b*) FLUSH (*c*) JUDGE (*d*) SCANT

21. (*a*) WRONG (*b*) PRUNE (*c*) WHITE (*d*) RIGHT

22. (*a*) WHEAT (*b*) TRAIN (*c*) PROUD (*d*) DRIVE

23. (*a*) ADBEC (*b*) FIGJH (*c*) KNLOM (*d*) PRTSQ (SNAP, 2004)

24. (*a*) AMINO (*b*) ARISE (*c*) AWAKE (*d*) VIDEO

25. (*a*) EFGIK (*b*) CDFIM (*c*) BCEHL (*d*) ABDGK

26. (*a*) HSIRJ (*b*) FTGSH (*c*) DWEVF (*d*) AZBYC

27. (*a*) BFCGD (*b*) LPMQN (*c*) NROSP (*d*) YCDZA (S.S.C. 2004)

28. (*a*) CPRSV (*b*) CXHIA (*c*) MTOWF (*d*) RCFGL

29. (*a*) MONDAY (*b*) TUESDAY (*c*) THURSDAY (*d*) SATURDAY

30. (*a*) PENAL (*b*) IDHNI (*c*) HINGLES (*d*) KRTSINSA

31. (*a*) jkNors (*b*) hIMnpq (*c*) cDGhkl (*d*) pQTuñy (M.C.A. 2005)

दिशानिर्देश (प्रश्न 32 से 34): निम्नलिखित में से प्रत्येक प्रश्न में, दिए गए पांच समूह में से चार एक निश्चित तरीके से समान हैं और इसलिए एक समूह बनाते हैं। कौन सा समूह उस समूह से संबंधित नहीं है?

32. (*a*) WITH : TIHW (*b*) JUST : SUTJ (*c*) DONE : NOED (*d*) HAVE : AVEH (e) WANT : NATW (Bank P.O. 2004)

33. (*a*) LOCATE : OCLTAE (*b*) EXAMIN : XAEIMN (*c*) PLENTY : LEPTYN (*d*) COWARD:OWCRAD (*e*) ALWINS : LWANIS (Bank P.O. 2004)

34. (*a*) SUNDAY : NSVYDB (*b*) MOTHER : TMPRHD (*c*) PARENT : RPBTEO (*d*) MOSTLY : SMPYTM (*e*) SIMPLE : MSJEPM (S.B.I.P.O. 2005)

हल-अभ्यास 3(L)

1. (*a*) : यह एकमात्र समूह है जिसमें स्वर हैं।

2. (*d*) : अन्य सभी समूहों में, अक्षर विपरीत वर्णमाला क्रम में हैं।

3. (*b*) : अन्य सभी समूहों में वर्णमाला अक्षरों को क्रमिक रूप में दिया गया है।

4. (*d*) : अन्य सभी समूहों में, लगातार आने वाले दो अक्षर यादृच्छिक क्रम में दिए गए हैं।

5. (*b*) : अन्य सभी समूहों में, क्रमबद्ध अक्षर नहीं हैं।

6. (*d*) : अन्य सभी समूहों में, एक को छोड़कर एक अक्षर हैं, वे क्रमबद्ध नहीं हैं।

7. (*e*) : अन्य सभी समूहों में, पहले चार अक्षर एक के बाद एक है और आखरी दो अक्षरों में तीन अक्षर का अन्तर है।

8. (*d*) : अन्य सभी समूहों में, लगातार आने वाले दो अक्षरों के बीच 2 अक्षरों का अंतर है।

9. (*c*) : अन्य सभी समूहों में, अक्षर T, E, A, R हैं।

10. (*d*) : अन्य सभी समूहों में लगातार आने वाले तीन अक्षर होते हैं, वे क्रमबद्ध नहीं हैं।

11. (*e*) : अन्य सभी समूहों में, प्रारंभ और अन्त समान अक्षरों से होता है।

12. (*c*) : अन्य सभी समूहों में, केवल एक स्वर है।

13. (*d*) : अन्य सभी समूहों में, आखरी तीन अक्षर एक के बाद एक हैं।

14. (*e*) : अन्य सभी समूहों में, एक अक्षर तीन बार आया है।

15. (*b*) : अन्य सभी समूहों में, छोटे अक्षर स्वर है।

16. (*e*) : अन्य सभी समूह छोटे अक्षर से समाप्त हो रहे हैं।

17. (*b*) : यह एकमात्र समूह है जिसमें कोई स्वर नही है।

18. (*c*) : यह एकमात्र समूह है जिसमें तीन स्वर हैं।

19. (*b*) : अन्य सभी समूहों में, स्वर वैकल्पिक रूप से आ रहे हैं।

20. (*c*) : यह एकमात्र समूह है जिसमें दो स्वर हैं।

21. (*d*) : अन्य सभी समूहों में, छोटे अक्षर स्वर हैं।

22. (*d*) : यह एकमात्र समूह है जिसमें दो स्वर हैं।

23. (*d*) : अन्य सभी समूहों में, निरंतर आने वाले अक्षरों को वैकल्पिक रूप से व्यवस्थित किया जाता है।

24. (*c*) : अन्य किसी भी समूह में अन्य कोई भी अक्षर दोबारा नहीं आया है।

25. (*a*) : अन्य सभी समूहों में, दूसरा, तीसरा, चौथा और पांचवा अक्षर क्रमबद्ध रुप से पहले, दूसरे, तीसरे और चौथे अक्षर से एक, दो, तीन और चार कदम आगे है।

26. (*b*) : अन्य सभी समूहों में, पहला अक्षर वही स्थान रखता है जो कि अक्षरमाला में आरंभ से उसके लिये है और इसमें दूसरा अक्षर वही स्थान रखता है जो कि अक्षरमाला में अंत से उसके लिये है।

27. (*d*) : अन्य सभी समूहों में, पहला, तीसरा और पांचवा साथ ही दूसरा और चौथा अक्षर क्रमबद्ध हैं तथा दूसरा अक्षर पांचवे से दो कदम आगे है।

28. (*c*) : अन्य सभी समूहों में अंग्रेजी वर्णमाला के दो क्रमबद्ध अक्षर दिए गए हैं जैसे – RS, HI, FG

29. (*a*) : प्रत्येक अन्य समूह में दो क्रमबद्ध अक्षर हैं जैसे TUESDAY में TU, SATURDAY में TU और THURSDAY में RS

30. (*a*) : अन्य सभी अक्षरों के समूह में, इन्हे पुनर्व्यवस्था करने पर ये भाषाओं के नाम बनाते हैं जैसे (*b*) से HINDI, (*c*) से ENGLISH और (*d*) से SANSKRIT

31. (*b*) : अन्य सभी समूहों में, दूसरे और तीसरे अक्षरों में तथा चौथे और पांचवे अक्षर में दो अक्षरों का अन्तर है।

32. (*d*) : अन्य सभी समूह में, पहले तत्व के अक्षरों को तीसरा, दूसरा, चौथा, पहले के क्रम में पुनः व्यवस्थित कर दूसरा तत्व प्राप्त किया जा रहा है।

33. (*c*) : अन्य सभी समूह में पहले तत्व के पांच अक्षरों को पुनः व्यवस्थित कर दूसरा तत्व प्राप्त किया जा रहा है जबकि छठे अक्षर में कोई परिवर्तन नहीं आता है।

34. (*b*) : अन्य सभी समूह में में पहले तत्व के पहले, तीसरे, चौथे और छठे अक्षर दूसरे तत्व के क्रमशः दूसरे, पहले, पांचवे और चौथे अक्षर बनते हैं। जब कि पहले तत्व के दूसरे और पांचवे अक्षर को एक चरण आगे बढ़ाकर क्रमशः तीसरे और छठे अक्षर बनते हैं।

हल सहित अतिरिक्त प्रश्न

अभ्यास

दिशानिर्देश (प्रश्न 1 से 5): दिए गए विकल्पों से विषम संख्या/अक्षर संख्या समूह का चयन करें:

1. (*a*) 25-21 (*b*) 61-12 (*c*) 44-31 (*d*) 34-30
[SSC&CGL Tier I Exam, 2015]

2. (*a*) 339 (*b*) 326 (*c*) 428 (*d*) 338
[SSC&CGL TIER I EXAM, 2015]

3. (*a*) STR (*b*) ONP (*c*) IHJ (*d*) LKM
[SSC&CGL Tier I Exam, 2015]

4. (*a*) बेरिन (*b*) ब्रिस्टल (*c*) ज्यूरिख (*d*) जिनेवा
[SSC&CGL TIER I EXAM, 2015]

5. (*a*) कत्ल करना (*b*) मारना
(*c*) हत्या करना (*d*) अपहरण करना
[SSC&CGL Tier I Exam, 2015]

दिशानिर्देश (प्रश्न 6 से 11): निम्नलिखित प्रश्नों में, दिए गए विकल्पों से विषम शब्द/ संख्या/अक्षर/संख्या युग्म का चयन करें:

6. (*a*) स्वतंत्रता (*b*) समाज (*c*) समानता (*d*) बंधुता
[SSC&CGL TIER I EXAM, 2015]

7. (*a*) रात (*b*) सुबह (*c*) दोपहर (*d*) शाम
[SSC&CGL TIER I EXAM, 2015]

8. (*a*) HSKP (*b*) DWFU (*c*) KQNN (*d*) EVHS
[SSC&CGL Tier I Exam, 2015]

9. (*a*) IHKL (*b*) GFHJ (*c*) EDGH (*d*) CBEF
[SSC&CGL TIER I Exam] 2015]

10. (*a*) 80 :60 (*b*) 96 :80 (*c*) 64 :48 (*d*) 104 :78
[SSC&CGL Tier I Exam, 2015]

11. (*a*) 7202 (*b*) 4025 (*c*) 6023 (*d*) 5061
[SSC&CGL Tier I Exam, 2015]

दिशानिर्देश (प्रश्न 12 से 16): उस विकल्प का चयन करें जो अन्य तीन विकल्पों से भिन्न है:

12. (*a*) प्रतिद्वंद्वी (*b*) विपक्षी (*c*) दुश्मन (*d*) सहयोगी

13. (*a*) 27 (*b*) 35 (*c*) 18 (*d*) 9
[SSC&CGL Tier I Exam, 2014]

14. (*a*) 9 – 72 (*b*) 8 – 56 (*c*) 11 – 115(*d*) 10 – 90
[SSC&CGL Tier I Exam, 2014]

15. (*a*) TUVX (*b*) OPRS (*c*) BCDF (*d*) HIJL
[SSC&CGL Tier I Exam, 2014]

16. (*a*) खाड़ी (*b*) अंतरीप (*c*) P प्रायद्वीप(*d*) द्वीप

दिशानिर्देश (प्रश्न 17 से 21): दिए गए विकल्पों से विषम संख्या/अक्षर संख्या समूह का चयन करें:

17. (*a*) मुखिया (*b*) परवाह (*c*) नायकत्व (*d*) अम्बार
[SSC&CGL TIER I EXAM, 2013]

18. (*a*) स्कर्वी (*b*) रिकेट्स (*c*) रतौंधी (*d*) इन्फ्लुएंजा
[SSC&CGL TIER I EXAM, 2013]

19. (*a*) वर्षा (*b*) शावर (*c*) तुषार-वषा (*d*) किशमिश
[SSC&CGL TIER I EXAM, 2013]

20. (*a*) 547–563 (*b*) 71–55
(*c*) 517–523 (*d*) 248–231
[SSC&CGL Tier I Exam, 2013]

21. 10, 13, 234, 681, 997
(*a*) 10 (*b*) 234 (*c*) 13 (*d*) 681
[SSC&CGL Tier I Eñam, 2013]

दिशानिर्देश (प्रश्न 22 से 26): निम्नलिखित में से प्रत्येक प्रश्न में चार शब्द दिए गए हैं जिनमें से एक शब्द अन्य से भिन्न है। वह शब्द चुनें जो अन्य से भिन्न है:

22. (*a*) बोगोटा (*b*) सिडनी (*c*) दोहा (*d*) ब्रूसेल्स
[AFCAT, 2016]

23. (*a*) रेटिना (*b*) पुतली (*c*) दृष्टि (*d*) कॉर्नीया
[AFCAT, 2016]

24. (*a*) उदयगिरी और खंडागिरी (*b*) बादामी
(*c*) एलीफेंटा (*d*) दोदाबेट्टा **[AFCAT, 2016]**

25. (*a*) टिबिया (*b*) कॉर्टेक्स (*c*) क्रैनीअम (*d*) सेरिबैलम
[AFCAT, 2016]

26. (*a*) साल्टोरो कांगरी (*b*) कोंका
(*c*) जोजी ला (*d*) कुंभारली घाय**[AFCAT, 2016]**

दिशानिर्देश (प्रश्न 27 से 31): निम्नलिखित में से प्रत्येक प्रश्न में चार शब्द दिए गए हैं जिनमें से तीन किसी न किसी प्रकार समान हैं जबकि एक शब्द अन्य से भिन्न है। वह शब्द चुनें जो अन्य से भिन्न है:

27. (*a*) कक्ष (*b*) चौम्बर (*c*) वेरांडा (*d*) केबिन
[AFCAT, 2016]

28. (*a*) माउथ ऑर्गन (*b*) इलेक्ट्रिक गिटार
(*c*) कीबोर्ड (*d*) सोनाटा **[AFCAT, 2016]**

29. (*a*) ऊष्मा (*b*) प्रकाश (*c*) बल्ब (*d*) बिजली
[AFCAT, 2016]

30. (*a*) पेपर (*b*) पेंसिल (*c*) पेन (*d*) स्टेशनरी
[AFCAT, 2016]

31. (*a*) इंच (*b*) मीटर (*c*) यार्ड (*d*) क्वार्ट
[AFCAT, 2016]

दिशानिर्देश (प्रश्न 32 से 36): निम्नलिखित में से प्रत्येक प्रश्न में पांच शब्द दिए गए हैं जिनमें से चार किसी न किसी प्रकार समान हैं जबकि एक शब्द अन्य से भिन्न है। वह शब्द चुनें जो अन्य से भिन्न है:

32. (*a*) पोटेशियम (*b*) सिलिकॉन
(*c*) जिकोनियम (*d*) गैलियम **[AFCAT, 2014]**

33. (*a*) चाय (*b*) सिनकोना (*c*) रबड़ (*d*) चाक
[AFCAT, 2014]

34. (*a*) हेंगर (*b*) प्लेटफार्म (*c*) डॉक (*d*) पार्क
[AFCAT, 2014]

35. (*a*) डेक (*b*) क्वे (*c*) स्टेम (*d*) बो
[AFCAT, 2014]

36. (*a*) लंबा (*b*) विशाल (*c*) पतला (*d*) तीव्र
[AFCAT, 2014]

हल

1. (*c*) : $25 - 21 = 4 = 2^2$

$61 - 12 = 49 = 7^2$

$34 - 30 = 4 = 2^2$

$44 - 31 = 13$ (यह अंक किसी का वर्ग नही है)

अत: सही विकल्प (*c*) है।

2. (*d*) : $339 = 3 \times 3 = 9$

$326 = 3 \times 2 = 6$

$428 = 4 \times 2 = 8$

$338 = 3 \times 3 \neq 8$

अत: सही विकल्प (*d*) है क्योंकि यह अन्य से भिन्न है।

3. (*a*) : ONP = NOP

IHJ = HIJ

LKM = KLM

STR = RST (यह अन्य से भिन्न है।)

4. (*a*) : बेरिन को छोड़कर, अन्य सभी शहर हैं।

इसलिये (*a*) सबसे अलग है।

5. (*d*) : अपहरण/किडनैप को छोड़कर अन्य सभी शब्द मृत्यु से संबंधित हैं।

अत: सही विकल्प (*d*) है।

6. (*b*) : विकल्प (*b*) को छोड़कर अन्य सभी का उपयोग मानवीय समुदाय में सामान्य रुप से होता है।

7. (*a*) : विकल्प (*a*) को छोड़कर, अन्य सभी दिन के समय सत्र हैं।

8. (*b*) : H S K P (+3, −3) D W F U (+2, −2)

K Q N N (+3, −3) E V M S (+3, −3)

इसलिये DWFU सबसे भिन्न है।

9. (*b*) : I H K L (−1, +3, +1) G F H J (−1, +2, +2)

E D G H (−1, +3, +1) C B E F (−1, +3, +1)

इसलिये विकल्प (*b*) सही है।

10. (*d*) : समूह 104 और 78 अन्य से भिन्न है क्योंकि अन्य सभी को 4 से भाग दिया जा सकता है।

11. (*d*) : $7202 = 7 + 2 + 0 + 2 = 11$

$4025 = 4 + 0 + 2 + 5 = 11$

$6023 = 6 + 0 + 2 + 3 = 11$

$5061 = 5 + 0 + 6 + 1 \neq 11$

इसलिये, 5061 सबसे अलग है।

12. (*d*) : सहयोगी को छोड़कर अन्य सभी नकारात्मक शब्द हैं।

13. (*b*) : 35 को छोड़कर अन्य सभी 9 के गुणांक हैं।

14. (*c*) : अन्य सभी विकल्पों में दायें पक्ष की संख्या, बाएं पक्ष की संख्या की गुणज है। इसलिये विकल्प (*c*) अन्य से भिन्न है।

15. (*b*) : T U V X (+1, +1, +2) O P R S (+1, +2, +1)

B C D F (+1, +1, +2) H I J L (+1, +1, +2)

इसलिये विकल्प (*b*) सबसे अलग है।

16. (*b*) : केप को छोड़कर अन्य सभी शब्द भूगोल से संबंधित हैं।

17. (*b*) : परवाह शब्द अन्य सभी से अलग है।

18. (*d*) : इन्फ्ल्युएंजा को छोड़कर अन्य सभी बीमारियां विटामिन की कमी से होती हैं।

19. (*d*) : किशमिश को छोड़कर अन्य सभी शब्द बारिश या पानी से संबंधित हैं।

20. (*d*) : केवल विकल्प (*d*) को छोड़कर अन्य सभी संख्याओं का अन्तर 2 से विभाज्य है।

21. (*d*) : 681 एक भिन्न संख्या है:

22. (*b*) : सिडनी को छोड़कर अन्य सभी उस देश की राजधानियां हैं।

23. (*c*) : दृष्टि को छोड़कर अन्य सभी आंख के आन्तरिक भाग हैं।

24. (*b*) : बदामी को छोड़कर अन्य सभी पर्वत या उसके भागों के नाम हैं।

25. (*a*) : टिबिया को छोड़कर अन्य सभी मस्तिष्क के भागों के नाम हैं।

26. (*a*) : साल्टोरो कांगरी को छोड़कर अन्य सभी पर्वत दर्रे हैं।

27. (*c*) : वरांदा को छोड़कर अन्य सभी में दरवाजे होते हैं।

28. (*c*) : कीबोर्ड को छोड़कर अन्य सभी सांगीतिक वाद्य हैं।

29. (*a*) : अन्य तीनो से ऊष्मा अलग है।

30. (*d*) : कागज, पेन और पेन्सिल स्टेशनरी वस्तु के अन्तर्गत आते हैं।

31. (*d*) : क्वार्ट को छोड़कर अन्य सभी अन्तर को नापने की इकाईयां हैं।

32. (*a*) : पोटैशियम को छोड़कर अन्य सभी का उपयोग सेमीकन्डक्टर के रुप में होता है।

33. (*d*) : चॉक को छोड़कर अन्य सभी को पौधों से प्राप्त किया जाता है।

34. (*d*) : पार्क को छोड़कर अन्य परिवहन के माध्यम के ठहरने के स्थान हैं।

35. (*d*) : बो को छोड़कर अन्य सभी जहाज से संबंधित प्रकार हैं।

36. (*d*) : तीव्र अन्य सभी से अलग है।

4

कोडिंग-डिकोडिंग
(CODING–DECODING)

कोड 'संकेतों की एक प्रणाली' है। कोडिंग एक विधि है जिसमें किसी तीसरे व्यक्ति की जानकारी के बिना सेंडर और रिसीवर आपस में संदेशों का आदान-प्रदान करते है।

कोडिंग और डिकोडिंग टेस्ट किसी अभ्यर्थी की उस क्षमता का निर्धारण करने के लिए स्थापित किया गया है जो किसी विशेष शब्द/संदेश को कोड कर सकता है और संदेश को समझने के लिए उस कोड को डिकोड कर सकता है।

प्रकार 1: अक्षर कोडिंग (कूट संकेतन)

इन प्रश्नों में एक विशेष कोड बनाने के लिए किसी दिए गए शब्द में वर्णों को एक विशिष्ट नियम के अनुसार कुछ अन्य वर्णों द्वारा बदल दिया जाता है। अभ्यर्थी इस कोडिंग पैटर्न / नियम का पता लगाएं और तदनुसार प्रश्नों के उत्तर दें।

केस I. किसी दूसरे शब्द के लिए कोड बनाना (कोडिंग)

उदा. 1. यदि किसी सांकेतिक भाषा में TEACHER को VGCEJGT लिखा जाता है, तो उसी सांकेतिक भाषा में CHILDREN को किस प्रकार लिखा जाएगा? **(B.T.M. 2006)**

(*a*) EJKNEGTP (*b*) EGKNFITP
(*c*) EJKNFGTO (*d*) EJKNFTGP

हल. स्पष्ट है कि कोड के संबंधित वर्ण को प्राप्त करने के लिए TEACHER शब्द में प्रत्येक वर्ण दो स्थान आगे बढ़ जाता है।

T	E	A	C	H	E	R
+2 ↓	+2 ↓	+2 ↓	+2 ↓	+2 ↓	+2 ↓	+2 ↓
V	G	C	E	J	G	T

इसी प्रकार, दिए गए शब्द में

C	H	I	L	D	R	E	N
+2 ↓	+2 ↓	+2 ↓	+2 ↓	+2 ↓	+2 ↓	+2 ↓	+2 ↓
E	J	K	N	F	T	G	P

अत: अभीष्ट कोड EJKNFTGP होगा। **अत:** उत्तर (*d*) होगा।

उदा. 2. यदि किसी सांकेतिक भाषा में RUSTICATE को QTTUIDBSD लिखा जाता है, तो उसी सांकेतिक भाषा में STATISTIC को किस प्रकार लिखा जाएगा? **(Management Trainees' 2005)**

(*a*) RSBUJTUHB (*b*) RSBUITUHB
(*c*) RSBUIRSJD (*d*) TUBUITUMB

हल. स्पष्ट है कि शब्द के मध्य में आया वर्ण, कोड में भी अपरिवर्तित रहता है। कोड को प्राप्त करने के लिए शब्द के पहले दो और अंतिम दो वर्ण एक स्थान पीछे हट जाते हैं, जबकि शेष बचे वर्ण एक स्थान आगे बढ़ जाते हैं।

R	U	S	T	I	C	A	T	E
−1 ↓	−1 ↓	+1 ↓	+1 ↓	↓	+1↓	+1 ↓	−1 ↓	−1 ↓
Q	T	T	U	I	D	B	S	D

इसी प्रकार, दिए गए शब्द में

S	T	A	T	I	S	T	I	C
−1 ↓	−1 ↓	+1 ↓	+1 ↓	↓	+1 ↓	+1 ↓	−1 ↓	−1 ↓
R	S	B	U	I	T	U	H	B

अत: अभीष्ट कोड RSBUITUHB होगा। अत: उत्तर (*b*) होगा।

उदा. 3. यदि किसी सांकेतिक भाषा में ROAST को PQYUR लिखा जाता है, तो उसी सांकेतिक भाषा में SLOPPY को किस प्रकार लिखा जाएगा? **(P.G.D.T.M. 2006)**

(*a*) MRNAQN (*b*) NRMNQA
(*c*) QNMRNA (*d*) RANNMQ

हल. स्पष्ट है कि कोड के वर्ण प्राप्त करने के लिए ROAST शब्द के वर्ण वैकल्पिक रूप से दो स्थान आगे बढ़ते हैं, और दो स्थान पीछे हटते हैं।

R	O	A	S	T
−2↓	+2 ↓	−2 ↓	+2 ↓	−2 ↓
P	Q	Y	U	R

इसी प्रकार, दिए गए शब्द में

S	L	O	P	P	Y
−2 ↓	+2 ↓	−2 ↓	+2 ↓	−2 ↓	+2 ↓
Q	N	M	R	N	A

अत: अभीष्ट कोड QNMRNA होगा। अत: उत्तर (c) होगा।

उदा. 4. यदि किसी सांकेतिक भाषा में STATEMENT को TNEMETATS लिखा जाता है, तो उसी सांकेतिक भाषा में POLITICAL को किस प्रकार लिखा जाएगा? **(Hotel Management, 2003)**

(*a*) LACITILOP (*b*) LCATILIOP
(*c*) OPILITACL (*d*) None of these

हल. स्पष्ट है कि कोड प्राप्त करने के लिए दिए गए शब्द के वर्णों का क्रम उलट दिया गया है । इसी प्रकार POLITICAL शब्द के वर्णों के क्रम को उल्टा करने पर हमें LACITILOP प्राप्त होता है, जो कि अभीष्ट कोड है।
अत: उत्तर (*a*) होगा।

उदा. 5. यदि किसी सांकेतिक भाषा में HEALTH को GSKZDG लिखा जाता है, तो उसी सांकेतिक भाषा में NORTH को किस प्रकार लिखा जाएगा? **(M.C.A. 2005)**

(*a*) OPSUI (*b*) GSQNM (*c*) FRPML (*d*) IUSPO

हल. स्पष्ट है कि कोड प्राप्त करने के लिए पहले शब्द के वर्णों को उलटे क्रम में रखा गया है तदुपरांत प्रत्येक वर्ण एक स्थान पीछे खिसक गया है।

NORTH में वर्णों का क्रम उलटने पर हमें HTRON प्राप्त होता हैं। इसी प्रकार, दिए गए शब्द में

H	T	R	O	N
−1↓	−1↓	−1↓	−1↓	−1↓
G	S	Q	N	M

अत: अभीष्ट कोड GSQNM होगा। अत: उत्तर (*b*) होगा।

उदा. 6. यदि किसी सांकेतिक भाषा में BREAKTHROUGH को EAOUHRBRGHKT लिखा जाता है, तो उसी सांकेतिक भाषा में DISTRIBUTION को किस प्रकार लिखा जाएगा? **(Bank P.O. 2003)**

(*a*) TISTBUONDIRI (*b*) STTIBUONRIDI
(*c*) STTIBUDIONRI (*d*) RISTTIBUDION
(*e*) इनमें से कोई नहीं

हल. सर्वप्रथम दिए गए शब्द के वर्णों को दो-दो जोड़े में विभाजित किया और इन जोड़ों को क्रमश: 1 से 6 तक अंक प्रदान किये।

हम देखते हैं कि कोड में इन जोड़े को क्रमश: 2, 5, 4, 1, 6, 3 के क्रम में व्यवस्थित किया गया है।

इसी प्रकार दिए गए शब्द DISTRIBUTION के वर्णों को दो-दो जोड़े में विभाजित करें।

$\frac{BR}{1}$ $\frac{EA}{2}$ $\frac{KT}{3}$ $\frac{HR}{4}$ $\frac{OU}{5}$ $\frac{GH}{6}$

अब इन जोड़े को क्रमश: 2, 5, 4, 1, 6, 3 के क्रम में व्यवस्थित करें।

$\frac{DI}{1}$ $\frac{ST}{2}$ $\frac{RI}{3}$ $\frac{BU}{4}$ $\frac{TI}{5}$ $\frac{ON}{6}$

इस प्रकार प्राप्त STTIBUDIONRI अभीष्ट कोड होगा।
अत: उत्तर (*c*) होगा।

उदा. 7. यदि किसी सांकेतिक भाषा में BEAT को YVZG लिखा जाता है, तो उसी सांकेतिक भाषा में MILD को किस प्रकार लिखा जाएगा? **(R.R.B. 2005)**

(*a*) ONRW (*b*) NOWR (*c*) ONWR (*d*) NROW

हल. B, E, A, T क्रमश: अंग्रेजी वर्णमाला के प्रारम्भ से 2रे, 5वें, पहले व 20वें स्थान पर आने वाले वर्ण हैं। वहीं कोड Y, V, Z, G के वर्ण क्रमश: अंग्रेजी वर्णमाला के अंत से दूसरे, 5वें, पहले व 20वें स्थान पर आने वाले वर्ण हैं।

इसी प्रकार दिए गए शब्द MILD के वर्ण M, I, L, D क्रमश: अंग्रेजी वर्णमाला के प्रारम्भ से 13वें, 9वें, 12वें, 4वें स्थान पर आने वाले वर्ण हैं। अत: कोड के वर्ण अंग्रेजी वर्णमाला के अंत से 13वें, 9वें, 12वें, 4वें स्थान पर आने वाले वर्ण अर्थात N, R, O, W होंगे।

अत: अभीष्ट कोड NROW होगा। अत: उत्तर (*d*) होगा।

अभ्यास 4A

1. यदि किसी सांकेतिक भाषा में LUTE को MUTE लिखा जाता है, FATE को GATE लिखा जाता है, तो उसी सांकेतिक भाषा में BLUE को किस प्रकार लिखा जाएगा? **(Bank P.O. 2004)**
(*a*) CLUE (*b*) GLUE (*c*) FLUE (*d*) SLUE

2. यदि किसी सांकेतिक भाषा में MADRAS को NBESBT लिखा जाता है, तो उसी सांकेतिक भाषा में BOMBAY को किस प्रकार लिखा जाएगा **(M.A.T. 2004)**
(*a*) CPNCBX (*b*) CPNCBZ (*c*) CPOCBZ
(*d*) CQOCBZ (*e*) इनमें से कोई नहीं

3. यदि किसी सांकेतिक भाषा में FISH को EHRG लिखा जाता है, तो उसी सांकेतिक भाषा में JUNGLE को किस प्रकार लिखा जाएगा? **(S.S.C. 2000)**
(*a*) ITMFKD (*b*) ITNFKD
(*c*) KVOHMF (*d*) TIMFKD

4. यदि किसी सांकेतिक भाषा में TWINKLE को SVHOJKD लिखा जाता है, तो उसी सांकेतिक भाषा में FILTERS को किस प्रकार लिखा जाएगा? **(Agriculture Officers' 2005)**
(*a*) EHKSDQR (*b*) EHKUDQR (*c*) EGKUDQR
(*d*) GJMSFST (*e*) इनमें से कोई नहीं

5. यदि किसी सांकेतिक भाषा में ROAD को URDG लिखा जाता है, तो उसी सांकेतिक भाषा में SWAN को किस प्रकार लिखा जाएगा? **(B.T.M. 2006)**
(*a*) VXDQ (*b*) VZDQ (*c*) VZCP (*d*) UXDQ

6. यदि किसी सांकेतिक भाषा में OPERATION को NODQBUJPO लिखा जाता है, तो उसी सांकेतिक भाषा में INVISIBLE को किस प्रकार लिखा जाएगा? **(R.B.I. 2003)**
(*a*) JOWJTJCMF (*b*) JOWJTHAKD
(*c*) HMUHTJCMF (*d*) HMUHTHAKD
(*e*) इनमें से कोई नहीं

7. यदि किसी सांकेतिक भाषा में FAVOUR को EBUPTS लिखा जाता है, तो उसी सांकेतिक भाषा में DANGER को किस प्रकार लिखा जाएगा? **(SNAP, 2004)**
(*a*) CBFFDS (*b*) CBMHDS
(*c*) EBFHDS (*d*) EBHHFS

8. यदि किसी सांकेतिक भाषा मैं SMMER को RUNNER लिखा जाता है, तो उसी सांकेतिक भाषा में WINTER को किस प्रकार लिखा जाएगा? **(U.P.S.C. 2004)**
(*a*) SUITER (*b*) VIOUE (*c*) WALKER (*d*) SUFFER

9. यदि किसी सांकेतिक भाषा में PRODUCTIONS को QQPCVEUHPMT लिखा जाता है, तो उसी सांकेतिक भाषा में ORIENTATION को किस प्रकार लिखा जाएगा? **(M.B.A. 2002)**
(*a*) PQJDOVBSJNO (*b*) PQJDOUBUJPO
(*c*) PSJFOVBSJNO (*d*) NSHFMVBSJNO
(*e*) इनमें से कोई नहीं

10. यदि किसी सांकेतिक भाषा में MIND को KGLB तथा ARGUE को YPESC लिखा जाता है, तो उसी सांकेतिक भाषा में DIAGRAM को किस प्रकार लिखा जाएगा? **(S.S.C. 2003)**

(*a*) BGYEPYK (*b*) BGYPYEK
(*c*) GLPEYKB (*d*) LKBGYPK

11. यदि किसी सांकेतिक भाषा में BASIC को DDULE लिखा जाता है, तो उसी सांकेतिक भाषा में LEADER को किस प्रकार लिखा जाएगा? **(M.B.A. 2005)**

(*a*) NGCFGT (*b*) NHCGGU
(*c*) OGDFHT (*d*) OHDGHU

12. यदि किसी सांकेतिक भाषा में SIGHT को FVTUG लिखा जाता है, तो उसी सांकेतिक भाषा में REVEAL को किस प्रकार लिखा जाएगा? **(Hotel Management, 1998)**

(*a*) YNRIRE (*b*) DQHQMX
(*c*) FSJSOZ (*d*) ERIRNY

13. यदि किसी सांकेतिक भाषा में MIRACLE को NKUEHRL लिखा जाता है, तो उसी सांकेतिक भाषा में GAMBLE को किस प्रकार लिखा जाएगा? **(PGDTM, 2006)**

(*a*) JDOCMF (*b*) CLEMNK
(*c*) HCPFQK (*d*) AELGMN

14. यदि किसी सांकेतिक भाषा में GLAMOUR को IJCNMWP लिखा जाता है तथा MISRULE को OGUSSNC लिखा जाता है, तो उसी सांकेतिक भाषा में TOPICAL को किस प्रकार लिखा जाएगा? **(R.B.I. 2005)**

(*a*) VMRJECN (*b*) VMRHACJ (*c*) VMRJACJ
(*d*) VNRJABJ (*e*) इनमें से कोई नहीं

15. यदि किसी सांकेतिक भाषा में BELIEF को AFKKDI लिखा जाता है, तो उसी सांकेतिक भाषा में SELDOM को किस प्रकार लिखा जाएगा? **(Hotel Management, 2004)**

(*a*) RDKCNL (*b*) RFKENM (*c*) RFKFNP
(*d*) TFKENP (*e*) इनमें से कोई नहीं

16. यदि किसी सांकेतिक भाषा में TRUTH को SUQSTVSUGI लिखा जाता है, तो उसी सांकेतिक भाषा में FALSE को किस प्रकार लिखा जाएगा? **(A.T.M.A. 2004)**

(*a*) EGZBKMRDE (*b*) EGZKMRTDF
(*c*) EGZBKMRTDF (*d*) FGZBKNRTDF

17. यदि किसी सांकेतिक भाषा में SPRING को UNUFRC लिखा जाता है, तो उसी सांकेतिक भाषा में MOBILE को किस प्रकार लिखा जाएगा? **(Bank P.O. 2004)**

(*a*) KQEFPA (*b*) OMDGNC (*c*) OMDGPA
(*d*) OMEFPA (*e*) इनमें से कोई नहीं

18. यदि किसी सांकेतिक भाषा में BE QUICK को ZC OSGAI लिखा जाता है, तो उसी सांकेतिक भाषा में LOVE MY COUNTRY के कोड के तीसरे शब्द का अंतिम वर्ण क्या होगा? **(C.P.O. 2004)**

(*a*) A (*b*) T (*c*) U d) W

19. यदि किसी सांकेतिक भाषा में DELHI को CCIDD लिखा जाता है, तो उसी सांकेतिक भाषा में BOMBAY को किस प्रकार लिखा जाएगा? **(M.B.A. 1999)**

(*a*) AJMTVT (*b*) AMJXVS
(*c*) MJXVSU (*d*) WXYZAX

20. यदि किसी सांकेतिक भाषा में GOLD को HOME लिखा जाता है, COME को DONE लिखा जाता है तथा CORD को DOSE लिखा जाता है, तो उसी सांकेतिक भाषा में SONS को किस प्रकार लिखा जाएगा?

(*a*) TPOT (*b*) TOOT (*c*) TOOS (*d*) TONT

21. यदि किसी सांकेतिक भाषा में POETRY को QONDSQX लिखा जाता है तथा OVER को PNUDQ लिखा जाता है, तो उसी सांकेतिक भाषा में MORE को किस प्रकार लिखा जाएगा? **(Bank P.O. 2003)**

(*a*) LNNQD (*b*) NNNQD (*c*) NLNQD
(*d*) NLPQD (*e*) इनमें से कोई नहीं

22. यदि किसी सांकेतिक भाषा में BORN को APQON लिखा जाता है तथा LACK को KBBLK लिखा जाता है, तो उसी सांकेतिक भाषा में GRID को किस प्रकार लिखा जाएगा? **(I.B.P.S. 2002)**

(*a*) FSHCD (*b*) HSJED (*c*) FOHCD
(*d*) FSHED (*e*) इनमें से कोई नहीं

23. यदि किसी सांकेतिक भाषा में BOMBAY को MYMYMY लिखा जाता है, तो उसी सांकेतिक भाषा में TAMIL NADU को किस प्रकार लिखा जाएगा?

(*a*) TIATIATIA (*b*) MNUMNUMNU
(*c*) IATIATIAT (*d*) ALDALDALD (*e*) इनमें से कोई नहीं

24. यदि किसी सांकेतिक भाषा में MADRAS को ARSARS लिखा जाता है, तो उसी सांकेतिक भाषा में ARKONAM को किस प्रकार लिखा जाएगा? **(Hotel Management, 2003)**

(*a*) ROAAKNM (*b*) ROAKANM (*c*) ROAKNNM
(*d*) ROAKNAM (*e*) ROKANAM

25. यदि किसी सांकेतिक भाषा में POND को RSTL लिखा जाता है, तो उसी सांकेतिक भाषा में HEAR को किस प्रकार लिखा जाएगा?

(*a*) GHIJ (*b*) GHIZ (*c*) JIGZ
(*d*) JCLZ (*e*) इनमें से कोई नहीं

26. यदि किसी सांकेतिक भाषा में TELEPHONE को ENOHPELET लिखा जाता है, तो उसी सांकेतिक भाषा में ALIGATOR को किस प्रकार लिखा जाएगा? **(B.T.M. 2006)**

(*a*) ROTAGILA (*b*) ROTAGAIL
(*c*) ROTAGILE (*d*) ROTEGILA

27. यदि किसी सांकेतिक भाषा में INACTIVE को VITCANIE लिखा जाता है, तो उसी सांकेतिक भाषा में COMPUTER को किस प्रकार लिखा जाएगा? **(Hotel Management, 2002)**

(*a*) PMOCRETU (*b*) ETUPMOCR
(*c*) UTEPMOCR (*d*) MOCPETUR

28. यदि किसी सांकेतिक भाषा में CAT को SATC लिखा जाता है तथा DEAR को SEARD लिखा जाता है, तो उसी सांकेतिक भाषा में SING को किस प्रकार लिखा जाएगा? **(M.A.T. 2001)**

(*a*) BGINS (*b*) SGNIS (*c*) SINGS (*d*) GNISS

29. यदि किसी सांकेतिक भाषा में SYSTEM को SYSMET लिखा जाता है तथा NEARER को AENRER लिखा जाता है, तो उसी सांकेतिक भाषा में FRACTION को किस प्रकार लिखा जाएगा?

(*a*) CARFNOIT (*b*) NOITFRAC
(*c*) FRACNOIT (*d*) CARFTION

30. यदि किसी सांकेतिक भाषा में KAVERI को VAKIRE लिखा

जाता है, तो उसी सांकेतिक भाषा में MYSORE को किस प्रकार लिखा जाएगा? (R.B.I. 2003)

(*a*) EROSYM (*b*) SYMROE (*c*) SYMEOR
(*d*) SMYERP (*e*) इनमें से कोई नहीं

31. यदि किसी सांकेतिक भाषा में THANKS को SKNTHA लिखा जाता है, तो उसी सांकेतिक भाषा में STUPID को किस प्रकार लिखा जाएगा? (Bank Recruitment, 2004)

(*a*) DIPUTS (*b*) DISPUT (*c*) DIPUST
(*d*) DPISTU (*e*) इनमें से कोई नहीं

32. यदि किसी सांकेतिक भाषा में SPIDER को PSDIRE लिखा जाता है, तो उसी सांकेतिक भाषा में COMMON को किस प्रकार लिखा जाएगा? (S.S.C. 2000)

(*a*) OCOMMO (*b*) OCMMNO
(*c*) OCMOMN (*d*) OCMMON

33. यदि किसी सांकेतिक भाषा में CALANDER को CLANAEDR लिखा जाता है, तो उसी सांकेतिक भाषा में CIRCULAR को किस प्रकार लिखा जाएगा? (M.B.A. 2006)

(*a*) ICCRLURA (*b*) CRIUCLRA
(*c*) ICRCLUAR (*d*) CRIUCALR

34. यदि किसी सांकेतिक भाषा में CONVENTIONAL को NOC-NEVOITLAN लिखा जाता है, तो उसी सांकेतिक भाषा में EN-THRONEMENT को किस प्रकार लिखा जाएगा? (B.T.M. 2005)

(*a*) TNEROHEMNTNE (*b*) TNEROHEMNNTE
(*c*) TNEORHMENTNE (*d*) NTEROHEMNNTE

35. यदि किसी सांकेतिक भाषा में CONDEMN को CNODMEN लिखा जाता है, तो उसी सांकेतिक भाषा में TEACHER को किस प्रकार लिखा जाएगा? (M.A.T. 1999)

(*a*) TAECEHR (*b*) TCAEHER
(*c*) TAECHER (*d*) TAEECHR

36. यदि किसी सांकेतिक भाषा में CORPORATIONS को PROCTAROSNOI लिखा जाता है, तो उसी सांकेतिक भाषा में JUDICIAL को किस प्रकार लिखा जाएगा? (N.M.A.T. 2003)

(*a*) IDUJLAIC (*b*) UJIDLAIC
(*c*) UJIDICLA (*d*) IDUJICLA

37. यदि किसी सांकेतिक भाषा में COMPUTRONE को PMOCTUENOR लिखा जाता है, तो उसी सांकेतिक भाषा में ADVANTAGES को किस प्रकार लिखा जाएगा? (E.P.F.O.S.S.A. 2004)

(*a*) SEGATNAVAD (*b*) AVDATNSEGA
(*c*) AVDATASEGN (*d*) NAVDASEGAT
(*e*) इनमें से कोई नहीं

38. यदि किसी सांकेतिक भाषा में STRONG को ROTNSG लिखा जाता है, तो उसी सांकेतिक भाषा में NAGPUR को किस प्रकार लिखा जाएगा? (M.C.A. 2005)

(*a*) GPAUNR (*b*) PGUARN
(*c*) PGAURN (*d*) GPUANR

39. यदि किसी सांकेतिक भाषा में EXECUTIVE को TCIEUXVEE लिखा जाता है, तो उसी सांकेतिक भाषा में MAUSOLEUM को किस प्रकार लिखा जाएगा? (P.G.D.T.M. 2006)

(*a*) LSEUOAUMM (*b*) AUUCOSLMM
(*c*) AUEUOSEMM (*d*) SLUEOAUMM

40. यदि किसी सांकेतिक भाषा में GERMINATION को IMGRENNOAIT लिखा जाता है, तो उसी सांकेतिक भाषा में ESTABLISHED को किस प्रकार लिखा जाएगा? (Bank P.O. 2000)

(*a*) BEATSLDEIHS (*b*) BAETSLEDIHS
(*c*) BATESLDEIHS (*d*) BAETSLDEIHS
(*e*) इनमें से कोई नहीं

41. यदि किसी सांकेतिक भाषा में VISHWANATHAN को NAAWTHHSANIV लिखा जाता है, तो उसी सांकेतिक भाषा में KARUNAKARANA को किस प्रकार लिखा जाएगा? (B.T.M. 2005)

(*a*) AKNUARRANKA (*b*) KAANRAURNAAK
(*c*) NKKRANKRAUK (*d*) RURNKAAUNAK

42. यदि किसी सांकेतिक भाषा में CONTRIBUTE को ETBUIRNTOC लिखा जाता है, तो उसी सांकेतिक भाषा में POPULARISE को लिखने पर प्राप्त शब्द का बाएं से छठा वर्ण कौन सा होगा? (Hotel Management, 1999)

(*a*) R (*b*) I (*c*) A (*d*) L

43. यदि किसी सांकेतिक भाषा में ORIENTAL को MBUOFJSP लिखा जाता है, तो उसी सांकेतिक भाषा में COWARDLY को किस प्रकार लिखा जाएगा? (Officers' Exam, 2002)

(*a*) XKCQBXPD (*b*) XLBQCXPD (*c*) ZMESDPXB
(*d*) ZMDSEPXB (*e*) इनमें से कोई नहीं

44. यदि किसी सांकेतिक भाषा में COMPUTER को RFUVQNPC लिखा जाता है, तो उसी सांकेतिक भाषा में MEDICINE को किस प्रकार लिखा जाएगा? (Bank P.O. 1999)

(*a*) EOJDEJFM (*b*) EOJDJEFM (*c*) MFEDJJOE
(*d*) MFEJDJOE (*e*) इनमें से कोई नहीं

45. यदि किसी सांकेतिक भाषा में MONKEY को XDJMNL लिखा जाता है, तो उसी सांकेतिक भाषा में TIGER को किस प्रकार लिखा जाएगा?

(*a*) QDFHS (*b*) SDFHS (*c*) SHFDQ
(*d*) UJHFS (*e*) इनमें से कोई नहीं

46. यदि किसी सांकेतिक भाषा में FRAGRANCE को SBHSBODFG लिखा जाता है, तो उसी सांकेतिक भाषा में IMPOSING को किस प्रकार लिखा जाएगा?

(*a*) NQPTJHOJ (*b*) NQPTJOHI (*c*) NQTPJOHJ
(*d*) NQPTJOHJ (*e*) इनमें से कोई नहीं

47. यदि किसी सांकेतिक भाषा में COVALENT को BWPDUOFM तथा FORM को PGNS लिखा जाता है, तो उसी सांकेतिक भाषा में SILVER को किस प्रकार लिखा जाएगा? (Bank P.O. 2004)

(*a*) MJTUDQ (*b*) KHRSFW (*c*) MJTWFS
(*d*) MJTSFW (*e*) इनमें से कोई नहीं

48. यदि किसी सांकेतिक भाषा में COMPATIBLE को BQNPDDKAHS लिखा जाता है, तो उसी सांकेतिक भाषा में STABILISED को किस प्रकार लिखा जाएगा? (S.B.I.P.O. 2005)

(*a*) TUBCJCDRHK (*b*) JCBUTEDTHM
(*c*) JCBUTCDRHK (*d*) JCBUTEFTJM
(*e*) इनमें से कोई नहीं

49. यदि किसी सांकेतिक भाषा में STREAMLING को

CGTVUHOJMN लिखा जाता है, तो उसी सांकेतिक भाषा में PERIODICAL को किस प्रकार लिखा जाएगा? (I.B.P.S. 2002)

(a) PJSFQMBDJE (b) PJSFQMNBJE
(c) QKTGRMBDJE (d) QKTGRMCEKF
(e) इनमें से कोई नहीं

50. यदि किसी सांकेतिक भाषा में BOARD को EQBNC लिखा जाता है, तो उसी सांकेतिक भाषा में CLIMB को किस प्रकार लिखा जाएगा? (Hotel Management, 2000)

(a) CLJKD (b) DKJLF (c) DNHMB (d) FNJRO

51. यदि किसी सांकेतिक भाषा में CREATIVE को BDSBFUJS लिखा जाता है, तो उसी सांकेतिक भाषा में TRIANGLE को किस प्रकार लिखा जाएगा? (Bank P.O. 2003)

(a) BHSSFKHM (b) BHSSMHHF (c) BSHSFHKM
(d) BSSHFMKH (e) इनमें से कोई नहीं

52. यदि किसी सांकेतिक भाषा में CLOUD को GTRKF लिखा जाता है, तो उसी सांकेतिक भाषा में SIGHT को किस प्रकार लिखा जाएगा? (Bank P.O. 2002)

(a) UGHHT (b) UHJFW (c) WFJGV
(d) WGJHV (e) इनमें से कोई नहीं

53. यदि किसी सांकेतिक भाषा में BROUGHT को SGFVAQN लिखा जाता है, तो उसी सांकेतिक भाषा में SUPREME को किस प्रकार लिखा जाएगा? (Management Trainees' 2003)

(a) DLDSTVQ (b) DLDSRTO (c) FNFSRTO
(d) RTOSDLD (e) इनमें से कोई नहीं

54. यदि किसी सांकेतिक भाषा में PLEADING को SGFVAQN लिखा जाता है, तो उसी सांकेतिक भाषा में SHOULDER को किस प्रकार लिखा जाएगा? (Agriculture Officers' 2005)

(a) KCDQTIPV (b) QDCKVPIT (c) QDCKTIPV
(d) TIPVQDCK (e) इनमें से कोई नहीं

55. यदि किसी सांकेतिक भाषा में RAIL को KCTN तथा SPEAK को CGRUM लिखा जाता है, तो उसी सांकेतिक भाषा में AVOID को किस प्रकार लिखा जाएगा? (S.B.I.P.O. 2005)

(a) FKQXC (b) KQXCF (c) KRXCF
(d) KQVCB (e) इनमें से कोई नहीं

56. यदि किसी सांकेतिक भाषा में MOTHER को ONHURF लिखा जाता है, तो उसी सांकेतिक भाषा में ANSWER को किस प्रकार लिखा जाएगा? (Bank P.O. 2004)

(a) NBXSSE (b) NBWRRF (c) MAVSPE
(d) NBWTRF (e) इनमें से कोई नहीं

57. यदि किसी सांकेतिक भाषा में OMNIPRESENT को QJONPTSMDRD लिखा जाता है, तो उसी सांकेतिक भाषा में CREDIBILITY को किस प्रकार लिखा जाएगा? (Specialist Officers' 2002)

(a) DSFEJDDXSHKH (b) JEFSDCXSHKH
(c) JEFSDDXSHKH (d) JEFSDDZUJMJ
(e) इनमें से कोई नहीं

58. यदि किसी सांकेतिक भाषा में DISTANCE को IDTUBECN तथा DOCUMENT को ODDVNTNE लिखा जाता है, तो उसी सांकेतिक भाषा में THURSDAY को किस प्रकार लिखा जाएगा?

(a) DTVSTEYA (b) HTTQRYAD (c) HTVSTYDA
(d) HTVSYADS (e) HTVSTYAD

59. यदि किसी सांकेतिक भाषा में HAND को SZMW लिखा जाता है, तो उसी सांकेतिक भाषा में MILK को किस प्रकार लिखा जाएगा? (R.R.B. 2005)

(a) ORNP (b) PNRO (c) NROP (d) RNOP

60. यदि किसी सांकेतिक भाषा में COME AT ONCE को XLNVZGLMXV लिखा जाता है, तो उसी सांकेतिक भाषा में OK को किस प्रकार लिखा जाएगा? (C.B.I. 2003)

(a) KL (b) LM (c) KM (d) LP

61. यदि किसी सांकेतिक भाषा में FLOWER को UOLDVI लिखा जाता है, तो उसी सांकेतिक भाषा में TERMINAL को किस प्रकार लिखा जाएगा? (P.G.D.T.M. 2006)

(a) FLKPMROZ (b) GVINRMZO
(c) RVNIGLKA (d) MNIVGYEO

62. यदि किसी सांकेतिक भाषा में CERTAIN को XVIGZRM तथा SEQUENCE को HVJFVMXV लिखा जाता है, तो उसी सांकेतिक भाषा में MUNDANE को किस प्रकार लिखा जाएगा? (M.B.A. 2004; Hotel Mgmt. 2004)

(a) NFMWZMX (b) NFMWZMV
(c) NFMXZMV (d) इनमें से कोई नहीं

63. यदि किसी सांकेतिक भाषा में ROUTINE को VMRGFLI लिखा जाता है, तो उसी सांकेतिक भाषा में CRUELTY को किस प्रकार लिखा जाएगा? (S.B.I.P.O. 2000)

(a) VOCVZRL (b) VPCVZRL (c) VPVCZRL
(d) WPCVZRL (e) इनमें से कोई नहीं

64. यदि किसी सांकेतिक भाषा में DIAMOND को VQYMKLV लिखा जाता है, तो उसी सांकेतिक भाषा में FEMALE को किस प्रकार लिखा जाएगा?

(a) TUMYNU (b) UVNZOV (c) UVNYNV
(d) TVNYNV (e) TUMZOU

65. कूटभाषा में अंग्रेजी वर्णमाला के वर्ण इस प्रकार व्यवस्थित किए गए हैं कि सभी स्वरों (vowels) को अंत में रखा गया है और शेष वर्णों को प्राम्भ में क्रम से रखा गया है। इस प्रकार बनाई गयी वर्णमाला का वर्ण, मूल वर्णमाला के सम्बन्धित वर्ण को निर्दिष्ट करता है। तब META शब्द का कोड क्या होगा? (J.M.E.T. 2005)

(a) TEAM (b) PWLV (c) LWPV (d) QGYB

निर्देश (प्रश्न 66 से 75): नीचे EXPAND शब्द चार अलग-अलग प्रकार के नियमों के अनुसार कोड किया गया है और प्रत्येक कोड एक विकल्प के रूप में दिया गया है। पूछे गए प्रत्येक प्रश्न में प्रत्येक शब्द के सामने कोड भी दिया गया है। आपको बताना है कि दिया गया कोड किस विकल्प से सुमेलित होगा?

EXPAND

(a) FYQBOE (b) EPDTCR
(c) GYRBPE (d) CWNZLC

66. CONSULATE — FVDPZYUWL

67. PERCEIVE — NDPBCHTD

68. MUSHROOM — KTQGPNML

69. MICROWAVE — FXDATXJQV

70. HARMONIOUS — FZPLMMGNSR

71. TRAVELLER — USBWFMMFS
72. TRANSLATE — USBOTMBUF
73. HURRICANE — JVTSKDCOG
74. EARTHQUAKE — FBSUIRVBLF
75. CONSULT — EPPTWMV

हल-अभ्यास 4(A)

1. (*a*) : कोड के पहले वर्ण को प्राप्त करने के लिए दिए गए शब्द का पहला वर्ण एक स्थान आगे बढ़ जाता है, जबकि अन्य वर्ण अपने स्थान पर बने रहते हैं।
2. (*c*) : कोड के संबंधित वर्ण को प्राप्त करने के लिए दिए गए शब्द का प्रत्येक वर्ण एक स्थान आगे बढ़ जाता है।
3. (*a*) : कोड के संबंधित वर्ण को प्राप्त करने के लिए दिए गए शब्द का प्रत्येक वर्ण एक स्थान पीछे हटता है।
4. (*b*) : कोड के संबंधित वर्ण को प्राप्त करने के लिए दिए गए शब्द में मध्य वर्ण को छोड़कर अन्य प्रत्येक वर्ण एक स्थान पीछे हटता है जबकि मध्य वर्ण एक स्थान आगे बढ़ जाता है।
5. (*b*) : कोड के संबंधित वर्ण को प्राप्त करने के लिए दिए गए शब्द के प्रत्येक वर्ण को तीन स्थान आगे बढ़ाया गया है।
6. (*c*) : कोड के संबंधित वर्ण को प्राप्त करने के लिए दिए गए शब्द के पहले चार वर्णों में से प्रत्येक को एक स्थान पीछे हटाया गया है, जबकि अंतिम पांच वर्णों में से प्रत्येक को एक स्थान आगे बढ़ाया गया है ।
7. (*b*) : कोड के संबंधित वर्ण को प्राप्त करने के लिए दिए गए शब्द के पहले, तीसरे और पांचवें वर्ण में से प्रत्येक को एक स्थान पीछे हटाया गया है, जबकि दूसरे, चौथे और छठे वर्ण को एक स्थान आगे बढ़ाया गया है ।
8. (*b*) : कोड के संबंधित वर्ण को प्राप्त करने के लिए दिए गए शब्द का पहला वर्ण एक स्थान पीछे हट जाता है, जबकि बीच के दोनों वर्ण एक स्थान आगे बढ़ जाते हैं।
9. (*a*) : कोड के संबंधित वर्ण को प्राप्त करने के लिए दिए गए शब्द के पहले, तीसरे, पांचवें, सातवें, नौवें और ग्यारहवें वर्ण में से प्रत्येक को एक स्थान आगे बढ़ाया गया हैं; दूसरे, चौथे, आठवें और दसवें वर्ण में से प्रत्येक को एक स्थान पीछे हटाया गया है, जबकि मध्य के वर्ण (अर्थात छठवें वर्ण) को दो स्थान आगे बढ़ाया गया है।
10. (*a*) : कोड के संबंधित वर्ण को प्राप्त करने के लिए दिए गए शब्द के प्रत्येक वर्ण को दो स्थान पीछे हटाया गया है ।
11. (*b*) : कोड के संबंधित वर्ण को प्राप्त करने के लिए दिए गए शब्द के विषम स्थान पर स्थित वर्णों को दो स्थान आगे बढ़ाया गया है, जबकि सम स्थान पर स्थित वर्णों को तीन स्थान आगे बढ़ाया गया है।
12. (*d*) : कोड के संबंधित वर्ण को प्राप्त करने के लिए दिए गए शब्द के प्रत्येक वर्ण को तेरह स्थान आगे बढ़ाया गया है।
13. (*c*) : कोड के संबंधित वर्ण को प्राप्त करने के लिए दिए गए शब्द के पहले, दूसरे,तीसरे, चौथे, पांचवें, छठे और सातवें वर्णों को क्रमशः एक, दो, तीन, चार, पांच, छः और सात स्थान आगे बढ़ाया गया है।
14. (*c*) : कोड के संबंधित वर्ण को प्राप्त करने के लिए दिए गए शब्द के पहले, तीसरे और छठे वर्णों को दो स्थान आगे बढ़ाया गया है; दूसरे, पांचवें और सातवें वर्णों में से प्रत्येक को दो स्थान पीछे हटाया गया है, जबकि चौथे वर्ण को एक स्थान आगे बढ़ाया गया है।
15. (*c*) : कोड के संबंधित वर्ण को प्राप्त करने के लिए दिए गए शब्द के पहले, तीसरे और पांचवें वर्णों को एक स्थान पीछे हटाया गया है; जबकि दूसरे, चौथे और छठे वर्णों में से प्रत्येक को क्रमशः एक, दो और तीन स्थान आगे बढ़ाया गया है।
16. (*c*) : कोड के संबंधित वर्ण को प्राप्त करने के लिए दिए गए शब्द के प्रत्येक वर्ण को दो वर्णों (एक उससे पहले आने वाले तथा दूसरा उसके बाद आने वाले) के एक सेट से प्रतिस्थापित किया जाता है जैसे- T को SU द्वारा प्रतिस्थापित किया जाता है, R को QS द्वारा प्रतिस्थापित किया जाता है। इसी प्रकार आगे का क्रम जारी रहता है।
17. (*d*) : कोड के संबंधित वर्ण को प्राप्त करने के लिए दिए गए शब्द के पहले, तीसरे और पांचवें वर्ण को क्रमशः दो, तीन और चार स्थान आगे बढ़ाया गया है जबकि दूसरे, चौथे और छठे वर्ण को क्रमशः दो, तीन और चार स्थान पीछे हटाया गया है।
18. (*d*) : कोड के संबंधित वर्ण को प्राप्त करने के लिए दिए गए शब्द के प्रत्येक वर्ण को दो स्थान पीछे हटाया गया है।
दिए गए वाक्य में तीसरे शब्द का अंतिम वर्ण Y है, जिसे W के रूप में कोड किया जाएगा।
19. (*b*) : कोड के संबंधित वर्ण को प्राप्त करने के लिए दिए गए शब्द के पहले, दूसरे, तीसरे, चौथे, ... वर्ण को क्रमशः एक, दो, तीन, चार, ... स्थान पीछे हटाया गया है।
20. (*b*) : कोड के संबंधित वर्ण को प्राप्त करने के लिए दिए गए शब्द के प्रत्येक व्यंजन (कांसोनेंट) को एक स्थान आगे बढ़ाया गया है, जबकि स्वरों (वोवेल) का स्थान अपरिवर्तित रहता है।
21. (*c*) : कोड के संबंधित वर्ण को प्राप्त करने के लिए दिए गए शब्द के पहले वर्ण को दो वर्णों के एक सेट द्वारा प्रतिस्थापित किया गया है - एक उसके बाद आने वाले तथा दूसरा उससे पहले आने वाले A तथा शेष वर्णों को एक स्थान पीछे हटाया गया है।
22. (*d*) : कोड के संबंधित वर्ण को प्राप्त करने के लिए दिए गए शब्द के पहले और तीसरे वर्ण में से प्रत्येक को एक स्थान पीछे हटाया गया है, जबकि दूसरे और चौथे वर्ण प्रत्येक एक स्थान आगे बढ़ाया गया है। इस प्रकार प्राप्त कोड के अंत में, दिए गए शब्द के अंतिम वर्ण को प्रविष्ट कराया गया है।
23. (*b*) : BOMBAY को MYMYMY के रूप में कोड करने के लिए BOMBAY के तीसरे और छठे स्थान पर स्थित वर्णों को तीन बार दोहराया गया है। इसी प्रकार, TAMILNADU को कोड करने के लिए इसके तीसरे, छठे और नौवें स्थान पर स्थित वर्णो (MNU) को तीन बार दोहराना होगा इस प्रकार MNUMNUMNU कोड बनेगा।
24. (*a*) : सर्वप्रथम दिए गए शब्द को दो बार लिखा गया है और इस प्रकार प्राप्त शब्द के सम स्थानों पर स्थित वर्णों को एक साथ लिखने से कोड प्राप्त होता है।

25. (*c*) : कोड को प्राप्त करने के लिए शब्द के पहले, दूसरे, तीसरे और चौथे वर्ण को क्रमश: दो, चार, छ: और आठ स्थान आगे बढ़ाया गया है।

26. (*a*) : कोड प्राप्त करने के लिए दिए गए शब्द के वर्णों का क्रम उलट दिया गया है।

27. (*b*) : कोड प्राप्त करने के लिए दिए गए शब्द के अंतिम वर्ण को छोड़कर अन्य सभी वर्णों का क्रम उलट दिया गया है।

28. (*c*) : कोड प्राप्त करने के लिए दिए गए शब्द का पहला वर्ण अंत में रखा गया है और प्रारम्भ में 'S' को रखा गया है।

29. (*a*) : कोड प्राप्त करने के लिए दिए गए शब्द के पहले आधे भाग और दूसरे आधे भाग के वर्णों का क्रम उलट दिया गया है।

30. (*e*) : कोड प्राप्त करने के लिए दिए गए शब्द के पहले आधे भाग और दूसरे आधे भाग के वर्णों का क्रम उलट दिया गया है।
जैसे- MYSORE → MYS/ORE → SYM/ERO → SYMERO

31. (*e*) : कोड प्राप्त करने के लिए दिए गए शब्द के अंतिम तीन वर्णों को उलटे क्रम में पहले रखा गया है और उसके बाद दिए गए शब्द के शुरू के तीन वर्णों को उसी क्रम में आगे रखा गया है। अत: STUPID को कोड भाषा में DIPSTU लिखा जाना चाहिए।

32. (*b*) : सर्वप्रथम शब्द को वर्णों के दो समूहों में बांटा गया और फिर प्रत्येक समूह के वर्णों को उलटे क्रम में रखा गया है।

33. (*d*) : कोड प्राप्त करने के लिए दिए गए शब्द के दूसरे और तीसरे वर्ण, चौथे और पांचवें वर्ण, छठे और सातवें वर्ण का परस्पर स्थान बदल दिया गया है।

34. (*c*) : सर्वप्रथम शब्द को तीन-तीन वर्णों के समूहों में बांटा गया और फिर प्रत्येक समूह के वर्णों को उलटे क्रम में रखा गया है।

35. (*a*) : दिए गए शब्द का अंतिम वर्ण कोड में अपरिवर्तित रहता है। शब्द के पहले छ: वर्णों को तीन-तीन वर्णों के दो समूहों में बांटा गया है और फिर प्रत्येक समूह के अंतिम दो वर्णों को विपरीत क्रम में लिखा गया है।

36. (*a*) : शब्द को चार-चार वर्णों के समूहों में बांटा गया है और फिर प्रत्येक समूह में वर्णों को एक विपरीत क्रम में लिखा गया है।

37. (*b*) : कोड प्राप्त करने के लिए दिए गए शब्द के प्रारम्भ के चार वर्णों, मध्य के दो वर्णों और शब्द के अंतिम चार वर्णों को एक विपरीत क्रम में लिखा गया है।

38. (*a*) : कोड में शब्द के वर्ण निम्न क्रम में व्यवस्थित हैं - तीसरे, चौथे, दूसरे, पांचवें, पहले और छठे।

39. (*a*) : दिए गए शब्द के अक्षरों को 1 से 9 तक लेबल करें। कोड में शब्द के वर्ण 6, 4, 7, 3, 5, 2, 8, 1, 9 के क्रम में व्यवस्थित हैं। अत:

M A U S O L E U M → L S E U O A U M M
1 2 3 4 5 6 7 8 9   6 4 7 3 5 2 8 1 9

40. (*d*) : कोड में मध्य वर्ण अपरिवर्तित रहता है। अब मध्य वर्ण के पहले के पांच वर्णों को 1 से 5 तक लेबल करें, इसी प्रकार मध्य वर्ण के बाद के पांच वर्णों को 1 से 5 तक लेबल करें। इस प्रकार बने प्रत्येक समूह के वर्णों को कोड में क्रमश: 5, 4, 1, 3, 2 के क्रम में व्यवस्थित किया गया है। अत:

E S T A B L I S H E D → B A E T S L D E I H S
1 2 3 4 5   1 2 3 4 5   5 4 1 3 2   5 4 1 3 2

41. (*b*) : सर्वप्रथम शब्द को दो-दो वर्णों के छ: सेटों में विभाजित करें और इन सेटों को 1 से 6 तक लेबल करें। कोड में यह सेट क्रमश: 4, 3, 5, 2, 6, 1 के क्रम में व्यवस्थित हैं जिसमें सेट 3, 2, 1 के वर्णों के क्रम को उलट दिया गया है। अत:

$\frac{VI}{1}\ \frac{SH}{2}\ \frac{WA}{3}\ \frac{NA}{4}\ \frac{TH}{5}\ \frac{AN}{6} \rightarrow \frac{NA}{4}\ \frac{AW}{3}\ \frac{TH}{5}\ \frac{HS}{2}\ \frac{AN}{6}\ \frac{IV}{1}$

42. (*d*) : सर्वप्रथम शब्द को दो-दो वर्णों के पांच सेटों में विभाजित करें और इन सेट को 1 से 5 तक लेबल करें। कोड में यह सेट क्रमश: 5, 4, 3, 2, 1 के क्रम में व्यवस्थित हैं जिसमें सेट 5, 3, 1 के वर्णों के क्रम को उलट दिया गया है। अत: स्पष्ट है कि कोड में बाईं ओर से छठा वर्ण L है।

$\frac{PO}{1}\ \frac{PU}{2}\ \frac{LA}{3}\ \frac{RI}{4}\ \frac{SE}{5} \rightarrow \frac{ES}{5}\ \frac{RI}{4}\ \frac{AL}{3}\ \frac{PU}{2}\ \frac{OP}{1}$

43. (*e*) : कोड प्राप्त करने के लिए सर्वप्रथम शब्द के वर्णों को विपरीत क्रम में रखा गया है और फिर प्रत्येक वर्ण को एक स्थान आगे बढ़ाया गया है।

44. (*b*) : कोड प्राप्त करने के लिए दिए गए शब्द के पहले और अंतिम वर्ण के अतिरिक्त अन्य वर्णों को एक स्थान आगे बढ़ाया गया है और इस प्रकार प्राप्त वर्णों के क्रम को उलट दिया गया है।

45. (*a*) : सर्वप्रथम शब्द के प्रत्येक वर्णों को एक विपरीत क्रम में रखा गया है और इस प्रकार प्राप्त वर्णक्रम के प्रत्येक वर्ण को एक स्थान पीछे हटाया गया है।

46. (*d*) : कोड प्राप्त करने के लिए दिए गए शब्द में प्रत्येक वर्ण को एक स्थान आगे बढ़ाया गया है और इस प्रकार प्राप्त वर्णक्रम के पहले वर्ण को अंत में रखा गया है।

47. (*d*) : कोड प्राप्त करने के लिए सर्वप्रथम दिए गए शब्द के पहले आधे और दूसरे आधे भाग के वर्णों को उलटे क्रम में लिखा गया है और इस प्रकार प्राप्त वर्णक्रम के प्रत्येक वर्ण को एक स्थान आगे बढ़ाया गया है। इस प्रकार

SILVER → SIL/VER → LIS/REV → MJT/SFW

48. (*c*) : कोड प्राप्त करने के लिए सर्वप्रथम दिए गए शब्द के पहले आधे और दूसरे आधे भाग के वर्णों को उलटे क्रम में लिखा गया है और इस प्रकार प्राप्त वर्णक्रम के पहले आधे भाग में प्रत्येक वर्ण को एक स्थान आगे बढ़ाया गया है जबकि दूसरी आधे भाग में प्रत्येक वर्ण को एक स्थान पीछे हटाया गया है। इस प्रकार

STABILISED → STABI/LISED → IBATS/DESIL → JCBUT/CDRHK

49. (*c*) : कोड प्राप्त करने के लिए सर्वप्रथम दिए गए शब्द के पहले आधे और दूसरे आधे भाग के वर्णों को उलटे क्रम में लिखा गया है और इस प्रकार प्राप्त वर्णक्रम के पहले आधे भाग में प्रत्येक वर्ण को दो स्थान आगे बढ़ाया गया है जबकि दूसरी आधे भाग में प्रत्येक वर्ण को एक स्थान आगे बढ़ाया गया है। इस प्रकार PERIODICAL → PERIO/DICAL → OIREP/LACID → QKTGR/MBDJE

50. (*a*) : कोड प्राप्त करने के लिए सर्वप्रथम दिए गए शब्द के पहले आधे और दूसरे आधे भाग के वर्णों को उलटे क्रम में लिखा गया है और इस प्रकार प्राप्त वर्णक्रम के पहले, तीसरे और पांचवें वर्ण को एक स्थान आगे बढ़ाया गया है जबकि दूसरे और चौथे वर्ण को एक स्थान पीछे हटाया गया है।

51. (*a*) : कोड प्राप्त करने के लिए सर्वप्रथम दिए गए शब्द के पहले आधे भाग और दूसरे भाग में अक्षरों को विपरीत क्रम में लिखा गया है और इस प्रकार प्राप्त वर्णक्रम के पहले, तीसरे, पांचवें और सातवें वर्ण को एक स्थान आगे बढ़ाया गया है जबकि दूसरे, चौथे, छठे और आठवें वर्ण को एक स्थान पीछे हटाया गया है। TRIANGLE → TRIA/NGLE → AIRT/ELGN → BHSSFKHM

52. (*d*) : सर्वप्रथम शब्द के प्रत्येक वर्णों को एक विपरीत क्रम में रखा गया है और इस प्रकार प्राप्त वर्णक्रम के पहले, तीसरे और पांचवें वर्ण को तीन स्थान आगे बढ़ाया गया है जबकि दूसरे और चौथे वर्ण को एक स्थान पीछे हटाया गया है।

53. (*b*) : सर्वप्रथम शब्द के अंतिम चार वर्णों को उलटे क्रम में लिखा गया हैं, इसके बाद प्रारम्भके तीन वर्णों को उसी क्रम में आगे लिखा गया हैं। इस प्रकार प्राप्त वर्णक्रम के मध्य वर्ण के अतिरिक्त अन्य प्रत्येक वर्ण को एक स्थान पीछे हटाया गया है तथा मध्य वर्ण को एक स्थान आगे बढ़ाया गया है। इस प्रकार SUPREME → SUP/REME → EMER/SUP → DLD/S/RTOV

54. (*c*) : सर्वप्रथम शब्द के अंतिम चार वर्णों को उलटे क्रम में लिखा गया है, इसके बाद प्रारम्भ के चार वर्णों को उसी क्रम में आगे लिखा गया हैं। इस प्रकार प्राप्त वर्णक्रम के प्रारम्भ के चार वर्णों को एक स्थान पीछे हटाया गया है तथा अंतिम चार वर्णों को एक स्थान आगे बढ़ाया गया है। इस प्रकार SHOULDER → SHOU/LDER → REDL/SHOU → QDCK/TIPV

55. (*b*) : कोड प्राप्त करने के लिए सर्वप्रथम दिए गए शब्द के अंतिम वर्ण के अतिरिक्त अन्य सभी वर्णों को उलटे क्रम में लिखा गया है। इस प्रकार प्राप्त वर्णक्रम के प्रत्येक वर्ण को दो स्थान आगे बढ़ाया गया है। इस प्रकार

AVOID → IOVAD → KQXCF

56. (*d*) : कोड प्राप्त करने के लिए सर्वप्रथम शब्द को दो–दो वर्णों के तीन समूहों में विभाजित करें और इस प्रकार प्राप्त प्रत्येक समूह के वर्णों को विपरीत क्रम में लिखें। इस प्रकार प्राप्त वर्णक्रम के दूसरे, चौथे और छठे वर्ण में से प्रत्येक को एक स्थान आगे बढ़ाया गया है। इस प्रकार

AN SW ER → NA WS RE → NBWTRF

57. (*c*) : कोड प्राप्त करने के लिए सर्वप्रथम शब्द के मध्य वर्ण को यथास्थान रखते हुए प्रथम पांच और अंतिम पांच वर्णों को उलटे क्रम में लिखा गया हैं। इस प्रकार प्राप्त वर्णक्रम के पहले पांच वर्णों में से प्रत्येक को एक स्थान आगे बढ़ाया गया है, मध्य के वर्ण को दो स्थान आगे बढ़ाया गया है और अंतिम पांच वर्णों में से प्रत्येक को एक स्थान पीछे हटाया गया है। इस प्रकार CREDI/B/ILITY → IDERC/B/YTILI → JEFSD/D/XSHKH

58. (*e*) : कोड प्राप्त करने के लिए सर्वप्रथम शब्द के प्रथम दो और अंतिम तीन वर्णों को उलटे क्रम में लिखा गया है और शेष वर्णों को एक स्थान आगे बढ़ाया गया है। इस प्रकार

TH/URS/DAY → HT/VST/YAD

59. (*c*) : यदि दिए गए शब्द में किसी वर्ण का स्थान अंग्रेजी वर्णमाला के प्रारम्भ से दसवां है, तो कोड में उसका संबंधित वर्ण अंत से 9वां होगा ।

60. (*d*) : कोड प्राप्त करने के लिए दिए गए शब्द में प्रत्येक वर्ण को उस वर्ण से प्रतिस्थापित कर दिया जाता है जो वर्णमाला के दूसरे छोर से समान स्थान पर स्थित होता है।

61. (*b*) : कोड प्राप्त करने के लिए दिए गए शब्द में प्रत्येक वर्ण को उस वर्ण से प्रतिस्थापित कर दिया जाता है जो वर्णमाला के दूसरे छोर से समान स्थान पर स्थित होता है। जैसे A को Z से, B को Y से, C को X से, D को W से....और इसी प्रकार अन्य।

62. (*b*) : कोड प्राप्त करने के लिए दिए गए शब्द में प्रत्येक वर्ण को उस वर्ण से प्रतिस्थापित कर दिया जाता है जो वर्णमाला के दूसरे छोर से समान स्थान पर स्थित होता है।

63. (*e*) : कोड प्राप्त करने के लिए दिए गए शब्द में प्रत्येक वर्ण को उस वर्ण से प्रतिस्थापित कर दिया जाता है जो वर्णमाला के दूसरे छोर से समान स्थान पर स्थित होता है और इस प्रकार प्राप्त वर्णक्रम को विपरीत क्रम में लिखा जाता है। अत: CRUELTY → XIFVOGB → BGOVFIX

64. (*a*) : यदि दिए गए शब्द में किसी वर्ण का स्थान अंग्रेजी वर्णमाला के प्रारम्भ से 9वां है, तो कोड में उसका संबंधित वर्ण अंत से (9+1)वां होगा।

65. (*d*) : मूल वर्ण और पुनर्व्यवस्थित वर्णों का क्रम इस प्रकार है:

Orig.	A	B	C	D	E	F	G	H	I	J	K	L	M	N	O	P	Q	R	S	T	U	V	W	X	Y	Z
Rearr.	B	C	D	F	G	H	J	K	L	M	N	P	Q	R	S	T	V	W	X	Y	Z	A	E	I	O	U

अत: META के लिए कोड QGYB होगा।

प्रश्न 66 से 75

स्पष्ट है कि विकल्प (*a*) में कोड प्राप्त करने के लिए शब्द का प्रत्येक वर्ण स्थान आगे बढ़ाया गया है।

विकल्प (*b*) में कोड प्राप्त करने के लिए सर्वप्रथम शब्द के वर्णों को एक विपरीत क्रम में लिखा गया है और इस प्रकार प्राप्त वर्णक्रम के पहले, दूसरे, तीसरे, ...वर्णों को क्रमश: एक, दो, तीन स्थान आगे बढ़ाया गया है।

विकल्प (*c*) में कोड प्राप्त करने के लिए शब्द के विषम स्थान पर स्थित वर्णों को दो स्थान आगे बढ़ाया गया है, जबकि सम स्थान वर्णों को एक स्थान आगे बढ़ाया गया है।

विकल्प (*d*) में कोड प्राप्त करने के लिए शब्द के विषम स्थान पर स्थित वर्णों को दो स्थान पीछे हटाया गया है, जबकि सम स्थान वर्णों को एक स्थान पीछे हटाया गया है।

66. (*b*)	**67.** (*d*)	**68.** (*d*)	**69.** (*b*)	**70.** (*d*)
71. (*a*)	**72.** (*a*)	**73.** (*c*)	**74.** (*a*)	**75.** (*c*)

केस II: दिए गए कोड का विश्लेषण करके शब्द ज्ञात करना (डिकोडिंग)

उदा 1. यदि किसी सांकेतिक भाषा में ROAD को WTFI लिखा जाता है, तो सांकेतिक भाषा के उसी नियम के अनुसार किस शब्द को GJFY लिखा जाएगा? (R.R.B. 2004)

(*a*) REAP (*b*) TAKE (*c*) BEAT (*d*) LATE

हल: स्पष्ट है कि दिए गए शब्द का प्रत्येक वर्ण कोड के वर्ण से पांच स्थान पीछे है। इसी प्रकार, दिए गए शब्द में BEAT के लिए कोड GJFY होगा। **अत:** उत्तर (*c*) होगा।

W	T	F	I	G	J	F	Y
– 5 ↓	– 5 ↓	– 5 ↓	– 5 ↓	– 5 ↓	– 5 ↓	– 5 ↓	– 5 ↓
R	O	A	D	B	E	A	T

उदा. 2. यदि किसी सांकेतिक भाषा में GRANDEUR को NARGRUED लिखा जाता है, तो उसी सांकेतिक भाषा में किस शब्द को SERPEVRE लिखा जाएगा? **(M.A.T. 2005)**

(*a*) PERSEVER (*b*) PRESEVER (*c*) PERSERVE
(*d*) PREVERSE (*e*) PRESERVE

हल: स्पष्ट है कि शब्द के प्रथम चार और अंतिम चार वर्णों को उलटे क्रम में लिखकर कोड प्राप्त किया गया है। इसी प्रकार, दिए गए शब्द में SERPEVRE → SERP/EVRE → PRES/ERVE → PRESERVE

अत: उत्तर (*e*) होगा।

अभ्यास 4B

1. यदि किसी सांकेतिक भाषा में POPULAR को QPQVMBS लिखा जाता है, तो उसी सांकेतिक भाषा में किस शब्द को GBNPVT लिखा जाएगा? **(M.A.T. 2004, R.R.B. 2006)**

(*a*) FARMER (*b*) FAMOUS (*c*) FRAMES
(*d*) FARMES (*e*) FAMOTH

2. यदि किसी सांकेतिक भाषा में UTENSIL को WVGPUKN लिखा जाता है, तो उसी सांकेतिक भाषा में किस शब्द को DMSFXG लिखा जाएगा?

(*a*) BKQEVE (*b*) BKQDWE (*c*) BKQDWF
(*d*) BKQDVE (*e*) BKQDVF

3. यदि किसी सांकेतिक भाषा में ROBUST को QNATRS लिखा जाता है, तो उसी सांकेतिक भाषा में किस शब्द को ZXCMP लिखा जाएगा?

(*a*) BZEOR (*b*) AYDNQ (*c*) AWDLQ
(*d*) YYBNO (*e*) YWBLO

4. यदि किसी सांकेतिक भाषा में EHFNRQ को BECKON लिखा जाता है, तो उसी सांकेतिक भाषा में किस शब्द को QDFWXULQ लिखा जाएगा?

(*a*) NCAUTIRN (*b*) NACUTIRN (*c*) NATCRIUN
(*d*) NACTURIN (*e*) NACUTRIN

5. यदि किसी सांकेतिक भाषा में REFRIGERATOR को ROTAREGIRFER लिखा जाता है, तो उसी सांकेतिक भाषा में किस शब्द को NOITINUMMA लिखा जाएगा? **(R.R.B. 2006)**

(*a*) ANMOMIUTNI (*b*) AMNTOMUIIN
(*c*) AMMUNITION (*d*) NMMUNITIOA
(*e*) इनमें से कोई नहीं

6. यदि किसी सांकेतिक भाषा में GRASP को BMVNK लिखा जाता है, तो उसी सांकेतिक भाषा में किस शब्द को CRANE लिखा जाएगा?

(*a*) FUDQH (*b*) HWFSJ (*c*) GVERI
(*d*) XMVIZ (*e*) BQZMD

7. यदि किसी सांकेतिक भाषा में COVET को FRYHW लिखा जाता है, तो उसी सांकेतिक भाषा में किस शब्द को SHDUO लिखा जाएगा?

(*a*) QUAKE (*b*) REPAY (*c*) STINK
(*d*) PEARL (*e*) TIEVP

8. यदि किसी सांकेतिक भाषा में TRIANGLE को SQHZMFKD लिखा जाता है, तो उसी सांकेतिक भाषा में किस शब्द को DWZLOKD लिखा जाएगा?

(*a*) EXAMPLE (*b*) FIGMENT (*c*) DISMISS
(*d*) DISJOIN (*e*) इनमें से कोई नहीं

9. यदि किसी सांकेतिक भाषा में SOLID को WPSLPIMFHA लिखा जाता है, तो उसी सांकेतिक भाषा में किस शब्द को ATEXXQIBVO लिखा जाएगा? **(I.A.S. 1999)**

(*a*) WATER (*b*) WAGER (*c*) EAGER (*d*) WAFER

10. यदि किसी सांकेतिक भाषा में SWITCH को TVJSDG लिखा जाता है, तो उसी सांकेतिक भाषा में किस शब्द को CQFZE लिखा जाएगा?

(*a*) BARED (*b*) BRAED (*c*) BREAD
(*d*) BRADE (*e*) BRDAE

11. यदि किसी सांकेतिक भाषा में REMOTE को ROTEME लिखा जाता है, तो उसी सांकेतिक भाषा में किस शब्द को PNIICC लिखा जाएगा?

(*a*) NPIICC (*b*) PICCIN (*c*) PINCIC
(*d*) PICNIC (*e*) PICINC

12. यदि किसी सांकेतिक भाषा में CRICKET को FULFNHW लिखा जाता है, तो उसी सांकेतिक भाषा में किस शब्द को EULGH लिखा जाएगा?

(*a*) PRIDE (*b*) BRIDE (*c*) BLADE
(*d*) BLIND (*e*) इनमें से कोई नहीं

13. यदि किसी सांकेतिक भाषा में SHIFT को RFFBO लिखा जाता है, तो उसी सांकेतिक भाषा में किस शब्द को LKUMB लिखा जाएगा?

(*a*) MMXQG (*b*) MLVNC (*c*) KJVLA
(*d*) MJVLC (*e*) KJTLA

14. यदि किसी सांकेतिक भाषा में BLEACH को LBAEHC लिखा जाता है, तो उसी सांकेतिक भाषा में किस शब्द को NBOLZKMH लिखा जाएगा?

(*a*) OBNKZLHM (*b*) LOBNHMKZ (*c*) OCPMALNI
(*d*) MANKYJLG (*e*) BNLOKZHM

15. यदि किसी सांकेतिक भाषा में DECEMBER को ERMBCEDE लिखा जाता है, तो उसी सांकेतिक भाषा में किस शब्द को ERMBVENO लिखा जाएगा? **(S.S.C. 2000)**

(*a*) AUGUST (*b*) SEPTEMBER
(*c*) OCTOBER (*d*) NOVEMBER

16. यदि किसी सांकेतिक भाषा में INTIMATE को ITNIETAM लिखा जाता है, तो उसी सांकेतिक भाषा में किस शब्द को TREVNIETARBI लिखा जाएगा?

(*a*) INVRETIBRATE (*b*) INVERTIBARTE
(*c*) INVERTIBRETA (*d*) INVERTIBRATE
(*e*) INVERITBARTE

17. यदि किसी सांकेतिक भाषा में OMISSION को QKKQUGQL लिखा जाता है, तो उसी सांकेतिक भाषा में किस शब्द को RYVIWZB लिखा जाएगा?

(*a*) PATKUBZ (*b*) BZWIVYR (*c*) BZWVIYR
(*d*) PTAKBZU (*e*) BZIWYVR

18. यदि किसी सांकेतिक भाषा में PORCELAIN को QOSCFL-BJO लिखा जाता है, तो उसी सांकेतिक भाषा में किस शब्द को BKMOUSPP लिखा जाएगा?

(*a*) ALTOLROPY (*b*) ALLOTROPY
(*c*) ALOTROLPY (*d*) ATLOROPLY
(*e*) इनमें से कोई नहीं

19. यदि किसी सांकेतिक भाषा में ALMIRAH को BNPMW-GO लिखा जाता है, तो उसी सांकेतिक भाषा में किस शब्द को DNRWLUA लिखा जाएगा?

(*a*) COSGOLT (*b*) TOGSOLC (*c*) TOGCLOS
(*d*) CLOSGOT (*e*) COLSTOG

20. यदि किसी सांकेतिक भाषा में MACHINE को LBBIHOD लिखा जाता है, तो उसी सांकेतिक भाषा में किस शब्द को SLTM-FNB लिखा जाएगा?

(*a*) RKSLEMA (*b*) TKULGMC (*c*) RMSNEOA
(*d*) TMUNGOC (*e*) TMUNGMC

हल-अभ्यास 4(B)

1. (*b*) : शब्द का प्रत्येक वर्ण कोड के संबंधित वर्ण से एक स्थान पीछे है।
2. (*e*) : शब्द का प्रत्येक वर्ण कोड के संबंधित वर्ण से दो स्थान पीछे है।
3. (*b*) : शब्द का प्रत्येक वर्ण कोड के संबंधित वर्ण से एक स्थान आगे है।
4. (*d*) : शब्द का प्रत्येक वर्ण कोड के संबंधित वर्ण से तीन स्थान पीछे है।
5. (*c*) : शब्द के वर्णों का क्रम कोड में उलट जाता है। अत: शब्द प्राप्त करने के लिए कोड के वर्णों का क्रम उलटना होगा।
6. (*b*) : शब्द का प्रत्येक वर्ण कोड के संबंधित वर्ण से पांच स्थान आगे है।
7. (*d*) : शब्द का प्रत्येक वर्ण कोड के संबंधित वर्ण से तीन स्थान पीछे है।
8. (*a*) : शब्द का प्रत्येक वर्ण कोड के संबंधित वर्ण से एक स्थान आगे है।
9. (*a*) : स्पष्ट है कि कोड के सम स्थान पर स्थित पदों को दो स्थान आगे बढाने तथा विषम स्थान पर स्थित पदों को छोड़ने से अभीष्ट शब्द प्राप्त किया जा सकता है।
10. (*c*) : शब्द में विषम स्थान पर स्थित प्रत्येक वर्ण कोड में एक स्थान पीछे है और शब्द में सम स्थान पर स्थित प्रत्येक वर्ण कोड में एक स्थान आगे है।
11. (*d*) : शब्द के दूसरे और तीसरे वर्णों के समूह तथा चौथे और पांचवें वर्णों के समूह कोड में परस्पर प्रतिस्थापित हो जाते हैं ।
12. (*b*) : शब्द का प्रत्येक वर्ण कोड के संबंधित वर्ण से तीन स्थान पीछे है।
13. (*a*) : शब्द में पहला, दूसरा, तीसरा, चौथा और पांचवां वर्ण कोड के संबंधित वर्णों से क्रमश: एक, दो, तीन, चार और पांच स्थान आगे हैं।
14. (*e*) : शब्द को दो-दो वर्णों वाले समूहों में बांटा गया है और प्रत्येक समूह में वर्णों क़ा क्रम उलट दिया गया है।
15. (*d*) : शब्द को दो-दो वर्णों वाले समूहों में बांटा गया है और फिर इन समूहों का क्रम उलट दिया गया है। ERMBVENO → ER/MB/VE/NO → NO/VE/MB/ER → NOVEMBER
16. (*d*) : कोड के प्रथम आधे वर्णों और शेष आधे वर्णों का क्रम अलग-अलग उलट देने पर शब्द प्राप्त होता है।
17. (*a*) : कोड में क्रमागत रूप से एक वर्ण शब्द के सम्बन्धित वर्ण से दो स्थान आगे है और दूसरा वर्ण शब्द के सम्बन्धित वर्ण से दो स्थान पीछे हैं।
18. (*b*) : कोड में क्रमागत रूप से एक वर्ण शब्द के सम्बन्धित वर्ण से एक स्थान आगे है और दूसरा वर्ण शब्द के सम्बन्धित वर्ण के समान है।
19. (*d*) : कोड में क्रमागत रूप से एक वर्ण शब्द के सम्बन्धित वर्ण से से एक स्थान आगे है और दूसरा वर्ण शब्द के सम्बन्धित वर्ण से दो स्थान पीछे हैं।
20. (*b*) : कोड में क्रमागत रूप से एक वर्ण शब्द से एक स्थान पीछे है और दूसरा वर्ण शब्द के सम्बन्धित वर्ण से से एक स्थान आगे है।

प्रकार 2: प्रत्यक्ष/सरल अक्षर कोडिंग

अभी तक हमने जो सीखा वह 'नियम-कोडिंग' था, जिसमें शब्दों को वर्णों के संचलन या वर्णों की पुनर्व्यवस्था से संबंधित निश्चित पैटर्न या नियम के अनुसार कोड निर्दिष्ट किया गया था, जिसे डिकोड करने के लिए इसके नियम को पहचानने की आवश्यकता थी। लेकिन कभी-कभी कोई विशेष वर्ण, बिना किसी निश्चित नियम या प्रक्रिया के, किसी विशेष वर्ण का कोड बना दिया जाता है। जैसे यदि किसी सांकेतिक भाषा में A को W, C को P, E को T, L को Z, S को B और T को K के रूप में कोडित किया गया है, तो उसमें CASTLE के लिए कोड PWBKZT होगा। इस प्रकार के कोडिंग को प्रत्यक्ष कोडिंग कहते है।

प्रत्यक्ष कोडिंग में, कोड के वर्णों को उसी अनुक्रम में रखा जाता है जिस क्रम में शब्द के सम्बंधित वर्ण होते हैं। प्रत्यक्ष कोडिंग के प्रश्नों में या तो किन्हीं निश्चित वर्णों के सम्बन्धित कोड वर्ण दे दिए जाते हैं अथवा दो या अधिक शब्द दिए जाते हैं जिनकी सहायता से हमें निश्चित वर्णों के सम्बन्धित कोड वर्ण ज्ञात करने होते हैं।

व्याख्यात्मक उदाहरण

उदा. 1. यदि किसी निश्चित सांकेतिक भाषा में, O को E, A को C, M को I, S को O, N को P, E को M, I को A, A को N और C को S लिखा जाता है, तो उसी सांकेतिक भाषा में COMPANIES को किस प्रकार लिखा जाएगा? **(Bank P.O. 2004)**

(*a*) SMINCPAMO (*b*) SEIACPAMO
(*c*) SEINCPAMO (*d*) SEINCPMIO
(*e*) इनमे से कोई नहीं

हल: दिए गए शब्द के वर्णों को उनके संबंधित कोड के साथ प्रतिस्थापित करने पर

C	O	M	P	A	N	I	E	S
↓	↓	↓	↓	↓	↓	↓	↓	↓
S	E	I	N	C	P	A	M	O

अत: उत्तर (*c*) होगा।

उदा. 2. यदि किसी निश्चित सांकेतिक भाषा में, PARENT को BDFGJK और CHILDREN को MOXQUFGJ लिखा जाता है, तो उसी सांकेतिक भाषा में REPRINT को किस प्रकार लिखा जाएगा? **(S.S.C. 2005)**

(*a*) FGBFXJK (*b*) FGBUXJK
(*c*) FGBFXGD (*d*) BGBFXJK

हल: दिए गए शब्दों और कोडों का निरीक्षण करने पर, हम देखते हैं कि:

(*i*) कोडिंग के लिए कोई स्पष्ट नियम नहीं है;

(*ii*) दिए गए दोनों शब्दों में एक निश्चित वर्ण के लिए एक निश्चित कोड है अर्थात PARENT और CHILDREN शब्द में 'REN' शब्द दोनों में है और दोनों शब्दों के कोड में इसके लिए 'FGJ' का प्रयोग किया गया है। यह इंगित करता है कि कोड वर्ण भी शब्द के संबंधित वर्ण के समान अनुक्रम में हैं;

(*iii*) REPRINT को PARENT और CHILDREN के वर्णों के संयोजन से बनाया गया है।

उपर्युक्त तीनों से संकेत मिलता है कि यह प्रत्यक्ष कोडिंग से संबंधित प्रश्न है। अत:

वर्ण	P	A	R	E	N	T	C	H	I	L	D
कोड	B	D	F	G	J	K	M	O	X	Q	U

अत: REPRINT के लिए कोड FGBFXJK होगा।

अत: उत्तर (*a*) होगा।

उदा. 3. यदि किसी निश्चित सांकेतिक भाषा में EARTH को QPMZS लिखा जाता है, तो उसी सांकेतिक भाषा में HEART को किस प्रकार लिखा जाएगा? **(C.P.O. 2004)**

(*a*) SQPZM (*b*) SQMPZ (*c*) SPQZM (*d*) SQPMZ

हल: उपरोक्त प्रश्न का निरीक्षण करने पर हम पाते हैं कि HEART में EARTH में प्रयुक्त वर्ण समान हैं और विकल्पों में दिए गए चार संभावित कोड में भी वही वर्ण हैं जो EARTH के कोड में हैं। यह इंगित करता है कि यह प्रत्यक्ष-कोडिंग का प्रश्न है। अत:

वर्ण	E	A	R	T	H
कोड	Q	P	M	Z	S

अत: HEART के लिए कोड SQPMZ होगा।

अत: उत्तर (*d*) होगा।

उदा. 4. एक रक्षा संदेश में, GET AWAY, FIRE BACK WARDS, MOVE SLOW को BEN CDCI, QHOE PCTL DCOXU, ZMWE VFMD लिखा जाता है। **(M.A.T. 2000)**

इस कोडिंग योजना के आधार पर, निम्नलिखित शब्दों के लिए कोड ज्ञात करें:

1. OVER
(*a*) MWED (*b*) MWEO (*c*) MWOE (*d*) MWZO

2. DEADLY
(*a*) XECXEI (*b*) XEEXCI (*c*) XECXFI (*d*) XENXFI

3. REWARD
(*a*) OEDCOU (*b*) OEDCOX (*c*) OEDNXE (*d*) OTDCOX

4. GREAT
(*a*) BOECN (*b*) BOENC (*c*) BOEHC (*d*) BOEQN

हल: दिए गए संदेश को देखने पर हम पाते हैं कि इसमें कोडिंग के किसी निश्चित नियम का पालन नहीं किया गया है। जब भी संदेश में A वर्ण आता है, तो कोड में संबंधित स्थान पर C का प्रयोग होता है। इसी प्रकार, E के स्थान पर E, W के स्थान पर D और इसी तरह आगे भी लिखा गया है।

इस प्रकार, संदेश में प्रत्येक वर्ण का एक विशेष कोड है। यह प्रत्यक्ष कोडिंग है। अत:

वर्ण	G	E	T	A	W	Y	F	I	R	B	C	K	D	S	M	O	V	L
कोड	B	E	N	C	D	I	Q	H	O	P	T	L	X	U	Z	M	W	F

1. OVER के लिए कोड MWEO है। अत: उत्तर (*b*) होगा।
2. DEADLY के लिए कोड XECXFI है। अत: उत्तर (*c*) होगा।
3. REWARD के लिए कोड OEDCOX है। अत: उत्तर (*b*) होगा।
4. GREAT के लिए कोड BOECN है। अत: उत्तर (*a*) होगा।

अभ्यास 4C

निर्देश (प्रश्न 1 से 8): नीचे A से Z तक का वर्णक्रम दिया गया है। प्रत्येक बड़े वर्ण के नीचे एक छोटा वर्ण लिखा गया है जिसे बड़े वर्ण के कोड के रूप में प्रयोग किया जाना है।

A	B	C	D	E	F	G	H	I	J	K	L	M	N	O	P	Q	R	S	T	U	V	W	X	Y	Z
o	z	f	t	g	l	q	n	a	v	s	w	c	b	y	h	u	d	j	r	p	x	m	e	k	i

निम्नलिखित प्रश्नों में से प्रत्येक प्रश्न में छह बड़े वर्णों का एक शब्द समूह दिया गया है और इसके समतुल्य कोड को विकल्प (a), (b), (c) या (d) में से किसी एक में दिया गया है। प्रत्येक प्रश्न में दिए गए शब्द समूह का अध्ययन करें और ऊपर दिए गए कोडों की सहायता से शब्द के सम्बंधित कोड को ज्ञात कर विकल्प (a), (b), (c) या (d) में से किसी एक को अपने उत्तर के रूप में चुनें। **(S.S.C. 2001)**

(a)	(b)	(c)	(d)
qvscjx	ctloig	zrmtis	qvsliz
tdjiwr	wguxzg	ataydx	nxadjw
afchij	gjbflr	tdihwr	gjbrfl
wguxgz	dmthpr	wgurvs	ataydp
qujoxs	ataynp	wguxgz	tdiwrh
giavyu	naxowd	grpmil	qvpjrp

1. ESNTCF 2. DRZPLT 3. ICMPZS
4. HIVALR 5. BTWDZK 6. IDIORV
7. LEQVEB 8. GJKMSV

9. यदि R को N द्वारा दर्शाया गया है, D को D द्वारा दर्शाया गया है, I को U द्वारा, O को I द्वारा, E को R द्वारा, T को O द्वारा, U को D द्वारा, N को C द्वारा और C को E द्वारा, तो INTRODUCE शब्द किस प्रकार लिखा जाएगा? **(Bank P.O. 2004)**

(*a*) UCONIDTER (*b*) UCONITDER
(*c*) UCONTIDER (*d*) UCOINTDER
(*e*) इनमे से कोई नहीं

10. यदि किसी सांकेतिक भाषा में FIRE को QHOE और MOVE को ZMWE लिखा जाता है, तो उसी सांकेतिक भाषा में OVER को किस प्रकार लिखा जाएगा ? **(R.R.B. 2004)**

(*a*) MWED (*b*) MWEO (*c*) MWOE (*d*) MWZO

11. यदि किसी सांकेतिक भाषा में PEN को NZO और BARK को CTSL लिखा जाता है, तो उसी सांकेतिक भाषा में PRANK को किस प्रकार लिखा जाएगा? **(S.S.C. 2003)**

(*a*) CSTZN (*b*) NSTOL (*c*) NTSLO (*d*) NZTOL

12. यदि किसी सांकेतिक भाषा में SHEEP को GAXXR और BLEAT को HPXTN लिखा जाता है, तो उसी सांकेतिक भाषा में SLATE को किस प्रकार लिखा जाएगा? **(S.S.C. 2003)**

(*a*) GPTNX (*b*) GPTXN (*c*) GPXNT (*d*) PTGXN

13. यदि किसी सांकेतिक भाषा में CENTRAL को ABCDEFG और PLANETARIUM को HGFCBDFEIJK लिखा जाता है, तो उसी सांकेतिक भाषा में LANTERN को किस प्रकार लिखा जाएगा? **(S.S.C. 2002)**

(*a*) GFCDFEG (*b*) GFCDEFG
(*c*) GFCDBEC (*d*) GFCDBEB

14. यदि किसी सांकेतिक भाषा में TUTORIAL को DODNGLCF और DANCE को YCJMZ लिखा जाता है, तो उसी सांकेतिक भाषा में EDUCATION को किस प्रकार लिखा जाएगा? **(R.R.B. 2002)**

(*a*) ZYMODCLNJ (*b*) ZYOMCDLNJ
(*c*) ZYOMDCLNJ (*d*) ZYOTNLCMD
(*e*) इनमें से कोई नहीं

15. यदि किसी सांकेतिक भाषा में MINERAL को QRSTUVW और SOUND को ABCSD लिखा जाता है, तो उसी सांकेतिक भाषा में READER को किस प्रकार लिखा जाएगा? **(M.C.A. 2005)**

(*a*) SBFEFS (*b*) UTVDTU (*c*) TUDVUT (*d*) QDZCDQ

16. यदि किसी सांकेतिक भाषा में STARK को LBFMG और MOBILE को TNRSPJ लिखा जाता है, तो उसी सांकेतिक भाषा में BLAME को किस प्रकार लिखा जाएगा? **(Hotel Management, 1999)**

(*a*) TSFRJ (*b*) RPFTJ (*c*) NJFTP (*d*) TSFGJ

17. यदि किसी सांकेतिक भाषा में CONCEPT को unmulqr और FRIEND को ysglmt के लिखा जाता है, तो उसी सांकेतिक भाषा में PREDICT को किस प्रकार लिखा जाएगा ?

(*a*) usygmnl (*b*) slmgtur (*c*) qsltgur (*d*) qgmnltr

18. यदि किसी सांकेतिक भाषा में ORGANISATION को CBDWLQJWYQCL और OPERATION को CXFBWYQCL लिखा जाता है, तो उसी सांकेतिक भाषा में SEPARATION को किस प्रकार लिखा जाएगा? **(S.S.C. 2002)**

(*a*) EJXEBEYQCL (*b*) JFQYWBCXQL
(*c*) JFXWBWYQCL (*d*) QCLYWBFXJE

19. यदि किसी सांकेतिक भाषा में PORTER को MBNZQN लिखा जाता है, तो उसी सांकेतिक भाषा में REPORT को किस प्रकार लिखा जाएगा? **(C.B.I. 2003)**

(*a*) NQMNBZ (*b*) NQMBNZ
(*c*) NBQMNZ (*d*) NQBMNZ

20. यदि किसी सांकेतिक भाषा में STOVE को FNBLK लिखा जाता है, तो उसी सांकेतिक भाषा में VOTES को किस प्रकार लिखा जाएगा? **(C.P.O. 2003)**

(*a*) FLKBN (*b*) LBNKF (*c*) LKNBF (*d*) LNBKF

21. यदि किसी सांकेतिक भाषा में TEACHER को LMKJNMP लिखा जाता है, तो उसी सांकेतिक भाषा में HEART को किस प्रकार लिखा जाएगा??

(*a*) NMAPL (*b*) NMPKL (*c*) NPKML (*d*) NMKPL

निर्देश *(प्रश्न 22 से 25): यदि किसी सांकेतिक भाषा में INDIA HAS WON FIRST GOLD MEDAL को JFZJU OUV SEF PJDVB REQZ ITZUQ लिखा गया है। सांकेतिक भाषा की इसी पद्धति के अनुसार प्रत्येक दिए गए शब्द के लिए सही कोड का चयन करें:* **(M.A.T. 2001)**

22. FOOT

(*a*) BEEB (*b*) CEEA (*c*) PEEB (*d*) SEEZ

23. DIESEL

(*a*) ZJTVTQ (*b*) ZJTQVT (*c*) ZJEVTQ (*d*) BZTETV

24. WOOD

(*a*) BEEZ (*b*) ZEES (*c*) LEEB (*d*) SEEZ

25. TAILOR

(*a*) ZUTQED (*b*) BUJQED (*c*) SUTQED (*d*) BUTQEP

निर्देश *(प्रश्न 26 से 35): 'DELIBERATION' शब्द को चार अलग-अलग कोड भाषाओं में लिखा गया है जिसे (a), (b), (c) और (d) विकल्प में दिया गया है। नीचे दिए गए दस प्रश्नों में दस शब्द दिए गए हैं। प्रत्येक प्रश्न के साथ चार विकल्प दिए गए हैं। इन चार विकल्पों में से कोई एक विकल्प ऊपर दी गयी चार कोड भाषाओं में से किसी एक के समान है जिसमें 'DELIBERATION' लिखा गया है। आपको उस विकल्प का चयन करना है।*

DELIBERATION

(*a*) mgaslgdnesbr **(*b*) fmasgmdnesbr**
(*c*) fpasgpñutsnr **(*d*) rpñslpdglsnt**

26. BROAD

(*a*) gpndf (*b*) ldbnm (*c*) lngdf (*d*) gnudj

27. RATE

(*a*) dnlg (*b*) dglm (*c*) xwep (*d*) dnem

28. NATION

(*a*) rntsbr (*b*) tgesnt (*c*) rutsnr (*d*) rgesbr

29. LENIENT

(*a*) agrsgre (*b*) amtsmte (*c*) aprsmrt (*d*) xptsmti

30. NEAR

(*a*) rmnx (*b*) rpnd (*c*) rpnx (*d*) tpgd

31. TRADE
(*a*) exnmg (*b*) ednfm (*c*) txnjp (*d*) idgjp

32. NOTE
(*a*) rbem (*b*) rpeg (*c*) rnep (*d*) tbip

33. LEADER
(*a*) amufmd (*b*) apnmpd (*c*) apnfpx (*d*) xpgrpd

34. BRAIN
(*a*) gxnsr (*b*) ldusr (*c*) gxusr (*d*) ldnst

35. BERATE
(*a*) lgdneg (*b*) gmdneg (*c*) gpxntp (*d*) lpdgtp

निर्देश (प्रश्न 36 से 40): निम्नलिखित में से प्रत्येक प्रश्न में दिए गए शब्द को चार अलग-अलग कोड भाषाओं में लिखा गया है। इन चार कोड भाषाओं में से कोई एक कोड सभी पांच प्रश्नों में उपस्थित है। आपको उस उभयनिष्ठ कोड का चयन करना है, उभयनिष्ठ कोड वाला वही विकल्प आपका उत्तर होगा।

36. CLUSTER
(*a*) YHPQDXE (*b*) BKTUSDQ
(*c*) BITSVEO (*d*) XFJNOPQ

37. LIGHT
(*a*) HVWJD (*b*) KHIGS (*c*) CIMKN (*d*) KJHGS

38. TRIVIAL
(*a*) SQHXHCK (*b*) DEVCVZH
(*c*) VOHXHAI (*d*) SQJUJBK

39. NUMBER
(*a*) ZJAWQP (*b*) MTOADQ
(*c*) GPTMXE (*d*) MVNAFQ

40. BRAVE
(*a*) AQBUF (*b*) WRYJQ (*c*) DOAXE (*d*) MEZCX

हल-अभ्यास 4(C)

1. (*d*) : ESNTCF के लिए कोड gjbrfl हैं।

2. (*c*) : DRZPLT के लिए कोड tdihwr हैं।

3. (*a*) : ICMPZS के लिए कोड fchij हैं।

4. (*b*) : HIVALR के लिए कोड naxowd हैं।

5. (*c*) : BTWDZK के लिए कोड zrmtis हैं।

6. (*c*) : IDIORV के लिए कोड ataydx हैं।

7. (*a*) : LEQVEB के लिए कोड wguxgz हैं।

8. (*a*) : GJKMSV के लिए कोड qvscjx हैं।

9. (*b*) :

I	N	T	R	O	D	U	C	E
↓	↓	↓	↓	↓	↓	↓	↓	↓
U	C	O	N	I	T	D	E	R

10. (*b*) :

वर्ण	F	I	R	E	M	O	V
कोड	Q	H	O	E	Z	M	W

OVER के लिए कोड MWEO हैं।

11. (*b*) :

वर्ण	P	E	N	B	A	R	K
कोड	N	Z	O	C	T	S	L

PRANK के लिए कोड NSTOL हैं।

12. (*a*) :

वर्ण	S	H	E	P	B	L	A	T
कोड	G	A	X	R	H	P	T	N

LATE के लिए कोड GPTNX है।

13. (*c*) :

वर्ण	C	E	N	T	R	A	L	P	I	U	M
कोड	A	B	C	D	E	F	G	H	I	J	K

LANTERN के लिए कोड GFCDBEC है।

14. (*c*) :

वर्ण	T	U	O	R	I	A	L	D	N	C	E
कोड	D	O	N	G	L	C	F	Y	J	M	Z

EDUCATION के लिए कोड ZYOMCDLNJ है।

15. (*b*) :

वर्ण	M	I	N	E	R	A	L	S	O	U	D
कोड	Q	R	S	T	U	V	W	A	B	C	D

READER के लिए कोड UTVDTU है।

16. (*b*) :

वर्ण	S	T	A	R	K	M	O	B	I	L	E
कोड	L	B	F	M	G	T	N	R	S	P	J

BLAME के लिए कोड RPFTJ है।

17. (*c*) :

वर्ण	C	O	N	E	P	T	F	R	I	D
कोड	u	n	m	l	q	r	y	s	g	t

PREDICT के लिए कोड qsltgur है।

18. (*c*) :

वर्ण	O	R	G	A	N	I	S	T	P	E
कोड	C	B	D	W	L	Q	J	Y	X	F

SEPARATION के लिए कोड JFXWBWYQCL है।

19. (*b*) :

वर्ण	P	O	R	T	E
कोड	M	B	N	Z	Q

REPORT के लिए कोड NQMBNZ है।

20. (*b*) :

वर्ण	S	T	O	V	E
कोड	F	N	B	L	K

VOTES के लिए कोड LBNKF है।

21. (*d*) :

वर्ण	T	E	A	C	H	R
कोड	L	M	K	J	N	P

HEART के लिए कोड NMKPL है।

प्रश्न 22 से 25

हमारे पास है:

वर्ण	I	N	D	A	H	S	W	O	F	R	T	G	L	D	M	E
कोड	J	F	Z	U	O	V	S	E	P	D	B	R	Q	Z	I	T

22. (*c*) : FOOT के लिए कोड PEEB है।

23. (*a*) : DIESEL के लिए कोड ZJTVTQ है।

24. (*d*) : WOOD के लिए कोड SEEZ है।

25. (*b*) : TAILOR के लिए कोड BUJQED है।

प्रश्न 26 से 35

दिए गए शब्द में कोडिंग का कोई निश्चित नियम दिखाई नहीं देता है। अत: हम प्रत्यक्ष कोडिंग द्वारा चार कोड भाषाओं को इस प्रकार लिख सकते हैं:

	वर्ण	D	E	L	I	B	R	A	T	O	N
(A)	कोड	m	g	a	s	l	d	n	e	b	r
(B)	कोड	f	m	a	s	g	d	n	e	b	r
(C)	कोड	f	p	a	s	g	x	u	t	n	r
(D)	कोड	r	p	x	s	l	d	g	l	n	t

अब हम दिए गए शब्दों को चार कोड भाषाओं में निम्न प्रकार से लिख सकते हैं:

	शब्द	विभिन्न भाषाओं में कोड			
		(A)	(B)	(C)	(D)
26. (*b*)	BROAD	ldbnm ✓	gdbnf	gxnuf	ldngr
27. (*d*)	RATE	dneg	dnem ✓	xutp	dglp
28. (*c*)	NATION	rnesbr	rnesbr	rutsnr ✓	tglsnt
29. (*a*)	LENIENT	agrsgre ✓	amrsmre	aprsprt	xptsptl
30. (*d*)	NEAR	rgnd	rmnd	rpux	tpgd ✓
31. (*b*)	TRADE	ednmg	ednfm ✓	txufp	ldgrp
32. (*a*)	NOTE	rbeg	rbem ✓	rntp	tnlp
33. (*d*)	LEADER	agnmgd	amnfmd	apufpx	xpgrpd ✓
34. (*c*)	BRAIN	ldnsr	gdnsr	gxusr ✓	ldgst
35. (*a*)	BERATE	lgdneg ✓	gmdnem	gpxutp	lpdglp

36. (*a*) : स्पष्ट है कि वर्ण E और R शब्द CLUSTER, NUMBER और BRAVE तीनों में मौजूद हैं।

प्रश्न 36 में दिए गए विकल्पों के अनुसार वर्ण E और R के लिए कोड क्रमश: X और E या D और Q या E और O या Q और P हो सकते हैं।

प्रश्न 39 में दिए गए विकल्पों के अनुसार वर्ण E और R के लिए कोड क्रमश: Q और P या D और Q या X और E या F और Q हो सकते हैं।

प्रश्न 40 में दिए गए विकल्पों के अनुसार वर्ण E और R के लिए कोड क्रमश: F और Q या Q और R या E और O या X और E हो सकते हैं।

उपर्युक्त तीन संभावनाओं में कॉमन कोड X और E हैं।

और चूंकि केवल विकल्प (*a*) में ये कोड मौजूद हैं, इसलिए विकल्प (*a*) CLUSTER के समतुल्य सही कोड है।

इस प्रकार, C के लिए कोड Y है, L के लिए H है, U के लिए P है, S के लिए Q है, T के लिए D है, E के लिए X है और R के लिए E है।

37. (*a*) : L के लिए कोड H है और केवल विकल्प (*a*) में प्रथम स्थान पर H है।

38. (*b*) : T के लिए कोड D है और केवल विकल्प (*b*) में प्रथम स्थान पर D है।

39. (*c*) : E और R के लिए कोड क्रमश: X और E हैं और केवल विकल्प (*c*) में अंतिम दो स्थानों पर X और E मौजूद हैं।

40. (*d*) : R और E के लिए कोड क्रमश: E और X हैं और केवल विकल्प (*d*) में क्रमश: दूसरे और पांचवें स्थान पर E और X मौजूद हैं।

प्रकार 3: संख्या/प्रतीक कोडिंग

इन प्रश्नों में दिए गए शब्द में या तो किसी वर्ण को एक संख्यात्मक कोड प्रदान किया जाता है या किसी संख्या को वर्णमाला का कोड प्रदान किया जाता है। आपको प्रश्नों के अनुसार कोड का विश्लेषण करने की आवश्यकता है।

स्पष्टत: वर्ण व संख्या आपस में इस प्रकार सहसम्बद्ध होते हैं कि अंग्रेजी वर्णमाला में वर्णों के स्थान के अतिरिक्त वे किसी अन्य प्रकार से एक-दूसरे से सम्बद्ध नहीं होते हैं। इसलिए, या तो इस प्रकार या दिए गए नियमों के सेट के अनुसार कोडिंग की जाती है।

इसके अतिरिक्त अन्य सभी प्रश्नों में प्रत्यक्ष कोडिंग की जाती है।

केस I. जब शब्दों को संख्या/प्रतीक प्रदान किए जाते हैं।

उदा. 1. यदि किसी सांकेतिक भाषा में MACHINE को 19 – 7 – 9 – 14 – 15 – 20 – 11 लिखा जाता है, तो उसी सांकेतिक भाषा में DANGER को किस प्रकार लिखा जाएगा? **(M.A.T. 2005)**

(*a*) 11 – 7 – 20 – 16 – 11 – 24
(*b*) 13 – 7 – 20 – 9 – 11 – 25
(*c*) 10 – 7 – 20 – 13 – 11 – 24
(*d*) 13 – 7 – 20 – 10 – 11 – 25

हल: स्पष्ट है कि शब्द में दिए गए प्रत्येक वर्ण को प्रदान किया गया कोड अंग्रेजी वर्णमाला में उस शब्द के स्थान को इंगित करने वाले अंक में 6 जोड़कर प्राप्त होता है।

जैसे A को (1+6) अर्थात अंक 7 कोड प्रदान किया गया है, B को (2+6) अर्थात अंक 8 कोड प्रदान किया गया है, C को (3+6) अर्थात अंक 9, ..., M को (13+6) अर्थात अंक 19, ...,Z को (26+6) अर्थात अंक 32

चूंकि D, A, N, G, E, R वर्णों का अंग्रेजी वर्णमाला में 4वां, पहला, 14वां, 7वां, 5वां और 18वां स्थान है, अत: संबंधित कोड (4+6), (1+6), (14+6), (7+6), (5+6), (18+6) अर्थात 10, 7, 20, 13, 11, 24 होगा।

DANGER के लिए अभीष्ट कोड 10 – 7 – 20 – 13 – 11 – 24 है। अत: उत्तर (*c*) होगा।

उदा. 2. यदि E = 5, PEN = 35, तब PAGE = ? **(C.B.I. 2003)**

(*a*) 27 (*b*) 28 (*c*) 29 (*d*) 36

हल: यदि A = 1, B = 2, C = 3, D = 4, E = 5, ..., M = 13, ..., X = 24, Y = 25, Z = 26

तब PEN = P + E + N +16 + 5 + 14 = 35.

अत: PAGE = P + A + G + E = 16 + 1 + 7 + 5 = 29

अत: उत्तर (*c*) होगा।

उदा. 3. यदि किसी सांकेतिक भाषा में RED को 6720 लिखा जाता है, तो उसी सांकेतिक भाषा में GREEN को किस प्रकार लिखा जाएगा? **(S.S.C. 2000)**

(*a*) 1677199 (*b*) 1677209 (*c*) 16717209 (*d*) 9207716

हल: सर्वप्रथम शब्द में दिए गए वर्णों का क्रम उलट दिया जाता है और फिर प्रत्येक वर्ण को अंग्रेजी वर्णमाला में उसके स्थान को प्रदर्शित करने वाले अंक से प्रतिस्थापित किया जाता है। उसके बाद प्राप्त प्रत्येक अंक में 2 जोड़ा जाता है और इस प्रकार प्राप्त अंकों को एक साथ रखने से कोड प्राप्त हो जाता है। जैसे

RED → DER → 4/5/18 → 6/7/20 → 6720.

GREEN → NEERG → 14/5/5/18/7 → 16/7/7/20/9 →1677209. अत: उत्तर (*b*) होगा।

उदा. 4. नीचे दिए गए वर्णों और उनके संगत अंक कोड का कोडिंग के एक निश्चित नियम के अनुरूप अध्ययन करें और नीचे दिए गए प्रश्नों के उत्तर दें और ज्ञात करें कि प्रश्न में दिए गए वर्ण समूह के लिए विकल्प (*a*), (*b*), (*c*) और (*d*) में से कौन सा विकल्प उपयुक्त होगा? **(Bank P.O. 2004)**

वर्ण	P	N	A	J	I	R	E	B	U	K
कोड	5	3	9	1	4	6	2	7	0	8

शर्त: (1) यदि समूह में प्रथम और अंतिम दोनों शब्द स्वर हो तो दोनों को $ कोड करें।

(2) यदि समूह में प्रथम और अंतिम दोनों शब्द व्यंजन हों तो दोनों को # कोड करें।

1. RBUKAE

(*a*) #70892 (*b*) 670892 (*c*) 670982
(*d*) 607892 (*e*) इनमें से कोई नहीं

2. KUNAJB

(*a*) 803917 (*b*) 0391 (*c*) # 0391
(*d*) #0391$ (*e*) इनमें से कोई नहीं

3. EBNAPI

(*a*) 273954 (*b*) 7395 (*c*) #7395#
(*d*) $7395# (*e*) इनमें से कोई नहीं

हल: 1. स्पष्टत: दिया गया शब्द– समूह एक व्यंजन से प्रारम्भ होता है और एक स्वर पर समाप्त होता है। अत: प्रत्येक वर्ण को विशेष अंक कोड से प्रतिस्थापित किया जाएगा। अत: अभीष्ट कोड 670892 होगा। अत: उत्तर (*b*) होगा।

2. स्पष्टत: दिया गया शब्द– समूह एक व्यंजन से प्रारम्भ होता है और एक व्यंजन पर ही समाप्त होता है। अत: प्रथम और अंतिम दोनों वर्णों को # से कोडित किया जाएगा जबकि मध्य के चारों वर्णों को संगत अंक कोडों से प्रतिस्थापित किया जाएगा।

अत: अभीष्ट कोड 0391 होगा। अत: उत्तर (*c*) होगा।

3. स्पष्टत: दिया गया शब्द– समूह एक स्वर से प्रारम्भ और एक स्वर पर ही समाप्त होता है। अत: प्रथम और अंतिम दोनों वर्णों को $ से कोडित किया जाएगा जबकि मध्य के चारों वर्णों को संगत अंक कोडों से प्रतिस्थापित किया जाएगा।

अत: अभीष्ट कोड 7395 होगा। अत: उत्तर (*b*) होगा।

उदा. 5. यदि किसी सांकेतिक भाषा में RAIN को 8$%6 लिखा जाता है और MORE को 7#8@ लिखा जाता है, तो उसी सांकेतिक भाषा में REMAIN को किस प्रकार लिखा जाएगा? **(Bank P.O. 2006)**

(*a*) #@7$%6 (*b*) #@&$%6 (*c*) 7@#$%6
(*d*) 8@7$%6 (*e*) इनमें से कोई नहीं

हल: स्पष्ट: दिए गए कोड में कोडिंग का कोई स्पष्ट नियम दिखाई नहीं देता है। दिए गए शब्दों में 'R' उभयनिष्ठ है और उनके कोड में '8' उभयनिष्ठ है, इसका तात्पर्य है कि एक निश्चित वर्ण को निश्चित अंक/प्रतीक कोड प्रदान किया गया है अर्थात यह प्रत्यक्ष-कोडिंग का प्रश्न है। अत: हम दिए गए कोड को निम्नानुसार हल कर सकते हैं:

वर्ण	R	A	I	N	M	O	E
कोड	8	$	%	6	7	#	@

अत: REMAIN के लिए अभीष्ट कोड 8@7$%6 होगा।

अत: उत्तर (*d*) होगा।

उदा. 6. यदि किसी सांकेतिक भाषा में CHARCOAL को 45164913 लिखा जाता है और MORALE को 296137 लिखा जाता है, तो उसी सांकेतिक भाषा में ALLOCHRE को किस प्रकार लिखा जाएगा? **(R.R.B. 2006)**

(*a*) 13396875 (*b*) 16693985 (*c*) 13394567 (*d*) 19943785

हल: स्पष्ट: यह प्रत्यक्ष-कोडिंग का प्रश्न है। अत: हम दिए गए कोड को निम्नानुसार हल कर सकते हैं:

वर्ण	C	H	A	R	O	L	M	E
कोड	4	5	1	6.	9	3	2	7

अत: ALLOCHRE के लिए अभीष्ट कोड 13394567 होगा।

अत: उत्तर (*c*) होगा।

अभ्यास 4D

1. यदि किसी सांकेतिक भाषा में REQUEST को S2R52TU लिखा जाता है, तो उसी सांकेतिक भाषा में ACID को किस प्रकार लिखा जाएगा? **(Bank P.O. 2003)**

(*a*) 1394 (*b*) IC94 (*c*) BDJE
(*d*) B3J4 (*e*) इनमें से कोई नहीं

2. यदि अंग्रेजी वर्णमाला में प्रत्येक वर्ण को एक विषम संख्या का मान प्रदान किया गया है जैसे A = 1, B = 3 .....और आगे इसी प्रकार, तो INDIAN शब्द के वर्णों का कुल योग क्या होगा? **(R.B.I. 2002)**

(*a*) 86 (*b*) 88 (*c*) 89
(*d*) 96 (*e*) इनमें से कोई नहीं

3. यदि किसी सांकेतिक भाषा में DEAL को 4 – 5 – 1 – 12 लिखा जाता, तो उसी सांकेतिक भाषा में LADY को किस प्रकार लिखा जाएगा? **(R.R.B. 2004)**
(*a*) 12 – 4 – 1 – 25 (*b*) 12 – 1 – 4 – 25
(*c*) 10 – 1 – 4 – 23 (*d*) 12 – 1 – 4 – 22

4. यदि A = 2, M = 26, Z = 52, तो BET = ? **(S.S.C. 2002)**
(*a*) 44 (*b*) 54 (*c*) 64 (*d*) 72

5. यदि A = 26, SUN = 27, तो CAT = ? **(S.S.C. 2002)**
(*a*) 24 (*b*) 27 (*c*) 57 (*d*) 58

6. यदि किसी सांकेतिक भाषा में BAT = 23 और CAT = 24, तो उसी सांकेतिक भाषा में BALL को किस प्रकार लिखा जाएगा? **(B.B.S. 2004)**
(*a*) 27 (*b*) 28 (*c*) 32 (*d*) 120

7. यदि GO = 32, SHE = 49, तो SOME निम्नलिखित में से किसके समान होगा? **(R.R.B. 2004)**
(*a*) 56 (*b*) 58 (*c*) 62 (*d*) 64

8. यदि AT = 20, BAT = 40, तो CAT निम्नलिखित में से किसके समान होगा?
(*a*) 30 (*b*) 50 (*c*) 60 (*d*) 70

9. यदि ZIP = 198 और ZAP = 246, तो VIP को किस प्रकार लिखा जाएगा? **(B.B.S. 2004)**
(*a*) 174 (*b*) 222 (*c*) 888 (*d*) 990

10. यदि DEER = 12215 और HIGH = 5645, तो HEEL को किस प्रकार लिखा जाएगा? **(M.A.T. 2002)**
(*a*) 2328 (*b*) 3449 (*c*) 4337 (*d*) 5229

11. यदि E = 5 और HOTEL = 12 है, तो LAMB को किस प्रकार लिखा जाएगा? **(S.S.C. 2001)**
(*a*) 7 (*b*) 10 (*c*) 26 (*d*) 28

12. यदि ZEBRA को 2652181 लिखा जा सकता है, तो COBRA को किस प्रकार लिखा जाएगा? **(S.S.C. 2002)**
(*a*) 302181 (*b*) 3152181 (*c*) 31822151 (*d*) 1182153

13. यदि WORK को 4 – 12 – 9 – 16 लिखा जाता है, तो WOMAN को किस प्रकार लिखा जाएगा? **(R.R.B. 2002)**
(*a*) 4 – 12 – 14 – 26 – 13 (*b*) 4 – 26 – 14 – 13 – 12
(*c*) 23 – 12 – 26 – 14 – 13 (*d*) 23 – 15 – 13 – 1 – 14
(*e*) इनमें से कोई नहीं

14. यदि ACNE को 3, 7, 29, 11 लिखा जाता है, तो BOIL को किस प्रकार लिखा जाएगा? **(R.R.B. 2006)**
(*a*) 5, 29, 19, 27 (*b*) 5, 29, 19, 25
(*c*) 5, 31, 21, 25 (*d*) 5, 31, 19, 25

15. यदि O = 16, FOR = 42 है, तो FRONT किसके समान होगा? **(M.C.A. 2005)**
(*a*) 61 (*b*) 65 (*c*) 73 (*d*) 78

16. यदि REASON को 5 और BELIEVED को 7 लिखा जाता है, तो GOVERNMENT को किस प्रकार लिखा जाएगा? **(R.R.B. 2003)**
(*a*) 6 (*b*) 8 (*c*) 9 (*d*) 10

17. यदि DRIVER = 12, PEDESTRIAN = 20, ACCIDENT = 16 है, तो CAR = ? **(M.A.T. 2002)**
(*a*) 3 (*b*) 6 (*c*) 8 (*d*) 10

18. यदि MOBILITY को 46293927 लिखा जाता है, तो EXAMINATION को किस प्रकार लिखा जाएगा?
(*a*) 45038401854 (*b*) 56149512965
(*c*) 57159413955 (*d*) 67250623076

19. यदि MASTER को 411259 लिखा जाता है, तो POWDER को किस प्रकार लिखा जाएगा? **(R.R.B. 2004)**
(*a*) 7 65 439 (*b*) 765 439 (*c*) 7 65 459 (*d*) 765549

20. यदि B को 8 लिखा जाता है, F को 6 लिखा जाता है, Q को 4 लिखा जाता है, D को 7 लिखा जाता है, T को 2 लिखा जाता है, M को 3 और K को 5 लिखा जाता है, तो QKTBFM को किस प्रकार लिखा जाएगा? **(R.B.I. 2002)**
(*a*) 425783 (*b*) 452683 (*c*) 452783
(*d*) 472683 (*e*) इनमें से कोई नहीं

21. VOCALIST शब्द को संख्या रूप में लिखें। इसके लिए सर्वप्रथम इसके पहले चार वर्णों को विपरीत क्रम में लिखें और उसके बाद अगले चार वर्णों को विपरीत क्रम में लिखें। इसके बाद I को 8 से, O को 1 से, L को 3 से, T को 2 से, V को 5 से, S को 7 से, A को 9 से और C को 6 से प्रतिस्थापित करें। **(R.B.I. 2005)**
(*a*) 92156873 (*b*) 92157683 (*c*) 92516783
(*d*) 92156783 (*e*) इनमें से कोई नहीं

निर्देश (प्रश्न 22 से 25): ***इन प्रश्नों में दिए गए प्रत्येक वर्ण समूह को नीचे दिए गए संख्या कोड के नियम के अनुसार कोडित करना है:***

वर्ण	L	T	P	M	R	D	H	F	K	V
संख्या कोड	3	0	4	9	2	1	5	7	6	8

(Bank Recruitment, 2005)

आपको यह ज्ञात करना है कि (*a*), (*b*), (*c*) या (*d*) में से कौन से विकल्प दिए गए वर्ण-समूह का सही कोडित रूप है। यदि कोई भी सही नहीं है, तो अपने विकल्प (*e*) को चिह्नित करें।

22. DHFMTRV
(*a*) 1579082 (*b*) 1579028 (*c*) 1570982
(*d*) 1570928 (*e*) इनमें से कोई नहीं

23. KHVLRDP
(*a*) 6853214 (*b*) 6853124 (*c*) 6583214
(*d*) 6538214 (*e*) इनमें से कोई नहीं

24. MDFHLTR
(*a*) 9175320 (*b*) 9175230 (*c*) 9137502
(*d*) 9135702 (*e*) इनमें से कोई नहीं

25. PRFLKHV
(*a*) 4273658 (*b*) 4273685 (*c*) 4237865
(*d*) 4237658 (*e*) इनमें से कोई नहीं

निर्देश (प्रश्न 26 से 30): ***निम्नलिखित सूचना को ध्यानपूर्वक पढ़ें और नीचे दिए गए प्रश्न का उत्तर दें:*** **(S.B.I.P.O. 2000)**

अंग्रेजी वर्णमाला के व्यंजनों को अंक 1 से 8 का उपयोग करके निम्न प्रकार से कोड किया गया है तथा स्वरों को विभिन्न प्रतीकों का उपयोग करके कोड किया गया है।

वर्ण	G	B	K	H	Z	M	F
	R	V	C	S	D	Q	X
	J	N	T	L	W	Y	P
अंक	5	4	1	3	2	8	7

यदि कोई स्वर प्रारम्भ या अंत में नहीं है, तो इसे 6 कोड किया गया है। यदि कोई स्वर प्रारम्भ या अंत में है, तो इसे 9 कोड किया गया है। यदि एक ही स्वर प्रारम्भ और अंत दोनों स्थानों पर आता है, तो इसे दोनों स्थानों पर '$' कोड किया गया है।

अब निम्नलिखित प्रत्येक वर्ण-समूह के लिए सही कोड का चुनाव करें।

26. AFDQENI
(*a*) 6728949 (*b*) 72864 (*c*) 9728649
(*d*) 9728949 (*e*) इनमें से कोई नहीं

27. ENIANGE
(*a*) 6499456 (*b*) 46645 (*c*) $4$$45$
(*d*) 9466456 (*e*) इनमें से कोई नहीं

28. PKDEJHI
(*a*) 7126539 (*b*) 712653+ (*c*) 7129539
(*d*) 712+53+ (*e*) इनमें से कोई नहीं

29. OPTIONAL
(*a*) 67199493 (*b*) 97166463 (*c*) $7166463
(*d*) $7199493 (*e*) इनमें से कोई नहीं

30. EGTARLQE
(*a*) 65195386 (*b*) $51$538$ (*c*) 95165389
(*d*) 519538 (*e*) इनमें से कोई नहीं

31. यदि किसी सांकेतिक भाषा में BRAIN को ★%÷#× और TIER को $#$% लिखा जाता है, तो RENT को उसी सांकेतिक भाषा में किस प्रकार लिखा जायेगा? **(S.B.I.P.O. 2005)**
(*a*) %×#$ (*b*) %#×$ (*c*) %$×$
(*d*) $×%$ (*e*) इनमें से कोई नहीं

32. यदि किसी सांकेतिक भाषा में STRING को %=★–$ ÷ और PRAISE को ?★@–%× लिखा जाता है, तो GRAPES को उसी सांकेतिक भाषा में किस प्रकार लिखा जायेगा? **(Bank P.O. 2004)**
(*a*) ÷★@×%? (*b*) ÷@★?×% (*c*) ÷★@×%
(*d*) ÷★–?×% (*e*) इनमें से कोई नहीं

33. यदि किसी सांकेतिक भाषा में DESK को #$52 लिखा जाता है, RIDE को %7#$. लिखा जाता है तो RISK को उसी सांकेतिक भाषा में किस प्रकार लिखा जाएगा? **(C.E.T. 2006)**
(*a*) %725 (*b*) %752 (*c*) %7#2
(*d*) %7$# (*e*) इनमें से कोई नहीं

34. यदि किसी सांकेतिक भाषा में ORDER को ÷×$#÷ और BOARD को *×% ÷ $ लिखा जाता है तो, ABODE को उसी सांकेतिक भाषा में किस प्रकार लिखा जायेगा? **(R.B.I. 2003)**
(*a*) %*#×$ (*b*) *×$# ÷ (*c*) %*×$ ÷
(*d*) ÷*×$# (*e*) इनमें से कोई नहीं

35. यदि किसी सांकेतिक भाषा में DEAF को 3587 और FILE को 7465 लिखा जाता है तो, IDEAL को उसी सांकेतिक भाषा में किस प्रकार लिखा जायेगा? **(Bank P.O. 2006)**
(*a*) 43568 (*b*) 43586 (*c*) 63548
(*d*) 48536 (*e*) इनमें से कोई नहीं

36. यदि किसी सांकेतिक भाषा में PRABA को 27595 और THILAK को 368451 लिखा जाता है तो, BHARATI को उसी सांकेतिक भाषा में किस प्रकार लिखा जायेगा? **(S.S.C. 2005)**
(*a*) 9567568 (*b*) 9675538 (*c*) 9657538 (*d*) 9567538

37. यदि किसी सांकेतिक भाषा में EAT को 318 और CHAIR को 24156 लिखा जाता है तो, TEACHER को उसी सांकेतिक भाषा में किस प्रकार लिखा जायेगा? **(M.C.A. 2005)**
(*a*) 8312346 (*b*) 8321436 (*c*) 8312436 (*d*) 8313426

38. यदि किसी सांकेतिक भाषा में PAINT को 74128 और EXCEL को 93596 लिखा जाता है तो, ACCEPT को उसी सांकेतिक भाषा में किस प्रकार लिखा जायेगा? **(R.R.B. 2003)**
(*a*) 455978 (*b*) 544978 (*c*) 554978 (*d*) 733961

39. यदि किसी सांकेतिक भाषा में GLARE को 67810 और MONSOON को 2395339 लिखा जाता है तो, RANSOM को उसी सांकेतिक भाषा में किस प्रकार लिखा जायेगा? **(S.S.C. 2003)**
(*a*) 183952 (*b*) 189352 (*c*) 189532 (*d*) 198532

40. यदि किसी सांकेतिक भाषा में DELHI को 73541 और CALCUTTA को 82589662 लिखा जाता है तो, CALICUT को उसी सांकेतिक भाषा में किस प्रकार लिखा जायेगा? **(M.A.T. 2004)**
(*a*) 5279431 (*b*) 5978213 (*c*) 8251896 (*d*) 8543691

41. यदि किसी सांकेतिक भाषा में TWENTY को 863985 और ELEVEN को 323039 लिखा जाता है तो, TWELVE को उसी सांकेतिक भाषा में किस प्रकार लिखा जायेगा?
(*a*) 863203 (*b*) 863584 (*c*) 863903 (*d*) 863063

42. यदि किसी सांकेतिक भाषा में ENGLAND को 1234526 और FRANCE को 785291 लिखा जाता है तो, GREECE को उसी सांकेतिक भाषा में किस प्रकार लिखा जायेगा? **(M.A.T. 2000)**
(*a*) 381171 (*b*) 381191 (*c*) 832252 (*d*) 835545

43. यदि किसी सांकेतिक भाषा में TERMINATION को 12345671586 लिखा जाता है तो, MOTION को उसी सांकेतिक भाषा में किस प्रकार लिखा जायेगा? **(R.R.B. 2004)**
(*a*) 438586 (*b*) 458586 (*c*) 481586 (*d*) 485186

44. किसी सांकेतिक भाषा में PREMONITION को 68530492904 लिखा जाता है तो, MONITOR को उसी सांकेतिक भाषा में किस प्रकार लिखा जायेगा? **(Bank P.O. 2003)**
(*a*) 1234567 (*b*) 3029408 (*c*) 3049208
(*d*) 3049258 (*e*) इनमें से कोई नहीं

45. यदि किसी सांकेतिक भाषा में DICTIONARY को 1234256789 लिखा जाता है तो, ORDINARY को उसी सांकेतिक भाषा में किस प्रकार लिखा जायेगा? **(S.S.C. 2001)**
(*a*) 59126789 (*b*) 58126789 (*c*) 57326789 (*d*) 56126789

46. यदि किसी सांकेतिक भाषा में NOIDA को 39658 लिखा जाता है तो, INDIA को उसी सांकेतिक भाषा में किस प्रकार लिखा जायेगा? **(S.S.C. 2002)**
(*a*) 36568 (*b*) 63568 (*c*) 63569 (*d*) 65368

47. यदि किसी सांकेतिक भाषा में NOIDA को 312547 और TADA को 6898 लिखा जाता है तो, MADURAI को उसी सांकेतिक भाषा में किस प्रकार लिखा जायेगा? **(R.R.B. 2004)**
(*a*) 3498178 (*b*) 3894871 (*c*) 3849781 (*d*) 3894781

48. यदि किसी सांकेतिक भाषा में 24685 को 33776 लिखा जाता है तो, 35791 को उसी सांकेतिक भाषा में किस प्रकार लिखा जायेगा?
(*a*) 44826 (*b*) 44882 (*c*) 46682 (*d*) 44682

49. यदि किसी सांकेतिक भाषा में 35796 को 44887 लिखा जाता है तो, 46823 को उसी सांकेतिक भाषा में किस प्रकार लिखा जायेगा?

(*a*) 57914 (*b*) 55914 (*c*) 55934 (*d*) 55714

50. यदि SCOTLAND को 12345678, LOAN को 1435, LOTS को 8124, DAN को 537 और SON को 458 लिखा जाता है तो, 'C' के लिए कोड क्या होगा? **(Bank P.O. 2003)**

(*a*) 0 (*b*) 4 (*c*) 5
(*d*) 6 (*e*) 9

निर्देश (प्रश्न 51 से 60): किसी सांकेतिक भाषा में अंग्रेजी वर्णमाला के वर्णों (व्यंजनों और स्वरों) को कोडित किया गया है, जैसा कि कुछ शब्दों के लिए नीचे दिया गया है। प्रत्येक वर्ण के लिए उसके संगत संख्यात्मक कोड को शब्द वर्ण के अनुक्रम में ही ब्रैकेट में दिया गया है। दिए गए शब्दों व उनके कोडों का अध्ययन करें और कोडिंग के नियमों का पता लगाएं। इन नियमों को लागू कर नीचे दो सेटों में दिए गए प्रश्नों के उत्तर दें। **(S.B.I.P.O. 2003)**

शब्द	कोड
SEAT	[5] [15] [15] [5]
CUT	[5] [10] [5]
ONE	[0] [5] [0]
DEEP	[5] [20] [20] [5]
POUR	[5] [15] [15] [5]
PIN	[5] [10] [5]
NONE	[5] [25] [5] [25]
BOOK	[5] [20] [20] [5]
OPEN	[30] [5] [30] [5]
ATE	[0] [5] [0]
PAGE	[5] [25] [5] [25]
UNIT	[30] [5] [30] [5]

प्रश्न 51 से 55 में, दिए गए शब्दों में से प्रत्येक का कोड ज्ञात करें।

51. SIP
(*a*) [5] [10] [5] (*b*) [5] [5] [5] (*c*) [0] [5] [0]
(*d*) [5] [0] [5] (*e*) इनमें से कोई नहीं

52. DATA
(*a*) [5] [10] [5] [10] (*b*) [5] [15] [5] [15]
(*c*) [5] [25] [5] [25] (*d*) [5] [30] [5] [30]
(*e*) इनमें से कोई नहीं

53. **AGED**
(*a*) [25] [5] [25] [5] (*b*) [30] [5] [30] [5]
(*c*) [0] [5] [0] [5] (*d*) [30] [10] [30] [10]
(*e*) इनमें से कोई नहीं

54. DOSE
(*a*) [5] [0] [5] [15] (*b*) [5] [30] [5] [30]
(*c*) [5] [15] [5] [15] (*d*) [5] [10] [5] [10]
(*e*) इनमें से कोई नहीं

55. EVE
(*a*) [0] [10] [10] (*b*) [15] [5] [15]
(*c*) [0] [15] [0] (*d*) [0] [5] [0]
(*e*) इनमें से कोई नहीं

प्रश्न 56 से 60 में, दिए गए कोड के लिए (*a*), (*b*) और (*c*) द्वारा निर्दिष्ट कौन सा शब्द सही शब्द हो सकता हैं?

56. [0] [5] [0] (A) ARE (B) AND (C) ORE
(*a*) केवल A और B (*b*) केवल B और C
(*c*) केवल A और C (*d*) सभी तीन
(*e*) इनमें से कोई नहीं

57. [5] [10] [5] (A) MAN (B) TOP (C) CAT
(*a*) केवल A और B (*b*) केवल B और C
(*c*) केवल A और C (*d*) सभी तीन
(*e*) इनमें से कोई नहीं

58. [5] [25] [5] [25] (A) TRAP (B) DRAW (C) BOAT
(*a*) केवल A और B (*b*) केवल B और C
(*c*) केवल A और C (*d*) सभी तीन
(*e*) इनमें से कोई नहीं

59. [5] [20] [20] [5] (A) DOLL (B) MOOD (C) BEEP
(*a*) केवल A और B (*b*) केवल B और C
(*c*) केवल A और C (*d*) सभी तीन
(*e*) इनमें से कोई नहीं

60. [30] [5] [30] [5] (A) ARID (B) EVIL (C) OURS
(*a*) केवल A और B (*b*) केवल B और C
(*c*) केवल A और C (*d*) सभी तीन
(*e*) इनमें से कोई नहीं

हल-अभ्यास 4(D)

1. (*e*) : स्पष्टत: स्वरों A, E, I, O, U को क्रमश: 1, 2, 3, 4, 5 से कोड किया गया हैं। शब्द के प्रत्येक व्यंजन के कोड के लिए सम्बन्धित वर्ण (व्यंजन) को एक स्थान आगे ले जाया गया है। अत: ACID के लिए कोड 1D3E होगा।

2. (*d*) : स्पष्टत:

वर्ण	A	B	C	D	E	F	G	H	I	J	K	L	M	N
मान	1	3	5	7	9	11	13	15	17	19	21	23	25	27

अत: INDIAN = I + N + D + I + A + N
= 17 + 27 + 7 + 17 + 1 + 27 = 96.

3. (*b*) : स्पष्टत: प्रत्येक वर्ण अंग्रेजी वर्णमाला में स्थान वाले अंक से कोड किया गया है। जैसे A को 1 से, B को 2 से, C को 3 से, D को 4 से, ..., L को 12 से, M को 13 से, ..., Y को 25 से, और Z को 26 से कोड किया गया है।

अत: LADY के लिए कोड 12 – 1 – 4 – 25 होगा।

4. (*b*) : स्पष्टत: प्रत्येक वर्ण को वह संख्यात्मक मान प्रदान किया गया है जो अंग्रेजी वर्णमाला में उसके स्थान वाले अंक से दोगुना है। जैसे B, E और T अंग्रेजी वर्णमाला में क्रमश: दूसरे, 5वें और 20वें स्थान पर स्थित वर्ण हैं।

अत: BET = B + E + T = $(2 \times 2) + (5 \times 2) + (20 \times 2)$ = 54

5. (*c*) : स्पष्टत: प्रत्येक वर्ण को अंग्रेजी वर्णमाला के अंत से अपने स्थान वाले अंक से दर्शाया गया है जैसे Z = 1, Y = 2, ..., M = 14. ..., B = 25, A = 26

तब SUN = S + U + N + 8 + 6 + 13 = 27

इसलिए, CAT = C + A + T + 24 + 26 + 7 = 57

6. (*a*) : चूंकि C, B से एक स्थान आगे है और CAT का कोड भी BAT के कोड से 1 अधिक है। अत: वर्णों को अंग्रेजी

वर्णमाला में उनके स्थान वाले अंक से दर्शाया गया है।
अर्थात A = 1, B = 2, ..., Z = 26
अत: BALL = B + A + L + L + 2 +1 + 12 + 12 = 27

7. (*a*) : दिए गए कोड में, Z = 1, Y = 2, X = 3, ..., C = 24, B = 25, A = 26
अत: GO = 20 +12 = 32 और SHE = 8 +19 +22 = 49.
इसी प्रकार SOME = S + O + M + E + 8 + 12 + 14 + 22 = 56

8. (*c*) : यदि A = 1, B = 2, ..., T = 20, ..., Z = 26, तब
AT = A × T =1 ×20 = 20; BAT = B × A × T = 2 × 1 × 20 = 40
अत: CAT = C × A × T = 3 × 1 × 20 = 60

9. (*b*) : यदि Z = 2, Y = 3, ..., N = 14, ..., B = 26, A = 27, तब
ZIP = (Z + I + P) × 6 = (2 + 19 + 12) × 6 = 33 × 6 = 198
अत: VIP = (V + I + P) × 6 = (6 + 19 + 12) × 6 = 37 × 6 = 222

10. (*d*) : स्पष्टत: प्रत्येक वर्ण को उस अंक से कोडित किया गया है जो अंग्रेजी वर्णमाला में वर्ण के स्थान वाले अंक से 3 कम है। इस प्रकार प्राप्त अंकों को क्रमश: एक साथ रखकर अभीष्ट कोड प्राप्त किया गया है।
जैसे H, E, L क्रमश: 8वें, 5वें और 12वें वर्ण हैं, तो उनके कोड क्रमश: 5, 2 और 9 होंगे। इस प्रकार, HEEL के लिए कोड 5229 होगा।

11. (*a*) : हमारे पास है: A = 1, B = 2, C = 3, ..., Y = 25, Z = 26
स्पष्टत: शब्द के वर्णों को 'उनके अंग्रेजी वर्णमाला में स्थान के अंकों के योग' को 'शब्द में वर्णों की संख्या' से विभाजित करने पर कोड प्राप्त होता है।
जैसे HOTEL

$$= \frac{H+O+T+E+L}{5} = \frac{8+15+20+5+12}{5}$$

$$= \frac{60}{5} = 12$$

इसी प्रकार LAMB

$$= \frac{L+A+M+B}{4} = \frac{12+1+13+2}{4} = \frac{28}{4} = 7$$

12. (*b*) : यदि A = 1, B = 2, C = 3, .., X = 24, Y = 25, Z = 26, अत:
ZEBRA → Z / E / B / R / A → 26 / 5 / 2 / 18 / 1 → 2652181
COBRA → C / O / B / R / A → 3 / 15 / 2 / 18 / 1 → 3152181

13. (*a*) : स्पष्टत: प्रत्येक वर्ण को, उसके अंग्रेजी वर्णमाला के स्थान को 27 में से घटाकर प्राप्त अंक से दर्शाया गया है। जैसे W, O, M, A, N क्रमश: 23वें, 15वें, 13वें, पहले और 14वें वर्ण हैं तो, उनके कोड क्रमश: (27 – 23), (27 – 15), (27 – 13), (27 – 1), (27 – 14) अर्थात क्रमश: 4, 12, 14, 26, 13 हैं।

14. (*d*) : दिया है–

वर्ण	A	B	C	D	E	F	G	H	I	J	K	L	M	N	O
कोड	3	5	7	9	11	13	15	17	19	21	23	25	27	29	31

अत: BOIL के लिए कोड 5, 31, 19, 25 होगा।

15. (*d*) : यदि A = 2, B = 3, ...,Z = 27 तो,
FOR = F + O + R = 7 + 16 + 19 = 42.
FRONT = F + R + O + N + T = 7 +19 +16 +15 + 21 = 78

16. (*c*) : स्पष्टत: प्रत्येक शब्द को उसमें उपस्थित वर्णों की संख्या के एक कम अंक से दर्शाया गया है। चूंकि GOVERNMENT शब्द में 10 वर्ण हैं, अत: अभीष्ट कोड = 10 – 1 =9 होगा।

17. (*b*) : स्पष्टत: प्रत्येक शब्द को उसमें उपस्थित वर्णों की संख्या के दोगुने से दर्शाया गया है।
अत: CAR = (CAR में वर्णों की संख्या) × 2 = 3 × 2 = 6.

18. (*b*) : यदि A = 1, B = 2, C = 3, ..., X = 24, Y = 25, Z = 26
तो, M = 13 = 1 + 3 = 4; O = 15 = 1 + 5 = 6;
B = 2; I = 9; L = 12 = 1 + 2 = 3;
T = 20 = 2 + 0 = 2; Y = 25 = 2 + 5 = 7
अत: MOBILITY = 46293927
इसी प्रकार X = 24 = 2 + 4 = 6; N = 14 = 1 + 4 = 5
अत: EXAMINATION = 56149512965

19. (*c*) : यदि A =1, B = 2, C = 3, ..., Z = 26
अब, M = 13 = 4 (9 से विभाजित करने पर प्राप्त शेष);
S =19 = 1 (9 से दो बार विभाजित करने पर प्राप्त शेष);
T = 20 =2 (9 से दो बार विभाजित करने पर प्राप्त शेष);
R = 18 = 9 (9 से विभाजित करने पर प्राप्त शेष)
अत: MASTER =411259
इसी प्रकार POWDER =765459

20. (*e*) : QKTBFM के लिए कोड 452863 होगा।

21. (*e*) : VOCALIST → VOCA/LIST → ACOV/TSIL→ 96152783

22. (*b*) **23.** (*c*) **24.** (*e*) : 9175302

25. (*a*) **26.** (*c*) **27.** (*b*)

28. (*a*) **29.** (*b*) **30.** (*e*) : 516538

31. (*c*) :

वर्ण	B	R	A	I	N	T	E
कोड	W	%	÷	#	×	$	+

RENT के लिए कोड %+×$ होगा।

32. (*c*) :

वर्ण	S	T	R	I	N	G	P	A	E
कोड	%	=	H	–	$	÷	?	@	×

GRAPES के लिए कोड ÷H@?×% होगा।

33. (*b*) :

वर्ण	D	E	S	K	R	I
कोड	#	$	5	2	%	7

RISK के लिए कोड %752 होगा।

34. (*a*) :

वर्ण	O	R	D	E	B	A
कोड	×	÷	$	#	W	%

ABODE के लिए कोड %W×$# होगा।

35. (*b*) :

वर्ण	D	E	A	F	I	L
कोड	3	5	8	7	4	6

IDEAL के लिए कोड 43586 होगा।

36. (*c*) :

वर्ण	P	R	A	B	T	H	I	L	K
कोड	2	7	5	9	3	6	8	4	1

BHARATI के लिए कोड 9657538 होगा।

37. (*c*) :

वर्ण	E	A	T	C	H	I	R
कोड	3	1	8	2	4	5	6

TEACHER के लिए कोड 8312436 होगा।

38. (*a*) :

वर्ण	P	A	I	N	T	E	X	C	L
कोड	7	4	1	2	8	9	3	5	6

ACCEPT के लिए कोड 455978 होगा।

39. (*c*) :

वर्ण	G	L	A	R	E	M	O	N	S
कोड	6	7	8	1	0	2	3	9	5

RANSOM के लिए कोड 189532 होगा।

40. (*c*) :

वर्ण	D	E	L	H	I	C	A	U	T
कोड	7	3	5	4	1	8	2	9	6

CALICUT के लिए कोड 8251896 होगा।

41. (*a*) :

वर्ण	T	W	E	N	Y	L	V
कोड	8	6	3	9	5	2	0

TWELVE के लिए कोड 863203 होगा।

42. (*b*) :

वर्ण	E	N	G	L	A	D	F	R	C
कोड	1	2	3	4	5	6	7	8	9

GREECE के लिए कोड 381191 होगा।

43. (*c*) :

वर्ण	T	E	R	M	I	N	A	O
कोड	1	2	3	4	5	6	7	8

MOTION के लिए कोड 481586 होगा।

44. (*c*) :

वर्ण	P	R	E	M	T	I	O	N
कोड	1	2	3	4	5	6	7	8

MONITOR के लिए कोड 3049208 होगा।

45. (*b*) :

वर्ण	D	I	C	T	O	N	A	R	Y
कोड	1	2	3	4	5	6	7	8	9

ORDINARY के लिए कोड 58126789 होगा।

46. (*b*) :

वर्ण	N	O	I	D	A
कोड	3	9	6	5	8

INDIA के लिए कोड 63568 होगा।

47. (*d*) :

वर्ण	M	I	N	J	U	R	T	A	D
कोड	3	1	2	5	4	7	6	8	9

MADURAI के लिए कोड 3894781 होगा।

48. (*b*) : स्पष्टत: शब्द में विषम स्थानों पर स्थित संख्याओं का मान कोड में एक अधिक है जबकि शब्द में सम स्थानों पर स्थित संख्याओं का मान कोड में एक कम है। अत: 35791 में, 3 को 4, 5 को 4, 7 को 8, 9 को 8, और 1 को 2 लिखा गया है, अर्थात 35791 को 44882 लिखा गया है।

49. (*b*) : प्रश्न 48 जैसे समान पैटर्न का पालन किया जाता है अर्थात 4 को 5, 6 को 5, 8 को 9, 2 को 1 और 3 को 4 लिखा जाएगा। अत: अभीष्ट कोड 55914 होगा।

50. (*d*) : SCOTLAND को 12345678 लिखा गया है, इसका तात्पर्य है कि विशेष वर्णों के कोड के लिए अंकों का प्रयोग किया गया है जिसे समझने के लिए कोई नियम या पैटर्न नहीं है। हालांकि DAN और SON में समान वर्ण N और समान कोड अंक 5 है, परन्तु यह किसी भी कोड में N के संगत स्थान पर स्थित नहीं है। इसका अर्थ है कि अंक कोड शब्द में वर्णों के समान अनुक्रम में स्थित नहीं हैं। अब हमें विश्लेषण द्वारा किसी वर्ण के लिए निर्धारित कोड ज्ञात करना होगा। स्पष्टत: LOAN, LOTS, DAN और SON सभी में 'C' के अतिरिक्त SCOTLAND शब्द में आने वाले अन्य वर्ण शामिल हैं और उनके कोड में '6' के अतिरिक्त 1 से 8 तक के सभी अंक शामिल हैं। अत: 'C' के लिए कोड '6' है।

प्रश्न 51 से 60 दिए गए कोड का विश्लेषण करके हमें कोडिंग के निम्नलिखित नियम ज्ञात होते हैं :

I. प्रत्येक व्यंजन को [5] से दर्शाया गया है।

II. यदि दो व्यंजनों के बीच दो अलग-अलग स्वर हैं, तो प्रत्येक स्वर को [15] से दर्शाया गया है। (SEAT और POUR)

III. यदि दो व्यंजनों के बीच दो समान स्वर हैं, तो प्रत्येक स्वर को [20] से दर्शाया गया है। (DEEP और BOOK)

IV. यदि तीन वर्णी शब्द में दो व्यंजन के मध्य एक स्वर है, तो प्रत्येक स्वर को [10] से दर्शाया गया है। (CUT और PIN)

V. यदि तीन वर्णी शब्द में दो स्वरों के मध्य एक व्यंजन है, तो प्रत्येक स्वर को [0] से दर्शाया गया है। (ONE और ATE)

VI. यदि एक चार वर्ण वाला शब्द एक व्यंजन से प्रारम्भ होता है और इसमें दूसरी और चौथी स्थिति में स्वर होते हैं, तो प्रत्येक स्वर को [25] से दर्शाया गया है। (NONE और PAGE)

VII. यदि चार-वर्ण वाले शब्द में पहले और तीसरे स्थान पर व्यंजन तथा दूसरे और चौथे स्थान पर स्वर होते हैं, तो प्रत्येक स्वर को [30] से दर्शाया गया है। (OPEN और UNIT)

51. (*a*) : नियम IV

52. (*c*) : नियम VI

53. (*b*) : नियम VII

54. (*e*): [5] [25] [5] [25] नियम VI द्वारा

55. (*d*): नियम V

56. (*c*): नियम V

57. (*d*): नियम IV

58. (*e*): शब्द (नियम VI) में दूसरे और चौथे स्थानों पर स्वर होना चाहिए।

59. (*b*): नियम III

60. (*a*): नियम VII

Case II. जब संख्याओं को वर्णमाला कोड प्रदान किए जाते हैं।

इस प्रकार के प्रश्न केवल प्रत्यक्ष कोडिंग से संबंधित होते हैं।

उदा. 1. नीचे दिए गए प्रत्येक प्रश्न में एक संख्या समूह दिया गया है जिसके साथ (*a*), (*b*), (*c*) और (*d*) विकल्प के रूप में संकेतों/वर्ण संयोजन के चार समूह दिए गए हैं। नीचे दिए गए संख्या समूह को नीचे दिए गए नियम और शर्तों के अनुसार अंकों को कोड करना है। आपको ज्ञात करना है कि दिए गए प्रश्न के कोड के लिए (*a*), (*b*), (*c*) और (*d*) में से कौन-सा विकल्प सही है। यदि सही कोड चारों विकल्पों में से किसी में न हो तो विकल्प (*e*) का चयन करें। **(Bank P.O. 2006)**

वर्ण	3	5	7	4	2	6	8	1	0	9
अंक/संकेत कोड	*	B	E	A	@	F	K	%	R	M

प्रश्न पर निम्नलिखित शर्तें लागू होती हैं:

(*i*) यदि पहला अंक और अंतिम अंक विषम हो, तो दोनों को 'X' लिखा जाएगा।

(*ii*) यदि पहला अंक और अंतिम अंक भी सम हो, तो दोनों को '$' लिखा जाएगा।

(*iii*) यदि अंतिम अंक 0 है, तो इसे '#' कोड किया जाना है।

1. 546839
(*a*) XAFK?M (*b*) BAFK?M (*c*) XAFK?X
(*d*) BAFK?X (*e*) इनमें से कोई नहीं

2. 713540
(*a*) E%?BA# (*b*) X%?BA# (*c*) X%?BAR
(*d*) E%?BAR (*e*) इनमें से कोई नहीं

3. 765082
(*a*) XFBRK@ (*b*) EFB#K@ (*c*) EFBR#K
(*d*) EFBRK@ (*e*) इनमें से कोई नहीं

4. 487692
(*a*) AKEFM@ (*b*) $KEFM@ (*c*) AKEFM$
(*d*) $KEFM$ (*e*) इनमें से कोई नहीं

5. 364819
(*a*) XFAK@M (*b*) FAK%X (*c*) FAK%M
(*d*) EAK%X (*e*) इनमें से कोई नहीं

हल: **1.** स्पष्टत: दिए गए संख्या-समूह में पहले और अंतिम दोनों अंक विषम संख्याएं हैं। अत: इन दोनों को 'X' लिखा जाएगा। शेष अंकों को तालिका में दिए गए उनके संबंधित कोड के अनुसार लिखा जाएगा। अत: अभीष्ट कोड XAFKX होगा।
अत: उत्तर (*c*) होगा।

2. दिए गए संख्या-समूह का अंतिम अंक 0 है, अत: इसे # लिखा जाएगा। शेष अंकों को तालिका में दिए गए उनके संबंधित कोड के अनुसार लिखा गया है। अत: अभीष्ट कोड E%BA# होगा।
अत: उत्तर (*a*) होगा।

3. दिए गए अंकों को तालिका में दिए गए उनके संबंधित कोड के अनुसार लिखा गया है।
अत: अभीष्ट कोड EFBRK@ होगा। अत: उत्तर (*d*) होगा।

4. स्पष्टत: दिए गए संख्या-समूह में पहला और अंतिम दोनों अंक सम संख्या हैं। अत: इनमें से प्रत्येक को $ लिखा जाएगा। शेष अंकों को तालिका में दिए गए उनके संबंधित कोड के अनुसार लिखा गया है। अत: अभीष्ट कोड $KEFM$ होगा। **अत:** उत्तर (*d*) होगा।

5. स्पष्टत: दिए गए संख्या-समूह में पहला और अंतिम अंक दोनों विषम संख्याएं हैं। अत: इनमें से प्रत्येक को X लिखा जाएगा। शेष अंकों को तालिका में दिए गए उनके संबंधित कोड के अनुसार लिखा गया है। अत: अभीष्ट कोड XFAK%X होगा।
अत: उत्तर (*e*) होगा।

उदा. 2. यदि किसी सांकेतिक भाषा में एक 13479 संख्या को AQFJL लिखा जाता है और 2568 को DMPN लिखा जाता है, तो उसी सांकेतिक भाषा में 396824 को किस प्रकार लिखा जाएगा? **(B.T.M. 2006)**
(*a*) QLPMNF (*b*) QLPNMF (*c*) QLPNMJ (*d*) QLPNDF

हल: स्पष्टत: दी गयी सांकेतिक भाषा में संख्याओं को निम्न प्रकार कोड किया गया है:

संख्या	1	3	4	7	9	2	5	6	8
कोड	A	Q	F	J	L	D	M	P	N

अत: 396824 को उस सांकेतिक भाषा में QLPNDF लिखा जाएगा। अत: उत्तर (*d*) होगा।

अभ्यास 4E

निर्देश (प्रश्न 1 से 5): नीचे दिए गए प्रत्येक प्रश्न के संख्या-समूह को तालिका में दिए गए वर्ण कोड के अनुसार कोड करना है: **(Bank Recruitment, 2005)**

संख्या	5	1	3	0	2	4	8	7	6	9
कोड	X	L	M	P	D	B	E	F	K	J

आपको यह ज्ञात करना है कि (*a*), (*b*), (*c*) या (*d*) में से कौन सा विकल्प दिए गए संख्या-समूह का सही कोड है। यदि सही कोड किसी भी विकल्प में नहीं दिया गया हो, तो उत्तर (*e*) अर्थात 'इनमें से कोई नहीं' का चुनाव करें।

1. 173846
(*a*) LFMEKB (*b*) LMFEBK (*c*) LFMEBK
(*d*) LFEMBK (*e*) इनमें से कोई नहीं

2. 862941
(*a*) EDKJBL (*b*) EKDJLB (*c*) EKJDBL
(*d*) EKDJBL (*e*) इनमें से कोई नहीं

3. 430675
(*a*) BMKPFX (*b*) BMPKFX (*c*) BMPKXF
(*d*) BMPFKX (*e*) इनमें से कोई नहीं

4. 790853
(*a*) FJPEXM (*b*) FPJEXM (*c*) FJPEMX
(*d*) FPJEMX (*e*) इनमें से कोई नहीं

5. 901273
(*a*) JPLDFM (*b*) JPDLFM (*c*) JLPDFM
(*d*) JPLDMF (*e*) इनमें से कोई नहीं

निर्देश (प्रश्न 6 से 10): नीचे दिए गए प्रत्येक प्रश्न में संख्या-समूह के साथ (a), (b), (c) या (d) के रूप में चार विकल्प दिए गए हैं। आपको नीचे दी गयी तालिका के नियमों व दी गयी शर्तों के अनुसार प्रश्न के संख्या-समूह का सही कोड ज्ञात करना है। यदि सही कोड किसी भी विकल्प में नहीं दिया गया हो, तो उत्तर (e) अर्थात 'इनमें से कोई नहीं' का चुनाव करें। **(Asstt. Manager Exam, 2005)**

संख्या	9	3	2	8	1	5	7	6	4	0
वर्ण कोड	M	E	B	N	K	R	H	T	D	J

शर्तें:
(*i*) यदि पहला अंक एक विषम संख्या है और अंतिम अंक एक सम संख्या है, तो दोनों के लिए 'X' कोड लिखा जाएगा।
(*ii*) यदि पहला अंक एक सम संख्या है और अंतिम अंक एक विषम संख्या है, तो दोनों के लिए 'Y' कोड लिखा जाएगा।
(*iii*) यदि पहला या अंतिम अंक 0 है, तो 0 के लिए 'W' कोड लिखा जाएगा।

6. 328469
(*a*) YBNDTM (*b*) XBNDTX (*c*) EBNTDM
(*d*) YBNDTY (*e*) इनमें से कोई नहीं

7. 631420
(*a*) TEKBDW (*b*) TEKDBW (*c*) TEKDBJ
(*d*) TKDEBW (*e*) इनमें से कोई नहीं

8. 640598
(*a*) TDJRMN (*b*) TDWRMN (*c*) XDJRMN
(*d*) TDJRMY (*e*) इनमें से कोई नहीं

9. 893561
(*a*) XMERTY (*b*) NMERTK (*c*) XMERTX
(*d*) YMERTY (*e*) इनमें से कोई नहीं

10. 743506
(*a*) XDERWT (*b*) HDERWT (*c*) XDERJX
(*d*) YDERJY (*e*) इनमें से कोई नहीं

निर्देश (प्रश्न 11 से 16): निम्नलिखित निर्देशों का सावधानीपूर्वक अध्ययन करें और नीचे दिए गए प्रश्नों के उत्तर दें।
(Agriculture Officers' 2005)

नीचे तालिका में 0 से 9 के अंकों के लिए कोड दिए गए हैं साथ ही दो अपवाद I और II भी दिए गए हैं:

संख्या	3	8	0	7	4	6	9	2	5	1
कोड	H	$	R	A	M	%	L	K	E	ξ

अपवाद I: यदि कोई संख्या गैर-शून्य विषम अंकों के साथ प्रारम्भ और समाप्त होती है, तो पहले और अंतिम अंक को क्रमश: Y और # कोड किया जाना चाहिए।

अपवाद II: यदि कोई संख्या किसी सम अंक (शून्य सहित) के साथ प्रारम्भ और समाप्त होती है, तो पहले और अंतिम अंक को क्रमश: β और X कोड किया जाना चाहिए।

11. 764981 के लिए कोड क्या होगा?
(*a*) A%ML$ξ (*b*) Y%ML$ξ (*c*) Y%ML$#
(*d*) A%ML$# (*e*) इनमें से कोई नहीं

12. MHLEK% किसका कोड होगा?
(*a*) 439526 (*b*) 439520 (*c*) 436529
(*d*) 489526 (*e*) इनमें से कोई नहीं

13. 278140 के लिए कोड क्या होगा?
(*a*) A$MR (*b*) A$MX (*c*) KA$MR
(*d*) YA$M# (*e*) इनमें से कोई नहीं

14. 173548 के लिए कोड क्या होगा?
(*a*) AHEK$ (*b*) AREM$ (*c*) AHEM$
(*d*) AHME$ (*e*) इनमें से कोई नहीं

15. R%LAK किसका कोड होगा?
(*a*) 069725 (*b*) 697210 (*c*) 069751
(*d*) 064721 (*e*) इनमें से कोई नहीं

16. निम्नलिखित में से किस संख्या के लिए कोड YH$ME# होगा?
(*a*) 138450 (*b*) 338457 (*c*) 538459
(*a*) केवल (*a*) और (*c*) (*b*) केवल (*b*)
(*c*) केवल (*c*) (*d*) केवल (*b*) और (*c*)
(*e*) इनमें से कोई नहीं

निर्देश (प्रश्न 17 से 20): नीचे दी गयी कोडिंग प्रणाली का अध्ययन करें और दिए गए प्रश्नों के संख्या-समूहों के लिए उपयुक्त कोड ज्ञात करें:
(E.P.F.O.S.S.A. 2004)

नीचे दिए गए अपवादों को छोड़कर प्रश्नों में दी गयी संख्याएँ निम्न तालिका के अनुसार कोड की जाएँगी:

संख्या	0	1	2	3	4	5	6	7	8	9
वर्ण कोड	A	B	C	D	E	F	G	H	I	J

अपवाद:
I. यदि कोई संख्या गैर-शून्य सम अंक से प्रारम्भ होती है, तो उस अंक के लिए N कोड लिखा जाएगा।
II. यदि कोई संख्या गैर-शून्य विषम अंक से प्रारम्भ होती है, तो उस अंक के लिए P कोड लिखा जाएगा।
III. यदि कोई संख्या गैर-शून्य सम अंक से प्रारम्भ और समाप्त होती है, तो दोनों छोरों पर स्थित अंकों के लिए Q कोड लिखा जाएगा।
IV. यदि कोई संख्या गैर-शून्य विषम अंक से प्रारम्भ और समाप्त होती है, तो दोनों छोरों पर स्थित उन अंकों के लिए W कोड लिखा जाएगा।
इन अपवादों को छोड़कर अन्य अंकों को ऊपर दी गयी तालिका के अनुसार कोड किया जाएगा।

17. 2732869
(*a*) QHDCIGP (*b*) NHDCIGP (*c*) NHDCIGJ
(*d*) CHDCIGN (*e*) इनमें से कोई नहीं

18. 9096572
(*a*) NAJGFHN (*b*) IAJGFHC (*c*) QAJGFHP
(*d*) PAJGFHC (*e*) इनमें से कोई नहीं

19. 4658630
(*a*) PGFIGDA (*b*) EGFIGDA (*c*) NGFIGDA
(*d*) NGFIGDN (*e*) इनमें से कोई नहीं

20. 7284691

(*a*) WCIEGJW (*b*) PCIEGJW (*c*) PCIEGJP
(*d*) PCIEGJB (*e*) इनमें से कोई नहीं

निर्देश (प्रश्न 21 से 25): निम्नलिखित निर्देशों का सावधानीपूर्वक अध्ययन करें और नीचे दिए गए प्रश्नों के उत्तर दें।

संख्याओं में दिए गए अंकों को निम्न तालिका के अनुसार कोड किया जाएगा:

संख्या	7	3	5	0	2	1	6	4	9	8
कोड	N	H	L	T	F	D	R	Q	G	P

प्रश्न हल करते समय निम्नलिखित शर्तों का अनुपालन करें:

(S.B.I.P.O. 2000)

(*i*) यदि संख्या का पहला अंक सम है और अंतिम अंक विषम है, तो उन्हें क्रमश: $ और @ कोड करें।

(*ii*) यदि संख्या का पहला अंक विषम है और अंतिम अंक सम है, तो उन्हें क्रमश: # और £ कोड करें।

(*iii*) यदि अंक 0 के पहले और बाद में विषम संख्या हो, तो 0 को ↑ कोड करें।

(*iv*) यदि 0 अंक के पहले और बाद में सम संख्या आता है, तो 0 को ↓ कोड करें।

(*v*) 0 को न तो सम और न ही विषम माना जाएगा।

21. 36250098 के लिए कोड क्या होगा?

(*a*) $RFLTTG£ (*b*) #RFLTTG@ (*c*) #RFLTTG£
(*d*) $RFLTTG@ (*e*) इनमें से कोई नहीं

22. 1375490 के लिए कोड क्या होगा?

(*a*) DHNLQGT (*b*) #HNLQG£ (*c*) DHNLQG#
(*d*) £HNLQG# (*e*) इनमें से कोई नहीं

23. 7620486 के लिए कोड क्या होगा?

(*a*) #RF↓QP£ (*b*) £RF↓QP# (*c*) #RFTQP£
(*d*) £RF↑QP# (*e*) इनमें से कोई नहीं

24. निम्नलिखित संख्याओं में से किस एक के लिए $QRL↑H@ कोड हो सकता है?

(*a*) 8465032 (*b*) 8456037 (*c*) 8465032
(*d*) 6475031 (*e*) इनमें से कोई नहीं

25. निम्नलिखित में से किस संख्या के लिए QLP↓RNT कोड होगा ?

(*a*) 6580470 (*b*) 4780650 (*c*) 6580470
(*d*) डाटा अपर्याप्त है (*e*) इनमें से कोई नहीं

26. यदि किसी सांकेतिक भाषा में, 15789 को EGKPT लिखा गया है और 2436 को ALUR लिखा गया है, तो उसी सांकेतिक भाषा में 24539 को किस प्रकार लिखा जाएगा? **(M.A.T. 2004)**

(*a*) ALGTU (*b*) ALEUT (*c*) ALGUT (*d*) ALGRT

27. यदि किसी सांकेतिक भाषा में 15729 को AEGBI लिखा गया है और 2346 को BCDF लिखा गया है, तो उसी सांकेतिक भाषा में 23549 को किस प्रकार लिखा जाएगा? **(C.E.T. 2006)**

(*a*) ABEDI (*b*) CBEDI (*c*) BCEDI
(*d*) CEBDI (*e*) इनमें से कोई नहीं

28. यदि किसी सांकेतिक भाषा में 3456 को ROPE लिखा गया है और 15526 को APPLE लिखा गया है, तो उसी सांकेतिक भाषा में 54613 को किस प्रकार लिखा जाएगा?

(*a*) RPPEO (*b*) ROPEA (*c*) POEAR
(*d*) PAREO (*e*) इनमें से कोई नहीं

29. एक व्यापारी अपने स्टोर में वस्तुओं की कीमतों को कोड करने के लिए 0 से 9 के अंकों के लिए क्रमश: PSICHOLAZY के वर्णों का प्रयोग करता है। 875.50 मूल्य की वस्तु के लिए कोड क्या होगा ? **(R.B.I. 2002)**

(*a*) ZCA.OP (*b*) ZYA.HO (*c*) AIL.HP
(*d*) AIL.HS (*e*) इनमें से कोई नहीं

30. यदि 453945 को DECIDE लिखा जाता है, तो 8978 को डिकोड करें। **(R.B.I. 2002)**

(*a*) BHEE (*b*) CDEH (*c*) GHEE
(*d*) HIGH (*e*) इनमें से कोई नहीं

31. यदि 123 का अर्थ 987 है, तो 234 का अर्थ क्या होगा? **(M.B.A. 2000)**

(*a*) 768 (*b*) 875 (*c*) 876
(*d*) 886 (*e*) इनमें से कोई नहीं

32. यदि 2 = 5, 4 = 18, 6 = 39, तो 10 = ? **(Hotel Management, 2003)**

(*a*) 45 (*b*) 81 (*c*) 100 (*d*) 105

हल-अभ्यास 4(E)

1. (*c*) : 1 को L, 7 को F, 3 को M, 8 को E, 4 को B, 6 को K से कोड किया गया है।
अत: 173846 के लिए कोड LFMEBK होगा।

2. (*d*) : 8 को E, 6 को K, 2 को D, 9 को J, 4 को B, 1 को L से कोड किया गया है।
अत: 862941 के लिए कोड EKDJBL होगा।

3. (*b*) : 4 को B, 3 को M, 0 को P, 6 को K, 7 को F, 5 को X से कोड किया गया है।
अत: 430675 के लिए कोड BMPKFX होगा।

4. (*a*) : 7 को F, 9 को J, 0 को P, 8 को E, 5 को X, 3 को M से कोड किया गया है।
अत: 790853 के लिए कोड FJPEXM होगा।

5. (*a*) : 9 को J, 0 को P, 1 को L, 2 को D, 7 को F, 3 को M से कोड किया गया है।
अत: 901273 के लिए कोड JPLDFM होगा।

6. (*e*) : 3 को E, 2 को B, 8 को N, 4 को D, 6 को T, 9 को M से कोड किया गया है।
अत: 328469 के लिए कोड EBNDTM होगा।

7. (*b*) : चूंकि अंतिम अंक 0 है, इसलिए 0 को W से कोड किया गया है। 6 को T, 3 को E, 1 को K, 4 को D, 2 को B से कोड किया गया है।
अत: 631420 के लिए कोड TEKDBW होगा।

8. (*a*) : 6 को T, 4 को D, 0 को J, 5 को R, 9 को M, 8 को N से कोड किया गया है।
अत: 640598 के लिए कोड TDJRMN होगा।

9. (*d*) : चूंकि दिया गया संख्या-समूह किसी सम संख्या के साथ प्रारम्भ होता है और एक विषम संख्या के साथ समाप्त होता

है, इसलिए पहला और अंतिम अंक यानि 8 और 1 को Y के रूप में कोडित किया जाएगा 9 को M से कोड किया गया है। 3 को E, 5 को R, 6 को T से कोड किया गया है। तो, 893561 के लिए कोड YMERTY होगा।

10. (*c*) : चूंकि पहला अंक एक विषम संख्या है और अंतिम अंक एक सम संख्या है, इसलिए 7 और 6 दोनों को X कोड किया जाएगा।
4 को D, 3 को E, 5 को R, 0 को J से कोड किया गया है। अत: 743506 के लिए कोड XDERJX होगा।

11. (*c*) : चूंकि संख्या एक विषम अंक से प्रारम्भ व समाप्त होती है, इसलिए 7 को Y और 1 को # कोड किया जाएगा। 6, 4, 9, 8 के लिए कोड क्रमशः %, M, L, $ हैं। अत: कोड Y%ML$ होगा।

12. (*a*) : M, H, L, E, K, % क्रमशः 4, 3, 9, 5, 2, 6 के लिए कोड हैं। अत: MHLEK%, 439526 का कोड है।

13. (*b*) : चूंकि 278140 के पहले और अंतिम स्थानों पर सम अंक हैं, इसलिए 2 को β,0 को X कोड किया जाएगा। 7, 8, 1, 4 के लिए कोड क्रमशः A, $, ξ M हैं। अत: अभीष्ट कोड βA$ξMX होगा।

14. (*c*) : 1 को ξ, 7 को A, 3 को H, 5 को E, 4 को M, 8 को $ से कोड किया ξAHEM$ गया है। तो, 173548 के लिए कोड होगा।

15. (*e*) : क्रमशः 0, 6, 9, 7, 2 और 1 के लिए R, %, L, A, K और ξ कोड है। अत: R%LAKξ, 069721 का कोड है।

16. (*d*) : H, $, M और E क्रमशः 3, 8, 4 और 5 के लिए कोड हैं। प्रथम स्थान पर Y और अंतिम स्थान पर # यह इंगित करता है कि संख्या एक विषम अंक से प्रारम्भ और समाप्त होगी। स्पष्टत: केवल विकल्प (*b*) और (*c*) इस शर्त को पूरा करते हैं।

17. (*c*) : संख्या गैर-शून्य सम संख्या से प्रारम्भ होती है। अत: पहले स्थान पर 2 के लिए N कोड लिखा जाएगा। तथा 7 को H, 3 को D, 2 को C, 8 को I, 6 को G, 9 को J से कोड किया जाएगा। अत: अभीष्ट कोड NHDCIGJ होगा।

18. (*d*) : चूंकि संख्या गैर-शून्य विषम अंक से प्रारम्भ हो रही है अत: प्रथम स्थान पर स्थित 7 को P से कोड किया जाएगा। तथा 0 को A, 9 को J, 6 को G, 5 को F, 7 को H, 2 को C से कोड किया जाएगा। अत: 9096572 के लिए कोड PAJGFHC होगा।

19. (*c*) : चूंकि संख्या गैर-शून्य सम संख्या से प्रारम्भ हो रही है अत: पहले स्थान पर 4 को N से कोड किया जाएगा। तथा 6 को G, 5 को F, 8 को I, 3 को D, 0 को A से कोड किया जाएगा।
अत: 4658630 के लिए कोड NGFIGDA होगा।

20. (*a*) : चूंकि संख्या गैर-शून्य विषम अंकों से प्रारम्भ होती है और समाप्त होती है, अत: पहले स्थान पर 7 और अंतिम स्थान पर 1 दोनों को W से कोड किया जाएगा A तथा 2 को C, 8 को I, 4 को E, 6 को G और 9 को J से कोड किया गया है। अत: 7284691 के लिए कोड WCIEGJW होगा।

21. (*c*) : चूंकि संख्या का पहला अंक विषम है और इसका अंतिम अंक सम है, अत: 3 को #, और 8 को £ से कोड किया जाएगा A अब, 6 को R, 2 को F, 5 को L, 0 को T, और 9 को G से कोड किया जाएगा।
अत: 36250098 के लिए कोड #RFLTTG£ होगा।

22. (*a*) : 1 को D, 3 को H, 7 को N, 5 को L, 4 को Q, 9 को G और 0 को T से कोड किया गया है।
अत: 1375490 के लिए कोड DHNLQGT होगा।

23. (*a*) : चूंकि संख्या का पहला अंक विषम है और इसका अंतिम अंक सम है। अत: पहले स्थान पर स्थित 7 को # से कोड किया जाएगा और अंतिम स्थान पर स्थित 6 को £ से कोड किया जाएगा। इसके अतिरिक्त, संख्या में 0 के पहले और बाद में भी एक सम संख्या है, अत: 0 को ↓ से कोड किया जाएगा। तथा 6 को R, 2 को F, 4 को Q, और 8 को P से कोड किया जाएगा। अत: अभीष्ट कोड #RF↓QP£ होगा।

24. (*e*) : Q, R, L, H क्रमशः 4, 6, 5, 3 के लिए कोड हैं। 0 के लिए कोड ↑ है।
अत: $QRL↑H@ किसी ?46503? प्रकार की संख्या का कोड होगा, जिसमें पहला अंक सम होना चाहिए और अंतिम अंक विषम होना चाहिए। स्पष्टत: दिए गए विकल्पों में ऐसी कोई संख्या नहीं है।

25. (*e*) : Q, L, P, ↓, R, N और T क्रमशः 4, 5, 8, 0, 6, 7 और 0 के लिए कोड हैं। अत: अभीष्ट संख्या 4580670 होगा।

26. (*c*) :

संख्या	1	5	7	8	9	2	4	3	6
कोड	E	G	K	P	T	A	L	U	R

27. (*c*) :

संख्या	1	5	7	2	9	3	4	6
कोड	A	E	G	B	I	C	D	F

28. (*c*) :

संख्या	3	4	5	6	1	2
कोड	R	O	P	E	A	L

29. (*e*) :

संख्या	0	1	2	3	4	5	6	7	8	9
कोड	P	S	I	C	H	O	L	A	Z	Y

875.50 के लिए कोड ZAO.OP होगा।

30. (*d*) : स्पष्टत: संख्या को अंग्रेजी वर्णमाला में उस स्थान पर स्थित वर्ण द्वारा प्रतिस्थापित किया गया है।
अत: 8 को अंग्रेजी वर्णमाला के 8 वें वर्ण अर्थात H से प्रतिस्थापित किया जाएगा, 9 को 9वें वर्ण अर्थात I से, और 7 को 7 वें वर्ण अर्थात G से प्रतिस्थापित किया जाएगा।

31. (*c*) : कोडिंग की दी गई प्रणाली में, एक संख्या × को (10 − ×) से कोड किया गया है।
अत: 2 को कोड (10 − 2) अर्थात 8, 3 को (10 − 3) अर्थात 7 और 4 को (10 − 4) अर्थात 6 से कोड किया गया है।
अत: 234 संख्या 876 का कोड है।

32. (*d*) : स्पष्टत: दी गई कोडिंग प्रणाली में,
$2 = 2^2 + 1 = 5;\ 4 = 4^2 + 2 = 18;\ 6 = 6^2 + 3 = 39$
अत: $10 = 10^2 + 5 = 105$

प्रकार 4: आव्यूह (मैट्रिक्स) कोडिंग

अभ्यास 4F

निर्देश: *निम्नलिखित में से प्रत्येक प्रश्न में, एक शब्द को संख्याओं के केवल एक सेट द्वारा दर्शाया जा सकता है, जो किसी एक विकल्प में दिए गए हैं। विकल्पों में दिए गए संख्याओं के सेट को दिए गए दो मैट्रिक्स में वर्णों के दो वर्गों द्वारा दर्शाया जाता हैं। मैट्रिक्स I के स्तंभों (कॉलम) और पंक्तियों को 0 से 4 तक और मैट्रिक्स II के स्तंभों (कॉलम) और पंक्तियों को 5 से 9 तक संख्यांकित किया गया है। इन मैट्रिक्स के किसी एक वर्ण को पहले उसकी पंक्ति की संख्या और फिर स्तंभ की संख्या से प्रदर्शित किया जाता है, उदाहरण के लिए प्रश्न 1 से 4 के लिए M को 14, 21, आदि द्वारा दर्शाया जा सकता है; O को 20, 32, आदि द्वारा दर्शाया जा सकता है। इसी तरह आपको प्रत्येक प्रश्न में दिए गए शब्द के लिए सही संख्या सेट ज्ञात करना है।* (S.S.C. 2002)

प्रश्न 1 से 4

मैट्रिक्स I

	0	1	2	3	4
0	F	O	M	S	R
1	S	R	F	O	M
2	O	M	S	R	F
3	R	F	O	M	S
4	M	S	R	F	O

मैट्रिक्स II

	5	6	7	8	9
5	A	T	D	I	P
6	I	P	A	T	D
7	T	D	I	P	A
8	P	A	T	D	I
9	D	I	P	A	T

1. MOST
(a) 40, 44, 22, 89 (b) 33, 20, 11, 79
(c) 21, 00, 03, 88 (d) 02, 13, 34, 56

2. ROAD
(a) 42, 32, 79, 58 (b) 23, 32, 98, 99
(c) 11, 13, 67, 69 (d) 04, 20, 55, 78

3. STOP
(a) 10, 56, 44, 97 (b) 41, 68, 01, 77
(c) 22, 75, 32, 86 (d) 33, 99, 42, 59

4. FOAM
(a) 24, 01, 55, 22 (b) 00, 01, 67, 33
(c) 12, 13, 67, 23 (d) 43, 52, 56, 33

प्रश्न 5 से 9 (S.S.C. 2001)

मैट्रिक्स I

	0	1	2	3	4
0	A	E	S	T	H
1	T	H	A	E	S
2	E	S	T	H	A
3	H	A	E	S	T
4	S	T	H	A	E

मैट्रिक्स II

	5	6	7	8	9
5	P	O	R	K	L
6	K	L	P	O	R
7	O	R	K	L	P
8	L	P	O	R	K
9	R	K	L	P	O

5. EAST
(a) 44, 32, 21, 03 (b) 32, 31, 02, 04
(c) 20, 43, 33, 11 (d) 13, 12, 14, 10

6. ROSE
(a) 95, 75, 02, 32 (b) 88, 76, 31, 32
(c) 86, 67, 33, 44 (d) 57, 87, 32, 33

7. SOLE
(a) 41, 57, 87, 31 (b) 33, 99, 66, 44
(c) 21, 75, 44, 02 (d) 02, 78, 87, 13

8. LAKE
(a) 97, 00, 77, 12 (b) 66, 12, 58, 40
(c) 85, 31, 77, 44 (d) 77, 43, 76, 31

9. LEST
(a) 97, 32, 21, 34 (b) 87, 32, 21, 31
(c) 85, 02, 04, 22 (d) 66, 00, 20, 34

प्रश्न 10 से 14

मैट्रिक्स I

	0	1	2	3	4
0	F	A	N	O	I
1	I	O	F	A	N
2	A	N	O	I	F
3	O	F	I	N	A
4	N	I	A	F	O

मैट्रिक्स II

	5	6	7	8	9
5	S	E	H	B	T
6	H	S	E	T	B
7	B	T	S	E	H
8	E	H	T	B	S
9	T	S	E	H	B

10. NEST
(a) 02, 56, 55, 59 (b) 14, 67, 66, 67
(c) 21, 76, 77, 76 (d) 33, 85, 88, 86

11. FAITH
(a) 43, 42, 41, 78, 89 (b) 31, 34, 23, 76, 79
(c) 24, 31, 10, 59, 57 (d) 12, 20, 40, 68, 65

12. FINE
(a) 31, 32, 33, 82 (b) 24, 19, 21, 78
(c) 12, 10, 13, 67 (d) 00, 04, 02, 56

13. HEAT
(a) 79, 53, 20, 87 (b) 65, 56, 13, 57
(c) 57, 56, 01, 59 (d) 29, 85, 34, 93

14. BOTH
(a) 88, 30, 85, 86 (b) 75, 22, 76, 79
(c) 69, 67, 68, 59 (d) 58, 02, 68, 65

प्रश्न 15 से 19

मैट्रिक्स I

	0	1	2	3	4
0	D	O	B	A	I
1	O	B	A	I	D
2	B	A	I	D	O
3	A	I	D	O	B
4	I	D	O	B	A

मैट्रिक्स II

	5	6	7	8	9
5	W	N	R	M	L
6	N	R	M	L	W
7	R	M	L	W	N
8	M	L	W	N	R
9	T	S	E	H	B

15. DRAW

(*a*) 41, 66, 23, 55 (*b*) 32, 75, 44, 76

(*c*) 23, 57, 30, 68 (*d*) 14, 89, 12, 78

16. BAND

(*a*) 43, 21, 97, 33 (*b*) 11, 21, 79, 41

(*c*) 34, 44, 66, 14 (*d*) 20, 30, 89, 23

17. BLOW

(*a*) 11, 68, 42, 69 (*b*) 21, 95, 33, 97

(*c*) 34, 68, 10, 88 (*d*) 34, 86, 44, 78

18. RAIN

(*a*) 57, 12, 31, 56 (*b*) 57, 21, 23, 79

(*c*) 66, 44, 42, 96 (*d*) 75, 30, 31, 87

19. LAMB

(*a*) 68, 21, 58, 34 (*b*) 77, 44, 76, 33

(*c*) 86, 21, 67, 12 (*d*) 95, 30, 80, 20

निर्देश (प्रश्न 20 से 24): नीचे दिए गए वर्ग में सौ कोष दिए गए हैं, जो वर्णों से भरे हुए हैं। कॉलम और पंक्तियों को 0 से 9 तक की संख्याओं द्वारा निर्दिष्ट किया गया है। कोष के एक वर्ण को पहले उसकी स्तम्भ संख्या से और फिर उसकी पंक्ति संख्या से दर्शाया जाता है। जैसे स्तम्भ 3 और पंक्ति 1 के G वर्ण को 31 से दर्शाया जाता है। निम्नलिखित प्रश्नों में एक शब्द के साथ चार विकल्प दिए गए हैं। इनमें सही विकल्प का चुनाव करें।

	0	1	2	3	4	5	6	7	8	9
0	I	L	B	P	K	N	H	S	A	E
1	M	A	Q	G	T	V	I	O	N	U
2	H	R	W	J	A	X	B	E	C	I
3	T	Y	A	I	U	U	O	N	J	F
4	F	O	B	M	E	G	U	K	W	R
5	A	C	L	J	X	R	A	A	X	T
6	P	S	U	E	Z	K	V	W	D	L
7	Z	D	Y	V	F	O	H	Y	I	O
8	M	I	Z	Q	E	A	U	E	I	S
9	P	E	O	D	E	U	Q	O	C	G

20. MIND

(*a*) 01, 61, 73, 36 (*b*) 08, 61, 55, 44

(*c*) 34, 33, 50, 17 (*d*) 73, 33, 61, 17

21. JAIL

(*a*) 32, 05, 25, 44 (*b*) 32, 05, 87, 96

(*c*) 35, 23, 26, 33 (*d*) 83, 65, 25, 44

22. BLOT

(*a*) 20, 10, 71, 22 (*b*) 24, 10, 26, 48

(*c*) 34, 35, 63, 03 (*d*) 62, 25, 57, 95

23. JOKE

(*a*) 32, 14, 56, 44 (*b*) 35, 14, 37, 78

(*c*) 83, 63, 40, 59 (*d*) 83, 71, 25, 36

24. OMIT

(*a*) 14, 34, 88, 95 (*b*) 63, 44, 88, 03

(*c*) 79, 09, 61, 41 (*d*) 97, 34, 62, 95

हल–अभ्यास 4(F)

1. (*d*) : मैट्रिक्स I के अनुसार M को 02, 14, 21, 33 या 40 कोडित किया जा सकता है।

मैट्रिक्स I के अनुसार O को 01, 13, 20, 32 या 44 कोडित किया जा सकता है।

मैट्रिक्स I के अनुसार S को 03, 10, 22, 34 या 41 कोडित किया जा सकता है।

मैट्रिक्स II के अनुसार T को 56, 68, 75, 87 या 99 कोडित किया जा सकता है।

स्पष्टत: (*d*) सही कोडों का एकमात्र सेट है।

2. (*c*) : मैट्रिक्स I के अनुसार R को 04, 11, 23,30 या 42 कोडित किया जा सकता है।

मैट्रिक्स I के अनुसार O को 01, 13, 20, 32 या 44 कोडित किया जा सकता है।

मैट्रिक्स II के अनुसार A को 55, 67, 79, 86 या 98 कोडित किया जा सकता है।

मैट्रिक्स II के अनुसार D को 57, 69, 76, 88 या 95 कोडित किया जा सकता है।

स्पष्टत: केवल (*c*) में सही कोड शामिल है।

3. (*a*) : मैट्रिक्स I के अनुसार S को 03, 10, 22, 34 या 41 कोडित किया जा सकता है।

मैट्रिक्स II के अनुसार T को 56, 68, 75, 87 या 99 कोडित किया जा सकता है।

मैट्रिक्स I के अनुसार O को 01, 13, 20, 32 या 44 कोडित किया जा सकता है।

मैट्रिक्स II से, P को 59, 66, 78, 85 या 97 कोडित किया जा सकता है।

4. (*b*) : मैट्रिक्स I के अनुसार F को 00, 12, 24, 31 या 43 कोडित किया जा सकता है।

मैट्रिक्स I के अनुसार O को 01, 13, 20, 32 या 44 कोडित किया जा सकता है।

मैट्रिक्स II के अनुसार A को 55, 67, 79, 86 या 98 कोडित किया जा सकता है।

मैट्रिक्स I के अनुसार M को 02, 14, 21, 33 या 40 कोडित किया जा सकता है।

5. (*d*) : मैट्रिक्स I के अनुसार E को 01, 13, 20, 32 या 44 कोडित किया जा सकता है।

मैट्रिक्स I के अनुसार A को 00, 12, 24, 31 या 43 कोडित किया जा सकता है।

मैट्रिक्स I के अनुसार S को 02, 14, 21, 33 या 40 कोडित किया जा सकता है।

मैट्रिक्स I के अनुसार T को 03, 10, 22, 34 या 41 कोडित किया जा सकता है।

6. (*a*) : मैट्रिक्स II के अनुसार R को 57, 69, 76, 88 या 95 कोडित किया जा सकता है।

मैट्रिक्स II के अनुसार O को 56, 68, 75, 87 या 99 कोडित किया जा सकता है।

मैट्रिक्स I के अनुसार S को 02, 14, 21, 33 या 40 कोडित किया जा सकता है।

मैट्रिक्स I के अनुसार E को 01, 13, 20, 32 या 44 कोडित किया जा सकता है।

7. (*b*) : मैट्रिक्स I के अनुसार S को 02, 14, 21, 33 या 40 कोडित किया जा सकता है।

मैट्रिक्स II के अनुसार O को 56, 68, 75, 87 या 99 कोडित किया जा सकता है।

मैट्रिक्स II के अनुसार L को 59, 66, 78, 85 या 97 कोडित किया जा सकता है।

मैट्रिक्स I के अनुसार E को 01, 13, 20, 32 या 44 कोडित किया जा सकता है।

8. (*c*) : मैट्रिक्स II के अनुसार L को 59, 66, 78, 85 या 97 कोडित किया जा सकता है।

मैट्रिक्स I के अनुसार A को 00, 12, 24, 31 या 43 कोडित किया जा सकता है।

मैट्रिक्स II के अनुसार K को 58, 65, 77, 89 या 96 कोडित किया जा सकता है।

मैट्रिक्स I के अनुसार E को 01, 13, 20, 32 या 44 कोडित किया जा सकता है।

9. (*a*) : मैट्रिक्स II के अनुसार L को 59, 66, 78, 85 या 97 कोडित किया जा सकता है।

मैट्रिक्स I के अनुसार E को 01, 13, 20, 32 या 44 कोडित किया जा सकता है।

मैट्रिक्स I के अनुसार S को 02, 14, 21, 33 या 40 कोडित किया जा सकता है।

मैट्रिक्स I के अनुसार T को 03, 10, 22, 34 या 41 कोडित किया जा सकता है।

10. (*a*) : मैट्रिक्स I के अनुसार N को 02, 14, 21, 33 या 40 कोडित किया जा सकता है।

मैट्रिक्स II के अनुसार E को 56, 67, 78, 85 या 97 कोडित किया जा सकता है।

मैट्रिक्स II के अनुसार S को 55, 66, 77, 89 या 96 कोडित किया जा सकता है।

मैट्रिक्स II के अनुसार T को 59, 68, 76, 87 या 95 कोडित किया जा सकता है।

11. (*b*) : मैट्रिक्स I के अनुसार F को 00, 12, 24, 31 या 43 कोडित किया जा सकता है।

मैट्रिक्स I के अनुसार A को 01, 13, 20, 34 या 42 कोडित किया जा सकता है।

मैट्रिक्स I के अनुसार I को 04, 10, 23, 32 या 41 कोडित किया जा सकता है।

मैट्रिक्स II के अनुसार T को 59, 68, 76, 87 या 95 कोडित किया जा सकता है।

मैट्रिक्स II के अनुसार H को 57, 65, 79, 86 या 98 कोडित किया जा सकता है।

12. (*d*) : मैट्रिक्स I के अनुसार F को 00, 12, 24, 31 या 43 कोडित किया जा सकता है।

मैट्रिक्स I के अनुसार I को 04, 10, 23, 32 या 41 कोडित किया जा सकता है।

मैट्रिक्स I के अनुसार N को 02, 14, 21, 33 या 40 कोडित किया जा सकता है।

मैट्रिक्स II के अनुसार E को 56, 67, 78, 85 या 97 कोडित किया जा सकता है।

13. (*c*) : मैट्रिक्स II के अनुसार H को 57, 65, 79, 86 या 98 कोडित किया जा सकता है।

मैट्रिक्स II के अनुसार E को 56, 67, 78, 85 या 97 कोडित किया जा सकता है।

मैट्रिक्स I के अनुसार A को 01, 13, 20, 34 या 42 कोडित किया जा सकता है।

मैट्रिक्स II के अनुसार T को 59, 68, 76, 87 या 95 कोडित किया जा सकता है।

14. (*b*) : मैट्रिक्स II के अनुसार B को 58, 69, 75, 88 या 99 कोडित किया जा सकता है।

मैट्रिक्स I के अनुसार O को 03, 11, 22, 30 या 44 कोडित किया जा सकता है।

मैट्रिक्स II के अनुसार T को 59, 68, 76, 87 या 95 कोडित किया जा सकता है।

मैट्रिक्स II के अनुसार H को 57, 65, 79, 86 या 98 कोडित किया जा सकता है।

15. (*d*) : मैट्रिक्स I के अनुसार D को 00, 14, 23, 32 या 41 कोडित किया जा सकता है।

मैट्रिक्स II के अनुसार R को 57, 66, 75, 89 या 98 कोडित किया जा सकता है।

मैट्रिक्स I के अनुसार A को 03, 12, 21, 30 या 44 कोडित किया जा सकता है।

मैट्रिक्स II के अनुसार W को 55, 69, 78, 87 या 96 कोडित किया जा सकता है।

16. (*b*) : मैट्रिक्स I के अनुसार B को 02, 11, 20, 34 या 43 कोडित किया जा सकता है।

मैट्रिक्स I के अनुसार A को 03, 12, 21, 30 या 44 कोडित किया जा सकता है।

मैट्रिक्स II के अनुसार N को 56, 65, 79, 88 या 97 कोडित किया जा सकता है।

मैट्रिक्स I के अनुसार D को 00, 14, 23, 32 या 41 कोडित किया जा सकता है।

17. (*a*) : मैट्रिक्स I के अनुसार B को 02, 11, 20, 34 या 43 कोडित किया जा सकता है।

मैट्रिक्स II के अनुसार L को 59, 68, 77, 86 या 95 कोडित किया जा सकता है।

मैट्रिक्स I के अनुसार O को 01, 10, 24, 33 या 42 कोडित किया जा सकता है।

मैट्रिक्स II के अनुसार W को 55, 69, 78, 87 या 96 कोडित किया जा सकता है।

18. (*a*) : मैट्रिक्स II के अनुसार R को 57, 66, 75, 89 या 98 कोडित किया जा सकता है।
मैट्रिक्स I के अनुसार A को 03, 12, 21, 30 या 44 कोडित किया जा सकता है।
मैट्रिक्स I के अनुसार I को 04, 13, 22, 31 या 40 कोडित किया जा सकता है।
मैट्रिक्स II के अनुसार N को 56, 65, 79, 88 या 97 कोडित किया जा सकता है।

19. (*a*) : मैट्रिक्स II के अनुसार L को 59, 68, 77, 86 या 95 कोडित किया जा सकता है।
मैट्रिक्स I के अनुसार A को 03, 12, 21, 30 या 44 कोडित किया जा सकता है।
मैट्रिक्स II के अनुसार M को 58, 67, 76, 85 या 99 कोडित किया जा सकता है।
मैट्रिक्स I के अनुसार B को 02, 11, 20, 34 या 43 कोडित किया जा सकता है।

20. (*c*) : M को 01, 34 या 08 कोडित किया जा सकता है; I को 00, 61, 92, 33, 87, 18 या 88 कोडित किया जा सकता है; N को 50, 81 या 73 कोडित किया जा सकता है; D को 86, 17 या 39 कोडित किया जा सकता है।

21. (*b*) : J को 32, 83 या 35 कोडित किया जा सकता है; A को 80, 11, 42, 23, 05, 65, 75 या 58 कोडित किया जा सकता है; I को 00, 61, 92, 33, 87, 18 या 88 कोडित किया जा सकता है; L को 10, 25 या 96 कोडित किया जा सकता है।

22. (*d*) : B को 20, 62 या 24 कोडित किया जा सकता है; L को 10, 25 या 96 कोडित किया जा सकता है; O को 71, 63, 14, 57, 97, 29 या 79 कोडित किया जा सकता है; T को 41, 03 या 95 कोडित किया जा सकता है।

23. (*a*) : J को 32, 83 या 35 कोडित किया जा सकता है; O को 71, 63, 14, 57, 97, 29 या 79 कोडित किया जा सकता है; K को 40, 74 या 56 कोडित किया जा सकता है; E को 90, 72, 44, 36, 48, 78, 19 या 49 कोडित किया जा सकता है।

24. (*a*) : O को 71, 63, 14, 57, 97, 29 या 79 कोडित किया जा सकता है; M को 01, 34 या 08 कोडित किया जा सकता है; I को 00, 61, 92, 33, 87, 18 या 88 कोडित किया जा सकता है; T को 41, 03 या 95 कोडित किया जा सकता है।

प्रकार 5: प्रतिस्थापन कोडिंग

इन प्रश्नों में कुछ विशेष शब्दों को कुछ नामों से प्रतिस्थापित किया जाता हैं। फिर एक प्रश्न पूछा जाता है जिसे प्रतिस्थापित कोड भाषा में उत्तर देना होता है।

उदा. 1. यदि 'कुक' को 'बटलर' कहा जाता है, 'बटलर' को 'मैनेजर' कहा जाता है, 'मैनेजर' को 'टीचर' कहा जाता है, 'टीचर' को 'क्लर्क' कहा जाता है और 'क्लर्क' को 'प्रिंसिपल' कहा जाता है, तो कक्षा में कौन पढ़ाएगा?

(*a*) कुक (*b*) बटलर (*c*) मैनेजर
(*d*) टीचर (*e*) क्लर्क

हल: स्पष्टत: एक 'टीचर' कक्षा में पढ़ाता है। अत: चूंकि 'टीचर' को 'क्लर्क' कहा जाता है, इसलिए कक्षा में एक 'क्लर्क' पढ़ाएगा।
अत: उत्तर (*e*) है।

उदा. 2. यदि 'डायमंड' को 'गोल्ड' कहा जाता है, 'गोल्ड' को 'सिल्वर' कहा जाता है, 'सिल्वर' को 'रूबी' कहा जाता है और 'रूबी' को 'एमराल्ड' कहा जाता है, जो सबसे सस्ता गहना है?

(*a*) डायमंड (*b*) सिल्वर (*c*) गोल्ड
(*d*) रूबी (*e*) एमराल्ड

हल: हम जानते हैं कि 'सिल्वर' सबसे सस्ता है। चूंकि 'सिल्वर' को 'रूबी' कहा जाता है, इसलिए 'रूबी' सबसे सस्ता है।
अत: उत्तर (*d*) है।

उदा. 3. यदि 'आंख' को 'हाथ' कहा जाता है, 'हाथ' को 'मुंह' कहा जाता है, 'मुंह' को 'कान' कहा जाता है, 'कान' को 'नाक' कहा जाता है और 'नाक' को 'जीभ' कहा जाता है, तो व्यक्ति इनमें से किससे सुनेंगे?

(*a*) आंख (*b*) मुंह (*c*) नाक
(*d*) कान (*e*) जीभ

हल: एक व्यक्ति अपने 'कान' से सुनता है। परन्तु चूंकि 'कान' को 'नाक' कहा जाता है, इसलिए एक व्यक्ति 'नाक' से सुनेगा।
अत: उत्तर (*c*) है।

अभ्यास 4G

1. यदि 'सफेद' को 'नीला' कहा जाता है, 'नीला' को 'लाल' कहा जाता है, 'लाल' को 'पीला' कहा जाता है, 'पीला' को 'हरा' कहा जाता है, 'हरा' को 'काला' कहा जाता है, 'काला' को 'बैंगनी' कहा जाता और 'बैंगनी' को 'नारंगी' कहा जाता है, तो मानव रक्त का रंग क्या होगा? **(Bank P.O. 2002, 03, 04; M.A.T. 2004)**

(*a*) लाल (*b*) हरा (*c*) पीला (*d*) बैंगनी (*e*) नारंगी

2. यदि 'संतरे' को 'सेब' कहा जाता है, 'केला' को 'खुबानी' कहा जाता है, 'सेब' को 'मिर्च' कहा जाता है, 'खुबानी' को 'संतरा' कहा जाता है, और 'मिर्च' को 'केला' कहा जाता हैं, तो इनमें से किसका रंग हरा है? **(SCMHRD, 2002)**

(*a*) खुबानी (*b*) सेब (*c*) मिर्च (*d*) केला (*e*) नारंगी

3. यदि 'पेन' को 'टेबल' कहा जाता है, 'टेबल' को 'फैन' कहा जाता है, 'फैन' को 'कुर्सी' कहा जाता है, और 'कुर्सी' को 'छत' कहा जाता है, तो निम्नलिखित में से किस स्थान पर एक व्यक्ति बैठ सकता है?

(*a*) फैन (*b*) कुर्सी (*c*) छत (*d*) टेबल (*e*) पेन

4. यदि 'बल्ले' को 'रैकेट' कहा जाता है, 'रैकेट' को 'फुटबॉल' कहा जाता है, 'फुटबॉल' को 'शटल' कहा जाता है, 'शटल' को 'लुडो' कहा जाता है, और 'लुडो' को 'कैरम' कहा जाता है, तो क्रिकेट किसके साथ खेला जाता है?

(*a*) रैकेट (*b*) फुटबॉल (*c*) बल्लेबाज (*d*) शटल (*e*) कैरम

5. यदि 'आकाश' को 'तारा' कहा जाता है, 'तारा' को 'बादल' कहा जाता है, 'बादल' को 'पृथ्वी' कहा जाता है, है, 'पृथ्वी' को 'पेड़' कहा जाता है, है और 'पेड़' को 'किताब' कहा जाता है, तो पक्षी कहाँ उड़ते हैं? **(Management Trainees* 2005)**

(*a*) बादल (*b*) आकाश (*c*) तारा

(*d*) डाटा अपर्याप्त है (*e*) इनमें से कोई नहीं

6. यदि 'कमरा' को 'बिस्तर' कहा जाता है, तो 'बिस्तर' को 'खिड़की' कहा जाता है, 'खिड़की' को 'फूल' कहा जाता है और 'फूल' को 'कूलर' कहा जाता है, एक आदमी किस पर सोएगा?

(*a*) खिड़की (*b*) बिस्तर (*c*) फूल

(*d*) कूलर (*e*) इनमें से कोई नहीं

7. यदि 'पुस्तक' को 'घड़ी' कहा जाता है, 'घड़ी' को 'बैग' कहा जाता है, 'बैग' को 'डिक्शनरी' कहा जाता है और 'डिक्शनरी' को 'खिड़की' कहा जाता है, तो किसका उपयोग पुस्तकों को ले जाने के लिए किया जाता है?

(*a*) डिक्शनरी (*b*) बैग (*c*) पुस्तक

(*d*) घड़ी (*e*) इनमें से कोई नहीं

8. यदि 'कुशन' को 'तकिया' कहा जाता है, तो तकिया को 'चटाई' कहा जाता है, 'चटाई' को 'बेडशीट' कहा जाता है और 'बेडशीट' को 'कवर' कहा जाता है, जो फर्श पर बिछाने वाले को क्या कहा जाएगा?

(*a*) कवर (*b*) बेडशीट (*c*) चटाई

(*d*) तकिया (*e*) इनमें से कोई नहीं

9. यदि 'नारंगी' को 'मक्खन' कहा जाता है, 'मक्खन' को 'साबुन' कहा जाता है, 'साबुन' को 'स्याही' कहा जाता है, 'स्याही' को 'शहद' कहा जाता है और 'शहद' को 'नारंगी' कहा जाता है, जो निम्न में से कपड़े धोने के लिए किसका प्रयोग किया जाता है? **(Bank P.O. 2003)**

(*a*) शहद (*b*) मक्खन (*c*) नारंगी (*d*) साबुन (*e*) स्याही

10. यदि 'रेत' को 'हवा' कहा जाता है, हवा' को 'पठार' कहा जाता है, 'पठार' को 'कुआं' कहा जाता है, 'कुआं' को 'द्वीप' कहा जाता है और 'द्वीप' को 'आकाश' कहा जाता है, फिर से एक महिला कहां से पानी खींचती है?

(*a*) कुआं (*b*) द्वीप (*c*) आकाश

(*d*) हवा (*e*) इनमें से कोई नहीं

11. यदि 'चूड़ी' को 'कैसेट' कहा जाता है, 'कैसेट' को 'टेबल' कहा जाता है, 'टेबल' को 'गेम' कहा जाता है और 'गेम' को 'अलमारी' कहा जाता है, तो टेप रिकॉर्डर में क्या बजाया जाता है?

(*a*) चूड़ी (*b*) कैसेट (*c*) टेबल

(*d*) अलमारी (*e*) इनमें से कोई नहीं

12. यदि 'काला' का अर्थ है 'गुलाबी', 'गुलाबी' का अर्थ है 'नीला', 'नीला' का अर्थ है 'सफेद', 'सफेद' का अर्थ है 'पीला', 'पीला' का अर्थ है 'लाल' और 'लाल' का अर्थ 'भूरा' है, फिर स्पष्ट आकाश का रंग क्या है? **(I.R.M.A. 2005)**

(*a*) भूरा (*b*) लाल (*c*) नीला

(*d*) गुलाबी (*e*) इनमें से कोई नहीं

13. यदि 'बारिश' को 'पानी' कहते है, 'पानी' को 'सड़क' कहते है, 'सड़क' को 'बादल' कहते है, 'बादल' 'को आकाश' कहते है, 'आकाश' 'को समुद्र' कहते है और 'समुद्र' को 'पथ' कहते है, तो हवाई जहाज कहाँ उड़ेगा?

(*a*) सड़क (*b*) समुद्र (*c*) बादल

(*d*) पानी (*e*) इनमें से कोई नहीं

14. यदि 'पानी' को 'भोजन' कहा जाता है, 'भोजन' को 'पेड़' कहा जाता है, 'पेड़' को 'आकाश' कहा जाता है, 'आकाश' को 'दीवार' कहा जाता है, तो निम्नलिखित में फल कौन उत्पन्न करता है?

(*a*) पानी (*b*) भोजन (*c*) आकाश (*d*) पेड़ (*e*) दीवार

15. यदि 'धूल' को 'हवा' कहा जाता है, 'हवा' को 'आग' कहा जाता है, 'आग' को 'पानी' कहा जाता है, 'पानी' को 'रंग' कहा जाता है, 'रंग' को 'बारिश' और 'बारिश' को 'धूल' कहा जाता है, तो मछली कहाँ रहती हैं? **(A.T.M.A. 2004)**

(*a*) आग (*b*) पानी (*c*) रंग (*d*) धूल

16. यदि 'ट्रेन' को 'बस' कहा जाता है, 'बस' को 'ट्रैक्टर' कहा जाता है, 'ट्रैक्टर' को 'कार' कहा जाता है, 'कार' को 'स्कूटर' कहा जाता है, 'स्कूटर' को 'साइकिल' कहा जाता है, 'साइकिल' को 'मोपेड' कहा जाता है, तो खेत जोतने के लिए किसका उपयोग किया जाता है?

(*a*) ट्रेन (*b*) बस (*c*) ट्रेक्टर (*d*) कार (*e*) मोपेड

17. यदि 'लीड' को 'छड़ी' कहा जाता है, 'छड़ी' को 'निब' कहा जाता है, 'निब' को 'सुई' कहा जाता है, 'सुई' को 'रस्सी' कहा जाता है और 'रस्सी' को 'धागा' कहा जाता है, तो लिखने के लिए एक कलम में क्या फिट होगा?

(*a*) छड़ी (*b*) लीड (*c*) सुई (*d*) निब (*e*) धागा

18. यदि 'प्रकाश' को 'सुबह' कहा जाता है, 'सुबह' को 'अंधेरा' कहा जाता है, 'अंधेरा' को 'रात' कहा जाता है, 'रात' को 'धूप' कहा जाता है और 'धूप' को 'शाम' कहा जाता है, तो हम कब सोते हैं? **(M.A.T. 2003)**

(*a*) रात (*b*) धूप (*c*) शाम (*d*) अंधेरा

19. यदि 'गुलाब' को 'अफीम' कहा जाता है, 'अफीम' को 'लिली' कहा जाता है, 'लिली' को 'कमल' कहा जाता है और 'कमल' को 'ग्लेडियोल' कहा जाता है, तो फूलों का राजा है?

(*a*) गुलाब (*b*) कमल (*c*) अफीम

(*d*) लिली (*e*) ग्लेडियोल

20. यदि 'चूहे' को 'कुत्ता' कहा जाता है, तो 'कुत्ते' को 'नेवला' कहा जाता है, 'नेवला' को 'शेर' कहा जाता है, 'शेर' को 'सांप' कहा जाता है और 'सांप' को 'हाथी' कहा जाता है, तो किसे पालतू पशु के समान पाला जाता है?

(*a*) चूहा (*b*) कुत्ता (*c*) नेवला (*d*) शेर (*e*) हाथी

21. यदि 'नीला' का अर्थ है 'हरा', 'हरा' का अर्थ है 'सफेद', 'सफेद' का अर्थ है 'पीला', 'पीला' का अर्थ है 'काला', 'काला' का अर्थ है 'लाल' और 'लाल' का अर्थ है 'भूरा', तो दूध का रंग कैसा है? **(Bank P.O. 2004)**

(*a*) काला (*b*) भूरा (*c*) नीला (*d*) पीला (*e*) हरा

22. यदि 'पेपर' को 'लकडी' कहा जाता है, तो 'लकड़ी' को 'पुआल' कहा जाता है, 'पुआल' को 'घास' कहा जाता है, 'घास' को 'रबड़' कहा जाता है और 'रबर' को 'कपडा' कहा जाता है, तो फर्नीचर किससे बना है?

(*a*) पेपर (*b*) लकड़ी (*c*) पुआल (*d*) घास (*e*) कपड़ा

23. यदि 'आदमी' को 'लड़की' कहा जाता है, तो 'लड़की' को 'महिला' कहा जाता है, 'महिला' को 'लड़का' कहा जाता है, 'लड़के' को 'बटलर' कहा जाता है और 'बटलर' को 'धूर्त' कहा जाता है, तो रेस्तरां में कौन कार्य करेगा?

(*a*) बटलर (*b*) लडकी (*c*) आदमी (*d*) महिला (*e*) धूर्त

24. यदि, किसी भाषा में, 'उंगली' को 'पैर का अंगूठा' कहा जाता है, 'पैर के अंगूठे' को 'पैर' कहा जाता है, 'पैर' को 'हाथ का अंगूठा' कहा जाता है, 'हाथ के अंगूठे' को 'टखना' कहा जाता है, 'टखने' को 'हथेली' कहा जाता है और 'हथेली' को 'घुटने' कहा जाता है, फिर उस भाषा में, तो एक अशिक्षित व्यक्ति हस्ताक्षर करने के लिए किस अंग का इस्तेमाल करेगा? **(R.R.B. 2003)**

(*a*) पैर की अंगुली (*b*) घुटने (*c*) अंगूठे (*d*) टखना

25. यदि 'दीवार' को 'खिड़की' कहा जाता है, 'खिड़की' को 'दरवाजा' कहा जाता है, 'दरवाजा' को 'फर्श' कहा जाता है, 'फर्श' को 'छत' कहा जाता है और 'छत' को 'वेंटिलेटर' कहा जाता है, तो एक व्यक्ति किस पर खड़ा होगा?

(*a*) खिड़की (*b*) दीवार (*c*) फर्श
(*d*) छत (*e*) वेंटिलेटर

26. यदि 'इरेजर' को 'बॉक्स' कहा जाता है, तो 'बॉक्स' को 'पेंसिल' कहा जाता है, 'पेंसिल' को 'शार्पनर' कहा जाता है और 'शार्पनर' को 'बैग' कहा जाता है, तो एक बच्चा किससे लिखता है? **(R.R.B. 2004)**

(*a*) इरेजर (*b*) बॉक्स (*c*) पेंसिल (*d*) शार्पनर (*e*) बैग

27. यदि 'घड़ी' को 'टेलीविजन' कहा जाता है, 'टेलीविजन' को 'रेडियो' कहा जाता है, रेडियो को 'ओवन' कहा जाता है, 'ओवन' को 'ग्राइंडर' कहा जाता है और 'ग्राइंडर' को 'आयरन' कहा जाता है, तो एक महिला सेंकने (बेकिंग) के लिए किसका उपयोग करेगी?

(*a*) रेडियो (*b*) ओवन (*c*) ग्राइंडर (*d*) आयरन (*e*) घड़ी

28. किसी अन्य ग्रह पर, 'धरती', 'पानी', 'प्रकाश', 'हवा' और 'आकाश' के लिए स्थानीय शब्दावली क्रमशः 'आकाश', 'प्रकाश', 'हवा', 'पानी' और 'धरती' हैं। यदि कोई प्यासा है, तो वह क्या पिएगा? **(Civil Services, 1999)**

(*a*) प्रकाश (*b*) वायु (*c*) आकाश (*d*) पानी

29. यदि चलने वाले जानवरों को 'तैराक' कहा जाता है, रेंगने वाले जानवरों को 'उड़ने वाला' कहा जाता है, पानी में रहने वाले जानवरों को 'सांप' कहा जाता है और आकाश में उड़ने वाले को 'शिकारी' कहा जाता है, तो एक छिपकली को क्या कहा जाएगा? **(B.T.M. 2005)**

(*a*) तैराक (*b*) सांप (*c*) उड़ने वाला (*d*) शिकारी

30. यदि 'वायु' को 'हरा' कहा जाता है, तो 'हरा' को 'नीला' कहा जाता है, 'नीला' को 'आकाश' कहा जाता है, 'आकाश' को 'पीला' कहा जाता है, 'पीला' को 'पानी' और 'पानी' को 'गुलाबी' कहा जाता है, तो स्पष्ट आकाश का रंग क्या है?

(*a*) नीला (*b*) आकाश (*c*) पीला (*d*) पानी (*e*) गुलाबी

हल-अभ्यास 4(G)

1. (*c*) : मानव रक्त का रंग 'लाल' होता है और चूंकि 'लाल' को 'पीला' कहा जाता है। अत: मानव रक्त का रंग 'पीला' है।

2. (*d*) : 'मिर्च' हरे रंग का होता हैं और चूंकि 'मिर्च' को 'केला' कहा जाता हैं। अत: 'केले' का रंग हरा होता हैं।

3. (*c*) : एक व्यक्ति 'कुर्सी' पर बैठेगा लेकिन 'कुर्सी' को 'छत' कहा जाता है। अत: एक व्यक्ति 'छत' पर बैठेगा।

4. (*a*) : क्रिकेट को 'बल्ले' से खेला जाता है और 'बल्ले' को 'रैकेट' कहा जाता है। अत: क्रिकेट को 'रैकेट' से खेला जाता है।

5. (*c*) : पक्षी 'आकाश' में उड़ते हैं और चूंकि 'आकाश' को 'तारा' कहते है। अत: पक्षी 'तारें' में उड़ते हैं।

6. (*a*) : एक आदमी 'बिस्तर' पर सोता है और चूंकि 'बिस्तर' को 'खिड़की' कहा जाता है। अत: एक आदमी 'खिड़की' पर सोएगा।

7. (*a*) : स्पष्टत: किताबों को ले जाने के लिए 'बैग' का उपयोग किया जाता है लेकिन 'बैग' को 'डिक्शनरी' कहा जाता है। अत: पुस्तकों को ले जाने के लिए 'डिक्शनरी' का उपयोग किया जाएगा।

8. (*b*) : 'चटाई' को फर्श पर बिछाया जाता है। लेकिन 'चटाई' को 'बेडशीट' कहा जाता है। अत: फर्श पर एक 'बेडशीट' को बिछाया जाएगा।

9. (*e*) : स्पष्टत: 'साबुन' को कपड़ा धोने के लिए इस्तेमाल किया जाता है। लेकिन, 'साबुन' को 'स्याही' कहा जाता है। अत:कपड़ों को धोने के लिए 'स्याही' का उपयोग किया जाएगा।

10. (*b*) : एक महिला 'कुआं' से पानी खींचती है लेकिन 'कुआं' को 'द्वीप' कहा जाता है। अत: महिला एक 'द्वीप' से पानी खींचेगी।

11. (*c*) : स्पष्टत: टेप रिकॉर्डर में एक 'कैसेट' बजाया जाता है। चूंकि 'कैसेट' को 'टेबल' कहा जाता है। अत: टेप रिकॉर्डर में एक 'टेबल' बजाया जाएगा।

12. (*d*) : साफ आकाश का रंग 'नीला' होता है। चूंकि 'नीले' का अर्थ है 'गुलाबी'। अत: साफ आकाश का रंग 'गुलाबी' है।

13. (*b*) : हवाई जहाज 'आकाश' में उड़ता हैं और 'आकाश' को 'समुद्र' कहा जाता है। अत: हवाई जहाज 'समुद्र' में उड़ेगा।

14. (*c*) : एक फल 'पेड़' पर उगता है और 'पेड़' को 'आकाश' कहा जाता है। अत: एक फल 'आकाश' में उगता है।

15. (*c*) : मछलियां 'पानी' में रहती हैं और चूंकि 'पानी' को 'रंग' कहा जाता है। अत: मछलियां 'रंग' में रहती हैं।

16. (*d*) : एक 'ट्रैक्टर' का उपयोग एक खेत में हल जोतने के लिए किया जाता है। लेकिन एक 'ट्रैक्टर' को 'कार' कहा जाता है। अत: खेत में हल जोतने के लिए 'कार' का उपयोग किया जाएगा।

17. (*c*) : स्पष्टत: एक लिखने के लिए 'निब' को पेन में लगाया जाता है। लेकिन 'निब' को 'सुई' कहा जाता है। अत: पेन में एक 'सुई' लगाया जाएगा।

18. (*b*) : हम 'रात' में सोते हैं। लेकिन 'रात' को 'धूप' कहा जाता है। अत: हम 'धूप' में सोते हैं।

19. (*e*) : फूलों का राजा 'कमल' है। लेकिन 'कमल' को 'ग्लेडियोल' कहा जाता है। अत: 'ग्लेडियोल' फूलों का राजा है।

20. (*c*) : स्पष्टत: 'कुत्ते' को पाला जाता है। लेकिन 'कुत्ते' को 'नेवला' कहा जाता है। अत: 'नेवला' पालतु पशु है।

21. (*e*) : दूध का रंग 'सफेद' है। लेकिन चूंकि 'सफेद' का अर्थ है 'हरा'। अत: दूध का रंग 'हरा' है।

22. (*c*) : फर्नीचर 'लकड़ी' से बना है और चूंकि 'लकड़ी' को 'पुआल' कहा जाता है। अत: फर्नीचर 'पुआल' से बना है।

23. (*e*) : एक 'बटलर' एक रेस्तरां में कार्य करता है लेकिन 'बटलर' को 'धूर्त' कहा जाता है। अत: रेस्तरां में एक 'धूर्त' सेवा करेगा।

24. (*d*) : स्पष्टत: एक अशिक्षित व्यक्ति अपने हस्ताक्षर को चिह्नित करने के लिए अपना 'अंगूठे' का इस्तेमाल करता है। चूंकि 'अंगूठे' को 'टखने' कहा जाता है। अत: एक अशिक्षित व्यक्ति अपने हस्ताक्षर के लिए अपने 'टखने' का इस्तेमाल करेगा।

25. (*d*) : एक व्यक्ति 'फर्श' पर खड़ा होगा और 'फर्श' को 'छत' कहा जाता है। अत: एक व्यक्ति 'छत' पर खड़ा होगा।

26. (*d*) : एक बच्चा 'पेंसिल' से लिखता है और 'पेंसिल' को 'शार्पनर' कहा जाता है। अत: एक बच्चा 'शार्पनर' से लिखेगा।

27. (*c*) : महिला 'ओवन' में सेंकेगी लेकिन 'ओवन' को 'ग्राइंडर' कहा जाता है। अत: महिला एक 'ग्राइंडर' में सेंकेगी।

28. (*a*) : जब कोई प्यासा होता है तो वह 'पानी' पीता है। चूंकि 'ग्रह' को दूसरे ग्रह पर 'प्रकाश' कहा जाता है, इसलिए जब कोई प्यासा होता है तो कोई 'प्रकाश' पीता है।

29. (*c*) : स्पष्टत: एक छिपकली रेंगती है और रेंगने वाले जानवरों को 'उड़ने वाला' कहा जाता है। अत: एक छिपकली को 'उड़ने वाला' कहा जाता है।

30. (*b*) : साफ आकाश का रंग 'नीला' है और चूंकि 'नीला' को 'आकाश' कहा जाता है। अत: साफ आकाश का रंग 'आकाश' है।

प्रकार 6: संदेशों के लिए शब्द कोड को समझना

इस प्रकार के प्रश्नों में कोड भाषा में कुछ संदेश दिए जाते हैं और किसी विशेष शब्द या संदेश के लिए कोड पूछा जाता है। ऐसे कोडों का विश्लेषण करने के लिए किन्हीं दो संदेशों में आने वाले समान शब्द उठाए जाते हैं। इस प्रकार कोड भाषा में इन्हीं दो संदेशों के लिए दिया गया समान शब्द इस शब्द का कोड होगा । इस प्रकार दो-दो के सभी संभावित संयोजनों को उठाकर संपूर्ण संदेश को डिकोड किया जा सकता है और किसी दिए गए शब्द के लिए कोड ज्ञात किया जा सकता है ।

उदाहरण

उदा. 1. एक सांकेतिक भाषा में, 'sun shines brightly' को 'ba lo sul' लिखा जाता है, 'houses are brightly lit' को 'kado ula ari ba' लिखा जाता और 'light comes from sun' को 'dopikup lo nro' लिखा जाता है, तो 'sun' और 'brightly' के लिए कौन से कोड-शब्द लिखे गए हैं? **(M.A.T. 2003)**

(*a*) ba, sul (*b*) sul, lo (*c*) lo, ba (*d*) ba, lo

हल: पहले और तीसरे कथन में समान शब्द 'sun' है और समान कोड-शब्द 'lo' है। अत: 'sun' के लिए कोड 'lo' है।
पहले और दूसरे कथन में समान शब्द 'brightly' है और समान कोड-शब्द 'ba' है। अत: 'brightly' के लिए कोड 'ba' है।

अत: उत्तर (*c*) है।

उदा. 2. एक सांकेतिक भाषा में, 'oka peru' का अर्थ है 'fine cloth'; 'meta lisa' का अर्थ है 'clear water' और 'dona lisa peru' का अर्थ है 'fine clear weather', तो इसी सांकेतिक भाषा में किस शब्द का अर्थ 'weather' है? **(R.R.B. 2002)**

(*a*) peru (*b*) oka (*c*) meta (*d*) dona

हल: पहले और तीसरे कथन में समान शब्द 'fine' है और समान कोड-शब्द 'peru' है। अत: 'peru' का अर्थ 'fine' है।
दूसरे और तीसरे कथन में समान शब्द 'clear' है और समान कोड-शब्द 'lisa' है। अत: 'lisa' का अर्थ 'clear' है।
इस प्रकार, तीसरे कथन में, 'lisa' का अर्थ है 'clear' और 'peru' का अर्थ है 'fine' अत: 'dona' का अर्थ 'weather' होगा।

अत: उत्तर (*d*) है।

उदा. 3. नीचे दिए गए निर्देशों को ध्यानपूर्वक पढ़ें और निम्नलिखित प्रश्नों के उत्तर दें: **(Bank P.O. 2003)**

यदि किसी सांकेतिक भाषा में

(*i*) 'pit na sa' का अर्थ है 'you are welcome';
(*ii*) 'na ho pa la' का अर्थ है 'they are very good';
(*iii*) 'ka da la' का अर्थ है 'who is good';
(iv) 'od ho pit la' का अर्थ है 'they welcome good people'.

1. इसी सांकेतिक भाषा में निम्नलिखित में से किसका अर्थ 'people' है?
(*a*) od (*b*) la (*c*) ho
(*d*) pit (*e*) डाटा अपर्याप्त है

2. इसी सांकेतिक भाषा में निम्नलिखित में से किसका अर्थ 'very' है?
(*a*) pa (*b*) na (*c*) da
(*d*) डाटा अपर्याप्त है (*e*) इनमें से कोई नहीं

3. उपरोक्त दोनों प्रश्नों के उत्तर देने में निम्नलिखित कथन/कथनों में से कौन से निरर्थक है?
(*a*) कोई नहीं (*b*) (*i*) and (*ii*) (*c*) (*ii*) or (*iv*)
(*d*) (*i*) or (*iv*) (*e*) इनमें से कोई नहीं

हल: 1. कथन (*i*) और (*iv*) में, समान कोड-शब्द 'pit' है और समान शब्द 'welcome' है। अत: 'pit' का अर्थ 'welcome' है।
कथन (*ii*) और (*iv*) में, समान कोड-शब्द 'ho' और 'la' है और समान शब्द 'they' और 'good' है। इसलिए, 'ho' and 'la' का अर्थ 'they' और 'good' है। इस प्रकार, कथन (*iv*) में बचे हुए कोड-शब्द अर्थात 'od' का अर्थ 'people' है। अत: उत्तर (*a*) होगा।

2. प्रश्न 1 से स्पष्ट है कि 'ho' और 'la' को 'they' और 'good' से कोड किया गया है।
अब कथन (*i*) और (*ii*) में समान कोड-शब्द 'na' है और समान शब्द 'are' है। इसलिए, 'na' का अर्थ 'are' है।
इस प्रकार, कथन (*ii*) में बचे हुए कोड-शब्द अर्थात 'pa' का अर्थ 'very' है। अत: उत्तर (*a*) होगा।

3. स्पष्टत: उपरोक्त दोनों प्रश्नों का उत्तर देने के लिए हमने कथन (*i*), (*ii*) और (*iv*) का प्रयोग किया, और कथन (*iii*) की आवश्यकता नहीं पड़ी। इसलिए, कथन (*iii*) निरर्थक है। अत: उत्तर (*e*) होगा।

उदा. 4. नीचे दिए गए निर्देशों को ध्यानपूर्वक पढ़ें और निम्नलिखित प्रश्नों के उत्तर दें:

यदि किसी सांकेतिक भाषा में

I. 'ka bi pu ya' का अर्थ है 'you are very intelligent';

II. 'ya lo ka wo' का अर्थ है 'they seem very intelligent';

III. 'la pu le' का अर्थ है 'you can see';

IV. 'sun pun yun ya' का अर्थ है 'how intelligent she is'.

निम्नलिखित प्रश्नों में दिए गए शब्द का सटीक कोड ढूंढने के लिए उपर्युक्त कथनों में से किस कथन की आवश्यकता है। यदि सभी दिए गए कथनों का प्रयोग करके भी कोड ज्ञात नहीं किया जा सके, तो विकल्प (*e*) अर्थात 'डेटा अपर्याप्त है' का चुनाव करें।

1. You

(*a*) I और II (*b*) I और III
(*c*) I और III (*d*) इनमें से कोई नहीं

2. How

(*a*) I और II (*b*) I और IV
(*c*) I, II और IV (*d*) सभी चारों

3. are

(*a*) I, II और III (*b*) I, II और IV
(*c*) I, III और IV (*d*) सभी चारों

4. very

(*a*) I, II और III (*b*) I, II और IV
(*c*) I, III और IV (*d*) सभी चारों

5. They

(*a*) I और II (*b*) I] II और IV
(*c*) II, III और IV (*d*) सभी चारों

6. intelligent

(*a*) I और II (*b*) I और IV
(*c*) II और IV (*d*) या तो (*b*) या (*c*)

7. can

(*a*) I और III (*b*) I, II और III
(*c*) III और IV (*d*) या तो (*a*) या (*c*)

हल: **1.** स्पष्टत: 'you' कथन I और III में एकमात्र समान शब्द है। इसलिए, 'you' के लिए कथनभ और III में समान कोड-शब्द 'pu' है। अत: उत्तर (*c*) होगा।

2. कथन IV में केवल एक शब्द 'intelligent' है जो दिए गए दो या अधिक कथनों में समान है। इसलिए, केवल 'intelligent' के लिए कोड ज्ञात किया जा सकता है; जबकि 'how', 'she' और 'is' के लिए सटीक कोड ज्ञात करना संभव नहीं है। इस प्रकार, दिया गया डेटा अपर्याप्त है। अत: उत्तर (*e*) होगा।

3. स्पष्टत: कथन I में, 'are' का कोड ज्ञात करने के लिए पहले 'you', 'very' और 'intelligent' के लिए कोड ज्ञात करने की आवश्यकता है।

कथनों I और III से, 'you' के लिए कोड 'pu' है।

कथनों I और II से, 'very' और 'intelligent' के लिए कोड 'ya' और 'ka' है।

इसलिए, कथन I में बचा कोड-शब्द अर्थात 'bi' शब्द 'are' का प्रतिनिधित्व करता है।

इस प्रकार, कथन I, II और III की आवश्यकता है। अत: उत्तर (*a*) होगा।

4. स्पष्टत: ऐसे कोई दो कथन नहीं हैं जिनमें 'very' एकमात्र समान शब्द हो । इसलिए 'very' के लिए कोड कथन I में दिए गये अन्य तीन शब्दों के लिए कोड को ढूंढकर ज्ञात किया जा सकता है।

अब, प्रश्न 1 और 3 से हम जानते हैं कि 'you' और 'are' के लिए कोड ढूँढने के लिए कथन I, II और III आवश्यक है।

चूंकि 'intelligent' (I और IV) या (II और IV) में उपस्थित एकमात्र समान शब्द है इसलिए इनके कोड कथनों में उपस्थित समान कोड-शब्द 'intelligent' का कोड होगा।

'you', 'are' और 'intelligent' के लिए कोड प्राप्त करने के बाद, कथन I में बचा कोड शब्द 'very' का कोड है। इस प्रकार, 'very' का कोड ज्ञात करने के लिए सभी चार कथनों की आवश्यकता है। अत: उत्तर (*d*) होगा।

5. कथन II में दो गैर-समान शब्द — 'they' और 'seem' है। इसलिए, इनमें से किसी भी शब्द के लिए सटीक कोड ज्ञात करना संभव नहीं है। अत: उत्तर (*e*) होगा।

6. जैसा कि प्रश्न 4 में बताया गया है कि 'intelligent' शब्द का कोड ज्ञात करने के लिए (I और IV) या (II और IV) की आवश्यकता है। अत: उत्तर (*d*) होगा।

7. कथन III में दो असमान शब्द — 'can' और 'see' है। अत: इनमें से किसी भी शब्द के लिए सटीक कोड ज्ञात करना संभव नहीं है। अत: उत्तर (*e*) होगा।

उदा. 5. यदि किसी सांकेतिक भाषा में 'si po re' का अर्थ है 'book is thick' 'ti na re' का अर्थ है 'bag is heavy', 'ka si' का अर्थ है 'interesting book' और 'de ti' का अर्थ है 'that bag' है, तो उसी सांकेतिक भाषा में 'that is interesting' का क्या अर्थ होगा?

(*a*) ka de re (*b*) ti po ka (*c*) ka re na
(*d*) de si re (*e*) इनमें से कोई नहीं

हल: पहले और दूसरे कथन में, समान कोड-शब्द 're' है और समान शब्द 'is' है। इसलिए, 're' का अर्थ है 'is'

पहले और तीसरे कथन में, समान कोड-शब्द 'si' है और समान शब्द 'book' है। इसलिए, 'si' का अर्थ है 'book' इसी प्रकार तीसरे कथन में एक अन्य कोड-शब्द अर्थात 'ka' का अर्थ 'interesting' होगा। दूसरे और चौथे कथन में समान कोड-शब्द 'ti' है और समान शब्द 'bag' है। इसलिए, 'ti' का अर्थ है 'bag'। इस प्रकार चौथे कथन में एक अन्य कोड-शब्द अर्थात 'de' का अर्थ 'he' होगा।

इस प्रकार, 'that', 'is' और 'interesting' के लिए कोड क्रमश: 'de', 're' और 'ka' हैं। इसलिए, इन तीन कोड वाला कोई भी संयोजन अभीष्ट कोड होगा। अत: उत्तर (*a*) होगा।

अभ्यास 4H

1. यदि किसी सांकेतिक भाषा में 'col tip mot' का अर्थ है 'singing is appreciable', 'mot baj min' का अर्थ है 'dancing is good' और 'tip nop baj' का अर्थ है 'singing and dancing', तो उसी सांकेतिक भाषा में किस शब्द का अर्थ 'good' है? **(M.A.T. 2005)**

(*a*) not (*b*) min (*c*) baj
(*d*) निर्धारित नहीं किया जा सकता है (*e*) इनमें से कोई नहीं

2. यदि किसी सांकेतिक भाषा में 'mink yang pe' का अर्थ है 'fruits are ripe', 'pe lao may mink' का अर्थ है 'oranges are not ripe' और 'may pe nue mink' का अर्थ है 'mangoes are not ripe'। उसी सांकेतिक भाषा में किस शब्द का अर्थ 'mangoes' है?

(*a*) may (*b*) pe (*c*) nue (*d*) mink

3. यदि किसी सांकेतिक भाषा में 'tom kun sud' का अर्थ है 'dogs are barking', 'kun jo mop' का अर्थ है 'dogs and horses' and 'mut tom ko' का अर्थ है 'donkeys are mad' उसी सांकेतिक भाषा में किस शब्द का अर्थ 'barking' है?

(*a*) sud (*b*) kun (*c*) jo
(*d*) tom (*e*) ko

4. एक कोड भाषा में, 'mok dan sil' का अर्थ है 'nice big house', 'fit kon dan' का अर्थ है 'house is good' और 'warm tir fit' का अर्थ है 'cost is high' तब उस भाषा में किस शब्द का अर्थ 'good' होगा?

(*a*) mok (*b*) dan (*c*) fit (*d*) kon

5. एक कोड भाषा में, 'ski rps tri' का अर्थ है 'nice Sunday morning', 'teh sti rps' का अर्थ है 'every Tuesday morning' और 'ski ptr qlm' का अर्थ है 'nice market place' तब उस भाषा में किस शब्द का अर्थ 'Sunday' होगा?

(*a*) ski (*b*) rps (*c*) tri (*d*) qlm

6. किसी सांकेतिक भाषा में, 'pre nat bis' का अर्थ है 'smoking is harmful', 'vog dor nat' का अर्थ है 'avoid harmful habit' और 'dor bis yel' का अर्थ है 'please avoid smoking' उस भाषा में निम्नलिखित में किस शब्द का अर्थ 'habit' है?

(*a*) vog (*b*) nat (*c*) dor
(*d*) bis (*e*) इनमें से कोई नहीं

7. In a certain coding system, 'rbm std bro pus' का अर्थ है 'the cat is beautiful', 'tnh pus dim std' का अर्थ है 'the dog is brown', 'pus dim bro pus cus' का अर्थ है 'the dog has the cat' तो 'has' के लिए क्या कोड होगा? **(M.A.T. 1999)**

(*a*) std (*b*) dim (*c*) bro (*d*) cus

8. यदि किसी सांकेतिक भाषा में 'put tir fin' का अर्थ है 'delicious juicy fruit', 'tie dip sig' का अर्थ है 'beautiful white lily' और 'sig lon fin' का अर्थ है 'lily and fruit' उस भाषा में किस शब्द का अर्थ 'and' होगा?

(*a*) lon (*b*) sig (*c*) fin (*d*) इनमें से कोई नहीं

9. यदि किसी सांकेतिक भाषा में 'dom pul ta' का अर्थ है 'bring hot food', 'pul tir sop' का अर्थ है 'food is good' और 'tak dasop' का अर्थ है 'good bright boy'? उस भाषा में किसका अर्थ 'hot' होगा?

(*a*) dom (*b*) pul (*c*) ta
(*d*) निर्धारित नहीं किया जा सकता है (*e*) इनमें से कोई नहीं

10. यदि किसी सांकेतिक भाषा में 'po ki top ma' का अर्थ है 'Usha is playing cards', 'kop ja ki ma' का अर्थ है 'Asha is playing tennis', 'ki top sop ho' का अर्थ है 'they are playing football' और 'po sur kop' का अर्थ है 'cards and tennis' तो उस भाषा में किस शब्द का अर्थ 'Asha' है?

(*a*) ja (*b*) ma (*c*) kop (*d*) top (*e*) ki

11. यदि 'cinto baoli tsi nzro' का अर्थ है 'her village is Sarurpur', 'mhi cinto keepi tsi oind' का अर्थ है 'her first love is literature' और 'oind geit tsi cinto pki' का अर्थ है 'literature collection is her hobby', तो किस शब्द का अर्थ 'literature' होगा?

(*a*) cinto (*b*) baoli (*c*) oind (*d*) geit

निर्देश (प्रश्न 12 से 13): ***किसी सांकेतिक भाषा में***

(A) 'pit dar na' का अर्थ है 'you are good';
(B) 'dar tok pa' का अर्थ है 'good and bad';
(C) 'tim na tok' का अर्थ है 'they are bad'.

12. उस भाषा में किस शब्द का अर्थ 'जीमल' होगा ?

(*a*) na (*b*) tok (*c*) tim
(*d*) pit (*e*) इनमें से कोई नहीं

13. उपरोक्त प्रश्न का उत्तर ज्ञात करने के लिए, दिए गए कथनों में से किस कथन की आवश्यकता नहीं होगी?

(*a*) केवल A (*b*) केवल B (*c*) A या B
(*d*) B और C (*e*) इनमें से कोई नहीं

निर्देश (प्रश्न 14 से 15): यदि किसी सांकेतिक भाषा में

(A) 'pic vic nic' का अर्थ है 'winter is cold';
(B) 'to nic re' का अर्थ है 'summer is hot';
(C) 're pic boo' का अर्थ है 'winter and summer';
(D) 'vic tho pa' का अर्थ है 'nights are cold'.

14. तो उस भाषा में किस शब्द का अर्थ 'summer' होगा?

(*a*) nic (*b*) re (*c*) ls (*d*) pic (*e*) vic

15. उपरोक्त प्रश्न का उत्तर ज्ञात करने के लिए, दिए गए कथनों में से किस कथन की आवश्यकता नहीं होगी ?

(*a*) केवल A (*b*) केवल D (*c*) A और D दोनों
(*d*) न तो A और D (*e*) इनमें से कोई नहीं

निर्देश (प्रश्न 16 से 17): ***यदि किसी सांकेतिक भाषा में***

(A) 'pit na som' का अर्थ है 'bring me water';
(B) 'na jo tod' का अर्थ है 'water is life';
(C) 'tub od pit' का अर्थ है 'give me toy';
(D) 'jo lin kot' का अर्थ है 'life and death'.

16. निम्नलिखित में से किस शब्द का अर्थ उस भाषा में 'is' होगा?

(*a*) jo (*b*) na (*c*) tod
(*d*) lin (*e*) इनमें से कोई नहीं

17. उपरोक्त प्रश्न का उत्तर ज्ञात करने के लिए, दिए गए कथनों में से किस कथन की आवश्यकता नहीं होगी?

(*a*) केवल A (*b*) केवल B या C
(*c*) केवल C (*d*) केवल D (*e*) इनमें से कोई नहीं

निर्देश (प्रश्न 18 से 19): यदि किसी सांकेतिक भाषा में

(A) 'mxy das zci' का अर्थ है 'good little frock';
(B) 'jmx cos zci' का अर्थ है 'girl behaves good';
(C) 'nvg drs cos' का अर्थ है 'girl makes mischief';
(D) 'das ajp cos' का अर्थ है 'little girl fell'.

18. निम्नलिखित में से किस शब्द का अर्थ 'frock' होगा?

(*a*) zci (*b*) das (*c*) nvg
(*d*) ajp (*e*) इनमें से कोई नहीं

19. उपरोक्त प्रश्न का उत्तर ज्ञात करने के लिए, दिए गए कथनों में से किस कथन की आवश्यकता नहीं होगी?

(*a*) A (*b*) B (*c*) C
(*d*) D (*e*) इनमें से कोई नहीं

निर्देश (प्रश्न 20 से 21): *यदि किसी सांकेतिक भाषा में*

(A) 'kemp lamp tems' का अर्थ है 'speak the truth';

(B) 'bis tim nak' का अर्थ है 'always seek knowledge';

(C) 'tim tems sik' का अर्थ है 'knowledge is truth';

(D) 'lik bis zap' का अर्थ है 'never seek violence'.

20. निम्नलिखित में से किस शब्द का अर्थ 'always' होगा?

(*a*) nak (*b*) tim (*c*) bis
(*d*) zap (*e*) tems

21. उपरोक्त प्रश्न का उत्तर ज्ञात करने के लिए, दिए गए कथनों में से किस कथन की आवश्यकता नहीं होगी?

(*a*) A (*b*) B (*c*) C
(*d*) D (*e*) इनमें से कोई नहीं

निर्देश (प्रश्न 22 से 25): यदि किसी सांकेतिक भाषा में

I. 'sti nro kti' का अर्थ है 'clouds pour down';

II. 'nro bsi mit' का अर्थ है 'down he goes'; and

III. 'bsi nro zpi' का अर्थ है 'died down he'.

निम्नलिखित में से प्रत्येक प्रश्न में, एक शब्द दिया गया है। आपको ज्ञात करना है कि दिए गए शब्द का सटीक कोड ढूंढने के लिए उपरोक्त में से कौन सा/से कथन/कथनों की आवश्यकता है। यदि सभी दिए गए कथनों का प्रयोग करके कोड का पता लगाया नहीं जा सकता है, तो आपका उत्तर (e) अर्थात 'डाटा अपर्याप्त है' होगा।

22. goes

(*a*) I और II (*b*) II और III
(*c*) I, II और III (*d*) केवल II

23. pour

(*a*) I और II (*b*) II और III(*c*) I और III (*d*) I, II और III

24. down

(*a*) I और II (*b*) I और III
(*c*) II और III (*d*) या तो (*a*) या (*b*)

25. died

(*a*) I और II (*b*) II और III
(*c*) I और III (*d*) I, II और III

26. यदि किसी सांकेतिक भाषा में 'nee muk pic' का अर्थ है 'grave and concern', 'ill dic so' का अर्थ है 'every body else' और 'tur muk so' का अर्थ है 'body and soul' निम्नलिखित में से किसका अर्थ 'every concern' होगा? **(M.A.T. 2005)**

(*a*) dic pic (*b*) ill nee (*c*) pic nee
(*d*) निर्धारित नहीं किया जा सकता है (*e*) इनमें से कोई भी नहीं

27. If यदि किसी सांकेतिक भाषा में 'bir le nac' का अर्थ है 'green and tasty', 'pic nac hor' का अर्थ है 'tomato is green' और 'coc bir hor' का अर्थ है 'food is tasty', उसी सांकेतिक भाषा में निम्नलिखित में से किसका अर्थ 'tomato is tasty' है?

(*a*) bir le hor (*b*) pic hor nac
(*c*) hor bir pic (*d*) इनमें से कोई नहीं

निर्देश (प्रश्न 28 से 30): *यदि किसी सांकेतिक भाषा में 'il be pee' का अर्थ है 'roses are blue', 'sik hee' का अर्थ है 'red flowers' और 'pee mit hee' का अर्थ है 'flowers are vegetables'.*

28. इस कोड में 'red' को किस प्रकार लिखा जाएगा?

(*a*) hee (*b*) sik (*c*) be
(*d*) निर्धारित नहीं किया जा सकता है (*e*) इनमें से कोई भी नहीं

29. इस कोड में 'roses' को किस प्रकार लिखा जाएगा?

(*a*) il (*b*) pee (*c*) be
(*d*) निर्धारित नहीं किया जा सकता है (*e*) इनमें से कोई भी नहीं

30. इस कोड में 'vegetables are red flowers' को किस प्रकार लिखा जाएगा?

(*a*) pee sik mit hee (*b*) sik pee hee be
(*c*) il sik mit hee (*d*) निर्धारित नहीं किया जा सकता है
(*e*) इनमें से कोई नहीं

31. यदि किसी सांकेतिक भाषा में 'lee ra de' का अर्थ है 'what was it', 'mo nil' का अर्थ है 'you go', 'nil pom ra' का अर्थ है 'you like it' और 'tok lee fo' का अर्थ है 'she was sick' उसी सांकेतिक भाषा में आप 'what you like' को किस प्रकार लिखेंगे? **(S.B.I.P.O. 1999)**

(*a*) nil ra lee (*b*) pom nil ra
(*c*) pom ra lee (*d*) डाटा अपर्याप्त है
(*e*) इनमें से कोई नहीं

निर्देश (प्रश्न 32 से 34): *यदि किसी सांकेतिक भाषा में*

(*a*) 'min fin bin gin' का अर्थ है 'trains are always late';

(*b*) 'gin din cin hin' का अर्थ है 'drivers were always punished';

(*c*) 'bin cin vin rin' का अर्थ है 'drivers stopped all trains'; और

(*d*) 'din kin fin vin' का अर्थ है 'all passengers were late'. **(M.A.T.2002)**

32. 'Drivers were late' को किस प्रकार लिखा जाएगा?

(*a*) min cin din (*b*) fin cin din
(*c*) fin din gin (*d*) gin hin min

33. 'vin' शब्द का क्या अर्थ है?

(*a*) all (*b*) late (*c*) trains (*d*) drivers

34. 'hin min kin' का अर्थ क्या होगा?

(*a*) Always late trains
(*b*) Passengers are punished
(*c*) All passenger trains (*d*) Passengers are late

हल-अभ्यास 4(H)

1. (*b*) : पहले और दूसरे कथन में समान कोड-शब्द 'mot' है और समान शब्द 'is' है। इसलिए, 'mot' का अर्थ है 'is'। दूसरे और तीसरे कथन में समान कोड-शब्द 'baj' है और समान शब्द 'dancing' है। इसलिए, 'baj' का अर्थ है 'dancing' अत:, दूसरे कथन में 'min' का अर्थ है 'good'

2. (*c*) : दूसरे और तीसरे कथन में, समान कोड-शब्द 'pe', 'mink' और 'may' है और समान शब्द 'are', 'not' और 'ripe' है। इसलिए, तीसरे कथन में, 'nue' का अर्थ 'mangoes' है।

3. (*a*) : पहले और दूसरे कथन में, समान कोड-शब्द 'kun' है और समान शब्द 'dogs' इसलिए, 'kun' का अर्थ है 'dogs' पहले और तीसरे कथन में, समान कोड-शब्द 'tom' है और समान शब्द 'are' हैं। इसलिए, 'tom' का अर्थ है 'are' अत: पहले कथन में, 'sud' का अर्थ 'barking' है।

4. (*d*) : पहले और दूसरे कथन में, समान कोड-शब्द 'dan' है और समान शब्द 'house' हैं। इसलिए, 'dan' का अर्थ 'house' है। दूसरे और तीसरे कथन में, समान कोड-शब्द 'fit' है और

समान शब्द 'is' है। इसलिए, 'fit' का अर्थ 'is' है। अत: दूसरे कथन में, 'kon' का अर्थ 'good' होगा।

5. (*c*) : पहले और दूसरे कथन में, समान कोड-शब्द 'rps' है और समान शब्द 'morning'. इसलिए, 'rps' का अर्थ 'morning' है। पहले और तीसरे कथन में, समान कोड-शब्द 'ski' है और समान शब्द 'nice' है। इसलिए, 'ski' का अर्थ 'nice' है। अत: पहले कथन में, 'tri' का अर्थ 'Sunday' होगा।

6. (*a*) : पहले और दूसरे कथन में, समान कोड-शब्द 'nat' है और समान शब्द 'harmful' है। इसलिए, 'nat' का अर्थ 'harmful' है। दूसरे और तीसरे कथन में, समान कोड-शब्द 'dor' है और समान शब्द 'avoid' है। इसलिए, 'dor' का अर्थ 'avoid' है। अत: दूसरे कथन में, 'vog' का अर्थ 'habit' है।

7. (*d*) : तीसरे कथन में, कोड-शब्द 'pus' दो बार आया है और शब्द 'the' भी दो बार आया है। अत: 'the' के लिए कोड शब्द 'pus' है। अब, पहले और तीसरे कथन में एक समान कोड-शब्द 'pus' का अर्थ है 'the', तो दूसरे समान कोड-शब्द 'bro' का अर्थ 'cat' होगा। इसी प्रकार, दूसरे और तीसरे कथन में समान कोड-शब्द 'dim' का अर्थ समान शब्द 'dog' होगा। इस प्रकार, तीसरे कथन में बचा हुआ कोड-शब्द अर्थात 'cus' का अर्थ 'has' होगा।

8. (*a*) : पहले और तीसरे कथन में, समान कोड-शब्द 'fin' है और समान शब्द 'fruit' है। इसलिए, 'fin' का अर्थ है 'fruit'। दूसरे और तीसरे कथन में, समान कोड-शब्द 'sig' है और समान शब्द 'lily' है। इसलिए, 'sig' का अर्थ है 'lily' होगा। इस प्रकार, तीसरे कथन में 'lon' का अर्थ है 'and'।

9. (*d*) : हम पहले और दूसरे कथन से 'food' के लिए कोड प्राप्त कर सकते हैं। अब, 'hot', के लिए कोड ढूंढने के लिए, हमें bring' के लिए कोड की आवश्यकता है जिसे दी गई सूचनाओं के आधार पर प्राप्त नहीं किया जा सकता है।

10. (*a*) : पहले और दूसरे कथन में, समान कोड-शब्द 'ki' और 'ma' और समान शब्द 'is' और 'playing' हैं। इसलिए, 'ki' और 'ma' क्रमश: 'is' और 'playing' के लिए कोड-शब्द है। दूसरे और चौथे कथन में, समान कोड-शब्द 'kop' है और समान शब्द 'tennis' है। इसलिए, 'kop' का अर्थ 'tennis' है। अत: दूसरे कथन में, 'ja' का अर्थ 'Asha' है।

11. (*c*) : पहले और दूसरे कथन में, समान कोड-शब्द 'cinto' और 'tsi' है और समान शब्द 'her' और 'is' है। इसलिए, 'cinto' और 'tsi' क्रमश: 'her' और 'is' का कोड है। दूसरे और तीसरे कथन में, समान कोड-शब्द 'cinto', 'tsi' व 'oind' और समान शब्द 'her', 'is' और 'literature' है। अब, 'cinto' और 'tsi' क्रमश: 'her' और 'is' के कोड है। अत: 'oind' का अर्थ है 'literature' है।

12. (*c*) : कथन (*a*) और (*c*) में, समान कोड-शब्द 'na' है और समान शब्द 'are' है। इसलिए, 'na' का अर्थ है 'are' कथन (*b*) और (*c*) में, समान कोड-शब्द 'tok' है और समान शब्द 'bad' है। इसलिए, 'tok' का अर्थ है 'bad' अत: कथन (*c*) में, 'tim' का अर्थ है 'they'

13. (*e*) : चूंकि सभी दिए गए कथनों का प्रयोग उत्तर खोजने के लिए किया गया है, इसलिए दिए गए कथनों में से किसी को भी नहीं छोड़ा जा सकता है।

14. (*b*) : कथन (*b*) और (*c*) में, समान कोड-शब्द 're' है और समान शब्द 'summer'. इसलिए, 're' का अर्थ है 'summer'

15. (*c*) : स्पष्टत: (*a*)और (*d*) दोनों कथन अनिवार्य हैं।

16. (*c*) : कथन (*a*) और (*b*) में, समान कोड-शब्द 'na' है और समान शब्द 'water' इसलिए, 'na' का अर्थ 'water' है। कथन (*b*) और (*d*) में, समान कोड-शब्द 'jo' और समान शब्द 'life है। इसलिए, 'jo' का अर्थ 'life' है। अत: कथन (*b*) में, 'tod' का अर्थ है 'is'

17. (*c*) : स्पष्टत: कथन (*c*) आवश्यक नहीं है और इसलिए इसे छोड़ा जा सकता है।

18. (*e*) : कथन (*a*) और (*b*) में, समान कोड-शब्द 'zci' है और समान शब्द 'good' है। इसलिए, 'zci' का अर्थ है 'good' कथन (*a*) और (*d*) में, समान कोड-शब्द 'das' है और समान शब्द 'little' है। इसलिए, 'das' का अर्थ है 'little' इसलिए, कथन (*a*) में, 'mxy' का अर्थ है 'frock'

19. (*c*) : स्पष्टत: कथन (*c*) की आवश्यकता नहीं है।

20. (*a*) : कथन (*b*) और (*c*) में, समान कोड-शब्द 'tim' है और समान शब्द 'knowledge' है। इसलिए, 'tim' का अर्थ है 'knowledge' कथन (*b*) और (*d*) में, समान कोड-शब्द 'bis' है और समान शब्द 'seek' है। इसलिए, 'bis' का अर्थ है 'seek' इस प्रकार, कथन (*b*) में, 'nak' का अर्थ है 'always'.

21. (*a*) : स्पष्टत: उपरोक्त प्रश्न का उत्तर ढूंढने के लिए कथन (*a*) की आवश्यकता नहीं है।

22. (*b*) : कथन II और III में दो कोड 'nro' और 'bsi' समान हैं, और दो शब्द 'down' और 'he' समान हैं। अत: कथन II में, 'mit' का अर्थ है 'goes'।

23. (*e*) : कथन I में दो असमान शब्द हैं-'clouds' और 'pour'। इसलिए, इन शब्दों में से प्रत्येक के लिए सटीक कोड ज्ञात करना संभव नहीं है।

24. (*d*) : 'down' शब्द सभी तीनों कथनों में है। लेकिन II और III कथन में एक और शब्द 'he' समान है। इसलिए, या तो (I और II) या (I और III) का उपयोग 'down' के लिए कोड ज्ञात करने के लिए किया जा सकता है।

25. (*d*) : 'died' शब्द केवल कथन III में ही प्रयुक्त होता है। इसलिए, 'died' के लिए कोड को कथन III में दूसरे दो शब्दों अर्थात 'down' और 'he' के लिए कोड ढूंढकर ज्ञात किया जा सकता है। कथन I और II का उपयोग करके 'down' के लिए कोड ज्ञात किया जा सकता है, और इसके बाद कथन I और III का उपयोग करके 'he' के लिए कोड ज्ञात किया जा सकता है।

26. (*d*) : पिछले प्रश्नों के अनुसार हल करने पर, 'every' के लिए कोड या तो 'ill' या 'dic' होगा और 'concern' के लिए कोड या तो 'nee' या 'pic' होगा।

27. (*c*) : पहले और दूसरे कथन में, समान कोड-शब्द 'nac' है और समान शब्द 'green'. इसलिए, 'nac' का अर्थ है 'green' दूसरे और तीसरे कथन में, समान कोड-शब्द 'hor' है और समान शब्द 'is'. इसलिए, 'hor' का अर्थ है 'is' इसलिए, दूसरे कथन में, 'pic' का अर्थ है 'tomato' पहले और तीसरे कथन में, समान कोड-शब्द 'bir' है और समान शब्द 'tasty है। इसलिए, 'bir' का अर्थ है 'tasty'

28. (*b*) : दूसरे और तीसरे कथन में, समान कोड-शब्द 'hee' है और समान शब्द 'flowers' है। इसलिए, 'hee' का अर्थ है 'flowers'। इस प्रकार, दूसरे कथन में, 'sik' का अर्थ है 'red'

29. (*d*) : चूंकि दी गई जानकारी से, हम केवल 'are' के लिए कोड ढूंढ सकते हैं, पहले कथन में यह ज्ञात नहीं किया जा सकता है कि शेष दो कोडों में से किसका अर्थ 'roses' है।

30. (*a*) : स्पष्टत: आवश्यक कोड में तीसरे कथन के समान कोड शामिल होंगे जिसमें 'red' के लिए कोड भी शामिल होगा।

31. (*e*) : पहले और तीसरे कथन में, समान कोड-शब्द 'ra' है और समान शब्द 'it' है। इसलिए, 'ra' का अर्थ है 'it' इस प्रकार, तीसरे कथन में, 'nil' और 'pom' के लिए कोड 'you' और 'like' है। पहले और चौथे कथन में,समान कोड-शब्द 'lee' है और समान शब्द 'was' है। इसलिए, 'lee' का अर्थ है 'was' इस प्रकार, पहले कथन में, 'de' का अर्थ है 'what' इसलिए, 'what you like' के लिए कोड 'de', 'nil' और 'pom' का संयोजन होना चाहिए।

32. (*b*) : दूसरे और तीसरे कथन में, समान कोड-शब्द 'cin' है और समान शब्द 'drivers' है। इसलिए, 'cin' का अर्थ 'drivers' है। दूसरे और चौथे कथन में, समान कोड-शब्द 'din' है और समान शब्द 'were' इसलिए, 'din' का अर्थ है 'were' पहले और चौथे कथन में, समान कोड-शब्द 'fin' है और समान शब्द 'late' इसलिए, 'fin' का अर्थ है 'late' इस प्रकार अभीष्ट कोड 'cin', 'din' और 'fin' का संयोजन होगा।

33. (*a*) : तीसरे और चौथें कथन में, समान कोड-शब्द 'vin' है और समान शब्द 'all' इसलिए, 'vin' का अर्थ है 'all'

34. (*b*) : प्रश्न 32 से, हम जानते है कि दूसरे कथन में 'cin' का अर्थ है 'drivers' और 'din' का अर्थ 'were' है। पहले और दूसरे कथन में, समान कोड-शब्द 'gin' है और समान शब्द 'always' इसलिए, 'gin' का अर्थ है 'always' इस प्रकार, दूसरे कथन में, 'hin' का अर्थ है 'punished' अब, पहले कथन में, 'fin' का अर्थ है 'late' और 'gin' का अर्थ है 'always' पहले और तीसरे कथन में, समान कोड-शब्द 'bin' है और समान शब्द 'trains' इसलिए, 'bin' का अर्थ है 'trains' इस प्रकार, पहले कथन में, 'min' का अर्थ है 'are' चौथे कथन में, 'din' का अर्थ है 'were', 'fin' का अर्थ है 'late' और 'vin' का अर्थ है 'all'. इसलिए, 'kin' का अर्थ है 'passengers' अत: 'hin min kin' का अर्थ 'passengers are punished' होगा।

प्रकार 7: संदेशों के लिए संख्या और प्रतीक कोड को समझना

इन प्रश्नों में संख्याओं/प्रतीकों के कुछ समूह, जिनमें प्रत्येक एक विशेष संदेश को कोडित करता है, दिए जाते हैं। एक बार में दिए गए दो कोडित संदेशों की तुलना करके अभ्यर्थी को प्रत्येक शब्द के लिए निर्धारित संख्या/कोड ज्ञात करना होता है। इसके पश्चात् दिए गए संदेश के लिए कोड तैयार करना होता है।

व्याख्यात्मक उदाहरण

उदा. 1. यदि किसी सांकेतिक भाषा में '123' का अर्थ है 'bright little boy', '145' का अर्थ है 'tall big boy' and '637' का अर्थ है 'beautiful little flower' है तो इस भाषा में किस अंक का अर्थ 'bright' होगा? **(R.R.B. 2004)**

(*a*) 1 (*b*) 2 (*c*) 3 (*d*) 4

हल: पहले और दूसरे कथन में, समान कोड अंक '1' है और समान शब्द 'boy' इसलिए, '1' का अर्थ है 'boy' पहले और तीसरे कथन में, समान कोड अंक '3' है और समानशब्द 'little' इसलिए, '3' का अर्थ है 'little'. इस प्रकार, पहले कथन में, '2' का अर्थ 'bright' है। अत: उत्तर (*b*) है।

उदा. 2. यदि किसी सांकेतिक भाषा में 'go for morning walk' को '$*?#' लिखा जाता है', 'good for health' को '£?@' लिखा जाता है और 'good towalk fast' को '$@↑#' लिखा जाता है, तो उस भाषा में 'health' किस प्रकार लिखा जायगा? **(S.B.I.P.O. 2000)**

(*a*) + (b) # (*c*) £
(*d*) ? (*e*) इनमें से कोई नहीं

हल: पहले और दूसरे कथन में, समान कोड प्रतीक '?' है और समान शब्द 'for' है। इसलिए, '?' का अर्थ है 'for'। दूसरे और तीसरे कथन में, समान कोड प्रतीक '?' है और समान शब्द 'good' है। इसलिए, '?' का अर्थ 'good' है। इस प्रकार, दूसरे कथन में '£' का अर्थ 'health' हैं। अत: उत्तर (*c*) है।

उदा. 3. यदि किसी सांकेतिक भाषा में '617' का अर्थ है 'sweet and hot', '735' का अर्थ है 'coffee is sweet' और '263' का अर्थ है 'tea is hot' तो 'coffee is hot' का अर्थ निम्नलिखित में से कौन होगा?

(*a*) 731 (*b*) 536 (*c*) 367
(*d*) 753 (*e*) इनमें से कोई नहीं

हल: पहले और तीसरे कथन में, समान कोड संख्या '6' है और समान शब्द 'hot' है। इसलिए, '6' का अर्थ है 'hot' दूसरे और तीसरे कथन में, समान कोड संख्या '3' है और समान शब्द 'is' है। इसलिए, '3' का अर्थ 'is' है। पहले और दूसरे कथन में, समान कोड संख्या '7' है और समान शब्द 'sweet' है। इसलिए, '7' का अर्थ 'sweet' है। अत: '5' का अर्थ 'coffee' है। स्पष्टत:, '536' का अर्थ 'coffee is hot' होगा। अत: उत्तर (*b*) है।

अभ्यास 4I

1. यदि किसी सांकेतिक भाषा में 'pen pencil' को '$£', लिखा जाता है 'eraser sharpener' को '@#' लिखा जाता है और 'pencil eraser' को '$@' लिखा जाता है। 'pen' के लिए क्या कोड होगा? **(R.B.I. 2002)**

(*a*) # (*b*) $ (*c*) @
(*d*) £ (*e*) इनमें से कोई नहीं

2. यदि किसी सांकेतिक भाषा में '786' का अर्थ है 'study very hard', '958' का अर्थ है 'hard work pays' और '645' का अर्थ है 'study and work' है। निम्नलिखित में से 'very' का कोड क्या होगा? **(M.B.A. 2005)**

(*a*) 8 (*b*) 6 (*c*) 7
(*d*) निर्धारित नहीं किया जा सकता है (*e*) इनमें से कोई नहीं

3. यदि किसी सांकेतिक भाषा में '123' का अर्थ है 'hot filtered coffee', '356' का अर्थ है 'very hot day' और '589' का अर्थ है 'day and night' कौन सा अंक 'very' का कोड होगा?

(a) 9 (b) 5 (c) 8 (d) 2 (e) 6

4. यदि किसी सांकेतिक भाषा में '234' का अर्थ है 'spark and fire', '456 'का अर्थ है 'sparks is cause' और '258' का अर्थ है 'fire is effect' निम्नलिखित में से कौन सा अंक 'cause' का कोड होगा? (M.B.A. 2002)

(a) 3 (b) 4 (c) 5 (d) 6

5. यदि किसी सांकेतिक भाषा में '253' का अर्थ है 'books are old', '546' का अर्थ है 'man is old' और '378' का अर्थ है 'buy good books' उस कोड में 'are' का कोड क्या होगा? (R.R.B. 2002)

(a) 2 (b) 4 (c) 5 (d) 6 (e) 9

6. यदि किसी सांकेतिक भाषा में '467' का अर्थ है 'leaves are green', '485' का अर्थ है 'green is good' and '639' का अर्थ है 'they are playing' निम्नलिखित में से कौन सा अंक 'leaves' का कोड होगा?

(a) 4 (b) 6 (c) 7 (d) 3
(e) इनमें से कोई नहीं

7. यदि किसी सांकेतिक भाषा में '134' का अर्थ है 'good and tasty', '478' का अर्थ है 'see good pictures' और '729' का अर्थ है 'pictures are faint' निम्नलिखित में से कौन सा अंक 'see' का कोड होगा? (M.A.T. 2001)

(a) 9 (b) 2 (c) 1 (d) 8

8. यदि किसी सांकेतिक भाषा में '3a, 2b, 7c' का अर्थ है 'truth is eternal'; '7c, 9a, 8b, 3a' का अर्थ है 'enmity is not eternal' और '9a, 4d, 2b, 8b' का अर्थ है 'truth does not perish' तो उस भाषा में 'enmity' का अर्थ निम्नलिखित में से क्या होगा ?

(a) 3a (b) 7c (c) 8b (d) 9a
(e) इनमें से कोई नहीं

निर्देश (प्रश्न 9 से 14): ***दिए गए निर्देशों को ध्यानपूर्वक पढ़ें और निम्नलिखित प्रश्नों के उत्तर दें।*** (M.A.T. 1999)

यदि किसी सांकेतिक भाषा में '481' का अर्थ है 'sky is blue', '246' का अर्थ है 'sea is deep' और '698' का अर्थ है 'sea looks blue'.

9. 'deep' का कोड कौन सी संख्या होगी?

(a) 1 (b) 2 (c) 4 (d) 6

10. 'blue' का कोड कौन सी संख्या होगी?

(a) 1 (b) 6 (c) 8 (d) 9

11. 'sea' का कोड कौन सी संख्या होगी?

(a) 2 (b) 4 (c) 6 (d) 8

12. 'looks' का कोड कौन सी संख्या होगी?

(a) 4 (b) 6 (c) 8 (d) 9

13. 'is' का कोड कौन सी संख्या होगी?

(a) 1 (b) 2 (c) 4 (d) 8

14. 'sky' का कोड कौन सी संख्या होगी?

(a) 1 (b) 4 (c) 8
(d) इनमें से कोई नहीं

निर्देश (प्रश्न 15 से 18): ***दिए गए निर्देशों को ध्यानपूर्वक पढ़ें और निम्नलिखित प्रश्नों के उत्तर दें।*** (M.A.T. 2001)

एक निश्चित कोड भाषा में, '816321' का अर्थ है 'the brown dog frightened the cat'; '64851' का अर्थ है 'the frightened cat ran away'; '7621' का अर्थ है 'the cat was brown'; '341' का अर्थ है 'the dog ran'।

15. 'the dog was frightened' के लिए क्या कोड होगा ?

(a) 5438 (b) 8263 (c) 8731
(d) इनमें से कोई नहीं

16. 'frightened' के लिए क्या कोड होगा ?

(a) 2 (b) 3 (c) 6 (d) 8

17. 'away' के लिए क्या कोड होगा ?

(a) 1 (b) 5 (c) 6 (d) 7

18. 'brown' के लिए क्या कोड होगा ?

(a) 2 (b) 4 (c) 6 (d) 8

हल-अभ्यास 4(I)

1. (d) : पहले और तीसरे कथन में, समान कोड प्रतीक '$' है और समान शब्द 'pencil' इसलिए, '$' का अर्थ है 'pencil' इस प्रकार, पहले कथन में '£' का अर्थ 'pen' है।

2. (c) : पहले और दूसरे कथन में, समान कोड अंक '8' है और समान शब्द 'hard'। इसलिए, '8' का अर्थ है 'hard' पहले और तीसरे कथन में, समान कोड अंक '6' हैं और समान्य शब्द 'study' हैं। इसलिए, '6' का अर्थ 'study' है। अत: पहले कथन में '7' का अर्थ है 'very' होगा।

3. (e) : पहले और दूसरे कथन में, समान कोड अंक '3' है और समान शब्द 'hot' इसलिए, '3' का अर्थ है 'hot' दूसरे और तीसरे कथन में, समान कोड अंक '5' है और समान शब्द 'day' इसलिए, '5' का अर्थ 'day' है। अत: दूसरे कथन में, '6' का अर्थ 'very' है।

4. (d) : पहले और दूसरे कथन में, समान कोड अंक '4' है और समान शब्द 'spark'। इसलिए, '4' का अर्थ 'spark' है। दूसरे और तीसरे कथन में, समान कोड अंक '5' हैं और समान शब्द 'is' है। इसलिए, '5' का अर्थ 'is' है। अत: दूसरे कथन में, '6' का अर्थ 'cause' है।

5. (a) : पहले और दूसरे कथन में, समानकोड अंक '5' है और समान शब्द 'old' इसलिए, '5' का अर्थ है 'old' पहले और तीसरे कथन में, समान कोड अंक '3' है और समान शब्द 'books'. इसलिए, '3' का अर्थ है 'books' इस प्रकार, पहले कथन में, '2' का अर्थ 'are' है।

6. (c) : पहले और दूसरे कथन में, समान कोड अंक '4' है और समान शब्द 'green' इसलिए, '4' का अर्थ 'green' है। पहले और तीसरे कथन में, समान कोड अंक '6' है और समान शब्द 'are' है। इसलिए, '6' का अर्थ 'are' है। इस प्रकार, पहले कथन में, '7' 'leaves' का कोड है।

7. (d) : पहले और दूसरे कथन में, समान कोड अंक '4' है और समान शब्द 'good' इसलिए, '4' कोड है 'good' का, दूसरे और

तीसरे कथन में, समान कोड अंक '7' है और समान शब्द 'pictures' इसलिए, '7' कोड है 'pictures' का। इस प्रकार, दूसरे कथन में, '8' 'see का कोड है।

8. (*c*) : दूसरे और तीसरे कथन में, समान कोड '9a' है और समान शब्द 'not' इसलिए, '9a' का अर्थ है 'not' पहले और दूसरे कथन में, समानकोड '7c' और '3a' और समान वर्ण 'is' और 'eternal' हैं। इस प्रकार, दूसरे कथन में, '8b' का अर्थ 'enmity' होगा।

प्रश्न 9 से 14

पहले और दूसरे कथन में, समान कोड अंक '4' है और समानशब्द 'is' इसलिए, '4' के लिए कोड 'is' है।

दूसरे और तीसरे कथन में समान कोड अंक '6' है और समान शब्द 'sea' इसलिए, '6' के लिए कोड 'sea' है।

इस प्रकार, दूसरे कथन में '2' के लिए कोड 'deep' है।

पहले और तीसरे कथन में, समान कोड अंक '8' है और समान शब्द 'blue' इसलिए, 'blue' के लिए कोड '8' हैं।

इस प्रकार, पहले कथन में, 'sky के लिए कोड '1' हैं। और तीसरे कथन में, 'looks' के लिए कोड '9' हैं।

9. (*b*)
10. (*c*)
11. (*c*)
12. (*d*)
13. (*c*)
14. (*a*)

प्रश्न 15 से 18

पहले कथन में, कोड अंक '1' तथा शब्द 'the' दो बार आता हैं। इसलिए, '1' 'the' का कोड है।

पहले और चौथे कथन में, समान कोड अंक '1' और '3', हैं और समान शब्द 'the' और 'dog' हैं। चूँकि '1' 'the' का कोड है, इसलिए '3' 'dog' का कोड होगा। इस प्रकार, चौथें कथन में, '4' 'ran' का कोड है।।

दूसरे और तीसरे कथन में, समान कोड अंक '1' और '6' और समान शब्द 'the' और 'cat' हैं । चूँकि '1' 'the' का प्रतिनिधित्व करता है, इसलिए '6' का कोड 'cat' होगा।

पहले और तीसरे कथन में, समान कोड अंक '1', '6' और '2' है और समान शब्द 'the', 'brown' और 'cat' है। चूँकि '1' और '6' क्रमश: 'the' और 'cat' के कोड हैं, इसलिए '2' 'brown' का कोड होगा।

इस प्रकार, तीसरे कथन में, '7' 'was' का कोड है।

पहले और दूसरे कथन में, समान कोड अंक '1', '6' और '8' है और समान शब्द 'the', 'cat' और 'frightened' है। चूँकि '1' और '6' क्रमश: 'the' और 'cat' का प्रतिनिधित्व करता है। इसलिए '8' का कोड 'frightened' है।

इस प्रकार, दूसरे कथन में, '5' 'away' का कोड है।

15. (*c*)
16. (*d*)
17. (*b*)
18. (*a*)

प्रकार 8: अव्यवस्थित कोडिंग

(विशिष्ट अक्षर कोड को समझकर गूढ़वाचन करना)

इस प्रकार के प्रश्नों में, कोड के साथ कुछ प्रतिरूप शब्द दिए जाते हैं। उम्मीदवार को एक ही समय में दो शब्दों को लेते हुए, अलग-अलग अक्षरों के लिए अलग-अलग कोड को समझना और उसके अनुसार दिए गए प्रश्न का उत्तर देना आवश्यक है।

उदा. 1. कॉलम 1 में अंग्रेजी में बड़े अक्षरों में दिए गए शब्दों को लिखने के लिए कॉलम II में ग्रीक अक्षरों के रूप में एक कोड भाषा का उपयोग किया गया है। कॉलम II में ग्रीक अक्षर कॉलम I में अक्षरों के समान क्रम में दिखाई नहीं देता है। भाषा को डिकोड करें और प्रत्येक प्रश्न में दिए गए शब्द के लिए दिए गए विकल्पों में से सही कोड चुनें। **(M.B.A. 2002)**

कॉलम I	कॉलम II
CLEAR	γβωπθ
VIEW	νεγδ
TURN	ηρπσ
BUTTER	σρασπγ
OILY	δλθμ
WRITE	γπσνδ
VOWEL	νλεγθ

1. LIVER
(*a*) νηλμπ (*b*) δγθπε (*c*) ρσ∞εν (*d*) αβδγη

2. TROUBLE
(*a*) ναβδγηλ (*b*) νσ∞δγθε (*c*) δγηλ∞εν (*d*) σλρπα∞θ

3. BROWN
(*a*) ∞ενλ∞ (*b*) ∞δπρν (*c*) πανλη (*d*) πλβνπ

4. CYCLE
(*a*) βθλμβ (*b*) βμβνπ (*c*) πρπε∞ (*d*) πλβνπ

हल: BUTTER में दो T है और अक्षर σ कोड में दो बार आता है। अत: σ, T का प्रतिनिधित्व करता है।

VIEW और BUTTER में, उभय-निष्ठ अक्षर E है और उभय-निष्ठ कोड अक्षर γ हैं। अत: σ, E का प्रतिनिधित्व करता है।

CLEAR और BUTTER में उभय-निष्ठ कोड अक्षर γ, E का प्रतिनिधित्व करता है। अत:अन्य उभय-निष्ठ कोड अक्षर γ, R का प्रतिनिधित्व करता है।

TURN और BUTTER में उभय-निष्ठ कोड अक्षर σ और γ क्रमश: T और R का प्रतिनिधित्व करता है। अत: अन्य उभय-निष्ठ कोड अक्षर σ, U का प्रतिनिधित्व करता है।

TURN में, शेष कोड अक्षर η, N का प्रतिनिधित्व करता है।

BUTTER में शेष कोड अक्षर α, B का प्रतिनिधित्व करता है।

CLEAR और VOWEL में उभय-निष्ठ कोड अक्षर γ, E का प्रतिनिधित्व करता है। अत: अन्य उभय-निष्ठ कोड अक्षर θ, L का प्रतिनिधित्व करता है।

OILY और VOWEL में उभय-निष्ठ कोड अक्षर θ, L का प्रतिनिधित्व करता है। अत: अन्य उभय-निष्ठ कोड अक्षर γ, O का प्रतिनिधित्व करता है।

OILY और WRITE में उभय-निष्ठ कोड अक्षर δ, I का प्रतिनिधित्व करता है।

OILY में शेष कोड अक्षर –, Y का प्रतिनिधित्व करता है।

WRITE और VOWEL में उभय-निष्ठ कोड अक्षर γ, E का प्रतिनिधित्व करता है। अत: उभय-निष्ठ कोड अक्षर ν, W प्रतिनिधित्व करता है।

VOWEL में कोड अक्षर λ, ν, γ और θ क्रमश:: O, W, E और L का प्रतिनिधित्व करता है।

अत: शेष कोड अक्षर ε, V का प्रतिनिधित्व करता है।

CLEAR मे, β और ω, C और A का कोड है।

उपरोक्त जानकारी को निम्न प्रकार संक्षेप में सारांशित किया जा सकता है:

कोड	σ	γ	π	ρ	η	α	θ	γ	δ	μ	ν	ε	β/∞	β/∞
अक्षर	T	E	R	U	N	B	L	O	I	Y	W	V	C	A

1. (*b*) : L के लिए कोड θ, I के लिए δ, V के लिए ε, E के लिए γ और R के लिए ω हैं। अत: LIVER के लिए कोड $\theta\delta\varepsilon\gamma\pi$ या $\delta\gamma\theta\pi\varepsilon$ है।

2. (*d*) : T के लिए कोड β, R के लिए ω, O के लिए γ, U के लिए ρ, B के लिए α, L के लिए θ और E के लिए γ हैं। अत: TROUBLE के लिए कोड $\sigma\pi\lambda\rho\alpha\theta\gamma$ या $\sigma\lambda\rho\pi\alpha\gamma\theta$ है।

3. (*c*) : B के लिए कोड α, R के लिए π, O के लिए λ, W के लिए ν और N के लिए η हैं। अत: BROWN के लिए कोड $\alpha\pi\lambda\nu\eta$ या $\pi\alpha\nu\lambda\eta$ है।

4. (*a*) : C के लिए कोड β या ω हैं। परन्तु CYCLE में C दो बार आता है और केवल β प्रदान किए गए विकल्प में दो बार आता है। अत: Ci के लिए कोड βl है। C के लिए कोड β, Y के लिए –, L के लिए θ और E के लिए θ हैं। अत: CYCLE के लिए कोड $\beta\mu\beta\theta\gamma$ या $\beta\theta\gamma\mu\beta$ है।

उदा. 2. नीचे, कॉलम I में, कुछ शब्द दिए गए हैं। इनका एक कोड भाषा में अनुवाद किया गया है। यह आवश्यक नहीं है कि कॉलम II में कॉलम I में दिए गए शब्दों के कोड उस शब्द के सामने वाला ही हो। इसके अलावा, प्रत्येक शब्द में अलग-अलग अक्षरों के कोड भी उसी क्रम में नहीं दिए गए हैं जिसमें ये अक्षर मूल शब्द में होते हैं। दोनों कॉलम सावधानीपूर्वक अध्ययन करें और फिर प्रत्येक प्रश्न में दिए गए चार विकल्पों में से, उस विकल्प को ढूंढें जिसमें प्रश्न में दिए गए शब्द के अक्षरों का सही कोड दिया गया है। यह आपका उत्तर होगा।

कॉलम I	**कॉलम II**
DELIBERATION	aemrqs
CONSIDERATE	ccehlmo
GHOSTLIKE	cfhmoqqrx
WORLDLY	cdgmqrsxz
KNOWLEDGE	adefmopqqsz
ROCKET	cefkmopqqszz

1. SOLACE

(*a*) aedpqr (*b*) acemoq (*c*) acdmpq (*d*) demopq

2. KNIGHT

(*a*) fgrsxz (*b*) gprsxz (*c*) fhmpqr (*d*) ghrxyz

3. WORDY

(*a*) fhlmq (*b*) ehlmo (*c*) efhlm (*d*) adeop

4. NOTICE

(*a*) acdeqs (*b*) afmqsz (*c*) efhpqs (*d*) fghpqr

5. BLOAT

(*a*) lkpqz (*b*) hmpqz (*c*) cmpqs (*d*) ckmps

हल: सबसे पहले हम दिए गए कोड्स से सही कोड का पता लगायेंगे:

DELIBERATION बारह- अक्षर वाला शब्द है। अत: इसका कोड cefkmopqqszz है।

CONSIDERATE एग्यारह- अक्षर वाला शब्द है। अत: इसका कोड adefmopqqsz है।

GHOSTLIKE और KNOWLEDGE नौ-अक्षर वाले शब्द है। और उसका कोड cfhmoqqrx और cdgmqrsxz है।

KNOWLEDGE में दो E है और अत: इसके कोड में भी दो एक समान अक्षर होना अनिवार्य है। इस प्रकार, इसका कोड cfhmoqqrx है।

अत: GHOSTLIKE के लिए कोड cdgmqrsxz है।

WORLDLY सात- अक्षर वाला शब्द है। अत: इसका कोड ccehlmo है।

ROCKET एक छ:- अक्षर वाला शब्द है। अत: इसका कोड aemrqs है।

इस प्रकार शब्दों और उनके कोडो को पुनर्व्यवस्थित करने पर:

DELIBERATION	cefkmopqqszz
CONSIDERATE	adefmopqqsz
GHOSTLIKE	cdgmqrsxz
WORLDLY	ccehlmo
KNOWLEDGE	cfhmoqqrx
ROCKET	aemrqs

दिए गए अक्षर में, उभय-निष्ठ अक्षर O है और उभय-निष्ठ कोड अक्षर m है। अत: m, O का प्रतिनिधित्व करता है।

WORLDLY और ROCKET में उभय-निष्ठ कोड अक्षर m, O का प्रतिनिधित्व करता है। अन्य उभय-निष्ठ कोड अक्षर e, R का प्रतिनिधित्व करता है। GHOSTLIKE और WORLDLY में उभय-निष्ठ कोड अक्षर c, L का प्रतिनिधित्व करता है।

DELIBERATION और WORLDLY में उभय-निष्ठ कोड अक्षर c, e और m, क्रमश: L, R और O का प्रतिनिधित्व करता है।

अन्य उभय-निष्ठ कोड अक्षर o, D का प्रतिनिधित्व करता है।

WORLDLY और KNOWLEDGE में उभय-निष्ठ कोड अक्षर m, C व o, क्रमश: O, L और D का प्रतिनिधित्व करता है।

अत: अन्य उभय-निष्ठ कोड अक्षर h, W का प्रतिनिधित्व करता है।

KNOWLEDGE में, दो E और अक्षर q कोड में दो बार दिखाई देता है। अत: q, E का प्रतिनिधित्व करता है।

KNOWLEDGE और ROCKET में उभय-निष्ठ कोड अक्षर m और q क्रमश: O और E का प्रतिनिधित्व करता है। अत: अन्य उभय-निष्ठ कोड अक्षर r, K का प्रतिनिधित्व करता है।

GHOSTLIKE और ROCKET में, उभय-निष्ठ कोड अक्षर, m, r और q क्रमश: O, K और E का प्रतिनिधित्व करता है।

अत: उभय-निष्ठ कोड अक्षर s, T का प्रतिनिधित्व करता है।

ROCKET में शेष कोड अक्षर a, C का प्रतिनिधित्व करता है।

GHOSTLIKE और KNOWLEDGE में उभय-निष्ठ कोड अक्षर m, c, r और q क्रमश: O, L, K और E का प्रतिनिधित्व करता है। अत: अन्य उभय-निष्ठ कोड अक्षर x, G का प्रतिनिधित्व करता है। KNOWLEDGE में शेष कोड अक्षर f, N का प्रतिनिधित्व करता है।

DELIBERATION और GHOSTLIKE में उभय-निष्ठ कोड अक्षर q, c, s और m क्रमश: E, L, T और O का प्रतिनिधित्व करता है। अत: अन्य उभय-निष्ठ कोड अक्षर z, I का प्रतिनिधित्व करता है।

CONSIDERATE और GHOSTLIKE में, उभय-निष्ठ कोड अक्षर m, z, q और s क्रमश: O, I, E और T का प्रतिनिधित्व करता है। अत: अन्य उभय-निष्ठ कोड अक्षर d, S का प्रतिनिधित्व करता है।

GHOSTLIKE में शेष कोड अक्षर g, H का प्रतिनिधित्व करता है।

CONSIDERATE में शेष कोड अक्षर p, A का प्रतिनिधित्व करता है।

DELIBERATION में शेष कोड अक्षर k, B का प्रतिनिधित्व करता है।

उपरोक्त जानकारी को निम्न प्रकार संक्षेप में सारांशित किया जा सकता है:

कोड	m	e	c	o	h	l	q	r	s	a	x	f	z	d	g	p	k
अक्षर	O	R	L	D	W	Y	E	K	T	C	G	N	I	S	H	A	B

1. (*c*) : S के लिए कोड d, O के लिए m, L के लिए c, A के लिए p, C के लिए a और E के लिए q हैं। अत: SOLACE के लिए कोड dmcpaq या acdmpq है।
2. (*a*) : K के लिए कोड r, N के लिए f, I के लिए z, G के लिए x, H के लिए g और T के लिए s हैं। अत: KNIGHT के लिए कोड rfzxgs व या fgrsxz है।
3. (*b*) : W के लिए कोड h, O के लिए m, R के लिए e, D के लिए o और Y के लिए l हैं। अत: WORDY के लिए कोड hmeol या ehlmo है।
4. (*b*) : N के लिए कोड f, O के लिए m, T के लिए s, I के लिए z, C के लिए a और E के लिए q है। अत: NOTICE के लिए कोड fmszaq या afmqsz है।
5. (*d*) : B के लिए कोड k, L के लिए c, O के लिए m, A के लिए p और T के लिए s है। अत: BLOAT के लिए कोड kcmps या ckmps है।

उदा. 3. नीचे कॉलम I में कुछ शब्द दिए गए हैं और उनके समकक्ष कॉलम II में कोड भाषा में उनके कोड दिए गए हैं। कॉलम II में न तो कोड और न ही अक्षरों को उस क्रम में दिया गया है जैसा कि कॉलम I में शब्दों और उनके अक्षरों को दिया गया है। दो कॉलम का ध्यानपूर्वक अध्ययन करें और कॉलम I में शब्दों में अक्षरों के समकक्ष कोड की पहचान करें। तथा प्रत्येक प्रश्न में दिए गए अक्षर के लिए सही कोड को चुनें। **(Hotel Management, 2001)**

कॉलम I	कॉलम II
HEAD	hlonqsx
ROUTINE	dhpqrs
ENOUGH	efnqr
GHOST	efhnox
MASTER	adeh
NOSE	hnor

1. D	(*a*) a	(*b*) d	(*c*) f	(*d*) इनमें से कोई नहीं
2. E	(*a*) d	(*b*) f	(*c*) h	(*d*) इनमें से कोई नहीं
3. G	(*a*) e	(*b*) f	(*c*) h	(*d*) इनमें से कोई नहीं
4. I	(*a*) n	(*b*) o	(*c*) p	(*d*) इनमें से कोई नहीं
5. M	(*a*) l	(*b*) n	(*c*) q	(*d*) इनमें से कोई नहीं
6. O	(*a*) h	(*b*) n	(*c*) p	(*d*) इनमें से कोई नहीं
7. R	(*a*) p	(*b*) q	(*c*) s	(*d*) इनमें से कोई नहीं
8. S	(*a*) r	(*b*) s	(*c*) x	(*d*) इनमें से कोई नहीं
9. T	(*a*) l	(*b*) n	(*c*) p	(*d*) इनमें से कोई नहीं
10. U	(*a*) p	(*b*) r	(*c*) x	(*d*) इनमें से कोई नहीं

हल: स्पष्ट रूप से पांच-अक्षर वाला शब्द केवल GHOST हैं। अत: इसका कोड efnqr है।

सात-अक्षर वाला शब्द केवल ROUTINE हैं। अत: इसका कोड hlonqsx हैं। दो छ:- अक्षर वाला शब्द ENOUGH और MASTER हैं और इसका कोड dhpqrs और efhnox हैं। स्पष्ट रूप से ENOUGH में ROUTINE के साथ चार उभय-निष्ठ अक्षर E, N, O और U है और कोड में अक्षर h, n, o और x उभय-निष्ठ हैं। अत: ENOUGH के लिए कोड efhnox है और MASTER के लिए dhpqrs हैं। चार- अक्षर वाला शब्द HEAD और NOSE है और उसके कोड adeh और hnor हैं। स्पष्ट रूप से, NOSE और ENOUGH में तीन उभय-निष्ठ अक्षर N, O और E है और उनके कोड में अक्षर h, n और o उभय-निष्ठ है। अत: NOSE के लिए कोड hnor है जबकि HEAD के लिए adeh हैं।

इस प्रकार शब्दों और उनके कोडो को पुनर्व्यवस्थित करने पर:

HEAD	adeh
NOSE	hnor
GHOST	efnqr
ENOUGH	efhnox
MASTER	dhpqrs
ROUTINE	hlonqsx

HEAD और NOSE में उभय-निष्ठ कोड अक्षर h हैं और उभय-निष्ठ अक्षर E हैं। अत: h, E का प्रतिनिधित्व करता है।

HEAD और GHOST में उभय-निष्ठ कोड अक्षर e हैं और उभय-निष्ठ अक्षर H हैं। अत: e, H का प्रतिनिधित्व करता है।

HEAD और MASTER में उभय-निष्ठ कोड अक्षर h, E का प्रतिनिधित्व करता है। अत: अन्य उभय-निष्ठ अक्षर d, A का प्रतिनिधित्व करता है।

HEAD में शेष कोड अक्षर a, D का प्रतिनिधित्व करता है।

NOSE और MASTER में उभय-निष्ठ कोड अक्षर h, E का प्रतिनिधित्व करता है। अत: अन्य उभय-निष्ठ कोड अक्षर r, S का प्रतिनिधित्व करता है।

NOSE और GHOST में उभय-निष्ठ कोड अक्षर r, S का प्रतिनिधित्व करता है। अन्य उभय-निष्ठ कोड अक्षर n, O का प्रतिनिधित्व करता है।

NOSE में शेष कोड अक्षर o, N का प्रतिनिधित्व करता है।

GHOST और MASTER में उभय-निष्ठ कोड अक्षर r, S का प्रतिनिधित्व करता है। अत: अन्य उभय-निष्ठ कोड अक्षर q, T का प्रतिनिधित्व करता है।

इस प्रकार GHOST में शेष कोड अक्षर f, G का प्रतिनिधित्व करता है।

ENOUGH और ROUTINE में उभय-निष्ठ कोड अक्षर h, o और n क्रमश:: E, N और O का प्रतिनिधित्व करता है।

अत: चौथा उभय-निष्ठ कोड अक्षर x, U का प्रतिनिधित्व करता है।

MASTER और ROUTINE में उभय-निष्ठ कोड अक्षर q और h क्रमश: T और E का प्रतिनिधित्व करता है। अत: तीसरा उभय-निष्ठ कोड अक्षर s, R का प्रतिनिधित्व करता है।

इस प्रकार, MASTER में शेष कोड अक्षर p, M का प्रतिनिधित्व करता है।

ROUTINE में शेष कोड अक्षर l, I का प्रतिनिधित्व करता है।

उपरोक्त जानकारी को निम्न प्रकार संक्षेप में सारांशित किया जा सकता है:

कोड	h	e	d	a	r	n	o	q	f	x	s	p	l
अक्षर	E	H	A	D	S	O	N	T	G	U	R	M	I

1. (*a*) : D के लिए कोड a है।
2. (*c*) : E के लिए कोड h है।
3. (*b*) : G के लिए कोड f है।
4. (*d*) : I के लिए कोड l है।
5. (*d*) : M के लिए कोड p है।
6. (*b*) : O के लिए कोड n है।
7. (*c*) : R के लिए कोड s है।
8. (*a*) : S के लिए कोड r है।
9. (*d*): T के लिए कोड q है।
10. (*c*) : U के लिए कोड x है।

अभ्यास 4J

दिशानिर्देश (प्रश्न 1 से 10): एक कोड भाषा के अनुसार, कॉलम I में बड़े अक्षरों के शब्दों को कॉलम II में छोटे अक्षरों में लिखा गया है। कॉलम II में अक्षरों को अव्यवस्थित किया गया है। भाषा को डिकोड करें और प्रत्येक प्रश्न में दिए गए शब्द के लिए सही कोड चुनें।

कॉलम I	कॉलम II
(1) CURSE	(a) opkif
(2) INCUR	(b) fbpoc
(3) TALLY	(c) ughvg
(4) CADET	(d) rkufh
(5) DRIP	(e) rotc
(6) TOIL	(F) jugc
(7) VARY	(G) vwoh

1. DAIRY
(*a*) cvohr (*b*) gkvbf (*c*) rctvo (*d*) whtou

2. TODAY
(*a*) rjuyh (*b*) kjuvh (*c*) rjuvh (*d*) rjuvk

3. PIECE
(*a*) fvuyr (*b*) fktck (*c*) fbocv (*d*) frgkp

4. CIVIL
(*a*) gfwcc (*b*) ghcww (*c*) ggwfc (*d*) gwffc

5. SUSTAIN
(*a*) hibucpi (*b*) hkcrjbk (*c*) hwojfvw (*d*) hgpukgc

6. TRIED
(*a*) ukfhr (*b*) ubovc (*c*) ukhbp (*d*) ukorc

7. RACE
(*a*) kovp (*b*) kbcf (*c*) khfo (*d*) krbh

8. ENVOY
(*a*) kbjwu (*b*) jvbkw (*c*) hjbvw (*d*) vbpuk

9. RIVET
(*a*) wckou (*b*) ckwiu (*c*) wckov (*d*) kcvow

10. SUN
(*a*) pih (*b*) bih (*c*) pib (*d*) ikh

दिशानिर्देश (प्रश्न 11 से 18): नीचे दिए गए कॉलम I में, कुछ शब्द दिए गए हैं। कॉलम II में, उनके कोड दिए गए हैं लेकिन उन्हें उसी क्रम में व्यवस्थित नहीं किया गया है जिस प्रकार वे कॉलम 1 में हैं। दोनों कॉलम में अक्षरों का अध्ययन करें और निम्नलिखित में से प्रत्येक प्रश्न में दिए गए विकल्प में से दिए गए प्रश्न में दिए गए अक्षर के कोड का पता लगाएं।

कॉलम I	कॉलम II
(1) SOUND	(a) abi
(2) ADDRESS	(b) cjmv
(3) CRUX	(c) ikmop
(4) NET	(d) ijktv
(5) CRONY	(e) jkgotv
(6) CROWDY	(F) bloppv

11. A (a) b (b) l (c) v (d) इनमें से कोई नहीं
12. C (a) j (b) k (c) l (d) इनमें से कोई नहीं
13. D (a) k (b) l (c) m (d) इनमें से कोई नहीं
14. N (a) a (b) e (c) q (d) इनमें से कोई नहीं
15. O (a) i (b) j (c) k (d) इनमें से कोई नहीं
16. R (a) o (b) p (c) v (d) इनमें से कोई नहीं
17. S (a) k (b) p (c) v (d) इनमें से कोई नहीं
18. T (a) a (b) b (c) e (d) इनमें से कोई नहीं

दिशानिर्देश (प्रश्न 19 से 25): नीचे कॉलम I में कुछ शब्द दिए गए हैं और कॉलम II में कुछ कोड भाषा में उनके समकक्ष दिए गए हैं। कॉलम II में शब्द कॉलम 1 के समान क्रम में नहीं हैं। इसके अलावा, अक्षरों के क्रम में भी जम्बल्ड किए गए है। भाषा को डिकोड करें और दिए गए विकल्पों में से सही विकल्प चुनें जो प्रश्न में दिए गए शब्द के समतुल्य है।

कॉलम I	कॉलम II
(1) TAPE	(*a*) moij
(2) COUP	(*b*) lhhpok
(3) TIE	(c) nls
(4) ROTATE	(*d*) nhpk
(5) SAY	(*e*) nkpl
(6) TREAT	(F) msr
(7) YEAR	(G) khlph
(8) SIP	(H) hrp
(9) TYRE	(I) pmlh

19. SOUP

(*a*) osmj (*b*) sojm (*c*) osjm (*d*) somj (*e*) joms

20. REACT

(*a*) lhpjk (*b*) lihpr (*c*) pkjih (*d*) jklph
(*e*) kplih

21. TRACE

(*a*) hiklp (*b*) hlkip (*c*) hklip (*d*) piklh
(*e*) pklih

22. POSSESS

(*a*) msoopoo (*b*) mosspss
(*c*) porrprr (*d*) mpiioii (*e*) mpjjojj

23. CREATE

(*a*) ljhkhn (*b*) jknlhn (*c*) jlphip (*d*) ikplhp
(*e*) ilpkhp

24. EASY

(*a*) lnps (*b*) lpns (*c*) plsn (*d*) pnls (*e*) snpl

25. CURE

(*a*) ijkp (*b*) pikj (*c*) ikpj (*d*) kipj (*e*) jikp

दिशानिर्देश (प्रश्न 26 से 35): कॉलम I में, कुछ शब्द दिए गए हैं। कॉलम II में, उनके कोड दिए गए हैं लेकिन उन्हें उसी क्रम में व्यवस्थित नहीं किया गया है जिसमें वे कॉलम 1 में हैं। दोनों कॉलम में अक्षरों का अध्ययन करें और निम्नलिखित में से प्रत्येक प्रश्न में दिए गए अक्षर के कोड की खोज करें।

कॉलम I	कॉलम II	कॉलम I	कॉलम II
(1) BID	(*a*) nnrw	(8) ROSE	(H) iotx
(2) BAT	(*b*) emps	(9) VEX	(I) aceenoww
(3) BAD	(c) lwz	(10) WAVE	(J) elu
(4) CHEAP	(*d*) aejmnq	(11) NAMELY	(K) befms
(5) HILL	(*e*) kms	(12) FAMILIAR	(L) moty
(6) PORK	(F) emrux	(13) HAZY	(M) elz
(7) QUOTE	(G) ehqr	(14) VAGUE	(N) dfmtu

26. B (*a*) l (*b*) u (*c*) e (*d*) z
27. C (*a*) e (*b*) z (*c*) u (*d*) p
28. D (*a*) e (*b*) z (*c*) u (*d*) k
29. F (*a*) r (*b*) f (*c*) w (*d*) c
30. G (*a*) a (*b*) c (*c*) b (*d*) j
31. H (*a*) t (*b*) r (*c*) l (*d*) s
32. A (*a*) r (*b*) t (*c*) s (*d*) e
33. K (*a*) h (*b*) j (*c*) i (*d*) k
34. M (*a*) b (*b*) a (*c*) c (*d*) d
35. Z (*a*) h (*b*) g (*c*) f (*d*) i

दिशानिर्देश (प्रश्न 36 से 40): एक कोड भाषा के अनुसार, कॉलम I के शब्द कॉलम II में दिए गए हैं। भाषा को डिकोड करें और निम्नलिखित प्रश्नों में दिए गए प्रत्येक शब्द के लिए सही कोड चुनें। कॉलम II में अक्षरों को उसी क्रम में दिखने की आवश्यकता नहीं है जैसा कि वे कॉलम I में हैं।

कॉलम I	कॉलम II	कॉलम I	कॉलम II
(1) CHIEF	(*a*) knqwy	(9) BASED	(I) gstnd
(2) NIGHT	(*b*) akwjh	(10) PSYCO	(J) qutzb
(3) THIRD	(*c*) kvhwg	(11) TOWEL	(K) nzche
(4) MONEY	(*d*) njumz	(12) FALSE	(L) ynest
(5) WOMAN	(*e*) zcjms	(13) DOWRY	(M) cvguz
(6) WORKS	(F) ctvzo	(14) STOCK	(N) toqhz
(7) BASIC	(G) dtwsq	(15) TRAIN	(O) swhvj
(8) HENRY	(H) jvunk		

36. AUGUST

(*a*) hhatdb (*b*) llstah (*c*) altpss (*d*) nstddz

37. BOARD

(*a*) wtvgz (*b*) ctdzg (c) sdwqz (*d*) gzdvs

38. JUNIOR

(*a*) jlwzvf (*b*) clogwj (*c*) flogvz (*d*) ljfzco

39. DIGEST

(*a*) kwghqv (*b*) angwht (*c*) aknthj (*d*) gonqwt

40. DEAF

(*a*) tgnz (*b*) knty (*c*) ygns (*d*) wgsd

हल-अभ्यास 4(J)

प्रश्न 1 से 10

CURSE और VARY में उभय-निष्ठ कोड अक्षर o है और उभय-निष्ठ अक्षर R है। अत: o, R का प्रतिनिधित्व करता है।

CADET और VARY में उभय-निष्ठ कोड अक्षर h है और उभय-निष्ठ अक्षर A है। अत: h, A का प्रतिनिधित्व करता है।

TALLY और VARY में उभय-निष्ठ कोड अक्षर h का अर्थ A है। अन्य उभय-निष्ठ कोड अक्षर v है और दूसरा उभय-निष्ठ अक्षर Y है। अत: v, Y का प्रतिनिधित्व करता है।

इस प्रकार, VARY में शेष कोड अक्षर w, V का प्रतिनिधित्व करता है।

CADET और TOIL में उभय-निष्ठ कोड अक्षर u है और उभय-निष्ठ अक्षर T है। अत: u, T का प्रतिनिधित्व करता है।

INCUR और TOIL में उभय-निष्ठ कोड अक्षर c है और उभय-निष्ठ अक्षर I है। अत: c, I का प्रतिनिधित्व करता है।

TALLY और TOIL में उभय-निष्ठ कोड अक्षर u, T का प्रतिनिधित्व करता है। उभय-निष्ठ कोड अक्षर g है और दूसरा उभय-निष्ठ अक्षर L है अत: g, L का प्रतिनिधित्व करता है।

इस प्रकार, TOIL में शेष कोड अक्षर j, O का प्रतिनिधित्व करता है।

CADET और DRIP में उभय-निष्ठ कोड अक्षर r है और उभय-निष्ठ अक्षर D है। अत: r, D का प्रतिनिधित्व करता है।

DRIP में o, R का प्रतिनिधित्व करता है c, I का प्रतिनिधित्व करता है। अत: शेष कोड अक्षर t, P का प्रतिनिधित्व करता है।

INCUR, CURSE और CADET में उभय-निष्ठ कोड अक्षर f है और उभय-निष्ठ अक्षर C है। अत: f, C का प्रतिनिधित्व करता है।

INCUR और CURSE में उभय-निष्ठ कोड अक्षर f और o का मतलब क्रमश: C और R है। अत: शेष कोड अक्षर p, U का प्रतिनिधित्व करता है।

इस प्रकार INCUR में शेष कोड अक्षर b, N का प्रतिनिधित्व करता है।

CURSE और CADET में उभय-निष्ठ कोड अक्षर f का मतलब C है। अन्य उभय-निष्ठ कोड अक्षर k का मतलब E है।

इस प्रकार, CURSE में दशेष कोड अक्षर I का मतलब S है।

उपरोक्त जानकारी को निम्न प्रकार संक्षेप में सारांशित किया जा सकता है:

कोड	o	h	v	w	u	c	g	j	r	t	f	p	b	k	i
अक्षर	R	A	Y	V	T	I	L	O	D	P	C	U	N	E	S

1. (*a*) : D के लिए कोड r है, A के लिए h है, I के लिए c है, R के लिए o और Y के लिए v है। अत: DAIRY के लिए कोड rhcov है।
2. (*c*) : T के लिए कोड u है, O के लिए j, D के लिए r है, A के लिए h और Y के लिए v है। अत: TODAY के लिए कोड ujrhv है।
3. (*b*) : P के लिए कोड t है, I के लिए c है, E के लिए k है और C के लिए f है। अत: PIECE के लिए कोड tckfk या fktck है।
4. (*a*) : C के लिए कोड f है, I के लिए c है, V के लिए w है और L के लिए g है। अत: CIVIL के लिए कोड fcwcg या gfwcc है।
5. (*a*) : S के लिए कोड i है, U के लिए p है, T के लिए u है, A के लिए h है, क्योंकि I के लिए c है और N के लिए b है। अत: SUSTAIN के लिए कोड ipiuhcb या hibucpi है।
6. (*d*) : T के लिए कोड u है, R के लिए o है, I के लिए c है, E के लिए k है और D के लिए r है। अत: TRIED के लिए कोड uockr या ukorc है।
7. (*c*) : R के लिए o है, A के लिए h है, C के लिए f है और E के लिए k है। अत: RACE के लिए कोड ohfk या khfo है।
8. (*b*) : E के लिए कोड k है, N के लिए b है, V के लिए w है, O के लिए j जे है और Y के लिए v है। अत: ENVOY के लिए कोड kbwjv या jvbkw है।
9. (*a*) : R के लिए कोड o है, I के लिए c, V के लिए w है, E के लिए k है और T के लिए u हैं। अत: RIVET के लिए कोड ocwku या wckou है।
10. (*c*) : S के लिए कोड i है U के लिए p है और N के लिए b. है। अत: SUN के लिए कोड ipb या ipb है।

प्रश्न 11 से 18

स्पष्ट रूप से, तीन-अक्षर वाला शब्द केवल NET है। अत: इसका कोड abi है। चार-अक्षर वाला शब्द केवल CRUX है। अत: इसका कोड cjmv है। पांच-अक्षर वाले दो शब्द SOUND और CRONY हैं तथा कोड ikmop, और ijktv हैं। स्पष्ट रूप से, CRONY और CRUX में दो उभय-निष्ठ अक्षर C और R है और उनके कोड में उभय-निष्ठ अक्षर j और v है। अत: CRONY के लिए कोड ijktv और SOUND के लिए ikmop है। छ:-अक्षर वाला शब्द केवल CROWDY है। अत: इसका कोड jkgotv है। सात-अक्षर वाला शब्द केवल ADDRESS है। अत: इसका कोड blooppv है। इस प्रकार शब्दों और उनके कोडो को पुनर्व्यवस्थित करने पर:

NET	abi
CRUX	cjmv
CRONY	ijktv
SOUND	ikmop
CROWDY	jkgotv
ADDRESS	blooppv

NET और CRONY में उभय-निष्ठ कोड अक्षर i है और उभय-निष्ठ अक्षर N है। अत: i, N का प्रतिनिधित्व करता है।

NET और ADDRESS में उभय-निष्ठ कोड अक्षर b है और उभय-निष्ठ अक्षर E है। अत: b, E का प्रतिनिधित्व करता है।

इस प्रकार, NET मे, शेष कोड अक्षर a, T का प्रतिनिधित्व करता है।

CRUX और ADDRESS में उभय-निष्ठ कोड अक्षर v है और उभय-निष्ठ अक्षर R है। अत: v, R का प्रतिनिधित्व करता है।

CRUX और CRONY में उभय-निष्ठ कोड अक्षर v R का प्रतिनिधित्व करता है। अन्य उभय-निष्ठ कोड अक्षर j, C का प्रतिनिधित्व करता है।

CRUX और SOUND में उभय-निष्ठ कोड अक्षर m है और उभय-निष्ठ अक्षर U है। अत: m, U का प्रतिनिधित्व करता है।

इस प्रकार, CRUX में शेष कोड अक्षर c, X का प्रतिनिधित्व करता है।

CRONY और SOUND में उभय-निष्ठ कोड अक्षर i, N का प्रतिनिधित्व करता है। अन्य उभय-निष्ठ कोड अक्षर k, O का प्रतिनिधित्व करता है।

इस प्रकार, CRONY में शेष कोड अक्षर t, Y का प्रतिनिधित्व करता है।

SOUND और CROWDY में उभय-निष्ठ कोड अक्षर k का मतलब O है। अत: अन्य उभय-निष्ठ कोड अक्षर o, D का प्रतिनिधित्व करता है।

इस प्रकार, SOUND में शेष कोड अक्षर p, S का प्रतिनिधित्व करता है।

CROWDY में शेष कोड अक्षर g, W का प्रतिनिधित्व करता है।

ADDRESS में शेष कोड अक्षर l, A का प्रतिनिधित्व करता है।

उपरोक्त जानकारी को निम्न प्रकार संक्षेप में सारांशित किया जा सकता है:

कोड	i	b	a	v	j	m	c	k	t	o	g	p	l
अक्षर	N	E	T	R	C	U	X	O	Y	D	W	S	A

11. (*b*) : स्पष्ट रूप से A के लिए कोड अक्षर l है।
12. (*a*) : स्पष्ट रूप से C के लिए कोड अक्षर j है।
13. (*d*) : D के लिए कोड अक्षर o है।
14. (*d*) : N के लिए कोड अक्षर i है।
15. (*c*) : O के लिए कोड अक्षर k है।
16. (*c*) : R के लिए कोड अक्षर v है।
17. (*b*) : S के लिए कोड अक्षर p है।
18. (*a*) : T के लिए कोड अक्षर a है।

प्रश्न 19 से 25

छह अक्षर वाला शब्द केवल ROTATE है। अत: इसका कोड lhhpok है।

पांच-अक्षर वाला शब्द केवल TREAT है। अत: इसका कोड khlph है।

चार-अक्षर वाले शब्द TAPE, COUP, YEAR और TYRE हैं और कोड क्रमश: उवपर, nhpk, nkpl और pmlh हैं। COUP में ROTATE के साथ केवल एक अक्षर O समान है। अत: इसका कोड moij है जिसमें ROTATE में केवल एक कोड अक्षर 'o' समान है। TAPE में COUP के साथ एक अक्षर P समान है। अत: इसका कोड pmlh है जिसमें COUP के साथ एक कोड अक्षर 'm' समान है। YEAR और TYRE के कोड nhpk और nkpl हैं, जिनमें उभय-निष्ठ कोड अक्षरों n, k और p क्रमश: Y, E और R का प्रतिनिधित्व करते हैं। TREAT में, अक्षर T दो बार आता है और इसके कोड में अक्षर h

दो बार आता है। अत: h, T के लिए कोड है। इस प्रकार, TYRE के लिए कोड nhpk और YEAR के लिए nkpl होगा।

तीन-अक्षर वाले शब्द TIE, SAY, SIP हैं और तीन अक्षर वाले कोड nls, msr, hrp हैं। कोड h, T के लिए है। अत: TIE को hrp के रूप में कोड किया गया है। SIP में TIE के साथ I समान है। अत: इसका कोड msr होगा। इस प्रकार, SAY के लिए कोड nls है।

इस प्रकार शब्दों और उनके कोडो को पुनर्व्यवस्थित करने पर:

SAY	nls	TAPE	pmlh
SIP	msr	COUP	moij
TIE	hrp	TREAT	khlp
YEAR	nkpl	ROTATE	lhhpok
TYRE	nhpk		

SAY और SIP में समान कोड अक्षर s है और समान अक्षर S है। अत: s, S का प्रतिनिधित्व करता है।

SAY और TYRE में, समान कोड अक्षर n है और समान अक्षर Y है। अत: n, Y का प्रतिनिधित्व करता है। इस प्रकार, SAY में, शेष कोड अक्षर l, A का प्रतिनिधित्व करता है।

SIP और TIE में, समान कोड अक्षर r है और समान अक्षर I है। अत: r, I का प्रतिनिधित्व करता है। इस प्रकार, TIE में, शेष कोड अक्षर m, P का प्रतिनिधित्व करता है।

TIE और YEAR में, उभय-निष्ठ कोड अक्षर p है और उभय-निष्ठ अक्षर E है। अत: p, E का प्रतिनिधित्व करता है। इस प्रकार, TIE में, शेष कोड अक्षर h, T का प्रतिनिधित्व करता है।

YEAR और TYRE में उभय-निष्ठ कोड अक्षर n और च क्रमश: Y और E का प्रतिनिधित्व करता है। अत: शेष उभय-निष्ठ कोड अक्षरा, R का प्रतिनिधित्व करता है।

COUP और ROTATE में, उभय-निष्ठ कोड अक्षर o, O का प्रतिनिधित्व करता है।

इस प्रकार, COUP में, शेष कोड अक्षर I और j क्रमश: C और U का प्रतिनिधित्व करता है।

उपरोक्त जानकारी को निम्न प्रकार संक्षेप में सारांशित किया जा सकता है:

कोड	s	n	l	r	m	p	h	k	o	j	i
अक्षर	S	Y	A	I	P	E	T	R	O	U	C

19. (*b*) : S के लिए कोड s है, O के लिए o, U के लिए j या i और P के लिए m है। लेकिन प्रश्न में, i कहीं भी उल्लेख नहीं किया गया है। अत: U के लिए कोड j है। इस प्रकार, SOUP के लिए कोड sojm है।

20. (*e*) : R के लिए कोड k है, E के लिए p है, A के लिए l है, C के लिए i और T के लिए h है। अत: REACT के लिए कोड kplih है।

21. (*c*) : T के लिए कोड h है, R के लिए k है, A के लिए l है, C के लिए i और E के लिए p है। अत: TRACE के लिए कोड hklip है।

22. (*b*) : P के लिए कोड m है, O ओ के लिए o, S के लिए s है और E के लिए p है। अत: POSSESS के लिए कोड mosspss है।

23. (*d*) : C के लिए कोड i है, R के लिए k है, E के लिए p है, A के लिए l है और T के लिए h है। अत: CREATE के लिए कोड ikplhp है।

24. (*c*) : E के लिए कोड p है, A के लिए l है, S के लिए s है और Y के लिए n है। अत: EASY के लिए कोड plsn है।

25. (*a*) : C के लिए कोड i है, U के लिए j है, R के लिए k है और E के लिए p है। अत: CURE के लिए कोड ijkp है।

प्रश्न 26 से 35

आठ-अक्षर वाला शब्द केवल FAMILIAR है। अत: इसका कोड aceenoww है।

छ:-अक्षर वाला शब्द केवल NAMELY है। अत: इसका कोड aejmnq है।

पांच-अक्षर वाले शब्द CHEAP, QUOTE और VAGUE हैं और कोड emrux, befms, afmtu हैं। FAMILIAR, CHEAP और VAGUE में A उभयनिष्ठ है। अत: उभय-निष्ठ कोड अक्षर e, A का प्रतिनिधित्व करता है और इस प्रकार CHEAP और VAGUE का कोड emrux और befms हैं। अत: QUOTE के लिए कोड afmtu है। VAGUE के QUOTE के साथ दो उभयनिष्ठ अक्षर है। अत: इसका कोड befms है। इस प्रकार, CHEAP के लिए कोड emrux है।

चार-अक्षर वाले शब्द HILL, PORK, ROSE, WAVE, HAZY है और कोड nnrw, emps, ehqr, iotx और moty हैं। केवल HILL में दो बार दोहराया गया अक्षर है। अत: इसका कोड nnrw है। केवल WAVE में VAGUE के साथ तीन अक्षर उभयनिष्ठ हैं। अत: इसका कोड emps है। A के लिए कोड e है। अत: कोड युक्त e और HILL के साथ उभय-निष्ठ कोड HAZY का कोड है। A इस प्रकार HAZY के लिए कोड ehqr है। अब WAVE के साथ उभय-निष्ठ अक्षर वाला कोड ROSE के लिए कोड है। अत:, ROSE के लिए कोड moty है। इस प्रकार, PORK के लिए कोड iotx है।

तीन-अक्षर वाले शब्द BID, BAT, BAD और VEX हैं और कोड lwz, kms, elu और elz हैं। VEX के दो अक्षर WAVE से उभय-निष्ठ हैं। अत: इसका कोड kms है। BAT के शब्द T QUOTE से उभय-निष्ठ है। तो, इसका कोड elu है। BAD के दो शब्द BAT से उभय-निष्ठ हैं। अत: इसका कोड elz है। तो, BID के लिए कोड lwz है।

इस प्रकार शब्दों और उनके कोडो को पुनर्व्यवस्थित करने पर:

BID	lwz	WAVE	emps
BAD	elz	HILL	nnrw
BAT	elu	CHEAP	emrux
VEX	kms	VAGUE	befms
PORK	iotx	QUOTE	dfmtu
ROSE	moty	NAMELY	aejmnq
HAZY	ehqr	FAMILIAR	aceenoww

BID, BAD और BAT में, उभय-निष्ठ कोड अक्षरस और उभय-निष्ठ अक्षरठ है। अत: l, B का प्रतिनिधित्व करता है। BID और BAT में अन्य उभय-निष्ठ कोड अक्षर z, D का प्रतिनिधित्व करता है। अत: शेष कोड शब्द BID में w, I का प्रतिनिधित्व करता है और BAD में e, A का प्रतिनिधित्व करता है।

WAVE और ROSE में उभय-निष्ठ कोड शब्द m है और उभय-निष्ठ अक्षर E है। अत: m, E का प्रतिनिधित्व करता है। VEX और WAVE में अन्य उभय-निष्ठ कोड अक्षर s, V का प्रतिनिधित्व करता है।

इस प्रकार, VEX में, शेष कोड अक्षर k, X का प्रतिनिधित्व करता है।

WAVE में शेष कोड अक्षर p, W का प्रतिनिधित्व करता है।

PORK और QUOTE में उभय-निष्ठ कोड अक्षर t और उभय-निष्ठ अक्षर O है। अत: t, O का प्रतिनिधित्व करता है।

PORK और ROSE में अन्य उभय-निष्ठ कोड अक्षर O, R का प्रतिनिधित्व करता है।

PORK और CHEAP में उभय-निष्ठ कोड अक्षर x है और उभय-निष्ठ अक्षर P है। अत: x, P का प्रतिनिधित्व करता है।

इस प्रकार PORK में शेष कोड अक्षर i, K का प्रतिनिधित्व करता है।

ROSE में शेष कोड अक्षर y, S का प्रतिनिधित्व करता है।

HAZY और NAMELY में अन्य उभय-निष्ठ कोड अक्षर q, Y का प्रतिनिधित्व करता है।

HAZY और HILL में उभय-निष्ठ कोड r और उभय-निष्ठ अक्षर H है। अत: r, H का प्रतिनिधित्व करता है।

इस प्रकार, HAZY में शेष कोड अक्षर h, Z का प्रतिनिधित्व करता है।

HILL में दो बार दोहराया गया कोड n और अक्षर L है। अत: n, L का प्रतिनिधित्व करता है।

CHEAP में शेष कोड अक्षर u, C का प्रतिनिधित्व करता है।

VAGUE और QUOTE में उभय-निष्ठ कोड अक्षर m, E का प्रतिनिधित्व करता है।

अत: शेष कोड अक्षर f, U का प्रतिनिधित्व करता है।

इस प्रकार, VAGUE में शेष कोड अक्षर b, G का प्रतिनिधित्व करता है।

QUOTE में शेष कोड अक्षर d, Q का प्रतिनिधित्व करता है।

NAME और FAMILIAR में क्रमश: A और L के लिए उभय-निष्ठ कोड अक्षर e और n का प्रतिनिधित्व करता है। अत: शेष उभय-निष्ठ कोड अक्षर a, M का प्रतिनिधित्व करता है। इस प्रकार, NAMELY में शेष कोड अक्षर j, N परिवार का प्रतिनिधित्व करता है। शेष कोड अक्षर c, F का प्रतिनिधित्व करता है।

उपरोक्त जानकारी को निम्न प्रकार संक्षेप में सारांशित किया जा सकता है:

कोड	l	z	w	e	m	s	k	p	t	o	x	i
अक्षर	B	D	I	A	E	V	X	W	O	R	P	K
कोड	y	q	r	h	n	u	f	b	d	a	j	c
अक्षर	S	Y	H	Z	L	C	U	G	Q	M	N	F

26. (*a*) : B के लिए कोड l है।

27. (*c*) : C के लिए कोड u है।

28. (*b*) : D के लिए कोड z है।

29. (*d*) : F के लिए कोड कोड c है।

30. (*c*) : G के लिए b है।

31. (*b*) : H के लिए कोड r है।

32. (*d*) : A के लिए कोड e है।

33. (*c*) : K के लिए कोड i है।

34. (*b*) : M के लिए कोड a है।

35. (*a*) : Z के लिए कोड h है।

प्रश्न 36 से 40

CHIEF और CHIEF में उभय-निष्ठ कोड अक्षर q है और उभय-निष्ठ अक्षर C है। अत: q, C का प्रतिनिधित्व करता है।

CHIEF और MONEY में उभय-निष्ठ कोड अक्षर n, E का प्रतिनिधित्व करता है।

CHIEF और HENRY में उभय-निष्ठ कोड अक्षर n, E का प्रतिनिधित्व करता है।

अत: अन्य उभय-निष्ठ कोड अक्षर k, H का प्रतिनिधित्व करता है।

CHIEF और BASIC में उभय-निष्ठ कोड अक्षर q, C का प्रतिनिधित्व करता है।

अत: अन्य उभय-निष्ठ कोड अक्षर w, I का प्रतिनिधित्व करता है।

इस प्रकार, CHIEF में शेष कोड अक्षर y, F का प्रतिनिधित्व करता है।

NIGHT और MONEY में उभय-निष्ठ कोड अक्षर j, N का प्रतिनिधित्व करता है।

NIGHT और TOWEL में उभय-निष्ठ कोड अक्षर h, T का प्रतिनिधित्व करता है।

इस प्रकार, NIGHT में शेष कोड अक्षर a, G का प्रतिनिधित्व करता है।

THIRD और BASED में उभय-निष्ठ कोड अक्षर g, D का प्रतिनिधित्व करता है।

इस प्रकार, THIRD में शेष कोड अक्षर v R का प्रतिनिधित्व करता है।

MONEY और WORKS में उभय-निष्ठ कोड अक्षर z, O का प्रतिनिधित्व करता है।

MONEY और PSYCO में उभय-निष्ठ कोड अक्षर z, O का प्रतिनिधित्व करता है। अत: उभय-निष्ठ कोड अक्षर u, Y का प्रतिनिधित्व करता है।

MONEY और WOMAN में उभय-निष्ठ कोड अक्षर z O का और j, N का प्रतिनिधित्व करता है, अत: शेष कोड अक्षर m, M का प्रतिनिधित्व करता है।

WORKS और TOWEL में उभय-निष्ठ कोड अक्षर z, O का प्रतिनिधित्व करता है।

अत: शेष उभय-निष्ठ कोड अक्षर c, W का प्रतिनिधित्व करता है।

WORKS और BASIC में उभय-निष्ठ कोड अक्षर t है और उभय-निष्ठ अक्षर S है अत: तो, t, S का प्रतिनिधित्व करता है।

इस प्रकार, WORKS में शेष कोड अक्षर o, K का प्रतिनिधित्व करता है।

BASIC और FALSE में उभय-निष्ठ कोड अक्षर t, S का प्रतिनिधित्व करता है। अत: अन्य उभय-निष्ठ कोड अक्षर s, A का प्रतिनिधित्व करता है।

BASIC और BASED में उभय-निष्ठ कोड अक्षर s और t क्रमश: A और S का प्रतिनिधित्व करता है।

अत: शेष कोड अक्षर d, B का प्रतिनिधित्व करता है।

PSYCO में, शेष कोड अक्षर b, P का प्रतिनिधित्व करता है।

उपरोक्त जानकारी को निम्न प्रकार संक्षेप में सारांशित किया जा सकता है:

कोड	q	n	k	w	y	j	h	a	g	v	z	u	m	c	t	o	s	d	b
अक्षर	C	E	H	I	F	N	T	G	D	R	O	Y	M	W	S	K	A	B	P

36. (*b*) : A के लिए कोड s है, G के लिए कोड a है, S के लिए t है और T के लिए h है। अत: कोड में अक्षर sath शामिल हैं जो केवल llstah में निहित है।

37. (*d*) : B के लिए कोड d है, O के लिए z M है, A के लिए s है, R के लिए v है और D के लिए g है। अत: बोर्ड को dzsvg या gzdvs के रूप में कोडित किया गया है।

38. (*a*) : U के लिए कोड प्रश्न 36 में l, है, N के लिए j,के लिए

I के लिए w है, O के लिए z और R के लिए v है। अत: JUNIOR के लिए कोड ljwzv है।

39. (*b*) : D के लिए कोड g है, l के लिए w है, G के लिए a है, E के लिए n है, S के लिए t है और T के लिए h है। अत: DIGEST के लिए कोड gwanth या angwht है।

40. (*c*) : D के लिए कोड g है, E के लिए n है, A के लिए s है और F के लिए y है। अत: DEAF के लिए कोड gnsy या ygns है।

हल सहित अतिरिक्त प्रश्न

अभ्यास

1. यदि ROME को MORE लिखा जाता है, तो DARE को किस प्रकार लिखा जाएगा?

(*a*) RDAE (*b*) RDEA (*c*) RAED (*d*) RADE

[SSC&CGL Tier I Exam, 2015]

2. एक सांकेतिक भाषा में, FASHION को FOIHSAN लिखा जाता है, तो उसी सांकेतिक भाषा में PROBLEM को किस प्रकार लिखा जाएगा?

(*a*) PELBORM (*b*) ROBLEMP
(*c*) PRBOELM (*d*) RPBOELM

[SSC&CGL Tier I Exam, 2015]

3. एक सांकेतिक भाषा में, GARNISH को RGAINHS लिखा जाता है, तो उसी सांकेतिक भाषा में GENIOUS को किस प्रकार लिखा जायगा?

(*a*) ENGOIUS (*b*) NEGIOUS
(*c*) NGEOISU (*d*) GENOISU

[SSC&CGL Tier I Exam, 2015]

4. यदि किसी सांकेतिक भाषा में MOUSE को PRUQC लिखा जाता है, तो उसी सांकेतिक भाषा में SHIFT को किस प्रकार लिखा जायगा?

(*a*) VJIDR (*b*) VKIDR (*c*) RKIVD (*d*) VIKRD

[SSC&CGL Tier I Exam, 2015]

5. यदि किसी सांकेतिक भाषा में '253' का अर्थ है 'books are old', '546' का अर्थ है 'man is old' और '378' का अर्थ है 'buy good books' तो 'are' शब्द के लिए क्या कोड होगा?

(*a*) 4 (*b*) 5 (*c*) 6 (*d*) 2

[SSC&CGL Tier I Exam, 2015]

6. एक सांकेतिक भाषा में, 'INTELLIGENCE' को 'ETNIGILLECNE' लिखा जाता है, तो उसी सांकेतिक भाषा में 'MATHEMATICAL' को किस प्रकार लिखा जायगा?

(*a*) AMHTMETACILA (*b*)TAMMEHITALAC
(*c*) HTAMTAMELACI (*d*)LACITAMEHTAM

[SSC&CGL Tier I Exam, 2014]

7. यदि यदि किसी सांकेतिक भाषा में CHARACTER' को '241612376' और 'CHILDREN' को '24859670' लिखा जाता है, तो उसी सांकेतिक भाषा में 'HIRALAL' को किस प्रकार लिखा जा सकता है?

(*a*) 4861551 (*b*) 4861515 (*c*) 4685151 (*d*) 4685511

[SSC&CGL Tier I Exam, 2014]

8. नीचे पहली पंक्ति में वर्णों को और दूसरी पंक्ति में उनके संगत प्रतीकों को दिया गया है। प्रतीक और वर्ण एक दूसरे के लिए कोड हैं। दिए गए शब्द के लिए सही कोड का चुनाव करे।

A	C	E	G	H	I	O	N	P	R	T	S	B	D	M
+	−	÷	×	=	(	)	[	]	≠	||	#	|	>	<

BEAST

(*a*) 1 ÷ + ≠ 11 (*b*) 1 ÷ × # 11
(*c*) 1 ÷ + # 11 (*d*) 1 ÷ + ≠ =

[SSC&CGL Tier I Exam] 2014º

9. यदि अंग्रेजी वर्णमाला में प्रत्येक वर्ण को A = 2, B = 4 देते हुए एक सम संख्यात्मक मान प्रदान किया गया है, तो इसी कोड भाषा में शब्द 'LADY' के लिए वर्णों का कुल संख्यात्मक मान क्या होगा?

(*a*) 74 (*b*) 72 (*c*) 84 (*d*) 82

[SSC&CGL Tier I Exam, 2013]

10. यदि शब्द 'LEADER' को 20-13-9-12-13-26 लिखा जाता है तो, 'LIGHT' को किस प्रकार लिखा जायगा?

(*a*) 20-16-17-15-27 (*b*) 20-15-16-18-23
(*c*) 20-17-15-16-28 (*d*) 20-16-15-17-22

[SSC&CGL Tier I Exam, 2013]

हल

1. (*d*) : जैसा कि

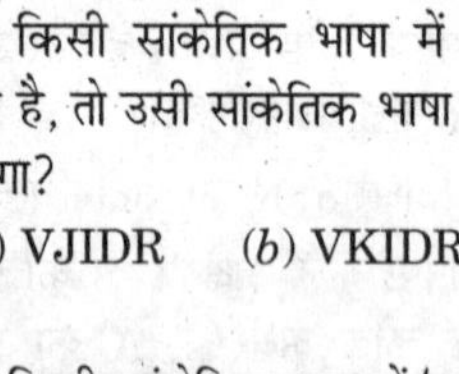

उसी प्रकार से,

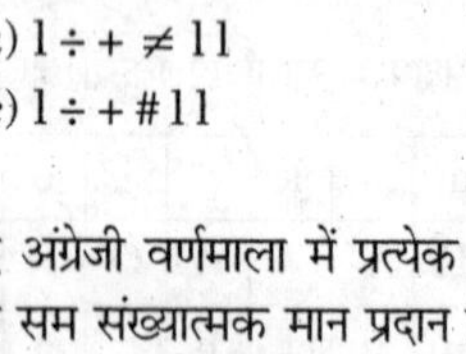

अत: सही उतर (*d*) है।

2. (*a*) :

F A S H I O N

F O I H S A N

इसी प्रकार से, PROBLEM को PELBORM से कोड किया गया है।

3. (*c*) : जैसा कि,

G A R N I S H

R G A I N H S

इसी प्रकार से,

G E N I O U O

N G E O I S U

अत: विकल्प (*c*) सही है।

4. (*b*) : जैसा कि

M	O	U	S	E
+3↓	+3↓	+0↓	–2↓	–2↓
P	R	U	Q	C

इसी प्रकार से,

S	H	I	F	T
+3↓	+3↓	+0↓	–2↓	–2↓
V	K	I	D	R

5. (*d*) :

2 5 3 ⟶ books are old

5 4 6 ⟶ man is old

3 7 8 ⟶ buy good books

अत: 'are' को '2' कोड किया गया है।

6. (*c*) :

IN TE LL IG EN CE

TE NI GI LL EC NE

इसी प्रकार से, MATHEMATICAL को HTAMTAMELACI से कोड किया गया है।

7. (*b*) :

H	I	R	A	L	A	L
↓	↓	↓	↓	↓	↓	↓
4	8	6	1	5	1	5

8. (*c*) : प्रश्न के अनुसार,

B	E	A	S	T
↓	↓	↓	↓	↓
|	÷	+	#	| |

9. (*c*) : LADY = 2(12 + 1 + 4 + 25)
= 2 (42) = 84

10. (*c*) :

12	5	1	4	5	18
L	E	A	D	E	R
+8↓	+8↓	+8↓	+8↓	+8↓	+8↓
20	13	9	12	13	26

इसी प्रकार से,

12	9	7	8	20
L	I	G	H	T
+8↓	+8↓	+8↓	+8↓	+8↓
20	17	15	16	28

इसलिए, विकल्प (*c*) सही उतर है।

5

रक्त संबंध

(BLOOD RELATIONS)

इस परीक्षण में, अभ्यर्थी की सफलता, रक्त संबंध के बारे में उसके ज्ञान पर निर्भर करती है। कुछ प्रमुख रक्त संबंधों को नीचे दिया जा रहा है, जिनसे आपको इन प्रश्नों को हल करने में मदद मिलेगी।

माता या पिता का बेटे	भाई (Brother)
माता या पिता की बेटी	बहन (Sister)
माता या पिता का भाई	चाचा/मामा (Uncle)
माता या पिता की बहन	चाची/मामी (Aunt)
माता या पिता के पिता	नाना/दादा (Grandfather)
माता या पिता की मां	नानी/दादी (Grandmother)
बेटे की पत्नी	बहू (Daughter-in-law)
बेटी का पति	दामाद (Son-in-law)
पति या पत्नी की बहन	सलहज/ननद (Sister-in-law)
पति या पत्नी का भाई	देवर/साला (Brother-in-law)
भाई या बहन का बेटा	भतीजा/भांजा (Nephew)
भाई या बहन की बेटी	भतीजी/भांजी (Niece)
चाचा/मामा या चाची/मामी का बेटा या बेटी	चचेरे/ममेरे भाई या बहन (Cousin)
बहन का पति	बहनोई (Brother-in-law)
भाई की पत्नी	भाभी (Sister-in-law)
पोते या पोती की बेटी	परपोती (Great grand daughter)

टिप्पणी: मां की तरफ के रिश्ते को 'मातृक' (Maternal) कहा जाता है जबकि पिता की तरफ के रिश्ते को 'पैतृक' (Paternal) भी कहा जाता है। मां का भाई 'मामा' जबकि पिता का भाई 'चाचा' कहलाता है।

प्रकार 1: अव्यवस्थित संबंध विवरण को समझना

इस प्रकार के प्रश्नों में, कुछ रिश्तों से संबंधित एक गोलमोल विवरण दिया जाता है और आपको संबंधित संबंधों की पूरी श्रृंखला का विश्लेषण कर, संबंधित व्यक्तियों के बीच सीधा संबंध ज्ञात करना होता है।

व्याख्यात्मक उदाहरण

उदा. 1. एक व्यक्ति की ओर इशारा करते हुए, एक व्यक्ति ने एक महिला से कहा, "उसकी मां आपके पिता की इकलौती बेटी है।" महिला का उस व्यक्ति से क्या संबंध है? **(R.R.B. 2005)**

(*a*) बेटी (*b*) बहन (*c*) मां (*d*) पत्नी

हल: महिला के पिता की इकलौती बेटी वो स्वयं है। अत: व्यक्ति महिला का बेटा है, अर्थात महिला व्यक्ति की मां है। अत: सही विकल्प (*c*) है।

उदा. 2. तस्वीर में दी गयी एक महिला की ओर इशारा करते हुए शालू ने कहा, "उसके बेटे के पिता मेरी मां के दामाद हैं।" शालू महिला से किस प्रकार संबंधित है? **(Bank P.O. 2004)**

(*a*) आंटी (*b*) बहन (*c*) मां (*d*) चचेरी/ममेरी बहन (*e*) इनमें से कोई नहीं

हल: महिला के बेटे के पिता, महिला के पति हैं। अत: महिला का पति शालू की मां का दामाद है, अर्थात महिला शालू की मां की बेटी है। इस प्रकार, शालू महिला की बहन है। अत: सही विकल्प (*b*) है।

उदा. 3. अनिल, रोहित का परिचय अपने पिता की पत्नी के इकलौते भाई के बेटे के रूप में करवाता है। रोहित, अनिल से किस प्रकार संबंधित है?

(*a*) ममेरा भाई (*b*) बेटा (*c*) अंकल
(*d*) दामाद (*e*) भाई

हल: संबंध का विश्लेषण निम्नानुसार किया जा सकता है:
पिता की पत्नी-मां; मां का भाई-मामा; मामा का बेटा-ममेरा भाई।
अत: रोहित, अनिल का ममेरा भाई है। अत: सही विकल्प (*a*) है।

उदा. 4. तस्वीर में एक व्यक्ति की ओर इशारा करते हुए अंजलि ने कहा, "यह मेरी बहन के भाई के पिता का इकलौता बेटा है।" वह व्यक्ति, अंजलि से किस प्रकार संबंधित है?

(*a*) मां (*b*) पिता (*c*) मामा
(*d*) चचेरा/ममेरा भाई (*e*) इनमें से कोई नहीं

हल: संबंध का विश्लेषण निम्नानुसार किया जा सकता है: बहन का भाई-भाई; भाई के पिता-पिता; पिता का बेटा-भाई। अत: तस्वीर में दिया गया व्यक्ति अंजलि का भाई है। अत: सही विकल्प (*e*) है।

उदा. 5. रीता ने मनी से कहा, "जिस लड़की को मैं कल समुद्र तट पर मिली थी वह मेरे दोस्त की मां के देवर की सबसे छोटी बेटी थी।" लड़की, रीता के दोस्त से किस प्रकार संबंधित है? **(I.I.T.T.M. 2005)**

(*a*) चचेरी बहन (*b*) बेटी (*c*) भांजी/भतीजी
(*d*) दोस्त (*e*) आंटी

हल: संबंध का विश्लेषण निम्नानुसार किया जा सकता है:
देवर की बेटी-भतीजी; मां की भतीजी-चचेरी बहन।
अत: लड़की रीता के दोस्त की चचेरी बहन है। अत: सही विकल्प (*a*) है।

उदा. 6. एक लड़के के साथ जाने वाली एक महिला से उनके बीच के रिश्ते के बारे में एक दूसरी महिला द्वारा पूछा जाता है। पहली महिला ने उत्तर दिया, "मेरे मामा और इसके मामा के चाचा एक हैं।" पहली महिला उस लड़के से किस प्रकार संबंधित है? **(M.A.T. 2004)**

(*a*) नानी और नाती (*b*) माँ और बेटा
(*c*) मौसी और भांजा (*d*) इनमें से कोई नहीं

हल: स्पष्ट रूप से, महिला की मां का भाई, लड़के के मामा के पिता का भाई एक ही है। अत: महिला की मां का भाई लड़के के मामा के पिता हैं। इस प्रकार, महिला की मां के भाई का बेटा, लड़के का मामा है अर्थात महिला की मां के भाई की बेटी, लड़के की मां है। अत: महिला और लड़के की मां चचेरी बहनें हैं। इस प्रकार, महिला लड़के की मौसी है। अत: सही विकल्प (*c*) है।

उदा. 7. एक महिला की ओर इशारा करते हुए राजन ने कहा, "वह उस महिला की बेटी है जोकि मेरी मां के पति की मां है।" महिला राजन की क्या लगती है?

(*a*) बुआ (*b*) पोती (*c*) बेटी
(*d*) बहन (*e*) सलहज

हल: संबंध का विश्लेषण निम्नानुसार किया जा सकता है:
मां का पति-पिता; पिता की मां-दादी; दादी की बेटी-पिता की बहन; पिता की बहन-बुआ।
अत: महिला राजन की बुआ है। अत: सही विकल्प (*a*) है।

उदा. 8. एक तस्वीर की ओर इशारा करते हुए एक व्यक्ति कहता है, "तस्वीर में दी गयी महिला मेरे भांजे की नानी है।" तस्वीर में दी गयी महिला, उस व्यक्ति की बहन, जिसकी कोई और बहन नहीं है, से किस प्रकार संबंधित है?

(*a*) चचेरी बहन (*b*) भाभी
(*c*) मां (*d*) सास

हल: स्पष्ट है कि महिला, व्यक्ति की बहन के बेटे की नानी है अर्थात, व्यक्ति की बहन के बेटे की मां अर्थात व्यक्ति की बहन की मां। अत: सही विकल्प (*c*) है।

अभ्यास 5A

1. एक तस्वीर की ओर इशारा करते हुए, एक व्यक्ति ने कहा, "मेरा कोई भाई या बहन नहीं है लेकिन उस व्यक्ति का पिता, मेरे पिता का बेटा है।" वह किसकी तस्वीर थी?
   (*a*) उसकी स्वयं की (*b*) उसके बेटे की
   (*c*) उसके पिता की (*d*) उसके भतीजे/भांजे की
   (*e*) इनमें से किसी की भी नहीं
2. एक लड़के की तरफ इशारा करते हुए वीना ने कहा, "वह मेरे दादा के इकलौते बेटे का बेटा है।" वह लड़का, वीना से किस तरह संबंधित है? **(Bank Clerical, 2005)**
   (*a*) अंकल (*b*) भाई (*c*) चचेरा भाई
   (*d*) विवरण अपर्याप्त है (*e*) इनमें से कोई नहीं
3. रीना का परिचय कराते हुए, मोनिका ने कहा, "यह मेरे पिता की इकलौती बेटी की इकलौती बेटी है।" मोनिका, रीना से किस तरह संबंधित है? **(R.B.I. 2002)**
   (*a*) चाची (*b*) भतीजी/भांजी (*c*) चचेरी/ममेरी बहन
   (*d*) विवरण अपर्याप्त है (*e*) इनमें से कोई नहीं
4. एक व्यक्ति की ओर इशारा करते हुए, एक महिला ने कहा, "उनकी मां मेरी मां की इकलौती बेटी है। "वह महिला, मां से किस तरह संबंधित है? **(M.B.A. 2003)**
   (*a*) मां (*b*) बेटी (*c*) बहन
   (*d*) दादी (*e*) इनमें से कोई नहीं
5. यदि X, Y के बेटे के बेटे का भाई है, तो X, Y से किस प्रकार संबंधित है?
   (*a*) बेटा (*b*) भाई (*c*) चचेरा/ममेरा भाई
   (*d*) पोता (*e*) अंकल
6. रीता की तरफ इशारा करते हुए निखिल ने कहा, "मैं इनकी मां के बेटे का इकलौता बेटा हूं।" रीता, निखिल से किस प्रकार संबंधित है? **(IGNOU, 2003)**
   (*a*) बुआ (*b*) भतीजी (*c*) मां (*d*) चचेरी बहन
7. एक महिला की ओर इशारा करते हुए, एक व्यक्ति ने कहा, "उसके इकलौते भाई का बेटा मेरी पत्नी का भाई है।" महिला, व्यक्ति से किस प्रकार संबंधित है? **(I.I.T.T.M. 2005)**
   (*a*) मौसी (*b*) दादी (*c*) सास
   (*d*) ससुर की बहन (*e*) मामी
8. केतन की ओर इशारा करते हुए, नम्रता ने कहा, "यह मेरे पिता के इकलौते बेटे का बेटा है।" केतन की मां, नम्रता से किस प्रकार संबंधित है? **(Bank P.O. 2004)**
   (*a*) बेटी (*b*) आंटी (*c*) बहन
   (*d*) भाभी (*e*) इनमें से कोई नहीं

9. मंच पर एक व्यक्ति की ओर इशारा करते हुए राशी ने कहा, "वह मेरे पति की पत्नी की बेटी का भाई है।" मंच पर बैठा व्यक्ति, राशी से किस प्रकार संबंधित है?

(*a*) बेटा (*b*) पति (*c*) चचेरा भाई
(*d*) भतीजा (*e*) देवर/बहनोई

10. एक महिला एक व्यक्ति को अपनी मां के भाई के बेटे के रूप में मिलवाती है। व्यक्ति, महिला से किस प्रकार संबंधित है?

(*a*) भतीजा (*b*) बेटा (*c*) चचेरा भाई
(*d*) अंकल (*e*) पोता

11. एक व्यक्ति का परिचय कराते हुए एक महिला ने कहा, "यह मेरी मां की मां के इकलौते बेटे हैं।" महिला, व्यक्ति से किस प्रकार संबंधित है?

(*a*) मां (*b*) आंटी (*c*) बहन
(*d*) भांजी (*e*) इनमें से कोई नहीं

12. एक व्यक्ति की तस्वीर को देखते हुए हर्ष ने कहा, "उसकी मां मेरे पिता के बेटे की पत्नी है। मेरा कोई भाई और बहन नहीं है।" हर्ष किसकी तस्वीर देख रहा था? **(M.B.A. 1998)**

(*a*) उसके बेटे की (*b*) उसके चचेरे भाई की
(*c*) उसके अंकल की (*d*) उसके भतीजे की
(*e*) इनमें से किसी की भी नहीं

13. एक तस्वीर में एक व्यक्ति की ओर इशारा करते हुए आशा ने कहा, "इसकी मां की इकलौती बेटी मेरी मां है।" आशा उस व्यक्ति से किस प्रकार संबंधित है?

(*a*) भांजा (*b*) बहन (*c*) पत्नी (*d*) भांजी (*e*) नवासी

14. एक व्यक्ति का परिचय कराते हुए, एक महिला ने कहा, "उसकी पत्नी मेरे पिता की इकलौती बेटी है।" वह व्यक्ति उस महिला से किस प्रकार संबंधित है?

(*a*) भाई (*b*) ससुर (*c*) मामा
(*d*) पति (*e*) इनमें से कोई नहीं

15. तस्वीर में एक लड़की की तरफ इशारा करते हुए सरिता ने कहा, "यह नेहा की मां है जिसका पिता मेरा बेटा है।" तस्वीर में दी गयी लड़की से सरिता किस प्रकार संबंधित है? **(Bank P.O. 2005)**

(*a*) मां (*b*) आंटी (*c*) चचेरी बहन
(*d*) विवरण अपर्याप्त है (*e*) इनमें से कोई नहीं

16. दीपक ने नितिन से कहा, "वह लड़का जो फुटबॉल खेल रहा है मेरे पिता की पत्नी की बेटी के दो भाइयों में से सबसे छोटा है।" फुटबॉल खेलता हुआ लड़का दीपक से किस प्रकार संबंधित है? **(M.B.A. 2004)**

(*a*) बेटा (*b*) भाई (*c*) चचेरा भाई
(*d*) भतीजा (*e*) बहनोई

17. मंच पर एक महिला की तरफ इशारा करते हुए मंजू ने कहा, "वह मेरी मां के बेटे के पिता की बहन है।" उस महिला का मंजू से क्या संबंध है?

(*a*) मां (*b*) बहन (*c*) बुआ
(*d*) भतीजी (*e*) इनमें से कोई नहीं

18. एक व्यक्ति का अपने पति से परिचय कराते हुए, एक महिला ने कहा, "उसके भाई के पिता मेरे दादा के इकलौते बेटे हैं।" महिला इस व्यक्ति से किस प्रकार संबंधित है? **(I.I.T.T.M. 2005)**

(*a*) मां (*b*) आंटी (*c*) बहन (*d*) बेटी (*e*) दादी

19. जब अनुज ने मनीष को देखा, तो उसे याद आया, "यह मेरी बेटी की मां के पिता का बेटा है।" अनुज का मनीष से क्या संबंध है?

(*a*) साला (*b*) भाई (*c*) चचेरा भाई
(*d*) अंकल (*e*) भतीजा

20. कपिल की ओर इशारा करते हुए शिल्पा ने कहा, "उसकी मां का भाई मेरे बेटे आशीष का पिता है।" कपिल, शिल्पा से किस प्रकार संबंधित है? **(I.B.P.S. 2002)**

(*a*) भाभी (*b*) भांजा (*c*) भांजी
(*d*) आंटी (*e*) इनमें से कोई नहीं

21. पुरस्कार प्राप्त करने वाले व्यक्ति को दिखाते हुए सरोज ने कहा, "वह मेरे चाचा की बेटी का भाई है।" व्यक्ति का सरोज से क्या संबंध है?

(*a*) बेटा (*b*) देवर (*c*) भतीजा
(*d*) अंकल (*e*) चचेरा भाई

22. तस्वीर में एक लड़की की ओर इशारा करते हुए अमर ने कहा, "इसकी मां के भाई मेरी मां के पिता के इकलौते बेटे हैं।" लड़की की मां अमर से किस प्रकार संबंधित है?

(*a*) मां (*b*) बहन (*c*) मौसी
(*d*) नानी (*e*) इनमें से कोई नहीं

23. एक तस्वीर की ओर इशारा करते हुए अरुण ने कहा, "वह मेरे बेटे की पत्नी की बेटी की मां है।" महिला, अरुण से किस प्रकार संबंधित है? **(M.A.T. 1999)**

(*a*) अंकल (*b*) चचेरा/ममेरा भाई
(*c*) बहू (*d*) इनमें से कोई नहीं

24. X, Y को यह कहकर मिलवाता है कि, "यह मेरे पिता के पिता की पोती का पति है।" Y, X से किस प्रकार संबंधित है?

(*a*) भाई (*b*) बेटा (*c*) जीजा (*d*) भतीजा (*e*) दामाद

25. यदि कमल कहता है, "रवि की मां मेरी मां की इकलौती बेटी है", तो कमल रवि से किस प्रकार संबंधित है? **(Bank P.O. 1998)**

(*a*) दादा (*b*) पिता (*c*) भाई
(*d*) निर्धारित नहीं किया जा सकता है (*e*) इनमें से कोई नहीं

26. राहुल ने आनंद को बताया, "कल मैंने अपनी दादी की बेटी के इकलौते भाई को हरा दिया।" राहुल ने किसको हराया?

(*a*) बेटे को (*b*) पिता को (*c*) भाई को
(*d*) ससुर को (*e*) चचेरे भाई को

27. एक महिला की ओर इशारा करते हुए नमन ने कहा, "वह मेरी दादी के इकलौते बच्चे की बेटी है।" महिला, नमन से किस प्रकार संबंधित है? **(Specialist Officers' 2003)**

(*a*) बहन (*b*) भतीजी (*c*) चचेरी बहन
(*d*) विवरण अपर्याप्त है (*e*) इनमें से कोई नहीं

28. एक तस्वीर की ओर इशारा करते हुए, एक व्यक्ति अपने दोस्त को बताता है, "वह मेरे पिता के बड़े भाई की पोती है।" तस्वीर में दी गयी लड़की इस व्यक्ति से किस प्रकार संबंधित है?

(*a*) भतीजी (*b*) बहन (*c*) चाची (*d*) भाभी (*e*) मामी

29. एक व्यक्ति ने एक महिला से कहा, "आपकी मां के पति की बहन मेरी चाची है।" महिला व्यक्ति से किस प्रकार संबंधित है? **(R.R.B. 2005)**

(*a*) बेटी (*b*) पोती (*c*) मां (*d*) बहन (*e*) चाची

30. यदि नीना कहती है, "अनीता के पिता रमन मेरे ससुर महिपाल के इकलौते बेटे हैं", तो बिंदु, जोकि अनीता की बहन है, महिपाल से किस प्रकार संबंधित है?

(*a*) भतीजी (*b*) बेटी (*c*) पत्नी
(*d*) बहु (*e*) इनमें से कोई नहीं

31. तस्वीर में महिला की ओर इशारा करते हुए राजीव ने कहा, "उसकी मां की केवल एक पोती है जिसकी मां मेरी पत्नी है" तस्वीर में दी गयी महिला राजीव से किस प्रकार संबंधित है? **(Bank P.O. 2005)**

(*a*) चचेरी बहन (*b*) पत्नी (*c*) बहन
(*d*) विवरण अपर्याप्त है (*e*) इनमें से कोई नहीं

32. एक लड़की ने अपने चाचा के पिता की बेटी के बेटे के रूप में एक लड़के का परिचय करवाया। लड़का, लड़की का....
(*a*) भाई है (*b*) बेटा है (*c*) अंकल है
(*d*) दामाद है (*e*) भतीजा है

33. एक सज्जन की ओर इशारा करते हुए, दीपक ने कहा, "उसका इकलौता भाई मेरी बेटी के पिता का पिता है।" वह सज्जन दीपक से किस प्रकार संबंधित हैं? **(R.R.B. 2002)**
(*a*) दादा (*b*) पिता (*c*) साला
(*d*) चाचा (*e*) इनमें से कोई नहीं

34. एक महिला की ओर इशारा करते हुए, एक लड़की ने कहा "वह मेरे पिता के इकलौते बेटे की दादी की बहु है।" वह महिला उस लड़की से किस प्रकार संबंधित है?
(*a*) भाभी (*b*) मां (*c*) चाची
(*d*) सास (*e*) चचेरी बहन

35. एक महिला एक तस्वीर की ओर इशारा करते हुए प्रमोद को बताती है, "मैं इस महिला की इकलौती बेटी हूं और उनका बेटा तुम्हारा मामा है।" वह महिला प्रमोद के पिता से किस प्रकार संबंधित है? **(N.M.A.T. 2005)**
(*a*) भाभी (*b*) पत्नी
(*c*) या तो (*a*) या (*b*) (*d*) न ही (*a*) न ही (*b*)

36. एक व्यक्ति की ओर इशारा करते हुए एक व्यक्ति ने एक महिला से कहा, "उसकी मां तुम्हारे पिता की इकलौती बेटी है।" महिला व्यक्ति से किस प्रकार संबंधित थी?
(*a*) चाची (*b*) मां (*c*) पत्नी
(*d*) बेटी (*e*) इनमें से कोई नहीं

37. एक तस्वीर में एक व्यक्ति की ओर इशारा करते हुए एक महिला ने कहा, "उसके भाई के पिता मेरे दादा के इकलौते बेटे हैं।" तस्वीर में दिए गए व्यक्ति से महिला किस प्रकार संबंधित है?
(*a*) मां (*b*) चाची (*c*) बहन (*d*) बेटी (*e*) दादी

38. अरुण ने कहा, "यह लड़की मेरी मां के पोते की पत्नी है।" अरुण का लड़की से क्या संबंध है? **(I.I.T.T.M. 2005)**
(*a*) पिता (*b*) दादा (*c*) पति (*d*) ससुर

39. एक बूढ़े व्यक्ति की ओर इशारा करते हुए, कुणाल ने कहा, "उसका बेटा मेरे बेटे का चाचा है।" बूढ़ा व्यक्ति कुणाल से किस प्रकार संबंधित है?
(*a*) भाई (*b*) अंकल (*c*) पिता
(*d*) दादा (*e*) इनमें से कोई नहीं

40. एक तस्वीर की ओर इशारा करते हुए, एक महिला कहती है, "इस व्यक्ति के बेटे की बहन मेरी सास है।" तस्वीर में दिए गए व्यक्ति से महिला का पति किस प्रकार संबंधित है?
(*a*) पोता (*b*) बेटा (*c*) दामाद
(*d*) भतीजा (*e*) इनमें से कोई नहीं

हल-अभ्यास 5(A)

1. (*b*) : क्योंकि वर्णन करने वाले का कोई भाई नहीं है, अत: उसके पिता का बेटा वह स्वयं है। अत: जो व्यक्ति बात कर रहा है वह तस्वीर में दिए गए व्यक्ति का पिता है। इस प्रकार, तस्वीर में दिया गया व्यक्ति उसका बेटा है।

2. (*b*) : दादा के इकलौते बेटे – पिता; पिता का बेटा – भाई अत: लड़का, वीना का भाई है।

3. (*e*) : मोनिका के पिता की इकलौती बेटी – स्वयं मोनिका। अत: रीना, मोनिका की बेटी है अर्थात मोनिका, रीना की मां है।

4. (*a*) : मेरी मां की इकलौती बेटी – स्वयं मैं। अत: महिला, व्यक्ति की मां है।

5. (*d*) : Y के बेटे का बेटा – पोता; Y के पोते का भाई – Y का पोता। अत: X, Y का पोता है।

6. (*a*) : रीता की मां का बेटा – रीता का भाई। अत: निखिल, रीता के भाई का बेटा है या रीता, निखिल की बुआ है।

7. (*d*) : पत्नी का भाई – साला। महिला के भाई का बेटा, व्यक्ति का साला है। अत: महिला का भाई व्यक्ति का ससुर है अर्थात महिला, व्यक्ति के ससुर की बहन है।

8. (*d*) : नम्रता के पिता का इकलौता बेटा – नम्रता का भाई। अत: केतन, नम्रता के भाई का बेटा है। इस प्रकार, केतन की मां, नम्रता के भाई की पत्नी अर्थात नम्रता की भाभी है।

9. (*a*) : राशी के पति की पत्नी – राशी; बेटी का भाई – बेटा। अत: मंच पर स्थित व्यक्ति राशी का बेटा है।

10. (*c*) : मां का भाई – मामा; मामा का बेटा – ममेरा भाई।

11. (*d*) : मां की मां – नानी; नानी का इकलौता बेटा – मामा। अत: व्यक्ति, महिला के मामा हैं अर्थात महिला, व्यक्ति की भांजी है।

12. (*a*) : क्योंकि हर्ष का कोई भाई या बहन नहीं है, अत: वह अपने पिता का इकलौता बेटा है। अत: हर्ष के पिता के बेटे की पत्नी – हर्ष की पत्नी। इस प्रकार, हर्ष की पत्नी व्यक्ति की मां है या व्यक्ति, हर्ष का बेटा है।

13. (*d*) : आशा की मां की मां व्यक्ति की मां है अर्थात आशा की मां, व्यक्ति की बहन है या आशा व्यक्ति की भांजी है।

14. (*d*) : महिला के पिता की इकलौती बेटी – महिला स्वयं है। अत: व्यक्ति, महिला का पति है।

15. (*e*) : नेहा, सरिता के बेटे की बेटी है और लड़की, नेहा की मां है। अत: लड़की सरिता के बेटे की पत्नी है अर्थात सरिता, लड़की की सास है।

16. (*b*) : पिता की पत्नी – मां; मां की बेटी – बहन; दीपक की बहन का छोटा भाई– दीपक का छोटा भाई। अत: लड़का, दीपक का भाई है।

17. (*c*) : मंजू की मां का बेटा – मंजू का भाई; मंजू के भाई के पिता – मंजू के पिता; मंजू के पिता की बहन – मंजू की बुआ।

18. (*c*) : महिला के दादा के इकलौते बेटे– महिला के पिता; व्यक्ति के भाई के पिता– व्यक्ति के पिता। अत: व्यक्ति के पिता, महिला के पिता हैं अर्थात महिला, व्यक्ति की बहन है।

19. (*a*) : अनुज की बेटी की मां – अनुज की पत्नी; अनुज की पत्नी के पिता – अनुज के ससुर; ससुर का बेटा – अनुज का साला। अत: मनीष, अनुज का साला है।

20. (*b*) : शिल्पा के बेटे के पिता – शिल्पा के पति। अत: कपिल, शिल्पा के पति की बहन का बेटा है। इस प्रकार, कपिल शिल्पा का भांजा है।

21. (*e*) : चाचा की बेटी का भाई – चाचा का बेटे – चचेरा भाई। अत: व्यक्ति, सरोज का चचेरा भाई है।

22. (*c*) : अमर की मां के पिता के इकलौते बेटे - अमर के मामा। अतः लड़की के मामा, अमर के मामा हैं। इस प्रकार लड़की की मां, अमर की मौसी है।

23. (*c*) : अरुण के बेटे की पत्नी की बेटी - अरुण के बेटे की बेटी; अरुण के बेटे की बेटी की मां - अरुण के बेटे की पत्नी। अतः अरुण, महिला के ससुर हैं।

24. (*c*) : पिता के पिता - दादा; दादा की पोती - बहन; बहन के पति - जीजा। अतः Y, X का जीजा है।

25. (*e*) : कमल की मां की इकलौती बेटी - कमल की बहन। अतः रवि की मां कमल की बहन है या कमल, रवि की मां के भाई हैं अर्थात रवि के मामा।

26. (*b*) : दादी की बेटी - बुआ; बुआ का इकलौता भाई - पिता।

27. (*a*) : नमन की दादी के इकलौते बच्चे - नमन के पिता/मां। नमन के पिता/मां की बेटी - नमन की बहन।

28. (*a*) : पिता के भाई - चाचा; चाचा की पोती - चाचा के बेटे की बेटी - चचेरे भाई की बेटी - भतीजी।

29. (*d*) : महिला की मां का पति - महिला का पिता; महिला के पिता की बहन - महिला की बुआ। अतः महिला की बुआ, व्यक्ति की बुआ है अतः महिला, व्यक्ति की बहन है।

30. (*e*) : नीना के ससुर महिपाल के इकलौते बेटे - नीना के पति। अतः रमन, नीना के पति हैं और अनीता और बिंदु उनकी बेटियां हैं। इस प्रकार बिंदु, महिपाल की पोती है।

31. (*b*) : राजीव की पत्नी का बच्चा - राजीव का बच्चा। महिला की मां राजीव के बच्चे की नानी है। अतः महिला राजीव की पत्नी है।

32. (*a*) : चाचा के पिता की बेटी - चाचा की बहन - मां; मां का बेटा - भाई।

33. (*d*) : दीपक की बेटी के पिता के पिता - दीपक के पिता। अतः व्यक्ति का भाई, दीपक के पिता हैं या व्यक्ति, दीपक के पिता के भाई अर्थात दीपक के चाचा हैं।

34. (*b*) : लड़की के पिता का इकलौता बेटा - लड़की का भाई; लड़की के भाई की दादी - लड़की की दादी; लड़की की दादी की बहू - लड़की की मां।

35. (*b*) : स्पष्ट रूप से, वर्णन करने वाले के भाई प्रमोद के मामा है। अतः वर्णन करने वाली प्रमोद की मां है या उसके पिता की पत्नी हैं।

36. (*b*) : महिला के पिता की इकलौती बेटी - महिला स्वयं। अतः महिला, व्यक्ति की मां है।

37. (*c*) : महिला के दादा के इकलौते बेटे - महिला के पिता; व्यक्ति के भाई के पिता - व्यक्ति के पिता। अतः महिला, व्यक्ति की बहन है।

38. (*d*) : मां का पोता - बेटा; बेटे की पत्नी - बहू।

39. (*c*) : कुणाल के बेटे के चाचा - कुणाल के भाई। अतः बूढ़े व्यक्ति का बेटा कुणाल के भाई हैं अर्थात बूढ़े व्यक्ति, कुणाल के पिता हैं।

40. (*a*) : व्यक्ति के बेटे की बहन - व्यक्ति की बेटी। अतः व्यक्ति की बेटी महिला के पति की मां है। इस प्रकार, महिला के पति तस्वीर में दिए गए व्यक्ति के पोते हैं।

प्रकार 2: संबंध आधारित पहेली (Relation Puzzle)

इस प्रकार के प्रश्नों में, दो से अधिक लोगों के आपसी रक्त संबंधों का उल्लेख किया जाता है। अभ्यर्थी को दी गई जानकारी का विश्लेषण कर परिवार के मध्य संबंधों को समझना होता है और इस समझ के आधार पर दिए गए प्रश्नों का उत्तर देना होता है।

व्याख्यात्मक उदाहरण

उदा. 1. एक परिवार में एक व्यक्ति, उसकी पत्नी, उनके चार बेटे और उनकी पत्नियां हैं। हर बेटे के परिवार में 3 बेटे और एक बेटी भी है। पूरे परिवार में पुरुष सदस्यों की कुल संख्या का पता लगाएं। **(S.S.C. 2003)**

(*a*) 4 (*b*) 8 (*c*) 12 (*d*) 17

हल: परिवार में पुरुष सदस्य हैं:

(*i*) व्यक्ति स्वयं;

(*ii*) उसके चार बेटे; और

(*iii*) उसके $(3 \times 4) = 12$ पोते।

अतः पुरुष सदस्यों की कुल संख्या $= (1 + 4 + 12) = 17$

अतः सही उत्तर (*d*) है।

उदा. 2. A और B भाई हैं। C और D बहनें हैं। A का बेटा D का भाई है। B, C से किस प्रकार संबंधित है? **(M.B.A. 1998)**

(*a*) पिता (*b*) भाई (*c*) दादा
(*d*) चाचा (*e*) इनमें से कोई नहीं

हल: स्पष्ट रूप से B, A का भाई है; A का बेटा D का भाई है। इसका अर्थ है D, A की बेटी है। क्योंकि C और D बहनें हैं और C, A की बेटी भी है। अतः B, C का चाचा है। अतः सही उत्तर (*d*) है।

उदा. 3. A, B की बहन है। C, B की मां है। D, C के पिता हैं। E, D की मां है। तो A, D से किस प्रकार संबंधित है?

(C.P.O. 2005, Hotel Management, 2003)

(*a*) दादी (*b*) दादा (*c*) बेटी (*d*) पोती

हल: A, B की बहन है और B, C का बेटा/बेटी है। अतः A, C की बेटी है। इसके अलावा D, C के पिता हैं। इस प्रकार A, D की पोती है। अतः सही उत्तर (*d*) है।

उदा. 4. निम्नलिखित जानकारी को सावधानीपूर्वक पढ़ें और नीचे दिए गए प्रश्नों का उत्तर दें:

रवि, अमन के पिता की बहन का बेटा है। साहिल, दिव्या का बेटा है जोकि गौरव की मां और अमन की दादी हैं। अशोक, तान्या के पिता और रवि के दादा हैं। दिव्या, अशोक की पत्नी हैं। **(Bank P.O. 2003)**

1. रवि, दिव्या से किस प्रकार संबंधित है?

(*a*) भतीजा (*b*) पोता (*c*) बेटा
(*d*) विवरण अपर्याप्त है (*e*) इनमें से कोई नहीं

2. गौरव की पत्नी, तान्या से किस प्रकार संबंधित है?

(*a*) भतीजी (*b*) बहन (*c*) भाभी
(*d*) विवरण अपर्याप्त है (*e*) इनमें से कोई नहीं

हल:

1. दिव्या, अशोक की पत्नी हैं और अशोक, रवि के दादा हैं। अत: रवि, दिव्या का पोता है। अत: सही उत्तर (*b*) है।
2. तान्या, अशोक की बेटी है; गौरव, दिव्या का बेटा है और अशोक, दिव्या के पति हैं।
अत: गौरव, तान्या का भाई है और उसकी पत्नी, तान्या की भाभी है।
अत: सही उत्तर (*c*) है।

उदा. 5. निम्नलिखित जानकारी सावधानीपूर्वक पढ़ें और नीचे दिए गए प्रश्नों का उत्तर दें:

छह बच्चे फुटबॉल खेल रहे हैं, जिनका नाम A, B, C, D, E और F है। A और E भाई हैं। F, E की बहन है। C, A के चाचा का इकलौता बेटा है। B और D, C के पिता के भाई की बेटियां हैं।

1. C, F से किस प्रकार संबंधित है?
(*a*) चचेरा भाई (*b*) भाई (*c*) बेटा
(*d*) चाचा (*e*) इनमें से कोई नहीं
2. वहां कितने पुरुष खिलाड़ी हैं?
(*a*) एक (*b*) तीन (*c*) चार (*d*) पाँच (*e*) छह
3. वहां कितनी महिला खिलाड़ी हैं?
(*a*) एक (*b*) दो (*c*) तीन (*d*) चार (*e*) पाँच
4. D, A से किस प्रकार संबंधित है?
(*a*) चाचा (*b*) बहन (*c*) भतीजी
(*d*) चचेरा भाई (*e*) इनमें से कोई नहीं

हल:

1. F, E की अत: A की बहन है (A और E भाई हैं) AC, F के चाचा का बेटा भी है अत: F का चचेरा भाई है। अत: सही उत्तर (*a*) है।
2. जैसा कि दिया गया है, A और E भाई हैं। अत: दोनों पुरुष हैं। F, E की बहन है अत: महिला है। C बेटा है अत: पुरुष है। B और D बेटियां हैं और अत: महिला हैं। इस प्रकार, तीन पुरुष हैं। अत: सही उत्तर (*b*) है।
3. स्पष्ट रूप से प्रश्न 2 के हल में हमने देखा कि तीन महिलाएं हैं। अत: सही उत्तर (*c*) है।
4. स्पष्ट रूप से D के पिता C के पिता के भाई हैं और C के पिता A के चाचा हैं। D के पिता भी A के चाचा हैं। इस प्रकार D, A का चचेरा भाई है। अत: सही उत्तर (*d*) है।

उदा. 6. निम्नलिखित जानकारी सावधानीपूर्वक पढ़ें और नीचे दिए गए प्रश्नों का उत्तर दें:

प्रशांत अरोड़ा के तीन बच्चे हैं- संगीता, विमल और आशीष। आशीष ने श्रीमान और श्रीमती रॉय की सबसे बड़ी बेटी मोनिका से शादी की। रॉय परिवार ने अपनी सबसे छोटी बेटी की शादी श्रीमान और श्रीमती शर्मा के सबसे बड़े बेटे से की जिनके दो बच्चे हैं जिनके नाम अमित और शशी हैं। रॉय परिवार के दो और बच्चे हैं, रोशन और वंदना, दोनों वीना से बड़े हैं। समीर और अजय आशीष और मोनिका के बेटे हैं। रश्मि, अमित की बेटी है। **(M.A.T. 2002)**

1. रश्मि का उपनाम क्या है?
(*a*) शर्मा (*b*) रॉय (*c*) अरोड़ा
(*d*) निर्धारित नहीं किया जा सकता है (*e*) इनमें से कोई नहीं
2. समीर मोनिका के पिता से किस प्रकार संबंधित है?
(*a*) नाती (*b*) बेटा (*c*) ममेरा भाई
(*d*) दामाद (*e*) इनमें से कोई नहीं
3. समीर का उपनाम क्या है?
(*a*) रॉय (*b*) शर्मा (*c*) अरोड़ा
(*d*) निर्धारित नहीं किया जा सकता है (*e*) इनमें से कोई नहीं
4. श्रीमती रॉय आशीष से किस प्रकार संबंधित हैं?
(*a*) आंटी (*b*) सास (*c*) मां
(*d*) भाभी (*e*) इनमें से कोई नहीं

हल:

1. रश्मि अमित की बेटी है, जोकि शर्मा परिवार के सबसे बड़े बेटे हैं और रॉय परिवार की सबसे छोटी बेटी वीना से शादी शुदा हैं। अत: रश्मि का उपनाम शर्मा है। अत: सही उत्तर (*a*) है।
2. समीर आशीष का बेटा है जोकि प्रशांत अरोड़ा का बेटे हैं। अत: समीर मोनिका के पिता का नाती है। अत: सही उत्तर (*a*) है।
3. समीर आशीष का बेटा है जोकि प्रशांत अरोड़ा बेटे हैं। अत:समीर का उपनाम अरोड़ा है। अत: सही उत्तर (*c*) है।
4. आशीष का विवाह मोनिका से हुआ है जोकि श्रीमती रॉय की बेटी है। अत: श्रीमती रॉय आशीष की सास हैं। अत: सही उत्तर (*b*) है।

अभ्यास 5B

1. एक संयुक्त परिवार में, पिता, मां, 3 विवाहित पुत्र और एक अविवाहित बेटी है। बेटों में दो को दो बेटियां हैं, और एक का एक बेटा है। परिवार में कितनी महिला सदस्य हैं? **(S.S.C. 2005)**
(*a*) 2 (*b*) 3 (*c*) 6 (*d*) 9
2. यदि X, Y के बेटे के बेटे का भाई है, तो X, Y से किस प्रकार संबंधित है? **(R.R.B. 2005)**
(*a*) भाई (*b*) चचेरा भाई
(*c*) पोता (*d*) बेटा
3. मान लीजिये
1. A, B की मां है; 2. C, A का बेटा है;
3. D, E का भाई है; 4. E, B की बेटी है।
D की दादी है-
(*a*) A (*b*) B (*c*) C (*d*) E
4. A, B और C बहनें हैं। D, E का भाई है और E, B की बेटी है। A, D से किस प्रकार संबंधित है? **(S.S.C. 2003)**
(*a*) बहन (*b*) ममेरी बहन
(*c*) भांजी (*d*) मौसी
5. A और B विवाहित जोड़ है। X और Y भाई हैं। X, A का भाई है। Y, B से किस प्रकार संबंधित है? **(R.R.B. 2004)**
(*a*) साला (*b*) भाई
(*c*) ममेरा भाई (*d*) इनमें से कोई नहीं
6. दीपक का एक भाई अनिल है। दीपक, प्रेम का बेटा है। बिमल, प्रेम के पिता हैं। अनिल का बिमल से क्या संबंध है?
(*a*) बेटा (*b*) पोता (*c*) भाई (*d*) दादा
7. B, P के पति हैं। Q, E का इकलौता पोता है, जोकि D की पत्नी हैं और P की सास हैं। B, D से किस प्रकार संबंधित है? **(Bank P.O. 2004)**
(*a*) भतीजा (*b*) चचेरा भाई (*c*) दामाद (*d*) बेटा

8. I. F, A का भाई है,
II. C, A की बेटी है,
III. K, F की बहन है,
IV. G , C का भाई है।
G के चाचा कौन हैं? (S.S.C. 2005)
(*a*) A (*b*) C (*c*) F (*d*) K

9. A, B के चाचा हैं, जोकि C की बेटी है और C, P की बहू है। A, P से किस प्रकार संबंधित है? (R.B.I. 2005)
(*a*) भाई (*b*) बेटा (*c*) दामाद
(*d*) विवरण अपर्याप्त है (*e*) इनमें से कोई नहीं

10. P के पिता Q के बेटे हैं। M, P के चाचा हैं और N, Q का भाई है। N, M से किस प्रकार संबंधित है? (Bank P.O. 2005)
(*a*) भाई (*b*) भतीजा (*c*) चचेरा भाई
(*d*) विवरण अपर्याप्त है (*e*) इनमें से कोई नहीं

दिशा-निर्देश (*प्रश्न 11 से 13*): *निम्नलिखित जानकारी पढ़ें और नीचे दिए गए प्रश्नों का उत्तर दें:*

A, B का बेटा है। C, B की बहन, का एक बेटा D है और एक बेटी E है। F, D के मामा हैं।

11. A, D से किस प्रकार संबंधित है?
(*a*) मौसेरा भाई (*b*) भांजा
(*c*) मामा (*d*) भाई

12. E, F से किस प्रकार संबंधित है?
(*a*) बहन (*b*) बेटा (*c*) भांजी (*d*) पत्नी

13. F के कितने भांजे हैं?
(*a*) कोई नहीं (*b*) एक (*c*) दो (*d*) तीन

14. यदि
(*i*) M, N का भाई है;
(*ii*) B, N का भाई है; और
(*iii*) M, D का भाई है, तो निम्नलिखित में से कौन सा कथन निश्चित रूप से सच है?
(*a*) N, B का भाई है। (*b*) N, D का भाई है।
(*c*) M, B का भाई है। (*d*) D, M का भाई ह
(*e*) इनमें से कोई नहीं

15. दीपक रवि का भाई है। रीना अतुल की बहन है। रवि रीना का बेटा है। दीपक रीना से किस प्रकार संबंधित है? (C.B.I. 2003)
(*a*) बेटा (*b*) भाई (*c*) भतीजा (*d*) पिता

16. Q, R का भाई है; P, Q की बहन है; T, S का भाई है; S, R की बेटी है। Q के चचेरे भाई/बहन कौन हैं?
(*a*) R और P (*b*) P और T (*c*) Q और T
(*d*) S और T (*e*) इनमें से कोई नहीं

17. E, A का बेटा है। D, B का बेटा है। E की शादी C से हुई है। C, B की बेटी है। D, E से किस प्रकार संबंधित है? (R.R.B. 2004)
(*a*) भाई (*b*) चाचा (*c*) ससुर
(*d*) साला (*e*) इनमें से कोई नहीं

18. A, C के पिता हैं और D, B का बेटा है। E, A का भाई है। यदि C, D की बहन है, तो B, E से किस प्रकार संबंधित है?
(*a*) बेटी (*b*) देवर (*c*) पति (*d*) भाभी

19. Q की मां P की बहन है और M की बेटी है। S, P की बेटी है और T की बहन है। M, T से किस प्रकार संबंधित है?
(*a*) नानी (*b*) पिता (*c*) नाना
(*d*) दादा या दादी (*e*) इनमें से कोई नहीं

20. D, B के दामाद, A के जीजा हैं जोकि C के भाई हैं। A, B से किस प्रकार संबंधित है? (Bank P.O. 2004)
(*a*) भाई (*b*) बेटा (*c*) पिता
(*d*) विवरण अपर्याप्त है (*e*) इनमें से कोई नहीं

दिशा-निर्देश (*प्रश्न 21 से 22*): *निम्नलिखित जानकारी पढ़ें और नीचे दिए गए प्रश्नों का उत्तर दें:*

A, C के पिता हैं। लेकिन C उनका बेटा नहीं है।
E, C की बेटी है। F, A के जीवन साथी हैं।
B, C का भाई है। D, B का बेटा है।
G, B के जीवन साथी हैं। H, G के पिता हैं।

21. D की दादी कौन है?
(*a*) A (*b*) C (*c*) F (*d*) H

22. F का बेटा कौन है?
(*a*) B (*b*) C (*c*) D (*d*) E

23. C, A के पिता का भतीजा है। D, A का चचेरा भाई है लेकिन C का भाई नहीं है। D, C से किस प्रकार संबंधित है? (M.B.A. 2002)
(*a*) पिता (*b*) बहन (*c*) मां (*d*) बुआ

24. P, Q का बेटा है जबकि Q और R एक दूसरे की बहनें हैं। T, R की मां है। यदि S, T का बेटा है तो निम्नलिखित कथनों में से कौन-सा सही है?
(*a*) T, Q का भाई है। (*b*) S, P का चचेरा भाई/बहन है।
(*c*) Q और S बहनें हैं। (*d*) S, P के मामा हैं।
(*e*) R, P के दादा हैं।

25. A, B का भाई है। B, C का भाई है। D, A के पिता हैं। इन तीन कथनों के आधार पर, निम्नलिखित में से कौन-सा कथन निश्चित रूप से सत्य नहीं हो सकता है?
(*a*) B, A का भाई है। (*b*) B, D का बेटा है।
(*c*) A, C का भाई है। (*d*) C, A का भाई है।
(*e*) A, B और C, D के बच्चे हैं।

26. A, X के पिता हैं; B, Y की मां है। X और Z की बहन Y है। निम्नलिखित में से कौन सा कथन निश्चित रूप से सत्य नहीं है? (Section Officers* 2004)
(*a*) B, Z की मां है। (*b*) X, Z की बहन है।
(*c*) Y, A का बेटा है। (*d*) B की एक बेटी है।
(*e*) B, A की पत्नी हैं।

27. P के पिता Q, B के चाचा हैं और A के पति M, P के चाचा हैं। A, B से किस प्रकार संबंधित है? (Bank P.O. 2004)
(*a*) चचेरी बहन (*b*) चाची (*c*) मां
(*d*) विवरण अपर्याप्त है (*e*) इनमें से कोई नहीं

28. शोभा, आशीष की भतीजी है। आशीष की मां प्रिया है। कमला, प्रिया की मां हैं। कमला के पति हरि हैं। कृष्णा, हरि की सास हैं। शोभा, हरि से किस प्रकार संबंधित है? (C.P.O. 2005)
(*a*) बेटी (*b*) परपोती
(*c*) भतीजी की बेटी (*d*) परपोते की बेटी

29. कल्याणी, वीना की सास हैं जोकि अशोक की भाभी है। धीरज, अशोक के इकलौते भाई सुदीप के पिता हैं। कल्याणी, अशोक से किस प्रकार संबंधित है? (Bank P.O. 1999)
(*a*) चचेरी बहन (*b*) पत्नी (*c*) सास
(*d*) चाची (*e*) इनमें से कोई नहीं

30. छह लोगों A, B, C, D, E और F के परिवार के सदस्यों के बीच निम्नलिखित संबंधों की जांच करें— **(Civil Services, 2000)**

1. पुरुषों की संख्या महिलाओं के बराबर की है।
2. A और E, F के बेटे हैं।
3. D दो बच्चों, एक लड़का और एक लड़की की मां है।
4. B, A का बेटा है।
5. वर्तमान में परिवार में एक विवाहित जोड़ा है।

उपरोक्त से निम्नलिखित में से कौन सा निष्कर्ष निकाला जा सकता है?

(*a*) A, B और C सभी महिलाएं हैं।
(*b*) A, D का पति है।
(*c*) D, F की पोती है।
(*d*) E और F, D के बच्चे हैं।

31. P, Q और R का भाई है। S, R की मां है। T, P के पिता हैं। निम्नलिखित में से कौन सा कथन निश्चित रूप से सत्य नहीं हो सकता है?

(*a*) T, Q के पिता हैं। (*b*) S, P की मां है।
(*c*) P, S का बेटा है। (*d*) T, S के पति हैं।
(*e*) Q, T का बेटा है।

32. K, N और X का भाई है। Y, N की मां है और Z, K के पिता हैं। निम्नलिखित में से कौन सा कथन निश्चित रूप से सत्य नहीं है?

(*a*) K, Z का बेटा है। (*b*) Y, Z की पत्नी है।
(*c*) K, Y का बेटा है (*d*) Z, X के पिता हैं
(*e*) N, X का भाई है।

दिशा-निर्देश (प्रश्न 33 से 36): नीचे दी गई जानकारी पढ़ें और दिए गए प्रश्नों का उत्तर दें: **(M.A.T. 2005)**

(*i*) छह लोगों A, B, C, D, E और F के परिवार में, दो विवाहित जोड़े हैं।
(*ii*) D, A की दादी हैं और B की मां हैं।
(*iii*) C, B की पत्नी हैं और F की मां हैं।
(*iv*) F, E की पोती है।

33. C का A से क्या संबंध है?

(*a*) बेटी (*b*) दादी (*c*) मां
(*d*) निर्धारित नहीं किया जा सकता है (*e*) इनमें से कोई नहीं

34. परिवार में कितने पुरुष सदस्य हैं?

(*a*) दो (*b*) तीन (*c*) चार
(*d*) निर्धारित नहीं किया जा सकता है (*e*) इनमें से कोई नहीं

35. इनमें से क्या सत्य है?

(*a*) A, F का भाई है। (*b*) A, F की बहन है।
(*c*) D के दो पोते हैं। (*d*) B की दो बेटियां हैं।
(*e*) इनमें से कोई नहीं

36. निम्नलिखित में से कौन युगल (विवाहित जोड़ा) में से एक है?

(*a*) CD (*b*) DE (*c*) EB
(*d*) निर्धारित नहीं किया जा सकता है (*e*) इनमें से कोई नहीं

दिशा-निर्देश (प्रश्न 37 से 42): निम्नलिखित जानकारी पढ़ें और नीचे दिए गए प्रश्नों का उत्तर दें:

एक परिवार के सभी छह सदस्य A, B, C, D, E और F एक साथ यात्रा कर रहे हैं। B, C का बेटा है लेकिन C, B की मां नहीं है। A और C एक विवाहित जोड़ा हैं। E, C का भाई है। D, A की बेटी है। F, B का भाई है।

37. परिवार में कितने पुरुष सदस्य हैं?

(*a*) 1 (*b*) 2 (*c*) 3 (*d*) 4

38. B की मां कौन है?

(*a*) D (*b*) F (*c*) E (*d*) A

39. A के कितने बच्चे हैं?

(*a*) एक (*b*) दो (*c*) तीन (*d*) चार

40. E की पत्नी कौन है?

(*a*) A (*b*) F
(*c*) B (*d*) निर्धारित नहीं किया जा सकता है

41. निम्नलिखित में से कौन सी महिलाओं की एक जोड़ी है?

(*a*) AE (*b*) BD (*c*) DF (*d*) AD

42. E, D से किस प्रकार संबंधित है?

(*a*) पिता (*b*) भाई
(*c*) चाचा (*d*) निर्धारित नहीं किया जा सकता है

दिशा-निर्देश (प्रश्न 43 से 47): नीचे दी गई जानकारी पढ़ें और दिए गए प्रश्नों का उत्तर दें:

I. A, B, C, D, E और F परिवार के छह सदस्य हैं।
II. एक युगल के परिवार में माता-पिता और उनके बच्चे हैं।
III. A, C का बेटा है और E, A की बेटी है।
IV. D, F की बेटी है जोकि E की मां है।

43. परिवार में पुरुष सदस्य कौन हैं?

(*a*) A और C (*b*) C और F (*c*) A, B और D
(*d*) निर्धारित नहीं किया जा सकता है (*e*) इनमें से कोई नहीं

44. निम्नलिखित में से कौन-सा जोड़ा बच्चों के माता-पिता हैं?

(*a*) BC (*b*) CF (*c*) BF
(*d*) निर्धारित नहीं किया जा सकता है (*e*) इनमें से कोई नहीं

45. निम्नलिखित में से कौन सा जोड़ा, युगल के माता-पिता हैं?

(*a*) AB (*b*) BC (*c*) AF
(*d*) CF (*e*) इनमें से कोई नहीं

46. परिवार में कितनी महिला सदस्य हैं?

(*a*) दो (*b*) तीन (*c*) चार
(*d*) निर्धारित नहीं किया जा सकता है (*e*) इनमें से कोई नहीं

47. D और E एक-दूसरे से किस प्रकार संबंधित हैं?

(*a*) बहन और भाई (*b*) माँ और बेटा (*c*) दादी और पोती
(*d*) बहन (*e*) इनमें से कोई नहीं

48. A, B, C, D, E, F और G परिवार के सदस्य हैं जिनमें चार वयस्क और तीन बच्चे शामिल हैं, जिनमें से दो, F और G लड़कियां हैं। A और D भाई हैं और A एक चिकित्सक है। E एक इंजीनियर है जोकि भाइयों में से एक से विवाहित है और उसके दो बच्चे हैं। B की शादी D से हुई है और G उनका बच्चा है। C कौन है?

(*a*) A का बेटा (*b*) E की बेटी
(*c*) F के पिता (*d*) G के भाई

दिशा-निर्देश (प्रश्न 49 से 51): इन प्रश्नों के उत्तर देने के लिए नीचे दी गई जानकारी पढ़ें: **(M.A.T. 2003)**

रानी और श्रेष्ठ एक विवाहित जोड़ा हैं जिनकी दो बेटियां, मेधा और दीप्ति हैं। दीप्ति का विवाह अनुराग से हुआ है जोकि गरिमा और तरुण का बेटा है। निधि, अनुराग की बेटी है। कोमल जोकि अनुराग की बहन है, का विवाह हर्षित से हुआ है और उसके दो बेटे अमन और प्रेम हैं। प्रेम, गरिमा और तरुण का नाती है।

49. अमन और निधि के बीच क्या संबंध है?
(*a*) फुफेरे भाई-बहन (*b*) पति-पत्नी
(*c*) पिता-बेटी (*d*) चाचा-भतीजी

50. कोमल, दीप्ति से किस प्रकार संबंधित है?
(*a*) चाची (*b*) ननद
(*c*) बहन (*d*) इनमें से कोई नहीं

51. इनमें से क्या सत्य है?
(*a*) तरुण, दीप्ति के मामा हैं।
(*b*) अमन, मेधा का बेटा है।
(*c*) गारिमा, हर्षित की सास है।
(*d*) निधि, कोमल की चचेरी बहन है।

दिशा-निर्देश (प्रश्न 52 से 56): निम्नलिखित जानकारी सावधानीपूर्वक पढ़ें और इसके नीचे दिए गए प्रश्नों का उत्तर दें:

एक परिवार में, छह सदस्य A, B, C, D, E और F हैं। A और B एक विवाहित जोड़ा है जिसमें A पुरुष सदस्य है। D, C का इकलौता बेटा है, जोकि A का भाई है। E, D की बहन है। B, F की बहू है, जिसका पति मर गया है।

52. F, A से किस प्रकार संबंधित है?
(*a*) मां (*b*) भाभी (*c*) बहन
(*d*) सास (*e*) इनमें से कोई नहीं

53. E, C से किस प्रकार संबंधित है?
(*a*) बहन (*b*) बेटी (*c*) चचेरी बहन
(*d*) चाची (*e*) मां

54. C, B का कौन है?
(*a*) भाई (*b*) साला (*c*) भतीजा
(*d*) दामाद (*e*) इनमें से कोई नहीं

55. परिवार में कितने पुरुष सदस्य हैं?
(*a*) एक (*b*) दो (*c*) तीन
(*d*) चार (*e*) पाँच

56. F, C से किस प्रकार संबंधित है?
(*a*) सास (*b*) भाभी (*c*) मां
(*d*) चाची (*e*) बहन

दिशा-निर्देश (प्रश्न 57 से 61): निम्नलिखित जानकारी का ध्यानपूर्वक अध्ययन करें और नीचे दिए गए प्रश्नों का उत्तर दें: (M.A.T. 2005)

A, B, C, D, E और F छः व्यक्ति हैं। C, F की बहन है। B, E के पति का भाई है। D, A के पिता हैं और F के दादा हैं। समूह में दो पिता, तीन भाई और एक मां हैं।

57. मां कौन है?
(*a*) A (*b*) B (*c*) D (*d*) E

58. E का पति कौन है?
(*a*) B (*b*) C (*c*) A (*d*) F

59. समूह में कितने पुरुष सदस्य हैं?
(*a*) एक (*b*) दो (*c*) तीन (*d*) चार

60. F, E से किस प्रकार संबंधित है?
(*a*) चाचा (*b*) पति (*c*) बेटा (*d*) बेटी

61. निम्नलिखित में से भाइयों का समूह कौन-सा है?
(*a*) ABF (*b*) ABD (*c*) BFC (*d*) BDF

दिशा-निर्देश (प्रश्न 62 से 65): इन प्रश्नों के उत्तर देने के लिए नीचे दी गई जानकारी को पढ़ें: (M.A.T. 2003)

A दो बच्चों B और D के पिता हैं जिनका लिंग भिन्न है।
C, B के पति/पत्नी हैं।
E का लिंग D के समान है।
B और C के दो बच्चे हैं: F, जिसका लिंग B के समान है, और G, जिसका लिंग C के समान है।
E की मां H, जिसकी शादी L से हुई है, वो D की मां की बहन है।
E और E के जीवन साथी I, के दो बच्चे J और K हैं, जिनका लिंग I के समान है।
किसी भी व्यक्ति ने एक से ज्यादा बार शादी नहीं की है और कोई भी बच्चा शादी से बाहर पैदा नहीं हुआ है।
शादी पर एकमात्र प्रतिबंध यह है कि एक भाई, बहन के साथ उसी वंश में शादी नहीं कर सकता, तथा एक ही समय में एक से अधिक व्यक्तियों से शादी मना है।

62. नियमों के अनुसार, D शादी कर सकता/ती है
(*a*) केवल F से (*b*) केवल G से
(c) केवल J से (*d*) F, J या K से

63. यदि F और K के माता-पिता और उनके भाई बहनों की पीढ़ी में पुरुषों की तुलना में महिलाएं अधिक हैं, तो निम्नलिखित में से कौन-सा सत्य होना चाहिए?
(*a*) K और G का लिंग समान है।
(*b*) A का लिंग D के समान है।
(*c*) J एक पुरुष है।
(*d*) F और K की पीढ़ी में पुरुषों की तुलना में महिलाएं अधिक हैं।

64. F
(*a*) G की बहन है
(*b*) D की भतीजी या भतीजा है
(*c*) G का भाई है (*d*) B की बेटी है

65. यदि L और H तलाकशुदा हैं, तो H शादी कर सकता/ती है
I. केवल D से II. F से III. D या G से
(*a*) केवल I (*b*) केवल II
(*c*) केवल III (*d*) II या III, लेकिन दोनों नहीं

दिशा-निर्देश (प्रश्न 66 से 68): निम्नलिखित जानकारी सावधानीपूर्वक पढ़ें और दिए गए प्रश्नों का उत्तर दें: (M.A.T. 2005)

मध्यप्रदेश के बस्तर जिले के एक गांव में, केवल दो प्रकार के लोग रहते हैं जोकि आदिवासी वर्ग से संबंधित हैं। पहला प्रकार वर्ग A के रूप में जाना जाता है, जबकि दूसरा वर्ग B के रूप में जाना जाता है। उस गांव में, इन दो को छोड़कर किसी अन्य प्रकार का व्यक्ति नहीं है। दोनों प्रकार के लोगों की गतिविधियां, पूरी तरह से सामाजिक व्यवहार के आदर्श मानदंडों द्वारा नियंत्रित की जाती हैं। जनजाति के प्रत्येक व्यक्ति को मानदंडों का पालन करना होता है। वे इसके बारे में सख्त हैं। जहां तक विवाह का संबंध है, निम्नलिखित मानदंडों का पालन किया जाना होता है:

(A) वर्ग A के लोग अपने वर्ग के किसी अन्य सदस्य से शादी नहीं कर सकते हैं, हालांकि वे वर्ग B के सदस्यों से शादी कर सकते हैं।
(B) शादी होने के बाद, प्रत्येक पुरुष सदस्य उस वर्ग का सदस्य नहीं रहता है जिसमें वह पैदा हुआ था लेकिन वह अपने आप, दूसरे वर्ग का सदस्य बन जाता है जिससे उसकी पत्नी संबंधित है।
(C) जहां तक महिलाओं का संबंध है, वे शादी के बाद अपने वर्ग की सदस्य ही रहती हैं।
(D) अपने जन्म पर, बच्चा अपने आप अपनी मां के वर्ग का सदस्य बन जाता है।

(E) जब कोई पुरुष सदस्य विधुर या तलाक शुदा हो जाता है, तो वह फिर से उसी समूह से संबंधित हो जाता है जिसमें वह पैदा हुआ था।

(F) सामाजिक कानूनों के अनुसार कोई भी व्यक्ति एक से अधिक व्यक्ति से शादी नहीं कर सकता है।

66. कोई भी वर्ग B की महिला का

(P) दादा/नाना वर्ग A में पैदा हो सकते हैं

(Q) दादी/नानी वर्ग A में पैदा हो सकती हैं

(*a*) केवल (P) सही हो सकता है

(*b*) केवल (Q) सही हो सकता है

(*c*) या तो (P) या (Q) सही हो सकता है

(*d*) न ही (P) न (Q) सही हो सकता है

(*e*) (P) और (Q) दोनों सही हो सकते हैं

67. एक लड़का, जोकि वर्ग B में पैदा हुआ था (लड़का और उसकी पत्नी दोनों के विवाहित और अविवाहित भाई हो सकते हैं),

(*a*) की बेटी वर्ग B में हो सकती है

(*b*) का दामाद वर्ग A में पैदा हुआ हो सकता है

(*c*) के चाचा किसी भी वर्ग से हो सकते हैं

(*d*) का वर्ग B में तलाकशुदा बेटा हो सकता है

(*e*) की वर्ग A में पैदा हुई बहू हो सकती है

68. सामाजिक कानूनों के अनुसार निम्नलिखित में से कौन सी शादी स्वीकार्य नहीं है?

(*a*) वर्ग B की कोई भी लड़की अपनी मां के भाई से शादी करती है।

(*b*) कोई भी विधुर अपनी पत्नी की बहन से शादी करता है।

(*c*) वर्ग B का कोई भी लड़का अपने पिता की बहन से शादी करता है।

(*d*) वर्ग A में पैदा हुआ कोई भी विधुर अपने भाई की विधवा से शादी करता है।

(*e*) कोई भी विधवा अपनी बेटी के पहले से तलाकशुदा पति से शादी करती है।

हल-अभ्यास 5(B)

1. (*d*) : परिवार में महिला सदस्यों में मां, 3 विवाहित बेटों की पत्नियां, अविवाहित बेटी और दो बेटों में प्रत्येक की 2 बेटियां हैं। अत: महिला सदस्यों की संख्या = $(1 + 3 + 1 + 2 \times 2) = 9$

2. (*c*) : बेटे का भाई भी बेटा ही होगा। अत: X, Y के बेटे का बेटा है अर्थात X, Y का पोता है।

3. (*a*) : D, E का भाई है और E, B की बेटी है। इसका अर्थ है कि D, B का बेटा है। इसके अलावा A, B की मां है। अत: A, D की नानी है।

4. (*d*) : E, B की बेटी है और D, E का भाई है। अत: D, B का बेटा है। इसके अलावा A, B की बहन है। इस प्रकार A, D की मौसी है।

5. (*a*) : A और B पति और पत्नी हैं। क्योंकि X और Y भाई हैं और X, A का भाई है, Y भी A का भाई है। इस प्रकार Y, B का साला है।

6. (*b*) : अनिल, दीपक का भाई है और दीपक, प्रेम का बेटा है। अत: अनिल, प्रेम का बेटा है। बिमल, प्रेम के पिता हैं। इस प्रकार अनिल, बिमल का पोता है।

7. (*d*) : B, P के पति हैं और E, P की सास हैं। अत: B, E का बेटा है। इसके अलावा E, D की पत्नी है। इस प्रकार B, D का बेटा है।

8. (*c*) : G, C का भाई है और C, A की बेटी है। अत: G, A का बेटा है। साथ ही F, A का भाई है। अत: F, G के चाचा हैं।

9. (*b*) : B, C की बेटी है और C, P की बहु है। अत: P, B के दादा हैं। इसके अलावा A, B के चाचा हैं अर्थात A, B के पिता के भाई हैं। इस प्रकार A, P का बेटा है।

10. (*e*) : P के पिता Q के बेटे हैं। अत: Q, P के दादा हैं। M, P के मामा हैं। अत: M, P के पिता के भाई हैं। इसका अर्थ है कि M भी Q का बेटा है। N, Q का भाई है। इस प्रकार N, P के चाचा हैं।

11. (*a*) : A, B का बेटा है और D, B की बहन का बेटा है। अत: A, D क मौसेरा भाई है।

12. (*c*) : E, C की बेटी है और D, C का बेटा है। अत: F, जोकि D के मामा हैं, वो E के भी मामा हैं। इस प्रकार E, F की भांजी है।

13. (*c*) : स्पष्ट रूप से F, D के मामा हैं अर्थात F, D की मां के भाई हैं अर्थात F, C का भाई है। C, B की बहन है। अत: F, B का भाई है जोकि A की मां हैं। इस प्रकार F, A के मामा हैं। अत: A और D, F के भांजे हैं अर्थात, F के दो भांजे हैं।

14. (*c*) : M, N का भाई है और B, N का भाई है। अत: M, B का भाई है।

15. (*a*) : दीपक, रवि का भाई है जोकि रीना का बेटा है। इस प्रकार दीपक, रीना का बेटा है।

16. (*d*) : T, S का भाई है जोकि R की बेटी है। अत: T और S, R के बच्चे हैं। Q, R का भाई है। अत: T और S, Q के चचेरे भाई/बहन हैं।

17. (*d*) : C, B की बेटी है और D, B का बेटा है। अत: D, C का भाई है। E एक पुरुष है जोकि C से शादी शुदा है। अत: E, C के पति हैं, जिसका भाई D है। इस प्रकार D, E का साला है।

18. (*d*) : A, C के पिता हैं और C, D की बहन है। अत: A, D के पिता हैं। लेकिन D, B का बेटा है। अत: B, D की मां हैं और A की पत्नी हैं। इसके अलावा E, A का भाई है। अत: B, E भाभी है।

19. (*d*) : S, P की बेटी है और T की बहन है। अत: T, P की बेटी है। P की बहन M की बेटी है। इसका अर्थ है कि P, M का बेटा या बेटी है। स्पष्ट रूप से T, M की दादी है। अत: M, T के दादा या दादी हैं।

20. (*b*) : D, B का दामाद है और A का जीजा है। इसका अर्थ है कि B, D की पत्नी के पिता/मां हैं और A, D की पत्नी का भाई है। इस प्रकार A, B का बेटा है।

21. (*c*) : D, B का बेटा है; B, C का भाई है और A, C के पिता हैं। इसका अर्थ है कि B, D के पिता हैं और A, B के पिता हैं।

अत: A, D के दादा है। क्योंकि F, A की पत्नी हैं। अत: F, D की दादी हैं।

22. (*a*) : जैसा कि ऊपर बताया गया है, B, A का बेटा है और F, A की पत्नी है। अत: B, F का बेटा है।

23. (*b*) : C, A के पिता का भतीजा है अर्थात C, A के पिता के भाई का बेटा है अर्थात C, A का चचेरा भाई/बहन है। D, भी A का चचेरा भाई/बहन है। अत: D, C का सगा भाई या बहन होना चाहिए। लेकिन D, C का भाई नहीं है। अत: D, C की बहन होनी चाहिए।

24. (*d*) : Q और R बहनें हैं। अत: T, R की मां है अर्थात T, Q और R दोनों की मां हैं। S, T का बेटा है अर्थ S Q का भाई है। इस प्रकार P, Q क़ी बेटा है अर्थात S, P के मामा हैं।

25. (*d*) : A, B का भाई है और B, C का भाई है। अत: C, A का भाई या बहन हो सकता है।

26. (*c*) : A, X के पिता हैं और Y, X की बहन है। अत: Y, A की बेटी है।

27. (*c*) : Q, B के चाचा हैं अर्थात्त, P के पिता के भाई हैं। P, Q का बेटा है। अत: B के पिता और P के पिता भाई हैं। इसके अलावा M, P के चाचा हैं अर्थात M, P के पिता भाई हैं। अत: M, B के पिता हैं। क्योंकि A, M की पत्नी हैं। अत: A, B की मां हैं।

28. (*b*) : शोभा, आशीष की भतीजी है अर्थात आशीष, शोभा के चाचा हैं। प्रिया, आशीष की मां है। अत: प्रिया, शोभा की दादी हैं। हरि, प्रिया के पिता हैं। अत: शोभा, हरि की परपोती है।

29. (*e*) : वीना, अशोक की भाभी है अर्थात अशोक, वीना के पति का भाई है। लेकिन अशोक का केवल एक भाई सुदीप है। अत: सुदीप, वीना के पति हैं। कल्याणी, वीना की सास है अर्थात कल्याणी, वीना के पति अर्थात सुदीप की मां है। क्योंकि अशोक, सुदीप के भाई हैं, अत: कल्याणी, अशोक की मां हैं।

30. (*b*) : स्पष्ट रूप से, तीन पुरुष और तीन महिलाएं हैं। A, E और B बेटे हैं इसलिए पुरुष हैं। अत: C, D और F महिलाएं हैं। D का एक लड़का और एक लड़की है। स्पष्ट रूप से A और D एक युगल है जिनके दो बच्चे हैं, जिनके नाम B और C हैं। अत: A, D के पति हैं।

31. (*e*) : P, Q, R एक ही माता-पिता के बच्चे हैं। अत: S, जोकि R की मां है और T, जोकि P के पिता हैं तीनों की माता और पिता होंगे। हालांकि, यह स्पष्ट नहीं है कि Q पुरुष है या महिला। अत: (*e*) निश्चित रूप से सत्य नहीं हो सकता है।

32. (*e*) : K, N और X का भाई है। अत: Y, जोकि N की मां है और Z, जोकि K के पिता हैं, N, K और X के माता और पिता होंगे जिनमें से K एक लड़का है। इस प्रकार K, Y और Z का बेटा है, और Y, Z की पत्नी है। लेकिन, N या तो X का भाई है या बहन है।

33. (*c*) : C, B की पत्नी है और D, B की मां है। इसके अलावा D, A की दादी है। अत: C, A की मां है।

34. (*d*) : स्पष्ट रूप से, A का लिंग निर्धारित नहीं किया जा सकता है।

35. (*e*) : A का लिंग ज्ञात नहीं है। अत: न तो (*a*) न ही (*b*) निश्चित रूप से सत्य हैं। स्पष्ट रूप से D, A और F की दादी हैं।

36. (*b*) : C, B की पत्नी हैं। अत: एक जोड़ा B, C है। D, A की दादी है। B, D का बेटा है और उसकी पत्नी C, F की मां हैं। अत: D, F की भी दादी है लेकिन F, E की पोती है। अत: E, F के दादा हैं और D के पति हैं। इस प्रकार D, E दूसरा जोड़ा है।

प्रश्न 37 से 42

B, C का बेटा है लेकिन C, B की मां नहीं है अर्थात C, B के पिता हैं। A की शादी C से हुई है अर्थात A, B की मां है। F, B का भाई है अर्थात F, A और C का बेटा है। D, A की बेटी है अर्थात D, A और C की बेटी है।

37. (*d*) : A मां है इसलिए महिला है। B बेटा है इसलिए पुरुष है। C पति है इसलिए पुरुष है। D बेटी है इसलिए महिला है। E भाई है इसलिए पुरुष है। F बेटा है इसलिए पुरुष है। अत: चार पुरुष हैं।

38. (*d*) : स्पष्ट रूप से A, B की मां है।

39. (*c*) : A के बेटा B, बेटा F और बेटी D अर्थात तीन बच्चे हैं।

40. (*d*) : स्पष्ट रूप से उपलब्ध जानकारी से E की पत्नी निर्धारित नहीं की जा सकती है।

41. (*d*) : स्पष्ट रूप से महिलाएं केवल मां A और बेटी D हैं।

42. (*c*) : E, C का भाई है जोकि D के पिता हैं। अत: E, D के चाचा हैं।

प्रश्न 43 से 47

E, A की बेटी है और F, E की मां है। अत: A, E के पिता हैं और F के पति हैं। D, F की बेटी है। अत: D और E, A और F की बेटियां हैं। इसके अलावा A, C का बेटा है। अब केवल B बचता है। इस प्रकार B और C, A के माता-पिता हैं।

43. (*d*) : B और C का लिंग निर्धारित नहीं किया जा सकता है।

44. (*e*) : स्पष्ट रूप से A और F बच्चों D और E के माता-पिता हैं।

45. (*b*) : स्पष्ट रूप से B और C जोड़े के माता-पिता हैं।

46. (*c*) : स्पष्ट रूप से परिवार में महिलाएं: या तो B या C, F, D और E हैं।

47. (*d*) : स्पष्ट रूप से D और E बहनें हैं।

48. (*a*) : E की शादी A या D से हुई है लेकिन B की शादी D से हुई है। इस प्रकार E की शादी A से हुई है। इस प्रकार परिवार में A, B, D, E चार वयस्क हैं और C, F, G तीन बच्चे हैं। B और D का एक बच्चा G है। A और E के दो बच्चे — C और F हैं। केवल F और G लड़कियां हैं। अत: C एक लड़का है। इस प्रकार C, A का या E का बेटा है।

49. (*a*) : निधि, अनुराग की बेटी है और अमन, अनुराग की बहन का बेटा है। अत: अमन और निधि फुफेरे भाई-बहन हैं।

50. (*b*) : दीप्ति, अनुराग की पत्नी है और कोमल, अनुराग की बहन है। अत: कोमल, दीप्ति की ननद है।

51. (*c*) : तरुण, अनुराग के पिता हैं और दीप्ति, अनुराग की पत्नी है। अत: तरुण, दीप्ति क़े ससुर हैं। अमन, कोमल और हर्षित का बेटा है। गारिमा, अनुराग की और कोमल की मां है जबकि हर्षित, कोमल का पति है। अत: गरिमा, हर्षित की सास है। निधि, अनुराग की बेटी है और कोमल, अनुराग की बहन है। अत: निधि, कोमल की भांजी है।

प्रश्न 52 से 56

A एक पुरुष है जिसकी B से शादी हुई है। अत: A पति है और B पत्नी है। C, A का भाई है। D, C का बेटा है। E जोकि D की बहन है, C की बेटी होगी। B, F की बहु है जिसका पति मर गया है अर्थ F, A की मां है।

52. (*a*) : स्पष्ट रूप से F, A की मां है।

53. (*b*) : स्पष्ट रूप से E, C की बेटी है।

54. (*b*) : C, A का भाई है जोकि B का पति है। अत: C, B का साला है।

55. (*c*) : A एक पुरुष है। B, पत्नी, महिला है। C, भाई, पुरुष है। D, बेटा, पुरुष है। E, बहन, महिला है। F, मां, एक महिला है। अत: तीन पुरुष हैं।

56. (*c*) : F, A की मां है और C, A का भाई है। अत: F, C की मां है।

प्रश्न 57 से 61

D, A के पिता हैं और F के दादा हैं। अत: A, F के पिता हैं। इस प्रकार D और A दो पिता हैं। C, F की बहन है। अत: C, A की बेटी है। क्योंकि केवल एक मां है और यह स्पष्ट है कि E, A की पत्नी है, अत: C और F की मां है। अत: B, A का भाई है। तीन भाई हैं। अत: F, C का भाई है।

57. (*d*) : स्पष्ट रूप से E मां है।

58. (*c*) : स्पष्ट रूप से A, E का पति है।

59. (*d*) : A, पिता, पुरुष है। B, भाई, पुरुष है। C, बहन, महिला है। D, दादा, पुरुष हैं। E, मां, महिला है। F, भाई, पुरुष है। अत: चार पुरुष हैं।

60. (*c*) : स्पष्ट रूप से F, E का बेटा है।

61. (*a*) : स्पष्ट रूप से B और A भाई हैं। F, C का भाई है। अत: तीन भाई A, B, F हैं।

प्रश्न 62 से 65

A, B और D के पिता हैं, जबकि M, D की मां है। अत: A और M पति और पत्नी हैं, और उनके दो बच्चे — B और D हैं। C, B के पति/पत्नी हैं और उनके दो बच्चे — F और G हैं।

H, M की बहन है और L, H के पति हैं। E, H और L का बच्चा है तथा I, E के पति/पत्नी हैं। E और I के दो बच्चे — J और K हैं।

62. (*c*) : नियमों के मुताबिक A, M, B, C, D, F और G के बीच कोई भी दो लोग शादी नहीं कर सकते हैं। इसके अलावा, क्योंकि H, L, E और I शादी शुदा हैं और कोई भी एक ही समय में एक से अधिक व्यक्ति से शादी नहीं कर सकता है, अत: D केवल J या K से शादी कर सकता है।

63. (*c*) : F और K के माता-पिता और उनके भाई बहनों की पीढ़ी में (B और C), D और (E और I) शामिल हैं। क्योंकि D और E एक ही लिंग के हैं, अत: अधिक महिलाओं के लिए, उनमें से दोनों महिलाएं होनी चाहिए। फिर, B पुरुष होगा और C महिला होगी और I पुरुष होगा। स्पष्ट रूप से F पुरुष होगा (B के समान लिंग), G महिला होगी (C के समान लिंग), J और K दोनों पुरुष होंगे (I के समान लिंग) इस प्रकार, F और K की पीढ़ी में महिलाओं की तुलना में अधिक पुरुष होंगे।

64. (*b*) : स्पष्ट रूप से D, B का भाई या बहन है और F, B का बेटा या बेटी है। अत: F, D का भतीजा या भतीजी है।

65. (*d*) : स्पष्ट रूप से H, E, I, J और K (प्रत्यक्ष वंशज) किसी से भी शादी नहीं कर सकता है। इसके अलावा, A, M, B और C शादी शुदा हैं। अत: हमें F, G और D पर विचार करना होगा। अब, F और G अलग-अलग लिंगों के हैं। इसके अलावा, क्योंकि B और C अलग-अलग लिंगों के हैं, और B और D भी अलग-अलग लिंगों के हैं, तो C और D समान लिंग के हैं। G, C के समान लिंग का है। अत: G और D का लिंग समान है। इस प्रकार H या तो (D या G) या F, जोकि भी पुरुष हो, से शादी कर सकती है।

66. (*b*) : वर्ग B की महिला की मां वर्ग B से संबंधित है। अत: उसके पिता वर्ग A में पैदा हुए थे। इस प्रकार, उसके पिता की मां वर्ग A संबंधित थीं और पिता के पिता का जन्म वर्ग B में हुआ था। अत: दादा वर्ग B से संबंधित है और दादी वर्ग A से संबंधित हैं।

67. (*c*) : वर्ग B में पैदा हुआ लड़का वर्ग A की एक लड़की से शादी करेगा। अत: बेटी वर्ग A से संबंधित होगी। इस प्रकार (*a*) गलत है क्योंकि लड़के की बेटी वर्ग A से संबंधित होगी, वह वर्ग B के लड़के से शादी करेगी और अत: दामाद वर्ग B से होगा। अत: (*b*) गलत है। वर्ग B में पैदा हुए लड़के की, वर्ग B में पैदा होने वाली मां और वर्ग A पैदा होने वाले पिता होंगे। अत: उसके अंकल (अर्थात मां के भाई या पिता के भाई) वर्ग A या B से हो सकते हैं। अत: (*c*) सत्य है।

68. (*a*) : वर्ग B की लड़की की वर्ग B में पैदा होने वाली मां होगी और अत: मां का भाई भी वर्ग B से संबंधित होगा। क्योंकि किसी भी वर्ग के लोग अपने वर्ग के सदस्यों से शादी नहीं कर सकते हैं। अत: विकल्प (*a*) में दी गयी शर्त अनुमत नहीं है।

प्रकार 3: कूटबद्ध संबंध (Coded Relations)

ऐसे प्रश्नों में, रिश्तों को कुछ विशिष्ट कोड या चिन्हों से दर्शाया जाता है जैसे कि +, –, ×, ÷, V, H, $, @,,, £ आदि। अभ्यर्थी को दिए गए व्यक्तियों के एक समूह के बीच संबंध निर्धारित करने के लिए कोड का विश्लेषण करना होता है या दिए गए रिश्ते को कोडित रूप में व्यक्त करना होता है।

व्याख्यात्मक उदाहरण

उदा. 1. निम्नलिखित जानकारी को सावधानी पूर्वक पढ़ें और नीचे दिए गए प्रश्नों का उत्तर दें:

'A + B' का अर्थ है 'A, B का बेटा है'; 'A – B' का अर्थ है 'A, B की पत्नी है'; 'A × B' का अर्थ है 'A, B का भाई है'; 'A ÷ B' का अर्थ है 'A, B की मां है' और 'A = B' का अर्थ है 'A, B की बहन है'।

1. P + R – Q का क्या अर्थ है?

(*a*) Q, P के पिता हैं (*b*) Q, P का बेटा है
(*c*) Q, P के चाचा हैं (*d*) Q, P का भाई है

2. P × R ÷ Q का क्या अर्थ है?

(*a*) P, Q का भाई है (*b*) P, Q के पिता हैं
(*c*) P, Q के मामा हैं (*d*) P, Q का भतीजा है

3. P = R + Q का क्या अर्थ है?

(*a*) P, Q की चाची है (*b*) P, Q की बेटी है
(*c*) P, Q की भतीजी है (*d*) P, Q की बहन है

4. $P = R \div Q$ का क्या अर्थ है?

(*a*) P, Q की मौसी है

(*b*) P, Q की बहन है

(*c*) Q, P की भतीजी है

(*d*) Q, P की बेटी है

(*e*) इनमें से कोई नहीं

हल:

1. $P + R - Q$ का अर्थ है P, R का बेटा है जोकि Q की पत्नी है अर्थात Q, P के पिता हैं। अत: सही उत्तर (*a*) है।

2. $P \times R \div Q$ का अर्थ है P, R का भाई है जोकि Q की मां है अर्थात P, Q का मामा है। अत: सही उत्तर (*c*) है।

3. $P = R + Q$ का अर्थ है P, R की बहन है जोकि Q का बेटा है अर्थात P, Q की बेटी है। अत: सही उत्तर (*b*) है।

4. $P = R \div Q$ का अर्थ है P R की बहन है जोकि Q की मां है अर्थात P, Q की मौसी है। अत: सही उत्तर (*a*) है।

उदा. 2. यदि ‘A + B’ का अर्थ है ‘A, B के पिता हैं’, ‘A★B’ का अर्थ ‘A, B की मां है’, ‘A@B’ का अर्थ ‘A, B की पत्नी है’, तो निम्नलिखित में से किसका अर्थ है कि ‘M, N की दादी है’? **(E.P.F.O.S.S.A. 2004)**

(*a*) M★T$N@R (*b*) M★T$R@N

(*c*) M★R$T@N (*d*) M★R@T@N

(*e*) इनमें से कोई नहीं

हल: ‘M, N की दादी है’ का अर्थ है ‘M, N के पिता (T कहते हैं) की मां है’ अर्थात M★T$N. अत: सही उत्तर (*a*) है।

उदा. 3. नीचे दिए गए प्रश्नों के उत्तर देने के लिए निम्नलिखित जानकारी को सावधानी पूर्वक पढ़ें: **(Bank P.O. 2005)**

(*i*) ‘$A \times B$’ का अर्थ है ‘A, B का भाई है’;

(*ii*) ‘$A \div B$’ का अर्थ है ‘B, A के पिता हैं’;

(*iii*) ‘$A + B$’ का अर्थ है ‘A, B की बहन है’;

(*iv*) ‘$A - B$’ का अर्थ है ‘A, B की मां है’।

1. निम्नलिखित में से किसका अर्थ है कि ‘Q, K के चाचा हैं’?

(A) $K \times P \div M \times Q$

(B) $K \times B \div N \times Q \times D$

(C) $Q \times L \div R \times K$

(*a*) केवल (A) (*b*) केवल (B) (*c*) केवल (C)

(*d*) (A) और (B) दोनों (*e*) इनमें से कोई नहीं

2. उपर्युक्त प्रश्न का उत्तर देने के लिए निम्नलिखित में से कौन-सा कथन अनावश्यक है?

(*a*) केवल (*i*) (*b*) केवल (*ii*) (*c*) केवल (*iii*)

(*d*) केवल (*iii*) और (*iv*) (*e*) इनमें से कोई नहीं

हल:

1. (A) ‘$K \times P \div M \times Q$’ का अर्थ है ‘K, P का भाई है, जिसके पिता M हैं, जोकि Q के भाई हैं’। इस प्रकार K, M का बच्चा है, जोकि Q का भाई है। अत: Q, K के चाचा या चाची हो सकते हैं।

(B) ‘$K \times B \div N \times Q \times D$’ का अर्थ है ‘K, B का भाई है, जिसके पिता छ हैं, जोकि Q के भाई हैं, जोकि D के भाई हैं’। इस प्रकार, N, K के पिता हैं, और Q, N के भाई हैं। अत: Q, K के चाचा हैं।

(C) ‘$Q \times L \div R \times K$’ का अर्थ है ‘Q, L का भाई है, जिसके पिता R हैं, जोकि K के भाई हैं’। इस प्रकार R, Q के पिता हैं और R, K के भाई हैं। अत: K, Q के चाचा या चाची हो सकते हैं।

इस प्रकार, केवल (*b*) सही संबंध दिखाता है। अत: सही उत्तर (*b*) है।

2. स्पष्ट रूप से, हमने उपरोक्त प्रश्न का उत्तर देने के लिए केवल (*i*) और (*ii*) उपयोग किया, जबकि (*iii*) और (*iv*) अनावश्यक हैं। अत: सही उत्तर (*d*) है।

उदा. 4. यदि ‘$P + Q$’ का अर्थ है ‘P, Q के पिता हैं’, ‘$P \times Q$’ का अर्थ है ‘P, Q का भाई है’; ‘$P - Q$’ का अर्थ है ‘P, Q की मां है’, तो निम्नलिखित में से क्या $C - A + B$ के बारे में निश्चित रूप से सच है? **(R.R.B. 2005)**

(*a*) B, A का बेटा है (*b*) A, C का बेटा है

(*c*) B, A के पिता हैं (*d*) C, B की मां है

हल: ‘$C - A + B$’ का अर्थ है ‘C, A की मां है जोकि B के पिता हैं’। स्पष्ट रूप से इसका अर्थ यह है कि A पुरुष है अत: C का बेटा है। अत: सही उत्तर (*b*) है।

अभ्यास 5C

दिशा-निर्देश (प्रश्न 1 से 3): निम्नलिखित जानकारी पढ़ें और नीचे दिए गए प्रश्नों का उत्तर दें:

‘$A + B$’ का अर्थ है ‘A, B की बेटी है’;

‘$A \times B$’ का अर्थ है ‘A, B का बेटा है’;

‘$A - B$’ का अर्थ है ‘A, B की पत्नी है’।

1. $P \times Q - S$ के संबंध में निम्नलिखित में से क्या सत्य है?

(*a*) S, Q की पत्नी है (*b*) S, P के पिता हैं

(*c*) P, Q की बेटी है (*d*) Q, P के पिता हैं

(*e*) इनमें से कोई नहीं

2. $T - S \times B - M$ के संबंध में निम्नलिखित में से क्या सत्य नहीं है?

(*a*) B, S की मां है (*b*) M, B के पति हैं

(*c*) T, S की पत्नी है (*d*) S, B की बेटी है

(*e*) S, B का बेटा है

3. यदि $Z \times T - S \times U + P$ है, U का Z से क्या संबंध है?

(*a*) मां (*b*) दादी (*c*) पिता

(*d*) निर्धारित नहीं किया जा सकता है (*e*) इनमें से कोई नहीं

4. If ‘P$Q’ का अर्थ है ‘P, Q के पिता हैं’; ‘P#Q’ का अर्थ है ‘P, Q की मां है’; ‘P Q’ का अर्थ है ‘P, Q की बहन है’, तो N#A$B★D में D, N से किस प्रकार संबंधित है? **(S.B.I.P.O. 2000)**

(*a*) भतीजा (*b*) पोता (*c*) पोती

(*d*) विवरण अपर्याप्त है (*e*) इनमें से कोई नहीं

5. If ‘$P \times Q$’ का अर्थ है ‘P, Q की बेटी है’; ‘$P + Q$’ का अर्थ है ‘P, Q के पिता हैं’; ‘P ÷ ? Q’ का अर्थ है ‘P, Q की मां है’ और ‘$P - Q$’ का अर्थ है ‘P, Q का भाई है’, तो अभिव्यक्ति $A \div B + C - E \times F$ में, A, F से किस प्रकार संबंधित है? **(S.B.I.P.O. 2001)**

(*a*) मां (*b*) चाची (*c*) बहु

(*d*) भाभी (*e*) इनमें से कोई नहीं

दिशा-निर्देश (प्रश्न 6 से 13): निम्नलिखित जानकारी सावधानीपूर्वक पढ़ें और नीचे दिए गए प्रश्नों का उत्तर दें:

‘$A + B$’ का अर्थ है ‘A, B के पिता हैं’; ‘$A - B$’ का अर्थ है ‘A, B की पत्नी है’; ‘$A \times B$’ का अर्थ है ‘A, B का भाई है’; ‘$A \div B$’ का अर्थ है ‘A, B की बेटी है’।

6. $P \div R + S + Q$ के संबंध में निम्नलिखित में से क्या सत्य है?
(a) P, Q की बेटी है (b) Q, P की बुआ हैं
(c) P, Q की बुआ हैं (d) P, Q की मां है

7. $P - R + Q$ के संबंध में निम्नलिखित कथनों में से कौन-सा सत्य है?
(a) P, Q की मां है (b) Q, P की बेटी है
(c) P, Q की चाची हैं (d) P, Q की बहन है

8. $P \times R \div Q$ के संबंध में निम्नलिखित कथनों में से कौन-सा सत्य है?
(a) P, Q के चाचा हैं (b) P, Q के पिता हैं
(c) P, Q का भाई है (d) P, Q का बेटा है

9. $P \times R - Q$ के संबंध में निम्नलिखित में से क्या सत्य है?
(a) P, Q का साला है (b) P, Q का भाई है
(c) P, Q के चाचा हैं (d) P, Q के पिता हैं

10. $P + R \div Q$ के संबंध में निम्नलिखित में से क्या सत्य है?
(a) P, Q का भाई है (b) P, Q का बेटा है
(c) P, Q के पति हैं (d) P, Q के पिता हैं

11. $P \div R + Q$ के संबंध में निम्नलिखित में से क्या सत्य है?
(a) P, Q के पिता हैं (b) P, Q का भाई है
(c) P, Q की मां है (d) P, Q की बहन है

12. $P \times R + Q$ के संबंध में निम्नलिखित में से क्या सत्य है?
(a) P, Q के चाचा हैं (b) P, Q के पिता हैं
(c) P, Q का देवर है (d) P, Q के दादा हैं

13. $P - R \times Q$ के संबंध में निम्नलिखित में से क्या सत्य है?
(a) P, Q की बहन है (b) Q, P के पति हैं
(c) P, Q की भाभी है (d) Q, P का बेटा है

दिशा-निर्देश (प्रश्न 14 से 16): नीचे दी गई जानकारी का अध्ययन करें और नीचे दिए गए प्रश्नों के उत्तर दें:

'A + B' का अर्थ है 'A, B की बेटी है'; 'A – B' का अर्थ है 'A, B के पति हैं'; 'A × B' का अर्थ है 'A, B का भाई है'।

14. $P + Q - R$ के संबंध में निम्नलिखित में से क्या सत्य है?
(a) R, P की मां हैं (b) R, P की भाभी है
(c) R, P की चाची हैं (d) R, P की सास हैं

15. $P \times Q + R$ के संबंध में निम्नलिखित में से क्या सत्य है?
(a) P, R का भाई है (b) P, R के चाचा हैं
(c) P, R का बेटा है (d) P, R के पिता हैं

16. $P + Q \times R$ के संबंध में निम्नलिखित में से क्या सत्य है?
(a) P, R की भतीजी है (b) P, R की बेटी है
(c) P, R की चचेरी बहन है (d) P, R की बहु है

17. 'P – Q' का अर्थ है 'P, Q की मां है'; 'P × Q' का अर्थ है 'P, Q के पिता हैं' और 'P + Q' का अर्थ है 'P, Q की बेटी है'। तब $M - N \times T + Z$ के संबंध में निम्नलिखित में से क्या सत्य नहीं है?
(a) T, N की बेटी है (b) N, Z की पत्नी हैं
(c) M, Z की सास हैं (d) T, M की पोती है

दिशा-निर्देश (प्रश्न 18 से 19): निम्नलिखित जानकारी सावधानीपूर्वक पढ़ें और नीचे दिए गए प्रश्नों का उत्तर दें:

(SNAP, 2005)

'P # Q' का अर्थ है 'P, Q के पिता हैं';
'P + Q' का अर्थ है 'P, Q की मां हैं';
'P – Q' का अर्थ है 'P, Q का भाई है';
'P ★ Q' का अर्थ है 'P, Q की बहन है'।

18. यदि A + B # C – D है, तो A का D से क्या संबंध है?
(a) पिता (b) दादी (c) बहन (d) दादा

19. निम्नलिखित में से कौन यह दर्शाता है कि A, E की बुआ हैं?
(a) A $ B – C ★ D # E (b) A # B ★ C $ D – E
(c) A ★ B # C ★ D – E (d) A – B + C # D ★ E

दिशा-निर्देश (प्रश्न 20 से 22): निम्नलिखित प्रश्न नीचे दी गई जानकारी पर आधारित हैं: **(Bank P.O. 2006)**

(i) 'P × Q' का अर्थ है 'P, Q के पिता हैं';
(ii) 'P – Q' का अर्थ है 'P, Q की बहन है';
(iii) 'P $ Q' का अर्थ है 'P, Q की मां है';
(iv) 'P ÷ Q' का अर्थ है 'P, Q का भाई है'।

20. अभिव्यक्ति $B + D \times M \div N$ में M, B से किस प्रकार संबंधित है?
(a) नवासी (b) बेटा (c) पोता
(d) पोती (e) इनमें से कोई नहीं

21. निम्नलिखित में से कौन यह दर्शाता है कि 'J, F का बेटा है'?
(a) $J \div R - T \times F$ (b) $J + R - T \times F$
(c) $J \div M - N \times F$ (d) निर्धारित नहीं किया जा सकता है
(e) इनमें से कोई नहीं

22. निम्नलिखित में से कौन यह दर्शाता है कि 'R, M की भतीजी है'?
(a) $M \div K \times T - R$
(b) M – J $ R – N
(c) $R - M \times T \div W$
(d) निर्धारित नहीं किया जा सकता है
(e) इनमें से कोई नहीं

दिशा-निर्देश (प्रश्न 23 से 27): इन प्रश्नों के उत्तर देने के लिए निम्नलिखित जानकारी सावधानी पूर्वक पढ़ें: **(S.B.I.P.O. 2005)**

(i) 'A $ B' का अर्थ है 'A, B की मां है';
(ii) 'A # B' का अर्थ है 'A, B के पिता हैं';
(iii) 'A @ B' का अर्थ है 'A, B के पति हैं';
(iv) 'A % B' का अर्थ है A, B की बेटी है'।

23. P @ Q $ M # T के अनुसार P का T से क्या संबंध है?
(a) दादी (b) नानी (c) दादा
(d) मामा (e) इनमें से कोई नहीं

24. निम्नलिखित में से कौन-सी अभिव्यक्ति दिखाती है कि 'R, H की बहन है'?
(a) H $ D @ F # R (b) R % D @ F $ H
(c) R $ D @ F # H (d) H % D @ F $ R
(e) इनमें से कोई नहीं

25. यदि F @ D % K # H है, तो F, H से किस प्रकार संबंधित है?
(a) जीजा (b) बहन (c) भाभी
(d) निर्धारित नहीं किया जा सकता है (e) इनमें से कोई नहीं

26. निम्नलिखित में से कौन-सी अभिव्यक्ति दिखाती है कि 'H, N का भाई है'?
(a) H # R $ D $ N (b) N % F @ D $ H # R
(c) N % F @ D $ H (d) N % F @ D % H
(e) इनमें से कोई नहीं

27. यदि G $ M @ K है, तो K, G से किस प्रकार संबंधित है?
(a) बहु (b) सास (c) बेटी
(d) चाची (e) इनमें से कोई नहीं

दिशा-निर्देश (प्रश्न 28 से 30): ये प्रश्न निम्नलिखित जानकारी पर आधारित हैं:

'P@Q' का अर्थ है 'P, Q की मां है';
'P$Q' का अर्थ है 'P, Q के पति हैं';
'P#Q' का अर्थ है 'P, Q की बहन है';
'P★Q' का अर्थ है 'P, Q का बेटा है'। (Bank P.O. 2006)

28. निम्नलिखित में से कौन-सी अभिव्यक्ति दिखाती है कि 'R, T की बेटी है'?
(a) T@B#F★R (b) T@B#R★F
(c) R#F★B@T (d) R#F★B$T
(e) इनमें से कोई नहीं

29. M★H@D$K के अनुसार H के साथ K किस प्रकार संबंधित है?
(a) मां (b) पिता (c) ससुर
(d) निर्धारित नहीं किया जा सकता है (e) इनमें से कोई नहीं

30. F#J★T$R@L के संबंध में निम्नलिखित में से कौन सा निश्चित रूप से सत्य है?
(a) L. J का भाई है (b) F, L की बहन है
(c) F, J का भाई है
(d) F, L का भाई है (e) इनमें से कोई नहीं

दिशा-निर्देश (प्रश्न 31 से 32): नीचे दिए गए प्रश्नों के उत्तर देने के लिए नीचे दी गई जानकारी पढ़ें: (Bank P.O. 2003)

(i) 'P × Q' का अर्थ है 'Q, P की मां है';
(ii) 'P $ Q' का अर्थ है 'P, Q का भाई है';
(iii) 'P − Q' का अर्थ है 'P, Q की बहन है';
(iv) 'P ÷ Q' का अर्थ है 'Q, P के पिता हैं'।

31. निम्नलिखित में से किसका अर्थ निश्चित रुप से 'X, D का पोता है'?
(a) X × H ÷ D (b) A $ X × H ÷ D
(c) A − X × H ÷ D
(d) निर्धारित नहीं किया जा सकता है (e) इनमें से कोई नहीं

32. उपरोक्त प्रश्न का उत्तर देने के लिए निम्नलिखित में से कौन सा कथन अनावश्यक है?
(a) केवल (i) (b) केवल (ii) (c) केवल (iii)
(d) केवल (iv) (e) इनमें से कोई नहीं

33. यदि 'A $ B' का अर्थ है 'A. B का भाई है', 'A@B' का अर्थ है 'A. B की पत्नी है', 'A # B' का अर्थ है 'A. B की बेटी है' और 'A + B' का अर्थ है 'A. B के पिता हैं', तो निम्नलिखित में से कौन-सी अभिव्यक्ति दिखाती है कि 'K, H के ससुर हैं'? (S.B.I.P.O. 2000)
(a) H@J$L#P£K (b) H@J$P£L#K
(c) H@J$L#K£P (d) H@P$J£L#K
(e) इनमें से कोई नहीं

दिशा-निर्देश (प्रश्न 34 से 38): निम्नलिखित जानकारी पढ़ें और नीचे दिए गए प्रश्नों का उत्तर दें: (Bank P.O. 2005)

'P = Q' का अर्थ है 'Q, P के पिता हैं';
'P★Q' का अर्थ है 'P, Q की बहन है';
'P × Q' का अर्थ है 'Q, P की मां हैं';
'P $ Q' का अर्थ है 'P, Q का भाई है';
'P £ Q' का अर्थ है 'Q, P का बेटा है';
'P × Q' का अर्थ है 'P, Q की बेटी है'।

34. निम्नलिखित में से कौन-सा सही नहीं है?
(a) R × S ? T का अर्थ है कि R, T की पोती है।
(b) P = Q ? R का अर्थ है कि R, P की दादी/नानी हैं।
(c) L $ M ★ O का अर्थ है कि O, L की बहन है।
(d) M ★ O E P = Q का अर्थ है कि Q और O पति-पत्नी हैं।
(e) सभी सत्य हैं।

35. निम्नलिखित में से कौन-सा सत्य है?
(a) V × T ★ P का अर्थ है P, V के मामा हैं।
(b) D ? V × T का अर्थ है D, T की पोती है।
(c) L £ M $ R का अर्थ है R, L के चाचा हैं
(d) M £ R ★ D ? V का अर्थ है M, V का बेटा है।
(e) कोई भी सत्य नहीं है।

36. निम्नलिखित में से कौन-सी अभिव्यक्ति दिखाती है कि 'A, B के दादा हैं'?
(a) M × A = N = B (b) B $ L × Q × A
(c) B × L × A (d) L ★ B = S $ Q = A
(e) इनमें से कोई नहीं

37. निम्नलिखित में से किसका अर्थ है कि 'F, G के चाचा हैं'?
(a) G × L $ F $ N (b) N $ F $ L × G
(c) G × M ★ F $ L (d) L = F $ Q £ G
(e) इनमें से कोई नहीं

38. S × M∀B £ L = F ? Q निम्नलिखित में से कौन-सा संबंध दिखाता है?
(a) F और B भाई और बहन हैं।
(b) B, S के चाचा हैं। (c) L, Q की पोती है।
(d) M, L की मामी हैं।
(e) उपरोक्त संबंधों में से कोई भी नहीं दिखाता है।

हल-अभ्यास 5(C)

1. (b) : P × Q − S का अर्थ है P, Q का बेटा है जो कि S की पत्नी है अर्थात P, S का बेटा है या S, P के पिता हैं।

2. (d) : S × B − M का अर्थ है S, B का बेटा है जोकि M की पत्नी हैं, अर्थात B, S की मां हैं।
B − M का अर्थ है B, M की पत्नी हैं अर्थात M, B के पति हैं। T − S का अर्थ है T, S की पत्नी हैं। S × B का अर्थ है S, B का बेटा है। अत: (d) गलत है।

3. (b) : Z × T − S × U $ P का अर्थ है Z, T का बेटा है, जोकि S की पत्नी हैं, जोकि U का बेटा है, जोकि P की बेटी है। इस प्रकार S, Z के पिता हैं और U, S की मां हैं। अत: U, Z की दादी हैं।

4. (d) : N # A $ B ★ D का अर्थ है N A की मां है, जोकि B के पिता हैं, जोकि D की बहन है। इस प्रकार D, A का बेटा या बेटी है और N, A की मां हैं। अत: D, N का पोता या पोती है।

5. (e) : A ÷ B $ C − E × F का अर्थ है A, B की मां है, जोकि C के पिता हैं, जोकि E के भाई हैं, जोकि F की बेटी है। इस प्रकार, C और E, B और F के बच्चे हैं। क्योंकि B पिता हैं, अत: F, C और E की मां हैं अर्थात F, B की पत्नी हैं। A, F के पति की मां हैं अर्थात A, F की सास हैं।

6. (*c*) : P ÷ R $ S $ Q का अर्थ है P, R की बेटी है जोकि S, के पिता हैं जोकि Q के पिता हैं अर्थात P, Q के पिता (S) की बहन है अर्थात P, Q की बुआ है।

7. (*a*) : P – R + Q का अर्थ है P, R की पत्नी हैं जोकि Q के पिता हैं अर्थात P, Q की मां है।

8. (*d*) : P × R ÷ Q का अर्थ है P, R का भाई है जोकि Q की बेटी है अर्थात P, Q का बेटा है।

9. (*a*) : P × R – Q का अर्थ है P, R का भाई है जोकि Q की पत्नी है अर्थात P, Q का साला है।

10. (*c*) : P $ R ÷ Q का अर्थ है P, R के पिता हैं जोकि Q की बेटी है अर्थात P, R के पिता हैं और Q, R की मां है अर्थात P, Q के पति हैं।

11. (*d*) : P ÷ R $ Q का अर्थ है P, R की बेटी है जोकि Q के पिता हैं अर्थात P, Q की बहन है।

12. (*a*) : P × R + Q का अर्थ है P, R का भाई है जोकि Q के पिता हैं अर्थात P, Q के चाचा हैं।

13. (*c*) : P – R × Q का अर्थ है P, R की पत्नी हैं जोकि Q के भाई हैं अर्थात P, Q की भाभी है।

14. (*a*) : P + Q – R का अर्थ है P, Q की बेटी है जोकि R के पति हैं अर्थात R, P की मां है।

15. (*c*) : P × Q + R का अर्थ है P, Q के भाई हैं जोकि R की बेटी है अर्थात P, R का बेटा है।

16. (*a*) : P + Q × R का अर्थ है P, Q की बेटी है जोकि R के भाई हैं अर्थात P, R की भतीजी है।

17. (*b*) : M – N × T + Z का अर्थ है M, N की मां है, जोकि T के पिता हैं, जोकि Z की बेटी है। अत: T, N और Z की बेटी है। Z, N की पत्नी हैं। M, N की मां हैं। अत: M, Z की सास हैं और T की दादी हैं।

18. (*b*) : A + B # C – D का अर्थ है A, B की मां है, जोकि C के पिता हैं, जोकि D के भाई हैं अर्थात A, D के पिता की मां हैं। अत: A, D की दादी हैं।

19. (*c*) : A, E की बुआ है का अर्थ है A, E के पिता की बहन है अर्थात A ★ B # E, स्पष्ट रूप से विकल्प (*c*) में कोड यही दिखाता है।

20. (*c*) : B + D × M ÷ N का अर्थ है B, D की मां है जोकि M के पिता हैं, जोकि N के भाई हैं। इस प्रकार, M, D का बेटा है, जिसकी मां B है अर्थात M, B का पोता है।

21. (*e*) : J ÷ R – T × F का अर्थ है J, R की मां है जोकि T की बहन है जोकि F के पिता हैं अर्थात J, F के चाचा हैं।

J + R – T × F का अर्थ है J, R की मां है जोकि T की बहन है जोकि F के पिता हैं अर्थात J, F की दादी हैं।

J ÷?M – N × F का अर्थ है J, M की मां हैं जोकि N की बहन है जोकि F के पिता हैं अर्थात J, F के चाचा हैं।

'J, F का बेटा है' का अर्थ है F, J की मां/पिता हैं जोकि एक पुरुष हैं (किसी व्यक्ति A के भाई) अर्थात F × J ÷ A या F $ J ÷ A।

22. (*b*) : R, M की भतीजी/भांजी है का अर्थ है कि R, M के भाई या बहन की बेटी है अर्थात M – J + R – N या M – J × R – N या M ÷ K $ R – N या M ÷ K × R – N

23. (*c*) : P @ Q $ M # T का अर्थ है P, Q के पति हैं जोकि M की मां है जोकि T के पिता हैं अर्थात P, T के पिता के पिता हैं अर्थात P, T के दादा हैं।

24. (*b*) : R, H की बहन है का अर्थ है R, H के पिता की बेटी है अर्थात R, H की मां (माना F) के पति (माना D) की बेटी है अर्थात R % D @ F $ H

25. (*a*) : F @ D % K # H का अर्थ है F D के पति हैं जोकि K की बेटी हैं जोकि H के पिता हैं अर्थात F, D के पति हैं जोकि H की बहन है अर्थात F, H के जीजा हैं।

26. (*b*) : H, N के भाई है का अर्थ है N, H के पिता की बेटी है और H क पुरुष हैं अर्थात N, H के पिता (माना D) के पति (माना F) की बेटी है और H किसी अन्य व्यक्ति (माना R) के पिता या पति हैं अर्थात N % F @ D $ H # R या N % F @ D $ H @ R

27. (*a*) : G + M @ K का अर्थ है G, M की मां हैं जोकि K के पति हैं अर्थात K, G के बेटे की पत्नी है अर्थात K, G की बहु है।

28. (*d*) : R, T की बेटी है, का अर्थ है

(*i*) T, R की मां हैं जोकि B की बहन है अर्थात T @ R # B; या

(*ii*) T, R की मां (माना F) के पति हैं जोकि B की बहन है अर्थात T $ F @ R # B; या

(*iii*) R, T के बेटे (माना F) की बहन है अर्थात R # F★T; या

(*iv*) R, T के पति (माना B) के बेटे (माना F) की बहन है अर्थात R # F ★ B $ T

29. (*e*) : M ★ H @ D $ K का अर्थ है M H का बेटा है जोकि D की मां है जोकि K के पति हैं अर्थात H, K के पति की मां हैं अर्थात H, K की सास हैं।

30. (*b*) : F # J ★ T $ R @ L का अर्थ है F, J की बहन है जोकि T का बेटा है जोकि R के पति हैं जोकि L की मां है अर्थात T और R क्रमश: F, J और L के पिता और मां हैं जिनमें से F महिला है और J पुरुष है। इस प्रकार F, J और L की बहन है, जबकि J, F और L का भाई है।

31. (*e*) : X D का पोता है, का अर्थ है

(*i*) X, H के बेटे/बेटी (माना A) का भाई है जिसके पिता D हैं अर्थात X + A × H ÷ D या X $ A ÷ H ÷ D; या

(*ii*) X, H के बेटे/बेटी (माना A) का भाई है जिसकी मां D है अर्थात X $ A × H × D या X + A ÷ H × D

32. (*c*) : स्पष्ट रूप से, उपरोक्त प्रश्न में कोड P – Q का उपयोग नहीं किया गया है अत: कथन (iii) अनावश्यक है।

33. (*c*) : K, H के ससुर हैं का अर्थ है H, K की बेटी (माना L) के भाई (माना J) की पत्नी है और K एक पुरुष है (व्यक्ति माना P के पिता) अर्थात H @ J $ L # K $ P या H @ J $ L # K £ P

34. (*c*) : R × S ? T का अर्थ है R, S की बेटी है जिसकी मां T है अर्थात R, T की नातिन है। P = Q ? R का अर्थ है R, Q की मां है जोकि P के पिता हैं अर्थात R, P की दादी हैं। L $ M ★ O का अर्थ है कि L, M का भाई है जोकि O की बहन हैं अर्थात L, O का भाई है अर्थात O, L का भाई या बहन है। M ★ O £ P = Q का अर्थ है कि Q, O के बेटे (P) के पिता हैं अर्थात Q, P के पिता और O, P की मां हैं अर्थात Q और O पति और पत्नी हैं।

35. (*d*) : V × T ★ P का अर्थ है V, T की बेटी है जोकि P की बहन है अर्थात P, V की मां का भाई/बहन है अर्थात P या तो V के मामा हैं या मौसी हैं। D ? V × T का अर्थ है V, D की मां है और T की बेटी हैं अर्थात D, T की बेटी का बेटा/बेटी है अर्थात D, T का पोता या पोती है। L £ M + R का अर्थ है M, L का बेटा है और R का भाई है अर्थात R, L का बेटा है। M + R ★ D ? V का अर्थ है M, R का भाई है जोकि D की बहन है जिसकी मां V हैं अर्थात M, R का भाई है जोकि V की बेटी है अर्थात M, V का बेटा है।

36. (*d*) : M × A = N = B का अर्थ है B, N के पिता हैं जोकि A के पिता हैं अर्थात B, A के दादा हैं। B + L × Q × A का अर्थ है B, L का भाई है जोकि Q की बेटी है,जोकि A की बेटी है अर्थात A, B के दादा/दादी हैं। B × L × A का अर्थ है B, L की बेटी है जोकि A की बेटी है अर्थात A, B के नाना/नानी हैं। L ★ B = S $ Q = A का अर्थ है A, Q के पिता हैं जिनके भाई S हैं जोकि B के पिता हैं अर्थात A, B के पिता के पिता हैं अर्थात A, B के दादा हैं।

37. (*a*) : G × L + F + N का अर्थ है G, L की बेटी है जोकि F का भाई है जोकि N का भाई है अर्थात F, L का भाई है जोकि G के पिता हैं अर्थात F, G के चाचा हैं। N $ F $ L × G का अर्थ है N, F का भाई है जोकि L का भाई है जोकि G की बेटी है अर्थात F, L का भाई है जोकि G की बेटी है अर्थात F, G का बेटा है। G × M ★ F $ L का अर्थ है G, M की बेटी है जोकि F की बहन है जोकि L का भाई है अर्थात F, G की मां का भाई है अर्थात F, G के मामा हैं। L = F $ Q £ G का अर्थ है G, Q का बेटा है जिसका भाई F है अर्थात F या तो G के मामा या चाचा हैं।

38. (*d*) : स्पष्ट रूप से L, B का बेटा है और F, L के पिता हैं। अत: B, L की मां हैं। इस प्रकार, F और B पति और पत्नी हैं। S, M की बेटी है जोकि B की बहन है जोकि L की मां है। इसका अर्थ है कि B, S की मां की बहन है अर्थात B, S की मौसी है। L, B का बेटा है और F, Q का बेटा है। अत: L, Q का पोता है। M, B की बहन है और B, L की मां है। अत: M, L की मामी हैं।

हल सहित अतिरिक्त प्रश्न

अभ्यास

1. परिवार के छह सदस्य A, B, C, D, E तथा F एक साथ यात्रा कर रहे हैं; B, C का बेटा है लेकिन C, B की मां नहीं है। A और C एक शादीशुदा जोड़ा हैं। E, C का भाई है। D, A की बेटी है। F, B का भाई है। परिवार में कितने पुरुष सदस्य हैं?

(*a*) 2 (*b*) 3 (*c*) 4 (*d*) 1

[SSC-CGL Exam, 2015]

2. A, B का भाई है; B, C की बेटी है और D, A के पिता हैं अत: C, D से किस प्रकार संबंधित है?

(*a*) पति (*b*) पत्नी (*c*) पोती (*d*) दादा

[SSC-CGL Exam, 2014]

3. एक व्यक्ति ने उसके पास के एक लड़के को दिखाया और कहा, "यह मेरी पत्नी की ननद का बेटा है, लेकिन मैं अपने माता-पिता का इकलौता बच्चा हूं।" मेरा बेटा इससे किस प्रकार संबंधित है?

(*a*) चचेरा भाई (*b*) भाई (*c*) चाचा (*d*) भतीजा

[SSC-CGL Exam, 2013]

4. सुनील, केशव का बेटा है; केशव की बहन सिमरन, का एक बेटा मारुति और बेटी सीता है। प्रेम मारुति के मामा हैं। सुनील, मारुति से किस प्रकार संबंधित है?

(*a*) चचेरा भाई (*b*) मामा (*c*) भाई (*d*) भतीजा

[SSC-CGL Exam, 2015]

हल

1. (*c*) :

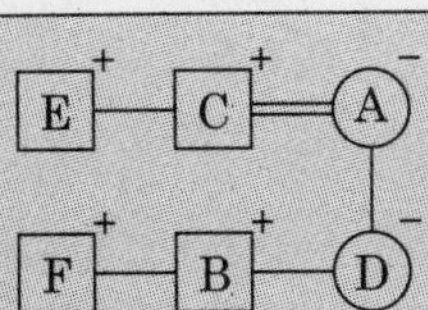

यहां 4 पुरुष (E, C, F और B) हैं। अत: विकल्प (*c*) सही है।

2. (*b*) :

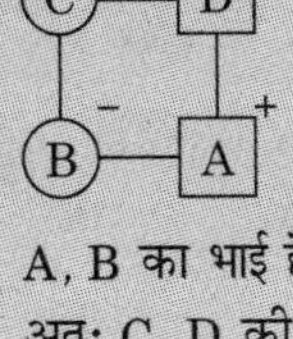

A, B का भाई है; B, C की बेटी है और D, A के पिता हैं। अत: C, D की पत्नी हैं।

3. (*a*) : व्यक्ति की पत्नी की भाभी = व्यक्ति की भाभी व्यक्ति की भाभी का बेटा = व्यक्ति का भतीजा (लड़का) अत: व्यक्ति का बेटा, लड़के का चचेरा भाई है। अत: विकल्प (*a*) सही है।

4. (*a*) :

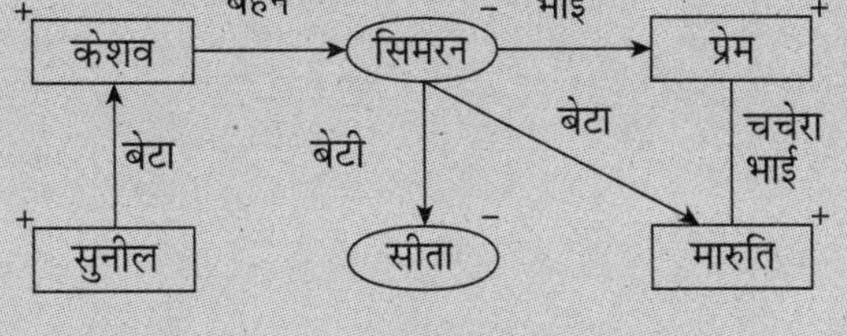

चित्र से यह स्पष्ट है कि सुनील, मारुति का चचेरा भाई है। अत: विकल्प (*a*) सही है।

6

पहेली परीक्षण
(PUZZLE TEST)

विश्लेषणात्मक तर्कशक्ति के इस खंड में इस प्रकार के प्रश्नों को शामिल कियां जाता है जिसमें कुछ प्रकार के मदों - व्यक्ति या वस्तु, को एक पहेली के रूप में दिया जाता है। अभ्यर्थी को दी गई सूचनाओं का विश्लेषण कर तथा इसे उचित रूप में संयोजित कर, पूछे गए प्रश्नों का उत्तर देना होता है। पहेली टेस्ट पर आधारित प्रश्न निम्नलिखित प्रकार के हो सकते हैं:

प्रकार 1: वर्गीकरण आधारित प्रश्न
प्रकार 2: बैठना/स्थान व्यवस्था आधारित प्रश्न
प्रकार 3: तुलना आधारित प्रश्न
प्रकार 4: घटनाओं के अनुक्रम पर आधारित प्रश्न
प्रकार 5: दी गए स्थितियों के आधार पर चयन
प्रकार 6: परिवार-आधारित पहेलियाँ
प्रकार 7: अव्यवस्थित (जम्बल्ड) पहेलियाँ

प्रकार 1: वर्गीकरण आधारित प्रश्न

इस प्रकार में ऐसे प्रश्न होते हैं जिनमें विभिन्न समूहों से संबंधित या विभिन्न गुणों वाले कुछ व्यक्ति/वस्तु को कुछ सुराग (क्लू) के साथ दिया जाता है, अभ्यर्थी को दिए गए सुरागों की मदद से दी गयी सूचना को समूहित करना होता है तथा विश्लेषण कर उसके आधार पर दिए गए प्रश्नों को हल करना होता है।

उदा. 1. ***निम्नलिखित सूचनाओं को सावधानीपूर्वक पढ़ें और दिए गए प्रश्नों का उत्तर दें:*** **(IGNOU, 2003)**

(*i*) B और E नाट्यशास्त्र और कंप्यूटर विज्ञान में अच्छे हैं।
(*ii*) A और B कंप्यूटर विज्ञान और भौतिकी में अच्छे हैं।
(*iii*) A, D और C भौतिकी और इतिहास में अच्छे हैं।
(*iv*) C और A भौतिकी और गणित में अच्छे हैं।
(*v*) D और E इतिहास और नाट्यशास्त्र में अच्छे हैं।

1. भौतिकी, इतिहास और नाट्यशास्त्र में कौन अच्छा है?
(*a*) A (*b*) B (*c*) D (*d*) E

2. कौन भौतिकी, इतिहास और गणित में अच्छा है लेकिन कंप्यूटर विज्ञान में अच्छा नहीं है?
(*a*) A (*b*) B (*c*) C (*d*) D

3. कंप्यूटर विज्ञान, इतिहास और नाट्यशास्त्र में कौन अच्छा है?
(*a*) A (*b*) B (*c*) C (*d*) E

4. इतिहास, भौतिकी, कंप्यूटर विज्ञान और गणित में कौन अच्छा है?
(*a*) A (*b*) B (*c*) C (*d*) D

5. भौतिकी, नाट्यशास्त्र और कंप्यूटर विज्ञान में कौन अच्छा है?
(*a*) A (*b*) B (*c*) D (*d*) E

हल: दी गई सूचनाओं का विश्लेषण निम्नानुसार किया जा सकता है:

	नाट्यशास्त्र	कंप्यूटर विज्ञान	भौतिकी	इतिहास	गणित
A	×	✓	✓	✓	✓
B	✓	✓	✓	×	×
C	×	×	✓	✓	✓
D	✓	×	✓	✓	×
E	✓	✓	×	✓	×

1. D, भौतिकी, इतिहास और नाट्यशास्त्र में अच्छा है। इसलिए, उत्तर (*c*) है।

2. A और C दोनों भौतिकी, इतिहास और गणित में अच्छे हैं। लेकिन A कंप्यूटर विज्ञान में अच्छा है, जबकि C नहीं है। इसलिए, उत्तर (*c*) है।

3. E, कंप्यूटर विज्ञान, इतिहास और नाटक में अच्छा है। इसलिए, उत्तर (*d*) है।

4. A, इतिहास, भौतिकी, कंप्यूटर विज्ञान और गणित में अच्छा है। इसलिए, उत्तर (*a*) है।

5. B, भौतिकी, नाटक और कंप्यूटर विज्ञान में अच्छा है। इसलिए, उत्तर (*b*) है।

उदा. 2. ***निम्नलिखित सूचनाओं को सावधानीपूर्वक पढ़ें और निम्नलिखित प्रश्नों का उत्तर दें:*** **(M.B.A. 2006; R.R.B. 2005)**

(i) पांच दोस्त P, Q, R, S और T मुंबई से परिवहन के विभिन्न साधनों जैसे बस, ट्रेन, हवाई जहाज, कार और नाव द्वारा पांच अलग-अलग शहरों चेन्नई, कोलकाता, दिल्ली, बैंगलोर और हैदराबाद की यात्रा करते हैं।

(ii) जो व्यक्ति दिल्ली की यात्रा करता है वह नाव से यात्रा नहीं करता है।

(iii) R कार द्वारा बैंगलोर जाता है और Q हवाई जहाज से कोलकाता जाता है।

(iv) S नाव से यात्रा करता है जबकि T ट्रेन से यात्रा करता है।

(v) मुंबई, दिल्ली और चेन्नई से बस द्वारा नहीं जुड़ा है।

1. व्यक्ति और साधन के निम्नलिखित में से कौन सा संयोजन सही नहीं है?
(a) P – बस (b) Q – हवाई जहाज (c) R – कार
(d) S – नाव (e) T – हवाई जहाज

2. निम्नलिखित में से कौन सा संयोजन S के लिए सही है?
(a) दिल्ली – बस (b) चेन्नई – बस (c) चेन्नई – नाव
(d) डाटा अपर्याप्त है (e) इनमें से कोई नहीं

3. निम्नलिखित में से कौन सा संयोजन स्थान और साधन के लिए सही नहीं है?
(a) दिल्ली – बस (b) कोलकाता – हवाई जहाज
(c) बैंगलोर – कार (d) चेन्नई – नाव
(e) हैदराबाद – बस

4. दिल्ली जाने वाला व्यक्ति निम्नलिखित में से किस साधन के द्वारा गया?
(a) बस (b) ट्रेन (c) हवाई जहाज
(d) कार (e) नाव

5. निम्नलिखित में से किसने दिल्ली की यात्रा की?
(a) R (b) S (c) T
(d) डाटा अपर्याप्त है (e) इनमें से कोई नहीं

हल: दी गई सूचनाओं को निम्नानुसार विश्लेषित किया जा सकता है:

(A) **परिवहन का साधन:** R कार द्वारा, Q हवाई जहाज द्वारा, S नाव द्वारा और T ट्रेन द्वारा यात्रा करता है। अब, केवल P शेष है। इसलिए, P बस द्वारा यात्रा करता है।

(B) **यात्रा करने का स्थान:** R बैंगलोर के लिए, Q कोलकाता के लिए जाता है। अब, बस का परिवहन दिल्ली या चेन्नई के लिए उपलब्ध नहीं है। इसलिए, P जो बस से यात्रा करता है वह हैदराबाद जाता है। S नाव से यात्रा करता है और इसलिए, कथन (ii) के अनुसार, दिल्ली नहीं जाता है। इसलिए, S चेन्नई जाता है। अब, केवल T शेष बचा है, इसलिए T दिल्ली जाता है।

व्यक्ति	P	Q	R	S	T
स्थान	हैदराबाद	कोलकाता	बैंगलोर	चेन्नई	दिल्ली
साधन	बस	हवाई जहाज	कार	नाव	ट्रेन

1. स्पष्ट है, कि T के लिए गलत संयोजन – हवाई जहाज है। इसलिए, उत्तर (e) है।

2. स्पष्ट है, कि S के लिए सही संयोजन चेन्नई – नाव है। इसलिए, उत्तर (c) है।

3. स्पष्ट है, कि गलत संयोजन दिल्ली – बस है। इसलिए, उत्तर (a) है।

4. स्पष्ट है, कि T ट्रेन द्वारा दिल्ली की यात्रा करता है। इसलिए, उत्तर (b) है।

5. स्पष्ट है, कि T दिल्ली की यात्रा करता है। इसलिए, उत्तर (c) है।

उदा. 3. *निम्नलिखित सूचनाओं को सावधानीपूर्वक पढ़ें और नीचे दिए गए प्रश्नों का उत्तर दें:* **(M.B.A. 2006, M.A.T. 2002)**

छह व्यक्ति A, B, C, D, E और F स्कूल में शिक्षक हैं। प्रत्येक शिक्षक दो विषय को पढ़ाता है, एक अनिवार्य विषय और दूसरा वैकल्पिक विषय। D का वैकल्पिक विषय इतिहास था जबकि तीन अन्य व्यक्तियों का यह अनिवार्य विषय था। E और F के पास उनके एक विषय में भौतिकी है। F का अनिवार्य विषय गणित है जो C और E दोनों का एक वैकल्पिक विषय है। इतिहास और अंग्रेजी A के विषय हैं लेकिन अनिवार्य और वैकल्पिक विषयों के मामले में, वे D के विपरीत हैं। रसायन शास्त्र इनमें से केवल एक का वैकल्पिक विषय है। स्कूल में केवल महिला शिक्षक का अनिवार्य विषय अंग्रेजी है।

1. C का अनिवार्य विषय क्या है?
(a) इतिहास (b) भौतिकी (c) रसायन शास्त्र
(d) अंग्रेजी (e) गणित

2. समूह में महिला सदस्य कौन है?
(a) A (b) B (c) C (d) D (e) E

3. निम्नलिखित में से किसके पास F के समान अनिवार्य और वैकल्पिक विषय हैं?
(a) D (b) B (c) A (d) C
(e) इनमें से कोई नहीं

4. किसके पास F के समान दो विषयों का संयोजन है, अनिवार्य और वैकल्पिक विषय पर ध्यान नहीं देते हुए?
(a) A (b) B (c) E (d) D
(e) इनमें से कोई नहीं

5. निम्नलिखित समूहों में से किसके पास अनिवार्य विषय इतिहास है?
(a) A, C, D (b) B, C, D (c) C, D
(d) A, B, C (e) A, D

हल: दी गई सूचनाओं का निम्नानुसार विश्लेषण किया जा सकता है: मान लीजिए कि 'O' वैकल्पिक विषय को इंगित करता है और 'C' अनिवार्य विषय को इंगित करता है।

	A	B	C	D	E	F
इतिहास	C	C	C	O	–	–
भौतिक	–	–	–	–	C	O
गणित	–	–	O	–	O	C
अंग्रेजी	O	–	–	C	–	–
रसायन शास्त्र	–	O	–	–	–	–

F का अनिवार्य विषय गणित है। F के विषयों में से भौतिकी भी एक विषय है। इसलिए, भौतिकी F का वैकल्पिक विषय है। E का वैकल्पिक विषय गणित है और भौतिकी भी एक विषय है। इसलिए, E का अनिवार्य विषय भौतिकी है। A और D के एक समान विषय – इतिहास और अंग्रेजी हैं। D के वैकल्पिक विषय के रूप में इतिहास है, इसलिए D का अनिवार्य विषय अंग्रेजी है। A और D के वैकल्पिक और अनिवार्य विषय विपरीत हैं। इसलिए, A का अनिवार्य विषय इतिहास और वैकल्पिक विषय अंग्रेजी है। रसायन शास्त्र केवल एक शिक्षक का वैकल्पिक विषय है। इसलिए, यह

B का वैकल्पिक विषय है क्योंकि केवल B ही शेष है। हम जानते हैं कि इतिहास तीन शिक्षकों का अनिवार्य विषय है। इसलिए, A, B और C के लिए यह अनिवार्य विषय है। D शिक्षक का अनिवार्य विषय अंग्रेजी है। इसलिए D समूह कि एकमात्र महिला शिक्षक है।

1. C का अनिवार्य विषय इतिहास हैं। इसलिए, उत्तर (*a*) है।

2. D एकमात्र महिला शिक्षक है। इसलिए, उत्तर (*d*) है।

3. E के विषय F के समान हैं, लेकिन E के अनिवार्य और वैकल्पिक विषय F के विपरीत हैं। इसलिए, उत्तर (*e*) 'इनमें कोई नहीं' है।

4. स्पष्ट है, कि E और F का विषय संयोजन समान है। इसलिए, उत्तर (*c*) है।

5. A, B और C के अनिवार्य विषय इतिहास है। इसलिए, उत्तर (*d*) है।

उदा. 4. ***निम्नलिखित सूचनाओं को सावधानीपूर्वक पढ़ें और नीचे दिए गए प्रश्नों का उत्तर दें:***

B, M, T, R, K, H और D, III-टीयर स्लीपर बर्थ वाले एक ट्रेन के डिब्बे में यात्रा कर रहे हैं। उनमें से प्रत्येक का एक अलग पेशा - अभियंता, डॉक्टर, वास्तुकार, फार्मेसिस्ट, वकील, पत्रकार और पैथोलोजिस्ट है। उन्होंने दो निचले बर्थ, तीन मध्य बर्थ और दो ऊपरी बर्थ लिए हैं। B, अभियंता, ऊपरी बर्थ पर नहीं है। वास्तुकार एकमात्र अन्य व्यक्ति है जो B के समान प्रकार के बर्थ पर है। M और H मिडिल बर्थ पर नहीं हैं और उनके व्यवसाय क्रमशः पैथोलोजिस्ट और वकील हैं। T एक फार्मासिस्ट है। D न तो एक पत्रकार और न ही एक वास्तुकार है। K डॉक्टर के समान बर्थ पर है। **(Bank P.O. 2004)**

1. वास्तुकार कौन है?
(*a*) D (*b*) H (*c*) R
(*d*) डाटा अपर्याप्त है (*e*) इनमें से कोई नहीं

2. D का पेशा क्या है?
(*a*) फार्मेसिस्ट (*b*) वकील (*c*) डॉक्टर
(*d*) अभियंता (*e*) डाटा अपर्याप्त है

3. निम्नलिखित में से कौन सा जोड़ा निचले बर्थ पर है?
(*a*) BT (*b*) BD (*c*) BK
(*d*) डाटा अपर्याप्त है (*e*) इनमें से कोई नहीं

4. निम्नलिखित में से कौन सा समूह बीच वाले बर्थ पर है?
(*a*) DKT (*b*) HKT (*c*) DKR (*d*) DHT
(*e*) इनमें से कोई नहीं

5. व्यक्ति-बर्थ-पेशा के निम्नलिखित संयोजनों में से कौन सा सही है?
(*a*) K - ऊपरी - वकील (*b*) D - ऊपरी - डॉक्टर
(*c*) M - निचले - पत्रकार (*d*) R - निचले -वास्तुकार
(*e*) सभी सही है

हल: वास्तुकार एकमात्र दूसरा व्यक्ति है जो B, अभियंता के समान बर्थ पर है। और चूंकि अभियंता ऊपरी बर्थ पर नहीं है, इसलिए वह और वास्तुकार निचले बर्थ पर होना चाहिए, क्योंकि तीन व्यक्ति मिडिल बर्थ पर हैं। M और H बीच वाले बर्थ पर नहीं हैं और उनके व्यवसाय क्रमशः पैथोलोजिस्ट और वकील हैं। चूंकि निचले बर्थों पर अभियंता और वास्तुकार है, इसलिए पैथोलोजिस्ट और वकील ऊपरी बर्थ पर कब्जा करते हैं और डॉक्टर फार्मेसिस्ट और पत्रकार मिडिल बर्थ पर हैं। अब, T एक फार्मेसिस्ट है। D न तो एक पत्रकार न ही वास्तुकार है। इसलिए, D एक डॉक्टर है। चूंकि K डॉक्टर के समान बर्थ पर है, इसलिए K एक पत्रकार है। अंत में, R एक वास्तुकार है। इस प्रकार, हमारे पास है:

यात्री	B	M	T
बर्थ	निचली	ऊपरी	मध्य
पेशा	अभियंता	पैथोलोजिस्ट	फार्मेसिस्ट

यात्री	R	K	H	D
बर्थ	निचली	मध्य	ऊपरी	मध्य
पेशा	वास्तुकार	पत्रकार	वकील	डॉक्टर

1. R वास्तुकार हैं। इसलिए, उत्तर (*c*) है।

2. D पेशे से डॉक्टर हैं। इसलिए, उत्तर (*c*) है।

3. B और R निचले बर्थ पर है। इसलिए, उत्तर (*e*) है।

4. D, K और T मध्य बर्थ है। इसलिए, उत्तर (*a*) है।

5. स्पष्ट है, कि सही संयोजन R-निचले-वास्तुकार है। इसलिए, उत्तर (*d*) है।

उदा. 5. ***निम्नलिखित सूचनाओं को सावधानीपूर्वक पढ़ें और नीचे दिए गए प्रश्नों का उत्तर दें:*** **(Bank P.O. 2004)**

(*i*) आठ व्यक्ति A, B, C, D, E, F, G और H तीन अलग-अलग कंपनियों X, Y और Z में काम करते हैं।

(*ii*) दो महिलाएं हैं जो अलग-अलग कंपनियों में काम करती हैं और उनकी विशेषज्ञता भी अलग-अलग है।

(*iii*) उनमें से दो को फाइनेंस में विशेषज्ञता प्राप्त है, अन्य दो को मानव संसाधन में विशेषज्ञता प्राप्त है, दो को मार्केटिंग में विशेषज्ञता प्राप्त है, एक अभियंता है और उनमें से एक कंप्यूटर में विशेषज्ञ है।

(*iv*) D, कंपनी X में काम कर रहा मानव संसाधन विशेषज्ञ है, जबकि उसका मित्र G कंपनी Z में काम करता है और एक फाइनेंस में विशेषज्ञ है।

(*v*) H, एक मानव संसाधन विशेषज्ञ है जो मार्केटिंग विशेषज्ञ B के साथ काम करता है लेकिन कंपनी Y में काम नहीं करता है।

(*vi*) एक समान विशेषज्ञता प्राप्त करने वाले दो व्यक्ति एक साथ काम नहीं करते हैं।

(*vii*) मार्केटिंग विशेषज्ञ F, कंपनी Y में काम करता है और उसका दोस्त A जो फाइनेंस विशेषज्ञ है कंपनी X में केवल एक दूसरे विशेषज्ञ के साथ काम करता है।

(*viii*) किसी भी कंपनी में तीन से अधिक व्यक्ति काम नहीं करते हैं।

(*ix*) C एक अभियंता है और उसकी बहन कंपनी Z में काम करती है।

(*x*) कोई भी महिला, अभियंता या कंप्यूटर विशेषज्ञ नहीं है।

1. C किस कंपनी में काम करता है?
(*a*) X (*b*) Y (*c*) Z
(*d*) या तो Y या Z (*e*) इनमें से कोई नहीं

2. कौन सी दो कंपनियों में मानव संसाधन विशेषज्ञ काम करते हैं?
(*a*) X और Y (*b*) Y और Z (*c*) X और Z
(*d*) डाटा अपर्याप्त है (*e*) इनमें से कोई नहीं

3. दो महिलाएं हैं-
(*a*) B और D (*b*) D और G (*c*) D और H
(*d*) या तो (*a*) या (*b*) (*e*) डाटा अपर्याप्त है

4. कंप्यूटर विशेषज्ञ कौन है?
(*a*) C (*b*) E (*c*) H
(*d*) डाटा अपर्याप्त है (*e*) इनमें से कोई नहीं

हल: D और H को मानव संसाधन में विशेषज्ञता प्राप्त है, G और A को फाइनेंस में विशेषज्ञता प्राप्त है, B और F को मार्केटिंग में विशेषज्ञता प्राप्त है। C एक अभियंता है। इसलिए, E एक कंप्यूटर विशेषज्ञ है। अब, H और B एक साथ काम करते हैं लेकिन कंपनी Y में काम नहीं करते है। इसके अलावा D और H को एक समान विशेषज्ञता प्राप्त है। इसलिए, H उसी कंपनी में काम नहीं कर सकता जिसमें D काम करता है, अर्थात X में। इस प्रकार, H और B कंपनी Z में काम करते हैं। केवल D और A कंपनी X में काम करते है; G, H और B कंपनी Z में काम करते हैं। चूंकि तीन से अधिक व्यक्ति एक कंपनी में काम नहीं कर सकते हैं, अत: F, C और E कंपनी Y में काम करते हैं।

चूंकि दोनों महिलाएं अलग-अलग कंपनियों में काम करती हैं, इसलिए अगर D महिला है तो कंपनी X में कार्य कर रहा दूसरा व्यक्ति अर्थात A पुरुष है। F एक पुरुष है। C एक अभियंता है और E कंप्यूटर विशेषज्ञ है, अत: दोनों पुरुष हैं।

चूंकि D एक महिला है, इसलिए दूसरी महिला की विशेषज्ञता D यानि मानव संसाधन के समान नहीं हो सकती है। इसलिए, H एक पुरुष है। इस प्रकार, या B या G दूसरी महिला है।

व्यक्ति	लिंग	विशेषज्ञता	कंपनी
A	पुरुष	फाइनेंस	X
B	पुरुष/महिला	मार्केटिंग	Z
C	पुरुष	अभियंता	Y
D	महिला	मानव संसाधन	X
E	पुरुष	कंप्यूटर	Y
F	पुरुष	मार्केटिंग	Y
G	पुरुष/महिला	फाइनेंस	Z
H	पुरुष	मानव संसाधन	Z

1. (*b*) : C कंपनी Y में काम करता है।

2. (*c*) : मानव संसाधन विशेषज्ञ D और H हैं, जो क्रमश: कंपनी X और Z में काम करते हैं।

3. (*d*) : दो महिलाएं D, और या तो B या G हैं।

4. (*b*) : E कंप्यूटर विशेषज्ञ है।

अभ्यास 6A

दिशा-निर्देश (प्रश्न 1 से 3): निम्नलिखित सूचनाओं को सावधानीपूर्वक पढ़ें और नीचे दिए गए प्रश्नो का उत्तर दें: (R.R.B. 2004)

रवि और कुणाल हॉकी और वॉलीबॉल में अच्छे हैं। सचिन और रवि हॉकी और बेसबॉल में अच्छे हैं। गौरव और कुणाल क्रिकेट और वॉलीबॉल में अच्छे हैं। सचिन, गौरव और माइकल फुटबॉल और बेसबॉल में अच्छे हैं।

1. हॉकी, क्रिकेट और वॉलीबॉल में कौन अच्छा है?
(*a*) सचिन (*b*) कुणाल (*c*) रवि (*d*) गौरव

2. बेसबॉल, क्रिकेट, वॉलीबॉल और फुटबॉल में कौन अच्छा है?
(*a*) सचिन (*b*) कुणाल (*c*) गौरव (*d*) रवि

3. बेसबॉल, वॉलीबॉल और हॉकी में कौन अच्छा है?
(*a*) सचिन (*b*) कुणाल (*c*) रवि (*d*) गौरव

दिशा-निर्देश (प्रश्न 4 से 8): दिए गए प्रश्नों का उत्तर देने के लिए निम्नलिखित सूचनाओं को सावधानीपूर्वक पढ़ें: (M.B.A. 1998)

मदन और रोहित हॉकी की एक ही टीम में हैं। पार्थ ने बैडमिंटन में रोहित को हरा दिया लेकिन टेनिस में सचिन से हार गया। नितिन फुटबॉल में सागर के साथ और हॉकी में सचिन के साथ टीम में था। रोहित ने शतरंज में सचिन को हराया। क्रिकेट खेलने वाले लोग बैडमिंटन, वॉलीबॉल या टेनिस नहीं खेलते हैं। मदन और पार्थ बास्केटबाल की विपरीत टीमों में हैं। नितिन क्रिकेट में अपने राज्य का प्रतिनिधित्व करता है जबकि सागर जिला स्तर पर ऐसा करता है। शतरंज खेलने वाले लड़के फुटबॉल, बास्केटबाल या वॉलीबॉल नहीं खेलते हैं। वॉलीबॉल टीम में मदन और पार्थ एक साथ हैं। फुटबॉल खेलने वाले लड़के हॉकी भी खेलते हैं।

4. उन लड़कों को नाम बताएं जो फुटबॉल नहीं खेलते हैं।
(*a*) सचिन, नितिन (*b*) रोहित, सागर
(*c*) रोहित, सचिन (*d*) रोहित, नितिन

5. कौन हॉकी और टेनिस दोनों खेलता है?
(*a*) सचिन (*b*) रोहित (*c*) नितिन (*d*) पार्थ

6. इस समूह का सबसे लोकप्रिय खेल कौन सा है?
(*a*) क्रिकेट (*b*) हॉकी (*c*) फुटबॉल (*d*) बैडमिंटन

7. कौन सबसे बड़ी संख्या में खेलता है?
(*a*) सागर (*b*) रोहित (*c*) पार्थ (*d*) नितिन

8. कौन सा लड़का बैडमिंटन और हॉकी दोनों खेलता है?
(*a*) सचिन (*b*) रोहित (*c*) नितिन (*d*) पार्थ

दिशा-निर्देश (प्रश्न 9 से 10): निम्नलिखित सूचनाओं को पढ़ें और नीचे दिए गए प्रश्न का उत्तर दें:

(*i*) कैलाश, गोविंद और हरिंदर बुद्धिमान हैं।
(*ii*) कैलाश, राजेश और जितेंद्र कठिन मेहनत करने वाले हैं।
(*iii*) राजेश, हरिंदर और जितेंद्र ईमानदार हैं।
(*iv*) कैलाश, गोविंद और जितेंद्र महत्वाकांक्षी हैं।

9. निम्नलिखित में से कौन सा व्यक्ति न तो कठिन मेहनत करने वाला है और न ही महत्वाकांक्षी है?
(*a*) कैलाश (*b*) गोविंद (*c*) हरिंदर (*d*) राजेश

10. निम्नलिखित में से कौन सा व्यक्ति न तो ईमानदार है और न ही कठिन मेहनत करने वाला है किन्तु महत्वाकांक्षी है?
(*a*) कैलाश (*b*) गोविंद (*c*) राजेश (*d*) हरिंदर

11. क्रिकेट के एक सत्र में, भारत ने ऑस्ट्रेलिया को दो बार हराया, वेस्टइंडीज ने दो बार भारत को हराया, ऑस्ट्रेलिया ने वेस्टइंडीज को दो बार हराया, भारत ने न्यूजीलैंड को दो बार हराया, और वेस्टइंडीज ने न्यूजीलैंड को दो बार हराया। कौन सा देश सबसे अधिक बार हारा?
(*a*) भारत (*b*) ऑस्ट्रेलिया (*c*) न्यूजीलैंड (*d*) वेस्ट इंडीज

दिशा-निर्देश (प्रश्न 12 से 14): निम्नलिखित सूचनाओं को पढ़ें और नीचे दिए गए प्रश्न का उत्तर दें:

छह छात्र A, B, C, D, E और F मैदान में बैठे हैं। A और B नेहरू हाउस से हैं जबकि शेष गांधी हाउस से हैं। D और F लंबा हैं जबकि अन्य छात्र बौने हैं। A, C और D चश्मा पहने हुए हैं जबकि अन्य नहीं।

12. कौन से दो छात्र, जो चश्मा नहीं पहने हैं, छोटे हैं?
(*a*) A और F (*b*) C और E (*c*) B और E
(*d*) E और F (*e*) इनमें से कोई नहीं

13. गांधी हाउस का कौन सा छोटा छात्र चश्मा नहीं पहने है?
(*a*) F (*b*) E (*c*) B
(*d*) A (*e*) डाटा अपर्याप्त है

14. गांधी हाउस का कौन सा लंबा छात्र चश्मा नहीं पहने है?

44. समूह में शामिल तीन महिलाएं कौन हैं?
(*a*) V, R, K (*b*) R, P, J (*c*) R, K, Q
(*d*) डाटा अपर्याप्त है (*e*) इनमें से कोई नहीं

45. Q किस कार का मालिक है?
(*a*) एस्टीम (*b*) लैंसर (*c*) आल्टो
(*d*) सैंट्रो (*e*) इनमें से कोई नहीं

46. लैंसर कार का मालिक कौन है?
(*a*) V (*b*) X (*c*) K
(*d*) डाटा अपर्याप्त है (*e*) इनमें से कोई नहीं

47. K का पेशा क्या है?
(*a*) डॉक्टर (*b*) प्रोफेसर (*c*) ट्रैवल एजेंट
(*d*) डाटा अपर्याप्त है (*e*) इनमें से कोई नहीं

दिशा-निर्देश *(प्रश्न 48 से 52): निम्नलिखित सूचनाओं को सावधानीपूर्वक पढ़ें और नीचे दिए गए प्रश्नों का उत्तर दें:*

(B.B.A. 2004)

चार खिलाड़ी A, B, C और D में से प्रत्येक के पास 4 कार्ड हैं। उनमें से प्रत्येक के पास एक इक्का, एक राजा, एक रानी और एक गुलाम है। उनमें से सभी के पास सभी सूट (चिड़ि, पान, हुकम और ईंट) हैं।

I. A के पास चिड़ि का इक्का और ईंट की रानी है।
II. B के पास हुकम का इक्का और ईंट की रानी है।
III. C के पास हुकम की रानी और चिड़ि का राजा है।
IV. D के पास हुकम का गुलाम है।

48. ईंट का इक्का किसके पास है?
(*a*) A (*b*) B (*c*) C (*d*) D

49. पान का गुलाम किसके पास है?
(*a*) A (*b*) B (*c*) C (*d*) D

50. हुकुम की रानी किसके पास है?
(*a*) A (*b*) B (*c*) C (*d*) D

51. C के पास निम्नलिखित में से कौन सा है?
(*a*) पान का इक्का (*b*) हुकुम का गुलाम
(*c*) पान का राजा (*d*) हुकुम की रानी

52. D के पास निम्नलिखित में से कौन सा है?
(*a*) पान का इक्का (*b*) पान का राजा
(*c*) पान की रानी (*d*) हुकम का राजा

दिशा-निर्देश *(प्रश्न 53 से 56): निम्नलिखित सूचनाओं को सावधानीपूर्वक पढ़ें और नीचे दिए गए प्रश्नों का उत्तर दें:*

(S.B.I.P.O. 2001)

(*i*) A, B, C, D, E और F एक समूह के छह सदस्य हैं जिनमें तीन मर्हिला सदस्य हैं। महिलाएं तीन विभागों—ऑडिट, एडमिनिस्ट्रेशन और कर्मचारी में काम करती हैं और तीन अलग-अलग मंजिलों—पहली, दूसरी और तीसरी पर कार्य करती हैं। उसी विभाग में काम करने वाले व्यक्ति समान मंजिल पर कार्य नहीं करते हैं। प्रत्येक मंजिल पर दो व्यक्ति काम करते हैं।

(*ii*) एक ही विभाग में कोई भी दो महिलाएं काम नहीं करतीं या समान मंजिल पर कार्य नहीं करती हैं। B और E उसी विभाग में काम करते हैं लेकिन कर्मचारी विभाग में काम नहीं करते है। D एडमिनिस्ट्रेशन में काम करता है। E और A क्रमशः प्रथम और तीसरे मंजिल पर कार्य करते हैं और समान विभाग में काम करते हैं। D, एक महिला, दूसरे मंजिल पर काम नहीं करती है। C, एक पुरूष है, जो पहली मंजिल पर काम करता है।

53. निम्नलिखित में से किस समूह के लोग महिलाएं हैं?
(*a*) ADF (*b*) CDF (*c*) DEF
(*d*) डाटा अपर्याप्त है (*e*) इनमें से कोई नहीं

54. निम्नलिखित जोड़े में से कौन सा जोड़ा दूसरी मंजिल पर काम करता है?
(*a*) AE (*b*) BD (*c*) BF (*d*) CF
(*e*) इनमें से कोई नहीं

55. व्यक्तियों के निम्नलिखित जोड़े में से कौन सा जोड़ा एडमिनिस्ट्रेशन विभाग में काम करता है?
(*a*) BD (*b*) CD (*c*) CE
(*d*) डाटा अपर्याप्त है (*e*) इनमें से कोई नहीं

56. F किस विभाग में काम करता है?
(*a*) एडमिनिस्ट्रेशन (*b*) एकाउंट्स (*c*) कर्मचारी
(*d*) एकाउंट्स या कर्मचारी (*e*) इनमें से कोई नहीं

दिशा-निर्देश *(प्रश्न 57 से 61): निम्नलिखित सूचनाओं को सावधानीपूर्वक पढ़ें और नीचे दिए गए प्रश्नों का उत्तर दें:*

(S.B.I.P.O. 2003)

A, B, C, D, E, F और G तीन अलग-अलग वाहनों - I, II और III में यात्रा कर रहे हैं। प्रत्येक वाहन में कम से कम दो यात्री हैं और प्रत्येक वाहन में दो अलग-अलग जेंडर के यात्री हैं। उनमें से दो अभियंता हैं, दो डॉक्टर हैं और तीन शिक्षक हैं। C एक महिला चिकित्सक है और वह बहन A और F के साथ यात्रा नहीं करती है। B एक पुरूष अभियंता है, जो वाहन I में G एक शिक्षक के साथ यात्रा करता है। D एक पुरुष चिकित्सक है। एक ही पेशे से जुड़े दो व्यक्ति एक ही वाहन में यात्रा नहीं करते हैं। A एक अभियंता नहीं है और वाहन II में यात्रा करता है।

57. C किस वाहन में यात्रा करता है?
(*a*) I (*b*) II (*c*) III (*d*) II या III
(*e*) इनमें से कोई नहीं

58. उनमें से महिला सदस्य कितनी हैं?
(*a*) तीन (*b*) चार (*c*) तीन या चार
(*d*) डाटा अपर्याप्त है (*e*) इनमें से कोई नहीं

59. F का पेशा क्या है?
(*a*) डॉक्टर (*b*) अभियंता (*c*) शिक्षक
(*d*) डाटा अपर्याप्त है (*e*) इनमें से कोई नहीं

60. निम्नलिखित में से कौन सा सही नहीं है?
(*a*) A - महिला - शिक्षक (*b*) B - पुरुष - अभियंता
(*c*) E - पुरुष - शिक्षक (*d*) F - महिला - शिक्षक
(*e*) G - महिला - शिक्षक

61. निम्नलिखित में से कौन सा तीन शिक्षकों का प्रतिनिधित्व करता है?
(*a*) AEG (*b*) EFG (*c*) AEG या EFG
(*d*) डाटा अपर्याप्त है (*e*) इनमें से कोई नहीं

दिशा-निर्देश *(प्रश्न 62 से 66): निम्नलिखित सूचनाओं को पढ़ें और नीचे दिए गए प्रश्नों का उत्तर दें:*

रोहित, कुणाल, आशीष और जॉन स्कूल के छात्र हैं। उनमें से तीन स्कूल से दूर रहते हैं और एक इसके समीप रहता है। दो छात्र कक्षा IV में, एक छात्र कक्षा V में और एक छात्र VI में पढ़ता है। वे हिंदी, गणित, सामाजिक विज्ञान और विज्ञान का अध्ययन करते हैं। एक छात्र सभी चार विषयों में अच्छा है जबकि दूसरा सभी विषयों में कमजोर है। रोहित स्कूल से दूर रहता है और केवल गणित में अच्छा है जबकि कुणाल केवल गणित में कमजोर है और स्कूल के समीप रहता है। न तो इन दोनों में से कोई और न आशीष कक्षा VI में पढ़ता है। कक्षा V में एक छात्र सभी विषयों में अच्छा है।

62. उस लड़के का नाम बताएं जो सभी विषयों में अच्छा है।
(*a*) रोहित (*b*) कुणाल (*c*) आशीष (*d*) जॉन

63. उस लड़के का नाम बताएं जो सभी विषयों में कमजोर है।
(*a*) रोहित (*b*) कुणाल (*c*) आशीष (*d*) जॉन

64. कौन से दो लड़के हिंदी में अच्छे हैं?
(*a*) रोहित और कुणाल (*b*) कुणाल और आशीष
(*c*) आशीष और जॉन (*d*) जॉन और रोहित

65. कौन से दो लड़के गणित में अच्छे हैं?
(*a*) रोहित और आशीष (*b*) कुणाल और आशीष
(*c*) जॉन और आशीष (*d*) रोहित और जॉन

66. रोहित और उस लड़के, जो सभी विषयों में अच्छा है के आलावा, कौन स्कूल से दूर रहता है?
(*a*) रोहित (*b*) कुणाल (*c*) आशीष (*d*) जॉन

दिशा-निर्देश *(प्रश्न 67 से 71): निम्नलिखित सूचनाओं को सावधानीपूर्वक पढ़ें और नीचे दिए गए प्रश्नों का उत्तर दें:*
(S.B.I.P.O. 2001)

(*i*) A, B, C, D, E, F और G सात व्यक्ति सात अलग-अलग रंग - सफेद, लाल, काला, हरा, पीला, नीला और बैंगनी की कमीज पहने हुए हैं और अलग-अलग रंग की पतलून - नीला, लाल, सफेद, काला, क्रीम, पीला और इंडिगो। ऊपर में व्यक्तियों के कमीज का रंग और पतलून के रंग एक ही क्रम में हो यह जरूरी नहीं है। कोई भी व्यक्ति एक ही रंग की कमीज और पतलून नहीं पहने हुए है।

(*ii*) B लाल रंग की कमीज पहने हुए हैं और क्रीम या पीले रंग की पतलून नहीं पहने हुए हैं। D हरे रंग की कमीज और इंडिगो रंग की पतलून पहने हुए है। A की कमीज और F के पतलून का रंग समान है। E की कमीज और C के पतलून का रंग समान है। G नीला कमीज पहने हुए हैं और E नीला पतलून पहने हुए हैं। F कोई भी पीला पोशाक नहीं पहने हुए है। F सफेद रंग की कमीज नहीं पहने हुए है। लाल और नीला रंग किसी भी व्यक्ति के कमीज और पतलून का संयोजन नहीं है।

67. बैंगनी रंग कमीज कौन पहनता है?
(*a*) C (*b*) F (*c*) C या F
(*d*) डाटा अपर्याप्त है (*e*) इनमें से कोई नहीं

68. B की पतलून का रंग क्या है?
(*a*) सफेद (*b*) इंडिगो (*c*) लाल
(*d*) डाटा अपर्याप्त है (*e*) इनमें से कोई नहीं

69. A की पतलून का रंग क्या है?
(*a*) क्रीम (*b*) नीला (*c*) सफेद
(*d*) डाटा अपर्याप्त है (*e*) इनमें से कोई नहीं

70. F की कमीज का रंग क्या है?
(*a*) हरा (*b*) नीला (*c*) बैंगनी
(*d*) डाटा अपर्याप्त है (*e*) इनमें से कोई नहीं

71. G की पतलून का रंग क्या है?
(*a*) इंडिगो (*b*) सफेद (*c*) क्रीम (*d*) लाल
(*e*) इनमें से कोई नहीं

दिशा-निर्देश *(प्रश्न 72 से 76): निम्नलिखित सूचनाओं को सावधानीपूर्वक पढ़ें और नीचे दिए गए प्रश्नो का उत्तर दें:*
(U.P.S.C. 2002)

सुमित, फिलिप्स, वसीम, बिशन और चेतन कॉलेज क्रिकेट टीम के पांच खिलाड़ी हैं और उनका गृहनगर सूरत, पुणे, वारंगल, बैंगलोर और चंडीगढ़ हैं, लेकिन उस क्रम में नहीं है। वे पांच क्षेत्रों - स्पिनर, तेज गेंदबाज, विकेट कीपर, बल्लेबाज और कप्तान में विशेषज्ञ हैं, समान क्रम में नहीं।

I. उनके नाम, गृहनगर और विशेषताएं एक ही अक्षर से शुरू नहीं होती हैं।
II. न तो फिलिप्स और न ही वासिम कप्तान हैं और वे सूरत या बैंगलोर से संबंधित नहीं हैं।
III. सुमित न तो विकेट कीपर और न ही बल्लेबाज है।
IV. पुणे बिशन का गृहनगर नहीं है।
V. बैंगलोर से रहने वाला खिलाड़ी विकेट कीपर हैं।
VI. कप्तान का गृहनगर पुणे है जबकि बल्लेबाज वारंगल का निवासी नहीं है।

72. स्पिनर का गृहनगर है-
(*a*) चंडीगढ़ (*b*) बैंगलोर (*c*) वारंगल (*d*) पुणे

73. चंडीगढ़ किसका गृहनगर है?
(*a*) सुमीत (*b*) बिशन (*c*) वशिम (*d*) फिलिप्स

74. तेज गेंदबाज कौन है?
(*a*) चेतन (*b*) वसीम (*c*) सुमीत (*d*) बिशन

75. स्पिनर कौन है?
(*a*) फिलिप्स (*b*) चेतन (*c*) बिशन (*d*) वसीम

76. चेतन का गृहनगर है-
(*a*) पुणे (*b*) सूरत (*c*) वारंगल (*d*) बैंगलोर

हल-अभ्यास 6(A)

प्रश्न 1 से 3

दी गई सूचनाओं का निम्नानुसार विश्लेषण किया जा सकता है:

	हॉकी	वॉलीबॉल	बेसबॉल	क्रिकेट	फुटबॉल
रवि	✓	✓	✓		
कुणाल	✓	✓		✓	
सचिन	✓		✓		✓
गौरव		✓	✓	✓	✓
माइकल			✓		✓

1. (*b*) : कुणाल हॉकी, क्रिकेट और वॉलीबॉल में अच्छा है।
2. (*c*) : गौरव बेसबॉल, क्रिकेट, वॉलीबॉल और फुटबॉल में अच्छा है।
3. (*c*) : रवि बेसबॉल, वॉलीबॉल और हॉकी में अच्छा है।

प्रश्न 4 से 8

हम उन खेलों के विरूद्ध (4) को चिह्नित करते हैं, जिसे एक लड़का खेलता है और (5) को उन खेलों के विरूद्ध चिह्नित करते है जिसे एक लड़का नहीं खेलता है।

	मदन	रोहित	पार्थ	सचिन	नितिन	सागर
हॉकी	✓	✓		✓	✓	✓
बैडमिंट		✓	✓		×	×
टेनिस			✓	✓	×	×
चेस		✓		✓		
फुटबॉल		×		×	✓	✓
बास्केट	✓	×	✓	×		
वॉलीबॉल	✓	×	✓	×	×	×
क्रिकेट					✓	✓

4. (*c*) : रोहित और सचिन फुटबॉल नहीं खेलते हैं।

5. (*a*) : सचिन हॉकी और टेनिस दोनों खेलता है।

6. (*b*) : चूंकि हॉकी समूह में अधिकतम संख्या में छात्र (5) खेलते है, इसलिए हॉकी सबसे लोकप्रिय खेल है।

7. (*c*) : पार्थ सबसे अधिक खेल (4) खेलता है।

8. (*b*) : रोहित बैडमिंटन और हॉकी दोनों खेलता हैं।

प्रश्न 9-10

हम निम्नलिखित तरीके से एक तालिका तैयार कर सकते हैं:

	बुद्धिमान	मेहनती	ईमानदार	फुटबॉल
कैलाश	✓	✓		✓
गोविंद	✓			✓
हरिंदर	✓		✓	
राजेश		✓	✓	
जितेंद्र		✓	✓	

9. (*c*) : हरिंदर न तो कठिन मेहनत करता है और न ही महत्वाकांक्षी है।

10. (*b*) : गोविंद महत्वाकांक्षी है लेकिन न तो ईमानदार है और न ही कठिन मेहनत करता है।

11. (*c*) : ऑस्ट्रेलिया ने भारत को दो बार हराया था। भारत ने वेस्टइंडीज को दो बार हराया था। वेस्टइंडीज ने ऑस्ट्रेलिया को दो बार हराया था। न्यूजीलैंड ने भारत को दो बार हराया था और वेस्टइंडीज को दो बार हराया था अर्थात सभी को 4 बार हराया था।

प्रश्न 12 से 14

हम निम्नलिखित तरीके से एक तालिका तैयार कर सकते हैं:

	नेहरू हाउस	गांधी हाउस	लंबा	छोटा	चश्मा	कोई चश्मा नहीं
A	✓			✓	✓	
B	✓			✓		✓
C		✓		✓	✓	
D		✓	✓		✓	
E		✓		✓		✓
F		✓	✓			✓

12. (*c*) : B और E छोटे है और चश्मा नहीं पहनते हैं।

13. (*b*) : E गांधी हाउस से संबंधित है, छोटा है और चश्मा नहीं पहनता है।

14. (*d*) : F गांधी हाउस से संबंधित है, लंबा है और चश्मा नहीं पहनता है।

15. (*b*) :

	दिल्ली	बैंगलोर	लंबा	छोटा	लड़की	लड़का
A	✓			✓	✓	
B	✓			✓		✓
C		✓		✓	✓	
D		✓	✓		✓	
E		✓		✓		✓
F		✓	✓			✓

स्पष्ट रूप से, D बैंगलोर से है और लम्बी लड़की है।

16. (*d*) :

	ग्रीन कवर	पीला कवर	नया वॉल्यूम	पुराना वॉल्यूम	लॉ रिपोर्ट	मेडिकल एक्सट्रैक्ट्स
A		✓	✓		✓	
B	✓		✓		✓	
C	✓			✓	✓	
D		✓	✓			✓
E	✓			✓		✓
F	✓			✓		✓

E और F पुराने वॉल्यूम हैं जिनमें हरे रंग का कवर हैं और मेडिकल एक्सट्रैक्ट्स हैं।

17. (*c*) : चार वोकल संगीतकार और एक अभिनेत्री को समूह में दिया जाता है। दो डांसर शैलेंजा और तनुजा हैं। दो वायलिनिस्ट गिरिजा और वानाजा हैं। चूंकि जलाजा और शैलेजा वायलिनिस्ट नहीं हो सकते हैं, इसलिए शेष दो वायलिनिस्ट तनुजा और पूजा हैं। स्पष्ट रूप से, तनुजा एक वायलिनिस्ट और डांसर दोनों है।

प्रश्न 18 से 21

सुषमा और विमला दोस्त हैं और प्रेम की प्रेमिका सुषमा की मित्र है। इसका मतलब है कि **प्रेम की प्रेमिका विमला है।**

वेद की प्रेमिका सुषमा और विमला को पसंद नहीं करती है। इसलिए, वह या तो कुसुम या पूनम है। लेकिन कुसुम वेद को पसंद नहीं करती है। इसलिए, **वेद की प्रेमिका पूनम है।** सुषमा को राज पसंद नहीं करता है। इसलिए, **राज की प्रेमिका कुसुम है।** स्पष्ट रूप से, **अशोक की प्रेमिका सुषमा है।**

18. (*b*) : राज की प्रेमिका कुसुम है।

19. (*d*) : अशोक, सुषमा का मित्र है।

20. (*b*) : वेद की प्रेमिका पूनम हैं।

21. (*a*) : वेद की प्रेमिका यानि पूनम, सुषमा और विमला को पसंद नहीं करती है।

प्रश्न 22 से 24

दो B–टाइप और दो D–टाइप काड्र्स लाल लिफाफे में डाला गया है। चूँकि लाल लिफाफा पांच हैं, इसलिए केवल एक E–टाइप काड्र्स लाल लिफाफे में डाला गया है। दो शेष E–टाइप काड्र्स और एक D–टाइप काड्र्स भूरे रंग के लिफाफे में डाला गया है। शेष भूरे लिफाफे में दो कार्ड C–टाइप डाला गया है। पीले लिफाफे में एक B–टाइप, एक C– टाइप और तीसरा A–टाइप काड्र्स डाला गया है।

लिफ़ाफा	कार्ड्स				
लाल	B	B	D	D	E
पीला	A	A	A	B	C
भूरा	C	C	D	E	E

22. (*b*) : ब्राउन लिफाफे में 2 C–टाइप, 1 D–टाइप और 2 E–टाइप कार्ड डाले गए हैं।

23. (*e*) : दो E–टाइप के कार्ड भूरे रंग के लिफाफे में डाले गए हैं और एक E–टाइप का कार्ड लाल लिफाफे में डाला गया है।

24. (*c*) : पीले रंग के लिफाफे में तीन A–टाइप, एक B–टाइप और एक C–टाइप कार्ड डाले गए हैं।

25. (*c*) : B नारंगी रंग का पैंट पहनता है। A हरा या नारंगी रंग की पैंट नहीं पहनता है इसलिए, पीले रंग का पैंट पहनता है। इस प्रकार, C

हरे रंग की पेंट पहनता है। B नारंगी रंग की पैंट पहनता है और इसलिए नारंगी रंग की कमीज नहीं पहनता है। इसके अलावा, B नीले रंग की कमीज नहीं पहनता हैं। इसलिए, B काले रंग की कमीज पहनता है। इस प्रकार, C काले या नारंगी रंग की कमीज नहीं पहनता है। इसलिए, C नीले रंग की कमीज पहनता है।

प्रश्न 26 से 30

केवल Q और J आशियाना में रहते हैं। चूंकि Y रिज बिल्डिंग में नहीं रहता है, इसलिए Y टॉप-व्यू बिल्डिंग में रहता है। एक और व्यक्ति के साथ रिज बिल्डिंग में D रहता है। चूंकि U, A और P दोनों से अलग इमारत में रहता है, इसलिए U रिज बिल्डिंग में रहता है जबकि A और P में से प्रत्येक टॉप-व्यू बिल्डिंग में रहता है।

Q एक गुलाबी पतंग उड़ाता है, Y एक काली पतंग, U एक पीली पतंग और D एक हरी पतंग उड़ाता है। A और P दोनों टॉप-व्यू बिल्डिंग में रहते हैं और इसलिए उनमें से कोई भी सफेद पतंग नहीं उड़ाता है इसलिए, J एक सफेद पतंग उड़ाता है। चूंकि P नीली पतंग नहीं उड़ाता है, इसलिए A नीली पतंग उड़ाता है। इस प्रकार, P एक लाल पतंग उड़ाता है।

लड़का	A	D	Y	U	P	Q	J
बिल्डिंग	टॉपव्यू	रिज	टॉपव्यू	रिज	टॉपव्यू	आशियाना	आशियाना
पतंग	नीला	हरा	काला	पीला	लाल	गुलाबी	सफ़ेद

26. (*a*) : D और U रिज बिल्डिंग में रहते हैं।

27. (*a*) : A नीली रंग की पतंग उड़ता है।

28. (*c*) : P लाल रंग की पतंग उड़ता है।

29. (*e*) : A, Y और P टॉप-व्यू बिल्डिंग में रहता है।

30. (*b*) : J सफेद रंग की पतंग उड़ाता है।

प्रश्न 31 से 35

A चाय पसंद करता है। इसलिए, (*iv*) से, उद्योगपति और D कॉफी पसंद करते हैं। (*iii*) से, B और पत्रकार कॉफी पसंद करते हैं। इसलिए, AB उद्योगपति है और D पत्रकार है। अब, A, C और वकील बाकी बचते हैं। स्पष्ट रूप से, E वकील है। उद्यान विशेषज्ञ C का भाई है। यह केवल A हो सकता है। C भौतिक विज्ञानी है।

	A	B	C	D	E
पेशा	उद्यान विशेषज्ञ	उद्योगपति	भौतिक विज्ञानी	पत्रकार	वकील
प्राथमिकता	चाय	कॉफ़ी	चाय	कॉफ़ी	चाय

31. (*a*) : A उद्यान विशेषज्ञ है।

32. (*c*) : B उद्योगपति है।

33. (*e*) : स्पष्ट रूप से, A और C वह व्यक्ति है जिसे चाय पसंद है लेकिन वकील नहीं है।

34. (*d*) : C भौतिक विज्ञानी है।

35. (*e*) : चूंकि दिए गए आंकड़ों का विश्लेषण करने के लिए सभी कथनों की आवश्यकता होती है, उनमें से कोई भी अनावश्यक नहीं है।

प्रश्न 36 से 39

O वित्त के पाठ्यक्रम का समर्थन करता है। चूंकि L और O के समान विषय हैं, इसलिए O आईटी के साथ समन्वय करता है। अब, ऑपरेशन N और P दोनों के लिए एक सहायक पाठ्यक्रम है। Q ऑपरेशन के साथ समन्वय करता है। चूंकि P और Q के पास उनके विषयों में से एक मार्केटिंग है, इसलिए P मार्केटिंग के साथ समन्वय करता है जो Q के लिए एक सहायक पाठ्यक्रम है। चूंकि, तीन प्रोफेसर, O के अलावा, वित्त के साथ समन्वय करते हैं, इसलिए शेष तीन में से प्रत्येक, L, M और N वित्त के साथ समन्वय करते हैं। इसलिए, L आईटी के पाठ्यक्रम का समर्थन करता और M स्ट्रेटेजी के पाठ्यक्रम का समर्थन करता है।

पेशा	L	M	N	O	P	Q
समन्वय कोर्स	फाइनेंस	फाइनेंस	फाइनेंस	IT	मार्केटिंग	ऑपरेशन
समर्थन कोर्स	IT	स्ट्रेटेजी	ऑपरेशन	फाइनेंस	ऑपरेशन	मार्केटिंग

36. (*c*) : O, IT कोर्स का समन्वय करता है।

37. (*c*) : M स्ट्रेटेजी के पाठ्यक्रम का समर्थन करता है।

38. (*c*) : L, M और N फाइनेंस कोर्स का समन्वय करते है।

39. (*b*) : मार्केटिंग कोर्स में केवल एक समन्वयक P और केवल एक समर्थन करने वाला प्रोफेसर Q है।

प्रश्न 40 से 43

(*i*) **पसंद:** जयंत चॉकलेट पसंद करता हैं; तनमय बंगाली मिठाई पसंद करता है। नमिता को सूखे फल या आइसक्रीम पसंद नहीं करती है। इसलिए, नमिता पेस्ट्री पसंद करती है। आशा आइसक्रीम पसंद नहीं करती है। इसलिए, उसे ड्राई फ्रूट्स प्रिय है। अंत में, कमल आइसक्रीम पसंद करता है।

(*ii*) **जन्मतिथि:** एक व्यक्ति जो पेस्ट्री पसंद करती है अर्थात नमिता दिए गए महीनों के बीच में यानि मार्च में पैदा हुई है। तन्मय का जन्म नमिता के एक महीने बाद यानि अप्रैल में हुआ है A जयंत का जन्मदिन फरवरी में है।

व्यक्ति	जयंत	कमल	नमिता	आशा	तन्मय
पंसद	चॉकलेट	आइसक्रीम	पेस्ट्री	ड्राई फ्रूट्स	बंगाली स्वीट्स
जन्म तिथि	फरवरी	जनवरी/मई	मार्च	जनवरी/मई	अप्रैल

40. (*b*) : आशा ड्राई फ्रूट्स पसंद करती है।

41. (*e*) : जयंत के लिए सही संयोजन फरवरी-चॉकलेट है।

42. (*a*) : कमल आइसक्रीम पसंद करता है।

43. (*c*) : कमल जनवरी या मई में पैदा हुआ है।

प्रश्न 44 से 47

R एक एयर होस्टेस है, J एक ज्वैलर है, V एक वकील है, X एक परामर्शदाता है। अब, R एक महिला है, J एक पुरुष है। V और X, वकील और परामर्शदाता होने के नाते, दोनों पुरुष हैं। P स्कार्पियो का मालिक है और एक पुरुष भी है। इस प्रकार, केवल K और Q बचते हैं और चूंकि समूह में तीन महिलाएं हैं, इसलिए K और Q दोनों महिलाएं हैं। चूंकि P स्कार्पियो का मालिक है, इसलिए P एक प्रोफेसर है। K एक डॉक्टर नहीं है। इसलिए, K एक ट्रैवल एजेंट है और अल्टो का मालिक है। इस प्रकार, Q एक डॉक्टर है और एस्टीम का मालिक है। अंत में, V, वकील, लांसर का मालिक है।

व्यक्ति	**लिंग**	**पेशा**	**कार**
P	पुरुष	प्रोफ़ेसर	स्कार्पियों
K	महिला	ट्रैवल एजेंट	आल्टो
R	महिला	एयर होस्टेस	आइकॉन
Q	महिला	डॉक्टर	एस्टीम
J	पुरुष	जौहरी	कोरोला
V	पुरुष	वकील	लांसर
X	पुरुष	कंसल्टेंट	सैंट्रो

44. (*c*) : समूह में K, R और Q तीन महिलाएं हैं।

45. (*a*) : Q एस्टीम कार का मालिक है।

46. (*a*) : V लांसर कार का मालिक है।

47. (*c*) : K पेशे से एक ट्रैवल एजेंट है।

प्रश्न 48 से 52

B के पास हुकम का इक्का है, C के पास रानी है और D के पास हुकम का गुलाम है। इसलिए, A के पास हुकम का राजा है। अब, A के पास चिड़ि का इक्का, हुकम का राजा, ईंट की रानी है। इसलिए, A के पास पान का गुलाम है। C के पास चिड़ि का राजा, और हुकम की रानी है। इसलिए, C के पास या तो पान का गुलाम या इक्का है। लेकिन A के पास पान का गुलाम है। इसलिए, C के पास पान का इक्का है। अब, C के पास पान का इक्का, चिड़ि का राजा और हुकम की रानी है। इसलिए, C के पास ईंट का गुलाम है। B के पास हुकम का इक्का और ईंट का राजा है। इसलिए, B के पास या तो पान का गुलाम या पान की रानी है। लेकिन A के पास पान का गुलाम है। इसलिए, B के पास हुकम का इक्का, ईंट का राजा और पान की रानी है। इसलिए, B के पास चिड़ि का गुलाम है। शेष चार कार्ड D के पास हैं। इसलिए, D के पास हुकम का इक्का, हुकम का गुलाम, ईंट का राजा और पान की रानी है।

	चिड़ि	ईंट	हुकम	पान
इक्का	A	D	B	C
गुलाम	B	C	D	A
राजा	C	B	A	D
रानी	D	A	C	B

48. (*d*) : ईंट का इक्का D के पास है।

49. (*a*) : पान का गुलाम A के पास है।

50. (*d*) : हुकुम की रानी D के पास है।

51. (*a*) : C के पास पान का इक्का है।

52. (*b*) : D के पास पान का राजा है।

प्रश्न 53 से 56

E और A क्रमश: पहले और तीसरे मंजिल पर हैं। अब, E और A एक ही विभाग में काम करते हैं; B और E एक ही विभाग में काम करते हैं। इसलिए, B, E और A उसी विभाग में काम करते हैं, जो कर्मचारी नहीं है। इसलिए, उन्हें अलग-अलग मंजिल पर होना चाहिए। इस प्रकार, B द्वितीय मंजिल पर काम करता है। चूंकि प्रत्येक मंजिल पर केवल 2 व्यक्ति ही हैं और यह भी कि वे विभिन्न विभागों से आते हैं, इसलिए सबसे अधिक 3 व्यक्ति एक ही विभाग से हो सकते हैं। चूंकि D पहले ही एडमिनिस्ट्रेशन में काम करता है, इसलिए B, E और A प्रत्येक एकाउंट्स डिपार्टमेंट में काम करते है। अब, C और E पहले मंजिल पर काम करते हैं। D द्वितीय मंजिल पर काम नहीं करता है। इसलिए D, A के साथ तीसरे मंजिल पर काम करते है अंत में, B और F द्वितीय मंजिल पर काम करते है।

पहले मंजिल पर, C एक पुरुष है। इसलिए, E एक महिला है। चूंकि E एकाउंट्स में काम करती है, इसलिए C या तो एडमिनिस्ट्रेशन या कर्मचारी में काम करता है। तीसरी मंजिल पर, D एक महिला है। इसलिए, A एक पुरुष है। अब, B और F बंचते हैं। चूंकि E एक महिला है जो एकाउंट्स में काम करती है और D भी एक महिला है, जो एडमिनिस्ट्रेशन में काम करती है, इसलिए तीसरी महिला को कर्मचारी डिपार्टमेंट में काम करना चाहिए। चूंकि B एकाउंट्स डिपार्टमेंट में काम करता है, इसलिए F एक महिला है और B एक पुरुष है।

सदस्य	A	B	C	D	E	F
लिंग	पुरुष	पुरुष	पुरुष	महिला	महिला	महिला
मंजिल	III	II	I	III	I	II
विभाग	A/c	A/c	एडमिन/कर्मचारी	एडमिन	A/c	कर्मचारी

53. (*c*) : D, E और F महिला सदस्य हैं।

54. (*c*) : B और F दूसरी मंजिल पर काम करते हैं।

55. (*d*) : चूंकि C का विभाग निश्चित रूप से निर्धारित नहीं किया जा सकता है, इसलिए दिया गया डेटा अपर्याप्त है।

56. (*c*) : F कर्मचारी वर्ग में काम करता है।

प्रश्न 57 से 61

B, एक पुरूष अभियंता है, जो वाहन I में केवल G, एक शिक्षक के साथ यात्रा करता है। चूंकि प्रत्येक वाहन में दोनों जेंडर वाले व्यक्ति हैं, इसलिए G एक महिला है। C, A या F के साथ यात्रा नहीं करता है। इसके अलावा, कोई भी व्यक्ति समान पेशे के किसी भी व्यक्ति के साथ यात्रा नहीं करता है। चूंकि C और D दोनों डॉक्टर हैं, इसलिए C, D के साथ यात्रा नहीं करता है। चूंकि वाहन II में यात्रा करता है, इसलिए C वाहन III में E के साथ यात्रा करती है। चूंकि C एक महिला है, इसलिए E एक पुरुष है। इस प्रकार, वाहन II में A, D और F यात्रा करते है। इसलिए, उनके व्यवसाय अलग-अलग होने चाहिए। D एक डॉक्टर है। चूंकि A एक अभियंता नहीं है, इसलिए A एक शिक्षक है और F एक अभियंता है। A और F, बहन होने के नाते, दोनों महिलाएं हैं। B और F दो अभियंता हैं, C और D दो डॉक्टर हैं। इसलिए, A, E और G सभी शिक्षक हैं।

व्यक्ति	A	B	C	D	E	F	G
वाहन	II	I	III	II	III	II	I
पेशा	शिक्षक	अभियंता	डॉक्टर	डॉक्टर	शिक्षक	अभियंता	शिक्षक
लिंग	F	M	F	M	M	F	F

57. (*c*) : C वाहन III में यात्रा करता है।

58. (*b*) : समूह में चार महिला — A, C, F और G हैं।

59. (*b*) : F पेशे से अभियंता हैं।

60. (*d*) : चूँकि F एक अभियंता, इसलिए F – महिला – शिक्षक गलत संयोजन है।

61. (*a*) : A, E और G तीन शिक्षक है।

प्रश्न 62 से 66

(*i*) कुणाल स्कूल के समीप रहता है। इसलिए, अन्य तीन-रोहित, आशीष और जॉन स्कूल से दूर रहते हैं।

(*ii*) रोहित, कुणाल और आशीष कक्षा VI में नहीं पढ़ते हैं। इसलिए, कक्षा VI में जॉन पढ़ता है। रोहित और कुणाल सभी विषयों में अच्छे नहीं हैं और जॉन कक्षा VI में हैं। इसलिए, आशीष कक्षा V में सभी विषयों में अच्छा है। स्पष्ट रूप से, रोहित और कुणाल कक्षा IV में पढ़ते है।

(*iii*) रोहित गणित में अच्छा है, कुणाल गणित में कमजोर है। आशीष सभी विषयों पर अच्छा है। स्पष्ट रूप से, जॉन सभी विषयों में कमजोर है।

	रहता है	कक्षा	अच्छा है	कमजोर है
रोहित	दूर	IV	गणित	हिंदी, विज्ञान, सामाजिक विज्ञान
कुणाल	नजदीक	IV	हिंदी, विज्ञान, सामाजिक विज्ञान	गणित
आशीष	दूर	V	सभी विषयों में	
जॉन	दूर	VI		सभी विषयों में

62. (*c*) : आशीष सभी विषयों में अच्छा है।

63. (*d*) : जॉन सभी विषयों में कमजोर है।

64. (*b*) : कुणाल और आशीष हिंदी में अच्छे है।

65. (*a*) : रोहित और आशीष गणित में अच्छे हैं।

66. (*d*) : रोहित और आशीष के अलावा, जॉन स्कूल से दूर रहता है।

प्रश्न 67 से 71

कमीज और पतलून का सामान्य रंग – सफेद, लाल, काला, पीला और नीला है। अब A की कमीज और F के पतलून का रंग समान है। चूंकि F पीली पतलून नहीं पहनता है, इसलिए A पीली कमीज नहीं पहनता है। इसके अलावा, A सफेद कमीज नहीं पहनता है। चूंकि B और G क्रमश: लाल और नीली कमीज पहनते हैं, इसलिए A इन रंगों में से किसी भी रंग की कमीज नहीं पहनता है। इसलिए, A एक काले रंग की कमीज पहनता है और F काले रंग की पतलून पहनता है। अब, B एक लाल शर्ट पहनता है और इसलिए लाल या नीले रंग की पतलून नहीं पहनता है। इसके अलावा, B क्रीम या पीले रंग की पतलून नहीं पहनता है। चूंकि D और F क्रमश: इंडिगो और काले रंग की पतलून पहनते हैं, इसलिए B सफेद पतलून पहनता है। चूंकि G नीला शर्ट पहनता है, वह नीला या लाल पतलून नहीं पहनता है। इसके अलावा, G सफेद, इंडिगो, नीला या काले रंग की पतलून नहीं पहनता है क्योंकि ये रंग अन्य व्यक्तियों द्वारा पहने जाते हैं। इसलिए, G क्रीम रंग की पतलून पहनता है। इस प्रकार, C लाल या पीला पतलून पहनता है। चूंकि E नीला पतलून पहनता है, वह लाल या नीले रंग की कमीज नहीं पहनता है। अब, E के कमीज और C के पतलून का रंग समान है। इसलिए, C लाल रंग की पतलून भी नहीं पहनता है। इस प्रकार, C पीले रंग की पतलून पहनता है और E पीले रंग की कमीज पहनता है। अंत में, A लाल रंग की पतलून पहनता है, और F और C दो रंगों – सफेद और बैंगनी में से किसी भी रंग की कमीज पहनता हैं।

व्यक्ति	A	B	C	D	E	F	G
कमीज का रंग	काला	लाल	सफ़ेद/बैंगनी	हरा	पीला	सफ़ेद/बैंगनी	नीला
पतलून का रंग	लाल	सफ़ेद	पीला	इंडिगो	नीला	काला	क्रीम

67. (*c*) : C या F बैंगनी रंग का कमीज पहनता है।

68. (*a*) : B सफेद रंग का पैजामा पहनता है।

69. (*e*) : A लाल रंग का पैजामा पहनता है।

70. (*d*) : F सफेद या बैंगनी रंग का कमीज पहनता है।

71. (*c*) : G क्रीम रंग का पैजामा पहनता है।

प्रश्न 72 से 76

I में दिए गए स्थिति को सामान अक्षरों वाले नियम के नाम से संबोधित करने पर। न तो फिलिप्स और न ही वसीम बैंगलोर का रहने वाला है। उसी अक्षर के नियम के अनुसार, बिशन का गृहनगर बैंगलोर नहीं हो सकता है। अब, बैंगलोर का खिलाड़ी विकेट–कीपर है। चूंकि सुमित विकेट–कीपर नहीं है, इसलिए चेतन विकेटकीपर हैं और बैंगलोर का रहने वाला हैं। अब, न तो फिलिप्स और न ही वसीम कप्तान हैं और बिशन का गृहनगर पुणे नहीं है। चूंकि कप्तान का गृहनगर पुणे है, इसलिए सुमित एक कप्तान है और पुणे का रहने वाला है। अब, सूरत, बैंगलोर और पुणे में से कोई भी वसीम का गृहनगर नहीं है। इसके अलावा, एक ही अक्षर के नियम के अनुसार, वसीम वारंगल का रहने वाला नहीं है। इसलिए, वसीम चंडीगढ़ का रहने वाला है। चूंकि सूरत, बैंगलोर, पुणे और चंडीगढ़ में से कोई भी फिलिप्स का गृहनगर नहीं है, इसलिए फिलिप्स वारंगल से संबंधित है। इसलिए, बिशन सूरत का रहने वाला है। अब, फिलिप्स कप्तान या विके. टकीपर नहीं हैं। चूंकि फिलिप्स वारंगल का रहने वाला है, इसलिए वह बल्लेबाज नहीं है। अक्षर के उसी नियम से, फिलिप्स तेज गेंदबाज नहीं हैं। इस प्रकार, P स्पिनर है। इसलिए, बिशन या तो बल्लेबाज या तेज गेंदबाज हैं। लेकिन, अक्षर के उसी नियम से, बिशन बल्लेबाज नहीं हो सकता हैं। इसलिए, बिशन तेज गेंदबाज हैं। इसलिए, वसीम बल्लेबाज है।

व्यक्ति	सुमित	फिलिप्स	वसीम	बिशन	चेतन
विशेषज्ञता	कप्तान	स्पिनर	बल्लेबाज	पेस बॉलर	विकेट कीपर
गृहनगर	पुणे	वारंगल	चंडीगढ़	सूरत	बैंगलोर

72. (*c*) : स्पिनर का गृहनगर वारंगल हैं।

73. (*c*) : चंडीगढ़ वसीम का गृहनगर हैं।

74. (*d*) : बिशन पेस बॉलर हैं।

75. (*a*) : फिलिप्स स्पिनर हैं।

76. (*d*) : चेतन का गृहनगर बैंगलोर हैं।

प्रकार 2: बैठना/स्थान व्यवस्था आधारित प्रश्न

इस प्रकार के प्रश्नों में, कुछ व्यक्तियों या वस्तुओं के सीटिंग या प्लेसिंग (रेखा में या वृत्ताकार) अनुक्रम के संबंध में कुछ संकेत दिया जाता हैं। उम्मीदवार को इन संकेत का उपयोग करके उचित अनुक्रम का निर्माण करता होता है और उसके अनुसार दिए गए प्रश्न का उत्तर देना होता है।

उदा. 1. ***नीचे दिए गए प्रश्न का उत्तर देने के लिए निम्नलिखित सूचनाओं को सावधानीपूर्वक पढ़ें:***

नौ क्रिकेट प्रशंसक एक स्टेडियम में एक मैच देख रहे हैं। एक पंक्ति में J, K, L, M, N, O, P, Q और R बैठे हुए है। L M के दाएं ओर है और N से तीसरे स्थान पर है। K पंक्ति के एक छोर पर है। Q, O और P के समीप बैठा हुआ। O, K के बाएं ओर तीसरे स्थान पर बैठा हुआ है। O के बायीं ओर पास J है। **(M.A.T. 2003)**

1. पंक्ति के बीच में कौन बैठा है?

(*a*) I (*b*) J (*c*) O (*d*) Q

2. पंक्ति के दूसरे किनारे पर कौन बैठा है?

(*a*) J (*b*) N (*c*) P (*d*) R

3. निम्नलिखित में से कौन सा कथन सही है?

(*a*) J से दो सीट दूर N बैठा है। (*b*) M किनारे पर बैठा है।

(*c*) R और P एक साथ बैठें हैं।

(*d*) L और O के बीच में एक व्यक्ति बैठा है।

हल: L, M के दाएं और N के दाएं तीसरे स्थान है, इसलिए अनुक्रम आता है: N☐ML

K के बाएं ओर तीसरे स्थान पर O है तथा O के बाएं से अगला दाएं J है अर्थात JO☐☐K

O और P दोनों के पास Q है अर्थात JOQPK

इस प्रकार, शेष रिक्त स्थान R आना चाहिए अर्थात NRML

चूंकि K पंक्ति के एक किनारे पर है, इसलिए सभी के बैठने का अनुक्रम आता है: NRMLJOQPK

1. J पंक्ति के बीच में बैठा है। अत: उत्तर (*b*) है।

2. N पंक्ति के दूसरे किनारे पर बैठा हैं। अत: उत्तर (*b*) है।

3. स्पष्ट रूप से, L और O के बीच में एक व्यक्ति J बैठा है। अत: केवल (*d*) सही है। अत: उत्तर (*d*) है।

उदा. 2. ***आठ किताबें एक दूसरे पर रखी गई हैं। उपर से गिनती करने पर, दूसरी, पांचवीं और छठी किताबें नाटकों पर हैं। नाटकों पर दो पुस्तक, संरचना पर दो पुस्तकों के बीच हैं। नाटकों की एक पुस्तक कविता पर दो पुस्तकों के बीच है, जबकि साहित्य की पुस्तक के ऊपर पुस्तक संरचना की एक पुस्तक है। ऊपर से चौथी किताब कौन सी है?*** **(M.B.A. 2006)**

(*a*) नाटक (*b*) कविता

(*c*) संरचना (*d*) साहित्य

हल: हम दी गई सूचनाओं का विश्लेषण निम्नलिखित के अनुसार कर सकते हैं:

माना कि C 'संरचना' को इंगित करता हैं, P 'नाटक' को इंगित करता हैं, Po 'कविता' को और L 'साहित्य' को इंगित करता हैं।

1	2	3	4	5	6	7	8
–	P	–	–	P	P	–	–
–	–	–	C	P	P	C	–
Po	P	Po	–	–	–	–	–
–	–	–	–	–	–	C	L

अत: ऊपर से नीचे के क्रम में व्यवस्था:

1	2	3	4	5	6	7	8
Po	P	Po	C	P	P	C	L

स्पष्ट रूप से, ऊपर से चौथी पुस्तक संरचना पर है। अत: उत्तर (*c*) है।

उदा. 3. ***नीचे दी गई सूचनाओं को पढ़ें और निम्नलिखित प्रश्नों का उत्तर दें:*** **(R.B.I. 2005)**

(*i*) A, B, C, D, E, F और G लगभग वृत्त के चारों केंद्र की ओर मुह करके बैठे हैं।

(*ii*) C के बायीं ओर दूसरा व्यक्ति G है, जो F के बायीं ओर बैठा है।

(*iii*) E के बायीं ओर तीसरा व्यक्ति A है।

(*iv*) D और E के बीच में B है।

1. निम्नलिखित में से कौन सा गलत है?
(*a*) E के दायीं ओर चौथा व्यक्ति A है।
(*b*) D के ठीक दायीं ओर G है।
(*c*) D के दायीं ओर तीसरा व्यक्ति F है।
(*d*) D के ठीक बायीं ओर B बैठा है।
(*e*) इनमें से कोई नहीं

2. निम्नलिखित में से कौन सा सही है?
(*a*) B के बायीं ओर चौथा व्यक्ति C है।
(*b*) G के दायीं ओर A बैठा है।
(*c*) E के दायीं ओर दूसरा व्यक्ति D है।
(*d*) G के दायीं ओर दूसरा व्यक्ति B है।
(*e*) इनमें से कोई नहीं

3. निम्नलिखित में से किस जोड़े में दूसरे व्यक्ति के ठीक बायीं ओर पहला व्यक्ति बैठा हैं?
(*a*) BE (*b*) CA (*c*) GD (*d*) DG
(*e*) इनमें से कोई नहीं

4. निम्नलिखित में से किस में बीच का व्यक्ति शेष बचे दो के बीच में बैठा है?
(*a*) FCE (*b*) EFB (*c*) DEB (*d*) GDA
(*e*) इनमें से कोई नहीं

5. निम्नलिखित में से कौन सा व्यक्ति F के स्थान पर बैठा है।
(*a*) D के दायीं ओर चौथा व्यक्ति
(*b*) C के ठीक बायीं ओर वाला व्यक्ति
(*c*) A और E के बीच का व्यक्ति
(*d*) A के ठीक दायीं ओर बैठा व्यक्ति
(*e*) इनमें से कोई नहीं

हल: वृत्त के चारों ओर सात रिक्त स्थानों को चिह्नित करेंगें। अब, C के बाएं से दूसरे स्थान पर G है और F के ठीक बाएं C है। हम नीचे दिखाए गए अनुसार स्थिति को चिह्नित करते हैं।

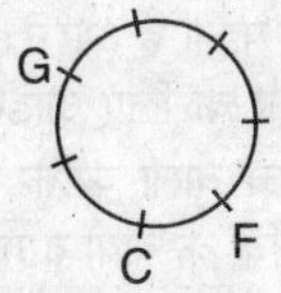

इसके साथ ही, D और E के बीच B है। इस प्रकार, D, B, E एक साथ बैठते हैं और लगातार तीन रिक्त स्थानों पर हैं। अब, G और C के बीच केवल एक ही स्थान खाली है, और अब इसे A द्वारा भरा जाना चाहिए। अब, D, B, E को निम्न में से किसी भी एक (D, B, E) या (E, B, D) तरह होना चाहिए। लेकिन A केवल E के बाएं से तीसरा स्थान पर है अत: सही क्रम (D, B, E) है। इस प्रकार हम उनकी स्थिति को चिह्नित करते है जैसा कि दिखाया गया है।

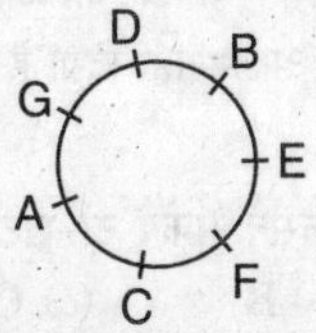

1. स्पष्ट रूप से, D के दायीं से चौथा व्यक्ति F है। अत: (*c*) गलत है। अत: उत्तर (*c*) है।

2. B के बायीं ओर से तीसरा व्यक्ति C हैं। अत: (*a*) गलत है। G के ठीक दायीं ओर से A बैठा है। अत: (*b*) सही है। E के दायीं ओर से दूसरा व्यक्ति D बैठा है। अत: (*c*) गलत है। G के बायीं ओर दूसरा व्यक्ति B बैठा है। अत: (*d*)) गलत है। अत: उतर (*b*) है।

3. स्पष्ट रूप से, केवल जोड़ा DG में, पहला व्यक्ति D दूसरे व्यक्ति G के ठीक दायीं ओर बैठा है। अत: उत्तर (*d*) है।

4. A और F के बीच में C बैठा है; E और C के बीच में F बैठा है; B और F के बीच में E बैठा है; G और B के बीच में D बैठा है। अत: दिए गए समूहों में से कोई भी दी गई शर्त को पूरा नहीं करता है। अत: उतर (*e*) है।

5. स्पष्ट रूप से, F' का स्थान है
(*i*) D के दायीं से चौथा
(*ii*) C के ठीक दायीं ओर
(*iii*) C और E के बीच में
(*iv*) A के दायीं से दूसरा, अत: उत्तर (*a*) है।

उदा. 4. ***नीचे दी गई सूचनाओं को पढ़ें और निम्नलिखित प्रश्नों का उत्तर दें:*** **(N.I.F.T. 2003)**

छह व्यक्ति A, B, C, D, E और F एक रेस्तरां में टेबल के केंद्र की ओर चेहरा करके एक गोल टेबल के चारों ओर बैठे हैं। उन्होंने अपने खाने के लिए विभिन्न आइटम्स (पिज्जा, स्ट्रॉबेरी, वनिला, बर्गर, पेस्ट्री और पेटीज) के लिए आर्डर दिया है। वे विभिन्न प्रकार के रंगों के टी-शर्ट पहने हुए हैं, जैसे सफेद, काला, हरा, लाल, पीला और नीला। दोपहर के भोजन के लिए आइटम का आर्डर और टी-शर्ट के रंग उनके नामों के क्रम के अनुसार जरूरी नहीं है।

I. जिस व्यक्ति ने पिज्जा, वनिला और पेस्ट्री के लिए आर्डर दिया है उसने ना तो सफेद टी-शर्ट पहना हैं और ना ही काले रंग का टी-शर्ट पहनी हैं।

II. जिस व्यक्ति ने हरे और पीले रंग की टी-शर्ट पहनी है उसने ना तो पिज्जा और ना ही वनिला के लिए ऑर्डर दिया है।

III. A न तो सफेद टी-शर्ट पहना है और न ही उस व्यक्ति के ठीक बायीं ओर बैठा है जिसने बर्गर के लिए आर्डर दिया है।

IV. केवल E और F के बीच वाला व्यक्ति स्ट्रॉबेरी खाता है। जो व्यक्ति सफेद टी-शर्ट वाले व्यक्ति के बायीं तरफ है वह पेटीज नहीं खाता है।

V. D ने बर्गर के लिए आर्डर दिया है और उसके टी-शर्ट का रंग हरा है। वह उस व्यक्ति के पास है जिसने स्ट्रॉबेरी के लिए आर्डर दिया है।

VI. जिस व्यक्ति ने पिज्जा के लिए आर्डर दिया है वह नीला टी-शर्ट पहनने वाले व्यक्ति के सामने बैठा हैं, जबकि जिस व्यक्ति ने हरे रंग का टी-शर्ट पहना है वह उस व्यक्ति के बायीं ओर बैठा है जिसने पेस्ट्री के लिए आर्डर दिया है।

VII. जिस व्यक्ति ने पेटीज के लिए आर्डर दिया है वह सफेद टी-शर्ट वाले व्यक्ति के ठीक दायीं ओर बैठा है, लेकिन उस व्यक्ति के ठीक बायीं ओर बैठा है जिसने वनिला का आर्डर दिया है।

VIII. C ने वनिला के लिए आर्डर नहीं दिया है जबकि F ने पिज्जा के लिए आर्डर नहीं दिया है।

1. निम्नलिखित में से किसने सफेद टी-शर्ट पहना है?
(*a*) A (*b*) B (*c*) C (*d*) E

2. वह अकेला व्यक्ति, जो E और D के बीच में है, उसने किस रंग का टी-शर्ट पहना है
(*a*) लाल (*b*) नीला (*c*) काला (*d*) पीला

3. निम्नलिखित में से किसने पेस्ट्री के लिए आर्डर दिया है?
(*a*) A (*b*) B (*c*) C (*d*) E

4. निम्नलिखित में से किसे सही तरीके से मिलान किया गया है?
(*a*) A - पीला - बर्गर (*b*) B - लाल- वनिला
(*c*) E - लाल- पिज्जा (*d*) F - काला - पेस्ट्री

5. जिस व्यक्ति ने पेटीज के लिए आर्डर दिया है, उसके टी-शर्ट का रंग क्या है
(*a*) लाल (*b*) पीला (*c*) नीला (*d*) काला

हल: D बर्गर के लिए ऑर्डर देता है और वह हरे रंग का टी-शर्ट पहने हुए हैं। D के विपरीत व्यक्ति स्ट्रॉबेरी के लिए ऑर्डर देता है। सफेद और काले रंग का टी-शर्ट पहने हुए व्यक्ति पिज्जा, वनीला, पेस्ट्री या बर्गर के लिए ऑर्डर नहीं देता है। अत: वे स्ट्रॉबेरी या पेटीज के लिए ऑर्डर देता है। लेकिन जो पेटीज के लिए ऑर्डर देता है वह सफेद रंग की टी-शर्ट पहने हुए व्यक्ति के ठीक दायीं

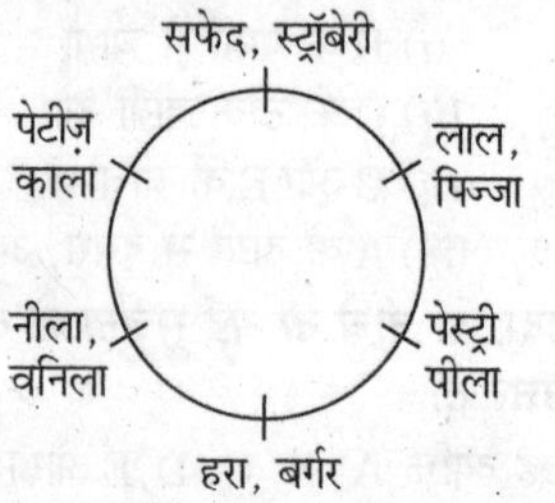

ओर बैठा हुआ है। अत: स्ट्रॉबेरी के लिए ऑर्डर देने वाला व्यक्ति सफेद रंग की टी-शर्ट पहने हुए है, जबकि पेटीज के लिए ऑर्डर देने वाले व्यक्ति काले रंग का टी-शर्ट पहने हुए है और सफेद रंग का टी-शर्ट पहने हुए व्यक्ति के दाएं ओर बैठा हुआ है।

जो व्यक्ति पेटीज के लिए ऑर्डर देता है वह उस व्यक्ति के ठीक बायीं ओर वह व्यक्ति है जो वनीला के लिए ऑर्डर देता है। स्पष्ट रूप से, पिज्जा के लिए ऑर्डर देने वाला व्यक्ति सफेद T शर्ट पहने हुए व्यक्ति के बायीं ओर बैठा हुआ है। लेकिन वह नीला T शर्ट पहनने वाले व्यक्ति के विपरीत ओर है। अत: वह व्यक्ति जो वनीला के लिए ऑर्डर देता है नीला टी-शर्ट पहने हुए है। अब, पिज्जा के लिए ऑर्डर देने वाले व्यक्ति को पीला या लाल टी-शर्ट पहनना चाहिए। लेकिन पीला टी-शर्ट वाला व्यक्ति पिज्जा के लिए ऑर्डर नहीं देता है। अत: वह लाल टी-शर्ट पहनता है। इस प्रकार, वह व्यक्ति जो पेस्ट्री के लिए ऑर्डर देता है वह पीला टी-शर्ट पहने हुए है। वह व्यक्ति जिसे स्ट्रॉबेरी पसंद है वह E और F के बीच में एकमात्र व्यक्ति है। लेकिन F को पिज्जा पसंद नहीं है। अत: पिज्जा के लिए E ऑर्डर देता है और वह लाल टी-शर्ट पहने हुए हैं, जबकि F पेस्ट्री के लिए ऑर्डर देते हैं और काला टी-शर्ट पहने हुए हैं। अब, A न तो सफेद टी-शर्ट पहनता है और न ही D के ठीक बाएं ओर बैठा है। अत: A पेस्ट्री के लिए ऑर्डर देता और पीला टी-शर्ट पहने हुए है। C वनीला के लिए ऑर्डर नहीं देता है। अत: स्ट्रॉबेरी के लिए C ऑर्डर देता है और सफेद टी-शर्ट पहने हुए है। इस प्रकार, B वनिला के लिए ऑर्डर देता है और नीला टी-शर्ट पहने हुए है।

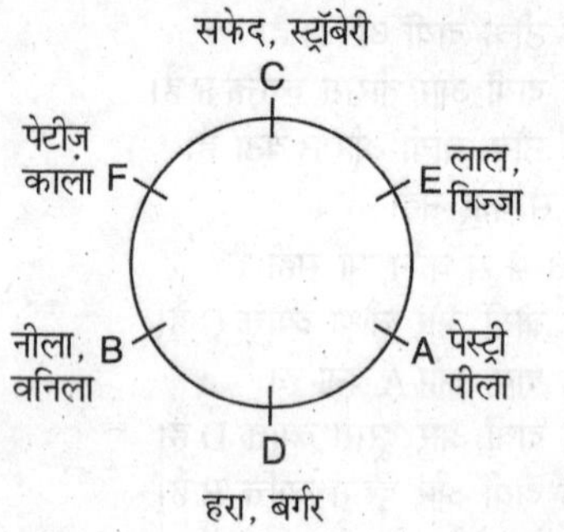

1. C ने सफेद रंग की टी-शर्ट पहनी है। अत: उत्तर (*c*) है।

2. E और D के बीच में A है, और A ने पीले रंग का टी-शर्ट पहना है। अत: उत्तर (*d*) है।

3. A ने पेस्ट्री के लिए आर्डर किया है। अत: उत्तर (*a*) है।

4. सही संयोजन E - लाल- पिज्जा है। अत: उत्तर (*c*) है।

5. F ने पेटीज के लिए आर्डर किया है और काले रंग का टी-शर्ट पहना है। अत: उत्तर (*d*) है।

अभ्यास 6B

1. एक पंक्ति में पांच लोग खड़े हैं। अंतिम छोर पर दो व्यक्तियों में से एक प्रोफेसर और दूसरा व्यक्ति व्यवसायी है। एक वकील एक छात्र के दायीं ओर खड़ा है। एक लेखक व्यापारी के बायीं ओर है। छात्र प्रोफेसर और वकील के बीच में खड़ा है। बाएं से गिनती करने पर, वकील किस स्थान पर खड़ा है? **(Hotel Management, 2004)**
(*a*) पहले (*b*) दूसरे (*c*) तीसरे (*d*) पांचवे

2. पांच दोस्त A, B, C, D और E दक्षिण की ओर मुंह करके एक पंक्ति में खड़े हैं, लेकिन एक ही क्रम में खड़े हो यह जरूरी नहीं है। केवल B, A और E के बीच है तथा C, E के ठीक दायीं ओर खड़ा है और D, A के ठीक बायीं ओर खड़ा हैं। उपर्युक्त सूचनाओं के आधार पर, निम्नलिखित में से कौन सा कथन निश्चित रूप से सही है? **(S.B.I.P.O. 2000)**
(*a*) A के बायीं ओर B है।
(*b*) E के बायीं ओर तीसरा व्यक्ति D है।
(*c*) E के दायीं ओर B है।
(*d*) C के बायीं ओर दूसरा व्यक्ति B है।
(*e*) इनमें से कोई नहीं

3. सात लोग A, B, C, D, E, F और G बूथ के सामने की ओर मुंह करके एक लाइन में खड़े हैं। E, F से आगे कहीं पर है। C और G के बीच में एक व्यक्ति खड़ा है। D, A के ठीक पीछे खड़ा है। B और D दोनों के पीछे F है। यदि D और C क्रमश: लाइन में चौथे और पांचवें स्थान पर हैं, तब निम्नलिखित में से कौन कथन अवश्य सत्य है? (M.B.A. 2002)
(*a*) A पहला व्यक्ति है (*b*) B पहला व्यक्ति है
(*c*) F छठा व्यक्ति है (*d*) F सातवाँ व्यक्ति है

4. A, P, R, X, S और Z एक पंक्ति में बैठे हैं। S और Z बीच में हैं तथा A और P अंत में हैं। R, A के बाएं ओर बैठा है। तब P के दाएं ओर कौन बैठा है? (S.S.C. 2003)
(*a*) A (*b*) S (*c*) X (*d*) Z

5. एक मार्च पास्ट में, सात लोग एक पंक्ति में खड़े हैं। Q, K के बाएं खड़ा है लेकिन P के दाएं खड़ा है। O, N के दाएं और P के बाएं खड़ा है। इसी तरह, S, K के दाएं और T के बाएं खड़ा हैं। पता लगाएं कि बीच में कौन खड़ा है?
(*a*) P (*b*) Q (*c*) R (*d*) O

6. पांच बच्चे एक पंक्ति में बैठे हैं। S, P के पास बैठा है लेकिन T के नहीं पास नहीं है। K, R के पास बैठा है जो सबसे अंत में बाएं ओर बैठा है और T के पास नहीं बैठा है। S के पास कौन बैठा है?
(*a*) K और P (*b*) R और P (*c*) केवल P
(*d*) P और T (*e*) जानकारी अपर्याप्त है

7. पांच लड़कियां एक पंक्ति में बैठी हैं। राशी, सुलेखा या आभा के नजदीक नहीं है। अनुराधा, सुलेखा के नजदीक नहीं है। राशी, मोनिका के नजदीक है। मोनिका पंक्ति में बीच में है। अनुराधा निम्नलिखित में से किसके पास है?
(*a*) राशि (*b*) सुलेखा (*c*) आभा
(*d*) मोनिका (*e*) निर्धारित नहीं किया जा सकता है

8. ओलंपिक खेलों में, छह राष्ट्रों के ध्वज को मस्तों उंजे पर निम्नलिखित तरीके से फहराया गया था: अमेरिका का ध्वज भारतीय तिरंगे के बाएं और फ्रांस के ध्वज के दाएं ओर था। ऑस्ट्रेलिया का ध्वज भारतीय ध्वज के दाएं था, लेकिन जापान के ध्वज के बाएं था, जो चीन के ध्वज के बाएं ओर था। उन दोनों देशों को खोजें जिनके ध्वज केंद्र में हैं।
(*a*) भारत और ऑस्ट्रेलिया (*b*) अमेरिका और भारत
(*c*) जापान और ऑस्ट्रेलिया (*d*) अमेरिका और ऑस्ट्रेलिया

दिशा-निर्देश *(प्रश्न 9 से 11): दिए गए प्रश्नों का उत्तर देने के लिए निम्नलिखित सूचनाओं को पढ़ें:* (Hotel Management, 2002)

सात बच्चे A, B, C, D, E, F और G एक लाइन में खड़े हैं। G, D के दाएं और B के बाएं हैं। A, C के दाएं ओर है। A और D के बीच एक बच्चा है। E और B के बीच दो बच्चे हैं। D और F के बीच दो बच्चे हैं।

9. ठीक दाहिने ओर कौन बैठा है?
(*a*) B (*b*) E (*c*) F (*d*) G

10. ठीक बीच में कौन बैठा है?
(*a*) A (*b*) C (*c*) D (*d*) E

11. ठीक बाएं ओर कौन बैठा है?
(*a*) A (*b*) B (*c*) C (*d*) D

दिशा-निर्देश *(प्रश्न 12 से 15): निम्नलिखित सूचनाओं को सावधानीपूर्वक पढ़ें और नीचे दिए गए प्रश्नों का उत्तर दें:* (Bank P.O. 2003)

छह दोस्त A, B, C, D, E और F उत्तर की ओर मुंह करके एक पंक्ति में बैठे हैं। C, A और E के बीच बैठा है। D अंत में नहीं है। B, E के लिए ठीक दाएं बैठा है। F दाएं से अंत में नहीं है।

12. D के दायीं ओर कितने व्यक्ति हैं?
(*a*) एक (*b*) दो (*c*) तीन (*d*) चार
(*e*) इनमें से कोई नहीं

13. निम्नलिखित में से कौन सा पेयर D के एक तरफ बैठा है?
(*a*) FB (*b*) FC (*c*) FE
(*d*) निर्धारित नहीं किया जा सकता है
(*e*) इनमें से कोई नहीं

14. C के ठीक बाएं तरफ कौन बैठा है?
(*a*) A (*b*) E (*c*) E या A
(*d*) निर्धारित नहीं किया जा सकता है
(*e*) इनमें से कोई नहीं

15. दाएं किनारे पर कौन बैठा है?
(*a*) A (*b*) B (*c*) E
(*d*) निर्धारित नहीं किया जा सकता है
(*e*) इनमें से कोई नहीं

दिशा-निर्देश *(प्रश्न 16 से 20): दी गई सूचनाओं को सावधानीपूर्वक पढ़ें और निम्नलिखित प्रश्नों का उत्तर दें:* (C.P.O. 2005; M.B.A. 2006)

(*i*) A, B, C, D, E, F और G दीवार पर बैठे हैं और उनमें से सभी पूर्व दिशा की ओर देख रहे हैं।
(*ii*) D के ठीक बायीं ओर C बैठा है।
(*iii*) B ठीक किनारे पर बैठा है और E उसके पास बैठा है।
(*iv*) E और F के बीच में G है।
(*v*) दक्षिण दिशा की ओर से तीसरे स्थान पर D बैठा है।

16. E के दायीं तरफ कौन बैठा है?
(*a*) A (*b*) C (*c*) D (*d*) F
(*e*) इनमें से कोई नहीं

17. निम्नलिखित में से कौन सा जोड़ा ठीक किनारे पर बैठा है?
(*a*) AB (*b*) AE (*c*) CB (*d*) FB
(*e*) निर्धारित नहीं किया जा सकता है

18. उस व्यक्ति का नाम लिखें जिसे C के साथ अपना स्थान इस प्रकार से बदलना चाहिए जिससे वह उत्तर दिशा की ओर से तीसरे स्थान पर बैठ सके।
(*a*) E (*b*) F (*c*) G (*d*) D
(*e*) इनमें से कोई नहीं

19. निम्नलिखित व्यक्तियों में से किस जोड़े के बीच में D बैठा है?
(*a*) AC (*b*) AF (*c*) CE (*d*) CF
(*e*) इनमें से कोई नहीं

20. A किस स्थान पर बैठा है, का पता लगाने के लिए ऊपर दी गई (*i*) से (*v*) स्थितियों में से किसकी आवश्यकता नहीं है?
(*a*) (*i*) (*b*) (*ii*) (*c*) (*iii*)
(*d*) सभी जरूरी हैं (*e*) इनमें से कोई नहीं

दिशा-निर्देश *(प्रश्न 21 से 25): दी गई सूचनाओं को सावधानीपूर्वक पढ़ें और निम्नलिखित प्रश्नों का उत्तर दें:*

(*i*) ग्यारह छात्र A, B, C, D, E, F, G, H, I, J और K शिक्षक के सामने वाली कक्षा की पहली पंक्ति में बैठे हैं।
(*ii*) D जो F के ठीक बायीं ओर बैठा है, C के दायीं ओर दूसरा व्यक्ति है।

(*iii*) E के ठीक दायीं तरफ दूसरा व्यक्ति A है, जो कि एक किनारे पर बैठा है।

(*iv*) A और B के ठीक पास में J बैठा है और वो G के बायीं तरफ तीसरा व्यक्ति है।

(*v*) D के ठीक बायीं ओर H बैठा है और वह I के दायीं तरफ तीसरा व्यक्ति है।

21. पंक्ति के बीच में कौन बैठा है?

(*a*) B (*b*) C (*c*) G (*d*) I

(*e*) इनमें से कोई नहीं

22. निम्नलिखित में से दोस्तों का कौन सा समूह G के बाएं तरफ बैठा है?

(*a*) CHDE (*b*) CHDF (*c*) IBJA (*d*) ICHDF

(*e*) इनमें से कोई नहीं

23. उपरोक्त बैठे व्यक्तियों के क्रम के संदर्भ में निम्नलिखित में से कौन सा कथन सही है?

(*a*) D और G के बीच में तीन व्यक्ति बैठे हैं।

(*b*) A और J के बीच में K बैठा है।

(*c*) J और I के बीच में B बैठा है।

(*d*) G और C पास में हैं और H के ठीक बाएं तरफ बैठें हैं।

(*e*) इनमें से कोई नहीं

24. बैठने की उपरोक्त व्यवस्था में, दिए गए कथन में से कौन सा अनावश्यक है?

(*a*) (*i*) (*b*) (*ii*) (*c*) (*iii*)

(*d*) (*iv*) (*e*) कोई भी अनावश्यक नहीं है

25. यदि E और D, C और B, A और H, K और F अपने स्थान का आदान-प्रदान करते हैं, तब निम्नलिखित में से कौन सा जोड़ा किनारे पर बैठा है?

(*a*) D और E (*b*) E और F (*c*) D और K

(*d*) K और F (*e*) इनमें से कोई नहीं

26. पांच महिलाओं, तान्या, सुनीता, निधि, अपर्णा और प्रीती तथा पांच पुरुष, अरविंद, कुणाल, पवन, साहिल और तन्मय, एक आयताकार टेबल के दो लंबे किनारे पर बैठे थे। महिलाएं पुरुषों के साथ बारी-बारी से और उनके विपरीत बैठी थी। साहिल बीच की स्थिति में बैठा था। अपर्णा, अरविंद के विपरीत बैठी थी। सुनीता, साहिल के पास और अरविंद से तीन स्थान दूर बैठी थी। प्रीती, अपर्णा के बाएं चार स्थान दूर बैठी थी। निधि, सुनीता से दो स्थान दूर और पवन, सुनीता के विपरीत बैठा थी। कुणाल, प्रीती से तीन स्थान दूर बैठा थी। तान्या के विपरीत कौन बैठा था? **(M.B.A. 2004)**

(*a*) अरविन्द (*b*) कुणाल (*c*) पवन (*d*) साहिल

27. ऊपर दिए गए प्रश्न में दी गई सूचनाओं के अनुसार, तन्मय के सामने कौन बैठा था?

(*a*) निधि (*b*) प्रीती (*c*) अपर्णा (*d*) सुनीता

दिशा-निर्देश *(प्रश्न 28 से 29)*: *प्रश्नों का उत्तर देने के लिए निम्नलिखित सूचनाओं को सावधानीपूर्वक पढ़ें* **(M.A.T. 2005)**

(*a*) उत्तर और दक्षिण मुखी दो पंक्तियों में एक मंजिल पर छह फ्लैट P, Q, R, S, T और U को आवंटित किए जाते हैं।

(*b*) Q को उत्तर वाला फ्लैट मिलता है जो S के पास नहीं है।

(*c*) S और U विकर्णत: आमने सामने का फ्लैट मिलता है।

(*d*) R, जो U के पास है, उसे एक दक्षिण की ओर मुंह वाला फ्लैट मिलता है और T को उत्तर की ओर मुंह वाला फ्लैट मिलता है।

28. SU की तुलना में अन्य किस जोड़े का फ्लैट विकर्णत: एक दूसरे के सामने और विपरीत है?

(*a*) QP (*b*) PT (*c*) QR (*d*) TS

29. निम्नलिखित में से कौन सा संयोजन दक्षिण की तरफ मुंह वाले फ्लैट को दर्शाता है?

(*a*) UPT (*b*) URP

(*c*) QTS (*d*) डाटा अपर्याप्त है

दिशा-निर्देश *(प्रश्न 30 से 33)*: *नीचे दी गई सूचनाओं को पढ़ें और निम्नलिखित प्रश्नों का उत्तर दें:*

छह व्यक्ति A, B, C, D, E और F दो पंक्तियों में बैठे हैं, प्रत्येक पंक्ति में तीन व्यक्ति बैठे हैं। E किसी भी पंक्ति के किनारे में नहीं बैठा है। F के बाएं तरफ दूसरा व्यक्ति D बैठा है। E के पास में C बैठा है, जो D के सामने की तरफ विकर्णत: विपरीत बैठा है। F के पास B बैठा है।

30. निम्नलिखित में से कौन सा एक दूसरे के सामने विकर्णत: विपरीत बैठा है?

(*a*) F और C (*b*) D और A (*c*) A और C

(*d*) A और F (*e*) A और B

31. निम्नलिखित में से कौन एक ही पंक्ति के बैठे हैं?

(*a*) A और E (*b*) E और D (*c*) C और B

(*d*) A और B (*e*) C और E

32. निम्नलिखित में से कौन सा दो पंक्तियों में से एक में बैठे हैं?

(*a*) FBC (*b*) CEB (*c*) DBF

(*d*) AEF (*e*) ABF

33. E के साथ सीट का आदान-प्रदान करने के बाद, नए स्थान पर D के पास कौन बैठा है?

(*a*) C और A (*b*) F और B (*c*) केवल B

(*d*) केवल A (*e*) केवल C

दिशा-निर्देश *(प्रश्न 34 से 35)*: *निम्नलिखित सूचनाओं को सावधानीपूर्वक पढ़ें और दिए गए प्रश्नों का उत्तर दें:* **(S.B.I.P.O. 1999)**

(*i*) छह बच्चे B, D, C, M, J और K को तीन में से दो समूहों में विभाजित किया गया है और दो पंक्तियों में इस तरह खड़े होने के लिए तैयार किया गया है कि एक पंक्ति में एक बच्चा दूसरे पंक्ति के एक बच्चे के ठीक सामने रहे।

(*ii*) M किसी भी पंक्ति के अंत में नहीं है और J के दाएं ओर है, जो C के सामने है। K, D के बाएं है, जो M के सामने है।

34. B के ठीक बाएं ओर कौन खड़ा है?

(*a*) M (*b*) J (*c*) D

(*d*) डाटा अपर्याप्त है (*e*) इनमें से कोई नहीं

35. निम्नलिखित में से किस समूह के बच्चे समान पंक्ति में हैं?

(*a*) BDC (*b*) BMD (*c*) MJK (*d*) MJD

(*e*) इनमें से कोई नहीं

36. P, Q, R, S और T एक गोल टेबल के चारों ओर बैठे हैं। K, P के दाएं ओर है और S के बाएं ओर दूसरे स्थान पर है। T, P और S के बीच नहीं है। K के बाएं ओर दूसरे स्थान पर कौन है? **(Bank P.O. 2000)**

(*a*) Q (*b*) S (*c*) T

(*d*) डाटा अपर्याप्त है (*e*) इनमें से कोई नहीं

37. A, B, C, D, E और F एक गोल मेज के चारों ओर बैठे हैं। A, E और F के बीच है। E, D के विपरीत है, और C, E के बगल की सीटों में से किसी पर नहीं है। तब B के विपरीत कौन है? **(M.A.T. 2003)**

(*a*) C (*b*) D

(*c*) F (*d*) इनमें से कोई नहीं

38. छह व्यक्ति A, B, C, D, E और F गोलाकार खड़े हैं। B, D और C के बीच में है। A, E और C के बीच में है। F, D के दाएं ओर है। A और F के बीच कौन है? (I.I.T.T.M. 2005)

(*a*) B (*b*) C (*c*) D (*d*) E

दिशा-निर्देश *(प्रश्न 39 से 43): प्रश्नों का उत्तर देने के लिए निम्नलिखित सूचनाओं को पढ़ें:* (Bank P.O. 2005)

(*i*) A, B, C, D, E, F और G सर्किल में बैठे हैं और कार्ड खेल रहे हैं।
(*ii*) E, A और D के निकट हैं।
(*iii*) G, F और C के बीच में नहीं है।
(*iv*) A के ठीक दाएं तरफ F है।

39. निम्नलिखित में से किसमें एक दूसरे के आस-पास बैठे व्यक्तियों की जोड़ी नहीं है?

(*a*) BA (*b*) CB (*c*) DE (*d*) GD
(*e*) इनमें से कोई नहीं

40. निम्नलिखित में से किस जोड़े में दूसरा व्यक्ति पहले व्यक्ति के ठीक दाएं ओर बैठा है?

(*a*) AB (*b*) CB (*c*) EA (*d*) DG
(*e*) इनमें से कोई नहीं

41. F का स्थान क्या है?

(*a*) C के ठीक बाएं तरफ से तीसरा
(*b*) C के ठीक दाएं तरफ से दूसरा
(*c*) A के ठीक बाएं तरफ
(*d*) B के ठीक दाएं तरफ
(*e*) इनमें से कोई नहीं

42. B के निकट कौन है?

(*a*) A और F (*b*) C और D (*c*) F और C
(*d*) डाटा अपर्याप्त है (*e*) इनमें से कोई नहीं

43. निम्नलिखित में से कौन सा व्यक्ति दिखाए गए क्रम के अनुसार बाएं से दाएं तरफ एक-दूसरे के समीप बैठा हैं?

(*a*) BGC (*b*) FBC (*c*) CDG (*d*) EDG
(*e*) इनमें से कोई नहीं

दिशा-निर्देश *(प्रश्न 44 जव 46): प्रश्नों का उत्तर देने के लिए निम्नलिखित सूचनाओं को पढ़ें:* (Bank P.O. 2004)

P, Q, R, S, T, U, V और W आठ दोस्त हैं जो केंद्र की ओर मुँह करके एक वृत्त के चारों ओर बैठे हैं।

(*i*) W, P के ठीक बायीं ओर है लेकिन T या S के पड़ोस में नहीं है।
(*ii*) U, Q के ठीक दायीं ओर है और V, T का पड़ोसी है।
(*iii*) T और U के बीच में R है।

44. निम्नलिखित में से कौन सा कथन सही है?

(*a*) U और Q के बीच में T बैठा हैं।
(*b*) V के पास में U बैठा है।
(*c*) W और T के बीच में V बैठा है।
(*d*) P और S के बीच में W बैठा है।
(*e*) इनमें से कोई नहीं

45. S कहाँ बैठा है?

(*a*) Q के ठीक बाएं तरफ
(*b*) U के ठीक दाएं तरफ दूसरे स्थान पर
(*c*) Q और U के बीच में
(*d*) P के ठीक बाएं तरफ
(*e*) इनमें से कोई नहीं

46. V कहाँ बैठा है?

(*a*) S के बाएं तरफ दूसरे स्थान पर बैठा है
(*b*) के दाएं तरफ तीसरे स्थान पर बैठा है
(*c*) W के ठीक बाएं तरफ बैठा है
(*d*) T और R के बीच में बैठा है
(*e*) इनमें से कोई नहीं

दिशा-निर्देश *(प्रश्न 47 से 52): प्रश्नों का उत्तर देने के लिए निम्नलिखित सूचनाओं को पढ़ें:* (Bank P.O. 2005)

(*i*) A, B, C, D, E, F और G एक गोलाकार मेज के चारों ओर बैठ कर कार्ड खेल रहे हैं।
(*ii*) D, C या E का पड़ोसी नहीं है।
(*iii*) A, B और C का पड़ोसी है।
(*iv*) G जोकि D के बाएं ओर दूसरे स्थान पर है, E और F का पड़ोसी है।

47. निम्नलिखित में से कौन सा सही है?

(*a*) A और D के बीच में B है।
(*b*) F और G के बीच में D बैठा है।
(*c*) G के ठीक दाएं तरफ E है।
(*d*) G के ठीक बाएं तरफ F है।
(*e*) इनमें से कोई नहीं

48. निम्नलिखित में से किसकी जोड़ी दूसरे व्यक्ति के ठीक दाएं ओर बैठे दूसरे व्यक्ति के साथ है?

(*a*) BD (*b*) GF (*c*) EC (*d*) AE
(*e*) इनमें से कोई नहीं

49. E और D द्वारा अपने स्थान का आपस में अदला-बदली करने के बाद D का स्थान कौन-सा होगा?

(*a*) G और C के पास में (*b*) C के ठीक बाएं तरफ
(*c*) F के ठीक दाएं तरफ (*d*) C और A के पास में
(*e*) इनमें से कोई नहीं

50. C कहाँ बैठा है?

(*a*) B के ठीक बाएं तरफ दूसरे स्थान पर
(*b*) F के ठीक दाएं तरफ तीसरे स्थान पर
(*c*) A के ठीक बाएं तरफ
(*d*) E के ठीक दाएं तरफ
(*e*) इनमें से कोई नहीं

51. निम्नलिखित में से किसमें दूसरा व्यक्ति पहले और तीसरे व्यक्ति के बीच बैठा है?

(*a*) DAB (*b*) GCE (*c*) BCA (*d*) GFD
(*e*) इनमें से कोई नहीं

52. निम्नलिखित में से कौन सा गलत है?

(*a*) B के ठीक दाएं तरफ A है। (*b*) D के ठीक बाएं तरफ B है।
(*c*) G और D के बीच में F है। (*d*) G और C के बीच में E है।
(*e*) सभी सही हैं

दिशा-निर्देश *(प्रश्न 53 से 57): नीचे दी गई सूचनाओं के आधार पर प्रश्नों का उत्तर दें:* (M.A.T. 2003)

छह लोग A, B, C, D, E और F जमीन पर एक षट्कोणीय आकार में बैठे हैं। इस प्रकार से निर्मित षट्कोण के सभी किनारों की लंबाई समान है। A, B या C के नजदीक नहीं है; D, C या E के नजदीक नहीं है; B और C एक-दूसरे के पास हैं; F, D और C के बीच में है।

53. निम्नलिखित में से कौन एक साथ नहीं बैठें हैं?

(*a*) A और F (*b*) D और F
(*c*) B और E (*d*) C और F

54. जितना दूरी D से E की है उतनी ही दूरी पर D से कौन है?
(*a*) B (*b*) C (*c*) D (*d*) F

55. निम्नलिखित में से कौन सा सही अनुक्रम में है?
(*a*) A, F, B (*b*) F, A, E (*c*) B, C, F (*d*) D, A, B

56. यदि A के निकट एक व्यक्ति D है, तो दूसरा व्यक्ति कौन है?
(*a*) B (*b*) C (*c*) E (*d*) F

57. E के सामने कौन बैठा है?
(*a*) B (*b*) C (*c*) D (*d*) F

58. मिस्टर A, मिस B, मिस्टर C और मिस D एक टेबल के चारों ओर बैठे हैं और अपने व्यापार पर चर्चा कर रहे हैं।
(1) मिस्टर A कुक के सामने बैठें है।
(2) मिस B बार्बर के दाएं बैठी हैं।
(3) वॉशर मैन टेलर के सामने बैठा है।
(4) मिस D मिस्टर C के सामने बैठी हैं।
A और B का व्यापार क्या है?
(*a*) टेलर और बार्बर (*b*) टेलर और कुक
(*c*) बार्बर और कुक (*d*) वॉशर मैन और कुक

दिशा-निर्देश (प्रश्न 59 से 63): निम्नलिखित सूचनाओं को सावधानीपूर्वक पढ़ें और नीचे दिए गए प्रश्नों का उत्तर दें: (M.A.T. 1997)

सात दोस्त, कमला, मनीष, रोहित, अमित, गौरव, प्रीतम और प्रिया एक गोलाकार स्थिति में बैठे हैं। कमला, मनीष, रोहित, अमित, प्रीतम और प्रिया एक-दूसरे से समान दूरी पर बैठे हैं। रोहित प्रीतम के दाएं ओर दो स्थान बाद बैठा हैं, जो अमित के दाएं एक स्थान बाद बैठा है। कमला गौरव से 90 डिग्री का कोण और मनीष से 120 डिग्री का कोण बनाती है। मनीष प्रिया के बिल्कुल विपरीत है और गौरव के बाएं ओर बैठा है।

59. रोहित और मनीष के बीच बैठे एकमात्र व्यक्ति कौन है?
(*a*) प्रीतम (*b*) अमित (*c*) गौरव (*d*) कमला

60. गौरव किससे समान दूरी पर नहीं बैठा हुआ है
(*a*) रोहित और प्रीतम (*b*) अमित और कमला
(*c*) मनीष और प्रीतम (*d*) उपरोक्त सभी

61. गौरव प्रिया के .... बैठा है।
(*a*) बाएं तरफ (*b*) दाएं तरफ
(*c*) दाएं तरफ दूसरे स्थान पर (*d*) इनमें से कोई नहीं

62. गौरव और मनीष के बीच का कोण दक्षिणावर्त दिशा में है-
(*a*) 150° (*b*) 180°
(*c*) 210° (*d*) इनमें से कोई नहीं

63. निम्नलिखित में से कौन सा कथन सही नहीं है?
(*a*) मनीष और कमला के बीच में प्रीतम बैठा है।
(*b*) मनीष प्रिया के दो व्यक्तियों के बाद बैठा है।
(*c*) गौरव प्रीतम के सामने बैठा है।
(*d*) उपरोक्त सभी

दिशा-निर्देश (प्रश्न 64 से 66): दी गई सूचनाओं को सावधानीपूर्वक पढ़ें और निम्नलिखित प्रश्नों का उत्तर दें: (Hotel Management, 2001)

विभिन्न विषयों से संबंधित पचास पुस्तकें जैसे इतिहास (8), भूगोल (7), साहित्य (13), मनोविज्ञान (8) और विज्ञान (14), को एक शेल्फ पर रखा जाता है। उन्हें इस शर्त के अधीन वर्णमाला क्रम में व्यवस्थित किया जाता है कि एक ही विषय की किसी भी दो पुस्तकें तब तक एक साथ नहीं रखी जाती हैं जब तक कि अन्य विषयों की पुस्तकें उपलब्ध हों। जब तक अन्यथा उल्लेख नहीं किया जाता है, तब तक सभी गिनती बाएं से की जाती है।

64. 40वीं पुस्तक किस विषय से संबंधित है?
(*a*) विज्ञान (*b*) मनोविज्ञान (*c*) इतिहास (*d*) साहित्य

65. मनोविज्ञान में आखिरी पुस्तक का स्थान क्या है?
(*a*) 36वां (*b*) 37वां (*c*) 38वां (*d*) 39वां

66. दायीं ओर से गणना करने पर 39वीं पुस्तक किस विषय से संबंधित है?
(*a*) इतिहास (*b*) मनोविज्ञान (*c*) भूगोल (*d*) विज्ञान

दिशा-निर्देश (प्रश्न 67 से 69): दी गई सूचनाओं को सावधानीपूर्वक पढ़ें और निम्नलिखित प्रश्नों का उत्तर दें: (M.A.T. 2005)

(*i*) मनोविज्ञान, हिंदी, अंग्रेजी, नागरिक शास्त्र, अर्थशास्त्र, शिक्षण और एकाउटेंसी की सात पुस्तकें, दूसरे के ऊपर एक मेज पर रखी हुई है।
(*ii*) नागरिक शास्त्र सभी पुस्तकों के शीर्ष पर है।
(*iii*) एकाउटेंसी शिक्षण के ठीक नीचे है जो नागरिक शास्त्र के ठीक नीचे है।
(*iv*) अर्थशास्त्र, मनोविज्ञान के तुरंत ऊपर है लेकिन बीच में नहीं है।
(*v*) मनोविज्ञान के ठीक नीचें हिंदी है।

67. निम्नलिखित में से कौन सी पुस्तकों के बीच में अर्थशास्त्र है?
(*a*) एकाउटेंसी और शिक्षण (*b*) मनोविज्ञान और हिंदी
(*c*) अंग्रेजी और मनोविज्ञान
(*d*) मनोविज्ञान और नागरिक शास्त्र
(*e*) इनमें से कोई नहीं

68. एकाउटेंसी और हिंदी के बीच में तीन बुक कौन सी हैं?
(*a*) अंग्रेजी, अर्थशास्त्र और मनोविज्ञान
(*b*) अर्थशास्त्र, मनोविज्ञान और शिक्षण
(*c*) अर्थशास्त्र, मनोविज्ञान और हिंदी
(*d*) निर्धारित नहीं किया जा सकता है
(*e*) इनमें से कोई नहीं

69. यदि नागरिक शास्त्र और अंग्रेजी, एकाउटेंसी और हिंदी, शिक्षण और मनोविज्ञान का स्थान का बदला जाता है, तो मनोविज्ञान और नागरिक शास्त्र के बीच में कौन सी पुस्तक आएगी?
(*a*) एकाउटेंसी (*b*) मनोविज्ञान (*c*) हिंदी
(*d*) अर्थशास्त्र (*e*) इनमें से कोई नहीं

70. एक दुकान में, वस्तुओं को शेल्फ पर व्यवस्थित किया जाता है जिसमें छह पंक्तियां हैं। बिस्कुट को चॉकलेट के टिन के ऊपर व्यवस्थित किया गया है लेकिन चिप्स के पैकेट की पंक्तियों के नीचे रखा गया है, केक सबसे नीचे हैं और पेपरमिंट की बोतलें चॉकलेट के नीचे हैं। सबसे उपरी पंक्ति में जैम की बोतलों को रखा गया है। पेपरमिंट की बोतलें कहां हैं? उपरी पंक्ति से स्थान का उल्लेख करें। (M.A.T. 2005)
(*a*) दूसरा (*b*) तीसरा (*c*) चौथा (*d*) पांचवां

71. 10 पुस्तकों के ढेर में, 3 इतिहास, 3 हिंदी, 2 गणित और अंग्रेजी की 2 पुस्तकें हैं। ऊपर से गिनने पर एक इतिहास और गणित की पुस्तक के बीच एक अंग्रेजी की पुस्तक है, एक गणित और एक अंग्रेजी की पुस्तक के बीच एक इतिहास की पुस्तक है, एक अंग्रेजी और एक गणित पुस्तक के बीच एक हिंदी की पुस्तक है, दो हिंदी की पुस्तकों के बीच एक गणित की पुस्तक है और एक गणित और एक इतिहास पुस्तक के बीच दो हिंदी की पुस्तकें है। किस विषय की पुस्तक शीर्ष से छठे स्थान पर है?
(*a*) अंग्रेजी (*b*) हिंदी (*c*) गणित (*d*) इतिहास

दिशा-निर्देश (प्रश्न 72 से 76): निम्नलिखित सूचनाओं को सावधानीपूर्वक पढ़ें और नीचे दिए गए प्रश्नों का उत्तर दें: (M.A.T. 2005)

एक कार की प्रदर्शनी में, सात अलग-अलग कंपनियों की सात कारें जैसे कि कैडिलैक, एम्बेसडर, फिएट, मारुति, मर्सिडीज, बेडफोर्ड और फर्गो

को एक पंक्ति में प्रदर्शित किया गया था, जिन्हें पूर्व की ओर मुंह करके रखा गया था:

(1) फर्गो के ठीक दाएं तरफ कैडिलैक कार थी।

(2) फिएट के दाएं से चौथे स्थान पर फर्गो थी।

(3) एम्बेसडर और बेडफोर्ड के बीच में मारूति कार थी।

(4) फिएट, जो एम्बेसडर कार के बाएं से तीसरे स्थान पर थी, पंक्ति के किनारे पर थी।

72. निम्नलिखित में से कौन सा मर्सिडीज का सही स्थान है?
(*a*) कैडिलैक के ठीक दाएं (*b*) बेडफोर्ड के ठीक बाएं
(*c*) बेडफोर्ड और फर्गो के बीच (*d*) मारुती के दाएं तरफ चौथा
(*e*) इनमें से कोई नहीं

73. निम्नलिखित में से कौन सा निश्चित रूप से सही है?
(*a*) एम्बेसडर और फिएट की बीच में फर्गो कार है।
(*b*) मर्सिडीज के ठीक बाएं तरफ कैडिलैक कार है।
(*c*) कैडिलैक के ठीक दाएं तरफ फर्गो कार है।
(*d*) मर्सिडीज के दाएं तरफ चौथे स्थान पर मारूति है।
(*e*) इनमें से कोई नहीं

74. कैडिलैक कार के दोनों तरफ कौन सी कार है?
(*a*) एम्बेसडर और मारूति (*b*) मारूति और फिएट
(*c*) फिएट और मर्सिडीज (*d*) एम्बेसडर और फार्गो
(*e*) इनमें से कोई नहीं

75. निम्नलिखित में से कौन सा निश्चित रूप से सही है?
(*a*) एम्बेसडर के ठीक बाएं तरफ मारूति है।
(*b*) फिएट के बाएं तरफ बेडफोर्ड है।
(*c*) बेडफोर्ड एक किनारे पर है।
(*d*) मारूति के दाएं से दूसरे स्थान पर फिएट है।
(*e*) इनमें से कोई नहीं

76. निम्नलिखित में से कारों का कौन सा समूह एम्बेसडर कार के दाएं तरफ है?
(*a*) कैडिलैक, फर्गो और मारूति
(*b*) मारूति, बेडफोर्ड और फिएट
(*c*) मर्सिडीज, कैडिलैक और फार्गो
(*d*) बेडफोर्ड, कैडिलैक और फार्गो
(*e*) इनमें से कोई नहीं

दिशा-निर्देश *(प्रश्न 77 से 81): निम्नलिखित सूचनाओं को सावधानीपूर्वक पढ़ें और नीचे दिए गए प्रश्नों का उत्तर दें:*

(M.A.T. 2001)

एक शहर की सभी सड़कें या तो लंबवत हैं या एक दूसरे के समानांतर हैं। सभी सड़कें सीधी हैं। सड़क A, B, C, D और E एक दूसरे के समानांतर हैं। सड़क G, H, I, J, K, L और M एक दूसरे के समानांतर हैं।

(*i*) सड़क A, सड़क B से 1 किमी पूर्व में है।
(*ii*) सड़क B, सड़क C से 1/2 किमी पश्चिम में है।
(*iii*) सड़क D, सड़क E से 1 किमी पश्चिम में है।
(*iv*) सड़क G, सड़क H से 1/2 किमी दक्षिण में है।
(*v*) सड़क I, सड़क J से 1 किमी उत्तर में है।
(*vi*) सड़क K, सड़क L से 1/2 किमी उत्तर में है।
(*vii*) सड़क K, सड़क M से 1 किमी दक्षिण में है।

77. कौन सा अनिवार्य रूप से सही है?
(*a*) E और B एक दूसरे को काटती हैं।
(*b*) B के 2 किमी पश्चिम में D है।
(*c*) A के लगभग 2 किमी पश्चिम में D है।
(*d*) L के 1.5 किमी उत्तर में M है।
(*e*) L के 1 किमी उत्तर में I है।

78. यदि B और C के बीच में E है, तो निम्नलिखित में से कौन सा गलत है?
(*a*) D, A के 2 किमी पश्चिम में है।
(*b*) C, D से 1.5 किमी से कम दूरी में है।
(*c*) E से B तक दूरी को E से C की दूरी में जोड़ने पर ½ किमी मिलता है।
(*d*) E की A से दूरी 1 किमी से कम है।
(*e*) D की B से दूरी 1 किमी से कम है।

79. यदि सड़क E, B और C के बीच में है, तब A और D के बीच की दूरी है:
(*a*) 1/2 किमी (*b*) 1 किमी (*c*) 1.5 किमी
(*d*) 1.5–2 किमी (*e*) 2–2.5 किमी

80. निम्नलिखित में से कौन सी संभावनाएं दो सड़कों का संयोग संभव बनाती हैं?
(*a*) I के 1/2 किमी उत्तर में L है।
(*b*) D के 1 किमी पश्चिम में C है।
(*c*) K के 1/2 किमी उत्तर में I है।
(*d*) A के 1/2 किमी पूर्व में D है।
(*e*) E और B 1/2 किमी दूरी पर हैं।

81. यदि K, I के समानांतर है और K, J के 1/2 किमी दक्षिण और G के 1 किमी उत्तर में है, तो कौन सी दो सड़कें 1/2 किमी की दूरी पर होंगी?
(*a*) I और K (*b*) J और G
(*c*) I और G (*d*) J और H
(*e*) K और J

दिशा-निर्देश *(प्रश्न 82 से 85): निम्नलिखित सूचनाओं को सावधानीपूर्वक पढ़ें और नीचे दिए गए प्रश्नों का उत्तर दें:*

(I.B.P.S. 2002)

एक इमारत में, तीन मंजिलों – II, III और IV में कुल तेरह फ्लैट हैं। पांच फ्लैट में कोई नहीं रहता हैं। तीन मैनेजर, दो शिक्षक, दो वकील और एक डॉक्टर शेष फ्लैटों में रहते है। किसी भी मंजिल पर कम से कम तीन फ्लैट हैं और किसी भी मंजिल पर छह से अधिक फ्लैट नहीं हैं। एक ही पेशे के दो व्यक्ति किसी भी मंजिल पर नहीं रहते हैं। दूसरे मंजिल पर, चार फ्लैटों में से एक में वकील रहता है और उसके निकट केवल एक पडोसी है। एक वकील दूसरे वकील के एक मंजिल नीचे रहता है। डॉक्टर किसी भी वकील का पड़ोसी नहीं है। तीसरी मंजिल पर कोई फ्लैट खाली नहीं है।

82. चौथी मंजिल पर कितने फ्लैट भरे हुए हैं?
(*a*) दो (*b*) तीन (*c*) चार
(*d*) डाटा अपर्याप्त है (*e*) इनमें से कोई नहीं

83. तीसरी मंजिल पर कितने फ्लैट हैं?
(*a*) तीन (*b*) चार (*c*) पांच
(*d*) तीन या चार (*e*) इनमें से कोई नहीं

84. द्वितीय मंजिल पर रहने वालों का संयोजन क्या है?
(*a*) वकील, शिक्षक (*b*) मैनेजर, शिक्षक
(*c*) मैनेजर, डॉक्टर (*d*) वकील, मैनेजर
(*e*) शिक्षक, डॉक्टर

85. निम्नलिखित में से वकील का पड़ोसी कौन है?
(*a*) शिक्षक (*b*) मैनेजर (*c*) मैनेजर और शिक्षक दोनों
(*d*) डाटा अपर्याप्त है (*e*) इनमें से कोई नहीं

दिशा-निर्देश (प्रश्न 86 से 89): निम्नलिखित जानकारी के आधार पर प्रश्नों का उत्तर दें: (C.A.T. 1998)

मिस्टर बांकटलाल ने सौंदर्य प्रतियोगिता के लिए एक न्यायाधीश के रूप में कार्य किया। उसमें चार प्रतिभागियों ने भाग लिया, जैसे मिस आंध्र प्रदेश, मिस उत्तर प्रदेश, मिस पश्चिम बंगाल और मिस महाराष्ट्र शामिल हैं। श्रीमती बांकटलाल, जो परिणाम के बारे में बहुत चिंतित थी, उन्होंने मिस्टर बांकटलाल के घर वापस आने पर परिणाम के बारे में पूछा। मिस्टर बांकटलाल ने बताया कि पीली साड़ी पहने हुए व्यक्ति ने प्रतियोगिता जीती थी। जब श्रीमती बांकटलाल ने आगे के विवरण के लिए दबाव डाला, तो उन्होंने निम्नानुसार विस्तार से बताया:

(*a*) वे सभी एक पंक्ति में बैठी थी।
(*b*) उन सभी ने विभिन्न रंगों की साड़ियाँ पहनी थी, जैसे हरी, पीली, सफेद, लाल।
(*c*) उनमें केवल एक रनर-अप थी और वह मिस महाराष्ट्र के पास बैठी थी।
(*d*) रनर-अप हरे रंग की साड़ी पहने हुए थी।
(*e*) मिस पश्चिम बंगाल अंत में नहीं बैठी थी और रनर-अप नहीं थी।
(*f*) विजेता और रनर-अप एक-दूसरे के आस-पास नहीं बैठी थी।
(*g*) मिस महाराष्ट्र ने सफेद साड़ी पहनी थी।
(*h*) मिस आंध्र प्रदेश हरी साड़ी नहीं पहने हुए थी।
(*i*) पीली साड़ी और सफेद साड़ी पहनने वाले प्रतिभागी किनारों पर थे।

86. मिस आंध्र प्रदेश ने किस रंग की साड़ी पहनी है?
(*a*) सफेद (*b*) हरी (*c*) लाल (*d*) पीली

87. लाल साड़ी किसने पहनी है?
(*a*) मिस महाराष्ट (*b*) मिस उत्तर प्रदेश
(*c*) मिस आंध्र प्रदेश (*d*) मिस पश्चिम बंगाल

88. मिस पश्चिम बंगाल के समीप कौन बैठा है?
(*a*) केवल मिस उत्तर प्रदेश
(*b*) मिस आंध्र प्रदेश और मिस उत्तर प्रदेश
(*c*) मिस उत्तर प्रदेश और मिस महाराष्ट्र
(*d*) मिस आंध्र प्रदेश और मिस महाराष्ट्र

89. रनर-अप कौन था?
(*a*) मिस महाराष्ट्र (*b*) मिस उत्तर प्रदेश
(*c*) मिस आंध्र प्रदेश (*d*) मिस पश्चिम बंगाल

दिशा-निर्देश (प्रश्न 90 से 93): निम्नलिखित सूचनाओं को सावधानीपूर्वक पढ़ें और नीचे दिए गए प्रश्नों का उत्तर दें: (NABARD, 2002)

A, B, C, D, E, F और G एक कक्षा के सात छात्र हैं। वे तीन बेंचों I, II और III पर इस तरह से बैठे हैं कि प्रत्येक बेंच पर उनमें से कम से कम दो छात्र बैठे हैं और प्रत्येक बेंच पर कम से कम एक लड़की है। एक छात्रा C, A, E और D के साथ नहीं बैठती है। एक छात्र F केवल B के साथ बैठता है। A बेंच पर अपने सबसे अच्छे दोस्त I के साथ बैठता है। G बेंच III पर बैठता है। E, C का भाई है।

90. किस बेंच पर तीन छात्र बैठें हैं?
(*a*) I (*b*) II (*c*) III (*d*) I या II
(*e*) इनमें से कोई नहीं

91. वहां कितनी लड़कियां हैं?
(*a*) 3 (*b*) 4 (*c*) 3 या 4
(*d*) डाटा अपर्याप्त है (*e*) इनमें से कोई नहीं

92. C के साथ कौन बैठा है?
(*a*) B (*b*) D (*c*) E (*d*) G
(*e*) इनमें से कोई नहीं

93. निम्नलिखित में से कौन सा लड़कियों का समूह है?
(*a*) BAC (*b*) BCD (*c*) BFC (*d*) CDF
(*e*) इनमें से कोई नहीं

दिशा-निर्देश (प्रश्न 94 से 96): दिए गए प्रश्नों का उत्तर देने के लिए निम्नलिखित सूचनाओं को पढ़ें: (C.A.T. 1998)

A, B, C और D एक पंक्ति में बैठें है। परन्तु C और D, एक साथ नहीं है। साथ ही, B को तीसरे स्थान पर नहीं होना चाहिए।

94. निम्नलिखित में से कौन सा गलत है?
(*a*) A पहले स्थान पर है। (*b*) A दूसरे स्थान पर है।
(*c*) A तीसरे स्थान पर है। (*d*) A चौथे स्थान पर है।

95. यदि A तीसरे स्थान पर नहीं है, तो C के पास निम्नलिखित में से कौन सा विकल्प है?
(*a*) केवल पहले स्थान पर है। (*b*) केवल तीसरे स्थान पर है।
(*c*) केवल पहले और तीसरे स्थान पर है।
(*d*) किसी भी स्थान पर है।

96. यदि A और B एक साथ है, तो निम्नलिखित में से किसे सही होना जरूरी है?
(*a*) C पहले स्थान पर है। (*b*) D पहले स्थान पर है।
(*c*) C पहले स्थान पर नहीं है। (*d*) A तीसरे स्थान पर है।

हल-अभ्यास 6(B)

1. (*c*) : वकील छात्र के दाएं ओर है, जो प्रोफेसर और वकील के बीच खड़ा है। अत: हमारे पास है: प्रोफेसर, छात्र, वकील है। लेखक, व्यापारी के बाएं ओर है। अत: हमारे पास है: लेखक, व्यापारी। चूंकि प्रोफेसर और व्यापारी किनारे पर हैं, बाएं से दाएं की व्यवस्था में: प्रोफेसर, छात्र, वकील, लेखक, व्यवसायी आते हैं। स्पष्ट रूप से, वकील बायीं ओर से तीसरा है।

2. (*b*) : चूंकि दोस्त दक्षिण की ओर मुंह करके खड़े हैं, इसलिए आपके बाएं और दाएं क्रमश: उनके दाएं और बाएं के रूप में लिया जाएगा। C, E के ठीक दाएं ओर है। अत: हमारे पास है: C, E; D, A के ठीक बाएं है। अत: हमारे पास है: A, D; चूंकि B, A और E के बीच है, इसलिए अनुक्रम बनता है: C, E, B, A, D.
इस प्रकार, (*i*) B, A के दाएं ओर है; (*ii*) D, E के बाएं से तीसरा है; (*iii*) B, E के बाएं है; (*iv*) A, C के ठीक बाएं तरफ से तीसरा है।

3. (*c*) : A के ठीक पीछे D है अर्थात A, D
D और C क्रमश: चौथे और पांचवें स्थान पर है अर्थात __, __, A, D, C, __, __
C और G के बीच में सिर्फ एक व्यक्ति है अर्थात __, __, A, D, C, __, G
B, D और E के पीछे F है।
अत: C और G के बीच में F है जबकि B और E द्वारा पहला दो स्थान लिया गया है।
इस प्रकार क्रम आता है: B/E, B/E, A, D, C, F, G
स्पष्ट रूप से, F पंक्ति में छठा है।

4. (*c*) : A के बाएं तरफ R है अर्थात R, A
A और P किनार पर है अर्थात P, __, __, __, R, A

S और Z बीच में है अर्थात P, __, S, Z, R, A
इस प्रकार, पंक्ति में व्यवस्था है: P, X, S, Z, R, A
स्पष्ट रूप से, P के दाएं तरफ X है।

5. (*b*) : R के बाएं और P के दाएं Q है अर्थात P, Q, R
N के दाएं और P के बाएं O है अर्थात N, O, P
R के दाएं और T के बाएं S है अर्थात R, S, T
अत: क्रम है: N, O, P, Q, R, S, T
स्पष्ट रूप से, Q बीच में है।

6. (*d*) : P के आगे S है। अत: क्रम S, P या P, S दिया गया है। R के आगे K है। इसलिए क्रम R, K दिया गया है क्योंकि R ठीक बाएं में है। P या K के आगे T नहीं है।
अत: व्यवस्था होगी R, K, P, S, T
स्पष्ट रूप से, S के निकट P और T हैं।

7. (*a*) : स्पष्ट रूप से, क्रम है: अनुराधा, राशी, मोनिका, सुलेखा, आभा। अनुराधा राशी के निकट है।

8. (*a*) : स्पष्ट रूप से, झंडे का सही अनुक्रम है: फ्रांस, अमेरिका, भारत, ऑस्ट्रेलिया, जापान, चीन। भारत और ऑस्ट्रेलिया के बीच में दो झंडे हैं।

प्रश्न 9 से 11

D के दाएं और B के बाएं G है अर्थात D, G, B, C के दाएं A है अर्थात, C, A.
E और B के बीच दो बच्चे हैं अर्थात, E, D, G, B, A और D के एक बच्चे हैं अर्थात C, A, E, D, G, B चूँकि D और F के दो बीच दो बच्चे हैं, पंक्ति में बाएं से दाएं व्यवस्था होगी: C, A, E, D, G, B, F

9. (*c*) : F ठीक दाएं तरफ है।

10. (*c*) : D बिल्कुल बीच में है।

11. (*c*) : C ठीक बाएं तरफ है।

प्रश्न 12 से 15

B, E के ठीक दाएं है, जैसे E, B.
C, A और E के बीच है, यानि A, C, E, B.
चूंकि D अंत में नहीं है और F दाएं से अंत में नहीं है, तो पंक्ति में अनुक्रम बन जाता है: F, D, A, C, E, B

12. (*d*) : D के बाएं तरफ चार व्यक्ति हैं — A, C, E, B

13. (*e*) : स्पष्ट रूप से, F एक तरफ बैठा है जबकि B, C और E में से प्रत्येक D के दूसरी तरफ बैठा है।

14. (*a*) : C के ठीक बाएं तरफ A है।

15. (*b*) : B दाएं किनारे पर है।

प्रश्न 16 से 20

D के दाएं में C है। D दक्षिण से तीसरा है। अत: B उत्तर से ठीक किनारे पर होगा क्योंकि इसे E के पास होना चाहिए। E और F के बीच में G है। अत: क्रम है:

B →
E →
G →
F → पूर्व
D →
C →
A →

16. (*e*) : E के ठीक दाएं तरफ G बैठा है।

17. (*a*) : A और B ठीक किनारे पर बैठा है।

18. (*c*) : G को उत्तर दिशा से तीसरा स्थान पर बैठने के लिए C के साथ स्थान बदलनी चाहिए।

19. (*d*) : C और F के बीच में D बैठा है।

20. (*d*) : सही अनुक्रम निर्धारित करने के लिए सभी कथन जरूरी हैं

प्रश्न 21 से 25

F के बाएं तरफ से और C के ठीक दाएं तरफ से दूसरा D है अर्थात C, __, D, F
E के दाएं से दूसरा A है अर्थात E, __, A
A के ठीक पास में J है और G के बाएं से तीसरा B है अर्थात, A, J, B, __, G
D के बाएं और I के दाएं से तीसरे स्थान पर H है अर्थात, __, H, D
सही क्रम प्राप्त करने के लिए उपरोक्त चार क्रमों को जोड़ा जा सकता है: E, K, A, J, B, I, G, C, H, D, F

21. (*d*) : I बीच में है।

22. (*b*) : G के बाएं में C, H, D, F हैं।

23. (*c*) : D और G के बीच में दो छात्र बैठे हैं; A और E के बीच में K है; H के ठीक बाएं G और C बैठा है।

24. (*e*) : सही अनुक्रम निर्धारित करने के लिए सभी कथन जरूरी हैं।

25. (*c*) : नया अनुक्रम सीटों के आदान-प्रदान पर गठित किया गया है:
D, F, H, J, C, I, G, B, A, E, K
नई व्यवस्था में किनारे पर D और K बैठा है।

26. (*d*) : साहिल बीच में बैठा हुआ था। सुनीता, साहिल के पास बैठी थी और अरविंद से तीन स्थान बाद बैठी थी। अपर्णा, अरविंद के विपरीत बैठी हुई थी। प्रीती, अपर्णा के बाएं चार स्थान बाद बाएं ओर बैठी हुई थी।
इस प्रकार, हमारे पास है:

____	सुनीता	साहिल	____	अरविन्द
प्रीती	____	____	____	अपर्णा

निधि सुनीता के दो स्थान बाद बैठी हुई थी। पवन सुनीता के विपरीत बैठा हुआ था। कुणाल प्रीती के तीन स्थान बाद बैठा हुआ था।
इस प्रकार, हमारे पास है:

____	सुनीता	साहिल	निधि	अरविन्द
प्रीती	पवन	____	कुणाल	अपर्णा

अब, केवल, तन्मय और तान्या बचते है। तन्मय एक महिला के विपरीत बैठता है और तान्या एक पुरूष के विपरीत बैठती है। इस प्रकार, संपूर्ण व्यवस्था:

तन्मय	सुनीता	साहिल	निधि	अरविन्द
प्रीती	पवन	तान्या	कुणाल	अपर्णा

स्पष्ट रूप से, साहिल तान्या के विपरीत बैठा हुआ है।

27. (*b*) : प्रीती, तन्मय के सामने बैठी थी।

प्रश्न 28-29

(*b*) और (*c*) से, हमें इस प्रकार की व्यवस्था प्राप्त होती है:

Q □ S ↑ उत्तर
– – – – – – –
U □ □ ↓ दक्षिण

(*d*) में जानकारी के साथ उपरोक्त व्यवस्था का संयोजन करने से, निम्नलिखित व्यवस्था का निर्माण होता है:

Q T S ↑ उत्तर

– – – – – – – –

U R P ↓ दक्षिण

28. (*a*) : S और U के अलावा, Q और P एक दूसरे के विपरीत विकर्णतः विपरीत हैं।

29. (*b*) : U, R और P दक्षिण वाले फ्लैट प्राप्त करते हैं।

प्रश्न 30 से 33

E अंत में नहीं है। अतः E को पंक्तियों में से एक के बीच में होना चाहिए। D, F के बाएं से दूसरा है। अतः पंक्ति का क्रम D __ F होना चाहिए। C, E की पड़ोसी है और D के विकर्णतः विपरीत बैठा हुआ है। इस प्रकार, हमारे पास है:

D — F

— E C

B, F का पड़ोसी है अतः व्यवस्था है:

D B F

A E C

30. (*d*) : D और C (दिए गए) के अलावा, A और F एक-दूसरे के विकर्णतः विपरीत बैठे हैं।

31. (*a*) : स्पष्ट रूप से, दिए गए विकल्पों में से, A और E एक ही पंक्ति में हैं।

32. (*c*) : स्पष्ट रूप से, दिए गए विकल्पों में से, D, B और F एक ही पंक्ति में हैं।

33. (*a*) : स्पष्ट रूप से, E का पड़ोसी A और C हैं। अतः E के साथ सीट की आपस में अदलाबदली करने पर, D के नए पड़ोसी A और C होंगे।

प्रश्न 34-35

M किसी भी पंक्ति के अंत में नहीं है। M, J के दाएं है, जो C के सामने हैं। इस प्रकार हमारे पास है:

— M J ↓

— — C ↑

D, M के सामने है और K, D के बाएं है। इसलिए व्यवस्था है:

B M J ↓

K D C ↑

34. (*a*) : B के ठीक बाएं M है।

35. (*e*) : BMJ और KDC एक ही पंक्ति में बच्चों के दो समूह हैं।

36. (*a*) : K, P के दाएं ओर और S के बाएं ओर से दूसरे स्थान पर है। चूँकि T, P और S के बीच में नहीं है, इसलिए Q, P और S के बीच है। स्पष्ट रूप से, Q, K के बाएं ओर से दूसरा है ।

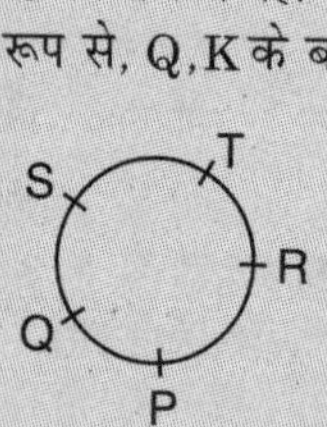

37. (*c*) : E, D के विपरीत है। A, E और F के बीच में है। चूंकि C, E का पड़ोसी नहीं है, इसलिए E की एकमात्र पास वाली खाली स्थिति पर B है। इस प्रकार हमारे पास दो संभावित व्यवस्थाएं हैं: प्रत्येक व्यवस्था में, F, B के विपरीत है।

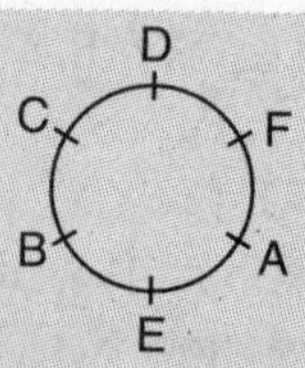

और

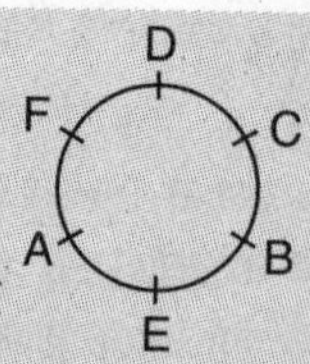

38. (*d*) : F, D के दाएं ओर है। B, D और C के बीच में है। A, E और C के बीच में है। इस प्रकार, हमारे पास आसन्न चित्र में दिखाई गई व्यवस्था है। स्पष्ट रूप से, A और F के बीच में E है।

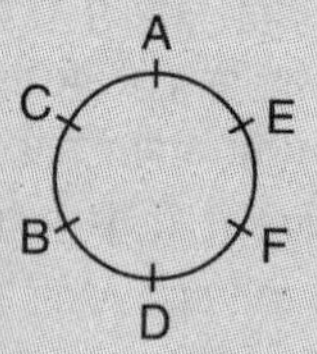

प्रश्न 39 से 43

F, A के ठीक दाएं ओर है। E, A और D का पड़ोसी है, यानि, E, A और D के बीच है। G, F और C के बीच में नहीं है। इसलिये, B, F और C के बीच है। इस प्रकार, व्यवस्था को आसन्न चित्र में दिखाया गया है।

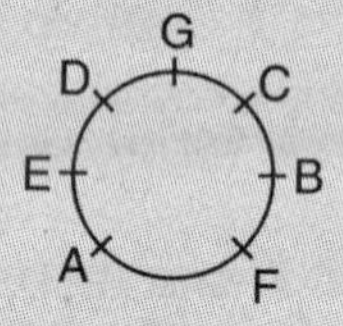

39. (*a*) : CB, DE और GD एक दूसरे के आस-पास बैठे व्यक्तियों की एक जोड़ी है, जबकि BA ऐसा नहीं है।

40. (*c*) : B, A के दाएं ओर दूसरे स्थान पर है और C के ठीक बाएं तरफ है, जबकि G, D के ठीक बाएं हैं। A, E के ठीक दाएं ओर बैठता है।

41. (*e*) : F बैठता है, (*i*) C के बाएं से दूसरे स्थान पर; (*ii*) A के ठीक दाएं ओर (*iii*) B के ठीक बाएं ओर

42. (*c*) : F और C, B के पड़ोसी हैं।

43. (*b*) : स्पष्ट रूप से, आवश्यक समूह में तीन व्यक्तियों को शामिल होना चाहिए जो लगातार तीन पदों पर वामावर्त क्रम में बैठे हों। ऐसा समूह FBC है।

प्रश्न 44 से 46

W, P के ठीक बाएं ओर है, अतः वामावर्त दिशा से, हमारे पास है: W, P U, Q के ठीक दाएं ओर है; K, T और U के बीच में है; V, T का पड़ोसी है। अतः वामावर्त दिशा से, हमारे पास है: QURTV

चूंकि डब्ल्यू S का पड़ोसी नहीं है, इसलिए S, V और W के बीच नहीं बैठता है। अतः S, P और Q के बीच बैठता है। इस प्रकार, बैठने की व्यवस्था को दिखाया गया है।

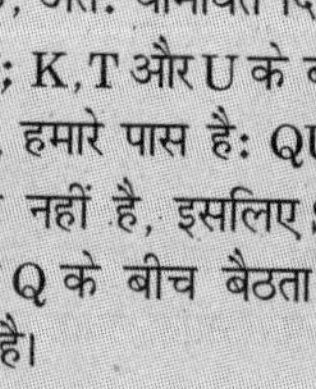

44. (*c*) : R और V के बीच में T है; Q और R के बीच में U है; W और T के बीच में V है; V और P के बीच में W है।

45. (*a*) : S का स्थान है–

(*i*) Q के ठीक बाएं तरफ

(*ii*) U के बाएं से दूसरा

(*iii*) Q और P के बीच में

(*iv*) P के दाएं

46. (*b*) : V का स्थान है-

(*i*) S के बाएं से तीसरा

(*ii*) U के दाएं से तीसरा

(*iii*) W के ठीक बाएं

(*iv*) T और W के बीच

प्रश्न 47 से 52

G, D के बाएं से दूसरा है। इसके अलावा, G, E और F का पड़ोसी है, यानि G, E और F के बीच बैठा है। लेकिन D, E का पड़ोसी नहीं है। अत: वामावर्त दिशा से, हमारे पास है: EGFD

अब, A, B और C के बीच बैठा है। लेकिन D, C का पड़ोसी नहीं है। अत: B, D का पड़ोसी है। इस प्रकार, बैठने की व्यवस्था को आसन्न चित्र में दिखाया गया है।

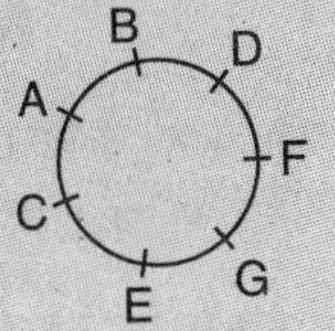

47. (*a*) : B, A और D के बीच में है; D, F और B के बीच में है; E, G के ठीक बाएं है; F, G के ठीक दाएं है।

48. (*b*) : D, B के ठीक बाएं बैठता है; C, E के ठीक बाएं बैठता है और E, A के दाएं से दूसरे स्थान पर बैठता है, लेकिन F, G के ठीक दाएं बैठता है।

49. (*a*) : यदि D और E आपस में स्थान की अदलाबदली करते हैं, तो D की नई स्थिति E की शुरुआती स्थिति होगी जो G और C के बीच है।

50. (*e*) : C का स्थान है

(*i*) B के दाएं से दूसरा

(*ii*) F के बाएं से तीसरा

(*iii*) A के ठीक दाएं

(*iv*) E के ठीक बाएं

51. (*d*) : C और B के बीच में A है; A और E के बीच में C है; G और D के बीच में F है।

52. (*b*) : D के ठीक दाएं B है

प्रश्न 53 से 57

F, D और C के बीच में है; B और C निकट है; A, C के नजदीक नहीं है। इस प्रकार, दो बैठने की व्यवस्था संभव है:

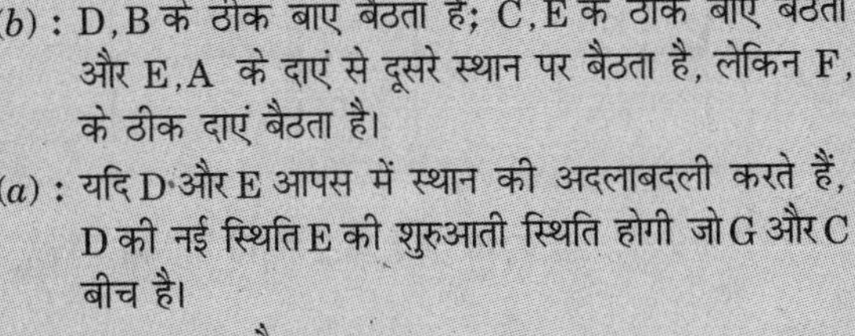

53. (*a*) : स्पष्ट रूप से, D और F, B और E, C और F सभी निकट में है जबकि A और F नहीं है।

54. (*b*) : एक दिशा में E, D से दो भुजा दूर है और दूसरे दिशा में C, D से दो भुजा दूर है।

55. (*c*) : B, C, F क्रमागत रूप से हैं।

56. (*c*) : A के निकट D और E हैं।

57. (*d*) : E के सामने F है।

58. (*b*) : स्पष्ट रूप से, C और D एक दूसरे के विपरीत बैठते हैं। अत: अगर A कुक के विपरीत बैठता है, B कुक होगा। अब, B बार्बर के दाएं ओर है। अत: बाकी में से एक, मान लीजिए कि C, बार्बर होगा। स्पष्ट रूप से, फिर विपरीत तरफ D वॉशर मैन या दर्जी होगा। लेकिन, वॉशर मैन टेलर के बाएं हैं और D, A के बाएं हैं। अत: D वॉशर मैन और A दर्जी है। इस प्रकार, A और B टेलर और कुक हैं।

प्रश्न 59 से 63

स्पष्ट रूप से एक वृत्त में व्यवस्थित दिखाया गया है:

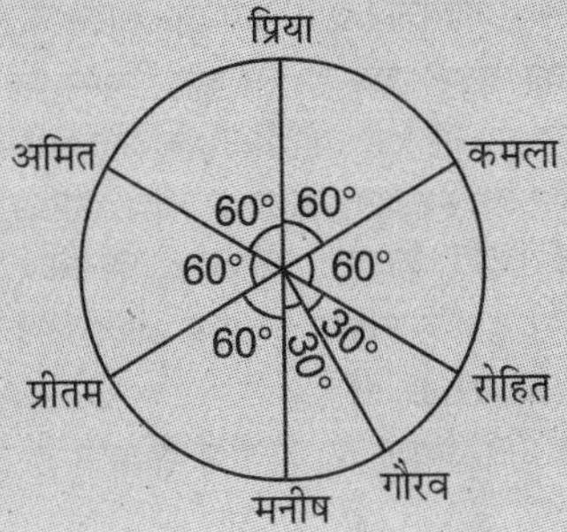

59. (*c*) : रोहित और मनीष के बीच में गौरव बैठा है।

60. (*d*) : रोहित और प्रीतम या अमित और कमला या मनीष और प्रीतम के समान दूरी पर गौरव नहीं है।

61. (*d*) : प्रिया के तीन स्थान बाएं या चार स्थान दाएं तरफ गौरव है

62. (*d*) : गौरव और मनीष के बीच का कोण घड़ी की दिशा में 30 डिग्री है।

63. (*d*) : स्पष्ट रूप से, सभी कथन दिए गए चित्र का अनुसरण करते हैं।

प्रश्न 64 से 66

भूगोल की पुस्तकों को G1, G2, ..., G7 के रूप में लेबल करें; इतिहास की पुस्तकों को H1, H2, ..., H8 के रूप में लेबल करें; साहित्य के पुस्तकों को L1, L2, ..., L13 के रूप में लेबल करें; मनोविज्ञान के किताब को P1, P2, ..., P8 के रूप में और विज्ञान की पुस्तकों को S1, S2, ...,S8 के रूप में लेबल करें। तब, बाएं से दाएं उनका क्रम निम्नलिखित प्रकार से होगा:

1. G1	2. H1	3. L1	4. P1	5. S1	6. G2
7. H2	8. L2	9. P2	10. S2	11. G3	12. H3
13. L3	14. P3	15. S3	16. G4	17. H4	18. L4
19. P4	20. S4	21. G5	22. H5	23. L5	24. P5
25. S5	26. G6	27. H6	28. L6	29. P6	30. S6
31. G7	32. H7	33. L7	34. P7	35. S7	36. H8
37. L8	38. P8	39. S8	40. L9	41. S9	42. L10
43. S10	44. L11	45. S11	46. L12	47. S12	48. L13
49. S13	50. S14				

64. (*d*) : 40वीं पुस्तक साहित्य से संबंधित हैं

65. (*c*) : मनोविज्ञान की अंतिम पुस्तक P8 हैं जो 38वें स्थान पर हैं।

66. (*a*) : दाएं से 39वीं पुस्तक बायीं ओर से 12वीं पुस्तक है, जो इतिहास का है।

प्रश्न 67 से 69

नागरिक शास्त्र सभी पुस्तकों के ऊपर है। शिक्षण, नागरिक शास्त्र के नीचे है। एकाउटेंसी, शिक्षण के नीचे है। अर्थशास्त्र, मनोविज्ञान के ऊपर है और मनोविज्ञान, हिंदी के ऊपर है। अर्थशास्त्र बीच में नहीं हैं। अत: बीच में सातवीं पुस्तक यानि अंग्रेजी है। इस प्रकार, ऊपर से नीचे की ओर क्रम निम्नलिखित प्रकार से होगा: नागरिक शास्त्र, शिक्षण, एकाउटेंसी, अंग्रेजी, अर्थशास्त्र, मनोविज्ञान, हिंदी।

67. (*c*) : अंग्रेजी और मनोविज्ञान के बीच में अर्थशास्त्र है।

68. (*a*) : एकाउटेंसी और हिंदी के बीच में तीन पुस्तक है— अंग्रेजी, अर्थशास्त्र, मनोविज्ञान हैं।

69. (*c*) : पुस्तकों के स्थान बदलने पर नया अनुक्रम – अंग्रेजी, मनोविज्ञान, हिंदी, नागरिक शास्त्र, अर्थशास्त्र, शिक्षण, एकाउटेंसी है। स्पष्ट रूप से, मनोविज्ञान और नागरिक शास्त्र के बीच में हिंदी है।

70. (*d*) : जैम की बोतलें उपर हैं। बिस्कुट, चिप्स के नीचे हैं, चॉकलेट, बिस्कुट से नीचे हैं, पेपरमिंट, चॉकलेट से नीचे हैं और केक सबसे नीचे है। अत: ऊपर से नीचे का अनुक्रम है: जैम की बोतलें, चिप्स, बिस्कुट, चॉकलेट, पेपरमिंट, केक।

71. (*b*) : ऊपर से शुरू करने पर, इतिहास और गणित के बीच में अंग्रेजी है अर्थात, H, E, M

गणित और अंग्रेजी के बीच में इतिहास है अर्थात, H, E, M, H, E

अंग्रेजी और गणित के बीच में हिंदी है अर्थात, H, E, M, H, E, Hi, M

दो हिंदी पुस्तक के बीच में गणित है अर्थात, H, E, M, H, E, Hi, M, Hi

गणित और इतिहास के बीच में दो हिंदी की पुस्तक हैं अर्थात, H, E, M, H, E, Hi, M, Hi, Hi, H

स्पष्ट रूप से, हिंदी की पुस्तक ऊपर से छठें स्थान पर है।

प्रश्न 72 से 76

हम निम्नलिखित तरीके से दी गई सूचनाओं का विश्लेषण करते हैं:

जानकारी के अनुसार बाएं से दाएं तक कारों को व्यवस्थित करने पर, हमारे पास है:

फर्गो और कैडिलैक

फिएट, कार, कार, कार, फर्गो

एंबसडर और बेडफोर्ड के बीच मारुति।

फिएट, कार, कार, एंबसडर।

यह जानते हुए कि फिएट एक छोर पर स्थित है, हमारे पास बाएं से दाएं हैं:

1	2	3	4	5	6	7
फिएट	बेडफोर्ड	मारूति	एम्बेसडर	फर्गो	कैडिलैक	मर्सिडीज

72. (*d*) : स्पष्ट रूप से, मारुति तीसरे स्थान पर है और मर्सिडीज सातवें स्थान पर अर्थात मारुति के दाएं तरफ चौथें स्थान पर मर्सिडीज है।

73. (*b*) : स्पष्ट रूप से, कैडिलैक छठें स्थान पर है, जो सातवें स्थान पर मर्सिडीज के ठीक बाएं है।

74. (*e*) : कैडिलैक के दोनों तरफ फार्गो और मर्सिडीज हैं।

75. (*a*) : स्पष्ट रूप से, मारुति तीसरे स्थान पर है, जो चौथे स्थान पर मर्सिडीज के ठीक बाएं तरफ है।

76. (*c*) : एम्बेसडर के दाएं तरफ फार्गो, कैडिलैक और मर्सिडीज हैं।

प्रश्न 77 से 81

स्पष्ट रूप से कथन (1) और (2) का अनुसरण चित्र 1 करता है; कथन (3) का अनुसरण चित्र 2 करता है; कथन (4) का अनुसरण चित्र 3 करता है; कथन (5) का अनुसरण चित्र 4 करता है; और कथन (6) और (7) का अनुसरण चित्र 5 करता है।

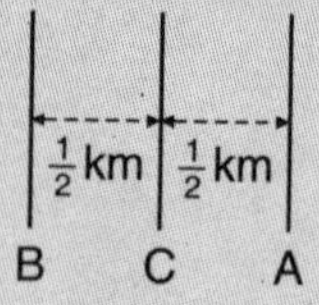

चित्र 1

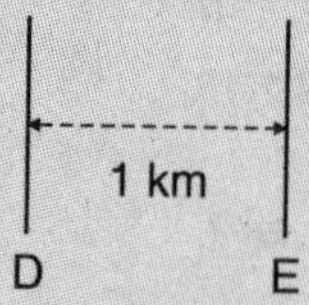

चित्र 2

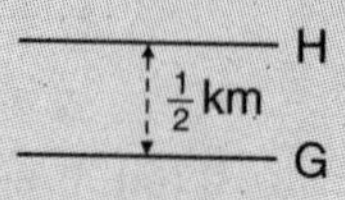

चित्र 3

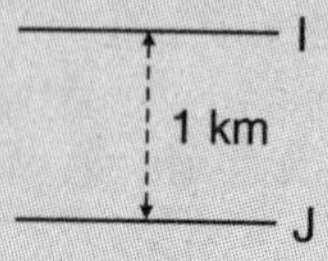

चित्र 4

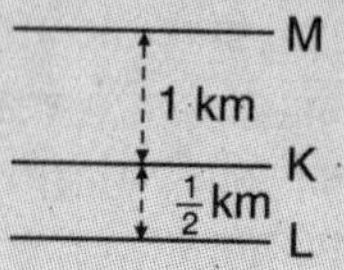

चित्र 5

77. (*d*) : यह चित्र 5 से पता चलता है कि L से M की दूरी $L = LK + KM = \frac{1}{2} + 1 = 1.5$ है। M, L के उत्तर में है।

78. (*b*) : यदि B और C के बीच में E है, तब हमारे पास निम्नलिखित चित्र होगा:

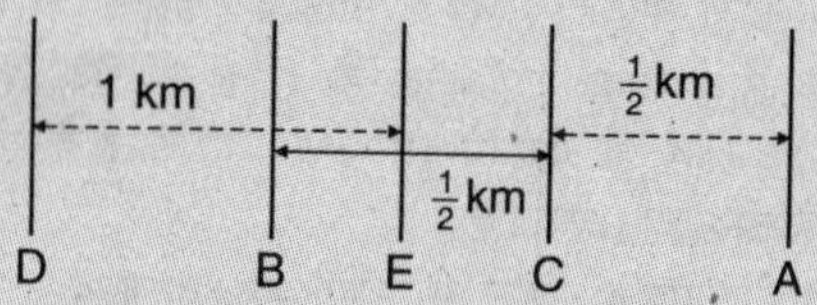

इस प्रकार, यह कथन कि B के 2 किमी पश्चिम में D है, गलत है।

79. (*d*) : प्रश्न 50 में दिए गए चित्र से, A और D के बीच की दूरी

$$= AB + ED - BE = \left(1 + 1 - \frac{1}{4}\right) = 2 - .25$$

अर्थात 1.5 और 2 km. बीच में।

80. (*e*) : स्पष्ट रूप से प्रश्न 50 में दिए गए चित्र को देखने पर, हम पाते हैं कि यदि E और B एक-दूसरे से 1/2 किलोमीटर की दूरी पर है, तो इसकी संभावना है कि E, C से मेल खाता है।

81. (*e*) : स्पष्ट रूप से चित्र 3 और 4 से जोड़े गए सूचना के अनुसार, चित्र वैसा होता है जैसा कि नीचे दिखाया गया है। दो सड़कों J और K, K और H, H और G एक-दूसरे से 1/2 किलोमीटर दूरी पर हैं। अत: उत्तर K और J हैं।

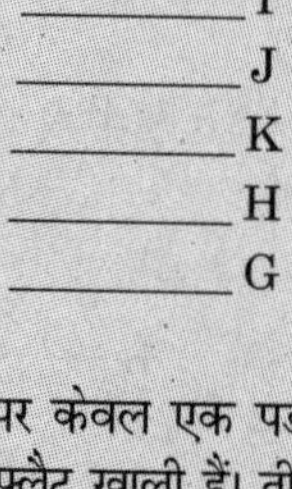

प्रश्न 82 से 85

एक वकील दूसरी मंजिल पर केवल एक पड़ोसी के साथ रहता है। इस प्रकार, दूसरी मंजिल पर 2 फ्लैट खाली हैं। तीन मैनेजर हैं, जिनमें से कोई भी एक ही मंजिल पर नहीं रहता है। इस प्रकार, एक मैनेजर तीन मंजिलों

में से प्रत्येक पर रहता है। अतः दूसरी मंजिल पर वकील का पड़ोसी मैनेजर है। इस प्रकार, एक शिक्षक दूसरी मंजिल पर रहता है जबकि दूसरा चौथी मंजिल पर रहता है। दो वकील लगातार आने वाली मंजिल पर रहते हैं। अतः दूसरा वकील दूसरी मंजिल पर रहता है। चूंकि डॉक्टर एक वकील का पड़ोसी नहीं है और दूसरी मंजिल पर कोई फ्लैट नहीं है, इसलिए दूसरी मंजिल पर केवल 3 फ्लैट हैं। डॉक्टर चौथी मंजिल पर रहता है और चौथी मंजिल पर शेष तीन फ्लैट खाली हैं। हम संपूर्ण जानकारी को निम्नानुसार सारांशित कर सकते हैं:

मंजिल	फ्लैट	भरे हुए	खाली	रहने वाले
II	4	2	2	वकील, मैनेजर
III	3	3	0	शिक्षक, मैनेजर, वकील
IV	6	3	3	शिक्षक, मैनेजर, डॉक्टर

82. (*b*) : चौथी मंजिल पर तीन फ्लैट भरे हुए हैं।

83. (*a*) : तीसरी मंजिल पर तीन फ्लैट हैं।

84. (*d*) : वकील और मैनेजर दूसरी मंजिल पर रहते है।

85. (*e*) : शिक्षक और मैनेजर तीसरे मंजिल पर रहने वाले दूसरे वकील के पड़ोसी हैं।

प्रश्न 86 से 89

मिस महाराष्ट्र सफेद साड़ी पहने हुए थी। चूंकि मिस पश्चिम बंगाल रनर-अप नहीं थी, वह हरी साड़ी नहीं पहने हुए थी और U ही मिस आंध्र प्रदेश पहने हुए थी। इस प्रकार, मिस उत्तर प्रदेश ने एक हरी साड़ी पहनी थी और वह रनर-अप थी। अब, पीली साड़ी पहने हुए महिला एक छोर पर है और मिस पश्चिम बंगाल किसी भी छोर पर नहीं बैठी है। अतः मिस आंध्र प्रदेश ने पीली साड़ी पहनी थी और वह विजेता थीं। इस प्रकार, मिस पश्चिम बंगाल लाल साड़ी पहने हुए है। अब, सफेद और पीली साड़ी पहनने वाली महिलाएं किनारें पर हैं और रनर-अप मिस महाराष्ट्र के पास बैठी है। अतः व्यवस्था बन जाती है:

मिस महाराष्ट्र — मिस उत्तर प्रदेश — मिस पश्चिम बंगाल — मिस आंध्र प्रदेश

86. (*d*) : मिस आंध्र प्रदेश ने पीली साड़ी पहनी है।

87. (*d*) : मिस पश्चिम बंगाल लाल साड़ी पहनी है।

88. (*b*) : मिस उत्तर प्रदेश और मिस आंध्र प्रदेश के निकट मिस पश्चिम बंगाल बैठी है।

89. (*b*) : मिस उत्तर प्रदेश रनर-अप थीं।

प्रश्न 90 से 93

F एक लड़का है और केवल B के साथ बैठता है। क्योंकि A बेंच I पर और G बेंच III पर बैठता है, इसलिए B और F बेंच II पर बैठते हैं। चूंकि प्रत्येक बेंच पर कम से कम एक लड़की है, इसलिए B एक लड़की है। C, A, E और D के साथ नहीं बैठता है। अतः C – B, F और/या G के साथ बैठ सकता है लेकिन B और F एक साथ बैठते हैं। अतः C बेंच III पर G के साथ बैठता है। चूंकि C एक लड़की है, इसलिए G एक लड़का या लड़की हो सकता है। इस प्रकार, शेष 3 छात्र – A, D और E – बेंच I पर बैठते हैं। A एक लड़का है, E (C का भाई) एक लड़का है। अतः D को एक लड़की होना चाहिए।

90. (*a*) : तीन छात्र – A, D और E –बेंच I पर बैठे हैं।

91. (*c*) : B, C और D लड़कियां है। G लड़की हो भी सकती है या नहीं भी हो सकती है। अतः वहां 3 या 4 लड़कियां हैं।

92. (*d*) : C के साथ G बैठा है।

93. (*b*) : B, C और D लड़कियां हैं।

94. (*a*) : चूंकि C और D एक साथ नहीं हो सकते हैं, इसलिए वे सीटों (पहली और तीसरी), (पहली और चौथी) या (दूसरी और चौथी) पर बैठ सकते हैं। पिछले दो मामलों में, चूंकि B तीसरे स्थान पर नहीं हो सकता है, इसलिए A को वहां रहना होगा। अतः A पहले स्थान पर कभी नहीं हो सकता है।

95. (*c*) : चूंकि U तो A और B तीसरे स्थान पर हो सकते हैं अतः इस स्थान को D या C द्वारा भरा जाना चाहिए। और यदि उनमें से कोई भी इस जगह पर बैठता है, तो दूसरे को पहले स्थान पर बैठना होगा (क्योंकि C और D एक साथ नहीं हो सकते हैं)। अतः C केवल या तो पहले या तीसरे स्थान पर हो सकता है।

96. (*d*) : यदि A और B एक साथ हैं, लेकिन C और D नहीं हैं, तो A और B दोनों एक साथ केवल दूसरे और तीसरे स्थान पर बैठ सकते हैं। और चूंकि B तीसरे स्थान पर नहीं रह सकता है, इसलिए A तीसरे स्थान पर होगा।

प्रकार 3: तुलना आधारित प्रश्न

इस तरह के प्रश्नों में, व्यक्तियों या वस्तुओं के एक समूह के बीच एक या अधिक गुणों के संबंध में तुलना से संबंधित संकेत (क्लू) दिए जाते हैं। उम्मीदवार को पूरी जानकारी का विश्लेषण कर उचित आरोही/अवरोही अनुक्रम बनाना होता है और फिर इसके अनुसार दिए गए प्रश्नों को हल करना होता है।

उदा. 1. ***निम्नलिखित सूचनाओं को पढ़ें और नीचे दिए गए प्रश्नों का उत्तर दें:*** **(R.R.B. 2005)**

अलका, माला से बड़ी है। गोपाल, माला से बड़ा है लेकिन अलका से छोटा है। कपिल, राम और माला से छोटा है। माला, राम से बड़ी है।

1. किसकी उम्र गोपाल और राम के बीच है?
(*a*) माला (*b*) कपिल (*c*) अलका
(*d*) इनमें से कोई नहीं

2. किसकी उम्र माला और कपिल के बीच है?
(*a*) गोपाल (*b*) राम (*c*) अलका
(*d*) इनमें से कोई नहीं

3. किसकी उम्र सभी पांचों के ठीक बीच में हैं?
(*a*) माला (*b*) गोपाल (*c*) राम (*d*) अलका

4. सबसे बड़ा कौन है?
(*a*) अलका (*b*) माला (*c*) कपिल (*d*) गोपाल

5. सबसे युवा कौन है?
(*a*) माला (*b*) राम (*c*) अलका (*d*) कपिल

हल: सभी पांच लोगों को उनके नामों के पहले अक्षर, अर्थात् A, M, G, K और R द्वारा दर्शाने पर।

$A > M, A > G > M, R > K, M > K$ और $M > R$

उपर्युक्त सभी को जोड़कर, हमें मिलता है: $A > G > M > R > K$

1. माला की आयु गोपाल और राम के बीच में है। अतः उत्तर (*a*) है।

2. राम की आयु माला और कपिल के बीच में हैं। अतः उत्तर (*b*) है।

3. स्पष्ट रूप से, जब सभी पांच व्यक्तियों को उनकी उम्र के आरोही या अवरोही क्रम में व्यवस्थित किया जाता है तब माला बीच में स्थित है। अतः उत्तर (*a*) है।

4. स्पष्ट रूप से, अलका सबसे बड़ी है। अत: उत्तर (*a*) है।

5. कपिल छोटा है। अत: उत्तर (*d*) है।

उदा. 2. *निम्नलिखित सूचनाओं को पढ़ें और नीचे दिए गए प्रश्नों का उत्तर दें:*

(*i*) पांच लड़कियों का एक समूह है।

(*ii*) कामिनी लंबाईं में दूसरी है लेकिन रीना से छोटी है।

(*iii*) पूजा मोनिका से लम्बी है लेकिन उम्र में छोटी है।

(*iv*) रीना और मोनिका एक ही उम्र के हैं लेकिन रीना उनके बीच लम्बी है।

(*v*) नीलम, पूजा से लम्बी है और रीना से बड़ी है।

(*vi*) कामिनी समूह में सबसे कम उम्र की नहीं है।

1. अगर लड़कियों को ऊंचाई के आरोही क्रम में व्यवस्थित किया जाता है, तो तीसरे स्थान पर कौन होगी?

(*a*) मोनिका (*b*) रीना (*c*) मोनिका या रीना

(*d*) डाटा अपर्याप्त है (*e*) इनमें से कोई नहीं

2. अगर उन्हें उम्र के अवरोही क्रम में व्यवस्थित किया जाता हैं, तो चौथे स्थान पर कौन होगी?

(*a*) मोनिका या रीना (*b*) कामिनी

(*c*) मोनिका (*d*) डाटा अपर्याप्त है

(*e*) इनमें से कोई नहीं

3. "समूह में सबसे बड़ा कौन है" इस प्रश्न का उत्तर देने के लिए, दिए गए कथनों में से कौन सा अनिवार्य है?

(*a*) केवल (*i*) (*b*) केवल (*ii*)

(*c*) केवल (*vi*) (*d*) (*i*) या (*iv*)

(*e*) इनमें से कोई नहीं

हल: हम सबसे पहले लंबाइयों के क्रम का पता लगाते हैं–

(*iii*) से, हमारे पास है: $M < P$

(*v*) से, हमारे पास है: $P < N$

अब, रीना, सबसे लम्बी है और कामिनी लंबाई में दूसरे स्थान पर है।

अत: उंचाइयों का क्रम इस प्रकार है: $M < P < N < K < R$

अब, हम क्रम के आयु का निर्धारण करते है:

(*ii*) से, हमारे पास है: $K < R$

(*iii*) से, हमारे पास है: $P < M$

(*iv*) से, हमारे पास है: $R < M$

(*v*) से, हमारे पास है: $R < N$

अत: आयु का क्रम : $N > R = M > K > P$ या $N > R = M > P > K$ हो सकता है।

परंतु कामिनी सबसे छोटी नहीं हैं।

अत: आयु का क्रम है: $N > R = M > K > P$

1. स्पष्ट रूप से, उंचाईयों के आरोही क्रम में, नीलम तीसरे स्थान पर है। अत: उत्तर (*e*) है।

2. स्पष्ट रूप से, आयु के अवरोही क्रम में, पूजा चौथे स्थान पर होगी (क्योंकि मोनिका और रीना दोनों तीसरे स्थान पर है)। अत: उत्तर है (*e*)।

3. स्पष्ट रूप से, समूह में सबसे बड़े व्यक्ति की खोज करने के लिए, कथन (*vi*) आवश्यक नहीं है। अत: उत्तर (*c*) है।

उदा. 3. *नीचे दी गई सूचनाओं को पढ़ें और निम्नलिखित प्रश्नों का उत्तर दें:* **(Bank P.O. 2004)**

B, D, P, M, F, H, K और W आठ दोस्त हैं जिन्होंने विशेषज्ञता – मार्केटिंग, पर्सनेल, ऑपरेशन, सिस्टम और फाइनेंस के साथ एमबीए प्रोग्राम पूरा किया है। उनमें से तीन ने दोहरी विशेषज्ञता के साथ पास किया है। ऑपरेशन और सिस्टम को शेष तीन विशेषज्ञताओं में से किसी के साथ दोहरी विशेषज्ञता के रूप में पेश नहीं किया गया था। P मार्केटिंग और फाइनेंस के साथ पास किया है और सबसे कम कमाता है। B ऑपरेशंस के साथ पास किया है और F, D, और K से अधिक कमाता है। W पर्सनेल के साथ पास किया है और केवल M से कम कमाता है जो दोहरी विशेषज्ञता के साथ पास किया है। जब उन्हें आय के अवरोही क्रम में व्यवस्थित किया जाता है तब B शीर्ष पर तीसरा है। D, K के मुकाबले ज्यादा कमाता है लेकिन F से कम कमाता है। उनमें से किसी भी दो की कमाई समान नहीं है। K, जो H से अधिक कमाता है, मार्केटिंग के साथ पास किया है जबकि H ने पर्सनेल और फाइनेंस के दोहरी विशेषज्ञता के साथ पास किया है। तीनों में से कोई भी दोहरी विशेषज्ञता वाला एक ही समूह नहीं है। उनमें से दो ने सिस्टम में विशेषज्ञता प्राप्त की है।

1. निम्नलिखित में से किस जोड़े ने सिस्टम में विशेषज्ञता प्राप्त की है?

(*a*) BF (*b*) BM (*c*) FH

(*d*) डाटा अपर्याप्त है (*e*) इनमें से कोई नहीं

2. निम्नलिखित में से कौन F से अधिक कमाता है?

(*a*) केवल M और B (*b*) केवल M, W और D

(*c*) केवल M और W (*d*) केवल W, B और D

(*e*) इनमें से कोई नहीं

3. निम्नलिखित में से कौन केवल P से अधिक कमाता है?

(*a*) केवल H (*b*) केवल M (*c*) केवल W

(*d*) डाटा अपर्याप्त है (*e*) इनमें से कोई नहीं

4. निम्नलिखित में से किस विशेषज्ञता को उनमें से सबसे अधिक बार चुना गया था चाहे एकल या दोहरे विशेषज्ञता के रूप में?

(*a*) मार्केटिंग (*b*) पर्सनेल (*c*) सिस्टम (*d*) फाइनेंस

(*e*) इनमें से कोई नहीं

5. निम्नलिखित में से कौन सी दोहरी विशेषज्ञता M से संबंधित है?

(*a*) पर्सनेल, मार्केटिंग (*b*) मार्केटिंग, फाइनेंस

(*c*) पर्सनेल, फाइनेंस (*d*) डाटा अपर्याप्त है

(*e*) इनमें से कोई नहीं

हल: स्पष्ट रूप से, ऑपरेशन और सिस्टम को एकल विशेषज्ञता के रूप में पेश किया गया था। अब, P मार्केटिंग और फाइनेंस के साथ पास हुआ; B ऑपरेशन के साथ पास हुआ; W ने पर्सनेल के साथ पास किया; K मार्केटिंग के साथ पास हुआ; H पर्सनेल और फाइनेंस के साथ पास हुआ। अब, केवल D, M और F बचते हैं। चूंकि M ने दोहरी विशेषज्ञता के साथ पास किया है और दो सिस्टम के साथ पास हुए हैं, इसलिए प्रत्येक D और F सिस्टम के साथ पास हुए हैं। स्पष्ट रूप से, M मार्केटिंग, फाइनेंस और पर्सनेल के किसी भी दो में विशेषज्ञता के साथ पास हुआ है। चूंकि P, H और M में से कोई भी विशेषज्ञता का एक ही समूह नहीं है, इसलिए M पर्सनेल और मार्केटिंग के साथ पास हुआ है। आय के संबंध में, दी गई जानकारी से, हमारे पास है:

$B > F, B > D, B > K, M > W, F > D > K, K > H.$

चूंकि W केवल M से कम कमाता है, इसलिए M सबसे अधिक कमाता है। इसके साथ ही, B आय के घटते क्रम में तीसरे स्थान पर है। इस प्रकार, हमारे पास है: $M > W > B > F > D > K > H.$

चूंकि P सबसे कम कमाता है, इसलिए हमारे पास है: $M > W > B > F > D > K > H > P.$

1. स्पष्ट रूप से, D और F ने सिस्टम में विशेषज्ञता के साथ पास किया है। अत: उत्तर (*e*) है।

2. स्पष्ट रूप से, M, W और B, F से अधिक कमाते हैं। अत: उत्तर (*e*) है।

3. H केवल P से अधिक कमाता है। अत: उत्तर (*a*) है।

4. स्पष्ट रूप से, सबसे अधिक बार ली जाने वाली विशेषज्ञता मार्केटिंग और पर्सनेल है, जिसमें से प्रत्येक का चयन 3 लोगों द्वारा किया गया था। अत: उत्तर (*e*) है।

5. M ने पर्सनेल और मार्केटिंग में विशेषज्ञता के साथ पास किया था। अत: उत्तर (*a*) है।

अभ्यास 6C

दिशा-निर्देश *(प्रश्न 1 से 3)*: *निम्नलिखित सूचनाओं को पढ़ें और इन प्रश्नों का उत्तर दें:* (M.A.T. 2003)

(*i*) आरती, सान्या से बड़ी है।
(*ii*) मुस्कान, आरती से बड़ी है लेकिन कशिश से छोटी है।
(*iii*) कशिश, सान्या से बड़ी है।
(*iv*) सान्या, मुस्कान से छोटी है।
(*v*) गार्गी सबसे बड़ी है।

1. सबसे छोटी कौन है?
(*a*) कशिश (*b*) आरती (*c*) मुस्कान (*d*) सान्या

2. उम्र के अनुसार, बीच में कौन है?
(*a*) कशिश (*b*) आरती (*c*) मुस्कान (*d*) सान्या

3. दिए गए कथनों में से कौन सा कथन अनिवार्य है और उपर्युक्त प्रश्न का उत्तर देते समय इसे अलग किया जा सकता है?
(*a*) (*i*) या (*iii*) (*b*) केवल (*iv*)
(*c*) (*i*) या (*iv*) (*d*) (*iii*) और (*iv*) दोनों
(*e*) इनमें से कोई नहीं

4. A, B, C, D और E पांच दोस्त हैं। A, B से छोटा है लेकिन E से अधिक लंबा है। C सबसे लंबा है। D, B से छोटा है और A से लंबा है। कौन से दो व्यक्ति लम्बे और कौन दो व्यक्ति छोटे हैं? (C.P.O. 2003)
(*a*) A (*b*) B (*c*) C (*d*) D

5. पांच बच्चों के बौद्धिक स्तरों को जानने के लिए मनोवैज्ञानिक परीक्षण करने की अनुशंसा की गई थी। रिपोर्ट में, मनोवैज्ञानिकों ने बताया कि बच्चा A, बच्चे B से कम बुद्धिमान है। बच्चा C, बच्चे D से कम बुद्धिमान है। बच्चा B, बच्चे C से कम बुद्धिमान है और बच्चा A अन्य बच्चों की तुलना में अधिक बुद्धिमान है। कौन सा बच्चा सबसे बुद्धिमान है? (M.A.T. 2005)
(*a*) A (*b*) B (*c*) D (*d*) E
(*e*) इनमें से कोई नहीं

6. एक दुकान में, विभिन्न ऊंचाई के A, B, C और D की 4 गुड़िया थीं। D न तो A के समान लंबा है और न ही C के समान छोटा है। B, D से छोटा है लेकिन C से लंबा है। यदि मनी सबसे लम्बी गुड़िया खरीदना चाहती है, तो उसे कौन सी गुड़िया खरीदनी चाहिए? (I.B.P.S. 2002)
(*a*) केवल A (*b*) केवल D
(*c*) E, A या D (*d*) B या D
(*e*) इनमें से कोई नहीं

7. यदि (*i*) P, Q से लंबा है, (*ii*) K, P से छोटा है, (*iii*) S, T से लंबा है लेकिन Q से छोटा है, तो उनमें से कौन सबसे लंबा है? (IGNOU, 2003)
(*a*) P (*b*) Q (*c*) S (*d*) T

8. एक परीक्षा में, राज को मुकेश की तुलना में अधिक अंक प्राप्त हुए लेकिन प्रिया से अधिक अंक प्राप्त नहीं हुए। प्रिया को गौरव और कविता से ज्यादा अंक प्राप्त हुए। मुकेश की तुलना में गौरव को कम अंक प्राप्त हुए लेकिन समूह में उसके अंक सबसे कम नहीं हैं। अंकों के अवरोही क्रम में दूसरे स्थान पर कौन है?
(*a*) प्रिया (*b*) कविता (*c*) राज
(*d*) निर्धारित नहीं किया जा सकता है
(*e*) इनमें से कोई नहीं

9. दक्ष, मानिक से लंबा है लेकिन रोहन के समान लंबा नहीं है। सोमेश, दक्ष से छोटा है लेकिन फरहान से लंबा है। उनमें से कौन सबसे छोटा है? (R.R.B. 2005)
(*a*) दक्ष (*b*) मानिक (*c*) फरहान
(*d*) निर्धारित नहीं किया जा सकता है

10. गारिमा, सरिता से लम्बी है लेकिन रीना से लम्बी नहीं है। रीना और तान्या एक ही लंबाई की हैं। गारिमा, अनु से छोटी है। सभी लड़कियों में से कौन सबसे छोटी है? (M.A.T. 2005)
(*a*) अनु (*b*) रीना और तान्या
(*c*) गरिमा (*d*) सरिता

11. D, C और E से लंबा है। A उतना लंबा नहीं है जितना E; C, A से लंबा है। D, B से अधिक लंबा नहीं है। उनमें से कौन सबसे अधिक लंबा है? (Bank P.O. 2005)
(*a*) A (*b*) D (*c*) B या D
(*d*) डाटा अपर्याप्त है (*e*) इनमें से कोई नहीं

दिशा-निर्देश *(प्रश्न 12 से 13)*: *निम्नलिखित सूचनाओं को सावधानीपूर्वक पढ़ें और नीचे दिए गए प्रश्नों का उत्तर दें:*

(*a*) गोपाल, अशोक से छोटा है लेकिन कुणाल से लंबा है।
(*b*) नवीन, कुणाल से छोटा है।
(*c*) जयेश, नवीन से लंबा हैं।
(*d*) अशोक, जयेश की तुलना में लंबा है।

12. उनमें से कौन सबसे लंबा है?
(*a*) गोपाल (*b*) अशोक (*c*) कुणाल
(*d*) नवीन (*e*) जयेश

13. उपर्युक्त प्रश्न का उत्तर देने के लिए निम्नलिखित में कौन सी दी गई जानकारी पर्याप्त नहीं है?
(*a*) A (*b*) B (*c*) C (*d*) D
(*e*) इनमें से कोई नहीं

दिशा-निर्देश *(प्रश्न 14 से 17)*: *प्रश्नों का उत्तर देने के लिए निम्नलिखित सूचनाओं को सावधानी से पढ़ें:* (I.A.M. 2003)

I. X, L से बड़ा है।
II. M और N बराबर उम्र के हैं।
III. Z सबसे छोटा है।
IV. Y, N से छोटा है
V. Y, X से बड़ा है।

14. उपरोक्त दो में से कौन से कथन बताते हैं कि Y, L से बड़ा है?
(*a*) I और IV (*b*) IV और V (*c*) I और V
(*d*) इनमें से कोई नहीं

15. कौन सा/से कथन इंगित करता है/हैं कि N, Z से बड़ा है?
(*a*) II और III (*b*) केवल III (*c*) III और IV
(*d*) इनमें से कोई नहीं

16. यह साबित करने के लिए कि L, M से छोटा है, किस कथन की जरूरत नहीं है?
(*a*) केवल III (*b*) III और IV (*c*) IV और V (*d*) III और V

17. कौन सा कथन साबित करता है कि X, M से छोटा है?
(*a*) I, II, IV (*b*) II, IV, V
(*c*) I, IV, V (*d*) इनमें से कोई नहीं

18. यदि शालू, राखी से लम्बी है लेकिन प्रेरणा से छोटी है और राखी, मेघना के समान लम्बी है लेकिन कोमल से अधिक लम्बी है, तो मेघना की लम्बाई है: **(Bank P.O. 2002)**
(*a*) राखी से कम (*b*) कोमल से कम
(*c*) शालू के समान लम्बी (*d*) प्रेरणा से अधिक लम्बी है
(*e*) शालू से छोटी

19. सुधांशु, कोकिला से इतना अधिक बड़ा है जितना वह प्रवीण से छोटा है। नितिन की आयु कोकिला के आयु के बराबर है। निम्नलिखित में से कौन सा कथन गलत है?
(*a*) कोकिला, प्रवीण से छोटी है।
(*b*) नितिन, प्रवीण से छोटा है।
(*c*) सुधांशु, नितिन से बड़ा है।
(*d*) प्रवीण सबसे बड़ा नहीं है।
(*e*) कोकिला, सुधांशु से छोटी है।

20. A, B से बड़ा है जबकि C और D, E से बड़े हैं जो A और C के बीच में हैं। यदि C, B से बड़ा हो, तो निम्नलिखित में से कौन सा कथन आवश्यक रूप से सत्य है?
(*a*) A, C से बड़ा है (*b*) S D से बड़ा है।
(*c*) D, C से बड़ा है (*d*) E, B से बड़ा है।

21. छह लोग – रोहित, सुनीत, दीपक, विकास, कनक और मानिक – सभी का जन्म वर्ष के एक ही दिन हुआ था, लेकिन प्रत्येक का जन्म एकल छह वर्षों की अवधि के दौरान, एक अलग वर्ष में हुआ था। **(M.B.A. 2002)**
I. रोहित, दीपक से बड़ा है।
II. सुनीत, विकास और कनक दोनों से बड़ा है।
III. मानिक, विकास से 2 साल बड़ा है।
IV. रोहित का जन्म 1962 में या 1963 में हुआ था।
V. समूह का सबसे बड़ा सदस्य 1960 में पैदा हुआ था।
यदि मानिक समूह का सबसे बड़ा सदस्य है, तो निम्नलिखित में से कौन सा कथन सत्य है?
(*a*) दीपक का जन्म 1964 में हुआ था।
(*b*) रोहित का जन्म 1962 में हुआ था।
(*c*) विकास का जन्म 1961 में हुआ था।
(*d*) सुनीत का जन्म 1961 में हुआ था।

22. B, A से दोगुना बड़ा है लेकिन F से दोगुना छोटा है। C की उम्र A की उम्र की आधी है, लेकिन D की उम्र से दोगुना है। कौन से दो व्यक्ति सबसे बड़े और सबसे कम उम्र की जोड़ी बनाते हैं?
(*a*) F और A (*b*) F और D (*c*) B और F
(*d*) F और C (*e*) इनमें से कोई नहीं

दिशा-निर्देश *(प्रश्न 23 से 27)*: *प्रश्नों का उत्तर देने के लिए निम्नलिखित अनुच्छेद को सावधानी से पढ़ें:*

अनीता, महिमा, राजन, लता और दीप्ति पांच कजन हैं। अनीता, महिमा की उम्र से दोगुनी है। राजन, महिमा की आधी उम्र की है। अनीता, दीप्ति की आधी उम्र की है और राजन, लता की उम्र से दोगुनी है। **(Hotel Management, 2004)**

23. सबसे छोटा कौन है?
(*a*) दीप्ति (*b*) राजन (*c*) लता (*d*) अनीता

24. सबसे बड़ा कौन है?
(*a*) दीप्ति (*b*) लता (*c*) अनीता
(*d*) इनमें से कोई नहीं

25. निम्नलिखित में से कौन से व्यक्तियों का जोड़ा समान उम्र का है?
(*a*) महिमा और लता (*b*) अनीता और महिमा
(*c*) महिमा और राजन (*d*) इनमें से कोई नहीं

26. अनीता किससे छोटी है?
(*a*) राजन (*b*) महिमा (*c*) दीप्ति
(*d*) इनमें से कोई नहीं

27. यदि महिमा 16 वर्ष की है, तो लता की उम्र कितनी है?
(*a*) 4 वर्ष (*b*) 5 वर्ष (*c*) 7 वर्ष (*d*) 14 वर्ष

दिशा-निर्देश *(प्रश्न 28 से 33)*: *निम्नलिखित सूचनाओं को पढ़ें और नीचे दिए गए प्रश्नों का उत्तर दें:* **(M.B.A. 2004)**

एक लोहार के पास पांच आयरन की वस्तु A, B, C, D और E हैं, जिनमें से प्रत्येक का वजन अलग-अलग है।
(*i*) A का वजन B से दोगुना है
(*ii*) B का वजन C से साढ़े चार गुना अधिक है।
(*iii*) C का वजन D का आधा है।
(*iv*) D का वजन E का आधा है।
(*v*) E का वजन A से कम लेकिन C से अधिक है।

28. निम्नलिखित में से कौन सा वजन में हल्का है?
(*a*) A (*b*) B (*c*) C (*d*) D (*e*) E

29. E वजन में निम्नलिखित में से कौन सी दो वस्तुओं से हल्का है?
(*a*) A, B (*b*) D, C (*c*) A, C (*d*) D, B (*e*) B, E

30. E वजन में निम्नलिखित में से कौन सी दो वस्तुओं से भारी है?
(*a*) D, B (*b*) D, C (*c*) A, C (*d*) A, B
(*e*) इनमें से कोई नहीं

31. निम्नलिखित में से कौन सी वस्तु वजनदार है?
(*a*) A (*b*) B (*c*) C (*d*) D (*e*) E

32. निम्नलिखित में से कौन सा वस्तुओं के वजन के अवरोही क्रम का प्रतिनिधित्व करता?
(*a*) A, B, E, D, C (*b*) B, D, E, A, C
(*c*) E, C, D, A, B (*d*) C, A, D, B, E
(*e*) A, B, D, E, C

33. इनमें से कौन सा कथन उनके वजन के अनुसार वस्तुओं के सही क्रम को निर्धारित करने के लिए आवश्यक नहीं है?
(*a*) (*i*) (*b*) (*ii*) (*c*) (*iii*) (*d*) (*iv*) (*e*) (*v*)

दिशा-निर्देश *(प्रश्न 34 से 38)*: *निम्नलिखित सूचनाओं को पढ़ें और नीचे दिए गए प्रश्नों का उत्तर दें:*

(*i*) सात छात्र P, Q, R, S, T, U और V को परीक्षणों की एक श्रृंखला ली जाती है।
(*ii*) कोई भी दो छात्र एक समान अंक प्राप्त नहीं करता है।
(*iii*) V हमेशा Q से अधिक स्कोर लाता है।

(*iv*) P हमेशा Q से अधिक स्कोर लाता है।

(*v*) प्रत्येक बार R अधिकतम स्कोर लाता है और T को सबसे कम अंक मिलता है, या वैकल्पिक रूप से S अधिकतम और U या Q को सबसे कम अंक मिलता है।

34. यदि S का रैंक छठा हैं और Q का रैंक पांचवा हैं, तो निम्नलिखित में से कौन सा सही है?

(*a*) V का रैंक पहला या चौथा है।
(*b*) R का रैंक दूसरा या तीसरा है।
(*c*) P का रैंक दूसरा या पांचवा है।
(*d*) U का रैंक तीसरा या चौथा है।
(*e*) T का रैंक चौथा या पांचवा है।

35. यदि R सबसे अधिक प्राप्त करता है, तो V का रैंक कम से कम होना चाहिए–

(*a*) दूसरा (*b*) तीसरा (*c*) चौथा (*d*) पांचवा (*e*) छठा

36. यदि R का रैंक दूसरा है और Q का रैंक पांचवा हैं, तो निम्नलिखित में से कौन सा सही है?

(*a*) S का रैंक तीसरा है (*b*) T का रैंक छठा है
(*c*) P का रैंक छठा है (*d*) V का रैंक चौथा है
(*e*) U का रैंक छठा है

37. यदि S का रैंक दूसरा है, तो निम्नलिखित में से कौन सा सही हो सकता है?

(*a*) V से अधिक U प्राप्त करता है।
(*b*) S से अधिक V प्राप्त करता है।
(*c*) R से अधिक P प्राप्त करता है।
(*d*) V से अधिक P प्राप्त करता है।
(*e*) Q से अधिक T प्राप्त करता है।

38. यदि V का रैंक पांचवा हैं, तो निम्नलिखित में से कौन सा सही है?

(*a*) S का स्कोर उच्चतम है। (*b*) R का रैंक दूसरा है।
(*c*) T का रैंक तीसरा है। (*d*) Q का रैंक चौथा है।
(*e*) U का स्कोर सबसे कम है।

39. चार व्यक्ति A, B, C और D हैं। A और B की एक साथ कुल राशि C और D की एक साथ कुल राशि के बराबर है। लेकिन एक साथ B और D कुल राशि एक साथ A और C के साथ कुल राशि से अधिक है। A की राशि B से अधिक है। सबसे कम राशी वाला कौन है? **(U.P.S.C. 2004)**

(*a*) B (*b*) C (*c*) D
(*d*) निर्धारित नहीं किया जा सकता है

दिशा-निर्देश *(प्रश्न 40 से 44): नीचे दी गई जानकारी को ध्यान से पढ़ें और निम्न प्रश्न का उत्तर दें:*

(*i*) कक्षा में छह छात्र A, B, C, D, E और F हैं।
(*ii*) B और C, F से छोटे हैं लेकिन A से भारी हैं।
(*iii*) D, B से भारी है और C से लंबा है।
(*iv*) E, D से छोटा है लेकिन F से लंबा है।
(*v*) F, D से भारी है।
(*vi*) A, E से छोटा है लेकिन F से लंबा है।

40. निम्नलिखित में से कौन सबसे लंबा है?

(*a*) A (*b*) B (*c*) D (*d*) E
(*e*) इनमें से कोई नहीं

41. जब ऊंचाइयों को अवरोही क्रम में व्यवस्थित किया जाता है, तब ऊपर से तीसरा कौन है?

(*a*) A (*b*) B (*c*) C (*d*) E
(*e*) इनमें से कोई नहीं

42. निम्नलिखित में से दोस्तों का कौन सा समूह A से छोटा है?

(*a*) केवल B, C (*b*) केवल D, B, C
(*c*) केवल E, B, C (*d*) केवल F, B, C
(*e*) इनमें से कोई नहीं

43. निम्नलिखित में से कौन सा सबसे हल्का है?

(*a*) A (*b*) B (*c*) C (*d*) B या C
(*e*) डाटा अपर्याप्त है

44. निम्नलिखित में से कौन सा कथन लम्बाई और वजन के संबंध में F के लिए सही है?

(*a*) वह E से हल्का है और E से लंबा है।
(*b*) वह B से भारी है और E से लंबा है।
(*c*) वह B और C से भारी है लेकिन D से छोटा है।
(*d*) वह E से हल्का है और E से छोटा भी है।
(*e*) वह B और C से हल्का है लेकिन D से लंबा है।

दिशा-निर्देश *(प्रश्न 45 से 49): निम्नलिखित सूचनाओं को सावधानीपूर्वक पढ़ें और नीचे दिए गए प्रश्नों का उत्तर दें:*

(*i*) A, B, C, D और E पांच दोस्त हैं।
(*ii*) B, E से बड़ा है, लेकिन C के समान लंबा नहीं है
(*iii*) C, A से छोटा है, और D और E से लंबा है।
(*iv*) A, D से लंबा है, लेकिन E से छोटा है।
(*v*) D, A से बड़ा है लेकिन समूह में सबसे छोटा है।

45. निम्नलिखित में से कौन सबसे बड़ा है?

(*a*) A (*b*) B (*c*) C (*d*) D
(*e*) इनमें से कोई नहीं

46. निम्नलिखित में से छात्रों का कौन सा जोड़ा D से लंबा है?

(*a*) BA (*b*) BC (*c*) BE (*d*) EA
(*e*) इनमें से कोई नहीं

47. निम्नलिखित में से कौन सा कथन B के बारे में सही है?

(*i*) B सबसे लंबा नहीं है।
(*ii*) B, E से छोटा है।
(*iii*) जब उन्हें अपनी ऊंचाइयों के संबंध में आरोही क्रम में खड़े होने के लिए कहा जाता है, तो B बीच में होता है।

(*a*) केवल (*i*) सही है (*b*) केवल (*i*) और (*ii*) सही हैं
(*c*) सभी सही हैं (*d*) सभी गलत हैं
(*e*) इनमें से कोई नहीं

48. यदि F, दूसरे दोस्त C से लंबा है, तो उनमें से कितने F और E के बीच उनकी ऊंचाई के अनुसार होंगे?

(*a*) कोई नहीं (*b*) एक (*c*) दो (*d*) तीन
(*e*) इनमें से कोई नहीं

49. यदि चयन उन लोगों के बीच किया जाना चाहिए जो अपेक्षाकृत सबसे बड़ा होगा और लंबा भी, तो उनमें से किसे चुना जाना चाहिए?

(*a*) A (*b*) B (*c*) C (*d*) D (*e*) E

दिशा-निर्देश *(प्रश्न 50 से 54): प्रश्नों का उत्तर देने के लिए निम्नलिखित सूचनाओं को सावधानी से पढ़ें:* **(R.B.I. 2004)**

B, D, H, K, P, R और T सात मित्र हैं जिन्होंने तीन प्रबंधन संस्थानों X, Y और Z में अध्ययन किया। उन्होंने तीन विशेषज्ञताओं – मार्केटिंग, फाइनेंस और पर्सनेल में से एक का चयन किया। उनमें से प्रत्येक ने कम से कम

दो में विशेषज्ञता प्राप्त की। किसी भी दो व्यक्ति के संस्थान और विशेषज्ञता का कोई भी समान संयोजन नहीं है। संस्थान Y से मार्केटिंग विशेषज्ञ सबसे अधिक कमाता है। D ने पर्सनेल विशेषज्ञता के साथ संस्थान Z में अध्ययन किया और केवल B और K से अधिक कमाता है। H ने इंस्टीट्यूट X में मार्केटिंग के साथ अध्ययन किया और केवल P और T से कम कमाता है। R ने संस्थान Z में वित्त के साथ अध्ययन किया और D से अधिक लेकिन H से कम कमाता है। T ने फाइनेंस विशेषज्ञता के साथ संस्थान X में अध्ययन किया। K, एक पर्सनेल विशेषज्ञ, ने संस्थान Y में अध्ययन किया और उनमें से सबसे कम कमाने वालों में से नहीं है। इन सभी में B इन संस्थानों में से एकमात्र फाइनेंस विशेषज्ञ है।

50. B ने किस संस्थान से अध्ययन किया था?
(*a*) X (*b*) Y (*c*) Z (*d*) Y या Z
(*e*) डाटा अपर्याप्त है

51. P की विशेषज्ञता क्या है?
(*a*) पर्सनेल (*b*) विपणन (*c*) वित्त
(*d*) आंकड़े अपर्याप्त हैं (*e*) इनमें से कोई नहीं

52. निम्नलिखित में से संस्थान – व्यक्ति – विशेषज्ञता का कौन सा संयोजन सही नहीं है?
(*a*) X – K – पर्सनेल (*b*) X – H – मार्केटिंग
(*c*) Y – B – वित्त (*d*) Z – R – वित्त
(*e*) इनमें से कोई नहीं

53. उनमें से किसकी आय सबसे अधिक है?
(*a*) T (*b*) H (*c*) P (*d*) P या T
(*e*) इनमें से कोई नहीं

54. उनमें से कितने D से अधिक कमाते हैं?
(*a*) एक (*b*) दो (*c*) तीन (*d*) चार
(*e*) इनमें से कोई नहीं

दिशा-निर्देश *(प्रश्न 55 से 59)*: *दी गई सूचनाओं को सावधानीपूर्वक पढ़ें और निम्नलिखित प्रश्नों का उत्तर दें:* **(M.B.A. 2006)**

(*i*) छह दोस्त P, Q, R, S, T और U क्लब के सदस्य हैं और अलग-अलग फुटबॉल, क्रिकेट, टेनिस, बास्केट बॉल, बैडमिंटन और वॉलीबॉल खेल खेलते हैं।
(*ii*) T, जो P और S से लंबा है, टेनिस खेलता है।
(*iii*) उनमें से सबसे लंबा बास्केट बॉल खेलता है।
(*iv*) उनमें से सबसे छोटा वॉलीबॉल खेलता है।
(*v*) Q और S न तो वॉलीबॉल और न ही बास्केटबाल खेलते हैं।
(*vi*) K वॉलीबॉल खेलता है।
(*vii*) T, Q और P के बीच है जो ऊंचाई के क्रम में फुटबॉल खेलता है।

55. उनमें से कौन K से लंबा है लेकिन P से छोटा है?
(*a*) Q (*b*) T (*c*) U
(*d*) डाटा अपर्याप्त है (*e*) इनमें से कोई नहीं

56. तीसरे स्थान पर कौन होगा यदि उनकी ऊंचाई के अवरोही क्रम में व्यवस्थित किया गया हो?
(*a*) Q (*b*) P (*c*) S (*d*) T
(*e*) इनमें से कोई नहीं

57. निम्नलिखित में कौन सा कथन सत्य नहीं है?
(*a*) P, K से छोटा है (*b*) Q, S से लंबा है।
(*c*) S, K से लंबा है (*d*) T, K से लंबा है।
(*e*) U, Q से लंबा है।

58. उनमें से कौन बास्केटबॉल खेलता है?
(*a*) Q (*b*) R (*c*) S (*d*) U
(*e*) इनमें से कोई नहीं

59. S क्या खेलता है?
(*a*) क्रिकेट (*b*) बैडमिंटन (*c*) फुटबॉल
(*d*) या तो क्रिकेट या बैडमिंटन (*e*) इनमें से कोई नहीं

दिशा-निर्देश *(प्रश्न 60 से 61)*: *निम्नलिखित सूचनाओं को सावधानीपूर्वक पढ़ें और नीचे दिए गए प्रश्नों का उत्तर दें:*

क्रिकेट श्रृंखला के अंत में, जब पांच खिलाड़ियों को उनके द्वारा बनाए गए रनों के आरोही क्रम में व्यवस्थित किया गया था, तो O चौथे स्थान पर था जबकि N पहले स्थान पर था। जब उन्हें उनके द्वारा लिए गए विकेटों के अवरोही क्रम में व्यवस्थित किया गया, तो K, O को स्थानांतरित कर देता है जबकि O L की स्थिति को बदलता है। M की स्थिति अपरिवर्तित रहती है। K, M से अधिक रन बनाया है। L एक रैंकिंग में पहला स्थान पर और दूसरी में पांचवां स्थान प्राप्त करता है।

60. इस श्रृंखला में किसने अधिकतम रन बनाए हैं?
(*a*) K (*b*) L (*c*) M
(*d*) निर्धारित नहीं किया जा सकता है
(*e*) इनमें से कोई नहीं

61. सबसे कम विकेट किसने लिये हैं?
(*a*) L (*b*) M (*c*) P
(*d*) निर्धारित नहीं किया जा सकता है
(*e*) इनमें से कोई नहीं

दिशा-निर्देश *(प्रश्न 62 से 66)*: *निम्नलिखित सूचनाओं को सावधानीपूर्वक पढ़ें और नीचे दिए गए प्रश्नों का उत्तर दें:* **(I.B.P.S. 2002)**

कक्षा में सात छात्र – A, B, C, D, E, F और G हैं। उनमें से प्रत्येक का एक अलग पसंदीदा विषय – अंग्रेजी, गणित, भौतिकी, रसायन शास्त्र, जीवविज्ञान, नागरिक शास्त्र और दर्शनशास्त्र है। प्रत्येक छात्र ने परीक्षा में अलग-अलग अंक प्राप्त किये हैं। C ने दूसरा उच्चतम अंक प्राप्त किया है और न तो अंग्रेजी और न ही गणित उसका पसंदीदा विषय है। E ने सबसे कम अंक प्राप्त किया और न ही नागरिक शास्त्र और न ही गणित उसका पसंदीदा विषय है। D का पसंदीदा विषय भौतिकी है और उसने B और G की तुलना में अधिक अंक प्राप्त किए हैं, लेकिन A से कम अंक प्राप्त किए है। B का पसंदीदा विषय जीवविज्ञान है और उसके अंक E के अंकों से अधिक हैं लेकिन G के अंकों से कम हैं। A का पसंदीदा विषय दर्शन शास्त्र है। वह छात्र, जिसका पसंदीदा विषय रसायन शास्त्र है, उसे उच्चतम अंक प्राप्त हुए हैं।

62. रसायन शास्त्र किसका पसंदीदा विषय है?
(*a*) A (*b*) C (*c*) F (*d*) G
(*e*) इनमें से कोई नहीं

63. E का पसंदीदा विषय कौन सा है?
(*a*) अंग्रेजी (*b*) गणित (*c*) जीवविज्ञान
(*d*) डाटा अपर्याप्त है (*e*) इनमें से कोई नहीं

64. जब सभी सात छात्रों को उनके अंक के अनुसार अवरोही क्रम में व्यवस्थित किया जाता है, तो शीर्ष से A की स्थिति क्या होती है?
(*a*) दूसरा (*b*) तीसरा (*c*) चौथा
(*d*) डाटा अपर्याप्त है (*e*) इनमें से कोई नहीं

65. G का पसंदीदा विषय कौन सा है?
(*a*) गणित (*b*) नागरिक शास्त्र
(*c*) गणित या नागरिक शास्त्र (*d*) डाटा अपर्याप्त है
(*e*) इनमें से कोई नहीं

66. किसे दूसरा सबसे कम अंक प्राप्त होता है?

(*a*) C (*b*) D (*c*) G
(*d*) डाटा अपर्याप्त है (*e*) इनमें से कोई नहीं

दिशा-निर्देश *(प्रश्न 67 से 71): निम्नलिखित सूचनाओं को सावधानीपूर्वक पढ़ें और दिए गए प्रश्नों का उत्तर दें:* **(M.B.A. 2002)**

A, B, C, E, F, G और H एक संगठन के सात कर्मचारी हैं, जो क्रमश: एडमिनिस्ट्रेशन, एकाउंट्स और ऑपरेशन विभागों में काम करते है। प्रत्येक विभाग में कम से कम दो कर्मचारी हैं। तीन महिलाएँ है, जिनमें से प्रत्येक विभाग में एक महिला कार्यरत्त हैं। सात कर्मचारियों में से प्रत्येक अलग-अलग राशि कमाता है। F एडमिनिस्ट्रेशन में काम करता है और उसका एकमात्र अन्य सहकर्मी G अधिकतम कमाता है। C, सबसे कम कमाता है, एकाउंट्स में काम करता है। B और E भाई हैं और एक ही विभाग में काम नहीं करते हैं। A, H का पति, एकाउंट्स में काम करता है और F, B और E प्रत्येक से अधिक कमाता है। जोड़े में पत्नी, पति से अधिक कमाती है।

67. निम्नलिखित में से कौन सा महिलाओं का समूह है?

(*a*) GCE (*b*) GEH (*c*) GCH (*d*) GHB
(*e*) इनमें से कोई नहीं

68. किस विभाग में तीन लोग काम करते हैं?

(*a*) ऑपरेशन (*b*) अकाउंट
(*c*) ऑपरेशन या अकाउंट (*d*) डाटा अपर्याप्त है
(*e*) इनमें से कोई नहीं

69. जब उन्हें अपनी आय के अवरोही क्रम में व्यवस्थित किया जाता हैं तो शीर्ष से A की स्थिति क्या होगी?

(*a*) दूसरा (*b*) तीसरा (*c*) चौथा (*d*) पांचवा
(*e*) इनमें से कोई नहीं

70. निम्नलिखित में से किस विभाग में B काम करता है?

(*a*) ऑपरेशन (*b*) अकाउंट
(*c*) ऑपरेशन या अकाउंट (*d*) डाटा अपर्याप्त है
(*e*) इनमें से कोई नहीं

71. निम्नलिखित में से कौन सा कथन पूरी तरह से सही है?

(*a*) B ने A और H से कम कमाया।
(*b*) B ने F और H से कम कमाया।
(*c*) F ने B और E से ज्यादा कमाया।
(*d*) B ने E और C से ज्यादा कमाया।
(*e*) उपरोक्त सभी सही है।

दिशा-निर्देश *(प्रश्न 72 से 75): नीचे दी गई सूचनाओं को पढ़ें और निम्नलिखित प्रश्नों का उत्तर दें:*

A ★ B का अर्थ है A और B समान उम्र के हैं;
A – B का अर्थ है B, A से छोटा है;
A + B का अर्थ है A, B से छोटा है

72. सचिन ★ मदन रीना का अर्थ है –

(*a*) रीना छोटी है। (*b*) रीना बड़ी है।
(*c*) मदन रीना से छोटा है। (*d*) इनमें से कोई नहीं

73. X + Y + Z किसके समान है?

(*a*) Y – X – Z (*b*) Z – Y – X (*c*) Z – X – Y
(*d*) इनमें से कोई नहीं

74. फरहा – फरीदा – आरिफ के वाक्यांश में, निम्नलिखित में से कौन सा किसी भी परिस्थिति में सही नहीं है?

(*a*) आरिफ फरहा का पिता है।
(*b*) आरिफ फरहा का छोटा भाई है।
(*c*) फरहा, आरिफ और फरीदा दोनों की माता है।
(*d*) इनमें से कोई नहीं

75. देवन-शशि ★ हेमंत किसके सामने है?

(*i*) हेमंत + शशि + देवन
(*ii*) हेमंत – शशि + देवन
(*iii*) शशि ★ हेमंत + देवन

(*a*) (*i*) केवल (*b*) (*i*) और (*ii*) केवल
(*c*) (*ii*) और (*iii*) केवल (*d*) इनमें से कोई नहीं

हल-अभ्यास 6(C)

प्रश्न 1 से 3

मान लीजिए प्रत्येक लड़की के नाम का पहला अक्षर उसकी उम्र को दर्शाता है।

(*i*) से, हमारे पास है: A > S
(*ii*) से, हमारे पास है: K > M > A
(*iii*) से, हमारे पास है: K > S
(*iv*) से, हमारे पास है: S < M

इन सभी को जोड़ने से, हमें प्राप्त होता है: K > M > A > S
चूंकि गार्गी सबसे बड़ी है, इसलिए हमारे पास है: G > K > M > A > S

1. (*d*) : सान्या छोटी है।

2. (*c*) : उम्र के अनुसार, मुस्कान बीच में है।

3. (*d*) : (*i*) और (*ii*) से, हमारे पास है: : K > M > A > S
यह K > S और S < M दोनों को इंगित करता है जो (*iii*) और (*iv*) में दिया गया है। इस प्रकार, दोनों (*iii*) और (*iv*) अनिवार्य हैं।

4. (*d*) : हमारे पास है: E < A < B, A < D < B
चूंकि C सबसे लंबा है, इसलिए हमारे पास है: E < A < D < B < C स्पष्ट रूप से, D बीच में खड़ा है।

5. (*c*) : हमारे पास है: A < B, C < D, B < C और E < A
अत: अनुक्रम बन जाता है: E < A < B < C < D
स्पष्ट रूप से, बच्चा D सबसे बुद्धिमान है।

6. (*a*) : D उतना लंबा नहीं है जितना A ⇒ D, A से छोटा है ⇒ D < A
D उतना छोटा नहीं है जितना C ⇒ D, C से लंबा है C ⇒ D > C
B, D से छोटा है लेकिन C से लंबा है ⇒ C < B < D
इस प्रकार, हमारे पास है: C < B < D < A
अत: A सबसे लंबा है।

7. (*a*) : हमारे पास है: P > Q, P > R, Q > S > T
इस प्रकार, P > Q > S > T और P > R
स्पष्ट रूप से P, Q, R, S और T में से प्रत्येक से लंबा है।
अत: P सबसे लंबा है।

8. (*c*) : प्राप्त अंकों के संदर्भ में, मुकेश < राज, राज < प्रिया, गौरव < प्रिया, कविता < प्रिया, गौरव < मुकेश। चूंकि गौरव के अंक सबसे कम नहीं हैं, इसलिए कविता का अंक सबसे कम है। अत: अनुक्रम बन जाता है: कविता < गौरव < मुकेश < राज < प्रिया। स्पष्ट रूप से, अवरोही क्रम में, राज दूसरा स्थान प्राप्त करता है।

9. (*d*) : ऊंचाई के संदर्भ में, हमारे पास है: रोहन > दक्ष > मानिक, दक्ष > सोमेश > फरहान। इस प्रकार, संपूर्ण अनुक्रम हो सकता है:

(*i*) रोहन > दक्ष > मानिक > सोमेश > फरहान; या

(*ii*) रोहन > दक्ष > सोमेश > मानिक > फरहान; या

(*iii*) रोहन > दक्ष > सोमेश > फरहान > मानिक।

इस प्रकार, या तो मानिक या फरहान सबसे छोटा हो सकता है। अत: दी गई जानकारी अपर्याप्त है।

10. (*d*) : प्रत्येक लड़की के नाम का पहला अक्षर उसकी ऊंचाई का प्रतिनिधित्व करता हैं। तब गरिमा, सरिता से लम्बी है ⇒ G > S है। तब, गारिमा रीना से लम्बी नहीं है ⇒ R > G है। रीना और तान्या की ऊंचाई समान है ⇒ R = T है।

गारिमा अनु से छोटी है ⇒ A > G है। उपर्युक्त सभी संकेत देते हैं कि सरिता को छोड़कर गारिमा प्रत्येक लड़की के या तो ऊंचाई से कम या बराबर है, जबकि सरिता, गारिमा से छोटी है। इस प्रकार, सरिता सबसे छोटी है।

11. (*b*) : स्पष्ट रूप से, A, C और E में प्रत्येक से छोटा है। इस प्रकार, D वास्तव में A, C और E में से प्रत्येक की तुलना में लंबा है। लेकिन B, D से लंबा है। अत: B सबसे लंबा है और D उसके बाद आता है।

12. (*b*) : ऊंचाई के संदर्भ में, हमारे पास है: गोपाल < आशोक, कुणाल < गोपाल, नवीन < कुणाल, नवीन < जयेश, जयेश < आशोक। अत: अनुक्रम बन जाता है: नवीन < कुणाल < गोपाल < जयेश < आशोक। स्पष्ट रूप से, अशोक सबसे लंबा है।

13. (*c*) : स्पष्ट रूप से, कथन (*c*) आवश्यक नहीं है।

प्रश्न 14 से 17

I से, हमारे पास है: X > L

III से, हमारे पास है: M = N

III से, हमारे पास है: Z छोटा है।

IV से, हमारे पास है: N > Y

V से, हमारे पास है: Y > X

14. (*c*) : I और V से, हमारे पास है: Y > X > L या Y > L

15. (*b*) : चूंकि कथन III के अनुसार Z सबसे छोटा है, यह स्पष्ट रूप से इंगित करता है कि L, M, N और Y में से प्रत्येक Z से बड़ा है।

16. (*a*) : I, II, IV और V से, हमारे पास है: M = N > Y > X > L, *i.e.* M > L, यानि M > L

इस प्रकार L, M से छोटा है। अत: III की आवश्यकता नहीं है।

17. (*b*) : II, IV और V से, हमारे पास है: M = N > Y > X; यानि X < M

18. (*e*) : जैसा कि दिया गया है, प्रेरणा > शालु > राखी; राखी = मेघना, > राखी > कोमल।

इस प्रकार, ऊंचाइयों का अनुक्रम बन जाता है: प्रेरणा > शालु > राखी > मेघना > कोमल। स्पष्ट रूप से, मेघना शालू से छोटी है।

19. (*d*) : उम्र के संदर्भ में, हमारे पास है: कोकिला < सुधांशु, सुधांशु < प्रवीण, नितिन < कोकिला। इस प्रकार, अनुक्रम बन जाता है: नितिन = कोकिला < सुधांशु < प्रवीण। स्पष्ट रूप से, प्रवीण सबसे छोटा है।

20. (*d*) : उम्र के मामले में, हमारे पास है: B > A, E < C, E < D, B < C चूंकि E, A और C के बीच है, तो अनुक्रम बनता है:

B < A < E < C < D or B < A < E < D < CA स्पष्ट रूप से, जो भी मामला हो, E, B से बड़ा है अत: (*d*) आवश्यक रूप से सत्य है।

21. (*d*) : चूंकि मानिक सबसे बड़ा है, इसलिए मानिक का जन्म 1960 में हुआ था। अब, मानिक विकास से 2 साल बड़ा है। अत: विकास का जन्म 1962 में हुआ था। इस प्रकार, रोहित का जन्म 1963 में हुआ था। चूंकि सुनीत विकास से बड़ा है, इसलिए सुनीत का जन्म 1961 में हुआ था। अब दीपक और कनक का जन्म 1964 और 1965 में हुआ होगा, लेकिन दिए गए डेटा से सटीक निर्धारित करना संभव नहीं है।

22. (*b*) : मान लीजिए कि A की उम्र x है। फिर B की उम्र $2x$ है। B, F से दो गुना छोटा है, अर्थात F, B से दो गुना बड़ा है। अत: F की उम्र $4x$ है। C की आयु A की आयु की आधी है यानि C की उम्र $x/2$ है, C जो D के उम्र का दोगुना है, अर्थात D की उम्र C के आयु का आधा है यानि D की उम्र $x/4$ है। इसलिए उम्र का अवरोही क्रम है: F, B, A, C, D

स्पष्ट रूप से, F सबसे बड़ा और D सबसे छोटा है।

प्रश्न 23 से 27

मान लीजिए कि महिमा की उम्र x है। तब, अनीता की उम्र $2x$; राजन की उम्र $x/2$; दीप्ति की उम्र $4x$; लता की उम्र $x/4$ होगी। अत: उम्र का अवरोही क्रम इस प्रकार है: दीप्ति > अनीता > माहिमा > राजन > लता।

23. (*c*) : लता सबसे छोटी है।

24. (*a*) : दीप्ति सबसे बड़ी है।

25. (*d*) : स्पष्ट रूप से, समूह में दो व्यक्तियों की उम्र समान नहीं है।

26. (*c*) : अनीता दीप्ति से छोटी है।

27. (*a*) : महिमा की उम्र 16 वर्ष है। ⇒ $x = 16$

लता की उम्र $= x/4 = 4$ वर्ष।

प्रश्न 28 से 33

मान लीजिए C का वजन x है। तब, D का वजन $= 2x$, E का वजन $= 4x$, B का वजन $= 4.5x$ और A का वजन $= 9x$

अत: वजन का क्रम है: A > B > E > D > C

28. (*c*) : C वजन में सबसे हल्का है।

29. (*a*) : E, A और B से वजन में हल्का है।

30. (*b*) : E, D और C से भारी है।

31. (*a*) : स्पष्ट रूप से, A वजन में सबसे भारी है।

32. (*a*) : स्पष्ट रूप से, वजन का अवरोही क्रम A, B, E, D, C है।

33. (*e*) : स्पष्ट रूप से, कथन (*v*) वजन के क्रम को निर्धारित करने के लिए आवश्यक नहीं है।

प्रश्न 34 से 38

स्कोर के संदर्भ में, हमारे पास है: : V > P, P > Q अर्थात V > P > Q

यदि K सबसे अधिक स्कोर प्राप्त करता है, तो हमारे पास R > ..... > T है।

यदि S सबसे अधिक स्कोर प्राप्त करता है, तो हमारे पास S >..... > Q या S >..... > U है।

34. (*d*) : यदि S छठे स्थान पर है और Q पांचवे स्थान पर है, तो हमारे पास है:

□ > □ > □ > □ > Q > S > □

इस मामले में, K सबसे अधिक रैंक प्राप्त करेगा और इस प्रकार T सबसे कम रैंक प्राप्त करेगा। इस प्रकार, हमारे पास है:

R > □ > □ > □ > Q > S > T

इसके अलावा, क्रम V > P > Q को बनाए रखा जाएगा यानि V और P दूसरे, तीसरे या चौथे स्थान रहेगा। अत: कथन (*a*), (*b*),

(c) और (e) का पालन नहीं किया जा सकता हैं। इस प्रकार, उत्तर (d) है।

35. (c) : यदि K सबसे अधिक रैंक प्राप्त करता है, तो T सबसे निचले रैंक पर और सातवें स्थान पर है। चूंकि V हमेशा P और Q से ऊपर है, इसलिए अधिकतम में, P और Q पांचवें और छठे स्थान पर होंगे। इस प्रकार, V चार से कम रैंक प्राप्त नहीं करेगा।

36. (b) : यदि K दूसरा रैंक प्राप्त करता है, तो S पहला रैंक प्राप्त करेगा और Q या U सबसे कम रैंक प्राप्त करेगा। लेकिन Q पांचवें स्थान पर है। अत: U सबसे कम रैंक प्राप्त करता है। इसके अलावा, क्रम $V > P > Q$ का पालन किया जाएगा। अत: व्यवस्था $S > R > V > P > Q > \square > U$ होगी।
इस प्रकार, छठी जगह पर T होगा।

37. (a) : यदि S दूसरे स्थान पर है, तो K पहले स्थान पर है और T सबसे निचले स्थान पर है। क्रम $V > P > Q$ का पालन किया जाएगा। अत: व्यवस्था $R > S > \square > \square > \square > \square > T$ होगी। स्पष्ट रूप से, कथन ((b), (c), (d) और (e) का पालन नहीं किया जा सकता है। अत: उत्तर (a) है।

38. (a) : यदि V पांचवें स्थान पर है, तो P और Q V से पहले है इस कारण क्रमश: छठे और सातवें स्थान पर होंगे, अर्थात Q को सबसे कम रैंक मिलता है। अत: S सबसे ऊँचा स्कोर प्राप्त करेगा।

39. (a) : मान लीजिए कि A, B, C और D क्रमश: इन व्यक्तियों के पास राशि दर्शाते हैं। तब,
$A + B = C + D, B + D > A + C, A > B$
अब, $B + D > A + C$ और $A > B \Rightarrow B + D > A + C > B + C (A > B) \Rightarrow B + D > B + C \Rightarrow D > C$
इसके साथ, $A + B = C + D, A > B$ और $D > C \Rightarrow 2B < A + B = C + D < 2C \Rightarrow 2B < 2C \Rightarrow C > B$
अब, $A > B, C > B, D > C \Rightarrow A > B, D > C > B$
इस प्रकार, A, D और C में से प्रत्येक के पास B से अधिक राशि है, इसलिए B के पास सबसे कम राशि है।

प्रश्न 40 से 44

ऊंचाई के संदर्भ में, हमारे पास है: $B < F, C < F, C < D, E < D, F < E, A < E, F < A$
अत: $C < F < E < D, B < F, F < A < E$
इस प्रकार, अनुक्रम बन जाता है: $B < C < F < A < E < D$ or $C < B < F < A < E < D$
वजन के मामले में, हमारे पास है: $A < B, A < C, B < D, D < F$
अत: $A < B < D < F, A < C$
इस प्रकार, अनुक्रम बन जाता है:
$A < C < B < D < F$ या $A < B < C < D < F$ या $A < B < D < C < F$

40. (c) : स्पष्ट रूप से, D सबसे लंबा है।

41. (a) : ऊंचाई का अवरोही क्रम है: $D > E > A > F > B > C$ or $D > E > A > F > C > B$
स्पष्ट रूप से, A शीर्ष से तीसरे स्थान पर है।

42. (d) : स्पष्ट रूप से, F, B और C, A से छोटे हैं।

43. (e) : डेटा अपर्याप्त है क्योंकि E के वजन के बारे में कोई संकेत नहीं दिया गया है।

44. (c) : स्पष्ट रूप से, F, B और C से भारी है लेकिन D से छोटा है।

प्रश्न 45 से 49

उम्र के संदर्भ में, हमारे पास है: $E < B, C < A, A < E, A < D$ अत: हमारे पास है: $C < A < E < B, A < D$
ऊंचाई के संदर्भ में, हमारे पास है: $B < C, D < C, E < C, D < A$

45. (e) : B या D सबसे बड़ा है।

46. (e) : यह निश्चित रूप से निर्धारित नहीं किया जा सकता है।

47. (a) : B, C से छोटा है। इसलिए B सबसे लंबा नहीं है। इस प्रकार, (i) सही है।
B और E, C से छोटे हैं अत: यह निष्कर्ष नहीं निकाला जा सकता है कि B, E से छोटा है। इस प्रकार, (ii) गलत है।
दी गई जानकारी से ऊंचाई का एक निश्चित क्रम प्राप्त नहीं किया जा सकता है। अत: (iii) गलत है।

48. (e) : चूंकि ऊंचाई का कोई निश्चित क्रम प्राप्त नहीं किया जा सकता है, इसलिए यह निश्चित रूप से निर्धारित नहीं किया जा सकता कि F और E के बीच में कितने व्यक्ति हैं।

49. (b) : A और C सबसे कम उम्र के हैं और इसलिए उन्हें चुना नहीं जा सकता है। D दो व्यक्तियों A और C से छोटा है। B केवल C से छोटा है और यह अपेक्षाकृत बड़ा है। अत: B का चयन किया जाएगा। E, B से छोटा है।

प्रश्न 50 से 54

हमें निम्नलिखित दिया गया है:

व्यक्ति	संस्थान	विशेषज्ञता
D	Z	पर्सनेल
H	X	मार्केटिंग
R	Z	फाइनेंस
T	X	फाइनेंस
K	Y	पर्सनेल
B	—	फाइनेंस

अब, संस्थान Y का मार्केटिंग विशेषज्ञ सबसे अधिक कमाता है। स्पष्ट रूप से, यह B, D, H, K, R और T में से कोई नहीं है। अत: P संस्थान Y से एक मार्केटिंग विशेषज्ञ है और सबसे अधिक कमाता है। इसके अलावा, K संस्थान Z से एक फाइनेंस विशेषज्ञ है और T संस्थान X से फाइनेंस विशेषज्ञ हैं। अत: B संस्थान Y से फाइनेंस विशेषज्ञ है। इस प्रकार, हमारे पास है:

व्यक्ति	संस्थान	विशेषज्ञता
P	Y	मार्केटिंग
B	Y	फाइनेंस

आय के संबंध में, हमें दिया जाता है:
$D > B, D > K, P > H, T > H, R > D, H > R$
चूंकि P सबसे अधिक कमाता है, हमारे पास है: $P > T > H > R > D > K > B$ या $P > T > H > R > D > B > K$
लेकिन K सबसे कम कमाने वाला नहीं है।
अत: आय का क्रम बन जाता है: $P > T > H > R > D > K > B$

50. (b) : B ने Y संस्थान में अध्ययन किया।

51. (b) : P ने मार्केटिंग में विशेषज्ञता प्राप्त की।

52. (a) : K ने Y संस्थान में पर्सनेल में विशेषज्ञता प्राप्त की।

53. (a) : T की दूसरी सबसे अधिक आय है।

54. (e) : चार व्यक्ति- P, T, H और R — D से अधिक कमाते हैं।

प्रश्न 55 से 59

ऊंचाई के संदर्भ में, हमारे पास है: $T > P, T > S, Q > T > P$

R वॉलीबॉल खेलता है, इसलिए K सबसे छोटा है।

Q न तो वॉलीबॉल और न ही बास्केटबॉल खेलता है।

अत: Q सबसे लंबा नहीं है। इस प्रकार, U सबसे लंबा है।

अत: अनुक्रम बन जाता है: $U > Q > T > P > S > R$

अब, T टेनिस खेलता है। U, सबसे लंबा होने के नाते, बास्केटबॉल खेलता है।

R वॉलीबॉल खेलता है। Q फुटबॉल खेलता है। P और S दोनों या तो क्रिकेट या बैडमिंटन खेलते हैं।

55. (*e*) : S, K से लंबा है लेकिन P से छोटा है।

56. (*d*) : ऊंचाई के अवरोही क्रम – U, Q, T, P, S, R स्पष्ट रूप से, T तीसरे स्थान पर है।

57. (*a*) : स्पष्ट रूप से, P, K से लंबा है।

58. (*d*) : U बास्केटबॉल खेलता है।

59. (*d*) : S या तो क्रिकेट या बैडमिंटन खेलता है।

प्रश्न 60 और 61

रन बनाने के मामले में, हमारे पास आरोही क्रम है: N < □ < □ < O < □. N का पहला रैंक है। अत: L इस क्रम में पांचवें रैंक पर होगा यानि, N < □ < □ < O < L.

K M के मुकाबले अधिक रन बनाता हैं, अर्थात $K > M$

अत: अनुक्रम बन जाता है: $L > M > N > K > O$

विकेट के मामले में, अनुक्रम बन जाता है: $L > M > N > K > O$

60. (*b*) : L ने श्रृंखला में सबसे अधिक रन बनाए हैं।

61. (*e*) : O ने सबसे कम विकेट लिए हैं।

प्रश्न 62 से 66

A का प्रिय विषय दर्शन शास्त्र है, B का जीवविज्ञान है और D का भौतिकी है। अब, U तो अंग्रेजी और U ही गणित C का पसंदीदा विषय है। चूंकि C को दूसरा सबसे अधिक अंक प्राप्त हुआ है, इसलिए उनका पसंदीदा विषय रसायन शास्त्र भी नहीं हो सकता है। अत: C का पसंदीदा विषय नागरिक शास्त्र है। E का पसंदीदा विषय न तो नागरिक शास्त्र है और न ही गणित है। इसके अलावा, E को सबसे कम अंक प्राप्त हुआ है और इसलिए उसका पसंदीदा विषय रसायन शास्त्र नहीं हो सकता है। अत: E का पसंदीदा विषय अंग्रेजी है। प्राप्त अंकों के संदर्भ में, दिया गया है कि: $D > B, D > G, A > D, B > E, G > B$

इस प्रकार, हमारे पास है: $A > D > G > B > E$

स्पष्ट रूप से, G को सबसे अधिक अंक प्राप्त नहीं हुआ। अत: F का पसंदीदा विषय रसायन शास्त्र है और G का पसंदीदा विषय गणित है। अत: F को सबसे अधिक अंक प्राप्त हुआ और C को दूसरा सबसे अधिक अंक प्राप्त हुआ। इस प्रकार, प्राप्त अंकों का क्रम बन जाता है: $F > C > A > D > G > B > E$

62. (*c*) : रसायन शास्त्र F का प्रिय विषय है।

63. (*a*) : E का पसंदीदा विषय अंग्रेजी है।

64. (*b*) : स्पष्ट रूप से प्राप्त अंकों के अवरोही क्रम में, A तीसरे स्थान पर था।

65. (*a*) : G का पसंदीदा विषय गणित है।

66. (*e*) : B को दूसरा सबसे कम अंक प्राप्त हुआ।

प्रश्न 67 से 71

E एक पुरुष पर्सनेल है जो एडमिनिस्ट्रेशन में काम कर रहा है। चूंकि एडमिनिस्ट्रेशन में केवल दो पर्सनेल (F और G) हैं, इसलिए G को महिला होना चाहिए। अब, C और A एकाउंट्स में काम करते हैं। चूंकि B और E विभिन्न विभागों में काम करते हैं, इसलिए B और E में से एक एकाउंट्स में काम करता है और दूसरे ऑपरेशंस में काम करता है। A (H का पति), B और E (भाई) सभी पुरुष हैं। अत: एकाउंट्स में काम करने वाली C को महिला होना चाहिए। अब, केवल H बचता है। चूंकि प्रत्येक विभाग में कम से कम दो पर्सनेल हैं, इसलिए H, B और E के साथ ऑपरेशन में काम करता है। H (A की पत्नी) एक महिला है।

आय के संदर्भ में, हमारे पास है: $A > F, A > B, A > E, A > H$ चूंकि G सबसे अधिक कमाता है जबकि C सबसे कम कमाता है, अत: हमारे पास है:

$G > H > A > [(E > F > B)]$ या $(F > E > B)$ या $(E > B > F)$ या $(B > E > F)$ या $(B > F > E)$ या $(F > B > E)] > C$

67. (*c*) : G, C और H तीन महिलाएं हैं।

68. (*b*) : तीन लोग – — C, A और B तथा E में से एक — एकाउंट्स विभाग में काम करते हैं।

69. (*b*) : स्पष्ट रूप से, आय के अवरोही क्रम में, A तीसरे स्थान पर आता है।

70. (*c*) : B एकाउंट्स या ऑपरेशन विभाग में काम करता है।

71. (*a*) : स्पष्ट रूप से, चाहे कोई भी क्रम हो, B, A और H से कम कमाता है। अन्य दिए गए कथन में से कोई भी सभी संभावित क्रमों का पालन नहीं करता है। इस प्रकार, केवल (*a*) सत्य है।

72. (*a*) : सचिन मदन – रीना का अर्थ है सचिन और मदन एक ही उम्र के हैं और रीना मदन से छोटी है। इसका अर्थ है कि रीना छोटी है।

73. (*b*) : $X + Y + Z$ का अर्थ है X, Y से छोटा है और Y, Z से छोटा है। इसे $Z - Y - X$ के रूप में भी लिखा जा सकता है।

74. (*a*) : फरहा – फरीदा – आरिफ का अर्थ है फरीदा फरहा से छोटी है और आरिफ, फरीदा से छोटा है। इसका अर्थ है कि आरिफ, फरहा से छोटा है। अत: आरिफ, फरहा का पिता नहीं हो सकता है।

75. (*d*) : देवेन – शशि ★ हेमंत का अर्थ है कि शशी, देवेन से छोटी है, और शशि और हेमंत समान उम्र के हैं। इस प्रकार, देवेन सबसे बड़ा है। अब, विपरीत कथन का मतलब होगा: देवेन छोटा है।

(*i*) हेमंत + शशि + देवेन का अर्थ हेमंत, शशी से छोटा है, जो देवन से छोटा है। अत: देवेन सबसे बड़ा है।

(*ii*) हेमंत – शशि + देवेन का अर्थ है कि शशी हेमंत और देवन दोनों से छोटी है। इस प्रकार, हेमंत या देवेन सबसे बड़ा है, लेकिन देवेन सबसे कम उम्र का नहीं है।

(*iii*) शशि ★ हेमंत + डेवन का अर्थ है शशी और हेमंत समान उम्र के हैं और हेमंत, देवन से छोटा हैं। अत: देवेन सबसे बड़ा है।

प्रकार 4: घटनाओं के अनुक्रम पर आधारित प्रश्न

इस प्रकार के प्रश्नों में, कुछ घटनाओं के घटित होने के क्रम के संबंध में कुछ संकेत दिए जाते हैं। अभ्यर्थी को दी गई जानकारी का विश्लेषण करना, सही अनुक्रम बनाना और उसके अनुसार प्रश्न का उत्तर देना होता है।

व्याख्यात्मक उदाहरण

उदा. 1. *दिए गए प्रश्नों के उत्तर देने के लिए निम्नलिखित सूचनाओं को सावधानीपूर्वक पढ़ें:* (L.I.C.A.A.O. 2005)

छह फिल्में- P, Q, R, S, T और U को लगातार शुक्रवार को रिलीज किया जाना चाहिए। रिलीज का कार्यक्रम निम्नलिखित शर्तों के अनुसार होना चाहिए:

(*i*) P को T से एक सप्ताह पहले रिलीज किया जाना चाहिए।

(*ii*) पहली रिलीज के तुरंत बाद R को रिलीज नहीं किया जाना चाहिए।

(*iii*) Q को उस शुक्रवार से अगले शुक्रवार को रिलीज किया जाना चाहिए जिस शुक्रवार को U को रिलीज किया गया है।

(*iv*) S को पांचवें शुक्रवार को रिलीज किया जाना चाहिए और उसके तुरंत बाद Q को रिलीज नहीं किया जाना चाहिए।

(*v*) T को अंत में रिलीज नहीं किया जाना चाहिए।

1. निम्नलिखित में से कौन सी फिल्म T से पहले थी?
(*a*) P (*b*) Q (*c*) S (*d*) U

2. Q के तुरंत बाद कौन सी फिल्म को रिलीज किया जाना है?
(*a*) P (*b*) R (*c*) T (*d*) U

3. फिल्म K को दूसरे शुक्रवार के अलावा में कौन से शुक्रवार को रिलीज नहीं किया जा सकता है?
(*a*) पहले (*b*) तीसरे (*c*) चौथे (*d*) पांचवें

4. किन दो फिल्मों के बीच में S को रिलीज किया जाना है?
(*a*) Q और T (*b*) R और T (*c*) P और T (*d*) T और U

5. निम्नलिखित में से किस फिल्म को सबसे पहले रिलीज किया जाएगा?
(*a*) P (*b*) Q (*c*) R (*d*) U

हल: स्पष्ट रूप से, S को पांचवें शुक्रवार को रिलीज किया जाना चाहिए। P को T से एक सप्ताह पहले रिलीज किया जाना चाहिए, अर्थात PT क्रम का अवश्य पालन किया जाना चाहिए। लेकिन T को अंत में रिलीज नहीं किया जा सकता है। इसके अलावा, Q को U के तुरंत बाद रिलीज किया जाना चाहिए अर्थात क्रम UQ का अनुपालन अवश्य किया जाना चाहिए। लेकिन Q, S से पहले नहीं हो सकता है, इसलिए U और Q को क्रमशः तीसरे और चौथे शुक्रवार को और P और T को क्रमशः पहले और दूसरे शुक्रवार को रिलीज किया जा सकता है। R, जिसे दूसरे शुक्रवार को रिलीज नहीं किया जा सकता है, को अंत में रिलीज किया जाएगा। इस प्रकार, निम्नलिखित क्रम का पालन किया जाएगा: U, Q, P, T, S, R

1. स्पष्ट रूप से, P को T के पहले रिलीज किया गया है, अतः उत्तर (*a*) है।

2. P को Q के तुरंत बाद रिलीज किया जाता है, अतः उत्तर (*a*) है।

3. K को पांचवें शुक्रवार को भी रिलीज नहीं किया जा सकता है क्योंकि S उस दिन S को रिलीज किया जाना है। अतः उत्तर (*d*) है।

4. स्पष्ट रूप से, S को T और K के बीच रिलीज किया जाता है, अतः उत्तर (*b*) है।

5. स्पष्ट रूप से, U को सबसे पहले रिलीज किया गया है। अतः उत्तर (*d*) है।

उदा. 2. *निम्नलिखित सूचनाओं को सावधानीपूर्वक पढ़ें और नीचे दिए गए प्रश्नों का उत्तर दें:* (Hotel Management, 2002)

(*i*) आठ डॉक्टर P, Q, R, S, T, U, V और W सोमवार को छुट्टी के अलावा हर दिन एक चौरिटबल डिस्पेंसरी का दौरा करते हैं।

(*ii*) प्रत्येक डॉक्टर शनिवार को छोड़कर मंगलवार से रविवार तक एक घंटे के लिए जाता है। समय सुबह 9 से दोपहर 1 बजे, और दोपहर 2 बजे से शाम 6 बजे तक है; दोपहर 1 बजे से दोपहर 2 बजे तक ब्रेक है।

(*iii*) शनिवार को, यह केवल सुबह में खुला रहता है यानि सुबह 9 बजे से दोपहर 1 बजे तक खुला रहता है। और प्रत्येक डॉक्टर केवल आधे घंटे के लिए दौरा करता है।

(*iv*) कोई अन्य डॉक्टर, डॉक्टर Q से पहले और डॉक्टर U के बाद डिस्पेंसरी का दौरा नहीं करता है।

(*v*) डॉक्टर W लंच ब्रेक के तुरंत बाद आता है और इसके बाद डॉक्टर K आता है।

(*vi*) S उसी क्रम में आता है जिस क्रम में P दोपहर के सत्र में आता है।

1. डॉक्टर P निम्नलिखित में से किन डॉक्टर के जोड़ों के बीच में दौरा करता है?
(*a*) S और V (*b*) U और W (*c*) R और W (*d*) R और U
(*e*) इनमें से कोई नहीं

2. किस समय रविवार को डॉक्टर K का दौरा समाप्त हो जाता है?
(*a*) दोपहर 1 बजे (*b*) दोपहर 3 बजे
(*c*) दोपहर 4 बजे (*d*) शाम 5 बजे
(*e*) इनमें से कोई नहीं

3. शनिवार को डॉक्टर T का दौरा कब समाप्त हो जाएगा?
(*a*) सुबह 10 बजे (*b*) सुबह 11 बजे
(*c*) या तो सुबह 10 बजे या सुबह 11 बजे
(*d*) आकडे अपर्याप्त हैं
(*e*) इनमें से कोई नहीं

4. यदि लंच ब्रेक और उसके बाद के घंटों के घंटे को 15 मिनट तक कम कर दिया जाता हैं, तो डॉक्टर U के किस समय डिस्पेंसरी में आने की उम्मीद है?
(*a*) दोपहर 3.15 बजे (*b*) दोपहर 4 बजे
(*c*) दोपहर 4.15 बजे (*d*) दोपहर 4.45 बजे
(*e*) इनमें से कोई नहीं

हल: हम पहले (*iv*), (*v*) और (*vi*) का उपयोग करके यात्रा के अनुक्रम का निर्माण करते हैं।

(*iv*) से, हम जानते हैं कि Q पहले दौरा करता है और U अंतिम बार जाता है।

(*v*) से, हम जानते हैं कि डब्ल्यू ब्रेक के बाद पहले दौरा करता है और इसके बाद K दौरा करता है।

(*vi*) से, हम जानते हैं कि P ब्रेक के बाद दौरा करता है।

इस प्रकार, ब्रेक के बाद यात्रा का अनुक्रम W, R, P, U बन जाता है। इसके अलावा S के दोपहर के सत्र में P के सुबह के सत्र के समान स्थिति होती है।

अतः ब्रेक से पहले यात्रा का अनुक्रम है: Q, T/V, S, V/T है।

1. स्पष्ट रूप से, K और U के बीच P दौरा करता है, अतः उत्तर (*d*) है।

2. डब्ल्यू के दौरा करने का समय दोपहर 2 बजे से दोपहर 3 बजे तक है, जबकि डॉक्टर K का समय दोपहर 3 बजे से दोपहर 4 बजे तक है। इसलिए डॉक्टर K की यात्रा का समय दोपहर 4 बजे के बाद है। अत: उत्तर (*c*) है।

3. स्पष्ट रूप से, T या तो दूसरे या चौथे स्थान पर दौरा करता है। अत: शनिवार को यात्रा का समय 9.30 बजे या 10.30 बजे होगा। इस प्रकार, T का दौरा या तो सुबह 10 बजे या सुबह 11 बजे के बाद होगा, अत: उत्तर (*c*) है।

4. स्पष्ट रूप से, जैसा कि बताया गया है, जब लंच ब्रेक खत्म हो जाएगा और डॉक्टर W दोपहर 1.45 बजे दौरा करेंगे, डॉक्टर K दोपहर 2.30 बजे दौरा करेंगे, जबकि डॉक्टर P दोपहर 3.15 बजे दौरा करेंगे और डॉक्टर U दोपहर 4 बजे दौरा करेंगे, अत: उत्तर (*b*) है।

उदा. 3. ***नीचे दिए गए प्रश्न का उत्तर देने के लिए निम्नलिखित सूचनाओं को ध्यान से पढ़ें:*** **(Specialist Officers' 2006)**

P, Q, R, S, T, U और V सात प्रोफेसर हैं। प्रत्येक व्यक्ति-भौतिकी, रसायन शास्त्र, जीवविज्ञान, अंग्रेजी, गणित, अर्थशास्त्र और भूगोल में से एक अलग विषय पढ़ाता है, लेकिन जरूरी नहीं कि इसी क्रम में। उनमें से प्रत्येक सोमवार से रविवार तक सप्ताह के सात दिनों में प्रत्येक दिन पढ़ाता है, लेकिन जरूरी नहीं कि इसी क्रम में पढ़ाता है। K शुक्रवार को जीवविज्ञान पढ़ाता है। Q उस दिन के पिछले दिन गणित पढ़ाता है जिस दिन प्रोफेसर भौतिकी पढ़ाता है। V रविवार को पढ़ाता है लेकिन रसायन शास्त्र या अंग्रेजी नहीं पढ़ाता है। S उस दिन से पिछले दिन अर्थशास्त्र पढ़ाता है जिस दिन U पढ़ाता है। P मंगलवार को भूगोल पढ़ाता है। T अंग्रेजी नहीं पढ़ाता है।

1. T कौन सा विषय पढ़ाता है?
(*a*) रसायन शास्त्र (*b*) भौतिकी
(*c*) या तो रसायन शास्त्र या भौतिकी
(*d*) आंकड़े अपर्याप्त है (*e*) इनमें से कोई नहीं

2. U कौन सा विषय पढ़ाता है?
(*a*) भौतिकी (*b*) अंग्रेजी (*c*) या तो भौतिक या अंग्रेजी
(*d*) आंकड़े अपर्याप्त हैं (*e*) इनमें से कोई नहीं

3. T किस दिन पढ़ाता है?
(*a*) सोमवार (*b*) बुधवार (*c*) गुरुवार
(*d*) आंकड़े अपर्याप्त हैं (*e*) इनमें से कोई नहीं

4. U किस दिन पढ़ाता है?
(*a*) बुधवार (*b*) गुरुवार (*c*) बुधवार या गुरुवार
(*d*) आंकड़े अपर्याप्त हैं (*e*) इनमें से कोई नहीं

5. V कौन सा विषय पढ़ाता है?
(*a*) रसायन शास्त्र (*b*) अंग्रेजी (*c*) जीवविज्ञान
(*d*) आंकड़े अपर्याप्त हैं (*e*) इनमें से कोई नहीं

हल: जैसा कि दिया गया है, P भूगोल पढ़ाता है, Q गणित पढ़ाता है, K जीवविज्ञान पढ़ाता है, S अर्थशास्त्र पढ़ाता है। चूंकि V रासायन शास्त्र या अंग्रेजी नहीं पढ़ाता है, इसलिए V भौतिकी पढ़ाता है। चूंकि T अंग्रेजी नहीं पढ़ता है, इसलिए T रसायन शास्त्र पढ़ाता है। इस प्रकार, U अंग्रेजी पढ़ाता है। अब, P मंगलवार को भूगोल पढ़ाता है, K शुक्रवार को जीवविज्ञान पढ़ाता है, V रविवार को भौतिकी पढ़ाता है। अत: Q शनिवार को गणित पढ़ाता है। चूंकि S पिछले दिन पढ़ाता है जिस दिन को U पढ़ाता है, इसलिए S बुधवार को अर्थशास्त्र पढ़ाता है और U गुरुवार को अंग्रेजी पढ़ाता है। इस प्रकार, T सोमवार को रसायन शास्त्र पढ़ाता है। इस प्रकार, हमारे पास शेड्यूल है

प्रोफ़ेसर	*P*	*Q*	*R*	*S*	*T*	*U*	*V*
दिन	मंगलवार	शनिवार	शुक्रवार	बुधवार	सोमवार	गुरुवार	रविवार
विषय	भूगोल	गणित	जीवविज्ञान	अर्थशास्त्र	रसायन शास्त्र	अंग्रेज़ी	भौतिक विज्ञान

1. T रसायन शास्त्र पढ़ाता है। अत: उत्तर (*a*) है।
2. U अंग्रेजी पढ़ाता है। अत: उत्तर (*b*) है।
3. T सोमवार को पढ़ाता है। अत: उत्तर (*a*) है।
4. U गुरुवार को पढ़ाता है। अत: उत्तर (*b*) है।
5. V भौतिकी पढ़ाता है। अत: उत्तर (*e*) है।

उदा. 4. ***निम्नलिखित सूचनाओं को सावधानीपूर्वक पढ़ें और नीचे दिए गए प्रश्नों का उत्तर दें:*** **(XAT, 2006)**

फ्रेडस फिश सैलून एक विशेष शुक्रवार की रात समुद्री भोजन भोज पेश करता है जिसमें सात श्रेणी – हिल्सा, पोम्फ्रेट, भारतीय झींगा, रोहू, राजाफिश, लॉबस्टर और भेटकी शामिल हैं। निम्नलिखित स्थितियों के अनुसार, डिनर की सात श्रेणी के आर्डर का चयन किया जा सकता है:

(*i*) रोहू के कुछ समय बाद राजाफिश परोसा जाता है।
(*ii*) उसी क्रम में पोम्फ्रेट और भारतीय झींगा के बीच बिल्कुल एक श्रेणी परोसा जाना चाहिए।
(*iii*) लॉबस्टर को पोम्फ्रेट से कुछ समय पहले परोसा जाता है।
(*iv*) राजाफिश या तो पांचवे या छठे बार में परोसा जाता है।
(*v*) हिल्सा को दो बार परोसा जाता है।

1. निम्नलिखित में से कौन सा अनुक्रम एक स्वीकार्य प्रीतिभोज का निर्माण करेगा?
(*a*) लॉबस्टर, हिल्सा, पोम्फ्रेट, रोहू, राजाफिश, भारतीय झींगा, भेटकी
(*b*) रोहू, हिल्सा, लोबस्टर, भेटकी, पोम्फ्रेट, राजाफिश, भारतीय झींगा
(*c*) रोहू, हिल्सा, भेटकी, पोम्फ्रेट, राजाफिश, भारतीय झींगा, लॉबस्टर
(*d*) लॉबस्टर, हिल्सा, रोहू, राजाफिश, पोम्फ्रेट, भेटकी, भारतीय झींगा

2. यदि राजाफिश पांचवीं श्रेणी है, तो निम्नलिखित में से किसे सत्य होना चाहिए?
(*a*) लोबस्टर पहली श्रेणी है।
(*b*) भेटकी को सातवें श्रेणी में परोसा जाता है।
(*c*) भारतीय झींगा को चौथे श्रेणी में परोसा जाता है।
(*d*) पोम्फ्रेट को तीसरे श्रेणी में परोसा जाता है।

3. निम्नलिखित में से कौन सा श्रेणी के सटीक क्रम को निर्धारित करना संभव बनाता है?
(*a*) लोबस्टर पहली श्रेणी है।
(*b*) राजाफिश छठी श्रेणी में परोसा जाता है।
(*c*) भारतीय झींगा पांचवां श्रेणी है।
(*d*) पोम्फ्रेट को चौथे श्रेणी में परोसा जाता है।

4. यदि राजाफिश छठा श्रेणी है, तो फिर से कौन सा सत्य नहीं हो सकता है?
(*a*) लोबस्टर तीसरा श्रेणी है।
(*b*) पोम्फ्रेट पांचवां श्रेणी है।
(*c*) भारतीय झींगे को सातवें श्रेणी में परोसा जाता है।
(*d*) रोहू पांचवें श्रेणी में परोसा जाता है।

5. यदि भेटकी को तीसरे श्रेणी में परोसा जाता है, तो निम्नलिखित में से किसे सत्य होना चाहिए?
(*a*) भारतीय झींगे को सातवें श्रेणी में परोसा जाता है।
(*b*) रोहू पहली श्रेणी है।
(*c*) राजाफिश पांचवीं श्रेणी है।
(*d*) पोम्फ्रेट को चौथे श्रेणी में परोसा जाता है।

हल:1. (*a*) शर्त (*ii*) का उल्लंघन करता है और ठीक नहीं है।
(*c*) शर्त (*iii*) का उल्लंघन करता है और ठीक नहीं है।
(*d*) शर्त (*iv*) का उल्लंघन करता है और ठीक नहीं है।
अत: केवल (*b*) सही पाया जाता है। इसलिए उत्तर (*b*) है।

2. हिल्सा को दूसरे और राजाफिश को पांचवें बार में परोसा जाता है। अब, रोहू को राजाफिश से पहले परोसा जाना चाहिए। इसके अलावा, पोम्फ्रेट और भारतीय झींगा के बीच एक श्रेणी है और लोम्स्टर को पोम्फ्रेट से पहले परोसा जाना चाहिए। यह सब अनुक्रम - लॉबस्टर, हिल्सा, रोहू, पोम्फ्रेट, राजाफिश, भारतीय झींगा द्वारा प्राप्त किया जा सकता है।
स्पष्ट रूप से, भेटकी को सातवीं श्रेणी में परोसा जाता है।
अत: उत्तर (*b*) है।

3. स्पष्ट रूप से, हमें राजाफिश को पांचवे या छठे स्थान पर सर्व करने के अलावा किसी को सर्व करने की स्थिति दी जाती है, तो हम तीन निश्चित स्थितियों, अर्थात हिल्सा, राजाफिश और सर्व किए गए वाले के बारे में जान लेंगे।
इस प्रकार, यदि भारतीय झींगे को पांचवें श्रेणी के रूप में परोसा जाता है, तो कथन (*iv*) से, राजाफिश को छठे स्थान पर परोसा जाएगा; कथन (*v*) से हिल्सा को दूसरी बार परोसा जाएगा, कथन (*ii*) से पोम्फ्रेट को तीसरे स्थान पर परोसा जाएगा, कथन (*iii*) से लॉबस्टर को पहले परोसा जाएगा, कथन (*i*) से रोहू को चौथे स्थान पर परोसा जाएगा और आखिरकार, भेटकी सातवीं श्रेणी होगी। इस प्रकार, (*c*) संकेत हमें सात श्रेणी का सही अनुक्रम देता है। अत: उत्तर (*c*) है।

4. दी गई जानकारी से, हम जानते हैं कि हिल्सा दूसरी और राजाफिश छठी श्रेणी है। (*a*) से, लॉबस्टर तीसरा श्रेणी है। अत: (*ii*) द्वारा, पोम्फ्रेट और भारतीय झींगा को क्रमश: पांचवें और सातवें स्थान पर रखा जाएगा। इस प्रकार, रोहो और भेटकी को पहले और तीसरे स्थानों पर परोसा जा सकता है।
(*b*) से, पोम्फ्रेट पांचवां श्रेणी है और इसलिए (*ii*) से, भारतीय झींगा को सातवें स्थान पर परोसा जाएगा। इस प्रकार, लॉबस्टर, रोहू और भेटकी को किसी भी क्रम में पहले, तीसरे और चौथे स्थान पर परोसा जा सकता है। (*c*) से, (*b*) के समान अनुक्रम प्राप्त किया जा सकता है। (*d*) से, रोहू पांचवां श्रेणी है। इस प्रकार, (*ii*) से, पोम्फ्रेट और भारतीय झींगे को केवल पहले और तीसरे स्थानों पर परोसा जा सकता है, जो संभव नहीं है क्योंकि लोम्स्टर को पोम्फ्रेट से पहले परोसा जाना है। इसलिए (*d*) सत्य नहीं हो सकता है। अत: उत्तर (*d*) है।

5. स्पष्ट रूप से, हिल्सा को दूसरी और भेटकी को तीसरे स्थान पर परोसा जाता है। अब, राजाफिश को या तो पांचवें या छठे स्थान पर परोसा जाएगा और राजाफिश के बाद तुरंत और भारतीय झींगा के बाद पोम्फ्रेट को परोसा जाएगा। लेकिन रोहू को राजाफिश और लॉबस्टर से पहले पोम्फ्रेट से पहले परोसा जाना चाहिए। इसके लिए संभव है, पोम्फ्रेट, राजाफिश और भारतीय झींगा को क्रमश: पांचवें, छठे और सातवें स्थान पर रखा जाएगा ताकि पहले और चौथे स्थानों पर किसी भी क्रम में रोहू और लॉबस्टर को परोसा जा सके। इस प्रकार, केवल (*a*) सत्य है। अत: उत्तर (*a*) है।

अभ्यास 6D

1. पांच लड़कों ने दौड़ में भाग लिया। राज ने मोहित से पहले दौड़ को पूरा किया लेकिन गौरव के पीछे रह गया। आशीष ने संचित से पहले दौड़ को पूरा किया लेकिन मोहित के पीछे रह गया। दौड़ किसने जीता?
(*a*) राज (*b*) गौरव (*c*) मोहित (*d*) आशीष

दिशा-निर्देश (प्रश्न 2 से 3): ये सभी प्रश्न निम्नलिखित सूचनाओं पर आधारित हैं:

पांच पुरुषों A, B, C, D और E ने एक समाचार पत्र पढ़ा। जो पहले पढ़ता है वह उसे C को देता है। जो अंतिम बार पढ़ता है वह A से लेता है। E पढ़ने वाला पहला या आखिरी पुरुष नहीं था। B और A के बीच दो पाठक थे। **(S.S.C. 1999)**

2. B ने समाचार पत्र किसको दिया?
(*a*) A (*b*) C (*c*) D (*d*) E
(*e*) इनमें से कोई नहीं

3. आखिरी में समाचार पत्र किसने पढ़ा?
(*a*) A (*b*) B (*c*) C (*d*) D
(*e*) इनमें से कोई नहीं

दिशा-निर्देश (प्रश्न 4 से 5): नीचे दी गई सूचनाओं को पढ़ें और निम्नलिखित प्रश्नों का उत्तर दें:

सात अधिकारी P, Q, R, S, T, U और W एक विशेष क्रम में कार्यालय पहुंचते हैं। U, P के तुरंत पहले पहुंचता है लेकिन S के तुरंत बाद नहीं पहुंचता है। R कार्यालय पहुंचने वाला अंतिम व्यक्ति है। T, P के तुरंत बाद पहुंचता है और उसके बाद W पहुंचता है।

4. अधिकारियों के बीच में से कौन पहले कार्यालय पहुंचता है?
(*a*) Q (*b*) S (*c*) U
(*d*) निर्धारित नहीं किया जा सकता है
(*e*) इनमें से कोई नहीं

5. कार्यालय पहुंचने के अनुक्रम में चौथे स्थान पर कौन है?
(*a*) W (*b*) U (*c*) T
(*d*) निर्धारित नहीं किया जा सकता है
(*e*) इनमें से कोई नहीं

दिशा-निर्देश (प्रश्न 6 से 10): निम्नलिखित सूचनाओं का ध्यान से अध्ययन करें और इन सूचनाओं पर आधारित प्रश्नों का उत्तर दें: **(R.R.B. 2004)**

छह व्याख्यान A, B, C, D, E और F सात दिनों की अवधि में आयोजित किए जाएंगे - रविवार से शनिवार तक, प्रत्येक दिन केवल एक व्याख्यान निम्नलिखित कार्यक्रम के अनुसार आयोजित किया जाएगा:
(*i*) गुरुवार को A के व्याख्यान का आयोजन नहीं किया जाना चाहिए।
(*ii*) C के व्याख्यान का आयोजन F के तुरंत बाद किया जाना चाहिए।
(*iii*) E और D के बीच दो दिनों का अंतर होना चाहिए।
(*iv*) एक दिन कोई व्याख्यान आयोजित नहीं किया जाएगा (शुक्रवार

वह दिन नहीं है), उस दिन से पहले D के व्याख्यान का आयोजन किया जाएगा।

(*v*) B के व्याख्यान को मंगलवार को आयोजित किया जाना चाहिए और इसके बाद D के व्याख्यान का आयोजन नहीं किया जाना चाहिए।

6. किस दिन कोई व्याख्यान आयोजित नहीं किया जाएगा?
(*a*) सोमवार (*b*) शुक्रवार (*c*) रविवार
(*d*) निर्धारित नहीं किया जा सकता है
(*e*) इनमें से कोई नहीं

7. C और D के बीच कितने व्याख्यान आयोजित किए जाते हैं?
(*a*) कोई नहीं (*b*) एक (*c*) दो (*d*) तीन
(*e*) इनमें से कोई नहीं

8. किस दिन को F का व्याख्यान आयोजित किया जाएगा?
(*a*) गुरुवार (*b*) शुक्रवार (*c*) शनिवार (*d*) रविवार
(*e*) इनमें से कोई नहीं

9. निम्नलिखित में से कौन सा श्रृंखला में आखिरी व्याख्यान है?
(*a*) A (*b*) B (*c*) C
(*d*) निर्धारित नहीं किया जा सकता है
(*e*) इनमें से कोई नहीं

10. निम्नलिखित में से कौन सी सूचना व्याख्यान के आयोजन के पूर्ण अनुक्रम को समझने के लिए आवश्यक नहीं है?
(*a*) केवल (*i*) (*b*) केवल (*ii*) (*c*) केवल (*i*) और (*ii*)
(*d*) केवल (*v*) (*e*) सभी आवश्यक हैं

दिशा-निर्देश *(प्रश्न 11 से 15): प्रश्नों का उत्तर देने के लिए निम्नलिखित सूचनाओं को पढ़ें:* **(M.B.A. 2006; NMAT, 2005)**

संस्थान के निदेशक ने घोषणा की है कि लीडरशिप, डिसिशन मेकिंग, क्वालिटी सर्किट, मोटिवेशन, असेसमेंट सेंटर, और ग्रुप डिस्कशन जैसे विभिन्न क्षेत्रों पर छह अतिथि व्याख्यान, सोमवार से रविवार तक, प्रत्येक दिन केवल एक ही विषय पर, आयोजित किए जाएंगे।

(*i*) असेसमेंट सेंटर, के तुरंत बाद मोटिवेशन का आयोजन किया जाना चाहिए।

(*ii*) क्वालिटी सर्किल बुधवार को आयोजित किया जाना चाहिए और इसके बाद ग्रुप डिस्कशन का आयोजन नहीं किया जाना चाहिए।

(*iii*) डिसिशन मेकिंग को शुक्रवार को आयोजित किया जाना चाहिए और लीडरशिप और ग्रुप डिस्कशन के बीच दो दिनों का अंतर होना चाहिए।

(*iv*) एक दिन वहां कोई व्याख्यान आयोजित नहीं होगा (शनिवार वह दिन नहीं है), उस दिन से पहले ग्रुप डिस्कशन आयोजित की जाएगी।

11. निम्नलिखित में से कौन सा जोड़ा व्याख्यान के पहले और आखिरी दिन आयोजित किया गया था?
(*a*) क्वालिटी सर्किल और मोटिवेशन
(*b*) ग्रुप डिस्कशन और क्वालिटी सर्किल
(*c*) ग्रुप डिस्कशन और डिसिशन मेकिंग
(*d*) लीडरशिप और असेसमेंट सेंटर
(*e*) इनमें से कोई नहीं

12. मोटिवेशन और क्वालिटी सर्किल के बीच कितने व्याख्यान आयोजित किए जाते हैं?
(*a*) एक (*b*) दो (*c*) तीन (*d*) चार
(*e*) इनमें से कोई नहीं

13. लीडरशिप पर व्याख्यान किस दिन आयोजित किया जाएगा?
(*a*) मंगलवार (*b*) बुधवार (*c*) शुक्रवार (*d*) शनिवार
(*e*) इनमें से कोई नहीं

14. किस दिन कोई व्याख्यान आयोजित नहीं किया जाएगा?
(*a*) रविवार (*b*) सोमवार (*c*) मंगलवार (*d*) बुधवार
(*e*) इनमें से कोई नहीं

15. निम्नलिखित में से कौन सी सूचना उपरोक्त व्याख्यान व्यवस्था के लिए आवश्यक नहीं है?
(*a*) केवल (*i*) (*b*) केवल (*ii*) (*c*) केवल (*iii*)
(*d*) केवल (*iv*) (*e*) सभी आवश्यक हैं

दिशा-निर्देश *(प्रश्न 16 से 20): निम्नलिखित सूचनाओं को पढ़ें और नीचे दिए गए प्रश्नों का उत्तर दें:*

एक ट्रेनिंग कॉलेज को 22 जुलाई से 29 जुलाई तक मैकेनिक्स, मनोविज्ञान, दर्शनशास्त्र, समाज शास्त्र, अर्थशास्त्र, विज्ञान और इंजीनियरिंग के सात अलग-अलग विषयों के शिक्षकों के लिए एक रिफ्रेशर कोर्स आयोजित करना है।

(*i*) कोर्स मनोविज्ञान से शुरू होना चाहिए।

(*ii*) 23 जुलाई (रविवार) को छुट्टी होनी चाहिए।

(*iii*) विज्ञान विषय को इंजीनियरिंग विषय के पिछले दिन होना चाहिए।

(*iv*) कोर्स मैकेनिक्स विषय के साथ समाप्त होना चाहिए।

(*v*) छुट्टी के तुरंत बाद दर्शनशास्त्र होना चाहिए।

(*vi*) अर्थशास्त्र और इंजीनियरिंग के बीच एक दिन का अंतर होना चाहिए।

16. रिफ्रेशर कोर्स निम्नलिखित विषयों में से किस के साथ शुरू होगा?
(*a*) मनोविज्ञान (*b*) मैकेनिक्स (*c*) दर्शनशास्त्र (*d*) अर्थशास्त्र
(*e*) इनमें से कोई नहीं

17. मंगलवार को कौन सा विषय होगा?
(*a*) मैकेनिक्स (*b*) इंजीनियरिंग (*c*) अर्थशास्त्र (*d*) मनोविज्ञान
(*e*) इनमें से कोई नहीं

18. कौन सा विषय मैकेनिक्स से पहले है?
(*a*) अर्थशास्त्र (*b*) इंजीनियरिंग (*c*) दर्शन (*d*) मनोविज्ञान
(*e*) इनमें से कोई नहीं

19. विज्ञान और दर्शनशास्त्र के बीच कितने दिन का अंतर है?
(*a*) एक (*b*) दो (*c*) तीन
(*d*) कोई अंतर नहीं (*e*) इनमें से कोई नहीं

20. विज्ञान के बाद कौन सा विषय है?
(*a*) इंजीनियरिंग (*b*) मनोविज्ञान (*c*) दर्शन (*d*) अर्थशास्त्र
(*e*) इनमें से कोई नहीं

दिशा-निर्देश *(प्रश्न 21 से 23): निम्नलिखित सूचनाओं को ध्यान से पढ़ें और उन पर आधारित प्रश्नों का उत्तर दें:*

पांच नाटकों A, B, C, D और E को एक सप्ताह के सोमवार से शुक्रवार तक आयोजित किए जाना है। प्रत्येक दिन, केवल एक ही नाटक आयोजित किया जाएगा। D या E मंचित होने वाला पहला या आखिरी नाटक नहीं होना चाहिए। E के तुरंत बाद C का मंचन होना चाहिए। B के तुरंत बाद D को मंचित किया जाना चाहिए। A और B के बीच एक नाटक मंचित किया जाता है।

21. मंच का पहला नाटक कौन सा है?
(*a*) A (*b*) B (*c*) C
(*d*) निर्धारित नहीं किया जा सकता है
(*e*) इनमें से कोई नहीं

22. निम्नलिखित में से कौन सा सभी नाटकों को व्यवस्थित करने का सही अनुक्रम है?

(*a*) A D B C E (*b*) A E C D B
(*c*) B D A E C (*d*) D B E C A
(*e*) इनमें से कोई नहीं

23. बुधवार को कौन सा नाटक आयोजित किया गया था?

(*a*) A (*b*) B (*c*) या तो B या C
(*d*) निर्धारित नहीं किया जा सकता है
(*e*) इनमें से कोई नहीं

दिशा-निर्देश *(प्रश्न 24 से 28): निम्नलिखित सूचनाओं का ध्यान से अध्ययन करें और नीचे दिए गए प्रश्नों का उत्तर दें:*

एक बिक्री प्रतिनिधि एक दिन के दौरान केवल एक बार M, N, P, Q, R और S में से प्रत्येक कंपनी का दौरा करने की योजना बना रही है। वह निम्नलिखित शर्तों के अनुसार दिन के लिए अपना कार्यक्रम निर्धारित कर रही है:

(*i*) उसे N और R से पहले M का दौरा करना चाहिए।
(*ii*) उसे Q से पहले N का दौरा करना चाहिए।
(*iii*) वह जिस तीसरी कंपनी का दौरा करती है उसे P होना चाहिए।

24. निम्नलिखित में से कौन सा बिक्री प्रतिनिधि के कार्यक्रम के बारे में सत्य है?

(*a*) वह Q से पहले M का दौरा करती है।
(*b*) वह R से पहले N का दौरा करती है।
(*c*) वह M से पहले P का दौरा करती है।
(*d*) वह S से पहले P का दौरा करती है
(*e*) वह R से पहले Q का दौरा करती है।

25. यदि बिक्री प्रतिनिधि पहले S का दौरा करती है, तो उसे दूसरे दिन किस कंपनी का दौरा करना चाहिए?

(*a*) M (*b*) N (*c*) P (*d*) Q (*e*) R

26. बिक्री प्रतिनिधि P के तुरंत बाद निम्नलिखित में से किसे छोड़कर कंपनियों में से किसी का दौरा कर सकती है:

(*a*) S (*b*) R (*c*) Q (*d*) N (*e*) M

27. यदि बिक्री प्रतिनिधि R से तुरंत पहले और S के तुरंत बाद Q का दौरा करती है, तो उसे Q का दौरा कब करना चाहिए:

(*a*) पहला (*b*) दूसरा (*c*) चौथा (*d*) पांचवां (*e*) छठा

28. निम्नलिखित में से किस क्रम में बिक्री प्रतिनिधि छह कंपनियों का दौरा करती है?

(*a*) M, S, P, N, R, Q (*b*) Q, N, P, R, S, M
(*c*) M, R, N, Q, P, S (*d*) P, S, M, R, Q, N
(*e*) P, R, M, N, Q, S

दिशा-निर्देश *(प्रश्न 29 से 33): निम्नलिखित सूचनाओं का अध्ययन करें और नीचे दिए गए प्रश्नों का उत्तर दें:* **(Bank P.O. 2003)**

सात विशेषज्ञ डॉक्टर P, Q, R, S, T, U और V एक सप्ताह में चार दिन – मंगलवार, बुधवार, शुक्रवार और शनिवार को पालीक्लिनिक का दौरा करते हैं। इन दिनों में कम से कम एक डॉक्टर लेकिन दो से अधिक नहीं पालीक्लिनिक का दौरा करते हैं। उनमें से प्रत्येक विभिन्न क्षेत्रों के विशेषज्ञ हैं– ENT, ऑर्थोपेडिक्स, पेडियाट्रिक्स, न्यूरोलॉजी, ओप्थाल्मोलॉजी, रेडियोलॉजी और ओन्कोलॉजी। रेडियोलॉजिस्ट के साथ शुक्रवार को S दौरा करता है, पेडियाट्रिसियन शनिवार को नहीं जाते हैं और न ही T और V शनिवार को जाते हैं। ओन्कोलॉजिस्ट U केवल मंगलवार को जाते हैं। Q बुधवार को दौरा करता है और वह पेडियाट्रिक्स नहीं है। बुधवार को R दौरा नहीं करता है। V रेडियोलॉजिस्ट नहीं है। पेडियाट्रिक्स, ENT विशेषज्ञ के साथ दौरा करते हैं। शुक्रवार को न्यूरोलॉजिस्ट दौरा करता है। P न तो आर्थोपेडिक्स और न ही रेडियोलॉजिस्ट है।

29. S का पेशा क्या है?

(*a*) ओप्थाल्मोलॉजिस्ट (*b*) पेडियाट्रिक्स
(*c*) ENT (*d*) आंकड़े अपर्याप्त हैं
(*e*) इनमें से कोई नहीं

30. P की विशेषज्ञता क्या है?

(*a*) पेडियाट्रिक्स (*b*) ओप्थाल्मोलॉजिस्ट
(*c*) ENT (*d*) आंकड़े अपर्याप्त हैं
(*e*) इनमें से कोई नहीं

31. निम्नलिखित में से किस दिन आर्थोपेडिक और ओप्थाल्मोलॉजी के विशेषज्ञ दौरा करते हैं?

(*a*) बुधवार (*b*) शुक्रवार (*c*) शनिवार
(*d*) आंकड़े अपर्याप्त हैं (*e*) इनमें से कोई नहीं

32. सप्ताह के किस दिन T यात्रा करता है?

(*a*) बुधवार (*b*) शुक्रवार (*c*) शनिवार
(*d*) बुधवार या शनिवार (*e*) इनमें से कोई नहीं

33. उनमें से कौन P के साथ पॉलीक्लिनिक का दौरा करता है?

(*a*) कोई नहीं (*b*) S (*c*) T (*d*) V
(*e*) या तो V या S

दिशा-निर्देश *(प्रश्न 34 से 36): उत्तर नीचे दी गई सूचनाओं पर आधारित होना चाहिए:* **(M.B.A. 2005)**

भारतीय हैंडलूम साड़ियों की वार्षिक बिक्री पर भीड़ की कतार में पांच महिलाएं थीं। प्रत्येक महिला ग्राहक ने कुछ अलग-अलग साड़ियाँ खरीदी। ग्राहकों के पहले नाम आशा, कविता, उषा, साधना और लता थे। उनके अंतिम नाम भोंसले, सरगम, कृष्णमूर्ति, मंगेशकर और उथूप थे, लेकिन एक ही क्रम में हो ऐसा जरूरी नहीं है। उपलब्ध साड़ी: कांजीवारम रेशमी साड़ी, पैठानी रेशम साड़ी, गडवाल रेशम साड़ी, संबलपुरी कपास साड़ी और तागैल कपास साड़ी थी।

(*i*) उषा कृष्णमूर्ति को उस ग्राहक के बाद सेवा दी गई थी, जिसने तागैल कॉटन साड़ी के लिए अनुरोध किया था, लेकिन श्रीमती उथूप से पहले।
(*ii*) दूसरी ग्राहक साधना थी।
(*iii*) गडवाल रेशम साड़ी को ग्राहक द्वारा सीधे कविता के बाद खरीदा गया था।
(*iv*) लता वह महिला थी जिसने संबलपुरी कॉटन साड़ी खरीदी; उसे आशा के बाद में सेवा उपलब्ध कराई गई थी।
(*v*) श्रीमती मंगेशकर ने कांजीवारम रेशमी साड़ी का अनुरोध किया था।
(*vi*) श्रीमती सरगम लाइन में तीसरी थीं।
(*vii*) लाइन की चौथी ग्राहक ने पैठानी रेशम साड़ी खरीदी।

34. कतार में लता क्या स्थान था?

(*a*) पहला (*b*) तीसरा (*c*) चौथा (*d*) पांचवां

35. तीसरे व्यक्ति द्वारा लाइन में क्या खरीदा गया था?

(*a*) पैठानी रेशम साड़ी (*b*) तागैल कॉटन साड़ी
(*c*) गडवाल रेशम साड़ी (*d*) कंजीवारम रेशम साड़ी

36. गडवाल रेशम साड़ी खरीदने वाले व्यक्ति का आखिरी नाम क्या था?

(*a*) मंगेशकर (*b*) सरगम (*c*) उथूप (*d*) भोंसले

दिशा-निर्देश *(प्रश्न 37 से 41): निम्नलिखित सूचनाओं को ध्यान से पढ़े और उसके आधार पर दिए गए प्रश्नों का उत्तर दें:*

इलेक्ट्रॉनिक डेटा प्रोसेसिंग यूनिट में, आठ कार्यक्रमों – P, Q, R, S, T, U, V और W में से पांच को प्रतिदिन संचालित किया जाता है। किसी एक दिन, एक महीने के पहले दिन को छोड़कर, केवल तीन प्रोग्राम सेट को वही होना चाहिए जिन्हें पिछले दिन संचालित किया गया था। प्रोग्राम ऑपरेटिंग में निम्नलिखित शर्तों को भी पूरा करना होगा:

(*i*) यदि कार्यक्रम P को एक दिन संचालित किया जाता है, तो उस दिन V को संचालित नहीं किया जा सकता है।

(*ii*) यदि Q को एक दिन संचालित किया जाता है, तो T को अवश्य ही वह कार्यक्रम होना चाहिए जिसे Q के बाद संचालित किया जाता है।

(*iii*) यदि R एक दिन में संचालित किया जाना है, तो V को अवश्य ही एक कार्यक्रम होना चाहिए जिसे R के बाद संचालित किया जाना चाहिए।

(*iv*) किसी भी दिन संचालित होने वाला अंतिम कार्यक्रम या तो S या U होना चाहिए।

37. निम्नलिखित में से कौन सा एक महीने के पहले दिन संचालित कार्यक्रमों का सेट हो सकता है?

(*a*) V, Q, R, T, S (*b*) U, Q, S, T, W (*c*) T, U, R, V, S (*d*) Q, S, R, V, U (*e*) P, R, ट, S, U

38. निम्नलिखित में से कौन सा किसी भी दिन के वैध कार्यक्रम समूह के परिचालन के बारे में सत्य है?

(*a*) P को तीसरे स्थान पर संचालित नहीं किया जा सकता है।
(*b*) Q को तीसरे स्थान पर संचालित नहीं किया जा सकता है।
(*c*) R को चौथे स्थान पर संचालित नहीं किया जा सकता है।
(*d*) T को तीसरे स्थान पर संचालित नहीं किया जा सकता है।
(*e*) U को चौथे स्थान पर संचालित नहीं किया जा सकता है।

39. यदि R को अनुक्रम में तीसरे स्थान पर संचालित किया जाता है, तो निम्नलिखित में से कौन सा अनुक्रम में दूसरा कार्यक्रम नहीं हो सकता है?

(*a*) Q (*b*) S (*c*) T (*d*) U (*e*) W

40. यदि कार्यक्रम R और W को पहले दिन संचालित किया जाता है, तो उस दिन से कौन सा कार्यक्रम अन्य कार्यक्रम हो सकता है?

(*a*) P, T, V (*b*) Q, S, V (*c*) Q, T, V (*d*) T, S, U (*e*) T, S, V

41. यदि किसी दिन संचालित होने वाला कार्यक्रम के सेट का अनुक्रम P, Q, W, T, U, तो अगले दिन का प्रत्येक कार्यक्रम सेट निम्नलिखित में से किसे छोड़कर हो सकता है–

(*a*) W, T, U, V, S (*b*) W, T, S, P, U (*c*) W, R, V, T, U (*d*) Q, T, V, W, S (*e*) Q, R, V, T, U

दिशा-निर्देश (प्रश्न 42 से 46): दिए गए प्रश्नों का उत्तर देने के लिए निम्नलिखित सूचनाओं को सावधानीपूर्वक पढ़ें: **(X.A.T. 2007)**

भारत के चार महानगरों में से एक में कंपनी ने आठ उत्पादों – Q, R, S, T, V, W, Y और Z को लांच किया। उत्पादों को 2006 में छ: महीनों की अवधि में एक के बाद एक लांच किया गया था। जिस क्रम में उत्पादों को लांच किया गया था वह निम्नलिखित शर्तों के अनुसार है:

(*i*) V को Y और Q दोनों से पहले लांच किया गया है।
(*ii*) Q को Z के बाद लांच किया गया।
(*iii*) T को V से पहले लांच किया गया लेकिन R के बाद लांच किया गया।
(*iv*) S को V के बाद लांच किया गया
(*v*) R को W से पहले लांच किया गया है।

42. निम्नलिखित में से कौन सा सत्य हो सकता है?

(*a*) Y लांच होने वाला दूसरा उत्पाद है।
(*b*) R लांच होने वाला तीसरा उत्पाद है।
(*c*) Q लांच होने वाला चौथा उत्पाद है।
(*d*) S लांच होने वाला पांचवां उत्पाद है।
(*e*) V लांच होने वाला छठा उत्पाद है।

43. यदि Z लांच होने वाला सातवां उत्पाद है, तो निम्न में से कौन सा सत्य हो सकता है?

(*a*) W लांच होने वाला पांचवां उत्पाद है।
(*b*) T लांच होने वाला चौथा उत्पाद है।
(*c*) R लांच होने वाला दूसरा उत्पाद है।
(*d*) V लांच होने वाला छठा उत्पाद है।
(*e*) Y लांच होने वाला आठवां उत्पाद है।

44. यदि Q लांच किया जाने वाला पांचवां उत्पाद है, तो निम्नलिखित में से किसे छोड़ कर अन्य प्रत्येक सत्य हो सकता है–

(*a*) Z लांच होने वाला पहला उत्पाद है।
(*b*) T लांच होने वाला दूसरा उत्पाद है।
(*c*) V लांच होने वाला तीसरा उत्पाद है।
(*d*) W लांच होने वाला चौथा उत्पाद है।
(*e*) Y लांच होने वाला छठा उत्पाद है।

45. यदि R लांच होने वाला दूसरा उत्पाद है, तो निम्न में से कौन सा सत्य होना चाहिए?

(*a*) S, T से कुछ समय पहले शुरू किया जाता है।
(*b*) T, W से कुछ समय पहले लांच किया जाता है।
(*c*) W, V से कुछ समय पहले लांच हो जाता है।
(*d*) Y, Q से कुछ समय पहले लांच हो जाता है।
(*e*) Z, W से कुछ समय पहले लांच हो जाता है।

46. यदि Z के पहले V लांच हो जाता है, तो निम्न में से कौन सा कथन सत्य हो सकता है?

(*a*) R लांच होने वाला दूसरा उत्पाद है।
(*b*) T लांच होने वाला चौथा उत्पाद है।
(*c*) Q लांच होने वाला चौथा उत्पाद है।
(*d*) V लांच होने वाला पांचवां उत्पाद है।
(*e*) Z लांच होने वाला छठा उत्पाद है।

हल – अभ्यास 6(D)

1. (*b*) : राज, मोहित से पहले लेकिन गौरव के बाद दौड़ समाप्त करता है। अत: क्रम होगा गौरव, राज, मोहित। आशीष, संचित से पहले दौड़ समाप्त करता है लेकिन मोहित से पीछे रह जाता है। इसलिए क्रम होगा, आदेश, मोहित, आशीष, संचित। इस प्रकार, सम्पूर्ण क्रम है: गौरव, राज, मोहित, आशीष, संचित होगा। स्पष्ट रूप से, गौरव ने दौड़ जीती।

प्रश्न 2 से 3

C दूसरा पाठक है। A आखिरी से दूसरा पाठक है। E पढ़ने वाला पहला या आखिरी नहीं है। अत: E तीसरा पाठक है। B और A के बीच दो पाठक थे, इसलिए समाचार पत्र पढ़ने का क्रम है: B, C, E, A, D

2. (*b*) : B समाचार पत्र C को देता है।

3. (*d*) : D ने सबसे अंत में समाचार पत्र पढ़ा।

प्रश्न 4 से 5

स्पष्ट रूप से, P के बाद U आता है; T के बाद P आता है; W के बाद T आता है। S के तुरंत बाद U नहीं आता है और R सबसे अंत में पहुंचता है। अत: कार्यालय पहुंचने का क्रम है: S, Q, U, P, T, W, R

4. (*b*) : S कार्यालय पहुंचने वाला पहला व्यक्ति है।

5. (*d*) : P क्रम में चौथा है।

प्रश्न 6 से 10

B का व्याख्यान मंगलवार को आयोजित किया जाता है। अब, बिना कोई व्याख्यान वाले दिन के बाद D का व्याख्यान आयोजित किया जाता है। D का व्याख्यान शुक्रवार को आयोजित नहीं किया जा सकता है क्योंकि तब E का व्याख्यान मंगलवार को आयोजित किया जाएगा (D और E के बीच दो दिनों का अंतर है)। इसे गुरुवार को आयोजित नहीं किया जा सकता है (क्योंकि तब, शुक्रवार को कोई व्याख्यान नहीं होगा)। D के बाद B के व्याख्यान का आयोजन नहीं किया जा सकता है। अत: D का व्याख्यान रविवार को और E का व्याख्यान बुधवार को आयोजित किया जाएगा। सोमवार को कोई व्याख्यान आयोजित नहीं किया जाएगा। A का व्याख्यान गुरुवार को आयोजित नहीं किया जा सकता है। अत: A का व्यख्यान शनिवार को आयोजित किया जाएगा। गुरुवार और शुक्रवार को क्रमश: F और C के व्याख्यान का आयोजन किया जाएगा। अत: सही क्रम है:

रविवार	सोमवार	मंगलवार	बुधवार	गुरुवार	शुक्रवार	शनिवार
D	X	B	E	F	C	A

6. (*a*) : सोमवार को कोई व्याख्यान नहीं है।

7. (*c*) : C और D के बीच तीन व्याख्यान— B, E और F आयोजित किए जाते हैं।

8. (*a*) : F गुरुवार को आयोजित किया जाता है।

9. (*a*) : A का व्याख्यान अंतिम होगा।

10. (*e*) : सभी दिए गए कथन आवश्यक हैं।

प्रश्न 11 से 15

प्रश्न 6-10 के तरीके से आगे बढ़ें।

सही क्रम है:

रविवार	सोमवार	मंगलवार	बुधवार	गुरुवार	शुक्रवार	शनिवार
ग्रुप	×	क्वालिटि	लीडरशिप	डिसिशन	असेसमेंट	मोटिवेशन
डिस्कशन		सर्किल		मेकिंग	सेंटर	

11. (*e*) : पहला व्याख्यान ग्रुप डिस्कशन पर है और अंतिम मोटिवेशन पर है।

12. (*c*) : मोटिवेशन और क्वालिटी सर्किल के बीच तीन व्याख्यान – असेसमेंट सेंटर, डिसिशन मेकिंग और लीडरशिप आयोजित किए जाते हैं।

13. (*e*) : लीडरशिप पर व्याख्यान गुरुवार को आयोजित किया जाता है।

14. (*c*) : मंगलवार को कोई व्याख्यान आयोजित नहीं किया जाता है।

15. (*e*) : सभी दी गई सूचनाएं आवश्यक हैं।

प्रश्न 16 से 20

कोर्स मनोविज्ञान के साथ शुरू होता है। अत: मनोविज्ञान 22वें स्थान पर होगा। 23वें दिन को रविवार होने के कारण छुट्टी होगी। विज्ञान इंजीनियरिंग से पहले होगा और अर्थशास्त्र एक दिन के अंतराल पर होगा, जिसका अर्थ है कि इंजीनियरिंग का अर्थ है कि क्रम अर्थशास्त्र, विज्ञान और इंजीनियरिंग हो सकता है। मैकेनिक्स अंत में होगा यानि 29वें स्थान पर होगा। अत: समाज शास्त्र 28वें स्थान पर होगा। इस प्रकार, हमारे पास है:

22वें	23वें	24वें	25वें	26वें	27वें	28वें	29वें
मनो-विज्ञान	रविवार	दर्शन-शास्त्र	अर्थशास्त्र	विज्ञान	इंजीनियरिंग	समाज-शास्त्र	मैकेनिक्स

16. (*a*) : कोर्स मनोविज्ञान से शुरू होगा।

17. (*c*) : अर्थशास्त्र मंगलवार को 25वें स्थान पर होगा।

18. (*e*) : समाज शास्त्र मैकेनिक्स से पहले है।

19. (*a*) : दर्शनशास्त्र और विज्ञान के बीच केवल एक दिन का अंतर है।

20. (*d*) : अर्थशास्त्र विज्ञान के बाद आता है।

प्रश्न 21 से 23

E को तुरंत C के बीच आना चाहिए अर्थात क्रम EC का पालन किया जाना चाहिए। D के तुरंत बाद B आना चाहिए अर्थात क्रम D B का पालन किया जाना चाहिए।

A और B तथा D या E के बीच एक नाटक आयोजित किया जाता है, जिसे पहला या आखिरी नाटक नहीं होना चाहिए। अत: क्रम होगा:

सोमवार	मंगलवार	बुधवार	गुरुवार	शुक्रवार
A	D	B	E	C

21. (*a*) : A मंचित होने वाला पहला नाटक है।

22. (*e*) : सही क्रम A D B E C है।

23. (*b*) : B बुधवार को मंचित किया गया था।

प्रश्न 24 से 28

24. (*a*) : स्पष्ट रूप से, वह N से पहले M की यात्रा करती है और Q से पहले N की यात्रा करती है। इसलिए उसे Q से पहले M के पास जाना चाहिए।

25. (*a*) : छह कंपनियों में से अगर S पहली है, P तीसरी है और क्रम M N Q और M R का पालन किया जाता है। स्पष्ट रूप से, M को दूसरे का दौरा किया जाना चाहिए।

26. (*e*) : चूंकि P तीसरे स्थान पर है और M N Q और M R के क्रम का पालन किया जाना है, इसलिए P के तुरंत बाद वह M को छोड़कर किसी भी कंपनी की यात्रा कर सकती है और जो पहले या दूसरे स्थान पर है क्योंकि Q, R और N इससे पहले नहीं हो सकते हैं।

27. (*d*) : यदि Q, R के ठीक पहले और S के तुरंत बाद दौरा करता है, तो अनुपालन करने का क्रम - M N S Q R होगा। चूंकि P को अवश्य ही तीसरे स्थान पर होना चाहिए, इसलिए हमारे पास M N P S Q R है, Q का पांचवें स्थान पर दौरा किया जाएगा।

28. (*a*) : सूचना के अनुसार, P को तीसरे स्थान पर होना चाहिए और क्रम M, N और Q का उल्लंघन नहीं किया जाना चाहिए। इस क्रम का व्यवस्था- M S P N R Q में पालन किया गया है।

प्रश्न 29 से 33

U ओन्कोलॉजिस्ट है और वह अकेले मंगलवार को जाता है।

Q और K बुधवार को दौरा करते है।

S और रेडियोलॉजिस्ट शुक्रवार को दौरा करते हैं।

चूंकि न्यूरोलॉजिस्ट शुक्रवार को दौरा करता है और एक दिन में दो से अधिक डॉक्टर का दौरा नहीं करता है, इसलिए S न्यूरोलॉजिस्ट है।

चूंकि V रेडियोलॉजिस्ट नहीं है, इसलिए V शनिवार को दौरा करता है।

अब, पेडियाट्रिशियन शनिवार को दौरा नहीं करता हैं। अत: या तो Q या R पेडियाट्रिशियन है।

चूंकि ENT विशेषज्ञ पेडियाट्रिशियन के साथ का दौरा करता है और Q पेडियाट्रिशियन नहीं है, इसलिए Q ENT विशेषज्ञ है और R पेडियाट्रिशियन है।

चूंकि P न तो आर्थोपेडिक और न ही रेडियोलॉजिस्ट है, इसलिए P ओप्थाल्मोलॉजिस्ट है और V के साथ शनिवार को दौरा करता है। इस प्रकार, V आर्थोपेडिक है और T रेडियोलॉजिस्ट है।

इस प्रकार, हम यात्राओं के अनुक्रम को निम्नानुसार प्राप्त करते हैं:

मंगलवार	बुधवार	शुक्रवार	शनिवार
U-ओन्कोलॉजिस्ट	Q-ENT विशेष	S-न्यूरोलॉजिस्ट	V-आर्थोपेडिक
	R-पेडियाट्रिशियन	T-रेडियोलॉजिस्ट	P-ओप्थाल्मोलॉजिस्ट

29. (*e*) : S न्यूरोलॉजिस्ट है।

30. (*b*) : P ओप्थाल्मोलॉजिस्ट है।

31. (*c*) : आर्थोपेडिक और ओप्थाल्मोलॉजी के विशेषज्ञ शनिवार को जाते हैं।

32. (*b*) : T शुक्रवार को दौरा करता है।

33. (*d*) : V, P के साथ पॉलीक्लिनिक का दौरा करता है।

प्रश्न 34 से 36

उषा कृष्णमूर्ति वह महिला है, जिसने तांगैल कॉटन साड़ी श्रीमती उथूप से पीछे खडे होने के बाद भी पहले खरीदा था। चूंकि साधना दूसरे स्थान पर है और श्रीमती सरगम तीसरे स्थान पर है, इसलिए उषा कृष्णमूर्ति चौथे स्थान पर है, श्रीमती सरगम ने तांगैल कॉटन साड़ी खरीदी और श्रीमती उथूप पांचवें स्थान पर हैं। अब, गडवाल सिल्क साड़ी को ग्राहक द्वारा सीधे कविता के बाद खरीदा गया था। इसका तात्पर्य है कि कविता कतार में सबसे पहले है और साधना ने गडवाल रेशम साड़ी का चयन किया था। चूंकि लता को आशा के बाद साड़ी दी गई थी, इसलिए श्रीमती उथूप का पहला नाम लता था और उन्होंने संबलपुरी कॉटन साड़ी का चयन किया। इस प्रकार, श्रीमती सरगम का पहला नाम आशा था। अत: कविता ने कांजीवरम रेशमी साड़ी का चयन किया और उनका अंतिम नाम मंगेशकर था। आखिरकार, साधना का अंतिम नाम भोंसले था। इस प्रकार, हमारे पास अनुक्रम निम्नानुसार है:

स्थिति	पहले	दूसरे	तीसरे	चौथे	पांचवें
पहला नाम	कविता	साधना	आशा	उषा	लता
अंतिम नाम	मंगेशकर	भौंसेल	सरगम	कृष्णमूर्ति	उथूप
पसंद	कंजीवारम सिल्क	गडवाल सिल्क	तांगैल कॉटन	पैठानी रेशम	संबलपुरी कॉटन

34. (*d*) : लता कतार में पांचवी थी।

35. (*b*) : लाइन में तीसरे व्यक्ति ने तांगैल कॉटन साड़ी खरीदी।

36. (*d*) : गडवाल रेशम साड़ी खरीदने वाले व्यक्ति का अंतिम नाम भोंसले था।

37. (*c*) : स्थिति (*i*), (*e*) को गलत बनाता है।
(*d*) में स्थिति (*ii*) का पालन नहीं किया जाता है।
(*a*) में स्थिति (*iii*) का पालन नहीं किया जाता है।
(*b*) में स्थिति (*iv*) का पालन नहीं किया जाता है।
अत: केवल (*c*) सही है।

38. (*c*) : स्पष्ट रूप से, यदि K चौथे स्थान पर संचालित होता है, तो V को उसके बाद कहीं भी संचालित किया जाना चाहिए। यह संभव नहीं है क्योंकि पांचवां कार्यक्रम अंतिम है जिसे S या U को होना चाहिए। इसलिए K को चौथे स्थान पर संचालित नहीं किया जा सकता है।

39. (*a*) : यदि K तीसरे स्थान पर संचालित होता है, तो इसके बाद V चौथे स्थान पर होगा और अंत में S या U होगा। अत: Q जिसे अपने बाद T को एक कार्यक्रमों में से अवश्य शामिल करना चाहिए, दूसरे स्थान पर नहीं हो सकता है।

40. (*e*) : चूंकि K को संचालित किया जाता है, इसलिए V को भी संचालित किया जाना चाहिए। इसके अलावा S या U को अंत में लेना है। अत: संभावित संयोजन Q, S, V और T, S, V होगा। अब, Q के बाद T को कार्यक्रमों में से एक होना चाहिए, जो संभव नहीं है। अत: Q, S, V गलत है।

41. (*b*) : यह दिया जाता है कि किसी एक दिन, केवल तीन कार्यक्रमों के समूह को वैसा होना चाहिए जो पिछले दिन संचालित किया गया था। लेकिन (*b*) में पहले दिन संचालित चार कार्यक्रम शामिल हैं। अत: यह गलत संयोजन है।

प्रश्न 42 से 46

(*i*) से, हमारे पास है: V, Y और V, Q
(*ii*) से, हमारे पास है: Z, Q
(*iii*) से, हमारे पास है: R, T, V
(*iv*) से, हमारे पास है: R, W
(*v*) से, हमारे पास है: R, W

42. (*d*) : (*a*) सही नहीं है क्योंकि Y के पास अपने से पहले V, R और T होना चाहिए।
(*b*) सही नहीं है क्योंकि K के पास अपने बाद Q, S, T, V, W और Y में से प्रत्येक अवश्य होना चाहिए।
(*c*) सही नहीं है क्योंकि Q के पास अपने से पहले में V, R, T और Z के प्रत्येक अवश्य होना चाहिए। यदि S लांच होने वाला पांचवां उत्पाद है, तो हमारे पास अनुक्रम R, W, T, V, S, Y, Z, Q है जो उपरोक्त सभी शर्तों को पूरा करता है। अत: (*d*) सही है।
(*e*) सही नहीं हो सकता है क्योंकि V के पास अपने बाद Q, S और Y में से प्रत्येक होना चाहिए।

43. (*a*) : यदि Z सातवां उत्पाद है, तो Q को आठवें स्थान पर लांच किया जाना चाहिए और इसलिए (*e*) सही नहीं है।
स्पष्ट रूप से, V के बाद सातवें स्थान पर Y, Q, S और Z में से प्रत्येक को होना चाहिए। अत: (*d*) सही नहीं है।
R के पहले केवल Z हो सकता है। लेकिन Z सातवें स्थान पर है। अत: K पहले होगा। इस प्रकार (*c*) सही नहीं है।
T के बाद V, S, Y, Q और Z में से प्रत्येक होना चाहिए। अत: (*b*) सही नहीं है।
यदि Z सातवां उत्पाद है, तो हमारे पास अनुक्रम R, T, V, S, W, Y, Z, Q हो सकता है, जो सभी शर्तों को पूरा करता है। अत: (*a*) सही है।

44. (*d*) : Q के पास पहले V और Z होना चाहिए और V के पास पहले K और T होना चाहिए। इस प्रकार, यदि Q पांचवां उत्पाद है, तो हमारे पास चार स्थानों पर V, Z, R और T होगा। स्पष्ट रूप से, W चौथे स्थान पर नहीं हो सकता है।

45. (*e*) : स्पष्ट रूप से, R को T, V, S, W, Y और Q में से प्रत्येक के पहले लांच किया जाना चाहिए। इसलिए K के पहले केवल

Z लांच किया जा सकता है, यदि R दूसरे स्थान पर होता है। इस प्रकार, Z, W से पहले लांच हो जाता है।

46. (*e*) : ऊपरोक्त चर्चा के अनुसार, K से पहले केवल Z हो सकता है। अत: यदि V के बाद Z लांच किया गया है, तो (*a*) सही नहीं सकता है।

T को V, S, Y, Q और Z में से प्रत्येक के पहले लांच किया जाना चाहिए। अत: T चौथा नहीं हो सकता है। इस प्रकार, (*b*) सही नहीं है।

Q को R, T, V, S और Z के बाद लांच किया जाना चाहिए। अत: (*c*) सही नहीं है।

V को अवश्य ही Y, Q, S और Z में से प्रत्येक के पहले लांच किया जाना चाहिए। अत: (*d*) सही नहीं है।

Z को Q से पहले अवश्य लांच किया जाना चाहिए और इसके बाद Y, W या S में से किसी एक को लांच किया जाना चाहिए। अत: (*e*) सही है।

प्रकार 5: दी गए स्थितियों के आधार पर चयन

इस प्रकार के प्रश्नों में, वस्तुओं के समूह के चयन के लिए कुछ आवश्यक मानदंड दिए गए हैं। अभ्यर्थी को इन मानदंडों को ध्यान में रखना होगा और प्रत्येक प्रश्न में दिए गए निर्देशों के अनुसार आवश्यक चयन करना होगा।

व्याख्यात्मक उदाहरण

उदा. 1. ***निम्नलिखित जानकारी का सावधानीपूर्वक अध्ययन करें और नीचे दिए गए प्रश्नों का उत्तर दें:*** **(M.B.A. 2006)**

छः लड़के A, B, C, D, E और F तथा पांच लड़कियां P, Q, R, S और T में से, छह सदस्यों वाली एक टीम का चयन निम्नलिखित शर्तों के अधीन किया जाना है:

(*i*) A और D को एक साथ होना चाहिए।
(*ii*) C, S के साथ नहीं जा सकता है।
(*iii*) S और T को एक साथ होना चाहिए।
(*iv*) B को E के साथ नहीं रखा जा सकता है।
(*v*) D, P के साथ नहीं जा सकता है।
(*vi*) B और K को एक साथ होना चाहिए।
(*vii*) C और Q एक साथ होना चाहिए।

1. यदि टीम में पांच लड़के हैं, तो अकेली लड़की सदस्य है–
(*a*) P (*b*) Q (*c*) R (*d*) S

2. यदि P समेत, टीम में तीन लड़कियां हैं, तो सदस्य हैं–
(*a*) B, C, F, Q, R (*b*) A, D, E, S, T
(*c*) A, D, B, S, T (*d*) B, F, R, S, T

3. यदि C सहित टीम में चार लड़के हैं, तो C के अलावा टीम के सदस्य होते हैं–
(*a*) A, D, E, P, Q (*b*) A, B, D, Q, R
(*c*) D, E, F, A, Q (*d*) B, E, F, R, Q

4. यदि E सहित चार सदस्यों को लड़के होना चाहिए, तो E के अलावा अन्य सदस्य हैं–
(*a*) A, B, C, Q, R (*b*) A, D, F, S, T
(*c*) B, C, F, Q, R (*d*) A, C, D, F, Q

5. अगर चार सदस्य लड़कियां है, तो टीम के सदस्य हैं–
(*a*) B, C, P, Q, R, S (*b*) B, F, P, R, S, T
(*c*) B, C, Q, R, S, T (*d*) B, C, P, Q, R, T

हल:

1. छह सदस्यों वाली एक टीम में, यदि पांच लड़कों का चयन किया जाना है, तो A और D दोनों को एक साथ चुना जाता है। यदि C का चयन किया जाता है, तो एक लड़की Q का चयन किया जाएगा। B और E से, किसी को चुना जाना है। अत: हम E का चयन करते हैं क्योंकि B का चयन एक लड़की के साथ होगा। पांचवां लड़का F होगा। अत: टीम A, C, D, E, F, Q में एकमात्र लड़की Q होगी। अत: उत्तर (*b*) है।

2. यदि P को शामिल किया जाता है, तो A को शामिल नहीं किया जा सकता है। यदि Q का चयन किया जाता है, तो C का चयन किया जाना चाहिए और इसलिए S का चयन नहीं किया जा सकता है। T, S के साथ जाता है, इसलिए T का भी चयन नहीं किया जा सकता है। तीसरी लड़की K हो सकती है। R के साथ B का चयन किया जाएगा लेकिन B के साथ, E का चयन नहीं किया जा सकता है। अत: छठा सदस्य केवल F हो सकता है यानि टीम में P, Q, C, R, B, F होंगे। अत: उत्तर (*a*) है।

3. अगर टीम में C को शामिल किया जाता है, तो Q को भी शामिल किया जाएगा। यदि एक और लड़की K को शामिल किया जाता है तो वहां B होगा और इसलिए E वहां नहीं हो सकता है। A और D को एक साथ होना चाहिए। अत: उन्हें भी शामिल किया गया है और केवल F को बाहर रखा जा सकता है। इस प्रकार, टीम C, Q, R, B, A, D है। अत: उत्तर (*b*) है।

4. यदि E को शामिल किया जाता है, तो B को शामिल नहीं किया जा सकता है। A और D एक साथ होना चाहिए। अत: उन दोनों को शामिल किया जाता है। B के बिना, K नहीं होगा। D के साथ, वहाँ P नहीं हो सकता है। अत: एक साथ दो लड़कियां केवल S और T हो सकती हैं। यदि S वहां है, तो C वहां नहीं हो सकता है। अत: चौथा लड़का अकेला F हो सकता है। इस प्रकार टीम E, A, D, S, T, F बन जाती है। अत: उत्तर (*b*) है।

5. चार लड़कियों में, S और T को एक साथ ले जाया जाता है। S के साथ, C नहीं हो सकती है। अत: Q वहां नहीं होगा। यदि P को शामिल किया जाता है, तो D को भी शामिल किया जाएगा और इसलिए A वहाँ नहीं हो सकता है। यदि K को शामिल किया जाता है, तो B वहां होगा और इसलिए E वहां नहीं हो सकता है। अत: केवल F ही वहां हो सकता है। इस प्रकार, टीम S, T, P, R, B, F है। अत: उत्तर (*b*) है।

उदा. 2. ***नीचे दिया गया प्रत्येक प्रश्न निम्नलिखित शर्तों पर आधारित स्थितियों के समूह पर आधारित है। प्रत्येक प्रश्न के लिए, सर्वोत्तम विकल्प का चयन करें।***

एक छात्र शरद ऋतु और वसंत ऋतु सेमेस्टर के लिए अपनी कक्षा के कार्यक्रम की योजना बना रहा है। उसे प्रत्येक सेमेस्टर में तीन समान

पाठ्यक्रम लेना चाहिए। वसंत ऋतु वाले सेमेस्टर के अंत तक, छात्र को P क्षेत्र में कम से कम तीन कोर्स को अवश्य पूरा करना चाहिए, Q क्षेत्र में कम से कम एक कोर्स को और K क्षेत्र में कम से कम एक कोर्स पूरा करना चाहिए। छात्र के लिए उपलब्ध एकमात्र कोर्स हैं:

क्षेत्र P: P 102, P201, P 202, P 203

क्षेत्र Q: Q 101, Q 102, Q 103, Q 201

क्षेत्र R: K 101, K 102, K 202

कोर्स का चयन निम्नलिखित प्रतिबंधों के अधीन है: **(M.A.T. 2001)**

(*i*) एक छात्र प्रति सेमेस्टर समान अक्षर से शुरू होने वाले दो से अधिक कोर्स नहीं ले सकता है।

(*ii*) 200 से शुरू होने वाले संख्या पदनाम के साथ कोर्स को केवल वसंत सेमेस्टर में ऑफर किया जाता है। 100 से शुरू होने वाले संख्या पदनाम के साथ कोर्स को शरद ऋतु और वसंत ऋतु वाले सेमेस्टर दोनों में ऑफर किया जाता है।

(*iii*) शरद ऋतु वाले सेमेस्टर में लिए गए किसी भी कोर्स को वसंत ऋतु वाले सेमेस्टर में नहीं लिया जा सकता है।

1. निम्नलिखित में से कौन सा एक कोर्स है जिसे छात्र को लेना चाहिए?
(*a*) P102 (*b*) Q101 (*c*) Q102 (*d*) R101

2. निम्नलिखित में से कौन सा वसंत ऋतु वाले सेमेस्टर के लिए एक संभावित कार्यक्रम है?
(*a*) P102, Q101 और Q102 (*b*) Q101, Q102 और Q201
(*c*) P102, Q101 और P202 (*d*) P201, P202 और R102

3. यदि छात्र शरद ऋतु वाले सेमेस्टर में Q101 और Q102 कोर्स लेता है, तो उसके वसंत ऋतु वाले सेमेस्टर में शामिल होना चाहिए
(*a*) P203
(*b*) P201 और P202
(*c*) क्षेत्र Q से ठीक एक कोर्स
(*d*) क्षेत्र K से ठीक एक कोर्स

हल:

1. P के पास 200 से शुरू होने वाले संख्या पदनाम के साथ तीन कोर्स हैं और 100 से शुरू होने वाले संख्या पदनाम के साथ एक कोर्स है। अब, वसंत सेमेस्टर में 200 से शुरू होने वाले संख्या पदनाम वाले कोर्स का चयन किया जा सकता है। लेकिन, (*i*), के अनुसार, छात्र वसंत सेमेस्टर में 200 से शुरू होने वाले संख्या पदनाम के साथ क्षेत्र P में केवल दो कोर्स का चयन कर सकते हैं। चूंकि किसी को क्षेत्र P में कम से कम तीन कोर्स को पूरा करने की आवश्यकता है, इसलिए छात्र को शरद सेमेस्टर में P102 का चयन करना होगा। अत: उत्तर (*a*) है।

2. जैसा कि प्रश्न 1 में चर्चा की गई है, छात्र को वसंत सेमेस्टर में 200 के दशक में संख्या पदनाम के साथ P में दो पाठ्यक्रम लेना चाहिए। ऐसा संयोजन केवल (*d*) में दिया जाता है। अत: उत्तर (*d*) है।

3. जैसा कि प्रश्न 1 में चर्चा किया गया है, छात्र को अनिवार्य रूप से शरद ऋतु के सेमेस्टर में P102 लेना चाहिए। साथ ही, यह दिया जाता है कि छात्र ने शरद ऋतु के सेमेस्टर में Q101 और Q102 लिया है। इस प्रकार, उनके वसंत कोर्स में P201, P202 और P203 के दो कोर्स शामिल होंगे, साथ ही क्षेत्र K से एक कोर्स भी शामिल होना चाहिए। अत: उत्तर (*d*) है।

उदा. 3. *दिए गए प्रश्नों का उत्तर देने के लिए निम्नलिखित सूचनाओं को ध्यान से पढ़ें:* **(X.A.T. 2006)**

एक सप्ताह के दौरान, एक मानव संसाधन निदेशक सोमवार से शुक्रवार तक एक नए नौकरी के लिए प्रति दिन एक साक्षात्कार के हिसाब से पांच साक्षात्कार आयोजित करता है। नौकरी के लिए छह अभ्यर्थी हैं – राजन, सचिन, तरुण, आशा, वान्या और कुणाल। दो से अधिक अभ्यर्थियों का एक से अधिक बार साक्षात्कार नहीं लिया जाता है। न तो सचिन और न ही आशा और न ही वान्या का एक से अधिक बार साक्षात्कार लिया जाता है, और किसी अन्य अभ्यर्थी को दो बार से अधिक साक्षात्कार नहीं लिया जाता है। साक्षात्कार का कार्यक्रम निम्नलिखित शर्तों के अधीन है:

(*i*) अगर तरुण का साक्षात्कार लिया जाता है, तो उसका साक्षात्कार सोमवार और शुक्रवार दोनों दिन लिया जाना चाहिए।

(*ii*) यदि सचिन का साक्षात्कार लिया जाता है, तो सचिन के साक्षात्कार के साथ ही आशा का साक्षात्कार भी लिया जाता है, आशा के साक्षात्कार से पहले सचिन का साक्षात्कार लिया जाता है।

(*iii*) यदि राजन का दो बार साक्षात्कार किया जाता है, तो राजन का दूसरा साक्षात्कार राजन के पहले साक्षात्कार के ठीक दो दिन बाद होता है।

(*iv*) यदि वान्या का साक्षात्कार लिया जाता है, तो कुणाल का दो बार साक्षात्कार किया जाता है, वान्या का साक्षात्कार कुणाल के पहले साक्षात्कार के बाद और कुणाल के दूसरे साक्षात्कार से पहले लिया जाता है।

(*v*) यदि आशा का साक्षात्कार लिया जाता है, तो राजन का भी साक्षात्कार लिया जाता है, तो आशा का साक्षात्कार या तो राजन के साक्षात्कार के ठीक एक दिन पहले या ठीक एक दिन बाद लिया जाता है।

1. निम्नलिखित में से कौन सा मानव संसाधन निदेशक द्वारा साक्षात्कार के लिए अभ्यर्थियों की और उस दिन जिस पर साक्षात्कार आयोजित किया जाता है, एक पूर्ण और सटीक सूची हो सकती है?
(*a*) सोमवार: सचिन, मंगलवार: आशा, बुधवार: राजन, गुरुवार: कुणाल, शुक्रवार: राजन
(*b*) सोमवार: सचिन, मंगलवार: कुणाल, बुधवार: राजन, गुरुवार: कुणाल, शुक्रवार: आशा
(*c*) सोमवार: तरुण, मंगलवार: राजन, बुधवार: सचिन, गुरुवार: राजन, शुक्रवार: तरुण
(*d*) सोमवार: तरुण, मंगलवार: राजन, बुधवार: कुणाल, गुरुवार: वान्या, शुक्रवार: तरुण

2. अगर मंगलवार को वान्या का साक्षात्कार लिया जाता है, तो निम्नलिखित में किसे सही होना चाहिए?
(*a*) शुक्रवार को तरुण का साक्षात्कार लिया जाता है।
(*b*) गुरुवार को आशा का साक्षात्कार लिया जाता है।
(*c*) राजन का साक्षात्कार नहीं लिया गया।
(*d*) सचिन का साक्षात्कार नहीं लिया गया।

3. अगर कुणाल का साक्षात्कार नहीं लिया जाता है, तो निम्नलिखित में से किसे सही होना चाहिए?
(*a*) गुरुवार को राजन का साक्षात्कार लिया गया।
(*b*) मंगलवार को सचिन का साक्षात्कार लिया गया।
(*c*) तरुण का सोमवार को साक्षात्कार लिया गया।
(*d*) बुधवार को आशा का साक्षात्कार लिया गया।

4. यदि सचिन का साक्षात्कार लिया जाता है, तो निम्नलिखित में से कौन सा सही साबित हो सकता है?

(*a*) कुणाल का साक्षात्कार मंगलवार और बुधवार दोनों दिन लिया जाता है।

(*b*) सोमवार को आशा का साक्षात्कार लिया जाता है।

(*c*) वान्या का साक्षात्कार मंगलवार को लिया गया।

(*d*) गुरुवार को सचिन का साक्षात्कार लिया जाता है।

5. यदि न तो आशा और न ही तरुण का साक्षात्कार लिया जाता है, तो निम्नलिखित में से किसे छोड़ कर प्रत्येक सही हो सकता है

(*a*) सोमवार को राजन का साक्षात्कार लिया गया।

(*b*) गुरुवार को राजन का साक्षात्कार लिया गया।

(*c*) मंगलवार को वान्या का साक्षात्कार लिया गया।

(*d*) बुधवार को कुणाल का साक्षात्कार लिया जाता है।

6. यदि आशा और वान्या दोनों का साक्षात्कार लिया जाता है, तो निम्नलिखित में कौन सा दिनों की पूर्ण और सटीक सूची है जब कुणाल का साक्षात्कार लिया जा सकता है?

(*a*) सोमवार, शुक्रवार (*b*) मंगलवार, गुरुवार

(*c*) सोमवार, बुधवार, शुक्रवार (*d*) मंगलवार, बुधवार, गुरुवार

हल:

1. (*b*), (*v*) का उल्लंघन करता है और इसलिए गलत है। (*c*), (*ii*) का उल्लंघन करता है और इसलिए गलत है। (*d*), (*iv*) का उल्लंघन करता है और इसलिए गलत है। इस प्रकार, (*a*) सही है। अत: उत्तर (*a*) है।

2. यदि मंगलवार को वान्या का साक्षात्कार लिया जाता है, तो (*iv*) से, कुणाल का पहला साक्षात्कार सोमवार को और शेष तीन दिनों में से किसी एक दिन उसका दूसरा साक्षात्कार लिया जाता है। इस प्रकार, केवल दो और साक्षात्कार आयोजित किए जा सकते हैं। अत: सचिन का साक्षात्कार नहीं लिया जा सकता है क्योंकि यदि सचिन का साक्षात्कार लिया जाता है, तो आशा का साक्षात्कार भी किया जाता है और यदि आशा का साक्षात्कार किया जाता है, तो राजन का साक्षात्कार भी किया जाता है। अत: उत्तर (*d*) है।

3. चूंकि वान्या के साक्षात्कार के कारण कुणाल का साक्षात्कार अनिवार्य हो जाता है, इसलिए अगर कुणाल का साक्षात्कार नहीं लिया जाता है, तो वान्या का साक्षात्कार भी नहीं लिया जाना चाहिए। इस प्रकार, पांच साक्षात्कार आयोजित किए जाने के लिए केवल दो संभावनाएं उत्पन्न होती हैं:

I. तरुण दो बार (सोमवार और शुक्रवार), राजन दो बार (मंगलवार और गुरुवार), आशा एक बार (बुधवार)

II. तरुण दो बार (सोमवार और शुक्रवार), सचिन एक बार (मंगलवार), आशा एक बार (बुधवार या गुरुवार), राजन एक बार (बुधवार या गुरुवार)। स्पष्ट रूप से, दोनों मामलों में, तरुण का सोमवार को साक्षात्कार लिया जाता है। अत: उत्तर (*c*) है।

4. चूंकि सचिन का साक्षात्कार आशा के साक्षात्कार से पहले होता है, इसलिए आशा का साक्षात्कार सोमवार को नहीं लिया जा सकता है। अत: (*b*) गलत है।

यदि सचिन का साक्षात्कार लिया जाता है, तो आशा का साक्षात्कार भी लिया जाता है और यदि आशा का साक्षात्कार लिया जाता है, तो राजन का भी साक्षात्कार लिया जाता है। अत: सचिन, आशा और राजन के अलावा केवल दो और अभ्यर्थियों का साक्षात्कार लिया जा सकता है। अगर वान्या का साक्षात्कार लिया जाता है, तो कुणाल का दो बार साक्षात्कार लिया जाता है, जो संभव नहीं है। अत: (*c*) गलत है।

यदि गुरुवार को सचिन का साक्षात्कार लिया जाता है, तो (*ii*) द्वारा, शुक्रवार को आशा का साक्षात्कार लिया जाना चाहिए। यह स्थिति (*v*) को असंभव बनाता है। अत: (*d*) गलत है।

इस प्रकार, केवल (*a*) सही हो सकता है। अत: उत्तर (*a*) है।

5. चूंकि सचिन का साक्षात्कार आशा के साक्षात्कार को अनिवार्य बनाता है, इसलिए अगर आशा का साक्षात्कार नहीं लिया जाता है, तो सचिन का भी साक्षात्कार नहीं लिया जाता है। इस प्रकार, हमें आयोजित होने वाले पांच साक्षात्कारों का केवल एक संभावित संयोजन प्राप्त होता है: राजन दो बार, कुणाल दो बार, वान्या एक बार।

संभावित अनुक्रम हैं:

सोमवार	मंगलवार	बुधवार	गुरुवार	शुक्रवार
राजन	कुणाल	राजन	वान्या	कुणाल
कुणाल	राजन	वान्या	राजन	कुणाल
कुणाल	वान्या	राजन	कुणाल	राजन

स्पष्ट रूप से, कुणाल का साक्षात्कार बुधवार को नहीं किया जा सकता है। अत: उत्तर (*d*) है।

6. यदि आशा और वन्या का साक्षात्कार लिया जाता है, तो साक्षात्कार आयोजित किए जाते हैं: एक बार आशा, एक बार राजन, एक बार वान्या, दो बार कुणाल। संभावित अनुक्रम हैं:

सोमवार	मंगलवार	बुधवार	गुरुवार	शुक्रवार
आशा	राजन	कुणाल	वान्या	कुणाल
कुणाल	आशा	राजन	वान्या	कुणाल
राजन	आशा	कुणाल	वान्या	कुणाल
कुणाल	वान्या	आशा	राजन	कुणाल
कुणाल	राजन	आशा	वान्या	कुणाल
कुणाल	वान्या	कुणाल	आशा	राजन
कुणाल	वान्या	राजन	आशा	कुणाल
कुणाल	वान्या	कुणाल	राजन	आशा

अत: सोमवार, बुधवार और शुक्रवार को कुणाल का साक्षात्कार किया जा सकता है। अत: उत्तर (*c*) है।

अभ्यास 6E

दिशा-निर्देश (प्रश्न 1 से 5): निम्नलिखित जानकारी को ध्यान से पढ़ें और इस पर आधारित प्रश्नों का उत्तर दें:

पांच लड़कों A, B, C, D और E तथा चार लड़कियों P, Q, R और S से पांच की टीम चयन करना है चयन के लिए कुछ मानदंड हैं:

A और S को एक साथ रखना है।

P को R के साथ नहीं रखा जा सकता हैं।

D और Q एक साथ नहीं रह सकते हैं।

C और E को एक साथ रखना है।

R को B के साथ नहीं रखा जा सकता है।

जब तक ऐसा कहा नहीं जाता है, तब तक ये मानदंड नीचे दिए गए सभी प्रश्नों पर लागू होते हैं।

1. यदि दो सदस्यों को लड़का होना चाहिए है, तो टीम में शामिल होंगे–
(*a*) A, B, S, P, Q (*b*) A, D, S, Q, R
(*c*) B, D, S, R, Q (*d*) C, E, S, P, Q

2. यदि R को एक सदस्य होना चाहिए, तो टीम के अन्य सदस्य होंगे–
(*a*) P, S, A, D (*b*) Q, S, A, D
(*c*) Q, S, C, E (*d*) S, A, C, E

3. यदि दो सदस्य लड़कियां हैं और D उन सदस्यों में से एक है, तो D के अलावा टीम के अन्य सदस्य हैं–
(*a*) P, Q, B, C (*b*) P, Q, C, E
(*c*) P, S, A, B (*d*) P, S, C, E

4. यदि A और C सदस्य हैं, तो टीम का अन्य सदस्य नहीं होना चाहिए–
(*a*) B, E, S (*b*) D, E, S (*c*) E, S, P (*d*) P, Q, E

5. यदि P सहित लगभग तीन सदस्य लड़कियां हैं, तो P के अलावा टीम के सदस्य हैं–
(*a*) Q, S, A, B (*b*) Q, S, B, D
(*c*) Q, S, C, E (*d*) R, S, A, D

दिशानिर्देश *(प्रश्न 6 से 10): ये प्रश्न निम्नलिखित जानकारी पर आधारित हैं:*

समय-समय पर, कंपनी के मैनेजिंग डायरेक्टर योजना समितियों की नियुक्ति करते हैं, जिनमें से प्रत्येक में केवल तीन सदस्य होते हैं। नियुक्ति के लिए फाइनेंस से तीन अधिकारी हैं – B, C और D – तथा ऑपरेशन से तीन अधिकारी – E, F और M का चयन किया जाता है। कोई भी समिति, नियुक्तियों के लिए निम्नलिखित प्रतिबंधों के अधीन है: **(A.T.M.A. 2006)**

(*i*) कम से कम एक सदस्य फाइनेंस से होना चाहिए और कम से कम एक सदस्य ऑपरेशन से होना चाहिए।
(*ii*) यदि B को नियुक्त किया गया है, तो C को नियुक्त नहीं किया जा सकता है।
(*iii*) जब तक किसी दूसरे को नियुक्त नहीं किया जाता है तब तक न तो D और न ही F को नियुक्त किया जा सकता है।
(*iv*) यदि E को नियुक्त किया गया है, तो M को अवश्य नियुक्त किया जाना चाहिए।

6. निम्नलिखित में से कौन सा स्वीकार्य समिति है?
(*a*) E, F और M (*b*) D, E और F
(*c*) D, F और M (*d*) B, D और M

7. यदि किसी समिति में ऑपरेशन के सदस्यों की नियुक्ति बहुमत के आधार पर की जाती है, तो उस समिति में शामिल होना चाहिए
(*a*) M (*b*) F (*c*) E (*d*) C

8. यदि नियुक्तियों पर प्रतिबंध एग्जीक्यूटिव के एक ही समूह से नियुक्त होने वाले चार सदस्यीय समिति पर भी लागू किया जाता है, निम्नलिखित में से कौन सा सही होगा?
(*a*) यदि B को नियुक्त किया गया है, तो M को भी नियुक्त किया जाना चाहिए।
(*b*) यदि F को नियुक्त किया गया है, तो C को भी नियुक्त किया जाना चाहिए।
(*c*) यदि C को नियुक्त किया गया है, तो E को भी नियुक्त किया जाना चाहिए।
(*d*) उपर्युक्त में से कोई भी सही नहीं होगा।

9. यदि B को M के समान समिति में नियुक्त किया गया है, तो निम्नलिखित में से कौन सा उस समिति के लिए सही होगा?
(*a*) E समिति का सदस्य नहीं है।
(*b*) F एक समिति का सदस्य है।
(*c*) फाइनेंस से नियुक्ति बहुमत के आधार पर की जाती है।
(*d*) ऑपरेशन से नियुक्ति बहुमत के आधार पर की जाती है।

10. यदि समिति में फाइनेंस से नियुक्ति बहुमत के आधार पर की जाती है, तो समिति में किसे शामिल होना चाहिए
(*a*) B (*b*) C (*c*) F (*d*) M

दिशा-निर्देश *(प्रश्न 11 से 15): निम्नलिखित जानकारी को ध्यान से पढ़ें और नीचे दिए गए प्रश्नों का उत्तर दें:* **(N.M.A.T. 2006)**

पांच पुरुष A, B, C, D और E छह महिला P, Q, R, S, T और U हैं। A, B और R वकील हैं; C, D, P, Q और S डॉक्टर हैं और शेष शिक्षक हैं। निम्नलिखित स्थिति के अधीन इन ग्यारह व्यक्तियों में से कुछ टीमों का चयन किया जाना चाहिए:

A, P और U को एक साथ रखना है।
B को D या R के साथ नहीं रखा जा सकता है।
E और Q को एक साथ रखना है।
C और T को एक साथ रखना है।
D और P एक साथ नहीं रखा जा सकता है।
C को Q के साथ नहीं रखा जा सकता है।

11. यदि टीम में दो पुरुष वकील हैं, तो दो महिला डॉक्टर और एक शिक्षक, टीम के सदस्य हैं–
(*a*) A, B, P, Q, U (*b*) A, B, P, U, S
(*c*) A, P, R, S, U (*d*) B, E, Q, R, S

12. यदि टीम में एक वकील शामिल है, तो दो डॉक्टर, तीन शिक्षक और C को T के साथ नहीं रखा जा सकता है, टीम के सदस्य हैं–
(*a*) A, E, P, Q, S, U (*b*) A, E, P, Q, T, U
(*c*) B, E, Q, S, T, U (*d*) E, Q, R, S, T, U

13. यदि टीम में एक पुरुष वकील, एक पुरुष चिकित्सक, एक महिला डॉक्टर और दो शिक्षक हैं, तो टीम के सदस्य हैं–
(*a*) A, C, P, T, U (*b*) A, D, E, P, T
(*c*) A, D, E, P, U (*d*) B, C, E, Q, U

14. यदि टीम में एक वकील, तीन डॉक्टर और एक पुरुष शिक्षक शामिल है, तो टीम के सदस्य हैं–
(*a*) A, D, P, S, U (*b*) C, D, R, S, T
(*c*) D, E, Q, R, S (*d*) D, E, Q, R, T

15. यदि टीम में दो वकील हैं, दो डॉक्टर, दो शिक्षक और तीन से अधिक महिलाएं नहीं हैं, तो टीम के सदस्य हैं–
(*a*) A, B, C, P, T, U (*b*) A, C, P, R, T, U
(*c*) A, E, P, Q, R, T (*d*) B, C, E, Q, R, T

दिशा-निर्देश *(प्रश्न 16 से 19): दिए गए प्रश्नों का उत्तर देने के लिए निम्नलिखित जानकारी को ध्यान से पढ़ें:* **(X.A.T. 2005; M.B.A. 2004)**

एक कंपनी अपने दक्षिण भारतीय केंद्र से चार कॉल सेंटर एग्जीक्यूटिव की एक टीम का चयन करना चाहती है, जिन्हें वह उत्तर भारत में एक नए स्थापित केंद्र में स्थानांतरित करना चाहती हैं। कंपनी का प्रबंधन एक पेशेवर मैनेजर द्वारा किया जाता है और यह मानव संसाधनों और कर्मियों के संबंधों के बारे में बहुत विशिष्ट है। समान क्षमता वाले X, Y और Z (जो सीनियर हैं), तथा A, B, C और D (जो जूनियर हैं) के सात सदस्यों वाली टीम हैं। कंपनी चाहती है कि टीम में दो सीनियर अधिकारी और दो जूनियर अधिकारी होंगी। यह भी जरूरी है कि किसी विशेष टीम के सभी अधिकारी एक-दूसरे के साथ मैत्रिक हो ताकि टीम भावना बनी रहे और उत्तर में स्थापित नए केंद्र में व्यक्तिगत संबंध की किसी भी समस्या से बचा जा सके। सात एग्जीक्यूटिव के बीच संबंधों की स्थिति निम्नलिखित है:

(*i*) Y और A दोस्ताना नहीं हैं।

(*ii*) Z और C दोस्ताना नहीं हैं।

(*iii*) A और B दोस्ताना नहीं हैं।

16. यदि A टीम में है, तो टीम में कौन से अन्य अधिकारी भी होंगे?

(*a*) X, Y और D (*b*) X, Z और B

(*c*) X, Z और C (*d*) X, Z और D

17. कौन सा कथन गलत होना चाहिए?

I. Y और C का कभी भी एक साथ चयन नहीं किया जाना चाहिए।

II. Z और B का कभी भी एक साथ चयन नहीं किया जाना चाहिए।

III. Z और D को कभी भी एक साथ चयन नहीं किया जाना चाहिए।

(*a*) केवल I (*b*) केवल I और II

(*c*) केवल I और III (*d*) I, II और III

18. यदि Y और Z दोनों का चयन किया जाता है, तो एग्जीक्यूटिव में से कौन सा दल उनके साथ टीम में होना चाहिए?

(*a*) B और A दोनों (*b*) B और D दोनों

(*c*) C और D दोनों (*d*) केवल D

19. निम्नलिखित में से कौन सा कथन X के लिए सही है?

I. X को टीम के सीनियर एग्जीक्यूटिव में से एक के रूप में चुना जाना चाहिए?

II. यदि C को चुना जाता है तो X का चयन अवश्य किया जाना चाहिए।

III. यदि A और C दोनों को निष्काषित किया जाता है तो X को भी नहीं चुना जाना चाहिए।

(*a*) केवल I (*b*) केवल II

(*c*) केवल II और III (*d*) I, II और III

दिशा-निर्देश (प्रश्न 20 से 24): निम्नलिखित जानकारी को ध्यान से पढ़ें और नीचे दिए गए प्रश्नों का उत्तर दें: **(M.B.A. 2004)**

पांच डॉक्टरों A, B, C, D और E, चार इंजीनियरों G, H, K और L और छह शिक्षक M, N, O, P, Q और R में से कुछ टीमों का चयन किया जाना है। इनमें से, A, B, G, H, O, P और Q महिलाएं हैं और बाकी पुरुष हैं। टीमों का निर्माण निम्नलिखित शर्तों के अधीन है:

जहां भी पुरुष चिकित्सक है, वहां कोई महिला शिक्षक नहीं होगी।

जहां भी पुरुष अभियंता है, वहां कोई महिला चिकित्सक नहीं होगी।

किसी भी टीम में दो से अधिक पुरुष शिक्षक नहीं होंगे।

20. यदि टीम में दो डॉक्टर होते हैं, तीन महिला शिक्षक और दो अभियंता होते हैं, तो टीम के सदस्य होते हैं–

(*a*) A, B, O, P, Q, G, H (*b*) C, D, K, L, O, P, Q

(*c*) C, D, O, P, Q, G, H (*d*) D, E, G, H, O, P, Q

21. यदि टीम में दो डॉक्टर, एक अभियंता और चार शिक्षक होते हैं, तो किसे छोड़कर निम्नलिखित सभी टीम संभव हैं–

(*a*) A, B, G, M, N, O, P (*b*) A, B, H, M, O, P, Q

(*c*) A, B, H, M, R, P, Q (*d*) A, B, K, N, R, P, Q

22. यदि टीम में दो डॉक्टर, दो महिला शिक्षक और दो अभियंता हैं, तो किसे छोड़कर निम्नलिखित सभी टीम संभव हैं–

(*a*) A, B, G, H, O, Q (*b*) A, B, G, H, P, Q

(*c*) A, B, K, L, P, Q (*d*) O, P, G, H, A, B

23. यदि टीम में तीन डॉक्टर हैं, दो पुरुष इंजिनियर और दो शिक्षक हैं, तो टीम के सदस्य हो सकते हैं–

(*a*) A, B, C, K, L, M, R (*b*) B, C, D, K, L, N, R

(*c*) C, D, E, K, L, M, N (*d*) C, D, E, K, L, P, R

24. यदि टीम में दो डॉक्टर, दो अभियंता और दो शिक्षक हैं, तो किसे छोड़कर निम्नलिखित सभी टीम संभव हैं–

(*a*) A, B, G, H, O, P (*b*) A, B, G, H, M, N

(*c*) C, E, K, L, N, R (*d*) C, D, K, L, O, P

दिशा निर्देश (प्रश्न 25 से 29): प्रश्नों का उत्तर देने के लिए निम्नलिखित सूचनाओं को सावधानी से पढ़ें:

(Hotel Management, 2001; B.B.A. 2004)

छह लड़कों A, B, C, D, E और F तथा चार लड़कियों P, Q, R और S के एक बैच से छह की एक टीम का चयन किया जाना है। कुछ मानदंड हैं:

B और D को एक साथ होना चाहिए।

C, Q के साथ नहीं जा सकता है।

F न तो A और न D के साथ जा सकता है।

P और K एक साथ होना चाहिए।

P, S के साथ नहीं जा सकता है।

A और E को साथ रहना होगा।

जब तक अन्यथा कहा नहीं जाता है, उपर्युक्त मानदंड निम्नलिखित सभी प्रश्नों पर लागू होते हैं:

25. यदि E सहित चार सदस्यों में लड़का होना चाहिए और लड़कियों में से एक को K होना है, तो टीम में शामिल हैं–

(*a*) A, D, E, F, P, R (*b*) B, D, E, F, P, R

(*c*) A, B, D, E, R, S (*d*) A, B, D, E, P, R

26. यदि कम से कम तीन सदस्यों को लड़की होना चाहिए और C, Q के साथ टीम बनाने के लिए सहमत है लेकिन Q, A के साथ टीम बनाने से इंकार कर देता है, तो टीम में शामिल होंगे–

(*a*) B, C, D, P, R, S (*b*) B, D, E, P, Q, S

(*c*) B, C, D, P, Q, R (*d*) A, C, E, P, R, S

27. यदि एक से अधिक सदस्यों को लड़की नहीं होना चाहिए, तो टीम में शामिल हैं–

(*a*) A, B, C, D, E, S (*b*) A, B, C, D, E, Q

(*c*) A, B, C, D, E, P (*d*) A, B, C, E, F, R

28. यदि C सहित तीन सदस्यों को लड़के होना है और S, P के साथ टीम बनाने के लिए सहमत है जबकि E ऐसा करने से इंकार कर देता है, तो टीम के अन्य सदस्य हैं–

(*a*) A, E, Q (*b*) B, D, R (*c*) E, F, S (*d*) B, D, Q

29. यदि टीम में दो लड़कियों को शामिल किया जाना चाहिए और F, D के साथ टीम बनाने के लिए सहमत है, तो नीचे से कौन सी टीम संभव नहीं है?

(*a*) B, C, D, F, Q, S (*b*) B, C, D, F, P, R

(*c*) A, B, D, E, P, R (*d*) A, B, D, E, Q, S

दिशा-निर्देश (प्रश्न 30 से 32): निम्नलिखित सूचनाओं को सावधानीपूर्वक पढ़ें और नीचे दिए गए प्रश्नों का उत्तर दें:

आठ छात्र A, B, C, D, E, F, G और H कार रेसिंग का आनंद लेने की योजना बना रहे हैं। केवल दो कारें हैं और निम्नलिखित स्थितियां हैं:

(*i*) एक कार में अधिकतम पांच और न्यूनतम चार छात्र बैठ सकते है।

(*ii*) A उसी कार में बैठेगा जिसमें D बैठा है लेकिन H उसी कार में नहीं है।

(*iii*) B और C उसी कार में नहीं बैठ सकते जिसमें D बैठा है।

(*iv*) F केवल A और E के साथ चार लोगों की कार में बैठेगा लेकिन निश्चित रूप से G के साथ नहीं।

30. यदि H और G एक ही कार में बैठे हैं, तो एक ही कार में बैठे अन्य दो छात्र कौन हैं?

(*a*) B और C (*b*) C और D (*c*) B और D
(*d*) E और B (*e*) इनमें से कोई नहीं

31. यदि E और A एक ही कार में बैठे हैं, तो निम्न में से कौन सा कथन सत्य है?

(*a*) पांच छात्र एक ही कार में बैठे हैं।
(*b*) B एक ही कार में बैठा है।
(*c*) F एक ही कार में नहीं बैठा है।
(*d*) G एक ही कार में नहीं बैठा है।
(*e*) इनमें से कोई नहीं

32. नीचे में से कौन सा कथन उपरोक्त बैठेने की व्यवस्था के लिए अनावश्यक है?

(*a*) केवल (*i*) (*b*) केवल (*ii*) (*c*) केवल (*iii*)
(*d*) केवल (*iv*) (*e*) इनमें से कोई नहीं

दिशा-निर्देश (प्रश्न 33 से 37): दिए गए प्रश्नों के उत्तर देने के लिए निम्नलिखित सूचनाओं को ध्यान से पढ़ें: **(U.P.S.C. 2005)**

XYZ लिमिटेड के पास वर्तमान में तीन अकाउंट सहायक - A, B और C हैं तथा पांच अकाउंट अधिकारी - D, E, F, G और H हैं। इसका प्रबंधन अपने वर्तमान कर्मचारियों में से तीन अकाउंट अधिकारी और दो अकाउंट सहायकों का उपयोग करके दूसरे शहर में एक नया कार्यालय खोलने की योजना बना रहा है। नया कार्यालय स्थापित करने के लिए निम्नलिखित दिशानिर्देश दिए गए हैं:

(*i*) A और C लगातार एक दूसरे का दोष खोजते रहते हैं और उन्हें एक ही टीम के सदस्यों के रूप में नहीं भेजा जाना चाहिए।
(*ii*) C और E अच्छी तरह से अकेले काम करते हैं लेकिन एक टीम के रूप में नहीं। उन्हें एक ही टीम के सदस्यों के रूप में नहीं भेजा जाना चाहिए।
(*iii*) D और G के संबंध अच्छे नहीं हैं। उन्हें एक ही टीम के सदस्यों के रूप में नहीं भेजा जाना चाहिए।
(*iv*) चूंकि D और F पदोन्नति के लिए प्रतिस्पर्धा कर रहे हैं, इसलिए उन्हें एक ही टीम के सदस्यों के रूप में नहीं भेजा जाना चाहिए।

33. यदि C और F नए कार्यालय में स्थानांतरित हो जाते हैं, तो विभिन्न टीमों की संख्या क्या बनाई जा सकती है?

(*a*) 1 (*b*) 2 (*c*) 3 (*d*) 4

34. यदि C को नए कार्यालय में भेजा जाता है, तो कार्मिकों का कौन सा सदस्य C के साथ नहीं जा सकता है?

(*a*) D (*b*) F (*c*) G (*d*) H

35. दिए गए दिशानिर्देशों के अधीन, निम्नलिखित में किसे नए कार्यालय में जाना चाहिए?

(*a*) B (*b*) D (*c*) E (*d*) G

36. दिए गए दिशानिर्देशों के अधीन, निम्नलिखित में से कौन सा विभिन्न टीमों की संभावित संख्या है जिसे नए कार्यालय में भेजा जा सकता है?

(*a*) 6 (*b*) 8 (*c*) 12 (*d*) 15

37. यदि D को नए कार्यालय में भेजा जाता है, तो नीचे में से कौन सा सही है/हैं?

1. C नहीं जा सकता है।
2. A नहीं जा सकता है।
3. H को अवश्य जाना चाहिए।

(*a*) केवल 1 (*b*) केवल 2 (*c*) 1 और 2 (*d*) 1 और 3

दिशा-निर्देश (प्रश्न 38 से 42): नीचे दिए गए प्रश्नों का उत्तर देने के लिए निम्नलिखित जानकारी सावधानी से पढ़ें: **(Hotel Management, 2001)**

एक परीक्षा में, अभ्यर्थी के लिए छह विषय उपलब्ध थे, जिनमें से केवल तीन को निम्नलिखित शर्तों के अधीन लिया जाना था:

जिन विषयों को A को दिया गया उन्ही विषयों को B को भी दिया जाना चाहिए।

जिन विषयों को A को दिया गया उन विषयों को E को नहीं दिया जा सकता है।

जिन विषयों को C को दिया गया उन विषयों को D या F को नहीं दिया जा सकता है।

विषयवार अभ्यर्थियों का वितरण निम्नानुसार था:

A - 70; B - 70; C - 90; D - 85; E - 70; F - 35

38. कितने संयोजनों की अनुमति थी?

(*a*) 4 (*b*) 5 (*c*) 6 (*d*) 7

39. परीक्षा में कुल कितने अभ्यर्थी शामिल हुए?

(*a*) 120 (*b*) 130 (*c*) 140 (*d*) 380

40. कितने अभ्यर्थियों को A + B + C विषयों का संयोजन दिया गया है?

(*a*) 15 (*b*) 20 (*c*) 35 (*d*) 70

41. कितने अभ्यर्थियों ने संयुक्त रूप से D के साथ C को लिया?

(*a*) 15 (*b*) 20 (*c*) 35 (*d*) 70

42. F के साथ B लेने वाले कितने अभ्यर्थी हैं?

(*a*) 15 (*b*) 20 (*c*) 35 (*d*) 70

दिशा-निर्देश (प्रश्न 43 से 46): निम्नलिखित जानकारी को ध्यान से पढ़ें और इन पर आधारित प्रश्नों का उत्तर दें: **(X.A.T. 2006)**

सात प्रशिक्षक— J, K, L, M, N, P और Q — पूर्वी भारत में एक प्रमुख संस्थान में प्रबंधन पाठ्यक्रम पढ़ाते हैं। प्रत्येक प्रशिक्षक किसी एक अवधि : पहली अवधि, दूसरी अवधि, तीसरी अवधि के दौरान पढ़ाता है। निम्नलिखित शर्तें लागू होती हैं:

(*i*) K तीसरी अवधि के दौरान पढ़ाता है।
(*ii*) L और M एक ही अवधि के दौरान पढ़ाते हैं।
(*iii*) Q या तो पहली अवधि या दूसरी अवधि के दौरान पढ़ाता है।
(*iv*) तीसरी अवधि में उतने ही प्रशिक्षक पढ़ाएंगे जितने पहली अवधि के दौरान पढ़ाते है।
(*v*) N और Q विभिन्न अवधियों के दौरान पढ़ाते हैं।
(*vi*) J और P विभिन्न अवधियों के दौरान पढ़ाते हैं।

43. निम्नलिखित में से कौन सा प्रशिक्षकों और अवधि का सटीक मिलान हो सकता है?

(*a*) J: पहली अवधि; M: तीसरी अवधि; N: दूसरी अवधि
(*b*) L: पहली अवधि; N: दूसरी अवधि; P: तीसरी अवधि
(*c*) M: पहली अवधि; P: दूसरी अवधि; Q: पहली अवधि
(*d*) J: तीसरी अवधि; L: तीसरी अवधि; P: तीसरी अवधि

44. निम्नलिखित में से कौन सा सत्य नहीं हो सकता है?

(*a*) N दूसरे अवधि के दौरान पढ़ाता है।
(*b*) M तीसरे अवधि के दौरान पढ़ाता है।
(*c*) L पहली अवधि के दौरान पढ़ाता है।
(*d*) M दूसरे अवधि के दौरान पढ़ाता है।

45. यदि वास्तव में एक प्रशिक्षक दूसरी अवधि के दौरान पढ़ाता है, तो निम्नलिखित में से कौन सा सत्य होना चाहिए?

(*a*) P दूसरी अवधि के दौरान पढ़ाता है।
(*b*) M तीसरी अवधि के दौरान पढ़ाता है।
(*c*) L पहली अवधि के दौरान पढ़ाता है।
(*d*) J तीसरी अवधि के दौरान पढ़ाता है।

46. यदि पहली अवधि की तुलना में दूसरी अवधि के दौरान अधिक प्रशिक्षक पढ़ाते है, तो निम्नलिखित में से किन प्रशिक्षकों को दूसरी अवधि के दौरान पढ़ाना चाहिए?
(*a*) J (*b*) M (*c*) N (*d*) P

दिशा-निर्देश (प्रश्न 47 से 51): प्रश्नों का उत्तर देने के लिए नीचे दिये गए आकड़ों को पढ़ें:

B-स्कूल के निदेशक एक अध्यापक-छात्र समिति के चार सदस्यों का चयन, स्कूल के निदेशक मंडल से मिलने के लिए प्रतिनिधियों के रूप में करना चाहते हैं। अध्यापक-छात्र समिति में चार अध्यापक सदस्यों - K, L, M और N - और चार छात्र - P, Q, R और S शामिल हैं। निदेशक समिति के सदस्यों को तब तक प्रतिनिधियों के रूप में चुन सकते हैं जब तक वह निम्नलिखित प्रतिबंधों का पालन करता है: **(A.T.M.A. 2006)**

(*i*) चार प्रतिनिधियों के समूह में वास्तव में दो अध्यापक सदस्यों और दो छात्रों को शामिल होना चाहिए।
(*ii*) या तो K या L को प्रतिनिधियों में से एक होना चाहिए, लेकिन K और L दोनों प्रतिनिधि नहीं हो सकते हैं।
(*iii*) यदि P एक प्रतिनिधि है, तो M को भी एक प्रतिनिधि होना चाहिए।
(*iv*) यदि K एक प्रतिनिधि है, L प्रतिनिधि नहीं हो सकता है।

47. यदि L, N और Q प्रतिनिधि हैं, तो निम्नलिखित में से किसे प्रतिनिधि अवश्य होना चाहिए?
(*a*) M (*b*) S (*c*) P (*d*) R

48. यदि P एक प्रतिनिधि है, तो निम्नलिखित में से कौन एक प्रतिनिधि नहीं हो सकता है?
(*a*) N (*b*) M (*c*) Q (*d*) R

49. यदि K एक प्रतिनिधि है और M प्रतिनिधि नहीं है, तो प्रतिनिधियों का समूह पूरी तरह से निर्धारित किया जाएगा यदि यह भी सत्य था-
(*a*) L प्रतिनिधि नहीं है। (*b*) S प्रतिनिधि नहीं है।
(*c*) P प्रतिनिधि नहीं है। (*d*) N एक प्रतिनिधि है।

50. यदि न तो Q और न S प्रतिनिधि है, तो निम्नलिखित में से किस अध्यापक सदस्यों की जोड़ी को प्रतिनिधि अवश्य होना चाहिए?
(*a*) K और M (*b*) K और N
(*c*) L और M (*d*) L और N

51. यदि L एक प्रतिनिधि हैं, निम्नलिखित में से अन्य तीन प्रतिनिधियों का समूह हो सकता है?
(*a*) N, S, P (*b*) M, Q, P (*c*) M, Q, R (*d*) K, Q, S

हल-अभ्यास 6(E)

1. (*a*) : यदि A का चयन किया जाता है, तो S का भी चयन किया जाना जरूरी है। यदि B का चयन किया गया है, तो R का चयन नहीं किया जा सकता है। यदि D का चयन किया गया है, तो Q का चयन नहीं किया जा सकता है। अत: A, D, S, Q, R और B, D, S, R, Q गलत हैं। C, E, S, P, Q संभव नहीं है क्योंकि S को A के साथ होना चाहिए।

2. (*d*) : यदि K का चयन किया गया है, P का चयन नहीं किया जा सकता है। अत: P, S, A, D गलत है। D और Q एक साथ नहीं जा सकते हैं। अत: Q, S, A, D गलत है। S और A एक साथ होना जरूरी है। अत: Q, S, C, E गलत है।

3. (*c*) : यदि D का चयन किया गया है, तो Q का चयन नहीं किया जा सकता है। अत: P, Q, B, C और P, Q, C, E सही नहीं हैं। S और A एक साथ होना जरूरी है। अत: P, S, C, E भी गलत है।

4. (*d*) : यदि A और C सदस्य हैं, S और E को भी चुना जाना है तो P, Q, E सही संयोजन नहीं है।

5. (*a*) : P और K एक साथ नहीं हो सकते हैं। अत: R, S, A, D गलत है। S और A को एक साथ होना जरूरी है। अत: Q, S, B, D और Q, S, C, E गलत हैं।

6. (*c*) : (*a*), (*iii*) का उल्लंघन करता है और इसलिए स्वीकार्य नहीं है। (*b*), (*iv*) का उल्लंघन करता है और इसलिए स्वीकार्य नहीं है। (*d*), (*iii*) का उल्लंघन करता है और इसलिए स्वीकार्य नहीं है।

7. (*a*) : स्पष्ट रूप से, समिति में ऑपरेशन से दो एग्जीक्यूटिव हैं और फाइनेंस से एक एग्जीक्यूटिव है। ऑपरेशन के दो एग्जीक्यूटिव (E, F), (F, M) या (E, M) हो सकते हैं। लेकिन, (E, F), (*iv*) का उल्लंघन करता है। अत: या तो (E, M) या (F, M) को नियुक्त किया जाना चाहिए। इस प्रकार, समिति में M को शामिल होना चाहिए।

8. (*a*) : यदि B को नियुक्त किया गया है, तो C को नियुक्त नहीं किया जा सकता है। D और F का एक साथ होना जरूरी है। यदि E को नियुक्त किया गया है, तो M को भी नियुक्त किया जाना है। अत: D, F और M के साथ B चार सदस्यीय समिति का गठन कर सकता है। इस प्रकार (*a*) सत्य है। यदि F को नियुक्त किया गया है, तो D को भी नियुक्त किया जाना जरूरी है। स्पष्ट रूप से, भले ही C को नियुक्त नहीं किया गया हो, F और D (E और M) या (B और M) के साथ समिति का गठन कर सकते हैं। इस प्रकार (*b*) गलत है। यदि C को नियुक्त किया गया है, तो B को नियुक्त नहीं किया जा सकता है। तब, D और F को एक साथ होना है और यदि E को नियुक्त किया जाता है, तो M को भी नियुक्त किया जाना चाहिए। अत: D, F और M के साथ C चार सदस्यीय समिति का गठन कर सकता है। इसलिए (*c*) भी गलत है।

9. (*d*) : स्पष्ट रूप से, समिति के पास B और M के अलावा एक और सदस्य है। यदि B को नियुक्त किया गया है, तो C को नियुक्त नहीं किया जा सकता है। D और F का एक साथ होना जरूरी है। अत: तीसरे नियुक्त व्यक्ति को M होना चाहिए। इस प्रकार, समिति में ऑपरेशन से दो एग्जीक्यूटिव हैं।

10. (*c*) : स्पष्ट रूप से, समिति में वित्त से दो एग्जीक्यूटिव और ऑपरेशन से एक एग्जीक्यूटिव हैं। चूंकि B और C एक साथ नहीं जा सकते हैं, इसलिए वित्त से दो एग्जीक्यूटिव D और B या C होने चाहिए। यदि D को नियुक्त किया गया है, तो F भी नियुक्त किया जाना चाहिए। इस प्रकार, समिति में F को शामिल होना चाहिए।

11. (*b*) : पुरुष वकील A और B हैं; महिला डॉक्टर P, Q और S हैं; E, T और U शिक्षक हैं। अब, A और B का चयन किया जाएगा। A, P और U एक साथ होना जरूरी है। अब, हमें एक महिला

डॉक्टर का चयन करना होगा। यह Q या S हो सकता है लेकिन Q और E का एक साथ होना जरूरी है। चूंकि E का चयन नहीं किया जाता है, इसलिए S का चयन किया जाएगा। इस प्रकार, टीम A, B, P, U, S है।

12. (*b*) : वकील A, B और K हैं; डॉक्टर C, D, P, Q, S हैं; शिक्षक E, T और U हैं। टीम में तीन शिक्षक E, T और U हैं। अब, A, P और U का एक साथ होना जरूरी है। E और Q एक साथ होना जरूरी है। इस प्रकार, टीम A, E, P, Q, T, U है।

13. (*a*) : पुरुष वकील A और B हैं; पुरुष डॉक्टर C और D हैं; महिला डॉक्टर P, Q और S हैं; E, T और U शिक्षक हैं। यदि A का चयन किया जाता है, तो P और U का चयन किया जाएगा। D और P एक साथ नहीं जा सकते हैं। अत: एक पुरुष डॉक्टर C का चयन किया जाएगा। C और T एक साथ होना जरूरी है। इस प्रकार, टीम A, C, P, T, U है। यदि B का चयन किया गया है, तो D का चयन नहीं किया जाएगा। अत: पुरुष डॉक्टर C का चयन नहीं किया जाएगा। C और T एक साथ होना जरूरी है। अब, दूसरा शिक्षक चुना जाना है, जो E या U हो सकता है। लेकिन U, A के बिना नहीं जा सकता है, इसलिए E का चयन किया जाएगा। E और Q का एक साथ होना जरूरी है। इस प्रकार, टीम B, C, E, Q, T भी हो सकती है।

14. (*c*) : वकील A, B और R हैं; डॉक्टर C, D, P, Q और S हैं; पुरुष शिक्षक E है। स्पष्ट रूप से, E का चयन किया जाएगा। E और Q एक साथ होना जरूरी है। C और Q एक साथ नहीं हो सकते हैं। अत: C का चयन नहीं किया जाएगा। P को भी नहीं चुना जा सकता है क्योंकि U का चयन नहीं किया गया है। अत: दो अन्य डॉक्टरों Q और S का चयन किया जाएगा। P का चयन नहीं किया गया है, इसलिए A का चयन नहीं किया जाएगा। D का चयन किया गया है, इसलिए B का चयन नहीं किया जा सकता है। इस प्रकार, टीम D, E, Q, R, S है।

15. (*a*) : A, C, P, R, T, U और A, E, P, Q, R, T गलत हैं क्योंकि इनमें से प्रत्येक संयोजन में चार महिलाएं शामिल हैं। B, C, E, Q, R, T गलत है क्योंकि B और K एक साथ नहीं जा सकते हैं।

16. (*d*) : यदि A को टीम में शामिल किया जाता है, तो Y और B का चयन नहीं किया जा सकता है। अत: टीम के दो वरिष्ठ एग्जीक्यूटिव X और Z को होने चाहिए। चूंकि Z और C को एक साथ नहीं लिया जा सकता है, इसलिए चौथा सदस्य D होना चाहिए।

17. (*d*) : स्पष्ट रूप से, Y और C को X और B या D के साथ चुना जा सकता है। अत: I गलत है।

Z और B को X या Y और D के साथ चुना जा सकता है। अत: II गलत है। X और Y तथा A या B के साथ Z और D का चयन किया जा सकता है, अत: III गलत है।

18. (*b*) : यदि Y और Z का चयन किया जाता है, तो (*i*) और (*ii*) द्वारा, A और C का चयन नहीं किया जा सकता है। इस प्रकार, टीम में दो जूनियर एग्जीक्यूटिव B और D को होना चाहिए।

19. (*b*) : B और D भी Y और Z के साथ एक टीम बना सकते हैं। अत: I गलत है। यदि C का चयन किया जाता है, तो Z का चयन नहीं किया जा सकता है। अत: टीम में दो वरिष्ठ एग्जीक्यूटिव X और Y को होना चाहिए, अत: II सही है। यदि A और C दोनों को निरस्त कर दिया जाता है, तो टीम में दो जूनियर एग्जीक्यूटिव B और D को होना चाहिए और B और D के पास X, Y और Z के बीच से दो वरिष्ठ एग्जीक्यूटिव हो सकते हैं। अत: III सही है।

20. (*a*) : डॉक्टर A, B, C, D और E हैं; महिला शिक्षक O, P और Q हैं; इंजीनियर G, H, K और L हैं। चयनित तीन महिला शिक्षकों में O, P और Q है। अब, जहां भी पुरुष चिकित्सक है, वहां कोई महिला शिक्षक नहीं होगी। लेकिन तीन महिला शिक्षक चुनी जाती हैं, अत: C, D और E का चयन नहीं किया जा सकता है। इस प्रकार, दो डॉक्टरों A और B का चयन किया जाता है। चूंकि महिला डॉक्टरों का चयन किया जाता है, इसलिए पुरुष इंजिनियर K और L का चयन नहीं किया जा सकता है। अत: गठित टीम A, B, O, P, Q, G, H है।

21. (*d*) : डॉक्टर A, B, C, D और E हैं; इंजीनियरों में G, H, K और L हैं; शिक्षकों में M, N, O, P, Q और R हैं। चार शिक्षकों की जरूरत है। तीन पुरुष शिक्षक हैं। अत: महिला शिक्षक का भी चयन किया जाएगा। अत: पुरुष चिकित्सक यानि C, D और E का चयन नहीं किया जा सकता है। इस प्रकार, चयनित दो डॉक्टरों में A और B होंगे। दोनों चयनित डॉक्टर महिलाएं हैं। अत: पुरुष अभियंता K या L का चयन नहीं किया जा सकता है और या तो G या H का चयन किया जा सकता है। स्पष्ट रूप से, असंभव टीम A, B, K, N, R, P, Q है क्योंकि K का भी चयन नहीं किया जायेगा।

22. (*c*) : डॉक्टर A, B, C, D और E हैं; महिला शिक्षक O, P और Q हैं; इंजीनियरों G, H, K और L हैं। चूंकि दो महिला शिक्षकों का चयन किया जाना है, इसलिए पुरुष चिकित्सक यानि C, D और E का चयन नहीं किया जा सकता है। इस प्रकार, दो डॉक्टरों A और B का चयन होगा। दोनों डॉक्टर महिलाएं हैं। अत: पुरुष अभियंता K या L का चयन नहीं किया जा सकता है और G और H का भी चयन किया जाना जरूरी है। स्पष्ट रूप से, एकमात्र असंभव टीम A, B, K, L, P, Q है।

23. (*c*) : डॉक्टर A, B, C, D और E हैं; पुरूष अभियंता S और L हैं; शिक्षक M, N, O, P, Q और R हैं। स्पष्ट रूप से, दो पुरुष इंजीनियर K और L का चयन किया जाना है। चूंकि पुरुष कर्मियों का चयन किया जाता है, इसलिए महिला चिकित्सक यानि A और B का चयन नहीं किया जा सकता है। इस प्रकार, तीन डॉक्टरों C, D और E का चयन किया जाना है। चुने गए डॉक्टर सभी पुरुष हैं। अत: महिला शिक्षकों O, P और Q का चयन नहीं किया जा सकता है। इस प्रकार, M, N और R में से दो शिक्षकों का चयन किया जाना है। अत: संभव टीम A, B, K, L, P, Q है।

24. (*d*) : चूंकि कोई विशेष विनिर्देश नहीं दिया जाता है, इसलिए हम सुझाए गए टीमों की शुद्धता को अलग से सत्यापित करेंगे। स्पष्ट रूप से, C, D, K, L, O, P गलत है क्योंकि C और D पुरुष चिकित्सक हैं और इसलिए महिला शिक्षक O और P के साथ नहीं जा सकते हैं।

25. (*d*) : यदि E का चयन किया गया है, तो A का चयन किया जाना चाहिए। अत: F का चयन नहीं किया जाना चाहिए। चूंकि B और D को एक साथ होना है, इसलिए E और A के अलावा अन्य दो लड़के B और D, स्पष्ट रूप से होना चाहिए, टीम में दो लड़कियां हैं। यदि K का चयन किया गया है, तो P का चयन किया जाना चाहिए। इस प्रकार, टीम A, B, D, E, P, K बन जाती है।

26. (*c*) : P, Q, K और S से कम से कम तीन लड़कियों का चयन किया जाना चाहिए। लेकिन P, S के साथ नहीं जा सकता है, तो P, Q, K या Q, R, S का चयन किया जाना चाहिए। लेकिन, P और K को एक साथ होना जरूरी है। अत: P, Q, R का चयन किया जाना चाहिए। यदि Q का चयन किया गया है, तो A का भी चयन किया जाएगा और इसलिए E का चयन नहीं किया जाना चाहिए। चूंकि C, Q के साथ टीम बनाने के लिए सहमत है, इसलिए C का चयन किया जाना चाहिए। B और D का एक साथ होना जरूरी है। अत: चयनित शेष दो लड़के B और D होने चाहिए। इस प्रकार, टीम B, C, D, P, Q, R बन जाती है।

27. (*a*) : स्पष्ट रूप से, टीम में पांच लड़के और एक लड़की शामिल है। अब, छह लड़कों में से A, B, C, D, E और F - A या D के साथ F नहीं जा सकता है। अत: हम F को छोड़ देते हैं। इस प्रकार, A, B, C, D और E का चयन अवश्य किया जाना चाहिए। चूंकि C का चयन किया गया है, इसलिए Q का चयन नहीं किया जा सकता है। चूंकि P और K को एक साथ होना चाहिए, उनमें से किसी का भी चयन नहीं किया जा सकता है। अत: S का चयन किया जाना चाहिए। इस प्रकार, टीम A, B, C, D, E, S बन जाती है।

28. (*b*) : स्पष्ट रूप से, टीम में तीन लड़के और तीन लड़कियां शामिल हैं। चूंकि C का चयन किया जाता है, इसलिए Q का चयन नहीं किया जा सकता है। इस प्रकार, चयनित तीन लड़कियों में P, R और S शामिल हैं, दो लड़कों का भी चयन किया जाना जरूरी है। चूंकि B और D को एक साथ होना चाहिए, तथा A और E को एक साथ होना चाहिए, इसलिए या तो (B, D) या (A, E) का चयन किया जाना चाहिए। लेकिन E, P के साथ टीम बनाने से इंकार कर देता है अत: B और D का चयन अवश्य किया जाना चाहिए। इस प्रकार, टीम B, C, D, P, R, S बन जाती है।

29. (*a*) : चूंकि C, Q के साथ टीम नहीं बना सकती है, इसलिए (*a*) संभव नहीं है।

प्रश्न 30 से 32

दो कारों - I और II पर विचार करें।

A और D एक ही कार में बैठते हैं, मान लीजिए की वह कार I है। H उस कार में नहीं है अर्थात H कार II में है। B और C उस कार में नहीं हैं जिसमें D है अर्थात B और C कार II में हैं। F एक ही कार में A और E के साथ बैठता है अर्थात कार I में है। G दूसरे कार में है अर्थात कार II में। इस प्रकार, हमारे पास है:

कार I $\rightarrow$ A, D, E, F

कार II $\rightarrow$ B, C, G, H

30. (*a*) : B और C उसी कार में बैठे हैं जिसमें G और H बैठे हैं।

31. (*d*) : स्पष्ट रूप से, G कार में नहीं बैठा है जिसमें A और E बैठे हैं।

32. (*a*) : स्पष्ट रूप से, कथन (*i*) आवश्यक नहीं है।

33. (*a*) : यदि C का चयन किया गया है, तो A का चयन नहीं किया जाना चाहिए। अत: चयनित दूसरा एकाउंट्स एक्जीक्यूटिव को B होना चाहिए। यदि C का चयन किया गया है, तो E का चयन नहीं किया जा सकता है। यदि F का चयन किया गया है, D का चयन नहीं किया जा सकता है। अत: चुने गए तीन एकाउंट्स एग्जीक्यूटिव को अवश्य ही F, G और H होना चाहिए। इस प्रकार, केवल एक टीम बनाई गई है - B, C, F, G, H

34. (*a*) : यदि C का चयन किया गया है, तो A का चयन नहीं किया जा सकता है। अत: B का चयन किया जाना चाहिए। अब, यदि C का चयन किया गया है, तो E का चयन नहीं किया जा सकता है। अत: तीन एकाउंट्स एग्जीक्यूटिव को D, F, G और H के बीच से चुना जाना है, लेकिन यदि D का चयन किया जाता है, तो न तो F और न ही G का चयन किया जा सकता है। अत: D का चयन नहीं किया जा सकता है और F, G, H का चयन किया जाना चाहिए।

35. (*a*) : चूंकि दो एकाउंट्स सहायकों का चयन करना है तथा A और C को एकसाथ टीम में नहीं रखा जा सकता है, इसलिए B को या तो A या C के साथ चुना जाना है।

36. (*a*) : जैसा कि प्रश्न 35 में चर्चा की गयी है, दो चयनित एकाउंट्स एग्जीक्यूटिव को अवश्य ही (A, B) या (B, C) होना चाहिए। यदि D (A, B) के साथ का चयन किया जाता है, तो न तो F और न ही G का चयन किया जा सकता है। अत: E और H का चयन किया जाना चाहिए और टीम A, B, D, E, H बन जाती है। यदि D का चयन नहीं किया गया है और E (A, B) के साथ का चयन किया जाता है, तो शेष दो एकाउंट्स एग्जीक्यूटिव (F, G) या (G, H) या (F, H) चुने जा सकते हैं।

इस प्रकार, संभावित टीम A, B, E, F, G; A, B, E, G, H और A, B, E, F, H होगी। यदि न तो D और न ही E का चयन किया जाता है, तो F, G और H का चयन (A, B) और टीम के साथ किया जा सकता है और टीम A, B, F, G, H बन जाती है। यदि (B, C) का चयन किया गया है, तो E का चयन नहीं किया जा सकता है।

अत: तीन एकाउंट्स एग्जीक्यूटिव को D, F, G और H के बीच से चुना जाना है, लेकिन यदि D का चयन किया जाता है, तो न तो F और न ही G का चयन किया जा सकता है। अत: D का चयन नहीं किया जा सकता है और F, G, H का चयन अवश्य किया जाना चाहिए। इस प्रकार, टीम B, C, F, G, H बन जाती है। इस प्रकार, संभावित टीमों की कुल संख्या है - (A, B, D, E, H); (A, B, E, F, G); (A, B, E, G, H); (A, B, E, F, H); (A, B, F, G, H); (B, C, F, G, H)

37. (*d*) : यदि D का चयन किया जाता है, न तो F और न ही G का चयन किया जा सकता है। अत: चयनित अन्य दो एकाउंट्स एग्जीक्यूटिव में E और H को होना चाहिए। यदि E का चयन किया जाता है, तो C का चयन नहीं किया जाना चाहिए। अत: चुने गए दो एकाउंट्स सहायक A और B होने चाहिए।

38. (*a*) : मान लीजिए कि एक अभ्यर्थी A की पेशकश करता है। तब, उसे B को भी पेश करना होगा। A और B के साथ तीसरा विषय E नहीं हो सकता है लेकिन C, D और F में से कोई भी हो सकता है। इस प्रकार, संभावित संयोजन, ABC, ABD और ABF हैं। मान लीजिए कि एक अभ्यर्थी C प्रदान करता है। तब, वह F की पेशकश नहीं कर सकता है। इसके अलावा, A और B एक साथ जाते हैं और उनमें से किसी की भी पेशकश नहीं की जा सकती है, क्योंकि A और B दोनों के संभावित संयोजनों पर पहले ही विचार किया जा चुका है। अत: C को D और E के साथ पेश किया जा सकता है। इस प्रकार, एक और संभावित

संयोजन CDE है। अतः चार संभावित संयोजन हैं – ABC, ABD, ABF, CDE

39. (*c*) : संभावित संयोजन हैं – ABC, ABD, ABF, CDE
E केवल CDE में है। अतः अभ्यर्थियों की संख्या जिन्होंने CDE की पेशकश की = उन अभ्यर्थियों की संख्या जिन्होंने E की पेशकश की = 70
वहां F केवल ABF में है। अतः अभ्यर्थियों की संख्या जिन्होंने ABF की पेशकश की = अभ्यर्थियों की संख्या जिन्होंने F की पेशकश की = 35
D वहां ABD और CDE दोनों में है। अतः अभ्यर्थियों की संख्या जिन्होंने ABD की पेशकश की = अभ्यर्थियों की संख्या जिन्होंने D की पेशकश की – अभ्यर्थियों की संख्या जिन्होंने CDE की पेशकश की = 85 – 70 = 15
C, CDE और ABC दोनों में है। अतः अभ्यर्थियों की संख्या जिन्होंने ABC की पेशकश की = अभ्यर्थियों की संख्या जिन्होंने C की पेशकश की – अभ्यर्थियों की संख्या जिन्होंने CDE की पेशकश की = 90 – 70 = 20। अतः शामिल होने वाले अभ्यर्थियों की कुल संख्या = 70 + 35 + 15 + 20 = 140

40. (*b*) : ABC की पेशकश करने वाले अभ्यर्थियों की संख्या = 20

41. (*d*) : स्पष्ट रूप से अभ्यर्थियों की आवश्यक संख्या = CDE की पेशकश करने वाले अभ्यर्थियों की संख्या= 70

42. (*c*) : अभ्यर्थियों की आवश्यक संख्या = अभ्यर्थियों की संख्या जिन्होंने ABF की पेशकश की = 35

प्रश्न 43 से 46

(*iv*) से, यदि एक प्रशिक्षक पहली अवधि के दौरान पढ़ाता है, तो दो प्रशिक्षक तीसरे अवधि के दौरान पढ़ाएंगे और शेष चार प्रशिक्षक दूसरी अवधि के दौरान पढ़ाएंगे। पुनः यदि दो प्रशिक्षक पहली अवधि के दौरान पढ़ाते है, तो चार प्रशिक्षक तीसरे अवधि के दौरान पढ़ाएंगे और शेष दो प्रशिक्षक दूसरे कार्यकाल के दौरान पढ़ाएंगे। इस प्रकार, पहले, दूसरे और तीसरे अवधियों के दौरान पढ़ाने वाले प्रशिक्षकों की संख्या क्रमशः 1, 4, 2 या 2, 1, 4 हो सकती है।

43. (*a*) : यदि L पहली अवधि के दौरान पढ़ाता है, तो M भी पहली अवधि के दौरान पढ़ाता है। इस प्रकार (*iii*) से, Q दूसरे अवधि के दौरान पढ़ाता है। जैसा कि (*b*) में दिया गया है, N दूसरे अवधि के दौरान भी पढ़ाता है। लेकिन जैसा कि ऊपर चर्चा की गई है, दो शिक्षक पहले और साथ ही दूसरे अवधि के दौरान भी नहीं पढ़ा सकते हैं। अतः (*b*) सही नहीं है। जैसा कि (*c*) में दिया गया है और (*ii*) के अनुसार, हम पाते हैं कि तीन शिक्षक — L, M और Q – पहली अवधि के दौरान पढ़ाते हैं, जो संभव नहीं है। अतः (*c*) सही नहीं है। (*d*) में दिया गया है और (*i*) और (*ii*) के अनुसार, हम पाते हैं कि पांच शिक्षक — J, K, L, M और P — तीसरे अवधि के दौरान पढ़ाते हैं, जो संभव नहीं है। अतः (*d*) सही नहीं है। अतः (*a*) सही है।

44. (*c*) : यदि L पहली अवधि के दौरान पढ़ाता है, इसलिए (*ii*) से, M भी पहली अवधि के दौरान पढ़ाता है। अब, यदि दो प्रशिक्षक पहली अवधि के दौरान पढ़ाते है, तो चार प्रशिक्षक तीसरे अवधि के दौरान पढ़ाएंगे। अतः (*iii*) से, Q तीसरी अवधि में नहीं पढ़ाता है और (*vi*) से, केवल J और P में से कोई एक तीसरी अवधि में पढ़ा सकता है। अतः तीसरी अवधि के लिए हमारे पास केवल तीन प्रशिक्षक बचते – K, N और या तो J या P, जो संभव नहीं है।

45. (*b*) : यदि एक प्रशिक्षक दूसरी अवधि के दौरान पढ़ाता है, तो दो प्रशिक्षक पहली अवधि के दौरान पढ़ाएंगे और चार प्रशिक्षक तीसरी अवधि के दौरान पढ़ाएंगे। मान लें कि L और M पहली अवधि के दौरान पढ़ाते हैं। तब, Q दूसरी अवधि के दौरान पढ़ाएगा और J, K, N और P तीसरी अवधि के दौरान पढ़ाएंगे। यह (*vi*) का उल्लंघन करता है। अतः L और M तीसरी अवधि के दौरान पढ़ाते हैं।

46. (*b*) : यदि दूसरी अवधि की तुलना में पहली अवधि के दौरान अधिक प्रशिक्षक पढ़ाते है, तो एक प्रशिक्षक दूसरी अवधि के दौरान पढ़ाता है, दूसरी अवधि के दौरान चार प्रशिक्षक पढ़ाते हैं और तीसरी अवधि के दौरान दो प्रशिक्षक पढ़ाते हैं। अब, K एक प्रशिक्षक है जो तीसरी अवधि के दौरान पढ़ाएगा। चूंकि L और M एक ही अवधि के दौरान पढ़ाते हैं, इसलिए वे केवल दूसरे अवधि के दौरान ही पढ़ा सकते हैं।

47. (*b*) : (*iv*) से, यदि L एक प्रतिनिधि है, तो K प्रतिनिधि नहीं हो सकता है। यदि L और N अध्यापक सदस्यों से दो प्रतिनिधि हैं, तो P छात्रों का प्रतिनिधि नहीं हो सकते हैं क्योंकि यदि P प्रतिनिधि है, तो M को भी एक प्रतिनिधि होना चाहिए। अतः यदि L, N और Q प्रतिनिधि हैं, तो R को समिति में छात्रों की ओर से दूसरा सदस्य होना चाहिए।

48. (*a*) : यदि P एक प्रतिनिधि है, तो M को भी एक प्रतिनिधि होना चाहिए। अतः अध्यापक से N दूसरा सदस्य नहीं हो सकता है क्योंकि या तो K या L को प्रतिनिधियों में से एक होना चाहिए।

49. (*b*) : यदि K एक प्रतिनिधि है, तो L प्रतिनिधि नहीं हो सकता है। इसके अलावा, M प्रतिनिधि नहीं है। अतः के और N अध्यापक सदस्यों के प्रतिनिधि हैं। (*iii*) से, चूंकि M प्रतिनिधि नहीं है, इसलिए P छात्रों से प्रतिनिधि नहीं हो सकता है। इस प्रकार, या तो Q या S छात्रों से दूसरा प्रतिनिधि है। (*b*) की जानकारी का उपयोग करके, हम कह सकते हैं कि चार प्रतिनिधि K, N, Q और R हैं।

50. (*a*) : यदि न तो Q और न ही S प्रतिनिधि है, P और K छात्रों के प्रतिनिधि हैं। यदि K एक प्रतिनिधि है तो L प्रतिनिधि नहीं हो सकता है। इस प्रकार, के अध्यापक सदस्यों के प्रतिनिधियों में से एक है क्योंकि या तो K या L को प्रतिनिधियों में से एक होना चाहिए। यदि P एक प्रतिनिधि है, तो M को भी एक प्रतिनिधि होना चाहिए। अतः K और M अध्यापक सदस्यों का जोड़ा है जिन्हें अवश्य ही प्रतिनिधि होना चाहिए।

51. (*b*) : (*ii*) से, यदि L प्रतिनिधि है, तो K प्रतिनिधि नहीं हो सकता हैं। अतः (*d*) गलत है। (*iv*) से, यदि L एक प्रतिनिधि है, तो K प्रतिनिधि नहीं हो सकता है। अतः (*c*) की स्थिति से इंकार कर दिया गया है। (*iii*) से, यदि P एक प्रतिनिधि है, तो M को भी एक प्रतिनिधि होना चाहिए। अतः (*a*) भी गलत है। अतः केवल (*b*) सही है।

प्रकार 6: परिवार-आधारित पहेलियाँ

इस प्रकार के प्रश्नों में, परिवार के विभिन्न सदस्यों के संबंध में कुछ संकेत दिए जाते हैं जिनमें उनके व्यवसाय, गुण, कपड़े, प्राथमिकता इत्यादि की जानकारी होती है। अभ्यर्थी को पूरी जानकारी का विश्लेषण करना होता है और फिर उसके आधार पर दिए गए प्रश्नों को हल करना होता है।

उदा. 1. ***निम्नलिखित जानकारी को सावधानीपूर्वक पढ़ें और नीचे दिए गए प्रश्नों का उत्तर दें:*** **(S.B.I.P.O. 2000)**

(*i*) छह लोगों के परिवार में - P, Q, R, S, T और U हैं- जिसमें तीन पुरुष और तीन महिलाएं हैं। दो विवाहित जोड़े हैं और दो लोग अविवाहित हैं। उनमें से प्रत्येक लोग अलग-अलग समाचार पत्र पढ़ते है, जैसे टाइम्स ऑफ इंडिया, इंडियन एक्सप्रेस, हिंदुस्तान टाइम्स, बिजनेस हेराल्ड, नवभारत टाइम्स और N ट्रिब्यून।

(*ii*) T, जो इंडियन एक्सप्रेस पढ़ता है, P की सास है जो R की पत्नी है। U के पिता S हैं और वह टाइम्स ऑफ इंडिया या N ट्रिब्यून नहीं पढ़ते हैं। Q नवभारत टाइम्स पढ़ती है और वह U की बहन है जो हिंदुस्तान टाइम्स पढ़ती है। R ट्रिब्यून नहीं पढ़ता है।

1. T के कितने बेटे हैं?
(*a*) एक (*b*) दो (*c*) तीन
(*d*) चार (*e*) इनमें से कोई नहीं

2. निम्नलिखित में से कौन टाइम्स ऑफ इंडिया पढ़ता है?
(*a*) P (*b*) R (*c*) S
(*d*) डाटा अपर्याप्त है (*e*) इनमें से कोई नहीं

3. निम्नलिखित में से कौन सा समाचार पत्र P द्वारा पढ़ा जाता है?
(*a*) बिजनेस हेराल्ड (*b*) टाइम्स ऑफ इंडिया
(*c*) नवभारत टाइम्स (*d*) डाटा अपर्याप्त है
(*e*) इनमें से कोई नहीं

4. T से U कैसे संबंधित है?
(*a*) बेटा (*b*) बेटी (*c*) भाई
(*d*) डाटा अपर्याप्त है (*e*) इनमें से कोई नहीं

5. निम्नलिखित में से कौन सा एक विवाहित जोड़ा है?
(*a*) QU (*b*) TU (*c*) SQ
(*d*) ST (*e*) इनमें से कोई नहीं

हल: P की सास T है और R की पत्नी P है। अत: P का पति R है और R की मां T है। अत: एक जोड़ा RP है। चूंकि U का पिता S है, इसलिए T का पति S है। अत: दूसरा जोड़ा ST है।
चूंकि U की बहन Q है, इसलिए S और T के बच्चे R, U और Q हैं। चूंकि कुल 3 पुरुष हैं, इसलिए U भी पुरुष है। Q नवभारत टाइम्स पढ़ता है; U हिंदुस्तान टाइम्स पढ़ता है; T इंडियन एक्सप्रेस पढ़ता है। चूंकि S टाइम्स ऑफ इंडिया या N ट्रिब्यून नहीं पढ़ता है, इसलिए S बिजनेस हेराल्ड पढ़ता है। चूंकि R ट्रिब्यून नहीं पढ़ता है, इसलिए R टाइम्स ऑफ इंडिया पढ़ता है। स्पष्ट रूप से, P ट्रिब्यून पढ़ता है।

1. स्पष्ट रूप से, T के दो बेटे है — R और U हैं। अत: उत्तर (*b*) है।
2. R टाइम्स ऑफ इंडिया पढ़ता है। अत: उत्तर (*b*) है।
3. P ट्रिब्यून पढ़ता है। अत: उत्तर (*e*) है।
4. स्पष्ट रूप से, T का बेटा U है। अत: उत्तर (*a*) है।
5. दो जोड़ें — RP और ST हैं। अत: उत्तर (*d*) है।

उदा. 2. ***दिए गए प्रश्नों का उत्तर देने के लिए निम्नलिखित जानकारी को सावधानीपूर्वक पढ़ें:*** **(Asstt. Manager Exam, 2005)**

परिवार के सात सदस्य M, P, D, K, R, T और W हैं। उनमें से तीन महिला सदस्य हैं। दो वकील हैं, दो शिक्षक हैं, दो अभियंता हैं और उनमें से एक डॉक्टर है। महिला सदस्यों में से कोई भी अभियंता नहीं है। D एक वकील है और वह P का पति है। W एक शिक्षक है। M और K के बच्चे D और R हैं, T का पेशा उसके चाचा R के पेशे के समान है। T और W की दादी K है। R के पिता एक वकील है। K एक डॉक्टर नहीं है।

1. M, T से कैसे संबंधित है?
(*a*) भाई (*b*) पिता (*c*) चाचा
(*d*) डाटा अपर्याप्त है (*e*) इनमें से कोई नहीं

2. डॉक्टर कौन है?
(*a*) P (*b*) R (*c*) T
(*d*) डाटा अपर्याप्त है (*e*) इनमें से कोई नहीं

3. W, R से कैसे संबंधित है?
(*a*) भतीजा (*b*) भतीजी
(*c*) भतीजा या भतीजी (*d*) डाटा अपर्याप्त है
(*e*) इनमें से कोई नहीं

4. P, M से कैसे संबंधित है?
(*a*) बहू (*b*) पोती (*c*) बेटी (*d*) भाभी
(*e*) इनमें से कोई नहीं

5. निम्नलिखित में से व्यक्तियों का कौन सा जोड़ा अभियंता हैं?
(*a*) MP (*b*) RT (*c*) RW
(*d*) डाटा अपर्याप्त है (*e*) इनमें से कोई नहीं

हल: P का पति D है। M और K के बच्चे D और R हैं। चूंकि T का चाचा R है, इसलिए D और R भाई हैं। T और W की दादी K है। अत: D और P के बच्चे T और W हैं। इस प्रकार, D और R की मां K और पिता M हैं, इसलिए M, D, T और R पुरुष हैं; K और P महिलाएं हैं। चूंकि 3 महिलाएं हैं, इसलिए W भी एक महिला है। इस प्रकार, D और P की बेटी W है। D एक वकील है और R का पिता है, M एक वकील है। अत: दो वकील D और M हैं। W एक शिक्षक है। इसके अलावा, K, P, W में से कोई भी अभियंता नहीं है। चूंकि, T और R का पेशा एक समान है, इसलिए दोनों अभियंता हैं। इस प्रकार, दो अभियंता T और R हैं। K एक डॉक्टर नहीं है। अत: K एक शिक्षक हैं। इस प्रकार, दो शिक्षक W और K हैं। स्पष्ट रूप से, P एक डॉक्टर है।

1. D और T का पिता M है जो D का बेटा है। अत: T के दादाजी M हैं। अत: उत्तर (*e*) है।
2. P डॉक्टर हैं। अत: उत्तर (*a*) है।
3. D और R की बेटी W है जो D का भाई है। अत: R की भतीजी W है। अत: उत्तर (*b*) है।
4. D की पत्नी P है जो M का बेटा है। अत: M की बहु P हैं। अत: उत्तर (*a*) है।
5. दो अभियंता R और T हैं। अत: उत्तर (*b*) है।

उदा. 3. ***निम्नलिखित जानकारी को ध्यान से पढ़ें और दिए गए प्रश्नों का उत्तर दें:*** **(M.B.A. 2002)**

परिवार के सात सदस्य P, Q, R, S, T, V और W हैं। जिसमें तीन महिला सदस्य हैं। उनमें से प्रत्येक का एक अलग-अलग पेशा - वकील, चार्टर्ड एकाउंटेंट (CA), अभियंता, शिक्षक, डॉक्टर, वास्तुकार और फार्मेसिस्ट है। कोई भी महिला फार्मेसिस्ट या चार्ट चार्टर्ड एकाउंटेंट नहीं है। उनमें से प्रत्येक की एक अलग-अलग मासिक आय है। चार्टर्ड एकाउंटेंट सबसे

अधिक अर्जित करता है। S, अभियंता, V, डॉक्टर से कम अर्जित करता है। R, शिक्षक, P से अधिक और S से कम अर्जित करता है। W की पत्नी सबसे कम अर्जित करती है। T एक अविवाहित महिला वकील है और वह P से कम अर्जित करती है और केवल Q से अधिक अर्जित करती है। फार्मेसिस्ट की आय सबसे कम नहीं है।

1. कौन सबसे कम अर्जित करता है?
(*a*) P (*b*) Q (*c*) P or Q (*d*) R
(*e*) इनमें से कोई नहीं

2. निम्नलिखित में से पेशे का कौन सा जोड़ा पति और पत्नी के पेशे का प्रतिनिधित्व करता है?
(*a*) फार्मेसिस्ट, वास्तुकार (*b*) चार्टर्ड एकाउंटेंट, वास्तुकार
(*c*) अभियंता, फार्मेसिस्ट (*d*) चार्टर्ड एकाउंटेंट, अभियंता
(*e*) इनमें से कोई नहीं

3. निम्नलिखित में से कौन सा कथन गलत है?
(*a*) वास्तुकार, वकील से अधिक अर्जित करता है।
(*b*) शिक्षक, अभियंता से कम अर्जित करता है।
(*c*) डॉक्टर, अभियंता से अधिक अर्जित करता है।
(*d*) फार्मेसिस्ट, वकील से अधिक अर्जित करता है।
(*e*) इनमें से कोई नहीं

4. P का पेशा क्या है?
(*a*) फार्मेसिस्ट (*b*) वकील (*c*) शिक्षक
(*d*) डाटा अपर्याप्त है (*e*) इनमें से कोई नहीं

5. कितने सदस्य डॉक्टर से कम अर्जित करते है?
(*a*) दो (*b*) तीन (*c*) चार (*d*) पांच
(*e*) इनमें से कोई नहीं

6. निम्नलिखित में से कौन सा परिवार में महिला सदस्य का प्रतिनिधित्व करता है?
(*a*) PTQ (*b*) TRQ (*c*) VTQ (*d*) VTR
(*e*) डाटा अपर्याप्त है

हल: S, V से कम अर्जित करता है। R, P से अधिक और S से कम अर्जित करती है। T, P से कम अर्जित करता है।
इस प्रकार, S < V, P < R < S, T < P
उपरोक्त को मिलाने पर, हमारे पास है: T < P < R < S < V
चूँकि T केवल Q से अधिक अर्जित करता है। इसलिए Q सबसे कम अर्जित करता है। लेकिन W की पत्नी सबसे कम अर्जित करती है। अत: W की पत्नी Q है।
इस प्रकार, हमारे पास है: Q < T < P < R < S < V
S अभियंता हैं, V डॉक्टर हैं, R शिक्षक हैं, T वकील हैं। अत: Q फार्मेसिस्ट या CA या वास्तुकार हैं। लेकिन, Q एक महिला है और कोई भी महिला फार्मेसिस्ट या CA नहीं है। अत: Q वास्तुकार है। P और W, CA और फार्मेसिस्ट हैं। लेकिन CA सबसे अधिक अर्जित करता है और P सबसे अधिक अर्जित नहीं करता है। अत: W, CA है और अधिक अर्जित करता है। साथ ही, Q का पति W है और पुरुष है। अत: P एक फार्मेसिस्ट है और इसलिए पुरुष है।

उपरोक्त जानकारी को संक्षेप में सारांशित किया जा सकता है:

व्यक्ति	लिंग	पेशा	वैवाहिक
P	पुरुष	फार्मेसिस्ट	
Q	महिला	वास्तुकार	W की पत्नी
R	पुरुष/महिला	शिक्षक	
S	पुरुष/महिला	अभियंता	
T	महिला	वकील	अविवाहित
V	पुरुष/महिला	डॉक्टर	
W	पुरुष	चार्टर्ड एकाउटेंड	पति

आय के मामले में, हमारे पास है: Q < T < P < R < S < V

1. स्पष्ट रूप से, Q कम अर्जित करता है। अत: उत्तर (*b*) है।
2. स्पष्ट रूप से, W, चार्टर्ड एकाउंटेंट है, जो वास्तुकार Q का पति है। अत: उत्तर (*b*) है।
3. Q, वास्तुकार है, जो वकील T, से कम अर्जित करता है। अत: (*a*) गलत है।
4. स्पष्ट रूप से, P फार्मेसिस्ट है। अत: उत्तर (*a*) है।
5. V डॉक्टर है और पांच सदस्य— Q, T, P, R और S हैं— जो V से कम अर्जित करता है। अत: उत्तर (*d*) है।
6. स्पष्ट रूप से, महिलाएं— Q, T और R, S और V हैं। अत: उत्तर (*e*) है।

अभ्यास 6F

दिशा-निर्देश *(प्रश्न 1 से 5): निम्नलिखित जानकारी को सावधानीपूर्वक पढ़ें और नीचे दिए गए प्रश्नों का उत्तर दें:* (Bank P.O. 2004)

M, K, J, T, R, D और W परिवार के सात सदस्य हैं। उनमें से दो विवाहित जोड़े दो अलग-अलग पीढ़ियों से संबंधित हैं। उनमें से प्रत्येक को विभिन्न प्रकार के व्यंजन - चाइनीज, महाद्वीपीय, थाई, पंजाबी, दक्षिण भारतीय, गुजराती और मालवानी पसंद हैं। परिवार में दादाजी को गुजराती भोजन पसंद हैं। महिलाओं में से किसी को भी महाद्वीपीय या थाई भोजन पसंद नहीं है। M का बेटा T है, जिसे चाइनीज भोजन पसंद है। J की बहू W है और उसे दक्षिण भारतीय भोजन पसंद है। D के दादाजी K हैं, जिसे पंजाबी भोजन पसंद हैं। R की मां J है, जिसे महाद्वीपीय भोजन पसंद है।

1. D से R का क्या संबंध है?
(*a*) पिता (*b*) भाई (*c*) चाचा
(*d*) डाटा अपर्याप्त है (*e*) इनमें से कोई नहीं

2. परिवार में पुरुष सदस्य कितने हैं?
(*a*) 3 (*b*) 4 (*c*) 5
(*d*) डाटा अपर्याप्त है (*e*) इनमें से कोई नहीं

3. निम्नलिखित में से किस समूह में प्रत्येक पीढ़ियों में से एक शामिल है?
(*a*) JRT (*b*) JRW (*c*) MRD (*d*) MWT
(*e*) इनमें से कोई नहीं

4. T कौन सा भोजन पसंद करता है?
(*a*) गुजराती (*b*) थाई (*c*) मालवानी
(*d*) डाटा अपर्याप्त है (*e*) इनमें से कोई नहीं

5. निम्नलिखित में से कौन सा संयोजन दो विवाहित महिलाओं के पसंदीदा भोजन का प्रतिनिधित्व करता है?
(*a*) मालवानी, दक्षिण भारतीय
(*b*) दक्षिण भारतीय, पंजाबी
(*c*) पंजाबी, मालवानी
(*d*) डाटा अपर्याप्त है
(*e*) इनमें से कोई नहीं

दिशा-निर्देश *(प्रश्न 6 से 10): नीचे दी गई जानकारी को पढ़ें और निम्नलिखित प्रश्नों का उत्तर दें-*

P, Q, R, S और T पांच व्यक्ति हैं। एक फुटबॉल खिलाड़ी है, एक चेस खिलाड़ी है और एक हॉकी खिलाड़ी है। P और S अविवाहित महिलाएं हैं और जो किसी भी खेल में भाग नहीं लेती हैं। कोई भी महिला चेस या फुटबॉल नहीं खेलती है। एक विवाहित जोड़ा है जिसमें T पति है। R का भाई Q है और जो न तो चेस खिलाड़ी है और न ही हॉकी खिलाड़ी है।

6. फुटबॉल खिलाड़ी कौन है?
(*a*) P (*b*) Q (*c*) R (*d*) S (*e*) T

7. हॉकी खिलाड़ी कौन है?
(*a*) P (*b*) Q (*c*) R (*d*) S (*e*) T

8. चेस खिलाड़ी कौन है?
(*a*) P (*b*) Q (*c*) R (*d*) S (*e*) T

9. T की पत्नी कौन है?
(*a*) P (*b*) Q (*c*) R (*d*) S
(*e*) इनमें से कोई नहीं

10. तीन महिलाएं है:
(*a*) P, Q, R (*b*) Q, R, S (*c*) P, Q, S
(*d*) P, R, S (*e*) इनमें से कोई नहीं

दिशा-निर्देश *(प्रश्न 11 से 15): निम्नलिखित जानकारी को सावधानीपूर्वक पढ़ें और नीचे दिए गए प्रश्नों का उत्तर दें:* **(I.B.P.S. 2002)**

P, Q, R, S, T, V और W परिवार के सात सदस्य हैं जो तीन पीढ़ियों से संबंधित हैं। दो विवाहित जोड़े हैं, जिसमें प्रत्येक जोड़े में एक पहली और दूसरी पीढ़ियों से है। वे X, Y और Z की तीन अलग-अलग कारों में यात्रा करते हैं ताकि किसी भी कार में तीन से अधिक सदस्य न हों और प्रत्येक कार में कम से कम एक महिला बैठी हो। R, जो एक पोती है, अपने दादा और दादी के साथ यात्रा नहीं करती है। Q कार Y में अपने पिता T के साथ यात्रा करता है। V कार X में अपनी पोती S के साथ यात्रा करता है। P कार Z में अपनी बेटी के साथ यात्रा करता है।

11. किस कार में तीन सदस्य यात्रा कर रहे है?
(*a*) X (*b*) Y (*c*) Z (*d*) X या Y
(*e*) इनमें से कोई नहीं

12. P से W का क्या संबंध है?
(*a*) सास (*b*) बेटी (*c*) बहन
(*d*) डाटा अपर्याप्त है (*e*) इनमें से कोई नहीं

13. परिवार में महिला सदस्य कितनी है?
(*a*) तीन (*b*) चार (*c*) पांच
(*d*) डाटा अपर्याप्त है
(*e*) इनमें से कोई नहीं

14. T से S का संबंध क्या है?
(*a*) दादी (*b*) बेटी (*c*) भतीजी
(*d*) डाटा अपर्याप्त है
(*e*) इनमें से कोई नहीं

15. निम्नलिखित में से कौन सा एक विवाहित जोड़ा है?
(*a*) QR (*b*) QS (*c*) ST
(*d*) डाटा अपर्याप्त है (*e*) इनमें से कोई नहीं

दिशा-निर्देश *(प्रश्न 16 से 20): निम्नलिखित जानकारी को सावधानीपूर्वक पढ़ें और नीचे दिए गए प्रश्नों का उत्तर दें:*

(*i*) परिवार के छह सदस्य A, B, C, D, E और F हैं।
(*ii*) परिवार में दो विवाहित जोड़े हैं और परिवार के सदस्य तीन पीढ़ियों का प्रतिनिधित्व करते हैं।
(*iii*) प्रत्येक सदस्य को अलग-अलग रंग पसंद है जिसमें हरा, पीला, काला, लाल, सफेद और गुलाबी है।
(*iv*) किसी भी महिला सदस्य को हरा या सफेद पसंद नहीं है।
(*v*) C, जिसे काला रंग पसंद है, E की बहू है।
(*vi*) B, F का भाई है और D का बेटा हैं और उसे गुलाबी रंग पसंद है।
(*vii*) F की दादी A हैं और F को लाल रंग पसंद नहीं है।
(*viii*) पति को हरा रंग पसंद है, उसकी पत्नी को पीला पसंद है।

16. निम्नलिखित में से कौन सा रंग A की पसंद है?
(*a*) लाल (*b*) पीला (*c*) लाल या पीला
(*d*) निर्धारित नहीं किया जा सकता है
(*e*) इनमें से कोई नहीं

17. परिवार में कितने पुरुष सदस्य हैं?
(*a*) दो (*b*) तीन (*c*) चार
(*d*) निर्धारित नहीं किया जा सकता है
(*e*) इनमें से कोई नहीं

18. F के बारे में निम्नलिखित में से कौन सा सही है?
(*a*) B का भाई (*b*) B की बहन
(*c*) C की बेटी (*d*) B की बहन या भाई
(*e*) इनमें से कोई नहीं

19. निम्नलिखित में से किस रंग का संयोजन एक युगल का है?
(*a*) लाल-पीला (*b*) पीला -लाल
(*c*) ग्रीन-ब्लैक (*d*) लाल-काला
(*e*) इनमें से कोई नहीं

20. निम्नलिखित में से कौन सा एक विवाहित जोड़ा है?
(*a*) AC (*b*) CD (*c*) DA
(*d*) निर्धारित नहीं किया जा सकता है
(*e*) इनमें से कोई नहीं

दिशा-निर्देश *(प्रश्न 21 से 25): निम्नलिखित जानकारी को पढ़ें और दी गई जानकारी के आधार पर प्रश्नों का उत्तर दें:* **(M.A.T. 2005)**

(*i*) 5 व्यक्तियों का एक परिवार - A, B, C, D और E है।
(*ii*) वे एक डॉक्टर, एक शिक्षक, एक व्यापारी, एक वकील और एक किसान के रूप में काम कर रहे हैं।
(*iii*) B, एक अविवाहित शिक्षक है, जो A की बेटी है।
(*iv*) E, एक वकील, जो C का भाई है।
(*v*) परिवार में केवल विवाहित जोड़े का पति C है।
(*vi*) A, एक किसान है, जो दो बेटों और एक अविवाहित बेटी का पिता है।
(*vii*) A की बहू एक डॉक्टर है।

21. परिवार में डॉक्टर कौन है?
(*a*) A (*b*) B (*c*) C (*d*) D

22. परिवार में पुरुष सदस्यों का समूह निम्नलिखित में से कौन सा है?
(*a*) A, B और C (*b*) B और D
(*c*) A, C और E (*d*) A, C और D

23. परिवार में महिला सदस्यों का समूह निम्नलिखित में से कौन सा है?
(*a*) B और C (*b*) B और D
(*c*) D और E (*d*) A, C और E

24. निम्नलिखित में से कौन सा विवाहित जोड़ा है?
(*a*) AB (*b*) AD (*c*) BD (*d*) CD

25. परिवार में व्यापारी कौन है?
(*a*) A (*b*) B (*c*) C (*d*) D

दिशा-निर्देश *(प्रश्न 26 से 30): निम्नलिखित जानकारी के आधार पर प्रश्नों का उत्तर दें:* (A.T.M.A. 2004)

एक परिवार में 6 सदस्य - 3 पुरुष X, Y और Z तथा 3 महिलाएं A, B और C हैं। ये छ: पेशे से वास्तुकार, वकील, चार्टर्ड अकाउंटेंट (CA), प्रोफेसर, डॉक्टर और अभियंता हैं, लेकिन एक ही क्रम में नहीं हैं।

I. दो विवाहित जोड़ा और 2 अविवाहित व्यक्ति हैं।
II. Z, A का पति नहीं है।
III. डॉक्टर की शादी वकील से हुई है।
IV. A के पिता एक प्रोफेसर हैं।
V. Y, X का बेटा नहीं है, न ही वह एक वास्तुकार या प्रोफेसर है।
VI. C की बहू वकील है।
VII. X की शादी CA से हुई है।

26. वास्तुकार कौन है?
(*a*) A (*b*) B (*c*) X (*d*) Z

27. निम्नलिखित में से कौन सा विवाहित जोड़ा हैं?
(*a*) X और B (*b*) X और C (*c*) Y और A (*d*) Z और A

28. व्यक्ति और पेशे का निम्नलिखित में से कौन सा संयोजन सही है?
(*a*) B — डॉक्टर (*b*) Y — प्रोफेसर
(*c*) Z — वकील (*d*) C — चार्टर्ड अकाउंटेंट

29. दिए गए कथन में से कौन सा अनावश्यक है और इसे समाप्त किया जा सकता है?
(*a*) I (*b*) II (*c*) VI (*d*) VII

30. दो अविवाहित व्यक्ति कौन है?
(*a*) Y और A (*b*) Y और B (*c*) Z और A (*d*) Z और B

दिशा-निर्देश *(प्रश्न 31 से 35): निम्नलिखित जानकारी को सावधानीपूर्वक पढ़ें और नीचे दिए गए प्रश्नों का उत्तर दें:*

(*i*) P, Q, R, S, T और U परिवार के छह सदस्य हैं जिनमें दो विवाहित जोड़ें हैं।
(*ii*) T, एक शिक्षक है, जिसकी शादी डॉक्टर से हुई है जो R और U की मां है।
(*iii*) Q, वकील, की शादी P से हुई है।
(*iv*) P को एक बेटा और एक पोता है।
(*v*) दो विवाहित महिलाओं में से एक गृहिणी है।
(*vi*) साथ ही परिवार में एक छात्र और एक पुरुष अभियंता है।

31. P का R से क्या संबध है?
(*a*) दादा (*b*) मां (*c*) बहन (*d*) दादी
(*e*) इनमें से कोई नहीं

32. निम्नलिखित में से गृहिणी कौन है?
(*a*) P (*b*) Q (*c*) S (*d*) T
(*e*) इनमें से कोई नहीं

33. R का U से क्या संबंध है?
(*a*) भाई (*b*) बहन
(*c*) भाई या बहन (*d*) डाटा अपर्याप्त है
(*e*) इनमें से कोई नहीं

34. परिवार में महिलाओं का समूह निम्नलिखित में से कौन सा प्रतिनिधित्व करता है?
(*a*) PSR (*b*) PSU (*c*) QTR
(*d*) डाटा अपर्याप्त है (*e*) इनमें से कोई नहीं

35. परिवार में पोती के बारे में निम्नलिखित में से कौन सा कथन सही है?
(*a*) वह एक वकील है (*b*) वह एक छात्र है।
(*c*) वह एक अभियंता है। (*d*) डाटा अपर्याप्त है
(*e*) इनमें से कोई नहीं

दिशा-निर्देश *(प्रश्न 36 से 40): नीचे दी गई जानकारी का को पढ़ें और निम्नलिखित प्रश्नों का उत्तर दें:* (A.I.M.A.T.S. 2002)

परिवार में छह व्यक्ति A, B, C, D, E और F हैं। वे वकील, डॉक्टर, शिक्षक, सेल्समैन, अभियंता और अकाउंटेंट हैं। परिवार में दो विवाहित जोड़े हैं। D, सेल्समैन, की शादी महिला शिक्षक से हुई है। डॉक्टर की शादी वकील से हुई है। F जोकि अकाउंटेंट है, B का बेटा है और E का भाई है। C जोकि वकील है, A की बहू है। E अविवाहित अभियंता है। F की दादी A है।

36. F से E कैसे संबंधित है?
(*a*) भाई (*b*) बहन (*c*) कजन
(*d*) निर्धारित नहीं किया जा सकता है
(*e*) इनमें से कोई नहीं

37. B का पेशा क्या है?
(*a*) शिक्षक (*b*) डॉक्टर (*c*) वकील
(*d*) निर्धारित नहीं किया जा सकता है
(*e*) इनमें से कोई नहीं

38. A का पेशा क्या है?
(*a*) वकील (*b*) शिक्षक (*c*) डॉक्टर
(*d*) निर्धारित नहीं किया जा सकता है
(*e*) इनमें से कोई नहीं

39. निम्नलिखित में से कौन सा एक युगल है?
(*a*) F और D (*b*) D और B (*c*) E और A (*d*) A और C
(*e*) इनमें से कोई नहीं

40. F से D कैसे संबंधित है?
(*a*) दादा (*b*) पिताजी (*c*) चाचा (*d*) भाई
(*e*) इनमें से कोई नहीं

दिशा-निर्देश *(प्रश्न 41 से 45): निम्नलिखित जानकारी को सावधानीपूर्वक पढ़ें और नीचे दिए गए प्रश्नों का उत्तर दें:*

एक परिवार में छह सदस्य P, Q, R, S, T और U हैं। दो विवाहित जोड़े हैं। Q एक डॉक्टर है और T का पिता है। R के दादाजी U हैं और एक ठेकेदार हैं। T की दादी S है और एक गृहिणी है। परिवार में एक डॉक्टर, एक ठेकेदार, एक नर्स, एक गृहिणी और दो छात्र हैं।

41. P का पति कौन है?
(*a*) R (*b*) U (*c*) Q (*d*) * (*e*) T

42. T की बहन कौन है?
(*a*) R (*b*) U (*c*) T
(*d*) जानकारी अपर्याप्त हैं (*e*) इनमें से कोई नहीं

43. P का पेशा क्या है?
(*a*) डॉक्टर (*b*) नर्स (*c*) डॉक्टर या नर्स
(*d*) गृहिणी (*e*) इनमें से कोई नहीं

44. निम्नलिखित में से कौन सा दो विवाहित जोड़ा है?
(*a*) US, QT (*b*) US, QP (*c*) TS, RU
(*d*) US, RP (*e*) इनमें से कोई नहीं

45. निम्नलिखित में से कौन सा निश्चित रूप से पुरुष सदस्यों का समूह है?
(*a*) QU (*b*) QUT (*c*) QUP (*d*) UT
(*e*) इनमें से कोई नहीं

दिशा-निर्देश *(प्रश्न 46 से 50): प्रश्नों का उत्तर देने के लिए निम्नलिखित कथन पढ़ें:* **(I.I.T.T.M. 2003)**

छह व्यक्ति A, B, C, D, E और F है जो कार्ड खेल रहे थे। समूह में A के पिता, मां और चाचा थे। दो महिलाएं थीं। B, A की मां है, जिसने अपने पति से अधिक अंक प्राप्त किए। D ने E से अधिक अंक प्राप्त किए हैं लेकिन F के कम प्राप्त किए। E की भतीजी ने सबसे कम अंक प्राप्त किए। A का पिता F से अधिक अंक प्राप्त किए लेकिन खेल नहीं जीत सके।

46. खेल किसने जीता?

(*a*) A (*b*) B (*c*) D (*d*) F

47. सबसे कम अंक किसने प्राप्त किए?

(*a*) A (*b*) B (*c*) C (*d*) E

48. B का पति कौन है?

(*a*) C (*b*) D (*c*) E (*d*) F

49. B एक महिला थी। दूसरी महिला कौन थी?

(*a*) A (*b*) C (*c*) D (*d*) E

50. खेल में दूसरा स्थान कौन लाया?

(*a*) A (*b*) B (*c*) C (*d*) D

दिशा-निर्देश *(प्रश्न 51 से 55): निम्नलिखित जानकारी को सावधानीपूर्वक पढ़ें और निम्नलिखित प्रश्नों का उत्तर दें:*

(*i*) परिवार में छह सदस्य A, B, C, D, E और F हैं जिनमें दो विवाहित जोड़े हैं।
(*ii*) F का भाई D है। D और F दोनों B से हल्के हैं।
(*iii*) D की मां B है और E से हल्की है।
(*iv*) C, एक महिला है, जो परिवार में न तो सबसे भारी और न ही सबसे हल्की है।
(*v*) C से हल्का E है।
(*vi*) परिवार में दादा सबसे वजनदार है।

51. F से E कैसे संबंधित है?

(*a*) दादी (*b*) भाई (*c*) पिता
(*d*) डाटा अपर्याप्त है (*e*) इनमें से कोई नहीं

52. निम्नलिखित में से कौन सा जोड़ा विवाहित है?

(*a*) AB (*b*) BC (*c*) AD (*d*) BE
(*e*) इनमें से कोई नहीं

53. परिवार में पुरुष सदस्य कितने हैं?

(*a*) दो (*b*) तीन (*c*) चार
(*d*) डाटा अपर्याप्त है (*e*) इनमें से कोई नहीं

54. यदि परिवार के सभी सदस्यों के वजन को अवरोही क्रम में व्यवस्थित किया जाता है तो निम्नलिखित में से दूसरे स्थान पर कौन होगा?

(*a*) A (*b*) C (*c*) D
(*d*) डाटा अपर्याप्त है (*e*) इनमें से कोई नहीं

55. C, D से किस प्रकार संबंधित है?

(*a*) दादी (*b*) कजन (*c*) बहन (*d*) मां
(*e*) इनमें से कोई नहीं

दिशा-निर्देश *(प्रश्न 56 से 59): निम्नलिखित जानकारी को सावधानीपूर्वक पढ़ें और प्रश्नों का उत्तर दें:* **(M.B.A. 2006)**

(*i*) एक समूह के छह सदस्य P, Q, R, S, T और U हैं जिनमें से तीन पुरुष और तीन महिलाएं हैं।
(*ii*) समूह में दो अभियंता, दो वकील, एक शिक्षक और एक डॉक्टर हैं।
(*iii*) Q, T, P और R दो विवाहित जोड़े हैं और इस समूह में दो व्यक्तियों का पेशा समान नहीं है।
(*iv*) T, नीली ड्रेस वाली एक शिक्षक है, ब्राउन ड्रेस वाली की शादी पुरुष वकील से हुई।
(*v*) दोनों पतियों और दोनों पत्नियों के ड्रेस का रंग एक समान है।
(*vi*) नीली ड्रेस वाले दो व्यक्ति है, दो भूरे ड्रेस वाले हैं और बाकी के प्रत्येक का काला और हरा है।
(*vii*) P एक पुरुष अभियंता है जिसकी बहन S भी अभियंता हैं।
(*viii*) Q एक डॉक्टर हैं।

56. P की पत्नी कौन है?

(*a*) Q (*b*) R (*c*) S (*d*) T
(*e*) इनमें से कोई नहीं

57. निम्नलिखित में से कौन सा समूह महिला सदस्य है?

(*a*) QSR (*b*) QST (*c*) QSU (*d*) QTU (*e*) UST

58. निम्नलिखित में से कौन सा जोड़ा विवाहित महिला है?

(*a*) PR (*b*) TS (*c*) QT
(*d*) डाटा अपर्याप्त है (*e*) इनमें से कोई नहीं

59. U के ड्रेस का रंग क्या है?

(*a*) काला (*b*) हरा
(*c*) काला या हरा (*d*) डाटा अपर्याप्त है
(*e*) इनमें से कोई नहीं

दिशा-निर्देश *(प्रश्न 60 से 64): दिए गए प्रश्नों का उत्तर देने के लिए निम्नलिखित जानकारी को सावधानीपूर्वक पढ़ें:*

(*i*) परिवार में छह लोग, तीन पीढ़ियों से संबंधित हैं। प्रत्येक व्यक्ति का अलग पेशा है और वे अलग-अलग रंग पसंद करते हैं। परिवार में दो जोड़े हैं।
(*ii*) रोहन एक CA है और उनकी पत्नी न तो एक डॉक्टर है और न ही उसे हरा रंग पसंद है।
(*iii*) अभियंता को लाल रंग पसंद है और उसकी पत्नी एक शिक्षक है।
(*iv*) मोहिनी, सुनीता की सास है और उसे नारंगी रंग पसंद है।
(*v*) विनोद, तन्मय के दादा हैं और तन्मय, जो प्रिंसिपल हैं, उसे काले रंग पसंद हैं।
(*vi*) नानू, मोहिनी की पोती है और उसे नीला रंग पसंद है। नानू की मां को सफेद रंग पसंद है।

60. अभियंता कौन है?

(*a*) नानू (*b*) मोहिनी (*c*) सुनीता
(*d*) निर्धारित नही किया जा सकता है
(*e*) इनमें से कोई नहीं

61. सुनीता का पेशा क्या है?

(*a*) अभियंता (*b*) डॉक्टर (*c*) शिक्षक
(*d*) निर्धारित नही किया जा सकता है
(*e*) इनमें से कोई नहीं

62. निम्नलिखित में से कौनसे दो जोड़ें का सही सुमेलन है?

(*a*) मोहिनी - विनोद और रोहन - सुनीता
(*b*) विनोद - मोहिनी और रोहन - नानू
(*c*) रोहन - सुनीता और तन्मय - नानू
(*d*) निर्धारित नही किया जा सकता है
(*e*) इनमें से कोई नहीं

63. परिवार में कितनी महिलाएं हैं?

(*a*) दो (*b*) तीन (*c*) चार
(*d*) निर्धारित नहीं किया जा सकता है
(*e*) इनमें से कोई नहीं

64. CA द्वारा कौन सा रंग पसंद किया जाता है?
(a) हरा (b) सफेद (c) सफेद या हरा
(d) निर्धारित नहीं किया जा सकता है
(e) इनमें से कोई नहीं

दिशा-निर्देश *(प्रश्न 65 से 69): निम्नलिखित जानकारी को सावधानीपूर्वक पढ़ें और नीचे दिए गए प्रश्नों का उत्तर दें:*

(S.B.I.P.O. 2002)

परिवार के सात सदस्य A, B, C, D, E, F और G हैं। उनमें से प्रत्येक का एक अलग-अलग पेशा - डॉक्टर, शिक्षक, वकील, अभियंता, वास्तुकार, चार्टर्ड एकाउंटेंट (CA) और बैंकर है और उनकी आय भी अलग-अलग हैं। समूह में दो विवाहित जोड़े हैं। C डॉक्टर है और अभियंता और वकील से अधिक अर्जित करता है। E की शादी CA से हुई है और वह सबसे कम अर्जित करती है। कोई भी महिला वकील या अभियंता नहीं है। B, शिक्षक, A, बैंकर से कम अर्जित करता है। G की शादी B से हुई है और वह D और A से अधिक अर्जित करता है। F वकील नहीं है। CA वकील से कम लेकिन बैंकर से अधिक अर्जित करता हैं।

65. परिवार में कम से कम कितने पुरुष सदस्य हैं?
(a) दो (b) तीन (c) चार (d) पांच
(e) इनमें से कोई नहीं

66. परिवार में कौन अधिकतम अर्जित करता है?
(a) C (b) D (c) F (d) G
(e) इनमें से कोई नहीं

67. F का पेशा क्या है?
(a) अभियंता (b) CA
(c) अभियंता या CA (d) डाटा अपर्याप्त है
(e) इनमें से कोई नहीं

68. निम्नलिखित में से कौन सा जोड़ा विवाहित है?
(a) BE (b) CE (c) DE (d) EF
(e) इनमें से कोई नहीं

69. ऊपर से A की स्थिति क्या है जब वे अपनी आय को अवरोही क्रम में व्यवस्थित करते हैं?
(a) दूसरा (b) तीसरा (c) चौथा (d) छठा
(e) इनमें से कोई नहीं

हल-अभ्यास 6(F)

प्रश्न 1 से 5

D के दादाजी K है और M का बेटा T है। अत: K और M क्रमश: पहली और दूसरी पीढ़ी से संबंध रखते हैं और उनमें से प्रत्येक परिवार के दो जोड़ों का सदस्य है। अब, J की बहू W है। अत: M की पत्नी W है और K की पत्नी J है। D के दादाजी K है इसका अर्थ है कि M और W का बेटा/बेटी D हैं। R की माता J है एक अर्थ है कि M का भाई/बहन R है। अब, दादाजी गुजराती भोजन पसंद करते है; M चाइनीज पसंद करता है; W दक्षिण भारतीय पसंद करता है; D पंजाबी पसंद करता है; P महाद्वीपीय पसंद करता है। अत: J मालवानी या थाई भोजन पसंद करता है। लेकिन, एक महिला होने के नाते, वह थाई भोजन पसंद नहीं करती है। अत: J मालवानी भोजन पसंद करता है। इस प्रकार, T थाई खाना पसंद करता है। चूंकि R महाद्वीपीय भोजन पसंद करता है, इसलिए R एक पुरुष है। उपर्युक्त जानकारी को संक्षेप में सारांशित किया जा सकता है:

व्यक्ति	लिंग	भोजन का चयन	पीढ़ी	संबंध
K	पुरुष	गुजराती	पहली	M और R का पिता, D & T के दादाजी
J	महिला	मलवानी	पहली	K की पत्नी
M	पुरुष	चाइनीच	दूसरी	K और J का बेटा
W	महिला	दक्षिण भारतीय	दूसरी	M की पत्नी
R	पुरुष	महाद्वीपीय	दूसरी	M का भाई
D	पुरुष/ महिला	पंजाबी	दूसरी	E का बेटा/बेटी
T	पुरुष	थाई	दूसरी	M का बेटा

1. (c) : R, M का भाई है, जोकि D का पिता है। अत: D के चाचा R हैं।
2. (d) : D का लिंग निर्धारित नहीं किया जा सकता है।
(a) : J पहली पीढ़ी से हैं; R दूसरी पीढ़ी से है और T तीसरी पीढ़ी से है।
4. (b) : T थाई भोजन पसंद करता है।
5. (a) : दो विवाहित महिला J और W हैं। वे मलवानी और दक्षिण भारतीय भोजन पसंद करती है।

प्रश्न 6 से 10

Q न तो हॉकी का खिलाड़ी है और न ही चेस का खिलाड़ी है। अत: Q को एक फुटबॉल का खिलाड़ी होना चाहिए और इस तरह एक महिला नहीं होनी चाहिए। T एक पति है (एक महिला नहीं है) और इसलिए एक चेस का खिलाड़ी होना चाहिए। चूँकि, R को एक हॉकी का खिलाड़ी होना चाहिए, और इसलिए वह एक महिला होनी चाहिए और T की पत्नी होनी चाहिए। अत: जानकारी को निम्नानुसार सारांशित किया जा सकता है:

व्यक्ति	लिंग	खेल में दिलचस्पी	संबंध
P	महिला	नहीं है	अविवाहित
Q	पुरुष	फुटबॉल	R का भाई
R	महिला	हॉकी	T की पत्नी
S	महिला	नहीं है	अविवाहित
T	पुरुष	चेस	R का पति

6. (b) : Q फुटबॉल का खिलाड़ी है।
7. (c) : R हॉकी का खिलाड़ी है।
8. (e) : T चेस का खिलाड़ी है।
9. (c) : T की पत्नी R है।
10. (d) : तीन महिलाएं P, R और S हैं।

प्रश्न 11 से 15

R और S पोतियाँ हैं। अत: दोनों तीसरी पीढ़ी के हैं और V उनकी दादी है। चूंकि P की एक बेटी है, इसलिए P दूसरी पीढ़ी के जोड़े की पत्नी है। Q और T दोनों पुरुष हैं और वे कार Y में यात्रा करते हैं। लेकिन प्रत्येक कार में कम से कम एक महिला होनी चाहिए। T का बेटा Q है। जो दूसरी पीढ़ी के हैं। तब, P का पति T है तथा R और S का भाई Q है। इस प्रकार, V का पति W है। अत: कार में Q और R के साथ तीसरा सदस्य Y है, जिसे महिला होना चाहिए, P नहीं हो सकती है (जो कार Z में यात्रा करती है), V (जो कार X में यात्रा करता है), S (जो कार X में यात्रा करता है) या R (जो कार Z में मां P के साथ यात्रा करता है)। अत: यह W होनी चाहिए। लेकिन W एक पुरुष है। यह एक विरोधाभास है। अत: T पहली पीढ़ी से और Q दूसरी पीढ़ी से संबंधित है।

अत: V का पति T है। Q, T और V का बेटा है, और P का पति है। W महिला है और चूँकि Q और P की बेटी है। इस मामले में, Q और T के साथ कार Y में W या R हो सकता है। चूंकि R अपने दादाजी (जो T है) के साथ यात्रा नहीं करता है, इसलिए कार Y में W के साथ Q और T यात्रा करता है। इस प्रकार, Q, T, W कार Y में यात्रा करते है; P और R कार Z में यात्रा करते हैं जबकि V और S कार X में यात्रा करते हैं।

11. (*b*) : Q, T और W कार Y में यात्रा करते है

12. (*b*) : P की बेटी W है।

13. (*c*) : महिला सदसय V, P, W, R और S हैं।

14. (*a*) : V की पोती S है और V का पति T हैं। अत: T की पोती S है।

15. (*e*) : महिला सदस्य है TV और QP हैं।

प्रश्न 16 से 20

D के बच्चे B और F हैं। F की दादी A है, इसलिए B और F तीसरी पीढ़ी का प्रतिनिधित्व करते हैं। अब, E की बहू C है। अत: A और E एक जोड़े हैं और पहली पीढ़ी का प्रतिनिधित्व करते हैं। A, दादी होने के नाते, एक महिला है और इसलिए E एक पुरुष है। E की बहू C है और इसलिए E का बेटा D है। इस प्रकार, CD दूसरा जोड़ा है और दूसरी पीढ़ी का प्रतिनिधित्व करता है। C काला पसंद करता है, B गुलाबी पसंद करता है। हरा और पीला एक जोड़े की पसंद हैं। अत: A पीला पसंद करता है और E हरा पसंद करता है। अब, F लाल पसंद नहीं करता है। अत: F सफेद पसंद करता है और D लाल पसंद करता है। अब, F सफेद पसंद करता है और इसलिए एक महिला नहीं हो सकती है। B, D का बेटा है और इसलिए एक पुरुष है।

16. (*b*) : A पीला रंग पसंद करता है।

17. (*c*) : चार पुरुष सदस्य है— E, D, B, F

18. (*a*) : F और B दोनों पुरुष हैं और दोनों D के बच्चे है। अत: B का भाई F है।

19. (*d*) : D और C विवाहित जोड़ा है। D लाल पसंद करता है और C काला पसंद करता है।

20. (*b*) : AE और CD विवाहित जोड़ें हैं।

प्रश्न 21 से 25

A की अविवाहित बेटी B है। C का भाई E है, C के पति होने के नाते, वह एक पुरुष है और इसलिए E का भाई है। अत: E, C और B का पिता A है, अब केवल D शेष है। अत: A की बहू D है। चूँकि C पति है, इसलिए C की पत्नी D है। B एक शिक्षक है, E एक वकील है, A एक किसान है, D एक डॉक्टर है। अत: C एक व्यापारी है।

21. (*d*) : D एक डॉक्टर है।

22. (*c*) : तीन पुरुष सदस्य— A, C और E हैं।

23. (*b*) : दो महिला सदस्य— B और D हैं।

24. (*d*) : केवल CD विवाहित जोड़ा हैं।

25. (*c*) : C एक व्यापारी है।

प्रश्न 26 से 30

दो जोड़े डॉक्टर - वकील हैं और X – CA हैं। चूंकि A के पिता प्रोफेसर हैं, इसलिए X एक प्रोफेसर है, जिसकी पत्नी CA है। C की बहू वकील है। अत: X की पत्नी C है और CA है। इस प्रकार, X और C का बेटा एक डॉक्टर है। चूंकि X का बेटा Y नहीं है, इसलिए X का बेटा Z है और एक डॉक्टर है। Z की मां C है। अत: Z की पत्नी A या B को होना चाहिए। लेकिन X की बेटी A है और Z की बहन है। अत: Z की पत्नी B है और वकील है। अब, Z एक डॉक्टर है, X एक प्रोफेसर है, C एक सीए है, B एक वकील है। अत: Y को वास्तुकार या अभियंता होनी चाहिए। लेकिन, Y एक वास्तुकार नहीं है। अत: Y एक अभियंता है। इस प्रकार, A एक वास्तुकार है।

26. (*a*) : A एक वास्तुकार है।

27. (*b*) : दो जोड़ें XC और ZB हैं।

28. (*d*) : स्पष्ट रूप से, C एक CA हैं।

29. (*b*) : दी गई जानकारी का विश्लेषण करते समय हमने तथ्य II का उपयोग नहीं किया। अत: II अनावश्यक है।

30. (*a*) : दो अविवाहित व्यक्ति Y और A हैं।

प्रश्न 31 से 35

एक जोड़ा QP है। अब, T के बच्चे R और U हैं, इसलिए दूसरा जोड़ा TS है। T एक शिक्षक है; S एक महिला डॉक्टर है; Q एक वकील है। स्पष्ट रूप से, P एक गृहिणी है और इसलिए एक महिला है। R और U की मां S है। एक बेटा और एक पोता P है। स्पष्ट रूप से, P और R का बेटा T है या U पोता है। पोता पुरुष अभियंता हैं और पोती एक छात्र है।

31. (*d*) : R की दादी P हैं।

32. (*e*) : P गृहिणी हैं।

33. (*c*) : U का भाई या बहन R हो सकता है।

34. (*d*) : चूँकि R और U का लिंग नहीं दिया गया है, इसलिए तीन महिलाओं के सेट को निर्धारित नहीं किया जा सकता है

35. (*b*) : पोती एक छात्र है।

प्रश्न 36 से 40

A की बहू C है जो F की दादी है, इसका अर्थ है कि F की माँ C हैं। लेकिन B का बेटा F है, इसलिए C का पति B है। लेकिन C, वकील है, डॉक्टर से विवाहित है। अत: B डॉक्टर है। F, अकाउटेंट हैं, जो B और C का बेटा है। E अविवाहित अभियंता हैं। अत: दूसरा विवाहित जोड़ा जिसमें F दादी हो सकती है जैसे, A और D; लेकिन D, सेल्समैन है, जो महिला शिक्षक से विवाहित है। अत: D, सेल्समैन है, जो F के दादाजी है, B के पिता है और A के पति है, जो महिला शिक्षक है।

36. (*d*) : स्पष्ट रूप से, दिए गए डाटा से, E और F के बीच के संबंध को निर्धारित नहीं किया जा सकता है।

37. (*b*) : B डॉक्टर है।

38. (*b*) : A महिला शिक्षक है।

39. (*e*) : दो जोड़ें (C और B); और (D और A) हैं।

40. (*a*) : F के दादाजी D हैं।

प्रश्न 41 से 45

Q, डॉक्टर है, जो T का पिता है, S, गृहिणी है, जो T की दादी है और इसलिए Q की मां है। चूंकि केवल दो विवाहित जोड़े हैं, जिसमे एक Q है, जो R के दादाजी है अर्थात S को U से विवाहित होनी चाहिए। इस प्रकार, Q के बच्चे R और T होगें और ये छात्र होंगे। अत: P, जो शेष है, Q की पत्नी है और वह अकेली नर्स हो सकती है। U एक ठेकेदार है।

41. (*c*) : P का पति Q है।

42. (*a*) : स्पष्ट रूप से, R और T एक ही परिवार बच्चे है। अत: T की बहन R होगी।

43. (*b*) : P नर्स है।

44. (*b*) : QP और US दो विवाहित जोड़ें है।

45. (*a*) : निश्चित रूप से पुरुष हैं Q, पिता और U, दादाजी है।

प्रश्न 46 से 50

B, A की माता, अपने पति से अधिक पॉइंट अर्जित करती है।

अत: हमारे पास है: B > B का पति ...(*i*)

साथ ही, A का पिता अर्थात B का पति, F से अधिक पॉइंट अर्जित करता है।

अत: हमारे पास है: B > B का पति > F ...(*ii*)

अब, E से अधिक पॉइंट D अर्जित करता है लेकिन F से कम।

अत: हमारे पास है: F > D > E ...(iii)

(ii) और (iii) को जोड़ने पर, हमें मिलता है: B > B का पति > F > D > E ...(iv)

दिया गया है कि A के चाचा है E की भतीजी है जो कम पॉइंट अर्जित करती है। अत: E की भतीजी A है और सबसे कम पॉइंट अर्जित करती है।

अत: B > B का पति > F > D > E > A

अब, केवल C शेष है। अत: B का पति C है।

इस प्रकार, B > C > F > D > E > A

46. (b) : B अधिक पॉइंट अर्जित करता है और खेल जीतता है।

47. (a) : A कम पॉइंट अर्जित करता है।

48. (a) : B का पति C है।

49. (a) : दो महिलाएं हैं : A की माँ B और E की भतीजी A

50. (c) : C दूसरा अधिकतम पॉइंट अर्जित करता है और खेल में दूसरे स्थान पर आता है।

प्रश्न 51 से 55

वजन के मामले में, F < B, D < B, B < E, E < C

अत: हमारे पास है: D < F < B < E < C या F < D < B < E < C

C अधिक वजनदार नहीं है। अत: A वजनदार है।

इस प्रकार, क्रम आता है: F < D < B < E < C < A या D < F < B < E < C < A

F का भाई D है। D और F की माँ B है। A, अधिक वजनदार रहा है, जो दादाजी है। अब, C महिला है और इसलिए AC एक विवाहित जोड़ा है। B एक महिला है और इसलिए C के साथ नहीं जोड़ा जा सकता है। अत: दूसरा जोड़ा BE है।

51. (c) : B का पति E है और F की माँ B हैं। अत: F का पिता E है।

52. (d) : AC और BE विवाहित जोड़ें हैं।

53. (d) : F का लिंग दिए गए डाटा से पता नहीं लगाया जा सकता है।

54. (b) : वजन का अवरोही क्रम हैं : A > C > E > B > F > D या A > C > E > B > D > F
स्पष्ट रूप से, C दूसरे स्थान पर आता है।

55. (a) : A की पत्नी C है और D के दादाजी A हैं। अत: D की दादी C हैं।

प्रश्न 56 से 59

T नीले पोशाक के साथ एक महिला शिक्षक है। T की शादी वकील से हुई है। अब, P एक अभियंता है और Q एक डॉक्टर है। स्पष्ट रूप से, T की शादी R से हुई है। इस प्रकार, R ब्राउन ड्रेस के साथ एक पुरुष वकील है। एक जोड़ा RT है। अत: दूसरा जोड़ा PQ है। P एक पुरुष अभियंता है और R के समान ब्राउन पोशाक पहना है। Q एक महिला डॉक्टर है और T के समान नीली रंग की पोशाक पहना है। P की बहन S है। S एक महिला अभियंता है। अब, U शेष है। चूंकि दो वकील हैं, इसलिए U एक वकील है। S और U दोनों में काला या हरा पोशाक पहना है।

व्यक्ति	P	Q	R	S	T	U
पेशा	अभियंता	डॉक्टर	वकील	अभियंता	शिक्षक	वकील
ड्रेस का रंग	भूरा	नीला	भूरा	काला या हरा	नीला	काला या हरा
लिंग	पुरुष	महिला	पुरुष	महिला	महिला	पुरुष

56. (a) : P का पति Q है।

57. (b) : Q, S और T महिला सदस्य हैं।

58. (c) : Q और T विवाहित महिला हैं।

59. (c) : U की ड्रेस का रंग काला या हरा है।

प्रश्न 60 से 64

मोहिनी सुनीता की सास और नानु की दादी है। विनोद तन्मय के दादा हैं। अत: नानू और तयन्म तीसरी पीढ़ी का प्रतिनिधित्व करता है।

मोहिनी और विनोद एक जोड़े हैं और पहली पीढ़ी का प्रतिनिधित्व करते हैं। स्पष्ट रूप से, रोहन और सुनीता दूसरे जोड़े हैं और दूसरी पीढ़ी का प्रतिनिधित्व करते हैं।

रोहन एक CA है। चूंकि अभियंता विवाहित है, इसलिए विनोद एक अभियंता है और लाल रंग पसंद करता है।

मोहिनी एक शिक्षक है और नारंगी रंग पसंद करती है।

नानू नीला रंग पसंद करता है।

तन्मय एक प्रिंसिपल है और काला रंग पसंद करता है।

सुनीता, नानू की मां हैं, और सफेद रंग पसंद करती है।

स्पष्ट रूप से, रोहन हरा रंग पसंद करता है।

60. (e) : विनोद अभियंता हैं।

61. (d) : सुनीता के संकेत के अनुसार रोहन की पत्नी एक डॉक्टर नहीं है, इसलिए सही पेशा निर्धारित नहीं किया जा सकता है। अत: डेटा अपर्याप्त है।

62. (a) : दो जोड़े मोहिनी – विनोद और रोहन – सुनीता हैं।

63. (b) : परिवार में तीन महिला सदस्य – मोहिनी, सुनीता और नानू है।

64. (a) : रोहन CA है और हरा रंग पसंद करता है।

प्रश्न 65 से 69

B एक शिक्षक है, A एक बैंकर है और C एक डॉक्टर है। E एक महिला है और चूंकि न तो वकील और न ही अभियंता हैं। अत: E को वास्तुकार या CA होना चाहिए। लेकिन, CA उसका पति है। अत: E एक वास्तुकार है। G और B एक जोड़ा है। दूसरा जोड़ा E और (CA) हैं। अब, D और A से ज्यादा पॉइंट अर्जित करता है।

अत: हमारे पास है: G > D > A ...(i)

साथ ही, CA वकील से कम पॉइंट अर्जित करता है लेकिन बैंकर से अधिक पॉइंट अर्जित करता है।

अत: हमारे पास है: वकील > CA > बैंकर ...(ii)

चूंकि A एक बैंकर है, इसलिए (i) और (ii) को मिलाने पर, हम निष्कर्ष निकालते हैं कि D, CA है और G वकील हैं इस प्रकार, F अभियंता हैं। E का पति D है और चूंकि पुरुष है।

चूंकि वकील और अभियंता दोनों पुरुष है, इसलिए G और F दोनों महिला है। इस प्रकार, G की पत्नी B है और इसलिए महिला है। स्पष्ट रूप से, A और C का लिंग निर्धारित नहीं किया जा सकता है। अब, C अभियंता है और वकील से अधिक पॉइंट अर्जित करता है।

अत: हमारे पास है: C > F > G ...(iii)

साथ ही, A से कम पॉइंट B अर्जित करता है।

अत: हमारे पास है: B > A ...(iv)

(i), (iii) और (iv) को मिलाने पर,

हमें प्राप्त होता है: C > F > G > D > A > B

चूंकि E सबसे कम अर्जित करता है, इसलिए आय के मामले में हमारे पास है: C > F > G > D > A > B > E

65. (b) : स्पष्ट रूप से, यहां कम से कम तीन पुरुष है— D, F और G

66. (a) : C अधिकतम अर्जित करता है।

67. (a) : F अभियंता है।

68. (c) : दो विवाहित महिला GB और DE हैं।

69. (e) : आय के अवरोही क्रम में ऊपर से पांचवां स्थान A का है।

प्रकार 7: अव्यवस्थित (जम्बल्ड) पहेलियाँ

इस खंड में पहेली हैं जो पहली बार हल करने में बहुत मुश्किल प्रतीत होती हैं, क्योंकि उनमें एक ही समय में कई पहलुओं को शामिल करने वाली बहुत सारी उलझी हुई सूचनाएं होती हैं। अभ्यर्थी को दी गई जानकारी को समझने और स्पष्ट, वर्गीकृत डेटा तैयार करने की आवश्यकता है ताकि दिए गए प्रश्नों का उत्तर देने में सक्षम हो सके।

अभ्यास 6G

दिशा-निर्देश *(प्रश्न 1 से 5): निम्नलिखित जानकारी को सावधानीपूर्वक पढ़ें और प्रश्नों का उत्तर दें:*

साहित्य के छह लोग A, B, C, D, E और F माना जा रहा है, जिसमें दो 17वीं शताब्दी से संबंधित है, तीन 19वीं और एक 20वीं शताब्दी से संबंधित है। जिसमें चार की पहचान महान कवियों के रूप में की गई, तीन महान उपन्यासकार और तीन महान नाटककार थे। एक ने बंगाली साहित्य में योगदान दिया, दो ने हिंदी, दो मराठी और एक तमिल में योगदान दिया। 20 वीं शताब्दी के लेखक ने केवल कविता लिखी और मराठी साहित्य में योगदान दिया और दूसरा मराठी लेखक ने कविता, उपन्यास और नाटक में योगदान दिया। एक हिंदी लेखक और केवल तमिल लेखक 19वीं शताब्दी से संबंधित थे। जिसने पूर्व में कविता और उपन्यास में योगदान दिया, जबकि बाद में उपन्यास और नाटक में योगदान दिया गया। बंगाली लेखक 17वीं शताब्दी के थे और केवल कविता में योगदान दिया। A 20वीं शताब्दी से संबंधित हैं, B ने केवल नाटक लिखा, C ने मराठी साहित्य में योगदान दिया, D एक हिंदी कवि और उपन्यासकार था और 19वीं शताब्दी से संबंधित था। E पहले से ही 19वीं शताब्दी का था, और F ने केवल कविता में योगदान दिया।

1. B ने किस भाषा में योगदान दिया?
   (a) बंगाली (b) हिंदी (c) मराठी (d) तमिल
2. इनमें से, कौन तमिल लेखक था?
   (a A (b) B (c) E (d) F
3. A ने साहित्य की कौन सी शाखा में योगदान दिया?
   (a) कविता (b) उपन्यास (c) नाटक (d) उपरोक्त सभी
4. इनमें से, कौन बंगाली लेखक था?
   (a) A (b) B (c) E (d) F
5. C ने साहित्य की कौन सी शाखा में योगदान दिया?
   (a) कविता (b) नाटक (c) उपन्यास (d) सभी तीन

दिशा-निर्देश *(प्रश्न 6 से 10): नीचे दी गई जानकारी को पढ़ें और निम्नलिखित प्रश्नों का उत्तर दें:* (M.B.A. 2006)

A, B, C, D और E पांच शहर हैं जिनमें से दो पहाड़ी स्टेशन हैं और बाकी समतल भूमि हैं। दो शहर, जो समतल भूमि में हैं, बंदरगाह हैं। पांच में से चार शहर राजधानियां हैं और दो व्यावसायिक शहर हैं। दो शहरों की जनसंख्या 5 लाख से कम है। यह एक शहर का 20 लाख और दो शहरों के 50 लाख से अधिक है। दो शहर एक ही अक्षांश पर हैं और अन्य दो एक ही देशांतर पर हैं। दोनों बंदरगाहों के अक्षांश और देशांतर अलग-अलग हैं और इनमें से एक व्यावसायिक शहर है। दोनों व्यावसायिक शहरों की जनसँख्या 50 लाख से अधिक है। एक पहाड़ी स्टेशन और व्यावसायिक शहरो में से एक का देशांतर समान है। अन्य पहाड़ी स्टेशन और अन्य बंदरगाह के अक्षांश और देशांतर अलग-अलग हैं। एक व्यावसायिक शहर न तो एक पहाड़ी स्टेशन है और न ही एक बंदरगाह है। पहाड़ी स्टेशनों में से कोई भी व्यावसायिक शहर नहीं है। पहाड़ी स्टेशन, जिसकी देशांतर एक बंदरगाह की समान ही होती है, एक राजधानी है। B एक पहाड़ी स्टेशन है जबकि A और E की देशांतर समान है। E एक बंदरगाह है। D और C के अक्षांश समान हैं और D की जनसंख्या 20 लाख है। दोनों बंदरगाह राजधानियां हैं और उनमें से एक व्यावसायिक शहर है।

6. निम्नलिखित में से कौन से दो शहर की जनसँख्या 5 लाख से कम है?
   (a) D और A (b) B और C (c) A और B
   (d) A और C (e) इनमें से कोई नहीं
7. निम्नलिखित में से कौन सा शहर राजधानी नहीं है?
   (a) A (b) C (c) D (d) E (e) B
8. निम्नलिखित में से कौन सा बंदरगाह, राजधानी और व्यवसायी शहर है?
   (a) A (b) B (c) C (d) E (e) D
9. निम्नलिखित में से किस शहर की जनसँख्या 50 लाख से अधिक है?
   (a) A और D (b) B और E (c) C और E
   (d) C और D (e) A और C
10. निम्नलिखित में से कौन सा शहर एक पहाड़ी स्टेशन के साथ-साथ राजधानी भी है?
    (a) B (b) C (c) E (d) D (e) A

दिशा-निर्देश *(प्रश्न 11 से 15): निम्नलिखित जानकारी को सावधानीपूर्वक पढ़ें और नीचे दिए गए प्रश्नों का उत्तर दें:*

A, B, C, D और E पांच लड़के है, जिसमें से दो अच्छे हैं, एक कमजोर है और दो अध्ययन में सामन्य हैं। उनमें से दो स्नातकोत्तर कक्षाओं में पढ़ते हैं और तीन स्नातक कक्षाओं में पढ़ते हैं। एक समृद्ध परिवार से, दो मध्यम वर्ग के परिवार से और दो गरीब परिवार से हैं। उनमें से एक संगीत में दिलचस्पी रखता है, दो अभिनय में और एक खेल में दिलचस्पी रखता हैं। स्नातक वर्गों में पढ़ रहे लोगों में से दो सामान्य हैं और एक अध्ययन में कमजोर है। अभिनय में दिलचस्पी रखने वाले दो लड़कों में से एक स्नातकोत्तर का छात्र है। संगीत में दिलचस्पी रखने वाला एक मध्यम वर्ग के परिवार से है। अभिनय में दिलचस्पी रखने वाले दोनों लड़के परिश्रमी नहीं हैं। मध्यम वर्ग के परिवारों से आने वाले दोनो लड़के अध्ययन में सामान्य हैं और उनमें से एक अभिनय में दिलचस्पी रखता हैं। खेल में दिलचस्पी रखने वाला लड़का एक गरीब परिवार से है, जबकि संगीत में दिलचस्पी रखने वाला व्यक्ति परिश्रमी है, E अध्ययन में अच्छा है, गरीब परिवार से है और अभिनय, संगीत या खेल में दिलचस्पी नहीं रखता है। C परिश्रमी होने के बावजूद अध्ययन में कमजोर है। A एक समृद्ध परिवार से है और यह परिश्रमी नहीं है लेकिन अध्ययन में अच्छा है। B परिश्रमी है और एक मध्यम श्रेणी के परिवार से है।

11. खेल में दिलचस्पी रखने वाले लड़के का नाम बताएं।
    (a) A (b) B (c) C (d) D
12. संगीत में दिलचस्पी रखने वाले लड़के का नाम बताएं।
    (a) A (b) B (c) C (d) D
13. अभिनय में रखने वाले मध्यम वर्ग परिवार के लड़के का नाम बताएं।
    (a) A (b) B (c) C (d) D
14. स्नातकोत्तर कक्षाओं में पढ़ने वाले लड़के का नाम बताएं।
    (a) A, D (b) A, E (c) B, C (d) D, E
15. उस लड़के का नाम बताएं जो व्यवसायी नहीं है और अध्ययन में सामान्य है।
    (a) A (b) B (c) C (d) D

दिशा-निर्देश *(प्रश्न 16 से 20): निम्नलिखित जानकारी को सावधानीपूर्वक पढ़ें और नीचे दिए गए प्रश्नों का उत्तर दें:*

पांच मित्र A, B, C, D और E हैं। उनमें से दो व्यवसायी पुरुष हैं जबकि अन्य तीन का अलग-अलग व्यवसाय जैसे मेडिकल, अभियंता और लीगल हैं। एक व्यवसायी व्यक्ति और वकील एक ही मोहल्ले S में रहते हैं, जबकि अन्य तीन अलग-अलग मोहल्ले में P, Q और R में रहते हैं। इनमें पांच व्यक्तियों में से दो हिंदू हैं जबकि शेष तीन अलग-अलग समुदायों से हैं जैसे मुस्लिम, ईसाई और सिख। वकील उम्र में सबसे बड़ा है, जबकि एक व्यवसायी पुरुष जो कारखाने का मालिक है, सबसे छोटा है। दूसरा व्यवसायी व्यक्ति एक कपड़ा व्यापारी है और उम्र के हिसाब से डॉक्टर और वकील के बीच में है। D एक कपड़ा व्यापारी है और S के मोहल्ले में रहता है जबकि E एक मुस्लिम है और R के मोहल्ले में रहता है। डॉक्टर एक ईसाई है और P के मोहल्ले में रहता है, B एक सिख है जबकि A हिंदू है और एक कारखाने का मालिक है।

16. Q के मोहल्ले में कौन रहता है?
(*a*) A (*b*) B (*c*) C (*d*) E

17. E का व्यवसाय क्या है?
(*a*) व्यापार (*b*) अभियंता (*c*) वकील (*d*) डॉक्टर

18. उम्र के हिसाब से A और C के बीच में कौन है?
(*a*) वकील (*b*) डॉक्टर (*c*) कपड़ा व्यापारी (*d*) अभियंता

19. B का व्यवसाय क्या है?
(*a*) व्यापार (*b*) अभियंता (*c*) वकील (*d*) डॉक्टर

20. C का व्यवसाय क्या है?
(*a*) डॉक्टर (*b*) वकील (*c*) अभियंता (*d*) व्यापार

हल-अभ्यास 6(G)

प्रश्न 1 से 5

स्पष्ट रूप से, एक 20वीं शताब्दी से संबंधित है। अत: A, जो 20वीं शताब्दी से संबंधित है, मराठी कविता में योगदान देता है। इसके अलावा, D एक हिंदी कवि और उपन्यासकार है जो 19वीं शताब्दी से संबंधित है। केवल दो मराठी साहित्यकार हैं। अत: C जो एक मराठी है वह कविता, उपन्यास और नाटक में योगदान देगा।

स्पष्ट रूप से, केवल चार कवि हैं। अत: F, जो एक कवि है, 17वीं शताब्दी से संबंधित बंगाली होगी। अब कोई दूसरा बंगाली नहीं है, कोई दूसरी मराठी नहीं है और कोई दूसरी कवि नहीं है। B, जिन्होंने केवल नाटक लिखा था, तमिल नहीं हो सकता है और 19वीं शताब्दी से संबंधित नहीं हो सकता है। अत: B, 17वीं शताब्दी से संबंधित है और एक हिंदी नाटककार है। इस प्रकार, E, 19वीं शताब्दी से संबंधित एक तमिल उपन्यासकार और नाटककार है। C, 19वीं शताब्दी से संबंधित होगा।

1. (*b*) : B नाटक में योगदान देता है।

2. (*c*) : E तमिल लेखक था।

3. (*a*) : A अकेला कविता में योगदान देता है।

4. (*d*) : F बंगाली लेखक था।

5. (*d*) : C सभी तीनों कविता, उपन्यास और नाटक में योगदान देता है।

प्रश्न 6 से 10

हम निम्नानुसार दी गई जानकारी का विश्लेषण करते हैं:

दो पहाड़ी स्टेशन हैं।

तीन समतल भूमि हैं जिनमें से दो बंदरगाह हैं।

चार शहर राजधानियां हैं।

दो शहर व्यावसायिक हैं।

दो शहरों की जनसंख्या 5 लाख से कम है।

एक शहर की जनसंख्या 20 लाख है।

दो शहरों की जनसंख्या 50 लाख से अधिक है।

दो शहर एक ही अक्षांश पर हैं।

B एक पहाड़ी स्टेशन है। E एक बंदरगाह है। स्पष्ट रूप से, A, जिसकी लंबाई E के समान है, एक बंदरगाह नहीं हो सकता है और स्पष्ट रूप से, D की जनसंख्या 20 लाख है जो एक व्यावसायिक शहर नहीं हो सकता है। अत: यह एक बंदरगाह है। इस प्रकार, E और D बंदरगाह हैं।

स्पष्ट रूप से, एक बंदरगाह व्यावसायिक शहर है लेकिन D नहीं है। अत: E एक व्यावसायिक शहर है जिसकी जनसंख्या 50 लाख से अधिक हैं। स्पष्ट रूप से, एक पहाड़ी स्टेशन और व्यावसायिक शहर की लंबाई समान हैं। अत: E के समान A की ऊंचाई है, जो एक पहाड़ी स्टेशन है। D और C के लम्बाई समान हैं और D एक बंदरगाह है। अत: C एक पहाड़ी स्टेशन नहीं हो सकता है। अत: B दूसरा पहाड़ी स्टेशन है। इस प्रकार, तीन समतल भूमि C, D, E हैं।

एक व्यावसायिक शहर न तो एक पहाड़ी स्टेशन है और न ही एक बंदरगाह है। अत: C व्यावसायिक शहर है जिसकी जनसंख्या 50 लाख से अधिक है। स्पष्ट रूप से, दोनों बंदरगाह राजधानियां हैं। अत: E और D राजधानियां हैं। पहाड़ी स्टेशन A, एक बंदरगाह के रूप में एक ही देशांतर पर है, जो एक राजधानी भी है। D की जनसंख्या 20 लाख है। अत: A और B की जनसंख्या 5 लाख से कम है। स्पष्ट रूप से, केवल एक पहाड़ी स्टेशन राजधानी है। अत: C दूसरी राजधानी है।

6. (*c*) : स्पष्ट रूप से A और B की जनसंख्या 5 लाख से कम है।

7. (*e*) : स्पष्ट रूप से, B एक राजधानी नहीं है।

8. (*d*) : बंदरगाह E और D हैं, राजधानियां A, C, D और E हैं और व्यावसायिक शहर C और E हैं। अत: E बंदरगाह, राजधानी और व्यावसायिक शहर हैं।

9. (*c*) : स्पष्ट रूप से, व्यावसायिक शहर C और E की जनसँख्या 50 लाख से अधिक है।

10. (*e*) : राजधानियां A, C, D और E हैं। पहाड़ी स्टेशन A और B हैं। A पहाड़ी स्टेशन के साथ-साथ राजधानी भी है।

प्रश्न 11 से 15

I. A और E अध्ययन में अच्छे हैं; C अध्ययन में कमजोर है। शेष दो अर्थात B और D अध्ययन में सामान्य हैं।

II. A समृद्ध परिवार से है; E एक गरीब परिवार से संबंधित है।
अब, B और D अध्ययन में सामान्य हैं। अत: B और D मध्यम श्रेणी के परिवार से हैं। अब, C शेष है। अत: C एक गरीब परिवार से संबंधित है (क्योंकि दो लड़के गरीब परिवार से हैं)।

III. वह छात्र जो अध्ययन में कमजोर और सामान्य है, स्नातक कक्षाओं में हैं, अर्थात् B, C और D
शेष बचे हुए दो अर्थात् A और E स्नातकोत्तर कक्षाओं में अध्ययन करते हैं।

IV. B, C और E परिश्रमी हैं। A परिश्रमी नहीं है। अब, दो लड़के परिश्रमी नहीं हैं। अत: D भी परिश्रमी नहीं है।

V. अभिनय में दिलचस्पी रखने वाले दो लड़के परिश्रमी नहीं हैं। अत: A और D अभिनय में दिलचस्पी रखते हैं। संगीत में दिलचस्पी रखने

वाला लड़का मध्यम श्रेणी के परिवार से है। B और D मध्यम वर्ग के परिवार से हैं। लेकिन D अभिनय में दिलचस्पी रखता हैं। अत: B संगीत में दिलचस्पी रखता हैं। A किसी भी गतिविधि में दिलचस्पी नहीं रखता है। स्पष्ट रूप से, C खेल में दिलचस्पी रखता हैं।

11. (*c*) : C खेल में दिलचस्पी रखता है।

12. (*b*) : B संगीत में दिलचस्पी रखता है।

13. (*d*) : D मध्यम वर्ग के परिवार का लड़का है जो अभिनय में दिलचस्पी रखता है।

14. (*b*) : A और E स्नातकोत्तर कक्षाओं में अध्ययन करते है।

15. (*d*) : D परिश्रमी नहीं है और अध्ययन में सामान्य है।

प्रश्न 16 से 20

I. A हिन्दू है, B सिख है, E मुस्लिम है। अब, डॉक्टर ईसाई है और D कपड़ा व्यापारी हैं। अत: C ईसाई है और D हिन्दू है।

II. S के मोहल्ले में D रहता हैं। R के मोहल्ले में E रहता है। अब, एक व्यापारी अर्थात D और वकील S के मोहल्ले में रहता है। C डॉक्टर है और A एक फैक्टरी का मालिक है। अत: B वकील है और S के मोहल्ले में रहता है। C, डॉक्टर, P के मोहल्ले में रहता है। स्पष्ट रूप से, Q के मोहल्ले में A रहता है।

III. स्पष्ट रूप से, A फैक्टरी का मालिक, B वकील है, C डॉक्टर है, D कपड़ा व्यापारी है और E अभियंता है।

व्यक्ति	A	B	C	D	E
पेशा	फैक्टरी का मालिक	वकील	डॉक्टर	कपड़ा व्यापारी	अभियंता
धर्म	हिंदू	सिख	ईसाई	हिंदू	मुस्लिम
मुहल्ला	Q	S	P	S	R

IV. B, वकील, सबसे बड़ा है: A, फैक्टरी का मालिक, सबसे छोटा है। D, कपड़ा व्यापारी, डॉक्टर और वकील अर्थात B और C से उम्र में छोटा है। अत: इस प्रकार अनुक्रम है: B > D > C > E > A

16. (*a*) : Q के मोहल्ले में A रहता है।

17. (*b*) : E अभियंता है।

18. (*d*) : A और C के बीच में E हैं। E अभियंता है।

19. (*c*) : B वकील है।

20. (*a*) : C डॉक्टर है।

कुछ विविध पहेलियाँ

अभ्यास 6H

दिशा-निर्देश *(प्रश्न 1 से 10): निम्नलिखित जानकारी को पढ़ें और नीचे दिए गए प्रश्नों का उत्तर दें:* **(M.B.A. 2006)**

A, B, C और D चार दोस्त हैं जिन्हें वस्तुओं का आदान-प्रदान करने से कोई फर्क नहीं पड़ता हैं। A के पास चेस हैं जिनकी कीमत 500 थी और एक रिकॉर्ड प्लेयर है। C के पास एक साइकिल और एक वॉकमेन हैं। प्रत्येक क्रिकेट बैट की कीमत 700 है। D और C दोनों को B से क्रिकेट बैट मिलता है। A ने 2000 कीमत के रिकॉर्ड प्लेयर को B को दिया। C को 1500 रुपये की कीमत का कैमरा D से मिला। साइकिल C की कीमत 1000 थी और वॉकमेन की कीमत 700 थे। A B के पास शुरुआत में तीन क्रिकेट बैट थे और D के पास दो कैमरा थे। जिसकी कीमत 5000 थी। A ने अपना एक चेसबोर्ड C को दे दिया और C की साइकिल ले ली। C ने अपना वॉकमेन D को दिया।

1. वस्तुओं के आदान-प्रदान करने के बाद किसके पास क्रिकेट बैट नहीं था?
(*a*) A (*b*) B (*c*) C (*d*) D

2. शुरुआत में वस्तु C की कुल लागत कितनी थी?
(*a*) ₹5000 (*b*) ₹3000 (*c*) ₹2100 (*d*) ₹1700

3. वस्तुओं के आदान-प्रदान को पूरा करने के बाद, A के पास एक वस्तु थी जो किसी दूसरे के पास नहीं थी। वह वस्तु क्या है?
(*a*) चेसबोर्ड (*b*) साइकिल (*c*) रिकॉर्ड प्लेयर (*d*) वॉकमेन

4. शुरुआत में सबसे महंगी वस्तु किसके पास थी?
(*a*) A (*b*) B (*c*) C (*d*) D

5. वस्तुओं के आदान-प्रदान की प्रक्रिया में B को किससे एक वस्तु मिली?
(*a*) A (*b*) C (*c*) D (*d*) इनमें से कोई नहीं

6. वस्तुओं के आदान-प्रदान करने के बाद, B के पास था-
(*a*) एक रिकॉर्ड प्लेयर
(*b*) एक क्रिकेट बैट
(*c*) एक रिकॉर्ड प्लेयर और एक क्रिकेट बैट
(*d*) एक रिकॉर्ड प्लेयर और एक कैमरा

7. वस्तुओं के आदान-प्रदान करने के बाद, किसके पास ₹1500 की कीमत वाली वस्तु थी?
(*a*) A (*b*) B (*c*) C (*d*) D

8. वस्तुओं के आदान-प्रदान करने के बाद किसे अधिक नुकसान हुआ?
(*a*) D (*b*) A (*c*) C (*d*) B

9. वस्तुओं के आदान-प्रदान करने के बाद किसे लाभ हुआ?
(*a*) A और B (*b*) A और D (*c*) B और C (*d*) C और D

10. वस्तुओं के आदान-प्रदान करने के बाद, D के पास था-
(*a*) एक क्रिकेट बैट और एक कैमरा
(*b*) एक कैमरा, एक वॉकमेन और एक क्रिकेट बैट
(*c*) एक क्रिकेट बैट और एक वॉकमेन
(*d*) एक कैमरा और एक वॉकमेन

दिशा-निर्देश *(प्रश्न 11 से 13): निम्नलिखित जानकारी को सावधानीपूर्वक पढ़ें और नीचे दिए गए प्रश्नों का उत्तर दें:*

A और B की आय का योग C और D की तुलना में अधिक है। A और C की आय का योग B और D के बराबर है। इसके अलावा A, B और D की आय के योग के आधे से ज्यादा अर्जित करता है।

11. किसकी आय अधिक है-
(*a*) A (*b*) B (*c*) C (*d*) D

12. निम्नलिखित में से कौन सा कथन सही नहीं है?
(*a*) B से अधिक A अर्जित करता है।
(*b*) D से अधिक B अर्जित करता है।
(*c*) D से अधिक C अर्जित करता है।
(*d*) C से अधिक B अर्जित करता है।

13. यदि A की आय प्रति वर्ष ₹80,000 हो और B और D की आय के बीच का अंतर A की आय के बराबर हो, तो B की आय कितनी होगी–

(*a*) ₹40,000 (*b*) ₹60,000 (*c*) ₹80,000 (*d*) ₹1,20,000

दिशा-निर्देश *(प्रश्न 14 से 18): नीचे दी गई जानकारी को सावधानीपूर्वक पढ़ें और निम्नलिखित प्रश्नों का उत्तर दें:*

(M.A.T. 1998)

कोई भी दो कजन एक ही उम्र के नहीं हैं, लेकिन सभी का जन्मदिन एक ही तारीख को है। सबसे छोटा 17 वर्ष का है और सबसे बड़ा E, 22 वर्ष का है। F की उम्र B और D के बीच में है। B से बड़ा A है। D से बड़ा C है।

14. निम्नलिखित में से कौन सा संभव नहीं है?

(*a*) D, 20 वर्ष का है (*b*) F, 18 वर्ष का है
(*c*) F, 19 वर्ष का है (*d*) F, 20 वर्ष का है

15. निम्नलिखित में से कौन क्रमशः D और C की उम्र का हो सकता है, यदि B 17 वर्ष का है–

(*a*) 18 और 19 (*b*) 19 और 21
(*c*) 18 और 20 (*d*) 18 और 21

16. निम्नलिखित में से किसे सही होना जरूरी है यदि दो कजन C और F के उम्र के बीच में है?

(*a*) F और D के बीच में A हैं। (*b*) B, 17 वर्ष का है
(*c*) D से बड़ा B है (*d*) F, 18 वर्ष का है

17. C से एक वर्ष बड़ा A है, उम्र बढ़ने से सभी छः कजन के तार्किक रूप से संभावित क्रमों की संख्या है–

(*a*) 2 (*b*) 3 (*c*) 4 (*d*) 5

18. यदि C, 19 वर्ष का है तो निम्नलिखित में से किसे सही होना जरूरी है?

(*a*) A, 19 वर्ष का है और D, 21 वर्ष का है
(*b*) B, 19 वर्ष का है और A, 20 वर्ष का है
(*c*) B, 20 वर्ष का है और A, 21 वर्ष का है
(*d*) D, 17 वर्ष का है और B, 21 वर्ष का है

दिशा-निर्देश *(प्रश्न 19 से 22): निम्नलिखित जानकारी को सावधानीपूर्वक पढ़ें और और नीचे दिए गए प्रश्नों का उत्तर दें:*

पांच बक्से एक समान दिखने वाले हैं जिनमें विभिन्न प्रकार के सामग्री हैं और प्रत्येक बॉक्स में एक लेबल किया गया है जो इसकी सामग्री को इंगित करता है। सामग्री और प्रत्येक बॉक्स के लेबल का विवरण निम्नलिखित है:

सामग्री	लेबल
दो पिन	PP
दो बॉल्स	BB
दो क्लिप्स	CC
एक पिन और एक क्लिप	PC
एक बॉल और एक क्लिप	BC

किसी शरारती ने इन लेबलों को इस प्रकार से बदल दिया है कि किसी भी बॉक्स का लेबल उसमें सामग्री को सही तरीके से नहीं दर्शाता है।

19. यदि खोले गये पहले बॉक्स में लेबल PP और खोले गये दूसरे बॉक्स में लेबल PC है और संयुक्त चार आइटमों का संयोजन में से एक आइटम गेंद था, निम्नलिखित में से कौन सा निश्चित रूप से सही होगा?

(*a*) अन्य तीन वस्तुओं में दो बॉल नहीं होगा।
(*b*) अन्य तीन वस्तुओं में कोई क्लिप नहीं होगा।
(*c*) अन्य तीन वस्तुओं में लगभग एक क्लिप होगा।
(*d*) अन्य तीन वस्तुओं में दो पिन नहीं होगा।
(*e*) इनमें से कोई नहीं

20. यदि लेबल BC वाला पहला बॉक्स खोला गया था और यह उसमें एक आइटम गेंद पाया गया था, तो निम्नलिखित में से कौन सा निश्चित रूप से सही होगा?

(*a*) दूसरा आइटम या तो एक गेंद या क्लिप हो सकता है।
(*b*) BB लेबल वाले दूसरे बॉक्स में एक बॉल और एक क्लिप होगा।
(*c*) दूसरा वस्तु एक गेंद नहीं होगा।
(*d*) दूसरा वस्तु भी एक गेंद होगा।
(*e*) इनमें से कोई नहीं

21. यदि जानकारी उपलब्ध है कि बॉक्स PC में कोई पिन या कोई क्लिप नहीं है और बॉक्स PP में कोई पिन नहीं है और बॉक्स CC में एक क्लिप और एक बॉल है, निम्नलिखित में से कौन सा निश्चित रूप से सही होगा यदि बचे हुए एक बॉक्स को खोला जाता है?

(*a*) इसमें एक पिन और एक क्लिप होगा।
(*b*) इसमें कम से कम एक क्लिप होगा ।
(*c*) इसमें दो पिन होगा।
(*d*) इसमें कम से कम एक पिन होगा।
(*e*) इनमें से कोई नहीं

22. यदि बॉक्स PP में दो क्लिप्स हैं, बॉक्स CC में दो पिन हैं और बॉक्स BB में कम से कम एक गेंद है, तो निम्नलिखित में से कौन सा निश्चित रूप से सही नहीं होगा?

(*a*) बॉक्स BC में एक पिन और एक क्लिप है।
(*b*) बॉक्स BB में एक बॉल और एक क्लिप है।
(*c*) बॉक्स BC में दो बॉल हैं।
(*d*) बॉक्स PC में दो बॉल हैं।
(*e*) बॉक्स BB में एक क्लिप है।

दिशा-निर्देश: *प्रश्न 23 से 29 निम्नलिखित जानकारी पर आधारित हैं:*

प्रिया और प्रोमिला घनिष्ठ दोस्त हैं। प्रिया के पिता, प्रेम, एक पुलिस ऑफिसर हैं जबकि प्रोमिला के पिता सोमेश, एक अभियंता हैं। प्रेम और सोमेश की कॉमन मित्रता रोहन से है, जिसके दो बच्चे हैं, कुणाल और रेणु। प्रिया और कुणाल कॉलेज के साथी हैं जबकि प्रोमिला और रेनू एक ही कक्षा में हैं और अलग-अलग कॉलेज में पढ़ते हैं। प्रोमिला और कुणाल अच्छे वक्ता हैं और इंटर कॉलेज के विवाद में अपने कॉलेजों का प्रतिनिधित्व करते हैं। रेणु कविताएं लिखती हैं जबकि प्रिया एक अच्छी गायक है। सोमेश अपनी बेटी पर बहुत गर्व महसूस करता है और अक्सर पेंटिंग में उसकी विशेष प्रतिभा के बारे में अपने दोस्तों से बात करता है। रेणू के पिता एक व्यवसायी हैं और उसी मोहल्ले में रहते हैं जहां प्रेम रहता है, जबकि सोमेश, जो दूसरे मोहल्ले में रहता है, रोहन के मुकाबले प्रेम के साथ ज्यादा परिचित है। तीनों व्यक्तियों का परिवार उनके साथ रहता है।

(Hotel Management, 1998)

निम्नलिखित में से प्रत्येक प्रश्न में, दो कथन P और Q दिए गए हैं। अपने उत्तर को चिह्नित करें (*a*) यदि P और Q दोनों सही हैं; (*b*) यदि दोनों में से एक सही है और दूसरा गलत है; (*c*) यदि दोनों कथन गलत हैं; और (*d*) यदि उपरोक्त कथन से P या Q या दोनों की शुद्धता के बारें में कोई निष्कर्ष निकालना संभव नहीं है।

23. P: प्रिया और प्रोमिला अलग-अलग कॉलेज में पढ़ते है।
Q: प्रोमिला एक अच्छा वादी और एक अच्छा चित्रकार भी है।

24. P: रोहन एक इलेक्ट्रॉनिक्स अभियंता है।
Q: प्रिया और कुणाल कक्षा-साथी है।

25. P: प्रिया और रेनू कक्षा-साथी हैं।
Q: प्रोमिला के पिता, प्रिया के पिता की तुलना में रेणु के पिता से अधिक परिचित हैं।

26. P: सोमेश एक सिविल अभियंता है।
Q: प्रिया और रेणु अच्छे वक्ता रहे हैं और इंटर कॉलेज की विवाद में अपने कॉलेजों का प्रतिनिधित्व किया है।

27. P: रोहन एक व्यवसायी है।
Q: रेनू और प्रिया एक ही मोहल्ले में रहते है।

28. P : प्रोमिला ने अपने विशेष प्रतिभा से अपने पिता को बहुत प्रभावित किया है।
Q: रोहन और सोमेश एक ही मोहल्ले में रहते हैं।

29. P: रोहन और प्रेम एक ही मोहल्ले में रहते हैं।
Q: रेनू और कुणाल एक ही मोहल्ले में रहते हैं।

दिशा-निर्देश *(प्रश्न 30 से 39) : निम्नलिखित पैसज को सावधानीपूर्वक पढ़ें और निम्नलिखित प्रश्नों का उत्तर दें:* **(M.B.A. 1997)**

शारजाह सिंगर कप 1996 के फाइनल मैच का स्कोरबोर्ड नीचे दिया गया है:

स्कोरबोर्ड

पाकिस्तान: सईद अनवर c फ्लेमिंग b वॉर्न 1; आमिर सोहेल st जर्मन b पटेल 16; शाहिद अफरीदी c ग्रेटबैच इ लार्सन 21; इजाज अहमद c फ्लेमिंग b एस्टल 10; सलीम मलिक lbw केर्न्स 40; आजम खान c ग्रेटबैच b हैरिस 22; मोइन खान lbw केर्न्स 32; वसीम अकरम c वॉर्न b पटेल 0; सकलैन मुश्ताक lbw हैरिस 0; वकार यूनिस रन आउट 0; मुश्ताक अहमद नॉट आउट 4

एक्स्ट्रा: (lb-12, w-2); 14

कुल: (48.5 ओवर में सभी आउट); 160

विकेट गिरना: 1.4, 2.32, 3.51, 4.63, 5.116, 6.120, 7.120, 8.138, 9.145

गेंदबाजी: वॉर्न 8.0.33.1; लार्सन 9.1.22.1; केर्न्स 9.5.0.24.2; एस्टल 3.0.7.1; हैरिस 9.2.32.2; पटेल 10.2.30.2

न्यूजीलैंड: ब्रायन यंग B अकरम 5; मार्क ग्रेटबैच c इजाज b मुश्ताक 52; एडम परोर lbw सक्लेन 22; नाथन एस्टल c मुश्ताक b सकलैन 8; स्टीफन फ्लेमिंग lbw यूनिस 4; क्रिस केर्न्स lbw अक्रम 8; क्रिस हैरिस c अफरीदी B मुश्ताक 2; ली जर्मन lbw अक्रम 5; दीपक पटेल lbw अफरीदी 1; जस्टिन वॉर्न 1 नॉट आउट; गेविन लार्सन b अफरीदी 0

एक्स्ट्रा: (w-5, nb-6); 11

कुल: (36.5 ओवर में सभी आउट); 119

विकेट गिरना: 1.7, 2.66, 3.81, 4.98, 5.102, 6.111, 7.114, 8.117, 9.119

गेंदबाजी: अकरम 8.1.20.3; यूनिस 8.0.22.1; सकलैन 8.0.32.2; अफरीदी 2.5.0.14.2; मुश्ताक 10.0.31.2

30. कितने पाकिस्तानी बल्लेबाजों को न्यूजीलैंड के गेंदबाजों ने बोल्ड किया था?
(*a*) 0 (*b*) 1 (*c*) 2 (*d*) 3

31. मैच में किसकी साझेदारी ने सबसे अधिक रन बनाए गए
(*a*) आमिर सोहेल और शाहिद अफरीदी
(*b*) मार्क ग्रेटबैच और एडम परोर
(*c*) मोईन खान और आजम खान
(*d*) सलीम मलिक और आजम खान

32. यदि प्रति विकेट रन गेंदबाजी के प्रदर्शन का मूल्यांकन करने का मापदंड है, तो मैच में किस गेंदबाज का गेंदबाजी प्रदर्शन सबसे अच्छा था?
(*a*) एस्टल (*b*) यूनिस (*c*) अफरीदी (*d*) अकरम

33. यदि प्रति विकेट गेंदों की संख्या गेंदबाजी प्रदर्शन का मूल्यांकन करने के लिए माना जाता है, तो मैच का सबसे अच्छा गेंदबाज कौन था?
(*a*) पटेल (*b*) लार्सन (*c*) अफरीदी (*d*) अकरम

34. किन गेंदबाजों का प्रदर्शन बराबर था, जहां मूल्यांकन के लिए मापदंड रनों की संख्या प्रति विकेट है?
I. हैरिस और सकलैन II. अफरीदी और हैरिस
(*a*) I और II दोनों सही हैं।
(*b*) I सही है लेकिन II गलत है।
(*c*) I और II दोनों गलत हैं।
(*d*) II सही है लेकिन I गलत है।

35. प्रति विकेट गेंदों की संख्या को मापदंड मानते हुए पाकिस्तान के किस गेंदबाज का सबसे खराब गेंदबाजी प्रदर्शन था?
(*a*) अफरीदी (*b*) यूनिस (*c*) मुश्ताक (*d*) सकलैन

36. मैच में विकेट से पहले कितने लेग दिए गए थे?
(*a*) 6 (*b*) 7 (*c*) 8 (*d*) 9

37. मैच में कौन रन आउट हुआ था?
(*a*) वकार यूनिस
(*b*) जस्टिन वॉन
(*c*) आजम खान और वकार यूनिस
(*d*) इनमें से कोई नहीं

38. मैच में अधिकतम कैच किसने लिया?
I. स्टीफन फ्लेमिंग II. मार्क ग्रेटबैच III. इजाज अहमद
(*a*) I और II सही है लेकिन III गलत है।
(*b*) केवल II सही है
(*c*) II और III सही है लेकिन I गलत है।
(*d*) सभी सही हैं।

39. निम्नलिखित में से कौन सा कथन गलत है?
(*a*) पाकिस्तान की आखिरी विकेट की साझेदारी ने 15 रन अधिक बनाए।
(*b*) मैच में केवल दो खिलाड़ी स्टम्प्ड आउट हुए।
(*c*) न्यूजीलैंड की आखिरी विकेट की साझेदारी ने कोई रन नहीं बनाया।
(*d*) न्यूजीलैंड की 7वीं विकेट की साझेदारी से बनाए गए रन न्यूजीलैंड की 8वीं विकेट की साझेदारी से बनाए रन के बराबर थे।

हल-अभ्यास 6(H)

प्रश्न 1 से 10

एक्सचेंज से पहले

व्यक्ति		कीमत	मात्रा	मूल्य	कुल लागत
A	चेसबोर्ड	₹ 500	2	₹ 1000	₹ 3000
	रिकॉर्ड प्लेयर	₹ 2000	1	₹ 2000	
B	क्रिकेट बैट	₹ 700	3	₹ 2100	₹ 2100
C	साइकिल	₹ 1000	1	₹ 1000	₹ 1700
	वॉकमेन	₹ 700	1	₹ 700	
D	कैमरा 1	₹ 1500	1	₹ 1500	₹ 5000
	कैमरा 2	₹ 3500	1	₹ 3500	

एक्सचेंज के बाद

व्यक्ति	वस्तु	कीमत	मात्रा	मूल्य	कुल लागत
A	साइकिल	₹ 1000	1	₹ 1000	₹ 1500
	चेसबोर्ड	₹ 500	1	₹ 500	
B	रिकॉर्ड प्लेयर	₹ 2000	1	₹ 2000	₹ 2700
	क्रिकेट बैट	₹ 700	1	₹ 700	
B	क्रिकेट बैट	₹ 700	3	₹ 2100	₹ 2100
C	क्रिकेट बैट	₹ 700	1	₹ 700	₹ 1700
	कैमरा 1	₹ 1500	1	₹ 1500	₹ 2700
	चेसबोर्ड	₹ 500	1	₹ 500	
D	क्रिकेट बैट	₹ 700	1	₹ 700	₹ 4900
	वॉकमेन	₹ 700	1	₹ 700	
	कैमरा 2	₹ 3500	1	₹ 3500	

1. (*a*) : एक्सचेंज के बाद A के पास क्रिकेट बैट नहीं था।

2. (*d*) : एक्सचेंज के बाद C के पास ₹1700 कीमत की वस्तु थी।

3. (*b*) : A के पास साइकिल है, जो किसी दूसरे के पास नहीं है।

4. (*d*) : शुरुआत में, D के पास ₹5000 की मूल्यवान वस्तु थी।

5. (*a*) : स्पष्ट रूप से, A से B रिकॉर्ड प्लेयर प्राप्त करता है।

6. (*c*) : वस्तुओं को एक्सचेंज के बाद, B के पास एक क्रिकेट बैट और एक रिकॉर्ड प्लेयर है।

7. (*a*) : एक्सचेंज के बाद, A के पास ₹1500 कीमत वाली वस्तु है।

8. (*b*) : केवल A और D को सौदें में नुकसान हुआ।

A को हुआ नुकसान = ₹(3000 – 1500) = ₹1500

D को हुआ नुकसान = ₹(5000 – 4900) = ₹100

9. (*c*) : स्पष्ट रूप से, एक्सचेंज के बाद B और C को लाभ होता है।

B को लाभ होता है = ₹(2700 – 2100) = ₹600

C को लाभ होता है = ₹(2700 – 1700) = ₹1000

10. (*b*) : स्पष्ट रूप से, एक्सचेंज के बाद, D के पास हैं – एक क्रिकेट बैट, एक वॉकमेन और एक कैमरा।

प्रश्न 11 से 13

हमारे पास है: $(A + B) > (C + D)$ ...(*i*)

$(A + C) = (B + D)$ ...(*ii*)

$A = \frac{1}{2}(B + D)$ (*ii*) में रखने पर, हमें प्राप्त होता है $C = \frac{1}{2}(B + D)$

अत: A = C

चूँकि $(A + B) > (C + D)$ और A = C इसलिए B = D

इस प्रकार, (*iii*) से, हमें प्राप्त होता है B = A और इसलिए B = C

11. (*b*) : स्पष्ट रूप से, B की आय उच्चतम है।

12. (*a*) : स्पष्ट रूप से, A से अधिक B अर्जित करता है। अत: (*a*) गलत है।

13. (*d*) : $A = 80000 = \frac{1}{2}(B + D)$ or $B + D = 2A = 160000$

साथ ही, $B - D = A = 80000$ ...(*iv*)

(*iv*) और (*v*) को जोड़ते हुए, हमें प्राप्त होता: 2B = 240000 या B = 120000

प्रश्न 14 से 18

दिया गया है: E सबसे बड़ा है, A > B, C > D.

इस प्रकार, हमारे पास निम्नलिखित संभावित व्यवस्था है:

22		21		20		19		18		17	
E	>	A	>	B	>	F	>	C	>	D	...(*i*)
E	>	A	>	C	>	B	>	F	>	D	...(*ii*)
E	>	A	>	B	>	C	>	F	>	D	...(*iii*)
E	>	A	>	C	>	D	>	F	>	B	...(*iv*)
E	>	C	>	D	>	F	>	A	>	B	...(*v*)
E	>	C	>	D	>	A	>	F	>	B	...(*vi*)
E	>	C	>	A	>	B	>	F	>	D	...(*vii*)
E	>	C	>	A	>	D	>	F	>	B	...(*viii*)

14. (*a*) : (*v*) और (*vi*) से स्पष्ट रूप से, D 20 वर्ष बड़ा है। अत: (*a*) संभव है।

(*ii*), (*iii*), (*iv*), (*vi*), (*vii*), (*viii*) से F, 18 वर्ष बड़ा है। अत: (*b*) संभव है।

(*i*) और (*v*) से F 19 वर्ष बड़ा है। अत: (*c*) संभव है। परन्तु F किसी भी संभावनाओं में 20 वर्ष बड़ा नहीं है। अत: (*d*) संभव नहीं है।

15. (*b*) : (*iv*), (*v*), (*vi*) और (*viii*) से B, 17 वर्ष बड़ा है।

(*iv*) में, D, 19 वर्ष का है और C, 20 वर्ष का है।

(*v*) और (*vi*) में, D, 20 वर्ष का है और C, 21 वर्ष का है।

(*viii*) में, D, 19 वर्ष का है और C, 21 वर्ष का है।

16. (*d*) : इनमें से प्रत्येक मामले में, (*vi*), (*vii*) और (*viii*) में C और F के बीच दो व्यक्तियों का अंतर है, F, 18 वर्ष का है।

17. (*a*) : स्पष्ट रूप से, केवल दो व्यवस्था में C से एक वर्ष बड़ा A है – (*ii*) और (*iv*)

18. (*c*) : स्पष्ट रूप से, (*iii*) से, यदि C, 19 वर्ष का है तो B, 20 वर्ष का है और A, 21 वर्ष का है।

19. (*e*) : दी गई जानकारी एक विशेष निष्कर्ष निकालने के लिए अपर्याप्त है। अत: दिए गए निष्कर्षों में से कोई भी अनुसरण नहीं करता है।

20. (*d*) : चूंकि बॉक्स में एक आइटम एक बॉल है, इसलिए BC लेबल किया हुआ हो सकता है, वास्तव में BB या BCA लेकिन

यह BC नहीं हो सकता है क्योंकि यह दिया गया है कि कोई बॉक्स में सही लेबल नहीं है। इस प्रकार, बॉक्स BB है और इसलिए इसमें अन्य वस्तु के साथ एक बॉल होगी।

21. (*d*) : चूंकि बॉक्स PC में पिन या क्लिप नहीं है, इसलिए यह वास्तव में बॉक्स BB है और इसमें दो बॉल हैं। चूंकि बॉक्स PP में कोई भी पिन नहीं है, इसलिए वास्तव में यह बॉक्स BC या CC है। चूंकि बॉक्स CC में एक क्लिप और एक बॉल है, यह वास्तव में बॉक्स BC है। अत: PP लेबल किया गया बॉक्स वास्तव में बॉक्स CC है। अब, शेष दो बॉक्स PP और PC हैं। इस प्रकार, यदि उनमें से किसी को भी खोला गया है, तो इसमें निश्चित रूप से एक पिन होगा।

22. (*c*) : चूंकि बॉक्स PP में दो क्लिप्स हैं, यह वास्तव में बॉक्स CC है। चूंकि बॉक्स CC में दो पिन हैं, यह वास्तव में बॉक्स PP है। चूंकि बॉक्स BB में एक बॉल होता है और कोई बॉक्स सही लेबल नहीं किया गया होता है, यह वास्तव में बॉक्स BC है। अब, शेष बॉक्स PC और BC को लेबल किया गया है जिसमें वास्तव में BB और PC हैं। चूंकि कोई भी बॉक्स सही लेबल नहीं किया गया है, इसलिए बॉक्स PC वास्तव में BB है, और बक्सा BC वास्तव में PC है। इस प्रकार, बॉक्स BC में एक पिन और एक क्लिप है। अत: (*c*) गलत है।

23. (*a*) : स्पष्ट रूप से, प्रिया और कुणाल एक ही कॉलेज में पढ़ते है, और प्रोमिला और रेनू दूसरे कॉलेज में एक ही कक्षा में पढ़ते हैं। अत: P सही है। यह दिया जाता है कि प्रोमिला एक अच्छी विवादी है और सोमेश की बेटी (प्रोमिला) की पेंटिंग अच्छी है। अत: Q भी सही है।

24. (*c*) : स्पष्ट रूप से, रेणू के पिता रोहन एक व्यवसायी हैं। अत: P गलत है। इसके अलावा, प्रिया और कुणाल कॉलेज-साथी हैं। अत: Q भी सही नहीं है।

25. (*c*) : प्रिया और रेणु अलग-अलग कॉलेजों में पढ़ते है। अत: P गलत है। प्रोमिला के पिता, सोमेश का रेणु के पिता रोहन के मुकाबले प्रिया के पिता, प्रेम के साथ अधिक दोस्ती है। अत: Q भी गलत है।

26. (*d*) : यह उल्लेख किया गया है कि सोमेश एक अभियंता है। लेकिन वह एक सिविल अभियंता है, जो निश्चित रूप से नहीं कहा जा सकता है। इसके अलावा, प्रोमिला और कुणाल अच्छे वक्ता हैं। अत: Q गलत है।

27. (*a*) : दी गई जानकारी के अनुसार, रेणु के पिता रोहन एक व्यवसायी हैं। अत: P सही है। साथ ही, यह दिया गया है कि रेणु के पिता और प्रेम एक ही मोहल्ले में रहते हैं। इसका अर्थ है कि रेणु और प्रेम की बेटी प्रिया, एक ही मोहल्ले में रहती हैं। अत: Q भी सही है।

28. (*b*) : यह दिया गया है कि सोमेश अपनी बेटी प्रोमिला की पेंटिंग में प्रतिभा से बहुत प्रभावित हैं। अत: P सही है। इसके अलावा, रेणु के पिता, रोहन और प्रेम एक ही मोहल्ले में रहते हैं जबकि सोमेश दूसरे मोहल्ले में रहता है। अत: Q गलत है।

29. (*a*) : स्पष्ट रूप से, P सही है। इसके अलावा, रेणु और कुणाल रोहन के दो बच्चे हैं और इसलिए वे एक ही मोहल्ले में रहते हैं। इस प्रकार, Q भी सही है।

30. (*a*) : स्पष्ट रूप से, पाकिस्तानी बल्लेबाजों में से कोई भी न्यूजीलैंड के गेंदबाजों से बोल्ड नहीं हुआ था।

31. (*b*) : पाकिस्तान के लिए 'विकेट गिरने' सेक्शन में, हम देखते है कि दूसरे और तीसरे खिलाड़ी यानि आमिर सोहेल और शाहिद अफरीदी ने एक साथ (32 - 4) = 28 रन बनाए; पांचवें और छठे खिलाड़ी यानि सलीम मलिक और आजम खान ने एक साथ (116 - 63) = 53 बनाए; छठे और सातवें खिलाड़ी यानि आजम खान और मोइन खान ने (120 - 116) यानि 4 रन बनाए। इसी तरह, न्यूजीलैंड टीम में, दूसरे और तीसरे खिलाड़ी यानि मार्क ग्रेटबैच और एडम परोर ने एक साथ (66-7) यानि 59 रन बनाए।

32. (*d*) : प्रति विकेट सबसे कम रन देने वाले गेंदबाज सर्वश्रेष्ठ खिलाड़ी होगा। 'गेंदबाजी' सेक्शन में, हम प्रति विकेट रनों की संख्या प्राप्त करते है:

एस्टल $= \frac{7}{1} = 7;$ यनिस $= \frac{22}{1} = 22;$

अफरी $= \frac{14}{2} = 7;$ अकरम $= \frac{20}{3} = 6.67$

33. (*c*) : स्पष्ट रूप से, प्रति विकेट गेंदों की संख्या के सबसे कम रन देने वाला गेंदबाज, सर्वश्रेष्ठ माना जाता है। हम प्रति विकेट रनों की संख्या प्राप्त करते है:

$$\text{पटेल} = \frac{10 \text{ ओवर}}{2 \text{ विकेट्स}} = \frac{60 \text{ बॉल}}{2 \text{ विकेट्स}} = 30 \text{ बॉल/विकेट}$$

$$\text{लार्सन} = \frac{9 \text{ ओवर}}{1 \text{ विकेट}} = 54 \text{ विकेट}$$

$$\text{अफरीदी} = \frac{2.5 \text{ ओवर}}{2 \text{ विकेट्स}} = \frac{15 \text{ बॉल}}{2 \text{ विकेट्स}} = 7.5 \text{ बॉल/विकेट}$$

$$\text{अकरम} = \frac{8 \text{ ओवर}}{3 \text{ विकेट्स}} = \frac{48 \text{ बॉल}}{3 \text{ विकेट्स}} = 16 \text{ बॉल/विकेट}$$

34. (*b*) : 'बॉलिंग' सेक्शन में, हम प्रति विकेट रनों की संख्या प्राप्त करते है:

हैरिस $= \frac{32}{2} = 16;$ सकलैन $= \frac{32}{2} = 16;$

अफरीदी $= \frac{14}{2} = 7.$

अत: हैरिस और सक्लेन के प्रदर्शन बराबर हैं।

35. (*b*) : स्पष्ट रूप से, प्रति विकेट गेंदों की संख्या के अधिक रन देने वाला गेंदबाज सबसे खराब खिलाड़ी होगा।

अब, प्रति विकेट गेंदों की संख्या:

$$\text{अफरीदी} = \frac{2.5 \text{ ओवर}}{2 \text{ विकेट्स}} = \frac{15 \text{ बॉल}}{2 \text{ विकेट्स}} = 7.5 \text{ बॉल/विकेट}$$

$$\text{यूनिस} = \frac{8 \text{ ओवर}}{1 \text{ विकेट}} = 48 \text{ बॉल/विकिट}$$

$$\text{मुंश्ताक} = \frac{10 \text{ ओवर}}{2 \text{ विकेट्स}} = \frac{60 \text{ बॉल}}{2 \text{ विकेट्स}} = 30 \text{ बॉल/विकेट}$$

$$\text{सकलैन} = \frac{8 \text{ ओवर}}{2 \text{ विकेट्स}} = \frac{48 \text{ बॉल}}{2 \text{ विकेट्स}} = 24 \text{ बॉल/विकेट}$$

36. (*c*) : स्पष्ट रूप से, विकेट (एलबीडब्ल्यू) से पहले लेग के फैसले 8 मामलों में दिया जाता है: सलीम मलिक, मोइन खान, सक्लेन मुश्ताक, एडम परोर, स्टीफन फ्लेमिंग, क्रिस केर्न्स, ली जर्मन और दीपक पटेल।

37. (*a*) : स्पष्ट रूप से, मैच में केवल वकार यूनिस रन आउट हुआ था।

38. (*a*) : पाकिस्तान के स्कोर से, हमें प्राप्त होता है कि स्टीफन फ्लेमिंग ने सईद अनवर और इजाज अहमद् का कैच लिया यानि 2 कैच लिया। मार्क ग्रेटबैच ने शाहिद अफरीदी और आजम खान का कैच लिया यानि 2 कैच लिया। न्यूजीलैंड के स्कोर से, हमें प्राप्त होता है कि: इजाज अहमद ने मार्क ग्रेटबैच का यानि केवल 1 कैच लिया।

39. (*b*) : स्पष्ट रूप से, मैच में केवल एक (आमिर सोहेल) स्टम्प्ड आउट हुआ था।

हल सहित अतिरिक्त प्रश्न

अभ्यास

दिशा-निर्देश (प्रश्न 1 से 5): निम्नलिखित जानकारी का अध्ययन करें और नीचे दिए गए प्रश्नों को हल करें:

आठ लोग P, Q, R S, T, U, V और W तीन अलग-अलग महीने मार्च, जून और दिसंबर (उसी वर्ष के) में पैदा हुए थे, लेकिन आवश्यक रूप से समान क्रम में नहीं। एक महीने में दो से कम लोग नहीं और तीन से अधिक लोग पैदा नहीं हुए थे, उनमें से प्रत्येक को एक अलग फल पसंद है जैसे अमरूद, आड़ू, केले चेरी, आम, ऑरेंज, कीवी और सेब जोकि समान क्रम में नहीं है।

केवल Q और W मार्च में पैदा हुए थे, R सेब पसंद करता है और J के समान महीने पैदा हुआ था। R दिसंबर में पैदा नहीं हुआ था। जो आम पसंद करता है वह जून में पैदा हुआ था। T आम पसंद नहीं करता है। V आम पसंद नहीं करता है। वह जो किवी पसंद करता है और वह जो केला पसंद करता है वो समान महीने में पैदा हुआ था। वह जो किवी पसंद करता है वह W के पैदा होने वाले महीने में पैदा नहीं हुआ था। U किवी पसंद नहीं करता है, वह जो अमरुद पसंद करता है वह P के पैदा होने वाले महीने में पैदा हुआ था। Q आड़ू पसंद नहीं करता है।

1. दी गई व्यवस्था के अनुसार निम्नलिखित में कौन सा संयोजन केवल उन लोगों का प्रतिनिधित्व करता है जो दिसंबर में पैदा हुआ था?
[Andhra Bank (PO) Exam, 2015]
(*a*) T, V (*b*) U, P, T (*c*) V, U (*d*) P, T
(*e*) U, V, S

2. दी गई व्यवस्था के अनुसार, निम्नलिखित में से कौन सा व्यक्ति उस व्यक्ति का प्रतिनिधित्व करता है जो उसी महीने में पैदा हुआ था, जो नारंगी पसंद करता है? **[Andhra Bank (PO) Exam, 2015]**
(*a*) U (*b*) P (*c*) R (*d*) T (*e*) W

3. दी गई व्यवस्था के अनुसार T निम्नलिखित में से कौन फल पसंद करता है? **[Andhra Bank (PO) Exam, 2015]**
(*a*) नारंगी (*b*) आड़ू (*c*) अमरुद (*d*) केला
(*e*) इनमें से कोई नहीं

4. दी गई व्यवस्था के अनुसार निम्नलिखित में से कौन सा संयोजन सही है? **[Andhra Bank (PO) Exam, 2015]**
(*a*) दिसंबर–आड़ू (*b*) जून–नारंगी
(*c*) जूनख्र केला (*d*) मार्च–अमरुद
(*e*) दिसंबर–केला

5. दी गई व्यवस्था के अनुसार निम्नलिखित में से कौन आड़ू पसंद करता है? **[Andhra Bank (PO) Exam, 2015]**
(*a*) P (*b*) V (*c*) U (*d*) W (*e*) T

दिशा-निर्देश (प्रश्न 6 से 10): दिए गए प्रश्नों का उत्तर देने के लिए दी गई जानकारी का सावधानीपूर्वक पढ़ें:

सात लोग A, B, C, D, E, F और G को सोमवार से रविवार तक सप्ताह के सात अलग-अलग दिनों में एक कंपनी में नियुक्त किया गया था। प्रत्येक व्यक्ति एक अलग-अलग खेल भी खेलता है, जैसे क्रिकेट, हॉकी, फुटबॉल, स्क्वाश, वॉलीबॉल, टेनिस और खो-खो, लेकिन आवश्यक नहीं कि इसी क्रम में खेलते है।

केवल दो लोगों को हॉकी खेलने वाले व्यक्ति के बाद नियुक्त किया गया था। E को हॉकी खेलने वाले के एक दिन के बाद नियुक्त किया गया था। केवल तीन लोगों को E और G के बीच नियुक्त किया गया था। केवल एक व्यक्ति को G और वॉलीबॉल खेलने वाले व्यक्ति के बीच नियुक्त किया गया था। A को खो-खो खेलने वाले व्यक्ति के ठीक बाद नियुक्त किया गया था। F को C के ठीक बाद नियुक्त किया गया था, लेकिन शुक्रवार को नहीं। केवल दो लोगों को F और वह जो क्रिकेट खेलता है के बीच नियुक्त किया गया था। B को क्रिकेट खेलने वाले व्यक्ति के ठीक बाद नियुक्त किया गया था। दो से अधिक लोगों को D और जो टेनिस खेलता है के बीच नियुक्त किया गया था। A और F फुटबॉल नहीं खेलता है।

6. निम्नलिखित में से किसे बुधवार को नियुक्त किया गया था?
[Andhra Bank (PO) Exam, 2015]
(*a*) वह जो खो-खो खेलता है (*b*) A (*c*) B
(*d*) वह जो क्रिकेट खेलता है (*e*) F

7. दी गई व्यवस्था के अनुसार निम्नलिखित में से से कौन सा कथन सही है? **[Andhra Bank (PO) Exam, 2015]**
(*a*) केवल एक व्यक्ति को F और स्क्वाश खेलने वाले के बीच में नियुक्त किया गया था
(*b*) केवल तीन लोगों को C से पहले नियुक्त किया गया था
(*c*) A टेनिस खेलता है
(*d*) B को शनिवार को नियुक्त किया गया था
(*e*) दिए गए विकल्पों में से कोई भी सही नहीं है

8. टेनिस खेलने वाले व्यक्ति को निम्नलिखित में से किस दिन नियुक्त किया गया था? **[Andhra Bank (PO) Exam, 2015]**
(*a*) गुरुवार (*b*) मंगलवार (*c*) रविवार (*d*) सोमवार
(*e*) शनिवार

9. दी गई व्यवस्था के अनुसार निम्नलिखित में से कौन सा संयोजन पूरी तरह से सही है? **[Andhra Bank (PO) Exam, 2015]**
(*a*) C–स्क्वाश (*b*) गुरुवार – D
(*c*) शनिवार–क्रिकेट (*d*) सोमवार–वॉलीबॉल
(*e*) F – खो – खो

10. कितने लोगों को G से पहले नियुक्त किया गया था?
[Andhra Bank (PO) Exam, 2015]
(*a*) दो (*b*) एक (*c*) तीन (*d*) चार
(*e*) कोई नहीं क्योंकि G को सोमवार को नियुक्त किया गया था

दिशा-निर्देश (प्रश्न 11 से 15): दिए गए प्रश्नों का उत्तर देने के लिए दी गई जानकारी का सावधानीपूर्वक पढ़ें:

A, B, C, D, K, L और M बिल्डिंग के सात अलग-अलग मंजिल पर रहते हैं लेकिन जरूरी नहीं है कि सब एक ही क्रम में है। बिल्डिंग की निचली मंजिल को पहली मजिल उसके ऊपर की मजिल को दूसरी मंजिल और इसी तरह से संख्या अंकित किया गया है और सबसे उपरी मंजिल को सांतवी मंजिल अंकित किया गया है। उनमें से प्रत्येक को अलग-अलग खेल - स्नूकर बैडमिंटन, चेस, लूडो, क्रिकेट, हॉकी और पोलो (लेकिन जरूरी नहीं है कि सब एक ही क्रम में है) पसंद हैं।

केवल तीन लोग B और K के बीच में रहते हैं। K के ऊपर वाले एक एक मंजिल में B रहता है। K निचली मंजिल पर नहीं रहता है केवल एक व्यक्ति B और चेस पसंद करने वाले के बीच रहता है।

केवल दो लोग M और वह जो चेस पसंद करता है उसके बीच रहते हैं। वह जो स्नूकर पसंद करता है वह M के ठीक ऊपर रहता है। A, L के ऊपर रहता है। A चेस पसंद नहीं करता है।

वह जो लूडो पसंद करता है वह L के नीचे के विषम संख्या वाले मंजिल पर रहता है। M लूडो पसंद नहीं करता है। D, C के ऊपर वाले मंजिल पर रहता है। केवल एक व्यक्ति जो क्रिकेट पसंद करता है और एक जो हॉकी पसंद करता है उसके बीच रहता है। D क्रिकेट पसंद नहीं करता है। M बैडमिंटन पसंद नहीं करता है।

11. निम्नलिखित में से कौन सा खेल B पसंद करता है?

[Andhra Bank (PO) Exam, 2015]

(*a*) स्नूकर (*b*) लूडो (*c*) पोलो (*d*) बैडमिंटन
(*e*) चेस

12. चौथी मंजिल पर निम्नलिखित में से कौन रहता है?

[Andhra Bank (PO) Exam, 2015]

(*a*) जो हॉकी पसंद करता है (*b*) जो चेस पसंद करता है
(*c*) A (*d*) L
(*e*) B

13. निम्नलिखित में से कौन सा कथन दी गए व्यवस्था के संबंध में सही है? **[Andhra Bank (PO) Exam, 2015]**

(*a*) K और M के बीच में केवल दो लोग रहते हैं।
(*b*) जो हॉकी पसंद करता है वह ठीक K के ऊपर रहता है।
(*c*) C शतरंज पसंद है।
(*d*) C सम संख्या मंजिल पर रहता है।
(*e*) दिए गए विकल्पों में से कोई भी सही नहीं है।

14. यदि सभी लोगों को ऊपर से नीचे तक वर्णमाला क्रम में बैठया जाता है, तो कितने लोग का स्थान अपरिवर्तित बने रहेंगे?

[Andhra Bank (PO) Exam, 2015]

(*a*) कोई भी नहीं (*b*) तीन (*c*) दो
(*d*) एक (*e*) चार

15. निम्नलिखित में से कौन सा संयोजन दिए गए व्यवस्था के संबंध में सही है? **[Andhra Bank (PO) Exam, 2015]**

(*a*) पोलो – C (*b*) लूडो – B
(*c*) क्रिकेट – K (*d*) चेस – L
(*e*) स्नूकर – A

दिशा-निर्देश (16 से 19): दी गए जानकारी को सावधानीपूर्वक पढ़ें और प्रश्नों का उत्तर दें:

गोवा से पांच दोस्त P, Q, R, S और T पांच अलग-अलग शहरों के लिए यानि चेन्नई, कोलकाता, दिल्ली, हैदराबाद और मैंगलोर परिवहन के विभिन्न साधनों अर्थात बस, ट्रेन, एयरोलेन, कार और नाव के माध्यम से यात्रा करते हैं। जिसने दिल्ली के लिए यात्रा की वह नाव का उपयोग नहीं करता। R ने मैंगलोर के लिए कार से यात्रा की और S ने नाव से यात्रा की। Q ने कोलकाता के लिए हवाई जहाज से यात्रा की और T नें ट्रेन से यात्रा की। दिल्ली और चेन्नई गोवा से बस मार्ग से नहीं जुडे हैं।

16. निम्नलिखित में से स्थान और परिवहन का कौन-सा संयोजन सही है? **[SBI-Clerk Exam, 2011]**

(*a*) कोलकाता-बस (*b*) दिल्ली-हवाई जहाज
(*c*) मैंगलोर-ट्रेन (*d*) चेन्नई-नाव
(*e*) हैदराबाद-कार

17. Q : कोलकाता इसी प्रकार, S:? **[SBI-Clerk Exam, 2011]**

(*a*) हैदराबाद (*b*) चेन्नई (*c*) मैंगलोर (*d*) दिल्ली
(*e*) शिक्षण

18. निम्नलिखित में से किसने दिल्ली की यात्रा की?

[SBI-Clerk Exam, 2011]

(*a*) T (*b*) R (*c*) S (*d*) P (*e*) Q

19. P के लिए निम्नलिखित का कौन सा संयोजन सही है।

[SBI-Clerk Exam, 2011]

(*a*) कोलकाता के लिए बस से यात्रा की
(*b*) दिल्ली के लिए ट्रेन से यात्रा की
(*c*) चेन्नई के लिए नाव से यात्रा की
(*d*) हैदराबाद के लिए बस से यात्रा की
(*e*) इनमें से कोई नहीं

हल

हल: 1–5:

व्यक्ति	महीना	फल
P	जून	आम
Q	मार्च	नारंगी
R	जून	सेव
S	दिसम्बर	चेरी
T	जून	अमरूद
U	दिसम्बर	केला
V	दिसमबर	कीवी
W	मार्च	आडू

1. (*e*) : U, V, S

2. (*e*) : W

3. (*c*) : अमरूद

4. (*e*) : दिसम्बर – केला सही संयोजन है

5. (*d*) : W

हल: 6–10:

दिन	खेल	व्यक्ति
सोमवार	वॉलीबॉल	D
मंगलवार	स्क्वाश	A
बुधवार	क्रिकेट	G
गुरूवार	खो-खो	B
शुक्रवार	हॉकी	C
शनिवार	टेनिस	F
रविवार	फुटबॉल	E

6. (*d*) : जो क्रिकेट खेलता है उसे बुधवार को नियुक्त किया जाता है।
7. (*e*) : विकल्प (*e*) क्योंकि कोई भी कथन सही नहीं है।
8. (*e*) : शनिवार
9. (*d*) : सोमवार–वॉलीबॉल सत्य है
10. (*a*) : दो

हल: 11–15:

मंजिल	व्यक्ति का नाम	खेल
7	B	बैडमिंटन
6	A	पोलो
5	L	चेस
4	D	हॉकनी
3	K	स्नूकर
2	M	क्रिकेट
1	C	लूडो

11. (*d*) : बैडमिंटन
12. (*a*) : जो हॉकी पसंद करता है वह चौथी मंजिल पर रहता है।
13. (*b*) : विकल्प (*b*) सही है
14. (*d*) : केवल D में कोई बदलाव नहीं होगा।
15. (*d*) : चेस – L सही व्यवस्था है।

हल: 16–19:

P	हैदराबाद	बस
Q	कोलकाता	हवा जहाज
R	बैंगलोर	कार
S	चेन्नई	नाव
T	दिल्ली	ट्रेन

16. (*d*) : चेन्नई – नाव
17. (*b*) : चेन्नई
18. (*a*) : T
19. (*d*) : हैदराबाद से बस द्वारा यात्रा की गयी।

7 अनुक्रमिक आउटपुट ट्रेसिंग (SEQUENTIAL OUTPUT TRACING)

इस प्रकार के प्रश्नों में, यादृच्छिक अक्षरों/शब्दों या संख्याओं या दोनों के संयोजन से बने संदेश को इनपुट के रूप में दिया जाता है जिसके बाद इसकी पुनर्व्यवस्था को कुछ चरणों के माध्यम से आउटपुट के रूप में दिया जाता है। अभ्यर्थी को दी गई पुनर्व्यवस्था के पैटर्न को समझना होता है और उसके बाद प्रश्नों में पूछे जाने के अनुसार वांछित आउटपुट चरण को ज्ञात करना होता है।

दिए गए अनुक्रम में निम्नलिखित पैटर्न देखे जा सकते हैं:

1. दिए गए शब्दों को वर्णमाला के बढ़ते/विपरीत क्रम में व्यवस्थित करना
2. दी गई संख्याओं को आरोही/अवरोही क्रम में व्यवस्थित करना
3. चरणबद्ध तरीके से, शब्दों के एक विशेष सेट को विपरीत क्रम में लिखना
4. एक नियत स्वरुप के अनुसार शब्दों/संख्याओं के स्थानों को बदलना

उपरोक्त बिंदु चार संभावित मानदंड हैं जिन्हें आपको किसी दिए गए पुनर्व्यवस्थापन में पैटर्न निर्धारित करने के लिए देखना चाहिए।

व्याख्यात्मक उदाहरण

उदा. 1. एक इलेक्ट्रॉनिक उपकरण, नियमों के एक सेट के अनुसार एक विशेष क्रम में चरण दर चरण संख्याओं को पुनर्व्यवस्थित करता है। अंतिम परिणाम प्राप्त होने पर उपकरण बंद हो जाता है। इस स्थिति में उपकरण चरण V पर बंद होता है। **(SNAP, 2005)**

इनपुट	:	85	16	36	04	19	97	63	09
चरण I	:	97	85	16	36	04	19	63	09
चरण II	:	97	85	63	16	36	04	19	09
चरण III	:	97	85	63	36	16	04	19	09
चरण IV	:	97	85	63	36	19	16	04	09
चरण V	:	97	85	63	36	19	16	09	04

उपर्युक्त क्रम का सावधानीपूर्वक अध्ययन करें और फिर निम्नलिखित प्रश्नों का उत्तर दें:

1. नीचे दिए गए इनपुट के लिए निम्नलिखित में से कौन सा चरण III होगा?

इनपुट: 09 25 16 30 32 18 17 06

(*a*) 32 30 25 09 16 18 17 06
(*b*) 32 30 09 25 16 18 17 06
(*c*) 32 09 25 16 30 18 17 06
(*d*) 32 30 09 25 16 19 17 06

2. नीचे दिए गए इनपुट के लिए अंतिम चरण कौन सा होगा?

इनपुट: 16 09 25 27 06 05

(*a*) चरण II (*b*) चरण III
(*c*) चरण IV (*d*) इनमें से कोई नहीं

3. नीचे दिए गए इनपुट के लिए चरण V का आउटपुट क्या होगा?

इनपुट : 5 08 35 11 88 67 23

(*a*) 08 11 23 25 35 67 88
(*b*) 88 67 35 25 23 11 08
(*c*) 88 67 35 25 23 08 11
(*d*) इनमें से कोई नहीं

4. नीचे दिए गए इनपुट के लिए निम्नलिखित में से कौन सा अंतिम चरण होगा?

इनपुट: 03 31 43 22 11 09

(*a*) चरण II (*b*) चरण III
(*c*) चरण IV (*d*) इनमें से कोई नहीं

5. यदि चरण IV का आउटपुट नीचे दिए गए अनुसार है, तो इनपुट क्या रहा होगा?

चरण IV : 92 86 71 69 15 19 06 63 58

(*a*) 15 19 06 63 58 86 92 69 71
(*b*) 15 86 19 92 06 69 63 58 71
(*c*) 86 92 69 71 15 19 06 63 58
(*d*) निर्धारित नहीं किया जा सकता

हल: नमूना अनुक्रम को सावधानीपूर्वक देखते हुए, हम पाते हैं कि दिए गए क्रम में, संख्याओं को, प्रत्येक चरण में केवल एक संख्या के स्थान में परिवर्तन करके और बाद की अन्य संख्याओं को वैसे ही रखकर, एक अवरोही क्रम (बाएं से दाएं) अनुक्रम में व्यवस्थित किया गया है। प्रक्रिया तब तक जारी रहती है जब तक संख्याओं के पूरे सेट को अवरोही क्रम में व्यवस्थित नहीं किया जाता है।

1. इनपुट	:	09	25	16	30	32	18	17	06
चरण I	:	32	09	25	16	30	18	17	06
चरण II	:	32	30	09	25	16	18	17	06

चरण III : 32 30 25 09 16 18 17 06

अत: उत्तर (*a*) है।

2. इनपुट	:	16	09	25	27	06	05
चरण I	:	27	16	09	25	06	05
चरण II	:	27	25	16	09	06	05

संख्याओं का पूरा समूह, चरण II में ही अवरोही क्रम में व्यवस्थित हो जाता है। तो, चरण II, दिए गए इनपुट के लिए अंतिम चरण है।

अत: उत्तर (*a*) है।

3. इनपुट	:	25	08	35	11	88	67	23
चरण I	:	88	25	08	35	11	67	23
चरण II	:	88	67	25	08	35	11	23
चरण III	:	88	67	35	25	08	11	23
चरण IV	:	88	67	35	25	23	08	11
चरण V	:	88	67	35	25	23	11	08

अत: उत्तर (*b*) है।

4. इनपुट	:	03	31	43	22	11	09
चरण I	:	43	03	31	22	11	09
चरण II	:	43	31	03	22	11	09
चरण III	:	43	31	22	03	11	09
चरण IV	:	43	31	22	11	03	09
चरण V	:	43	31	22	11	09	03

दिए गए इनपुट के लिए चरण V अंतिम चरण है।

अत: उत्तर (*d*) है।

5. चूंकि संख्याओं को कई संभावित तरीकों से पुन: व्यवस्थित किया जा सकता है, इसलिए एकदम सही इनपुट निर्धारित करना संभव नहीं है। अत: उत्तर (*d*) है।

उदा. 2. एक शब्द को व्यवस्थित करने वाली मशीन को, जब शब्दों की एक इनपुट लाइन दी गई तो उसने एक निश्चित नियम का पालन करते हुए प्रत्येक चरण में इसे पुनर्व्यवस्थित कर दिया। शब्दों की इनपुट लाइन और पुनर्व्यवस्थापन के विभिन्न चरणों का एक उदाहरण नीचे दिया गया है।

इनपुट : gone are take enough brought station
चरण I : take gone are enough brought station
चरण II : take are gone enough brought station
चरण III : take are station gone enough brought
चरण IV : take are station brought gone enough

और, चरण IV इस इनपुट के लिए अंतिम चरण है। अब, उपर्युक्त नियम का पालन करने वाले निम्नलिखित में से प्रत्येक प्रश्न में एक उचित चरण का पता लगाएं। **(S.B.I.P.O. 2000)**

1. **इनपुट :** car on star quick demand fat
इस इनपुट के लिए तीसरा चरण क्या होगा?
(*a*) star quick car demand on fat
(*b*) star car quick demand on fat
(*c*) star car demand quick on fat
(*d*) star car quick on demand fat
(*e*) इनमें से कोई नहीं

2. **इनपुट :** ink hurry yet for the victory
निम्नलिखित में से कौन सा उपरोक्त इनपुट का अंतिम चरण होगा?
(*a*) III (*b*) IV (*c*) V (*d*) VI
(*e*) इनमें से कोई नहीं

3. यदि किसी इनपुट का चरण III 'warden examination town ink garden restore' है, तो 'warden ink town garden restore examination' कौन सा चरण होगा?
(*a*) I (*b*) II (*c*) IV (*d*) V
(*e*) इनमें से कोई नहीं

4. यदि किसी इनपुट का चरण IV 'violet for sour height journey medium' है, तो निम्नलिखित में से कौन सा उस इनपुट का चरण II हो सकता है?
(*a*) violet for sour height journey medium
(*b*) violet for journey height sour medium
(*c*) violet journey height for sour medium
(*d*) violet for sour journey height medium
(*e*) निर्धारित नहीं किया जा सकता है

हल: दिए गए क्रम को ध्यान से देखने पर, हमें निम्नलिखित स्वरुप मिलता है:

यदि हम शब्दों को दिए गए इनपुट में वर्णमाला के क्रम में व्यवस्थित करते हैं और फिर उन्हें 1, 2, 3, 4, 5, 6 के रूप में लेबल करते है, तो अंतिम चरण में ये शब्द, 6, 1, 5, 2, 4, 3 के क्रम में होंगे। हालांकि, प्रत्येक चरण में केवल एक शब्द की स्थिति बदली गई है।

1. **इनपुट :** car on star quick demand fat
चरण I : star car on quick demand fat
चरण II : star car quick on demand fat
चरण III : star car quick demand on fat
अत: उत्तर (*b*) है।

2. शब्दों को इनपुट में वर्णमाला के क्रम में व्यवस्थित करने पर और उन्हें 1 से 6 तक लेबल करने पर, हमारे पास निम्न होगा:
(*a*) III (*b*) IV (*c*) V
(*d*) VI (*e*) इनमें से कोई नहीं
अंतिम चरण: 6, 1, 5, 2, 4, 3 होना चाहिए अर्थात yet for victory hurry the ink
इनपुट : ink hurry yet for the victory
चरण I : yet ink hurry for the victory
चरण II : yet for ink hurry the victory
चरण III : yet for victory ink hurry the
चरण IV : yet for victory hurry ink the
चरण V : yet for victory hurry the ink
अत: चरण V दिए गए आउटपुट के लिए अंतिम चरण है।
अत: उत्तर (*c*) है।

3. दिए गए चरण की तुलना में, चरण III में दो शब्द अर्थात, 'examination' और 'town' पुनर्व्यवस्थित किए गए हैं। अत: दिया गया चरण, चरण I के दो चरण पीछे है अर्थात चरण III है।
अत: उत्तर (*a*) है।

4. चरण IV में चार पुनर्व्यवस्थित शब्द — 'violet', 'for', 'sour' और 'height' हैं। इसका मतलब है कि पुनर्व्यवस्थापन के दौरान इनमें से कोई भी शब्द स्वचालित रूप से इसके स्थान पर नहीं आया था, लेकिन उनमें से प्रत्येक को एक चरण में प्रतिस्थापित किया गया था। अत: चरण II में पहले और दूसरे स्थानों में केवल 'violet' और 'for' होना चाहिए, और 'sour' और 'height' में से प्रत्येक को 'jumping' के बाद किसी भी स्थान पर होना चाहिए, ताकि उनमें

से प्रत्येक को पुनर्व्यवस्थित करने की आवश्यकता हो। अतः उत्तर (*b*) है।

उदा. 3. शब्दों और संख्याओं को व्यवस्थित करने वाली एक मशीन को, जब शब्दों और संख्याओं की एक इनपुट लाइन दी गई तो उसने उन्हें एक निश्चित नियम का पालन करते हुए प्रत्येक चरण में पुनर्व्यवस्थित कर दिया। इनपुट और पुनर्व्यवस्थापन का एक उदाहरण नीचे दिया गया है।

इनपुट : by now 25 72 sight 37 15 home
चरण I : sight by now 25 72 37 15 home
चरण II : sight 15 by now 25 72 37 home
चरण III : sight 15 now by 25 72 37 home
चरण IV : sight 15 now 25 by 72 37 home
चरण V : sight 15 now 25 home by 72 37
चरण VI : sight 15 now 25 home 37 by 72

और चरण VI पुनर्व्यवस्थापन का अंतिम चरण है। उपर्युक्त चरणों में पालन किए गए नियमों के अनुसार, निम्नलिखित में से प्रत्येक प्रश्न में दिए गए इनपुट के लिए उचित चरण का पता लगाएं। **(S.B.I.P.O. 2005)**

1. इनपुट : ask for me 49 32 64 and 24
उपरोक्त इनपुट के लिए निम्नलिखित में से कौन सा चरण III होगा?
(*a*) me 24 ask for 49 32 64 and
(*b*) me 24 for ask 49 32 64 and
(*c*) me 24 for 32 ask 49 64 and
(*d*) me 24 for 32 ask 49 and 64
(*e*) इनमें से कोई नहीं

2. इनपुट : go now and come 72 34 57 25
पुनर्व्यवस्थापन को पूरा करने के लिए कितने चरणों की आवश्यकता होगी?
(*a*) चार (*b*) पांच (*c*) छह
(*d*) सात (*e*) इनमें से कोई नहीं

3. एक इनपुट का चरण III: yellow 12 tire 92 84 36 goal life है।
पुनर्व्यवस्थापन को पूरा करने के लिए और कितने चरणों की आवश्यकता होगी?
(*a*) तीन (*b*) चार (*c*) पांच (*d*) छह
(*e*) इनमें से कोई नहीं

4. एक इनपुट का चरण IV: now 17 mother 23 can know 47 31 है।
पुनर्व्यवस्थापन को पूरा करने के लिए कितने चरणों की आवश्यकता होगी?
(*a*) दो (*b*) तीन (*c*) चार (*d*) पांच
(*e*) इनमें से कोई नहीं

5. एक इनपुट का चरण II: victory 19 22 34 age bear high 24 है। निम्नलिखित में से कौन सा चरण VII होगा?
(*a*) There will be no Step VII
(*b*) victory 19 high 22 34 age bear 24
(*c*) victory 19 high 22 bear 34 age 24
(*d*) victory 19 high 22 bear 24 34 age
(*e*) victory 19 high 22 bear 24 age 34

हल: पहले चरण में उस शब्द को जो शब्दकोष में आखिर में आता है उसे पहले स्थान पर रखा गया है और अन्य पदों को समान क्रम में लिखा गया है। दूसरे चरण में, सबसे छोटी संख्या को दूसरे स्थान पर रखा गया है। इन दो चरणों को तीसरे, चौथे, पांचवें, छठे, सातवें और आठवें स्थानों पर पदों को चरणबद्ध तरीके से पुनर्व्यवस्थित करने के लिए दोहराया गया है। प्रक्रिया तब तक जारी रहती है जब तक शब्दों को क्रमागत स्थानों पर विपरीत वर्णमाला के क्रम में व्यवस्थित नहीं कर दिया जाता और संख्याओं को क्रमागत स्थानों पर आरोही क्रम में व्यवस्थित नहीं कर दिया जाता।

1. **इनपुट** : ask for me 49 32 64 and 24
चरण I : me ask for 49 32 64 and 24
चरण II : me 24 ask for 49 32 64 and
चरण III : me 24 for ask 49 32 64 and
अतः उत्तर (*b*) है।

2. **इनपुट** : go now and come 72 34 57 25
चरण I : now go and come 72 34 57 25
चरण II : now 25 go and come 72 34 57
चरण III : now 25 go 34 and come 72 57
चरण IV : now 25 go 34 come and 72 57
चरण V : now 25 go 34 come 57 and 72
चरण V अंतिम चरण है। इसलिए उत्तर (*b*) है।

3. **चरण III** : yellow 12 tire 92 84 36 goal life
चरण IV : yellow 12 tire 36 92 84 goal life
चरण V : yellow 12 tire 36 life 92 84 goal
चरण VI : yellow 12 tire 36 life 84 92 goal
चरण VII : yellow 12 tire 36 life 84 goal 92
चरण VII अंतिम चरण है। अतः पुनर्व्यवस्था के चार और चरण हैं। इसलिए उत्तर (*b*) है।

4. **चरण IV** : now 17 mother 23 can know 47 31
चरण V : now 17 mother 23 know can 47 31
चरण VI : now 17 mother 23 know 31 can 47
चरण VI अंतिम चरण है। अतः चरण IV के बाद पुनर्व्यवस्था के दो और चरण हैं।
इसलिए उत्तर (*a*) है।

5. **चरण II** : victory 19 22 34 age bear high 24
चरण III : victory 19 high 22 34 age bear 24
चरण IV : victory 19 high 22 bear 34 age 24
चरण V : victory 19 high 22 bear 24 34 age
चरण VI : victory 19 high 22 bear 24 age 34
पुनर्व्यवस्था की प्रक्रिया चरण VI पर समाप्त होती है और कोई चरण VII नहीं है। अतः उत्तर (*a*) है।

उदा. 4. एक कोडिंग मशीन एक इनपुट देने पर प्रतिदिन छह बैच के लिए निम्नानुसार पास कोड प्रदान करती है: **(Bank P.O. 2004)**

इनपुट : you should know about type of questions
पास कोड:
बैच I : you questions should of know type about
बैच II : about you type questions know should of
बैच III : bout of you should type know questions
और इसी प्रकार छठे बैच तक के लिए।

पहला बैच सुबह 10.00 बजे काम शुरू करता है। प्रत्येक बैच एक घंटे के लिए काम करता है। चौथे बैच का काम समाप्त हो जाने के बाद एक घंटे आराम करने का समय मिलता है।

अब निम्नलिखित प्रश्नों के उत्तर दें:

1. यदि एक दिन दिया गया इनपुट 'eight friends are sitting in the circle' है, तो दोपहर 3.00 बजे वाले बैच के लिए पास कोड क्या होगा?

(*a*) the circle in friends are sitting eight
(*b*) circle sitting are the in eight friends
(*c*) sitting friends the are circle in eight
(*d*) circle friends sitting eight are in the
(*e*) इनमें से कोई नहीं

2. एक दिन छठे बैच के लिए दिया गया पास कोड 'mark your answer against appropriate serial number' था। उस दिन मशीन को दिया गया इनपुट क्या था?

(*a*) number against appropriate serial number mark your
(*b*) number your against mark appropriate answer serial
(*c*) number against serial appropriate answer mark your
(*d*) your answer number mark serial appropriate against
(*e*) इनमें से कोई नहीं

3. अनिकेत एक दिन 4.00 बजे पास कोड 'sentence awarded by high court was executed' के साथ बैच में भाग लेने वाला था। हालांकि, उसे उस दिन दोपहर 12 बजे वाले बैच में काम करने के लिए बाध्य किया गया। तब उसका पास कोड क्या रहा होगा?

(*a*) awarded sentence eñecuted high by court was
(*b*) was eñecuted by awarded court high sentence
(*c*) by high was sentence court awarded eñecuted
(*d*) high sentence awarded eñecuted court was by
(*e*) इनमें से कोई नहीं

4. उस दिन पर इनपुट क्या होगा जिस दिन आराम करने के घंटे से तुरंत पहले के समूह का पास कोड 'answer-sheet information your the on fill up' है?

(*a*) information your up answer-sheet on fill the
(*b*) fill up your information on the answer-sheet
(*c*) information up on the fill answer-sheet your
(*d*) fill answer-sheet up the your on information
(*e*) इनमें से कोई नहीं

हल: यहां, शब्दों को बारी बारी से दो पैटर्न का पालन करते हुए पुन: व्यवस्थित किया गया है:

पैटर्न 1 : पिछले चरण के शब्दों को–पहले, अंतिम, दूसरे, आखिर से दूसरे, तीसरे, आखिर से तीसरे और इसी प्रकार आगे भी, के क्रम में व्यवस्थित किया गया है।

पैटर्न 2 : पिछले चरण के शब्दों को – अंतिम, पहले, आखिर से दूसरे, दूसरे, आखिर से तीसरे, तीसरे, और इसी प्रकार आगे भी, के क्रम में व्यवस्थित किया गया है।

ऐसे प्रश्नों में, जहा पद एक नियत पैटर्न/क्रम के अनुसार स्थान बदलते हैं, हम नीचे दिखाए गए अनुसार एक पुनर्व्यवस्थापन पैटर्न तैयार करते हैं:

इनपुट: A B C D E F G

पास कोड:

बैच I (सुबह 10 बजे से 11 बजे तक): A G B F C E D
बैच II (सुबह 11 बजे से दोपहर 12 बजे तक): D A E G C B F
बैच III (दोपहर 12 बजे से 1 बजे तक): D F A B E C G
बैच IV (1 बजे से 2 बजे तक): G D C F E A B
आराम का समय (2 बजे से 3 बजे तक)
बैच V (3 बजे से 4 बजे तक): G B D A C E F
बैच VI (4 बजे से 5 बजे तक): F G E B C D A

1. हम ऊपर दिए गए पुनर्व्यवस्थापन पैटर्न के अनुसार दिए गए इनपुट के शब्दों को लेबल करते हैं और फिर 3.00 बजे वाले समूह V के लिए वांछित आउटपुट प्राप्त करते हैं।

इनपुट	:	eight	friends	are	sitting	in	the	circle
		A	B	C	D	E	F	G
बैच V	:	G	B	D	A	C	E	F
		circle	friends	sitting	eight	are	in	the

अत: उत्तर (*d*) है।

2. पुनर्व्यवस्थापन प्रारूप के अनुसार, हमारे पास निम्न है:

बैच VI	:	mark	your	answer	against	appropriate	serial	number
		F	G	E	B	C	D	A
इनपुट	:	A	B	C	D	E	F	G
		number	against	appropriate	serial	answer	mark	your

अत; उत्तर (*a*) है।

3.

बैच VI (4 p.m.)	:	sentence	awarded	by	high	court	was	executed
		F	G	E	B	C	D	A
बैच III (12 noon)	:	D	F	A	B	E	C	G
		was	sentence	executed	high	by	court	awarded

अत: उत्तर (*e*) है।

4. आराम करने के घंटे से तुरंत पहले का बैच, बैच IV है।

बैच IV	:	answer-sheet information	your	the	on	fill	up
		G	D	C	F	E	A	B
इनपुट	:	A	B	C	D	E	F	G
		fill	up	your	information	on	the	answer-sheet

अत: उत्तर (*b*) है।

अभ्यास 7A

दिशानिर्देश (प्रश्न 1 से 4): *प्रश्नों के उत्तर देने के लिए निम्नलिखित जानकारी का सावधानीपूर्वक अध्ययन करें:* (S.B.I.P.O. 1999)

एक संख्या वर्गीकृत करने वाली मशीन को जब संख्याओं का एक इनपुट दिया गया तो उसने उन्हें नीचे दिखाए अनुसार क्रमश: एक विशेष तरीके से पुनर्व्यवस्थित कर दिया जब तक कि सभी संख्याएं व्यवस्थित नहीं हो गईं। नीचे इस क्रम का एक उदाहरण दिया गया है।

इनपुट :	39	121	48	18	76	112	14	45	63	96
चरण I :	14	39	121	48	18	76	112	45	63	96
चरण II :	14	39	48	18	76	112	45	63	96	121
चरण III :	14	18	39	48	76	112	45	63	96	121
चरण IV :	14	18	39	48	76	45	63	96	112	121
चरण V :	14	18	39	45	48	76	63	96	112	121
चरण VI :	14	18	39	45	48	63	76	96	112	121

और चरण VI इस इनपुट का अंतिम चरण है।

1. निम्नलिखित इनपुट के लिए चरण III क्या होगा?

इनपुट : 68 182 39 93 129 46 21 58

(*a*) 21 39 68 129 93 46 58 182

(*b*) 21 39 68 93 129 46 58 182

(*c*) 21 68 39 93 129 46 58 182

(*d*) निर्धारित नहीं किया जा सकता है

(*e*) इनमें से कोई नहीं

2. एक इनपुट का पांचवां चरण नीचे दिया गया है। इसका तीसरा चरण क्या होगा?

चरण V : 17 32 43 82 69 93 49 56 99 106

(*a*) 17 32 82 43 69 93 49 56 99 106

(*b*) 17 32 82 69 43 93 49 56 99 106

(*c*) 17 32 82 69 93 43 49 56 99 106

(*d*) 17 32 82 69 43 93 56 49 99 106

(*e*) निर्धारित नहीं किया जा सकता है

3. निम्नलिखित इनपुट के लिए अंतिम चरण क्या होगा?

इनपुट : 138 63 49 93 89 122 32 71

(*a*) 32 49 63 71 89 93 122 138

(*b*) 32 49 71 63 89 93 122 138

(*c*) 32 49 63 71 93 89 122 138

(*d*) निर्धारित नहीं किया जा सकता है

(*e*) इनमें से कोई नहीं

4. निम्नलिखित इनपुट के लिए अंतिम आउटपुट प्राप्त करने के लिए कितने चरणों की आवश्यकता होगी?

इनपुट : 101 85 66 49 73 39 142 25 115 74

(*a*) पांच (*b*) छह (*c*) सात

(*d*) आठ (*e*) इनमें से कोई नहीं

दिशानिर्देश (प्रश्न 5 से 7): *नीचे दिए गए प्रश्नों के उत्तर देने के लिए निम्नलिखित जानकारी का अध्ययन करें:* (S.B.I.P.O. 2000)

एक संख्या व्यवस्थित करने वाली मशीन को जब संख्याओं का एक इनपुट दिया गया, तो उसने उन्हें प्रत्येक चरण में एक विशेष नियम का पालन करते हुए पुनर्व्यवस्थित कर दिया। नीचे एक इनपुट और उसके पुनर्व्यवस्था के चरणों का एक उदाहरण दिया गया है।

इनपुट	:	48	245	182	26	99	542	378	297
चरण I	:	542	48	245	182	26	99	378	297
चरण II	:	542	26	48	245	182	99	378	297
चरण III	:	542	26	378	48	245	182	99	297
चरण IV	:	542	26	378	48	297	245	182	99
चरण V	:	542	26	378	48	297	99	245	182

और चरण V इस इनपुट का अंतिम चरण है।

5. एक इनपुट के लिए चौथा चरण क्या होगा जिसका दूसरा चरण नीचे दिया गया है?

चरण II : 765 42 183 289 542 65 110 350

(*a*) 765 42 542 65 183 289 110 350

(*b*) 765 42 542 350 183 289 65 110

(*c*) 765 42 542 65 110 183 289 350

(*d*) निर्धारित नहीं किया जा सकता है

(*e*) इनमें से कोई नहीं

6. निम्नलिखित इनपुट से अंतिम आउटपुट प्राप्त करने के लिए कितने चरणों की आवश्यकता होगी?

इनपुट : 39 88 162 450 386 72 29

(*a*) दो (*b*) तीन (*c*) चार

(*d*) छह (*e*) इनमें से कोई नहीं

7. यदि किसी इनपुट का पहला चरण '785 198 32 426 373 96 49' है, तो चरण '785 32 426 49 198 373 96' निम्नलिखित में से कौन सा होगा?

(*a*) दूसरा (*b*) तीसरा (*c*) चौथा

(*d*) पांचवां (*e*) इनमें से कोई नहीं

दिशानिर्देश (प्रश्न 8 से 11): *निम्नलिखित जानकारी का अध्ययन करें और दिए गए प्रश्नों के उत्तर दें:*

एक शब्द व्यवस्थित करने वाली मशीन को जब शब्दों की एक इनपुट पंक्ति दी गई, तो उसने उन्हें प्रत्येक चरण में एक विशेष नियम का पालन करते हुए पुनर्व्यवस्थित कर दिया। नीचे एक इनपुट और उसकी पुनर्व्यवस्था के चरणों का एक उदाहरण दिया गया है।

इनपुट : Go for to Though By easy To Access at
चरण I : Access Go for to Though By easy To at
चरण II : Access at Go for to Though By easy To
चरण III : Access at By Go for to Though easy To
चरण IV : Access at By easy Go for to Though To
चरण V : Access at By easy for Go to Though To
चरण VI : Access at By easy for Go Though to To
चरण VII : Access at By easy for Go Though To to

और चरण VII इस इनपुट के लिए अंतिम चरण है।

उपरोक्त चरणों में पालन किए गए नियमों के अनुसार, दिए गए इनपुट के लिए दिए गए प्रश्नों में उचित चरण का पता लगाएं।

8. इनपुट : story For around on was He at
दिए गए इनपुट के लिए निम्नलिखित में से कौन सा चरण IV होगा?
(*a*) around at For He on was story
(*b*) around at For He on story was
(*c*) around at For He story on was
(*d*) around at He For story on was
(*e*) इनमें से कोई नही

9. इनपुट : every and peer to an for
निम्नलिखित में से कौन सा चरण 'an and every for peer to' होगा?
(*a*) II (*b*) III (*c*) IV
(*d*) V (*e*) इनमें से कोई नहीं

10. इनपुट : Together over series on feast the so
निम्नलिखित में से कौन सा चरण अंतिम लेकिन एक होगा?
(*a*) II (*b*) III (*c*) IV
(*d*) V (*e*) इनमें से कोई नहीं

11. इनपुट : Over Go For through at one
उपर्युक्त इनपुट का अंतिम चरण कौन सा चरण होगा?
(*a*) III (*b*) V (*c*) VI
(*d*) VII (*e*) इनमें से कोई नहीं

दिशानिर्देश *(प्रश्न 12 से 15): दिए गए प्रश्नों के उत्तर देने के लिए निम्नलिखित जानकारी का सावधानीपूर्वक अध्ययन करें:*(R.B.I. 2004)

एक शब्द और संख्या व्यवस्थित करने वाली मशीन को जब शब्दों और संख्याओं की एक इनपुट पंक्ति दी गई, तो उसने उन्हें प्रत्येक चरण में एक विशेष नियम का पालन करते हुए पुनर्व्यवस्थित कर दिया। नीचे इनपुट और पुनर्व्यवस्था का एक उदाहरण है।

इनपुट : goal 63 57 home five task 82 17
चरण I : 82 goal 63 57 home five task 17
चरण II : 82 five goal 63 57 home task 17
चरण III : 82 five 63 goal 57 home task 17
चरण IV : 82 five 63 goal 57 home 17 task

और चरण IV अंतिम आउटपुट है।

उपरोक्त चरणों में पालन किए गए नियमों के अनुसार, दिए गए इनपुट के लिए, निम्नलिखित में से प्रत्येक प्रश्न में उचित चरण का पता लगाएं।

12. इनपुट : host 15 32 page 43 over mother 92
निम्नलिखित में से कौन सा चरण अंतिम लेकिन एक होगा?
(*a*) IV (*b*) V (*c*) VI
(*d*) VII (*e*) इनमें से कोई नहीं

13. एक इनपुट का चरण II: 67 cat 12 25 dog fight man 42 है।
निम्नलिखित में से कौन सा चरण V होगा?
(a) 67 cat 42 dog 25 fight 12 man
(b) 67 cat 42 dog 25 12 fight man
(c) 67 cat 42 dog 12 25 fight man
(d) 67 cat 42 12 25 dog fight man
(e) इनमें से कोई नहीं

14. इनपुट : world 23 new 47 major 13 62 desk
उपरोक्त इनपुट के लिए निम्नलिखित में से कौन सा चरण V होगा?
(a) 62 desk 47 major world 23 new 13
(b) 62 desk 47 world 23 new major 13
(c) 62 desk 47 major 23 world new 13
(d) 62 desk 47 major 23 new world 13
(e) इनमें से कोई नहीं

15. एक इनपुट का चरण III: 81 boat 73 wheel spike dancer 32 59 है।
पुनर्व्यवस्था को पूरा करने के लिए और कितने चरणों की आवश्यकता होगी?
(*a*) दो (*b*) तीन (*c*) चार
(*d*) पांच (*e*) इनमें से कोई नहीं

दिशानिर्देश *(प्रश्न 16 से 19): निम्नलिखित जानकारी का सावधानीपूर्वक अध्ययन करें और दिए गए प्रश्नों के उत्तर दें:*

(Asstt. Manager Exam, 2005)

एक शब्द और संख्या व्यवस्थित करने वाली मशीन को जब शब्दों और संख्याओं की एक इनपुट पंक्ति दी गई, तो उसने उन्हें प्रत्येक चरण में एक विशेष नियम का पालन करते हुए पुनर्व्यवस्थित कर दिया। नीचे एक इनपुट और उसकी पुनर्व्यवस्था का एक उदाहरण दिया गया है।

इनपुट : quick fire 15 28 39 war 19 yellow
चरण I : yellow quick fire 15 28 39 war 19
चरण II : yellow 15 quick fire 28 39 war 19
चरण III : yellow 15 war quick fire 28 39 19
चरण IV : yellow 15 war 19 quick fire 28 39
चरण V : yellow 15 war 19 quick 28 fire 39

और चरण V उपरोक्त इनपुट का अंतिम चरण है।

उपरोक्त चरणों में पालन किए गए नियमों के अनुसार, दिए गए इनपुट के लिए, निम्नलिखित में से प्रत्येक प्रश्न में उचित चरण का पता लगाएं।

16. एक इनपुट का चरण II: zebra 12 bank carriage 46 31 29 dusk है।
निम्नलिखित में से कौन सा चरण आखिरी लेकिन एक होगा?
(*a*) V (*b*) VI (*c*) VII
(*d*) VIII (*e*) इनमें से कोई नहीं

17. इनपुट : age die 72 53 35 hold goal 26
पुनर्व्यवस्था को पूरा करने के लिए कितने चरणों की आवश्यकता होगी?
(*a*) चार (*b*) पांच (*c*) छह
(*d*) सात (*e*) इनमें से कोई नहीं

18. एक इनपुट का चरण II: win 12 92 for 81 always 36 home है।

निम्नलिखित में से कौन सा चरण VII होगा?

(*a*) win 12 home 36 92 for 81 always

(*b*) win 12 home 36 for 92 always 81

(*c*) win 12 home 92 for 81 always 36

(*d*) कोई चरण VII नहीं होगा

(*e*) इनमें से कोई नहीं

19. एक इनपुट का चरण III: train 23 star 61 32 fall hard 53 है। निम्नलिखित में से कौन सा निश्चित रूप से इनपुट होगा?

(*a*) 23 star 61 train 32 fall hard 53

(*b*) start rain 61 23 32 fall hard 53

(*c*) 61 star 23 train 32 fall hard 53

(*d*) निर्धारित नहीं किया जा सकता है

(*e*) इनमें से कोई नहीं

दिशानिर्देश (प्रश्न 20 से 24): निम्नलिखित जानकारी का अध्ययन करें और नीचे दिए गए प्रश्नों के उत्तर दें:

एक प्रदर्शनी के लिए प्रवेश टिकट एक पासवर्ड है जो प्रतिदिन के लिए चुने गए शब्दों के एक समूह के आधार पर प्रत्येक एक घंटे के बाद बदल जाता है। नीचे आगामी घंटों के लिए कोड और पुनर्व्यवस्था के चरणों का एक उदाहरण दिया गया है। समय सुबह 9 बजे से दोपहर 3 बजे तक है।

बैच I (सुबह 9 बजे से 10 बजे तक):
is not ready cloth simple harmony burning

बैच II (सुबह 10 बजे से 11 बजे तक):
ready not is cloth burning harmony simple

बैच III (सुबह 11 बजे से दोपहर 12 बजे तक):
cloth is not ready simple harmony burning

बैच IV (दोपहर 12 बजे से 1 बजे तक):
not is cloth ready burning harmony simple

बैच V (1 बजे से 2 बजे तक):
ready cloth is not simple harmony burning

और आगे भी इसी प्रकार। **(N.M.A.T. 2005)**

20. यदि बैच I के लिए पासवर्ड — 'rate go long top we let have' था, तो कौन से बैच का पासवर्ड — 'go rate top long have let we' होगा?

(*a*) II (*b*) III (*c*) IV

(*d*) V (*e*) इनमें से कोई नहीं

21. यदि दिन का पहला पासवर्ड — "camel road no toy say me not' है। तो चौथे बैच अथात दोपहर 12 बजे से 1 बजे वाले बैच के लिए पासवर्ड क्या होगा?

(*a*) road camel toy no not me say

(*b*) no road camel toy not me say

(*c*) toy no road camel not me say

(*d*) toy camel road no say me not

(*e*) इनमें से कोई नही

22. यदि बैच II का पासवर्ड — 'came along net or else key lot' है, तो बैच IV अर्थात दोपहर 12 बजे से 1 बजे वाले बैच के लिए पासवर्ड क्या हो सकता है?

(*a*) net or came along else key lot

(*b*) came or net along lot key else

(*c*) or net along came lot key else

(*d*) along net or came else key lot

(*e*) इनमें से कोई नहीं

23. यदि सुबह 11 बजे से दोपहर 12 तक के लिए पासवर्ड — 'soap shy miss pen yet the she' था, तो बैच I के लिए पासवर्ड क्या रहा होगा?

(*a*) pen miss shy soap she the yet

(*b*) shy miss pen soap yet the she

(*c*) soap pen miss shy she the yet

(*d*) miss shy soap pen she the yet

(*e*) इनमें से कोई नहीं

24. यदि बैच VI, अर्थात, 2 बजे से 3 बजे वाले बैच के लिए पासवर्ड — 'are trap cut he but say lap' है, तो बैच II, अर्थात., सुबह 10 बजे से 11 बजे वाले बैच के लिए पासवर्ड क्या होगा?

(*a*) trap are he cut lap say but

(*b*) he cut trap are lap say but

(*c*) cut he are trap but say lap

(*d*) are he cut trap lap say but

(*e*) इनमें से कोई नही

दिशानिर्देश (प्रश्न 25 से 29): निम्नलिखित जानकारी का सावधानीपूर्वक अध्ययन करें और नीचे दिए गए प्रश्नों के उत्तर दें:

(Bank P.O. 2005)

एक इनपुट देने पर, एक कोडिंग मशीन प्रतिदिन छह बैच के लिए निम्नानुसार पास कोड प्रदान करती है:

इनपुट : see the little squirrels jumping here and there

पास कोड:

बैच I : jumping see here the and little there squirrels

बैच II : the and here little see there jumping squirrels

बैच III : see the there and jumping here squirrels little

बैच IV : and jumping there here the squirrels see little

और इसी प्रकार आगे भी।

पहला बैच का समय सुबह 10.00 बजे है और प्रत्येक बैच एक घंटे की अवधि का है। चौथे बैच का काम समाप्त हो जाने के बाद एक घंटा आराम करने का समय है।

25. यदि दूसरे बैच के लिए एक दिन पास कोड 'are of clouds transformed they bhakti the as' है, तो उस दिन 3.00 बजे वाले बैच के लिए पास कोड क्या होगा?

(*a*) clouds are bhakti as the they of transformed

(*b*) of the bhakti clouds are as they transformed

(*c*) the they clouds are as bhakti transformed of

(*d*) are of as the they bhakti transformed clouds

(*e*) इनमें से कोई नहीं

26. एक विशेष दिन पर, श्रीमान X, 11.00 बजे वाले बैच में पास कोड 'he slowly recedes to his inner apartment intellect' के साथ काम शुरू करने वाले थे। मगर, वह उस दिन देर से आए और इसलिए दोपहर 12 बजे वाले बैच में शामिल हो गए। तब उनका पास कोड क्या रहा होगा?

(*a*) to intellect recedes apartment slowly inner he his

(*b*) his he inner slowly apartment recedes intellect to

(*c*) to his recedes inner slowly apartment he intellect

(*d*) निर्धारित नहीं किया जा सकता है

(e) इनमें से कोई नहीं

27. यदि एक दिन 3.00 बजे वाले बैच के लिए पास कोड 'it is only the mind that creates problems' था, तो उस दिन 1.00 बजे वाले बैच के लिए क्या पास कोड रहा होगा?

(*a*) mind it the problems creates only is that

(*b*) is the that problems it only mind creates

(*c*) creates mind only it is the that problems

(*d*) mind it that is the problems only creates

(*e*) इनमें से कोई नहीं

28. एक दिन, पहले बैच के लिए पास कोड 'nobody can help us in solving our problems' था। दिन के इनपुट को उसके शब्दों के विपरीत क्रम में लिखें।

(*a*) our in help nobody can us solving problems

(*b*) can us solving problems nobody help in our

(*c*) our in help nobody problems solving us can

(*d*) problems solving us can nobody help in our

(*e*) इनमें से कोई नहीं

29. आराम करने के समय से पहले के बैच के लिए पास कोड 'there is no permanent solution for mental problems' था। उस दिन पास कोड के लिए इनपुट क्या रहा होगा?

(*a*) mental solution permanent for is problems there no

(*b*) mental solution problems is for permanent there no

(*c*) is mental permanent solution there problems no for

(*d*) is mental permanent there solutions no for problems

(*e*) इनमें से कोई नहीं

दिशानिर्देश (प्रश्न 30 से 32): निम्नलिखित जानकारी का सावधानीपूर्वक अध्ययन करें और नीचे दिए गए प्रश्नों के उत्तर दें:

(S.B.I.P.O. 2005)

एक इनपुट देने पर, एक मशीन प्रतिदिन छह बैच के लिए निम्नानुसार पास कोड प्रदान करती है:

इनपुट : these icons were taken out from the sea

पास कोड:

बैच I : from sea the out taken were icons these

बैच II : from icons these were taken out the sea

बैच III : from icons out sea the taken were these

बैच IV : from icons out sea these were taken the

और आगे भी इसी प्रकार।

पहला बैच सुबह 10.00 बजे शुरु होता है और प्रत्येक बैच एक घंटे का है। चौथे बैच के समाप्त होने के बाद एक घंटा आराम करने का समय है।

30. यदि इनपुट 'four of the following five form a group' है, तो 3.00 बजे वाले बैच के लिए पास कोड क्या होगा?

(*a*) a five following form four group the of

(*b*) a five following form group the of four

(*c*) a five following form four of the group

(*d*) a five following form four group of the

(*e*) इनमें से कोई नहीं

31. यदि एक दिन 1.00 बजे वाले बैच के लिए पासकोड 'back go here people who settle want to' था, तो उस दिन 3.00 बजे वाले बैच के लिए पास कोड क्या रहा होगा?

(*a*) back go here people settle who want to

(*b*) back go here people to want settle who

(*c*) back go here people settle to want who

(*d*) निर्धारित नहीं किया जा सकता है

(*e*) इनमें से कोई नहीं

32. एक दिन पहले बैच के लिए पास कोड 'he so used to sell the surplus items' था। उस दिन इनपुट क्या रहा होगा?

(*a*) items surplus the sell to used so he

(*b*) he items surplus the sell to used so

(*c*) so used to sell the surplus items he

(*d*) निर्धारित नहीं किया जा सकता है

(*e*) इनमें से कोई नहीं

दिशानिर्देश (प्रश्न 33 से 37): निम्नलिखित जानकारी का सावधानीपूर्वक अध्ययन करें और उसके नीचे दिए गए प्रश्नों के उत्तर दें:

जनता के लिए एक प्रदर्शनी सुबह 9 बजे से दोपहर 3 बजे तक और फिर शाम 4 बजे से रात 10 बजे तक खुली है। एक दिन में, प्रत्येक 1 घंटे के 12 बैच हैं। प्रवेश टिकट एक पास कोड है, जो सात शब्दों का बना है जो एक विशेष नियम का पालन करते हुए हर घंटे बदलता है। शाम 4 बजे से रात 10 बजे तक का पासकोड, सुबह 9 बजे से दोपहर 3 बजे के दौरान संबंधित घंटों के लिए समान हैं, अर्थात शाम 4 बजे से 5 बजे तक का पास कोड, सुबह 9 बजे से सुबह 10 बजे तक के पास कोड के समान है और आगे भी इसी प्रकार। नीचे आगामी घंटों के लिए कोड और पुनर्व्यवस्था के चरणों का एक उदाहरण दिया गया है। **(Bank P.O. 1999)**

पहला बैच : 9 बजे से सुबह 10 बजे तक (शाम 4 बजे से 5 बजे तक)

पास कोड : dig more and you will find water

दूसरा बैच : सुबह 10 बजे से 11 बजे तक (शाम 5 बजे से 6 बजे तक)

पास कोड : and dig find you water will more

तीसरा बैच : सुबह 11 बजे से दोपहर 12 बजे तक (शाम 6 बजे से 7 बजे तक)

पास कोड : find and will you more water dig

और इसी प्रकार आगे भी।

33. यदि दूसरे बैच के लिए पास कोड 'do not play the near water dirty' है, तो 2 बजे से 3 बजे वाले बैच के लिए पास कोड क्या होगा?

(*a*) near dirty not the play do water

(*b*) dirty near play the not do water

(*c*) dirty near not the play do water

(*d*) near dirty not the play water do

(*e*) इनमें से कोई नहीं

34. यदि तीसरे बैच के लिए पास कोड 'at study sleep and night child good' है, कौन से बैच का पास कोड 'child sleep night and study good at' होगा?

(*a*) दूसरे (*b*) चौथे (*c*) पांचवें
(*d*) छठे (*e*) इनमें से कोई नहीं

35. यदि शाम 7 बजे से 8 बजे वाले बैच के लिए पास कोड 'pen with write pencil nice time day' है, तो सुबह 11 बजे से दोपहर 12 बजे वाले बैच के लिए पासकोड क्या होगा?
(*a*) day with nice pencil write pen time
(*b*) day nice with pencil write pen time
(*c*) nice day with pencil write pen time
(*d*) nice day pencil with write time pen
(*e*) इनमें से कोई नही

36. यदि शाम 5 बजे से 6 बजे के लिए पास कोड 'out in above over the field end' है, तो दोपहर 1 बजे से 2 बजे के लिए पासकोड क्या होगा?
(*a*) the field end over out in above
(*b*) field end the over out in above
(*c*) field the end over out above in
(*d*) the field end over out above in
(*e*) इनमें से कोई नहीं

37. यदि शाम 4 बजे से 5 बजे वाले बैच के लिए पास कोड 'go to office in time every day' है, तो दोपहर 2 बजे से 3 बजे वाले बैच के लिए पासकोड क्या होगा?
(*a*) to day go in every office time
(*b*) day to go in every office time
(*c*) to go day in every office time
(*d*) to go in day every office time
(*e*) इनमें से कोई नहीं

दिशानिर्देश *(प्रश्न 38 से 40): दिए गए प्रश्नों के उत्तर देने के लिए निम्नलिखित जानकारी का अध्ययन करें:* **(Bank P.O. 1999)**

एक शब्द व्यवस्थित करने वाली मशीन को जब शब्दों की एक इनपुट पंक्ति दी गई, तो उसने उन्हें प्रत्येक चरण में एक विशेष नियम का पालन करते हुए पुनर्व्यवस्थित कर दिया। नीचे इनपुट और पुनर्व्यवस्था के चरणों का एक उदाहरण दिया गया है।

इनपुट : but going for crept te light sir
चरण I : crept but going for te light sir
चरण II : crept going light but for te sir
चरण III : crept going light but for sir te

चरण III इस इनपुट के लिए अंतिम चरण है।

उपरोक्त चरणों में पालन किए गए नियमों के अनुसार, दिए गए इनपुट के लिए, दिए गए प्रश्नों में उचित चरण का पता लगाएं।

38. यदि इनपुट 'true se veto be nuke my like' है, चरण IV निम्नलिखित में से कौन सा होगा?
(*a*) like nuke true veto be se my
(*b*) be my like se true veto nuke
(*c*) be my se like true veto nuke
(*d*) veto true nuke like so be my
(*e*) निर्धारित नहीं किया जा सकता है

39. **इनपुट** : more fight cats cough sough acts idea
इस इनपुट के लिए निम्न चरणों में से कौन सा अंतिम चरण होगा?
(*a*) III (*b*) IV (*c*) V
(*d*) VI (*e*) VII

40. यदि एक इनपुट का दूसरा चरण 'clever remand window sales batch tiger never' है, तो निम्नलिखित में से कौन सा इसका छठा चरण होगा?
(*a*) window remand clever sales batch tiger never
(*b*) clever remand window batch sales tiger never
(*c*) batch never sales tiger clever remand window
(*d*) clever remand window tiger batch sales never
(*e*) इसमें छठा चरण नहीं हो सकता है।

हल-अभ्यास 7(A)

प्रश्न 1 से 4 प्रत्येक चरण में केवल एक संख्या वैकल्पिक रूप से, शुरुआत से एक संख्या और अंत से एक संख्या, को पुनः व्यवस्थित करते हुए, संख्याओं को बाएं से दाएं चरणबद्ध तरीके से आरोही क्रम में व्यवस्थित किया गया है।

1. (*b*) :

इनपुट	:	68	182	39	93	129	46	21	58
चरण I	:	21	68	182	39	93	129	46	58
चरण II	:	21	68	39	93	129	46	58	182
चरण III	:	21	39	68	93	129	46	58	182

2. (*e*) : चूंकि संख्याओं को कई संभावित तरीकों से पुनः व्यवस्थित किया जा सकता है, इसलिए पिछले किसी भी चरण को निर्धारित करना संभव नहीं है।

3. (*a*) : आखिरी चरण वह होगा जिसमें बाएं से दाएं आरोही क्रम में संख्याओं का पूरा समूह होगा।

4. (*d*) :

इनपुट	:	101	85	66	49	73	39	142	25	115	74
चरण I	:	25	101	85	66	49	73	39	142	115	74
चरण II	:	25	101	85	66	49	73	39	115	74	142
चरण III	:	25	39	101	85	66	49	73	115	74	142
चरण IV	:	25	39	101	85	66	49	73	74	115	142
चरण V	:	25	39	49	101	85	66	73	74	115	142
चरण VI	:	25	39	49	85	66	73	74	101	115	142
चरण VII	:	25	39	49	66	85	73	74	101	115	142
चरण VIII	:	25	39	49	66	73	74	85	101	115	142

चरण VIII दिए गए इनपुट के लिए अंतिम चरण है।

प्रश्न 5 से 7 संख्याएं चरणबद्ध तरीके से - उच्चतम, निम्नतम, दूसरा सबसे उच्चतम, दूसरा सबसे निम्नतम, ... और आगे भी इसी तरह, के क्रम में पुनर्व्यवस्थित की गई हैं।

हालांकि, प्रत्येक चरण में केवल एक संख्या का स्थान बदला गया है। प्रक्रिया तब तक जारी है जब तक उपरोक्त क्रम में संख्याओं के पूरे समूह को व्यवस्थित नहीं कर दिया जाता।

5. (*a*) :	**चरण II**	:	765	42	183	289	542	65	110	350
	चरण III	:	765	42	542	183	289	65	110	350
	चरण IV	:	765	42	542	65	183	289	110	350
6. (*e*) :	**इनपुट**	:	39	88	162	450	386	72	29	
	चरण I	:	450	39	88	162	386	72	29	
	चरण II	:	450	29	39	88	162	386	72	
	चरण III	:	450	29	386	39	88	162	72	
	चरण IV	:	450	29	386	39	162	88	72	
	चरण V	:	450	29	386	39	162	72	88	

चरण V दिए गए इनपुट के लिए अंतिम चरण है।

7. (*c*) :	**चरण I**	:	785	198	32	426	373	96	49
	चरण II	:	785	32	198	426	373	96	49
	चरण III	:	785	32	426	198	373	96	49
	चरण IV	:	785	32	426	49	198	373	96

प्रश्न 8 से 11 दिए गए क्रम में, प्रत्येक चरण में केवल एक शब्द के स्थान को बदलते हुए शब्दों को एक अनुक्रम में वर्णमाला के क्रम में व्यवस्थित किया गया है।

8. (*c*) : **इनपुट** : story For around on was He at
चरण I : around story For on was He at
चरण II : around at story For on was He
चरण III : around at For story on was He
चरण IV : around at For He story on was

9. (*b*) : **इनपुट** : every and peer to an for
चरण I : an every and peer to for
चरण II : an and every peer to for
चरण III : an and every for peer to

10. (*d*) : **इनपुट** : Together over series on feast the so
चरण I : feast Together over series on the so
चरण II : feast on Together over series the so
चरण III : feast on over Together series the so
चरण IV : feast on over series Together the so
चरण V : feast on over series so Together the
चरण VI : feast on over series so the Together
चरण VI अंतिम चरण है और चरण V आखिर से दूसरा है।

11. (*e*) : **इनपुट** : Over Go For through at one
चरण I : at Over Go For through one
चरण II : at For Over Go through one
चरण III : at For Go Over through one
चरण IV : at For Go one Over through
चूंकि दिए गए इनपुट में सभी शब्दों को चरण IV तक वर्णानुक्रम में व्यवस्थित किया गया है, इसलिए यह अंतिम चरण है।

प्रश्न 12 से 15 संख्याओं को अवरोही क्रम में व्यवस्थित किया गया है जबकि शब्दों को बारी-बारी से वर्णानुक्रम में व्यवस्थित किया गया है। प्रत्येक चरण में केवल एक पद का स्थान बदला गया है।

12. (*a*) : **इनपुट** : host 15 32 page 43 over mother 92
चरण I : 92 host 15 32 page 43 over mother
चरण II : 92 host 43 15 32 page over mother
चरण III : 92 host 43 mother 15 32 page over
चरण IV : 92 host 43 mother 32 15 page over
चरण V : 92 host 43 mother 32 over 15 page
चरण V अंतिम चरण है और चरण IV आखिर से दूसरा है।

13. (*b*) : **चरण II** : 67 cat 12 25 dog fight man 42
चरण III : 67 cat 42 12 25 dog fight man
चरण IV : 67 cat 42 dog 12 25 fight man
चरण V : 67 cat 42 dog 25 12 fight man

14. (*c*) : **इनपुट** : world 23 new 47 major 13 62 desk
चरण I : 62 world 23 new 47 major 13 desk
चरण II : 62 desk world 23 new 47 major 13
चरण III : 62 desk 47 world 23 new major 13
चरण IV : 62 desk 47 major world 23 new 13
चरण V : 62 desk 47 major 23 world new 13

15. (*c*) : **चरण III** : 81 boat 73 wheel spike dancer 32 59
चरण IV : 81 boat 73 dancer wheel spike 32 59
चरण V : 81 boat 73 dancer 59 wheel spike 32
चरण VI : 81 boat 73 dancer 59 spike wheel 32
चरण VII : 81 boat 73 dancer 59 spike 32 wheel
चरण VII अंतिम चरण है। अतः पुनर्व्यवस्था को पूरा करने के लिए चार और चरणों की आवश्यकता है।

प्रश्न 16 से 19 शब्दों को विपरीत वर्णमाला क्रम में व्यवस्थित किया गया है जबकि संख्याओं को बारी-बारी से आरोही क्रम में व्यवस्थित किया गया है।

16. (*a*) : **चरण II** : zebra 12 bank carriage 46 31 29 dusk
चरण III : zebra 12 dusk bank carriage 46 31 29
चरण IV : zebra 12 dusk 29 bank carriage 46 31
चरण V : zebra 12 dusk 29 carriage bank 46 31
चरण VI : zebra 12 dusk 29 carriage 31 bank 46
चरण VI अंतिम चरण है। अतः चरण V आखिर से दूसरा है।

17. (*c*) : **इनपुट** : age die 72 53 35 hold goal 26
चरण I : hold age die 72 53 35 goal 26
चरण II : hold 26 age die 72 53 35 goal
चरण III : hold 26 goal age die 72 53 35
चरण IV : hold 26 goal 35 age die 72 53
चरण V : hold 26 goal 35 die age 72 53
चरण VI : hold 26 goal 35 die 53 age 72
चरण VI दिए गए इनपुट के लिए अंतिम चरण है।

18. (*e*) : **चरण II** : win 12 92 for 81 always 36 home
चरण III : win 12 home 92 for 81 always 36
चरण IV : win 12 home 36 92 for 81 always
चरण V : win 12 home 36 for 92 81 always
चरण VI : win 12 home 36 for 81 92 always
चरण VII : win 12 home 36 for 81 always 92

19. (*d*) : चूंकि पदों को कई तरीकों से पुनः व्यवस्थित किया जा सकता है, इसलिए इनपुट को सही ढंग से निर्धारित करना संभव नहीं है।

प्रश्न 20 से 24 दिया गया क्रम निम्नानुसार है:

पहले चरण में, पहले तीन और अंतिम तीन अक्षर विपरीत क्रम में लिखे गए हैं। अगले चरण में, पहले चार और अंतिम तीन अक्षर विपरीत क्रम में लिखे गए हैं। आगे के आउटपुट चरणों को प्राप्त करने के लिए यह प्रक्रिया दोहराई गई है। हम उपर्युक्त पैटर्न के अनुसार निम्नलिखित पुनर्व्यवस्था पैटर्न तैयार कर सकते हैं:

बैच I (सुबह 9 बजे से 10 बजे तक)	:	A	B	C	D	E	F	G
बैच II (सुबह 10 बजे से 11 बजे तक)	:	C	B	A	D	G	F	E
बैच III (सुबह 11 बजे से दोपहर 12 बजे तक)	:	D	A	B	C	E	F	G
बैच IV (दोपहर 12 बजे से 1 बजे तक)	:	B	A	D	C	G	F	E
बैच V (दोपहर 1 बजे से 2 बजे तक)	:	C	D	A	B	E	F	G
बैच VI (दोपहर 2 बजे से 3 बजे तक)	:	A	D	C	B	G	F	E

अब हम उपर्युक्त पैटर्न के अनुसार दिए गए पासवर्ड को लिखेंगे और तदनुसार वांछित पासवर्ड का पता लगाएंगे।

20. (*c*) :

बैच I	:	rate	go	long	top	we	let	have
		A	B	C	D	E	F	G
दिया गया पासवर्ड:		go	rate	top	long	have	let	we
		B	A	D	C	G	F	E

दिया गया स्वरुप, बैच IV के पैटर्न से मेल खाता है।

21. (a) :	**बैच I**	:	camel	road	no	toy	say	me	not
			A	B	C	D	E	F	G
	बैच IV	:	B	A	D	C	G	F	E
			road	camel	toy	no	not	me	say
22. (d) :	**बैच II**	:	came	along	net	or	else	key	lot
			C	B	A	D	G	F	E
	बैच IV	:	B	A	D	C	G	F	E
			along	net	or	came	else	key	lot
23. (b) :	**बैच III**	:	soap	shy	miss	pen	yet	the	she
			D	A	B	C	E	F	G
	बैच I	:	A	B	C	D	E	F	G
			shy	miss	pen	soap	yet	the	she
24. (c) :	**बैच VI**	:	are	trap	cut	he	but	say	lap
			A	D	C	B	G	F	E
	बैच II	:	C	B	A	D	G	F	E
			cut	he	are	trap	but	say	lap

प्रश्न 25 से 29 स्वरुप निम्नानुसार है:

पहले चरण में, शब्दों को — 5वें, पहले, 6वें, दूसरे, 7वें, तीसरे, 8वें, चौथे क्रम में व्यवस्थित किया गया है।

दूसरे चरण में, पिछले कोड के शब्दों को— चौथे, 5वें, तीसरे, 6वें, दूसरे, 7वें, पहले, 8वें क्रम में व्यवस्थित किया गया है।

बाद के समूहों के लिए पास कोड प्राप्त करने के लिए इन दो चरणों को बारी-बारी से दोहराया गया है।

अब हम नीचे दिखाए गए अनुसार पुनर्व्यवस्था पैटर्न बनाएंगे:

इनपुट :	A	B	C	D	E	F	G	H
पास कोड :								
बैच I (सुबह 10 बजे से 11 बजे तक) :	E	A	F	B	G	C	H	D
बैच II (सुबह 11 बजे से दोपहर 12 बजे तक) :	B	G	F	C	A	H	E	D
बैच III (दोपहर 12 बजे से 1 बजे तक) :	A	B	H	G	E	F	D	C
बैच IV (दोपहर 1 बजे से 2 बजे तक) :	G	E	H	F	B	D	A	C
आराम करने का समय (दोपहर 2 बजे से 3 बजे तक)								
बैच V (दोपहर 3 बजे से 4 बजे तक) :	B	G	D	E	A	H	C	F

अब हम उपर्युक्त पैटर्न के अनुसार दिए गए पास कोड के पदों को लिखेंगे और तदनुसार वांछित पासवर्ड का पता लगाएंगे।

25. (*d*) :

बैच II :	are	of	clouds	transformed	they	bhakti	the	as
	B	G	F	C	A	H	E	D
बैच V :	B	G	D	E	A	H	C	F
	are	of	as	the	they	bhakti	transformed	clouds

26. (*b*) :

बैच II :	he	slowly	recedes	to	his	inner	apartment	intellect
	B	G	F	C	A	H	E	D
बैच III :	A	B	H	G	E	F	D	C
	his	he	inner	slowly	apartment	recedes	intellect	to

27. (*b*) :

बैच V :	it	is	only	the	mind	that	creates	problems
	B	G	D	E	A	H	C	F
बैच IV :	G	E	H	F	B	D	A	C
	is	the	that	problems	it	only	mind	creates

28. (*c*) :

बैच I :	nobody	can	help	us	in	solving	our	problems
	E	A	F	B	G	C	H	D
इनपुट :	A	B	C	D	E	F	G	H
	can	us	solving	problems	nobody	help	in	our

इनपुट का उल्टा: 'our in help nobody problems solving us can' है।

29. (*e*) :

बैच IV :	there	is	no	permanent	solution	for	mental	problems
	G	E	H	F	B	D	A	C
इनपुट :	A	B	C	D	E	F	G	H
	mental	solution	problems	for	is	permanent	there	no

प्रश्न 30 से 32 पालन किया गया पैटर्न निम्नानुसार है:

पहले चरण में, जो शब्द, शब्दकोष में पहले आता है उसे पहले स्थान पर रखा गया है और बाकी बचे शब्दों को विपरीत क्रम में लिखा गया है।

दूसरे चरण में, जो शब्द, शब्दकोष में दूसरे स्थान पर आता है उसे दूसरे स्थान पर रखा गया है और पहले और दूसरे को छोड़कर सभी शब्द एक विपरीत क्रम में लिखे गए हैं। बाद के समूहों के लिए पास कोड प्रदान करने के लिए प्रक्रिया इसी तरीके से जारी रहती है।

30. (*a*) :

इनपुट :	four of the following five form a group
बैच I (सुबह 10 बजे से 11 बजे तक) :	a group form five following the of four
बैच II (सुबह 11 बजे से दोपहर 12 बजे तक) :	a five four of the following form group
बैच III (दोपहर 12 बजे से 1 बजे तक) :	a five following group form the of four
बैच IV (दोपहर 1 बजे से 2 बजे तक) :	a five following form four of the group
आराम करने का समय (दोपहर 2 बजे से 3 बजे तक)	
बैच V (दोपहर 3 बजे से 4 बजे तक) :	a five following form four group the of

31. (*c*) : बैच IV, 1 बजे से शुरु होता है। अत: बैच IV के पास कोड में, पहले चार शब्द वर्णानुक्रम में व्यवस्थित किए गए हैं। अत: स्वरुप के अनुसार, हमें शब्दकोष में पांचवें स्थान पर आने वाले शब्द को पांचवें स्थान पर रखना चाहिए और फिर 3.00 बजे वाले बैच अर्थात बैच V के लिए पास कोड प्राप्त करने के लिए, पहले पांच शब्दों को छोड़कर सभी को विपरीत क्रम में लिखना चाहिए।

बैच IV : back go here people who settle want to

बैच V : back go here people settle to want who

32. (*d*) : दिए गए पास कोड में 'he' को छोड़कर सभी शब्दों को विपरीत क्रम में लिखकर और फिर 'he' को आठ स्थानों में से किसी एक पर रखकर इनपुट प्राप्त किया जा सकता है। इस प्रकार आठ संभावित इनपुट हैं। अत: एकदम सही इनपुट निर्धारित करना संभव नहीं है।

प्रश्न 33 से 37 प्रत्येक चरण में, पिछले चरण के शब्द — तीसरे, पहले, 6वें, चौथे, 7वें, 5वें, दूसरे, क्रम में लिखे गए हैं।

अत: हम निम्नानुसार एक पुनर्व्यवस्था पैटर्न तैयार कर सकते हैं:

बैच I (सुबह 9 बजे से 10 बजे तक/शाम 4 बजे से 5 बजे तक)	:	A	B	C	D	E	F	G
बैच II (सुबह 10 बजे से 11 बजे तक/शाम 5 बजे से 6 बजे तक)	:	C	A	F	D	G	E	B
बैच III (सुबह 11 बजे से दोपहर 12 बजे तक/शाम 6 बजे से 7 बजे तक)	:	F	C	E	D	B	G	A
बैच IV (दोपहर 12 बजे से 1 बजे तक/शाम 7 बजे से बजे तक))	:	E	F	G	D	A	B	C
बैच V (दोपहर 1 बजे से 2 बजे तक/शाम 8 बजे से 9 बजे तक)	:	G	E	B	D	C	A	F
बैच VI (दोपहर 2 बजे से 3 बजे तक/रात 9 बजे से 10 बजे तक)	:	B	G	A	D	F	C	E

33. (*c*) : उपरोक्त पुनर्व्यवस्था पैटर्न से:

बैच II	:	do	not	play	the	near	water	dirty
		C	A	F	D	G	E	B
बैच VI	:	B	G	A	D	F	C	E
		dirty	near	not	the	play	do	water

34. (*c*) :

बैच III	:	at	study	sleep	and	night	child	good
		F	C	E	D	B	G	A
दिया गया पास कोड	:	child	sleep	night	and	study	good	at
		G	E	B	D	C	A	F

दिए गए पास कोड का पैटर्न, बैच V से मेल खाता है।

35. (*e*) :

बैच IV	:	pen	with	write	pencil	nice	time	day
		E	F	G	D	A	B	C
बैच III	:	F	C	E	D	B	G	A
		with	day	pen	pencil	time	write	nice

36. (*a*) :

बैच II	:	out	in	above	over	the	field	end
		C	A	F	D	G	E	B
बैच V	:	G	E	B	D	C	A	F
		the	field	end	over	out	in	above

37. (*a*) :

बैच I	:	go	to	office	in	time	every	day
		A	B	C	D	E	F	G
बैच VI	:	B	G	A	D	F	C	E
		to	day	go	in	every	office	time

प्रश्न 38 से 40 दिए गए क्रम में, पहले अक्षरों की उच्चतम संख्या वाले सभी शब्दों को वर्णमाला क्रम में व्यवस्थित किया जाता है उसके बाद अक्षरों की दूसरी उच्चतम संख्या वाले शब्दों को वर्णमाला क्रम में व्यवस्थित किया जाता है और आगे भी इसी प्रकार। हालांकि, प्रत्येक चरण में केवल एक शब्द का स्थान बदला गया है। प्रक्रिया तब तक जारी है जब तक कि शब्दों के पूरे समूह को इसी तरीके से व्यवस्थित नहीं कर दिया जाता।

38. (*a*) : **इनपुट** : true se veto be nuke my like

चरण I : like true se veto be nuke my

चरण II : like nuke true se veto be my

चरण III : like nuke true veto se be my

चरण IV : like nuke true veto be se my

39. (*d*) : **इनपुट** : more fight cats cough sough acts idea

चरण I : cough more fight cats sough acts idea

चरण II : cough fight more cats sough acts idea

चरण III : cough fight sough more cats acts idea

चरण IV : cough fight sough acts more cats idea

चरण V : cough fight sough acts cats more idea

चरण VI : cough fight sough acts cats idea more

चरण VI दिए गए इनपुट के लिए अंतिम चरण है।

40. (*e*) : **चरण II** : clever remand window sales batch tiger never

चरण III : clever remand window batch sales tiger never

चरण IV : clever remand window batch never sales tiger

चरण IV पुनर्व्यवस्था का अंतिम चरण है।

हल सहित अतिरिक्त प्रश्न

अभ्यास

दिशानिर्देश (प्रश्न 1 से 5): निम्नलिखित जानकारी का सावधानीपूर्वक अध्ययन करें और दिए गए प्रश्नों के उत्तर दें:

जब एक शब्द और संख्या व्यवस्थित करने वाली मशीन को शब्दों और संख्याओं की एक इनपुट पंक्ति दी गई, तो उसने उन्हें एक विशेष नियम का पालन करते हुए व्यवस्थित कर दिया। निम्नलिखित, इनपुट और पुनर्व्यवस्था का एक उदाहरण है।

इनपुट : 41 sprain 10 early 97 noble 26 65 ankle death
चरण I : 97 41 10 early noble 26 65 ankle death sprain
चरण II : noble 97 41 10 early 26 ankle death sprain 65
चरण III : 41 noble 97 10 26 ankle death sprain 65 early
चरण IV : 10 death 41 noble 97 sprain 65 early 26 ankle
चरण V उपर्युक्त क्रम का अंतिम चरण है।

दिए गए चरणों में पालन किए गए नियमों के अनुसार, दिए गए इनपुट के लिए उचित चरणों का पता लगाएं।

इनपुट : omits 36 59 yards 41 elect train 12 lakes 85

1. दिए गए इनपुट के चरण III में कौन सा तत्व '85' और 'lakes' के बिल्कुल बीच में आता है? **[Andhra Bank, (PO) Exam, 2015]**
(*a*) 59 (*b*) yards (*c*) train
(*d*) omits (*e*) elect

2. यदि पहले चरण में, '59' अपना स्थान 'lakes' के साथ बदलता है और 'omits' भी अपना स्थान '12' के साथ बदलता है तो कौन सा तत्व '41' के तुरंत बाद बाईं ओर होगा?
(*a*) 59 (*b*) omits (*c*) 12
(*d*) elect (*e*) lakes. **[Andhra Bank, (PO) Exam, 2015]**

3. निम्नलिखित में से कौन से संयोजन दिए गए इनपुट के चरण V में पहले दो और पिछले दो तत्वों को दिखाते हैं?
(*a*) 41, train and omits, 36 (*b*) 12, lakes and 36, elect
(*c*) 12, lakes and omits, 36 (*d*) lakes, 41, and 36, elect
(*e*) lakes, 41 and 59, omits **[Andhra Bank, (PO) Exam, 2015]**

4. कौन सा तत्व दाईं ओर से 9वें तत्व के दाईं ओर चौथा है और दिए गए इनपुट का चरण V है? **[Andhra Bank, (PO) Exam, 2015]**
(*a*) 36 (*b*) yards (*c*) 85
(*d*) elect (*e*) 12

5. तत्व 'train 85 yards 59' किस चरण में समान क्रम में पाए जाएंगे? **[Andhra Bank, (PO) Exam, 2015]**
(*a*) तीसरे (*b*) चौथे (*c*) दूसरे (*d*) पांचवें
(*e*) तत्वों का दिया गया क्रम किसी भी चरण में नहीं मिलेगा।

दिशानिर्देश (प्रश्न 6 से 7): दिए गए प्रश्नों के उत्तर देने के लिए निम्नलिखित जानकारी का अध्ययन करें:

जब एक शब्द और संख्या व्यवस्थित करने वाली मशीन को शब्दों और संख्याओं की एक इनपुट पंक्ति दी गई, तो उसने उन्हें एक विशेष नियम का पालन करते हुए पुनर्व्यवस्थित कर दिया। निम्नलिखित, इनपुट और पुनर्व्यवस्था का एक उदाहरण है। (सभी संख्याएं दो अंकों वाली संख्याएं हैं)

इनपुट : Sine 88 71 Cos theta 14 56 gamma delta 26
चरण I : Cos Sine 71 theta 14 56 gamma delta 26 88
चरण II : Delta Cos sine theta 14 56 gamma 26 88 71
चरण III : Gamma delta Cos Sine theta 14 26 88 71 56
चरण IV : Sine gamma delta Cos theta 14 88 71 56 26
चरण V : theta Sine gamma delta Cos 88 71 56 26 14

और चरण V उपर्युक्त इनपुट के क्रम का अंतिम चरण है क्योंकि प्रायोजित क्रम प्राप्त हो गया है।

उपरोक्त चरणों में पालन किए गए नियमों के अनुसार, दिए गए इनपुट के लिए, निम्नलिखित में से प्रत्येक प्रश्न में उचित चरण का पता लगाएं।

इनपुट : for 52 all 96 25 jam road 15 hut 73 bus stop 38 46

6. चरण V में बाईं ओर से 6वें स्थान पर कौन सा शब्द/संख्या होगी?
(*a*) 25 (*b*) Stop (*c*) Jam
(*d*) all (*e*) road **[IBPS-CWE Bank (PO) Exam, 2011]**

7. निम्नलिखित में से कौन सा चरण III होगा?
(*a*) hut for bus all 25 jam road 15 stop 38 96 73 52 46
(*b*) for bus all 25 jam road 15 hut 38 stop 96 46 73 52
(*c*) hut for bus all jam road 15 stop 38 96 73 52 46 25
(*d*) for bus all 25 jam road 15 hut stop 38 46 96 73 52
(*e*) इनमें से कोई नहीं **[IBPS-CWE Bank (PO) Exam, 2011]**

हल

हल 1–5:

इनपुट : omits 36 59 yards 41 elect train 12 lakes 85
चरण I : 85 omits 36 59 41 elect train 12 lakes yards
चरण II : train 85 omits 36 41 elect 12 lakes yards 59
चरण III : 41 train 85 36 elect 12 lakes yards 59 omits
चरण IV : lakes 41 train 85 elect 12 yards 59 omits 36
चरण V : 12 lakes 41 train 85 yards 59 omits 36 elect

1. (*e*) : elect
2. (*e*) : lakes
3. (*b*) : 12 lakes, 36 elect
4. (*b*) : yards
5. (*d*) : 5वें

हल 6–7:

इनपुट : for 52 all 96 25 jam road 15 hut 73 bus stop 38 46
चरण I : all for 52 25 jam road 15 hut 73 bus stop 38 46 96
चरण II : bus all for 52 25 jam road 15 hut stop 38 46 96 73
चरण III: for bus all 25 jam road 15 hut stop 38 46 96 73 52
चरण IV : hut for bus all 25 jam road 15 stop 38 96 73 52 46
चरण V: Jam hut bus all 25 road 15 stop 96 73 52 46 38
चरण VI: road jam hut bus all 15 stop 96 73 52 46 38 25
चरण VII: Stop road jam hut bus all 96 73 52 46 38 25 15

6. (*a*) : 25
7. (*d*) : for bus all 25 jam road 15 hut stop 38 46 96 73 52

8 दिशा ज्ञान परीक्षण
(DIRECTION SENSE TEST)

इस प्रकार के प्रश्नों में दिशा से संबंधित पहेलियां पूछी जाती हैं। दिशाओं का एक क्रमागत अनुवर्तन तैयार किया जाता है, जिसके द्वारा उम्मीदवार को अंतिम दिशा या दो बिंदुओं के बीच की दूरी पता लगानी होती है। परीक्षण का उद्देश्य उम्मीदवार को दिशा की सही समझ और दिशाओं को सही तरीके से पता लगाने की क्षमता का आंकलन करना है।

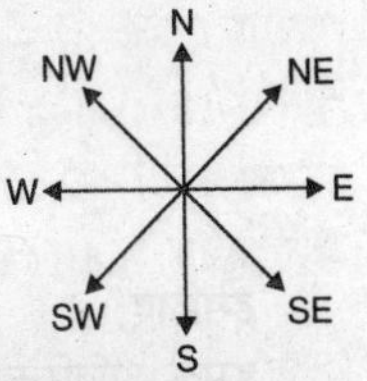

उम्मीदवारों को दिशाओं का ज्ञान कराने के लिए संलग्न चित्र में चार मुख्य दिशाएं (उत्तर N, दक्षिण S, पूर्व E, पश्चिम W) और चार अन्य प्रमुख दिशाएं (उत्तर-पूर्व NE, उत्तर-पश्चिम NW, दक्षिण-पूर्व SE, दक्षिण-पश्चिम SW) दिखाई गयी हैं।

व्याख्यात्मक उदाहरण

उदा. 1. एक व्यक्ति पश्चिम की ओर मुंह करके खड़ा है। वह दक्षिणावर्त दिशा में 45 डिग्री और फिर उसी दिशा में 180 डिग्री घूमता है और फिर वामावर्त दिशा में 270 डिग्री घूमता है। उसका मुख अब किस दिशा की ओर होगा? **(R.R.B. 2005)**

(*a*) दक्षिण (*b*) उत्तर-पश्चिम
(*c*) पश्चिम (*d*) दक्षिण-पश्चिम

हल: प्रारम्भ में व्यक्ति OA दिशा की ओर मुंह करके खड़ा है। घड़ी की दिशा में 45 डिग्री घूमने पर, वह दिशा OB की ओर होगा। आगे घड़ी की दिशा में 180 डिग्री घूमने पर, वह दिशा OC की ओर होगा। अंत में, वामावर्त दिशा में 270 डिग्री घूमने पर, वह दिशा OD की ओर होगा, जो कि दक्षिण-पश्चिम है। अत: उत्तर (*d*) है।

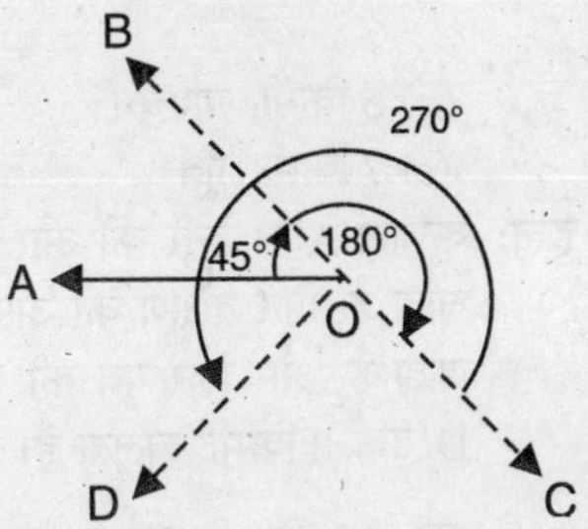

उदा. 2. यदि आप उत्तर-पूर्व दिशा की ओर मुंह करके खड़े हैं और 10 मीटर चलते हैं, फिर बाएं मुड़ते हैं और 7.5 मीटर चलते हैं, तो आप होंगे: **(M.B.A. 2002)**

(*a*) अपनी प्रारंभिक स्थिति से उत्तर की ओर
(*b*) अपनी प्रारंभिक स्थिति से दक्षिण की ओर
(*c*) अपनी प्रारंभिक स्थिति से पूर्व की ओर
(*d*) आपकी प्रारंभिक स्थिति से 12 मीटर की दूरी पर
(*e*) (*c*) और (*d*) दोनों

हल: माना आप A से चलना प्रारम्भ करते हैं, उत्तर-पूर्व दिशा की ओर 10 मीटर की दूरी तक चलकर B तक पहुँचते हैं। B पर पहुँच कर बाएं (वामावर्ती दिशा में 90 डिग्री) मुड़ते है और 7.5 मीटर चलकर C तक पहुँचते हैं।

C, A के उत्तर में स्थित है। साथ ही B, से समकोण पर है।

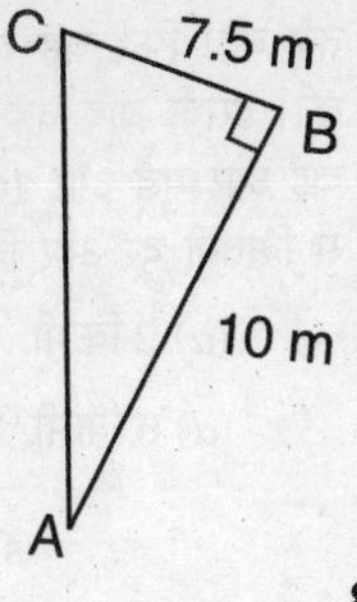

अत: $AC^2 = BC^2 + AB^2 = (10)^2 + (7.5)^2$

$= 100 + 56.25 = 156.25$

$AC = \left(\sqrt{156.25}\right) = 12.5$मी.

अत: व्यक्ति अपनी प्रारम्भिक स्थिति के उत्तर में 12.5 मीटर की दूरी पर है।

उदा. 3. एक दिन रवि घर से निकला और दक्षिण की ओर 10 किमी. तक साइकिल चलाई, वह दाएं मुड़ा और 5 किमी. साइकिल चलाई और फिर दाएं मुड़ा और 10 किमी. साइकिल चलाई, फिर बाएं मुड़ा और 10 किमी. साइकिल चलाई। यहाँ से सीधा अपने घर तक पहुंचने के लिए उसे कितने किमी. साइकिल चलानी होगी?

(*a*) 10 किमी. (*b*) 15 किमी. (*c*) 20 किमी. (*d*) 25 किमी.

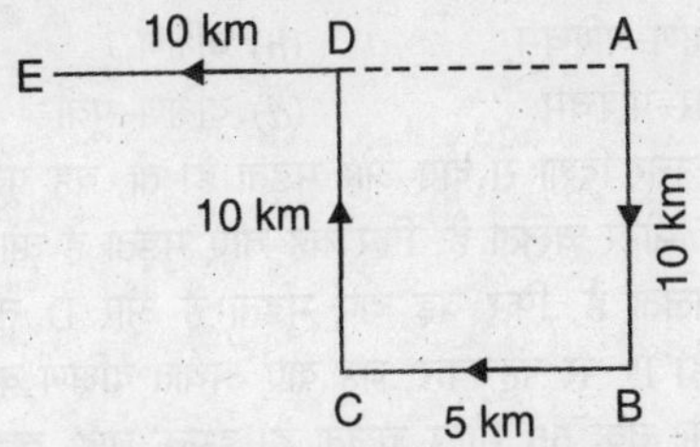

हल: रवि घर A से साइकिल चलाना प्रारम्भ करता है, दक्षिण की ओर B तक 10 किमी. साइकिल चलाता है, दाएं मुड़ता है और C तक 5 किमी. साइकिल चलाता है, फिर से दाएं मुड़ता है और D तक 10 किमी. साइकिल चलाता है और अंत में बाएं मुड़ता है और E तक 10 किमी. तक साइकिल चलाता है। अत:, प्रारंभिक स्थिति A से उसकी दूरी = AE = AD + DE = BC + DE = (5 + 10) किमी. = 15 किमी. अत: उत्तर (*b*) है।

उदा. 4. एक बच्चा अपने पिता को ढूंढ रहा है। वह दायीं ओर मुड़ने से पहले, पूर्व में 90 मीटर दूर गया। अपने चाचा के घर पर अपने पिता को ढूंढने के लिए दायीं ओर मुड़कर 30 मीटर दूर चलने से पहले वह इस बिंदु से फिर से अपने 20 मीटर की दूरी पर गया। उसके पिता वहां नहीं थे। वहां से अपने पिता से मिलने के लिए वह अपनी उत्तर दिशा में 100 मीटर की दूरी पर गया। बच्चे के प्रारंभिक स्थान से पिता कितनी दूर थे?

(*a*) 80 मीटर (*b*) 100 मीटर

(*c*) 140 मीटर (*d*) 260 मीटर

हल: बच्चा A से 90 मीटर पूर्व की ओर B तक चलता है, फिर दाएं मुड़ता है और C तक 20 मीटर चलता है फिर दाएं मुड़ता है और D तक 30 मीटर चलता है, फिर वह उत्तर की ओर E तक 100 मीटर तक चलता है।

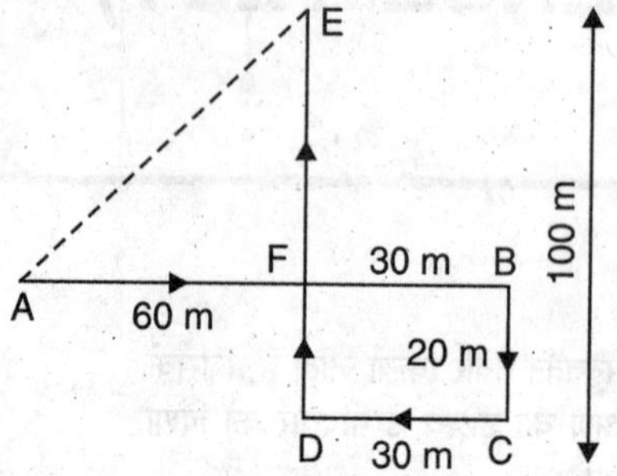

AB = 90 मीटर, BF = CD = 30 मीटर

इसलिए, AF = AB – BF = 60 मीटर

इसके अतिरिक्त, DE = 100 मीटर, DF = BC = 20 मीटर

इसलिए, EF = DE – DF = 80 मीटर

∴ प्रारम्भिक बिंदु से उसकी दूरी

$A = AE = \sqrt{AF^2 + EF^2}$

$= \sqrt{(60)^2 + (80)^2} = \sqrt{3600 + 6400} = \sqrt{10000}$

$= 100$ मीटर

अत: उत्तर (*b*) है।

उदा. 5. कैलाश उत्तर की ओर मुंह करके खड़ा है। अपने दाएं ओर मुड़कर, वह 25 मीटर चलता है। फिर वह अपने बाएं ओर मुड़ता है और 30 मीटर चलता है। इसके बाद, वह अपने दाएं ओर 25 मीटर तक चलता है। उसके बाद वह फिर से अपने दाएं ओर मुड़ता है और 55 मीटर चलता है। अंत में, वह दाएं ओर मुड़ता है और 40 मीटर तक चलता है। अपने प्रारंभिक स्थान से अब वह किस दिशा में होगा? **(M.B.A. 2006)**

(*a*) दक्षिण-पश्चिम (*b*) दक्षिण

(*c*) उत्तर-पश्चिम (*d*) दक्षिण-पूर्वी

हल: कैलाश उत्तर दिशा से दाएं ओर मुड़ता है। तो, वह पूर्व की ओर B तक 25 मीटर चलता है, फिर वह बाएं मुड़ता है और C तक 30 मीटर चलता है, फिर वह दाएं मुड़ता है और D तक 25 मीटर चलता है। D पर पंहुचकर, वह दाएं अर्थात दक्षिण की ओर मुड़ता है और E तक 55 मीटर चलता है। इसके बाद, वह फिर से दाईं ओर मुड़ता है और F तक 40 मीटर चलता है, जो उसका अंतिम स्थान है। F, A के दक्षिण-पूर्वी दिशा में है। तो, वह अपने प्रारम्भिक बिंदु से दक्षिण-पूर्वी दिशा में है। इसलिए, उत्तर (*d*) है।

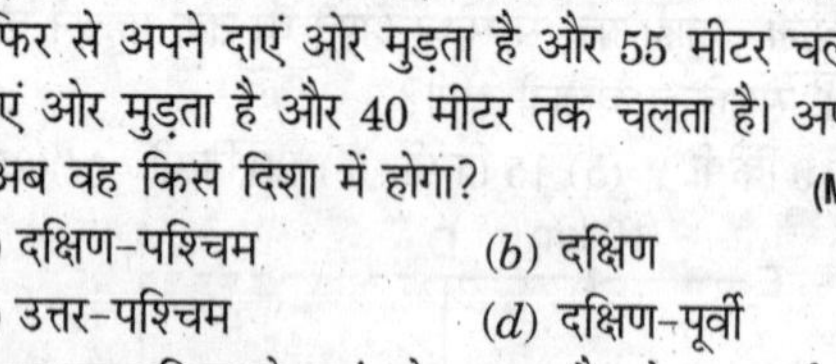

उदा. 6. दीपा ने उत्तर की ओर 75 मीटर की दूरी तय की। फिर वह बाईं ओर मुड़ी और लगभग 25 मीटर तक चली, फिर से वह बाएं मुड़ी और 80 मीटर तक चली। अंत में, वह 45 डिग्री के कोण पर दाईं ओर मुड़ गई। अंत में वह किस दिशा में आगे बढ़ रही होगी?

(*a*) उत्तर-पूर्व (*b*) उत्तर पश्चिम (*c*) दक्षिण

(*d*) दक्षिण-पूर्व (*e*) दक्षिण-पश्चिम

हल: दीपा ने A से चलना प्रारम्भ किया, और B तक 75 मीटर चली, बाएं मुड़ी और C तक 25 मीटर चली। वह फिर से बाईं ओर मुड़ी और D तक 80 मीटर चली। 45 डिग्री के कोण पर दाईं ओर मुड़ते हुए, वह आखिरकार DE दिशा अर्थात, दक्षिण-पश्चिम दिशा में आगे बढ़ रही थी।

इसलिए उत्तर (*e*) है।

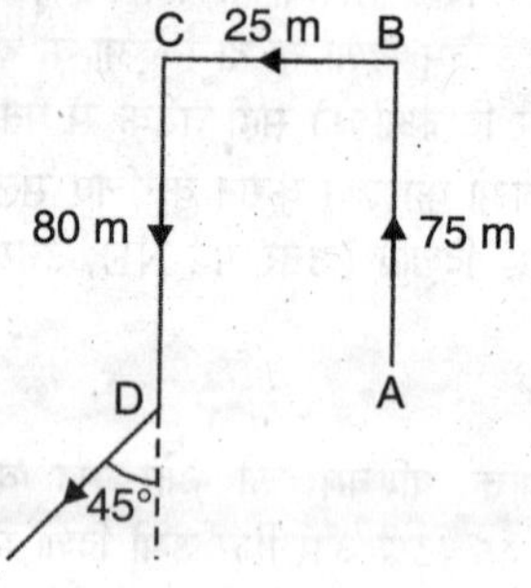

उदा. 7. कुणाल उत्तर की ओर 10 किमी. चलता है। वहां से वह दक्षिण की ओर 6 किमी. चलता है। फिर, वह पूर्व की ओर 3 किमी. चलता है। अपने प्रारंभिक स्थान से वह कितनी दूर और किस दिशा में होगा? **(M.B.A. 1998)**

(*a*) 5 किमी. पश्चिम (*b*) 7 किमी. पश्चिम

(*c*) 7 किमी. पूर्व (*d*) 5 किमी. उत्तर-पूर्व

हल: कुणाल A से उत्तर की ओर B तक 10 किमी. जाता है, फिर दक्षिण की ओर C तक 6 किमी. जाता है, और फिर पूर्व की ओर मुड़ता है और D तक 3 किमी. चलता है।

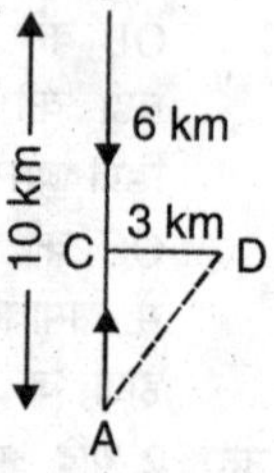

अत: AC = (AB – BC) = (10 – 6)

= 4 किमी.; CD = 3किमी.

तो, प्रारम्भिक बिंदु A से कुणाल की दूरी AD

$= \sqrt{AC^2 + CD^2} = \sqrt{4^2 + 3^2} = 5$ km.

साथ ही D, A के उत्तर-पूर्व दिशा में है।

इसलिए, उत्तर (*d*) है।

उदा. 8. जॉनसन अपनी कार से अपने ऑफिस के लिए निकले। उन्होंने उत्तर की ओर 15 किमी. और फिर पश्चिम की ओर 10 किमी. की दूरी तय की। फिर वह दक्षिण की ओर मुड़ गए और 5 किमी. की दूरी तय की। इसके बाद वह पूर्व की ओर मुड़े और 8 किमी. चले। अंत में, वह दाईं ओर मुड़े और 10 किमी. की दूरी तय की। वह अपने प्रारंभिक स्थान से कितनी दूर और किस दिशा में होंगे? **(M.B.A. 2006)**

(*a*) 2 किमी. पश्चिम (*b*) 5 किमी. पूर्व (*c*) 3 किमी. उत्तर

(*d*) 6 किमी. दक्षिण (*e*) इनमें से कोई भी नहीं

हलः जॉनसन ने A से B उत्तर दिशा से 15 किमी. और फिर पश्चिम की ओर B से C तक 10 किमी. की दूरी तय की। उसके बाद वह दक्षिण की ओर C से D तक 5 किमी. और पूर्व में E तक 8 किमी. जाते हैं। अंत में, वह दाईं ओर मुड़ते हैं और F तक 10 किमी. की दूरी तय करते हैं।

∴ A और F समान दिशा में सीधी रेखा में हैं और F, A के पश्चिम में है। अतः प्रारम्भिक बिंदु से जॉनसन की दूरी

A = AF = (BC – DE) = (10 – 8) = 2 किमी.

इसलिए, उत्तर (*a*) है।

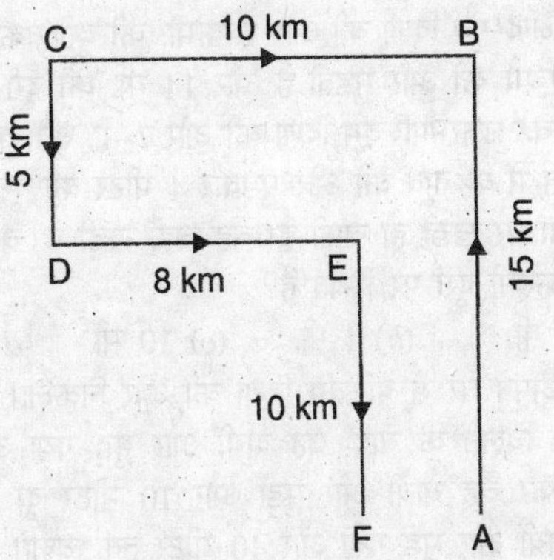

अभ्यास 8A

1. एक व्यक्ति दक्षिण की ओर मुंह करके खड़ा है। वह वामावर्त दिशा में 135 डिग्री और फिर दक्षिणावर्त दिशा में 180 डिग्री घूमता है। वह अब किस दिशा की ओर मुंह करके खड़ा होगा?
(*a*) उत्तर-पूर्व (*b*) उत्तर-पश्चिम
(*c*) दक्षिण-पूर्व (*d*) दक्षिण-पश्चिम

2. एक व्यक्ति उत्तर-पश्चिम दिशा की ओर मुंह करके खड़ा है। वह दक्षिणावर्त दिशा में 90 डिग्री और फिर वामावर्त दिशा में 135 डिग्री घूमता है। वह अब किस दिशा की ओर मुंह करके खड़ा होगा?
(*a*) पूर्व (*b*) पश्चिम (*c*) उत्तर (*d*) दक्षिण

3. एक व्यक्ति पश्चिम की ओर मुंह करके खड़ा है और दक्षिणावर्त दिशा में 45 डिग्री और फिर पुनः दक्षिणावर्त दिशा में 180 डिग्री घूमता है, इसके बाद वामावर्त दिशा में 270 डिग्री घूमता है। वह अब किस दिशा में मुंह करके खड़ा होगा? **(R.R.B. 2005)**
(*a*) पश्चिम (*b*) उत्तर. पूर्व
(*c*) दक्षिण (*d*) दक्षिण-पश्चिम

4. मैं पूर्व दिशा की ओर मुंह करके खड़ा हूँ। मैं दक्षिणावर्त दिशा में 100 डिग्री और फिर वामावर्त दिशा में 145 डिग्री घूमता हूँ। अब मेरा मुंह किस दिशा की ओर होगा? **(Hotel Management, 1998)**
(*a*) पूर्व (*b*) उत्तर-पूर्व
(*c*) उत्तर (*d*) दक्षिण-पश्चिम

5. एक नदी पश्चिम से पूर्व दिशा की ओर बहती है और रास्ते में बायीं ओर मुड़ जाती है और एक छोटी पहाड़ी के चारों ओर बने अर्ध-वृत्त में चली जाती है और फिर समकोण पर बाएं मुड़ती है। अंत में नदी किस दिशा में बहेगी? **(M.A.T. 2005)**
(*a*) पश्चिम (*b*) पूर्व (*c*) उत्तर (*d*) दक्षिण

6. आप उत्तर दिशा में जाते हैं, दाएं मुड़ते हैं, पुनः दाएं मुड़ते हैं और फिर बाईं ओर जाते हैं। अब आप किस दिशा में होंगे? **(S.S.C. 2002)**
(*a*) उत्तर (*b*) दक्षिण (*c*) पूर्व (*d*) पश्चिम

7. मैं एक गोलाकार मैदान के केंद्र में खड़ा हूँ। मैं मैदान के किनारे दक्षिण में नीचे जाता हूं और फिर बाएं मुड़कर, मैदान की परिधि पर इसकी लंबाई के तीन-आठवें हिस्से के बराबर चलता हूं। फिर मैं पश्चिम की ओर मुड़ता हूं और सीधे चलकर परिधि पर स्थित विपरीत बिंदु पर आ जाता हूं। प्रारंभिक स्थान से मैं किस दिशा में हूं? **(Hotel Management, 1999)**
(*a*) उत्तर-पश्चिम (*b*) उत्तर
(*c*) दक्षिण-पश्चिम (*d*) पश्चिम

8. दीपक पूर्व की ओर सीधे चलना शुरू करता है। 75 मीटर चलने के बाद, वह बाईं ओर मुड़ता है और सीधे 25 मीटर चलता है। फिर से वह बाईं ओर मुड़ता है, और सीधे 40 मीटर चलता है, फिर वह बाईं ओर मुड़ता है और 25 मीटर की दूरी तक चलता है। प्रारंभिक स्थान से वह कितना दूर होगा?
(*a*) 25 मीटर (*b*) 50 मीटर (*c*) 115 मीटर
(*d*) 140 मीटर (*e*) इनमें से कोई नहीं

9. कुणाल उत्तर की ओर 10 किलोमीटर तक चलता है। वहां से, वह दक्षिण की ओर 6 किलोमीटर तक चलता है। फिर, वह पूर्व की ओर 3 किलोमीटर चलता है। वह अपने प्रारंभिक स्थान से कितनी दूर और किस दिशा में होगा? **(M.B.A. 1998)**
(*a*) 5 किलोमीटर पश्चिम (*b*) 5 किलोमीटर उत्तर-पूर्व
(*c*) 7 किलोमीटर पूर्व (*d*) 7 किलोमीटर पश्चिम

10. रोहन उत्तर की ओर 3 किमी. की दूरी तक चलता है, फिर वह बाईं ओर मुड़ता है और 2 किमी. तक चलता है। वह फिर से बाईं ओर मुड़ता है और 3 किमी. चलता है। इस बिंदु पर वह अपने बाईं ओर मुड़ता है और 3 किमी. तक चलता है। प्रारंभिक स्थान से वह कितने किलोमीटर दूर होगा? **(S.S.C. 2005)**
(*a*) 1 किमी. (*b*) 2 किमी. (*c*) 3 किमी. (*d*) 5 किमी.

11. मानिक उत्तर दिशा की ओर 40 मीटर तक चला, वह बाएं मुड़ा और 20 मीटर चला। वह पुनः बाएं मुड़ा और 40 मीटर चला। प्रारंभिक स्थान से वह कितनी दूर और किस दिशा में होगा? **(Asstt- Manager Exam, 2005)**
(*a*) 20 मीटर पूर्व (*b*) 20 मीटर उत्तर
(*c*) 20 मीटर दक्षिण (*d*) 100 मीटर दक्षिण
(*e*) इनमें से कोई भी नहीं

12. नमिता पश्चिम की ओर 14 मीटर तक चलती है, फिर अपने दायीं ओर मुड़ती है और 14 मीटर चलती है और फिर अपने बायीं ओर मुड़ती है और 10 मीटर चलती है। फिर से अपने बायीं ओर मुड़कर वह 14 मीटर तक चलती है। उसके प्रारंभिक स्थान और वर्तमान स्थान के बीच न्यूनतम दूरी (मीटर में) कितनी होगी? **(S.S.C. 2002)**
(*a*) 10 मी. (*b*) 24 मी. (*c*) 28 मी. (*d*) 38 मी.

13. एक व्यक्ति अपने घर से अपने ऑफिस के लिए निकलता है। वह पूर्व की ओर चलता है। 20 मी. की दूरी तय करने के बाद, वह दक्षिण की ओर मुड़ता है और 10 मीटर चलता है। फिर वह पश्चिम की ओर 35 मीटर और बाद में उत्तर की ओर 5 मीटर चलता है। फिर वह पूर्व की ओर मुड़ता है और 15 मीटर चलता है। उसके प्रारंभिक और अंतिम स्थान के बीच न्यूनतम दूरी (मीटर में) कितनी होगी? **(M.A.T. 2005)**
(*a*) 0 (*b*) 5 (*c*) 10
(*d*) निर्धारित नहीं किया जा सकता (*e*) इनमें से कोई नहीं

14. राधा दक्षिण-पूर्व दिशा की ओर 7 किमी. की दूरी तक जाती है, फिर वह पश्चिम की ओर मुड़ती है और 14 मी. की दूरी तय करती है। यहां से वह उत्तर-पश्चिम दिशा की ओर 7 मी. की दूरी तक जाती है और अंत में वह पूर्व की ओर मुड़कर 4 मीटर की दूरी तय करती है और वहां पर खड़ी हो जाती है। वह जहाँ खड़ी है, वहां से प्रारंभिक स्थान कितनी दूरी पर स्थित है?

(*a*) 3 मी. (*b*) 4 मी. (*c*) 10 मी. (*d*) 11 मी.

15. गोपाल अपने घर से पश्चिम दिशा की ओर निकला। 30 मीटर की दूरी तक चलने के बाद, वह दायीं ओर मुड़ गया और 20 मीटर चला। फिर वह बायीं ओर मुड़ा और 10 मीटर दूर गया। फिर से अपने बायीं ओर मुड़ गया और 40 मीटर तक चला। एक बार फिर वह बायीं ओर मुड़ता है और 5 मीटर चलता है। अंत में फिर से वह अपने बायीं ओर मुड़ता है। अब वह किस दिशा में चल रहा होगा?

(*a*) उत्तर (*b*) दक्षिण (*c*) पूर्व
(*d*) दक्षिण-पश्चिम (*e*) पश्चिम

16. एक चूहा पूर्व की ओर 20 मिनट तक भागता है फिर दायीं ओर मुड़ता है, और 10 मिनट तक भागता है, फिर से दायीं ओर मुड़ता है और 9 मिनट तक भागता है, फिर वह बायीं ओर मुड़ता है और 5 मिनट तक भागता है, फिर से बायीं ओर मुड़ता है और 12 मिनट तक भागता है और अंत में बायीं ओर मुड़ता है और 6 मिनट तक भागता है। अब चूहे का मुंह किस दिशा की ओर होगा? **(C.P.O. 2005)**

(*a*) पूर्व (*b*) पश्चिम (*c*) उत्तर (*d*) दक्षिण

17. अमित पूर्व की ओर 30 मीटर चला, फिर दाएं मुड़ा और 40 मीटर चला। फिर उसने एक बायां मोड़ लिया और 30 मीटर चला। अब वह प्रारंभिक स्थान से किस दिशा में होगा? **(Bank P.O. 2005)**

(*a*) उत्तर-पूर्व (*b*) पूर्व (*c*) दक्षिण-पूर्व
(*d*) दक्षिण (*e*) इनमें से कोई भी नहीं

18. माया बिंदु T से चलना प्रारम्भ करती है, और सीधे बिंदु U तक चलकर जाती है जो 4 फुट दूर है। वह 90 डिग्री पर बायीं ओर मुड़ती है और बिंदु W तक जाती है जो 4 फुट दूर है, फिर 90 डिग्री दाएं मुड़ती है और P तक 3 फुट तक जाती है, फिर 90 डिग्री पर दायीं ओर मुड़ती है और Q तक 1 फुट चलकर जाती है। फिर से 90 डिग्री पर बाएं मुड़ती है और V तक जाती है, जो 1 फुट दूर है और एक बार फिर 90 डिग्री पर दाएं मुड़ती है और R तक जाती है, जो 3 फुट दूर है। तो T और R के बीच की दूरी कितनी होगी? **(S.S.C. 2003)**

(*a*) 4 फुट (*b*) 5 फुट (*c*) 7 फुट (*d*) 8 फुट

19. एक गाँव वाला अपने गांव की उत्तर-पूर्व दिशा में 5 किमी. दूर स्थित किसी दूसरे गांव में अपने चाचा से मिलने गया। वहां से वह अपने चाचा के गांव के दक्षिण में 4 किमी. दूर स्थित एक गांव में रहने वाले अपने ससुर से मिलने आया। अब वह अपने गाँव से कितनी दूर और किस दिशा में है? **(A.T.M.A. 2004)**

(*a*) उत्तर में 3 किमी. (*b*) पूर्व में 3 किमी.
(*c*) पूर्व में 4 किमी. (*d*) पश्चिम में 4 किमी.

20. एक व्यक्ति बिंदु A से चलना प्रारम्भ करता है और पूर्व की ओर B तक 3 किमी. की दूरी तय करता है और फिर बायीं ओर मुड़ता है और C तक पहुंचने के लिए उस दूरी को तीन बार तय करता है। वह फिर से बाएं मुड़ता है और A और B के बीच तय की गई दूरी का पांच गुना चलता है और अपनी मंजिल D तक पहुंचता है। प्रारंभिक स्थान और मंजिल के बीच न्यूनतम दूरी कितनी होगी? **(Civil Services, 2000)**

(*a*) 12 किमी. (*b*) 15 किमी. (*c*) 16 किमी. (*d*) 18 किमी.

21. एक लड़की अपने घर से निकलती है। वह पहले उत्तर-पश्चिम दिशा में 30 मीटर और फिर दक्षिण-पश्चिम दिशा में 30 मीटर चलती है। इसके बाद, वह दक्षिण-पूर्व दिशा में 30 मीटर तक चलती है। अंत में, वह अपने घर की ओर मुड़ती है। अब वह किस दिशा में जा रही है?

(*a*) उत्तर-पूर्व (*b*) उत्तर-पश्चिम (*c*) दक्षिण-पूर्व
(*d*) दक्षिण-पश्चिम (*e*) इनमें से कोई नहीं

22. संजीव दक्षिण की ओर 10 मीटर चलता है। बाईं ओर मुड़कर, वह 20 मीटर चलता है और फिर अपने दायीं ओर जाता है। 20 मीटर की दूरी तय करने के बाद, वह दायीं ओर मुड़ता है और 20 मीटर चलता है। अंत में, वह दायीं ओर मुड़ता है और 10 मीटर की दूरी तय करता है। प्रारंभिक स्थान से वह कितनी दूर और किस दिशा में होगा? **(M.A.T. 2004)**

(*a*) 10 मीटर उत्तर (*b*) 20 मीटर दक्षिण (*c*) 20 मीटर उत्तर
(*d*) 10 मीटर दक्षिण (*e*) इनमें से कोई नहीं

23. कशिश 30 मीटर उत्तर की ओर जाता है, फिर दाएं मुड़ता है और 40 मीटर चलता है, फिर दाएं मुड़ता है और 20 मीटर चलता है, फिर से दाएं मुड़ता है और 40 मीटर चलता है। वह अपने मूल स्थान से कितने मीटर की दूरी पर होगा?

(*a*) 0 (*b*) 10 (*c*) 20
(*d*) 40 (*e*) इनमें से कोई नहीं

24. मैं दक्षिण की ओर मुंह करके खड़ा हूँ। मैं दाएं मुड़ता हूं और 20 मी. चलता हूं। अब मैं फिर से दाएं मुड़ता हूं और 10 मी. चलता हूं। फिर मैं बाएं मुड़ता हूं और 10 मीटर चलता हूं और फिर दाएं मुड़कर 20 मीटर चलता हूं। फिर से मैं दाएं मुड़ता हूं और 60 मीटर चलता हूं। प्रारंभिक स्थान से मैं किस दिशा में हूं? **(Hotel Management, 1998)**

(*a*) दक्षिण (*b*) उत्तर-पश्चिम
(*c*) पूर्व (*d*) उत्तर-पूर्व

25. एक व्यक्ति दक्षिण की ओर 30 मीटर चलता है। फिर, वह अपने दायीं ओर मुड़कर 30 मीटर चलता है। फिर, अपने बायीं ओर मुड़कर वह 20 मीटर चलता है। फिर से, वह अपने बायीं ओर मुड़ता है और 30 मीटर चलता है। वह अपने प्रारंभिक स्थान से कितनी दूरी पर होगा?

(*a*) 20 मीटर (*b*) 30 मीटर (*c*) 60 मीटर
(*d*) 80 मीटर (*e*) इनमें से कोई भी नहीं

26. रोहित दक्षिण की ओर 25 मीटर तक चला। फिर वह अपने बायीं ओर मुड़ा और 20 मीटर चला। वह फिर अपने बायीं ओर मुड़ा और 25 मीटर चला। वह फिर से अपने दायीं ओर मुड़ा और 15 मीटर चला। वह प्रारंभिक स्थान से कितनी दूरी पर और किस दिशा में होगा?

(*a*) 35 मीटर पूर्व (*b*) 35 मीटर उत्तर (*c*) 40 मीटर पूर्व
(*d*) 60 मीटर पूर्व (*e*) इनमें से कोई भी नहीं

27. बिंदु P से शुरू करते हुए, सचिन दक्षिण की ओर 20 मीटर चला। वह बाएं मुड़ा और 30 मीटर चला। वह फिर बाएं मुड़ा और 20 मीटर चला। वह फिर से बाएं मुड़ा और 40 मीटर चला और बिंदु Q पर पहुंचा। बिंदु P से बिंदु Q कितनी दूर और किस दिशा में होगा?

(*a*) 20 मीटर पश्चिम (*b*) 10 मीटर पूर्व
(*c*) 10 मीटर पश्चिम (*d*) 10 मीटर उत्तर
(*e*) इनमें से कोई नहीं

28. रमाकांत उत्तर की ओर चलना प्रारम्भ करता है। कुछ समय के बाद, वह अपने दायीं ओर और उसके बाद अपने बायीं ओर थोड़ा मुड़

जाता है। अंत में, एक किलोमीटर की दूरी तय करने के बाद, वह फिर से अपने बायीं ओर मुड़ जाता है। अब वह किस दिशा में चल रहा होगा?

(*a*) उत्तर (*b*) दक्षिण (*c*) पूर्व (*d*) पश्चिम

29. एक व्यक्ति पूर्व की ओर 1 किमी. चलता है और फिर वह दक्षिण की ओर मुड़ जाता है और 5 किमी. चलता है। फिर वह पूर्व की ओर मुड़ता है और 2 किमी. चलता है, इसके बाद वह उत्तर की ओर मुड़ता है और 9 किमी. चलता है। अब वह अपने प्रारंभिक स्थान से कितना दूर होगा? **(M.B.A. 1998)**

(*a*) 3 किमी. (*b*) 4 किमी. (*c*) 5 किमी. (*d*) 7 किमी.

30. राज ने बिंदु X से बिंदु Y तक सीधे 80 मीटर की दूरी तय की। वह दायीं ओर मुड़ा और 50 मीटर चला, फिर वह दायीं ओर मुड़ा और 70 मीटर चला। अंत में, वह दायीं ओर मुड़ा और 50 मीटर चला। वह प्रारंभिक स्थान से कितना दूर होगा?

(*a*) 10 मीटर (*b*) 20 मीटर (*c*) 50 मीटर
(*d*) 70 मीटर (*e*) इनमें से कोई नहीं

31. लक्ष्मण अपने घर से पश्चिम की ओर 15 किमी. गया, फिर बाएं मुड़ा और 20 किमी. चला। फिर वह पूर्व दिशा की ओर मुड़ गया और 25 किमी. चला। अंत में उसने बाएं मुड़कर 20 किमी. की दूरी तय की। वह अपने घर से कितनी दूरी पर होगा?

(*a*) 5 किमी. (*b*) 10 किमी. (*c*) 40 किमी. (*d*) 80 किमी.

32. लोकेश अपने घर से उत्तर दिशा की ओर 15 किमी. गया। फिर वह पश्चिम की ओर मुड़ा और 10 किमी. की दूरी तय की। फिर, वह दक्षिण की ओर मुड़ा और 5 किमी. की दूरी तय की। अंत में, पूर्व की ओर मुड़कर उसने 10 किमी. की दूरी तय की। वह अपने घर से किस दिशा में होगा?

(*a*) पूर्व (*b*) पश्चिम (*c*) उत्तर (*d*) दक्षिण

33. अपने घर के दक्षिण में 50 मीटर जाकर, राधिका बाएं मुड़ जाती है और 20 मीटर और आगे जाती है। फिर, उत्तर की ओर मुड़कर वह 30 मीटर आगे तक जाती है और फिर अपने घर की ओर चलना प्रारम्भ कर देती है। अब वह किस दिशा में आगे बढ़ रही होगी? **(I.I.T.T.M. 2005)**

(*a*) उत्तर-पश्चिम (*b*) उत्तर
(*c*) दक्षिण-पूर्व (*d*) पूर्व

34. A 10 मीटर सामने की ओर और फिर 10 मीटर दायीं ओर चलता है। फिर हर बार अपने बायीं ओर मुड़ते हुए वह क्रमशः 5, 15 और 15 मीटर चलता है। अब वह अपने प्रारंभिक स्थान से कितना दूर होगा? **(R.R.B. 2003)**

(*a*) 5 मीटर (*b*) 10 मीटर (*c*) 15 मीटर
(*d*) 20 मीटर (*e*) 23 मीटर

35. रसिक 20 मीटर उत्तर दिशा में चलता है। फिर वह दाएं मुड़ता है और 30 मीटर चलता है। फिर वह दाएं मुड़ता है और 35 मीटर चलता है। फिर वह बायीं ओर मुड़ता है और 15 मीटर चलता है। फिर वह दोबारा बायीं ओर मुड़ता है और 15 मीटर चलता है। वह अपने मूल स्थान से किस दिशा में और कितने मीटर दूर होगा?

(*a*) 15 मीटर पश्चिम (*b*) 30 मीटर पूर्व
(*c*) 30 मीटर पश्चिम (*d*) 45 मीटर पूर्व

36. एक बच्चा अपने पिता को ढूंढ रहा है। वह अपने दायीं ओर मुड़ने से पहले, पूर्व दिशा में 90 मीटर गया। इस बिंदु से 30 मीटर दूर अपने चाचा के घर पर अपने पिता को ढूंढने के लिए वह दोबारा अपने दायीं ओर मुड़ने से पहले 20 मीटर तक गया। उसके पिता वहां नहीं थे। सड़क पर अपने पिता से मिलने से पहले वह यहां से उत्तर दिशा में 100 मीटर तक गया। प्रारंभिक स्थान से बेटा अपने पिता से कितनी दूरी पर मिला होगा?

(*a*) 80 मीटर (*b*) 100 मीटर
(*c*) 140 मीटर (*d*) 260 मीटर

37. आदित्य के घर का दरवाजा पूर्व दिशा की ओर है। अपने घर के पिछली तरफ से, वह सीधे 50 मीटर चलता है, फिर दायीं ओर मुड़ जाता है और फिर से 50 मीटर चलता है। अंत में, वह बायीं ओर मुड़ता है और 25 मीटर चलने के बाद रुक जाता है। अब आदित्य प्रारंभिक स्थान से किस दिशा में होगा?

(*a*) दक्षिण-पूर्व (*b*) उत्तर-पूर्व
(*c*) दक्षिण-पश्चिम (*d*) उत्तर-पश्चिम

हल-अभ्यास 8(A)

1. (*d*) : जैसा कि चित्र 1 में दिखाया गया है, प्रारंभ में व्यक्ति का मुंह OA दिशा की ओर होता है। वामावर्त दिशा में 135 डिग्री घूमने पर, उसका मुंह OB दिशा की ओर हो जाता है। बाद में दक्षिणावर्त दिशा में 180 डिग्री घूमने पर, उसका मुंह OC दिशा की ओर हो जाता है, जो दक्षिण-पश्चिम में है।

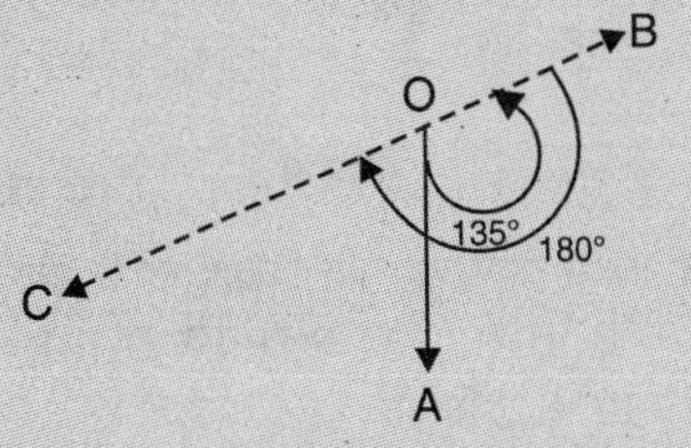

चित्र 1

2. (*b*) : जैसा कि चित्र 2 में दिखाया गया है, प्रारंभ में व्यक्ति का मुंह, OP दिशा की ओर होता है। दक्षिणावर्त दिशा में 90 डिग्री घूमने पर, उसका मुंह OQ दिशा की ओर हो जाता है। बाद में वामावर्त दिशा में 135 डिग्री घूमने पर, उसका मुंह OR दिशा की ओर हो जाता है, जो कि पश्चिम दिशा है।

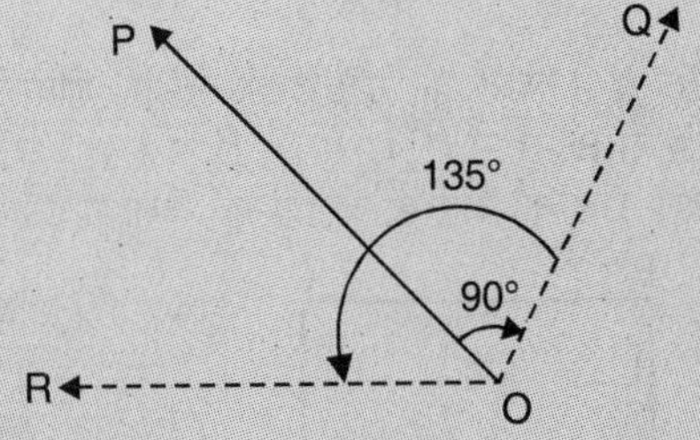

चित्र 2

3. (*d*) : जैसा कि चित्र 3 में दिखाया गया है, प्रारंभ में व्यक्ति का मुंह, OA दिशा की ओर होता है। दक्षिणावर्त दिशा में 45 डिग्री घूमने पर, व्यक्ति का मुंह OB दिशा की ओर हो जाता है। बाद में फिर से दक्षिणावर्त दिशा में 180 डिग्री घूमने पर, उसका मुंह OC दिशा की ओर हो जाता है। अंत में, वामावर्त दिशा में 270

डिग्री घूमने पर, उसका मुंह OD दिशा की ओर हो जाता है, जो कि दक्षिण-पश्चिम दिशा है।

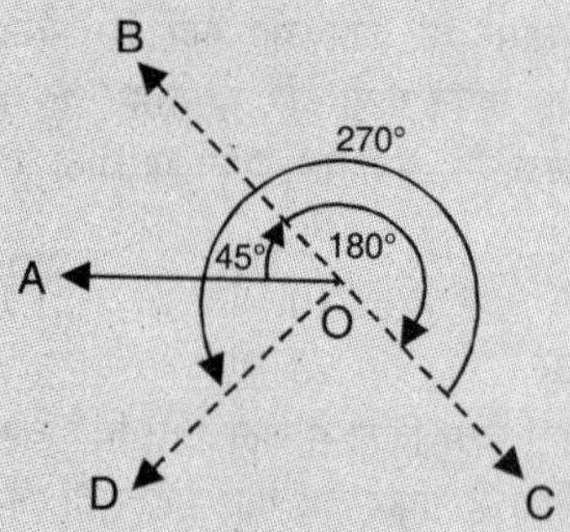

चित्र 3

4. (*b*) : जैसा कि चित्र 4 में दिखाया गया है, प्रारंभ में व्यक्ति का मुंह पूर्व की ओर अर्थात, OA दिशा की ओर होता है। दक्षिणावर्त दिशा में 100 डिग्री घूमने पर, उसका मुंह OB दिशा की ओर हो जाता है। बाद में वामावर्त दिशा में 145 डिग्री घूमने पर, उसका मुंह OC दिशा की ओर हो जाता है। OC, OA के साथ (145 डिग्री – 100 डिग्री), 45 डिग्री का कोण बनाता है और इस तरह उसका मुंह उत्तर-पूर्व दिशा की ओर होगा।

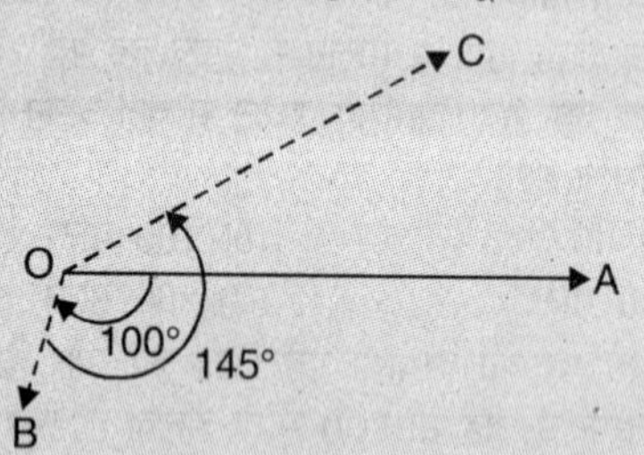

चित्र 4

5. (*b*) : जैसा कि चित्र 5 में दिखाया गया है, नदी A से पूर्व की ओर B तक बहती है, फिर बाएं मुड़ती है और C तक पहुंचने के लिए अर्ध-वृत्ताकार मार्ग लेती है। C पर पहुंचकर बायीं ओर मुड़ जाती है और पूर्व दिशा की ओर D तक बहती है।

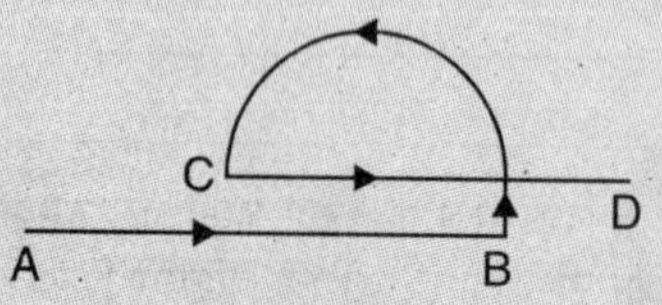

चित्र 5

6. (*c*) : चित्र 6 में व्यक्ति की गति दिखाई गई है, जोकि इस प्रकार हैं (A से B, B से C, C से D, D से E)। अत: अंतिम गति दिशा DE की ओर है, जो कि पूर्व दिशा में है।

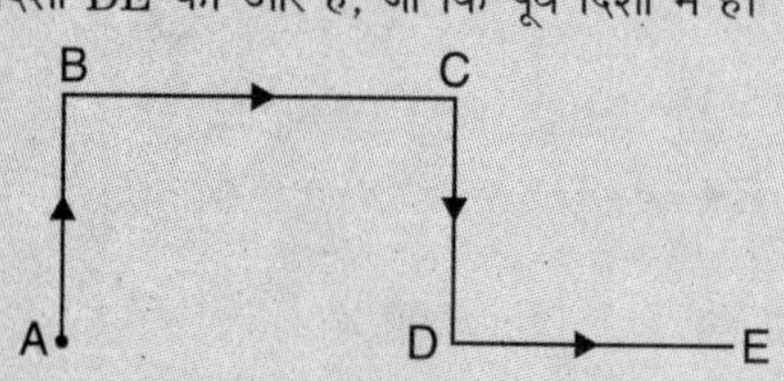

चित्र 6

7. (*b*) : चित्र 7 में दिखाई गई गति इस प्रकार हैं (O से A, A से B और B से C) C, O की दक्षिण-पश्चिमी दिशा में स्थित है।

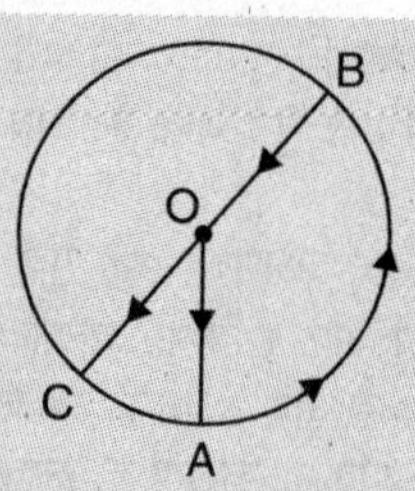

चित्र 7

8. (*e*) : दीपक की गति, चित्र 8 में दिखाई गई है।

EB = DC = 40 मी

∴ प्रारंभिक स्थान A से दीपक की दूरी

= (AB – EB)

= (75 – 40) मी = 35 मी

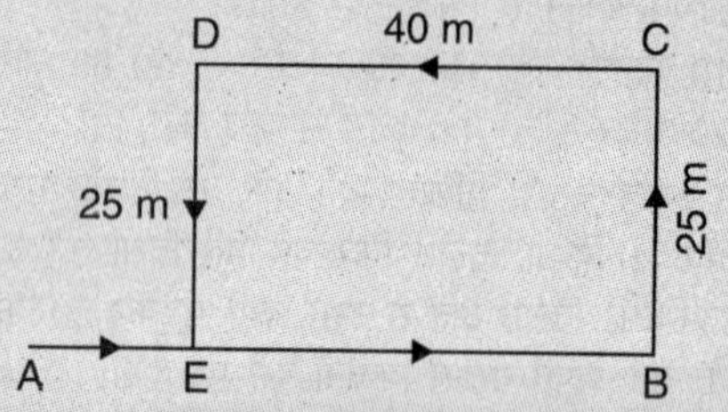

चित्र 8

9. (*b*) : चित्र 9 में कुणाल की गति दिखाई गई है, जोकि इस प्रकार है- (A से B, B से C और C से D)

AC = (AB – BC) = (10 – 6) किमी. = 4 किमी.

D, A के उत्तर-पूर्व में है।

∴ प्रारंभिक स्थान A से कुणाल की दूरी

= AD = $\sqrt{AC^2 + CD^2}$ = $\sqrt{4^2 + 3^2}$ = $\sqrt{25}$

= 5 किमी.

अत: कुणाल अपने प्रारंभिक स्थान से 5 किमी. दूर उत्तर-पूर्व दिशा में है।

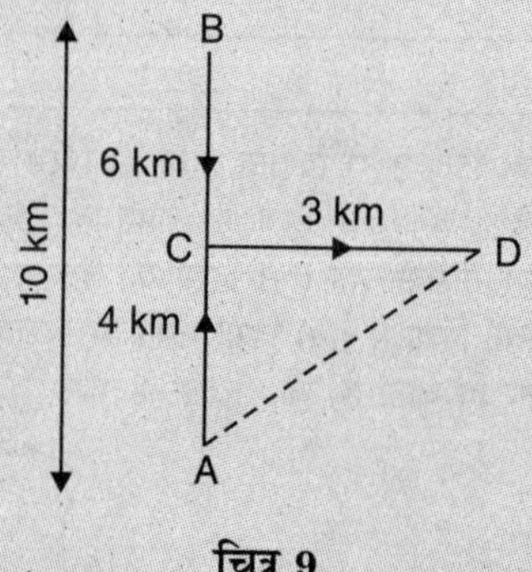

चित्र 9

10. (*a*) : चित्र 10 में रोहन की गति दिखाई गई है, जोकि इस प्रकार है (A से B, B से C, C से D और D से E)

AD = BC = 2 किमी.

अत: अभीष्ट दूरी = AE

= (DE – AD)

= (3 – 2) किमी.

= 1 किमी.

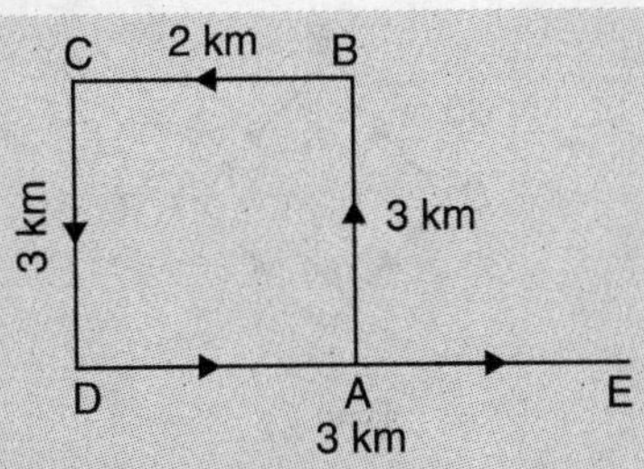

चित्र 10

11. (*e*) : चित्र 11 में मानिक की गति दिखाई गई है, जोकि इस प्रकार है (A से B, B से C और C से D)

ABCD एक समकोण है और इसलिए AD = BC = 20 मी

अत: D, A के पश्चिम में 20 मीटर की दूरी पर है।

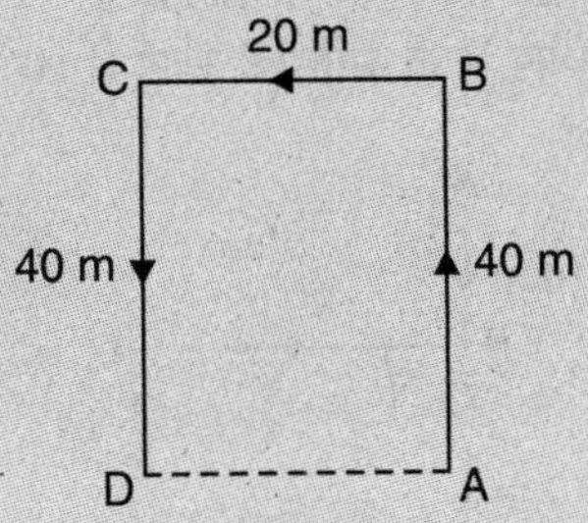

चित्र 11

12. (*b*) : चित्र 12 में नमिता की गति दिखाई गई है, जोकि इस प्रकार है (A से B, B से C, C से D और D से E).

नमिता की अपने प्रारंभिक स्थान से दूरी = AE = (AB + BE)

= (AB + CD) = (14 + 10) मी = 24 मी

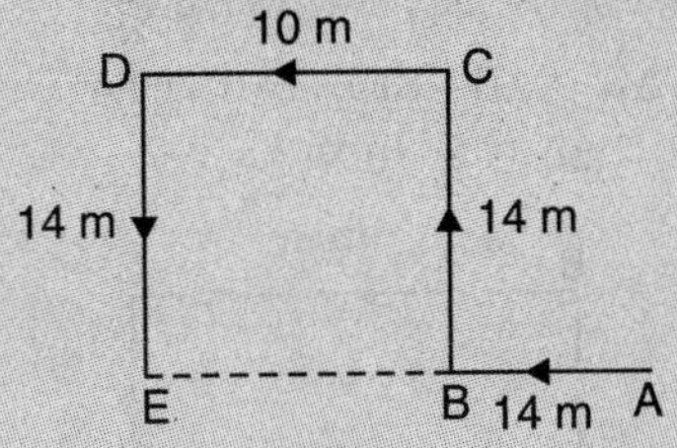

चित्र 12

13. (*b*) : चित्र 13 में A से F तक व्यक्ति की गति दिखाई गयी है।

स्पष्टत: DC = AB + EF

∴ F और A सामान रेखा में है।

इसी के साथ, AF = (BC − DE) = 5 मी

अत: व्यक्ति अपने प्रारंभिक स्थान से 5 मीटर दूर है।

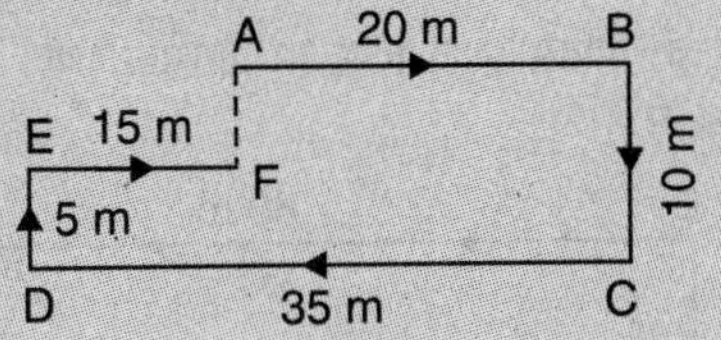

चित्र 13

14. (*c*) : राधा की गतिचित्र 14 में दिखाई गयी है।

स्पष्टत: प्रारंभिक स्थान से राधा की दूरी O = OD = (OC − CD)

= (AB − CD)

= (14 − 4) मी

= 10 मी

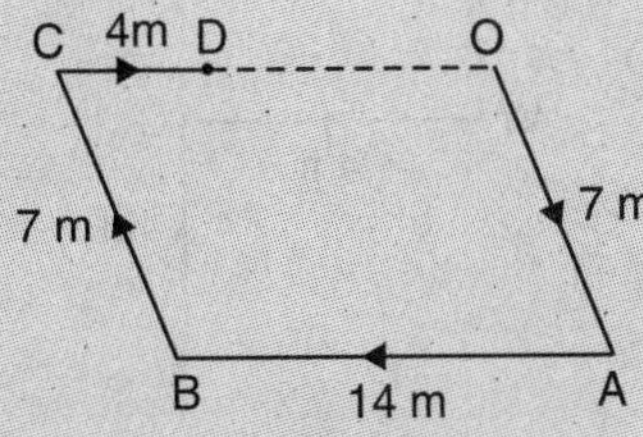

चित्र 14

15. (*a*) : चित्र 15 में A से G तक गोपाल की गति दिखाई गयी है।

स्पष्टत: गोपाल दिशा FG अर्थात, उत्तर की ओर चल रहा है।

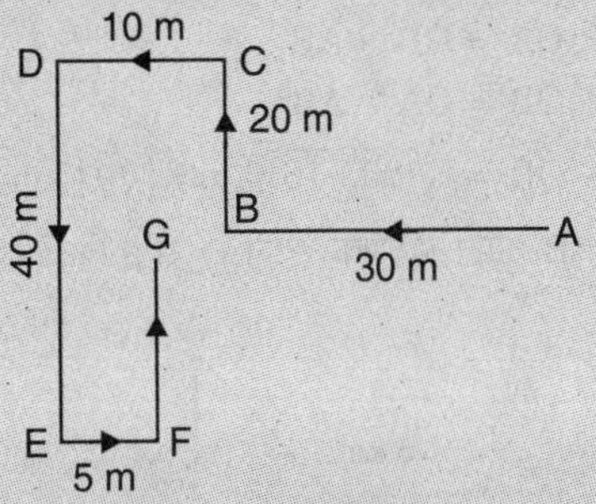

चित्र 15

16. (*c*) : चित्र 16 में A से G तक चूहे की गति दिखाई गयी है।

स्पष्टत: वह दिशा FG अर्थात, उत्तर में जा रहा है।

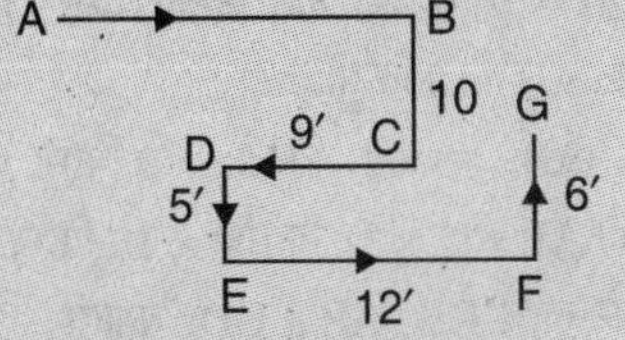

चित्र 16

17. (*c*) : चित्र 17 में अमित की गति दिखाई गई है, जोकि इस प्रकार है (P से Q, Q से R और R से S)

उसका अंतिम स्थान S है जो प्रारंभिक स्थान P के दक्षिण-पूर्व में है।

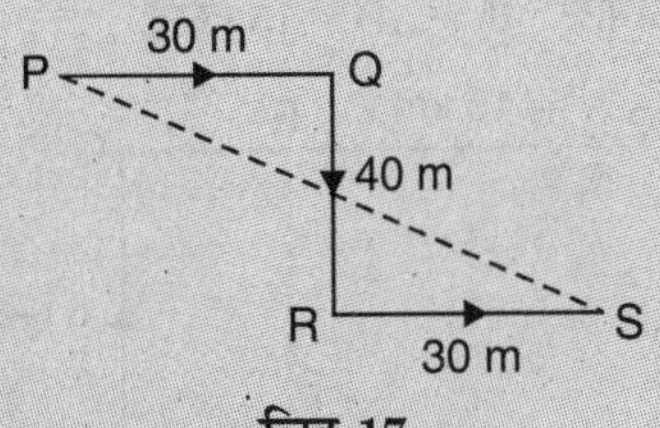

चित्र 17

18. (*d*) : चित्र 18 में T से R तक माया की गति दिखाई गई है ।

∴ T और R के बीच दूरी = TR = TU = UR

= TU + PW + QV

= (4 + 3 + 1) फुट

= 8 फुट

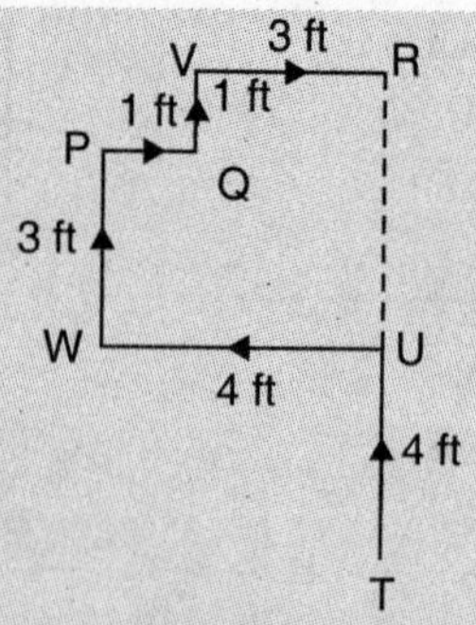

चित्र 18

19. (*b*) : गांव वाला अपने गांव O से, अपने चाचा के गांव A तक और उसके बाद अपने ससुर के गांव B में जाता है। (चित्र. 19)

स्पष्टत: ΔOBA, B पर समकोण है।

अत: $OA^2 = OB^2 + AB^2$

$\Rightarrow \; OB^2 = OA^2 - AB^2$

$\Rightarrow \; OB = \sqrt{(25-16)}$ km $= (\sqrt{9})$ km $= 3$ किमी.

अत: B अपने प्रारंभिक स्थान O से 3 किमी. दूर पूर्व में है।

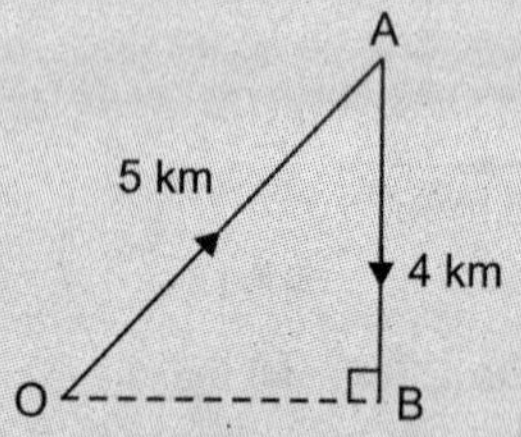

चित्र. 19

20. (*b*) : चित्र 20 में व्यक्ति की गति दिखाई गयी है।

स्पष्टत: AB = 3 किमी.,

BC = 3AB = (3 × 3) किमी. = 9 किमी.,

CD = 5AB = (5 × 3) किमी. = 15 किमी.

AE पर लम्ब CD, $AE \perp CD$. बनाएं।

अत: CE = AB = 3 किमी. और AE = BC = 9 किमी.

DE = (CD − CE) = (15 − 3) किमी. = 12 किमी.

ΔAED में $AD^2 = AE^2 + DE^2$

$\Rightarrow AD = (\sqrt{9^2 + (12)^2})$ km $= \sqrt{225}$ km $= 15$ km.

$\therefore$ अभीष्ट दूरी = AD = 15 किमी.

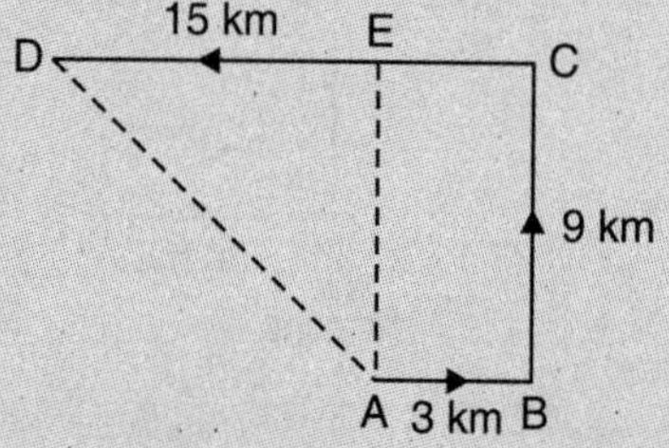

चित्र 20

21. (*a*) : चित्र 21 में लड़की की गति दिखाई गई है, जोकि इस प्रकार है (A से B, B से C, C से D, D से A)

स्पष्टत: वह DA दिशा अर्थात उत्तर-पूर्व में आगे बढ़ रही है।

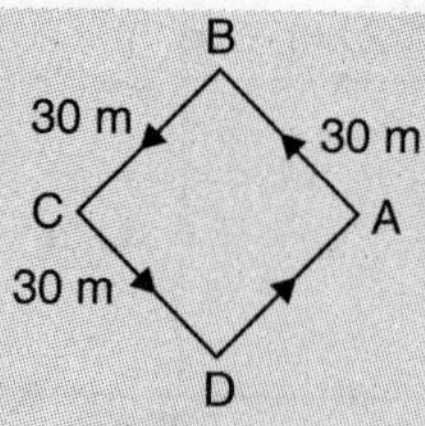

चित्र 21

22. (*b*) : चित्र 22 में A से F तक संजीव की गति दिखाई गयी है ।

प्रारम्भिक स्थान A से संजीव की दूरी

A = AF = (AB + BF)

= AB + (BE − EF) = AB + (CD − EF)

= [10 + (20 − 10)] मी = (10 + 10)मी = 20 मी

साथ ही F, A के दक्षिण में स्थित है।

अत: संजीव अपने प्रारम्भिक स्थान से 20 मीटर दूर दक्षिण में है।

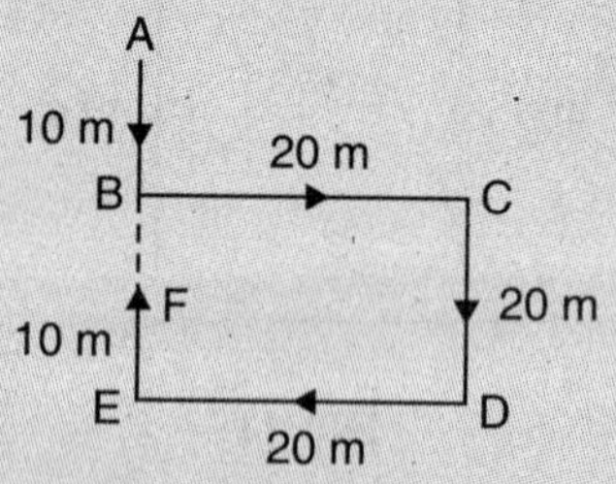

चित्र 22

23. (*b*) : चित्र 23 में कशिश की गति दिखाई गई है, जोकि इस प्रकार है (A से B, B से C, C से D, D से E)

$\therefore$ कशिश की अपने मूल स्थान से दूरी

A = AE = (AB − BE) = (AB − CD)

= (30 − 20) मी = 10 मी

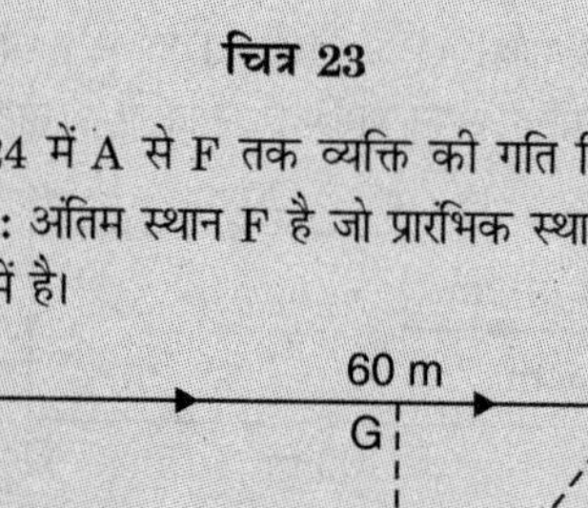

चित्र 23

24. (*d*) : चित्र 24 में A से F तक व्यक्ति की गति दिखाई गई है।

स्पष्टत: अंतिम स्थान F है जो प्रारंभिक स्थान A से उत्तर-पूर्व दिशा में है।

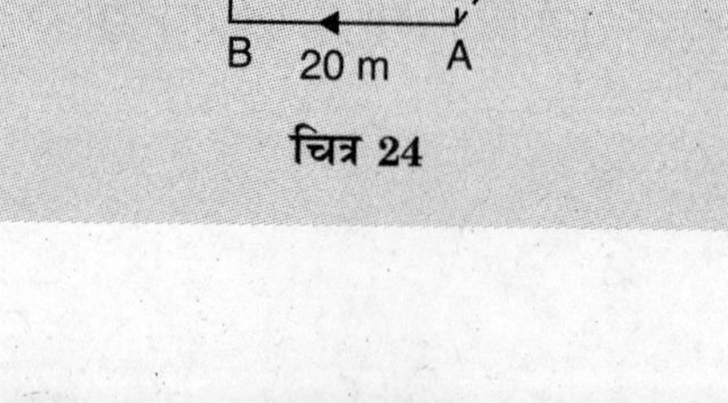

चित्र 24

25. (*e*) : चित्र 25 में व्यक्ति की गति दिखाई गई हैं।

∴ प्रारंभिक स्थान A से व्यक्ति की दूरी

= AE = (AB + BE) = (AB + CD)

= (30 + 20) मी

= 50 मी

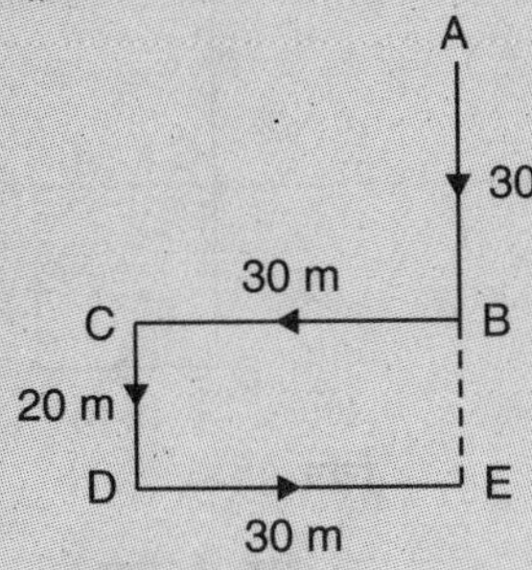

चित्र 25

26. (*a*) : चित्र 26 में रोहित की गति दिखाई गई है।

∴ आरंभ स्थल A से रोहित की दूरी

= AE = (AD + DE) = (BC = DE)

= (20 + 15) मी = 35 मी

साथ ही, E, A के पूर्व दिशा में है।

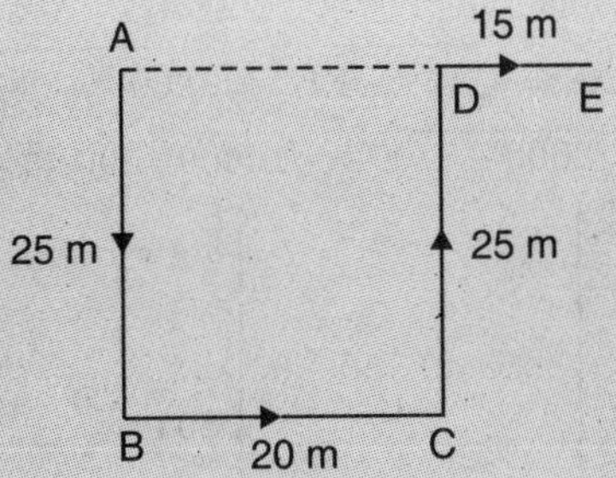

चित्र 26

27. (*c*) : चित्र 27 में सचिन की गति दिखाई गई है, जोकि इस प्रकार है (P से B, B से C, C से D और D से Q)

P से Q की दूरी

= PQ = DQ – PD) = (DQ – BC)

= (40 – 30) मी = 10 मी

साथ ही, Q, P के पश्चिम दिशा में है।

∴ Q, P के 10 मी पश्चिम में है।

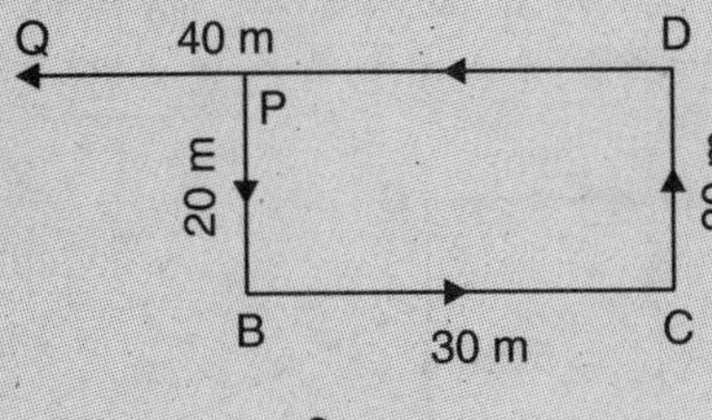

चित्र 27

28. (*d*) : चित्र 28 में रमाकांत की गति दिखाई गई है।

स्पष्टत: वह दिशा DE अर्थात पश्चिम दिशा की ओर चल रहा है।

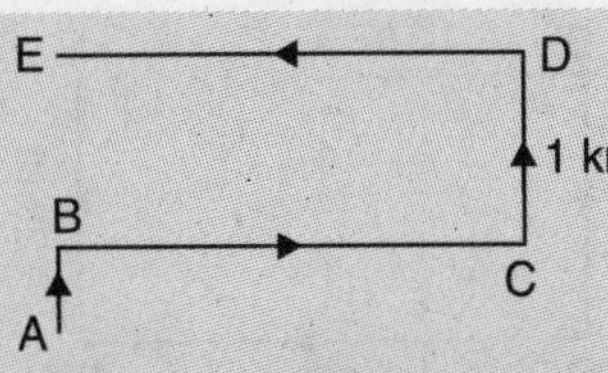

चित्र 28

29. (*c*) : चित्र 29 में व्यक्ति की गति दिखाई गई है, जोकि इस प्रकार है (A से B, B से C, C से D, D से E)

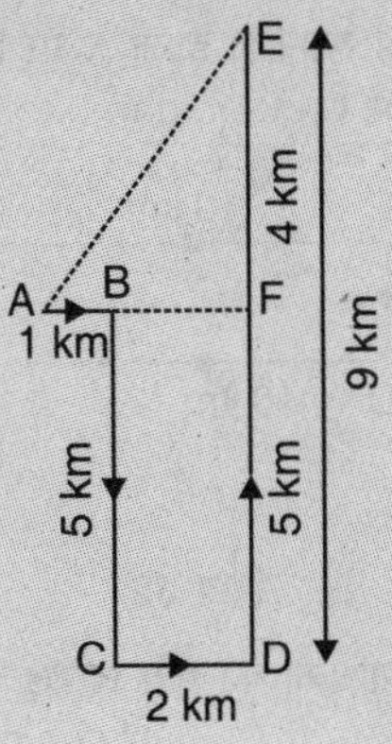

चित्र 29

स्पष्टत: DF = BC = 5 किमी.

EF = (DE – DF) = (9 – 5) किमी. = 4किमी.

BF = CD = 2 किमी.

AF = AB + BF = AB + CD = (1 + 2) किमी. = 3किमी.

∴ प्रारम्भिक स्थान A से व्यक्ति की दूरी

$= AE = \sqrt{AF^2 + EF^2} = \sqrt{3^2 + 4^2} = \sqrt{25}$

= 5 किमी.

30. (*a*) : चित्र 30 में राज की गति दिखाई गई है, जोकि इस प्रकार है (X से Y, Y से A, A से B, B से C)

∴ प्रारम्भिक स्थान से संजीव की दूरी

= XC = (XY – YC) = (XY – BA)

= (80 – 70) मी =10 मी

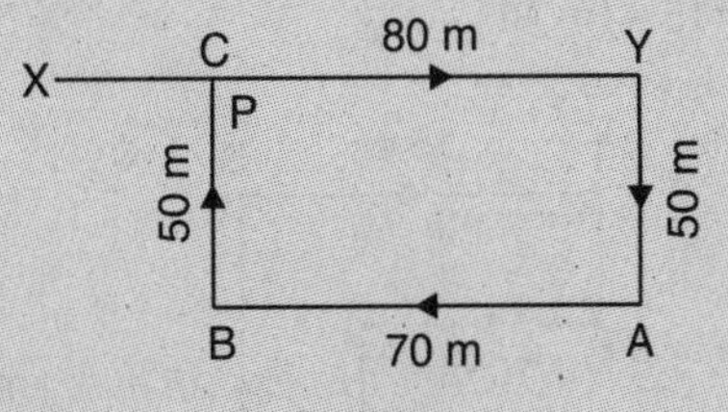

चित्र 30

31. (*b*) : चित्र 31 में लक्ष्मण की गति दिखाई गई है।

∴ बिंदु A पर स्थित घर से लक्ष्मण की दूरी

= AE = (BE – BA)

= (CD – BA)

= (25 – 15) मी =10 मी

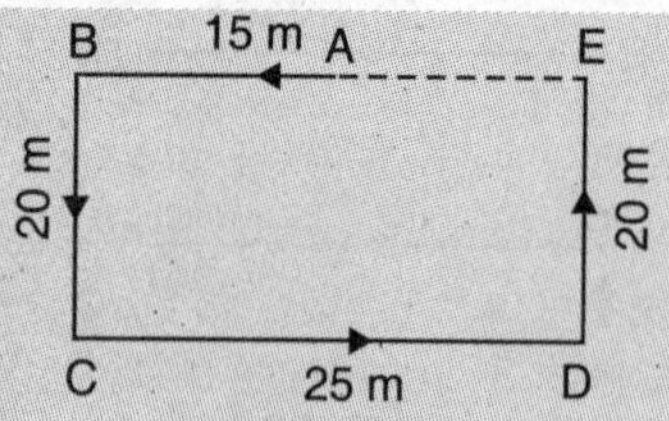

चित्र 31

32. (*c*) : चित्र 32 में लोकेश की गति दिखाई गई है, जोकि इस प्रकार है (A से B, B से C, C से D और D से E)
उसका अंतिम स्थान E है जो A पर स्थित उसके घर से उत्तर दिशा की ओर है।

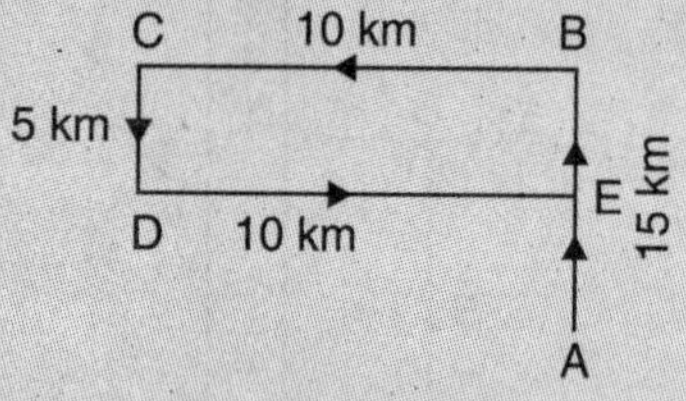

चित्र 32

33. (*a*) : चित्र 33 में राधिका की गति दिखाई गई है, जोकि इस प्रकार है (A से B, B से C, C से D और D से A).
स्पष्टत: वह दिशा DA अर्थात उत्तर-पश्चिम की ओर आगे बढ़ रही है।

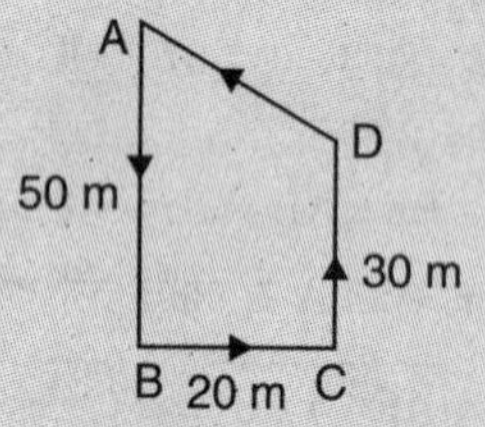

चित्र 33

34. (*a*) : चित्र 34 में A की गति दिखाई गई है, जोकि इस प्रकार है (O से P, P से Q, Q से R, R से S और S से T)
चूंकि TS = OP + QR, अत: T, O के साथ समान रेखा में स्थित है।
∴ प्रारम्भिक स्थान O से A की दूरी
= OT = (RS – PQ)
= (15 – 10) मी
= 5 मी

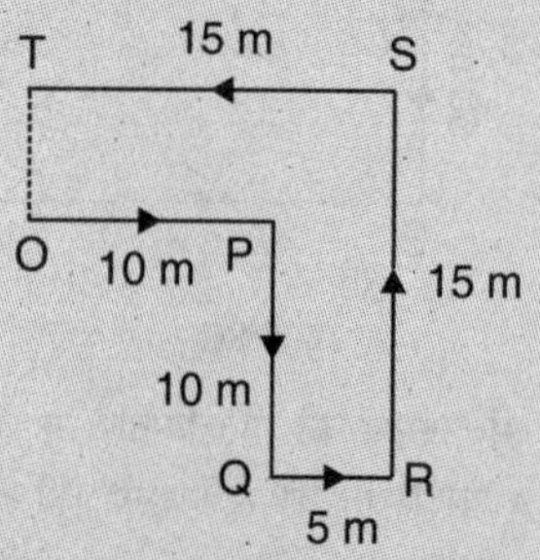

चित्र 34

35. (*d*) : चित्र 35 में A से F तक रसिक की गति दिखाई गई है ।
चूंकि CD = AB + EF, इसलिए F, A के साथ समान रेखा में स्थित है।
∴ मूल स्थान A से रसिक की दूरी
= AF = (AG + GF)
= (BC + DE) = (30 + 15) मी = 45 मी

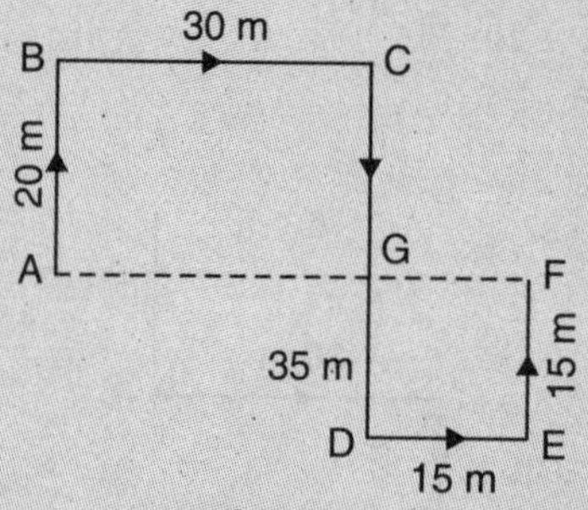

चित्र 35

साथ ही, F, A के पूर्व दिशा में स्थित है।

36. (*b*) : चित्र 36 में A से E तक बच्चे की गति दिखाई गई है ।
स्पष्टत: बच्चा अपने पिता से E पर मिलता है।
अब, AF = (AB – FB)
= (AB – DC) = (90 – 30) मी. = 60 मी.
EF = (DE – DF) = (DE – BC)
= (100 – 20) मी. = 80 मीं.
∴ अभीष्ट दूरी
$= AE = \sqrt{AF^2 + EF^2} = \sqrt{(60)^2 + (80)^2}$ मी.
$= \sqrt{3600 + 6400} = \sqrt{10000} = 100$ मी.

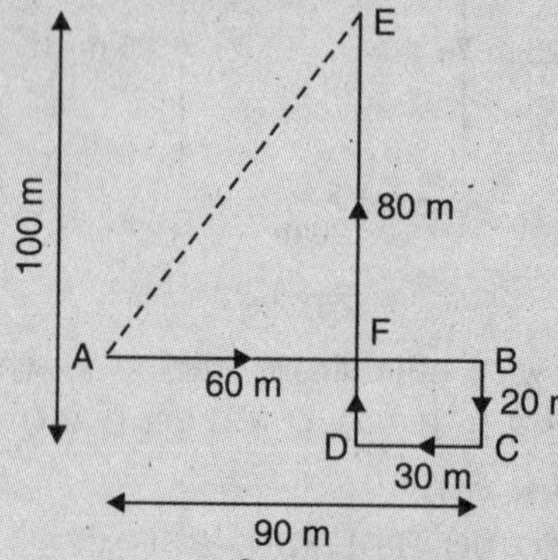

चित्र 36

37. (*d*) : चूंकि आदित्य के घर का मुंह पूर्व की ओर है और वह अपने घर के पीछे से चलना प्रारम्भ करता है, इसका अर्थ है कि वह पश्चिम की ओर चलना प्रारम्भ करता है।
अत: चित्र 37 में आदित्य की की गति दिखाई गई है, जोकि इस प्रकार है (A से B, B से C, C से D)

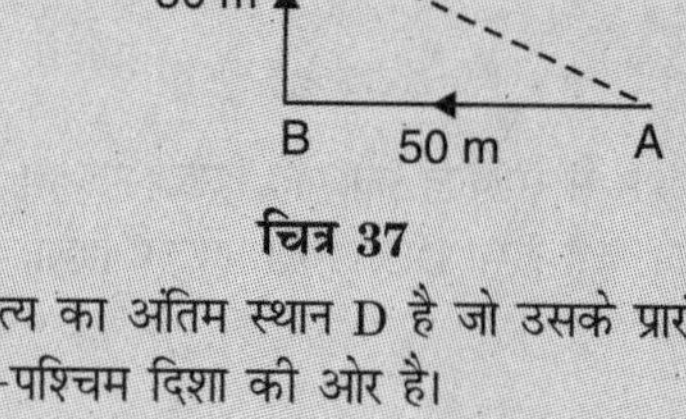

चित्र 37

आदित्य का अंतिम स्थान D है जो उसके प्रारंभिक स्थान। से उत्तर-पश्चिम दिशा की ओर है।

अभ्यास 8B

1. दो बसें 150 किमी. की दूरी पर मुख्य सड़क के विपरीत बिंदुओं से चलती हैं। पहली बस 25 किमी. चलती है और दायां मोड़ लेती है और फिर 15 किमी. तक चलती है। यह फिर बायीं ओर मुड़ती है और 25 किमी. चलती है तथा मुख्य सड़क की ओर मुड़कर वापस उसी सड़क पर आ जाती है। इस बीच, कुछ खराबी के कारण, दूसरी बस मुख्य सड़क पर केवल 35 किमी. ही आगे चल पाती है। इस समय पर दोनों बसों के बीच की दूरी कितनी होगी?

(*a*) 65 किमी. (*b*) 75 किमी. (*c*) 80 किमी. (*d*) 85 किमी.

2. X और Y 200 मीटर की दूरी पर स्थित दो स्थानों से एक दूसरे की ओर चलना प्रारम्भ करते हैं। 60 मीटर चलने के बाद, Y बाएं मुड़ता है और 20 मीटर तक जाता है, फिर वह दाएं मुड़ता है और 40 मीटर तक जाता है। फिर वह फिर से दाएं मुड़ता है और उस सड़क पर वापस आ जाता है जिस पर उसने चलना प्रारम्भ किया था। यदि X और Y एक समान गति से चलते हैं, तो अब उनके बीच की दूरी कितनी होगी? **(M.A.T. 1999)**

(*a*) 20 मी (*b*) 30 मी (*c*) 40 मी (*d*) 50 मी

3. यदि A, B के दक्षिण में है और C, B के पूर्व में है, तो A, C की किस दिशा में होगा?

(*a*) उत्तर-पूर्व (*b*) उत्तर-पश्चिम
(*c*) दक्षिण-पूर्व (*d*) दक्षिण-पश्चिम

4. A, B से 40 मीटर दूर दक्षिण-पश्चिम दिशा में है। C, B से 40 मीटर दूर दक्षिण-पूर्व दिशा में है। तो C, A से किस दिशा में होगा?

(*a*) पूर्व (*b*) पश्चिम (*c*) उत्तर-पूर्व (*d*) दक्षिण

5. चार शहर P, Q, R और T हैं। Q, P के दक्षिण-पश्चिम में है, R, Q के पूर्व में और P के दक्षिण-पूर्व में है तथा T, QP के साथ एक रेखा में R के उत्तर दिशा में स्थित है। T, P से किस दिशा में स्थित होगा?

(*a*) दक्षिण-पूर्व (*b*) उत्तर (*c*) उत्तर-पूर्व (*d*) पूर्व

6. एक दूसरे के समीप स्थित पांच गावों P, Q, R, S और T में से P, Q के पश्चिम में स्थित है; R, P के दक्षिण में स्थित है; T, Q के उत्तर में स्थित है और S T, के पूर्व में स्थित है। तो R, S से किस दिशा की ओर स्थित होगा? **(R.B.I. 2002)**

(*a*) उत्तर-पश्चिम (*b*) दक्षिण-पूर्व (*c*) दक्षिण-पश्चिम
(*d*) विवरण अपर्याप्त है (*e*) इनमें से कोई नहीं

7. सामूहिक चर्चा के लिए, P, Q, R, S, T, U, V, W एक गोल मेज के चारों ओर समान दूरी पर इसी क्रम में बैठे हैं। वे घड़ी की सुइयों के चलने की दिशा के क्रम में बैठे हैं। यदि V उत्तर दिशा में बैठता है तो S की स्थिति क्या होगी?

(*a*) पूर्व (*b*) दक्षिण-पूर्व
(*c*) दक्षिण (*d*) दक्षिण-पश्चिम

8. दिए गए चित्र में, P, O से 300 किमी. पूर्व की ओर है और Q, O से 400 किमी. उत्तर की ओर है। R, Q और P के बिल्कुल बीच में है। Q और R के बीच की दूरी क्या होगी?

(*a*) 250 किमी. (*b*) किमी. (*c*) 300 किमी. (*d*) 350 किमी.

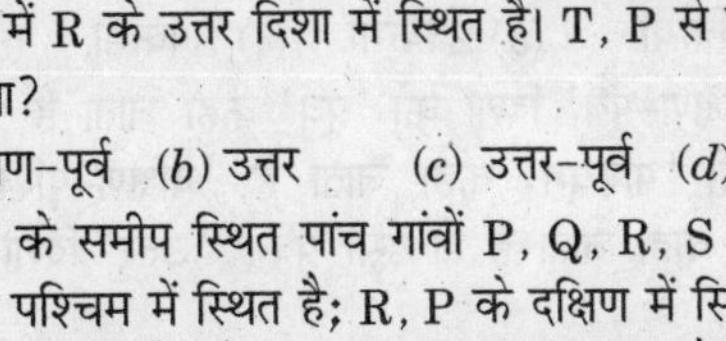

9. रवि विश्वविद्यालय जाना चाहता है। वह अपने घर से, जोकि पूर्व में है, चलना प्रारम्भ करता है और एक क्रॉसिंग पर आता है। बाई ओर की सड़क एक सिनेमाघर पर समाप्त होती है, और क्रॉसिंग पर सीधे आगे जाकर अस्पताल है। विश्वविद्यालय किस दिशा में होगा **(Railways, 1998)**

(*a*) उत्तर (*b*) दक्षिण (*c*) पूर्व (*d*) पश्चिम

10. एक पंक्ति में बैठे पैनल के छह सदस्यों में से, A, D के बाई ओर है, लेकिन E के दाई ओर है। C, X के दाई ओर है लेकिन B के बाई ओर है जो F के बाई ओर है। कौन से दो सदस्य ठीक मध्य में बैठे हैं?

(*a*) A और C (*b*) C और B
(*c*) D और B (*d*) D और C

11. A, B, C और D पत्ते खेल रहे हैं। A और B साथी हैं। D का मुंह उत्तर की ओर है। यदि A का मुंह पश्चिम की ओर है, तो किसका मुंह दक्षिण की ओर होगा?

(*a*) B (*b*) C
(*c*) D (*d*) विवरण अपर्याप्त है

12. P, Q, R और S कैरम खेल रहे हैं। P व R तथा S व Q साथी हैं। S, R के, जिसका मुंह पश्चिम की ओर है, दाई ओर बैठा है। तो Q का मुह किस ओर होगा?

(*a*) उत्तर (*b*) दक्षिण (*c*) पूर्व (*d*) पश्चिम

13. परांडा शहर ग्रीन लेक पर स्थित है। अकरम शहर परांडा के पश्चिम में है। टोखाडा, अकरम के पूर्व में है लेकिन परांडा के पश्चिम में है। काकरन, बोपरी के पूर्व में है लेकिन टोखाडा और अकरम के पश्चिम में है। यदि ये सभी शहर एक ही जिले में हैं, तो पश्चिम में सबसे दूर स्थित शहर कौन सा होगा?

(*a*) परांडा (*b*) काकरन (*c*) अकरम (*d*) बोपरी

14. एक पंक्ति में पांच लड़के पूर्व की ओर मुंह करके खड़े हैं। दीपक समीर, तुषार और शैलेंद्र के बाईं ओर है। समीर, तुषार और शैलेंद्र, सुशील के बाई ओर हैं। शैलेन्द्र, समीर और तुषार के बीच में खड़ा है। यदि तुषार बाई ओर से चौथा है, तो समीर दायीं ओर से किस स्थान पर होगा?

(*a*) पहले (*b*) दूसरे (*c*) तीसरे
(*d*) चौथे (*e*) पांचवें

15. दो महिलाएं और दो पुरुष पत्ते खेल रहे हैं और एक मेज के उत्तर, पूर्व, दक्षिण और पश्चिम दिशा में बैठे हैं। कोई भी महिला पूर्व की ओर मुंह कर के नहीं बैठी है। एक दूसरे के सामने बैठे लोग समान लिंग के नहीं हैं। एक पुरुष दक्षिण की ओर मुंह कर के बैठा है। तो महिलाएं किन दिशाओं की ओर मुंह करके बैठी होंगी?

(*a*) पूर्व और पश्चिम (*b*) दक्षिण और पूर्व (*c*) उत्तर और पूर्व
(*d*) उत्तर और पश्चिम (*e*) इनमें से कोई नहीं

16. डाकघर स्कूल के पूर्व में है जबकि मेरा घर स्कूल के दक्षिण में है। बाजार डाकघर के उत्तर दिशा में है। यदि डाकघर से बाजार की दूरी, स्कूल से मेरे घर की दूरी के बराबर है, तो मेरे स्कूल से बाजार किस दिशा में होगा? **(M.A.T. 2005)**

(*a*) उत्तर (*b*) पूर्व
(*c*) उत्तर-पूर्व (*d*) दक्षिण-पश्चिम

निर्देश (प्रश्न 17 से 19): नीचे दिए गए निर्देशों को ध्यानपूर्वक पढ़ें और दिए गए प्रश्नों का उत्तर दें: **(M.A.T. 2003)**

A, B, C, D, E, F, G, H और I नौ घर हैं। C, B के 2 किमी. दूर पूर्व में है। A, B के 1 किमी. दूर उत्तर में है और H, A के 2 किमी. दूर दक्षिण में है। G, H के 1 किमी. दूर पश्चिम में है जबकि D, G के 3 किमी. दूर पूर्व में है और F, G के 2 किमी. दूर उत्तर में है। I, B और C के एकदम मध्य में स्थित है जबकि E, H और D के एकदम मध्य में स्थित है।

17. E और G के बीच की दूरी होगी:
(*a*) 1 किमी. (*b*) 1.5 किमी. (*c*) 2 किमी. (*d*) 5 किमी.

18. E और I के बीच की दूरी होगी:
(*a*) 1 किमी. (*b*) 2 किमी. (*c*) 3 किमी. (*d*) 4 किमी.

19. A और F के बीच की दूरी होगी:
(*a*) 1 किमी. (*b*) 1.41 किमी. (*c*) 2 किमी.
(*d*) 3 किमी.

निर्देश ***(प्रश्न 20 से 21): नीचे दिए गए निर्देशों को ध्यानपूर्वक पढ़ें और दिए गए प्रश्नों का उत्तर दें:*** **(NMAT, 2005)**

एक खेल के मैदान में दिनेश, कुणाल, नितिन, अतुल और प्रशांत उत्तर दिशा की ओर नीचे दिए गए वर्णन के अनुसार खड़े हैं।

(*i*) कुणाल, अतुल के दायीं ओर 40 मीटर की दूरी पर खड़ा है।
(*ii*) दिनेश, कुणाल के दक्षिण में 60 मीटर की दूरी पर खड़ा है।
(*iii*) नितिन, अतुल के पश्चिम में 25 मीटर की दूरी पर खड़ा है।
(*iv*) प्रशांत, दिनेश के उत्तर में 90 मीटर की दूरी पर खड़ा है।

20. कुणाल के बाईं ओर खड़े व्यक्ति की उत्तर-पूर्व दिशा में कौन खड़ा होगा?
(*a*) दिनेश (*b*) नितिन (*c*) अतुल
(*d*) या तो नितिन या दिनेश (*e*) इनमें से कोई नहीं

21. एक लड़का नितिन की ओर से चलना प्रारम्भ करता है, अतुल से मिलता है, उसके बाद कुणाल, दिनेश और फिर प्रशांत से मिलता है। यदि इन सभी से मिलते हुए उसने सीधी दूरी तय की है तो वह कुल कितने मीटर चला होगा?
(*a*) 155 मीटर (*b*) 185 मीटर (*c*) 215 मीटर
(*d*) 245 मीटर (*e*) इनमें से कोई नहीं

निर्देश ***(प्रश्न 22 से 24): नीचे दिए गए निर्देशों को ध्यानपूर्वक पढ़ें और दिए गए प्रश्नों का उत्तर दें:*** **(N.I.F.T. 2003)**

सात गांव A, B, C, D, E, F और G निम्नानुसार स्थित हैं:
E, B के पश्चिम में 2 किमी. की दूरी पर स्थित है।
F, A के उत्तर में 2 किमी. की दूरी पर स्थित है।
C, A के पश्चिम में 1 किमी. की दूरी पर स्थित है।
D, G के दक्षिण में 2 किमी. की दूरी पर स्थित है।
G, C के पूर्व में 2 किमी. की दूरी पर स्थित है।
D, B और E के एकदम मध्य में स्थित है।

22. A किसके मध्य में स्थित होगा?
(*a*) E और C (*b*) E और G (*c*) F और G (*d*) G और C

23. कौन से दो गांव एक दूसरे से सबसे दूर स्थित होंगे?
(*a*) D और C (*b*) F और E (*c*) F और B (*d*) G और E

24. E, F के बीच सीधे मार्ग से न्यूनतम दूरी कितनी होगी?
(*a*) 4 (*b*) $\sqrt{20}$ (*c*) 5 (*d*) $\sqrt{26}$

25. लोकेश के स्कूल की बस जब उसके स्कूल पहुंचती है तो वह उत्तर दिशा की ओर गति कर रही होती है। लोकेश के घर से चलने के बाद और स्कूल पहुंचने से पहले, यह दो बार दाएं और फिर एक बार बाएं मुड़ती है। लोकेश के घर से चलते समय बस किस दिशा की ओर गतिमान रही होगी?
(*a*) उत्तर (*b*) दक्षिण (*c*) पूर्व
(*d*) पश्चिम (*e*) इनमें से कोई नहीं

26. मैं अपने घर से निकलता हूं और 2 किमी. दूर सीधा जाता हूं। फिर, मैं अपने दाहिनी ओर मुड़ता हूं और 1 किमी. दूर जाता हूं। मैं फिर से अपने दाहिनी ओर मुड़ता हूं और फिर 1 किमी. दूर जाता हूं। यदि अब मैं अपने घर से उत्तर-पश्चिम दिशा में हूं, तो मैं प्रारम्भ में किस दिशा में गया था? **(I.I.T.T.M. 2005)**
(*a*) उत्तर (*b*) दक्षिण (*c*) पूर्व
(*d*) पश्चिम (*e*) दक्षिण-पूर्व

27. 6 किमी. चलने के बाद, मैं दायीं ओर मुड़ गया और 2 किमी. की दूरी तय की, फिर बाएं मुड़ गया और 10 किमी. की दूरी तय की। अंत में मैं उत्तर दिशा की ओर चल रहा था। मैंने किस दिशा से अपनी यात्रा प्रारम्भ की होगी?
(*a*) उत्तर (*b*) दक्षिण (*c*) पूर्व (*d*) पश्चिम

28. एक डाकिया अपने सामने उत्तर दिशा में स्थित डाकघर की ओर लौट रहा था। जब डाकघर उससे 100 मीटर की दूरी पर था, तो वह शांतिविला में अंतिम पत्र देने के लिए बायीं ओर मुड़ गया और 50 मीटर तक चला। पत्र देकर वह उसी दिशा में 40 मीटर आगे चला, फिर अपने दाहिनी ओर मुड़ा और 100 मीटर चला। वह डाकघर से कितने मीटर की दूरी पर था?
(*a*) 0 (*b*) 90 (*c*) 150
(*d*) 100 (*e*) इनमें से कोई नहीं

29. एक लड़का अपनी साइकिल चलाते हुए उत्तर दिशा की ओर गया, फिर बाएं मुड़ा और एक किमी. तक साइकिल चलाई। वह फिर से बाएं मुड़ा और 2 किमी. तक साइकिल चलाई। अब वह अपने प्रारंभिक स्थान से एक किमी. की दूरी पर पश्चिम दिशा में था। उसने प्रारंभ में उत्तर दिशा की ओर कितनी दूरी तक साइकिल चलाई होगी?
(*a*) 1 किमी. (*b*) 2 किमी. (*c*) 3 किमी. (*d*) 5 किमी.

30. यदि 'दक्षिण-पूर्व' दिशा को 'पूर्व' कहा जाता है, 'उत्तर-पश्चिम' दिशा को 'पश्चिम' कहा जाता है, 'दक्षिण-पश्चिम' दिशा को 'दक्षिण' कहा जाता है तो इसी प्रकार 'उत्तर' दिशा को क्या कहा जाएगा?
(*a*) पूर्व (*b*) उत्तर-पूर्व (*c*) उत्तर-पश्चिम
(*d*) दक्षिण (*e*) इनमें से कोई भी नहीं

31. यदि दक्षिण-पूर्व, उत्तर बन जाता है, उत्तर-पूर्व, पश्चिम बन जाता है तो इसी प्रकार पश्चिम क्या बन जाएगा? **(SNAP, 2004)**
(*a*) उत्तर-पूर्व (*b*) उत्तर-पश्चिम (*c*) दक्षिण-पूर्व
(*d*) दक्षिण-पश्चिम (*e*) दक्षिण

32. चौराहे पर एक दिशा दिखाने वाला एक संकेतक खम्बा स्थित था। एक दुर्घटना के कारण खम्भा इस तरह से बदल गया कि पूर्व दिशा दिखाने वाले संकेतक ने, दक्षिण दिशा दिखाना प्रारम्भ कर दिया। एक यात्री पश्चिम दिशा समझकर गलत दिशा में चला गया। वास्तव में वह किस दिशा में यात्रा कर रहा होगा? **(M.B.A. 1998)**
(*a*) उत्तर (*b*) दक्षिण (*c*) पूर्व (*d*) पश्चिम

33. एक घड़ी 4.30 बजे का समय दिखा रही है। यदि मिनट की सुई पूर्व दिशा की ओर है, तो घंटे की सुई किस दिशा की ओर होगी? **(M.A.T. 2005)**
(*a*) उत्तर (*b*) उत्तर-पश्चिम (*c*) दक्षिण-पूर्व
(*d*) उत्तर-पूर्व (*e*) इनमें से कोई नहीं

34. एक घड़ी में 3 बजे हैं। यदि मिनट की सुई उत्तर-पूर्व दिशा की ओर है, तो घंटे की सुई किस दिशा की ओर होगी? **(R.R.B. 2004)**

(a) दक्षिण (b) दक्षिण-पश्चिम
(c) उत्तर-पश्चिम (d) दक्षिण-पूर्व

35. एक घड़ी को ऐसे रखा गया कि दोपहर 12 बजे इसकी मिनट की सुई उत्तर-पूर्व की दिशा की ओर होती है। तो दोपहर के 1.30 बजे इसकी घंटे के सुई किस दिशा की ओर होगी? **(M.B.A. 1998)**
(a) उत्तर (b) दक्षिण (c) पूर्व (d) पश्चिम

36. यदि उपरोक्त घड़ी को वामावर्त दिशा में 135 डिग्री के कोण पर घुमा दिया जाता है, तो रात के 8.45 मिनट पर इसकी मिनट की सुई किस दिशा में होगी?
(a) उत्तर (b) दक्षिण (c) पूर्व (d) पश्चिम

निर्देश (प्रश्न 37 से 41): नीचे दिए गए निर्देशों को ध्यानपूर्वक पढ़ें और दिए गए प्रश्नों का उत्तर दें:

(i) एक मंजिल पर दो पंक्तियों में उत्तर और दक्षिण दिशा की ओर मुंह वाले छह फ्लैट P, Q, R, S, T और U को आवंटित किए जाते हैं।
(ii) Q को उत्तर दिशा की ओर मुंह वाला फ्लैट मिलता है जो S के बराबर में नहीं है।
(iii) S और U को परस्पर विकर्णिक तिरछे फ्लैट मिलते हैं।
(iv) U के बराबर में R को एक दक्षिण दिशा की ओर मुंह वाला फ्लैट और T को उत्तर दिशा की ओर मुंह वाला फ्लैट मिलता है।

37. निम्नलिखित में से किन लोगों को दक्षिण दिशा की ओर मुंह वाला फ्लैट मिलेगा?
(a) QTS (b) UPT (c) URP
(d) विवरण अपर्याप्त है (e) इनमें से कोई नहीं

38. किसका फ्लैट Q और S के बीच में होगा?
(a) T (b) U (c) R
(d) P (e) विवरण अपर्याप्त है

39. यदि T और P के फ्लैटों की परस्पर अदला-बदली की जाए, तो किसका फ्लैट U के बराबर में होगा?
(a) P (b) Q (c) R
(d) T (e) इनमें से कोई नहीं

40. SU के अतिरिक्त अन्य किन लोगों के फ्लैट परस्पर विकर्णिक तिरछे हैं?
(a) QP (b) QR (c) PT
(d) TS (e) इनमें से कोई नहीं

41. उपर्युक्त प्रश्नों के उत्तर प्राप्त करने के लिए, निम्नलिखित में से किन कथनों को छोड़ा जा सकता है?
(a) किसी भी कथन को नहीं (b) केवल (i) को
(c) केवल (ii) को (d) केवल (iii) को
(e) इनमें से कोई विकल्प नहीं

42. एक व्यक्ति अपने पैर ऊपर कर के सिर के बल योगा कर रहा है। उसका चेहरा पश्चिम की ओर है। तो उसका बायां हाथ किस दिशा में होगा? **(R.R.B. 2004)**
(a) उत्तर (b) दक्षिण (c) पूर्व (d) पश्चिम

43. एक सुबह सूर्योदय के बाद, गोपाल एक खम्भे की ओर मुंह कर के खड़ा था। खम्भे की परछाई उसके दाहिनी ओर पड़ रही थी। वह किस दिशा की ओर मुंह कर के खड़ा होगा?
(a) दक्षिण (b) पूर्व (c) पश्चिम
(d) विवरण अपर्याप्त है (e) इनमें से कोई नहीं

44. एक सुबह सूर्योदय के बाद, रीता और कविता एक-दूसरे के आमने-सामने खड़े होकर बात कर रही थीं। यदि कविता की परछाई रीता के बिल्कुल दाहिनी ओर पड़ रही थी, तो कविता का मुंह किस दिशा की ओर रहा होगा? **(M.A.T. 2005)**
(a) उत्तर (b) दक्षिण (c) पूर्व
(d) विवरण अपर्याप्त है (e) इनमें से कोई नहीं

45. एक सुबह सूर्योदय के बाद, विक्रम और शैलेश एक लॉन में एक दूसरे की ओर पीठ कर के खड़े थे। विक्रम की परछाई बिल्कुल बाएं हाथ की ओर पड़ रही थी। शैलेश का मुंह किस दिशा की ओर रहा होगा?
(a) पूर्व (b) पश्चिम (c) उत्तर (d) दक्षिण

46. एक शाम सूर्यास्त से पहले, दो दोस्त सुमित और मोहित एक-दूसरे के आमने-सामने खड़े होकर बात कर रहे थे। यदि मोहित की परछाई उसके दाहिनी ओर पड़ रही थी, तो सुमित का मुंह किस दिशा की ओर होगा?
(a) उत्तर (b) दक्षिण (c) पश्चिम
(d) विवरण अपर्याप्त है (e) इनमें से कोई नहीं

47. अनुज ने सूर्य की ओर अपनी पीठ करके चलना प्रारम्भ किया। कुछ समय बाद, वह बायीं ओर मुड़ गया, फिर दायीं ओर मुड़ा और फिर दोबारा बायीं ओर मुड़ा। अब वह किस दिशा में जा रहा होगा?
(a) उत्तर या दक्षिण (b) पूरब या पश्चिम
(c) उत्तर या पश्चिम (d) दक्षिण या पश्चिम

निर्देश (प्रश्न 48 से 52): निम्नलिखित प्रश्न नीचे दिए गए चित्र पर आधारित हैं जो दिखाई गयी चौकोर आकृति के चार कोनों पर खड़े चार व्यक्तियों को दिखाता है।

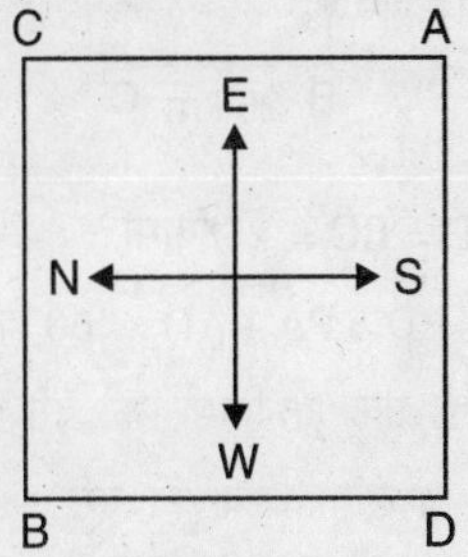

48. A मैदान को तिरछे पार करना प्रारम्भ कर देता है। आधी दूरी चलने के बाद, वह दाएं मुड़ जाता है, कुछ दूर चलकर वह बाएं मुड़ जाता है। A अब किस दिशा की ओर जा रहा होगा?
(a) उत्तर-पूर्व (b) उत्तर-पश्चिम (c) उत्तर
(d) दक्षिण-पूर्व (e) दक्षिण-पश्चिम

49. उपरोक्त चित्र में दिए गए मूल स्थान से, A और B दक्षिणावर्त दिशा में बढ़ते हुए एक भुजा पार करते हैं और उसके बाद अपने परस्पर तिरछे कोने पर पहुँचते हैं; C और D दक्षिणावर्त दिशा में बढ़ते हुए एक भुजा पार करते हैं और उसके बाद अपने परस्पर तिरछे कोने पर पहुँचते हैं। अब मूल आकृति ADBC किसमें बदल गई होगी?
(a) CBDA (b) BDAC (c) DACB
(d) ACBD (e) BCAD

50. अपने मूल स्थान से B और D क्रमशः दक्षिणावर्त दिशा में और वामावर्त दिशा में भुजा की डेढ़ गुना दूरी तक आगे बढ़ते हैं। निम्नलिखित में से कौन सा कथन सत्य है?

(a) B और D दोनों A और C के मध्य बिंदु पर हैं।
(b) D, A और C के मध्य बिंदु पर और B, मूल रुप से C द्वारा अधिकृत बिंदु पर है।
(c) B, A और C के मध्य बिंदु पर और D, मूल रुप से A द्वारा अधिकृत बिंदु पर है।
(d) B और D दोनों A और D के मध्य बिंदु पर हैं।
(e) B, A और C के मध्य बिंदु पर तथा D, B और C के मूल स्थानों के बीच मध्य बिंदु पर हैं।

51. C और A चित्र में दिए गए अपने मूल स्थानों से परस्पर तिरछे कोनों पर और फिर क्रमशः दक्षिणावर्त दिशा में और वामावर्त दिशा में एक भुजा आगे जाते हैं। B और D क्रमशः दक्षिणावर्त दिशा में और वामावर्त दिशा में दो भुजा आगे जाते हैं। अब A किस स्थान पर होगा?
(a) उत्तर-पश्चिम कोने पर
(b) उत्तर-पूर्व कोने पर
(c) दक्षिण-पूर्व कोने पर
(d) दक्षिण-पश्चिम कोने पर
(e) B और D के मूल स्थानों वाली भुजा के मध्य में

52. प्रश्न-51 में दी गई उपरोक्त गतियों के बाद, कौन उत्तर-पश्चिम कोने पर होगा?
(a) A (b) B (c) C
(d) D (e) इनमें से कोई भी नहीं

53. एक वर्गाकार मैदान ABCD, जिसकी एक भुजा 90 मीटर की है इस प्रकार अवस्थित है कि उसका विकर्ण AC उत्तर से दक्षिण की ओर है तथा शीर्ष B, D के पश्चिम में है। रोहन और राहुल B और C शीर्ष से क्रमशः दक्षिणावर्त दिशा में और वामावर्त दिशा में 8 किमी./घंटा और 10 किमी./घंटा की गति से चलना प्रारम्भ करते हैं। वे दूसरी बार एक दूसरे से कहां पर मिलेंगे? **(M.A.T. 2005)**
(a) शीर्ष A से 30 मी की दूरी पर भुजा AD पर
(b) शीर्ष B से 10 मी की दूरी पर भुजा BC पर
(c) शीर्ष D से 30 मी की दूरी पर भुजा AD पर
(d) शीर्ष C से 10 मी की दूरी पर भुजा BC पर

हल-अभ्यास 8(B)

1. (a) : माना X और Y दो बसें हैं।
बस X, PA, AB, BC, CD मार्ग पर चलती है।

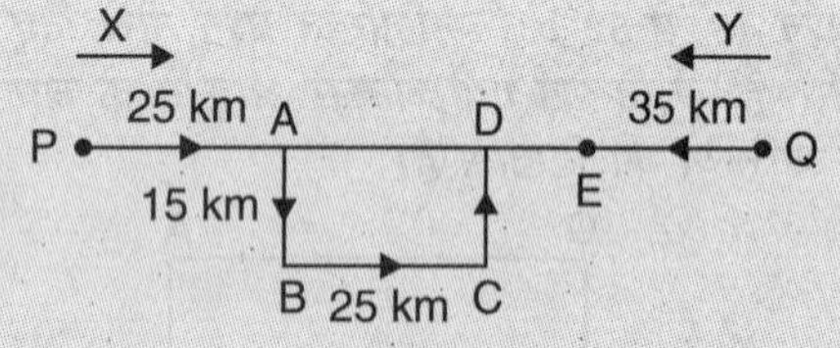

अब, AD = BC = 25 किमी..
इसलिए, PD = PA + AD = 50 किमी..
बस Y, E तक 35 किमी. की दूरी चलती है।
∴ दोनों बसों के बीच की दूरी = PQ – (PD + QE) = [150 – (50 +35)] किमी.. = 65 किमी.

2. (c) : स्पष्टतः Y, Q से A तक 60 मी., फिर B तक 20 मी, C तक 40 मी. और फिर D तक चलता है।

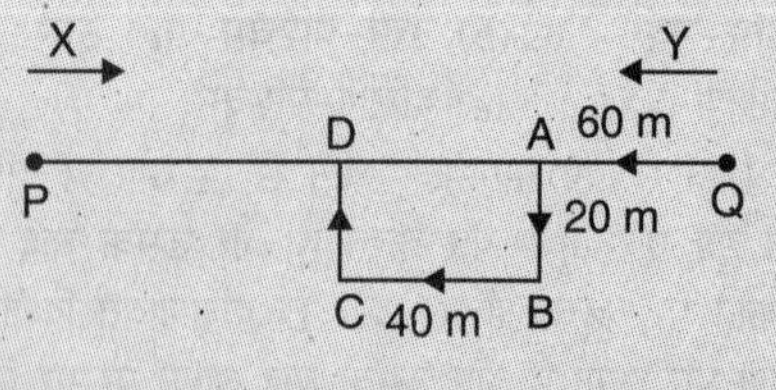

अतः AD = BC = 40 मी.
QD = (60 +40) मी. = 100 मी.
चूंकि X और Y दोनों की गति समान है, अतः X सीधी दिशा में समान गति से उतनी दूरी चलेगा, जितनी कि Y ने समान समय में चली है, अर्थात (60 + 20 + 40 + 20) मी. = 140 मी।
अतः X, बिंदु A तक 140 मी.की दूरी तय करता है।
∴ X और Y के बीच की दूरी = AD = (100 – 60) मी. = 40 मी.

3. (d) : दूसरे चित्र में, C के सापेक्ष A की दिशा की, पहले चित्र के साथ तुलना करने पर स्पष्ट है कि A, C की दक्षिण-पश्चिम दिशा में होगा।

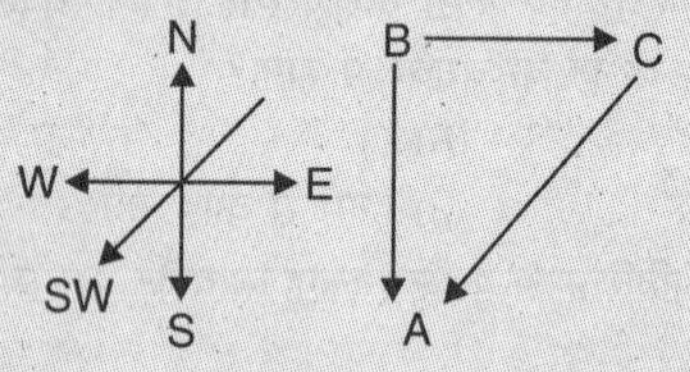

4. (a) : संलग्न चित्र से यह स्पष्ट है कि C, A के पूर्व में स्थित है।

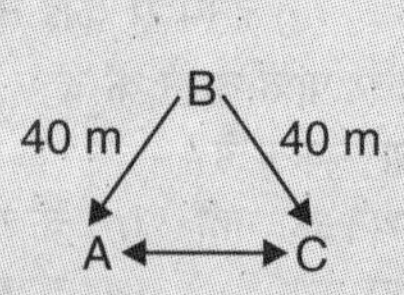

5. (c) : दिए गए निर्देशों के अनुसार शहरों की दिशा इस प्रकार है:

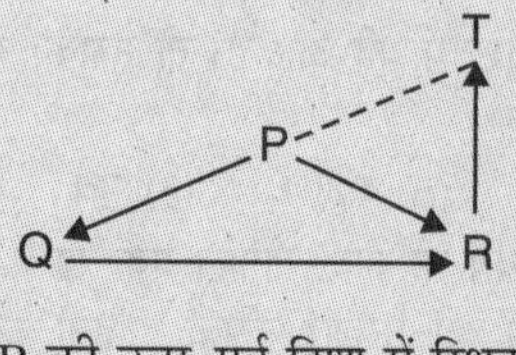

अतः T, P की उत्तर-पूर्व दिशा में स्थित होगा।

6. (c) : दिए गए निर्देशों के अनुसार गांवों की दिशा इस प्रकार है:

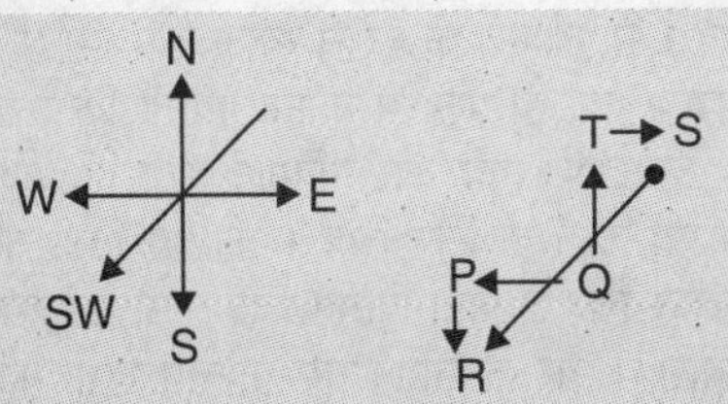

अत: R, S की दक्षिण-पश्चिम दिशा में स्थित है।

7. (*d*) : संलग्न चित्र में बैठने की व्यवस्था का क्रम दर्शाया गया है:

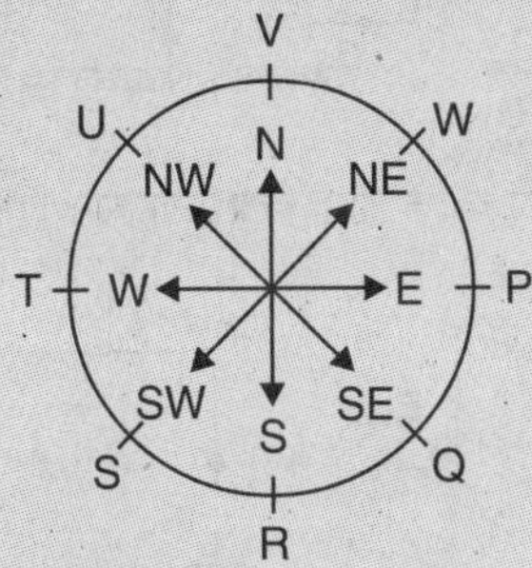

अत: S दक्षिण-पश्चिम दिशा में होगा।

8. (*a*) : स्पष्टत:

$$PQ = \sqrt{OP^2 + OQ^2} = \sqrt{(300)^2 + (400)^2}$$

$$= \sqrt{90000 + 160000} = 500 \text{ किमी.}$$

चूंकि R, PQ का मध्यबिंदु है, अत: $QR = \frac{1}{2} \times PQ$

$= 250$ किमी.

9. (*a*) : पूर्व में अपने घर से प्रारम्भ करते हुए, रवि पश्चिम दिशा की ओर बढ़ता है। तो, सिनेमाघर, जो बाईं ओर है, दक्षिण दिशा में होगा। अस्पताल, जो सीधे आगे जाकर है, वह पश्चिम दिशा में होगा। अत: विश्वविद्यालय उत्तर दिशा में होगा।

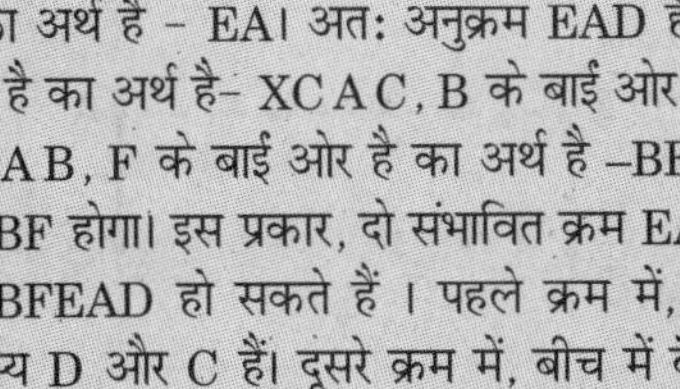

10. (*d*) : A, D के बाईं ओर है का अर्थ है – AD। A, E के दाईं ओर है का अर्थ है – EA। अत: अनुक्रम EAD है। C, X के दाईं ओर है का अर्थ है- XCA C, B के बाईं ओर है का अर्थ है – CBA B, F के बाईं ओर है का अर्थ है –BF। अत: अनुक्रम XCBF होगा। इस प्रकार, दो संभावित क्रम EADXCBF और XCBFEAD हो सकते हैं । पहले क्रम में, बीच में बैठे दो सदस्य D और C हैं। दूसरे क्रम में, बीच में बैठे दो सदस्य B और E हैं। अत: दिए गए विकल्पों के अनुसार उत्तर D और C है।

11. (*b*) : विवरण के अनुसार, D का मुंह उत्तर की ओर है। चूंकि A का मुंह पश्चिम की ओर है, अत: उसके साथी B का मुंह A की ओर अर्थात पूर्व दिशा की ओर होगा। इस प्रकार C, जिसका मुंह D की ओर होगा वह दक्षिण दिशा की ओर मुंह करके बैठा होगा।

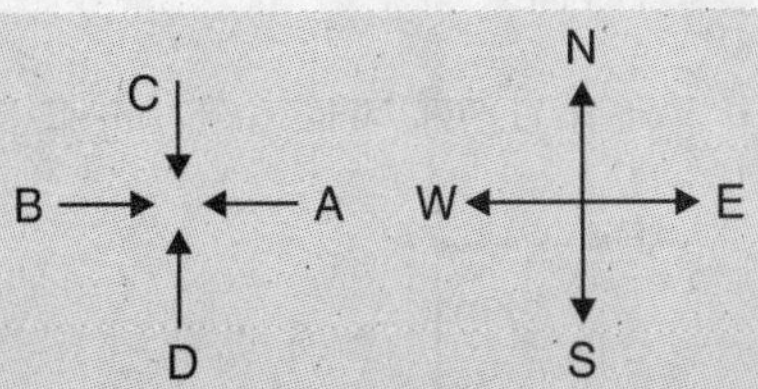

12. (*a*) : दिए गए विवरण के अनुसार, R का मुंह पश्चिम की ओर है। S, R के दाईं ओर है। अत: S का मुंह दक्षिण दिशा की ओर होगा। चूंकि Q, S का साथी है, अत: उसका मुंह उत्तर दिशा की ओर होगा।

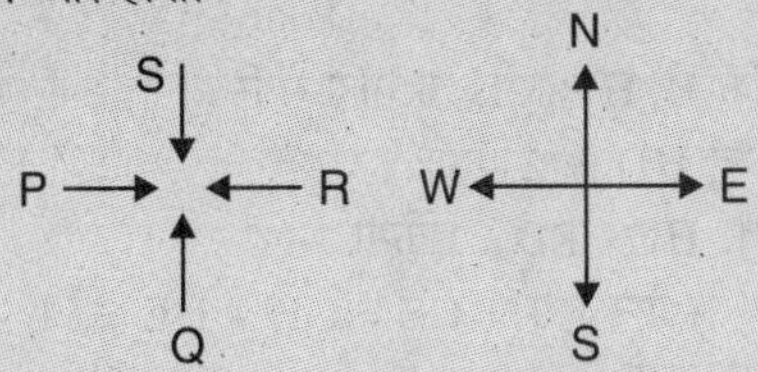

13. (*d*) : अकरम (A) शहर, परांडा (P) शहर के पश्चिम में है जिसका अर्थ है – A, P. टोखाडा (T), अकरम (A) के पूर्व में है लेकिन परांडा के पश्चिम में है जिसका अर्थ है – A, T, P है। काकरान (K), बोपरी (B) के पूर्व में है लेकिन टोखाडा (T) और अकरम (A) के पश्चिम में जिसका अर्थ B, K, A, T है। सभी अनुक्रमों को जोड़कर हमें B, K, A, T, P का एक अनुक्रम मिलता है। जिसके अनुसार सबसे दूर पश्चिम में बोपरी शहर होगा।

14. (*d*) : दीपक (D) समीर (S), तुषार (T) और शैलेंद्र (Sh) के बाईं ओर है जिसका अर्थ है- D, S, T, Sh। समीर, तुषार और शैलेंद्र, सुशील (Su) के बाईं ओर है जिसका अर्थ है- S, T, Sh, Su। शैलेन्द्र, समीर और तुषार के बीच में है जिसका अर्थ है- S, Sh, TA तुषार बाईं ओर से चौथा है जिसका अर्थ □□□ T है। इन सभी अनुक्रमों को जोड़कर बना अनुक्रम है – D, S, Sh, T, Su है। अत: समीर दायीं ओर से चौथे स्थान पर है।

15. (*d*) : कोई भी महिला पूर्व दिशा की ओर मुंह कर के नहीं बैठी है जिसका अर्थ है कि एक पुरुष पूर्व की ओर मुंह कर के बैठा है। एक दूसरे के सामने बैठे लोग समान लिंग के नहीं हैं, अत: एक महिला पश्चिम की ओर मुंह कर के बैठी होगी। दिया है कि एक पुरुष दक्षिण की ओर मुंह कर के बैठा है। तो, उसके सामने बैठी दूसरी महिला का मुंह उत्तर दिशा की ओर होगा।

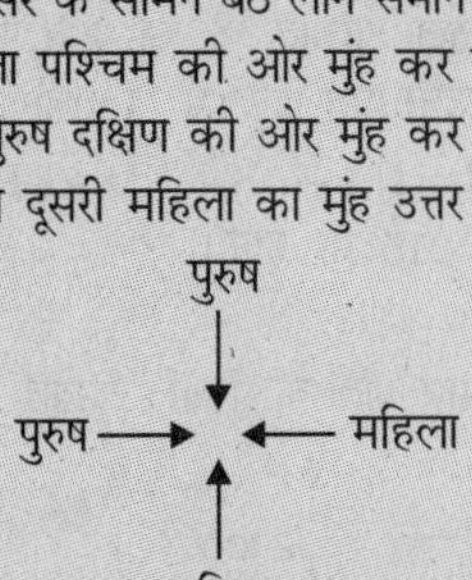

16. (*c*) : चित्र में प्रश्नानुसार विभिन्न स्थानों की स्थिति दिखाई गयी है। स्पष्टत: बाजार स्कूल की उत्तर-पूर्व दिशा में होगा।

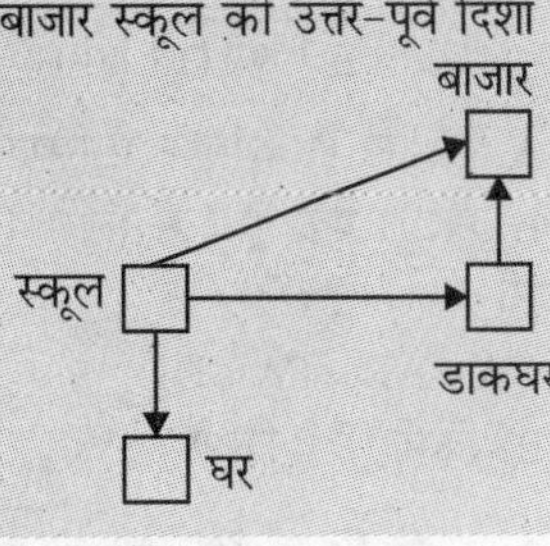

प्रश्न 17 से 19

संलग्न चित्र में प्रश्न में दी गयी जानकारी के अनुसार घरों का स्थान दिखाए गए है।

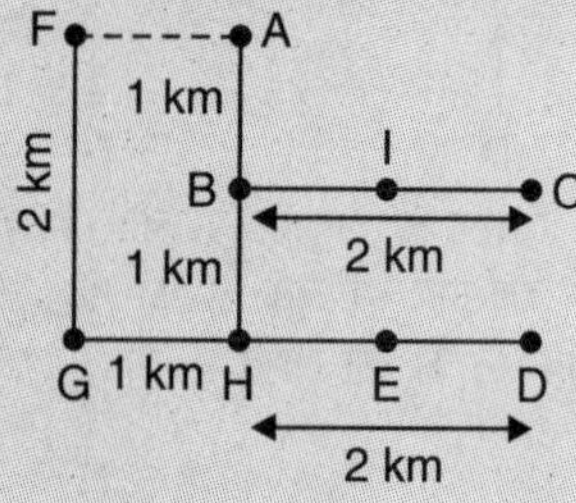

17. (*c*) : चूंकि E, H और D के मध्य में स्थित है, इसलिए HE = ED
किन्तु HD = 2 किमी..
अत: HE = ED = 1किमी..
∴ अभीष्ट दूरी = GE = GH + HE = (1 + 1) किमी. = 2 किमी.

18. (*a*) : I, B और C के बीच में स्थित है, इसलिए BI = IC
किन्तु BC = 2 किमी.
अत: BI = IC = 1 किमी.
अत: I, सीधे E के ऊपर स्थित है।
∴ अभीष्ट दूरी = EI = HB = 1 किमी.

19. (*a*) : चूंकि GF = AH = 2 किमी., अत: F और A समान पंक्ति में स्थित हैं।
∴ अभीष्ट दूरी = AF = GH = 1 किमी. होगी।

प्रश्न 20-21

प्रश्नानुसार लड़कों का क्रम संलग्न चित्र में दिखाया गया है।

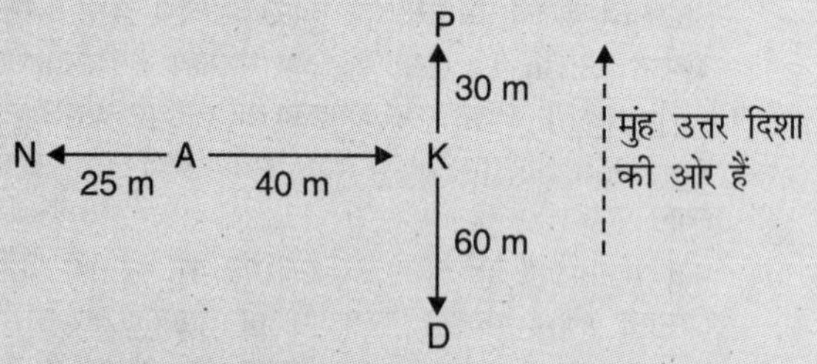

20. (*e*) : स्पष्टत: अतुल, कुणाल के बाईं ओर खड़ा होगा और प्रशांत अतुल की उत्तर-पूर्व दिशा में खड़ा होगा।

21. (*c*) : अभीष्ट दूरी = NA + AK + KD + DP = (25 + 40 + 60 + 90) मी. = 215 मी. होगी।

प्रश्न 22 से 24

संलग्न चित्र में प्रश्नानुसार गांवों की स्थिति दिखाई गयी है।

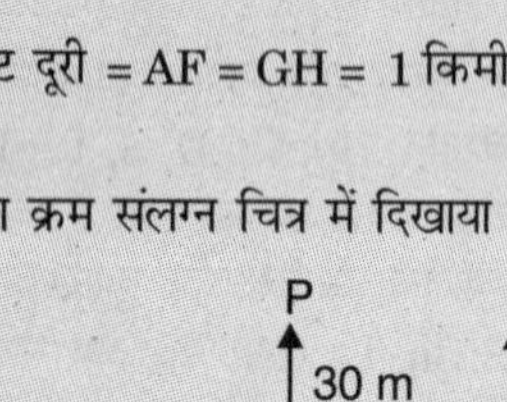

22. (*d*) : स्पष्टत: A, G और C के मध्य में स्थित है।

23. (*c*) : स्पष्टत: F और B एक दूसरे से सबसे दूर स्थित होंगे।

24. (*a*) : अभीष्ट दूरी
= FE = FA + AE = FA + GD
= (2 + 2) किमी. = 4 किमी.

25. (*d*) : चित्र 1 में, लोकेश के घर से स्कूल तक बस के चलने का मार्ग दिखाया गया है। प्रश्न में बताया गया है कि बस स्कूल पहुंचने पर उत्तर दिशा की ओर गतिमान होती है। अत: निर्दिष्ट शर्तों को पूरा करने के लिए चित्र 1 को 90 डिग्री वामावर्त दिशा में घुमाकर चित्र 2 प्राप्त किया। चित्र 2 से यह स्पष्ट होता है कि लोकेश के घर के सामने बस पश्चिम दिशा की ओर होगी।

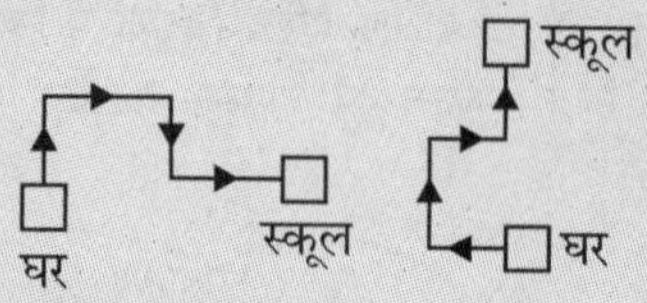

26. (*d*) : चित्र A में व्यक्ति द्वारा चला गया मार्ग दिखाया गया है।

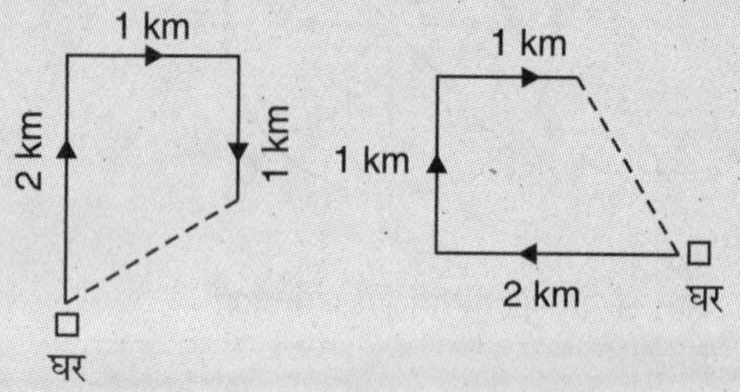

चित्र A चित्र B

चूंकि यह दिया गया है कि व्यक्ति अंत में अपने घर की उत्तर-पश्चिम दिशा में है।

अत: चित्र A को 90 डिग्री वामावर्त दिशा में घुमाकर हम चित्र B प्राप्त करते हैं, जो निर्दिष्ट शर्तों को पूरा करता है।

चित्र B से यह स्पष्ट है कि व्यक्ति के प्रारम्भ में चलने की दिशा पश्चिम थी।

27. (*b*) : संलग्न चित्र में व्यक्ति द्वारा चला गया मार्ग दिखाया गया है। स्पष्टत: व्यक्ति ने दक्षिण दिशा से अपनी यात्रा प्रारम्भ की और उत्तर दिशा की ओर चला गया।

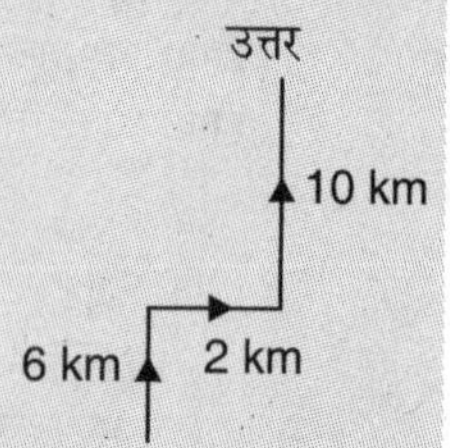

28. (*b*) : संलग्न चित्र में डाकिये द्वारा चला गया मार्ग दिखाया गया है। स्पष्टत:
अंतिम बिंदु पर डाकघर से डाकिये की दूरी = EA = BD
= BC + CD
= (50 + 40) मी.
= 90 मी.

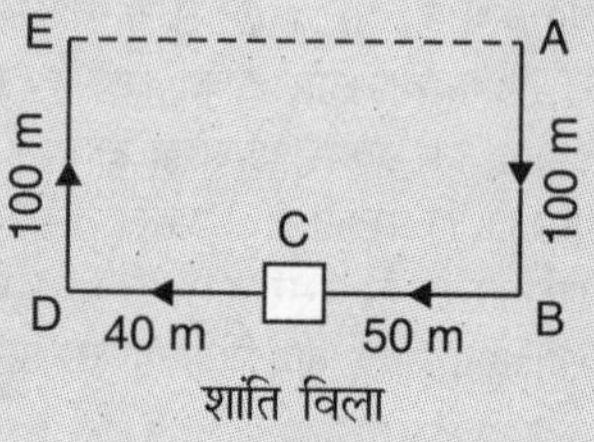

29. (*b*) : स्पष्टत: लड़के ने A से B तक, फिर C और अंत में D तक साइकिल चलाई। चूंकि D, A के पश्चिम में स्थित है, इसलिए अभीष्ट दूरी = AB = CD = 2 किमी.

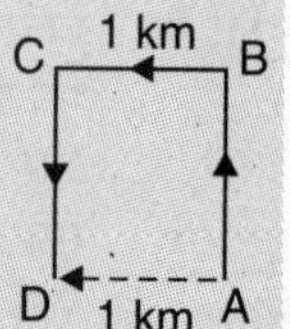

30. (*c*) : चित्र (*i*) में वास्तविक दिशाएं प्रदर्शित की गयी हैं। चित्र (*ii*) में दिए गए विवरण के

अनुसार दिशाएं प्रदर्शित की गयी हैं । इसलिए, (*i*) में उत्तर की दिशा की तुलना (*ii*) के साथ करने पर, उत्तर दिशा को उत्तर-पश्चिम कहा जाएगा।

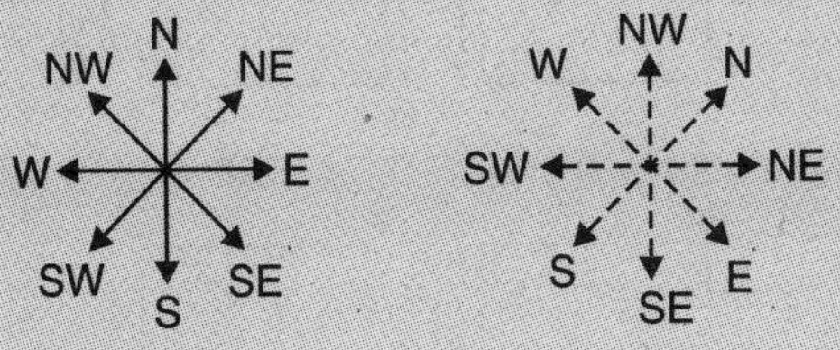

(*i*) (*ii*)

31. (*c*) : संलग्न चित्र की प्रश्न 30 के चित्र (i) से तुलना करने पर स्पष्ट है कि पश्चिम को दक्षिण-पूर्व कहा जाएगा।

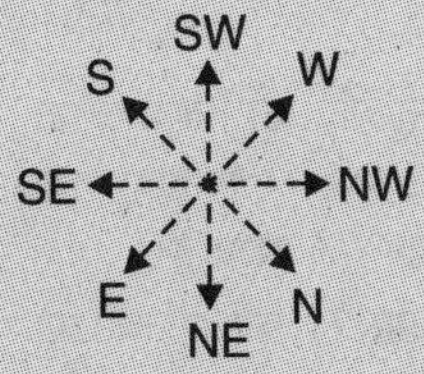

32. (*b*) : दिशाओं की वास्तविक स्थितियां चित्र I में दिखाए अनुसार हैं जबकि संकेतक की बदली हुई स्थितियों को चित्र II द्वारा दिखाया गया है। स्पष्टत: संकेतक द्वारा गलती से (चित्र II) दिखाई गई पश्चिम दिशा वास्तव में दक्षिण दिशा है।

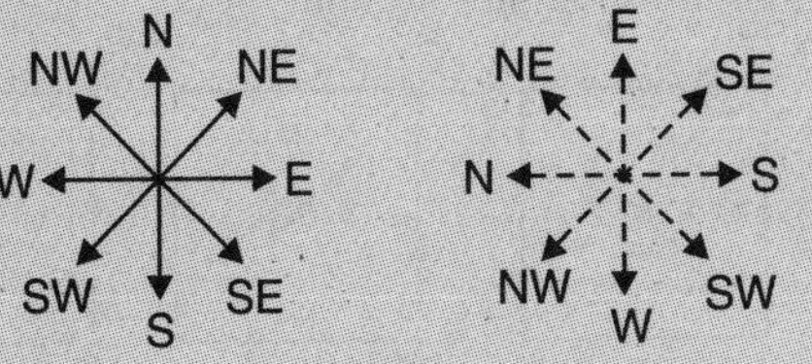

(*i*) (*ii*)

33. (*d*) : 4.30 बजे का समय दिखाने वाली घड़ी की मिनट की सुई और घंटे की सुई की स्थिति चित्र में दिखाए अनुसार होगी। स्पष्टत: यदि मिनट की सुई पूर्व दिशा की ओर है, तो घंटे की सुई उत्तर-पूर्व दिशा में होगी।

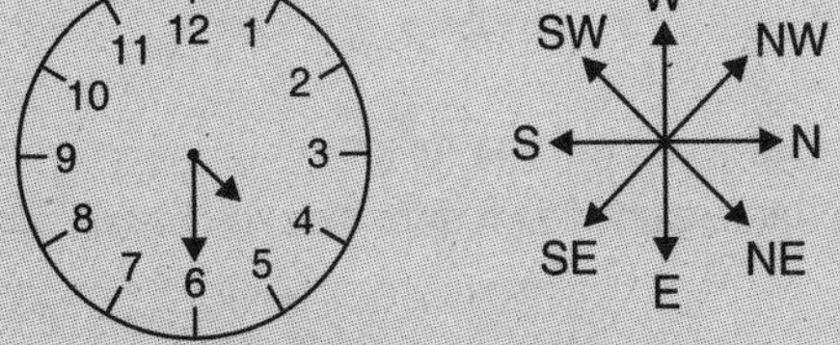

34. (*d*) :

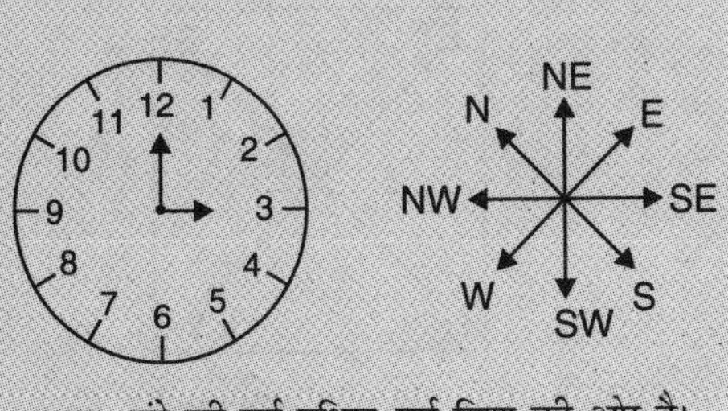

स्पष्टत: घंटे की सुई दक्षिण-पूर्व दिशा की ओर है।

35. (*c*) : दोपहर 12 और 1.30 बजे घड़ी की मिनट और घंटे की सुईयों की स्थितियां चित्र में दिखाई गयी हैं। स्पष्टत: 1.30 बजे घंटे की सुई पूर्व दिशा की ओर होगी।

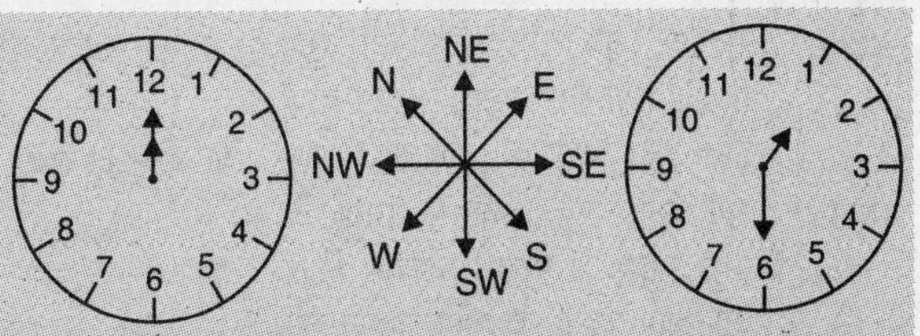

36. (*b*) : उपरोक्त घड़ी को 135 डिग्री के कोण पर वामावर्त दिशा में घुमाने पर घड़ी की स्थिति संलग्न चित्र में दिखाई गयी है। स्पष्टत: मिनट की सुई दक्षिण दिशा में है।

प्रश्न 37 से 41

Q को उत्तर दिशा की ओर का फ्लैट मिलता है जो कि S के बराबर में नहीं है, इसका अर्थ है

S और U को परस्पर विकर्णिक तिरछे फ्लैट मिलते हैं जिसका अर्थ है

U के बराबर में R को दक्षिण दिशा की ओर मुंह वाला फ्लैट मिलता है और T को उत्तर दिशा की ओर मुंह वाला फ्लैट मिलता है जिसका अर्थ है

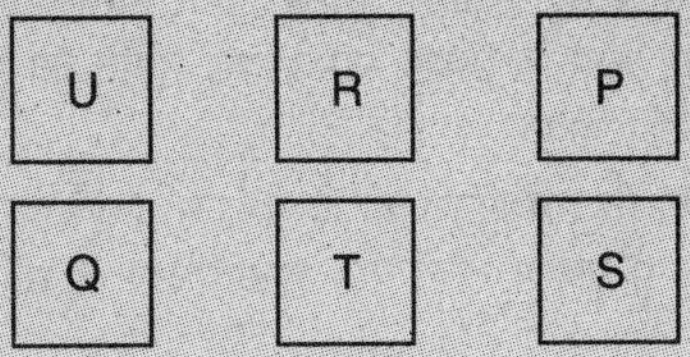

अत: फ्लैट का क्रम इस प्रकार है:

दक्षिण दिशा की ओर मुंह वाले फ्लैट

उत्तर दिशा की ओर मुंह वाले फ्लैट

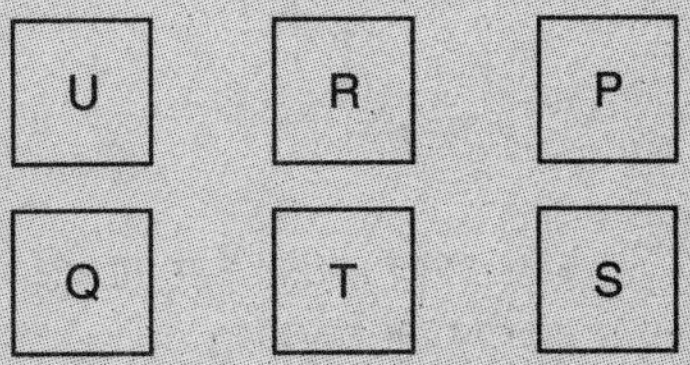

37. (*c*) : दक्षिण दिशा की ओर मुंह वाले फ्लैट U, R, P हैं।

38. (*a*) : T का फ्लैट Q और S के बीच में है।

39. (*c*) : यदि T और P के फ्लैटों की परस्पर अदला-बदली होती है तो U के बराबर वाला फ्लैट, जो कि R का फ्लैट है, उसकी स्थिति में कोई परिवर्तन नहीं होता है।

40. (*a*) : परस्पर विकर्णिक तिरछे फ्लैट SU और QP हैं।

41. (*a*) : दिए गए प्रश्नों के उत्तर देने के लिए सभी कथन आवश्यक हैं।

42. (*a*) : संलग्न चित्र में व्यक्ति की मुद्रा दिखाई गयी है। स्पष्टत: उसका बायां हाथ उत्तर दिशा की ओर होगा।

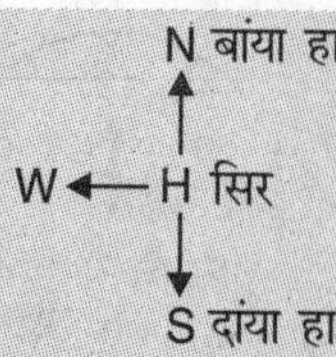

43. (*a*) : सूर्य सुबह पूर्व दिशा में उगता है। अत: सुबह में परछाई पश्चिम दिशा की ओर पड़ती है। चूंकि खम्बे की परछाई दाईं ओर पड़ रही है। अत: वह दक्षिण दिशा की ओर मुंह कर के खड़ा होगा।

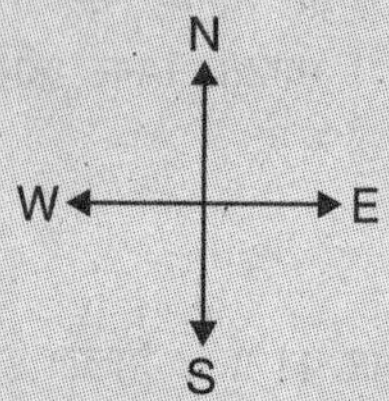

44. (*a*) : सुबह में सूर्य पूर्व दिशा से उगता है, इसलिए सुबह में परछाई पश्चिम दिशा की ओर पड़ती है। कविता की परछाई रीता के दाहिनी ओर पड़ रही है। अत: चित्रानुसार रीता का मुंह दक्षिण दिशा की ओर होगा और कविता का मुंह उत्तर दिशा की ओर होगा।

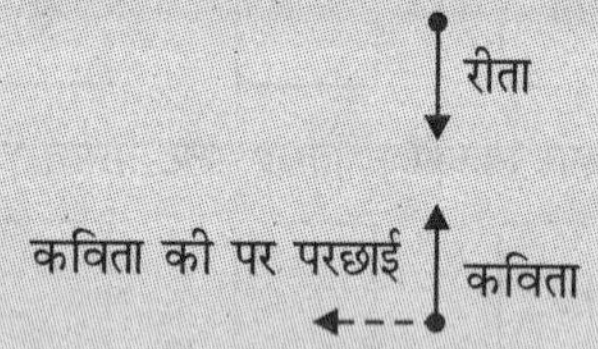

45. (*d*) : चूंकि विक्रम की परछाई बाईं ओर पड़ रही है, इसलिए विक्रम का मुंह उत्तर दिशा की ओर होगा। अत: विक्रम की ओर अपनी पीठ कर के खड़े शैलेश का मुंह दक्षिण दिशा की ओर होगा।

46. (*b*) : शाम को सूर्य पश्चिम दिशा में होता है और इसलिए परछाई पूर्व दिशा में पड़ती है। चूंकि मोहित की परछाई दाईं ओर पड़ रही है, इसलिए मोहित का मुंह उत्तर दिशा की ओर होगा। तथा मोहित के साथ उसके सामने खड़े सुमित का मुंह दक्षिण दिशा की ओर होगा।

47. (*a*) : संलग्न चित्र में अनुज की दो संभावित (पूर्व दिशा से या पश्चिम दिशा से प्रारम्भ करने पर) गतिविधियां दी गयी हैं:

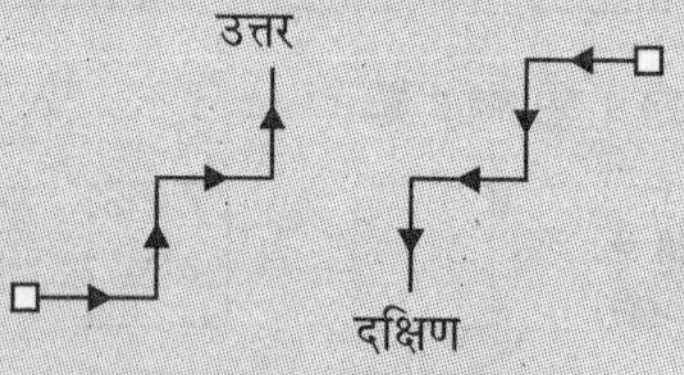

अत: अनुज अंतत: उत्तर या दक्षिण दिशा की ओर जा रहा होगा।

48. (*b*) : चित्र में A द्वारा चला गया मार्ग दिखाया गया है। प्रश्न में दिए गए दिशा–चित्र से इसकी तुलना करने पर, A की दिशा उत्तर–पश्चिम की ओर होगी।

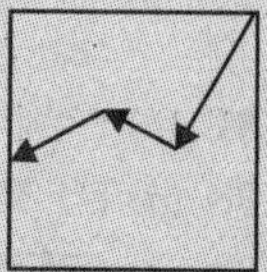

49. (*a*) : स्पष्टत: चित्र (*i*), (*ii*), (*iii*) और (*iv*) क्रमश: A, B, C और D की गति को दिखाते हैं जबकि प्राप्त किए गए नए क्रम को चित्र (*v*) में दिखाया गया है। अत: मूल आकृति CBDA में बदल जाएगी।

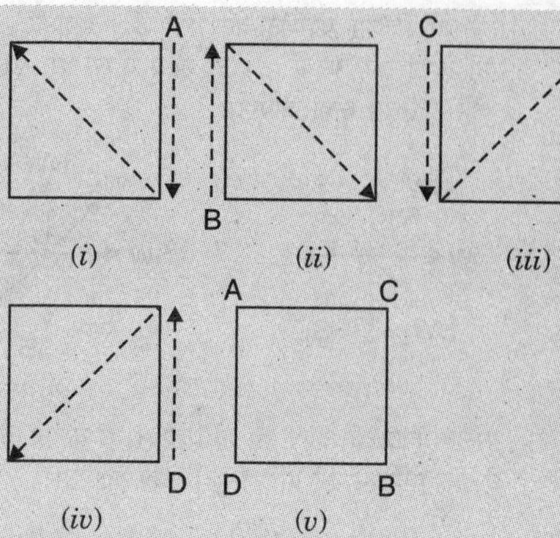

50. (*a*) : B और D की गति को निम्नलिखित चित्र में स्पष्ट रूप से दिखाया गया है। अत: कथन (*a*) सत्य है।

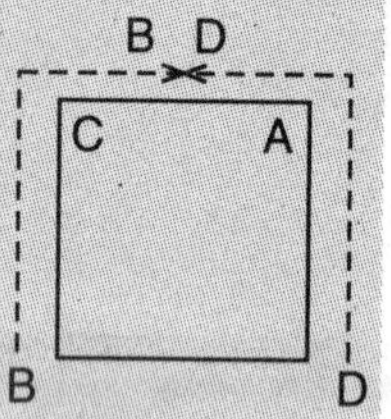

51. (*d*) : A, C, B और D की गतियों को क्रमश: चित्रों (*i*), (*ii*), (*iii*) और (*iv*) में दिखाया गया है।

अंतिम आकृति को (*v*) में दिखाया गया है।

चित्र (*v*) की तुलना दिए गए दिशा–चित्र से करने पर, A दक्षिण–पश्चिम कोने पर होगा।

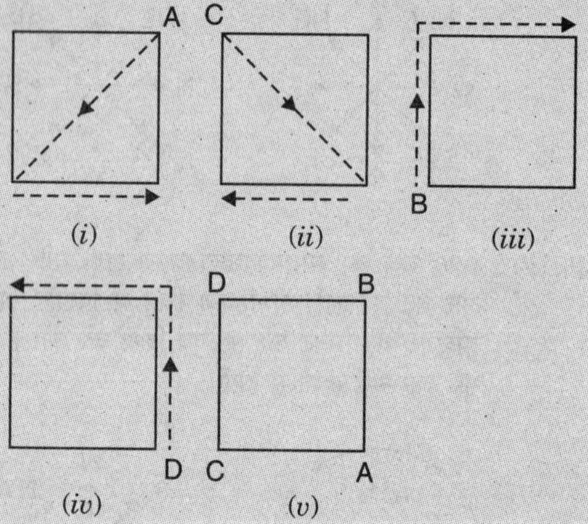

52. (*c*) : C उत्तर–पश्चिम कोने पर होगा।

53. (*d*) : स्पष्टत: संलग्न चित्र में वर्गीय मैदान का अनुक्रम दिखाया गया है।

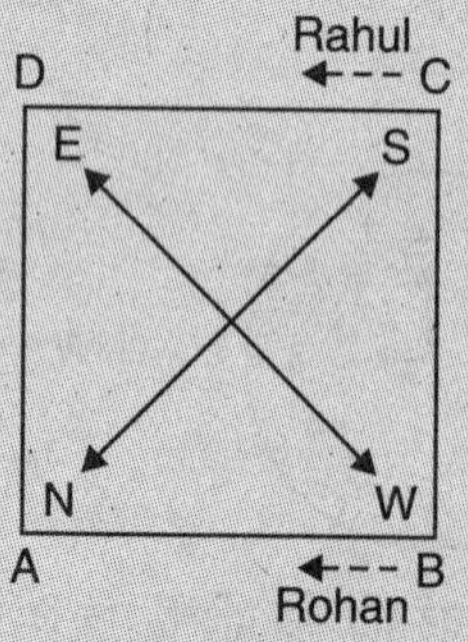

रोहन की गति = 8 किमी./घंटा

$$= \left(\frac{8000}{60 \times 60}\right) \text{ मीटर/सेंकेंड} = \left(\frac{20}{9}\right) \text{ मीटर/सेंकेंड}$$

राहुल की गति = 10 किमी./घंटा

$= \left(\frac{10000}{60 \times 60}\right)$ मीटर/सेकेंड $= \left(\frac{25}{9}\right)$ मीटर/सेकेंड

चूंकि रोहन और राहुल विपरीत दिशाओं में आगे बढ़ रहे हैं, अतः वे एक सेकेंड में मिलकर $\left(\frac{20}{9} + \frac{25}{9}\right) = \frac{45}{9}$ अर्थात या 5 मीटर की दूरी तय करेंगे।

एक बिंदु पर मिलने के लिए, उन्हें एक साथ (CD + DA + AB) अर्थात 270 मी. की दूरी तय करनी होगी।

अब चूंकि 5 मीटर की दूरी 1 सेकेंड में तय की गई है,

अतः 270 मीटर की दूरी $\left(\frac{1}{5} \times 270\right)$ = 54 सेकेंडों में तय की जाएगी।

अब, रोहन द्वारा 54 सेकेंडों में तय की गई दूरी $= \left(\frac{20}{9} \times 54\right)$ मी.

= 120 मी.

राहुल द्वारा 54 सेकेंडों में तय की गई दूरी $= \left(\frac{25}{9} \times 54\right)$ मी.

= 150 मी.

अतः रोहन और राहुल पहली बार भुजा AD पर A से 30 मीटर और D से 60 मीटर की दूरी पर मिलते हैं। अब दोबारा मिलने के लिए, रोहन और राहुल को एक और चक्कर पूरा करना होगा अर्थात एक साथ 360 मीटर की दूरी तय करनी होगी।

चूंकि दोनों द्वारा 1 सेकेंड में 5 मीटर की दूरी तय की गई है। अतः दोनों द्वारा 360 मीटर की दूरी तय की जाएगी = $\left(\frac{1}{5} \times 360\right)$ = 72 सेकेंडों में

अब, 72 सेकेंडों में रोहन द्वारा तय की गई दूरी $= \left(\frac{20}{9} \times 72\right)$ मी.

= 160 मी.

तथा 72 सेकेंडों में राहुल द्वारा तय की गई दूरी $= \left(\frac{25}{9} \times 72\right)$ मी.= 200 मी.

अतः रोहन और राहुल दोबारा भुजा BC पर C से 10 मीटर और B से 80 मीटर की दूरी पर मिलेंगे।

अतिरिक्त प्रश्न हल सहित

अभ्यास

1. कैलाश पूर्व दिशा में 3 किमी. की दूरी तक चलता है तथा दक्षिण की ओर मुड़ता है और 4 किमी. चलता है। फिर से पश्चिम दिशा में मुड़ता है और 6 किमी. चलता है। वह अपने प्रारंभिक स्थान से कितना दूर होगा?

(*a*) 7 किमी. (*b*) 5 किमी. (*c*) 6 किमी. (*d*) 3 किमी.

[SSC-CGL Tier I Exam, 2015]

2. राजू उत्तर दिशा में 25 किमी. की दूरी तक गाड़ी चलाता है फिर बायीं ओर मुड़ता है और 5 किमी. की दूरी तक चलकर बिन्दु 'O' पर पहुंचता है। इसके बाद वह दायें मुड़ता है और 5 किमी. की दूरी तय करता है। इसके बाद वह पूर्व दिशा में मुड़ता है और 5 किमी. तक गाड़ी चलाता है। अपने प्रारंभिक स्थान पर वापस जाने के लिए उसे कितने किलोमीटर की दूरी तय करनी होगी?

(*a*) 30 किमी. (*b*) 20 किमी. (*c*) 25 किमी. (*d*) 35 किमी.

[SSC-CGL Tier I Exam, 2015]

3. सुनीता अपनी स्कूटी चलाकर उत्तर दिशा की ओर गई, फिर बायीं ओर मुड़ी और फिर दोबारा अपने बायीं ओर मुड़कर उसने 4 किमी. तक की दूरी तय की। अब वह अपने प्रारंभिक स्थान से सीधे 2 किमी. दूर पश्चिम में थी। प्रारम्भ में उसने उत्तर दिशा की ओर कितनी दूर तक स्कूटी चलाई होगी?

(*a*) 2 किमी. (*b*) 4 किमी. (*c*) 6 किमी. (*d*) 5 किमी.

[SSC-CGL Tier I Exam, 2015]

4. पिंकी पूर्व दिशा की ओर 600 मी की दूरी तक चलती है, बाएं मुड़ती है और 500 मी आगे बढ़ती है। वह फिर बाएं मुड़कर 600 मी दूर चलती है और एक बार फिर वह बाएं मुड़ती है और 500 मी चलकर रुक जाती है। अब वह अपने प्रारंभिक स्थान से कितनी दूरी (मी. में) पर होगी?

(*a*) 0 (*b*) 600 (*c*) 500 (*d*) 2200

[SSC-CGL Tier I Exam, 2015]

5. प्रताप स्कूल से चलना प्रारम्भ करता है और पूर्व की ओर 7 किमी. तक चलता है। वह बाएं मुड़ता है और 4 किमी. चलता है, फिर दाएं मुड़ता है और 2 किमी. चलता है, फिर से दाएं मुड़ता है और 3 किमी. चलता है। अब वह किस दिशा की ओर चल रहा होगा?

(*a*) दक्षिण (*b*) उत्तर (*c*) पूर्व (*d*) पश्चिम

[SSC-CGL Tier I Exam, 2014]

6. विजय ने दक्षिण दिशा की ओर 12 किमी. की दूरी तय की, फिर दाएं मुड़ा और 10 किमी. की दूरी तय की, फिर दाएं मुड़ा और 12 किमी. की दूरी तय की। अब विजय अपने प्रारंभिक स्थान से कितनी दूरी पर होगा?

(*a*) 22 किमी. (*b*) 44 किमी. (*c*) 12 किमी. (*d*) 10 किमी.

[SSC-CGL Tier I Exam, 2014]

7. राज एक वर्गाकार मैदान के बीचों-बीच खड़ा है। वह उत्तर-पूर्व दिशा में तिरछे चलना प्रारम्भ कर देता है। फिर वह दाएं मुड़ता है और मैदान के बिल्कुल अंत में पहुंच जाता है। अब वह दाएं मुड़ता है और चलना प्रारम्भ कर देता है। बीच रास्ते में, वह फिर से दाएं मुड़ता है और चलना प्रारम्भ कर देता है। आधा रास्ते में, वह अपने बाएं ओर मुड़ता है और एक नए अंतिम बिंदु पर पहुंच जाता है। अब राज किस दिशा में होगा?

(*a*) उत्तर (*b*) दक्षिण
(*c*) उत्तर-पश्चिम (*d*) दक्षिण-पश्चिम

[SSC-CGL Tier I Exam, 2013]

8. एक लड़का सुबह घर से निकलता है और सूर्य के की दिशा में सीधे 8 किमी. तक चलता है। फिर, वह दायीं ओर मुड़ता है और 3 किमी. तक चलता है। फिर वह दोबारा दायीं ओर मुड़ता है और

2 किमी. तक चलता है और फिर बायीं ओर मुड़ता है और 1 किमी. तक चलता है। फिर वह दायीं ओर मुड़कर 1 किमी. की दूरी तय करता है और फिर दायीं ओर मुड़ता है, सीधे 4 किमी. की दूरी तय करता है। अब वह अपने प्रारंभिक स्थान से कितना दूर है?

(*a*) 5 किमी. (*b*) 6 किमी. (*c*) 2 किमी. (*d*) 4 किमी.

[SSC-CGL Tier I Exam, 2013]

हल

1. (*b*) : कैलाश दिए गए चित्र के अनुरूप मार्ग पर चलता है।

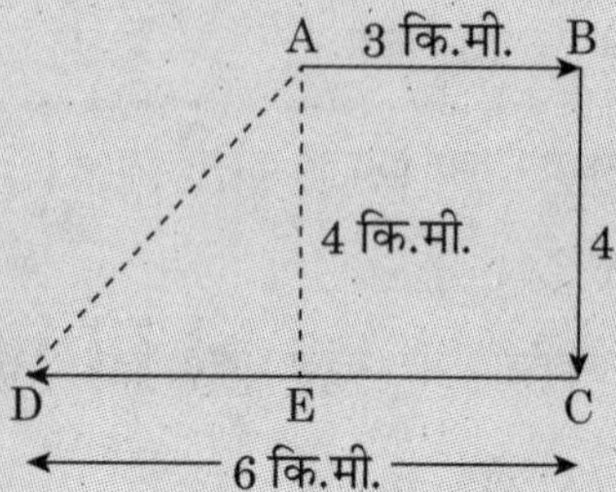

अभीष्ट दूरी $= (AD)^2 = (AE)^2 + (DE)^2$

$= (4)^2 + (3)^2 = 16 + 9 = 25$ किमी.

अत: AD = 5 किमी.

अत: उत्तर (*b*) है।

2. (*a*) :

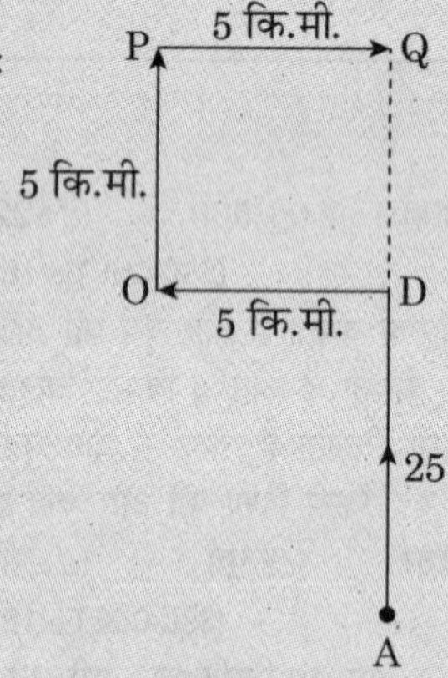

QA = QD + DA = 5 किमी. + 25 किमी. = 30 किमी.

अत: उत्तर (*a*) है।

3. (*b*) :

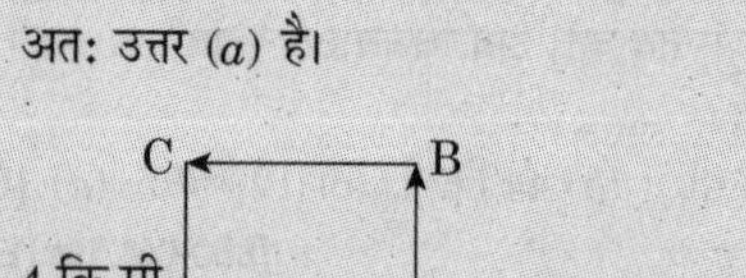

अभीष्ट दूरी = AB = CD = 4 किमी.

अत: उत्तर (*b*) है।

4. (*a*) :

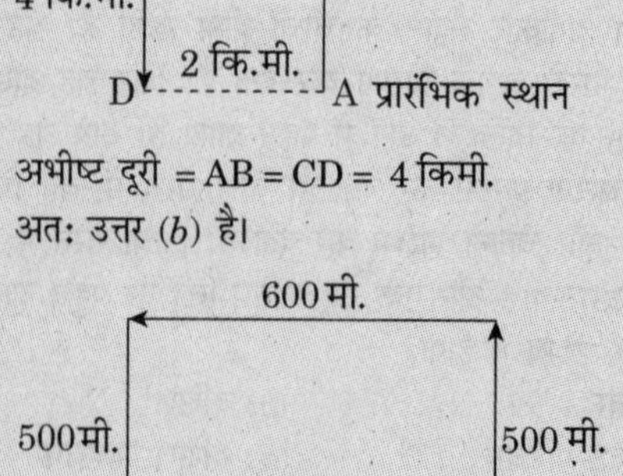

पिंकी प्रारंभिक स्थान से 0 मी. की दूरी पर है।

5. (*a*) :

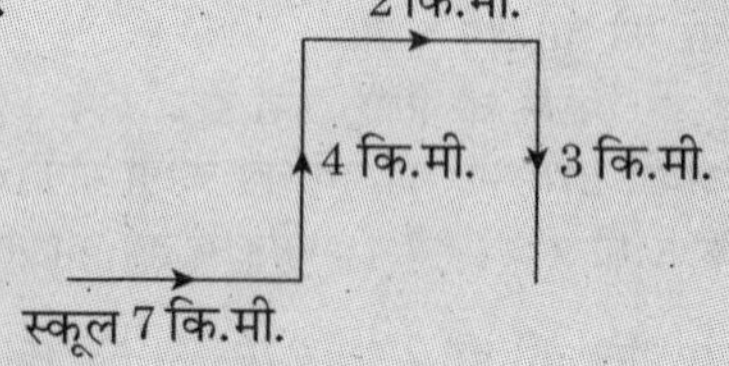

प्रताप अब दक्षिण दिशा की ओर है।

6. (*d*) :

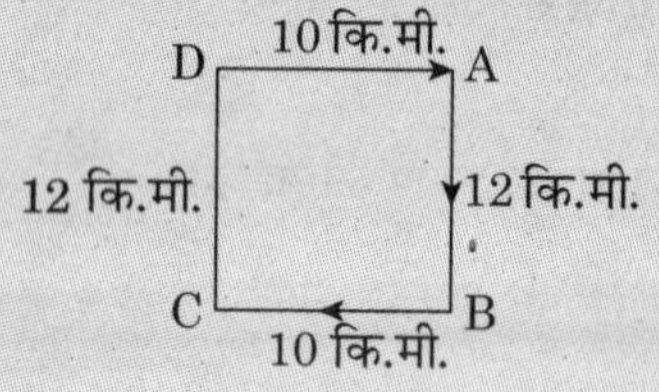

AD = BC = 10 किमी.

7. (*d*) :

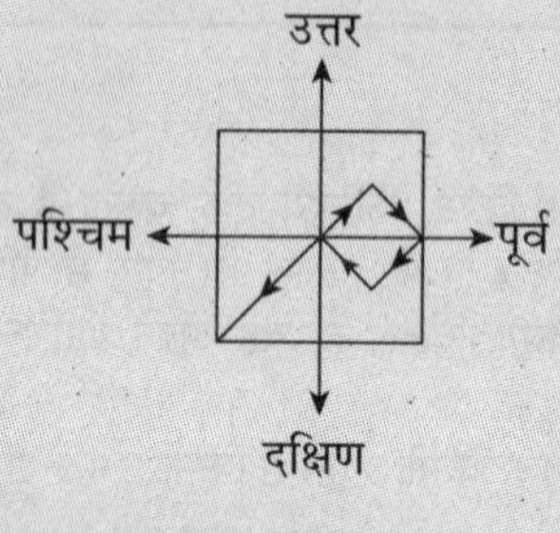

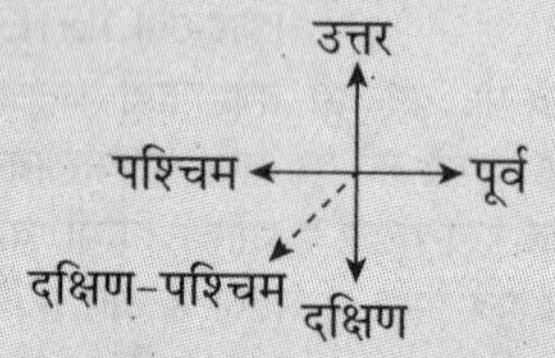

राज दक्षिण-पश्चिम दिशा में है।

8. (*a*) :

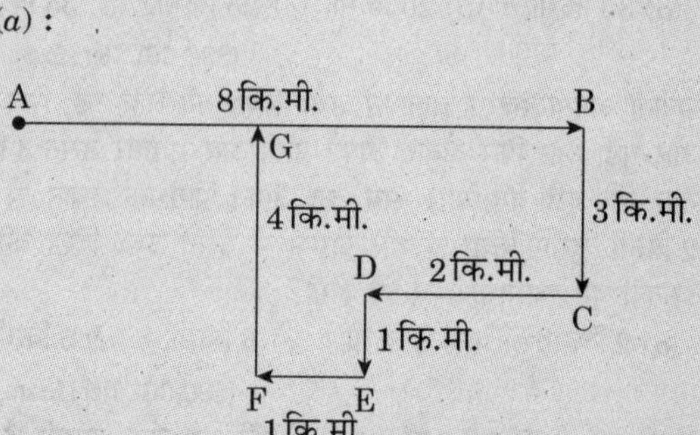

AG = AB − BG = 8 − 3 = 5 किमी.

अत: उत्तर (*a*) है।

9 तार्किक वेन आरेख
(LOGICAL VENN DIAGRAMS)

प्रकार 1

यह अध्याय ऐसे प्रश्नों से संबंधित है, जिनका उद्देश्य अभ्यर्थियों की वस्तुओं के एक निश्चित समूह के मध्य संबंध ज्ञात करने तथा उस संबंध को चित्र द्वारा समझाने की योग्यता की जांच करना है। आगे कुछ अलग-अलग प्रकार के वेन आरेख तथा उनके निहितार्थ दिए गए हैं। मान लीजिए कि आपको तीन वस्तुओं का समूह दिया गया है। तब-

1. यदि वस्तुएं स्पष्ट रूप से तीन अलग-अलग समूहों से संबंधित हैं, तो इसका प्रतिनिधित्व करने वाले वेन आरेख को चित्र 1 में दिखाया गया है।

उदा. चिकित्सक, इंजीनियर, वकील

ये तीनों ही एक-दूसरे से कोई संबंध नहीं रखते हैं। अत: इसका वेन आरेख चित्र 1 में दिखाए गए वेन आरेख जैसा होगा।

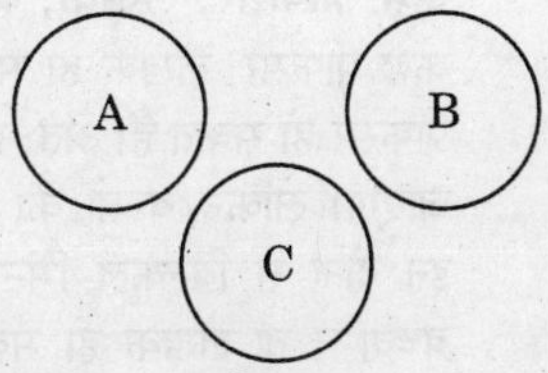

चित्र 1

2. यदि एक वस्तु दूसरी वस्तु के वर्ग से संबंधित है और दूसरी वस्तु, तीसरी वस्तु के वर्ग से संबंधित है, तो इसका चित्रण, चित्र 2 में दिखाए गए तीन संकेन्द्रित वृत्त के रूप में दर्शाया जाता है।

उदा. सेकेंड, मिनट, घंटे

सेकंड मिनट का एक हिस्सा हैं और मिनट घंटे का एक हिस्सा है। अत: इसका वेन आरेख चित्र 2 में दिखाए गए वेन आरेख जैसा होगा। वृत्त A सेकेंड का प्रतिनिधित्व करता है, वृत्त B मिनटों का प्रतिनिधित्व करता है और वृत्त C घंटे का प्रतिनिधित्व करता है

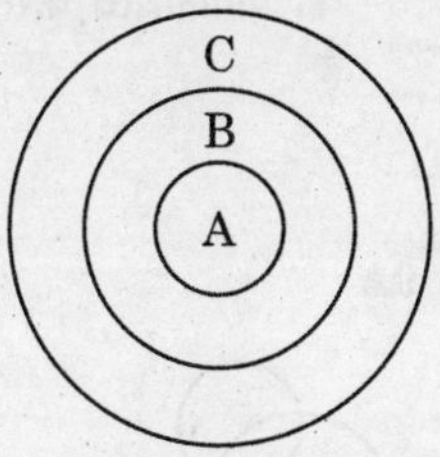

चित्र 2

3. यदि दो अलग-अलग वस्तुएं तीसरी वस्तु के वर्ग से संबंधित हैं, तो इसे चित्र 3 में दिखाए गए अनुसार एक बड़े वृत्त के अंदर दो अलग-अलग वृत्त द्वारा दर्शाया जाता है।

उदा. मेज, कुर्सी, फर्नीचर

मेज और कुर्सी अलग-अलग वस्तुएं हैं लेकिन दोनों फर्नीचर वर्ग से संबंधित हैं। यदि वृत्त A मेज का प्रतिनिधित्व करता है, वृत्त B कुर्सी का प्रतिनिधित्व करता है और वृत्त C फर्नीचर का प्रतिनिधित्व करता है। तब इसका वेन आरेख चित्र 3 में दिखाए गए वेन आरेख जैसा होगा।

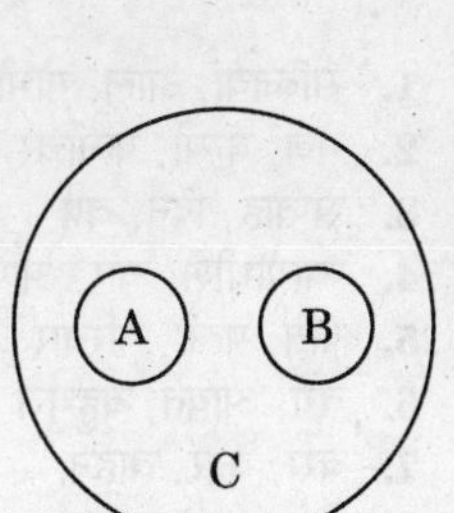

चित्र 3

4. यदि दो वस्तुएं तीसरी वस्तु के वर्ग से इस प्रकार संबंधित है कि इन दोनों वस्तुओं के वर्गों में कुछ उभयनिष्ठ समानताएं हैं, तो उन्हें एक बड़े वृत्त के भीतर संलग्न दो परस्पर काटते हुए वृत्तों द्वारा दर्शाया जाता है जैसा का चित्र 4 में दिखाया गया है।

उदा. पुरुष, पिता, भाई

कुछ पिता, भाई हो सकते हैं और इसके विपरीत कुछ भाई, पिता भी हो सकते हैं। अत: पिता और भाइयों का प्रतिनिधित्व दो अलग-अलग किन्तु परस्पर काटते हुए वृत्तों द्वारा किया जाएगा। पिता और भाई दोनों पुरुष भी हैं। तब इसका वेन आरेख चित्र 4 में दिखाए गए वेन आरेख जैसा होगा।

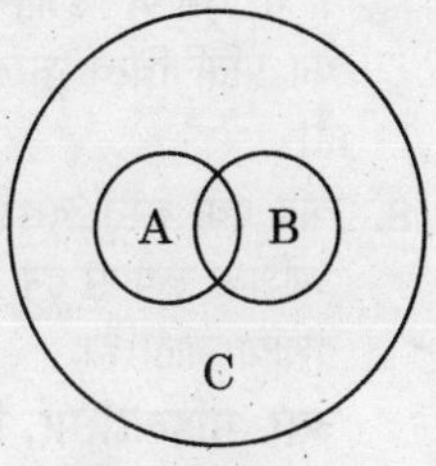

चित्र 4

चित्र 4 में, वृत्त A पिता का प्रतिनिधित्व करता है, वृत्त B भाइयों का प्रतिनिधित्व करता है और वृत्त C पुरुषों का प्रतिनिधित्व करता है।

5. यदि दो वस्तुएं आंशिक रूप से तीसरे से संबंधित हैं, और वे स्वयं एक दूसरे से कोई संबंध नहीं रखती हैं, तो उन्हें एक पंक्ति में तीन परस्पर काटते हुए वृत्तों द्वारा दर्शाया जाता है।

उदा. कुत्ते, पालतू पशु, बिल्लियाँ

कुछ कुत्ते और कुछ बिल्लियाँ पालतू पशु हैं। लेकिन सभी पालतू पशु कुत्ते या बिल्लियाँ नहीं हैं। कुत्ते और बिल्लियाँ एक दूसरे से संबंधित नहीं हैं किन्तु ये दोनों पालतू पशु के समूह से संबंधित हैं। अत: इसका वेन आरेख चित्र 5 में दिखाए गए वेन आरेख जैसा होगा। चित्र 5 में वृत्त A कुत्ते का प्रतिनिधित्व करता है, वृत्त B पालतू जानवरों का प्रतिनिधित्व करता है और वृत्त C बिल्लियों का प्रतिनिधित्व करता है

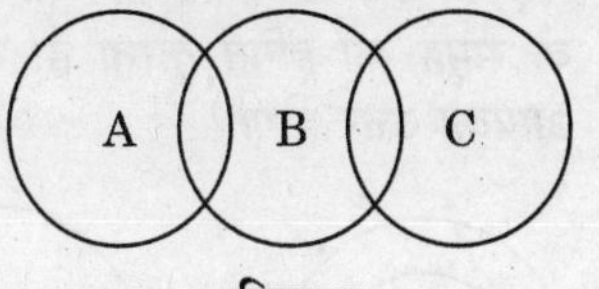

चित्र 5

6. यदि तीन वस्तुएं आंशिक रूप से एक-दूसरे से संबंधित हैं, तो उन्हें चित्र 6 के अनुसार परस्पर काटते हुए वृत्तों द्वारा दर्शाया जाता है।

उदा. क्लर्क, सरकारी कर्मचारी, शिक्षित व्यक्ति।

कुछ क्लर्क, सरकारी कर्मचारी हो सकते हैं और कुछ शिक्षित हो सकते हैं। इसी प्रकार, कुछ सरकारी कर्मचारी, क्लर्क हो सकते हैं और कुछ शिक्षित हो सकते हैं। इसके अलावा, कुछ शिक्षित व्यक्ति, क्लर्क हो सकते हैं और कुछ सरकारी कर्मचारी हो सकते हैं। अत:

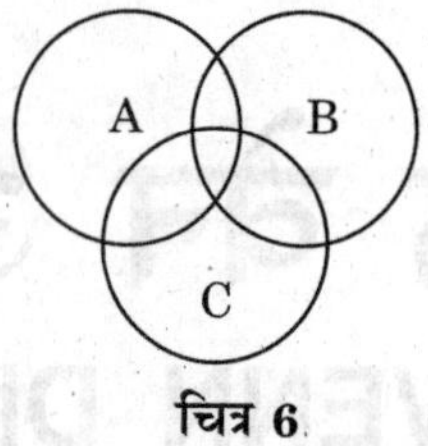

चित्र 6

अत: इसका वेन आरेख चित्र 6 में दिखाए गए वेन आरेख जैसा होगा। चित्र 6 में वृत्त A क्लर्क का प्रतिनिधित्व करता है, वृत्त B सरकारी कर्मचारियों का प्रतिनिधित्व करता है और वृत्त C शिक्षित व्यक्तियों का प्रतिनिधित्व करता है।

7. यदि एक वस्तु, दूसरी वस्तु के वर्ग से संबंधित है, जबकि तीसरी वस्तु अन्य दो वस्तुओं से बिल्कुल अलग है, तो उन्हें चित्र 7 के अनुसार दर्शाया जाता है।

उदा. इंजीनियर्स, मनुष्य, चूहे

सभी इंजीनियर, मनुष्य हैं। अत: इसे दो संकेंद्रित वृत्त द्वारा दर्शाया जाएगा लेकिन चूहे की श्रेणी इन दोनों से बिल्कुल अलग है। अत:

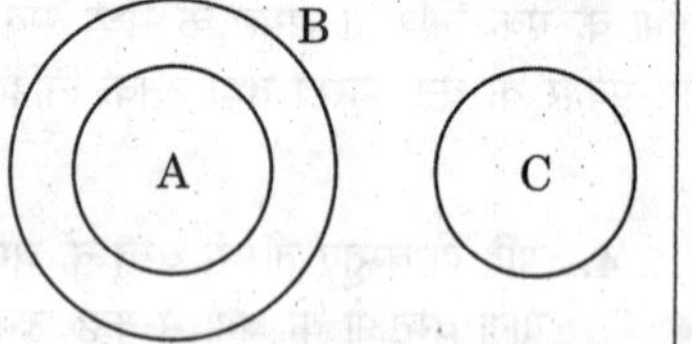

चित्र 7

इसका वेन आरेख चित्र 7 में दिखाए गए वेन आरेख जैसा होगा। चित्र 7 में, वृत्त A, इंजीनियर्स का प्रतिनिधित्व करता है, वृत्त B, मनुष्य का प्रतिनिधित्व करता है और वृत्त C, चूहों का प्रतिनिधित्व करता है।

8. यदि एक वस्तु, दूसरी वस्तु के वर्ग से संबंधित है, और तीसरी वस्तु आंशिक रूप से इन दोनों से संबंधित है, तो उन्हें चित्र 8 के अनुसार दर्शाया जाता है।

उदा. महिला, माँ, चिकित्सक

सभी मां, महिलाएं हैं। अत: इसे दो संकेंद्रित वृत्त द्वारा दर्शाया जाएगा लेकिन कुछ महिलाएं और कुछ मां, चिकित्सक भी हो सकती हैं। अत:

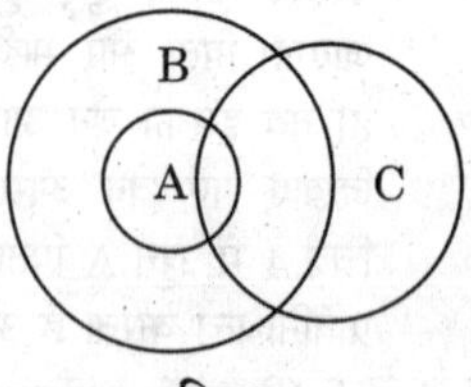

चित्र 8

चिकित्सकों का प्रतिनिधित्व करने वाला वृत्त, दो संकेंद्रित वृत्तों में से प्रत्येक को काटते दर्शाया जाएगा। अत: इसका वेन आरेख चित्र 8 में दिखाए गए वेन आरेख जैसा होगा। चित्र 8 में, वृत्त A माताओं का प्रतिनिधित्व करता है, वृत्त B महिलाओं का प्रतिनिधित्व करता है और वृत्त C चिकित्सकों का प्रतिनिधित्व करता है।

9. यदि एक वस्तु, दूसरी वस्तु के वर्ग से संबंधित है और तीसरी वस्तु आंशिक रूप से दूसरी वस्तु के वर्ग से संबंधित है, तो उन्हें चित्र 9 के अनुसार दर्शाया जाता है।

उदा. नर, पिता, बच्चे

सभी पिता, नर हैं। अत: इसे दो संकेंद्रित वृत्त द्वारा दर्शाया जाएगा लेकिन कुछ बच्चे, नर हो सकते हैं। लेकिन बच्चे, पिता नहीं हो सकते हैं। अत: इसका वेन आरेख चित्र 9 में दिखाए गए वेन आरेख जैसा होगा।

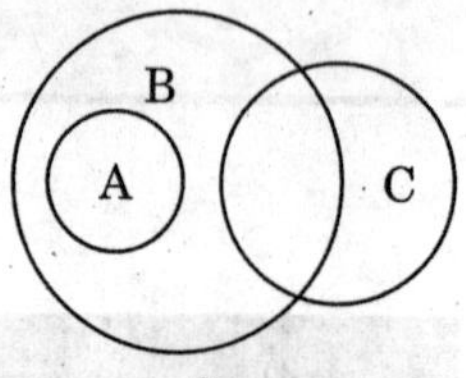

चित्र 9

चित्र 9 में, वृत्त A पिता का प्रतिनिधित्व करता है, वृत्त B नर का प्रतिनिधित्व करता है और वृत्त C बच्चों का प्रतिनिधित्व करता है।

10. यदि दो वस्तुएं आंशिक रूप से एक दूसरे से संबंधित हैं और तीसरी वस्तु अन्य दो से बिल्कुल अलग है, तो उन्हें चित्र 10 के अनुसार दर्शाया जाता है।

उदा. प्रोफेसर, लेखक, बच्चे

कुछ प्रोफेसर, लेखक हो सकते हैं और इसके विपरीत कुछ लेखक, प्रोफेसर हो सकते हैं। अत: इसे दो परस्पर काटते हुए वृत्तों द्वारा दर्शाया जाएगा। लेकिन बच्चों का वर्ग इन दोनों से बिल्कुल भिन्न है बच्चा न तो लेखक हो सकता है न ही प्रोफेसर। अत: इसका वेन आरेख चित्र 10 में दिखाए गए वेन आरेख जैसा होगा। चित्र 10 में, वृत्त A प्रोफेसरों का प्रतिनिधित्व करता है, वृत्त B लेखकों का प्रतिनिधित्व करता है और वृत्त C बच्चों का प्रतिनिधित्व करता है

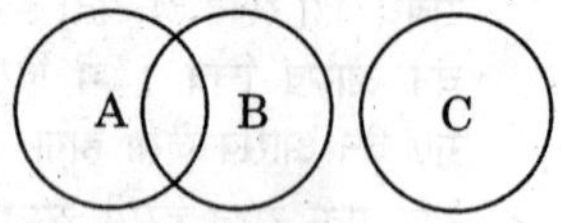

चित्र 10

अभ्यास 9A

दिशानिर्देश (प्रश्न 1 से 10): नीचे दिए गए प्रत्येक प्रश्न में तीन तत्व हैं। इन तीन तत्वों में किसी प्रकार की सहलग्नता हो भी सकती है और नहीं भी। तत्वों का वेन आरेख, चित्र में (a), (b), (c), (d) और (e) द्वारा दर्शाए गए वेन आरेखों में से किसी एक प्रकार का हो सकता है। आपको प्रत्येक प्रश्न में यह बताना है कि नीचे दिए गए वेन आरेखों में से कौन सा वेन आरेख प्रश्न में दिए गए तत्वों के समूह को इंगित करता है। उस वेन आरेख पर अंकित अक्षर आपका उत्तर होगा।

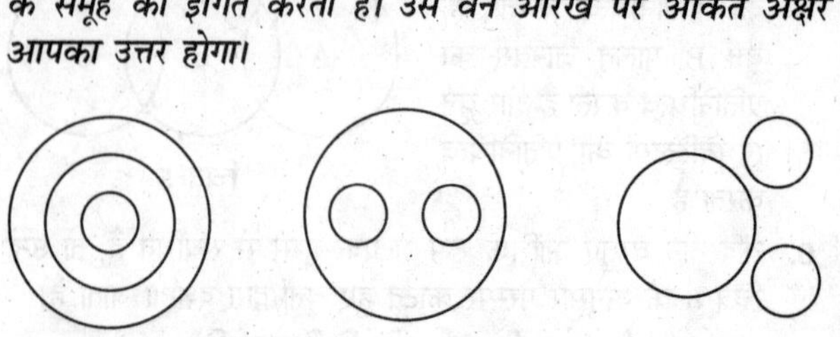
(a) (b) (c)

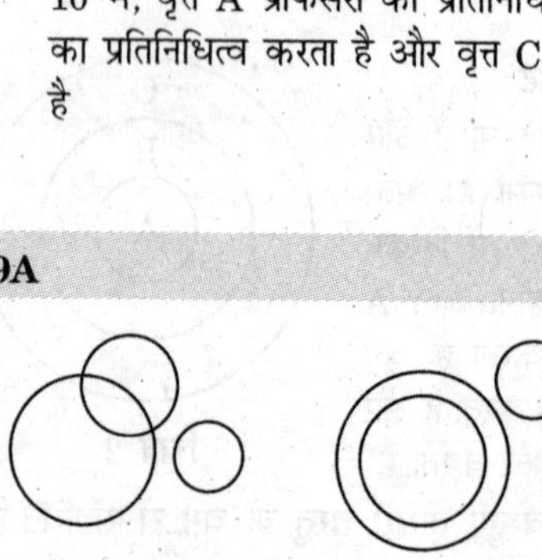
(d) (e)

1. सब्जियां, आलू, गोभी (Bank P.O. 2003)
2. मेज, कुर्सी, फर्नीचर (I.B.P.S. 2002)
3. सप्ताह, दिन, वर्ष (M.A.T. 2003)
4. न्यायाधीश, चोर, आपराधी (R.R.B. 2004)
5. पति, पत्नी, परिवार (S.S.C. 2003)
6. वर्ग, आयत, बहुभुज
7. बस, कार, वाहन (M.B.A. 2005)
8. चिंता, बुद्धि, ताकत (Bank P.O. 2003)
9. घर, शयनकक्ष, स्नानघर (R.R.B. 2006)
10. सरसों, जौ, आलू (Bank P.O. 2004)

दिशानिर्देश (प्रश्न 11 से 20): निम्नलिखित प्रश्नों में, तीन वर्ग दिए गए हैं। आपको यह पता लगाना है कि आगे दिए गए पांच चित्रों में से कौन सा चित्र तीन वर्गों के बीच संबंधों का सबसे अच्छा प्रतिनिधित्व करेगा?

(a)

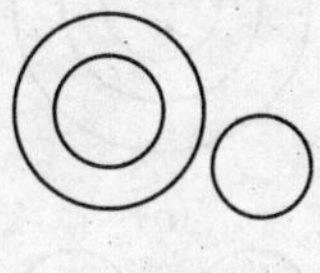
(b)

(c)

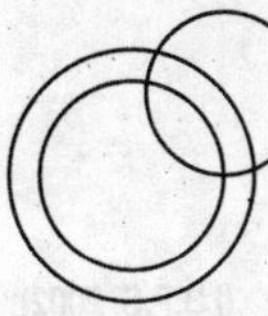
(d)

(e)

11. हाथी, भेड़िया, पशु

12. धातु, लौहा, क्लोरीन **(Bank P.O. 2003)**

13. स्तनधारी, गायें, कौवे **(S.S.C. 2002)**

14. महिलाएं, मां, विधवाएं

15. लेखक, शिक्षक, पुरुष

16. केरल, बिहार, भारत **(S.S.C. 2000)**

17. ऑटोमोबाइल, कार, मोटर साइकिलें **(M.A.T. 1999)**

18. ईंट, घर, पुल **(Bank P.O. 2003)**

19. चाय, कॉफी, पेय पदार्थ

20. लड़के, छात्र, एथलीट

दिशानिर्देश (प्रश्न 21 से 30): नीचे दिए गए प्रत्येक प्रश्न में वस्तुओं के तीन समूह दिए गए हैं। आपको प्रत्येक प्रश्न में निम्नलिखित पांच आरेखों (वर्णमाला अक्षरों द्वारा इंगित) में से उस एक आरेख को चुनना है, जो कि उस प्रश्न में दी गयी वस्तुओं के बीच सही संबंध दर्शाता है।

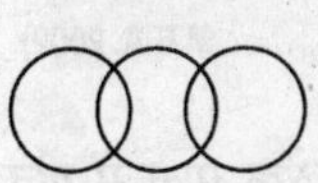
(a)

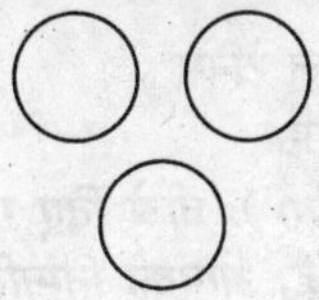
(b)

(c)

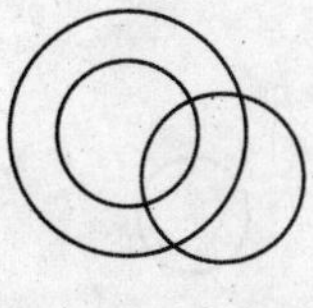
(d)

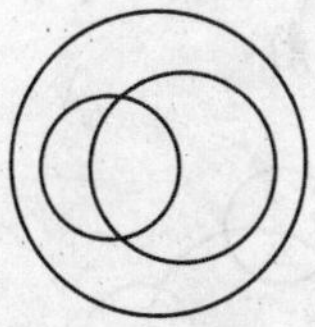
(e)

21. टेनिस प्रशंसक, क्रिकेट खिलाड़ी, छात्र

22. फूल, कपड़े, सफेद **(R.R.B. 2004)**

23. धूम्रपान करने वाले, वकील, गैर धूम्रपान करने वाले **(S.S.C. 2002)**

24. मनुष्य, शिक्षक, स्नातक

25. पुरुष, पिता, चिकित्सक

26. पिता, चाचा, पुरुष

27. संगीतकार, पुरुष, महिलाएं **(M.A.T. 2001)**

28. व्हेल, मछलियां, मगरमच्छ

29. असामाजिक तत्व, जेब कतरे, ब्लैकमेलर **(M.B.A. 2006)**

30. लंबे पुरुष, काले बाल वाले व्यक्ति, भारतीय

दिशानिर्देश (प्रश्न 31 से 35): नीचे पांच संभावित सदस्यता योजनाएं दी गई हैं। प्रत्येक केस में, उस एक को चिह्नित करें जिसे आप तीन सूचीबद्ध वस्तुओं का उचित विवरण समझते हैं। **(PGDM, 2002)**

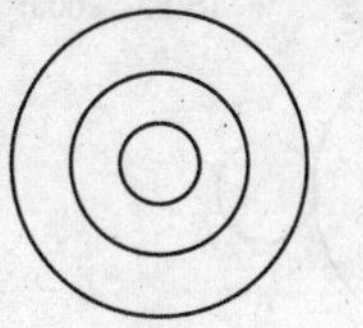
(a)

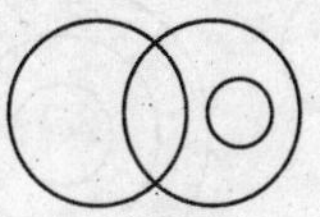
(b)

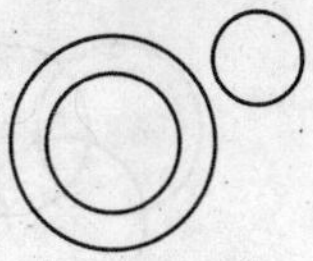
(c)

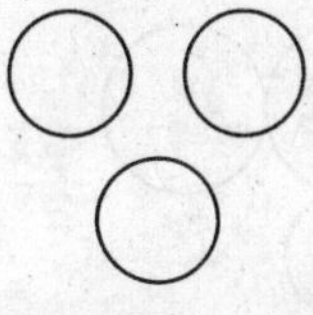
(d)

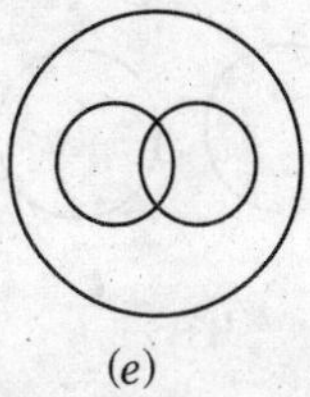
(e)

31. सेब, सुनहरे सेब, फल

32. त्रिभुज, विषमभुज त्रिभुज, समकोण त्रिभुज

33. बिना स्वर वाले शब्द, एक स्वर वाले शब्द, दो स्वर वाले शब्द

34. बिना स्वर वाले शब्द, अधिक से अधिक एक स्वर वाले शब्द, कम से कम दो स्वर वाले शब्द

35. एक स्वर से शुरू होने वाले नाम, E से शुरू होने वाले नाम, या तो A या P से शुरू होने वाले नाम

36. दिया गया वेन आरेख निम्नलिखित में से किस समूह का सबसे अच्छा प्रतिनिधित्व करता है? **(R.R.B. 2004)**

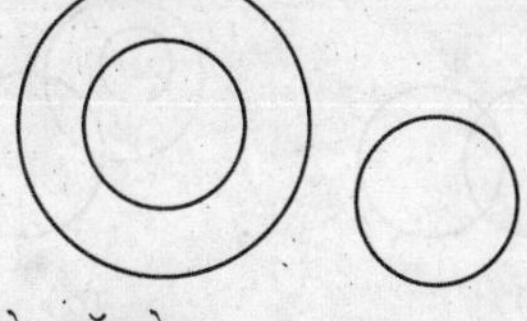

(a) पशु, कीड़े, कॉकरोच
(b) पशु, पुरुष, महिलाएं और उभयलिंगी
(c) राज्य, जिले, केन्द्र शासित प्रदेश
(d) देश, राज्य, जिले

37. एक कंपनी के लेखा विभाग में, कुछ ऐसे हैं जो केवल चार्टर्ड अकाउंटेंट हैं और कुछ जो केवल कॉस्ट अकाउंटेंट हैं। कुछ चार्टर्ड अकाउंटेंट और कॉस्ट अकाउंटेंट दोनों की योग्यता रखते हैं। इनके अलावा, ऐसे कुछ भी हैं जो मैनेजमेंट अकाउंटेंट की भी योग्यताएं रखते हैं। इनमें से कुछ मैनेजमेंट अकाउंटेंट ने चार्टर्ड या कॉस्ट अकाउंटेंट या दोनों को भी किया है। निम्नलिखित में से कौन सा वेन आरेख इन तथ्यों का प्रतिनिधित्व करता है? **(S.S.C. 2003)**

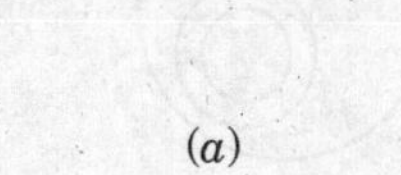
(a)

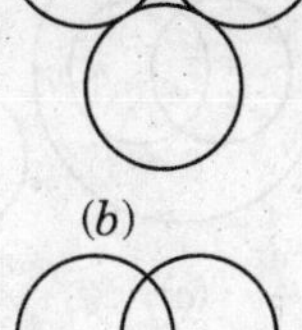
(b)

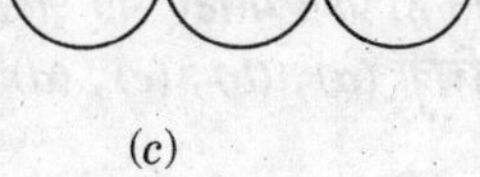
(c)

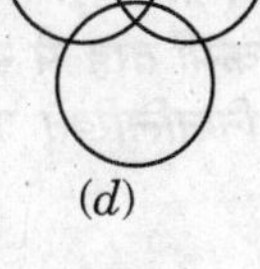
(d)

38. 46 छात्रों की एक कक्षा में, 18 ने फुटबॉल खेला, 17 ने क्रिकेट खेला, जिसमें 6 ने फुटबॉल खेला। 16 छात्रों ने हॉकी खेला, जिसमें 4 ने क्रिकेट खेला, लेकिन फुटबॉल नहीं खेला। पांच छात्रों ने कैरम खेला लेकिन मैदानी खेल नहीं खेला। निम्नलिखित में से कौन सा वेन आरेख इन तथ्यों का प्रतिनिधित्व करता है? **(S.S.C. 2003)**

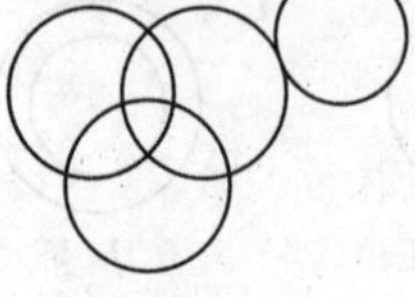
(*a*)

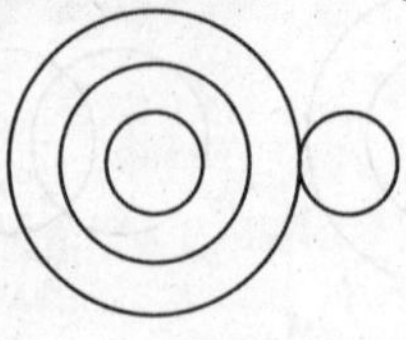
(*b*)

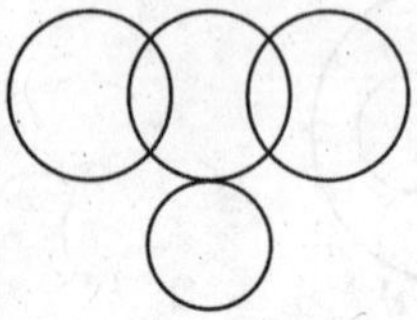
(*c*)

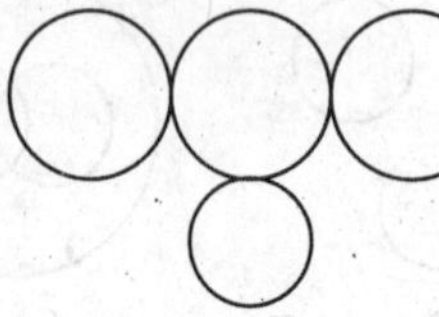
(*d*)

39. कुछ क्रिकेट खिलाड़ी, टेनिस खिलाड़ी हैं, कुछ टेनिस खिलाड़ी हॉकी खिलाड़ी हैं, कुछ क्रिकेट खिलाड़ी हॉकी खिलाड़ी नहीं हैं। निम्नलिखित में से कौन सा वेन आरेख उपरोक्त तथ्यों का सही प्रतिनिधित्व करता है? **(S.S.C. 2002)**

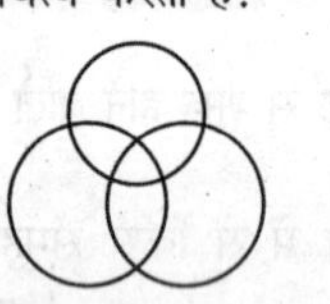
(*a*)

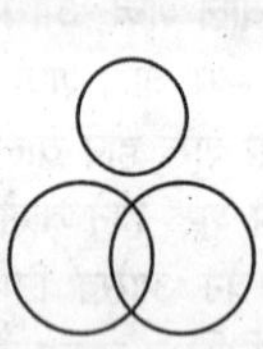
(*b*)

(*c*)

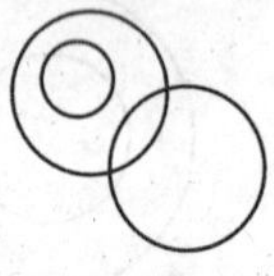
(*d*)

40. एक डिनर पार्टी में मछली और मांस दोनों परोसे गये। कुछ व्यक्तियों ने केवल मछली और कुछ व्यक्तियों ने मांस लिया। कुछ व्यक्ति शाकाहारी थे जिन्होंने दोनों को स्वीकार नहीं किया। बाकी ने मछली और मांस दोनों को स्वीकार किया। निम्नलिखित तर्क आरेख में से कौन सही ढंग से इस स्थिति को दर्शाता है? **(R.R.B. 2006)**

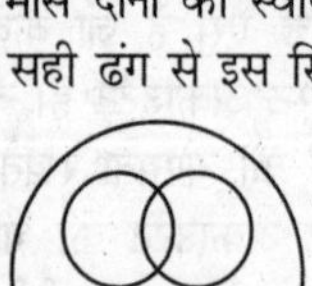
(*a*)

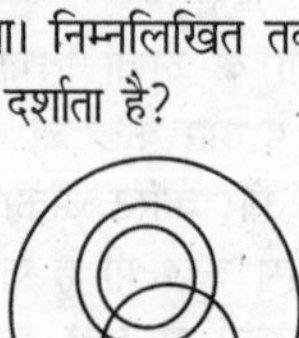
(*b*)

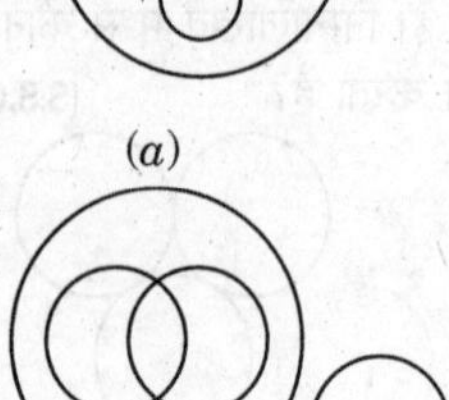
(*c*)

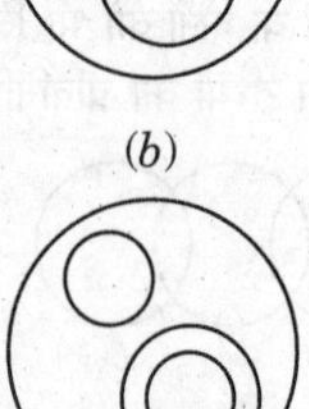
(*d*)

दिशानिर्देश (प्रश्न 41 से 60): इनमें से प्रत्येक प्रश्न में, तीन शब्द आपस में किसी तरह से संबंधित हैं। प्रश्न में दिए गए शब्दों के बीच संबंध को निम्नलिखित पांच चित्रों (a), (b), (c), (d) और (e) में से एक सबसे अच्छा प्रदर्शित करता है। उस चित्र को अपने उत्तर के रूप में चुनिए।

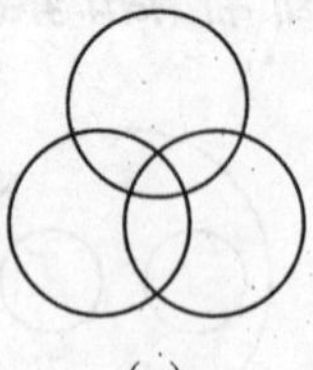
(*a*)

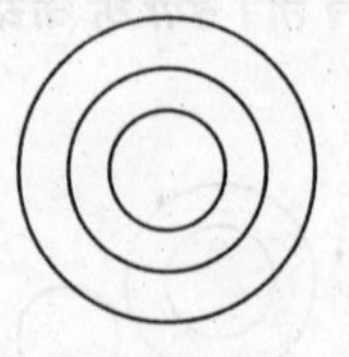
(*b*)

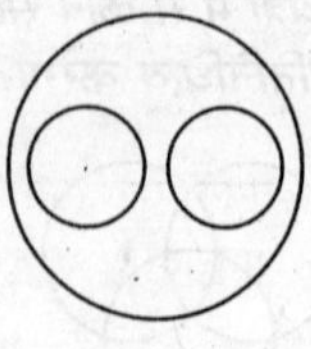
(*c*)

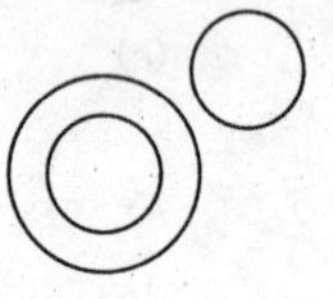
(*d*)

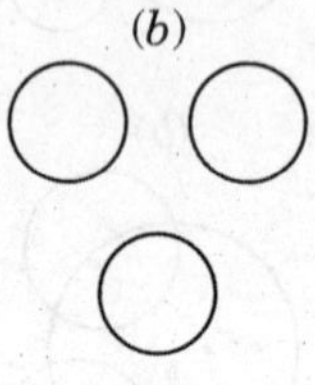
(*e*)

41. शिक्षक, कॉलेज, छात्र **(I.B.P.S. 2002)**
42. माता, होमोसेपियन, महिला
43. लोहा, लेड, नाइट्रोजन **(Bank P.O. 2005)**
44. मंत्रिमंडल, गृह मंत्री, मंत्री
45. तोते, पक्षी, चूहे **(M.A.T. 2001)**
46. प्रोफेसर, शोधकर्ता, वैज्ञानिक
47. पुरुष, कृंतक, जीवित प्राणी **(S.S.C. 2005)**
48. पेरन्ट्स, माता, पिता
49. अंग्रेजी, लैटिन, ग्रीक **(M.B.A. 2003)**
50. नाइट्रोजन, बर्फ, हवा **(Bank P.O. 2003)**
51. संगीतकार, गायक, महिलाएं **(S.S.C. 2003)**
52. हाथी, मांसाहारी, बाघ
53. मछली, हिलसा, पानी में रहने वाले पशु **(M.A.T. 2001)**
54. अस्पताल, नर्स, मरीज
55. चावल, सरसों, चुकंदर **(Bank P.O. 2002)**
56. नाक, हाथ, शरीर **(Bank P.O. 2003)**
57. अंगूठियां, गहने, हीरे की अंगूठियाँ
58. फर्नीचर, मेज, किताबें **(M.B.A. 2005)**
59. इंडोर गेम्स, शतरंज, टेबल टेनिस **(M.B.A. 2002)**
60. नाविक, जहाज, महासागर

दिशानिर्देश (प्रश्न 61 से 70): नीचे दिए गए प्रत्येक प्रश्न में तीन वस्तुओं के समूह दिए गए हैं। आपको निम्नलिखित पांच आरेखों में से एक चुनना है, जो कि प्रत्येक प्रश्न में दी गयी तीन वस्तुओं के मध्य सही संबंध को दर्शाता है।

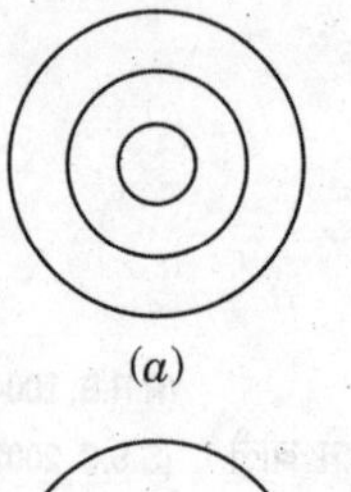
(*a*)

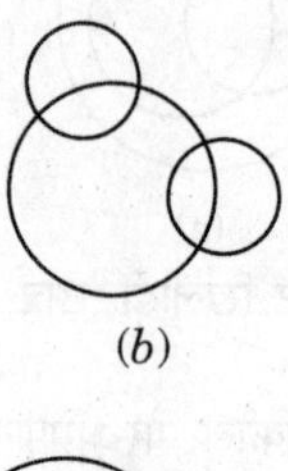
(*b*)

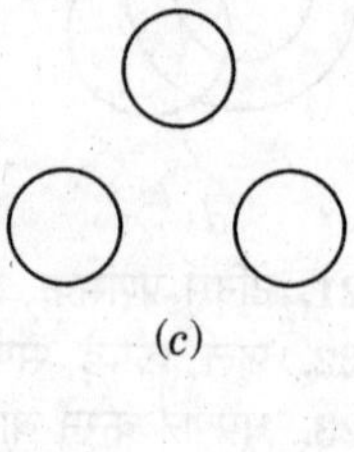
(*c*)

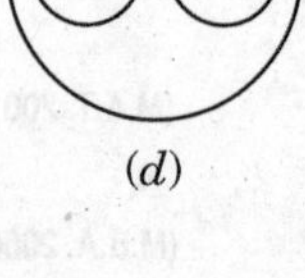
(*d*)

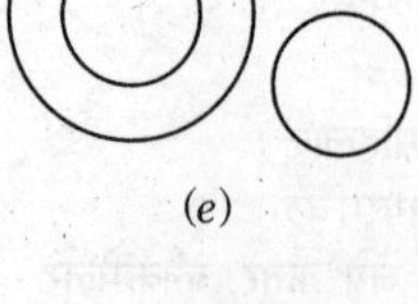
(*e*)

61. गाजर, भोजन, सब्जी
62. टाई, शर्ट, पतलून
63. शर्ट, कॉलर, पॉकेट (M.B.A. 2003)
64. पंखुड़ियों, गुलदस्ता, फूल (M.B.A. 2003)
65. कुत्ते, पालतू पशु, बिल्लियां
66. बैंगन, मांस, सब्जियां
67. समचतुर्भुज, चतुर्भुज, बहुभुज (S.S.C. 2000)
68. भाषाएं, फ्रेंच, जर्मन
69. सूर्य, ग्रह, पृथ्वी
70. कक्षा, ब्लैकबोर्ड, स्कूल (Bank P.O. 2005)

दिशानिर्देश *(प्रश्न 71 से 80): उस वेन आरेख को चुनें जो निम्नलिखित में से प्रत्येक प्रश्न में दिए गए तीन वर्गों को सर्वश्रेष्ठ रूप से दिखाता है:*

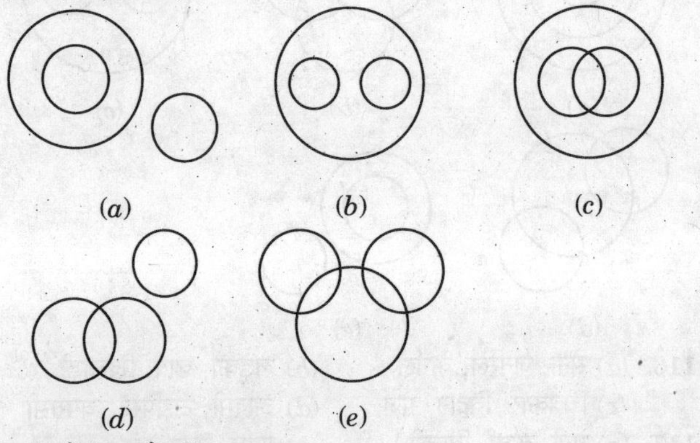

71. प्रोटॉन, इलेक्ट्रॉन, परमाणु
72. कागज, स्टेशनरी, स्याही (Bank P.O. 2005)
73. कुत्ते, पशु, पालतूपशु
74. विज्ञान, भौतिक विज्ञान, रसायन विज्ञान
75. वायुमंडल, हाइड्रोजन, ऑक्सीजन
76. गेहूं, अनाज, मक्का
77. कुत्ता, मांसाहारी, बाघ (S.S.C. 2002)
78. नदी, नहर, पानी के चिरस्थायी स्रोत
79. कानून के छात्र, विज्ञान के छात्र, पुरुष (SNAP, 2005)
80. कशेरुक, गैर-कशेरुक, जीवित प्राणी

दिशानिर्देश *(प्रश्न 81 से 90): उस वेन आरेख चुनें जो निम्नलिखित में से प्रत्येक प्रश्न में दिए गए तीन वर्गों को सर्वश्रेष्ठ रूप से दिखाता है:*

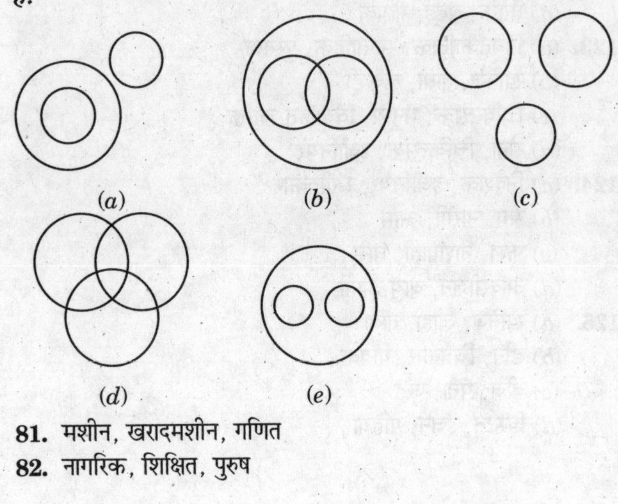

81. मशीन, खरादमशीन, गणित
82. नागरिक, शिक्षित, पुरुष
83. ईमानदारी, बुद्धि, योग्यता
84. सूर्य, चंद्रमा, तारे
85. पशु, पुरुष, पौधे
86. बुध, मंगल, ग्रह (M.A.T 2005)
87. याक, जेबरा, हिरण
88. पानी, वायुमंडल, हाइड्रोजन
89. रोग, कुष्ठ रोग, स्कर्वी
90. चिकित्स, वकील, पेशेवर

दिशानिर्देश *(प्रश्न 91 से 100): निम्नलिखित प्रश्नों में से प्रत्येक में तीन वस्तुएं हैं। इन वस्तुओं के बीच संबंधों का उपयोग करके, प्रत्येक प्रश्न के लिए सबसे उपयुक्त वेन आरेख को चुनें। उस वेन आरेख को दर्शाने वाला अक्षर आपका उत्तर होगा।*

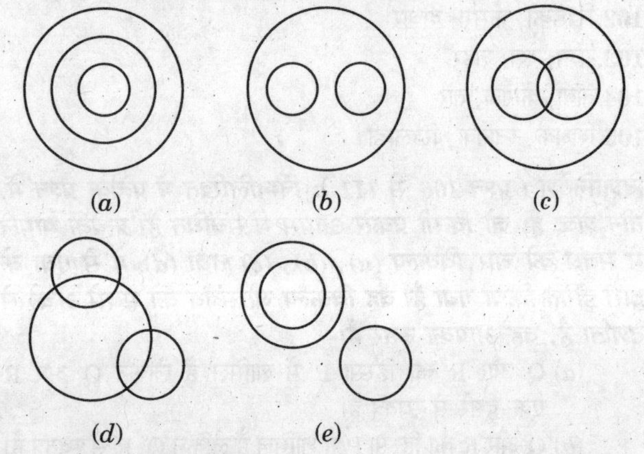

91. आलूबुखारे, टमाटर, फल (M.A.T 2005)
92. अभियंता, चिकित्सक, व्यक्ति
93. सागर, द्वीप, पहाड़
94. निर्वाचित सदन, सांसद, विधायक
95. संगीतकार, वादक, वायलिनवादक (M.B.A. 2006, S.S.C. 2003)
96. चना, बीन्स, फलियां
97. पर्वत, वन, पृथ्वी (M.A.T 2005)
98. जीवविज्ञान, वनस्पति विज्ञान, प्राणी विज्ञान
99. कारखाना, मशीनरी, उत्पाद
100. ट्रक, जहाज, सामान
101. यदि भूमि पर रहने वाले पशु और पानी में रहने वाले जानवरों का प्रतिनिधित्व दो बड़े वृत्त द्वारा दर्शाया जाए और पशु जो पानी और जमीन दोनों में रहते हैं, उन्हें एक छोटे वृत्त द्वारा दर्शाया जाए, तो इन तीनों का संयोजन को सबसे अच्छा दर्शाया गया है:

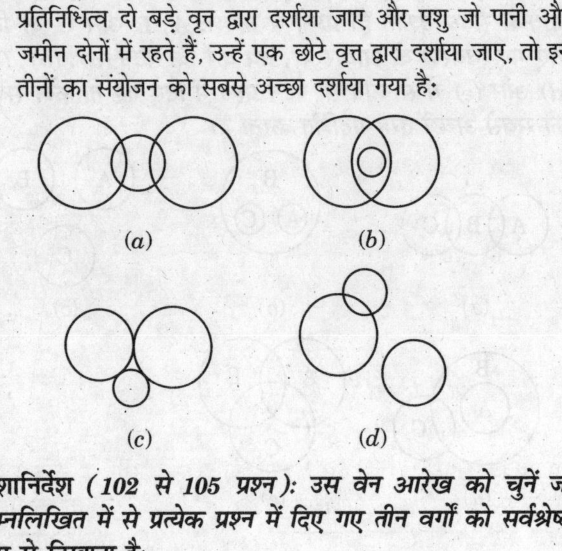

दिशानिर्देश *(102 से 105 प्रश्न): उस वेन आरेख को चुनें जो निम्नलिखित में से प्रत्येक प्रश्न में दिए गए तीन वर्गों को सर्वश्रेष्ठ रूप से दिखाता है:*

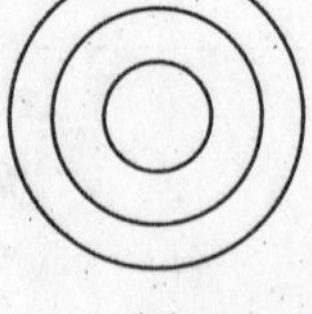

(a)

(b)

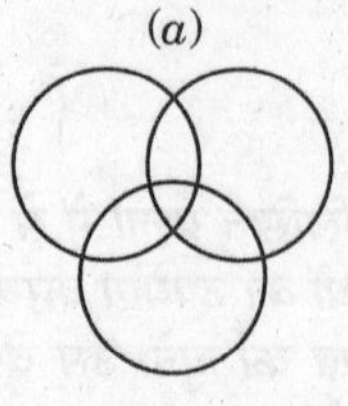

(c)

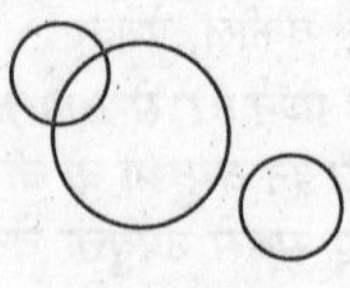

(d)

102. खिड़की, कमरा, दीवार

103. राज्य, देश, शहर

104. तांबा, कागज, तार

105. शिक्षक, स्नातक, खिलाड़ी

दिशानिर्देश (प्रश्न 106 से 111): निम्नलिखित में प्रत्येक प्रश्न में, तीन शब्द हैं, जो किसी प्रकार आपस में संबंधित हैं। प्रत्येक मामले मे संबंध को चार विकल्प (a), (b), (c) तथा (d) में से एक के द्वारा इंगित किया गया है। वह विकल्प जो संबंध को सबसे अच्छे से दर्शाता है, वह आपका उत्तर है।

(*a*) Q और R का हिस्सा P में शामिल हैं लेकिन Q और R एक-दूसरे से स्वतंत्र हैं।

(*b*) Q और R का हिस्सा P में शामिल हैं लेकिन Q, R से स्वतंत्र है।

(*c*) P, Q और R एक दूसरे के हिस्से को शामिल करते हैं।

(*d*) Q और R दोनों P मे शामिल है।

106. गेहूं, पाव रोटी, जौ

107. गायक, लेखक, अभिनेता

108. सैनिक, सेना, इंजीनियर

109. लकड़ी, इस्पात, फर्नीचर

110. शिक्षक, लेखक, संगीतकार

111. बाघ, हाथी, चतुष्पद जानवर (क्वाड्रुपेड)

दिशानिर्देश (प्रश्न 112 से 115): नीचे वृत्त A, B और C द्वारा दर्शाए गए पांच पैटर्न दिए गए हैं जो संबंधित विवरणों के बीच तार्किक संबंध दर्शाते हैं। प्रश्नों में क्रमशः A, B और C के लिए दिए गए विवरण के आधार पर, तय करें कि पैटर्न (a), (b), (c), (d) और (e) में से कौन सा पैटर्न प्रश्न में दिए गए तार्किक संबंधों को सबसे अच्छी तरह प्रदर्शित करता है।

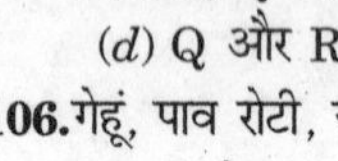

(a)

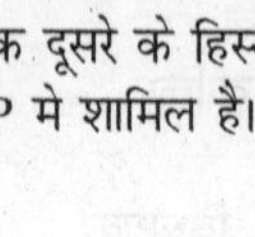

(b)

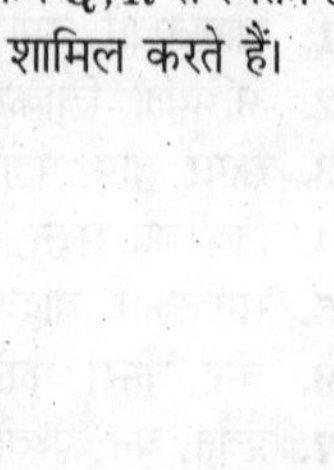

(c)

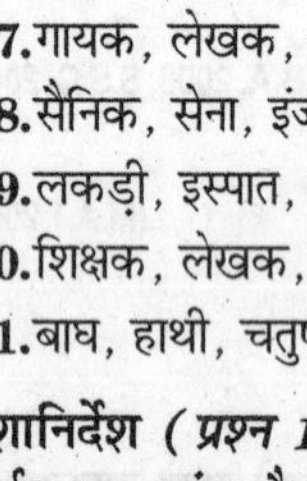

(d)

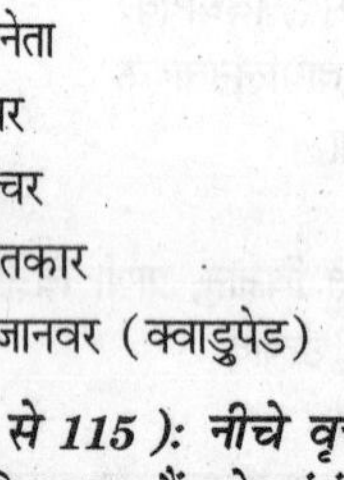

(e)

112. (A) चिकित्सक (B) पुरुष (C) अभिनेता

113. (A) गुलाब (B) फूल (C) कमल

114. (A) पिता (B) माता (C) बच्चा

115. (A) सोना (B) आभूषण (C) चांदी

दिशानिर्देश (प्रश्न 116 से 125): निम्नलिखित में से प्रत्येक प्रश्न में चार विकल्पों में से तीन विकल्प इस प्रकार हैं कि प्रत्येक विकल्प में दिए गए तीन शब्द, पाँच वेन आरेखों - (a), (b), (c), (d) और (e) में से किसी एक तरीके से आपस में सम्बंधित हैं जबकि इनमें से कोई भी संबंध शेष विकल्प पर लागू नहीं होता है। यही आपका उत्तर है।

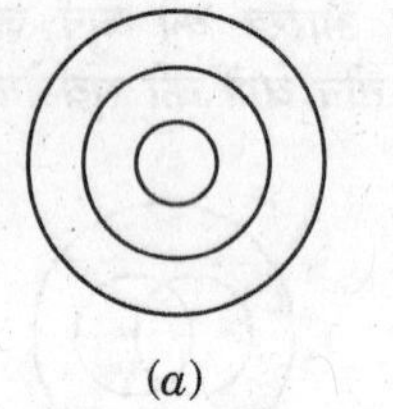

(a)

(b)

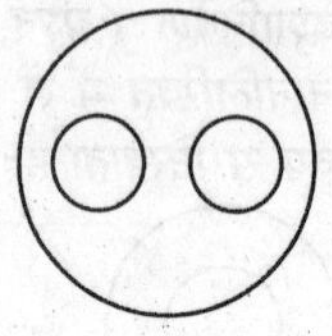

(c)

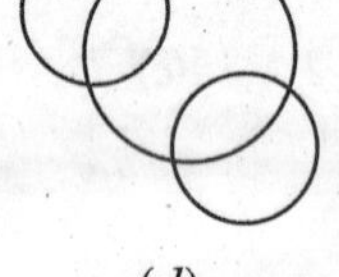

(d)

(e)

116. (*a*) सेना, जनरल, कर्नल (*b*) लड़का, छात्र, खिलाड़ी (*c*) चित्रकार, विद्वान, मेज (*d*) आदमी, टाइपिस्ट, चपरासी

117. (*a*) मुर्गी, कुत्ता, बिल्ली (*b*) शरीर, कान, मुंह (*c*) बिस्तर, वार्ड, नर्स (*d*) बाघ, पशु, मांसाहारी

118. (*a*) वायुमंडल, वायु, ऑक्सीजन (*b*) लड़का, लड़की, छात्र (*c*) आदमी, मजदूर, बगीचा (*d*) पशु, कुत्ता, बिल्ली

119. (*a*) पशु, स्तनपायी, गाय (*b*) रंग, कपड़ा, व्यापारी (*c*) रंग, लाल, नीला (*d*) मादा, घोड़ा, घोड़ी

120. (*a*) धातु, सोडियम, तांबा (*b*) स्तनपायी, नर्स, महिला (*c*) अनाज, गेहूं, चावल (*d*) पुरुष, चचेरे भाई, भतीजे

121. (*a*) बिस्तर, वार्ड, अस्पताल (*b*) लड़की, एथलीट, गायक (*c*) तांबा, जस्ता, लोहा (*d*) पुस्तक, पृष्ठ, अनुच्छेद

122. (*a*) सितारा, चंद्रमा, मंगल ग्रह
(*b*) प्रोफेसर, अध्येता, राजनीतिज्ञ
(*c*) नौकरानी, चिकित्सक, महिला
(*d*) तैराक, बढ़ई, गायक

123. (*a*) नियतकालिक, साप्ताहिक, पुस्तक
(*b*) खनिज, तांबा, लकड़ी
(*c*) चिकित्सक, मनुष्य, विवाहित व्यक्ति
(*d*) सेना, चिकित्सक, इंजीनियर

124. (*a*) निदेशक, इंजीनियर, संगीतकार
(*b*) सेब, नारंगी, आम
(*c*) फल, नाशपाती, घास
(*d*) ऑक्सीजन, वायु, पानी

125. (*a*) खनिज, लोहा, तांबा
(*b*) डीन, चित्रकार, गायक
(*c*) बीज, पत्ता, जड़
(*d*) पिस्टन, इंजन, पहिया

हल-अभ्यास 9(A)

1. (*b*) :

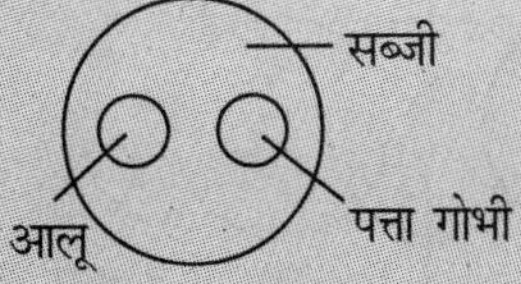

आलू और *पत्ता गोभी* पूरी तरह से अलग हैं। लेकिन, दोनों ही सब्जियां हैं।

2. (*b*) :

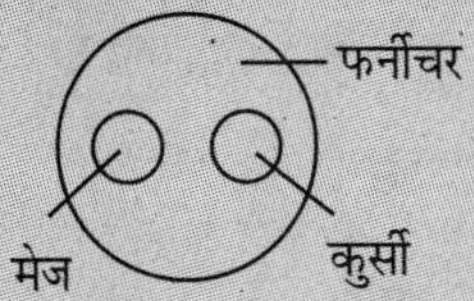

मेज और *कुर्सी* पूरी तरह से अलग हैं। लेकिन, दोनों *फर्नीचर* हैं।

3. (*a*) :

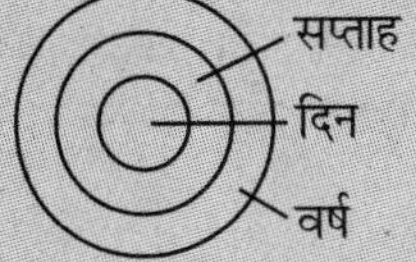

एक *वर्ष* में *सप्ताह* होते हैं, और एक *सप्ताह* में *दिन* होते हैं।

4. (*e*) :

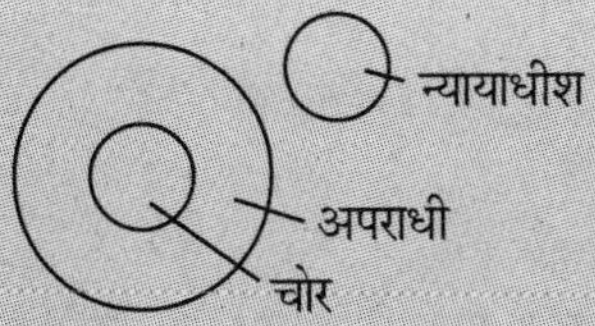

सभी *चोर अपराधी* हैं। लेकिन *न्यायाधीश* अलग है।

5. (*b*) :

पति और *पत्नी* पूरी तरह से अलग हैं। लेकिन, दोनों एक *परिवार* के हिस्से हैं।

6. (*a*) :

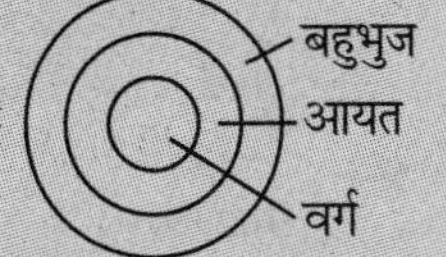

सभी *वर्ग आयत* हैं। सभी *आयत बहुभुज* हैं।

7. (*b*) :

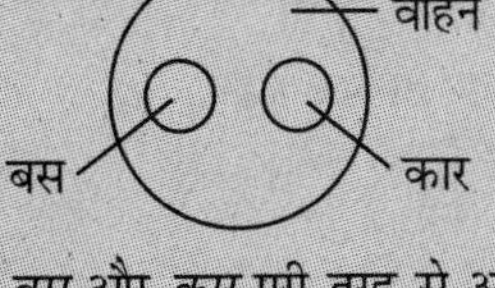

बस और *कार* पूरी तरह से अलग हैं। लेकिन दोनों *वाहन* हैं।

8. (*c*) :

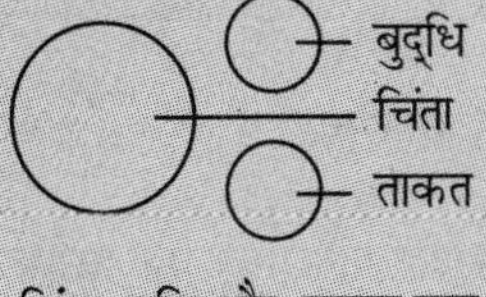

चिंता, *बुद्धि* और *ताकत* एक दूसरे से पूरी तरह से अलग हैं।

9. (*b*) :

शयनकक्ष और *स्नानघर* पूरी तरह से अलग हैं। लेकिन, दोनों घर के हिस्से हैं।

10. (*c*) :

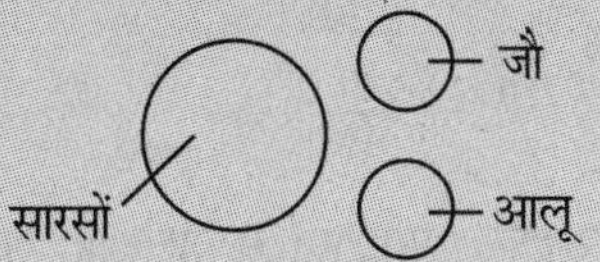

सरसों, *जौ* और *आलू* सभी अलग-अलग वस्तुएं हैं, जो एक-दूसरे से भिन्न हैं।

11. (*c*) :

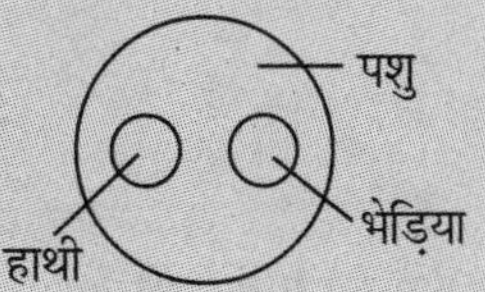

हाथी और *भेड़िये* पूरी तरह से अलग हैं। लेकिन, दोनों *पशु* हैं।

12. (*b*) :

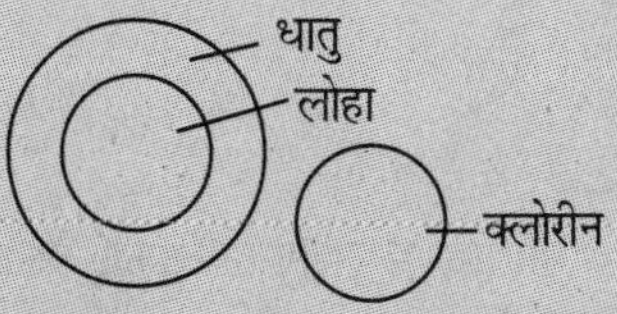

लोहा एक *धातु* है जबकि *क्लोरीन* एक गैर धातु है।

13. (*b*) :

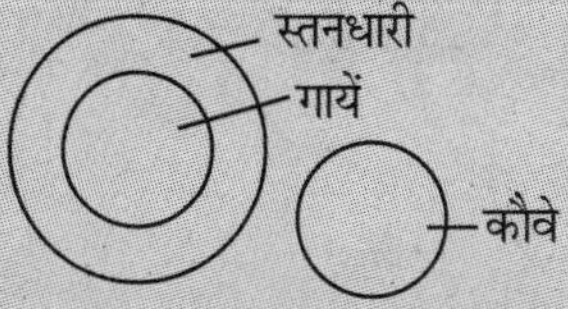

गाय स्तनधारी की श्रेणी से संबंधित हैं। लेकिन *कौवे* पूरी तरह से अलग हैं।

14. (*d*) :

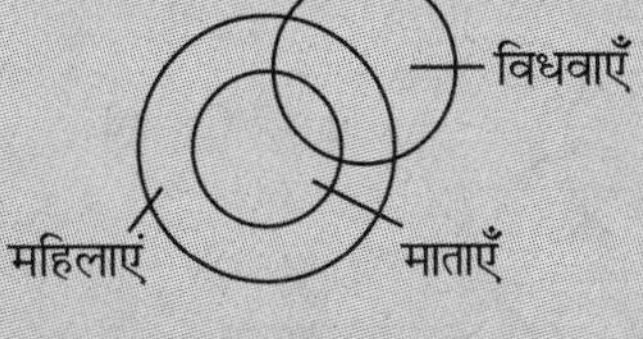

सभी *माताएं*, *महिलाएं* होती हैं। कुछ *माताएं* और कुछ *महिलाएं* *विधवाएँ* हो सकती हैं।

15. (*a*) :

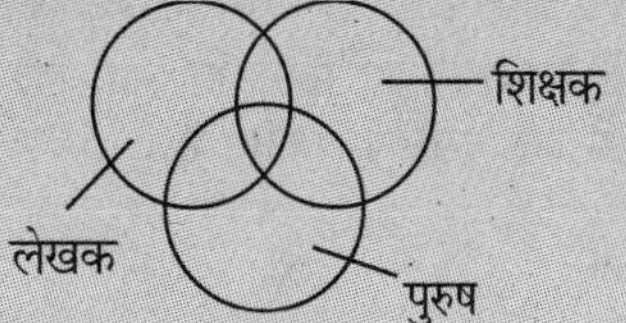

कुछ *लेखक शिक्षक* हो सकते हैं।
कुछ *शिक्षक पुरुष* हो सकते हैं।
कुछ *लेखक पुरुष* हो सकते हैं।
अतः दिए गए समूह आंशिक रूप से एक दूसरे से संबंधित हैं।

16. (*c*) :

केरल और *बिहार* पूरी तरह से अलग हैं। लेकिन, दोनों *भारत* के हिस्से हैं।

17. (*c*) :

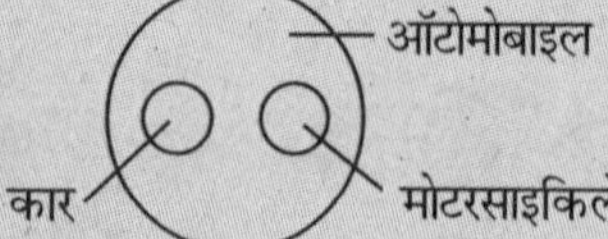

कार और *मोटरसाइकिलें* पूरी तरह से अलग हैं। लेकिन, दोनों *ऑटोमोबाइल* के वर्ग से संबंधित हैं।

18. (*e*) :

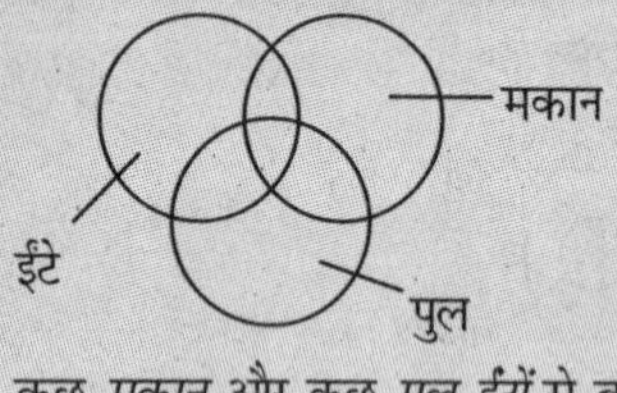

कुछ *मकान* और कुछ *पुल ईंटों* से बने होते हैं।

19. (*c*) :

चाय और *कॉफी* पूरी तरह से अलग हैं। लेकिन, दोनों *पेय पदार्थों* के वर्ग से संबंधित हैं।

20. (*a*) :

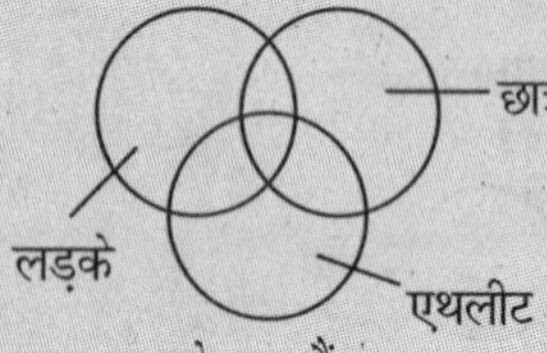

कुछ *लड़के छात्र* हैं।
कुछ *छात्र एथलीट* हैं।
कुछ *एथलीट लड़के* हैं।

21. (*c*) :

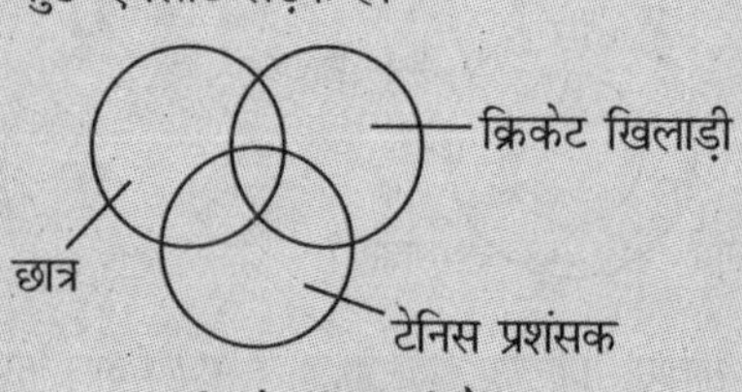

कुछ *छात्र क्रिकेट खिलाड़ी* हैं।
कुछ *क्रिकेट खिलाड़ी*, *टेनिस प्रशंसक* हो सकते हैं।
कुछ *छात्र*, *टेनिस प्रशंसक* हो सकते हैं। अतः दिए गए समूह आंशिक रूप से एक दूसरे से संबंधित हैं।

22. (*a*) :

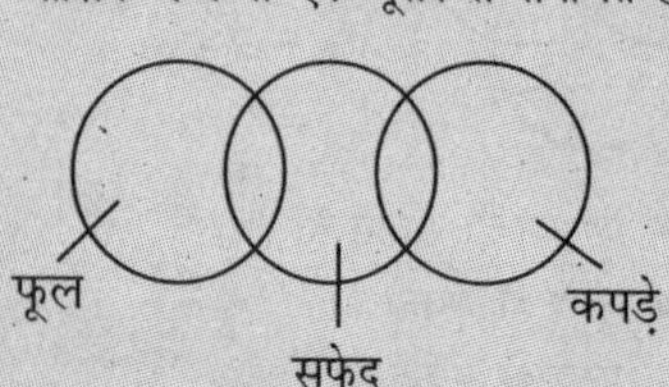

कुछ *फूल सफेद* हैं।
कुछ *कपड़े सफेद* हैं।
फूल और *कपड़े* पूरी तरह से अलग हैं।

23. (*a*) :

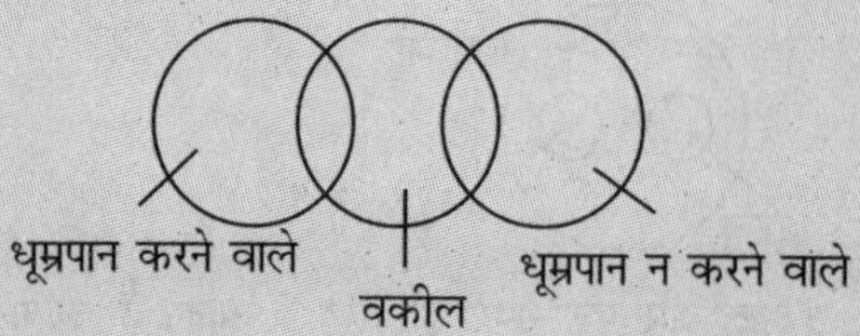

कुछ *वकील धूम्रपान* करने वाले हो सकते हैं।
कुछ *वकील धूम्रपान* न करने वाले हो सकते हैं।

24. (*e*) :

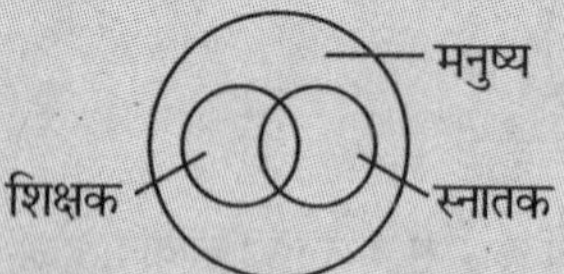

सभी *शिक्षक* और *स्नातक मनुष्य* हैं। लेकिन, कुछ *शिक्षक स्नातक* हो सकते हैं और कुछ *स्नातक शिक्षक* हो सकते हैं।

25. (*d*) :

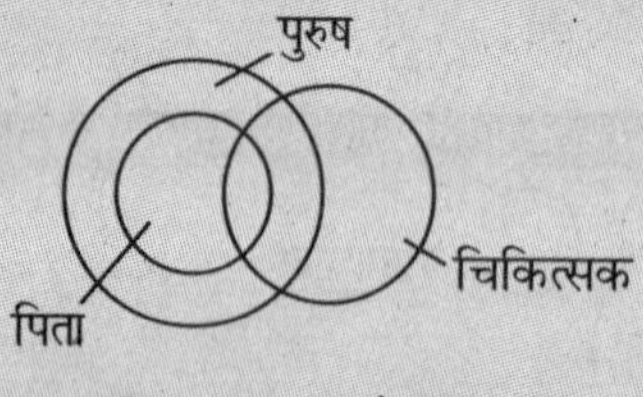

सभी *पिता पुरुष* होते हैं।
कुछ *पुरुष* और कुछ *पिता चिकित्सक* हो सकते हैं।

26. (*d*) :

सभी *पिता पुरुष* हैं।
कुछ *पिता* और कुछ *पुरुष चाचा* हो सकते हैं।

27. (*a*) :

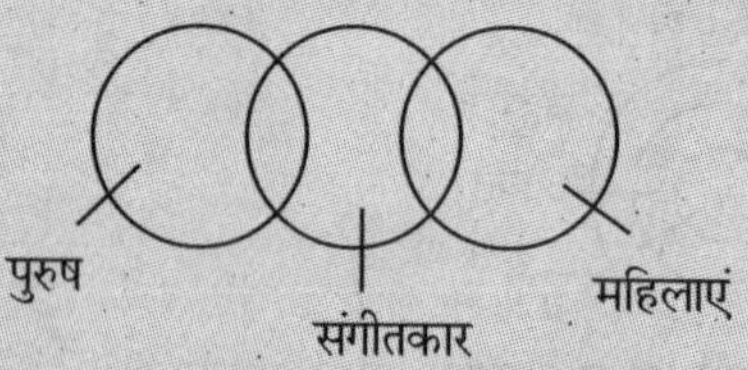

पुरुष और *महिलाएं* पूरी तरह से अलग हैं।
कुछ *संगीतकार पुरुष* हो सकते हैं।
कुछ *संगीतकार महिलाएं* हो सकते हैं।

28. (*b*) :

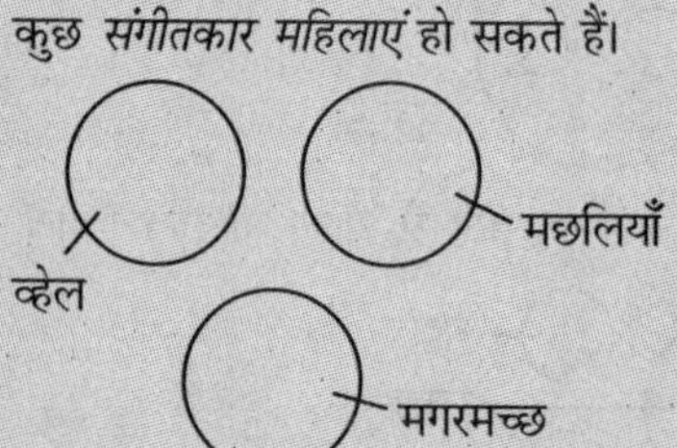

व्हेल एक स्तनपायी है और मगरमच्छ एक सरीसृप है। अतः *व्हेल*, *मछलियाँ* और *मगरमच्छ* एक दूसरे से पूरी तरह से अलग हैं।

29. (*e*) :

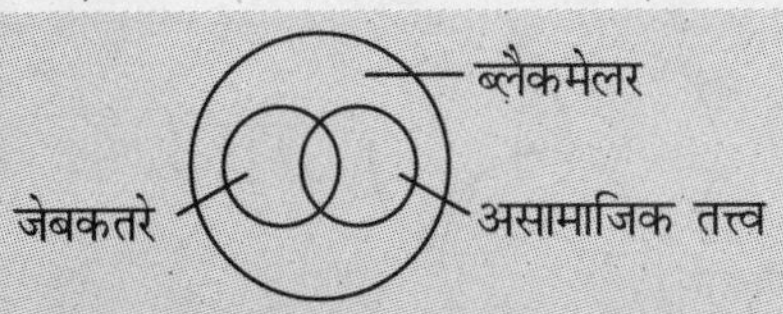

जेबकतरे और *ब्लैक मेलर* दोनों असामाजिक तत्त्व हैं। कुछ *जेबकतरे ब्लैकमेलर* हो सकते हैं और इसके विपरीत कुछ *ब्लैकमेलर जेब कतरे* हो सकते हैं।

30. (*c*) :

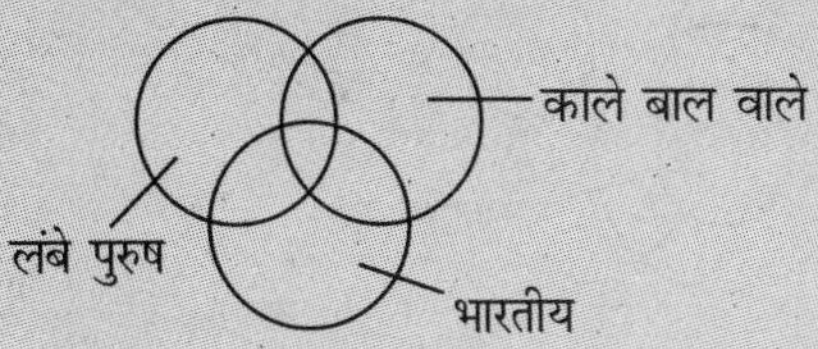

कुछ *लंबे पुरुष, काले बाल* वाले हो सकते हैं। कुछ *काले बाल* वाले व्यक्ति, *भारतीय* हो सकते हैं। कुछ *लंबे पुरुष, भारतीय* हो सकते हैं।

31. (*a*) :

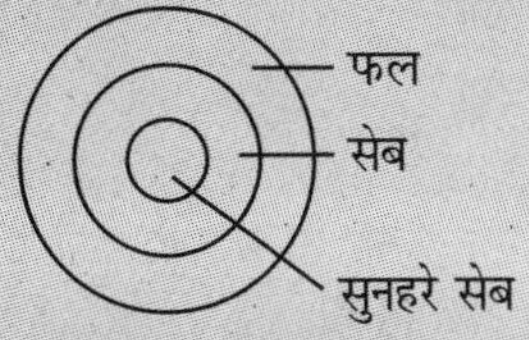

सभी *सुनहरे सेब, सेब* हैं।
सभी *सेब, फल* हैं।

32. (*e*) :

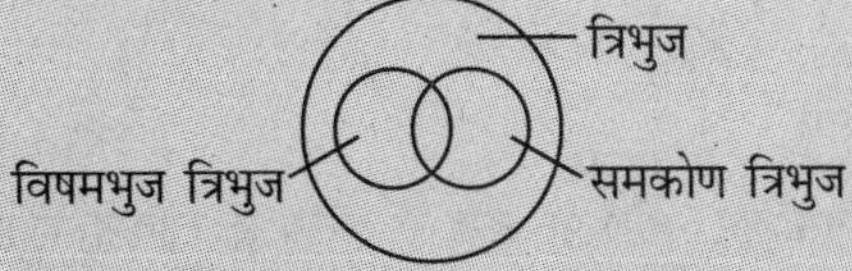

विषमभुज त्रिभुज और *समकोण त्रिभुज*, दोनों *त्रिभुज* होते हैं। कुछ *विषमभुज त्रिभुज, समकोण त्रिभुज* और कुछ *समकोण त्रिभुज, विषमभुज त्रिभुज* हो सकते हैं।

33. (*d*) :

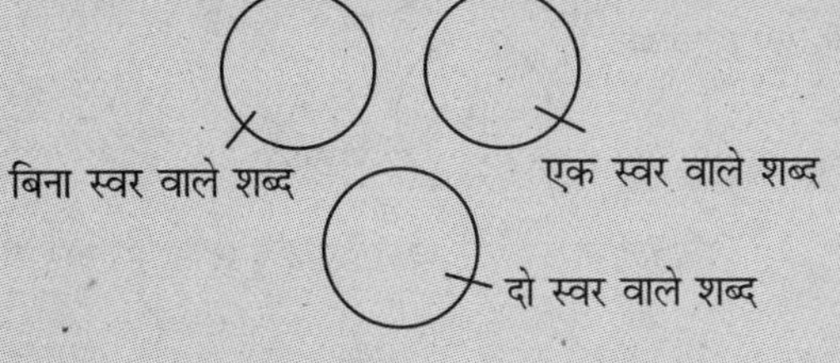

दिए गए शब्द एक-दूसरे से बिल्कुल अलग हैं।

34. (*c*) :

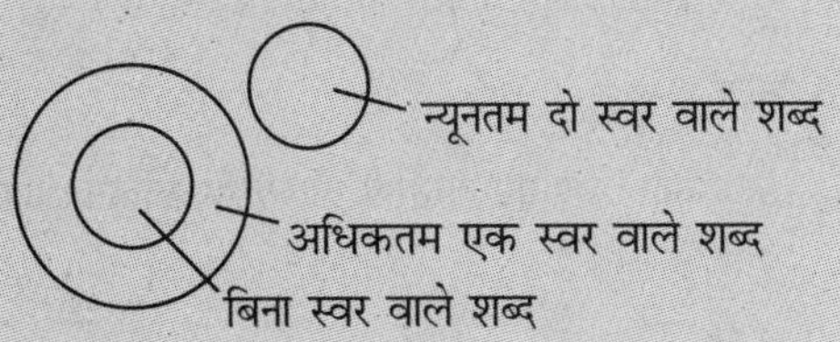

35. (*b*) :

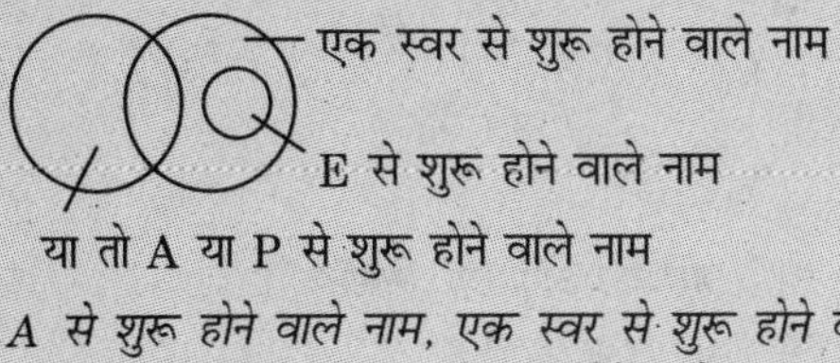

A से शुरू होने वाले नाम, एक स्वर से शुरू होने वाले नाम का हिस्सा होंगे। लेकिन, *P से शुरू होने वाले नाम* अलग होंगे।

36. (*c*) :

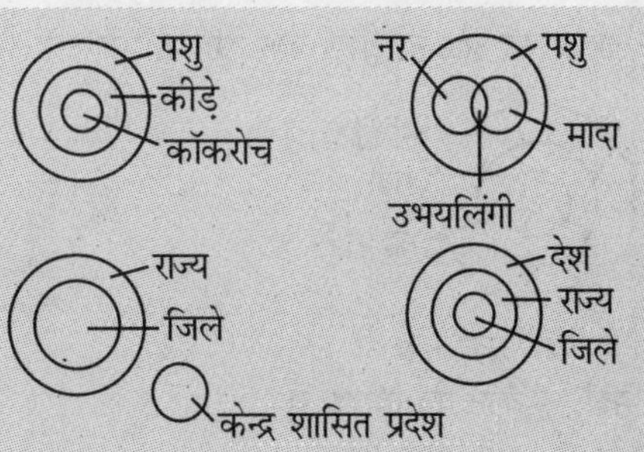

37. (*c*) :

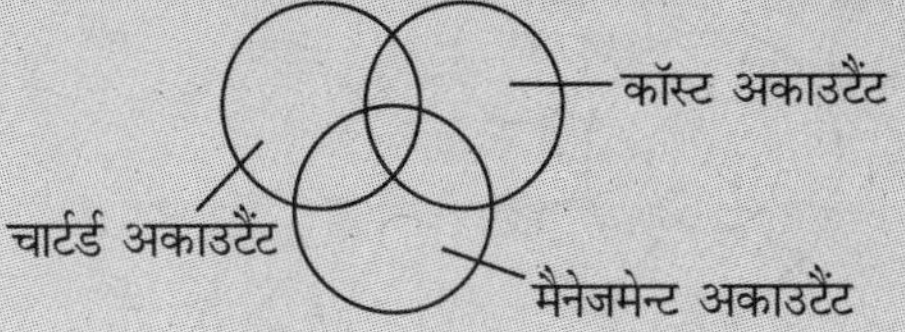

38. (*c*) :

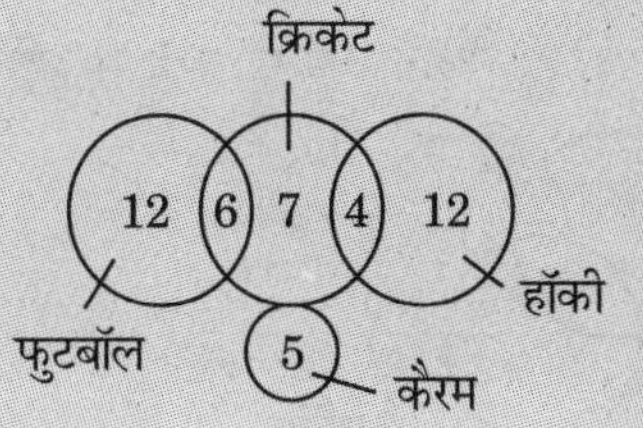

39. (*c*) :

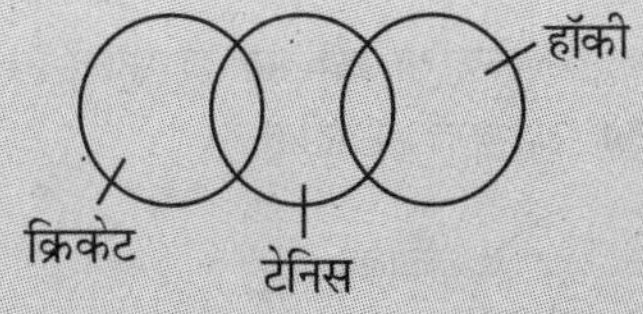

40. (*a*) :

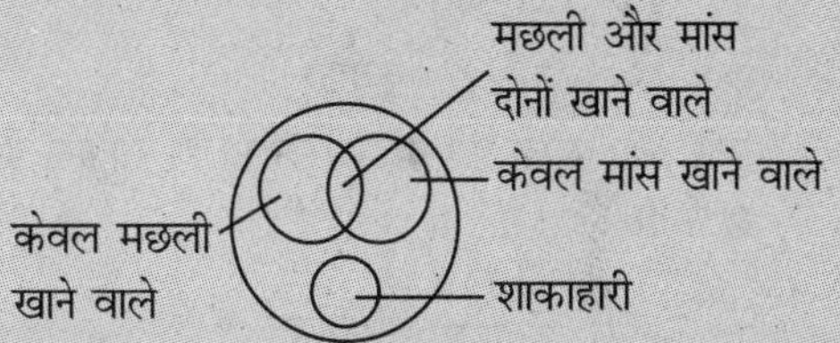

41. (*c*) :

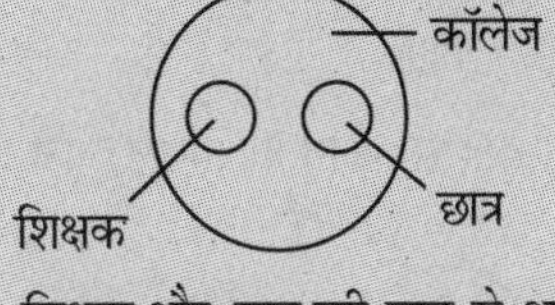

शिक्षक और *छात्र* पूरी तरह से अलग हैं। लेकिन, दोनों *कॉलेज* के हिस्से हैं।

42. (*b*) :

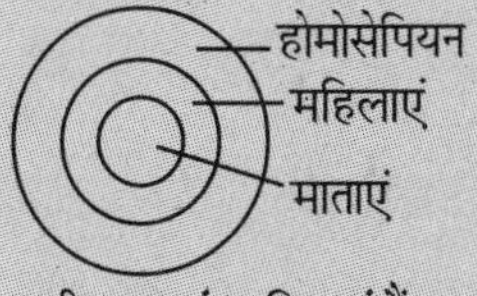

सभी *माताएं, महिलाएं* हैं।
सभी *महिलाएं, होमोसेपियन* हैं।

43. (*e*) :

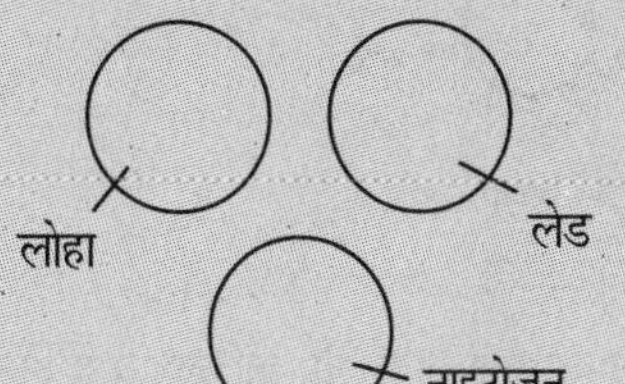

लोहा, लेड और *नाइट्रोजन* एक दूसरे से पूरी तरह से अलग हैं।

44. (*b*) :

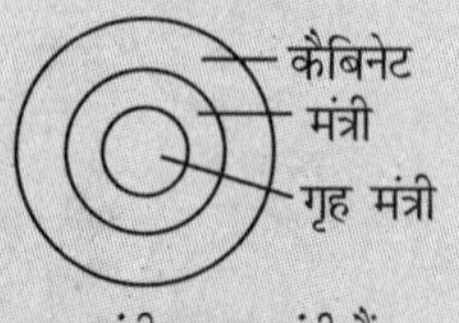

गृह मंत्री, एक मंत्री हैं।
मंत्री, कैबिनेट का हिस्सा हैं।

45. (*d*) :

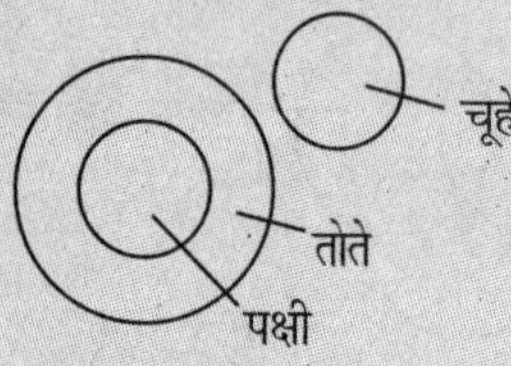

सभी *तोते, पक्षी* हैं। लेकिन, चूहे पूरी तरह से अलग है।

46. (*a*) :

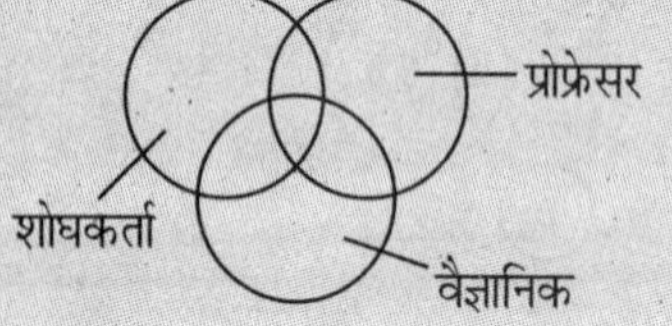

कुछ *प्रोफेसर, वैज्ञानिक* या *शोधकर्ता* हो सकते हैं।
कुछ *वैज्ञानिक, शोधकर्ता* हो सकते हैं।

47. (*c*) :

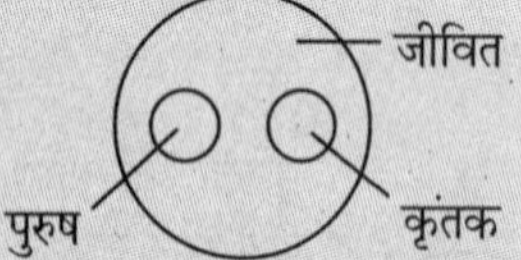

पुरुष और *कृंतक* पूरी तरह से अलग हैं। लेकिन, दोनों *जीवित प्राणी* हैं।

48. (*c*) :

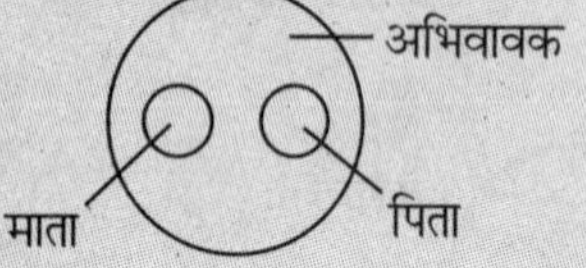

माता और पिता पूरी तरह से अलग हैं। लेकिन, दोनों अभिवावक हैं।

49. (*e*) :

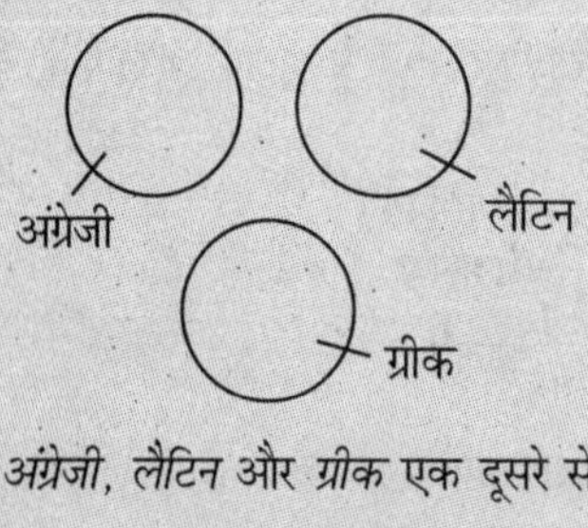

अंग्रेजी, लैटिन और *ग्रीक* एक दूसरे से पूरी तरह से अलग हैं।

50. (*d*) :

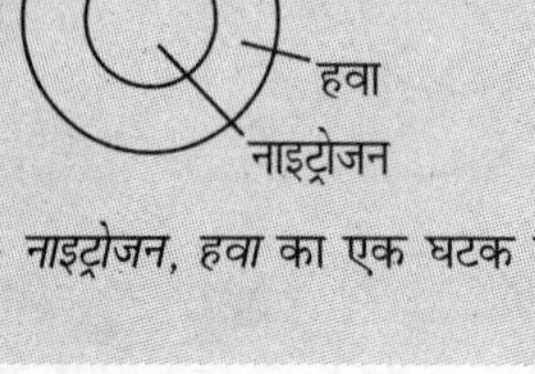

नाइट्रोजन, हवा का एक घटक है। लेकिन, *बर्फ* अलग है।

51. (*a*) :

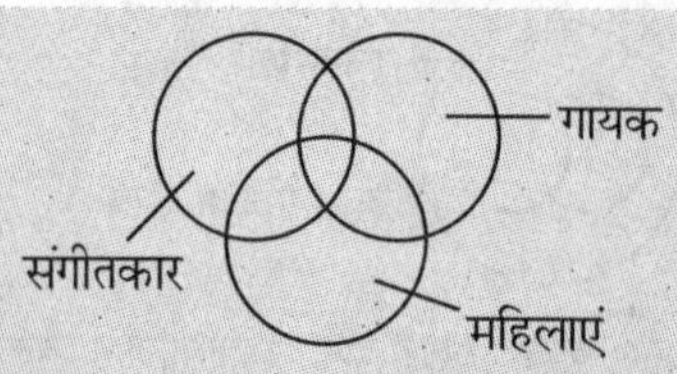

सभी तीन समूह आंशिक रूप से एक दूसरे से संबंधित हैं।

52. (*d*) :

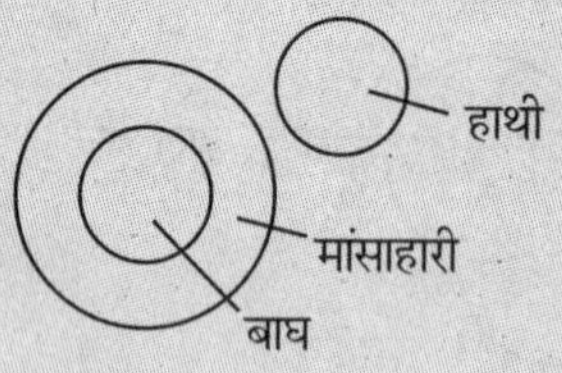

बाघ एक *मांसाहारी* है, जबकि *हाथी* नहीं है।

53. (*b*) :

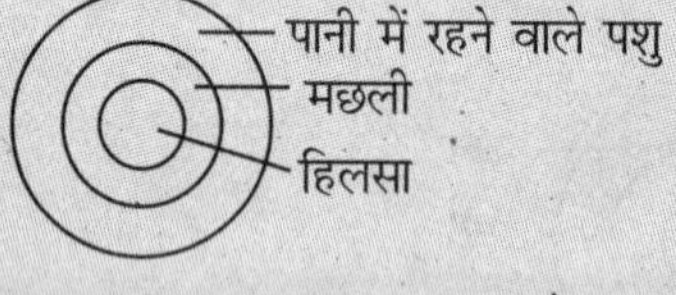

हिलसा, मछली का एक प्रकार है। *मछली, पानी में रहने वाले जानवरों* की श्रेणी से संबंधित है।

54. (*c*) :

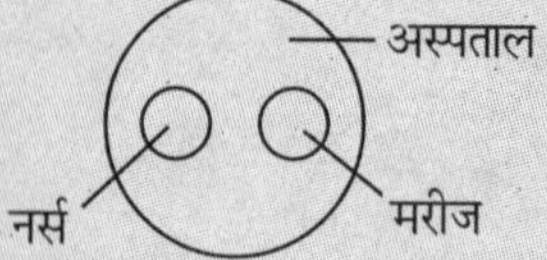

नर्स और *मरीज* पूरी तरह से अलग हैं। लेकिन, दोनों *अस्पताल* के हिस्से हैं।

55. (*e*) :

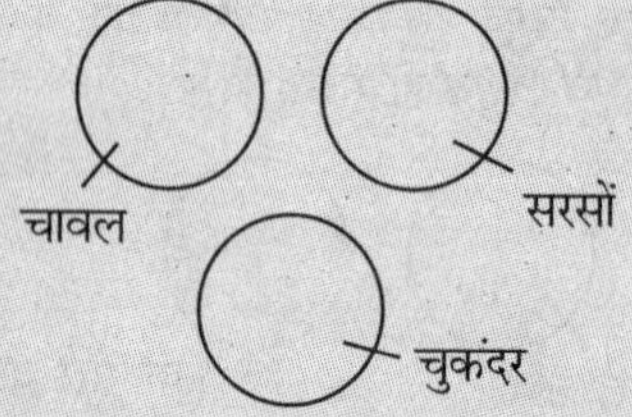

चावल, सरसों और चुकंदर एक दूसरे से पूरी तरह से अलग हैं।

56. (*c*) :

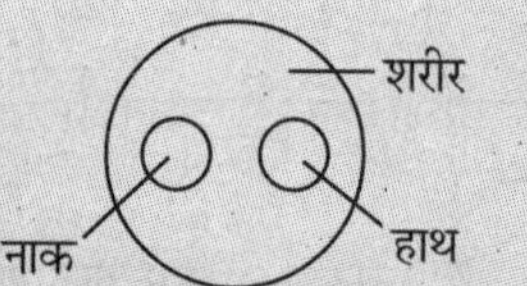

नाक और *हाथ* पूरी तरह से अलग हैं। लेकिन, दोनों शरीर के *अंग* हैं।

57. (*b*) :

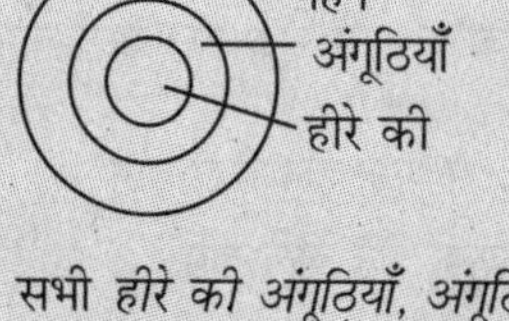

सभी *हीरे की अंगूठियाँ, अंगूठियाँ* हैं।
सभी *अंगूठियाँ,* गहने हैं।

58. (*d*) :

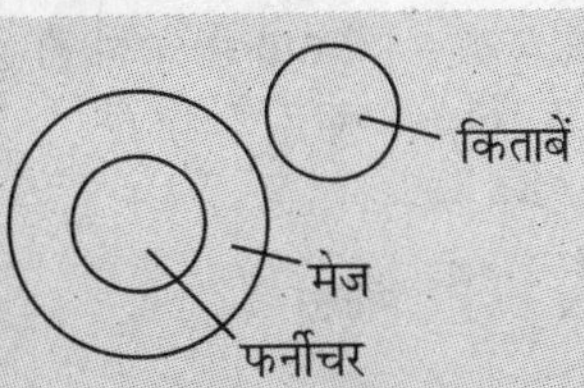

मेज, फर्नीचर की श्रेणी से संबंधित हैं। लेकिन, *किताबें* पूरी तरह से अलग है।

59. (*c*) :

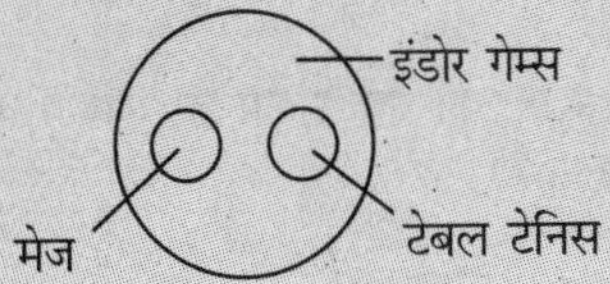

शतरंज और टेबल *टेनिस* पूरी तरह से अलग हैं। लेकिन, दोनों इंडोर *गेम्स* हैं।

60. (*b*) :

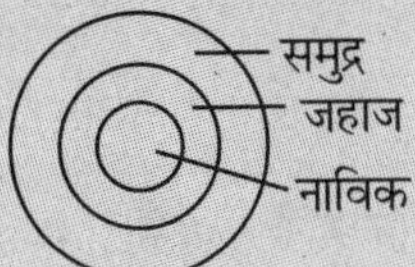

नाविक, समुद्री जहाज का एक हिस्सा है। *समुद्री जहाज, महासागर* का एक हिस्सा है।

61. (*a*) :

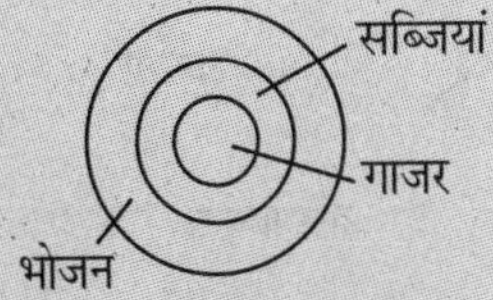

गाजर, सब्जियों की श्रेणी से संबंधित है। *सब्जियां, भोजन* की श्रेणी से संबंधित हैं।

62. (*c*) :

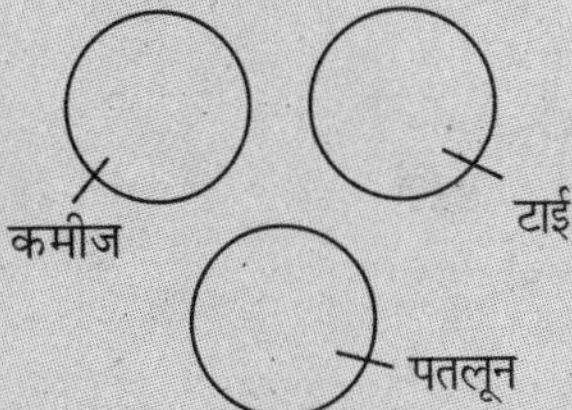

टाई, कमीज और *पतलून* अलग-अलग वस्तुएं हैं, जो एक-दूसरे से बिल्कुल अलग हैं।

63. (*d*) :

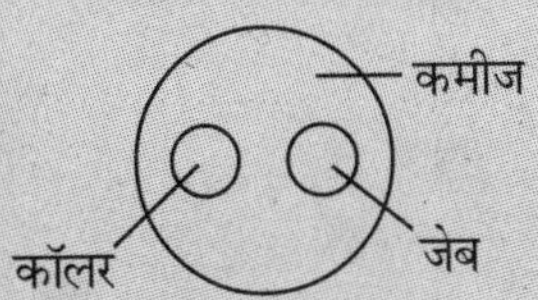

कॉलर और *जेब* पूरी तरह से अलग हैं। लेकिन, दोनों *कमीज* के हिस्से हैं।

64. (*a*) :

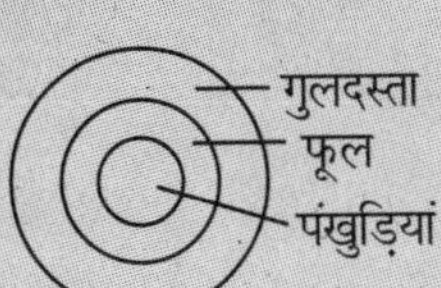

पंखुड़ियों से *फूल* बनते हैं। *फूलों* से *गुलदस्ता* बनता हैं।

65. (*d*) :

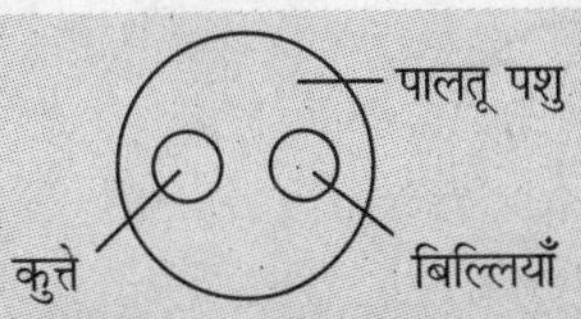

कुत्ते और *बिल्लियाँ* पूरी तरह से अलग हैं। लेकिन, दोनों *पालतू पशु* हैं।

66. (*e*) :

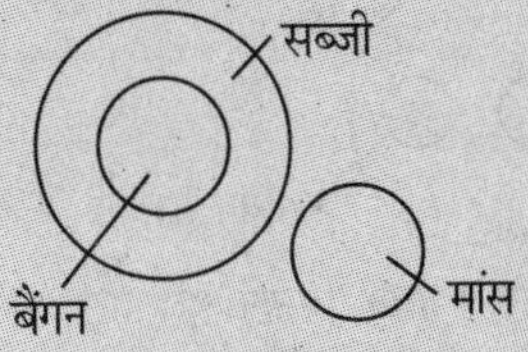

बैंगन एक *सब्जी* है। लेकिन, *मांस* पूरी तरह से अलग है।

67. (*a*) :

सभी *समचतुर्भुज, चतुर्भुज* हैं।
सभी *चतुर्भुज, बहुभुज* हैं।

68. (*d*) :

फ्रेंच और *जर्मन* पूरी तरह से अलग हैं। लेकिन, दोनों *भाषाएं* हैं।

69. (*e*) :

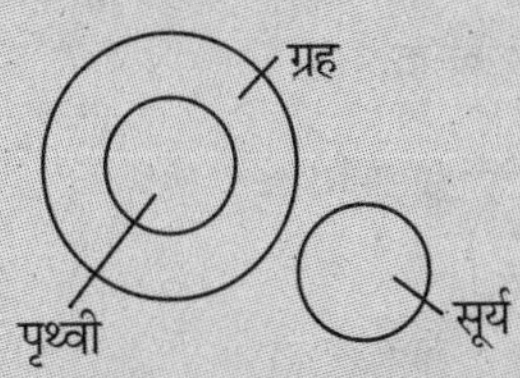

पृथ्वी एक *ग्रह* है। लेकिन, *सूर्य* पूरी तरह से अलग है।

70. (*a*) :

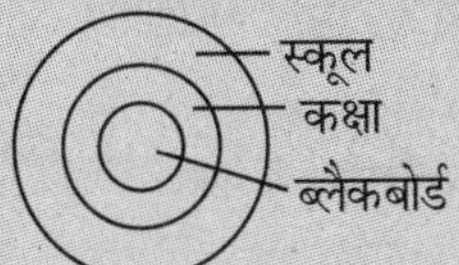

ब्लैकबोर्ड, कक्षा का हिस्सा है। *कक्षा, स्कूल* का हिस्सा है।

71. (*b*) :

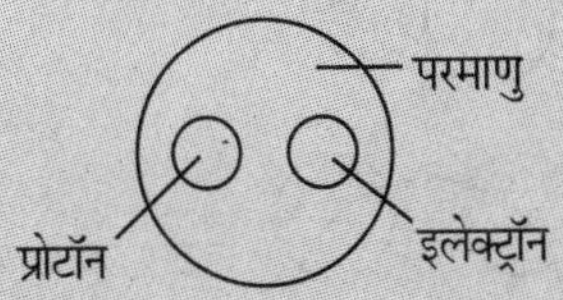

प्रोटॉन और *इलेक्ट्रॉन* पूरी तरह से अलग हैं। लेकिन, दोनों *परमाणुओं* के हिस्से हैं।

72. (*b*) :

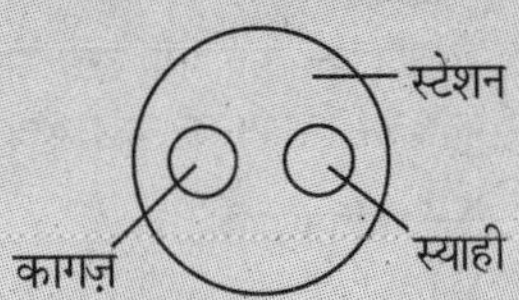

कागज और *स्याही* पूरी तरह से अलग हैं। लेकिन, दोनों *स्टेशनरी* का सामान हैं।

73. (*c*) :

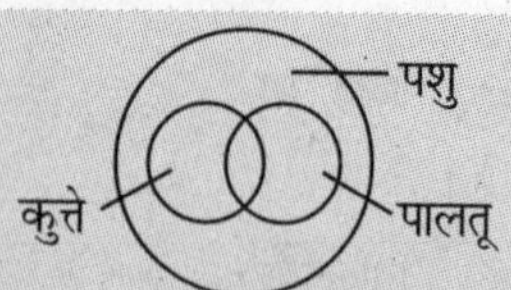

कुछ कुत्ते, *पालतू* पशु हैं और कुछ *पालतू पशु*, *कुत्ते* हैं। सभी *कुत्ते* और *पालतू पशु*, *पशु* हैं।

74. (*b*) :

भौतिक विज्ञान और *रसायन विज्ञान* पूरी तरह से अलग हैं। लेकिन, दोनों *विज्ञान* की शाखाएं हैं।

75. (*b*) :

हाइड्रोजन और *ऑक्सीजन* पूरी तरह से अलग हैं। लेकिन, दोनों *वायुमंडल* के घटक हैं।

76. (*b*) :

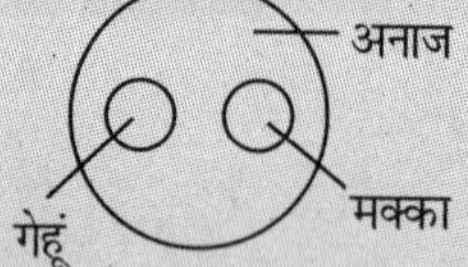

गेहूं और *मक्का* दो अलग-अलग वस्तुएं हैं। लेकिन, दोनों *अनाज* के श्रेणी से संबंधित हैं।

77. (*b*) :

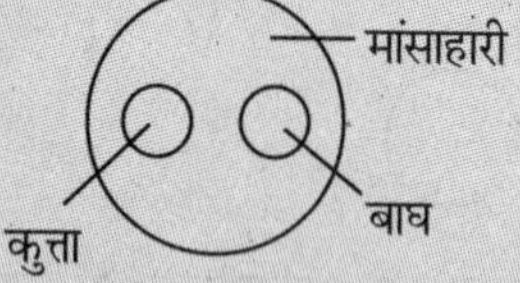

कुत्ता और *बाघ* पूरी तरह से अलग हैं। लेकिन, दोनों *मांसाहारी* हैं।

78. (*a*) :

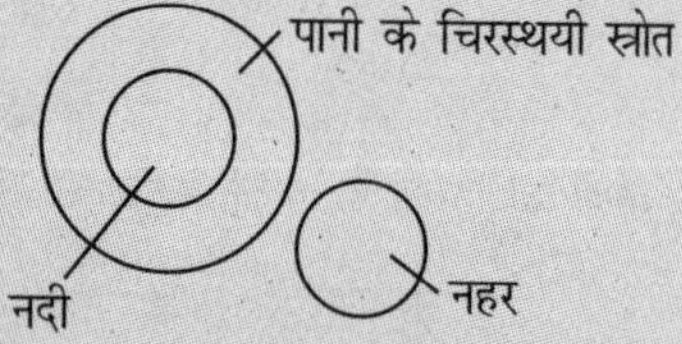

79. (*e*) :

कानून के छात्र और *विज्ञान के छात्र* पूरी तरह से अलग हैं। कानून के कुछ छात्र पुरुष हैं। विज्ञान के कुछ छात्र *पुरुष* हैं।

80. (*b*) :

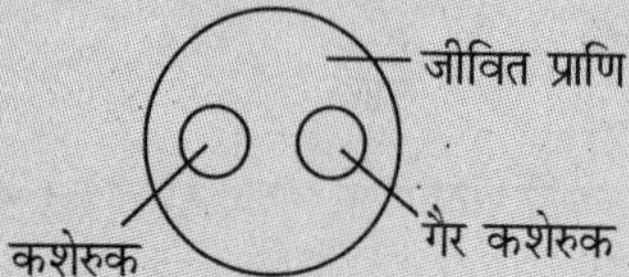

कशेरुक और *गैर कशेरुक* पूरी तरह से अलग हैं। लेकिन, दोनों *जीवित प्राणियों* के वर्ग से संबंधित हैं।

81. (*a*) :

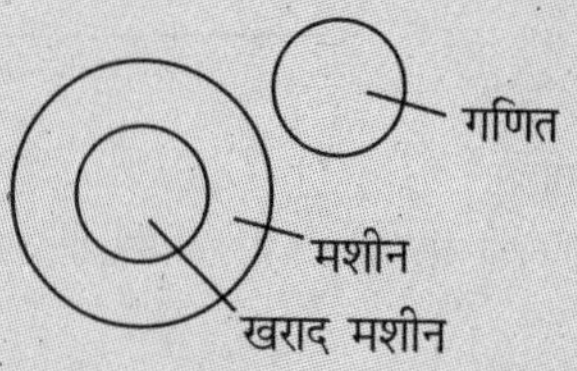

खराद मशीन, *मशीन* का एक प्रकार है। लेकिन, *गणित* दोनों से बिल्कुल अलग हैं।

82. (*b*) :

कुछ *शिक्षित*, *नागरिक* हैं।
कुछ *नागरिक*, *शिक्षित* हैं।
लेकिन, *शिक्षित* और *नागरिक* दोनों *पुरुष* हैं।

83. (*c*) :

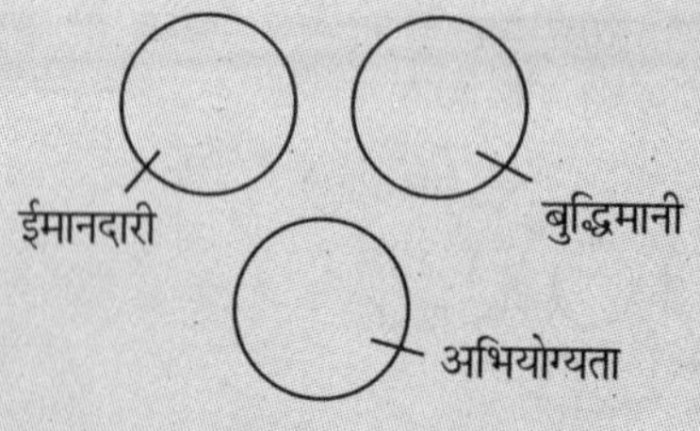

ईमानदारी, *बुद्धिमानी* और *अभियोग्यता* एक दूसरे से पूरी तरह से अलग हैं।

84. (*a*) :

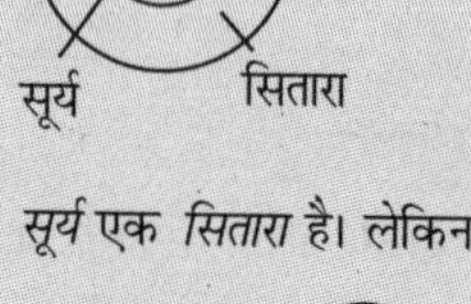

सूर्य एक *सितारा* है। लेकिन, *चंद्रमा* पूरी तरह से अलग है।

85. (*a*) :

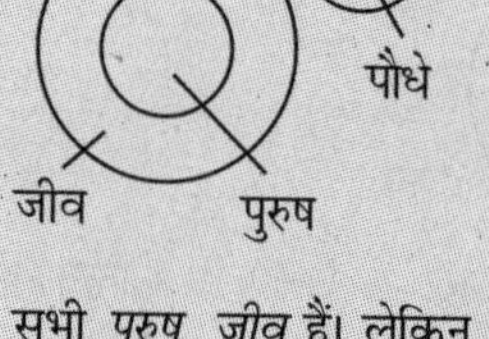

सभी *पुरुष*, *जीव* हैं। लेकिन, *पौधे* पूरी तरह से अलग हैं।

86. (*e*) :

बुध और *मंगल* पूरी तरह से अलग हैं। लेकिन, दोनों *ग्रह* हैं।

87. (*c*) :

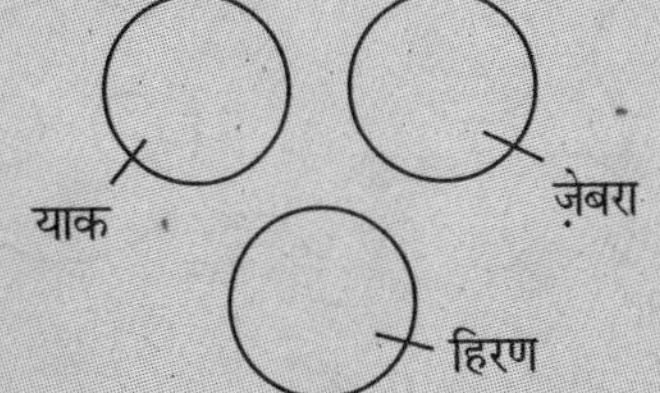

याक, *जेबरा* और *हिरण* एक-दूसरे से पूरी तरह अलग हैं।

88. (*d*) :

हाइड्रोजन, *पानी* और *वायुमंडल* दोनों का एक घटक है। *वायुमंडल* में *पानी* मौजूद है।

89. (*e*) :

कुष्ठरोग और *स्कर्वी* पूरी तरह से अलग हैं। लेकिन, दोनों *बीमारियां* हैं।

90. (*e*) :

चिकित्सक और *वकील* पूरी तरह से अलग हैं। लेकिन, दोनों *पेशेवर* हैं।

91. (*e*) :

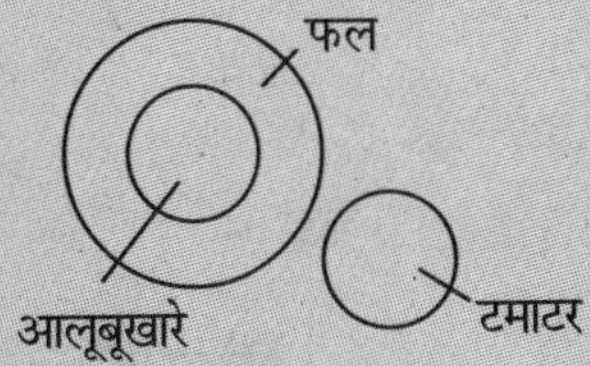

सभी *आलूबुखारे*, *फल* हैं। लेकिन, *टमाटर* पूरी तरह से अलग है।

92. (*b*) :

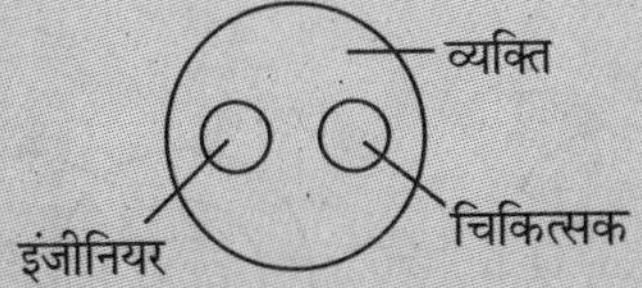

इंजीनियर और *चिकित्सक* पूरी तरह से अलग हैं। लेकिन, दोनों *व्यक्ति* श्रेणी से संबंधित हैं।

93. (*e*) :

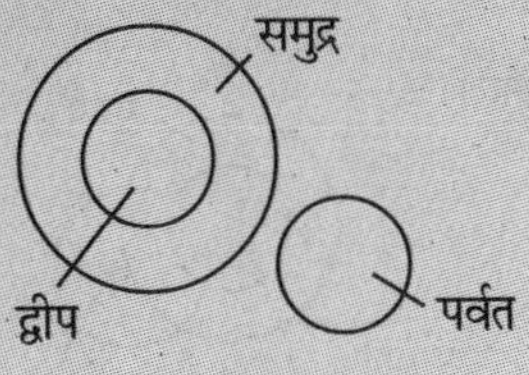

द्वीप, *समुद्र* का हिस्सा है। लेकिन, *पर्वत* पूरी तरह से अलग है।

94. (*b*) :

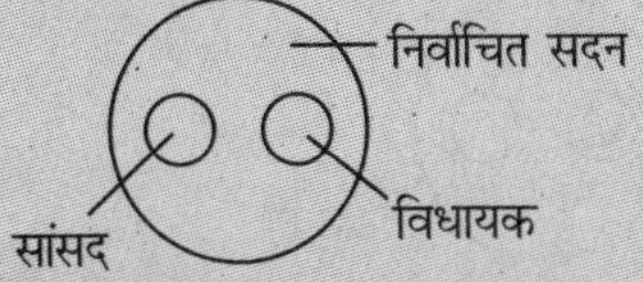

कोई भी *विधायक*, *सांसद* नही हो सकता है इसके अलावा, सभी *सांसद* और *विधायक निर्वाचित सदन* से संबंधित हैं।

95. (*a*) :

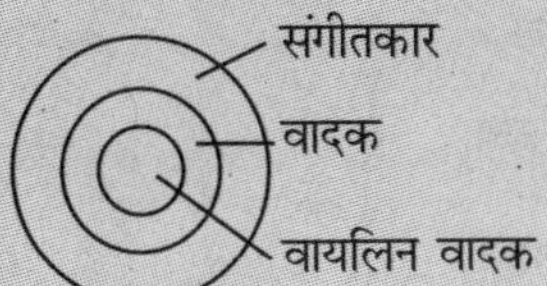

सभी *वायलिन वादक*, *वादक* हैं। सभी *वादक*, *संगीतकार* हैं।

96. (*b*) :

चना और *बीन्स* पूरी तरह से अलग हैं। लेकिन, दोनों *फलियों* की श्रेणी से संबंधित हैं।

97. (*c*) :

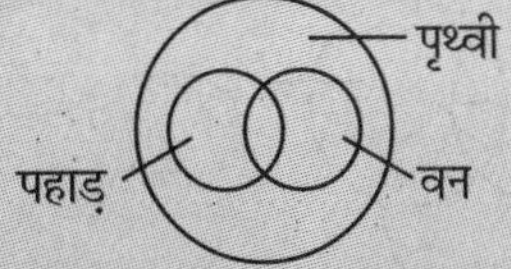

पहाड़ और *वन पृथ्वी* के हिस्से हैं। लेकिन, कुछ *पहाड़* घने *वन* हैं और कुछ *वन पहाड़ी* पर स्थित हैं।

98. (*b*) :

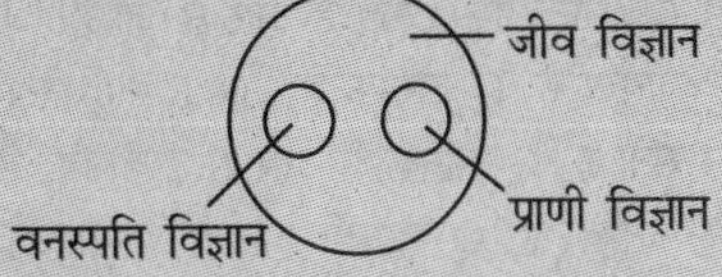

वनस्पति विज्ञान और *प्राणी विज्ञान* पूरी तरह से अलग हैं। लेकिन, दोनों *जीव विज्ञान* की शाखाएं हैं।

99. (*b*) :

मशीनरी और *उत्पाद* पूरी तरह से अलग हैं। लेकिन, दोनों *कारखाने* से संबंधित हैं।

100.(*d*):

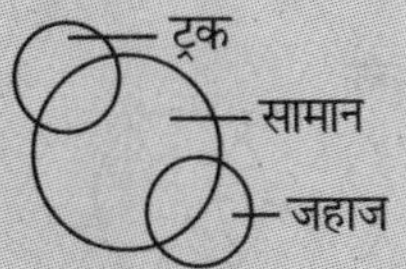

ट्रक और *समुद्री जहाज* पूरी तरह से अलग हैं। लेकिन, कुछ *सामान* कुछ *ट्रकों* के द्वारा ले जाते हैं और कुछ *सामान* कुछ *समुद्री जहाज* के द्वारा ले जाते हैं।

101.(*b*):

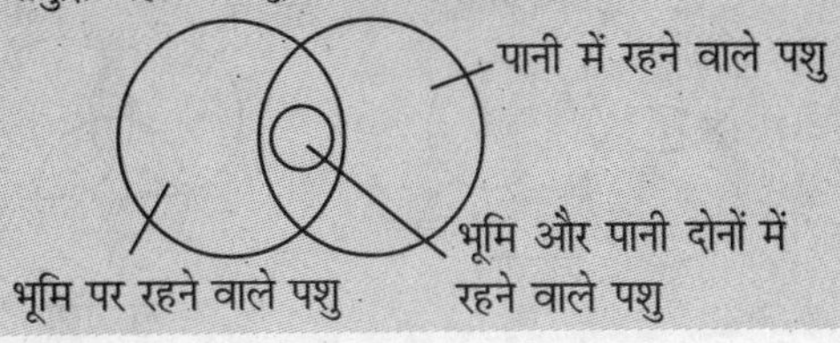

102.(*b*):

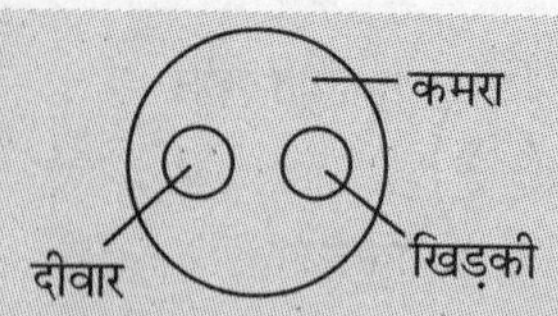

दीवार और *खिड़की* दोनों कमरे के हिस्से हैं। लेकिन, *दीवार* और *खिड़की* पूरी तरह से अलग हैं।

103.(*a*):

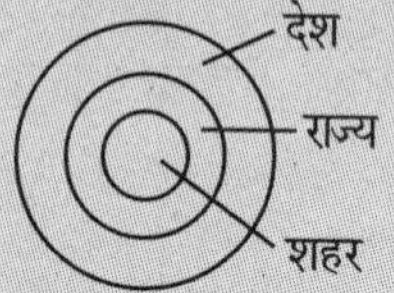

एक *शहर* एक *राज्य* के भीतर स्थित होता है, जो एक *देश* के भीतर स्थित होता है।

104.(*d*):

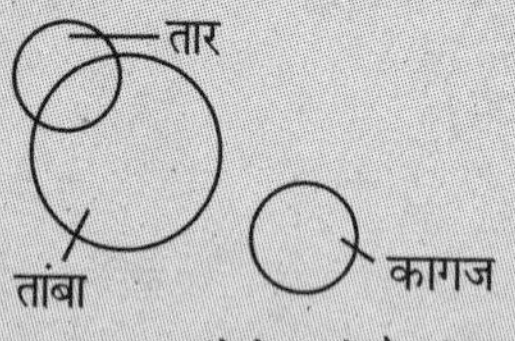

कुछ *तार*, *तांबे* से बनते हैं। लेकिन, *कागज* पूरी तरह से अलग है।

105.(*c*):

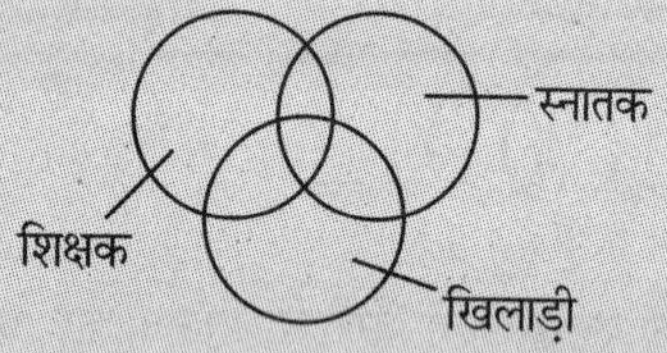

तीनों समूह आंशिक रूप से एक दूसरे से संबंधित हैं।

106.(*a*): यहां P पाव रोटी है, Q गेहूं है और R जौ है।

107.(*c*): यहां P गायक है, Q लेखक है और R अभिनेता है।

108.(*a*): यहां P सेना है, Q सैनिक है और R इंजीनियर है।

109.(*a*): यहां P फर्नीचर है, Q लकड़ी और R इस्पात है।

110.(*c*): यहां P शिक्षक है, Q लेखक है और R संगीतकार है।

111.(*d*): यहां P चतुष्पद जानवर (क्वाड्रुपेड) है, Q बाघ और R हाथी है।

112.(*a*): कुछ चिकित्सक और कुछ अभिनेता पुरुष हैं। लेकिन, चिकित्सक और अभिनेता पूरी तरह से अलग हैं।

113.(*b*): गुलाब और कमल दोनों फूल हैं। लेकिन, गुलाब और कमल पूरी तरह से अलग हैं।

114.(*c*): पिता, माता और बच्चा पूरी तरह से अलग हैं।

115.(*a*): कुछ गहने, सोने और चांदी के बने होते हैं। सोना और चांदी पूरी तरह से अलग हैं।

116.(*c*):

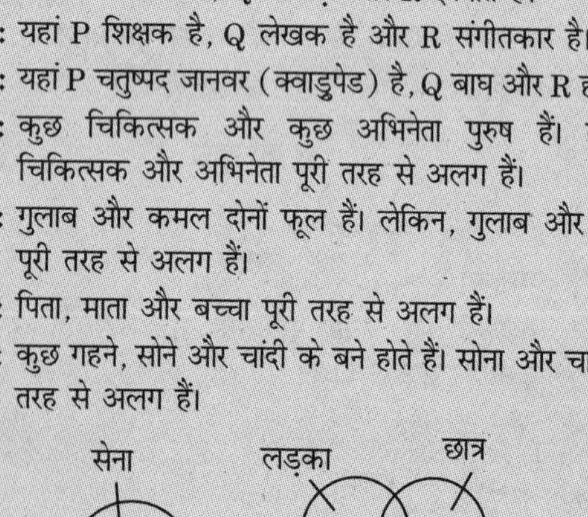

117.(*a*):

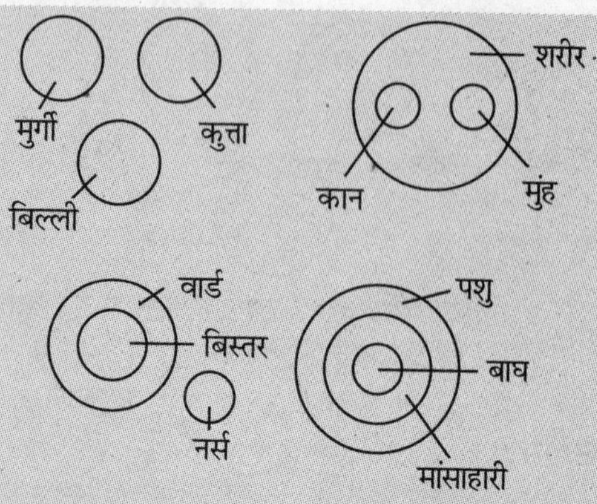

118.(*c*):

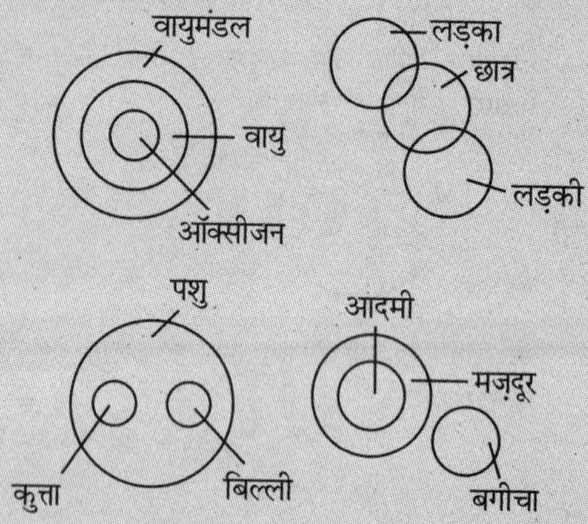

119.(*b*):

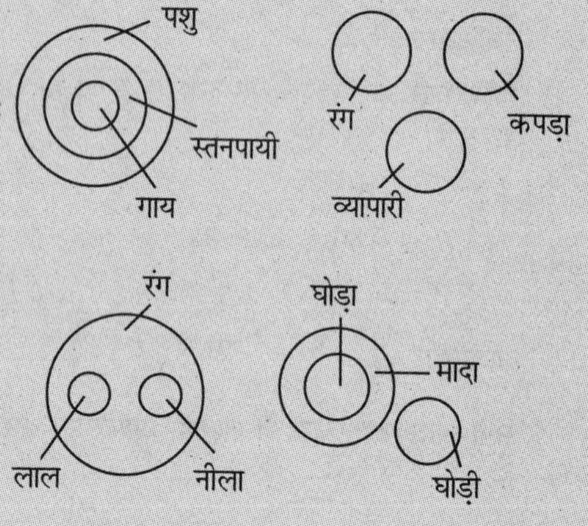

120.(*d*):

121.(*c*) :

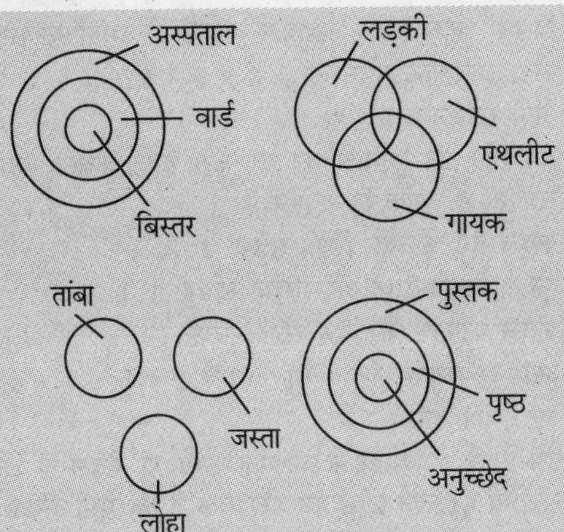

122.(*a*) :

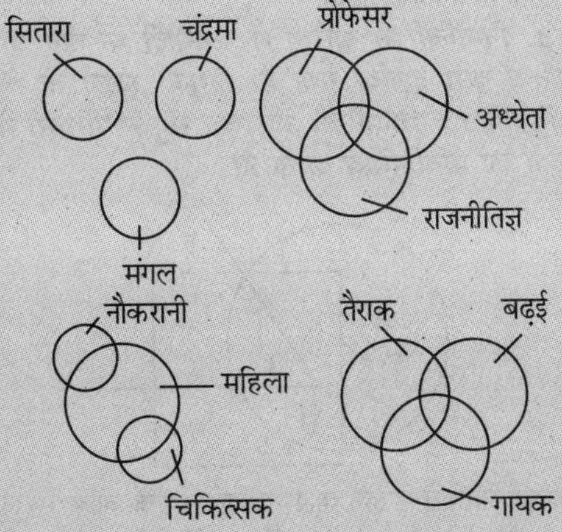

123.(*c*) :

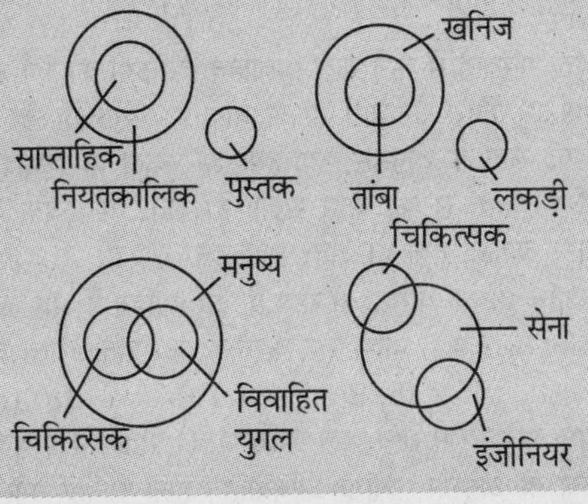

124.(*b*) :

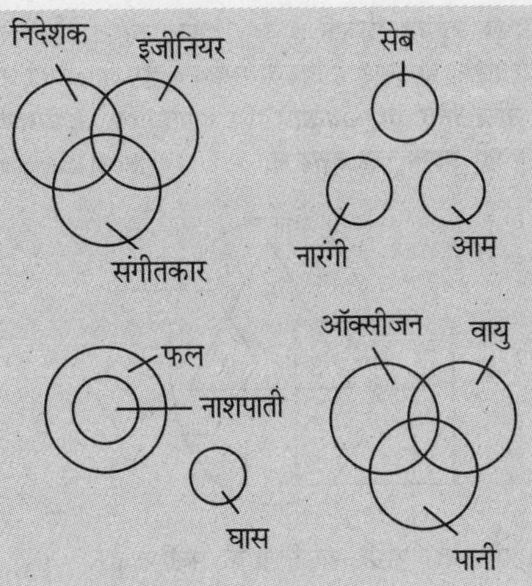

125.(*c*) :

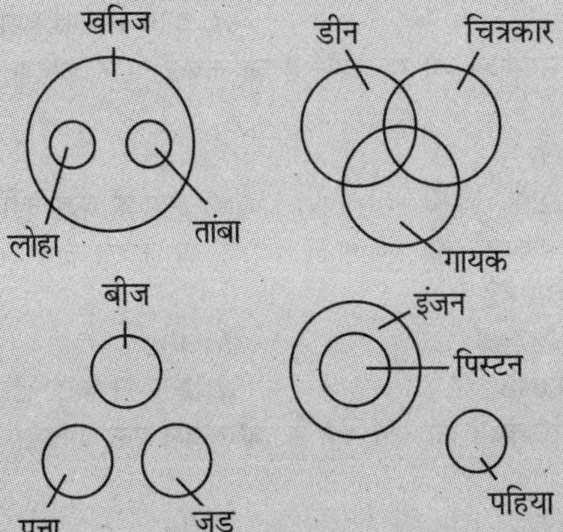

प्रकार 2

इस प्रकार के प्रश्नों में, सामान्यत: एक वेन आरेख दिया जाता है। वेन आरेख में दिया गया प्रत्येक ज्यामितीय चित्र एक निश्चित वर्ग का प्रतिनिधित्व करता है। अभ्यर्थी को आकृति का अध्ययन और विश्लेषण कर आकृति में दिए गए डेटा से संबंधित कुछ प्रश्नों को हल करना होता है।

व्याख्यात्मक उदाहरण

उदा. 1. ***कौन सी संख्या सभी ज्यामितीय आकृतियां में उभयनिष्ठ है***

(C.P.O. 2003)

(*a*) 3 (*b*) 4 (*c*) 5 (*d*) 8

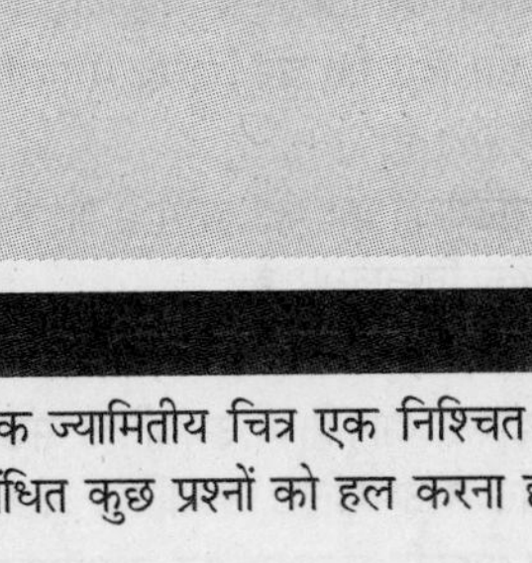

हल: हमे एक संख्या खोजनी है, जो त्रिभुज, आयत और वृत्त, तीनों के अंदर स्थित हो स्पष्ट है कि वो संख्या 4 है। अतः सही उत्तर (*b*) है।

उदा. 2. ***नीचे दिए गए आकृति का ध्यानपूर्वक अध्ययन करें और आगे दिए गए प्रश्नों का उत्तर दें:*** **(Hotel Management, 2002)**

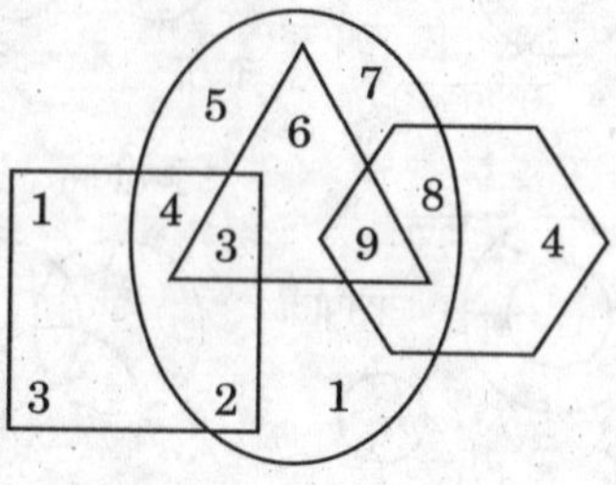

1. कौन-सी संख्या सभी आकृतियों के संबंधित है?

(*a*) 3 (*b*) 4
(*c*) 6 (*d*) इनमे से कोई नहीं

2. उन संख्याओं का योग क्या है जो केवल दो आकृतियों से संबंधित है?

(*a*) 6 (*b*) 15
(*c*) 20 (*d*) इनमें से कोई नहीं

3. उन संख्याओं का गुणनफल क्या है जो केवल तीन आकृतियों से संबंधित है?

(*a*) 27 (*b*) 162
(*c*) 648 (*d*) इनमे से कोई नहीं

4. उन संख्याओं का योग क्या है, जो केवल एक आकृति से संबंधित है

(*a*) 5 (*b*) 16
(*c*) 21 (*d*) इनमें से कोई नहीं

5. उन संख्याओं का गुणनफल क्या है जो केवल दो आकृतियों से संबंधित है?

(*a*) 64 (*b*) 192
(*c*) 384 (*d*) इनमें से कोई नहीं

हल:

1. स्पष्ट रूप से, हमें एक ऐसी संख्या खोजनी है, जो चार आकृतियों - त्रिभुज, वर्ग, अंडाकार और षट्भुज में से प्रत्येक आकृति से अंदर स्थित हो। दिए गए वेन आरेख में ऐसी कोई संख्या नहीं है। अतः सही उत्तर (*d*) है।

2. हम पहले उन संख्याओं का पता करेंगे हैं जो केवल दो आकृतियों से संबंधित है, जोकि निम्नानुसार हैं:
वर्ग और अंडाकार आकृति में उभयनिष्ठ संख्या: 2, 4
त्रिभुज और अंडाकार आकृति में उभयनिष्ठ संख्या: 6. षट्कोण और अंडाकार आकृति में उभयनिष्ठ उभयनिष्ठ संख्या: 8
वर्ग और त्रिभुज आकृति में उभयनिष्ठ उभयनिष्ठ संख्या अर्थात 3 या त्रिभुज और षट्भुज में उभयनिष्ठ संख्या अर्थात 9 अंडाकार आकृति के अंदर भी स्थित है अतः उनमें से कोई भी यहां पर नहीं गिनी जा सकती है। अतः आवश्यक योगफल = (2 + 4 + 6 + 8) = 20
अतः सही उत्तर (*c*) है।

3. हम पहले उन संख्याओं का पता करेंगे हैं जो केवल तीन आकृतियों से संबंधित है, जोकि निम्नानुसार हैं:
वर्ग, त्रिभुज और अंडाकार आकृति में उभयनिष्ठ संख्या: 3
त्रिभुज, षट्कोण और अंडाकार आकृति में उभयनिष्ठ संख्या: 9
अतः आवश्यक गुणनफल = 3 × 9 = 27
अतः सही उत्तर (*a*) है।

4. हम पहले उन संख्याओं का पता करेंगे हैं जो केवल एक आकृति से संबंधित है, जोकि निम्नानुसार हैं
केवल वर्ग के अंदर स्थित संख्या: 1, 3.
केवल अंडाकार के अंदर स्थित संख्या: 1, 5, 7
केवल षट्कोण के अंदर स्थित संख्या: 4
अतः आवश्यक राशि = (1 + 3 + 1 + 5 + 7 + 4) = 21
अतः सही उत्तर (*c*) है।

5. हम पहले उन संख्याओं का पता करेंगे जो केवल दो आकृतियों से संबंधित है। प्रश्न 2 में हम देख चुके हैं कि ऐसी संख्या 2, 4, 6, 8 हैं। अतः आवश्यक गुणनफल = (2 × 4 × 6 × 8) = 384
अतः सही उत्तर (*c*) है।

उदा. 3. ***निम्नलिखित आरेख में, आबादी के तीन वर्गों को तीन आकृतियों द्वारा दर्शाया गया है। त्रिभुज, स्कूल के शिक्षकों को; वर्ग, विवाहित व्यक्तियों को और वृत्त संयुक्त परिवारों में रहने वाले व्यक्तियों का प्रतिनिधित्व करता है।***

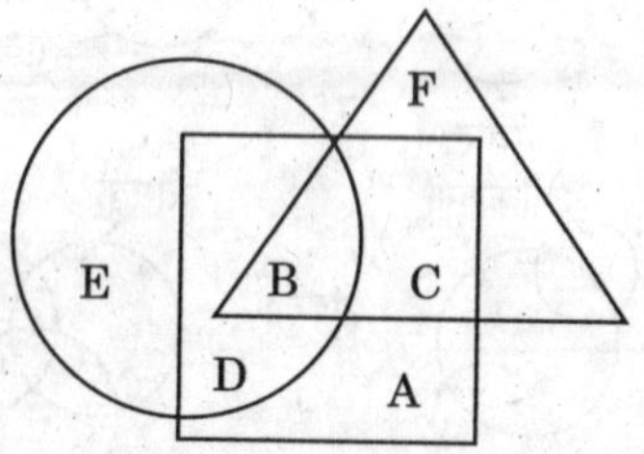

1. संयुक्त परिवारों में रहने वाले शादीशुदा व्यक्ति जोकि स्कूल के शिक्षकों के रूप में काम नहीं करते हैं, का प्रतिनिधित्व करता है–

(*a*) C (*b*) F (*c*) D (*d*) A

हल: संयुक्त परिवारों में रहने वाले विवाहित व्यक्तियों को वर्ग और वृत्त के लिए उभयनिष्ठ क्षेत्र द्वारा दर्शाया जाता है अर्थात D और B लेकिन, दी गई शर्तों के अनुसार, व्यक्तियों को स्कूल के शिक्षक नहीं होने चाहिए। अतः B को बाहर रखना है। अतः आवश्यक शर्त को D क्षेत्र से दर्शाया गया है। अतः सही उत्तर (*c*) है।

2. जो व्यक्ति संयुक्त परिवार में रहते हैं, अविवाहित हैं और जो स्कूल के शिक्षकों के रूप में काम नहीं करते हैं, का प्रतिनिधित्व करता है–

(*a*) C (*b*) B (*c*) E (*d*) D

हल: संयुक्त परिवारों में रहने वाले व्यक्तियों का प्रतिनिधित्व वृत्त करता है। दी गई शर्तों के अनुसार, व्यक्ति अविवाहित होना चाहिए और स्कूल के शिक्षक के रूप में काम नहीं करता है। अतः यह क्षेत्र, वर्ग या त्रिभुज का हिस्सा नहीं होना चाहिए। इस प्रकार दिए गए शर्तों को क्षेत्र E पूरा करता है। अतः सही उत्तर (*c*) है।

3. संयुक्त परिवारों में रहने वाले शादीशुदा शिक्षकों का प्रतिनिधित्व करता है–

(*a*) C (*b*) B (*c*) D (*d*) A

हल: विवाहित शिक्षकों का वर्ग और त्रिभुज के लिए उभयनिष्ठ क्षेत्र द्वारा प्रतिनिधित्व किया जाता है, अर्थात, B और C के द्वारा लेकिन, दी गई शर्तों के अनुसार, व्यक्ति संयुक्त परिवारों में रहना चाहिए। अतः आवश्यक क्षेत्र वृत्त का एक हिस्सा होना चाहिए। क्योंकि B वृत्त के भीतर निहित है, अतः क्षेत्र B दी गई शर्तों को पूरा करता है। अतः सही उत्तर (*b*) है।

4. स्कूल के शिक्षक जो शादीशुदा हैं लेकिन संयुक्त परिवारों में नहीं रहते हैं का प्रतिनिधित्व करता है-

(*a*) C (*b*) F (*c*) A (*d*) D

हल: उपर्युक्त प्रश्न के अनुसार, B और C विवाहित शिक्षक का प्रतिनिधित्व करते है लेकिन, यहां कहा गया है कि व्यक्तियों को संयुक्त परिवारों में नहीं रहना चाहिए। अत: आवश्यक क्षेत्र वृत्त के बाहर रहना चाहिए। क्योंकि C वृत्त के बाहर स्थित है, अत: दी गई शर्तों को पूरा करता है। अत: सही उत्तर (*a*) है।

5. स्कूल के शिक्षक जो न तो शादीशुदा हैं और न ही संयुक्त परिवारों में रहते है, उनका प्रतिनिधित्व करता है-

(*a*) F (*b*) C (*c*) B (*d*) A

हल: स्कूल शिक्षकों का प्रतिनिधित्व त्रिभुज कर रहा हैं। लेकिन दी गई शर्तों के अनुसार, व्यक्ति न तो शादीशुदा और न ही वे संयुक्त परिवारों में रहते हैं। अत: आवश्यक क्षेत्र, वर्ग या वृत्त का एक हिस्सा नहीं होना चाहिए। ऐसा क्षेत्र F है। अत: सही उत्तर (*a*) है।

उदा. 4. ***निम्नलिखित आरेख में, वर्ग लड़कियों का प्रतिनिधित्व करता है, वृत्त लंबे व्यक्तियों का प्रतिनिधित्व करता है, त्रिभुज टेनिस खिलाड़ियों का प्रतिनिधित्व करता है और आयत तैराकों का प्रतिनिधित्व करता है।***

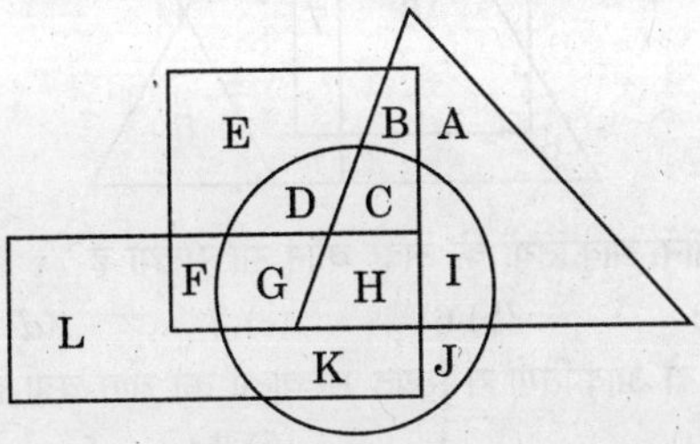

उपरोक्त आरेख के आधार पर, निम्नलिखित प्रश्नों का उत्तर दें:

1. कौन सा अक्षर लंबी लड़कियाँ जो तैराक हैं लेकिन टेनिस नहीं खेलती, का प्रतिनिधित्व करता है?

(*a*) C (*b*) D (*c*) G (*d*) H

हल: लंबी लड़कियाँ, जो तैराक हैं, को वर्ग, वृत्त और आयत के लिए उभयनिष्ठ क्षेत्र अर्थात, G और H द्वारा दर्शाया गया है। लेकिन, दी गई शर्तों के अनुसार लड़कियों को टेनिस खिलाड़ी नहीं होना चाहिए। अत: आवश्यक क्षेत्र को त्रिभुज का हिस्सा नहीं होना चाहिए अर्थात, H को बाहर रखा जाना चाहिए। अत: आवश्यक क्षेत्र का प्रतिनिधित्व G करेगा। अत: सही उत्तर (*c*) है।

2. कौन सा अक्षर उन लड़कियों का प्रतिनिधित्व करता है जो तैराक हैं, टेनिस खेलती हैं, लेकिन लम्बी नहीं हैं?

(*a*) B (*b*) E
(*c*) F (*d*) इनमे से कोई नहीं

हल: जो लड़कियां तैराक होती हैं और टेनिस खेलती हैं को वर्ग, त्रिभुज और आयत के लिए उभयनिष्ठ क्षेत्र अर्थात, H द्वारा दर्शाया गया है, लेकिन, यह दिया गया है कि लड़कियों को लंबा नहीं होना चाहिए। अत: आवश्यक क्षेत्र को वृत्त का हिस्सा नहीं होना चाहिए। क्योंकि H वृत्त का हिस्सा है, अत: सही उत्तर (*d*) है।

3. कौन सा अक्षर लंबी लड़कियों जो टेनिस नहीं खेलती और तैराक नहीं हैं का प्रतिनिधित्व करता है

(*a*) C (*b*) D (*c*) E (*d*) G

हल: लंबी लड़कियों को वर्ग और वृत्त के लिए उभयनिष्ठ क्षेत्र अर्थात, D, C, G और H द्वारा दर्शाया गया है, लेकिन दी गई शर्तों के अनुसार, लड़कियां न तो टेनिस खिलाड़ी हैं और न ही तैरने वाली हैं। अत: आवश्यक क्षेत्र न तो आयत और न ही त्रिभुज का हिस्सा होना चाहिए। G आयत के अंदर स्थित है, C त्रिभुज के अंदर और H दोनों के लिए उभयनिष्ठ है। अत: सही उत्तर (*b*) है।

4. कौन सा अक्षर लंबे व्यक्तियों का प्रतिनिधित्व करता है जो पुरुष और तैराक हो लेकिन टेनिस नहीं खेलते हों?

(*a*) I (*b*) J (*c*) K (*d*) L

हल: लंबे व्यक्तियों को वृत्त के अंदर के क्षेत्रों अर्थात, C, D, G, H, I, J और K द्वारा दर्शाया गया है। क्योंकि व्यक्ति लड़कियां नहीं हैं और टेनिस नहीं खेलते हैं, अत: आवश्यक क्षेत्र को वर्ग या त्रिभुज का हिस्सा नहीं होना चाहिए। अत: C, D, G, H को बाहर रखना चाहिए। साथ ही, दिए गए शर्तों के अनुसार, व्यक्तियों को तैराक होना चाहिए। अत: आवश्यक क्षेत्र आयत का एक हिस्सा होना चाहिए और इस तरह के क्षेत्र को K द्वारा दर्शाया गया है। अत: सही उत्तर (*c*) है।

उदा. 5. ***निम्नलिखित प्रश्न नीचे दिए गए आरेख पर आधारित हैं:***

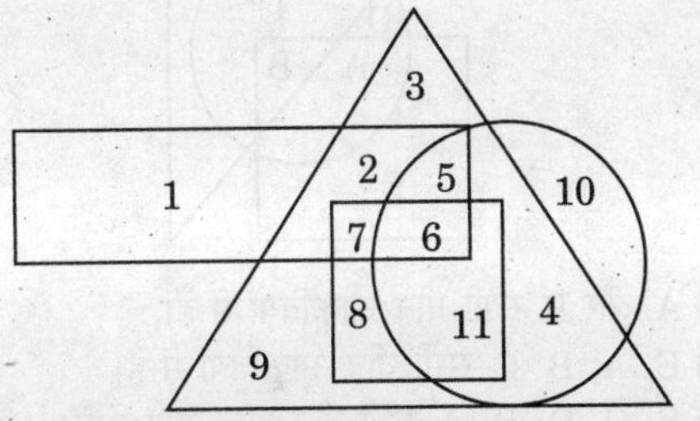

(1) आयत, सरकारी कर्मचारियों का प्रतिनिधित्व करता है।
(2) त्रिभुज, शहरी व्यक्तियों का प्रतिनिधित्व करता है।
(3) वृत्त, स्नातकों का प्रतिनिधित्व करता है।
(4) वर्ग, लिपिकों का प्रतिनिधित्व करता है।

1. निम्न में से कौन सा कथन सही है?

(*a*) सभी सरकारी कर्मचारी क्लर्क हैं।
(*b*) कुछ सरकारी कर्मचारी स्नातक और साथ ही क्लर्क भी हैं।
(*c*) सभी सरकारी कर्मचारी स्नातक हैं।
(*d*) सभी लिपिक सरकारी कर्मचारी हैं लेकिन स्नातक नहीं हैं।

हल: उपरोक्त स्थितियों को निम्न प्रकार समझा जा सकता है:
कथन (*a*) को सही होने के लिए, आयत वर्ग के अंदर होना चाहिए। किन्तु यह सही नहीं है। अत: (*a*) गलत है।
कथन (*b*) को सही होने के लिए, आयत, वृत्त और वर्ग के बीच उभयनिष्ठ क्षेत्र होना चाहिए। ऐसे क्षेत्र को संख्या 6 द्वारा दर्शाया गया है। अत: (*b*) सही है।
इसके अलावा, कथन (*c*) को सही होने के लिए, आयत, वृत्त के अंदर होना चाहिए किन्तु यह सही नहीं है। अत: (*c*) गलत है।
कथन (*d*) को सही होने के लिए, वर्ग पूरी तरह आयत के अंदर होना चाहिए साथ ही वृत्त का वर्ग के साथ कोई उभयनिष्ठ क्षेत्र नहीं होना चाहिए। किन्तु यह सही नहीं है। अत: (*d*) गलत है।

2. निम्नलिखित में से कौन सा कथन सही है?

(*a*) सभी शहरी व्यक्ति, स्नातक हैं।
(*b*) कुछ क्लर्क, सरकारी कर्मचारी हैं लेकिन शहरी नहीं।
(*c*) सभी सरकारी कर्मचारी, क्लर्क हैं।
(*d*) कुछ शहरी व्यक्ति, स्नातक नहीं हैं।

हल: स्थिति (*a*) की वैधता के लिए, त्रिभुज वृत्त के अंदर होना चाहिए। किन्तु यह सही नहीं है। अत: (*a*) गलत है।

कथन (*b*) की वैधता के लिए, आयत और वर्ग के बीच ऐसा उभयनिष्ठ क्षेत्र होना चाहिए जिसमें त्रिभुज का क्षेत्र नहीं होना चाहिए। क्योंकि ऐसा कोई क्षेत्र मौजूद नहीं है, अत: (*b*) गलत है।

कथन (*c*) की वैधता के लिए, आयत, वर्ग के अंदर होना चाहिए। किन्तु यह सही नहीं है। अत: (*c*) गलत है।

कथन (*d*) की वैधता के लिए, त्रिभुज का कुछ क्षेत्र वृत्त के बाहर होना चाहिए। क्योंकि यह सही है, अत: (*d*) सही है।

3. सही कथन चुनें:

(*a*) कुछ क्लर्क, सरकारी कर्मचारी हैं।
(*b*) कोई क्लर्क, शहरी नहीं है।
(*c*) सभी स्नातक, शहरी हैं।
(*d*) सभी स्नातक, सरकारी कर्मचारी हैं।

हल: कथन (*a*) की वैधता के लिए, एक आयत और वर्ग का उभयनिष्ठ क्षेत्र होना चाहिए। ऐसे क्षेत्रों को संख्या 6 और 7 द्वारा दर्शाया गया है। अत: (*a*) सही है।

इसके अलावा, कथन (*b*) को सही होने के लिए, वर्ग और त्रिभुज का कोई उभयनिष्ठ क्षेत्र नहीं होना चाहिए। लेकिन क्योंकि वर्ग पूरी तरह त्रिभुज के अंदर निहित है। अत: (*b*) गलत है।

कथन (*c*) को सही होने के लिए, वृत्त त्रिभुज के अंदर होना चाहिए। स्पष्ट रूप से, (*c*) गलत है।

कथन (*d*) की वैधता के लिए, वृत्त आयत के अंदर होना चाहिए। स्पष्ट रूप से, (*d*) गलत है।

अभ्यास 9B

1. दिए गए चित्र के संबंध में निम्नलिखित में से कौन सा कथन सही है?

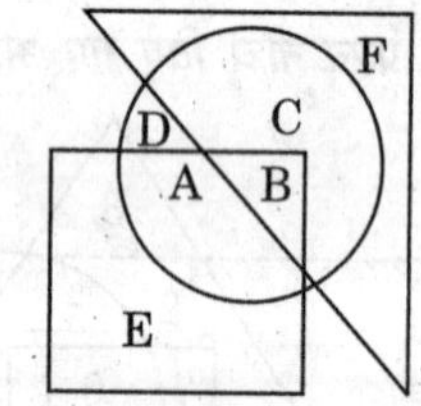

(*a*) A और B सभी तीन आकृतियों में हैं।
(*b*) E, A, B, C सभी तीन आकृतियों में हैं।
(*c*) F, C, D, B, A सभी तीन आकृतियों में हैं।
(*d*) केवल B सभी तीन आकृतियों में है।

2. वर्ग, दीर्घवृत और त्रिभुज में कौन सी संख्या है? **(S.S.C 2002)**

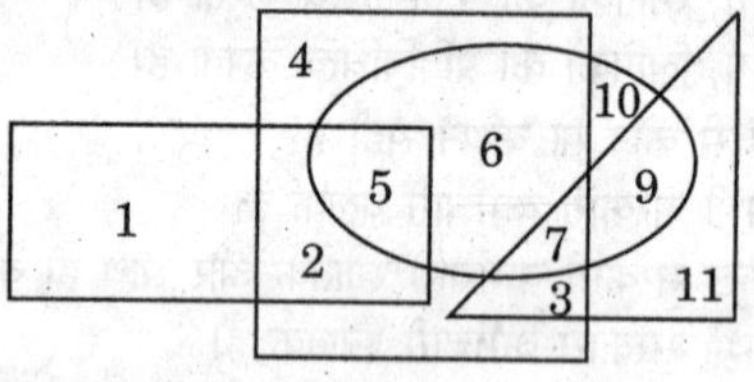

(*a*) 1 (*b*) 5 (*c*) 6 (*d*) 7

दिशानिर्देश (प्रश्न 3 से 5): निम्नलिखित प्रश्नों के उत्तर देने के लिए निम्नलिखित चित्र का अध्ययन करें: **(Hotel Management, 2004)**

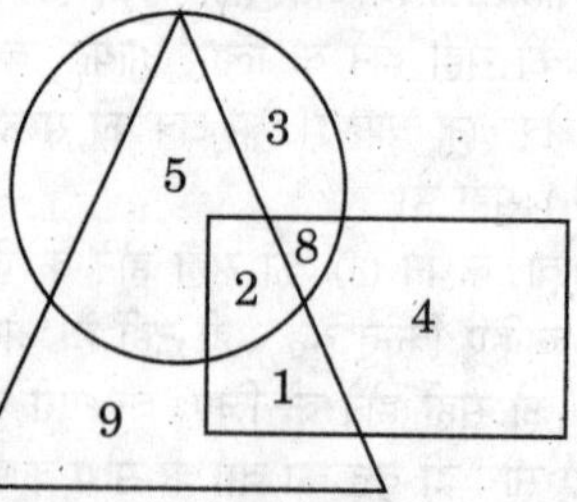

3. सभी आकृतियों के अंदर मौजूद संख्या का पता लगाएं:

(*a*) 2 (*b*) 5
(*c*) 9 (*d*) ऐसी कोई संख्या नहीं है

4. किसी भी दो आकृतियों के अंदर मौजूद संख्याएं क्या हैं?

(*a*) 2, 1 (*b*) 5, 1 (*c*) 5, 9 (*d*) 9, 1

5. उस संख्या को ढूंढें जो केवल त्रिभुज के अंदर स्थित है:

(*a*) 1 (*b*) 2 (*c*) 5 (*d*) 9

दिशानिर्देश (प्रश्न 6 से 9): ये प्रश्न नीचे दिए गए आरेख पर आधारित हैं: **(Hotel Management, 2003)**

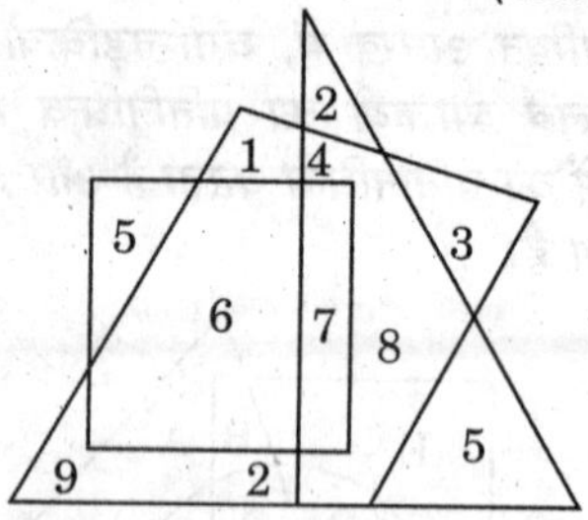

6. सभी तीन आकृतियों के अंदर कौन सी संख्या है?

(*a*) 2 (*b*) 6 (*c*) 7 (*d*) 8

7. केवल दो आकृतियों में स्थित संख्याओं का योग क्या है?

(*a*) 10 (*b*) 14
(*c*) 18 (*d*) इनमें से कोई नहीं

8. केवल वर्ग में स्थित संख्या को, केवल समलम्ब में स्थित संख्याओं के योग के साथ गुणा करने पर इसका परिणाम क्या होगा?

(*a*) 45 (*b*) 60
(*c*) 75 (*d*) इनमें से कोई नहीं

9. तीनों आकृतियों में स्थित संख्या को उन संख्याओं के योग से गुणा करने पर क्या गुणनफल होगा जो केवल त्रिभुज में स्थित हैं?

(*a*) 14 (*b*) 35
(*c*) 49 (*d*) इनमें से कोई नहीं

10. नीचे दिए गए आरेख का अध्ययन करें और उन युवाओं का प्रतिनिधित्व करने वाले क्षेत्र की पहचान करें जो नियोजित हैं लेकिन शिक्षित नहीं हैं। **(M.C.A. 2005)**

(*a*) 4 केवल (*b*) 5, 6 (*c*) 1, 4, 7 (*d*) 4, 7

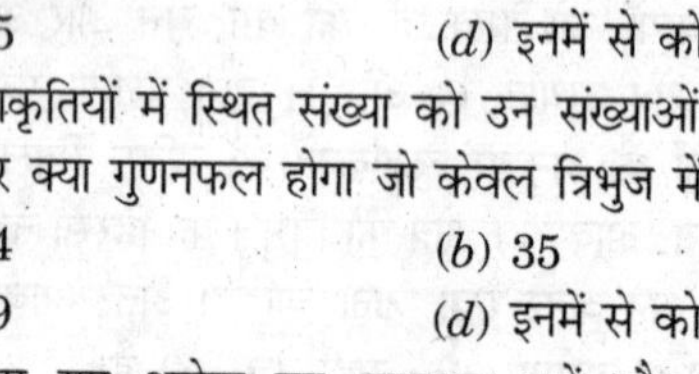

दिशानिर्देश (प्रश्न 11 से 14): नीचे दिए गए चित्र में, तीन अलग-अलग वृत्त हैं जिनमें प्रत्येक व्यक्ति के किसी वर्ग का प्रतिनिधित्व करते हैं। विभिन्न क्षेत्रों को a — g के द्वारा चिह्नित किया गया है। निम्नलिखित में से प्रत्येक प्रश्न में कथन पढ़ें और उस क्षेत्र का अक्षर चुनें जो सही ढंग से उस कथन का प्रतिनिधित्व करता है। **(M.B.A. 2006)**

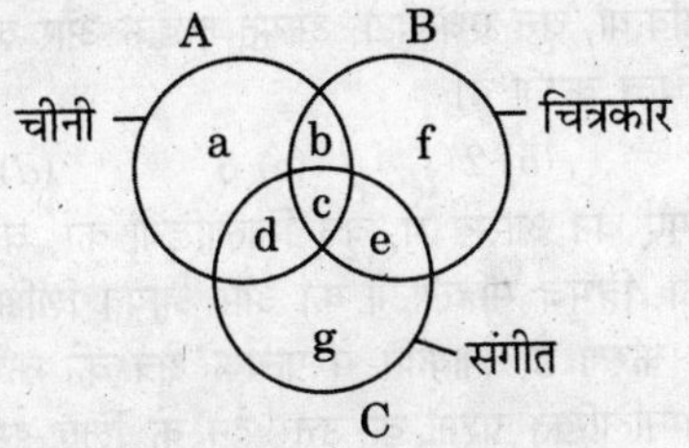

11. चीनी जो चित्रकार हैं लेकिन संगीतकार नहीं हैं:

(*a*) b (*b*) c (c) d (*d*) g

12. चित्रकार जो न तो चीनी हैं और न ही संगीतकार हैं:

(*a*) b (*b*) c (*c*) f (*d*) g

13. चीनी जो संगीतकार हैं लेकिन चित्रकार नहीं हैं:

(*a*) d (*b*) c (*c*) b (*d*) a

14. चीनी जो चित्रकारों के साथ ही संगीतकार भी हैं:

(*a*) a (*b*) b (*c*) c (*d*) d

दिशानिर्देश (प्रश्न 15 से 19): निम्नलिखित चित्रों का ध्यानपूर्वक अध्ययन करें और दिए गए प्रश्नों का उत्तर दें: **(C.B.I. 2003)**

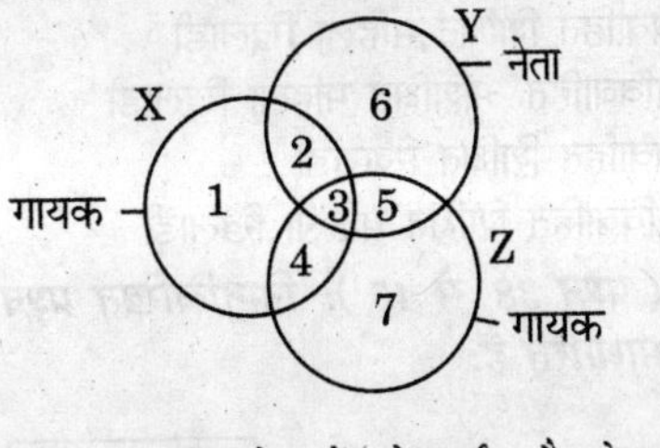

15. कौन सा क्षेत्र उन भारतीय नेताओं को दर्शाता है जो गायक नहीं हैं?

(*a*) 2 (*b*) 3 (*c*) 4 (*d*) 5

16. कौन सा क्षेत्र उन भारतीय नेताओं का प्रतिनिधित्व करता है जो गायक हैं?

(*a*) 2 (*b*) 3 (*c*) 4 (*d*) 5

17. कौन सा क्षेत्र उन नेताओं का प्रतिनिधित्व करता है जो न तो गायक हैं और न ही भारतीय हैं?

(*a*) 2 (*b*) 3 (*c*) 6 (*d*) 7

18. कौन सा क्षेत्र उन भारतीय गायकों का प्रतिनिधित्व करता है जो नेता नहीं हैं?

(*a*) 1 (*b*) 2 (*c*) 3 (*d*) 4

19. कौन सा क्षेत्र उन गायकों का प्रतिनिधित्व करता है जो न तो भारतीय है और न ही नेता हैं?

(*a*) 2 (*b*) 4 (*c*) 6 (*d*) 7

दिशानिर्देश (प्रश्न 20 से 24): निम्नलिखित आरेख में, वृत्त कॉलेज प्रोफेसरों का प्रतिनिधित्व करता है, त्रिभुज सर्जिकल विशेषज्ञों के लिए है, और चिकित्सा विशेषज्ञों को आयत द्वारा दर्शाया गया है। **(M.B.A. 2002)**

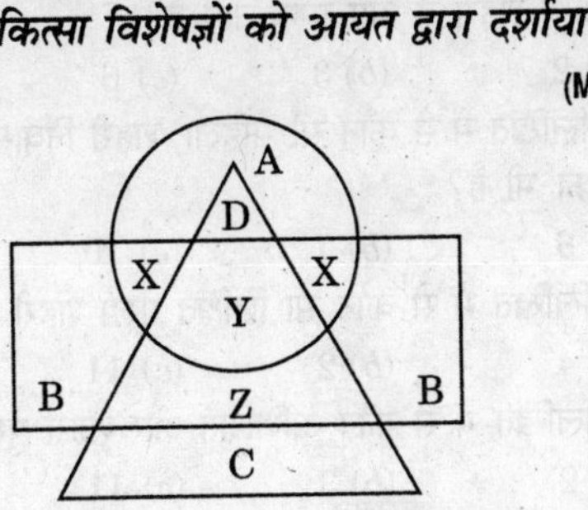

20. कॉलेज प्रोफेसर जो सर्जिकल विशेषज्ञ भी हैं को किसके द्वारा दर्शाया गया है?

(*a*) A (*b*) B (*c*) C (*d*) D

21. सर्जिकल विशेषज्ञ जो चिकित्सा विशेषज्ञ भी हैं लेकिन प्रोफेसर नहीं हैं को किसके द्वारा दर्शाया गया है?

(*a*) B (*b*) C (*c*) X (*d*) Z

22. C प्रतिनिधित्व करता है–

(*a*) चिकित्सा विशेषज्ञ (*b*) कॉलेज प्रोफेसर

(*c*) सर्जिकल विशेषज्ञ

(*d*) चिकित्सा और सर्जिकल विशेषज्ञ

23. B प्रतिनिधित्व करता है–

(*a*) प्रोफेसर जो न तो चिकित्सा और न ही सर्जिकल विशेषज्ञ हैं

(*b*) प्रोफेसर जो सर्जिकल विशेषज्ञ नहीं हैं

(*c*) चिकित्सा विशेषज्ञ जो न तो प्रोफेसर हैं और न ही सर्जिकल विशेषज्ञ हैं

(*d*) प्रोफेसर जो चिकित्सा विशेषज्ञ नहीं हैं

24. कॉलेज प्रोफेसर जो मेडिकल विशेषज्ञ भी हैं को किसके द्वारा दर्शाया गया है?

(*a*) A (*b*) X (*c*) Y (*d*) Z

दिशानिर्देश (प्रश्न 25 से 28): इन प्रश्नों के उत्तर देने के लिए नीचे दिए गए आरेख का अध्ययन करें: **(M.A.T. 2002)**

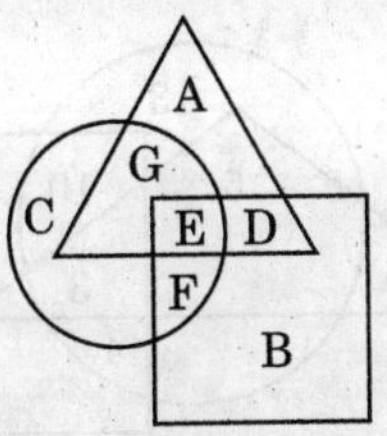

उपरोक्त आकृति में त्रिभुज गांवों में महिलाओं को दर्शाता है, वर्ग में बेरोजगार महिलाओं को दर्शाया गया है और वृत्त शिक्षित महिलाओं को दर्शाता है।

25. गांवों में शिक्षित नियोजित महिलाओं को द्वारा दर्शाया गया है–

(*a*) D (*b*) E (*c*) F (*d*) G

26. अक्षर D किसका प्रतिनिधित्व करता है

(*a*) गांवों में अशिक्षित महिलाएं

(*b*) बेरोजगार महिलाएं जो गांवों में शिक्षित नहीं हैं

(*c*) शिक्षित बेरोजगार महिलाएं

(*d*) शिक्षित नियोजित महिलाएं

27. गांवों में शिक्षित बेरोजगार महिलाओं को दर्शाया गया है–

(*a*) A (*b*) B (*c*) D (*d*) E

28. शिक्षित बेरोजगार महिलाओं को दर्शाया गया है–

(*a*) B और C (*b*) D और E

(*c*) E और F (*d*) G और E

दिशानिर्देश (प्रश्न 29 से 33): निम्नलिखित प्रश्नों में, उत्तर नीचे दिए गए आरेख पर आधारित हैं, जहां त्रिभुज डॉक्टरों का प्रतिनिधित्व करता है, वृत्त खिलाड़ियों का प्रतिनिधित्व करता है और आयत कलाकारों का प्रतिनिधित्व करता है। **(R.R.B. 2006)**

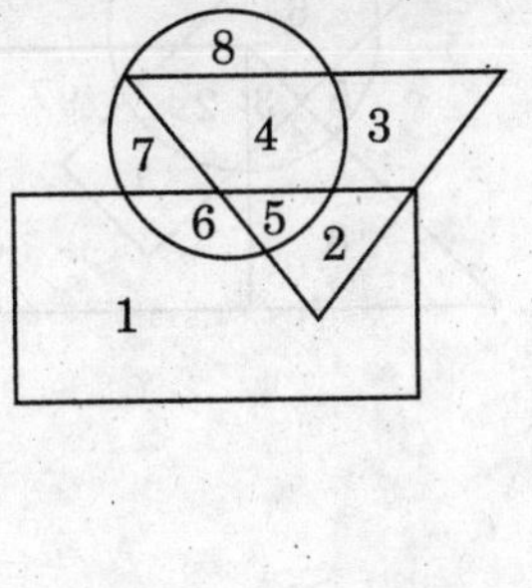

29. आरेख में कौन सा क्रमांकित स्थान उन डॉक्टरों का प्रतिनिधित्व करता है जो खिलाड़ी और कलाकार हैं?

(*a*) 2 (*b*) 3 (*c*) 4 (*d*) 5

30. कौन सी संख्या उन कलाकारों का प्रतिनिधित्व करती है जो केवल खिलाड़ी हैं?

(*a*) 4 (*b*) 6 (*c*) 7 (*d*) 8

31. कौन सी संख्या उन कलाकारों का प्रतिनिधित्व करती है जो न तो खिलाड़ी हैं और न ही चिकित्सक?

(*a*) 1 (*b*) 2 (*c*) 3 (*d*) 4

32. कौन सी संख्या उन डॉक्टरों का प्रतिनिधित्व करती है जो न तो खिलाड़ी हैं और न ही कलाकार हैं?

(*a*) 2 (*b*) 3 (*c*) 4 (*d*) 5

33. कौन सी संख्या उन खिलाड़ियों का प्रतिनिधित्व करती है जो न तो कलाकार हैं और न ही चिकित्सक हैं?

(*a*) 1, 2 (*b*) 3, 4 (*c*) 6, 7 (*d*) 7, 8

34. निम्नलिखित आरेख में, वर्ग महिलाओं का प्रतिनिधित्व करता है, त्रिभुज कॉर्पोरेट प्रबंधकों का प्रतिनिधित्व करता है और वृत्त एमबीए का प्रतिनिधित्व करता है। कौन सा क्रमांकित हिस्सा – महिला – एमबीए – कॉर्पोरेट प्रबंधक का प्रतिनिधित्व करता है? **(M.B.A. 2006)**

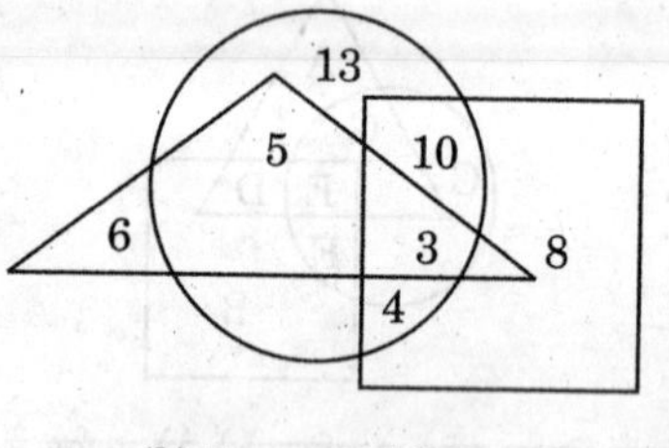

(*a*) 3 (*b*) 5 (*c*) 8 (*d*) 13

35. हिंदी (H), अंग्रेजी (E) और संस्कृत (S) के अपने ज्ञान के सन्दर्भ में 1000 व्यक्तियों का एक सर्वेक्षण का परिणाम नीचे दिया गया है: **(M.C.A. 2005)**

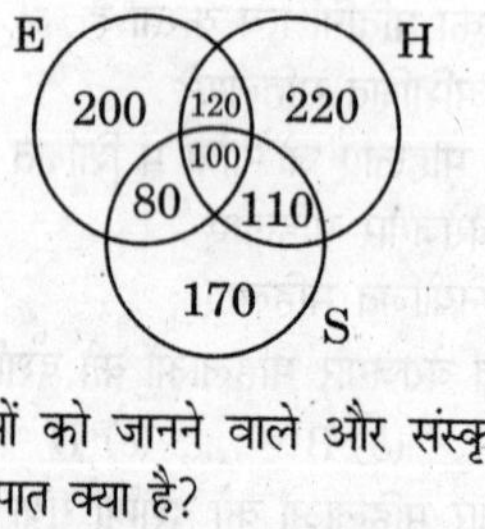

सभी तीन भाषाओं को जानने वाले और संस्कृत नहीं जानने वाले व्यक्तियों का अनुपात क्या है?

(*a*) 1 (*b*) 1/9 (*c*) 1/1 (*d*) 5/27

36. निम्नलिखित आकृति में, लड़के जो एथलीट हैं और अनुशासित भी को किस संख्या से दर्शाया गया है? **(S.S.C. 2005)**

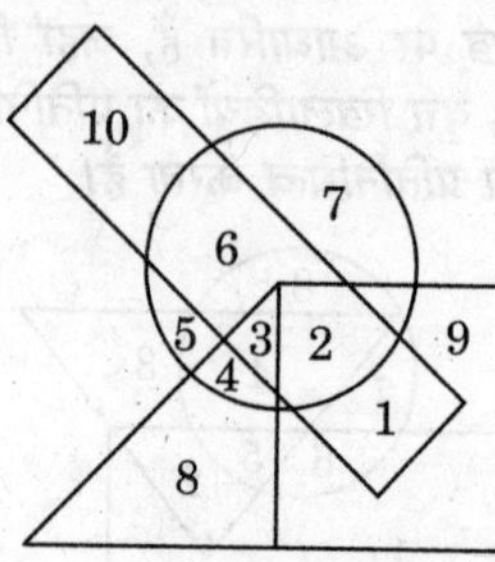

त्रिभुज लड़कियों, वृत्त एथलीटों, आयत लड़के और वर्ग अनुशासित का प्रतिनिधित्व करता है।

(*a*) 1 (*b*) 2 (*c*) 6 (*d*) 10

37. नीचे दिए गए वेन आरेख में, वृत्त खिलाड़ियों का, वर्ग अविवाहित व्यक्तियों का, त्रिभुज महिलाओं का और आयत शिक्षित व्यक्ति का प्रतिनिधित्व करता है, आकृति में प्रत्येक क्षेत्र को क्रमांकित किया गया है। निम्नलिखित प्रश्नों के उत्तर देने के लिए इस आरेख का अध्ययन करें। **(S.S.C. 2000)**

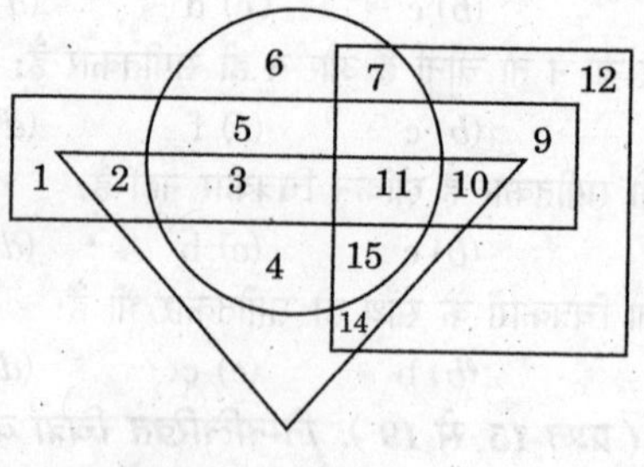

संख्या 11 द्वारा दर्शाया गया क्षेत्र किस भाग को प्रदर्शित करता है?

(*a*) विवाहित शिक्षित महिला खिलाड़ी

(*b*) अविवाहित अशिक्षित महिला खिलाड़ी

(*c*) विवाहित शिक्षित खिलाड़ी

(*d*) अविवाहित शिक्षित महिला खिलाड़ी

दिशानिर्देश (प्रश्न 38 से 45): निम्नलिखित प्रश्न नीचे दिए गए आरेख पर आधारित हैं:

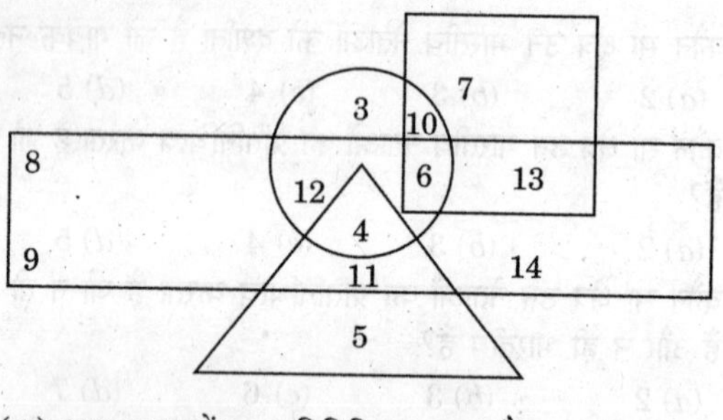

(1) आयत, पुरुषों का प्रतिनिधित्व करता है

(2) त्रिभुज, शिक्षित प्रतिनिधित्व करता है

(3) वृत्त, शहरी का प्रतिनिधित्व करता है

(4) वर्ग, सिविल सेवकों का प्रतिनिधित्व करता है।

38. निम्नलिखित में से कौन सा शिक्षित पुरुष है जो शहरी निवासी नहीं है?

(*a*) 4 (*b*) 5 (*c*) 9 (*d*) 11

39. निम्नलिखित में से कौन सा सिविल सेवक नहीं है और न ही शिक्षित है किन्तु शहरी है और पुरुष नहीं है?

(*a*) 2 (*b*) 3 (*c*) 6 (*d*) 10

40. निम्नलिखित में से कौन सी महिला, शहरी निवासी और एक सिविल सेविका भी है?

(*a*) 6 (*b*) 7 (*c*) 10 (*d*) 13

41. निम्नलिखित में से कौन सा शिक्षित पुरुष शहरी क्षेत्र से है?

(*a*) 4 (*b*) 2 (*c*) 11 (*d*) 5

42. निम्नलिखित में से कौन अशिक्षित और शहरी पुरुष भी है?

(*a*) 2 (*b*) 3 (*c*) 11 (*d*) 12

43. निम्नलिखित में से कौन सा सिविल सेवक है, न कि पुरुष और न ही शहरी निवासी और अशिक्षित?

(*a*) 7 (*b*) 8 (*c*) 9 (*d*) 14

44. निम्नलिखित में से कौन सा पुरुष, शहरी उन्मुख और एक सिविल सेवक भी है, लेकिन शिक्षित नहीं है?

(*a*) 13 (*b*) 12 (*c*) 6 (*d*) 10

45. निम्नलिखित में से कौन सा पुरुष सिविल सेवक है, जो न तो शिक्षित है और न ही शहरी क्षेत्र से संबंधित है?

(*a*) 7 (*b*) 13 (*c*) 4 (*d*) 1

दिशानिर्देश (प्रश्न 46 से 50): *निम्नलिखित आकृति में, आयत, वर्ग, वृत्त और त्रिभुज क्रमशः गेहूं, ग्राम, मक्का और चावल की खेती के क्षेत्रों का प्रतिनिधित्व करते हैं। आकृति के आधार पर, निम्नलिखित प्रश्नों का उत्तर दें।*

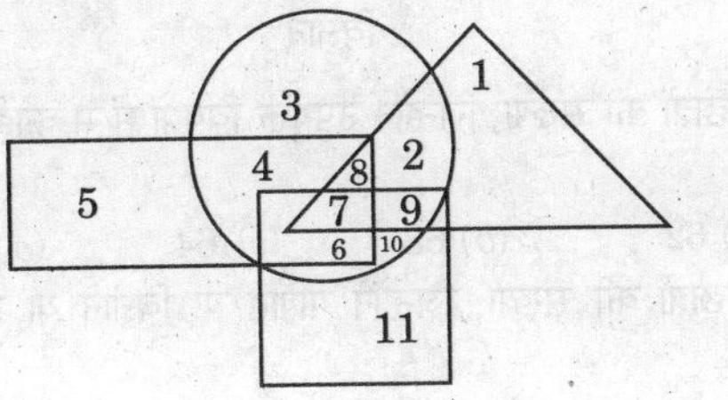

46. कौन से क्षेत्र में सभी चार वस्तुओं की खेती की जाती है?

(*a*) 7 (*b*) 8 (*c*) 9 (*d*) 2

47. कौन से क्षेत्र में गेहूं और मक्का की खेती की जाती है?

(*a*) 8 (*b*) 6 (*c*) 5 (*d*) 4

48. कौन से क्षेत्र में केवल चावल की खेती की जाती है?

(*a*) 5 (*b*) 1 (*c*) 2 (*d*) 11

49. कौन से क्षेत्र में मक्का की खेती की जाती है?

(*a*) 10 (*b*) 2 (*c*) 3 (*d*) 4

50. कौन से क्षेत्र में केवल चावल और मक्का की खेती की जाती है?

(*a*) 9 (*b*) 8 (*c*) 2 (*d*) 7

दिशानिर्देश (प्रश्न 51 से 58): *दिए गए आरेख में, शिक्षित के लिए वृत्त, मेहनती के लिए वर्ग, शहरी के लिए त्रिभुज और ईमानदार व्यक्तियों के आयत का प्रयोग किया गया है। आरेख में विभिन्न क्षेत्रों को 1 से 12 तक क्रमांकित किया गया है। निम्नलिखित प्रश्नों में सही उत्तर चुनने के लिए आरेख का ध्यान पूर्वक अध्ययन करें।*

(M.A.T. 2001)

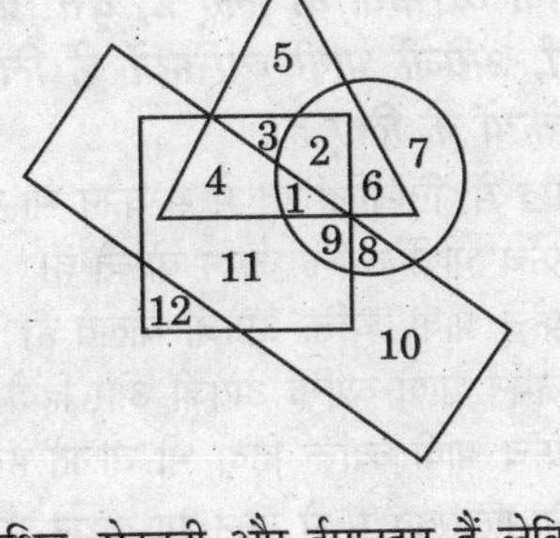

51. जो व्यक्ति शिक्षित, मेहनती और ईमानदार हैं लेकिन शहरी नहीं हैं, उनका प्रतिनिधित्व किया गया है–

(*a*) 2 (*b*) 8 (*c*) 9 (*d*) 13

52. जो व्यक्ति मेहनती हैं, अशिक्षित, बेईमान और शहरी हैं, उनका प्रतिनिधित्व किया गया है–

(*a*) 3 (*b*) 4 (*c*) 8 (*d*) 9

53. गैर शहरी, शिक्षित व्यक्ति जो न तो ईमानदार हैं और न ही मेहनती व्यक्ति हैं, उनका प्रतिनिधित्व किया गया है–

(*a*) 12 (*b*) 11 (*c*) 10 (*d*) 7

54. मेहनती व्यक्ति, गैर शहरी व्यक्ति जो न तो शिक्षित और न ही ईमानदार हैं, उनका प्रतिनिधित्व किया गया है–

(*a*) 9 (*b*) 10 (*c*) 11 (*d*) 12

55. शहरी शिक्षित व्यक्ति जो न तो ईमानदार हैं और न ही मेहनती, उनका प्रतिनिधित्व किया गया है–

(*a*) 2 (*b*) 4 (*c*) 6 (*d*) 9

56. शहरी व्यक्ति जो मेहनती और शिक्षित हैं लेकिन ईमानदार नहीं हैं, उनका प्रतिनिधित्व किया गया है–

(*a*) 1 (*b*) 2 (*c*) 3 (*d*) 4

57. निम्नलिखित में से कौन सा कथन सही है?

(*a*) कोई भी व्यक्ति शहरी, शिक्षित, ईमानदार या मेहनती नहीं है।

(*b*) कुछ ईमानदार व्यक्ति मेहनती और शिक्षित भी हैं।

(*c*) सभी शिक्षित व्यक्ति शहरी हैं।

(*d*) अशिक्षित व्यक्ति या तो ईमानदार हैं या मेहनती हैं।

58. क्षेत्र 4 निम्नलिखित में से किसको सबसे अच्छी तरह से वर्णित करता है–

(*a*) व्यक्ति जो गैर-शहरी, ईमानदार, अशिक्षित और मेहनती हैं

(*b*) व्यक्ति जो अशिक्षित, शहरी, ईमानदार और मेहनती हैं

(*c*) व्यक्ति जो अशिक्षित, शहरी, मेहनती और बेईमान हैं

(*d*) व्यक्ति जो शहरी, मेहनती, ईमानदार और शिक्षित हैं

दिशानिर्देश (प्रश्न 59 से 63): *दिए गए चित्र का सावधानी से अध्ययन करें और प्रश्नों का उत्तर दें:*

(C.P.O. 2005)

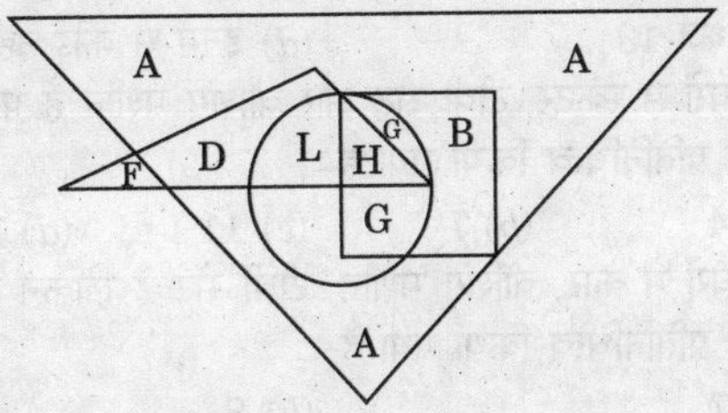

यहां, बड़ा त्रिभुज कलाकारों का, छोटा त्रिभुज वैज्ञानिकों का, आयत नर्तक का और वृत्त, डॉक्टरों का प्रतिनिधित्व करता है।

59. कौन सा अक्षर उन कलाकारों का प्रतिनिधित्व करता है जो केवल डॉक्टर और नर्तक हैं?

(*a*) A (*b*) D (*c*) G (*d*) H

60. कौन से अक्षर उन कलाकारों का प्रतिनिधित्व करते हैं जो न तो वैज्ञानिक हैं और न ही डॉक्टर हैं?

(*a*) A और B (*b*) A और L (*c*) B और G (*d*) L और H

61. कौन से अक्षर, कलाकारों का प्रतिनिधित्व करते हैं जो नर्तक और डॉक्टर हैं?

(*a*) A और D (*b*) C और A (*c*) C और D (*d*) G और H

62. कौन सा अक्षर उन कलाकारों का प्रतिनिधित्व करता है जो न तो डॉक्टर हैं और न ही वैज्ञानिक हैं और न ही नर्तक हैं?

(*a*) A (*b*) D (*c*) F (*d*) G

63. कौन सा अक्षर उन वैज्ञानिकों का प्रतिनिधित्व करता है जो कलाकार नहीं हैं?

(*a*) B (*b*) D (*c*) F (*d*) L

दिशानिर्देश (प्रश्न 64 से 73): इन प्रश्नों के उत्तर देने के लिए, निम्नलिखित आरेख का सावधानी पूर्वक अध्ययन करें: **(B.T.M. 2006)**

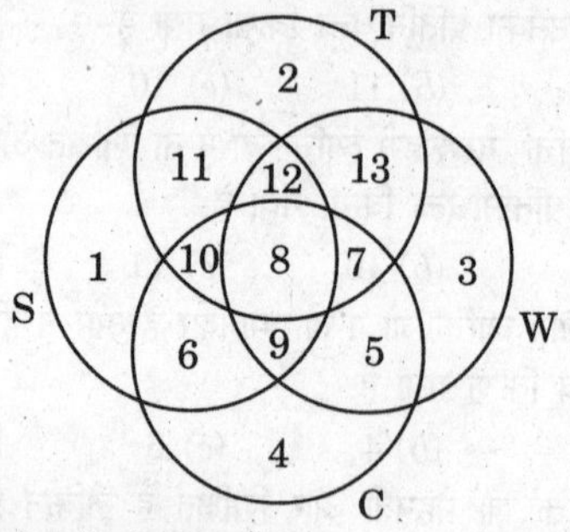

वृत्त S स्कूटर वाले घरों के लिए है;
वृत्त T टीवी सेट वाले घरों के लिए है;
वृत्त W वॉशिंग मशीन वाले घरों के लिए है;
वृत्त C कार वाले घरों के लिए है;

कृपया ध्यान दें: विभिन्न संख्याएं गैर-ओवरलैपिंग क्षेत्रों को इंगित करती हैं। उदाहरण के लिए S क्षेत्रों 1, 11, 12, 8, 9, 10 और 6 के संघ का प्रतिनिधित्व करता है।

64. जिन घरों में सभी चार वस्तुएं हैं, उनका प्रतिनिधित्व किया गया है –
(*a*) 7 (*b*) 8 (*c*) 9 (*d*) 12

65. जिन घरों में केवल स्कूटर है, उनका प्रतिनिधित्व किया गया है –
(*a*) क्षेत्र S (*b*) 1, 6 और 9 क्षेत्रों का संघ
(*c*) क्षेत्र 1 (*d*) इनमें से कोई नहीं

66. जिन घरों में कार है लेकिन वॉशिंग मशीन नहीं, उनका प्रतिनिधित्व किया गया है–
(*a*) क्षेत्रों 6, 10 और 4 का संघ (*b*) क्षेत्र 3
(*c*) क्षेत्र 13 (*d*) इनमें से कोई नहीं

67. जिन घरों में स्कूटर, टीवी सेट और वॉशिंग मशीन है पर कार नहीं, उनका प्रतिनिधित्व किया गया है–
(*a*) 4 (*b*) 7 (*c*) 11 (*d*) 12

68. जिन घरों में कार, वॉशिंग मशीन, टीवी सेट है लेकिन स्कूटर नहीं, उनका प्रतिनिधित्व किया गया है–
(*a*) 7 (*b*) 8
(*c*) 9 (*d*) इनमें से कोई नहीं

69. जिन घरों में केवल कार है लेकिन शेष तीन वस्तुएँ नहीं, उनका प्रतिनिधित्व किया गया है –
(*a*) क्षेत्र 5 (*b*) क्षेत्रों 4, 5 और 7 का संघ (*c*) क्षेत्र 4
(*d*) इनमें से कोई नहीं

70. जिन घरों में केवल टीवी सेट और वॉशिंग मशीन है, उनका प्रतिनिधित्व किया गया है–
(*a*) क्षेत्र 13 (*b*) क्षेत्रों 7, 8, 12 और 13 का संघ
(*c*) क्षेत्र 12 (*d*) इनमें से कोई नहीं

71. जिन घरों में केवल कार और वॉशिंग मशीन है, उनका प्रतिनिधित्व किया गया है–
(*a*) क्षेत्र 5 (*b*) क्षेत्रों 5, 7, 8 और 9 का संघ
(*c*) क्षेत्रों 9 और 8 का संघ (*d*) इनमें से कोई नहीं

72. जिन घरों में टीवी सेट है लेकिन न तो स्कूटर है और न ही वॉशिंग मशीन, उनका प्रतिनिधित्व किया गया है–
(*a*) 2 (*b*) 11 (*c*) 12 (*d*) 13

73. जिन घरों में, न तो स्कूटर और न ही कार, उनका प्रतिनिधित्व किया गया है–
(*a*) क्षेत्र 2 (*b*) क्षेत्रों 2, 13 और 3 का संघ
(*c*) क्षेत्र 3 (*d*) इनमें से कोई नहीं

दिशानिर्देश (प्रश्न 74 से 77): निम्नलिखित वेन आरेख का संदर्भ लें:

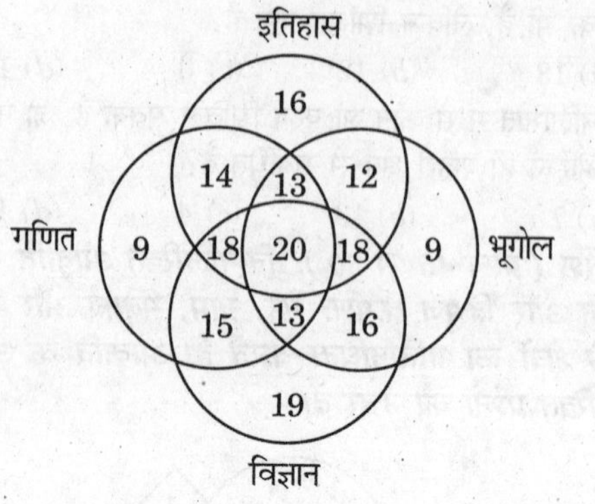

74. उन छात्रों की संख्या, जिन्होंने उपर्युक्त विषयों में से कोई भी तीन लिए थे–
(*a*) 62 (*b*) 63 (*c*) 64 (*d*) 66

75. उन छात्रों की संख्या, जिन्होंने गणित या विज्ञान या इतिहास लिया था–
(*a*) 183 (*b*) 190 (*c*) 424 (*d*) 430

76. उन छात्रों की संख्या, जिन्होंने अन्य विषयों के साथ दोनों इतिहास और भूगोल दोनों लिए थे–
(*a*) 62 (*b*) 63 (*c*) 65 (*d*) 66

77. सबसे अधिक संख्या में छात्रों ने कौन सा विषय लिया था?
(*a*) गणित (*b*) विज्ञान (*c*) भूगोल (*d*) इतिहास

दिशानिर्देश (प्रश्न 78 से 80): ये प्रश्न निम्नलिखित आरेख पर आधारित हैं: **(M.B.A. 1998)**

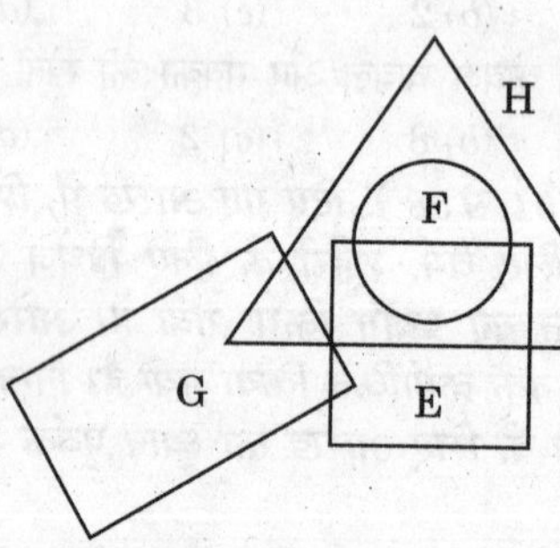

त्रिभुज, हिंदी भाषी व्यक्तियों के लिए है, वृत्त, फ्रेंच भाषी व्यक्तियों के लिए है, वर्ग, अंग्रेजी भाषी व्यक्तियों के लिए है और आयत, जर्मन भाषी व्यक्तियों के लिए है।

78. उपरोक्त आरेख में, निम्नलिखित में से कौन सा कथन सही है
(*a*) सभी फ्रेंच भाषी व्यक्ति जर्मन बोलते हैं।
(*b*) सभी फ्रेंच भाषी व्यक्ति अंग्रेजी बोलते हैं।
(*c*) सभी जर्मन भाषी व्यक्ति अंग्रेजी और हिंदी बोलते हैं
(*d*) सभी फ्रेंच भाषी व्यक्ति हिंदी भी बोलते हैं।

79. आरेख में, निम्नलिखित में से कौन सा कथन सही है?
(*a*) कुछ व्यक्ति हैं जो चारों भाषाएं बोलते हैं।
(*b*) कुछ जर्मन भाषी व्यक्ति हिंदी या अंग्रेजी बोल सकते हैं।
(*c*) कुछ अंग्रेजी भाषी व्यक्ति सभी भाषाओं को नहीं बोल सकते हैं।
(*d*) सभी हिंदी भाषी व्यक्ति फ्रेंच बोलते हैं लेकिन जर्मन नहीं।

80. उपरोक्त आरेख में, निम्नलिखित में से कौन सा कथन सत्य नहीं है?
(*a*) जर्मन भाषी व्यक्ति फ्रेंच नहीं बोल सकते हैं।
(*b*) कोई भी फ्रेंच भाषी व्यक्ति जर्मन नहीं बोल सकते।
(*c*) कुछ हिंदी भाषी व्यक्ति फ्रेंच, अंग्रेजी और जर्मन भी बोल सकते हैं।
(*d*) कुछ फ्रेंच भाषी व्यक्ति, हिंदी और अंग्रेजी बोल सकते हैं लेकिन जर्मन नहीं।

दिशानिर्देश (प्रश्न 81 से 85): निम्नलिखित आकृति व्यक्तियों के समूह का प्रतिनिधित्व करती है- त्रिभुज, शिक्षित व्यक्तियों का प्रतिनिधित्व करता है, आयत पुलिस कर्मियों का प्रतिनिधित्व करता है, दीर्घ वृत, सड़क करदाताओं का प्रतिनिधित्व करता है और वृत्त, दुकानदारों का प्रतिनिधित्व करता है। **(NMAT, 2005)**

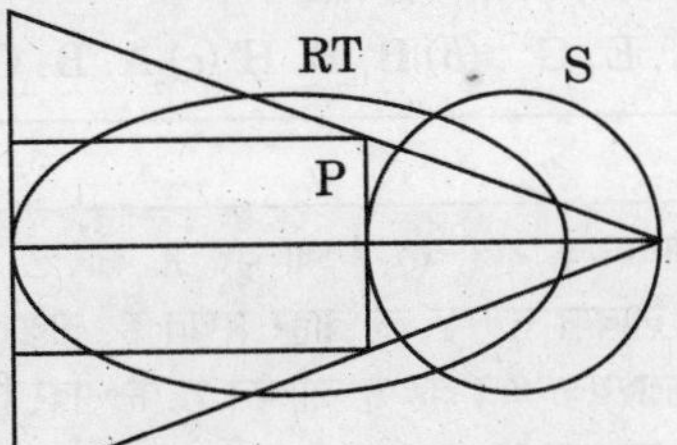

निम्नलिखित प्रश्न उपरोक्त आरेख पर आधारित हैं।

81. दिए गए चित्र को देखते हुए, यह कहा जा सकता है कि -
(*a*) कुछ व्यक्ति, शिक्षित हैं जो न तो दुकानदार हैं और न ही पुलिस कर्मी।
(*b*) कुछ व्यक्ति या तो दुकानदार या पुलिस कर्मी या सड़क करदाता हैं, हालांकि अशिक्षित हैं ।
(*c*) कुछ व्यक्ति जो या तो दुकानदार या पुलिस कर्मी हैं सड़क कर देते हैं और शिक्षित भी हैं।
(*d*) उपरोक्त सभी कथन सही हैं।

82. इस चित्र के अनुसार-
(*a*) पुलिसकर्मी सड़क कर का भुगतान नहीं करते हैं।
(*b*) दुकानदार सड़क कर का भुगतान नहीं करते हैं।
(*c*) कुछ दुकानदार शिक्षित हैं।
(*d*) कुछ पुलिसकर्मी दुकानदार हैं।

83. उपर्युक्त चित्र से, यह निष्कर्ष निकाला जा सकता है कि-
(*a*) सभी शिक्षित पुलिसकर्मी सड़क कर का भुगतान करते हैं।
(*b*) सभी शिक्षित दुकानदार सड़क कर का भुगतान करते हैं।
(*c*) सभी सड़क भुगतान करने वाले पुलिस कर्मी शिक्षित हैं।
(*d*) सभी सड़क भुगतान करने वाले दुकानदारों शिक्षित हैं

84. दिए गए चित्र को देखते हुए, यह कहा जा सकता है कि -
(*a*) कुछ अशिक्षित पुलिसकर्मी सड़क कर का भुगतान करते हैं।
(*b*) कुछ शिक्षित दुकानदार सड़क कर का भुगतान करते हैं।
(*c*) कुछ सड़क भुगतान करने वाले पुलिसकर्मी दुकानदार भी हैं।
(*d*) कुछ सड़क भुगतान करने वाले दुकानदार पुलिसकर्मी भी हैं।

85. इस चित्र के आधार पर, यह निष्कर्ष निकाला जा सकता है कि -
(*a*) कोई भी शिक्षित दुकानदार पुलिसकर्मी नहीं है हालांकि अशिक्षित पुलिसकर्मी दुकानदार है।
(*b*) कुछ शिक्षित दुकानदार सड़क कर का भुगतान करते, भले ही वे एक पुलिसकर्मी के पद से मुक्त हो चुके हैं।
(*c*) कुछ शिक्षित पुलिस कर्मी जो सड़क कर का भुगतान करते हैं, वे अशिक्षित दुकानदारों के साथ मुनाफा साझा कर रहे हैं।
(*d*) कोई भी शिक्षित दुकानदार पुलिसकर्मी है और न ही एक शिक्षित पुलिसकर्मी दुकानदार है।

दिशानिर्देश (प्रश्न 86 से 95): ये प्रश्न नीचे दिए गए आरेखों पर आधारित हैं जिनमें:

(1) वृत्त, ईमानदार के लिए है।
(2) त्रिभुज, विनम्र के लिए है।
(3) आयत, मेहनती के लिए है।
(4) वर्ग, आशावादी के लिए है।

(Hotel Management, 1999)

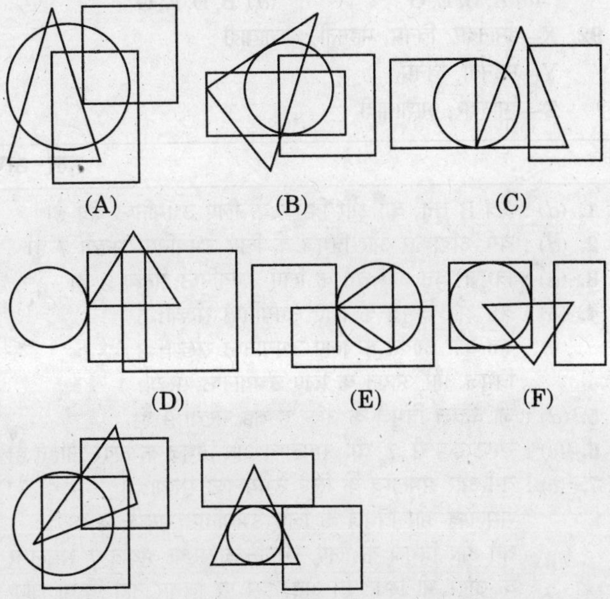

इनमें से प्रत्येक प्रश्न में, तीन व्यक्तियों X, Y और Z के गुण पंजीकृत हैं, जो प्रश्न दर प्रश्न में भिन्न हैं। प्रत्येक प्रश्न में, इन लक्षणों के आधार पर, आपको यह पता लगाना होगा कि किस चित्र में सभी तीनों व्यक्तियों को समायोजित किया जा सकता है। ऐसे आरेख जहां वे एक ही आरेख में एक साथ जगह पा सकते हैं, वे प्रश्न का उत्तर होंगे। प्रत्येक प्रश्न में सही उत्तर दिये गये चार विकल्प में से एक होगा। सही विकल्प खोजें।

86. X—विनम्र, ईमानदार, आशावादी
Y—विनम्र, मेहनती
Z—आशावादी, विनम्र
(*a*) A (*b*) E (*c*) F (*d*) H

87. X— विनम्र, मेहनती, आशावादी
Y—विनम्र, मेहनती
Z—ईमानदार, मेहनती
(*a*) D (*b*) E (*c*) F (*d*) G

88. X—ईमानदार, विनम्र, मेहनती
Y—मेहनती, विनम्र, आशावादी
Z—ईमानदार, आशावादी, मेहनती
(*a*) A (*b*) B (*c*) E (*d*) G

89. X—ईमानदार, विनम्र
Y—ईमानदार, मेहनती
Z—मेहनती, विनम्र, आशावादी

(*a*) E (*b*) F (*c*) G (*d*) H

90. X—ईमानदार, विनम्र, आशावादी
Y— विनम्र, ईमानदार
Z— ईमानदार, आशावादी
(*a*) B, F (*b*) B, G (*c*) F, G (*d*) D, F

91. X—मेहनती, आशावादी
Y—ईमानदार, विनम्र, मेहनती
Z— मेहनती, विनम्र
(*a*) A, D, E, G (*b*) A, B, D, E
(*c*) A, B, E, G (*d*) B, D, E, G

92. X—ईमानदार, विनम्र, मेहनती, आशावादी
Y—मेहनती, विनम्र
Z—ईमानदार, आशावादी
(*a*) A (*b*) B (*c*) E (*d*) H

93. X—विनम्र, ईमानदार
Y— विनम्र, मेहनती
Z—विनम्र, आशावादी
(*a*) C (*b*) E (*c*) H (*d*) A

94. X—विनम्र, मेहनती
Y—आशावादी, विनम्र
Z—ईमानदार, आशावादी
(*a*) D, F (*b*) C, D (*c*) A, C (*d*) A, B, C

95. X—ईमानदार, मेहनती
Y—मेहनती, आशावादी
Z—ईमानदार, विनम्र, मेहनती
(*a*) A, E, G (*b*) B, E, H (*c*) A, B, C (*d*) B, E, G

हल-अभ्यास 9(B)

1. (*d*) : क्षेत्र B वृत्त, वर्ग और त्रिभुज के लिए उभयनिष्ठ क्षेत्र है।

2. (*d*) : वर्ग, अंडाकार और त्रिभुज के लिए उभयनिष्ठ संख्या 7 है।

3. (*a*) : त्रिभुज, वृत्त और वर्ग के लिए उभयनिष्ठ संख्या 2 है।

4. (*b*) : वृत्त और त्रिभुज के लिए उभयनिष्ठ संख्या: 5
वृत्त और आयत के लिए उभयनिष्ठ संख्या: 8
त्रिभुज और आयत के लिए उभयनिष्ठ संख्या: 1

5. (*d*) : जो केवल त्रिभुज के अंदर है वह संख्या 9 है।

6. (*c*) : स्पष्ट रूप से, 7, वर्ग, समलम्ब और त्रिभुज के अंदर निहित है।

7. (*c*) : वर्ग और समलम्ब के लिए उभयनिष्ठ संख्या: 6
समलम्ब और त्रिभुज के लिए उभयनिष्ठ संख्या: 4, 8
वर्ग और त्रिभुज के लिए उभयनिष्ठ संख्या अर्थात 7 समलम्ब के अंदर भी स्थित है। अत: इस पर विचार नहीं किया जाना चाहिए।
$\therefore$ आवश्यक राशि = $(6 + 4 + 8) = 18$

8. (*c*) : संख्या जो केवल वर्ग से संबंधित है: 5
संख्याएं जो केवल समलम्ब से संबंधित हैं: 1, 3, 9, 2
$\therefore$ आवश्यक गुणनफल = $5 \times (1 + 3 + 9 + 2) = (5 \times 15) = 75$

9. (*c*) : संख्या जो तीनों आकृतियों से संबंधित है: 7
संख्याएं जो त्रिभुज से संबंधित हैं: 2, 5
$\therefore$ आवश्यक गुणनफल = $7 \times (2 + 5) = (7 \times 7) = 49$

10. (*a*) : आवश्यक क्षेत्र वह है जो वृत्त के अंदर युवाओं और नियोजित व्यक्ति का प्रतिनिधित्व करता है लेकिन वृत्त के बाहर शिक्षित का प्रतिनिधित्व करता है, अर्थात 4.

11. (*a*) : आवश्यक क्षेत्र वह है जो वृत्त A और B के लिए उभयनिष्ठ है लेकिन वृत्त C के बाहर स्थित है, अर्थात b.

12. (*c*) : आवश्यक क्षेत्र वह है जो वृत्त B के अंदर स्थित है लेकिन वृत्त A या वृत्त C का हिस्सा नहीं है, अर्थात f.

13. (*a*) : आवश्यक क्षेत्र वह है जो वृत्त A और C के लिए उभयनिष्ठ है लेकिन वृत्त B का हिस्सा नहीं है, अर्थात d.

14. (*c*) : आवश्यक क्षेत्र सभी तीन वृत्त में एक उभयनिष्ठ है, अर्थात c.

15. (*a*) : आवश्यक क्षेत्र वह है जो वृत्त X और Y के लिए उभयनिष्ठ है लेकिन वृत्त Z के बाहर स्थित है, अर्थात 2.

16. (*b*) : आवश्यक क्षेत्र तीनों वृत्त के लिए एक उभयनिष्ठ है, अर्थात 3.

17. (*c*) : आवश्यक क्षेत्र वह है जो वृत्त Y के अंदर स्थित है लेकिन वृत्त X या वृत्त Z का हिस्सा नहीं है, अर्थात 6.

18. (*d*) : आवश्यक क्षेत्र वह है जो वृत्त X और Z के लिए उभयनिष्ठ है लेकिन वृत्त Y के बाहर स्थित है, अर्थात 4.

19. (*d*) : आवश्यक क्षेत्र वह है जो वृत्त Z के अंदर स्थित है लेकिन वृत्त X या वृत्त Y का हिस्सा नहीं है, अर्थात 7

20. (*d*) : आवश्यक क्षेत्र वह है जो केवल वृत्त और त्रिभुज के लिए उभयनिष्ठ है, अर्थात d

21. (*d*) : आवश्यक क्षेत्र वह है जो त्रिभुज और आयत के लिए उभयनिष्ठ है लेकिन वृत्त के बाहर स्थित है, अर्थात Z

22. (*c*) : C केवल त्रिभुज के अंदर स्थित है। अत: C सर्जिकल विशेषज्ञों का प्रतिनिधित्व करता है।

23. (*c*) : B केवल आयत के अंदर स्थित है। अत: B मेडिकल विशेषज्ञों का प्रतिनिधित्व करता है जो न तो प्रोफेसर और न ही सर्जिकल विशेषज्ञ हैं।

24. (*b*) : आवश्यक क्षेत्र वह है जो वृत्त और आयत के लिए उभयनिष्ठ है लेकिन त्रिभुज के बाहर स्थित है, अर्थात X

25. (*d*) : आवश्यक क्षेत्र वह है जो त्रिभुज और वृत्त के लिए उभयनिष्ठ है लेकिन वर्ग के बाहर स्थित है, अर्थात G

26. (*b*) : D, त्रिभुज और वर्ग के अंदर है लेकिन वृत्त के बाहर है। अत: D गांवों में बेरोजगार महिलाओं का प्रतिनिधित्व करता है जो शिक्षित नहीं हैं।

27. (*d*) : आवश्यक क्षेत्र वह है जो त्रिभुज, वृत्त और वर्ग के लिए उभयनिष्ठ है, अर्थात E

28. (*c*) : आवश्यक क्षेत्र वह है जो वृत्त और वर्ग के लिए उभयनिष्ठ है, अर्थात E और F

29. (*d*) : आवश्यक क्षेत्र वह है जो त्रिभुज, वृत्त और आयत के लिए उभयनिष्ठ है, अर्थात 5

30. (*b*) : आवश्यक क्षेत्र वह है जो आयत और वृत्त के लिए उभयनिष्ठ है लेकिन त्रिभुज के बाहर स्थित है, अर्थात 6

31. (*a*) : आवश्यक क्षेत्र वह है जो आयत के अंदर स्थित है लेकिन वृत्त और त्रिभुज के बाहर स्थित है, अर्थात 1

32. (*b*) : आवश्यक क्षेत्र वह है जो त्रिभुज के अंदर स्थित है लेकिन वृत्त और आयत के बाहर स्थित है, अर्थात 3

33. (*d*) : आवश्यक क्षेत्र वह है जो वृत्त के अंदर स्थित है लेकिन त्रिभुज और आयत के बाहर है, अर्थात 7 और 8

34. (*a*) : आवश्यक क्षेत्र वह वर्ग है जो वर्ग, त्रिभुज और वृत्त के लिए उभयनिष्ठ है, अर्थात 3

35. (*d*) : जो व्यक्ति तीनों भाषा जानते हैं वे सभी तीन वृत्त के लिए उभयनिष्ठ क्षेत्र द्वारा प्रतिनिधित्व किए जाते है। अत: ऐसे व्यक्तियों की संख्या = 100 है।
जो व्यक्ति संस्कृत नहीं जानते हैं उन्हें वृत्त S के बाहरी क्षेत्र द्वारा दर्शाया जाता है। ऐसे में, ऐसे व्यक्तियों की संख्या = (200 + 120 + 220) = 540
∴ आवश्यक अनुपात = 100 : 540 = 5 : 27

36. (*b*) : आवश्यक क्षेत्र वह है जो आयत, वृत्त और वर्ग के लिए उभयनिष्ठ है लेकिन त्रिभुज के बाहर स्थित है, अर्थात 2

37. (*d*) : स्पष्ट रूप से, 11 सभी चार आकृतियों के अंदर निहित है। अत: 11 अविवाहित शिक्षित महिला खिलाड़ी का प्रतिनिधित्व करता है।

38. (*b*) : दी गई शर्तों को पूरा करने वाले व्यक्ति को उस क्षेत्र द्वारा दर्शाया जाता है जो त्रिभुज और आयत के लिए उभयनिष्ठ है लेकिन वृत्त के बाहर है। अर्थात 11

39. (*b*) : दी गई शर्तों को पूरा करने वाले व्यक्ति को उस क्षेत्र द्वारा दर्शाया जाता है जो वृत्त के अंदर स्थित है लेकिन वर्ग, आयत और त्रिभुज के बाहर स्थित है, अर्थात 3

40. (*c*) : दी गई शर्तों को पूरा करने वाले व्यक्ति को उस क्षेत्र द्वारा दर्शाया जाता है जो आयत के बाहर स्थित है और वृत्त और वर्ग के लिए उभयनिष्ठ है, अर्थात 10

41. (*a*) : दी गई शर्तों को पूरा करने वाले व्यक्ति को उस क्षेत्र द्वारा दर्शाया जाता है जो त्रिभुज और आयत के लिए उभयनिष्ठ है और वृत्त के अंदर भी है, अर्थात 4

42. (*d*) : दी गई शर्तों को पूरा करने वाले व्यक्ति को उस क्षेत्र द्वारा दर्शाया जाता है जो त्रिभुज के बाहर स्थित है और वृत्त और आयत के लिए उभयनिष्ठ है, अर्थात 12
याद रखें: जिस शर्त का उल्लेख नहीं किया गया है उसे विचार नहीं किया जाना चाहिए। उदाहरण के लिए, यहां 6 भी आवश्यक क्षेत्र को दर्शाता है। लेकिन क्योंकि यह वर्ग के अंदर है और 'सिविल सेवक' का यहां कोई उल्लेख नहीं है, अत: यह उत्तर नहीं हो सकता है।

43. (*a*) : दी गई शर्तों को पूरा करने वाले व्यक्ति को उस क्षेत्र द्वारा दर्शाया गया है जो वर्ग के अंदर स्थित है लेकिन वृत्त, आयत और त्रिभुज के बाहर है, अर्थात 7

44. (*c*) : दी गई शर्तों को पूरा करने वाले व्यक्ति को उस क्षेत्र द्वारा दर्शाया गया है जो आयत, वृत्त और वर्ग के लिए उभयनिष्ठ है लेकिन त्रिभुज के बाहर स्थित है, अर्थात 6

45. (*b*) : दी गई शर्तों को पूरा करने वाले व्यक्ति को आयत और वर्ग के लिए उभयनिष्ठ क्षेत्र, लेकिन त्रिभुज और वृत्त के बाहर स्थित है के द्वारा दर्शाया जाता है, अर्थात 13

46. (*a*) : आवश्यक क्षेत्र आयत, वर्ग, वृत्त और त्रिभुज के लिए एक उभयनिष्ठ है, अर्थात 7

47. (*d*) : आवश्यक क्षेत्र वह है जो केवल आयत और वृत्त के लिए उभयनिष्ठ है और त्रिभुज या वर्ग का हिस्सा नहीं है, अर्थात 4

48. (*b*) : आवश्यक क्षेत्र वह है जो त्रिभुज और आयत के अंदर, वर्ग और वृत्त के बाहर है, अर्थात 1

49. (*c*) : आवश्यक क्षेत्र वह है जो वृत्त के अंदर स्थित है लेकिन आयत, वर्ग और त्रिभुज के बाहर है, अर्थात 3

50. (*c*) : आवश्यक क्षेत्र वह है जो केवल त्रिभुज और वृत्त के लिए उभयनिष्ठ है, अर्थात 2

51. (*b*) : व्यक्तियों के आवश्यक समूह को उस क्षेत्र द्वारा दर्शाया जाता है जो त्रिभुज के बाहर स्थित है और वृत्त, वर्ग और आयत के लिए उभयनिष्ठ है, अर्थात 9

52. (*a*) : व्यक्तियों के आवश्यक समूह को उस क्षेत्र द्वारा दर्शाया जाता है जो त्रिभुज और वर्ग के लिए उभयनिष्ठ है लेकिन वृत्त और आयत के बाहर स्थित है, अर्थात 3

53. (*d*) : व्यक्तियों के आवश्यक समूह को उस क्षेत्र द्वारा दर्शाया जाता है जो त्रिभुज के बाहर स्थित है, वृत्त के अंदर स्थित है लेकिन आयत और वर्ग के बाहर स्थित है, अर्थात 7

54. (*d*) : व्यक्तियों के आवश्यक समूह को उस क्षेत्र द्वारा दर्शाया गया है जो वर्ग के अंदर स्थित है लेकिन त्रिभुज, वृत्त और आयत के बाहर है, अर्थात 12

55. (*c*) : व्यक्तियों के आवश्यक समूह को उस क्षेत्र द्वारा दर्शाया गया है जो त्रिभुज और वृत्त के लिए उभयनिष्ठ है, लेकिन यह आयत या वर्ग का हिस्सा नहीं है, अर्थात 6

56. (*b*) : व्यक्तियों के आवश्यक समूह को उस क्षेत्र द्वारा दर्शाया गया है जो त्रिभुज, वर्ग और वृत्त के लिए उभयनिष्ठ है लेकिन आयत का हिस्सा नहीं है, अर्थात 2

57. (*b*) : (*a*) को सही होने के लिए, सभी चार आकृतियों के लिए कोई क्षेत्र उभयनिष्ठ नहीं होना चाहिए। लेकिन ऐसा क्षेत्र मौजूद है, जो 1 है, अत: (*a*) गलत है।
(*b*) को सही होने के लिए, आयत, वृत्त और वर्ग के लिए एक उभयनिष्ठ क्षेत्र होना चाहिए, जो 9 है। अत: (*b*) सही है।
(*c*) को सही होने के लिए, वृत्त त्रिभुज के अंदर होना चाहिए। लेकिन यह ऐसा नहीं है, अत: (*c*) गलत है
यह चित्र से स्पष्ट है कि अशिक्षित व्यक्ति ईमानदार, मेहनती या शहरी हैं या इन गुणों का संयोजन हो सकता है।
अत: (*d*) गलत है।

58. (*b*) : 4 वृत्त के बाहर स्थित है और त्रिभुज, वर्ग और आयत के लिए उभयनिष्ठ है। अत: 4 उन व्यक्तियों का प्रतिनिधित्व करता है जो अशिक्षित, शहरी, ईमानदार और मेहनती हैं।

59. (*c*) : आवश्यक क्षेत्र वह है जो बड़े त्रिभुज, वृत्त और आयत के लिए उभयनिष्ठ है, अर्थात G

60. (*a*) : आवश्यक क्षेत्र वह है जो बड़े त्रिभुज के अंदर स्थित है लेकिन छोटे त्रिभुज और वृत्त के बाहर स्थित है, अर्थात A और B

61. (*d*) : आवश्यक क्षेत्र वह है जो बड़े त्रिभुज, वृत्त और आयत के लिए उभयनिष्ठ है, अर्थात G और H

62. (*a*) : आवश्यक क्षेत्र वह है जो बड़े त्रिभुज के अंदर स्थित है, अर्थात A

63. (*c*) : आवश्यक क्षेत्र वह है जो छोटे त्रिभुज के अंदर स्थित है लेकिन बड़े त्रिभुज के बाहर है, अर्थात F

64. (*b*) : आवश्यक क्षेत्र वह है जो सभी चार वृत्त के लिए उभयनिष्ठ है, अर्थात 8

65. (*c*) : आवश्यक क्षेत्र वह है जो वृत्त S के अंदर स्थित है लेकिन वृत्त T, W और C के बाहर है, अर्थात 1

66. (*a*) : आवश्यक क्षेत्र वह है जो वृत्त C के अंदर स्थित है लेकिन वृत्त W के बाहर है, अर्थात 6, 10 और 4

67. (*d*) : आवश्यक क्षेत्र वह है जो वृत्त S, T और W के लिए उभयनिष्ठ है लेकिन वृत्त C के बाहर स्थित है, अर्थात 12

68. (*a*) : आवश्यक क्षेत्र वह है जो वृत्त C, W और T के लिए उभयनिष्ठ है लेकिन वृत्त S के बाहर स्थित है, अर्थात 7

69. (*c*) : आवश्यक क्षेत्र वह है जो वृत्त C के अंदर स्थित है लेकिन वृत्त S, T और W के बाहर है, अर्थात 4

70. (*a*) : आवश्यक क्षेत्र वह है जो वृत्त T और W के लिए उभयनिष्ठ है लेकिन वृत्त S और C के बाहर स्थित है, अर्थात 13

71. (*a*) : आवश्यक क्षेत्र वह है जो C और W वृत्त के लिए उभयनिष्ठ है लेकिन S और T वृत्त के बाहर स्थित है, अर्थात 5

72. (*a*) : आवश्यक क्षेत्र वह है जो वृत्त T के अंदर स्थित है लेकिन वृत्त S और W के बाहर है, अर्थात 2

73. (*b*) : आवश्यक क्षेत्र वह है जो वृत्त S और C के बाहर स्थित है, अर्थात 2, 13 और 3

74. (*a*) : छात्रों के आवश्यक समूह को केवल तीन वृत्त के उभयनिष्ठ क्षेत्रों द्वारा दर्शाया गया है।

∴ आवश्यक संख्या = (13 + 13 + 18 + 18) = 62

75. (*a*) : छात्रों के आवश्यक समूह को इतिहास, गणित और विज्ञान का प्रतिनिधित्व कर रहे वृत्त के अंदर स्थित क्षेत्रों द्वारा दर्शाया गया है।

∴ आवश्यक संख्या = (9 + 14 + 18 + 15 + 16 + 13 + 12 + 20 + 18 + 13 + 16 + 19) = 183

76. (*b*) : छात्रों के आवश्यक समूह को इतिहास और भूगोल का प्रतिनिधित्व कर रहे वृत्त के उभयनिष्ठ क्षेत्रों द्वारा दर्शाया गया है।

∴ आवश्यक संख्या = (20 + 13 + 12 + 18) = 63

77. (*b*) : इतिहास लेने वाले छात्रों की संख्या = (16 + 12 + 18 + 20 + 18 + 14 + 13) = 111

भूगोल लेने वाले छात्रों की संख्या = (9 + 16 + 13 + 20 + 13 + 12 + 18) = 101

विज्ञान लेने वाले छात्रों की संख्या = (19 + 15 + 18 + 20 + 18 + 16 + 13) = 119

गणित लेने वाले छात्रों की संख्या = (9 + 14 + 13 + 20 + 13 + 15 + 18) = 102

78. (*d*) : क्योंकि वृत्त त्रिभुज के अंदर पूरी तरह से निहित है, अत: सभी फ्रेंच भाषी व्यक्ति हिंदी भी बोलते हैं।

79. (*b*) : क्योंकि सभी चार आकृतियों के लिए कोई क्षेत्र उभयनिष्ठ नहीं है, अत: कोई भी चार भाषाओं को नहीं बोल सकता है। अत: (*a*) गलत है।

उपर्युक्त कथन से, यह स्पष्ट है कि सभी अंग्रेजी भाषी व्यक्ति सभी भाषाओं को नहीं बोल सकते हैं। अत: (*c*) गलत है

क्योंकि आयत, वर्ग और त्रिभुज के साथ उभयनिष्ठ क्षेत्रों को साझा करता है, अत: कुछ जर्मन भाषी व्यक्ति हिंदी या अंग्रेजी बोल सकते हैं। अत: (*b*) सत्य है।

त्रिभुज वृत्त के अंदर निहित नहीं है। इसका तात्पर्य है कि सभी हिंदी भाषी व्यक्ति फ्रेंच नहीं बोलते है। अत: (*d*) गलत है

80. (*c*) : क्योंकि आयत और वृत्त के लिए उभयनिष्ठ क्षेत्र मौजूद नहीं है, अत: जर्मन भाषी व्यक्ति फ्रेंच नहीं बोल सकते हैं, और फ्रेंच भाषी व्यक्ति जर्मन नहीं बोल सकते । अत: दोनों (*a*) और (*b*) सही हैं।

क्योंकि सभी चार आकृतियों के लिए कोई क्षेत्र उभयनिष्ठ नहीं है, अत: हिंदी भाषी व्यक्तियों में से कोई भी अन्य तीन भाषाओं को नहीं बोल सकता है। अत: (*c*) सत्य नहीं है।

वृत्त, त्रिभुज और वर्ग के साथ उभयनिष्ठ क्षेत्रों को साझा करता है, लेकिन आयत के साथ नहीं। इस तथ्य का तात्पर्य (*d*) में बताए गया है। अत: (*d*) सही है।

81. (*d*) : क्योंकि त्रिभुज का एक ऐसा क्षेत्र मौजूद है जो आयत और वृत्त के बाहर स्थित है, अत: (*a*) सही है

क्योंकि दीर्घवृत का एक ऐसा क्षेत्र मौजूद है जो त्रिभुज के बाहर स्थित है लेकिन वृत्त के अंदर है, अत: (*b*) सही है।

क्योंकि आयत, त्रिभुज और दीर्घवृत या त्रिभुज, दीर्घवृत और वृत्त के लिए उभयनिष्ठ क्षेत्र मौजूद हैं, अत: (*c*) सही है।

82. (*c*) : आयत और दीर्घवृत के लिए उभयनिष्ठ क्षेत्र सड़क कर चुकाने वाले पुलिसकर्मियों को दर्शाता है। अत: (*a*) सही नहीं है

दीर्घवृत और वृत्त के लिए उभयनिष्ठ क्षेत्र सड़क कर चुकाने वाले दुकानदारों को दर्शाता है। अत: (*b*) सही नहीं है।

क्योंकि त्रिभुज और वृत्त के लिए उभयनिष्ठ क्षेत्र मौजूद है, यह इंगित करता है कि कुछ दुकानदार शिक्षित हैं। अत: (*c*) सही है।

आयत और वृत्त के लिए किसी भी उभयनिष्ठ क्षेत्र की अनुपस्थिति उस तथ्य का उल्लंघन है जो (*d*) में बताया गया है। अत: (*d*) गलत है।

83. (*c*) : क्योंकि आयत और त्रिभुज के लिए उभयनिष्ठ क्षेत्र मौजूद है लेकिन वह दीर्घवृत के बाहर स्थित है। अत: (*a*) गलत है।

क्योंकि त्रिभुज और वृत्त के लिए उभयनिष्ठ क्षेत्र मौजूद है लेकिन वह दीर्घवृत के बाहर स्थित है। अत: (*b*) गलत है।

क्योंकि दीर्घवृत और आयत के लिए उभयनिष्ठ क्षेत्र त्रिभुज के भीतर स्थित है। अत: (*c*) सही है

क्योंकि दीर्घवृत और वृत्त के लिए उभयनिष्ठ क्षेत्र त्रिभुज के अंदर पूरी तरह से नहित नहीं है। अत: (*d*) गलत है।

84. (*b*) : क्योंकि आयत त्रिभुज के अंदर पूरी तरह से निहित है, इसका तात्पर्य है कि कोई अशिक्षित पुलिसकर्मी नहीं हैं। अत: (*a*) गलत है।

क्योंकि त्रिभुज और वृत्त के लिए उभयनिष्ठ क्षेत्र का एक हिस्सा दीर्घवृत के भीतर स्थित है। अत: (*b*) सही है।

क्योंकि आयत और वृत्त के बीच कोई उभयनिष्ठ क्षेत्र नहीं है। अत: (*c*) और (*d*) दोनों गलत हैं।

85. (*d*) : क्योंकि आयत और सर्कल के बीच कोई उभयनिष्ठ क्षेत्र नहीं है। अत: केवल (*d*) अनुसरण करता।

प्रश्न 86 से 95

इनमें से प्रत्येक प्रश्न में से, हम केवल उन आकृतियों का परीक्षण करेंगे जो उस प्रश्न के विकल्पों में दी गयी हैं। और इस तरह हम एक चरणबद्ध तरीके से एक विशेष उत्तर तक पहुंचेंगे।

86. (*c*) :

व्यक्ति	आवश्यकता	परीक्षण किए जाने वाले चित्र	आवश्यकता को पूरा करने वाले चित्र
X	केवल त्रिभुज, वृत और वर्ग के लिए उभयनिष्ठ क्षेत्र	A, E, F, H	F
Y	केवल त्रिभुज और आयत के लिए उभयनिष्ठ क्षेत्र	F	F
Z	केवल त्रिभुज और वर्ग के लिए उभयनिष्ठ क्षेत्र	F	F

87. (*d*) :

व्यक्ति	आवश्यकता	परीक्षण किए जाने वाले चित्र	आवश्यकता को पूरा करने वाले चित्र
X	केवल त्रिभुज आयत और वर्ग उभयनिष्ठ क्षेत्र	D, E, F, G	D, G
Y	केवल त्रिभुज और आयत के लिए उभयनिष्ठ क्षेत्र	D, G	D, G
Z	केवल वृत्त और आयत के लिए उभयनिष्ठ क्षेत्र	D, G	G

88. (*d*) :

व्यक्ति	आवश्यकता	परीक्षण किए जाने वाले चित्र	आवश्यकता को पूरा करने वाले चित्र
X	केवल वृत्त त्रिभुज और आयत के लिए उभयनिष्ठ क्षेत्र	A, B, E, G	A, B, E, G
Y	केवल त्रिभुज, आयत और वर्ग के लिए उभयनिष्ठ क्षेत्र	A, B, E, G	G
Z	केवल वृत्त, आयत और वर्ग के लिए उभयनिष्ठ क्षेत्र	G	G

89. (*c*) :

व्यक्ति	आवश्यकता	परीक्षण किए जाने वाले चित्र	आवश्यकता को पूरा करने वाले चित्र
X	केवल वृत्त और त्रिभुज के लिए उभयनिष्ठ क्षेत्र	E, F, G, H	E, G, H
Y	केवल वृत्त और आयत के लिए उभयनिष्ठ क्षेत्र क्षेत्र	E, G, H	E, G
Z	केवल आयत, त्रिभुज और वर्ग के लिए उभयनिष्ठ क्षेत्र	E, G	G

90. (*a*) :

व्यक्ति	आवश्यकता	परीक्षण किए जाने वाले चित्र	आवश्यकता को पूरा करने वाले चित्र
X	केवल वृत्त, त्रिभुज और वर्ग के लिए उभयनिष्ठ क्षेत्र	B, F, G, D	B, F
Y	केवल त्रिभुज और आयत के लिए उभयनिष्ठ क्षेत्र	B, F	B, F
Z	केवल वृत्त और वर्ग के लिए उभयनिष्ठ क्षेत्र	B, F	B, F

91. (*c*) :

व्यक्ति	आवश्यकता	परीक्षण किए जाने वाले चित्र	आवश्यकता को पूरा करने वाले चित्र
X	केवल आयत और वर्ग के लिए उभयनिष्ठ क्षेत्र	A, B, D, E, G	A, B, D, E, G
Y	केवल वृत्त, त्रिभुज और आयत के लिए उभयनिष्ठ क्षेत्र	A, B, D, E, G	A, B, E, G
Z	केवल वृत्त और त्रिभुज के लिए उभयनिष्ठ क्षेत्र	A, B, E, G	A, B, E, G

92. (*b*) :

व्यक्ति	आवश्यकता	परीक्षण किए जाने वाले चित्र	आवश्यकता को पूरा करने वाले चित्र
X	वृत्त, त्रिभुज, आयत, वर्ग के लिए उभयनिष्ठ क्षेत्र	A, B, E, H	B

93. (*c*) :

व्यक्ति	आवश्यकता	परीक्षण किए जाने वाले चित्र	आवश्यकता को पूरा करने वाले चित्र
X	केवल वृत्त और त्रिभुज के लिए उभयनिष्ठ क्षेत्र	C, E, A, H	C, E, A, H
Y	केवल त्रिभुज और आयत के लिए उभयनिष्ठ क्षेत्र क्षेत्र	C, E, A, H	C, E, A, H
Z	केवल त्रिभुज और वर्ग के लिए उभयनिष्ठ क्षेत्र	C, E, A, H	H

94. (*d*) :

व्यक्ति	आवश्यकता	परीक्षण किए जाने वाले चित्र	आवश्यकता को पूरा करने वाले चित्र
X	केवल त्रिभुज और आयत के लिए उभयनिष्ठ क्षेत्र	A, B, C, D, F	A, B, C, D, F
Y	केवल वृत्त और त्रिभुज के लिए उभयनिष्ठ क्षेत्र	A, B, C, D, F	A, B, C
Z	केवल वृत्त और वर्ग के लिए उभयनिष्ठ क्षेत्र	A, B, C	A, B, C

95. (*a*) :

व्यक्ति	आवश्यकता	परीक्षण किए जाने वाले चित्र	आवश्यकता को पूरा करने वाले चित्र
X	केवल वृत्त और आयत के लिए उभयनिष्ठ क्षेत्र	A, B, C, E, G, H	A, E, G
Y	केवल आयत और वर्ग के लिए उभयनिष्ठ क्षेत्र	A, E, G	A, E, G
Z	केवल वृत्त, त्रिभुज और आयत के लिए उभयनिष्ठ क्षेत्र	A, E, G	A, E, G

हल सहित अतिरिक्त प्रश्न

अभ्यास

दिशानिर्देश (प्रश्न 1 से 4): उस आरेख की पहचान करें जो नीचे दिए गए वर्गों बीच संबंधों का सबसे अच्छा प्रतिनिधित्व करता है:

1. प्रोफेसर, शोधकर्ता, वैज्ञानिक

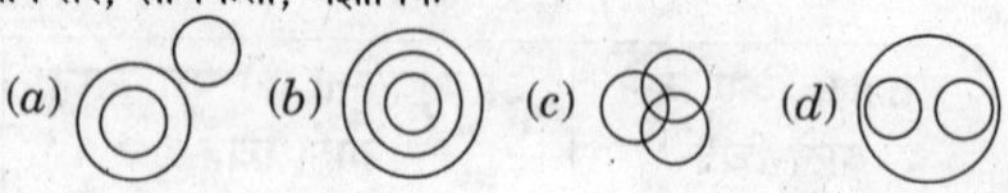

[SSC-CGL Tier I Exam, 2015]

2. भाषा, अंग्रेजी, कन्नड़

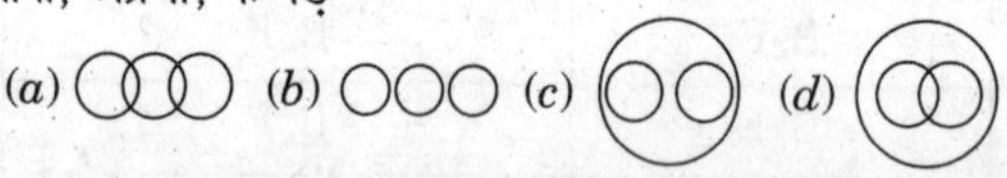

[SSC-CGL Tier I Exam, 2015]

3. बाघ, शेर, पशु

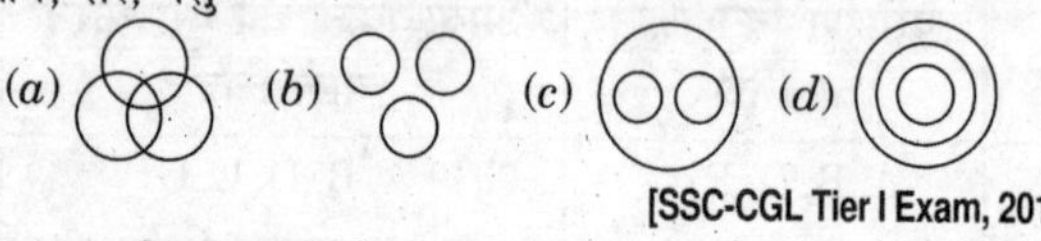

[SSC-CGL Tier I Exam, 2015]

4. पशु, स्थलीय पशु, जलीय पशु

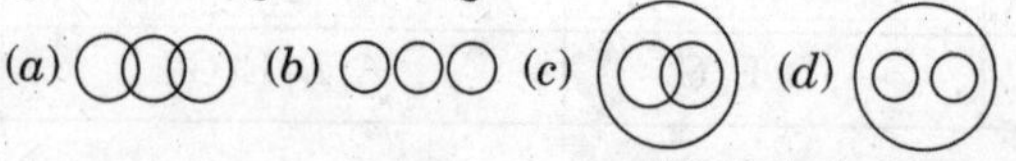

[SSC-CGL Tier I Exam, 2015]

5. कौन सी संख्या उन डॉक्टरों को इंगित करती है जो विवाहित नहीं हैं?

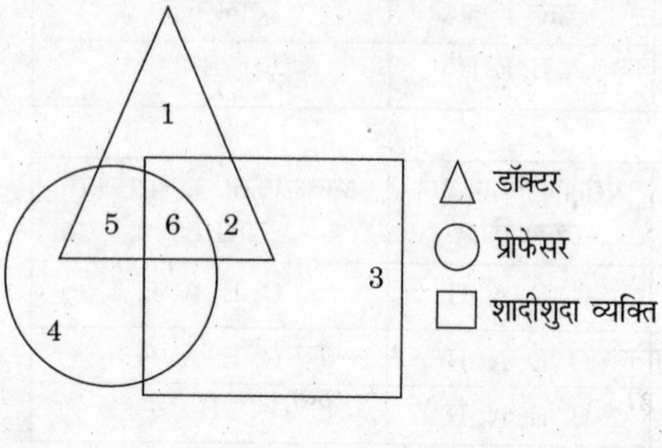

(*a*) 6 (*b*) 1 (*c*) 4 (*d*) 2

[SSC-CGL Tier I Exam, 2015]

6. दिए गए चित्र में, कौन सा अक्षर उन अभिनेताओं का प्रतिनिधित्व करता है जो नर्तक, गायकों के साथ-साथ वायलिनवादक भी हैं?

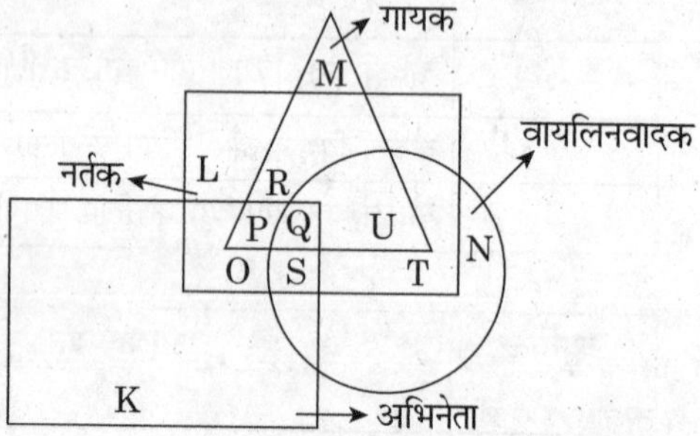

(*a*) S (*b*) Q (*c*) P (*d*) U

[SSC-CGL Tier I Exam, 2014]

दिशानिर्देश (प्रश्न 7 से 8): निम्नलिखित प्रश्नों में, उस आरेख की पहचान करें जो नीचे दिए गए वर्गों के बीच संबंधों का सबसे अच्छा प्रतिनिधित्व करता है:

7. फैक्टरी, मशीनरी, उत्पाद

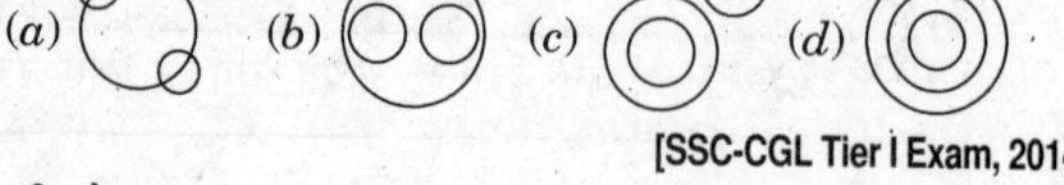

[SSC-CGL Tier I Exam, 2014]

8. यात्री, ट्रेन, बस

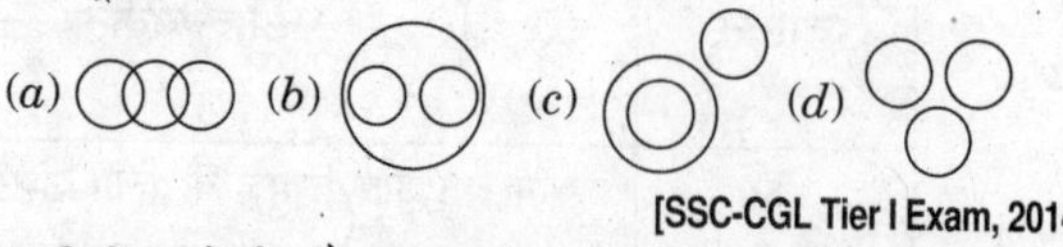

[SSC-CGL Tier I Exam, 2014]

9. निम्नलिखित में से कौन सा आरेख पृथ्वी, समुद्र और सूर्य के बीच सबसे अच्छा संबंध दर्शाता है?

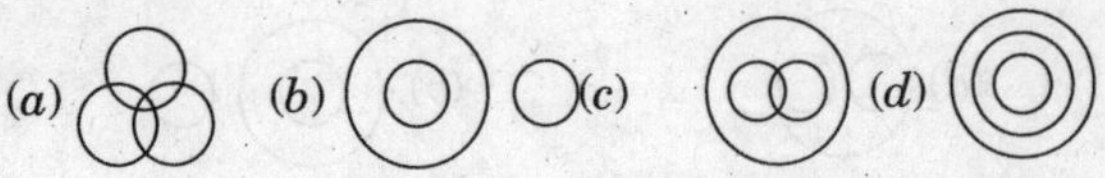

[SSC-CGL Tier I Exam, 2013]

10. आकृति का ध्यानपूर्वक अध्ययन करें और उस क्षेत्र का पता लगायें जो शिक्षित और कार्यरत लेकिन जॉब पुष्टि नहीं हुई क्षेत्र प्रतिनिधित्व करता है।

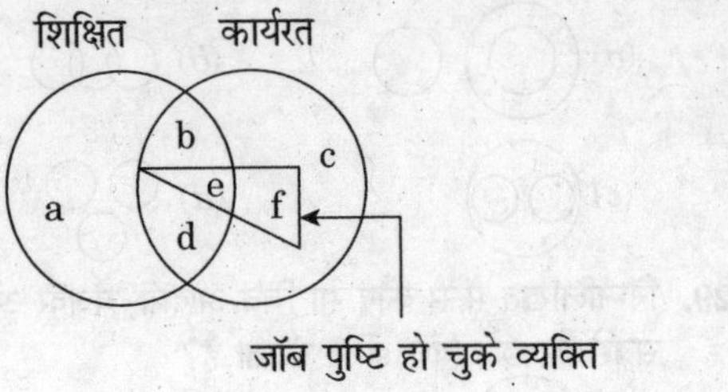

(a) ac (b) abc (c) bd (d) adc

[SSC-CGL Tier I Exam, 2013]

11. दिए गए आरेख में, वृत्त पेशेवरों का प्रतिनिधित्व करता है, वर्ग नर्तकों का प्रतिनिधित्व करता है, त्रिभुज संगीतकारों का प्रतिनिधित्व करता है और आयत यूरोपीय व्यक्तियों का प्रतिनिधित्व करता है। आरेख में विभिन्न क्षेत्रों को 1 से 11 तक क्रमांकित किया है। निम्नलिखित में से कौन, न तो नर्तक और न ही संगीतकार है किन्तु पेशेवर है, और यूरोपीय नहीं है?

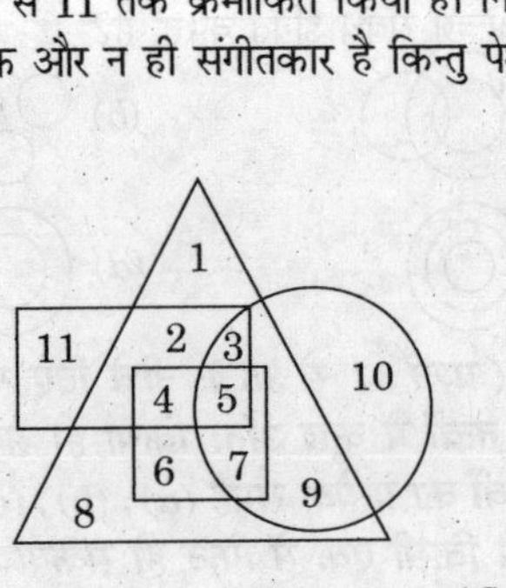

(a) 8 (b) 11 (c) 1 (d) 10

[SSC-CGL Tier I Exam, 2013]

दिशानिर्देश (प्रश्न 12 से 15): नीचे दिए गए प्रत्येक प्रश्न में तीन तत्व हैं। इन तत्वों में कुछ अंत: क्रिया हो सकती है या नहीं भी हो सकती है। तत्वों का प्रत्येक समूह (a), (b), (c) या (d) द्वारा अंकित आरेखों में से किसी एक में फिट हो सकता है। आपको उस आरेख को इंगित करना है जो तत्वों के समूह का सही प्रतिनिधित्व करता है।

12. निम्नलिखित में से कौन सा चित्र पर्वत, पृथ्वी और वनों के बीच सबसे अच्छा संबंध इंगित करता है? [AFCAT, 2016]

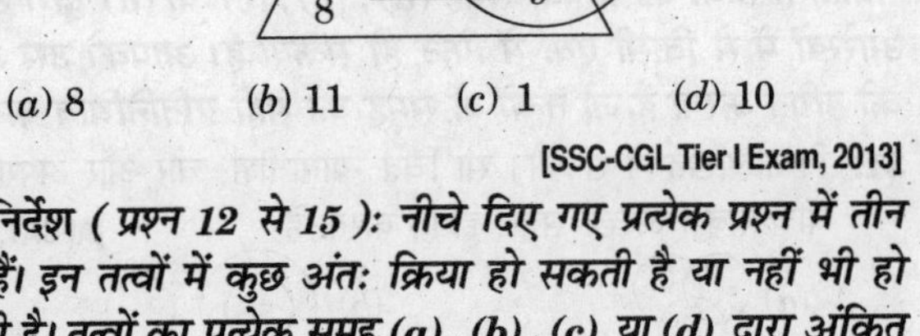

13. निम्नलिखित में से कौन सा चित्र सूर्य, ग्रह और पृथ्वी के बीच सबसे अच्छा संबंध इंगित करता है? [AFCAT, 2016]

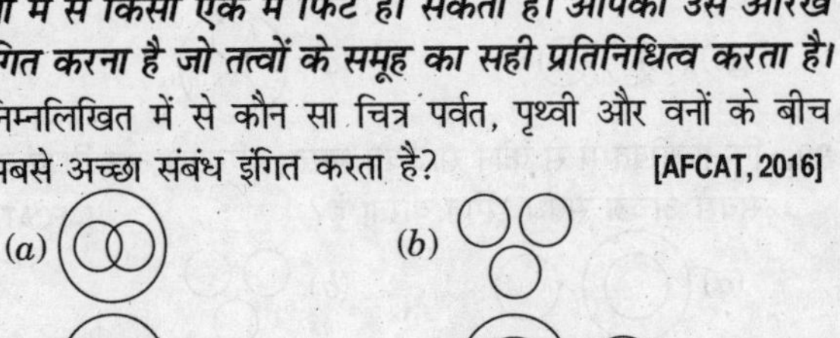

14. निम्नलिखित में से कौन सा चित्र स्नातक, शिक्षक और खिलाड़ी के बीच सबसे अच्छा संबंध इंगित करता है? [AFCAT, 2016]

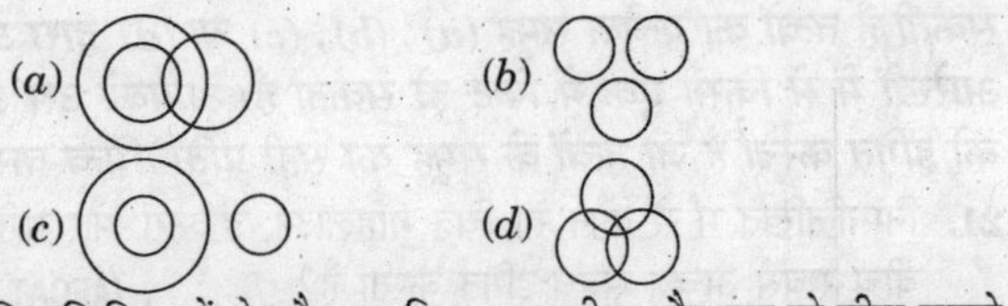

15. निम्नलिखित में से कौन सा चित्र पत्ता, बीज और जड़ के बीच सबसे अच्छा संबंध इंगित करता है? [AFCAT, 2016]

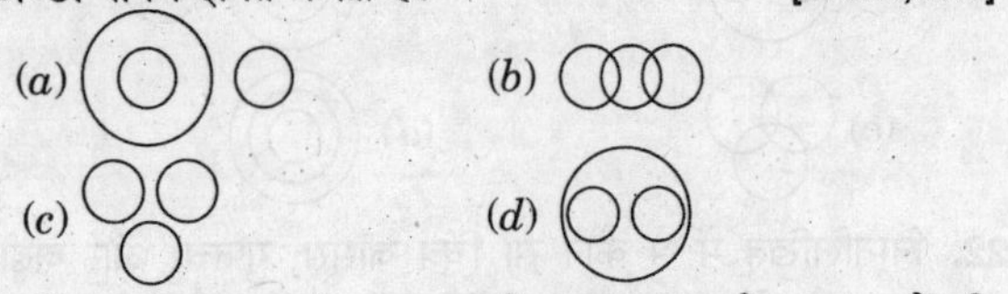

दिशानिर्देश (प्रश्न 16 से 20): नीचे दिए गए प्रत्येक प्रश्न में तीन तत्व हैं। इन तत्वों में कुछ अंत: क्रिया हो सकती है या नहीं भी हो सकती है तत्वों का प्रत्येक समूह (a), (b), (c) या (d) द्वारा अंकित आरेखों में से किसी एक में फिट हो सकता है। आपको उस आरेख को इंगित करना है जो तत्वों के समूह का सही प्रतिनिधित्व करता है।

16. निम्नलिखित में से कौन सा चित्र शिक्षक, कवि और स्नातक के बीच सबसे अच्छा संबंध इंगित करता है? [AFCAT, 2016]

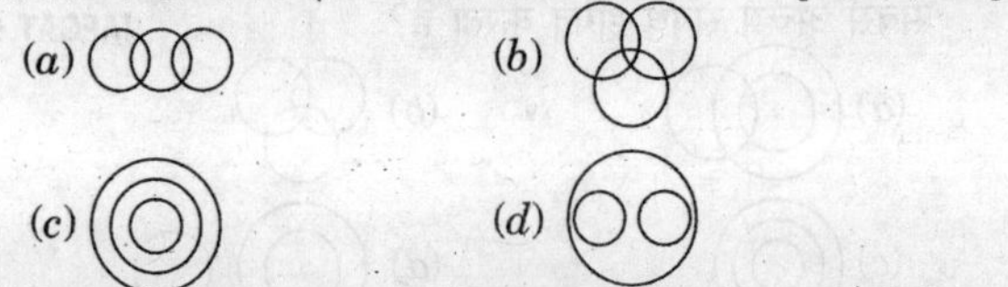

17. निम्नलिखित में से कौन सा चित्र शिक्षक, पुरुष और लेखकों के बीच सबसे अच्छा संबंध इंगित करता है? [AFCAT, 2016]

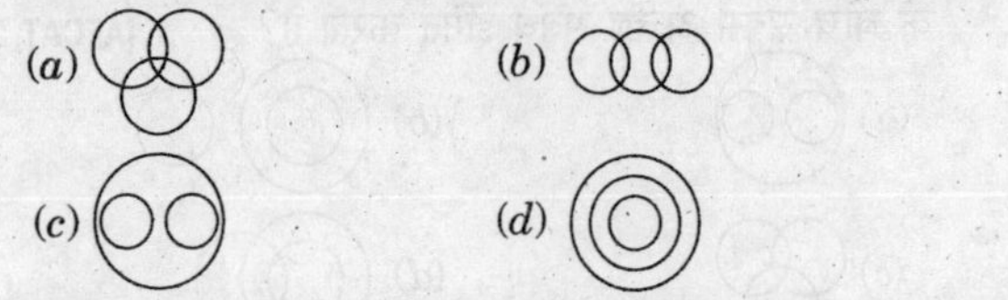

18. निम्नलिखित में से कौन सा चित्र टेनिस प्रशंसकों, क्रिकेट खिलाड़ियों और छात्रों के बीच सबसे अच्छा संबंध इंगित करता है?

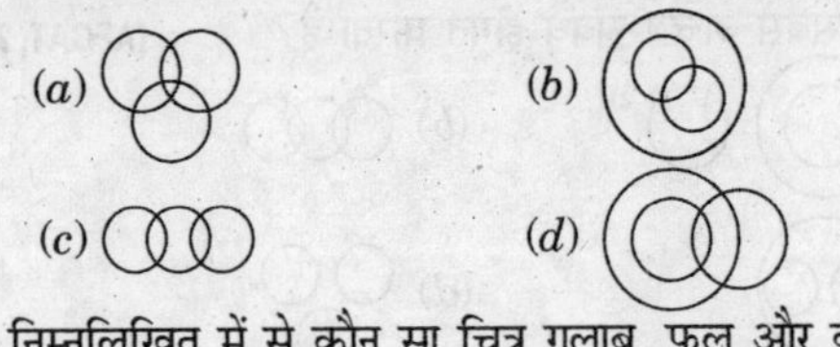

[AFCAT, 2016]

19. निम्नलिखित में से कौन सा चित्र गुलाब, फूल और कमल के बीच सबसे अच्छा संबंध इंगित करता है? [AFCAT, 2016]

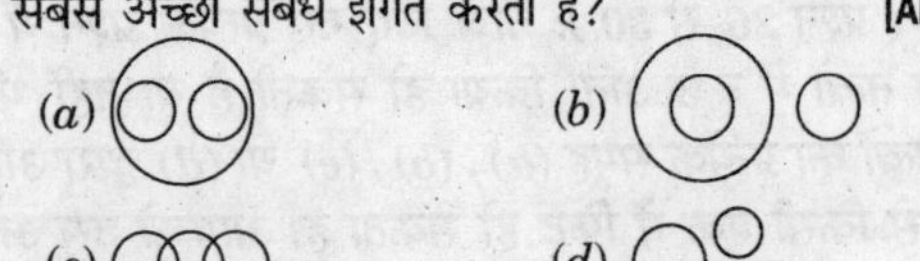

20. निम्नलिखित में से कौन सा चित्र बाघ, चतुष्पद जानवर (क्वाड्रुपेड) और हाथी का सबसे अच्छा संबंध इंगित करता है? [AFCAT, 2016]

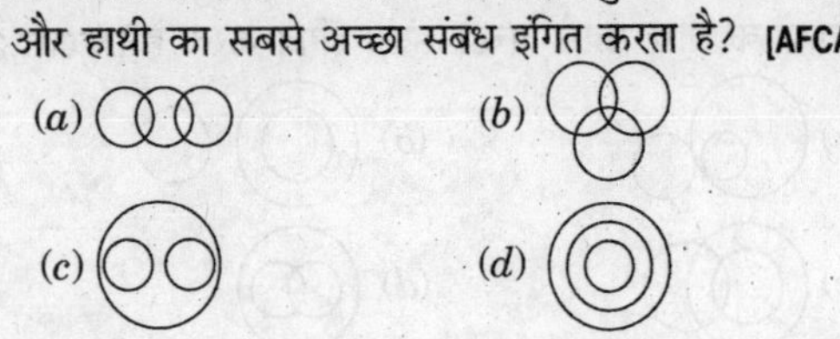

दिशानिर्देश (प्रश्न 21 से 25): नीचे दिए गए प्रत्येक प्रश्न में तीन तत्व हैं। इन तत्वों में कुछ अंत: क्रिया हो सकती है या नहीं भी हो

सकती है तत्वों का प्रत्येक समूह (a), (b), (c) या (d) द्वारा अंकित आरेखों में से किसी एक में फिट हो सकता है। आपको उस आरेख को इंगित करना है जो तत्वों के समूह का सही प्रतिनिधित्व करता है।

21. निम्नलिखित में से कौन सा चित्र महिलाओं, डॉक्टरों और मरीजों के बीच सबसे अच्छा संबंध इंगित करता है? **[AFCAT, 2015]**

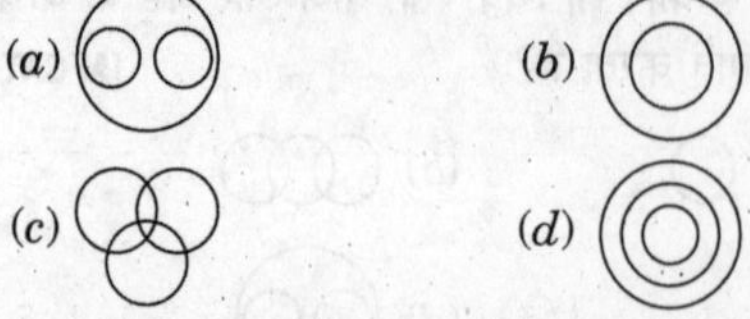

22. निम्नलिखित में से कौन सा चित्र जासूस, गुप्तचर और दाढ़ी वाले पुरुष के बीच सबसे अच्छा संबंध इंगित करता है? **[AFCAT, 2015]**

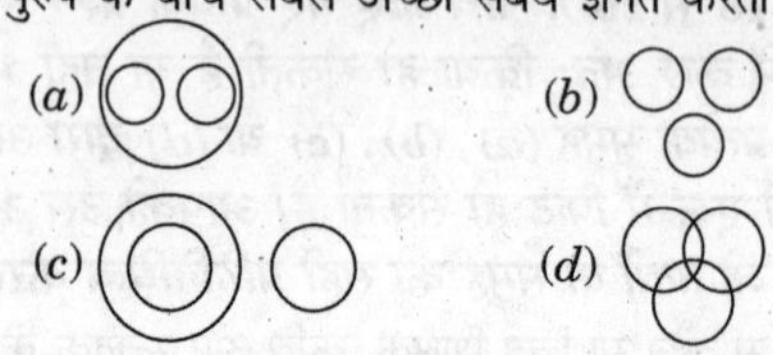

23. निम्नलिखित में से कौन सा चित्र पुरुष, पिता और मनुष्य के बीच सबसे अच्छा संबंध इंगित करता है? **[AFCAT, 2015]**

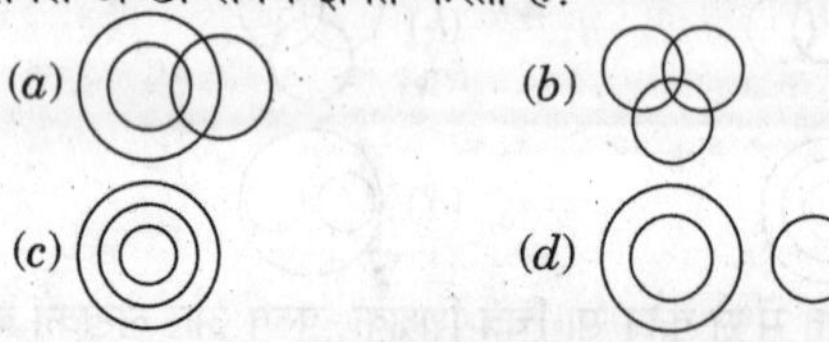

24. निम्नलिखित में से कौन सा चित्र इस्पात, लकड़ी और निर्माण सामग्री के बीच सबसे अच्छा संबंध इंगित करता है? **[AFCAT, 2015]**

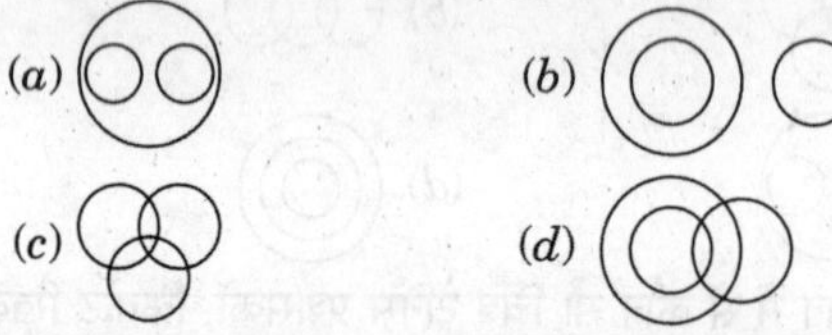

25. निम्नलिखित में से कौन सा चित्र चिकित्सक, शिक्षक और इंजीनियरों के बीच सबसे अच्छा संबंध इंगित करता है? **[AFCAT, 2015]**

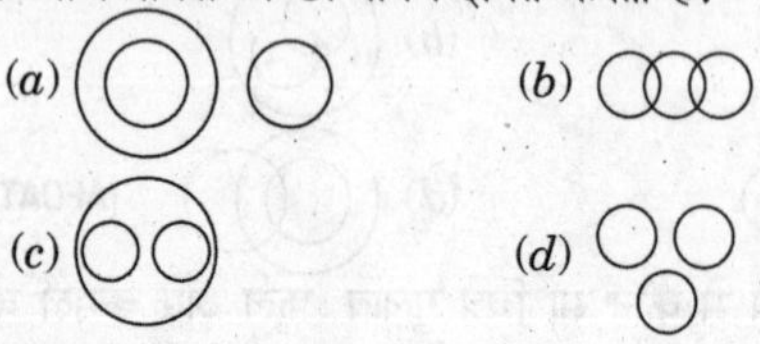

दिशानिर्देश (प्रश्न 26 से 30): नीचे दिए गए प्रत्येक प्रश्न में तीन तत्व हैं। इन तत्वों में कुछ अंतः क्रिया हो सकती है या नहीं भी हो सकती है तत्वों का प्रत्येक समूह (a), (b), (c) या (d) द्वारा अंकित आरेखों में से किसी एक में फिट हो सकता है। आपको उस आरेख को इंगित करना है जो तत्वों के समूह का सही प्रतिनिधित्व करता है।

26. निम्नलिखित में से कौन सा चित्र डॉक्टर, मनुष्य और विवाहित व्यक्तियों के बीच सबसे अच्छा संबंध इंगित करता है? **[AFCAT, 2015]**

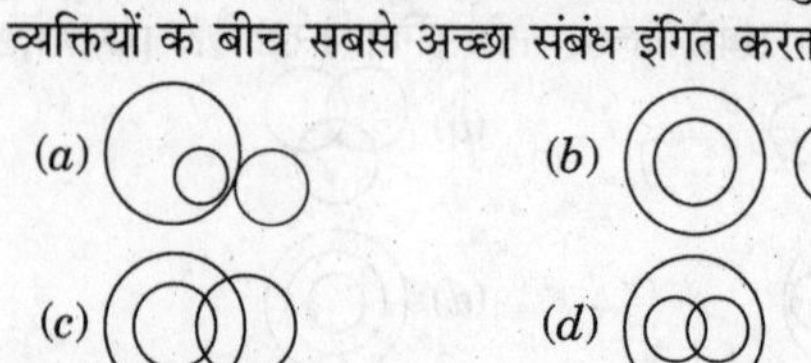

27. निम्नलिखित में से कौन सा चित्र बच्चे, शरारती और अध्ययनशील के बीच सबसे अच्छा संबंध इंगित करता है? **[AFCAT, 2015]**

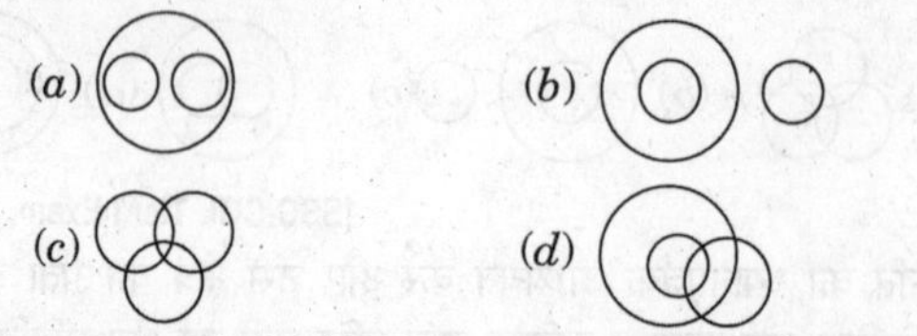

28. निम्नलिखित में से कौन सा चित्र चोर, आपराधी और पुलिस के बीच सबसे अच्छा संबंध इंगित करता है? **[AFCAT, 2015]**

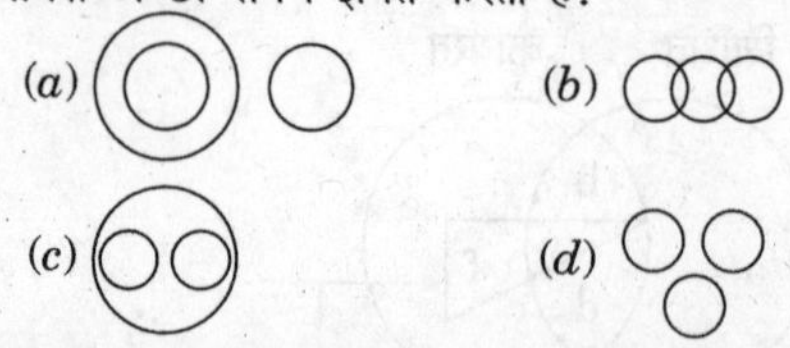

29. निम्नलिखित में से कौन सा चित्र आदमी, मजदूर और बगीचे के बीच सबसे अच्छा संबंध इंगित करता है? **[AFCAT, 2015]**

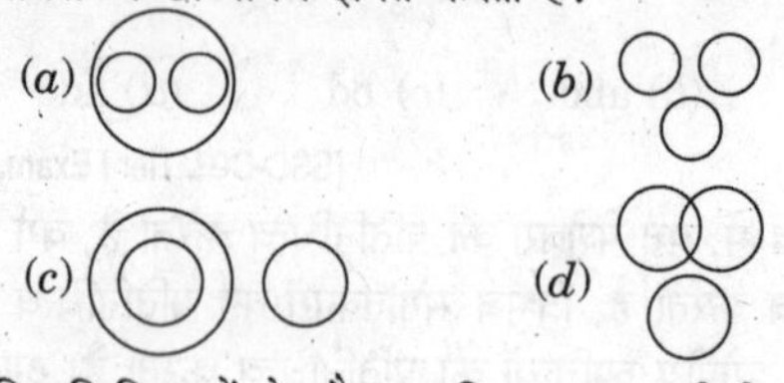

30. निम्नलिखित में से कौन सा चित्र पुरुष, भतीजी और भतीजे के बीच सबसे अच्छा संबंध इंगित करता है? **[AFCAT, 2015]**

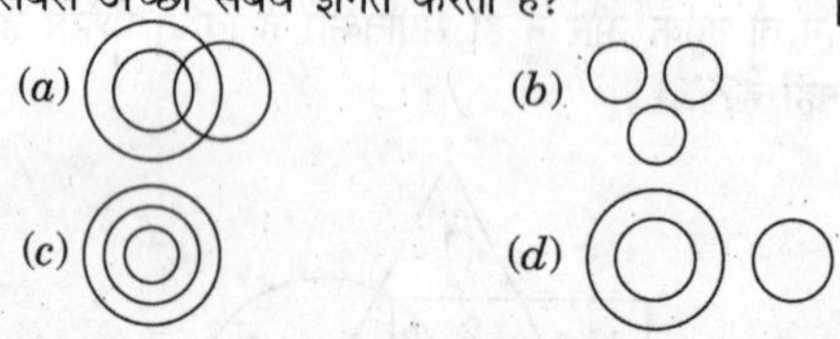

दिशानिर्देश (प्रश्न 31 से 35): नीचे दिए गए प्रत्येक प्रश्न में तीन तत्व हैं। इन तत्वों में कुछ अंतः क्रिया हो सकती है या नहीं भी हो सकती है तत्वों का प्रत्येक समूह (a), (b), (c) या (d) द्वारा अंकित आरेखों में से किसी एक में फिट हो सकता है। आपको उस आरेख को इंगित करना है जो तत्वों के समूह का सही प्रतिनिधित्व करता है।

31. निम्नलिखित में से कौन सा चित्र न्यायाधीश, चोर और अपराधी के बीच सबसे अच्छा संबंध इंगित करता है? **[AFCAT, 2014]**

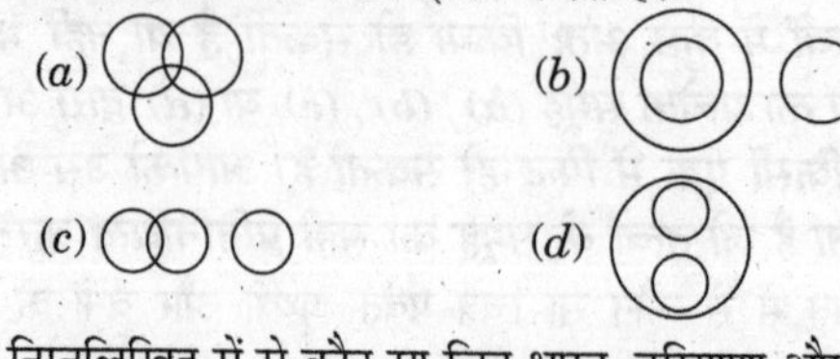

32. निम्नलिखित में से कौन सा चित्र भारत, हरियाणा और विश्व के बीच सबसे अच्छा संबंध इंगित करता है? **[AFCAT, 2014]**

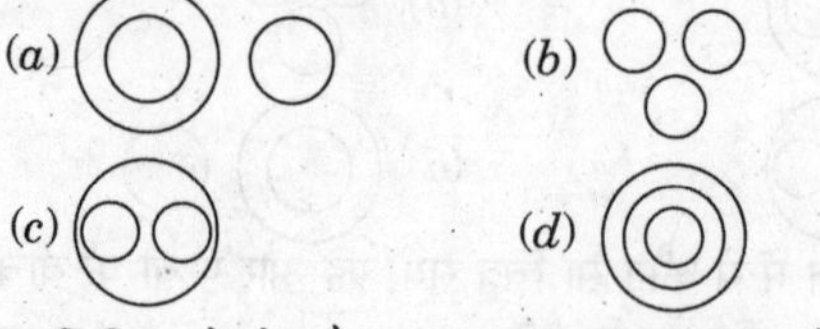

33. निम्नलिखित में से कौन सा चित्र कबूतर, पक्षी और कुत्ते के बीच सबसे अच्छा संबंध इंगित करता है? **[AFCAT, 2014]**

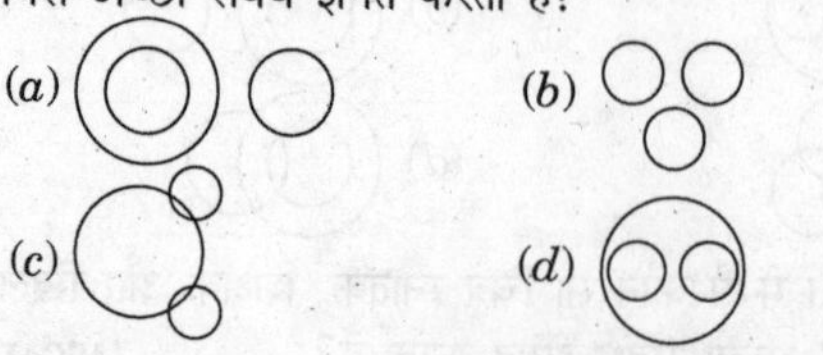

34. निम्नलिखित में से कौन सा चित्र पृथ्वी, सागर और सूर्य के बीच सबसे अच्छा संबंध इंगित करता है? **[AFCAT, 2014]**

(*a*) 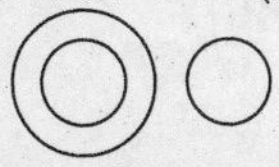

(*b*) 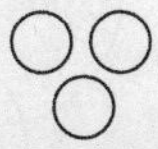

(*c*) 

(*d*) 

35. निम्नलिखित में से कौन सा चित्र हॉकी, फुटबॉल और क्रिकेट के बीच सबसे अच्छा संबंध इंगित करता है? **[AFCAT, 2014]**

(*a*) 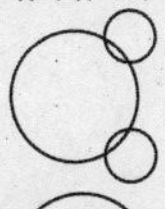

(*b*) 

(*c*) 

(*d*) 

हल

1. (*c*) : 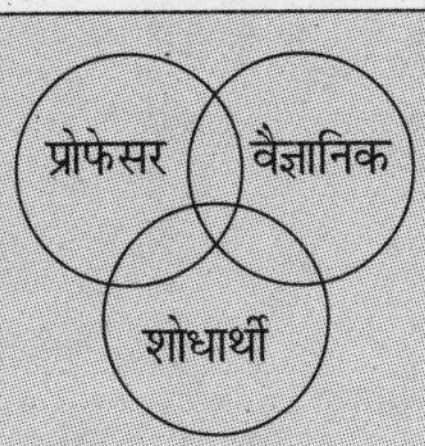

2. (*c*) : 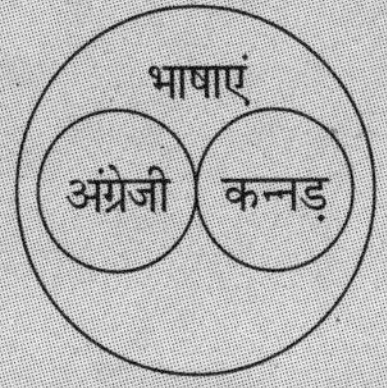

3. (*c*) : 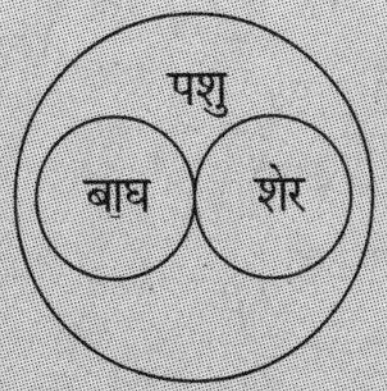

बाघ और शेर दोनों पशु हैं।

4. (*c*) : स्थलीय पशु और जलीय पशु, दोनों पशु हैं। कुछ स्थलीय पशु जलीय पशु हो सकते हैं और कुछ जलीय पशु स्थलीय पशु भी हो सकते हैं।

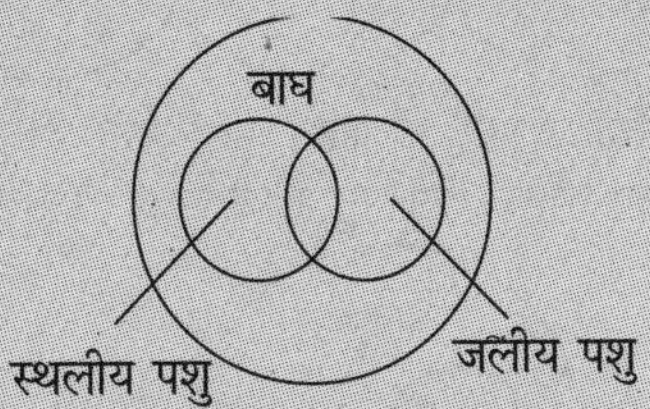

5. (*b*) : विकल्प (*b*) सही उत्तर है।

6. (*b*) : अक्षर Q उन अभिनेताओं का प्रतिनिधित्व करता है जो नर्तक, गायक और वायलिनवादक भी हैं।

7. (*d*) : मशीनरी, कारखाने के समूह के अंतर्गत आता है और उत्पाद मशीनरी के तहत आता है।

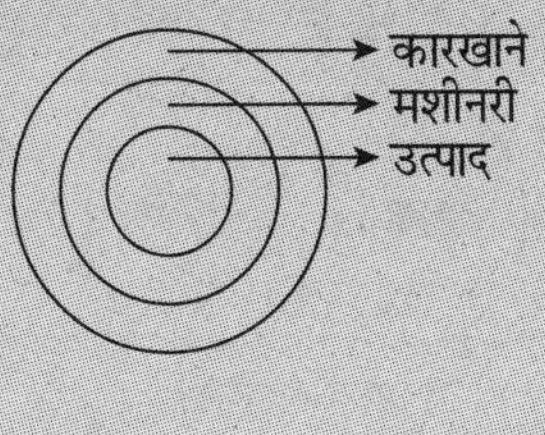

8. (*b*) : ट्रेन और बस दोनों यात्रियों द्वारा उपयोग किए जाने वाले विभिन्न परिवहन माध्यम हैं।

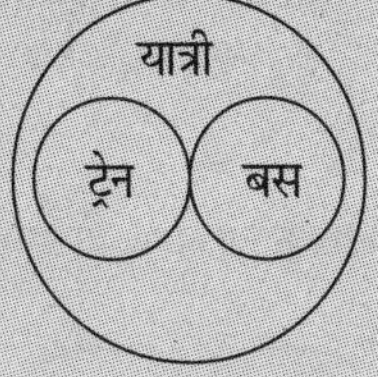

9. (*b*) : 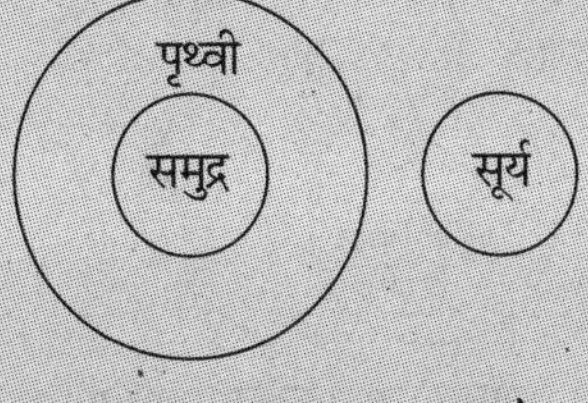

अत: विकल्प (*b*) सही उत्तर है।

10. (*c*) : विकल्प (*c*) सही उत्तर है।

11. (*d*) : 10, न तो नर्तक और न ही संगीतकार है किन्तु पेशेवर है, और और यूरोपीय नहीं है।

12. (*a*) : 

13. (*b*) : सूर्य एक ग्रह नहीं है और पृथ्वी एक ग्रह है।

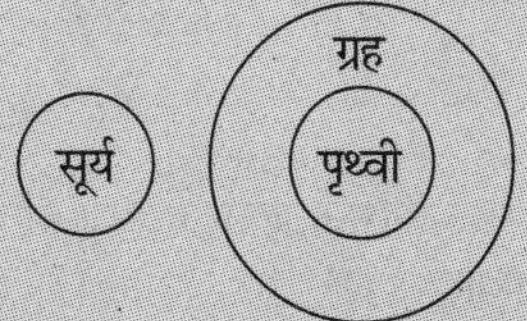

14. (*a*) : 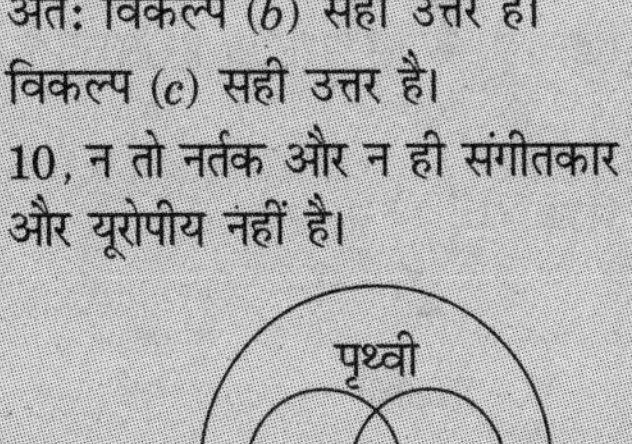

15. (*c*) : दिए गए सभी तीनों समूह अलग हैं।

16. (*b*) : कुछ कवि शिक्षक हो सकते हैं। कुछ स्नातक शिक्षक या कवि हो सकते हैं।

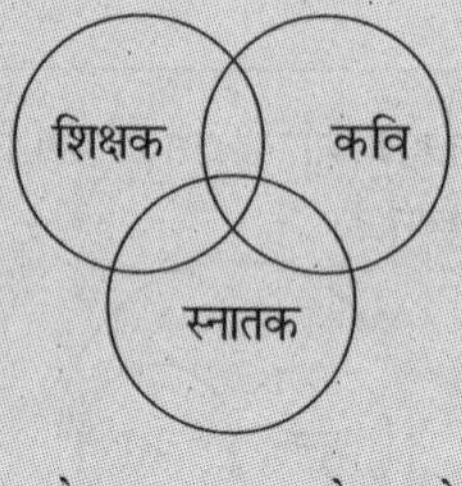

17. (*a*) : कुछ शिक्षक, लेखक या पुरुष हो सकते हैं। कुछ लेखक, पुरुष हो सकते हैं।

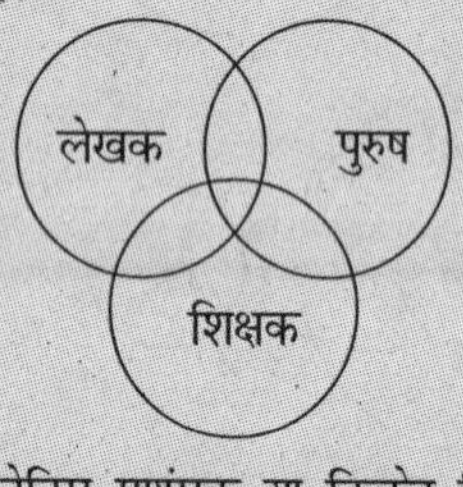

18. (*a*) : कुछ छात्र टेनिस प्रशंसक या क्रिकेट खिलाड़ी हो सकते हैं। कुछ क्रिकेट खिलाड़ी, टेनिस प्रशंसक हो सकते हैं।

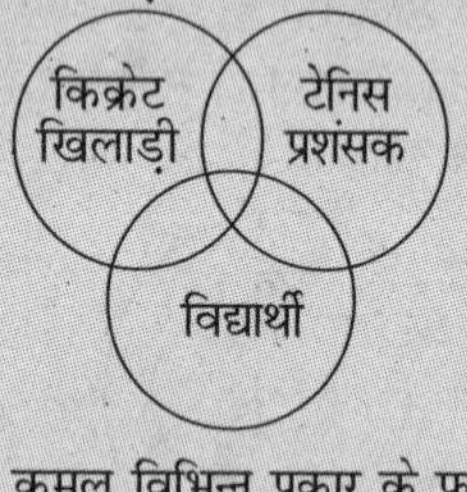

19. (*a*) : गुलाब और कमल विभिन्न प्रकार के फूल हैं।

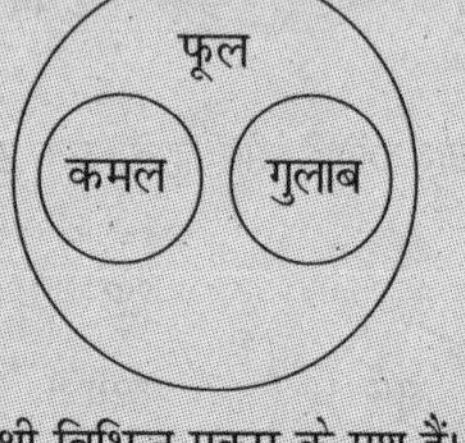

20. (*c*) : बाघ और हाथी विभिन्न प्रकार के पशु हैं। लेकिन, दोनों चतुष्पद जानवर (क्वाड्रुपेड)हैं।

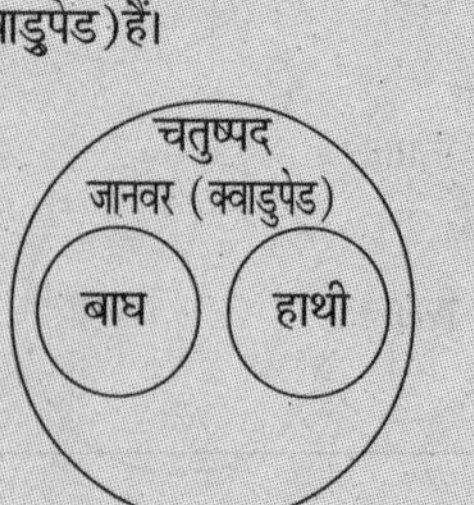

21. (*c*) : कुछ चिकित्सक, महिला हो सकते हैं। कुछ रोगी, महिला या चिकित्सक हो सकते हैं।

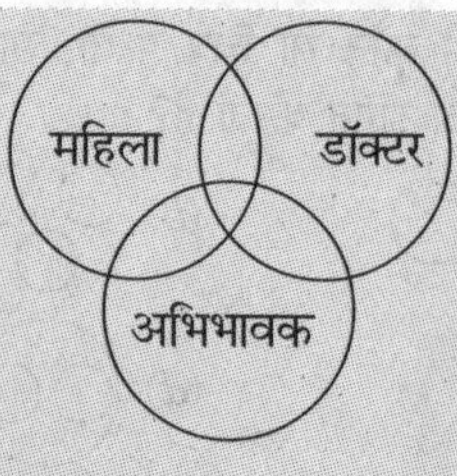

22. (*d*) :

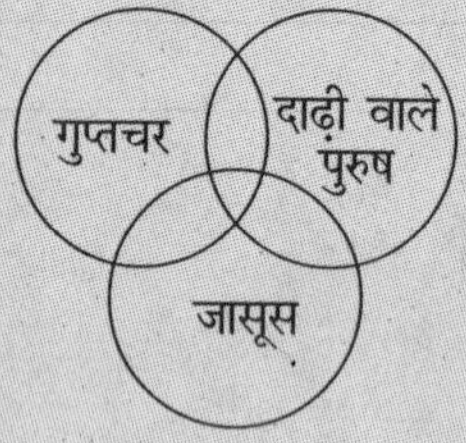

23. (*c*) :

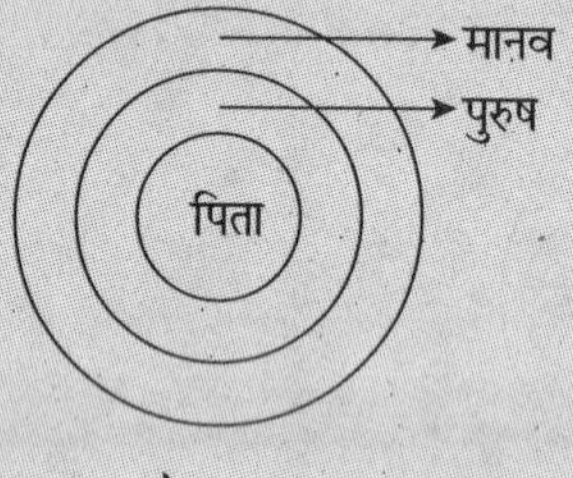

24. (*a*) : इस्पात और लकड़ी विभिन्न प्रकार की इमारतों की सामग्री हैं।

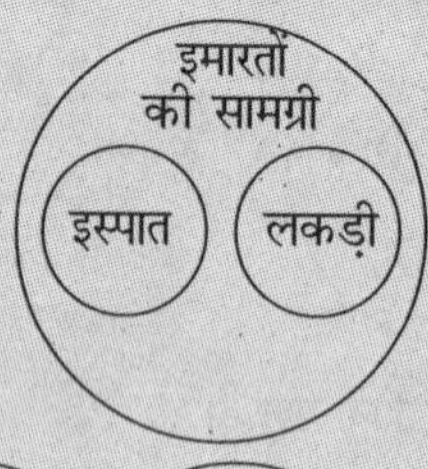

25. (*b*) :

26. (*d*) : कुछ चिकित्सक, विवाहित हो सकते हैं। चिकित्सक और विवाहित व्यक्ति दोनों मनुष्यों के समूह से संबंधित हैं।

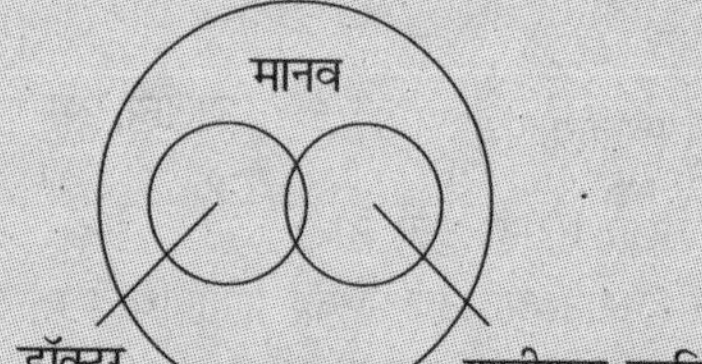

27. (*c*) : कुछ बच्चे, शरारती और अध्ययनशील हो सकते हैं। कुछ शरारती, बच्चे और अध्ययनशील हो सकते हैं। कुछ अध्ययनशील, बच्चे और शरारती हो सकते हैं।

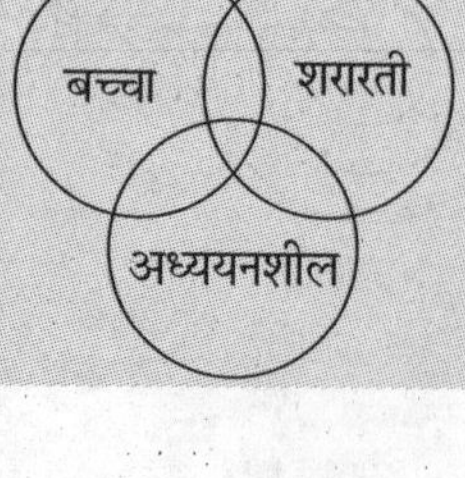

28. (*a*) :

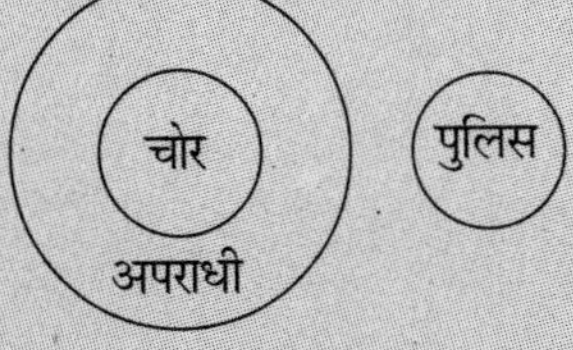

29. (*d*) : कुछ आदमी, मजदूर हो सकते हैं जबकि कुछ मजदूर, आदमी हो सकते हैं, बगीचा एक अलग इकाई है।

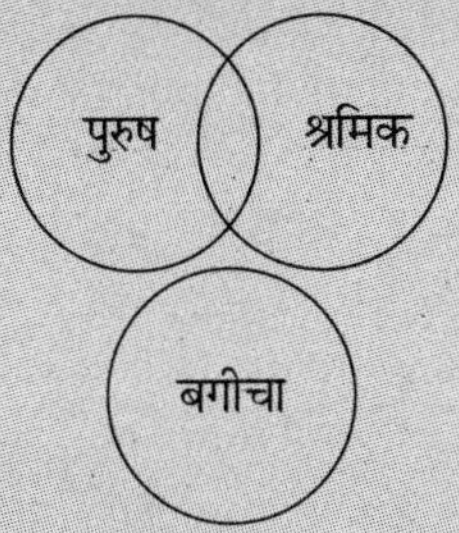

30. (*d*) : सभी भतीजे, पुरुष हैं, भतीजी एक अलग इकाई है।

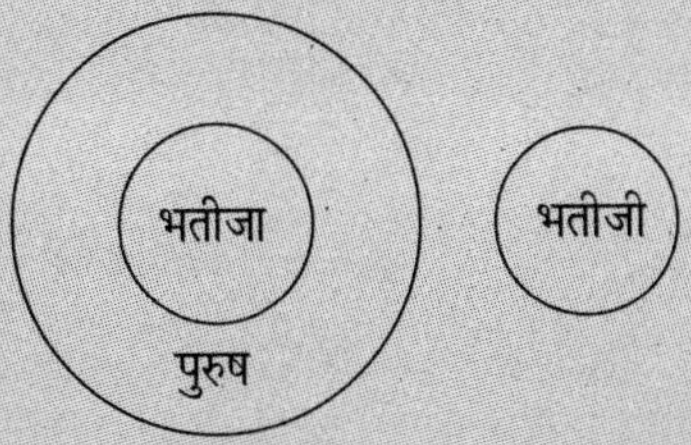

31. (*b*) : चोर, अपराधी की श्रेणी से संबंधित हैं। न्यायाधीश एक अलग इकाई है।

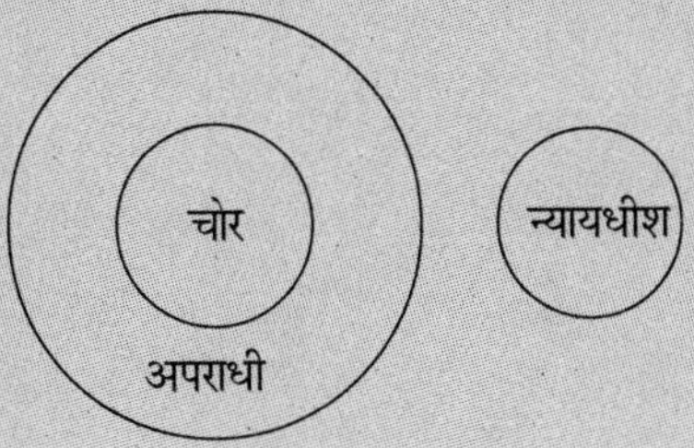

32. (*d*) : भारत दुनिया का हिस्सा है और हरियाणा भारत का हिस्सा है।

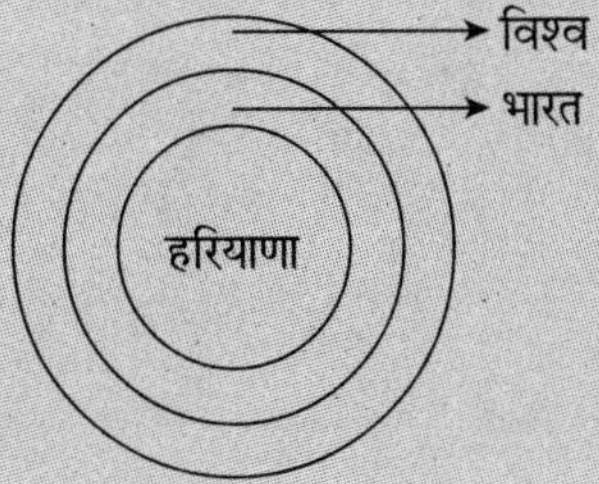

33. (*a*) : कबूतर एक पक्षी है और कुत्ता एक पशु है।

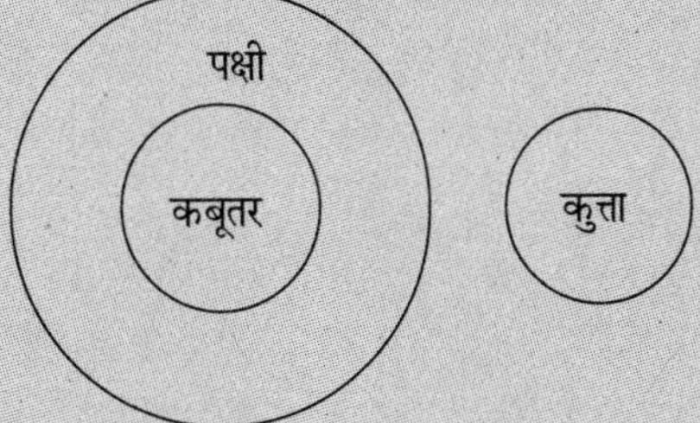

34. (*a*) :

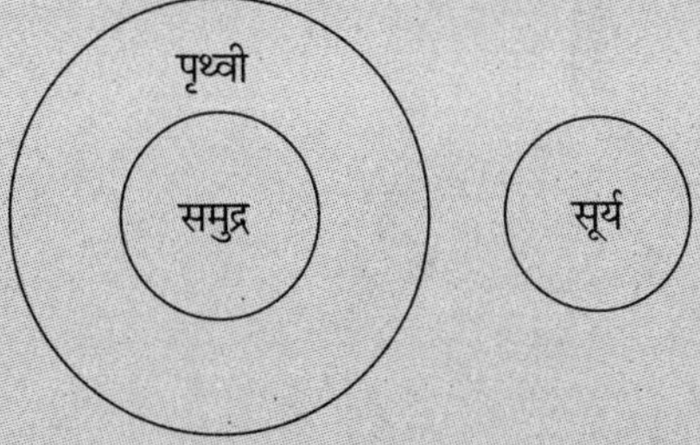

35. (*b*) :

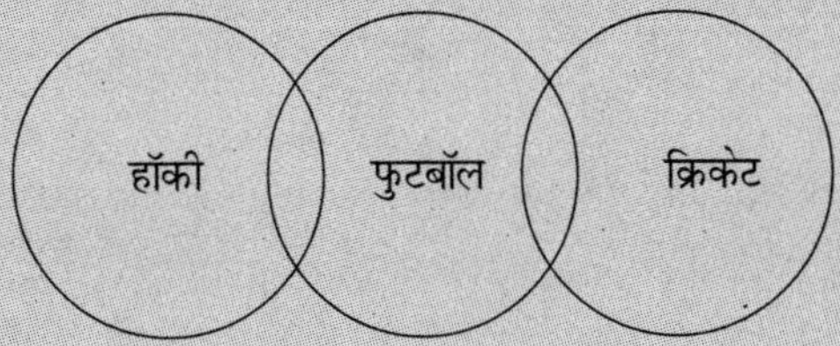

वर्णमाला परीक्षण

(ALPHABET TEST)

10

प्रकार 1: शब्दों का वर्णानुक्रमिक क्रम

वर्णानुक्रम: शब्दों को वर्णानुक्रम में व्यवस्थित करने का अर्थ उस क्रम से है, जिसके अनुसार शब्द शब्दकोष (डिक्शनरी) में व्यवस्थित होते हैं, अर्थात इन शब्दों के पहले वर्ण के अंग्रेजी वर्णमाला में आने वाले क्रमानुसार।

शब्दों को वर्णानुक्रम में कैसे व्यवस्थित करें?

सर्वप्रथम, प्रत्येक शब्द का पहला वर्ण लें, अब इस वर्ण के आधार पर शब्दों को उस क्रम में व्यवस्थित करें, जिसमें ये शब्दकोष (डिक्शनरी) में व्यवस्थित होते हैं।

उदा. 1. इन शब्दों पर विचार करें – Abstract, Principle, Marry, Spring, Frequent

इन शब्दों के पहले वर्ण क्रमश: A, P, M, P, S हैं।

इनका अंग्रेजी वर्णमाला के अनुसार व्यवस्थित अनुक्रम A, F, M, P, S है। अत: इन शब्दों का सही वर्णानुक्रम है: Abstract, Frequent, Marry, Principle, Spring

कुछ स्थितियों में, दो या दो से अधिक शब्द एक ही वर्ण से शुरू होते हैं। ऐसे शब्दों को उनके दूसरे वर्ण के आधार पर वर्णानुक्रम में व्यवस्थित किया जाना चाहिए।

उदा. 2. इन शब्दों पर विचार करें – Client, Castle, Face, Viper, Dazzle

उपरोक्त उदाहरण में शब्दों को निम्न प्रकार व्यवस्थित किया जा सकता है:

$\left.\begin{array}{l}\text{Client}\\ \text{Castle}\end{array}\right\}$, Dazzle, Face, Viper.

अब देखना है कि 'Client' और 'Castle' को किस प्रकार व्यवस्थित करना है। "Client' और 'Castle' के दूसरे वर्णों अर्थात, 'l' और 'a' पर विचार करें और इनके अनुसार इन शब्दों को व्यवस्थित करें, इस प्रकार 'Castle', 'Client' से पहले आयेगा।

अत: इन शब्दों का सही वर्णानुक्रम निम्न है:

Castle, Client, Dazzle, Face, Viper.

यदि दो या दो से अधिक शब्दों के पहले और दूसरे, दोनों वर्ण समान हों, तो ऐसे शब्दों को वर्णमाला में तीसरे वर्ण के आधार पर वर्णानुक्रम में व्यवस्थित किया जाना चाहिए।

व्याख्यात्मक उदाहरण

उदा. 1. यदि निम्नलिखित पांच शब्दों को वर्णानुक्रम में व्यवस्थित किया जाए, तो कौन-सा शब्द मध्य में आएगा? **(Bank P.O. 2003)**

(*a*) Draw (*b*) Read (*c*) Play
(*d*) Back (*e*) Want

हल: शब्दों को वर्णानुक्रम में व्यवस्थित करने पर:

Back, Draw, Play, Read, Want

यहाँ 'Play' शब्द मध्य में आता है। अत: उत्तर (*c*) है।

उदा. 2. निम्नलिखित में से कौन-सा शब्द अंग्रेजी शब्दकोष में चौथे स्थान पर होगा? **(S.S.C. 2004)**

(*a*) False (*b*) Follow (*c*) Faithfully
(*d*) Fool (*e*) Fallible

हल: दिए गए शब्दों को वर्णानुक्रम में व्यवस्थित करने पर:

Faithfully, Fallible, False, Follow, Fool

यहाँ 'Follow' शब्द चौथे स्थान पर है। अत: उत्तर (*b*) है।

उदा. 3. निम्नलिखित में से कौन-सा शब्द अंग्रेजी शब्दकोष में दूसरे स्थान पर होगा? **(Bank Recruitment, 2005)**

(*a*) Magical (*b*) Magnify (*c*) Maternal
(*d*) Marshal (*e*) Magnetic

हल: दिए गए शब्दों को वर्णानुक्रम में व्यवस्थित करने पर:

Magical, Magnetic, Magnify, Marshal, Maternal

यहाँ 'Magnetic' शब्द दूसरे स्थान पर है। अत: उत्तर (*e*) है।

उदा. 4. यदि निम्नलिखित पांच शब्दों में से प्रत्येक के वर्णों को सर्वप्रथम वर्णानुक्रम में पुनर्व्यवस्थित किया जाता है और इस प्रकार प्राप्त वर्णों के समूह को एक शब्दकोष के अनुसार पुनर्व्यवस्थित किया जाता है, तो इनमें से कौन-सा शब्द शब्दकोष के बीच में आएगा? **(Bank P.O. 2002)**

(*a*) Road (*b*) Deaf (*c*) Code
(*d*) Lack (*e*) Meet

हल: शब्दों के वर्णों को वर्णानुक्रम में पुनर्व्यवस्थित करने पर प्राप्त वर्ण-समूह हैं: dor, adef, cdeo, ackl, eemt
इन वर्ण-समूहों को वर्णानुक्रम में व्यवस्थित करने पर:
Ackl, adef, ador, cdeo, eemt
वर्ण-समूह 'ador' बीच में आ रहा है और इस वर्ण-समूह से संबंधित शब्द 'Road' है। अत: उत्तर (*a*) है।

उदा. 5. निम्नलिखित शब्दों को शब्दकोष-व्यवस्था के अनुसार व्यवस्थित करें: **(S.S.C. 2000)**

1. Epitaxy **2.** Episode **3.** Epigene
4. Epitome **5.** Epilogue

(*a*) 1, 2, 3, 4, 5 (*b*) 3, 2, 5, 4, 1
(*c*) 3, 5, 2, 1, 4 (*d*) 5, 4, 2, 1, 3

हल. दिए गए शब्दों का सही वर्णानुक्रम है:
Epigene, Epilogue, Episode, Epitaxy, Epitome
इसलिए सही क्रम 3, 5, 2, 1, 4 है। अत: उत्तर (*c*) है।

उदा. 6. एक टेलीफोन डायरेक्टरी में कौन-सा नाम अंत में आएगा? **(R.R.B. 2005)**

(*a*) Mahender (*b*) Mahendra (*c*) Mahinder
(*d*) Mahindra (*e*) Mohinder

हल: दिए गए नामों को वर्णानुक्रम में व्यवस्थित करने पर:
Mahender, Mahendra, Mahinder, Mahindra, Mohinder
यहाँ 'Mohinder' शब्द अंत में आता है। अत: उत्तर (*e*) है।

अभ्यास 10A

निर्देश: ***निम्नलिखित में से प्रत्येक प्रश्न में पांच शब्द दिए गए हैं। यदि इन शब्दों को शब्दकोष के वर्णानुक्रम में व्यवस्थित किया जाए, तो इनमें से कौन-सा शब्द बीच में आएगा?***

1. (*a*) Spine (*b*) Spinal (*c*) Spinner
(*d*) Spinet (*e*) Spindle **(Bank Recruitment, 2003)**

2. (*a*) Praise (*b*) Practical (*c*) Prank
(*d*) Prayer (*e*) Practise

3. (*a*) Haste (*b*) Haphazard (*c*) Host
(*d*) Hang (*e*) Handkerchief

4. (*a*) Butterfly (*b*) Butler (*c*) Butcher
(*d*) Button (*e*) Butter **(Bank Recruitment, 2005)**

5. (*a*) Robber (*b*) Rocket (*c*) Random
(*d*) Restaurant (*e*) Restrict

6. (*a*) Heaven (*b*) Hillock (*c*) Hawker
(*d*) Hilt (*e*) History

7. (*a*) Apology (*b*) Branch (*c*) Antigen
(*d*) Antique (*e*) Antipathy

8. (*a*) Cruise (*b*) Crupper (*c*) Crusade
(*d*) Crude (*e*) Crumb **(Bank Recruitment, 2004)**

9. (*a*) Hobby (*b*) Holiday (*c*) Hoarse
(*d*) Hollow (*e*) Hobble

10. (*a*) Leprosy (*b*) Lessen (*c*) Lesson
(*d*) Language (*e*) Languid

11. (*a*) Sport (*b*) Spouse (*c*) Squash
(*d*) Sporadic (*e*) Sprout

12. (*a*) Miniscule (*b*) Minimalis (*c*) Minority
(*d*) Miniature (*e*) Ministerial **(Bank Recruitment, 2005)**

13. (*a*) Animate (*b*) Animosity (*c*) Anguish
(*d*) Ankle (*e*) Announce

14. (*a*) Entry (*b*) Efflorescent (*c*) Entreat
(*d*) Ensure (*e*) Every

15. (*a*) Rumbustious (*b*) Rumanian (*c*) Rumour
(*d*) Ruminate (*e*) Rumple **(S.S.C. 2002)**

16. (*a*) Intense (*b*) Intellect (*c*) Intend
(*d*) Intelligent (*e*) Integument

17. (*a*) Rigour (*b*) Remove (*c*) Retrospect
(*d*) Revive (*e*) Rumour

18. (*a*) Pillow (*b*) Pilgrim (*c*) Pigment
(*d*) Pile (*e*) Pike

19. (*a*) Cough (*b*) Council (*c*) Couch
(*d*) Count (*e*) Counsel **(C.P.O. 2001)**

20. (*a*) Bishop (*b*) Bifocal (*c*) Bicycle
(*d*) Bitter (*e*) Brink

21. (*a*) Parasite (*b*) Party (*c*) Petal
(*d*) Paste (*e*) Prick

22. (*a*) Research (*b*) Rational (*c*) Round
(*d*) Rustic (*e*) Rural **(Bank Recruitment, 2005)**

23. (*a*) Nature (*b*) Native (*c*) Narrate
(*d*) Nascent (*e*) Naughty

24. (*a*) Didactic (*b*) Dictum (*c*) Dictionary
(*d*) Diastole (*e*) Dictate

25. (*a*) Outrage (*b*) Outcast (*c*) Overture
(*d*) Overtake (*e*) Ovary

26. (*a*) Gradine (*b*) Gradient (*c*) Graduate
(*d*) Grading (*e*) Gradual **(Bank Recruitment, 2003)**

27. (*a*) Nozzle (*b*) Nausea (*c*) Nostril
(*d*) Nomenclature (*e*) Normal

28. (*a*) Prominent (*b*) Prohibit (*c*) Promise
(*d*) Prolong (*e*) Programme

29. (*a*) Descant (*b*) Descent (*c*) Derive
(*d*) Derrick (*e*) Derogate **(Bank Recruitment, 2004)**

30. (*a*) Radical (*b*) Radiate (*c*) Racket
(*d*) Radius (*e*) Radar

31. (*a*) Niche (*b*) Nickname (*c*) Nicene
(*d*) Nicol (*e*) Nickel

32. (a) Alive (b) Afforest (c) Anticipate
(d) Appreciate (e) Achieve

33. (a) Litter (b) Literature (c) Literary
(d) Littoral (e) Little **(Bank Recruitment, 2005)**

34. (a) Partition (b) Passion (c) Parlour
(d) Participate (e) Particle

35. (a) Grammar (b) Granary (c) Grandeur
(d) Grand (e) Granule

36. (a) Donative (b) Donate (c) Donkey
(d) Donjon (e) Donator **(Bank Recruitment, 2003)**

37. (a) Delude (b) Delirium (c) Defer
(d) Demean (e) Delete

38. (a) Assistant (b) Assessment (c) Asbestos
(d) Asterisk (e) Ass

39. (a) Fraudulent (b) Fraught (c) Fraternity
(d) Franchise (e) Frantic **(Bank Recruitment, 2005)**

40. (a) People (b) Penitent (c) Pepsin
(d) Penury (e) Penalty

41. (a) Tennis (b) Tendon (c) Tender
(d) Tempest (e) Terminal

42. (a) Sentinel (b) Sentimentally
(c) Sententious (d) Sentence
(e) Sentimentalize **(S.S.C. 2002)**

43. (a) Colon (b) Collective (c) Colloid
(d) Collotype (e) College

44. (a) Savour (b) Save (c) Savage
(d) Sausage (e) Saviour **(Bank Recruitment, 2005)**

45. (a) Section (b) Secular (c) Septic
(d) Seclude (e) Secure

46. (a) Firmament (b) Finish (c) First
(d) Fissure (e) Fiscal

47. (a) Electric (b) Elector (c) Elect
(d) Electrode (e) Electron **(Bank Recruitment, 2004)**

48. (a) Relieve (b) Ringlet (c) Rightful
(d) Rinse (e) Rigour

49. (a) Amphibian (b) Amorphous
(c) Amphidextrous (d) Ambiguous (e) Ambivalent

50. (a) Unimportant (b) Understand
(c) Unnecessary (d) Uncertain (e) Unethical
(Bank Recruitment, 2005)

हल-अभ्यास 10(A)

दिए गए शब्दों के उचित वर्णानुक्रम नीचे दिए गये हैं:

1. (a) : Spinal, Spindle, Spine, Spinet, Spinner
2. (a) : Practical, Practise, Praise, Prank, Prayer
3. (b) : Handkerchief, Hang, Haphazard, Haste, Host
4. (e) : Butcher, Butler, Butter, Butterfly, Button
5. (e) : Random, Restaurant, Restrict, Robber, Rocket
6. (b) : Hawker, Heaven, Hillock, Hilt, History
7. (d) : Antigen, Antipathy, Antique, Apology, Branch
8. (e) : Crude, Cruise, Crumb, Crupper, Crusade
9. (a) : Hoarse, Hobble, Hobby, Holiday, Hollow
10. (a) : Language, Languid, Leprosy, Lessen, Lesson
11. (b) : Sporadic, Sport, Spouse, Sprout, Squash
12. (a) : Miniature, Minimalis, Miniscule, Ministerial, Minority
13. (b) : Anguish, Animate, Animosity, Ankle, Announce
14. (c) : Efflorescent, Ensure, Entreat, Entry, Every
15. (d) : Rumanian, Rumbustious, Ruminate, Rumour, Rumple
16. (d) : Integument, Intellect, Intelligent, Intend, Intense
17. (d) : Remove, Retrospect, Revive, Rigour, Rumour
18. (d) : Pigment, Pike, Pile, Pilgrim, Pillow
19. (b) : Couch, Cough, Council, Counsel, Count
20. (a) : Bicycle, Bifocal, Bishop, Bitter, Brink
21. (d) : Parasite, Party, Paste, Petal, Prick
22. (c) : Rational, Research, Round, Rural, Rustic
23. (b) : Narrate, Nascent, Native, Nature, Naughty
24. (c) : Diastole, Dictate, Dictionary, Dictum, Didactic
25. (e) : Outcast, Outrage, Ovary, Overtake, Overture
26. (d) : Gradient, Gradine, Grading, Gradual, Graduate
27. (e) : Nausea, Nomenclature, Normal, Nostril, Nozzle
28. (d) : Programme, Prohibit, Prolong, Prominent, Promise
29. (d) : Derive, Derogate, Derrick, Descant, Descent
30. (b) : Racket, Radar, Radiate, Radical, Radius
31. (e) : Nicene, Niche, Nickel, Nickname, Nicol
32. (a) : Achieve, Afforest, Alive, Anticipate, Appreciate
33. (a) : Literary, Literature, Litter, Little, Littoral
34. (e) : Parlour, Participate, Particle, Partition, Passion
35. (d) : Grammar, Granary, Grand, Grandeur, Granule
36. (e) : Donate, Donative, Donator, Donjon, Donkey
37. (b) : Defer, Delete, Delirium, Delude, Demean
38. (b) : Asbestos, Ass, Assessment, Assistant, Asterisk
39. (c) : Franchise, Frantic, Fraternity, Fraudulent, Fraught
40. (d) : Penalty, Penitent, Penury, People, Pepsin
41. (b) : Tempest, Tender, Tendon, Tennis, Terminal
42. (e) : Sentence, Sententious, Sentimentalize, Sentimentally, Sentinel
43. (c) : Collective, College, Colloid, Collotype, Colon
44. (b) : Sausage, Savage, Save, Saviour, Savour
45. (b) : Seclude, Section, Secular, Secure, Septic
46. (c) : Finish, Firmament, First, Fiscal, Fissure

47. (*a*) : Elect, Elector, Electric, Electrode, Electron
48. (*e*) : Relieve, Rightful, Rigour, Ringlet, Rinse
49. (*b*) : Ambiguous, Ambivalent, Amorphous, Amphibian, Amphidextrous
50. (*e*) : Uncertain, Understand, Unethical, Unimportant, Unnecessary

अभ्यास 10B

निर्देश (प्रश्न 1 से 10): दिए गए शब्दों को वर्णानुक्रम में व्यवस्थित करें और इस प्रकार सबसे पहले आने वाले शब्द का चुनाव करें।

1. (*a*) Wasp (*b*) Waste (*c*) War (*d*) Wrinkle (*e*) Wrist

2. (*a*) Science (*b*) Scrutiny (*c*) Scripture (*d*) Scramble (*e*) Script

3. (*a*) Probe (*b*) Proclaim (*c*) Proceed (*d*) Problem (*e*) Probate

4. (*a*) Guarantee (*b*) Group (*c*) Grotesque (*d*) Guard (*e*) Groan

5. (*a*) Qualify (*b*) Quarter (*c*) Quarrel (*d*) Quarry (*e*) Quaver

6. (*a*) Length (*b*) Lenient (*c*) Legacy (*d*) Legal (*e*) Legible

7. (*a*) Grind (*b*) Growth (*c*) Great (*d*) Grease (*e*) Greet

8. (*a*) Necessary (*b*) Nature (*c*) Naval (*d*) Navigate (*e*) Nautical

9. (*a*) Devise (*b*) Dexterity (*c*) Devour (*d*) Dew (*e*) Deuce

10. (*a*) Foment (*b*) Foetus (*c*) Forceps (*d*) Foreign (*e*) Foliage

निर्देश (प्रश्न 11 से 25): दिए गए शब्दों को वर्णानुक्रम में व्यवस्थित करें और इस क्रम में दूसरे स्थान पर आने वाले शब्द का चयन करें।

11. (*a*) Plane (*b*) Plain (*c*) Plenty (*d*) Player (*e*) Place

12. (*a*) Blast (*b*) Bottle (*c*) Bondage (*d*) Boisterous (*e*) Bona fide

13. (*a*) Bathing (*b*) Banking (*c*) Backing (*d*) Banishing (*e*) Barricading **(Bank Recruitment, 2005)**

14. (*a*) Exhilarate (*b*) Ephemeral (*c*) Entrench (*d*) Enterprise (*e*) Enthusiasm

15. (*a*) Signature (*b*) Significance (*c*) Sight (*d*) Sigh (*e*) Sieve

16. (*a*) Gourd (*b*) Gesture (*c*) Gentle (*d*) Genuine (*e*) Generous

17. (*a*) Basis (*b*) Baste (*c*) Bask (*d*) Bassinet (*e*) Basinet **(Bank Recruitment, 2004)**

18. (*a*) Cathedral (*b*) Catenation (*c*) Caterpillar (*d*) Category (*e*) Catalogue

19. (*a*) Launch (*b*) Laugh (*c*) Lattice (*d*) Latent (*e*) Latitude

20. (*a*) Interview (*b*) Invent (*c*) Intestine (*d*) Interlude (*e*) Interfere

21. (*a*) Dialogue (*b*) Diabolic (*c*) Diagonal (*d*) Diaphragm (*e*) Dialect

22. (*a*) Shrub (*b*) Shudder (*c*) Shroud (*d*) Shuffle (*e*) Shuttle

23. (*a*) Maritime (*b*) Marine (*c*) Marigold (*d*) Marmalade (*e*) Marital **(Bank Recruitment, 2003)**

24. (*a*) Sciatica (*b*) Science (*c*) Scintillation (*d*) School (*e*) Scientist

25. (*a*) Stipend (*b*) Stagger (*c*) Stabilise (*d*) Stimulus (*e*) Sterile

निर्देश (प्रश्न 26 से 40): दिए गए शब्दों को वर्णानुक्रम में व्यवस्थित करें और इस क्रम में चौथे स्थान पर आने वाले शब्द का चयन करें।

26. (*a*) Repeat (*b*) Replete (*c*) Real (*d*) Rest (*e*) Reserve **(S.S.C. 2002)**

27. (*a*) Manifest (*b*) Meticulous (*c*) Meridian (*d*) Merchant (*e*) Mercerise

28. (*a*) Fault (*b*) Fantasy (*c*) Finger (*d*) Fascinate (*e*) Fanaticism

29. (*a*) Antecedent (*b*) Antibiotic (*c*) Antelope (*d*) Anthropology (*e*) Anthrax **(Bank Recruitment, 2005)**

30. (*a*) Scissors (*b*) Scorpion (*c*) Schedule (*d*) Semester (*e*) Sensitive

31. (*a*) Revenue (*b*) Remind (*c*) Relish (*d*) Remark (*e*) Remorse

32. (*a*) Harridan (*b*) Harness (*c*) Harpoon (*d*) Harrow (*e*) Harmony **(Bank Recruitment, 2003)**

33. (*a*) Converse (*b*) Current (*c*) Curator (*d*) Cutaneous (*e*) Cushion

34. (*a*) Mother (*b*) Monitor (*c*) Monkey (*d*) Master (*e*) Matter

35. (*a*) Carbonate (*b*) Carburation (*c*) Carbohydrate (*d*) Carbonise (*e*) Carbolic **(Bank Recruitment, 2005)**

36. (*a*) Demand (*b*) Destroy (*c*) Deterred (*d*) Direct (*e*) Damage

37. (*a*) Perpetual (*b*) Parachute (*c*) Paragraph (*d*) Pursue (*e*) Programme

38. (*a*) Grating (*b*) Gratuity (*c*) Gravel (*d*) Gratitude (*e*) Grave **(Bank Recruitment, 2004)**

39. (*a*) Tenacious (*b*) Terminate (*c*) Temperature (*d*) Temple (*e*) Tenant

40. (*a*) Express (*b*) Extend (*c*) Expire (*d*) Explode (*e*) Expand

निर्देश (प्रश्न 41 से 55): दिए गए शब्दों को वर्णानुक्रम में व्यवस्थित करें और इस क्रम में अंत में आने वाले शब्द का चयन करें।

41. (*a*) Finger (*b*) Flourish (*c*) Formal (*d*) Forget (*e*) Forgo

42. (*a*) Determination (*b*) Destitute (*c*) Detergent (*d*) Definite (*e*) Distance

43. (*a*) Preformative (*b*) Predispose (*c*) Preferential (*d*) Prefabricate (*e*) Predictor **(Bank Recruitment, 2005)**

44. (*a*) Admission (*b*) Admittance (*c*) Admit (*d*) Admissible (*e*) Administer

45. (*a*) Rural (*b*) Romance (*c*) Rejoice (*d*) Reveal (*e*) Retain

46. (*a*) Mink (*b*) Multiple (*c*) Murder (*d*) Multitude (*e*) Music

47. (*a*) Prewar (*b*) Preview (*c*) Prevent (*d*) Perview (*e*) Previous **(R.R.B. 2000)**

48. (*a*) Language (*b*) Laurel (*c*) Leisure (*d*) Lapse (*e*) Leave

49. (*a*) Abandon (*b*) Actuate (*c*) Accumulate (*d*) Acquit (*e*) Achieve

50. (*a*) Propriety (*b*) Proposition (*c*) Prosecute (*d*) Proposal (*e*) Prosody **(S.S.C. 2002)**

51. (*a*) Heredity (*b*) Hesitate (*c*) Heavy (*d*) Hedge (*e*) Herald

52. (*a*) Warring (*b*) Waving (*c*) Watching (*d*) Waiting (*e*) Wanting **(Bank Recruitment, 2005)**

53. (*a*) Illiterate (*b*) Illusion (*c*) Illuminate (*d*) Illiteracy (*e*) Illustrate

54. (*a*) External (*b*) Extraordinary (*c*) Extraction (*d*) Extra (*e*) Extremist

55. (*a*) Transmit (*b*) Transplant (*c*) Transport (*d*) Translate (*e*) Transition **(Bank Recruitment, 2005)**

हल-अभ्यास 10(B)

दिए गए शब्दों के उचित वर्णानुक्रम नीचे दिए गये हैं:

1. (*c*) : War, Wasp, Waste, Wrinkle, Wrist
2. (*a*) : Science, Scramble, Script, Scripture, Scrutiny
3. (*e*) : Probate, Probe, Problem, Proceed, Proclaim
4. (*e*) : Groan, Grotesque, Group, Guarantee, Guard
5. (*a*) : Qualify, Quarrel, Quarry, Quarter, Quaver
6. (*c*) : Legacy, Legal, Legible, Length, Lenient
7. (*d*) : Grease, Great, Greet, Grind, Growth
8. (*b*) : Nature, Nautical, Naval, Navigate, Necessary
9. (*e*) : Deuce, Devise, Devour, Dew, Dexterity
10. (*b*) : Foetus, Foliage, Foment, Forceps, Foreign
11. (*b*) : Place, Plain, Plane, Player, Plenty
12. (*d*) : Blast, Boisterous, Bona fide, Bondage, Bottle
13. (*d*) : Backing, Banishing, Banking, Barricading, Bathing
14. (*e*) : Enterprise, Enthusiasm, Entrench, Ephemeral, Exhilarate
15. (*d*) : Sieve, Sigh, Sight, Signature, Significance
16. (*c*) : Generous, Gentle, Genuine, Gesture, Gourd
17. (*a*) : Basinet, Basis, Bask, Bassinet, Baste
18. (*d*) : Catalogue, Category, Catenation, Caterpillar, Cathedral
19. (*e*) : Latent, Latitude, Lattice, Laugh, Launch
20. (*d*) : Interfere, Interlude, Interview, Intestine, Invent
21. (*c*) : Diabolic, Diagonal, Dialect, Dialogue, Diaphragm
22. (*a*) : Shroud, Shrub, Shudder, Shuffle, Shuttle
23. (*b*) : Marigold, Marine, Marital, Maritime, Marmalade
24. (*a*) : School, Sciatia, Science, Scientist, Scintillation
25. (*b*) : Stabilise, Stagger, Sterile, Stimulus, Stipend
26. (*e*) : Real, Repeat, Replete, Reserve, Rest
27. (*c*) : Manifest, Mercerise, Merchant, Meridian, Meticulous
28. (*a*) : Fanaticism, Fantasy, Fascinate, Fault, Finger
29. (*d*) : Antecedent, Antelope, Anthrax, Anthropology, Antibiotic
30. (*d*) : Schedule, Scissors, Scorpion, Semester, Sensitive
31. (*e*) : Relish, Remark, Remind, Remorse, Revenue
32. (*a*) : Harmony, Harness, Harpoon, Harridan, Harrow
33. (*e*) : Converse, Curator, Current, Cushion, Cutaneous
34. (*c*) : Master, Matter, Monitor, Monkey, Mother
35. (*d*) : Carbohydrate, Carbolic, Carbonate, Carbonise, Carburation
36. (*c*) : Damage, Demand, Destroy, Deterred, Direct
37. (*e*) : Parachute, Paragraph, Perpetual, Programme, Pursue
38. (*e*) : Grating, Gratitude, Gratuity, Grave, Gravel
39. (*e*) : Temperature, Temple, Tenacious, Tenant, Terminate
40. (*a*) : Expand, Expire, Explode, Express, Extend
41. (*c*) : Finger, Flourish, Forget, Forgo, Formal
42. (*e*) : Definite, Destitute, Detergent, Determination, Distance

43. (*a*) : Predictor, Predispose, Prefabricate, Preferential, Preformative

44. (*b*) : Administer, Admissible, Admission, Admit, Admittance

45. (*a*) : Rejoice, Retain, Reveal, Romance, Rural

46. (*e*) : Mink, Multiple, Multitude, Murder, Music

47. (*a*) : Perview, Prevent, Preview, Previous, Prewar

48. (*c*) : Language, Lapse, Laurel, Leave, Leisure

49. (*b*) : Abandon, Accumulate, Achieve, Acquit, Actuate

50. (*e*) : Proposal, Proposition, Propriety, Prosecute, Prosody

51. (*b*) : Heavy, Hedge, Herald, Heredity, Hesitate

52. (*b*) : Waiting, Wanting, Warring, Watching, Waving

53. (*e*) : Illiteracy, Illiterate, Illuminate, Illusion, Illustrate

54. (*e*) : External, Extra, Extraction, Extraordinary, Extremist

55. (*c*) : Transition, Translate, Transmit, Transplant, Transport

अभ्यास 10C

निर्देश (प्रश्न 1 से 14): निम्नलिखित में से प्रत्येक प्रश्न में दिए गए शब्दों को उस क्रम में व्यवस्थित करें, जिस क्रम में वे शब्दकोष में व्यवस्थित होते हैं और इस प्रकार सही क्रम का चुनाव करें।

1. 1. Brook 2. Bandit 3. Boisterous 4. Baffle 5. Bright
(*a*) 2, 4, 3, 1, 5 (*b*) 2, 4, 3, 5, 1
(*c*) 4, 2, 3, 1, 5 (*d*) 4, 2, 3, 5, 1

2. 1. Wound 2. Writer 3. Whiter 4. Worst 5. Worked **(S.S.C. 2000)**
(*a*) 1, 4, 3, 5, 2 (*b*) 2, 1, 3, 4, 5
(*c*) 3, 5, 4, 1, 2 (*d*) 5, 3, 2, 1, 4

3 1. Preach 2. Praise 3. Precinct 4. Precept 5. Precede
(*a*) 2, 1, 5, 4, 3 (*b*) 2, 1, 3, 4, 5
(*c*) 1, 2, 5, 4, 3 (*d*) 2, 5, 1, 4, 3

4. 1. Select 2. Seldom 3. Send 4. Selfish 5. Seller
(*a*) 1, 2, 4, 5, 3 (*b*) 2, 1, 5, 4, 3
(*c*) 2, 1, 4, 5, 3 (*d*) 2, 5, 4, 1, 3

5. 1. Eagle 2. Earth 3. Eager 4. Early 5. Each **(S.S.C. 2002)**
(*a*) 1, 5, 2, 4, 3 (*b*) 2, 1, 4, 3, 5
(*c*) 2, 3, 5, 4, 1 (*d*) 5, 3, 1, 4, 2

6. 1. Page 2. Pagan 3. Palisade 4. Pageant 5. Palate
(*a*) 1, 4, 2, 3, 5 (*b*) 2, 4, 1, 3, 5
(*c*) 1, 4, 2, 5, 3 (*d*) 2, 1, 4, 5, 3

7. 1. Wrinkle 2. Wriggle 3. Writhe 4. Wretch 5. Wrath
(*a*) 4, 5, 1, 2, 3 (*b*) 5, 4, 2, 1, 3
(*c*) 4, 2, 5, 1, 3 (*d*) 5, 2, 1, 3, 4

8. 1. Repoint 2. Reptile 3. Repent 4. Repute 5. Report **(S.S.C. 2000)**
(*a*) 3, 1, 5, 2, 4 (*b*) 3, 5, 1, 2, 4
(*c*) 5, 1, 4, 3, 2 (*d*) 5, 4, 1, 3, 2

9. 1. Spruce 2. Spume 3. Spree 4. Spurt 5. Sprawl
(*a*) 5, 3, 1, 2, 4 (*b*) 1, 2, 3, 4, 5
(*c*) 3, 5, 1, 4, 2 (*d*) 5, 4, 3, 2, 1

10. 1. Credential 2. Creed 3. Crease 4. Cremate 5. Credible
(*a*) 1, 2, 3, 4, 5 (*b*) 1, 5, 3, 4, 2
(*c*) 5, 1, 2, 3, 4 (*d*) 3, 1, 5, 2, 4

11. 1. Protein 2. Problem 3. Proverb 4. Property 5. Project **(S.S.C. 2001)**
(*a*) 1, 2, 3, 4, 5 (*b*) 2, 1, 4, 3, 5
(*c*) 2, 5, 4, 1, 3 (*d*) 3, 4, 5, 2, 1

12. 1. Pestle 2. Pestilence 3. Pester 4. Pest 5. Pessimist
(*a*) 5, 4, 3, 2, 1 (*b*) 4, 3, 1, 5, 2
(*c*) 3, 4, 2, 5, 1 (*d*) 4, 5, 1, 2, 3

13. 1. Intrinsic 2. Intrude 3. Intricate 4. Introvert 5. Intrigue 6. Introduce
(*a*) 3, 5, 1, 4, 6, 2 (*b*) 3, 5, 1, 6, 4, 2
(*c*) 3, 1, 5, 4, 6, 2 (*d*) 5, 1, 3, 2, 4, 6

14. 1. Dissipate 2. Dissuade 3. Disseminate 4. Distract 5. Dissociate 6. Dissect
(*a*) 6, 3, 1, 5, 2, 4 (*b*) 1, 6, 3, 2, 4, 5
(*c*) 3, 6, 1, 2, 5, 4 (*d*) 4, 6, 3, 1, 5, 2

15. यदि वाक्य "Meeta's mother meets me many times" में आने वाले पहले पांच शब्दों को वर्णानुक्रम में पुनर्व्यवस्थित किया जाता है, तो कौन सा शब्द बीच में आएगा?
(*a*) Meeta (*b*) mother (*c*) meets (*d*) me
(*e*) many

16. यदि वाक्य "She showed several sample snaps" में आने वाले शब्दों को वर्णानुक्रम में पुनर्व्यवस्थित किया जाता है, तो कौन सा शब्द बीच में आएगा?
(*a*) snaps (*b*) sample (*c*) several (*d*) showed
(*e*) she

17. यदि निम्नलिखित पांच शब्दों में से प्रत्येक के वर्णों को सर्वप्रथम वर्णानुक्रम में पुनर्व्यवस्थित किया जाता है और इस प्रकार प्राप्त वर्णों के समूह को एक शब्दकोष के अनुसार पुनर्व्यवस्थित किया जाता है, तो इनमें से कौन-सा शब्द शब्दकोष के बीच में आएगा? **(R.B.I. 2003)**
(*a*) Want (*b*) Read (*c*) Draw (*d*) Back
(*e*) Play

निर्देश (प्रश्न 18 से 25): निम्नलिखित में से प्रत्येक प्रश्न में दिए गए नामों को टेलीफोन डायरेक्टरी के क्रम में व्यवस्थित करें और इस प्रकार मध्य में आने वाले शब्द का चयन करें।

18. (*a*) Avdesh (*b*) Avadhesh (*c*) Awadesh (*d*) Awdhesh (*e*) Awadhesh

19. (*a*) Randhir (*b*) Randesh (*c*) Rama (*d*) Raamesh (*e*) Renmurthi

20. (*a*) Bhagat (*b*) Bhagwat (*c*) Bhagvati (*d*) Bhagirath (*e*) Bhagvant

21. (*a*) Mohammad (*b*) Mohammed (*c*) Muhammad (*d*) Muhammed (*e*) Mohummad

22. (*a*) Jetley (*b*) Jenson (*c*) Jainson (*d*) Jaina (*e*) Jaisons

23. (*a*) Sajewat (*b*) Segvan (*c*) Sajevar (*d*) Sajewet (*e*) Salwar

24. (*a*) Krishanmurty (*b*) Krishnamurthy (*c*) Krishnmurthi (*d*) Krishanmurthy (*e*) Krishnamurti

25. (*a*) Subramaniam (*b*) Subramanyam (*c*) Subhramaniam (*d*) Subhrmanyam (*e*) Subramniam

हल-अभ्यास 10(C)

1. (*d*) **2.** (*c*) **3.** (*a*) **4.** (*c*) **5.** (*d*) **6.** (*d*) **7.** (*b*) **8.** (*a*) **9.** (*a*) **10.** (*d*) **11.** (*c*) **12.** (*a*) **13.** (*b*) **14.** (*a*)

15. (*a*) : शब्दों का सही वर्णानुक्रम है: many, me, Meeta, meets, mother

16. (*e*) : शब्दों का सही वर्णानुक्रम है: sample, several, she, showed, snaps

17. (*c*) : वर्णानुक्रम के अनुसार निर्मित वर्ण समूह निम्न हैं: antw, ader, adrw, abck, alpy
इन वर्णसमूहों का वर्णक्रम: abck, ader, adrw, alpy, antw इस वर्णक्रम में बीच में आने वाला वर्ण समूह adrw है और जो 'draw' शब्द का समतुल्य है।

18. (*c*) : शब्दों का सही वर्णानुक्रम है: Avadhesh, Avdesh, Awadesh, Awadhesh, Awdhesh

19. (*b*) : शब्दों का सही वर्णानुक्रम है: Raamesh, Rama, Randesh, Randhir, Renmurthi

20. (*e*) : शब्दों का सही वर्णानुक्रम है: Bhagat, Bhagirath, Bhagvant, Bhagvati, Bhagwat

21. (*e*) : शब्दों का सही वर्णानुक्रम है: Mohammad, Mohammed, Mohummad, Muhammad, Muhammed

22. (*e*) : शब्दों का सही वर्णानुक्रम है: Jaina, Jainson, Jaisons, Jenson, Jetley

23. (*d*) : शब्दों का सही वर्णानुक्रम है: Sajevar, Sajewat, Sajewet, Salwar, Segvan

24. (*b*) : शब्दों का सही वर्णानुक्रम है: Krishanmurthy, Krishanmurty, Krishnamurthy, Krishnamurti, Krishnmurthi

25. (*a*) : शब्दों का सही वर्णानुक्रम है: Subhramaniam, Subhrmanyam, Subramaniam, Subramanyam, Subramniam

प्रकार 2: वर्ण-शब्द प्रश्न

उदा. 1. दिए गए शब्द INSTRUCTION में वर्णों के ऐसे कितने जोड़े हैं, जिनके बीच उतने ही वर्ण हैं, जितने कि अंग्रेजी वर्णमाला में इनके बीच होते है? **(C.E.T. 2006)**

(*a*) एक (*b*) दो (*c*) तीन (*d*) चार (*e*) इनमें से कोई नहीं।

हल. स्पष्टत:

```
          O P Q R S
      ┌───────────────┐
  I N S T R U C T I O N
  └──└─┘──────────┘  └─┘
      H G F E D
```

जैसा कि ऊपर दिखाया गया है, C और I के बीच पांच वर्ण मौजूद हैं और पांच वर्ण ही अंग्रेजी वर्णमाला में इनके बीच होते हैं; इसी प्रकार N और T के बीच पांच वर्ण आते हैं और जोड़े (S और T) तथा (N और O) के बीच कोई वर्ण नहीं आते हैं।

अत: यहाँ ऐसे चार जोड़ें हैं। अत: उत्तर (*d*) है।

उदा. 2. दिए गए शब्द CORPORATE में वर्णों के ऐसे कितने जोड़े हैं, जिनके बीच उतने ही वर्ण उसी क्रम में हैं, जितने और जिस क्रम में अंग्रेजी वर्णमाला में इनके बीच होते हैं? **(Bank P.O. 2003)**

(*a*) कोई नहीं (*b*) एक (*c*) दो (*d*) तीन (*e*) तीन से अधिक

हल: शब्द में वर्णों के तीन जोड़ें – (P, R), (R, T) और (P, O) के बीच में उतने ही वर्ण आते हैं जितने कि अंग्रेजी वर्णमाला में उनके बीच आते हैं। किन्तु प्रश्नानुसार वर्णों को उसी क्रम में होना चाहिए, जिस क्रम में वे अंग्रेजी वर्णमाला में हैं। अत: वांछित जोड़े केवल (P, R) और (R, T) है। अत: उत्तर (*c*) है।

उदा. 3. BACKLASH शब्द में ऐसे कितने वर्ण हैं, जो इस शब्द के प्रारम्भ से उतने ही दूर हैं, जितने कि वह अंग्रेजी वर्णमाला में प्रारम्भ से दूर होते हैं? **(Bank P.O. 2003)**

(*a*) कोई नहीं (*b*) एक (*c*) दो (*d*) तीन (*e*) तीन से अधिक

हल: शब्द BACKLASH में और अंग्रेजी वर्णमाला में वर्ण C और H क्रमश: तीसरे और आठवें स्थान पर हैं। इस प्रकार यहाँ ऐसे दो वर्ण है। अत: उत्तर (*c*) है।

उदा. 4. यदि POWERFUL शब्द को वर्णानुक्रम में पुनर्व्यवस्थित किया जाता है, तो पुनर्गठन के बाद कितने वर्णों के स्थान में कोई परिवर्तन नहीं होगा? **(Management Trainees, 2003)**

(*a*) कोई नहीं (*b*) एक (*c*) दो (*d*) तीन
(*e*) तीन से अधिक

हल: शब्द में अनुक्रम: P O W E R F U L
अंग्रेजी वर्णमाला में अनुक्रम: E F L O P R U W

यहाँ वर्ण U की स्थिति में परिवर्तन नहीं हुआ है। अतः उत्तर (*b*) है।

उदा. 5. यदि शब्द के पहले तीन वर्णों का क्रम उलट दिया जाता है, और फिर अंतिम तीन वर्णों को उसमें जोड़ा जाता है और फिर शेष वर्णों का क्रम उलट कर उन्हें जोड़ा जाता है, तो इस प्रकार बने शब्द में कौन सा वर्ण एकदम मध्य में होगा? **(Section Officers' 2004)**

(*a*) H (*b*) N (*c*) R (*d*) S

हल: स्पष्टत:

COMPREHENSION → (MOC) (PREHENS) (ION) → MOCIONSNEHERP

इसमें सातवां वर्ण एकदम मध्य में है, जो कि S है।
अतः उत्तर (*d*) है।

उदा. 6. यदि NECESSARY शब्द में पहले और तीसरे वर्ण को परस्पर बदल दिया गया, उसी प्रकार चौथे और छठे वर्णों तथा सातवें और नौवें वर्णों को भी परस्पर बदल दिया गया है, तो निम्नलिखित में से कौन सा वर्ण प्राप्त शब्द के बाई ओर से सातवां वर्ण होगा?

(*a*) A (*b*) Y (*c*) R (*d*) E (*e*) S

हल: प्रश्नानुसार वर्णों की अदला-बदली करने पर

N E C E S S A R Y

वर्णों का नया क्रम CENSSEYRA है।
इसमें बाईं ओर से सातवां वर्ण Y है। अतः इसका उत्तर (*b*) है।

उदा. 7. यदि शब्द OBLIQUE में आने वाले प्रत्येक स्वर को, अंग्रेजी वर्णमाला में उस स्वर के बाद दूसरे स्थान पर आने वाले वर्ण से प्रतिस्थापित कर दिया जाए तथा प्रत्येक व्यंजन को, अंग्रेजी वर्णमाला में उस व्यंजन के बाद तीसरे स्थान पर आने वाले वर्ण से प्रतिस्थापित कर दिया जाए। तो इस प्रकार OBLIQUE शब्द का परिवर्तित रूप क्या होगा? **(Bank P.O. 2005)**

(*a*) MEDGTSD (*b*) QEOKTXG (*c*) QEOKTWG
(*d*) RDNLSXH (*e*) इनमें से कोई नहीं

हल: शब्द में आने वाले प्रत्येक स्वर, अर्थात O, I, U, E को अंग्रेजी वर्णमाला में उसके बाद के दूसरे वर्ण से बदल देते हैं, और प्रत्येक व्यंजन, अर्थात B, L, Q को अंग्रेजी वर्णमाला में उसके बाद के तीसरे वर्ण से प्रतिस्थापित करते हैं।

अतः O को Q से, I को K से, U को W से, E को G से; B को E से, L को O से, Q को T से प्रतिस्थापित किया गया है।
अतः इसका परिवर्तित रुप QEOKTWG है। अतः उत्तर (*c*) है।

अभ्यास 10D

निर्देश (प्रश्न 1 से 32): निम्नलिखित में से प्रत्येक प्रश्न में दिए गए शब्द में वर्णों के ऐसे कितने जोड़े हैं, जिनके बीच उतने ही वर्ण हैं, जितने कि अंग्रेजी वर्णमाला में इनके बीच होते हैं?

1. NECESSARY
(*a*) कोई नहीं (*b*) एक (*c*) दो
(*d*) तीन (*e*) चार

2. PREAMBLE **(S.B.I.P.O. 2005)**
(*a*) एक (*b*) दो (*c*) तीन
(*d*) तीन से अधिक (*e*) इनमें से कोई नहीं

3. CREATIVE
(*a*) एक (*b*) दो (*c*) तीन
(*d*) चार (*e*) इनमें से कोई नहीं

4. ENTHUSIASTIC **(Bank P.O. 2004)**
(*a*) दो (*b*) तीन (*c*) चार
(*d*) चार से अधिक (*e*) इनमें से कोई नहीं

5. PARADISE
(*a*) कोई नहीं (*b*) एक (*c*) दो
(*d*) तीन (*e*) चार

6. DABBLE
(*a*) कोई नहीं (*b*) एक (*c*) दो
(*d*) तीन (*e*) तीन से अधिक

7. CREDIBLE **(R.B.I. 2004)**
(*a*) कोई नहीं (*b*) एक (*c*) दो
(*d*) तीन (*e*) तीन से अधिक

8. HORIZON
(*a*) एक (*b*) दो (*c*) तीन
(*d*) चार (*e*) इनमें से कोई नहीं

9. PRISON
(*a*) कोई नहीं (*b*) एक (*c*) दो
(*d*) तीन (*e*) तीन से अधिक

10. DECORATE **(Agricultural Officers' 2005)**
(*a*) कोई नहीं (*b*) एक (*c*) दो
(*d*) तीन (*e*) तीन से अधिक

11. LANGUISH
(*a*) कोई नहीं (*b*) एक (*c*) दो
(*d*) तीन (*e*) इनमें से कोई नहीं

12. BRIGHTER
(*a*) एक (*b*) दो (*c*) तीन
(*d*) चार (*e*) चार से अधिक

13. KLING **(Bank P.O. 2005)**
(*a*) तीन (*b*) चार (*c*) पांच (*d*) छः (*e*) सात

14. ADEQUATELY
(*a*) एक (*b*) दो (*c*) तीन
(*d*) चार (*e*) चार से अधिक

15. HACKLE **(R.B.I. 2005)**
(*a*) एक (*b*) दो (*c*) तीन
(*d*) चार (*e*) चार से अधिक

16. ORIENTAL **(Bank P.O. 2003)**
(*a*) कोई नहीं (*b*) एक (*c*) दो
(*d*) तीन (*e*) तीन से अधिक

17. CATASTROPHE
(*a*) एक (*b*) दो (*c*) तीन
(*d*) चार (*e*) इनमें से कोई नहीं

18. PREDICTABLE **(R.B.I. 2003)**
(*a*) कोई नहीं (*b*) एक (*c*) दो
(*d*) तीन (*e*) तीन से अधिक

19. PRESENCE (Bank P.O. 2002)
(*a*) एक (*b*) दो (*c*) तीन
(*d*) चार (*e*) इनमें से कोई नहीं

20. CHILDREN (Bank P.O. 2004)
(*a*) दो (*b*) तीन (*c*) चार
(*d*) पांच (*e*) इनमें से कोई नहीं

21. CLANGOUR
(*a*) एक (*b*) दो (*c*) तीन
(*d*) चार (*e*) इनमें से कोई नहीं

22. APPREHENSION (S.B.I.P.O. 2005)
(*a*) चार (*b*) पांच (*c*) छः
(*d*) सात (*e*) इनमें से कोई नहीं

23. PICKLE
(*a*) दो (*b*) तीन (*c*) चार
(*d*) पांच (*e*) इनमें से कोई नहीं

24. COUNTERACT (Asstt. Manager Exam, 2005)
(*a*) कोई नहीं (*b*) एक (*c*) दो
(*d*) तीन (*e*) तीन से अधिक

25. PRODUCTION (Management Trainee, 2003)
(*a*) कोई नहीं (*b*) एक (*c*) दो
(*d*) तीन (*e*) तीन से अधिक

26. SEQUENTIAL
(*a*) कोई नहीं (*b*) एक (*c*) दो
(*d*) तीन (*e*) चार

27. MIDNAPORE (R.B.I. 2003)
(*a*) दो (*b*) तीन (*c*) चार
(*d*) पांच (*e*) पांच से अधिक

28. EXCLUSIVE
(*a*) कोई नहीं (*b*) दो (*c*) तीन
(*d*) चार (*e*) इनमें से कोई नहीं

29. ENIGMATIC (Bank P.O. 2005)
(*a*) कोई नहीं (*b*) एक (*c*) दो
(*d*) तीन (*e*) चार

30. ADVERTISEMENT
(*a*) तीन (*b*) चार (*c*) पांच
(*d*) पांच से अधिक (*e*) इनमें से कोई नहीम

31. CREDENTIAL (Bank P.O. 2004)
(*a*) दो (*b*) तीन (*c*) चार
(*d*) पांच (*e*) पांच से अधिक

32. WONDERFUL (Bank Recruitment, 2005)
(*a*) कोई नहीं (*b*) एक (*c*) दो
(*d*) तीन (*e*) तीन से अधिक

33. CLEARING शब्द में वर्णो के ऐसे कितने जोड़े हैं; जिनमें दिए गए शब्द और वर्णमाला, दोनों में उनके बीच दो वर्ण हैं? (Officers' Exam, 2002)
(*a*) कोई नहीं (*b*) एक (*c*) दो
(*d*) तीन (*e*) इनमें से कोई नहीं

34. दिए गए शब्द REPERCUSSION में वर्णों के ऐसे कितने जोडे हैं, जिनके बीच उतने ही वर्ण उसी क्रम में हैं, जितने और जिस क्रम में अंग्रेजी वर्णमाला में इनके बीच होते हैं? (N.M.A.T. 2005)
(*a*) कोई नहीं (*b*) एक (*c*) दो
(*d*) तीन (*e*) इनमें से कोई नहीं

संकेत: 'US' और 'ON' पर ध्यान न दें, क्योंकि प्रश्नानुसार वर्ण को उसी क्रम में होना चाहिए, जिस क्रम में वे वर्णमाला में होते हैं।

35. EXTRA शब्द में कौन से दो वर्ण हैं, जिनके बीच शब्द में भी उतने ही वर्ण हैं, जितने वर्णमाला में होते हैं। यदि इन दो वर्णों को वर्णानुक्रम में व्यवस्थित किया जाए, तो दूसरे स्थान पर कौन-सा वर्ण होगा? (R.B.I. 2002)
(*a*) A (*b*) E (*c*) R (*d*) T (*e*) X

36. COUPLE शब्द में दो वर्ण ऐसे हैं, जिनके बीच शब्द में भी उतने ही वर्ण हैं, जितने अंग्रेजी वर्णमाला में होते हैं। इन दो वर्णों को वर्णानुक्रम में व्यवस्थित करने पर पहले स्थान पर कौन सा वर्ण आएगा? यदि शब्द में ऐसा कोई भी वर्ण उपस्थित नहीं हो, तो अपने उत्तर के रूप में X का चुनाव करें। (I.I.T.T.M. 2005)
(*a*) L (*b*) O (*c*) P (*d*) X

37. BRAKES शब्द को वर्णानुक्रम में पुनर्व्यवस्थित किया जाता है, तो पुनर्गठन के बाद कितने वर्णों के स्थान में कोई परिवर्तन नहीं होगा? (S.B.I.P.O. 2005)
(*a*) एक (*b*) दो (*c*) तीन
(*d*) तीन से अधिक (*e*) इनमें से कोई नहीं

38. यदि TRANSFORM शब्द को वर्णानुक्रम में पुनर्व्यवस्थित किया जाता है, तो पुनर्गठन के बाद कितने वर्णों के स्थान में कोई परिवर्तन नहीं होगा? (Agricultural Officers' 2005)
(*a*) कोई नहीं (*b*) एक (*c*) दो
(*d*) तीन (*e*) इनमें से कोई नहीं

39. यदि WONDERFUL शब्द को वर्णानुक्रम में पुनर्व्यवस्थित किया जाता है, तो पुनर्गठन के बाद कितने वर्णों के स्थान में कोई परिवर्तन नहीं होगा? (Asstt. Manager Exam, 2005)
(*a*) कोई नहीं (*b*) एक (*c*) दो
(*d*) तीन (*e*) तीन से अधिक

40. यदि दिए गए प्रत्येक शब्द में वर्णों का क्रम उलट दिया जाता है, तो इस प्रकार निम्नलिखित में से कौन सा शब्द सार्थक शब्द बनाएगा? यदि ऐसे एक से अधिक शब्द बनाए जा सकें, तो उत्तर के रूप में 'S' का चुनाव करें और यदि ऐसा कोई शब्द नहीं बनाया जा सके, तो उत्तर के रूप में 'X' का चुनाव करें। (Bank P.O. 2003)
NAIL, PAIL, RAIL, MADAM, REST
(*a*) PAIL (*b*) RAIL (*c*) MADAM
(*d*) S (*e*) X

41. यदि UNDERTAKING शब्द को वर्णानुक्रम में पुनर्व्यवस्थित किया जाता है, तो पुनर्गठन के बाद कौन-सा वर्ण बीच में होगा?
(*a*) G (*b*) I (*c*) K
(*d*) N (*e*) इनमें से कोई नहीं
(Specialist Officers' 2002)

42. CYBERNETICS शब्द में कौन सा वर्ण उसी स्थान पर है, जिस स्थान पर वह अंग्रेजी वर्णमाला में स्थित होता है?
(*a*) C (*b*) E (*c*) I (*d*) T

43. यदि DEPRESSION शब्द में पहले और दूसरे वर्ण को परस्पर बदल दिया जाए, और इसी प्रकार तीसरे और चौथे वर्ण को तथा पांचवे और छठे वर्ण को तथा इसी तरह आगे भी वर्णों को परस्पर बदल दिया जाए, तो निम्न में से कौन-सा वर्ण दाईं ओर से सातवां होगा? (B.T.M. 2005)

(*a*) R (*b*) O (*c*) S
(*d*) I (*e*) इनमें से कोई नहीं

44. यदि DISTRIBUTE शब्द में पहले और छठे वर्ण को परस्पर बदल दिया जाए, और इसी प्रकार दूसरे और सांतवें वर्ण को तथा तीसरे और आठवें वर्ण को तथा इसी तरह आगे भी वर्णों को परस्पर बदल दिया जाए, तो वर्णों की स्थिति बदलने पर निम्न में से कौन-सा वर्ण बाईं ओर से पांचवां होगा?

(*a*) E (*b*) I (*c*) S
(*d*) T (*e*) इनमें से कोई नहीं

45. यदि WORKINGS शब्द में पहले और आठवें वर्ण को परस्पर बदल दिया जाए, और इसी प्रकार दूसरे और सातवें वर्ण को तथा तीसरे और छठे वर्ण को तथा शेष दो वर्ण को परस्पर बदल दिया जाए, तो वर्णों की स्थिति बदलने के बाद निम्न में से कौन-सा वर्ण R के बाईं ओर से तीसरा होगा? **(Bank P.O. 2003)**

(*a*) G (*b*) I (*c*) N
(*d*) S (*e*) इनमें से कोई नहीं

46. यदि DOCUMENTATION शब्द में तीसरे और दसवें वर्ण को परस्पर बदल दिया जाए, और इसी प्रकार चौथे और सातवें वर्ण को तथा दूसरे और छठे वर्ण को परस्पर बदल दिया जाए, तो निम्न में से कौन-सा वर्ण दाईं ओर से ग्यारहवां होगा?

(*a*) C (*b*) I (*c*) T
(*d*) U (*e*) इनमें से कोई नहीं

47. यदि UNPRECEDENTED शब्द में पहले और दूसरे वर्ण को क्रमशः अंतिम और अंत से दूसरे वर्ण से परस्पर बदल दिया जाए, और इसी प्रकार तीसरे और चौथे को वर्ण को क्रमशः अंत से तीसरे और चौथे वर्ण से परस्पर बदल दिया जाए, तो निम्न में से कौन-सा वर्ण बाईं ओर से तीसरे वर्ण के दाईं ओर का सातवां वर्ण होगा? **(Bank P.O. 2002)**

(*a*) C (*b*) E (*c*) P
(*d*) R (*e*) इनमें से कोई नहीं

48. अंत से शुरू करते हुए यदि concentration शब्द के अंतिम चार वर्णों को विपरीत क्रम में लिखा जाए, इसी प्रकार इसके बाद के दो और फिर उसके बाद के तीन वर्णों को विपरीत क्रम में लिखा जाए, फिर इसके बाद प्रारम्भ के चार वर्णों को विपरीत क्रम में लिखा जाए। तो इस नई वर्ण व्यवस्था में बाईं ओर से गिनने पर आठवां वर्ण कौन-सा होगा?

(*a*) N (*b*) T (*c*) E (*d*) R

49. यदि DISTURBANCE शब्द में पहले वर्ण को अंतिम वर्ण से और इसी प्रकार दूसरे वर्ण को दसवें वर्ण से और इसी प्रकार आगे भी वर्णों को परस्पर बदल दिया जाता है, तो इस नयी व्यवस्थां में 'T' के बाद कौन-सा वर्ण आएगा? **(R.R.B. 2003)**

(*a*) I (*b*) N (*c*) S (*d*) D (*e*) U

50. यदि GLORIFICATIONS शब्द में पांचवे और बारहवें वर्ण को परस्पर बदल दिया जाता है, और इसी प्रकार चौथे और चौदहवें वर्ण को, तीसरे और दसवें वर्ण को, दूसरे और ग्यारहवें वर्ण को तथा पहले और तेरहवें वर्ण को परस्पर बदल दिया जाता है, तो इस प्रकार बने शब्द में दायीं ओर से बारहवां वर्ण कौन-सा होगा? **(M.B.A. 2004)**

(*a*) I (*b*) O (*c*) R
(*d*) T (*e*) इनमें से कोई नहीं

हल-अभ्यास 10(D)

	शब्द में वर्णक्रम	वर्णमाला में वर्णक्रम
1. (*b*)	NECESS	NOPQRS
2. (*b*)	AMBLE EAMB	ABCDE ABCDE
3. (*c*)	CRE ATIVE TIV	CDE ABCDE TUV
4. (*b*)	ENTH NTHUSI ST	EFGH NMLKJI ST
5. (*d*):	PAR ARAD ADISE	PQR ABCD ABCDE
6. (*e*):	DAB BBLE AB ABBLE	DCB BCDE AB ABCDE
7. (*e*) :	CRE ED EDIB DIB	CDE ED EDCB DCB

	शब्द में वर्णक्रम	वर्णमाला में वर्णक्रम
8. (*d*)	HORIZON RIZO ON RIZON	HIJKLMN RQPO ON RQPON
9. (*e*)	PRIS RISO RISON ON	PQRS RQPO RQPON ON
10. (*d*)	DE ECORA RAT	DE EDCBA RST
11. (*d*)	LAN UIS GUI	LMN UTS GHI
12. (*c*)	IGHTE GH TER	IHGFE GH TSR
13. (*d*)	KL KLI LIN ING KLIN KLING	KL KJI LMN IHG KLMN KJIHG

	शब्द में वर्णक्रम	वर्णमाला में वर्णक्रम
14. (*c*)	DE QUAT QUATEL	DE QRST QPONML
15. (*d*)	HACKL HACK ACKLE KL	HIJKL HIJK ABCDE KL
16. (*b*)	ORIENT RIENTAL	OPQRST RQPONML
17. (*c*)	ST ROP OP	ST RQP OP
18. (*e*)	ED CTA AB EDICTABL	ED CBA AB EFGHIJKL
19. (*c*)	PRES RESEN ENC	PQRS RQPON EDC
20. (*c*)	HI HILDREN ILDREN ILDRE	HI HIJKLMN IJKLMN IHGFE
21. (*e*)	CLA CLANG LAN LANGUOR NGUOR	CBA CDEFG LMN LMNOPQR NOPQR
22. (*b*)	APPRE PPR REHEN HENSION ON	ABCDE PQR RQPON HIJKLMN ON
23. (*d*)	PICKL ICK ICKL ICKLE KL	PONML IJK IJKL IHGFE KL
24. (*c*)	NTERACT TER	NOPQRST TSR
25. (*c*)	PRODUCTI RODU ON	PONMLKJI RSTU ON
26. (*c*)	SEQ QUEN SEQUEN ENTIA	SRQ QPON SRQPON EDCBA

	शब्द में वर्णक्रम	वर्णमाला में वर्णक्रम
27. (*e*)	MIDNAPORE NAP APORE PO NAPOR POR	MLKJIHGFE NOP ABCDE PO NOPQR PQR
28. (*c*)	EXC XCLU LUSI	EDC XWVU LKJI
29. (*b*)	IGMATIC	IHGFEDC
30. (*c*)	DVERTISEMEN DVERTI RTISEM TISEMEN ISEME	DEFGHIJKLMN DEFGHI RQPONM TSRQPON IHGFE
31. (*e*)	CREDENTIAL CRE REDEN ED DE EDENTIAL ENTIA	CDEFGHIJKL CDE RQPON ED DE EFGHIJKL EDCBA
32. (*e*)	WONDER ONDERFU ON DE	WVUTSR OPQRSTU ON DE
33. (*a*)		
34. (*b*)	PURPQR	
35. (*b*)	EXTRA	EDCBA
36. (*a*)	OUPL	ONML

37. (*b*) :

शब्द में वर्णक्रम	B	R	A	K	E	S
वर्णमाला में वर्णक्रम	A	B	E	K	R	S

केवल K और S का स्थान परिवर्तित नहीं हुआ।

38. (*b*) :

शब्द में वर्णक्रम	T	R	A	N	S	F	O	R	M
वर्णमाला में वर्णक्रम	A	F	M	N	O	R	R	S	T

केवल N का स्थान परिवर्तित नहीं हुआ।

39. (*b*) :

शब्द में वर्णक्रम	W	O	N	D	E	R	F	U	L
वर्णमाला में वर्णक्रम	D	E	F	L	N	O	R	U	W

केवल U का स्थान परिवर्तित नहीं हुआ।

40. स्पष्टत: RAIL और MADAM शब्द उनके वर्णों का क्रम उलटने पर सार्थक शब्द क्रमश: LTAR और MADAM बनाते हैं।

41. (*c*) : वर्णक्रम में व्यवस्थित करने पर:
ADEGIKNNRTU
स्पष्टत: इसके बीच में ज्ञ है।

42. (*c*) : अंग्रेजी वर्णमाला तथा शब्द, दोनों में 'I' आठवां वर्ण है।

43. (*e*) : वर्णों का नया क्रम EDRPSEISNO है।
दाईं ओर से सातवां वर्ण P है।

44. (*e*) : वर्णों का नया क्रम IBUTEDISTR है।
बाईं ओर से पांचवां वर्ण E है।

45. (*e*) : वर्णों का नया क्रम SGNIKROW है।
R के बाईं ओर से तीसरा वर्ण N है।

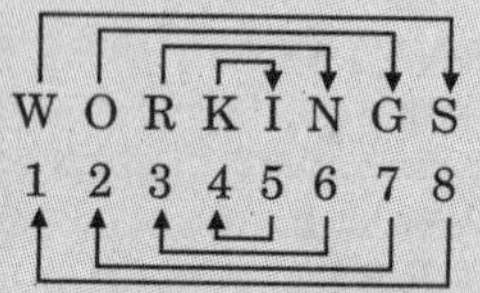

46. (*c*) :

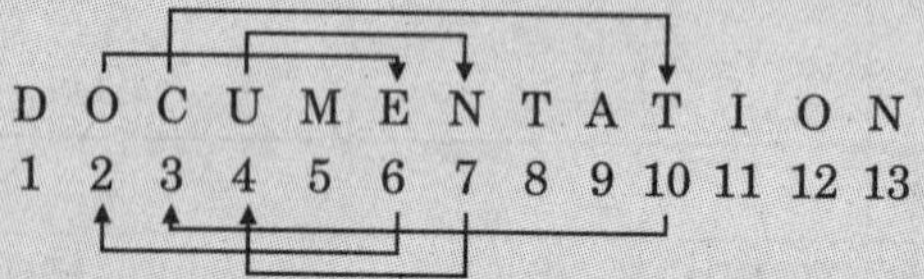

वर्णों का नया क्रम DETNMOUTACION है।
दाईं ओर से ग्यारहवां वर्ण T है।

47. (*d*) :

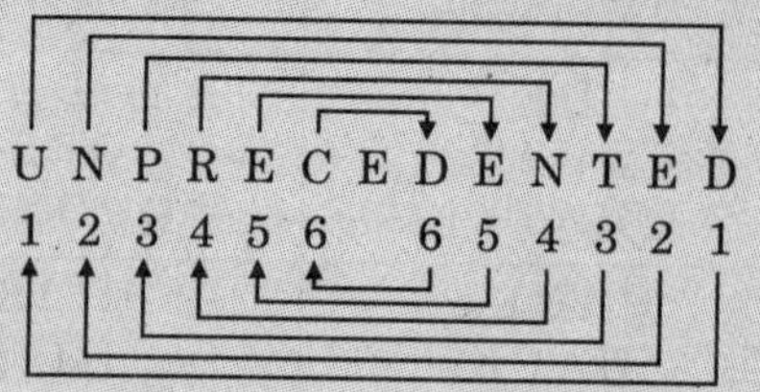

वर्णों का नया क्रम DETNEDECERPNU है।
बाईं ओर से तीसरा वर्ण T है और T के दाईं ओर सातवां वर्ण R है।

48. (*a*) : वर्णों का नया क्रम NOITARTNECNOC है।
बाईं ओर से आठवां वर्ण N है।

49. (*c*) :

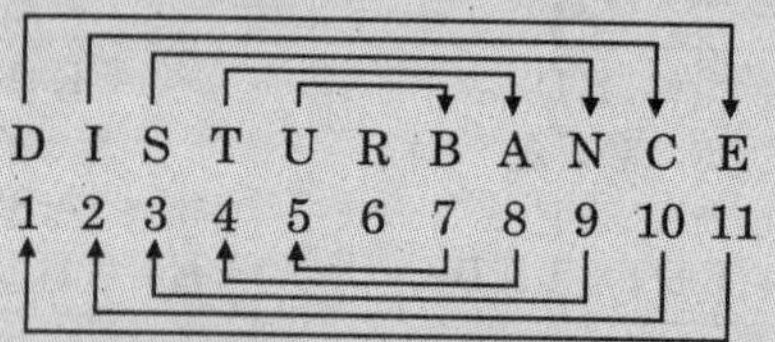

वर्णों का नया क्रम ECNABRUTSID है।
स्पष्टत: S, T के बाद आता है।

50. (*d*) :

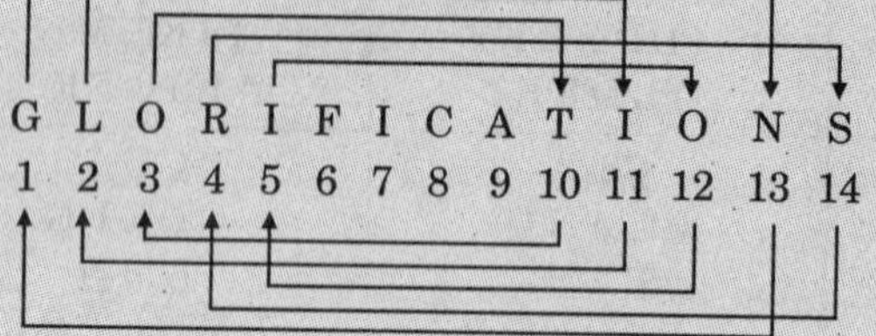

वर्णों का नया क्रम NITSOFICAOLIGR है।
दाईं ओर से बारहवां वर्ण T है।

प्रकार 3: नियम पहचानना

उदा. 1. दी गयी श्रृंखला में दो संलग्न वर्णों के बीच में छोड़े गए वर्णों की संख्या प्रत्येक वर्ण के साथ एक बढ़ जाती है। निम्नलिखित में से कौन सी श्रृंखला दिए गए नियम का पालन करती है? **(C.P.O. 2005)**

(*a*) ACFJO (*b*) AEIMQ (*c*) DINSX (*d*) EHKNQ

हल: हम दी गयी वर्ण-श्रृंखला का विश्लेषण निम्नानुसार कर सकते हैं:

(*a*) [A] B [C] D E [F] G H I [J] K L M N [O]
1, 2, 3, 4
+1 +1 +1

(*b*) [A] B C D [E] F G H [I] J K L [M] N O P [Q]
3, 3, 3, 3
+0 +0 +0

(*c*) [D] E F G H [I] J K L M [N] O P Q R [S] T U V W [X]
4, 4, 4, 4
+0 +0 +0

(*d*) [E] F G [H] I J [K] L M [N] O P [Q]
2, 2, 2, 2
+0 +0 +0

वर्ण-श्रृंखला ACFJO में ऊपर वर्णित नियम के अनुसार दो संलग्न वर्णों के बीच में छोड़े गए वर्णों की संख्या प्रत्येक वर्ण के साथ एक बढ़ जाती है। अत: उत्तर (*a*) है।

अभ्यास 10E

निर्देश *(प्रश्न 1 से 24): निम्नलिखित में से प्रत्येक प्रश्न में ज्ञात करें कि कौन सी वर्ण-श्रृंखला दिए गए नियम का पालन करती है?*

1. श्रृंखला में संलग्न वर्णों के बीच छूटे वर्णों की संख्या दो है।
(*a*) MPSVYBE (*b*) QSVYZCF
(*c*) SVZCGJN (*d*) ZCGKMPR

2. वर्णों के समूह में दो से अधिक स्वर नहीं होने चाहिए। (S.S.C. 2001)
(*a*) BDEJOLY (*b*) JKAPIXU
(*c*) PRAQEOS (*d*) ZILERAM

3. श्रृंखला में संलग्न वर्णों के बीच छोड़े गए वर्णों की संख्या विषम है।
(*a*) BDHLR (*b*) EIMQV (*c*) FIMRX (*d*) MPRUX

4. श्रृंखला में संलग्न वर्णों के बीच में छोड़े गए वर्णों की संख्या समान है।
(*a*) HKNGSW (*b*) RVZDFG (*c*) RVZDHL (*d*) SUXADF

5. श्रृंखला में संलग्न वर्णों के बीच में छोड़े गए वर्णों की संख्या क्रमागत सम संख्या में हैं।
(*a*) ADIPY (*b*) CDFIM (*c*) DFJPX (*d*) GIMSZ

6. श्रृंखला में संलग्न वर्णों के बीच में छोड़े गए वर्णों की संख्या 3 की गुणक हैं।
(*a*) AELPZ (*b*) DHLPU (*c*) GKOTZ (*d*) LORUX

7. श्रृंखला में संलग्न वर्णों के बीच छोड़े गए वर्णों की संख्या 2, 5, 7, 10 की संख्या के क्रम में है।
(*a*) CEGLT (*b*) FNKOT (*c*) QTZHS (*d*) SYBEP

8. श्रृंखला के विपरीत क्रम में संलग्न वर्णों के बीच छोड़े गए वर्णों की संख्या नियत है। (C.P.O. 2003)
(*a*) SPMJG (*b*) SPNLJ (*c*) SQOLJ (*d*) WUTRQ

9. श्रृंखला में संलग्न वर्णों के बीच छोड़े गए वर्णों की संख्या, लगातार एक बढ़ती जाती है। (S.S.C. 2000)
(*a*) CIOUBK (*b*) HLPTXN
(*c*) CHMRWB (*d*) CEHLQW

10. पीछे से शुरू करने पर श्रृंखला में संलग्न वर्णों के बीच में छोड़े गए वर्णों की संख्या, लगातार एक बढ़ती जाती है।
(*a*) OIGDC (*b*) OMJFA (*c*) OMKIG (*d*) ONLKJ

11. श्रृंखला में संलग्न वर्णों के बीच में छोड़े गए वर्णों की संख्या, लगातार एक बढ़ती जाती है। (S.S.C. 2000)
(*a*) AEIMQU (*b*) DINSXC (*c*) EHKNQT (*d*) FHKOTZ

12. श्रृंखला में संलग्न वर्णों के बीच में छोड़े गए वर्णों की संख्या, लगातार एक घटती जाती है। (S.S.C. 2002)
(*a*) BHNSV (*b*) IMTXB (*c*) MSYBG (*d*) TZEIL

13. श्रृंखला में संलग्न वर्णों के बीच में छोड़े गए वर्णों की संख्या, लगातार एक घटती जाती है।
(*a*) BGKNPR (*b*) CINRTU (*c*) EJNQST (*d*) LQUXAP

14. श्रृंखला के संलग्न वर्णों के बीच में छोड़े गए वर्णों की संख्या, लगातार दो कम होती जाती है।
(*a*) EPVAF (*b*) GPWBE (*c*) UCJOP (*d*) XFMQU

15. श्रृंखला में संलग्न वर्णों के बीच में छोड़े गए वर्णों की संख्या, लगातार तीन कम होती जाती है।
(*a*) DMSXA (*b*) HUELO (*c*) HUELP (*d*) HVDKP

16. प्रत्येक उत्तरवर्ती जोड़ी के बीच छोड़े गए वर्णों की संख्या, पांच से एक तक घटती जाती है। (S.S.C. 2000)
(*a*) AGKPSU (*b*) KPUZCE (*c*) MSXBEG (*d*) OTZDGI

17. श्रृंखला में संलग्न वर्णों के बीच छोड़े गए वर्णों की संख्या $1^2, 2^2, 3^2$......... के क्रम में है।
(*a*) CEJT (*b*) EGLO (*c*) EGLP (*d*) RTWZ

18. श्रृंखला में संलग्न वर्णों के बीच में छोड़े गए वर्णों की संख्या प्रत्येक बार दोगुनी होती जाती है।
(*a*) ADIPY (*b*) BDGLU (*c*) EGJOF (*d*) GJNSY

19. श्रृंखला में संलग्न वर्णों के बीच छोड़े गए वर्णों की संख्या घटते क्रम में है।
(*a*) AGMRV (*b*) HNSWA (*c*) NSXCH (*d*) SYDHK

20. श्रृंखला में संलग्न वर्णों के बीच छोड़े गए वर्णों की संख्या घटने के क्रम में नहीं होनी चाहिए।
(*a*) EQZFI (*b*) GWIQU (*c*) MGVFK (*d*) PJXHM

21. श्रृंखला में पहले, तीसरे और पांचवें वर्ण तथा दूसरे और चौथे वर्ण के मध्य एक वर्ण का अंतर है।
(*a*) DKFLH (*b*) DKFMG (*c*) DKFMH (*d*) DKFMI

22. छोड़े गए वर्णों की संख्या एकसमान नहीं है। (S.S.C. 2002)
(*a*) BFJNRV (*b*) DGJMPS (*c*) MORTXY (*d*) PRTVXZ

23. यहाँ विषम संख्या पर आने वाले वर्ण को वर्णमाला के क्रम में दो वर्ण छोड़कर तथा सम संख्या आने वाले वर्ण को वर्णमाला के क्रम में एक वर्ण छोड़कर लिखा गया है।
(*a*) ADFIKN (*b*) BEGJLN (*c*) CFHKLO (*d*) DFIKNP

24. यहाँ वर्ण किसी सामान्य नियमानुसार नहीं है।
(*a*) CEGIKM (*b*) MORTVX (*c*) PRTVXZ (*d*) ZBDFHJ

25. दिए गए प्रश्न में वर्ण अनुक्रम का गठन, वर्णमाला के बढ़ते क्रम में आने वाले तीन वर्णों को छोड़कर किया गया है। निम्नलिखित विकल्पों से कौन-सा इस सिद्धांत का पालन नहीं करता है? (S.S.C. 2002)
(*a*) AEIM (*b*) GKOS (*c*) MPSW (*d*) TXBF

26. निम्नलिखित श्रृंखला में, संलग्न वर्णों के बीच में छोड़े गए वर्णों की संख्या आरोही क्रम अर्थात 1, 2, 3, 4 में है, निम्नलिखित में से कौन-सा वर्ण-समूह इस नियम का पालन नहीं करता है?
(*a*) CEHLQ (*b*) DFIMR (*c*) GILPU (*d*) HJMPT

27. श्रृंखला में संलग्न वर्णों के बीच में छोड़े गए वर्णों की संख्या क्रमशः 5 से 1 तक घटती जाती है। निम्नलिखित में से कौन-सी श्रृंखला दिए गए नियम का पालन नहीं करती है?
(*a*) OIDZWU (*b*) QKFCYW
(*c*) WQLHEC (*d*) ZTOKHF

निर्देश *(प्रश्न 28 से 29): ये प्रश्न निम्नलिखित चार वर्ण-श्रृंखला पर आधारित हैं। इन वर्ण-श्रृंखलाओं का गंभीरतापूर्वक अध्ययन करें और प्रत्येक में दिए गए नियम को समझने का प्रयास करें।* (M.A.T. 2002)

(*a*) abz bcy cdx dew (*b*) azy byx cxw dwv
(*c*) zxa ywb xvc wud (*d*) acz bdy cex dfw

इनमें से प्रत्येक प्रश्न में एक शब्द दिया गया है जो उपरोक्त श्रृंखला में से एक से संबंधित है। ज्ञात करें कि यह किस श्रृंखला से संबंधित है?

28. jhq

29. mnn

हल-अभ्यास 10(E)

1. (*a*): M N O P Q R S T U V W X Y Z A B C D E

2 2 2 2 2 2

2. (*a*): B D E J O L Y में केवल दो स्वर है।

3. (*a*): B C D E F G H I J K L M N O P Q R

1 3 3 5

1, 3, 5 सभी विषम संख्याएँ है।

4. (*c*): R S T U V W X Y Z A B C D E F G H I J K L

3 3 3 3 3

5. (*a*): A B C D E F G H I J K L M N O P Q R S T U V W X Y

2 4 6 8

2, 4, 6, 8 क्रमागत सम संख्याएं है।

6. (*a*): A B C D E F G H I J K L M N O P Q R S T U V W X Y Z

3 6 3 9

3, 6, तथा 9, 3 के गुणक है।

7. (*c*): Q R S T U V W X Y Z A B C D E F G H I J K L M N O P Q R S

2 5 7 10

8. (*a*): S R Q P O N M L K J I H G

2 2 2 2

9. (*d*): C D E F G H I J K L M N O P Q R S T U V W

1 2 3 4 5

+1 +1 +1 +1

10. (*b*): O N M L K J I H G F E D C B A

1 2 3 4

+1 +1 +1

11. (*d*): F G H I J K L M N O P Q R S T U V W X Y Z

1 2 3 4 5

+1 +1 +1 +1

12. (*d*): T U V W X Y Z A B C D E F G H I J K L

5 4 3 2

−1 −1 −1

13. (*c*): E F G H I J K L M N O P Q R S T

4 3 2 1 0

−1 −1 −1 −1

14. (*b*): G H I J K L M N O P Q R S T U V W X Y Z A B C D E

8 6 4 2

−2 −2 −2

15. (*c*): H I J K L M N O P Q R S T U V W X Y Z A B C D E F G H I J K L M N O P

12 9 6 3

−3 −3 −3

16. (*c*): [M] N O P Q R [S] T U V W [X] Y Z A [B] C D [E] F [G]

5 4 3 2 1

17. (*a*): [C] D [E] F G H I [J] K L M N O P Q R S [T]

1 4 9

18. (*b*): [B] C [D] E F [G] H I J K [L] M N O P Q R S T [U]

1 2 4 8

×2 ×2 ×2

19. (*d*): [S] T U V W X [Y] Z A B C [D] E F G [H] I J [K]

5 4 3 2

−1 −1 −1

20. (*d*): E Q Z F I G W I Q U

11 8 5 2 15 11 7 3

−3 −3 −3 −4 −4 −4

M G V F K P J X H M

19 14 9 4 19 13 9 4

−5 −5 −5 −6 −4 −5

21. (*c*):

L

D K F M H

E G

22. (*c*): B F J N R V D G J M P S

3 3 3 3 3 2 2 2 2 2

M O R T X Y P R T V X Z

1 2 1 3 0 . 1 1 1 1 1

23. (*a*): [A] B C [D] E [F] G H [I] J [K] L M [N]

2 1 2 1 2

24. (*b*): [M] N [O] P Q [R] S [T] U [V] W [X]

1 2 1 1 1

25. (*c*): [M] N [O] P Q R [S] T U V [W]

2 2 3

26. (*d*): [H] I [J] K L [M] N O [P] Q R S [T]

1 2 2 3

27. (*b*): [Q] P O N M L [K] J I H G [F] E D [C] B A Z [Y] X [W]

5 4 2 3 1

प्रश्न 28-29

प्रत्येक श्रृंखला में दिए गए नियम निम्नानुसार है:

(*a*) प्रत्येक शब्द में, दूसरा वर्ण पहले वर्ण से एक स्थान आगे है, जबकि तीसरा वर्ण वर्णमाला के अंतिम ओर से भी उसी समान स्थान पर रहता है, जिस स्थान पर पहला वर्ण वर्णमाला के प्रारंभिक ओर से रहता है।

(*b*) प्रत्येक शब्द में, दूसरा वर्ण तीसरे वर्ण से एक स्थान आगे है, और पहला वर्ण वर्णमाला की प्रारंभिक ओर से उसी स्थान पर रहता है, जिस स्थान पर दूसरा वर्ण वर्णमाला के अंतिम ओर से रहता है।

(*c*) प्रत्येक शब्द में, दूसरा वर्ण पहले वर्ण से दो स्थान पीछे होता है, और पहला वर्ण वर्णमाला के अंतिम ओर से भी उसी समान स्थान पर रहता है, जिस स्थान पर तीसरा वर्ण वर्णमाला के प्रारंभिक ओर से रहता है।

(*d*) प्रत्येक शब्द में, दूसरा वर्ण पहले वर्ण से दो स्थान आगे है, और पहला वर्ण वर्णमाला की प्रारंभिक ओर से उसी स्थान पर रहता है, जिस स्थान पर तीसरा वर्ण वर्णमाला के अंतिम ओर से रहता है।

28. (*c*) **29.** (*a*)

प्रकार 4: वर्णानुक्रमिक क्रम आधारित प्रश्न

इस प्रकार के प्रश्नों में आमतौर पर एक वर्ण-श्रृंखला दी जाती है, जो अंग्रेजी वर्णमाला के A से Z तक वर्णक्रम या वर्णों के यादृच्छिक अनुक्रम में होती है। अभ्यर्थी को अनुक्रम में वर्णों के स्थान के सम्बन्ध में दी गयी कुछ शर्तों को पूरा करने वाले वर्ण को ज्ञात करना होता है।

उदा. 1. ***निम्नलिखित अंग्रेजी वर्णमाला के आधार पर दिए गए प्रश्नों के उत्तर दें?*** **(R.B.I. 2003)**

A B C D E F G H I J K L M N O P Q R S T U V W X Y Z

1. आपके दाहिनी ओर से अठारहवें वर्ण के दाई ओर पांचवां वर्ण कौन-सा है?

(*a*) C (*b*) D (*c*) E (*d*) M (*e*) N

2. यदि सभी स्वरों को वर्णमाला से हटा दिया गया है, तो बाई ओर से पांचवें वर्ण के दाई ओर सातवां वर्ण कौन सा होगा?

(*a*) L (*b*) M (*c*) N
(*d*) P (*e*) इनमें से कोई नहीं

3. यदि A से प्रारम्भ करके हर दूसरे वर्ण को वर्णमाला से हटा दिया जाता है, तो शेष वर्णों में से दाई ओर से पांचवें वर्ण के दाई ओर तीसरा वर्ण कौन सा होगा?

(*a*) X (*b*) V (*c*) L
(*d*) J (*e*) इनमें से कोई नहीं

4. यदि A और B को B और A, C और D को D और C, E और F को F और E तथा इसी प्रकार आगे भी वर्णमाला के अंत तक इसी रूप में लिखें तो, आपके दाहिनी ओर से M की स्थिति क्या होगी?

(*a*) ग्यारहवां (*b*) बारहवां (*c*) तेरहवां
(*d*) चौदहवां (*e*) इनमें से कोई नहीं

5. यदि उपरोक्त वर्णमाला को विपरीत क्रम में व्यवस्थित किया जाए, तो कौन सा वर्ण आपके बाएं से सोलहवें वर्ण के बाई ओर बारहवां होगा?

(*a*) D (*b*) V (*c*) W
(*d*) X (*e*) इनमें से कोई नहीं

हल: 1. दी गयी वर्ण-श्रृंखला के अंतिम ओर, अर्थात Z से से दायीं ओर अठारहवां वर्ण I है। I से गिनती प्रारम्भ करते हुए दायीं ओर का पांचवां वर्ण N है। अत: उत्तर (*e*) है।

2. सभी स्वरों अर्थात A, E, I, O, U को हटाने पर हमें निम्नलिखित वर्ण-श्रृंखला प्राप्त होती है:

B C D F G H J K L M N P Q R S T V W X Y Z

उपरोक्त श्रृंखला में बाई ओर, अर्थात B से से गिनती करने पर पांचवां वर्ण G है। G से दायीं ओर सातवां वर्ण P है। अत: उत्तर (*d*) है।

3. A, C, E, G, ..., W, Y को हटाने पर हमें निम्नलिखित वर्ण-श्रृंखला प्राप्त होती है:

B D F H J L N P R T V X Z

उपरोक्त वर्ण-श्रृंखला में दाई ओर से गिनती करने पर पांचवा वर्ण R है, R के दाई ओर तीसरा वर्ण X है। अत: उत्तर (*a*) है।

4. नई वर्ण-श्रृंखला है:

B A D C F E H G J I L K N M P O R Q T S V U X W Z Y

उपरोक्त वर्ण-श्रृंखला में Y से गिनती करने पर तेरहवां वर्ण M है। अत: उत्तर (*c*) है।

5. वर्णमाला के क्रम को उलटने पर हमें निम्नलिखित वर्ण-श्रृंखला प्राप्त होती है:

Z Y X W V U T S R Q P O N M L K J I H G F E D C B A

उपरोक्त वर्ण-श्रृंखला में बाई ओर अर्थात Z से गिनती करने पर सोलहवां वर्ण K है। K के बाई ओर बारहवां वर्ण W है। अत: उत्तर (*c*) है।

उदा. 2. निम्नलिखित श्रृंखला में ऐसे कितने D हैं, जिनके तुरंत बाद W आता है लेकिन तुरंत पहले K नहीं आता?

K D C W K D W N K G D W W D H K V D W Z D W

(*a*) कोई नहीं (*b*) एक (*c*) दो
(*d*) तीन (*e*) चार

हल: स्पष्टत: दी गई शर्तों को पूरा करने वाले D को निम्नानुसार चिह्नित किया जा सकता है:

K D C W K D W N K G [D] W W D H K V [D] W Z [D] W

ऐसे D संख्या में तीन हैं। अत: उत्तर (*d*) है।

उदा. 3. यदि अंग्रेजी वर्णमाला में प्रत्येक वर्ण को, वर्णमाला में उसके स्थान के अंक के बराबर मान दिया गया है, तो निम्नलिखित में से किसके सभी वर्णों के मानों का योग अधिकतम होगा? **(Bank P.O. 2005)**

(*a*) WIND (*b*) TONE (*c*) BUDY
(*d*) MORE (*e*) NOSE

हल: A = 1, B = 2, C = 3, D = 4, ..., Z = 26 रखने पर, हम दिए गए प्रत्येक शब्द के वर्णों के मानों की गणना निम्नानुसार कर सकते हैं:

(*a*) WIND $\rightarrow$ W + I + N + D = 23 + 9 + 14 + 4 = 50
(*b*) TONE $\rightarrow$ T + O + N + E = 20 + 15 + 14 + 5 = 54
(*c*) BUDY $\rightarrow$ B + U + D + Y = 2 + 21 + 4 + 25 = 52
(*d*) MORE $\rightarrow$ M + O + R + E = 13 + 15 + 18 + 5 = 51
(*e*) NOSE + N + O + S + E = 14 + 15 + 19 + 5 = 53

यहाँ TONE का योग अधिकतम है। अत: उत्तर (*b*) है।

अभ्यास 10F

निर्देश (प्रश्न 1 से 28): निम्न में से प्रत्येक प्रश्न दी गयी वर्णमाला-श्रृंखला पर आधारित है:

A B C D E F G H I J K L M N O P Q R S T U V W X Y Z

1. दी गयी वर्णमाला में G और Q के एकदम मध्य में स्थित वर्ण कौन सा है? **(S.S.C. 2002)**

(*a*) K (*b*) L (*c*) M (*d*) N

2. दी गयी वर्णमाला के बाई ओर अठारहवें वर्ण और दायीं ओर से दसवें वर्ण के एकदम मध्य में स्थित वर्ण कौन सा है?

(*a*) कोई वर्ण नहीं (*b*) K (*c*) Q
(*d*) R (*e*) इनमें से कोई नहीं

3. वर्णमाला में कौन सा वर्ण G से उतना ही दूर है जितना M से दूर T है? **(S.S.C. 2001)**

(*a*) M (*b*) N (*c*) O (*d*) P

4. वह वर्ण जो I के बाईं ओर चौथा है, उसके दाईं ओर सोलहवां वर्ण कौन सा है?

(*a*) S (*b*) T (*c*) U (*d*) V (*e*) Y

5. कौन सा वर्ण अंग्रेजी वर्णमाला के दूसरे आधे भाग के तीसरे वर्ण के दाईं ओर आठवां होगा? **(PGDTM, 2006)**

(*a*) V (*b*) W (*c*) X (*d*) Y

6. यदि उपरोक्त वर्णमाला को दो बराबर भागों में बांटा जाता है – जैसे A से M और N से Z तक, इस वर्णमाला के अंतिम आधे भाग में कौन सा वर्ण J के अनुरूप होगा?

(*a*) Q (*b*) V (*c*) X (*d*) W

(*e*) इनमें से कोई नहीं

7. वर्णमाला के दायीं से ओर उन्नीसवें वर्ण के बाईं ओर छठा वर्ण कौन सा होगा?

(*a*) M (*b*) N (*c*) X (*d*) Y

(*e*) इनमें से कोई नहीं

8. निम्नलिखित में से कौन सा वर्णमाला के बाईं ओर से सत्रहवें वर्ण के बाईं ओर का बारहवां वर्ण है?

(*a*) E (*b*) F (*c*) G (*d*) T

(*e*) इनमें से कोई नहीं

9. वर्णमाला के दायीं ओर से अठारहवें वर्ण के दाईं ओर का सातवां वर्ण कौन सा है?

(*a*) K (*b*) O (*c*) P (*d*) R

(*e*) इनमें से कोई नहीं

10. वर्णमाला के बाईं ओर से तेरहवें वर्ण के दाईं ओर का सातवां वर्ण कौन सा है?

(*a*) S (*b*) T (*c*) U (*d*) V

(*e*) इनमें से कोई नहीं

11. यदि अंग्रेजी वर्णमाला को विपरीत क्रम में लिखा जाता है, तो कौन-सा वर्ण एकदम मध्य में होगा? **(M.B.A. 2005)**

(*a*) L (*b*) M (*c*) N (*d*) इनमें से कोई नहीं

12. यदि उपरोक्त अंग्रेजी वर्णमाला को विपरीत क्रम में लिखा जाता है, तो वर्ण O के दाईं ओर आठवां वर्ण कौन-सा होगा?

(*a*) F (*b*) G (*c*) V (*d*) W

(*e*) इनमें से कोई नहीं

13. यदि उपरोक्त वर्णमाला को विपरीत क्रम में लिखा जाता है, तो दायीं ओर से नौवें वर्ण के बाईं ओर पांचवां वर्ण कौन सा होगा?

(*a*) P (*b*) N (*c*) D (*d*) W (*e*) M

14. यदि उपरोक्त वर्णमाला को विपरीत क्रम में लिखा गया है, तो बाईं ओर से तेरहवें वर्ण के दाईं ओर चौथा वर्ण कौन सा होगा? **(M.B.A. 1998)**

(*a*) J (*b*) K (*c*) L (*d*) M

15. यदि वर्णमाला के केवल पहले आधे भाग को विपरीत क्रम में लिखा जाता है, तो K और R के बीच कितने वर्ण होंगे? **(I.B.P.S. 2002)**

(*a*) 6 (*b*) 10 (*c*) 14 (*d*) 16

(*e*) इनमें से कोई नहीं

16. यदि वर्णमाला के केवल पहले आधे भाग को विपरीत क्रम में लिखा जाता है, तो दाईं ओर से नौवें वर्ण के बाईं ओर का नौवां वर्ण कौन सा होगा?

(*a*) D (*b*) E (*c*) F (*d*) I

(*e*) इनमें से कोई नहीं

17. यदि वर्णमाला के दूसरे आधे भाग को विपरीत क्रम में लिखा जाता है, तो बाईं ओर से बारहवें वर्ण के दाईं ओर का सातवां वर्ण कौन-सा होगा?

(*a*) R (*b*) S (*c*) U (*d*) V

(*e*) इनमें से कोई नहीं

18. यदि वर्णमाला के अंतिम दस वर्णों को विपरीत क्रम में लिखा गया है, तो निम्नलिखित में से बाईं ओर से तेरहवें वर्ण के दाईं ओर का छठा वर्ण कौन-सा होगा?

(*a*) U (*b*) V (*c*) W (*d*) X (*e*) Y

19. यदि वर्णमाला में B से प्रारम्भ करते हुए हर दूसरे वर्ण को हटा दिया जाता है, तो निम्नलिखित में से कौन सा वर्ण दाईं ओर से दसवां वर्ण होगा?

(*a*) G (*b*) D (*c*) Q (*d*) H

(*e*) इनमें से कोई नहीं

20. यदि पहले वर्णमाला को विपरीत क्रम में लिखा जाता है और फिर Y से प्रारम्भ करते हुए हर दूसरे वर्ण को हटा दिया जाता है, तो निम्नलिखित में से कौन सा वर्ण शेष वर्णों के एकदम मध्य में स्थित होगा? **(S.S.C. 2002)**

(*a*) M (*b*) N (*c*) O (*d*) M or O

(*e*) इनमें से कोई नहीं

21. दी गयी वर्णमाला में बाईं ओर से पांचवें वर्ण से शुरू करते हुए, यदि बारह वर्णों को विपरीत क्रम में लिखा जाता है, तो दाएं से चौदहवें वर्ण के बाईं ओर का सातवां वर्ण कौन सा होगा?

(*a*) H (*b*) L (*c*) M (*d*) N

(*e*) इनमें से कोई नहीं

22. यदि अंग्रेजी वर्णमाला के पहले और दूसरे वर्ण को परस्पर बदल दिया जाता है, इसी प्रकार तीसरे और चौथे वर्ण को, पांचवें और छठे वर्ण को, और इसी तरह आगे भी वर्णों को परस्पर बदल दिया जाता है। इस प्रकार बनी नयी वर्णमाला में कौन सा वर्ण चौदहवां होगा? **(M.C.A. 2005)**

(*a*) H (*b*) K (*c*) L (*d*) M

23. यदि A को B से परस्पर बदल दिया जाता है, इसी प्रकार C और D को, ऐसे ही E और F को, इसी प्रकार Y और Z तक वर्णों को परस्पर बदल दिया जाता है, तो निम्नलिखित में से कौन सा वर्ण बाएं से सातवां होगा? **(R.R.B. 2005)**

(*a*) A (*b*) F (*c*) I (*d*) इनमें से कोई नहीं

24. यदि अंग्रेजी वर्णमाला में प्रत्येक चौथे वर्ण को चिन्ह (★) से बदल दिया जाता है, तो निम्नलिखित में से कौन सा वर्ण बाएं से चौदहवें वर्ण के बाईं ओर सातवां वर्ण होगा? **(E.P.F.O.S.S.A. 2004)**

(*a*) G (*b*) H (*c*) T (*d*) (★)

(*e*) इनमें से कोई नहीं

25. यदि अंग्रेजी वर्णमाला के पहले और 26वें, दूसरे और 25वें, तीसरे और 24वें, और इसी तरह आगे भी वर्णों का जोड़ा बनाया गया है, तो निम्न में से कौन सा जोड़ा सही है? **(PGDTM, 2006)**

(*a*) GR (*b*) CW (*c*) IP (*d*) EV

26. यदि B से प्रारम्भ करते हुए (B सहित) प्रत्येक दूसरे वर्ण को अंग्रेजी वर्णमाला के छोटे वर्णों के रूप में लिखा जाता है और शेष वर्णों को बड़ें वर्णों में लिखा जाता है, तो वर्ष के दूसरे आधे भाग के पहले महीने को किस प्रकार लिखा जाएगा? **(SNAP, 2005)**

(*a*) JuLy (*b*) AuGuSt (*c*) jUIY (*d*) AugUSt

27. यदि वर्णमाला के B से प्रारम्भ करते हुए प्रत्येक दूसरे वर्ण को अंग्रेजी वर्णमाला के छोटे वर्णों के रूप में लिखा जाता है और शेष वर्णों को बड़ें वर्णों में लिखा जाता है, तो 'september' का महीना किस प्रकार लिखा जाएगा?
(*a*) SEpteMbeR (*b*) SEptembER (*c*) sePTemBeR
(*d*) SEptEMbEr (*e*) इनमें से कोई नहीं

28. यदि वर्णमाला के A से प्रारम्भ करते हुए प्रत्येक दूसरे वर्ण को अंग्रेजी वर्णमाला के छोटे वर्णों के रूप में लिखा जाता है और शेष वर्णों को बड़ें वर्णों में लिखा जाता है, तो जुलाई के बाद के तीसरे महीने को किस प्रकार लिखा जाएगा?
(*a*) OCTOBER (*b*) OCtObEr
(*c*) oCtObEr (*d*) ocToBeR

29. निम्नलिखित वर्णमाला में, दायीं छोर से चौदहवें वर्ण के दाईं ओर का आठवां वर्ण कौन सा है? **(M.B.A. 2002)**
ZABCDEFGHIJKLMNOPQRSTUVWXY
(*a*) H (*b*) R (*c*) S (*d*) T

30. ABCDEFGH
D के बायीं ओर के दूसरे वर्ण के तुरंत बायीं ओर स्थित वर्ण के दायीं ओर से चौथे वर्ण के तुरंत बाएँ स्थित वर्ण के बाएँ में दूसरा वर्ण कौन सा है? **(A.I.M.A.T.S. 2002)**
(*a*) A (*b*) B (*c*) C (*d*) D

31. KLMNOPQR
L के तुरंत बाएँ स्थित वर्ण के दायीं ओर से तीसरे वर्ण के तुरंत बाएँ स्थित वर्ण के बायीं ओर स्थित वर्ण से दायीं ओर चौथे स्थान पर स्थित वर्ण कौन सा है? **(A.I.M.A.T.S. 2002)**
(*a*) O (*b*) P (*c*) Q (*d*) R

32. दी गयी श्रृंखला में एकदम मध्य में स्थित वर्ण के बायीं ओर तीसरे वर्ण से दायीं ओर छठवां वर्ण कौन सा होगा?
ABCDEZYXWVQRSTUFGHIJKLMNOPA
(*a*) F (*b*) G (*c*) Q (*d*) R
(*e*) इनमें से कोई नहीं

निर्देश (प्रश्न 33 से 35): यदि A से M तक के वर्णों को प्रत्येक दो वर्ण के बाद एक वर्ण की जगह छोड़कर लिखा गया, और इन छोड़े गए स्थानों में M के बाद, N से लेकर Z तक वर्ण भरकर श्रृंखला को पूरा किया गया है। तो निम्नलिखित प्रश्नों के उत्तर दीजिए: **(M.A.T. 2002)**

33. बाई ओर से सातवें वर्ण के दायीं से तीसरा वर्ण कौन-सा होगा?
(*a*) C (*b*) O (*c*) R (*d*) S

34. D और K के एकदम मध्य में स्थित वर्ण कौन-सा होगा?
(*a*) S (*b*) T (*c*) V (*d*) W

35. आरंभ से अठारहवें और अंत से पन्द्रहवें वर्ण के एकदम मध्य में स्थित वर्ण कौन-सा होगा?
(*a*) G (*b*) H (*c*) J (*d*) L

निर्देश (प्रश्न 36 से 40): यदि A से Z के सभी वर्णों को A _ C _ E _ G _ से लेकर Y तक अर्थात, प्रत्येक दूसरे वर्ण के लिए रिक्त स्थान छोड़ते हुए लिखा जाए और फिर रिक्त स्थान में शेष वर्णों को विपरीत क्रम में अर्थात, AZCXEV ...के अनुक्रम में B पर समाप्त करते हुए भरा जाए। तब निम्नलिखित प्रश्नों का उत्तर दें:

36. बाई ओर से सोलहवें वर्ण के दायीं ओर स्थित वर्ण कौन-सा है?
(*a*) M (*b*) N (*c*) Q (*d*) R

37. दायीं छोर से चौदहवें और बायीं से उन्नीसवें वर्ण के एकदम मध्य में स्थित वर्ण कौन-सा है?
(*a*) MN (*b*) NO (*c*) OL (*d*) PM

38. Q और S के एकदम मध्य में आने वाला वर्ण कौन-सा होगा?
(*a*) H (*b*) J (*c*) L (*d*) R

39. इस श्रृंखला में वर्णों के कितने ऐसे जोड़े हैं, जो नियमित वर्णक्रम में भी एक दूसरे के पड़ोसी है?
(*a*) एक (*b*) दो (*c*) तीन (*d*) कोई नहीं

40. G के बायीं और दायीं ओर स्थित वर्ण कौन से हैं?
(*a*) P और N (*b*) R और T (*c*) F और H (*d*) T और V

निर्देश (प्रश्न 41 से 43): दी गयी वर्ण-श्रृंखला का अध्ययन करें और निम्नलिखित प्रश्नों के उत्तर दें:

HDYSMWNBQPOCRTBLZVEGUF

41. दिए गए अनुक्रम में कौन से दो पड़ोसी नियमित वर्णक्रम में सर्वाधिक दूरी पर स्थित हैं?
(*a*) B और Q (*b*) D और Y (*c*) U और F (*d*) V और E

42. दिए गए वर्णक्रम में किसका पड़ोसी वर्ण वही है, जो नियमित वर्णक्रम में भी समान पड़ोसी हैं?
(*a*) M (*b*) N (*c*) O (*d*) P

43. वे तीन वर्ण कौन-से है, जो उसी समान दूरी पर है, जैसे कि वे नियमित वर्णमाला में होते है, जबकि उनके स्थान बदल दिए हैं?
(*a*) HMP (*b*) NQZ (*c*) QOE (*d*) YLF

निर्देश (प्रश्न 44 से 48): निम्नलिखित अंग्रेजी वर्णक्रम का अध्ययन करें और दिए गए प्रश्नों के उत्तर दें: **(Bank P.O. 2004)**

FJMPOWRNBEYCKAVLDGXUHQISZT

44. F और D के मध्य में स्थित वर्ण के दायीं ओर दसवां वर्ण कौन सा है?
(*a*) D (*b*) G (*c*) H
(*d*) U (*e*) इनमें से कोई नहीं

45. निम्न पांच में से चार, उपरोक्त अनुक्रम में उनकी स्थिति के आधार पर एक समूह बनाते हैं निम्नलिखित में कौन-सा उस समूह से संबंधित नहीं है?
(*a*) BRY (*b*) ECN (*c*) HXI
(*d*) OMR (*e*) KYV

46. FMJ : TSZ के मध्य वही सम्बन्ध है, जो JMP : ___ के मध्य है?
(*a*) IZS (*b*) ZSI (*c*) ZIS
(*d*) ISZ (*e*) SIQ

47. उपरोक्त अनुक्रम में ऐसा कौन-सा जोड़ा है, जिनके मध्य उतने ही वर्ण है, जितने कि अंग्रेजी वर्णमाला में उनके मध्य होते है?
(*a*) AI (*b*) EL (*c*) LS
(*d*) MO (*e*) MR

48. उपरोक्त अनुक्रम में यदि प्रत्येक वर्ण को उसके बायीं ओर से स्थान के बराबर मान दिया जाए, तो व्यवस्थित सभी स्वरों से जुड़ी संख्याओं का योग क्या होगा?
(*a*) 50 (*b*) 58 (*c*) 63
(*d*) 73 (*e*) इनमें से कोई नहीं

49. निम्नलिखित श्रृंखला में ऐसे कितने A हैं जिनके तुरंत बाद B है और तुरंत पहले Z है?

AMBZANAABZABAZBAPZABAZAB

(*a*) कोई नहीं (*b*) एक (*c*) दो
(*d*) तीन (*e*) तीन से अधिक

50. दी गई वर्ण-श्रृंखला में ऐसे कितने t हैं, जिनके तुरंत पहले t है और तुरंत बाद भी t है? (S.S.C. 2002)

PtPttPPtPtPPPqqPtPttPPPt

(*a*) 0 (*b*) 2 (*c*) 3 (*d*) 4

51. वर्णों की निम्नलिखित श्रृंखला में, ऐसे कितने O है जिनके तुरंत बाद Q है लेकिन तुरंत पहले D नहीं है?

DOQODQODODQDOQDSDQP
OQDSSSDOQOQDOQDDDOQ

(*a*) 0 (*b*) 1 (*c*) 2 (*d*) 3

52. निम्नलिखित अनुक्रम में ऐसे कितने T हैं जिनके तुरंत पहले P है लेकिन तुरंत बाद S नहीं है?

STPQTSPTRPTSRPSTQPTRPTMPTS

(*a*) कोई नहीं (*b*) एक (*c*) दो
(*d*) तीन (*e*) इनमें से कोई नहीं

53. निम्नलिखित अनुक्रम में ऐसे कितने L हैं जिनके तुरंत पहले R नहीं है और न ही तुरंत बाद T है? (S.S.C. 2001)

ZQSTLRMNQNRTUVXRLTASLTQRSLT

(*a*) 1 (*b*) 2 (*c*) 3 (*d*) 5

54. वर्णों की निम्नलिखित श्रृंखला में, वर्णों का क्रम एक निश्चित नियम के अनुसार निर्धारित होता है। इसी क्रम में अगले दो वर्ण कौन से होंगे? (M.B.A. 2004)

AJKTUBILSVCHMRWDGNQXEFO??

(*a*) PY (*b*) PZ (*c*) YZ (*d*) ZA

55. यदि अंग्रेजी वर्णमाला में, B से प्रारम्भ करते हुए प्रत्येक सम स्थान पर स्थित प्रत्येक वर्ण को 3 से प्रारम्भ करते हुए एक विषम संख्या से बदल दिया जाता है, तो दाहिनी ओर से दसवें वर्ण/संख्या के दाईं ओर स्थित तीसरा वर्ण/संख्या कौन-सा है?

(*a*) M (*b*) S (*c*) 11 (*d*) 23
(*e*) इनमें से कोई नहीं

56. यदि घड़ी के बारह अंकों में से प्रत्येक को अंग्रेजी स्वरों *a*, *e*, *i*, *o*, *u* से प्रतिस्थापित कर दिया जाता है, जैसे (1 को *a*, से, 2 को *e* से, और इसी तरह आगे भी), तो 9.30 बजे घंटे वाली सुई किन स्वर जोड़ों के मध्य में होगी? (E.P.F.O.S.S.A. 2004)

(*a*) ae (*b*) ei (*c*) io
(*d*) ou (*e*) इनमें से कोई नहीं

57. यदि Z = 26, NET = 39, तो NUT = ? (C.P.O. 2005)

(*a*) 50 (*b*) 53 (*c*) 55 (*d*) 56

58. Z से A तक के क्रम में वर्णमाला के प्रत्येक वर्ण को क्रमशः 1 से 26 का मान दिया गया है। तो CONSEQUENCE शब्द का कुल मान क्या होगा? (S.S.C. 2002)

(*a*) 137 (*b*) 154 (*c*) 176 (*d*) 196

59. 'MAGNIFY' शब्द में प्रत्येक स्वर को संख्या '2' से और प्रत्येक व्यंजन को उस संख्या से बदल दिया जाता है, जो शब्द में उस व्यंजन की क्रम संख्या है, अर्थात, M को 1 से, G को 3 से और इसी तरह आगे भी। संख्याओं को पूरी तरह बदले जाने के बाद सभी संख्याओं का कुल योग क्या होगा? (Bank P.O. 2004)

(*a*) 22 (*b*) 24 (*c*) 25 (*d*) 26
(*e*) इनमें से कोई नहीं

60. यदि अंग्रेजी वर्णमाला में 5 के गुणक से संबंधित पदों को प्रतीकों और 7 के गुणक को अंकों से बदल दिया जाता है, तो कितने वर्णों को नहीं बदला जाएगा? (R.B.I. 2002)

(*a*) 15 (*b*) 17 (*c*) 18 (*d*) 21
(*e*) इनमें से कोई नहीं

निर्देश (प्रश्न 61 से 64): निम्नलिखित अंग्रेजी वर्णक्रम का अध्ययन करें और दिए गए प्रश्नों के उत्तर दें: (Officers' Exam, 2002)

MKKIDNETTQOBFHAAGTUUXWLSRI

उपरोक्त व्यवस्था में वर्णों में से प्रत्येक को उपरोक्त वर्णक्रम में अपनी स्थिति के आधार पर एक संख्यात्मक मान मिलता है, जैसे कि M के लिए 1, K के लिए 2, I के लिए 4 और इसी तरह आगे भी।

61. वर्ण समूह ARM के मानों का कुल योग क्या है?

(*a*) 32 (*b*) 33 (*c*) 34 (*d*) 35
(*e*) इनमें से कोई नहीं

62. निम्नलिखित व्यंजनों में से किसके मान को, जब उसे उसके तुरंत बाद के स्वर वर्ण के मान में जोड़ा जाता है, तो 11 प्राप्त होता है?

(*a*) H (*b*) K (*c*) N (*d*) R
(*e*) इनमें से कोई नहीं

63. A का मान निम्नलिखित जोड़ें में से किसके कुल मान के बराबर है?

(*a*) DO (*b*) QE (*c*) MH
(*a*) केवल A (*b*) केवल B (*c*) केवल C
(*d*) A और B दोनों (*e*) इनमें से कोई नहीं

64. OB का कुल मान निम्नलिखित में से किसके बराबर है?

(*a*) N (*b*) K (*c*) U (*d*) X
(*e*) इनमें से कोई नहीं

निर्देश (प्रश्न 65 से 69): अंग्रेजी वर्णमाला के वर्णों को 5 समूहों में वर्गीकृत किया गया है, प्रत्येक समूह एक स्वर से शुरू होता है और उस स्वर के तुरंत बाद आये व्यंजन उस समूह में शामिल होते हैं। इस प्रकार, पहले समूह में वर्ण A, B, C और D होगा; दूसरे में E, F, G और H; और इसी तरह आगे भी। इन समूहों में पहले समूह को 10 मान दिया जाता है, दूसरे को 20, और इसी तरह, अंतिम समूह को 50, समूह के प्रत्येक वर्ण का वही मान है, जो मान पूरे समूह का होगा। शब्द के मान की गणना करने के लिए प्रत्येक वर्ण का मान जोड़ा जाएगा। यदि शब्द में केवल एक ही समूह से सम्बन्धित वर्ण हैं; तो शब्द का मान, शब्द में वर्णों की संख्या को उस समूह के मान से गुणा करके प्राप्त होगा। परन्तु, यदि किसी शब्द में वर्ण अलग-अलग समूहों से हैं, तो शब्द के पहले वर्ण का मान उस समूह का सम्बन्धित मान होगा लेकिन अन्य वर्णों का मान उनके संगत समूह के मान का दोगुना होगा।

उदाहरण के लिए: यहाँ 'CAB' का मान 30 होगा (अर्थात, 10 + 10 + 10) चूंकि सभी तीनों वर्ण पहले समूह से हैं, इसलिए प्रत्येक का मान 10 है।

परन्तु यहाँ 'BUT' का मान 10 + (50 × 2) + (40 × 2) = 190 होगा।

निम्नलिखित प्रश्नों में प्रत्येक शब्द का मान बतायें: (SBI PO, 2002)

65. SHOP

(*a*) 70 (*b*) 120 (*c*) 130 (*d*) 140
(*e*) इनमें से कोई नहीं*

66. HIGH

(*a*) 40 (*b*) 60 (*c*) 70 (*d*) 80
(*e*) इनमें से कोई नहीं*

67. QUEUE
(*a*) 140 (*b*) 280 (*c*) 320* (*d*) 360
(*e*) इनमें से कोई नहीं

68. AGE
(*a*) 50 (*b*) 60 (*c*) 70 (*d*) 90*
(*e*) इनमें से कोई नहीं

69. SPORT
(*a*) 200* (*b*) 250 (*c*) 360 (*d*) 380
(*e*) इनमें से कोई नहीं

निर्देश (प्रश्न 70 से 74): प्रश्न 65 से 69 में दी गई जानकारी के आधार पर ज्ञात करें कि (a), (b), (c) द्वारा दिए गए एक या दो या तीन में कौन से शब्द दिए गए मान से मेल खाते हैं?

70. 200
(*a*) HOW (*b*) SKY (*c*) BEGAY
(*a*) केवल A (*b*) केवल A और B
(*c*) केवल B और C (*d*) केवल A और C
(*e*) सभी तीनों

71. 50
(*a*) DAM (*b*) MAD (*c*) BAD
(*a*) केवल A (*b*) केवल B
(*c*) केवल A और B (*d*) केवल B और C
(*e*) इनमें से कोई नहीं*

72. 80
(*a*) HEAD (*b*) AHEAD (*c*) ODD
(*a*) केवल A और B (*b*) केवल B और C
(*c*) केवल* A और C (*d*) सभी तीनों
(*e*) इनमें से कोई नहीं

73. 90
(*a*) BEG (*b*) WAD (*c*) NOD
(*a*) केवल A (*b*) केवल B (*c*) केवल C
(*d*) केवल* A and B (*e*) सभी तीनों

74. 230
(*a*) PAWN (*b*) WOLF (*c*) DOWN
(*a*) केवल A (*b*) केवल* B (*c*) केवल C
(*d*) केवल A और C (*e*) केवल B और C

हल-अभ्यास 10(F)

1. (*b*) : यहाँ G और Q के मध्य नौ वर्ण हैं — H, I, J, K, L, M, N, O, P. स्पष्टतः बीच का वर्ण L है।

2. (*a*) : बाईं ओर से 18 वां वर्ण R है और दाईं ओर से 10 वां वर्ण Q है। स्पष्टतः Q और R के बीच कोई वर्ण नहीं है।

3. (*b*) : M के दाईं ओर सातवां वर्ण T है। ठीक इसी प्रकार, G के दाहिनी ओर सातवां वर्ण N है।

4. (*c*) : I के बाईं ओर चौथा वर्ण E है। E के दाईं ओर सोलहवां वर्ण U है।

5. (*c*) : अंग्रेजी वर्णमाला के पहले आधे भाग में A से M तक वर्ण हैं, और दूसरे आधे भाग में N से Z तक वर्ण हैं।
दूसरे भाग का तीसरा वर्ण P है, और P के दाई ओर आठवां वर्ण X है।

6. (*d*) : पहले आधे भाग का दसवां वर्ण J है। दूसरे भाग का दसवां वर्ण W है।

7. (*e*) : दिए गए वर्णमाला- श्रृंखला में दाएं अर्थात Z से गणना करने पर 19वां वर्ण H है। H से बाई ओर गणना करने पर छठा वर्ण B है।

8. (*a*) : दिए गए वर्ण-श्रृंखला में बाएं से अर्थात A से 17वां वर्ण Q है। Q से बाई ओर 12वां वर्ण E है।

9. (*c*) : दिए गए वर्ण-श्रृंखला में दाएं अर्थात Z से गणना करने पर 18वां वर्ण I है। I से बाई ओर गणना, करने पर सातवां वर्ण P है।

10. (*b*) : दिए गए वर्णमाला-श्रृंखला में बाएं से अर्थात A से 13वां वर्ण M है। M से दाई ओर सातवां वर्ण T है।

11. (*d*) : अंग्रेजी वर्णमाला की विपरीत क्रम में नई वर्ण श्रृंखला है:
Z Y X W V U T S R Q P O N M L K J I H G F E D C B A
चूंकि श्रृंखला में वर्णों की संख्या सम (अर्थात 26) है, अतः ऐसा कोई वर्ण नहीं होगा जो बिल्कुल इनके बीच में आता है।

12. (*b*) : नई वर्ण-श्रृंखला है:
Z Y X W V U T S R Q P O N M L K J I H G F E D C B A
स्पष्टतः O से दाई ओर आठवां वर्ण G है।

13. (*b*) : नई वर्ण-श्रृंखला है:
Z Y X W V U T S R Q P O N M L K J I H G F E D C B A
दाहिनी ओर से नौवां वर्ण I है। I से बायीं ओर पांचवां वर्ण N है।

14. (*a*) : नई वर्ण-श्रृंखला प्रश्न 13 में दी गयी वर्ण-श्रृंखला के समान है। उपरोक्त श्रृंखला में बाईं ओर से तेरहवां वर्ण N है, और N के दायीं ओर का चौथा वर्ण J है।

15. (*c*) : पहले 13 वर्णों का क्रम विपरीत करने पर, हमें निम्न नई वर्ण-श्रृंखला प्राप्त होती है:
M L K J I H G F E D C B A N O P Q R S T U V W X Y Z
उपरोक्त श्रृंखला में, K और R के बीच 14 वर्ण है।

16. (*b*) : नई वर्ण-श्रृंखला है:
M L K J I H G F E D C B A N O P Q R S T U V W X Y Z
दायीं ओर से नौवां वर्ण R है। R के बाईं ओर से नौवां वर्ण E है।

17. (*c*) : नई वर्ण-श्रृंखला है:
A B C D E F G H I J K L M Z Y X W V U T S R Q P O N
बाईं ओर से बारहवां वर्ण L है। L के दाईं ओर सातवां वर्ण U है।

18. (*d*) : नई वर्ण-श्रृंखला है:
A B C D E F G H I J K L M N O P Z Y X W V U T S R Q
बाईं ओर से तेरहवां वर्ण M है। M के दाईं ओर छठा वर्ण X है।

19. (*a*) : नई वर्ण-श्रृंखला है:
ACEGIKMOQSUWY
दाई ओर से दसवां वर्ण G है।

20. (*b*) : दिए गए वर्णमाला को विपरीत क्रम में लिखने पर:
ZYXWVUTSRQPONMLKJIHG FEDCBA
प्रत्येक दूसरे वर्ण को छोड़कर लिखने से प्राप्त नई श्रृंखला है:
XVTRPNLJHFDB
उपरोक्त श्रृंखला में 13 वर्ण है, इसलिए बीच का वर्ण सातवां अर्थात N है।

21. (*e*) : E से P तक के सभी वर्णों को विपरीत क्रम में लिखने पर हमें निम्नलिखित वर्ण-श्रृंखला प्राप्त होती है:
ABCDPONMLKJIHGFEQRSTUVW XYZ
उपरोक्त श्रृंखला में दायीं ओर से 14वां वर्ण H है। H के बाई ओर सातवां वर्ण O है।

22. (*d*) : नई वर्ण-श्रृंखला है:
BADCFEHGJILKNMPORQTSVUXW ZY
उपरोक्त श्रृंखला में 14वां वर्ण M है।

23. (*d*) : इसकी वर्ण-श्रृंखला प्रश्न 22 के समान है। इसके बाई ओर सातवां वर्ण H है।

24. (*a*) : नई श्रृंखला है:
ABC★EFG★IJK★MNO★QRS★UVW ★YZ
बाई ओर से 14वां वर्ण N है। N के बाई ओर सातवां वर्ण G है।

25. (*d*) : वर्णों के जोड़े निम्नलिखित हैं:
AZ, BY, CX, DW, EV, FU, GT, HS, IR, JQ, KP, LO, MN

26. (*c*) : नई वर्ण-श्रृंखला है:
AbCdEfGhIjKlMnOpQrStUvWxYz
वर्ष के दूसरे आधे भाग का पहला महीना जुलाई है, जिसे jUlY के रुप में लिखा जाएगा।

27. (*d*) : प्रश्न 26 में दी गयी वर्ण-श्रृंखला के अनुसार ही 'September' को 'SEptEMbEr' लिखा जाएगा।

28. (*d*) : नई वर्ण-श्रृंखला है:
BcDeFgHiJkLmNoPqRsTuVwXyZ
July के बाद तीसरा महीना October है। स्पष्टत: 'October' को 'ocToBeR' लिखा जाएगा।

29. (*d*) : दायीं ओर से 14वां वर्ण L है। L के दाई ओर आठवां वर्ण T है।

30. (*b*) : D के बाई ओर दूसरे स्थान पर B है। B के तुरंत बाई ओर A है। A के दाई ओर चौथे स्थान पर E है। E के तुरंत बाएं D है। D के बाएं दूसरे स्थान पर B है।

31. (*b*) : L के तुरंत बाएं ओर K है। K के दायीं ओर तीसरे स्थान पर N है। N के तुरंत बाएं में M और M के तुरंत बाएँ में L है। L के दाएं में चौथे स्थान पर P है।

32. (*b*) : दी गयी श्रृंखला में बीच में आने वाला वर्ण T है। T के बाएं में तीसरा वर्ण Q हैं। Q के दायीं ओर छठे स्थान पर G है।

प्रश्न 33 से 35

प्रश्नानुसार वर्ण-श्रृंखला:
ANBOCPDQERFSGTHUIVJWKXLY MZ

33. (*c*) : बाई ओर से सातवां वर्ण D है। D से दाएं तीसरा वर्ण R है।

34. (*b*) : D और K के बीच कुल 13 वर्ण है। इसलिए, D के दाई ओर सातवां वर्ण बीच में आएगा, जोकि T है।

35. (*b*) : आरंभ से 18वां वर्ण V है, और अंत से 15वां वर्ण S है। S और V के बीच में 5 वर्ण है, इसलिए S के दाएं तीसरा वर्ण बिल्कुल बीच में आएगा, जोकि H है।

प्रश्न 36 से 40

प्रश्नानुसार वर्ण-श्रृंखला:
AZCXEVGTIRKPMNOLQJSHUFWD YB

36. (*c*) : बाएं से 16वां वर्ण L है। स्पष्टत: L के दाई ओर Q है।

37. (*c*) : बाएं से 18वां वर्ण J है और दाई ओर से 14वां वर्ण M है। M और J के बीच में O और L हैं।

38. (*b*) : Q और S के बीच में J हैं।

39. (*b*) : इस श्रृंखला में दो जोड़े है, जो वर्णमाला के क्रम में है – MN और NO

40. (*d*) : G के दाएं में T है और V इसके बाएं में है।

41. (*b*) : स्पष्टत: दी गयी श्रृंखला में पड़ोसी D और Y के मध्य अंग्रेजी वर्णमाला में वर्णों की संख्या अधिकतम अर्थात 20 है।

42. (*d*) : दी गयी श्रृंखला के साथ-साथ अंग्रेजी वर्णमाला में पड़ोसियों के रूप में P के साथ O और Q है।

43. (*d*) : दी गयी श्रृंखला के साथ-साथ अंग्रेजी वर्णमाला में L और Y के बीच में 12 वर्ण है और F और L के बीच में 5 वर्ण है।

44. (*e*) : दी गयी श्रृंखला में F और D के बीच में 15 वर्ण है और F के दाई ओर आठवां वर्ण बीच में आता है, जो B है। स्पष्टत: B के दाई ओर दसवां वर्ण X है।

45. (*b*) : अन्य सभी विकल्पों में, दिए गए अनुक्रम के अनुसार दूसरा वर्ण पहले वर्ण से दो स्थान पीछे है, जबकि तीसरा वर्ण दूसरे वर्ण से चार स्थान आगे है।

46. (*b*) : प्रत्येक जोड़ी के पहले और दूसरे स्थान के वर्ण क्रमश: दी गयी श्रृंखला के आरंभ और अंत से समान स्थान पर हैं।

47. (*d*) : दी गयी श्रृंखला के साथ-साथ अंग्रेजी वर्णमाला में भी M और O के मध्य केवल एक वर्ण है।

48. (*e*) : नीचे वर्णित वर्णों को निम्न संख्यात्मक मान दिया जा सकता है:

F	J	M	P	O	W	R	N	B	E	Y	C	K	A	V	L	D	G	X	U	H	Q	I	S	Z	T
1	2	3	4	5	6	7	8	9	10	11	12	13	14	15	16	17	18	19	20	21	22	23	24	25	26

स्वरों के मान का योग
= A + E + I + O + U
= 14 + 10 + 23 + 5 + 20 = 72

49. (*d*) : A M B Z A N A A B Z [A] B A Z B A P Z [A] B A Z [A] B

50. (*a*) : दी गयी वर्ण-श्रृंखला में कोई तीन 't' क्रमागत नहीं है, इसलिए ऐसा 't' नहीं है।

51. (*c*) : D O Q O D Q O D O D Q D O Q D S D Q P
[O] Q D S S S D O Q [O] Q D O Q D D D O Q

52. (*d*) : S T P Q T S P [T] R P T S R P S T Q P [T] R P
[T] M P T S

53. (*a*) : Z Q S T [L] R M N Q N R T U V X R L T A S L T
Q R S L T

54. (*a*) : दी गई श्रृंखला को पांच वर्णों के समूहों में विभाजित करने पर:
A J K T U / B I L S V / C H M R W / D G N Q X / E
F O ? ?
क्रमागत समूहों के क्रमशः पहले, दूसरे, तीसरे, चौथे और पांचवें वर्ण अनुक्रम (A, B, C, D, E), (J, I, H, G, F), (K, L, M, N, O), (T, S, R, Q, ?) और (U, V, W, X, ?) बनाते हैं अत: यहाँ P और Y वर्ण नहीं है।

55. (*e*) : नई श्रृंखला है:
A 3 C 5 E 7 G 9 I (11) K (13) M (15) O (17) Q (19) S (21) U (23) W (25) Y (27)
दाएं से गणना करने पर दसवें स्थान पर Q है। Q के दाएं तीसरे स्थान पर 21 है।

56. (*d*) : नीचे घड़ी की आकृति दिखाई गई है। अत: सुबह के 9.30 बजने से, घंटे का कोटा o और u के बीच होगा।

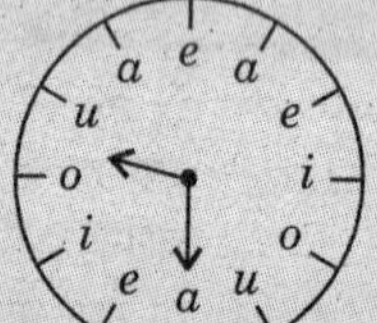

57. (*c*) : Z = 26 का अर्थ है कि वर्णों को अंग्रेजी वर्णमाला में उनकी स्थिति के अनुसार मान दिया गया है।
अत: A = 1, B = 2, ...,
Z = 26
NET = N + E + T
= 14 + 5 $ 20 = 39
∴ NUT = N + U + T = 14 + 21 + 20 = 55

58. (*c*) : स्पष्टत: वर्णों को नीचे दिखाए अनुसार संख्यात्मक मान दिए गए हैं:
Z Y X W V U T S R Q P O N M L K J I H G F E D C B A
1 2 3 4 5 6 7 8 9 1011121314151617181920212223242526
इसलिए, CONSEQUENCE
= C + O + N + S + E + Q + U + E + N + C + E
= 24 + 12 + 13 + 8 + 22 + 10 + 6 + 22 + 13 + 24 + 22
= 176

59. (*c*) : हमारे पास है:

वर्ण	M	A	G	N	I	F	Y
संख्यात्मक मान	1	2	3	4	2	6	7

∴ अभीष्ट मान = 1 + 2 + 3 + 4 + 2 + 6 + 7 = 25

60. (*c*) : स्पष्टत:, अंग्रेजी वर्णमाला के 5वें, 10वें, 15वें, 20वें और 25वें वर्ण संकेत से प्रतिस्थापित किये जाएंगे तथा 7वें, 14वें और 21वें वर्ण संख्या से प्रतिस्थापित किये जाएंगे। इस प्रकार कुल 8 वर्ण प्रतिस्थापित किये जाएंगे।
∴ शेष वर्णों की संख्या = (26 – 8) = 18

प्रश्न 61 से 64

वर्णों को, नीचे दिखाए गए अनुसार संख्यात्मक मान दिए गए हैं:

M	K	K	I	D	N	E	T	T	Q	O	B	F	H	A	A	G	T	U	U	X	W	L	S	R	I
1	2		4	5	6	7	8		10	11	12	13	14	15		17		19		21	22	23	24	25	25

61. (*e*) : ARM = A + R + M = 15 + 25 + 1 = 41

62. (*e*) : H + A = 14 + 15 = 29; K + I = 2 + 4 = 6;
N + E = 6 + 7 = 13; R + I = 25 + 4 = 29

63. (*c*) : A = 15; DO = D + O = 5 + 11 = 16;
QE = Q + E = 10 + 7 = 17;
MH = M + H = 1 + 14 = 15

64. (*e*) : OB = O + B = 11 + 12 = 23 = L

प्रश्न 65 से 74

वर्णों के पांच समूह और प्रत्येक समूह के वर्ण के संगत मान नीचे तालिका में दिए गए हैं:

समूह	समूह के अंतर्गत वर्ण	प्रत्येक वर्ण का मान
I	A, B, C, D	10
II	E, F, G, H	20
III	I, J, K, L, M, N	30
IV	O, P, Q, R, S, T	40
V	U, V, W, X, Y, Z	50

65. (*e*) : समूह IV के SHOP में S, O और P तथा समूह II के H है
∴ SHOP = S + (2 × H) + O + P = 40 + (2 × 20)
+ 40 + 40 = 160

66. (*e*) : HIGH = H + (2 × I) + G + H = 20 + (2 × 30) + 20 + 20 = 120

67. (*c*) : QUEUE = Q + (2 × U) + (2 × E) + (2 × U) + (2 × E)
= 40 + (2 × 50) + (2 × 20) + (2 × 50) + (2 × 40) = 320

68. (*d*) : AGE = A + (2 × G) + (2 × E) = 10 + (2 × 20)
+ (2 × 20) = 90

69. (*a*) : SPORT = S + P + O + R + T = 40 + 40 + 40 + 40 + 40 = 200
[चूंकि SPORT के सभी वर्ण एक ही समूह से हैं]

70. (*e*) : HOW = H + (2 × O) + (2 × W) = 20 + (2 × 40) + (2 × 50) = 200
SKY = S + (2 × K) + (2 × Y) = 40 + (2 × 30) + (2 × 50) = 200.
BEGAY = B + (2 × E) + (2 × G) + A + (2 × Y)
= 10 + (2 × 20) + (2 × 20) + 10 + (2 × 50) = 200

71. (*e*) : DAM = D + A + (2 × M) = 10 + 10 + (2 × 30) = 80
MAD = M + (2 × A) + (2 × D) = 30 + (2 × 10) + (2 × 10) = 70
BAD = B + A + D = 10 + 10 + 10 = 30

72. (*c*) : HEAD = H + E + (2 × A) + (2 × D) = 20 + 20 + (2 × 10) + (2 × 10) = 80
AHEAD = A + (2 × H) + (2 × E) + A + D = 10 + (2 × 20) + (2 × 20) + 10 + 10 = 110
ODD = O + (2 × D) + (2 × D) = 40 + (2 × 10) + (2 × 10) = 80

73. (*d*) : BEG = B + (2 × E) + (2 × G) = 10 + (2 × 20) + (2 × 20) = 90

WAD = W + (2 × A) + (2 × D) = 50 + (2 × 10) + (2 × 10) = 90

NOD = N + (2 × O) + (2 × D) = 30 + (2 × 40) + (2 × 10) = 130

74. (*b*) : PAWN = P + (2 × A) + (2 × W) + (2 × N) = 40 + (2 × 10) + (2 × 50) + (2 × 30) = 220

WOLF = W + (2 × O) + (2 × L) + (2 × F) = 50 + (2 × 40) + (2 × 30) + (2 × 20) = 230

DOWN = D + (2 × O) + (2 × W) + (2 × N) = 10 + (2 × 40) + (2 × 50) + (2 × 30) = 250

प्रकार 5: अव्यवस्थित वर्णों द्वारा शब्द निर्माण

इस प्रकार के प्रश्नों में, अव्यवस्थित क्रम में अंग्रेजी वर्णों का एक सेट दिया जाता है। अभ्यर्थी को एक सार्थक शब्द बनाने के लिए इन वर्णों को व्यवस्थित करने की आवश्यकता है।

व्याख्यात्मक उदाहरण

उदा. 1. संख्याओं के ऐसे संयोजन का चयन करें जिसके अनुसार व्यवस्थित वर्णों से एक सार्थक शब्द बन जाए: **(F.C.A. 2006)**

P	N	O	A	C	L	M	I
1	2	3	4	5	6	7	8

(*a*) 2, 7, 8, 6, 4, 3, 1, 5 (*b*) 4, 7, 5, 2, 6, 8, 1, 3
(*c*) 5, 3, 7, 1, 6, 4, 8, 2 (*d*) 7, 1, 8, 5, 6, 2, 4, 3

हल: दिए गए वर्णों को जब सार्थक शब्द 'COMPLAIN' के रुप में व्यवस्थित किया जाता है, तो 5, 3, 7, 1, 6, 4, 8, 2 क्रम बनाता है। अत: उत्तर (*c*) है।

उदा. 2. नीचे दिए गए (*a*), (*b*), (*c*), (*d*) और (*e*) विकल्प एक शब्द के वर्ण हैं। इन्हें व्यवस्थित कर एक सार्थक शब्द बनाएं और उस शब्द के अंतिम वर्ण को अपने उत्तर के रूप में चिन्हित करें। **(Hotel Management, 2003)**

(*a*) I (*b*) B (*c*) H (*d*) T (*e*) A

हल: दिए गए वर्णों को शब्द 'HABIT' के रुप में व्यवस्थित किया जा सकता है। इस प्रकार अंतिम वर्ण T है। अत: उत्तर (*d*) है।

उदा. 3. दिए गए वर्णों को एक सार्थक शब्द के रूप में व्यवस्थित करें और इस प्रकार बने शब्दों में एक विषम शब्द को अलग करें: **(I.I.T.T.M., 2006)**

(*a*) EIWNTR (*b*) UMRSME
(*c*) PIGRSN (*d*) LCUOD

हल: दिए गए शब्दों को पुनर्व्यवस्थित करने पर:

(*a*) WINTER (*b*) SUMMER
(*c*) SPRING (*d*) CLOUD

यहाँ CLOUD के छोड़कर सभी ऋतु के नाम है। अत: उत्तर (*d*) है।

उदा. 4. नीचे दिए गए वर्णों को एक सार्थक शब्द बनाने के लिए पुनर्व्यवस्थित करें और वह विकल्प चुने जो इस प्रकार बने शब्द का विलोम हो।

RBANOEHCER

(*a*) Liking (*b*) Appreciation
(*c*) Aversion (*d*) Apprehension

हल: वर्णों को पुनर्व्यवस्थित करने पर शब्द 'ABHORRENCE' बनता है, जिसका अर्थ 'घृणा/ नफरत करना' है, इसलिए इसका विलोम शब्द 'Liking (पसंद करना)' है।
अत: उत्तर (*a*) है।

अभ्यास 10G

निर्देश (प्रश्न 1 से 45): नीचे दिए गए शब्दों के वर्ण अव्यवस्थित है। आपको सही शब्द बनाने है। प्रत्येक वर्ण को क्रमांकित किया गया है और प्रत्येक शब्द के लिए चार विकल्प हैं। वह विकल्प चुनें जो शब्दों को बनाने के लिए संख्याओं द्वारा इंगित वर्णों का सही क्रम देता है।

1. V A R S T E **(S.S.C. 2001)**
1 2 3 4 5 6
(*a*) 2, 3, 1, 6, 4, 5 (*b*) 3, 2, 4, 5, 6, 1
(*c*) 4, 5, 2, 3, 1, 6 (*d*) 6, 3, 4, 5, 2, 1

2. T R I F U
1 2 3 4 5
(*a*) 3, 1, 2, 4, 5 (*b*) 4, 2, 5, 3, 1
(*c*) 4, 3, 2, 1, 5 (*d*) 5, 3, 2, 1, 4

3. A C E S T H
1 2 3 4 5 6
(*a*) 2, 6, 1, 4, 5, 3 (*b*) 4, 3, 5, 6, 1, 2
(*c*) 6, 1, 4, 5, 3, 2 (*d*) 6, 3, 2, 1, 4, 5

4. T L E M N A
1 2 3 4 5 6
(*a*) 2, 6, 4, 5, 3, 1 (*b*) 3, 2, 4, 6, 5, 1
(*c*) 4, 3, 5, 1, 6, 2 (*d*) 5, 3, 2, 4, 6, 1

5. A E H R K N
1 2 3 4 5 6
(*a*) 3, 1, 6, 5, 2, 4 (*b*) 4, 1, 5, 3, 2, 6
(*c*) 5, 3, 1, 4, 2, 6 (*d*) 6, 1, 5, 3, 4, 2

6. R U S G A
1 2 3 4 5
(*a*) 1, 5, 4, 2, 3 (*b*) 3, 2, 4, 5, 1
(*c*) 4, 5, 3, 2, 1 (*d*) 5, 3, 4, 1, 2

7. H N R C A B
1 2 3 4 5 6
(*a*) 2, 5, 3, 4, 1, 6 (*b*) 3, 5, 6, 4, 1, 2
(*c*) 4, 1, 5, 6, 2, 3 (*d*) 6, 3, 5, 2, 4, 1

8. E M I H T R
1 2 3 4 5 6 (M.B.A. 1998)
(*a*) 1, 2, 3, 4, 5, 6 (*b*) 4, 1, 6, 2, 3, 5
(*c*) 5, 1, 6, 4, 3, 2 (*d*) 6, 1, 2, 3, 5, 4

9. I N L A S G
1 2 3 4 5 6
(*a*) 2, 4, 3, 6, 1, 5 (*b*) 3, 4, 6, 1, 2, 5
(*c*) 5, 1, 6, 2, 4, 3 (*d*) 6, 1, 3, 5, 4, 2

10. R T E O D P
1 2 3 4 5 6
(*a*) 1, 3, 5, 6, 4, 2 (*b*) 2, 3, 1, 6, 4, 5
(*c*) 5, 3, 6, 4, 1, 2 (*d*) 6, 3, 5, 1, 4, 2

11. E L B M A G
1 2 3 4 5 6 (S.S.C. 2001)
(*a*) 2, 1, 6, 3, 5, 4 (*b*) 3, 1, 6, 4, 5, 2
(*c*) 4, 5, 6, 3, 1, 2 (*d*) 6, 5, 4, 3, 2, 1

12. R T A O U H
1 2 3 4 5 6
(*a*) 1, 3, 4, 5, 6, 2 (*b*) 2, 3, 6, 4, 5, 1
(*c*) 3, 5, 2, 6, 4, 1 (*d*) 6, 3, 2, 4, 5, 1

13. L A E M V R
1 2 3 4 5 6
(*a*) 1, 2, 6, 4, 3, 5 (*b*) 4, 2, 6, 5, 3, 1
(*c*) 5, 3, 6, 4, 2, 1 (*d*) 6, 3, 1, 4, 2, 5

14. T I R B H G
1 2 3 4 5 6
(*a*) 1, 3, 2, 4, 6, 5 (*b*) 3, 2, 6, 5, 4, 1
(*c*) 4, 3, 2, 6, 5, 1 (*d*) 4, 5, 2, 3, 6, 1

15. A M D E N R
1 2 3 4 5 6
(*a*) 1, 6, 2, 4, 5, 3 (*b*) 2, 1, 5, 3, 4, 6
(*c*) 3, 4, 5, 2, 1, 6 (*d*) 6, 4, 2, 1, 5, 3

16. E O C D L I
1 2 3 4 5 6
(*a*) 3, 2, 4, 5, 6, 1 (*b*) 3, 2, 5, 4, 6, 1
(*c*) 4, 2, 3, 5, 6, 1 (*d*) 4, 2, 3, 6, 5, 1

17. A L I R E M C
1 2 3 4 5 6 7 (M.B.A. 2002)
(*a*) 6,3,4,1,7,2,5 (*b*) 6,5,1,4,7,3,2
(*c*) 7,4,5,1,6,3,2 (*d*) 7,5,4,1,6,2,3

18. G T A E N M
1 2 3 4 5 6
(*a*) 1, 3, 2, 5, 4, 6 (*b*) 1, 3, 2, 6, 4, 5
(*c*) 6, 3, 1, 5, 4, 2 (*d*) 6, 3, 5, 1, 4, 2

19. N R O C T A
1 2 3 4 5 6
(*a*) 1, 6, 2, 4, 3, 5 (*b*) 2, 3, 5, 4, 6, 1
(*c*) 4, 6, 2, 5, 3, 1 (*d*) 6, 5, 2, 3, 1, 4

20. T L P N A E
1 2 3 4 5 6
(*a*) 3, 2, 5, 4, 1, 6 (*b*) 3, 2, 5, 4, 6, 1
(*c*) 4, 5, 3, 6, 2, 1 (*d*) 4, 6, 1, 3, 5, 2

21. I P E L O C
1 2 3 4 5 6
(*a*) 1, 4, 3, 5, 2, 6 (*b*) 2, 5, 4, 1, 6, 3
(*c*) 3, 4, 5, 1, 2, 6 (*d*) 4, 5, 1, 2, 3, 6

22. R M N B U E
1 2 3 4 5 6
(*a*) 1, 5, 4, 2, 6, 3 (*b*) 2, 6, 3, 4, 1, 5
(*c*) 3, 5, 2, 4, 6, 1 (*d*) 4, 6, 3, 2, 1, 5

23. C E L S M U
1 2 3 4 5 6 (M.B.A. 1998)
(*a*) 4, 6, 3, 5, 2, 1 (*b*) 4, 6, 5, 2, 3, 1
(*c*) 5, 2, 3, 1, 6, 4 (*d*) 5, 6, 4, 1, 3, 2

24. T N D R A E
1 2 3 4 5 6
(*a*) 1, 6, 2, 3, 5, 4 (*b*) 3, 6, 2, 4, 5, 1
(*c*) 4, 5, 3, 6, 2, 1 (*d*) 5, 4, 3, 6, 2, 1

25. E H R A S P
1 2 3 4 5 6
(*a*) 2, 4, 6, 1, 3, 5 (*b*) 3, 4, 2, 1, 6, 5
(*c*) 5, 2, 4, 6, 1, 3 (*d*) 6, 2, 3, 4, 5, 1

26. T E L S C A
1 2 3 4 5 6
(*a*) 1, 2, 3, 4, 6, 5 (*b*) 4, 6, 5, 1, 2, 3
(*c*) 5, 6, 4, 1, 3, 2 (*d*) 6, 5, 3, 2, 4, 1

27. G A N I M E
1 2 3 4 5 6
(*a*) 1, 2, 4, 3, 6, 5 (*b*) 2, 5, 1, 4, 3, 6
(*c*) 6, 3, 4, 1, 5, 2 (*d*) 5, 2, 1, 4, 3, 6

28. D I F E R N
1 2 3 4 5 6 (S.S.C. 2001)
(*a*) 1, 4, 3, 6, 2, 5 (*b*) 6, 4, 3, 5, 2, 1
(*c*) 3, 5, 2, 4, 6, 1 (*d*) 5, 4, 3, 2, 6, 1

29. K A T C E L
1 2 3 4 5 6
(*a*) 1, 2, 4, 5, 6, 3 (*b*) 3, 2, 4, 1, 6, 5
(*c*) 4, 2, 3, 1, 5, 6 (*d*) 6, 5, 3, 2, 4, 1

30. R E S T L U
1 2 3 4 5 6
(*a*) 3, 4, 6, 1, 2, 5 (*b*) 4, 5, 3, 2, 6, 1
(*c*) 5, 6, 3, 4, 1, 2 (*d*) 6, 5, 2, 1, 4, 3

31. D A I M E N
1 2 3 4 5 6

(*a*) 1, 2, 5, 6, 3, 4 (*b*) 1, 5, 4, 2, 3, 6
(*c*) 4, 2, 3, 1, 5 6 (*d*) 4, 5, 1, 2, 3, 6

32. R M A T A U E
1 2 3 4 5 6 7 (M.B.A. 2002)
(*a*) 2,3,4,1,5,6,7 (*b*) 3,1,2,5,4,7,6
(*c*) 3,2,5,4,7,6,1 (*d*) 4,1,3,2,6,5,7

33. E L G N I M
1 2 3 4 5 6
(*a*) 6, 5, 4, 3, 2, 1 (*b*) 3, 1, 2, 6, 5, 4
(*c*) 3, 5, 6, 2, 1, 4 (*d*) 6, 5, 3, 2, 1, 4

34. I C O T E C T N
1 2 3 4 5 6 7 8 (M.B.A. 1998)
(*a*) 3, 2, 4, 1, 8, 5, 6, 7 (*b*) 4, 2, 6, 5, 8, 1, 7, 3
(*c*) 4, 5, 6, 7, 3, 8, 1, 2 (*d*) 8, 5, 4, 1, 2, 6, 7, 3

35. E T C K O P
1 2 3 4 5 6
(*a*) 2, 1, 6, 5, 3, 4 (*b*) 3, 1, 4, 5, 6, 2
(*c*) 4, 1, 2, 3, 5, 6 (*d*) 6, 5, 3, 4, 1, 2

36. R T A N U E
1 2 3 4 5 6 (S.S.C. 2001)
(*a*) 1, 3, 2, 6, 4, 5 (*b*) 3, 2, 4, 6, 1, 5
(*c*) 4, 3, 2, 5, 1, 6 (*d*) 4, 6, 5, 2, 3, 1

37. I N E T O C
1 2 3 4 5 6
(*a*) 2, 5, 4, 1, 6, 3 (*b*) 3, 6, 4, 1 2, 5
(*c*) 4, 3, 6, 5, 2, 1 (*d*) 6, 5, 2, 3, 4, 1

38. T P S L O I
1 2 3 4 5 6
(*a*) 2, 5, 4, 3, 6, 1 (*b*) 2, 6, 3, 1, 5, 4
(*c*) 3, 6, 4, 2, 5, 1 (*d*) 4, 6, 2, 5, 3, 1

39. M F I A N E
1 2 3 4 5 6
(*a*) 1, 6, 2, 3, 4, 5 (*b*) 2, 4, 1, 3, 5, 6
(*c*) 4, 2, 3, 1, 6, 5 (*d*) 5, 6, 2, 3, 1, 4

40. N A E H L D
1 2 3 4 5 6
(*a*) 2, 1, 6, 4, 3, 5 (*b*) 2, 6, 4, 3, 5, 1
(*c*) 4, 2, 1, 6, 5, 3 (*d*) 4, 3, 6, 5, 2, 1

41. E H N T O R
1 2 3 4 5 6
(*a*) 2, 5, 3, 4, 1, 6 (*b*) 2, 5, 6, 3, 1, 4
(*c*) 4, 2, 5, 6, 3, 1 (*d*) 4, 2, 6, 5, 3, 1

42. A C P E T S
1 2 3 4 5 6
(*a*) 1, 6, 3, 4, 2, 5 (*b*) 2, 3, 4, 1, 5, 6
(*c*) 5, 6, 3, 4, 1, 2 (*d*) 6, 5, 3, 4, 2, 1

43. J C O P T E R
1 2 3 4 5 6 7 (S.S.C. 2001)
(*a*) 1,3,4,5,6,7,2 (*b*) 2,6,4,5,1,3,7
(*c*) 4,7,3,1,6,2,5 (*d*) 7,6,4,5,1,3,2

44. R V T N D E I A O I
1 2 3 4 5 6 7 8 9 0
(*a*) 5102674938 (*b*) 5180427639
(*c*) 5617283094 (*d*) 7450823196

45. P L C T E A U D I
1 2 3 4 5 6 7 8 9 (F.C.A. 2006)
(*a*) 128793546 (*b*) 654932871
(*c*) 871293645 (*d*) 936542178

निर्देश (प्रश्न 46 से 58): निम्नलिखित में से प्रत्येक प्रश्न में कुछ वर्ण दिए गए हैं। वर्णों को सही तरीके से व्यवस्थित करके एक सार्थक शब्द बनाए और इस शब्द के अंत में आने वाले वर्ण को अर्थात (a), (b), (c) या (d) को अपने उत्तर के रूप में इंगित करें।

46. g o f r t e
(*a*) t (*b*) r (*c*) f (*d*) e

47. s a n f e i m t
(*a*) s (*b*) n (*c*) e (*d*) t

48. r t l s n p i e
(*a*) e (*b*) r (*c*) t (*d*) n (*e*) l

49. m e t r i l a n (M.B.A. 1999)
(*a*) n (*b*) l (*c*) t (*d*) m

50. h n m i a e c
(*a*) n (*b*) e (*c*) a (*d*) i

51. f t p m r l a o
(*a*) l (*b*) p (*c*) t (*d*) m

52. v i c e h e l (PGDBM, 1999)
(*a*) e (*b*) h (*c*) c (*d*) v

53. s c n a i t d u o
(*a*) t (*b*) s (*c*) n (*d*) d

54. h s t n a i r
(*a*) n (*b*) r (*c*) a (*d*) h

55. p a t e v c i (M.B.A. 1999)
(*a*) c (*b*) v (*c*) e (*d*) a

56. u a t m r e n a
(*a*) u (*b*) r (*c*) t (*d*) n

57. h d m e i l s o
(*a*) m (*b*) l (*c*) h (*d*) s

58. c i r e t d (PGDBM, 1999)
(*a*) d (*b*) t (*c*) e (*d*) i

निर्देश (प्रश्न 59 से 70): नीचे दिए गए (a), (b), (c), (d) और (e) विकल्प एक शब्द के वर्ण हैं। इन्हें व्यवस्थित कर एक सार्थक शब्द बनाएं और उस शब्द के अंतिम वर्ण को अपने उत्तर के रूप में चिन्हित करें।

59. (*a*) L (*b*) S (*c*) O (*d*) C (*e*) E
(Hotel Mgmt., 2003)

60. (*a*) W (*b*) N (*c*) L (*d*) O (*e*) C
(I.A.M., 2003)

61. (*a*) N (*b*) I (*c*) R (*d*) A (*e*) T

62. (*a*) U (*b*) E (*c*) H (*d*) S (*e*) O

63. (*a*) N (*b*) I (*c*) P (*d*) O (*e*) T (Hotel Mgmt., 2002)

64. (*a*) Y (*b*) A (*c*) L (*d*) E (*e*) D (Hotel Mgmt., 2003)

65. (*a*) E (*b*) G (*c*) F (*d*) R (*e*) I

66. (*a*) R (*b*) E (*c*) H (*d*) S (*e*) O

67. (*a*) D (*b*) M (*c*) I (*d*) U (*e*) H

68. (*a*) E (*b*) A (*c*) T (*d*) U (*e*) C (Hotel Mgmt., 2003)

69. (*a*) A (*b*) C (*c*) O (*d*) L (*e*) V (Hotel Mgmt., 2002)

70. (*a*) Y (*b*) R (*c*) P (*d*) L (*e*) E

निर्देश (प्रश्न 71 से 85): इन प्रश्नों में से प्रत्येक में वर्णों का एक समूह दिया गया है, जिनमें से कुछ को (a), (b), (c), (d) के द्वारा निर्देशित किया गया है। सार्थक शब्द बनाने के लिए इन वर्णों को व्यवस्थित करें और प्राप्त शब्द के अंतिम वर्ण को अपने उत्तर के रूप में इंगित करें।

71. i t u e q (M.C.A. 2005)
(*a*) (*b*) (*c*) (*d*)

72. y e i h g e n
(*a*) (*b*) (*c*) (*d*)

73. m u e s r e p (M.B.A. 2002)
(*a*) (*b*) (*c*) (*d*)

74. h a c b r l o e
(*a*) (*b*) (*c*) (*d*)

75. d e t a o v a e (M.C.A. 2005)
(*a*) (*b*) (*c*) (*d*)

76. u r c e g a o (M.B.A. 2002)
(*a*) (*b*) (*c*) (*d*)

77. a d e i g s n o
(*a*) (*b*) (*c*) (*d*)

78. e l d o g
(*a*) (*b*) (*c*) (*d*)

79. p o o y g a l
(*a*) (*b*) (*c*) (*d*)

80. c a p r a m t g i
(*a*) (*b*) (*c*) (*d*)

81. i b s u q (M.C.A. 2005)
(*a*) (*b*) (*c*) (*d*)

82. m s n n y o
(*a*) (*b*) (*c*) (*d*)

83. o i l g e r i n
(*a*) (*b*) (*c*) (*d*)

84. n k k u e l c (M.C.A. 2005)
(*a*) (*b*) (*c*) (*d*)

85. c i p o t e m i (M.B.A. 2002)
(*a*) (*b*) (*c*) (*d*)

निर्देश (प्रश्न 86 से 98): इन प्रश्नों में से प्रत्येक में वर्णों का एक समूह दिया गया है, जिनमें से कुछ को (a), (b), (c), (d) के द्वारा निर्देशित किया गया है। सार्थक शब्द बनाने के लिए इन वर्णों को व्यवस्थित करें और प्राप्त शब्द के अंतिम वर्ण को अपने उत्तर के रूप में इंगित करें।

86. (*a*) UPJM (*b*) WKLA (*c*) PEELS (*d*) UNR (I.I.T.T.M., 2006)

87. (*a*) ULME (*b*) RIGTE (*c*) KYDENO (*d*) LCEAM

88. (*a*) ATES (*b*) EWSN (*c*) HONRT (*d*) EWTS (IGNOU, 2003)

89. (*a*) LAHEW (*b*) OCRW (*c*) LEEGA (*d*) WARPSOR (M.A.T. 2002)

90. (*a*) REAPP (*b*) LIENCP (*c*) RLTSAPE (*d*) BAELT

91. (*a*) HARCI (*b*) EANOGR (*c*) ABNNAA (*d*) EALPP

92. (*a*) RNAI (*b*) RIQA (*c*) AIRYS (*d*) AAPJN (I.I.T.T.M. 2006)

93. (*a*) RAGONE (*b*) KADR (*c*) EGERN (*d*) DRE (IGNOU, 2003)

94. (*a*) AGEBLN (*b*) NGRI (*c*) ELCNAKEC (*d*) RKTSI

95. (*a*) EMITTER (*b*) TAN (*c*) LIONSTEVIE (*d*) OIQSMTOU (M.A.T. 2002)

96. (*a*) KTACJE (*b*) RBNTUA (*c*) LRUOPLVE (*d*) WHSLA

97. (*a*) RASM (*b*) NOMO (*c*) NVESU (*d*) TERAH (IGNOU, 2003)

98. (*a*) STERIS (*b*) TORREBH (*c*) NUTA (*d*) LINOVI

निर्देश (प्रश्न 99 से 107): इनमें से प्रत्येक प्रश्न में एक सार्थक शब्द अव्यवस्थित वर्णों के समूह के रूप में दिया गया है। आपको इन वर्णों को पुनर्व्यवस्थित करना हैं और इस प्रकार प्राप्त शब्द के समान अर्थ वाले शब्द का चुनाव विकल्प में से करना हैं।

99. I T G N D L E I
(*a*) Intelligent (*b*) Difficult
(*c*) Laborious (*d*) Quick

100. H N A I D S O M
(*a*) Support (*b*) Appeal
(*c*) Praise (*d*) Threaten

101. D C P R T I E
(*a*) Explain (*b*) Foretell
(*c*) Observe (*d*) Assert

102. H R A D T E
(*a*) Decrease (*b*) Loss (*c*) Reduction (*d*) Scarcity

103. E U G A F T I
(*a*) Weariness (*b*) Sweating (*c*) Tension (*d*) Drowsiness

104. S E U T O D I
(*a*) Tiresome (*b*) Painful (*c*) Troublesome (*d*) Lengthy

105. P R S D I T U
(*a*) Deny (*b*) Refuse (*c*) Break (*d*) Join

106. E S D A N C
(*a*) Leap (*b*) Mount (*c*) Deviate (*d*) Grow

107. H N A G S R I
(*a*) Decorate (*b*) Compose (*c*) Impress (*d*) Impose

निर्देश (प्रश्न 108 से 115): इनमें से प्रत्येक प्रश्न में एक सार्थक शब्द अव्यवस्थित वर्णों के समूह के रूप में दिया गया है। आपको इन वर्णों को पुनर्व्यवस्थित करना हैं और इस प्रकार प्राप्त शब्द के विपरीत अर्थ वाले शब्द का चुनाव विकल्प में से करना है।

108. Y P C U I A T
(*a*) Surplus (*b*) Scarcity (*c*) Presence (*d*) Richness

109. Q H N A S V U I
(*a*) Surrender (*b*) Debase (*c*) Destroy (*d*) Ruin

110. A R T Y D **(M.B.A. 1999)**
(*a*) Dirty (*b*) Quiet (*c*) Quick (*d*) Quack

111. G D N I L U E
(*a*) Avoid (*b*) Abstain (*c*) Forego (*d*) Neglect

112. P C L L U B E A
(*a*) Excusable (*b*) Docile (*c*) Repair (*d*) Renew

113. S A Y M T N E
(*a*) Hostility (*b*) Acquittal (*c*) Immunity (*d*) Punishment

114. I O G T C N R Y U **(M.B.A. 1999)**
(*a*) Mismatch (*b*) Disagreement (*c*) Irregularity (*d*) Inconsistency

115. M R P B L O E
(*a*) Reply (*b*) Solution (*c*) Answer (*d*) Resolution

हल-अभ्यास 10(G)

1. (*c*) : STARVE
2. (*b*) : FRUIT
3. (*a*) : CHASTE
4. (*c*) : MENTAL
5. (*a*) : HANKER
6. (*b*) : SUGAR
7. (*d*) : BRANCH
8. (*b*) : HERMIT
9. (*c*) : SIGNAL
10. (*c*) : DEPORT
11. (*d*) : GAMBLE
12. (*c*) : AUTHOR
13. (*b*) : MARVEL
14. (*c*) : BRIGHT
15. (*d*) : REMAND
16. (*d*) : DOCILE
17. (*a*) : MIRACLE
18. (*c*) : MAGNET
19. (*c*) : CARTON
20. (*b*) : PLANET
21. (*b*) : POLICE
22. (*c*) : NUMBER
23. (*d*) : MUSCLE
24. (*d*) : ARDENT
25. (*d*) : PHRASE
26. (*c*) : CASTLE
27. (*c*) : ENIGMA
28. (*c*) : FRIEND
29. (*b*) : TACKLE
30. (*c*) : LUSTRE
31. (*c*) : MAIDEN
32. (*c*) : AMATEUR
33. (*a*) : MINGLE
34. (*c*) : TECTONIC
35. (*d*) : POCKET
36. (*c*) : NATURE
37. (*a*) : NOTICE
38. (*b*) : PISTOL
39. (*b*) : FAMINE
40. (*c*) : HANDLE
41. (*d*) : THRONE
42. (*a*) : ASPECT
43. (*c*) : PROJECT
44. (*c*) : DERIVATION
45. (*c*) : DUPLICATE
46. (*a*) : forget
47. (*d*) : manifest
48. (*b*) : splinter
49. (*b*) : terminal
50. (*b*) : machine
51. (*d*) : platform
52. (*a*) : vehicle
53. (*c*) : custodian
54. (*d*) : tarnish
55. (*c*) : captive
56. (*c*) : argument
57. (*c*) : demolish
58. (*b*) : direct
59. (*e*) : CLOSE
60. (*b*) : CLOWN
61. (*a*) : TRAIN
62. (*b*) : HOUSE
63. (*e*) : POINT
64. (*a*) : DELAY
65. (*c*) : GRIEF
66. (*b*) : SHORE
67. (*a*) : HUMID
68. (*a*) : ACUTE
69. (*d*) : VOCAL
70. (*a*) : REPLY
71. (*d*) : quite
72. (*b*) : hygiene
73. (*d*) : presume
74. (*b*) : bachelor
75. (*b*) : advocate
76. (*c*) : courage
77. (*a*) : diagnose
78. (*a*) : lodge
79. (*b*) : apology
80. (*a*) : pragmatic
81. (*b*) : squib
82. (*a*) : synonym
83. (*d*) : religion
84. (*c*) : knuckle
85. (*a*) : epitomic
86. (*c*) : JUMP, WALK, SLEEP, RUN
SLEEP के अतिरिक्त अन्य सभी शारीरिक गतिविधियाँ हैं।
87. (*b*) : MULE, TIGER, DONKEY, CAMEL.
TIGER के अतिरिक्त अन्य सभी बोझा ढ़ोते हैं।
88. (*b*) : EAST, NEWS, NORTH, WEST
NEWS के अतिरिक्त अन्य सभी दिशाएँ हैं।
89. (*a*) : WHALE, CROW, EAGLE, SPARROW
WHALE के अतिरिक्त अन्य सभी पक्षी हैं।
90. (*d*) : PAPER, PENCIL, STAPLER, TABLE
TABLE के अतिरिक्त अन्य सभी स्टेशनरी का सामान हैं।
91. (*a*) : CHAIR, ORANGE, BANANA, APPLE
CHAIR के अतिरिक्त अन्य सभी फल हैं।
92. (*d*) : IRAN, IRAQ, SYRIA, JAPAN
JAPAN के अतिरिक्त अन्य सभी अरब देश हैं।

93. (*b*) : ORANGE, DARK, GREEN, RED
Dark के अतिरिक्त अन्य सभी रंग हैं।

94. (*d*) : BANGLE, RING, NECKLACE, SKIRT
SKIRT के अतिरिक्त अन्य सभी आभूषण हैं।

95. (*c*) : TERMITE, ANT, TELEVISION, MOSQUITO
TELEVISION के अतिरिक्त अन्य सभी कीट हैं।

96. (*b*) : JACKET, TURBAN, PULLOVER, SHAWL
TURBAN के अतिरिक्त अन्य सभी सर्दी की पोशाकें हैं।

97. (*b*) : MARS, MOON, VENUS, EARTH
MOON के अतिरिक्त अन्य सभी ग्रह हैं।

98. (*d*) : SISTER, BROTHER, AUNT, VIOLIN
VIOLIN के अतिरिक्त अन्य सभी सम्बन्ध हैं।

99. (*c*) : शब्द है: DILIGENT, जिसका अर्थ है: 'Laborious'.

100.(*d*): शब्द है: ADMONISH, जिसका अर्थ है: 'Threaten'.

101.(*b*): शब्द है: PREDICT, जिसका अर्थ है: 'Foretell'.

102.(*d*): शब्द है: DEARTH, जिसका अर्थ है: 'Scarcity'.

103.(*a*): शब्द है: FATIGUE, जिसका अर्थ है: 'Weariness'.

104.(*a*): शब्द है: TEDIOUS, जिसका अर्थ है: 'Tiresome'.

105.(*c*) : शब्द है: DISRUPT, जिसका अर्थ है: 'Break'.

106.(*b*): शब्द है: ASCEND, जिसका अर्थ है: 'Mount'.

107.(*a*): शब्द है: GARNISH, जिसका अर्थ है: 'Decorate'.

108.(*a*): शब्द है: PAUCITY, जिसका अर्थ है: 'Scarcity', जिसका विलोम है: 'Surplus'.

109.(*a*): शब्द है: VANQUISH, जिसका अर्थ है: 'Defeat', जिसका विलोम है: 'Surrender'.

110.(*c*) : शब्द है: TARDY, जिसका अर्थ है: 'Sluggish', जिसका विलोम है: 'Quick'.

111.(*b*): शब्द है: INDULGE, जिसका अर्थ है: 'Involve', जिसका विलोम है: 'Abstain'.

112.(*a*): शब्द है: CULPABLE, जिसका अर्थ है: 'Censurable', जिसका विलोम है: 'Excusable'.

113.(*d*): शब्द है: AMNESTY, जिसका अर्थ है: 'Pardon', जिसका विलोम है: 'Punishment'.

114.(*b*): शब्द है: CONGRUITY, जिसका अर्थ है: 'Agreement', जिसका विलोम है: 'Disagreement'.

115.(*b*): शब्द है: PROBLEM, जिसका विलोम है: 'Solution'.

प्रकार 6: दिए गए शब्द के वर्णों का उपयोग करके शब्द बनाना

उदा. 1. यदि CREDITABLE शब्द के दूसरे, चौथे, पांचवें और दसवें वर्ण का केवल एक बार प्रयोग करके केवल एक सार्थक शब्द बनाना संभव हो, तो निम्न में से कौन-सा शब्द का पहला वर्ण होगा? यदि ऐसे एक से अधिक सार्थक शब्द बनाए जा सकते हैं, तो 'M' को उत्तर के रूप में चुनें और यदि कोई सार्थक शब्द नहीं बनाया जा सकता है, तो उत्तर के रूप में 'N' को चुनें। **(Agriculture Officers', 2005)**

(*a*) D (*b*) E (*c*) R (*d*) M (*e*) N

हल: CREDITABLE शब्द के दूसरे, चौथे, पांचवें और दसवें वर्ण क्रमश: R, D, I और E हैं। इन वर्णों का उपयोग करके हम दो शब्द – DIRE और RIDE बना सकते हैं। अत: उत्तर (*d*) है।

उदा. 2. यदि ORGANISATION शब्द में केवल दूसरे, सातवें, नौवें और ग्यारहवें वर्णों का केवल एकबार प्रयोग करके एक सार्थक शब्द बनाना संभव हो, तो निम्न में से कौन-सा उस शब्द का तीसरा वर्ण होगा? यदि कोई सार्थक शब्द नहीं बनाया जा सकता है, तो उत्तर के रूप में 'X' को चुनें और यदि ऐसे एक से अधिक सार्थक शब्द बनाए जा सकते हैं, तो 'M' को उत्तर के रूप में चुनें। **(Bank P.O. 2003)**

(*a*) R (*b*) S (*c*) T (*d*) M (*e*) X

हल: ORGANISATION शब्द का दूसरा, सातवां, नौवां और ग्यारहवां वर्ण क्रमश: R, S, T और O हैं। इन वर्णों का उपयोग करके हम केवल SORT शब्द बना सकते हैं। अत: उत्तर (*a*) है।

उदा. 3. दिए गए विकल्पों में से एक शब्द चुनें, जिसे शब्द CONSULTATION के वर्णों से नहीं बनाया जा सकता है।

(*a*) CONSTANT (*b*)NATION
(*c*) SALUTE (*d*)STATION

हल: शब्दों को ध्यान से देखने पर हम पाते हैं कि 'CONSULTATION' शब्द में वर्ण E नहीं है। इसलिए, 'SALUTE' शब्द नहीं बनाया जा सकता है।
अत: उत्तर (*c*) है।

नोट: इस प्रकार के प्रश्नों में, जब तक अन्यथा उल्लेख नहीं किया जाता, दिए गए शब्द में प्रत्येक वर्ण का उपयोग केवल एक बार ही किया जाना चाहिए।

उदा. 4. यदि ARTICULATES शब्द के वर्णों का उपयोग जितनी चाहे उतनी बार किया जा सकता है, तो निम्नलिखित चार शब्दों में से कौन सा बनाया नहीं जा सकता है? **(B.T.M. 2005)**

(*a*) COURTS (*b*) LATER
(*c*) ELECTRIC (*d*) ARTICLE

हल: यहाँ शब्द ARTICULATES में वर्ण O नहीं है और इसलिए, शब्द COURTS को नहीं बनाया जा सकता है। इसलिए, उत्तर (*a*) है।

अभ्यास 10H

1. यदि PREDICTABLE शब्द के चौथे, पांचवें, सातवें और ग्यारहवें वर्णों के साथ केवल एक सार्थक शब्द बनाना संभव है, तो निम्न में से कौन सा उस शब्द का पहला वर्ण होगा? यदि केवल दो ऐसे शब्द बनाए जा सकते हैं, तो उत्तर के रूप में 'W' को चुनें; और यदि तीन या उससे अधिक शब्द बनाए जा सकते हैं, तो उत्तर के रूप में 'Z' को चुनें और यदि ऐसा कोई शब्द नहीं बनाया जा सकता है, तो उत्तर के रूप में 'X' चुनें। **(Management Trainees' 2003)**

(*a*) D (*b*) T (*c*) W (*d*) Z (*e*) X

2. A से शुरू होने वाला एक सार्थक शब्द, CONTRACT शब्द के पहले, दूसरे, चौथे, पांचवें और छठे वर्णों से मिलकर बना है। निम्नलिखित में से कौन उस शब्द का मध्य वर्ण है?

(*a*) C (*b*) O (*c*) R (*d*) T
(*e*) इनमें से कोई नहीं

3. यदि DISTRIBUTE शब्द के तीसरे, पांचवें, आठवें और दसवें वर्णों से सार्थक शब्द बनाना संभव है, तो निम्न में से कौन उस शब्द का तीसरा वर्ण होगा? यदि ऐसा कोई शब्द नहीं बनाया जा सकता है, तो 'X' को उत्तर के रूप में चुनें और यदि एक से अधिक ऐसे शब्द बनाए जा सकते हैं, तो 'M' को उत्तर के रूप में चुनें।

(*a*) S (*b*) R (*c*) E (*d*) X (*e*) M

4. यदि PERSONALITY शब्द के तीसरे, चौथे, पांचवें, सातवें और दसवें वर्णों से एक सार्थक शब्द बनता है, तो उस शब्द के पहले वर्ण को उत्तर के रूप में चुने। यदि कोई सार्थक शब्द बनना संभव नहीं है, तो उत्तर 'X' चुने। **(N.M.A.T. 2005)**

(*a*) O (*b*) T (*c*) R (*d*) S (*e*) X

5. यदि CARETAKER शब्द के दूसरे, पांचवें और आठवें वर्ण से सार्थक शब्द बनाना संभव है, तो निम्नलिखित में से कौन सा उस शब्द का पहला वर्ण होगा? यदि ऐसा कोई शब्द नहीं बनाया जा सकता है, तो उत्तर के रूप में 'X' चुनें और यदि एक से अधिक शब्द बनाए जा सकते हैं, तो उत्तर के रूप में 'M' चुनें।

(*a*) A (*b*) E (*c*) T (*d*) X (*e*) M

6. PUNCTUATE शब्द के पहले, पांचवें, सातवें और नौवें वर्णों को केवल एक बार उपयोग करके विभिन्न अनुक्रमों में अंग्रेजी के कितने सार्थक शब्द बनाए जा सकते हैं? **(Bank Recruitment, 2004)**

(*a*) कोई नहीं (*b*) एक (*c*) दो (*d*) तीन
(*e*) इनमें से कोई नहीं

7. यदि COUNTERACT शब्द के चौथे, आठवें और दसवें वर्णों से सार्थक शब्द बनाना संभव है, तो निम्न में से उस शब्द का अंतिम वर्ण कौन सा शब्द होगा? यदि ऐसा कोई शब्द नहीं बनाया जा सकता है, तो उत्तर के रूप में 'X' चुनें, यदि एक से अधिक ऐसे शब्द बनाए जा सकते हैं, तो उत्तर के रूप में 'M' चुनें।

(*a*) A (*b*) N (*c*) T (*d*) X (*e*) M

8. यदि OMNISCIENT शब्द के दूसरे, पांचवें, सातवें और दसवें वर्णों से केवल एक सार्थक शब्द बनाना संभव हो, तो निम्न में से कौन सा उस शब्द का तीसरा वर्ण होगा? यदि ऐसा कोई शब्द नहीं बनाया जा सकता है, तो उत्तर के रूप में 'J' चुनें और यदि एक से अधिक ऐसे शब्द बनाए जा सकते हैं, तो उत्तर के रूप में 'Q' चुनें। **(Management Trainees' 2005)**

(*a*) I (*b*) M (*c*) S (*d*) J (*e*) Q

9. यदि PROJECTION शब्द के तीसरे, पांचवें, सातवें और दसवें वर्णों से एक सार्थक शब्द बनाया जा सकता है, तो निम्न में से कौन सा उस शब्द का तीसरा वर्ण होगा? यदि ऐसा कोई शब्द नहीं बनाया जा सकता है, तो 'X' उत्तर है और यदि एक से अधिक ऐसे शब्दों को बनाया जा सकता है, तो उत्तर 'M' है। **(R.R.B. 2005)**

(*a*) T (*b*) N (*c*) M (*d*) X

10. यदि INTERPRETATION शब्द में पहले, चौथे, सातवें और ग्यारहवें वर्ण से सार्थक शब्द बनाना संभव है, तो उस शब्द का तीसरा वर्ण कौन सा होगा? यदि एक से अधिक ऐसे शब्द बनाए जा सकते हैं, तो उत्तर 'M' है और यदि ऐसा कोई शब्द नहीं बनाया जा सकता है, तो उत्तर 'X' है।

(*a*) I (*b*) R (*c*) T (*d*) X (*e*) M

11. यदि REORGANISATION शब्द के पहले, आठवें, नौवें और ग्यारहवें वर्ण से सार्थक शब्द बनाना संभव है, तो उस शब्द का अंतिम वर्ण कौन सा होगा? यदि ऐसा कोई शब्द नहीं बनाया जा सकता है, तो उत्तर 'N' को चिह्नित करें और यदि एक से अधिक ऐसे शब्द बन सकते हैं, तो 'D' को उत्तर के रूप में चिह्नित करें। **(Officers' Exam, 2002)**

(*a*) I (*b*) S (*c*) T (*d*) D (*e*) N

12. यदि ATMOSPHERE शब्द के दूसरे, चौथे, छठे और आठवें वर्ण के साथ सार्थक शब्द बनाना संभव है, तो उस शब्द का तीसरा वर्ण क्या होगा? यदि एक से अधिक ऐसे शब्दों को बनाया जा सकता है, तो उत्तर 'X' होगा और यदि ऐसा कोई शब्द नहीं बनाया जा सकता है, तो उत्तर 'Y' होगा। **(Bank P.O. 2004)**

(*a*) E (*b*) O (*c*) T (*d*) X (*e*) Y

13. यदि GENEROSITY शब्द के दूसरे, पांचवें, छठे और सातवें वर्णों के साथ केवल एक सार्थक शब्द बनाना संभव है, तो निम्न में से कौन सा शब्द उस शब्द का पहला वर्ण होगा? यदि ऐसा कोई शब्द नहीं बनाया जा सकता है, तो उत्तर 'X' है; यदि दो ऐसे शब्द बन सकते हैं, तो 'W' और यदि दो से अधिक शब्द बनाए जा सकते हैं, तो उत्तर 'M' है।

(*a*) R (*b*) S (*c*) W (*d*) X (*e*) M

14. यदि FRAGMENT शब्द के दूसरे, तीसरे, छठे और आठवें वर्णों से, एक वर्ण का केवल एक बार उपयोग करके, एक सार्थक शब्द बनाना संभव है, तो निम्न में से कौन सा वर्ण उस शब्द का तीसरा वर्ण होगा? यदि ऐसा कोई शब्द नहीं बनाया जा सकता है, तो उत्तर 'X' है और यदि एक से अधिक शब्द बनाए जा सकते है, तो उत्तर 'Y' है। **(Bank Recruitment, 2005)**

(*a*) A (*b*) E (*c*) T (*d*) X (*e*) Y

15. TRADEMARK शब्द के पहले, तीसरे, पांचवें और छठे वर्णों का केवल एक बार उपयोग करके कितने सार्थक शब्द बनाए जा सकते हैं?

(*a*) एक (*b*) दो (*c*) तीन (*d*) चार
(*e*) चार से अधिक

16. DREAMLAND शब्द के तीसरे, छठे और सातवें वर्णों का केवल एक बार उपयोग करके कितने सार्थक शब्द बनाए जा सकते हैं? **(Asstt-Manager Exam, 2005)**

(*a*) एक (*b*) दो (*c*) तीन (*d*) चार
(*e*) चार से अधिक

17. PROMENADE शब्द के पहले, छठे, सातवें और नौवें वर्णों का केवल एक बार उपयोग करके कितने सार्थक शब्द बनाए जा सकते हैं?

(*a*) एक (*b*) दो (*c*) तीन (*d*) चार
(*e*) इनमें से कोई नहीं

18. यदि केवल प्रश्न 17 में स्वर वर्णों की पुनरावृत्ति की अनुमति हो, तो उपरोक्त वर्णों का उपयोग करके कितने और शब्द बनाए जा सकते हैं?

(*a*) कोई नहीं (*b*) एक (*c*) दो (*d*) तीन
(*e*) इनमें से कोई नहीं

19. यदि BREAKTHROUGH शब्द के तीसरे, चौथे, छठे और बारहवें शब्द के साथ सार्थक शब्द बनाना संभव है, तो निम्न में से उस शब्द का तीसरा वर्ण कौन सा है? यदि ऐसा कोई शब्द नहीं बनाया जा सकता है, तो उत्तर 'N' और यदि एक से अधिक ऐसे शब्द बनाया जा सकता है, तो उत्तर 'D' है। **(R.B.I. 2003)**

(*a*) A (*b*) E (*c*) T (*d*) N (*e*) D

20. यदि ILLOGICAL शब्द के दूसरे, चौथे, पांचवें और आठवें वर्ण से एक सार्थक शब्द बनाना संभव है, तो निम्नलिखित में से कौन सा

शब्द का तीसरा वर्ण होगा? यदि एक से अधिक शब्द बन सकते हैं, तो उत्तर 'X' होगा। यदि कोई सार्थक शब्द नहीं बनाया जा सकता है, तो उत्तर 'Z' होगा।

(*a*) A (*b*) G (*c*) O (*d*) X (*e*) Z

21. यदि CATEGORISATION शब्द के चौथे, सातवें और ग्यारहवें और तेरहवें वर्ण से एक सार्थक शब्द बनाना संभव है, तो निम्नलिखित में से कौन सा शब्द का तीसरा वर्ण होगा? यदि कोई सार्थक शब्द नहीं बनाया जा सकता है, तो उत्तर 'X' होगा। यदि एक से अधिक सार्थक शब्द बन सकते हैं, तो उत्तर 'M' होगा। **(M.B.A. 2004)**

(*a*) O (*b*) R (*c*) T (*d*) X (*e*) M

22. SEPARATION शब्द के पहले, तीसरे, सातवें और नौवें वर्ण को, एक शब्द के लिए केवल एक बार उपयोग करके कितने सार्थक शब्द बनाए जा सकते हैं?

(*a*) एक (*b*) दो (*c*) तीन (*d*) चार
(*e*) चार से अधिक

23. REASONING शब्द के पहले, दूसरे, चौथे, पांचवें और छठे वर्णों से एक शब्द बनाए। इस प्रकार बने शब्द के पहले और अंतिम वर्ण को लिखें। **(S.S.C. 2001)**

(*a*) OR (*b*) NE (*c*) SE (*d*) ES

24. यदि 'TRADITIONAL' शब्द के दूसरे, सातवें, दसवें और ग्यारहवें वर्ण से एक सार्थक शब्द बनाना संभव है जो उस शब्द का दूसरा वर्ण कौन-सा होगा? यदि ऐसा कोई शब्द नहीं बनाया जा सकता है, तो उत्तर 'X' होगा। यदि केवल दो ऐसे शब्दों बनाए जा सकते हैं, तो उत्तर 'Y' होगा और यदि दो से अधिक ऐसे शब्दों बनाए जा सकते हैं, तो उत्तर 'Z' होगा। **(Bank P.O. 2003)**

(*a*) I (*b*) L (*c*) X (*d*) Y (*e*) Z

25. यदि आप वर्णमाला में अपने दाएं से छठे और चौदहवें वर्ण और फिर अपने बाएं से पांचवें और बीसवें वर्णों को लेकर एक सार्थक शब्द बनाए, तो उस शब्द का पहला वर्ण कौन सा होगा?

A B C D E F G H I J K L M N O P Q R S T U V W X Y Z

(*a*) M (*b*) E
(*c*) कोई शब्द नहीं बनाया जा सकता है
(*d*) एक से अधिक शब्द बनाए जा सकते हैं
(*e*) इनमें से कोई नहीं

26. यदि HACEB के वर्णों से B से शुरू होने वाला सार्थक शब्द बनाया जा सकता है, तो उस शब्द का चौथा वर्ण क्या होगा? यदि ऐसा कोई शब्द नहीं बनाया जा सकता है, तो आपका उत्तर (*e*) अर्थात इनमें से कोई नहीं होगा। **(Bank P.O. 2004)**

(*a*) A (*b*) C (*c*) E
(*d*) H (*e*) इनमें से कोई नहीं

27. यदि NWROD शब्द के वर्णो का केवल एक बार उपयोग करके एक सार्थक शब्द बनाया जा सकता है, तो उस शब्द का चौथा वर्ण ही आपका उत्तर होगा। यदि एक से अधिक ऐसे शब्द बनाए जा सकते हैं, तो आपका उत्तर 'Y' है और यदि ऐसा कोई शब्द नहीं बनाया जा सकता है, तो आपका उत्तर 'Z' है। **(Bank P.O. 2005)**

(*a*) D (*b*) R (*c*) W (*d*) Y (*e*) Z

28. यदि RKUL शब्द के प्रत्येक वर्ण का केवल एक बार उपयोग करके एक सार्थक शब्द बनाया जा सकता है, तो उस शब्द का तीसरा वर्ण ही आपका उत्तर होगा। यदि एक से अधिक ऐसे शब्द बनाए जा सकते हैं, तो आपका उत्तर 'Y' है और यदि ऐसा कोई शब्द नहीं बनाया गया है, तो आपका उत्तर 'Z' है। **(R.B.I. 2005)**

(*a*) K (*b*) L (*c*) R (*d*) Y (*e*) Z

29. 'NOT' शब्द के किन्हीं भी दो वर्णों का प्रयोग करके अंग्रेजी के कितने सार्थक शब्द बनाए जा सकते हैं? **(SNAP, 2004)**

(*a*) एक (*b*) दो (*c*) तीन
(*d*) तीन से अधिक

30. यदि SUHRO के वर्णों का प्रयोग करके H से शुरू होने वाला एक सार्थक शब्द बनाया जा सकता है, तो उस शब्द का चौथा वर्ण ही आपका उत्तर होगा। यदि एक से अधिक ऐसे शब्द बन सकते हैं तो आपका उत्तर 'B' है। यदि ऐसा कोई शब्द नहीं बनाया गया है, तो आपका उत्तर 'C' है। **(Bank P.O. 2005)**

(*a*) B (*b*) C (*c*) U (*d*) R
(*e*) इनमें से कोई नहीं

31. वर्णों के क्रम को बिना बदलें और एक वर्ण का प्रयोग केवल एक बार करके 'HEARTLESS' शब्द को कितने स्वतंत्र शब्दों में विभाजित किया जा सकता हैं?

(*a*) 2 (*b*) 3 (*c*) 4
(*d*) 5 (*e*) विभाजित नहीं किया जा सकता

32. वर्णों के क्रम को बिना बदलें और एक वर्ण का प्रयोग केवल एक बार करके 'STAINLESS' शब्द को कितने स्वतंत्र शब्द में विभाजित किया जा सकता हैं?

(*a*) कोई नहीं (*b*) एक (*c*) दो
(*d*) तीन (*e*) इनमें से कोई नहीं

33. वर्णों के क्रम को बिना बदलें और एक वर्ण का प्रयोग केवल एक बार करके 'ASTOUNDER' शब्द को कितने स्वतंत्र शब्द में विभाजित किया जा सकता हैं?

(*a*) कोई नहीं (*b*) एक (*c*) दो
(*d*) तीन (*e*) चार

34. वर्णों के क्रम को बिना बदलें और एक वर्ण का प्रयोग केवल एक बार करके 'PRIMARY' शब्द को अधिकतम कितने स्वतंत्र शब्द में विभाजित किया जा सकता हैं?

(*a*) कोई नहीं (*b*) एक (*c*) दो
(*d*) तीन (*e*) तीन से अधिक

35. वर्णों के क्रम को बिना बदलें और एक वर्ण का प्रयोग केवल एक बार करके 'BEHIND' शब्द को कितने स्वतंत्र शब्द में विभाजित किया जा सकता हैं? **(R.R.B. 2002)**

(*a*) 1 (*b*) 2 (*c*) 3 (*d*) 4

36. वर्णों के क्रम को बिना बदलें और एक वर्ण का प्रयोग केवल एक बार करके 'LAPAROSCOPY' शब्द को कितने स्वतंत्र शब्द में विभाजित किया जा सकता हैं?

(*a*) 1 (*b*) 2 (*c*) 3
(*d*) 4 (*e*) 4 से अधिक

37. वर्णों के क्रम को बिना बदलें और एक वर्ण का प्रयोग केवल एक बार करके 'DETERMINATION' शब्द को कितने स्वतंत्र शब्द में विभाजित किया जा सकता हैं?

(*a*) एक (*b*) दो (*c*) तीन
(*d*) चार (*e*) इनमें से कोई नहीं

38. अंग्रेजी वर्णमाला के अनुसार, यदि OVEN शब्द में आये प्रत्येक स्वर को अपने से पहले आने वाले वर्ण से बदल दिया जाए और प्रत्येक व्यंजन को अपने से बाद में आने वाले वर्ण से बदल दिया जाए, तो

प्रत्येक वर्ण का प्रयोग केवल एक बार करके इन नए वर्णों से कितने सार्थक शब्द बनाए जा सकते हैं? **(S.B.I.P.O. 2005)**

(*a*) एक (*b*) दो (*c*) तीन
(*d*) तीन से अधिक (*e*) इनमें से कोई नहीं

39. यदि 'BREAK' शब्द में स्वरों को बदला नहीं गया है लेकिन प्रत्येक व्यंजन को अंग्रेजी वर्णमाला में उसके बाद वाले वर्ण से बदल दिया जाता है, तो प्रत्येक वर्ण का प्रयोग केवल एक बार करके इन नए वर्णों से कितने सार्थक शब्द बनाए जा सकते हैं?

(*a*) कोई नहीं (*b*) एक (*c*) दो
(*d*) तीन (*e*) तीन से अधिक

40. 'MEAN' शब्द में प्रत्येक व्यंजन को अंग्रेजी वर्णमाला में उसके पहले आये वर्ण से बदल दिया जाता है, तो प्रत्येक वर्ण का प्रयोग केवल एक बार करके इन वर्णों से कितने सार्थक शब्द बनाए जा सकते हैं? **(Bank P.O. 2003)**

(*a*) एक (*b*) दो (*c*) तीन
(*d*) चार (*e*) चार से अधिक

41. दिए गए सभी वर्णों में कौन सा वर्ण-समूह जोड़कर सार्थक शब्द बनाया जा सकता है? **(S.S.C. 2001)**

Sl (___)] Pr (___)] Tr (___)] Br (___)] S (___)

(*a*) – our (*b*) – ick (*c*) – een (*d*) – eep

42. नीचे चार शब्द दिए गए हैं जिनमें कुछ वर्ण नहीं हैं। तीन वर्णों का एक समूह इनमें जोड़ने पर सार्थक शब्द बनाए जा सकते हैं। दिए गए विकल्पों से इन तीन वर्णों का चयन करें।

___ vent] ___ nect] ___ duct] ___ dole

(*a*) Cor (*b*) Coc (*c*) Cov (*d*) Con

हल-अभ्यास 10(H)

1. (*d*) : शब्द के चौथे, पांचवें, सातवें और ग्यारहवें वर्ण क्रमशः D, I, T और E हैं। इनसे बने शब्द DIET, TIDE, TIED और EDIT हैं।

2. (*d*) : CONTRACT शब्द में पहले, दूसरे, चौथे, पांचवें और छठे वर्ण क्रमशः C, O, T, R, A हैं। इनसे बना शब्द ACTOR है, जिसमें बीच का वर्ण T हैं।

3. (*b*) : DISTRIBUTE शब्द में तीसरा, पांचवां, आठवां, और दसवां वर्ण क्रमशः S, R, U और E हैं। इनसे बना शब्द SURE है, जिसमें तीसरा वर्ण R हैं।

4. (*c*) : PERSONALITY शब्द में तीसरा, चौथा, सातवां, और दसवां वर्ण क्रमशः R, S, O, A और T हैं। इनसे बना शब्द ROAST है, जिसमें पहला वर्ण R है।

5. (*e*) : CARETAKER शब्द में दूसरा, पाचवां, आठवां वर्ण क्रमशः A, T और E हैं। इनसे बने शब्द EAT, ATE और TEA हैं।

6. (*d*) : PUNCTUATE शब्द में पहला, पाचवां, सातवां और नौवां वर्ण क्रमशः P, T, A और E हैं। इनसे बने शब्द PATE, PEAT और TAPE हैं।

7. (*e*) : COUNTERACT शब्द में चौथा, आठवां और दसवां वर्ण क्रमशः N, A और T हैं। इनसे बने शब्द ANT और TAN हैं।

8. (*c*) : OMNISCIENT शब्द में दूसरा, पाचवां, सतवां और दसवां वर्ण क्रमशः M, S, I और T हैं। इससे बनने वाला नया शब्द MIST है, जिसका तीसरा वर्ण S है।

9. (*c*) : PROJECTION शब्द में तीसरा, पाचवां, सतवां और दसवां वर्ण क्रमशः O, E, T और N है। इनसे बने शब्द NOTE और TONE हैं।

10. (*e*) : INTERPRETATION शब्द में पहला, चौथा, सतवां और ग्यारहवां वर्ण क्रमशः I, E, R और T हैं। इससे बनने वाले नए शब्द TIER, TIRE और RITE हैं।

11. (*e*) : REORGANISATION शब्द में पहला, आठवां, नौवां और ग्यारहवां वर्ण क्रमशः R, I, S और T हैं। स्पष्टतः इन वर्णों से कोई भी सार्थक शब्द नहीं बनाया जा सकता है।

12. (*d*) : ATMOSPHERE शब्द में दूसरा, चौथा, छठा और आठवां वर्ण क्रमशः T, O, P और E हैं। इनसे बने शब्द TOPE और POET हैं।

13. (*c*) : GENEROSITY शब्द में दूसरा, पांचवां, छठा और सातवां वर्ण क्रमशः E, R, O और S हैं। इनसे बने शब्द ROSE, SORE और ORES हैं।

14. (*e*) : FRAGMENT शब्द में दूसरा, तीसरा, छठा और आठवां वर्ण क्रमशः R, A, E और T हैं। इनसे बने शब्द RATE, TEAR और TARE हैं।

15. (*d*) : TRADEMARK शब्द में पहला, तीसरा, पांचवा और छठा वर्ण क्रमशः T, A, E और M हैं। इनसे बने शब्द TEAM, TAME, MEAT और MATE हैं।

16. (*d*) : DREAMLAND शब्द में पहला, तीसरा, छठा और सातवां वर्ण क्रमशः D, E, L और A हैं। इनसे बने शब्द DALE, DEAL, LADE और LEAD हैं।

17. (*c*) : PROMENADE शब्द में पहला, छठा, सातवां और नौवां वर्ण क्रमशः P, N, A और E हैं। इनसे बने शब्द NAPE, NEAP और PANE हैं।

18. (*b*) : बना शब्द PAEAN है।

19. (*e*) : BREAKTHROUGH शब्द में तीसरा, चौथा, छठा और बारहवां वर्ण क्रमश E, A, T और H हैं। इनसे बने शब्द HEAT और HATE हैं।

20. (*d*) : ILLOGICAL शब्द में दूसरा, चौथा, पांचवा और आठवां वर्ण क्रमश L, O, G और A हैं। इनसे बने शब्द GOAL और GAOL हैं।

21. (*e*) : CATEGORISATION शब्द में चौथा, सातवां, ग्यारहवां और तेरहवां वर्ण क्रमश E, R, T और O हैं। इनसे बने शब्द TORE और ROTE हैं।

22. (*e*) : SEPARATION शब्द में पहला, तीसरा सातवां और नौवां वर्ण क्रमश S, P, T और O हैं। इनसे बने शब्द POTS, POST, SPOT और TOPS हैं।

23. (*c*) : REASONING शब्द में पहला, दूसरा, चौथा, पाचवां और छठा वर्ण क्रमश R, E, S, O और N हैं। इन वर्णों से बनने वाला शब्द SNORE है।

24. (*e*) : TRADITIONAL शब्द में दूसरा, सातवां, दसवां और ग्यारहवां वर्ण क्रमश R, I, A और L हैं। इन वर्णों से बनने वाले शब्द RAIL, LIAR, LIRA और LAIR हैं।

25. (*a*) : दाईं ओर से छठा और चौदहवां वर्ण क्रमश: U और M हैं। बाईं ओर पांचवां और बीसवां वर्ण क्रमश: E और T है। इन वर्णों से बनने वाला शब्द MUTE हैं, जिसका पहला वर्ण M है।

26. (*b*) : नया बना शब्द BEACH है। अत: चौथा वर्ण C है।

27. (*c*) : नया बना शब्द DROWN है। अत: चौथा वर्ण W है।

28. (*c*) : नया बना शब्द LURK है। अत: चौथा वर्ण R है।

29. (*c*) : इनसे बनने वाले शब्द NO, ON और TO है।

30. (*d*) : नया बना शब्द HOURS है। अत: चौथा वर्ण R है।

31. (*b*) : इनसे बनने वाले शब्द HE, ART और LESS है।

32. (*c*) : नए बने शब्द STAIN और LESS है।

33. (*c*) : इनसे बनने वाले शब्द AT और UNDER; या AS और UNDER; या AT और SOUND है।

34. (*c*) : इनसे बनने वाले शब्द PAR और RIM है।

35. (*b*) : इनसे बनने वाले शब्द BE और HIND है।

36. (*b*) : इनसे बनने वाले शब्द LAP और COPY है।

37. (*b*) : इनसे बनने वाले शब्द DETER और NATION; या TERM और NATION है।

38. (*a*) : वर्णों में परिवर्तन निम्नानुसार हुआ है:

$$O \xrightarrow{-1} N,\ V \xrightarrow{+1} W,\ E \xrightarrow{-1} D,\ N \xrightarrow{+1} O$$

इनसे बनने वाले शब्द DOWN है।

39. (*c*) : वर्णों का बदलाव निम्नानुसार हुआ है:

$$B \xrightarrow{+1} C,\ R \xrightarrow{+1} S,\ E \to E,\ A \to A,\ K \xrightarrow{+1} L$$

इनसे बनने वाले शब्द SCALE और LACES है।

40. (*c*) : वर्णों का बदलाव निम्नानुसार हुआ है:

$$M \xrightarrow{-1} L,\ E \to E,\ A \to A,\ N \xrightarrow{-1} M$$

इनसे बनने वाले शब्द LAME, MALE और MEAL है।

41. (*b*)

42. (*d*)

अभ्यास 10 I

निर्देश (प्रश्न 1 से 50): निम्नलिखित में से प्रत्येक प्रश्न में एक शब्द और चार विकल्प दिए गए हैं। विकल्प में दिया गया कोई एक शब्द, प्रश्न में दिए गए शब्द के वर्णों का प्रयोग करके बनाया नहीं जा सकता है। उस शब्द को ज्ञात करें।

1. CONSTRUCTION **(C.P.O. 2004)**
(*a*) SUCTION (*b*) COINS
(*c*) CAUTION (*d*) NOTION

2. OBSTETRICIAN
(*a*) SOBER (*b*) TERMITE
(*c*) RETAIN (*d*) SIREN

3. INTELLIGENCE **(S.S.C. 2001)**
(*a*) TILLAGE (*b*) INCITE
(*c*) GENTLE (*d*) NEGLECT

4. CONSTITUTIONAL
(*a*) LOCATION (*b*) TUITION
(*c*) TALENT (*d*) CONSULT

5. TRANSFORM **(S.S.C. 2002)**
(*a*) TRAIN (*b*) FORT (*c*) ROAM (*d*) RANSOM

6. DEPARTMENT
(*a*) ENTER (*b*) PERMIT
(*c*) TEMPER (*d*) RENTED

7. MIRACULOUS
(*a*) MOLAR (*b*) LOCUS
(*c*) SOLACE (*d*) SCAR

8. NECESSARY **(C.P.O. 2005)**
(*a*) RACE (*b*) EASY
(*c*) NICE (*d*) ESSAY

9. INTERNATIONAL
(*a*) ORIENTAL (*b*) TERMINAL
(*c*) LATTER (*d*) RATIONALE

10. TRIBUNAL **(R.R.B. 2006)**
(*a*) TRIBLE (*b*) URBAN
(*c*) BRAIN (*d*) LATIN

11. ENDEAVOUR **(M.C.A. 2005)**
(*a*) DROVE (*b*) DROWN
(*c*) ROUND (*d*) DEVOUR

12. ORGANISATION
(*a*) NATION (*b*) GRANT
(*c*) RECOGNISE (*d*) SATAN

13. VARIEGATED
(*a*) TRAVEL (*b*) TRADE
(*c*) GREAT (*d*) RIGVEDA

14. DETERMINATION **(IGNOU, 2003)**
(*a*) MINT (*b*) TEAM (*c*) TAMED (*d*) NORTH

15. REPRIMAND
(*a*) MAIDEN (*b*) REPAIR
(*c*) MUNDANE (*d*) REMAND

16. REASONABLE
(*a*) BRAIN (*b*) BONES
(*c*) NOBLE (*d*) ARSON

17. COMMUNICATION **(S.S.C. 2003)**
(*a*) UNION (*b*) ACTION
(*c*) MUSIC (*d*) CAUTION

18. CONSOLIDATE
(*a*) LENTIL (*b*) SLAIN
(*c*) CONDOLE (*d*) DETAIL

19. RECREATION
(*a*) RATION (*b*) ACTION
(*c*) TORN (*d*) HECTARE

20. INFRASTRUCTURE (S.S.C. 2002)
(*a*) RESTRAIN (*b*) FRACTURE
(*c*) CHARTER (*d*) NATURE

21. COURAGEOUS
(*a*) COURAGE (*b*) SOURCE
(*c*) COURSE (*d*) GENEROUS

22. PERPETUATION
(*a*) RETAIN (*b*) REPUTATION
(*c*) PIPETTE (*d*) RETENTION

23. CONCENTRATE
(*a*) TREAT (*b*) REASON
(*c*) CENTRE (*d*) CONCERN

24. LIBERATIONIST (S.S.C. 2000)
(*a*) BITTERN (*b*) SERIAL
(*c*) LIBERAL (*d*) RELATION

25. QUESTIONNAIRE
(*a*) QUESTOR (*b*) QUEUE
(*c*) QUINATE (*d*) QUERIES

26. SIGNIFICANT
(*a*) GIANT (*b*) INSIGNIA
(*c*) INFANT (*d*) NASCENT

27. ADMINISTRATION (C.B.I. 2003)
(*a*) RATION (*b*) MINISTER
(*c*) TRADITION (*d*) STATION

28. UNDERESTIMATED (IGNOU, 2003)
(*a*) TIMER (*b*) ESTEEM
(*c*) EARTH (*d*) DIRT

29. GERMINATION
(*a*) ORNAMENT (*b*) RUMINATE
(*c*) IGNITE (*d*) NIGER

30. PRESIDENTIAL (S.S.C. 2003)
(*a*) DIGITAL (*b*) ARDENT
(*c*) SLEEP (*d*) DENTAL

31. TOURNAMENT
(*a*) NORMAN (*b*) ROTTEN
(*c*) MANOUEVRE (*d*) MANNER

32. PROSPECTIVE (S.S.C. 2000)
(*a*) RESET (*b*) VECTOR
(*c*) PEPTIC (*d*) PEPPER

33. PHARMACEUTICAL
(*a*) PRACTICE (*b*) METRIC
(*c*) RHEUMATIC (*d*) CRITICAL

34. ADULTERATION
(*a*) RETURN (*b*) RELATION
(*c*) RETAIL (*d*) TOILET

35. EFFICIENT (C.P.O. 2005)
(*a*) NICE (*b*) FENCE
(*c*) EFFACE (*d*) FEINT

36. KALEIDOSCOPE
(*a*) SCALE (*b*) PADLOCK
(*c*) PACKET (*d*) DIESEL

37. RECOMMENDATIONS (IGNOU, 2003)
(*a*) NURSE (*b*) SOON
(*c*) MEANT (*d*) RAINS

38. KNOWLEDGE
(*a*) WEDGE (*b*) GODOWN
(*c*) KLEEN (*d*) GOLDEN

39. AUTOGRAPHS (S.S.C. 2000)
(*a*) GREAT (*b*) PATHOS
(*c*) GRAPH (*d*) TROUGH

40. AUTONOMOUS
(*a*) AUNTS (*b*) TOON
(*c*) MASON (*d*) SAME

41. UNHOSPITABLE
(*a*) PITIABLE (*b*) HOSTILE
(*c*) HOSPITAL (*d*) UNSTABLE

42. CONVERSATION (C.P.O. 2003)
(*a*) NATION (*b*) STATION
(*c*) VERSION (*d*) REASON

43. ESTRANGEMENT
(*a*) TANGENT (*b*) GERMAN
(*c*) TREATMENT (*d*) ENTREAT

44. CARPENTER
(*a*) NECTAR (*b*) CARPET
(*c*) PAINTER (*d*) REPENT

45. TRANQUILLITY
(*a*) QUANTITY (*b*) QUALITY
(*c*) ANTIQUITY (*d*) LIQUIDITY

46. SUPERVISION (S.S.C. 2000)
(*a*) POISON (*b*) NOISE
(*c*) PERSON (*d*) REVISION

47. INTRANSIGENT
(*a*) RESIGN (*b*) TRACE
(*c*) GRATE (*d*) STAIN

48. NATIONALISATION
(*a*) NOTATION (*b*) SALINATION
(*c*) INSTALLATION (*d*) SANITATION

49. MILLSTONE (S.S.C. 2000)
(*a*) MILLION (*b*) LEMON
(*c*) SOME (*d*) MIST

50. ENTHUSIASTICALLY (R.R.B. 2002)
(*a*) TANTALUS (*b*) SHALE
(*c*) HELMINTH (*d*) SATIATE

निर्देश *(प्रश्न 51 से 54): इन प्रश्नों में दिए गए शब्द के वर्णों का कितनी ही बार प्रयोग करने पर भी नीचे चार विकल्पों (a), (b), (c) और (d) में दिए गए शब्द में से कौन सा शब्द गठित नहीं किया जा सकता है?* (B.T.M. 2005)

51. EVOLUTION
(a) VOLT (b) VALE (c) TOOL (d) LOOT

52. RAVENOUS
(a) NEVER (b) VENEER
(c) ROVER (d) RIVER

53. FALLACIOUS
(a) FALLS (b) FAILS (c) FILLS (d) FILES

54. ELEMENTARY
(a) TERMER (b) MEANLY
(c) LUMEN (d) LAMENT

निर्देश *(प्रश्न 55 से 65): नीचे दिए गए प्रत्येक प्रश्न में एक ऐसे शब्द का चुनाव करें, जिसे दिए गए शब्द के वर्णों से बनाया जा सकता है।*

55. SOMNAMBULISM (S.S.C. 2005)
(a) BIOME (b) BASAL
(c) SOUL (d) NAMES

56. EXAMINATION (S.S.C. 2003)
(a) ANIMAL (b) EXAMINER
(c) NATIONAL (d) ANIMATION

57. RHINOCEROS
(a) RENAL (b) HIND (c) SURE (d) HORSE

58. PRAGMATIC (C.P.O. 2004)
(a) GUITAR (b) AGMARK
(c) GAME (d) MAGIC

59. MEASUREMENT
(a) MASTER (b) MANTLE
(c) SUMMIT (d) ASSURE

60. RECOMMENDATION
(a) MEDICINE (b) MEDIATE
(c) REMINDER (d) COMMUNICATE

61. IMMEDIATELY (C.B.I. 2003)
(a) DIALECT (b) LIMITED
(c) DIAMETER (d) DICTATE

62. QUINTESSENCE
(a) SCOT (b) QUOTE
(c) QUITE (d) ESTEEM

63. VENTURESOME
(a) ROSTRUM (b) SERMON
(c) TRAVERSER (d) SEVENTEEN

64. ENVIRONMENT (S.S.C. 2003)
(a) MOVEMENT (b) ENTERTAIN
(c) EMINENT (d) ENTRANCE

65. CONSTANTINOPLE
(a) CONTINUE (b) CONSCIENCE
(c) CONSTANCE (d) CONTENT

हल–अभ्यास 10(I)

1. (c)	**2.** (b)	**3.** (a)	**4.** (c)	**5.** (a)	**6.** (b)	**7.** (c)	**8.** (c)	**9.** (b)	**10.** (a)	**11.** (b)	**12.** (c)	**13.** (a)
14. (d)	**15.** (c)	**16.** (a)	**17.** (c)	**18.** (a)	**19.** (d)	**20.** (c)	**21.** (d)	**22.** (d)	**23.** (b)	**24.** (c)	**25.** (b)	**26.** (d)
27. (b)	**28.** (c)	**29.** (b)	**30.** (a)	**31.** (c)	**32.** (d)	**33.** (d)	**34.** (a)	**35.** (c)	**36.** (c)	**37.** (a)	**38.** (b)	**39.** (a)
40. (d)	**41.** (a)	**42.** (b)	**43.** (c)	**44.** (c)	**45.** (d)	**46.** (a)	**47.** (b)	**48.** (c)	**49.** (a)	**50.** (c)	**51.** (b)	**52.** (d)
53. (d)	**54.** (c)	**55.** (c)	**56.** (d)	**57.** (d)	**58.** (d)	**59.** (a)	**60.** (b)	**61.** (b)	**62.** (c)	**63.** (b)	**64.** (c)	**65.** (d)

हल सहित अतिरिक्त प्रश्न

अभ्यास

निर्देश: *(प्रश्न 1 से 2): निम्नलिखित शब्दों को शब्दकोष में सही क्रम के अनुसार व्यवस्थित करें।*

1. 1. Consume 2. Consciousness 3. Conscience
4. Conservation 5. Consequence [SSC-CGL Tier I Exam, 2015]
(a) 3, 2, 1, 5, 4 (b) 3, 1, 2, 5, 4
(c) 3, 5, 2, 4, 1 (d) 3, 2, 5, 4, 1

2. 1. Convince 2. Converge 3. Convenience
4. Convalesce 5. Converse [SSC-CGL Tier I Exam, 2015]
(a) 4, 3, 2, 5, 1 (b) 1, 4, 3, 2, 5
(c) 4, 2, 5, 3, 1 (d) 4, 3, 2, 1, 5

निर्देश *(प्रश्न 3 से 5): निम्नलिखित वैकल्पिक शब्दों में से उस शब्द का चयन करें, जो प्रश्न में दिये गए वर्णों से नहीं बनाया जा सकता है।*

3. DISTRIBUTION [SSC-CGL Tier I Exam, 2015]
(a) TRUST (b) SITUATION
(c) TUTION (d) DISTURB

4. INCONVENIENCE
(a) CONCEIVE (b) CONSCIENCE
(c) CONVINCE (d) CONVENE
[SSC-CGL Tier I Exam, 2015]

5. SUPERINTENDENT [SSC-CGL Tier I Exam, 2015]
(*a*) NURSE (*b*) INTENSE
(*c*) DOCTOR (*d*) DENTIST

6. निम्नलिखित शब्दों को अंग्रेजी शब्दकोष के क्रमानुसार व्यवस्थित करें:
1. Live 2. Litter 3. Little
4. Literacy 5. Living
(*a*) 3, 4, 2, 1, 5 (*b*) 3, 2, 4, 5, 1
(*c*) 4, 3, 5, 2, 1 (*d*) 4, 2, 3, 1, 5
[SSC-CGL Tier I Exam, 2014]

7. निम्नलिखित श्रृंखला में, कितने KGN ऐसे हैं कि 'G' मध्य में है और K तथा N इसके दोनों ओर हैं? [SSC-CGL Tier I Exam, 2014]
A K G L M N D Q K G C S N G K T G K G N D Z P U X G K E
(*a*) 3 (*b*) 5 (*c*) 1 (*d*) 2

8. निम्नलिखित वैकल्पिक शब्दों में से उस शब्द का चयन करें, जो प्रश्न में दिये गए वर्णों से बनाया जा सकता है।
DEMOCRACY [SSC-CGL Tier I Exam, 2014]
(*a*) SECRECY (*b*) MICRO
(*c*) MARCY (*d*) DEMON

9. निम्नलिखित वैकल्पिक शब्दों में से उस शब्द का चयन करें, जो प्रश्न में दिये गए वर्णों से बनाया जा सकता है।
INCARCERATION [SSC-CGL Tier I Exam, 2014]
(*a*) RELATION (*b*) TERRAIN
(*c*) INACTION (*d*) CREATION

निर्देश (प्रश्न 10 से 12): निम्नलिखित वैकल्पिक शब्दों में से उस शब्द का चयन करें, जो प्रश्न में दिये गए वर्णों से नहीं बनाया जा सकता है।

10. MANUSCRIPT [SSC-CGL Tier I Exam, 2013]
(*a*) PRIMUS (*b*) SMART (*c*) RUSTIC (*d*) MASTER

11. SEGREGATION [SSC-CGL Tier I Exam, 2013]
(*a*) NATION (*b*) GREAT
(*c*) GREETINGS (*d*) SEATING

12. CONSTITUTIONAL [SSC-CGL Tier I Exam, 2013]
(*a*) TUITION (*b*) TALENT
(*c*) LOCATION (*d*) CONSULT

13. यदि 'COMMUNICATIONS' शब्द में पहले और दूसरे वर्ण की अदला-बदली कर दी जाए, इसी प्रकार तीसरे और चौथे, पांचवे और छठे और इसी तरह आगे भी अदला-बदली कर दी जाती है, तो दाई ओर से दसवां वर्ण कौन-सा होगा? [SSC-CGL Tier I Exam, 2013]
(*a*) U (*b*) A (*c*) T (*d*) N

उत्तर

1. (*d*) : सही अनुक्रम 3, 2, 5, 4, 1 है, अत: उत्तर (*d*) है।
2. (*a*) : सही अनुक्रम 4, 3, 2, 5, 1 है, अत: उत्तर (*a*) है।
3. (*b*) : दिए गए शब्द में वर्ण A मौजूद नहीं है। इसलिए दिए गए शब्द के वर्णों से SITUATION शब्द को नहीं बनाया जा सकता है। अत: उत्तर (*b*) है।
4. (*b*) : दिए गए शब्द में वर्ण S मौजूद नहीं है। इसलिए, सही उत्तर (*b*) है।
5. (*c*) : दिए गए शब्द में वर्ण O मौजूद नहीं है। इसलिए, सही उत्तर (*c*) है।
6. (*d*) : अंग्रेजी शब्दकोष के अनुसार दिए गए शब्दों का क्रम निम्नानुसार है:
Literacy → Litter → Little → Live → Living
इसलिए, उत्तर (*d*) है।
7. (*d*) : A K G L M N D Q K G C S N G K T G K G N D Z P U X G K E
इसलिए, उत्तर (*d*) है।
8. (*c*) : 'DEMCRACY' शब्द में दिए गए वर्णों से MARCY' शब्द बनाया जा सकता है।
9. (*a*) : वर्ण 'L' की अनुपस्थिति के कारण RELATION शब्द नहीं बनाया जा सकता है।
10. (*b*) : दिए गए शब्द में 'E' मौजूद नहीं है, इसलिए MASTER शब्द नहीं बनाया जा सकता है।
11. (*a*) : चूंकि 'N' वर्ण का केवल एक बार प्रयोग करना है, अत: दिए गए शब्द के वर्णों से NATION शब्द नहीं बनाया जा सकता है।
12. (*b*) : दिए गए शब्द में 'E' मौजूद नहीं है, इसलिए निम्न वर्णों से 'TALENT' शब्द नहीं बनाया जा सकता है।
13. (*d*) : वर्णों की अदला-बदली के बाद बनाया गया नया शब्द
O C M M N U C I T A O I S N
अत: दाई ओर से दसवां वर्ण 'N' है।

11 अक्षरांकीय अनुक्रम पहेली

(ALPHA-NUMERIC SEQUENCE PUZZLE)

इस प्रकार के प्रश्नों में कुछ वर्णों, संख्याओं और प्रतीकों का एक अव्यवस्थित अनुक्रम दिया होता है, जिसके आधार पर दिए गए प्रश्नों को हल करना होता है।

इसमें निम्नलिखित में से किसी एक प्रकार के प्रश्न पूछे जाते हैं:

1. दिए गए अनुक्रम में कुछ शर्तों को पूरा करने वाले तत्वों (वर्णों, संख्याओं और प्रतीकों) को ढूंढना (उदाहरण प्रश्न 1 व 2 देखें);
2. अनुक्रम में किसी दिए गए स्थान के सापेक्ष किसी निश्चित स्थान पर स्थित तत्व का निर्धारण करना (उदाहरण प्रश्न 3 व 4 देखें);
3. अनुक्रम में तत्वों की स्थिति के संबंध में छिपे हुए पैटर्न को समझकर, अनुक्रम के तत्वों के संयोजन से बने पदों की श्रृंखला को पूरा करना (उदाहरण प्रश्न 5 व 6 देखें);
4. दिए गए अनुक्रम के संयोजनों में समान लक्षणों को ढूंढकर उनकी सहायता से, तत्वों के संयोजन के दिए गए समूह में से विषम संयोजन को ज्ञात करना (उदाहरण प्रश्न 7 व 8 देखें);
5. तत्वों के दिए गए संयोजन के समूहों में सादृश्य संबंध ज्ञात करना, और फिर ऐसा संयोजन ज्ञात करना जो दिए गए किसी अन्य संयोजन के साथ समान संबंध रखता हो (उदाहरण प्रश्न 9 देखें)

याद रखें: आपको दिए गए पदों का उनके वर्णों, संख्याओं या प्रतीकों के दिए गए अनुक्रम में उनके स्थान के अनुसार उनका अध्ययन करना होगा, न कि अंग्रेजी वर्णमाला या भारतीय संख्या प्रणाली में उनके स्थान के अनुसार।

उदाहरण: प्रतीकों, वर्णों और संख्याओं के निम्नलिखित अनुक्रम का अध्ययन करें और इसके अनुसार नीचे दिए गए प्रश्नों के उत्तर दें:

δ=βF2★KS75#$PLVS@MUE6
↑QG©93&TY£

प्र. 1. अनुक्रम में कितने वर्ण ऐसे हैं जिनमें प्रत्येक के तुरंत पहले एक प्रतीक आता है या तुरंत बाद एक संख्या आती है, लेकिन दोनों नहीं?

(*a*) तीन (*b*) चार (*c*) पांच (*d*) छह
(*e*) इनमें से कोई नहीं

हल. दी गई शर्त को पूरा करने वाले वर्णों को नीचे दिखाया गया है:

δ = β F 2 ★ $\boxed{K}$ $\boxed{S}$ 7 5 # $ $\boxed{P}$ L $\boxed{V}$ 8 @ $\boxed{M}$ U

$\boxed{E}$ 6 ↑ $\boxed{Q}$ G © 9 3 & $\boxed{T}$ Y £

स्पष्टत: ऐसे 8 वर्ण हैं।

अत: उत्तर (*e*) है।

प्र. 2. उपरोक्त अनुक्रम में ऐसे कितने व्यंजन हैं, जिनमें से प्रत्येक के तुरंत बाद एक व्यंजन है लेकिन तुरंत पहले एक प्रतीक नहीं है?

(*a*) कोई नहीं (*b*) एक (*c*) दो
(*d*) तीन (*e*) तीन से अधिक

हल: हम जानते हैं कि अंग्रेजी वर्णमाला के 26 वर्णों में से पांच वर्ण अर्थात A, E, I, O, U स्वर हैं, जबकि शेष व्यंजन हैं। दी गई शर्त को पूरा करने वाले व्यंजनों को नीचे दिखाया गया है:

δ = β F 2 ★ K S 7 5 # $ P $\boxed{L}$ V 8 @ M
U E 6 ↑ Q G © 9 3 & T Y £

स्पष्टत: ऐसा केवल एक ही व्यंजन है।

अत: उत्तर (*b*) है।

प्र. 3. उपरोक्त अनुक्रम में निम्नलिखित में से कौन सा तत्व बाईं ओर से नौवें तत्व और दाईं ओर से पंद्रहवें तत्व के ठीक मध्य में है?

(*a*) P (*b*) U (*c*) E
(*d*) L (*e*) इनमें से कोई नहीं

हल: बाईं ओर से गिनती करने पर नौवां तत्व 7 है। दाईं ओर से गिनती करने पर पंद्रहवां तत्व @ है। 7 और @ के मध्य का वर्ण P है।

अत: उत्तर (*a*) है।

प्र. 4. यदि उपरोक्त अनुक्रम में मध्य तत्व के बाद सभी तत्व उल्टे क्रम में लिखे गए हैं, तो निम्नलिखित में से कौन सा तत्व बायीं ओर से बारहवें तत्व के दाईं ओर से सातवां होगा?

(*a*) U (*b*) 2 (*c*) T
(*d*) 6 (*e*) इनमें से कोई नहीं

हल: दिए गए अनुक्रम में मध्य तत्व 8 है। 8 के बाद सभी तत्वों को उल्टे क्रम में लिखने पर, हमें निम्नलिखित अनुक्रम मिलता है:

δ = β F 2 ★ K S 7 5 # $ P L
V 8 £ Y T & 3 9 © G Q ↑ 6 E U M @

उपरोक्त अनुक्रम में बाईं ओर से गिनती करने पर बारहवां तत्व $ है। $ के दाईं ओर से सातवां तत्व T है।

अत: उत्तर (*c*) है।

प्र. 5. उपरोक्त अनुक्रम पर आधारित निम्नलिखित श्रृंखला में प्रश्न चिह्न के स्थान पर क्या आना चाहिए?

β2δ 5$V @U↑ ?

(*a*) Q©& (*b*) G9T (*c*) Q9$
(*d*) G3Y (*e*) इनमें से कोई नहीं

हल: दी गयी श्रृंखला के तत्वों का अध्ययन करने पर हम पाते हैं कि प्रत्येक पद के सभी तीन वर्ण, अगले पद के संगत वर्ण देने के लिए दिए गए अनुक्रम में अपने स्थान से सात स्थान आगे बढ़ते हैं।

(*i*) @ **के 7 स्थान आगे का तत्व** G;

(*ii*) U **के 7 स्थान आगे का तत्व** 9;

(*iii*) ↑ **के 7 स्थान आगे का तत्व** T **है।**

अतः प्रश्न में पूछा गया पद G 9 T है। अतः उत्तर (*b*) है।

प्र. 6. नीचे दी गयी तत्वों की श्रृंखला में प्रश्न चिह्न के स्थान पर तत्वों निम्नलिखित में से कौन सा समूह आएगा?

K 2 δ   5 S F   P # K   ?   U @ P

(*a*) 8 L 5   (*b*) @ V #   (*c*) V P 7

(*d*) 8 L $ 5   (*e*) इनमें से कोई नहीं

हलः स्पष्टतः प्रत्येक पद का पहले और दूसरे तत्व, दूसरे और तीसरे पद प्रदान करने के लिए दूसरे पद के क्रमशः दो स्थान और चार स्थान पीछे जाते हैं। प्रत्येक पद का तीसरा तत्व, अगले पद का पहला तत्व प्रदान करने के लिए नौ स्थान आगे बढ़ता है। इसी प्रकार आगे भी इसी अनुक्रम को दोहराया जाता है।

अब, K के 9 स्थान आगे का वर्ण 8 है; 8 के 2 स्थान पीछे का वर्ण L है; और L के 4 स्थान पीछे का वर्ण 5 है। अतः अभीष्ट पद 8 L 5 है। अतः उत्तर (*a*) है।

प्र. 7. नीचे दिए गए पांच पदों में से कोई चार, उपरोक्त अनुक्रम में उनकी स्थिति के आधार पर किसी प्रकार से समान हैं और एक समूह बनाते हैं। निम्नलिखित में से वह एक पद कौन सा है जो इस समूह से संबंधित नहीं है?

(*a*) 7 # K   (*b*) U 6 @   (*c*) & Y 9

(*d*) β 2 δ   (*e*) S # 2

हलः सावधानी पूर्वक अवलोकन करने पर, हम पाते हैं कि विकल्प (*e*) के अतिरिक्त अन्य सभी समूहों में, पहला तत्व उपरोक्त दिए गए अनुक्रम के अनुसार 2 स्थान आगे बढ़कर दूसरा तत्व प्रदान करता है, तथा दूसरा तत्व, तीसरे तत्व को देने के लिए 4 स्थान पीछे हटता है।

परन्तु विकल्प (*e*) में, पहला तत्व, दूसरे तत्व को देने के लिए 3 स्थान आगे बढ़ता है जबकि दूसरा तत्व, तीसरे तत्व को देने के लिए 6 स्थान पीछे हटता है। अतः उत्तर (*e*) है।

प्र. 8. नीचे दिए गए पांच पदों में से कोई चार, उपरोक्त अनुक्रम में उनकी स्थिति के आधार पर किसी प्रकार से समान हैं और एक समूह बनाते हैं। निम्नलिखित में से वह एक पद कौन सा है जो इस समूह से संबंधित नहीं है?

(*a*) F K &   (*b*) L @ M   (*c*) β ★ T

(*d*) $ V ↑   (*e*) 6 G #

हलः स्पष्टतः विकल्प (*d*) के अतिरिक्त अन्य सभी समूहों में पहला तत्व, दूसरे तत्व को देने के लिए 3 स्थान आगे बढ़ता है, जबकि तीसरा तत्व अनुक्रम में दाईं ओर से उसी स्थान पर है जिस स्थान पर बाईं ओर से पहला तत्व होता है।

जैसे $ से 3 स्थान आगे का तत्व V है। तथा दिए गए अनुक्रम में बाएं सिरे से 12वां तत्व $ है। हम पाते हैं कि दाएं सिरे से 12वां तत्व E है। अतः विकल्प (*d*) में सही समूह $ V E होना चाहिए। अतः उत्तर (*d*) है।

प्र. 9. उपरोक्त अनुक्रम की व्यवस्था के आधार पर, यदि β F δ : T & £, है, तो K ★ 7 : ?

(*a*) © 9 Q   (*b*) © G Q   (*c*) 9 © Q

(*d*) © 9 ↑   (*e*) इनमें से कोई नहीं

हलः दिए गए सादृश्य समूहों का अवलोकन करने पर हम पाते हैं कि दोनों सापेक्ष पदों के तत्व दिए गए अनुक्रम के अनुसार प्रारंभ से और अंत से समान स्थान पर हैं।

अब दिए गए अनुक्रम में K, ★ और 7 बाएं सिरे से क्रमशः 7वें, 6वें और 9वें तत्व हैं। दाएं सिरे से 7वें, 6 वें और 9वें तत्व क्रमशः @, 9 और Q होंगे। अतः अभीष्ट पद @ 9 Q हैं। अतः उत्तर (*a*) है।

अभ्यास 11A

निर्देश (प्रश्न 1 से 5): निम्नलिखित अनुक्रम का ध्यानपूर्वक अध्ययन करें और नीचे दिए गए प्रश्नों के उत्तर दें:

(Asstt. Manager Exam, 2005)

R E 5 D A P $ 3 T I Q 7 9 B # 2 K % U 1 M W 4 ★ J 8 N

1. उपरोक्त अनुक्रम में निम्नलिखित में से कौन सा तत्व 3 और 1 के ठीक मध्य में है?

(*a*) B   (*b*) K   (*c*) 9   (*d*) #

(*e*) इनमें से कोई नहीं

2. उपरोक्त अनुक्रम में ऐसी कितनी संख्याएं हैं, जिनमें से प्रत्येक के तुरंत पहले एक व्यंजन है लेकिन तुरंत बाद एक व्यंजन नहीं है?

(*a*) कोई नहीं   (*b*) एक   (*c*) दो   (*d*) तीन

(*e*) इनमें से कोई नहीं

3. उपरोक्त अनुक्रम में ऐसे कितने स्वर हैं, जिनमें से प्रत्येक के तुरंत बाद एक संख्या है लेकिन तुरंत पहले एक व्यंजन नहीं है?

(*a*) कोई नहीं   (*b*) एक   (*c*) दो   (*d*) तीन

(*e*) चार

4. उपरोक्त अनुक्रम में निम्नलिखित में से कौन सा तत्व, बायीं ओर से सोलहवें तत्व के बाईं ओर से सातवां है?

(*a*) A   (*b*) U   (*c*) 4   (*d*) T

(*e*) इनमें से कोई नहीं

5. नीचे दिए गए पांच पदों में से कोई चार, उपरोक्त अनुक्रम में उनकी स्थिति के आधार पर किसी प्रकार से समान हैं और एक समूह बनाते हैं। निम्नलिखित में से वह एक पद कौन सा है जो इस समूह से संबंधित नहीं है?

(*a*) B K 7   (*b*) M ★ U   (*c*) D P E   (*d*) W J 1

(*e*) 3 Q P

निर्देश (प्रश्न 6 से 10): निम्नलिखित अनुक्रम का ध्यानपूर्वक अध्ययन करें और नीचे दिए गए प्रश्नों के उत्तर दें:

(E.P.F.O.S.S.A. 2004)

S C M @ N £ T 2 Y 6 S α Q $ 7 ★ W # Z 3 U E % A 4

6. उपरोक्त अनुक्रम में ऐसे कितने प्रतीक हैं जिनमें से प्रत्येक के तुरंत पहले और तुरंत बाद एक स्वर आता है?

(*a*) कोई नहीं   (*b*) एक   (*c*) दो   (*d*) तीन

(*e*) तीन से अधिक

7. यदि उपरोक्त श्रृंखला से सभी स्वरों को हटा दिया जाए, तो निम्नलिखित में से कौन सा तत्व अनुक्रम के बायीं ओर से तेरहवें तत्व के दाईं ओर का आठवां तत्व होगा?

(*a*) 4   (*b*) 8   (*c*) %   (*d*) C

(*e*) इनमें से कोई नहीं

8. यदि सर्वप्रथम प्रत्येक प्रतीक को एक अंक में परिवर्तित किया जाए और फिर सभी अंकों को अंग्रेजी वर्णों में परिवर्तित किया जाए, तो तत्वों के उपरोक्त अनुक्रम में कितने तत्व अंग्रेजी वर्ण में परिवर्तित होंगे?
(a) 7 (b) 12 (c) 13 (d) 25
(e) इनमें से कोई नहीं

9. उपरोक्त अनुक्रम के आधार पर निम्नलिखित श्रृंखला में प्रश्न चिह्न के स्थान पर क्या आएगा?
CMA N£E 2Y3 ? $7★
(a) £Q# (b) Sα# (c) S6α (d) SαZ
(e) इनमें से कोई नहीं

10. नीचे दिए गए पांच पदों में से कोई चार, उपरोक्त अनुक्रम में उनकी स्थिति के आधार पर किसी प्रकार से समान हैं और एक समूह बनाते हैं। वह एक कौन सा पद है जो अन्य चार से भिन्न है?
(a) £62 (b) Q7W (c) E3# (d) TMN
(e) SYT

निर्देश (प्रश्न 11 से 15): नीचे दिए गए प्रश्न निम्नलिखित अनुक्रम पर आधारित हैं: **(Bank P.O. 2005)**

J Y 2 = S £ ξ E G M ¤ 7 $ H
P 9 K L β @ W Q 1 3 # C D ©

11. उपरोक्त अनुक्रम में ऐसे कितने प्रतीक हैं जिनमें से प्रत्येक के तुरंत बाद या तो एक अंक है या तुरंत पहले एक वर्ण है, लेकिन दोनों एक साथ नहीं?
(a) कोई नहीं (b) एक (c) दो (d) तीन
(e) इनमें से कोई नहीं

12. उपरोक्त अनुक्रम में ऐसे कितने वर्ण हैं जिनमें से प्रत्येक के तुरंत बाद या तो एक अंक है या तुरंत पहले एक प्रतीक है, लेकिन दोनों एक साथ नहीं?
(a) चार (b) पांच (c) छह (d) सात
(e) इनमें से कोई नहीं

13. ऐसे कितने अंक हैं जिनमें से प्रत्येक के तुरंत बाद या तो एक प्रतीक आता है या तुरंत पहले एक वर्ण आता है, लेकिन दोनों एक साथ नहीं?
(a) दो (b) तीन (c) चार (d) पांच
(e) इनमें से कोई नहीं

14. नीचे दिए गए पांच पदों में से कोई चार, उपरोक्त अनुक्रम में उनकी स्थिति के आधार पर किसी प्रकार से समान हैं और एक समूह बनाते हैं। निम्नलिखित में से वह एक पद कौन सा है जो इस समूह से संबंधित नहीं है?
(a) 2YCD (b) £S13 (c) JS©3 (d) £E1W
(e) =#2C

15. 2 YS, उसी प्रकार EG£ से सम्बन्धित है, जिस प्रकार PHK सम्बन्धित होगा?
(a) WQβ (b) @WL (c) @βQ (d) @WK
(e) इनमें से कोई नहीं

निर्देश (प्रश्न 16 से 20): निम्नलिखित अनुक्रम का ध्यानपूर्वक अध्ययन करें और नीचे दिए गए प्रश्नों के उत्तर दें: **(R.B.I. 2003)**

W 1 R % 4 J E # 7 M T 2 I 9 B H 3 A $ 9 F Q 5 D G 6 U S P

16. निम्नलिखित में से कौन सा तत्व दिए गए अनुक्रम के दाएं सिरे से अठारहवें तत्व के दाईं ओर सातवें स्थान पर है?
(a) A (b) E (c) $ (d) #
(e) इनमें से कोई नहीं

17. यदि अंतिम पंद्रह तत्वों का क्रम उलट दिया जाए, तो निम्नलिखित में से कौन सा तत्व बाएँ सिरे से बारहवें तत्व के दाईं ओर पांचवें स्थान पर होगा?
(a) U (b) $ (c) 3 (d) 6
(e) इनमें से कोई नहीं

18. नीचे दिए गए पांच पदों में से कोई चार, उपरोक्त अनुक्रम में उनकी स्थिति के आधार पर किसी प्रकार से समान हैं और एक समूह बनाते हैं। निम्नलिखित में से वह एक पद कौन सा है जो इस समूह से संबंधित नहीं है?
(a) RW4 (b) 5FG (c) 9QA (d) 3B$
(e) 7ET

19. यदि E और A के स्थान परस्पर बदल दिए जाते हैं और इसी प्रकार R और U के के स्थान परस्पर बदल दिए जाते हैं, तो कितने प्रतीक ऐसे होंगे, जिनमें से प्रत्येक के तुरंत पहले या तुरंत बाद एक स्वर होगा?
(a) कोई नहीं (b) एक (c) दो (d) तीन
(e) चार

20. उपरोक्त अनुक्रम के आधार पर प्रश्न चिह्न के स्थान पर क्या आना चाहिए?
R4# M2B 3$Q ?
(a) 5GU (b) D6S (c) 5GS (d) D6P
(e) इनमें से कोई नहीं

निर्देश (प्रश्न 21 से 24): वर्णों, अंकों और प्रतीकों के निम्नलिखित अनुक्रम का ध्यानपूर्वक अध्ययन करें और नीचे दिए गए प्रश्नों के उत्तर दें: **(R.B.I. 2002)**

A B 7 C D 9 Z Y ★ P 2 M © K S 3 ⥣ 5 N T @

21. निम्न में से कौन सा वर्ण C और 5 के मध्य आने वाले वर्णों के बिल्कुल मध्य में होगा?
(a) K (b) M (c) P (d) Y
(e) इनमें से कोई नहीं

22. यदि उपरोक्त अनुक्रम के प्रत्येक प्रतीक को एक वर्ण से प्रतिस्थापित किया जाता है और प्रत्येक अंक को नए प्रतीक से प्रतिस्थापित किया जाता है, तो अनुक्रम में कितने वर्ण होंगे?
(a) 4 (b) 12 (c) 16 (d) 17
(e) इनमें से कोई नहीं

23. यदि बाईं ओर का पहला तत्व, बाईं ओर के दसवें तत्व से परस्पर बदल दिया जाता है, उसी प्रकार दूसरे तत्व को नौवें तत्व से, तीसरे तत्व को आठवें तत्व से, चौथे तत्व को सातवें तत्व से और इसी प्रकार आगे, तो निम्न में से कौन सा तत्व दाईं ओर से आठवें तत्व के बाईं ओर के सातवें स्थान पर होगा?
(a) C (b) D (c) 7 (d) 9
(e) इनमें से कोई नहीं

24. अनुक्रम में ऐसे कितने अंक हैं जिनमें से प्रत्येक के तुरंत पहले और बाद में भी एक वर्ण है?
(a) कोई नहीं (b) एक (c) दो (d) तीन
(e) इनमें से कोई नहीं

निर्देश (प्रश्न 25 से 30): नीचे दिए गए प्रश्न प्रतीकों, वर्णों और संख्याओं के निम्नलिखित अनुक्रम पर आधारित हैं: **(R.B.I. 2005)**

↑ 9 B Q = $ 2 5 R J ∂ L 3 @ Y M E 6 8 ★ ÷ D F 4 β H 7 ©

25. अनुक्रम में ऐसी कितनी संख्याएं हैं जिनमें से प्रत्येक के तुरंत पहले एक प्रतीक है लेकिन तुरंत बाद एक वर्ण नहीं है?

(*a*) कोई नहीं (*b*) एक (*c*) दो (*d*) तीन
(*e*) इनमें से कोई नहीं

26. नीचे दिए गए पांच पदों में से कोई चार, उपरोक्त अनुक्रम में उनकी स्थिति के आधार पर किसी प्रकार से समान हैं और एक समूह बनाते हैं। निम्नलिखित में से वह एक पद कौन सा है जो इस समूह से संबंधित नहीं है?

(*a*) ★ ÷ 8 D 6 (*b*) Y M @ E 3
(*c*) @ Y 3 M L (*d*) β H 4 7 D
(*e*) B Q 9 = ↑

27. उपरोक्त अनुक्रम में ऐसे कितने प्रतीक हैं जिनमें से या तो प्रत्येक के तुरंत बाद एक संख्या है या तुरंत पहले एक वर्ण है?

(*a*) एक (*b*) दो (*c*) तीन (*d*) चार
(*e*) चार से अधिक

28. उपरोक्त अनुक्रम में संलग्न प्रतीक और वर्ण के जोड़ों की कुल संख्या (X), संलग्न वर्ण और संख्या के जोड़ों की कुल संख्या (Y) और संलग्न संख्या और प्रतीक के जोड़ों की कुल संख्या (Z) को अवरोही क्रम में लिखा गया है। निम्नलिखित में से कौन सा विकल्प इस अवरोही क्रम को प्रदर्शित करेगा?

(*a*) X, Y, Z (*b*) X, Z, Y (*c*) Y, X, Z
(*d*) तीनों संख्या में बराबर हैं। (*e*) इनमें से कोई नहीं

29. अनुक्रम में ऐसे कितने वर्ण हैं जिनमें से प्रत्येक के तुरंत बाद एक संख्या है लेकिन तुरंत पहले एक प्रतीक नहीं है?

(*a*) कोई नहीं (*b*) एक (*c*) दो (*d*) तीन
(*e*) चार

30. उपरोक्त अनुक्रम में यदि 2 R J L % B ¾ $ 5 और Y E 6 ★ : ∂ 3 @ M है, तो ? : 8 ÷ D 4 होगा?

(*a*) D 4 β © (*b*) F β H © (*c*) D 4 β 7
(*d*) ÷ F 4 H (*e*) इनमें से कोई नहीं

निर्देश (प्रश्न 31 से 35): निम्नलिखित अंक-वर्ण-प्रतीक अनुक्रम का ध्यानपूर्वक अध्ययन करें और नीचे दिए गए प्रश्नों का उत्तर दें:

(Bank P.O. 2004)

R * T J L 2 $ D = M # 8 C % B < K 1 & A W ? P E + Q @ 7 F 6

31. उपरोक्त अनुक्रम में ऐसी कितनी संख्याएं हैं, जिनमें से प्रत्येक के तुरंत पहले एक व्यंजन है और तुरंत बाद एक प्रतीक है?

(*a*) कोई नहीं (*b*) एक (*c*) तीन (*d*) चार
(*e*) इनमें से कोई नहीं

32. निम्नलिखित में से कौन सा तत्व बाईं ओर से अठारहवें तत्व के बाईं ओर के छठे स्थान पर होगा?

(*a*) % (*b*) C (*c*) 1 (*d*) 8
(*e*) इनमें से कोई नहीं

33. यदि उपरोक्त अनुक्रम को विपरीत क्रम में लिखा जाए, तो प्राप्त अनुक्रम के दाएं सिरे से सोलहवें तत्व के दाईं ओर के छठे स्थान पर निम्न में से कौन सा तत्व होगा?

(*a*) M (*b*) A (*c*) B (*d*) ?
(*e*) इनमें से कोई नहीं

34. यदि उपरोक्त अनुक्रम में पहले पंद्रह तत्वों को विपरीत क्रम में लिखा जाए, तो निम्नलिखित में से कौन दाएं सिरे से इक्कीसवां तत्व होगा?

(*a*) 2 (*b*) $ (*c*) = (*d*) L
(*e*) इनमें से कोई नहीं

35. उपरोक्त अनुक्रम के आधार पर निम्नलिखित में प्रश्न चिह्न के स्थान पर क्या होना चाहिए?

(*a*) # M C (*b*) P E W (*c*) P \ $ (*d*) P E ?
(*e*) इनमें से कोई नहीं

निर्देश (प्रश्न 36 से 40): निम्नलिखित अंक-वर्ण-प्रतीक अनुक्रम का ध्यानपूर्वक अध्ययन करें और नीचे दिए गए प्रश्नों का उत्तर दें:

(Bank P.O. 2003)

S K 6 £ Q 2 R ★ C F 8 E $ G 2 # 4 9 L N 3 U V 5 Y α B 7 W 9

36. उपरोक्त अनुक्रम में ऐसे कितने प्रतीक हैं जिनमें से प्रत्येक के तुरंत पहले अंग्रेजी वर्णमाला का एक वर्ण है लेकिन तुरंत बाद नहीं?

(*a*) कोई नहीं (*b*) एक (*c*) दो (*d*) तीन
(*e*) इनमें से कोई नहीं

37. निम्नलिखित श्रृंखला में प्रश्न चिह्न के स्थान पर क्या आना चाहिए?

S 9 K 6 W £ Q 7 2 ? C α F

(*a*) R Y ★ (*b*) ★ Y C (*c*) 2 B R (*d*) R B ★
(*e*) इनमें से कोई नहीं

38. यदि # और $ परस्पर बदल दिए जाएं, साथ ही £ और ★, Q और K तथा F और V भी परस्पर बदल दिए जाएं, तो निम्नलिखित में से कौन सा तत्व बाईं ओर से अठारहवें तत्व के बाईं ओर का नौवां तत्व होगा?

(*a*) C (*b*) V (*c*) 8 (*d*) ★
(*e*) इनमें से कोई नहीं

39. नीचे दिए गए पांच पदों में से कोई चार, उपरोक्त अनुक्रम में उनकी स्थिति के आधार पर किसी प्रकार से समान हैं और एक समूह बनाते हैं। निम्नलिखित में से वह एक पद कौन सा है जो इस समूह से संबंधित नहीं है?

(*a*) Q ★ 8 (*b*) £ R F (*c*) 6 2 C (*d*) 2 ★ 8
(*e*) R F $

40. S K £ उसी प्रकार 9 W B से संबंधित है, जिस प्रकार Q 2 ★ — से संबंधित होगा?

(*a*) α V U (*b*) α Y 5 (*c*) 7 B Y (*d*) B Y V
(*e*) α Y V

निर्देश (प्रश्न 41 से 45): इन प्रश्नों के उत्तर देने के लिए निम्नलिखित वर्ण-संख्या अनुक्रम का अध्ययन करें:

(Hotel Management, 2002)

E & G B D M 4 N K H 2 A C Z S V 3 F 1 J L O Q 5 P R

41. यदि पहले, बारहवें, पंद्रहवें और इक्कीसवें वर्णों के साथ एक अर्थपूर्ण शब्द बनाना संभव है, तो निम्न में से कौन सा उस शब्द का पहला वर्ण होगा? यदि ऐसा कोई शब्द नहीं बनाया जा सकता है, तो अपना उत्तर X के रुप में दें और यदि ऐसे एक से अधिक शब्द बनाए जा सकते हैं, तो अपना उत्तर M के रुप में दें।

(*a*) E (*b*) T (*c*) X (*d*) M

42. निम्नलिखित अनुक्रम में प्रश्न चिह्न के स्थान पर क्या होगा?

G D R B M P D 4 5 ?

(*a*) M N Q (*b*) 4 N Q (*c*) M K O (*d*) M 4 Q

43. यदि केवल M से L तक के वर्णों/संख्याओं को विपरीत क्रम में लिखा जाए और अन्य वर्णों/संख्याओं को वैसे ही लिखा रहने दिया जाए, तो कौन सा वर्ण प्राप्त अनुक्रम के दाएं सिरे से 17वें वर्ण/संख्या के दाईं ओर तीसरे स्थान पर होगा?

(*a*) A (*b*) C (*c*) S (*d*) Z

44. यदि दाईं ओर शुरू होने वाला हर तीसरा वर्ण/संख्या, सोमवार से शुरू करते हुए सप्ताह के क्रमागत दिनों का स्थान ले ले, तो गुरुवार के स्थान पर कौन सा वर्ण आएगा?

(*a*) A (*b*) F (*c*) S (*d*) Z

45. यदि E से प्रारंभ करते हुए बारी-बारी से प्रत्येक दूसरे वर्ण/संख्या को हटा दिया जाए, तो प्राप्त अनुक्रम में बाईं ओर से दसवें वर्ण/संख्या के बाईं ओर दूसरे स्थान पर कौन सा वर्ण/संख्या होगी?

(*a*) A (*b*) B (*c*) Q (*d*) V

निर्देश (प्रश्न 46 से 50): इन प्रश्नों के उत्तर देने के लिए निम्नलिखित अनुक्रम का सावधानीपूर्वक अध्ययन करें: **(M.B.A. 2002)**

M 1 E $ R B 3 A K 7 £ # 9 $ U D I N 4 6 % F H 2 @ 8 W

46. उपरोक्त अनुक्रम में ऐसे कितने व्यंजन हैं, जिनमें से प्रत्येक के तुरंत बाद एक संख्या और तुरंत पहले एक स्वर है?

(*a*) कोई नहीं (*b*) एक (*c*) दो (*d*) तीन

(*e*) चार

47. नीचे दिए गए पांच पदों में से कोई चार, उपरोक्त अनुक्रम में उनकी स्थिति के आधार पर किसी प्रकार से समान हैं और एक समूह बनाते हैं। निम्नलिखित में से वह एक पद कौन सा है जो इस समूह से संबंधित नहीं है?

(*a*) % H N (*b*) I 4 $ (*c*) 9 D £ (*d*) 3 K $

(*e*) $ B M

48. उपरोक्त अनुक्रम में ऐसे कितने स्वर हैं, जिनमें से प्रत्येक के तुरंत पहले एक प्रतीक है और तुरंत बाद एक व्यंजन है?

(*a*) कोई नहीं (*b*) एक (*c*) दो

(*d*) तीन (*e*) इनमें से कोई नहीं

49. यदि उपरोक्त अनुक्रम में प्रारंभिक पंद्रह तत्वों का क्रम उलट दिया जाए, तो निम्नलिखित में से कौन सा दाएं सिरे से बारहवें वर्ण/संख्या/प्रतीक के बाईं ओर से आठवां होगा?

(*a*) A (*b*) £ (*c*) 3 (*d*) K

(*e*) इनमें से कोई नहीं

50. उपरोक्त अनुक्रम के आधार पर निम्नलिखित श्रृंखला में प्रश्न चिह्न के स्थान पर क्या होना चाहिए?

EBM A£B 9D£ ? H8%

(*a*) N % D (*b*) N F D (*c*) 4 F D (*d*) I 6 D

(*e*) इनमें से कोई नहीं

निर्देश (प्रश्न 51 से 55): नीचे दिए गए प्रतीक-वर्ण-संख्या अनुक्रम से संबंधित इन प्रश्नों के उत्तर दें: **(S.B.I.P.O. 1998)**

2 P J @ 8 $ L B 1 V # Q 6 δ G W 9 K C D 3 © • £ 5 F R 7 A Y 4

51. अनुक्रम में कितने प्रतीक और संख्याएं हैं जिनके या तो तुरंत पहले या तुरंत बाद कोई ऐसा वर्ण आता है जो अंग्रेजी वर्णमाला के पहले आधे भाग से सम्बन्धित है?

(*a*) 6 (*b*) 7 (*c*) 8 (*d*) 9

(*e*) इनमें से कोई नहीं

52. नीचे दिए गए पांच पदों में से कोई चार, उपरोक्त अनुक्रम में उनकी स्थिति के आधार पर किसी प्रकार से समान हैं और एक समूह बनाते हैं। निम्नलिखित में से वह एक पद कौन सा है जो इस समूह से संबंधित नहीं है?

(*a*) Q K 5 (*b*) L 6 D (*c*) P L δ (*d*) 1 G ©

(*e*) K £ 4

53. यदि दिए गए अनुक्रम में प्रत्येक प्रतीक अपने क्रमागत दाहिने प्रतीक/वर्ण/संख्या के साथ अपना स्थान बदलता है। तो प्राप्त अनुक्रम में ऐसे कितने वर्ण होंगे, जिनमें से प्रत्येक के तुरंत बाद एक संख्या और तुरंत पहले एक प्रतीक होगा?

(*a*) कोई नहीं (*b*) एक (*c*) दो (*d*) तीन

(*e*) इनमें से कोई नहीं

54. P @ L उसी प्रकार Y 7 5 से सम्बन्धित है जिस प्रकार $ 1 # सम्बन्धित होगा—?

(*a*) R £ © (*b*) F £ 3 (*c*) 5 £ ©

(*d*) 5 • D (*e*) इनमें से कोई नहीं

55. यदि बाएँ स्थित प्रत्येक दूसरे तत्व को अनुक्रम से हटा दिया जाता है तो निम्नलिखित में से कौन, अनुक्रम से हटाए गए प्रतीकों, वर्णों और संख्याओं की कुल संख्या को क्रमशः प्रदर्शित करेगा?

(*a*) 5, 8, 2 (*b*) 6, 9, 1 (*c*) 5, 8, 1

(*d*) 5, 9, 1 (*e*) इनमें से कोई नहीं

निर्देश (प्रश्न 56 से 59): इन प्रश्नों के उत्तर देने के लिए तत्वों (वर्ण-संख्या-प्रतीक) के दिए गए अनुक्रम का प्रयोग करें। प्रत्येक दो अंकों की संख्या (ब्रैकेट में दी गई) को एक संख्या के रूप में माना जाएगा। **(Bank P.O. 2002)**

2 ★ 8 5 6 B 9 $ Q 3 E 1 7 R D 4 £ (13) U @ K (18) A (14) P

56. नीचे दिए गए पांच पदों में से कोई चार, उपरोक्त अनुक्रम में उनकी स्थिति के आधार पर किसी प्रकार से समान हैं और एक समूह बनाते हैं। निम्नलिखित में से वह एक पद कौन सा है जो इस समूह से संबंधित नहीं है?

(*a*) Q $ 9 (*b*) 5 6 B (*c*) 1 3 E (*d*) D R 7

(*e*) 2 ★ 8

57. यदि प्रत्येक वर्ण का मान शून्य है, प्रत्येक प्रतीक का मान उस अंक के वर्ग के बराबर है जो प्रतीक के तुरंत पहले आता है या यदि उसके तुरंत पहले कोई संख्या नहीं है, तो मान 1 है। तब अनुक्रम के बाईं ओर पहले 10 तत्वों के मानों का योग क्या होगा?

(*a*) 46 (*b*) 79 (*c*) 107 (*d*) 118

(*e*) इनमें से कोई नहीं

58. नीचे दी गई श्रृंखला में प्रश्न चिह्न के स्थान पर तत्वों का निम्नलिखित में से कौन सा समूह आएगा?

6 8 2 $ B 5 E Q 9 ? £ D 7

(*a*) 4 (13) @ (*b*) @ (13) £ (*c*) U £ D (*d*) @ (13) 4

(*e*) इनमें से कोई नहीं

59. यदि तत्वों की उपरोक्त श्रृंखला में प्रत्येक वर्ण को अंग्रेजी वर्णमाला में उसके स्थान की क्रम संख्या के बराबर मान दिया जाए, तो श्रृंखला में उपयोग किए गए व्यंजनों के योग और स्वरों के योग के बीच क्या अंतर होगा?

(*a*) 27 (*b*) 41 (*c*) 82 (*d*) 109

(*e*) इनमें से कोई नहीं

निर्देश (प्रश्न 60 से 65): नीचे दिए गए अनुक्रम के आधार पर निम्नलिखित प्रश्नों का उत्तर दें: **(Bank P.O. 2004)**

Y W @ 1 & C N 3 P L B 9 ↑ = D ★ E 2 £ M V $ 7 # 4 F G 5

60. उपरोक्त अनुक्रम में ऐसे कितने प्रतीक हैं जिनके तुरंत पहले कोई संख्या नही है और तुरंत बाद कोई वर्ण भी नही है?
(*a*) कोई नहीं (*b*) एक (*c*) दो (*d*) तीन
(*e*) इनमें से कोई नहीं

61. उपरोक्त क्रम में C13W:74VG उसी प्रकार सम्बन्धित हैं, जिस प्रकार N@B=:? होगा।
(*a*) $42D (*b*) VF2D (*c*) $F2 ★ (*d*) $F£D
(*e*) $F2D

62. यदि प्रतीकों के तुरंत पहले आने वाली संख्याओं का मान उनके संख्यात्मक मान का दोगुना हो, तो ऐसी सभी संख्याओं के मानों का योग क्या होगा?
(*a*) 22 (*b*) 26 (*c*) 36
(*d*) 38 (*e*) इनमें से कोई नहीं

63. नीचे दिए गए पांच पदों में से कोई चार, उपरोक्त अनुक्रम में उनकी स्थिति के आधार पर किसी प्रकार से समान हैं और एक समूह बनाते हैं। निम्नलिखित में से वह एक पद कौन सा है जो इस समूह से संबंधित नहीं है?
(*a*) ★V2M (*b*) ↑ 2DE (*c*) LDB=
(*d*) VF74 (*e*) &LNP

64. यदि YW@1 को विपरीत क्रम में लिखा जाए, &CN3 को विपरीत क्रम में लिखा जाए और इसी प्रकार आगे भी, तो नए अनुक्रम में निम्नलिखित में से कौन सा तत्व 9 और $ के बीच बिल्कुल मध्य में होगा?
(*a*) ↑ (*b*) = (*c*) D (*d*) M
(*e*) इनमें से कोई नहीं

65. यदि (A) उन प्रतीकों की संख्या को दर्शाता है जिनके तुरंत पहले एक संख्या है, (B) उन वर्णों की संख्या को दर्शाता है जिनके तुरंत बाद एक प्रतीक है और (C) उन वर्णों की संख्या को दर्शाता है जिनके तुरंत बाद न तो एक संख्या है या न ही तुरंत पहले एक वर्ण है, तो (A), (B) और (C) द्वारा निर्दिष्ट संख्याओं का आरोही क्रम क्या होगा?
(*a*) (C), (A), (B) (*b*) (C), (B), (A) (*c*) (B), (C), (A)
(*d*) (B), (A), (C) (*e*) इनमें से कोई नहीं

हल–अभ्यास 11(A)

1. (*a*) : दिए गए अनुक्रम में 3 और 1 के बीच में 11 तत्व हैं। अत: छठवां तत्व इनके मध्य का तत्व होगा जो कि B है।

2. (*c*) : R E 5 D A P $ 3 T I Q [7] 9 B # 2 K % U 1 M W [4] ★ J 8 N

3. (*b*) : R E 5 D A P $ 3 T I Q 7 9 B # 2 K % [U] 1 M W 4 ★ J 8 N

4. (*d*) : बाईं ओर से 16वां तत्व 2 है, और 2 के बाईं ओर से 7 वें स्थान पर तत्व T है।

5. (*c*) : अन्य सभी समूहों में, दूसरे तत्व को देने के लिए पहला तत्व 3 स्थान आगे बढ़ता है, जबकि तीसरा तत्व देने के लिए दूसरा तत्व 5 स्थान पीछे हट जाता है।

6. (*b*) : 8 C M @ N £ T 2 Y 6 S α Q $ 7 ★ W # Z 3 U E [%] A 4

7. (*c*) : नया अनुक्रम इस प्रकार है:
8 C M @ N £ T 2 Y 6 S α Q $ 7 ★ W # Z 3 % 4
अत:, बाएं सिरे से 13वां तत्व Q है, और Q के दाईं ओर का 8वां तत्व % है।

8. (*c*) : स्पष्टत: परिवर्तित वर्णों की अभीष्ट संख्या = प्रतीकों की संख्या + अंकों की संख्या = 7 + 6 = 13

9. (*b*) : अगले पद के संगत तत्वों को प्राप्त करने के लिए प्रत्येक पद के पहले और दूसरे तत्व 3 स्थान आगे बढ़ते हैं जबकि तीसरा तत्व 2 स्थान पीछे हटता है।

10. (*d*) : अन्य सभी समूहों में, दूसरे और तीसरे तत्वों को प्रदान करने के लिए पद के पहले और दूसरे तत्व, क्रमश: दो स्थान आगे बढ़ते हैं।

11. (*d*) : J Y 2 = S [£] ξ E G M ⌘ 7 $ H P 9 K L [β] @ W Q 1 3 # C D [©]

12. (*e*) : J [Y] 2 = [S] £ ξ [E] G M ⌘ 7 $ [H] [P] 9 K L β @ [W] [Q] 1 3 # [C] D ©

13. (*c*) : J Y 2 = S £ ξ E G M ⌘ [7] $ H P [9] K L β @ W Q 1 3 # C D ©

14. (*e*) : अन्य सभी समूहों में पहले और दूसरे स्थान के तत्व दिए गए अनुक्रम में बायीं ओर से जिन स्थानों पर हैं, तीसरे और चौथे तत्व क्रमश: दायीं ओर से उन्हीं समान स्थानों पर हैं ।

15. (*b*) : प्रत्येक जोड़ी में, दूसरे पद के संगत तत्व प्राप्त करने के लिए पहले पद के पहले, दूसरे और तीसरे तत्व क्रमश: 5, 7 और 1 स्थान आगे बढ़ते हैं।

16. (*c*) : क्रम के दाहिने सिरे से 18वां तत्व 2 है, और 2 के दाईं ओर का 7वां तत्व $ है।

17. (*a*) : नया अनुक्रम इस प्रकार है:
W 1 R % 4 J E # 7 M T 2 I 9 P S U 6 G D 5 Q F 9 $ A 3 H B
इस अनुक्रम के बाएं सिरे से 12वां तत्व 2 है, और 2 के दाईं ओर का 5वां तत्व U है।

18. (*c*) : अन्य सभी समूहों में, दूसरे और तीसरे तत्वों को देने के लिए पहले और दूसरे तत्व क्रमश: 2 स्थान पीछे और 4 स्थान आगे बढ़ते हैं।

19. (*d*) : ऐसे प्रतीकों को नए अनुक्रम में इस प्रकार दिखाया जा सकता है:
W 1 U [%] 4 J A [#] 7 M T 2 I 9 B H 3 E [$] 9 F Q 5 D G 6 R S P

20. (*d*) : प्रत्येक पद का प्रत्येक तत्व, अगले पद के संबंधित तत्व को देने के लिए 7 स्थान आगे बढ़ता है।

21. (*c*) : C और 5 के बीच आने वाले वर्ण: D, Z, Y, P, M, K, S हैं। इनका मध्यवर्ती वर्ण P है।

22. (*c*) : चूंकि प्रतीकों को वर्णों से प्रतिस्थापित किया गया है, इसलिए वर्णों की अभीष्ट संख्या = वर्णों की संख्या + प्रतीकों की संख्या = 12 + 4 = 16

23. (*a*) : नया अनुक्रम इस प्रकार है:
P ★ Y Z 9 D C 7 B A 2 M © K S 3 ⇑ 5 N T @
दाईं ओर से 8वां तत्व K है। K के बाईं ओर 7वां तत्व C है।

24. (*d*) : A B [7] C D [9] Z Y ★ P [2] M © K S 3↑ 5 N T @

25. (*b*) : ↑ 9 B Q = $ [2] 5 R J ∂ L 3 @ Y M E 6 8 ★ ÷ D F 4 β H 7 ©

26. (*d*) : अन्य सभी समूहों में, क्रमशः दूसरा, तीसरा, चौथा और पांचवां तत्व प्रदान करने के लिए पहला तत्व एक स्थान आगे बढ़ता है; दूसरा तत्व दो स्थान पीछे हटता है; तीसरा तत्व तीन स्थान आगे बढ़ता है; और चौथा तत्व चार स्थान पीछे हटता है।

27. (*d*) : [↑] 9 B Q [=] [S] 2 5 R J [∂] L 3 @ Y M E 6 8 ★ ÷ D F 4 β H 7 ©

28. (*d*) : **संलग्न प्रतीक-वर्ण जोड़े** ∂L, @Y, ÷D, βH हैं। अत: X = 4
संलग्न वर्ण-संख्या जोड़े L3, E6, F4, H7 हैं। अत: Y = 4
संलग्न संख्या-प्रतीक जोड़े 3@, 8★, 4β,. 7© हैं। अत: Z = 4
अत: X = Y = Z

29. (*c*) : ↑ 9 B Q = $ 2 5 R J ∂ L 3 @ Y M [E] 6 8 ★ ÷ D [F] 4 β H 7 ©

30. (*b*) : प्रत्येक जोड़ी में, दूसरे पद के संबंधित तत्व को देने के लिए पहले पद का प्रत्येक तत्व 4 स्थान पीछे हटता है।

31. (*e*) : R ★ T J L [2] $ D = M # 8 C % B < K [1] & A W ? P E + Q @ 7 F 6

32. (*d*) : बाईं ओर से 18वां तत्व 1 है। 1 के बाईं ओर का 6वां तत्व 8 है।

33. (*a*) : नया अनुक्रम इस प्रकार है:
6 F 7 @ Q + E P ? W A & 1 K < B % C 8 # M = D $ 2 L J T ★ R
इस अनुक्रम में दाहिने सिरे से 16वां तत्व **<** है। < के दाईं ओर का 6वां तत्व M है।

34. (*a*) : नया अनुक्रम इस प्रकार है:
B % C 8 # M = D $ 2 L J T ★ R < K 1 & A W ? P E + Q @ 7 F 6
इस अनुक्रम के दाहिने सिरे से 21वां तत्व 2 है।

35. (*b*) : प्रत्येक सदृश्य जोड़े में, दोनों पदों के संगत तत्व, दिए गए अनुक्रम के प्रारंभ और अंत से समान स्थान पर स्थित हैं।

36. (*a*) : ऐसा कोई प्रतीक नहीं है।

37. (*d*) : अगले पद के संगत तत्वों को देने के लिए प्रत्येक पद के पहले और तीसरे तत्व 2 स्थान आगे बढ़ते हैं जबकि दूसरा तत्व एक स्थान पीछे हटता है।

38. (*a*) : नया अनुक्रम इस प्रकार है:
S Q 6 ★ K 2 R £ C V 8 E # G 2 $ 4 9 L N 3 U F 5 Y α B 7 W 9
बाएं सिरे से 18वां तत्व 9 है। 9 के बाईं ओर 9वें स्थान पर आने वाला तत्व C है।

39. (*d*) : अन्य सभी समूहों में, दूसरे और तीसरे तत्वों को देने के लिए क्रमशः पहले और दूसरे तत्व 3 स्थान आगे बढ़ते हैं।

40. (*e*) : प्रत्येक सदृश्य जोड़े में, दोनों पदों के संगत तत्व, दिए गए अनुक्रम के प्रारंभ और अंत से समान स्थान पर स्थित हैं।

41. (*d*) : पहले, 12वें, 15वें और 21वें वर्ण क्रमशः E, A, S और L हैं।
अत: दो शब्द- SALE, SEAL बनाए जा सकते हैं।

42. (*a*) : अगले पद के संबंधित तत्वों को देने के लिए प्रत्येक पद के पहले और दूसरे तत्व एक स्थान आगे बढ़ते हैं, जबकि तीसरा तत्व एक स्थान पीछे हटता है।

43. (*d*) : नया अनुक्रम इस प्रकार है:
E & G B D L J 1 F 3 V S Z C A 2 H K N 4 M O Q 5 P R
दाएं सिरे से 17वां तत्व 3 है। 3 के दाईं ओर तीसरा तत्व Z है।

44. (*c*) : चूंकि गुरुवार सप्ताह का चौथा दिन है, इसे दाईं ओर से 12वें तत्व द्वारा प्रतिस्थापित किया जाएगा, जो कि S है।

45. (*d*) : नया अनुक्रम इस प्रकार है:
& B M N H A Z V F J O 5 R
बाएं सिरे से 10वां तत्व J है, और J के बाईं ओर दूसरा तत्व V है।

46. (*c*) : M 1 E $ R B 3 A [K] 7 £ # 9 $ U D I [N] 4 6 % F H 2 @ 8 W

47. (*c*) : अन्य सभी समूहों में, दूसरे तत्व को देने के लिए पहला तत्व 2 स्थान आगे बढ़ता है, तथा तीसरे तत्व को देने के लिए दूसरा तत्व 5 स्थान पीछे हटता है।

48. (*b*) : M 1 E $ R B 3 A K 7 £ # 9 $ [U] D I N 4 6 % F H 2 @ 8 W

49. (*a*) : नया अनुक्रम इस प्रकार है:
U $ 9 # £ 7 K A 3 B R $ E 1 M D I N 4 6 % F H 2 @ 8 W
दाएं सिरे से 12वां तत्व D है। D के बाईं ओर का 8वां तत्व A है।

50. (*a*) : प्रत्येक पद का प्रत्येक तत्व, अगले पद के संबंधित तत्व को देने के लिए 5 स्थान आगे बढ़ता है।

51. (*c*) : स्पष्टतः हमें उन प्रतीकों और संख्याओं को ज्ञात करना है जिनमें से प्रत्येक के या तो तुरंत पहले या तुरंत बाद अंग्रेजी वर्णमाला के A से M तक का कोई भी वर्ण आता है।
ऐसे तत्वों को निम्न प्रकार दर्शाया जा सकता है:
2 P J [@] 8 [$] L B [1] V # Q 6 [δ] G W [9] K C D [3] © • £ [5] F R [7] A Y 4

52. (*c*) : अन्य सभी समूहों में, दूसरे तत्व को देने के लिए पहला तत्व छह स्थान आगे बढ़ता है तथा तीसरे तत्व को देने के लिए दूसरा तत्व सात स्थान आगे बढ़ता है।

53. (*c*) : नया अनुक्रम इस प्रकार है:
2 P J 8 @ L $ [B] 1 V Q # 6 G δ [W] 9 K C D 3 • £ 5 © F R 7 A Y 4

54. (*e*) : प्रत्येक सदृश्य जोड़े में, दोनों पदों के संगत तत्व, दिए गए अनुक्रम के प्रारंभ और अंत से समान स्थान पर स्थित हैं। अत: अभीष्ट पद F • 3 होगा।

55. (*d*) : अनुक्रम से हटाए गए तत्व निम्न हैं:
P @ $ B V Q δ W K D © £ F 7 Y
प्रतीकों की संख्या = 5; वर्णों की संख्या = 9; संख्याओं की संख्या = 7

56. (*c*) : यह एकमात्र ऐसा समूह है जिसमें अनुक्रम के तीन क्रमागत तत्वों को एक अव्यवस्थित क्रम में रखा गया है।

57. (*d*) : बाएं सिरे से पहले 10 तत्वों के मान नीचे दिखाए अनुसार हो सकते हैं:

2 (2^2) (8) (5) (6) (0) (9) (9^2) (0) 3

$\therefore$ आवश्यक योग $= 2 + 4 + 8 + 5 + 6 + 9 + 81 + 3 = 118$

58. (*e*) : श्रृंखला में प्रत्येक पद का प्रत्येक तत्व, अगले पद के संबंधित तत्व को देने के लिए 3 स्थान आगे बढ़ता है।

59. (*b*) : स्पष्टत: $A = 1, B = 2, C = 3, ..., Y = 25, Z = 26$

श्रृंखला में प्रयोग किए गए व्यंजनों का योग

$= B + Q + R + D + K + P = 2 + 17 + 18 + 4 + 11 + 16 = 68$

श्रृंखला में प्रयोग किए गए स्वरों का योग $= E + U + A = 5 + 21 + 1 = 27$

$\therefore$ आवश्यक अंतर $= 68 - 27 = 41$

60. (*c*) : Y W @ 1 & C N 3 P L B 9 ↑ = D ★ E 2 £ M V $ 7 # 4 F G 5

61. (*e*) : प्रत्येक सदृश्य जोड़े में, दोनों पदों के संगत तत्व, दिए गए अनुक्रम के प्रारंभ और अंत से समान स्थान पर स्थित हैं।

62. (*d*) : ऐसी संख्याओं को अनुक्रम में निम्नानुसार दिखाया जा सकता है:

Y W @ 1 & C N 3 P L B 9 ↑ = D ★E 2 £ M V $ 7 # 4 F G 5

$\therefore$ आवश्यक योग $= 2 \times (1 + 9 + 2 + 7) = 2 \times 19 = 38$

63. (*c*) : अन्य सभी समूहों में, दूसरे तत्व को देने के लिए पहला तत्व पांच स्थान आगे बढ़ता है, तीसरे तत्व को देने के लिए दूसरा तत्व तीन स्थान पीछे हटता है; चौथे तत्व को देने के लिए तीसरा तत्व दो स्थान आगे बढ़ता है।

64. (*a*) : नया अनुक्रम इस प्रकार है:

1 @ W Y 3 N C & 9 B L P ★ D = ↑ M £ 2 E # 7 $ V 5 G F 4

9 और $ के बीच 13 तत्व हैं। अत: 9 के दाईं ओर 7वां तत्व मध्य वाला होगा, जो कि ↑ है।

65. (*d*) : **ऐसे प्रतीक जिनके तुरंत पहले एक संख्या है:**

Y W @ 1 & C N 3 P L B 9 ↑ = D ★ E 2 £ M V $ 7 # 4 F G 5

ऐसे वर्ण जिनके तुरंत बाद एक प्रतीक है:

Y W @ 1 & C N 3 P L B 9 ↑ = D ★ E 2 £ M V $ 7 # 4 F G 5

ऐसे वर्ण जिनके तुरंत बाद न तो एक संख्या है या न ही तुरंत पहले एक वर्ण है :

Y W @ 1 & C N 3 P L B 9 ↑ = D ★ E 2 £ M V $ 7 # 4 F G 5

अत: हमारे पास : $A = 4, B = 3, C = 10$ है।

इन्हें आरोही क्रम में व्यवस्थित करने पर अनुक्रम: B, A, C हो जाता है।

अतिरिक्त प्रश्न हल सहित

अभ्यास

निर्देश (प्रश्न 1 से 5): निम्नलिखित अनुक्रम का ध्यानपूर्वक अध्ययन करें और नीचे दिए गए प्रश्नों के उत्तर दें:

B S * 4 M @ K % 9 + A L $ R 3 U 5 H & # Z V 2 Ω W 7 Q X 6 t F G £

1. यदि अनुक्रम में से सभी प्रतीकों को हटा दिया जाए, तो प्राप्त अनुक्रम में दायीं ओर से 12वां तत्व कौन सा होगा?

(*a*) 5 (*b*) R (*c*) U (*d*) H (*e*) A

[SBI-Clerk exam, 2015]

2. नीचे दिए गए पांच पदों में से कोई चार, उपरोक्त अनुक्रम में उनकी स्थिति के आधार पर किसी प्रकार से समान हैं और एक समूह बनाते हैं। निम्नलिखित में से वह एक पद कौन सा है जो इस समूह से संबंधित नहीं है?

(*a*) R3H5 (*b*) S*@M (*c*) X£FQ (*d*) #ZΩ2 (*e*) %9LA

[SBI-Clerk Exam, 2015]

3. दिए गए अनुक्रम में ऐसी कितनी संख्याएं हैं, जिनमें से प्रत्येक के तुरंत बाद एक वर्ण है तथा तुरंत पहले एक प्रतीक है?

(*a*) एक (*b*) कोई नहीं (*c*) दो (*d*) तीन (*e*) तीन से अधिक

[SBI-Clerk Exam. 2015]

4. निम्नलिखित में से कौन सा तत्व अनुक्रम के बाएं सिरे से उन्नीसवें तत्व के बाई ओर का चौदहवां तत्व है?

(*a*) 6 (*b*) M (*c*) 7 (*d*) X (*e*) @

[SBI-Clerk Exam, 2015]

5. दिए गए क्रम के आधार पर निम्नलिखित में प्रश्न चिह्न (?) के स्थान पर क्या होना चाहिए?

BS * 4@K 9L$ U#Z ?

(*a*) 7FG (*b*) WXF (*c*) WtF (*d*) W6G (*e*) Ω6F

[SBI-Clerk Exam, 2015]

निर्देश (प्रश्न 6 से 11): निम्नलिखित अनुक्रम का ध्यानपूर्वक अध्ययन करें और नीचे दिए गए प्रश्नों के उत्तर दें:

D 5 δ R @ A K © 3 9 B J E ☆ F $ M P I 4 H 1 W 6 2 # U Q 8 T N

6. उपरोक्त अनुक्रम में ऐसी कितनी संख्याएं हैं जिनमें से प्रत्येक के तुरंत पहले एक प्रतीक है और तुरंत बाद एक वर्ण है?

(*a*) कोई नहीं (*b*) एक (*c*) दो (*d*) तीन (*e*) तीन से अधिक

[SBI-Clerk Exam, 2009]

7. निम्नलिखित में से कौन सा तत्व उपरोक्त अनुक्रम के दाहिने सिरे से बाईसवें तत्व के दाई ओर का नौवां तत्व होगा?

[SBI-Clerk Exam, 2009]

(*a*) E (*b*) I (*c*) D (*d*) N (*e*) इनमें से कोई नहीं

8. उपरोक्त अनुक्रम में ऐसे कितने प्रतीक हैं जिनमें से प्रत्येक के तुरंत पहले एक संख्या है और तुरंत बाद एक वर्ण है?

(*a*) कोई नहीं (*b*) एक (*c*) दो (*d*) तीन (*e*) तीन से अधिक

[SBI-Clerk Exam, 2009]

9. यदि उपरोक्त अनुक्रम से सभी संख्याओं को निकाल दिया जाए, तो प्राप्त अनुक्रम के बाएं सिरे से ग्यारहवें स्थान पर निम्नलिखित में से कौन सा तत्व होगा? **[SBI-Clerk Exam, 2009]**
(*a*) B (*b*) H (*c*) $ (*d*) ★
(*e*) इनमें से कोई नहीं

10. उपरोक्त अनुक्रम में ऐसे कितने व्यंजन हैं, जिनमें से प्रत्येक के तुरंत पहले एक संख्या है और तुरंत बाद एक व्यंजन है?
(*a*) कोई नहीं (*b*) एक (*c*) दो (*d*) तीन
(*e*) तीन से अधिक **[SBI-Clerk Exam, 2009]**

11. नीचे दिए गए पांच पदों में से कोई चार, उपरोक्त अनुक्रम में उनकी स्थिति के आधार पर किसी प्रकार से समान हैं और एक समूह बनाते हैं। निम्नलिखित में से वह एक पद कौन सा है जो इस समूह से संबंधित नहीं है?
(*a*) 41I (*b*) 6#W (*c*) QTU (*d*) RAδ (*e*) J9E
[SBI-Clerk Exam, 2009]

निर्देश (प्रश्न 12 से 16): निम्नलिखित अनुक्रम का ध्यानपूर्वक अध्ययन करें और नीचे दिए गए प्रश्नों के उत्तर दें:

T 6 # I J 1 % L E 3 K 9 @ A H 7 B © D Z U $ R 4 ☆ 8

12. नीचे दिए गए पांच पदों में से कोई चार, उपरोक्त अनुक्रम में उनकी स्थिति के आधार पर किसी प्रकार से समान हैं और एक समूह बनाते हैं। निम्नलिखित में से वह एक पद कौन सा है जो इस समूह से संबंधित नहीं है?
(*a*) JI1 (*b*) EL3 (*c*) @9A (*d*) 7HB (*e*) R4$
[SBI-Clerk Exam, 2009]

13. उपरोक्त अनुक्रम के आधार पर निम्नलिखित श्रृंखला में प्रश्न चिह्न (?) के स्थान पर क्या होना चाहिए?
(*a*) B©2 (*b*) 7©D (*c*) 7BD (*d*) BD2
(*e*) इनमें से कोई नहीं **[SBI-Clerk Exam, 2009]**

14. यदि उपरोक्त अनुक्रम से सभी स्वर हटा दिए जाएं, तो प्राप्त अनुक्रम के बाईं ओर से चौथे तत्व के दाईं ओर के छठे स्थान पर कौन सा तत्व होगा?
(*a*) 9 (*b*) K (*c*) 3 (*d*) @
(*e*) इनमें से कोई नहीं **[SBI-Clerk Exam, 2009]**

15. उपरोक्त अनुक्रम में ऐसे कितने प्रतीक हैं, जिनमें से प्रत्येक के तुरंत पहले एक संख्या है?
(*a*) कोई नहीं (*b*) एक (*c*) दो (*d*) तीन
(*e*) तीन से अधिक **[SBI-Clerk Exam, 2009]**

16. दाएं सिरे से ग्यारहवें तत्व के दाईं ओर का पांचवां तत्व कौन सा होगा?
(*a*) $ (*b*) U (*c*) 1 (*d*) 3
(*e*) इनमें से कोई नहीं **[SBI-Clerk Exam, 2009]**

निर्देश (प्रश्न 17 से 21): निम्नलिखित अनुक्रम का ध्यानपूर्वक अध्ययन करें और नीचे दिए गए प्रश्नों के उत्तर दें:

7 R E T 4 A 9 % D F 1 U # B @ 8 H I © W M ☆ 3 2 V $ 5 N P 6 Q

17. निम्नलिखित में से कौन सा तत्व बाएं सिरे से बारहवें तत्व के बाईं ओर के चौथे स्थान पर होगा?
(*a*) % (*b*) 8 (*c*) 2 (*d*) H
(*e*) इनमें से कोई नहीं **[SBI-Clerk Exam, 2008]**

18. उपरोक्त अनुक्रम में ऐसे कितने स्वर हैं, जिनमें से प्रत्येक के तुरंत बाद एक प्रतीक है?
(*a*) कोई नहीं (*b*) एक (*c*) दो (*d*) तीन
(*e*) तीन से अधिक **[SBI-Clerk Exam, 2008]**

19. उपरोक्त अनुक्रम में ऐसे कितने व्यंजन हैं, जिनमें से प्रत्येक के तुरंत पहले एक व्यंजन है और उसके तुरंत बाद एक संख्या है?
(*a*) कोई नहीं (*b*) एक (*c*) दो (*d*) तीन
(*e*) तीन से अधिक **[SBI-Clerk Exam, 2008]**

20. उपरोक्त अनुक्रम में ऐसी कितनी संख्याएं हैं, जिनमें से प्रत्येक के तुरंत पहले एक वर्ण है लेकिन तुरंत बाद एक प्रतीक नहीं है?
(*a*) कोई नहीं (*b*) एक (*c*) दो (*d*) तीन
(*e*) तीन से अधिक **[SBI-Clerk Exam, 2008]**

21. नीचे दिए गए पांच पदों में से कोई चार, उपरोक्त अनुक्रम में उनकी स्थिति के आधार पर किसी प्रकार से समान हैं और एक समूह बनाते हैं। निम्नलिखित में से वह एक पद कौन सा है जो इस समूह से संबंधित नहीं है?
(*a*) RTA (*b*) 9DF (*c*) #@H (*d*) 3V5
(*e*) IW☆ **[SBI-Clerk Exam, 2008]**

निर्देश (प्रश्न 22 से 27): निम्नलिखित अनुक्रम का ध्यानपूर्वक अध्ययन करें और नीचे दिए गए प्रश्नों के उत्तर दें:

22. निम्नलिखित में से कौन सा तत्व उपरोक्त अनुक्रम के बाएं सिरे से उन्नीसवें तत्व के बाईं ओर सातवें स्थान पर होगा?
(*a*) D (*b*) U (*c*) © (*d*) δ
(*e*) इनमें से कोई नहीं **[SBI-Clerk Exam, 2008]**

23. उपरोक्त अनुक्रम के आधार पर निम्नलिखित श्रृंखला में अगला पद क्या होना चाहिए?
(*a*) UI☆ (*b*) UT☆ (*c*) UIV (*d*) UTV
(*e*) इनमें से कोई नहीं **[SBI-Clerk Exam, 2008]**

24. उपरोक्त अनुक्रम में ऐसे कितने व्यंजन हैं, जिनमें से प्रत्येक के तुरंत पहले एक वर्ण और तुरंत बाद एक संख्या है?
(*a*) कोई नहीं (*b*) एक (*c*) दो (*d*) तीन
(*e*) तीन से अधिक **[SBI-Clerk Exam, 2008]**

25. यदि उपरोक्त अनुक्रम में से सभी प्रतीकों को निकाल दिया जाए, तो निम्नलिखित में से कौन सा तत्व प्राप्त अनुक्रम में दाएं सिरे से सोलहवें स्थान पर होगा?
(*a*) F (*b*) W (*c*) J (*d*) δ
(*e*) इनमें से कोई नहीं **[SBI-Clerk Exam, 2008]**

26. उपरोक्त अनुक्रम में ऐसे कितने प्रतीक हैं जिनमें से प्रत्येक के तुरंत पहले एक संख्या है और तुरंत बाद एक व्यंजन है?
(*a*) कोई नहीं (*b*) एक (*c*) दो (*d*) तीन
(*e*) तीन से अधिक **[SBI-Clerk Exam, 2008]**

27. उपरोक्त अनुक्रम में ऐसे कितने स्वर हैं, जिनमें से प्रत्येक के तुरंत पहले एक प्रतीक और तुरंत बाद एक संख्या है?
(*a*) कोई नहीं (*b*) एक (*c*) दो
(*d*) तीन (*e*) तीन से अधिक **[SBI-Clerk Exam, 2008]**

हल

1. (*d*) : अभीष्ट श्रृंखला
B S 4 M K 9 A L R 3 U 5 H Z V 2 W 7 Q X 6 t F G
अत: दाएं सिरे से 12वां तत्व H है।

2. (*c*) : उत्तर विकल्प (*c*) है।

3. (*a*) : *4M
अत: केवल एक संख्या होगी।

4. (*b*) : अनुक्रम के बाएं सिरे से 19वें स्थान पर & होगा, & के बाई ओर 14वां तत्व M होगा।

5. (*c*) :

$$B \xrightarrow{+1} S \xrightarrow{+1} * \xrightarrow{+1} 4 \xrightarrow{+2} @ \xrightarrow{+1} K \xrightarrow{+2} 9 \xrightarrow{+3} L$$

$$\xrightarrow{+1} \$ \xrightarrow{+3} U \xrightarrow{+4} \# \xrightarrow{+1} Z \xrightarrow{+4} W \xrightarrow{+5} t \xrightarrow{+1} F$$

6. (*a*) : कोई नहीं

7. (*b*) : I

8. (*c*) : 5dR, 2#U

9. (*d*) : उत्तर विकल्प (*d*) है।

10. (*c*) : 9BJ, 8TN

11. (*e*) : J9E

12. (*e*) : R4$ समूह से संबंधित नहीं है।

13. (*d*) : प्रश्न चिह्न (?) के स्थान पर BD2 आएगा।

14. (*a*) : नई श्रृंखला इस प्रकार है:
T 6 # J 1 % L 3 K 9 @ H 7 B © D Z $ R 4 ☆ 8 9
9 बाई ओर से चौथे तत्व के दाई ओर छठे स्थान पर होगा।

15. (*e*) : 6#, 1%, 9/, 4 ☆
अत: उत्तर विकल्प (*e*) है।

16. (*b*) : U

17. (*a*) : %

18. (*c*) : U#, I©

19. (*c*) : DF1, NP6

20. (*d*) : संख्याएं T4A, F1U और P6Q हैं।

21. (*b*) : 9DF

22. (*c*) : ©

23. (*a*) : UI☆

24. (*c*) : DP1 और WJ2

25. (*a*) : नई श्रृंखला इस प्रकार है:
R 5 3 M D P 1 4 F A 6 E W J 2 K 8 Q 7 U T I V 9
अत: उत्तर F है।

26. (*b*) : 3$M

27. (*b*) : ©A6

संख्या, क्रम और समय अनुक्रम परीक्षण

12 (NUMBER, RANKING AND TIME SEQUENCE TEST)

प्रकार 1: संख्या परीक्षण

इस प्रकार के प्रश्नों में संख्याओं का एक संग्रह, समूह या श्रृंखला दी जाती है और अभ्यर्थी को दी गयी कुछ शर्तों के अनुसार निश्चित संख्याओं को ज्ञात करना होता है या किसी एक दी गयी निश्चित पद्धति के अनुसार संख्याओं का क्रम बदलने के बाद एक विशिष्ट स्थान पर उल्लिखित संख्याओं को ज्ञात करना होता है।

व्याख्यात्मक उदाहरण

उदा. 1. निम्नलिखित संख्या के प्रत्येक अनुक्रम में ऐसे कितने 5 हैं, जिसके तुरंत पहले 3 या 4 आते हैं लेकिन तुरंत बाद 8 या 9 नहीं आते?

3 5 9 5 4 5 5 3 5 8 4 5 6 7 3 5 7 5 5 4 5 2 3 5 1 0

(*a*) कोई नहीं (*b*) तीन (*c*) चार

(*d*) पांच (*e*) इनमें से कोई नहीं **(Bank P.O. 2004)**

हल: उपरोक्त शर्त को पूरा करने वाली संख्याएं निम्नलिखित हैं:

3 5 9 5 4 [5] 5 3 5 8 4 [5] 6 7 3 [5] 7 5 5 4 [5] 2 3 [5] 1 0

स्पष्टत: पांच ऐसे 5 हैं। अत: उत्तर (*d*) है ।

उदा. 2. निम्नलिखित श्रृंखला में ऐसे कितने 8 मौजूद हैं, जो अपने से तुरंत पहले आने वाली संख्या और तुरंत बाद आने वाली संख्या से विभाजित होते हैं?

2 8 3 8 2 4 8 2 4 8 6 8 2 8 2 4 8 3 8 2 8 6

(*a*) एक (*b*) दो (*c*) तीन

(*d*) चार (*e*) इनमें से कोई नहीं

हल: स्पष्टत: हमें 3 संख्याओं के ऐसे सेट ज्ञात करने हैं, जिसके मध्य में संख्या 8 हो और इसके दोनों ओर 8 के गुणक हों, जैसा कि नीचे दिखाया गया है:

2 8 3 8 2 [4 8 2] 4 8 6 8 [2 8 2] 4 8 3 8 2 8 6

स्पष्टत: ऐसे दो 8 हैं। अत: उत्तर (*b*) है ।

उदा. 3. दी गयी श्रृंखला में,

6 4 1 2 2 8 7 4 2 1 5 3 8 6 2 1 7 1 4 1 3 2 8 6

ऐसे कितने जोड़े हैं जिनमें क्रमिक संख्याओं में 2 का अंतर है?

(*a*) चार (*b*) पांच (*c*) छह (*d*) सात

हल: ऐसे जोड़े जिसमें क्रमिक संख्याओं में 2 का अंतर है, निम्नलिखित हैं:

[6 4] 1 2 2 8 7 [4 2] 1 [5 3] [8 6] 2 1 7 1 4 [1 3] 2 [8 6]

इस प्रकार, ऐसे छह जोड़े हैं। अत: उत्तर (*c*) है।

उदा. 4. निम्नलिखित श्रृंखला में ऐसी कितनी विषम संख्याएं हैं जो 3 या 5 से विभाजित हैं और जिनके बाद एक विषम संख्या और फिर एक सम संख्या है?

12, 19, 21, 3, 25, 18, 35, 20, 22, 21, 45, 46, 47, 48, 9, 50, 52, 54, 55, 56

(*a*) शून्य (*b*) एक (*c*) दो

(*d*) तीन (*e*) इनमें से कोई नहीं

हल: सर्वप्रथम हम दी गयी श्रृंखला में विषम संख्याओं को चिह्नित करते हैं:

12, [19], [21], [3], [25], 18, [35], 20, 22, [21], [45], 46, [47], 48, [9], 50, 52, 54, [55], 56

अब इनमें से हम उन संख्याओं को हटा देते हैं जो 3 या 5 से विभाजित नहीं होती हैं।

12, ~~[19]~~, [21], [3], [25], 18, [35], 20, 22, [21], [45], 46, ~~[47]~~, 48, [9], 50, 52, 54, [55], 56

इसके बाद हम उन संख्याओं को हटा देते हैं, जिनके तुरंत बाद एक विषम संख्या नहीं है ।

12, ~~[19]~~, [21], [3], ~~[25]~~, 18, ~~[35]~~, 20, 22, [21], ~~[45]~~, 46, ~~[47]~~, 48, ~~[9]~~, 50, 52, 54, ~~[55]~~, 56

अंत में, हम उन संख्याओं को हटा देते हैं, जिनके दाहिनी ओर दूसरे स्थान पर सम संख्या नहीं है ।

12, ~~[19]~~, ~~[21]~~, [3], ~~[25]~~, 18, ~~[35]~~, 20, 22, [21], ~~[45]~~, 46, ~~[47]~~, 48, ~~[9]~~, 50, 52, 54, ~~[55]~~, 56

इस प्रकार, ऐसी 2 संख्याएं हैं। अत: उत्तर (*c*) है ।

उदा. 5. 94316875 संख्या के पहले और दूसरे अंकों की अदला-बदली की जाती है। इसी तरह, तीसरे और चौथे अंकों की अदला-बदली की जाती है और इसी तरह आगे भी। इस प्रकार प्राप्त अंकों की पुनर्व्यवस्था में बाएं से सातवें अंक के बाईं ओर तीसरा अंक कौन सा होगा?

(S.B.I.P.O. 2005)

(*a*) 1 (*b*) 4 (*c*) 6 (*d*) 8

(*e*) इनमें से कोई नहीं

हल: प्रश्नानुसार अंकों का नया क्रम है: 49138657

इस संख्या के बाएं ओर से सातवाँ अंक 5 है।

5 के बाईं ओर तीसरा अंक 3 है।

अत: उत्तर (*e*) है ।

उदा. 6. 531268947 संख्या में अंकों के ऐसे कितने जोड़े हैं, जिनमें से प्रत्येक के बीच उतने ही अंक हैं, जितने कि जब वे अवरोही क्रम में व्यवस्थित होते हैं तब उनके बीच होते हैं? **(Bank P.O. 2004)**

(*a*) कोई नहीं (*b*) एक (*c*) दो

(*d*) तीन (*e*) तीन से अधिक

हल: दी गई संख्या है: 531268947

अवरोही क्रम में अंकों को व्यवस्थित करने पर प्राप्त संख्या है: 987654321

दी गयी शर्तों को संतुष्ट करने वाले अंकों के निम्नलिखित जोड़े हैं:

दी गई संख्या में अंक	अवरोही क्रम में अंक
5 3 1 2	5 4 3 2
3 1 2 6	6 5 4 3
1 2	2 1
1 2 6 8 9 4 7	7 6 5 4 3 2 1
2 6 8 9 4 7	7 6 5 4 3 2
8 9	9 8

इस प्रकार, हमारे पास ऐसे 6 जोड़े हैं, अर्थात् (5, 2), (3, 6), (1, 2), (1, 7), (2, 7) और (8, 9)

अत: उत्तर (*e*) है ।

उदा. 7. यदि 31549786 संख्या के दूसरे, पाँचवें और आठवें अंक से संख्या बनाना संभव है, जो कि दो अंकों की सम संख्या का पूर्ण वर्ग है, तो इस सम संख्या का दूसरा अंक कौन सा होगा? **(Bank Clerical, 2005)**

(*a*) 1 (*b*) 4 (*c*) 6

(*d*) ऐसी कोई संख्या नहीं बनाई जा सकती है।

(*e*) इनमें से कोई नहीं

हल: 31549786 संख्या के दूसरे, पाँचवें और आठवें अंक क्रमश: 1, 9 और 6 है।

1, 9 और 6 अंक का उपयोग करके दो अंकों की सम संख्या का सही वर्ग 196 है।

अत: अभीष्ट सम संख्या 14 है। स्पष्टत: इसका दूसरा अंक 4 है।

अत: उत्तर (*b*) है ।

उदा. 8. यदि दी गयी प्रत्येक संख्या के मध्य अंक में से 3 घटाया जाता है और फिर प्रत्येक संख्या के अंकों का स्थान उलट दिया जाता है, तो इस प्रकार प्राप्त संख्याओं को अवरोही क्रम में व्यवस्थित करने पर मध्य में आने वाली संख्या का अंतिम अंक कौन सा होगा? **(Bank P.O. 2000)**

589 362 554 371 442

(*a*) 1 (*b*) 2 (*c*) 3 (*d*) 4 (*e*) 5

हल: मध्य अंकों से 3 घटाने पर प्राप्त संख्याएं:

559 332 524 341 412

अब, अंकों का स्थान उलटने पर प्राप्त संख्याएं:

955 233 425 143 214

इन संख्या को अवरोही क्रम में व्यवस्थित करने पर प्राप्त संख्याएं:

955 425 233 214 143

मध्य संख्या 233 है और इसका अंतिम अंक 3 है।

अत: उत्तर (*c*) है ।

उदा. 9. 1 से 100 तक ऐसी कितनी संख्याएं हैं जिनमें से प्रत्येक न केवल 4 से विभाजित हो बल्कि उसमें 4 अंक मौजूद भी हो?

(*a*) 7 (*b*) 10 (*c*) 20 (*d*) 21

(*e*) 21 से अधिक

हल: 1 से 100 की संख्याएं में से 4 से विभाजित संख्याएं: 4, 8, 12, 16, 20, 24, 28, 32, 36, 40, 44, 48, 52, 56, 60, 64, 68, 72, 76 हैं , 80, 84, 88, 92, 96, 100

लेकिन प्रत्येक संख्या में 4 अंक के रूप में होना चाहिए।

अत: अभीष्ट संख्याएं 4, 24, 40, 44, 48, 64, 84 हैं।

स्पष्टत: 7 ऐसी संख्याएं हैं।

अत: उत्तर (*a*) है ।

अभ्यास 12A

1. अंकों की निम्नलिखित श्रृंखला में मध्य में स्थित अंक के बायीं ओर तीसरा अंक कौन सा है?

1 2 3 4 5 6 7 8 9 2 4 6 8 9 7 5 3 1 9 8 7 6 5 4 3 2 1

(*a*) 3 (*b*) 4 (*c*) 5 (*d*) 6 (*e*) 7

2. निम्नलिखित संख्या अनुक्रम में ऐसे कितने 5 हैं, जिनके तुरंत पहले 7 है और तुरंत बाद 6 है? **(I.I.T.T.M. 2003)**

7 5 5 9 4 5 7 6 4 5 9 8 7 5 6 7 6 4 3 2 5 6 7 8

(*a*) एक (*b*) दो (*c*) तीन (*d*) चार

3. अंकों की निम्नलिखित श्रृंखला में ऐसे कितने 6 हैं, जिनमें से प्रत्येक के तुरंत पहले 1 या 5 और तुरंत बाद 3 या 9 हैं? **(Bank P.O. 2005)**

2 6 3 7 5 6 4 2 9 6 1 3 4 1 6 3 9 1 5 6 9 2 3 1 6 5 4 3 2 1 9 6 7 1 6 3

(*a*) कोई नहीं (*b*) एक (*c*) दो

(*d*) तीन (*e*) इनमें से कोई नहीं

4. निम्नलिखित श्रृंखला में ऐसे कितने 7 हैं, जिनके तुरंत पहले 6 है लेकिन तुरंत बाद 4 नहीं हैं? **(M.B.A. 2005)**

7 4 2 7 6 4 3 6 7 5 3 5 7 8 4 3 7 6 7 2 4 0 6 7 4 3

(*a*) एक (*b*) दो (*c*) चार (*d*) छह

5. निम्नलिखित श्रृंखला में ऐसे कितने 9 हैं, जिनमें से प्रत्येक के तुरंत पहले 5 नहीं है लेकिन तुरंत बाद 2 या 3 है। **(S.S.C. 2002)**

1 9 2 6 5 9 3 8 3 9 3 2 5 9 2 9 3 4 8 2 6 9 8

(*a*) एक (*b*) तीन (*c*) पाँच (*d*) छह

6. ऐसे कितने 4 हैं, जिनके तुरंत पहले 7 है लेकिन तुरंत बाद 3 नहीं? **(S.S.C. 2001)**

5 9 3 2 1 7 4 2 6 9 7 4 6 1 3 2 8 7 4 1 3 8 3 2 5 6 7 4 3 9 5 8 2 0 1 8 7 4 6 3

(*a*) तीन (*b*) चार (*c*) पांच (*d*) छह

7. निम्नलिखित अंकों की श्रृंखला में, ऐसे कितने 2 हैं जिनके तुरंत बाद 1 है लेकिन तुरंत पहले 4 नहीं है?

4 2 1 2 1 4 2 1 1 2 4 4 4 1 2 2 1 2 1 4 4 2 1 4 2 1 2 1 2 4 1 4 2 1 2 4 1 4 6

(*a*) दो (*b*) तीन (*c*) चार (*d*) पांच

8. निम्नलिखित अनुक्रम में ऐसे कितने 3 हैं जिनके तुरंत पहले न तो 6 है और न ही तुरंत बाद 9 है?

9 3 6 6 3 9 5 9 3 7 8 9 1 6 3 9 6 3 9

(*a*) एक (*b*) दो (*c*) तीन (*d*) चार
(*e*) इनमें से कोई नहीं

9. संख्याओं के निम्नलिखित अनुक्रम में ऐसे कितने 1 हैं, जिनमें प्रत्येक के तुरंत बाद 2 है लेकिन 2 के तुरंत बाद 3 नहीं है?

1 2 1 3 4 5 1 2 3 5 2 1 2 6 1 4 5 1 1 2 4 1 2 3 2 1 7 5 2 1 2 5

(*a*) 2 (*b*) 4 (*c*) 5 (*d*) 7 (*e*) 9

10. निम्नलिखित श्रृंखला में कितने 7 हैं, जिनके तुरंत पहले 6 है जिसके तुरंत पहले 8 नहीं है?

8 7 6 7 8 6 7 5 6 7 9 7 6 1 6 7 7 6 8 8 6 9 7 6 8 7

(*a*) कोई नहीं (*b*) एक (*c*) दो
(*d*) तीन (*e*) इनमें से कोई नहीं

11. संख्याओं की निम्नलिखित श्रृंखला में 1, 3 और 7 के ऐसे कितने सेट हैं, जिसमें 7 मध्य में हैं और 7 के दोनों ओर 1 और 3 हैं?

2 9 7 3 1 7 3 7 7 1 3 3 1 7 3 8 5 7 1 3 7 7 1 7 3 9 0 6

(*a*) 3 (*b*) 4 (*c*) 5 (*d*) 5 से अधिक
(*e*) इनमें से कोई नहीं

निर्देश (प्रश्न 12 से 13): नीचे दी गई अंक-श्रृंखला का अध्ययन करें और निम्नलिखित प्रश्नों के उत्तर दें: **(M.B.A. 1998)**

7 8 9 7 6 5 3 4 2 8 9 7 2 4 5 9 2 9 7 6 4 7

12. ऐसे कितने 7 हैं, जिनके तुरंत पहले 9 और तुरंत बाद 6 है?

(*a*) 2 (*b*) 3 (*c*) 4 (*d*) 5
(*e*) इनमें से कोई नहीं

13. किन अंकों की आवृत्ति समान है?

(*a*) 2, 5, 3 (*b*) 2, 4, 5 (*c*) 3, 7, 5 (*d*) 8, 6, 5
(*e*) इनमें से कोई नहीं

14. श्रृंखला,
6 4 1 2 2 8 7 4 2 1 5 3 8 6 2 1 7 1 4 1 3 2 8 6
में वैकल्पिक संख्याओं में ऐसे कितने जोड़े है, जिनमें 2 का अंतर है?

(*a*) एक (*b*) दो (*c*) तीन (*d*) चार

15. संख्याओं के निम्नलिखित अनुक्रम में ऐसी कितनी सम संख्याएं हैं, जिनमें से प्रत्येक संख्या के तुरंत बाद एक विषम संख्या तथा तुरंत पहले एक सम संख्या है?

8 6 7 6 8 9 3 2 7 5 3 4 2 2 3 5 5 2 2 8 1 1 9

(*a*) एक (*b*) तीन (*c*) पांच (*d*) छह
(*e*) इनमें से कोई नहीं

निर्देश (प्रश्न 16 से 18): निम्नलिखित संख्या-अनुक्रम का अध्ययन करें और नीचे दिए गए प्रश्नों के उत्तर दें:

5 1 4 7 3 9 8 5 7 2 6 3 1 5 8 6 3 8 5 2 2 4 3 4 9 6

16. अनुक्रम में ऐसी कितनी विषम संख्याएं हैं जिनमें से प्रत्येक के तुरंत बाद एक विषम संख्या है?

(*a*) 1 (*b*) 2 (*c*) 3 (*d*) 4
(*e*) 4 से अधिक

17. अनुक्रम में ऐसी कितनी सम संख्याएं हैं जिनके तुरंत पहले एक विषम संख्या है और तुरंत बाद एक सम संख्या है?

(*a*) 1 (*b*) 2 (*c*) 3 (*d*) 4
(*e*) 4 से अधिक

18. अनुक्रम में ऐसी कितनी विषम संख्याएं हैं, जिनके तुरंत पहले और तुरंत बाद मे एक सम संख्या हैं?

(*a*) 1 (*b*) 2 (*c*) 3 (*d*) 4
(*e*) 4 से अधिक

19. निम्नलिखित संख्या-श्रृंखला में ऐसे कितने 8 हैं, जो तुरंत पहले और तुरंत बाद आने वाली संख्या से पूर्णत: विभाजित है?

8 2 4 5 1 7 2 8 4 8 4 2 2 8 2 6 9 8 4 5 4 8 3 2 8 4 3 1 8 3

(*a*) 1 (*b*) 2 (*c*) 3 (*d*) 4
(*e*) इनमें से कोई नहीं

20. निम्नलिखित संख्या अनुक्रम में, ऐसी कितनी सम संख्याएं हैं जो अपने तत्काल पूर्ववर्ती संख्या से पूर्णत: विभाजित हैं लेकिन तत्काल अनुवर्ती संख्या से विभाजित नहीं है?

3 8 4 1 5 7 2 8 3 4 8 9 3 9 4 2 1 5 8 2

(*a*) एक (*b*) दो (*c*) तीन (*d*) चार
(*e*) इनमें से कोई नहीं

21. यदि निम्नलिखित श्रृंखला को विपरीत क्रम में लिखे, तो बाईं ओर से सातवें अंक के दायीं ओर चौथा अंक कौन सा होगा? **(R.R.B. 2005)**

7, 3, 9, 7, 0, 3, 8, 4, 6, 2, 1, 0, 5, 11, 13

(*a*) 0 (*b*) 5 (*c*) 9 (*d*) 11
(*e*) इनमें से कोई नहीं

22. निर्देशों के निम्नलिखित अनुक्रम में 1 दौड़ने के लिए है, 2 रुकने के लिए है, 3 जाने के लिए है, 4 बैठने के लिए है और 5 प्रतीक्षा करने के लिए है। यदि अनुक्रम जारी रखा जाये, तो अगला निर्देश कौन सा आएगा? **(M.A.T. 2001)**

4 4 5 4 5 3 4 5 3 1 4 5 3 1 2 4 5 4 5 3 4 5 3

(*a*) प्रतीक्षा करना (*b*) बैठना (*c*) जाना
(*d*) रुकना (*e*) दौड़ना

23. एक विद्यालय में, शारीरिक अभ्यास के दौरान निम्नलिखित कोड के उपयोग किये गये। '1' का अर्थ है 'चलना शुरू करें', '2' का अर्थ है 'खड़े रहें', '3' का अर्थ है 'उसी स्थान पर दौड़ना शुरू करें', '4' का अर्थ है 'बैठे'। एक छात्र, शुरु से अंत तक बिना गलती किये निम्नलिखित अनुक्रम का अनुसरण करता है, उसे कितनी बार बैठना होगा? **(M.A.T. 2001)**

1 2 3 4 2 3 1 4 4 3 2 2 1 2 4 3 1 4 4 1 2

(*a*) 2 (*b*) 3 (*c*) 4 (*d*) 5
(*e*) इनमें से कोई नहीं

24. एक पार्किंग स्थल में 36 वाहन एक पंक्ति में पार्क किए गये हैं। पहली कार के बाद एक स्कूटर है। दूसरी कार के बाद दो स्कूटर हैं। तीसरी कार के बाद तीन स्कूटर हैं और इसी तरह आगे भी। पंक्ति के दूसरे आधे भाग में स्कूटर की संख्या ज्ञात करें।

(*a*) 10 (*b*) 12 (*c*) 15 (*d*) 17

निर्देश (प्रश्न 25 से 27): नीचे दिए गए प्रश्नों के उत्तर देने के लिए निम्नलिखित निर्देशों का सावधानीपूर्वक अध्ययन करें: **(M.B.A. 2002)**

'एक' का आदेश देने पर एक व्यक्ति को टोकरी में एक सेब, 'दो' का आदेश देने पर एक अमरूद को, 'तीन' का आदेश देने पर एक संतरे को

डालने के लिए कहा जाता है और 'चार' का आदेश देने पर टोकरी से एक सेब और एक अमरूद दोनों को बाहर निकलने के लिए कहा जाता है। व्यक्ति द्वारा आदेश का निष्पादन इस अनुक्रम के अनुसार किया जाता है:

1 2 3 3 2 1 4 2 3 1 4 2 2 3 3 1 4 1 1 3 2 3 4

25. उपर्युक्त अनुक्रम के अंत में टोकरी में कितने फल होंगे?
(*a*) 10 (*b*) 11 (*c*) 12 (*d*) 13

26. उपर्युक्त अनुक्रम के अंत में टोकरी में कितने अमरूद होंगे?
(*a*) 1 (*b*) 2 (*c*) 3 (*d*) 4

27. उपर्युक्त अनुक्रम के अंत में टोकरी में कितने सेब होंगे?
(*a*) 4 (*b*) 3 (*c*) 2 (*d*) 1

28. यदि 5981327438 अनुक्रम के पहले और दूसरे अंक को परस्पर बदल दिया जाता है, तीसरे और चौथे अंक को, पांचवें और छठे अंक को और आगे भी अंकों को इसी प्रकार परस्पर बदल दिया जाता है। तो बायीं ओर से सातवें स्थान पर कौन सा अंक होगा?
(*a*) 1 (*b*) 4 (*c*) 7 (*d*) 8
(*e*) इनमें से कोई नहीं

29. 39128564 संख्या के दूसरे और आठवें अंक को परस्पर बदल दिया जाता है । इसी प्रकार चौथे और पांचवें अंक को परस्पर बदल दिया जाता है । पहले और छठे अंकों को परस्पर बदल दिया जाता है तथा तीसरे और सातवें अंकों को परस्पर बदल दिया जाता है। पुनर्गठन के बाद प्राप्त अनुक्रम में अंक 3 के बाईं ओर तीसरा अंक कौन सा होगा? **(Bank P.O. 2003)**
(*a*) 2 (*b*) 4 (*c*) 6 (*d*) 8 (*e*) 9

30. संख्या 83256479 के पहले और पांचवें अंक को परस्पर बदल दिया जाता है। इसी तरह दूसरे और छठे अंकों को और इसी तरह आगे भी को परस्पर बदल दिया जाता है, तो पुनर्गठन के बाद प्राप्त अनुक्रम में दायीं ओर से सांतवें अंक के दायीं ओर तीसरा अंक कौन सा होगा? **(Bank P.O. 2004)**
(*a*) 3 (*b*) 4 (*c*) 7 (*d*) 9
(*e*) इनमें से कोई नहीं

31. यदि संख्या 2796543018 के पहले और छठे अंकों को परस्पर बदल दिया जाता है, वैसे ही दूसरे और सातवें अंकों को और आगे भी इसी प्रकार को परस्पर बदल दिया जाता है, तो इनमें से कौन सा अंक, बायीं ओर से सातवें अंक के बायीं ओर तीसरा अंक होगा? **(Bank P.O. 2004)**
(*a*) 0 (*b*) 1 (*c*) 7 (*d*) 8
(*e*) इनमें से कोई नहीं

32. संख्या 857423 मे विषम अंकों के योग और सम अंकों के योग के बीच अंतर कितना होगा? **(Asst. Manager Exam, 2005)**
(*a*) 0 (*b*) 1 (*c*) 2 (*d*) 4
(*e*) इनमें से कोई नहीं

33. यदि 54638 संख्या में प्रत्येक विषम अंक से 1 घटा दिया जाए और प्रत्येक सम अंक में 1 जोड़ा जाए, तो प्राप्त नयी संख्या के अंकों का योग निम्नलिखित में से कितना होगा? **(Bank Clerical, 2005)**
(*a*) 25 (*b*) 26 (*c*) 28 (*d*) 29
(*e*) इनमें से कोई नहीं

34. 291 से 300 तक संख्याएं लिखने पर आप कितनी बार सम अंक लिखेंगे? **(S.S.C. 2002)**
(*a*) 11 (*b*) 13 (*c*) 15 (*d*) 17

35. एक संख्या 3 से अधिक है लेकिन 8 से कम है। इसके अतिरिक्त, वह 6 से अधिक है लेकिन 10 से कम है। वह संख्या है:
(*a*) 5 (*b*) 6 (*c*) 7 (*d*) 8 (*e*) 9

36. संख्या 321465987 को आरोही क्रम में व्यवस्थित करने पर कितने अंकों का स्थान परिवर्तित नहीं होगा? **(Bank Clerical, 2005)**
(*a*) कोई नहीं (*b*) एक (*c*) दो
(*d*) तीन (*e*) चार

37. संख्या 831729564 में ऐसे कितने अंक हैं, जो इस संख्या को अवरोही क्रम में व्यवस्थित करने पर भी प्रारम्भ से समान दूरी पर रहते हैं? **(Bank P.O. 2002)**
(*a*) कोई नहीं (*b*) एक (*c*) दो
(*d*) तीन (*e*) इनमें से कोई नही

38. संख्या 8314629 में अंकों के ऐसे कितने जोड़े हैं, जिनके मध्य उतने ही अंक हैं जितने संख्या को अवरोही क्रम में व्यवस्थित करने पर उनके बीच होते हैं?
(*a*) कोई नहीं (*b*) एक (*c*) दो (*d*) तीन
(*e*) इनमें से कोई नहीं **(Officer's Exam, 2003)**

39. संख्या 95137248 में अंकों के ऐसे कितने जोड़े हैं, जिनके मध्य उतने ही अंक हैं जितने संख्या को आरोही क्रम में व्यवस्थित करने पर उनके बीच होते हैं?
(*a*) कोई नहीं (*b*) एक (*c*) दो
(*d*) तीन (*e*) तीन से अधिक **(Bank P.O. 2003)**

40. क्या संख्या 187642539 के दूसरे, छठवे और नौवें अंक से ऐसी कोई संख्या बनाना संभव है, जो दो अंकों की विषम संख्या का पूर्ण वर्ग हो? यदि हाँ, तो निम्न में से कौन सा अंक उस दो अंकों की विषम संख्या के इकाई स्थान पर होगा? **(Bank P.O. 2003)**
(*a*) 1 (*b*) 7 (*c*) 9
(*d*) ऐसी कोई संख्या नहीं बनाई जा सकती है।
(*e*) एक से अधिक ऐसी संख्याएं बनायी जा सकती हैं।

41. क्या संख्या 739142658 के दूसरे, चौथे और सातवें अंक से ऐसी संख्या बनायी जा सकती है, जो दो अंकों की विषम संख्या का पूर्ण वर्ग है? निम्नलिखित में से कौन सा उस दो अंकों की विषम संख्या का दूसरा अंक है?
(*a*) 3 (*b*) 4 (*c*) 5 (*d*) 7
(*e*) इनमें से कोई नहीं **(R.B.I. 2003)**

42. यदि दी गयी प्रत्येक संख्या के मध्य अंक से 2 घटा दिया जाए तथा पहले और तीसरे अंकों का स्थान परस्पर बदल दिया जाए तो निम्नलिखित तीन अंकों की संख्या मे से सबसे बडी संख्या कौन सी होगी? **(S.B.I.P.O. 2005)**
(*a*) 368 (*b*) 489 (*c*) 572 (*d*) 853 (*e*) 974

निर्देश (प्रश्न 43 से 45): निम्नलिखित पांच संख्याओं में से प्रत्येक के अंक विपरीत क्रम में लिखें और पांच नई संख्याएं प्राप्त करें: **(M.B.A. 2002)**

513 726 492 865 149

अब निम्नलिखित प्रश्नों के उत्तर दें:

43. जब नई संख्याएं अवरोही क्रम में व्यवस्थित की जाती हैं, तो निम्न में से कौन सा ऊपर से तीसरी संख्या के बीच का अंक होगा?
(*a*) 1 (*b*) 2 (*c*) 6 (*d*) 9
(*e*) इनमें से कोई नहीं

44. अंकों के स्थान को उलटने के बाद अवरोही क्रम में व्यवस्थित करने पर भी निम्न में से कौन सी मूल संख्या, ऊपर से समान स्थान पर बनी रहती है?

(*a*) 149 (*b*) 492 (*c*) 513 (*d*) 726 (*e*) 865

45. नयी संख्याओं में दूसरी सबसे बड़ी संख्या का तीसरा अंक कौन सा होगा?

(*a*) 1 (*b*) 5 (*c*) 7 (*d*) 8
(*e*) इनमें से कोई नहीं

निर्देश (प्रश्न 46 से 48): निम्नलिखित पांच संख्याओं का अध्ययन करें और नीचे दिए गए प्रश्नों के उत्तर दें: **(Bank P.O. 2003)**

517 325 639 841 792

46. यदि प्रत्येक संख्या के दूसरे और तीसरे अंकों के स्थान परस्पर बदल दिए जाएँ, तो इस प्रकार प्राप्त दूसरी सबसे बड़ी संख्या का पहला अंक कौन सा होगा?

(*a*) 2 (*b*) 7 (*c*) 8 (*d*) 9
(*e*) इनमें से कोई नहीं

47. दी गयी प्रत्येक संख्या के अंकों का स्थान उलटने के बाद अवरोही क्रम में व्यवस्थित करने पर ऊपर से तीसरी संख्या का अंतिम अंक क्या होगा?

(*a*) 2 (*b*) 3 (*c*) 5 (*d*) 7
(*e*) इनमें से कोई नहीं

48. यदि प्रत्येक संख्या के पहले और दूसरे अंकों के स्थान परस्पर बदल दिए जाएं, तो इस प्रकार प्राप्त दूसरी न्यूनतम संख्या के मध्य का अंक क्या होगा?

(*a*) 2 (*b*) 3 (*c*) 5 (*d*) 7
(*e*) इनमें से कोई नहीं

निर्देश (प्रश्न 49 से 51): नीचे दिए गए संख्याओं के समूह के आधार पर इन प्रश्नों का उत्तर दें: **(R.B.I. 2004)**

738 429 156 273 894

49. प्रत्येक संख्या के अंकों का स्थान उलटने पर प्राप्त संख्याओं में दूसरी महत्तम संख्या का अंतिम अंक कौन सा होगा?

(*a*) 1 (*b*) 2 (*c*) 4 (*d*) 7 (*e*) 8

50. प्रत्येक संख्या में पहले दो अंकों का स्थान परस्पर बदल देने पर प्राप्त उच्चतम संख्या के पहले अंक तथा न्यूनतम संख्या के पहले अंक के बीच अंतर कितना होगा?

(*a*) 4 (*b*) 5 (*c*) 6 (*d*) 7
(*e*) इनमें से कोई नहीं

51. यदि प्रत्येक संख्या के पहले अंक को, संख्या पद्धति में आने वाले उसके क्रमागत उच्च अंक से प्रतिस्थापित कर दिया जाए, तो इस प्रकार प्राप्त संख्याओं को अवरोही क्रम में व्यवस्थित करने पर ऊपर से तीसरी संख्या का दूसरा अंक कौन सा होगा?

(*a*) 2 (*b*) 3 (*c*) 5 (*d*) 7 (*e*) 9

निर्देश (प्रश्न 52 से 56): निम्नलिखित में से प्रत्येक प्रश्न में, संख्याओं की दो पंक्तियां दी गयी हैं। प्रत्येक पंक्ति में दिए गए संख्या-समूह का परिणामी, निम्नलिखित नियमों के आधार पर ज्ञात करना है और संख्याओं की पंक्तियों के नीचे दिए गए प्रश्नों का उत्तर देना है। संख्याओं का संचालन बाएं से दाएं की ओर होगा।

(S.B.I.P.O. 2005)

नियमः

I. यदि एक विषम संख्या के बाद दो अंकों की सम संख्या हो, तो उन्हें जोड़ा जाना है।

II. यदि एक विषम संख्या के बाद दो अंकों की विषम संख्या हो, तो दूसरी संख्या को पहले संख्या से घटाया जाना है ।

III. यदि एक सम संख्या के बाद एक पूर्ण वर्ग संख्या है, तो दूसरी संख्या को पहली संख्या से विभाजित किया जाना है।

IV. यदि किसी सम संख्या के बाद दो अंकों की संख्या हो, तो पहली संख्या को दूसरी संख्या से गुणा किया जाना है।

52. 13 11 4
17 13 12
यदि संख्याओं के पहले समूह के परिणामी को संख्याओं के दूसरे समूह के परिणामी से गुणा किया जाता है, तो परिणाम क्या होगा?

(*a*) 48 (*b*) 69 (*c*) 75 (*d*) 96
(*e*) इनमें से कोई नही

53. 40 30 3600
15 24 17
उपरोक्त संख्याओं के समूहों के दो परिणामियों का योग क्या होगा?

(*a*) 22 (*b*) 25 (*c*) 28 (*d*) 42
(*e*) इनमें से कोई नहीं

54. 15 11 20 400
8 12 10
यदि संख्याओं के दूसरे समूह के परिणामी को, संख्याओं के पहले समूह के परिणामी से विभाजित किया जाता है, तो उत्तर क्या होगा?

(*a*) 19 (*b*) 92 (*c*) 196 (*d*) 200
(*e*) इनमें से कोई नहीं

55. 19 15 12
15 12 23 16
यदि संख्याओं के पहले समूह के परिणामी में से, संख्याओं के दूसरे समूह का परिणामी घटाया जाता है, तो उत्तर क्या होगा?

(*a*) 29 (*b*) 43 (*c*) 44 (*d*) 92
(*e*) इनमें से कोई नहीं

56. 8 16 16 14
13 11 12 144
संख्याओं के पहले समूह और संख्याओं के दूसरे समूह के बीच परिणामी अंतर कितना है?

(*a*) 106 (*b*) 118 (*c*) 210 (*d*) 222
(*e*) इनमें से कोई नहीं

57. निम्नलिखित संख्याओं से दो अंकों की संख्या के ऐसे कितने संयोजन बनाये जा सकते हैं, जिसमें 8 अंक मौजूद है? **(S.S.C. 2001)**
8, 5, 2, 1, 7, 6

(*a*) 9 (*b*) 10 (*c*) 11 (*d*) 12

58. नितिन 32 से उलटी गिनती कर रहा था। सुमित 1 से शुरू करते हुए संख्याओं की सीधी गिनती कर रहा था और वह केवल विषम संख्याएं बोल रहा था। यदि वे एक ही गति से बोल रहे थे तो वे एक साथ कौन सी समान संख्या बोलेंगे?

(*a*) 19 (*b*) 21 (*c*) 22
(*d*) वे एक जैसी संख्या नहीं बोलेंगे ।
(*e*) इनमें से कोई नहीं ।

59. एक क्रम में L, M, N, O, P, Q, R, S और T वर्णों को 1 से 9 तक नौ पूर्णांकों से प्रतिस्थापित किया जाता है। 4, P को आवंटित किया गया है। P और T के बीच मे 5 का अंतर है। N और T के बीच मे 3 का अंतर है, तो N को आवंटित पूर्णांक क्या है?

(*a*) 4 (*b*) 5 (*c*) 6 (*d*) 7

60. यदि 1 से 45 तक, 3 से पूर्ण विभाज्य संख्याओं को आरोही क्रम में ऊपर न्यूनतम संख्या रखते हुए व्यवस्थित करें, तो ऊपर से नौवें स्थान पर कौन सी संख्या आएगी?
(*a*) 18 (*b*) 21 (*c*) 24 (*d*) 27 (*e*) 30

61. यदि 5 से 85 तक, 5 से पूर्ण विभाज्य संख्याओं को अवरोही क्रम में व्यवस्थित करें, तो कौन सी संख्या नीचे से ग्यारहवें स्थान पर आती है?
(*a*) 35 (*b*) 45 (*c*) 50 (*d*) 60
(*e*) इनमें से कोई नहीं

62. 100 से 1000 की संख्या में कितनी बार दहाई स्थान पर 1 आता है?
(*a*) 9 (*b*) 10 (*c*) 90 (*d*) 900 **(R.R.B. 2003)**

63. संख्या 9 से 54 के बीच ऐसी कितनी संख्याएं हैं जो 9 से पूर्णत: विभाजित हैं लेकिन 3 से नहीं?
(*a*) 8 (*b*) 6 (*c*) 5 (*d*) कोई नहीं

64. 11 से 50 तक ऐसी कितनी संख्याएं हैं जो 7 से पूर्णत: विभाजित हैं लेकिन 3 से नहीं?
(*a*) दो (*b*) चार (*c*) पांच (*d*) छह (*e*) सात

हल-अभ्यास 12(A)

1. (*b*) : दिए गए अनुक्रम में 27 संख्याएं हैं।
अत: मध्यवर्ती संख्या = 14वीं संख्या = 9
स्पष्टत: इस 9 के बाईं ओर तीसरी संख्या 4 है।

2. (*a*) : 7 5 5 9 4 5 7 6 4 5 9 8 7 [5] 6 7 6 4 3 2 5 6 7 8

3. (*d*) : 2 6 3 7 5 6 4 2 9 6 1 3 4 1 [6] 3 9 1 5 [6] 9 2 3 1 6 5 4 3 2 1 9 6 7 1 [6] 3

4. (*b*) : 7 4 2 7 6 4 3 6 [7] 5 3 5 7 8 4 3 7 6 [7] 2 4 0 6 7 4 3

5. (*b*) : 1 [9] 2 6 5 9 3 8 3 [9] 3 2 5 9 2 [9] 3 4 8 2 6 9 8

6. (*b*) : 5 9 3 2 1 7 [4] 2 6 9 7 [4] 6 1 3 2 8 7 [4] 1 3 8 3 2 5 6 7 4 3 9 5 8 2 0 1 8 7 [4] 6 3

7. (*c*) : 4 2 1 [2] 1 4 2 1 1 2 4 4 4 1 2 [2] 1 [2] 1 4 4 2 1 4 2 1 [2] 1 2 4 1 4 2 1 2 4 1 4 6

8. (*b*) : 9 [3] 6 6 3 9 5 9 [3] 7 8 9 1 6 3 9 6 3 9

9. (*b*) : [1] 2 1 3 4 5 1 2 3 5 2 [1] 2 6 1 4 5 1 [1] 2 4 1 2 3 2 1 7 5 2 [1] 2 5

10. (*d*) : 8 7 6 [7] 8 6 7 5 6 [7] 9 7 6 1 6 [7] 7 6 8 8 6 9 7 6 8 7

11. (*a*) : 2 9 7 3 [1 7 3] 7 7 1 3 3 [1 7 3] 8 5 7 1 3 7 7 [1 7 3] 9 0 6

12. (*a*) : 7 8 9 [7] 6 5 3 4 2 8 9 7 2 4 5 9 2 9 [7] 6 4 7

13. (*d*) : दी गई श्रृंखला में, 2 तीन बार आता है; 3 एक बार आता है; 4 तीन बार आता है; 5 दो बार आता है; 6 दो बार आता है; 7 पांच बार आता है; 8 दो बार आता है और 9 चार बार आता है।
स्पष्टत: 5, 6 और 8 की आवृत्ति समान (अर्थात 2) है।

14. (*b*) : हम वैकल्पिक संख्याओं के जोड़ों के बीच अंतर की जांच करते हैं, (6, 1), (4, 2), (1, 2), (2, 8), (2, 7), (8, 4), (7, 2), (4, 1), (2, 5), (1, 3), (5, 8), (3, 6), (8, 2), (6, 1), (2, 7), (1, 1), (7, 4), (1, 1), (4, 3), (1, 2), (3, 8) और (2, 6). इनमें से, 2 के अंतर वाले जोड़े (4, 2) और (1, 3) हैं।
स्पष्टत: ऐसे दो जोड़े हैं।

15. (*e*) : 8 [6] 7 6 [8] 9 3 2 7 5 3 4 2 [2] 3 5 5 2 2 [8] 1 1 9

16. (e) : 5 1 4 [7] [3] 9 8 [5] 7 2 6 [3] [1] 5 8 6 3 8 5 2 2 4 3 4 9 6

17. (*c*) : 5 1 4 7 3 9 8 5 7 [2] 6 3 1 5 [8] 6 3 8 5 [2] 2 4 3 4 9 6

18. (*d*) : 5 1 4 7 3 9 8 5 7 2 6 3 1 5 8 6 [3] 8 [5] 2 2 4 [3] 4 [9] 6

19. (*d*) : 8 2 4 5 1 7 2 [8] 4 [8] 4 2 2 [8] 2 6 9 8 4 5 4 8 3 2 [8] 4 3 1 8 3

20. (*b*) : 3 8 4 1 5 7 2 [8] 3 4 [8] 9 3 9 4 2 1 5 8 2

21. (*a*) : दी गई श्रृंखला जब उलटे क्रम में लिखी जाती है तब:
13, 11, 5, 0, 1, 2, 6, 4, 8, 3, 0, 7, 9, 3, 7
बाईं ओर से 7वीं संख्या 6 है। 6 के दायीं ओर चौथी संख्या 0 है।

22. (*e*) : दिए गए अनुक्रम का विश्लेषण निम्नानुसार किया जा सकता है:
4 / 45 / 453 / 4531 / 45312 / 45 / 453 / 453
उपर्युक्त अनुक्रम के बाद, अगली संख्या '1' है जो 'भागने' के लिए है।

23. (*c*) : स्पष्टत: छात्र को बक्से द्वारा चिह्नित स्थानों पर बैठना होगा:
1 2 3 [4] 2 3 1 [4 4] 3 2 2 1 2 [4] 3 1 [4 4] 1 2

24. (*c*) : यदि C और S, क्रमशः कार और स्कूटर को निरूपित करें, तो पार्किंग का अनुक्रम है:

C S C S S C S S S C S S S S C S S S | S S C S S S S S S C S S S S S S S C

उपरोक्त अनुक्रम को एक रेखा से दो बराबर भागों में बांटा गया है।

स्पष्टतः रेखा के दूसरी ओर स्कूटरों की संख्या = 15

25. (*b*) : प्रत्येक बार जब हम 1, 2 या 3 का आदेश देते हैं, टोकरी में एक फल जोड़ा जाता है लेकिन 4 का आदेश देने पर दो फलों को हटा दिया जाता है।

अनुक्रम के अनुसार दिए गए आदेश के अंत में टोकरी में फलों की संख्या = 1 की संख्या + 2 की संख्या + 3 की संख्या − 2 ×(4 की संख्या)

$= 6 + 6 + 7 - 2 \times 4 = 19 - 8 = 11.$

26. (*b*) : प्रत्येक बार जब हम 2 का आदेश देते हैं, टोकरी में एक अमरूद जोड़ा जाता है लेकिन हर बार 4 का आदेश देने पर एक अमरूद हटा दिया जाता है।

अतः अभीष्ट संख्या = 2 की संख्या − 4 की संख्या

= 6 − 4 = 2

27. (*c*) : प्रत्येक बार जब हम 2 का आदेश देते हैं, टोकरी में एक सेब जोड़ा जाता है लेकिन हर बार 4 का आदेश देने पर एक सेब हटा दिया जाता है।

अतः अभीष्ट संख्या = 2 की संख्या − 4 की संख्या

= 6 − 4 = 2

28. (*d*) : नया अनुक्रम 9 5 1 8 2 3 4 7 8 3 बन जाता है।

दाएं से बाएं गिनती करने पर, सातवां अंक 8 है।

29. (*c*) : पुनर्व्यवस्था के बाद गठित नई संख्या 5 4 6 8 2 3 1 9 है।

स्पष्टतः 3 के बाईं ओर तीसरा अंक 6 है।

30. (*e*) : पुनर्व्यवस्था के बाद गठित नई संख्या 6 4 7 9 8 3 2 5 है।

दाएं ओर से सातवां अंक 4 है। 4 के दायीं ओर तीसरा अंक 8 है।

31. (*b*) : पुनर्व्यवस्था के बाद गठित नई संख्या 4 3 0 1 8 2 7 9 6 5 है।

बाएं ओर से सातवां अंक 7 है। 7 के बाईं ओर तीसरा अंक 1 है।

32. (*b*) : अभीष्ट अंतर = (5 + 7 + 3) − (8 + 4 + 2) = 15 − 14 = 1

33. (*e*) : गठित नई संख्या 45729 है।

अभीष्ट योग = (4 + 5 + 7 + 2 + 9) = 27

34. (*b*) : संख्याएं 291, 292, 293, 294, 295, 296, 297, 298, 299 और 300 हैं।

35. (*c*) : पहली शर्त के अनुसार, 3 से अधिक लेकिन 8 से कम संख्याएं 4, 5, 6, 7 हैं।

दूसरी शर्त के अनुसार, 6 से अधिक लेकिन 10 से कम संख्याएं 7, 8, 9 हैं।

स्पष्टतः दोनों शर्तों को संतुष्ट करने वाली संख्या 7 है।

36. (*d*) :

मूल संख्या	3 2 1 4 6 5 9 8 7
आरोही क्रम में अंकों की व्यवस्था करके गठित संख्या	1 2 3 4 5 6 7 8 9

स्पष्टतः 2, 4 और 8 का स्थान स्थिर रहता है।

37. (*a*) :

मूल संख्या	8 3 1 7 2 9 5 6 4
आरोही क्रम में अंकों की व्यवस्था करके गठित संख्या	9 8 7 6 5 4 3 2 1

स्पष्टतः ऐसा कोई अंक नहीं है।

38. (*e*) : दी गई संख्या है: 8314629.

अवरोही क्रम में व्यवस्थित करने पर प्राप्त संख्या है: 9864321

हमारे पास निम्नलिखित चार जोड़े हैं, जो दी गई शर्तों को संतुष्ट करते हैं:

दी गई संख्या में अंक	4 6 4 6 2 4 6 2 9 6 2 9
आरोही क्रम में अंक	6 4 4 3 2 9 8 6 4 9 8 6

39. (*d*) : दी गई संख्या है: 95137248

अंकों को आरोही क्रम में व्यवस्थित करने पर प्राप्त संख्या है: 12345789

हमारे पास निम्नलिखित 3 जोड़े अंक हैं, जो दी गई शर्तों को संतुष्ट करते हैं:

दी गई संख्या में अंक	5 1 3 3 7 2 4 8 7 2 4
आरोही क्रम में अंक	3 4 5 3 4 5 7 8 4 5 7

40. (*b*) : 187642539 संख्या के दूसरे, 6वें और 9वें अंक क्रमशः 8, 2 और 9 हैं।
इन अंकों का उपयोग करके गठित दो-अंकीय पूर्ण वर्ग विषम संख्या 289 है।
और, $289 = 17^2$.
अतः अभीष्ट विषम संख्या 17 है। स्पष्टतः इसका इकाई अंक 7 है।

41. (*e*) : संख्या 739142658 के दूसरे, चौथे और 7वें अंक क्रमशः 3, 1 और 6 हैं।
इन अंकों का उपयोग करके गठित दो-अंकीय पूर्ण वर्ग विषम संख्या 361 है।
और, $361 = 19^2$.
अतः अभीष्ट विषम संख्या 19 है। स्पष्टतः इसका दूसरा अंक 9 है।

42. (*a*) :

मूल संख्या	368	489	572	853	974
नई संख्या	843	964	255	338	459

अवरोही क्रम में व्यवस्थित नई संख्याएं हैं: 964, 843, 459, 338, 255
स्पष्टतः दूसरी सबसे बड़ी संख्या 843 है, जिसके अनुरूप मूल संख्या 368 है।

प्रश्न 43 से 45

मूल संख्या	513	726	492	865	149
नई संख्या	315	627	294	568	941

43. (*c*) : अवरोही क्रम में व्यवस्थित नई संख्याएं हैं: 941, 627, 568, 315, 294।
ऊपर से तीसरी संख्या 568 है और इसका मध्य अंक 6 है।

44. (*d*) : अवरोही क्रम में मूल संख्याएं: 865, 726, 513, 492, 149
अवरोही क्रम में नई संख्याएं: 941, 627, 568, 315, 294
अवरोही क्रम में नई संख्याओं के अनुरूप मूल संख्या: 149, 726, 865, 513, 492
स्पष्टतः दोनों में समान स्थान पर 726 है।

45. (*c*) : दूसरी सबसे बड़ी नयी संख्या 627 है। इसका तीसरा अंक 7 है।

46. (*b*) : गठित नई संख्याएं हैं: 571, 352, 693, 814, 729
दूसरी महत्तम संख्या 729 है। स्पष्टतः इसका पहला अंक 7 है।

47. (*b*) : गठित नई संख्याएं हैं: 715, 523, 936, 148, 297
अवरोही क्रम में व्यवस्थित करने पर: 936, 715, 523, 2 9 7, 148
ऊपर से तीसरी संख्या 523 है और इसका अंतिम अंक 3 है।

48. (*b*) : गठित नई संख्याएं हैं: 157, 235, 369, 481, 972
न्यूनतम दूसरी संख्या 235 है और इसका मध्य अंक 3 है।

49. (*d*) : गठित नई संख्याएं हैं: 837, 924, 651, 372, 498
दूसरी महत्तम संख्या 837 है और इसका अंतिम अंक 7 है।

50. (*d*) : गठित नई संख्याएं हैं: 378, 249, 516, 723, 984
महत्तम संख्या 984 है, जबकि न्यूनतम संख्या 249 है।
अतः अभीष्ट अंतर = 9 − 2 = 7

51. (*a*) : गठित नई संख्याएं हैं: 838, 529, 256, 373, 994
अवरोही क्रम में: 994, 838, 529, 373, 256
ऊपर से तीसरी संख्या 529 है, और इसका दूसरा अंक 2 है।

52. (*d*) :

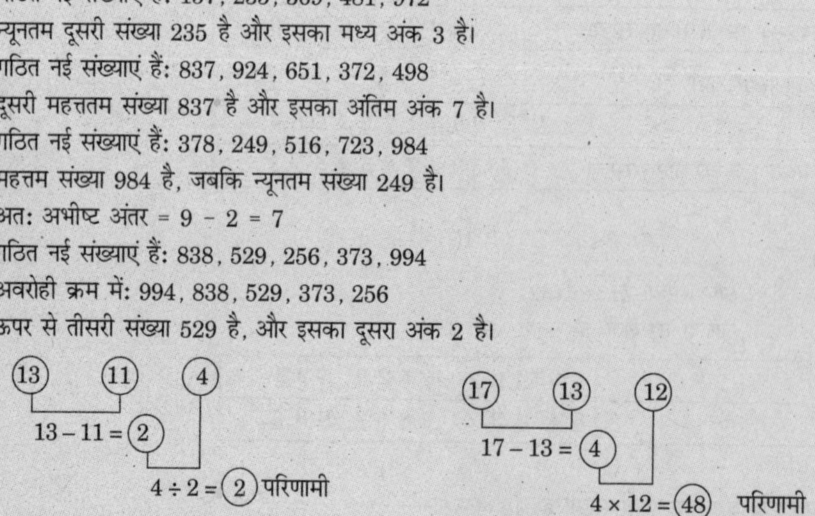

अभीष्ट परिणाम = 2 × 48 = 96

53. (*d*) : 40 30 3600   15 24 17

$40 \times 30 = 1200$ $15 + 24 = 39$

$3600 \div 1200 = 3$ परिणामी $39 - 17 = 22$ परिणामी

अभीष्ट परिणाम $= 3 + 22 = 25$

54. (*e*) : 15 11 20 400   8 12 10

$15 - 11 = 4$ $8 \times 12 = 96$

$4 \times 20 = 80$ $96 \times 10 = 960$ परिणामी

$400 \div 80 = 5$ परिणामी

अभीष्ट परिणाम $= 960 \div 5 = 192$

55.(*e*): 19 15 12   15 12 23 16

$19 - 15 = 4$ $15 + 12 = 27$

$4 \times 12 = 48$ परिणामी $27 - 23 = 4$

$16 \div 4 = 4$ परिणामी

अभीष्ट परिणाम $= 48 - 4 = 44$

56. (*a*) : 8 16 16 14   13 11 12 144

$16 \div 8 = 2$ $13 - 11 = 2$

$16 \div 2 = 8$ $2 \times 12 = 24$

$8 \times 14 = 112$ परिणामी $144 \div 24 = 6$ परिणामी

अभीष्ट परिणाम $= 112 - 6 = 106$

57. (*c*) : संभाव्य दो अंक संख्याएं: 88, 85, 82, 81, 87, 86, 58, 28, 18, 78, 68 हैं।
ये संख्या में 11 हैं।

58. (*d*) : नितिन: 32 31 30 2 9 28 27 26 25 24 23 22 21 20 ....
सुमित: 1 3 5 7 9 11 13 15 17 19 21 23 25 ....
स्पष्टत: दोनों एक ही संख्या कभी नहीं बोलेंगे।

59. (*c*) : $P = 4$ और $T - P = 5 \Rightarrow T = 9$
$T - N = 3$ और $T = 9 \Rightarrow N = 6$

60. (*d*) : आरोही क्रम में अभीष्ट संख्याएं हैं: 3, 6, 9, 12, 15, 18, 21, 24, 27, 30, 33, 36, 39, 42, 45
यदि न्यूनतम संख्या अर्थात 3 को ऊपर रखा जाता है, तो ऊपर से नौवीं संख्या 27 है।

61. (*e*) : अवरोही क्रम में अभीष्ट संख्याएं हैं:
85, 80, 75, 70, 65, 60, 55, 50, 45, 40, 35, 30, 25, 20, 15, 10, 5
नीचे से ग्यारहवीं संख्या 55 है।

62. (*c*) : 110 से 119 तक की संख्या में दहाई के स्थान पर 1 वाले अंक; 210 से 219; 310 से 319; 410 से 419; 510 से 519; 610 से 619; 710 से 719; 810 से 819 और 910 से 919
अत: अभीष्ट संख्या $= 10 \times 9 = 90$

63. (*d*) : कोई संख्या जो 9 से विभाजित होगी, वह 3 से भी विभाजित होगी।

64. (*b*) : 11 से 50 तक 7 से विभाज्य संख्याएं: 14, 21, 28, 35, 42, 49
लेकिन इनमें से 21 और 42, 3 से विभाजित हैं।
अत: अभीष्ट संख्या 14, 28, 35, 49 हैं।
स्पष्टत: ऐसी संख्याएं चार हैं।

प्रकार 2: क्रम परीक्षण

इस प्रकार के प्रश्नों में, ऊपर और नीचे दोनों स्थान से किसी व्यक्ति की स्थिति का उल्लेख किया जाता है और इस आधार पर व्यक्तियों की कुल संख्या पूछी जाती है। कभी-कभी प्रश्नों को दो व्यक्तियों द्वारा सीटें अदल-बदल करने की पहेली के रूप में भी पूछा जाता है।

व्याख्यात्मक उदाहरण

उदा. 1. रोहन कक्षा में ऊपर से सातवें स्थान पर है और नीचे से छब्बीसवें स्थान पर है। कक्षा में कितने छात्र हैं? **(R.R.B. 2004)**

(*a*) 31 (*b*) 32 (*c*) 33 (*d*) 34

हल: स्पष्टत: पूरी कक्षा में:

(i) 6 छात्र रोहन से ऊपर हैं;

(ii) रोहन; तथा

(iii) 25 छात्र जो रोहन से नीचे हैं, अर्थात, (6 + 1 + 25) = 32 छात्र होंगे।

अत: उत्तर (*b*) है ।

उदा. 2. 40 लड़कों की पंक्ति में माणिक दाएं से चौदहवें स्थान पर है। उसका बायीं ओर से स्थान क्या होगा? **(Bank Clerical, 2005)**

(*a*) 24वां (*b*) 25वां (*c*) 26वां (*d*) 27वां

(*e*) इनमें से कोई नहीं

हल: स्पष्टत: माणिक के बाईं ओर लड़कों की संख्या =(40-14)=26

अत: माणिक बाएं से 27वें स्थान पर है। अत: उत्तर (*d*) है।

उदा. 3. उत्तर की ओर मुंह किये लड़कों की एक पंक्ति में, A बाएं ओर से सोलहवां है और C दाएं ओर से सोलहवां है। B, जो A के दायीं ओर से चौथा है, पंक्ति में C के बाईं ओर पांचवें स्थान पर है। पंक्ति में कुल कितने लड़के हैं? **(R.B.I. 2005)**

(*a*) 39 (*b*) 40 (*c*) 41 (*d*) 42

(*e*) इनमें से कोई नहीं

हल: स्पष्टत: दी गई शर्तों के अनुसार, A के बाईं ओर तथा C दायीं ओर 15 लड़के हैं। B, A और C के बीच है तथा A और B के बीच 3 लड़के हैं; तथा B और C के बीच 4 लड़के हैं।

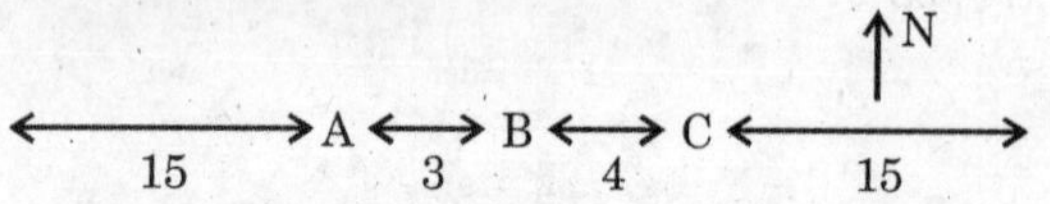

तो, पंक्ति में लड़कों की संख्या = (15 + 1 + 3 + 1 + 4 + 1 + 15) = 40 अत: उत्तर (*b*) है ।

उदा. 4. तीन व्यक्ति A, B और C एक कतार में खड़े हैं। A और B के बीच पांच व्यक्ति तथा B और C के बीच आठ व्यक्ति हैं। यदि C से आगे तीन व्यक्ति हैं और A के पीछे 21 व्यक्ति हैं, तो कतार में न्यूनतम कितने व्यक्ति हैं? **(Hotel Management, 2005)**

(*a*) 27 (*b*) 28 (*c*) 40 (*d*) 41

हल: दी गई शर्तों के अनुसार, दो संभावित व्यवस्थाएं नीचे दिखाई गयी हैं:

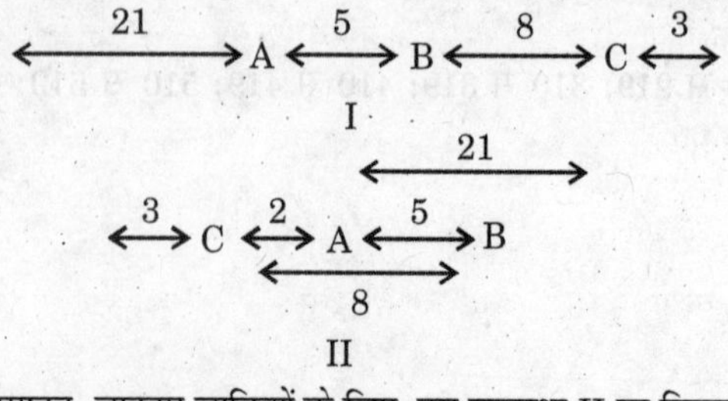

स्पष्टत: न्यूनतम व्यक्तियों के लिए, हम व्यवस्था II पर विचार करेंगे। II में, कतार में व्यक्तियों की संख्या = (3+1+2+1+21)=28

अत: उत्तर (*b*) है।

उदा. 5. 40 लड़कियों की एक पंक्ति में, जब कोमल अपनी बायीं ओर 4 स्थान खिसकती है तो पंक्ति के बाएं सिरे से उसका स्थान 10वां हो जाता है। यदि स्वाति कोमल के मूल स्थान से दायीं ओर तीसरे स्थान पर है, तो पंक्ति के दाहिने ओर से स्वाति कौन से स्थान पर होगी?

(*a*) 22 (*b*) 23 (*c*) 25 (*d*) 26

(*e*) इनमें से कोई नहीं **(Bank P.O. 2004)**

हल: कोमल को 4 स्थान बाईं ओर स्थानांतरित करने पर, कोमल पंक्ति के बाईं ओर से 10वें स्थान पर है। इस प्रकार, कोमल का मूल स्थान बाएं छोर से 14वां है।

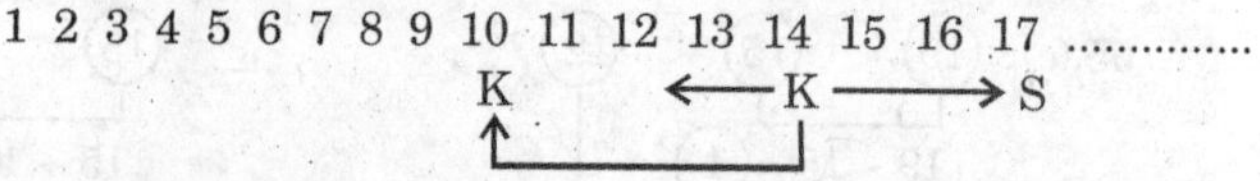

स्वाति, कोमल के मूल स्थान के दायीं ओर 3वें स्थान पर है।

स्पष्टत: स्वाति बाएं छोर से 17वें स्थान पर है।

स्वाति के दायीं ओर लड़कियों की संख्या = (40 - 17) = 23

इस प्रकार, स्वाति पंक्ति के दाहिनी छोर से 24वें स्थान पर है।

अत: उत्तर (*e*) है ।

उदा. 6. अमन लड़कों की एक पंक्ति में बाएं छोर से 16वें स्थान पर है और विवेक दाएं छोर से 18वें स्थान पर है। गगन अमन से दायीं ओर 11वें स्थान पर है और विवेक से दाएं छोर की तरफ तीसरे स्थान पर हैं। पंक्ति में कितने लड़के हैं? **(Bank P.O. 2004)**

(*a*) 40 (*b*) 42 (*c*) 48 (*d*) डेटा अपर्याप्त

(*e*) इनमें से कोई नहीं

हल: विवेक दाएं छोर से 18वें स्थान पर है और गगन विवेक के दायीं ओर तीसरा है। तो, गगन दायीं छोर से 15वें स्थान पर है।

इस प्रकार, अमन के बाईं ओर 15 लड़के हैं; अमन और गगन के बीच 10 लड़के; और गगन के दाहिने ओर 14 लड़के हैं।

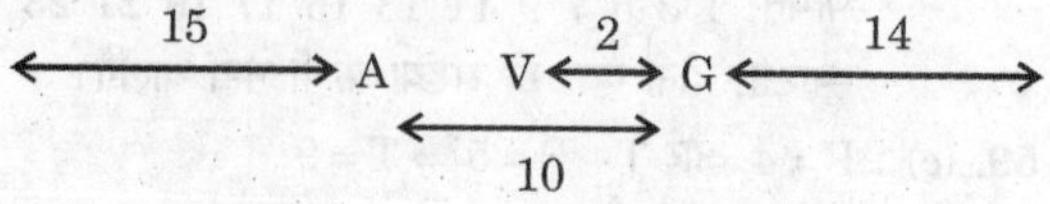

तो, पंक्ति में लड़कों की संख्या = (15 + 1 + 10 + 1 + 14) = 41

अत: उत्तर (*e*) है ।

उदा. 7. लड़कियों की एक पंक्ति में, काम्या बाईं ओर पांचवें स्थान पर है और प्रीति दायीं ओर से छठी है। जब वे अपने स्थान की अदला-बदली करते हैं, तो काम्या बाईं ओर तेरहवें स्थान पर आ जाती है। दायीं ओर से प्रीति का स्थान क्या होगा? **(Hotel Management, 2004)**

(*a*) 7वां (*b*) 11वां (*c*) 14वां (*d*) 18वां

हल: काम्या का नया स्थान बाएं से 13वां है। लेकिन यह प्रीति के पिछले स्थान के समान है जो दाएं से 6वां है।

इस प्रकार, पंक्ति में (12 + 1 + 5) = 18 लड़कियां होती हैं।

अब, प्रीति का नया स्थान काम्या का पिछला स्थान है, जो बाईं ओर से 5वें स्थान पर है।

प्रीति के दायीं ओर लड़कियों की संख्या = (18 - 5) = 13

तो, प्रीति का नया स्थान दाएं से 14वां है। अत: उत्तर (*c*) है ।

अभ्यास 12B

1. सैम कक्षा में ऊपर से नौवें स्थान पर है और नीचे से अड़तीसवें स्थान पर है। कक्षा में कितने विद्यार्थी हैं? **(M.B.A. 2002)**

(*a*) 45 (*b*) 46 (*c*) 47 (*d*) 48

2. लड़कों की एक कक्षा एक ही पंक्ति में खड़ी है। इस क्रम में एक लड़का दोनों सिरों से उन्नीसवें स्थान पर है। कक्षा में कितने लड़के हैं? **(N.M.A.T. 2003)**

(*a*) 27 (*b*) 37 (*c*) 38 (*d*) 39

3. अजय ऊपर से सोलहवें स्थान पर है और परीक्षा उत्तीर्ण करने वाले छात्रों में नीचे से उनत्तीसवे स्थान पर है। छह छात्रों ने परीक्षा में भाग नहीं लिया और पांच इसमें उत्तीर्ण नहीं हो पाए । कक्षा में कितने लड़के थे?

(*a*) 40 (*b*) 44 (*c*) 50 (*d*) 55 (*e*) 58

4. यदि अतुल लड़कों की एक पंक्ति में दाएं से बारहवें स्थान पर और बाईं ओर से चौथे स्थान पर है, तो पंक्ति में कितने लड़कों को जोड़ा जाना चाहिए ताकि पंक्ति में 28 लड़के हों?

(*a*) 12 (*b*) 13 (*c*) 14 (*d*) 20
(*e*) इनमें से कोई नहीं

5. लड़कों की एक पंक्ति में, जीवन प्रारम्भ से सातवें और अंत से ग्यारहवें स्थान पर है। लड़कों की एक दूसरी पंक्ति में, विकास प्रारम्भ से दसवें और अंत से बारहवें स्थान पर है। दोनों पंक्तियों में एक साथ कुल कितने लड़के हैं? **(Bank P.O. 2005)**

(*a*) 36 (*b*) 37 (*c*) 39
(*d*) निर्धारित नहीं किया जा सकता है (*e*) इनमें से कोई नहीं

6. 60 बच्चों की कक्षा में, जहां लड़कियां, लड़कों की तुलना में दोगुनी हैं, कमल ऊपर से सत्रहवें स्थान पर हैं। यदि 9 लड़कियां कमल से आगे हैं, तो कमल के बाद कितने लड़के हैं? **(R.R.B. 2002)**

(*a*) 3 (*b*) 7 (*c*) 12 (*d*) 23

7. नितिन 49 छात्रों की कक्षा में अठारहवें स्थान पर हैं। अंत से उसका स्थान क्या होगा? **(A.S.M. 2003)**

(*a*) 18 (*b*) 19 (*c*) 31 (*d*) 32

8. 31 छात्रों की कक्षा में मनोज और सचिन ऊपर से क्रमश: सातवें और ग्यारहवें स्थान पर हैं। कक्षा में नीचे से उनका स्थान क्या होगा?

(*a*) 20वां और 24वां (*b*) 24वां और 20वां
(*c*) 25वां और 21वां (*d*) 26वां और 22वां

9. रवि 39 बच्चों की कक्षा में सुमित से 7 स्थान आगे है। यदि सुमित का स्थान अंत से सत्रहवां है, प्रारम्भ से रवि का स्थान क्या होगा?

(*a*) 14वां (*b*) 15वां (*c*) 16वां (*d*) 17वां

10. भारती, दिव्या से 8 स्थान आगे है जो 42 बच्चों की कक्षा में छब्बीसवे स्थान पर है। भारती का अंत से स्थान क्या होगा?

(*a*) 9वां (*b*) 24वां (*c*) 25वां (*d*) 34वां
(*e*) इनमें से कोई नहीं

11. लड़कों की एक पंक्ति में, A बाईं ओर तेरहवें स्थान पर है और D दाएं से सत्रहवें स्थान पर है। यदि इस पंक्ति में A दाएं से ग्यारहवें स्थान पर है तो बाएं से D का स्थान क्या होगा? **(Bank P.O. 2004)**

(*a*) 6वां (*b*) 7वां (*c*) 10वां (*d*) 12वां
(*e*) इनमें से कोई नहीं

12. लड़कों की एक पंक्ति में राजन बाएं छोर से छठे स्थान पर है और विनय दाएं छोर से दसवें स्थान पर है। यदि राजन और विनय के बीच आठ लड़के हैं, तो पंक्ति में कितने लड़के होंगे?

(*a*) 23 (*b*) 24 (*c*) 25 (*d*) 26
(*e*) इनमें से कोई नहीं

13. लड़कों की एक पंक्ति में, A बाईं ओर पंद्रहवे स्थान पर है और B दाएं से चौथे स्थान पर है। A और B के बीच तीन लड़के हैं A C, A के तुरंत बाईं ओर हैं। C का दायीं ओर से स्थान क्या है? **(M.B.A. 2003)**

(*a*) 9वां (*b*) 10वां (*c*) 12वां (*d*) 13वां

14. 29 लड़कों की एक पंक्ति में रोहित बाईं ओर सत्रहवें स्थान पर है और करण उसी पंक्ति में दाएं छोर से सत्रहवें स्थान पर है। पंक्ति में उनके बीच कितने लड़के हैं? **(R.B.I. 2003)**

(*a*) 3 (*b*) 5 (*c*) 6 (*d*) डाटा अपर्याप्त है
(*e*) इनमें से कोई नहीं

15. चालीस बच्चों की एक पंक्ति में, P बाएं छोर से तेरहवें स्थान पर है और Q दाएं छोर से नौवें स्थान पर है। P और R के बीच कितने बच्चे हैं यदि R, Q के बाईं ओर चौथे स्थान पर है? **(R.B.I. 2004)**

(*a*) 12 (*b*) 13 (*c*) 14 (*d*) 15
(*e*) इनमें से कोई नहीं

16. 35 छात्रों की एक कक्षा में, कुनाल को नीचे से सातवें स्थान पर रखा गया है जबकि सोनाली को ऊपर से नौवें स्थान पर रखा गया है। पुल्कित इन दोनों के एकदम बीच में है। पुल्कित की ओर से कुनाल का स्थान क्या होगा? **(M.A.T. 1999)**

(*a*) 9 (*b*) 10 (*c*) 11 (*d*) 13

17. रिचर्ड, लड़कों की कतार में सामने से पंद्रहवे स्थान पर है। उसके सामने जितने लडकें हैं, उसके तिगुने उसके पीछे हैं। कतार के अंत से सातवें लड़के और रिचर्ड के बीच कितने लड़के हैं? **(Bank P.O. 2002)**

(*a*) 33 (*b*) 34 (*c*) 35 (*d*) डाटा अपर्याप्त है
(*e*) इनमें से कोई नहीं

18. चालीस लड़के उत्तर की ओर मुंह करके एक पंक्ति में खड़े हैं। अमित बाईं ओर से ग्यारहवें स्थान पर हैं और दीपक दाहिनी ओर से इकत्तीस्वें स्थान पर हैं। श्रेया, जो पंक्ति में अमित के दाहिनी ओर तीसरे स्थान पर है, दीपक से कितनी दूर होगी? **(Bank P.O. 2005)**

(*a*) दूसरा (*b*) तीसरा (*c*) चौथा (*d*) पाचवां
(*e*) इनमें से कोई नहीं

19. एक कक्षा में, उत्तीर्ण विद्यार्थियों में अमिषा ऊपर से बाइसवें स्थान पर हैं और सजल, जो अमिषा से 5 स्थान नीचे है, नीचे से चौंतीसवे स्थान पर हैं। कक्षा के सभी विद्यार्थी परीक्षा में उपस्थित हुए हैं। यदि उस कक्षा में, परीक्षा में उत्तीर्ण और अनुत्तीर्ण विद्यार्थियों का अनुपात 4:1 हैं, तो कक्षा में कितने छात्र हैं? **(Bank P.O. 2004)**

(*a*) 60 (*b*) 75 (*c*) 90 (*d*) डाटा अपर्याप्त है
(*e*) इनमें से कोई नहीं

20. एक कतार में, A सामने से अठारहवें स्थान पर है जबकि B पीछे से सोलहवें स्थान पर है। यदि C सामने से पच्चीसवें स्थान पर है और A और B के ठीक बीच में है, तो कतार में कितने लोग हैं? **(Hotel Management, 1999)**

(*a*) 45 (*b*) 46 (*c*) 47 (*d*) 48

21. N कक्षा में पांचवें स्थान पर है। S अंत से आठवे स्थान पर है। यदि T, N के बाद छठवें स्थान पर है और सिर्फ N और S के बीच में है, तो कक्षा में कितने छात्र हैं? **(M.B.A. 2002)**

(*a*) 23 (*b*) 24 (*c*) 25 (*d*) 26

22. लड़कियों की एक पंक्ति में, प्रिया और नताशा के बीच 16 लड़कियां हैं। प्रिया पंक्ति के बाएं छोर से बत्तीसवे स्थान पर है। यदि प्रिया पंक्ति के दाहिनी छोर पर नताशा से नजदीक है, तो पंक्ति के बाएं सिरे से नताशा कितनी दूर है? **(R.B.I. 2005)**

(*a*) डाटा अपर्याप्त है (*b*) 14वां (*c*) 15वां (*d*) 16वां
(*e*) इनमें से कोई नहीं

23. एक कतार में, शिखर पीछे से नौवे स्थान पर है। अरुण आगे से आठवें स्थान पर है। निखिल दोनों के बीच खड़ा है। कतार में खड़े लड़कों की न्यूनतम संख्या क्या हो सकती है? **(A.I.M.A.T.S. 2002)**

(*a*) 8 (*b*) 10 (*c*) 12 (*d*) 14

24. 21 लड़कियों की एक पंक्ति में, जब मोनिका को दायीं ओर चार स्थान स्थानांतरित कर दिया गया, तो वह बाएं छोर से 12वें स्थान पर हो गई। पंक्ति के दाहिने छोर से उसका पुराना स्थान क्या था?

(*a*) 9वां (*b*) 10वां (*c*) 11वां (*d*) 12वां (*e*) 14वां

25. उत्तर की ओर मुंह करके खड़ी लड़कियों की एक पंक्ति में, रीना पल्लवी के बाईं ओर 10वें स्थान पर है, जो दाएं छोर से 21वें स्थान पर है। यदि मालिनी, जो बाएं छोर से 17वें स्थान पर है, रीना के दाहिने ओर चौथे स्थान पर है। तो, पंक्ति में कितनी लड़कियां हैं? **(Bank P.O. 2004)**

(*a*) 37 (*b*) 43
(*c*) 44 (*d*) डाटा अपर्याप्त है

26. बच्चों की एक पंक्ति में जॉर्ज बाईं ओर पांचवे स्थान पर है और पीटर दाएं छोर से बारहवें स्थान पर है। यदि पीटर, जॉर्ज की ओर तीन स्थान बढ़ता है, तो वह बाएं छोर से दसवां हो जाता है। पंक्ति में कितने बच्चे हैं? **(Officers' Exam, 2002)**

(*a*) 21 (*b*) 22 (*c*) 23 (*d*) 24
(*e*) इनमें से कोई नहीं

27. लड़कों की एक पंक्ति में, यदि A बाएं से दसवें स्थान पर है और B जो दाहिने से नौवें स्थान पर है, उनके स्थान की अदला-बदली करने पर A बाईं ओर पंद्रहवें स्थान पर हो जाता है। पंक्ति में कितने लड़के हैं? **(S.S.C. 2000)**

(*a*) 23 (*b*) 27 (*c*) 28 (*d*) 31

28. कुछ छात्र एक कतार में खड़े हैं, जिसमें आशीष बाईं ओर से पंद्रहवें स्थान पर है और सचिन दाएं से सातवें स्थान पर है। जब वे अपने स्थानों की अदला-बदली करते हैं, तो सचिन दाएं से पंद्रहवां हो जाता है। कतार में कुल कितने छात्र हैं? **(R.R.B. 2004)**

(*a*) 21 (*b*) 22 (*c*) 29 (*d*) इनमें से कोई नहीं

29. बच्चों की एक पंक्ति में, दीप्ति बाईं ओर से नौवें और कशिश दाएं से तेरहवें स्थान पर है। जब वे अपनी स्थान की अदला-बदली करती हैं, तो दीप्ति बायीं ओर से सत्रहवीं हो जाती है। पंक्ति के दाहिने छोर से कशिश का नया स्थान ज्ञात करें। **(A.T.M.A. 2004)**

(*a*) 20वां (*b*) 21वां (*c*) 27वां (*d*) इनमें से कोई नहीं

30. लड़कियों की एक पंक्ति में, रीटा और मोनिका क्रमश: दाएं छोर से नौवें और बाएं छोर से दसवें स्थान पर हैं। यदि वे अपने स्थानों की अदला-बदली करती हैं, तो रीटा और मोनिका क्रमश: दायीं ओर से सत्रहवें और बाईं ओर अठारहवें स्थान पर आ जाती हैं। पंक्ति में कितनी लड़कियां हैं? **(M.A.T. 2005)**

(*a*) 25 (*b*) 26 (*c*) 27 (*d*) डाटा अपर्याप्त

31. 40 लड़कों की एक पंक्ति में, सतीश को रोहन के दाहिने ओर 10 स्थान स्थानांतरित कर दिया गया था और केवल को विलास के बायीं ओर 10 स्थान स्थानांतरित कर दिया गया। यदि विलास बाएं से 26वें स्थान पर था और स्थानांतरण के बाद केवल और सतीश के बीच तीन लड़के थे, तो पंक्ति में रोहन का स्थान क्या था? **(S.B.I. P.O. 2005)**

(*a*) दाएं छोर से 10वां (*b*) बाएं छोर से 10वां
(*c*) दाएं छोर से 39वां (*d*) डाटा अपर्याप्त है
(*e*) इनमें से कोई नहीं

निर्देश (प्रश्न 32 से 35): इन प्रश्नों के उत्तर देने के लिए निम्नलिखित निर्देशों को ध्यानपूर्वक पढ़ें: **(Hotel Management, 2003)**

चार छात्राओं के एक समूह पर विचार करें - रीना, बीना, मीना और नीना, जो एक पंक्ति में खड़ी हैं । रीना और बीना बाएँ से क्रमश: छठे और सातवें स्थान पर हैं। मीना और नीना दाएं से क्रमश: चौथे और पांचवें स्थान पर हैं। जब बीना और मीना अपने स्थान की अदला-बदली करती हैं, तो बीना बाईं ओर से पंद्रहवें स्थान पर होती है।

32. मूल रूप से, बाएं से नीना का स्थान है:

(*a*) 5 (*b*) 13 (*c*) 14 (*d*) 16

33. दाएं से रीना का स्थान है:

(*a*) 6 (*b*) 13 (*c*) 14 (*d*) 18

34. यदि नीना और रीना अपने-अपने स्थान की अदला-बदली करती हैं, तो अदला बदली के बाद बाएं से नीना का स्थान होगा:

(*a*) 6 (*b*) 10 (*c*) 11 (*d*) इनमें से कोई नहीं

35. बीना और मीना के स्थानों की अदला-बदली करने पर, दायीं ओर से मीना का स्थान है:

(*a*) 5 (*b*) 10 (*c*) 12 (*d*) इनमें से कोई नहीं

हल-अभ्यास 12(B)

1. (*b*) : स्पष्टत: कक्षा में विद्यार्थियों की संख्या
$= (8 + 1 + 37) = 46$

2. (*b*) : स्पष्टत: कक्षा में लड़कों की संख्या
$= (18 + 1 + 18) = 37$

3. (*d*) : उत्तीर्ण लड़कों की संख्या $= (15 + 1 + 28) = 44$
$\therefore$ कक्षा में लड़कों की कुल संख्या $= (44 + 6 + 5) = 55$

4. (*b*) : स्पष्टत: पंक्ति में लड़कों की संख्या $= (11 + 1 + 3) = 15$
$\therefore$ जोड़े जाने वाले लड़कों की संख्या $= (28 - 15) = 13$

5. (*e*) : स्पष्टत: दोनों पंक्तियों में लड़कों की कुल संख्या = (जीवन की पंक्ति में लड़कों की संख्या) + (विकास की पंक्ति में लड़कों की संख्या) $= (6 + 1 + 10) + (9 + 1 + 11) = (17 + 21) = 38$

6. (*c*) : माना लड़कों की संख्या $= x$
तब लड़कियों की संख्या $= 2x$
$\therefore x + 2x = 60$ या $3x = 60$ या $x = 20$
अत: लड़कों की संख्या = 20 और लड़कियों की संख्या = 40
कक्षा में कमल के पीछे छात्रों की संख्या $= (60 - 17) = 43$
कक्षा में कमल से आगे लड़कियों की संख्या = 9
कक्षा में कमल के पीछे लड़कियों की संख्या $= (40 - 9) = 31$
कक्षा में कमल के पीछे लड़कों की संख्या $= (43 - 31) = 12$

7. (*d*) : नितिन के पीछे छात्रों की संख्या = (4 9 – 18) = 31
अत: नितिन अंत से 32वें स्थान पर है।

8. (*c*) : रैंक में मनोज के पीछे छात्रों की संख्या = (31 – 7) = 24
अत: मनोज नीचे से 25वां है।
रैंक में सचिन के पीछे छात्रों की संख्या = (31 – 11) = 20
अत: सचिन नीचे से 21वें स्थान पर है।

9. (*c*) : सुमित अंत से 17वें स्थान पर है और रवि, सुमित से 7 रैंक आगे है। तो, रवि अंत से 24वें स्थान पर है।
रैंक में रवि से आगे के छात्रों की संख्या = (39 – 24) = 15
अत: रवि प्रारम्भ से 16वें स्थान पर है ।

10. (*c*) : दिव्या 26वें स्थान पर है और भारती दिव्या से 8 रैंक आगे है। तो, भारती 18वें स्थान पर है।
रैंक में भारती के पीछे छात्रों की संख्या = (42 – 18) = 24
अत: भारती अंत से 25वें स्थान पर है।

11. (*b*) : स्पष्टत: A बाईं ओर तेरहवें स्थान है और पंक्ति के दाहिने छोर से 11वें स्थान पर है।
तो, पंक्ति में लड़कों की संख्या = (12 + 1 + 10) = 23
अब, D दाएं से सत्रहवे स्थान पर है।
D के बाईं ओर लड़कों की संख्या = (23 – 17) = 6
अत: D पंक्ति के बाईं ओर से 7वे स्थान पर है।

12. (*b*) : स्पष्टत: पंक्ति में लड़कों की संख्या = (6 + 10 + 8) = 24

13. (*a*) : पंक्ति में लड़कों की संख्या = (15 + 4 + 3) = 22
C, A के तुरंत बाईं ओर हैं, इसलिए C बाएं छोर से 14वां है।
C के दायीं ओर लड़कों की संख्या = (22 – 14) = 8
अत: C पंक्ति के दाहिनी छोर से 9वें स्थान पर है।

14. (*a*) : करन दाएं छोर से सत्रहवें स्थान पर है।
करण के बाईं ओर लड़कों की संख्या = (29 –17) = 12
तो, करण बाएं छोर से 13वें स्थान पर है। इसके अतिरिक्त, रोहित बाएं छोर से 17वें स्थान पर है।
स्पष्टत: रोहित और करण के बीच 3 लड़के हैं।

15. (*c*) : Q दाएं छोर से नौवे स्थान पर है और R, Q के बाईं ओर चौथे स्थान पर है। अत: R दाएं छोर से 13वे स्थान पर है।
R के बाईं ओर बच्चों की संख्या = (40 – 13) = 27
इस प्रकार, R बाएं छोर से 28वें स्थान पर है। इसके अतिरिक्त, P बाएं छोर से 13वें स्थान पर है।
स्पष्टत: P और R के बीच 14 लोग हैं।

16. (*b*) : कुनाल और सोनाली के बीच छात्रों की संख्या = 35 – (7 + 9) = 19
स्पष्टत: कुनाल और पुल्कित के साथ-साथ पुल्कित और सोनाली के बीच 9 छात्र हैं।
तो, कुनाल पुल्कित से 10वें स्थान पर है।

17. (*c*) : रिचर्ड के सामने लड़कों की संख्या = 14
रिचर्ड के पीछे लड़कों की संख्या = (14 × 3) = 42
कतार में लड़कों की कुल संख्या = (14 + 1 + 42) = 57
57 लड़कों की एक क तार में, अंत से सातवाँ लड़का, प्रारम्भ से स्पष्टत: 51वां है।
इस प्रकार, हमें 15वें और 51वें लड़के के बीच लड़कों की संख्या का पता लगाना है, जो स्पष्टत: 35 है।

18. (*c*) : दीपक के बाईं ओर लड़कों की संख्या = (40 – 31) = 9
तो, दीपक बाएं छोर से 10वां है।
श्रेया, अमित के दाहिनी ओर तीसरे स्थान पर है। तो, श्रेया बाएं छोर से 14वी है।
स्पष्टत: श्रेया दीपक के दाहिने ओर चौथे स्थान पर है।

19. (*b*) : अमिषा ऊपर से बाइसवें स्थान पर है और सजल अमिषा से 5 रैंक नीचे है । तो, सजल ऊपर से 27वें स्थान पर है। इसके अतिरिक्त, सजल नीचे से 34वें स्थान पर है ।
उत्तीर्ण विद्यार्थियों की संख्या = (26 + 1 + 33) = 60
माना उत्तीर्ण विद्यार्थियों की संख्या और अनुत्तीर्ण विद्यार्थियों की संख्या क्रमश: 4x और x हैं।
तब, 4x = 60 या x = 15
अत: कक्षा में छात्रों की संख्या = (60 + 15) = 75

20. (*c*) : A सामने से अठारहवे स्थान पर है और C सामने से पच्चीसवें स्थान पर है।
A और C के बीच व्यक्तियों की संख्या = 6
चूंकि C, A और B के बिलकुल बीच में है, इसलिए C और B के बीच व्यक्तियों की संख्या है = 6

←17→ A ←6→ C ←6→ B

←15→

कतार में व्यक्तियों की संख्या = (17 + 1 + 6 + 1 + 6 + 1 + 15) = 47

21. (*b*) : ←4→ N ←5→ T ←5→ S ←7→
कक्षा में विद्यार्थियों की संख्या =
(4 + 1 + 5 + 1 + 5 + 1 + 7) = 24

22. (*c*) : दो संभावित व्यवस्थाएं हैं:

I: ←31→ P ←16→ N

II: N ←16→ P; ←31→

लेकिन चूंकि प्रिया पंक्ति के दाहिनी छोर पर नताशा से नजदीक है, इसलिए व्यवस्था II का पालन करना चहिए।
व्यवस्था II में नताशा के बाईं ओर लड़कियों की संख्या = [31 – (1 + 16)] = 14
स्पष्टत: नताशा पंक्ति के बाएं सिरे से 15वी है।

23. (*b*) : कतार के एक तरफ से लड़के के लिए अधिकतम दी गयी रैंक 9 है। अत: हम पहले 9 लड़कों की कतार पर विचार करते हैं।

1 2 3 4 5 6 7 8 9
S A

लेकिन इस कतार में शिखर और अरुण के बीच लड़कों की संख्या सम है और इसलिए निखिल की मध्य स्थिति का पता नहीं लगाया जा सकता है।
अब, एक कतार में 10 लड़कों की व्यवस्था पर विचार करें।

1 2 3 4 5 6 7 8 9 10
S N A

अत: छात्रों की अभीष्ट संख्या = 10

24. (*e*) : मोनिका द्वारा स्थान परिवर्तन को निम्नानुसार दिखाया जा सकता है:

1 2 3 4 5 6 7 8 9 10 11 M 13

14 15 16 17 18 19 20 21

स्पष्टत: मोनिका का पिछला स्थान बाएं से 8वें और दाएं छोर से 14वां था ।

25. (*b*) : पल्लवी दाएं से 21वें स्थान पर हैं और रीना, पल्लवी के बाई ओर 10वीं है। तो, रीना दाये से 31वें स्थान पर है।

मालिनी रीना के दाहिने ओर चौथे स्थान पर है। तो, मालिनी दाएं से 27वें स्थान पर है। इसके अतिरिक्त, मालिनी बाई ओर से 17वें स्थान पर है।

पंक्ति में लड़कियों की संख्या = (26 + 1 + 16) = 43

26. (*d*) : स्पष्टत: पंक्ति के बाई छोर की ओर जॉर्ज है जबकि पीटर दाहिनी छोर की ओर है। अत: जब पीटर जॉर्ज की ओर बढ़ता है, तो वह 3 स्थान बाई ओर जाता है। इस प्रकार, पीटर अब दाएं छोर से 15वें स्थान पर है। लेकिन, पीटर बाई तरफ से 10वें स्थान पर है।

पंक्ति में बच्चों की संख्या = (14 + 1 + 9) = 24

27. (*a*) : स्पष्टत: A का नया स्थान बाई ओर 15वां है, लेकिन यह B के पिछले स्थान के समान है जो दाएं से 9वें स्थान पर है।

28. (*c*) : सचिन का नया स्थान दायीं ओर तथा बायीं ओर से 15वें स्थान पर है ।

∴ कतार में विद्यार्थियों की संख्या = (14 + 1 + 14) = 29

29. (*b*) : दीप्ति का नया स्थान बाई ओर से 17वां और दायीं ओर से 13वां है।

अत: पंक्ति में बच्चों की संख्या = (16 + 1 + 12) = 29

अब, कशिश का नया स्थान दीप्ति का पिछला स्थान है जो बाई ओर से 9वां है।

कशिश के दायीं ओर बच्चों की संख्या = (29 − 9) = 20

अत: कशिश का नया स्थान दाएं से 21वें स्थान पर है।

30. (*b*) : चूंकि रीता और मोनिका परस्पर स्थान बदलती हैं, इसलिए रीता का नया स्थान मोनिका के पिछला स्थान के समान है। यह स्थान दायीं ओर से 17वां और बाई ओर से 10वां है।

पंक्ति में लड़कियों की संख्या = (16 + 1 + 9) = 26

31. (*d*) : विलास बाएं से छब्बीसवें स्थान पर हैं और केवल विलास के बाई ओर 10वें स्थान पर हैं, तो केवल बाएं से 16वें स्थान पर होगा। अब, केवल और सतीश के बीच तीन लड़के हैं, तो सतीश बाई ओर 12वां या 20वां हो सकता है। चूंकि सतीश की सही स्थान का पता लगाया नहीं जा सकता है, इसलिए दिया गया डेटा अपर्याप्त है।

32. (*c*) : स्पष्टत: बीना का नया स्थान बाई ओर से 15वां और दाएं से चौथा है।

अत: पंक्ति में विद्यार्थियों की संख्या = (14 + 1 + 3) = 18

नीना का मूल स्थान दाएं से 5वां है।

नीना के बाई ओर विद्यार्थियों की संख्या = (18 − 5) = 13

अत: नीना का मूल स्थान बाई ओर से 14वां है।

33. (*b*) : रीना बाई ओर से 6वी है।

रीना के दायीं ओर छात्रों की संख्या = (18 − 6) = 12

अत: रीना का स्थान दाएं से 13 वां है।

34. (*a*) : नीना का नया स्थान रीना का पिछला स्थान है जो बाई ओर से 6वें स्थान पर है।

35. (*c*) : मीना का नया स्थान बीना का पिछला स्थान है जो बाई ओर से 7वें स्थान पर है।

मीना के दायीं ओर विद्यार्थियों की संख्या = (18 − 7) = 11

अत: मीना का स्थान दाएं से 11 वां है।

प्रकार 3: समय-अनुक्रम परीक्षण

उदा. 1. सतीश को ध्यान है कि उनके भाई का जन्मदिन फरवरी में पंद्रह के बाद है, लेकिन अठारह से पहले है, जबकि उनकी बहन काजल को ध्यान है कि उनके भाई का जन्मदिन फरवरी में सोलह के बाद है, लेकिन उन्नीस से पहले है। फरवरी में किस दिन सतीश के भाई का जन्मदिन है?

(*a*) 16 (*b*) 17 (*c*) 18 (*d*) 19

(*e*) इनमें से कोई नहीं

हल: सतीश के अनुसार, भाई का जन्मदिन 16 और 17 फरवरी में से किसी दिन है। काजल के अनुसार, भाई का जन्मदिन 17 और 18 फरवरी में से किसी दिन है।

स्पष्टत: दोनों तारीखों में 17 फरवरी समान है। अत: सतीश के भाई का जन्मदिन 17 फरवरी को होगा।

अत: उत्तर (*b*) है ।

उदा. 2. एक बस स्टैंड से दिल्ली के लिए बस हर तीस मिनट मे निकलती है। पूछताछ खिड़की पर क्लर्क ने एक यात्री को बताया कि बस दस मिनट पहले जा चुकी है और अगली बस 9.35 a.m. पर प्रस्थान करेगी। क्लर्क ने यात्री को यह जानकारी किस समय दी?

(*a*) 9.10 a.m. (*b*) 8.55 a.m.

(*c*) 9.08 a.m. (*d*) 9.05 a.m.

(*e*) 9.15 a.m.

हल: अगली बस 9.35 बजे प्रस्थान करेगी। इसका अर्थ है कि पिछली बस 9.05 बजे प्रस्थान की थी। लेकिन ऐसा क्लर्क द्वारा यात्री को जानकारी देने से दस मिनट पहले हुआ।

इस प्रकार, पूछताछ क्लर्क ने 9.15 a.m. पर जानकारी दी।

अत: उत्तर (*e*) है।

उदा. 3. यदि किसी माह का सातवां दिन शुक्रवार से तीन दिन पहले आता है, तो उस माह के उन्नीसवें दिन कौन सा वार होगा?

(*a*) रविवार (*b*) सोमवार (*c*) बुधवार (*d*) शुक्रवार

हल: प्रश्नानुसार, महीने का सातवां दिन शुक्रवार से तीन दिन पहले, अर्थात मंगलवार को है।

अत: चौदहवां दिन भी मंगलवार होगा और इस प्रकार उन्नीसवां दिन रविवार होगा। अत: उत्तर (*a*) है ।

उदा. 4. यदि 17 दिसंबर, 2002 को शनिवार था, तो 22 दिसंबर, 2004 को कौन सा दिन था?

(*a*) सोमवार (*b*) मंगलवार (*c*) बुधवार (*d*) रविवार

हल: स्पष्टत: हर सातवां दिन खुद को दोहराता है। अब चूंकि 17 दिसंबर 2002 − 16 दिसंबर 2003 तक 365 दिनों की अवधि है। इसे 7 से विभाजित करके हमें 52 सप्ताह और एक दिन मिलते हैं। इस प्रकार, 365 वां दिन भी पहले दिन के समान होगा, अर्थात 16 दिसंबर 2003 भी शनिवार है।

अब, 16 दिसंबर 2003 - 15 दिसंबर 2004, 366 दिनों की अवधि है (क्योंकि 2004, एक लीप वर्ष होने के कारण फरवरी में 29 दिन है)। इस प्रकार, जैसा कि ऊपर दिखाया गया है, 14 दिसंबर 2004 को भी 6 दिसंबर 2003 के समान अर्थात शनिवार होगा । इस प्रकार 21 दिसंबर 2004 को भी शनिवार होगा तथा 22 दिसंबर 2004 को रविवार होगा। अत: उत्तर (*d*) है।

नोट: उदाहरण. 4 जैसे प्रश्नों को हल करते समय याद रखें:

(i) एक वर्ष में 365 दिन हैं।

(ii) जो वर्ष, 4 से विभाजित हो जाता है, वह लीप वर्ष है। उदाहरण के लिए, 1980, 1984, 1988, 1992, 1996, ..., 2004, 2008, ... इनमें 366 दिन हैं।

(iii) एक लीप वर्ष में फरवरी में 29 दिन होते हैं।

(iv) एक वर्ष का अंतिम दिन पहले दिन जैसा ही होता है।

इस प्रकार, यदि एक वर्ष का पहला दिन शुक्रवार है, तो वर्ष का अंतिम दिन भी शुक्रवार होगा और अगले वर्ष का पहला दिन शनिवार होगा। हालांकि, यदि लीप वर्ष का पहला दिन शुक्रवार है, तो वर्ष का अंतिम दिन शनिवार होगा और अगले वर्ष का पहला दिन रविवार होगा।

अभ्यास 12C

1. कैलाश को याद है कि उनके भाई दीपक का जन्मदिन 20 मई के बाद लेकिन 28 मई से पहले होता है, गीता को याद है कि दीपक का जन्मदिन 22 मई से पहले लेकिन 12 मई के बाद होता है। दीपक का जन्मदिन किस तारीख पर होगा?

(*a*) 20 मई (*b*) 21 मई (*c*) 22 मई
(*d*) निर्धारित नहीं किया जा सकता है
(*e*) इनमें से कोई नहीं

2. संगीता को याद है कि उसके पिता का जन्मदिन निश्चित रूप से आठ दिसंबर के बाद लेकिन तेरह दिसंबर से पहले था। उनकी बहन नताशा को याद है कि उनके पिता का जन्मदिन निश्चित रूप से नौ दिसम्बर के बाद लेकिन चौदह दिसंबर से पहले था। दिसंबर की किस तारीख को उनके पिता का जन्मदिन था? **(Bank P.O. 1998)**

(*a*) 10 (*b*) 11 (*c*) 12
(*d*) डेटा अपर्याप्त है (*e*) इनमें से कोई नहीं

3. एक प्लेटफॉर्म पर खड़े होकर अमित ने सुनीता से कहा कि अलीगढ़ यहाँ से दस किलोमीटर से अधिक लेकिन पंद्रह किलोमीटर से कम है। सुनीता को पता था कि अलीगढ़ यहाँ से बारह किलोमीटर से अधिक लेकिन चौदह किलोमीटर से कम था। यदि वे दोनों ही सही थे, तो प्लेटफॉर्म से अलीगढ की दूरी निम्नलिखित में से कौन सी हो सकती है?

(*a*) 11 किमी (*b*) 12 किमी (*c*) 13 किमी (*d*) 14 किमी
(*e*) 15 किमी

4. आशीष अपने घर से सुबह सात बजने में 20 मिनट पर घर से निकलता है, 25 मिनट में वह कुणाल के घर पहुंचता है, वे दोनों 15 मिनट में अपना नाश्ता करते हैं और अपने कार्यालय के लिए चलते हैं, जहां पहुँचने में उन्हें 35 मिनट लगते हैं। वे कार्यालय जाने के लिए कुणाल के घर से किस समय निकलते हैं? **(M.A.T. 2005)**

(*a*) 7.40 a.m. (*b*) 7.20 a.m.
(*c*) 7.45 a.m. (*d*) 8.15 a.m.
(*e*) 7.55 a.m.

5. बस स्टॉप जाने के लिए अजय सामान्य से 15 मिनट पहले घर से निकल गया। स्टॉप तक पहुंचने में 10 मिनट लगते हैं। वह 8.40 a.m. पर स्टॉप पर पहुंचा । वह आमतौर पर बस स्टॉप के लिए घर से कितने बजे निकलता है?

(*a*) 8.30 a.m. (*b*) 8.45 a.m.
(*c*) 8.55 a.m. (*d*) डाटा अपर्याप्त है
(*e*) इनमें से कोई नहीं

6. एक मीटिंग में 8.50 बजे से 20 मिनट पहले पहुंचकर सुमित, मीटिंग के लिए 40 मिनट देर से आए आदमी की तुलना में तीस मिनट पहले पहुँच गया। मीटिंग का निर्धारित समय क्या था? **(S.S.C. 2002)**

(*a*) 8.00 (*b*) 8.05 (*c*) 8.10 (*d*) 8.20

7. पुजारी ने भक्त से कहा, 'मंदिर की घंटी 45 मिनट के अंतराल पर नियमित रूप से बजती है। अंतिम घंटी पांच मिनट बज चुकी है। अगली घंटी 7.45 a.m. पर बजेगी।' पुजारी ने यह जानकारी भक्त को किस समय दी? **(R.R.B. 2002)**

(*a*) 7.40 a.m. (*b*) 7.05 a.m.
(*c*) 7.00 a.m. (*d*) 6.55 a.m.
(*e*) इनमें से कोई नहीं

8. नई दिल्ली रेलवे स्टेशन से लखनऊ के लिए ट्रेन हर ढाई घंटे के अंतराल पर निकलती है। स्टेशन पर एक घोषणा की गई कि लखनऊ की ट्रेन 40 मिनट पहले चली गई थी और अगली ट्रेन 18:00 बजे प्रस्थान करेगी। यह घोषणा किस समय हुई थी?

(*a*) 15.30 बजे (*b*) 17.10 बजे
(*c*) 16.00 बजे (*d*) 15.50 बजे
(*e*) इनमें से कोई नहीं

9. किसी कार्यकारी दिन के दोपहर में क्लर्क द्वारा एक आवेदन प्राप्त किया गया था। अगले दिन उसने इसे वरिष्ठ क्लर्क को भेज दिया, जो उस दिन छुट्टी पर था। वरिष्ठ क्लर्क ने अगली शाम को वह आवेदन डेस्क अधिकारी को दिया। डेस्क अधिकारी ने आवेदन का अध्ययन किया और उसी दिन, अर्थात शुक्रवार को इस मामले का निपटारा किया। क्लर्क को आवेदन किस दिन प्राप्त हुआ था? **(I.B.P.S. 2002)**

(*a*) सोमवार (*b*) मंगलवार (*c*) बुधवार
(*d*) पहले सप्ताह का शनिवार (*e*) इनमें से कोई नहीं

10. एक कार्यालय में 20 लोग काम कर रहे हैं। पांच कर्मचारियों का पहला समूह 8.00 a.m. से 2.00 p.m. के बीच कार्य करता है । दस कर्मचारियों का दूसरा समूह 10.00 a.m. से 4.00 p.m. के बीच और पांच कर्मचारियों का तीसरा समूह दोपहर 12 से 6.00 p.m. के बीच कार्य करता है। कार्यालय में तीन कंप्यूटर हैं जो सभी कर्मचारी उपयोग करते हैं। निम्नलिखित में से किन घंटों के दौरान कंप्यूटरों का सर्वाधिक उपयोग होगा? **(C.B.I. 1995)**

(*a*) 10.00 a.m. — 12 noon (*b*) 12 noon — 2.00 p.m.
(*c*) 1.00 p.m. — 3.00 p.m. (*d*) 2.00 p.m. — 4.00 p.m.

11. एक बंदर, प्रत्येक घंटे के प्रारम्भ में 30 फीट चढ़ता है और थोड़ी देर तक रहता है । अगले घंटे के प्रारम्भ में चढ़ने से पहले वह 20 फीट नीचे गिर जाता है। यदि वह 8.00 बजे अपनी चढ़ाई शुरू करता है, तो वह किस समय 120 फीट पर स्थित एक ध्वज को छुएगा?

(*a*) 4 p.m. (*b*) 5 p.m. (*c*) 6 p.m.
(*d*) इनमें से कोई नहीं **(M.B.A. 1997)**

निर्देश (प्रश्न 12 से 14): निम्नलिखित जानकारी का सावधानीपूर्वक अध्ययन करें और नीचे दिए गए प्रश्नों के उत्तर दें: **(S.B.I.P.O. 1997)**

(I) कमल मंगलवार, गुरुवार और रविवार को घर पर दोपहर 12 बजे से 4 p.m. तक उपलब्ध हैं।

(II) उसका छोटा भाई नवीन सोमवार, गुरुवार, शुक्रवार और रविवार को 10 a.m. से 2 p.m. तक घर पर उपलब्ध हैं।

(III) सबसे बड़ा भाई राजीव सोमवार, बुधवार और गुरुवार को 9 a.m. से दोपहर 12 बजे तथा शुक्रवार, शनिवार और रविवार को 2 p.m. से 4 p.m. तक घर पर उपलब्ध हैं।

12. सप्ताह के किस दिन एक समय पर घर पर सभी तीन भाई उपलब्ध हैं?
(*a*) कोई नहीं (*b*) रविवार (*c*) गुरुवार
(*d*) निर्धारित नहीं किया जा सकता है
(*e*) इनमें से कोई नहीं

13. एक सप्ताह में किसी विशेष समय पर केवल एक भाई कितने दिन के लिए उपलब्ध है?
(*a*) एक (*b*) दो (*c*) तीन (*d*) चार
(*e*) इनमें से कोई नहीं

14. एक सप्ताह के किस दिन सबसे छोटा और सबसे बड़ा भाई एक ही समय में घर में उपलब्ध हैं?
(*a*) केवल सोमवार (*b*) केवल गुरुवार
(*c*) केवल शुक्रवार (*d*) सोमवार और गुरुवार दोनों
(*e*) रविवार और शुक्रवार दोनों

15. मुस्कान एक महत्वपूर्ण टीवी कार्यक्रम देखने के लिए 10 p.m. से पहले अपना होमवर्क पूरा करना चाहती है। उसके पांच तैयार विषयों में से प्रत्येक में 40 मिनट का कार्य है। वह अंतिम समय कौन सा हो सकता है जिसमें कार्य प्रारम्भ कर वह कार्यक्रम से पहले अपना होमवर्क पूरा कर सकती है?
(*a*) 6.30 p.m. (*b*) 6.40 p.m. (*c*) 7.10 p.m. (*d*) 7.20 p.m.

16. यदि आने वाले कल के बाद शनिवार है, तो बीते हुए कल से तीन दिन पहले क्या दिन था? **(S.S.C. 2002)**
(*a*) रविवार (*b*) सोमवार (*c*) गुरुवार (*d*) शनिवार

17. यदि बीते हुए कल से पहले का दिन गुरुवार था, तो रविवार कब होगा?
(*a*) आज (*b*) आज के दो दिन बाद
(*c*) आने वाले कल (*d*) आने वाले कल के अगले दिन

18. यदि बीते कल से पहले का दिन शनिवार था, तो आने वाले कल के बाद वाला दिन कौन सा होगा?
(*a*) शुक्रवार (*b*) गुरुवार (*c*) बुधवार (*d*) मंगलवार

19. मोहिनी नौ दिन पहले फिल्म देखने गयी थी। यदि वह केवल गुरुवार को फिल्म देखने जाती है, तो आज सप्ताह का कौन सा दिन है?
(*a*) गुरुवार (*b*) शनिवार (*c*) रविवार (*d*) मंगलवार

20. यदि मंगलवार महीने के चार तारीख पर पड़ता है, तो 24 वें दिन के तीन दिन बाद कौन सा दिन होगा? **(M.I.B. 2005)**
(*a*) सोमवार (*b*) मंगलवार (*c*) गुरुवार (*d*) शुक्रवार

21. यदि पांच दिन पहले, बीते हुए कल के पहले वाले दिन के बाद वाले दिन गुरूवार था, तो न्यूनतम कितने दिन पहले, आने वाले कल के पहले वाले दिन से तीन दिन पहले रविवार होगा?
(*a*) दो (*b*) तीन (*c*) चार (*d*) पांच

22. यदि एक महीने का दूसरा दिन शुक्रवार है, तो निम्नलिखित में से कौन सा अगले महीने का अंतिम दिन होगा जिसमें 31 दिन हैं? **(E.P.F.O.S.S.A. 2004)**
(*a*) रविवार (*b*) सोमवार (*c*) मंगलवार
(*d*) डेटा अपर्याप्त है (*e*) इनमें से कोई नहीं

23. शनिवार को गणतंत्र दिवस की छुट्टी थी। अगले महीने 14वें दिन शिवरात्रि की छुट्टी थी। 14 तारीख को कौन सा दिन था? **(R.R.B. 2002)**
(*a*) सोमवार (*b*) मंगलवार (*c*) गुरुवार (*d*) शुक्रवार
(*e*) शनिवार

24. X का जन्म 6 मार्च, 1993 को हुआ था। उसी वर्ष स्वतंत्रता दिवस शुक्रवार को मनाया गया था। X किस दिन पैदा हुआ था?
(*a*) बुधवार (*b*) गुरुवार (*c*) शुक्रवार (*d*) शनिवार

25. यदि 30 जनवरी, 2003 को गुरुवार था, तो 2 मार्च, 2003 को कौन सा दिन था? **(R.R.B. 2003)**
(*a*) मंगलवार (*b*) गुरुवार (*c*) शनिवार (*d*) रविवार

26. शनिवार से शुरू होने वाले 30 दिवसीय माह में यदि हर दूसरे शनिवार और सभी रविवार को छुट्टियां हैं, तो उस महीने कितने कामकाजी दिन हैं? **(M.B.A. 2003)**
(*a*) 20 (*b*) 21 (*c*) 22 (*d*) 23

27. यदि किसी वर्ष अगस्त की 25 तारीख को गुरुवार है, तो उस महीने में सोमवार की संख्या है: **(R.R.B. 2004)**
(*a*) 3 (*b*) 4 (*c*) 5 (*d*) 6

28. यदि 1 अक्टूबर को रविवार है, तो 1 नवंबर को होगा: **(C.A.T. 1997; R.R.B. 1998)**
(*a*) सोमवार (*b*) मंगलवार (*c*) बुधवार (*d*) गुरुवार

29. यदि 3 दिसंबर, 2000 को रविवार था, तो 3 जनवरी, 2001 को क्या था?
(*a*) मंगलवार (*b*) बुधवार (*c*) गुरुवार (*d*) शुक्रवार

30. यदि 1 फरवरी, 2004 को बुधवार है, तो 3 मार्च, 2004 को कौन सा दिन होगा?
(*a*) सोमवार (*b*) रविवार (*c*) शनिवार (*d*) शुक्रवार

31. यदि किसी वर्ष (लीप वर्ष नहीं) का पहला दिन शुक्रवार था, तो उस वर्ष का अंतिम दिन कौन सा होगा?
(*a*) सोमवार (*b*) शुक्रवार (*c*) शनिवार (*d*) रविवार

32. यदि 18 फरवरी, 2005 को शुक्रवार है, तो 18 फरवरी, 2007 को कौन सा दिन होगा? **(Railways, 1998)**
(*a*) रविवार (*b*) सोमवार (*c*) मंगलवार (*d*) बुधवार

33. 26 जनवरी, 2004 से 15 मई, 2004 के बीच (दोनों दिन शामिल करते हुए) कितने दिन होंगे? **(R.R.B. 2004)**
(*a*) 110 (*b*) 111 (*c*) 112 (*d*) 113
(*e*) इनमें से कोई नहीं

34. किसी वर्ष के कौन से दो महीनों का समान कैलेंडर होता है?
(*a*) जून, अक्टूबर (*b*) अप्रैल, नवंबर
(*c*) अप्रैल, जुलाई (*d*) अक्टूबर, दिसंबर

हल-अभ्यास 12(C)

1. (*b*) : कैलाश के अनुसार, दीपक का जन्मदिन 21, 22, 23, 24, 25, 26 और 27 मई के बीच के दिनों में से एक दिन होता है। गीता के अनुसार, दीपक का जन्मदिन 13, 14, 15, 16, 17, 18, 19, 20 और 21 मई के बीच में से एक दिन होता है। दोनों समूहों के लिए समान दिन 21 मई है।
अत: दीपक का जन्मदिन 21 मई को होता है।

2. (*d*) : संगीता के अनुसार, पिता का जन्मदिन 9, 10, 11 और 12 दिसंबर के बीच के दिनों में से किसी एक दिन होता है। नताशा के अनुसार, पिता का जन्मदिन 10, 11, 12 और 13 दिसंबर के बीच के दिनों में से किसी एक दिन होता है।
दोनों समूहों के लिए समान दिन 10, 11 और 12 दिसंबर है। अत: पिता का जन्मदिन इन दिनों में से किसी एक दिन होता है।

3. (*c*) : स्पष्टत: सुनीता के अनुसार, दूरी 12 किमी से अधिक लेकिन 14 किमी से कम, अर्थात 13 किमी होगी।

4. (*b*) : आशीष अपने घर से 6.40 a.m. पर निकला। वह 25 मिनट में, अर्थात 7.05 a.m. पर कुणाल के घर पहुंचा।
दोनों 15 मिनट बाद अर्थात 7.20 a.m. पर कार्यालय के लिए निकले।

5. (*b*) : स्पष्टत: अजय 8.40 बजे से 10 मिनट पहले अर्थात 8.30 बजे घर से निकला, लेकिन यह सामान्य से 15 मिनट पहले था। अत: वह आमतौर पर 8.45 a.m. पर घर से निकलता है।

6. (*d*) : सुमित 8.50 बजे से 20 मिनट पहले, अर्थात 8.30 बजे मीटिंग में पहुंचा।
स्पष्टत: 40 मिनट देर से आया आदमी 9.00 बजे मीटिंग में पहुंचा।
अत: बैठक मीटिंग का निर्धारित समय 9.00 बजे से 40 मिनट पहले था, अर्थात 8.20 बजे था ।

7. (*b*) : स्पष्टत: अंतिम घंटी 7.45 a.m. से 45 मिनट पहले, अर्थात सुबह 7.00 बजे बजी थी। लेकिन पुजारी द्वारा जानकारी देने से पांच मिनट पहले यह बजी थी, अत: जानकारी 7.05 a.m. पर दी गई थी।

8. (*e*) : स्पष्टत: अंतिम ट्रेन 18.00 से ढाई घंटे पहले, अर्थात 15.30 बजे चली गई थी। लेकिन ऐसा घोषणा होने से 40 मिनट पहले हुआ था। अत: घोषणा 16.10 बजे की गई थी।

9. (*c*) : डेस्क अधिकारी को शुक्रवार को आवेदन प्राप्त हुआ। स्पष्टत: आवेदन गुरुवार को वरिष्ठ क्लर्क को भेजा गया था, तो आवेदन बुधवार को अंदरूनी क्लर्क द्वारा प्राप्त किया गया था।

10. (*b*) : स्पष्टत: कंप्यूटर का सबसे अधिक उपयोग तब किया जाएगा जब सभी तीन समूह एक साथ काम कर रहे होंगे और ऐसा दोपहर 12 बजे से 2 p.m. की अवधि के दौरान होता है।

11. (*c*) : स्पष्टत: बंदर एक घंटे में 10 फीट चढ़ता है, तो वह 9 घंटे में अर्थात 5.00 बजे 90 फीट की ऊंचाई तक चढ़ेगा। इसके बाद अगले घंटे में 6.00 p.m. पर चोटी को छूने के लिए 30 फीट की ऊंचाई चढ़ेगा।

प्रश्न 12-14

हम एक टेबल तैयार करते हैं:

	सोमवार	मंगलवार	बुधवार	गुरुवार	शुक्रवार	शनिवार	रविवार
9 a.m. से 10 a.m.	R		R	R			
10 a.m. से 12 noon	N, R		R	N, R	N		N
12 noon से 2 p.m.	N	K		K, N	N		K, N
2 p.m. से 4 p.m.		K		K	R	R	K, R

12. (*a*) : स्पष्टत: सभी तीन भाई सप्ताह के किसी भी दिन एक ही समय पर घर में उपलब्ध नहीं हैं।

13. (*d*) : स्पष्टत: एक भाई, सप्ताह के सभी सात दिनों में किसी विशेष समय पर उपलब्ध होता है।

14. (*d*) : स्पष्टत: नवीन और राजीव सोमवार और गुरुवार को एक ही समय में घर पर उपलब्ध हैं।

15. (*b*) : सभी 5 असाइनमेंट को पूरा करने के लिए आवश्यक समय = (40 × 5) मिनट = 200 मिनट = 3 घंटे 20 मिनट ।
इस प्रकार, अभीष्ट समय 10 p.m. से 3 घंटे 20 मिनट पहले, अर्थात, 6.40 p.m. है।

16. (*a*) : आने वाले कल के बाद का दिन शनिवार है, तो आज गुरुवार है। इस प्रकार, बीते कल बुधवार था और बुधवार से तीन दिन पहले रविवार था।

17. (*c*) : यदि बीते कल से एक दिन पहले गुरुवार था, तो आज शनिवार है। कल रविवार होगा।

18. (*c*) : यदि बीते कल से पहले शनिवार था, तो आज सोमवार है।
इस प्रकार, आने वाले कल मंगलवार होगा और कल के बाद बुधवार होगा।

19. (*b*) : स्पष्टत: नौ दिन पहले गुरुवार था।
आज शनिवार है।

20. (*c*) : चौथा दिन मंगलवार है। अत: 11 वें, 18 वें और 25 वें दिन भी मंगलवार हैं
24 वें दिन के तीसरे दिन अर्थात 27 को स्पष्टत: गुरुवार है।

21. (*a*) : बीते कल से पहले दिन के बाद का दिन भी बीता कल है।
अब, चूंकि बीते कल गुरुवार था।
तो, पांच दिन पहले शुक्रवार था।
आज बुधवार है।
अब आने वाले कल के तीन दिन पहले बीता कल है।
अत: हम सोमवार को कह सकते हैं कि 'कल रविवार था'।

22. (*d*) : वर्तमान माह में दिनों की संख्या का उल्लेख नहीं किया गया है।

23. (*c*) : जैसा कि दिया गया है, शनिवार 26 जनवरी को पड़ता है और हमें 14 फरवरी का दिन ज्ञात करना है ।
स्पष्टत: 2, 9 और 16 फरवरी में प्रत्येक को शनिवार है।
इस प्रकार, 14 फरवरी को गुरुवार था।

24. (*b*) : 6 मार्च, 1993 से 15 अगस्त 1993 तक दिनों की संख्या =
Mar Apr May June July August
= 25 + 30 + 31 + 30 + 31 + 15
= 162 दिन = 23 सप्ताह + 1 दिन।
स्पष्टत: 6 मार्च को 14 अगस्त के समान दिन, अर्थात गुरुवार होगा।

25. (*d*) : 30 जनवरी, 2003 को गुरुवार था।
तो 6, 13, 20 और 27 फरवरी को भी गुरुवार होगा।
इस प्रकार 2 मार्च, 2003 गुरुवार के 3 दिन बाद अर्थात रविवार को होगा।

26. (*d*) : चूंकि माह शनिवार को शुरू होता है, इसलिए 2, 9, 16, 23, 30 को भी रविवार होगा, जबकि 8 और 22 को दूसरे शनिवार होते हैं। इस प्रकार, कुल 7 छुट्टियां हैं।
कार्य दिवसों की संख्या = 30 − 7 = 23

27. (*c*) : 25 अगस्त को गुरुवार है।
तो, 22 अगस्त सोमवार है।
तो, सोमवार 1, 8, 15, 22 और 29 अगस्त को होगा।
इस प्रकार, पांच सोमवार हैं।

28. (*c*) : स्पष्टत: 1, 8, 15, 22, और 29 अक्टूबर को रविवार हैं।
तो, 31 अक्टूबर को मंगलवार होगा।
अत: 1 नवंबर को बुधवार होगा।

29. (*b*) : स्पष्टत: 3, 10, 17, 24 और 31 दिसंबर 2000 को रविवार हैं।
तो, 1 जनवरी 2001 को सोमवार और 3 जनवरी 2001 को बुधवार होगा।

30. (*c*) : 2004 एक लीप वर्ष है और इसलिए फरवरी में 29 दिन हैं।
अब, 1, 8, 15, 22 और 29 फरवरी को बुधवार हैं।
अत: 1 मार्च को गुरुवार है और 3 मार्च को शनिवार है।

31. (*b*) : यदि वर्ष एक लीप वर्ष नहीं है, तो वर्ष का अंतिम दिन और पहला दिन एक समान होता है।

32. (*a*) : 18 फरवरी, 2005 को शुक्रवार था।
तो, 18 फरवरी, 2006 को शनिवार था।
इसलिए 18 फरवरी, 2007 को रविवार होगा।

33. (*b*) : दिनों की संख्या = (6 + 29 + 31 + 30 + 15) = 111
नोट: 2004 एक लीप वर्ष है। तो, फरवरी में दिनों की संख्या = 29

34. (*c*) : दो महीने का कैलेंडर समान होगा यदि उनके बीच की अवधि 7 से विभाजित हो।
अब,
(*a*) जून + जुलाई + अगस्त + सितंबर
= 30 + 31 + 31 + 30 = 122
(7 तक विभाजित नहीं)
(*b*) अप्रैल + मई + जून + जुलाई + अगस्त + सितंबर + अक्टूबर
= 30 + 31 + 30 + 31 + 31 + 30 + 31
= 213 (7 से विभाजित नहीं)
(*c*) अप्रैल + मई + जून
= 30 + 31 + 30 = 91 (7 से विभाजित)
(*d*) अक्टूबर + नवंबर
= 31 + 30 = 61 (7 से विभाजित नहीं)

हल सहित अतिरिक्त प्रश्न

अभ्यास

1. आदमियों की एक पंक्ति में, अमित दाएं से 30वां है और किरन बाएँ से 20वां। जब ये दोनों अपना स्थान परस्पर बदल लेते हैं, तो मनोज दाएं से 35वां हो जाता है। पंक्ति में आदमियों की कुल संख्या कितनी है? **[SSC-CGL Tier I Exam, 2015]**
(*a*) 34 (*b*) 54 (*c*) 45 (*d*) 44

2. पांच मित्र – सचिन, कमल, मोहन, अरुण और राम हैं। सचिन कमल से छोटा है, लेकिन राम से लम्बा है। मोहन सबसे लम्बा है। अरुण कमल से थोडा छोटा है और सचिन से थोडा लम्बा है। दूसरा सबसे लम्बा कौन है? **[SSC-CGL Tier I Exam, 2014]**
(*a*) राम (*b*) सचिन (*c*) कमल (*d*) अरुण

3. प्रीति ने राहुल से अधिक अंक प्राप्त किए, यमुना ने दिव्या के समान अंक प्राप्त किए। लोकिता ने मंजू से कम अंक प्राप्त किए। राहुल ने यमुना से अधिक अंक प्राप्त किए। मंजू ने दिव्या से कम अंक प्राप्त किए। किसने न्यूनतम अंक प्राप्त किए?
(*a*) मंजू (*b*) यमुना (*c*) लोकिता (*d*) राहुल
[SSC-CGL Tier I Exam, 2013]

हल

1. (*b*) : पंक्ति में आदमियों की कुल संख्या = 20 + 35 − 1 = 54

2. (*c*): प्रश्नानुसार,
मोहन > कमल > सचिन > राम ...(i)
कमल > अरुण > सचिन ...(ii)
(i) और (ii) से
मोहन > कमल > अरुण > सचिन > राम
अत:, कमल सबसे लम्बा है।
विकल्प (*c*) सही है।

3. (*c*) : प्रीति > राहुल,
यमुना = दिव्या,
लोकिता < मंजू,
राहुल > यमुना,
मंजू > दिव्या
अत:, प्रीति > राहुल > यमुना = दिव्या > मंजू > लोकिता
स्पष्टत: लोकिता ने न्यूनतम अंक प्राप्त किये।

गणितीय संचालन

(MATHEMATICAL OPERATIONS)

13

यह भाग सरल गणितीय संचालन पर आधारित प्रश्नों से संबंधित है। यहां, चार मूलभूत संचालन — जोड़, घटाव, गुणा और विभाजन- तथा कथन जैसे कि 'से कम', 'से अधिक', 'के बराबर', 'के बराबर नहीं', आदि भी सामान्य से अलग प्रतीकों द्वारा दर्शाए गए हैं। इन संचालनों से जुड़े प्रश्न, कृत्रिम प्रतीकों का उपयोग कर के बनाये गए हैं। उत्तर पाने के लिए अभ्यर्थी को वास्तविक प्रतीकों को प्रतिस्थापित करना होगा और तदनुसार प्रश्नों को हल करना होगा।

प्रकार 1: प्रतिस्थापन द्वारा समस्या हल करना

इस प्रकार के प्रश्नों में, आपको विभिन्न गणितीय प्रतीकों या अंकों के लिए उनके स्थानापन्न दिए जाते हैं और उसके बाद एक प्रश्न दिया जाता है जिसमें एक समीकरण की गणना करनी होती है या सही/गलत समीकरण चुननी होती है। अभ्यर्थी को दिए गए समीकरण में वास्तविक प्रतीक या अंक को रखना होता है और फिर आवश्यकतानुसार प्रश्नों को हल करना होता है।

नोट: गणितीय समीकरण को हल करते समय, BODMAS — अर्थात, ब्रैकेट, ऑफ, डिवीजन, मल्टीप्लिकेशन, एडिशन, सबट्रैक्शन नियम के अनुसार आगे बढ़ें।

उदा. $(36-12) \div 4 + 6 \div 2 \times 3 = 24 \div 4 + 6 \div 2 \times 3$ (कोष्ठक हल करना)

$= 6 + 3 \times 3$ (विभाजन हल करना)

$= 6 + 9$ (गुणा हल करना)

$= 15$ (जोड़ हल करना)

व्याख्यात्मक उदाहरण

उदा. 1. यदि '+' का अर्थ 'घटाना', '×' का अर्थ 'द्वारा विभाजित', '÷' का अर्थ 'जोड़ना' और '–' का अर्थ 'द्वारा गुणा' है, तो निम्नलिखित में से कौन सा समीकरण $252 \times 9 - 5 + 32 \div 92$ का मान होगा?

(*a*) 95 (*b*) 168 (*c*) 192
(*d*) 200 (*e*) इनमें से कोई नहीं **(Bank P.O. 2006)**

हल: दी गई समीकरण में उचित प्रतीक को रखकर, हमें निम्न मिलता है:

$252 \div 9 \times 5 - 32 + 92 = 28 \times 5 - 32 + 92$

$= 140 - 32 + 92$

$= 232 - 32 = 200.$

अत: उत्तर (*d*) है।

उदा. 2. यदि + का अर्थ ×, × का अर्थ –, ÷ का अर्थ + और – का अर्थ ÷ है, तो निम्नलिखित में से कौन सा $175 - 25 \div 5 + 20 \times 3 + 10$ का मान होगा? **(S.S.C. 2000)**

(*a*) 77 (*b*) 160 (*c*) 240 (*d*) 2370

हल: दी गई समीकरण में उचित प्रतीकों का उपयोग करके, हमें निम्न मिलता है:

$175 \div 25 + 5 \times 20 - 3 \times 10 = 7 + 5 \times 20 - 3 \times 10$

$= 7 + 100 - 30$

$= 107 - 30 = 77.$

अत: उत्तर (*a*) है।

उदा. 3. यदि L का अर्थ +, M का अर्थ –, N का अर्थ ×, P का अर्थ ÷ है, तो 14 N 10 L 42 P 2 M 8 का मान क्या होगा? **(S.S.C. 2001)**

(*a*) 153 (*b*) 216 (*c*) 248 (*d*) 251

हल: उचित प्रतीकों का उपयोग करके, हमें निम्न मिलता है:
दी गई समीकरण

$= 14 \times 10 + 42 \div 2 - 8$

$= 14 \times 10 + 21 - 8$

$= 140 + 21 - 8 = 161 - 8 = 153.$

अत: उत्तर (*a*) है।

उदा. 4. यदि 20 – 10 का मान 200, 8 ÷ 4 का मान 12, 6 × 2 का मान 4 है, तो $100 - 10 \times 1000 \div 1000 + 100 \times 10$ का मान क्या होगा?

(*a*) 0 (*b*) 20 (*c*) 1090
(*d*) 1900 (*e*) इनमें से कोई नहीं

हल: प्रश्न में दिया गया है : 20 – 10 = 200 है लेकिन, वास्तव में 20 × 10 = 200 होता है। अत: – का अर्थ × है।

प्रश्न में दिया गया है: 8 ÷ 4 = 12 है लेकिन, वास्तव में 8 + 4 = 12 होता है। अत: ÷ का अर्थ + है।

प्रश्न में दिया गया है: $6 \times 2 = 4$ है लेकिन, वास्तव में $6 - 2 = 4$ होता है। अत: × का अर्थ – है।

अत: दी गई गणितीय भाषा में, – का अर्थ ×, ÷ का अर्थ – और × का अर्थ – है। अत: + का अर्थ ÷ है।

सही प्रतीकों को रखने पर:

दी गई समीकरण $= 100 \times 10 - 1000 + 1000 \div 100 - 10 + 1000 - 1000 + 10 - 10 = 0$ है। अत: उत्तर (*a*) है।

उदा. 5. यदि × का अर्थ –, ÷ का अर्थ +, + का अर्थ ÷ और – का अर्थ × है, तो निम्नलिखित समीकरणों में से कौन सा सही है?

(*a*) $15 - 5 \div 5 \times 20 + 10 = 6$

(*b*) $8 \div 10 - 3 + 5 \times 6 = 8$

(*c*) $6 \times 2 + 3 \div 12 - 3 = 15$

(*d*) $3 \div 7 - 5 \times 10 + 3 = 10$

हल. उचित प्रतीकों का उपयोग करके, हमें निम्न मिलता है:

(*a*) में दी गई समीकरण $= 15 \times 5 + 5 - 20 \div 10 = 15 \times 5 + 5 - 2 = 75 + 5 - 2 - 78$ है।

(*b*) में दी गई समीकरण है। $= 8 + 10 \times 3 \div 5 - 6$

$= 8 + 10 \times \frac{3}{5} - 6 = 8 + 6 - 6 = 8$ है।

(*c*) में दी गई समीकरण है। $= 6 - 2 \div 3 + 12 \times 3 = 6 - \frac{2}{3} + 36 = 42 - \frac{2}{3} = \frac{124}{3}$

(*d*) में दी गई समीकरण $= 3 + 7 \times 5 - 10 \div 3$ है।

$= 3 + 7 \times 5 - -\frac{10}{3} = 3 + 35 - \frac{10}{8} = \frac{104}{3}$ है।

अत: समीकरण (*b*) सही है।

उदा. 6. यह दिया गया है कि: > का अर्थ +, < का अर्थ –, + का अर्थ ÷, – का अर्थ =, = का अर्थ 'से कम' और × का अर्थ 'से अधिक' है, तो पता लगाएं कि निम्न में से कौन सी समीकरण सही है।

(*a*) $3 + 2 > 4 = 9 + 3 < 2$ (*b*) $3 > 2 > 4 = 18 + 3 < 1$

(*c*) $3 > 2 < 4 \times 8 + 4 < 2$ (*d*) $3 + 2 < 4 \times 9 + 3 < 3$

हल: उचित चिन्हों का प्रयोग करके, हमारे पास निम्न है:

(*a*) दी गई समीकरण $3 \div 2 + 4 < 9 \div 3 - 2$ या $\frac{11}{2} < 1$ है, जो कि सही नहीं है।

(*b*) दी गई समीकरण $3 + 2 + 4 < 18 \div 3 - 1$ या $9 < 5$, जो कि सही नहीं है।

(*c*) दी गई समीकरण $3 + 2 - 4 > 8 \div 4 - 2$ या $1 > 0$, जो कि सही है।

(*d*) दी गई समीकरण $3 \div 2 - 4 > 9 \div 3 - 3$ या $-\frac{5}{2} > 0$, जो कि सही नहीं है।

अत: समीकरण (*c*) सही है।

अभ्यास 13A

1. यदि '<' का अर्थ 'घटाना', '>' का अर्थ 'जोड़ना', '=' का अर्थ 'से गुणा' और '$' का अर्थ 'से विभाजित' है, तो 27 > 81 $ 9 < 6? का मान क्या होगा? **(R.B.I. 2003)**

(*a*) 6 (*b*) 33 (*c*) 36

(*d*) 54 (*e*) इनमें से कोई नहीं

2. यदि '+' का अर्थ 'से विभाजित किया गया', '–' का अर्थ 'में जोड़ा गया', '×' का अर्थ 'से घटाया गया' और '÷' का अर्थ 'से गुणा किया गया' है, तो $24 \div 12 - 18 + 9$? का मान क्या होगा? **(Specialist Officers' 2002)**

(*a*) – 25 (*b*) 0.72 (*c*) 15.30

(*d*) 290 (*e*) इनमें से कोई नहीं

3. यदि $ का अर्थ +, # का अर्थ –, @ का अर्थ × और * का अर्थ ÷ है, तो 16 $ 4 @ 5 # 72 * 8 का मान क्या होगा? **(R.B.I. 2002)**

(*a*) 25 (*b*) 27 (*c*) 29 (*d*) 36

(*e*) इनमें से कोई नहीं

4. यदि ÷ का अर्थ ×, × का अर्थ +, + का अर्थ – और – का अर्थ ÷ है, तो $16 \times 3 + 5 - 2 \div 4$ के मान का पता लागाएं।

(*a*) 9 (*b*) 10 (*c*) 19 (*d*) इनमें से कोई नहीं **(A.T.M.A. 2004)**

5. यदि + का अर्थ ÷, ÷ का अर्थ –, – का अर्थ ×, × का अर्थ + है, तो $12 + 6 \div 3 - 2 \times 8$ का मान क्या होगा?

(*a*) – 2 (*b*) 2 (*c*) 4 (*d*) 8 **(S.S.C. 2001)**

6. यदि + का अर्थ –, – का अर्थ ×, ÷ का अर्थ + और × का अर्थ ÷ है, तो $15 - 3 + 10 \times 5 \div 5$ का मान क्या होगा?

(*a*) 5 (*b*) 22 (*c*) 48 (*d*) 52 **(C.B.I. 2003)**

7. यदि × का अर्थ ÷, – का अर्थ ×, ÷ का अर्थ + और + का अर्थ – है, तो $(3 - 15 \div 19) \times 8 + 6$ का मान क्या होगा?

(*a*) –1 (*b*) 2 (*c*) 4 (*d*) 8 **(R.R.B. 2003)**

8. यदि × का अर्थ +, + का अर्थ ÷, – का अर्थ × और ÷ का अर्थ – है, तो $8 \times 7 - 8 + 40 \div 2$ का मान क्या होगा? **(M.C.A. 2005)**

(*a*) 1 (*b*) $7\frac{2}{5}$ (*c*) $8\frac{3}{5}$ (*d*) 44

9. यदि × का अर्थ –, + का अर्थ ÷, – का अर्थ × और ÷ का अर्थ + है, तो $15 - 2 \div 900 + 90 \times 100$ का मान क्या होगा?

(*a*) 190 (*b*) 180 (*c*) 90 (*d*) 0

(*e*) इनमें से कोई नहीं

10. यदि ÷ का अर्थ +, – का अर्थ ÷, × का अर्थ – और + का अर्थ × है, तो $\frac{(36 \times 4) - 8 \times 4}{4 + 8 \times 2 + 16 \div 1} = ?$ का मान क्या होगा?

(*a*) 0 (*b*) 8 (*c*) 12 (*d*) 16

11. यदि '+' का अर्थ 'से विभाजित किया गया', '–' का अर्थ 'जोड़ना', '×' का अर्थ 'घटाना' और '/' का अर्थ 'से गुणा किया गया' है, तो निम्नलिखित समीकरण का मान क्या होगा? **(B.B.S. 2004)**

$[\{(17 \times 12) - (4/2)\} + (23 - 6)]/0$

(*a*) असंख्य (*b*) 0 (*c*) 118 (*d*) 219

12. यदि + का अर्थ ×, – का अर्थ ÷, × का अर्थ – और ÷ का अर्थ + है, तो $26 + 74 - 4 \times 5 \div 2$ के मान का पता लगाएं।

(*a*) 220 (*b*) 376 (*c*) 478 (*d*) 488

(S.S.C. 2001)

13. यदि Q का अर्थ 'में जोड़ें', J का अर्थ 'से गुणा', T का अर्थ 'से घटाना' और K का अर्थ 'से विभाजित' है, तो 30 K 2 Q 3 J 6 T 5 का मान क्या होगा? **(Agriculture Officers' 2005)**

(*a*) 18 (*b*) 28 (*c*) 31
(*d*) 103 (*e*) इनमें से कोई नहीं

14. यदि P का अर्थ ÷, Q का अर्थ ×, R का अर्थ – और S का अर्थ – है, तो Q 12 P 4 R 5 S 6 का मान क्या होगा? **(Hotel Management, 2003)**

(*a*) 53 (*b*) 59 (*c*) 63 (*d*) 65

15. यदि P का अर्थ 'विभाजन', T का अर्थ जोड़', M का अर्थ 'घटाव' और D का अर्थ 'गुणा' है, तो समीकरण 12 M 12 D 28 P 7 T 15 का मान क्या होगा? **(I.B.P.S. 2002)**

(*a*) – 30 (*b*) – 15 (*c*) 15
(*d*) 45 (*e*) इनमें से कोई नहीं

16. यदि P का अर्थ ×, R का अर्थ +, T का अर्थ ÷ और S का अर्थ – है, तो 18 T 3 P 9 S 8 R 6 का मान क्या होगा? **(S.B.I.P.O. 2001)**

(*a*) $-1\frac{1}{3}$ (*b*) $\frac{2}{3}$ (*c*) 46 (*d*) 58
(*e*) इनमें से कोई नहीं

17. यदि P का अर्थ 'से गुणा किया गया', T का अर्थ 'से घटाया गया', M का अर्थ 'में जोड़ा गया' और B का अर्थ 'से विभाजित किया गया' है, तो 28 B 7 P 8 T 6 M 4 का मान क्या होगा? **(Asstt. Manager Exam, 2005)**

(*a*) $-\frac{3}{2}$ (*b*) 30 (*c*) 32 (*d*) 34
(*e*) इनमें से कोई नहीं

18. यदि 'when' का अर्थ '×', 'you' का अर्थ '÷', 'come' का अर्थ '–' और 'will' का अर्थ '+' है, तो "8 when 12 will 16 you 2 come 10" का मान क्या होगा? **(Bank P.O. 2003)**

(*a*) 45 (*b*) 94 (*c*) 96
(*d*) 112 (*e*) इनमें से कोई नहीं

19. यदि A का अर्थ +, B का अर्थ –, C का अर्थ × है, तो (10 C 4) A (4 C 4) B 6 का मान क्या होगा?

(*a*) 60 (*b*) 56 (*c*) 50 (*d*) 46

निर्देश (प्रश्न 20 से 23): एक काल्पनिक भाषा में, अंकों 0, 1, 2, 3, 4, 5, 6, 7, 8 और 9 के स्थान पर a, b, c, d, e, f, g, h, i और j को रखा गया है। और 10 को ba के रुप में लिखा गया है।

20. समीकरण $(cd + ef) \times bc$ का मान होगा–

(*a*) 684 (*b*) 816 (*c*) 916 (*d*) 1564

21. समीकरण $dc \times f - (bf - d) \times d$ का मान होगा–

(*a*) *abb* (*b*) *abe* (*c*) *bce* (*d*) *bcf*

22. समीकरण $baf \div bf \times d$ का मान होगा–

(*a*) *df* (*b*) *cb* (*c*) *be* (*d*) *d*

23. समीकरण $bee + fg - (ca \times h/be)$ का मान होगा–

(*a*) *bhc* (*b*) *bic* (*c*) *bib* (*d*) *bja*

24. यदि '–' का अर्थ 'विभाजन', '+' का अर्थ 'गुणा', '÷' का अर्थ 'घटाव' और '×' का अर्थ 'जोड़' है, तो निम्नलिखित समीकरणों में से कौन सा सही है? **(S.S.C. 2000)**

(*a*) $4 \times 5 + 9 - 3 \div 4 = 15$
(*b*) $4 \times 5 \times 9 + 3 \div 4 = 11$
(*c*) $4 - 5 \div 9 \times 3 - 4 = 17$
(*d*) $4 \div 5 + 9 - 3 + 4 = 18$

25. यदि '–' का अर्थ 'विभाजन', '÷' का अर्थ 'गुणा', '×' का अर्थ 'घटाव' और '–' का अर्थ 'जोड़' है, तो निम्नलिखित में से कौन सा सही है? **(C.P.O. 2005)**

(*a*) $18 \div 6 \times 7 + 5 - 2 = 22$
(*b*) $18 \times 6 + 7 \div 5 - 2 = 16$
(*c*) $18 \div 6 - 7 + 5 \times 2 = 20$
(*d*) $18 + 6 \div 7 \times 5 - 2 = 18$

26. यदि '–' का अर्थ 'विभाजन', '+' का अर्थ 'गुणा', '÷' का अर्थ 'घटाव' और '×' का अर्थ 'जोड़' है, तो निम्नलिखित समीकरणों में से कौन सा सही है? **(S.S.C. 2001)**

(*a*) $6 + 20 - 12 \div 7 - 1 = 38$
(*b*) $6 - 20 \div 12 \times 7 + 1 = 57$
(*c*) $6 + 20 - 12 \div 7 \times 1 = 62$
(*d*) $6 \div 20 \times 12 + 7 - 1 = 70$

27. यदि → का अर्थ 'जोड़', ← का अर्थ 'घटाव', ↓ का अर्थ 'विभाजन', ↗ का अर्थ 'गुणा', का अर्थ 'के बराबर' है, तो निम्नलिखित में से कौन सा विकल्प सही है? **(S.S.C. 2003)**

(*a*) 7 ← 43 ↑ 6 ↓ 1 ↗ 4 (*b*) 3 ↓ 6 ↑ 2 → 3 ← 6 ↗ 5
(*c*) 5 → 7 ← 3 ↑ 2 ↗ 4 (*d*) 2 ↓ 5 ← 6 ↑ 2 ↗ 6

28. यदि – का अर्थ ÷, + का अर्थ ×, ÷ का अर्थ –, × का अर्थ + है, तो निम्नलिखित में से कौन सा समीकरण सही है?

(*a*) $52 \div 4 + 5 \times 8 - 2 = 36$
(*b*) $43 \times 7 \div 5 + 4 - 8 = 25$
(*c*) $36 \times 4 - 12 + 5 \div 3 = 420$
(*d*) $36 - 12 \times 6 \div 3 + 4 = 60$

29. यदि P का अर्थ +, Q का अर्थ –, R का अर्थ × और S का अर्थ ÷ है, तो निम्नलिखित समीकरणों में से कौन सा सही है?

(*a*) 36 R 4 S 8 Q 7 P 4 = 10
(*b*) 16 R 12 P 49 S 7 Q 9 = 200
(*c*) 32 S 8 R 9 = 160 Q 12 R 12
(*d*) 8 R 8 P 8 S 8 Q 8 = 57

30. यदि L का अर्थ ÷, M का अर्थ ×, P का अर्थ + और Q का अर्थ – है, तो निम्नलिखित समीकरणों में से कौन सा सही है?

(*a*) 32 P 8 L 16 Q 4 = $\frac{3}{2}$
(*b*) 6 M 18 Q 26 L 13 P 7 = $\frac{173}{13}$
(*c*) 11 M 34 L 17 Q 8 L 3 = $\frac{38}{3}$
(*d*) 9 P 9 L 9 Q 9 M 9 = – 71

31. यदि '×' का अर्थ 'जोड़', '<' का अर्थ 'घटाव', '+' का अर्थ 'विभाजन', '>' का अर्थ 'गुणा', '–' का अर्थ 'के बराबर', '÷' का अर्थ 'से अधिक' और '=' का अर्थ 'से कम' है, तो पता लगाएं कि निम्न में से कौन सा सही है? **(S.S.C 2003)**

(*a*) $3 \times 4 > 2 - 9 + 3 < 3$ (*b*) $5 \times 3 < 7 \div 8 + 4 \times 1$
(*c*) $5 > 2 + 2 = 10 < 4 \times 8$ (*d*) $3 \times 2 < 4 \div 16 > 2 + 4$

32. यदि '÷' का अर्थ 'से अधिक', '×' का अर्थ 'जोड़', '+' का अर्थ 'विभाजन', '–' का अर्थ 'के बराबर', '>' का अर्थ 'गुणा', '=' का अर्थ 'से कम' और '<' का अर्थ 'घटाव' है, तो निम्नलिखित में से कौन सा विकल्प सही है? **(S.S.C. 2002)**

(*a*) $5 > 2 < 1 - 3 \times 4 \times 1$ (*b*) $5 < 2 \times 1 + 3 > 4 \times 1$

(*c*) $5 > 2 \times 1 - 3 > 4 < 1$ (*d*) $5 + 2 \times 1 = 3 + 4 > 1$

33. यदि ÷ का अर्थ =, × का अर्थ <, + का अर्थ >, – का अर्थ ×, > का अर्थ ÷, < का अर्थ +, = का अर्थ –, तो सही समीकरण की पहचान करें। **(R.R.B. 2002)**

(*a*) $1 - 3 > 2 + 1 - 5 = 3 - 1 < 2$

(*b*) $1 - 3 > 2 + 1 \times 5 = 3 \times 1 > 2$

(*c*) $1 \times 3 > 2 + 1 \times 5 \times 3 - 1 > 2$

(*d*) $1 - 3 > 2 + 1 \times 5 + 3 - 1 > 2$

(*e*) इनमें से कोई नहीं

निर्देश (प्रश्न 34-35): निम्नलिखित में से प्रत्येक प्रश्न में, कुछ प्रतीकों को नीचे दिखाए गए अक्षरों द्वारा दर्शाया गया है:

+	–	×	÷	=	>	<
B	G	E	C	D	A	F

प्रत्येक प्रश्न में सही समीकरण की पहचान करें। **(S.S.C. 2002)**

34. (*a*) 18 C 3 D 6 B 8 C 4 G 12

(*b*) 18 A 3 E 6 B 8 G 4 B 12

(*c*) 18 C 3 G 6 B 8 B 4 D 12

(*d*) 18 F 3 B 6 E 8 G 4 E 12

35. (*a*) 15 B 5 G 8 B 4 G 6 F 3

(*b*) 15 C 15 B 8 F 4 B 6 C 3

(*c*) 15 A 5 E 8 C 4 B 6 E 3

(*d*) 15 C 5 F 8 C 4 B 6 C 3

निर्देश (प्रश्न 36 से 40): यदि > का अर्थ +, < का अर्थ –, + का अर्थ ÷, ^ का अर्थ ×, – का अर्थ =, × का अर्थ > and = का अर्थ <, निम्नलिखित में से प्रत्येक प्रश्न में सही समीकरण चुनें। **(B.T.M. 2005)**

36. (*a*) $6 + 3 > 8 = 4 + 2 < 1$ (*b*) $4 > 6 + 2 \times 32 + 4 < 1$

(*c*) $8 < 4 + 2 = 6 > 3$ (*d*) $14 + 7 > 3 = 6 + 3 > 2$

37. (*a*) $14 > 18 + 9 = 16 + 4 < 1$

(*b*) $4 > 3 + 8 < 1 - 6 + 2 > 24$

(*c*) $3 < 6 \wedge 4 > 25 = 8 + 4 > 1$

(*d*) $12 > 9 + 3 < 6 \times 25 + 5 > 6$

38. (*a*) $13 > 7 < 6 + 2 = 3 \wedge 4$ (*b*) $9 > 5 > 4 - 18 + 9 > 16$

(*c*) $9 < 3 < 2 > 1 \times 8 \wedge 2$ (*d*) $28 + 4 \wedge 2 = 6 \wedge 4 + 2$

39. (*a*) $29 < 18 + 6 = 36 + 6 \wedge 4$ (*b*) $18 > 12 + 4 \times 7 > 8 \wedge 2$

(*c*) $32 > 6 + 2 = 6 < 7 \wedge 2$ (*d*) $31 > 1 < 2 = 4 > 6 \wedge 7$

40. (*a*) $7 > 7 < 7 + 7 = 14$ (*b*) $7 \wedge 7 > 7 + 7 = 7 \wedge 7 > 1$

(*c*) $7 < 7 + 7 = 6$ (*d*) $7 + 7 > 7 = 8$

निर्देश (प्रश्न 41 से 45): निम्नलिखित में से प्रत्येक प्रश्न में, नीचे वर्णित अनुसार विभिन्न प्रतीकों को लिए अलग-अलग अक्षर दिए गए हैं:

जोड़ : O घटाव : M गुणा : A

विभाजन : Q के बराबर : X से बड़ा : Y

से कम : Z **(I-Tax & Central Excise, 1996)**

इन प्रश्नों में दिए गए चार विकल्पों में से, उपर्युक्त अक्षर प्रतीकों के अनुसार केवल एक ही सही है। सही उत्तर की पहचान करें।

41. (*a*) 2 Z 2 A 4 O 1 A 4 M 8 (*b*) 8 Y 2 A 3 A 4 Q 2 A 4

(*c*) 10 X 2 O 2 A 4 O 1 M 2 (*d*) 12 X 4 O 2 Q 1 A 4 A 2

42. (*a*) 1 O 1 Q 1 M 1 Y 3 Q 1 (*b*) 2 Q 1 O 10 A 1 Z 6 A 4

(*c*) 3 O 2 O 10 Q 2 X 10 A 2 (*d*) 5 Q 5 A 5 O 5 Y 5 A 2

43. (*a*) 3 O 2 X 2 Q 1 A 3 O 1 (*b*) 6 M 2 Y 10 Q 2 A 3 O 1

(*c*) 10 A 2 Z 2 Q 2 A 10 Q 2 (*d*) 10 A 2 Y 2 Q 1 A 10 Q 2

44. (*a*) 32 X 8 Q 2 A 3 Q 1 A 2 (*b*) 14 X 2 A 4 A 2 M 2 Q 1

(*c*) 2 Y 1 A 1 Q 1 O 1 A 1 (*d*) 16 Y 8 A 3 O 1 A 2 M 2

45. (*a*) 8 Q 4 A 1 M 2 X 16 M 16 (*b*) 8 O 2 A 12 Q 10 X 18 Q 9

(*c*) 6 Q 2 O 1 O 1 X 16 A 1 (*d*) 2 O 3 M 4 Q 2 Z 1 A 2

निर्देश (प्रश्न 46 से 50): निम्नलिखित प्रश्नों में, नीचे वर्णित अनुसार विभिन्न प्रतीकों के लिए अलग-अलग अक्षर दिए गए हैं:

R : जोड़ S : घटाव T : गुणा

U : विभाजन V : के बराबर W : से अधिक

X : से कम

इन प्रश्नों में दिए गए चार विकल्पों में से, उपर्युक्त अक्षर प्रतीकों के अनुसार केवल एक ही सही है। सही उत्तर की पहचान करें।

46. (*a*) 16 T 2 R 4 U 6 X 8 (*b*) 16 R 2 S 4 V 6 R 8

(*c*) 16 T 2 U 4 V 6 R 8 (*d*) 16 U 2 R 4 S 6 W 8

47. (*a*) 20 U 4 R 4 X 2 T 3 (*b*) 20 S 4 U 4 V 2 T 3

(*c*) 20 T 4 U 4 U 2 X 3 (*d*) 20 R 4 U 4 S 2 W 3

48. (*a*) 15 U 5 R 3 V 2 T 3 (*b*) 15 U 5 W 3 R 2 T 3

(*c*) 15 S 5 T 3 W 2 R 3 (*d*) 15 R 5 U 3 V 2 R 3

49. (*a*) 24 U 3 R 2 S 2 W 8 (*b*) 24 S 3 X 2 T 2 U 8

(*c*) 24 R 3 S 2 X 2 T 8 (*d*) 24 U 3 T 2 V 2 T 8

50. (*a*) 30 R 6 U 2 W 4 T 3 (*b*) 30 S 6 S 2 X 4 T 3

(*c*) 30 S 6 U 2 U 4 V 3 (*d*) 30 U 6 R 2 W 4 T 3

हल-अभ्यास 13(A)

1. (*e*) : सही प्रतीकों का उपयोग करके, हमारे पास निम्न है :
दी गई समीकरण $= 27 + 81 \div 9 - 6 = 27 + 9 - 6 = 36 - 6 = 30$

2. (*d*) : सही प्रतीकों का उपयोग करके, हमारे पास निम्न है :
दी गई समीकरण $= 24 \times 12 + 18 \div 9 = 288 + 2 = 290$

3. (*b*) : सही प्रतीकों का उपयोग करके, हमारे पास निम्न है :
दी गई समीकरण $= 16 + 4 \times 5 - 72 \div 8 = 16 + 20 - 9 = 36 - 9 = 27$

4. (*a*) : सही प्रतीकों का उपयोग करके, हमारे पास निम्न है:
दी गई समीकरण $= 16 + 3 - 5 \div 2 \times 4 = 16 + 3 - 5/2 \times 4 = 19 - 10 = 9$

5. (*c*) : सही प्रतीकों का उपयोग करके, हमारे पास निम्न है :
दी गई समीकरण $= 12 \div 6 - 3 \times 2 + 8 = 2 - 6 + 8 = 10 - 6 = 4$

6. (*c*) : सही प्रतीकों का उपयोग करके, हमारे पास निम्न है:
दी गई समीकरण $= 15 \times 3 - 10 \div 5 + 5 = 45 - 2 + 5 = 50 - 2 = 48$

7. (*b*) : सही प्रतीकों का उपयोग करके, हमारे पास निम्न है :
दी गई समीकरण $= (3 \times 15 + 19) \div 8 - 6 = 64 \div 8 - 6 = 8 - 6 = 2$

8. (*b*) : सही प्रतीकों का उपयोग करके, हमारे पास निम्न है :
दी गई समीकरण $= 8 + 7 \times 8 \div 40 - 2$
$= 8 + 7 \times \frac{1}{8} - 2$
$= 6 + = 6 + \frac{1}{5} = \frac{37}{5} = 7\frac{2}{5}$

9. (*e*) : सही प्रतीकों का उपयोग करके, हमारे पास निम्न है:
दी गई समीकरण
$= 15 \times 2 = 900 \div 90 - 100 = 30 + 10 - 100 = -60$

10. (*a*) : सही प्रतीकों का उपयोग करके, हमारे पास निम्न है:
दी गई समीकरण
$= \frac{(36-4) \div 8 - 4}{4 \times 8 - 2 \times 16 + 1} = \frac{32 \div 8 - 4}{32 - 32 + 1} = \frac{4-4}{0+1} = 0$

11. (*b*) : सही प्रतीकों का उपयोग करके, हमारे पास निम्न है:
दी गई समीकरण $= [\{(17-12)+(4 \times 2)\} \div (23+6)] \times 0 = 0$

12. (*c*) : सही प्रतीकों का उपयोग करके, हमारे पास निम्न है:
दी गई समीकरण
$= 26 \times 74 \div 4 - 5 + 2 = 26 \times 37/2 - 5 + 2$
$= 13 \times 37 - 5 + 2 = 481 - 5 + 2 = 478$

13. (*b*) : सही प्रतीकों का उपयोग करके, हमारे पास निम्न है:
दी गई समीकरण $= 30 \div 2 + 3 \times 6 - 5 = 15 + 18 - 5 = 28$

14. (*a*) : सही प्रतीकों का उपयोग करके, हमारे पास निम्न है:
दी गई समीकरण $= 18 \times 12 \div 4 + 5 - 6$
$= 18 \times 3 + 5 - 6$
$= 54 + 5 - 6 = 59 - 6 = 53$

15. (*e*) : सही प्रतीकों का उपयोग करके, हमारे पास निम्न है:
दी गई समीकरण $= 12 - 12 \times 28 \div 7 + 15$
$= 12 - 12 \times 4 + 15$
$= 12 - 48 + 15 = 27 - 48 = -21$

16. (*e*) : सही प्रतीकों का उपयोग करके, हमारे पास निम्न है :
दी गई समीकरण $= 18 \div 3 \times 9 - 8 + 6$
$= 6 \times 9 - 8 + 6$
$= 54 - 8 + 6 = 60 - 8 = 52$

17. (*b*) : सही प्रतीकों का उपयोग करके, हमारे पास निम्न है:
दी गई समीकरण $= 28 \div 7 \times 8 - 6 + 4$
$= 4 \times 8 - 6 + 4$
$= 32 - 6 + 4 = 36 - 6 = 30$

18. (*b*) : सही प्रतीकों का उपयोग करके, हमारे पास निम्न है :
दी गई समीकरण $= 8 \times 12 + 16 \div 2 - 10$
$= 96 + 8 - 10$
$= 104 - 10 = 94$

19. (*c*) : सही प्रतीकों का उपयोग करके, हमारे पास निम्न है :
दी गई समीकरण $= (10 \times 4) + (4 \times 4) - 6$
$= 40 + 16 - 6$
$= 56 - 6 = 50$

20. (*b*) : दी गई समीकरण $= (23 + 45) \times 12 = 68 \times 12 = 816$

21. (*c*) : दी गई समीकरण $= 32 \times 5 - (15 - 3) \times 3$
$= 160 - 12 \times 3 = 160 - 36$
$= 124 =$ bce

22. (*b*) : दी गई समीकरण $= 105 \div 15 \times 3 = 7 \times 3 = 21 =$ cb

23. (*d*) : दी गई समीकरण
$= 144 + 56 - \left(20 \times \frac{7}{14}\right)$
$= 144 + 56 - (20 \div 2) = 144 + 56 - 10$
$= 190 =$ bja.

24. (*a*) : (*a*) में उचित चिन्हों का उपयोग करके, हमें निम्नानुसार समीकरण मिलती है :
$4 + 5 \times 9 \div 3 - 4 = 4 + 5 \times 3 - 4$
$= 4 + 15 - 4 = 15$

25. (*d*) : (*d*) में उचित चिन्हों का उपयोग करके, हमें निम्नानुसार समीकरण मिलती है :
$18 \div 6 \times 7 - 5 + 2 = 3 \times 7 - 5 + 2 = 21 - 5 + 2 = 18$

26. (*d*) : (*d*) में उचित चिन्हों का उपयोग करके, हमें निम्नानुसार समीकरण मिलती है :
$6 - 20 + 12 \times 7 \div 1 = 6 - 20 + 84 = 90 - 20 = 70$

27. (*d*) : (*d*) में उचित चिन्हों का उपयोग करके, हमें निम्नानुसार समीकरण मिलती है :
$2 \times 5 - 6 + 2 = 6$ या $10 - 6 + 2 = 6$ या $6 = 6$, जो कि सही है।

28. (*a*) : (*a*) में उचित चिन्हों का उपयोग करके, हमें निम्नानुसार समीकरण मिलती है :
$52 - 4 \times 5 + 8 \div 2 = 52 - 4 \times 5 + 4 = 52 - 20 + 4 = 56 - 20 = 36$

29. (*d*) : (*d*) में उचित चिन्हों का उपयोग करके, हमें निम्नानुसार समीकरण मिलती है:
$8 \times 8 + 8 \div 8 - 8 = 8 \times 8 + 1 - 8 = 64 + 1 - 8$
$= 65 - 8 = 57$

30. (*d*) : (*d*) में उचित चिन्हों का उपयोग करके, हमें निम्नानुसार समीकरण मिलती है :
$9 + 9 \div 9 - 9 \times 9 = 9 + 1 - 9 \times 9 = 9 + 1 - 81$
$= 10 - 81 = -71$

31. (*c*) : (*c*) में उचित चिन्हों का उपयोग करके, हमें निम्नानुसार समीकरण मिलती है:
$5 \times 2 \div 2 < 10 - 4 + 8$ या $5 \times 1 < 18 - 4$ या $5 < 14$, जो कि सही है।

32. (*c*) : (*c*) में उचित चिन्हों का उपयोग करके, हमें निम्नानुसार समीकरण मिलती है:
$5 \times 2 + 1 = 3 \times 4 - 1$ या $10 + 1 = 12 - 1$ या $11 = 11$, जो कि सही है।

33. (*d*) : (*d*) में उचित चिन्हों का उपयोग करके, हमें निम्नानुसार समीकरण मिलती है:
$1 \times 3 \div 2 > 1 < 5 > 3 \times 1 \div 2$ या $\frac{3}{2} > 1 < 5 > \frac{3}{2}$, जो कि सही है।

34. (*c*) : (*c*) में उचित चिन्हों का उपयोग करके, हमें निम्नानुसार समीकरण मिलती है:
$18 \div 3 - 6 + 8 + 4 = 12$ या $6 - 6 + 8 + 4 = 12$ या $12 = 12$, जो कि सही है।

35. (*d*) : (*d*) में उचित चिन्हों का उपयोग करके, हमें निम्नानुसार समीकरण मिलती है:
$15 \div 5 < 8 \div 4 + 6 \div 3$ या $3 < 2 + 2$ या $3 < 4$, जो कि सही है।

36. (*c*) : (*c*) में उचित चिन्हों का उपयोग करके, हमें निम्नानुसार समीकरण मिलती है:
$8 - 4 \div 2 < 6 + 3$ या $6 < 9$, जो कि सही है।

37. (*b*) : (*b*) में उचित चिन्हों का उपयोग करके, हमें निम्नानुसार समीकरण मिलती है:
$4 + 3 \times 8 - 1 = 6 \div 2 + 24$ या $27 = 27$, जो कि सही है।

38. (*b*) : (*b*) में उचित चिन्हों का उपयोग करके, हमें निम्नानुसार समीकरण मिलती है:
$9 + 5 + 4 = 18 \div 9 + 16$ या $18 = 18$, जो कि सही है।

39. (*d*) : (*d*) में उचित चिन्हों का उपयोग करके, हमें निम्नानुसार समीकरण मिलती है:
$31 + 1 - 2 < 4 + 6 \times 7$ या $30 < 46$, जो कि सही है।

40. (*a*) : (*a*) में उचित चिन्हों का उपयोग करके, हमें निम्नानुसार समीकरण मिलती है:
$7 + 7 - 7 \div 7 < 14$ या $13 < 14$, जो कि सही है।

41. (*a*) : (*a*) में उचित चिन्हों का उपयोग करके, हमें निम्नानुसार समीकरण मिलती है:
$2 < 2 \times 4 + 1 \times 4 - 8$ या $2 < 4$, जो कि सही है।

42. (*b*) : (*b*) में उचित चिन्हों का उपयोग करके, हमें निम्नानुसार समीकरण मिलती है:
$2 \div 1 + 10 \times 1 < 6 \times 4$ या $12 < 24$, जो कि सही है।

43. (*d*) : (*d*) में उचित चिन्हों का उपयोग करके, हमें निम्नानुसार समीकरण मिलती है:
$10 \times 2 > 2 \div 1 \times 10 \div 2$ या $20 > 10$, जो कि सही है।

44. (*b*) : (*b*) में उचित चिन्हों का उपयोग करके, हमें निम्नानुसार समीकरण मिलती है:
$14 = 2 \times 4 \times 2 - 2 \div 1$ या $14 = 14$, जो कि सही है।

45. (*a*) : (*a*) में उचित चिन्हों का उपयोग करके, हमें निम्नानुसार समीकरण मिलती है:
$8 \div 4 \times 1 - 2 = 16 - 16$ या $0 = 0$, जो कि सही है।

46. (*b*) : (*b*) में उचित चिन्हों का उपयोग करके, हमें निम्नानुसार समीकरण मिलती है:
$16 + 2 - 4 = 6 + 8$ या $14 = 14$, जो कि सही है।

47. (*d*) : (*d*) में उचित चिन्हों का उपयोग करके, हमें निम्नानुसार समीकरण मिलती है:
$20 + 4 \div 4 - 2 > 3$ या $19 = 3$, जो कि सही है।

48. (*a*) : (*a*) में उचित चिन्हों का उपयोग करके, हमें निम्नानुसार समीकरण मिलती है:
$15 \div 5 + 3 = 2 \times 3$ या $6 = 6$, जो कि सही है।

49. (*d*) : (*d*) में उचित चिन्हों का उपयोग करके, हमें निम्नानुसार समीकरण मिलती है:
$24 \div 3 \times 2 = 2 \times 8$ या $16 = 16$, जो कि सही है।

50. (*a*) : (*a*) में उचित चिन्हों का उपयोग करके, हमें निम्नानुसार समीकरण मिलती है:
$30 + 6 \div 2 > 4 \times 3$ या $33 = 12$, जो कि सही है।

प्रकार 2: चिन्ह और अंक का प्रतिस्थापन

उदा. 1. यदि दिए गए चिन्हों + और ÷ को और संख्याओं 2 और 4 को आपस में बदल दिया जाए तब, निम्नलिखित चार समीकरणों में से कौन सा सही होगा?

(*a*) $2 + 4 \div 3 = 3$ (*b*) $4 + 2 \div 6 = 1.5$
(*c*) $4 \div 2 + 3 = 4$ (*d*) $2 + 4 \div 6 = 8$

हल: (+ और ÷) और (2 और 4) को बदलने पर, हमें निम्न प्राप्त होता है:
(*a*) $4 \div 2 + 3 = 3$ या $5 = 3$, जो कि गलत है।
(*b*) $2 \div 4 + 6 = 1.5$ या $6.5 = 1.5$, जो कि गलत है।
(*c*) $2 + 4 \div 3 = 4$ या $\frac{10}{3} = 4$, जो कि गलत है।
(*d*) $4 \div 2 + 6 = 8$ या $8 = 8$, जो कि सही है।
अत: उत्तर (*d*) है।

उदा. 2. चिन्हों और संख्याओं के दिए गए चार आदान-प्रदान में से कौन सा बदलाव दिए गए समीकरण को सही बनाएगा?

$$3 + 5 - 2 = 4$$

(*a*) + और –, 2 और 3 (*b*) + और –, 2 और 5
(*c*) + और –, 3 और 5 (*d*) इनमें से कोई नहीं

हल: (*a*) में दिए गए बदलावों को करके, हमें $2 - 5 + 3 = 4$ या $0 = 4$ के रुप में समीकरण प्राप्त होता है, जो कि गलत है।
(*b*) में दिए गए बदलावों को करके, हमें $3 - 2 + 5 = 4$ या $6 = 4$ के रुप में समीकरण प्राप्त होता है, जो कि गलत है।
(*c*) में दिए गए बदलावों को करके, हमें $5 - 3 + 2 = 4$ या $4 = 4$ के रुप में समीकरण प्राप्त होता है, जो कि सही है।
अत: उत्तर (*c*) है।

अभ्यास 13B

निर्देश (प्रश्न 1 से 4): निम्नलिखित में से प्रत्येक प्रश्न में, यदि चिन्हों और संख्याओं में दिए गए बदलाव किए गए हैं, तो चार समीकरणों में से कौन सा सही होगा?

1. दिए गए बदलाव: चिन्ह – और ÷ तथा संख्याएं 4 और 8 हैं।
(*a*) $6 - 8 \div 4 = -1$ (*b*) $8 - 6 \div 4 = 1$
(*c*) $4 \div 8 - 2 = 6$ (*d*) $4 - 8 \div 6 = 2$

2. दिए गए बदलाव: चिन्ह + और × तथा संख्याएं 4 और 5 हैं।
(*a*) $5 \times 4 + 20 = 40$ (*b*) $5 \times 4 + 20 = 85$
(*c*) $5 \times 4 + 20 = 104$ (*d*) $5 \times 4 + 20 = 95$

3. दिए गए बदलाव: चिन्ह + और – तथा संख्याएं 4 और 8 हैं।
(*a*) $4 \div 8 - 12 = 16$ (*b*) $4 - 8 + 12 = 0$
(*c*) $8 \div 4 - 12 = 24$ (*d*) $8 - 4 \div 12 = 8$

4. दिए गए बदलाव: चिन्ह – और × तथा संख्याएं 3 और 6 हैं।

(a) $6-3\times2=9$ (b) $3-6\times8=10$

(c) $6\times3-4=15$ (d) $3\times6-4=33$

निर्देश (प्रश्न 5 से 11): निम्नलिखित में से प्रत्येक प्रश्न में, दो चिन्हों के आदान-प्रदान के कारण दिया गया समीकरण सही हो जाता है। दिए गए चार विकल्पों में से एक, समीकरण में चिन्हों के उस आदान-प्रदान को निर्दिष्ट करता है जिसको करने पर समीकरण सही हो जाएगा। सही विकल्प का पता लगाएं।

5. $5+3\times8-12\div4=3$

(a) + और – (b) – और ÷

(c) + और × (d) + और ÷

6. $5+6\div3-12\times2=17$

(a) ÷ और × (b) + और ×

(c) + और ÷ (d) + और –

7. $2\times3+6-12\div4=17$

(a) × और + (b) + और –

(c) + और ÷ (d) – और ÷

8. $16-8\div4+5\times2=8$

(a) ÷ और × (b) – और ÷

(c) ÷ और + (d) – और ×

9. $9+5\div4\times3-6=12$

(a) + और × (b) ÷ और ×

(c) ÷ और – (d) + और –

10. $12\div2-6\times3+8=16$

(a) ÷ और (b) – और +

(c) × और (d) ÷ और ×

11. $10+10\div10-10\times10=10$

(a) + और – (b) + और ÷

(c) + और × (d) ÷ और +

निर्देश (प्रश्न 12 से 16): निम्नलिखित में से प्रत्येक प्रश्न में, यदि दोनों तरफ के या एक तरफ के दो पदों का आदान-प्रदान किया जाता है, तो चिन्ह (=) के दोनों ओर दो समीकरणों का मान एक जैसा होगा। आदान-प्रदान किए जाने वाले सही पदों को समीकरणों के नीचे चार विकल्पों में से एक के रूप में दिया गया है। प्रत्येक प्रश्न में सही विकल्प का पता लगाएं। **(C.A.T. 1997)**

12. $5+3\times6-4\div2=4\times3-10\div2+7$

(a) 4, 7 (b) 5, 7

(c) 6, 4 (d) 6, 10

13. $7\times2-3+8\div4=5+6\times2-24\div3$

(a) 2, 6 (b) 6, 5

(c) 3, 24 (d) 7, 6

14. $15+3\times4-8\div2=8\times5+16\div2-1$

(a) 3, 5 (b) 15, 5

(c) 15, 16 (d) 3, 1

15. $6\times3+8\div2-1=9-8\div4+5\times2$

(a) 3, 4 (b) 3, 5

(c) 6, 9 (d) 9, 5

16. $8\div2\times5-11+9=6\times2-5+4\div2$

(a) 5, 9 (b) 8, 5

(c) 9, 6 (d) 11, 5

निर्देश (प्रश्न 17 से 20): निम्नलिखित में से प्रत्येक प्रश्न में, चिन्हों और संख्याओं में चार आदान-प्रदानों में से कौन सा दिए गए समीकरण को सही बनाएगा?

17. $6\times4+2=16$

(a) + और ×, 2 और 4 (b) + इऔर ×, 2 और 6

(c) + और ×, 4 और 6 (d) इनमें से कोई नहीं

18. $(3\div4)+2=2$

(a) + और ÷, 2 और 3 (b) + और ÷, 2 और 4

(c) + और ÷, 3 और 4 (d) कोई बदलाव नहीं, 3 और 4

19. $4\times6-2=14$

(a) × से ÷, 2 और 4 (b) – से ÷, 2 और 6

(c) – से +, 2 और 6 (d) × से +, 4 और 6

20. $(6\div2)\times3=0$

(a) ÷ और ×, 2 और 3 (b) × से –, 2 और 6

(c) ÷ और ×, 2 और 6 (d) × से –, 2 और 3

21. प्रतीकों के सही सेट का चयन करें जो दिए गए समीकरण 5 0 3 5 = 20 में सही बैठेंगे।

(a) ×, ×, × (b) –, +, ×

(c) ×, +, × (d) +, –, × **(S.S.C. 2001)**

22. अंकगणितीय चिन्हों के निम्नलिखित अर्थों में से कौन सा अर्थ नीचे दी गई समीकरण के लिए 'शून्य' मान देगा? **(Bank P.O. 2005)**

$200\times100+300\times200-10\div2+40$

(a) + का अर्थ –, – का अर्थ ×, × का अर्थ ÷, ÷ का अर्थ +

(b) + का अर्थ –, – का अर्थ ÷, × का अर्थ +, ÷ का अर्थ ×

(c) + का अर्थ ×, – का अर्थ –, × का अर्थ ÷, ÷ का अर्थ +

(d) + का अर्थ ÷, – का अर्थ +, × का अर्थ –, ÷ का अर्थ ×

(e) इनमें से कोई नहीं

23. अंकगणितीय चिन्हों के निम्नलिखित अर्थों में से कौन सा अर्थ लागू करने से, $700-10\div\frac{1}{2}\times35+70$ का मान शून्य होगा? **(R.B.I. 2005)**

(a) × का अर्थ ÷, + का अर्थ ×, ÷ का अर्थ +, – का अर्थ –

(b) × का अर्थ ÷, + का अर्थ –, ÷ का अर्थ ×, – का अर्थ +

(c) × का अर्थ +, + का अर्थ –, ÷ का अर्थ ×, – का अर्थ ÷

(d) × का अर्थ ÷, + का अर्थ –, ÷ का अर्थ ×, – का अर्थ +

(e) इनमें से कोई नहीं

हल-अभ्यास 13(B)

1. (c) : (c) में – और ÷ तथा 4 और 8 का आदान-प्रदान करने पर, हमें समीकरण: $8-4\div2=6$ या $8-2=6$ या $6=6$ के रूप में मिलता है, जो कि सही है।

2. (c) : (c) में + और × तथा 4 और 5 का आदान-प्रदान करने पर, हमें समीकरण: $4+5\times20=104$ या $104=104$ के रूप में मिलता है, जो कि सही है।

3. (b) : (b) में + और – तथा 4 और 8 का आदान-प्रदान करने पर, हमें समीकरण: $8+4-12=0$ या $12-12=0$ या $0=0$ के रूप में मिलता है, जो कि सही है।

4. (*b*) : (*b*) में – और × तथा 3 और 6 का आदान-प्रदान करने पर, हमें समीकरण: $6 \times 3 - 8 = 10$ या $18 - 8 = 10$ या $10 = 10$ के रूप में मिलता है, जो कि सही है।

5. (*b*) : – और ÷ का आदान-प्रदान करने पर, हमें समीकरण: $5 + 3 \times 8 \div 12 - 4 = 3$ या $5 + 3 \times \frac{2}{3} - 4 = 3$ या $3 = 3$ के रूप में मिलता है, जो कि सही है।

6. (*a*) : ÷ और × का आदान-प्रदान करने पर, दी गई समीकरण $= 5 + 6 \times 3 - 12 \div 2 = 5 = 6 \times 3 - 6 = 5 + 18 - 6 = 17$ प्राप्त होती है।

7. (*a*) : × और + का आदान-प्रदान करने पर, दी गई समीकरण $= 2 + 3 \times 6 - 12 \div 4 = 2 + 3 \times 6 - 3 = 2 + 18 - 3 = 17$ प्राप्त होती है।

8. (*b*) : – और ÷ का आदान-प्रदान करने पर, दी गई समीकरण $= 16 \div 8 - 4 + 5 \times 2 = 2 - 4 + 5 \times 2 = 2 - 4 + 10 = 8$ प्राप्त होती है।

9. (*c*) : ÷ और – का आदान-प्रदान करने पर, दी गई समीकरण $= 9 + 5 - 4 \times 3 \div 6 = 9 + 5 - 4 \times \frac{1}{2} = 9 + 5 - 2 = 12$ प्राप्त होती है।

10. (*b*) : – और + का आदान-प्रदान करने पर, दी गई समीकरण $= 12 \div 2 + 6 \times 3 - 8 = 6 + 6 \times 3 - 8 = 6 + 18 - 8 = 16$ प्राप्त होती है।

11. (*c*) : + और × का आदान-प्रदान करने पर, हमें समीकरण: $10 \times 10 \div 10 - 10 + 10 = 10$ या $10 \times 1 - 10 = 10 = 10$ या $10 = 10$ के रूप में प्राप्त होता है, जो कि सही है।

12. (*c*) : बाईं ओर से 6 और 4 का आदान-प्रदान करने पर, हमें समीकरण: $5 + 3 \times 4 - 6 \div 2 = 4 \times 3 - 10 \div 2 + 7$ या $5 + 12 - 3 = 12 - 5 + 7$ या $14 = 14$ के रूप में प्राप्त होती है, जो कि सही है।

13. (*d*) : 7 और 6 का आदान-प्रदान करने पर, हमें समीकरण: $6 \times 2 - 3 + 8 \div 4 = 5 + 7 \times 2 - 24 \div 3$ या $12 - 3 + 2 = 5 + 14 - 8$ या $11 = 11$ के रूप में प्राप्त होती है, जो कि सही है।

14. (*a*) : 3 और 5 का आदान-प्रदान करने पर, हमें समीकरण: $15 + 5 \times 4 - 8 \div 2 = 8 \times 3 + 16 \div 2 - 1$ या $15 + 20 - 4 = 24 + 8 - 1$ या $31 = 31$ के रुप में प्राप्त होती है, जो कि सही है।

15. (*d*) : दाहिने हाथ पर 9 और 5 का आदान-प्रदान करने पर, हमें समीकरण: $6 \times 3 + 8 \div 2 - 1 = 5 - 8 \div 4 + 9 \times 2$ या $18 + 4 - 1 = 5 - 2 + 18$ या $21 = 21$ के रुप में प्राप्त होती है, जो कि सही है।

16. (*c*) : 9 और 6 का आदान-प्रदान करने पर, हमें समीकरण: $8 \div 2 \times 5 - 11 + 6 = 9 \times 2 - 5 + 4 \div 2$ या $4 \times 5 - 11 + 6 = 18 - 5 + 2$ या $15 = 15$ के रुप में प्राप्त होती है, जो कि सही है।

17. (*c*) : + और × तथा 4 और 6 का आदान-प्रदान करने पर, हमें समीकरण: $4 + 6 \times 2 = 16$ या $4 + 12 = 16$ या $16 = 16$ के रुप में प्राप्त होता है, जो कि सही है।

18. (*a*) : + और ÷ तथा 2 और 3 का आदान-प्रदान करने पर, हमें समीकरण: $(2 + 4) \div 3 = 2$ या $6 \div 3 = 2$ या $2 = 2$ के रुप में प्राप्त होता है, जो कि सही है।

19. (*c*) : – को + में बदलने पर तथा 2 और 6 का आदान-प्रदान करने पर, हमें समीकरण: $4 \times 2 + 6 = 14$ या $8 + 6 = 14$ या $14 = 14$ के रुप में प्राप्त होता है, जो कि सही है।

20. (*d*) : × को – में बदलने पर तथा 2 और 3 का आदान-प्रदान करने पर, हमें समीकरण: $(6 \div 3) - 2 = 0$ या $2 - 2 = 0$ या $0 = 0$ के रुप में प्राप्त होता है, जो कि सही है।

21. (*b*) : स्पष्ट रूप से, $5 + 3 \times 5 = 20$ या $5 - 0 + 3 \times 5 = 20$ है।

22. (*b*) : (*b*) में दिए गए अर्थ का उपयोग करके, हमें दी गई समीकरण:
$200 + 100 - 300 + 200 \div 10 \times 2 - 40$
$= 300 - 300 + 20 \times 2 - 40$
$= 0 + 40 - 40 = 0$ के रुप में प्राप्त होती है।

23. (*c*) : (*c*) में दिए गए अर्थ का उपयोग करके, हमें दी गई समीकरण:
$700 \div 10 \times \frac{1}{2} + 35 - 70 = 70 \times \frac{1}{2} + 35 - 70$
$= 35 + 35 - 70 = 0$. के रुप में प्राप्त होती है।

प्रकार 3: उचित निष्कर्ष निकालना

इस प्रकार के प्रश्नों में, वास्तविक प्रतीकों या प्रतिस्थापित प्रतीकों का उपयोग करके तत्वों के विभिन्न समूहों के बीच कुछ संबंध दिए जाते हैं ('से कम', 'से अधिक' या 'के बराबर' के संदर्भ में)। अभ्यर्थी को दी गई समीकरणों का विश्लेषण कर यह निर्णय करना होता है कि दिए गए विकल्पों में से कौन सा संबंध इन समीकरणों की मदद से प्राप्त किया जा सकता है।

व्याख्यात्मक उदाहरण

उदा. 1. यदि $A + B > C + D$ और $B + C > A + D$ है, तो यह निश्चित है कि..... **(M.C.A. 2005)**

(*a*) D > B (*b*) C > D (*c*) A > D (*d*) B > D

हल: दिया गया है कि : $A + B > C + D$ ...(i) और $B + C > A + D$ ...(ii)

(i) और (ii) को जोड़कर, हमें प्राप्त होता है:

$(A + B) + (B + C) > (C + D) + (A + D)$

$\Rightarrow A + 2B + C > C + 2D + A \Rightarrow 2B > 2D \Rightarrow B > D$.

अत: उत्तर (*d*) है।

उदा. 2. यह दिया गया है कि × का अर्थ 'से अधिक', ϕ का अर्थ 'के बराबर', < का अर्थ 'से कम नहीं', ⊥ का अर्थ 'के बराबर नहीं', Δ का अर्थ 'से कम' और + का अर्थ 'से अधिक नहीं' है, तो निम्नलिखित में से सही समीकरण चुनें:

$a \times b \, \Delta \, c$ का अर्थ क्या होगा?

(*a*) $a \, \phi \, c \, \Delta \, b$ (*b*) $b < a \times c$ (c) $a < b + c$
(*d*) $c + b < a$ (*e*) $b < a \, \phi \, c$

हल: सामान्य चिन्हों का उपयोग करके, हमारे पास निम्न है:

(b): समीकरण $a > b < c \Rightarrow b \nless a > c$ है, जो कि गलत है। [$c < b$]

(c): समीकरण $a > b < c \Rightarrow a \nless b \ngtr c$ है, जो कि सही है।

(d): समीकरण $a > b < c \Rightarrow c \ngtr b \ll a$ है, जो कि गलत है। [$b < a$]

(e): समीकरण $a > b < c \Rightarrow b \nless a = c$ है, जो कि गलत है। [$b < a$]

अत: समीकरण (c) सही है। अत: उत्तर (c) है।

उदा. 3. ***निम्नलिखित प्रश्नों में, नीचे दिखाए अनुसार, प्रतीकों @, ©, %, ★ और $ का निम्नलिखित अर्थों के साथ प्रयोग किया गया है:*** **(I.I.F.T. 2005)**

'P @ Q' का अर्थ है 'P या तो Q से बड़ा है या उसके बराबर है';
'P © Q' का अर्थ है 'P या तो Q से छोटा या उसके बराबर है';
'P % Q' का अर्थ है 'P, Q से बड़ा है';
'P ★ Q' का अर्थ है 'P, Q से छोटा है';
'P $ Q' का अर्थ है 'P न तो Q से बड़ा न ही उससे छोटा है'

निम्नलिखित में से प्रत्येक प्रश्न में, दी गई समीकरण को सही मानते हुए, पता लगाएं कि उनके नीचे दिए गए दो निष्कर्षों I और II में से कौन सा निष्कर्ष निश्चित रूप से सही है?

यदि केवल निष्कर्ष I सही है, तो उत्तर (a) दें; यदि केवल निष्कर्ष II सही है, तो उत्तर (b) दें; यदि या तो निष्कर्ष I या II सही है, तो उत्तर (c) दें; यदि न तो I न ही II सही है, तो उत्तर (d) दें; और यदि दोनों निष्कर्ष I और II सही हैं, तो उत्तर (e) दें।

1. अभिव्यक्तियां: $M @ R, R \% T, T \$ K$
निष्कर्ष: I. $K \star M$ II. $T \star M$

2. अभिव्यक्तियां: $H \% J, B \copyright J, B @ F$
निष्कर्ष: I. $F \$ J$ II. $J \% F$

3. अभिव्यक्तियां: $D \$ M, M \% W, W @ R$
निष्कर्ष: I. $R \star D$ II. $W \copyright D$

4. अभिव्यक्तियां: $A \copyright N, N \star V, V \$ J$
निष्कर्ष: I. $J @ N$ II. $A \copyright V$

5. अभिव्यक्तियां: $K \star T, T @ B, B \copyright M$
निष्कर्ष: I. $M \% T$ II. $K \copyright B$

6. अभिव्यक्तियां: $B @ H, H \star M, M \$ N$
निष्कर्ष: I. $B @ N$ II. $N \% H$

7. अभिव्यक्तियां: $W \copyright R, J @ R, J \star K$
निष्कर्ष: I $J @ W$ II. $K \% R$

हल: हमारे पास:

(i) $P @ Q \Rightarrow P \geq Q$ (ii) $P \copyright Q \Rightarrow P \leq Q$
(iii) $P \% Q \Rightarrow P > Q$ (iv) $P \Rightarrow Q \Rightarrow P < Q$
(v) $P \$ Q \Rightarrow P \ngtr Q$ और $P \nless Q \Rightarrow P = Q$.

1. दी गई अभिव्यक्तियां: $M \geq R, R > T, T = K$. हैं।

I. K और M के बीच संबंध:
$K = T, T < R, R \leq M \Rightarrow K < R \leq M \Rightarrow K < M$
अर्थात $K \star M$

II. T और M के बीच संबंध:
$T < R, R \leq M \Rightarrow T < R \leq M \Rightarrow T < M$
अर्थात $T \star M$

इसलिए I और II दोनों सही हैं। अत: उत्तर (e) है।

2. दी गई अभिव्यक्तियां: $H > J, B \leq J, B \geq F$ हैं।

F और J के बीच संबंध:
$B \geq F, B \leq J \Rightarrow F \leq B \leq J \Rightarrow F \leq J \Rightarrow F < J \Rightarrow F = J$
या $F = J \Rightarrow J > F$ या $F = J$ अर्थात $J \% F$ या $F \$ J$
अत: या तो I या II सही है। अत: उत्तर (c) है।

3. दी गई अभिव्यक्तियां: $D = M, M > W, W \geq R$ हैं।

I. R और D के बीच संबंध: $R \leq W, W < M, M = D \Rightarrow R \leq W < M = D \Rightarrow R < D$ अर्थात $R \star D$

II. W और D के बीच संबंध: $W < M, M = D \Rightarrow W < M = D \Rightarrow W < D$ अर्थात $W \star D$

अत: केवल I सही है II नहीं। अत: उत्तर (a) है।

4. दी गई अभिव्यक्तियां: $A \leq N, N < V, V = J$

I. J और N के बीच संबंध: $J = V, V > N \Rightarrow J > N$ अर्थात $J \% N$

II. A और V के बीच संबंध: $A \leq N, N < V \Rightarrow A < V$ अर्थात $A \star V$

अत: न तो I न ही II सही है। अत: उत्तर (d) है।

5. दी गई अभिव्यक्तियां: $K < T, T \geq B, B \leq M$ हैं।

I. M और T के बीच संबंध:
$M \geq B, B \leq T \Rightarrow$ कोई निश्चित निष्कर्ष नहीं है।

II. K और B के बीच संबंध:
$K < T, T \geq B \Rightarrow$ कोई निश्चित निष्कर्ष नहीं है।

अत: न तो I और न ही II सही है। अत: उत्तर (d) है।

6. दी गई अभिव्यक्तियां: $B \geq H, H < M, M = N$ हैं।

I. B और N के बीच संबंध:
$B \geq H, H < M, M = N \Rightarrow B \geq H < M = N \Rightarrow$ कोई निश्चित निष्कर्ष नहीं है।

II. N और H के बीच संबंध:
$N = M, M > H \geq N > H$ अर्थात $N \% H$

अत: केवल II सही है। अत: उत्तर (b) है।

7. दी गई अभिव्यक्तियां: $W \leq R, J \geq R, J < K$ हैं।

I. J और W के बीच संबंध:
$J \geq R, R \geq W \Rightarrow J \geq R \geq W \Rightarrow J \geq W$ अर्थात $J @ W$

II. K और R के बीच संबंध:
$K > J, J \geq R \Rightarrow K > J \geq R \Rightarrow K > R$ अर्थात $K \% R$

अत: I और II दोनों सही हैं। अत: उत्तर (e) है।

उदा. 4. ***निम्नलिखित प्रश्नों में, नीचे दिखाए अनुसार, प्रतीकों @, ©, $, % और # का निम्नलिखित अर्थों के साथ प्रयोग किया गया है:*** ***(Bank P.O. 2006)***

'A + B' का अर्थ है 'A, B से छोटा नहीं है';
'A # B' का अर्थ है 'A, B से बड़ा नहीं है';
'A @ B' का अर्थ है 'A न तो B से छोटा है न ही उसके बराबर है';
'A © B' का अर्थ है 'A न तो B से छोटा है न ही उससे बड़ा है';
'A % B' का अर्थ है 'A न तो B से बड़ा है न ही उसके बराबर है'।

निम्नलिखित में से प्रत्येक प्रश्न में, दी गई समीकरणों को सही मानते हुए, पता लगाएं कि उनके नीचे दिए गए तीन निष्कर्षों I, II और III में से कौन सा निष्कर्ष निश्चित रूप से सही है और तदनुसार अपना उत्तर दें।

1. **अभिव्यक्तियां:** H % J, J©N, N@R

निष्कर्ष: I. R % J II. H@J III. N@H

(a) केवल I सही है (b) केवल II सही है

(c) केवल III सही है (d) केवल I और III सही हैं

(e) कोई भी सही नहीं है

2. **अभिव्यक्तियां:** M@J, J $T, T©N

निष्कर्ष: I. N # J II. T % M III. M@N

(a) कोई भी सही नहीं है (b) केवल I और II सही हैं

(c) केवल II और III सही हैं (d) केवल I और III सही हैं

(e) सभी सही हैं

3. **अभिव्यक्तियां:** D©K, K # F, F@P

निष्कर्ष: I. P@D II. K # P III. F $ D

(a) केवल I और II सही हैं (b) केवल II सही है

(c) केवल II और III सही हैं (d) केवल III सही है

(e) इनमें से कोई नहीं

4. **अभिव्यक्तियां:** R # D, D $ M, M©N

निष्कर्ष: I. R # M II. N # D III. N $ R

(a) केवल I सही है (b) केवल II सही है

(c) केवल III सही है (d) कोई भी सही नहीं है

(e) सभी सही हैं

5. **अभिव्यक्तियां:** K©P, P@Q, Q $ R

निष्कर्ष: I. K@R II. R % P III. Q % K

(a) केवल I और II सही हैं (b) केवल II और III सही हैं

(c) केवल III सही है (d) सभी सही हैं

(e) इनमें से कोई नहीं

6. **अभिव्यक्तियां:** K # N, N $ T, T % J

निष्कर्ष: I. J@N II. K@T III. T@K

(a) इनमें से कोई नहीं (b) केवल I और II सही हैं

(c) केवल II और III सही हैं (d) केवल I और III सही हैं

(e) इनमें से कोई नहीं

7. **अभिव्यक्तियां:** M@D, D©V, V $ W

निष्कर्ष: I. W@M II. M % V III. D $ W

(a) केवल I और II सही हैं (b) केवल II और III सही हैं

(c) केवल III सही है (d) केवल I और III सही हैं

(e) इनमें से कोई नहीं

हल. स्पष्ट रूप से, हमारे पास:

A $ B ⇒ A ≮ B ⇒ A ≥ B;

A # B ⇒ A ≯ B ⇒ A ≤ B;

A@B ⇒ A ≮ B और A ≠ B ⇒ A > B;

A©B ⇒ A ≮ B और A ≯ B ⇒ A = B;

A % B ⇒ A ≯ B और A ≠ B ⇒ A < है।

1. दी गई अभिव्यक्तियां: H < J, J = N, N > R हैं।

I. R और J के बीच संबंध:
R < N, N = J ⇒ R < N = J ⇒ R < J अर्थात R % J

II. H और J के बीच संबंध: H ⇒ J अर्थात H % J.

III. N और H के बीच संबंध:
N = J, J > H ⇒ N = J > H ⇒ N > H अर्थात N@H

अतः केवल I और III सही हैं। अतः उत्तर (d) है।

2. दी गई अभिव्यक्तियां: M > J, J ≥ T, T = N हैं।

I. N और J के बीच संबंध: N = T, T ≤ J ⇒ N = T ≤ J ⇒ N ≤ J अर्थात N # J

II. T और M के बीच संबंध: T ≤ J, J < M ⇒ T ≤ J < M ⇒ T < M अर्थात T % M

III. M और N के बीच संबंध: M > J, J ≥ T, T = N ⇒ M > J ≥ T = N ⇒ M > N अर्थात M@N

अतः I, II और III सभी सही हैं। अतः उत्तर (e) है।

3. दी गई अभिव्यक्तियां: D = K, K ≤ F, F > P हैं।

I. P और D के बीच संबंध: P < F, F ≥ K, K = D ⇒ P < F, F ≥ D ⇒ P < F ≥ D ⇒ कोई निश्चित निष्कर्ष नहीं है।

II. K और P के बीच संबंध: K ≤ F, F > P ⇒ K ≤ F > P ⇒ कोई निश्चित निष्कर्ष नहीं है।

III. F और D के बीच संबंध: F ≥ K, K = D ⇒ F ≥ K = D ⇒ F ≥ D अर्थात F $ D

अतः केवल III सही है। अतः उत्तर (d) है।

4. दी गई अभिव्यक्तियां: R ≤ D, D ≥ M, M = N हैं।

I. R और M के बीच संबंध: R ≤ D, D ≥ M ⇒ R ≤ D ≥ M ⇒ कोई निश्चित निष्कर्ष नहीं है।

II. N और D के बीच संबंध: N = M, M ≤ D ⇒ N = M ≤ D ⇒ N ≤ D अर्थात N # D

III. N और R के बीच संबंध: N = M, M ≤ D, D ≥ R ⇒ N = M ≤ D ≥ R कोई निश्चित निष्कर्ष नहीं है।

अतः केवल II सही है। अतः उत्तर (b) है।

5. दी गई अभिव्यक्तियां: K = P, P > Q, Q ≥ R हैं।

I. K और R के बीच संबंध: K = P, P > Q, Q ≥ R ⇒ K = P > Q ≥ R ⇒ K > R अर्थात K@R

II. R और P के बीच संबंध: R ≤ Q, Q < P ⇒ R ≤ Q < P ⇒ R < P अर्थात R % P

III. Q और K के बीच संबंध: Q < P, P = K ⇒ Q < P = K ⇒ Q < K अर्थात Q % K

अतः I, II और III सभी सही हैं। अतः उत्तर (d) है।

6. दी गई अभिव्यक्तियां: K ≤ N, N ≥ T, T < J हैं।

I. J और N के बीच संबंध: J > T, T ≤ N ⇒ J > T ≤ N ⇒ कोई निश्चित निष्कर्ष नहीं है।

II. और III, K और T के बीच संबंध: K ≤ N, N ≥ T ⇒ K ≤ N ≥ T ⇒ कोई निश्चित निष्कर्ष नहीं है।

अतः I, II और III में से कोई भी सही नहीं है। इसलिए उत्तर (a) है।

7. दी गई अभिव्यक्तियां: M > D, D = V, V ≥ W हैं।

I. W और M के बीच संबंध: W ≤ V, V = D, D < M ⇒ W ≤ V = D < M ⇒ W < M > M अर्थात W % M

II. M और V के बीच संबंध: W ≤ V, V = D, D < M ⇒ W ≤ V = D < M ⇒ W < M अर्थात M@V

III. D और W के बीच संबंध: M > D, D = V ⇒ M > D = V ⇒ M > V अर्थात D $ W

अतः केवल III सही है। इसलिए उत्तर (c) है।

अभ्यास 13C

1. यदि $A > B, B > C$ और $C > D$ है, तो निम्नलिखित में से कौन सा निष्कर्ष निश्चित रूप से गलत है? **(M.C.A. 2005)**

(*a*) $A > D$ (*b*) $A > C$
(*c*) $D > A$ (*d*) $B > D$

2. यदि $A + D = B + C, A + E = C + D, 2C < A + E$ और $2A > B + D$ है, तब

(*a*) $A > B > C > D < E$ (*b*) $B > A > D > C < E$
(*c*) $D > B > C > A > E$ (*d*) $B > C > D > E > A$

3. यदि $A + B > C + D, B + E = 2C$ और $C + D > B + E$ है, तो यह आवश्यक है कि

(*a*) $A + B > 2E$ (*b*) $A + B > 2C$
(*c*) $A > C$ (*d*) $A + B > 2D$

4. यदि $A + E = B + D, A + B > C + E, A + D = 2B, C + E > B + D$ है, तब

(*a*) $A > B > C > D > E$ (*b*) $C > B > D > A > E$
(*c*) $C > B > A > E > D$ (*d*) $C > A > B > D > E$

5. यदि $A + B = 2C$ और $C + D = 2A$ है, तो **(M.C.A. 2005)**

(*a*) $A + C = B + D$ (*b*) $A + C = 2D$
(*c*) $A + D = B + C$ (*d*) $A + C = 2B$

6. यदि $A + D > C + E, C + D = 2B$ और $B + E > C + D$ है, तो यह आवश्यक है कि

(*a*) $B + D > C + E$ (*b*) $A + B > 2D$
(*c*) $A + D > B + E$ (*d*) $A + D > B + C$

7. यदि $A + B = C + D, B + D = 2A, D + E > A + B, C + D > A + E$ है, तब

(*a*) $A > B > D > E > C$ (*b*) $A > D > B > E > C$
(*c*) $D > A > B > E > C$ (*d*) $D > B > E > A > C$

8. यदि $A + B = C + D$ और $A + D > B + C$ है, तो निम्नलिखित में से कौन सा निश्चित रूप से गलत होगा?

(*a*) $A > B$ (*b*) $A > C$ (*c*) $C > D$ (*d*) $B > D$

(PGDCA, 2005)

9. यदि $A + C = D + E, B + 2C = D + 2E, C - E > E - B$ और $2C > A + D$ है, तब

(*a*) $D > B > C > A > E$ (*b*) $A > B > C > D > E$
(*c*) $D > C > A > E > B$ (*d*) $C > B > E > D > A$

10. यदि $A + E = B + C, A + B = C + D, B + C > D + E, A + D > B + E, A + E > C + D$ है, तब

(*a*) $A > C > B > E > D$ (*b*) $A > E > C > D > B$
(*c*) $C > A > E > B > D$ (*d*) $D > B > E > A > C$

11. दी गई समीकरणों और प्रतीकों के अनुसार निम्नलिखित में से कौन सा निष्कर्ष सही है?

A : $\ngtr$ B : $>$ C : $\neq$ D : $=$ E : $\nless$ F : $<$

अभिव्यक्तियां: (aEb) और (bEc)

(*a*) aEc (*b*) aFc (*c*) cBa (*d*) cBb

12. दिए गए आधारों और प्रतीकों के अनुसार सही निष्कर्ष प्राप्त करें:

A: से बड़ा नहीं है B: से बड़ा
C: के बराबर नही है D: के बराबर
E: से कम नहीं है F: से कम

आधार: (lCm) और (lAm)

(*a*) lBm (*b*) lDm (*c*) lEm (*d*) lFm

निर्देश (प्रश्न 13 से 18): यह दिया गया है कि: Δ का अर्थ 'के बराबर'; $\square$ का अर्थ 'के बराबर नही है'; + का अर्थ 'से बड़ा'; – का अर्थ 'से कम'; × का अर्थ 'से बड़ा नहीं है'; ÷ का अर्थ 'से कम नहीं है' है। तो निम्नलिखित में से प्रत्येक प्रश्नों में सही समीकरण का चयन करें:

13. $a - b - c$ का अर्थ होगा–

(*a*) $a - b + c$ (*b*) $b + a - c$
(*c*) $c \times b + a$ (*d*) $b + a \div c$

14. $a + b - c$ का अर्थ होगा–

(*a*) $b - c - a$ (*b*) $c - b + a$
(*c*) $c + b - a$ (*d*) $c \times b \div a$

15. $a \times b \div c$ का अर्थ होगा–

(*a*) $a - b + c$ (*b*) $c \times b \div a$
(*c*) $a \square b \square c$ (*d*) $b \div a \div c$

16. $a + b + c$ का अर्थ नहीं होगा–

(*a*) $b - a + c$ (*b*) $c - b - a$
(*c*) $c - a + b$ (*d*) $b - a - c$

17. $a + b - c$ का अर्थ नहीं होगा–

(*a*) $c + b - a$ (*b*) $b - a + c$
(*c*) $b \square a \square c$ (*d*) इनमें से कोई नहीं

18. $a \square b \square c$ का अर्थ होगा–

(*a*) $a + b + c$ (*b*) $a - b - c$
(*c*) $a \div b \div c$ (*d*) इनमें से कोई नहीं

निर्देश (प्रश्न 19 से 22): इन प्रश्नों में, कुछ प्रतीकों का उपयोग कुछ गणितीय परिचालनों के लिए किया गया है जैसा कि नीचे दर्शाया गया है:

× का अर्थ 'से बड़ा'; © का अर्थ 'से कम नहीं है'; ÷ का अर्थ 'के बराबर नहीं है'; ϕ का अर्थ 'के बराबर'; + का अर्थ 'से बड़ा नहीं है'; Δ का अर्थ 'से कम' है।

इन प्रतीकों का उपयोग करके, निम्नलिखित में से प्रत्येक प्रश्न में सही विकल्प का चयन करें।

19. यदि $a \copyright b \times c$ है, तो इसका अर्थ होगा–

(*a*) $a \copyright b \phi c$ (*b*) $a \Delta b \copyright c$
(*c*) $a \times c + b$ (*d*) $c \times b \times a$

20. यदि $a \times b \Delta c$ है, तो इसका अर्थ होगा–

(*a*) $c + b \copyright a$ (*b*) $a \copyright b + c$
(*c*) $b \copyright a \times c$ (*d*) $a \phi c \Delta b$

21. यदि $a \ \ b \ \ c$ है, तो इसका अर्थ नहीं होगा–

(*a*) $a \times c \times b$ (*b*) $a \Delta c \times b$
(*c*) $c \times b \times a$ (*d*) $b \times a \Delta c$

22. यदि $a + b + c$ है, तो इसका अर्थ नहीं होगा–

(*a*) $a \Delta b \phi c$ (*b*) $a \Delta b \Delta c$
(*c*) $c \phi b \Delta a$ (*d*) $a \phi b \Delta c$

निर्देश (प्रश्न 23 से 24): यदि β का अर्थ 'से बड़ा', θ का अर्थ 'के बराबर', γ का अर्थ 'से कम नहीं है', δ का अर्थ 'से कम', η का अर्थ 'के बराबर नहीं है' और का अर्थ 'से बड़ा नहीं है' है, तो

निम्नलिखित में से प्रत्येक में चार विकल्पों में से कौन सा सही या उचित निष्कर्ष हो सकता है?

23. $a\,\alpha\,2b$ और $2b\,\theta\,r$

(a) $a\,\eta\,r$ (b) $a\,\alpha\,r$
(c) $a\,\beta\,r$ (d) $a\,\gamma\,r$

24. $2x\delta y$ और $\beta 3z$

(a) $y\,\delta\,6x$ (b) $2x\,\eta\,3z$
(c) $2x\,\delta\,3z$ (d) $3z\,\eta\,3y$

25. यदि A का अर्थ 'के बराबर नहीं है' (≠), B का अर्थ 'से बड़ा' (>), C का अर्थ 'से कम नहीं है' (≮), D का अर्थ 'के बराबर' (=), E का अर्थ 'से बड़ा नहीं है' (≯), F का अर्थ 'से कम' (<) है, तो दिए गए आधार (4x F 5y) और (5y E 3s) के अनुसार, निम्नलिखित में से कौन सा निष्कर्ष सही है?

(a) 4x A 3s (b) 4x B 3s
(c) 4x C 3s (d) 4x D 3s

निर्देश (प्रश्न 26 से 31): निम्नलिखित प्रश्नों में, Δ का अर्थ 'से बड़ा है', % का अर्थ 'से कम है', □ का अर्थ 'के बराबर है', = का अर्थ 'के बराबर नहीं है', + का अर्थ 'से थोड़ा अधिक है', × का अर्थ 'से थोड़ा कम' है।

निम्नलिखित में से प्रत्येक प्रश्न में सही विकल्प का चयन करें।

26. यदि $a \Delta b$ और $b + c$ है, तो सही विकल्प क्या होगा?

(a) $a \% c$ (b) $c \% a$
(c) $c + a$ (d) कह नहीं सकते

27. यदि $c = a$ और $a = b$ है तो सही विकल्प क्या होगा?

(a) $b \Delta a$ (b) $c \square a$
(c) $b = a$ (d) कह नहीं सकते

28. यदि $a \times b$ और $b \square c$ है, तो सही विकल्प क्या होगा?

(a) $c + a$ (b) $b \Delta c$
(c) $a + c$ (d) $c \square a$

29. यदि $c + b$ और $b \times a$ है, तो सही विकल्प क्या होगा?

(a) $a \Delta c$ (b) $c \square a$
(c) $b \square c$ (d) $c \Delta a$

30. यदि $ac + bc$ है, तो सही विकल्प क्या होगा?

(a) $a \square c$ (b) $b \Delta c$
(c) $c \Delta b$ (d) $b \% a$

31. यदि $ac \% bd$ और $ab \square cd$ है, तो सही विकल्प क्या होगा?

(a) $b \square c$ (b) $b \Delta a$
(c) $a \% c$ (d) कह नहीं सकते

निर्देश (प्रश्न 32 से 36): निम्नलिखित में से प्रत्येक प्रश्न में, अंकगणितीय परिचालनों का अर्थ रखने वाले यूनानी अक्षर दिए गए है। ऐसे संबंध का पता लगाएं जिसका दिए गए दो संबंधों के आधार पर निश्चित रूप से निष्कर्ष निकाला जा सको।

प्रचालनः α का अर्थ 'से बड़ा' है, β का अर्थ 'से कम' है, γ का अर्थ 'से बड़ा नहीं है' है, δ का अर्थ 'से कम नहीं है' है, θ का अर्थ 'के बराबर' है।

32. यदि $A\,\alpha\,2C$ और $2A\,\theta\,3B$ है, तो सही विकल्प क्या होगा?

(a) $C\,\beta\,B$ (b) $C\,\delta\,B$
(c) $C\,\alpha\,B$ (d) $C\,\theta\,B$

33. यदि $3A\,\alpha\,B$ और $3B\,\alpha\,2C$ है, तो सही विकल्प क्या होगा?

(a) $4A\,\delta\,C$ (b) $5A\,\alpha\,C$
(c) $2A\,\theta\,C$ (d) $3A\,\delta\,C$

34. यदि $B\,\theta\,2C$ और $3C\,\delta\,A$ है, तो सही विकल्प क्या होगा?

(a) $B\,\delta\,2A$ (b) $B\,\theta\,A$
(c) $3B\,\alpha\,2A$ (d) $B\,\beta\,A$

35. यदि $3C\,\delta\,2A$ और $B\,\alpha\,C$ है, तो सही विकल्प क्या होगा?

(a) $2A\,\alpha\,3B$ (b) $3B\,\alpha\,2A$
(c) $B\,\theta\,A$ (d) $3B\,\theta\,2A$

36. यदि $3B\,\theta\,2C$ और $2A\,\alpha\,3C$ है, तो सही विकल्प क्या होगा?

(a) $B\,\delta\,A$ (b) $B\,\theta\,A$
(c) $B\,\beta\,A$ (d) $B\,\alpha\,A$

निर्देश (प्रश्न 37 से 41): निम्नलिखित प्रश्नों में, α का अर्थ 'के बराबर'; β का अर्थ 'से बड़ा'; γ का अर्थ 'से कम' और δ का अर्थ 'के बराबर नहीं' है।

37. यदि $6x\,\alpha\,5y$ और $2y\,\beta\,3z$ है, तो सही विकल्प क्या होगा?

(a) $2x\,\beta\,3z$ (b) $4x\,\beta\,3z$
(c) $2x\,\gamma\,z$ (d) $4x\,\alpha\,3z$

38. यदि $ax\,\gamma\,by, bx\,\alpha\,cz$ और $b^2\,\alpha\,ac$ है, तो सही विकल्प क्या होगा?

(a) $ax\,\beta\,cy$ (b) $ay\,\alpha\,cz$
(c) $y\,\gamma\,z$ (d) $y\,\beta\,z$

39. यदि $abxy\,\gamma\,c^2z, bx\,\beta\,ay$ और $b^2\,\alpha\,ac$ है, तो सही विकल्प क्या होगा?

(a) $ax^2\,\beta\,cz$ (b) $a^2x^2\,\beta\,cz$
(c) $b^2x\,\beta\,c^2z$ (d) $bx^2\,\beta\,c^2z$

40. यदि $bcy\,\gamma\,ax, cy\,\alpha\,bz$ और $a^2\,\gamma\,bc$ है, तो सही विकल्प क्या होगा?

(a) $cx\,\alpha\,abz$ (b) $cx\,\gamma\,abz$
(c) $cx\,\delta\,abz$ (d) $c^2x\,\gamma\,a^2z$

41. यदि $a^2x\,\gamma\,byz, czx\,\alpha\,b^2y$ और $c^2z\,\alpha\,axy$ है, तो सही विकल्प क्या होगा?

(a) $abc\,\alpha\,xyz$ (b) $abc\,\beta\,xyz$
(c) $abc\,\delta\,xyz$ (d) $abc\,\gamma\,xyz$

निर्देश (प्रश्न 42 से 46): निम्नलिखित प्रश्नों में, नीचे दिए गए अनुसार, प्रतीकों ★, %, \$, # और © का निम्नलिखित अर्थों के साथ उपयोग किया गया है : **(Asstt. Manager Exam, 2005)**

'P \$ Q' का अर्थ है 'P, Q से छोटा है';
'P ★ Q' का अर्थ है 'P u तो Q से छोटा है न ही उससे बड़ा है';
'P # Q' का अर्थ है 'P या तो Q से बड़ा है या उसके बराबर है';
'P % Q' का अर्थ है 'P, Q से बड़ा है';
'P © Q' का अर्थ है 'P या तो Q से छोटा है या उसके बराबर है।'

निम्नलिखित में से प्रत्येक प्रश्न में, दी गई समीकरणों को सही मानते हुए, पता लगाएं कि उनके नीचे दिए गए दो निष्कर्षों I और II में से कौन सा निष्कर्ष निश्चित रूप से सही है?

यदि केवल निष्कर्ष I सही है, तो उत्तर (a) दें; यदि केवल निष्कर्ष II सही है, तो उत्तर (b) दें; यदि या तो निष्कर्ष I या II सही है, तो उत्तर (c) दें; यदि न तो निष्कर्ष I न ही II सही है, तो उत्तर (d) दें; और यदि दोनों निष्कर्ष I और II सही हैं, तो उत्तर (e) दें।

42. **अभिव्यक्तियां:** B # D, D ★ F, F % H

निष्कर्षः I. F ★ B II. F \$ B

43. **अभिव्यक्तियां:** H$J, J★N, N#T
निष्कर्ष: I. T%H II. J#T

44. **अभिव्यक्तियां:** M%K, K#T, T★J
निष्कर्ष: I. J©K II. T$M

45. **अभिव्यक्तियां:** W©F, F%R, R#K
निष्कर्ष: I. W$K II. K★W

46. **अभिव्यक्तियां:** V©R, R$M, M★W
निष्कर्ष: I. W%V II. V©W

निर्देश *(प्रश्न 47 से 51): निम्नलिखित प्रश्नों में, नीचे दिए गए अनुसार, प्रतीकों @, #, $, %, ★ का निम्नलिखित अर्थों के साथ उपयोग किया गया है:* **(Bank P.O. 2004)**

'A@B' का अर्थ है 'A, B से बड़ा नहीं है';
'A#B' का अर्थ है 'A, B से बड़ा है या उसके बराबर है';
'A$B' का अर्थ है 'A न तो B से बड़ा न ही उससे छोटा है';
'A%B' का अर्थ है 'A, B से छोटा है';
'A*B' का अर्थ है 'A न तो B से छोटा न ही उसके बराबर है'।

निम्नलिखित में से प्रत्येक प्रश्न में, दी गई समीकरणों को सही मानते हुए, पता लगाएं कि उनके नीचे दिए गए तीन निष्कर्षों I, II और III में से कौन सा निष्कर्ष निश्चित रूप से सही है?

47. **अभिव्यक्तियां:** K@L, L%N, E#N
निष्कर्ष: I. K%E II. E*L III. N*K
(*a*) केवल I और II सही हैं (*b*) केवल II और III सही हैं
(*c*) केवल I और III सही हैं (*d*) सभी सही हैं
(*e*) इनमें से कोई भी सही नहीं है

48. **अभिव्यक्तियां:** D$T, T*P, M@P
निष्कर्ष: I. D*M II. M%T III. D#P
(*a*) केवल I सही है (*b*) केवल I और II सही हैं
(*c*) सभी सही हैं (*d*) केवल I और III सही हैं
(*e*) इनमें से कोई भी सही नहीं है

49. **अभिव्यक्तियां:** T#R, R%L, L*K
निष्कर्ष: I. T%L II. K*R III. T#K
(*a*) केवल I सही है (*b*) केवल I और II सही हैं
(*c*) सभी सही हैं (*d*) केवल II और III सही हैं
(*e*) इनमें से कोई भी सही नहीं है

50. **अभिव्यक्तियां:** N%S, S#U, U*M
निष्कर्ष: I. M%S II. N%U III. N*M
(*a*) केवल I सही है (*b*) केवल II सही है
(*c*) सभी सही हैं (*d*) केवल I और III सही हैं
(*e*) कोई भी सही नहीं है

51. **अभिव्यक्तियां:** C$J, J%V, E@V
निष्कर्ष: I. E%J II. C*V III. C*E
(*a*) कोई भी सही नहीं है (*b*) केवल II सही है
(*c*) केवल III सही है (*d*) केवल II और III सही हैं
(*e*) सभी सही हैं

निर्देश *(प्रश्न 52 से 58): निम्नलिखित प्रश्नों में, नीचे वर्णित अनुसार, प्रतीकों @, %, #, $, © का निम्नलिखित अर्थों के साथ उपयोग किया गया है:* **(Bank P.O. 2006)**

'P@Q' का अर्थ है 'P, Q से बड़ा नहीं है';
'P%Q' का अर्थ है 'P न तो Q से बड़ा न ही उसके बराबर है';
'P#Q' का अर्थ है 'P न तो Q से छोटा न ही उसके बराबर है';
'P$Q' का अर्थ है 'P न तो Q से छोटा न ही उससे बड़ा है';
'P©Q' का अर्थ है 'P, Q से छोटा नहीं है'।

प्रत्येक प्रश्न में, संबंधों को दिखाने वाली तीन अभिव्यक्तियां दी गई हैं, जिनके बाद दो निष्कर्ष I और II दिए गए हैं। दी गई समीकरणों को सही मानते हुए, पता लगाएं कि कौन सा निष्कर्ष निश्चित रूप से सही है?

यदि केवल निष्कर्ष I सही है, तो उत्तर (a) दें; यदि केवल निष्कर्ष II सही है, तो उत्तर (b) दें; यदि या तो निष्कर्ष I या II सही है, तो उत्तर (c) दें; यदि न तो निष्कर्ष I न ही II सही है, तो उत्तर (d) दें; और यदि दोनों निष्कर्ष I और II सही हैं, तो उत्तर (e) दें।

52. **अभिव्यक्तियां:** T@L, L%N, D©N
निष्कर्ष: I. N#T II. L%D

53. **अभिव्यक्तियां:** J#R, R@B, B%H
निष्कर्ष: I. J@B II. J%H

54. **अभिव्यक्तियां:** W@V, V#X, Y©V
निष्कर्ष: I. X%Y II. X$W

55. **अभिव्यक्तियां:** M$K, K©F, F%H
निष्कर्ष: I. M#F II. M$F

56. **अभिव्यक्तियां:** H©D, D#R, R@K
निष्कर्ष: I. K@H II. H#R

57. **अभिव्यक्तियां:** E©H, K$H, K@M
निष्कर्ष: I. E#K II. E$M

58. **अभिव्यक्तियां:** N%R, R@K, K#F
निष्कर्ष: I. R@F II. R#F

निर्देश *(प्रश्न 59 से 63): निम्नलिखित प्रश्नों में, नीचे दिए गए अनुसार, प्रतीकों $, #, %, ★और @ का निम्नलिखित अर्थों के साथ उपयोग किया गया है:* **(R.B.I. 2005)**

'X$Y' का अर्थ है 'XY से बड़ा नहीं है';
'X#Y' का अर्थ है 'X न तो Y से बड़ा न ही उससे छोटा है';
'X%Y' का अर्थ है 'XY से छोटा नहीं है';
'X★Y' का अर्थ है 'X न तो Y से छोटा न ही उसके बराबर है';
'X@Y' का अर्थ है 'X न तो Y से बड़ा न ही उसके बराबर है''।

निम्नलिखित में से प्रत्येक प्रश्न में, दी गई समीकरणों को सही मानते हुए, पता लगाएं कि उनके नीचे दिए गए तीन निष्कर्षों I, II और III में से कौन सा निष्कर्ष निश्चित रूप से सही है?

59. अभिव्यक्तियां: D$K, H★B, K@H
निष्कर्ष: I. B%K II. B@K III. H★D
(*a*) केवल I और II सही हैं (*b*) केवल या तो I या II सही है
(*c*) केवल I और III सही हैं
(*d*) केवल या तो I या II, और III सही हैं
(*e*) इनमें से कोई भी सही नहीं है

60. **अभिव्यक्तियां:** T@R, R$G, G★B
निष्कर्ष: I. T@B★ II. B★R III T$G
(*a*) कोई भी सही नहीं है (*b*) या तो I या III सही है
(*c*) केवल I और III सही हैं (*d*) I, II और III सभी सही हैं
(*e*) केवल I और या तो II या III सही है

61. अभिव्यक्तियां: F # M, M ★ J, P % F

निष्कर्ष: I. P ★ J II. P % J III. P # M

(a) केवल I सही है (b) केवल I और II सही हैं

(c) केवल I और III सही हैं

(d) केवल II और III या I सही हैं

(e) इनमें से कोई भी सही नहीं है

62. अभिव्यक्तियां: L % J, L @ K, J ★ F

निष्कर्ष: I. F @ K II. K ★ J III. F @ L

(a) कोई भी सही नहीं है (b) केवल I और II सही हैं

(c) केवल II और III सही हैं (d) केवल I और III सही हैं

(e) I, II और III सभी सही हैं

63. अभिव्यक्तियां: N $ P, P @ Q, H % Q

निष्कर्ष: I. H % N II. N @ H III. N # H

(a) केवल I सही है (b) केवल II सही है

(c) केवल I और II सही हैं (d) I, II और III सभी सही हैं

(e) इनमें से कोई भी सही नहीं है

हल-अभ्यास 13(C)

1. (c) : $A > B, B > C, C > D \Rightarrow A > B > C > D \Rightarrow A > D \Rightarrow D \not> A$. इसलिए, (c) गलत है।

2. (b) : $2C < A + E, A + E = C + D \Rightarrow 2C < C + D$

$\Rightarrow C < D$ ...(i)

$A + D = B + C, C < D \Rightarrow A < B$ ...(ii)

$2A > B + D, A < B \Rightarrow A > D$ ...(iii)

$A + E = C + D, A > D \Rightarrow E < C$ ...(iv)

(i), (ii), (iii) और (iv) से, हमें : $B > A > D > C > E$ प्राप्त होता है।

3. (c) : $A + B > C + D, C + D > B + E, B + E = 2C$

$\Rightarrow A + B > 2C$.

4. (d) : $C + E > B + D, B + D = A + E$

$\Rightarrow C + E > A + E \Rightarrow C > A$ ...(i)

$A + B > C + E, C + E > B + D$

$\Rightarrow A + B > B + D \Rightarrow A > D$ ...(ii)

$A + D = 2B, A > D \Rightarrow A > B > D$ ...(iii)

$A + E = B + D, A > B \Rightarrow E < D$ ...(iv)

(i), (iii) और (iv) से, हमें : $C > A > B > D > E$ प्राप्त होता है।

5. (a) : दी गई समीकरण: $A + B = 2C$ ...(i) और $C + D = 2A$ ...(ii) है। (i) और (ii) को जोड़कर, हमें:

$A + B + C + D = 2C + 2A \Rightarrow B + D = A + C$ प्राप्त होता है।

6. (d) : $B + E > C + D, C + D = 2B \Rightarrow B + E > 2B$

$\Rightarrow E > B$.

$A + D > C + E, E > B \Rightarrow A + D > C + B$.

7. (c) : $D + E > A + B, A + B = C + D$

$\Rightarrow D + E > C + D \Rightarrow E > C$ ...(i)

$A + E < C + D, C + D = A + B \Rightarrow A + E < A + B \Rightarrow E < B \Rightarrow B > E$ ...(ii)

$D + E > A + B, B > E \Rightarrow D + E > A + E$

$\Rightarrow D > A$ ...(iii)

अब, $B + D = 2A, D > A \Rightarrow D > A > B$ ...(iv)

(i), (ii) और (iv) से, हमारे पास है : $D > A > B > E > C$

8. (d) : दी गई समीकरण: $A + B = C + D \Rightarrow A - D = C - B$ ...(i) और $A + D > B + C$ ...(ii) है।

(i) को (ii) से घटाने पर, हमें: $2D > 2B$ या $D > B$ प्राप्त होता है।

अत: $B > D$ एक गलत समीकरण है।

9. (c) : $A + C = D + E \Rightarrow C - E = D - A$ ...(i)

$B + 2C = D + 2E$

$\Rightarrow 2C - 2E = D - B$

$\Rightarrow C - E = \frac{D - B}{2}$ ...(ii)

(i) और (ii) से, हमें प्राप्त होता है: $D - A = \frac{D - B}{2}$

$\Rightarrow D - B > D - A$

$\Rightarrow -B > -A \Rightarrow B < A$.

$B + 2C = D + 2E, 2C > A + D$

$\Rightarrow B + A + D < D + 2E$

$\Rightarrow B + A < 2E$.

अब, $B + A < 2E, B < A \Rightarrow A > E, E > B$ ...(iii)

$A + C = D + E, A > E \Rightarrow C < D \Rightarrow D > C$ ...(iv)

$2C > A + D, C < D \Rightarrow C > A$ ...(v)

(ii), (iii), (iv) और (v) से, हमारे पास है: $C > A > E > B > D$ है।

10. (c) : $D + E < B + C, B + C = A + E$

$\Rightarrow D + E < A + E \Rightarrow D < A \Rightarrow A > D$ ...(i)

$A + E > C + D, C + D = A + B$

$\Rightarrow A + E > A + B \Rightarrow E > B$ ...(ii)

$A + E = B + C, E > B \Rightarrow C > A$ ...(iii)

$A + D > B + E, E > B \Rightarrow A + D > 2B$

$A + D > 2B, A > D \Rightarrow A > B > D$ ...(iv)

$A + D > B + E, D < B \Rightarrow A > E$ ...(v)

(ii), (iii), (iv) और (v), से हमारे पास है: $C > A > E > B > D$

11. (a) : aEb और $bEc \Rightarrow a \not< b$ और $b \not< s c$

$\Rightarrow a \not< c \Rightarrow aEc$.

12. (d) : lCm और $lAm \Rightarrow l \neq m$ और $l \not> m \Rightarrow l < m$

$\Rightarrow lFm$.

13. (b) : दिए गए चिन्हों के आधार पर-

(a) $a < b < c \Rightarrow a < b > c$, जो कि गलत है।

(b) $a < b < c \Rightarrow b < a < c$, जो कि सही है।

(c) $a < b < c \Rightarrow c \not> b > a$, जो कि गलत है।

(d) $a < b < c \Rightarrow b > a \not< c$, जो कि गलत है।

14. (c) : दिए गए चिन्हों के आधार पर-

(a) $a > b < c \Rightarrow b > c > a$, जो कि गलत है।

(b) $a > b < c \Rightarrow c > b > a$, जो कि गलत है।

(c) $a > b < c \Rightarrow c > b > a$, जो कि सही है।

(d) $a > b < c \Rightarrow c \nless b \nless a$, जो कि गलत है।

15. (b) : दिए गए चिन्हों के आधार पर–

(a) $a \ngtr b \nless c \Rightarrow a < b > c$ जो कि सही नहीं है।

(b) $a \ngtr b \nless c \Rightarrow c \ngtr b \nless a$ जो कि सही है।

(c) $a \ngtr b \nless c \Rightarrow a \neq b \neq c$ जो कि सही नहीं है।

(d) $a \ngtr b \nless c \Rightarrow b \nless a \nless c$ जो कि सही नहीं है।

16. (d) : दए गए चिन्हों के आधार पर–

(a) $a > b > c \nRightarrow b < a > c$ जो कि गलत है।

(b) $a > b > c \nRightarrow c < b < a$ जो कि गलत है।

(c) $a > b > c \nRightarrow c < a > b$ जो कि गलत है।

(d) $a > b > c \nRightarrow b < a < c$ जो कि सही है।

17. (b) : दिए गए चिन्हों के आधार पर–

(a) $a > b < c \nRightarrow c > b < a$ जो कि गलत है।

(b) $a > b < c \nRightarrow b < a > c$ जो कि सही है।

(c) $a > b < c \nRightarrow b \neq a \neq c$ जो कि गलत है।

18. (d) : दिए गए चिन्हों के आधार पर–

(a) $a \neq b \neq c \Rightarrow a > b > c$ जो कि गलत है।

(b) $a \neq b \neq c \Rightarrow a < b < c$ जो कि गलत है।

(c) $a \neq b \neq c \Rightarrow a \neq b \neq c$ जो कि गलत है।

19. (c) : दिए गए चिन्हों के आधार पर–

(a) $a \nless b > c \Rightarrow a \nless b = c$ जो कि गलत है।

(b) $a \nless b > c \Rightarrow a < b \nless c$ जो कि गलत है।

(c) $a \nless b > c \Rightarrow a > c \ngtr b$ जो कि सही है।

(d) $a \nless b > c \Rightarrow c > b > a$ जो कि गलत है।

20. (b) : दिए गए चिन्हों के आधार पर–

(a) $a > b < c \Rightarrow c \ngtr b \nless a$ जो कि गलत है।

(b) $a > b < c \Rightarrow a \nless b \ngtr c$ जो कि सही है।

(c) $a > b < c \Rightarrow b \nless a > c$ जो कि गलत है।

(d) $a > b < c \Rightarrow a = b < b$ जो कि गलत है।

21. (a) : दिए गए चिन्हों के आधार पर–

(a) $a < b < c \nRightarrow a > c > b$ जो कि सही है।

(b) $a < b < c \nRightarrow a < c > b$ जो कि गलत है।

(c) $a < b < c \nRightarrow c > b > a$ जो कि गलत है।

(d) $a < b < c \nRightarrow b > a < c$ जो कि गलत है।

22. (c) : दिए गए चिन्हों के आधार पर–

(a) $a \ngtr b \ngtr c \nRightarrow a < b = c$ जो कि गलत है।

(b) $a \ngtr b \ngtr c \nRightarrow a < b < c$ जो कि गलत है।

(c) $a \ngtr b \ngtr c \nRightarrow c = b < a$ जो कि सही है।

(d) $a \ngtr b \ngtr c \nRightarrow a = b < c$ जो कि गलत है।

23. (b) : $(a \,\alpha\, 2b)$ और $(2b \,\theta\, r) \,\alpha\, a \Rightarrow 2b$ और $2br \ngtr r \Rightarrow a > 2b$ और $2b \geq r \Rightarrow a > r$ अर्थात $a \,\alpha\, r$ है।

24. (c) : $(2x \,\delta\, y)$ और $(y \,\beta\, 3z) \Rightarrow 2x \neq y$ और $y \neq 3z \Rightarrow 2x \neq 3z$ अर्थात $2x$ d $3z$ है।

25. (a) : $(4x \text{ F } 5y)$ और $(5y \text{ E } 3s) \Rightarrow (4x < 5y)$ और $(5y \ngtr 3s) \Rightarrow (4x < 5y)$ और $(5y \leq 3s) \Rightarrow 4x < 3s$ या $4x \;\; 3s \Rightarrow 4x \text{ F } 3s$ या $4x \text{ A } 3s$ है।

26. (b) : $a \,\Delta\, b$ और $b + c \Rightarrow a > b$ और b c से थोड़ा बड़ा है।
$\Rightarrow a > c \Rightarrow c < a$ अर्थात $c \,\%\, a$ है।

27. (c) : $c = a$ और $a = b \Rightarrow c \neq a$ और $a \neq b \Rightarrow b \neq a$ अर्थात $b = a$ है।

28. (a): $a \times b$ और $b \,\square\, c$

$\Rightarrow a$ b से थोड़ा छोटा है और $b = c$

$\Rightarrow a$ c से थोड़ा छोटा है

$\Rightarrow c$ a से से थोड़ा बड़ा है अर्थात $c + a$ है।

29. (a) : $c \,\%\, b$ और $b \times a \Rightarrow c < b$ और b a से थोड़ा छोटा है

$\Rightarrow c < a \Rightarrow a > c$ अर्थात $a \,\Delta\, c$ है।

30. (d) : $ac + bc \Rightarrow ac > bc \Rightarrow a > b \Rightarrow b < a$ अर्थात $b \,\%\, a$ है।

31. (d) : $ac \,\%\, bd$ और $ab \,\Delta\, cd \Rightarrow ac < bd$ और $ab > cd$ है।
कोई भी निष्कर्ष नहीं निकाला जा सकता है।

32. (a) : $\text{A} \,\alpha\, 2\text{C}$ और $2\text{A} \,\theta\, 3\text{B} \Rightarrow \text{A} > 2\text{C}$ $2\text{A} = 3\text{B}$

$\Rightarrow 2\text{A} > 4\text{C}$ और $2\text{A} = 3\text{B}$

$\Rightarrow 3\text{B} > 4\text{C} \Rightarrow \text{C} < \text{B}$ अर्थात $\text{C} \,\beta\, \text{B}$ है।

33. (b) : $3\text{A} \,\alpha\, \text{B}$ और $3\text{B} \,\alpha\, 2c \Rightarrow 3\text{A} > \text{B}$ और $3\text{B} > 2\text{C}$

$\Rightarrow 3\text{A} = \text{B}$ और $\frac{3}{2}\text{B} > \text{C}$

$\frac{9}{2}\text{A} > \frac{3}{2}\text{B}$ और $\frac{3}{2}\text{B} > \text{C} = \frac{9}{2}\text{A} > \text{C}$

$\Rightarrow 5\text{A} > \text{C}$ अर्थात $5A \,\alpha\, \text{C}$ है।

34. (d) : $3\text{C} \,\theta\, 2\text{A}$ और $3\text{C} \,\gamma\, \text{A} \Rightarrow \text{B} = 2\text{C}$ और $3\text{C} \ngtr \text{A}$

$\Rightarrow \text{B} = 2\text{C}$ और $3\text{C} \leq \text{A}$

$\Rightarrow \text{B} = 2\text{C} < 3\text{C} \leq \text{A} \Rightarrow \text{B} < A$ अर्थात $\text{B} \,\beta\, \text{A}$ है।

35. (b) : $3\text{C} \,\delta\, 2\text{A}$ और $\text{B} \,\theta\, \text{C} \Rightarrow 3\text{C} \nless 2\text{A}$ और $\text{B} > \text{C}$

$3\text{C} \geq 2\text{A}$ और $\text{B} > \text{C}$

$\Rightarrow 3\text{B} > 3\text{C}$ और $3\text{C} \geq 2\text{A} \Rightarrow 3\text{B} > 2\text{A}$ अर्थात $3\text{B} \,\alpha\, 2\text{A}$ है।

36. (c) : $3\text{B} \,\theta\, 2\text{C}$ और $2\text{A} \,\theta\, 3\text{C} \Rightarrow 3\text{B} = 2\text{C}$ और $2\text{A} > 3\text{C}$

$\frac{9}{2}\text{B} = 3\text{C}$ और $3\text{C} < 2\text{A}$

$\frac{9}{2}\text{B} < 2\text{A} \Rightarrow \text{B} < \frac{4}{9}\text{A} \Rightarrow \text{B} < \text{A}$ अर्थात $\text{B} \,\beta\, \text{A}$ है।

37. (b) : $6x \,\alpha\, 5y$ और $2y \,\beta\, 3z \Rightarrow 6x = 5y$ और $2y > 3z$

$\Rightarrow 6x = 5y$ और $y > \frac{3z}{2}$

$\Rightarrow 6x = 5y$ और $5y > \frac{15z}{2} \Rightarrow 6x > \frac{15z}{2}$

$\Rightarrow 12x > 15z \Rightarrow 4x > 5z$

$\Rightarrow 4x > 3z$ अर्थात $4x \,\beta\, 3z$ है।

38. (d) : $ax \,\gamma\, by, bx \,\alpha\, cz$ और $b^2 \,\alpha\, ac \Rightarrow ax < by, bx = cz$ और $b^2 = ac$ है।

$bx = cz \Rightarrow b^2x = bcz \Rightarrow acx = bcz \Rightarrow ax = bz$ है।

$ax < by \Rightarrow bz < by \Rightarrow z < y \Rightarrow y > z$ अर्थात $y \,\beta\, z$ है।

39. (a) : $abxy \,\alpha\, c^2z, bx \,\beta\, ay$ और $b^2 \,\alpha\, ac \Rightarrow abxy = c^2z, bx > ay, b^2 = ac$ है।

अब, $bx > ay \Rightarrow b^2x > aby$

$\Rightarrow acx > aby$ $[\because b^2 = ac]$

$\Rightarrow cx > by \Rightarrow by < cx.$

$c^2z = abxy = axby < axcx \quad \Rightarrow cz < ax^2$

$\Rightarrow ax^2 > cz$ अर्थात $ax^2 \Rightarrow cz$ है।

40. (*c*) : $bcy \gamma ax, cy \alpha bz$ और $a^2 \gamma bc \Rightarrow bcy < ax,$

$cy = bz, a^2 < bc$

$cy = bz \Rightarrow c^2y = bcz > a^2z \Rightarrow c^2y > a^2z.$

$ax > bcy > a^2y \Rightarrow ax > a^2y \Rightarrow x > ay$

$\Rightarrow cx > acy \Rightarrow cx > abz \quad [\because cy = bz]$

$\Rightarrow cx \neq abz$ अर्थात $cx \Rightarrow abz$, है।

41. (*a*) : $a^2x \alpha byz, czx \alpha b^2y$ और $c^2z \alpha axy \Rightarrow a^2x = byz, czx = b^2y, c^2z = axy.$

$czx = b^2y \Rightarrow c^2zx = cb^2y \quad \Rightarrow axyx = cb^2y$

$[\because c^2z = axy]$

$\Rightarrow ax^2 = cb^2.$

अब, $a^2x = byz \quad \Rightarrow a^2x^2 = bxyz \Rightarrow a.ax^2 = bxyz$

$\Rightarrow acb^2 = bxyz$

$[\because ax^2 = cb^2]$

$\Rightarrow abc = xyz$ अर्थात $abc \, \alpha \, xyz$ है।

प्रश्न 42 से 46 स्पष्ट रूप से, हमारे पास:

$P \$ Q \Rightarrow P < Q; P \Rightarrow Q \Rightarrow P \star Q$ और $P \nleq Q \Rightarrow P = Q;$

$P \# Q \Rightarrow P \geq Q; P \% Q \Rightarrow P > Q;$

$P © Q \Rightarrow P \leq Q$ है।

42. (*c*) : दी गई अभिव्यक्तियां: $B \geq D, D = F, F > H$ हैं।

F और *B* के बीच संबंध:

$F = D, D \leq B \Rightarrow F = D \leq B \Rightarrow F \leq B$

और $F = B$ या $F = B$ अर्थात $F \$ B$

या $F \star B$.

अत: या तो I या II सही है।

43. (*b*) : दी गई अभिव्यक्तियां: $H < J, J = N, N > T$ हैं।

I. T और H के बीच संबंध:

$T \leq N, N = J, J > H \Rightarrow T \leq N = J > H$

$\Rightarrow T \leq J > H$

$\Rightarrow$ कोई निश्चित निष्कर्ष नहीं है।

II. J और T के बीच संबंध:

अर्थात J # T है।

अत: केवल II सही है I नहीं।

44. (*e*) : दी गई अभिव्यक्तियां: $M > K, K \geq T, T = J$ हैं।

I. J और K के बीच संबंध:

$J = T, J = T, T \leq K \Rightarrow J = T \leq K \Rightarrow J \leq K$

अर्थात J © K है।

II. T और M के बीच संबंध:

$T \leq K, K < M \Rightarrow T \leq K < M$

$\Rightarrow T < M$ अर्थात $T \$ M$

अत: I और II दोनों सही हैं।

45. (*d*) : दी गई अभिव्यक्तियां: $W \leq F, F > R, R \geq K$ हैं।

W और K (या K और W) के बीच संबंध:

$W \leq F, F > R, R \geq K \Rightarrow W \leq F > R \geq K$

$\Rightarrow W \leq F > K$

$\Rightarrow$ कोई निश्चित निष्कर्ष नहीं है।

अत: न तो I और न ही II सही है।

46. (*a*) : दी गई अभिव्यक्तियां: $V \leq R, R < M, M = W$ हैं।

W और V (या V और W) के बीच संबंध:

$W = M, M > R, R \geq V \Rightarrow W = M > R \geq V$

$\Rightarrow W > R \geq V$

$\Rightarrow W > V$ अर्थात W % V

$\Rightarrow V < W$ अर्थात $V \$ W$

अत: केवल I सही है।

प्रश्न 47 से 51 स्पष्ट रूप से, हमारे पास:

$A @ B \Rightarrow A \ngtr B \Rightarrow A \leq B; \quad A \# B \Rightarrow A \geq B;$

$A \$ B \Rightarrow A \ngtr B$ और $A \nless B \Rightarrow A = B; A \% B \Rightarrow A < B;$

$A * B \Rightarrow A \nless B$ और $A \neq B \Rightarrow A > B$ है।

47. (*d*) : दी गई अभिव्यक्तियां: $K \leq L, L < N, E \geq N$ हैं।

I. K और E के बीच संबंध:

$K \leq L, L < N, N \leq E \Rightarrow K \leq L < N \leq E$

$\Rightarrow K < E$ अर्थात K % E

II. E और L के बीच संबंध:

$E \geq N, N > L \Rightarrow E \geq N > L$

$\Rightarrow E > L$ अर्थात E * L

III. N और K के बीच संबंध:

अर्थात N * K

इसलिए I, II और III सभी सही हैं?

48. (*b*) : दी गई अभिव्यक्तियां: $D = T, T > P, M \leq P$ हैं।

I. D और M के बीच संबंध:

$D = T, T > P, P \geq M \Rightarrow D = T \Rightarrow P \geq M$ अर्थात D * M

II. M और T के बीच संबंध:

$M \leq P, P < T \Rightarrow M \leq P < T$

$\Rightarrow M < T$ अर्थात M % T

III. D और P के बीच संबंध:

$D = T, T > P \Rightarrow D = T > P$

$\Rightarrow D > P$ अर्थात D * P

अत: केवल I और II सही हैं।

49. (*e*) : दी गई अभिव्यक्तियां: $T \geq R, R < L, L > K$ हैं।

I. T और L के बीच संबंध:

$T \geq R, R < L \Rightarrow T \geq R < L$

$\Rightarrow$ कोई निश्चित निष्कर्ष नहीं है।

$K < L, L > R \Rightarrow K < L > R$

II. K और R के बीच संबंध:

$K < L, L > R \Rightarrow K < L > R$

$\Rightarrow$ कोई निश्चित निष्कर्ष नहीं है।

III. T और K के बीच संबंध:

$T \geq R, R < L, L > K \Rightarrow T \geq R < L > K$

$\Rightarrow$ कोई निश्चित निष्कर्ष नहीं है।

अत: I, II और III में से कोई भी सही नहीं है।

50. (*a*) : दी गई अभिव्यक्तियां: $N < S, S \geq U, U > M$ हैं।

I. M और S के बीच संबंध:

$M < U, U \leq S \Rightarrow M < U \leq S$

$\Rightarrow M < S$ अर्थात $M \% S$

II. N और U के बीच संबंध:

$N < S, S \geq U \Rightarrow N < S \geq U$

$\Rightarrow$ कोई निश्चित निष्कर्ष नहीं है।

III. N और M के बीच संबंध:

$N < S, S \geq U, U > M \Rightarrow N < S \geq U > M$

$\Rightarrow N < S > M \Rightarrow$ कोई निश्चित निष्कर्ष नहीं है।

अत: केवल I सही है।

51. (*a*) : दी गई अभिव्यक्तियां : $C = J, J < V, E \leq V$ हैं।

I. E और J के बीच संबंध:

$\Rightarrow$ कोई निश्चित निष्कर्ष नहीं है।

II. C और V के बीच संबंध:

$C = J, J < V \Rightarrow C = J < V$

$\Rightarrow C < V$ अर्थात $C \% V$

III. C और E के बीच संबंध:

$C = J, J < V, V \geq E \Rightarrow C = J < V \geq E$

$\Rightarrow C < V \geq E$

E $\Rightarrow$ कोई निश्चित निष्कर्ष नहीं है।

अत: I, II और III में से कोई भी सही नहीं है।

प्रश्न 52 से 58

$P @ Q \Rightarrow P \not> Q \Rightarrow P \leq Q$; $P \% Q \Rightarrow P \not> Q$ और $P \neq Q \Rightarrow P < Q$;

$P \# Q \Rightarrow P \not< Q$ और $P \neq Q \Rightarrow P > Q$; $P \$ Q \Rightarrow P \not< Q$ और $P \not< Q \Rightarrow P = Q$;

$P © Q \Rightarrow P \not< Q \Rightarrow P \geq Q$.

52. (*e*) : दी गई अभिव्यक्तियां: $T \leq L, L < N, D \geq N$ हैं।

I. N और T के बीच संबंध:

$N > L, L \geq T \Rightarrow N > L \geq T$

$\Rightarrow N > T$ अर्थात $N \# T$

II. L और D के बीच संबंध:

$L < N, N \leq D \Rightarrow L < N \leq D$

$\Rightarrow L < D$ अर्थात $L \% D$

अत: I और II दोनों सही हैं।

53. (*d*) : दी गई अभिव्यक्तियां: $J > R, R \leq B, B < H$ हैं।

I. J और B के बीच संबंध:

$J > R, R \leq B \Rightarrow J > R \leq B$

$\Rightarrow$ कोई निश्चित निष्कर्ष नहीं है।

II. J और H के बीच संबंध:

$J > R, R \leq B, B < H \Rightarrow J > R \leq B < H$

$\Rightarrow J > R \leq H \Rightarrow$ कोई निश्चित निष्कर्ष नहीं है।

इसलिए न तो I और न ही II सही है।

54. (*a*) : दी गई अभिव्यक्तियां: $W \leq V, V > X, Y \geq V$ हैं।

I. X और Y के बीच संबंध:

$X < V, V \leq Y \Rightarrow X < V \leq Y$

$\Rightarrow X < Y$ अर्थात $X \% Y$

II. X और W के बीच संबंध:

$X < V, V \geq W \Rightarrow X < V \geq W$

$\Rightarrow$ कोई निश्चित निष्कर्ष नहीं है।

अत: केवल I सही है।

55. (*c*) : दी गई अभिव्यक्तियां: $M = K, K \geq F, F < H$ हैं।

M और F के बीच संबंध:

$M = K, K \geq F \Rightarrow M = K \geq F \Rightarrow M \geq F$

$\Rightarrow M > F$ या $M = F$ अर्थात $M \# F$ या $M \$ F$

अत: या तो I या II सही है।

56. (*b*) : दी गई अभिव्यक्तियां: $H \geq D, D > R, R \leq K$ हैं।

I. K और H के बीच संबंध:

$K \geq R, R < D, D \leq H$

$\Rightarrow K \geq R < D \leq H \Rightarrow K \geq R < H$

$\Rightarrow$ कोई निश्चित निष्कर्ष नहीं है।

II. H और R के बीच संबंध:

$H \geq D, D > R \Rightarrow H \geq D > R$

$\Rightarrow H > R$ अर्थात $H \# R$

अत: केवल II सही है।

57. (*d*) : दी गई अभिव्यक्तियां: $E \geq H, K = H, K \leq M$ हैं।

I. E और K के बीच संबंध:

$E \geq H, H = K \Rightarrow E \geq H = K$

$\Rightarrow E \geq K$ अर्थात $E © K$

II. E और M के बीच संबंध:

$E \geq H, H = K, K \leq M$

$\Rightarrow E \geq H = K \leq M$

$\Rightarrow$ कोई निश्चित निष्कर्ष नहीं है।

अत: न तो I और न ही II सही है।

58. (*d*) : दी गई अभिव्यक्तियां: $N < R, R \leq K, K > F$ हैं।

R और F के बीच संबंध:

$R \leq K, K > F \Rightarrow R \leq K > F$

$\Rightarrow$ कोई निश्चित निष्कर्ष नहीं है।

अत: न तो I और न ही II सही है।

प्रश्न 59 से 63 हमारे पास:

$X \$ Y \Rightarrow X \not> Y \Rightarrow X \leq Y$; $X \# Y \Rightarrow X \not> Y$ और $X \not< Y \Rightarrow X = Y$;

$X \% Y \Rightarrow X \not< Y \Rightarrow X \geq Y$; $X \Rightarrow Y \Rightarrow X \not< Y$ और $X \neq Y \Rightarrow X > Y$;

$X @ Y \Rightarrow X \not> Y$ और $X \neq Y \Rightarrow X < Y$ हैं।

59. (*e*) : दी गई अभिव्यक्तियां: $D \leq K, H > B, K < H$ हैं।

I और II

B और K के बीच संबंध:

$B < H, H > K \Rightarrow B < H > K \Rightarrow$ कोई निश्चित निष्कर्ष नहीं है।

III. H और D के बीच संबंध:

$H > K, K \geq D \Rightarrow H > K \geq D \Rightarrow H > D$

अर्थात $H \star D$

अत: केवल III सही है।

60. (*a*) : दी गई अभिव्यक्तियां: $T < R, R \leq G, G > B$ हैं।

I. T और B के बीच संबंध:

$T < R, R \leq G, G > B \Rightarrow T < R \leq G > B$

$\Rightarrow T < G > B \Rightarrow$ कोई निश्चित निष्कर्ष नहीं है।

II. B और R के बीच संबंध:

$B < G, G \geq R \Rightarrow B < G \geq R$

$\Rightarrow$ कोई निश्चित निष्कर्ष नहीं है।

III. T और G के बीच संबंध:

$T < R, R \leq G \Rightarrow T < R \leq G \Rightarrow T < G$ अर्थात T@G

अत: I, II और III में से कोई भी सही नहीं है।

61. (*a*) : दी गई अभिव्यक्तियां: $F = M, M > J, P \geq F$ हैं।

I और II

P और J के बीच संबंध:

$P \geq F, F = M, M > J \Rightarrow P \geq F = M > J \Rightarrow P > J$ अर्थात P ★ J

III. P और M के बीच संबंध:

$P \geq F, F = M \Rightarrow P \geq F = M$

$\Rightarrow P \geq M$ अर्थात P % M

अत: केवल I सही है।

62. (*e*) : दी गई अभिव्यक्तियां: $L \geq J, L < K, J > F$ हैं।

I. F और K के बीच संबंध:

$F < J, J \leq L, L < K \Rightarrow F < J \leq L < K$

$\Rightarrow F < K$ अर्थात F@K

II. K और J के बीच संबंध:

$K > L, L \geq J \Rightarrow K > L \geq J$

$\Rightarrow K < J$ अर्थात K ★ J

III. F और L के बीच संबंध:

$F < J, J \leq L \Rightarrow F < J \leq L$

$\Rightarrow F < L$ अर्थात F@L

अत: I, II और III सभी सही हैं।

63. (*b*) : दी गई अभिव्यक्तियां: $N \leq P, P < Q, H \geq Q$ हैं।

H और N (या N और H) के बीच संबंध:

$H \geq Q, Q > P, P \geq N \Rightarrow H \geq Q > P \geq N$

$\Rightarrow H < N$ अर्थात H ★ N

$\Rightarrow N < H$ अर्थात N@H

अत: केवल II सही है।

हल सहित अतिरिक्त प्रश्न

अभ्यास

1. + और –, 8 और 7 की अदला-बदली करने पर निम्नलिखित में से कौन सा सही होगा? **[SSC-CGL Tier I Exam, 2015]**

(*a*) $8 - 7 + 3 \times 5 = 35$ (*b*) $8 \times 2 + 7 - 6 = 9$

(*c*) $7 \times 8 + 6 - 9 = 25$ (*d*) $6 + 8 \times 2 - 7 = 0$

2. यदि + का अर्थ विभाजन, × का अर्थ जोड़, – का अर्थ गुणा, ÷ का अर्थ घटाव है, निम्नलिखित में से कौन सा सही होगा?

(*a*) $46 \times 6 \div 4 - 5 + 3 = 74$

(*b*) $46 - 6 + 4 \times 5 \div 3 = 71$

(*c*) $46 \div 6 \times 4 - 5 + 3 = 75.5$

(*d*) $46 \times 6 - 4 + 5 \div 3 = 70.1$ **[SSC-CGL Tier I Exam, 2015]**

3. यदि $+ = \times, - = \div, \times = +, \div = -$ है, तो निम्नलिखित में से कौन सा समीकरण सही होगा? **[SSC-CGL Tier I Exam, 2015]**

(*a*) $18 + 6 - 4 \times 2 \div 3 = 26$ (*b*) $18 \div 6 + 4 - 2 \div 3 = 22$

(*c*) $18 - 6 \times 7 \div 2 + 8 = 63$ (*d*) $18 \times 6 - 4 + 7 \times 8 = 47$

4. * के चिन्हों को बदलने और निम्नलिखित समीकरण को संतुलित करने के लिए गणितीय चिन्हों के सही संयोजन का चयन करें।

(8 * 7 * 6) * 5 * 10 **[SSC-CGL Tier I Exam, 2014]**

(*a*) × – ÷ = (*b*) – × ÷ +

(*c*) + – ÷ × (*d*) × + = ÷

5. यदि '>' का अर्थ 'विभाजन', 'v' का अर्थ 'गुणा', '–' का अर्थ 'से बड़ा', '×' का अर्थ 'से कम', '<' का अर्थ 'जोड़', '^' का अर्थ 'घटाव', '+' का अर्थ 'के बराबर' है, तो निम्न में से कौन सा समीकरण सही होगा? **[SSC-CGL Tier I Exam, 2014]**

(*a*) 10 ^ 3 < 5 < 4 + 16 (*b*) 4 ^ 6 < 4 < 4 + 16

(*c*) 12 ^ 3 < 5 < 4 + 12 (*d*) 11 ^ 12 < 5 < 4 + 12

6. यदि 264 * 2 = 6, 870 * 3 = 11 है, तो 735 * 5 क्या होना चाहिए?

(*a*) 12 (*b*) 16 (*c*) 03 (*d*) 05

[SSC-CGL Tier I Exam, 2013]

7. समीकरण को हल करने के लिए चिन्हों के सही समूह का पता लगाएं। **[SSC-CGL Tier I Exam, 2013]**

24 * 16 * 8 * 32

(*a*) ÷ – = (*b*) – + =

(*c*) × ÷ = (*d*) $ – =

8. निम्नलिखित में से किन संख्याओं को आपस में बदलने पर समीकरण सही बन जाएगा? **[SSC-CGL Tier I Exam, 2013]**

$8 \times 20 \div 3 + 9 - 5 = 38$

(*a*) 3, 8 (*b*) 8, 9 (*c*) 3, 5 (*d*) 3, 9

9. दिए गए विकल्पों में से निम्नलिखित समीकरण में सही गणितीय चिन्ह स्थापित करें। **[SSC-CGL Tier I Exam, 2015]**

33 ? 11 ? 3 ? 6 = 115

(*a*) $, –, × (*b*) ×, ÷, –

(*c*) ÷, ×, × (*d*) –, ×, +

10. * के चिन्ह को बदलने और निम्नलिखित समीकरण को बराबर करने के लिए गणितीय चिन्हों के सही संयोजन का चयन करें।

15 * 24 * 3 * 6 * 17

(*a*) + ÷ – = (*b*) + × = ÷ (*c*) – × = + (*d*) – ÷ + =

[SSC-CGL Tier I Exam, 2013]

हल

1. (d) : विकल्प (d) से-

$6+8\times2-7=0$

$6-7\times2+8=0$ है।

अत: सही उत्तर (d) है।

2. (b) : विकल्प (b) से-

$46\times6\div4+5-3=71$

$71 = 71$ प्राप्त होता है।

अत: सही विकल्प (b) है।

3. (a) : विकल्प (a) से-

$18\times6\div4+2-3=26$

$26 = 26$ प्राप्त होता है।

अत: सही उत्तर विकल्प (a) है।

4. (a) : विकल्प (a) के गणितीय चिह्न के साथ '*' चिह्न को प्रतिस्थापित करने पर-

$(8\times7-6)\div5=10$

$\Rightarrow\ 56-6)\div5=10$

$50\div5=10$

$10 = 10$ प्राप्त होता है।

अत: सही उत्तर विकल्प (a) है।

5. (a) : प्रश्न के अनुसार विकल्प (a) में

$10-3+5+4=16$

$7+5+4=16$

$16 = 16$ है।

सही उत्तर विकल्प (a) है।

6. (a) : इस प्रकार,

$\frac{264}{2}=132\Rightarrow1+3+2=6$

$\frac{870}{3}=290\Rightarrow2+9+0=11$

$\frac{735}{5}=147\Rightarrow1+4+7=12$

7. (d) : दिया गया समीकरण $=24*16*8*32$ है।

विकल्प (d) के चिन्ह लेने पर, हमें

$24+16-8=32$

$\Rightarrow\ 32 = 32$ प्राप्त होता है।

अत: सही उत्तर (d) है।

8. (c) : विकल्प (c) से, 3 और 5 के चिन्ह की अदला-बदली करने पर, हमें

$8\times20\div5+9-3=38$

$\Rightarrow\ 38 = 38$ प्राप्त होता है।

अत: विकल्प (c) सही उत्तर है।

9. (b) : विकल्प (b) से, चिन्हों को प्रतिस्थापित करने पर, हमें

$33\times11\div3-6=115$

$\Rightarrow\ 11\times11-6=115$

$\Rightarrow\ 121-6=115$

$\Rightarrow\ 115 = 115$ प्राप्त होता है।

अत: उत्तर विकल्प (b) सही है।

10. (a) : विकल्प (a) से, चिन्हों को प्रतिस्थापित करने पर, हमें

$15+24\div3-6=17$

$\Rightarrow\ 17 = 17$ प्राप्त होता है।

अत: उत्तर विकल्प (a) सही है।

14 शब्दों का तार्किक अनुक्रम (LOGICAL SEQUENCE OF WORDS)

इस प्रकार के प्रश्नों में, कुछ अंतर-संबंधित शब्द दिए जाते हैं जिन्हें क्रमांकित किया जाता है, आगे विकल्पों के रूप में उनकी क्रम संख्याओं के विभिन्न अनुक्रम होते हैं। अभ्यर्थी को इन शब्दों को इनके उभयनिष्ठ गुणों के आधार पर तार्किक अनुक्रम में व्यवस्थित करना होता है और फिर दिए गए विकल्पों में से सही ढंग से वर्गीकृत अनुक्रम का चयन करना होता है। कुछ प्रमुख अनुक्रमों पर नीचे चर्चा की गई है:

I. घटनाओं के संपन्न होने या प्रक्रिया के विभिन्न चरणों का अनुक्रम:

उदा. 1. ***निम्नलिखित को एक सार्थक अनुक्रम में व्यवस्थित करें:***

1. परामर्श   2. रोग   3. चिकित्सक
4. इलाज   5. आरोग्य प्राप्ति

(*a*) 2, 3, 1, 4, 5   (*b*) 2, 3, 4, 1, 5
(*c*) 4, 3, 1, 2, 5   (*d*) 5, 1, 4, 3, 2

हल: पहले **बीमारी** होती है। फिर एक **डॉक्टर** के पास जाया जाता है और उसके साथ **परामर्श** के बाद, **आरोग्य** प्राप्ति के लिए **इलाज** किया जाता है। अत: सही क्रम 2, 3, 1, 4, 5 है। अत: उत्तर (*a*) है।

उदा. 2. ***निम्नलिखित को तार्किक क्रम में व्यवस्थित करें:***

1. जन्म   2. मृत्यु   3. अंतिम संस्कार
4. विवाह   5. शिक्षा

(*a*) 1, 3, 4, 5, 2   (*b*) 1, 5, 4, 2, 3
(*c*) 2, 3, 4, 5, 1   (*d*) 4, 5, 3, 1, 2

हल: दिए गए शब्द, जैसे वे मनुष्य के जीवन में घटित होते हैं, विभिन्न घटनाओं के क्रम में व्यवस्थित करने पर निम्नलिखित अनुक्रम बनता है:
जन्म, शिक्षा, विवाह, मृत्यु, अंतिम संस्कार
अत: सही क्रम 1, 5, 4, 2, 3 है। अत: उत्तर (*b*) है।

II. किसी वर्ग या समूह में उसके एक भाग से लेकर संपूर्ण तक वस्तुओं का अनुक्रम:

उदा. 3. ***निम्नलिखित को एक सार्थक क्रम में व्यवस्थित करें (विशेष से सामान्य तक):***

1. परिवार   2. समुदाय   3. सदस्य
4. इलाका   5. देश

(*a*) 3, 1, 2, 4, 5   (*b*) 3, 1, 2, 5, 4
(*c*) 3, 1, 4, 2, 5   (*d*) 3, 1, 4, 5, 2

हल: एक **सदस्य** एक **परिवार** का हिस्सा है, जोकि **समुदाय** का हिस्सा होता है। समुदाय एक ऐसे **इलाके** में रहता है जो एक **देश** के भीतर स्थित है।
अत: सही क्रम 3, 1, 2, 4, 5 होगा। अत: उत्तर (*a*) है।

उदा. 4. ***निम्नलिखित को एक सार्थक क्रम में व्यवस्थित करें:*** (R.R.B. 2004)

1. कंधा   2. कलाई   3. कोहनी
4. हथेली   5. उंगली

(*a*) 2, 4, 5, 3, 1   (*b*) 3, 1, 4, 2, 5
(*c*) 3, 4, 5, 2, 1   (*d*) 5, 4, 2, 3, 1

हल: हमें एक हाथ के हिस्सों के नाम दिए गए हैं, जिन्हें निम्न प्रकार व्यवस्थित किया जा सकता है
(i) ऊपर से नीचे तक, अर्थात, कंधा, कोहनी, कलाई, हथेली, उंगली, जो 1, 3, 2, 4, 5 है; या
(ii) नीचे से ऊपर तक, अर्थात, उंगली, हथेली, कलाई, कोहनी, कंधा जो 5, 4, 2, 3, 1 है
इनमें से, 5, 4, 2, 3, 1 अनुक्रम में उपलब्ध विकल्पों में दिया गया है। अत: उत्तर (*d*) है।

III. बढ़ते/घटते आकार, मूल्य, तीव्रता इत्यादि का अनुक्रम:

उदा. 5. ***निम्नलिखित को छोटे से बड़े के तार्किक अनुक्रम में व्यवस्थित करें:***

1. बंगला   2. फ्लैट   3. कुटीर
4. घर   5. महल   6. हवेली

(*a*) 3, 2, 1, 4, 6, 5   (*b*) 3, 2, 4, 1, 5, 6
(*c*) 3, 2, 4, 1, 6, 5   (*d*) 5, 6, 4, 1, 2, 3

हल: विभिन्न आवास इकाइयों के नाम को जब उनके बढ़ते आकार के क्रम में व्यवस्थित किया गया, तो अनुक्रम बनता है: कुटीर, फ्लैट, घर, बंगला, हवेली, महल।
अत: सही क्रम 3, 2, 4, 1, 6, 5 है। अत: उत्तर (*c*) है।

उदा. 6. ***निम्नलिखित को तार्किक क्रम में व्यवस्थित करें:***

1. सोना   2. लोहा   3. रेत
4. प्लैटिनम   5. हीरा

(*a*) 2, 4, 3, 5, 1   (*b*) 3, 2, 1, 5, 4
(*c*) 4, 5, 1, 3, 2   (*d*) 5, 4, 3, 2, 1

हल: दिए गए शब्दों को जब उनके बढ़ते मूल्यों के क्रम में अर्थात, सबसे सस्ते से सबसे महंगे तक, व्यवस्थित किया जाता है, तो अनुक्रम बनता है: रेत, लोहा, सोना, हीरा, प्लैटिनम।
अत: सही उत्तर 3, 2, 1, 5, 4 है। अत: उत्तर (*b*) है।

उदा. 7. ***निम्नलिखित को तार्किक क्रम में व्यवस्थित करें:***

1. उत्साह   2. खुशी   3. उभयवृत्तिता
4. अति आनन्द   5. आनंद

(*a*) 1, 4, 2, 5, 3 (*b*) 2, 1, 3, 4, 5
(*c*) 3, 2, 5, 1, 4 (*d*) 4, 1, 3, 2, 5

हल: सभी दिए गए शब्द 'हर्ष' के लिए हैं, लेकिन तीव्रता क्रम –उभयवृत्तिता (ऐम्बिवलन्स), खुशी, आनंद, उत्साह, अति आनन्द में बढ़ती है

अत: सही क्रम 3, 2, 5, 1, 4 है। अत: उत्तर (*c*) है।

IV. अनुक्रम जिसमें दी गई वस्तुओं की एक श्रृंखला बनाई जाती है:

उदा. 8. ***निम्नलिखित को एक सार्थक अनुक्रम में व्यवस्थित करें:*** (C.B.I. 1998)

1. वाक्यांश 2. अक्षर 3. शब्द 4. वाक्य
(*a*) 1, 2, 3, 4 (*b*) 1, 3, 2, 4
(*c*) 2, 3, 1, 4 (*d*) 2, 3, 4, 1

हल: **अक्षरों** का एक समूह एक **शब्द** बनाता है। **शब्दों** का एक समूह एक **वाक्यांश** बनाता है। **वाक्यांशों** का समूह एक **वाक्य** बनाता है।

अत: सही क्रम 2, 3, 1, 4 है। अत: उत्तर (c) है।

उदा. 9. ***निम्नलिखित को तार्किक क्रम में व्यवस्थित करें:***

1. मेंढक 2. बाज 3. टिड्डा
4. सांप 5. घास
(*a*) 1, 3, 5, 2, 4 (*b*) 3, 4, 2, 5, 1
(*c*) 5, 3, 1, 4, 2 (*d*) 5, 3, 4, 2, 1

हल: **टिड्डा** घास खाता है, **मेंढक टिड्डे** को खाता है, सांप **मेंढक** को खाता है और **बाज सांप** को खाता है। अत: एक खाद्य श्रृंखला का गठन होता है।

अत: सही क्रम 5, 3, 1, 4, 2 है। अत: उत्तर (c) है।

अभ्यास 14

दिशानिर्देश *(प्रश्न 1 से 40)*: *निम्नलिखित में से प्रत्येक प्रश्न में, दिए गए शब्दों को सार्थक अनुक्रम में व्यवस्थित करें और फिर प्रत्येक प्रश्न के नीचे दिए गए विकल्पों में से सबसे उपयुक्त अनुक्रम का चयन करें:*

1. 1. शहद 2. फूल 3. मधुमक्खी 4. मोम (S.S.C. 1999)
(*a*) 1, 3, 4, 2 (b) 2, 1, 4, 3
(*c*) 2, 3, 1, 4 (d) 4, 3, 2, 1

2. 1. स्थान 2. योजना 3. किराया 4. पैसा 5. बिल्डिंग 6. निर्माण (Hotel Management, 2004)
(*a*) 1, 2, 3, 6, 5, 4 (*b*) 2, 3, 6, 5, 1, 4
(*c*) 3, 4, 2, 6, 5, 1 (*d*) 4, 1, 2, 6, 5, 3

3. 1. पढ़ना 2. लिखना 3. लेखन 4. प्रिंटिंग
(*a*) 1, 3, 2, 4 (*b*) 2, 3, 4, 1
(*c*) 3, 1, 2, 4 (*d*) 3, 2, 4, 1

4. 1. वाक्य 2. अध्याय 3. अक्षर 4. पुस्तक 5. शब्द 6. पैराग्राफ (C.B.I. 2003)
(*a*) 4, 2, 1, 6, 5, 3 (*b*) 4, 2, 6, 1, 5, 3
(*c*) 4, 6, 1, 2, 3, 5 (*d*) 4, 6, 2, 5, 1, 3

5. 1. काटना 2. रखना 3. मार्क 4. नापना 5. दर्जी
(*a*) 1, 3, 2, 4, 5 (*b*) 2, 4, 3, 1, 5
(*c*) 3, 1, 5, 4, 2 (*d*) 4, 3, 1, 5, 2

6. 1. पुलिस 2. सजा 3. अपराध 4. न्याय 5. निर्णय
(*a*) 1, 2, 3, 4, 5 (*b*) 3, 1, 2, 4, 5
(*c*) 3, 1, 4, 5, 2 (*d*) 5, 4, 3, 2, 1
(S.S.C. 2002)

7. 1. देश 2. फर्नीचर 3. वन 4. लकड़ी 5. पेड़
(*a*) 1, 3, 5, 4, 2 (*b*) 1, 4, 3, 2, 5
(*c*) 2, 4, 3, 1, 5 (*d*) 5, 2, 3, 1, 4

8. 1. हाथी 2. बिल्ली 3. मच्छर 4. बाघ 5. व्हेल
(*a*) 1, 3, 5, 4, 2 (*b*) 2, 5, 1, 4, 3
(*c*) 3, 2, 4, 1, 5 (*d*) 5, 3, 1, 2, 4
(C.B.I. 2005)

9. 1. कुंजी 2. दरवाजा 3. ताला 4. कमरा 5. स्विच ओन
(*a*) 1, 2, 3, 5, 4 (*b*) 1, 3, 2, 4, 5
(*c*) 4, 2, 1, 5, 3 (*d*) 5, 1, 2, 4, 3

10. 1. पुस्तक 2. लुगदी 3. इमारती लकड़ी 4. जंगल 5. पेपर (S.S.C. 2000)
(*a*) 2, 5, 1, 4, 3 (*b*) 3, 2, 5, 1, 4
(*c*) 4, 3, 2, 5, 1 (*d*) 5, 4, 3, 1, 2

11. 1. कॉलेज 2. बच्चे 3. वेतन 4. स्कूल 5. रोजगार (R.R.B. 2003)
(*a*) 1, 2, 4, 3, 5 (*b*) 2, 4, 1, 5, 3
(*c*) 4, 1, 3, 5, 2 (*d*) 5, 3, 2, 1, 4

12. 1. माता 2. बच्चा 3. दूध 4. रोना 5. मुस्कुराना
(*a*) 1, 5, 2, 4, 3 (*b*) 2, 4, 1, 3, 5
(*c*) 2, 4, 3, 1, 5 (*d*) 3, 2, 1, 5, 4

13. 1. पत्ता 2. फल 3. तना 4. जड़ 5. फूल (S.S.C. 2003)
(*a*) 3, 4, 5, 1, 2 (*b*) 4, 1, 3, 5, 2
(*c*) 4, 3, 1, 2, 5 (*d*) 4, 3, 1, 5, 2

14. 1. आंध्र प्रदेश 2. ब्रह्मांड 3. तिरुपति 4. विश्व 5. भारत
(*a*) 1, 5, 3, 2, 4 (*b*) 2, 1, 3, 5, 4
(*c*) 3, 1, 5, 4, 2 (*d*) 5, 4, 2, 1, 3

15. 1. यात्रा 2. गंतव्य 3. भुगतान 4. बर्थ/सीट संख्या 5. आरक्षण 6. आरक्षण के लिए बर्थ/सीट की उपलब्धता
(*a*) 1, 2, 5, 4, 3, 6 (*b*) 2, 6, 3, 5, 4, 1
(*c*) 5, 3, 4, 1, 6, 2 (*d*) 6, 2, 5, 4, 3, 1

16. 1. परमाणु काल 2. धातु काल 3. पाषाण काल 4. मिश्र धातु काल (M.A.T. 2001)
(*a*) 1, 3, 4, 2 (*b*) 2, 3, 1, 4
(*c*) 3, 2, 4, 1 (*d*) 4, 3, 2, 1

17. 1. पोस्ट-बॉक्स 2. पत्र 3. लिफाफा 4. वितरण 5. निकासी
(*a*) 2, 3, 1, 4, 5 (*b*) 3, 2, 1, 4, 5
(*c*) 3, 2, 1, 5, 4 (*d*) 3, 2, 4, 5, 1

18. 1. तरूण 2. बच्चा 3. बेबी 4. वयस्क 5. युवा (S.S.C. 2001)
(*a*) 1, 2, 4, 3, 5 (*b*) 1, 3, 2, 5, 4
(*c*) 2, 3, 5, 4, 1 (*d*) 5, 4, 2, 3, 1

19. 1. दही 2. घास 3. मक्खन 4. दूध 5. गाय
(*a*) 2, 5, 4, 3, 1 (*b*) 4, 2, 5, 3, 1
(*c*) 5, 2, 3, 4, 1 (*d*) 5, 2, 4, 1, 3

20. 1. एडी 2. कंधे 3. खोपड़ी 4. गर्दन 5. घुटने 6. छाती 7. जांघ 8. पेट 9. चेहरा 10. हाथ (S.S.C. 2000)
(*a*) 2, 4, 7, 10, 1, 5, 8, 9, 6, 3
(*b*) 3, 4, 7, 9, 2, 5, 8, 10, 6, 1
(*c*) 4, 7, 10, 1, 9, 6, 3, 2, 5, 8
(*d*) 3, 9, 4, 2, 10, 6, 8, 7, 5, 1

21. 1. तितली 2. कोकून 3. अंडे 4. कीड़ा (C.B.I. 2004)
(*a*) 1, 3, 4, 2 (*b*) 1, 4, 3, 2
(*c*) 2, 4, 1, 3 (*d*) 3, 4, 2, 1

22. 1. इंद्रधनुष 2. वर्षा 3. सूर्य 4. खुशी 5. बच्चा
(*a*) 2, 1, 4, 3, 5 (*b*) 2, 3, 1, 5, 4
(*c*) 4, 2, 3, 5, 1 (*d*) 4, 5, 1, 2, 3

23. 1. यार्न 2. संयंत्र 3. साड़ी 4. कपास 5. कपड़ा (C.B.I. 2005)
(*a*) 2, 4, 1, 5, 3 (*b*) 2, 4, 3, 5, 1
(*c*) 2, 4, 5, 1, 3 (*d*) 2, 4, 5, 3, 1

24. 1. अध्ययन 2. नौकरी 3. परीक्षा 4. कमाना 5. आवेदन
(*a*) 1, 3, 2, 5, 4 (*b*) 1, 2, 3, 4, 5
(*c*) 1, 3, 5, 2, 4 (*d*) 1, 3, 5, 4, 2

25. 1. वर्षा 2. मानसून 3. बचाव 4. बाढ़ 5. आश्रय 6. राहत (S.S.C. 2000)
(*a*) 1, 2, 3, 4, 5, 6 (*b*) 1, 2, 4, 5, 3, 6
(*c*) 2, 1, 4, 3, 5, 6 (*d*) 4, 1, 2, 3, 5, 6

26. 1. खिड़की 2. दीवारें 3. तल 4. बुनियाद 5. छत 6. कमरा
(*a*) 4, 1, 5, 6, 2, 3 (*b*) 4, 2, 1, 5, 3, 6
(*c*) 4, 3, 5, 6, 2, 1 (*d*) 4, 5, 3, 2, 1, 6

27. 1. युवावस्था 2. वयस्कता 3. बचपन 4. शिशु 5. बुढ़ापा 6. किशोरावस्था (Hotel Management, 2004)
(*a*) 2, 4, 6, 3, 1, 5 (*b*) 4, 3, 1, 6, 2, 5
(*c*) 4, 3, 6, 2, 1, 5 (*d*) 5, 6, 2, 3, 4, 1

28. 1. जिला 2. गांव 3. राज्य 4. टाउन 5. शहर
(*a*) 2, 4, 1, 5, 3 (*b*) 2, 1, 4, 5, 3
(*c*) 5, 3, 2, 1, 4 (*d*) 2, 5, 3, 4, 1

29. 1. प्रेजेंटेशन 2. सिफारिश 3. आगमन 4. चर्चा 5. परिचय (S.S.C. 2002)
(*a*) 3, 5, 1, 4, 2 (*b*) 3, 5, 4, 2, 1
(*c*) 5, 3, 1, 2, 4 (*d*) 5, 3, 4, 1, 2

30. 1. काटना 2. डिश 3. सब्जी 4. बाजार 5. पाक कला
(*a*) 1, 2, 4, 5, 3 (*b*) 3, 2, 5, 1, 4
(*c*) 4, 3, 1, 5, 2 (*d*) 5, 3, 2, 1, 4

31. 1. कभी नहीं 2. कभी-कभी 3. आम तौर पर 4. शायद ही कभी 5. हमेशा (S.S.C. 2003)
(*a*) 5, 2, 1, 3, 4 (*b*) 5, 2, 4, 3, 1
(*c*) 5, 3, 2, 1, 4 (*d*) 5, 3, 2, 4, 1

32. 1. मेज 2. वृक्ष 3. लकड़ी 4. बीज 5. पेड़
(*a*) 1, 2, 3, 4, 5 (*b*) 1, 3, 2, 4, 5
(*c*) 4, 5, 2, 3, 1 (*d*) 4, 5, 3, 2, 1

33. 1. डॉक्टर 2. बुखार 3. औषध-निर्देशन 4. निदान 5. चिकित्सा (C.B.I. 2003)
(*a*) 1, 4, 3, 2, 5 (*b*) 2, 1, 3, 4, 5
(*c*) 2, 1, 4, 3, 5 (*d*) 2, 4, 3, 5, 1

34. 1. आय 2. स्थिति 3. शिक्षा 4. कल्याण 5. नौकरी
(*a*) 1, 2, 5, 3, 4 (*b*) 1, 3, 2, 5, 4
(*c*) 3, 1, 5, 2, 4 (*d*) 3, 5, 1, 2, 4

35. 1. हेक्टो 2. सेंटी 3. डेका 4. किलो 5. डेसी (S.S.C. 2000)
(*a*) 1, 3, 4, 5, 2 (*b*) 1, 5, 3, 4, 2
(*c*) 2, 5, 3, 1, 4 (*d*) 5, 2, 1, 4, 3

36. 1. सूचकांक 2. सामग्री 3. शीर्षक 4. अध्याय 5. परिचय
(*a*) 2, 3, 4, 5, 1 (*b*) 3, 2, 5, 1, 4
(*c*) 3, 2, 5, 4, 1 (*d*) 5, 1, 4, 2, 3

37. 1. रोगी 2. निदान 3. विधेयक 4. डॉक्टर 5. उपचार (M.A.T. 2001)
(*a*) 1, 4, 2, 3, 5 (*b*) 1, 4, 3, 2, 5
(*c*) 1, 4, 2, 5, 3 (*d*) 4, 1, 2, 3, 5

38. 1. आकाशगंगा 2. सूर्य 3. चंद्रमा 4. पृथ्वी 5. सितारे
(*a*) 1, 4, 3, 2, 5 (*b*) 2, 3, 4, 5, 1
(*c*) 3, 4, 2, 5, 1 (*d*) 4, 3, 2, 5, 1

39. 1. सागर 2. नाला 3. महासागर 4. नदी 5. ग्लेशियर
(*a*) 5, 2, 1, 3, 4 (*b*) 5, 2, 4, 1, 3
(*c*) 5, 4, 2, 3, 1 (*d*) 5, 4, 3, 2, 1

40. 1. प्रोबेशन 2. साक्षात्कार 3. चयन 4. नियुक्ति 5. विज्ञापन 6. आवेदन (S.S.C. 2000)
(*a*) 5, 6, 2, 3, 4, 1 (*b*) 5, 6, 3, 2, 4, 1
(*c*) 5, 6, 4, 2, 3, 1 (*d*) 6, 5, 4, 2, 3, 1

41. निम्नलिखित में से उचित क्रम कौन सा होगा (आरोही क्रम)?
1. खरब 2. हजार 3. अरब
4. सौ 5. दस लाख
(*a*) 1, 2, 4, 3, 5 (*b*) 1, 5, 3, 2, 4
(*c*) 4, 2, 3, 5, 1 (*d*) 4, 2, 5, 3, 1

42. निम्नलिखित में से कौन सा संख्या अनुक्रम एक भाग से पूरे भाग की तरह के सही अनुक्रम का प्रतिनिधित्व करता है?
1. जाति 2. परिवार 3. नव विवाहित जोड़ा
4. कबीला 5. प्रजातियां
(*a*) 2, 3, 1, 4, 5 (*b*) 3, 2, 1, 4, 5
(*c*) 3, 4, 5, 1, 2 (*d*) 4, 5, 3, 2, 1

43. निम्नलिखित वस्तुओं को सामान्य से विशेष की ओर व्यवस्थित करें:
1. पशु 2. फीलाइन 3. तेंदुआ
4. स्तनपायी 5. कशेरुका 6. बिल्ली
(*a*) 1, 2, 3, 4, 5, 6 (*b*) 1, 3, 5, 4, 2, 6
(*c*) 1, 4, 3, 2, 5, 6 (*d*) 1, 5, 4, 2, 3, 6

हल (अभ्यास 14)

1. (*c*)	**2.** (*d*)	**3.** (*d*)	**4.** (*b*)	**5.** (*d*)	**6.** (*c*)	**7.** (*a*)	**8.** (*c*)	**9.** (*b*)	**10.** (*c*)
11. (*b*)	**12.** (*b*)	**13.** (*d*)	**14.** (*c*)	**15.** (*b*)	**16.** (*c*)	**17.** (*c*)	**18.** (*b*)	**19.** (*d*)	**20.** (*d*)
21. (*d*)	**22.** (*b*)	**23.** (*a*)	**24.** (*c*)	**25.** (*c*)	**26.** (*b*)	**27.** (*b*)	**28.** (*a*)	**29.** (*a*)	**30.** (*c*)
31. (*d*)	**32.** (*c*)	**33.** (*c*)	**34.** (*d*)	**35.** (*c*)	**36.** (*c*)	**37.** (*c*)	**38.** (*c*)	**39.** (*b*)	**40.** (*a*)
41. (*d*)	**42.** (*b*)	**43.** (*d*)							

15 अंकगणितीय तर्कशक्ति (ARITHMETICAL REASONING)

प्रकार 1: गणना-आधारित प्रश्न

उदा. 1. पांच बच्चे टूर्नामेंट में भाग लेते हैं। प्रत्येक को हर दूसरे के साथ खेलना है। वे कुल कितने मैच खेलेंगे? **(M.C.A. 2005)**

(*a*) 8 (*b*) 10 (*c*) 24 (*d*) 30

हल: हम निम्नलिखित मैचों पर विचार करेंगे:

(i) अन्य 4 खिलाड़ियों के साथ पहले खिलाड़ी का मैच;

(ii) पहले खिलाड़ी के अलावा 3 खिलाड़ियों के साथ दूसरे खिलाड़ी का मैच;

(iii) पहले और दूसरे खिलाड़ियों के अलावा 2 खिलाड़ियों के साथ तीसरे खिलाड़ी का मैच;

(iv) पहले तीन खिलाड़ियों के अलावा एक खिलाड़ी के साथ चौथे खिलाड़ी का मैच।

अत: टूर्नामेंट के दौरान खेले गए मैचों की संख्या = 4 + 3 + 2 + 1 = 10

अत: उत्तर (*b*) है।

उदा. 2. एक कार्यालय में, $\frac{1}{3}$ श्रमिक महिलाएं हैं, $\frac{1}{2}$ महिलाएं विवाहित हैं और विवाहित महिलाओं में से $\frac{1}{3}$ महिलाओं को बच्चे हैं। यदि $\frac{3}{4}$ पुरुष विवाहित हैं और विवाहित पुरुषों में से $\frac{2}{3}$ को बच्चे हैं, तो मजदूरों का कौन सा भाग ऐसा है जिसके बच्चे नहीं हैं? **(M.B.A. 2006)**

(*a*) $\frac{5}{18}$ (*b*) $\frac{4}{9}$ (*c*) $\frac{11}{18}$ (*d*) $\frac{17}{36}$

हल: माना मजदूरों की कुल संख्या = x. तब, महिलाओं की संख्या = $\frac{x}{3}$

और पुरुषों की संख्या = $\left(x - \frac{x}{3}\right) = \frac{2x}{3}$.

महिलाओं की संख्या जिनके बच्चे हैं = $\frac{x}{3}$ का $\frac{1}{2}$ का $\frac{1}{3} = \frac{x}{18}$.

पुरुषों की संख्या जिनके बच्चे हैं = $\frac{2x}{3}$ का $\frac{3}{4}$ का $\frac{2}{3} = \frac{x}{3}$.

मजदूरो की संख्या जिनके बच्चे हैं। = $\left(\frac{x}{18} + \frac{x}{3}\right) = \frac{7x}{18}$.

मजदूरो की संख्या जिनके बच्चे नहीं हैं। = $\left(x - \frac{7x}{18}\right) = \frac{11x}{18}$ $\frac{11}{18}$

= सभी मजदूरों का $\frac{11}{18}$ अत: उत्तर (*c*) है।

उदा. 3. कक्षा में कुछ बेंच हैं। यदि प्रत्येक बेंच पर 4 छात्र बैठते हैं, तो 3 बेंच खाली रह जाते हैं। यदि प्रत्येक बेंच पर 3 छात्र बैठते हैं, तो 3 छात्र खड़े रहेंगे। कक्षा में कितने छात्र हैं?

(*a*) 36 (*b*) 48 (*c*) 56 (*d*) 64

हल: माना कक्षा में छात्र = x

4 छात्र प्रत्येक बेंच पर बैठते हैं, तो बेंच की संख्या = $\left(\frac{x}{4} + 3\right)$

जब 3 छात्र प्रत्येक बेंच पर बैठते हैं, तो बेंच की संख्या = $\left(\frac{x-3}{3}\right)$

अत:

$$\frac{x}{4} + 3 = \frac{(x-3)}{3} \Leftrightarrow 3x + 36 = 4x - 12 \Leftrightarrow x = 48.$$

अत: कक्षा में छात्रों की संख्या = 48 अत: उत्तर (*b*) है।

उदा. 4. एक परीक्षा में, एक छात्र को प्रत्येक सही उत्तर के लिए 4 अंक मिलते है और हर गलत उत्तर के लिए 1 अंक कटता है। यदि वह सभी 60 प्रश्नों में प्रयास करता है और 130 अंक प्राप्त करता है, तो उसके द्वारा किए गए सही प्रश्नों की संख्या क्या होगी?

(*a*) 35 (*b*) 38 (*c*) 40 (*d*) 42

हल: माना सही किए गए प्रश्नों की संख्या = x

तब, गलत किए गए प्रश्नों की संख्या = $(60 - x)$

$\therefore\ 4x - 1(60 - x) = 130 \Leftrightarrow 5x = 190 \Leftrightarrow x = 38.$

अत: उत्तर (*b*) है ।

उदा. 5. पार्सल में पैक करने के लिए एक आदमी के पास छोटे बक्सों की एक निश्चित संख्या होती है। यदि वह पार्सल में 3, 4, 5 या 6 बक्से पैक करता है, तो उसके पास 1 बक्सा बच जाता है; अगर वह पार्सल में 7 बक्से पैक करता है, तो कोई भी बक्सा नहीं बचता है। पैक करने के लिए बक्सों की संख्या क्या हो सकती है? **(M.A.T. 2004)**

(*a*) 106 (*b*) 301 (*c*) 309 (*d*) 400

हल: आवश्यक संख्या इस तरह होगी कि 3, 4, 5 या 6 से विभाजित होने पर शेष 1 एक बचता हो और 7 से विभाजित होने पर कोई शेष नहीं बचता हो। अत:, संख्या संख्या (3, 4, 5, 6 का L.C.M.) x + 1 अर्थात $(60x + 1)$ और 7 का गुणक होनी चाहिए। x = 5 के लिए संख्या 7 का गुणक है। अत: संख्या 301 है।

अत: उत्तर (*b*) है।

उदा. 6. 25 शिक्षक, 20 इंजीनियर, 18 चिकित्सक और 12 विक्रेताओं का एक समूह मेले मे गया और कुल मिलाकर ₹1,330 खर्च किये। यह पाया गया कि 5 शिक्षक ने 4 इंजीनियर के जितना खर्च किया, 12 इंजीनियर ने 9 चिकित्सक के जितना खर्च किया, और 6 चिकित्सक ने 8 विक्रेता के जितना खर्च किया। यदि पेशेवर समूह में प्रत्येक व्यक्ति ने एक सी रकम खर्च की, तो प्रत्येक इंजीनियर द्वारा खर्च की गई रकम कितनी होगी?

(*a*) ₹14 (*b*) ₹17.50
(*c*) ₹18 (*d*) ₹21

हल: माना एक शिक्षक, एक इंजीनियर, एक चिकित्सक और एक विक्रेता द्वारा खर्च की गई रकम क्रमशः ₹x, ₹y, ₹z और ₹w है। तो हमारे पास है:

$$5x = 4y,\ 12y = 9z \text{ और } 6z = 8w$$

$\Leftrightarrow$ $15x = 12y = 9z$ और $6z = 8w$

$\Leftrightarrow$ $30x = 24y = 18z = 24w = k$ माना

$$\Leftrightarrow\ x = \frac{k}{30},\ y = \frac{k}{24},\ z = \frac{k}{18},\ w = \frac{k}{24}.$$

साथ ही, $25x + 20y + 18z + 12w = 1330$

$$\Leftrightarrow\ 25 \times \frac{k}{30} + 20 \times \frac{k}{24} + 18 \times \frac{k}{18} + 12 \times \frac{k}{24} = 1330$$

$$\Leftrightarrow\ \frac{5}{6}k + \frac{5}{6}k + k + \frac{k}{2} = 1330 \Leftrightarrow \frac{19k}{6} = 1330$$

$$\Leftrightarrow\ k = \left(\frac{1330 \times 6}{19}\right) = 420.$$

$\therefore$ प्रत्येक इंजीनियर द्वारा खर्च की गई रकम

$$= y = \frac{k}{24} = ₹\left(\frac{420}{24}\right) = ₹17.50.$$

अत: उत्तर (*b*) है।

उदा. 7. A, B, C और D पत्तों का एक खेल खेलते हैं। A, B से कहता है, "अगर मैं आपको 8 पत्ते देता हूं, तो आपके पास C के बराबर पत्ते होंगे और मेरे पास C की तुलना में 3 कम होंगे। इसके अलावा, अगर मैं C से 6 पत्ते लेता हूं, तो मेरे पास D से दोगुने पत्ते होंगे"। यदि B और D के पास 50 पत्ते हैं, तो C के पास कितने पत्ते हैं?

(*a*) 40 (*b*) 37 (*c*) 27 (*d*) 23

हल: हमारे पास है:

$B + 8 = C$ ...(*i*) $A - 8 = C - 3$ ...(*ii*)

$A + 6 = 2D$ ...(*iii*) $B + D = 50$ ...(*iv*)

(*ii*) से $C = A - 5$ (*i*) में रखने पर और हल करने पर, हमें मिलता है:

$B + 8 = A - 5$ या $A - B = 13$ ...(*v*)

$D = 50 - B$ (*iv*) और (*iii*) को हल करने पर, हमें मिलता है:

$A + 6 = 100 - 2B$ या $A + 2B = 94$ ...(*vi*)

(*v*) और (*vi*) को हल करने पर, हमें मिलता है: $B = 27$ और $A = 40$

$\therefore$ A के पास 40 पत्ते हैं। अत: उत्तर (*a*) है।

उदा. 8. एक खेत में, मुर्गियां, गाय तथा बैल, और उनकी देखभाल करने के लिए, रखवाले हैं। पैरों की तुलना में 69 सिर कम हैं; गाय और मुर्गियों की संख्या एक समान है और प्रति दस पक्षियों और पशु पर एक रखवाला है। मुर्गियां, गाय, बैल, और उनके रखवालों की कुल संख्या 50 से अधिक नहीं है। गायों की संख्या कितनी है? **(M.A.T. 2005)**

(*a*) 16 (*b*) 14 (*c*) 12 (*d*) 10

हल: माना H, C, B और K क्रमश: मुर्गियों, गायों, बैलों और रखवालों की संख्या का प्रतिनिधित्व करते हैं।

तब, हमारे पास है:

$H + C + B + K < 50$ ...(*i*) $C = 2B$ ...(*ii*)

$C = H$ ...(*iii*) $K = \dfrac{H + C + B}{10}$ ...(*iv*)

(*ii*), (*iii*) और (*iv*) से, हमें मिलता है:

$10K = H + C + B \Leftrightarrow 10K = 2C + B = 2 \times 2B + B$

$\Leftrightarrow 10K = 5B$

$\Leftrightarrow B = 2K.$

अत: $B = 2K,\ C = 2B = 4K,\ H = C = 4K.$

सिर की कुल संख्या $= H + C + B + K$

पैरों की कुल संख्या $= 2H + 4C + 4B + 2K$

$\Leftrightarrow H + 3C + 3B + K = 69$

$\Leftrightarrow 4K + 12K + 6K + K = 69$

$\Leftrightarrow 23K = 69 \Leftrightarrow K = 3.$

अत: गायों की संख्या $= C = 4K = (4 \times 3) = 12$

अत: उत्तर (*c*) है।

उदा. 9. कई सेब में से, एक आदमी मौजूदा सेब की आधी संख्या के साथ 1 सेब, पहले ग्राहक को बेचता है; शेष सेब के $\frac{1}{3}$ संख्या के साथ 1 सेब, दूसरे ग्राहक को बेचता है और शेष सेब के $\frac{1}{6}$ संख्या के साथ 1 सेब तीसरे ग्राहक को बेचता है। उसके बाद, उसको पता चलता है कि उसके पास 3 सेब शेष हैं। मूल रूप से कितने सेब थे?

(*a*) 15 (*b*) 18 (*c*) 20 (*d*) 25

हल: माना सेब की कुल संख्या x है तब, पहले ग्राहक को बेचे गए सेब:

$$= \left(\frac{x}{2} + 1\right).$$

शेष सेब $= x - \left(\frac{x}{2} + 1\right) = \left(\frac{x}{2} - 1\right).$

दूसरे ग्राहक को बेचे गए सेब:

$$= \frac{1}{3}\left(\frac{x}{2} - 1\right) + 1 = \frac{x}{6} - \frac{1}{3} + 1 = \left(\frac{x}{6} + \frac{2}{3}\right).$$

शेष सेब

$$= \left(\frac{x}{2} - 1\right) - \left(\frac{x}{6} + \frac{2}{3}\right) = \left(\frac{x}{2} - \frac{x}{6}\right) - \left(1 + \frac{2}{3}\right) = \left(\frac{x}{3} - \frac{5}{3}\right)$$

तीसरे ग्राहक को बेचे गए सेब: $= \dfrac{1}{5}\left(\dfrac{x}{3} - \dfrac{5}{3}\right) + 1 = \left(\dfrac{x}{15} + \dfrac{2}{3}\right)$

शेष सेब

$$= \left(\frac{x}{3} - \frac{5}{3}\right) - \left(\frac{x}{15} + \frac{2}{3}\right) = \left(\frac{x}{3} - \frac{x}{15}\right) - \left(\frac{5}{3} + \frac{2}{3}\right) = \left(\frac{4x}{15} - \frac{7}{3}\right)$$

$$\therefore\ \frac{4x}{15} - \frac{7}{3} = 3 \Leftrightarrow \frac{4x}{15} = \frac{16}{3} \Leftrightarrow x = \left(\frac{16}{3} \times \frac{15}{4}\right) = 20.$$

अत: उत्तर (*c*) है।

प्रकार 2: डेटा-आधारित प्रश्न

उदा. 10. निम्नलिखित प्रश्न परीक्षा से संबंधित नीचे दिए गए डेटा पर आधारित हैं:

(*a*) उपस्थित अभ्यर्थी	10500
(*b*) सभी पांच विषयों में उत्तीर्ण	5685
(*c*) केवल तीन विषयों में उत्तीर्ण	1498
(*d*) केवल दो विषयों में उत्तीर्ण	1250
(*e*) केवल एक विषय में उत्तीर्ण	835
(*f*) केवल अंग्रेजी में अनुत्तीर्ण	78
(*g*) केवल गणित में अनुत्तीर्ण	275
(*h*) केवल भौतिक विज्ञान में अनुत्तीर्ण	149
(*i*) केवल रसायन शास्त्र में अनुत्तीर्ण	147
(*j*) केवल जीवविज्ञान में अनुत्तीर्ण	221

प्रश्न 1. सभी विषयों में कितने अभ्यर्थी अनुत्तीर्ण रहे?

(*a*) 4815 (*b*) 3317 (*c*) 2867 (*d*) 362

हलः अभ्यर्थी जो सभी विषयों में अनुत्तीर्ण रहे = (अभ्यर्थी जो उपस्थित थे) − (1, 2, 3 या 5 विषयों में उत्तीर्ण अभ्यर्थी + केवल 1 विषय में अनुत्तीर्ण अभ्यर्थी)

$= 10500 - (5685 + 1498 + 1250 + 835 + 78 + 275 + 149 + 147 + 221)$

$= 10500 - 10138 = 362$ अत: उत्तर (*d*) है।

प्रश्न 2. कम से कम चार विषयों में कितने अभ्यर्थी उत्तीर्ण हुए?

(*a*) 6555 (*b*) 5685 (*c*) 1705 (*d*) 870

हलः अभ्यर्थी जो कम से कम चार विषयों में उत्तीर्ण हुए = (4 विषयों में उत्तीर्ण अभ्यर्थी) + (सभी 5 विषयों में उत्तीर्ण अभ्यर्थी)

= (केवल 1 विषय में अनुत्तीर्ण अभ्यर्थी) + (सभी 5 विषयों में उत्तीर्ण अभ्यर्थी)

$= (78 + 275 + 149 + 147 + 221) + 5685 = 870 + 5685$

$= 6555$ अत: उत्तर (*a*) है।

प्रश्न 3. चार या कम विषयों में अनुत्तीर्ण होने के कारण कितने अभ्यर्थी अनुत्तीर्ण हुए?

(*a*) 4815 (*b*) 4453 (*c*) 3618 (*d*) 2368

हलः अभ्यर्थी जो चार या कम विषयों में अनुत्तीर्ण रहे = (केवल 1 विषय में अनुत्तीर्ण अभ्यर्थी) + (केवल 2 विषयों में अनुत्तीर्ण अभ्यर्थी) + (केवल 3 विषयों में अनुत्तीर्ण अभ्यर्थी) + (केवल 4 विषयों में अनुत्तीर्ण अभ्यर्थी) = (केवल 1 विषय में अनुत्तीर्ण अभ्यर्थी) + (केवल 3 विषयों में उत्तीर्ण अभ्यर्थी) + (केवल 2 विषयों में उत्तीर्ण अभ्यर्थी) + (केवल 1 विषय में उत्तीर्ण अभ्यर्थी)

$= (78 + 275 + 149 + 147 + 221) + 1498 + 1250 + 835$

$= 4453$ अत: उत्तर (*b*) है।

प्रकार 3: आयु-आधारित प्रश्न

उदा. 11. सुनीता की तुलना में रीना की उम्र दोगुनी है। तीन साल पहले, सुनीता की तुलना में उसकी उम्र तीन गुना थी। रीना अब कितनी उम्र की है?

(*a*) 6 साल (*b*) 7 साल (*c*) 8 साल (*d*) 12 साल

हलः माना सुनीता की वर्तमान उम्र x है। तब, रीना की वर्तमान उम्र $= 2x$ है।

तीन साल पहले, सुनीता की उम्र $= (x - 3)$ साल और रीना की उम्र $= (2x - 3)$ साल थी।

अत: $(2x - 3) = 3(x - 3) \Leftrightarrow 2x - 3 = 3x - 9$

$\Leftrightarrow x = 6$

$\therefore$ रीना की वर्तमान उम्र $= 2x = 12$ साल है। अत: उत्तर (*d*) है।

उदा. 12. पिता की उम्र, बड़े बेटे की तुलना में दोगुनी है। दस साल के बाद, पिता की उम्र छोटे बेटे की तुलना में तीन गुना होगी। यदि दो बेटों की उम्र का अंतर 15 साल है, तो पिता की उम्र _____ है: **(M.A.T. 2004)**

(*a*) 50 साल (*b*) 55 साल (*c*) 60 साल (*d*) 70 साल

हलः माना बड़े बेटे की उम्र x वर्ष है।

तब, छोटे बेटे की उम्र $= (x - 15)$ साल होगी; पिता की उम्र $= 2x$ साल होगी।

अत: $2x + 10 = 3(x - 15 + 10) \Leftrightarrow 2x + 10 = 3x - 15$

$\Leftrightarrow x = 25$

$\therefore$ पिता की उम्र $= 2x = 50$ साल है। अत: उत्तर (*a*) है।

प्रकार 4: वेन-आरेख आधारित प्रश्न

उदा. 13. नीचे दिए गए आरेख पर विचार करें:

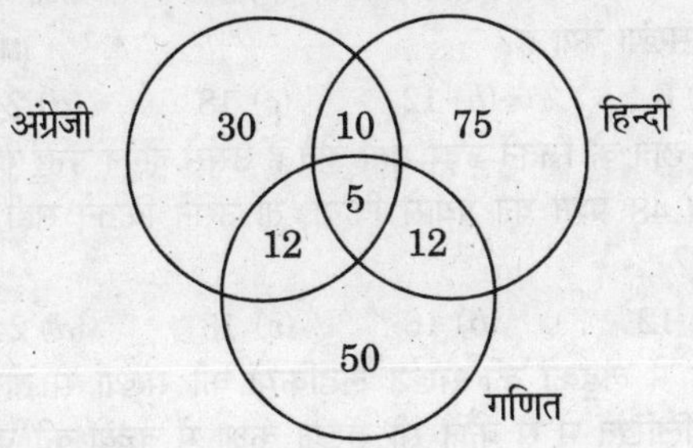

पांच सौ अभ्यर्थी परीक्षा में उपस्थित हुए जिसमें अंग्रेजी, हिंदी और गणित के एग्जाम शामिल थे। चित्र विभिन्न एग्जामों में अनुत्तीर्ण अभ्यर्थी की संख्या का प्रतिनिधित्व करता है। कम से कम दो विषयों में अनुत्तीर्ण अभ्यर्थी का प्रतिशत क्या है?

(*a*) 0.078 (*b*) 1.0 (*c*) 6.8 (*d*) 7.8

हलः कम से कम दो विषयों में अनुत्तीर्ण अभ्यर्थी की संख्या = दो या दो से अधिक विषयों में अनुत्तीर्ण अभ्यर्थी की संख्या $= (10 + 12 + 12 + 5) = 39$

$\therefore$ आवश्यक प्रतिशत $= \left(\frac{39}{500} \times 100\right)\% = 7.8\%$.

अत: उत्तर (*d*) है।

उदा. 14. बस में यात्रा करने वाले व्यक्तियों के एक समूह में, 6 लोग फ्रेंच बोल सकते हैं, 15 स्पेनिश बोल सकते हैं और 6 अंग्रेजी बोल सकते हैं। उस समूह में कोई भी अन्य भाषा नहीं बोल सकता है। यदि समूह में 2 व्यक्ति दो भाषाएं बोल सकते हैं और एक व्यक्ति सभी तीन भाषाओं को बोल सकता है, तो समूह में कितने लोग हैं? **(M.B.A. 2006)**

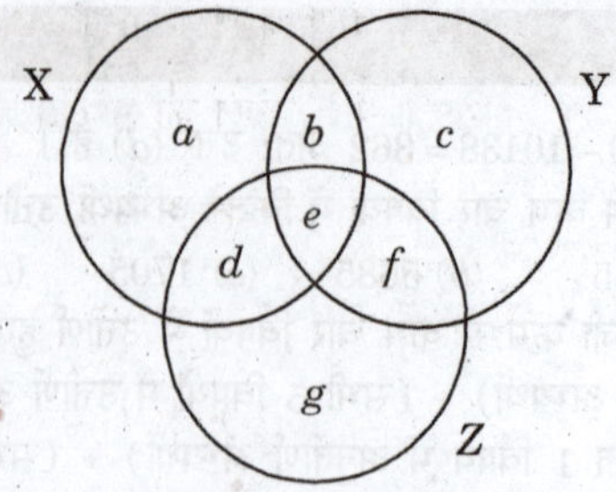

(*a*) 21 (*b*) 22 (*c*) 23 (*d*) 24

हल: माना वृत्त X, Y और Z उन व्यक्तियों का प्रतिनिधित्व करते हैं जो क्रमशः फ्रेंच, स्पेनिश और अंग्रेजी बोल सकते हैं।

फ्रेंच बोलने वाले व्यक्ति $= a + b + d + e = 6$ ...(*i*)

स्पैनिश बोलने वाले व्यक्ति $= b + c + e + f = 15$ ...(*ii*)

अंग्रेजी बोलने वाले व्यक्ति $= d + e + f + g = 6$ ...(*iii*)

2 भाषा बोलने वाले व्यक्ति $= b + d + f = 2$ ...(*iv*)

सभी 3 भाषाओं को बोलने वाले व्यक्ति $= e = 1$ ...(*v*)

(*i*) और (*v*) से, हमें मिलता है: $a + b + d = 5$ ...(*vi*)

(*ii*) और (*v*) से, हमें मिलता है: $b + c + f = 14$ ...(*vii*)

(*iii*) और (*v*) से, हमें मिलता है: $d + f + g = 5$ ...(*viii*)

(*vi*) से (*iv*) घटाने पर हमें मिलता है: $a - f = 3$ ... (*ix*)

(*vii*) और (*viii*) को जोड़ने पर हमें मिलता है: $b + c + d + 2f + g = 19$ ...(*x*)

(*ix*) और (*x*) को जोड़ने पर हमें मिलता है:

$a + b + c + d + f + g = 22$ or $a + b + c + d + e + f + g = 23$ ($\because e = 1$)

$\therefore$ समूह में व्यक्तियों की कुल संख्या = 23 अत: उत्तर (*c*) है।

अभ्यास 15

1. एक चरवाहे के पास कुल 17 भेड़ थे। 'नौ के अलावा सभी की मृत्यु हो गई'। उसके पास कितने भेड़ बचे थे?

(*a*) कोई नहीं (*b*) 8 (*c*) 9 (*d*) 17

2. एक पक्षी निशानेबाज से पूछा गया कि उसके थैले में कितने पक्षी थे। उसने उत्तर दिया कि सभी चिड़ियां थे लेकिन छः को छोड़ कर, सभी कबूतर थे लेकिन छः को छोड़ कर, और सभी बत्तख थे लेकिन छः को छोड़ कर। थैले में कितने पक्षी थे? **(M.B.A. 2006)**

(*a*) 9 (*b*) 18 (*c*) 27 (*d*) 36

3. इस प्रकार से तैरने वाले बत्तखों की सबसे कम संख्या क्या हो सकती है– एक बत्तख के सामने दो बत्तख, एक बत्तख के पीछे दो बत्तख और दो बत्तखों के बीच में एक बतख? **(M.A.T. 2005)**

(*a*) 3 (*b*) 5 (*c*) 7 (*d*) 9

4 क्लब के 30 सदस्यों ने बैडमिंटन एकल टूर्नामेंट खेलने का फैसला किया। हर बार एक सदस्य एक खेल हार जाता है और वह टूर्नामेंट से बाहर हो जाता। कोई टाई नहीं होता है। विजेता निर्धारित करने के लिए खेली जानी वाली मैचों की न्यूनतम संख्या क्या होगी?

(*a*) 15 (*b*) 29
(*c*) 61 (*d*) इनमें से कोई नहीं

5. एक आदमी दो रंगों के मोजे पहनता है– काला और भूरा। उसके पास एक दराज़ में कुल मिलाकर 20 काले रंग के मोजे और 20 भूरे रंग के मोजे हैं। मान लीजिए कि उसे अंधेरे में मोजे लेने है, यह सुनिश्चित करने के लिए, उसे कितने मोजे बाहर निकालने होंगे कि वह समान रंग की जोड़ी है?

(*a*) 3 (*b*) 20
(*c*) 39 (*d*) इनमें से कोई नहीं

6. टेलीफोन के डायल में सभी नंबरों का गुणनफल क्या होता है? **(S.S.C. 2002)**

(*a*) 1,58,480 (*b*) 1,59,450
(*c*) 1,59,480 (*d*) इनमें से कोई भी नहीं

7. कप्तानों और सैनिकों सहित 1200 व्यक्तियों का एक समूह रेल गाड़ी यात्रा कर रहा है। हर 15 सैनिकों के लिए एक कप्तान है। समूह में कप्तानों की संख्या है–

(*a*) 85 (*b*) 80 (*c*) 75 (*d*) 70

8. अरुणा ने एक केक को दो आधे हिस्सों में काट दिया और एक आधे हिस्से को बराबर आकार के छोटे टुकड़ों में काट दिया। वजन में छोटे टुकड़ों में से प्रत्येक टुकड़ा बीस ग्राम होता है। अगर उसके पास सब मिलाकर केक के सात टुकड़े हैं, तो मूल केक का वजन क्या था?

(*a*) 120 ग्राम (*b*) 140 ग्राम (*c*) 240 ग्राम
(*d*) 280 ग्राम (*e*) इनमें से कोई नहीं

9. केले के पहले गुच्छे में दूसरे गुच्छे के $\frac{1}{2}$ केले होते हैं । यदि पहले गुच्छे की तुलना में दूसरे गुच्छे में 3 केले कम हैं, तो पहले गुच्छे में केले की संख्या है–

(*a*) 9 (*b*) 10 (*c*) 12 (*d*) 15

10. एक व्यापार सम्मेलन के अंत में वहां उपस्थित दस लोग एक दूसरे के साथ हाथ मिलाते हैं। कुल मिलाकर कितने हैंडशेक होंगे?

(*a*) 20 (*b*) 45 (*c*) 55 (*d*) 90

11. 60 छात्रों की एक कक्षा में, वार्षिक खेल में भाग लेने वाले लड़कों और लड़कियों की संख्या क्रमशः अनुपात 3 : 2 में है। खेल में भाग नहीं लेने वाली लड़कियों की संख्या खेल में भाग नहीं लेने वाले लड़कों की संख्या से 5 अधिक है। यदि खेल में भाग लेने वाले लड़कों की संख्या 15 है, तो कक्षा में कितनी लड़कियां हैं?

(*a*) 20 (*b*) 25 (*c*) 30
(*d*) डेटा अपर्याप्त है (e) इनमें से कोई नहीं **(Bank P.O. 2005)**

12. एक कक्षा में 18 लड़के हैं जो 160 से.मी से अधिक लंबे हैं। यदि ये लड़कों का तीन–चौथाई हिस्सा है और लड़कों की कुल संख्या कक्षा में छात्रों की कुल संख्या का दो तिहाई है, तो कक्षा में लड़कियों की संख्या क्या है? **(M.A.T. 2005)**

(*a*) 6 (*b*) 12 (*c*) 18 (*d*) 24

13. एक छात्र के जितने उत्तर सही होते हैं उससे दोगुने उत्तर गलत। अगर उसने 48 प्रश्न का प्रयास किया, तो उसने कितने सही प्रश्न हल किए?

(*a*) 12 (*b*) 16 (*c*) 18 (*d*) 24

14. कक्षा में लड़कों की संख्या लड़कियों की संख्या से तीन गुना है। निम्नलिखित में से कौन सी संख्या कक्षा में बच्चों की कुल संख्या का प्रतिनिधित्व नहीं कर सकती?

(*a*) 48 (*b*) 44 (*c*) 42 *d*) 40

15. A ने मूल प्रति के दो अतिरिक्त प्रतियां प्राप्त करने के लिए दो कार्बन के साथ तीन पेपर रखे। फिर उसने अधिक कार्बन प्रतियां प्राप्त करने

का फैसला किया और कागज को इस तरह से मोडा कि पेपर का ऊपरी भाग निचले हिस्से के शीर्ष पर था। फिर उसने टाइप किया। उसे कितने कार्बन प्रतियां मिलीं? (M.A.T. 2004)

(*a*) 1 (*b*) 2 (*c*) 3 (*d*) 4

16. एक मोटर यात्री ब्रिस्टल से बर्मिंघम तक चार अलग अलग मार्ग जानता है। बर्मिंघम से शेफील्ड तक वह तीन अलग अलग मार्ग जानता है और शेफील्ड से कार्लिस्ले तक, वह दो अलग अलग मार्ग जानता है। ब्रिस्टल से कार्लिस्ले तक वह कितने मार्ग जानता है?

(*a*) 4 (*b*) 8 (*c*) 12 (*d*) 24

17. एक अनानस की कीमत ₹ 7 है। एक तरबूज की कीमत ₹ 5 है। X इन फलों पर ₹ 38 खर्च करता है। खरीदे गए अनानास की संख्या है –

(*a*) 2 (*b*) 3 (*c*) 4
(*d*) डेटा अपर्याप्त है

18. यदि आप 1 से 100 तक सभी संख्याएं लिखते हैं, तो आप कितनी बार 3 लिखते हैं? (S.S.C. 2002)

(*a*) 11 (*b*) 18 (*c*) 20 (*d*) 21

19. 366 पृष्ठों वाले पुस्तक के पृष्ठों को क्रमांकन देने में उपयोग किए गए अंकों की कुल संख्या है–

(*a*) 732 (*b*) 990 (*c*) 1098 (*d*) 1305

20. एक मुद्रक, 1 से शुरू कर एक किताब के पृष्ठों को संख्या देता है और कुल 3189 अंक का उपयोग करता है। पुस्तक के कितने पृष्ठ हैं?

(*a*) 1000 (*b*) 1074 (*c*) 1075 (*d*) 1080

21. बगीचे में, आम के पेड़ों की 10 पंक्तियां और 12 कॉलम हैं। दो पेड़ों के बीच की दूरी 2 मीटर है और बगीचे की सीमा की सभी किनारों से एक मीटर की दूरी छोड़ी गई है। बगीचे की लंबाई है –

(*a*) 20 मी (*b*) 22 मी (*c*) 24 मी (*d*) 26 मी

22. एक किसान ने अपने वर्ग भूखंड के चारों ओर एक बाड़ बनायी। उन्होंने वर्ग के प्रत्येक तरफ 27 बाड़ डंडो का इस्तेमाल किया। उसे कुल मिलाकर कितने डंडो की आवश्यकता थी?

(*a*) 100 (*b*) 104
(*c*) 108 (*d*) इनमें से कोई नहीं

23. एक उद्यमशील व्यवसायी अपने व्यापार के पहले दिन 1 रूपये की आमदनी कमाता है। हर आगामी दिन पर, वह पिछले दिन की तुलना में दोगुनी आमदनी कमाता है। व्यापार के 10 वें दिन पर, उसकी आमदनी है – (SNAP, 2005)

(*a*) ₹ 29 (*b*) ₹ 210 (*c*) ₹ 10 (*d*) ₹ 102

24. एक परिवार में, पिता ने केक का $\frac{1}{4}$ हिस्सा लिया और उसके पास प्रत्येक सदस्य की तुलना में 3 गुना अधिक था। परिवार के सदस्यों की कुल संख्या है–

(*a*) 3 (*b*) 7 (*c*) 10 (*d*) 12

25. एक वेटर के आमदनी में उसके वेतन और टिप होती हैं। एक सप्ताह के दौरान उनकी टिप उनके वेतन के $\frac{5}{4}$ हिस्सा थी। उनकी आमदनी का क्या अंश टिप से आया था?

(*a*) $\frac{4}{9}$ (*b*) $\frac{5}{4}$ (*c*) $\frac{5}{8}$ (*d*) $\frac{5}{9}$

26. तीन दोस्तों ने एक रेस्टोरेंट में डिनर किया। जब बिल प्राप्त हुआ, अमिता ने वीना की तुलना में $\frac{2}{5}$ बिल का भुगतान किया और वीना ने तन्या के तुलना में $\frac{1}{2}$ बिल का भुगतान किया। वीना ने, बिल के किस अंश का भुगतान किया?

(*a*) $\frac{1}{3}$ (*b*) $\frac{3}{11}$ (*c*) $\frac{12}{31}$ (*d*) $\frac{5}{8}$

27. एक संस्थान ने एक उत्सव का आयोजन किया और लड़कियों का $\frac{1}{5}$ अंश और लड़कों का $\frac{1}{8}$ अंश ने इसमें भाग लिया। छात्रों की कुल संख्या का कितना अंश उत्सव में भाग लिया?

(*a*) $\frac{2}{13}$ (*b*) $\frac{13}{40}$ (*c*) डेटा अपर्याप्त है
(*d*) इनमें से कोई नहीं

28. कक्षा में $\frac{3}{5}$ छात्र लड़कियां हैं और बाकी लड़के हैं। यदि लड़कियों का $\frac{2}{9}$ अंश और लड़कों का $\frac{1}{4}$ अंश अनुपस्थित हैं, तो छात्रों की कुल संख्या का कितना अंश उपस्थित है?

(*a*) $\frac{17}{25}$ (*b*) $\frac{18}{49}$ (*c*) $\frac{23}{30}$ (*d*) $\frac{23}{36}$

29. उस संख्या का पता लगाएं जो खुद में 13 बार जोड़ने के बाद 112 देता है। (M.A.T. 2001)

(*a*) 7 (*b*) 8 (*c*) 9 (*d*) 11

30. एक बंदर प्रत्येक घंटे की शुरुआत में 30 फुट चढ़ता है और थोड़ी देर तक आरम करता है वह अगले घंटे की शुरुआत में चढ़ने से पहले 20 फुट पीछे फिसलता है। अगर वह 8.00 a.m. बजे अपनी चढ़ाई शुरू करता है, तो किस समय वह पहली बार ध्वज को छूएगा, जो जमीन से 120 फुट पर है? (M.A.T. 1999)

(*a*) 4 p.m. (*b*) 5 p.m. (*c*) 6 p.m.
(*d*) इनमें से कोई नहीं

31. एक शहर में 40% वयस्क निरक्षर हैं जबकि 85% बच्चे साक्षर हैं। यदि वयस्कों व बच्चों के अनुपात 2 : 3 है, तो आबादी का साक्षर प्रतिशत क्या है? (M.C.A. 2005)

(*a*) 20% (*b*) 25% (*c*) 50% (*d*) 75%

32. B के 3 शॉट की तुलना मे A, 5 शॉट चलाता है लेकिन A, 3 शॉट में केवल एक बार मारता है जबकि B, 2 शॉट में एक बार मारता है। जब तक B 27 बार चूकता है तब तक A ने मारा होगा–

(*a*) 30 पक्षियों (*b*) 60 पक्षियों (*c*) 72 पक्षियो (*d*) 90 पक्षियों

33. यदि 3 रेडीमेड शर्ट में से प्रत्येक 2 में आस्तीन में परिवर्तन की आवश्यकता है, और 5 में से प्रत्येक 4 को बॉडी में परिवर्तन की आवश्यकता है, तो 60 शर्ट के लिए कितने परिवर्तन की आवश्यकता होगी?

(*a*) 24 (*b*) 123 (*c*) 133 (*d*) 143

34. एक डिनर पार्टी में हर दो मेहमानों ने उनके बीच चावल का एक बाउल इस्तेमाल किया, हर तीन मेहमानों ने उनके बीच दाल का एक बाउल इस्तेमाल किया और हर चार मेहमानों ने उनके बीच मांस का एक बाउल इस्तेमाल किया। कुल मिलाकर 65 व्यंजन थे। पार्टी में कितने मेहमान मौजूद थे?

(*a*) 60 (*b*) 65 (*c*) 90
(*d*) इनमें से कोई नहीं

35. शहर X से बस शुरू होती है। बस में महिलाओं की संख्या पुरुषों की संख्या से आधी है। शहर Y में, 10 पुरुष बस से उतरते हैं और पांच महिलाएं चढ़ती हैं। अब, पुरुषों और महिलाओं की संख्या बराबर है। शुरुआत में, बस में कितने यात्रियों ने प्रवेश किया? **(M.A.T. 2005)**

(*a*) 15 (*b*) 30 (*c*) 36 (*d*) 45

36. एक वर्ग में 20% प्रत्येक सदस्यों के पास केवल दो कारें हैं, शेष के 40% प्रत्येक सदस्यों के पास तीन कारें हैं और शेष सदस्यों के पास केवल एक ही कार है। दिए गए विवरण से निम्नलिखित में से कौन सा कथन निश्चित रूप से सत्य है?

(*a*) कुल सदस्यों में से केवल 20% प्रत्येक सदस्य के पास तीन कारें हैं।

(*b*) कुल सदस्यों में से 48% प्रत्येक सदस्य के पास केवल एक कार है।

(*c*) कुल सदस्यों में से 60% प्रत्येक सदस्य के पास दो कारें हैं।

(*d*) कुल सदस्यों में से 80% सदस्य के पास कम से कम एक कार है।

(*e*) इनमें से कोई नहीं

37. एक संख्या में दो अंक हैं जिनकी राशि 11 है। यदि संख्या में 27 जोड़ दिया जाए, तो अंक उनके स्थान बदलते हैं। संख्या क्या है? **(M.C.A. 2005)**

(*a*) 47 (*b*) 65 (*c*) 83 (*d*) 92

दिशानिर्देश (*प्रश्न 38 से 40*): *इन प्रश्नो का उत्तर देने के लिए निम्नलिखित जानकारी पढ़ें:* **(M.A.T. 2002)**

सात खंभे A, B, C, D, E, F और G इस तरह से लगाए गए हैं कि अगले दो खंभो के बीच 1 मीटर की दूरी कम होती जाती है। पहले दो खंभो, A और B के बीच की दूरी 10 मीटर है।

38. पहले खंभे A और आखिरी खंभे G के बीच की दूरी क्या है?

(*a*) 40 मी (*b*) 45 मी (*c*) 49 मी

(*d*) इनमें से कोई नहीं

39. यदि एक बंदर खंभे G से खंभे C तक कूदता है, तो इसमें कितनी दूरी वह पार करता है?

(*a*) 19 मी (*b*) 22 मी (*c*) 26 मी

(*d*) इनमें से कोई नहीं

40. यदि अधिकारी एक खंभे को हटाने का फैसला करते हैं और खंभो के बीच में बराबर दूरी पर शेष खंभे रखते हैं, तो खंभो का प्रत्येक सेट मीटर की दूरी पर होगा–

(*a*) $7\frac{1}{2}$ (*b*) $8\frac{1}{2}$ (*c*) 9

(*d*) इनमें से कोई नही

41. एक दर्जी को कपड़े के एक रोल मे से कई शर्ट के टुकड़ों को काटना है। उन्होंने प्रत्येक रोल को बराबर लंबाई के 10 टुकड़ों में काट दिया। उन्होंने एक मिनट में 45 कटौती की दर से कटौती की। 24 मिनट में कितने रोल काटे जाएगे? **(M.B.A. 2004)**

(*a*) 32 रोल (*b*) 54 रोल (*c*) 108 रोल (*d*) 120 रोल

42. अगर घड़ी को सात बजने में सात सेकंड लगते हैं, तो दस बजने के लिए कितना समय लगेगा?

(*a*) 7 सेकंड (*b*) 9 सेकंड (*c*) 10 सेकंड

(*d*) इनमें से कोई नहीं

43. यदि 100 बिल्लियां 100 दिन में 100 चूहों को मार देती हैं, तो 4 बिल्लियां कितने दिनों में 4 चूहों को मार देंगी? **(PGDBM, 2002)**

(*a*) 1 दिन (*b*) 4 दिन (*c*) 40 दिन (*d*) 100 दिन

44. डेविड एक इमारत के 11वें मंजिल पर लिफ्ट पर जाता है और 57 मंजिल प्रति मिनट की गति से ऊपर सवारी करता है। उसी समय, अल्बर्ट वही इमारत के 51वें मंजिल पर एक लिफ्ट पर जाता है और 63 मंजिल प्रति मिनट की गति से नीचे सवारी करता है। यदि वे इस गति से सवारी करना जारी रखते हैं, फिर किस मंजिल पर उनके पथ मिलेगे? **(M.B.A. 2003)**

(*a*) 19 (*b*) 28 (*c*) 30 (*d*) 37

45. तीन रंगीन बक्से लाल, हरा और नीला में 108 गेंदें रखी गयी हैं। नीले बक्से की तुलना मे हरे और लाल बक्से मे संयुक्त रूप से दुगनी गेंदें हैं और लाल बक्से की तुलना मे नीले बक्से मे दुगनी गेंदें हैं। हरे रंग के बक्से में कितनी गेंदें हैं? **(M.B.A. 2004)**

(*a*) 18 (*b*) 36 (*c*) 45

(*d*) इनमें से कोई नहीं

46. शहर A से B तक के दो बस टिकट और शहर A से C तक के तीन टिकट की कीमत ₹ 77 है लेकिन शहर A से B तक के तीन टिकट और शहर A से C तक के दो टिकट की कीमत ₹ 73 हैं। A से शहर B और C के लिए किराए क्या है? **(C.B.I. 2003)**

(*a*) ₹ 4, ₹ 23 (*b*) ₹ 13, ₹ 17

(*c*) ₹ 15, ₹ 14 (*d*) ₹ 17, ₹ 13

47. 20 पैसे और 25 पैसे के कुल 324 सिक्के मिलकर ₹ 71 होते हैं। 25 पैसे के सिक्कों की संख्या है– **(N.I.F.T. 2003)**

(*a*) 120 (*b*) 124 (*c*) 144 (*d*) 200

48. एक व्यक्ति के पास एक रुपये के नोट, पांच रुपये के नोट और दस रुपये के नोट के मूल्यवर्ग में ₹ 480 है। प्रत्येक मूल्यवर्ग के नोट की संख्या बराबर है। उनके पास नोट की कुल संख्या क्या है? **(M.A.T. 2002)**

(*a*) 45 (*b*) 60 (*c*) 75 (*d*) 90

दिशानिर्देश (*प्रश्न 49 से 53*): *दिए गए प्रश्नों के उत्तर देने के लिए निम्न जानकारी पढ़ें:* **(M.C.A. 2005)**

एक बैग में चार अलग-अलग मूल्यवर्ग के सिक्के हैं, अर्थात: 1 रुपये, 50 पैसे, 25 पैसे और 10 पैसे। 25 पैसे के सिक्कों के मूल्य के बराबर मूल्य के 50 पैसे के सिक्के हैं। 1 रुपए के सिक्कों का मूल्य 50 पैसे के सिक्कों के मूल्य से 5 गुना है। 10 पैसे के सिक्कों की संख्या और 1 रुपए के सिक्के की संख्या का अनुपात 4: 3 है, जबकि बैग में सिक्कों की कुल संख्या 325 है।

49. 10 पैसे के कितने सिक्के हैं?

(*a*) 25 (*b*) 50 (*c*) 75 (*d*) 100

50. 50 पैसे के सिक्कों का मूल्य क्या है?

(*a*) ₹ 10 (*b*) ₹ 15 (*c*) ₹ 20 (*d*) ₹ 30

51. 50-पैसे के सिक्कों से 25-पैसे के सिक्कों का अनुपात क्या है?

(*a*) 1: 4 (*b*) 2: 5 (*c*) 2: 3 (*d*) 1: 3

52. 1 रुपये के सिक्के कितने हैं?

(*a*) 25 (*b*) 50 (*c*) 75 (*d*) 100

53. बैग में सिक्कों का कुल मूल्य क्या है?

(*a*) ₹ 130 (*b*) ₹ 140 (*c*) ₹ 150 (*d*) ₹ 160

54. बाल दिवस पर, स्कूल में 175 बच्चों के बीच मिठाई समान रूप से वितरित की गयी। वास्तव में बाल दिवस पर, 35 बच्चे अनुपस्थित थे और इसलिए प्रत्येक बच्चे को 4 मिठाई अतिरिक्त मिली। वितरण के लिए कुल कितनी मिठाई उपलब्ध थी?

(*a*) 2400 (*b*) 2480 (*c*) 2680 (*d*) 2800

55. कई दोस्तों ने एक पिकनिक पर जाने का फैसला किया और खाद्य पर ₹ 96 खर्च करने की योजना बनाई। उनमें से चार, हालांकि, नही आए। परिणामस्वरूप, शेष लोगों मे प्रत्येक व्यक्ति को ₹ 4 का अतिरिक्त योगदान देना पड़ा। पिकनिक में भाग लेने वालों की संख्या थी–

(*a*) 8 (*b*) 12 (*c*) 16 (*d*) 24

56. 25 बच्चों के बीच समान रूप से मिठाई वितरित करने के बाद, 8 मिठाई बचती है। अगर बच्चों की संख्या 28 थी, तो समान वितरण के बाद 22 मिठाई बच जाती थीं। मिठाई की कुल संख्या क्या थी?

(*a*) 328 (*b*) 348 (*c*) 358
(*d*) डेटा अपर्याप्त है

57. ताश के एक खेल में एक खिलाड़ी के पास चार सूट के 13 पत्ते हैं, जिनमें से सात काले हैं और छह लाल हैं। हुकुम की तुलना मे ईंट दोगुने हैं और ईंट की तुलना मे पान दुगने हैं। उसके पास चिड़ीया के कितने पत्ते है? **(M.B.A. 2004)**

(*a*) 4 (*b*) 5 (*c*) 6 (*d*) 7

58. एक परिवार में, प्रत्येक बेटी के पास समान संख्या में भाई और बहनें हैं और प्रत्येक बेटे के पास भाइयों की तुलना में बहनें दोगुनी हैं। परिवार में कितने बेटे हैं?

(*a*) 2 (*b*) 3 (*c*) 4 (*d*) 5

59. एक गणितज्ञ, श्री X, एक संख्या परिभाषित करता है की वह सभी संख्या '6 से जुड़े हैं', यदि यह 6 से विभाजित है या यदि उसके अंकों का योग 6 है, या यदि 6, संख्या के अंकों में से एक है। सभी अन्य संख्याएँ '6 से नहीं जुड़े हैं'। इस परिभाषा के अनुसार, 1 से 60 (दोनों को मिलाकर) तक पूर्णांक की संख्या जो 6 से नहीं जुड़े हैं। **(SNAP, 2005)**

(*a*) 18 (*b*) 22 (*c*) 42 (*d*) 43

60. आपके अध्ययन में दो पुस्तको-के अंत में आपकी पांच पसंदीदा पजल बुक प्रदर्शित की जाती हैं। यदि आप हर संभावित संयोजन में पांच पुस्तकों की व्यवस्था करने का निर्णय लेते हैं और हर मिनट केवल एक पुस्तक स्थानांतरित कर सकते हैं, तो आपको इसमें कितना समय लगेगा?

(*a*) 1 घंटा (*b*) 2 घंटे (*c*) 3 घंटे (*d*) 4 घंटे

61. मेरे पास वितरित करने के लिए कुछ मिठाइयाँ हैं। अगर मैं एक पैक में 2, 3 या 4 रखता हूं, तो मेरे पास एक मिठाइ बचती है। अगर मैं एक पैक में 5 रखता हूं, तो मेरे पास एक भी नहीं बचती। पैक और वितरित करने के लिए, मिठाई की न्यूनतम संख्या क्या है

(*a*) 25 (*b*) 37 (*c*) 54 (*d*) 65

62. श्री जॉनसन को सात सप्ताह के काम के लिए, एक मुफ्त छुट्टी और £ 300 कमाता था। उन्होंने केवल 4 सप्ताह तक काम किया और £ 30 और एक मुफ्त छुट्टी अर्जित की। छुट्टी का मूल्य क्या था?

(*a*) £ 300 (*b*) £ 330 (*c*) £ 360 (*d*) £ 420

63. क्रिकेट मैच में, पांच बल्लेबाज A, B, C, D और E ने 36 रन का औसत बनाया। D ने E से 5 रन अधिक बनाए; E ने A से 8 कम बनाए; B ने उतने रन बनाए जितने संयुक्त रूप से D और E ने बनाए; तथा B और C ने उनके बीच 107 रन बनाए। E ने कितने रन बनाए?

(*a*) 62 (*b*) 45 (*c*) 28 (*d*) 20

64. मैक के पास केन की तुलना में £ 3 अधिक है, लेकिन फिर केन घोड़ों पर जीतता है और उसके पैसे तीन गुने हो जाते है, ताकि उसके पास, उन दोनों के बीच पैसे की मूल राशि की तुलना में £ 2 अधिक है। केन की जीत से पहले मैक और केन के बीच कितना पैसा था?

(*a*) £ 9 (*b*) £ 11 (*c*) £ 13 (*d*) £ 15

65. पांच घंटियाँ एक साथ बजती है और क्रमश: 6, 5, 7, 10 और 12 सेकंड के अंतराल पर बजती हैं। शुरुआत में एक को छोड़कर एक घंटे में कितनी बार एक साथ बजेंगी? **(M.A.T. 2003)**

(*a*) 7 बार (*b*) 8 बार (*c*) 9 बार (*d*) 11 बार

66. मेले में मैंने ₹ 15 मे 6 इरेजर और 2 कलम खरीदे। अगर मैं ₹ 9 मे कलम की तुलना मे ₹ 14 में 4 से अधिक इरेजर खरीद सकता था, तो कलम की कीमत ______ थी।

(*a*) ₹ 1.50 (*b*) ₹ 1.75 (*c*) ₹ 2.25
(*d*) इनमें से कोई नहीं

67. तीन भाई - राजन, सजल और करण के बीच एक मेज पर मिठाई का एक बाउल रखा गया था। राजन पहले पहुंचा और उन्होंने अपने मिठाई का हिस्सा खाया और निकल गया। तब, साजल पहुंचा। उसने सोचा कि वह आने वाला पहला व्यक्ति था और उन्होंने अपने मिठाई का हिस्सा खाया और निकल गया। अन्त में, करण पहुंचा। उसने फिर से सोचा कि वह आने वाला पहला व्यक्ति था और उसने जो अपना हिस्सा समझा उसे खाया। अगर अंतत: कटोरे में 16 मिठाई बची है, तो शुरुआत में कटोरे में कितनी मिठाइयाँ थी?

(*a*) 27 (*b*) 36 (*c*) 48 (*d*) 54

68. एक अंडा विक्रेता अपने पहले ग्राहक को फोन करता है और अपने आधे अंडो के साथ एक आधा अंडा बेचता है। दूसरे ग्राहक को, वह बचे हुए में से आधे अंडो के साथ एक आधा अंडा बेचता है, और तीसरे ग्राहक को, वह बचे हुए में से आधे अंडो के साथ एक आधा अंडा बेचता है। हालांकि, उससे कोई भी अंडा टूटा नहीं है। यदि, अंत में, विक्रेता के पास तीन अंडे बचे थे, तो शुरुआत में उसके पास कितने अंडे थे?

(*a*) 26 (*b*) 31 (*c*) 39
(*d*) इनमें से कोई नहीं

69. एक रात, तीन शरारती लड़कों ने बगीचे से सेब की एक टोकरी चुरायी, लूट को छुपाया और सो गये। सोने से पहले उन्होंने कुछ तीव्र गिनती की और पता चला कि फल की संख्या सौ से कम थी। रात के दौरान एक लड़का जागा, सेब की गिनती की और पता लगाया कि यदि वह उसमें से एक सेब ले ले तो उन सेब को तीन बराबर हिस्सों में विभाजित किया जा सकता है। उसके बाद उसने एक सेब लिया, उसे खा लिया और बाकी के $\frac{1}{3}$ लिये, उन्हें अलग से छुपाया और वापस सो गया। इसके तुरंत बाद, एक और लड़का जागा, सेब की गिनती की और उसने फिर पता लगाया कि यदि उसने खुद के लिए एक लिया तो लूट के तीन बराबर भागों में विभाजित किया जा सकता है। उसने एक सेब खा लिया, शेष $\frac{1}{3}$ थैले मे रखा, उन्हें अलग से छुपाया और वापस सो गया। तीसरा लड़का भी कुछ समय बाद जागा, वही किया और वापस सो गया। सुबह, जब सभी जाग गए, और सेब की गिनती हुई, तो उन्होंने पाया कि शेष सेब फिर से तीन बराबर भागों में विभाजित किए जा सकते हैं। लड़कों ने कितने सेब चुराए? **(SNAP, 2005)**

(*a*) 67 (*b*) 79 (*c*) 85
(*d*) इनमें से कोई नहीं

70. एक लड़की अपने बाएं हाथ की उंगलियों पर निम्न तरीके से गिनती है: उसने बुलाना शुरू किया अंगूठे 1, तर्जनी 2, बीच की ऊँगली 3, अनामिका 4, छोटी उंगली 5 और फिर उलटे क्रम में बुलाया

अनामिका 6, बीच की ऊँगली 7 इत्यादि। वह 1994 तक गिनती है। उसने किस उंगली पर गिनती समाप्त कर दी? (M.C.A. 2005)

(*a*) अंगूठे (*b*) तर्जनी (*c*) बीच की ऊँगली (*d*) अनामिका

71. यदि 1 मिमी मोटा कागज को मोड़ दिया जाए, ताकि हर मोड़ पर क्षेत्र आधा हो, तो 50 बार मोड़ के बाद कागज की मोटाई क्या होगी? (M.A.T. 2002)

(*a*) 100 कि.मी (*b*) 1000 कि.मी (*c*) 10 लाख कि.मी (*d*) 100 करोड़ कि.मी

72. एक शहर में टैक्सी, एक निश्चित शुल्क, दूरी के साथ परिवर्तनीय शुल्क के साथ मिलती है। 16 किमी के सफर के लिए, ₹ 156 का भुगतान किया गया है और 24 किमी के सफर के लिए, ₹ 204 भुगतान किया गया है। 30 किमी की दूरी के सफर के लिए, किसी व्यक्ति को क्या भुगतान करना होगा?

(*a*) ₹ 236 (*b*) ₹ 240 (*c*) ₹ 248 (*d*) ₹ 252

73. रॉबिन कहते हैं, "यदि जय मुझे ₹ 40 देता है, तो उसके पास अतुल का आधा होगा, लेकिन अगर अतुल मुझे ₹ 40 देता है, तो हम में से तीनों के पास समान राशि होगी।" रॉबिन, जय और अतुल के बीच में कुल राशि क्या है?

(*a*) ₹ 240 (*b*) ₹ 320 (*c*) ₹ 360 (*d*) ₹ 420

74. A, B, C, D और E पत्तों का एक खेल खेलते हैं। A, B से कहता है, "यदि आप मुझे तीन पत्ते देते हो, तो आपके पास E के बराबर पत्ते होंगे और यदि मैं आपको तीन पत्ते देता हूं, तो आपके पास D के बराबर होंगे।" A और B को मिलकर उनके पास D और E के कुल पत्तों से 10 पत्ते अधिक हैं। यदि B के पास C से अधिक दो पत्ते हैं और पत्तों की कुल संख्या 133 है, तो B के पास कितने पत्ते हैं?

(*a*) 22 (*b*) 23 (*c*) 25 (*d*) 35

75. A, B, C, D और E पत्तों का एक खेल खेलते हैं। A, B से कहता है, "यदि आप मुझे तीन पत्ते देते हो, तो आपके पास इस समय में मेरे जितने पत्ते होंगे, जबकि D आप से 5 पत्ते लेता है, तो उसके पास E जितना होगा।" E की तुलना में, A और C के पास मिलकर दुगने पत्ते है। B और D के पास मिलकर उतने ही पत्ते हैं जितने A और C के पास हैं। यदि कुल मिलाकर उनके पास 150 पत्ते हैं, तो C के पास कितने पत्ते हैं?

(*a*) 28 (*b*) 29 (*c*) 31 (*d*) 35

76. एक चिड़ियाघर में हिरण और मोर हैं। सिर की गिनती 80 है। उनके पैरों की संख्या 200 है। कितने मोर हैं? (S.S.C. 2000)

(*a*) 20 (*b*) 30 (*c*) 50 (*d*) 60

77. गाय और मुर्गियों के एक समूह में सिर की संख्या की तुलना मे पैरों की संख्या दोगुनी से 14 अधिक है । गाय की संख्या है –

(*a*) 5 (*b*) 7 (*c*) 10 (*d*) 12

78. एक कारवां में, 50 मुर्गियों के अलावा, कुछ रखवालों के साथ 45 बकरियां और 8 ऊंट हैं। यदि कारवां में सिर की संख्या की तुलना में पैरों की कुल संख्या 224 अधिक है, तो रखवालों की संख्या है–

(*a*) 5 (*b*) 8 (*c*) 10 (*d*) 15

79. घोड़ों की एक निश्चित संख्या और उनकी समान संख्या के पुरुष कहीं जा रहे हैं। मालिकों की आधी संख्या अपने घोड़ों के पीठ पर है जबकि शेष लोग अपने घोड़ों का नेतृत्व करते हुए साथ में चल रहे हैं। यदि जमीन पर चलने वाले पैरों की संख्या 70 है, तो कितने घोड़े हैं?

(*a*) 10 (*b*) 12 (*c*) 14 (*d*) 16

दिशानिर्देश (प्रश्न 80 से 84): निम्नलिखित प्रश्न नीचे दी गई जानकारी पर आधारित हैं:

450 अभ्यर्थी पर डेटा, जिन्होंने सामाजिक विज्ञान, गणित और विज्ञान में परीक्षा दी है, नीचे दिए गए हैं:

सभी विषयों में उत्तीर्ण	167
सभी विषयों में अनुत्तीर्ण	60
सामाजिक विज्ञान में अनुत्तीर्ण	175
गणित में अनुत्तीर्ण	199
विज्ञान में अनुत्तीर्ण	191
केवल सामाजिक विज्ञान में उत्तीर्ण	62
केवल में गणित में उत्तीर्ण	48
केवल विज्ञान में उत्तीर्ण	52

80. केवल सामाजिक विज्ञान में कितने असफल रहे?

(*a*) 15 (*b*) 21 (*c*) 30 (*d*) 42

81. केवल एक विषय में कितने असफल रहे?

(*a*) 152 (*b*) 144 (*c*) 61 (*d*) 56

82. गणित और कम से कम एक और विषय में कितने उत्तीर्ण हुए?

(*a*) 210 (*b*) 203 (*c*) 170 (*d*) 94

83. केवल दो विषयों में कितने असफल रहे?

(*a*) 56 (*b*) 61 (*c*) 152 (*d*) 162

84. कम से कम एक विषय में कितने उत्तीर्ण हुए?

(*a*) 450 (*b*) 390 (*c*) 304 (*d*) 167

85. अमर, अकबर और एंथनी की कुल उम्र 80 साल है। तीन साल पहले उनकी कुल उम्र क्या थी? (S.S.C. 1999)

(*a*) 71 साल (*b*) 72 साल (*c*) 74 साल (*d*) 77 साल

86. A, C से 3 साल छोटा है लेकिन D की तुलना में एक साल बड़ा है। D, B से एक साल बड़ा है लेकिन C की तुलना में 4 साल छोटा है। C, 15 साल का है। B की उम्र क्या है? (R.R.B. 2005)

(*a*) 10 (*b*) 11 (*c*) 12 (*d*) 13

87. आज वरुण का जन्मदिन है। आज से एक साल बाद वह 12 साल पहले की उम्र का दोगुना हो जाएगा। आज वरुण कितने साल का है? (S.S.C. 2002)

(*a*) 20 साल (*b*) 22 साल (*c*) 25 साल (*d*) 27 साल

88. A, B से 3 साल बड़ा है और C से 3 साल छोटा है, जबकि B और D जुड़वां हैं। C, D से कितने साल छोटा है? (M.B.A. 2000)

(*a*) 2 (*b*) 3 (*c*) 6 (*d*) 12

89. 12 वर्षीय माणिक अपने भाई राहुल से उम्र मे तीन गुना बड़ा हैं। जब वह राहुल की उम्र में दुगना हो जायगा, तो माणिक कितने साल का होगा? (E.P.F.O.S.S.A. 2004)

(*a*) 14 साल (*b*) 16 साल (*c*) 18 साल (*d*) 20 साल

90. आयुष का जन्म उनके पिता के विवाह के दो साल बाद हुआ था। उनकी मां, उनकी पिता की तुलना में पांच साल छोटी है, लेकिन आयुष की तुलना में 20 साल बड़ी है जो 10 साल का है। पिता ने किस उम्र में शादी की थी? (A.T.M.A. 2004)

(*a*) 23 साल (*b*) 25 साल (*c*) 33 साल (*d*) 35 साल

91. नितिन की उम्र पिछले साल कुछ संख्या के वर्ग के बराबर थी और अगले वर्ष यह एक संख्या का घन होगा। फिर से नितिन की उम्र किसी संख्या के घन के बराबर होने के लिए कितना समय इंतजार करना होगा?

(*a*) 10 साल (*b*) 38 साल (*c*) 39 साल (*d*) 64 साल

92. B की तुलना में, A की उम्र तीन गुना है। चार साल पहले A की तुलना में, C की उम्र तीन गुना थी। चार साल के समय में, A, 31 साल का होगा। B और C की वर्तमान उम्र क्या हैं?

(*a*) 9, 46 (*b*) 9, 50 (*c*) 10, 46 (*d*) 10, 50

93. एक पिता अपने बेटे से कहता है, "जब आप पैदा हुए थे, तब मैं आपकी वर्तमान उम्र का था"। अगर पिता 36 साल का है, तो पांच साल पहले लड़के की उम्र कितना थी?

(*a*) 13 (*b*) 15 (*c*) 17 (*d*) 20

94. एक परिवार में, एक युगल को एक बेटा और एक बेटी है। पिता की उम्र, उनकी बेटी की उम्र से तीन गुना है और बेटे की उम्र उसकी मां की उम्र से आधी है। पत्नी अपने पति से 9 वर्ष छोटी है और भाई अपनी बहन की तुलना में सात साल बड़ा है। मां की उम्र क्या है?

(*a*) 40 साल (*b*) 45 साल (*c*) 50 साल (*d*) 60 साल

95. वर्तमान में एक पिता उम्र मे अपने बेटे से तीन गुना बड़ा है। पांच साल पहले, वह अपने बेटे से चार गुना बड़ा था। बेटे की उम्र (वर्षों में) है-

(*a*) 12 (*b*) 15 (*c*) 18 (*d*) 20

96. रवि का भाई उससे 3 साल वरिष्ठ है। उनके पिता की उम्र 28 वर्ष थी जब उनकी बहन पैदा हुई थी, जबकि उनकी मां की उम्र 26 साल थीं जब वह पैदा हुआ था। अगर उसकी बहन 4 साल की थी, जब उसका भाई पैदा हुआ तब क्रमशः रवि के पिता और मां की उम्र क्या थी?

(*a*) 32 साल, 23 साल (*b*) 32 साल, 29 साल
(*c*) 35 साल, 29 साल (*d*) 35 वर्ष, 33 वर्ष

97. जब राहुल का जन्म हुआ, तो उनके पिता अपने भाई से 32 वर्ष बड़े थे और उनकी मां अपनी बहन से 25 वर्ष बड़ी थी। यदि राहुल का भाई उससे 6 साल बड़ा है और उसकी मां उसके पिता से 3 साल छोटी है, तो जब वह पैदा हुआ था तब राहुल की बहन की उम्र क्या थी?

(*a*) 7 साल (*b*) 10 साल (*c*) 14 साल (*d*) 19 साल

98. एक औरत कहती है, "यदि आप मेरी उम्र को उलटा कर देते हो, तो अंक मेरे पति की उम्र का प्रतिनिधित्व करते हैं। वह निश्चित रूप से मेरे उम्र के तुलना मे वरिष्ठ है और हमारी उम्र के बीच का अंतर, उनकी राशि का ग्यारहवां अंश है।" औरत की उम्र है-

(*a*) 23 साल (*b*) 34 साल (*c*) 45 साल
(*d*) इनमें से कोई नहीं

99. एक शहर में, 65% लोगों ने टेलीविजन पर समाचार देखा, 40% ने एक अखबार पढ़ा और 25% ने अखबार पढ़ा और टेलीविजन पर समाचार भी देखा। लोगों का कितना प्रतिशत न तो टीवी पर समाचार देखा है और न ही एक अखबार पढ़ता है?

(*a*) 5 (*b*) 10 (*c*) 15 (*d*) 20

100. 15 लोगों के एक समूह में, 7 फ्रेंच पढ़ते हैं, 8 अंग्रेजी पढ़ते हैं जबकि उनमें से 3 इन दोनों में से कोई भी नहीं पढ़ता। उनमें से कितने, फ्रेंच और अंग्रेजी दोनों पढ़ते हैं?

(*a*) 0 (*b*) 3 (*c*) 4 (*d*) 5

101. 50 छात्रों को एक नर्सरी कक्षा में भर्ती कराया गया है। कुछ छात्र केवल अंग्रेजी बोल सकते हैं और कुछ केवल हिंदी बोल सकते हैं। दस छात्र, अंग्रेजी और हिंदी दोनों बोल सकते हैं। यदि अंग्रेजी बोलने वाले छात्रों की संख्या 21 है, तो कितने छात्र हिंदी बोल सकते हैं, कितने छात्र केवल हिंदी बोल सकते हैं और कितने छात्र केवल अंग्रेजी बोल सकते हैं? **(I.A.S. 1998)**

(*a*) क्रमशः 39, 29 और 11 (*b*) क्रमशः 37, 27 और 13
(*c*) क्रमशः 28, 18 और 22 (*d*) क्रमशः 21, 11 और 29

102. नीचे दिए गए वेन आरेख पर विचार करें:

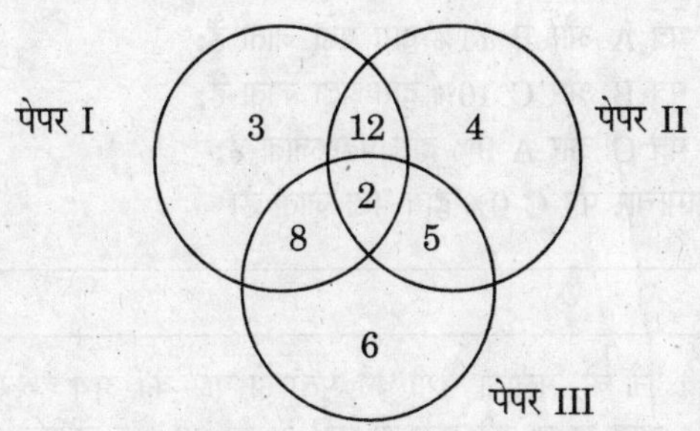

वेन आरेख में दी गयी संख्या, समाचार पत्र पढ़ने वाले व्यक्तियों की संख्या इंगित करती है।

50 व्यक्तियों के सर्वेक्षण के बाद आरेख तैयार किया गया है। 10,000 की आबादी में, कितने व्यक्ति से कम से कम दो समाचार पत्र पढ़ने के लिए उम्मीद की जा सकती है?

(*a*) 5000 (*b*) 5400 (*c*) 6000 (*d*) 6250

103. क्लब में कुल 120 संगीतकारों में से 5% सभी तीन उपकरणों - गिटार, वायलिन और बांसुरी को बजा सकते हैं। संगीतकारों की संख्या जो उपर्युक्त उपकरणों में से कोई भी दो और केवल दो बजा सकते हैं 30 है। अकेले गिटार बजाने वाले संगीतकारों की संख्या 40 है। अकेले वायलिन या बांसुरी बजाने वाले संगीतकारों की कुल संख्या क्या है? **(M.A.T. 2003)**

(*a*) 30 (*b*) 38 (*c*) 44 (*d*) 45

दिशानिर्देश (प्रश्न 104 से 106): नीचे दिए गए चित्र में 500 छात्रों में से तीन विषयों में विशिष्टता प्राप्त करने वाले छात्रों की संख्या दिखाई गयी है। चित्र का ध्यानपूर्वक अध्ययन करें और अनुसरण करने वाले प्रश्नों का उत्तर दें:

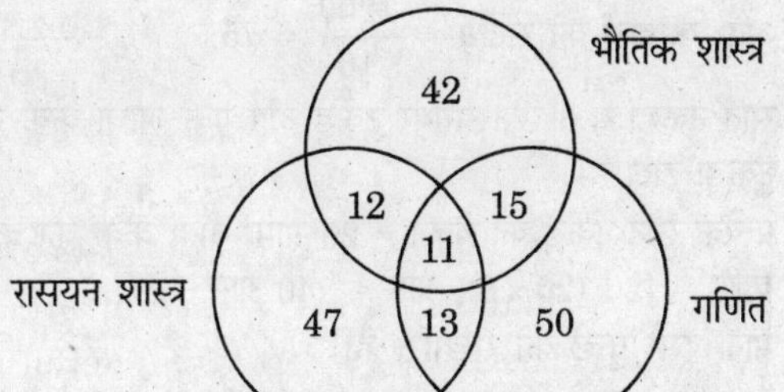

104. दो विषयों में विशिष्टता प्राप्त करने वाले छात्रों का प्रतिशत क्या है?

(*a*) 8 (*b*) 9 (*c*) 10 (*d*) 12

105. विशिष्टता प्राप्त करने वाले छात्रों का प्रतिशत क्या है?

(*a*) 28 (*b*) 35 (*c*) 38 (*d*) 40

106. गणित में विशिष्टता प्राप्त करने वाले छात्रों का प्रतिशत क्या है?

(*a*) 17.8 (*b*) 18.6 (*c*) 19 .2 (*d*) 20.6

दिशानिर्देश (प्रश्न 107 से 109): नीचे दी गई जानकारी का अध्ययन करें और अनुसरण करने वाले प्रश्नों का उत्तर दें:

एक प्रकाशन फर्म समाचार पत्र A, B और C प्रकाशित करती है। विज्ञापनदाताओं को इन समाचार पत्रों में विज्ञापन डालने के लिए मनाने के प्रयास में, फर्म संभावित विज्ञापनदाताओं को निम्नलिखित कथन भेजती है: पूरी आबादी के प्रतिनिधि नमूने का एक सर्वेक्षण दिखाता है कि -

समाचार पत्र A 26% द्वारा पढ़ा जाता है;
समाचार पत्र B 25% द्वारा पढ़ा जाता है;
समाचार पत्र C 14% से पढ़ा जाता है;
समाचार पत्र A और B 11% द्वारा पढ़ा जाता हैं;
समाचार पत्र B और C 10% द्वारा पढ़ा जाता हैं;
समाचार पत्र C और A 9% द्वारा पढ़ा जाता हैं;
केवल समाचार पत्र C 0% द्वारा पढ़ा जाता है।

107. सभी तीन समाचार पत्रों को पढ़ने वाले पाठकों का प्रतिशत है-
(*a*) 1 (*b*) 4 (*c*) 5 (*d*) 6

108. पाठकों का प्रतिशत जो A और B पढ़ते हैं लेकिन C नहीं-
(*a*) 2 (*b*) 4 (*c*) 5 (*d*) 6

109. पाठकों का प्रतिशत जो तीन समाचार पत्रों में से कम से कम एक पढ़ते हैं।
(*a*) 40 (*b*) 50 (*c*) 60 (*d*) 65

हल-अभ्यास 15

1. (*c*) : 'नौ के अलावा सभी की मृत्यु हो गई' का अर्थ है 'सभी को छोड़कर नौ की मृत्यु हो गई' अर्थात 99 भेड़ जीवित रहे।

2. (*a*) : 'सभी चिड़ियाँ थी लेकिन छः' का मतलब है कि छह पक्षि, चिड़ियाँ नहीं थे बल्कि केवल कबूतर और बत्तख थे।
इसी तरह, चिड़ियों की संख्या + बत्तखों की संख्या = 6 और चिड़ियों की संख्या + कबूतरों की संख्या = 6
यह तब संभव है जब 3 चिड़ियाँ, 3 कबूतर और 3 बत्तख अर्थात सब मिलाकर 9 पक्षी हैं।

3. (*a*) : इस तरह की सबसे छोटी संख्या 3 है। तीन बत्तखों को दिए गए चित्र के अनुसार व्यवस्थित किया जा सकता है जिसमें सभी दी गई शर्तों को पूरा किया गया है।

4. (*b*) : विजेता का फैसला करने के लिए एक को छोड़कर, प्रत्येक सदस्य (अर्थात विजेता), को एक खेल हारना होगा। अतः खेले जाने वाले मैचों की न्यूनतम संख्या = 30 − 1 = 29

5. (*a*) : चूंकि केवल दो रंग के मोजे हैं, इसलिए किसी भी तीन मोजे में से दो हमेशा एक ही रंग के होने चाहिए।

6. (*d*) : चूंकि एक टेलीफोन के डायल पर संख्याओं में से एक शून्य है, इसलिए उस पर सभी संख्याओं का गुणनफल 0 है।

7. (*c*) : प्रत्येक 16 व्यक्तियों में से एक कप्तान है।
अतः कप्तानों की संख्या $= \dfrac{1200}{16} = 75$

8. (*c*) : सात टुकड़ों में 6 छोटे बराबर टुकड़े और एक आधा केक का टुकड़ा होता है।
प्रत्येक छोटे टुकड़े का वजन = 20 ग्राम। अतः केक का कुल वजन = $[2 \times (20 \times 6)]$ ग्राम = 240 ग्राम

9. (*d*) : माना दूसरे गुच्छे की संख्या x है।
तब, पहले गुच्छे में केले की संख्या $= x + \dfrac{1}{4}x = \dfrac{5}{4}x$
अतः
$$\frac{5}{4}x - x = 3 \;\Leftrightarrow\; 5x - 4x = 12 \;\Leftrightarrow\; x = 12.$$
$\therefore$ पहले गुच्छे में केले की संख्या $= \left(\dfrac{5}{4} \times 12\right) = 15.$

10. (*b*) : हैंडशेक की कुल संख्या $= (9 + 8 + 7 + 6 + 5 + 4 + 3 + 2 + 1) = 45$

11. (*c*) : माना खेल-कूद में भाग लेने वाले लड़कों और लड़कियों की संख्या क्रमशः $3x$ और $2x$ है।
तब, $3x = 15$ या $x = 5$
अतः खेलों में भाग लेने वाली लड़कियों की संख्या $= 2x = 10$
खेल-कूद में भाग ना लेने वाले छात्रों की संख्या $60 - (15 + 10) = 35$
माना खेल-कूद में भाग ना लेने वाले लड़कों की संख्या y है।
तब, खेल-कूद में भाग ना लेने वाली लड़कियों की संख्या $= (35 - y)$
$\therefore\; (35 - y) = y + 5 \;\Leftrightarrow\; 2y = 30 \;\Leftrightarrow\; y = 15$
अतः खेल-कूद में भाग ना लेने वाली लड़कियों की संख्या $= (35 - 15) = 20$
अतः कक्षा में लड़कियों की कुल संख्या $= (10 + 20) = 30$

12. (*b*) : माना लड़कों की संख्या x है।
$$\frac{3}{4}x = 18 \quad \text{or} \quad x = 18 \times \frac{4}{3} = 24.$$
यदि छात्रों की कुल संख्या y है, तो
$$y = \frac{38 - 7x}{5}.$$
$\therefore$ कक्षा में लड़कियों की संख्या = (36 − 24) = 12

13. (*b*) : मान लीजिए कि लड़के के x प्रश्न सही है और $2x$ प्रश्न गलत है। तब, $x + 2x = 48 \;\Leftrightarrow\; 3x = 48 \;\Leftrightarrow\; x = 16.$

14. (*c*) : माना लड़कियों की संख्या = x और लड़कों की संख्या = $3x$ है।
तब, $3x + x = 4x$ = छात्रों की कुल संख्या।
अतः, x के सही मूल्य का पता लगाने के लिए, छात्रों की कुल संख्या 4 से विभाजित करना चाहिए।

15. (*b*) : चूंकि कार्बन की संख्या 2 है, केवल दो प्रतियां प्राप्त की जा सकती हैं।

16. (*d*) : ब्रिस्टल से कार्लिस्ले तक मार्गों की कुल संख्या $= (4 \times 3 \times 2) = 24$

17. (*c*) : माना अनानास और तरबूज की संख्या क्रमशः x और y है।
तब, $7x + 5y = 38$ या $5y = (38 + 7x)$ या y एक पूर्ण संख्या है, केवल तभी जब $(38 - 7x)$, 5 से विभाजित है। यह तब होता है जब $x = 4$

18. (*c*) : 1 से 100 तक, इकाई अंक के रूप में 3 के साथ दस संख्याएं हैं – 3, 13, 23, 33, 43, 53, 63, 73, 83, 93 और दहाई के अंक के रूप में 3 के साथ दस संख्याएं हैं- 30, 31, 32, 33, 34, 35, 36, 37, 38, 39
अतः आवश्यक संख्या = 10 + 10 = 20

19. (*b*) : अंकों की कुल संख्या
= (एक अंक पृष्ठ संख्या में अंकों की संख्या + 2 अंक पृष्ठ संख्या में अंकों की संख्या + 3 अंक पृष्ठ संख्या में अंकों की संख्या) $= (1 \times 9 + 2 \times 90 + 3 \times 267) = (9 + 180 + 801) = 990$

20. (*b*) : एक अंक पृष्ठ संख्या में अंकों की संख्या = $1 \times 9 = 9$
2 अंक पृष्ठ संख्या में अंकों की संख्या = $2 \times 90 = 180$
3 अंक पृष्ठ संख्या में अंकों की संख्या = $3 \times 900 = 2700$
4 अंक पृष्ठ संख्या में अंकों की संख्या = $3189 + (9 + 180 + 2700) = 3189 \times 2889 = 300$
$\therefore$ 4 अंक पृष्ठ संख्या वाले पृष्ठों की संख्या = $\left(\frac{300}{4}\right) = 75$
अत: पृष्ठों की कुल संख्या = $(999 + 75) = 1074$

21. (*b*) : प्रत्येक पंक्ति में 12 पौधे होते हैं।
कोने के 2 पौधों को छोड़कर, 10 पौधे के बीच में (10×2) मीटर और प्रत्येक तरफ 1 मीटर छोड़कर।
$\therefore$ लंबाई = $(20 + 2)$ मी = 22 मी

22. (*b*) : चूंकि भूखंड के कोने पर प्रत्येक खंभे इसके दोनों तरफ उभयनिष्ठ है,
इसलिए आवश्यक खंभो की कुल संख्या = $27 \times 4 - 4 = 108 - 4 = 104$

23. (*a*) : पहले दिन की आमदनी = ₹ 1
दूसरे दिन की आमदनी = (1×2) = ₹ 21
तीसरे दिन की आमदनी = (21×2) = ₹ 22 इत्यादि
अत:, दसवें दिन की आमदनी = ₹ $2n - 1$
$\therefore$ 10 वें दिन की आमदनी = ₹ 29

24. (*c*) : माना $(x + 1)$ सदस्य हैं। तब, पिता का हिस्सा = $\frac{1}{4}$, एक दूसरे के सदस्य का हिस्सा = $\frac{3}{4}$

$$\therefore\ 3\left(\frac{3}{4x}\right) = \frac{1}{4} \Leftrightarrow 4x = 36 \Leftrightarrow x = 9.$$

अत: परिवार के सदस्यों की कुल संख्या = 10

25. (*d*) : माना आमदनी = ₹ x

टिप = ₹ $\left(\frac{5}{4}x\right)$.

कुल आमदनी: = ₹ $\left(x + \frac{5}{4}x\right)$ = ₹ $\left(\frac{9x}{4}\right)$.

$\therefore$ आवश्यक अंश = $\left(\frac{5x}{4} \times \frac{4}{9x}\right) = \frac{5}{9}$.

26. (*b*) : माना तान्या का हिस्सा = ₹ x.

तब, वीना का हिस्सा = = ₹ $\left(\frac{x}{2}\right)$

अमिता का हिस्सा = ₹ $\left(\frac{2}{3} \times \frac{x}{2}\right)$ = ₹ $\left(\frac{x}{3}\right)$.

कुल बिल = ₹ $\left(x + \frac{x}{2} + \frac{x}{3}\right)$ = ₹ $\left(\frac{11x}{6}\right)$.

$\therefore$ आवश्यक अंश = $\left(\frac{x}{2} \times \frac{6}{11x}\right) = \frac{3}{11}$

27. (*a*) : 5 लड़कियों में से 1 ने उत्सव में भाग लिया। 8 लड़कों में से 1 ने उत्सव में भाग लिया।
$\therefore$ 13 छात्रों में से 2 ने उत्सव में भाग लिया।
अत: कुल संख्या का $\frac{2}{13}$ अंश, उत्सव में भाग लिया।

28. (*c*) : लड़कियों = $\frac{3}{5}$, लड़के = $\left(1 - \frac{3}{5}\right) = \frac{2}{5}$

छात्रों का अनुपस्थिति अंश

$$= \frac{2}{9} \text{ of } \frac{3}{5} + \frac{1}{4} \text{ of } \frac{2}{5} = \frac{6}{45} + \frac{1}{10} = \frac{21}{90} = \frac{7}{30}.$$

$\therefore$ उपस्थित छात्रों के अंश = $\left(1 - \frac{7}{30}\right) = \frac{23}{30}$

29. (*b*) : माना संख्या x है। तब, $x + 13x = 112$
$\Leftrightarrow 14x = 112 \Leftrightarrow x = 8$

30. (*c*) : 1 घंटे में बंदर की निवल चढ़ाई = (30 - 20) फुट = 10 फुट
अत: बंदर 9 घंटे में अर्थात 5 पीएम तक 90 फुट ऊपर चढ़ता है।
अगले 1 घंटे में अर्थात 6 पीएम तक, बंदर झंडा को छूने के लिए शेष 30 फुट चढ़ता है।

31. (*d*) : माना वयस्कों और बच्चों की संख्या क्रमश: $2x$ और $3x$ है।
तब, साक्षर आबादी = $(100 - 40)\%$ of $2x + 85\%$ of $3x$

$$\left(\frac{60}{100} \times 2x\right) + \left(\frac{85}{100} \times 3x\right) = \frac{6x}{5} + \frac{51x}{20} = \frac{75x}{20}.$$

$\therefore$ आवश्यक प्रतिशत = $\left(\frac{75x}{20} \times \frac{1}{5x} \times 100\right)\% = 75\%$.

32. (*a*) : माना शॉट की कुल संख्या x है।

तब, A द्वारा चलाये गए शॉट्स, A = $\frac{5}{8}x$;

B द्वारा चलाये गए शॉट्स B = $\frac{3}{8}x$

A द्वारा मारने वाले शॉट्स A = $\frac{5}{8}x$का $\frac{1}{3} = \frac{5x}{24}$;

शॉट्स जो B से चूक गए B = $\frac{3}{8}x$का $\frac{1}{2} = \frac{3x}{16}$.

A द्वारा मारे गए पक्षी A = $\frac{5x}{24} = \left(\frac{5}{24} \times 144\right) = 30$.

33. (*c*) : 1 शर्ट में आवश्यक परिवर्तन की संख्या

$$= \left(\frac{2}{3} + \frac{3}{4} + \frac{4}{5}\right) = \frac{133}{60}.$$

$\therefore$ 60 शर्ट में आवश्यक परिवर्तन की संख्या

$$= \left(\frac{133}{60} \times 60\right) = 133.$$

34. (*a*) : माना मेहमानों की संख्या x है। तब, चावल के कटोरे की संख्या $\frac{x}{2}$, दाल के कटोरे की संख्या $\frac{x}{3}$, मांस के कटोरे की संख्या $\frac{x}{4}$ होगी।

$\therefore \quad \frac{x}{2}+\frac{x}{3}+\frac{x}{4} = 65$

$\Leftrightarrow \quad \frac{6x+4x+3x}{12} = 65 \quad \Leftrightarrow \quad 13x = 65\times 12$

$\Leftrightarrow \quad x = \left(\frac{65\times 12}{13}\right) = 60$

35. (*d*) : माना महिलाओं की संख्या x है। तब, पुरुषों की संख्या होगी $= 2x$
अत: शहर Y से, हमे मिलता है: $(2x - 10) = (x + 5)$; या $x = 15$
$\therefore$ शुरुआत में यात्रियों की कुल संख्या $= (x + 2x) = 3x = 45$

36. (*b*) : माना सदस्यों की कुल संख्या 100 है।
तब, सदस्यों की संख्या जिनके पास केवल दो कारें हैं = 20
सदस्यों की संख्या जिनके पास तीन कारें हैं = 40 का 80% = 32
सदस्यों की संख्या जिनके पास केवल एक कार हैं = 100 − (20 + 32) = 48
अत:, कुल सदस्यों में से 48% सदस्यों के पास एक कार हैं।

37. (*a*) : माना दहाई का अंक $= x$
तब, इकाई का अंक होगा $= (11 - x)$
अत: संख्या $= 10x + (11 - x) = 9x + 11$
$\therefore (9x + 11) + 27 = 10(11 - x) + x \Leftrightarrow 9x + 38 = 110 - 9x \Leftrightarrow 18x = 72 \Leftrightarrow x = 4.$
अत:, दहाई का का अंक = 4 और इकाई का अंक = 7
अत: आवश्यक संख्या = 47

प्रश्न 38 से 40

खंभों की व्यवस्था निम्नानुसार है:

$A \xleftrightarrow{10\text{ मी}} B \xleftrightarrow{9\text{ मी}} C \xleftrightarrow{8\text{ मी}} D \xleftrightarrow{7\text{ मी}}$

$E \xleftrightarrow{6\text{ मी}} F \xleftrightarrow{5\text{ मी}} G$

38. (*b*) : A और G के बीच की दूरी $= (10 + 9 + 8 + 7 + 6 + 5)$ मी = 45 मी

39. (*c*) : आवश्यक दूरी = G और C के बीच की दूरी $= (5 + 6 + 7 + 8)$ मी = 26 मी

40. (*c*) : एक खंभे को हटाने पर, हमारे पास 6 खंभे बच जाते है, जिनमें 5 गैप होते हैं।
$\therefore$ प्रत्येक गैप की लंबाई $= (45 \div 5)$ मी = 9 मी

41. (*d*) : रोल को 10 टुकड़ों में काटने के लिए किए गए कटौती की संख्या = 9
$\therefore$ रोल की आवश्यक संख्या $= \frac{45\times 24}{9} = 120$

42. (*d*) : सात बजने के लिए घड़ी में 6 अंतराल होते हैं जबकि 10 बजने के लिए घड़ी में 9 अंतराल होते हैं।
$\therefore$ आवश्यक समय
$= \left(\frac{7}{6}\times 9\right)$ सेंकड $= 10\frac{1}{2}$ सेंकड

43. (*d*) : कम बिल्लियाँ, अधिक दिन (अप्रत्यक्ष अनुपात)
कम चूहे, कम दिन (प्रत्यक्ष अनुपात)
माना आवश्यक दिनों की संख्या x है।
बिल्ली/चूहे

$\left.\begin{matrix} 4 & : & 100 \\ 100 & : & 4 \end{matrix}\right\} :: x : 100$

$\therefore 100 \times 4 \times x = 4 \times 100 \times 100$

or $\quad x = \left(\frac{4\times 100\times 100}{100\times 4}\right) = 100.$

44. (*c*) : मान लीजिए कि वे x मिनट के बाद मिलते हैं।
तब, $11 + 57x = 51 - 63x \Leftrightarrow 120x = 40$
$\Leftrightarrow \quad x = \frac{1}{3}$
$\frac{1}{3}$ मिनट में डेविड द्वारा तय की गई मंजिलों की संख्या
$\frac{1}{3}$ मिनट $= \left(\frac{1}{3}\times 57\right) = 19$
अत: वे $(11 + 19)$ वीं मंजिल अर्थात 30 वीं मंजिल पर मिलते हैं।

45. (*d*) : माना R, G और B क्रमश: बक्से में लाल, हरे और नीले रंग के गेंदों की संख्या का प्रतिनिधित्व करते हैं। तब,
$R + G + B = 108$ ... (*i*), $G + R = 2B$ ... (*ii*), $B = 2R$ ... (*iii*)
(*ii*) और (*iii*) से, हमारे पास $G + R = 2 \times 2R = 4R$ या $G = 3R$
(*i*) में $G = 3R$ और $B = 2R$ का प्रतिस्थापन करते हुए, हमें मिलता है:
$R + 3R + 2R = 108 \quad \Leftrightarrow \quad 6R = 108 \quad \Leftrightarrow \quad R = 18$
$\therefore$ हरे बॉक्स में गेंदों की संख्या $= G = 3R = (3 \times 18) = 54$

46. (*b*) : माना शहर A से शहर B तक का किराया ₹ x है। और शहर A से शहर C तक का किराया ₹ y है। तब,
$2x + 3y = 77$ ... (*i*) और $3x + 2y = 73$ ... (*ii*)
(*i*) को 3 से और (*ii*) को 2 से गुणा करे और घटाना से, हमें मिलता है:
$5y = 85$ या $y = 17$
(*i*) में $Y = 17$ का प्रतिस्थापन करते हुए, हमें मिलता है: $x = 13$

47. (*b*) : माना 20 पैसे के सिक्कों की संख्या x है। तब, 25-पैसे के सिक्कों की संख्या होगी $= (324 - x)$
$\therefore 0.20 \times x + 0.25(324 - x) = 71$
$\Leftrightarrow 20x + 25(324 - x) = 7100$
$\Leftrightarrow 5x = 1000 \Leftrightarrow x = 200$
अत: 25 पैसे के सिक्कों की संख्या $= (324 - x) = 124$

48. (*d*) : माना प्रत्येक मूल्यवर्ग के नोट की संख्या x है।
तब, $x + 5x + 10x = 480 \Leftrightarrow 16x = 480$
$\Leftrightarrow x = 30$
अत: नोट की कुल संख्या $= 3x = 90$

प्रश्न 49 से 53

माना 10 पैसे के सिक्कों की संख्या x है। तब, 1 रुपये के सिक्कों की संख्या $= 3x$

1 रुपए के सिक्कों का मूल्य = ₹ $3x$

यदि 50-पैसे के सिक्कों की संख्या y है तब 50 पैसे के सिक्कों का मूल्य $= ₹\,0.50y = ₹\left(\frac{y}{2}\right)$

अब, $3x = 5 \times \frac{y}{2}$ or $y = \frac{6x}{5}$.

अत: 50 पैसे के सिक्के की संख्या $= \frac{6x}{5}$

25 पैसे के सिक्के का मूल्य $= ₹\left(\frac{6x}{5}\right)$

यदि 25 पैसे के सिक्कों की संख्या z है, तो

$0.25z = \frac{6x}{5}$ or $z = \frac{24x}{5}$.

सिक्कों की कुल संख्या $= 4x + \frac{24x}{5} + \frac{6x}{5} + 3x = \frac{65x}{5} = 13x$.

अत: $13x = 325 \Leftrightarrow x = 25$

49. (*d*) : 10 पैसे के सिक्कों की संख्या $= 4x = (4 \times 25) = 100$

50. (*b*) : 50 पैसे के सिक्कों की संख्या $= \frac{6x}{5} = \left(\frac{6 \times 25}{5}\right) = 30$

$\therefore$ 50-पैसे के सिक्कों का मूल्य $= ₹(0.50 \times 30) = ₹\,15$

51. (*a*) : आवश्यक अनुपात $= \frac{6x}{5} : \frac{24x}{5} = 1 : 4$.

52. (*c*) : 1 रुपये के सिक्कों की संख्या $= 3x = (3 \times 25) = 75$

53. (*a*) : 10 पैसे के सिक्कों की संख्या = 100;

50 पैसे के सिक्कों की संख्या = 30;

1 रुपये के सिक्कों की संख्या = 75;

25 पैसे के सिक्कों की संख्या $= 325 - (100 + 30 + 75) = 120$

$\therefore$ पर्स में कुल मूल्य = ₹ $(0.10 \times 100 + 0.50 \times 30 + 1 \times 75 + 0.25 \times 120) = ₹\,(10 + 15 + 75 + 30) = ₹\,130$

54. (*d*) : माना मिठाई की कुल संख्या x है। तब,

$\frac{x}{140} - \frac{x}{175} = 4 \Leftrightarrow 5x - 4x = 4 \times 700 \Leftrightarrow x = 2800.$

55. (*a*) : माना लोगों की संख्या x है। तब, $\frac{96}{x-4} - \frac{96}{x} = 4$

$\Leftrightarrow \frac{1}{x-4} - \frac{1}{x} = \frac{4}{96} \Leftrightarrow \frac{x-(x-4)}{x(x-4)} = \frac{1}{24}$

$\Leftrightarrow x^2 - 4x - 96 = 0$

$\Leftrightarrow (x-12)(x+8) = 0 \Leftrightarrow x = 12.$

अत: आवश्यक संख्या $= x - 4 = 8$

56. (*c*) : माना मिठाई की कुल संख्या $(25x + 8)$ है।

तब, $(25x + 8) - 22$, 28 से विभाजित है

$\Leftrightarrow (25x - 14)$, 28 से विभाजित है $\Leftrightarrow 28x - (3x + 14)]$ 28 से विभाजित है

$\Leftrightarrow (3x + 14)$ 28 से विभाजित है $\Leftrightarrow x = 14$

$\therefore$ मिठाई की कुल संख्या $= (25 \times 14 + 8) = 358$

57. (*c*) : काले रंग के पत्ते या तो चिड़ीया या हुकुम होते हैं जबकि लाल रंग के पत्ते या तो ईंट या पान होते हैं।

माना हुकुम की संख्या x है। तब, चिड़ियो की संख्या $= (7 - x)$

ईंट की संख्या = 2 × हुकुम की संख्या = $2x$;

पान की संख्या = 2 × ईंट की संख्या = $4x$

पत्तो की कुल संख्या $= x + 2x + 4x + 7 - x = 6x + 7$

$\therefore 6x + 7 = 13 \Leftrightarrow 6x = 6 \Leftrightarrow x = 1$

अत: चिड़ीयो के पत्तों की संख्या $= (7 - x) = 6$

58. (*b*) : माना d और s क्रमश: बेटियों और बेटों की संख्या का प्रतिनिधित्व करते हैं। तो हमारे पास हैं:

$d = 1 = s$ और $2(s - 1) = d$

इन दो समीकरणों को हल करने से, हमें मिलता है:

$d = 4, s = 3$

59. (*d*) : 1 से 60 तक की संख्या, जो 6 से विभाजित हैं: 6, 12, 18, 24, 30, 36, 42, 48, 54, 60

ऐसी 10 संख्याएं हैं।

1 से 60 तक की संख्या, जिनके अंकों की योग 6 है: 6, 15, 24, 33, 42, 51, 60

7 ऐसी संख्याएं हैं जिनमें से 4 उपरोक्त संख्या के साथ उभयनिष्ठ हैं। अत: 3 ऐसे गैर- उभयनिष्ठ संख्याएं हैं।

1 से 60 तक की संख्याएं, जिसमें अंकों में से एक, 6 है, 16, 26, 36, 36, 46, 56, 60 में 4 गैर-उभयनिष्ठ संख्याएं हैं।

अत: संख्या '6 से जुड़ी नहीं हैं।' $= 60 - (10 + 3 + 4) = 43$

60. (*b*) : 5 किताबों की व्यवस्था के तरीकों की संख्या =

$5! = 5 \times 4 \times 3 \times 2 \times 1 = 120$

अत: कुल लिया गया समय = 120 मिनट = 2 घंटे

61. (*a*) : आवश्यक संख्या ऐसी होगी कि यह 2, 3 या 4 से विभाजित होने पर शेष 1 बचता है और 5 से विभाजित होने पर कोई शेष नहीं बचता है। ऐसी संख्या 25 है।

62. (*b*) : माना छुट्टी का मूल्य x है। तब, सात सप्ताह के काम का वेतन $= £\,300 + x$

अत: $\frac{£\,300 + x}{7} \times 4 = £\,30 + x$

$\Leftrightarrow £\,1200 + 4x = £\,210 + 7x$

$\Leftrightarrow 3x = £\,990 \Leftrightarrow x = £\,330.$

63. (*d*) : कुल बनाए गए रन $= (36 \times 5) = 180$

माना E द्वारा बनाए गए रन x है। तब,

D द्वारा बनाए गए रन $= x + 5$;

A द्वारा बनाए गए रन $= x + 8$;

B द्वारा बनाए गए रन $= x + x + 5 = 2x + 5$;

द्वारा बनाए गए रन $= (107 - B) = 107 - (2x + 5) = 102 - 2x$

अत: कुल रन $= (x + 8) + (2x + 5) + (102 - 2x) + (x + 5) + x = 3x + 120$

$\Leftrightarrow 3x + 120 = 180 \Leftrightarrow 3x = 60 \Leftrightarrow x = 20$

64. (*c*) : माना केन के पास पैसे $= x$

तब, मैक के पास पैसे $= x + £\,3$

अब, $3x = (x + x + £\,3) + £\,2 \Leftrightarrow x = £\,5$

= मैक और केन के पास कुल पैसे $= 2x + £\,3 = £\,13$

65. (*b*) : 6, 5, 7, 10 और 12 का एल.सी.एम. 420 है।
अत: घंटियां हर 420 सेकंड अर्थात 7 मिनट के बाद बजेगी।
अब, $7 \times 8 = 56$ और $7 \times 9 = 63$
अत:, 1 घंटे (या 60 मिनट) में, घंटियां एक बार बजेगी, शुरुआत में एक को छोड़कर।

66. (*c*) : माना एक रबर की कीमत $= x$ रूपये और एक कलम की कीमत $= y$ रूपये
तब, $6x + 2y = 15 \Leftrightarrow x = \frac{15 - 2y}{6}$. ...(*i*)

$\frac{14}{x} - \frac{9}{y} = 4 \Leftrightarrow \frac{14 \times 6}{15 - 2y} - \frac{9}{y} = 4$ [(*i*) से]

$\Leftrightarrow 84y - 9(15 - 2y) = 4y(15 - 2y)$
$\Leftrightarrow 84y - 135 + 18y = 60y - 8y^2$
$\Leftrightarrow 8y^2 + 42y - 135 = 0$
$\Leftrightarrow 8y^2 + 60y - 18y - 135 = 0$
$\Leftrightarrow 4y(2y + 15) - 9(2y + 15) = 0$
$\Leftrightarrow (2y + 15)(4y - 9) = 0$
$\Leftrightarrow y = \frac{9}{4}$ $\left[\because y \neq -\frac{15}{2}\right]$
$\Leftrightarrow y = 2.25$
अत: एक कलम की कीमत = ₹ 2.25

67. (*d*) : तीनों लड़कों में से प्रत्येक लड़के ने मिठाई का एक-तिहाई हिस्सा खा लिया।
अत: माना मिठाई की शुरुआती संख्या $= (3 \times 3 \times 3)x$ अर्थात $27x$
तब, राजन द्वारा ली गई मिठाई $= \frac{1}{3} \times 27x = 9x$
बची हुई मिठाई $= 18x$;
साजल द्वारा ली गई मिठाई $= \frac{1}{3} \times 18x = 6x$
बची हुई मिठाई $= 12x$;
करण द्वारा ली गई मिठाई $= \frac{1}{3} \times 12x = 4x$
बची हुई मिठाई $= 8x$;
$\therefore 8x = 16$ या $x = 2$
अत: कटोरे में मिठाई की कुल संख्या $= 27x = (27 \times 2) = 54$

68. (*b*) : मान लें कि विक्रेता के पास में शुरुआत में x अंडे होते हैं।
तब, पहले ग्राहक को बेचे गये अंडे $= \left(\frac{1}{2}x + \frac{1}{2}\right)$;
बचे हुए अंडे $= x - \left(\frac{1}{2}x + \frac{1}{2}\right) = \left(\frac{1}{2}x - \frac{1}{2}\right)$
दूसरे ग्राहक को बेचे गये अंडे
$= \frac{1}{2}\left(\frac{1}{2}x - \frac{1}{2}\right) + \frac{1}{2} = \left(\frac{1}{4}x + \frac{1}{4}\right)$;
बचे हुए अंडे $= \left(\frac{1}{2}x - \frac{1}{2}\right) - \left(\frac{1}{4}x + \frac{1}{4}\right) = \left(\frac{1}{4}x - \frac{3}{4}\right)$
तीसरे ग्राहक को बेचे गये अंडे
$= \frac{1}{2}\left(\frac{1}{4}x - \frac{3}{4}\right) + \frac{1}{2} = \left(\frac{1}{8}x + \frac{1}{8}\right)$;
बचे हुए अंडे $= \left(\frac{1}{4}x - \frac{3}{4}\right) - \left(\frac{1}{8}x + \frac{1}{8}\right) = \left(\frac{1}{8}x - \frac{7}{8}\right)$.
$\therefore \frac{1}{8}x - \frac{7}{8} = 3 \Leftrightarrow \frac{1}{8}x = 3 + \frac{7}{8} = \frac{31}{8}$
$\Leftrightarrow x = \left(\frac{31}{8} \times 8\right) = 31.$

69. (*b*) : माना चुराए गए सेब की संख्या x है।
तब, पहले लड़के द्वारा लिए गए सेब
$= 1 + \frac{1}{3}(x - 1) = \left(\frac{x}{3} + \frac{2}{3}\right)$;
बचे हुए सेब $= x - \left(\frac{x}{3} + \frac{2}{3}\right) = \left(\frac{2x}{3} - \frac{2}{3}\right)$
दूसरे लड़के द्वारा लिए गए सेब
$= 1 + \frac{1}{3}\left(\frac{2x}{3} - \frac{2}{3} - 1\right) = \left(\frac{2x}{9} + \frac{4}{9}\right)$;
बचे हुए सेब $= \left(\frac{2x}{3} - \frac{2}{3}\right) - \left(\frac{2x}{9} + \frac{4}{9}\right) = \left(\frac{4x}{9} - \frac{10}{9}\right)$
तीसरे लड़के द्वारा लिए गए सेब
$= 1 + \frac{1}{3}\left(\frac{4x}{9} - \frac{10}{9} - 1\right) = \left(\frac{4x}{27} + \frac{8}{27}\right)$;
बचे हुए सेब $= \left(\frac{4x}{9} - \frac{10}{9}\right) - \left(\frac{4x}{27} + \frac{8}{27}\right) = \left(\frac{8x}{27} - \frac{38}{27}\right)$
$\left(\frac{8x}{27} - \frac{38}{27}\right)$, $(3n + 1)$ एक प्रकार की पूर्ण संख्या है,
अत:
चूंकि x एक पूर्ण संख्या है, इसलिए $(81n + 65)$, 8 का एक गुणक है। यह तब होता है जब $x = 7$
$\therefore x = \left(\frac{81 \times 7 + 65}{8}\right) = \frac{632}{8} = 79$

70. (*b*) : गिनने के दौरान, अंगूठे से जुड़ी संख्याएं होंगी: 1, 9, 17, 25 ... अर्थात संख्या $(8n + 1)$ के रूप है।
चूंकि $1994 = 249 \times 8 + 2$, इसलिए 1993 अंगूठे और 1994 तर्जनी का अनुरूप करता है।

71. (*d*) : चूंकि क्षेत्र को आधे पर मोड़ दिया गया है, इसलिए प्रत्येक बार जब कागज को केंद्र में मोड़ दिया जाता है, तो इसकी मोटाई हर बार दो गुना हो जाती है। तो हमारे पास:
1 मोड़ के बाद मोटाई = 2 मिमी;
2 मोड़ के बाद मोटाई = (2×2) मिमी = 2^2 मिमी;
3 मोड़ के बाद मोटाई = $(2^2 \times 2)$ मिमी = 2^3 मिमी; और इत्यादि
$\therefore$ 50 मोड़ के बाद मोटाई = 2^{50} मिमी
$= \left(\frac{2^{50}}{1000 \times 1000}\right)$ कि.मी.

माना $x = \frac{2^{50}}{(1000)^2}$. अर्थात,

$\log x = 50 \log 2 - 2 \log 1000$

$= 50 \times 0.3010 - 2 \times 3 = 9.050 \sim 9.$

अत: $x = \text{antilog } 9 = 1000000000.$

अत: 50 मोड़ के बाद मोटाई $= x$ किमी

= 100 करोड़ किमी

72. (*b*) : माना निश्चित शुल्क ₹ x प्रति किमी होने दें और परिवर्तनीय शुल्क ₹ y प्रति किमी होने दें। तब,

$x + 16y = 156$ ... (*i*) और $x + 24y = 204$ ... (*ii*)

(*i*) और (*ii*) को हल करना के बाद, हमें मिलता है: $x = 60$, $y = 6$

$\therefore$ 30 किमी सफर का भुगतान = 60 + 30y

= ₹ $(60 + 30 \times 6)$ = ₹ 240

73. (*c*) : हमारे पास है:

$J - 40 = \frac{1}{2}A$ ...(*i*); $A - 40 = J$ ...(*ii*);

$A - 40 = R + 40$ ...(*iii*)

(*i*) और (*ii*) को हल करना के साथ ही, हमें मिलता है: $J = 120$ और $A = 160$

(*iii*) मे $A = 160$, $R = 80$ को प्रतिस्थापनक करते हुये, हमें मिलता है।

$\therefore$ कुल पैसा $= R + J + A =$ ₹ $(80 + 120 + 160)$ = ₹ 360

74. (*c*) : हमारे पास है:

$B - 3 = E$ ...(*i*)

$B + 3 = D$ ...(*ii*)

$A + B = D + E + 10$ ...(*iii*)

$B = C + 2$ ...(*iv*)

$A + B + C + D + E = 133$ ...(*v*)

(*i*) और (*ii*) से, हमारे पास है: $2B = D + E$ ...(*vi*)

(*iii*) और (*vi*) से, हमारे पास है: $A = B + 10$ ...(*vii*)

(*v*) मे (*iv*), (*vi*) और (*vii*) का उपयोग करते हुये, हमें मिलता है:

$(B + 10) + B + (B - 2) + 2B = 133 \Leftrightarrow 5B = 125$

$\Leftrightarrow B = 25.$

75. (*a*) : हमारे पास है:

$A = B - 3$ ...(*i*)

$D + 5 = E$ ...(*ii*)

$A + C = 2E$ ...(*iii*)

$B + D = A + C = 2E$ ...(*iv*)

$A + B + C + D + E = 150$ ...(*v*)

(*iii*), (*iv*) और (*v*) से, हमें मिलता है: $5E = 150$ या $E = 30$

(*ii*) मे $E = 30$ को रखने पर हमें मिलता है: $D = 25$

(*iv*) मे $E = 30$ और $D = 25$ को रखने पर हमें मिलता है: $B = 35$

(*i*) मे $B = 35$ को रखने पर मिलता है: $A = 32$

(*iii*) मे $A = 32$ और $E = 30$, को रखने पर हमें मिलता है: $C = 28$

76. (*d*) : माना क्रमश: चिड़ियाघर में x और y, हिरण और मोर की संख्या होने दें। तब,

$x + y = 80$ ...(*i*) and $4x + 2y = 200$

or $2x + y = 100$ ...(*ii*)

(*i*) और (*ii*) को हल करना के बाद, हमें मिलता है: $x = 20$, $y = 60$

77. (*b*) : माना गाय की संख्या x और मुर्गियों की संख्या $= y$

तब, $4x + 2y = 2(x + y) + 14 \Leftrightarrow 4x + 2y$

$= 2x + 2y + 14 \Leftrightarrow 2x = 14 \Leftrightarrow x = 7$

78. (*d*) : माना रखवालों की संख्या x है। तब,

पैरों की कुल संख्या $= 2 \times 50 + 4 \times 45 + 4 \times 8 + 2x = 2x + 312$

सिर की कुल संख्या $= 50 + 45 + 8 + x = 103 + x$

$\Leftrightarrow (2x + 312) = (103 + x) + 224$ या $x = 15$

79. (*c*) : माना घोड़ों की संख्या = पुरुषों की संख्या = x

तब, पैरों की संख्या $= 4x + 2 \times \frac{x}{2} = 5x$

अत: $5x = 70$ या $x = 14$

80. (*a*) : अभ्यर्थी जो केवल सामाजिक विज्ञान में अनुत्तीर्ण रहे = (अभ्यर्थी जो सामाजिक विज्ञान में अनुत्तीर्ण रहे) – (अभ्यर्थी जो सभी विषयों में अनुत्तीर्ण रहे + अभ्यर्थी जो केवल विज्ञान में उत्तीर्ण रहे + अभ्यर्थी जो केवल गणित में उत्तीर्ण रहे)

$= 175 - (60 + 52 + 48) = 175 - 160 = 15$

81. (*c*) : अभ्यर्थी जो केवल एक विषय में अनुत्तीर्ण हुए = (अभ्यर्थियों की कुल संख्या) – (अभ्यर्थी जो सभी विषयों में उत्तीर्ण रहे + अभ्यर्थी जो सभी विषयों में अनुत्तीर्ण रहे + अभ्यर्थी जो केवल एक विषय में उत्तीर्ण रहे)

$= 450 - (167 + 60 + 62 + 48 + 52) = 450 - 38\,9 = 61$

82. (*b*) : अभ्यर्थी जो केवल विज्ञान में अनुत्तीर्ण रहे $= 191 - (62 + 60 + 48) = 21$

अभ्यर्थी जो केवल सामाजिक विज्ञान में अनुत्तीर्ण रहे = 15

$\therefore$ अभ्यर्थी जो गणित में और कम से कम एक और विषय में उत्तीर्ण हुए $= (21 + 15 + 167) = 203$

83. (*d*) : अभ्यर्थी जो केवल दो विषयों में अनुत्तीर्ण रहे = अभ्यर्थी जो केवल एक विषय में उत्तीर्ण हुए $= 62 + 48 + 52 = 162$

84. (*b*) : अभ्यर्थी जो कम से कम एक विषय में उत्तीर्ण हुए = (अभ्यर्थी जो केवल 1 विषय में उत्तीर्ण हुए) + (अभ्यर्थी जो केवल 2 विषयों में उत्तीर्ण हुए) + (अभ्यर्थी जो सभी विषयों में उत्तीर्ण हुए) = (अभ्यर्थी जो केवल 2 विषयों में अनुत्तीर्ण रहे) + (अभ्यर्थी जो केवल 1 विषय में अनुत्तीर्ण रहे) + (अभ्यर्थी जो सभी विषयों में उत्तीर्ण हुए)

$= 162 + 61 + 167 = 390$

85. (*a*) : आवश्यक राशि $= (80 - 3 \times 3)$ वर्ष $= (80 - 9)$ वर्ष $= 71$ वर्ष

86. (*a*) : हमारे पास है: $A = C - 3$, $A = D + 1$, $D = B + 1$, $D = C - 4$, $C = 15$

अत: $D = C - 4 = 15 - 4 = 11$, $B = D - 1$

$= 11 - 1 = 10$

87. (*c*) : माना वरुण की वर्तमान आयु x है। तब, वरुण की 1 साल के बाद आयु = $(x + 1)$ साल।

$\therefore x + 1 = 2(x - 12) \Leftrightarrow x + 1 = 2x - 24$

$\therefore x = 25$

88. (*c*) : चूंकि B और D जुड़वां हैं, इसलिए B = D

अब, A = B + 3 और A = C − 3

अत:, $B + 3 = C - 3 \Leftrightarrow D + 3 = C - 3 \Leftrightarrow C - D$ ¾ 6.

89. (*b*) : माणिक की वर्तमान उम्र = 12 साल, राहुल की वर्तमान उम्र = 4 साल

माना x वर्ष के बाद माणिक, राहुल से उम्र में दो गुना होगा। तब,

$12 + x = 2(4 + x) \Leftrightarrow 12 + x = 8 + 2x \Leftrightarrow x = 4$

अत: माणिक की आवश्यक उम्र = $12 + x = 16$ वर्ष

90. (*a*) : आयुष की वर्तमान उम्र = 10 साल, उनकी मां की वर्तमान उम्र = (10 + 20) वर्ष = 30 वर्ष

आयुष के पिता की वर्तमान उम्र = (30 + 5) वर्ष = 35 वर्ष

आयुष के जन्म के समय आयुष के पिता की उम्र = (35 − 10) वर्ष = 25 वर्ष

शादी के समय आयुष के पिता की उम्र = (25 − 2) साल = 23 वर्ष

91. (*b*) : हमें पहले दो संख्याएं पता लगानी होंगी जिनका अंतर 2 हैं और जिनमें से छोटा एक पूर्ण वर्ग है और बड़ा एक पूर्ण घन है। ऐसी संख्या 25 और 27 हैं। अत: नितिन अब 26 वर्ष का है। चूंकि 27 के बाद अगला सही घन 64 है, इसलिए आवश्यक समय अवधि = (64 − 26) वर्ष = 38 वर्ष

92. (*b*) : हमारे पास है:

$A = 3B$ ...(i)

और $C - 4 = 2(A - 4)$ ...(ii)

इसके अलावा, $A + 4 = 31$ या $A = 31 - 4 = 27$

(i) में A = 27 का प्रतिस्थापन करते हुए, हमें मिलता है: B = 9

(ii) में A = 27 का प्रतिस्थापन करते हुए, हमें मिलता है: C = 50

93. (*a*) : माना पिता की उम्र x हो और बेटे की उम्र y है। तब,

$x - y = y$ या $x = 2y$

अब, $x = 36$. अत: $2y = 36$ या $y = 18$

∴ बेटे की वर्तमान उम्र = 18 वर्ष। अत: बेटे की उम्र 5 साल पहले = 13 वर्ष।

94. (*d*) : माना बेटी की उम्र x साल है। तब, पिता की उम्र = $(3x)$ वर्ष मां की उम्र = $(3x - 9)$ वर्ष; बेटे की उम्र = $(x + 7)$ वर्ष। अत:

$$x + 7 = \frac{3x - 9}{2} \Leftrightarrow 2x + 14 = 3x - 9$$

$$\Leftrightarrow x = 23.$$

∴ मां की उम्र = $(3x - 9) = (69 - 9)$ वर्ष = 60 वर्ष।

95. (*b*) : माना बेटे की उम्र x वर्ष है। तब, पिता की उम्र = $(3x)$ वर्ष। पांच साल पहले, पिता की उम्र = $(3x - 5)$ वर्ष और बेटे की उम्र = $(x - 5)$ वर्ष।

अत: $3x - 5 = 4(x - 5) \Leftrightarrow 3x - 5 = 4x - 20 \Leftrightarrow x = 15$

96. (*a*) : माना जब रवि के भाई का जन्म हुआ तब रवि के पिता की उम्र = x वर्ष और मां की उम्र = y वर्ष

तब, बहन की उम्र = $(x - 28)$ वर्ष।

अत: $x - 28 = 4$ या $x = 32$

रवि की उम्र = $(y - 26)$ वर्ष

रवि के भाई की उम्र = $(y - 26 + 3)$ वर्ष = $(y - 23)$ वर्ष

अब, जब रवि के भाई का जन्म हुआ, उसकी उम्र = 0 अर्थात $y - 23 = 0$ या $y = 23$

97. (*b*) : जब राहुल का जन्म हुआ, तो उनके भाई की उम्र = 6 वर्ष।

उनके पिता की उम्र = (6 + 32) वर्ष = 38 वर्ष।

उसकी मां की उम्र = (38 − 3) वर्ष = 35 वर्ष;

उसकी बहन की उम्र = (35 − 25) वर्ष = 10 वर्ष।

98. (*c*) : माना x और y महिला की उम्र को दर्शाने वाली संख्या के क्रमश: दहाई और इकाइयों के अंक हैं।

तब, महिला की उम्र = $(10x + y)$ वर्ष;

पति की उम्र = $(10y + x)$ वर्ष।

$$\therefore (10y + x) - (10x + y) = \frac{1}{11}(10y + x + 10x + y)$$

$$\Leftrightarrow (9y - 9x) = \frac{1}{11}(11y + 11x)$$

$$= (x + y) \Leftrightarrow 10x = 8y \Leftrightarrow x = \frac{4}{5}y.$$

y एकल अंक व 5 का गुणक होना चाहिए, जो 5 है।

अत: $x = 4, y = 5$

अत: महिला की उम्र = $10x + y = 45$ वर्ष

99. (*d*) : माना लोगों की कुल संख्या = 100

माना वृत्त X को उन लोगों का प्रतिनिधित्व करता है जिन्होंने टेलीविजन देखा और Y उन लोगों का प्रतिनिधित्व करता है जिन्होंने समाचार पत्र पढ़ा है।

तब, A + B = 65, B + C = 40, B = 25

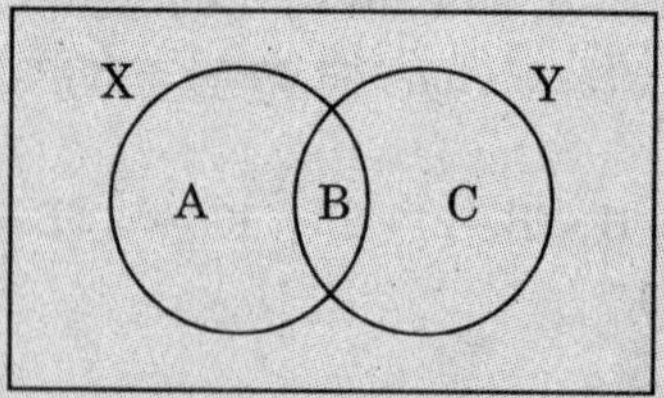

हल करने के बाद, हमें मिलता है: A = 40, B = 25, C = 15

∴ उन लोगों की संख्या जिन्होंने न तो टेलीविजन देखा और न ही समाचार पत्र पढ़ा

= 100 − (A + B + C)

= 100 − (40 + 25 + 15)

= 100 − 80 = 20

अत: आवश्यक प्रतिशत = 20

100. (*b*): माना वृत्त F और E क्रमश: फ्रेंच और अंग्रेजी पढ़ने वाले लोगों का प्रतिनिधित्व करने दें।

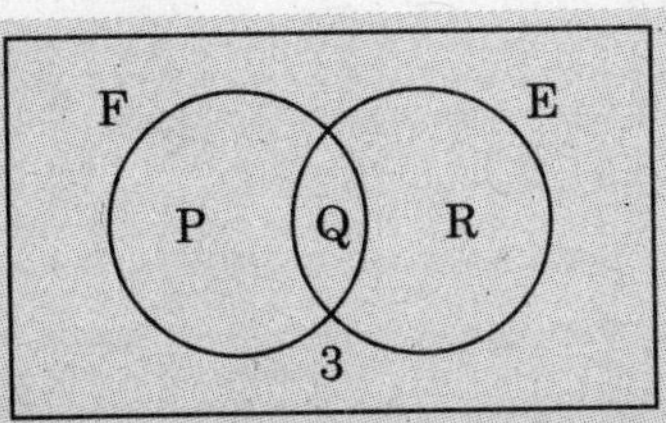

अब, $(P + Q + R) + 3 = 15$ या $P + Q + R = 12$ ...(*i*)

इसके अलावा, $P + Q = 7, Q + R = 8$

जोड़ने से, हमें मिलता है: $P + 2Q + R = 15$ ...(*ii*)

(*ii*) से (*i*) को घटाने से, हमें मिलता है: $Q = 3$

$\therefore$ फ्रेंच और अंग्रेजी दोनों पढ़ने वाले लोगों की संख्या = 3

101.(*a*): माना वृत्त E और H उन छात्रों का प्रतिनिधित्व करने दें जो क्रमश: अंग्रेजी और हिंदी बोल सकते हैं।

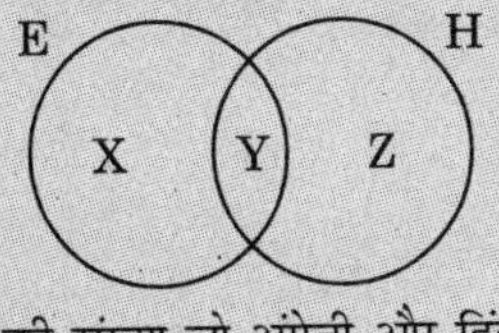

उन छात्रों की संख्या जो अंग्रेजी और हिंदी दोनों बोल सकते हैं $= Y = 10$

अंग्रेजी बोलने वाले छात्रों की संख्या $= X + Y = 21$

छात्रों की कुल संख्या $= X + Y + Z = 50$

केवल अंग्रेजी बोलने वाले छात्रों की संख्या $= X = (X + Y) - Y = 21 - 10 = 11$

उन छात्रों की संख्या जो केवल हिंदी बोल सकते हैं $= Z = (X + Y + Z) - (X + Y) = 50 - 21 = 29$

हिंदी बोलने वाले छात्रों की संख्या $= (Y + Z) = 10 + 29 = 39$

102.(*b*): कम से कम दो समाचार पत्र पढ़ने वाले व्यक्तियों की संख्या = $(12 + 8 + 5 + 2) = 27$

प्रति 10000 ऐसे व्यक्तियों की संख्या

$$= \left(\frac{27}{50} \times 10000\right) = 5400.$$

103.(*c*) : माना वृत्त, P, Q और R उन संगीतकारों का प्रतिनिधित्व करने दें जो क्रमश: गिटार, वायलिन और बांसुरी बजा सकते हैं।

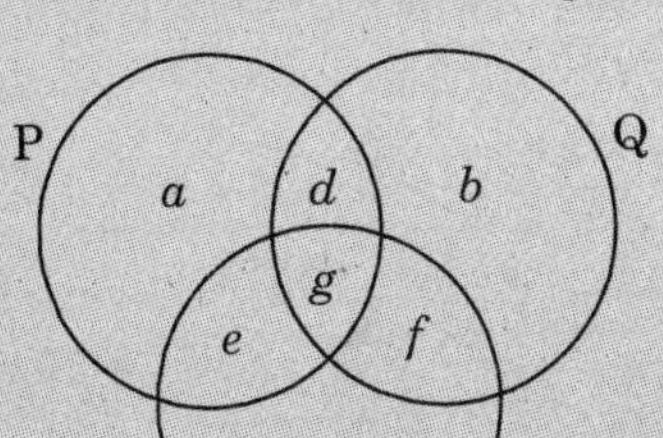

अब, $a + b + c + d + e + f + g = 120$

संगीतकारों की संख्या जो सभी तीन उपकरणों को बजा सकते हैं $= g = 120$ का 5% = 6

संगीतकारों की संख्या जो किसी भी दो और केवल दो उपकरणों को बजा सकते हैं $= d + e + f = 30$

संगीतकारों की संख्या जो केवल गिटार बजा सकते हैं $= a = 40$

$\therefore$ संगीतकारों की संख्या जो अकेले वायलिन या केवल बांसुरी बजा सकते हैं $= b + c$

$= 120 - (a + d + e + f + g)$

$= 120 - (40 + 30 + 6) = 44$

104.(*a*): दो विषयों में विशिष्टता प्राप्त करने वाले छात्रों की संख्या $= (15 + 13 + 12) = 40$

$\therefore$ आवश्यक प्रतिशत $= \left(\frac{40}{500} \times 100\right)\% = 8\%.$

105.(*c*) : विशिष्टता प्राप्त करने वाले छात्रों की संख्या

$= (50 + 47 + 42 + 12 + 11 + 13 + 15) = 190$

$\therefore$ आवश्यक प्रतिशत $= \left(\frac{190}{500} \times 100\right)\% = 38\%.$

106.(*a*): गणित में विशिष्टता प्राप्त करने वाले छात्रों की संख्या

$= (50 + 13 + 11 + 15) = 89$

$\therefore$ आवश्यक प्रतिशत $= \left(\frac{89}{500} \times 100\right)\% = 17.8\%.$

प्रश्न 107 से 109

माना लोगों की संख्या 100 है

तो हमारे पास हैं: $P + Q + S + T = 26$ ...(*i*)

$Q + R + T + U = 25$ ...(*ii*)

$S + T + U + V = 14$ ...(*iii*)

$Q + T = 11$ ...(*iv*)

$T + U = 10$ ...(*v*)

$S + T = 9$ ...(*vi*)

$V = 0$ ...(*vii*)

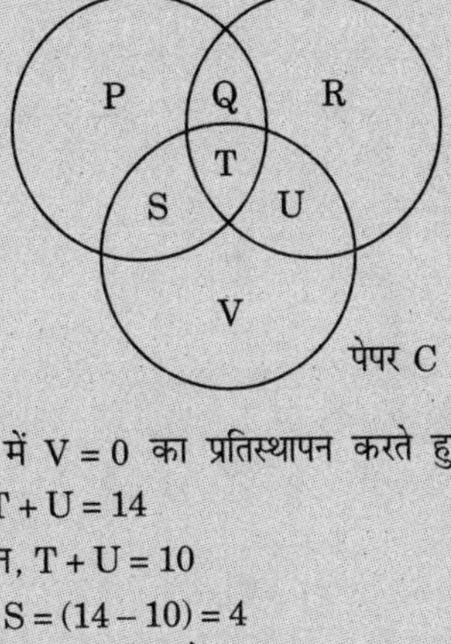

(*iii*) में $V = 0$ का प्रतिस्थापन करते हुए, हमें मिलता है: $S + T + U = 14$

लेकिन, $T + U = 10$

अत: $S = (14 - 10) = 4$

(*vi*) से, हमारे पास है: $T = 9 - S = 9 - 4 = 5$

(*v*) से, हमारे पास है: $U = 10 - T = 5$

(*iv*) से, हमारे पास है: $Q = 11 - T = 6$

(*i*) से, हमारे पास है: $P = 26 - (Q + S + T) = 26 - (6 + 4 + 5) = 11$

(*ii*) से, हमारे पास है: $R = 25 - (Q + T + U) = 25 - (6 + 5 + 5) = 9$

107.(*c*) : सभी तीन समाचार पत्रों को पढ़ने वाले पाठकों का प्रतिशत = $T = 5$

108.(*d*): पाठकों का प्रतिशत जो A और B पढ़ते हैं लेकिन C नहीं = $Q = 6$

109.(*a*): पाठकों का प्रतिशत जो कम से कम तीन समाचार पत्रों में से एक पढ़ते हैं

$= P + Q + R + S + T + U + V$

$= (11 + 6 + 9 + 4 + 5 + 5) = 40$

16

रिक्त पद को भरना (INSERTING THE MISSING CHARACTER)

इस प्रकार के प्रश्नों में, एक चित्र, चित्रों का एक सेट, एक क्रम व्यवस्था या एक मैट्रिक्स दिया जाता है, जिनमें से प्रत्येक में कुछ चिन्ह - अक्षर या संख्याएं या अक्षर व संख्याओं का संयोजन एक निश्चित पैटर्न में दिया गया होता है। अभ्यर्थी को इस पैटर्न को समझना होता है और इसके अनुसार चित्र में लुप्त अक्षर को ज्ञात करना होता है।

व्याख्यात्क उदाहरण

दिशानिर्देश: दिए गए विकल्पों में से लुप्त अक्षर का पता लगाएं

उदा. 1. (S.S.C. 2002)

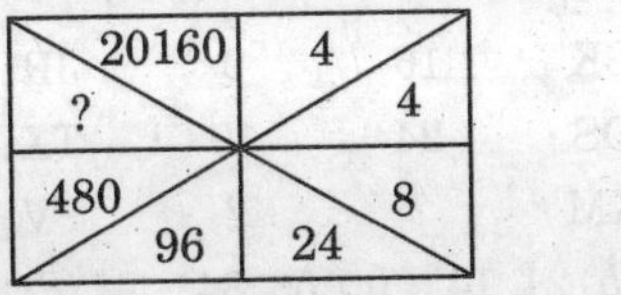

(*a*) 860 (*b*) 1140 (*c*) 2280 (*d*) 3240

हल: स्पष्ट है कि दक्षिणावर्त दिशा में निम्नलिखित पैटर्न का पालन किया जा रहा है:

$4 \times = 1 = 4; 4 \times 2 = 8; 8 \times 3 = 24; 24 \times 4 = 96; 96 \times 5 = 480$

अत: आवश्यक संख्या = $(480 \times 6) = 2880$ अत: उत्तर (*c*) है।

उदा. 2. (M.A.T. 2002)

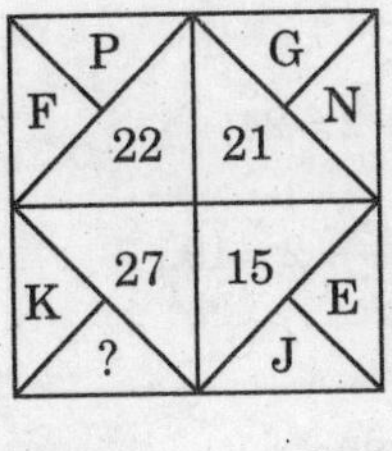

(*a*) M (*b*) P (*c*) Q (*d*) S

हल: A = 1, B = 2, C = 3, D = 4, ..., X = 24, Y = 25, Z = 26 रखने पर, हमे प्राप्त होता है:

F + P = 6 + 16 = 22; G + N + 7 + 14 = 21;

J + E = 10 + 5 = 15

चूँकि K = 11 है अत: लुप्त अक्षर का मान = (27 – 11) = 16

अत: लुप्त अक्षर अग्रेजी अक्षर का 16वां अक्षर है अर्थात जो P है।

अत: उत्तर (*b*) है।

उदा. 3. (IGNOU, 2003)

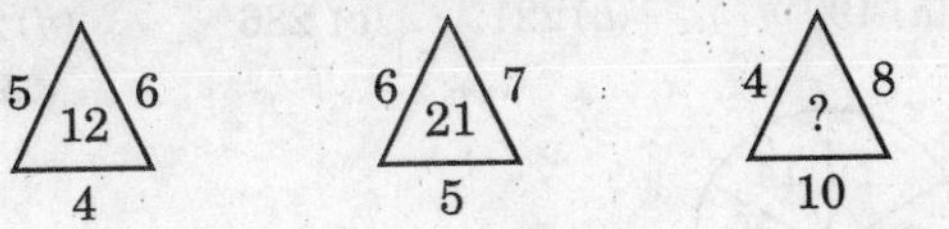

(*a*) 22 (*b*) 30 (*c*) 32

(*d*) इनमे से कोई नहीं

हल: स्पष्ट है कि पैटर्न निम्नलिखित है:

$$\frac{5 \times 6 \times 4}{10} = 12; \frac{6 \times 7 \times 5}{10} = 21;$$

अत: लुप्त संख्या = $\frac{4 \times 8 \times 10}{10} = 32$. अत: उत्तर (*c*) है।

उदा. 4. (C.B.I. 2003)

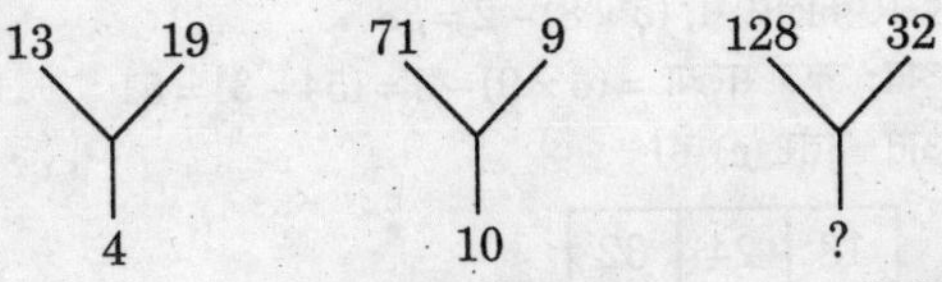

(*a*) 10 (*b*) 15 (*c*) 20 (*d*) 25

हल: स्पष्ट है कि दिए गए चित्रों में पैटर्न निम्नलिखित है:

$$\frac{13 + 19}{8} = 4; \frac{71 + 9}{8} = 10.$$

अत: लुप्त संख्या = $\frac{128 + 32}{8} = 20.$

अत: उत्तर (*c*) है।

उदा. 5. (R.R.B. 2004)

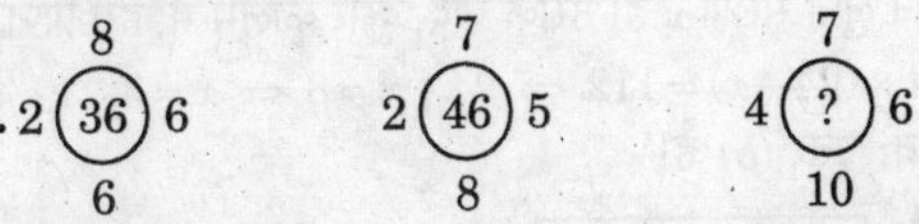

(*a*) 42 (*b*) 46 (*c*) 48 (*d*) 50

हल: दिए गए चित्रों में पैटर्न: $(8 \times 6) - (2 \times 6) = 36$, $(7 \times 8) - (2 \times 5) = 46$

अत: लुप्त संख्या = $(7 \times 10) - (4 \times 6) = 46$

अत: उत्तर (*b*) है।

उदा. 6. (S.S.C. 2002)

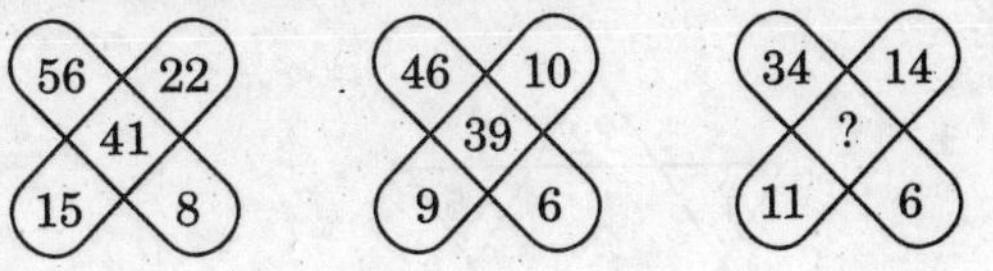

(*a*) 12 (*b*) 25 (*c*) 48 (*d*) 52

हल: दिए गए चित्रों में पैटर्न: $(56 + 15) - (22 + 8) = 41$, $(46 + 9) - (10 + 6) = 39$

अत: लुप्त संख्या $= (34 + 11) - (14 + 6) = 25$

अत: उत्तर (*b*) है।

उदा. 7.

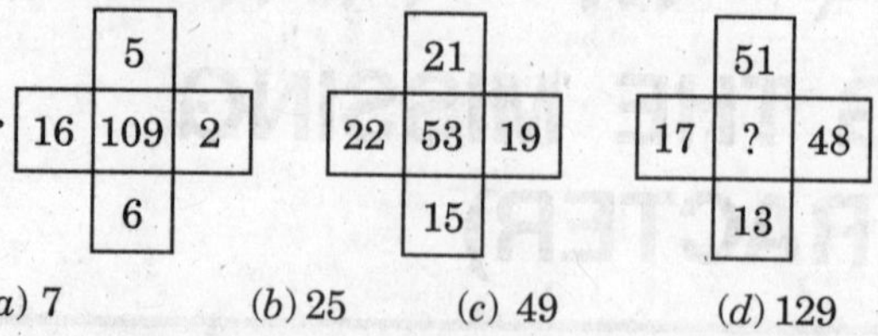

(*a*) 7 (*b*) 25 (*c*) 49 (*d*) 129

हल: दिए गए चित्रों में पैटर्न: $(16 - 6)^2 = (5 - 2)^2 = 10^2 = 3^2 = 109$;

$(22 - 15)^2 + (21 - 19)^2 = 7^2 + 2^2 = 53$

अत: लुप्त संख्या $= (17 - 13)^2 + (51 - 48)^2$

$= 42 + 32 + 25$

अत: उत्तर (*b*) है।

उदा. 8.

1	2	3
4	5	6
7	8	9
27	38	?

(PGDCA, 2005)

(*a*) 49 (*b*) 50 (*c*) 51 (*d*) 52

हल: पहले कॉलम में, $(4 \times 7) - 1 = 27$

दूसरे कॉलम में, $(5 \times 8) - 2 = 38$

अत: लुप्त संख्या $= (6 \times 9) - 3 = (54 - 3) = 51$

अत: उत्तर (*c*) है।

उदा. 9.

18	24	32
12	14	16
3	?	4
72	112	128

(M.B.A. 2006)

(*a*) 2 (*b*) 3 (*c*) 4 (*d*) 5

हल: पहले कॉलम में, $12 \times (18 \div 3) = 72$

तीसरे कॉलम में, $16 \times (32 \div 4) = 128$

मान लुप्त संख्या x है। उसके बाद, दूसरे कॉलम में, हमें प्राप्त होता है:

$14 \times (24 \div x) = 112 \Leftrightarrow 24 \div x = 8 \Leftrightarrow x = 3.$

अत: उत्तर (*b*) है।

उदा. 10.

F	I	O
A	J	K
E	M	?

(Hotel Management, 2003)

(*a*) P (*b*) R (*c*) S (*d*) V

हल: A = 1, B = 2, C = 3, ..., M = 13, ... X = 24, Y = 25, Z = 26 रखने पर, हमे प्राप्त होता है:

पहली पंक्ति में, F + I = 6 + 9 = 15 = O

दूसरी पंक्ति में, A + J = 1 + 10 = 11 = K

अत: तीसरी पंक्ति में, लुप्त अक्षर = E + M

= 5 + 13 = 18 = R

अत: उत्तर (*b*) है।

उदा. 11.

3C	2B	4A
27A	?	64B
9C	4A	16B

(*a*) 8C (*b*) 12B (*c*) 16C (*d*) 18C

हल: प्रत्येक पंक्ति में, अक्षर A, B और C प्रत्येक को एक बार दिखाई देना चाहिए। साथ ही, प्रत्येक कॉलम में, पहली और तीसरी संख्या का गुणनफल दूसरी संख्या के बराबर होना चाहिए, इसलिए लुप्त संख्या $(2 \times 4) = 8$ होगी और लुप्त अक्षर C होगा। इस प्रकार, उत्तर 8C है। अत: उत्तर (*a*) है।

उदा. 12.

CK	16	9	JR
OS	24	19	TX
KM	?	?	PV

(*a*) 14, 21 (*b*) 21, 14 (*c*) 56, 84 (*d*) 84, 56

हल: A = 1, B = 2, C = 3, ..., M = 13, ..., X = 24, Y = 25, Z = 26 रखने पर, हमारे पास हैं:

$$JR = \frac{J + R}{2} + 2 = \frac{10 + 18}{2} + 2 = 16;$$

$$CK = \frac{C + K}{2} + 2 = \frac{3 + 11}{2} + 2 = 9;$$

$$TX = \frac{T + X}{2} + 2 = \frac{20 + 24}{2} + 2 = 24;$$

$$OS = \frac{O + S}{2} + 2 = \frac{15 + 19}{2} + 2 = 19.$$

अत: लुप्त संख्या है:

(*i*) $PV = \frac{P + V}{2} + 2 = \frac{16 + 22}{2} + 2 = 19 + 2 = 21;$

(*ii*) $KM = \frac{K + M}{2} + 2 = \frac{11 + 13}{2} + 2 = 12 + 2 = 14.$

अत: उत्तर (*b*) है।

अभ्यास 16

दिशानिर्देश ***(प्रश्न 1 से 22): दिए गए प्रश्नों में लुप्त पद को ज्ञात करें:***

1.

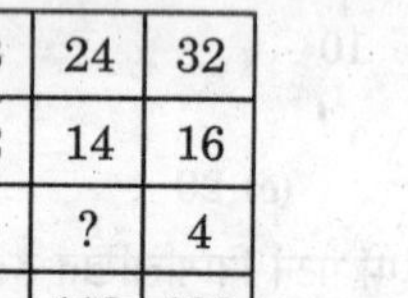

(*a*) 190 (*b*) 221 (*c*) 236 (*d*) 255

(C.P.O. 2004)

2.

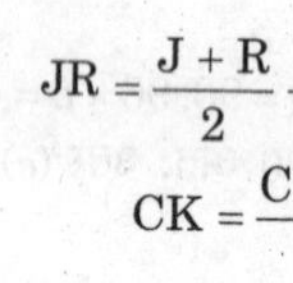

(*a*) 2 (*b*) 3 (*c*) 4 (*d*) 6 (*e*) 18

(R.R.B. 2005)

3.

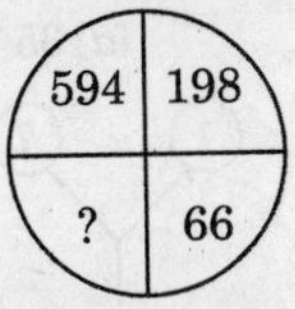

(S.S.C. 2005)

(*a*) 11 (*b*) 12 (*c*) 22 (*d*) 33

4.

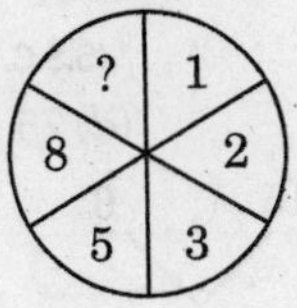

(PGDCA, 2005)

(*a*) 10 (*b*) 12 (*c*) 13 (*d*) 15

5.

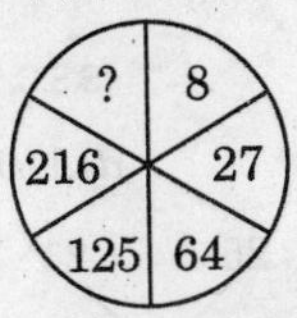

(*a*) 4 (*b*) 305 (*c*) 343 (*d*) 729

6.

(*a*) 10 (*b*) 11 (*c*) 12 (*d*) 13

7.

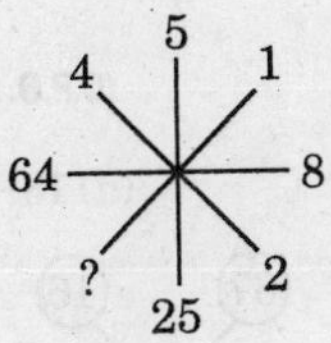

(*a*) 1 (*b*) 2 (*c*) 3 (*d*) 4

8.

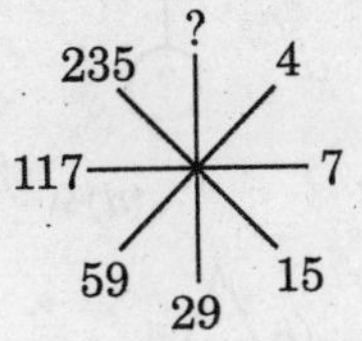

(R.R.B. 2002)

(*a*) 327 (*b*) 386 (*c*) 438 (*d*) 469

9.

(S.S.C 2003)

(*a*) 148 (*b*) 208 (*c*) 213 (*d*) 233

10.

(S.S.C. 1999)

(*a*) 38 (*b*) 39 (*c*) 40 (*d*) 44

11.

(S.S.C. 2000)

(*a*) 45 (*b*) 50 (*c*) 60 (*d*) 63

12.

(M.A.T. 2001)

(*a*) 9 (*b*) 18 (*c*) 24 (*d*) 27

13.

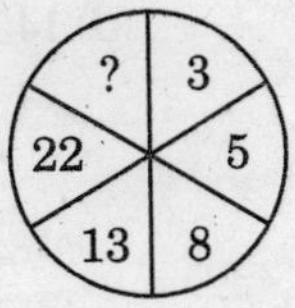

(R.R.B. 2004)

(*a*) 1 (*b*) 26 (*c*) 39 (*d*) 45

14.

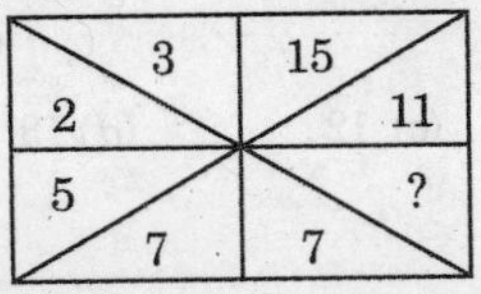

(PGDCA, 2005)

(*a*) 5 (*b*) 12 (*c*) 13 (*d*) 26

15.

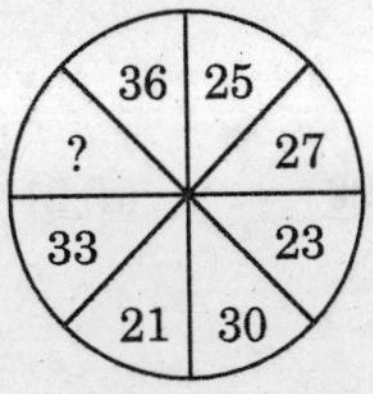

(C.P.O. 2005)

(*a*) 19 (*b*) 22 (*c*) 32 (*d*) 35

16.

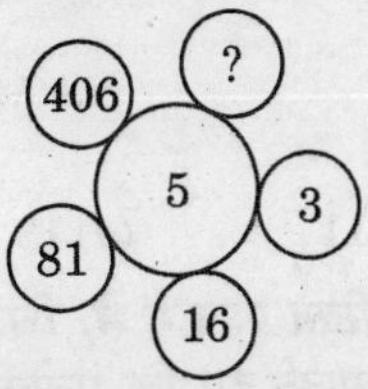

(*a*) 1 (*b*) 731 (*c*) 1625 (*d*) 2031

17.

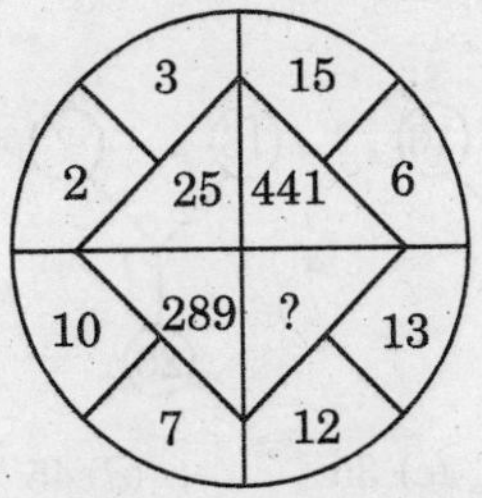

(*a*) 25 (*b*) 125 (*c*) 156 (*d*) 625

18.

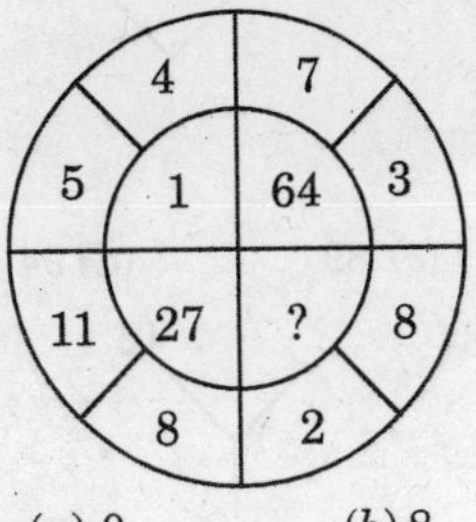

(*a*) 0 (*b*) 8 (*c*) 125 (*d*) 216

19.

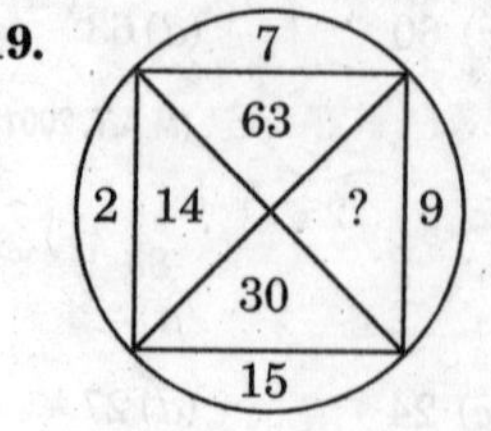

(*a*) 18 (*b*) 33 (*c*) 135 (*d*) 145

20.

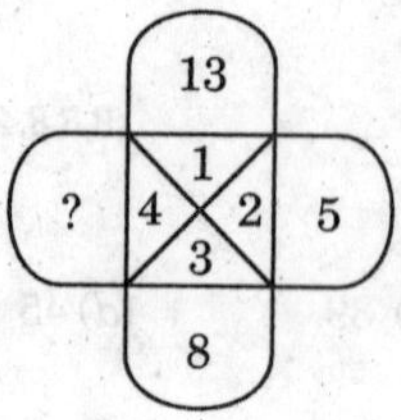

(*a*) 10 (*b*) 11 (*c*) 12 (*d*) 13

21.

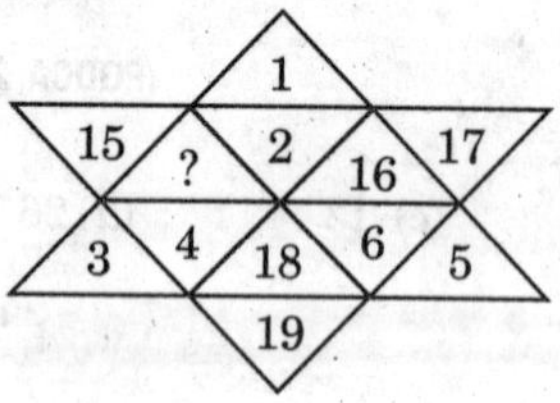

(*a*) 13 (*b*) 14 (*c*) 20 (*d*) 21

22.

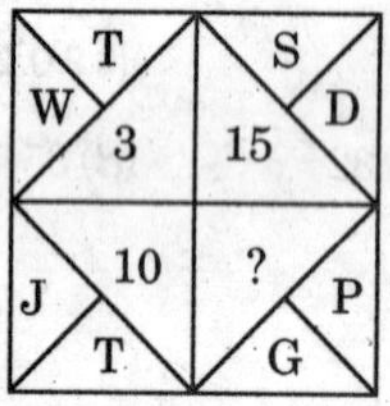

(M.A.T. 2002)

(*a*) 5 (*b*) 9 (*c*) 11 (*d*) 13

दिशा निर्देश (प्रश्न 23 से 64): निम्नलिखित प्रश्न में से, चित्रों के सेट में कुछ अंकों को दिया गया है। यह मानते हुए कि प्रत्येक सेट में अंक समान पैटर्न का पालन करते हैं, प्रत्येक केस में लुप्त अक्षर का पता लगाएं।

23.

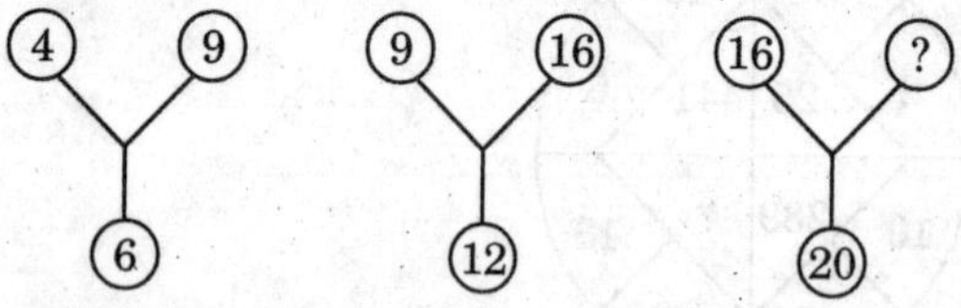

(*a*) 21 (*b*) 25 (*c*) 35 (*d*) 45

24.

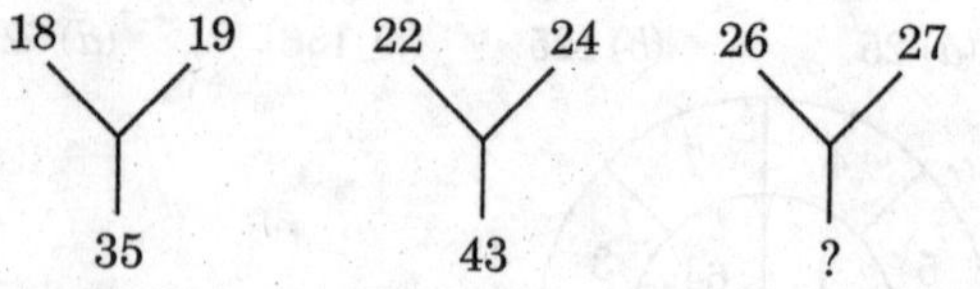

(*a*) 49 (*b*) 76 (*c*) 89 (*d*) 94

25.

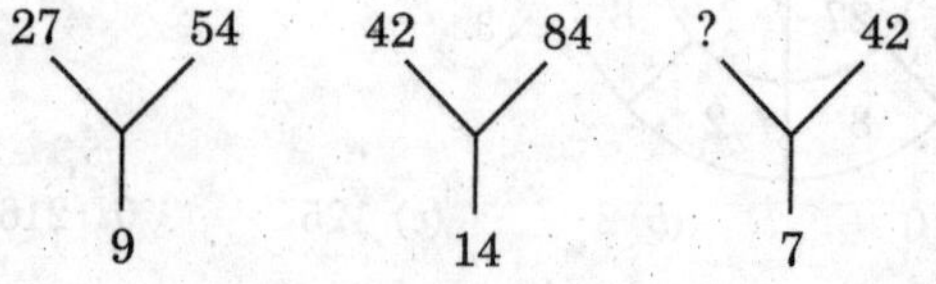

(C.P.O. 2003)

(*a*) 12 (*b*) 21 (*c*) 24 (*d*) 35

26.

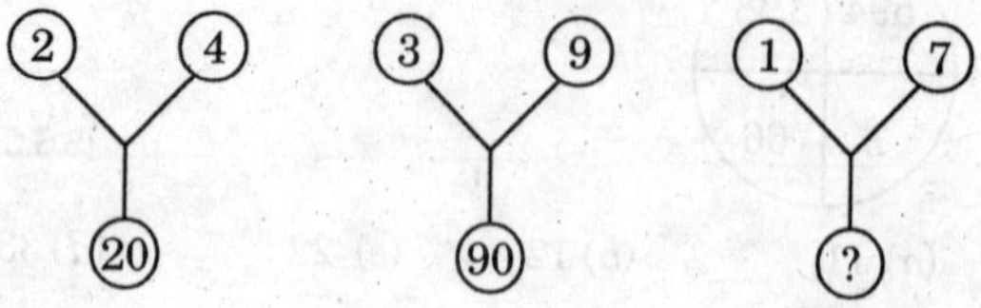

(S.S.C. 2001)

(*a*) 20 (*b*) 25 (*c*) 50 (*d*) 75

27.

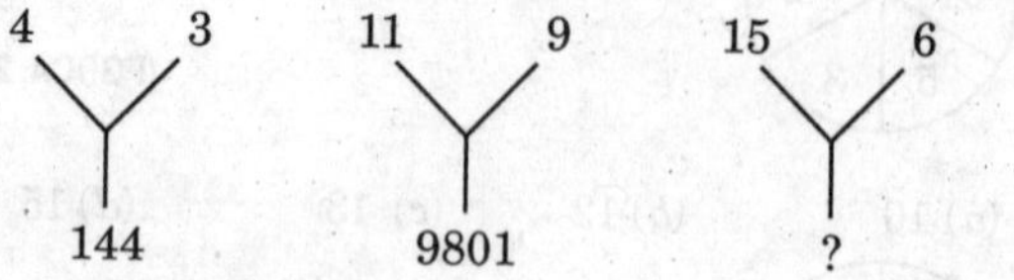

(S.S.C. 2002)

(*a*) 1216 (*b*) 2250 (*c*) 8100 (*d*) 11036

28.

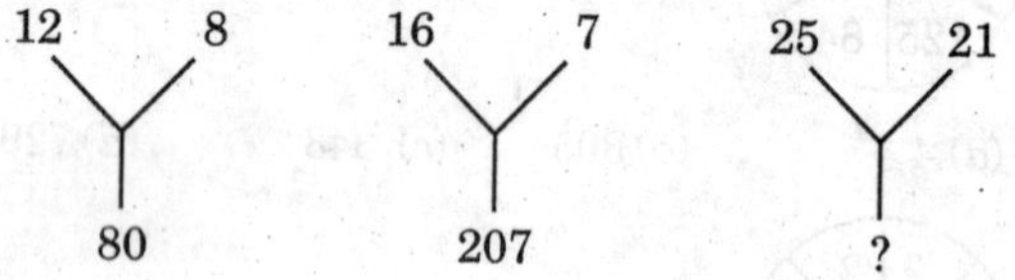

(*a*) 184 (*b*) 210 (*c*) 241 (*d*) 425

29.

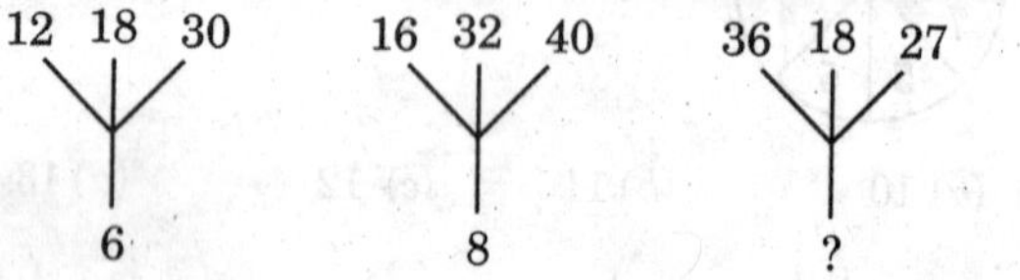

(C.P.O. 2005)

(*a*) 6 (*b*) 9 (*c*) 12 (*d*) 18

30.

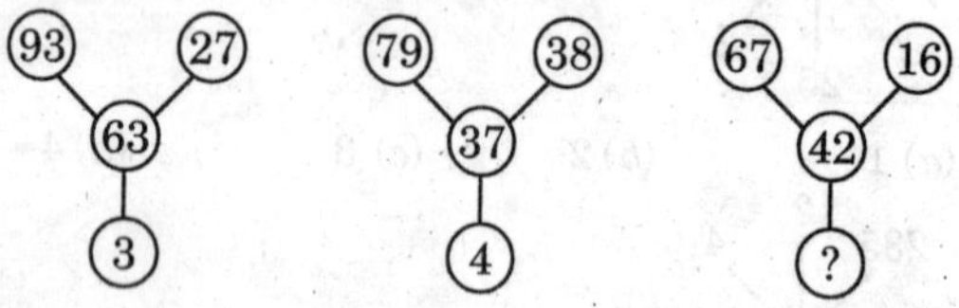

(*a*) 5 (*b*) 6 (*c*) 8 (*d*) 9

31.

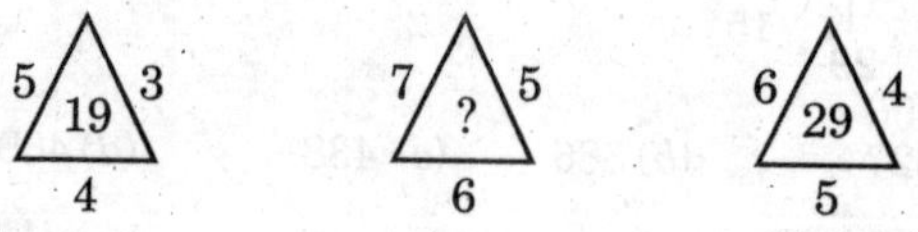

(*a*) 25 (*b*) 37 (*c*) 41 (*d*) 47

32.

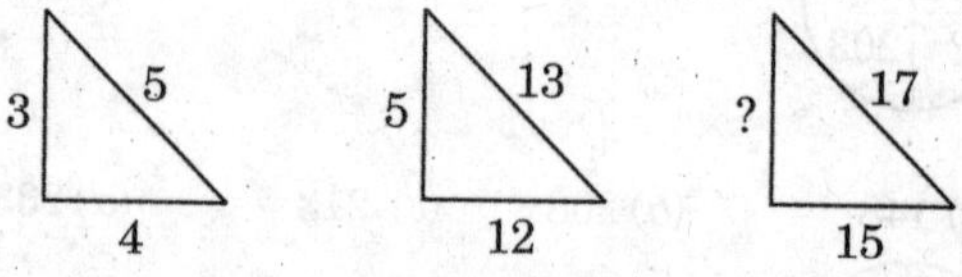

(S.S.C. 2001)

(*a*) 2 (*b*) 6 (*c*) 8 (*d*) 64

33.

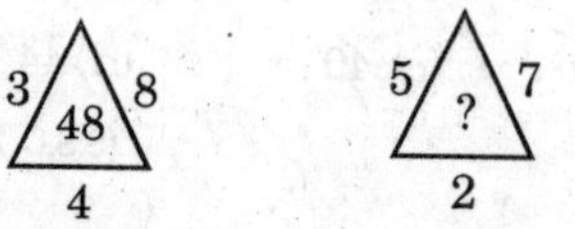

(R.R.B. 2002)

(*a*) 27 (*b*) 35 (*c*) 54 (*d*) 64

34.
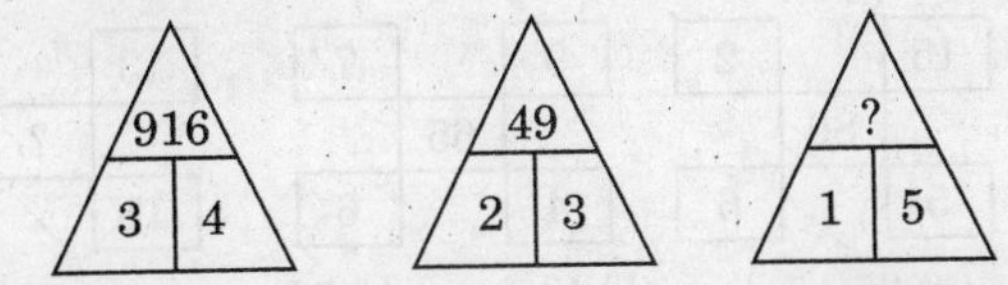

(Hotel Mgmt., 2003)

(a) 125 (b) 215 (c) 251 (d) 512

35.
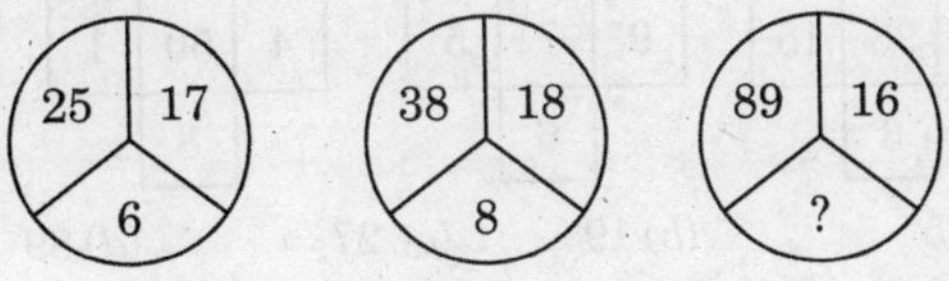

(A.T.M.A. 2004)

(a) 13 (b) 15 (c) 17 (d) 19

36.
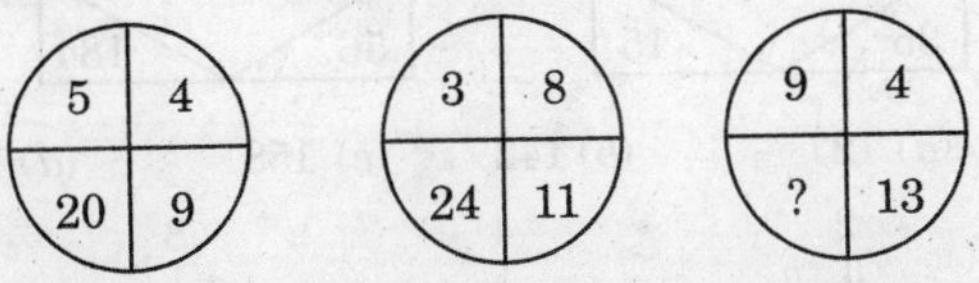

(a) 26 (b) 32 (c) 36 (d) 117

37.
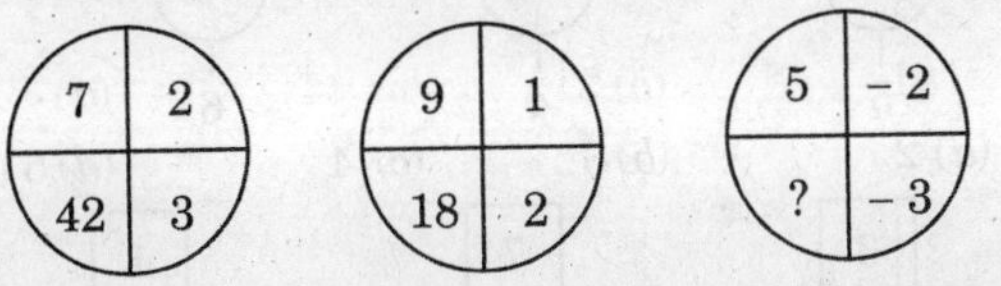

(M.A.T. 1999)

(a) –30 (b) 13 (c) 18 (d) 30

38.
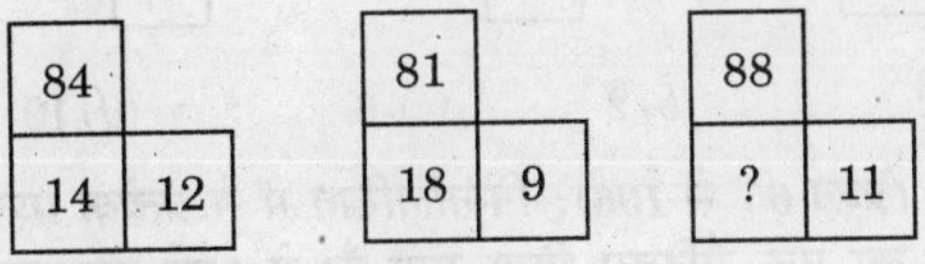

(a) 16 (b) 21 (c) 61 (d) 81

39.
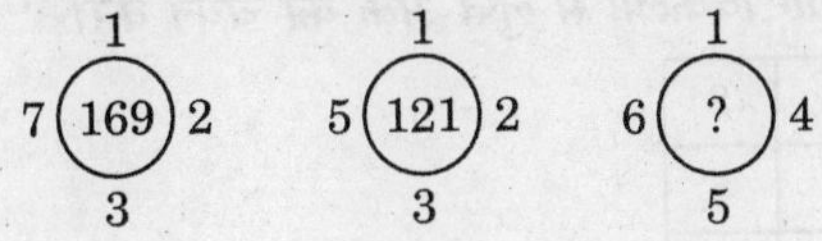

(R.R.B. 2005)

(a) 196 (b) 246 (c) 250 (d) 256

40.
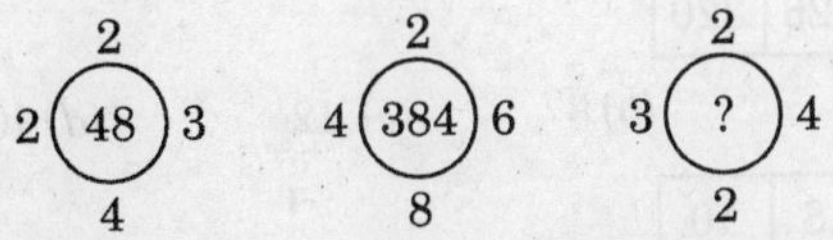

(R.R.B. 2004)

(a) 42 (b) 44 (c) 46 (d) 48

41.
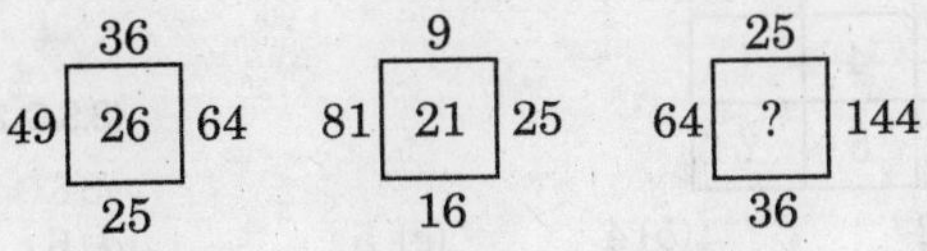

(a) 19 (b) 23 (c) 25 (d) 31

42.
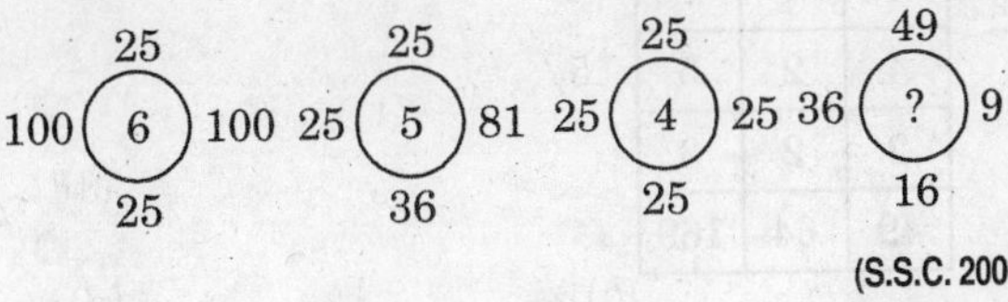

(S.S.C. 2000)

(a) 2 (b) 3 (c) 4 (d) 5

43.
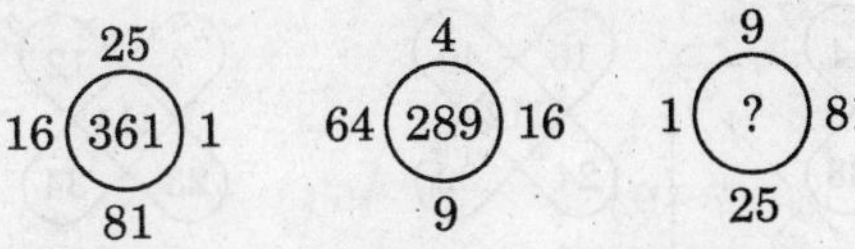

(SNAP, 2004)

(a) 260 (b) 269 (c) 324 (d) 429

44.
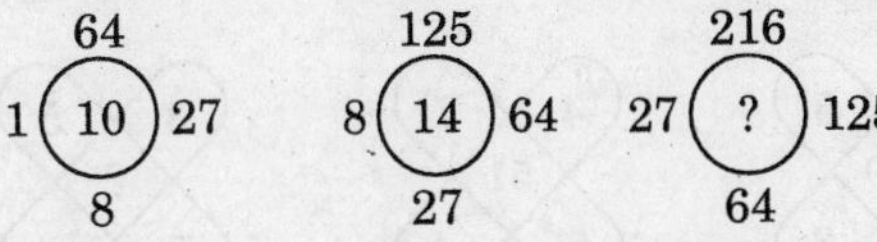

(S.S.C. 2002)

(a) 2 (b) 9 (c) 17 (d) 18

45.
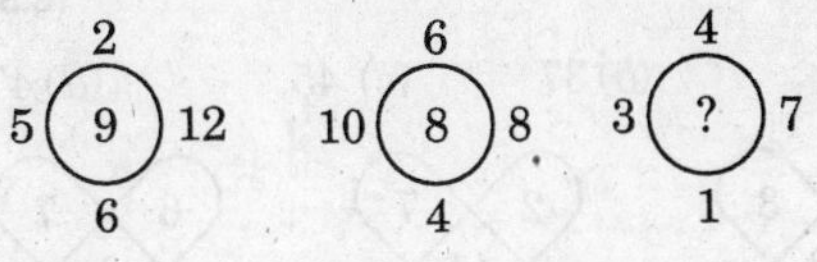

(R.R.B. 2004)

(a) 5 (b) 6 (c) 7 (d) 8

46.
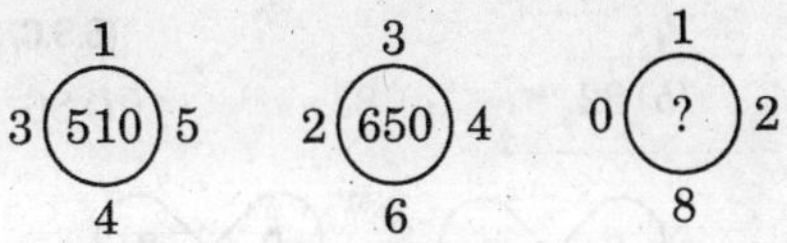

(R.R.B. 2005)

(a) 610 (b) 660 (c) 670 (d) 690

47.
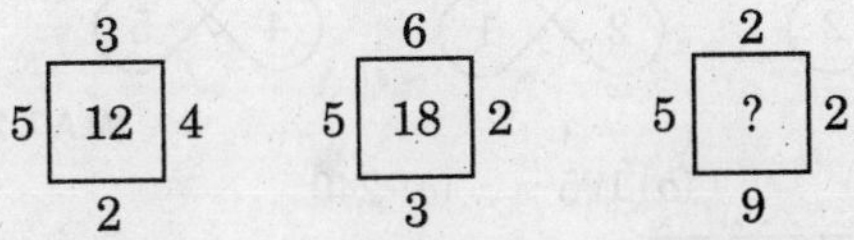

(S.S.C. 2000)

(a) 15 (b) 16 (c) 17 (d) 18

48.
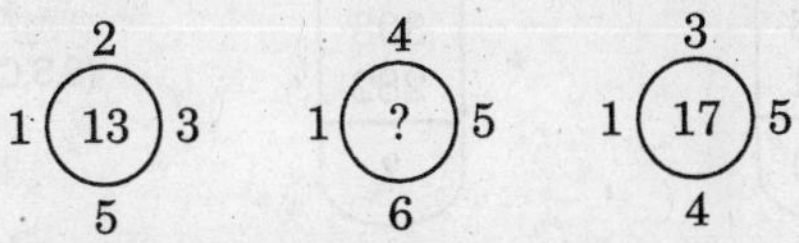

(R.R.B. 2005)

(a) 21 (b) 25 (c) 27 (d) 29

49.
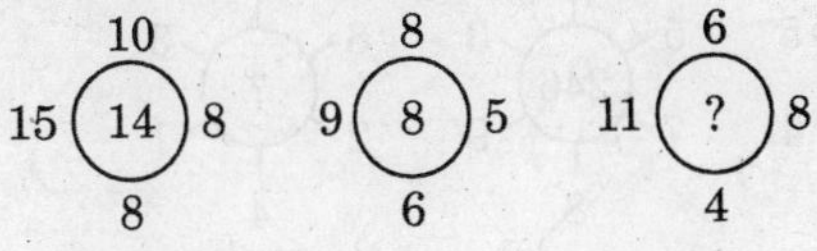

(R.R.B. 2004)

(a) 6 (b) 8 (c) 9 (d) 12

50.
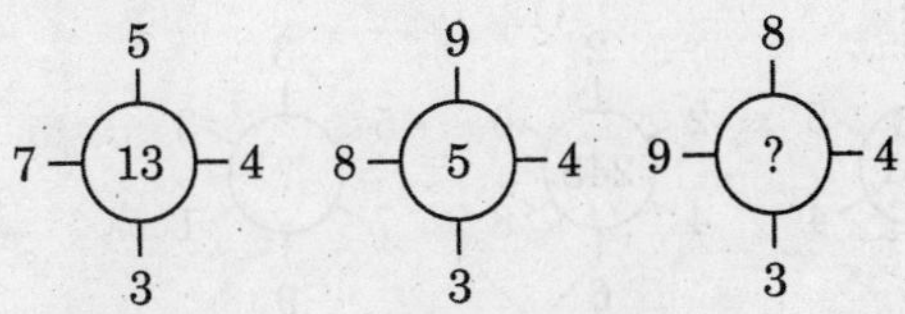

(a) 12 (b) 14 (c) 15 (d) 18

51.
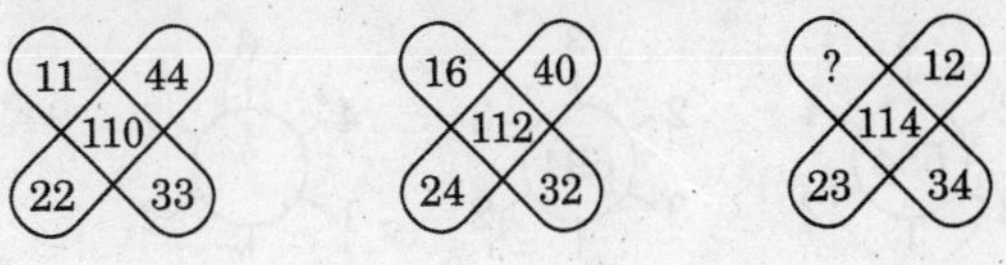

(S.S.C. 2002)

(a) 6 (b) 9 (c) 12 (d) 18

52.

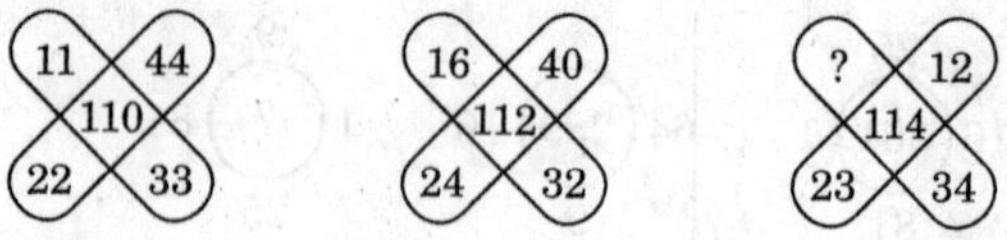

(S.S.C. 2001)

(*a*) 35 (*b*) 37 (*c*) 45 (*d*) 46

53.

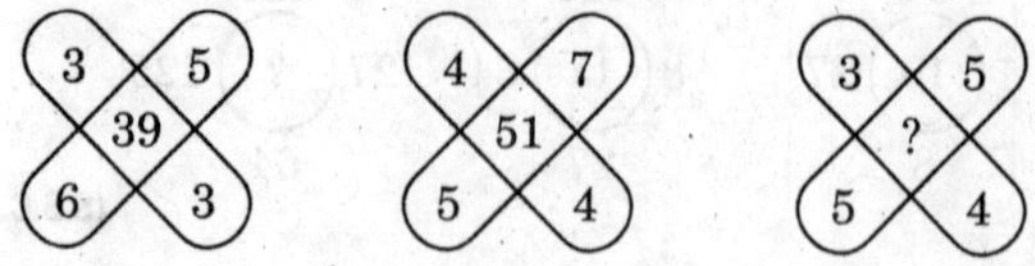

(C.B.I. 2003)

(*a*) 35 (*b*) 37 (*c*) 45 (*d*) 47

54.

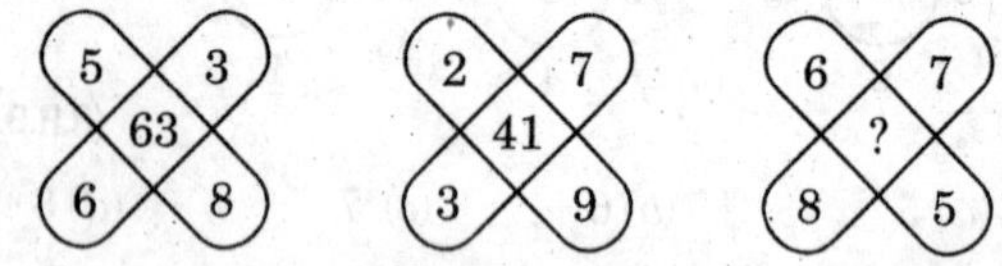

(S.S.C. 2002)

(*a*) 26 (*b*) 82 (*c*) 83 (*d*) 86

55.

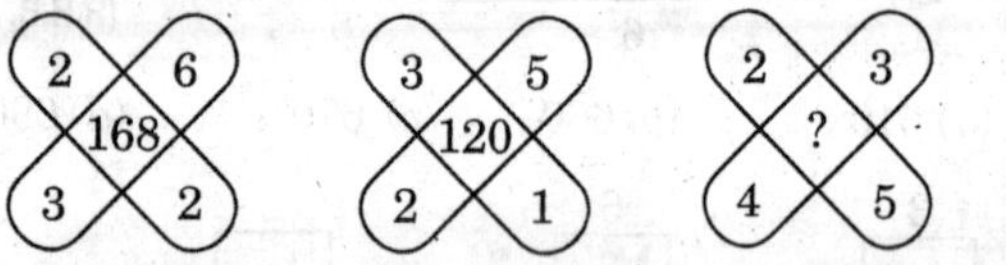

(M.A.T. 2001)

(*a*) 84 (*b*) 195 (*c*) 240
(*d*) इनमें से कोई नहीं

56.

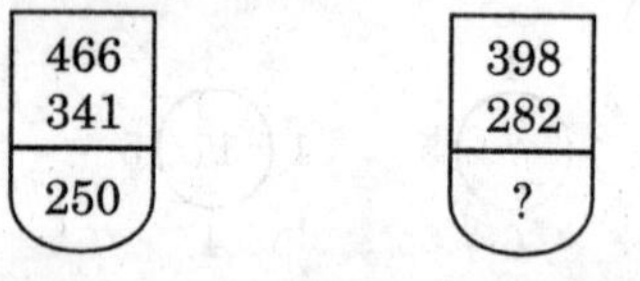

(S.S.C. 2000)

(*a*) 232 (*b*) 268 (*c*) 298 (*d*) 350

57.

(*a*) 262 (*b*) 622 (*c*) 631 (*d*) 824

58.

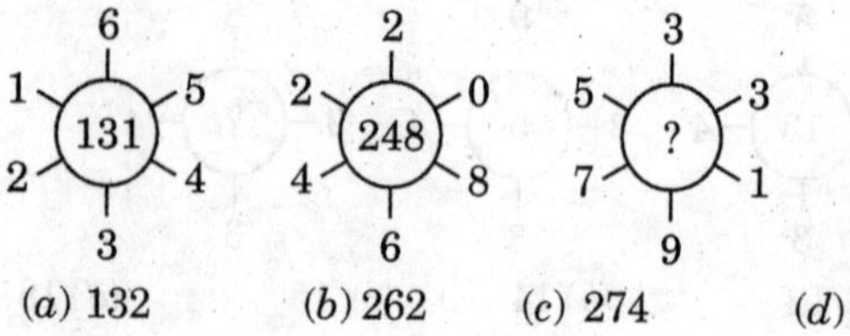

(*a*) 132 (*b*) 262 (*c*) 274 (*d*) 320

59.

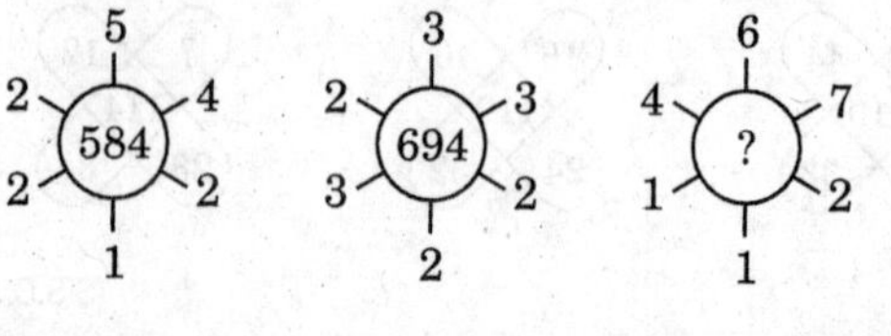

(*a*) 678 (*b*) 769 (*c*) 824 (*d*) 937

60.

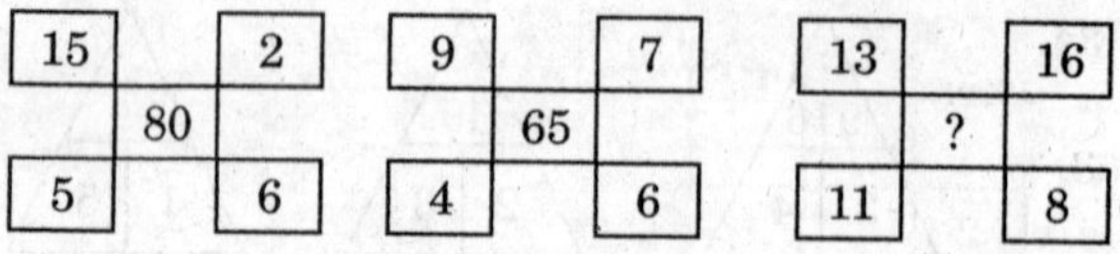

(*a*) 35 (*b*) 48 (*c*) 72 (*d*) 120

61.

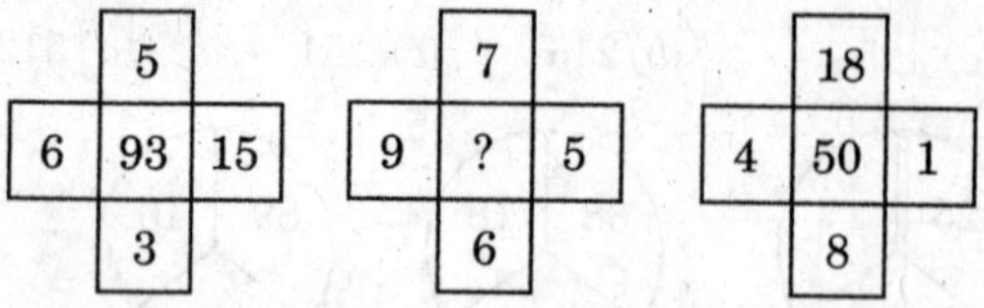

(*a*) 5 (*b*) 19 (*c*) 27 (*d*) 89

62.

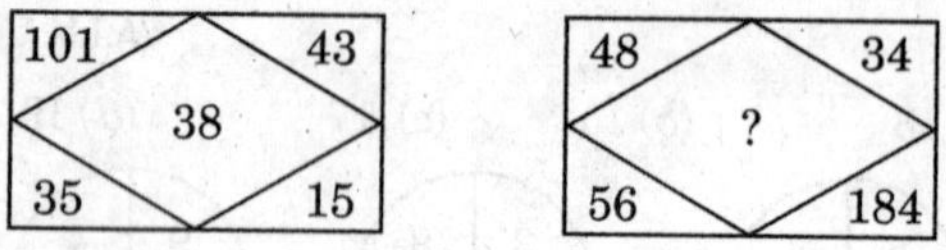

(*a*) 127 (*b*) 142 (*c*) 158 (*d*) 198

63.

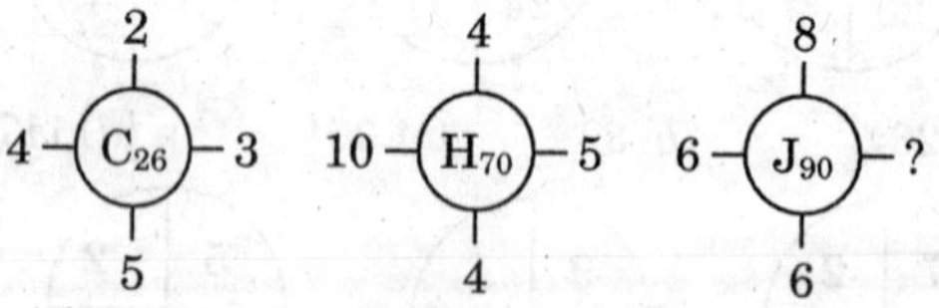

(*a*) 2 (*b*) 3 (*c*) 4 (*d*) 5

64.

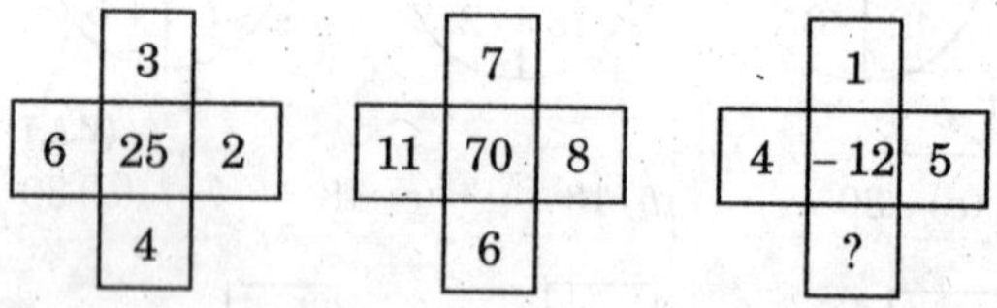

(*a*) 1 (*b*) 2 (*c*) 6 (*d*) 10

दिशानिर्देश (प्रश्न 65 से 106): निम्नलिखित में से प्रत्येक प्रश्न में, कुछ अंकों का एक मैट्रिक्स दिया गया है। ये अंक पंक्तिवार या स्तम्भमवार एक निश्चित नियम का पालन करते हैं। इस नियम को ढूंढें और दिए गए विकल्पों से लुप्त अंक का चयन करें।

65.

6	6	8
5	7	5
4	3	?
120	126	320

(NMAT, 2005)

(*a*) 4 (*b*) 8 (*c*) 12 (*d*) 16

66.

26	18	10
11	9	7
5	4	1
10	5	?

(S.S.C. 2002)

(*a*) 2 (*b*) 4 (*c*) 5 (*d*) 6

67.

1	4	?
4	2	5
2	2	3
49	64	169

(*a*) 3 (*b*) 4 (*c*) 5 (*d*) 6

68. (M.B.A. 2004)

1	4	9	?
1	2	3	4
2	4	6	?

(*a*) 16, 8 (*b*) 25, 5 (*c*) 36, 4 (*d*) 49, 7

69. (S.S.C. 2003)

5	5	2
2	4	1
8	3	10
40	30	?

(*a*) 10 (*b*) 12 (*c*) 13 (*d*) 20

70.

28	60	48
5	6	7
14	39	27
7	?	16

(*a*) 18 (*b*) 23 (*c*) 24 (*d*) 27

71. (S.S.C. 2002)

5	4	9
6	3	?
7	2	4
65	20	45

(*a*) 1 (*b*) 2 (*c*) 3 (*d*) 4

72.

4	5	6
2	3	7
1	8	3
21	98	?

(*a*) 94 (*b*) 76 (*c*) 73 (*d*) 16

73.

5	6	7
3	4	5
9	10	11
345	460	?

(*a*) 535 (*b*) 577 (*c*) 755 (*d*) 775

74.

13	12	5
17	15	8
25	24	?
29	21	20

(*a*) 7 (*b*) 9 (*c*) 11 (*d*) 15

75. (M.B.A. 2006)

3	6	8
5	8	4
4	7	?

(*a*) 6 (*b*) 7 (*c*) 8 (*d*) 9

76.

6	9	15
8	12	20
4	6	?

(*a*) 5 (*b*) 10 (*c*) 15 (*d*) 21

77. (S.S.C. 2000)

9	36	25
4	16	9
1	9	4
6	13	?

(*a*) 5 (*b*) 10 (*c*) 11 (*d*) 15

78.

5	9	8	7
8	6	9	10
7	13	?	19
5	7	8	9

(*a*) 9 (*b*) 10 (*c*) 12 (*d*) 15

79.

6	11	25
8	6	16
12	5	?

(*a*) 18 (*b*) 16 (*c*) 12 (*d*) 10

80.

13	54	?
7	45	32
27	144	68

(*a*) 42 (*b*) 36 (*c*) 6 (*d*) 4

81.

2	4	0
1	2	4
3	1	3
36	?	91

(*a*) 25 (*b*) 48 (*c*) 59 (*d*) 73

82. (S.S.C. 2005)

6	15	20
8	4	5
3	5	20
51	65	?

(*a*) 12 (*b*) 51 (*c*) 56 (*d*) 120

83.

51	11	61
64	30	32
35	?	43

(*a*) 25 (*b*) 27 (*c*) 18 (*d*) 20

84.

72	24	6
96	16	12
108	?	18

(*a*) 12 (*b*) 16 (*c*) 32 (*d*) 37

85.

28	20	7
84	35	12
45	?	9

(*a*) 15 (*b*) 18 (*c*) 20 (*d*) 25

86.

?	13	49
9	17	69
13	11	59

(*a*) 5 (*b*) 9 (*c*) 10 (*d*) 21

87.

11	6	8
17	12	?
25	34	19
19	28	11

(*a*) 9 (*b*) 13 (*c*) 15 (*d*) 16

88.

3	2	2
6	20	4
12	25	64
6	10	?

(*a*) 6 (*b*) 8 (*c*) 10 (*d*) 12

89.

2	5	10
17	?	37
50	65	82

(M.C.A. 2005)

(*a*) 20 (*b*) 26 (*c*) 27 (*d*) 32

90.

16	210	14
14	156	12
12	?	10

(S.S.C. 2002)

(*a*) 90 (*b*) 100 (*c*) 110 (*d*) 120

91.

2	2	256
3	2	?
4	2	46656

(S.S.C. 2000)

(*a*) 2765 (*b*) 3125 (*c*) 8796 (*d*) 30008

92.

1	3	7
5	12	14
25	?	28
125	192	56

(*a*) 1441 (*b*) 3529 (*c*) 8281 (*d*) 9361

93.

1	3	7
5	12	14
25	?	28
125	192	56

(*a*) 64 (*b*) 56 (*c*) 48 (*d*) 40

94.

7	4	5
8	7	6
3	3	?
29	19	31

(*a*) 3 (*b*) 4 (*c*) 5 (*d*) 6

95.

24	144	384
6	36	?
2	12	32
1	6	16

(S.S.C. 2002)

(*a*) 80 (*b*) 85 (*c*) 91 (*d*) 96

96.

31	17	58	87
68	19	61	56
91	22	70	50
10	142	11	?

(S.S.C. 2000)

(*a*) 3 (*b*) 6 (*c*) 7 (*d*) 9

97.

42	44	38
23	55	28
37	?	39

(*a*) 22 (*b*) 33 (*c*) 66 (*d*) 77

98.

1	7	9
2	14	?
3	105	117

(*a*) 26 (*b*) 20 (*c*) 16 (*d*) 12

99.

8	17	33
12	5	29
10	13	?

(S.S.C. 2000)

(*a*) 9 (*b*) 23 (*c*) 33 (*d*) 43

100.

1	2	3
11	7	5
120	45	?

(*a*) 19 (*b*) 17 (*c*) 16 (*d*) 15

101.

963	2	844
464	?	903

(*a*) 1 (*b*) 2 (*c*) 3 (*d*) 4

102.

188	300	263
893	?	915

(R.R.B. 2002)

(*a*) 88 (*b*) 96 (*c*) 238 (*d*) 500

103.

3	4	5
3	7	12
3	?	22

(*a*) 11 (*b*) 10 (*c*) 9 (*d*) 8

104.

7	9	21	27
4	2	36	18
9	4	54	?

(*a*) 18 (*b*) 24 (*c*) 36 (*d*) 58

105.

85	20	5
126	24	6
175	?	7

(S.S.C. 2002)

(*a*) 22 (*b*) 24 (*c*) 26 (*d*) 28

106.

12	(47)	21
10	(52)	4
64	(?)	24

(*a*) 16 (*b*) 40 (*c*) 62 (*d*) 83

107. नीचे दिए गए मैट्रिक्स में, A, B और C के मान हैं-

9	A	12
B	10	7
8	C	11

(*a*) A = 13, B = 11, C = 9
(*b*) A = 13, B = 9, C = 11
(*c*) A = 9, B = 11, C = 13
(*d*) A = 9, B = 13, C = 11

दिशानिर्देश *(प्रश्न 108 से 121): इन प्रश्नों में से प्रत्येक प्रश्न में, प्रश्न-चिन्ह के स्थान पर रखा गया कौन सा चिन्ह मैट्रिक्स को पूरा करेगा?*

108.

A	D	H
F	I	M
?	N	R

(M.B.A. 2004)

(*a*) K (*b*) N (*c*) O (*d*) P

109.

A	D	G
D	I	N
I	P	?

(M.A.T. 2002)

(*a*) V (*b*) W (*c*) X (*d*) Y

110.

Z	?	S
R	O	?
?	G	C

(*a*) WJK (*b*) KWT (*c*) WKJ (*d*) JKW

111.

F	W	O
A	J	K
E	M	?

(*a*) N (*b*) X (*c*) D (*d*) P

112.

H	K	Q
C	G	O
E	J	?

(*a*) T (*b*) P (*c*) N (*d*) L

113.

B	G	N
D	J	R
G	N	?

(Hotel Mgmt., 2003)

(*a*) U (*b*) V (*c*) W (*d*) X

114.

P	T	?
O	Q	S
M	N	R

(*a*) I (*b*) L (*c*) O (*d*) U

115.

A	M	B	N
R	C	S	D
E	U	F	?

(M.B.A. 2004)

(*a*) G (*b*) R (*c*) T (*d*) V

116.

A2	C4	E6
G3	I5	?
M5	O9	Q14

(M.A.T. 2002)

(*a*) J15 (*b*) K8 (*c*) K15 (*d*) L10

117.

7B	5C	6B
3C	9B	19A
15A	17A	?

(NMAT, 2005)

(*a*) 10C (*b*) 12C (*c*) 14B (*d*) 16C

118.

4C	2B	3A
28A	?	45B
7C	5A	15B

(SNAP, 2004)

(*a*) 10C (*b*) 12C (*c*) 13C (*d*) 7C

119.

Z4	X3	V9
A6	C2	?
T5	R4	P15

(*a*) E10 (*b*) E12 (*c*) S10 (*d*) S12

120.

3C	27D	9E
7I	21K	3M
4D	?	7J

(*a*) 11E (*b*) 28G (*c*) 35I (*d*) 48F

121.

BD_3	CE_5	DF_{15}
EG_2	FH_4	GI_8
HJ_4	IK_6	?

(*a*) JL_{24} (*b*) IJ_{18} (*c*) JK_{18} (*d*) JL_{12}

दिशानिर्देश (प्रश्न 122 से 125): इन प्रश्नों में से प्रत्येक प्रश्न में, प्रत्येक पंक्ति में दिए गए अक्षरों और अंकों के बीच कुछ नियमों के अनुसार कुछ संबंध हैं। प्रत्येक मामले में नियम का पता लगाएं और फिर तीसरे पंक्ति में खाली स्थानों को भरने के लिए उसी नियम का पालन करते हुए दिए गए चार विकल्पों में से सही विकल्प को चुनें।

(Hotel Management, 1998)

122.

JN	28	27	GP
CE	12	45	TU
LR	?	?	MS

(*a*) 30, 41 (*b*) 30, 32 (*c*) 34, 36 (*d*) 35, 35

123.

AD	17	39	CF
BP	258	108	HJ
GN	?	?	LM

(*a*) 9, 29 (*b*) 18, 210 (*c*) 179, 239 (*d*) 203, 181

124.

FJ	25	16	NS
LZ	25	196	SX
NQ	?	?	WY

(*a*) 4, 9 (*b*) 9, 4 (*c*) 8, 27 (*d*) 27, 8

125.

GM	9	0	KT
PS	0	50	UY
DI	?	?	CP

(*a*) 4, 10 (*b*) 9, 5 (*c*) 18, 32 (*d*) 32, 18

126. यदि नीचे दिए गए संख्याओं के तीन सेट में से प्रत्येक के परिणामों तक पहुंचने के लिए समान नियम लागू होता हैं, तो संख्याओं के तीसरे सेट में प्रश्न चिह्न को किस नंबर से बदला जाएगा?

(R.R.B. 2005)

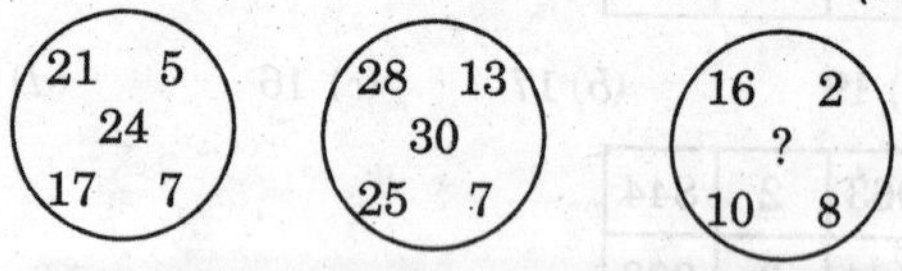

(*a*) 24 (*b*) 30 (*c*) 36 (*d*) 40

दिशानिर्देश (प्रश्न 127 से 130): निम्नलिखित प्रश्नों में, संख्याओं को एक समान सामान्य पैटर्न के अनुसार व्यवस्थित किया गया है। प्रत्येक प्रश्न में लुप्त संख्या का पता लगाएं।

127.

310
296 81
? 215 14

(*a*) 6 (*b*) 7 (*c*) 9 (*d*) 18

128.

72
? 16
4 48 8

(*a*) 32 (*b*) 40 (*c*) 64 (*d*) 80

129.

?
225 144
12 81 15

(*a*) 75 (*b*) 240 (*c*) 360 (*d*) 400

130.

132
121 49
7 ? 11

(*a*) 5 (*b*) 15 (*c*) 18 (*d*) 72

दिशानिर्देश (प्रश्न 131 से 133): निम्नलिखित प्रश्नों में से प्रत्येक प्रश्न में, संख्याओं को नीचे दिए गए नमूना चित्र में दिखाए गए पैटर्न के अनुसार व्यवस्थित किया गया है। लुप्त संख्या का पता लगाएं।

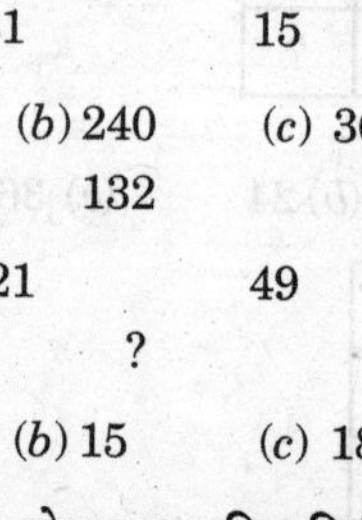

नमूना आकृति

131.

	154	
14	221	196
	?	

(*a*) 11 (*b*) 13 (*c*) 15 (*d*) 17

132.

	315	
15	261	?
	21	

(*a*) 125 (*b*) 90 (*c*) 105 (*d*) 225

133.

	?	
3	39	9
	27	

(*a*) 33 (*b*) 81 (*c*) 243 (*d*) 42

134. नीचे दिए गए तीन सेटों में से प्रत्येक में समान पैटर्न को दिखाने के लिए खाली स्थान में कौन सा विकल्प सही तरीके से फिट होता हैं?

84		81		88	
14	12	18	9	?	11

(*a*) 8 (*b*) 12 (*c*) 16 (*d*) 18 (e) 24

135. कुछ नियमों के आधार पर कुछ समीकरण का हल किया गया हैं। उसी नियम का पालन कर लुप्त संख्या का पता लगाएं। **(S.S.C. 2002)**

1 [3] 4 = 10, 3 [4] 6 = 26, 4 [5] 7 = ?

(*a*) 18 (*b*) 24 (*c*) 32 (*d*) 38

दिशानिर्देश *(प्रश्न 136-137)*: *निम्नलिखित में से प्रत्येक तालिका का अध्ययन करें और उस विकल्प का चयन करें जो प्रश्न चिन्ह (?) के संकेत को सबसे अच्छी तरह से प्रतिस्थापित कर सकता है।*

136.

3	8	10	2	?	1
6	56	90	2	20	0

(*a*) 0 (*b*) 3 (*c*) 5 (*d*) 7

137.

1	2	3	2	10	12
2	5	12	10	16	13
1	2	1	?	10	24

(*a*) 5 (*b*) 11 (*c*) 13 (*d*) 8

138. निम्नलिखित चित्र में X के मान का पता लगाएं:

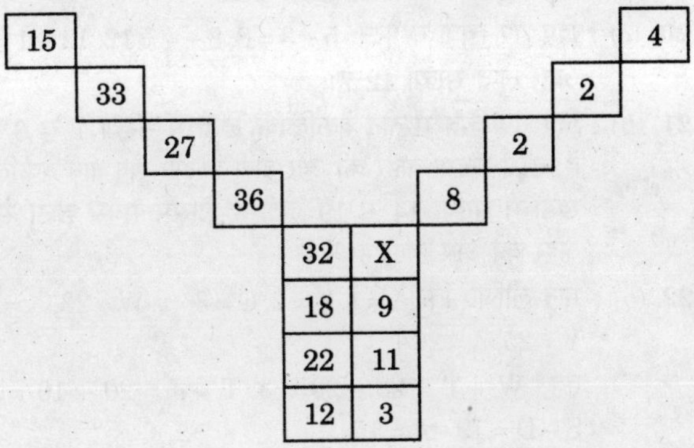

(*a*) 3 (*b*) 4 (*c*) 8 (*d*) 12

हल–अभ्यास 16

1. (*d*) : दिए गए चित्रों में पैटर्न: $7 \times 2 + 1 = 15, 15 \times 2 + 1 = 31, 31 \times 2 + 1 = 63, 63 \times 2 + 1 = 127$
अत: लुप्त संख्या $= 127 \times 2 + 1 = 255$

2. (*e*) : दिए गए चित्रों में पैटर्न: $5 \times 2 = 10, 7 \times 2 = 14$
अत: लुप्त संख्या $= 9 \times 2 = 18$

3. (*c*) : दक्षिणावर्त दिशा में चलने पर, दिए गए चित्रों में पैटर्न: $594 \div 3 = 198; 198 \div 3 = 66$
अत: लुप्त संख्या $= 66 \div 3 = 22$

4. (*c*) : दिए गए चित्रों में पैटर्न: $1 + 2 = 3, 2 + 3 = 5, 3 + 5 = 8$
अत: लुप्त संख्या $= 5 + 8 = 13$

5. (*c*) : दक्षिणावर्त दिशा में चलने पर, पद है: 23, 33, 43, 53, 63, 73.

6. (*b*) : श्रृंखला से दाहिने आधे भाग में संख्या हैं: 2, 3, 4, 5
श्रृंखला के बाएं आधे भाग में संख्या हैं: 5, 7, 9, 11

7. (*a*) : प्रत्येक रेखाखंड के दो किनारे में एक संख्या और इसका वर्ग होता है।
अत: लुप्त संख्या $= 1^2 = 1$

8. (*d*) : दिए गए चित्रों में पैटर्न: $4 \times 2 - 1 = 7, 7 \times 2 = 1 = 15, 15 \times 2 - 1 = 29, 29 \times 2 + 1 = 59, 59 \times 2 - 1 = 117, 117 \times 2 + 1 = 235$
अत: लुप्त संख्या $= 235 \times 2 - 1 = 469$

9. (*d*) : दिए गए चित्रों में पैटर्न: $149 + 26 = 175, 175 + 28 = 203$
अत: लुप्त संख्या $= 203 + 30 = 233$

10. (*a*) : दिए गए चित्रों में पैटर्न: $9 + 2^2 = 13, 13 + 3^2 = 22$
अत: लुप्त संख्या $= 22 + 4^2 = 38$

11. (*d*) : दक्षिणावर्त दिशा में घूमाने पर, पद है: $1^3 - 1, 2^3 - 1, 3^3 - 1$
अत: लुप्त संख्या $= 4^3 - 1 = 63$

12. (*a*) : 3 से शुरू करने पर और दक्षिणावर्त दिशा में चलने पर, प्रत्येक वृत्त-खंड की संख्या पिछले वृत्त-खंड की संख्या का वर्ग है।
अत: लुप्त संख्या $= 3^2 = 9$

13. (*c*) : दिए गए चित्रों में पैटर्न: $3 \times 2 - 1 = 5, 5 \times 2 - 2 = 8, 8 \times 2 - 3 = 13, 13 \times 2 - 4 = 22$
अत: लुप्त संख्या $= 22 \times 2 - 5 = 39$

14. (*a*) : दिए गए चित्रों में पैटर्न: $3 \times 2 + 1 = 7, 5 \times 2 + 1 = 11, 7 \times 2 + 1 = 15$
अत: लुप्त संख्या $= 2 \times 2 + 1 = 5$

15. (*a*) : 27 से शुरू करने पर और दक्षिणावर्त दिशा में चलने पर, श्रृंखला के वैकल्पिक खंडों में संख्या : 27, 30, 33, 36
शेष खंडों में संख्याएं, जो वामावर्त दिशा में चलती हैं, श्रृंखला बनाती हैं: ?, 21, 23, 25 या 21, 23, 25,?
अत: लुप्त संख्या या तो 19 है या 27 है।

16. (*d*) : दिए गए चित्रों में पैटर्न: $3 \times 5 + 1 = 16, 16 \times 5 + 1 = 81, 81 \times 5 + 1 = 406$
अत: लुप्त संख्या $= 406 \times 5 + 1 = 2031$

17. (*d*) : स्पष्ट रूप से, $(2 + 3)^2 = 25, (15 + 6)^2 = 441, (10 + 7)^2 = 289$
अत: लुप्त संख्या $= (12 + 13)^2 = 625$

18. (*d*) : स्पष्ट रूप से, $(5 - 4)^3 + 1, (7 - 3)^3 = 64, (11 - 8)^3 = 27$
अत: लुप्त संख्या $= (8 - 2)^3 = 216$

19. (*c*) : दिए गए चित्रों में पैटर्न: $15 \times 2 = 30, 2 \times 7 = 14, 7 \times 9 = 63$
अत: लुप्त संख्या $= 9 \times 15 = 135$

20. (*c*) : दिए गए चित्रों में पैटर्न: $5 + 3 = 8, 8 + 4 = 12, 12 + 1 = 13$
अत: लुप्त संख्या 12 है।

21. (*b*) : दिए गए चित्र में तीन वैकल्पिक खंडों में संख्या 1 से 6 होती है, छोटी संख्या बाहर की ओर होती है और शेष तीन वैकल्पिक खंडों में संख्या 14 से 19 होती है जिसमें सबसे छोटी संख्या अंदर की ओर होती है।

22. (*b*) : मान लीजिए कि A = 1, B = 2, C = 3, ..., W = 23, X = 24, Y = 25, Z = 26
तब, W – T = 23 – 20 = 3; T – J = 20 – 10 = 10, S – D = 19 – 4 = 15.
अत: लुप्त संख्या = P – G = 16 – 7 = 9

23. (*b*) : दिए गए चित्रों में पैटर्न: $\sqrt{4} \times \sqrt{9} = 6, \sqrt{9} \times \sqrt{16} = 12$
मान लीजिए कि लुप्त संख्या × है। तब,
$\sqrt{16} \times \sqrt{x} = 20 \implies \sqrt{x} = 5 \implies x = 25$

24. (*a*) : दिए गए चित्रों में पैटर्न: $(18 + 19) - 2 = 35; (22 + 24) - 3 = 43$
अत: लुप्त संख्या $= (26 + 27) - 4 = 49$

25. (*b*) : दिए गए चित्रों में पैटर्न:
$$\frac{27 + 54}{9} = 9; \ \frac{42 + 84}{14} = 9$$
मान लीजिए कि लुप्त संख्या x है।
तब, $\frac{x + 42}{7} = 9 \Leftrightarrow x = 21$

26. (*c*) : दिए गए चित्रों में पैटर्न: $2^2 + 4^2 = 20, 3^2 + 9^2 = 90$
अत: लुप्त संख्या है $= 1^2 + 7^2 = 50$

27. (*c*) : दिए गए चित्रों में पैटर्न: $4^2 \times 3^2 = 144, (11)^2 \times 9^2 = 9801$
अत: लुप्त संख्या है $= (15)^2 \times 6^2 = 8100$

28. (*a*) : दिए गए चित्रों में पैटर्न: $(12)^2 - 8^2 = 80; (16)^2 - 7^2 = 207$
अत: लुप्त संख्या है $= (25)^2 - (21)^2 = 184$

29. (*b*) : उपरोक्त तीन संख्याएं नीचे की संख्या के गुणक हैं।
स्पष्ट रूप से, 36, 18 और 27 सभी 9 के गुणक हैं।
अत: लुप्त संख्या 9 है।

30. (*d*) : दिए गए चित्रों में पैटर्न: $93 - (27 + 63) = 3; 79 - (38 + 37) = 4$
अत: लुप्त संख्या $= 67 - (16 + 42) = 9$

31. (*c*) : दिए गए चित्रों में पैटर्न: $5 \times 3 + 4 = 19; 6 \times 4 + 5 = 29$
अत: लुप्त संख्या $= 7 \times 5 + 6 = 41$

32. (*c*) : दिए गए चित्रों में पैटर्न: $3^2 + 4^2 = 5^2; 5^2 + (12)^2 = (13)^2$
मान लीजिए कि लुप्त संख्या × है। तब,
$x^2 + (15)^2 = (17)^2 \Leftrightarrow x^2 = 64 \Leftrightarrow x = 8$

33. (*b*) : दिए गए चित्रों में पैटर्न: $(3 \times 8 \times 4) \div 2 = 48$
अत: लुप्त संख्या $= (5 \times 7 \times 2) \div 2 = 35$

34. (*a*) : नीचे की संख्या को वर्ग करके प्राप्त संख्याओं को ऊपरी हिस्से में दी गयी संख्या को प्राप्त करने के लिए एक साथ जोड़ा जाता है।

35. (*b*) : ऊपरी भाग में दो संख्याओं का योग निचले भाग की संख्या का 7 गुना है।
अत: लुप्त संख्या $= (89 + 16) \div 7 = 15$

36. (*b*) : दिए गए चित्रों में पैटर्न: $(5 + 4) = 9$ और $(5 \times 4) = 20$; $(3 + 8) = 11$ और $(3 \times 8) = 24$
अत: लुप्त संख्या $= (9 \times 4) = 36$

37. (*d*) : दिए गए चित्रों में पैटर्न: $7 \times 2 \times 3 = 42, 9 \times 1 \times 2 = 18$
अत: लुप्त संख्या $= 5 \times (-2) \times (-3) = 30$

38. (*a*) : दिए गए चित्रों में पैटर्न:
$$\frac{12 \times 14}{2} = 84, \ \frac{9 \times 18}{2} = 81$$
मान लीजिए कि लुप्त संख्या x है। तब,
$$\frac{11 \times x}{2} = 88 \Leftrightarrow x = 16$$

39. (*d*) : दिए गए चित्रों में पैटर्न: $(1 + 2 + 3 + 7)^2 = 169; (1 + 2 + 3 + 5)^2 = 121$
अत: लुप्त संख्या $= (1 + 4 + 5 + 6)^2 = (16)^2 = 256$

40. (*d*) : वृत्त के अंदर की संख्या इसके बाहर की संख्या का गुणनफल है।
अत: लुप्त संख्या $= 2 \times 4 \times 2 \times 3 = 48$

41. (*d*) : दिए गए चित्रों में पैटर्न:
$\sqrt{36} + \sqrt{64} + \sqrt{25} + \sqrt{49}$
$= 26; \sqrt{9} + \sqrt{25} + \sqrt{16} + \sqrt{81} = 21.$
अत: लुप्त संख्या $= \sqrt{25} + \sqrt{144} + \sqrt{36} + \sqrt{64}$
$= (5 + 12 + 6 + 8) = 31$

42. (*c*) : दिए गए चित्रों में पैटर्न:
$$\frac{\sqrt{25} + \sqrt{100} + \sqrt{25} + \sqrt{100}}{5} = 6;$$
$$\frac{\sqrt{25} + \sqrt{81} + \sqrt{36} + \sqrt{25}}{5} = 5;$$
$$\frac{\sqrt{25} + \sqrt{25} + \sqrt{25} + \sqrt{25}}{5} = 4$$

अत: लुप्त संख्या $= \frac{\sqrt{49}+\sqrt{9}+\sqrt{16}+\sqrt{36}}{5}$

$= \frac{(7+3+4+6)}{5} = 4$

43. (*c*) : दिए गए चित्रों में पैटर्न:

$(\sqrt{25}+\sqrt{1}+\sqrt{81}+\sqrt{16})^2 = 361;$

$(\sqrt{4}+\sqrt{16}+\sqrt{9}+\sqrt{64})^2 = 289.$

अत: लुप्त संख्या $= (\sqrt{9}+\sqrt{81}+\sqrt{25}+\sqrt{1})^2$

$= (18)^2 = 324$

44. (*d*) : दिए गए चित्रों में पैटर्न:

$\sqrt[3]{64}+\sqrt[3]{27}+\sqrt[3]{8}+\sqrt[3]{1} = 10;$

$\sqrt[3]{125}+\sqrt[3]{64}+\sqrt[3]{27}+\sqrt[3]{8} = 14$

अत: लुप्त संख्या

$= \sqrt[3]{216}+\sqrt[3]{125}+\sqrt[3]{64}+\sqrt[3]{27}$

$= (6+5+4+3) = 18$

45. (*a*) : दिए गए चित्रों में पैटर्न: $(5+12)-(2+6) = 9; (10+8) -(6+4) = 8$

अत: लुप्त संख्या $= (3+7)-(4+1) = (10-5) = 5$

46. (*d*) : दिए गए चित्रों में पैटर्न: $(1^2 = 5^2+4^2+3^2)\times 10 = 510; (3^2+4^2+6^2+2^2)\times 10 = 650$

अत: लुप्त संख्या $= (1^2+2^2+8^2+0^2)\times 10$

$= 69\times 10 = 690$

47. (*d*) : दिए गए चित्रों में पैटर्न: $(3\times 4\times 2\times 5)\div 10 = 12; (6\times 2\times 3\times 5)\div 10 = 18$

अत: लुप्त संख्या $= (2\times 2\times 9\times 5)\div 10 = 18$

48. (*d*) : दिए गए चित्रों में पैटर्न: $(2\times 5+1\times 3) = 13, (3\times 4+1\times 5) = 17$

अत: लुप्त संख्या $= (4\times 6+1\times 5) = (24+5) = 29$

49. (*a*) : दिए गए चित्रों में पैटर्न:

$(10-8)\times(15-8) = 14; (8-6)\times(9-5) = 8$

अत: लुप्त संख्या $= (6-4)\times(11-8) = (2\times 3) = 6$

50. (*a*) : दिए गए चित्रों में पैटर्न: $(7\times 4)-(5\times 3) = 13; (8\times 4)-(9\times 3) = 5$

अत: लुप्त संख्या $= (9\times 4)-(8\times 3) = (36-24) = 12$

51. (*c*) : दिए गए चित्रों में पैटर्न: $(27\div 3)+(16\div 4) = 13; (42\div 7) +(65\div 13) = 11$

अत: लुप्त संख्या $= (27\div 9) = (72\div 8)$

$= (3+9) = 12$

52. (*c*) : दिए गए चित्रों में पैटर्न: $11+22+33+44+110; 16+24 +32+40 = 112$

अत: लुप्त संख्या $= 114-(23+34+12) = 45$

53. (*b*) : दिए गए चित्रों में पैटर्न: $(3\times 3)+(5\times 6) = 39; (4\times 4)+(7\times 5) = 51$

अत: लुप्त संख्या $= (3\times 4)+(5\times 5) = 37$

54. (*b*) : दिए गए चित्रों में पैटर्न: $(5\times 3)+(6\times 8) = 63, (2\times 7)+(3\times 9) = 41$

अत: लुप्त संख्या $= (6\times 7)+(8\times 5)+(42+40) = 82$

55. (*b*) : दिए गए चित्रों में पैटर्न: $(2+6+2+3)^2-1 = 168; (3+5+2+1)^2-1 = 120$

अत: लुप्त संख्या $= (2+3+5+4)^2-1 = (196-1) = 195$

56. (*a*) : दिए गए चित्रों में पैटर्न: $(466-341)\times 2 = 250$

अत: लुप्त संख्या $= (398-282)\times 2 = (116\times 2) = 232$

57. (*b*) : दिए गए चित्रों में पैटर्न: $(915-364) = 551, (789-543) = 246$ अत: लुप्त संख्या $= (863-241) = 622$

58. (*c*) : वृत्त के अंदर स्थित संख्या के अंक वृत्त के ऊपर और नीचे स्थित संख्याओं के बीच का अंतर हैं।

पहले चित्र में, $1 = (2-1), 3 = (6-3), 1 = (5-4)$

दूसरे चित्र में, $2 = (4-2), 4 = (6-2), 8 = (8-0)$

इस प्रकार, लुप्त संख्याओं के अंक $(7-5), (9-3)$ और $(3-1)$ अर्थात 2, 6, 2 हैं। अत: लुप्त संख्या = 262

59. (*a*) : पहले चित्र में, $5 = (5\times 1), 8 = (4\times 2), 4 = (2\times 2)$

पहले चित्र में, $6 = (3\times 2), 9 = (3\times 3), 4 = (2\times 2)$

अत: लुप्त चित्र के अंक $(6\times 1), (7\times 1), (4\times 2)$ अर्थात 6, 7, 8 हैं। लुप्त संख्या = 678

60. (*b*) : दिए गए चित्रों में पैटर्न: $(15-5)\times(2+6) = 80, (9-4)\times(7+6) = 65$

अत: लुप्त संख्या $= (13-11)\times(16+8) = 48$

61. (*d*) : दिए गए चित्रों में पैटर्न: $(6\times 3)+(5\times 15) = 93, (4\times 8)+(18\times 1) = 50$

अत: लुप्त संख्या $= (9\times 6)+(7\times 5)+(54+35) = 89$

62. (*b*) : दिए गए चित्रों में पैटर्न: $(101+15)-(35+43) = 38$

अत: लुप्त संख्या $= (48+184)-(56+34) = (232-90) = 142$

63. (*c*) : वृत्त के अंदर की संख्या को ऊपरी संख्या, निचली संख्या और अंग्रेजी वर्णमाला में अक्षर की स्थिति से संबंधित संख्या के योग को दाईं ओर की संख्या से गुणा करके और उसके बाद गुणनफल से बाईं ओर की संख्या को घटाकर प्राप्त किया जा रहा है।

इस प्रकार, हमारे पास है $(2+C+5)\times 3-4 = (2+3+5)\times 3-4 = 26; (4+H+4)\times 5-10 = (4+8+4)\times 5-10 = 70$

मान लीजिए कि लुप्त संख्या x है।

तब, $(8+J+6)\times x-6+90 \Leftrightarrow (8+10+6)$

$x = 96 \Leftrightarrow x = 4$

64. (*b*) : दिए गए चित्रों में पैटर्न: $(3^2+6^2)-(2^2+4^2) = 25; (7^2+11^2)-(8^2+6^2) = 70.$

मान लीजिए कि लुप्त संख्या x है।

तब, $(1^2+4^2)-(5^2+x^2) = -12 \Leftrightarrow (5^2+x^2) = 29 \Leftrightarrow x^2 = 4 \Leftrightarrow x = 2$

65. (*b*) : पहले कॉलम में, $6\times 5\times 4 = 120$

दूसरे कॉलम में, $6\times 7\times 3 = 126$

मान लीजिए कि लुप्त संख्या x है। तब, तीसरे कॉलम में, दिए गए चित्रों में पैटर्न:

$8 \times 5 \times x = 320$

$x = \dfrac{320}{40} = 8$

66. (*a*) : पहले कॉलम में, $26 = 11 + 5 + 10$
दूसरे कॉलम में, $18 = 9 + 4 + 5$
मान लीजिए कि लुप्त संख्या x है। तब, तीसरे कॉलम में,
$10 = 7 + 1 + x \Leftrightarrow x = 2$

67. (*c*) : पहले कॉलम में, $(1 + 4 + 2)^2 = 49$
दूसरे कॉलम में, $(4 + 2 + 2)^2 = 64$
मान लीजिए कि लुप्त संख्या x है। तब, तीसरे कॉलम में, दिए गए चित्रों में पैटर्न:
$(x + 5 + 3)^2 = 169 = (13)^2 \Leftrightarrow x + 5 + 3 = 13 \Leftrightarrow x = 5$

68. (*a*) : मान लीजिए कि दूसरी पंक्ति में x एक संख्या का प्रतिनिधित्व करता है।
तब, पहली पंक्ति में इसी संख्या को x^2 द्वारा दर्शाया गया है और यह तीसरी पंक्ति में $2x$ द्वारा दर्शाया गया है। अत: पहली पंक्ति में लुप्त संख्या $= 4^2 = 16$
और, तीसरी पंक्ति में लुप्त संख्या $= 2 \times 4 = 8$

69. (*a*) : पहले कॉलम में, $\dfrac{5 \times 2 \times 8}{2} = 40$

दूसरे कॉलम में, $\dfrac{5 \times 4 \times 3}{2} = 30$

लुप्त संख्या $= \dfrac{2 \times 1 \times 10}{2} = 10$

70. (*d*) : पहली पंक्ति में, $(48 - 28) \times 3 = 60$; दूसरी पंक्ति में, $(7 - 5) \times 3 = 6$; तीसरी पंक्ति में, $(27 - 14) \times 3 = 39$
अत: लुप्त संख्या $= (16 - 7) \times 3 = 27$

71. (*a*) : पहले कॉलम में, $(6 + 7) \times 5 = 65$
दूसरे कॉलम में, $(3 + 2) \times 4 = 20$
मान लीजिए कि लुप्त संख्या x है। तब,
$(4 + x) \times 9 = 45 \Leftrightarrow 4 + x = 5 \Leftrightarrow x = 1$

72. (*a*) : पहले कॉलम में, $4^2 + 2^2 + 1^2 = 21$
दूसरे कॉलम में, $5^2 + 3^2 + 8^2 = 98$
अत: लुप्त संख्या $= 6^2 + 7^2 + 3^2 = (36 + 49 + 9) = 94$

73. (*b*) : पहले कॉलम में, $(5 \times 9) + (3 \times 100) = 345$
दूसरे कॉलम में, $(6 \times 10) + (4 \times 100) = 460$
अत: लुप्त संख्या $= (7 \times 11) + (5 \times 100) = 577$

74. (*a*) : पहली पंक्ति में, $(13)^2 = (12)^2 + 5^2$; दूसरी पंक्ति में, $(17)^2 = (15)^2 + 8^2$; चौथी पंक्ति में, $(29)^2 = (21)^2 + (20)^2$ मान लीजिए कि लुप्त संख्या x है। तब,
$(25)^2 = (24)^2 + x^2 \Leftrightarrow x^2 = (25)^2 - (24)^2 = 49\ x = 7$

75. (*a*) : स्पष्ट रूप से, प्रत्येक पंक्ति में संख्याओं का योग 17 है।
अत: लुप्त संख्या $= 17 - (4 + 7) = 6$

76. (*b*) : पहली पंक्ति में, $6 \times \dfrac{3}{2} = 9, 6 \times \dfrac{5}{2} = 15$

दूसरी पंक्ति में, $8 \times \dfrac{5}{2} = 12, 8 \times \dfrac{5}{2} = 20$

तीसरी पंक्ति में, लुप्त संख्या $= 4 \times \dfrac{5}{2} = 10$

77. (*b*) : पहले कॉलम में, $\sqrt{9} + \sqrt{4} + \sqrt{1} = 6$.
दूसरे कॉलम में, $\sqrt{36} + \sqrt{16} + \sqrt{9} = 13$.
अत: लुप्त संख्या $= \sqrt{25} + \sqrt{9} + \sqrt{4}$
$= (5 + 3 + 2) = 10$

78. (*d*) : पहले कॉलम में, $(5 + 8 + 7) \div 4 = 5$
दूसरे कॉलम में, $(9 + 6 + 13) \div 4 = 7$
चौथे कॉलम में, $(7 + 10 + 19) \div 4 = 9$
मान लीजिए कि लुप्त संख्या x है। तब, तीसरे कॉलम में,
$(8 + 9 + x) \div 4 = 8 \Leftrightarrow 17 + x = 32 \Leftrightarrow x = 15$

79. (*b*) : पहली पंक्ति में, $11.2 + (6 \div 2) = 25$
दूसरी पंक्ति में, $6 \times 2 + (8 \div 2) = 16$
तीसरी पंक्ति में, लुप्त संख्या $= 5 \times 2 + (12 \div 2) = 10 + 6 = 16$

80. (*d*) : पहले कॉलम में, $13 + 7 \times 2 = 27$
दूसरे कॉलम में, $54 + 45 \times 2 = 144$
मान लीजिए कि लुप्त संख्या x है। तब, तीसरे कॉलम में,
$x + 32 \times 2 = 68 \Leftrightarrow x = 4$

81. (*d*) : पहले कॉलम में, $2^3 + 1^3 + 3^3 = 36$
तीसरे कॉलम में, $0^3 + 4^3 + 3^3 = 91$
दूसरे कॉलम में, लुप्त संख्या =
$4^3 + 2^3 + 1^3 = (64 + 8 + 1) = 73$

82. (*d*) : पहले कॉलम में, $6 \times 8 + 3 = 51$
दूसरे कॉलम में, $15 \times 4 + 5 = 65$
अत: तीसरे कॉलम में, लुप्त संख्या $= 20 \times 5 + 20 = 120$

83. (*b*) : पहली पंक्ति में, $5 \times 1 = 5, 6 \times 1 = 6, 5 + 6 = 11$
दूसरी पंक्ति में, $6 \times 4 = 24, 3 \times 2 = 6, 24 + 6 = 30$
तीसरी पंक्ति में, $3 \times 5 = 15, 4 \times 3 = 12$
अत: लुप्त संख्या $= 15 + 12 = 27$

84. (*a*) : पहली पंक्ति में, $72 \div \left(\dfrac{24}{2}\right) = 6$

दूसरी पंक्ति में, $96 \div \left(\dfrac{16}{2}\right) = 12$

मान लीजिए कि तीसरी पंक्ति में लुप्त संख्या x है। तब,

$108 \div \left(\dfrac{x}{2}\right) = 18 \Leftrightarrow \dfrac{x}{2} = \dfrac{108}{18}$

85. (*d*) : पहली पंक्ति में, $(28 \div 7) \times 5 = 20$; दूसरी पंक्ति में, $(84 \div 12) \times 5 = 35$
तीसरी पंक्ति में, लुप्त संख्या $= (45 \div 9) \times 5 = 5 \times 5 = 25$

86. (*a*) : दूसरी पंक्ति में, $2 \times 9 + 3 \times 17 = 69$
तीसरी पंक्ति में, $2 \times 13 + 3 \times 11 = 59$
मान लीजिए कि पहली पंक्ति में लुप्त संख्या x है।
तब, $2x + 3 \times 13 = 49 \Leftrightarrow 2x = 10 \Leftrightarrow x = 5$

87. (*d*) : पहले कॉलम में, $17 - 11 = 25 - 19$
दूसरे कॉलम में, $12 - 6 = 34 - 28$
मान लीजिए कि तीसरी पंक्ति में लुप्त संख्या x है।
तब, $x - 8 = 19 - 11 = 8$ या $x = 16$

88. (*b*) : पहले कॉलम में, $\sqrt[3]{3 \times 6 \times 12} = \sqrt[3]{216} = 6$

दूसरे कॉलम में, $\sqrt[3]{2 \times 20 \times 25} = \sqrt[3]{1000} = 10$.

तीसरे कॉलम में, लुप्त संख्या

$= \sqrt[3]{2 \times 4 \times 64} = \sqrt[3]{512} = 8$

89. (*b*) : दिए गए चित्रों में पैटर्न: $2 + 3 = 5, 5 + 5 = 10, 10 + 7 = 17, 37 + 13 = 50, 50 = 15 + 65, 65 + 17 = 82$

अत: लुप्त संख्या $= 17 + 9 = 26$

90. (*c*) : पहली पंक्ति में, $16 \times 14 - 14 = 210$; दूसरी पंक्ति में, $14 \times 12 - 12 = 156$

अत: लुप्त संख्या $= 12 \times 10 - 10 = 110$

91. (*b*) : पहली पंक्ति में, $2 + 2 = 4$ और $4^4 = 256$

तीसरी पंक्ति में, $4 + 2 = 6$ और $6^6 = 46656$

दूसरी पंक्ति में, $3 + 2 = 5$

अत: लुप्त संख्या $= 5^5 = 3125$

92. (*c*) : प्रत्येक पंक्ति में, दूसरी संख्या पहली संख्या का वर्ग है, और तीसरी संख्या पहली संख्या के अंकों को अदला-बदली करके प्राप्त संख्या का वर्ग है।

अत: लुप्त संख्या $= (91)^2 = 8281$

93. (*c*) : पहले कॉलम में अनुक्रम है $\times 5$

इस प्रकार, $1 \times 5 = 5, 5 \times 5 = 25, 25 \times 5 = 125$

तीसरे कॉलम में अनुक्रम है $\times 2$

इस प्रकार, $7 \times 2 = 14, 14 \times 2 = 28, 28 \times 2 = 56$

दूसरे कॉलम में अनुक्रम है $\times 4$

लुप्त संख्या $= 12 \times 4 = 48$

94. (*c*) : पहले कॉलम में, $29 - 8 = 7 \times 3 = 21$; दूसरे कॉलम में $19 - 7 = 4 \times 3 = 12$

मान लीजिए कि तीसरी पंक्ति में लुप्त संख्या x है।

तब, $31 - 6 = 5 \times x$ या $5x = 25$ या $x = 5$

95. (*d*) : प्रत्येक कॉलम में संख्या पैटर्न, $\div 4, \div 3, \div 2$ का पालन करती है।

पहले कॉलम में, $24 \div 4 = 6, 6 \div 3 = 2, 2 \div 2 = 1$

दूसरे कॉलम में, $144 \div 4 = 36, 36 \div 3 = 12, 12 \div 2 = 6$

अत: तीसरे कॉलम में, लुप्त संख्या $= 384 \div 4 = 96$

96. (*c*) : प्रत्येक कॉलम में संख्याओं का योग 200 है। अत: लुप्त संख्या $= 200 - (87 + 56 + 50) = 7$

97. (*a*) : पहली पंक्ति में, $(42 - 38) \times 11 = 44$

दूसरी पंक्ति में, $(28 - 23) \times 11 = 55$

4 तीसरी पंक्ति में, लुप्त संख्या $= (39 - 37).11 = 22$

98. (*d*) : पहले कॉलम में, $2 \times 1 + 1 = 3$; दूसरे कॉलम में $14 \times 7 + 7 = 105$

मान लीजिए कि तीसरी पंक्ति में लुप्त संख्या x है।

तब, $x.9 + 9 = 117 \Leftrightarrow 9x = 108 \Leftrightarrow x = 12$

99. (*c*) : पहली पंक्ति में, $8 \times 2 + 17 = 33$; दूसरी पंक्ति में, $12 \times 2 + 5 = 29$

अत: लुप्त संख्या $= 10 \times 2 + 13 = 33$

100.(*c*) : पहले कॉलम में, $(11)^2 - 1^2 = 120$; दूसरे कॉलम में $72 - 22 = 45$

लुप्त संख्या $= 5^2 - 3^2 = (25 - 9) = 16$

101.(*b*): पहली पंक्ति में, $(9 + 6 + 3) - (8 + 4 + 4) = 2$

दूसरी पंक्ति में, लुप्त संख्या $= (4 + 6 + 4) - (9 + 0 + 3) = 2$

102.(*a*): पहली पंक्ति में, $(263 - 188) \times 4 = 300$

दूसरी पंक्ति में, लुप्त संख्या $= (915 - 893) \times 4 = 22 \times 4 = 88$

103.(*b*): दिए गए चित्रों में पैटर्न: $3 + 4 =$ नीचे की संख्या $4 = 7$; $3 + 4 + 5 =$ नीचे की संख्या $5 = 12$;

$3 + 7 + 12 =$ नीचे की संख्या $12 = 22$

अत: लुप्त संख्या $= 3 + 7 = 10$

104.(*b*): पहली पंक्ति में, $7 \times 3 = 21, 9 \times 3 = 27$

दूसरी पंक्ति में, $4 \times 9 = 36, 2 \times 9 = 18$

तीसरी पंक्ति में, $9 \times 6 = 54$

अत: लुप्त संख्या $= 4.6 = 24$

105.(*d*): पहली पंक्ति में, $(85 \div 5) + 3 = 20$

दूसरी पंक्ति में, $(126 \div 6) + 3 = 24$

अत: तीसरी पंक्ति में लुप्त संख्या $= (175 \div 7) + 3 = (25 + 3) = 28$

106.(*d*): पहली पंक्ति में, $\frac{12}{4} = \frac{21}{7}$;

दूसरी पंक्ति में, $\frac{10}{5} = \frac{4}{2}$.

स्पष्ट रूप से, तीसरी पंक्ति में, हमारे पास है $\frac{64}{8} = \frac{24}{3}$

अत: लुप्त संख्या $= 83$.

107.(*d*): प्रत्येक पंक्ति और प्रत्येक कॉलम में संख्याओं का योग 30 है।

108.(*a*): दूसरी और तीसरी कॉलम में अक्षर पहली और दूसरी पंक्तियों से क्रमश: पांच चरण आगे हैं।

अत: लुप्त अक्षर F से पांच कदम आगे होगा, जो K है।

109.(*b*): पहली पंक्ति में, A 3 चरण आगे D तक बढ़ता है, जो फिर 3 चरण आगे G तक बढ़ाता है।

दूसरी पंक्ति में, D 5 चरण आगे I तक बढ़ता है, जो फिर I 5 चरण आगे N तक बढ़ाता है।

तीसरी पंक्ति में, I 7 कदम आगे P तक बढ़ता है, लुप्त अक्षर P से 7 कदम आगे होगा, जो W है।

110.(*c*) : प्रत्येक कॉलम में, पहली और दूसरी पंक्तियों के अक्षर क्रमश: दूसरी और तीसरी पंक्तियों में समान स्थान वाले अक्षरों से 8 कदम आगे होते हैं।

इस प्रकार, पहली पंक्ति में लुप्त अक्षर O से 8 चरण आगे है अर्थात W है, दूसरी पंक्ति में लुप्त अक्षर C से 8 चरण आगे है अर्थात K है, और तीसरी पंक्ति में लुप्त अक्षर R के 8 चरण पीछे अर्थात J है।

111.(*c*) : A = 1, B = 2, C = 3, ..., M = 13, ..., X = 24,; Y = 25, Z = 26 को रखने से, दिए गए चित्रों में पैटर्न:

पहले कॉलम में, $F - A = 6 - 1 = 5 = E$

दूसरे कॉलम में, $W - J = 23 - 10 = 13 = M$

4 तीसरे कॉलम में, लुप्त अक्षर $= O - K = 15 - 11 = 4 = D$

112.(*a*): A = 1, B = 2, ..., Z = 26, रखने पर दिया गया मैट्रिक्स:

8	11	17
3	7	15
5	10	?

स्पष्ट रूप से,

2 × (दूसरा कॉलम – पहला कॉलम) = तीसरा कॉलम – दूसरा कॉलम

माना लुप्त अक्षर वर्णमाला का दवां अक्षर होना चाहिए।

फिर, $2 \times (10 - 5) = n - 10$ या $n - 10 = 10$ या $n = 20$

अत: लुप्त अक्षर 20वां अक्षर है, जो T है।

113.(*c*) : पहली पंक्ति में अक्षरों अनुक्रम +5, +7 का पालन करता है। दूसरी पंक्ति में अक्षरों अनुक्रम +6, +8 का पालन करता है। तीसरी पंक्ति में, पहला अक्षर G दूसरा अक्षर देने के लिए 7 चरण आगे बढ़ता है।

स्पष्ट रूप से, लुप्त अक्षर N से 9 चरण आगे होगा अर्थात W होगा।

114.(*d*): दिए गए मैट्रिक्स में M से शुरू, सभी लगातार आने वाले अक्षर हैं। अत: M से शुरू होने पर, एक बार भी कलम उठाए बिना U तक पहुंचा जा सकता है।

115.(*d*): प्रत्येक पंक्ति में वैकल्पिक स्थानों पर लगातार आने वाले अक्षर दिए गए हैं।

116.(*b*) : प्रत्येक पंक्ति में अक्षर अनुक्रम + 2 का पालन करते हैं, इसलिए लुप्त अक्षर I से 2 कदम आगे होगा, जो कि K है। प्रत्येक पंक्ति में, पहले दो संख्याओं का योग तीसरे नंबर के बराबर है। तो, लुप्त संख्या + 3 + 5 = 8 है। अत: लुप्त पद K8 है।

117.(*d*): प्रत्येक कॉलम में अक्षरों A, B और C में से प्रत्येक को एक बार आना चाहिए। विकर्णों पर दो संख्याओं का योग तीसरी संख्या के बराबर है।

लुप्त संख्या (7 + 9) यानी, 16 होगी और अक्षर C होगा।

अत: उत्तर 16C है।

118.(*a*): प्रत्येक पंक्ति में, अक्षरों A, B और C में से प्रत्येक एक बार प्रकट होना चाहिए। प्रत्येक कॉलम में, पहले और तीसरे नंबर का गुणनफल दूसरे नंबर के बराबर है।

अत: लुप्त संख्या (2 × 5) = 10 होगी और अक्षर C होगा।

अत: उत्तर 10C है।

119.(*b*): प्रत्येक पंक्ति में वैकल्पिक अक्षर होते हैं। इस प्रकार, पहली पंक्ति में अक्षर V, X, Z होता है; तीसरी पंक्ति में अक्षर P, R, T है। अत: लुप्त अक्षर E है।

प्रत्येक कॉलम में संख्या समांतर श्रृंखला बनाती है। इस प्रकार, पहले कॉलम में संख्या 4, 5, 6 शामिल हैं। दूसरे कॉलम में संख्या 2, 3, 4 शामिल हैं।

तीसरे कॉलम में संख्या श्रृंखला 9, 12, 15 होगी।

अत: उत्तर E 12 है।

120.(*b*): पहली पंक्ति में अक्षर, श्रृंखला C, D, E (लगातार अक्षरों की एक श्रृंखला) का निर्माण करते हैं। दूसरी पंक्ति में अक्षर एक श्रृंखला I, K, M (वैकल्पिक अक्षरों की एक श्रृंखला) का निर्माण करते हैं।

इसी प्रकार से, तीसरी पंक्ति में अक्षर श्रृंखला D, G, J (एक श्रृंखला जिसमें प्रत्येक अक्षर पिछले अक्षर से 3 चरण आगे है) है। अत: लुप्त अक्षर G है। दूसरे कॉलम में संख्या पहले और तीसरे कॉलम में संख्याओं के गुणनफल के बराबर है। अत: लुप्त संख्या (4 × 7) = 28 है। इस प्रकार, उत्तर 28 G है।

121.(*a*): प्रत्येक पंक्ति में तीसरे कॉलम में संख्या को समान पंक्ति में पहले और दूसरे कॉलम में स्थित संख्याओं को गुणा करके प्राप्त किया जाता है।

अत: पहली पंक्ति में, 3 × 5 = 15 और दूसरी पंक्ति में, 2 × 4 = 8

रिक्त स्थान में भरने के लिए संख्या = 4 × 6 = 24

केवल (*a*) में 24 शामिल हैं।

प्रश्न 122 से 125

मान लीजिए A = 1, B = 2, C = 3, ..., M = 13, ..., X = 24, Y = 25, Z = 26

122.(*c*) : दिए गए चित्रों में पैटर्न: JN = J + N + 4 = 10 + 14 + 4 = 28; GP = G + P + 4 = 7 + 16 + 4 = 27; CE = C + E + 4 = 3 + 5 + 4 = 12; TU = T + U + 4 = 20 + 21 + 4 = 45

अत: लुप्त संख्याएं हैं:

(*i*) LR = L + R + 4 = 12 + 18 + 4 = 34

(*ii*) MS = M + S + 4 = 13 + 19 + 4 = 36

123.(*d*): दिए गए चित्रों में पैटर्न: $AD = A + D^2 = 1 + 4^2 = 17$; $CF = C + F^2 = 3 + 6^2 = 39$; $BP = B + P^2 = 2 + (16)^2 = 258$; $HJ = H + J^2 = 8 + (10)^2 = 108$

अत: लुप्त संख्याएं हैं:

(*i*) $GN = G + N^2 = 7 + (14)^2 = 7 + 196 = 203$

(*ii*) $LM = L + M^2 = 12 + (13)^2 = 12 + 169 = 181$

124.(*a*): दिए गए चित्रों में पैटर्न: $FJ = (F - J)^2 = (6 - 10)^2 = 16$; $NS = (N - S)^2 = (14 - 19)^2 = 25$; $LZ = (L - Z)^2 = (12 - 26)^2 = 196$; $SX = (S - X)^2 = (19 - 24)^2 = 25$.

अत: लुप्त संख्याएं हैं:

(*i*) $WY = (W - Y)^2 = (23 - 25)^2 = (-2)^2 = 4$

(*ii*) $NQ = (N - Q)^2 = (14 - 17)^2 = (-3)^2 = 9$

125.(*c*) : दिए गए चित्रों में पैटर्न:

GM = 7 × 13 = 91 = 9 × 1 = 9;

KT = 11.20 = 220 = 2 × 2.0 = 0;

PS = 16 × 19 = 304 = 3 × 0 × 4 = 0;

UY = 21.25 = 525 = 5.2.5.50.

अत: लुप्त संख्याएं हैं:

(*i*) DI = 4 × 9 = 36 = 3 × 6 = 18

(*ii*) CP = 3 × 16 = 48 = 4 × 8 = 32

126.(*b*): पहले सेट में, दिए गए चित्रों में पैटर्न:

$$= 24.(21 - 17) \times \frac{5 + 7}{2}$$

दूसरे सेट में, दिए गए चित्रों में पैटर्न:

$$(28 - 25) \times \frac{13 + 7}{2} = 30.$$

अत: तीसरे सेट में, लुप्त संख्या

$$= (16 - 10) \times \frac{2 + 8}{2} = (6 \times 5) = 30$$

प्रश्न 127 से 130

मान लीजिए कि पैटर्न निम्न प्रकार से है:

A

B C

D E F

प्रश्न 129 और 130 से, हमें प्राप्त है:

$C = D^2, B = F^2$ ...(i)

प्रश्न 127 और 129 से, हमें प्राप्त है:

$E = B - C$ ...(ii)

प्रश्न 127 और 130 से, हमें प्राप्त है:

$A = B + F$ ...(iii)

127.(*c*) : लुप्त संख्या $= \sqrt{81} = 9$. [(*i*) से]

128.(*c*) : लुप्त संख्या $= 8^2 = 64$. [(*i*) से]

129.(*b*): लुप्त संख्या $= 225 + 15 = 240$ [(*iii*) से]

130.(*d*): लुप्त संख्या $= 121 - 49 = 72$

प्रश्न 131 से 133

नमूना चित्र में अनुसरण किया गया पैटर्न इस प्रकार है:

$8 \times 13 = 104, 8^2 = 64, 8 + 13 + 64 = 85.$

131.(*a*): मान लीजिए कि लुप्त संख्या x है।

स्पष्ट रूप से, $14 + x + 196 = 221$

$\Rightarrow x = 221 - 210 = 11$

132.(*d*): लुप्त संख्या $= 15^2 = 225$

133.(*b*): लुप्त संख्या $= 3 \times 27 = 81$

134.(*c*) : पहले सेट में, $(84 \div 12) \times 2 = 14$

दूसरे समूह में, $(81 \div 9) \times 2 = 18$

तीसरे सेट में, लुप्त संख्या

$= (88 \div 11) \times 2 = 8 \times 2 = 16$

135.(*d*): दिए गए चित्रों में पैटर्न: $1 \times 4 + 3 \times 2 = 10; 3 \times 6 + 4 \times 2 = 26$

लुप्त संख्या $= 4 \times 7 + 5 \times 2 = (28 + 10) = 38$

136.(*c*) : मान लीजिए X पहली पंक्ति में संख्याओं को दर्शाता है और Y दूसरी पंक्ति में संख्याओं को दर्शाता है।

तब, पैटर्न है $X^2 - X = Y$

स्पष्ट रूप से, $3^2 - 3 = 9 - 3 = 6; 8^2 - 8 = 64 - 8 = 56;$

$10^2 - 10 = 100 - 10 = 90;$

$2^2 - 2 = 4 - 2 = 2; 1^2 - 1 = 1 - 1 = 0$

उसी प्रकार से, $52 - 5 = 20$

अत: लुप्त संख्या 5 है।

137.(*c*) : पहले, दूसरे, तीसरे, ...कॉलम में संख्याओं की श्रृंखला 4, 9, 16, ... अर्थात $2^2, 3^2, 4^2$, ... है।

मान लीजिए कि लुप्त संख्या x है।

तब, $2 + 10 + x = 25$ या $x = 25 - 12 = 13$

138.(*b*): शीर्ष बाएं हाथ की ओर की संख्या को नीचे दो संख्याओं को जोड़कर प्राप्त किया जाता है। शीर्ष दाएं हाथ की ओर की संख्या को नीचे दो संख्याओं को विभाजित करके प्राप्त किया जाता है।

इस प्रकार, $12 + 3 = 15, 12 \div 3 = 4;$

$22 + 11 = 33, 22 \div 11 = 2;$

$18 + 9 = 27, 18 \div 9 = 2$

अत: $32 + X = 36$ और $32 \div X = 8$ या $X = 4$

हल सहित अतिरिक्त प्रश्न

अभ्यास

दिशानिर्देश (प्रश्न 1 से 5): दिए गए विकल्पों में से लुप्त संख्या का चयन करें:

1.

1	216	343
8	125	512
27	64	?
35	401	1575

(*a*) 615 (*b*) 729 (*c*) 575 (*d*) 340

[SSC-CGL Tier I Exam, 2015]

2.

2	3	8
4	5	10
6	7	12
32	50	?

(*a*) 92 (*b*) 128 (*c*) 200 (*d*) 30

[SSC-CGL Tier I Exam, 2015]

3.

4	3	2	8	32
5	3	1	9	24
7	3	3	7	70
2	9	4	12	?

(*a*) 120 (*b*) 27 (*c*) 84 (*d*) 60

[SSC-CGL Tier I Exam, 2015]

4.

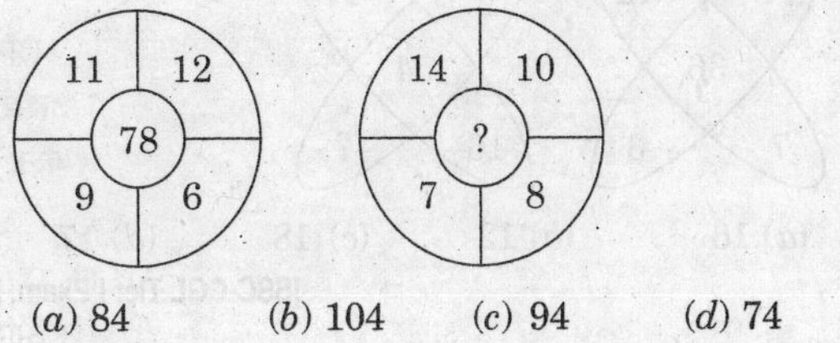

(*a*) 84 (*b*) 104 (*c*) 94 (*d*) 74

[SSC-CGL Tier I Exam, 2015]

5.

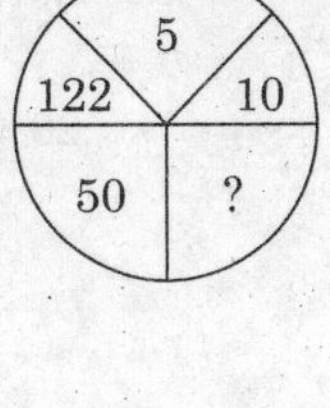

(*a*) 25 (*b*) 27 (*c*) 23 (*d*) 26

[SSC-CGL Tier I Exam, 2015]

दिशानिर्देश *(प्रश्न 6 से 13)*: *निम्नलिखित प्रश्नों में, दिए गए विकल्पों में से लुप्त संख्या का चयन करें:*

6.

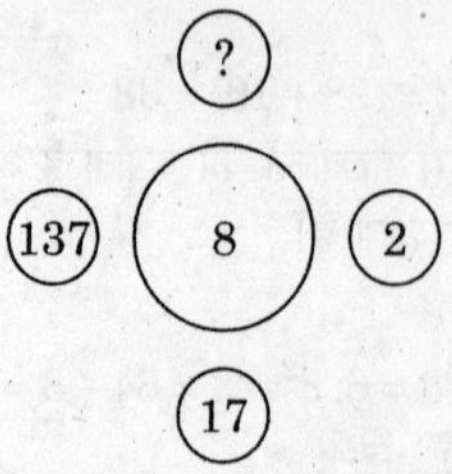

(*a*) 97 (*b*) 1097 (*c*) 907 (*d*) 9107

[SSC-CGL Tier I Exam, 2015]

7.

9	11	13
13	15	17
10	12	14
10	12	14
14	16	18
11	13	?

(*a*) 14 (*b*) 22 (*c*) 15 (*d*) 21

[SSC-CGL Tier I Exam, 2015]

8.

7	5	3
8	4	9
2	8	?
112	160	162

(*a*) 8 (*b*) 4 (*c*) 6 (*d*) 12

[SSC-CGL Tier I Exam, 2015]

9.

3	2
4	24

2	–1
–2	4

6	5
0	?

(*a*) 30 (*b*) 11 (*c*) 1 (*d*) 0

[SSC-CGL Tier I Exam, 2015]

10.

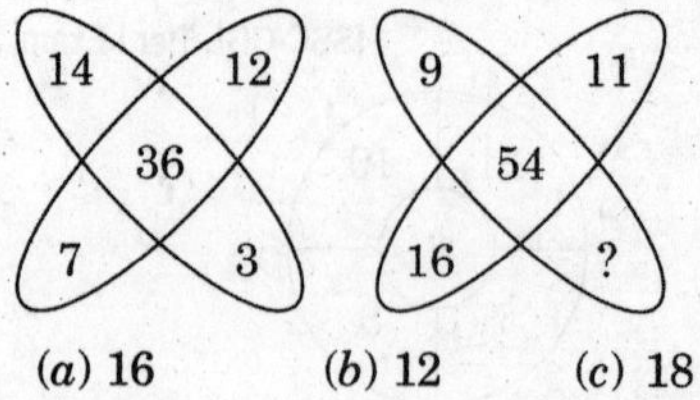

(*a*) 16 (*b*) 12 (*c*) 18 (*d*) 17

[SSC-CGL Tier I Exam, 2015]

11.

9	7	4
5	4	3
6	8	?
49	52	25

(*a*) 6 (*b*) 7 (*c*) 4 (*d*) 5

[SSC-CGL Tier I Exam, 2014]

12.

4	10	22
8	5	14
10	3	?

(*a*) 13 (*b*) 14 (*c*) 11 (*d*) 12

[SSC-CGL Tier I Exam, 2014]

13.

2	3	4
3	4	5
13	?	41

(*a*) 31 (*b*) 46 (*c*) 23 (*d*) 25

[SSC-CGL Tier I Exam, 2014]

दिशानिर्देश *(14–16)*: *दिए गए विकल्पों में से लुप्त संख्या का चयन करें:*

14.

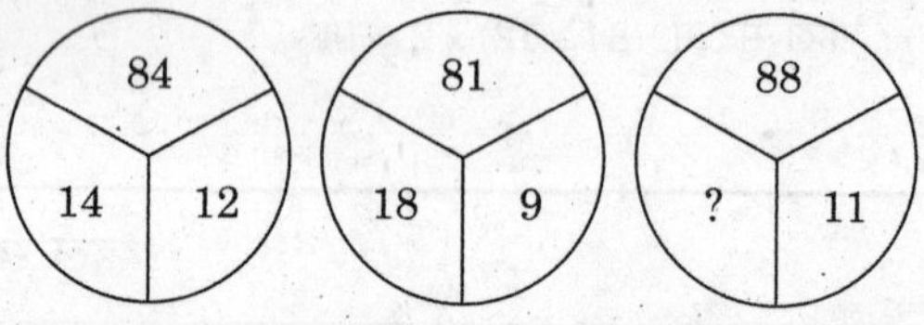

(*a*) 10 (*b*) 12 (*c*) 14 (*d*) 16

[SSC-CGL Tier I Exam, 2013]

15.

3	5	8	7
4	6	4	6
5	2	2	3
58	58	62	?

(*a*) 126 (*b*) 122 (*c*) 128 (*d*) 124

[SSC-CGL Tier I Exam, 2013]

16.

4	3	2
6	9	10
9	27	?

(*a*) 30 (*b*) 20 (*c*) 50 (*d*) 54

[SSC-CGL Tier I Exam, 2013]

हल

1. (*b*) :

1^3	6^3	7^3
2^3	5^3	8^3
3^3	4^3	$9^3 = \boxed{729}$
35	401	1575

2. (*c*) : यहां,
$2 \times 4 + 4 \times 6 = 32$
$3 \times 5 + 5 \times 7 = 50$
$8 \times 10 + 10 \times 12 = 200$
अत: विकल्प (*c*) सही उत्तर है।

3. (*c*) : $4 \times 3 \times 2 + 8 = 32$
$5 \times 3 \times 1 + 9 = 24$
$7 \times 3 \times 3 + 7 = 70$
$2 \times 9 \times 4 + 12 = 84$
अत: विकल्प (*c*) सही उत्तर है।

4. (*a*) : चूँकि, $11 \times 12 - 6 \times 9 = 132 - 54 = 78$
साथ ही, $14 \times 10 - 7 \times 8 = 140 - 56 = 84$
अत: विकल्प (*a*) सही उत्तर है।

5. (*d*) : अभाज्य संख्या 2, 3, 5, 7, 11 को लेने पर हमें प्राप्त होता है-
$2^2 + 1 = 5$
$3^2 + 1 = 10$
$5^2 + 1 = 26$
$7^2 + 1 = 50$
$11^2 + 1 = 122$
अत: विकल्प (*d*) सही उत्तर है।

6. (*b*) : $2 \times 8 + 1 = 17$
$17 \times 8 + 1 = 137$
$137 \times 8 + 1 = 1097$
अत: लुप्त संख्या 1097 है।

7. (*c*) : $9\ 11\ 13 \Rightarrow 9 + 2 = 11,\ 11 + 2 = 13$
$13\ 15\ 17 \Rightarrow 13 + 2 = 15,\ 15 + 2 = 17$
$10\ 12\ 14 \Rightarrow 10 + 2 = 12,\ 12 + 2 = 14$
$14\ 16\ 18 \Rightarrow 14 + 2 = 16,\ 16 + 2 = 18$
$11\ 13\ ? \Rightarrow 11 + 2 = 13,\ 13 + 2 = \boxed{15}$
अत: विकल्प (*c*) सही उत्तर है।

8. (*c*) : $7 \times 8 \times 2 = 112$
$5 \times 4 \times 8 = 160$
$3 \times 9 \times 6 = 162$
अत: विकल्प (*c*) सही उत्तर है।

9. (*d*) : $2 \times 3 \times 4 = 24$
$-1 \times 2 \times (-2) = 4$
$5 \times 6 \times 0 = 0$
अत: विकल्प (*d*) सही उत्तर है।

10. (*c*) : $14 + 7 + 3 + 12 = 36$
$9 + 16 + 18 + 11 = 54$
अत: 18 आवश्यक उतर है।

11. (*b*) : $9 \times 6 - 5 = 49$
$7 \times 8 - 4 = 52$
$4 \times ? - 3 = 25$
$? = \frac{28}{4} = \boxed{7}$

12. (*c*) : $4 + 22 - 10 = 16$
$8 + 14 - 5 = 17$
So, $10 + ? - 3 = 18$
$7 + ? = 18$
$? = \boxed{11}$

13. (*d*) : जैसा कि,
$(2)^2 + (3)^2 = 4 + 9 = 13$
$(4)^2 + (5)^2 = 16 + 25 = 41$
$(3)^2 + (4)^2 = 9 + 16 = \boxed{25}$

14. (*d*) : जैसा कि,
$\frac{84}{12} \times 2 = 14$
$\frac{81}{9} \times 2 = 18$
उसी प्रकार से, $\frac{88}{11} \times 2 = \boxed{16}$

15. (*d*) : $3 \times 4 \times 5 = 60 - 2 = 58$
$5 \times 6 \times 2 = 60 - 2 = 58$
$8 \times 4 \times 2 = 64 - 2 = 62$
$7 \times 6 \times 3 = 126 - 2 = 124$
अत: विकल्प (*d*) सही उत्तर है।

16. (*c*) : 4 3 6, 6 3 9
$4 \times \frac{3}{2} = 6,\ 6 \times \frac{3}{2} = 9$
$3 \times 3 = 9,\ 9 \times 3 = 27$
$2 \times 5 = 10,\ 10 \times 5 = \boxed{50}$
अत: प्रश्न चिन्ह के स्थान पर 50 होगा।

17

आंकड़ा पर्याप्तता
(DATA SUFFICIENCY)

इस खंड में ऐसे प्रश्न हैं जिनमें किसी भी विषय जैसे कोडिंग, डिकोडिंग, रक्त संबंध, पहेली परीक्षण, दिशा संवेदना परीक्षण, रैंकिंग और समय अनुक्रम परीक्षण, अंकगणितीय रीजनिंग आदि पर एक प्रश्न दिए जाते हैं, इसके बाद तथ्यों से संबंधित कुछ कथन दिए जाते हैं जिनमें प्रश्न के संदर्भ में संकेत (क्लू) होता है। अभ्यर्थी को यह पता लगाना होता है कि दिए गए कथनों में से कौन सा/से कथन दिए गए प्रश्न का उत्तर देने के लिए पर्याप्त हैं।

व्याख्यात्मक उदाहरण

उदा. 1. मणिक निशा से कैसे संबंधित है? **(C.E.T. 2006)**

I. मणिक निशा की सास का एकमात्र बेटा है।

II. रितु मणिक की एकमात्र बहन है

हल: I से, हम जानते हैं कि मणिक निशा की सास का एकमात्र बेटा है, यानि मणिक निशा का पति है। हालांकि, मणिक और निशा के बीच के रिश्ते को II से बदला नहीं जा सकता है। इस प्रकार, I अकेले ही दिए गए प्रश्न का उत्तर देने के लिए पर्याप्त है।

उदा. 2. किसी दिए गए महीने के चौदहवां दिन क्या है? **(G.B.O. 2006)**

I. महीने का आखिरी दिन बुधवार है।

II. महीने का तीसरा शनिवार सत्रहवां दिन था।

हल: स्पष्ट रूप से, कथन II से पता चलता है कि 17वां दिन शनिवार था और इसलिए, 14वां दिन बुधवार था। हालाँकि, I में दी गई जानकारी समाधान के लिए पर्याप्त नहीं है। इसलिए, II अकेले दिए गए प्रश्न का उत्तर देने के लिए पर्याप्त है।

उदा. 3. 40 छात्रों की कक्षा में शीर्ष से सुमन का रैंक क्या है? **(Bank P.O. 2006)**

I. रीना सुमन से चार रैंक नीचे है और उसका रैंक नीचे से 31वां है।

II. अनुज सुमन से दो रैंक ऊपर है और उसका रैंक नीचे से 37वां है।

हल: I से, हम यह निष्कर्ष निकालते हैं कि 34 छात्र (1 + 3 + 30) रैंक में सुमन के नीचे हैं, अर्थात् रीना, रीना के नीचे 30 छात्र और सुमन और रीना के बीच 3 छात्र हैं। इस प्रकार, रैंक में सुमन के ऊपर [40 – (34 + 1)] = 5 छात्र हैं। अत: सुमन शीर्ष से 6 वें स्थान पर है।

II से, हम निष्कर्ष निकालते हैं कि अनुज नीचे से 37 वें स्थान पर है यानी शीर्ष से 4वें स्थान पर है। चूंकि अनुज सुमन से दो रैंक ऊपर है, इसलिए सुमन ऊपर से 6 वें स्थान पर है। इस प्रकार, या तो I या केवल II दिए गए प्रश्न का उत्तर देने के लिए पर्याप्त हैं।

उदा. 4. कोड भाषा में 'ta' का क्या अर्थ है? **(Bank P.O. 2004)**

I. उस कोड भाषा में 'pa ta ja' का अर्थ 'over and above' है।

II. उस कोड भाषा में 'ho ka pa' का अर्थ 'come over here' है।

हल: स्पष्ट रूप से, 'ta' के लिए कोड खोजने के लिए, केवल ta 'या pa और ja, I और II दोनों में उभयनिष्ठ होना चाहिए।
II. हालांकि, इनमें से कोई भी शर्त पूरी नहीं हुई है। इसलिए, I और II दोनों में दिए गए डेटा भी दिए गए प्रश्न का उत्तर देने के लिए पर्याप्त नहीं हैं।

उदा. 5. D, F, J, P और A में से कौन बाद में ऑफिस पहुंचा? **(S.B.I.P.O. 2005)**

I. F और J एक साथ ऑफिस पहुँचे।

II. केवल D और P, J के आगे ऑफिस पहुंचे।

हल: I और II से, हम यह निष्कर्ष निकालते हैं कि केवल D और P, J के आगे ऑफिस में पहुंचे और F से भी। अत: दिए गए प्रश्न का उत्तर देने के लिए I और II दोनों डेटा की आवश्यकता है।

अभ्यास 17

निर्देश (प्रश्न 1 से 106): नीचे दिए गए प्रत्येक प्रश्न में एक प्रश्न और दो कथन I और II दिए गए हैं। आपको यह तय करना होगा कि कथन में दिए गए डेटा प्रश्न का उत्तर देने के लिए पर्याप्त हैं या नहीं। दोनों कथनों को पढ़ें और उत्तर दें-

(a) यदि कथन I का डेटा अकेले प्रश्न का उत्तर देने के लिए पर्याप्त है, जबकि कथन II में दिए गए डेटा प्रश्न का उत्तर देने के लिए पर्याप्त नहीं हैं;

(b) यदि कथन II का डेटा अकेले प्रश्न का उत्तर देने के लिए पर्याप्त है, जबकि कथन I में दिए गए डेटा प्रश्न का उत्तर देने के लिए पर्याप्त नहीं हैं;

(c) यदि या तो अकेले कथन I या अकेले कथन II प्रश्न का उत्तर देने के लिए पर्याप्त हैं;

(d) यदि कथन I और II दोनों में दिए गए डेटा प्रश्न का उत्तर देने के लिए पर्याप्त नहीं हैं; तथा

(e) यदि कथन I और II दोनों में डेटा प्रश्न का उत्तर देने के लिए आवश्यक हैं।

1. ताजा घास का रंग क्या है? (Bank P.O. 2006)
I. नीला को हरा, लाल को नारंगी, नारंगी को पीला कहा जाता है।
II. पीले को सफेद कहा जाता है, सफेद को काला, हरा को भूरा और भूरा को बैंगनी कहा जाता है।

2. कोड भाषा में 'nip' का क्या अर्थ है? (Agriculture Officers' 2005)
I. उस कोड भाषा में 'that is very beautiful' का अर्थ 'se nip sre num' है।
II. उस कोड भाषा में 'my house is beautiful' का अर्थ 'They like flowers' है।

3. एक कोड भाषा में 'nop al ed' का अर्थ 'They like flowers' है। किस कोड का अर्थ 'flowers' होगा? (Bank P.O. 2003)
I. 'id nim nop' का अर्थ 'They are innocent' है।
II. 'gob ots al' का अर्थ 'We like roses' है।

4. कोड भाषा में 'sky' के लिए कोड क्या होगा? (C.E.T. 2006)
I. कोड भाषा में, 'sky is clear' को 'de ra fa' लिखा जाता है।
II. कोड भाषा में, 'make it clear' को 'de ga jo' लिखा जाता है।

5. कोड भाषा में 'flower' के लिए कोड क्या होगा? (Bank P.O. 2000)
I. 'de fu la pane' का अर्थ 'rose flower is beautiful' तथा 'la quiz' का अर्थ 'beautiful tree' है।
II. 'de la chin' का अर्थ 'red rose flower' तथा 'pa chin' का अर्थ 'red tea' है।

6. कोड भाषा में, 'sin co bye' को 'He is good' लिखा जाता है। कोड भाषा में 'good' के लिए कोड क्या होगा? (Bank P.O. 2002)
I. उसी कोड भाषा में, 'co mot det' का अर्थ 'They are good' है।
II. उसी कोड भाषा में, 'sin mic bye' का अर्थ 'He is honest' है।

7. कोड भाषा में 'is' के लिए कोड क्या होगा? (Management Trainees' 2005)
I. कोड भाषा में, 'shI tu ke' का अर्थ 'pen is blue' है।
II. उसी कोड भाषा में, 'ke sI re' का अर्थ 'this is wonderful' है।

8. कोड भाषा में 'No' का कोड क्या होगा?
I. 'Ne Pa Sic Lo' का अर्थ 'But No None And' and 'Pa Lo Le Ne' का अर्थ 'If None And But' है।
II. 'Le Se Ne Sic' का अर्थ 'If No None Will' और 'Le PI Se Be' का अर्थ 'Not None If All' है।

9. कोड भाषा में 'or' का कोड क्या है? (SIDBI, 2000)
I. 'nik sa te' का अर्थ 'right or wrong', 'ro da nik' का अर्थ 'he is right' और 'fe te ro' का अर्थ 'that is wrong' है।
II. 'pa nik la' का अर्थ 'that right man', 'sa ne pa' का अर्थ 'this or that' और 'ne ka re' का अर्थ 'tell this there' है।

10. कोड भाषा में mangoes का कोड क्या है? (S.B.I.P.O. 2005)
I. कोड भाषा में, 'Te Le Pa Na' का अर्थ 'You eat many mangoes' और 'Le Na Da' का अर्थ 'You sell mangoes' है।
II. कोड भाषा में, 'Ge Na Se La Le' का अर्थ 'They eat bananas and mangoes' और 'Ne De Le La' का अर्थ 'Who others eat bananas' है।

11. कोड भाषा में '$' का कोड क्या है? (Bank P.O. 2005)
I. '5$#3' का अर्थ 'flowers are really good' है।
II. '7#35' का अर्थ 'good flowers are available' है।

12. एक निश्चित कोड में 'water' का सांख्यिक कोड क्या है? (Bank P.O. 2004)
I. 'give me water' का कोड '719' है।
II. 'you can bring water for me' का कोड '574186' है।

13. एक निश्चित कोड में, '13' का अर्थ 'stop smoking' और '59' का अर्थ 'injurious habit' है। '9' और '5' के कोड क्रमशः क्या होंगे?
I. '157' का अर्थ 'stop bad habit' है।
II. '839' का अर्थ 'smoking is injurious' है।

14. एक निश्चित कोड भाषा में, '297' का अर्थ 'tie clip button' है। इस भाषा में किस संख्या का अर्थ 'button' होगा?
I. कोड भाषा में, '926' का अर्थ 'clip your tie' है।
II. कोड भाषा में, '175' का अर्थ 'hole and button' है।

15. D का A से क्या संबंध है? (G.B.O. 2006)
I. B, A का भाई है।
II. B, D का पुत्र है।

16. J, P से किस प्रकार संबंधित है? (Bank P.O. 2005)
I. M, P का भाई है और T, P की बहन है।
II. P की माँ की शादी J के पति से हुई है जिसके एक बेटा और दो बेटियाँ हैं।

17. T, K से किस प्रकार संबंधित है? (Agriculture Officers' 2005)
I. R की बहन J ने T के भाई L से शादी की है, जो अपने माता-पिता का इकलौता बेटा है।
II. K, L और J की इकलौती बेटी है।

18. B, A का भाई है। A, B से कैसे संबंधित है? (Bank P.O. 2003)
I. A, C की बहन है।
II. E, A का पति है।

19. M, N से किस प्रकार संबंधित है? (S.B.I.P.O. 2005)
I. P, जिनके केवल दो बच्चे हैं, M और N, Q की सास हैं, जोकि N की भाभी हैं।
II. R, M की भाभी, S की बहू है, जिसके केवल दो बच्चे M और N हैं।

20. तान्या तस्वीर में दिए गए आदमी से कैसे संबंधित है? (SIDBI, 2000)
I. तस्वीर में आदमी तान्या के दादा का इकलौता बेटा है।
II. तस्वीर में दिख रहे आदमी का कोई भाई या बहन नहीं है और उसके पिता तान्या के दादा हैं।

21. F, P से किस प्रकार संबंधित है? (Bank P.O. 2003)
I. P की दो बहनें – M और N हैं।
II. F की माँ M के पिता की बहन है।

22. X, Y से कैसे संबंधित है? (NABARD, 2002)
I. Y कहता है, "मेरा एक ही भाई है"।
II X कहता है, "मेरी एक ही बहन है"।

23. T, K से किस प्रकार संबंधित है? (I.B.P.S. 2002)
I. K के दो बेटे हैं; बेटों में से एक A है।
II. T की माँ के केवल दो बेटे हैं– A और B।

24. X, Y से कैसे संबंधित है? (S.B.I.P.O. 2001)
I. Y और Z, D की संतान हैं जो X की पत्नी है।
II. R की बहन X की शादी Y के पिता से हुई।

25. D के कितने पुत्र हैं?
I. एक पिता के तीन बच्चे हैं।
II. B, A का भाई है और D का पुत्र है।

26. दिव्यांग शालू से कैसे संबंधित है? **(Bank P.O. 2006)**

I. दिव्या की मां शालू के पिता की बहन हैं

II. शालू दिव्या के दादा की एकमात्र संतान की बेटी है

27. M के कितने बच्चे हैं? **(C.E.T. 2006)**

I. H, X की एकमात्र बेटी है जो M की पत्नी है।

II. K और J, M के भाई हैं।

28. R, M से कैसे संबंधित है? **(M.B.A.; 2002)**

I. M का भाई P का पति है।

II. P, R की बहन की माँ है

29. सुलेखा नंदिनी से कैसे संबंधित है? **(Bank P.O. 1999)**

I. सुलेखा का पति नंदिनी की माँ का इकलौता बेटा है।

II. सुलेखा के भाई और नंदिनी के पति चचेरे भाई हैं।

30. M, N से किस प्रकार संबंधित है? **(Bank P.O. 2002)**

I. B, M की बेटी है और Q की बहन है।

II. N, K का पुत्र है जो B का दादा है।

31. A, D का भाई है। F, D की मां है। D, A से कैसे संबंधित है?

I. F का केवल एक बेटा और एक बेटी है।

II. A, P का एकमात्र पुत्र है जिसके दो बच्चे हैं।

32. B, C, D, E और F में से किस विद्यालय में पढ़ाई करता है? **(Agriculture Officers' 2005)**

I. T उसी स्कूल में अध्ययन नहीं करता है, जो R या J में है।

II. R और J क्रमश: D और F स्कूलों में अध्ययन करते हैं।

33. चार खिलाड़ियों A, B, C और D वाले ताश के खेल में C का भागीदार कौन है?

I. D, A के विपरीत बैठा है।

II. B, A के दाएं और D के बाएं बैठा है।

34. उत्तर की ओर मुंह करने वाले पांच व्यक्तियों P, Q, R, S और T में से P के एकदम दायें कौन है? **(Bank P.O. 2000)**

I. R, Q के बाएं से तीसरा है और P, R के दाएं से दूसरा है।

II. Q, T के बायें तरफ है जो P के दायें दूसरा है।

35. A, B, C, D और E की पाँच सन्तानों में से कौन मध्य में खड़ा है? **(Bank P.O. 1999)**

I. D, E के तत्काल दायें है और B, E के बायीं ओर है।

II. B पंक्ति के अंतिम छोर पर है।

36. पाँच इमारतों की पंक्ति में- P, Q, R, S और T, कौन सी इमारत बीच में है? **(Bank P.O. 2002)**

I. इमारतें S और Q पंक्ति के दो चरम सिरों पर हैं।

II. भवन T, भवन R के दाईं ओर है।

37. पांच दोस्त P, Q, R, S और T पूर्व की ओर एक पंक्ति में खड़े हैं। सबसे दाहिने छोर पर कौन खड़ा है? **(S.B.I.P.O. 1999)**

I. केवल P, S और T के बीच है। R, T के एकदम दायें है।

II. R, T और Q के बीच है।

38. A, B, C, D और E में से, पंक्ति में खड़े होने के दौरान बीच में कौन है?

I. C, D के बाएं से तीसरे स्थान पर है, A के तत्काल दाएं और E के बाएं से दूसरा है।

II. C, E के बाएं से दूसरे स्थान पर है, जो किसी भी छोर पर नहीं है और जो A के दाईं ओर तीसरा है, वह किसी एक छोर पर है।

39. M, D, T और W केंद्र के सामने एक चक्र के चारों ओर बैठे हैं। D के तत्काल बाएं कौन है? **(R.B.I. 2004)**

I. M, T और W के बीच में है और D, T के बाईं ओर है।

II. D, M के बाएं से दूसरे स्थान पर है।

40. A, B, C, D और E केंद्र की ओर एक गोलाकार टेबल के चारों ओर बैठे हैं। C के तत्काल बाएं कौन है? **(M.B.A. 2002)**

I. केवल A, E और B के बीच है।

II. D, B के एकदम बाएं है।

41. P, Q, R और S केंद्र के सामने एक चक्र के चारों ओर बैठे हैं। Q के एकदम दायें में कौन है? **(Bank P.O. 2004)**

I. R, P और S के बीच है।

II. S, R के एकदम दायें है।

42. P, Q, R, S और T केंद्र की ओर मुंह करके एक चक्र के चारों ओर बैठे हैं। P के दायें दूसरा कौन है? **(Bank P.O. 2003)**

I. R, T के तुरंत बाएं और S के दायें से दूसरा है।

II. Q, S के तत्काल दायें और P के बायें तीसरा है।

43. P, Q, R, S और T केंद्र की ओर एक गोलाकार टेबल के चारों ओर बैठे हैं। उनमें से कौन R के तत्काल दाईं ओर बैठा है? **(Specialist Officers' 2002)**

I. Q, P और T के बीच बैठा है, और T, S के एकदम दायें बैठा है।

II. Q, R के बाईं ओर दूसरा है और S के दाएं से दूसरा है।

44. A, B, C, D और E केंद्र की ओर एक गोलाकार टेबल के चारों ओर बैठे हैं। B के तत्काल दाएं ओर कौन है? **(I.B.P.S. 2002)**

I. D, A और E के बीच में है।

II. C, B और E के बीच में है।

45. केंद्र की ओर मुंह करके एक वृत्त के चारों ओर बैठे पांच दोस्तों में से तनिषा के दाहिने ओर कौन बैठा है? **(Management Trainees' 2005)**

I. आयशा कनक और स्नेहा के ठीक बीच बैठा है और राज स्नेहा के ठीक दाहिने ओर बैठा है।

II. तनीषा कनक और राज के बिल्कुल बीच बैठी हुई है और आयशा कनक के एकदम सामने बैठी है।

46. T, V, B, E और C में से, अपने भार के अवरोही क्रम में व्यवस्थित होने पर शीर्ष से तीसरा है? **(Agriculture Officers' 2005)**

I. B, T और C से भारी है और V से सबसे भारी है जो सबसे भारी नहीं है।

II. C केवल T से भारी है।

47. M, N, D, P और K में से, उनके बीच केवल सबसे कम कमाने वाले से अधिक कमाता है? **(Bank P.O. 2004)**

I. N, M और P से अधिक कमाता है लेकिन केवल D से कम कमाता है।

II. M, P से अधिक कमाता है जो K से कम कमाता है।

48. P, Q, T, V और M के बीच कौन है जब वे अपनी ऊंचाइयों के बढ़ते क्रम में व्यवस्थित होते हैं? **(R.B.I. 2004)**

I. V, Q से लंबा है लेकिन M से छोटा है।

II. T, Q और M से लंबा है लेकिन P से छोटा है।

49. P, Q, R, S और T में से कौन सबसे हल्का है? **(Bank P.O. 2003)**

I. R, Q और T से भारी है लेकिन S से हल्का है।

II. S, सबसे भारी नहीं है।

50. A, B, C, D, E और F में से, सबसे भारी कौन है? **(I.B.P.S. 2002)**

I. A और D B, E और F से भारी हैं लेकिन उनमें से कोई भी सबसे भारी नहीं है।

II. A, D से भारी है लेकिन C से हल्का है।

51. मदन कमल से लंबा है और शरद अरविंद से छोटा है। उनमें से कौन सबसे छोटा है? **(Bank P.O. 2003)**

I. शरद मदन से छोटा है।
II. अरविंद कमल से छोटा है।

52. पाँच दोस्तों में से, सबसे लंबा कौन है?
I. D, A और C से लंबा है।
II. B, E से छोटा है लेकिन D से लंबा है।

53. मनोज, प्रभाकर, आकाश और कमल चार दोस्त हैं। उनमें से कौन सबसे भारी है?
I. प्रभाकर, मनोज और कमल से भारी है लेकिन आकाश की तुलना में हल्का।
II. मनोज, प्रभाकर और आकाश से हल्का है लेकिन कमल से भारी है।

54. एक टीवी चौनल पर, चार धारावाहिकों A, B, C और D की स्क्रीनिंग की गई, प्रत्येक दिन एक, लगातार चार दिनों पर, लेकिन जरूरी नहीं कि उसी क्रम में हो। सीरियल C की स्क्रीनिंग किस दिन की गई थी? **(Bank P.O. 2003)**
I. पहला धारावाहिक 23 तारीख मंगलवार को प्रदर्शित किया गया था और उसके बाद धारावाहिक D प्रदर्शित किया गया था।
II. सीरियल A को 25 तारीख को नहीं दिखाया गया था और धारावाहिक A और B के बीच एक धारावाहिक प्रदर्शित किया गया था।

55. मोनिका, अनीता, सोनल, रत्ना और तनीवी में से कौन इस कार्यक्रम के लिए आई थी? **(S.B.I.P.O. 1999)**
I. मोनिका अनीता के बाद आई लेकिन तन्वी के बाद नहीं।
II. तन्वी के बाद रत्ना आई लेकिन सोनल के बाद नहीं।

56. एक बड़ी कंपनी के अध्यक्ष हर महीने के सोमवार को एक विभाग का दौरा करते हैं, हर महीने के तीसरे सप्ताह के सोमवार को छोड़कर। उन्होंने खरीद विभाग का दौरा कब किया?
I. उन्होंने पहले अवसर पर खरीद विभाग का दौरा करने के बाद सितंबर के दूसरे सप्ताह में लेखा विभाग का दौरा किया।
II. उन्होंने भंडार विभाग का दौरा करने के तुरंत बाद लेकिन लेखा विभाग का दौरा करने से पहले खरीद विभाग का दौरा किया था।

57. ग्राम D के संबंध में ग्राम R किस दिशा में स्थित है? **(C.E.T. 2006)**
I. ग्राम R, ग्राम T के उत्तर में है जो कि F के पश्चिम में है।
II. ग्राम D, ग्राम T के पश्चिम में है।

58. देवीपुर और दुर्गापुर के बीच सबसे छोटी दूरी क्या है? **(Bank P.O. 2003)**
I. रामपुर से दुर्गापुर 20 किमी दूर है।
II. देवीपुर रामपुर से 15 किमी दूर है।

59. ग्राम K, ग्राम N के किस दिशा की ओर है? **(M.B.A. 2002)**
I. ग्राम M, ग्राम N के उत्तर में और ग्राम K के पूर्व में है।
II. ग्राम D, ग्राम N के पश्चिम में और ग्राम K के दक्षिण में है।

60. सनी अब किस दिशा का सामना कर रहा हैं? **(R.B.I. 2004)**
I. यदि सनी अपने दाईं ओर मुड़ता है और फिर से अपने दाईं ओर मुड़ता है, तो वह उत्तर की ओर मुंह करेगा।
II. यदि सनी कुछ दूरी पर चलता है और बाएं मुड़ता है और फिर से कुछ दूरी पर चलता है, तो उसका चेहरा दिनेश के बाएं ओर होगा जो दक्षिण की ओर है।

61. राहुल किस दिशा में सामना कर रहा है? **(S.B.I.P.O. 2000)**
I. सुबह के समय राहुल कठपुतली के सामने खड़े थे और कठपुतली की छाया राहुल के दाहिने तरफ गिर रही थी।
II. सुबह-सुबह राहुल जमीन पर खड़ा था। जब वह अपनी बाईं ओर मुड़ा तो उसकी छाया उसके पीछे पड़ रही थी।

62. ग्राम A के उत्तर-पूर्व में कौन सा ग्राम है? **(Bank P.O. 2000)**
I. ग्राम B, ग्राम A के उत्तर में है, ग्राम C और D क्रमशः ग्राम B के पूर्व और पश्चिम में हैं।
II. ग्राम P, ग्राम A के दक्षिण में है और ग्राम P के पूर्व में ग्राम P है, ग्राम P के उत्तर में ग्राम P है।

63. सबसे छोटे मार्ग द्वारा ग्राम X और Y के बीच की दूरी कितनी है? **(Bank P.O. 1999)**
I. ग्राम X, 35 किमी की दूरी पर ग्राम Z के उत्तर में है।
II. ग्राम Y, 20 किमी की दूरी पर ग्राम Z के पश्चिम में है।

64. Z, X के संबंध में किस दिशा में है?
I. Y, X के दक्षिण में है और Z, P के पूर्व में है जो Y के उत्तर में है।
II. P, X के दक्षिण में है।

65. 25 छात्रों की कक्षा में शीर्ष से सचिन की रैंक क्या है? **(C.E.T. 2006)**
I. सचिन अमित से तीन रैंक ऊपर है जो नीचे से 18वें स्थान पर है।
II. ऊपर से सचिन की रैंक दीप्ति से दो रैंक नीचे है जो नीचे से 23वें स्थान पर है।

66. उत्तर की ओर मुंह किए बच्चों की पंक्ति में कितने बच्चे हैं? **(Bank P.O. 2006)**
I. विशाखा जो बाएं छोर से पांचवें स्थान पर है, आशीष के बायीं ओर आठवें है जो दाएं छोर से बारहवें है।
II. रोहित निशा के बाएं से पांचवें स्थान पर है जो दाएं छोर से सातवें और बाएं छोर से अठारहवें हैं।

67. बच्चों की पंक्ति में P और Q के बीच कितने बच्चे हैं? **(Bank P.O. 2003)**
I. P पंक्ति में बायीं ओर से पंद्रहवां है।
II. Q बिल्कुल बीच में है और उसके दायीं ओर दस बच्चे हैं।

68. बच्चों की एक पंक्ति में दायें से सुमित की स्थिति क्या है? **(Bank P.O. 2004)**
I. सुमित और राजन के बीच 10 बच्चे हैं।
II. राजन बच्चों की पंक्ति के बाएं छोर से बीसवां है।

69. 30 छात्रों की कक्षा में नीचे से P की रैंक क्या है? **(Bank P.O. 2004)**
I. M शीर्ष से तीसरे स्थान पर है और M और P के बीच पाँच छात्र हैं।
II. K की रैंक नीचे से चौथी है और K और P के बीच 17 छात्र हैं।

70. चालीस छात्रों की कक्षा में शीर्ष से नितिन का रैंक क्या है? **(Specialist Officers' 2003)**
I. नितिन और दीपक के बीच दस छात्र हैं।
II. दीपक ऊपर से बीसवां है।

71. गौरव एक कक्षा में शीर्ष से अठारहवें स्थान पर है। आखिरी से उसकी रैंक क्या है?
I. कक्षा में 47 छात्र हैं।
II. इसी वर्ग में 10वीं रैंक लाने वाले जतिन आखिरी से 38वें स्थान पर हैं।

72. अगस्त में कपिल का जन्म किस तारीख को हुआ था? **(Bank P.O. 2003)**

I. कपिल की मां को याद है कि कपिल का जन्म 19 तारीख से पहले हुआ था लेकिन 15 तारीख के बाद।
II. कपिल के भाई को याद है कि कपिल का जन्म 17 तारीख से पहले हुआ था, लेकिन 12 तारीख के बाद।

73. हितेश ने सप्ताह के किस दिन चिड़ियाघर का दौरा किया? **(R.B.I. 2003)**
I. हितेश ने मंगलवार या गुरुवार को चिड़ियाघर का दौरा नहीं किया।
II. हितेश अपनी मां के घर पहुंचने से दो दिन पहले चिड़ियाघर गए थे, जो सोमवार के बाद का दिन था।

74. सप्ताह के किस दिन साहिल का जन्मदिन था? **(Bank P.O. 2004)**
I. साहिल ने अपना जन्मदिन अगले दिन मनाया जिस दिन अरुण ने अपना जन्मदिन मनाया।
II. साहिल की बहन का जन्म सप्ताह के तीसरे दिन और साहिल के पैदा होने के दो दिन बाद हुआ था।

75. यह रात 8.00 बजे है, जब हेमंत धामपुर से रामनगर के लिए अगली बस ले सकते हैं?
I. रामनगर के लिए बसें हर 30 मिनट के बाद, रात 10 बजे तक चलती हैं।
II. पंद्रह मिनट पहले, एक बस रामनगर के लिए रवाना हुई है।

76. इस साल मनोहर का जन्मदिन कब है?
I. यह 13 जनवरी से 15 जनवरी के बीच है, 13 जनवरी बुधवार को है।
II. यह शुक्रवार को नहीं है।

77. मार्च, 2006 का अंतिम रविवार किस तारीख को पड़ा?
I. उस महीने का पहला रविवार 5 तारीख को पड़ा था।
II. उस महीने का आखिरी दिन शुक्रवार था।

78. फरवरी 2004 में अंजलि का जन्म किस महीने में हुआ था? **(Bank Recruitment, 2004)**
I. अंजलि का जन्म महीने की एक तारीख को हुआ था।
II. अंजलि की जन्मतिथि एक अभाज्य संख्या थी।

79. अमन ने ऑफिस जाने के लिए कौन सी ट्रेन पकड़ी थी? **(Management Trainees' 2005)**
I. अमन अपनी 10.25 बजे की सामान्य ट्रेन से चूक गया। प्रत्येक 5 मिनट में एक ट्रेन आती है।
II. अमन ने 10.40 बजे की ट्रेन या उसके बाद की किसी ट्रेन को नहीं पकड़ा।

80. अपनी कक्षा में श्रवण की तुलना में कितनी लड़कियां हैं? **(S.B.I.P.O. 1999)**
I. जब श्रवण की कक्षा के छात्रों को उनकी ऊंचाइयों के अवरोही क्रम में रैंक किया जाता है, तो श्रवण की रैंक सभी छात्रों में 17वें और लड़कों में 12वें स्थान पर है।
II. लड़कों के बीच ऊंचाई के आधार पर नीचे से श्रवण की रैंक 18वीं है और सभी छात्रों के बीच 29वें स्थान पर है।

81. 144 $ 16 ★ 7 # 9? का मूल्य क्या है? **(Bank P.O. 2006)**
I. $ का अर्थ ÷, ★ का अर्थ × और # का अर्थ $ है।
II. 16 $ 4 2 # 2 = 10

82. कंपनी की कुल बिक्री कितनी थी? **(G.B.O. 2006)**
I. कंपनी ने उत्पाद A की 8000 इकाइयां बेचीं, प्रत्येक की लागत ₹25 थी।
II. इस कंपनी की कोई अन्य उत्पाद रेखा नहीं है।

83. विवेक और सुमन के पास कितना पैसा है? **(R.B.I. 2003)**
I. तरुण के पास सुमन से ₹20 कम हैं।
II. तरुण के पास विवेक के से ₹30 अधिक हैं।

84. आपकी दुकान में इस वर्ष नए साल के कितने ग्रीटिंग कार्ड बेचे गए?
I. पिछले साल 2935 कार्ड बेचे गए थे।
II. इस साल बेचे गए कार्डों की संख्या पिछले साल से 1.2 गुना थी।

85. दो दिनों के कार्यक्रम में कितने भाषण दिए गए?
I. 18 वक्ताओं को कम से कम एक भाषण देने के लिए आमंत्रित किया गया था, जिसमें 1/6 भाग नहीं आ सकें।
II. एक तिहाई वक्ताओं ने दो-दो भाषण दिए।

86. राजन और मदन एक समान बिंदु से शुरू होते हैं और विपरीत दिशाओं में सीधे चलते हैं। तीन घंटे की समाप्ति पर उनके बीच की दूरी क्या होगी? **(Bank P.O. 2003)**
I. राजन और मदन क्रमशः 4 किमी/घंटा और 6 किमी/घंटा की गति से चलते हैं।
II. राजन की तुलना में मदन डेढ़ गुना तेज चलता है।

87. बैंक Z के कितने कर्मचारियों ने वीआरएस का विकल्प चुना है? **(Bank P.O. 2002)**
I. 950 कैडर अधिकारी के कर्मचारियों में से 18% और 1100 अन्य कैडर के कर्मचारियों में से 6% ने वीआरएस का विकल्प चुना।
II. 51–56 के उम्र समूह के 28% कर्मचारी अन्य सभी उम्र समूहों में से 17% कर्मचारियों ने वीआरएस का विकल्प चुना।

88. सोमवार को कितने उपहार बॉक्स बेचे गए?
I. यह पहले दिन यानी रविवार को बिकने वाले बॉक्स से 10% अधिक था।
II. दुकान का हर तीसरा आगंतुक बॉक्स खरीदता था और रविवार को 1500 आगंतुक वहाँ आते थे।

89. प्रशांत का मासिक वेतन क्या है?
I. प्रशांत सुमित से 15% अधिक जबकि सुमित लोकेश से 10% कम कमाता है।
II. लोकेश का मासिक वेतन 2500 रु है।

90. एक ही वजन के 10 पोल का कुल वजन क्या होगा? **(M.A.T. 1999)**
I. प्रत्येक पोल के वजन का एक चौथाई 5 किलो है।
II. तीन पोल का कुल वजन दो पोल के कुल वजन से 20 किलो अधिक है।

91. रॉबर्ट ने रविवार को पुस्तक के कितने पृष्ठ पढ़े?
I. पुस्तक में 300 पृष्ठ हैं जिनमें से दो तिहाई रविवार से पहले उसके द्वारा पढ़े गए थे।
II. रॉबर्ट ने सोमवार की सुबह किताब के आखिरी 40 पन्ने पढ़े।

92. कल कितने आगंतुकों ने प्रदर्शनी देखी?
I. प्रत्येक प्रविष्टि पास धारक अपने साथ तीन व्यक्तियों को ले जा सकता है।
II. कुल मिलाकर कल 243 पास बेचे गए।

93. इस शहर में कितने डॉक्टर प्रैक्टिस कर रहे हैं?
I. प्रति सात सौ निवासियों में एक डॉक्टर है।
II. प्रत्येक वार्ड के साथ 16 वार्ड हैं जहां वार्डों की संख्या के रूप में कई डॉक्टर हैं।

94. एक खेल के मैदान का क्षेत्रफल 1600 वर्ग मीटर है। इसकी परिधि क्या है? **(R.B.I. 2002)**

I. यह एक पूर्ण वर्ग खेल का मैदान है।
II. इसकी कीमत ₹20 प्रति मीटर की दर से खेल के मैदान के चारों ओर बाड़ लगाने के लिए ₹3200 है।

95. गगन की उम्र क्या है?
I. गगन, विमल और कुणाल सभी एक ही उम्र के हैं।
II. विमल, कुणाल और अनिल की कुल उम्र 32 साल है और अनिल, विमल और कुणाल की समान उम्र है।

96. विनोद और जावेद का वेतन क्रमश: 4:3 के अनुपात में है। विनोद का वेतन क्या है?
I. जावेद का वेतन विनोद के वेतन का 75% है।
II. जावेद का वेतन ₹4500 है।

97. आयताकार भूखंड का क्षेत्रफल कितना है?
I. भूखंड की परिधि 208 मीटर है।
II. लंबाई 4 मीटर तक चौड़ाई से अधिक है।

98. एक सहकारी समिति के 54 सदस्य थे। कितने सदस्यों ने हाल के वार्षिक सामान्य बैठक (A.G.M.) में भाग लिया?
I. आम तौर पर दो तिहाई सदस्य बैठक में भाग लेते हैं।
II. एजीएम के दिन वार्षिक बैठक में 1/6 सदस्य शहर से बाहर थे।

99. राज, करण और अल्ताफ किस अनुपात में लाभ वितरित करेंगे?
I. राज को लाभ का दो 2/5 भाग हिस्से के रूप में मिलता है।
II. राज और अल्ताफ ने कुल निवेश का 60% किया है।

100. राजीव का मासिक वेतन ₹4000 है। अतुल का मासिक वेतन क्या है?
I. अतुल को अपने और राजीव के औसत वेतन से ₹500 अधिक मिलते हैं
II. राजीव और अतुल का औसत वेतन ₹4500 है।

101. अप्रैल में गौतम का जन्मदिन किस दिन है?
I. गौतम का जन्म उनकी माँ के जन्म के ठीक 28 साल बाद हुआ था।
II. उनकी मां इस साल 18 अगस्त को 55 साल 4 महीने और 5 दिन की रहेंगी।

102. नरेश और अजय के पास कुल पैसा उस्मान का 28 प्रतिशत है। अजय के पास कितना पैसा है?
I. उस्मान को ₹75000।
II. अजय और नरेश के पैसे का अनुपात 1:3 है।

103. राहुल का जन्म किस वर्ष में हुआ था?
I. वर्तमान में राहुल अपनी माँ से 25 साल छोटा है।
II. राहुल का भाई, जो 1964 में पैदा हुआ था, अपनी माँ से 35 साल छोटा है।

104. एक कक्षा में कितने छात्र फुटबॉल खेलते हैं?
I. केवल लड़के फुटबॉल खेलते हैं।
II. कक्षा में चालीस लड़के और तीस लड़कियाँ हैं।

105. क्या रितेश जनवरी 2006 में कार्यालय से पूर्ण पेंशन लाभ के साथ सेवानिवृत्त हो सकते हैं?
I. रितेश अपैल 2000 तक कार्यालय में 30 साल की सेवा पूरी करेगा और रिटायर होने की इच्छा रखेगा।
II. कार्यालय के नियमों के अनुसार, एक कर्मचारी को न्यूनतम 30 साल की सेवा पूरी करनी होगी और 60 वर्ष की आयु प्राप्त करनी होगी। रितेश के पास 60 वर्ष की आयु पूरी करने के लिए 3 वर्ष है।

106. आज किस समय ट्रेन रवाना हुई?
I. ट्रेन सामान्य रूप से समय पर रवाना होती है।
II. निर्धारित प्रस्थान 14:30 बजे है।

निर्देश (प्रश्न 107 से 121): निम्नलिखित प्रश्नों में से प्रत्येक प्रश्न में एक प्रश्न और तीन कथन I, II और III दिए गए हैं। आपको यह तय करना होगा कि कथन में दिया गया डेटा प्रश्न का उत्तर देने के लिए पर्याप्त है या नहीं। सभी कथनों को ध्यानपूर्वक पढ़ें और जानें कि दिए गए प्रश्न का उत्तर देने के लिए कौन से कथन पर्याप्त है/हैं। प्रत्येक प्रश्न में सही विकल्प चुनें।

107. कोड भाषा में 'come' का अर्थ क्या है?
I. कोड भाषा में 'pit na tac' का अर्थ 'come and go' है।
II. कोड भाषा में 'ja ta da' का अर्थ 'you are good' है।
III. कोड भाषा में 'na da rac' का अर्थ 'you can come' है।
(*a*) केवल I और II (*b*) केवल II और III
(*c*) केवल I और III (*d*) सभी I, II और III
(*e*) इनमें से कोई नहीं

108. कोड भाषा में 'DATE' को कैसे लिखेंगे? **(R.B.I. 2005)**
I. कोड भाषा में DEAR को $#@? लिखा गया है।
II. कोड भाषा में TREAT को %?#@% लिखा गया है।
III. कोड भाषा में TEAR को %#@? लिखा गया है।
(*a*) केवल I और II (*b*) केवल II और III
(*c*) सभी I, II और III
(*d*) केवल I and either II or III
(*e*) इनमें से कोई नहीं

109. एक निश्चित कोड में, 'XYZ' का अर्थ 'We are friends' है। 'We' को किस अक्षर से प्रदर्शित करेंगे?
I. 'PYN' का अर्थ 'They are classmates' है।
II. 'ZMS' का अर्थ 'We love them' है।
III. 'PX' का अर्थ 'Hello friends' है।
(*a*) केवल II
(*b*) केवल I और III
(*c*) सभी I, II और III
(*d*) या तो I या II या II
(*e*) इनमें से कोई नहीं

110. X के कितने बेटे हैं?
I. Q और U, T के भाई हैं।
II. R, P और U की बहन है।
III. R और T, X की बेटियां हैं।
(*a*) केवल I और II
(*b*) केवल II और III
(*c*) सभी I, II और III
(*d*) I, II और III मिलकर पर्याप्त नहीं हैं
(*e*) इनमें से कोई नहीं

111. कुणाल से संबंधित तस्वीर में लड़की कैसी है? **(R.B.I. 2005)**
I. तस्वीर की ओर इशारा करते हुए, कुणाल ने कहा, वह मेरे पिता की एकमात्र पोती की माँ है।
II. कुणाल का कोई भाई-बहन नहीं है।
III. फोटोग्राफ की ओर इशारा करते हुए, कुणाल ने कहा, "वह मेरी मां की एकमात्र बहु है।"
(*a*) तीनों में से कोई दो
(*b*) केवल I और II

(c) केवल II और III
(d) या तो केवल III या केवल I और II
(e) इनमें से कोई नहीं

112. P, Q, R, S और T के बीच से, Q दूसरा सबसे लंबा है और S, सबसे छोटे से लंबा है। बीच में कौन है जब वे अपनी ऊंचाइयों के क्रम में खड़े होते हैं? **(R.B.I. 2005)**
I. T सबसे छोटा नहीं है।
II. R, S से लंबा है लेकिन Q से छोटा है।
III. P, S से ऊँचाई पर तीसरे स्थान पर है जब सभी ऊँचाई के क्रम में व्यवस्थित हैं।
(a) केवल I और II
(b) या तो II केवल या केवल I और III
(c) केवल II
(d) केवल II और III
(e) इनमें से कोई नहीं

113. पंकज सुनीता से छोटा है और रूपाली टॉम से बड़ी है। उनमें से कौन सबसे पुराना है?
I. रूपाली पंकज से बड़ी है।
II. सुनीता रूपाली से बड़ी है।
III. टॉम सभी में सबसे छोटा है।
(a) केवल II
(b) केवल III
(c) केवल I और II
(d) सभी I, II और III
(e) इनमें से कोई नहीं

114. सिद्धार्थ, निकुंज, विपुल और मुकुल में से कौन सबसे छोटा है?
I. विपुल मुकुल से छोटा है लेकिन सिद्धार्थ और निकुंज से बड़ा है।
II. मुकुल सबसे बड़ा हैं।
III. सिद्धार्थ, निकुंज से बड़ा हैं।
(a) केवल I
(b) केवल I और II
(c) केवल II और III
(d) केवल I और III
(e) इनमें से कोई नहीं

115. पांच व्यक्ति- A, B, C, D और E- एक पंक्ति में बैठे हैं। बीच में कौन बैठा है?
I. B, E और C के बीच है।
II. B, E के दाईं ओर है।
III. D, A और E के बीच है।
(a) केवल I और II
(b) केवल II और III
(c) केवल I और III
(d) सभी I, II और III
(e) इनमें से कोई नहीं

116. छह लड़कों P, T, N, D, Q और R में सबसे लंबा कौन है? **(R.B.I. 2005)**
I. P, D और N से लंबा है लेकिन T जितना लंबा नहीं है।
II. R, Q से लंबा है लेकिन T जितना लंबा नहीं है।
III. Q, T और R से अधिक लंबा नहीं है।
(a) केवल I और II (b) केवल II और III
(c) केवल I और III (d) सभी I, II और III
(e) केवल I और या तो II या III

117. चार विषयों- भौतिकी, रसायन विज्ञान, गणित और जीव विज्ञान - को एक घंटे के लगातार चार समय में सुबह 8 बजे से शुरू किया गया था। रसायन विज्ञान की अवधि निर्धारित की गई थी?
I. गणित की अवधि सुबह 10.00 बजे समाप्त हुई, जो जीवविज्ञान से पहले थी।
II. अंतिम अवधि में भौतिकी निर्धारित थी।
III. रसायन विज्ञान के तुरंत बाद गणित की अवधि थी।
(a) केवल I
(b) या तो केवल I या केवल III (c) केवल II
(d) केवल II और III
(e) केवल I और या तो II या III

118. ग्राम T, ग्राम R के सन्दर्भ में किस दिशा में है? **(R.B.I. 2005)**
I. T, W के उत्तर में है जो S के पश्चिम में है।
II. T, S के उत्तर-पश्चिम की ओर है।
III. W, R के उत्तर-पश्चिम की ओर है।
(a) तीन में से कोई दो
(b) केवल I और II
(c) केवल II और III
(d) केवल I और III
(e) इनमें से कोई नहीं

119. वासु का कुल मासिक वेतन कितना है?
I. वासु का मूल वेतन राजन के वेतन से ₹100 अधिक है जो वासु की कंपनी में काम करता है।
II. राजन द्वारा अपने मूल वेतन के अलावा अन्य भत्ते ₹2000 प्रति माह हैं जो वासु के वेतन से ₹50 कम है।
III. राजन का मूल ₹ वेतन 1550 प्रति माह है।
(a) केवल II (b) केवल II और III
(c) केवल I और II (d) केवल I और III
(e) सभी I, II और III

120. संजय का जन्म किस वर्ष में हुआ था?
I. संजय गोपाल से छह साल बड़ा है।
II. गोपाल के भाई का जन्म 1982 में हुआ था।
III. संजय का भाई गापाल भाई से दो साल से छोटा है जो गोपाल से आठ साल छोटा था।
(a) केवल I और II
(b) केवल II और III
(c) केवल I और III
(d) सभी I, II और III
(e) इनमें से कोई नहीं

121. चालीस छात्रों की कक्षा में शीर्ष से सुमन का स्थान क्या है? **(R.B.I. 2005)**
I. सुमन ऊपर से दीपक से 3 रैंक नीचे है।
II. नीचे से दीपक की रैंक 23 है।
III. सुमन नीचे से दीपक से 3 रैंक ऊपर है।
(a) तीन में से कोई दो (b) केवल I और II
(c) केवल II और III (d) सभी I, II और III
(e) केवल I और या तो II या III

हल-अभ्यास 17

1. (*b*) : ताजी घास का रंग 'हरा' है और जैसा कि II में दिया गया है, हरे रंग को 'भूरा' कहा जाता है। अत: ताजा घास का रंग 'भूरा' है।

2. (*d*) : I और II में, उभयनिष्ठ कोड 'nip' और 'sre' हैं और उभयनिष्ठ शब्द 'is' और 'beautiful' हैं। अत: 'nip' और 'sre', 'is' और 'beautiful' के लिए कोड हैं। लेकिन, 'nip' के लिए सटीक शब्द नहीं मिल सकता है।

3. (*e*) : दिए गए कथन और I में, उभयनिष्ठ शब्द 'They' है और उभयनिष्ठ कोड शब्द 'nop' है। अत: 'nop', 'They' के लिए कोड है। दिए गए कथन और II में, उभयनिष्ठ शब्द 'like' है और उभयनिष्ठ कोड शब्द 'al' है। अत: 'al', 'like' के लिए कोड है। इस प्रकार, दिए गए कथन में, 'ed', 'flowers' के लिए कोड है।

4. (*d*) : I और II के लिए उभयनिष्ठ शब्द केवल 'clear' है और इस प्रकार, केवल 'clear' के लिए कोड को दी गई जानकारी से पता लगाया जा सकता है।

5. (*d*) : I में दिए गए दो कथनों में से केवल उभयनिष्ठ शब्द 'beautiful' के लिए कोड निर्धारित किया जा सकता है। II में दिए गए दो कथनों में से केवल उभयनिष्ठ शब्द 'red' के लिए कोड निर्धारित किया जा सकता है। I और II में, उभयनिष्ठ शब्द 'rose' और 'flower' हैं और उभयनिष्ठ कोड शब्द 'de' और 'la' हैं। तो, 'flower' के लिए कोड या तो 'de' या 'la' है।

6. (*c*) : दिए गए कथन और I में, उभयनिष्ठ शब्द 'good' है और उभयनिष्ठ कोड शब्द 'co' है। तो, 'co' 'good' के लिए कोड है। दिए गए कथन और II में, उभयनिष्ठ शब्द' 'He' और 'is' हैं और उभयनिष्ठ कोड शब्द 'sin' और 'bye' हैं। इसलिए 'sin' और 'bye', 'He' और 'is' के लिए कोड हैं। इस प्रकार, दिए गए कथन में, 'co' 'good' के लिए कोड है।

7. (*e*) : I और II में, उभयनिष्ठ शब्द 'the' है और उभयनिष्ठ कोड शब्द 'ke' है। तो, 'ke', 'is' के लिए कोड है।

8. (*a*) : I में दिए गए दो कथनों में, उभयनिष्ठ शब्द हैं 'But', 'None', 'And' और उभयनिष्ठ कोड शब्द हैं 'Ne', 'Pa', 'Lo' तो, 'Ne', 'Pa', और 'Lo', 'But', 'None', और 'And' के लिए कोड हैं। इस प्रकार, पहले कथन में, 'Sic', 'No' के लिए कोड है।

9. (*c*) : **I.** 'right or wrong' और 'he is right' में, उभयनिष्ठ शब्द 'right' है और उभयनिष्ठ कोड शब्द 'nik' है। इसलिए 'nik' का अर्थ 'right' है। 'right or wrong' और 'that is wrong' में, उभयनिष्ठ शब्द 'wrong' है और उभयनिष्ठ कोड शब्द 'te' है। अत: 'te' का अर्थ 'wrong' है। इस प्रकार, 'right or wrong' में, 'sa', 'or' के लिए कोड है।

II. 'that right man' और 'this or that' में, उभयनिष्ठ शब्द 'that' है और उभयनिष्ठ कोड शब्द 'pa' है। तो, 'pa' का अर्थ 'that' है। 'this or that' और 'tell this there' में उभयनिष्ठ शब्द 'this' है और उभयनिष्ठ कोड शब्द 'ne' है। तो 'ne' का अर्थ 'this' है। इस प्रकार, 'this or that' में 'or' के लिए कोड 'sa' है।

10. (*e*) : 'You eat many mangoes' और 'Who others eat bananas' में उभयनिष्ठ शब्द 'eat' है और उभयनिष्ठ कोड शब्द 'Le' है। अत: 'Le' का अर्थ 'eat' है। 'You eat many mangoes' और 'They eat bananas and mangoes' में उभयनिष्ठ कोड शब्द 'Le' का अर्थ 'eat' है। अत: दूसरा उभयनिष्ठ कोड शब्द 'Na' stands Na का अर्थ अन्य उभयनिष्ठ शब्द यानि 'mangoes' है।

11. (*e*) : I और II में, उभयनिष्ठ कोड '5', # 'और' '3' हैं तथा उभयनिष्ठ शब्द 'flowers', 'are' और 'good' हैं। इस प्रकार, I में, शेष कोड '$' का अर्थ 'really' है।

12. (*d*) : I और II में, उभयनिष्ठ शब्द 'me' और 'water' हैं और उभयनिष्ठ कोड संख्या '7' और '1' हैं। अत: 'water' के लिए कोड या तो '7' या '1' है।

13. (*c*) : '59' का अर्थ 'injurious habit' और '157' का अर्थ 'stop bad habit' (I से)। इस प्रकार, उभयनिष्ठ कोड संख्या '5' उभयनिष्ठ शब्द 'habit' के लिए है। '9', 'injurious' का प्रतिनिधित्व करता है। इसलिए, I पर्याप्त है। इसके अलावा '59' का अर्थ 'injurious habit' और '839' का अर्थ 'smoking is injurious' है। इस प्रकार, उभयनिष्ठ कोड संख्या '9' का अर्थ उभयनिष्ठ शब्द 'injurious' है। '5', 'habit' का प्रतिनिधित्व करता है। इस प्रकार, II भी पर्याप्त है।

14. (*c*) : दिए गए कथन और I में, उभयनिष्ठ शब्द 'tie' और 'clip' हैं और उभयनिष्ठ कोड '2' और '9' हैं। तो, '2' और '9' 'tie' और 'clip' के लिए कोड हैं। इस प्रकार, दिए गए कथन में '7' का अर्थ 'button' है। दिए गए कथन और II में, उभयनिष्ठ कोड शब्द '7' 'उभयनिष्ठ शब्द' 'button' का प्रतिनिधित्व करता है।

15. (*d*) : I और II से, हम यह निष्कर्ष निकालते हैं कि A, D का बेटा या बेटी है।

16. (*b*) : II से, हम जानते हैं कि P की माँ की शादी J के पति से हुई है, जिसका अर्थ है कि J, P की माँ है।

17. (*e*) : I से, हम जानते हैं कि L, T का भाई है और J का पति है। चूंकि L अपने माता-पिता का इकलौता बेटा है, इसलिए T, L की बहन है। II से, हम जानते हैं कि K, L की बेटी है। इस प्रकार, I और II से, हम यह निष्कर्ष निकालते हैं कि T, K के पिता की बहन है यानी T, K की चाची है।

18. (*c*) : B, A का भाई है जिसका अर्थ A, B का भाई या बहन है। I और II में से प्रत्येक दर्शाता है कि A एक महिला है, जिसका अर्थ है कि A, B की बहन है।

19. (*a*) : I से, हम यह निष्कर्ष निकालते हैं कि P, M और N की माता है, जबकि Q, P की बहु है और N की भाभी है। इसलिए Q, M की पत्नी है और इसलिए M, N का भाई है। II से हम यह निष्कर्ष निकालते हैं कि M और N, S की संतान हैं। साथ ही R, S की बहु है और M की भाभी है। अत: R, N की पत्नी है और इस प्रकार N, M का भाई है। इसलिए M, N का भाई या बहन है।

20. (*c*) : I से, हम यह निष्कर्ष निकालते हैं कि व्यक्ति तान्या के दादा का इकलौता बेटा है यानी वह तान्या का पिता है या तान्या उस आदमी की बेटी है। II से, हम यह निष्कर्ष निकालते हैं कि व्यक्ति का पिता तान्या का दादा है। चूंकि आदमी का कोई भाई या बहन नहीं है, इसलिए वह तान्या का पिता है या तान्या उस आदमी की बेटी है।

21. (*e*) : I और II से, हम यह निष्कर्ष निकालते हैं कि P, M का भाई है और इसलिए M का पिता P का पिता है। अत: F, P के पिता की बहन का बच्चा है यानी F की माँ P की चाची है या F, P की चचेरी बहन है।

22. (*d*) : कथन I और II, X और Y के बीच संबंध के बारे में कोई क्लू नहीं देता है।

23. (*e*) : II से, हमे पता चलता हैं कि T की माँ के केवल दो बेटे A और B हैं। जिससे यह पता चलता है कि T, A और B दोनों की बहन है, लेकिन I से A, K का पुत्र है। अत: T, K की बेटी है।

24. (*c*) : I से, हम यह निष्कर्ष निकालते हैं कि Y, D का बच्चा है जो X की पत्नी है यानी X, Y का पिता है। II से, X का विवाह Y के पिता से हुआ। इसका मतलब है कि X, Y की माँ है।

25. (*d*) : I और II दोनों से हम एक साथ यह निष्कर्ष निकाल सकते हैं कि A और B, D के बच्चे हैं, लेकिन A और D के तीसरे बच्चे का लिंग ज्ञात नहीं है। इसलिए I और II दोनों एक साथ प्रश्न का उत्तर देने के लिए पर्याप्त नहीं हैं।

26. (*c*) : I से, हम यह निष्कर्ष निकालते हैं कि दिव्या की माँ शालू की मौसी है या दिव्या, शालू की चचेरी बहन है। अब, दिव्या के दादा की एकमात्र संतान दिव्या के माता-पिता हैं। इसलिए, II से, हम यह निष्कर्ष निकालते हैं कि शालू और दिव्या एक ही माता-पिता की बेटियां हैं यानी दिव्या शालू की बहन है।

27. (*d*) : I से, हम यह निष्कर्ष निकालते हैं कि H, M की एकमात्र बेटी है। लेकिन यह इंगित नहीं करता है कि M का कोई पुत्र नहीं है। II में दी गई जानकारी सारहीन है।

28. (*d*) : II से, हम यह निष्कर्ष निकालते हैं कि P, R की माँ है। I से, हम यह निष्कर्ष निकालते हैं कि M, P के पति का भाई या बहन है, जो R का पिता भी है। इस प्रकार, R या तो M का भतीजा है या की भतीजी है।

29. (*c*) : I से, हम यह निष्कर्ष निकालते हैं कि सुलेखा, नंदिनी की माँ के इकलौते बेटे यानी नंदिनी के भाई की पत्नी है। इस प्रकार सुलेखा, नंदिनी की भाभी है। II से, हम निष्कर्ष निकालते हैं कि सुलेखा नंदिनी के पति की चचेरी बहन है, जिसका अर्थ है कि सुलेखा, नंदिनी की भाभी है।

30. (*d*) : II से, हम जानते हैं कि N, K का पुत्र है और K, B का दादा है। इस प्रकार N, B के दादा का बेटा है। N, B का पिता या चाचा है। I से, B, M की बेटी है। इसलिए M, B के पिता या माता में से एक है। स्पष्ट रूप से M और N के बीच का सही संबंध ज्ञात नहीं हो सकता।

31. (*c*) : A, D का भाई है और F, D की मां है। तो, A, F का बेटा है। I से, हम यह निष्कर्ष निकालते हैं कि F का एक बेटा A और एक बेटी D है, इसलिए D, A की बहन है। II से, A, P का एकमात्र पुत्र है। लेकिन F, A की मां है। तो P, A का पिता है। इसके अलावा P के दो बच्चे हैं- A और D अब क्योंकि P का केवल एक बेटा है, इसलिए D, P की बेटी है। इस प्रकार D, A की बहन है।

32. (*d*) : जैसा कि I और II में दिया गया है, R स्कूल D में और J स्कूल F में पढ़ाई करता है। इसलिए, T स्कूल D या स्कूल F में अध्ययन नहीं करता है। इस प्रकार, T किसी भी स्कूल B, C या E में से किसी एक में अध्ययन करता है।

33. (*c*) : स्पष्ट रूप से, दिए गए प्रत्येक कथनों से पता चलता है कि B, C के विपरीत बैठा है या B, C का भागीदार है।

34. (*c*) : I से हमारे पास क्रम है: R, —, P, Q. II से हमारे पास क्रम है: P, Q, T

स्पष्ट रूप से, उपर्युक्त दो क्रमों में से प्रत्येक इंगित करता है कि Q, P के ठीक दाईं ओर है।

35. (*e*) : I से हमारे पास क्रम है: B, E, D II से, B पंक्ति के बाईं छोर पर है। इस प्रकार, I और II दोनों पर विचार करते हुए, हम निष्कर्ष निकालते हैं कि पाँच बच्चों में, D तीसरा और इसलिए पंक्ति में मध्य का बच्चा है।

36. (*d*) : I से हमारे पास क्रम है: S, —, —, —, Q. II से हमारे पास क्रम है: R, T. दोनों को मिलाने पर हमें निम्न क्रम प्राप्त होता है: S, R, T, P, Q या S, P, R, T, Q. इस प्रकार मध्य में T या होगा।

37. (*e*) : स्पष्ट रूप से, हम दी गई जानकारी से निम्नलिखित क्रम प्राप्त करते हैं:

I	II	I & II
S →	T →	S →
P →	R →	P →
T →	Q →	T →
R →		R →
		Q →

→ पूर्व

इस प्रकार, Q ठीक दाहिने छोर पर है।

38. (*c*) : I और II में से प्रत्येक से, हमें क्रम: A, C, B, E, D मिलता है। स्पष्ट रूप से, B बीच में है।

39. (*a*) : I से, हमें बैठने की व्यवस्था मिलती है:

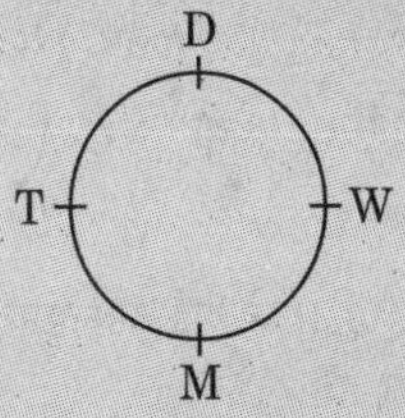

स्पष्ट रूप से, W, D के एकदम बाएं है।

40. (*e*) : I से हमारे पास है:

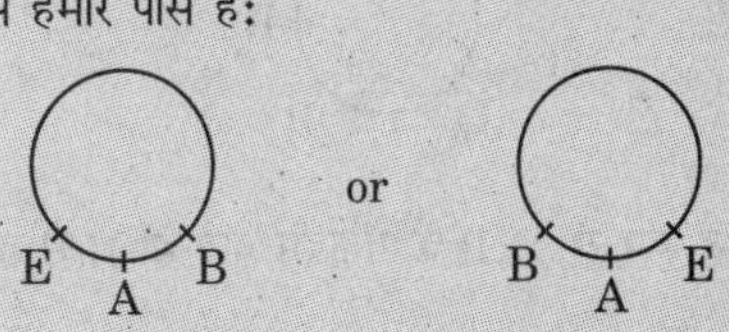

II से हमारे पास है:

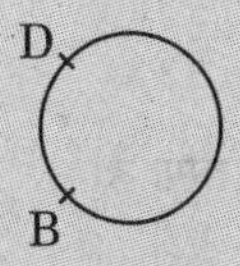

दोनों को मिलाने पर:

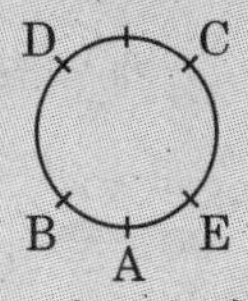

स्पष्ट रूप से, E, C के बायीं ओर है।

41. (*e*) : I से हमारे पास है :

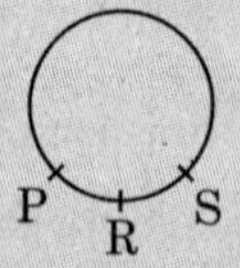

या

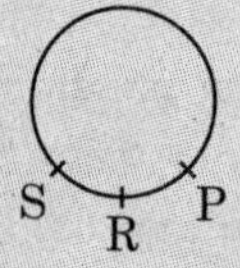

II से हमारे पास है :

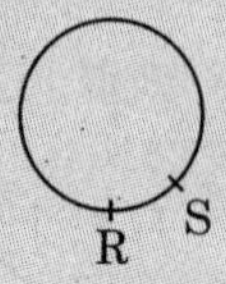

दोनों को मिलाने पर:

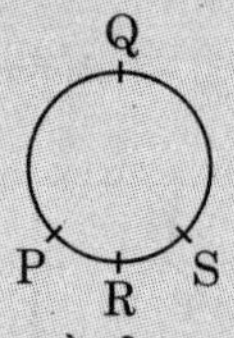

स्पष्ट रूप से, P, Q के ठीक दाईं ओर है।

42. (*b*) : I से हमारे पास है:

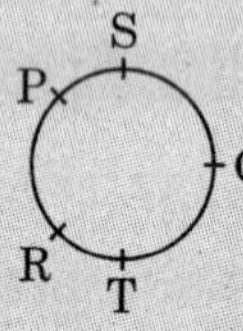

या

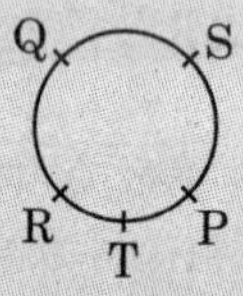

इस प्रकार, P के दाईं ओर Q या T दूसरा है। II से हमारे पास है:

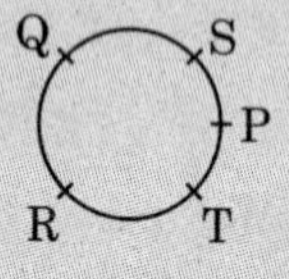

या

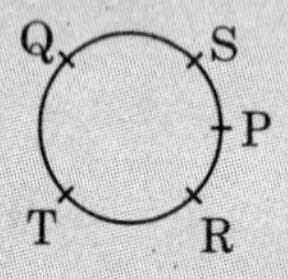

स्पष्ट रूप से, Q, P के दाईं ओर दूसरा है।

43. (*c*) : I से हमारे पास है:

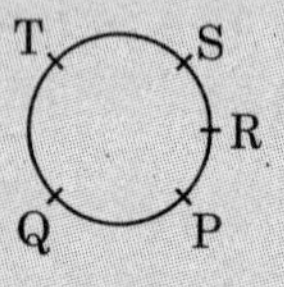

स्पष्ट रूप से, S, R के एकदम दायें है। II से हमारे पास है:

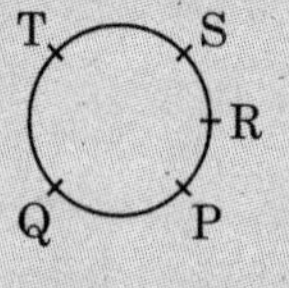

या

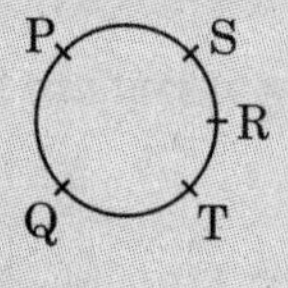

S, R के तुरंत दाएं तरफ है।

44. (*d*) : I से हमारे पास है:

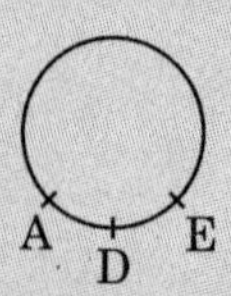

या

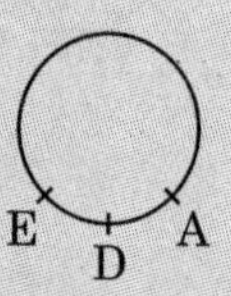

II से हमारे पास है:

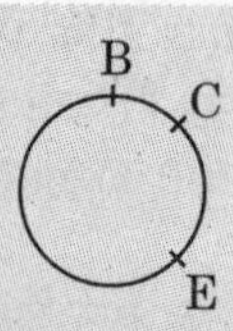

या

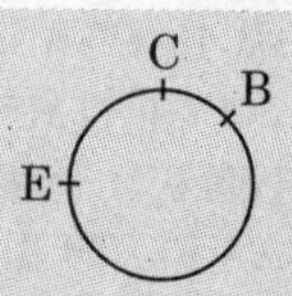

दोनों को मिलाने पर:

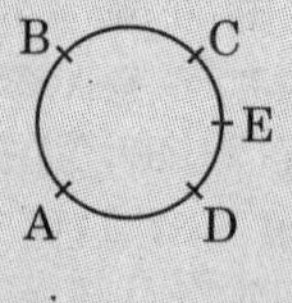

या

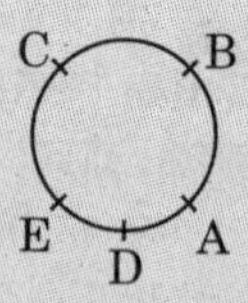

इस प्रकार, A या C, B के तत्काल दाई ओर है।

45. (*c*) : I और II में से प्रत्येक से, हम क्रम प्राप्त करते हैं:

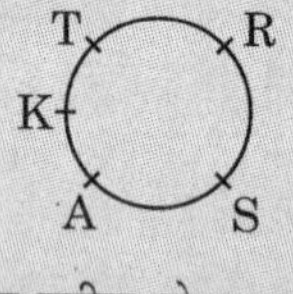

इस प्रकार, कनक तनीषा के एकदम सामने बैठी है।

46. (*a*) : I से हमारे पास है: B > T, B > C, V > B
इस प्रकार, V, B, T और C में से हर एक से भारी है। लेकिन V सबसे भारी नहीं है। अत: E सबसे भारी है। इस प्रकार, हमारे पास क्रम है:
E > V > B > T > C या E > V > B > C > T
स्पष्ट रूप से, बी शीर्ष से तीसरे स्थान पर है।

47. (*d*) : I से हमारे पास है: N > M, N > P, D > N
इस प्रकार हमारे पास है: D > N > M > P या D > N > P > M
किन्तु II से, M, P से अधिक कमाता है अर्थात D > N > M > P
अब क्योंकि P, K से कम कमाता है और N केवल D से कम कमाता है। अत: हमारे पास क्रम है: D > N > K > M > P या D > N > M > K > P
इसलिए, या तो K या M सबसे कम कमाने वाले यानी P से अधिक कमाता है।

48. (*e*) : I से हमारे पास है: M > V > Q
II से हमारे पास है: T > Q, T > M, P > T
दोनों को मिलाने पर: P > T > M > V > Q अर्थात Q < V < M < T < P
स्पष्ट रूप से, M बीच में है।

49. (*d*) : I से हमारे पास है: R > Q, R > T, S > R अर्थात S > R > Q > T या S > R > T > Q
II से, S सबसे भारी नहीं है। अत: P सबसे भारी है।
इस प्रकार हमारे पास है: P > S > R > Q > T या P > S > R > T > Q
इसलिए, या तो T या Q सबसे हल्का है।

50. (*a*) : I से, हम यह निष्कर्ष निकालते हैं कि चूंकि A और D में से कोई भी सबसे भारी नहीं है और B, E और F में से प्रत्येक A और D दोनों की तुलना में हल्का है, इसलिए C सबसे भारी है।

51. (*b*) : जैसा कि दिया गया है: हमारे पास: M> K, A> S
II से, K > A इस प्रकार, हमारे पास: M> K> A> S है।
इसलिए, शरद सबसे कम उम्र का है।

I से, M> S इस प्रकार, हमारे पास: M> K> A> S या M> A> K> S या M> A> S> K

52. (*e*) : I से हमारे पास है: D > A, D > C
II से हमारे पास है : E > B > D
दोनों को मिलाने पर, हमें मिलता है: E > B > D > A > C या E > B > D > C > A
इस प्रकार, E सबसे लंबा है।

53. (*a*) : I से हमारे पास है: P > M, P > K, A > P
इस प्रकार, A > P > M > K या A > P > K > M
अत: आकाश सबसे भारी है।
II से हमारे पास है: P > M, A > M, M > K
इस प्रकार, A > P > M > K या P > A > M > K. अत: आकाश या प्रभाकर सबसे भारी हैं।

54. (*e*) : I से, हम जानते हैं कि धारावाहिक 23, 24, 25 और 26 तारीख को प्रदर्शित किए गए थे। स्पष्ट रूप से, D की दूसरे स्थान पर प्रदर्शित किया गया था, यानी 24, बुधवार को। II से, हम जानते हैं कि A और B के बीच एक धारावाहिक को प्रदर्शित किया गया था, A और B को पहले और तीसरे, यानी 23 और 25 तारीख को प्रदर्शित किया गया था। लेकिन, A को 25 तारीख को प्रदर्शित नहीं किया गया था। इसलिए, A को 23 और B को 25 तारीख को प्रदर्शित किया गया। इस प्रकार, C को 26, शुक्रवार को प्रदर्शित किया गया।

55. (*e*) : I से हमारे पास क्रम है: A, M, T
II से हमारे पास क्रम है: T, R, S
दोनों को मिलाने पर, हमें क्रम मिलता है: A, M, T, R, S. इस प्रकार, सोनल कार्यक्रम के लिए अंत में आया था।

56. (*a*) : I से, हम यह निष्कर्ष निकाल सकते हैं कि अध्यक्ष ने सितंबर के पहले सप्ताह के सोमवार को खरीद विभाग का दौरा किया। किसी विभाग की यात्रा के समय का उल्लेख II में नहीं किया गया है, अत: डाटा अपर्याप्त है।

57. (*e*) : I और II दोनों से, हमें निम्नलिखित व्यवस्था मिलती है:

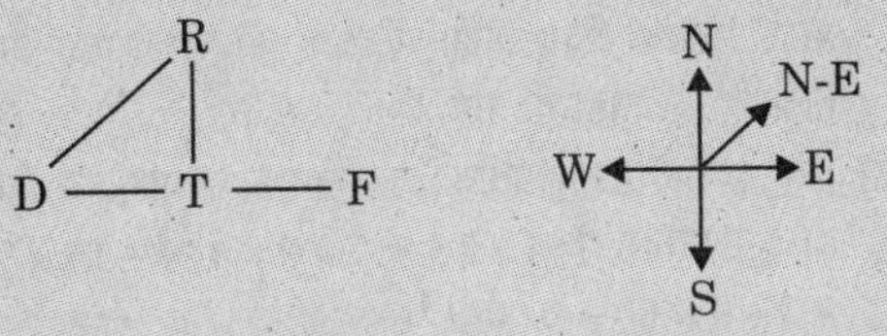

स्पष्ट रूप से, ग्राम R, गांव D के उत्तर पूर्व में है।

58. (*d*) : स्पष्ट रूप से, रामपुर से प्रत्येक गाँव की दूरी I और II में दी गई है। लेकिन उनके सापेक्ष स्थिति के बारे में कुछ भी उल्लेख नहीं किया गया है। इसलिए, दोनों गांवों के बीच की दूरी की गणना नहीं की जा सकती है।

59. (*c*) : **I से व्यवस्था** **II से व्यवस्था**

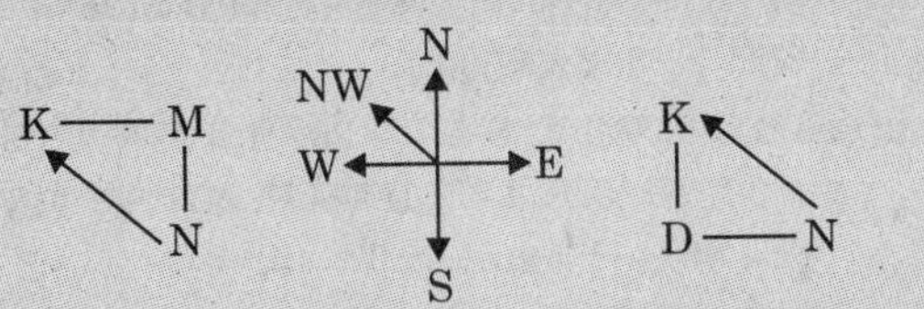

स्पष्ट रूप से, प्रत्येक व्यवस्था में K, N के उत्तर-पश्चिम में है।

60. (*c*) : I से, हम यह निष्कर्ष निकालते हैं कि सनी दक्षिण का सामना कर रही है, क्योंकि दक्षिण का सामना करने वाला व्यक्ति दो बार अपने दाहिनी ओर मुड़कर उत्तर का सामना करेगा। II से, हम जानते हैं कि चलने के बाद, सनी दिनेश के दक्षिण की ओर यानी पूर्व की ओर मुंह करेगा और दक्षिण की ओर चलने वाला व्यक्ति पूर्व की ओर मुंह करेगा। इस प्रकार, सनी दक्षिण का सामना कर रही है।

61. (*c*) : प्रश्न इस तथ्य पर आधारित है कि सुबह के समय सूरज पूर्व में उगता है और इस समय किसी वस्तु/व्यक्ति की छाया इसके ठीक विपरीत पड़ती है। I से हमें पता चलता हैं। कि राहुल और कठपुतली एक दूसरे का सामना कर रहे हैं। कठपुतली की छाया राहुल के दायीं ओर गिरती है और इसलिए कठपुतली के बायीं ओर। इस प्रकार, सूर्य कठपुतली के दायीं ओर है। लेकिन सूरज पूर्व में है। अत: कठपुतली उत्तर का सामना कर रही है और इस प्रकार, राहुल दक्षिण का सामना कर रहा है।

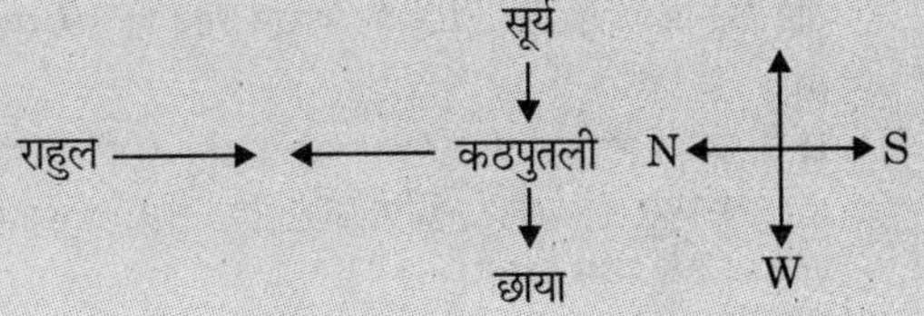

II से, हम जानते हैं कि बाएं मुड़ने पर छाया राहुल के पीछे पड़ जाती है। इसका यह अर्थ है कि राहुल बाएं मुड़ने पर सूर्य (अर्थात पूर्व) का सामना करता है। इस प्रकार, राहुल दक्षिण का सामना कर रहा है।

62. (*a*) : **I से व्यवस्था** **II से व्यवस्था**

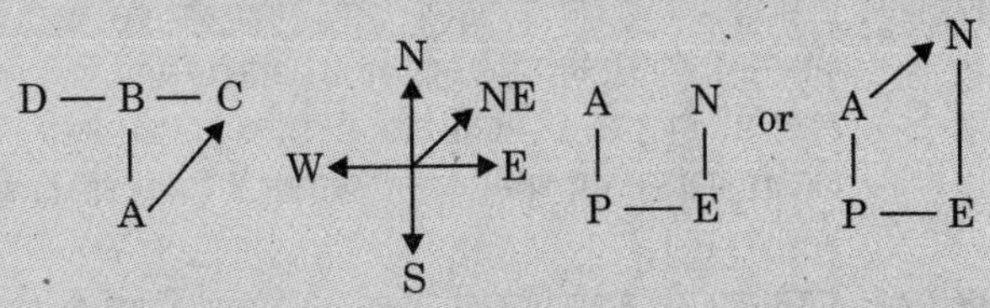

इस प्रकार, I से, C, A के उत्तरपूर्व की ओर है, लेकिन II से, N, A के पूर्व के उत्तरपूर्व में स्थित हो भी सकता है और नहीं भी हो सकता है।

63. (*e*) : I और II दोनों से, हमें वह व्यवस्था मिलती है जैसा कि नीचे दिखाया गया है।
स्पष्ट रूप से, X और Y के बीच सबसे छोटी दूरी XY है।

$$= \sqrt{XZ^2 + YZ^2} = \sqrt{35^2 + 20^2} \text{ km}$$
$$= \sqrt{1625} \text{ km} = 40.31 \text{ km.}$$

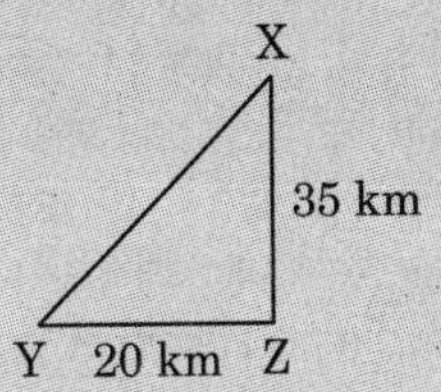

64. (*e*) : **I से प्राप्त व्यवस्था**

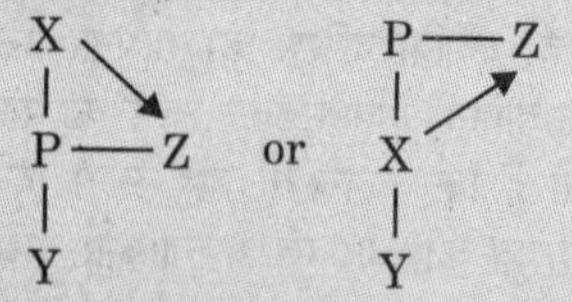

I और II से प्राप्त व्यवस्था

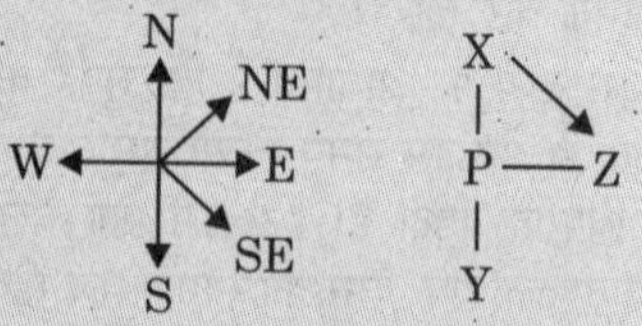

I से, Z, X के दक्षिणपूर्व या उत्तरपूर्व में स्थित हो सकता है। I और II दोनों से, Z, X के दक्षिणपूर्व में है।

65. (*c*) : I से, हमे पता चलता हैं कि 25 छात्रों की एक कक्षा में, अमित नीचे से 18वें और शीर्ष से 8वें स्थान पर है। सचिन, अमित से तीन रैंक ऊपर है और इसलिए, सचिन शीर्ष से 5वें स्थान पर है।

II से, दीप्ति नीचे से 23वें स्थान पर है और इसलिए, ऊपर से 3वें स्थान पर है। सचिन, दीप्ति से 2 रैंक नीचे है, इस प्रकार, शीर्ष से 5वें स्थान पर है।

66. (*c*) : चूँकि 12वें से दायीं ओर 8वां दायीं और से 20वां है, इसलिए I से, हमे पता चलता है कि विशाखा बाएं से 5वीं और दाएं से 20वीं है यानी बाएं से 4 बच्चे हैं और विशाखा के दायीं ओर 19 बच्चे हैं। अत: पंक्ति में (4 + 1 + 19) यानी 24 बच्चे हैं। II से, निशा दायीं ओर से 7वें और पंक्ति के बाएं छोर से 18वें स्थान पर है। अत: पंक्ति में (6 + 1 + 17) = 24 बच्चे हैं।

67. (*e*) : II से, Q बीच में होने के कारण, उसके दायीं ओर 10 बच्चे हैं और साथ ही उसकी बायीं ओर भी है। अत: Q बायीं से 11वें स्थान पर है। I से, P, बायीं ओर से 15वां है। इस प्रकार, I और II दोनों से, हम यह निष्कर्ष निकालते हैं कि P और Q के बीच 3 बच्चे हैं।

68. (*d*) : स्पष्ट रूप से, न तो पंक्ति में बच्चों की संख्या दी गई है और न ही राजन के सापेक्ष सुमित की स्थिति I या II में से किसी एक में उल्लिखित है।

69. (*c*) : I से, हम निष्कर्ष निकालते हैं कि P शीर्ष से 9वां है। इस प्रकार, 30 छात्रों की कक्षा में, P नीचे से 22वें स्थान पर है। II से, हम निष्कर्ष निकालते हैं कि P नीचे से 22वां है।

70. (*d*) : चूंकि नितिन और दीपक के बीच दस छात्र हैं, इसलिए दीपक के ऊपर या नीचे नितिन ग्यारह रैंक पर रह सकता है। इस प्रकार, नितिन शीर्ष से 9वें या 31वें स्थान पर हो सकता है।

71. (*c*) : I से, हम यह निष्कर्ष निकालते हैं कि 47 छात्रों की कक्षा में, गौरव शीर्ष से 18वें स्थान पर है और इसलिए अंतिम से 30वें स्थान पर है। II से, हम निष्कर्ष निकालते हैं कि जतिन से ऊपर 9 छात्र हैं और रैंक में 37 छात्र जतिन से नीचे हैं। इस प्रकार, कक्षा में (9 + 1 + 37) = 47 छात्र हैं। अत: गौरव जो शीर्ष से 18वें स्थान पर है, वह आखिरी से 30वें स्थान पर है।

72. (*e*) : I से, हम यह निष्कर्ष निकालते हैं कि कपिल का जन्म 16, 17 और 18 तारीखों में से किसी एक तारीख को हुआ था। II से, हम यह निष्कर्ष निकालते हैं कि कपिल का जन्म 13, 14, 15 और 16 तारीखों में से किसी एक तारीख को हुआ था। इस प्रकार, I और II दोनों से, हम यह निष्कर्ष निकालते हैं कि कपिल का जन्म 16 अगस्त को हुआ था।

73. (*b*) : I के अनुसार, हितेश ने मंगलवार और गुरुवार को छोड़कर सप्ताह के किसी भी दिन चिड़ियाघर का दौरा किया। II के अनुसार, हितेश की मां सोमवार यानी मंगलवार के बाद अपने घर पहुंची। इस प्रकार, हितेश ने मंगलवार से दो दिन पहले यानी रविवार को चिड़ियाघर का दौरा किया।

74. (*b*) : I अरुण या साहिल के जन्मदिन पर सप्ताह के दिन का उल्लेख नहीं करता। II के अनुसार, साहिल की बहन का जन्म बुधवार को हुआ था और साहिल का जन्म बुधवार से दो दिन पहले यानी सोमवार को हुआ था।

75. (*e*) : II बताता है कि पिछली बस शाम 7.45 बजे रवाना हुई थी। जैसा कि I में दिया गया है, अगली बस 30 मिनट के बाद यानी रात 8.15 बजे रवाना होगी।

76. (*a*) : I से हम यह निष्कर्ष निकालते हैं कि मनोहर का जन्मदिन 14 जनवरी को है, जो गुरुवार को है।

77. (*c*) : I से, हम यह निष्कर्ष निकालते हैं कि मार्च, 2006 के 5वें, 12वें, 19वें और 26वें दिन रविवार थे। अत: आखिरी रविवार 26 तारीख को पड़ा। II से, हम निष्कर्ष निकालते हैं कि 31 मार्च, 2006 शुक्रवार था। इस प्रकार, 26 मार्च, 2006 महीने का आखिरी रविवार था।

78. (*e*) : I और II से, हम निष्कर्ष निकालते हैं कि अंजलि का जन्म फरवरी 2004 में एक तारीख को हुआ था जो कि एक अभाज्य संख्या है। चूँकि एकमात्र सम संख्या 2 है, इसलिए अंजलि का जन्म 2 फरवरी, 2004 को हुआ था।

79. (*d*) : I और II से, हम यह निष्कर्ष निकालते हैं कि अमन सुबह या तो 10.30 बजे या 10.35 बजे ट्रेन से ऑफिस जाएगा।

80. (*a*) : I से, हम यह निष्कर्ष निकालते हैं कि श्रवण की तुलना में 16 छात्र और 11 लड़के लम्बे हैं। इसका मतलब है कि श्रवण की तुलना में 5 लड़कियां लंबी हैं। II में, नीचे से श्रवण की रैंक का उल्लेख किया गया है और उससे लंबी लड़कियों की संख्या का पता लगाने के लिए, हमें उनकी रैंक को ऊपर से जानना होगा, जिसके लिए कक्षा में छात्रों की संख्या की आवश्यकता होती है, जो नहीं दी गई है।

81. (*c*) : I से, हमें दिए गए प्रतीकों के लिए सही गणितीय चिन्ह मिलते हैं। इस प्रकार, 144 $ 16 ★ 7 # 9 = $144 \div 16 \times 7 + 9 = 9 \times 7 + 9 = 63 + 9 = 72$

II से, 16 $ 4 2 # 2 = 10 और 16 2 4 ★ 2 + 2 = 10

इस प्रकार, $ का अर्थ ÷, ★ का अर्थ × और # का अर्थ + है। दिए गए अभिव्यक्ति में सही प्रतीकों को प्रतिस्थापित करते हुए, हम इसके सही मान को प्राप्त करने के लिए सरल कर सकते हैं।

82. (*e*) : I से, उत्पाद A की कुल बिक्री = ₹(8000 × 25) = ₹200000 II से, हम जानते हैं कि कंपनी केवल उत्पाद A में डील करती है। इसका मतलब है कि उत्पाद A की बिक्री कंपनी की कुल बिक्री है, जो ₹200000 है।

83. (*d*) : I से हमारे पास है: $S = T - 20$, II से हमारे पास है: $V = T + 30$, इस प्रकार, I और II दोनों से, हमारे पास है: $V + S = (T + 30) + (T - 20) = (2T + 10)$

इसलिए, आवश्यक राशि प्राप्त करने के लिए, हमें उस राशि को जानना होगा जो तरुण के पास है।

84. (*e*) : I और II दोनों से, हम पाते हैं कि इस वर्ष बेचे गए कार्डों की संख्या = $(2935 \times 1.2) = 3522$ है।

85. (*e*) : I से, हम उन वक्ताओं की संख्या पाते हैं जिन्होंने कार्यक्रम = 18 – 18 का $\frac{1}{6}$ = 15 में भाग लिया।

II से, हम पाते हैं कि 15 में से एक तिहाई यानी 5 वक्ताओं ने 2 भाषण दिए, जबकि शेष 10 वक्ताओं में से प्रत्येक ने केवल एक भाषण दिया।

अत: दिए गए भाषणों की कुल संख्या $= (5 \times 2 + 10 \times 1) = 20$

86. (*a*) : I से, हम पाते हैं कि 3 घंटे में राजन और मदन के बीच की दूरी = [(4 + 6) × 3] किमी = 30 किमी

II से, हम यह निष्कर्ष निकालते हैं कि यदि राजन की गति x किमी/घंटा है, तो मदन की गति = $\left(\frac{3}{2}x\right)$ km/hr.

लेकिन, उनमें से किसी की भी वास्तविक गति का पता नहीं लगाया जा सकता है।

87. (*a*) : I से हमारे पास है:

वीआरएस के लिए चुने जाने वाले कर्मचारियों की संख्या = 950 का 18% + 1100 का 6% = 171 + 66 = 237

II से, हमें तब तक आवश्यक उत्तर तब तक नहीं मिल सकता है जब तक कि 51 से 56 आयु समूह और अन्य आयु समूह में कर्मचारियों की संख्या ज्ञात नहीं हो जाती।

88. (*e*) : II से, हम यह निष्कर्ष निकाल सकते हैं कि $(1500 \div 3)$ = 500 बक्से रविवार को बेचे गए।

इस प्रकार, I से, सोमवार को बेचे गए बॉक्स की संख्या = 500 + 500 का 10% = 550

89. (*e*) : I और II दोनों से, हम पाते हैं कि:

प्रशांत का वेतन = (₹2500 का 90%) का 115% = ₹2587.50

90. (*c*) : I से, हम प्रत्येक खम्बे के भार को ज्ञात करते हैं = (4×5) किलो = 20 किलो

तो, 10 खम्बों का कुल वजन = (20×10) किग्रा = 200 किग्रा

II से, हम यह निष्कर्ष निकालते हैं कि: प्रत्येक खम्बे का वजन = (3 खम्बों का वजन) – (2 खम्बों का वजन) = 200 किलोग्राम

II से, हम यह निष्कर्ष निकालते हैं कि: प्रत्येक खम्बे का वजन = (3 खम्बों का वजन) – (2 खम्बों का वजन) = 20 किलोग्राम

तो, 10 खम्बों का कुल वजन = (20×10) किग्रा = 200 किग्रा

91. (*e*) : I और II से, हम पाते हैं कि रॉबर्ट पढ़ता है $\left(300 \times \frac{2}{3}\right)$ यानी रविवार से पहले 200 पेज और सोमवार को आखिरी 40 पेज। इसका यह अर्थ है कि उसने रविवार को [300 – (200 + 40)] यानी 60 पृष्ठ पढ़े।

92. (*d*) : I और II से, हम पाते हैं कि अधिकतम (243×3) यानी 729 आगंतुकों ने प्रदर्शनी को देखा। लेकिन सटीक संख्या निर्धारित नहीं की जा सकती है।

93. (*b*) : I से, शहर में डॉक्टरों की कुल संख्या = $\left(\frac{1}{700} \times N\right)$, जहां N = शहर में निवासियों की कुल संख्या लेकिन, N का मूल्य ज्ञात नहीं है।

II से, शहर में डॉक्टरों की कुल संख्या = (शहर में वार्डों की संख्या) × (प्रत्येक वार्ड में डॉक्टरों की संख्या) = $16 \times 16 = 256$

94. (*c*) : I से, हम जानते हैं कि खेल का मैदान एक वर्ग है।

तो, खेल के मैदान की भुजा = $\sqrt{1600}$ मी = 40 मीटर

अत: 160 परिधि $= (4 \times 40)$ मी = 160 मीटर

II से हमारे पास है: परिधि

$= \left(\frac{\text{फेंसिंग की कुल लागत}}{\text{फेंसिंग की दर (रुपये/मीटर)}}\right) = \left(\frac{3200}{20}\right)$ मी = 160 मीटर

95. (*e*) : जैसा कि I और II में दिया गया है, हमारे पास है: G = V = K, V + K + A = 32 और A = V + K

V + K = A को V + K + A = 32, में रखकर, हमारे पास: 2I = 32 या A = 16

इस प्रकार, V + K = 16 और V = K अत: V = K = 8

इस प्रकार, G = 8

96. (*b*) : कथन I प्रश्न में निहित जानकारी की एक व्याख्या मात्र है। हालाँकि, विनोद के वेतन का पता II से लगाया जा सकता है:

माना कि विनोद और जावेद की सैलरी क्रमश: $4x$ और $3x$ है।

तब, $3x = 4500$ या $x = 1500$

∴ विनोद का वेतन = $4x$ = ₹6000

97. (*e*) : भूखंड के क्षेत्र की गणना I और II दोनों का उपयोग करके की जा सकती है:

माना, चौड़ाई = x मीटर; लंबाई = $(x + 4)$ मीटर

तब, परिधि = $[2(x + 4 + x)]$ मीटर = $(4x + 8)$ मीटर

तब, $4x + 8 = 208$ या $4x = 200$ या $x = 50$

चौड़ाई = 50 मीटर; लंबाई = 54 मी

इसलिए, क्षेत्रफल = (लंबाई × चौड़ाई) = (54 × 50) = 2700 वर्ग मीटर

98. (*d*) : I और II से, हम जानते हैं कि सामान्यत: $\left(\frac{2}{3} \times 54\right) = 36$ सदस्य बैठक में शामिल होते हैं और एजीएम के दिन $\left(\frac{1}{6} \times 54\right) = 9$ सदस्य शहर से बाहर होते हैं। इस जानकारी से, हम उन सदस्यों की संख्या निर्धारित नहीं कर सकते हैं जिन्होंने ए.जी.एम. की बैठक में हिस्सा लिया।

99. (*e*) : हम जानते हैं कि किसी भागीदारी मे लाभ को निवेश के अनुपात में बांटा जाता है

I से, राज को कुल लाभ $\frac{2}{5}$ *i.e.* $\left(\frac{2}{5} \times 100\right)\% = 40\%$

II से, राज और अल्ताफ ने कुल निवेश का 60% लगाया।

इस प्रकार, उन्हें कुल लाभ का 60% मिलेगा।

तो, करण के लाभ का हिस्सा = (100 – 60)% = 40%

∴ अल्ताफ के लाभ का हिस्सा = [100 – (40 + 40)]% = 20%

इसलिए, आवश्यक अनुपात = 40: 40: 20 = 2: 2: 1

100.(*c*) : I से हमारे पास है: + $A - \frac{A + 4000}{2} = 500$

या $A - 4000 = 1000$ या $A = 5000$

अर्थात अतुल का मासिक वेतन = रु 5000

II से हमारे पास है: $\frac{A + R}{2} = 4500$ या $A + 4000 = 9000$ या $A = 5000$

101.(*e*) : स्पष्ट है, गौतम की मां का जन्मदिन II से ज्ञात किया जा सकता है और फिर गौतम का जन्मदिन I में दिए गए तथ्य का उपयोग करके निर्धारित किया जा सकता है।

102.(*e*) : I से नरेश और अजय के पास कुल पैसा = ₹ $\left(\frac{28}{100} \times 75000\right)$ = ₹21000

इस प्रकार, II से, अजय के पास पैसा

= ₹ $\left(\frac{3}{4} \times 21000\right)$ = ₹15750

103.(*e*) : I और II दोनों से, हम पाते हैं कि राहुल अपने भाई से (35 − 25) = 10 साल बड़ा है, जो 1964 में पैदा हुआ था। इसलिए, राहुल का जन्म 1954 में हुआ था।

104.(*d*): यह उल्लेख नहीं है कि सभी लड़के या उनमें से केवल कुछ फुटबॉल खेलते हैं।

105.(*e*) : स्पष्ट रूप से, I और II में दिए गए तथ्यों में सेवानिवृत्ति प्राप्त करने के लिए पूरी की जाने वाली दो शर्तें दी गयी हैं और यह भी इंगित है कि रितेश उनमें से केवल एक शर्त को पूरा करता है।

106.(*d*): स्पष्ट रूप से, I और II दोनों मिलकर आज ट्रेन के प्रस्थान का सही समय नहीं बताते हैं।

107.(*c*) : 'come' के लिए कोड खोजने के लिए, हमें दो कथन की आवश्यकता होगी, जिनमें एक में उभयनिष्ठ कोड शब्द और एक में 'come' आता हो, जो कि I और III में है।

108.(*d*): I, II और III को देखते हुए, हम पाते हैं कि समान अक्षरों के कोड में संबंधित स्थानों पर समान कोड चिन्ह होते हैं। तो, यह प्रत्यक्ष-कोडिंग है। इस प्रकार, DATE के लिए कोड खोजने के लिए, हमें D के लिए कोड की आवश्यकता होती है, जो केवल I (यानी $) से प्राप्त किया जा सकता है और A, T और E के लिए कोड II या III (क्रमश: @, # और %) से प्राप्त किया जा सकता है।)।

109.(*e*) : 'we' के लिए कोड खोजने के लिए, निम्नलिखित में से कोई एक चाहिए:

(i) 'We are friends', II में दिए गए अन्य कथन के साथ केवल 'We' को उभयनिष्ठ के रूप में रखता है;

(ii) 'We are friends' में केवल 'are' और 'friends' I और III में दिए गए कथनों के साथ उभयनिष्ठ हैं। इस प्रकार, हमें या तो II या केवल I और III की आवश्यकता है।

110.(*d*): I, II और III से, हम यह निष्कर्ष निकालते हैं कि सभी P, Q, R, T और U, X के बच्चे हैं। इनमें से Q और U पुरुष हैं जबकि R और T महिला हैं। लेकिन P का लिंग निर्धारित नहीं किया जा सकता है।

111.(*d*): I से, हम यह निष्कर्ष निकालते हैं कि लड़की कुणाल की या उसके भाई की पत्नी है। लेकिन, II के अनुसार, कुणाल का कोई भाई-बहन नहीं है। इसलिए, I और II दोनों से, हम यह निष्कर्ष निकालते हैं कि लड़की कुणाल की पत्नी है। III से, हम पाते हैं कि लड़की कुणाल की मां की एकमात्र बहु है, यानी वह कुणाल की पत्नी है।

112.(*b*): दिए गए कथन से, ऊंचाइयों का अवरोही क्रम है: __, Q, __, S, __.

II से हमारे पास क्रम है: __, Q, R, S, __. तो R बीच में है।

III से हमारे पास क्रम है: P, Q, __, S, __. लेकिन, I के अनुसार, T सबसे छोटा नहीं है। तो, R सबसे छोटा है। इस प्रकार, हमारे पास क्रम है: P, Q, T, S, R. तो, T बीच में है।

113.(*a*): Given: $P < S, T < R$ ...(i)

I से हमारे पास है: $P < R$ ...(ii)

II से हमारे पास है: $R < S$ ...(iii)

III से हमारे पास है: टॉम सबसे छोटा है ...(iv)

(i) और (ii) से, हमारे पास है $P < S, T < R < S$. अत: सोनाली सबसे बड़ी है।

114.(*d*): I से हमारे पास है: $M > V, V > S, V > N$ ...(i)

II से हमारे पास है: मुकुल सबसे बड़ा है। ...(ii)

III से हमारे पास है: $S > N$ ...(iii)

संयोजन (i) और (iii), हमें मिलता है: $M > V, V > S > N$ या $M > V > S > N$.

स्पष्ट रूप से, निकुंज सबसे छोटी है।

115.(*d*): I से क्रम है: E, B, C या C, B, E

II से क्रम है: E, B

III से क्रम है: A, D, E

उपरोक्त तीनों को मिलाकर, हमें यह क्रम मिलता है: A, D, E, B, C

स्पष्ट रूप से, E बीच में बैठा है।

116.(*a*): I से हमारे पास है: $P > D, P > N, T > P$ अर्थात $T > P > D > N$ या $T > P > N > D$ ...(i)

II से हमारे पास है: $R > Q, T > R$ अर्थात $T > R > Q$ ...(ii)

III से हमारे पास है: $T > Q, R > Q$ ...(iii)

स्पष्ट रूप से, (*i*) और (*ii*) से, हम यह निष्कर्ष निकालते हैं कि T, P, N, D, R और Q में से प्रत्येक से लंबा है। इसलिए, T सबसे लंबा है।

117.(*e*) : I और II से, हम निष्कर्ष निकालते हैं कि गणित की अवधि सुबह 9 बजे शुरू हुई, जीव विज्ञान की अवधि सुबह 8 बजे शुरू हुई और भौतिकी की अवधि सुबह 11 बजे शुरू हुई। इसलिए, रसायन विज्ञान की अवधि सुबह 10 बजे से शुरू हुई। I और III से, हम यह निष्कर्ष निकालते हैं कि गणित की अवधि समाप्त हो गई और रसायन विज्ञान सुबह 10.00 बजे से शुरू हुआ।

118.(*d*): I से व्यवस्था

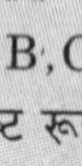

II से व्यवस्था

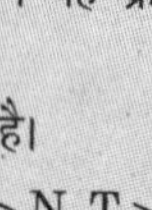

III से व्यवस्था

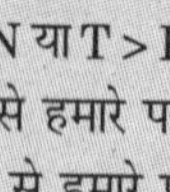

स्पष्ट रूप से, I और III से, हम यह निष्कर्ष निकालते हैं कि T, R के उत्तर -पश्चिम में है।

119.(*e*) : III से हमारे पास है: राजन का मूल वेतन = ₹ 1550

I से हमारे पास है : वासु का मूल वेतन = ₹ (1550 + 100) = ₹ 1650

II से हमारे पास है: राजन के अन्य भत्ते = ₹ 2000 और वासु के अन्य भत्ते = 2050

∴ वासु का मासिक वेतन = ₹ (1650 + 2050) = ₹ 3700

120.(*d*): II से, हम जानते हैं कि गोपाल के भाई का जन्म 1982 में हुआ था।

III से, हमें पता चलता है कि गोपाल का भाई उससे 8 साल छोटा था यानी गोपाल का जन्म 1974 में हुआ था।

I से, हम पाते हैं कि संजय गोपाल से 6 साल बड़ा है। इस प्रकार, संजय का जन्म 1968 में हुआ था।

121.(*e*) : II से, हम यह निष्कर्ष निकालते हैं कि 40 की कक्षा में, दीपक नीचे से 23वें स्थान पर है यानी ऊपर से 18 वां।

I और II से, हम पाते हैं कि सुमन शीर्ष से 18वीं रैंक से 3 रैंक नीचे है यानी वह शीर्ष से 21वें स्थान पर है।

II और III से, हम पाते हैं कि सुमन नीचे से 23वीं रैंक से 3 रैंक ऊपर है यानी वह नीचे से 20वीं रैंक या शीर्ष से 21वें स्थान पर है।

हल सहित अतिरिक्त प्रश्न

अभ्यास

निर्देश (प्रश्न 1 से 5): नीचे दिए गए प्रत्येक प्रश्न में एक प्रश्न और दो कथन I और II दिए गए हैं, आपको यह तय करना है कि कथनों में दिए गए आंकड़े प्रश्नों के उत्तर देने के लिए पर्याप्त हैं या नहीं। दोनों कथनों को पढ़ें और उत्तर दें:

(*a*) यदि कथन I में दिए गए आंकड़े प्रश्न का उत्तर देने के लिए पर्याप्त हैं, जबकि कथन II में दिए गए आंकड़े प्रश्न का उत्तर देने के लिए पर्याप्त नहीं हैं।

(*b*) यदि कथन II के आंकड़े अकेले प्रश्न का उत्तर देने के लिए पर्याप्त हैं, जबकि कथन I के आंकड़े प्रश्न का उत्तर देने के लिए पर्याप्त नहीं हैं।

(*c*) यदि कथन I या कथन II में दिए गए आंकड़े प्रश्न का उत्तर देने के लिए पर्याप्त हैं।

(*d*) यदि कथन I और II दोनों में दिए गए आंकड़े प्रश्न का उत्तर देने के लिए पर्याप्त नहीं हैं।

(*e*) यदि कथन I और II दोनों में डेटा प्रश्नों का उत्तर देने के लिए आवश्यक हैं।

1. इमारत J, K, L, M, N और O के बीच (प्रत्येक इमारत अलग-अलग ऊँचाई की है), कौन सी के इमारत सबसे ऊँची है? ? **[Andhra Bank (PO) Exam, 2015]**

I. M, J और O से ऊँचा है लेकिन K से छोटा है; N, M से ऊँचा है लेकिन सबसे ऊँचा नहीं है। K सबसे ऊँचा नहीं है।

II. K केवल दो भवनों से छोटा है। J, M और K से छोटा है लेकिन O से अधिक ऊँचा है। N, J से ऊँचा है।

2. K के संबंध में M की दिशा क्या है? **[Andhra Bank (PO) Exam, 2015]**

I. K, S के पूर्व में 8 मी है। Q के उत्तर में S है। P से Q से 4 मी की दूरी पर है। M से P के उत्तर में 2 मीटर है।

II. M, J के पश्चिम में 12 मीटर है। Q, M के दक्षिण में 6 मीटर है; K, Q के दक्षिण पूर्व में है।

3. P, M से कैसे संबंधित है **[Andhra Bank (PO) Exam, 2015]**

I. M, C की पत्नी है। R की दो संतान M और I हैं।
G, C की इकलौती बेटी है।
P, R की बेटी है।

II. G, L से विवाहित है; M, L की माँ है। M, R की एकमात्र बेटी है और A, P तथा R की पोती है।

4. पांच लोग-M, N, O, P और Q एक इमारत के पांच अलग-अलग मंजिलों पर रहते हैं लेकिन जरूरी नहीं कि उसी क्रम में हों। इमारत की सबसे निचली मंजिल को एक गिना जाता है, ऊपर की एक को दो और दूसरी को सबसे ऊंची मंजिल पर गिना जाता है। M और Q के बीच कितने लोग रहते हैं? **[Andhra Bank (PO) Exam, 2015]**

I. M मंजिल नंबर तीन पर रहता है। M और P के बीच केवल एक व्यक्ति रहता है। N, Q के ठीक ऊपर एक विषम संख्या वाली मंजिल पर रहता है।

II. O, M के ठीक नीचे एक सम संख्या वाली मंजिल पर रहता है। O और Q के बीच केवल एक व्यक्ति रहता है N सबसे ऊपरी मंजिल पर रहता है।

5. छह लोग दो समानांतर पंक्तियों में बैठे होते हैं, जिनमें प्रत्येक में तीन लोग होते हैं, ऐसे में आसन्न व्यक्तियों के बीच एक समान दूरी होती है। पंक्ति में- 1: U, V और W बैठे हैं और सभी दक्षिण का सामना कर रहे हैं। पंक्ति- 2 में: P, Q और R बैठे हैं और सभी उत्तर की ओर हैं। (इसलिए, बैठने की व्यवस्था में, प्रत्येक सदस्य एक पंक्ति में बैठा हुआ दूसरी पंक्ति के किसी अन्य सदस्य का सामना करता है)। पंक्ति के अंतिम बाएं छोर पर कौन बैठता है? **[Andhra Bank (PO) Exam, 2015]**

I. V लाइन के चरम छोरों में से एक पर बैठता है। केवल एक व्यक्ति Q के बीच बैठता है और जो V के सामने है। जो P का सामना करता है, वह Q का आसन्न पड़ोसी है।

II. Q और R के बीच केवल एक व्यक्ति बैठता है। W, R के निकटतम पड़ोसियों में से एक का सामना करता है। V, W का आसन्न पड़ोसी है।

निर्देश (प्रश्न 6 से 10): इनमें से प्रत्येक प्रश्न में एक प्रश्न और उसके नीचे दो कथन- I और II दिए गए हैं। आपको यह तय करना होगा कि कथन में दिए गए डेटा प्रश्न का उत्तर देने के लिए पर्याप्त हैं या नहीं। दोनों कथनों को पढ़ें और उचित विकल चुनें:

6. मेघा की उम्र कितनी है? **[NICL-AAO Exam, 2015]**

I. अवनी मेघा से 5 साल बड़ी है। रीना की उम्र 26 साल है और वह अवनी से 3 साल छोटी है।

II. नीलेश स्मृति की उम्र का आधा है। मेघा स्मृति से 4 साल बड़ी है, नीलेश 10 साल का है।

(*a*) कथन I में दिए गए आंकड़े प्रश्न का उत्तर देने के लिए पर्याप्त हैं जबकि कथन II. में डेटा प्रश्न का उत्तर देने के लिए पर्याप्त नहीं हैं।

(*b*) प्रश्न I का उत्तर देने के लिए I और II दोनों कथनों का डेटा आवश्यक है।

(*c*) I और II दोनों कथनों में दिया गया डेटा प्रश्न का उत्तर देने के लिए पर्याप्त नहीं है।

(*d*) कथन I या कथन II में दिए गए डेटा प्रश्न का उत्तर देने के लिए पर्याप्त हैं।

(*e*) कथन II के आंकड़े अकेले प्रश्न का उत्तर देने के लिए पर्याप्त हैं जबकि कथन I में डेटा प्रश्न का उत्तर देने के लिए पर्याप्त नहीं हैं।

7. बैंक की पांच शाखाओं- V, W, X, Y और Z का उद्घाटन एक ही सप्ताह के सोमवार से शुक्रवार तक किया जाना है। गुरुवार को किस शाखा का उद्घाटन किया जाना है? **[NICL-AAO Exam, 2015]**

I. केवल एक शाखा का उद्घाटन V और Z के बीच किया जाना है। X का उद्घाटन Z के ठीक पहले या बाद में नहीं किया जाना है।

II. Y का उद्घाटन शुक्रवार को होना है। X और Z के बीच केवल दो शाखाओं का उद्घाटन किया जाना है।

(*a*) कथन I में दिए गए आंकड़े प्रश्न का उत्तर देने के लिए पर्याप्त हैं जबकि कथन II. में डेटा प्रश्न का उत्तर देने के लिए पर्याप्त नहीं हैं।

(*b*) प्रश्न I का उत्तर देने के लिए I और II दोनों कथनों का डेटा आवश्यक है।

(*c*) I और II दोनों कथनों में दिया गया डेटा प्रश्न का उत्तर देने के लिए पर्याप्त नहीं है।

(*d*) कथन I या कथन II में दिए गए डेटा प्रश्न का उत्तर देने के लिए पर्याप्त हैं।

(*e*) कथन II के आंकड़े अकेले प्रश्न का उत्तर देने के लिए पर्याप्त हैं जबकि कथन I में डेटा प्रश्न का उत्तर देने के लिए पर्याप्त नहीं हैं।

8. बिंदु B, बिंदु G से किस दिशा में है? **[NICL-AAO Exam, 2015]**

I. बिंदु B, बिंदु K के उत्तर की ओर 9 मीटर है। बिंदु K, बिंदु C के पूर्व की ओर 6 मीटर है। बिंदु G, बिंदु C के उत्तर की ओर 4 मीटर है।

II. बिंदु R, बिंदु B के पूर्व की ओर 5 मीटर है। बिंदु J, बिंदु R के दक्षिण में 5 मीटर है। बिंदु G, बिंदु J के पश्चिम की ओर 11 मीटर है।

(*a*) कथन I में दिए गए आंकड़े प्रश्न का उत्तर देने के लिए पर्याप्त हैं जबकि कथन II. में डेटा प्रश्न का उत्तर देने के लिए पर्याप्त नहीं हैं।

(*b*) प्रश्न I का उत्तर देने के लिए I और II दोनों कथनों का डेटा आवश्यक है।

(*c*) I और II दोनों कथनों में दिया गया डेटा प्रश्न का उत्तर देने के लिए पर्याप्त नहीं है।

(*d*) कथन I या कथन II में दिए गए डेटा प्रश्न का उत्तर देने के लिए पर्याप्त हैं।

(*e*) कथन II के आंकड़े अकेले प्रश्न का उत्तर देने के लिए पर्याप्त हैं जबकि कथन I में डेटा प्रश्न का उत्तर देने के लिए पर्याप्त नहीं हैं।

9. चार दोस्तों में A, B, P और Q (उनमें से प्रत्येक एक अलग राशि कमाता है), में कौन सबसे अधिक कमाता है? **[NICL-AAO Exam, 2015]**

I. P, A से अधिक कमाता है लेकिन B और Q दोनों से कम है।

II. B, P से अधिक कमाता है लेकिन Q से कम। A सबसे अधिक नहीं कमाता है।

(*a*) कथन I में दिए गए आंकड़े प्रश्न का उत्तर देने के लिए पर्याप्त हैं जबकि कथन II. में डेटा प्रश्न का उत्तर देने के लिए पर्याप्त नहीं हैं।

(*b*) प्रश्न I का उत्तर देने के लिए I और II दोनों कथनों का डेटा आवश्यक है।

(*c*) I और II दोनों कथनों में दिया गया डेटा प्रश्न का उत्तर देने के लिए पर्याप्त नहीं है।

(*d*) कथन I या कथन II में दिए गए डेटा प्रश्न का उत्तर देने के लिए पर्याप्त हैं।

(*e*) कथन II के आंकड़े अकेले प्रश्न का उत्तर देने के लिए पर्याप्त हैं जबकि कथन I में डेटा प्रश्न का उत्तर देने के लिए पर्याप्त नहीं हैं।

10. G के कितने भाई बहन हैं? **[NICL-AAO Exam, 2015]**

I. S की केवल दो बेटियाँ हैं G और B तथा K, B का एकमात्र भाई हैं।

II. P, B का पिता है और G, B का भाई है।

(*a*) कथन I में दिए गए आंकड़े प्रश्न का उत्तर देने के लिए पर्याप्त हैं जबकि कथन II. में डेटा प्रश्न का उत्तर देने के लिए पर्याप्त नहीं हैं।

(*b*) प्रश्न I का उत्तर देने के लिए I और II दोनों कथनों का डेटा आवश्यक है।

(*c*) I और II दोनों कथनों में दिया गया डेटा प्रश्न का उत्तर देने के लिए पर्याप्त नहीं है।

(*d*) कथन I या कथन II में दिए गए डेटा प्रश्न का उत्तर देने के लिए पर्याप्त हैं।

(*e*) कथन II के आंकड़े अकेले प्रश्न का उत्तर देने के लिए पर्याप्त हैं जबकि कथन I में डेटा प्रश्न का उत्तर देने के लिए पर्याप्त नहीं हैं।

निर्देश (प्रश्न 11 से 12): नीचे दिए गए प्रत्येक प्रश्न में एक प्रश्न और दो कथन I और II दिए गए हैं। आपको यह तय करना होगा कि कथन में दिए गए डेटा प्रश्न का उत्तर देने के लिए पर्याप्त हैं:

उत्तर दें (*a*) यदि कथन I का डेटा अकेले प्रश्न का उत्तर देने के लिए पर्याप्त है, जबकि कथन II में डेटा प्रश्न का उत्तर देने के लिए पर्याप्त नहीं है।

उत्तर दें (*b*) यदि कथन II का डेटा अकेले प्रश्न का उत्तर देने के लिए पर्याप्त है, जबकि कथन I का डेटा प्रश्न का उत्तर देने के लिए पर्याप्त नहीं है।

उत्तर दें (*c*) यदि कथन I या कथन II में दिए गए डेटा प्रश्न का उत्तर देने के लिए पर्याप्त हैं।

उत्तर दें (*d*) यदि कथन I और II दोनों में डेटा प्रश्न का उत्तर देने के लिए पर्याप्त नहीं है।

उत्तर दें (*e*) यदि कथन I और II दोनों में डेटा प्रश्न का उत्तर देने के लिए आवश्यक है।

11. P, Q से कैसे संबंधित है? **[MHT-CET (MBA) Exam, 2008]**

कथन:

I. P की माँ R की बेटी है

II. R, Q की बहन है

12. पांच दोस्तों में A, B, C, D और E, सबसे छोटा कौन है? **[MHT-CET (MBA) Exam, 2008]**

कथन:

I. B और D, C और E से पुराने हैं।

II. C, केवल E से पुराना है।

हल

1. (*a*) : I. L > K > N > M > J, O. यहाँ, L सबसे लंबा है।

II. M, K > J > O; N > J. यहां, हम यह निर्धारित नहीं कर सकते कि कौन सबसे लंबा है। अत: सही विकल्प (*a*) है।

2. (*b*) : हम I से M की दिशा K के संदर्भ में, का निर्धारण नहीं कर सकते हैं।

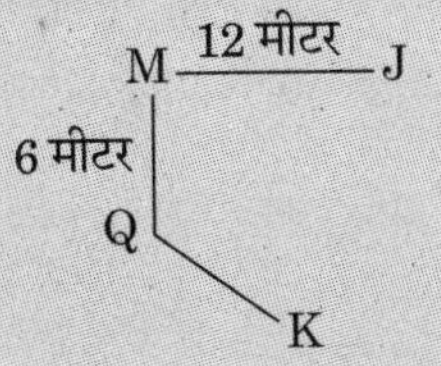

M, K के संबंध में उत्तर-पश्चिम है। अत: सही विकल्प (*b*) है।

3. (*a*) : I.

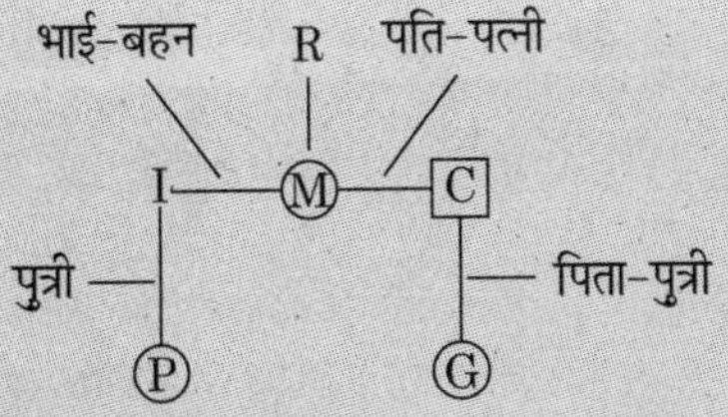

अत: P, M की भतीजी है।

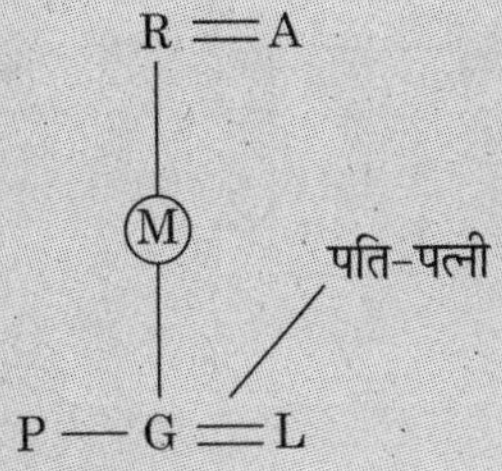

यहाँ, P, M का भतीजा नहीं है।

अत: विकल्प (*a*) उत्तर है।

4. (*c*) :

मंजिल	कथन I से	कथन II से
5	N	N
4	Q	Q
3	M	M
2	O	O
1	P	P

अत: विकल्प (*c*) उत्तर है।

5. (*d*) : दोनों कथन- I और II में दिया गया डेटा प्रश्न का उत्तर देने के लिए पर्याप्त नहीं है।

6. (*d*) : I. अवनी ⟶ मेघा + 5 साल

रीना ⟶ 26 साल

अवनी ⟶ 29 वर्ष

मेघा = 29 – 5 = 24 वर्ष।

II. निलेश = ½ स्मृति

स्मृति = 2 नीलेश = 20 वर्ष

मेघा = 20 + 4 = 24 वर्ष

अत: विकल्प (*d*) उत्तर है।

7. (*b*) : I और II से, हम प्राप्त करते हैं

सोमवार – X

मंगलवार – V

बुधवार – W

गुरुवार – Z

शुक्रवार – Y

अत: सही विकल्प (*b*) है।

8. (*d*) : अत: विकल्प (*d*) उत्तर है।

I.

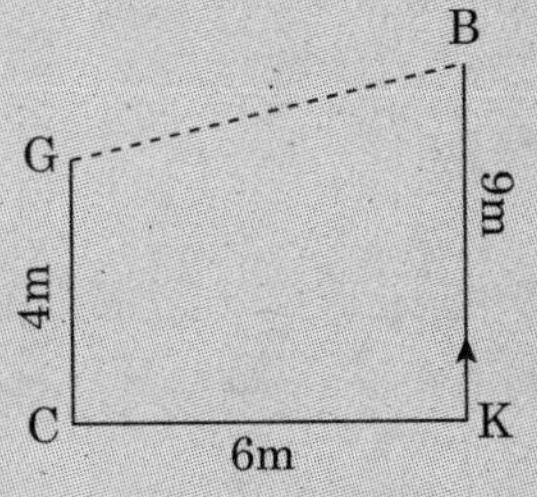

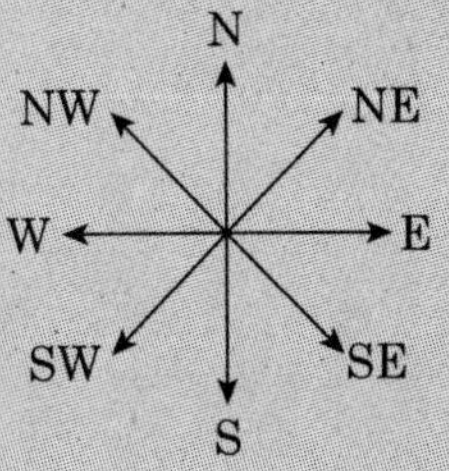

II.

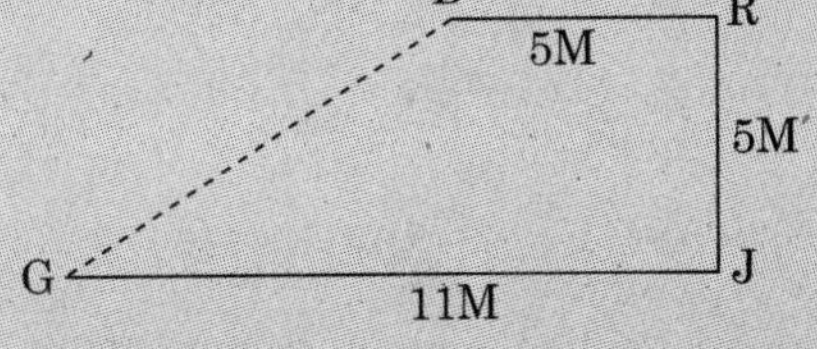

9. (*e*) : I. B, Q > P > A

II. Q > B > P

⇒ Q > B > P > A

अत: विकल्प (*e*) सही उत्तर है।

10. (*d*) : I.

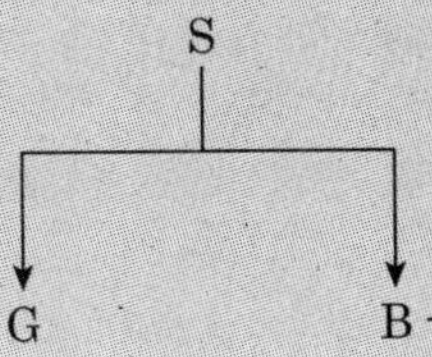

II.

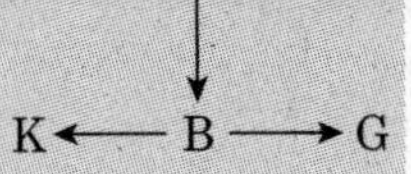

अत: विकल्प (d) उत्तर है।

11. (d) : I और II

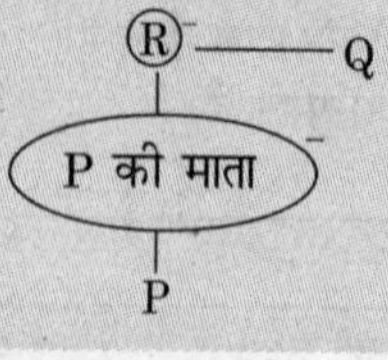

P और Q का लिंग ज्ञात नहीं है, इसलिए (d) उत्तर है।

12. (e) : I. B, D > C, E

II. C, केवल E से बड़ा है। इसका मतलब है कि E सबसे छोटा है।

अत: विकल्प (e) उत्तर है।

18 पात्रता परीक्षण
(ELIGIBILITY TEST)

प्रकार 1

इस प्रकार के प्रश्नों में, आपको कुछ अभ्यर्थियों के बायोडेटा के साथ नौकरी/पदोन्नति/सुविधा में एक निश्चित रिक्ति के लिए एक उम्मीदवार द्वारा पूरा करने के लिए आवश्यक योग्यताएं दी जाती हैं, जिन्होंने उसके लिए आवेदन किया होता है। आपको उम्मीदवार की पात्रता या क्षमता का आकलन करना होता है और दिए गए विकल्पों में से कोई कार्रवाई करने का निर्णय लेना होता है।

व्याख्यात्मक उदाहरण

उदा. 1. ***नीचे दिए गए प्रश्नों के उत्तर देने के लिए निम्नलिखित सूचना का ध्यानपूर्वक अध्ययन करें:*** (Bank P.O. 2006)

एक प्रतिष्ठित कंपनी में एक निश्चित पद के लिए योग्यताएं निम्नलिखित हैं।

उम्मीदवार को चाहिए –

(A) कम से कम 60% अंकों के साथ इंजीनियरिंग स्नातक हो;

(B) 1.5.2006 को उसकी उम्र 21 वर्ष से कम और 25 वर्ष से अधिक नहीं हो;

(C) कम से कम 55% अंकों के साथ चयन परीक्षा उत्तीर्ण की हो;

(D) प्रशिक्षण पूरा होने पर ₹50,000 की जमा राशि का भुगतान करने के लिए तैयार हो।

हालांकि, यदि कोई उम्मीदवार उपरोक्त मानदंडों में से निम्नलिखित को छोड़कर अन्य को पूरा करता है:

(*i*) ऊपर (A) को, लेकिन अंतिम सेमेस्टर परीक्षा के लिए उपस्थित हुआ है और पहले सात सेमेस्टर में न्यूनतम 65% अंक प्राप्त किया है, उसके मामले को कंपनी के V.P. को भेजा जा सकता है।;

(*ii*) ऊपर (D) को, लेकिन कम से कम ₹25,000 की राशि का भुगतान करने को तैयार है और इंजीनियरिंग की डिग्री में कम से कम 70% अंक प्राप्त किए हैं, इस मामले को कंपनी के महाप्रबंधक को भेजा जा सकता है।

निम्नलिखित प्रत्येक प्रश्न में, उम्मीदवार का विवरण उसकी उम्मीदवारी के संबंध में दिया गया है। आपको ऊपर दी गई शर्तों और दी गई सूचना के आधार पर उपलब्ध कराई गई सूचना को पढ़ना होगा और उसकी स्थिति तय करनी होगी। आप निम्नलिखित प्रत्येक प्रश्न में दी गई सूचना के अलावा और कुछ नहीं मान सकते हैं। ये सभी मामले आपको 1.5.2006 को दिए गए हैं। उत्तर दें–

(a) यदि उम्मीदवार का चयन किया जाना है;

(b) यदि मामला महाप्रबंधक को भेजा जाना है;

(c) यदि मामला V.P. को भेजा जाना है;

(d) यदि प्रदान किया गया डेटा निर्णय लेने के लिए पर्याप्त नहीं हैं;

(e) यदि उम्मीदवार का चयन नहीं किया जाना है।

1. नताशा 2003 में 52% अंकों के साथ आईटी इंजीनियर बनी। इंजीनियरिंग की डिग्री प्राप्त करने के बाद, उसने वित्त में विशेषज्ञता के साथ एमबीए किया है। उसने 60% अंकों के साथ चयन परीक्षा पास की है। वह ₹50,000 की जमा राशि का भुगतान कर सकती है। उसकी जन्म तिथि 15 सितंबर, 1982 है।

2. सुलेखा ने 22 साल की उम्र में 2005 में 68% अंकों के साथ कंप्यूटर इंजीनियरिंग की डिग्री पास की है और छह महीने से एक निजी इंजीनियरिंग फर्म के साथ काम कर रही है। उन्होंने 63% अंकों के साथ चयन परीक्षा पास की है। वह ₹50,000 का भुगतान जमा के रूप में करने का प्रबंधन कर लेगी।

3. राजन इंजीनियरिंग डिग्री परीक्षा के अंतिम सेमेस्टर के लिए उपस्थित हुए हैं और कम से कम 70% अंक प्राप्त करने की उम्मीद कर रहे हैं। पहले सात सेमेस्टर तक उनका कुल स्कोर 72% है। उन्होंने अभी 21 वर्ष की आयु पूरी की है। उन्होंने चयन परीक्षा में 63% अंक प्राप्त किए हैं और वह जमा के रूप में ₹50,000 का भुगतान करने के लिए तैयार है।

4. कनक ने जून 2005 में 74% अंकों के साथ केमिकल इंजीनियरिंग की डिग्री पास की है। वह चयन परीक्षा के लिए उपस्थित हुई जिसे उसने 72% अंकों के साथ उत्तीर्ण किया। उसकी जन्मतिथि 26.8.1983 है। वह ₹50,000 देने की स्थिति में नहीं है। लेकिन जमा के रूप में ₹30,000 का भुगतान करने की व्यवस्था करेगी।

5. दीपेश मेकेनिकल इंजीनियरिंग के अंतिम सेमेस्टर की परीक्षा में शामिल हुए हैं और परिणाम प्रतीक्षित है। उन्होंने पहले सात सेमेस्टर में से प्रत्येक में प्रथम श्रेणी हासिल की है। उन्होंने हाल ही में 22 वर्ष की आयु पूरी की है। उन्हें जमा के रूप में आवश्यक राशि ₹50,000 का भुगतान करने में कोई समस्या नहीं है। उन्होंने 58% अंकों के साथ चयन परीक्षा उत्तीर्ण की है।

6. ललित 2004 में 66% अंकों के साथ इलेक्ट्रॉनिक्स इंजीनियर से पास आउट हुआ। उसने 59% अंकों के साथ चयन परीक्षा उत्तीर्ण की है और आवश्यक राशि जमा करने के लिए तैयार है।

7. महज 23 साल की उम्र पूरी करने वाले नितिन ने सिविल इंजीनियरिंग में 70% अंकों के साथ डिग्री पास की है। उसने 61% अंकों के

साथ चयन परीक्षा पास की है। वह केवल 25,000 रुपये की राशि का भुगतान करने के लिए तैयार है। और 50,000 रुपये का भुगतान करने में सक्षम नहीं है।

8. सिद्धार्थ डिग्री स्तर पर 75% अंकों के साथ इंजीनियरिंग स्नातक हैं। उनकी जन्म तिथि 16.4.1982 है। उन्होंने चयन परीक्षा में 66% अंक प्राप्त किए हैं और चयन के समय जमा राशि का 50% और शेष राशि का भुगतान बाद में करने के लिए तैयार हैं।

9. मयंक एक इलेक्ट्रिकल इंजीनियर हैं, जिन्होंने 21 साल की उम्र में 2003 में अपनी डिग्री की परीक्षा पास की थी। उन्होंने डिग्री परीक्षा में 66% अंक और चयन परीक्षा में 56% अंक प्राप्त किए। वह 50,000 रुपये की राशि का भुगतान कर सकता है।

10. रोहित मैकेनिकल इंजीनियरिंग का छात्र है और अंतिम सेमेस्टर की परीक्षा में है। अगले महीने अंतिम सेमेस्टर परीक्षा के परिणाम अपेक्षित हैं। वह अंतिम सेमेस्टर में 65% अंक प्राप्त करने की उम्मीद कर रहे हैं क्योंकि उनके पहले सात सेमेस्टर का कुल प्रतिशत 67% है। उन्होंने 60% अंकों के साथ चयन परीक्षा उत्तीर्ण की है और उन्हें 50,000 रुपये का भुगतान करने में कोई समस्या नहीं है। वर्तमान में उनकी उम्र 22 साल है।

हल: स्पष्ट रूप से, उम्मीदवार है:

(*a*) चयनित किया जाना है यदि वह शर्तों (A), (B), (C) और (D) में से प्रत्येक को पूरा करता है;

(*b*) यदि वह (A), (B), (C) और (*ii*) को पूरा करता है, मामला महाप्रबंधक को भेजा जाना है;

(*c*) यदि वह (*i*), (B), (C) और (D) को पूरा करता है, मामला V.P. को भेजा जाना है;

(*e*) का चयन नहीं किया जाना है, अगर वह किसी भी स्थिति [(A) या (*i*)], (B), (C) और [(D) or (*ii*)] को पूरा नहीं करता है।

हालाँकि, यदि इनमें से किसी भी स्थिति से संबंधित डेटा अनुपस्थित है, तो उत्तर (*d*) यानी 'डेटा अपर्याप्त' होना चाहिए। आइए हम दिए गए उम्मीदवारों का एक सारणीबद्ध विश्लेषण तैयार करते हैं। हम 'अनुपस्थित डेटा' को 'N.A.' के रूप में चिह्नित करेंगे और जो कारक संबंधित नहीं हैं उन्हें '–' के रूप में माना जाएगा।

उम्मीदवार	इजीनियरिंग मे अंक	आयु (वर्ष)	चमन परीक्षा में अंक	जमा (₹)	7वें सेमेस्टर तक स्कोर	पूरा की जाने वाली शर्तें							निर्णय
						(A)	(*i*)	(B)	(C)		(D)	(*ii*)	
नताशा	52%	23+	60%	50,000	—	×	—	✓	✓		✓	—	चयनित नहीं
सुलेख	68%	23+	63%	50,000	—	✓	—	✓	✓		✓	—	चयनित
राजन	—	21+	63%	50,000	72%	—	✓	✓	✓		✓	—	V.P. को रेफर
कनक	74%	22+	72%	30,000	—	✓	—	✓	✓		—	✓	G.M. को रेफर
दीपेश	—	22+	58%	50,000	N.A.	—	N.A.	✓	✓		✓	—	डाटा अपर्याप्त है
ललित	66%	N.A.	59%	50,000	—	✓	—	N.A.	✓		✓	—	डाटा अपर्याप्त है
नितिन	70%	23	61%	25,000	—	✓	—	✓	✓		—	✓	G.M. को रेफर
सिद्धार्थ	75%	24+	66%	25,000	—	✓	—	✓	✓		—	✓	G.M. को रेफ
मयंक	66%	23-24	56%	50,000	—	✓	—	✓	✓		✓	—	चयनित
रोहित	—	22	60%	50,000	67%	—	3	3	3		3	—	V.P. को रेफर

इस प्रकार, प्रश्न 1 से 10 के उत्तर निम्नानुसार हैं:

1. (*e*) **2.** (*a*) **3.** (*c*) **4.** (*b*) **5.** (*d*) **6.** (*d*) **7.** (*b*) **8.** (*b*) **9.** (*a*) **10.** (*c*)

उदा. 2. ***नीचे दिए गए प्रश्नों के उत्तर देने के लिए निम्नलिखित जानकारी का ध्यानपूर्वक अध्ययन करें:*** **(R.B.I. 2003)**

भारतीय सेना के एंटी टेररिस्ट डिफेंसिव कोर्स में प्रवेश के लिए निम्नलिखित मानदंड निर्धारित किए गए हैं। उम्मीदवार को चाहिए–

(A) ने एग्रीगेट (सेकंडक्लास) में न्यूनतम 50% अंकों के साथ विज्ञान विषय (B.Sc.) के साथ स्नातक उत्तीर्ण किया है। SC/ST उम्मीदवारों के लिए 5% की छूट है।

(B) 1 जनवरी, 2003 को या उससे पहले महिलाओं के मामले में 19 साल की उम्र और पुरुषों के मामले में 20 साल की उम्र पूरी कर चुका है।

(C) अगर आवेदक ने द्वितीय श्रेणी में स्नातक उत्तीर्ण किया है तब आवेदन पत्र के साथ 25,000 रुपये का जमा भुगतान करना है। हालाँकि, यदि आवेदक ने स्नातक में 75% से अधिक अंक प्राप्त किए हैं, तो जमा राशि 15,000 रु और यदि अंक 60% से ऊपर हैं, लेकिन 75% से नीचे हैं, तो जमा राशि 20,000 रु है। यदि उम्मीदवार सेवारत या पूर्व, रक्षा कर्मचारी सदस्य का बेटा या बेटी है, तो जमा की राशि योग्यता मानदंड समान है किन्तु जमा राशी अन्य लागू होने वालो की तुलना में 50% कम है।

(D) अनुसूचित जाति/अनुसूचित जनजाति के उम्मीदवारों के लिए, जमा राशि गैर-स्टाफ संबंधित उम्मीदवारों पर लागू होती है और ऊपर (C) में वर्णित प्रत्येक स्लैब के लिए अंकों की स्थिति में 5% की छूट होती है।

(E) यदि कोई उम्मीदवार (A) और (B) के मानदंडों को पूरा करता है, लेकिन लागू जमा की कम से कम तीन चौथाई राशि का भुगतान कर सकता है, तो उसे अनंतिम रूप से भर्ती किया जा सकता है।

(F) यदि कोई उम्मीदवार जो (A) और (B) के तहत मानदंड के लिए योग्य है और जमा का कम से कम आधा भुगतान कर सकता है, तो मामला कमांडर इन चीफ को भेजा जा सकता है।

(G) जो उम्मीदवार मानदंड (A) और (B) के तहत योग्य हैं, लेकिन लागू जमा का आधा भी भुगतान नहीं कर सकते, उन्हें प्रवेश नहीं दिया जा सकता है।

उपरोक्त मानदंडों के आधार पर, तय करें कि निम्नलिखित प्रश्नों में उन उम्मीदवारों के मामले में क्या कार्रवाई की जानी चाहिए, जिनका विवरण प्रदान किया गया है। कृपया ध्यान दें कि वर्णित डेटा के अलावा किसी भी डेटा को मानने की अनुमति नहीं है। हालाँकि, आप उम्मीदवार को 'सामान्य श्रेणी' के उम्मीदवार के रूप में मान सकते हैं यदि उसकी श्रेणी को SC/ST के रूप में स्पष्ट रूप से उल्लेखित नहीं किया गया है। प्रदान की गई जानकारी 1.1.2003 के अनुसार है।

उत्तर (a) दें यदि उम्मीदवार को भर्ती किया जा सकता है;

उत्तर (b) दें यदि उम्मीदवार को अनंतिम रूप से भर्ती किया जा सकता है;

उत्तर (c) दें यदि उम्मीदवार को कमांडर इन चीफ को भेजा जाना चाहिए;

उत्तर (d) दें यदि उम्मीदवार को भर्ती नहीं किया जा सकता है;

उत्तर (e) दें यदि दिए गए डेटा कार्रवाई के पाठयक्रम को तय करने के लिए पर्याप्त नहीं हैं।

1. एक आर्किटेक्ट के बेटे पार्थ ने B.Sc. 63% अंकों के साथ पास की है। उनका जन्म 8 दिसंबर, 1982 को हुआ था और वे जमा के रूप में अधिकतम ₹15,000 का भुगतान कर सकते हैं।

2. एक शिक्षक की बेटी दिव्या ने B.Sc 78% अंकों के साथ पास की है। वह 23 सितंबर, 1980 को पैदा हुई थी। वह जमा के रूप में अधिकतम ₹8000 का भुगतान कर सकती है।

3. तरुण, M.Sc. 66.5% अंकों के साथ, एक व्यवसायी का बेटा है। उसकी उम्र निर्धारित तिथि के अनुसार 22 वर्ष है। वह जमा के रूप में ₹25,000 दे सकता है।

4. एबीसी मेडिकल कॉलेज के पूर्व कर्मचारी की बेटी, विभा का जन्म 23 अक्टूबर, 1983 को हुआ था। उन्होंने 58% अंकों के साथ अपना M.Sc. किया है। वह केवल ₹20,000 जमा कर सकती है।

5. 23 फरवरी, 1979 को पैदा हुए साहिल ने 63% अंकों के साथ B.Sc. की है। वह जमा के रूप में अधिकतम ₹11,000 देने के लिए तैयार है। वह ST वर्ग से है।

6. रोनित, आर्मी मेडिकल कॉलेज के एक स्टाफ मेंबर के बेटे हैं, उनका जन्म 7 जनवरी, 1982 को हुआ था और उन्होंने 76% अंकों के साथ B.Sc. की है। वह जमा के रूप में ₹20,000 दे सकता है।

7. 30 जून, 1982 को जन्मी साक्षी एक मेडिकल कॉलेज में प्रोफेसर की बेटी, ने 79% अंकों के साथ B.Sc. की है। वह अधिकतम ₹11,000 का भुगतान कर सकती है।

8. आर्मी ऑफिसर के बेटे साइरस का जन्म 27 फरवरी, 1979 को हुआ था और उन्होंने 64% अंकों के साथ B.Sc. की है। वह अधिकतम ₹7,500 का भुगतान कर सकता है। वह ST वर्ग से है।

9. भारतीय सेना के एक भूतपूर्व कर्मचारी की बेटी तान्या का जन्म 1 अप्रैल, 1981 को हुआ था। उन्होंने 68% अंकों के साथ B.Sc. परीक्षा पास की है। वह जमा के रूप में ₹11,000 का भुगतान कर सकती है।

10. भारतीय सेना के एक कर्मचारी सदस्य के बेटे राहुल ने 46% के साथ B.Sc. परीक्षा और प्रथम श्रेणी (80% अंक) के साथ M.Sc. परीक्षा पास की है जैसा की 13 अप्रैल, 2001 को समाचार पत्र में प्रकाशित हुआ है। वह 15,000 रुपये का भुगतान कर सकता है।

हल: (C) और (D) में उल्लिखित जमा स्लैब को निम्नानुसार लेबल किया जा सकता है:

स्लैब	जमा	श्रेणी	अंक
I A	25,000	सामान्य	50%-60%
I B	5,000	एस.सी./एस.टी.	45%-55%
I C	12,500	स्टाफ चिल्ड्रेन	50%-60%
II A	20,000	सामान्य	60%-75%
II B	4,000	एस.सी./एस.टी.	55%-70%
II C	10,000	स्टाफ चिल्ड्रेन	60%-75%
III A	15,000	सामान्य	75% से अधिक
III B	3,000	एस.सी./एस.टी.	70% से अधिक
III C	7,500	स्टाफ चिल्ड्रेन	75% से अधिक

आइए अब हम दिए गए उम्मीदवारों का एक सारणीबद्ध विश्लेषण तैयार करते हैं।

उम्मीदवार	B.Sc में अंक	आयु (वर्ष)	श्रेणी	डिप. स्टैब	जमा	पूरा की जाने वाली शर्तें							निर्णय
						(A)	(B)	(C)	(D)	(E)	(F)	(G)	
पार्थ	63%	20+	Gen.	II A	$15000 = \frac{3}{4}$ of II A	✓	✓	—	—	✓	—	—	अंनतिम रूप से भर्ती
दिव्या	78%	22+	Gen.	III A	$8000 > \frac{1}{2}$ of III A	✓	✓	—	—	—	✓	—	कमांडर इन चीफ को रेफर
तरूण	N.A.	22	Gen.	N.A.	25,000		✓	✓	—	—	—	—	डाटा अपर्याप्त है
विभा	58%	19+	Gen.	I A	$20000 > \frac{3}{4}$ in IA	✓	✓	—	—	✓	—	—	अंनतिम रूप से भर्ती
साहिल	63%	23+	ST	II B	11000 > II B	✓	✓	—	✓	—	—	—	भर्ती
रोनित	76%	20+	Staff	III C	20000 > III C	✓	✓	✓	—	—	—	—	भर्ती
साक्षी	79%	20+	Gen.	III A	$11000 > \frac{1}{2}$ of IIIA	✓	✓	—	—	—	✓	—	कमांडर इन चीफ को रेफर
साइरस	64%	23+	ST	II B	7500 > II B	✓	✓	—	✓	—	—	—	भर्ती
तान्या	68%	21+	Staff	II C	11000 > II C	✓	✓	✓	—	—	—	—	भर्ती
राहुल	46%	N.A.	Staff	I B	15000 > I B	✓		✓	—	—	—	—	डाटा अपर्याप्त है

हम इस प्रकार से उत्तर प्राप्त करते हैं:

1. (*b*) **2.** (*c*) **3.** (*e*) **4.** (*b*) **5.** (*a*) **6.** (*a*) **7.** (*c*) **8.** (*a*) **9.** (*a*) **10.** (*e*)

उदा. 3. ***निम्नलिखित सूचना को पढ़ें और नीचे दिए गए प्रश्नों के उत्तर दें:***

एक परीक्षा में, उत्तीर्ण होने के पाँच पेपर होते हैं, प्रत्येक 100 अंक:

(*i*) पेपर 1 (*ii*) पेपर 2 (*iii*) पेपर 3 (*iv*) प्रैक्टिकल (*v*) वर्ष का कार्य

प्रत्येक पेपर में पासिंग मार्क्स प्रैक्टिकल (*iv*) को छोड़कर 40 हैं, प्रैक्टिकल के लिए पासिंग मार्क्स 50 हैं।

एक उम्मीदवार जो विफल रहता है, वह बाद की परीक्षा में फिर से बैठ सकता है, जब वह उत्तीर्ण होने के पेपर में उपस्थित होने से छूट का दावा कर सकता है जिसमें उसने उत्तीर्ण अंकों से 10 अंक अधिक हासिल किए हैं। एक उम्मीदवार जो वर्ष का कार्य - उत्तीर्ण करने में विफल रहा है - पूरे पाठयक्रम को नए सिरे से गुजरना होगा। 3 विषयों में 3 ग्रेस मार्क्स दिए जा सकते हैं, जिनमें से प्रत्येक में तीन से अधिक पेपर नहीं होते हैं।

एक उम्मीदवार जो कुल अंकों में से 50% से अधिक हासिल करता है, उसे उत्तीर्ण होने के एक से अधिक नहीं में 5 ग्रेस मार्क्स दिए जा सकते हैं। असाधारण मामलों में, बोर्ड ऑफ एक्जामिनर्स 7 ग्रेस मार्क्स तक दे सकते हैं, जिसमें एक से अधिक पेपर नहीं होते हैं। एक उम्मीदवार जो उत्तीर्ण होने के एक या अधिक पेपर में छूट (*e*) के साथ दिखाई दिया है, वह किसी भी ग्रेस मार्क्स के हकदार नहीं होंगे।

एक उम्मीदवार जो उत्तीर्ण होने के सभी पेपर में कम से कम एक परीक्षा में 75% या उससे अधिक अंकों के साथ उत्तीर्ण होता है, उसके डिस्टिंक्शन के साथ उत्तीर्ण होने की घोषणा की जाएगी।

उम्मीदवार A, B, C, D, E, F, G, H, J और K द्वारा प्राप्त अंक नीचे दिए गए हैं। प्रत्येक मामले में,

उत्तर दें (a) यदि उम्मीदवार उत्तीर्ण होता है;

उत्तर दें (b) यदि उम्मीदवार डिस्टिंक्शन के साथ उत्तीर्ण होता है;

उत्तर दें (c) यदि उम्मीदवार असफल हो गया है;

उत्तर दें (d) यदि उम्मीदवार ग्रेस मार्क्स के साथ उत्तीर्ण होता है और

उत्तर दें (e) यदि मामले को बोर्ड ऑफ एक्जामिनर्स को भेजा जाना है।

पासिंग के पाँच हेड्स में प्राप्त अंक

	I	II	III	IV	V	कुल
1. उम्मीदवार A	60	90	65	80	82	377
2. उम्मीदवार B	68	80	33	60	72	313
3. उम्मीदवार C	43	42	45	48	46	224
4. उम्मीदवार D	34	66	65	67	68	300
5. उम्मीदवार E	37	37	38	47	42	201
6. उम्मीदवार F	45	50	43	56	40	234
7. उम्मीदवार G	52	40	42	44	45	223
8. उम्मीदवार H	35	55	45	58	60	253
9. उम्मीदवार J	68	80	72	76	75	371
10. उम्मीदवार K	39	50	54	E	E	—

हल:

1. स्पष्ट रूप से, A, II, IV और V में 75% से अधिक अंकों के साथ डिस्टिंक्शन के साथ उत्तीर्ण होता है। अत: उत्तर (*b*) है।

2. स्पष्ट रूप से, B को III में उत्तीर्ण होने के लिए 7 अनुग्रह अंक की आवश्यकता होती है, और अन्य सभी पेपर में उत्तीर्ण होता है। इसलिए, B को बोर्ड ऑफ एक्जामिनर्स के लिए भेजा जाना चाहिए। अत: उत्तर (*e*) है।

3. स्पष्ट रूप से, उम्मीदवार C सभी पेपर में उत्तीर्ण होता है, जब IV में 2 अनुग्रह अंक से पास किया जाता है। इसलिए, उत्तर (*d*) है।

4. उम्मीदवार D I के अलावा अन्य सभी पेपर में उत्तीर्ण होता है जिसमें 6 ग्रेस अंक आवश्यक होते हैं जिसके लिए बोर्ड ऑफ एक्जामिनर्स का परामर्श आवश्यक है। अत: उत्तर (*e*) है।

5. उम्मीदवार E को पास होने के लिए I, II और IV में से प्रत्येक में 3 ग्रेस मार्क्स और III में 2 ग्रेस मार्क्स चाहिए। लेकिन, तीन पेपर तक 3 अनुग्रह अंक दिए जा सकते हैं। तो, D विफल रहता है। अत: उत्तर (*c*) है।

6. उम्मीदवार का F प्रत्येक पेपर में उत्तीर्ण होता है। अत: उत्तर (*a*) है।

7. उम्मीदवार G को IV में पास होने के लिए 6 ग्रेस मार्क्स चाहिए और इसलिए बोर्ड ऑफ एक्जामिनर्स को भेजना होगा। अत: उत्तर (*e*) है।

8. उम्मीदवार H ने कुल अंकों का 50% (500 में से 253) अंक प्राप्त किए हैं। तो, उसे 5 अनुग्रह अंकों से सम्मानित किया जा सकता है जिसके लिए उसे I में उत्तीर्ण होना चाहिए। इसलिए, उत्तर (*d*) है।

9. अभ्यर्थी J, II, IV और V में 75% से अधिक अंकों के साथ प्रत्येक पेपर में उत्तीर्ण होता है। अत: उत्तर (*b*) है।

10. स्पष्ट रूप से, उम्मीदवार K दो पेपर में छूट के साथ दिखाई दिया है। इसलिए, उन्हें अनुग्रह अंक से सम्मानित नहीं किया जा सकता है, जिसे उन्हें I में पास करने हेतु आवश्यकता है। इस प्रकार K विफल होता है। अत: उत्तर (*c*) है।

अभ्यास 18A

निर्देश (प्रश्न 1 से 10): निम्नलिखित सूचनाओं का ध्यानपूर्वक अध्ययन करें और नीचे दिए गए प्रश्नों के उत्तर दें: (IRMA, 2005)

ग्रामीण बैंक द्वारा किसानों को ट्रैक्टर खरीदने के लिए 10 लाख रुपये की अग्रिम राशि देने की शर्तें निम्नलिखित हैं।

किसान को चाहिए–

(i) कम से कम पाँच एकड़ खेती योग्य भूमि है।

(ii) कम से कम 8 लाख रुपये का कलैटरल जमा करने में सक्षम हो।

(iii) 1.12.2005 को 50 वर्ष से अधिक वृद्ध नहीं होना चाहिए।

(iv) बैंक का कोई बकाया ऋण नहीं है।

(v) पंचायत प्रधान से एक सिफारिश पत्र लाने में सक्षम हो।

एक किसान के मामले में, जो निम्नलिखित को छोड़कर अन्य सभी मानदंडों को पूरा करता है–

(A) ऊपर (i) को, लेकिन जमीन के प्रत्येक टुकड़े में एक से अधिक फसल की खेती करने में सक्षम है, इस मामले को बैंक के अध्यक्ष को भेजा जाना है;

(B) ऊपर (iv) को, लेकिन बैंक के साथ कम से कम 4 लाख रुपये के फिक्स्ड डिपॉजिट हैं। मामला बैंक के महाप्रबंधक को भेजा जाना है।

नीचे दिए गए प्रत्येक प्रश्न में, एक किसान की विस्तृत जानकारी दी गई है। आपको प्रत्येक मामले में दी गई जानकारी का सावधानीपूर्वक अध्ययन करना होगा और ऊपर दी गई जानकारी और शर्तों के आधार पर निम्नलिखित निर्णय में से एक लेना होगा। आप प्रत्येक प्रश्न में दी गई जानकारी के अलावा कुछ भी मानने के लिए निर्देशित नहीं हैं। ये सभी मामले आपको 1.12.2005 को दिए गए हैं। आपको प्रत्येक प्रश्न के उत्तर को निम्नानुसार अपना निर्णय इंगित करना होगा:

उत्तर दें–

(a) यदि अग्रिम मंजूर नहीं किया जाना है;

(b) यदि मामला बैंक के महाप्रबंधक को भेजा जाना है;

(c) यदि प्रदान किया गया डेटा निर्णय लेने के लिए पर्याप्त नहीं है;

(d) यदि अग्रिम मंजूर किया जाना है;

(e) यदि बैंक के अध्यक्ष को मामला भेजा जाना है।

1. पवन मोहंती ने पंचायत प्रधान से एक सिफारिश पत्र प्राप्त किया है। उसके पास सात एकड़ खेती योग्य जमीन है और वह ₹8 लाख का कलैटरल जमा कर सकता है। उनका जन्म 4 जुलाई, 1955 को हुआ था। उनके पास बैंक से कोई बकाया ऋण नहीं है।

2. सुरेश चौहान का जन्म 8 नवंबर, 1956 को हुआ था। उन्होंने पंचायत प्रधान से एक सिफारिश पत्र प्राप्त किया है। उसके पास चार एकड़ की खेती योग्य जमीन है, जिसमें दो जमीनें हैं। वह ₹8 लाख का कलैटरल जमा कर सकता है। उसके पास बैंक से कोई बकाया ऋण नहीं है।

3. महिपाल राणा का जन्म 8 मार्च, 1956 को हुआ था। वह पंचायत प्रधान से एक सिफारिश पत्र ला सकते हैं। उसके पास कोई बकाया ऋण नहीं है। उसके पास ₹5 लाख की निश्चित जमा राशि है। उनकी जमानत राशि के अतिरिक्त ₹8 लाख का कलैटरल जमा कर सकता है। उसके पास केवल एक फसल के साथ चार एकड़ खेती योग्य भूमि है।

4. विलास देशमुख का जन्म 3 फरवरी, 1956 को हुआ था। उनके पास छह एकड़ खेती योग्य जमीन है। उन्होंने पंचायत प्रधान द्वारा जारी एक अनुशंसा पत्र प्रस्तुत किया है। वह ₹8 लाख से अधिक के कलैटरल जमा की व्यवस्था कर सकता है। उसके पास बैंक से कोई बकाया ऋण नहीं है।

5. निशांत पाठक का जन्म 14 अगस्त, 1958 को हुआ था। उनके पास तीन एकड़ खेती योग्य जमीन है। वह पंचायत प्रधान से एक सिफारिश पत्र प्राप्त सकता है। वह ₹9 लाख का कलैटरल जमा कर सकता है। और बैंक से कोई बकाया ऋण नहीं है। वह अपनी जमीन के प्रत्येक टुकड़े में दो फसलें उगाता है।

6. ऋषि ठाकुर का जन्म 5 जून 1957 को हुआ था। उन्होंने पंचायत प्रधान से एक सिफारिश पत्र प्राप्त किया है। उसके पास आठ एकड़ खेती योग्य भूमि है और वह ₹8 लाख के अपने सावधि जमा के अलावा ₹6 लाख का कलैटरल जमा कर सकता है। उस पर ₹4 लाख का ऋण बकाया है।

7. कमल सावंत पंचायत प्रधान से एक सिफारिश पत्र प्राप्त कर सकता है। वह ₹8 लाख का कलैटरल जमा कर सकता है। उस पर बैंक से ₹5 लाख का ऋण बकाया है। और साथ ही ₹3 लाख का सावधि जमा भी है। उसका जन्म 8 मई, 1957 को हुआ था।

8. विक्रम तोमर के पास सात एकड़ खेती योग्य जमीन है। उसने पंचायत प्रधान से एक सिफारिश पत्र प्राप्त किया है। उसके पास बैंक से कोई बकाया ऋण नहीं है। वह अपनी पूरी भूमि में दो फसलें उगाता है। वह ₹6 लाख से अधिक का कलैटरल जमा कर सकता है।

9. तपन साहा का जन्म 18 जुलाई, 1956 को हुआ था। उनके पास नौ एकड़ खेती योग्य जमीन है। वह पंचायत प्रधान से एक सिफारिश पत्र प्राप्त कर सकता है। वह ₹8 लाख से अधिक का कलैटरल जमा कर सकता है। वह अपनी कुल भूमि के आधे भाग पर दो फसलें उगाता है।

10. यूसुफ अली के पास छह एकड़ खेती योग्य जमीन है और उसके पास बैंक का कोई बकाया ऋण नहीं है। वह पंचायत प्रधान से एक सिफारिश पत्र प्राप्त कर सकता है। वह ₹9 लाख का कलैटरल जमा कर सकता है। उनका जन्म 9 जनवरी, 1957 को हुआ था।

निर्देश (प्रश्न 11 से 20): इन प्रश्नों के हल के लिए निम्नलिखित जानकारी का ध्यानपूर्वक अध्ययन करें: **(R.B.I. 2005)**

एक संगठन में कंप्यूटर पेशेवरों के चयन के लिए निम्नलिखित मापदंड हैं: उम्मीदवार को चाहिए–

(*i*) प्रथम श्रेणी में कंप्यूटर इंजीनियर या MCA हो, जिसमें न्यूनतम 65% अंक हों।

(*ii*) चयन परीक्षा में कम से कम 50% अंक प्राप्त किए हो।

(*iii*) साक्षात्कार में कम से कम 40% अंक प्राप्त किए हो।

(*iv*) 1.10.2005 के अनुसार 21 वर्ष से कम नहीं और 30 वर्ष से अधिक आयु का नहीं होना चाहिए।

एक उम्मीदवार जो निम्नलिखित को छोड़कर अन्य सभी मानदंडों को पूरा करता है:

(A) ऊपर (*i*) को लेकिन 70% अंकों के साथ एक इलेक्ट्रॉनिक्स इंजीनियर है, मामला भर्ती के लिए GM को भेजा जा सकता है।

(B) ऊपर (*ii*) को, लेकिन सिस्टम एनालिस्ट के रूप में काम करने का कम से कम 2 साल का अनुभव है, इस मामले को अध्यक्ष, भर्ती समिति के पास भेजा जा सकता है।

निम्नलिखित प्रत्येक प्रश्न में, एक उम्मीदवार के बारे में जानकारी दी गई है। आपको उपरोक्त मानदंडों और शर्तों के संदर्भ में इसका विश्लेषण करना होगा और फिर कार्रवाई का उचित तरीका तय करना होगा। आपको दी गई जानकारी के अलावा कुछ भी अन्य ग्रहण नहीं करना है। ये सभी मामले आपको 1.10.2005 को दिए गए हैं। उत्तर दें-

(a) यदि उम्मीदवार का चयन किया जाना है;

(b) यदि उम्मीदवार का चयन नहीं किया जाना है;

(c) यदि मामला अध्यक्ष, भर्ती समिति को भेजा जाना है;

(d) यदि मामला GM, भर्ती के लिए भेजा जाना है;

(e) यदि प्रदान किए गए डेटा निर्णय लेने के लिए अपर्याप्त हैं।

11. रोहित वर्मा 75% अंकों के साथ मैकेनिकल इंजीनियर है। उनका जन्म 6 जुलाई, 1976 को हुआ था। उन्होंने चयन परीक्षा में 66% अंक और साक्षात्कार में 52% अंक प्राप्त किए।

12. नीती टुकराल 68% अंकों के साथ MCA है और पिछले तीन वर्षों से प्रोग्रामर के रूप में काम कर रही हैं। उसने चयन परीक्षा में 48% अंक और साक्षात्कार में 58% अंक प्राप्त किए।

13. श्वेता अरोड़ा 76% अंकों के साथ MCA है। वह 15 नवंबर, 2003 से एक इंजीनियरिंग फर्म में सिस्टम एनालिस्ट के रूप में काम कर रही है। उसने चयन परीक्षा में 72% अंक और साक्षात्कार में 65% अंक प्राप्त किए। उसकी जन्मतिथि 25 अक्टूबर, 1978 है।

14. सार्थक सिन्हा एक इलेक्ट्रॉनिक्स इंजीनियर हैं उसे 1999 में 23 साल की उम्र में 82% अंकों के साथ इंजीनियरिंग उत्तीर्ण किया था। उसने चयन परीक्षा में 64% अंक और साक्षात्कार में 58% अंक प्राप्त किए। उसे $2\frac{1}{2}$ वर्षों तक प्रोग्रामर के रूप में कार्य का अनुभव है।

15. अनु डोगरा 78% अंकों के साथ एक कंप्यूटर इंजीनियर हैं। साक्षात्कार के चयन टेस्ट में उसने 60% से अधिक अंक प्राप्त किए।

16. विक्रांत, एक कंप्यूटर इंजीनियर, 2003 में 22 वर्ष की आयु में अंतिम परीक्षा में 68% अंकों के साथ उत्तीर्ण हुआ। उसने चयन परीक्षा में 62% अंक और साक्षात्कार में 56% अंक प्राप्त किए।

17. मानसी सिंह 71% अंकों के साथ एक इलेक्ट्रॉनिक्स इंजीनियर है। इंटरव्यू के साथ-साथ सिलेक्शन टेस्ट में उसका स्कोर 56% है। इंजीनियरिंग डिग्री की परीक्षा पास करने के समय 2000 में वह 24 वर्ष की थी।

18. करण खेर एक आईटी इंजीनियर है उसने 22 साल की उम्र में 2000 में 87% अंकों के साथ इंजीनियरिंग उत्तीर्ण किया था। उसने चयन परीक्षा में 70% अंक और साक्षात्कार में 76% अंक प्राप्त किए।

19. अंशुल ने बीएससी में 72% अंक प्राप्त किए और 76% अंक इलेक्ट्रॉनिक इंजीनियरिंग में। चयन परीक्षा और साक्षात्कार में उनका स्कोर क्रमश: 58% और 52% है। वह 2001 से सिस्टम एनालिस्ट के रूप में काम कर रहे है। उसकी जन्म तिथि 19.6.1979 है।

20. संतोष जिंदल ने 1998 में 22 साल की उम्र में 67% अंकों के साथ MCA किया था। उन्होंने साक्षात्कार में 52% अंक और चयन परीक्षा में 45% अंक प्राप्त किए। वह 1999 में एक प्रोग्रामर के रूप में एक आईटी कंपनी में शामिल हो गए और दिसंबर 2002 में सिस्टम एनालिस्ट के रूप में पदोन्नत हुए।

निर्देश (प्रश्न 21 से 30): नीचे दिए गए प्रश्नों के उत्तर देने के लिए निम्नलिखित जानकारी का ध्यानपूर्वक अध्ययन करें:

एक प्रतिष्ठित शैक्षिक संस्था को विदेश में उच्च अध्ययन के लिए छात्रवृत्ति के पुरस्कार के लिए, निम्नलिखित मानदंडों को पूरा करने वाले मेधावी स्नातक छात्रों का चयन करना है:

(*i*) 1.4.2007 को आयु – 20 वर्ष से अधिक लेकिन 25 वर्ष से कम है।

(*ii*) अंकों का न्यूनतम प्रतिशत – B.Sc 60% या B.A. 50% या B.Com 55% हैं।

(*iii*) पुरस्कार-कम से कम एक निबंध, बहस या खेल में एक पुरस्कार जीतना चाहिए था।

(*iv*) वार्षिक पारिवारिक आय- 1,00,000 रुपये से अधिक नहीं होना चाहिए।

(*v*) डोमिसाइल-1.4.2007 के अनुसार पिछले 15 वर्षों या उससे अधिक समय से भारत में रहना चाहिए।

रियायतें: सभी को उपरोक्त शर्तों को पूरा करना होगा। हालाँकि, कुछ रियायतें निम्नलिखित श्रेणियों के लिए उपलब्ध हैं:

(A) किसानों के वार्ड (F) – अधिकतम आयु सीमा में पांच साल तक की छूट।

(B) एससी / एसटी आवेदक (S) – अंकों के प्रतिशत में 5% तक छूट पर विचार।

(C) ऊपर दिए गए मानदंड (*iii*) को पूरा नहीं करने पर – इस मामले को फाउंडेशन के सचिव को भेजा जा सकता है।

(D) ऊपर दिए गए मानदंड (*iv*) को पूरा नहीं करना – मामला फाउंडेशन के अध्यक्ष को भेजा जा सकता है।

आपको निम्नलिखित प्रत्येक प्रश्न में उम्मीदवार के लिए प्रदान की गई जानकारी का अध्ययन करना होगा और कार्रवाई को तय करना होगा।

उत्तर दें:

(a) यदि उम्मीदवार का चयन किया जाना है;

(b) यदि उम्मीदवार का चयन किसी रियायत के तहत किया जाना है;

(c) यदि मामला सचिव को भेजा जाना है;

(d) यदि मामला अध्यक्ष को भेजा जाना है;

(e) यदि उम्मीदवार का चयन नहीं किया जाना है।

नोट: उम्मीदवार को 'नहीं चुना हुआ' माना जाना चाहिए, यदि मानदंड (i) से (v) के बारे में कोई आवश्यक जानकारी प्रदान नहीं की गई है।

21. 1.1.2009 को केवल, जो 23 वर्ष का होगा, 52% अंकों के साथ B.Com उत्तीर्ण होगा। उनके पिता, एक सरकारी कर्मचारी हैं, 1989 से श्रीनगर में काम कर रहे हैं, जिनका वर्तमान मासिक वेतन ₹8200 है। राज्य निबंध प्रतियोगिता में केवल को तीसरा पुरस्कार मिला।

22. पिछले पांच दशकों से हरियाणा में रह रहे किसान के बेटे रुद्र ने B.A. 51% अंकों के साथ किया है। उन्हें जिला स्तरीय भारोत्तोलन चौम्पियनशिप में दूसरा पुरस्कार मिला था। उनकी जन्म तिथि 4.9.1984 है और उनके पिता की वार्षिक आय ₹83,000 है।

23. सोनाली का जन्म 2.4.1987 को हुआ था और हाल ही में उन्होंने 63% अंकों के साथ B.Sc. की है। उनके पिता, 1988 से रांची के एक जूनियर कॉलेज में व्याख्याता हैं, उनकी वार्षिक पारिवारिक आय ₹82,000 है। उसने स्टेट एथलेटिक चौम्पियनशिप में तीसरा पुरस्कार जीता है।

24. 23 वर्षीय तान्या ने B.Com. में 58% अंक प्राप्त किए हैं और अपने अंतिम वर्ष की वाद-विवाद प्रतियोगिता में प्रथम पुरस्कार जीता है। उसकी वार्षिक पारिवारिक आय लगभग रु 1.25 लाख है। उसके पिता पिछले 21 वर्षों से शिलांग में बसे हैं।

25. 26 वर्षीय रीना अपने जन्म के समय से ही त्रिपुरा के चंदबली गाँव में अपने पिता के साथ रह रही हैं। उसके पिता, एक किसान, की वार्षिक आय ₹78,000 है। उसने B.Com. में 59% अंक प्राप्त किए। और उसने कॉलेज की खेल प्रतियोगिता में पुरस्कार जीता था।

26. इंडोनेशिया में एक फोरमैन का बेटा जावेद 1980 में अपने परिवार के साथ भारत आया और तब से अलीगढ़ में बस गया। उन्हें एक अंतरराष्ट्रीय वाद-विवाद प्रतियोगिता में प्रथम पुरस्कार मिला। वह 69% अंकों के साथ विज्ञान में स्नातक हैं। उनकी वार्षिक पारिवारिक आय ₹96,000 है।

27. 1959 से राउरकेला के पास रहने वाले एक गरीब अनुसूचित जनजाति परिवार से आते हुए, 21 साल के हार्दिक ने 46% अंकों के साथ B.A. की डिग्री प्राप्त की है। उनके पिता, एक स्कूल शिक्षक और परिवार में एकमात्र कमाने वाले हैं, उनकी मासिक आय ₹4,200 है। जिला स्तरीय निबंध प्रतियोगिता में हार्दिक ने प्रथम पुरस्कार जीता।

28. 20.2.1986 को जन्मी, दीपाली ने मार्च 2006 में B.Sc. की डिग्री प्राप्त की है। उनके पिता पिछले 32 वर्षों से मध्य प्रदेश में बसे हुए किसान हैं। वह बैडमिंटन में स्टेट चौंपियन हैं। उसके परिवार की वार्षिक आय ₹91,000 है।

29. 24 वर्षीय चिन्मय के B.Com. में 57% अंक हैं। और कॉलेज संगीत प्रतियोगिता में प्रथम पुरस्कार प्राप्त किया था। उनके पिता, एक औद्योगिक कामगार और परिवार में एकमात्र कमाने वाले हैं, जिनकी मासिक आय ₹7,800 है और वह 1968 से नासिक में बसा हुआ है।

30. 22 वर्षीय अरुण का परिवार 1979 से कोचीन में बसा हुआ है। उनके पास B.A. में 59% अंक हैं। और ऑल इंडिया लायंस क्लब निबंध प्रतियोगिता में स्वर्ण पदक जीता था। उनके पिता, एक किसान की वार्षिक आय ₹79,000 है।

निर्देश (प्रश्न 31 से 40): निम्नलिखित जानकारी का ध्यानपूर्वक अध्ययन करें और नीचे दिए गए प्रश्नों के उत्तर दें: **(Bank P.O. 2006)**

किसी संगठन में उपकार्मिक प्रबंधकों का चयन करने के लिए निम्नलिखित शर्तें हैं:

उम्मीदवार को चाहिए–

(A) कम से कम 60% अंकों के साथ किसी भी विषय में स्नातक हो।

(B) 1.6.2006 के अनुसार कम से कम 25 वर्ष होना चाहिए और 35 वर्ष से अधिक आयु का नहीं होना चाहिए।

(C) किसी संगठन में कार्मिक विभाग में कम से कम चार साल कार्य अनुभव की योग्यता है।

(D) कम से कम 55% अंकों के साथ प्रबंधन में पोस्ट स्नातकोत्तर डिग्री/डिप्लोमा प्राप्त किया हो।

(E) साक्षात्कार में कम से कम 50% अंक प्राप्त किए हैं।

एक उम्मीदवार जो निम्नलिखित को छोड़कर अन्य सभी मानदंडों को पूरा करता है:

(*i*) ऊपर (A), लेकिन प्रबंधन में स्नातकोत्तर डिग्री डिप्लोमा में कम से कम 65% अंक प्राप्त किए हैं, उसका मामला वी.पी. कार्मिक को भेजा जाना है।

(*ii*) ऊपर (C), लेकिन एक संगठन में सहायक कार्मिक प्रबंधक के रूप में कम से कम दो साल का योग्यता कार्य अनुभव है, उसके मामले को एस.वी.पी. कार्मिक के पास भेजा जाना है।

नीचे दिए गए प्रत्येक प्रश्न में एक उम्मीदवार की विस्तृत जानकारी दी गई है। आपको प्रत्येक मामले में प्रदान की गई जानकारी और ऊपर दी गई शर्तों के आधार पर निम्नलिखित कार्रवाई में से एक लेना होगा। आप प्रत्येक प्रश्न में दी गई जानकारी के अलावा कुछ भी मानने के लिए अनुमत नहीं हैं। ये सभी मामले आपको 1.6.2006 को दिए गए हैं।

उत्तर दें

(a) यदि उम्मीदवार का चयन किया जाना है;

(b) यदि उम्मीदवार का चयन नहीं किया जाना है;

(c) यदि उपलब्ध कराए गए आंकड़े किसी निर्णय पर पहुंचने के लिए पर्याप्त नहीं हैं;

(d) यदि मामला वी.पी. कार्मिक को भेजा जाना है;

(e) यदि मामला एस.वी.पी. कार्मिक को भेजा जाना है।

31. विपिन यादव का जन्म 7 दिसंबर, 1976 को हुआ था। वह 60% अंकों के साथ प्रबंधन में अपनी स्नातकोत्तर डिग्री प्राप्त करने के बाद पिछले चार वर्षों से एक संगठन के कार्मिक विभाग में काम कर रहे हैं। उन्होंने साक्षात्कार में 50% अंक और स्नातक में 62% अंक प्राप्त किए हैं।

32. आशा सचदेव ने स्नातक में 55% अंक और साक्षात्कार में 60% अंक प्राप्त किए हैं। वह 68% अंकों के साथ प्रबंधन में स्नातकोत्तर उपाधि प्राप्त करने के बाद एक संगठन के कार्मिक विभाग में कार्यरत हैं। उनका जन्म 6 नवंबर 1975 को हुआ था।

33. निकिता आनंद ने स्नातक में 65% अंक प्राप्त किए हैं। उसने अपना पोस्ट-ग्रेजुएट डिप्लोमा मैनेजमेंट में 60% अंक के साथ हासिल किया है। वह स्नातक डिप्लोमा पूरा करने के बाद एक संगठन में पिछले तीन वर्षों से सहायक कार्मिक प्रबंधक के रूप में काम कर रही है। उसने साक्षात्कार में 65% अंक प्राप्त किए हैं। उनका जन्म 14 सितंबर, 1976 को हुआ था।

34. गगन कपाडिया का जन्म 4 मार्च 1974 को हुआ था। उसने साक्षात्कार में 55% अंक प्राप्त किए। वह एक संगठन के कार्मिक विभाग में पिछले छह वर्षों से काम कर रहा है। उन्होंने प्रबंधन में स्नातकोत्तर डिग्री में 60% अंक प्राप्त किए हैं। उन्होंने स्नातक में भी 65% अंक प्राप्त किए हैं।

35. हर्षित सक्सेना 60% अंकों के साथ प्रबंधन में स्नातकोत्तर उपाधि पूरा करने के बाद पिछले दो वर्षों से एक संगठन में सहायक कार्मिक प्रबंधक के रूप में काम कर रहे हैं। उन्होंने स्नातक में 65% अंक और साक्षात्कार में 50% अंक प्राप्त किए हैं।

36. वरुण नागपाल का जन्म 27 जुलाई, 1979 को हुआ था। वह 65% अंकों के साथ अपनी पोस्ट स्नातक प्रबंधन की डिग्री हासिल करने के बाद एक संगठन के कार्मिक विभाग में पिछले पांच वर्षों से काम कर रहे हैं। उन्होंने साक्षात्कार में 50% अंक प्राप्त किए हैं।

37. कनक माथुर ने स्नातक में 60% अंक प्राप्त किए हैं। उनका जन्म 3 जून 1972 को हुआ था। वह 60% अंकों के साथ प्रबंधन में अपनी स्नातकोत्तर डिग्री पूरी करने के बाद एक संगठन में पिछले चार वर्षों से सहायक कार्मिक प्रबंधक के रूप में काम कर रही थीं। उसने साक्षात्कार में 55% अंक प्राप्त किए हैं।

38. मणिक रस्तोगी का जन्म 10 जून 1974 को हुआ था। उन्होंने स्नातक में 55% अंक प्राप्त किए हैं। वे पिछले चार वर्षों से एक संगठन में कार्मिक विभाग में 62% अंकों के साथ अपनी स्नातकोत्तर डिग्री पूरी करने के बाद काम कर रहे हैं। उन्होंने साक्षात्कार में 56% अंक प्राप्त किए हैं।

39. लक्ष्या पटेल ने साक्षात्कार में 52% अंक प्राप्त किए हैं। वह 66% अंकों के साथ प्रबंधन में स्नातकोत्तर उपाधि प्राप्त करने के बाद पिछले पांच वर्षों से एक संगठन के कार्मिक विभाग में कार्यरत हैं। उनका जन्म 16 अगस्त, 1977 को हुआ था। उन्होंने स्नातक में 58% अंक प्राप्त किए हैं।

40. नितिन गोस्वामी ने साक्षात्कार में 50% अंक प्राप्त किए हैं। वे 62% अंकों के साथ प्रबंधन में स्नातकोत्तर डिप्लोमा पूरा करने के बाद पिछले पांच वर्षों से एक संगठन के कार्मिक विभाग में काम कर रहे हैं। उनका जन्म 13 मई, 1975 को हुआ था। उन्होंने स्नातक में 57% अंक प्राप्त किए हैं।

निर्देश *(प्रश्न 41 से 48)*: *निम्नलिखित जानकारी को ध्यानपूर्वक पढ़ें और नीचे दिए गए प्रश्नों के उत्तर दें:*

सॉफ्टवेयर और सेवाएं प्रदान करने वाली एक प्रतिष्ठित कंपनी के लिए पर्यवेक्षक स्तर के व्यक्तियों के लिए भर्ती के लिए लिखित परीक्षा आयोजित किए जाने के बाद साक्षात्कार के लिए बुलाए जाने वाले उपयुक्त उम्मीदवारों की सूची बनाने के लिए निम्नलिखित शर्तें हैं।

उम्मीदवार को चाहिए-

(A) 60% या उससे अधिक के साथ बुनियादी विज्ञान में डिग्री या 45% और उससे अधिक अंकों के साथ इंजीनियरिंग की डिग्री हो।

(B) लिखित परीक्षा 65% या उससे अधिक अंकों से उत्तीर्ण की हो।

(C) 1.4.2007 के अनुसार 24 वर्ष से 30 वर्ष की आयु में होना चाहिए।

(D) 60% या उससे अधिक अंकों के साथ कंप्यूटर में डिप्लोमा प्राप्त करने के बाद कम से कम 3 साल के लिए कंप्यूटर कंपनी में कार्य अनुभव हो।

(E) वर्तमान में ₹8000 और ऊपर का मासिक वेतन प्राप्त कर रहा है।

आवेदक के मामले में जो अन्य सभी मानदंडों को छोड़कर संतुष्ट करता है-

(*i*) उपरोक्त (A) में, प्रबंधक (भर्ती) के लिए भेजा जाएगा।

(*ii*) उपरोक्त (B) में, लेकिन एम. एससी. में या इंजीनियरिंग की डिग्री में 75% से अधिक अंक प्राप्त किए हैं। सहायक महाप्रबंधक (A.G.M.) को संदर्भित किया जाएगा।

(*iii*) ऊपर (C), महाप्रबंधक (G.M.) के लिए भेजा जाएगा।

इन मानदंडों और नीचे दी गई जानकारी के आधार पर, प्रत्येक मामले में कार्रवाई तय करें। आप दिए गए दाता के अतिरिक्त और कुछ भी मानने के लिए स्वतंत्र नहीं हैं। यदि प्रदान किया गया डेटा कार्रवाई को तय करने के लिए पर्याप्त नहीं है, तो आपका जवाब 'डेटा अपर्याप्त' होगा। ये मामले आपको 1.4.2007 को दिए गए हैं।

41. असीम गर्ग ने विज्ञान में मास्टर डिग्री की है और फिर एक प्रतिष्ठित संस्थान से 64% अंकों के साथ कंप्यूटर में अपना डिप्लोमा पूरा किया है। पिछले चार साल से वह एक कंप्यूटर कंपनी में काम कर रहा है। उनकी उम्र 27 साल है और उनका वर्तमान वेतन ₹8,500 है। उन्होंने लिखित परीक्षा में 68% अंक प्राप्त किए।
(*a*) साक्षात्कार के लिए बुलाएँगे
(*b*) साक्षात्कार के लिए नहीं बुलाएंगे
(*c*) प्रबंधक को संदर्भित करेंगे
(*d*) डेटा अपर्याप्त है
(*e*) ए.जी.एम. को संदर्भित करेंगे

42. वैभव नरूला ने 69% अंकों के साथ B.Sc. की है बाद में 70% अंकों के साथ कंप्यूटर में डिप्लोमा किया है। वह एक कंप्यूटर फर्म में जून 2003 से ₹9,700 के वेतन पर कार्यरत है। उनका जन्म अक्टूबर 1983 में हुआ था। उन्होंने 72% अंकों के साथ लिखित परीक्षा पास की है।
(*a*) साक्षात्कार के लिए नहीं बुलाएँगे
(*b*) जी.एम. को संदर्भित करेंगे
(*c*) डेटा अपर्याप्त है
(*d*) प्रबंधक को संदर्भित करेंगे
(*e*) साक्षात्कार के लिए बुलाएँगे

43. अभय कौशिक ने अपनी बीएससी पूरा करने के बाद 22 साल की उम्र में कंप्यूटर में डिप्लोमा किया। अपना डिप्लोमा पूरा करने के तुरंत बाद, उन्हें एक कंप्यूटर कंपनी में नौकरी मिल गई और ₹10,500 के वेतन के साथ पिछले चार वर्षों से कार्यरत है। लिखित परीक्षा सहित सभी परीक्षाओं में उन्हें 65% से अधिक अंक मिले हैं।
(*a*) साक्षात्कार के लिए बुलाएँगे
(*b*) ए.जी.एम. को संदर्भित करेंगे
(*c*) साक्षात्कार के लिए नहीं बुलाएँगे
(*d*) प्रबंधक को संदर्भित करेंगे
(*e*) डेटा अपर्याप्त है

44. अमिता सहगल ने 21 वर्ष की आयु में बी.एससी. की तथा कंप्यूटर में अपना एक वर्ष का डिप्लोमा तुरंत पूरा किया और जून 2004 से मासिक वेतन ₹11,000 की नौकरी पा ली। उसने न्यूनतम 68% अंकों के साथ लिखित परीक्षा सहित अपनी सभी परीक्षाओं को पास किया है।
(*a*) प्रबंधक को संदर्भित करेंगे
(*b*) जी.एम. को संदर्भित करेंगे
(*c*) ए.जी.एम. को संदर्भित करेंगे
(*d*) डेटा अपर्याप्त है
(*e*) साक्षात्कार के लिए नहीं बुलाएँगे

45. 27 साल की तनिषा चटर्जी कंप्यूटर में डिप्लोमा के साथ साइंस में ग्रेजुएट हैं और पिछले साढ़े तीन साल से कंप्यूटर फर्म में काम कर रही हैं। उसका वर्तमान मासिक वेतन ₹10,500 है। उसने अपनी स्नातक, डिप्लोमा और लिखित परीक्षा क्रमशः 55%, 70% और 68% अंकों के साथ उत्तीर्ण की है।
(*a*) डेटा अपर्याप्त है
(*b*) साक्षात्कार के लिए बुलाएँगे
(*c*) प्रबंधक को संदर्भित करेंगे
(*d*) साक्षात्कार के लिए नहीं बुलाएँगे
(*e*) जी.एम. को संदर्भित करेंगे

46. अश्विन सेठ 62% अंकों के साथ कंप्यूटर में डिप्लोमा पूरा करने के बाद पिछले 6 वर्षों से एक कंप्यूटर कंपनी में काम कर रहे हैं। उन्होंने अपनी इंजीनियरिंग की डिग्री और लिखित परीक्षा क्रमशः 55% और 68% अंकों के साथ उत्तीर्ण की है। उन्होंने सितंबर 2005 में 28 वर्ष की आयु पूरी की है।
(*a*) ए.जी.एम. को संदर्भित करेंगे
(*b*) जी.एम. को संदर्भित करेंगे
(*c*) डाटा अपर्याप्त है
(*d*) साक्षात्कार के लिए नहीं बुलाएँगे
(*e*) साक्षात्कार के लिए बुलाएँगे

47. रितेश चड्ढा, जिनका जन्म 12.2.1978 को हुआ था, पिछले पाँच वर्षों से एक कंप्यूटर कंपनी में कार्यरत हैं और वर्तमान में ₹9,500 का मासिक वेतन प्राप्त कर रहे हैं। उन्होंने सफलतापूर्वक इंजीनियरिंग में अपनी डिग्री 64% अंकों के साथ, कंप्यूटर में डिप्लोमा और लिखित परीक्षा क्रमशः 65% और 60% अंकों के साथ पूरी की है।
(*a*) साक्षात्कार के लिए बुलाएँगे
(*b*) साक्षात्कार के लिए नहीं बुलाएँगे
(*c*) डाटा अपर्याप्त है
(*d*) प्रबंधक को संदर्भित करेंगे
(*e*) जी.एम. को संदर्भित करेंगे

48. देवयानी सेन गुप्ता एक कंप्यूटर कंपनी में पिछले 4 वर्षों से पर्यवेक्षी क्षमता में काम कर रही हैं और 55% के साथ इंजीनियरिंग की डिग्री पूरी की है और 70% अंकों के साथ कंप्यूटर में डिप्लोमा किया है। उसने लिखित परीक्षा में 72% अंक प्राप्त किए हैं। उसकी जन्म तिथि 15 जनवरी 1977 है और उसका वर्तमान वेतन ₹10,000 है।
(*a*) जी.एम. को संदर्भित करेंगे
(*b*) प्रबंधक को संदर्भित करेंगे
(*c*) साक्षात्कार के लिए नहीं बुलाएँगे
(*d*) डाटा अपर्याप्त है
(*e*) साक्षात्कार के लिए बुलाएँगे

निर्देश *(प्रश्न 49 से 55)*: *निम्नलिखित सूचनाओं को ध्यान से पढ़ें और दिए गए प्रश्नों के उत्तर दें:* **[Bank P.O. 2000]**

एक सार्वजनिक धर्मार्थ ट्रस्ट निम्नलिखित मानदंडों के आधार पर अपने ग्रामीण अस्पताल के लिए चिकित्सा अधिकारियों का चयन करना चाहता है:

आवेदक को चाहिए–
(*i*) न्यूनतम 50% अंकों के साथ एमबीबीएस की डिग्री होनी चाहिए।
(*ii*) ग्रामीण क्षेत्रों में पूर्णकालिक अभ्यास का न्यूनतम 4 वर्ष का अनुभव।
(*iii*) 3 साल की सेवा के बंधन को निष्पादित करने के लिए तैयार रहें।
(*iv*) स्थानीय भाषा का अच्छा ज्ञान हो।

आवेदक के मामले में जो अन्य सभी मानदंडों को छोड़कर संतुष्ट करता है–
(A) ऊपर (*ii*) को, लेकिन शहरी या अर्धशहरी क्षेत्र में अभ्यास के पूर्णकालिक के अनुभव के 4 साल हैं और अपने जीवन के दौरान किसी भी समय ग्रामीण क्षेत्रों में कम से कम 5 साल बिताए हैं, ट्रस्ट के सचिव को संदर्भित किया जाता है।
(B) ऊपर (*iv*) को, लेकिन हिंदी का कार्यसाधक ज्ञान है, इसे ट्रस्ट के सहायक सचिव को संदर्भित किया जाता है।
(C) ऊपर (*i*) को, लेकिन एमबीबीएस में न्यूनतम 45% अंक हैं और एम.एस. किया है। या न्यूनतम 50% के साथ एमएड है, इसे मुख्य चिकित्सा अधिकारी (C.M.O.) के लिए भेजा जाएगा।
(D) ऊपर (*iii*) को, लेकिन रुपये देने के लिए तैयार है। ₹25,000 सुरक्षा धन के रूप में, ट्रस्ट के अध्यक्ष को भेजे जाते हैं।

इन मानदंडों और नीचे दी गई जानकारी के आधार पर, प्रत्येक मामले में कार्रवाई तय करें। आप कुछ भी अन्य ग्रहण न करें। यदि प्रदान किया गया डेटा कार्रवाई को तय करने के लिए पर्याप्त नहीं है, तो आपका जवाब 'डाटा अपर्याप्त है' होगा। आपको दिए गए सभी मामले उम्र की कसौटी पर खरे उतरते हैं और इसलिए उम्र का कोई विवरण नहीं दिया गया है। वर्तमान दिन के अनुसार आपको मामले दिए गए हैं।

49. एमबीबीएस करने के बाद गौरी ने M.D. किया। वह तीन साल की सेवा के बंधन को क्रियान्वित करने के लिए तैयार है। स्थानीय भाषा के साथ-साथ हिंदी पर भी उनकी अच्छी पकड़ है। उसने सुदूर गाँव में वर्षों तक समाज सेवा के लिए अपने प्रेम का अभ्यास किया है। उसने एसएससी, एचएससी, एमबीबीएस और एमएड में क्रमश: 77%, 88%, 47% और 56% अंक प्राप्त किए हैं।

(*a*) चयनित किया जाना है
(*b*) चयनित नहीं किया जाना है
(*c*) सहायक सचिव को संदर्भित करेंगे
(*d*) डाटा अपर्याप्त है
(*e*) C.M.O. को संदर्भित करेंगे

50. राघव ने स्कूली पढ़ाई करते हुए ग्रामीण क्षेत्रों में पढ़ाई की है। उनके पिता एक किसान हैं। उन्होंने मुंबई से अपनी एमबीबीएस पूरी की और एक बड़े शहर में छह साल का अभ्यास किया। उन्हें स्थानीय भाषा और हिंदी के कामकाजी ज्ञान की अच्छी जानकारी है। वह सेवा के 3 साल के बंधन को निष्पादित करने के लिए तैयार है। उन्होंने 53% अंकों के साथ M.S. किया है।

(*a*) चयनित नहीं किया जाना है
(*b*) सचिव को संदर्भित करेंगे
(*c*) चयनित किया जाना है
(*d*) डाटा अपर्याप्त है
(*e*) C.M.O. को संदर्भित करेंगे

51. पायल ने एमबीबीएस और एमएस करने के बाद, अपने पैतृक गाँव में पाँच साल के लिए अभ्यास करने का फैसला किया। वह स्थानीय भाषा अच्छी तरह से जानती है। उसका औषधालय और छोटा अस्पताल आस-पास के गाँवों में बहुत लोकप्रिय था। उसने भारत में 4 और साल बिताने के बाद यूएसए और यूके में जाने की योजना बनाई है। उसने एसएससी से एमएस की सभी परीक्षाओं में 60% से अधिक अंक प्राप्त किए हैं। वह 3 साल की सेवा के बंधन को निष्पादित करने के लिए तैयार है।

(*a*) चयनित किया जाना है
(*b*) C.M.O. को संदर्भित करेंगे
(*c*) चयनित नहीं किया जाना है
(*d*) डाटा अपर्याप्त है
(*e*) इनमें से कोई नहीं

52. डॉ. अरविंद स्वामी एमबीबीएस में 78% अंक प्राप्त कर पहले स्थान पर रहे हैं। उसके बाद उन्होंने विशिष्टता के साथ एमएस किया है। डॉ. स्वामी स्थानीय भाषा में धाराप्रवाह हैं। उन्होंने तीन साल तक एक ग्रामीण अस्पताल में और एक साल के लिए एक बड़े शहर में मल्टी स्पेशलिटी अस्पताल में अभ्यास किया।

(*a*) चयनित किया जाना है
(*b*) चयनित नहीं किया जाना है
(*c*) अध्यक्ष को संदर्भित करेंगे
(*d*) डाटा अपर्याप्त है
(*e*) इनमें से कोई नहीं

53. विवेक ने एमबीबीएस में 47% अंक हासिल किए हैं और 62% अंकों के साथ एमएड किया है। उसके पास एक गाँव में एक डिस्पेंसरी चलाने का 5 साल का अनुभव है और वह स्थानीय भाषा पढ़, लिख और बोल सकता है। वह केवल दो साल की सेवा का एक बांड देने के लिए तैयार है और सुरक्षा धन देने में असमर्थ है क्योंकि वह अपने मूल राज्य में बाद में एक ग्रामीण अस्पताल शुरू करना चाहता है।

(*a*) चयनित नहीं किया जाना है
(*b*) डाटा अपर्याप्त है
(*c*) C.M.O. को संदर्भित करेंगे
(*d*) चयनित किया जाना है
(*e*) अध्यक्ष को संदर्भित करेंगे

54. गौरव एक स्थानीय राजनेता का बेटा है, जिसका जन्म और एसएससी तक पढाई एक गाँव में हुई थी। बाद में उन्होंने एक बड़े शहर में पढ़ाई की और 69% अंकों के साथ M.B.B.S. तथा 57% अंकों के साथ एमएस किया। वह केवल 3 साल के लिए सेवा के एक बंधन को निष्पादित करने के लिए तैयार है। उसे स्थानीय भाषा का बहुत अच्छा ज्ञान है। उन्होंने शहरी क्षेत्रों में वर्षों का अभ्यास किया है। उन्होंने इस अनुभव के बाद एक ग्रामीण अस्पताल शुरू करने की योजना बनाई है।

(*a*) चयनित किया जाना है
(*b*) चयनित नहीं किया जाना है
(*c*) डाटा अपर्याप्त है
(*d*) सचिव को संदर्भित करेंगे
(*e*) सीएमओ को संदर्भित करेंगे

55. युवराज एक बड़े शहरी शहर में पैदा और पैदा बड़े। उनके पिता एक उद्योगपति हैं। उन्होंने क्रमश: एचएससी, एमबीबीएस और एमएड में 87%, 56% और 48% हासिल किए हैं। वह 3 साल की सेवा का बंधन देने को तैयार हैं। उन्होंने 5 साल तक एक ग्रामीण अस्पताल में काम किया है लेकिन स्थानीय भाषा शायद ही बोल सकें। हालाँकि, उन्हें हिंदी का कार्यसाधक ज्ञान है। इस अनुभव के बाद उन्होंने विदेश में बसने की योजना बनाई।

(*a*) चयनित किया जाना है
(*b*) चयनित नहीं किया जाना है
(*c*) सहायक सचिव को संदर्भित करेंगे
(*d*) अध्यक्ष को संदर्भित करेंगे
(*e*) डाटा अपर्याप्त है

निर्देश (प्रश्न 56 से 65): *निम्नलिखित जानकारी को ध्यानपूर्वक पढ़ें और दिए गए प्रश्नों के उत्तर दें: सॉफ्टवेयर प्रौद्योगिकी का एक प्रतिष्ठित संस्थान अपनी पोस्ट-स्नातक डिग्री पाठ्यक्रम के लिए छात्रों को निम्नलिखित शर्तों के साथ स्वीकार करना चाहता है:*

उम्मीदवार होना चाहिए–

(*i*) न्यूनतम 60% अंकों के साथ इंजीनियरिंग स्नातक।
(*ii*) 1.7.2006 को 24 वर्ष से अधिक की आयु नहीं है।
(*iii*) प्रवेश के समय ₹50,000 जमा करने को तैयार है।
(*iv*) पाठ्यक्रम पूरा होने के बाद कम से कम दो साल के लिए संस्थान के साथ काम करने के लिए एक बांड पर हस्ताक्षर करने के लिए तैयार है।

हालांकि, अगर उम्मीदवार निम्नलिखित को छोड़कर अन्य सभी शर्तों को पूरा करता है–

(A) (*i*) ऊपर, लेकिन न्यूनतम 70% अंकों के साथ एक विज्ञान स्नातक (B.Sc.) है, इस मामले को संस्थान के निदेशक को भेजा जा सकता है।

(B) (*iii*) ऊपर, लेकिन पाठ्यक्रम पूरा करने के बाद चार साल के लिए संस्थान के साथ काम करने के लिए एक बंधन पर हस्ताक्षर करने के लिए तैयार है, इस मामले को प्रवेश के लिए समन्वयक को भेजा जा सकता है।

(C) (*iv*) ऊपर, लेकिन ₹50,000 जमा करने के अलावा ₹75,000 की राशि का भुगतान करने के लिए तैयार है। इस मामले को संस्थान के अध्यक्ष को भेजा जा सकता है।

उपरोक्त मानदंड और प्रत्येक मामले में दी गई जानकारी के आधार पर, आपको कार्रवाई को तय करना होगा। आप को अन्य किसी भी तथ्य पर विचार नहीं करना है। ये सभी मामले आपको 1.7.2006 को दिए गए हैं। यदि आप. डेटा से कार्रवाई का निर्णय नहीं ले पा रहे हैं, तो आपका जवाब 'डाटा अपर्याप्त है' होगा।

56. शरद आर्य ने 68% अंकों के साथ इंजीनियरिंग की डिग्री हासिल की है। फिर उन्होंने 22 साल की उम्र में 2005 में एक डिप्लोमा कोर्स में दाखिला लिया। वह संस्थान के साथ एक बांड पर हस्ताक्षर नहीं करना चाहता है, लेकिन संस्थान को ₹1,25,000 का भुगतान करने में कोई आपत्ति नहीं है।
(*a*) चयनित किया जाना चाहिये
(*b*) निदेशक को संदर्भित करेंगे
(*c*) अध्यक्ष को संदर्भित करेंगे
(*d*) समन्वयक को संदर्भित करेंगे
(*e*) इनमें से कोई नहीं

57. 2005 में पास आउट हुए कंप्यूटर इंजीनियर अनुराग एक फैकल्टी मेंबर के रूप में सॉफ्टवेयर ट्रेनिंग इंस्टीट्यूट में काम कर रहे हैं। उनकी जन्मतिथि 27.8.1984 है। उन्हें ₹50,000 देने और कम से कम दो वर्षों के लिए बांड पर हस्ताक्षर करने में कोई समस्या नहीं है।
(*a*) अध्यक्ष को संदर्भित करेंगे
(*b*) निदेशक को संदर्भित करेंगे
(*c*) डाटा अपर्याप्त है
(*d*) समन्वयक को संदर्भित करेंगे
(*e*) इनमें से कोई नहीं

58. कुणाल एक इंजीनियर हैं और 66% अंकों के साथ प्रथम श्रेणी में इंजीनियरिंग पास करने के बाद मैनेजमेंट स्टडीज में डिप्लोमा किया है। उनकी जन्मतिथि 14.8.1982 है। वह ₹50,000 जमा सकता है और 2 साल के लिए बांड पर हस्ताक्षर करने के लिए तैयार है।
(*a*) डाटा अपर्याप्त है
(*b*) निदेशक को संदर्भित करेंगे
(*c*) अध्यक्ष को संदर्भित करेंगे
(*d*) चयनित किया जाना चाहिये
(*e*) इनमें से कोई नहीं

59. पुणे विश्वविद्यालय के एक इलेक्ट्रॉनिक्स इंजीनियर वरुण गोपाल 68% अंकों के साथ इंजीनियरिंग की डिग्री पूरी करने के बाद 2004 से XYZ कंपनी में काम कर रहे हैं। वह संस्थान के साथ बांड पर हस्ताक्षर करने के लिए तैयार नहीं है, लेकिन संस्थान को जमा के रूप में किसी भी राशि का भुगतान करने के लिए तैयार है।
(*a*) डाटा अपर्याप्त है
(*b*) चयनित किया जाना चाहिये
(*c*) निदेशक को संदर्भित करेंगे
(*d*) अध्यक्ष को संदर्भित करेंगे
(*e*) इनमें से कोई नहीं

60. तन्मय आनंद ने अपनी B.Sc. 2003 में 21 वर्ष की आयु में 73% अंकों के साथ की है। वह चार साल के लिए संस्थान के साथ बंधन पर हस्ताक्षर करने के लिए तैयार है; लेकिन दान की राशि का भुगतान करने की स्थिति में नहीं है।
(*a*) चयनित किया जाना चाहिये
(*b*) चयनित नहीं किया जाना चाहिये
(*c*) अध्यक्ष को संदर्भित करेंगे
(*d*) डाटा अपर्याप्त है
(*e*) समन्वयक को संदर्भित करेंगे

61. अस्मित राय ने अपनी B.Sc. भौतिक में 76% अंक के साथ पूरी की है। उनकी जन्म तिथि 28.5.1993 है। वर्तमान में वह सरकार द्वारा मान्यता प्राप्त एक संस्थान से कम्प्यूटर में डिप्लोमा कर रहे है। वह डोनेशन के रूप में ₹50,000 हजार जमा करने को तैयार हैं तथा संस्थान के साथ 2 वर्ष के बांड पर हस्ताक्षर को भी तैयार हैं।
(*a*) चयनित नही किया जाना चाहिये
(*b*) अध्यक्ष को संदर्भित करेंगे
(*c*) डाटा अपर्याप्त है
(*d*) निदेशक को संदर्भित करेंगे
(*e*) इनमें से कोई नहीं

62. दिव्या ने 23 साल पूरे होने से ठीक पहले अगस्त 2005 में इलेक्ट्रॉनिक्स में इंजीनियरिंग की डिग्री पूरी की है। उसने स्नातक स्तर पर 73% अंक प्राप्त किए और पिछले छह महीनों से एक निजी फर्म में काम कर रही है। वह 2 साल के लिए बांड पर हस्ताक्षर करने को तैयार है और ₹50,000 जमा करने को तैयार है।
(*a*) चयनित नहीं किया जाना चाहिये
(*b*) चयनित किया जाना चाहिये
(*c*) अध्यक्ष को संदर्भित करेंगे
(*d*) निदेशक को संदर्भित करेंगे
(*e*) समन्वयक को संदर्भित करेंगे

63. मुस्कान मलिक ने B.Sc. 68% अंकों के साथ पास की है। वह दो साल के लिए बांड पर हस्ताक्षर करने के लिए तैयार है और 50,000 रुपये का भुगतान करने के लिए भी तैयार है।
(*a*) अध्यक्ष को संदर्भित करेंगे
(*b*) निदेशक को संदर्भित करेंगे
(*c*) चयनित नही किया जाना चाहिये
(*d*) चयनित किया जाना चाहिये
(*e*) डाटा अपर्याप्त है

64. रचना ने 22 साल की उम्र में 2005 में 64% अंकों के साथ इंजीनियरिंग की पढ़ाई पूरी की है। वह किसी भी वर्ष के लिए संस्थान के साथ बांड पर हस्ताक्षर करने को तैयार नहीं है और जमा राशि का भुगतान नहीं कर सकता है।
(*a*) चयनित किया जाना चाहिये
(*b*) चयनित नहीं किया जाना चाहिये
(*c*) निदेशक को संदर्भित करेंगे
(*d*) अध्यक्ष को संदर्भित करेंगे
(*e*) समन्वयक को संदर्भित करेंगे

65. नमन चोपड़ा इंजीनियरिंग में प्रथम श्रेणी में स्नातक हैं। उनकी जन्मतिथि 30.6.1982 है।
(*a*) अध्यक्ष को संदर्भित करेंगे
(*b*) चयनित किया जाना चाहिये
(*c*) निदेशक को संदर्भित करेंगे
(*d*) समन्वयक को संदर्भित करेंगे
(*e*) चयनित नहीं किया जाना चाहिये

हल-अभ्यास 18(A)

हम पूरी की गई शर्तों को ✓ द्वारा चिह्नित करेंगे और पूरा नहीं की गई शर्तों को × द्वारा चिह्नित करेंगे, और जिनके बारे में कोई जानकारी उपलब्ध नहीं है उन्हें '?' द्वारा चिह्नित करेंगे।

प्रश्न 1 से 10

	उम्मीदवार	खेती योग्य भूमि (एकड़ में)	कलैटरल (लाख)	आयु (वर्ष)	बकाया ऋण (₹)	सिफारिश पत्र	प्रत्येक भूमि पर फसल ₹	बैंक में फिक्स्ड डिपाजिट	पूरा की जाने वाली शर्तें						
									(i)	(A)	(ii)	(iii)	(iv)	(B)	(v)
1. (*a*) :	पवन	7	8	50+	निल	हां	—	—	✓	—	✓	×	✓	—	✓
2. (*e*) :	सुरेश	4	8	49+	निल	हां	2	—	—	✓	✓	✓	✓	—	✓
3. (*a*) :	महिपाल	4	8	49+	निल	हां	1	5 लाख	×	×	✓	✓	✓	—	✓
4. (*d*) :	विलास	6	>8	49+	निल	हां	—	—	✓	—	✓	✓	✓	—	✓
5. (*e*) :	निशांत	3	9	47+	निल	हां	2	—	—	✓	✓	✓	✓	—	✓
6. (*b*) :	रिशी	8	8	48+	4 लाख	हां	—	6 लाख	✓	—	✓	✓	—	✓	✓
7. (*a*) :	कमल*	?	8	48+	5 लाख	हां	—	3 लाख	?	—	✓	✓	×	×	✓
8. (*c*) :	विक्रम**	7	>6	?	निल	हां	2	—	✓	—	×	?	✓	—	✓
9. (*c*) :	तपन	9	>8	49+	?	हां	2	—	✓	—	✓	✓	?	—	✓
10. (*d*) :	यूसूफ	6	9	48+	निल	हां	—	—	✓	—	✓	✓	✓	—	✓

* कमल के मामले में, दी गई जानकारी से, हम जानते हैं कि कमल पर ₹5 लाख का ऋण, बैंक तथा ₹4 लाख से कम की F.D. के साथ। इसलिए, यदि उसके पास पर्याप्त खेती योग्य भूमि है, तो भी उसे अग्रिम नहीं दिया जा सकता है।

** विक्रम के मामले में, हमें यह जानना होगा कि उसकी उम्र क्या है और क्या वह ₹8 लाख से अधिक का संपार्श्विक भुगतान कर सकता है या नहीं।

प्रश्न 11 से 20

	उम्मीदवार	C.E./ M.C.A. में अंक	चयन परीक्षा में अंक	साक्षात्कार में अंक	आयु (वर्ष)	इंजीनियरिंग परीक्षा में अंक	S.A. के रूप में अनुभव (वर्षों में)	पूरा की जाने वाली शर्तें					
								(i)	(A)	(ii)	(B)	(iii)	(iv)
11. (*b*) :	रोहित	×	66%	52%	29+	×	—	×	×	✓	—	✓	✓
12. (*e*) :	नीति	68%	48%	58%	?	—	?	✓	—	×	?	✓	?
13. (*a*) :	श्वेता	76%	72%	65%	26+	—	1+	✓	—	✓	—	✓	✓
14. (*d*) :	सार्थक	—	64%	58%	29+	82%	—	—	✓	✓	—	✓	✓
15. (*e*) :	अनु	78%	>60%	>60%	?	—	—	✓	—	✓	—	✓	?
16. (*a*) :	विक्रांत	68%	62%	56%	24+	—	—	✓	—	✓	—	✓	✓
17. (*d*) :	मानसी	—	56%	56%	29+	71%	—	—	✓	✓	—	✓	✓
18. (*b*) :	करण	×	70%	76%	27+	×	—	×	×	✓	—	✓	✓
19. (*d*) :	अंशुल	—	58%	52%	26+	76%	4	—	✓	✓	—	✓	✓
20. (*c*) :	संतोष	67%	45%	52%	29+	—	2+	✓	—	—	✓	✓	✓

प्रश्न 21 से 30

स्पष्ट रूप से, श्रेणी F के एक उम्मीदवार को रियायत (A) के साथ चुना जाएगा यदि वह 25-30 वर्ष की आयु वर्ग में है। इसी तरह, श्रेणी S के एक उम्मीदवार को रियायत (B) के साथ चुना जाएगा यदि उसके पास: 55% से 60% के साथ बी.एससी, 45% से 50% के साथ बी.ए. % 50% से 55% के साथ बी.कॉम है।

माना हम सामान्य श्रेणी (F और S के अलावा) को G द्वारा प्रदर्शित करते हैं। इसके अलावा, एक उम्मीदवार जिसने निबंध, बहस या खेल के अलावा किसी अन्य क्षेत्र में पुरस्कार जीता है (C) और पूरा नहीं करेगा *(iii)* और वार्षिक आय ₹1 लाख से अधिक वाला उम्मीदवार (D) को पूरा करेगा और *(iv)* को पूरा नहीं करेगा।

	उम्मीदवार	आयु (वर्ष)	अंक	पुरस्कार का क्षेत्र	वार्षिक आय (₹)	भारत में रहने की अवधि	श्रेणी	पूरा की जाने वाली शर्तें								
								(i)	(A)	(ii)	(B)	(iii)	(C)	(iv)	(D)	(v)
21. (*e*) :	केवल	21+ 52%	B.Com.	निबंध	98,400	18 yrs.	G	✓	—	×	—	✓	—	✓	—	✓
22. (*a*) :	रूद्र	22+ 51%	B.A.	खेल	83,000	50 yrs.	F	✓	—	✓	—	✓	—	✓	—	✓
23. (*e*) :	सोनाली	19+ 63%	B.Sc.	खेल	82,000	18 yrs.	G	×	—	✓	—	✓	—	✓	—	✓
24. (*d*) :	तान्या	23 58%	B.Com.	डिबेट	1.25	21 yrs.	G	✓	—	✓	—	✓	—	—	✓	✓
25. (*b*) :	रीना	26 59%	B.Com.	खेल	78,000	26 yrs.	F	—	✓	✓	—	✓	—	✓	—	✓
26. (*e*) :	जावेद	? 69%	B.Sc.	डिबेट	96,000	26 yrs.	G	?	—	✓	—	✓	—	✓	—	✓
27. (*b*) :	हार्दिक	21 46%	B.A.	निबंध	50,400	47 yrs.	S	✓	—	—	✓	✓	—	✓	—	✓
28. (*e*) :	दिपाली	21+ ?	B.Sc.	खेल	91,000	32 yrs.	F	✓	—	×	—	✓	—	✓	—	✓
29. (*c*) :	चिन्मय	24 57%	B.Com.	संगीत	93,600	38 yrs.	G	✓	—	✓	—	×	✓	✓	—	✓
30. (*a*) :	अरूण	22 59%	B.A.	निबंध	79,000	27 yrs.	F	✓	—	✓	—	✓	—	✓	—	✓

प्रश्न 31 से 40

	उम्मीदवार	स्नातक में अंक	आयु (वर्ष)	कार्मिक विभाग में अनुभव	प्रबंधन में P.G. डिप्लोमा में अंक	साक्षात्कार में अंक	सहायक प्रबंधक के रूप में अनुभव	पूरा की जाने वाली शर्तें						
								(A)	(i)	(B)	(C)	(ii)	(D)	(E)
31. (*a*) :	बिपिन	62%	29+	4 yrs.	60%	50%	—	✓	—	✓	✓	—	✓	✓
32. (*c*) :	आशा	55%	30+	?	68%	60%	—	—	✓	✓	?	—	✓	✓
33. (*e*) :	निकिता	65%	29+	—	60%	65%	3 yrs.	✓	—	✓	—	✓	✓	✓
34. (*a*) :	गगन	65%	31+	6 yrs.	60%	55%	—	✓	—	✓	✓	—	✓	✓
35. (*c*) :	हर्शित	65%	?	—	60%	50%	2 yrs.	✓	—	?	—	✓	✓	✓
36. (*c*) :	वरूण*	?	26+	5 yrs.	65%	50%	—	?	—	✓	✓	—	✓	✓
37. (*a*) :	कनक	60%	33+	4 yrs.	60%	55%	—	✓	—	✓	✓	—	✓	✓
38. (*b*) :	मानिक	55%	31+	4 yrs.	62%	56%	—	×	×	✓	✓	—	✓	✓
39. (*d*) :	लक्ष्य	58%	28+	5 yrs.	66%	52%	—	—	✓	✓	✓	—	✓	✓
40. (*b*) :	नितिन	57%	31+	5 yrs.	62%	50%	—	×	—	✓	✓	—	✓	✓

* स्पष्ट रूप से, वरुण के मामले को वीपी कार्मिक के पास भेजा जाएगा यदि स्नातक स्तर पर उसका अंक 60% से कम है और यदि उसे स्नातक में 60% से अधिक अंक प्राप्त हुए हैं तो उसे पद के लिए चुना जाएगा। इस प्रकार, हमें कार्रवाई के दौरान निर्णय लेने के लिए स्नातक स्तर पर वरुण द्वारा प्राप्त किए गए अंकों की आवश्यकता है।

प्रश्न 41 से 48

	उम्मीदवार	P.G. या स्नातक में अंक	इंजीनियरिंग में अंक	लिखित परीक्षा में अंक	आयु (वर्ष)	कंप्यूटर में अनुभव	कंप्यूटर डिप्लोमा में अंक	मासिक वेतन (₹)	पूरा की जाने वाली शर्तें (A)	(I)	(B)	(II)	(C)	(III)	(D)	(E)
41. (*d*) :	अजीम	M.Sc; ?	—	68%	27	4	64%	8,500	?	—	✓	—	✓	—	✓	✓
42. (*b*) :	वैभव	B.Sc; 70%	—	72%	23+	3+	69%	9,700	✓	—	✓	—	×	✓	✓	✓
43. (*a*) :	अभय	B.Sc; > 65%	—	> 65%	26	4	> 65%	10,500	✓	—	✓	—	✓	—	✓	✓
44. (*e*) :	अमिता	B.Sc; > 68%	—	> 68%	24+	2+	> 68%	11,000	✓	—	✓	—	✓	—	×	✓
45. (*c*) :	तनिशा	B.Sc.; 55%	—	68%	27	3½	70%	10,500	×	✓	✓	—	✓	—	✓	✓
46. (*c*) :	अश्विन	—	55%	68%	29+	6	62%	?	✓	—	✓	—	✓	—	✓	?
47. (*b*) :	रितेश	—	64%	60%	29+	5	65%	9,500	✓	—	×	×	✓	—	✓	✓
48. (*a*) :	देव्यानी	—	55%	72%	30+	4	70%	10,000	✓	—	✓	—	×	✓	✓	✓

प्रश्न 49 से 55

	उम्मीदवार	MBBS में अंक	अनुभव		बांड (वर्ष)	स्थानीय भाषा/हिंदी	M.S./M.D. में अंक	जमानत राशि	पूरा की जाने वाली शर्तें							
			शहरी	ग्रामीण					(i)	(C)	(ii)	(A)	(iii)	(D)	(iv)	(B)
49. (*e*) :	गौरी	47%	—	5½	3	Both	56%	—	—	✓	✓	—	✓	—	✓	—
50. (*d*) :	राघव	?	6	—	3	Both	53%	—	?	?	—	✓	✓	—	✓	—
51. (*a*) :	पायल	> 60%	—	5	3	Local	> 60%	—	✓	—	✓	—	✓	—	✓	—
52. (*b*) :	डा. स्वामी*	78%	1	3	?	Local	≥ 75%	?	✓	—	×	—	?	?	✓	—
53. (*a*) :	विवेक	47%	—	5	2	Local	62%	No	—	✓	✓	—	×	×	✓	—
54. (*d*) :	गौरव	69%	4½	—	3	Local	57%	—	✓	—	—	✓	✓	—	✓	—
55. (*c*) :	युवराज	56%	—	5	3	Hindi	48%	—	✓	—	✓	—	✓	—	—	✓

* डॉ. स्वामी के मामले में, हमें उम्मीदवार की इच्छा/किसी बॉन्ड पर हस्ताक्षर करने की क्षमता या सुरक्षा का भुगतान करने के बारे में कोई जानकारी नहीं दी जाती है। हालांकि, उसके पास आवश्यक अनुभव की कमी है और न तो (*iii*) और न ही (D) को पूरा करता है। इस प्रकार, भले ही वह सुरक्षा का भुगतान करता है या एक बंधन पर हस्ताक्षर करता है पर वह चयन के लिए अयोग्य है।

प्रश्न 56 से 65

	उम्मीदवार	इंजीनियरिंग स्नातक में अंक	आयु (वर्ष)	दान (₹)	बांड	B.Sc. में अंक	अतिरिक्त फीस (₹)	पूरा की जाने वाली शर्तें (i)	(A)	(ii)	(iii)	(B)	(iv)	(C)
56. (c) :	शरद	68%	23+	50,000	No	—	75,000	✓	—	✓	✓	—	—	✓
57. (c) :	अनुराग	?	21+	50,000	2 yrs.	—	—	?	?	✓	✓	—	✓	—
58. (*d*) :	कुनाल	66%	23+	50,000	2 yrs.	—	—	✓	—	✓	✓	—	✓	—
59. (*a*) :	वरूण	68%	?	50,000	No	—	75,000	✓	—	?	✓	—	—	✓
60. (*b*) :	तन्मय	—	24+	No	4 yrs.	73%	—	—	✓	×	—	3	✓	—
61. (*d*) :	अश्मित	—	23+	50,000	2 yrs.	75%	—	—	✓	✓	✓	—	✓	—
62. (*d*) :	दिव्या	—	23+	50,000	2 yrs.	73%	—	—	✓	✓	✓	—	✓	—
63. (c) :	मुस्कान*	—	?	50,000	2 yrs.	68%	—	—	✓	✓	✓	—	×	—
64. (*e*) :	रचना	64%	23+	No	4 yrs.	—	—	✓	—	✓	—	3	✓	—
65. (*e*) :	नमन**	> 60%	24+	?	?	—	—	✓	—	×	?	—	?	—

* मुस्कान स्थिति (A) का उल्लंघन करती है और इसलिए वह उम्र की कसौटी पर खरा उतरने पर भी अयोग्य हो जाती है।

* नमन उम्र की कसौटी का उल्लंघन करता है और इसलिए अयोग्य है भले ही वह एक बंधन पर हस्ताक्षर करने या अपेक्षित दान का भुगतान करने के लिए तैयार हो।

अभ्यास 18B

निर्देश (प्रश्न 1 से 10): नीचे दी गई सूचनाओं को ध्यान से पढ़ें और नीचे दिए गए प्रश्नों के उत्तर दें:

एक कंपनी में ग्रेच्युटी (G) और भविष्य निधि (PF) नियम हैं:

(1) एक कर्मचारी को G या PF के लिए योग्य होने के लिए एक वर्ष की सेवा पूरी करनी चाहिए।

(2) दस साल की सेवा के बाद इस्तीफा देने वाले या सेवानिवृत्त होने वाले कर्मचारी को G या PF दोनों प्राप्त होगे।

(3) एक कर्मचारी 5 साल के बाद लेकिन 10 साल की सेवा से पहले सेवानिवृत्त हो जाता है तब G और PF दोनों मिल जाता है, लेकिन इस अवधि के दौरान इस्तीफा देने वाले को या तो G या PF मिलता है।

(4) किसी कर्मचारी को 5 साल की सेवा से पहले छंटनी या सेवानिवृत्त होने PF मिलता है लेकिन G नहीं; लेकिन इस अवधि के दौरान इस्तीफा देने पर न तो G मिलता है और न ही PF।

हालाँकि,

(5) यदि किसी कर्मचारी की 2 साल की सेवा के बाद मृत्यु हो जाती है, तो उसके परिवार को G और PF दोनों मिलते हैं।

(6) यदि कोई कर्मचारी बिना वेतन के छुट्टी पर था, तो ऐसी अवधि को उसकी कुल सेवा से घटा दिया जाता है और फिर उपरोक्त नियम लागू कर दिए जाते हैं।

(7) महिला कर्मचारी के मामले में, यदि उसने 2 साल की सेवा पूरी कर ली है, तो उपरोक्त नियमों को लागू करने से पहले उसकी वास्तविक सेवा में दो साल और जोड़ दिए जाते हैं।

उपरोक्त नियमों को निम्नलिखित प्रत्येक प्रश्न में वर्णित मामलों पर लागू करें और तय करें कि क्या कर्मचारी G और/या PF के लिए योग्य है। उत्तर के रूप में चुनें-

(a) यदि केवल G दिया जा सकता है;

(b) यदि केवल PF दिया जा सकता है;

(c) यदि या तो G या PF दिया जा सकता है;

(d) यदि G और PF दोनों दिए जा सकते हैं और

(e) यदि G और PF दोनों नहीं दिए जा सकते हैं।

1. मिस्टर ऑगस्टिन कंपनी में पाँच वर्षों तक सेवा करते रहे, जिसमें से एक वर्ष तक वे बिना वेतन के अवकाश पर थे, सेवा से वापस आ गए थे।

2. मिस मोनिका ने $1\frac{1}{2}$ वर्षों तक सेवा की और वापस आ गई।

3. श्री जुनेजा को सात साल बाद सेवा से हटा दिया गया था।

4. श्रीमती शर्मा ने चार साल तक कंपनी की सेवा की और इस्तीफा दे दिया।

5. श्री बसु ने सात साल तक कंपनी में सेवा की और 3 साल की लंबी बीमारी के बाद इस्तीफा दे दिया, जिसके लिए वह बिना वेतन के छुट्टी पर थे।

6. मिस्टर सेठी जो तीन साल से कंपनी में काम कर रहे थे, एक्सपायर हो गए।

7. श्री गौर ने कंपनी में पांच साल तक सेवा की और कंपनी से इस्तीफा दे दिया।

8. श्रीमती वासुदेवन, जिन्होंने तीन साल तक कंपनी में सेवा की, जिनमें से वे बिना वेतन $1\frac{1}{2}$ के वर्षों के लिए अवकाश पर थीं, सेवा से सेवानिवृत्त हो गई।

9. श्री दीक्षित ने 4 साल की सेवा के बाद कंपनी से इस्तीफा दे दिया।

10. श्रीमती रश्मि ने चार साल तक कंपनी में सेवा की और फिर से सेवा में आ गई।

निर्देश (प्रश्न 11 से 20): दिए गए प्रश्नों का उत्तर देने के लिए निम्नलिखित जानकारी का अध्ययन करें:

विभिन्न होटलों में संस्थान के प्रशिक्षण कार्यक्रम के आयोजन के लिए निम्नलिखित मानदंड हैं। होटल ताज में कार्यक्रम आयोजित करने के लिए, निम्नलिखित मानदंडों को पूरा किया जाना चाहिए:

(1) कार्यक्रम समन्वयक उप निदेशक या संयुक्त निदेशक के पद का होना चाहिए।

(2) कार्यक्रम इन क्षेत्रों में से एक में होना चाहिए – एचआरडी, विज्ञापन, कंप्यूटर या सांख्यिकी।

(3) कार्यक्रम की अवधि सात दिनों से अधिक नहीं होनी चाहिए।

(4) प्रति प्रतिभागी का शुल्क ₹5000 से कम नहीं होना चाहिए।

(5) प्रतिभागियों की संख्या कम से कम 50 होनी चाहिए।

यदि निम्नलिखित को छोड़कर अन्य सभी मानदंडों को पूरा किया जा रहा है–

(6) कार्यक्रम की अवधि सात दिनों से अधिक है– कार्यक्रम होटल रिट्ज में आयोजित किया जाना है।

(7) प्रोग्राम कोऑर्डिनेटर सहायक निदेशक के पद का है, लेकिन प्रति प्रतिभागी का शुल्क ₹7,000 से अधिक है। होटल ताज में कार्यक्रम आयोजित किया जाएगा।

(8) प्रतिभागियों की संख्या 50 से कम लेकिन 30 से अधिक होने के कारण, कार्यक्रम का आयोजन होटल साइडवेज में किया जाएगा।

(9) प्रति प्रतिभागी का शुल्क ₹5,000 से कम है लेकिन ₹3,500 से अधिक है तब होटल सैंसी में कार्यक्रम आयोजित किया जाना चाहिए।

(10) कार्यक्रम उपर्युक्त (2) में वर्णित क्षेत्रों के अलावा है, लेकिन कार्यक्रम समन्वयक संयुक्त निदेशक स्तर का है, कार्यक्रम का आयोजन होटल साइडवे में किया जाना चाहिए।

उपरोक्त मानदंडों और प्रत्येक प्रश्न में दी गई जानकारी के आधार पर उचित कार्रवाई के बारे में निर्णय लें। आप दी गयी जानकारी के अतिरिक्त और कुछ भी संदर्भ नहीं ले सकते हो।

उत्तर दें–

(a) यदि कार्यक्रम का आयोजन होटल ताज में किया जाना है;

(b) यदि कार्यक्रम का आयोजन होटल साइडवे में किया जाना है;

(c) यदि होटल रिट्ज में कार्यक्रम आयोजित किया जाना है;

(d) यदि होटल सैंसी में कार्यक्रम आयोजित किया जाना है;

(e) यदि दिए गए डेटा अपर्याप्त हैं।

11. डॉ. चेतन जैन, उप निदेशक, ₹1,92,500 की कुल फीस के साथ मानव संसाधन विकास पर एक कार्यक्रम की पेशकश कर रहे हैं। ₹5,500 प्रति प्रतिभागी की दर से। पाठयक्रम की अवधि 5 दिन है।

12. सांख्यिकी पर एक प्रशिक्षण कार्यक्रम उप निदेशक द्वारा ₹3,30,000 शुल्क के साथ प्रस्तावित किया जाता है। 50 प्रतिभागियों के लिए अवधि 8 दिन होगी।

13. 45 प्रतिभागियों के लिए विज्ञापन पर एक प्रशिक्षण कार्यक्रम आयोजित किया जाना है। प्रति प्रतिभागी शुल्क ₹6,000 और कार्यक्रम की अवधि 6 दिन है।

14. संयुक्त निदेशक द्वारा पांच दिवसीय प्रशिक्षण कार्यक्रम सांख्यिकी के क्षेत्र में आयोजित किया जाना है। कार्यक्रम के लिए कुल शुल्क 50 प्रतिभागियों के लिए ₹2,10,000 है।

15. प्रो. एन.पी. सहायक निदेशक, दत्ता ने एचआरडी के क्षेत्र में 60 प्रतिभागियों के लिए चार दिनों के कार्यक्रम की पेशकश की है। प्रति प्रतिभागी शुल्क ₹8,000 है।

16. संस्थान की उप निदेशक डॉ. (सुश्री) वीणा गर्ग, 55 उम्मीदवारों के लिए एक कार्यक्रम का आयोजन करना चाहती हैं, जिसमें ₹6,000 प्रति प्रतिभागी शुल्क है। कार्यक्रम की अवधि चार दिन है और यह कंप्यूटर के क्षेत्र में है।

17. महेश गोयल, संयुक्त निदेशक, कंप्यूटर के विशेषज्ञ हैं। वह 60 प्रतिभागियों के लिए गणित पर पांच दिनों का कार्यक्रम दे रहा है। प्रति प्रतिभागी शुल्क ₹5,300 है।

18. डॉ. श्रीकांत आर्य, संयुक्त निदेशक, अनुसंधान पद्धति पर 5 दिनों का कार्यक्रम आयोजित कर रहे हैं। प्रतिभागियों की कुल संख्या 60 है और प्रति प्रतिभागी के लिए शुल्क ₹7,000 है।

19. श्री प्रशांत वर्मा, उप निदेशक, ने कंप्यूटर पर चार दिनों का कार्यक्रम आयोजित करने का प्रस्ताव प्रस्तुत किया है। प्रति प्रतिभागी का शुल्क 60 प्रतिभागियों के लिए ₹4,000 है।

20. सहायक निदेशक, श्री जगत शर्मा द्वारा 55 प्रतिभागियों के लिए पांच दिनों का प्रशिक्षण कार्यक्रम आयोजित किया जाना है। प्रति प्रतिभागी शुल्क ₹8,000 है।

निर्देश *(प्रश्न 21 से 30): निम्नलिखित जानकारी का अध्ययन करें और नीचे दिए गए प्रश्नों के उत्तर दें:*

निम्नलिखित दवा कंपनी में रोजगार पाने के लिए मानदंड हैं। आवेदक को चाहिए –

(1) कम से कम 50% अंकों के साथ विज्ञान विषय के साथ स्नातक उत्तीर्ण किया हो।

(2) 1 अगस्त (2006) को या इससे पहले 19 वर्ष (महिलाओं के मामले में) तथा 21 वर्ष (पुरुषों के मामले में) की आयु पूरी कर चुके हैं।

(3) निम्नानुसार जमा कर सके:

स्नातक में अंक	यदि ट्रस्टी/स्टॉफ का बेटा/बेटी हो	यदि ट्रस्टी/स्टॉफ का बेटा/बेटी नहीं है।
75% and above	₹ 5,000	₹ 10,000
61% to 74%	₹ 10,000	₹ 20,000
60% and below	₹ 20,000	₹ 40,000

हालाँकि,

(4) यदि उम्मीदवार ने स्नातक में 10% से अधिक अंक प्राप्त किए हैं, तो उसे जमा में आगे रियायत के लिए विचार करने के लिए प्रबंध निदेशक को भेजा जाना चाहिए।

(5) अनुसूचित जाति/अनुसूचित जनजाति के उम्मीदवारों के मामले में, उपर्युक्त प्रत्येक मामले में देय जमा 20% कम है।

(6) यदि उम्मीदवार पहली कॉल की तारीख को तुरंत जमा राशि को नकद में भेज देता है, तो उम्मीदवार का चयन किया जाएगा, बशर्ते वह शर्तों (1) और (2) को पूरा करे।

(7) यदि पहली कॉल की तारीख पर, एक उम्मीदवार द्वारा लाया गया जमा राशि कुल राशि से कम है, लेकिन तीन चौथाई से अधिक है और वह शर्तों (1) और (2) को पूरा करता है, तो उम्मीदवार को अनंतिम रूप से चुना जा सकता है, बशर्ते कि वह शेष राशि अगले दस दिनों के भीतर जमा कराए।

(8) अगर पहली कॉल की तारीख पर, जमा की राशि तीन चौथाई से कम है किन्तु आधे से अधिक है और वह शर्तों (1) और (2) को पूरा करता है, तब उम्मीदवार को प्रबंध निदेशक को भेजा जा सकता है।

(9) यदि पहली कॉल की तारीख पर, जमा की गई राशि 1/2 से कम है, तो उम्मीदवार को (1) और (2) के अनुसार योग्य नहीं चुना जा सकता है।

उपरोक्त मानदंडों के आधार पर, तय करें कि प्रत्येक प्रश्न में निम्नलिखित में से कौन सा निर्णय वर्णित है। उत्तर चुनें ख्र

(*a*) यदि उम्मीदवार का चयन किया जा सकता है;

(*b*) यदि उम्मीदवार को अनंतिम रूप से चुना जा सकता है;

(*c*) यदि उम्मीदवार को प्रबंध निदेशक को भेजा जाना चाहिए;

(*d*) यदि उम्मीदवार का चयन नहीं किया जा सकता है; तथा

(*e*) यदि प्रदान किया गया डाटा अपर्याप्त है।

21. एक प्रोफेसर के 24 वर्षीय बेटे वेंकटेश ने साहित्य के साथ स्नातक में केवल 50% अंक प्राप्त किए। वह आवश्यक राशि जमा कर सकता है और एक सामान्य श्रेणी का उम्मीदवार है।

22. विनीता एससी श्रेणी की उम्मीदवार हैं। उसकी जन्म तिथि 26 जनवरी, 1986 है। उसने 67% अंकों के साथ विज्ञान में स्नातक उत्तीर्ण किया। वह ₹18,000 जमा कर सकती है।

23. प्रकाश पाठक 78% अंकों के साथ विज्ञान स्नातक हैं। वह एक सामान्य श्रेणी के उम्मीदवार और एक आईएएस अधिकारी के बेटे हैं। उनकी जन्मतिथि 15 फरवरी, 1984 है। उनके पास जमा करने के लिए ₹6,000 हैं।

24. संगठन के एक ट्रस्टी के पुत्र विमल गुप्ता ने B.Sc. में 68% अंक प्राप्त किए। वह पहली कॉल के दिन ₹8,200 की जमा राशि लाता है लेकिन शेष राशि का भुगतान दस दिनों के भीतर करना चाहता है। वह एक सामान्य उम्मीदवार हैं और उनकी जन्म तिथि 2 नवंबर, 1984 है।

25. 21 अगस्त, 1981 को पैदा हुए राकेश नारायण, संगठन में काम करने वाले एक कर्मचारी के बेटे हैं। उन्होंने B.Sc. में 66% अंक प्राप्त किए और केवल ₹2,000 जमा करने की स्थिति में है। हालाँकि वह दस दिनों में शेष राशि का भुगतान करना चाहता है। वह एससी श्रेणी के उम्मीदवार हैं।

26. सामान्य श्रेणी की उम्मीदवार लता शर्मा, 57% अंकों के साथ विज्ञान में स्नातक हैं। उसकी जन्मतिथि 13 दिसंबर, 1985 है।

27. किशोर, एक अनुसूचित जाति के उम्मीदवार, जिनके पिता केंद्र सरकार के कर्मचारी हैं, ने 60% अंकों के साथ विज्ञान में स्नातक उत्तीर्ण किया। वह ₹35,000 जमा करने की स्थिति में है। उनकी जन्मतिथि 10 जुलाई, 1983 है।

28. 22 वर्षीय सामान्य श्रेणी के उम्मीदवार मनोज कुमार ने विज्ञान के साथ स्नातक में 92% अंक प्राप्त किए। वह केवल ₹3,000 जमा करने की स्थिति में है। वह संगठन के एक ट्रस्टी या कर्मचारी का बेटा नहीं है।

29. एससी उम्मीदवार विनय चौहान ने विज्ञान के साथ स्नातक में 73% अंक प्राप्त किए। उनकी जन्मतिथि 28 अप्रैल, 1984 है। पहली कॉल की तारीख पर, वह ₹17,500 का एक जमा करने की स्थिति में है। वह संगठन के एक ट्रस्टी का बेटा नहीं है।

30. अभिनव, संगठन के एक ट्रस्टी का बेटा, 69% अंकों के साथ विज्ञान स्नातक है। वह 23 वर्ष की आयु का है और उसके पास ₹5,500 हैं। वह एक सामान्य श्रेणी के उम्मीदवार हैं।

निर्देश (प्रश्न 31 से 40): दिए गए प्रश्नों का उत्तर देने के लिए निम्नलिखित जानकारी का अध्ययन करें: (Bank P.O. 1999)

एक स्कूल छात्रों के एक पाठ्यक्रम प्रदर्शन को नीचे बताया गया है। पाठ्यक्रम 2 वर्ष की अवधि का है जिसमें 100 अंकों के आठ पेपर शामिल हैं, प्रत्येक वर्ष में चार पेपर।

(*i*) पास करने के लिए प्रत्येक पेपर में न्यूनतम 50% अंक और दोनों वर्षों के लिए न्यूनतम 53% कुल मिलाकर आवश्यक है।

(*ii*) यदि किसी छात्र को एग्रीगेट में 85% या अधिक और प्रत्येक पेपर में 75% या उससे अधिक अंक प्राप्त होता है, तो उसे सम्मानित किया जाना है।

(*iii*) यदि किसी छात्र को कुल न्यूनतम 55% तथा अधिकतम दो पेपरों में (लेकिन दोनों पेपर एक ही वर्ष में नहीं हैं) 50% से कम और 45% से अधिक मिलता है, लेकिन है, अनुग्रह के अंकों के साथ पास होना चाहिए।

(*iv*) यदि किसी छात्र को कुल में 53% न्यूनतम मिलता है तथा अधिकतम दो पेपरों में (लेकिन दोनों पेपर एक ही वर्ष में नहीं हैं) 50% से कम 40% से अधिक है, तो उसे इंतिहान के लिए उपस्थित होने की अनुमति दी जाए।

नीचे दिए गए प्रत्येक प्रश्न में, एक छात्र के अंक दिए गए हैं। उपरोक्त मानदंडों को ध्यान में रखते हुए, आपको प्रत्येक छात्र के बारे में निर्णय लेना होगा।

उत्तर दें-

(a) यदि छात्र अर्हता प्राप्त करता है;

(b) यदि छात्र को विशिष्टता प्राप्त होती है;

(c) यदि छात्र अनुग्रह अंकों के साथ उत्तीर्ण होता है;

(d) यदि छात्र को पुनः परीक्षा के लिए अनुमति है;

(e) यदि छात्र अर्हता प्राप्त नहीं करता है।

	विद्यार्थी	पहले वर्ष में अंक				दूसरे वर्ष में अंक				एग्रीगेट अंक
		पेपर				पेपर				
		I	II	III	IV	I	II	III	IV	
31.	A	80	78	50	50	49	83	57	46	493
32.	B	62	60	48	83	50	50	58	49	460
33.	C	80	85	90	75	85	90	78	84	667
34.	D	90	39	60	52	95	50	49	62	497
35.	E	95	88	89	93	86	74	75	87	687
36.	F	46	55	60	53	60	42	65	58	439
37.	G	80	49	60	50	44	62	53	61	459
38.	H	75	87	79	79	98	89	93	91	691
39.	I	47	80	60	55	50	87	68	69	516
40.	J	85	76	88	98	75	82	97	81	682

हल-अभ्यास 18(B)

प्रश्न 1 से 10

	उम्मीदवार	सेवा वर्ष	सेवा छोड़ने का तरीका	पूरा की जाने वाली शर्तें
1. (*b*) :	मिस्टर ऑगस्टिन	5 – 1 = 4	छंटनी	(6) और (4)
2. (*b*) :	मिस मोनिका	1½	छंटनी	(4)
3. (*d*) :	मिस जुनेजा	7	छंटनी	(3)
4. (*c*) :	मिसेज शर्मा	4 + 2 = 6	इस्तीफा	(7) और (3)
5. (*e*) :	मिस्टर बसु	7 – 3 = 4	इस्तीफा	(6) और (4)
6. (*d*) :	मिस्टर सेठी	3	मृत्यु	(5)

	उम्मीदवार	सेवा वर्ष	सेवा छोड़ने का तरीका	पूरा की जाने वाली शर्तें
7. (*c*) :	मिस्टर गौर	5	इस्तीफा	(3)
8. (*b*) :	मिसेज वासुदेवन	3 – 1½ = 1½	छंटनी	(6) और (4)
9. (*e*) :	मिस्टर दिक्षित	4	इस्तीफा	(4)
10. (*d*) :	मिसेज रश्मि	4 + 2 = 6	छंटनी	(7) और (3)

प्रश्न 11 से 20

	उम्मीदवार का पद	क्षेत्र	अवधि (दिन)	प्रति व्यक्ति फीस (₹)	भागीदारों की संख्या	पूरा होने वाली शर्तें
11. (*b*) :	उपनिदेशक	HRD	5	5500	$\frac{192500}{5500} = 35$	(1), (2), (3), (4), (8)
12. (*c*) :	उपनिदेशक	सांख्याकी	8	$\frac{330000}{50} = 6600$	50	(1), (2), (4), (5), (6)
13. (*e*) :	?	विज्ञापन	6	6000	45	(1) is missing
14. (*d*) :	संयुक्त निदेशक	सांख्याकी	5	$\frac{210000}{50} = 4200$	50	(1), (2), (3), (5), (9)
15. (*a*) :	सहायक निदेशक	HRD	4	8000	60	(2), (3), (4), (5), (7)
16. (*a*) :	उप निदेशक	कंप्यूटर	4	6000	55	(1), (2), (3), (4), (5)
17. (*b*) :	संयुक्त निदेशक	गणित	5	5300	60	(1), (3), (4), (5), (10)
18. (*b*) :	संयुक्त निदेशक	अनुसंधान	5	7000	60	(1), (3), (4), (5), (10)
19. (*d*) :	उपनिदेशक	कंप्यूटर	4	4000	60	(1), (2), (3), (5), (9)
20. (*e*) :	सहायक निदेशक	?	5	8000	55	(2) is missing

प्रश्न 21 से 30

जमा की शर्तें निम्नलिखित हैं

स्नातक में अंक	यदि ट्रस्टी या स्टॉफ का बेटा/बेटी है।		यदि ट्रस्टी या स्टॉफ का बेटा/बेटी नहीं है।	
	सामान्य	SC	सामान्य	SC
75% और ज्यादा	₹5,000	₹4,000	₹10,000	₹8,000
61% से 74%	₹10,000	₹8,000	₹20,000	₹16,000
60% और कम	₹20,000	₹16,000	₹40,000	₹32,000

	उम्मीदवार	स्नातक के अंक व विषय	ट्रस्टी/स्टॉफ का बच्चा	लिंग	आयु (वर्ष)	आवश्यक जमा (₹)	उम्मीदवार के पास जमा (₹)	श्रेणी	पूरा होने वाली शर्तें
21. (*d*) :	वेंकटेश	Lit.-50%	—	M	24	40,000	40,000	सामान्य	(2) और (3)
22. (*a*) :	विनीता	Sc.-67%	—	F	20+	16,000	18,000	SC	(1), (2), (5), (6)
23. (*c*) :	प्रकाश	Sc.-78%	—	M	22+	10,000	6,000	सामांन्य	(1), (2), (8)
24. (*b*) :	विमल	Sc.-68%	Yes	M	21+	10,000	8,200+ Bal. in	सामान्य	(1), (2), (7) 10 दिन
25. (*d*) :	राकेश	Sc.-66%	Yes	M	24+	8,000	2,000	SC	(1), (2), (5), (9)
26. (*e*) :	लता	Sc.-57%	—	F	20+	40,000	?	सामान्य	(3) अनुपस्थित
27. (*a*) :	किशोर	Sc.-60%	—	M	23+	32,000	35,000	SC	(1), (2), (5), (6)
28. (*c*) :	मनोज	Sc.-92%	No	M	22	10,000	3,000	सामान्य	(1), (2), (4)
29. (*a*) :	विनय	Sc.-73%	No	M	22+	16,000	17,500	SC	(1), (2), (5)
30. (*c*) :	अभिनव	Sc.-69%	Yes	M	23	10,000	5,500	सामान्य	(1), (2), (8)

प्रश्न 31 से 40

सबसे पहले, हम प्रत्येक उम्मीदवार के लिए कुल अंकों के प्रतिशत की गणना करते हैं।

$A \rightarrow \left(\frac{493}{800} \times 100\right)\% = 61.6\%$; $B \rightarrow \left(\frac{460}{800} \times 100\right)\% = 57.5\%$;

$C \rightarrow \left(\frac{667}{800} \times 100\right)\% = 83.3\%$; $D \rightarrow \left(\frac{497}{800} \times 100\right)\% = 62.1\%$;

$E \rightarrow \left(\frac{687}{800} \times 100\right)\% = 85.9\%$; $F \rightarrow \left(\frac{439}{800} \times 100\right)\% = 54.9\%$;

$G \rightarrow \left(\frac{459}{800} \times 100\right)\% = 57.4\%$; $H \rightarrow \left(\frac{691}{800} \times 100\right)\% = 86.4\%$;

$I \rightarrow \left(\frac{516}{800} \times 100\right)\% = 64.5\%$; $J \rightarrow \left(\frac{682}{800} \times 100\right)\% = 85.3\%$

31. (*e*) : A को कुल 61.6% अंक मिलते हैं। लेकिन चूंकि उसे उसी वर्ष के दो पेपरों में 50% से कम अंक मिलते हैं, यानी दूसरे वर्ष के पेपर I और IV, वह किसी भी शर्त को पूरा नहीं करता है और इसलिए विफल रहता है।

32. (*c*) : B को कुल 57.5% अंक मिलते हैं। लेकिन प्रथम वर्ष के पेपर III में और दूसरे वर्ष के पेपर IV में 50% से कम और 45% से अधिक अंक प्राप्त होता है। इस प्रकार, वह (*iii*) पूरा करता है।

33. (*a*) : C को कुल 83.3% अंक और प्रत्येक पेपर में 50% से अधिक अंक प्राप्त होते हैं। तो, वह (*i*) के तहत अर्हता प्राप्त करता है।

34. (*e*) : चूंकि D प्रथम वर्ष के पेपर II में 40% से कम अंक प्राप्त करता है, इसलिए वह दी गई शर्तों में से किसी को भी पूरा नहीं करता है और इसलिए विफल रहता है।

35. (*a*) : हालांकि E कुल 85% से अधिक अंक हासिल करता है, फिर भी वह दूसरे वर्ष के पेपर II में 75% से कम अंक प्राप्त करता है और (*ii*) को पूरा नहीं करता है A हालांकि, कुल मिलाकर 53% से अधिक अंक और प्रत्येक पेपर में 50% से अधिक अंक प्राप्त कर वह (*i*) के तहत उत्तीर्ण होता है।

36. (*d*) : F कुल 54.9% अंक हासिल करता है और प्रथम वर्ष के पेपर I और दूसरे वर्ष के पेपर II में 50% से कम लेकिन 40% से अधिक अंक प्राप्त करता है। इस प्रकार, वह (*iv*) पूरा करता है।

37. (*d*) : G कुल 57.4% अंक हासिल करता है और प्रथम वर्ष के पेपर II में और दूसरे वर्ष के पेपर I में 50% से कम लेकिन 40% से अधिक अंक प्राप्त करता है और इस प्रकार, वह (*iv*) पूरा करता है।

38. (*b*) : कुल 86.4% अंक और प्रत्येक पेपर में 75% से अधिक अंक हासिल कर H (*ii*) को पूरा करता है।

39. (*c*) : I को कुल मिलाकर 64.5% अंक मिले और प्रथम वर्ष के पेपर I में 50% से कम लेकिन 45% से अधिक अंक मिले। इस प्रकार, वह (*iii*) पूरा करता है।

40. (*b*) : एग्रीगेट 85.3% अंक और प्रत्येक पेपर में 75% से अधिक अंक हासिल कर J (*ii*) को पूरा करता है।

प्रकार 2

इस प्रकार के प्रश्नों में, आपको उचित कार्रवाई के साथ उन शर्तों को चिह्नित करना होगा, जो किसी दिए गए उम्मीदवार को पूरा करनी हैं।

व्याख्यात्मक उदाहरण

उदा. 1. ***निम्नलिखित जानकारी का ध्यानपूर्वक अध्ययन करें और नीचे दिए गए प्रश्नों के उत्तर दें:*** **(S.B.I.P.O. 2005)**

बैंक में प्रवेश के लिए साक्षात्कार में उम्मीदवारों को चुनने के लिए वैकल्पिक पात्रता मानदंड निम्नलिखित हैं:

(*i*) उम्मीदवार को कम से कम 80% अंकों के साथ एसएससी उत्तीर्ण होना चाहिए।

(*ii*) उम्मीदवार को कम से कम 75% अंकों के साथ एचएससी उत्तीर्ण होना चाहिए।

(*iii*) उम्मीदवार कम से कम 60% अंकों के साथ कला/विज्ञान/वाणिज्य स्नातक होना चाहिए।

(*iv*) उम्मीदवार कम से कम 55% अंकों के साथ इंजीनियर होना चाहिए।

(*v*) उम्मीदवार को कम से कम 50% अंकों के साथ किसी भी विषय में स्नातक होना चाहिए।

कोई भी अभ्यर्थी अपनी अकादमिक गतिविधियों के आधार पर उपरोक्त मानदंडों में से किसी एक या अधिक के तहत योग्य हो सकता है। निम्नलिखित प्रत्येक प्रश्न में, एक उम्मीदवार का विवरण दिया गया है।

आपको यह पता लगाना होगा कि उपरोक्त शर्तों में से कौन सा उम्मीदवार योग्य है और प्रत्येक प्रश्न के बाद दिए गए विकल्पों के आधार पर अपने उत्तर को चिह्नित करें। आपको प्रत्येक प्रश्न में दी गई जानकारी के अलावा अन्य कुछ नहीं मानना है।

1. सतीश मेनन ने विज्ञान में स्नातक में 85% अंक प्राप्त किए हैं। उन्होंने क्रमशः एचएससी और पोस्ट स्नातक में 65% और 75% अंक भी हासिल किए हैं। वह वर्तमान में अपनी दूसरी पोस्ट स्नातक की डिग्री हासिल कर रहा है।
(*a*) केवल (*ii*), (*iv*) और (*v*) के तहत योग्य
(*b*) केवल (*iii*) और (*v*) के तहत योग्य
(*c*) केवल (*ii*), (*iii*) और (*iv*) के तहत योग्य
(*d*) केवल (*iv*) और (*v*) के तहत योग्य
(*e*) इनमें से कोई नहीं

2. कार्तिक दवे ने SSC में 75% अंक प्राप्त किए हैं। कॉमर्स में अपनी हायर सेकंडरी 65% अंकों के साथ पूरी करने के बाद उन्होंने बी.कॉम पूरा किया। उन्होंने अब मास्टर ऑफ कॉमर्स में दाखिला लिया है।
(*a*) केवल (*i*) के तहत योग्य
(*b*) केवल (*ii*) के तहत योग्य
(*c*) केवल (*iii*) के तहत योग्य
(*d*) केवल (*i*) और (*iii*) के तहत योग्य
(*e*) इनमें से कोई नहीं

3. मदन गिरि एक मैकेनिकल इंजीनियर हैं। उन्होंने अपनी अंतिम डिग्री परीक्षा में 60% अंक प्राप्त किए हैं। उन्होंने एचएससी में 65% अंक प्राप्त किए हैं। उन्होंने मैकेनिकल इंजीनियरिंग में अपनी पोस्ट स्नातक में 55% अंक प्राप्त किए हैं।
(*a*) केवल (*i*), (*iv*) और (*v*) के तहत योग्य
(*b*) केवल (*ii*), (*iv*) और (*v*) के तहत योग्य
(*c*) केवल (*iii*), (*iv*) और (*v*) के तहत योग्य
(*d*) केवल (*iv*) और (*v*) के तहत योग्य
(*e*) इनमें से कोई नहीं

4. निखिल ग्रोवर भौतिकी में पोस्ट स्नातक हैं। उन्होंने एसएससी में 80% अंक प्राप्त किए हैं। उन्होंने एचएससी और स्नातक दोनों में 70% अंक प्राप्त किए हैं।
(*a*) केवल (*i*), (*ii*) और (*iii*) के तहत योग्य
(*b*) केवल (*ii*) और (*iii*) के तहत योग्य
(*c*) केवल (*iii*) के तहत योग्य
(*d*) केवल (*i*) और (*iii*) के तहत योग्य
(*e*) इनमें से कोई नहीं

5. नीती सिंह ने 60% अंकों के साथ बी.ए. पास करने के बाद 50% अंकों के साथ M.A. पूरा किया है। उसने SSC में 75% अंक और MSc में 80% अंक प्राप्त किए थे।
(*a*) केवल (*i*), (*ii*), (*iii*) और (*iv*) के तहत योग्य
(*b*) केवल (*i*), (*iii*) और (*iv*) के तहत योग्य
(*c*) केवल (*ii*), (*iii*) और (*iv*) के तहत योग्य
(*d*) केवल (*iii*) और (*iv*) के तहत योग्य
(*e*) इनमें से कोई नहीं

हल: स्पष्ट रूप से, हम एक सारणीबद्ध विश्लेषण तैयार कर सकते हैं जैसा कि नीचे दिखाया गया है:

उम्मीदवार	SSC में अंक	HSC में अंक	स्नातक में अंक	इंजीनियरिंग में अंक	परा-स्नातक में अंक	पूरा की जाने वाली शर्तें (i)	(ii)	(iii)	(iv)	(v)
सतीश	—	65%	B.Sc. 85%	—	75%	—	×	✓	—	✓
कार्तिक	75%	—	B.Com. 65%	—	—	×	—	✓	—	—
मदन	—	65%	—	60%	55%	—	×	—	✓	✓
निखिल	80%	70%	70%	—	—	✓	×	✓	—	—
नीती	75%	80%	B.A. 60%	—	50%	×	✓	✓	—	✓

1. सतीश शर्तों (*iii*) और (*v*) को पूरा करता है। इसलिए, उत्तर (*b*) है।
2. कार्तिक केवल शर्त (*iii*) को पूरा करता है। इसलिए, उत्तर (*c*) है।
3. मदन शर्तों (*iv*) और (*v*) को पूरा करता है। इसलिए, उत्तर (*d*) है।
4. नखिल केवल शर्तों (*i*) और (*iii*) को पूरा करता है। इसलिए, उत्तर (*d*) है।
5. नीती केवल शर्तों (*ii*), (*iii*) और (*v*) को पूरा करती है। इसलिए, उत्तर (*e*) है।

उदा. 2. ***निम्नलिखित जानकारी को ध्यान से पढ़ें और नीचे दिए गए प्रश्नों के उत्तर दें:***

XYZ क्रिकेट क्लब का इरादा निम्नलिखित आवश्यक मानदंडों के आधार पर चयनित कुछ खिलाड़ियों को अपनी सदस्यता देने का है:

खिलाड़ी की उम्र 16 वर्ष से अधिक होनी चाहिए और 1.2.2007 के अनुसार 24 वर्ष से अधिक नहीं होनी चाहिए। उसे प्रवेश शुल्क के रूप में 18,000 रुपये का भुगतान करना होगा। उनकी सदस्यता अवधि के दौरान मासिक शुल्क के रूप में 1,000 रूपये अदा करने होंगे। प्रवेश शुल्क के रूप में अतिरिक्त 25,000, भुगतान की स्थिति में मासिक शुल्क को छूट दी गई है। इसके अतिरिक्त, उसे निम्नलिखित में से कम से कम एक स्थिति को पूरा करना होगा:

(*i*) उन्होंने अपनी कॉलेज टीम का नेतृत्व करके किसी एक इंटर कॉलेज क्रिकेट टूर्नामेंट को जीता है और कॉलेज के टूर्नामेंट टूर्नामेंटों में कम से कम एक शतक बनाया है।
(*ii*) उन्होंने अंतर विश्वविद्यालय या अंतर राज्य टूर्नामेंट में कम से कम एक शतक और दो अर्द्धशतक बनाए हैं।
(*iii*) उन्होंने अपनी क्रिकेट टीम का नेतृत्व कॉलेज स्तर पर कम से कम तीन बार किया है और गेंदबाजी करके या विकेट लेते हुए 10 या अधिक विकेट लिए हैं और कॉलेज के स्तर के मैचों में कुल 1000 रन बनाए हैं।
(*iv*) उन्होंने एक उल्लेखनीय गेंदबाजी या बल्लेबाजी या विकेट कीपिंग रिकॉर्ड के साथ कम से कम तीन बार राष्ट्रीय स्तर के मैचों में अपने राज्य का प्रतिनिधित्व किया है।

(*v*) कॉलेज के स्तर के मैचों में उनके छह शतक हैं और वह एक स्पिन या मध्यम तेज गेंदबाज हैं, जिन्होंने कॉलेज स्तर के मैचों में कम से कम एक विकेट लिया है।

उपरोक्त स्थितियों और प्रत्येक निम्न मामलों में दिए गए आंकड़ों के आधार पर, आपको निर्णय लेना होगा। आप कुछ भी अतिरिक्त मानने के लिए स्वतंत्र नहीं हैं। सभी तथ्य 1.2.2007 को दिए गए हैं।

1. आयुष एक अच्छा विकेट कीपर है, उसके 6 साल के राज्य स्तरीय खिलाड़ी के रूप में है जिसके 11 स्टंप आउट हैं और 16 विकेट के पीछे कैच पकडे हैं। उन्होंने दो शतक और एक अर्धशतक बनाया है। वह प्रवेश शुल्क के साथ-साथ मासिक शुल्क भी देने को तैयार है। उन्होंने मार्च 1999 में 16 वर्ष की आयु में अपने राज्य का प्रतिनिधित्व करना शुरू किया।

(*a*) सदस्यता नहीं दी जाएगी
(*b*) डाटा अपर्याप्त है
(*c*) सदस्यता दी जाएगी-केवल (*ii*) को संतुष्ट करता है।
(*d*) सदस्यता दी जाएगी-केवल (*iv*) को संतुष्ट करता है।
(*e*) सदस्यता दी जाएगी-केवल (*ii*) और (*iv*) को संतुष्ट करता है।

2. संकेत अपने 7 साल के क्रिकेट कार्यकाल के दौरान अपने कॉलेज, विश्वविद्यालय और राज्य के लिए खेल रहे हैं। उन्होंने जनवरी 2000 में अपने कॉलेज के लिए खेलना शुरू किया जब वह 17 साल के थे। 1600 रन बनाने के उनके क्रेडिट में 7 शतक और 5 अर्द्धशतक हैं। उन्होंने अपने विश्वविद्यालय और राज्य का क्रमशः दो वर्ष और तीन वर्ष तक नेतृत्व किया। उन्होंने राष्ट्रीय स्तर के मैचों में अपने राज्य के लिए खेलते हुए मध्यम तेज गेंदबाज के रूप में 11 विकेट लिए हैं। वह प्रवेश शुल्क और मासिक शुल्क का भुगतान करने को तैयार है।

(*a*) सदस्यता नहीं दी जाएगी
(*b*) सदस्यता दी जाए- केवल (*ii*) और (*iv*) को संतुष्ट करता है।
(*c*) सदस्यता दी जाएगी- केवल (*iv*) और (*v*) को संतुष्ट करता है।
(*d*) सदस्यता दी जाएगी- केवल (*ii*), (*iv*) और (*v*) को संतुष्ट करता है।
(*e*) इनमें से कोई नहीं

3. तरुण एक निर्विवाद रूप से शानदार विकेट कीपर है। उन्होंने लगातार 4 वर्षों तक राष्ट्रीय स्तर के मैचों में अपने राज्य का प्रतिनिधित्व करते हुए अपने 22 स्टंप और 20 कैच लिए हैं। उनका पहला शतक तब पूरा हुआ था जब वह 16 साल की उम्र में फरवरी 1999 के मध्य में अपने जन्मदिन पर जीतने के लिए अपने कॉलेज की टीम का नेतृत्व कर रहे थे। वह रु 15,000 और मासिक जमा कर सकते है। राज्य के लिए खेलने से पहले उन्होंने अपने कॉलेज के लिए कई मैच खेले।

(*a*) सदस्यता दी जाएगी- केवल (*i*) और (*iv*) को संतुष्ट करता है।
(*b*) सदस्यता नहीं दी जाएगी
(*c*) सदस्यता दी जाएगी- केवल (*v*) को संतुष्ट करता है।
(*d*) सदस्यता दी जाएगी- केवल (*ii*) और (*iv*) को संतुष्ट करता है।
(*e*) इनमें से कोई नहीं

4. डेविड ने अपने क्रिकेट करियर की शुरुआत ठीक 5 साल पहले अपना 18वें जन्मदिन पर शतक लगाकर की थी। वह प्रवेश स्तर पर ₹43,000 देने के लिए तैयार है। उन्होंने कप्तान के रूप में अपने राज्य का प्रतिनिधित्व करते हुए तीन अर्द्धशतक बनाए। वह एक बेहतरीन लेग स्पिनर हैं।

(*a*) डाटा अपर्याप्त है
(*b*) सदस्यता नहीं दी जाएगी
(*c*) सदस्यता दी जाएगी- केवल (*ii*) को संतुष्ट करता है।
(*d*) सदस्यता दी जाएगी- केवल (*ii*) और (*iv*) को संतुष्ट करता है।
(*e*) इनमें से कोई नहीं

5. हितेश ने 3 साल के लिए अपने कॉलेज का कप्तान के रूप में प्रतिनिधित्व किया और 2 वर्षों के लिए अपने विश्वविद्यालय का प्रतिनिधित्व किया। उन्होंने सात मैचों में स्पिन गेंदबाज के रूप में 15 विकेट लिए हैं। अपने कॉलेज के लिए खेलते हुए दो शतक लगाये हैं। उनकी टीम ने कॉलेज स्तर और विश्वविद्यालय स्तर के मैचों में क्रमशः उनके नेतृत्व में दो बार और तीन बार जीता है। उनकी जन्मतिथि 4.1.1984 है। वह प्रवेश शुल्क के रूप में 43,000 रुपये देने के लिए तैयार है।

(*a*) सदस्यता दी जाएगी- केवल (*i*) को संतुष्ट करता है।
(*b*) सदस्यता दी जाएगी- केवल (*ii*) को संतुष्ट करता है।
(*c*) सदस्यता दी जाएगी- केवल (*i*) और (*iii*) को संतुष्ट करता है
(*d*) सदस्यता नहीं दी जाएगी
(*e*) इनमें से कोई नहीं

6. पार्थ के पास अपने कॉलेज के लिए उसके द्वारा खेले गए प्रत्येक मैच में दो या अधिक विकेट लेने का रिकॉर्ड है। वह एक मध्यम तेज गेंदबाज हैं। वह एक अच्छे बल्लेबाज भी हैं और इंटर यूनिवर्सिटी मैच खेलते हुए तीन शतक और चार अर्द्धशतक लगाए हैं। उनके कॉलेज ने पिछले चार वर्षों के दौरान हमेशा उनकी कप्तानी में मैच जीता है। उन्होंने इन मैचों में 1200 रन बनाए हैं। वह प्रवेश स्तर पर 43,000 रुपये देने के लिए तैयार है। उनकी जन्मतिथि 31.01.1984 है।

(*a*) सदस्यता दी जाएगी- केवल (*i*) को संतुष्ट करता है।
(*b*) सदस्यता दी जाएगी- केवल (*i*) और (*ii*) को संतुष्ट करता है।
(*c*) सदस्यता दी जाएगी- केवल (*i*), (*ii*) और (*iii*) को संतुष्ट करता है।
(*d*) सदस्यता दी जाएगी- केवल (*i*) और (*v*) को संतुष्ट करता है।
(*e*) इनमें से कोई नहीं

हल.

1. आयुष 23 साल का है और प्रवेश शुल्क के साथ-साथ मासिक शुल्क भी अदा कर सकता है। इसलिए, वह आवश्यक मानदंडों को पूरा करता है। इसके अलावा, उन्होंने राज्य मैचों में दो शतक और एक अर्धशतक बनाया है, इस प्रकार (*ii*) को पूरा करता है। उन्होंने 6 साल तक स्टेट लेवल मैच भी खेले हैं, जिसमें अच्छे विकेट भी हैं। वह इस प्रकार (*iv*) भी पूरा करता है। इसलिए, उत्तर (*e*) है।

2. जनवरी, 2007 में साकेत स्पष्ट रूप से 24 वर्ष का है और इसलिए उसकी आयु 1.2.2007 को 24 वर्ष से अधिक है। इसलिए, वह सदस्यता के लिए आवश्यक मानदंडों को पूरा नहीं करता है। इसलिए, उत्तर (*a*) है।

3. तरुण फरवरी 2007 के मध्य में 24 साल के हो जाएंगे और इसलिए उनकी उम्र 1.2.2007 को 24 साल से कम होगी। इसके अलावा, वह अपने प्रवेश शुल्क और मासिक शुल्क का भुगतान करने में सक्षम है। इस प्रकार, तरुण आवश्यक मानदंडों को पूरा करता है। इसके अलावा, तरुण ने अपनी कॉलेज टीम का नेतृत्व करते हुए एक अंतर कॉलेज क्रिकेट टूर्नामेंट जीता और इसमें एक शतक बनाया, इस प्रकार शर्त (*i*) को पूरा किया। वह राज्य स्तर के मैचों में विकेट का अच्छा रिकॉर्ड रखता है और इस तरह (*iv*) पूरा करता है। इसलिए, उत्तर (*a*) है।

4. डेविड की उम्र 23 साल है और वह रु 18,000 का प्रवेश शुल्क और ₹25,000 का अतिरिक्त शुल्क देने के लिए तैयार है। ताकि मासिक बकाया राशि माफ कर दी जाए। इस प्रकार, वह आवश्यक मानदंडों को पूरा करता है। हालाँकि, वह (*i*) से (*v*) किसी भी शर्त को पूरा नहीं करेगा। इसलिए, वह सदस्यता के लिए अयोग्य है। इसलिए, उत्तर (*b*) है।

5. हितेश की उम्र 1.2.2007 पर 23 साल है और वह ₹18,000 का प्रवेश शुल्क और ₹25,000 का अतिरिक्त शुल्क देने के लिए तैयार है। इस प्रकार, वह आवश्यक मानदंडों को पूरा करता है। अब, हितेश की टीम ने कॉलेज स्तर पर उनकी कप्तानी में दो बार जीत हासिल की, जिसमें उन्होंने दो शतक भी बनाए। वह, इस प्रकार, (*i*) को पूरा करता है। इसलिए, उत्तर (*a*) है।

6. पार्थ की आयु 23 वर्ष है और वह ₹18,000 का प्रवेश शुल्क और ₹25,000 अतिरिक्त शुल्क देने के लिए तैयार है। इस प्रकार, वह आवश्यक मानदंडों को पूरा करता है। इसके अलावा, पार्थ ने इंटर, यूनिवर्सिटी मैचों में 3 शतक और 4 अर्द्धशतक बनाए, इस तरह से शर्त (*ii*) को पूरा किया। पार्थ पिछले 4 वर्षों से कॉलेज स्तर पर अपनी टीम के कप्तान रहे हैं और उन्होंने कुल 1200 रन बनाए हैं, इस प्रकार (*iii*) पूरा किया है। पार्थ केवल (*ii*) और (*iii*) को संतुष्ट करता है। इसलिए, उत्तर (*e*) है।

अभ्यास 18C

निर्देश (प्रश्न 1 से 5): निम्नलिखित जानकारी का ध्यानपूर्वक अध्ययन करें और नीचे दिए गए प्रश्नों के उत्तर दें: **(Bank P.O. 2004)**

बैंक में अधिकारी के पद के लिए आवेदन करने के लिए पात्रता मानदंड निम्नलिखित हैं:

I. उम्मीदवार को कम से कम 65% अंकों के साथ स्नातक होना चाहिए।

II. स्नातक में उम्मीदवार के पास कम से कम 60% अंक होने चाहिए यदि वह कम से कम 65% अंकों के साथ परास्नातक है।

III. उम्मीदवार के पास स्नातक में कम से कम 55% अंक और परास्नातक में कम से कम 60% अंक होने चाहिए, यदि वह डॉक्टरेट की डिग्री (पीएचडी) रखता है।

IV. अभ्यर्थी के पास ग्रेजुएशन और पोस्ट ग्रेजुएशन दोनों में कम से कम 55% अंक होने चाहिए, अगर उसे पोस्ट ग्रेजुएशन के बाद कम से कम पांच साल का कार्य अनुभव हो।

V. उम्मीदवार के पास स्नातक में कम से कम 60% अंक होने चाहिए, यदि उनके पास स्नातक के बाद कम से कम दस वर्ष का कार्य अनुभव है।

निम्नलिखित प्रत्येक प्रश्न में, एक उम्मीदवार का विवरण दिया गया है। आपको यह पता लगाना होगा कि प्रत्येक प्रश्न में उम्मीदवार उप. रोक्त मानदंडों में से किसके तहत योग्य है। उम्मीदवार ऊपर दिए गए मानदंडों में से एक या अधिक मानदंडों के तहत योग्य हो सकता है। प्रत्येक प्रश्न में दी गई जानकारी पढ़ें और सही उत्तर का पता लगाएं।

1. मानसी रॉय ने ग्रेजुएशन में 65% और पोस्ट-ग्रेजुएशन में 50% अंक हासिल किए हैं। वह पीएचडी पूरी करने के बाद दस साल से काम कर रही है।

(*a*) केवल I (*b*) केवल I और II
(*c*) केवल I और III (*d*) केवल I, III, IV और V
(*e*) इनमें से कोई नहीं

2. समर रस्तोगी ने पोस्ट ग्रेजुएशन में 60% अंक प्राप्त किए हैं और तब से पिछले पांच वर्षों से काम कर रहे हैं। उन्होंने स्नातक में 55% अंक प्राप्त किए हैं।

(*a*) योग्य नहीं होगा (*b*) केवल III
(*c*) केवल IV (*d*) केवल III और IV
(*e*) इनमें से कोई नहीं

3. दीपक सहगल ने ग्रेजुएशन में 65% और पोस्ट ग्रेजुएशन में 55% अंक हासिल किए हैं। वह अपने परास्नातक के बाद पिछले छह वर्षों से काम कर रहे हैं।

(*a*) केवल I (*b*) केवल IV
(*c*) केवल I और IV (*d*) केवल I, IV और V
(*e*) इनमें से कोई नहीं

4. रवि गौतम अपनी पीएचडी पूरी करने के बाद पिछले सात सालों से काम कर रहे हैं। उन्होंने स्नातक में 50% अंक और परास्नातक में 55% अंक प्राप्त किए हैं।

(*a*) योग्य नहीं होगा (*b*) केवल III और IV
(*c*) केवल IV (*d*) केवल V
(*e*) इनमें से कोई नहीं

5. गार्गी सेन ने ग्रेजुएशन और पोस्ट ग्रेजुएशन दोनों में 65% अंक हासिल किए हैं। वह अपनी पीएचडी पूरी करने के बाद पिछले दस वर्षों से काम कर रही है।

(*a*) केवल I और II (*b*) केवल I, II और III
(*c*) केवल II, III और V (*d*) केवल I, II, IV और V
(*e*) इनमें से कोई नहीं

निर्देश (प्रश्न 6 से 12): नीचे दी गई जानकारी को ध्यान से पढ़ें और उसके नीचे दिए गए प्रश्नों के उत्तर दें:

ट्रिनिटी हेल्थ क्लब उन लोगों को मासिक शुल्क में 40% रियायत देता है जो निम्नलिखित श्रेणियों में से किसी एक से संबंधित हैं:

(*i*) 5 से 12 वर्ष की आयु के सभी बच्चे जो निम्न आय वर्ग से आते हैं और आय और जन्म प्रमाण पत्र का रखते हैं।

(*ii*) 25 वर्ष तक की सभी लड़कियों / महिलाओं को जो खेल और खेल में अपने स्कूल या कॉलेज का प्रतिनिधित्व करती हैं।

(*iii*) 35 से 50 वर्ष की आयु की बेरोजगार विवाहित महिलाएँ

(*iv*) 50 वर्ष और उससे अधिक आयु के वरिष्ठ नागरिक

(*v*) सभी शारीरिक रूप से विकलांग व्यक्ति जो प्रासंगिक चिकित्सा प्रमाण पत्र रखते हैं

(*vi*) सभी लोग जो वर्ष में एक बार रक्तदान करते हैं या सामाजिक कार्यकर्ता/पंजीकृत सामाजिक संगठनों के स्वयंसेवक/सांस्कृतिक संगठन

(*vii*) पुलिस/रक्षा बलों के सेवक/भूतपूर्व सैनिक

(*viii*) ट्रिनिटी हेल्थ क्लब के दानदाताओं/संस्थापक सदस्यों के बेटे और बेटियाँ

निम्नलिखित मामलों में से प्रत्येक में फैसला करना है कि क्या व्यक्ति योग्य है, उसकी श्रेणी का पता लगाएं जो इस निर्णय को लेने के लिए उस पर लागू हैं। और तदनुसार अपना का निर्णय लें। जो जानकारी नहीं दी गई है, उसे न मानें।

6. रीना एक युवा, विवाहित और कार्यरत महिला पुलिस अधिकारी हैं। उनके पति सेना में कप्तान हैं। वह एक खिलाड़ी है और राष्ट्रीय स्तर की प्रतियोगिताओं में पुलिस बलों का प्रतिनिधित्व करती है। वह कभी-कभी अपनी बीमार माँ के लिए रक्त दान करती है जो 55 वर्ष की है।

(*a*) योग्य नहीं है
(*b*) केवल (*ii*) और (*iii*) संतुष्ट करती है
(*c*) केवल (*vii*) संतुष्ट करती है
(*d*) केवल (*vi*) और (*vii*) संतुष्ट करती है
(*e*) केवल (*ii*), (*iii*) और (*iv*) संतुष्ट करती है

7. माधुरी जो बैडमिंटन में अपने स्कूल का प्रतिनिधित्व करती हैं, शारीरिक रूप से विकलांग लोगों की 14 साल की बेटी हैं, जिनकी आय बहुत कम है। 40 साल की उसकी मां बेरोजगार है। उसके पास जन्म प्रमाणपत्र और निम्न आय समूह प्रमाणपत्र है।

(*a*) केवल (*i*) संतुष्ट करती है
(*b*) केवल (*i*), (*ii*) और (*v*) संतुष्ट करती है
(*c*) केवल (*ii*) संतुष्ट करती है
(*d*) केवल (*i*), (*ii*), (*iii*) और (*v*) संतुष्ट करती है
(*e*) योग्य नहीं है

8. मेजर रवि बख्शी की पत्नी श्रीमती बख्शी शाम की पार्टियों और क्लबों में सक्रिय हैं। वह लोगों को ट्रिनिटी क्लब को दान करने के लिए प्रोत्साहित करती है। वह 32 साल की है और बेरोजगार है।

(*a*) योग्य नहीं है
(*b*) केवल (*iii*), (*vi*), (*vii*) और (*viii*) संतुष्ट करती है
(*c*) केवल (*iii*) संतुष्ट करती है
(*d*) केवल (*vii*) संतुष्ट करती है
(*e*) केवल (*viii*) संतुष्ट करती है

9. दीप्ति, 22 साल की कॉलेज जाने वाली बेरोजगार शादीशुदा महिला है, शारीरिक रूप से विकलांग छात्रों के लिए दान की व्यवस्था करती है। उसने अपने स्कूल का प्रतिनिधित्व राज्य स्तर की पात्रता प्रतियोगिता में किया है।

(*a*) केवल (*viii*) संतुष्ट करती है
(*b*) केवल (*ii*), (*iii*), (*vii*) और (*viii*) संतुष्ट करती है
(*c*) योग्य नहीं है
(*d*) केवल (*ii*) और (*iii*) संतुष्ट करती है
(*e*) केवल (*ii*) संतुष्ट करता है

10. श्री कालेकर ने 48 वर्ष की आयु में सेना से सेवानिवृत्त होने के बाद सामाजिक कार्यों के लिए एक पंजीकृत ट्रस्ट की स्थापना की। तब से वह पिछले आठ वर्षों से सक्रिय रूप से सामाजिक कार्य कर रहे हैं। उनका बेटा "ट्रिनिटी" का संस्थापक सदस्य है।

(*a*) योग्य नहीं है
(*b*) केवल (*iv*) और (*vi*) संतुष्ट करता है
(*c*) केवल (*iv*) संतुष्ट करता है
(*d*) केवल (*iv*), (*vi*) और (*vii*) संतुष्ट करता है
(*e*) केवल (*iv*), (*vi*), (*vii*) और (*viii*) संतुष्ट करता है

11. शिल्पा, एक 9 वर्षीय स्कूली लड़की और एक व्यापारी की बेटी, ने नृत्य और संगीत प्रतियोगिताओं में भाग लिया है। उनके पिता, जो 55 वर्ष के हैं, ने रक्तदान शिविर के आयोजन के लिए क्लब को बड़े दान दिए हैं। उनके चाचा ट्रिनिटी क्लब के संस्थापकों में से एक हैं।

(*a*) केवल (*i*), (*ii*), (*iv*) और (*viii*) संतुष्ट करती है
(*b*) केवल (*i*) संतुष्ट करती है
(*c*) केवल (*viii*) संतुष्ट करती है
(*d*) केवल (*i*), (*ii*) और (*vi*) संतुष्ट करती है
(*e*) योग्य नहीं है

12. श्वेता एक 11 साल की स्कूली लड़की है जो अपना जन्म प्रमाण पत्र बनवा सकती है। उसके माता-पिता वरिष्ठ नागरिक हैं और नियमित रक्तदाता हैं। शारीरिक रूप से विकलांग व्यक्ति के रूप में प्रमाणित होने के बावजूद, वह शारीरिक रूप से विकलांगों के लिए राष्ट्रीय खेल प्रतियोगिता में अपने स्कूल का प्रतिनिधित्व करती है।

(*a*) केवल (*i*), (*ii*) और (*vi*) संतुष्ट करती है
(*b*) केवल (*iv*) और (*v*) संतुष्ट करती है
(*c*) केवल (*ii*) और (*v*) संतुष्ट करती है
(*d*) केवल (*i*), (*ii*) और (*iv*) संतुष्ट करती है
(*e*) योग्य नहीं है

निर्देश (प्रश्न 13 से 17): निम्नलिखित जानकारी को ध्यान से पढ़ें और नीचे दिए गए प्रश्नों के उत्तर दें: **(Bank P.O. 2003)**

एक संगठन में प्रबंधक-आईटी के पद के लिए आवेदन करने के लिए पात्रता मानदंड निम्नलिखित हैं। एक आवेदक नीचे दी गई एक या अधिक शर्तों के तहत योग्य हो सकता है:

(*i*) उम्मीदवार को कम से कम दो साल के कार्य अनुभव के साथ कंप्यूटर विज्ञान या सूचना प्रौद्योगिकी में स्नातकोत्तर होना चाहिए।

(*ii*) उम्मीदवार को कंप्यूटर विज्ञान/सूचना प्रौद्योगिकी में एक वर्षीय स्नातकोत्तर डिप्लोमा और कम से कम पांच वर्ष का कार्य अनुभव के साथ गणित/सांख्यिकी में स्नातकोत्तर होना चाहिए।

(*iii*) उम्मीदवार को कम से कम छह साल के कार्य अनुभव के साथ कंप्यूटर विज्ञान/सूचना प्रौद्योगिकी में विशेषज्ञता के साथ एक इंजीनियर होना चाहिए।

(*iv*) उम्मीदवार को गणित में स्नातक होना चाहिए जिसमें से एक विषय के रूप में होना चाहिए और कंप्यूटर एप्लीकेशन में मास्टर डिग्री धारक और कम से कम तीन साल का कार्य अनुभव होना चाहिए।

(*v*) उम्मीदवार को कम से कम एक वर्ष के कार्य अनुभव के साथ इलेक्ट्रॉनिक्स में पोस्ट ग्रेजुएट इंजीनियर होना चाहिए।

नीचे दिए गए प्रत्येक प्रश्न में, एक उम्मीदवार का विवरण दिया गया है। आपको प्रदान की गई जानकारी का अध्ययन करना होगा और तय करना होगा कि कौन से मापदंड के तहत उम्मीदवार योग्य होंगे और फिर प्रत्येक प्रश्न के नीचे दिए गए उचित उत्तर का पता लगाएं। आप प्रदान की गई जानकारी के अलावा कुछ भी अन्य का प्रयोग नहीं करेंगे।

13. नीती पांडे ने अपना स्नातक कंप्यूटर साइंस में पूरा किया है। उसने कम्प्यूटर एप्लीकेशन में मास्टर की डिग्री भी प्राप्त की है। वह पिछले सात साल से काम कर रही है।

(*a*) केवल (*ii*) के तहत योग्य है
(*b*) केवल (*iii*) और (*iv*) के तहत योग्य है
(*c*) केवल (*iv*) के तहत योग्य है
(*d*) केवल (*iii*) और (*v*) के तहत योग्य है
(*e*) योग्य नहीं है

14. अमन शाह सूचना प्रौद्योगिकी में स्नातक इंजीनियर हैं। फिर उन्होंने इलेक्ट्रॉनिक्स में पोस्ट-ग्रेजुएट इंजीनियरिंग कोर्स पूरा किया। वह पिछले आठ साल से काम कर रहा है।

(*a*) योग्य नहीं है
(*b*) केवल (*i*) के तहत योग्य है
(*c*) केवल (*i*) और (*iii*) के तहत योग्य है
(*d*) केवल (*v*) के तहत योग्य है
(*e*) केवल (*iii*) और (*v*) के तहत योग्य है

15. राखी ने इंजीनियरिंग में इलेक्ट्रॉनिक्स के साथ-स्नातक की डिग्री पूरी करने के बाद सूचना प्रौद्योगिकी में अपनी पोस्ट स्नातक की पढ़ाई पूरी की है। वह पिछले पंद्रह महीनों से काम कर रही है।
(*a*) योग्य नहीं है
(*b*) केवल (*i*) और (*v*) के तहत योग्य है
(*c*) केवल (*ii*) के तहत योग्य है
(*d*) केवल (*v*) के तहत योग्य है
(*e*) केवल (*ii*) और (*v*) के तहत योग्य है

16. देवेन खत्री प्रथम श्रेणी में विज्ञान स्नातक हैं। फिर उन्होंने कंप्यूटर एप्लीकेशन में मास्टर डिग्री पूरी की। वह पिछले चार साल से काम कर रहा है। उन्होंने सूचना प्रौद्योगिकी में डिप्लोमा भी प्राप्त किया है।
(*a*) केवल (*ii*) के तहत योग्य है
(*b*) केवल (*ii*) और (*iv*) के तहत योग्य है
(*c*) योग्य नहीं है
(*d*) केवल (*iii*) और (*iv*) के तहत योग्य है
(*e*) केवल (*iv*) के तहत योग्य है

17. राहुल मेहता ने गणित में अपनी पोस्ट स्नातक की पढ़ाई पूरी की है। उन्होंने इसके बाद सूचना प्रौद्योगिकी में . स्नातक की पढ़ाई पूरी की। वह पिछले दो साल से काम कर रहा है।
(*a*) योग्य नहीं है
(*b*) केवल (*i*) के तहत योग्य है
(*c*) केवल (*ii*) के तहत योग्य है
(*d*) केवल (*i*) और (*ii*) के तहत योग्य है
(*e*) केवल (*i*) और (*iii*) के तहत योग्य है

निर्देश (प्रश्न 18 से 22): निम्नलिखित जानकारी का ध्यानपूर्वक अध्ययन करें और नीचे दिए गए प्रश्नों के उत्तर दें: **(Bank P.O. 2003)**

विशिष्ट क्लब के सदस्य बनने के लिए पात्रता मानदंड निम्नलिखित हैं:

(*i*) आवेदक को कम से कम ₹5 लाख की वार्षिक आय होनी चाहिए। और सदस्यता शुल्क के रूप में ₹1 लाख का भुगतान करने में सक्षम होना चाहिए।
(*ii*) पूर्व रक्षा कर्मियों के लिए वार्षिक आय और सदस्यता शुल्क में 50% तक की छूट दी गई है।
(*iii*) मौजूदा सदस्यों के बेटों और बेटियों के लिए वार्षिक आय की कसौटी कम करके ₹3 लाख है। और सदस्यता शुल्क ₹70,000 है।
(*iv*) सेवारत न्यायाधीशों को फ्री सदस्यता की पेशकश की जाती है और वार्षिक आय की भी छूट दिया जाता है।
(*v*) राष्ट्रीय स्तर के खेल कर्मी सदस्यता शुल्क के रूप में ₹20,000 देकर सदस्य बनने के योग्य हैं चाहे वार्षिक आय कुछ भी हो।

नीचे प्रत्येक प्रश्न में एक व्यक्ति के बारे में डेटा/जानकारी दी गई है। आपको तय करना होगा कि प्रदान की गई जानकारी के आधार पर, किस मानदंड / मापदंड के तहत व्यक्ति सदस्यता प्राप्त करने के लिए योग्य है। कृपया ध्यान दें कि एक व्यक्ति एक से अधिक मानदंडों के तहत योग्य हो सकता है। आप प्रत्येक प्रश्न में दी गई जानकारी के अलावा कुछ भी अन्य मानने के लिए अधिकृत नहीं हैं।

18. प्रीति सक्सेना एक बैंक में काम करती हैं। वह राष्ट्रीय बैडमिंटन टीम का प्रतिनिधित्व करती हैं। उसके पिता स्थानीय उच्च न्यायालय के सेवानिवृत्त न्यायाधीश हैं। उसकी वार्षिक आय ₹6 है। वह सदस्यता शुल्क के रूप में ₹1 लाख दे सकती है।
(*a*) केवल (*i*) के तहत योग्य है
(*b*) केवल (*i*) और (*ii*) के तहत योग्य है
(*c*) केवल (*v*) के तहत योग्य है
(*d*) केवल (*i*) और (*v*) के तहत योग्य है
(*e*) इनमें से कोई नहीं

19. सचिन वाधवा एक पायलट के रूप में एक निजी एयरलाइंस कंपनी में काम कर रहे हैं। उनकी वार्षिक आय ₹10 है। वह सदस्यता शुल्क के रूप में ₹50,000 देने के लिए तैयार है। उनके पिता एक सेवानिवृत्त सेना अधिकारी हैं।
(*a*) योग्य नहीं है
(*b*) केवल (*ii*) के तहत योग्य है
(*c*) केवल (*iv*) के तहत योग्य है
(*d*) केवल (*ii*) और (*iii*) के तहत योग्य है
(*e*) इनमें से कोई नहीं

20. मोना प्रकाश क्लब के मौजूदा सदस्य की बेटी हैं। उसकी वार्षिक आय ₹4 लाख है। वह सदस्यता शुल्क के रूप में ₹80,000 दे सकती है। वह भारतीय नौसेना में काम करती है।
(*a*) केवल (*i*) और (*iii*) के तहत योग्य है
(*b*) केवल (*iii*) के तहत योग्य है
(*c*) केवल (*iv*) के तहत योग्य है
(*d*) केवल (*i*) और (*iv*) के तहत योग्य है
(*e*) केवल (*iii*) और (*iv*) के तहत योग्य है

21. नितिन खरे सदस्यता शुल्क के रूप में ₹70,000 दे सकते हैं। वह राष्ट्रीय फुटबॉल टीम में खेल रहे हैं और वह देश के एक प्रमुख सार्वजनिक क्षेत्र के बैंक में काम करते हैं। उनके पिता क्लब के सदस्य हैं।
(*a*) योग्य नहीं है
(*b*) केवल (*iii*) और (*v*) के तहत योग्य है
(*c*) केवल (*iv*) के तहत योग्य है
(*d*) केवल (*v*) के तहत योग्य है
(*e*) इनमें से कोई नहीं

22. अनुज शर्मा की वार्षिक आय ₹6 है। वह सुप्रीम कोर्ट के सेवानिवृत्त न्यायाधीश हैं। वह सदस्यता शुल्क के रूप में ₹1 रुपये दे सकता है। उन्होंने अपने गृह राज्य के लिए क्रिकेट खेला है।
(*a*) योग्य नहीं है
(*b*) केवल (*i*) के तहत योग्य है
(*c*) केवल (*i*) और (*iii*) के तहत योग्य है
(*d*) केवल (*i*) और (*v*) के तहत योग्य है
(*e*) इनमें से कोई नहीं

निर्देश (प्रश्न 23 से 32): दिए गए प्रश्नों के उत्तर देने के लिए निम्नलिखित जानकारी पढ़ें:

वार्षिक परीक्षा के लिए निम्नलिखित पाँच विषय हैं। प्रत्येक विषय के लिए, अधिकतम अंक 100 हैं।

(1) अंग्रेजी (2) भौतिकी (3) जीव विज्ञान (4) हिंदी (5) गणित

एक छात्र को निम्नलिखित विभिन्न योजनाओं के तहत पास 'घोषित किया जाता है। (एक उम्मीदवार एक से अधिक योजनाओं में भी उत्तीर्ण हो सकता है)

स्कीम A: प्रत्येक विषय में न्यूनतम 45 अंक हासिल करता है

स्कीम B: कुल में न्यूनतम 50% अंक हासिल करता है, लेकिन हिंदी या अंग्रेजी दोनों में विफल रहता है

स्कीम C: फिजिक्स में न्यूनतम 80 अंक और गणित में न्यूनतम 60 अंक प्राप्त करता है, लेकिन शेष विषयों में से किसी एक में विफल रहता है।

स्कीम D: कुल में न्यूनतम 60% अंक हासिल करता है, लेकिन केवल दो विषयों में फेल हो जाता है। प्रत्येक विषय में अधिकतम 10 अंकों से ही फेल होता है।

जानकारी निम्नलिखित तालिका में दी गई है:

विद्यार्थी का नाम	अंक					कुल अंक
	अंग्रेजी	भौतिकी	जीव विज्ञान	हिन्दी	गणित	
कपिल	40	82	43	80	70	315
रवि	50	45	60	65	55	275
मोहित	65	100	50	43	80	338
नीरज	80	40	60	90	40	310
पवन	30	85	50	90	60	315
सुमित	50	50	60	45	35	240
नितिन	90	48	50	45	35	268
प्रवीण	56	50	43	52	49	250
हेमंत	70	75	32	90	65	332

दिए गए प्रश्नों में यह पता करें कि क्या उम्मीदवार पास है या फेल है। यदि वह फेल रहता है तो उत्तर (e) है। यदि वह पास होता है, तो आपको तय करना होगा कि उम्मीदवार किस योजना के तहत पास है।

23. मोहित किन योजनाओं के तहत पास हुआ है?
(*a*) केवल C और D (*b*) केवल B और C
(*c*) केवल A (*d*) B, C और D
(*e*) फेल होता है

24. रवि किस योजना के तहत पास हुआ है?
(*a*) केवल A (*b*) केवल B
(*c*) केवल C (*d*) A और B दोनों
(*e*) फेल होता है

25. नितिन किस योजना के तहत पास हुआ है?
(*a*) केवल A (*b*) केवल B
(*c*) केवल C (*d*) केवल D
(*e*) फेल होता है

26. कपिल किस योजना के तहत पास हुआ है?
(*a*) केवल B, C और D (*b*) केवल D
(*c*) केवल B और C (*d*) केवल B
(*e*) फेल

27. पवन और कपिल के परिणामों के बारे में निम्नलिखित में से कौन सा सामान्य है?
(*a*) दोनों अंग्रेजी में फेल हैं।
(*b*) बायोलॉजी में दोनों फेल हैं।
(*c*) दोनों योजना A के तहत पास हैं।
(*d*) दोनों योजना C के तहत पास होते हैं।
(*e*) दोनों योजना D के तहत पास होते हैं।

28. प्रवीण किस योजना के तहत पास हुआ है?
(*a*) केवल A (*b*) केवल B
(*c*) केवल C (*d*) A और B दोनों
(*e*) फेल होता हैं

29. सुमित किस योजना के तहत पास हुआ है?
(*a*) केवल A (*b*) केवल B
(*c*) केवल A और B (*d*) केवल A और C
(*e*) फेल होता है

30. नीरज किस योजना के तहत पास हुआ है?
(*a*) केवल A (*b*) केवल B
(*c*) केवल C (*d*) केवल D
(*e*) फेल होता है

31. पवन किस योजना के तहत पास हुआ है?
(*a*) केवल A (*b*) केवल B और C
(*c*) केवल A और C
(*d*) केवल B, C और D
(*e*) फेल होता है

32. प्रवीण और हेमंत के परिणामों में से कौन सा सामान्य है?
(*a*) दोनों विफल हैं।
(*b*) दोनों ही स्कीम A के तहत पास होते हैं।
(*c*) दोनों योजना B के तहत पास होते हैं।
(*d*) दोनों जीव विज्ञान में 10 से अधिक अंकों से असफल होते हैं।
(*e*) इनमें से कोई नहीं

हल-अभ्यास 18(C)

प्रश्न 1 से 5

	उम्मीदवार	स्नातक में अंक	परा-स्नातक में अंक	Ph.D.	कार्य अनुभव	पूरा होने वाली शर्तें				
						I	II	III	IV	V
1. (*e*) :	मानसी	65%	50%	Yes	10 yrs.	✓	×	×	×	✓
2. (*c*) :	समर	55%	60%	—	5 yrs.	×	×	×	✓	×
3. (*c*) :	दीपक	65%	55%	—	6 yrs.	✓	×	×	✓	×
4. (*a*) :	रवि	50%	55%	Yes	7 yrs.	×	×	×	×	×
5. (*e*) :	गार्गी	65%	65%	Yes	10 yrs.	✓	✓	✓	✓	✓

6. (*d*) : रीना, एक पुलिस अधिकारी होने के नाते, (*ii*) पूरा करती है। चूंकि वह नियमित रक्तदाता है, इसलिए वह (*vi*) भी पूरा करती है।

7. (*c*) : हालांकि माधुरी निम्न आय वर्ग से आती हैं और वह आवश्यक प्रमाण पत्र जमा कर सकती हैं, फिर भी, 14 वर्ष की होने के बाद भी वह (*i*) को पूरा नहीं करती A हालाँकि, जब से वह बैडमिंटन में अपने स्कूल का प्रतिनिधित्व करती है, वह (*ii*) को पूरा करती है।

8. (*a*) : श्रीमती बख्शी एक बेरोजगार विवाहित महिला है। लेकिन, 32 साल की होने के नाते, वह (*iii*) पूरा नहीं करती है। वह किसी भी अन्य शर्त को पूरा नहीं करती है।

9. (*c*) : दीप्ति एक बेरोजगार विवाहित महिला है। लेकिन, 22 साल की होने के नाते, वह (*iii*) पूरा नहीं करती है। उसने अपने स्कूल का वक्तृत्व-शक्ति प्रतियोगिता में करती है न कि खेल में। इसलिए, वह (*ii*) को पूरा नहीं करती।

10. (*d*) : श्री कालेकर, (48 + 8) अर्थात् 56 वर्ष के हैं, (*iv*) को पूरा करते हैं। सामाजिक कार्य के लिए एक पंजीकृत ट्रस्ट के स्वयंसेवक होने के नाते, वह (*vi*) पूरा करता है। अन्त में, सेना का भूतपूर्व सैनिक होने के नाते, वह (*vii*) भी पूरा करता है। हालाँकि, जब से वह ट्रिनिटी क्लब के एक संस्थापक सदस्य के पिता हैं, वे (*viii*) को पूरा नहीं करते हैं।

11. (*c*) : स्पष्ट रूप से, शिल्पा, एक दान-दाता की बेटी होने के नाते, (*viii*) को पूरा करती है।

12. (*c*) : शारीरिक रूप से विकलांग व्यक्ति होने के नाते, श्वेता (*v*) को पूरा करती है। इसके अलावा, वह खेल प्रतियोगिता में अपने स्कूल का प्रतिनिधित्व करती है और इसलिए (*ii*) को भी पूरा करती है।

प्रश्न 13 से 17

	उम्मीदवार	परा-स्नातक	P.G. डिप्लोमा	इंजीनयरिंग	स्नातक	M.C.A.	कार्य अनुभव (वर्ष)	P.G. इंजीनयरिंग	पूरा होने वाली शर्तें				
									(i)	(ii)	(iii)	(iv)	(v)
13. (*e*) :	नीती	—	—	—	कंप्यूटर	Yes	7	—	×	×	×	×	×
14. (*e*) :	अमन	—	—	IT	—	—	8	इले.	×	×	✓	×	✓
15. (*d*) :	राखी	IT	—	—	—	—	1¼	इले.	×	×	×	×	✓
16. (*c*) :	देवन	—	IT	—	विज्ञान	Yes	4	—	×	×	×	×	×
17. (*b*) :	राहुल	Maths/IT	—	—	—	—	2	—	✓	×	×	×	×

प्रश्न 18 से 22

	उम्मीदवार	वार्षिक आय (₹)	सदस्यता फीस (₹)	श्रेणी	पूरा होने वाली शर्तें				
					(i)	(ii)	(iii)	(iv)	(v)
18. (*d*) :	प्रीती	6 lakhs	1 lakh	खिलाड़ी	✓	×	×	×	✓
19. (*a*) :	सचिन	10 lakhs	50,000	—	×	×	×	×	×
20. (*b*) :	मोना	4 lakhs	80,000	सदस्य की बेटी	×	×	✓	×	×
21. (*d*) :	नितिन	—	70,000	खिलाड़ी + सदस्य का बेटा	×	×	×	×	✓
22. (*b*) :	अनुज	6 lakhs	1 lakh	—	✓	×	×	×	×

23. (*d*) : 500 में से 338 (> 250) प्राप्त करने के बाद यानी कुल मिलाकर 50% से अधिक अंक, लेकिन हिंदी में 43 अंक (अनुत्तीर्ण), मोहित B को पूरा करता है। वह भौतिकी 80 में 100 (> 80) अंक प्राप्त करता है और मैथ्स में 80 (> 60) अंक पाता है लेकिन हिंदी में फेल है। अत: वह C को भी पूरा करता है। इसके अलावा, वह कुल अंकों में 300 (यानी 60%) से अधिक अंक हासिल करता है और केवल एक विषय यानी हिंदी में 2 अंकों से फेल हो जाता है। तो, वह D को भी पूरा करता है।

24. (*a*) : रवि प्रत्येक विषय में कम से कम 45 अंक हासिल करता है और इसलिए केवल A को पूरा करता है।

25. (*e*) : A, B, C और D में से किसी भी योजना को सुमित पूरा नहीं करता है।

26. (*b*) : हालांकि कपिल 500 में से 315 (> 250) प्राप्त करता है यानी कुल मिलाकर 50% से अधिक, फिर भी वह B को पूरा नहीं करता है क्योंकि वह जीव विज्ञान और हिंदी दोनों में विफल रहता है। हालाँकि, वह कुल मिलाकर 60% (यानी 300 अंक) से अधिक अंक हासिल करता है और अंग्रेजी में 5 अंक और जीव विज्ञान में 2 अंकों से असफल होता है। इसलिए, वह योजना D को पूरा करता है।

27. (*a*) : कपिल अंग्रेजी में 5 अंक और पवन 15 अंकों से फेल है।

28. (*e*) : प्रवीण किसी भी योजना को पूरा नहीं करता है।

29. (*e*) : सुमित किसी भी योजना को पूरा नहीं करता है और इसलिए विफल रहता है।

30. (*d*) : नीरज 500 में से 310 अंक हासिल करता है यानी कुल 60% से अधिक अंक और फिजिक्स और मैथ्स दोनों में 5 अंकों से फेल होता है। वह इस प्रकार D को पूरा करता है।

31. (*b*) : पवन 500 में से 315 अंक हासिल करता है यानी कुल मिलाकर 50% से अधिक अंक और अंग्रेजी में फेल हो जाता है। अत: वह B को पूरा करता है। इसके अलावा, वह भौतिक विज्ञान में 85 (> 80) अंक और मैथ्स में 60 अंक हासिल करता है, और केवल अंग्रेजी में फेल हो जाता है। तब वह केवल C को पूरा करता है। हालाँकि, पवन कुल मिलाकर 60% से अधिक अंक हासिल करता है, फिर भी वह D को पूरा नहीं करता है क्योंकि वह अंग्रेजी में 10 से अधिक अंक यानी 15 के लिए विफल रहता है।

32. (*a*) : प्रवीण और हेमंत दोनों किसी भी योजना में निर्धारित शर्तों को पूरा नहीं करते हैं। लिहाजा, दोनों फेल हो जाते हैं।

हल सहित अतिरिक्त प्रश्न

अभ्यास

निर्देश (प्रश्न 1 से 5): नीचे दी गई जानकारी का ध्यानपूर्वक अध्ययन करें और नीचे दिए गए प्रश्नों के उत्तर दें:

निम्नलिखित एक संगठन में सिस्टम मैनेजर का चयन करने की शर्तें हैं। उम्मीदवार को चाहिए:

(*i*) आईटी, कंप्यूटर साइंस, इलेक्ट्रॉनिक्स में 60 प्रतिशत अंकों के साथ स्नातक इंजीनियर हो।

(*ii*) 1.9.2009 के अनुसार कम से कम तीस वर्ष और चालीस वर्ष से अधिक नहीं होना चाहिए।

(*iii*) लिखित परीक्षा में कम से कम 40 प्रतिशत अंक प्राप्त किए हों।

(*iv*) चयन साक्षात्कार में कम से कम 50 प्रतिशत अंक प्राप्त किए हैं।

(*v*) किसी संगठन के सिस्टम विभाग में कम से कम दस वर्ष का पद योग्यता कार्य अनुभव है।

एक उम्मीदवार के मामले में, जो निम्न को छोड़कर सभी शर्तों को पूरा करता है।

(*a*) ऊपर (*i*) में, लेकिन MEIT या कंप्यूटर विज्ञान 60 प्रतिशत अंक प्राप्त किए हैं, इस मामले को डीजीएम-सिस्टम के लिए भेजा जाना है।

(*b*) उपरोक्त (*v*) में, लेकिन उप-प्रणाली मैनेजर के रूप में कम से कम 5 साल की योग्यता के बाद का अनुभव है, इस मामले को जीएम-सिस्टम के पास भेजा जाना है।

नीचे दिए गए प्रत्येक प्रश्न में, एक उम्मीदवार का विवरण दिया गया है, आपको दी गई जानकारी के आधार पर कार्यों के निम्नलिखित निर्णयों में से एक लेना है। आप प्रत्येक उम्मीदवार के लिए प्रदान की गई अन्य जानकारी को ग्रहण नहीं करेंगे। ये सभी मामले आपको 1.9.2009 के अनुसार दिए गए हैं।

(A) यदि उम्मीदवार का चयन किया जाना है

(B) यदि उम्मीदवार का चयन नहीं किया जाना है

(C) यदि मामला डीजीएम-सिस्टम्स को भेजा जाना है

(D) यदि मामला जीएम-सिस्टम्स को भेजा जाना है

(E) यदि उपलब्ध कराए गए आंकड़े निर्णय लेने के लिए पर्याप्त नहीं हैं

1. समीर घोष का जन्म 25 मई, 1978 को हुआ था। उन्होंने वर्ष 1999 में बीई-आईटी में 65 प्रतिशत अंक प्राप्त किए हैं। तब से वह एक संगठन के सिस्टम विभाग में काम कर रहे हैं। उन्होंने लिखित परीक्षा और चयन साक्षात्कार दोनों में 50 प्रतिशत अंक प्राप्त किए हैं।

[RBI (Grade B) Exam, 2009]

2. नवीन प्रकाश ने बीई (कंप्यूटर साइंस) में 62 फीसदी अंक हासिल किए हैं। वह बीई के पूरा होने के बाद जुलाई 1999 से एक संगठन के सिस्टम विभाग में काम कर रहा है। उनका जन्म 4 अप्रैल 1974 को हुआ था, उन्होंने चयन साक्षात्कार में 55 प्रतिशत अंक और लिखित परीक्षा में 45 प्रतिशत अंक प्राप्त किए हैं।

[RBI (Grade B) Exam, 2009]

3. नीता पाठक 70% अंकों के साथ आईटी में बीई पूरा करने के बाद पिछले सात वर्षों से एक संगठन में उप-प्रणाली प्रबंधक के रूप में काम कर रही हैं। उसने चयन साक्षात्कार में 45 प्रतिशत अंक और लिखित परीक्षा में 55 प्रतिशत अंक प्राप्त किए हैं। उनका जन्म 12 नवंबर 1978 को हुआ था। **[RBI (Grade B) Exam, 2009]**

4. अशोक मल्होत्रा का जन्म 19 मार्च 1977 को हुआ था, उन्होंने चयन साक्षात्कार और लिखित परीक्षा दोनों में 56 प्रतिशत अंक प्राप्त किए हैं। उन्होंने BE-(IT) में 58 फीसदी अंक और ME-(IT) में 72

फीसदी अंक हासिल किए हैं। वह ME-(IT) को पूरा करने के बाद पिछले ग्यारह वर्षों से एक संगठन के सिस्टम विभाग में काम कर रहा है। वह ME-(IT) पूरा करने के बाद पिछले ग्यारह वर्षों से एक संगठन के सिस्टम विभाग में काम कर रहा है।

[RBI (Grade B) Exam, 2009]

5. जेम्मा डिसूजा का जन्म 15 दिसंबर 1972 को हुआ था। उन्होंने लिखित परीक्षा और चयन साक्षात्कार दोनों में 60 प्रतिशत अंक प्राप्त किए हैं। वह 75 प्रतिशत अंकों के साथ बीई-इलेक्ट्रॉनिक्स पूरा करने के बाद एक संगठन में पिछले छह वर्षों से डिप्टी सिस्टम मैनेजर के रूप में काम कर रही है। [RBI (Grade B) Exam, 2009]

निर्देश (प्रश्न 6 से 13): एक संगठन प्रशिक्षु अधिकारियों की भर्ती करना चाहता है। जिसकी कसौटी निम्नलिखित हैं:

उम्मीदवार को:

(*i*) 21 वर्ष से कम आयु और 1.02.2009 की आयु 28 वर्ष से अधिक नहीं होना चाहिए।

(*ii*) कम से कम 55% अंकों के साथ किसी भी विषय में स्नातक होना चाहिए।

(*iii*) चयन परीक्षा में कम से कम 50% अंक प्राप्त किए हों।

(*iv*) साक्षात्कार में कम से कम 45% अंक प्राप्त किए हैं।

(*v*) भारत में कहीं भी काम करने के लिए तैयार रहें।

हालाँकि, यदि उम्मीदवार उपरोक्त सभी मानदंडों को छोड़कर संतुष्ट करता है:

(*a*) ऊपर (*ii*) को लेकिन एक स्नातकोत्तर के बाद मामला कार्यकारी निदेशक को भेजा जाना है।

(*b*) ऊपर (*i*) को लेकिन कम से कम एक वर्ष का कार्य अनुभव है, इस मामले को उपाध्यक्ष को भेजा जाना है।

नीचे दिए गए प्रत्येक प्रश्न में, एक उम्मीदवार की जानकारी दी गई है। आपको दी गई जानकारी के आधार पर निम्नलिखित पांच निर्णयों में से एक लेना है और कसौटी और शर्तें ऊपर दी गई हैं। आप प्रत्येक प्रश्न में दी गई जानकारी के अलावा कुछ भी मानने के लिए अनुमत नहीं हैं। ये सभी मामले आपको 01.02.2009 को दिए गए हैं। आपको प्रत्येक प्रश्न के उत्तर में निम्नानुसार अपना निर्णय इंगित करना होगा:

आपका उत्तर होगा:

(A) यदि मामला कार्यकारी निदेशक को भेजा जाना है।

(B) यदि मामला उपाध्यक्ष के पास भेजा जाना है।

(C) यदि कथन में डेटा निर्णय लेने के लिए पर्याप्त नहीं है।

(D) यदि उम्मीदवार का चयन किया जाना है।

(E) यदि उम्मीदवार का चयन नहीं किया जाना है।

6. विजय कुमार 22 वर्ष की आयु में में 58% अंकों के साथ 2007 में वाणिज्य स्नातक उत्तीर्ण की है। वह भारत में कहीं भी काम करने के लिए तैयार है। उन्होंने चयन परीक्षा में 48% अंक और साक्षात्कार में 52% अंक प्राप्त किए हैं। [SBI (PO) Exam, 2009]

7. अविनाश 63% अंकों के साथ प्रथम श्रेणी में विज्ञान स्नातक उत्तीर्ण है। उन्होंने चयन परीक्षा और साक्षात्कार में क्रमश: 53% और 51% अंक प्राप्त किए हैं। वह भारत में कहीं भी काम करने के लिए तैयार है। वह जुलाई 2007 में एक निजी संगठन के मार्केटिंग विभाग में काम कर रहे थे। उनका जन्म 11.06.1980 को हुआ था।

[SBI (PO) Exam, 2009]

8. सुनील मकवाना 72% अंकों के साथ विज्ञान में स्नातक हैं। उनकी जन्मतिथि 13.10.1978 है। वह पिछले दो साल से क्लर्क के रूप में काम कर रहा है। उन्होंने चयन परीक्षा के साथ-साथ साक्षात्कार में भी 58% अंक प्राप्त किए हैं। वह भारत में कहीं भी काम करने के लिए तैयार है। [SBI (PO) Exam, 2009]

9. निशा शर्मा ने जुलाई 2008 में 57% अंकों के साथ B.Com पास किया है। उसने साक्षात्कार में 48% अंक और चयन परीक्षा में 58% अंक प्राप्त किए। वह भारत में कहीं भी काम करने को तैयार है। उसने नवंबर 2008 में 25 वर्ष की आयु पूरी की है।

[SBI (PO) Exam, 2009]

10. राजन वेज 45% अंकों के साथ स्नातक और 52% अंकों के साथ पोस्ट ग्रेजुएट हैं। उनकी जन्मतिथि 17.06.1982 है। वह भारत में कहीं भी काम करने के लिए तैयार है। उन्होंने साक्षात्कार में 56% अंक और चयन परीक्षा में 63% अंक प्राप्त किए हैं।

[SBI (PO) Eñam, 2009]

11. शमिका एक 23 वर्षीय विज्ञान स्नातक है जो अगस्त 2008 में 52% अंकों के साथ उत्तीर्ण हुई है। वह भारत में कहीं भी काम करने को तैयार है। उसने 66% अंकों के साथ चयन परीक्षा और 56% अंकों के साथ साक्षात्कार में उत्तीर्ण किया है। [SBI (PO) Exam, 2009]

12. भावेश शाह रसायन विज्ञान में स्नातकोत्तर हैं और पिछले एक साल से एक रसायन कंपनी में काम कर रहे हैं। उन्होंने स्नातक में 53% अंक प्राप्त किए थे। उन्होंने चयन परीक्षा में 58% अंक और साक्षात्कार में 52% अंक प्राप्त किए हैं। वर्तमान में उनकी उम्र 26 साल है। वह भारत में कहीं भी काम करने के लिए तैयार है।

[SBI (PO) Exam, 2009]

13. वंदना ने B.A. अर्थशास्त्र 68% अंकों के साथ पास किया है। उसकी जन्मतिथि 23.08.1983 है। वह भारत में कहीं भी काम करने को तैयार है। उसने साक्षात्कार में 56% अंक प्राप्त किए हैं।

हल

1. (*a*) : समीर घोष सभी उल्लिखित मानदंडों को पूरा करता है। इसलिए, उन्हें चयनित किया जाना चाहिए। इस प्रकार, उत्तर (*a*) है।

2. (*a*) : नवीन प्रकाश सभी उल्लिखित मानदंडों को पूरा करते हैं। इसलिए, उन्हें चयनित किया जाना चाहिए। इस प्रकार, उत्तर (*a*) है।

3. (*b*) : जैसा कि नीता पाठक स्थिति (*iv*) को संतुष्ट नहीं करती हैं, इसलिए उन्हें चयनित नहीं किया जाना चाहिए। इस प्रकार, उत्तर (*b*) है।

4. (*c*) : चूंकि अशोक मल्होत्रा ने एमई-आईटी में 72 प्रतिशत अंक प्राप्त किए हैं, इसलिए उनका मामला डीजीएम-सिस्टम में भेजा जाना है। इस प्रकार, उत्तर (*c*) है।

5. (*d*) : जेम्मा डिसूजा पिछले छह वर्षों से उप प्रणाली प्रबंधक के रूप में काम कर रहे हैं। इसलिए, उसका मामला जीएम-सिस्टम को भेजा जाना है। इस प्रकार, उत्तर (*d*) है।

6. (*e*) : जैसा कि विजय कुमार ने शर्त (*iii*) को पूरा नहीं किया है, इसलिए उन्हें चयनित नहीं किया जाना चाहिए। इस प्रकार, उत्तर (*e*) है।

7. (*b*) : अविनाश की उम्र 28 साल से अधिक है, लेकिन उसके पास काम करने का अनुभव है इसलिए उसका मामला उपाध्यक्ष के पास भेजा जाना है। इस प्रकार, उत्तर (*b*) है।

8. (*b*) : सुनील मकवाना की उम्र 28 साल से अधिक है, लेकिन उनके पास काम करने का अनुभव है। इसलिए, उनके मामले को

उपाध्यक्ष के पास भेजा जाना है। इस प्रकार, उत्तर (*b*) है।

9. (*d*) : निशा शर्मा सभी उल्लिखित मानदंडों को पूरा करती हैं। इसलिए, उसे चयनित किया जाना चाहिए। इस प्रकार, उत्तर (*d*) है।

10. (*a*) : राजन वेज शर्त (*ii*) को पूरा नहीं करता है, लेकिन वह (*a*) के अनुसार पोस्ट ग्रेजुएट है इसलिए उसका मामला कार्यकारी निदेशक को भेजा जाना है। इस प्रकार, उत्तर (*a*) है।

11. (*e*) : शामिका शर्त (*ii*) को पूरा नहीं करती है और वह स्नातकोत्तर नहीं है, इसलिए उसे चयनित नहीं होना चाहिए। इस प्रकार, उत्तर (*e*) है।

12. (*a*) : भावेश शाह शर्त (*ii*) को संतुष्ट नहीं करते हैं लेकिन वह स्नातकोत्तर है इसलिए उसका मामला कार्यकारी निदेशक को भेजा जाना है। इस प्रकार, उत्तर (*a*) है।

13. (*a*) : चयन परीक्षा में वंदना के अंकों के बारे में कुछ भी उल्लेख नहीं किया गया है। इसलिए, निर्णय लेने के लिए डेटा पर्याप्त नहीं है।

19 कथन और कारण (ASSERTION AND REASON)

यह परीक्षण अभ्यर्थी के ज्ञान और इसके साथ ही उसके सही तरीके से तर्क करने की क्षमता की परख करने के लिए है। इस परीक्षण में, क्रमशः कथन (A) और कारण (R) के रूप में संदर्भित दो कथन दिए जाते हैं। इन पर पांच वैकल्पिक टिप्पणियां दी जाती हैं जिनमें से सही को चुनना होता है।

व्याख्यात्मक उदाहरण

दिशानिर्देशः *निम्नलिखित में से प्रत्येक प्रश्न में, कथन (A) और कारण (R) के रूप में दो कथन दिए गए हैं।*

अपना उत्तर इस प्रकार चिह्नित करें:

(a) *यदि A और R दोनों सही हैं और R, A की सही व्याख्या है;*

(b) *यदि A और R दोनों सही हैं लेकिन R, A की सही व्याख्या नहीं है;*

(c) *यदि A सही है लेकिन R गलत है;*

(d) *यदि A गलत है लेकिन R सही है*

(e) *यदि A और R दोनों गलत हैं।*

उदा. 1. कथन (A): अधिकांश हिमालयी नदियां बारहमासी हैं।

कारण (R): वे बर्फ पिघलने से सिंचित होती हैं। **(M.A.T. 2005)**

हल: अधिकांश हिमालयी नदियां बारहमासी हैं क्योंकि वे साल भर बर्फ पिघलने से सिंचित होती हैं। अतः R, A की सही व्याख्या है। अतः उत्तर (*a*) है।

उदा. 2. कथन (A): एक इलेक्ट्रिक बल्ब में फिलामेंट नहीं जलता है, हालांकि इसका तापमान उज्ज्वलित होते समय 2700°C रहता है।

कारण (R): बल्ब फिलामेंट टंगस्टन का बना होता है।

हल: उच्च तापमान के बावजूद, बल्ब में फिलामेंट ऑक्सीजन की अनुपस्थिति के कारण जल नहीं पाता है, क्योंकि बल्ब को पहले निर्वातित किया जाता है और फिर आर्गन या हीलियम जैसी निष्क्रिय गैस से भरा जाता है। हालांकि, यह सत्य है कि बल्ब फिलामेंट टंगस्टन से बना होता है। अतः A और R दोनों ही व्यक्तिगत रूप से सही हैं लेकिन R, A की व्याख्या नहीं करता है। अतः उत्तर (*b*) है।

उदा. 3. कथन (A): एक लोहे की गेंद पारे पर तैरती है लेकिन पानी में डूब जाती है।

कारण (R): लोहे का विशिष्ट गुरुत्वाकर्षण पारे की तुलना में अधिक है। **(M.A.T.1999)**

हल: पारे की तुलना में कम लेकिन पानी की तुलना में अधिक विशिष्ट गुरुत्वाकर्षण के साथ लोहा, पारे में तैरता है लेकिन पानी में डूब जाता है। अतः A सही है लेकिन R गलत है। अतः उत्तर (*c*) है।

उदा. 4. कथन (A): बेरी-बेरी एक वायरल संक्रमण है।

कारण (R): विटामिन की कमी रोगों का कारण बनती है।

हल: यह सच है कि विटामिन की कमी रोगों का कारण बनती है, और बेरी-बेरी विटामिन बी1 की कमी के कारण होता है। अतः A गलत है लेकिन R सही है। अतः उत्तर (*d*) है।

उदा. 5. कथन (A): बांग्लादेश भारत से जूट आयात करता है।

कारण (R): अधिकांश जूट की मिलें बांग्लादेश में हैं। **(M.A.T. 2005)**

हल: जब भारत के विभाजन के बाद बांग्लादेश बना था, तो जूट उत्पादन के क्षेत्र बांग्लादेश में चले गए जबकि जूट की मिलें भारत में रह गयी। अतः भारत बांग्लादेश से कच्चा जूट आयात करता है। अतः A और R दोनों गलत हैं। अतः सही उत्तर (*e*) है।

अभ्यास 19A

दिशानिर्देशः *निम्नलिखित में से प्रत्येक प्रश्न में कथन (A) और कारण (R) के रूप में दो कथन दिए गए हैं।*

नीचे दिए गए कोड के अनुसार अपने उत्तरों को चिह्नित करें:

(a) *यदि A और R दोनों सही हैं और R, A की सही व्याख्या है;*

(b) *यदि A और R दोनों सही हैं लेकिन R, A की सही व्याख्या नहीं है;*

(c) *यदि A सही है लेकिन R गलत है;*

(d) *यदि A गलत है लेकिन R सही है*

(e) *यदि A और R दोनों गलत हैं।*

1. **कथन (A):** जब बिजली गिरती है तब ध्वनि बिजली चमकने के थोड़ी देर बाद सुनाई देती है।

   कारण (R): प्रकाश की गति ध्वनि की तुलना में अधिक है।

2. **कथन (A):** एक जहाज ऊपर उठ जाता है जब वह नदी से समुद्र में प्रवेश करता है।

   कारण (R): नदी के पानी की तुलना में समुद्र के पानी का घनत्व अधिक है।

3. **कथन (A):** भारत का राष्ट्रपति राज्य का प्रमुख है।

कारण (R): भारतीय संसद में राष्ट्रपति, लोकसभा और राज्य सभा शामिल है। (A.I.M.A.T.S 1999)

4. **कथन (A):** स्थिर पूल पर केरोसिन का तेल डालना मलेरिया को खत्म करने में मदद करता है।
कारण (R): केरोसिन तेल मच्छरों के लिए जहरीला है।

5. **कथन (A):** यूरेनियम परमाणु संलयन प्रतिक्रिया से गुजरता है।
कारण (R): इसमें एक बड़ा, अस्थिर नाभिक है।

6. **कथन (A):** पेट्रोल से लगी आग को उस पर पानी डालने से नहीं बुझाया जा सकता है।
कारण (R): पानी पेट्रोल से भारी है।

7. **कथन (A):** ब्रिटिश संप्रभुता आजाद भारत में मौजूद रही।
कारण (R): ब्रिटिश संप्रभु ने आजाद भारत का अंतिम गवर्नर जनरल नियुक्त किया। (M.B.A. 2004)

8. **कथन (A):** कांच काटने के लिए हीरे का उपयोग किया जाता है।
कारण (R): हीरे का अपवर्तक सूचकांक उच्च होता है।

9. **कथन (A):** चंद्रमा का एक ही पक्ष हर समय पृथ्वी के सम्मुख होता है।
कारण (R): चंद्रमा पृथ्वी का एकमात्र प्राकृतिक उपग्रह है।

10. **कथन (A):** अनाज खाने से पहले अंकुरण नहीं किया जाना चाहिए।
कारण (R): अंकुरण कई महत्वपूर्ण विटामिनों को खत्म करता है।

11. **कथन (A):** पहाड़ी क्षेत्रों में घेघा एक आम बीमारी है।
कारण (R): पहाड़ी क्षेत्रों में लोगों के आहार में आयोडीन की कमी होती है।

12. **कथन (A):** रेशेदार तत्व कब्ज से बचाता है।
कारण (R): रेशा भोजन में ताकत जोड़ता है।

13. **कथन (A):** थर्मामीटर में 60°C के तापमान को मापने के लिए पारे की बजाय अल्कोहॉल का उपयोग किया जाता है।
कारण (R): पारे की तुलना में अल्कोहॉल का हिमांक बिंदु कम होता है। (M.A.T. 2003)

14. **कथन (A):** सिंधु घाटी के लोग नौपरिवहन की कला को जानते थे।
कारण (R): सिंधु घाटी की मुहर विदेशी व्यापार के प्रसार का संकेत देती है।

15. **कथन (A):** भीषण सर्दियों के दौरान ठंडे देशों में पानी ले जाने वाली पाइप अक्सर फट जाती है।
कारण (R): पानी जमने पर फैलता है।

16. **कथन (A):** बिजली का बल्ब फटने पर धमाका होता है।
कारण (R): फटने पर बल्ब के अंदर की हवा तुरंत बाहर निकल जाती है।

17. **कथन (A):** ऊंचाई पर खाना पकाने के लिए नमक मिलाया जाता है।
कारण (R): ऊंचाई पर तापमान कम होता है।

18. **कथन (A):** कार्बन मोनोऑक्साइड को जब श्वास से अंदर खींचा जाता है तो वह मौत का कारण बनता है।
कारण (R): कार्बन मोनोऑक्साइड हीमोग्लोबिन के साथ संयोजन बनाता है।

19. **कथन (A):** हम मैदानी इलाकों की तुलना में पहाड़ों पर ठंडा महसूस करते हैं।
कारण (R): तापमान ऊंचाई के साथ घटता है।

20. **कथन (A):** पृथ्वी के अंदर धातु पिघली हुई अवस्था में मौजूद हैं।
कारण (R): पृथ्वी सूर्य की किरणों को अवशोषित करती है।

21. **कथन (A):** एड्स के लिए कोई टीका नहीं है।
कारण (R): एड्स वायरस अपने अनुवांशिक कोड को बदलता है।

22. **कथन (A):** कपड़े गर्म पानी में ठीक से धोये नहीं जाते हैं।
कारण (R): खारे पानी में कई खनिज होते हैं।

23. **कथन (A):** भारत में, पुरुष की तुलना में महिलाओं की जीवन प्रत्याशा अधिक होती है।
कारण (R): महिलाओं को एक बेहतर आहार मिलता है।

24. **कथन (A):** भारत का संविधान 26 जनवरी, 1950 से लागू हुआ।
कारण (R): 26 जनवरी को गणतंत्र दिवस के रूप में मनाया जाता है।

25. **कथन (A):** अपेंडिक्स मानव शरीर में एक अवशेषी अंग है।
कारण (R): यह पाचन में भाग नहीं लेता है।

26. **कथन (A):** हिमालय कभी समुद्र के नीचे था।
कारण (R): समुद्री जीवों के जीवाश्म हिमालय पर पाए गए हैं।

27. **कथन (A):** शिवाजी ने गुरिल्ला युद्ध विकसित किया।
कारण (R): शिवाजी मुगलों से डरते थे।

28. **कथन (A):** फलदार पौधे मिट्टी की प्रजनन क्षमता को पुनर्जीवित करते हैं।
कारण (R): फलदार पौधे की जड़ ग्रंथि में स्थित सूक्ष्मजीव वायुमंडलीय नाइट्रोजन को स्थिर करते हैं।

29. **कथन (A):** कटे हुए फलों और सब्जियों को लंबे समय तक खुला नहीं रखा जाना चाहिए।
कारण (R): उनका विटामिन अंश खत्म हो जाता है।

30. **कथन (A):** एक परमाणु अपने आवेशित कणों के बावजूद तटस्थ होता है।
कारण (R): न्यूट्रॉन में कोई आवेश नहीं होता है।

31. **कथन (A):** बेकिंग सोडा पेट में अम्लता पैदा करता है।
कारण (R): बेकिंग सोडा क्षारीय है।

33. **कथन (A):** एमोबायसिस एक अर्जित रोग है।
कारण (R): एमोबायसिस एस्बेस्टोस धूल के अन्त:श्वसन के कारण होता है।

33. **कथन (A):** टूटी हुई हड्डियों को स्थापित करने के लिए डॉक्टरों द्वारा प्लास्टर ऑफ पेरिस का उपयोग किया जाता है।
कारण (R): जब प्लास्टर ऑफ पेरिस पानी के साथ मिलाया जाता है और टूटे हुए अंगों के आसपास लगाया जाता है, तो यह सख्त हो जाता है।

34. **कथन (A):** क्लोरोफ्लोरोकार्बन का उपयोग अब दुनिया भर में प्रतिबंधित है।
कारण (R): इन रसायनों से त्वचा का कैंसर होता है।

35. **कथन (A):** कांस्य का उपयोग मूर्ति बनाने के लिए किया जाता है।
कारण (R): कांस्य, तांबे और टिन का मिश्र धातु है।

36. **कथन (A):** भारत मुद्रास्फीति की समस्या का सामना कर रहा है।
कारण (R): हम काले धन की वृद्धि की जांच में विफल रहे हैं।

37. **कथन (A):** पौधों की पत्तियां हरी होती हैं।
कारण (R): पौधों में हरा वर्णक, क्रोमोप्लास्ट होता है।

38. **कथन (A):** भूमध्य रेखा के पास के क्षेत्र में वर्ष भर वर्षा होती है।
कारण (R): उच्च तापमान और उच्च आर्द्रता के कारण दोपहर में अधिकांशत: भूमध्य रेखा के पास बारिश होती है। (M.B.A. 2004)

39. **कथन (A):** गर्मियों में टेलीफोन के तारों में अधिक झुकाव आ जाता है।

कारण (R): गर्मी की ऊष्मा के कारण वे फैल जाते हैं।

40. कथन (A): एस्किमो इग्लू में रहते हैं।

कारण (R): बर्फ को छोड़कर कोई अन्य सामग्री उपलब्ध नहीं है।

41. कथन (A): भारत एक लोकतांत्रिक देश है।

कारण (R): भारत का अपना संविधान है।

42. कथन (A): प्रेशर कुकर में इबोनाइट हैंडल होते हैं।

कारण (R): इबोनाइट मजबूत है।

43. कथन (A): गर्मी में मिट्टी के बर्तनों में रखा गया पानी ठंडा हो जाता है।

कारण (R): वाष्पीकरण शीतलन का कारण बनता है।

44. कथन (A): सुरक्षा फ्यूज उच्च गलनांक सामग्रियों से बने होते हैं।

कारण (R): सुरक्षा फ्यूज विद्युत प्रवाह के लिए प्रतिरोधी होने चाहिए।

45. कथन (A): प्लूटो सबसे ठंडा ग्रह है।

कारण (R): यह सूर्य की तिरछी किरणों को प्राप्त करता है।

46. कथन (A): ऊपरी प्रवाह में, नदी का मुख्य कार्य क्षरण है।

कारण (R): नदी ऊपरी प्रवाह में तेजी से बहती है।

47. कथन (A): अधिकांश प्राचीन सभ्यताएं नदियों के नजदीक बढ़ीं।

कारण (R): मनुष्य का मुख्य व्यवसाय कृषि था।

48. कथन (A): पृथ्वी ही एकमात्र ऐसा ग्रह है जिसे जीवन के लिए जाना जाता है।

कारण (R): पृथ्वी में एक ऐसा वातावरण है जहां ऑक्सीजन, नाइट्रोजन और कार्बन डाइऑक्साइड का मिश्रण है।

49. कथन (A): नाव में यात्रियों को खड़े होने की अनुमति नहीं है।

कारण (R): यह नाव के गुरुत्वाकर्षण का केंद्र बढ़ा सकता है और अस्थिर संतुलन के कारण नाव पलट सकती है।

50. कथन (A): बुध सूर्य से सबसे दूर का ग्रह है।

कारण (R): सम्पूर्ण सौर मंडल में बुध सबसे छोटा ग्रह है। **(M.A.T. 2005)**

51. कथन (A): शुक्र ग्रह, बुध की तुलना में सूर्य से दूर है, फिर भी यह सबसे गर्म ग्रह है।

कारण (R): शुक्र के वायुमंडल में विशाल कार्बन डाइऑक्साइड एक ग्रीन हाउस प्रभाव बनाता है।

52. कथन (A): अकबर ने दीन-ए-इलाही की स्थापना की।

कारण (R): वह आत्म स्तुति से प्रेरित था।

53. कथन (A): विषुवों पर, दिन और रात दुनिया भर में बराबर होते हैं।

कारण (R): विषुवों पर, सूर्य के संबंध में पृथ्वी की स्थिति ऐसी है कि कोई भी ध्रुव सूर्य की ओर झुका हुआ नहीं है।

54. कथन (A): O रक्त समूह वाला व्यक्ति सार्वभौमिक प्राप्तकर्ता माना जाता है।

कारण (R): O प्रकार के रक्त में कोई एंटीजन नहीं होता है।

55. कथन (A): ज्वार समुद्र स्तर में नियमित और आवधिक वृद्धि और गिरावट का संकेत देते हैं।

कारण (R): ज्वार चंद्रमा और सूर्य के गुरुत्वाकर्षण खिंचाव के कारण होते हैं। **(M.A.T. 1999)**

56. कथन (A): स्टीम इंजन का आविष्कार जेम्स वाट ने किया था।

कारण (R): जलमग्न खानों से पानी निकालने में समस्या थी।

57. कथन (A): कार्बन डाइऑक्साइड में वृद्धि के कारण ध्रुवीय बर्फ पिघल जाएगी।

कारण (R): वैश्विक तापमान बढ़ेगा।

58. कथन (A): तमिलनाडु में ज्यादातर, सर्दियों में बारिश होती है।

कारण (R): तमिलनाडु में मानसून की वापसी से बारिश होती है।

59. कथन (A): ग्रेफाइट चिकना होता है और स्नेहक के रूप में प्रयोग किया जाता है।

कारण (R): ग्रेफाइट में मुक्त इलेक्ट्रॉन होते हैं।

60. कथन (A): भारत में न्यायपालिका, कार्यकारी से स्वतंत्र है।

कारण (R): न्यायपालिका सरकार की सहायता करती है और इसकी योजनाओं के कार्यान्वयन में मदद करती है।

हल-अभ्यास 19(A)

1. (*a*) : R, A की सही व्याख्या है।

2. (*a*) : समुद्र के पानी के उच्च घनत्व के कारण, जहाज पर समुद्र के पानी द्वारा उत्पादित उत्प्लावन बल नदी के पानी द्वारा उत्पादित उत्प्लावन बल की तुलना में अधिक होता है।

3. (*b*) : A और R दोनों सही हैं। भारतीय राष्ट्रपति कार्यपालिका के संवैधानिक या नाममात्र प्रमुख हैं, वास्तविक शक्ति मंत्रिपरिषद में निहित है।

4. (*c*) : पानी पर छिड़का गया केरोसिन तेल एक पतली परत प्रदान करता है और मच्छरों के लार्वा को सांस लेने से रोकता है। इस प्रकार, वे मर जाते हैं।

5. (*d*) : एक बड़ा, अस्थिर नाभिक होने के कारण, यूरेनियम परमाणु संलयन प्रतिक्रिया से गुजरता है।

6. (*a*) : पानी, भारी होने के कारण, नीचे फिसल जाता है और पेट्रोल सतह पर आ जाता है और पहले जैसे जलता रहता है। उस पर रेत डालने से पेट्रोल की आग बुझ जाती है।

7. (*d*) : A गलत है लेकिन R सही है। भारत ने अपने स्वयं के संविधान का मसौदा तैयार किया और स्वतंत्रता प्राप्त करने के बाद अपनी सरकार बनाई।

8. (*b*) : हीरा कठोर त्रि-आयामी संरचना के कारण सख्त है, अत: इसका उपयोग कांच काटने के लिए किया जाता है। हीरे का अपवर्तक सूचकांक उच्च है और यह इसे अधिक पारदर्शिता और चमक प्रदान करता है।

9. (*b*) : चंद्रमा 271/3 दिनों में एक बार अपनी धुरी पर घूमता है, और इतने ही समय में यह पृथ्वी के चारों ओर घूमता है, इसलिए चंद्रमा का केवल एक पक्ष पृथ्वी पर दिखाई देता है।

10. (*e*) : अंकुरित अनाज का सेवन किया जाना चाहिए क्योंकि अंकुरण अनाज की पोषक सामग्री को बढ़ाता है।

11. (*a*) : घेंघा आमतौर पर पहाडी क्षेत्रों में होता है क्योंकि घेंघा आयोडीन की कमी से होता है और पहाड़ी इलाकों के आहार में आयोडीन की कमी होती है।

12. (*a*) : रेशेदार तत्व भोजन में ताकत जोड़ता है और भोजन के पेट तक पहुँचने को आसान बनाता है, इस प्रकार कब्ज को रोकता है।

13. (*a*) : पारा −39°C पर ठंडा होता है, जबकि अल्कोहल इससे नीचे हिमांक बिंदु −100°C पर ठंडा होता है। अत: अल्कोहल का उपयोग कम तापमान को मापने के लिए किया जाता है। इसी तरह पारा 357°C पर गरम होता है, जबकि अल्कोहल 78°C

पर गरम हो जाता है। तो, उच्च तापमान मापने के लिए पारे का उपयोग किया जाता है।

14. (*a*) : सिंधु घाटी स्थलों में पाए गए मुहरों ने विदेशी व्यापार का साक्ष्य दिया, जो केवल नौपरिवहन की कला के ज्ञान के साथ ही संभव था।

15. (*a*) : भीषण सर्दियों के दौरान, पाइपों में पानी बर्फ के रूप में जम जाता है और फैलता है, जिसके परिणामस्वरूप पाइप फट जाते हैं।

16. (*c*) : बिजली के बल्ब के अंदर निर्वात होता है। जब बल्ब टूट जाता है, तो निर्वात भरने के लिए हवा सभी तरफ से तेज गति से दौड़ती है, इस प्रकार एक धमाका उत्पन्न होता है।

17. (*b*) : ऊंचाई पर दबाव में कमी के कारण पानी 100°C से काफी नीच उबल जाता है जिससे भोजन पकाए जाने के लिए पर्याप्त ऊष्मा नहीं मिल पाती। नमक पानी के ऊष्मा बिंदु को बढ़ाता है।

18. (*a*) : कार्बन मोनोऑक्साइड, जब श्वास से अंदर खींचा जाता है तो रक्त के हीमोग्लोबिन के साथ संयोजन बनाता है ताकि कार्बोक्सीहेमोग्लोबिन बन सके जो ऑक्सीजन के परिवहन को रोकता है।

19. (*a*) : समुद्र के स्तर से ऊपर, प्रत्येक 165 मीटर चढ़ाई पर तापमान 1°C की दर से कम हो जाता है जिस कारण पहाड़ की चोटियां ठंडी होती हैं।

20. (*c*) : पृथ्वी के अंदर उच्च तापमान और दबाव धातुओं को पिघली हुई अवस्था में रखता है। पृथ्वी सूर्य की किरणों को अवशोषित नहीं करती है लेकिन उन्हें प्रतिबिंबित करती है।

21. (*a*) : एक टीके में बीमारी के निष्क्रिय रोगाणु होते हैं। लेकिन एड्स वायरस अपने अनुवांशिक कोड को बदलता है और इसलिए इसके लिए किसी टीके का आविष्कार नहीं किया जा सका है।

22. (*b*) : कपड़ों को गर्म पानी में ठीक से धोया नहीं जाता है क्योंकि यह साबुन के साथ झाग नहीं बनाता है। हालांकि, यह सच है कि खारे पानी में कई खनिज होते हैं।

23. (*e*) : भारत में, उच्च जन्म दर और उपेक्षा के कारण, महिलाओं की पुरुषों के मुकाबले कम जीवन प्रत्याशा होती है और महिलाओं को बेहतर आहार की आवश्यकता होती है, लेकिन उन्हें यह प्राप्त नहीं होता है।

24. (*b*) : भारतीय संविधान 26 जनवरी, 1950 को लागू हुआ और तब से इस दिन को गणतंत्र दिवस के रूप में मनाया जाता है।

25. (*a*) : अपेंडिक्स, जो पहले कच्ची सब्जी को पचाने के लिए प्रयोग किया जाता था, अब मानव शरीर में एक अवशेषी अंग है और यह कोई कार्य नहीं करता है।

26. (*a*) : हिमालय युवा वलित पर्वत है। माना जाता है कि एक समय में टेथीस सागर के अंदर था। इसकी चोटियों पर समुद्री जीवों के जीवाश्मों के मिलने से यह स्पष्ट भी है।

27. (*c*) : शिवाजी ने मुगलों को हराने के लिए गुरिल्ला युद्ध शुरू किया लेकिन वह मुगलों से डरते नहीं थे।

28. (*a*) : फलदार पौधे की जड़ ग्रंथि में सूक्ष्मजीव नाइट्रोजन फिक्सिंग बैक्टीरिया होता है जो वायुमंडलीय नाइट्रोजन को अवशोषित करता है और इसे मिट्टी की उर्वरता को पुनर्जीवित करने वाले पौधों के लिए उपयोगी नाइट्रोजेनस यौगिकों में परिवर्तित करता है।

29. (*a*) : जब फलों और सब्जियों को काट कर खुले में रखा जाता है, तो उनमें मौजूद विटामिन का ऑक्सीकरण हो जाता है और इसका कोई उपयोग नहीं होता है।

30. (*b*) : एक परमाणु में यदि सकारात्मक चार्ज प्रोटॉन और नकारात्मक चार्ज इलेक्ट्रॉनों की एक समान संख्या होती है तो यह न्यूट्रल होता है। हालांकि, यह सच है कि परमाणु के नाभिक में न्यूट्रॉन न्यूट्रल होते हैं।

31. (*d*) : बेकिंग सोडा के क्षारीय होने से यह पेट में अम्लता को निष्क्रिय करता है।

32. (*e*) : एमोबायसिस प्रोटोजोआ के कारण होने वाला एक सूक्ष्मजीव रोग है।

33. (*a*) : प्लास्टर ऑफ पेरिस जब पानी के साथ मिश्रित होता है और टूटी हुई हड्डियों के चारों ओर लगाया जाता है, तो यह एक ठोस रूप में जमा होता है और हड्डी के जोड़ों को एक निश्चित स्थिति में रखता है, इसलिए इसका उपयोग टूटी हुई हड्डियों को जोड़ने के लिए किया जा सकता है।

34. (*c*) : क्लोरोफ्लोरोकार्बन का उपयोग आजकल प्रतिबंधित है क्योंकि ये ओजोन परत में छेद का कारण बनता है जिसके माध्यम से पराबैंगनी किरणों का प्रवेश होता है और यह त्वचा के कैंसर का कारण बन सकता है।

35. (*d*) : कांस्य, तांबा और टिन का मिश्र धातु है। यह संक्षारण प्रतिरोधी है और इसलिए मूर्तियों को बनाने के लिए इसका उपयोग किया जाता है।

36. (*a*) : भारत में मुद्रास्फीति काले धन की अप्रतिबंधित वृद्धि के कारण हुई है।

37. (*c*) : पौधों की पत्तियां हरी हैं क्योंकि उनमें हरे रंग का वर्णक, क्लोरोफिल होता है। हालांकि, पौधों में क्रोमोप्लास्ट होते हैं लेकिन वे हरे रंग के वर्णक नहीं होते हैं।

38. (*a*) : R, A की सही व्याख्या है।

39. (*a*) : टेलीफोन के तारों का धातु गर्मियों में फैल जाता है और तार ढीले हो जाते हैं, इसलिए तारों में अधिक झुकाव आ जाता है।

40. (*c*) : एस्किमो इग्लू नामक बर्फ के घरों में रहते हैं क्योंकि बर्फ के गर्मी का खराब संवाहक होने के कारण, ये घर अंदर से गर्म होते हैं।

41. (*b*) : भारत एक लोकतांत्रिक देश है, क्योंकि इसकी सरकार जनता की जनता के लिए और जनता के द्वारा है। यह भी सच है कि भारत का अपना संविधान है।

42. (*c*) : प्रेशर कुकर के हैंडल इबोनाइट से बने होते हैं क्योंकि यह गर्मी का खराब संवाहक होता है और गर्म नहीं होता है।

43. (*a*) : मिट्टी के बर्तनों में छिद्र होते हैं जिसके माध्यम से पानी वाष्पित होता है, जिससे शीतलन होता है।

44. (*e*) : सुरक्षा फ्यूज निम्न गलनांक वाली सामग्रियों से बने होते हैं ताकि जब सर्किट के माध्यम से अतिरिक्त प्रवाह बहता है, तो फ्यूज पिघलकर सर्किट को तोड़ देता है और इस प्रकार उपकरणों को बचाता है।

45. (*c*) : सूर्य से सबसे दूर होने के कारण प्लूटो को बहुत कम सूर्य की किरणें मिलती हैं, तो प्लूटो सबसे ठंडा ग्रह है।

46. (*a*) : नदी अपने ऊपरी प्रवाह में एक ढलान से नीचे जाती है और इसलिए तेजी से बहती है, जिसके कारण मुख्य रूप से इस क्षेत्र में क्षरण होता है।

47. (*b*) : उपजाऊ भूमि और कृषि (मनुष्य का मुख्य व्यवसाय) के लिए जरूरी पानी की उपलब्धता के कारण अधिकांश प्राचीन सभ्यताएं नदियों के नजदीक बढ़ी।

48. (*b*) : पानी की उपस्थिति ही पृथ्वी पर जीवन का मुख्य प्रणेता और निर्वाहक है।

49. (*a*) : R, A की सही व्याख्या है।

50. (*d*) : बुध सबसे छोटा ग्रह है लेकिन प्लूटो सौर मंडल का सबसे दूर का ग्रह है।

51. (*a*) : शुक्र के 97% वायुमंडल में कार्बन डाइऑक्साइड होता है जो आने वाली सौर ऊर्जा को बहुत कुशलता से रोकता है।

52. (*c*) : अकबर ने लोगों में नैतिक मूल्यों को विकसित करने और धार्मिक असहिष्णुता को खत्म करने के लिए दीन-ए-इलाही की स्थापना की। R गलत है।

53. (*a*) : R, A की सही व्याख्या है।

54. (*d*) : O रक्त समूह में कोशिकाओं पर कोई प्रतिजन नहीं होता है और अन्य रक्त प्रकारों के खिलाफ प्रतिरक्षी का निर्माण नहीं करता है। यह रक्त अन्य रक्त समूहों वाले लोगों को सुरक्षित रूप से चढ़ाया जा सकता है। O रक्त समूह वाले व्यक्ति को सार्वभौमिक दाता कहा जाता है। AB रक्त समूह वाला व्यक्ति सार्वभौमिक प्राप्तकर्ता है।

55. (*a*) : R, A की सही व्याख्या है।

56. (*a*) : जलमग्न खानों से पानी खींचने की समस्या ने एक स्व-कार्यशील इंजन की आवश्यकता प्रदान की, जिसके कारण जेम्स वाट ने इसका आविष्कार किया।

57. (*a*) : पृथ्वी के वायुमंडल में कार्बन डाइऑक्साइड आवरण ऊष्मा को शोषित करता है। कार्बन डाइऑक्साइड के अनुपात में वृद्धि के साथ वैश्विक तापमान बढ़ेगा, इस प्रकार ध्रुवीय बर्फ पिघल जाएगी।

58. (*a*) : तमिलनाडु में वर्षा मानसून की वापसी के कारण होती है जो सर्दियों में होती है।

59. (*b*) : ग्रेफाइट में कमजोर बल द्वारा सगठित दो अनुक्रमिक परतों के साथ परतीय संरचना होती है जो एक-दूसरे पर स्लाइड करने में सक्षम होती है। ग्रेफाइट चिकना होता है और इसकी इस प्रकृति के कारण स्नेहक के रूप में इसका उपयोग होता है। ग्रेफाइट में प्रत्येक कार्बन अणु तीन अन्य कार्बन अणुओं से जुड़ा होता है जबकि कार्बन अणु में एक इलेक्ट्रॉन को अस्थानांतरित किया जाता है। अत: ग्रेफाइट में मुक्त इलेक्ट्रॉन होते हैं।

60. (*c*) : भारत में न्यायपालिका कार्यकारी से पूरी तरह से स्वतंत्र है। राज्य के मामलों में इसका कोई हस्तक्षेप नहीं है और न ही यह सरकार से प्रभावित हो सकती है।

अभ्यास 19B

दिशानिर्देश: ***निम्नलिखित में से प्रत्येक प्रश्न में कथन (A) और कारण (R) के रूप में दो कथन दिए गए हैं।***

नीचे दिए गए कोड के अनुसार अपने उत्तरों को चिह्नित करें:

(a) यदि A और R दोनों सही हैं और R, A की सही व्याख्या है;

(b) यदि A और R दोनों सही हैं लेकिन R, A की सही व्याख्या नहीं है;

(c) यदि A सही है लेकिन R गलत है;

(d) यदि A गलत है लेकिन R सही है

(e) यदि A और R दोनों गलत हैं।

1. कथन (A): हम सर्दियों में सफेद कपड़े पहनना पसंद करते हैं।
कारण (R): सफेद कपड़े गर्मी के अच्छे परावर्तक हैं। **(M.A.T. 2005)**

2. कथन (A): भारत में जनता स्वयं के प्रतिनिधियों का चुनाव करती है।
कारण (R): भारत एक लोकतंत्र है।

3. कथन (A): टीके रोगों से बचाते है।
कारण (R): बच्चों को टीके लगाये जाने चाहिए।

4. कथन (A): मूसलाधार बारिश से वातावरण में आर्द्रता कम हो जाती है।
कारण (R): बारिश तब होती है जब वातावरण अधिक आर्द्रता को नियंत्रित नहीं कर सकता है।

5. कथन (A): अपरिष्कृत चावल खाया जाना चाहिए।
कारण (R): परिष्कृत चावल में विटामिन B की कमी होती है।

6. कथन (A): चमगादड़ रात में उड़ सकते हैं।
कारण (R): चमगादड़ पराध्वनिक तरंगें उत्सर्जित करते हैं।

7. कथन (A): रजिया सुल्तान इल्तुतमिश की पुत्री थी।
कारण (R): इल्तुतमिश विद्रोही था।

8. कथन (A): बिजली के तार बनाने के लिए चांदी का उपयोग नहीं किया जाता है।
कारण (R): चांदी विद्युत का कुचालक है।

9. कथन (A): गांधी जी ने असहयोग आंदोलन को वापस ले लिया।
कारण (R): चौरी चौरा में हिंसा हुई थी।

10. कथन (A): कार्बन सबसे बड़ी संख्या में यौगिकों का निर्माण करता है।
कारण (R): कार्बन में श्रृखलन गुण पाया जाता है।

11. कथन (A): उत्तर प्रदेश को भारत का 'चीनी का कटोरा' कहा जाता है।
कारण (R): उत्तर प्रदेश गन्ने का अग्रणी उत्पादक है।

12. कथन (A): जब बस शुरू होती है, तो उसमें सवार व्यक्ति आगे की तरफ गिरता है।
कारण (R): बस व्यक्ति को आगे धक्का देती है।

13. कथन (A): सर्दियों में कांच का गिलास टूटता है जब उसमे गर्म पानी डाला जाता है।
कारण (R): जब गर्म पानी डाला जाता है, तो कांच की बाहरी सतह फैलती है।

14. कथन (A): रक्त का लाल रंग हीमोग्लोबिन के कारण होता है।
कारण (R): हीमोग्लोबिन एक लाल वर्णक है।

15. कथन (A): कार्बोहाइड्रेट शरीर को ऊर्जा प्रदान करते हैं।
कारण (R): कार्बोहाइड्रेट के अत्यधिक सेवन के कारण मोटापा होता है।

16. कथन (A): बारिश के बाद ही आकाश में इंद्रधनुष दिखाई देता है।
कारण (R): हवा में प्रलंबित पानी की बूंदें सूर्य की किरणों को सात रंगों में बिखेर देती हैं। **(M.A.T. 1999)**

17. कथन (A): बिजली उत्पन्न करने के लिए नाभिकीय संलयन का उपयोग किया जाता है।
कारण (R): परमाणु ऊर्जा का उपयोग नहीं किया जाता है क्योंकि इसे नियंत्रित नहीं किया जा सकता है।

18. कथन (A): नर्मदा नदी पश्चिम की तरफ बहती है।
कारण (R): नर्मदा बंगाल की खाड़ी में गिरती है।

19. कथन (A): कपास को जलोढ़ मिट्टी में उगाया जाता है।

कारण (R): जलोढ़ मिट्टी बहुत उपजाऊ होती है।

20. **कथन (A):** भारत में उष्णकटिबंधीय मानसून प्रकार की जलवायु है।
कारण (R): भारत उष्णकटिबंधीय अक्षांश के बिल्कुल मध्य में स्थित है। (M.A.T. 2005)

21. **कथन (A):** विद्युत तार बनाने के लिए तांबे का प्रयोग किया जाता है।
कारण (R): तांबा निम्न विद्युत प्रतिरोधी है।

22. **कथन (A):** लौह रेल के मध्य थोड़ा अंतर रखा जाता है।
कारण (R): लोहा गर्मियों में फैलता है।

23. **कथन (A):** जब सामान्य नमक को खुला रखा जाता है तो यह हवा से नमी को अवशोषित करता है।
कारण (R): सामान्य नमक में मैग्नीशियम क्लोराइड होता है।

24. **कथन (A):** जब एक वस्तु को पूरी तरह से या आशिक रूप से तरल में डुबोया जाता है, तो उसके वजन में कमी आती है।
कारण (R): वजन में कमी विस्थापित तरल के उच्च घनत्व के कारण होती है। (M.A.T. 1999)

25. **कथन (A):** घरेलू गैस सिलेंडरों में रिसाव का पता लगाया जा सकता है।
कारण (R): एलपीजी की गंध बहुत तेज होती है।

26. **कथन (A):** शिमला दिल्ली से ठंडा है।
कारण (R): दिल्ली की तुलना में शिमला ऊंचाई पर है।

27. **कथन (A):** रात के दौरान स्थलीय पवन बहती है।
कारण (R): जमीन जल्दी गर्म हो जाती है।

28. **कथन (A):** सर्दियों के दौरान समुद्र के पानी के ठंडे होने से मछलियां नहीं मरती हैं।
कारण (R): केवल सतह का पानी ही जमता है।

29. **कथन (A):** हम गर्म और आर्द्र जलवायु में सहज महसूस करते हैं।
कारण (R): आर्द्र जलवायु में पसीना तेजी से वाष्पित होता है। (M.A.T. 2005)

30. **कथन (A):** मोहम्मद-बिन-तुगलक को 'बुद्धिमान मूर्ख' कहा जाता है।
कारण (R): उनके पास बुद्धिमान योजनाएं थीं लेकिन उन्हें मूर्खतापूर्वक लागू किया गया था।

31. **कथन (A):** फसलों के साथ खरपतवारों को उगाने की अनुमति नहीं दी जानी चाहिए।
कारण (R): खरपतवार पौधों के विकास के लिए कोई स्थान नहीं छोड़ती है।

32. **कथन (A):** कार्बन डाइऑक्साइड चूने के पानी को दूधिया बना देता है।
कारण (R): कार्बन डाइऑक्साइड पानी को दूषित कर देता है।

33. **कथन (A):** एक खारे पानी की मछली समुद्री जल पीती है जबकि एक ताजे पानी की मछली कभी पानी नहीं पीती है।
कारण (R): खारे पानी की मछली अपने पर्यावरण के लिए अतिपरासारी है जबकि ताजे पानी की मछली अपने पर्यावरण के लिए अल्पपरासारी है। (M.A.T. 2003)

34. **कथन (A):** बुद्ध ने अपने विवाह के बाद घर छोड़ दिया था।
कारण (R): वह सभी सांसारिक संबंधों से मुक्त होना चाहते थे और तपस्वी बनना चाहते थे।

35. **कथन (A):** खाद्य पदार्थों को लंबे समय तक पानी में भिगोया नहीं जाना चाहिए।
कारण (R): धोने से खाद्य पदार्थों में मौजूद विटामिन A और विटामिन D खत्म हो जाते हैं।

36. **कथन (A):** केंचुए खेती के लिए अच्छे नहीं होते हैं।
कारण (R): केंचुए मिट्टी को महीन कणों में तोड़कर इसे नरम बनाते हैं।

37. **कथन (A):** DDT ने आजकल एक कीटनाशक के रूप में अपनी उपयोगिता खो दी है।
कारण (R): DDT मनुष्य के लिए हानिकारक है।

38. **कथन (A):** बोये जाने से पहले बीज को कवकनाशी से उपचारित किया जाना चाहिए।
कारण (R): बीज तब तक अंकुरित नहीं होते हैं जब तक कवकनाशी घोल से उपचारित नहीं किया जाता है।

39. **कथन (A):** मछली का शरीर सुप्रवाही है।
कारण (R): सुप्रवाही शरीर मछली को पानी में अपना रास्ता बनाने में मदद करता है।

40. **कथन (A):** भारत में दूध उत्पादन दुनिया के अन्य देशों की तुलना में कम है।
कारण (R): भारत में पशुपालक गरीब हैं।

41. **कथन (A):** निगलने के दौरान सामान्य रूप से कोई खाद्य सामग्री श्वासनली में प्रवेश नहीं करती है।
कारण (R): जब हम निगलते हैं तो हमारी जीभ का पिछला हिस्सा श्वासनली की खुली जगह को ढकता है। (M.A.T. 1999)

42. **कथन (A):** उत्तरी गोलार्ध में हवाएं उनकी गति की दिशा के दाहिने तरफ और दक्षिणी गोलार्ध में बाईं ओर मुड़ जाती हैं।
कारण (R): पृथ्वी के घूर्णन के कारण हवा की दिशा में परिवर्तन होता है।

43. **कथन (A):** पुरुषों में महिलाओं की तुलना में अधिक आवृत्ति के साथ लाल हरा रंग अंधता होती है।
कारण (R): महिलाओं में दो गुणसूत्र हैं और पुरुषों में एक होता है।

44. **कथन (A):** मृदा अपरदन के दृष्टिकोण से वनों को काटना अवांछनीय है।
कारण (R): वनों को काटने के कारण बारिश के पानी का अंतरग्रहण कम हो जाता है। (M.A.T. 2005)

45. **कथन (A):** सभी हरे पौधों में प्रकाश संश्लेषण होता है।
कारण (R): प्रकाश संश्लेषण के लिए क्लोरोफिल आवश्यक है।

46. **कथन (A):** धूमकेतु सौर मंडल से संबंधित हैं।
कारण (R): सभी धूमकेतु नियमित अंतराल के बाद सूर्य के निकट आते हैं। (M.A.T. 1999)

47. **कथन (A):** भारत का पश्चिमी तट कई समुद्री बंदरगाहों के कारण विशेष है।
कारण (R): पश्चिमी तट में गहरे समुद्री पानी के साक्ष्य हैं।

48. **कथन (A):** एल्यूमीनियम के उत्पादन के लिए सस्ती बिजली आवश्यक है।
कारण (R): अयस्क से एल्यूमीनियम निकालने के लिए प्रचुर मात्रा में बिजली की आपूर्ति की आवश्यकता होती है।

49. **कथन (A):** जब कोई व्यक्ति लिफ्ट में खड़ा होता है, जो या तो एक ही स्थान पर है या फिर ऊपर -नीचे की तरफ एक समान गति से आगे बढ़ती है, तो उसे अपने वजन में कोई स्पष्ट परिवर्तन नहीं दिखता है।
कारण (R): लिफ्ट के फर्श की प्रतिक्रिया उसके वजन के बराबर है।

50. **कथन (A):** अशोक स्तंभ ने अपनी सतह पर चमक बरकरार रखी है।

कारण (R): आद्रता युक्त हवाएं उन क्षेत्रों में नहीं चलती हैं जहां यह स्थित है। (M.A.T. 2005)

51. कथन (A): औरंगजेब अपनी दक्खन नीति में विफल रहा।

कारण (R): वह तुष्टीकरण की नीति का पालन नहीं कर सका।

52. कथन (A): बुद्ध ने चार महान सत्यों का प्रचार किया।

कारण (R): वह तृष्णा को मिटाना चाहते थे, जो मानवीय दुख और विपत्ति का कारण है।

53. कथन (A): बल्ब फिलामेंट टाइटेनियम से बना होता है।

कारण (R): फिलामेंट में निम्न गलनांक होना चाहिए।

54. कथन (A): संचार के लिए उपग्रह के रूप में चंद्रमा का उपयोग नहीं किया जा सकता है।

कारण (R): चंद्रमा पृथ्वी की भूमध्य रेखा समतल में गति नहीं करता है।

55. कथन (A): छत के पास वेंटिलेटर प्रदान किए जाते हैं।

कारण (R):छत के पास संवाहन बेहतर होता है।

हल-अभ्यास 19(B)

1. (*d*) : हम सर्दियों में काले कपड़े पहनना पसंद करते हैं क्योंकि वे गर्मी को अवशोषित करते हैं और शरीर को गर्म रखते हैं। हालांकि, सफेद कपड़े गर्मी के अच्छे परावर्तक होते हैं और गर्मी में पहने जाते हैं।

2. (*a*) : भारत के एक लोकतांत्रिक देश होने के नाते, यहां की सरकार यहां के लोगों द्वारा चुने गए प्रतिनिधियों द्वारा संचालित होती है।

3. (*b*) : टीके शरीर के अंदर प्रतिरक्षा विकसित करके बीमारियों को रोकते हैं और बीमारियों के खिलाफ प्रतिरोध उत्पन्न करने के लिए बच्चों को टीके लगाए जाने चाहिए।

4. (*d*) : बारिश तब होती है जब ऊपरी भाग में वातावरण अधिक पानी नहीं पकड़ सकता है। लेकिन अधिक बारिश के कारण पृथ्वी की सतह के पास वातावरण में आर्द्रता बढ़ जाती है।

5. (*a*) : अपरिष्कृत चावल की भूसी में विटामिन B1 होता है, जिसकी कमी बेरी-बेरी रोग का कारण बनती है। अत: अपरिष्कृत चावल ही खाने चाहिए।

6. (*a*): चमगादड़ रात में उड़ सकते हैं क्योंकि वे पथ में बाधा से प्रतिबिंबित होने के बाद उनके द्वारा उत्सर्जित पराध्वनिक ध्वनि की गूंज को समझकर पथ में बाधा का पता लगा सकते हैं।

7. (*c*) : इल्तुतमिश दास राजवंश का शासक था और रजिया उसकी पुत्री थी।

8. (*c*) : चांदी विद्युत का सुचालक है लेकिन बिजली के तार बनाने के लिए इसका उपयोग नहीं किया जाता है क्योंकि यह महंगी है।

9. (*a*) : चौरी चौरा में हिंसा की वजह से गांधीजी ने असहयोग आंदोलन वापस ले लिया था।

10. (*d*) : कार्बन विभिन्न प्रकार श्रृंखला और चक्र बनाने की प्रवृत्ति के कारण यौगिकों की एक बड़ी संख्या बनाता है, जिसे इसका श्रृंखलन गुण कहा जाता है। हालांकि यौगिकों की सबसे बड़ी संख्या हाइड्रोजन द्वारा बनती है।

11. (*a*) : गन्ने का अग्रणी उत्पादक राज्य होने की कारण उत्तर प्रदेश को भारत का 'चीनी का कटोरा' कहा जाता है।

12. (*e*) : जब बस शुरू होती है, तो उसके अंदर का व्यक्ति पीछे की तरफ गिरता है क्योंकि बस आगे बढ़ती है लेकिन जड़त्व के गुण के कारण व्यक्ति प्रारंभिक अवस्था में रहता है।

13. (*c*) : सर्दियों में जब कांच के गिलास में गर्म पानी डाला जाता है तो इसकी आंतरिक सतह फैल जाती है जबकि बाहरी सतह ठंडे वातावरण के संपर्क में होने के कारण नहीं फैलती है। इस विपरीत क्रिया के कारण कांच का गिलास टूटता है।

14. (*a*) : हिमोग्लोबिन रक्त वर्णक है जो रक्त को लाल रंग प्रदान करता है।

15. (*c*) : कार्बोहाइड्रेट शरीर में ऊर्जा का स्रोत हैं। हालांकि, मोटापा शरीर में जमा होने वाली वसा के अत्यधिक सेवन के कारण होता है।

16. (*a*) : पानी की बूंदें प्रिज्म की तरह कार्य करती हैं। पानी की बूंदों पर गिरने वाली सूर्य की किरणों में विक्षेपण के कारण इन्द्रधनुष एक वर्ण क्रम उत्पन्न होता है।

17. (*e*) : बिजली उत्पन्न करने के लिए एक नियंत्रित परमाणु विखंडन प्रतिक्रिया का उपयोग किया जाता है। आजकल, नियंत्रित परमाणु ऊर्जा के कई महत्वपूर्ण अनुप्रयोग मिलते हैं।

18. (*c*) : नर्मदा नदी पश्चिम की तरफ बहती है और अरब सागर में गिरती है।

19. (*d*) : नदियों द्वारा लायी गयी कीचड़ और रेत युक्त जलोढ़ मिट्टी बहुत उपजाऊ होती है। हालांकि, कपास काली मिट्टी में उगाया जाता है जो इसकी खनिज आवश्यकताओं के अनुरूप होती है।

20. (*c*) : भारत में भौगोलिक स्थितियों के कारण उष्णकटिबंधीय मानसून का मौसम है, केवल भारत का निचला शेष भाग उष्णकटिबंधीय अक्षांश के बीच स्थित है, क्योंकि कर्क रेखा इसके केंद्र से गुजरती है।

21. (*a*) : तांबे का निम्न विद्युत प्रतिरोध इसे विद्युत सुचालक बनाता है। इसलिए इसका उपयोग बिजली के तार बनाने के लिए किया जाता है।

22. (*a*) : लौह गर्मियों में फैलता है। अत: फैलने की जगह देने के लिए रेल के बीच अंतर छोड़ा जाता है।

23. (*a*) : सामान्य नमक में मौजूद मैग्नीशियम क्लोराइड एक प्रस्वेदी पदार्थ होता है, यानी, जब यह खुले में रखा जाता है तो यह हवा से नमी को अवशोषित करता है।

24. (*c*) : जब एक बॉडी को तरल में डुबोया जाता है, तो पानी द्वारा ऊपर की ओर लगाये गए बल के कारण वजन में कमी होती है।

25. (*c*) : एलपीजी के साथ मिश्रित एथिल मेरसेप्टन की मजबूत तेज गंध की वजह से घरेलू गैस सिलेंडरों में रिसाव का पता लगाया जा सकता है।

26. (*a*) : शिमला दिल्ली से ठंडा है क्योंकि यह ऊंचाई पर स्थित है और प्रत्येक 165 मीटर की ऊंचाई पर तापमान 1 डिग्री सेल्सियस कम हो जाता है।

27. (*b*) : जमीन जल्दी गर्म हो जाती है और रात में समुद्र से जल्दी ठंडी हो जाती है ताकि ठंडी हवाएं जिन्हें स्थलीय पवन कहा जाता है, वे भूमि से समुद्र की ओर बहती है।

28. (*a*) : सर्दियों में, केवल समुद्र का सतही पानी ही जमता है। नीचे पानी ठंडा नहीं होता है क्योंकि सतह की बर्फ एक रोधक परत प्रदान करती है।

29. (*e*) : गर्म और आर्द्र जलवायु में हम असहज महसूस करते हैं क्योंकि गर्म मौसम में शरीर में अधिक पसीना होता है, लेकिन उच्च आर्द्रता के कारण यह पसीना आसानी से वाष्पित नहीं होता है।

30. (*a*) : R, A की सही व्याख्या है।

31. (*c*) : फसलों के साथ खरपतवारों को उगाने की अनुमति नहीं दी जानी चाहिए क्योंकि वे फसलों के विकास के लिए जरूरी पोषक तत्वों का उपयोग करते हैं।

32. (*c*) : कार्बन डाइऑक्साइड कैल्शियम कार्बोनेट के दूधिया अवक्षेप के लिए चूने के पानी (कैल्शियम हाइड्रॉक्साइड) के साथ प्रतिक्रिया करता है।

33. (*c*) : A स्पष्ट रूप से सही है। हालांकि, ऐसा इसलिए होता है क्योंकि खारे पानी की मछली अपने पर्यावरण के लिए अल्पपरासारी है जबकि ताजे पानी की मछली अपने पर्यावरण के लिए अतिपरासारी है।

34. (*a*) : बुद्ध ने अपने विवाह के बाद घर छोड़ दिया था क्योंकि वह खुद को सभी सांसारिक संबंधों से मुक्त करना चाहते थे और तपस्वी बनना चाहते थे।

35. (*c*) : खाद्य पदार्थों को लंबे समय तक पानी में भिगोया नहीं जाना चाहिए क्योंकि धोने से पानी में घुलनशील विटामिन B और विटामिन C खत्म हो जाते हैं।

36. (*d*) : केंचुए कृषि में मदद करते हैं क्योंकि वे मिट्टी को नरम और छिद्रित बनाते हैं।

37. (*b*) : DDT ने एक कीटनाशक के रूप में अपनी उपयोगिता खो दी है क्योंकि कीटाणुओं ने इसके खिलाफ प्रतिरक्षा विकसित कर ली है। हालांकि, यह सच है कि DDT मनुष्य के लिए हानिकारक है।

38. (*c*) : बीजों से पैदा होने वाली बीमारियों से बचने के लिए बुवाई से पहले बीज को कवकनाशी से उपचारित किया जाता है। हालांकि, कवकनाशी घोल से उपचारित नहीं किया जाता है तो भी बीज अंकुरित हो सकते हैं।

39. (*a*) : मछली का शरीर सुप्रवाही होता है जो इसे पानी में अपना रास्ता बनाने में मदद करता है।

40. (*c*) : अच्छी नस्ल की कमी और अनुचित चारे-पानी के कारण भारत में दूध उत्पादन दुनिया के अन्य देशों की तुलना में कम है। हालांकि, R सही नहीं है।

41. (*a*) : R, A की सही व्याख्या है।

42. (*a*) : R, A की सही व्याख्या है।

43. (*a*) : R, A की सही व्याख्या है।

44. (*a*) : R, A की सही व्याख्या है।

45. (*a*) : क्लोरोफिल एक हरा वर्णक है जो पत्तियों को हरा रंग प्रदान करता है और प्रकाश संश्लेषण के लिए आवश्यक है।

46. (*c*) : धूमकेतु सौर मंडल में शामिल हैं क्योंकि उन्हें बाहरी ग्रहों के अवशेष या वास्तविक खंड निर्माता माना जाता है।

47. (*a*) : R, A की सही व्याख्या है।

48. (*a*) : R, A की सही व्याख्या है।

49. (*a*) : R, A की सही व्याख्या है।

50. (*c*) : अशोक स्तंभ में इस्तेमाल की जाने वाली सामग्री की बेहतर गुणवत्ता के कारण इसने अपनी सतह पर अपनी चमक बरकरार रखी है। स्पष्ट रूप से R गलत है।

51. (*a*) : औरंगजेब मुख्य रूप से राजनीतिक और धार्मिक असहिष्णुता के कारण अपनी दक्खन नीति में विफल रहा। इसलिए R, A की सही व्याख्या है।

52. (*a*) : बुद्ध ने चार महान सत्यों का प्रचार किया, जो मानव जीवन में पीड़ा और इच्छा के कारणों को आत्मसात करते हैं, इसके साथ मोक्ष के अष्टांगिक मार्ग भी बताया जो सभी मानवीय दुखों को समाप्त कर सकते थे। इसलिए R, A की सही व्याख्या है।

53. (*e*) : बल्ब फिलामेंट टंगस्टन से बना होता है क्योंकि इसे बहुत पतले धातु के तारों से बनाया जा सकता है जिसमें उच्च गलनांक होता है।

54. (*a*) : R, A की सही व्याख्या है।

55. (*c*) : छत के पास वेंटिलेटर प्रदान किए जाते हैं क्योंकि वायु गर्म होने पर ऊपर की ओर उठती है इसलिए ऊँचे वेंटिलेटर के माध्यम से इस वायु को कक्ष से बाहर फेंका जा सकता है।

20 स्थिति प्रतिक्रिया परीक्षण

(SITUATION REACTION TEST)

यह परीक्षण मुख्य रूप से किसी अभ्यर्थी के जीवन में किसी भी समय आने वाली स्थिति से निपटने के लिए उसकी बुद्धि तत्तपरता का उपयोग करने की उसकी क्षमता को जांचने के लिए है। इस प्रकार, अभ्यर्थी से सबसे अच्छी प्रतिक्रिया चुनने की अपेक्षा की जाती है जो उसे एक अच्छे व्यक्ति या ईमानदार पेशेवर के रूप में पेश करेगी।

व्याख्यात्मक उदाहरण

उदा. 1. यदि एक परीक्षा हॉल में, आप पाते हैं कि प्रश्नपत्र आपके द्वारा संतोषजनक उत्तर दिए जाने के लिए बहुत कठिन है, तो आपके लिए सबसे अच्छी बात यह है कि **(N.I.F.T. 2005)**

(*a*) परीक्षक को बताएं कि प्रश्न कोर्स से बाहर हैं
(*b*) उम्मीदवारों को परीक्षा हॉल से बाहर चलने के लिए उकसायें
(*c*) अपने पड़ोसी से कुछ जानने की कोशिश करें
(*d*) शांत दिमाग से जितना जानते हैं, उतने प्रश्नों को हल करने की कोशिश करें

हल: स्पष्ट रूप से, एक आदर्श छात्र से इस तरह के मुद्दे पर उकसाने या उत्तरों को कॉपी करने की कोशिश करने की उम्मीद नहीं की जाएगी। इसके अलावा, एक स्थिति से सबसे अच्छा सामना इस प्रकार किया जा सकता है कि घबराहट पैदा करने के बजाय इसे शांत दिमाग के साथ हल करने का प्रयास करें। अत: उत्तर (*d*) है।

उदा. 2. आपकी नौकरानी ने आपको अपनी बेटी की शादी में आमंत्रित किया है। आप करेंगे **(Hotel Management, 2005)**

(*a*) उसकी पूरी तरह उपेक्षा करें
(*b*) शादी में शामिल होंगे
(*c*) उसकी बेटी के लिए एक उपहार खरीदेंगे
(*d*) उसे बधाई देंगे और उपस्थित न होने के लिए कोई न कोई बहाना बना दें

हल: जाहिर है कि स्थिति शादी में नौकरानी की मदद करने की मांग करती है जितना कि एक व्यक्ति कर सकता है। अत: उत्तर (*c*) है।

उदा. 3. आपके मित्र धूम्रपान पसंद करते हैं और आपको वही करने के लिए प्रभावित करते हैं, तो आप क्या करेंगे? **(Hotel Management, 2004)**

(*a*) केवल इसलिए धूम्रपान करेंगे क्योंकि आपके मित्र धूम्रपान कर रहे हैं
(*b*) धूम्रपान करने से मना करेंगे
(*c*) धूम्रपान करेंगे लेकिन केवल उनकी उपस्थिति में
(*d*) मना करेंगे और उनसे झूठ बोलेंगे कि आपको अस्थमा है

हल: स्पष्ट रूप से, किसी के पास एक मजबूत इच्छा-शक्ति होनी चाहिए ताकि आसान प्रलोभनों के लिए मन में उपज न हो और किसी भी ऐसी गतिविधि में लिप्त न हो जो बाद में हानिकारक साबित होगी। अत: उत्तर (*b*) है।

उदा. 4. यदि कठिन दिन पर ग्राहकों को संभालने के लिए आप एकमात्र व्यक्ति उपलब्ध हैं, तो आपको चाहिए **(Hotel Management, 2003)**

(*a*) बॉस से अतिरिक्त मदद के लिए पूछें
(*b*) छुट्टी लें और घर वापस जाएँ
(*c*) सिर्फ अपने हिस्से का काम करें
(*d*) ग्राहकों को संतुष्ट करने के लिए अपनी क्षमता का अधिकतम उपयोग करने का प्रयास करें और काम करें

हल: स्पष्ट रूप से, एक आदर्श पेशेवर से यह अपेक्षा की जाती है कि वह अपने कर्तव्यों का न केवल निर्वाह करे बल्कि कड़ी मेहनत करे और अपने ग्राहकों को संतुष्ट करने का प्रयास करे। अत: उत्तर (*d*) है।

उदा. 5. जब आपको गुस्सा आता है, तो आप आमतौर पर **(I.A.M. 2003)**

(*a*) चीजें फेंकना शुरू करेंगे
(*b*) खुद को काम से पीछे हटाकर रोना शुरू करेंगे
(*c*) स्थिति को वैसा ही छोड़ देंगे और अपने आप को एक अलग गतिविधि में संलग्न करें
(*d*) इनमें से कोई नहीं

हल: क्रोध पर काबू पाने के लिए सबसे अच्छा तरीका यह है कि इसे चीजों या लोगों पर न डालें, बल्कि अपने मन को एक अलग गतिविधि के लिए मोड़ें। अत: उत्तर (*c*) है।

उदा. 6. आप घर में अकेले हैं और आपकी बहन को अचानक प्रसव पीड़ा का अनुभव होता है तो आप क्या करेंगे **(Hotel Management, 2002)**

(*a*) निश्चित रूप से परेशान हो जाएंगे और यह नहीं समझ पाएंगे कि सही कदम क्या है
(*b*) अपने परिवार के डॉक्टर को बुलाने के लिए घर से बाहर जाएंगे
(*c*) उसे नजदीकी अस्पताल ले जाएंगे
(*d*) आपातकाल के लिए एम्बुलेंस को कॉल करेंगे

हल: जाहिर है कि स्थिति बहुत देर किए बिना महिला को अस्पताल ले जाने की मांग करती है। मदद की तलाश में बाहर जाने के लिए या अस्पताल पहुँचने के कार्य में अतिरिक्त समय लगाकर उसे घर पर अकेला छोड़ना निश्चित रूप से उचित नहीं होगा। अत: उत्तर (*d*) है।

उदा. 7. अपने मित्र की पार्टी में भाग लेने के दौरान, आप अपने मित्र के मफलर को उसके पीछे टेबल पर मोमबत्ती से आग पकड़ते हुए देखते हैं। आप क्या करेंगे?

(*a*) अपने दोस्त को उसके पीछे देखने के लिए कहेंगे
(*b*) दोस्त की माँ को बुलाने के लिए दौड़ेंगे
(*c*) दौड़ेंगे और मफलर को उसकी गर्दन से निकालकर गिरा देंगे और उस पर पानी डालेंगे
(*d*) मफलर को बाहर निकालेंगे और फेंक देंगे

हल: दी गई स्थिति संबंधित व्यक्ति को किसी भी नुकसान से बचाने के लिए केवल सावधानी के बजाय एक त्वरित कार्रवाई की मांग करती है। लेकिन सिर्फ मफलर को फेंकने से फिर से कहीं और नुकसान हो सकता है, तो कार्रवाई का सबसे अच्छा तरीका पहले मफलर को निकालना और फिर आग को बुझाना होगा। अत: उत्तर (*c*) है।

उदा. 8. आप अपनी पसंद के व्यक्ति से शादी करना चाहते हैं, लेकिन आपके परिवार के सदस्यों ने अपने स्वयं के कारण बताए कि आपको उस व्यक्ति से शादी क्यों नहीं करनी चाहिए, जिनसे आप बहुत आश्वस्त नहीं हैं। आप क्या करेंगे? **(M.B.A. 2003)**

(*a*) आपके परिवार का कहने के अनुसार करेंगे
(*b*) पूरी तरह से भ्रमित हो जाते हैं और अभी भी अनिर्णीत रहते हैं
(*c*) अपनी पसंद के व्यक्ति से शादी करेंगे
(*d*) अपने परिवार को अपनी पसंद के बारे में समझाने की कोशिश करेंगे

हल: संघर्ष को निपटाने का सबसे अच्छा तरीका हमेशा किसी एक पक्ष से चिपके रहने के बजाय शातिपूर्ण बातचीत और आपसी चर्चा के माध्यम से आम सहमति पर पहुंचना है। दी गई स्थिति में, चूंकि संबंधित व्यक्ति परिवार के सदस्यों के विचारों से आश्वस्त नहीं है, इसलिए उसे उन्हें समझाने की कोशिश करनी चाहिए और उनके विचारों को अपने विचारों के अनुरूप ढालने का प्रयास करना चाहिए। केवल अपनी पसंद का पालन करने से परिवार की भावनाओं को ठेस पहुँचेगी और परिवार के सदस्यों के विचारों का आँख बंद करके पालन करना निश्चित रूप से उस व्यक्ति के प्रति विश्वासघात होगा जो उसे प्यार करता है। अत: उत्तर (*d*) है।

उदा. 9. यदि आप अपने आप को ऐसी स्थिति में पाते हैं, जहाँ आपको एक पावर पॉइंट प्रेज़ेंटेशन बनाने की आवश्यकता होती है और मैनेजर के रूप में आप पहले से ही बहुत अधिक काम के दबाव में हैं, तो आप क्या करेंगे? **(M.A.T. 2002)**

(*a*) प्रेज़ेंटेशन के किसी वैकल्पिक माध्यम का प्रयोग करेंगे
(*b*) अपनी सुविधा के अनुसार संगोष्ठी को रद्द कर पुनर्निर्धारित करेंगे
(*c*) अपना कार्य अपने अधीनस्थ को दे देंगे, आप बॉस हैं, कोई आपसे सवाल नहीं कर सकता
(*d*) अपने काम को प्राथमिकता देंगे और इसके लिए समय निकालने का प्रयास करेंगे

हल: एक प्रबंधक वह है जिसके पास कार्यों को ठीक से प्रबंधित करने की विशेषज्ञता है। इसलिए, यह उनकी प्रमुख जिम्मेदारी बन जाती है कि वह अपने कार्य शेड्यूल को ठीक से व्यवस्थित करें और उसे स्थगित करने या किसी और को सौंपने की जगह प्रोजेक्ट के लिए आवश्यक समय निकालकर उसे पूरा करें। अत: उत्तर (*d*) है।

उदा. 10. ट्रेन में यात्रा करते समय, आप कोच के एक आदमी को नोटिस करते हैं जो आपके पीछे ट्रेन से गिरता है। आप क्या करेंगे?

(*a*) अलार्म श्रृंखला खींचेंगे ताकि ट्रेन रुक जाए और आदमी को मदद मिल सके
(*b*) गिरते हुए आदमी को जोर से चिल्ला कर जल्दी से उठकर अन्दर प्रवेश करने को कहेंगे
(*c*) गिरते आदमी की सहायता के लिए ट्रेन से कूदेंगे
(*d*) अगले स्टेशन पर ट्रेन रुकने तक प्रतीक्षा करेंगे और रेलवे अधिकारियों को सूचित करेंगे

हल: स्पष्ट रूप से, स्थिति पीड़ित को सहायता प्रदान करने के लिए त्वरित कार्रवाई करने की मांग करती है यह आवश्यक है कि ट्रेन को तुरंत रोका जाए। अत: उत्तर (*a*) है।

अभ्यास 20

दिशानिर्देश: ***निम्नलिखित प्रत्येक प्रश्न के लिए, विकल्प के रूप में चार संभावित उत्तर दिए गए हैं। उत्तर के रूप में सबसे उपयुक्त विकल्प का चयन करें।***

1. जब आप एक अंधे आदमी को सड़क पार करने की कोशिश करते हुए देखते हैं, तो आप **(Hotel Management, 2005)**
(*a*) किसी को उसकी मदद करने के लिए कहेंगे
(*b*) जाएंगे और उसकी मदद करेंगे
(*c*) सड़क पार करने तक प्रतीक्षा करेंगे
(*d*) अनदेखा करेंगे और आगे बढ़ जाएंगे

2. यदि आप एक प्रबंधक हैं और आपका कोई कर्मचारी ठीक से काम नहीं कर रहा है, तो एक प्रबंधक के रूप में आप क्या करेंगे? **(Hotel Management, 2004)**
(*a*) उन्हें हटा देंगे
(*b*) सुधार करने के लिए दो सप्ताह का समय देंगे
(*c*) किसी अन्य कार्य में व्यक्ति की क्षमताओं और रुचि को विकसित करने का प्रयास करेंगे
(*d*) उनसे बात करेंगे और उनकी समस्या जानने की कोशिश करेंगे

3. आप एक क्लब द्वारा आयोजित दिवाली मेले का आनंद लेने गए हैं। अचानक आप एक खोये हुए बच्चे को रोते हुए देखते हैं। आप क्या करेंगे?
(*a*) उपेक्षा करेंगे और दूर चले जाएंगे
(*b*) बच्चे को उसके माता-पिता को खोजने के लिए कहेंगे
(*c*) उसे रोना बंद करने के लिए कहेंगे और धैर्यपूर्वक अपने माता-पिता की प्रतीक्षा करने को कहेंगे
(*d*) क्लब अधिकारियों के साथ संपर्क करेंगे और माता-पिता के लिए एक घोषणा करायेंगे

4. किसी संगठन के फ्रंट ऑफिस का प्रबंधन करने वाले व्यक्ति के पास होना चाहिए- **(Hotel Management, 2003)**
(*a*) नेतृत्व (*b*) व्यक्तित्व
(*c*) धैर्य (*d*) अनुशासन

5. इंटरव्यू के पिछले दिन, आपका दोस्त आता है और आपको बताता है कि इंटरव्यू के लिए एक्सपर्ट बहुत सख्त व्यक्ति है। आप क्या करेंगे?
(*a*) तैयारी बंद कर देंगे
(*b*) उसको बतायेंगे कि आपने अन्य पदों के लिए भी आवेदन किया है
(*c*) प्रार्थना करेंगे कि केवल सरल प्रश्न पूछे जाएं
(*d*) परेशान नहीं होंगे क्योंकि आपने अच्छी तैयारी की है

6. "नो रिस्क नो गेन"। आप- **(I.A.M. 2003)**
(*a*) महसूस करते हैं कि जोखिम का मतलब कोई लाभ नहीं है
(*b*) मानते हैं कि यह नारा सही है
(*c*) अनावश्यक जोखिम को स्वीकार करना मूर्खतापूर्ण है
(*d*) महसूस करते हैं कि स्थिति को पूरी तरह से आंकने के बाद ही जोखिम उठाया जा सकता है

7. आप-

(*a*) दिन के समय में कड़ी मेहनत कर सकते है लेकिन रात में नहीं
(*b*) अगर स्थिति की मांग है तो अतिरिक्त घंटे काम करने को तैयार हैं
(*c*) एक जल्दी जागने वाले हैं और जल्दी सो जाते हैं
(*d*) अगर आपको देर रात काम करना है तो नींद महसूस करेंगे

8. आपके बॉस की आंखें बहुत तीक्ष्ण हैं और हर समय आपके प्रदर्शन पर जासूसी होती है। आप क्या करेंगे? **(Hotel Management, 2003)**

(*a*) असुविधाजनक झलकियों को अनदेखा करेंगे क्योंकि यह उसका काम है
(*b*) विनम्रता पूर्वक अपने बॉस को यह बतायेंगे
(*c*) अपने सीनियर्स को स्पष्ट रूप से बताएं कि इस तरह की निगरानी आपके प्रदर्शन को प्रभावित करती है
(*d*) बस अपना काम करेंगे

9. अपनी कार में यात्रा करते समय, कुछ लोग आपको रास्ते में रोकते हैं ताकि आप घायल बच्चे को अस्पताल ले जा सकें। आप क्या करेंगे?

(*a*) उन्हें अपना रास्ता छोड़ने के लिए कहेंगे और फिर ड्राइव करेंगे
(*b*) उन्हें पहले पुलिस बुलाने के लिए कहेंगे
(*c*) बच्चे को तुरंत अस्पताल ले जाएंगे
(*d*) कार से बाहर निकलेंगे और किसी अन्य व्यक्ति से उनकी मदद करने के लिए कहेंगे

10. आप एक शोरूम में जाते हैं और वहां एक घड़ी पसंद करते हैं लेकिन यह आपके बजट से परे है और यह अपनी तरह की आखिरी है। आप क्या करते हैं? **(Hotel Management, 2005)**

(*a*) आप एक समान लेकिन एक सस्ती घड़ी की तलाश करते हैं।
(*b*) आप दोस्तों से पैसे उधार लेते हैं।
(*c*) आप तय करते हैं कि आप इसे वहन नहीं कर पाएंगे और इसे नहीं लेंगे।
(*d*) आप वापस आते हैं और कुछ समय बाद अपनी किस्मत आजमाते हैं यदि यह अभी भी है।

11. आप एक टीम लीडर हैं और आपके दो सहयोगी एक दूसरे के साथ तनावपूर्ण संबंध रखते हैं। नतीजतन, वे समूह गतिविधियों में अच्छा योगदान नहीं दे रहे हैं। आप ऐसी स्थिति को कैसे संभालेंगे? **(Hotel Management, 2004)**

(*a*) मैं इस तरह के क्षुद्र मुद्दों से कैसे परेशान हूं? कम से कम कार्य दूसरों द्वारा किया जा रहा है; तो यह ठीक है!
(*b*) आप उन्हें मतभेद भुलाने में मदद करने के लिए एक स्पष्ट प्रयास करेंगे।
(*c*) आप उन्हें पूरक कार्य देंगे जिसमें दोनों को एक साथ काम करना होगा।
(*d*) आप उन्हें योगदान नहीं देने के लिए टीम से बाहर रख कर दंडित करेंगे।

12. यदि कोई व्यक्ति आपके द्वारा काम करने वाले संगठन के रहस्यों को किसी अन्य संगठन में उच्च पद के बदले में देने की पेशकश के साथ आपसे संपर्क करता है, तो आप क्या करेंगे?

(*a*) दुविधा की स्थिति में होंगे (*b*) सोचने के लिए समय मांगेंगे
(*c*) तुरंत हाँ कहेंगे (*d*) तुरंत ना कहेंगे

13. अगर आपका दोस्त आपसे कुछ पैसे मांगता है, तो आप क्या करेंगे?

(*a*) देने से इंकार कर देंगे
(*b*) पहले जानेंगे कि किस उद्देश्य के लिए पैसे की आवश्यकता है और फिर तय करने के लिए कहेंगे
(*c*) उद्देश्य के बारे में पूछताछ किए बिना तुरंत पैसा दे देंगे
(*d*) इनमें से कोई नहीं

14. एक बस में आपको एहसास होता है कि किसी ने अपना पर्स छोड़ दिया है। आप क्या करेंगे? **(I.A.M. 2002)**

(*a*) भिखारी को पैसे दे देंगे
(*b*) इसे बस कंडक्टर को सौंप देंगे
(*c*) उसके संपर्क नंबर को खोजने और मालिक को सूचित करने का प्रयास करेंगे
(*d*) पर्स को वहीं छोड़ देंगे

15. आपने कुछ मूर्खतापूर्ण गलतियाँ की हैं जो आपको बताई गई हैं। आप क्या करेंगे?

(*a*) इसे हंसी में लेंगे (*b*) गुस्सा हो जाएंगे
(*c*) दुखी महसूस करते हैं (*d*) आभारी महसूस करते हैं

16. आपका सहपाठी, जो आपको हाल ही में एक शिक्षक के साथ आपको मिला था, एक दुर्घटना में आपको मिला है। आप क्या करेंगे? **(M.B.A. 2003)**

(*a*) उससे अप्रभावित रहकर अपना काम करेंगे
(*b*) आपको लगता है कि भगवान नें उसे सबक सिखाया है
(*c*) उसे अस्पताल में आने का फैसला करते है
(*d*) दूसरों को बताएं कि दूसरे को पीड़ित करने वाले को खुद भी पीड़ित होना पड़ता है

17. एक खरीद के बाद दुकानदार आपको रु 100 अतिरिक्त देता है। आप क्या करेंगे? **(N.I.F.T. 2005)**

(*a*) अपने दोस्तों के साथ लंच करेंगे
(*b*) एक मंदिर में रु 20 चढ़ाकर इस तरह की और घटनाओं की प्रार्थना करेंगे
(*c*) उससे कोई दूसरा उत्पाद खरीदेंगे और आशा करेंगे कि वह पुन: ₹100 अतिरिक्त देगा
(*d*) दुकानदार को अतिरिक्त पैसा लौटा देंगे

18. आपके मित्र ने अपके महत्वपूर्ण दस्तावेजों के साथ अपना पर्स खो दिया है। आप क्या करेंगे?

(*a*) गुस्सा महसूस करते हैं लेकिन प्रतिक्रिया नहीं करते क्योंकि कोई भी गलती कर सकता है
(*b*) गुस्सा महसूस करते हैं और दस्तावेजों का डुप्लिकेट बनवाने के लिए उसे कहते हैं
(*c*) स्थिति को समझेंगे और उसे बताएंगे कि यह ठीक है और इसके बारे में चिंता न करें
(*d*) उसे लापरवाही बरतने के लिए दोषी मानते हैं और उसके साथ बात करना बंद कर देते हैं

19. आपके प्रेमी/प्रेमिका को एक नई नौकरी मिली है और वह बहुत व्यस्त है। आप उपेक्षित महसूस करते हैं। **(Hotel Management, 2005)**

(*a*) आप उसके प्रति एक असंवेदनशील रवैया विकसित करते हैं।
(*b*) आप स्वयं के साथ दोष पाते हैं और स्वयं को समझाते हैं।
(*c*) आप तय करते हैं कि आप समायोजित नहीं कर सकते हैं और इसलिए अलग होने के बारे में सोचते हैं।
(*d*) आप उससे बात करते हैं और इस समस्या को दूर करने का प्रयास करते हैं ताकि दोनों समय के साथ तालमेल बिठा सकें।

20. आपके द्वारा की गई सारी मेहनत आपके बॉस द्वारा हाइजैक कर ली जाती है और ईंट-पत्थर आपके लिए छोड़ दिए जाते हैं। आप क्या करेंगे? **(Hotel Management, 2004)**

(*a*) नौकरी छोड़ देंगे और अच्छे बॉस की तलाश करेंगे
(*b*) सही समय पर सही निर्णय लेना सीखेंगे
(*c*) सभी उपलब्धियों के लिए स्वयं की प्रशंसा करना शुरू करेंगे
(*d*) जारी रखेंगे, क्योंकि कड़ी मेहनत हमेशा फलदायी होती है

21. आपके दोस्त ने आपको अपनी शादी की पार्टी में नहीं बुलाया है। आप क्या करेंगे?
(*a*) उस पर गुस्सा होंगे
(*b*) समारोह में शामिल होंगे
(*c*) उसे अपनी शुभकामनाएँ भेजेंगे
(*d*) पूरे मामले की अनदेखी करेंगे

22. क्या आपको लगता है कि किसी को अक्सर नौकरी बदलनी चाहिए और नई स्थिति का सामना करना चाहिए? **(Hotel Management, 2003)**
(*a*) नहीं, जब तक कि किसी को मजबूर न किया जाए, उसे एक पुरानी नौकरी नहीं छोड़नी चाहिए
(*b*) हां, हर नई नौकरी चुनौतीपूर्ण है और व्यक्ति को चुनौती स्वीकार करनी चाहिए
(*c*) नहीं, क्योंकि समायोजित होने में समय लगता है
(*d*) नहीं, क्योंकि नई स्थिति उसके अनुरूप नहीं हो सकती है

23. मान लीजिए कि आपका कोई मित्र लापरवाही से काम लेते हुए आपके कैमरे को गिराता है। आप क्या करेंगे? **(Hotel Management, 2002)**
(*a*) उसे एक नया कैमरा खरीदने और उसे बदलने के लिए कहेंगे
(*b*) उसके साथ कभी कोई संबंध नहीं रखेंगे
(*c*) बहुत अधिक नाराज होंगे
(*d*) ऐसी नाजुक चीजों को संभालते हुए उसे सावधान रहने के लिए कहेंगे

24. आपको एक नई नौकरी के लिए साक्षात्कार देना है। निम्नलिखित में से कौन सा प्रश्न आपके लिए सबसे महत्वपूर्ण है?
(*a*) पदोन्नति के अवसर
(*b*) आपको कितना पारिश्रमिक भुगतान किया जाएगा
(*c*) अपने विचारों को विकसित करने और संगठन के कामकाज को बेहतर बनाने के लिए उनका उपयोग करना
(*d*) उपरोक्त सभी समान रूप से महत्वपूर्ण हैं

25. आप अभी-अभी एक लंबे समय के बॉय-फ्रेंड/गर्ल-फ्रेंड से संबंध तोड़ चुके हैं जिसे आप वास्तव में प्यार करते थे, और पूरी तरह से व्याकुल हैं। आप क्या करेंगे?
(*a*) इस पर अकेले में रोयेंगे
(*b*) व्यसनों का सहारा लेना
(*c*) अपनी व्यथा किसी से साझा करेंगे
(*d*) दोस्तों के साथ बाहर जाकर इसे भूलने की कोशिश करेंगे

26. एक आदमी में सबसे अच्छी गुणवत्ता कौन सी है?
(*a*) दूसरों को खुश करने की क्षमता
(*b*) कड़ी मेहनत करने की क्षमता
(*c*) ईमानदारी
(*d*) विनम्रता से बात करना

27. आप-
(*a*) लोगों की आलोचना करना पसंद नहीं करते
(*b*) कभी भी लोगों की आलोचना नहीं करेंगे
(*c*) लोगों की उस क्षण की आलोचना करेंगे जब आपको कोई कमी लगती है
(*d*) किसी की तब तक आलोचना नहीं करेंगे जब तक कि आप उसकी गलती के बारे में सुनिश्चित नहीं हैं

28. यदि आप एक वृद्ध व्यक्ति को मिलते हैं जो अपना रास्ता भूल चुका है तो आप क्या करेंगे? **(I.A.M. 2002)**
(*a*) मामले से पूरी तरह से बचेंगे
(*b*) कुछ पैसों से उसकी मदद करेंगे
(*c*) गंतव्य से संबंधित आवश्यक जानकारी एकत्र करेंगे और उसका सही मार्गदर्शन करेंगे
(*d*) बस सहानुभूति दिखाएंगे और निकटतम पुलिस स्टेशन से संपर्क करने का सुझाव देंगे

29. आप एक नदी से गुजर रहे हैं और आप तैरना जानते हैं। अचानक, आप एक डूबते हुए बच्चे का रोना सुनते हैं। आप क्या करेंगे?
(*a*) उसे बचाने के लिए नदी में गोता लगाएँगे
(*b*) यह देखने के लिए प्रतीक्षा करें कि क्या कोई अन्य व्यक्ति मदद करने के लिए है
(*c*) पेशेवर गोताखोरों की तलाश करेंगे
(*d*) बच्चे के माता-पिता को सांत्वना देंगे

30. आप मधुमेह से पीड़ित हैं। जब आप बहुत सारी चॉकलेट देखते हैं, तो आप उन्हें खाने के लिए ललचाते हैं। लेकिन आपको यह भी एहसास है कि लंबे समय में वे आपके लिए अच्छे नहीं हैं। आप क्या करते हैं? **(Hotel Management, 2005)**
(*a*) आप उन्हें नहीं खाएंगे क्योंकि आप हानिकारक प्रभावों को जानते हैं।
(*b*) आप उन्हें नहीं खाने का फैसला करते हैं लेकिन उनके बारे में सोचते रहते हैं।
(*c*) आप उन्हें खाएंगे लेकिन जो आपने किया है उसके बारे में दोषी महसूस करेंगे।
(*d*) आप परिणामों के बारे में परेशान हुए बिना चॉकलेट खाएंगे।

31. आपने एक विचार पर कड़ी मेहनत की है जिससे आपको लगता है कि सफलता मिलेगी। लेकिन प्रेजेंटेशन वैसा नहीं होता जैसा आपने उम्मीद की थी। आप क्या करेंगे? **(Hotel Management, 2004)**
(*a*) सभी सुझावों को नजरअंदाज करेंगे और विश्वास करेंगे कि आप सही थे
(*b*) टूट जाएंगे और भावुक हो जाएंगे
(*c*) इसे सीखने के अनुभव के रूप में लेंगे और अपने आप को समझाएंगे कि आप अगली बार बेहतर करेंगे
(*d*) हारे जैसा महसूस करेंगे

32. आपका सहकर्मी अपने कर्तव्यों का सही से पालन नहीं कर रहा है। आप क्या करेंगे? **(Hotel Management, 2003)**
(*a*) सिर्फ अपने कर्तव्यों पर ध्यान देंगे और अपने काम का आनंद लेंगे
(*b*) अपने आप को बढ़ावा देने के लिए इसका लाभ उठाएंगे
(*c*) वरिष्ठों को रिपोर्ट करेंगे
(*d*) कंपनी की स्थिति बनाए रखने के लिए उसके ग्राहकों को भी संभालेंगे

33. आप पाते हैं कि आपके कार्यालय में कुछ लोगों के पास ज्यादा काम नहीं है। आप कोशिश करेंगे
(*a*) उनसे किसी तरह छुटकारा पाना
(*b*) इसके बारे में ज्यादा नहीं सोचना चाहिए क्योंकि जिम्मेदारी दूसरों पर है
(*c*) उन्हें अन्य वर्गों में स्थानांतरित करने के लिए जहां लोगों की कमी है
(*d*) उन्हें प्रशिक्षित करने और उच्च श्रेणी में पदोन्नति के लिए उपयुक्त बनाने के लिए

34. आपके बॉस ने आपको अंतिम समय में कुछ जरूरी काम सौंपा है। आप क्या करोगे? **(Hotel Management, 2002)**

(*a*) अपनी आवश्यकता के अनुसार काम खत्म करने की कोशिश करेंगे

(*b*) उन्हें बताएं कि आप इसे अगले दिन करेंगे

(*c*) अपने किसी सहकर्मी से अनुरोध करेंगे कि वह आपकी सहायता करे

(*d*) इनमें से कोई नहीं

35. आपका बाथरूम का नल लीक हो रहा है और यह चिड़चिड़ाहट का एक निरंतर स्रोत है। आप करेंगे

(*a*) अपने कानों पर तकिए लगाकर सोएंगे

(*b*) नीचे एक बाल्टी लगा देंगे

(*c*) नल के मुंह पर कॉर्क लगाने की कोशिश करेंगे

(*d*) नल की मरम्मत के लिए प्लंबर को बुलाएँगे

36. आप एक सामाजिक कार्यकर्ता हैं। एक अनाथालय में जाने पर एक बच्चा है जो आपसे दूर जाने के लिए तैयार नहीं है। **(N.I.F.T. 2003)**

(*a*) आप बच्चे की उपेक्षा करते हैं क्योंकि आपके पास मिलने के लिए अन्य बच्चे हैं।

(*b*) आप बिना किसी चिंता के चले जाते हैं।

(*c*) आप हर रविवार को उससे मिलने का फैसला करते हैं।

(*d*) आप अधिकारियों से बात करते हैं और उन माता-पिता की व्यवस्था करते हैं जो उसे गोद ले सकते हैं।

37. आप एक टीम लीडर हैं और आपको एच. आर. मुद्दों पर एक सम्मेलन आयोजित करना चाहिए। लेकिन आपकी टीम के सदस्यों को पर्याप्त प्रायोजक नहीं मिल पा रहा है। **(Hotel Management, 2004)**

(*a*) आप अपने पैसे लगाकर घटना को निर्धारित समय पर पूरा करते हैं।

(*b*) आप कोशिश करते हैं और उन्हें प्रेरित करते हैं कि वे ऐसा कर सकते हैं।

(*c*) आप घटना को स्थगित करते हैं और उन्हें कुछ और समय देते हैं।

(*d*) आप उन्हें बताएं कि चीजें इस तरह से काम कर सकती हैं और घटना को रद्द कर सकती हैं।

38. आप एक बस में हैं। बस आपके स्टॉप तक पहुँचती है लेकिन अभी भी भारी भीड़ के कारण आपने टिकट नहीं खरीदा है। आप क्या करेंगे?

(*a*) शर्मिंदगी से बचने के लिए जल्दी से बाहर कूदेंगे

(*b*) कंडक्टर को बुलाएंगे, उसे पैसे देंगे और टिकट लेंगे

(*c*) पास में बैठे किसी व्यक्ति को कंडक्टर को देने के लिए पैसे देंगे

(*d*) ड्राइवर को पैसे देंगे

39. आपके स्नातक होने के बाद, आपको एक अच्छे वेतन की सरकारी नौकरी की पेशकश की जाती है। हालांकि, आपका मित्र कहता है कि नियुक्ति आदेश प्राप्त करने के लिए आपको रिश्वत देनी होगी। आप क्या करेंगे? **(IIHM, 2004)**

(*a*) कुछ प्रभावशाली राजनेता के पास जा सकते हैं जो आपकी मदद कर सकते हैं

(*b*) रिश्वत देकर नौकरी स्वीकार करेंगे, स्वयं को सांत्वना देंगे कि यह वर्तमान सामाजिक व्यवस्था है

(*c*) रिश्वत का भुगतान करके नौकरी स्वीकार करेंगे, लेकिन दृढ़ता से संकल्प लें कि यह आखिरी बार है जब आप रिश्वत देंगे

(*d*) इस प्रस्ताव को स्पष्ट रूप से मना करेंगे

40. जब आप किसी ऐतिहासिक स्थान पर जाते हैं, तो आप कोशिश करते हैं-

(*a*) मौसम देखते हैं और एक नीरस जीवन के विराम का आनंद लेते हैं

(*b*) वास्तुशिल्प डिजाइन की विशिष्टता को देखते हैं

(*c*) डिजाइन के सांस्कृतिक या सामाजिक पहलू का पता लगाते हैं

(*d*) इनमें से कोई नहीं

41. जब आप एक मृत शरीर के पास से गुजरते हैं, तो आप क्या करेंगे? **(Hotel Management, 2005)**

(*a*) रोने की तरह महसूस करते है और बाकी दिन इसके बारे में सोचते रहते है

(*b*) प्रार्थना में हाथ जोड़ते हैं

(*c*) मौत से नहीं डरते, इसलिए बेपरवाह बने रहते हैं

(*d*) अपने परिवार में हाल ही में हुई मौत की याद में चले जाते हैं

42. जब एक महत्वपूर्ण कंपनी नीति में सूचनाओं का संचार होता है, तो आप किस प्रकार का माध्यम चुनेंगे? **(Hotel Management, 2004)**

(*a*) केवल लिखित संचार

(*b*) केवल मौखिक संचार

(*c*) मौखिक संचार के बाद लिखित संचार

(*d*) लिखित संचार के बाद मौखिक संचार

43. एक नाराज ग्राहक शिकायत रिपोर्टिंग के लिए वरिष्ठ प्रबंधक से मिलना चाहता है। आप क्या करेंगे? **(Hotel Management, 2003)**

(*a*) खुद उससे बात करेंगे

(*b*) धीरज रखेंगे और उसे शांत करने की कोशिश करेंगे

(*c*) वरिष्ठों से सलाह करके उसकी असुविधाओं को दूर करने का प्रयास करेंगे

(*d*) उसे बताएंगे कि वरिष्ठ प्रबंधक से मिलना आसान नहीं है

44. आप- **(Hotel Management, 2002)**

(*a*) तब परेशान हो जाते हैं जब अन्य ठीक से व्यवहार नहीं करते हैं

(*b*) इस बारे में कम से कम दिलचस्पी है कि दूसरे आपके बारे में क्या सोच रहे हैं

(*c*) जब आप बहुत तनाव में होते हैं तब भी अपने चेहरे पर मुस्कुराहट रख सकते हैं

(*d*) महसूस करते हैं कि आपको दूसरों से अपना रवैया नहीं छुपाना चाहिए

45. ट्रेन में यात्रा करते समय, आप कॉलेज के कुछ छात्रों को उनके इच्छित बिंदु पर उतरने के लिए अलार्म श्रृंखला खींचते देखते हैं। आप करेंगे-

(*a*) कुछ यात्रियों की मदद से, उन्हें ऐसा करने से रोकेंगे

(*b*) उन्हें चेन खींचने देंगे लेकिन उन्हें ट्रेन रोकने से रोकेंगे

(*c*) ट्रेन के रुकते ही गार्ड को सूचित करेंगे

(*d*) चुप रहेंगे और कुछ नही करेंगे

46. जब आप फल विक्रेता की गाड़ी से टकराते हैं तो आप अपनी कार को सड़क पर चला रहे होते हैं। आप करेंगे-

(*a*) कार चलाकर साइट से दूर चले जाएंगे

(*b*) रास्ते में अपनी गाडी लगाने के लिए फल विक्रेता को गाली देंगे

(*c*) फल विक्रेता को उसके नुकसान के लिए भुगतान करेंगे

(*d*) जोर देकर कहेंगे कि यह आपकी गलती नहीं थी

47. आपके लिए मित्रता है- **(I.A.M. 2003)**

(*a*) एक सशर्त संबंध
(*b*) एक भावनात्मक भाषा
(*c*) एक बोझ
(*d*) दो या दो से अधिक लोगों के बीच एक समझ

48. आपका परिवार आपकी चाची के घर जा रहा है, जिन्हें आप विशेष रूप से पसंद नहीं करते हैं। आप क्या करोगे?
(*a*) घर पर रहोगे और खुद का आनंद लोगे
(*b*) अपनी मौसी के घर पर जाएंगे लेकिन बाहर रहेंगे
(*c*) अपनी मौसी के घर पर जाएंगे और एक आरामदायक स्थिति बनाए रखेंगे
(*d*) अपने भाई और बहन को अपने साथ रहने के लिए मनाएंगे क्योंकि आप अकेले घर पर नहीं रह सकते

49. जब कोई अवांछनीय चीज मांगता है, तो आप क्या करेंगे?
(*a*) हमेशा उस आदमी से बचने की कोशिश करेंगे
(*b*) व्यक्ति की उपेक्षा करेंगे और उस स्थान को छोड़ देंगे
(*c*) हमेशा मांग को पूरा करने में अपनी असमर्थता को समझाने का प्रयास करेंगे
(*d*) उसे सबक सिखाने की कोशिश करेंगे ताकि वह वही व्यवहार न दोहराए

50. मान लीजिए कि आपका दोस्त ऑफिस जाने के लिए आपके घर आता है। आप क्या करेंगे? **(I.A.M. 2002)**
(*a*) ऐसा कुछ नहीं करेंगे जिससे उसे देर हो जाए
(*b*) उसे आपकी व्यक्तिगत समस्याओं को सुनने के लिए मजबूर करेंगे
(*c*) उसे कुछ जलपान लेने का अनुरोध करेंगे
(*d*) उसे आपके साथ कम से कम 15 मिनट बिताने के लिए कहेंगे

51. आप एक रात्रिभोज में अतिथि हैं। मेजबान आपको पेट भरने के बाद एक और चपाती लेने के लिए कहता है। आप क्या करेंगे **(M.B.A. 1998)**
(*a*) स्पष्ट मना कर देंगे
(*b*) चपाती लें लेते हैं
(*c*) विनम्रता से कहोगे कि भोजन बहुत अच्छा था और आप पहले ही बहुत खा चुके हैं
(*d*) उस पर बुरी नजर से देखेंगे

52. आप एक शॉपिंग कॉम्प्लेक्स के पार्किंग क्षेत्र में हैं और अचानक बिजली चली जाती है और अंधेरा हो जाता है। आप क्या करेंगे? **(N.I.F.T. 2005)**
(*a*) कोशिश करेंगे और आसपास के किसी व्यक्ति की मदद लेंगे
(*b*) धीरे धीरे अपने वाहन की ओर जाएंगे
(*c*) मदद के लिए चिल्लाएंगे
(*d*) लाइट आने तक प्रतीक्षा करेंगे

53. आपको एक उपहार जल्दी मिल गया है, जो आपकी चाची चाहती है कि आप अपने जन्मदिन पर खोलें, जो दो सप्ताह दूर है। आप क्या करेंगे? **(Hotel Management, 2005)**
(*a*) वास्तव में इसे खोलना चाहते हैं और इसके बारे में सोचते रहना चाहते हैं, लेकिन इसे खोलते नहीं हैं
(*b*) इसे थोड़ी देर के लिए छोड़ देंते हैं लेकिन अंतत: इसे खोलेंगे क्योंकि आप इंतजार नहीं कर सकते थे
(*c*) उसे जल्दी से खोल दोगे क्योंकि उन्हें पता नहीं चलेगा
(*d*) उनकी इच्छा का सम्मान करेंगे क्योंकि आप जानते हैं कि उपहार भाग नहीं जाएगा

54. आप एक कॉलेज के छात्रावास में रह रहे हैं। मेस में आपको जो दाल परोसी जाती है उसमें बहुत सारे पत्थर होते हैं। आप क्या करेंगे?
(*a*) दाल को पूरी तरह से खाना छोड़ देंगे
(*b*) मामले को मेस प्रभारी के संज्ञान में लाएंगे
(*c*) दाल को बदले बिना रसोइए से बात करेंगे
(*d*) अपनी दाल खरीदेंगे और अपने कमरे में पकाएंगे

55. आप एक कंपनी के प्रबंधक हैं और एक कर्मचारी समय से काम पर नहीं आ पा रहा क्योंकि उसका बेटा बीमार था। आप क्या करेंगे? **(Hotel Management, 2004)**
(*a*) कोई फर्क पड़े बिना उसे समय पर आने के लिए कहेंगे
(*b*) उससे पूछें कि उसका बेटा कैसा है और उसे एक दिन की छुट्टी दे देंगे
(*c*) उसे एक सख्त चेतावनी देंगे
(*d*) पूछें कि उसका बेटा अब कैसा है और उसे बताएं कि अगर भविष्य में कभी नहीं आने का फैसला करता है तो ऑफिस में बता दे

56. आप विभाग के प्रबंधक हैं। आपको पता है कि आपके मातहतों में से एक के परिवार में समस्या हो रही है, क्योंकि उनके पिता को बाईपास सर्जरी से गुजरना है। लेकिन उसी समय अधीनस्थ वर्तमान परियोजना के लिए बहुत महत्वपूर्ण है। अधीनस्थ दो सप्ताह की छुट्टी चाहता है। आप क्या करोगे?
(*a*) उसे यह विश्वास दिलाते हुए अपना समर्थन देंगे कि उसके पिता के प्रति उसका कर्तव्य अधिक महत्वपूर्ण है
(*b*) कर्मचारी की स्थिति से सहानुभूति नहीं रखेंगे और उसे रहने के लिए कहेंगे
(*c*) परियोजना के लिए एक एक्सटेंशन प्राप्त करेंगे क्योंकि कर्मचारी बहुत कुशल है और आप किसी और पर भरोसा नहीं कर सकते
(*d*) समान कैलिबर के कुछ अन्य कर्मचारी को काम हस्तांतरित करेंगे

57. सार्वजनिक नौकरी में होना चाहिए–
(*a*) एक अच्छा श्रोता (*b*) निर्णय लेने में जल्दी
(*c*) सभ्य और विनम्र (*d*) समय के पाबंद

58. आप अपने कॉलेज की स्पोर्ट्स टीम के सदस्य हैं। एक दिन गलतफहमी के कारण अन्य सदस्य आपसे बात करना बंद कर देते हैं। आप आप क्या करेंगे? **(Hotel Management, 2003)**
(*a*) किसी से मध्यस्थता करने के लिए कहेंगे
(*b*) आगे बढ़ेंगे और बातचीत शुरू करेंगे
(*c*) उनके आने तक प्रतीक्षा करेंगे और फिर से बात करना शुरू करेंगे
(*d*) अपने पक्ष को रखें और चीजों को सुधारने के लिए अपना समय देंगे

59. आधुनिक दुनिया में सत्यनिष्ठा का कोई मूल्य नहीं है। यह सच है–
(*a*) हमेशा (*b*) अधिकांश मामलों में
(*c*) हमेशा नहीं बल्कि कई मामलों में
(*d*) अपवादों के साथ सामान्य तौर पर

60. आप पाते हैं कि जिस व्यक्ति को आप अपना मित्र कहते हैं, वह आपको धोखा दे रहा है। आप क्या करोगे?
(*a*) उससे संबंध तोड़ देंगे
(*b*) उसके साथ जैसे को तैसा वाला व्यवहार करेंगे
(*c*) उसे उसकी गलती का एहसास कराएंगे
(*d*) अन्य दोस्तों को उसके बारे में बताएंगे

61. एक ट्रेन आ रही है और आप स्टेशन पर खड़े हैं। अचानक आप देखते हैं कि रेलवे ट्रैक टूट गया है। आप क्या करेंगे? **(I.A.M. 2002)**

(*a*) स्टेशन छोड़ देंगे
(*b*) आवश्यक कार्रवाई करने के लिए प्राधिकरण को सूचित करेंगे
(*c*) ट्रेन को तुरंत रोकने के लिए कुछ साधनों का उपयोग करेंगे
(*d*) इनमें से कोई नहीं

62. आप पहली बार किसी स्थान पर जा रहे हैं और बस में यात्रा कर रहे हैं। अचानक आपको एहसास होता है कि चालक बस को गलत इरादों के साथ एकांत स्थान पर ले जा रहा है। आप क्या करेंगे?

(*a*) कुछ अन्य यात्रियों की मदद से, चालक को चकमा देने और बस को संभालने की कोशिश करेंगे
(*b*) नतीजों का सामना करने के लिए बैठेंगे और प्रतीक्षा करेंगे
(*c*) दौड़ती हुई बस से कूदना चाहेंगे
(*d*) चिंतित यात्रियों को सांत्वना देंगे
(*e*) खिड़की से बाहर देखेंगे और सूचना देंगे

63. आपको हल्का बुखार है, आपको ऐसा महसूस होता है

(*a*) स्वास्थ्य काम से ज्यादा महत्वपूर्ण है
(*b*) कार्यालय में उपस्थित होना आवश्यक नहीं है
(*c*) किसी भी कर्तव्य के बारे में सोचना अनावश्यक है
(*d*) जरूरी कामों को पूरा करने के लिए काम में शामिल होना जरूरी है

64. आप उग्रता के साथ घर पर किसी की प्रतीक्षा कर रहे हैं। आप **(Hotel Management, 2005)**

(*a*) यह विचार त्याग नहीं पाते हैं
(*b*) अभी अपने काम में व्यस्त हैं
(*c*) जिस मिनट भी आप किसी कार का हौर्न सुनते हैं दौड़ते हैं
(*d*) यह पता लगाने के लिए कि वह इतनी देर क्यों लगा रहा है कई बार कॉल करेते है

65. अगर गलत तरीके से किसी चीज का आरोप लगाया गया है, तो आप– **(Hotel Management, 2004)**

(*a*) दूसरों को समझाने की कोशिश करेंगे, लेकिन ऐसा होने की किसी भी उम्मीद के बिना
(*b*) दूसरों को समझाने की पूरी कोशिश करें और आशा करें कि आप सफल होंगे
(*c*) भी कोशिश नहीं करेंगे क्योंकि कोई फायदा नहीं होगा
(*d*) अपनी सहजता से दूसरों को आसानी से समझाने में सक्षम होंगे

66. आपके बॉस ने आपको जिस शैली में काम करने के लिए कहा है, उसे करने में आपको समस्या आ रही है। आप योजना को संशोधित करने और अपनी शैली के अनुसार कार्य करने की आशा रखते हैं।

(*a*) आप इसे अनदेखा करते हैं और आगे बढ़ते हैं।
(*b*) आपको नहीं लगता कि वह आश्वस्त हो जाएगा।
(*c*) आप सीधे उससे बात करेंगे और स्थिति स्पष्ट करेंगे।
(*d*) आप अपने बॉस को मेल करते हैं और उसे बताते हैं कि आप अपनी शैली में काम करना चाहते हैं।

67. कंपनी द्वारा शुरू किए गए एक उत्पाद में प्रारंभिक परेशानियाँ और शिकायतें हैं। आप **(Hotel Management, 2003)**

(*a*) अपने मालिक को बताएं कि कंपनी की प्रतिष्ठा को बचाने के लिए इस उत्पाद को वापस ले लिया जाना चाहिए
(*b*) उत्पाद के काम करने और सकारात्मक पहलुओं के बारे में बताएं
(*c*) प्रारंभिक परेशानियाँ के लिए ग्राहकों को आगाह करते है
(*d*) ग्राहकों को यह समझाने और मनाने की कोशिश करेंगे कि यह अस्थायी है

68. एक ट्रेन द्वारा यात्रा करते समय जो देरी से चल रही थी, यात्री उत्तेजित हो गए और कुछ कठोर कदम उठाने जा रहे थे; परिस्थिति में आप क्या करना चाहेंगे? **(Hotel Management, 2002)**

(*a*) जितनी जल्दी हो सके जगह छोड़ देंगे
(*b*) तत्काल कार्रवाई करने के लिए भीड़ को प्रोत्साहित करेंगे
(*c*) उन्हें रेलवे प्राधिकरण में शिकायत देने के लिए कहेंगे
(*d*) आप पहले स्थिति को शांत करने का प्रयास करेंगे

69. आप सड़क पर चल रहे हैं और अचानक आपको फुटपाथ पर दो सौ रुपए के नोट दिखाई दे रहे हैं। आप क्या कार्रवाई करेंगे?

(*a*) इसे अपने पास रख लेंगे।
(*b*) जहां है वहीं छोड़ दोगे।
(*c*) पैसे किसी भिखारी को देंगे।
(*d*) इसे नजदीकी पुलिस स्टेशन में जमा करेंगे।

70. जब आप स्टेशन पर एक ट्रेन में सवार होते हैं, तो आपको अपनी सीट के नीचे एक सूटकेस मिलता है। आप क्या करेंगे?

(*a*) पुलिस को मामले की सूचना दें
(*b*) अपनी सामग्री के माध्यम से सूटकेस खोलने का प्रयास करेंगे
(*c*) सूटकेस में कागजात आदि से मालिक का पता जानने की कोशिश करेंगे
(*d*) इस पर दावा करने वाला कोई नहीं है, इसे अपने अधिकार में ले लेंगे

71. आपके सहकर्मी को काम में समस्या आ रही है।

(*a*) आप उसके मामलों से बाहर रहने की कोशिश करते हैं।
(*b*) आप उसे समर्थन देते हैं और मुद्दे को हल करने में उसकी मदद करते हैं।
(*c*) आप उसे सलाह देते हैं, लेकिन उसे खुद ही फैसला करने देते हैं।
(*d*) आप उसकी समस्या पर चर्चा करने से बचते हैं लेकिन यदि वह पूछते है तो ऐसा करेंगे।

72. आपको अपने कार्यस्थल पर एक समस्या है जो आपको वास्तव में परेशान कर रही है। आप क्या करेंगे? **(Hotel Management, 2005)**

(*a*) कोशिश करेंगे और इसे तुच्छ समझकर उपेक्षा करेंगे कि ऐसी चीजें होती रहती हैं
(*b*) अपने परिवार में सभी से पूछेंगे कि आपको क्या करना चाहिए
(*c*) समाधान खोजने के लिए शांति से बैठेंगे
(*d*) अपने सहकर्मियों को अपने करीबी दोस्तों के सामने अपशब्द कहेंगे

73. आप एक नई परियोजना पर एक प्रस्तुति बना रहे हैं जिसकी योजना आपने बनाई है। लेकिन अन्य सदस्यों में से दो आपको उकसाने और उनकी बात पर जोर देने की कोशिश कर रहे हैं। **(Hotel Management, 2004)**

(*a*) आप उनका अपमान करते हैं और इसे बंद करने के लिए उनके सामने कहते हैं।
(*b*) आप उन्हें विनम्रता के साथ-साथ दृढ़ता से अपनी बात बाद में बताने के लिए कहते हैं और जारी रखते हैं।
(*c*) आप वास्तव में आहत महसूस करते हैं और उनके साथ वाद-विवाद में लिप्त रहते हैं।
(*d*) आप उनके इरादों को समझते हैं, इसलिए उन्हें अनदेखा करेंगे और अपनी प्रस्तुति पर ध्यान केंद्रित रखेंगे।

74. आपको पता चलता है कि आपका बॉस सर्वोच्च अधिकारी को झूठी रिपोर्ट लिख रहा है। आप क्या करोगे? **(Hotel Management, 2003)**

(*a*) अपने बॉस से मिलेंगे और उसके कार्यों का सीधे विरोध करेंगे
(*b*) अपने सहयोगियों के साथ चर्चा करेंगे और फिर संयुक्त रूप से कदम उठाएंगे
(*c*) किसी तरह घटना की रिपोर्ट करेंगे
(*d*) ध्यान न देंगे और चुप रहेंगे

75. कार्यालय से घर वापस आते समय, आप एक युवा लड़के को लोगों के समूह द्वारा पीटते हुए देखते हैं। आप कैसे प्रतिक्रिया देंगे? **(Hotel Management, 2002)**

(*a*) समूह में शामिल होंगे और लड़के की पिटाई शुरू कर देंगे
(*b*) स्थिति से बचेंगे और उस पर ज्यादा ध्यान दिए बिना दूर चलें जाएंगे
(*c*) दूसरे राहगीरों के उदासीन होने पर भी उन्हें रोकने की कोशिश करेंगे
(*d*) यह जानने की कोशिश करें कि क्या हुआ था और उसके अनुसार कदम उठाएंगे

76. पटाखे फोड़ते समय, एक बच्चा हाथ पर गंभीर रूप से जल जाता है। आप क्या करेंगे?

(*a*) जब तक जलन कम नहीं होती है तब तक बच्चे के हाथ को ठंडे पानी में डुबोएंगे
(*b*) डेटॉल से हाथ धोएंगे
(*c*) डॉक्टर को बुलाने के लिए किसी को भेजेंगे
(*d*) प्रभावित क्षेत्र पर कुछ मरहम लगाएँगे

77. आप तीन दिनों के लिए छुट्टी पर चले गए। वापस आने के बाद आपको लंबित कार्यों को समाप्त करना है। अचानक आपका बॉस आपको एक ऐसा काम सौंपता है जिसे दस दिनों के भीतर पूरा किया जाना चाहिए था, लेकिन समय की कमी के कारण इसे सात दिनों में पूरा करना होता है। आपको लगता है

(*a*) उत्साही और ऊर्जावान
(*b*) दूसरी लंबी छुट्टी लेने का मन
(*c*) जैसे आप एक जटिल स्थिति में फंस गए हैं
(*d*) अपने प्रगति में चुनौती लेने की तरह

78. आप एक नदी से गुजर रहे हैं और आप तैरना जानते हैं। अचानक, आप एक डूबते हुए बच्चे का रोना सुनते हैं। आप क्या करेंगे?

(*a*) उसे बचाने के लिए पेशेवर गोताखोरों की तलाश करेंगे
(*b*) उसे बचाने के लिए नदी में गोता लगाएँगे
(*c*) मदद के लिए किसी अन्य व्यक्ति को बुलाने के लिए पुकारेंगे
(*d*) बच्चे के माता-पिता को सांत्वना देंगे

79. आप एक समूह के नेता हैं और एक नया सदस्य इसमें शामिल होता है। आप मामले को सहज कैसे बनाएंगे? **(M.B.A. 2004)**

(*a*) कार्य की क्या आवश्यकता है, यह स्पष्ट करेंगे और फिर उसे अपने तरीके विकसित करने की अनुमति देंगे
(*b*) उसे अध्ययन करने के लिए निर्देशों का एक पूरा सेट देंगे
(*c*) उसके कमजोर बिंदुओं को देखने पर उसे चतुराई से सही करेंगे
(*d*) जब वह अच्छा करता है तो उसकी प्रशंसा करके काम को दिलचस्प बना देंगे

80. आप घर में अकेले हैं और आसपास चोरों का काफी खतरा है। तभी, आपको दरवाजे पर एक खटखट सुनाई देती है। आप क्या करेंगे?

(*a*) यह देखने के लिए दरवाजा खोलेंगे कि कौन है
(*b*) पहले खिड़की से बाहर झाँक कर देखेंगे कि क्या आप उस व्यक्ति को जानते हैं
(*c*) दरवाजा नहीं खोलेंगे
(*d*) नौकर को यह देखने के लिए कहेंगे कि कौन है

81. आपका सहपाठी जो आमतौर पर बहुत ऊर्जावान और खुश रहता है, हर समय बहुत तनाव में और परेशान दिखता है। आप क्या करेंगे?

(*a*) अपने काम पर ध्यान देंगे
(*b*) अपने किसी मित्र को वजह जानने और उससे बात करने के लिए कहेंगे
(*c*) उसके पास जाओगे और कारण पूछोगे
(*d*) उसके आने का इंतजार करेंगे और उससे इसका कारण बताने को कहेंगे

82. आप अपने दोस्त के साथ डेट पर जाते हैं और वह आपको कहता/कहती है कि आप अच्छे नहीं लग रहे हैं। आप क्या करेंगे? **(Hotel Management, 2005)**

(*a*) उसके साथ घर आयेंगे और उसे बतायेंगे की वह कितने बुरे लग रहे हैं
(*b*) बुरे लगने का कुछ कारण बतायेंगे
(*c*) उसके ऐसा कहने को अपराध समझेंगे और अपने रिश्ते को खराब करेंगे
(*d*) रोना शुरू करोगे

83. जिस संगठन के लिए आप काम करते हैं, उस कार्यालय में काम करने के लिए एक बहुत ही असुविधाजनक भौतिक सेटअप है– **(Hotel Management, 2003)**

(*a*) चीजों को सही सेट करने के लिए एक अभियान शुरू करेंगे
(*b*) इसके बारे में वरिष्ठों से शिकायत करेंगे
(*c*) हर चीज को नजरअंदाज करेंगे और अपनी नौकरी पर ध्यान केंद्रित करेंगे
(*d*) अनिच्छा से किसी तरह प्रबंधन करेंगे

84. आप एक पार्क में फुटबॉल खेल रहे हैं। जब आप गेंद को लात मारते हैं, तो यह पास के घर की खिड़की से टकराती है और गिलास टूट जाता है। आप क्या करेंगे?

(*a*) घर के मालिक से अपनी गेंद वापस मांगेंगे
(*b*) कहेंगे कि इसमें आपकी कोई गलती नहीं थी
(*c*) चुपके से अपनी गेंद वापस ले आओगे
(*d*) घर के मालिक से माफी मांगेंगे और गिलास को बदलने में योगदान देंगे

85. आपके परिवार में हाल ही में मृत्यु हुई है, और आप अभी भी दुःखी हैं। हालाँकि, आपका त्रैमासिक मूल्यांकन निकट है, और इसके लिए आपको बहुत सारे काम करने होंगे। आप क्या करोगे? **(Hotel Management, 2004)**

(*a*) अपनी भावनाओं पर काबू पाने के लिए अपने संगठन परामर्शदाता की मदद लेंगे।
(*b*) मूल्यांकन को अनदेखा करेंगे और शोक जारी रखेंगे क्योंकि मूल्यांकन हर तीन महीने में होता है, आपको लगता है कि आप अगली बार अच्छा कर सकते हैं।
(*c*) आप स्थिति से बहार आने के लिए अपना श्रेष्ठ देंगे और स्थिति से बाहर निकलने की पूरी कोशिश करेंगे।
(*d*) आप तुरंत काम पर लौट आएंगे।

86. आप एक प्रतिष्ठित पांच सितारा होटल में एक ईमानदार और समर्पित प्रबंधक हैं। आपको गुवाहाटी शाखा के मुख्य प्रबंधक के रूप में नियुक्त किया गया है जिसे विकसित करने की आवश्यकता है। आपका वेतन बढ़ा दिया गया है। (Hotel Management, 2004)
(*a*) आप इसे दो महीने के लिए एक शॉट देते हैं और देखते हैं कि यह कैसे जाता है
(*b*) आप चुनौती स्वीकार करते हैं और परियोजना को आगे बढ़ाते हैं
(*c*) आप एक और प्रस्ताव स्वीकार करते हैं और नौकरी छोड़ देते हैं
(*d*) आप सीमित संसाधनों की बात करते हैं और आपके बजाय किसी और को भेजने के लिए सीनियर को समझाने की कोशिश करते हैं

87. रेलवे स्टेशन पर पहुंचने पर, आप पाते हैं कि जिस ट्रेन को आप पकड़ना चाहते थे, वह जाने वाली है और टिकट खरीदने का समय नहीं है। आपके लिए सबसे अच्छी बात है
(*a*) ट्रेन को छोड़ने के बजाय इसे पकड़ें और अगले ठहराव पर टी.टी.आई. को टिकट खरीदने में आपकी असमर्थता के बारे में सूचित करें।
(*b*) ट्रेन में चढ़ेंगे और चुपचाप अपनी यात्रा करेंगे
(*c*) पहले टिकट खरीदेंगे और उसके बाद ट्रेन को पकड़ेंगे
(*d*) चलती ट्रेन में चढ़ने का जोखिम उठाने के बजाय ट्रेन को मिस करेंगे

88. आप स्कूल से घर लौट रहे हैं। रास्ते में, आपको एक गली में एक मुहरबंद लिफाफा, जिस पर पूरी तरह से पता लिखा है, अप्रयुक्त टिकटों के साथ मिलता है। आप क्या करेंगे?
(*a*) इसे वहां छोड़ देंगे और चले जाएंगे
(*b*) टिकटों को हटा देंगे और लिफाफे को नष्ट कर देंगे
(*c*) लिफाफा खोलेंगे, पता करें कि किसने गलती से इसे गिरा दिया है, और यदि संभव हो तो उसे भेजेंगे
(*d*) इसे निकटतम लेटर बॉक्स में पोस्ट करेंगे

89. आपके नए बॉस की पत्नी/पति पूरी तरह से जानते हुए भी कि आप धूम्रपान छोड़ने की कोशिश कर रहे हैं, आपको सिगरेट प्रदान करते हैं। आप क्या करते हैं? (Hotel Management, 2005)
(*a*) आप इसका विरोध नहीं कर सकते लेकिन लेने से पहले दो बार सोचेंगे
(*b*) आप इसे स्वीकार करते हैं और जल्दी से जलाते हैं
(*c*) आप इसे स्वीकार करते हैं लेकिन सिगरेट नहीं जलाते हैं
(*d*) आप उसकी पेशकश को अस्वीकार करते हैं

90. आपका अधीनस्थ गलती से किसी पार्टी में आप पर शीतल पेय छिड़कता है। आप क्या करेंगे?
(*a*) उसकी ड्रेस को भी खराब करते हैं
(*b*) उसे डांटते हैं
(*c*) उसे कोई बात नहीं, ठीक है कहते हैं किन्तु रूठ जाते हैं
(*d*) इसे हंसी में उड़ा देंगे

91. आप एक महत्वपूर्ण डिनर पार्टी के बीच में होते हैं जब वेटर से बॉस की गोद में गर्म सूप गिरता है। आप कैसे सामना करेंगे? (Hotel Management, 2004)
(*a*) आप घबराते हैं और वेटर पर चिल्लाना शुरू कर देते हैं
(*b*) पहले सहायता की व्यवस्था करेंगे और उसे अस्पताल पहुंचाने की व्यवस्था करेंगे
(*c*) आप वेटर पर चिल्लाते हुए नैपकिन के साथ गन्दी हो गयी पोशाक को साफ करेंगे
(*d*) आप उनकी गोदी में पानी के जग का पूरा पानी डालेंगे, यह बताते हुए कि आपकी त्वरित कार्रवाई से जलन को रोका जा सकेगा, और फिर उन्हें अतिथि बेडरूम में कपड़े बदलने के लिए ले जाएंगे और बॉस के कपड़े बदलने के बाद पार्टी में लौट आयेंगे

92. आपका एक नया बॉस है। आप (Hotel Management, 2003)
(*a*) उदासीन रहेंगे
(*b*) उसका गर्मजोशी से स्वागत करेंगे
(*c*) जाएंगे और उसकी चापलूसी करेंगे क्योंकि भविष्य में वह आपकी मदद करेगा
(*d*) उनके साथ सामंजस्य बनाने में आपको समस्याएं आएँगी क्योंकि आप अभी भी अपने पुराने बॉस के प्रति वफादार हैं

93. आपको अपने कॉलेज के लिए देर हो रही है और कोई बस उपलब्ध नहीं है। ऐसी स्थिति में (Hotel Management, 2002)
(*a*) आप चलना शुरू करते हैं
(*b*) आप उस दिन कॉलेज न जाने और घर लौटने का विचार करते हैं
(*c*) आप अन्य संभावित परिवहन के बारे में सोचते हैं
(*d*) आप बस के लिए धैर्यपूर्वक प्रतीक्षा करते हैं हालांकि आप कक्षा में देर से आते हैं

94. आप अपने दोस्त के घर में खेल रहे हैं, जब वह एक नग्न बिजली के तार के साथ फंस जाता है। आप क्या करेंगे
(*a*) उसे बाँहों से पकड़ेंगे और उसे आजाद करने की कोशिश करें
(*b*) तार को पकड़कर दूर खींचोगे
(*c*) कुछ लोगों को मदद के लिए बुलाने के लिए चिल्लाएंगे
(*d*) लकड़ी की छड़ी से तार खींचेंगे

95. एक आदर्श प्रबंधक होने के लिए, आपको चाहिए
(*a*) अपने नियमों के अनुसार रहें
(*b*) आपके दृष्टिकोण में सत्तावादी होना चाहिए
(*c*) अपने आप को एक उदाहरण के रूप में प्रस्तुत करें
(*d*) अपने मातहतों के लिए सेमिनार आयोजित करें

96. अपने परिवार को वादा के बाद कि आप उन्हें छुट्टी पर ले जा रहे हैं, आपको अचानक एक बोर्ड मीटिंग में जाना पड़ता है जो दुर्भाग्य से छुट्टी के साथ टकराती है। आप क्या करोगे? (Hotel Management, 2004)
(*a*) इसे तत्काल मानते हुए, बैठक को पूरा करना सुनिश्चित करने के लिए आवश्यक व्यवस्था करना शुरू करेंगे, इस प्रकार अवकाश रद्द कर देंगे
(*b*) पता लगाएँ कि क्या बैठक सभी के लिए जरूरी है और आवश्यक व्यवस्था करेंगे और अपनी छुट्टी स्थगित करेंगे
(*c*) बिना किसी व्यवस्था के अपनी छुट्टियों की योजनाओं के अनुरूप ही कार्य करेंगे
(*d*) अपने सहकर्मी को इस बैठक की व्यवस्था करने के लिए कहकर उस स्थिति से बाहर निकलने का प्रयास करेंगे

97. आपके पास एक फार्मास्युटिकल कंपनी है। आपको जानकारी मिली है कि एक व्यक्ति जो कंपनी कर्मचारी नहीं है, उसने एक विशिष्ट क्षेत्र में एक निश्चित प्रकार की गोलियों के साथ छेड़छाड़ की है, जिससे उस क्षेत्र में कुछ मौतें हुई हैं। इस प्रकार के संकट में आप क्या करेंगे? (Hotel Management, 2004)

(a) इस घटना का उजागर होना आपकी कंपनी की प्रतिष्ठा और कमाई पर नकारात्मक प्रभाव पड़ सकता है और नुकसान हो सकता है। कंपनी को हानी से बचाने के लिए आप लोगों को सचेत करने के लिए अभियान नहीं चलाते हैं।
(b) विशिष्ट क्षेत्र से जनता को सचेत करने और टैबलेट्स को वापस लेने के लिए एक अभियान शुरू करेंगे
(c) केवल विशिष्ट क्षेत्र से गोलियाँ को वापस मगाएंगे न कि पूरे देश से
(d) इस तथ्य के बावजूद कि गोलियों की छेड़छाड़ एक निश्चित क्षेत्र में हुई है पूरे देश से उन गोलियों को वापस मगाएंगे

98. आप एक नई जगह पर हैं और आप खरीदारी के लिए जाना चाहते हैं। सबसे अधिक संभावना है कि आप करेंगे?

(Hotel Management, 2005)

(a) आप खरीदारी का विचार पूरी तरह से छोड़ देते हैं
(b) अपने दम पर जगह का पता लगाएंगे
(c) किसी ऐसे व्यक्ति से पूछेंगे जो आपके आने वाली की जगह की जानकारी रखता हो
(d) किसी और से खरीदारी करने के लिए कहेंगे

99. एक पार्क में बैठे हुए आप देखते हैं कि एक स्मार्ट युवक स्कूटर पर जगह पर आता है, उसे वहीं छोड़ देता है और मोटरसाइकिल पर किसी और के साथ चला जाता है। आप करेंगे

(a) व्यक्ति का पीछा करते हैं
(b) पास के बूथ से पुलिस को सूचित करेंगे
(c) व्यक्ति को वापस बुलाओगे
(d) अपने आनंद में लगे रहेंगे

100. आपके कॉलेज ने रक्तदान शिविर का आयोजन किया है। आप क्या करेंगे?

(Hotel Management, 2005)

(a) अपने दोस्तों को दान करने के लिए राजी करेंगे
(b) शिविर में अपना रक्त दान करेंगे
(c) रक्त दान करने में विश्वास नहीं करते और उपस्थित न होने का निर्णय लेते हैं
(d) अपने आप को रक्त दान करने में विश्वास नहीं है लेकिन दूसरों से ऐसा करने के लिए कहेंगे

हल-अभ्यास 20

1. (b)	**2.** (d)	**3.** (d)	**4.** (c)	**5.** (d)	**6.** (d)	**7.** (b)	**8.** (d)	**9.** (c)	**10.** (d)
11. (b)	**12.** (d)	**13.** (b)	**14.** (c)	**15.** (d)	**16.** (c)	**17.** (d)	**18.** (a)	**19.** (d)	**20.** (d)
21. (c)	**22.** (b)	**23.** (d)	**24.** (d)	**25.** (d)	**26.** (c)	**27.** (d)	**28.** (c)	**29.** (a)	**30.** (a)
31. (c)	**32.** (d)	**33.** (c)	**34.** (a)	**35.** (d)	**36.** (d)	**37.** (b)	**38.** (b)	**39.** (d)	**40.** (c)
41. (b)	**42.** (d)	**43.** (b)	**44.** (c)	**45.** (a)	**46.** (c)	**47.** (d)	**48.** (c)	**49.** (c)	**50.** (d)
51. (c)	**52.** (b)	**53.** (d)	**54.** (b)	**55.** (d)	**56.** (d)	**57.** (a)	**58.** (b)	**59.** (c)	**60.** (c)
61. (c)	**62.** (a)	**63.** (d)	**64.** (c)	**65.** (b)	**66.** (c)	**67.** (b)	**68.** (d)	**69.** (d)	**70.** (a)
71. (b)	**72.** (c)	**73.** (b)	**74.** (a)	**75.** (d)	**76.** (a)	**77.** (d)	**78.** (b)	**79.** (a)	**80.** (b)
81. (c)	**82.** (b)	**83.** (a)	**84.** (d)	**85.** (d)	**86.** (b)	**87.** (a)	**88.** (d)	**89.** (d)	**90.** (d)
91. (d)	**92.** (b)	**93.** (c)	**94.** (d)	**95.** (c)	**96.** (b)	**97.** (b)	**98.** (c)	**99.** (b)	**100.** (b)

21 कथन की सत्यता का सत्यापन (VERIFICATION OF TRUTH OF THE STATEMENT)

इस प्रकार के प्रश्नों में, अभ्यर्थी को तथ्यों की केवल उस सत्यता पर जोर देना पड़ता है जो हमेशा लागू रहे। किसी विशेष चीज या कारक के संदर्भ में प्रश्न पूछे जाते हैं जिन्हें हमेशा एक विशिष्ट भाग या विशेषता द्वारा चिह्नित किया जाता है। सही उत्तर के अलावा अन्य विकल्प भी उल्लेख की गई चीज के साथ एक मजबूत संबंध रखते हैं। अतः पूर्ण सत्य का पालन किया जाना चाहिए।

व्याख्यात्मक उदाहरण

उदा. 1. वायुमंडल में हमेशा होता है–

(*a*) ऑक्सीजन (*b*) वायु (*c*) कीटाण

(*d*) नमी (*e*) धूल

हल: हालांकि सभी विकल्प वायुमंडल का एक हिस्सा बनते हैं, वायु सबसे महत्वपूर्ण हिस्सा है, जिसके बिना कोई पर्यावरण नहीं है।

अतः उत्तर (*b*) है।

उदा. 2. एक ट्रेन में हमेशा होता है–

(*a*) इंजन (*b*) पटरियाँ (*c*) ड्राइवर

(*d*) गार्ड (*e*) यात्री

हल: ट्रेन को चलने के लिए पटरियाँ जरूरी है। ड्राइवर ट्रेन को चला सकता है। सुरक्षा के लिए एक गार्ड भी जरूरी है। ट्रेन, यात्रियों के लिए चलती है। लेकिन इन सभी से एक ट्रेन नहीं बनती। बिना इंजन, एक ट्रेन को ट्रेन नहीं कहा जा सकता।

अतः उत्तर (*a*) है।

उदा. 3. निम्नलिखित में से कौन सा शब्द हमेशा 'बहादुरी' में पाया जाता है?

(*a*) साहस (*b*) अनुभव (*c*) शक्ति (*d*) ज्ञान

हल: 'बहादुरी' एक ऐसी योग्यता है जो केवल उस व्यक्ति द्वारा प्रदर्शित की जाती है जिसमें साहस होता है।

अतः उत्तर (*a*) है ।

अभ्यास 21

दिशानिर्देश: ***उत्तर के रूप में सबसे अच्छा विकल्प चुनें।***

1. निम्नलिखित में से कौन जानवर के पास हमेशा होता है?

(*a*) फेफड़े (*b*) त्वचा (*c*) मन

(*d*) दिल (*e*) जीवन

2. एक दौड़ में हमेशा होता है–

(*a*) रेफरी (*b*) दर्शक (*c*) प्रतिद्वंदी

(*d*) पुरस्कार (*e*) विजय

3. एक 'नाटक' में निम्न में से कौन सा होना चाहिए?

(*a*) अभिनेता (*b*) कहानी (*c*) सेट्

(*d*) निदेशक (*e*) दर्शक

4. एक किताब में हमेशा होते है–

(*a*) अध्याय (*b*) पन्ने (*c*) विषय

(*d*) चित्र (*e*) चित्रण

5. एक दर्पण हमेशा–

(*a*) प्रतिबिंबित करता है (*b*) वापस लेता है

(*c*) विकृत करता है (*d*) अपवर्तन करता है

(*e*) सच बताता है

6. एक कारखाने में हमेशा होता है–

(*a*) बिजली (*b*) चिमनी (*c*) मजदूर

(*d*) फाइलें (*e*) विक्रेता

7. एक घड़ी में हमेशा होता है–

(*a*) बैटरी (*b*) संख्याएं (*c*) अलार्म

(*d*) सुइयां (*e*) फ्रेम

8. एक कार में हमेशा होता है–

(*a*) ड्राइवर (*b*) बोनट (*c*) डिक्की

(*d*) बम्पर (*e*) पहिये

9. एक नदी में हमेशा होता है– **(N.I.F.T. 2005)**

(*a*) डेल्टा (*b*) सहायक नदियाँ (*c*) नावें

(*d*) किनारे (*e*) मछलियाँ

10. एक पेड़ में हमेशा निम्न में से कौन सा होता है? **(I.I.T.T.M. 2005)**

(*a*) शाखाएं (*b*) पत्तियाँ (*c*) फल

(*d*) जड़ें (*e*) छाया

11. एक कारागार में हमेशा होता है–

(*a*) सलाखें (*b*) जेलर (*c*) वकील

(*d*) ताले (*e*) कैदी

12. एक कैमरे में हमेशा होता है– **(M.B.A. 1998)**

(*a*) लेंस (*b*) रील (*c*) फ्लैश

(*d*) छायाचित्र (*e*) स्टैंड

13. एक मरु उद्यान में हमेशा होता है– **(I.I.T.T.M. 2005)**

(*a*) यात्री (*b*) पानी (*c*) रेत

(*d*) ऊंट (*e*) वन

14. एक अस्पताल में हमेशा होता है- (M.B.A. 2005)
(*a*) नर्स (*b*) कमरा (*c*) टेलीफोन
(*d*) डॉक्टर (*e*) बिस्तर

15. एक बल्ब में हमेशा होता है-
(*a*) फिलामेंट (*b*) लाइट (*c*) कांच
(*d*) विद्युत धारा (*e*) आर्गन

16. एक सीनरी में हमेशा होता है- (N.I.F.T. 2005)
(*a*) रंग (*b*) पर्वत (*c*) नदियाँ
(*d*) रचना (*e*) चित्रकार

17. एक स्कूल में हमेशा होता है- (I.I.T.T.M. 2005)
(*a*) प्रधानाचार्य (*b*) इमारत (*c*) पुस्तकालय
(*d*) शिक्षक (*e*) कक्षाएं

18. एक कलम में हमेशा होता है-
(*a*) नली (*b*) कैप (*c*) होल्डर
(*d*) स्याही (*e*) निब

19. एक अलमारी में हमेशा होता है-
(*a*) कपड़े (*b*) दरवाजा (*c*) शेल्फ
(*d*) बोल्ट (*e*) ताला

20. निम्नलिखित में से कौन सा शब्द, हमेशा सौदे में शामिल होता है?
(*a*) भव्यता (*b*) अदला-बदली (*c*) ओछापन
(*d*) वक्तृत्व (*e*) लाभ

21. मृतकों में नहीं होती-
(*a*) संवेदना (*b*) दिल की धड़कन (*c*) हड्डियाँ
(*d*) श्वास (*e*) संचलन

22. एक समाचार पत्र में हमेशा होता है- (N.I.F.T. 2005)
(*a*) विज्ञापन (*b*) समाचार (*c*) संपादक
(*d*) कागज (*e*) तिथि

23. क्रिकेट में हमेशा होता है-
(*a*) स्टंप (*b*) पिच (*c*) दस्ताना
(*d*) पैड (*e*) बल्ला

24. एक आदमी के हमेशा होता है-
(*a*) दाँत (*b*) पैर (*c*) आंखें
(*d*) हाथ (*e*) दिल

25. एक पंखा का हमेशा होता है-
(*a*) स्विच (*b*) ब्लेड (*c*) विद्युत धारा
(*d*) तार (*e*) नियामक

26. एक बीमारी का हमेशा होता है- (M.B.A. 1998)
(*a*) इलाज (*b*) औषधि (*c*) कारण
(*d*) कीटाणु (*e*) रोगी

27. निम्नलिखित में से कौन हीरे से जुड़ा हुआ है?
(*a*) कठोरता (*b*) दीप्ति (*c*) उपयोग
(*d*) प्रवाहकत्त्व (*e*) कुशाग्रता

28. सभी जानवर के होता है-
(*a*) आंखें (*b*) चार पैर (*c*) सींग
(*d*) सहजज्ञान (*e*) पूंछ

29. खतरे में हमेशा शामिल होता है-
(*a*) दुश्मन (*b*) हमला (*c*) डर (*d*) सहायता

30. एक पर्वत का हमेशा होता है-
(*a*) वनपाल (*b*) शिखर (*c*) बर्फ (*d*) घाटी

31. दूध में हमेशा होता है-
(*a*) चीनी (*b*) चिकनाई (*c*) कैल्शियम (*d*) पानी

32. निम्नलिखित में से कौन सा शब्द, हमेशा न्याय से जुड़ा हुआ है?
(*a*) पाखंड (*b*) उदारता (*c*) वैधता (*d*) कठोरता

33. एक चॉकलेट में हमेशा होता है- (N.I.F.T. 2005)
(*a*) आवरण (*b*) कोको (*c*) बादाम (*d*) दूध

34. चिंता में हमेशा क्या होता है?
(*a*) कठिनाई (*b*) अशांति (*c*) असहयोग (*d*) मार्मिकता

35. एक जूता का हमेशा होता है-
(*a*) फीता (*b*) चमड़ा (*c*) डिजाइन (*d*) तलवा

36. एक रजाई का हमेशा होता है-
(*a*) रुई (*b*) कवर (*c*) छाप (*d*) टैग

37. एक पहाड़ का हमेशा होता है-
(*a*) पेड़ (*b*) पशु (*c*) पानी (*d*) ऊँचाई

38. एक खिड़की का हमेशा होता है- (N.I.F.T. 2005)
(*a*) पर्दा (*b*) पैन (*c*) ग्रिल
(*d*) इनमें से कोई नहीं

39. एक गीत में हमेशा होता है-
(*a*) सहगान (*b*) संगीतकार (*c*) ट्यमबाल (*d*) शब्द

40. विवाद में हमेशा शामिल होता है- (M.B.A. 1998)
(*a*) घृणा (*b*) अन्याय (*c*) जुनून
(*d*) असहमति (*e*) क्रोध

41. एक बच्चे को होना चाहिए- (Railways, 1998)
(*a*) खिलौने (*b*) दोस्त (*c*) माता-पिता (*d*) शिक्षा

42. कमल के फूल में हमेशा होती है-
(*a*) पंखुड़ियाँ (*b*) मिट्टी (*c*) जड़ें (*d*) पानी

हल-अभ्यास (21)

1. (*e*)	**2.** (*c*)	**3.** (*b*)	**4.** (*b*)	**5.** (*a*)	**6.** (*c*)	**7.** (*d*)	**8.** (*e*)	**9.** (*d*)	**10.** (*d*)
11. (*d*)	**12.** (*a*)	**13.** (*b*)	**14.** (*d*)	**15.** (*a*)	**16.** (*d*)	**17.** (*d*)	**18.** (*e*)	**19.** (*c*)	**20.** (*b*)
21. (*e*)	**22.** (*b*)	**23.** (*e*)	**24.** (*e*)	**25.** (*b*)	**26.** (*c*)	**27.** (*a*)	**28.** (*d*)	**29.** (*c*)	**30.** (*b*)
31. (*c*)	**32.** (*c*)	**33.** (*b*)	**34.** (*b*)	**35.** (*d*)	**36.** (*a*)	**37.** (*d*)	**38.** (*d*)	**39.** (*d*)	**40.** (*d*)
41. (*c*)	**42.** (*a*)								

खंड – II
तार्किक निगमन

1

तर्क (LOGIC)

'लॉजिक' ग्रीक शब्द '*लोगो (logos)*' से बना है जिसका अर्थ है 'विचार' और 'विचार व्यक्त करने वाला शब्द'। इस प्रकार, तर्क 'भाषा में व्यक्त किया गया विचारों का विज्ञान' है। इसका अर्थ यह है कि तर्क के प्रश्नों में औपचारिक वैधता या कथनों की सच्चाई पर ध्यान न देते हुए उन्हें दी गई जानकारी के अनुसार हल किया जाना चाहिए। अर्थात निष्कर्षों को सदैव दिए गए कथनों का पालन करना चाहिए।

इस अनूठी विशिष्टता के साथ, लॉजिक टेस्ट अभ्यर्थियों को नियमों का पालन करने और बिना किसी त्रुटि के निर्देशों के अनुसार कार्य करना सिखाने का एक साधन है। इस प्रकार, यह सभी प्रकार के तर्क परीक्षणों के लिए मस्तिष्क को तैयार करता है और उसमें गलतियों और उनसे बचने के तरीकों को सिखाता है।

तर्क शक्ति

तर्क सम्बन्धी प्रश्नों में, किसी भी निर्णयात्मक कथन को **तर्कवाक्य** कहा जाता है। *एक तर्कवाक्य (या एक निर्णयात्मक कथन) एक ऐसा कथन है जो वस्तुओं के एक सेट के या तो एक भाग या पूरे भाग के सम्बन्ध में कुछ कहता है – वाक्य में उस वाक्य को व्यक्त करने वाले विषय शब्द द्वारा निर्धारित सेट – या तो अन्य सेट में शामिल है या उससे बाहर रखा गया है – यह अन्य सेट उस वाक्य में विधेय शब्द द्वारा पहचाना गया सेट है।*

तर्कवाक्य का मानक रूप है:

परिमाणक + विषय + योजक + विधेय

इस प्रकार तर्कवाक्य के चार भाग हैं:

1. **परिमाणक (Quantifier):** शब्द जैसे 'सभी', 'कोई नहीं' और 'कुछ' परिमाणक कहलाते हैं क्योंकि यह किसी परिमाण को व्यक्त करते हैं। 'सभी' और 'कोई नहीं' सार्वभौमिक परिमाणक हैं क्योंकि वे एक निश्चित सेट में प्रत्येक वस्तु को संदर्भित करते हैं जबकि 'कुछ' एक विशिष्ट परिमाणक है क्योंकि वह एक निश्चित सेट में कम से कम एक वस्तु को संदर्भित करता है।
2. **विषय (Subject जिसे 'S' से दर्शाया जाएगा):** विषय वह है जिसके बारे में कुछ कहा जाता है।
3. **विधेय (Predicate जिसे 'P' से दर्शाया जाएगा):** विधेय तर्कवाक्य का वह भाग है जो बताता है कि विषय के सन्दर्भ में क्या कहा गया है या क्या मना किया गया है।
4. **योजक (Copula):** योजक तर्कवाक्य का वह भाग है जो विषय और विधेय के बीच सम्बन्ध को बताता है।

उदाहरण:

(*i*)	<u>सभी</u> ↓ परिमाणक	<u>मनुष्य</u> ↓ विषय	<u>पशु</u> ↓ विधेय	<u>हैं।</u> ↓ योजक
(*ii*)	<u>कुछ</u> ↓ परिमाणक	<u>पेन</u> ↓ विषय	<u>रबड</u> ↓ विधेय	<u>हैं।</u> ↓ योजक

तर्कवाक्यों का चार प्रकार से वर्गीकरण:

एक परिमाणक को सार्वभौमिक परिमाण रखने वाला कहा जाता है यदि यह एक सार्वभौमिक परिमाणक के साथ शुरू होता है और एक विशिष्ट परिमाण रखने वाला कहा जाता है यदि यह एक विशिष्ट परिमाणक के साथ शुरू होता है। इसके अतिरिक्त, ऐसे तर्कवाक्य जो किसी सेट के एक भाग या पूरे सेट को किसी दूसरे सेट में समाविष्ट करते हैं, सकारात्मक तर्कवाक्य कहलाते हैं, जबकि ऐसे तर्कवाक्य जो किसी सेट के एक भाग या पूरे सेट को किसी दूसरे सेट में समावेशन को नकारते हैं, नकारात्मक तर्कवाक्य कहलाते हैं।

इसी के साथ, किसी पद को तर्कवाक्य में वितरित कहा जाता है यदि यह पद वस्तुओं के सेट के सभी सदस्यों को संदर्भित करता है, अन्यथा यह अवितरित कहलाता है।

उपरोक्त तथ्यों के आधार पर, तर्कवाक्यों को चार प्रकारों में वर्गीकृत किया जा सकता है:

1. **सार्वभौमिक सकारात्मक तर्कवाक्य (A से दर्शाया जाता है):** इसमें केवल विषय वितरित होता है अर्थात तर्कवाक्य की वैधता को बनाए रखते समय विषय और विधेय परस्पर बदले नहीं जा सकते। उदाहरण के लिए,

सभी सांप सरीसृप हैं।

यहाँ तर्कवाक्य A है क्योंकि हम यह नहीं कह सकते कि सभी सरीसृप सांप हैं।

2. **सार्वभौमिक नकारात्मक तर्कवाक्य (E से दर्शाया जाता है):** इसमें विषय और विधेय दोनों वितरित होते हैं अर्थात तर्कवाक्य में विधेय शब्द के एक पूरे वर्ग को विषय शब्द के पूरे वर्ग से नकार दिया जाता है। उदाहरण, कोई लड़का बुद्धिमान नहीं है।
3. **विशिष्ट सकारात्मक तर्कवाक्य (I से दर्शाया जाता है):** इसमें न तो विषय वितरित होता है और न ही विधेय। उदाहरण, कुछ आदमी मूर्ख हैं। यहाँ, विषय शब्द 'आदमी' सभी आदमियों के लिए नहीं बल्कि कुछ आदमियों के लिए प्रयुक्त हुआ है और इसी प्रकार विधेय शब्द 'मूर्ख' विषय वर्ग के एक भाग की पुष्टि करता है। अत: दोनों अवितरित हैं।
4. **विशिष्ट नकारात्मक तर्कवाक्य (O से दर्शाया जाता है):** इसमें केवल विधेय वितरित होता है। उदाहरण, कुछ जानवर जंगली नहीं हैं। यहाँ, विषय शब्द 'जानवर' इस वर्ग के केवल एक भाग के लिए प्रयुक्त हुआ है। अत: यह अवितरित है जबकि विधेय शब्द 'जंगली' विषय शब्द के साथ पूर्णत: नकार दिया जाता है और इसलिए यह वितरित है।

इन तथ्यों को निम्न प्रकार संक्षेपित किया जा सकता है:

कथन का प्रकार	परिमाण	गुण	वितरण
(A) : सभी S, P हैं।	सार्वभौमिक	सकारात्मक	केवल S
(E) : कोई S, P नहीं है।	सार्वभौमिक	नकारात्मक	दोनों S और P
(I) : कुछ S, P हैं।	विशिष्ट	सकारात्मक	न तो S न ही P
(O) : कुछ S, P नहीं हैं।	विशिष्ट	नकारात्मक	केवल P

तार्किक निगमन

किसी दिए गए तर्कवाक्य या तर्कवाक्यों के सेट से किसी निष्कर्ष को निकालना ही **तार्किक निगमन** कहलाता है। दिए गए तर्कवाक्य, आधार वाक्य कहलाते हैं।

निगमन की दो आनुमानिक प्रक्रियाएं:

I. तत्काल निगमित अनुमान: इसमें दिए गए तर्कवाक्यों मे से इन तीनों में से किसी भी एक प्रकार से निष्कर्ष निकाला जा सकता है – कन्वर्जन, ऑबवर्जन और कॉण्ट्रापोजीशन

1. **कन्वर्जन (Conversion):** विषय और विधेय के परस्पर विनिमय से कन्वर्जन होता है अर्थात आधार वाक्य का विषय शब्द निष्कर्ष का विधेय बन जाता है और आधार वाक्य का विधेय शब्द निष्कर्ष का विषय बन जाता है। इस प्रकार दिए गए तर्कवाक्य को कन्वर्टण्ड (Convertend) तथा प्राप्त निष्कर्ष को कन्वर्स (Converse) कहते हैं।

वैध कन्वर्जन की सूची

कन्वर्टण्ड	कन्वर्स
A: सभी P, S हैं। **उदाहरण** सभी पिन टॉप हैं	**I :** कुछ P, S हैं। कुछ टॉप पिन हैं।
E: कोई S, P नहीं है। **उदाहरण** कोई मछली व्हेल नहीं है।	**E:** कोई P, S नहीं है। कोई व्हेल मछली नहीं है।
I : कुछ S, P हैं। **उदाहरण** कुछ लड़के कवि हैं।	**I :** कुछ P, S है। कुछ कवि लडके हैं।
O: कुछ S, P नहीं हैं।	कोई वैध निष्कर्ष नहीं।

ध्यान रखें कि कन्वर्जन में परिमाण में परिवर्तन हो सकता है, गुण में नहीं।

2. **ऑबवर्जन (Obversion):** इसमें हम तर्कवाक्य का गुण परिवर्तित कर सकते हैं और विधेय शब्द को उसके पूरक से प्रतिस्थापित कर सकते हैं।

वैध ऑबवर्जन की सूची

ऑबवर्टण्ड	ऑबवर्स
A: सभी पक्षी स्तनधारी है।	**E:** कोई पक्षी गैर-स्तनधारी नहीं है।
E: सभी कवि गैर-गायक हैं।	**E:** कोई कवि गायक नहीं है।
I : कुछ नर्स डॉक्टर हैं।	**O:** कुछ नर्स गैर-डॉक्टर नहीं हैं।
O: कुछ राजनेता राष्ट्रकर्मी नहीं हैं।	**I :** कुछ राजनेता गैर-राष्ट्रकर्मी हैं।

3. **कॉण्ट्रापोजीशन (Contraposition):** किसी कथन का कॉण्ट्रापॉजिटिव ज्ञात करने के लिए सर्वप्रथम तर्कवाक्य में विषय और विधेय शब्दों को प्रतिस्थापित करते हैं तथा इन दोनों को उनके पूरक से बदल देते हैं।

वैध कॉण्ट्रापोजीशन की सूची

तर्कवाक्य	कॉण्ट्रापॉजिटिव
A : सभी पक्षी स्तनधारी हैं।	**A :** सभी गैर-स्तनधारी गैर-पक्षी हैं।
I : कुछ पक्षी स्तनधारी हैं।	**I :** कुछ गैर-स्तनधारी गैर-पक्षी हैं।

नोट: किसी दिए गए तर्कवाक्य के कन्वर्जन, ऑबवर्जन और कॉण्ट्रापोजीशन सदैव तर्कवाक्य का तार्किक रूप से अनुसरण करते हैं।

II. माध्यमिक निगमित अनुमान (न्याय निगमन- SYLLOGISM): सर्वप्रथम अरस्तु द्वारा प्रतिपादित, ***न्यायवाक्य*** *एक निगमित तर्क है जिसमें दिए गए दो तर्कवाक्यों से निष्कर्ष निकाला जाता है।*

उदाहरण: 1. सभी कमल फूल हैं।
2. सभी फूल सुंदर हैं।
3. सभी कमल सुंदर हैं।

स्पष्टत:, तर्कवाक्य 1 और 2 आधार वाक्य है और तर्कवाक्य 3, जो पहले दो तर्कवाक्यों से निगमित होता है, निष्कर्ष कहलाता है।

पद (Term): तर्क में, **पद** एक ऐसा शब्द या शब्दों का समूह है, जो किसी तर्कवाक्य के विषय या विधेय के रूप में प्रयुक्त हो सकता है।

न्याय निगमन का सम्बन्ध तीन पदों से है:

1. **मुख्य पद (Major Term):** यह निष्कर्ष का विधेय होता है और P ('Predicate' के पहले वर्ण से) दर्शाया जाता है।
2. **गौण पद (Minor Term):** यह निष्कर्ष का विषय होता है और S ('Subject' के प्रथम वर्ण से) से दर्शाया जाता है।
3. **मध्य पद (Middle Term):** यह पद दोनों आधार वाक्यों में उभयनिष्ठ होता है और M ('Middle' के प्रथम वर्ण से) से दर्शाया जाता है।

उदाहरण: **आधार वाक्य:** 1. सभी कुत्ते जानवर हैं।
2. सभी चीते कुत्ते हैं।

निष्कर्ष: सभी चीते जानवर हैं।

यहाँ 'जानवर' निष्कर्ष का विधेय शब्द है अत: यह मुख्य पद P है।

'चीते' निष्कर्ष का विषय शब्द है अत: यह गौण पद S है।

'कुत्ते' शब्द दोनों आधार वाक्यों में उभयनिष्ठ है अत: यह मध्य पद M है।

मुख्य और गौण आधार वाक्य: दो आधार वाक्यों में, **मुख्य आधार वाक्य** वह होता है जिसमें मध्य पद विषय होता है और **गौण आधार वाक्य** वह होता है जिसमें मध्य पद विधेय होता है।

आधार वाक्यों से निष्कर्ष प्राप्त करने के नियम

1. ***जब निष्कर्ष में मध्य पद नहीं होता है।***

उदाहरण कथन: 1. सभी आदमी लड़कियां हैं।
2. कुछ लड़कियां विद्यार्थी हैं।

निष्कर्ष: 1. सभी लड़कियां आदमी हैं।
2. कुछ लड़कियां विद्यार्थी नहीं हैं।

चूंकि दोनों निष्कर्षों 1 और 2 में मध्य पद 'लड़कियां' हैं, अत: इनमें से किसी का भी पालन नहीं हो सकता।

2. ***निष्कर्ष में कोई शब्द तब तक वितरित नहीं किया जा सकता, जब तक कि उसे आधार वाक्य में वितरित न किया जाए।***

उदाहरण कथन: 1. कुछ कुत्ते बकरियाँ हैं।
2. सभी बकरियाँ गाय हैं।

निष्कर्ष: 1. सभी गाय बकरियाँ हैं।
2. कुछ कुत्ते गाय हैं।

कथन 1 तर्कवाक्य का I-प्रकार का है, जो न तो विषय को वितरित करता है और न ही विधेय को। कथन 2 तर्कवाक्य का A-प्रकार है, जो केवल विषय को अर्थात 'बकरियाँ' को वितरित करता है।

निष्कर्ष 1 तर्कवाक्य का A-प्रकार है, जो केवल विषय को अर्थात 'गाय' को वितरित करता है।

चूंकि पद 'गाय' आधार वाक्य में वितरित हुए बिना निष्कर्ष 1 में वितरित होता है अत: निष्कर्ष 1 का पालन नहीं किया जा सकता।

3. ***मध्य पद को (M) को आधार वाक्य में कम से कम एक बार वितरित किया जाना चाहिए, अन्यथा निष्कर्ष का पालन नहीं हो सकेगा।***

मध्य पद के आधार वाक्य में वितरित होने के लिए,

(*i*) यदि आधार वाक्यA प्रकार का तर्कवाक्य हो, तो M को विषय होना चाहिए।
(*ii*) यदि आधार वाक्य E प्रकार का तर्कवाक्य हो, तो M को विषय या विधेय होना चाहिए।
(*iii*) यदि आधार वाक्य O प्रकार का तर्कवाक्य हो, तो M को विधेय होना चाहिए।

ध्यान दें कि I प्रकार के तर्कवाक्य में, जो न तो विषय को न ही विधेय को वितरित करता है, मध्य पद वितरित नहीं हो सकता।

उदाहरण. कथनः 1. सभी पंखे घड़ियाँ हैं।
2. कुछ घड़ियाँ काली हैं।

निष्कर्षः 1. सभी घड़ियाँ पंखे हैं।
2. कुछ पंखे काले हैं।

आधार वाक्य में, मध्य पद 'घड़ियाँ' हैं। स्पष्टत:, क्योंकि यह इसका विषय नहीं है अत: यह पहले आधार वाक्य में वितरित नहीं है जोकि एक प्रकार का तर्कवाक्य है। इसी के साथ, यह दूसरे आधार वाक्य में वितरित नहीं है जोकि I प्रकार का तर्कवाक्य है। चूंकि मध्य पद किसी भी आधार वाक्य में एक बार भी वितरित नहीं होता है, अत: कोई निष्कर्ष नहीं निकलता है।

4. *कोई निष्कर्ष नहीं निकलता है।*

(*a*) ***यदि दोनों आधार वाक्य विशेष हैं।***

उदाहरण. कथनः 1. कुछ किताबें पेन हैं।
2. कुछ पेन रबड़ हैं।

निष्कर्षः 1. सभी किताबें रबड़ हैं।
2. कुछ रबड़ किताबें हैं।

चूंकि दोनों आधार वाक्य विशेष हैं, इसलिए कोई निश्चित निष्कर्ष नहीं निकलता है।

(*b*) ***यदि दोनों आधार वाक्य नकारात्मक हैं।***

उदाहरण. कथनः 1. कोई फूल आम नहीं हैं।
2. कोई आम चेरी नहीं है।

निष्कर्षः 1. कोई फूल चेरी नहीं है।
2. कुछ चेरी आम है।

चूंकि दोनों आधार वाक्य नकारात्मक हैं, अत: किसी निष्कर्ष का पालन नहीं होता।

(*c*) ***यदि मुख्य आधार वाक्य विशेष है और गौण आधार वाक्य नकारात्मक है।***

उदाहरण. कथनः 1. कुछ कुत्ते बैल हैं।
2. कोई चीते कुत्ते नहीं हैं।

निष्कर्षः 1. कोई कुत्ते चीते नहीं हैं।
2. कुछ बैल चीते हैं।

यहाँ पहला आधार वाक्य, जिसमें मध्य पद 'कुत्ते' विषय शब्द है, मुख्य आधार वाक्य है तथा दूसरा आधार वाक्य, जिसमें मध्य पद 'कुत्ते' विधेय शब्द है, गौण आधार वाक्य है। चूंकि मुख्य आधार वाक्य विशेष और गौण आधार वाक्य नकारात्मक है, अत: कोई निष्कर्ष नहीं निकलता है।

5. *यदि मध्य पद दो बार वितरित होता है, तो निष्कर्ष सार्वभौमिक नहीं हो सकता।*

उदाहरण. कथनः 1. सभी पंखे कुर्सियां हैं।
2. कोई मेज पंखे नहीं हैं।

निष्कर्षः 1. कोई मेज कुर्सियां नहीं हैं।
2. कुछ मेज कुर्सियां हैं।

यहाँ, पहला आधार वाक्य। प्रकार का तर्कवाक्य है और मध्य पद 'पंखे' द्वारा विषय का वितरण किया जाता है। दूसरा आधार वाक्य E प्रकार का तर्कवाक्य है और मध्य पद 'पंखे' द्वारा विधेय का वितरण किया जाता है। चूंकि मध्य पद दो बार वितरित है, अत: निष्कर्ष सार्वभौमिक नहीं हो सकता।

6. *यदि एक आधार वाक्य नकारात्मक हो, तो निष्कर्ष भी नकारत्मक होना चाहिए।*

उदाहरण. कथनः 1. सभी घास पेड़ हैं।
2. कोई पेड़ झाड़ी नहीं है।

निष्कर्षः 1. कोई घास झाड़ी नहीं है।
2. कुछ झाड़ी घास है।

चूंकि एक आधार वाक्य नकारात्मक है, अत: निष्कर्ष नकारात्मक होना चाहिए। अत: निष्कर्ष 2 नहीं निकलेगा।

7. *यदि एक आधार वाक्य विशेष है, अत: निष्कर्ष भी विशेष होना चाहिए।*

उदाहरण. कथनः 1. कुछ लडके चोर हैं।
2. सभी चोर डकैत हैं।

निष्कर्षः 1. कुछ लडके डकैत हैं।
2. सभी डकैत लडके हैं।

चूंकि एक आधार वाक्य विशेष है, अत: निष्कर्ष भी विशेष होना चाहिए। अत: निष्कर्ष 2 प्राप्त नही हो सकता।

8. *यदि दोनों आधार वाक्य सकारात्मक हैं, तब निष्कर्ष भी सकारात्मक होना चाहिए।*

उदाहरण. कथनः 1. सभी महिलाएें माताएं हैं।
2. सभी माताएं बहनें हैं।

निष्कर्षः 1. सभी महिलाऐं बहनें हैं।

2. कुछ महिलाऐं बहनें नहीं हैं।

यदि दोनों आधार वाक्य सकारात्मक हैं, निष्कर्ष भी सकारात्मक होना चाहिए। अतः निष्कर्ष 2 प्राप्त नही हो सकता है।

9. ***यदि दोनों आधार वाक्य सार्वभौमिक हैं, तब निष्कर्ष भी सार्वभौमिक होना चाहिए।***

संपूरक युग्मः विरोधाभासी कथनों का युग्म अर्थात, कथनों का ऐसा युग्म जिसमें यदि एक कथन सत्य होगा तो दूसरा असत्य होगा और जब कोई निश्चित निष्कर्ष नहीं निकाला जा सकता हो, तो उनमें से किसी भी एक का पालन होना बाध्यकारी है, तो ऐसे युग्म संपूरक युग्म कहलाते हैं। E और I प्रकार के तर्कवाक्य मिलकर संपूरक युग्म बनाते हैं और यदि न्याय निगमन के नियमों का पालन करते हुए भी किसी निष्कर्ष पर नहीं पहुंचें तो इनमें से किसी का भी पालन किया जा सकता है।

आइए विभिन्न संभावित केसों का अध्ययन करें और प्रत्येक केस में वेन आरेख के माध्यम से सत्यापन के साथ-साथ सभी संभावित निष्कर्ष निकालें।

केस 1. सभी आदमी लडके हैं। सभी लड़के विद्यार्थी हैं।

तुरंत निगमित अनुमानः पहले आधार वाक्य के कन्वर्स अर्थात, 'कुछ लडके आदमी हैं' तथा दूसरे आधार वाक्य के कन्वर्स अर्थात 'कुछ विद्यार्थी लडके हैं', दोनों को रखा जाता है।

मध्यम निगमित अनुमानः चूंकि दोनों आधार वाक्य सार्वभौमिक और सकारात्मक हैं, अतः निष्कर्ष भी सार्वभौमिक और सकारात्मक होना चाहिए। इसी के साथ निष्कर्ष में मध्य पद नहीं होना चाहिए। तो, यह इस प्रकार होना चाहिए 'सभी आदमी विद्यार्थी हैं'। इसी के साथ इसका निष्कर्ष अर्थात, 'कुछ विद्यार्थी आदमी हैं' निकलेगा।

वेन आरेख	अनुमान
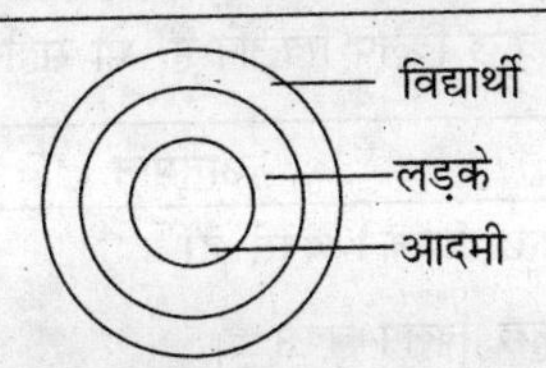	1. कुछ लड़के आदमी हैं। 2. कुछ विद्यार्थी लड़के हैं। 3. सभी आदमी विद्यार्थी हैं। 4. कुछ विद्यार्थी आदमी हैं।

केस 2. सभी पक्षी जानवर हैं। सभी मछलियाँ जानवर हैं।

तुरंत निगमित अनुमानः पहले आधार वाक्य का कन्वर्स अर्थात 'कुछ जानवर पक्षी हैं' और दूसरे आधार वाक्य का कन्वर्स, 'कुछ जानवर मछलियाँ हैं' दोनों रखे जाएंगे।

मध्यम निगमित अनुमानः दोनों A-प्रकार के तर्कवाक्य होने के कारण, केवल विषय को वितरित करते हैं। अतः, मध्य पद 'जानवर' आधार वाक्य में एक बार भी वितरित नहीं होता है। अतः कोई निश्चित निष्कर्ष नहीं निकलता है।

वेन आरेख	अनुमान
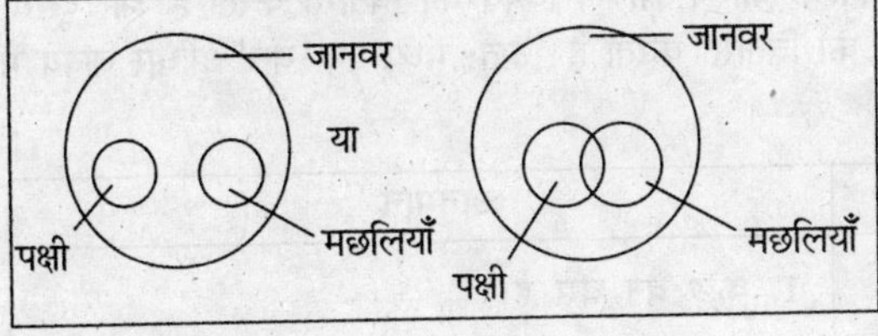	1. कुछ जानवर पक्षी हैं। 2. कुछ जानवर मछलियाँ हैं। 3. या तो 'कोई पक्षी मछली नहीं है।' या 'कुछ पक्षी मछलियाँ हैं।' क्योंकि E और I-प्रकार के तर्कवाक्य पूरक युग्म बनाते हैं।

केस 3. सभी कठपुतलियाँ गुड़ियाँ हैं। कुछ गुड़ियाँ झुनझुने हैं।

तुरंत निगमित अनुमानः पहले आधार वाक्य का कन्वर्स अर्थात, 'कुछ गुड़ियाँ कठपुतलियाँ हैं' और दूसरे आधार वाक्य का कन्वर्स अर्थात, 'कुछ झुनझुने गुड़ियाँ हैं', दोनों रखे जाते हैं।

मध्यम निगमित अनुमानः पहला आधार वाक्य A-प्रकार का का तर्कवाक्य होने के कारण, केवल विषय को वितरित करता है, जबकि दूसरा आधार वाक्य I-प्रकार का तर्कवाक्य होने के कारण, न तो विषय न ही विधेय को वितरित करता है। चूंकि मध्य पद 'गुड़ियाँ' आधार वाक्य में एक बार भी वितरित नहीं होता है, अतः कोई निश्चित निष्कर्ष नहीं लगता है।

वेन आरेख	अनुमान
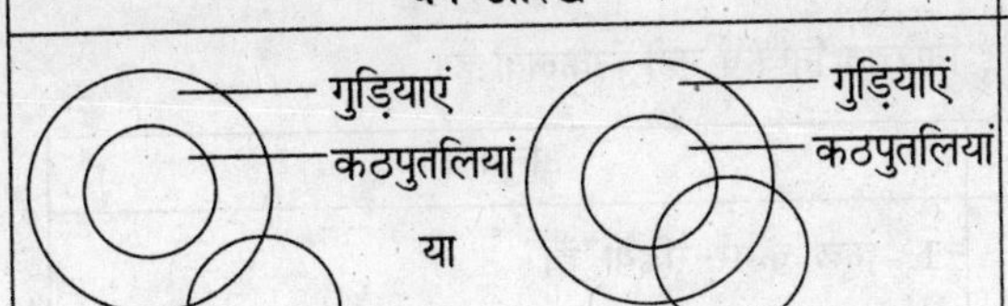	1. कुछ गुड़ियाँ कठपुतलियां हैं। 2. कुछ झुनझुने गुड़ियाँ हैं। 3. या तो 'कोई कठपुतलियां झुनझुने नहीं हैं' या 'कुछ कठपुतलियाँ झुनझुने हैं' क्योंकि E और I-प्रकार के तर्कवाक्य पूरक युग्म बनाते हैं।

केस 4. कुछ लेखक खिलाड़ी हैं। सभी खिलाड़ी संगीतज्ञ हैं।

तुरंत निगमित अनुमान: पहले आधार वाक्य का कन्वर्स अर्थात, 'कुछ खिलाड़ी लेखक हैं' और दूसरे आधार वाक्य का कन्वर्स अर्थात, 'कुछ संगीतज्ञ खिलाड़ी हैं', दोनों रखे जाते हैं।

मध्यम निगमित अनुमान: चूंकि एक आधार वाक्य विशिष्ट है, अत: निष्कर्ष भी विशिष्ट होना चाहिए और उसमें मध्य पद होना चाहिए। अत: निष्कर्ष निकलता है कि 'कुछ लेखक संगीतज्ञ हैं'। इस निष्कर्ष का कन्वर्स अर्थात, 'कुछ संगीतज्ञ लेखक हैं' भी सही होगा।

वेन आरेख	अनुमान
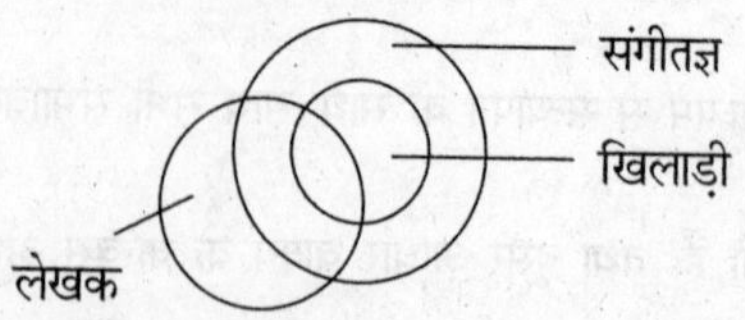	1. कुछ खिलाड़ी लेखक हैं। 2. कुछ संगीतज्ञ खिलाड़ी हैं। 3. कुछ लेखक संगीतज्ञ हैं। 4. कुछ संगीतज्ञ लेखक हैं।

केस 5. सभी बक्से खिलौने हैं। कुछ बक्से क्लिप हैं।

तुरंत निगमित अनुमान: पहले आधार वाक्य का कन्वर्स अर्थात, 'कुछ खिलौने बक्से हैं' और दूसरे आधार वाक्य का कन्वर्स अर्थात, 'कुछ क्लिप बक्से हैं', दोनों रखे जाते हैं।

मध्यम निगमित अनुमान: चूंकि एक आधार वाक्य विशिष्ट है, अत: निष्कर्ष भी विशिष्ट होना चाहिए और उसमें मध्य पद नहीं होना चाहिए। अत:, निष्कर्ष निकलता है कि 'कुछ खिलौने क्लिप हैं'। इस निष्कर्ष का कन्वर्स अर्थात, 'कुछ क्लिप खिलौने हैं' भी सही है।

वेन आरेख	अनुमान
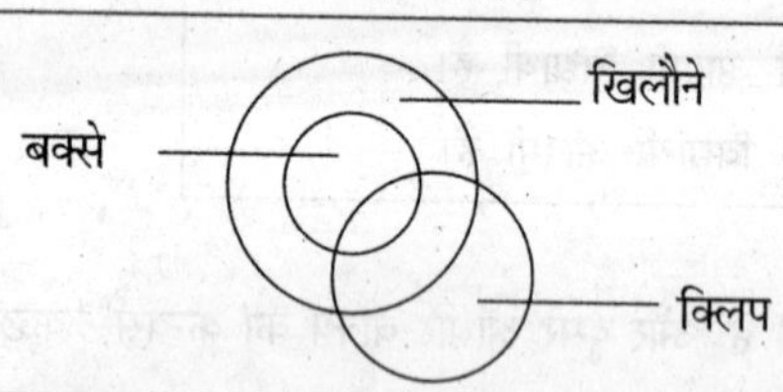	1. कुछ खिलौने बक्से हैं। 2. कुछ क्लिप बक्से हैं। 3. कुछ खिलौने क्लिप हैं। 4. कुछ क्लिप खिलौने हैं।

केस 6. सभी बसें वैन हैं। कुछ साइकिलें वैन हैं।

तुरंत निगमित अनुमान: पहले आधार वाक्य का कन्वर्स अर्थात 'कुछ वैन बसें हैं' और दूसरे कन्वर्स का आधार वाक्य अर्थात 'कुछ वैन साइकिलें हैं', दोनों रखे जाते हैं।

मध्यम निगमित अनुमान: पहला आधार वाक्यA-प्रकार का तर्कवाक्य होने के कारण, केवल विषय को वितरित करता है और दूसरा आधार वाक्य I-प्रकार का तर्कवाक्य होने के कारण, न तो विषय को और न ही विधेय को वितरित करता है। अत: मध्य पद 'वैन' आधार वाक्य में एक बार भी वितरित नहीं होता है। अत: कोई निश्चित निष्कर्ष नहीं निकलता है।

वेन आरेख	अनुमान
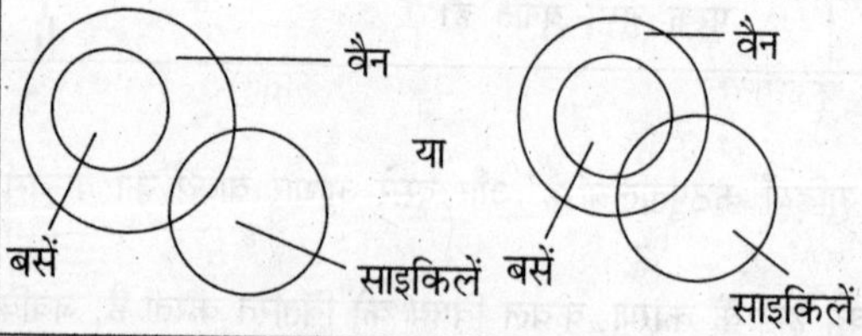	1. कुछ वैन बसें हैं। 2. कुछ वैन साइकिलें हैं। 3. या तो 'कोई बस साइकिल नहीं है' या 'कुछ बसें साइकिलें हैं' निष्कर्ष निकलेगा।

केस 7. कुछ रेडियो कैमरे हैं। कुछ कैमरे पुतले हैं।

तुरंत निगमित अनुमान: पहले आधार वाक्य का कन्वर्स अर्थात 'कुछ कैमरे रेडियो हैं' और दूसरे आधार वाक्य का कन्वर्स अर्थात 'कुछ पुतले कैमरे हैं', दोनों रखे जाते हैं।

मध्यम निगमित अनुमान: चूंकि दोनों आधार वाक्य विशिष्ट हैं, अत: कोई निश्चित निष्कर्ष नहीं निकलता है।

वेन आरेख	अनुमान
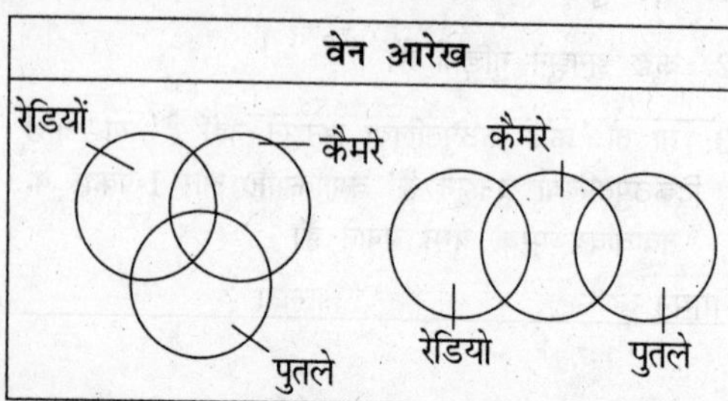	1. कुछ कैमरे रेडियो हैं। 2. कुछ पुतले कैमरे हैं। 3. या तो 'कुछ रेडियो पुतले हैं' या 'कोई रेडियो पुतला नहीं' निष्कर्ष निकलता है; क्योंकि I और E-प्रकार के है तर्कवाक्य पूरक युग्म बनाते हैं।

केस 8. सभी केक कैंडी हैं। कोई कैंडी पेस्ट्री नहीं है।

तुरंत निगमित अनुमान: पहले आधार वाक्य का कन्वर्स अर्थात, 'कुछ कैंडी केक है' और दूसरे आधार वाक्य का कन्वर्स अर्थात, 'कोई कैंडी पेस्ट्री नहीं है', दोनों रखे जाते हैं।

मध्यम निगमित अनुमान: चूंकि दोनों आधार वाक्य सार्वभौमिक हैं, अत: निष्कर्ष सार्वभौमिक होना चाहिए। चूंकि एक आधार वाक्य नकारात्मक है, अत: निष्कर्ष भी नकारात्मक होना चाहिए। अत: निष्कर्ष निकलता है कि 'कोई केक पेस्ट्री नहीं है'।

इस निष्कर्ष का कन्वर्स अर्थात, 'कोई पेस्ट्री केक नहीं है' भी सही है।

<table>
<tr><th>वेन आरेख</th><th>अनुमान</th></tr>
<tr><td>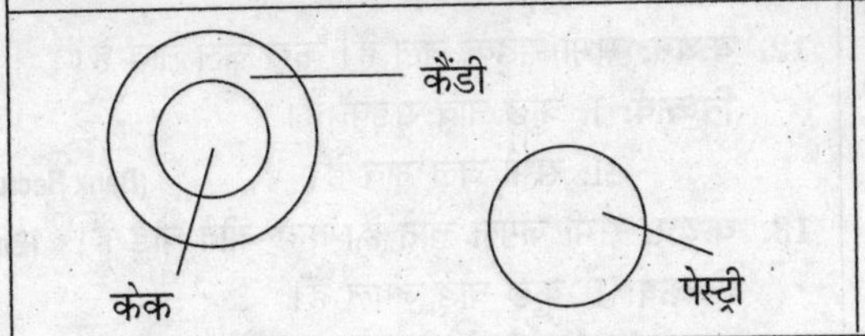
</td><td>1. कुछ कैंडी केक हैं।
2. कोई पेस्ट्री कैंडी नहीं है।
3. कोई केक पेस्ट्नी नहीं हैं।
4. कोई पेस्ट्नी केक नहीं हैं।</td></tr>
</table>

केस 9. कोई सिक्का अंगूठी नहीं है। सभी अंगूठियाँ चूड़ियाँ हैं।

तुरंत निगमित अनुमान: पहले आधार वाक्य का कन्वर्स अर्थात, 'कोई अंगूठी सिक्का नहीं है' और दूसरे आधार वाक्य का कन्वर्स अर्थात, 'कुछ चूड़ियाँ अंगूठियाँ हैं', दोनों रखे जाते हैं।

मध्यम निगमित अनुमान: पहला आधार वाक्य E-प्रकार का तर्कवाक्य होने के कारण, विषय और विधेय दोनों को वितरित करता है। दूसरा आधार वाक्यA-प्रकार का तर्कवाक्य होने के कारण, केवल विषय को वितरित करता है। अत: मध्य पद 'अंगूठी' आधार वाक्य में दो बार वितरित होता है। अत: निष्कर्ष सार्वभौमिक नहीं हो सकता। इसी के साथ, चूंकि एक आधार वाक्य नकारात्मक है, अत: निष्कर्ष भी नकारात्मक होना चाहिए। अत:, निष्कर्ष विशिष्ट नकारात्मक अर्थात, O-प्रकार का होना चाहिए। अत: निष्कर्ष निकलता है कि 'कुछ चूड़ियाँ सिक्के नहीं हैं'।

<table>
<tr><th>वेन आरेख</th><th>अनुमान</th></tr>
<tr><td>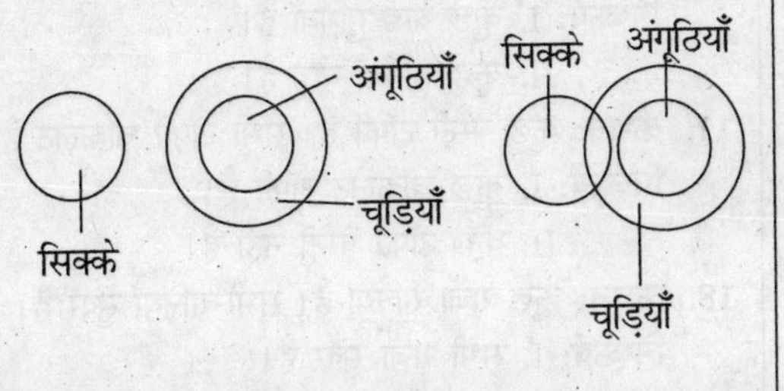
</td><td>1. कोई अंगूठी सिक्का नहीं है।
2. कुछ चूड़ियाँ अंगूठियाँ हैं।
3. कुछ चूड़ियाँ सिक्के नहीं हैं।
4. या तो 'कुछ सिक्के चूड़ियाँ हैं' या 'कोई सिक्का चूड़ी नहीं हैं' निष्कर्ष निकलता है क्योंकि E और I-प्रकार के तर्कवाक्य पूरक युग्म बनाते हैं।</td></tr>
</table>

केस 10. कुछ लैंप मोमबत्तियां हैं। कोई मोमबत्ती बल्ब नहीं है।

तुरंत निगमित अनुमान: पहले आधार वाक्य का कन्वर्स अर्थात, 'कुछ मोमबत्तियां लैंप हैं' और दूसरे आधार वाक्य का कन्वर्स अर्थात, 'कोई बल्ब मोमबत्ती नहीं है', दोनों रखे जाते हैं।

मध्यम निगमित अनुमान: चूंकि एक आधार वाक्य विशिष्ट है और दूसरा नकारात्मक, अत: निष्कर्ष विशिष्ट नकारात्मक अर्थात, O-प्रकार का होना चाहिए। अत: निष्कर्ष निकलता है कि 'कुछ लैंप बल्ब नहीं हैं'।

<table>
<tr><th>वेन आरेख</th><th>अनुमान</th></tr>
<tr><td>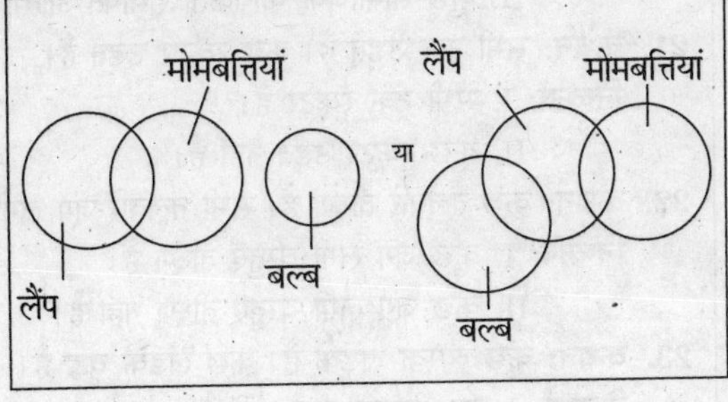
</td><td>1. कुछ मोमबत्तियां लैंप हैं।
2. कोई बल्ब मोमबत्ती नहीं है।
3. कुछ लैंप बल्ब नहीं हैं।
4. या तो 'कुछ लैंप बल्ब हैं' या 'कोई लैंप बल्ब नहीं हैं' निष्कर्ष निकलता है, क्योंकि E और I-प्रकार के तर्कवाक्य पूरक युग्म बनाते हैं।</td></tr>
</table>

याद रखने योग्य महत्वपूर्ण बिंदु: तार्किक निष्कर्ष निगमित करते समय, नीचे दिए गए निष्कर्षों में सदैव होना चाहिए:

(*i*) दिए गए प्रत्येक आधार वाक्य का कन्वर्स;

(*ii*) निष्कर्ष, जो कि दिए गए आधार वाक्य विन्यास से सीधे तौर पर न्याय-निगमन के नियमों के अनुसार निकलता है;

(*iii*) निगमित निष्कर्षों के कन्वर्स।

प्रकार 1: दो कथन आधारित तर्क

यह तर्क के प्रश्नों का सरलतम प्रकार है और तार्किक रूप से वैध निष्कर्ष प्राप्त करने के लिए हम इसे बताई गयी विधि से हल करेंगे।

अभ्यास 1A

निर्देश (प्रश्न 1 से 52): दिए गए प्रत्येक प्रश्न में दो कथन और उसके बाद दो निष्कर्षI और II दिए गए हैं। आपको उन दोनों कथनों को सत्य मानना है चाहे वह सामान्य जानकारी के अनुरूप आपको गलत ही प्रतीत हो रहे हों। आप निष्कर्षों को पढ़ें और चयन करें कि कौन से निष्कर्ष, दिए गए दोनों कथनों के अनुसार तार्किक रूप से निगमित होते हैं।

उत्तर दें

(a) यदि केवल निष्कर्षI निकलता हो।
(b) यदि केवल निष्कर्षII निकलता हो।
(c) यदि या तो निष्कर्षI या II निकलते हों।
(d) यदि न तो निष्कर्षI न ही II निकलते हैं।
(e) यदि दोनों निष्कर्षI और II निकलते हैं।

1. कथन: सभी आदमी कुत्ते हैं। सभी कुत्ते बिल्लियाँ हैं।
निष्कर्ष: I. सभी आदमी बिल्लियाँ हैं।
II. सभी बिल्लियाँ आदमी हैं। **(R.R.B. 2005)**

2. कथन: सभी फिल्मी सितारे प्लेबैक सिंगर हैं। सभी फिल्म डायरेक्टर फिल्मी सितारे हैं। **(G.B.O. 2006)**
निष्कर्ष: I. सभी फिल्म डायरेक्टर प्लेबैक सिंगर हैं।
II. कुछ फिल्मी सितारे फिल्म डायरेक्टर हैं।

3. कथन: सभी पेन सड़कें हैं। सभी सड़कें घर हैं।
निष्कर्ष: I. सभी घर पेन हैं।
II. कुछ घर पेन हैं। **(Bank Recruitment, 2005)**

4. कथन: सभी झोपड़ियाँ महल हैं। सभी महल मंदिर हैं। **(R.B.I. 2003)**
निष्कर्ष: I. कुछ मंदिर झोपड़ियाँ हैं।
II. कुछ मंदिर महल हैं।

5. कथन: सभी जल पवित्र हैं। सभी मंदिर पवित्र हैं। **(PGDBM, 2002)**
निष्कर्ष: I. सभी जल मंदिर हैं।
II. सभी मंदिर जल हैं।

6. कथन: सभी कारें बिल्लियाँ हैं। सभी पंखे बिल्लियाँ हैं।
निष्कर्ष: I. सभी कारें पंखे हैं।
II. कुछ पंखे कारें हैं। **(M.B.A. 2004)**

7. कथन: सभी पेन चाक हैं। सभी कुर्सियां चाक हैं।
निष्कर्ष: I. कुछ पेन कुर्सियां हैं।
II. कुछ चाक पेन हैं। **(Bank Recruitment, 2005)**

8. कथन: सभी अच्छे एथलीट जीतते हैं। सभी अच्छे एथलीट अच्छा खाते हैं। **(Hotel Mgmt, 2004)**
निष्कर्ष: I. सभी जो अच्छा खाते हैं, अच्छे एथलीट है।
II. सभी जो जीतते हैं, अच्छा खाते हैं।

9. कथन: प्रत्येक मंत्री विद्यार्थी हैं। प्रत्येक विद्यार्थी अनुभवहीन हैं।
निष्कर्ष: I. प्रत्येक मंत्री अनुभवहीन हैं।
II. कुछ अनुभवहीन विद्यार्थी हैं। **(M.A.T. 2003)**

10. कथन: सभी ट्यूब हैंडल हैं। सभी कप हैंडल हैं।
निष्कर्ष: I. सभी कप ट्यूब हैं।
II. कुछ हैंडल कप नहीं हैं।

11. कथन: सभी बैग केक हैं। सभी लैंप केक हैं।
निष्कर्ष: I कुछ लैंप बैग हैं।
II. कोई लैंप बैग नहीं हैं।

12. कथन: सभी सड़कें जल हैं। कुछ जल नाव हैं।
निष्कर्ष: I. कुछ नाव सड़कें हैं।
II. सभी जल नाव हैं। **(Bank Recruitment, 2005)**

13. कथन: सभी जंगल चीते हैं। कुछ चीते घोड़े हैं। **(Bank P.O. 2005)**
निष्कर्ष: I. कुछ घोड़े जंगल हैं।
II. कोई घोड़ा जंगल नहीं हैं।

14. कथन: सभी पक्षी लम्बे हैं। कुछ लम्बे मुर्गियाँ हैं। **(A.T.M.A. 2004)**
निष्कर्ष: I. कुछ पक्षी मुर्गियाँ हैं।
II. कुछ मुर्गियाँ लम्बे हैं।

15. कथन: सभी कलाकार धूम्रपान करने वाले हैं। कुछ धूम्रपान करने वाले पियक्कड हैं। **(M.B.A. 2002)**
निष्कर्ष: I. सभी धूम्रपान करने वाले कलाकार हैं।
II. कुछ पियक्कड़ धूम्रपान करने वाले नहीं हैं।

16. कथन: कुछ मुर्गियाँ गाय हैं। सभी गाय घोड़े हैं। **(M.A.T. 2003)**
निष्कर्ष: I. कुछ घोड़े मुर्गियाँ हैं।
II. कुछ मुर्गियाँ घोड़े हैं।

17. कथन: कुछ पेस्ट्री टॉफी हैं। सभी टॉफी चॉकलेट हैं।
निष्कर्ष: I. कुछ चॉकलेट टॉफी हैं। **(A.T.M.A. 2004)**
II. कुछ टॉफी पेस्ट्री नहीं हैं।

18. कथन: कुछ राजा रानियां हैं। सभी रानियां सुंदर हैं। **(M.A.T. 2001)**
निष्कर्ष: I. सभी राजा सुंदर हैं।
II. सभी रानियां राजा हैं।

19. कथन: सभी आदमी विवाहित हैं। कुछ आदमी शिक्षित हैं।
निष्कर्ष: I. कुछ विवाहित शिक्षित हैं। **(R.R.B. 2005)**
II. कुछ शिक्षित विवाहित हैं।

20. कथन: कुछ समर्पित आत्माएं देवदूत हैं। सभी सामाजिक कार्यकर्ता देवदूत हैं। **(Bank P.O. 2002)**
निष्कर्ष: I. कुछ समर्पित आत्माएं सामाजिक कार्यकर्ता हैं।
II. कुछ सामाजिक कार्यकर्ता समर्पित आत्माएं हैं।

21. कथन: सभी ट्रक उड़ते हैं। कुछ स्कूटर उड़ते हैं। **(NMAT, 2005)**
निष्कर्ष: I. सभी ट्रक स्कूटर हैं।
II. कुछ स्कूटर उड़ते नहीं हैं।

22. कथन: कुछ तलवारें तीक्ष्ण हैं। सभी तलवारें जंग लगी वस्तुएं हैं।
निष्कर्ष: I. कुछ जंग लगी वस्तुएं तीक्ष्ण हैं।
II. कुछ जंग लगी वस्तुएं तीक्ष्ण नहीं हैं। **(M.A.T. 2002)**

23. कथन: कुछ व्यस्क लडके हैं। कुछ लडके वृद्ध हैं। **(G.B.O. 2006)**
निष्कर्ष: I. कुछ व्यस्क वृद्ध नहीं हैं।
II. कुछ लडके वृद्ध नहीं हैं।

24. कथन: कुछ किताबें मेज हैं। कुछ मेज दर्पण है।
निष्कर्ष: I. कुछ दर्पण किताबें हैं। **(Bank Recruitment, 2005)**
II. कोई किताब दर्पण नहीं हैं।

25. **कथनः** कुछ स्वप्न रातें हैं। कुछ रातें दिन हैं। (R.B.I. 2003)
निष्कर्षः I. सभी दिन या तो रातें या स्वप्न हैं।
II. कुछ दिन रातें हैं।

26. **कथनः** कुछ पेपर पेन हैं। कुछ पेंसिलें पेन हैं। (M.B.A. 2004)
निष्कर्षः I. कुछ पेन पेंसिलें हैं।
II. कुछ पेन पेपर हैं।

27. **कथनः** कुछ डॉक्टर मूर्ख हैं। कुछ मूर्ख अमीर हैं। (M.A.T. 2001)
निष्कर्षः I. कुछ डॉक्टर अमीर हैं।
II. कुछ अमीर डॉक्टर हैं।

28. **कथनः** सभी मछली कछुआ हैं। कोई कछुआ मगरमच्छ नहीं हैं। (M.A.T. 2003)
निष्कर्षः I. कोई मगरमच्छ मछली नहीं हैं।
II. कोई मछली मगरमच्छ नहीं हैं।

29. **कथनः** सभी खिड़कियां दरवाजे हैं। कोई दरवाजा दीवार नहीं हैं। (M.A.T. 1999)
निष्कर्षः I. कोई खिड़की दीवार नहीं हैं।
II. कोई दीवार दरवाजा नहीं हैं।

30. **कथनः** सभी सड़कें खम्बे हैं। कोई खम्बा घर नहीं है। (B.T.M. 2005)
निष्कर्षः I. कुछ सड़कें घर हैं।
II. कुछ घर खम्बे हैं।

31. **कथनः** सभी फूल पेड़ हैं। कोई फल पेड़ नहीं हैं। (Bank Recruitment, 2005)
निष्कर्षः I. कोई फल फूल नहीं हैं।
II. कुछ पेड़ फूल हैं।

32. **कथनः** सभी आम सुनहरे रंग के हैं। कोई सुनहरे रंग की वस्तु सस्ती नहीं हैं।
निष्कर्षः I. सभी आम सस्ते हैं।
II. सुनहरे रंग के आम सस्ते नहीं हैं। (I.A.M. 2003)

33. **कथनः** सभी युवा वैज्ञानिक खुले विचारों के हैं। कोई खुले विचारों के आदमी अंधविश्वासी नहीं हैं।
निष्कर्षः I. कोई वैज्ञानिक अंधविश्वासी नहीं हैं।
II. कोई युवा व्यक्ति अंधविश्वासी नहीं हैं।

34. **कथनः** कोई सज्जन गरीब नहीं हैं। सभी सज्जन आदमी अमीर हैं।
निष्कर्षः I. कोई गरीब आदमी अमीर नहीं हैं।
II. कोई अमीर आदमी गरीब नहीं हैं। (Hotel Management, 2003)

35. **कथनः** कोई मैगजीन टोपी नहीं हैं। सभी टोपियाँ कैमरे हैं।
निष्कर्षः I. कोई कैमरा मैगजीन नहीं हैं।
II. कुछ कैमरे मैगजीन हैं।

36. **कथनः** कुछ डेस्क टोपियाँ हैं। कोई टोपी लाल नहीं हैं। (A.T.M.A. 2004)
निष्कर्षः I. कुछ टोपियाँ डेस्क हैं।
II. कोई डेस्क लाल नही हैं।

37. **कथनः** कुछ किताबें पेन हैं। कोई पेन पेन्सिल नहीं हैं।
निष्कर्षः I. कुछ किताबें पेंसिलें हैं।
II. कोई किताब पेन्सिल नहीं हैं।

38. **कथनः** कोई महिला अध्यापक खेल नहीं सकती हैं। कुछ महिला अध्यापक एथलीट हैं। (G.B.O. 2006)
निष्कर्षः I. पुरुष एथलीट खेल सकते हैं।
II. कुछ एथलीट खेल सकते हैं।

39. **कथनः** कोई बल्ला बॉल नहीं हैं। कोई बॉल विकेट नहीं हैं। (M.A.T. 2003)
निष्कर्षः I. कोई बल्ला विकेट नहीं हैं।
II. सभी विकेट बल्ले हैं।

40. **कथनः** अधिकांश स्कूटर ट्रक हैं। सभी ट्रक ट्रेन हैं। (M.B.A. 2004)
निष्कर्षः I. कुछ स्कूटर ट्रेन हैं।
II. कोई ट्रक स्कूटर नहीं हैं।

41. **कथनः** अधिकांश अध्यापक लडके हैं। कुछ लडके विद्यार्थी हैं।
निष्कर्षः I. कुछ विद्यार्थी लडके हैं।
II. कुछ अध्यापक विद्यार्थी हैं। (N.M.A.T. 2005)

42. **कथनः** कोई आदमी गधा नहीं हैं। राहुल एक आदमी है।
निष्कर्षः I. राहुल गधा नही हैं।
II. सभी आदमी राहुल नही हैं।

43. **कथनः** सभी खम्बे बंदूकें हैं। कुछ नाव खम्बे नहीं हैं।
निष्कर्षः I. सभी बंदूकें नाव हैं।
II. कुछ नाव बंदूकें नहीं हैं।

44. **कथनः** सभी लड़के ईमानदार हैं। सचिन ईमानदार हैं।
निष्कर्षः I. सचिन एक लड़का है।
II. सभी ईमानदार व्यक्ति लडके हैं।

45. **कथनः** नौकरशाह केवल बुद्धिमान लड़कियों से विवाह करते हैं। तान्या बहुत बुद्धिमान हैं। (G.B.O. 2006)
निष्कर्षः I. तान्या एक नौकरशाह से विवाह करेगी।
II. तान्या एक नौकरशाह से विवाह नहीं करेगी।

46. **कथनः** रमन सदैव सफल होता है। कोई मूर्ख सदैव सफल नहीं होता है। (Hotel Management, 2003)
निष्कर्षः I. रमन एक मूर्ख है।
II. रमन एक मूर्ख नहीं है।

47. **कथनः** सभी पहाड़ी इलाकों में सनसेट पॉइंट हैं। X एक पहाड़ी इलाका है। (B.T.M. 2005)
निष्कर्षः I. X में सनसेट पॉइंट हैं।
II. पहाड़ी इलाकों के अलावा अन्य इलाकों में सनसेट पॉइंट नहीं हैं।

48. **कथनः** सभी मछलियाँ स्लेटी रंग की हैं। कुछ मछलियाँ भारी हैं। (I.A.M. 2003)
निष्कर्षः I. सभी भारी मछलियाँ स्लेटी रंग की हैं।
II. सभी हल्की मछलियाँ स्लेटी रंग की नहीं हैं।

49. **कथनः** सभी शिक्षित लोग अखबार पढ़ते हैं। राहुल अखबार नहीं पढ़ता है। (M.B.A. 2005)
निष्कर्षः I. राहुल शिक्षित नहीं हैं।
II. शिक्षित होने के लिए अखबार पढ़ना आवश्यक नहीं है।

50. **कथनः** कुछ पेपर पेन हैं। कोण एक पेपर है। (R.B.I. 2003)
निष्कर्षः I. कोण एक पेन नहीं है।
II. कोण एक पेन है।

51. **कथनः** कुछ इंजिनियर मूर्ख है। आनंद एक इंजिनियर है।
निष्कर्षः I. कुछ मूर्ख इंजिनियर हैं।
II. आनंद एक मूर्ख है। (M.B.A. 2002)

52. कथनः कुछ आदमी शिक्षित हैं। शिक्षित व्यक्ति छोटे परिवार पसंद करते हैं।

निष्कर्षः I. सभी छोटे परिवार शिक्षित हैं।

II. कुछ आदमी छोटे परिवार पसंद करते हैं।

निर्देश (प्रश्न 53 से 65): प्रत्येक प्रश्न में, दो कथन दिए हैं, जिसके बाद I, II, III और IV से चार निष्कर्ष दिए हैं। आपको उन दोनों कथनों को सत्य मानना है चाहे वह सामान्य जानकारी के अनुरूप आपको गलत ही प्रतीत हो रहे हों। आप निष्कर्षों को पढ़ें और चयन करें कि कौन से निष्कर्ष, दिए गए दोनों कथनों के अनुसार तार्किक रूप से निगमित होते हैं।

53. कथनः सभी शाखाएँ फूल हैं। सभी फूल पत्तियाँ हैं।

(L.I.C. A.A.O. 2005)

निष्कर्षः I. सभी शाखाएँ पत्तियाँ हैं।

II. सभी पत्तियाँ शाखाएँ हैं।

III. सभी फूल शाखाएँ हैं।

IV. कुछ पत्तियाँ शाखाएँ हैं।

(*a*) कोई नहीं (*b*) केवल I और IV
(*c*) केवल II और III (*d*) उपरोक्त सभी

54. कथनः सभी राजनीतिज्ञ ईमानदार हैं। सभी ईमानदार निष्पक्ष हैं।

निष्कर्षः I. कुछ ईमानदार राजनीतिज्ञ हैं। **(N.M.A.T. 2005)**

II. कोई ईमानदार राजनीतिज्ञ नहीं हैं।

III. कुछ निष्पक्ष राजनीतिज्ञ हैं।

IV. सभी निष्पक्ष राजनीतिज्ञ हैं।

(*a*) कोई नहीं (*b*) केवल I
(*c*) केवल I और II (*d*) केवल I और III

55. कथनः सभी आतंकवादी दोषी हैं। सभी आतंकवादी अपराधी हैं।

(G.B.O. 2006)

निष्कर्षः I. या तो सभी अपराधी दोषी हैं या सभी दोषी अपराधी हैं।

II. कुछ दोषी व्यक्ति अपराधी हैं।

III. सामान्यतः अपराधी दोषी होते हैं।

IV. अपराध और दोष साथ चलते हैं।

(*a*) केवल I (*b*) केवल I और III
(*c*) केवल II (*d*) केवल II और IV

56. कथनः सभी हवाई जहाज ट्रेन हैं। कुछ ट्रेन कुर्सियां हैं।

(L.I.C. A.A.O. 2005)

निष्कर्षः I. कुछ हवाई जहाज कुर्सियां हैं।

II. कुछ कुर्सियां हवाई जहाज हैं।

III. कुछ कुर्सियां ट्रेन हैं।

IV. कुछ ट्रेन हवाई जहाज हैं।

(*a*) कोई नहीं (*b*) केवल I और II
(*c*) केवल II और III (*d*) केवल III और IV

57. कथनः कुछ बोतलें पेय हैं। सभी पेय कप हैं। **(PGDM, 2002)**

निष्कर्षः I. कुछ बोतलें कप हैं।

II. कुछ कप पेय हैं।

III. सभी पेय बोतलें हैं।

IV. सभी कप पेय हैं।

(*a*) केवल I और II (*b*) केवल II और III
(*c*) केवल II और IV (*d*) केवल III और IV
(*e*) केवल I और IV

58. कथनः कुछ किताबें पेन हैं। कोई पेन पेन्सिल नहीं हैं। **(G.B.O. 2006)**

निष्कर्षः I. कुछ पेन किताबें हैं।

II. कुछ पेंसिलें किताबें हैं।

III. कुछ किताबें पेंसिलें नहीं हैं।

IV. सभी पेंसिलें किताबें हैं।

(*a*) केवल I (*b*) केवल II और III
(*c*) केवल I और III (*d*) केवल I और II

59. कथनः कुछ कपड़े मार्बल्स हैं। कुछ मार्बल्स बैग हैं।

(N.M.A.T. 2006)

निष्कर्षः I. कोई कपड़ा बैग नहीं हैं।

II. सभी मार्बल्स बैग हैं।

III. कुछ बैग कपड़े हैं।

IV. कोई मार्बल कपड़ा नहीं हैं।

(*a*) केवल या तो I या IV
(*b*) केवल या तो I या II
(*c*) कोई नहीं
(*d*) केवल I या तो III

60. कथनः सभी शेयर डिबेंचर हैं। कोई डिबेंचर इक्विटी नहीं हैं।

(M.A.T. 1999)

निष्कर्षः I. कोई इक्विटी शेयर नहीं हैं।

II. कुछ डिबेंचर शेयर हैं।

III. कोई शेयर इक्विटी नहीं हैं।

(*a*) केवल I (*b*) केवल II
(*c*) केवल III (*d*) उपरोक्त सभी

61. कथनः कुछ मेज टीवी हैं। कुछ टीवी रेडियो हैं। **(M.B.A. 2004)**

निष्कर्षः I. कुछ मेज रेडियो हैं।

II. कुछ रेडियो मेज हैं।

III. सभी रेडियो टीवी हैं।

IV. सभी टीवी मेज हैं।

(*a*) कोई नहीं (*b*) उपरोक्त सभी
(*c*) केवल I और III (*d*) केवल II और IV

62. कथनः कुछ बैग जेब हैं। कोई जेब थैली नहीं हैं।

निष्कर्षः I. कोई बैग थैली नहीं है।

II. कुछ बैग थैली नहीं हैं।

III. कुछ जेब बैग हैं।

IV. कोई जेब बैग नहीं हैं।

(*a*) कोई नहीं (*b*) केवल I और III
(*c*) केवल II और III (*d*) केवल या तो I या IV
(*e*) उपरोक्त सभी

63. कथनः कुछ टैक्सियों में हॉर्न हैं। कुछ टैक्सियों में लाइट्स हैं।

(M.B.A. 2002)

निष्कर्षः I. प्रत्येक टैक्सी में या तो हॉर्न है या लाइट हैं।

II. कुछ टैक्सियों में न तो लाइट है, न ही हॉर्न हैं।

III. कुछ टैक्सियों में हॉर्न और लाइट्स दोनों हैं।

IV. किसी टैक्सी में न तो हॉर्न है, न ही लाइट्स हैं।

(*a*) केवल I और II (*b*) केवल II और III
(*c*) केवल II और IV (*d*) या तो III या IV
(*e*) उपरोक्त सभी

64. कथनः कुछ घर दफ्तर हैं। कुछ दफ्तर विद्यालय हैं।

(L.I.C. A.A.O. 2005)

निष्कर्षः I. कुछ विद्यालय घर हैं।

II. कुछ दफ्तर घर हैं।

III. कोई घर विद्यालय नहीं हैं।

IV. कुछ विद्यालय दफ्तर हैं।

(*a*) केवल II और III (*b*) केवल I और IV

(*c*) केवल या तो III या IV, और I

(*d*) केवल II और IV और या तो I या III .

65. कथनः कोई बॉक्स खिलौना नहीं हैं। सभी खिलौने ब्लॉक्स हैं।

निष्कर्षः I. कुछ ब्लॉक्स खिलौने हैं।

II. कुछ ब्लॉक्स बॉक्स हैं।

III. कोई ब्लॉक बॉक्स नहीं हैं।

(*a*) केवल I

(*b*) केवल या तो II या III

(*c*) केवल या तो II या III, और I

(*d*) कोई नहीं

हल - अभ्यास 1(A)

1. (*a*) : चूंकि दोनों आधार वाक्य सार्वभौमिक और सकारात्मक हैं, अतः निष्कर्ष भी सार्वभौमिक और सकारात्मक होना चाहिए। जबकि, निष्कर्ष II A-प्रकार का तर्कवाक्य होने के कारण, 'बकरियाँ' पद को वितरित करता है। चूंकि पद 'बकरियाँ' किसी आधार वाक्य में वितरित हुए बिना निष्कर्ष II में वितरित है। अतः निष्कर्ष II नहीं निकाला जा सकता। अतः, केवल निष्कर्ष I निकलता है।

2. (*e*) : चूंकि दोनों आधार वाक्य सार्वभौमिक और सकारात्मक हैं, अतः निष्कर्ष भी सार्वभौमिक सकारात्मक होना चाहिए और उसमें मध्य पद नहीं होना चाहिए। अतः निष्कर्ष I निकलता है। निष्कर्ष II दूसरे आधार वाक्य का कन्वर्स है अतः यह भी निकलता है।

3. (*b*) : चूंकि दोनों आधार वाक्य सार्वभौमिक और सकारात्मक हैं, अतः निष्कर्ष भी सार्वभौमिक सकारात्मक होना चाहिए और उसमें मध्य पद नहीं होना चाहिए। अतः निष्कर्ष निकलता है कि 'सभी पेन घर हैं'। II इस निष्कर्ष का कन्वर्स है अतः यह भी निकलता है। चूंकि पद 'घर' किसी आधार वाक्य में वितरित हुए बिना I में वितरित है, अतः I नहीं निकलता है।

4. (*e*) : जैसाकि ऊपर बताया गया है, निष्कर्ष निकलता है कि 'सभी झोपड़ियाँ मंदिर हैं'। I इस निष्कर्ष का कन्वर्स है अतः यह निकलता है। II दूसरे आधार वाक्य का कन्वर्स है अतः यह भी निकलता है।

5. (*d*) : चूंकि मध्य पद 'पवित्र' आधार वाक्य में एकबार भी वितरित नहीं होता है, अतः कोई निश्चित निष्कर्ष नहीं निकाला जा सकता।

6. (*d*) : चूंकि मध्य पद 'बिल्लियाँ' आधार वाक्य में एकबार भी वितरित नहीं होता है, अतः कोई निश्चित निष्कर्ष नहीं निकाला जा सकता।

7. (*b*) : चूंकि मध्य पद 'चाक' आधार वाक्य में एकबार भी वितरित नहीं होता है, अतः कोई निश्चित निष्कर्ष नहीं निकाला जा सकता। जबकि, II पहले आधार वाक्य का कन्वर्स है, अतः यह निकाला जा सकता है।

8. (*d*) : चूंकि मध्य पद 'अच्छे एथलीट' आधार वाक्य में दो बार वितरित है, अतः निष्कर्ष विशिष्ट होना चाहिए और उसमें मध्य पद नहीं होना चाहिए। अतः निष्कर्ष निकलता है कि 'जीतने वालों में से कुछ लोग अच्छा खाते हैं'।

9. (*e*) : 'प्रत्येक' 'सभी' के समतुल्य है। इस प्रकार चूंकि दोनों आधार वाक्य सार्वभौमिक और सकारात्मक हैं, अतः निष्कर्ष भी सार्वभौमिक सकारात्मक होना चाहिए और उसमें मध्य पद नहीं होना चाहिए। अतः निष्कर्ष I निकलता है। निष्कर्ष II दूसरे आधार वाक्य का कन्वर्स है अतः यह भी निकलता है।

10. (*d*) : दोनों आधार वाक्य A प्रकार का तर्कवाक्य है, अतः विधेय बनाने वाला मध्य पद 'हैंडल' वितरित नहीं होता है। चूंकि मध्य पद आधार वाक्य में एक बार भी वितरित नहीं होता है, अतः कोई निश्चित निष्कर्ष नहीं निकलता है।

11. (*c*) : चूंकि मध्य पद 'केक' आधार वाक्य में एक बार भी वितरित नहीं होता है, अतः कोई निश्चित निष्कर्ष नहीं निकलता है। जबकि, I और II में केवल चरम पद हैं और पूरक युग्म बनाते है। अतः या तो I या II निकलता है।

12. (*d*) : पहला आधार वाक्य A प्रकार का है और विषय को वितरित करता है। अतः मध्य पद 'जल', जोकि इसका विधेय है, वितरित नहीं होता है।

दूसरा आधार वाक्य I प्रकार का है और न तो विषय को न ही विधेय को वितरित करता है। अतः मध्य पद 'जल', जोकि इसका विषय है, वितरित नहीं होता है।

चूंकि मध्य पद आधार वाक्य में एक बार भी वितरित नहीं होता है, अतः कोई निश्चित निष्कर्ष नहीं निकलता है।

13. (*c*) : चूंकि मध्य पद 'चीते' आधार वाक्य में एकबार भी वितरित नहीं है, अतः कोई निश्चित निष्कर्ष नहीं निकलता है। जबकि, I और II में केवल चरम पद हैं और ये पूरक युग्म बनाते हैं। अतः या तो I या II निष्कर्ष निकलता है।

14. (*b*) : चूंकि मध्य पद 'लम्बे' आधार वाक्य में एकबार भी वितरित नहीं है, अतः कोई निश्चित निष्कर्ष नहीं निकलता है। जबकि, II दूसरे आधार वाक्य का कन्वर्स है अतः यह निकलता है।

15. (*d*) : चूंकि मध्य पद 'धूम्रपान करने वाले' आधार वाक्य में एकबार भी वितरित नहीं है, अतः कोई निश्चित निष्कर्ष नहीं निकलता है।

16. (*e*) : चूंकि एक आधार वाक्य विशिष्ट है, अतः निष्कर्ष भी विशिष्ट होना चाहिए और उसमें मध्य पद नहीं होना चाहिए। अतः निष्कर्ष II निकलता है। I, II का कन्वर्स है, अतः यह भी निकलता है।

17. (*a*) : चूंकि एक आधार वाक्य विशिष्ट है, अतः निष्कर्ष भी विशिष्ट होना चाहिए और उसमें मध्य पद नहीं होना चाहिए। अतः निष्कर्ष निकलता है कि 'कुछ पेस्ट्री चॉकलेट हैं'। I दूसरे आधार वाक्य का कन्वर्स है अतः यह भी निकलता है। चूंकि दोनों आधार वाक्य सकारात्मक हैं, अतः निष्कर्ष नकारात्मक नहीं हो सकता। अतः निष्कर्ष II नहीं निकलता है।

18. (*d*) : चूंकि एक आधार वाक्य विशिष्ट है, अत: निष्कर्ष भी विशिष्ट होना चाहिए। अत: न तो I न ही II निकलता है।

19. (*e*) : चूंकि एक आधार वाक्य विशिष्ट है, अत: निष्कर्ष भी विशिष्ट होना चाहिए और उसमें मध्य पद नहीं होना चाहिए। अत: I निकलता है। II, I का कन्वर्स है अत: यह भी निकलता है।

20. (*d*) : पहला आधार वाक्य I प्रकार का तर्कवाक्य है। अत: मध्य पद 'देवदूत' जो कि विधेय बनाता है, वितरित नहीं है। दूसरा आधार वाक्य A प्रकार का तर्कवाक्य है। अत: मध्य पद 'देवदूत' जो कि विधेय बनाता है, वितरित नहीं है।

चूंकि मध्य पद आधार वाक्य में एक बार भी वितरित नहीं हैं, अत: कोई निश्चित निष्कर्ष नहीं निकलता है।

21. (*d*) : चूंकि मध्य पद 'उड़ते' आधार वाक्य में एक बार भी वितरित नहीं हैं, अत: कोई निश्चित निष्कर्ष नहीं निकलता है।

22. (*a*) : चूंकि एक आधार वाक्य विशिष्ट है, अत: निष्कर्ष भी विशिष्ट होना चाहिए और उसमें मध्य पद नहीं होना चाहिए, अत: I निकलता है। चूंकि दोनों आधार वाक्य सकारात्मक हैं, अत: निष्कर्ष नकारात्मक नहीं हो सकता। अत: निष्कर्ष II नहीं निकलता है।

23. (*d*) : दोनों आधार वाक्य I-प्रकार के तर्कवाक्य हैं और क्योंकि मध्य पद 'लड़के' आधार वाक्य में एक बार भी वितरित नहीं है। अत: कोई निश्चित निष्कर्ष नहीं निकलता है।

24. (*c*) : चूंकि दोनों आधार वाक्य विशिष्ट हैं, अत: कोई निश्चित निष्कर्ष नहीं निकलता है। जबकि I और II में केवल चरम पद हैं और ये पूरक युग्म बनाते हैं। अत: या तो I या II निकलता है।

25. (*b*) : चूंकि दोनों आधार वाक्य विशिष्ट हैं, अत: कोई निश्चित निष्कर्ष नहीं निकलता है। जबकि, निष्कर्ष II दूसरे आधार वाक्य का कन्वर्स है। अत: यह भी निकलता है।

26. (*e*) : चूंकि दोनों आधार वाक्य विशिष्ट हैं, कोई निश्चित निष्कर्ष नहीं निकलता है। जबकि, निष्कर्ष I दूसरे आधार वाक्य का कन्वर्स है तथा निष्कर्ष II पहले आधार वाक्य का कन्वर्स है। अत: दोनों निष्कर्ष निकाले जा सकते हैं।

27. (*d*) : चूंकि दोनों आधार वाक्य विशिष्ट हैं, कोई निश्चित निष्कर्ष नहीं निकलता है।

28. (*e*) : चूंकि दोनों आधार वाक्य सार्वभौमिक हैं और एक आधार वाक्य नकारात्मक है, अत: निष्कर्ष भी सार्वभौमिक नकारात्मक होना चाहिए। इसी के साथ, निष्कर्ष में मध्य पद नहीं होना चाहिए। अत: निष्कर्ष II निकलता है। निष्कर्ष I, निष्कर्ष II का कन्वर्स है, अत: यह भी निकलता है।

29. (*e*) : चूंकि दोनों आधार वाक्य सार्वभौमिक हैं और एक आधार वाक्य नकारात्मक है, अत: निष्कर्ष भी सार्वभौमिक नकारात्मक होना चाहिए। इसी के साथ, निष्कर्ष में मध्य पद नहीं होना चाहिए। अत: निष्कर्ष I निकलता है। जबकि, निष्कर्ष II दूसरे आधार वाक्य का कन्वर्स है। अत: यह भी निकलता है।

30. (*d*) : चूंकि दोनों आधार वाक्य सार्वभौमिक हैं और एक आधार वाक्य नकारात्मक है, अत: निष्कर्ष भी सार्वभौमिक नकारात्मक होना चाहिए। अत: न तो I न ही II निकलता है।

31. (*e*) : जैसाकि ऊपर बताया गया है, अत: निष्कर्ष भी सार्वभौमिक नकारात्मक होना चाहिए और उसमें मध्य पद नहीं होना चाहिए। अत: निष्कर्ष निकलता है कि 'कोई फूल फल नहीं है'। निष्कर्ष I इस निष्कर्ष का कन्वर्स है अत: यह निकलता है। निष्कर्ष II पहले आधार वाक्य का कन्वर्स है, अत: यह भी निकलता है।

32. (*b*) : स्पष्टत:, निष्कर्ष भी सार्वभौमिक नकारात्मक होना चाहिए और उसमें मध्य पद नहीं होना चाहिए। अत: निष्कर्ष निकलता है कि 'कोई आम सस्ते नहीं हैं'। चूंकि सभी आम सुनहरे रंग के हैं, अत: हमें 'आमों' को 'सुनहरे रंग के आमों' से प्रतिस्थापित करना चाहिए। अत: II निकलता है।

33. (*d*) : दोनों निष्कर्षों का विषय अस्पष्ट है। सही निष्कर्ष है 'कोई युवा वैज्ञानिक अंधविश्वासी नहीं है'। अत:, न तो I न ही II निकलता है।

34. (*d*) : पहला आधार वाक्य E-प्रकार का तर्कवाक्य है। अत: मध्य पद 'सज्जन' जो कि विषय बनाता है, वितरित है। दूसरा आधार वाक्य A-प्रकार का तर्कवाक्य है। अत: मध्य पद 'सज्जन आदमी' जो कि विषय बनाता है, वितरित है। चूंकि मध्य पद दो बार वितरित है, अत: निष्कर्ष सार्वभौमिक नहीं हो सकता है। चूंकि एक आधार वाक्य नकारात्मक है, अत: निष्कर्ष भी नकारात्मक होना चाहिए। अत:, निष्कर्ष निकलता है कि 'कुछ अमीर आदमी गरीब नहीं हैं'। अत:, न तो I न ही II निकलता है।

35. (*c*) : जैसाकि ऊपर बताया गया है, अत: निष्कर्ष भी विशिष्ट नकारात्मक होना चाहिए और उसमें मध्य पद नहीं होना चाहिए। अत: निष्कर्ष निकलता है कि 'कुछ कैमरे मैगजीन नहीं हैं'। जबकि I और II में केवल चरम पद हैं और ये पूरक युग्म बनाते हैं। अत: या तो I या II निकलता है।

36. (*a*) : चूंकि एक आधार वाक्य विशिष्ट है और दूसरा आधार वाक्य नकारात्मक है, अत: निष्कर्ष भी विशिष्ट नकारात्मक होना चाहिए और उसमें मध्य पद नहीं होना चाहिए। अत: निष्कर्ष निकलता है कि 'कुछ डेस्क लाल नहीं हैं'। जबकि निष्कर्ष I पहले आधार वाक्य का कन्वर्स है, अत: यह भी निकलता है।

37. (*c*) : जैसाकि ऊपर बताया गया है, निष्कर्ष भी विशिष्ट नकारात्मक होना चाहिए और उसमें मध्य पद नहीं होना चाहिए। अत: निष्कर्ष निकलता है कि 'कुछ किताबें पेंसिलें नहीं हैं'। जबकि, निष्कर्ष I और II में केवल चरम पद हैं और ये पूरक युग्म बनाते हैं। अत: या तो I या II निकलता है।

38. (*d*) : चूंकि एक आधार वाक्य नकारात्मक है, निष्कर्ष भी नकारात्मक होना चाहिए। अत: कोई निष्कर्ष नहीं निकलता है।

39. (*d*) : चूंकि दोनों आधार वाक्य नकारात्मक हैं, अत: कोई निश्चित निष्कर्ष नहीं निकलता है।

40. (*a*) : चूंकि पहला आधार वाक्य विशिष्ट है, निष्कर्ष भी विशिष्ट होना चाहिए और उसमें मध्य पद नहीं होना चाहिए। अत:, केवल निष्कर्ष I निकलता है।

41. (*a*) : चूंकि दोनों आधार वाक्य विशिष्ट हैं, कोई निश्चित निष्कर्ष नहीं निकलता है। जबकि, निष्कर्ष I दूसरे आधार वाक्य का कन्वर्स है, अत: यह भी निकलता है।

42. (*a*) : चूंकि एक आधार वाक्य नकारात्मक है, निष्कर्ष भी नकारात्मक होना चाहिए। निष्कर्ष II नहीं निकाला जा सकता क्योंकि इसमें मध्य पद है। अत: केवल निष्कर्ष I निकलता है।

43. (*d*) : स्पष्टत: पद 'बंदूकें' किसी आधार वाक्य में वितरित हुए बिना दोनों निष्कर्षों में वितरित है। अत: कोई निष्कर्ष नहीं निकलता है।

(*a*) केवल A (*b*) A और B
(*c*) केवल C (*d*) केवल D

17. A: सभी अच्छे लोग शूरवीर हैं। सभी योद्धा अच्छे लोग हैं। सभी शूरवीर योद्धा हैं। **(C.A.T. 1999)**

B: कोई फुटबॉलर मंत्री नहीं हैं। सभी फुटबॉलर सख्त हैं। कुछ मंत्री खिलाड़ी हैं।

C: सभी पिज्जा स्नैक्स हैं। कुछ भोजन पिज्जा हैं। कुछ भोजन स्नैक्स हैं।

D: कुछ भौकने वाले कस्तूरी-मृग हैं। सभी भौकने वाले सुस्त भालू हैं। कुछ सुस्त भालू कस्तूरी-मृग हैं।

(*a*) केवल A (*b*) B और C
(*c*) केवल C (*d*) C और D

18. A: कौए काले हैं। कौए दुष्ट हैं। सभी दुष्ट काले हैं।

B: घोड़े गिद्ध से तेज हैं। सभी गिद्ध बाज हैं। घोड़े बाज से तेज हैं।

C: कोई पुजारी संत नहीं हैं। पीटर एक पुजारी हैं। पीटर एक संत हैं। **(M.A.T. 2001)**

(*a*) केवलA (*b*) केवल B
(*c*) केवल C (*d*) इनमें से कोई नहीं

19. A: सभी भूकंप विनाशकारी हैं। कुछ भूस्खलन विनाशकारी हैं। कुछ भूकंप भूस्खलन हैं।

B: सभी कांच की वस्तुएं पारदर्शी हैं। कुछ कलाकृतियाँ कांच की वस्तुएं हैं। कुछ कलाकृतियाँ पारदर्शी हैं।

C: सभी मिटटी की वस्तुएँ भंगुर हैं। सभी X मिटटी की वस्तुएँ हैं। सभी X भंगुर हैं।

D: कोई अपराधी देशभक्त नहीं हैं। रोहित देशभक्त नहीं हैं। रोहित एक अपराधी है।

(*a*) केवल A (*b*) केवल B
(*c*) B और C (*d*) केवल D

20. A: कुछ सेब खट्टे हैं। यह फल एक सेब है। यह फल खट्टा है।

B: रीता एक नर्स हैं। सभी नर्स लम्बी महिलाऐं हैं। रीता एक लम्बी महिला है।

C: सैन्य अधिकारी स्मार्ट हैं। वायुसैनिक अधिकारी स्मार्ट हैं। थलसैनिक अधिकारी स्मार्ट हैं।

D: कोई जानवर आग पसंद नहीं करता है। आर्डवार्क्स जानवर हैं। आर्डवार्क्स को आग पसंद नहीं है।

(*a*) केवल B (*b*) केवल C
(*c*) केवल D (*d*) A और D

21. A: सभी आईआईएम भारत में हैं। कोई बीआईएम भारत में नहीं हैं। कोई आईआईएम बीआईएम नहीं हैं। **(C.A.T. 1999)**

B: सभी आईआईएम भारत में हैं। कोई बीआईएम भारत में नहीं हैं। कोई बीआईएम आईआईएम नहीं हैं।

C: कुछ आईआईएम भारत में नहीं हैं। कुछ बीआईएम भारत में नहीं हैं। कुछ आईआईएम बीआईएम हैं।

D: कुछ आईआईएम भारत में नहीं हैं। कुछ बीआईएम भारत में नहीं हैं। कुछ बीआईएम आईआईएम हैं।

(*a*) केवलA (*b*) केवल B
(*c*) A और B (*d*) C और D

22. A: कुछ प्रोफेसर वैज्ञानिक हैं। कुछ वैज्ञानिक घास खाते हैं। कुछ प्रोफेसर घास खाते हैं।

B: अजय एक पेड़ हैं। कुछ पेड़ लोहे के बने हैं। अजय लोहे का बना है।

C: कोई गाय घास नहीं खाती हैं। सभी बैल घास खाते हैं। कोई बैल गाय नहीं हैं।

D: कुछ गिलहरियाँ गधे हैं। सभी गिलहरियाँ भेड़िये हैं। कुछ भेड़िये गधे हैं।

(*a*) A और C (*b*) केवल B
(*c*) केवल C (*d*) C और D

23. A: कोई ग्वाला हँसता नहीं हैं। कुछ जो हँसते हैं गूढ़ व्यक्ति हैं। कुछ गूढ़ व्यक्ति ग्वाले नहीं हैं। **(C.A.T. 1999)**

B: सभी भूत प्रतिदीप्त हैं। कुछ भूत गाते नहीं हैं। कुछ गायक प्रतिदीप्त नहीं हैं।

C: क्रिकेटर शपथ लेते है, जो शपथ लेते हैं, लटकाए जाते हैं। कुछ जो लटकाए जाते हैं, क्रिकेटर नहीं हैं।

D: कुछ क्रेजी लोग पियानोवादक हैं। सभी क्रेजी लोग व्हिस्टलर हैं। कुछ व्हिस्टलर पियानोवादक हैं।

(*a*) A और B (*b*) केवल C
(*c*) A और D (*d*) केवल D

24. A: कुछ पदार्थ क्रिस्टलीय हैं। मार्बल क्रिस्टलीय हैं। मार्बल एक पदार्थ हैं। **(M.A.T. 2001)**

B: सभी शिकारी जानवर कुत्ते हैं। कुछ कुत्ते गाय हैं। कुछ शिकारी जानवर कुत्ते हैं।

C: सभी ताले चाबी हैं। कुछ चाबी खुली नहीं हैं। कुछ ताले खुले नहीं हैं।

(*a*) केवलA (*b*) B और C
(*c*) A और C (*d*) इनमें से कोई नहीं

25. A: जिराफ माँसाहारी हैं। कंगारू जिराफ नहीं हैं। कंगारू माँसाहारी नहीं हैं।

B: सभी अध्यापक बुद्धिमान हैं। कोई बुद्धिमान लोग बदमाश नहीं हैं। कोई बदमाश अध्यापक नहीं हैं।

C: कोई टेलीविजन रेडियो नहीं हैं। कोई कार रेडियो नहीं हैं। टेलीविजन कारें हैं।

D: सभी कुत्तों को दूध पसंद हैं। कुछ बिल्लियों को दूध पसंद हैं। कुछ बिल्लियाँ कुत्ते हैं।

(*a*) A और D (*b*) केवल B
(*c*) केवल C (*d*) B और C

26. A: X द्वीप के नागरिक केवल सत्य बोलते हैं। X द्वीप के नागरिक युवा व्यक्ति हैं। युवा व्यक्ति केवल सत्य बोलते हैं।

B: X द्वीप के नागरिक केवल सत्य बोलते हैं। कुछ X द्वीप अटलांटिक में हैं। X द्वीप के कुछ नागरिक अटलांटिक में हैं।

C: X द्वीप के नागरिक केवल सत्य बोलते हैं। कुछ युवा व्यक्ति X द्वीप के नागरिक हैं। कुछ युवा व्यक्ति केवल सत्य बोलते हैं।

D: कुछ लोग केवल सत्य बोलते हैं। X द्वीप के कुछ नागरिक केवल सत्य बोलते हैं। कुछ लोग, जो केवल सत्य बोलते हैं, X द्वीप के नागरिक हैं। **(C.A.T. 1999)**

(*a*) केवल A (*b*) केवल B
(*c*) केवल C (*d*) केवल D

27. A: अधिकांश कवि पाठक नहीं हैं। सभी गायक कवि हैं। कुछ गायक पाठक नहीं हैं।

B: लडके क्रिकेट खेलते हैं। कुछ लड़कियां क्रिकेट नहीं खेलती हैं। कुछ लड़कियां लड़के नहीं हैं।

C: सभी एस्किमो इग्लू में रहते हैं। कुछ पेंग्विन इग्लू में रहते हैं। कुछ पेंग्विन एस्किमो हैं।

(*a*) केवलA (*b*) केवल B
(*c*) केवल C (*d*) B और C

निर्देश (प्रश्न 28 से 55): दिए गए प्रत्येक प्रश्न में पांच या छः कथन दिए गए हैं जिसके बाद दिए गए विकल्पों में तीन कथन एक निश्चित क्रम में दिए गए हैं। ऐसे विकल्प का चयन करें जिसमें तीसरा कथन पहले दो कथनों से तार्किक रूप से निगमित होता हो।

28. A: सभी बॉल ताले हैं।
B: सभी चाबी ताले हैं।
C: सभी चाबी बॉल हैं।
D: कुछ चाबी ताले हैं।
E: कुछ ताले बॉल हैं।
F: कोई बॉल ताले नहीं हैं।
(*a*) ACD (*b*) BEF (*c*) CDE (*d*) CEF

29. A: सभी सारांश कवि हैं। **(M.B.A. 2004)**
B: कुछ सारांश उपदेशक हैं।
C: कुछ X उपदेशक नहीं हैं।
D: सभी X कवि हैं।
E: सभी सारांश उपदेशक हैं।
F: सभी सारांश X हैं।
(*a*) ACB (*b*) AEC (*c*) FEC (*d*) DFA

30. A: सभी कुशन तकिए हैं।
B: कुछ तकिए चादरें हैं।
C: कुछ चादरें कुशन हैं।
D: कुछ तकिए कुशन नहीं हैं।
E: सभी तकिए चादरें हैं।
F: कोई तकिए चादरें नहीं हैं।
(*a*) ABC (*b*) BCD (*c*) EAC (*d*) EDC

31. A: कोई खिड़की दरवाजा नहीं हैं।
B: सभी खम्बे दरवाजे हैं।
C: कोई खम्बे खिड़की नहीं हैं।
D: कुछ खम्बे खिड़कियाँ नहीं हैं।
E: कुछ खिड़कियाँ खम्बे हैं।
F: कुछ दरवाजे खिड़कियाँ नहीं हैं।
(*a*) ABC (*b*) ACB (*c*) BDA (*d*) DFA

32. A: सेब मिठाई नहीं हैं। **(C.A.T. 1999)**
B: कुछ सेब मिठाई हैं।
C: सभी मिठाई स्वादिष्ट हैं।
D: कुछ सेब स्वादिष्ट नहीं हैं।
E: कोई सेब स्वादिष्ट नहीं हैं।
(*a*) EAC (*b*) CEA (*c*) BDC (*d*) CBD

33. A: सभी हीरोइने सुन्दर हैं। **(M.A.T. 2003)**
B: कुछ हीरोइने लोकप्रिय हैं।
C: श्वेता सुन्दर हैं।
D: श्वेता एक लोकप्रिय हीरोइन है।
E: कुछ लोकप्रिय लडकियां सुन्दर हैं।
(*a*) ABE (*b*) ACD (*c*) DCA (*d*) EDC

34. A: छिपकलियाँ पक्षी हैं।
B: कुछ पक्षी चीटियाँ हैं।
C: छिपकलियाँ चीटियाँ हैं।
D: कुछ छिपकलियाँ चीटियाँ हैं।
E: कुछ छिपकलियाँ चीटियाँ नहीं हैं।
F: कोई छिपकली चीटी नहीं हैं।
(*a*) ACE (*b*) ADB (*c*) BAC (*d*) BFD

35. A: कुछ आबरा डाबरा हैं।
B: सभी आबरा काबरा हैं।
C: सभी डाबरा आबरा हैं।
D: सभी डाबरा आबरा नहीं हैं।
E: कुछ काबरा आबरा हैं।
F: कुछ काबरा डाबरा हैं।
(*a*) ABD (*b*) AEF (*c*) BCE (*d*) BCF

36. A: एक शुतुरमुर्ग अंडे देता है।
B: सभी पक्षी अंडे देते हैं।
C: कुछ पक्षी उड़ सकते हैं।
D: एक शुतुरमुर्ग उड़ नहीं सकता है।
E: शुतुरमुर्ग एक पक्षी है।
F: एक शुतुरमुर्ग तैर नहीं सकता है।
(*a*) ABE (*b*) BEA (*c*) DEC (*d*) ECB

37. A: कोई देशभक्त अपराधी नहीं हैं।
B: रामदास अपराधी नहीं हैं।
C: रामदास एक देशभक्त हैं।
D: मोहनदास देशभक्त नहीं हैं।
E: मोहनदास अपराधी है। **(C.A.T. 1999)**
(*a*) ABC (*b*) ACB (*c*) ABE (*d*) ADE

38. A: कुछ खरी वस्तुएं लोग हैं। **(M.B.A. 2004)**
B: सभी चिरस्थायी वस्तुएं बिल्लियाँ हैं।
C: केवल बिल्लियाँ चिरस्थायी हैं।
D: सभी चिरस्थायी वस्तुएं लोग हैं।
E: कुछ खरी वस्तुएं बिल्लियाँ हैं।
F: कुछ खरी वस्तुएं चिरस्थायी हैं।
(*a*) BCA (*b*) CFD (*c*) DFA (*d*) EAB

39. A: कुछ महिलाऐं स्मार्ट हैं।
B: सभी स्मार्ट महिलाऐं अच्छी दिखती हैं।
C: मोनिका एक महिला है।
D: मोनिका स्मार्ट है।
E: मोनिका अच्छी दिखती है।
F: सभी महिलाऐं अच्छी दिखती हैं।
(*a*) AFC (*b*) BDE (*c*) DCB (*d*) FBE

40. A: 'राजवंश' एक कल्पना नहीं हैं।
B: कोई कल्पना धारावाहिक नहीं हैं।
C: कुछ धारावाहिक कल्पना हैं।
D: 'राजवंश' एक धारावाहिक नहीं हैं।
E: 'राजवंश' धारावाहिक हैं।
F: कुछ कल्पना धारावाहिक हैं। **(M.A.T. 2001)**

(*a*) BEA (*b*) CAD (*c*) DFA (*d*) FAC

41. A: सभी शाकाहारी मांस खाते हैं।
B: सभी जो मांस खाते हैं, शाकाहारी नहीं हैं।
C: सभी जो मांस खाते हैं, तृणभक्षी हैं।
D: सभी शाकाहारी माँसाहारी हैं।
E: सभी जो मांस खाते हैं, माँसाहारी हैं।
F: शाकाहारी तृणभक्षी हैं।
(*a*) ABE (*b*) ACD (*c*) ACF (*d*) BCE

42. A: कुछ कौए उड़ते हैं।
B: कुछ मच्छर उड़ते हैं।
C: सभी मच्छर उड़ते हैं।
D: कुछ उल्लू उड़ते हैं।
E: सभी उल्लू मच्छर हैं।
F: कुछ मच्छर उल्लू नहीं हैं।
(*a*) ABC (*b*) ADE (*c*) CEF (*d*) EDB

43. A: सभी सॉफ्टवेयर कम्पनियाँ कुशल कर्मियों को रोजगार देती हैं।
B: इन्फोटेक कुशल कर्मियों को रोजगार देती है।
C: इन्फोटेक एक सॉफ्टवेयर कंपनी है।
D: कुछ सॉफ्टवेर कम्पनियाँ कुशल कर्मियों को रोजगार देती हैं।
E: इन्फोटेक केवल कुशल कर्मियों को रोजगार देती हैं।
(C.A.T. 1999)
(*a*) ABC (*b*) ACB (*c*) ACE (*d*) CDB

44. A: आर्डवार्क्स को निद्रा की आवश्यकता है।
B: सभी जानवरों को निद्रा की आवश्यकता है।
C: कुत्ते जानवर हैं।
D: कुछ कुत्तों को निद्रा की आवश्यकता है।
E: आर्डवार्क्स जानवर हैं।
F: कुछ आर्डवार्क्स कुत्ते हैं।
(*a*) BAE (*b*) BCD (*c*) BEA (*d*) CEF

45. A: कुछ बर्तन फूलदान नहीं हैं।
B: कुछ फूलदान बर्तन नहीं हैं।
C: कोई मेज फूलदान नहीं हैं।
D: सभी फूलदान मेज हैं।
E: कुछ फूलदान बर्तन हैं।
F: कुछ मेज बर्तन नहीं हैं।
(*a*) ACE (*b*) ACF (*c*) BDF (*d*) FDA

46. A: सभी जग भारी हैं।
B: कोई भारी जग कप नहीं हैं।
C: कुछ जग कप हैं।
D: कुछ कप भारी हैं।
E: कोई जग कप नहीं हैं।
F: कोई कप जग नहीं हैं।
(*a*) ABC (*b*) ABF (*c*) BEF (*d*) CDA

47. A: सभी जो ईमानदार हैं, मौद्रिक नहीं हैं।
B: कुछ दैवीय वस्तुएं काष्ठवा। है।
C: कोई काष्ठवा। दैवीय नहीं है।
D: सभी जो ईमानदार हैं, मौद्रिक हैं।
E: कोई ईमानदार वस्तु दैवीय नहीं हैं।
F: सभी ईमानदार वस्तुएं काष्ठवा हैं। **(M.B.A. 2004)**

(*a*) AEC (*b*) AFC (*c*) BDE (*d*) CFE

48. A: एमबीए की अधिक मांग है।
B: शशि और मानसी की अधिक मांग है।
C: शशि की अधिक मांग है।
D: मानसी की अधिक मांग है।
E: शशि और मानसी एमबीए हैं। **(M.A.T. 2003)**
(*a*) ABE (*b*) AEB (*c*) EBA (*d*) ECD

49. A: सभी कांटेक्ट लेंस आँखों को पीड़ा देते हैं।
B: कोई चश्मा कांटेक्ट लेंस नहीं हैं।
C: कोई चश्मा आँखों को पीड़ा नहीं देता हैं।
D: सभी चश्में आँखों को पीड़ा देते हैं।
E: कोई कांटेक्ट लेंस आँखों को पीड़ा नहीं देता हैं।
F: सभी कांटेक्ट लेंस चश्में हैं। **(M.A.T. 2001)**
(*a*) BCE (*b*) CEB (*c*) DBE (*d*) FCE

50. A: कोई बसंत मौसम नहीं हैं।
B: कुछ मौसम बसंत हैं।
C: कुछ मौसम पतझड़ हैं।
D: कोई मौसम पतझड़ नहीं हैं।
E: कुछ बसंत पतझड़ नहीं हैं।
F: सभी बसंत पतझड़ हैं।
(*a*) BEF (*b*) CEB (*c*) DEB (*d*) DFA

51. A: छ: पांच हैं।
B: पांच चार नहीं हैं।
C: कुछ पांच दस हैं।
D: कुछ छ: बारह हैं।
E: कुछ बारह पांच हैं।
F: कुछ दस चार हैं।
(*a*) ABC (*b*) ADE (*c*) AEF (*d*) EDC

52. A: सभी गोलमाल द्वीप के लोग नीले रंग के लोग हैं।
B: कुछ स्मार्ट लोग नीले रंग के लोग नहीं हैं।
C: कुछ शिशु नीले रंग के हैं।
D: कुछ शिशु स्मार्ट हैं।
E: कुछ स्मार्ट लोग गोलमाल द्वीप के लोग नहीं हैं। **(C.A.T. 1999)**
(*a*) ABE (*b*) BCD (*c*) CBD
(*d*) इनमें से कोई नहीं

53. A: विश्व में कुछ शहर प्रदूषित हैं।
B: सभी प्रदूषित शहर नष्ट होते हैं।
C: शहर X नष्ट होगा।
D: शहर X प्रदूषित हैं।
E: विश्व के कुछ शहर नष्ट होंगे। **(M.A.T. 2003)**
(*a*) ADE (*b*) BAE (*c*) CDB (*d*) BDE

54. A: कुछ पिनें टिन की बनी हैं।
B: सभी टिन कॉपर की बनी हैं।
C: सभी कॉपर पिन के लिए प्रयुक्त होते हैं।
D: कुछ टिन कॉपर है।
E: कुछ पिनें टिन के लिए प्रयुक्त होते हैं।
F: कुछ कॉपर टिन के लिए प्रयुक्त होते हैं।
(*a*) ABC (*b*) ABE (*c*) CDA (*d*) CEF

55. A: गरीब लड़कियां अमीर लड़के से शादी करना चाहती हैं।
B: अमीर लड़कियां अमीर लड़के से शादी करना चाहती हैं।
C: गरीब लड़कियां गरीब लड़के से शादी करना चाहती हैं।
D: अमीर लड़के अमीर लड़कियों से शादी करना चाहती हैं।
E: गरीब लड़कियां अमीर लड़कियों से शादी करना चाहती हैं।
F: अमीर लड़के गरीब लड़कियों से शादी करना चाहती हैं।
(*a*) ABC (*b*) ADE (*c*) BCD (*d*) DEF

निर्देश (प्रश्न 56 से 59): दिए गए प्रश्न I से IV तक दिए गए तर्कवाक्य के सेट पर आधारित हैं। इन प्रश्नों के लिए सर्वथा उचित उत्तर का चयन करें: **(M.A.T. 2003)**

I: सभी P, Q हैं।
II: कुछ P, Q नहीं हैं।
III: कुछ P, लेकिन सभी नहीं, Q हैं।
IV: कोई P, Q नहीं हैं।

56. इन कथनों के आधार पर, दिए गए युग्मों में से कौन से युग्म के दोनों कथन या तो सत्य या दोनों असत्य हैं?
(*a*) I और II (*b*) II और III
(*c*) I और III (*d*) I और IV

57. इन कथनों के आधार पर, दिए गए युग्मों में से कौन से युग्म के अतिरिक्त दोनों कथन असत्य ही होने चाहिए, सत्य नहीं?
(*a*) I और II (*b*) I और III
(*c*) I और IV (*d*) II और IV

58. इन कथनों के आधार पर, दिए गए युग्मों में से कौन से युग्म के दोनों कथन न तो सत्य हों न ही दोनों असत्य हों?
(*a*) I और II (*b*) II और III
(*c*) I और III (*d*) II और IV

59. निम्नलिखित में से कौन सा विकल्प उपरोक्त कथनों के संदर्भ में सही सम्बन्ध को दर्शाता है ?
(*a*) I, II और III सभी असत्य हो सकते हैं।
(*b*) I, II और III सभी सत्य हो सकते हैं।
(*c*) II, III और IV सभी असत्य हो सकते हैं।
(*d*) II, III और IV सभी सत्य हो सकते हैं।

निर्देश (प्रश्न 60 से 62): दिए गए प्रत्येक प्रश्न में, सभी कथनों का ध्यानपूर्वक अध्ययन करें और ज्ञात करें कि कौन से दो कथन एक साथ सत्य नहीं हो सकते, परन्तु दोनों असत्य हो सकते हैं।

60. 1. सभी जानवर माँसाहारी हैं।
2. कुछ जानवर माँसाहारी नहीं हैं।
3. जानवर माँसाहारी नहीं हैं।
4. कुछ जानवर माँसाहारी हैं।
(*a*) 1 और 2 (*b*) 2 और 3
(*c*) 1 और 3 (*d*) 3 और 4

61. 1. सभी बच्चे जिज्ञासु हैं।
2. कुछ बच्चे जिज्ञासु हैं।
3. कोई बच्चे जिज्ञासु नहीं हैं।
4. कुछ बच्चे जिज्ञासु नहीं हैं।
(*a*) 1 और 3 (*b*) 1 और 4
(*c*) 2 और 3 (*d*) 3 और 4

62. 1. कुछ राष्ट्र शांतिपूर्ण सहअस्तित्व चाहते हैं।
2. सभी राष्ट्र शांतिपूर्ण सहअस्तित्व चाहते हैं।
3. कुछ राष्ट्र शांतिपूर्ण सहअस्तित्व नहीं चाहते हैं।
4. कोई राष्ट्र शांतिपूर्ण सहअस्तित्व नहीं चाहते हैं।
(*a*) 1 और 2 (*b*) 1 और 3
(*c*) 2 और 4 (*d*) 3 और 4

63. बॉल के एक सेट के सन्दर्भ में निम्नलिखित कथनों पर विचार कीजिये:
1. सभी बॉल काली हैं।
2. सभी बॉल सफेद हैं।
3. केवल कुछ बॉल काली हैं।
4. कोई बॉल काली नहीं हैं।
यह मान कर चलें कि बॉल केवल काली या सफेद हो सकती हैं, तो उपरोक्त दिए गए कथनों में से कौन से दो कथन सत्य हो सकते हैं, किन्तु असत्य नही हो सकते ?
(*a*) 1 और 3 (*b*) 1 और 4
(*c*) 2 और 3 (*d*) 2 और 4

उत्तर (अभ्यास 1B)

1. (*d*)	**2.** (*b*)	**3.** (*b*)	**4.** (*a*)	**5.** (*a*)	**6.** (*d*)	**7.** (*c*)	**8.** (*c*)	**9.** (*a*)	**10.** (*d*)
11. (*b*)	**12.** (*b*)	**13.** (*c*)	**14.** (*d*)	**15.** (*c*)	**16.** (*a*)	**17.** (*d*)	**18.** (*b*)	**19.** (*c*)	**20.** (*c*)
21. (*c*)	**22.** (*d*)	**23.** (*c*)	**24.** (*d*)	**25.** (*b*)	**26.** (*c*)	**27.** (*b*)	**28.** (*c*)	**29.** (*d*)	**30.** (*c*)
31. (*a*)	**32.** (*b*)	**33.** (*a*)	**34.** (*b*)	**35.** (*d*)	**36.** (*b*)	**37.** (*b*)	**38.** (*c*)	**39.** (*b*)	**40.** (*a*)
41. (*c*)	**42.** (*d*)	**43.** (*b*)	**44.** (*c*)	**45.** (*c*)	**46.** (*b*)	**47.** (*d*)	**48.** (*b*)	**49.** (*d*)	**50.** (*d*)
51. (*b*)	**52.** (*a*)	**53.** (*b*)	**54.** (*c*)	**55.** (*b*)	**56.** (*b*)	**57.** (*d*)	**58.** (*a*)	**59.** (*a*)	**60.** (*c*)
61. (*a*)	**62.** (*c*)	**63.** (*b*)							

प्रकार 2: तीन कथन आधारित तर्क

कभी-कभी हमें चार पदों वाले तीन आधार वाक्य दिए जाते हैं, जिसके साथ तीन या चार निष्कर्ष दिए होते हैं। इस प्रकार के प्रश्नों में, हमें सर्वप्रथम दिए गए निष्कर्षों में आधार वाक्यों का कन्वर्स चेक करना होता है। इसके बाद दिए गए आधार वाक्यों में से एक समय पर किन्हीं दो अंतर-सम्बंधित आधार वाक्यों में न्याय निगमन के नियम लगाने होते हैं। इस प्रकार प्राप्त निष्कर्ष को आधार वाक्य मानकर इसे तीसरे आधार वाक्य के साथ न्याय निगमन के नियम लगाकर एक और निष्कर्ष प्राप्त करते हैं।

व्याख्यात्मक उदाहरण

निर्देश: ***दिए गए प्रत्येक प्रश्न में, तीन कथन दिए गए हैं जिसके बाद I, II, III और IV में चार निष्कर्ष दिए गए हैं। आपको उन दोनों कथनों को सत्य मानना है चाहे वह सामान्य जानकारी के अनुरूप आपको गलत ही प्रतीत हो रहे हों। आप निष्कर्षों को पढ़ें और चयन करें कि कौन से निष्कर्ष, दिए गए कथनों के अनुसार तार्किक रूप से निगमित होते हैं।***

उदा. 1. कथन: सभी भवन बारिश हैं।
सभी पेपर भवन हैं।
सभी कुत्ते पेपर हैं।

निष्कर्ष: I. सभी कुत्ते बारिश हैं।
II. कुछ पेपर बारिश हैं।
III. कुछ बारिश भवन हैं।
IV. कुछ बारिश पेपर हैं। **(Bank P.O. 2005)**

(*a*) केवल I और II (*b*) केवल II और III
(*c*) केवल I, II और III (*d*) उपरोक्त सभी
(*e*) इनमें से कोई नहीं

हल: स्पष्टत: निष्कर्ष III पहले आधार वाक्य का कन्वर्स है, अत: यह सही होगा।

<u>सभी पेपर भवन हैं। सभी भवन बारिश हैं।</u>

चूंकि दोनों आधार वाक्य सार्वभौमिक हैं और सकारात्मक हैं, निष्कर्ष भी सार्वभौमिक और सकारात्मक होना चाहिए और उसमें मध्य पद नहीं होना चाहिए। अत: निष्कर्ष निकलता है कि 'सभी पेपर बारिश हैं'। IV इस निष्कर्ष का कन्वर्स हैं अत: यह भी निकलता है।

<u>सभी कुत्ते पेपर है। सभी पेपर भवन हैं।</u>

स्पष्टत:, निष्कर्ष निकलता है कि 'सभी कुत्ते भवन हैं'।

<u>सभी कुत्ते भवन हैं। सभी भवन बारिश हैं।</u>

स्पष्टत: निष्कर्ष निकलता है कि 'सभी कुत्ते बारिश हैं'। अत: निष्कर्ष I निकलता है।

अत: दिए गए आधार वाक्य से निष्कर्ष I, III और IV निकलते हैं।
अत: उत्तर (*e*) होगा।

उदा. 2. कथन: कुछ बैग पर्स हैं। सभी पर्स कंटेनर हैं। सभी कंटेनर सूटकेस हैं।

निष्कर्ष: I. कुछ सूटकेस बैग हैं।
II. सभी पर्स बैग हैं।
III. सभी पर्स सूटकेस हैं।
IV. कुछ कंटेनर पर्स हैं।

(*a*) केवल I, II और III (*b*) केवल II और III
(*c*) केवल I और III (*d*) केवल I, III और IV
(*e*) केवल II, III और IV

हल: स्पष्टत:, IV दूसरे आधार वाक्य का कन्वर्स है। अत: यह भी निकलता है।

<u>कुछ बैग पर्स हैं। सभी पर्स कंटेनर हैं।</u>

चूंकि एक आधार वाक्य विशिष्ट है, अत: निष्कर्ष भी विशिष्ट होना चाहिए और उसमें मध्य पद नहीं होना चाहिए। अत: निष्कर्ष निकलता है कि 'कुछ बैग कंटेनर हैं'।

<u>सभी पर्स कंटेनर हैं। सभी कंटेनर सूटकेस हैं।</u>

चूंकि दोनों आधार वाक्य सार्वभौमिक हैं, अत: निष्कर्ष भी सार्वभौमिक होना चाहिए और उसमें मध्य पद नहीं होना चाहिए। अत: निष्कर्ष निकलता है कि 'सभी पर्स सूटकेस हैं'। अत: निष्कर्ष III निकलता है।

<u>कुछ बैग कंटेनर हैं। सभी कंटेनर सूटकेस हैं।</u>

चूंकि एक आधार वाक्य विशिष्ट है, निष्कर्ष भी विशिष्ट होना चाहिए और उसमें मध्य पद नहीं होना चाहिए। अत: निष्कर्ष निकलता है कि 'कुछ बैग सूटकेस हैं'। निष्कर्ष I, इस निष्कर्ष का कन्वर्स है, अत: यह भी निकलता है।

अत: दिए गए आधार वाक्य से I, III और IV निष्कर्ष निकलते हैं।
अत: उत्तर (*d*) होगा।

उदा. 3. कथन: कुछ फूल छड़ हैं। कुछ छड़ दरवाजे हैं। कुछ दरवाजे घर हैं। **(S.B.I.P.O. 2001)**

निष्कर्ष: I. कुछ घर फूल हैं।
II. कुछ दरवाजे फूल हैं।
III. कुछ फूल दरवाजे हैं।
IV. कोई घर फूल नहीं हैं।

(*a*) केवल या तो I या II (*b*) केवल या तो I या IV
(*c*) केवल II और III (*d*) केवल I और IV
(*e*) इनमें से कोई नहीं

हल: स्पष्टत: आधार वाक्यों के प्रत्येक संयोजन में दो विशिष्ट आधार वाक्य होने चाहिए और इसलिए कोई निश्चित निष्कर्ष नहीं निकलता है। जबकि I और IV विरोधाभासी कथन हैं जिसमें केवल चरम पद हैं और कोई मध्य पद 'छड़' या 'दरवाजे' नहीं हैं। अत: ये पूरक युग्म बनाते हैं। अत: या तो निष्कर्ष I या IV निकलता है। अत: उत्तर (*b*) है।

उदा. 4. कथन: कुछ फल फूल हैं। कोई फूल नाव नहीं हैं। सभी नाव नदियाँ हैं। **(S.B.I.P.O. 2002)**

निष्कर्ष: I. कुछ फल नदियाँ हैं।
II. कुछ नदियाँ नाव हैं।
III. कुछ नदियाँ फल हैं।
IV. कुछ फूल फल हैं।

(*a*) केवल I और III (*b*) केवल II और III
(*c*) केवल II और IV (*d*) उपरोक्त सभी
(*e*) इनमें से कोई नहीं

हल: IV पहले आधार वाक्य का कन्वर्स है। अत: यह भी निकलता है। II तीसरे आधार वाक्य का कन्वर्स है। अत: यह भी निकलता है।

<u>कुछ फल फूल हैं। कोई फूल नाव नहीं हैं।</u>

चूंकि एक आधार वाक्य विशिष्ट है और एक नकारात्मक, अत: निष्कर्ष भी विशिष्ट नकारात्मक होना चाहिए और उसमें मध्य पद नहीं होना चाहिए। अत: निष्कर्ष निकलता है कि 'कुछ फल नाव नहीं हैं'।

<u>कोई फूल नाव नहीं हैं। सभी नाव नदियाँ हैं।</u>

चूंकि मध्य पद दो बार वितरित है, अत: निष्कर्ष सार्वभौमिक नहीं हो सकता है। पुन:, चूंकि एक आधार वाक्य नकारात्मक है, अत: निष्कर्ष भी नकारात्मक होना चाहिए और उसमें मध्य पद नहीं होना चाहिए। अत: यह निष्कर्ष निकलता है कि 'कुछ फूल नदियाँ नहीं हैं'। अत: केवल II और IV निष्कर्ष निकलते हैं। अत: उत्तर (*c*) है।

उदा. 5. कथन: सभी कुत्ते फल हैं। कोई कुर्सी फल नहीं हैं। कुछ कुर्सियां जोकर हैं। **(S.B.I.P.O. 2005)**

निष्कर्ष: I. कुछ जोकर कुत्ते हैं।
II. कुछ कुर्सियां कुत्ते हैं।
III. कोई कुर्सी कुत्ता नहीं हैं।
IV. कोई कुत्ता जोकर नहीं हैं।

(*a*) इनमें से कोई नहीं
(*b*) केवल या तो I या IV
(*c*) केवल या तो I या IV, और III
(*d*) केवल या तो I या IV, और II
(*e*) केवल या तो II या III और या तो I या IV

हल: <u>सभी कुत्ते फल हैं। कोई कुर्सी फल नहीं हैं।</u>
चूंकि एक आधार वाक्य नकारात्मक है, निष्कर्ष भी नकारात्मक होना चाहिए। चूंकि दोनों आधार वाक्य सार्वभौमिक हैं, अत: निष्कर्ष भी सार्वभौमिक होना चाहिए। अत: निष्कर्ष निकलता है कि 'कोई कुत्ता कुर्सी नहीं है'। निष्कर्ष III इस निष्कर्ष का कन्वर्स है, अत: यह भी निकलता है।
<u>कोई कुत्ता कुर्सी नहीं हैं। कुछ कुर्सियां जोकर हैं।</u>
चूंकि एक आधार वाक्य नकारात्मक है और एक विशिष्ट, अत: निष्कर्ष भी विशिष्ट नकारात्मक होना चाहिए। अत: यह निष्कर्ष निकलता है कि 'कुछ कुते जोकर नहीं हैं', जबकि, I और IV निष्कर्षों में केवल चरम पद हैं और मध्य पद 'कुर्सियां' नहीं है, और ये पूरक युग्म बनाते हैं। अत: या तो I या IV निष्कर्ष निकलता है। अत: या तो I या IV, और III निष्कर्ष निकलते हैं। अत: उत्तर (*c*) है।

अभ्यास 1C

निर्देश (प्रश्न 1 से 20): दिए गए प्रत्येक प्रश्न में तीन कथन और उसके बाद तीन निष्कर्ष I, II और III दिए गए हैं। आपको उन दोनों कथनों को सत्य मानना है चाहे वह सामान्य जानकारी के अनुरूप आपको गलत ही प्रतीत हो रहे हों। आप निष्कर्षों को पढ़ें और चयन करें कि कौन से निष्कर्ष, दिए गए कथनों के अनुसार तार्किक रूप से निगमित होते हैं।

1. कथन: सभी गुड़ियाँ खिड़कियाँ हैं। सभी बोतलें खिड़कियाँ हैं। सभी कारें बोतलें हैं। **(Bank P.O. 2007)**
निष्कर्ष: I. सभी कारें खिड़कियाँ हैं।
II. कुछ कारें गुड़ियाँ हैं।
III. कुछ खिड़कियाँ कारें हैं।
(*a*) केवल I और II (*b*) केवल II और III
(*c*) केवल I और III (*d*) उपरोक्त सभी
(*e*) इनमें से कोई नहीं

2. कथन: सभी फल सब्जियाँ हैं। सभी पेन सब्जियाँ हैं। सभी सब्जियाँ बारिश हैं। **(Bank P.O. 2004)**
निष्कर्ष: I. सभी फल बारिश हैं।
II. सभी पेन बारिश हैं।
III. कुछ बारिश सब्जियाँ हैं।
(*a*) कोई नहीं (*b*) केवल I और II
(*c*) केवल II और III (*d*) केवल I और III
(*e*) उपरोक्त सभी

3. कथन: सभी सांप पेड़ हैं। कुछ पेड़ सड़कें हैं। सभी सड़कें पहाड़ हैं। **(NABARD, 2002)**
निष्कर्ष: I. कुछ पहाड़ सांप हैं।
II. कुछ सड़कें सांप हैं।
III कुछ पहाड़ पेड़ हैं।
(*a*) केवल I (*b*) केवल II (*c*) केवल III
(*d*) दोनों I और II (*e*) कोई नहीं

4. कथन: कुछ संत बॉल हैं। सभी बॉल बल्ले हैं। कुछ चीते बॉल हैं।
निष्कर्ष: I. कुछ बल्ले चीते हैं।
II. कुछ संत बल्ले हैं।
III. सभी बल्ले बॉल हैं।
(*a*) केवल I और II (*b*) केवल II
(*c*) केवल I और III (*d*) केवल III
(*e*) इनमें से कोई नहीं

5. कथन: कुछ पहाड़ियाँ नदियाँ हैं। कुछ नदियाँ मरुस्थल हैं। सभी मरुस्थल सड़कें हैं। **(Bank P.O. 2004)**
निष्कर्ष: I. कुछ सड़कें नदियाँ हैं।
II. कुछ सड़कें पहाड़ियाँ हैं।
III. कुछ मरुस्थल पहाड़ियाँ हैं।
(*a*) कोई नहीं (*b*) केवल I (*c*) केवल I और II
(*d*) केवल II और III (*e*) उपरोक्त सभी

6. कथन: कुछ ब्लेड हथौड़े हैं। कुछ हथौड़े चाकू हैं। कुछ चाकू कुल्हाड़ी हैं। **(Bank P.O. 2007)**
निष्कर्ष: I. कुछ कुल्हाड़ी हथौड़े हैं।
II. कुछ चाकू ब्लेड हैं।
III. कुछ कुल्हाड़ी ब्लेड हैं।
(*a*) कोई नहीं (*b*) केवल I (*c*) केवल II (*d*) केवल III
(*e*) इनमें से कोई नहीं

7. कथन: सभी पेड़ फूल हैं। कोई फूल फल नहीं हैं। सभी शाखाएँ फल हैं। **(Specialist Officers' 2003)**
निष्कर्ष: I. कुछ शाखाएँ पेड़ हैं।
II. कोई फल पेड़ नहीं हैं।
III. कोई पेड़ शाखा नहीं हैं।
(*a*) कोई नहीं (*b*) केवल या तो I या III
(*c*) केवल II (*d*) केवल या तो I या III, और II
(*e*) इनमें से कोई नहीं

8. कथन: सभी चीते शेर हैं। कोई गाय शेर नहीं हैं। कुछ ऊँट गाय हैं।
निष्कर्ष: I. कुछ शेर ऊँट हैं। **(R.B.I. 2005)**
II. कोई ऊँट चीता नहीं हैं।
III. कुछ चीते गाय हैं।
(*a*) कोई नहीं (*b*) केवल I (*c*) केवल II (*d*) केवल III
(*e*) या तो I या II

9. कथन: कुछ तौलिए ब्रश हैं। कोई ब्रश साबुन नहीं हैं। सभी साबुन चूहे हैं। **(Agriculture Officers' 2005)**
निष्कर्ष: I. कुछ चूहे ब्रश हैं।
II. कोई चूहा ब्रश नहीं हैं।
III. कुछ तौलिए साबुन नहीं हैं।
(*a*) कोई नहीं (*b*) केवल I या तो II (*c*) केवल II
(*d*) केवल I और III
(*e*) इनमें से कोई नहीं

10. कथन: कुछ पेन किताबें हैं। सभी विद्यालय किताबें हैं। कुछ कॉलेज विद्यालय हैं। **(Bank P.O. 2003)**
निष्कर्ष: I. कुछ कॉलेज पेन हैं।
II. कुछ पेन विद्यालय हैं।
III. कुछ कॉलेज किताबें हैं।

(*a*) केवल I और II (*b*) केवल II और III
(*c*) केवल I और III (*d*) उपरोक्त सभी
(*e*) इनमें से कोई नहीं

11. कथन: सभी चीते जंगल हैं। कोई जंगल पक्षी नहीं हैं। कुछ पक्षी बारिश हैं। **(NABARD, 2002)**

निष्कर्ष: I. कोई बारिश जंगल नहीं हैं।
II. कुछ बारिश जंगल हैं।
III. कोई पक्षी चीता नहीं हैं।

(*a*) केवल I और II (*b*) केवल III
(*c*) केवल या तो I या II, और III
(*d*) उपरोक्त सभी (*e*) इनमें से कोई नहीं

12. कथन: सभी फूल खिलौने हैं। कुछ खिलौने पेड़ हैं। कुछ देवदूत पेड़ हैं। **(Management Trainees' 2005)**

निष्कर्ष: I. कुछ देवदूत खिलौने हैं।
II. कुछ पेड़ फूल हैं।
III. कुछ फूल देवदूत हैं।

(*a*) कोई नहीं (*b*) केवल I (*c*) केवल II (*d*) केवल III
(*e*) केवल I और III

13. कथन: सभी ट्रेन बसें हैं। कोई कमरा बस नहीं हैं। सभी नाव कमरे हैं। **(Bank P.O. 2004)**

निष्कर्ष: I. कोई नाव ट्रेन नहीं हैं।
II. कोई बस नाव नहीं हैं।
III. कोई ट्रेन कमरा नहीं हैं।

(*a*) कोई नहीं (*b*) केवल I और II (*c*) केवल II और III
(*d*) केवल I और III (*e*) उपरोक्त सभी

14. कथन: कोई खरगोश शेर नहीं हैं। कुछ घोड़े शेर हैं। सभी खरगोश मेज हैं। **(Officers' Exam, 2005)**

निष्कर्ष: I. कुछ मेज शेर हैं।
II. कुछ घोड़े खरगोश हैं।
III. कोई शेर मेज नहीं हैं।

(*a*) कोई नहीं (*b*) केवल या तो I या III
(*c*) केवल II और III (*d*) केवल III
(*e*) इनमें से कोई नहीं

15. कथन: कुछ पहाड़ टीले हैं। कुछ पहाड़ नदियाँ हैं। कुछ पहाड़ घाटियाँ हैं। **(R.B.I. 2005)**

निष्कर्ष: I. सभी पहाड़ या तो टीले या नदियाँ या घाटियाँ हैं।
II. कोई घाटी नदी नहीं हैं।
III. कुछ नदी घाटियाँ हैं।

(*a*) कोई नहीं (*b*) केवल I (*c*) केवल II या तो III
(*d*) केवल III (*e*) इनमें से कोई नहीं

16. कथन: कुछ बक्से हथौड़े हैं। कुछ हथौड़े मनके हैं। सभी मनके अंगूठियाँ हैं। **(Bank P.O. 2006)**

निष्कर्ष: I. कुछ अंगूठियाँ हथौड़े हैं।
II. कुछ हथौड़े बक्से हैं।
III. कुछ अंगूठियाँ बक्से हैं।

(*a*) कोई नहीं (*b*) केवल I (*c*) केवल I और II
(*d*) केवल II और III (*e*) उपरोक्त सभी

17. कथन: कुछ कम्बल बिस्तर हैं। कुछ तकिए कम्बल हैं। सभी बिस्तर तकिए हैं। **(Bank Recruitment, 2005)**

निष्कर्ष: I. कुछ कम्बल तकिए हैं।
II. कुछ तकिए बिस्तर हैं।
III. कुछ बिस्तर कम्बल हैं।

(*a*) केवल या तो I या II (*b*) केवल I और या तो II या III
(*c*) केवल III और या तो I या II
(*d*) उपरोक्त सभी I, II और III (*e*) इनमें से कोई नहीं

18. कथन: कुछ तस्वीरें फ्रेम हैं। कुछ फ्रेम मूर्तियाँ हैं। सभी मूर्तियाँ परदे हैं। **(Bank P.O. 2007)**

निष्कर्ष: I. कुछ परदे तस्वीरें हैं।
II. कुछ परदे फ्रेम हैं।
III. कुछ मूर्तियाँ फ्रेम हैं।

(*a*) केवल I और II (*b*) केवल II और III
(*c*) केवल I और III (*d*) उपरोक्त सभी
(*e*) इनमें से कोई नहीं

19. कथन: कुछ चूहे बिल्लियाँ हैं। कुछ बिल्लियाँ कुत्ते हैं। कोई कुत्ता गाय नहीं हैं।

निष्कर्ष: I. कोई गाय बिल्ली नहीं हैं।
II. कोई कुत्ता चूहा नहीं हैं।
III. कुछ बिल्लियाँ चूहे हैं।

(*a*) कोई नहीं (*b*) केवल I और II
(*c*) केवल II और III (*d*) केवल III
(*e*) सभी I, II और III

20. कथन: कुछ यूनिफॉर्म्स कवर हैं। सभी कवर पेपर हैं। सभी पेपर बैग हैं। **(R.B.I. 2005)**

निष्कर्ष: I. सभी कवर बैग हैं।
II. कुछ बैग कवर, पेपर और यूनिफॉर्म्स हैं।
III. कुछ यूनिफॉर्म्स पेपर नहीं हैं।

(*a*) केवल I (*b*) केवल I और II
(*c*) केवल III (*d*) उपरोक्त सभी I, II और III
(*e*) इनमें से कोई नहीं

निर्देश (प्रश्न 21 से 25): दिए गए प्रत्येक प्रश्न में तीन कथन और उसके बाद दो निष्कर्ष I और II दिए गए हैं। आपको उन दोनों कथनों को सत्य मानना है चाहे वह सामान्य जानकारी के अनुरूप आपको गलत ही प्रतीत हो रहे हों। आप निष्कर्षों को पढ़ें और चयन करें कि कौन से निष्कर्ष, दिए गए दोनों कथनों के अनुसार तार्किक रूप से निगमित होते हैं।

उत्तर दें **(Officers' Exam, 2002)**

(a) यदि केवल निष्कर्ष I निकलता हो;
(b) यदि केवल निष्कर्ष II निकलता हो;
(c) यदि या तो निष्कर्ष I या II निकलता हो;
(d) यदि न तो निष्कर्ष I न ही II निकलता हो;
(e) यदि दोनों निष्कर्ष I और II निकलते हों.

21. कथन: सभी फल शेर हैं। सभी शेर लोमड़ियाँ हैं। कुछ लोमड़ियाँ हाथी हैं।

निष्कर्ष: I. सभी फल लोमड़ियाँ हैं।
II. कुछ फल हाथी हैं।

22. कथन: कुछ कारें पहिए हैं। सभी पहिए शाखाएँ हैं। कुछ शाखाएँ टिन हैं।

निष्कर्ष: I. कुछ कारें शाखाएँ हैं।
II. कुछ टिन शाखाएँ हैं।

23. कथनः कोई छड़ी दरवाजा नहीं हैं। सभी दरवाजे पेन हैं। कुछ पेन घर हैं।

निष्कर्षः I. कोई छड़ी घर नहीं हैं।

II. कुछ पेन दरवाजे हैं।

24. कथनः सभी आदमी तोते हैं। कुछ तोते कौए हैं। सभी कौए मुर्गियाँ हैं।

निष्कर्षः I. कुछ आदमी मुर्गियाँ हैं।

II. कोई आदमी मुर्गी नहीं हैं।

25. कथनः कुछ पेपर कुत्ते हैं। कुछ कुत्ते खिड़कियाँ हैं। सभी खिड़कियाँ पेड़ हैं।

निष्कर्षः I. कुछ खिड़कियाँ पेपर हैं।

II. कुछ पेपर पेड़ हैं।

निर्देश (प्रश्न 26 से 50): दिए गए प्रत्येक प्रश्न में तीन कथन और उसके बाद चार निष्कर्ष I, II, III और IV दिए गए हैं। आपको उन दोनों कथनों को सत्य मानना है चाहे वह सामान्य जानकारी के अनुरूप आपको गलत ही प्रतीत हो रहे हों। आप निष्कर्षों को पढ़ें और चयन करें कि कौन से निष्कर्ष, दिए गए दोनों कथनों के अनुसार तार्किक रूप से निगमित होते हैं।

26. कथनः सभी पेंसिलें पक्षी हैं। सभी पक्षी आकाश हैं। सभी आकाश पहाड़ियाँ हैं। **(S.B.I.P.O. 2005)**

निष्कर्षः I. सभी पेंसिलें पहाड़ियाँ हैं।

II. सभी पहाड़ियाँ पक्षी हैं।

III. सभी आकाश पेंसिलें हैं।

IV. सभी पक्षी पहाड़ियाँ हैं।

(*a*) केवल I और II (*b*) केवल I और III

(*c*) केवल III और IV (*d*) उपरोक्त सभी

(*e*) इनमें से कोई नहीं

27. कथनः सभी सुइयाँ धागे हैं। सभी धागे बक्से हैं। सभी पेड बक्से हैं।

निष्कर्षः I. कोई सुई पेड़ नहीं हैं। **(Bank P.O. 2004)**

II. कुछ पेड़ धागे हैं।

III. कुछ बक्से सुइयाँ हैं।

IV. कुछ पेड़ सुइयाँ हैं।

(*a*) कोई नहीं

(*b*) केवल या तो I या IV

(*c*) केवल या तो I या IV, और II

(*d*) केवल III

(*e*) केवल या तो I या IV, और III

28. कथनः सभी जंगल बसें हैं। सभी किताबें बसें हैं। सभी फल किताबें हैं। **(S.B.I.P.O. 2006)**

निष्कर्षः I. कुछ फल जंगल हैं।

II. कुछ बसें किताबें हैं।

III. कुछ बसें जंगल हैं।

IV. सभी फल बसें हैं।

(*a*) केवल I, II और III (*b*) केवल I, II और IV

(*c*) केवल II, III और IV (*d*) उपरोक्त सभी

(*e*) इनमें से कोई नहीं

29. कथनः कुछ चम्मच कटोरी हैं। सभी कटोरी चाकू हैं। सभी चाकू काँटे हैं। **(Bank P.O. 2006)**

निष्कर्षः I. सभी चम्मच काँटे हैं।

II. सभी कटोरी काँटे हैं।

III. कुछ चाकू कटोरी हैं।

IV. कुछ काँटे चम्मच हैं।

(*a*) केवल II और III (*b*) केवल II और IV

(*c*) केवल III और IV (*d*) उपरोक्त सभी

(*e*) इनमें से कोई नहीं

30. कथनः सभी खिलाड़ी दर्शक हैं। कुछ दर्शक थिएटर हैं। कुछ थिएटर ड्रामा हैं। **(Bank P.O. 2004)**

निष्कर्षः I. कुछ ड्रामा दर्शक हैं।

II. कुछ खिलाड़ी ड्रामा हैं।

III. कुछ थिएटर खिलाड़ी हैं।

IV. सभी दर्शक खिलाड़ी हैं।

(*a*) कोई नहीं (*b*) केवल I और III

(*c*) केवल II (*d*) केवल II और IV

(*e*) उपरोक्त सभी

31. कथनः सभी बेंच डेस्क हैं। कुछ डेस्क सड़कें हैं। सभी सड़कें खम्बे हैं। **(Bank P.O. 2005)**

निष्कर्षः I. कुछ खम्बे बेंच हैं।

II. कुछ खम्बे डेस्क हैं।

III. कुछ सड़कें बेंच हैं।

IV. कोई खम्बा बेंच नहीं हैं।

(*a*) कोई नहीं

(*b*) केवल या तो I या IV, और III

(*c*) केवल या तो I या IV

(*d*) केवल या तो I या IV, और II

(*e*) उपरोक्त सभी

32. कथनः सभी समुद्र नदियाँ हैं। कुछ बसंत नदियाँ हैं। सभी कुँए बसंत हैं। **(Bank P.O. 2003)**

निष्कर्षः I. कुछ बसंत समुद्र हैं।

II. कुछ कुँए नदियाँ हैं।

III. कुछ नदियाँ समुद्र हैं।

IV. कोई कुँआ नदी नहीं हैं।

(*a*) कोई नहीं

(*b*) केवल या तो I या III, और IV

(*c*) केवल या तो II या IV, और III

(*d*) उपरोक्त सभी

(*e*) केवल या तो II या IV, और I

33. कथनः सभी छड़ ईंटें हैं। कुछ ईंटें रस्सियाँ हैं। सभी रस्सियाँ दरवाजे हैं। **(Bank P.O. 2000)**

निष्कर्षः I. कुछ छड़ दरवाजे हैं।

II. कुछ दरवाजे ईंटें हैं।

III. कुछ छड दरवाजे नहीं हैं।

IV. सभी दरवाजे रस्सियाँ हैं।

(*a*) केवल I और II

(*b*) केवल I, II और III

(*c*) केवल या तो I या III, और II

(*d*) केवल या तो I या III, और IV

(*e*) इनमें से कोई नहीं

34. कथन: कुछ ईंटें पेड़ हैं। सभी पेड़ पेन हैं। सभी पेन नाव हैं।

निष्कर्ष: I. कुछ नाव ईंटें हैं। **(S.B.I.P.O. 2001)**

II. कुछ पेन ईंटें हैं।

III. कुछ पेड़ ईंटें हैं।

IV. कुछ ईंटें नाव हैं।

(*a*) केवल I और II (*b*) केवल III और IV

(*c*) कोई नहीं (*d*) उपरोक्त सभी

(*e*) इनमें से कोई नहीं

35. कथन: कुछ चीते शेर हैं। कुछ शेर खरगोश हैं। कुछ खरगोश घोड़े हैं। **(R.B.I. 2004)**

निष्कर्ष: I. कुछ चीते घोड़े हैं।

II. कुछ खरगोश चीते हैं।

III. कुछ घोड़े शेर हैं।

IV. सभी घोड़े खरगोश हैं।

(*a*) उपरोक्त सभी (*b*) कोई नहीं

(*c*) केवल I और II (*d*) केवल II और IV

(*e*) केवल IV

36. कथन: कुछ टेप डिस्क हैं। कुछ डिस्क कैसेट हैं। कुछ कैसेट गाने हैं। **(Bank P.O. 2006)**

निष्कर्ष: I. कुछ गाने डिस्क हैं।

II. कुछ कैसेट टेप हैं।

III. कुछ गाने टेप हैं।

IV. कोई गाना डिस्क नहीं हैं।

(*a*) केवल I या तो IV

(*b*) केवल II या तो IV

(*c*) केवल III और IV

(*d*) केवल III और या तो II या IV

(*e*) इनमें से कोई नहीं

37. कथन: सभी मिथक कल्पनाएँ हैं। कोई कल्पना उपन्यास नहीं हैं। सभी उपन्यास कहानियाँ हैं। **(Bank P.O. 2003)**

निष्कर्ष: I. कोई मिथक उपन्यास नहीं हैं।

II. कुछ कल्पनाएँ उपन्यास नहीं हैं।

III. कुछ कल्पनाएँ मिथक हैं।

IV. कुछ मिथक उपन्यास हैं।

(*a*) केवल या तो I या II और दोनों III और IV

(*b*) केवल या तो I या IV और II

(*c*) केवल या तो I या IV और दोनों II और III

(*d*) उपरोक्त सभी

(*e*) इनमें से कोई नहीं

38. कथन: सभी दरवाजे बसें हैं। सभी बसें पत्तियाँ हैं। कोई पत्ती फूल नहीं हैं। **(Bank P.O. 2004)**

निष्कर्ष: I. कोई फूल दरवाजा नहीं हैं।

II. कोई फूल बस नहीं हैं।

III. कुछ पत्तियाँ दरवाजे हैं।

IV. कुछ पत्तियाँ बसें हैं।

(*a*) कोई नहीं (*b*) केवल I और II

(*c*) केवल II और III (*d*) केवल II, III और IV

(*e*) उपरोक्त सभी

39. कथन: कोई घर विद्यालय नहीं हैं। सभी कॉलेज विद्यालय हैं। सभी विद्यालय अध्यापक हैं। **(Bank P.O. 2003)**

निष्कर्ष: I. कोई घर अध्यापक नहीं हैं।

II. सभी कॉलेज अध्यापक हैं।

III. कुछ अध्यापक घर नहीं हैं।

IV. कोई कॉलेज घर नहीं हैं।

(*a*) कोई नहीं (*b*) केवल I या तो IV

(*c*) केवल II, III और IV (*d*) उपरोक्त सभी

(*e*) केवल I या तो IV और III

40. कथन: कोई पेड़ फल नहीं हैं। सभी फल पत्थर हैं। सभी पत्थर बारिश हैं। **(Management Trainees' 2003)**

निष्कर्ष: I. कोई पत्थर पेड़ नहीं हैं।

II. कोई बारिश पेड़ नहीं हैं।

III. कुछ बारिश फल हैं।

IV. कुछ बारिश पेड़ हैं।

(*a*) केवल II या तो III और I (*b*) कोई नहीं

(*c*) केवल II या तो IV और III

(*d*) उपरोक्त सभी (*e*) इनमें से कोई नहीं

41. कथन: कोई मेज फल नहीं हैं। कोई फल खिड़की नही हैं। सभी खिड़कियाँ कुर्सियां हैं। **(S.B.I.P.O. 2001)**

निष्कर्ष: I. कोई खिड़की मेज नहीं हैं।

II. कोई कुर्सी फल नहीं हैं।

III. कोई कुर्सी मेज नहीं हैं।

IV. सभी कुर्सियां खिड़कियाँ हैं।

(*a*) कोई नहीं (*b*) केवल I और II

(*c*) केवल III और IV (*d*) उपरोक्त सभी

(*e*) इनमें से कोई नहीं

42. कथन: कोई पेपर पेन नहीं हैं। कोई पेन पेन्सिल नहीं हैं। सभी रबड़ पेपर हैं। **(Bank P.O. 2004)**

निष्कर्ष: I. कुछ पेपर रबड़ हैं।

II. कोई पेन्सिल रबड़ नहीं हैं।

III. कोई पेन रबड़ नहीं हैं।

IV. सभी पेपर रबड़ हैं।

(*a*) केवल I और II (*b*) केवल II और III

(*c*) केवल I, II और III (*d*) उपरोक्त सभी

(*e*) इनमें से कोई नहीं

43. कथन: सभी कप कांच की वस्तुएं हैं। कुछ कांच की वस्तुएं कटोरी हैं। कोई कटोरी प्लेट नहीं हैं। **(Bank P.O. 2006)**

निष्कर्ष: I. कोई कप प्लेट नहीं हैं।

II. कोई कांच की वस्तु प्लेट नहीं हैं।

III. कुछ प्लेट कटोरी हैं।

IV. कुछ कप कांच की वस्तुएं नहीं हैं।

(*a*) कोई नहीं (*b*) केवल I या तो III

(*c*) केवल II और III (*d*) केवल III और IV

(*e*) इनमें से कोई नहीं

44. कथन: कुछ ट्रेन सड़कें हैं। कोई सड़क जंगल नहीं हैं। सभी फूल जंगल हैं। **(Bank P.O. 2005)**

निष्कर्ष: I. कुछ ट्रेन फूल हैं।

II. कुछ ट्रेन जंगल हैं।

III. कुछ फूल ट्रेन हैं।

IV. कोई सड़क फूल नहीं हैं।

(*a*) कोई नहीं (*b*) केवल II (*c*) केवल III (*d*) केवल IV
(*e*) उपरोक्त सभी

45. कथनः सभी दरवाजे सड़कें हैं। कोई सड़क फल नहीं हैं। कुछ फूल दरवाजे हैं। **(R.B.I. 2004)**

निष्कर्षः I. कुछ फल दरवाजे हैं।
II. कुछ फल फूल हैं।
III. कुछ सड़कें फूल हैं।
IV. कोई फल फूल नहीं हैं।

(*a*) केवल II या तो III और IV
(*b*) केवल II या तो IV और III
(*c*) केवल II या तो IV और I
(*d*) केवल या तो II या IV
(*e*) उपरोक्त सभी

46. कथनः कुछ पेपर बिल्लियाँ हैं। सभी बिल्लियाँ बल्ले हैं। कोई बल्ला घोड़ा नहीं हैं। **(R.B.I. 2003)**

निष्कर्षः I. कुछ पेपर घोड़े हैं।
II. कोई घोड़ा बिल्ली नहीं हैं।
III. कुछ बल्ले पेपर हैं।
IV. सभी पेपर बल्ले हैं।

(*a*) केवल I और II (*b*) केवल II और III
(*c*) केवल III और IV (*d*) केवल I और IV
(*e*) उपरोक्त सभी

47. कथनः सभी भवन खिड़कियाँ हैं। कोई खिलौने भवन नहीं हैं। कुछ चीते खिलौने हैं। **(Bank P.O. 2003)**

निष्कर्षः I. कुछ चीते भवन हैं।
II. कुछ खिड़कियाँ चीते हैं।
III. सभी खिलौने चीते हैं।
IV. कुछ खिड़कियाँ खिलौने हैं।

(*a*) कोई नहीं (*b*) केवल I और II
(*c*) केवल III और IV (*d*) केवल I और III
(*e*) उपरोक्त सभी

48. कथनः कुछ मोती पत्थर हैं। कुछ पत्थर हीरे हैं। कोई हीरा जवाहरात नहीं हैं। **(Bank P.O. 2006)**

निष्कर्षः I. कुछ जवाहरात मोती हैं।
II. कुछ जवाहरात हीरे हैं।
III. कोई जवाहरात हीरा नहीं हैं।
IV. कोई जवाहरात मोती नहीं हैं।

(*a*) केवल I और II
(*b*) केवल III और IV
(*c*) केवल I या तो IV और या तो II या III
(*d*) केवल III और या तो I या IV
(*e*) इनमें से कोई नहीं

49. कथनः कोई आदमी आकाश नहीं हैं। कोई आकाश सड़क नहीं हैं। कुछ आदमी सड़कें हैं। **(Bank P.O. 2003)**

निष्कर्षः I. कोई सड़क आदमी नहीं हैं।
II. कोई सड़क आकाश नहीं हैं।
III. कुछ आकाश आदमी हैं।
IV. सभी सड़कें आदमी हैं।

(*a*) कोई नहीं (*b*) केवल I
(*c*) केवल II और III (*d*) केवल I और III
(*e*) इनमें से कोई नहीं

50. कथनः कुछ कुत्ते चूहे हैं। सभी चूहे पेड़ हैं। कुछ पेड़ कुत्ते नहीं हैं। **(S.B.I.P.O. 2003)**

निष्कर्षः I. कुछ पेड़ कुत्ते हैं।
II. सभी कुत्ते पेड़ हैं।
III. सभी चूहे कुत्ते हैं।
IV. कोई पेड़ कुत्ता नहीं हैं।

(*a*) कोई नहीं (*b*) केवल I
(*c*) केवल I और II (*d*) केवल II और III
(*e*) उपरोक्त सभी

हल–अभ्यास 1(C)

1. (*c*) : सभी कारें बोतलें हैं। सभी बोतलें खिड़कियाँ हैं।
चूंकि दोनों आधार वाक्य सार्वभौमिक हैं, अत: निष्कर्ष भी सार्वभौमिक होना चाहिए और उसमें मध्य पद नहीं होना चाहिए। अत: निष्कर्ष निकलता है कि 'सभी कारें खिड़कियाँ हैं'। अत: निष्कर्ष I निकलता है। इसी के साथ निष्कर्ष III इस निष्कर्ष का कन्वर्स है, अत: यह भी निकलता है।
सभी गुड़ियाँ खिड़कियाँ हैं। सभी बोतलें खिड़कियाँ हैं।
चूंकि मध्य पद 'खिड़कियाँ' आधार वाक्य में एकबार भी वितरित नहीं है, अत: कोई निश्चित निष्कर्ष नहीं निकलता है।
सभी कारें खिड़कियाँ हैं। सभी बोतलें खिड़कियाँ हैं।
पुन:, मध्य पद 'खिड़कियाँ' आधार वाक्य में एकबार भी वितरित नहीं है। अत: कोई निश्चित निष्कर्ष नहीं निकलता है।

2. (*e*) : निष्कर्ष III तीसरे आधार वाक्य का कन्वर्स है। अत: यह भी निकलता है।
सभी फल सब्जियाँ हैं। सभी सब्जियाँ बारिश हैं।
निष्कर्ष सार्वभौमिक सकारात्मक और उसमें मध्य पद नहीं होना चाहिए। अत: निष्कर्ष निकलता है कि 'सभी फल बारिश हैं'। अत: निष्कर्ष I निकलता है।
सभी पेन सब्जियाँ हैं। सभी सब्जियाँ बारिश हैं।
स्पष्टत:, निष्कर्ष निकलता है कि 'सभी पेन बारिश हैं'। अत: निष्कर्ष II निकलता है।

3. (*c*) : सभी सांप पेड़ हैं। कुछ पेड़ सड़कें हैं।
चूंकि मध्य पद आधार वाक्य में एकबार भी वितरित नहीं है, अत: कोई निश्चित निष्कर्ष नहीं निकलता है।
कुछ पेड़ सड़कें हैं। सभी सड़कें पहाड़ हैं।
चूंकि एक आधार वाक्य विशिष्ट है, अत: निष्कर्ष भी विशिष्ट होना चाहिए और उसमें मध्य पद नहीं होना चाहिए। अत: निष्कर्ष निकलता है कि 'कुछ पेड़ पहाड़ हैं'। निष्कर्ष III इस निष्कर्ष का कन्वर्स है, अत: यह भी निकलता है।
सभी सांप पेड़ हैं। कुछ पेड़ पहाड़ हैं।
चूंकि मध्य पद आधार वाक्य में एकबार भी वितरित नहीं है, अत: कोई निश्चित निष्कर्ष नहीं निकलता है।

4. (*a*) : कुछ संत बॉल हैं। सभी बॉल बल्ले हैं।
चूंकि एक आधार वाक्य विशिष्ट है, अत: निष्कर्ष भी विशिष्ट होना चाहिए और उसमें मध्य पद नहीं होना चाहिए। अत:

निष्कर्ष निकलता है कि 'कुछ संत बल्ले हैं'। अतः निष्कर्ष II निकलता है।

कुछ चीते बॉल हैं। सभी बॉल बल्ले हैं।

चूंकि एक आधार वाक्य विशिष्ट है, अतः निष्कर्ष भी विशिष्ट होना चाहिए और उसमें मध्य पद नहीं होना चाहिए। अतः निष्कर्ष निकलता है कि 'कुछ चीते बल्ले हैं'। निष्कर्ष I इस निष्कर्ष का कन्वर्स है, अतः यह भी निकलता है।

5. (*b*) : कुछ पहाड़ियाँ नदियाँ हैं। कुछ नदियाँ मरुस्थल हैं।

चूंकि दोनों आधार वाक्य विशिष्ट हैं, अतः कोई निश्चित निष्कर्ष नहीं निकलता है।

कुछ नदियाँ मरुस्थल हैं। सभी मरुस्थल सड़कें हैं।

चूंकि एक आधार वाक्य विशिष्ट है, अतः निष्कर्ष भी विशिष्ट होना चाहिए और उसमें मध्य पद नहीं होना चाहिए। अतः निष्कर्ष निकलता है कि 'कुछ नदियाँ सड़कें हैं'। निष्कर्ष I इस निष्कर्ष का कन्वर्स है, अतः यह भी निकलता है।

कुछ पहाड़ियाँ नदियाँ हैं। कुछ नदियाँ सडकें हैं।

पुनः, चूंकि दोनों आधार वाक्य विशिष्ट हैं अतः कोई निश्चित निष्कर्ष नहीं निकलता है।

6. (*a*) : चूंकि आधार वाक्यों के प्रत्येक संयोजन में दो विशिष्ट आधार वाक्य हैं, अतः कोई निश्चित निष्कर्ष नहीं निकलता है।

7. (*e*) : सभी पेड फूल हैं। कोई फूल फल नहीं हैं।

चूंकि दोनों आधार वाक्य सार्वभौमिक हैं और एक आधार वाक्य नकारात्मक है, अतः निष्कर्ष भी सार्वभौमिक नकारात्मक (E-प्रकार का) होना चाहिए और उसमें मध्य पद नहीं होना चाहिए। अतः निष्कर्ष निकलता है कि 'कोई पेड़ फल नहीं है'। निष्कर्ष II इस निष्कर्ष का कन्वर्स है अतः यह निकलता है।

सभी शाखाएँ फल हैं। कोई फूल फल नहीं हैं।

चूंकि दोनों आधार वाक्य सार्वभौमिक हैं और एक आधार वाक्य नकारात्मक है, अतः निष्कर्ष भी सार्वभौमिक नकारात्मक (E-प्रकार का) होना चाहिए और उसमें मध्य पद नहीं होना चाहिए। अतः निष्कर्ष निकलता है कि 'कोई शाखा फूल नहीं है'।

सभी पेड फूल हैं। कोई शाखा पेड़ नहीं हैं।

जैसा कि ऊपर बताया गया है, निष्कर्ष निकलता है कि 'कोई पेड़ शाखा नहीं है'। अतः निष्कर्ष III निकलता है।

अतः दोनों निष्कर्ष II और III निकलते हैं।

8. (*a*) : सभी चीते शेर हैं। कोई गाय शेर नहीं हैं।

चूंकि दोनों आधार वाक्य सार्वभौमिक हैं और एक आधार वाक्य नकारात्मक है, अतः निष्कर्ष भी सार्वभौमिक नकारात्मक (E-प्रकार का) होना चाहिए और उसमें मध्य पद नहीं होना चाहिए। अतः निष्कर्ष निकलता है कि 'कोई चीता गाय नहीं है'।

कुछ ऊँट गाय हैं। कोई गाय शेर नहीं हैं।

चूंकि एक आधार वाक्य विशिष्ट है और दूसरा नकारात्मक, अतः निष्कर्ष भी विशिष्ट नकारात्मक (O-प्रकार का) होना चाहिए और उसमें मध्य पद नहीं होना चाहिए। अतः निष्कर्ष निकलता है कि 'कुछ ऊँट शेर नहीं हैं'।

कुछ ऊँट गाय हैं। कोई चीता गाय नहीं हैं।

चूंकि एक आधार वाक्य विशिष्ट है और दूसरा नकारात्मक, अतः निष्कर्ष भी विशिष्ट नकारात्मक (O-प्रकार का) होना चाहिए और उसमें मध्य पद नहीं होना चाहिए। अतः निष्कर्ष निकलता है कि 'कुछ ऊँट चीते नहीं है'।

9. (*b*) : कुछ तौलिए ब्रश हैं। कोई ब्रश साबुन नहीं हैं।

चूंकि एक आधार वाक्य विशिष्ट है और दूसरा नकारात्मक, अतः निष्कर्ष भी विशिष्ट नकारात्मक (O-प्रकार का) होना चाहिए और उसमें मध्य पद नहीं होना चाहिए। अतः निष्कर्ष निकलता है कि 'कुछ तौलिए साबुन नहीं हैं'।

कोई ब्रश साबुन नहीं हैं। सभी साबुन चूहे हैं।

चूंकि मध्य पद दो बार वितरित है, अतः निष्कर्ष विशिष्ट होना चाहिए। चूंकि एक आधार वाक्य नकारात्मक है, अतः निष्कर्ष भी नकारात्मक होना चाहिए। अतः निष्कर्ष निकलता है कि 'कुछ ब्रश चूहे नहीं हैं'। चूंकि I और II में समान पद हैं और ये पूरक युग्म बनाते हैं, अतः या तो निष्कर्ष I या II निकलता है।

10. (*e*) : कुछ पेन किताबें हैं। सभी विद्यालय किताबें हैं।

चूंकि मध्य पद 'किताबें' आधार वाक्य में एकबार भी वितरित नहीं है, अतः कोई निश्चित निष्कर्ष नहीं निकलता है।

कुछ कॉलेज विद्यालय हैं। सभी विद्यालय किताबें हैं।

चूंकि एक आधार वाक्य विशिष्ट है, अतः निष्कर्ष भी विशिष्ट होना चाहिए और उसमें मध्य पद नहीं होना चाहिए।

अतः निष्कर्ष निकलता है कि 'कुछ कॉलेज किताबें हैं'। अतः निष्कर्ष III निकलता है।

कुछ पेन किताबें हैं। कुछ कॉलेज किताबें हैं।

चूंकि दोनों आधार वाक्य विशिष्ट हैं, अतः कोई निश्चित निष्कर्ष नहीं निकाला जा सकता। अतः केवल निष्कर्ष III निकलता है।

11. (*c*) : सभी चीते जंगल हैं। कोई जंगल पक्षी नहीं हैं।

चूंकि दोनों आधार वाक्य सार्वभौमिक हैं और एक आधार वाक्य नकारात्मक है अतः निष्कर्ष भी सार्वभौमिक नकारात्मक (E-प्रकार का) होना चाहिए और उसमें मध्य पद नहीं होना चाहिए।

अतः निष्कर्ष निकलता है कि 'कोई चीता पक्षी नहीं है'। निष्कर्ष III इस निष्कर्ष का कन्वर्स है, अतः यह भी निकलता है।

कोई जंगल पक्षी नहीं हैं। कुछ पक्षी बारिश हैं।

चूंकि एक आधार वाक्य विशिष्ट है और दूसरा नकारात्मक, अतः निष्कर्ष भी विशिष्ट नकारात्मक (O-प्रकार का) होना चाहिए और उसमें मध्य पद नहीं होना चाहिए। अतः निष्कर्ष निकलता है कि 'कुछ जंगल बारिश नहीं है'।

चूंकि I और II में समान पद भी हैं और ये पूरक युग्म बनाते हैं, अतः या तो I या II निकलता है।

12. (*a*) : सभी फूल खिलौने हैं। कुछ खिलौने पेड़ हैं।

चूंकि मध्य पद 'खिलौने' आधार वाक्य में एकबार भी वितरित नहीं है, अतः कोई निश्चित निष्कर्ष नहीं निकलता है।

कुछ खिलौने पेड हैं। कुछ देवदूत पेड हैं।

चूंकि दोनों आधार वाक्य विशिष्ट हैं, अतः कोई निश्चित निष्कर्ष नहीं निकाला जा सकता।

13. (*e*) : सभी ट्रेन बसें हैं। कोई कमरा बस नहीं हैं।

चूंकि दोनों आधार वाक्य सार्वभौमिक हैं और एक आधार वाक्य नकारात्मक है, अतः निष्कर्ष भी सार्वभौमिक नकारात्मक (E-प्रकार का) होना चाहिए और उसमें मध्य पद नहीं होना चाहिए। अतः निष्कर्ष निकलता है कि 'कोई ट्रेन कमरा नहीं है'। अतः निष्कर्ष III निकलता है।

सभी नाव कमरे हैं। कोई कमरा बस नहीं हैं।

जैसाकि ऊपर बताया गया है, निष्कर्ष निकलता है कि 'कोई नाव बस नहीं है'। निष्कर्ष II इस निष्कर्ष का कन्वर्स है अत: यह निकलता है।

सभी ट्रेन बसें हैं। कोई नाव बस नहीं हैं।

पुन: यह निष्कर्ष निकलता है कि 'कोई ट्रेन नाव नहीं है'। निष्कर्ष I इस निष्कर्ष का कन्वर्स है अत: यह भी निकलता है।

14. (*b*) : कुछ घोड़े शेर हैं। कोई खरगोश शेर नहीं हैं।

चूंकि एक आधार वाक्य विशिष्ट है और दूसरा नकारात्मक, अत: निष्कर्ष भी विशिष्ट नकारात्मक (O-प्रकार का) होनां चाहिए और उसमें मध्य पद नहीं होना चाहिए। अत: निष्कर्ष निकलता है कि 'कुछ घोड़े खरगोश नहीं हैं'।

सभी खरगोश मेज हैं। कोई खरगोश शेर नहीं हैं।

चूंकि मध्य पद 'खरगोश' दो बार वितरित है, अत: निष्कर्ष भी विशिष्ट होना चाहिए। चूंकि एक आधार वाक्य नकारात्मक है, अत: निष्कर्ष भी नकारात्मक होना चाहिए। अत: निष्कर्ष निकलता है कि 'कुछ मेज शेर नहीं हैं'। चूंकि I और III में समान पद हैं और ये पूरक युग्म बनाते हैं, अत: या तो I या III निकलता है।

15. (*c*) : चूंकि आधार वाक्य के प्रत्येक संयोजन में दो विशिष्ट आधार वाक्य हैं, अत: कोई निश्चित निष्कर्ष नहीं निकाला जा सकता। जबकि II और III कथन में अंतिम दो आधार वाक्यों के चरम पद हैं और ये पूरक युग्म बनाते हैं। अत:, या तो II या III निकलता है।

16. (*c*) : निष्कर्ष II पहले आधार वाक्य का कन्वर्स है, अत: यह भी निकलता है।

कुछ बक्से हथौडे हैं। कुछ हथौडे मनके हैं।

चूंकि दोनों आधार वाक्य विशिष्ट हैं, अत: कोई निश्चित निष्कर्ष नहीं निकाला जा सकता।

कुछ हथौडे मनके हैं। सभी मनके अंगूठियाँ हैं।

चूंकि एक आधार वाक्य विशिष्ट है, अत: निष्कर्ष भी विशिष्ट होना चाहिए और उसमें मध्य पद नहीं होना चाहिए। अत: निष्कर्ष निकलता है कि 'कुछ हथौड़े अंगूठियाँ हैं'। निष्कर्ष I इस निष्कर्ष का कन्वर्स है अत: यह भी निकलता है।

कुछ बक्से हथौड़े हैं। कुछ हथौड़े अंगूठियाँ हैं।

चूंकि दोनों आधार वाक्य विशिष्ट हैं, अत: कोई निश्चित निष्कर्ष नहीं निकाला जा सकता।

17. (*d*) : निष्कर्ष I दूसरे आधार वाक्य का कन्वर्स है, निष्कर्ष II तीसरे आधार वाक्य का कन्वर्स है और निष्कर्ष III पहले आधार वाक्य का कन्वर्स है, अत: सभी तीनों निष्कर्ष निकलते हैं।

18. (*b*) : निष्कर्ष III दूसरे आधार वाक्य का कन्वर्स है। अत: यह भी निकलता है।

कुछ तस्वीरें फ्रेम हैं। कुछ फ्रेम मूर्तियाँ हैं।

चूंकि दोनों आधार वाक्य विशिष्ट हैं, अत: कोई निश्चित निष्कर्ष नहीं निकलता है।

कुछ फ्रेम मूर्तियाँ हैं। सभी मूर्तियाँ परदे हैं।

चूंकि एक आधार वाक्य विशिष्ट है, अत: निष्कर्ष भी विशिष्ट होना चाहिए और उसमें मध्य पद नहीं होना चाहिए। अत: निष्कर्ष निकलता है कि 'कुछ फ्रेम परदे हैं'। निष्कर्ष III इस निष्कर्ष का कन्वर्स है अत: यह भी निकलता है।

कुछ तस्वीरें फ्रेम हैं। कुछ फ्रेम परदे हैं।

चूंकि दोनों आधार वाक्य विशिष्ट हैं, अत: कोई निश्चित निष्कर्ष नहीं निकाला जा सकता।

19. (*d*) : निष्कर्ष III पहले आधार वाक्य का कन्वर्स है, अत: यह भी निकलता है।

कुछ चूहे बिल्लियाँ हैं, कुछ बिल्लियाँ कुत्ते हैं।

चूंकि दोनों आधार वाक्य विशिष्ट हैं, अत: कोई निश्चित निष्कर्ष नहीं निकलता है।

कुछ बिल्लियाँ कुत्ते हैं। कोई कुत्ता गाय नहीं हैं।

चूंकि एक आधार वाक्य विशिष्ट है और दूसरा नकारात्मक, अत: निष्कर्ष भी विशिष्ट नकारात्मक (O-प्रकार का) होना चाहिए और उसमें मध्य पद नहीं होना चाहिए। अत: निष्कर्ष निकलता है कि 'कुछ बिल्लियाँ गाय नहीं हैं'।

20. (*b*) : कुछ यूनिफॉर्म्स कवर हैं। सभी कवर पेपर हैं।

चूंकि एक आधार वाक्य विशिष्ट है, अत: निष्कर्ष भी विशिष्ट होना चाहिए और उसमें मध्य पद नहीं होना चाहिए। अत: निष्कर्ष निकलता है कि 'कुछ यूनिफॉर्म्स पेपर हैं'।

सभी कवर पेपर हैं। सभी पेपर बैग हैं।

चूंकि दोनों आधार वाक्य सार्वभौमिक हैं और सकारात्मक हैं, अत: निष्कर्ष भी सार्वभौमिक सकारात्मक (A-प्रकार का) होना चाहिए और उसमें मध्य पद नहीं होना चाहिए। अत: निष्कर्ष निकलता है कि 'सभी कवर बैग हैं'। अत: निष्कर्ष I निकलता है। इस निष्कर्ष का कन्वर्स अर्थात, 'कुछ बैग कवर हैं' भी निकलता है।

कुछ यूनिफॉर्म्स कवर हैं। सभी कवर बैग हैं।

चूंकि एक आधार वाक्य विशिष्ट है, अत: निष्कर्ष भी विशिष्ट होना चाहिए और उसमें मध्य पद नहीं होना चाहिए। अत: निष्कर्ष निकलता है कि 'कुछ यूनिफॉर्म्स बैग हैं'। इस निष्कर्ष का कन्वर्स अर्थात, 'कुछ बैग यूनिफॉर्म्स हैं' भी निकलता है। तीसरे आधार वाक्य का कन्वर्स अर्थात, 'कुछ बैग पेपर हैं' भी निकलता है।

अब निष्कर्ष II, निष्कर्षों 'कुछ बैग कवर', 'कुछ बैग पेपर हैं' और 'कुछ बैग यूनिफॉर्म्स हैं' को मिलाकर निकलता है, अत: निष्कर्ष II भी निकलता है।

21. (*a*) : सभी फल शेर हैं। सभी शेर लोमड़ियाँ हैं।

चूंकि दोनों आधार वाक्य सार्वभौमिक हैं और सकारात्मक हैं, अत: निष्कर्ष भी सार्वभौमिक सकारात्मक (A-प्रकार का) होना चाहिए और उसमें मध्य पद नहीं होना चाहिए। अत: निष्कर्ष निकलता है कि 'सभी फल लोमड़ियाँ हैं', अत: निष्कर्ष I निकलता है।

सभी शेर लोमड़ियाँ हैं। कुछ लोमड़ियाँ हाथी हैं।

चूंकि मध्य पद 'लोमड़ियाँ' आधार वाक्य में एकबार भी वितरित नहीं है, अत: कोई निश्चित निष्कर्ष नहीं निकलता है।

सभी फल लोमड़ियाँ हैं। कुछ लोमड़ियाँ हाथी हैं।

चूंकि मध्य पद 'लोमड़ियाँ' आधार वाक्य में एकबार भी वितरित नहीं है, अत: कोई निश्चित निष्कर्ष नहीं निकलता है।

22. (*e*) : निष्कर्ष II तीसरे आधार वाक्य का कन्वर्स है, अत: यह निकलता है।

कुछ कारें पहिए हैं। सभी पहिए शाखाएँ हैं।

चूंकि एक आधार वाक्य विशिष्ट है, अत: निष्कर्ष भी विशिष्ट होना चाहिए और उसमें मध्य पद नहीं होना चाहिए। अत:

निष्कर्ष निकलता है कि 'कुछ कारें शाखाएँ हैं'। अत:, निष्कर्ष I निकलता है।

सभी पहिए शाखाएँ हैं। कुछ शाखाएँ टिन हैं।

चूंकि मध्य पद 'शाखाएँ' आधार वाक्य में एकबार भी वितरित नहीं है, अत: कोई निश्चित निष्कर्ष नहीं निकलता है।

कुछ कारें शाखाएँ हैं। कुछ शाखाएँ टिन हैं।

चूंकि दोनों आधार वाक्य विशिष्ट हैं, कोई निश्चित निष्कर्ष नहीं निकाला जा सकता।

23. (*b*) : निष्कर्ष II दूसरे आधार वाक्य का कन्वर्स है। अत: यह भी निकलता है।

कोई छड़ी दरवाजा नहीं हैं। सभी दरवाजे पेन हैं।

चूंकि मध्य पद 'दरवाजे' आधार वाक्य में दो बार वितरित है, अत: निष्कर्ष भी विशिष्ट होना चाहिए। इसी के साथ, चूंकि एक आधार वाक्य नकारात्मक है, अत: निष्कर्ष भी नकारात्मक होना चाहिए। अत: निष्कर्ष निकलता है कि 'कुछ पेन छड़ी नहीं हैं'।

सभी दरवाजे पेन हैं। कुछ पेन घर हैं।

चूंकि मध्य पद 'पेन' आधार वाक्य में एकबार भी वितरित नहीं है, अत: कोई निश्चित निष्कर्ष नहीं निकलता है।

24. (*c*) : सभी आदमी तोते हैं। कुछ तोते कौए हैं।

चूंकि मध्य पद 'तोते' आधार वाक्य में एकबार भी वितरित नहीं है, अत: कोई निश्चित निष्कर्ष नहीं निकलता है।

कुछ तोते कौए हैं। सभी कौए मुर्गियाँ हैं।

चूंकि एक आधार वाक्य विशिष्ट है, अत: निष्कर्ष भी विशिष्ट होना चाहिए और उसमें मध्य पद नहीं होना चाहिए। अत: निष्कर्ष निकलता है कि 'कुछ तोते मुर्गियाँ हैं'।

सभी आदमी तोते हैं। कुछ तोते मुर्गियाँ हैं।

चूंकि मध्य पद 'तोते' आधार वाक्य में एकबार भी वितरित नहीं है, अत: कोई निश्चित निष्कर्ष नहीं निकलता है। जबकि, I और II कथन में चरम पद शामिल हैं और ये पूरक युग्म बनाते हैं। अत: या तो I या II निकलता है।

25. (*d*) : कुछ पेपर कुत्ते हैं। कुछ कुत्ते खिडकियाँ हैं।

चूंकि दोनों आधार वाक्य विशिष्ट हैं, अत: कोई निश्चित निष्कर्ष नहीं निकलता है।

कुछ कुत्ते खिडकियाँ हैं। सभी खिड़कियाँ पेड़ हैं।

चूंकि एक आधार वाक्य विशिष्ट है, अत: निष्कर्ष भी विशिष्ट होना चाहिए और उसमें मध्य पद नहीं होना चाहिए। अत: निष्कर्ष निकलता है कि 'कुछ कुत्ते पेड़ हैं'।

कुछ पेपर कुत्ते हैं। कुछ कुत्ते पेड हैं।

चूंकि दोनों आधार वाक्य विशिष्ट हैं, अत: कोई निश्चित निष्कर्ष नहीं निकाला जा सकता।

26. (*e*) : सभी पेंसिलें पक्षी हैं। सभी पक्षी आकाश हैं।

चूंकि दोनों आधार वाक्य सार्वभौमिक हैं और सकारात्मक हैं, अत: निष्कर्ष भी सार्वभौमिक सकारात्मक (A-प्रकार का) होना चाहिए और उसमें मध्य पद नहीं होना चाहिए। अत: निष्कर्ष निकलता है कि 'सभी पेंसिलें आकाश हैं'।

सभी पक्षी आकाश हैं। सभी आकाश पहाड़ियाँ हैं।

जैसाकि ऊपर बताया गया है, निष्कर्ष निकलता है कि 'सभी पक्षी पहाड़ियाँ हैं'। अत: निष्कर्ष IV निकलता है।

सभी पेंसिलें आकाश हैं। सभी आकाश पहाड़ियाँ हैं।

स्पष्टत:, निष्कर्ष निकलता है कि 'सभी पेंसिलें पहाड़ियाँ हैं'। अत: निष्कर्ष I निकलता है। अत: निष्कर्ष I और IV निकलते हैं।

27. (*e*) : सभी सुइयाँ धागे हैं। सभी धागे बक्से हैं।

चूंकि दोनों आधार वाक्य सार्वभौमिक हैं और सकारात्मक हैं, अत: निष्कर्ष भी सार्वभौमिक सकारात्मक (A-प्रकार का) होना चाहिए और उसमें मध्य पद नहीं होना चाहिए। अत: निष्कर्ष निकलता है कि 'सभी सुइयाँ बक्से हैं'। निष्कर्ष III इस निष्कर्ष का कन्वर्स है अत: यह भी निकलता है।

सभी धागे बक्से हैं। सभी पेड़ बक्से हैं।

चूंकि मध्य पद 'बक्से' आधार वाक्य में एकबार भी वितरित नहीं है, अत: कोई निश्चित निष्कर्ष नहीं निकलता है।

सभी सुइयाँ बक्से हैं। सभी पेड बक्से हैं।

पुन: चूंकि मध्य पद 'बक्से' आधार वाक्य में एकबार भी वितरित नहीं है, अत: कोई निश्चित निष्कर्ष नहीं निकाला जा सकता। जबकि I और IV में इन दो कथनों के चरम पद शामिल हैं और ये पूरक युग्म बनाते हैं. अत: या तो I या IV निकलता है।

28. (*c*) : निष्कर्ष III पहले आधार वाक्य का कन्वर्स है, और निष्कर्ष II दूसरे आधार वाक्य का कन्वर्स है। अत: दोनों निष्कर्ष निकलेंगे।

सभी फल किताबें हैं। सभी किताबें बसें हैं।

चूंकि दोनों आधार वाक्य सार्वभौमिक हैं और सकारात्मक हैं, अत: निष्कर्ष भी सार्वभौमिक सकारात्मक होना चाहिए और उसमें मध्य पद नहीं होना चाहिए। अत: निष्कर्ष निकलता है कि 'सभी फल बसें हैं'। अत: निष्कर्ष IV निकलता है।

सभी जंगल बसें हैं। सभी किताबें बसें हैं।

चूंकि मध्य पद 'बसें' आधार वाक्य में एकबार भी वितरित नहीं है, अत: कोई निश्चित निष्कर्ष नहीं निकलता है।

सभी फल बसें हैं। सभी किताबें बसें हैं।

जैसाकि ऊपर बताया गया है, कोई निश्चित निष्कर्ष नहीं निकाला जा सकता।

सभी जंगल बसें हैं। सभी फल बसें हैं।

पुन:, कोई निश्चित निष्कर्ष नहीं निकलता है।

29. (*e*) : निष्कर्ष III दूसरे आधार वाक्य का कन्वर्स है। अत: यह भी निकलता है।

कुछ चम्मच कटोरी हैं। सभी कटोरी चाकू हैं।

चूंकि एक आधार वाक्य विशिष्ट है, अत: निष्कर्ष भी विशिष्ट होना चाहिए और उसमें मध्य पद नहीं होना चाहिए। अत: निष्कर्ष निकलता है कि 'कुछ चम्मच चाकू हैं'।

सभी कटोरी चाकू हैं। सभी चाकू काँटे हैं।

चूंकि दोनों आधार वाक्य सार्वभौमिक हैं और सकारात्मक हैं, अत: निष्कर्ष भी सार्वभौमिक सकारात्मक होना चाहिए और उसमें मध्य पद नहीं होना चाहिए। अत: निष्कर्ष निकलता है कि 'सभी कटोरी काँटे हैं'। अत: निष्कर्ष II निकलता है।

कुछ चम्मच चाकू हैं। सभी चाकू काँटे हैं।

चूंकि एक आधार वाक्य विशिष्ट है, अत: निष्कर्ष भी विशिष्ट होना चाहिए और उसमें मध्य पद नहीं होना चाहिए। अत: निष्कर्ष निकलता है कि 'कुछ चम्मच काँटे हैं'। निष्कर्ष IV इस निष्कर्ष का कन्वर्स है अत: यह निकलता है। अत: निष्कर्ष II, III और IV निकलते हैं।

30. (*a*) : सभी खिलाडी दर्शक हैं। कुछ दर्शक थिएटर हैं।
चूंकि मध्य पद 'दर्शक' आधार वाक्य में एकबार भी वितरित नहीं है, अत: कोई निश्चित निष्कर्ष नहीं निकलता है।
कुछ दर्शक थिएटर हैं। कुछ थिएटर ड्रामा हैं।
चूंकि दोनों आधार वाक्य विशिष्ट हैं, अत: कोई निश्चित निष्कर्ष नहीं निकलता है।

31. (*d*) : सभी बेंच डेस्क हैं। कुछ डेस्क सडकें हैं।
चूंकि मध्य पद 'डेस्क' आधार वाक्य में एकबार भी वितरित नहीं है, अत: कोई निश्चित निष्कर्ष नहीं निकलता है।
कुछ डेस्क सड़कें हैं। सभी सड़कें खम्बे हैं।
चूंकि एक आधार वाक्य विशिष्ट है, अत: निष्कर्ष भी विशिष्ट होना चाहिए और उसमें मध्य पद नहीं होना चाहिए। अत: निष्कर्ष निकलता है कि 'कुछ डेस्क खम्बे हैं'। निष्कर्ष II इस निष्कर्ष का कन्वर्स है अत: यह भी निकलता है।
सभी बेंच डेस्क हैं। कुछ डेस्क खम्बे हैं।
चूंकि मध्य पद 'डेस्क' आधार वाक्य में एकबार भी वितरित नहीं है, अत: कोई निश्चित निष्कर्ष नहीं निकलता है। जबकि, I और IV में चरम पद शामिल हैं और ये पूरक युग्म बनाते हैं। अत: या तो I या IV निकलता है।

32. (*c*) : निष्कर्ष III पहले आधार वाक्य का कन्वर्स है, अत: यह भी निकलता है।
सभी समुद्र नदियाँ हैं। कुछ बसंत नदियाँ हैं।
चूंकि मध्य पद 'नदियाँ' आधार वाक्य में एकबार भी वितरित नहीं है, अत: कोई निश्चित निष्कर्ष नहीं निकलता है।
सभी कुँए बसंत हैं। कुछ बसंत नदियाँ हैं।
चूंकि मध्य पद 'बसंत' आधार वाक्य में एकबार भी वितरित नहीं है, अत: कोई निश्चित निष्कर्ष नहीं निकलता है। जबकि, II और IV में चरम पद शामिल हैं और ये पूरक युग्म बनाते हैं। अत: या तो II या IV निकलता है।

33. (*e*) : सभी छड़ ईंटें हैं। कुछ ईंटें रस्सियाँ हैं।
चूंकि मध्य पद 'ईंटें' आधार वाक्य में एकबार भी वितरित नहीं है, अत: कोई निश्चित निष्कर्ष नहीं निकलता है।
कुछ ईंटें रस्सियाँ हैं। सभी रस्सियाँ दरवाजे हैं।
चूंकि एक आधार वाक्य विशिष्ट है, अत: निष्कर्ष भी विशिष्ट होना चाहिए और उसमें मध्य पद नहीं होना चाहिए। अत: निष्कर्ष निकलता है कि 'कुछ ईंटें दरवाजे हैं'। निष्कर्ष II इस निष्कर्ष का कन्वर्स है अत: यह भी निकलता है।
सभी छड़ ईंटें हैं। कुछ ईंटें दरवाजे हैं।
चूंकि मध्य पद 'ईंटें' आधार वाक्य में एकबार भी वितरित नहीं है, अत: कोई निश्चित निष्कर्ष नहीं निकलता है।
जबकि I और III में चरम पद शामिल हैं। लेकिन चूंकि ये विरोधाभासी नहीं हैं, अत: ये पूरक युग्म नहीं बनाते हैं। अत: केवल निष्कर्ष II निकलता है।

34. (*d*) : निष्कर्ष III पहले आधार वाक्य का कन्वर्स है, अत: यह भी निकलता है।
कुछ ईंटें पेड हैं। सभी पेड पेन हैं।
चूंकि एक आधार वाक्य विशिष्ट है, अत: निष्कर्ष भी विशिष्ट होना चाहिए और उसमें मध्य पद नहीं होना चाहिए। अत: निष्कर्ष निकलता है कि 'कुछ ईंटें पेन हैं'। निष्कर्ष II इस निष्कर्ष का कन्वर्स है अत: यह भी निकलता है।
सभी पेड पेन हैं। सभी पेन नाव हैं।
चूंकि दोनों आधार वाक्य सार्वभौमिक हैं और सकारात्मक हैं, अत: निष्कर्ष भी सार्वभौमिक सकारात्मक होना चाहिए और उसमें मध्य पद नहीं होना चाहिए। अत: निष्कर्ष निकलता है कि 'सभी पेड़ नाव हैं'।
कुछ ईंटें पेड़ हैं। सभी पेड़ नाव हैं।
चूंकि एक आधार वाक्य विशिष्ट है, निष्कर्ष भी विशिष्ट होना चाहिए और उसमें मध्य पद नहीं होना चाहिए। अत: निष्कर्ष निकलता है कि 'कुछ ईंटें नाव हैं'। अत: निष्कर्ष IV निकलता है। निष्कर्ष I इस निष्कर्ष का कन्वर्स है अत: यह भी निकलता है।

35. (*b*) : चूंकि आधार वाक्यों के प्रत्येक संयोजन में दो विशिष्ट आधार वाक्य हैं, अत: कोई निश्चित निष्कर्ष नहीं निकाला जा सकता।

36. (*a*) : चूंकि आधार वाक्यों के प्रत्येक संयोजन में दो विशिष्ट आधार वाक्य हैं, अत: कोई निश्चित निष्कर्ष नहीं निकाला जा सकता। जबकि, I और IV में दूसरे और तीसरे आधार वाक्य के चरम पद शामिल हैं और ये पूरक युग्म बनाते हैं। अत: या तो I या IV निकलता है।

37. (*e*) : निष्कर्ष III पहले आधार वाक्य का कन्वर्स है, अत: यह भी निकलता है।
सभी मिथक कल्पनाएँ हैं। कोई कल्पना उपन्यास नहीं हैं।
चूंकि दोनों आधार वाक्य सार्वभौमिक हैं और एक आधार वाक्य नकारात्मक है, अत: निष्कर्ष भी सार्वभौमिक नकारात्मक होना चाहिए और उसमें मध्य पद नहीं होना चाहिए। अत: निष्कर्ष निकलता है कि 'कोई मिथक उपन्यास नहीं है'। अत: निष्कर्ष I निकलता है।
कोई कल्पना उपन्यास नहीं हैं। सभी उपन्यास कहानियाँ हैं।
चूंकि मध्य पद 'उपन्यास' आधार वाक्य में दो बार वितरित है, अत: निष्कर्ष विशिष्ट होना चाहिए। चूंकि एक आधार वाक्य नकारात्मक है, अत: निष्कर्ष नकारात्मक होना चाहिए। अत: निष्कर्ष निकलता है कि 'कुछ कहानियाँ कल्पनाएँ नहीं हैं'। अत: केवल निष्कर्ष I और III निकलते हैं।

38. (*e*) : निष्कर्ष IV दूसरे आधार वाक्य का कन्वर्स है। अत: यह निकलता है।
सभी दरवाजे बसें हैं। सभी बसें पत्तियाँ हैं।
चूंकि दोनों आधार वाक्य सार्वभौमिक हैं और सकारात्मक हैं, अत: निष्कर्ष भी सार्वभौमिक सकारात्मक होना चाहिए और उसमें मध्य पद नहीं होना चाहिए। अत: निष्कर्ष निकलता है कि 'सभी दरवाजे पत्तियाँ हैं'। निष्कर्ष III इस निष्कर्ष का कन्वर्स है अत: यह भी निकलता है।
सभी बसें पत्तियाँ हैं। कोई पत्ती फूल नहीं हैं।
चूंकि दोनों आधार वाक्य सार्वभौमिक हैं और एक आधार वाक्य नकारात्मक है, अत: निष्कर्ष भी सार्वभौमिक नकारात्मक होना चाहिए और उसमें मध्य पद नहीं होना चाहिए। अत: निष्कर्ष निकलता है कि 'कोई बस फूल नहीं है'। निष्कर्ष II इस निष्कर्ष का कन्वर्स है अत: यह भी निकलता है।
सभी दरवाजे बसें हैं। कोई बस फूल नहीं हैं।
जैसाकि ऊपर बताया गया है, निष्कर्ष निकलता है कि 'कोई दरवाजा फूल नहीं है'। निष्कर्ष I इस निष्कर्ष का कन्वर्स है अत: यह भी निकलता है।

39. (*c*) : सभी कॉलेज विद्यालय हैं। कोई घर विद्यालय नहीं हैं।

चूंकि दोनों आधार वाक्य सार्वभौमिक हैं और एक आधार वाक्य नकारात्मक है, अत: निष्कर्ष भी सार्वभौमिक नकारात्मक होना चाहिए और उसमें मध्य पद नहीं होना चाहिए। अत: निष्कर्ष निकलता है कि 'कोई कॉलेज घर नहीं है'। अत:, IV निकलता है।

सभी कॉलेज विद्यालय हैं। सभी विद्यालय अध्यापक हैं।

स्पष्टत: निष्कर्ष निकलता है कि 'सभी कॉलेज अध्यापक हैं'। अत: निष्कर्ष II निकलता है।

कोई घर विद्यालय नहीं हैं। सभी विद्यालय अध्यापक हैं।

चूंकि मध्य पद 'विद्यालय' दो बार वितरित है, अत: निष्कर्ष विशिष्ट होना चाहिए। चूंकि एक आधार वाक्य नकारात्मक है, अत: निष्कर्ष नकारात्मक होना चाहिए। अत: निष्कर्ष निकलता है कि 'कुछ अध्यापक घर नहीं हैं'।

40. (*c*) : कोई पेड़ फल नहीं हैं। सभी फल पत्थर हैं।

चूंकि मध्य पद 'फल' दो बार वितरित है, अत: निष्कर्ष विशिष्ट होना चाहिए। चूंकि एक आधार वाक्य नकारात्मक है, अत: निष्कर्ष भी नकारात्मक होना चाहिए। अत: निष्कर्ष निकलता है कि 'कुछ पत्थर पेड़ नहीं है'।

सभी फल पत्थर हैं। सभी पत्थर बारिश हैं।

स्पष्टत:, निष्कर्ष निकलता है कि 'सभी फल बारिश हैं'। निष्कर्ष III इस निष्कर्ष का कन्वर्स है अत: यह भी निकलता है।

कोई पेड़ फल नहीं हैं। सभी फल बारिश हैं।

जैसाकि ऊपर बताया गया है, निष्कर्ष भी विशिष्ट नकारात्मक होना चाहिए और उसमें मध्य पद नहीं होना चाहिए। अत: निष्कर्ष निकलता है कि 'कुछ बारिश पेड़ नहीं है'। जबकि, II और IV में केवल चरम पद हैं और ये पूरक युग्म बनाते हैं। अत: या तो निष्कर्ष II या IV निकलता है।

41. (*a*) : कोई मेज फल नहीं हैं। कोई फल खिडकी नहीं हैं।

चूंकि दोनों आधार वाक्य नकारात्मक हैं, अत: कोई निश्चित निष्कर्ष नहीं निकलता है।

कोई फल खिड़की नहीं हैं। सभी खिड़कियाँ कुर्सियां हैं।

चूंकि मध्य पद 'खिड़कियाँ' दो बार वितरित है और एक आधार वाक्य नकारात्मक है, अत: निष्कर्ष भी विशिष्ट नकारात्मक होना चाहिए। अत: निष्कर्ष निकलता है कि 'कुछ कुर्सियां फल नहीं है'।

42. (*e*) : निष्कर्ष I तीसरे आधार वाक्य का कन्वर्स है अत: यह भी निकलता है।

कोई पेपर पेन नहीं हैं। कोई पेन पेन्सिल नहीं हैं।

चूंकि दोनों आधार वाक्य नकारात्मक हैं, अत: कोई निश्चित निष्कर्ष नहीं निकलता है।

सभी रबड़ पेपर हैं। कोई पेपर पेन नहीं हैं।

चूंकि दोनों आधार वाक्य सार्वभौमिक हैं और एक आधार वाक्य नकारात्मक है, अत: निष्कर्ष भी सार्वभौमिक नकारात्मक होना चाहिए और उसमें मध्य पद नहीं होना चाहिए। अत: निष्कर्ष निकलता है कि 'कोई रबड़ पेन नहीं है'। निष्कर्ष III इस निष्कर्ष का कन्वर्स है अत: यह भी निकलता है। अत: केवल निष्कर्ष I और III निकलते हैं।

43. (*a*) : सभी कप कांच की वस्तुएं हैं। कुछ कांच की वस्तुएं कटोरी हैं।

चूंकि मध्य पद 'कांच की वस्तुएं' आधार वाक्य में एकबार भी वितरित नहीं है, अत: कोई निश्चित निष्कर्ष नहीं निकलता है।

कुछ कांच की वस्तुएं कटोरी हैं। कोई कटोरी प्लेट नहीं हैं।

चूंकि एक आधार वाक्य विशिष्ट है और दूसरा नकारात्मक, अत: निष्कर्ष भी विशिष्ट नकारात्मक होना चाहिए और उसमें मध्य पद नहीं होना चाहिए। अत: निष्कर्ष निकलता है कि 'कुछ कांच की वस्तुएं प्लेट नहीं है'।

44. (*d*) : कुछ ट्रेन सडकें हैं। कोई सड़क जंगल नहीं हैं।

चूंकि एक आधार वाक्य विशिष्ट है और दूसरा नकारात्मक, अत: निष्कर्ष भी विशिष्ट नकारात्मक होना चाहिए और उसमें मध्य पद नहीं होना चाहिए। अत: निष्कर्ष निकलता है कि 'कुछ ट्रेन जंगल नहीं हैं'।

कोई सडक जंगल नहीं हैं। सभी फूल जंगल हैं।

चूंकि दोनों आधार वाक्य सार्वभौमिक हैं और एक आधार वाक्य नकारात्मक है, अत: निष्कर्ष भी सार्वभौमिक नकारात्मक होना चाहिए और उसमें मध्य पद नहीं होना चाहिए। अत: निष्कर्ष निकलता है कि 'कोई फूल सड़क नहीं है'। निष्कर्ष IV इस निष्कर्ष का कन्वर्स है अत: यह भी निकलता है।

कुछ ट्रेन सडकें हैं। कोई फूल सडक नहीं हैं।

जैसाकि ऊपर बताया गया है, निष्कर्ष निकलता है कि 'कुछ ट्रेन फूल नहीं हैं'।

45. (*b*) : सभी दरवाजे सडकें हैं। कोई सड़क फल नहीं हैं।

चूंकि दोनों आधार वाक्य सार्वभौमिक हैं और एक आधार वाक्य नकारात्मक है, अत: निष्कर्ष भी सार्वभौमिक नकारात्मक होना चाहिए और उसमें मध्य पद नहीं होना चाहिए। अत: निष्कर्ष निकलता है कि 'कोई दरवाजा फल नहीं है'।

कुछ फूल दरवाजे हैं। सभी दरवाजे सडकें हैं।

चूंकि एक आधार वाक्य विशिष्ट है, अत: निष्कर्ष भी विशिष्ट होना चाहिए और उसमें मध्य पद नहीं होना चाहिए। अत: निष्कर्ष निकलता है कि 'कुछ फूल सड़कें हैं'। निष्कर्ष III इस निष्कर्ष का कन्वर्स है अत: यह भी निकलता है।

कुछ फूल सडकें हैं। कोई सडक फल नहीं हैं।

चूंकि एक आधार वाक्य विशिष्ट है और दूसरा नकारात्मक, अत: निष्कर्ष भी विशिष्ट नकारात्मक होना चाहिए और उसमें मध्य पद नहीं होना चाहिए। अत: निष्कर्ष निकलता है कि 'कुछ फूल फल नहीं हैं'। निष्कर्ष II और IV में चरम पद शामिल हैं और ये पूरक युग्म बनाते हैं, अत: या तो II या IV निकलता है।

46. (*b*) : कुछ पेपर बिल्लियाँ हैं। सभी बिल्लियाँ बल्ले हैं।

चूंकि एक आधार वाक्य विशिष्ट है, अत: निष्कर्ष भी विशिष्ट होना चाहिए और उसमें मध्य पद नहीं होना चाहिए। अत: निष्कर्ष निकलता है कि 'कुछ पेपर बल्ले हैं'। निष्कर्ष III इस निष्कर्ष का कन्वर्स है अत: यह भी निकलता है।

सभी बिल्लियाँ बल्ले हैं। कोई बल्ला घोडा नहीं हैं।

चूंकि दोनों आधार वाक्य सार्वभौमिक हैं और एक आधार वाक्य नकारात्मक है, अत: निष्कर्ष भी सार्वभौमिक नकारात्मक होना चाहिए और उसमें मध्य पद नहीं होना चाहिए। अत: निष्कर्ष निकलता है कि 'कोई बिल्ली घोड़ा नहीं है'। निष्कर्ष II इस निष्कर्ष का कन्वर्स है अत: यह भी निकलता है।

कुछ पेपर बल्ले हैं। कोई बल्ला घोडा नहीं हैं।

चूंकि एक आधार वाक्य विशिष्ट है और दूसरा नकारात्मक, अत: निष्कर्ष भी विशिष्ट नकारात्मक होना चाहिए और उसमें

मध्य पद नहीं होना चाहिए। अत: निष्कर्ष निकलता है कि 'कुछ पेपर घोड़े नहीं हैं'।

47. (*a*) : कोई खिलौना भवन नहीं हैं। सभी भवन खिडकियाँ हैं।
चूंकि मध्य पद 'भवन' दो बार वितरित है और एक आधार वाक्य नकारात्मक है, अत: निष्कर्ष भी विशिष्ट नकारात्मक होना चाहिए और उसमें मध्य पद नहीं होना चाहिए। अत: निष्कर्ष निकलता है कि 'कुछ खिड़कियाँ खिलौने नहीं हैं'।
कुछ चीते खिलौने हैं। कोई खिलौना भवन नही हैं।
चूंकि एक आधार वाक्य विशिष्ट है और दूसरा आधार वाक्य नकारात्मक है, अत: निष्कर्ष भी विशिष्ट नकारात्मक होना चाहिए और उसमें मध्य पद नहीं होना चाहिए। अत: निष्कर्ष निकलता है कि 'कुछ चीते भवन नही हैं'।

48. (*d*) : निष्कर्ष III तीसरे आधार वाक्य का कन्वर्स है, अत: यह भी निकलता है।
कुछ मोती पत्थर हैं। कुछ पत्थर हीरे हैं।
चूंकि दोनों आधार वाक्य विशिष्ट हैं, अत: कोई निश्चित निष्कर्ष नहीं निकलता है।
कुछ पत्थर हीरे हैं। कोई हीरा जवाहरात नहीं हैं।
चूंकि एक आधार वाक्य विशिष्ट है और दूसरा नकारात्मक, अत: निष्कर्ष भी विशिष्ट नकारात्मक होना चाहिए और उसमें मध्य पद नहीं होना चाहिए। अत: निष्कर्ष निकलता है कि 'कुछ पत्थर जवाहरात नहीं हैं'।
जबकि, निष्कर्ष I और IV में तीन आधार वाक्यों के चरम पद शामिल हैं और ये पूरक युग्म बनाते हैं। अत: या तो I या IV निकलता है।

49. (*e*) : निष्कर्ष II दूसरे आधार वाक्य का कन्वर्स है। अत: यह भी निकलता है।
कोई आदमी आकाश नहीं हैं। कोई आकाश सड़क नहीं हैं।
चूंकि दोनों आधार वाक्य नकारात्मक हैं, अत: कोई निश्चित निष्कर्ष नहीं निकलता है।
कोई आदमी आकाश नहीं हैं। कुछ आदमी सड़कें हैं।
चूंकि एक आधार वाक्य विशिष्ट है और दूसरा नकारात्मक हैं, अत: निष्कर्ष भी विशिष्ट नकारात्मक होना चाहिए और उसमें मध्य पद नहीं होना चाहिए। अत: निष्कर्ष निकलता है कि 'कुछ सड़कें आकाश नहीं हैं'।
कोई आकाश सड़क नही हैं। कुछ आदमी सड़कें हैं।
जैसाकि ऊपर बताया गया है, निष्कर्ष निकलता है कि 'कुछ आदमी आकाश नहीं हैं'। अत: केवल निष्कर्ष II निकलता है।

50. (*b*) : कुछ कुत्ते चूहे हैं। सभी चूहे पेड़ हैं।
चूंकि एक आधार वाक्य विशिष्ट है, अत: निष्कर्ष भी विशिष्ट होना चाहिए और उसमें मध्य पद नहीं होना चाहिए। अत: निष्कर्ष निकलता है कि 'कुछ कुत्ते पेड़ हैं'। निष्कर्ष I इस निष्कर्ष का कन्वर्स है अत: यह भी निकलता है।
सभी चूहे पेड़ हैं। कुछ पेड़ कुत्ते नहीं हैं।
चूंकि मध्य पद 'पेड' आधार वाक्य में एकबार भी वितरित नहीं है, अत: कोई निश्चित निष्कर्ष नहीं निकलता है।

हल सहित अतिरिक्त प्रश्न

अभ्यास

निर्देश (प्रश्न 1 से 5): दिए गए प्रत्येक प्रश्न में दो/तीन कथन और उसके बाद दो निष्कर्षI और II दिए गए हैं। आपको उन दोनों कथनों को सत्य मानना है चाहे वह सामान्य जानकारी के अनुरूप आपको गलत ही प्रतीत हो रहे हों। आप निष्कर्षों को पढ़ें और चयन करें कि कौन से निष्कर्ष, दिए गए दोनों कथनों के अनुसार तार्किक रूप से निगमित होते हैं।

1. कथन: **[SBI (PO) Exam, 2015]**
कुछ विजयी ट्रॉफी हैं।
कुछ ट्रॉफी कप हैं।
कोई कप ईनाम नहीं हैं।
निष्कर्ष: I. कम से कम कुछ कप विजयी हैं।
II. सभी ईनामों के ट्रॉफी होने की एक सम्भावना है।
(*a*) केवल निष्कर्ष I सत्य है।
(*b*) केवल निष्कर्ष II सत्य है।
(*c*) या तो निष्कर्ष I या II सत्य है।
(*d*) दोनों निष्कर्ष I और II सत्य हैं।

2. कथन: **[SBI (PO) Exam, 2015]**
कोई परत आवरण नहीं है।
सभी आवरण निक्षेप हैं।
सभी निक्षेप चादरें हैं।
निष्कर्ष: I. सभी आवरण चादरें हैं।
II. सभी निक्षेप कभी परत नहीं हो सकते।
(*a*) केवल निष्कर्ष I सत्य है।
(*b*) केवल निष्कर्ष II सत्य है।
(*c*) या तो निष्कर्ष I या II सत्य है।
(*d*) दोनों निष्कर्ष I और II सत्य हैं।
(*e*) न तो निष्कर्ष I न ही II सत्य हैं।

3. कथन: **[SBI (PO) Exam, 2015]**
कुछ फ्लैट अपार्टमेंट हैं।
कोई अपार्टमेंट हॉल नहीं है।
कुछ हॉल कमरे हैं।
निष्कर्ष: I. कम से कम कुछ कमरे फ्लैट हैं।
II. कोई अपार्टमेंट कमरा नहीं है।
(*a*) केवल निष्कर्ष I सत्य है।
(*b*) केवल निष्कर्ष II सत्य है।
(*c*) या तो निष्कर्ष I या II सत्य है।
(*d*) दोनों निष्कर्ष I और II सत्य हैं।
(*e*) न तो निष्कर्ष I न ही II सत्य हैं।

4. कथन: **[SBI (PO) Exam, 2015]**
कुछ विजयी ट्रॉफी हैं।
कुछ ट्रॉफी कप हैं।
कोई कप ईनाम नहीं है।
निष्कर्ष: I. कोई ट्रॉफी ईनाम नहीं है।
II. कोई ईनाम विजयी नहीं है।

(*a*) केवल निष्कर्ष I सत्य है।
(*b*) केवल निष्कर्ष II सत्य है।
(*c*) या तो निष्कर्ष I या II सत्य है।
(*d*) दोनों निष्कर्ष I और II सत्य हैं।
(*e*) न तो निष्कर्ष I न ही II सत्य हैं।

5. कथनः **[SBI (PO) Exam, 2015]**

कुछ कोड रहस्य हैं।
सभी रहस्य पजल हैं।

निष्कर्षः I. सभी रहस्य का कोड होना एक सम्भावना है।
II. कम से कम कुछ पजल कोड हैं।

(*a*) केवल निष्कर्ष I सत्य है।
(*b*) केवल निष्कर्ष II सत्य है।
(*c*) या तो निष्कर्ष I या II सत्य है।
(*d*) दोनों निष्कर्ष I और II सत्य हैं।
(*e*) न तो निष्कर्ष I न ही II सत्य हैं।

निर्देश *(प्रश्न 6 से 10): दिए गए प्रत्येक प्रश्न में दो कथन और उसके बाद दो निष्कर्षI और II दिए गए हैं। आपको उन दोनों कथनों को सत्य मानना है चाहे वह सामान्य जानकारी के अनुरूप आपको गलत ही प्रतीत हो रहे हों। आप निष्कर्षों को पढ़ें और चयन करें कि कौन से निष्कर्ष, दिए गए दोनों कथनों के अनुसार तार्किक रूप से निगमित होते हैं।*

6. कथनः **[NICL AAO Exam, 2015]**

सभी जमा खाते हैं।
कोई जमा ऋण नहीं है।

निष्कर्षः I. कम से कम कुछ ऋण खाते हैं।
II. कोई ऋण खाता नहीं है।

(*a*) न तो निष्कर्ष I न ही II सत्य हैं।
(*b*) केवल निष्कर्ष II सत्य है।
(*c*) केवल निष्कर्ष I सत्य है।
(*d*) दोनों निष्कर्ष I और II सत्य हैं।
(*e*) या तो निष्कर्ष I या II सत्य है।

7. कथनः **[NICL AAO Exam, 2015]**

कोई चीनी नींबू नहीं है।
सभी मिठाई चीनी हैं।

निष्कर्षः I. कोई मिठाई नींबू नहीं है।
II. सभी चीनी मिठाई है।

(*a*) न तो निष्कर्ष I न ही II सत्य हैं।
(*b*) केवल निष्कर्ष II सत्य है।
(*c*) केवल निष्कर्ष I सत्य है।
(*d*) दोनों निष्कर्ष I और II सत्य हैं।
(*e*) या तो निष्कर्ष I या II सत्य है।

8. कथनः **[NICL AAO Exam. 2015]**

कुछ विक्रेता मुवक्किल हैं।
सभी मुवक्किल ग्राहक हैं।

निष्कर्षः I. कोई विक्रेता ग्राहक नहीं है।
II. कम से कम कुछ विक्रेता ग्राहक हैं।

(*a*) न तो निष्कर्ष I न ही II सत्य हैं।
(*b*) केवल निष्कर्ष II सत्य है।
(*c*) केवल निष्कर्ष I सत्य है।
(*d*) दोनों निष्कर्ष I और II सत्य हैं।
(*e*) या तो निष्कर्ष I या II सत्य है।

9. कथनः **[NICL AAO Exam, 2015]**

कुछ धातुएं मिश्रधातु हैं।
कोई धातु पत्थर नही है।

निष्कर्षः I. कोई मिश्रधातु पत्थर नहीं है।
II. कम से कम कुछ मिश्रधातु धातुएँ हैं।

(*a*) न तो निष्कर्ष I न ही II सत्य हैं।
(*b*) केवल निष्कर्ष II सत्य है।
(*c*) केवल निष्कर्ष I सत्य है।
(*d*) दोनों निष्कर्ष I और II सत्य हैं।
(*e*) या तो निष्कर्ष I या II सत्य है।

10. कथनः **[NICL AAO Exam, 2015]**

कुछ रेशे रेशम हैं।
कुछ रेशम सूत हैं।

निष्कर्षः I. कम से कम कुछ सूत रेशम है।
II. कम से कम कुछ रेशे सूत हैं।

(*a*) न तो निष्कर्ष I न ही II सत्य हैं।
(*b*) केवल निष्कर्ष II सत्य है।
(*c*) केवल निष्कर्ष I सत्य है।
(*d*) दोनों निष्कर्ष I और II सत्य हैं।
(*e*) या तो निष्कर्ष I या II सत्य है।

11. दिए गए प्रश्न में तीन कथन और उसके बाद चार निष्कर्ष I, II, III और IV दिए गए हैं। आपको उन दोनों कथनों को सत्य मानना है चाहे वह सामान्य जानकारी के अनुरूप आपको गलत ही प्रतीत हो रहे हों। आप निष्कर्षों को पढ़ें और चयन करें कि कौन से निष्कर्ष, दिए गए कथनों के अनुसार तार्किक रूप से निगमित होते हैं।

[NICL AAO Exam, 2015]

कथनः

कुछ किताबें उपन्यास हैं।
सभी उपन्यास मैगजीन हैं।
कुछ मैगजीन जर्नल हैं।

निष्कर्षः I. कुछ उपन्यास जर्नल हैं।
II. कुछ किताबें मैगजीन हैं।
III. सभी किताबें मैगजीन हैं।
IV. कोई उपन्यास जर्नल नहीं हैं।

(*a*) केवल निष्कर्ष II निकलता है।
(*b*) केवल निष्कर्ष III निकलता है।
(*c*) या तो निष्कर्ष I या II निकलता है।
(*d*) या तो निष्कर्ष I या IV और निष्कर्ष II निकलते हैं।

हल

1. (*e*) :

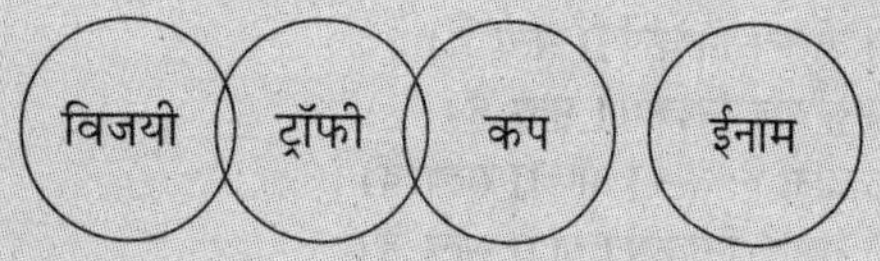

I. (×) **II.** (✓)

निष्कर्ष II सत्य है।

2. (*d*) :

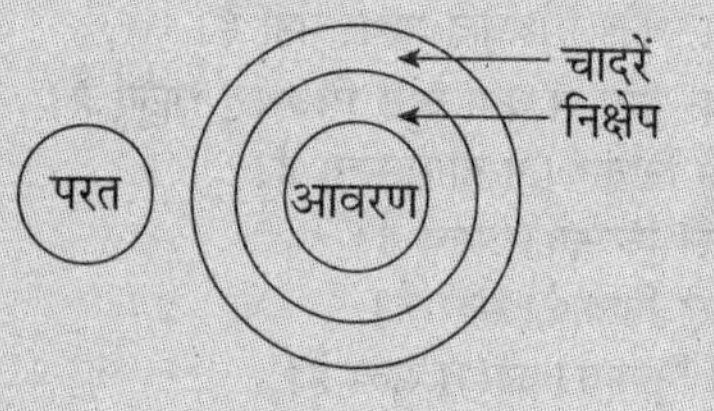

I. (✓) **II.** (✓)

विकल्प (*d*) उत्तर है।

3. (*e*) :

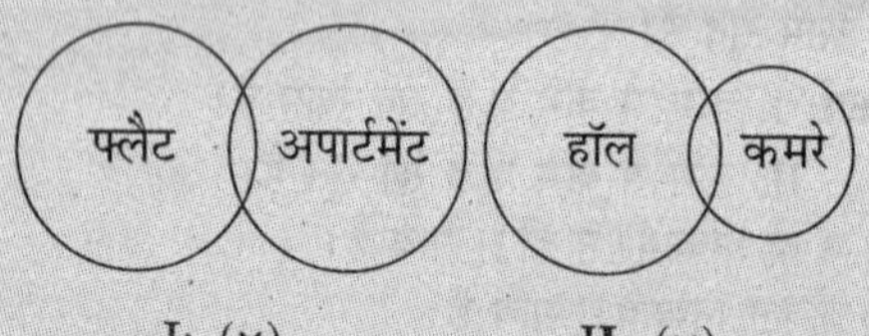

I: (×) **II.** (×)

अत: न तो निष्कर्ष I न ही II सत्य है।

4. (*e*) :

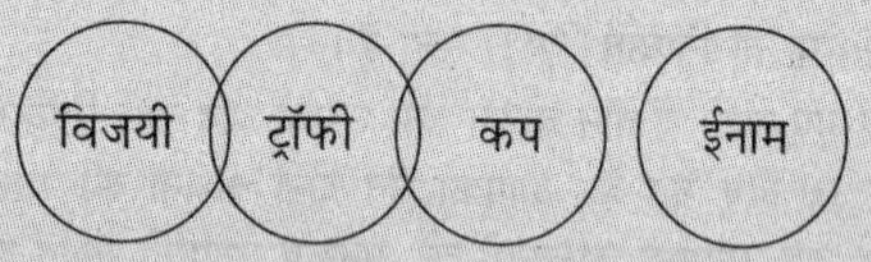

या I. (✓) **II.** (✓)

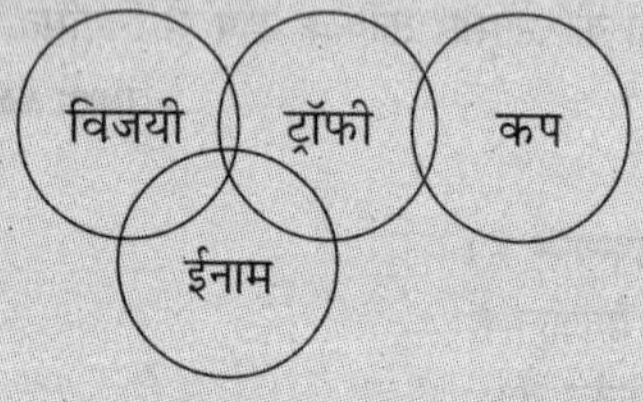

I. (×) **II.** (×)

अत: विकल्प (*e*) सही है।

5. (*d*) :

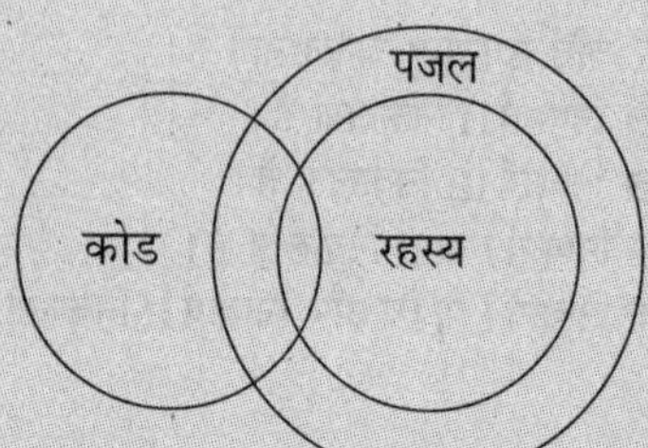

I. (✓) **II.** (✓)

अत: विकल्प (*d*) सही है।

6. (*e*) :

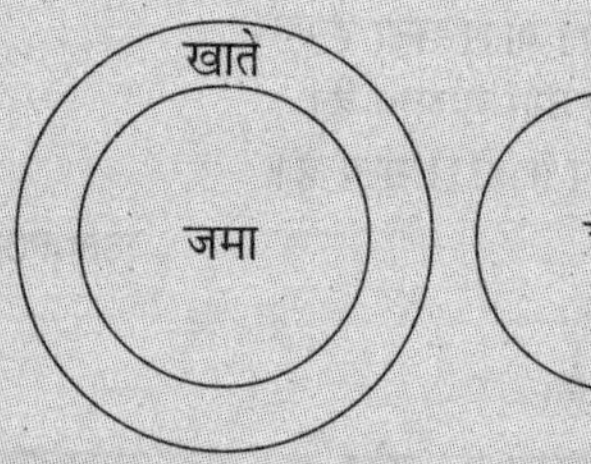

I. (×) **II.** (✓)

या

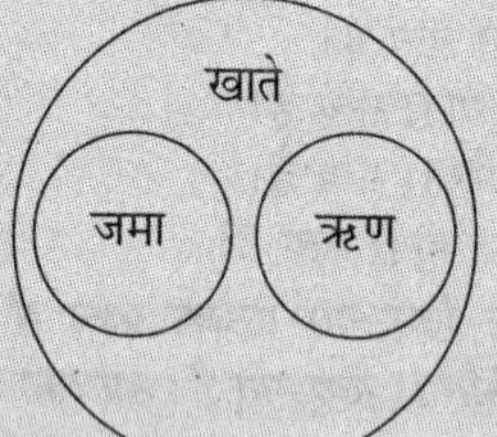

I. (✓) **II.** (×)

अत: विकल्प (*e*) उत्तर होगा।

7. (*c*) :

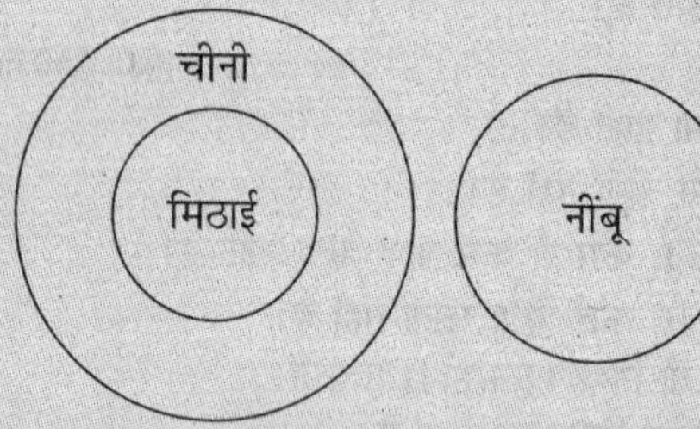

I. (✓) **II.** (×)

अत: विकल्प (*c*) उत्तर होगा।

8. (*b*) :

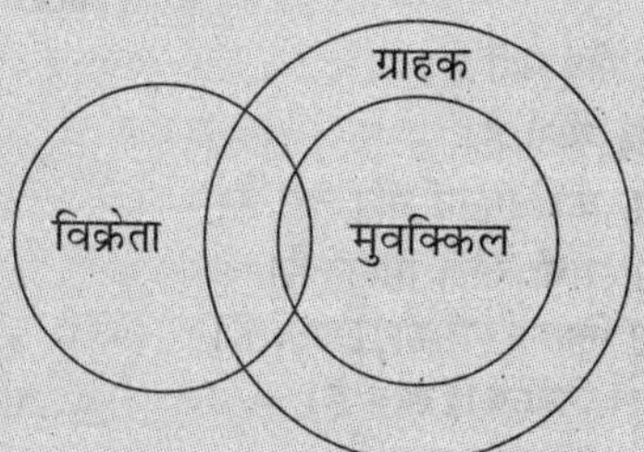

I. (×) **II.** (✓)

अत: विकल्प (*b*) उत्तर होगा।

9. (*b*) :

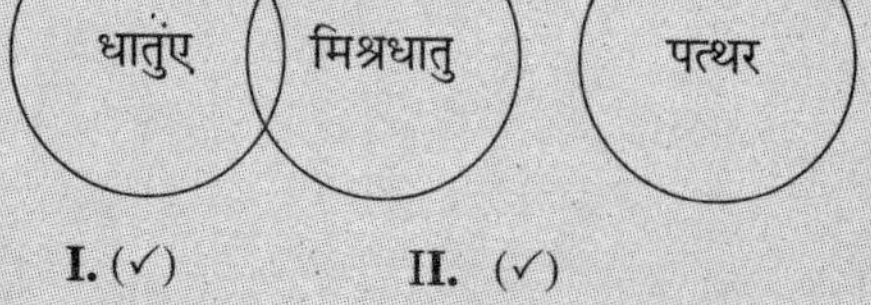

I. (✓) **II.** (✓)

या

I. (×) **II.** (✓)

अत: विकल्प (*b*) उत्तर होगा।

10. (*c*) :

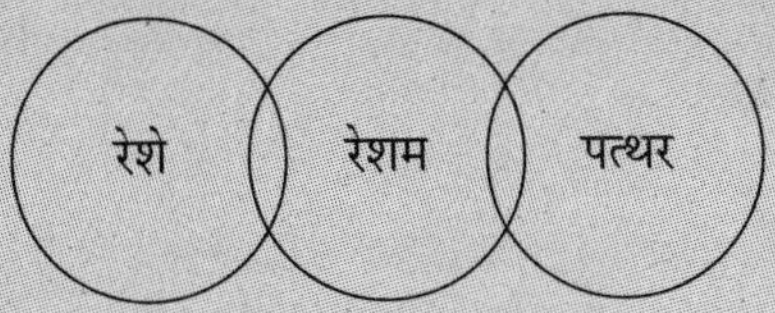

I. (✓) **II.** (×)

अत: विकल्प (*c*) उत्तर होगा।

11. (*d*) :

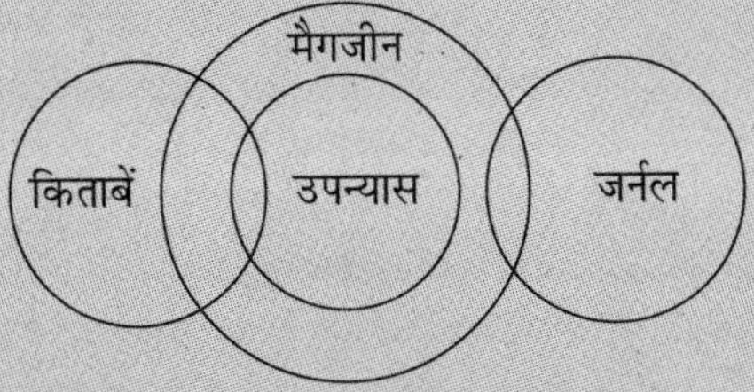

या

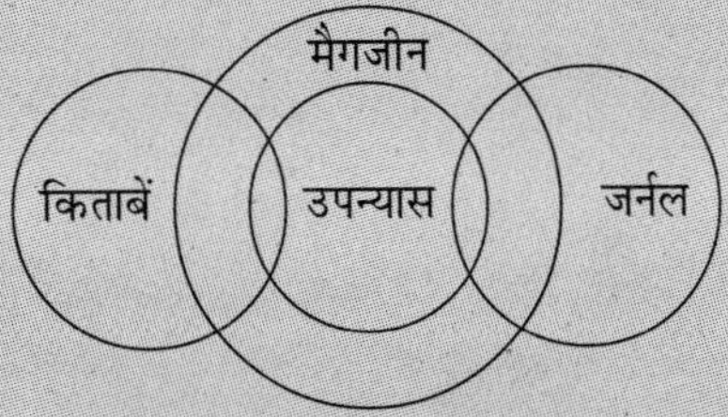

I. (×)
II. (√)
III. (×)
IV. (√)

I (√)
II. (√)
III. (×)
IV (×)

अत: विकल्प (*d*) उत्तर होगा।

कथन - तर्क

2 (STATEMENT – ARGUMENTS)

इस प्रकार के प्रश्नों में, राजनीतिक, सामाजिक या आर्थिक मुद्दों से संबंधित एक कथन दिया जाता है, इसके बाद कथन के पक्ष में या उसके विपक्ष में कुछ तर्क दिए जाते हैं। अभ्यर्थी को पहले कथन का विश्लेषण करना होता है और फिर कथन के पक्ष या विपक्ष में दिए गए तर्क का विश्लेषण करना होता है तथा अंत में निर्णय लेना होता है कि कौन सा तर्क प्रबल है और कथन में दिए गए विषय पर सबसे उचित राय बनाने में मदद करता है।

महत्वपूर्ण प्रश्नों के बारे में निर्णय करने के लिए, 'प्रबल' तर्कों और 'निर्बल' तर्कों के बीच अंतर की समझ होना अनिवार्य है।

'प्रबल' तर्क वे होते हैं जो सीधे प्रश्न से संबंधित और महत्वपूर्ण होते हैं। 'निर्बल' तर्क वे होते हैं जो साधारण महत्व के होते हैं और यह सीधे प्रश्न से संबंधित नहीं होते हैं या प्रश्न के एक नगण्य पहलू से संबंधित होते हैं।

उल्लेखनीय है कि आपको केवल दिए गए तर्कों को ध्यान में रखते हुए एक राय बनानी होती है, न कि अपने स्वयं के अनुमानों के आधार पर।

व्याख्यात्मक उदाहरण

दिशानिर्देश: ***निम्नलिखित में से प्रत्येक प्रश्न में एक कथन दिया गया है जिसके बाद दो तर्क I और II दिए गए हैं। उत्तर दें (a) यदि केवल तर्क I प्रबल है; (b) यदि केवल तर्क II प्रबल है; (c) यदि या तो I या फिर II प्रबल है; (d) यदि न तो तर्क I और न ही तर्क II प्रबल है और (e) यदि तर्क I और तर्क II दोनों प्रबल हैं।***

उदा. 1. कथन: क्या भारत में वर्तमान में दो या इससे अधिक के स्थान पर भविष्य में माता-पिता को केवल एक संतान को चुनने के लिए मजबूर करना चाहिए? **(Bank P.O. 2005)**

तर्क: I. हां, भारत की बढ़ती आबादी को नियंत्रित करने का यही एकमात्र तरीका है।

II. नहीं, इस प्रकार की दबाव की रणनीति दुनिया के किसी अन्य देश द्वारा नहीं अपनाई जाती है।

हल: स्पष्ट रूप से, ऐसी नीति को अपनाने से निश्चित रूप से बढ़ती हुई आबादी को नियंत्रित करने में मदद मिलेगी, जो अर्थव्यवस्था के उचित विकास और देश के संसाधनों का अधिकतम उपयोग करने में मददगार होगी। अत: तर्क I प्रबल है। इसके अलावा, अन्य देशों ने जो किया है उसके साथ, तुलना इस मुद्दे पर निर्णय लेने के लिए कोई दृढ़ मानदंड नहीं है। अत: तर्क II प्रबल नहीं है। अत: उत्तर (*a*) है।

उदा. 2. कथन: क्या 'शिक्षा' को केंद्र सरकार के नियंत्रण में लाया जाना चाहिए? **(R.B.I. 2004)**

तर्क: I. नहीं, शिक्षा एक राज्य सूची का विषय है और इसे राज्य के अंतर्गत ही रहना चाहिए।

II. हां, राज्यों में शिक्षा के विकास में एकरूपता स्थापित करने का यही एकमात्र तरीका है।

हल: स्पष्ट रूप से, यदि केंद्र में एक ही निकाय द्वारा देखभाल करने की बजाय राज्य स्तर पर शासी निकाय द्वारा देखभाल की जाती है तो शिक्षा का लाभ जनता तक अच्छे तरीके से पहुंच सकता है। इसके अलावा, निरंतर निगरानी और एक सामान्य पाठ्यक्रम और मूल्यांकन की नीति निर्धारित करके शिक्षा में समानता हासिल की जा सकती है। अत: केवल तर्क I प्रबल है जबकि तर्क II प्रबल नहीं है। अत: उत्तर (*a*) है।

उदा. 3. कथन: क्या हमारे देश में सैन्य सेवा अनिवार्य होनी चाहिए? **(M.A.T. 2004)**

तर्क: I. नहीं, यह अहिंसा की नीति के विपरीत है।

II. हां, प्रत्येक नागरिक को अपने देश की रक्षा करनी चाहिए।

हल: स्पष्ट रूप से, सैन्य सेवा हिंसा उत्पन्न करने के लिए नहीं बल्कि हिंसा के विरूद्ध बचाव के लिए है। अत: तर्क I अस्पष्ट है। प्रत्येक नागरिक को देश सेवा में अपना योगदान देना चाहिए, इसलिए तर्क II प्रबल है। अत: उत्तर (*b*) है।

उदा. 4. कथन: क्या कॉलेजों में रैगिंग एक अच्छा चलन है?

तर्क: I. हां, एक विवेकपूर्ण रैगिंग कॉलेज के लड़कों को प्रौढ़ता में कदम रखने में मदद करता है और उन्हें एक परिहास को हल्के रूप में लेना सिखाता है।

II. नहीं, रैगिंग के नाम पर दी जाने वाली यातना और युवा लड़कों और लड़कियों द्वारा सही जाने वाली पीड़ा और अपमान अक्सर सीमा से परे चले जाते हैं।

हल: स्पष्ट रूप से, विवेकपूर्ण रैगिंग छात्रों को उदार और एक दूसरे के साथ अच्छी तरह से परिचित बनाता है। अत: तर्क I प्रबल है। हालांकि, कभी-कभी, इन युवा लड़कों और लड़कियों को रैगिंग के नाम पर बहुत अधिक यातना दी जाती और अपमानित किया जाता है, जो इसे एक गलत चलन बनाता है। अत: तर्क II भी प्रबल है। अत: उत्तर (*e*) है।

उदा. 5. कथन: क्या सिर्फ एक कम्पनी को ही किसी भी बड़े शहर में परिवहन प्रणाली को चलाने की अनुमति दी जानी चाहिए? **(Bank P.O. 2003)**

तर्क: I. हां, यह विभिन्न कंपनियों के बीच (अस्वास्थ्य कर) प्रतियोगिताओं में सुधार करेगा।

II. नहीं, यात्रियों को परिवहन प्रणाली के व्यापक विकल्प दिए जाने चाहिए।

हल: स्पष्ट रूप से, परिवहन प्रणाली के एकाधिकार को एक कंपनी को सौंपने से कंपनियों में सभी प्रतिस्पर्धा खत्म हो जाएगी जिसके परिणामस्वरूप उच्च किराया और खराब सेवाओं की समस्या उत्पन्न हो सकती हैं। इस प्रकार, यह यात्रियों की परेशानियों को बढ़ाएगा। इसलिए, केवल तर्क II प्रबल है जबकि तर्क I प्रबल नहीं है। अत: उत्तर (*b*) है।

उदा. 6. कथन: क्या सभी विदेशी बैंकों को भारत में अपने परिचालन को बंद करने के लिए कहा जाना चाहिए? **(Bank P.O. 2003)**

तर्क: I. नहीं, इसका भारतीय अर्थव्यवस्था पर प्रतिकूल प्रभाव पड़ेगा।

II. हां, भारतीय बैंकों का अस्तित्व बनाए रखने और उन्हें समृद्ध बनाने का यही एकमात्र तरीका है।

हल: स्पष्ट रूप से, वित्तीय व्यवसाय की देखभाल करने के लिए भारत के पास अपने राष्ट्रीयकृत बैंक हैं। अत: तर्क I प्रबल नहीं है। इसके अलावा, भारतीय बैंक अपने ग्राहकों को बेहतर सुविधाएं और सेवाएं प्रदान करके, विदेशी बैंकों के साथ भी अच्छी तरह से अस्तित्व में रह सकते हैं। अत: तर्क II भी प्रबल नहीं है। इस प्रकार, कोई भी तर्क प्रबल नहीं है। अत: उत्तर (*d*) है।

उदा. 7. कथन: क्या चयन परीक्षा वर्णनात्मक प्रकार की जगह वस्तुनिष्ठ प्रकार की होनी चाहिए?

तर्क: I. हां, वस्तुनिष्ठ प्रकार के प्रश्नों के उत्तरों का मूल्यांकन उचित और निष्पक्ष होता है।

II. नहीं, वर्णनात्मक प्रकार की परीक्षा निश्चित रूप से वस्तुनिष्ठ प्रकार की परीक्षा से बेहतर साधन है।

हल: स्पष्ट रूप से, वर्णनात्मक परीक्षणों में निर्णय उस व्यक्ति पर निर्भर करता है जो आंकलन करता है, जबकि वस्तुनिष्ठ परीक्षा सटीक, उचित और निष्पक्ष होती है। इसलिए, केवल तर्क I प्रबल है जबकि तर्क II अस्पष्ट है। अत: उत्तर (*a*) है।

उदा. 8. कथन: क्या सरकार को देश में अधिक मेडिकल कॉलेज खोलने चाहिए? **(I.B.P.S. 2002)**

तर्क: I. हां, योग्य चिकित्सकों की तत्काल आवश्यकता है और भारत में चिकित्सकों और नागरिकों के बीच अनुपात सबसे कम है।

II. नहीं, सरकार को मौजूदा मेडिकल कॉलेजों में गुणवत्तापूर्ण शिक्षा सुनिश्चित करनी चाहिए क्योंकि अधिकांश कॉलेजों में आवश्यक बुनियादी सरंचना की कमी है।

हल: स्पष्ट रूप से, मौजूदा मेडिकल कॉलेजों को आधुनिक और अधिक परिष्कृत आधारभूत संरचना प्रदान करने से अधिक से अधिक अर्हत चिकित्सकों की संख्या बढ़ाने में मदद मिल सकती है, और वे अधिक छात्रों को गुणवत्ता युक्त शिक्षा प्रदान कर सकते हैं। इसलिए, केवल तर्क II प्रबल है जबकि तर्क I प्रबल नहीं है। अत: उत्तर (*b*) है।

उदा. 9. कथन: क्या भारत को आर्थिक सुधार प्रक्रिया से अपना मार्ग बदलना चाहिए और चौतरफा आर्थिक विकास का मार्ग तलाशना चाहिए? **(S.B.I.P.O. 2005)**

तर्क: I. नहीं, प्रक्रिया शुरू करने के बाद पीछे मुड़कर देखने का कोई रास्ता नहीं है।

II. हां, इससे भारत को लंबे समय तक फायदा होगा क्योंकि पश्चिमी देशों से अनुकरण की गई सुधार प्रक्रिया हमारी अर्थव्यवस्था पर प्रतिकूल प्रभाव डालेगी।

हल: स्पष्ट रूप से, किसी भी सुधार प्रक्रिया को देश को लाभ पहुँचाने के लिए किसी भी स्तर पर बदला, मोड़ा या पलटा जा सकता है। साथ ही, एक प्रक्रिया के गैर उपयोगी होने पर विचार करने का सुझाव सिर्फ इसलिए कि यह पश्चिमी देशों से अनुकरण किया गया है, यह बेतुका लगता है। इस प्रकार, न तो तर्क I और न ही तर्क II प्रबल है। अत: उत्तर (*d*) है।

उदा. 10. कथन: क्या भारत में व्यावसायिक पाठ्यक्रमों में प्रवेश छात्रों के किसी विशेष समूह को रियायत के बिना केवल योग्यता के आधार पर दिया जाना चाहिए? **(Bank P.O. 2004)**

तर्क: I. हां, इससे पेशेवरों की गुणवत्ता में सुधार होगा क्योंकि वे पाठ्यक्रमों को सफलतापूर्वक पूरा करने में सक्षम होंगे।

II. नहीं, इससे व्यावसायिक पाठ्यक्रम, सामाजिक और आर्थिक रूप से पिछड़े छात्रों की बड़ी संख्या की पहुंच से बाहर हो जाएंगे।

हल: स्पष्ट रूप से, पेशेवर नौकरियों में गुणवत्ता और योग्यता की आवश्यकता होती है और इसलिए आवश्यक प्रतिभा वाले छात्र रियायत पर पाठ्यक्रम में शामिल होने वालों की तुलना में बेहतर पेशेवर बन सकते हैं। इसलिए, तर्क I प्रबल है। हालांकि, ये विशेष रियायतें हैं जो व्यावसायिक पाठ्यक्रमों को सामाजिक और आर्थिक रूप से कमजोर वर्गों से संबंधित कुछ प्रतिभाशाली छात्रों के लिए वहन करने योग्य बनाती हैं, जो अन्यथा इससे दूर रहेंगे। अत: तर्क II भी प्रबल है। अत: उत्तर (*e*) है।

अभ्यास 2A

दिशानिर्देश: ***निम्नलिखित में से प्रत्येक प्रश्न में एक कथन दिया गया है जिसके बाद दो तर्क I और II दिए गए हैं। आपको निर्णय लेना है कि कौन सा तर्क प्रबल है और कौनसा तर्क निर्बल है। उत्तर दें (a) यदि केवल तर्क I प्रबल है; (b) यदि केवल तर्क II प्रबल है; (c) यदि या तो I या फिर II प्रबल है; (d) यदि न तो तर्क I और न ही तर्क II प्रबल है और (e) यदि तर्क I और तर्क II दोनों प्रबल हैं।***

1. कथन: क्या ग्रामीण भारत में कृषि को मशीनीकृत किया जाना चाहिए?

तर्क: I. हां, ऐसा करने से उत्पादन बढ़ेगा।

II. नहीं, कई ग्रामीण इससे बेरोजगार हो जाएंगे। **(M.A.T. 2004)**

2. कथन: लड़कियों को जूडो और कराटे जैसी कला सीखनी चाहिए?

तर्क: I. हां, यह उन्हें स्वंय को गुण्डों और बदमाशों से बचाने के में सक्षम बनाता है।

II. नहीं, वे अपने स्त्री लावण्य को खो देंगी।

3. कथन: क्या राजनीतिक दलों पर प्रतिबंध लगाया जाना चाहिए?

तर्क: I. हां, राजनेताओं को सबक सिखाना जरूरी है।

II. नहीं, इससे लोकतंत्र का अंत हो जाएगा।

4. कथन: क्या शिक्षित बेरोजगार युवाओं को सरकार द्वारा "बेरोजगारी भत्ते" का भुगतान करना चाहिए? **(Bank P.O. 2003)**

तर्कः I. हां, यह उन्हें रोजगार तलाशने या कुछ स्व-रोजगार उद्यमों को प्रारम्भ करने के लिए कुछ मौद्रिक सहायता प्रदान करता है।

II. नहीं, यह आजीविका कमाने के लिए कुछ करने की उनकी इच्छा को कम करता है और इस प्रकार बेरोजगार युवाओं के बीच आलस्य को बढ़ावा देता है।

5. कथनः क्या भारत में विदेशी फिल्मों पर प्रतिबंध लगाया जाना चाहिए?

तर्कः I. हां, वे विदेशी संस्कृति का चित्रण करते हैं जो हमारे मूल्यों पर प्रतिकूल प्रभाव डालते हैं।

II. नहीं, विदेशी फिल्में उच्च कलात्मक स्तर की होती हैं।

6. कथनः क्या सभी प्रैक्टिस करने वाले चिकित्सकों को सरकारी नियंत्रण में लाया जाना चाहिए ताकि वे सरकार से वेतन प्राप्त कर सकें और रोगियों को मुफ्त में इलाज कर सकें? **(R.B.I. 2003)**

तर्कः I. नहीं, कोई देश ऐसी अलोकतांत्रिक चीज कैसे कर सकता है?

II. हां, कई समस्याओं के बावजूद, यदि यह अनैतिक चिकित्सा प्रथाओं का उन्मूलन न भी कर सका तो भी यह निश्चित रूप से इसे कम करने में मदद जरूर करेगा।

7. कथनः क्या उच्च शिक्षा को कुछ समय के लिए पूरी तरह से बंद कर दिया जाना चाहिए?

तर्कः I. नहीं, यह देश की भविष्य की प्रगति में बाधा डाल देगा।

II. हां, यह शिक्षित बेरोजगारी को कम करेगा।

8. कथनः क्या भारत में प्रत्येक राज्य में एक से अधिक उच्च न्यायालय होने चाहिए? **(I.B.P.S. 2002)**

तर्कः I. नहीं, यह करदाताओं के पैसे की भारी बर्बादी होगी।

II. हां, इससे बहुत लंबे समय तक लंबित मामलों के संचित कार्य को कम करने में मदद मिलेगी।

9. कथनः एकल परिवार संयुक्त परिवारों से बेहतर हैं?

तर्कः I. नहीं, संयुक्त परिवार सुरक्षा सुनिश्चित करता है और काम के बोझ को भी कम करता है।

II. हां, एकल परिवार अधिक स्वतंत्रता सुनिश्चित करते हैं।

10. कथनः क्या भारत को कश्मीर पाकिस्तान को दे देना चाहिए? **(M.A.T. 2005)**

तर्कः I. नहीं, कश्मीर एक सुंदर राज्य है। यह भारत के लिए बहुत सारी विदेशी मुद्रा अर्जित करता है।

II. हां, यह संघर्ष सुलझाने में मदद करेगा।

11. कथनः क्या छात्रों को राजनीति में भाग लेना चाहिए?

तर्कः I. हां, यह उनमें नेतृत्व के गुणों को अंतर्निविष्ट करता है।

II. नहीं, उन्हें पढ़ाई करनी चाहिए और अपने करियर का निर्माण करना चाहिए।

12. कथनः क्या केवल कुछ राज्यों में ही विदेशी निवेश पर ध्यान होना चाहिए? **(S.B.I.P.O. 2002)**

तर्कः I. नहीं, यह देश के समग्र विकास की नीति के खिलाफ है।

II. हां, विदेशी निवेश को आकर्षित करने के लिए बड़ी संख्या में राज्यों में बुनियादी ढांचे की कमी है।

13. कथनः क्या भारत में आलिशान होटलों पर प्रतिबंध लगाया जाना चाहिए?

तर्कः I. हां, ये ऐसे स्थान हैं जहां से अंतरराष्ट्रीय अपराधी अपना कार्य संचालन करते हैं।

II. नहीं, समृद्ध विदेशी पर्यटकों के पास रहने के लिए कोई जगह नहीं बचेगी।

14. कथनः क्या सीमा पार तनाव को रोकने के लिए भारत पड़ोसी देशों के साथ बातचीत कर सकता है? **(S.B.I.P.O. 2001)**

तर्कः I. हां, सीमा पार आतंकवाद को कम करने और निर्दोष लोगों की जान के नुकसान को रोकने के लिए यही एकमात्र रास्ता है।

II. नहीं, इस तरह के मामलों में पड़ोसी देशों पर भरोसा नहीं किया जा सकता है, वे इसके बाद भी विध्वंसक गतिविधियों में संलग्न हो सकते हैं।

15. कथनः जंगली जानवरों को पकड़ने पर पूर्णतया प्रतिबंध लगाया जाना चाहिए?

तर्कः I. हां, जानवरों को पकड़ने वाले बहुत पैसा कमा रहे हैं।

II. नहीं, शिकार और जानवरों को पकड़ने वालों पर प्रतिबंध प्रभावी नहीं हैं।

16. कथनः क्या भारत के सभी सरकारी कार्यालयों में केवल सरकारी कर्मचारियों के आश्रितों को नौकरियों की पेशकश करने की व्यवस्था की जानी चाहिए? **(S.B.I.P.O. 1999)**

तर्कः I. नहीं, यह कई योग्य व्यक्तियों के लिए अवसर से वंचित करती है और सरकार के लिए आगे जाकर हार का सबब बन सकती है।

II. नहीं, यह समानता के सिद्धांत के खिलाफ है। क्या सरकार का अपने सभी नागरिकों की जिम्मेदारी लेने का फर्ज नहीं बनता है?

17. कथनः क्या युवा उद्यमियों को प्रोत्साहित किया जाना चाहिए?

तर्कः I. हां, वे देश के औद्योगिक विकास में मदद करेंगे।

II. हां, वे रोजगार बाजार पर से बोझ कम कर देंगे।

18. कथनः क्या गर्भावस्था के दौरान लिंग निर्धारण परीक्षण पूरी तरह से प्रतिबंधित होना चाहिए? **(Bank. P.O. 2005)**

तर्कः I. हां, इससे अंधाधुंध कन्या भ्रूण हत्या हो जाती है और अंत में सामाजिक असंतुलन का कारण बनता है।

II. नहीं, लोगों को अपने अजन्मे बच्चे के बारे में जानने का अधिकार है।

19. कथनः क्या ग्रामीण इलाकों में सरकारी नौकरियों में अधिक प्रोत्साहन राशि होनी चाहिए?

तर्कः I. हां, वहां सरकारी कर्मचारियों को आकर्षित करने के लिए प्रोत्साहन आवश्यक हैं।

II. नहीं, बड़े शहरों की तुलना में ग्रामीण इलाके पहले से ही सस्ता, स्वास्थ्य वर्धक और कम जटिल हैं। अतः अतिरिक्त प्रोत्साहन क्यों प्रदान किया जाना चाहिए!

20. कथनः क्या बैंकों में अलग-अलग अवधि के सावधि जमा के लिए केवल एक ही ब्याज दर होनी चाहिए? **(Bank P.O. 2003)**

तर्कः I. नहीं, लोग लंबी अवधि के लिए धन रखने से बचेंगे जिससे बैंकों की चल निधि स्तर में कमी आएगी।

II. हां, आम लोगों के लिए यह बहुत आसान होगा और उन्हें बैंकों में अधिक पैसा रखने के लिए प्रोत्साहित किया जा सकता है।

21. कथनः क्या सभी शरणार्थियों, जो किसी देश में अनधिकृत प्रवेश करते हैं, उन्हें अपने देश वापस जाने के लिए मजबूर करना चाहिए?

तर्क: I. हां, वे अपनी कॉलोनियां बनाते हैं और काफी जमीन पर कब्जा कर लेते हैं।

II. नहीं, वे भूख या किसी आतंक और मानवीय आधार पर अपने घर छोड़ देते हैं, उन्हें वापस जाने के लिए मजबूर नहीं किया जाना चाहिए।

22. कथन: क्या मुंबई में नए बड़े उद्योग शुरू किए जाने चाहिए? **(M.A.T. 2004)**

तर्क: I. हां, यह रोजगार के अवसर पैदा करेंगे ।

II. नहीं, यह शहर के प्रदूषण को और ज्यादा बढ़ा देंगे।

23. कथन: क्या सरकार को अंतरराष्ट्रीय खेलों पर भारी मात्रा में पैसा खर्च करना बंद कर देना चाहिए?

तर्क: I. हां, इस पैसे का इस्तेमाल गरीबों के उत्थान के लिए किया जा सकता है।

II. नहीं, इससे खिलाड़ी निराश होंगे और अंतर्राष्ट्रीय स्तर पर प्रदर्शन नहीं कर पाएंगे।

24. कथन: क्या तेल कंपनियों को बाजार स्थितियों के आधार पर पेट्रोलियम उत्पादों की कीमत तय करने की अनुमति दी जानी चाहिए? **(Bank P.O. 2004)**

तर्क: I. हां, तेल कंपनियों को वाणिज्यिक रूप से व्यवहार्य बनाने का यही एकमात्र तरीका है।

II. नहीं, इससे आवश्यक वस्तुओं की खुदरा कीमतों पर अतिरिक्त बोझ पड़ेगा और जनता के लिए बहुत कठिनाइयों का कारण बनेगा।

25. कथन: क्या केंद्र सरकार में मंत्रियों की संख्या के लिए अधिकतम सीमा होनी चाहिए? **(Bank P.O. 2003)**

तर्क: I. नहीं, सत्ता में रहने वाले राजनीतिक दल को मंत्रियों की संख्या तय करने की स्वतंत्रता होनी चाहिए।

II. हां, अनावश्यक व्यय से बचने के लिए, संसद में सीटों की कुल संख्या के एक निश्चित प्रतिशत तक ही मंत्रियों की संख्या तय होनी चाहिए।

26. कथन: क्या हमारे देश में मांसाहारी भोजन पूरी तरह से प्रतिबंधित होना चाहिए? **(M.B.A. 2002)**

तर्क: I. हां, यह महंगा है और इसलिए यह हमारे देश के ज्यादातर लोगों की पहुँच से परे है।

II. नहीं, हमारे जैसे लोकतांत्रिक देश में कुछ भी प्रतिबंधित नहीं होना चाहिए।

27. कथन: क्या रिश्वत लेने वाले अधिकारियों को सजा देनी चाहिए?

तर्क: I. नहीं, कुछ खास परिस्थितियों ने उन्हें रिश्वत लेने के लिए मजबूर किया होगा।

II. हां, उन्हें वो कार्य ईमानदारी से करना चाहिए जो उन्हें सौंपा गया है।

28. कथन: क्या भारत को संयुक्त राष्ट्र की सुरक्षा परिषद का स्थायी सदस्य बनना चाहिए? **(I.B.P.S. 2002)**

तर्क: I. हां, भारत एक ऐसे देश के रूप में उभरा है जो शांति और मैत्री से प्रेम करता है।

II. नहीं, सबसे पहले हमें हमारी जनता की गरीबी और कुपोषण जैसी समस्याओं को हल करना चाहिए।

29. कथन: क्या 18 वर्ष से कम आयु के व्यक्तियों को सशस्त्र बलों में शामिल होने की अनुमति दी जानी चाहिए? **(Bank P.O. 2004)**

तर्क: I. नहीं, 18 वर्ष से कम आयु के व्यक्ति इस तरह का बोझ अपने कंधे पर उठाने के लिए शारीरिक और मानसिक रूप से परिपक्व नहीं होते हैं।

II. हां, यह देश को अपने सशस्त्र बलों को विकसित करने में मदद करेगा जो लंबे समय तक देश की सेवा करेंगे।

30. कथन: क्या उत्पाद विज्ञापन पर प्रतिबंध होना चाहिए?

तर्क: I. नहीं, यह विज्ञापन का जमाना है। जब तक आपका विज्ञापन आपके अन्य प्रतिस्पर्धियों से बेहतर न हो, तब तक उत्पाद नहीं बिकेगा।

II. हां, विज्ञापन पर बहुत बड़ी धनराशि खर्च की जाती है और इस कारण उत्पाद की लागत बढ़ती है।

31. कथन: क्या भारत में आयकर को समाप्त कर दिया जाना चाहिए – **(Bank P.O. 2004)**

तर्क: I. हां, यह श्रमजीवियों पर एक अनावश्यक बोझ है।

II. नहीं, यह राजस्व का एक अच्छा स्रोत है।

32. कथन: क्या भारत को विकास के लिए इतनी सारी योजनाओं की आवश्यकता है?

तर्क: I. हां, उचित योजना के बिना कुछ भी हासिल नहीं किया जा सकता है।

II. नहीं, योजनाओं पर बहुत अधिक समय, पैसा और ऊर्जा बर्बाद हो जाती है।

33. कथन: क्या दहेज पर कानूनन रोक होने के बावजूद दहेज लेने वालों को दंडित किया जाना चाहिए? **(M.A.T. 2005)**

तर्क: I. हां, जो लोग कानून का उल्लंघन करते हैं, उन्हें दंडित किया जाना चाहिए।

II. नहीं, दहेज प्रथा प्राचीन काल से ही समाज में अपनी जड़ें फैलाए हुए है।

34. कथन: क्या फैशनेबल कपड़ों पर प्रतिबंध लगाया जाना चाहिए?

तर्क: I. हां, फैशन बदलते रहते हैं और इसलिए कपड़ों की खपत बढ़ जाती है।

II. नहीं, फैशनेबल कपड़े, व्यक्ति की आत्म अभिव्यक्ति हैं और इसलिए उनका मूल अधिकार है।

35. कथन: क्या भारत में सभी बुनियादी ढांचागत विकास परियोजनाओं को निजी क्षेत्र में सौंप दिया जाना चाहिए? **(Bank P.O. 2004)**

तर्क: I. नहीं, निजी क्षेत्र की संस्थाएं ऐसी परियोजनाओं को संभालने के लिए सुसज्जित नहीं हैं।

II. हां, विकसित देशों में इस तरह की परियोजनाओं को निजी क्षेत्र द्वारा नियंत्रित किया जाता है।

36. कथन: क्या भारत में कॉलेजों को विश्वविद्यालय का दर्जा दिया जाना चाहिए?

तर्क: I. हां, छात्रों के प्रदर्शन का आंकलन करने के लिए कॉलेज बेहतर स्थिति में हैं और इसलिए डिग्री अधिक मान्य होगी।

II. नहीं, यह सोचना अव्यवहारिक है कि कॉलेजों द्वारा डिग्री देने में कोई भाई भतीजावाद और भ्रष्टाचार नहीं होगा।

37. कथन: क्या हमारे देश को हमें गुमराह करने वाले और आरोप लगाने वाले हमारे पड़ोसियों से उदार व्यवहार और सद्भावना बढ़ानी चाहिए? **(Bank P.O. 2003)**

तर्क: I. हां, सद्भावना हमेशा लाभदायक ही होती है।

II. नहीं, हमारा उदार व्यवहार और सद्भावना को अभी भी हमारी कमजोरी के रूप में माना जा सकता है।

38. कथनः ग्रामीण इलाकों में कुटीर उद्योगों को प्रोत्साहित किया जाना चाहिए?

तर्कः I. हां, ग्रामीण लोग रचनात्मक हैं।

II. हां, इससे कुछ हद तक बेरोजगारी की समस्या को हल करने में मदद मिलेगी।

39. कथनः क्या विदेश में काम कर रहे भारतीय वैज्ञानिकों को वापस भारत बुलाया जाना चाहिए? **(S.B.I. P.O. 2000)**

तर्कः I. हां, उन्हें पहले मातृभूमि की सेवा करनी चाहिए और खोजों, सम्मान, सुविधाओं और सभी के बारे में भूल जाना चाहिए।

II. नहीं, हमारे पास पर्याप्त प्रतिभा है, इसलिए उन्हें वहां रहने देना चाहिए जहां वे रहना चाहते हैं।

40. कथनः क्या न्यायपालिका को कार्यकारी से स्वतंत्र होना चाहिए?

तर्कः I. हां, यह कार्यकारी की गैरकानूनी गतिविधियों को रोकने में मदद करेगा।

II. नहीं, कार्यकारी साहसी उपायों को लेने में सक्षम नहीं होगी।

41. कथनः क्या चुनाव से पहले चुनावों के नतीजों की भविष्यवाणी करने वाले मत सर्वेक्षण को भारत में प्रतिबंधित किया जाना चाहिए? **(R.B.I. 2004)**

तर्कः I. हां, यह मतदाताओं के दिमाग को प्रभावित कर सकता है और परिणाम को प्रभावित कर सकता है।

II. नहीं, इस तरह के सर्वेक्षण विश्व भर में आयोजित किए जाते हैं।

42. कथनः क्या सिगरेट के पैकेट पर 'धूम्रपान स्वास्थ्य के लिए हानिकारक है' जैसे शब्द, अनिवार्य रूप से दिखाए जाने चाहिए?

तर्कः I. हां, यह एक प्रकार से मानसिकता बदलने वाला होता है ताकि धूम्रपान करने वालों को यह महसूस हो कि वे जहरीले पदार्थ को सांस द्वारा अंदर ले रहे हैं।

II. नहीं, यह धूम्रपान के आनंद को प्रभावित करता है।

43. कथनः क्या राजनीतिक हस्तियों के अपहरणकर्ताओं को फिरौती देना या उनकी शर्तों पर सहमत होना, कार्रवाई का उचित तरीका है? **(M.A.T. 2004)**

तर्कः I. हां, पीड़ितों को हर कीमत पर बचाया जाना चाहिए।

II. नहीं, यह अपहरणकर्ताओं को अपनी भयावह गतिविधियों को जारी रखने के लिए प्रोत्साहित करता है।

44. कथनः क्या स्थानांतरण कृषि को चलन में लाना चाहिए?

तर्कः I. नहीं, यह एक बेकार का चलन है।

II. हां, कृषि के आधुनिक तरीके बहुत महंगे हैं।

45. कथनः क्या उच्च शिक्षा केवल उन लोगों तक ही सीमित होनी चाहिए जो व्यय उठा सकते हैं? **(BOBCARDS, 2002)**

तर्कः I. हां, उच्च शिक्षा बहुत महंगी है। इसलिए, इसे मुफ्त में नहीं दिया जाना चाहिए।

II. नहीं, बड़ी संख्या में ऐसे मेधावी छात्र हैं जो भुगतान नहीं कर सकते हैं और उन्हें उच्च शिक्षा दी जानी चाहिए।

46. कथनः क्या भारत के महानगरों में 15 साल से अधिक पुराने वाहनों को प्रतिबंधित कर दिया जाना चाहिए? **(Bank P.O. 2003)**

तर्कः I. हां, महानगरों में प्रदूषण स्तर को कम करने के लिए यह एक महत्वपूर्ण कदम है।

II. नहीं, वाहन मालिकों के लिए देश के अन्य हिस्सों में स्थानांतरित होना बहुत मुश्किल होगा क्योंकि उन्हें अपने अस्तित्व के लिए उपयुक्त कार्य नहीं मिल पाएगा।

47. कथनः क्या भारत में लोगों के एक राज्य से दूसरे राज्य में प्रवासन पर प्रतिबंध होना चाहिए?

तर्कः I. नहीं, किसी भी भारतीय नागरिक के पास अपनी पसंद के किसी भी स्थान पर रहने का मूल अधिकार है और इसलिए उन्हें रोका नहीं जा सकता है।

II. हां, भारत में राज्यों में संसाधनों के न्यायसंगत वितरण को प्रभावित करने का यही तरीका है।

48. कथनः क्या सभी स्नातकोत्तर पाठ्यक्रमों में शिक्षण शुल्क में अत्यधिक वृद्धि होनी चाहिए? **(S.B.I.P.O. 1997)**

तर्कः I. हां, यह छात्रों के बीच गंभीरता के कुछ भाव लाएगा और गुणवत्ता में सुधार करेगा।

II. नहीं, यह मेधावी गरीब छात्रों को स्नातकोत्तर पाठ्यक्रमों से दूर रहने के लिए मजबूर करेगा।

49. कथनः उद्योगों में ऊंची चिमनियां स्थापित की जानी चाहिए?

तर्कः I. हां, यह जमीनी स्तर पर प्रदूषण को कम करता है।

II. नहीं, यह ऊपरी वातावरण में प्रदूषण को बढ़ाता है।

50. कथनः क्या पूर्व में दंडनीय अपराधों के दोषी व्यक्तियों को भारत में चुनाव लड़ने की अनुमति दी जानी चाहिए? **(I.B.P.S. 2002)**

तर्कः I. नहीं, ऐसे व्यक्ति जनता और देश के हितों की सेवा नहीं कर सकते हैं।

II. हां, यह लोकतंत्र है इसलिए जनता को यह तय करने दें कि वे किसको मतदान करते हैं।

51. कथनः क्या भारत को भविष्य में मुश्किल परिस्थितियों का सामना करने के लिए कुछ पश्चिमी देशों जैसे विशाल तेल भण्डार बनाने चाहिए? **(NABARD, 2002)**

तर्कः I. नहीं, बड़ी संख्या में विदेशी मुद्रा को अवरुद्ध करने और पैसे को निष्क्रिय रखने की कोई आवश्यकता नहीं है।

II. हां, यह भारत को अप्रत्याशित परिस्थितियों के कारण तेल की कीमतों में अचानक वृद्धि के झटके का सामना करने में मदद करेगा।

52. कथनः क्या भारत को निर्यात को प्रोत्साहित करना चाहिए, जब अधिकांश चीजें स्वंय आंतरिक उपयोग के लिए अपर्याप्त हैं?

तर्कः I. हां, हमें अपने आयात का भुगतान करने के लिए विदेशी मुद्रा अर्जित करनी होगी।

II. नहीं, यहां तक कि चुनिंदा प्रोत्साहन से भी कमी आएगी।

53. कथनः क्या तलवार की तुलना में कलम शक्तिशाली है? **(Bank P.O. 2004)**

तर्कः I. हां, लेखक लोगों की सोच को प्रभावित करते हैं।

II. नहीं, शारीरिक बल की मदद से कोई भी सब कुछ हासिल कर सकता है।

54. कथनः क्या भारत में परिवार नियोजन अनिवार्य होना चाहिए?

तर्कः I. हां, भारत में दयनीय परिस्थितियों को देखते हुए, कोई और रास्ता नहीं है।

II. नहीं, भारत में कई धर्मों के लोग हैं और परिवार नियोजन कुछ धर्मों के सिद्धांतों के विरूद्ध हैं।

55. कथनः क्या भारत में कोई सैन्य बल नहीं होना चाहिए? (M.A.T. 2005)

तर्कः I. नहीं, दुनिया के अन्य देश अहिंसा में विश्वास नहीं करते हैं।

II. हां, बहुत से भारतीय अहिंसा में विश्वास करते हैं।

56. कथनः क्या बच्चों को अपने माता-पिता के बुढ़ापे के दौरान उनकी देखभाल करने के लिए कानूनी रूप से जिम्मेदार बनाया जाना चाहिए? (S.B.I.P.O.1998)

तर्कः I. हां, इस तरह के मामले को केवल कानूनी तरीकों से हल किया जा सकता है।

II. हां, केवल इससे ही गरीब माता-पिता को कुछ राहत मिलेगी।

57. कथनः क्या किसी भी निर्वाचन क्षेत्र में संसदीय चुनावों के लिए उम्मीदवारों की अधिकतम संख्या की सीमा तय होनी चाहिए? (Bank P.O. 2003)

तर्कः I. हां, इससे संसदीय चुनाव अधिक अर्थपूर्ण होंगे क्योंकि मतदाता अपने वोट देने के लिए एक विवेकपूर्ण निर्णय ले सकते हैं।

II. नहीं, लोकतंत्र में, योग्यता मानदंडों को पूरा करने वाला कोई भी व्यक्ति संसदीय चुनाव लड़ सकता है और कोई प्रतिबंध नहीं होना चाहिए।

58. कथनः क्या संयुक्त राष्ट्र संघ जैसे संगठन को भंग किया जाना चाहिए?

तर्कः I. हां, शीत युद्ध खत्म होने के साथ, ऐसे संगठनों की कोई भूमिका नहीं रही है।

II. नहीं, ऐसे संगठनों की अनुपस्थिति में विश्व युद्ध हो सकता है।

59. कथनः क्या भारत को संयुक्त राज्य अमेरिका की सभी अंतर्राष्ट्रीय नीतियों का समर्थन करना चाहिए? (Bank P.O. 2003)

तर्कः I. नहीं, कई अन्य शक्तिशाली देश इसका समर्थन नहीं करते हैं।

II. हां, संयुक्त राज्य अमेरिका की विकास निधि तक पहुंच हासिल करने का यही एकमात्र तरीका है।

60. कथनः क्या स्कूली शिक्षा को भारत में मुफ्त किया जाना चाहिए?

तर्कः I. हां, साक्षरता के स्तर में सुधार करने का यही एकमात्र तरीका है।

II. नहीं, यह पहले से ही भारी बोझ तले आए राजकोष पर अधिक भार डालेगा।

61. कथनः क्या संसदीय/विधानसभा चुनाव लड़ने के लिए ऊपरी आयु सीमा 65 वर्ष होनी चाहिए? (R.B.I. 2003)

तर्कः I. हां, आम तौर पर 65 वर्ष से ऊपर के लोग अपना उत्साह और इच्छा शक्ति खो देते हैं।

II. नहीं, जीवन अवधि इतनी बढ़ गई है कि लोग 80 वर्ष तक भी शारीरिक और मानसिक रूप से सक्रिय रहते हैं।

62. कथनः वयस्क शिक्षा योजना को अनिवार्य शिक्षा योजना पर प्राथमिकता दी जानी चाहिए?

तर्कः I. नहीं, यह अनिवार्य शिक्षा योजना की सफलता में भी मदद करेगा।

II. हां, यह वयस्क निरक्षरता को खत्म करने में मदद करेगा।

63. कथनः किश्तों पर वस्तुएं खरीदना ग्राहक के लिए लाभदायक है? (M.A.T. 2004)

तर्कः I. हां, उसे कम भुगतान करना होता है।

II. नहीं, किश्तों के भुगतान से परिवार का बजट गड़बड़ा जाता है।

64. कथनः धर्म पर प्रतिबंध होना चाहिए?

तर्कः I. हां, यह लोगों में कट्टरतावाद विकसित करता है।

II. नहीं, धर्म लोगों को एक सूत्र में बांधता है।

65. कथनः क्या पश्चिमी देशों में पेटेंट और निर्मित सभी दवाओं को भारत में आम जनता के लिए बिक्री हेतु लाइसेंस देने से पहले सैंपल आधार पर परखना चाहिए? (Bank P.O. 2003)

तर्कः I. हां, ऐसी कई दवाओं को भारतीय आबादी के लिए अलग-अलग खुराक और अवधि की आवश्यकता होती है और इसलिए यह आवश्यक है।

II. नहीं, यह संभव नहीं है और इसलिए इसे लागू नहीं किया जा सकता है।

66. कथनः क्या कॉलेजों में आंतरिक मूल्यांकन समाप्त हो जाना चाहिए?

तर्कः I. हां, इससे पक्षपात की संभावना को कम करने में मदद मिलेगी।

II. नहीं, शिक्षण संकाय छात्रों पर नियंत्रण खो देगा।

67. कथनः क्या भारत में रेलवे को अन्य सार्वजनिक क्षेत्र के उद्यमों की तरह चरणबद्ध तरीके से निजीकृत किया जाना चाहिए? (S.B.I.P.O. 2001)

तर्कः I. हां, प्रतिस्पर्धात्मकता लाने और जनता को बेहतर सेवाएं प्रदान करने का यही एकमात्र तरीका है।

II. नहीं, यह हमारे देश की राष्ट्रीय सुरक्षा के लिए खतरा पैदा करेगा क्योंकि बहुराष्ट्रीय कंपनियां मैदान में प्रवेश करेंगी।

68. कथनः क्या विज्ञापनों पर इतना पैसा खर्च किया जाना चाहिए?

तर्कः I. हां, पूंजीवादी अर्थव्यवस्था में यह एक अनिवार्य सहगामी है।

II. नहीं, यह संसाधनों की बर्बादी की ओर ले जाता है।

69. कथनः क्या लिपिक संवर्ग कर्मचारियों के एक शहर के सरकारी कार्यालयों से दूसरे शहर में स्थानांतरण के चलन को बंद कर दिया जाना चाहिए? (S.B.I.P.O. 2000)

तर्कः I. नहीं, कर्मचारियों का स्थानांतरण एक नियमित प्रशासनिक मामला है और हमें इसे जारी रखना चाहिए।

II. हां, इसमें बहुत से सरकारी व्यय शामिल हैं और इससे उत्पन्न होने वाले लाभों की तुलना में लोगों को होने वाली कई असुविधाएं भी शामिल है।

70. कथनः क्या नौकरियां शैक्षणिक डिग्री और डिप्लोमा से जुड़ी होनी चाहिए?

तर्कः I. नहीं, कम अकादमिक योग्यता वाले व्यक्तियों की एक बड़ी संख्या आवेदन करेगी।

II. नहीं, उच्च शिक्षा का महत्व कम हो जाएगा।

71. कथनः क्या नोबेल पुरस्कार जैसे राष्ट्रीय महत्व के खजाने वाले व्यक्तियों / संस्थानों को ऐसे पुरस्कारों के सुरक्षित संरक्षण के लिए इन्हें केंद्र सरकार को सौंपना चाहिए? (R.B.I. 2004)

तर्कः I. हां, व्यक्तियों या संस्थानों के पास उनकी सुरक्षा के लिए पर्याप्त संसाधन नहीं हैं।

II. नहीं, ये उन व्यक्तियों/संस्थानों की संपत्ति हैं जो उन्हें जीतते हैं और ये उनके संरक्षण में ही होने चाहिए।

72. कथनः क्या भारत को देश की सभी नदियों को जोड़कर राष्ट्रीय जल ग्रिड विकसित करना चाहिए? (NABARD, 2002)

तर्कः I. नहीं, यह संभव नहीं है क्योंकि हमारे पास तकनीकी जानकारी नहीं है।

II. हां, यह अतिरिक्त पानी को, पानी की कमी वाले क्षेत्रों में प्रभावी ढंग से वितरित करके पूरे देश की मदद करेगा।

73. कथन: रंगीन टेलीविजन पर करों को और बढ़ाया जाना चाहिए?

तर्क: I. हां, रंगीन टेलीविजन एक विलासिता की वस्तु है और केवल अमीर लोग उन्हें खरीदते हैं।

II. नहीं, गरीबों द्वारा भी टेलीविजन खरीदे जाते हैं।

74. कथन: क्या एक दूसरे से विवाह करने से पहले पुरुष और महिला दोनों का अनिवार्य चिकित्सा परीक्षण होना चाहिए? **(Bank P.O. 2003)**

तर्क: I. नहीं, यह किसी व्यक्ति की निजता में अनुचित हस्तक्षेप है और इसलिए बर्दाश्त नहीं किया जा सकता है।

II. हां, इससे गंभीर बीमारियों वाले बच्चों को जन्म देने का खतरा कम हो जाएगा।

75. कथन: क्या हमें स्नातक स्तर की पढ़ाई से परे औपचारिक शिक्षा प्रणाली को हटा देना चाहिए?

तर्क: I. हां, इसका अर्थ जल्द रोजगार पाना होगा।

II. नहीं, इसका तात्पर्य ज्ञान की गहराई की कमी होगा।

76. कथन: क्या माध्यमिक विद्यालय स्तर पर सभी छात्रों के लिए 'कंप्यूटर ज्ञान' अनिवार्य विषय होना चाहिए? **(S.B.I.P.O. 1999)**

तर्क: I. नहीं, हमारी जरूरत सभी के लिए 'रोटी' है, हम पश्चिमी मॉडल का पालन नहीं कर सकते हैं।

II. हां, हम अपने बच्चों को कंप्यूटर के ज्ञान से लैस किए बिना अंतरराष्ट्रीय बाजार में प्रतिस्पर्धा नहीं कर सकते हैं।

77. कथन: क्या भारत को अपनी ऊर्जा आवश्यकताओं को पूरा करने के लिए सौर ऊर्जा का उपयोग करने का प्रयास करना चाहिए?

तर्क: I. हां, वर्तमान में उपयोग किए जाने वाले अधिकांश ऊर्जा-स्रोत खपने योग्य हैं।

II. नहीं, सौर ऊर्जा को मजबूत करने के लिए बहुत सारी पूंजी की आवश्यकता होती है, जिसकी भारत में कमी है।

78. कथन: क्या सभी इलेक्ट्रॉनिक सामानों पर आयात शुल्क लगाना चाहिए? **(R.B.I. 2004)**

तर्क: I. नहीं, इससे सरकार की आय में काफी कमी आएगी और विकास गतिविधियों पर प्रतिकूल प्रभाव पड़ेगा।

II. नहीं, स्थानीय निर्माता उन विदेशी निर्माताओं के साथ प्रतिस्पर्धा करने में सक्षम नहीं होंगे जो तकनीकी रूप से बेहतर हैं।

79. कथन: क्या महत्वपूर्ण राष्ट्रीय नेताओं के निधन पर सार्वजनिक अवकाश की घोषणा की जानी चाहिए?

तर्क: I. नहीं, ऐसे अनियत अवकाश राष्ट्रीय प्रगति में बाधा डालते हैं।

II. हां, लोग दिवंगत आत्मा को अपनी श्रद्धांजलि अर्पित करना चाहेंगे।

80. कथन: क्या भारत में सभी प्रकार के रासायनिक कीटनाशकों के उपयोग पर पूर्ण प्रतिबंध होना चाहिए? **(M.B.A. 2002)**

तर्क: I. नहीं, कीट सभी फसलों को नष्ट कर देंगे और किसानों के पास फसल उगाने के लिए कुछ भी नहीं होगा।

II. हां, कृषि में उपयोग किए जाने वाले रासायनिक कीटनाशक भूमिगत जल को प्रदूषित करते हैं और यह स्वास्थ्य के लिए एक गंभीर खतरा बन गया है।

81. कथन: क्या वृक्ष काटने पर पूरी तरह से प्रतिबंध लगाया जाना चाहिए?

तर्क: I. हां, पर्यावरणीय संतुलन को बहाल करने के लिए ऐसा करना बहुत जरूरी है।

II. नहीं, पूर्ण प्रतिबंध लकड़ी आधारित उद्योगों को नुकसान पहुंचाएगा।

82. कथन: क्या सरकार को नुकसान पहुंचाने वाले सार्वजनिक क्षेत्र के उद्यमों को बंद करना चाहिए? **(I.B.P.S. 2002)**

तर्क: I. नहीं, सभी कर्मचारी अपनी नौकरियां, सुरक्षा और कमाई खो देंगे, तो वे क्या करेंगे?

II. हां, एक प्रतिस्पर्धी दुनिया में 'योग्यतम की उत्तरजीविता' का नियम है।

83. कथन: क्या भारत के कॉलेजों में छात्रों के लिए विद्यालयों की तरह ही वर्दी होनी चाहिए? **(Bank P.O. 2005)**

तर्क: I. हां, इससे कॉलेजों के माहौल में सुधार होगा क्योंकि सभी छात्र शालीन कपडे पहने हुए होंगे।

II. नहीं, कॉलेज के छात्रों को नियंत्रित नहीं किया जाना चाहिए और उन्हें कॉलेज आने के लिए अपने कपड़े चुनने की आजादी देनी चाहिए।

84. कथन: क्या दूरदर्शन को स्वायत्त दर्जा दिया जाना चाहिए?

तर्क: I. हां, इससे दूरदर्शन को सभी महत्वपूर्ण घटनाओं की निष्पक्ष और सही कवरेज में मदद मिलेगी।

II. नहीं, घटनाओं की कवरेज कुछ ऐसे लोगों द्वारा तय की जाएगी जिनके पास स्वस्थ दृष्टिकोण नहीं होगा।

85. कथन: क्या प्रतिष्ठित लोग जिन्होंने अनजाने में अपराध किया है, उनके साथ विशेष व्यवहार होना चाहिए? **(R.B.I. 2002)**

तर्क: I. हां, प्रतिष्ठित लोग जानबूझकर अपराध नहीं करते हैं।

II. नहीं, यह हमारी नीति है कि कानून के समक्ष हर कोई बराबर है।

86. कथन: क्या चुंगी समाप्त होनी चाहिए?

तर्क: I. हां, यह भ्रष्टाचार के एक महत्वपूर्ण स्रोत को खत्म कर देगा।

II. नहीं, यह सरकारी राजस्व पर प्रतिकूल प्रभाव डालेगा।

87. कथन: क्या रेलवे को तुरंत अपने सभी कर्मचारियों को मुफ्त पास जारी करना बंद कर देना चाहिए? **(Bank P.O. 2003)**

तर्क: I. नहीं, कर्मचारियों को नि:शुल्क यात्रा करने का अधिकार है।

II. हां, यह रेलवे को बेहतर सुविधा प्रदान करने में मदद करेगा।

88. कथन: क्या वैश्विक सरकार होनी चाहिए?

तर्क: I. हां, यह राष्ट्रों के बीच तनाव को खत्म करने में मदद करेगा।

II. नहीं, फिर सरकार में केवल विकसित देश ही हावी होंगे।

89. कथन: क्या भारत के सभी कॉलेजों को स्व-रोजगार को बढ़ावा देने वाले व्यावसायिक पाठ्यक्रमों के लिए अपने पाठ्यक्रम और अध्ययन सूची तैयार करने की अनुमति दी जानी चाहिए? **(Bank P.O. 2004)**

तर्क: I. हां, रोजगार के अवसर पैदा करने के लिए यह एक महत्वपूर्ण कदम है।

II. नहीं, पाठ्यक्रम में असमानता के कारण यह शिक्षा की गुणवत्ता को प्रभावित करेगा।

90. कथन: क्या भारत में नये विश्वविद्यालय स्थापित किए जाने चाहिए?

तर्क: I. नहीं, हमने अभी भी साक्षरता का लक्ष्य हासिल नहीं किया है।

II. नहीं, हमें बेरोजगार लेकिन अत्यधिक योग्य लोगों की समस्या का सामना करना पड़ेगा।

91. कथन: क्या एक बार नियुक्त मंत्रियों की परिषद को दो चुनावों के मध्य की पूरी अवधि के लिए बनाये रखा जाना चाहिए? (Bank P.O. 2003)

तर्क: I. नहीं, मंत्रियों और विभागों को जोड़ना एक स्वस्थ लोकतांत्रिक प्रक्रिया है।

II. हां, मंत्रियों की अपने विभागों पर तब तक पकड़ नहीं होती जब तक उन्हें लंबी अवधि तक नहीं रखा जाता है।

92. कथन: क्या सरकार का रक्षा पर इतना खर्च करना उचित है?

तर्क: I. हां, देश की सुरक्षा का प्रमुख महत्व है।

II. नहीं, इस पैसे का इस्तेमाल शांति के दौरान देश के विकास के लिए किया जा सकता है।

93. कथन: क्या शहर में सभी अनधिकृत ढांचों को ध्वस्त कर दिया जाना चाहिए? (S.B.I.P.O. 2001)

तर्क: I. नहीं, ऐसे घरों में रहने वाले लोग फिर कहां रहेंगे?

II. हां, यह आम जनता को एक स्पष्ट संदेश देगा और वे अनधिकृत इमारतों के निर्माण से बचेंगे।

94. कथन: क्या हमारे देश में बहुराष्ट्रीय कंपनियों के शीर्ष अधिकारियों के वेतन पर उच्चतम सीमा होनी चाहिए?

तर्क: I. हां, अन्यथा यह अस्वास्थ्यकर प्रतिस्पर्धा का कारण बन जाएगा और हमारा खुद का उद्योग इसका सामना नहीं कर पाएगा।

II. नहीं, अर्थव्यवस्था के उदारीकरण पर आघात के साथ, ऐसा कोई भी कदम प्रतिकूल होगा। एक बार अर्थव्यवस्था बढ़ने के बाद यह असमानता कम हो जाएगी।

95. कथन: क्या पांचवी कक्षा तक की सभी वार्षिक परीक्षाएं समाप्त कर देनी चाहिए? (Bank P.O. 2003)

तर्क: I. हां, छोटे छात्रों को ऐसी परीक्षाओं के बोझ तले नहीं लादना चाहिए जो उनके प्राकृतिक विकास को प्रभावित करते हैं।

II. नहीं, छात्र गंभीरता से अध्ययन नहीं करेंगे क्योंकि उन्हें अगली कक्षा में ऐसे ही पदोन्नति मिल जाएगी और यह भविष्य में उन्हें प्रभावित करेगा।

96. कथन: क्या प्रदूषण को नियंत्रित किया जा सकता है?

तर्क: I. हां, यदि हर कोई उन खतरों को महसूस करे जो प्रदूषण पैदा कर सकते हैं और इससे छुटकारा पाने में सहयोग करे तो प्रदूषण नियंत्रित किया जा सकता है।

II. नहीं, भीड़ वाले राजमार्ग, कारखानों और उद्योगों और घरों के निर्माण के लिए अधिक से अधिक जमीन हासिल करने के लिए उत्सुक बढ़ती आबादी, नियंत्रण से बाहर है।

97. कथन: क्या एक बच्चे वाले परिवार के उम्मीदवारों के लिए सरकारी नौकरियों में आरक्षण होना चाहिए? (Bank P.O. 2004)

तर्क: I. नहीं, यह सलाह नहीं दी जाती है क्योंकि किसी विशेष समूह के लिए आरक्षण के बिना केवल योग्य उम्मीदवारों को नौकरियों की पेशकश की जानी चाहिए।

II. हां, इससे भारत में बढ़ती आबादी को कम करने में मदद मिलेगी क्योंकि माता-पिता एक बच्चे के मानदंड को अपनाने के लिए प्रोत्साहित होंगे।

98. कथन: क्या चयन में साक्षात्कार का कोई स्थान नहीं होना चाहिए?

तर्क: I. हां, यह मूल्यांकन में बहुत ही व्यक्तिपरक है।

II. नहीं, यह उम्मीदवार के उद्देश्यों और व्यक्तित्व को परखने का एकमात्र साधन है।

99. कथन: क्या लोकतंत्र में सभी समाचार सरकार द्वारा नियंत्रित किए जाने चाहिए?

तर्क: I. हां, खबरों की विविधता केवल लोगों को भ्रमित करती है।

II. नहीं, नियंत्रित समाचार विश्वसनीयता खो देते हैं।

100. कथन: क्या सभी स्तरों पर शिक्षा केवल स्थानीय भाषा में ही दी जानी चाहिए? (Bank P.O. 2002)

तर्क: I. हां, छात्रों के प्रदर्शन को बढ़ाने का यही एकमात्र तरीका है।

II. नहीं, यह स्थानीय भाषा में अच्छी पाठ्यपुस्तकों की आवश्यकता के कारण ज्ञान प्राप्त करने को गंभीर रूप से प्रभावित करेगा।

101. कथन: क्या केवल योग्य लेखकों के लेख प्रकाशित होने की अनुमति होनी चाहिए?

तर्क: I. हां, यह बहुत सारे पेपर को बचाएगा जिनकी आपूर्ति अभी कम है।

II. नहीं, योग्य और अयोग्य के बीच एक रेखा खींचना संभव नहीं है।

102. कथन: सांप्रदायिक आधार पर सीटों और पदों का आरक्षण होना चाहिए?

तर्क: I. हां, यह अधिकांश अंतर सामुदायिक विचलनों को कम करेगा।

II. नहीं, हमारा राज्य एक धर्मनिरपेक्ष राज्य है।

103. कथन: क्या हमें भारत में 'सार्वजनिक वितरण प्रणाली' को हटा देना चाहिए? (Bank P.O. 1998)

तर्क: I. हां, संरक्षणवाद खत्म हो गया है, हर किसी को अपनी खुद की रोटी की व्यवस्था खुद ही करनी चाहिए।

II. हां, भ्रष्टाचार के कारण गरीबों को कोई फायदा नहीं होता है।

104. कथन: क्या कॉलेज/विश्वविद्यालय में छात्र संघ होने चाहिए?

तर्क: I. नहीं, यह परिसर में एक राजनीतिक माहौल तैयार करेगा।

II. हां, यह बहुत जरूरी है। छात्र भविष्य के राजनेता हैं।

105. कथन: क्या सभी विधायकों को अपने पेशे से इस्तीफा देने के लिए मजबूर करना चाहिए?

तर्क: I. हां, वे देश के लिए और अधिक समय देने में सक्षम होंगे।

II. नहीं, कोई भी चुनाव नहीं लड़ेगा।

हल-अभ्यास 2(A)

1. (*a*) : स्पष्ट रूप से, मशीनीकरण कार्य को तेज करेगा और उत्पादन में वृद्धि करेगा। अत: तर्क I काफी प्रबल है। तर्क II अस्पष्ट है क्योंकि मशीनीकरण केवल अनावश्यक रोजगार को खत्म करेगा, बेरोजगारी पैदा नहीं करेगा।

2. (*a*) : लड़कियों को आत्म-रक्षा के लिए मार्शल आर्ट सीखना जरूरी है। अत: तर्क I प्रबल है। हालांकि, तर्क II अस्पष्ट है क्योंकि इन कलाओं में प्रशिक्षण का उनके स्त्री लावण्य से कोई लेना देना नहीं है।

3. (*d*) : स्पष्ट रूप से, राजनीतिक दलों पर प्रतिबंध से उम्मीदवार स्वतंत्र रूप से चुनाव लड़ सकते हैं। अत: यह लोकतंत्र खत्म नहीं करेगा। इस प्रकार, तर्क II प्रबल नहीं है। तर्क I भी कोई मजबूत कारण स्पष्ट नहीं करता है।

4. (*e*) : वे युवा जिन्हें सभी क्षेत्रों में बड़ी संख्या में आवेदकों के कारण रोजगार नहीं मिलता है, को निश्चित रूप से भत्ता दिया जाना चाहिए ताकि वे स्वयं की सहायता कर सकें। अत: तर्क I मान्य है। हालांकि, इस तरह के भत्ते उनके भीतर काम करने की ललक को क्षति पहुंचाएंगे और उन्हें निष्क्रिय बना देंगे। अत: तर्क II भी प्रबल है।

5. (*d*) : स्पष्ट रूप से, विदेशी फिल्में विदेशी संस्कृति को दर्शाती हैं लेकिन यह ज्यादा सीखने में भी मदद करती है। अत: तर्क I प्रबल नहीं है। तर्क II में प्रतिबंध के विपरीत वर्णित कारण भी पर्याप्त मजबूत नहीं है। अत: यह भी प्रबल नहीं है।

6. (*b*) : एक रोगी का व्यक्तिगत रूप से इलाज करने वाला चिकित्सक, रोगी को अपने व्यक्तिगत लाभ के लिए गलत और अनावश्यक उपचार से गुमराह कर सकता है। अत: तर्क II प्रबल है। साथ ही, आम लोगों के लिए फायदेमंद नीति को 'अलोकतांत्रिक' नहीं कहा जा सकता है। अत: तर्क I अस्पष्ट है।

7. (*a*) : स्पष्ट रूप से, उच्च शिक्षा बेरोजगारी का कारण नहीं है। वास्तव में, इसने अधिक रोजगार के अवसर पैदा किए हैं। अत: तर्क II अस्पष्ट है। इसके अलावा, उच्च शिक्षा देश के विकास को बढ़ावा देती है। अत: तर्क I प्रबल है।

8. (*b*) : स्पष्ट रूप से, उच्च न्यायालयों की संख्या में वृद्धि निश्चित रूप से कार्य को तेज करेगी और लंबित मामलों को खत्म करने में मदद करेगी। अत: तर्क II प्रबल है। इसमें किये हुए व्यय का 'सदुपयोग' होगा, न कि पैसे की 'बर्बादी'। अत: तर्क I प्रबल नहीं है।

9. (*e*) : स्पष्ट रूप से, संयुक्त परिवार में इतने सारे लोगों के साथ होने के कारण अधिक सुरक्षा है। इसके अलावा काम भी साझा किया जाता है। अत: तर्क I प्रबल है। एकल परिवारों में लोगों की संख्या कम होती है और इसलिए इतनी कम जिम्मेदारियां और अधिक स्वतंत्रताएं हैं। इस प्रकार, II भी प्रबल है।

10. (*a*) : स्पष्ट रूप से, भारत ऐसे राज्य को अलग नहीं कर सकता है जो इसके लिए प्रमुख विदेशी मुद्रा अर्जित करता है, इसलिए तर्क I प्रबल है। इसके अलावा, भूमि का एक टुकड़ा बिना शर्त और अनुचित रूप से दे देना, विवादों को सुलझाने का कोई समाधान नहीं है। अत: तर्क II अस्पष्ट है।

11. (*c*) : स्पष्ट रूप से, राजनीति में शामिल होना छात्रों को भविष्य के नेतृत्व के लिए प्रशिक्षित करता है लेकिन यह उन्हें अध्ययन से दूर करता है। अत: तर्क I या II में से कोई भी हो सकता है।

12. (*a*) : पूरे देश में समान विकास के लिए विदेशी निवेश का एक समान वितरण आवश्यक है। अत: तर्क I प्रबल है। इसके अलावा कोई पिछड़ा राज्य उपेक्षित नहीं किया जाना चाहिए, बल्कि ऐसे राज्यों को विदेशी निवेश को आकर्षित करने के लिए तैयार करना और आकार दिया जाना चाहिए। अत: तर्क II प्रबल नहीं है।

13. (*b*) : स्पष्ट रूप से, आलिशान होटल देश के मानक का प्रतीक है और समृद्ध विदेशी पर्यटकों के लिए रहने का एक स्थान है। अत: तर्क II प्रबल है। तर्क I प्रबल कारण नहीं है क्योंकि होटलों पर प्रतिबंध अंतरराष्ट्रीय अपराधियों की गतिविधियों को दूर करने का तरीका नहीं है।

14. (*a*) : स्पष्ट रूप से, पारस्परिक समझौते के माध्यम से शांतिपूर्ण निपटान सबसे अच्छा विकल्प है, चाहे मुद्दा जो भी हो। अत: तर्क I प्रबल है। इसके अलावा, II में संकेतित समस्या को लगातार जांच और सतर्कता से नियंत्रित किया जा सकता है। अत: II अस्पष्ट प्रतीत होता है।

15. (*d*) : स्पष्ट रूप से, हमारे प्राकृतिक पर्यावरण की रक्षा के लिए प्रतिबंध आवश्यक है। इसलिए, कोई भी तर्क पर्याप्त मजबूत नहीं है।

16. (*e*) : योग्यता, निष्पक्ष चयन और सभी के लिए समान अवसर - यदि इन तीन कारकों को ध्यान में रखा जाता है तो यह सक्षम अधिकारियों की भर्ती में सरकार की सहायता कर सकते हैं और संविधान के उद्देश्यों को भी पूरा कर सकते हैं। इस प्रकार, दोनों तर्क मजबूत हैं।

17. (*e*) : स्पष्ट रूप से, युवा उद्यमियों को प्रोत्साहित करना नए उद्योगों की स्थापना के लिए क्षेत्र खोल देगा। इस प्रकार, यह औद्योगिक विकास में मदद करेगा और न केवल उद्यमियों को रोजगार देगा बल्कि दूसरों के लिए भी अधिक रोजगार अवसर पैदा करेगा। अत: दोनों तर्क मजबूत हैं।

18. (*a*) : अपने अजन्मे बच्चे के लिंग निर्धारण में शामिल होने वाले माता-पिता आम तौर पर ऐसा करते हैं क्योंकि वे केवल लड़के को रखना चाहते हैं और लड़की से पीछा छुड़ाना चाहते हैं, अत: तर्क I प्रबल है। इसके अलावा, लोगों को बच्चे के जन्म से पहले बच्चे के स्वास्थ्य, विकास और सामान्य कल्याण के बारे में जानने का अधिकार है, न कि लिंग की बारे में। अत: तर्क II प्रबल नहीं है।

19. (*a*) : स्पष्ट रूप से, ग्रामीण क्षेत्रों में सरकारी नौकरियों को कई कठिनाइयों के साथ रेखांकित किया गया है। इनके बदले में अतिरिक्त प्रोत्साहन की आवश्यकता है। अत: केवल तर्क I प्रबल है।

20. (*a*) : स्पष्ट रूप से, प्रस्तावित योजना लोगों को लंबी अवधि के लिए धन जमा करने से रोकती है (ब्याज दर कम अवधि के लिए समान होती है) और अधिक निधि निष्कासन में नहीं आती हैं, तो केवल तर्क I प्रबल है।

21. (*b*) : स्पष्ट रूप से, शरणार्थी वो लोग हैं कुछ विपत्तियों के कारण अपनी मातृभूमि से निकाले गए है और उन्हें आश्रय की जरूरत है। अत: तर्क II प्रबल है। तर्क I कथन के विरुद्ध है, अस्पष्ट है।

22. (*c*) : नए उद्योगों को खोलना अधिक रोजगार के अवसर बनाने में फायदेमंद है, और इसमें प्रतिकूलता यह है कि यह प्रदूषण को बढ़ावा देता है। अत: तर्को में से या तो I या फिर II प्रबल है।

23. (*b*) : स्पष्ट रूप से, खेल पर पैसा खर्च करना केवल इसलिए नहीं बंद किया जा सकता क्योंकि इसे सामाजिक-आर्थिक समस्याओं पर खर्च किया जा सकता है। अत: तर्क I प्रबल नहीं है। इसके अलावा यदि खेल पर खर्च कम हो जाते हैं, तो खिलाड़ियों को सुविधाओं और प्रशिक्षण की कमी का सामना करना पड़ेगा और हमारा देश अंतरराष्ट्रीय खेल प्रतियोगिताओं में पीछे रह जाएगा। अत: तर्क II प्रबल है।

24. (*b*) : स्पष्ट रूप से, तेल एक आवश्यक वस्तु है और इसकी कीमतें अन्य आवश्यक वस्तुओं को नियंत्रित करती हैं। उसी रूप में, कुछ तेल कंपनियों की लाभप्रदता के बजाय आम लोगों के हितों का ध्यान रखा जाना चाहिए। अत: केवल तर्क II प्रबल है।

25. (*b*) : स्पष्ट रूप से, सरकार में मंत्रियों की संख्या के संबंध में कुछ मानदंड होना चाहिए, क्योंकि मंत्रियों की अधिक संख्या सरकारी व्यय में अनावश्यक रूप से बढ़ोतरी करेगी। अत: तर्क

II प्रबल है। साथ ही, सत्ता में रहने वाले राजनीतिक दल को स्वतंत्रता देने से सरकारी धन की लागत पर कुछ लोगों के लिए अनुचित फायदे के विस्तार को बढ़ावा दिया जा सकता है। अत: I प्रबल नहीं है।

26. (*b*) : स्पष्ट रूप से, लोगों के आहार पर प्रतिबंध उन्हें उनके मूल मानव अधिकार से वंचित कर देगा। अत: केवल तर्क II प्रबल है।

27. (*b*) : स्पष्ट रूप से, अधिकारियों को उनके द्वारा की जाने वाली नौकरियों के लिए विधिवत भुगतान किया जाता है। अत: उन्हें ईमानदारी से यह करना चाहिए। अत: केवल तर्क II प्रबल है।

28. (*a*) : भारत जैसा शांतिप्रिय राष्ट्र ऐसे अंतरराष्ट्रीय मंच में अच्छी तरह से शामिल हो सकते हैं जो विभिन्न देशों को एक-दूसरे के साथ दोस्ताना संबंधों पर लाने की कोशिश करता है। अत: तर्क I प्रबल है। तर्क II में एक अलग पहलू पर प्रकाश डाला गया है। किसी राष्ट्र की आंतरिक समस्याओं के कारण उसे अंतरराष्ट्रीय संबंधों को मजबूत करने से नहीं रोकना चाहिए। अत: तर्क II अस्पष्ट है।

29. (*a*) : सशस्त्र बलों में रक्षा की जिम्मेदारी का वहन करने के लिए शारीरिक रूप से मजबूत और मानसिक रूप से परिपक्व व्यक्तियों को शामिल होना चाहिए। अत: तर्क I प्रबल है। स्पष्ट रूप से, तर्क II में कोई प्रासंगिकता नहीं है।

30. (*e*) : स्पष्ट रूप से, यह विज्ञापन ही है जो ग्राहक को उत्पाद के गुणों के बारे में जागरूक करता है और उसे खरीदने के लिए प्रेरित करता है। अत: तर्क I मान्य है। लेकिन साथ ही, विज्ञापन आजकल एक महंगा कार्य बन गया है और इस पर किया गया खर्च उत्पाद की कीमत में वृद्धि करता है। इसलिए, तर्क II भी प्रबल है।

31. (*b*) : आयकर लगाया जाता है ताकि प्रत्येक नागरिक देश की आधारभूत संरचना के प्रति अपनी कमाई के हिस्से का योगदान दे सके। अत: तर्क I अस्पष्ट प्रतीत होता है। हालांकि, सरकार के लिए राजस्व का आयकर से अच्छा कोई स्रोत नहीं है। इसलिए, तर्क II प्रबल है।

32. (*a*) : नए विकास कार्यक्रम में शामिल होने से पहले सटीक लक्ष्य, नीतियों और उनके कार्यान्वयन और धन आवंटन की योजना बनाना बहुत आवश्यक है जो कार्य को करने के लिए सही दिशा दिखाता है। अत: तर्क I प्रबल है। साथ ही, योजना उपलब्ध संसाधनों और धन और लक्ष्य की दिशा में कदम के दृष्टिकोण का पूर्ण उपयोग सुनिश्चित करती है। अत: इस पर धन का एक हिस्सा खर्च करना कोई बर्बादी नहीं है। अत: तर्क II मान्य नहीं है।

33. (*a*) : स्पष्ट रूप से, कानून यह सुनिश्चित करने के लिए बनाए जाते हैं कि कोई भी व्यक्ति प्रथा का अनुसरण तो नहीं करता है। इसलिए, कानूनों का उल्लंघन करने वाले व्यक्तियों को दंडित करने की आवश्यकता है। इस प्रकार, तर्क I प्रबल है। एक कुप्रथा, इससे कोई फर्क नहीं पड़ता कि वह चाहे कितनी दृढ़ता से जड़ें जमाये हुए हो, को समाप्त करने की आवश्यकता है। अत: तर्क II अस्पष्ट है।

34. (*b*) : स्पष्ट रूप से, फैशनेबल कपड़ों पर प्रतिबंध लगाने से व्यक्तिगत पसंद पर प्रतिबंध होगा और इसलिए किसी व्यक्ति की आजादी के अधिकार का भी हनन होगा। अत: केवल तर्क II प्रबल है।

35. (*d*) : स्पष्ट रूप से, ऐसी परियोजनाएं यदि निजी क्षेत्र को सौंपी गई तो वे सक्षम प्राधिकारी को दी जाएंगी। अत: तर्क I अस्पष्ट है। साथ ही, इस आधार पर नीति का अनुकरण करना कि यह अन्य देशों में सफलतापूर्वक कार्य करता है, इसमें कोई प्रासंगिकता नहीं है। अत: तर्क II भी प्रबल नहीं है।

36. (*d*) : स्पष्ट रूप से, कॉलेज स्तर पर, सभी छात्रों का विश्वविद्यालय परीक्षाओं में उनके प्रदर्शन के अनुसार मूल्यांकन किया जाता है, न कि छात्रों के साथ अधिक सुपरिचित व्यवहार के किसी भी मानदंड के आधार पर। अत: तर्क I अस्पष्ट है। इसके अलावा, इस स्तर पर डिग्री प्रदान करना निष्पक्ष है और केवल उसके प्रदर्शन पर आधारित है। अत: तर्क II भी प्रबल नहीं है।

37. (*e*) : स्पष्ट रूप से, अच्छा व्यवहार कभी कभी आपसी चर्चाओं और लंबे समय से चले आ रहे मुद्दों के शांतिपूर्ण निपटारे का कारण बन सकता है। अत: तर्क I प्रबल है। हालांकि, इस तरह के व्यवहार को हमारी कमजोरी मानने की गलती हो सकती है और यदि दूसरे देश अपनी कुटिल गतिविधियों को नहीं रोकते हैं तो इसे जारी रखना मुश्किल होगा। इसलिए, तर्क II भी प्रबल है।

38. (*b*) : स्पष्ट रूप से, गांवों में ग्रामीण लोगों के लिए अधिक रोजगार के अवसर पैदा करने के लिए कुटीर उद्योगों को बढ़ावा देने की जरूरत है। यह कारण कि ग्रामीण लोग रचनात्मक हैं अस्पष्ट है। अत: केवल तर्क II प्रबल है।

39. (*d*) : स्पष्ट रूप से, किसी भी व्यक्ति को वो जहां चाहें वहां काम करने की स्वतंत्रता होनी चाहिए और किसी को अपने देश में सीमित रखने के लिए कोई बाध्यता नहीं होनी चाहिए। अत: तर्क I अस्पष्ट है। हालांकि, प्रतिभाशाली वैज्ञानिक अपने देश के लिए बहुत लाभकारी हो सकते हैं, और कुछ विकल्प जैसे कि उन्हें विशेष प्रोत्साहन या बेहतर संभावनाएं उपलब्ध कराई जा सकती हैं जो उन्हें उनकी मातृभूमि में रहने के लिए मददगार हो। अत: तर्क II भी प्रबल नहीं है।

40. (*a*) : स्पष्ट रूप से, निष्पक्ष निर्णय के लिए स्वतंत्र न्यायपालिका आवश्यक है ताकि कार्यकारी गैरकानूनी गतिविधियों को न करे। अत: केवल तर्क I प्रबल है।

41. (*a*) : मत सर्वेक्षण किसी व्यक्ति की सोच को प्रभावित कर सकता है और अत: उसका दिमाग अपनी मूल पसंद से भटक सकता है। अत: तर्क I प्रबल है। इसके अलावा, अन्य देशों द्वारा अपनाई गयी नीति का अंधाधुंध अनुकरण करना, कोई प्रासंगिक नहीं है। अत: तर्क II अस्पष्ट है।

42. (*a*) : स्पष्ट रूप से, सिगरेट के पैकेट पर ऐसे शब्द धूम्रपान करने वालों को इसके प्रतिकूल प्रभाव से पहले चेतावनी देंगे। अत: तर्क I प्रबल है। हालांकि, धूम्रपान दीर्घकालिक स्वास्थ्य खतरों के साथ एक बुरी आदत है और यह कोई आनंद का साधन नहीं है। अत: तर्क II अस्पष्ट है।

43. (*e*) : दोनों तर्क पर्याप्त प्रबल हैं। पीड़ितों के जीवन को बचाने के लिए शर्तों पर सहमति होनी चाहिए, हालांकि वास्तव में उन्हें सहमत नहीं होना चाहिए क्योंकि यह अपहरणकर्ताओं की भयावह गतिविधियों को प्रोत्साहित करता है।

44. (*a*) : स्पष्ट रूप से, स्थानांतरण कृषि एक ऐसा चलन है जिसमें एक निश्चित फसल भूमि पर उगाई जाती है और जब यह भूमि अनुपजाऊ हो जाती है तो इसे ऐसे ही छोड़ दिया जाता है और भूमि का एक और टुकड़ा चुना जाता है। स्पष्ट रूप से, यह एक बेकार का चलन है। अत: केवल तर्क I प्रबल है।

45. (*b*) : देश की पूर्ण प्रगति के लिए, सभी छात्रों, विशेष रूप से प्रतिभाशाली और बुद्धिमान छात्रों को उच्च शिक्षा का लाभ

उठाना चाहिए, भले ही सरकार को इसके लिए भुगतान करना पड़े। अतः केवल तर्क II प्रबल है।

46. (*a*) : स्पष्ट रूप से, 15 वर्ष पुराने वाहन यूरो-संगत नहीं हैं और इसलिए हाल के वाहनों की तुलना में अधिक प्रदूषण का कारण बनते हैं। अतः तर्क I प्रबल है। तर्क II अस्पष्ट है क्योंकि इन वाहनों के मालिकों को खुद को स्थानांतरित करने की आवश्यकता नहीं है। वे अपने वाहन बेच सकते हैं और एक नया वाहन खरीद सकते हैं, – एक छोटी सी कीमत जो हर नागरिक स्वस्थ वातावरण के लिए अदा कर सकता है।

47. (*a*) : स्पष्ट रूप से, तर्क I प्रबल है, जबकि तर्क II अस्पष्ट है।

48. (*b*) : शुल्क में वृद्धि छात्रों को अध्ययन में अधिक गंभीर बनाने का कोई तरीका नहीं हो सकता है। अतः तर्क I अस्पष्ट है। हालांकि, शुल्क में वृद्धि के कारण गरीब मेधावी छात्र स्नातकोत्तर अध्ययनों का खर्च नहीं उठा पाएंगे। अतः तर्क II प्रबल है।

49. (*a*) : जमीनी स्तर का प्रदूषण सबसे खतरनाक होने के कारण मानव और पशु जीवन के लिए हानिकारक है। अतः केवल तर्क I प्रबल है।

50. (*a*) : स्पष्ट रूप से, आपराधिक पृष्ठभूमि वाले व्यक्ति आम लोगों के प्रतिनिधियों के रूप में सेवा करने के लिए खड़े नहीं हो सकते हैं। इसलिए, उन्हें चुनाव लड़ने की अनुमति नहीं दी जानी चाहिए। अतः केवल तर्क I प्रबल है, जबकि II प्रबल नहीं है।

51. (*b*) : एक आवश्यक वस्तु होने के कारण, हमारे देश को तेल का भण्डारण करना चाहिए। अतः तर्क I अस्पष्ट है, जबकि तर्क II प्रबल है क्योंकि यह ठोस कारण प्रदान करता है।

52. (*a*) : स्पष्ट रूप से, भारत केवल अधिशेष निर्यात कर सकता है और जिसे अपनी जरूरतों को पूरा करने के बाद इसके आयात के लिए भुगतान करने के लिए बचाया जा सकता है। निर्यात को प्रोत्साहन देने से कमी नहीं हो सकती क्योंकि यह आयात के लिए संसाधन प्रदान करेगी। अतः केवल तर्क I प्रबल है।

53. (*a*) : शारीरिक बल से विवश करके कोई कार्य पूरा किया जा सकता है, जबकि प्रभावशाली लेखन किसी व्यक्ति की सोच को आकार दे सकता है और कार्य को पूरा करने में उसके विवेकाधिकार को बदल सकता है। अतः केवल तर्क I प्रबल है।

54. (*e*) : जनसंख्या वृद्धि को रोकने के लिए परिवार नियोजन एक आवश्यक कदम है। अतः तर्क I प्रबल है। साथ ही, परिवार नियोजन के कुछ भारतीय धर्मों के सिद्धांतों के खिलाफ होने के कारण इसको आवश्यक बनाने की आवश्यकता नहीं है बल्कि परिवार नियोजन के लाभों के बारे में जन जागरूकता पैदा करके इसे लागू किया जा सकता है। अतः तर्क II भी प्रबल है।

55. (*d*) : स्पष्ट रूप से, भारत को दुनिया में अन्य सैन्य शक्तियों से खतरे के खिलाफ खुद को बचाने के लिए सैन्य बल की आवश्यकता है। इसलिए, कोई भी तर्क प्रबल नहीं है।

56. (*d*) : माता-पिता की देखभाल करना बच्चों का नैतिक कर्तव्य है और कानूनी रूप से उन पर जोर नहीं दिया जा सकता है, न ही इस तरह की बाध्यता बूढ़े लोगों की अच्छी देखभाल सुनिश्चित कर सकती है। इसलिए, कोई भी तर्क प्रबल नहीं है।

57. (*e*) : स्पष्ट रूप से, यदि कम उम्मीदवार होंगे तो मतदाताओं के लिए चुनाव करने में आसान होगी। अतः तर्क I प्रबल है। साथ ही, संविधान द्वारा निर्धारित शर्तों को पूरा करने वाले प्रत्येक व्यक्ति को अवसर दिया जाना चाहिए और उम्मीदवारों की संख्या को कम करने के लिए इसे अस्वीकार नहीं किया जाना चाहिए। अतः तर्क II भी प्रबल है।

58. (*b*) : संयुक्त राष्ट्र संघ जैसे संगठन शांति बनाए रखने के लिए है और हमेशा देशों के बीच संघर्ष को रोकने के लिए काम करेगा। अतः इसकी भूमिका कभी खत्म नहीं होती है। अतः तर्क I प्रबल नहीं है। इसके अलावा, पारस्परिक चर्चाओं के लिए एक आम मंच की कमी के कारण भविष्य में ऐसे संगठन की कमी से पारस्परिक संघर्ष और अंतरराष्ट्रीय युद्धों में वृद्धि हो सकती है। अतः तर्क II प्रबल है।

59. (*d*) : हमारा देश सिर्फ मौद्रिक सहायता प्राप्त करने के लिए बिना किसी विश्लेषण के संयुक्त राज्य अमेरिका की नीतियों का समर्थन नहीं कर सकता है। इसके अलावा हमें नीतियों पर विचार किए बिना हमारा समर्थन महज इसलिए ही वापस नहीं लेना चाहिए कि कुछ अन्य राष्ट्रों ने ऐसा किया है। इसलिए, कोई भी तर्क मजबूत नहीं है।

60. (*b*) : सभी के लिए शिक्षा को मुफ्त करना साक्षरता सुनिश्चित करने का एकमात्र साधन नहीं है। इसके लिए जागरूकता पैदा की जानी चाहिए। अतः तर्क I अस्पष्ट है। इसके अलावा, इस तरह के कदम के लिए अत्यधिक धन की आवश्यकता होगी और वित्तीय निकासी की ओर ले जाएगा। अतः तर्क II प्रबल है।

61. (*d*) : किसी व्यक्ति की आयु उसकी मानसिक क्षमताओं और प्रशासनिक गुणों को परखने को कोई मानदंड नहीं है। इसलिए, कोई भी तर्क मजबूत नहीं है।

62. (*b*) : स्पष्ट रूप से, तर्क I कथन के समर्थन में एक कारण देता है और इसलिए यह इसके खिलाफ प्रबल नहीं है। वयस्क शिक्षा कार्यक्रम को प्राथमिकता दी जानी चाहिए क्योंकि यह वयस्क निरक्षरता को खत्म कर देगा और इस प्रकार शिक्षा को आगे फैलाने में मदद करेगा। अतः केवल तर्क II प्रबल है।

63. (*d*) : किस्तों पर वस्तुएं खरीदने पर ग्राहक को ज्यादा भुगतान करना पड़ता है क्योंकि ब्याज भी शामिल होता है। अतः तर्क I प्रबल नहीं है। इसके अलावा, जब कोई किस्तों पर कोई वस्तु खरीदता है, वह उसके भविष्य के बजट को तदनुसार बनाए रखता है क्योंकि वह पहले से परिचित होता है कि उसे कब और कितना भुगतान करना है। अतः तर्क II भी वैध नहीं है।

64. (*c*) : धर्म भगवान के नाम और मानव मूल्यों के कारण लोगों को एक साथ बांधता है। लेकिन साथ ही यह लोगों के बीच मतभेद और बैर पैदा कर सकता है। अतः या तो तर्क I या फिर तर्क II प्रबल है।

65. (*a*) : स्पष्ट रूप से, नागरिकों का स्वास्थ्य सरकार के लिए प्रमुख चिंता का मुद्दा है। इसलिए दवाओं को बिक्री के लिए लाइसेंस देने से पहले इनका अध्ययन और भारतीय संदर्भ में इनका परीक्षण किया जाना चाहिए। अतः केवल तर्क I प्रबल है।

66. (*a*) : आंतरिक मूल्यांकन को समाप्त करने से निश्चित रूप से व्यक्तिगत आधार पर पक्षपात कम हो जाएगा क्योंकि शिक्षक परीक्षा प्रणाली में शामिल नहीं होंगे ताकि वे किसी का भी व्यक्तिगत लाभ नहीं बढ़ा सकें। अतः तर्क I प्रबल है। लेकिन यह छात्रों पर शिक्षण संकाय के नियंत्रण को प्रभावित नहीं करेगा क्योंकि अभी भी शिक्षक उन्हें पढ़ाएंगे। अतः तर्क II अस्पष्ट है।

67. (*d*) : इसमें कोई संदेह नहीं कि निजीकरण बेहतर सेवाओं का कारण बनता है लेकिन यह कहना गलत है कि यही 'एकमात्र रास्ता' है। अत: तर्क I प्रबल नहीं है। तर्क II भी अस्पष्ट प्रतीत होता है।

68. (*a*) : स्पष्ट रूप से, विज्ञापन उत्पाद और उसके फायदों को लोगों के समक्ष पेश करने का साधन हैं। अत: तर्क I प्रबल है। लेकिन तर्क II अस्पष्ट है क्योंकि विज्ञापन बेहतर लाभ के लिए एक निवेश है, न कि बर्बादी।

69. (*d*) : यह आवश्यक नहीं है कि कोई भी चलन जो लंबे समय से प्रचलित है, सही है और इसे जारी रखा जाना चाहिए। अत: तर्क I प्रबल नहीं है। इसके अलावा, एक चलन को इसकी योग्यता/दोषों को ध्यान में रखते हुए चलन में रहना या बंद कर दिया जाना चाहिए, न कि व्यय या प्रक्रियाओं के आधार पर। स्थानांतरण की नीति आम तौर पर भ्रष्टाचार को दूर करने के लिए चलन में है जो बिल्कुल जरूरी भी है। अत: तर्क II भी प्रबल नहीं है।

70. (*b*) : स्पष्ट रूप से, डिग्री के साथ नौकरियों को जोड़ने से उच्च शिक्षा की आवश्यकता कम हो जाएगी क्योंकि उनमें से कई नौकरियों के लिए ऐसी शिक्षा ग्रहण करते हैं। अत: केवल तर्क II प्रबल है।

71. (*b*) : स्पष्ट रूप से, पुरस्कार व्यक्तिगत उत्कृष्टता और निपुणता के लिए दिए जाते हैं। अत: केवल तर्क II प्रबल है।

72. (*b*) : देश में सभी नदियों का एक तंत्र निश्चित रूप से सभी क्षेत्रों में पानी के वितरण में सक्षम करेगा। अत: तर्क II प्रबल है। साथ ही, जानकारियों के अभाव के कारण राष्ट्र की लाभकारी नीति में बाधा नहीं डाली जा सकती है। ऐसे तंत्र का निर्माण करने के तरीके तैयार किए जा सकते हैं। इसलिए, तर्क I अस्पष्ट है।

73. (*d*) : स्पष्ट रूप से, किसी वस्तु पर करों को उसे खरीदने वाले लोगों की वित्तीय स्थिति के आधार पर बढ़ाया या घटाया नहीं जा सकता है। इसलिए, तर्क I और II दोनों प्रबल नहीं हैं।

74. (*b*) : स्पष्ट रूप से, ऐसा कदम एड्स जैसी बीमारियों के प्रसार को रोकने में मदद करेगा। अत: केवल तर्क II प्रबल है।

75. (*b*) : स्पष्ट रूप से, तर्क I अस्पष्ट है क्योंकि वर्तमान में भी स्नातक स्तर के बाद कई क्षेत्र खुले हैं। हालांकि, स्नातकोत्तर पाठ्यक्रमों को खत्म करने से उच्च और विशिष्ट अध्ययन समाप्त हो जाएगा जो चीजों को बेहतर और गहराई से समझने के लिए प्रेरित करते हैं। अत: तर्क II मान्य है।

76. (*b*) : आजकल कंप्यूटर जीवन के सभी क्षेत्रों में प्रवेश कर चुके हैं और बच्चों को भी इसके लिए तैयार होने की जरूरत है। अत: तर्क II प्रबल है। तर्क I कोई प्रासंगिकता नहीं रखता है।

77. (*a*) : स्पष्ट रूप से, सौर ऊर्जा का उपयोग करना काफी मददगार होगा क्योंकि यह अन्य संसाधनों के विपरीत एक अक्षय संसाधन है। अत: तर्क I प्रबल है। लेकिन तर्क II अस्पष्ट है क्योंकि सौर ऊर्जा, ऊर्जा का सबसे सस्ता रूप है।

78. (*b*) : इलेक्ट्रॉनिक सामानों पर आयात शुल्क को समाप्त करने से आयातित वस्तुओं की लागत कम हो जाएगी और घरेलू उत्पादों की बिक्री पर प्रतिकूल प्रभाव पड़ेगा। इस प्रकार भारतीय इलेक्ट्रॉनिक्स उद्योग को झटका लगा। अत: तर्क II प्रबल है। तर्क I कोई ठोस कारण प्रदान नहीं करता है।

79. (*a*) : स्पष्ट रूप से, अनियत और असामयिक अवकाश प्राकृतिक रूप से काम को प्रभावित करने का कारण बनती हैं। अत: तर्क I प्रबल है। इसके अलावा, किसी को श्रद्धांजलि अर्पित करने के लिए अवकाश आवश्यक नहीं है। अत: तर्क II अस्पष्ट है।

80. (*e*) : स्पष्ट रूप से, कीटनाशक फसलों को हानिकारक कीटों से बचाने के लिए हैं, लेकिन साथ ही, वे पानी से धुलकर भूजल को दूषित कर देते हैं। अत: दोनों तर्क प्रबल हैं।

81. (*e*) : स्पष्ट रूप से, वृक्ष पारिस्थितिक संतुलन को बनाए रखने में एक महत्वपूर्ण भूमिका निभाते हैं और इसलिए इसे संरक्षित किया जाना चाहिए। अत: तर्क I प्रबल है। इसके अलावा, वृक्ष लकड़ी का मूल स्रोत होते हैं और वृक्षों के काटने पर पूर्ण प्रतिबंध लकड़ी आधारित उद्योगों को नुकसान पहुंचाएगा। इसलिए, केवल वृक्ष की नियंत्रित कटौती की अनुमति दी जानी चाहिए और अधिक पेड़ लगाकर नुकसान की भरपाई की जानी चाहिए। अत: तर्क II भी मान्य है।

82. (*a*) : सार्वजनिक क्षेत्र के उद्यमों को बंद करना निश्चित रूप से इसमें शामिल लोगों को रोजगार से बाहर कर देगा। अत: तर्क I प्रबल है। इसके अलावा, घाटे में जा रहे उद्यम को बंद करना ही कोई समाधान नहीं है। इसके बजाय, इसकी विफलता के कारणों का अध्ययन किया जाना चाहिए, विश्लेषण किया जाना चाहिए और आवश्यक सुधारों को लागू किया जाना चाहिए। यहां तक कि अगर यह सब भी काम नहीं करता है, तो उद्यम का निजीकरण किया जा सकता है। अत: तर्क II अस्पष्ट है।

83. (*b*) : स्पष्ट रूप से, कई वर्षों तक स्कूल के औपचारिक ड्रेस कोड और सख्त अनुशासन में रहने के बाद, छात्रों को कॉलेज जीवन में कुछ स्वतंत्रता दी जानी चाहिए, क्योंकि उन्हें जीवन की जिम्मेदारियां लेनी है। इसके अलावा, स्कूल बच्चे की सुरक्षा का ख्याल रखने के लिए वर्दी अपनाते हैं – एक पहलू जो कॉलेजों में ज्यादा मायने नहीं रखता है। अत: तर्क II प्रबल है। इसके अलावा, कॉलेज का पर्यावरण छात्रों के समर्पण और शिष्टाचार पर निर्भर करता है, न कि उनकी वर्दी पर। अत: तर्क I अस्पष्ट है।

84. (*a*) : स्पष्ट रूप से, दूरदर्शन की स्वायत्त स्थिति निष्पक्ष कवरेज के लिए स्वतंत्रता देने की दिशा में एक कदम होगी। स्वायत्त स्थिति का यह मतलब नहीं है कि कवरेज कुछ लोगों द्वारा तय की जाएगी। अत: केवल तर्क I प्रबल है।

85. (*b*) : भारत के संविधान ने 'कानून के समक्ष हर कोई समान है' के सिद्धांत को निर्धारित किया है। इसलिए, तर्क II प्रबल है। इसके अलावा, हम किसी अपराध के पीछे उस व्यक्ति के इरादों का निर्णय नहीं कर सकते हैं। इसलिए, तर्क I अस्पष्ट है।

86. (*e*) : चुंगी एक सीमा कर है। यदि चुंगी समाप्त हो जाती है, तो विदेशों से अवैध रूप से वस्तुओं को लाने का चलन समाप्त हो जाएगा। अत: तर्क I प्रबल है। इसके अलावा, यदि चुंगी समाप्त हो जाती है, सरकार को कर के रूप में भुगतान की जाने वाली आय कम हो जाएगी। अत: तर्क II भी प्रबल है।

87. (*d*) : रेलवे कर्मचारियों को दिए गए मुफ्त पास उनके लिए एक सुविधा है, न कि उनका अधिकार। अत: तर्क I प्रबल नहीं है। तर्क II अस्पष्ट प्रतीत होता है।

88. (*b*) : स्पष्ट रूप से, एक वैश्विक सरकार राष्ट्रों के बीच तनाव को खत्म नहीं कर सकती क्योंकि इसमें सत्तारूढ़ समूह और विपक्षी दल भी होंगे। इसके अलावा, अधिक शक्तिशाली और राजनयिक विश्व पर अपने हितों के लिए शासन करेंगे। अत: केवल तर्क II प्रबल है।

89. (*a*) : स्पष्ट रूप से, यदि कॉलेजों को खुली छूट दी जाती है तो वे व्यक्तिगत प्रयासों के माध्यम से अधिक छात्रों को आकर्षित करने के लिए नवीनतम, सक्षम पाठ्यक्रमों के साथ आते हैं।

यह रोजगार के लिए नए रास्ते खोल देगा। अतः तर्क I प्रबल है। इस के प्रकाश में, तर्क II अस्पष्ट प्रतीत होता है।

90. (*e*) : स्पष्ट रूप से, उच्च शिक्षा में सुधार करने की बजाय, साक्षरता दर में वृद्धि पर पहले ध्यान दिया जाना चाहिए। अतः तर्क I प्रबल है। इसके अलावा, विश्वविद्यालयों की अधिक संख्या अधिक डिग्री धारकों का उत्पादन करेगी किन्तु नौकरियों की संख्या उतनी ही रहेगी, इस प्रकार बेरोजगारी बढ़ेगी। अतः तर्क II भी प्रबल है।

91. (*d*) : कैबिनेट मंत्रियों का फेर-बदल सिर्फ एक नियमित प्रक्रिया नहीं है, बल्कि योजनाओं के उचित कामकाज और कार्यान्वयन सुनिश्चित करने और भ्रष्टाचार से बचने के लिए एक कदम है। इसलिए, कोई भी तर्क मजबूत नहीं है।

92. (*a*) : स्पष्ट रूप से, देश की सुरक्षा के लिए रक्षा आवश्यक है, जिसका कि प्रमुख महत्व है। अतः तर्क I प्रबल है। साथ ही, एक देश आंतरिक प्रगति और विकास पर तभी ध्यान केंद्रित कर सकता है जब वह बाहरी आक्रमण से सुरक्षित हो। अतः तर्क II प्रबल नहीं है।

93. (*b*) : अनधिकृत इमारतों को ध्वस्त करना बेईमान बिल्डरों को एक सबक सिखाएगा और नागरिकों के लिए भी एक चेतावनी होगा कि वे भविष्य में ऐसी गतिविधियों में शामिल न हों। यह आवश्यक है, क्योंकि अनधिकृत निर्माण शहर के बुनियादी ढांचे पर अवांछित बोझ डालते हैं। अतः केवल तर्क II प्रबल है।

94. (*e*) : ऐसी उच्चतम सीमा की अनुपस्थिति में कंपनियां सबसे सक्षम पेशेवरों को आकर्षित करने के लिए वेतन की पारस्परिक प्रतिस्पर्धा में शामिल होंगी। अतः तर्क I प्रबल है। साथ ही, वेतन में वृद्धि की संभावनाएं अधिकारियों को उनकी कंपनी के हित में बेहतर प्रदर्शन करने के लिए प्रोत्साहित करती हैं जो अन्यथा नहीं होता है यदि उच्चतम सीमा निर्धारित की जाती। अतः तर्क II भी प्रबल है।

95. (*e*) : स्पष्ट रूप से, न तो छात्रों पर इतनी छोटी आयु में अध्ययन का बोझ डाला जा सकता है, न ही उन्हें अध्ययन को गंभीरता से न लेने के लिए स्वतंत्र छोड़ा जा सकता है, क्योंकि इससे उनकी मूल बुनियाद कमजोर हो जाएगी। अतः दोनों तर्क अनुसरण करते हैं।

96. (*c*) : बढ़ती जरूरतों और लोगों के लापरवाही के कारण एक तरफ तो प्रदूषण पर नियंत्रण असंभव सा प्रतीत होता है, लेकिन दूसरी ओर, संयुक्त प्रयास से नियंत्रण संभव है। अतः या तो तर्क I या फिर II प्रबल होगा।

97. (*d*) : सरकार ने पहले से ही आर्थिक रूप से पिछड़े वर्गों के लिए नौकरियों के आरक्षण के प्रावधान किए हैं, जो कि आवश्यक भी है। इसलिए, आरक्षण के चलन को पूरी तरह समाप्त करने का कोई अर्थ नहीं है। अतः तर्क I अस्पष्ट है। इसके अलावा, अधिक आरक्षण से अधिक योग्य उम्मीदवारों की भर्ती नहीं हो पाएगी। इसके अलावा, यदि इस तरह का आरक्षण लागू किया गया तो यह आबादी के केवल एक बड़े हिस्से की नौकरी आवश्यकताओं को पूरा न करके, छोटे से हिस्से की आवश्यकताओं को पूरा करेगा। अतः तर्क II भी प्रबल नहीं है।

98. (*a*) : स्पष्ट रूप से, उम्मीदवार के उद्देश्यों को परखने के लिए साक्षात्कार के अलावा लिखित परीक्षा जैसे अन्य तरीके भी हो सकते हैं। तो तर्क II पर्याप्त प्रबल नहीं है। हालांकि, साक्षात्कार बिना किसी संदेह के एक व्यक्तिपरक मूल्यांकन है। अतः तर्क I प्रबल है।

99. (*b*) : स्पष्ट रूप से, समाचार की विविधता लोगों को अपने विचार विकसित करने में मदद करती है। अतः तर्क I अस्पष्ट है। इसके अलावा, नियंत्रित समाचार आंशिक उपज होगा। अतः यह विश्वसनीयता खो देता है। अतः तर्क II प्रबल है।

100.(*b*): स्थानीय भाषा में शिक्षण निश्चित रूप से छात्रों का समझना आसान बना देगा। लेकिन तर्क I में 'केवल' का उपयोग इसे अमान्य बनाता है। साथ ही, अंतर्राष्ट्रीय भाषा में शिक्षण छात्रों के लिए और अधिक अवसर खोलेंगे - किताबों और अध्ययन सामग्री की खरीद में, अध्ययन के लिए विदेश जाने में और नौकरियां प्राप्त करने के लिए, जिनके लिए विभिन्न राष्ट्रीयताओं के लोगों के साथ बातचीत की आवश्यकता है। अतः तर्क II प्रबल है।

101.(*b*): स्पष्ट रूप से, I कथन के समर्थन में एक प्रबल कारण प्रदान नहीं करता है। इसके अलावा, वास्तव में योग्य और अयोग्य का विश्लेषण करना संभव नहीं है। अतः तर्क II प्रबल है।

102.(*b*): स्पष्ट रूप से, सांप्रदायिक आधार पर आरक्षण अंतर-सांप्रदायिक पूर्वाग्रहों में वृद्धि करेगा। अतः तर्क I अस्पष्ट है। यह धर्मनिरपेक्ष नीति के खिलाफ भी होगा, जिसके अनुसार किसी भी सांप्रदायिक समूह को दूसरों पर वरीयता नहीं दी जाती है। अतः केवल तर्क II प्रबल है।

103.(*d*): आबादी के आर्थिक रूप से पिछड़े वर्गों को बुनियादी सुविधाएं प्रदान करने के लिए सार्वजनिक वितरण प्रणाली वास्तव में आवश्यक है। अतः तर्क I अस्पष्ट है। इसके अलावा, यदि भ्रष्टाचार के कारण किसी प्रणाली का उद्देश्य पूरा नहीं होता है, तो यह प्रणाली से छुटकारा पाने का कोई समाधान नहीं है। इसके बजाय भ्रष्टाचार को समाप्त करने के लिए प्रयास किए जाने चाहिए और इसके फायदों का विस्तार उन लोगों तक किया जाना चाहिए जिनके लिए यह बनी है। अतः तर्क II भी प्रबल नहीं है।

104.(*e*) : छात्रसंघ का गठन छात्रों को राजनीति के क्षेत्र में बुनियादी शिक्षा देने की दिशा में एक कदम होगा। हालांकि, यह परिसर में भी राजनीतिक माहौल पैदा करेगा। इस प्रकार, दोनों तर्क प्रबल हैं।

105.(*a*): विधायकों को निश्चित रूप से किसी अन्य पेशे में संलिप्त नहीं होना चाहिए क्योंकि केवल तभी वे समर्पण के साथ कार्य करने में सक्षम होंगे। अतः तर्क I प्रबल है। यदि ऐसा कानून लागू किया जाता है, तो केवल वे लोग चुनाव लड़ेंगे जो वास्तव में देशहित में कार्य करने के लिए तैयार हैं। अतः तर्क II अस्पष्ट है।

अभ्यास 2B

दिशानिर्देशः ***निम्नलिखित में से प्रत्येक प्रश्न में एक कथन दिया गया है जिसके बाद तीन या चार तर्क I, II, III और IV दिए गए हैं। आपको निर्णय लेना है कि कौनसा/कौनसे तर्क प्रबल और कौनसा/कौनसे तर्क निर्बल है/हैं और तदनुसार प्रत्येक प्रश्न के नीचे दिए गए विकल्पों से अपना उत्तर चुनना है।***

1. कथनः क्या भारत को सभी संभावित क्षेत्रों का (कम्प्यूटरी करण) करना चाहिए?

तर्कः I. हां, यह कार्य में दक्षता और सटीकता लाएगा।

II. नहीं, यह स्थाई महत्व वाले मानव संसाधनों के साथ अन्याय होगा जो वर्तमान में न्यून उपयोग में हैं।

III. नहीं, कम्प्यूटरी करण में बहुत सारा पैसा लगता है। हमें इस पर पैसा बर्बाद नहीं करना चाहिए।

IV. हां, जब उन्नत देश हर क्षेत्र में कंप्यूटर पेश कर रहे हैं, तो भारत कैसे पीछे रह सकता है?

(*a*) केवल I प्रबल है (*b*) केवल I और II प्रबल हैं
(*c*) केवल I और III प्रबल हैं (*d*) केवल II और III प्रबल हैं
(*e*) सभी प्रबल हैं

2. कथनः क्या भारत को तुरंत खानों से कोयले की खुदाई का कार्य बंद कर देना चाहिए? **(Bank P.O. 2005)**

तर्कः I. हां, यदि हम वर्तमान दर पर खनन जारी रखते हैं तो कोयले का मौजूदा स्टॉक लंबे समय तक नहीं चल पायेगा।

II. नहीं, हमारे पास पर्याप्त मात्रा में वैकल्पिक ऊर्जा स्रोत नहीं है।

III. नहीं, यह लाखों लोगों को नुकसान पहुंचाएगा और उनके जीवन प्रतिकूल रूप से प्रभावित होंगे और उद्योग भी प्रभावित होंगे।

(*a*) केवल I और II प्रबल हैं (*b*) केवल II और III प्रबल हैं
(*c*) केवल I और III प्रबल हैं (*d*) सभी प्रबल हैं
(*e*) कोई भी प्रबल नहीं है

3. कथनः क्या भारत में संसदीय चुनाव वर्तमान में पांच साल के मुकाबले हर तीन साल में आयोजित किए जाने चाहिए?

तर्कः I. नहीं, यह धन और संसाधनों की बर्बादी को बढ़ाएगा।

II. हां, इससे मतदाताओं को बिना किसी देरी के कार्य नहीं करने वाले प्रतिनिधियों को बदलने में मदद मिलेगी।

III. नहीं, निर्वाचित प्रतिनिधियों के पास विकास गतिविधियों को पूरा करने और उन पर ध्यान केंद्रित करने के लिए पर्याप्त समय नहीं होगा।

(*a*) कोई भी प्रबल नहीं है (*b*) केवल I और II प्रबल हैं
(*c*) केवल II और III प्रबल हैं (*d*) केवल I और III प्रबल हैं
(*e*) सभी प्रबल हैं

4. कथनः क्या देश में सभी प्रबंधन संस्थानों को सरकारी नियंत्रण में लाया जाना चाहिए? **(Bank P.O. 2004)**

तर्कः I. नहीं, ऐसे संस्थानों को प्रभावी ढंग से चलाने के लिए सरकार के पास पर्याप्त संसाधन नहीं हैं।

II. नहीं, प्रत्येक संस्थान को स्वय कार्य करने की आजादी दी जानी चाहिए।

III. हां, इससे सभी छात्र मानकीकृत शिक्षा प्राप्त करने में सक्षम होंगे।

IV. हां, केवल तभी शिक्षा की गुणवत्ता में सुधार किया जा सकता है।

(*a*) कोई भी प्रबल नहीं है
(*b*) केवल I, II और III प्रबल हैं
(*c*) केवल I और III प्रबल हैं
(*d*) सभी प्रबल हैं
(*e*) केवल III प्रबल है

5. कथनः क्या सरकार को हड़ताल और जुलूस सहित सभी प्रकार के विरोधों पर प्रतिबंध लगा देना चाहिए?

तर्कः I. हां, कर्मचारियों को अनुशासन सिखाने का यही एकमात्र तरीका है।

II. नहीं, सरकार अपने नागरिकों को अपने मूल अधिकारों से वंचित नहीं कर सकती है।

III. हां, कार्य में व्यवधान के बिना अधिकतम उत्पादकता सुनिश्चित करने का यही एकमात्र तरीका है।

(*a*) कोई भी प्रबल नहीं है (*b*) केवल I और II प्रबल हैं
(*c*) केवल II और III प्रबल हैं (*d*) केवल I और III प्रबल हैं
(*e*) सभी प्रबल हैं

6. कथनः क्या भारत में अपनी शिक्षा प्राप्त करने के बाद कहीं और नौकरियों की तलाश करने वाले भारतीय पेशेवरों पर पूर्ण प्रतिबंध होना चाहिए? **(S.B.I. P.O. 2005)**

तर्कः I. हां, भारत में तकनीकी विकास की वर्तमान दर को बनाए रखने का यही एकमात्र तरीका है।

II. नहीं, विदेशों में रहने वाले भारतीयों ने बड़ी संख्या में विदेशी मुद्रा भेजते हैं और यह विदेशी मुद्रा कोष का एक महत्वपूर्ण हिस्सा है।

III. नहीं, भारतीयों द्वारा अन्य देशों में काम करके प्राप्त व्यावहारिक ज्ञान भारत को अपनी अर्थव्यवस्था विकसित करने में मदद करता है।

(*a*) कोई भी प्रबल नहीं है (*b*) सभी प्रबल हैं
(*c*) केवल I और II प्रबल हैं (*d*) केवल III प्रबल है
(*e*) केवल II और III प्रबल हैं

7. कथनः क्या बच्चों को टेलीविजन देखने से पूरी तरह से रोका जाना चाहिए?

तर्कः I. नहीं, हमें टेलीविजन के माध्यम से शिक्षा के बारे में महत्वपूर्ण जानकारी मिलती है।

II. हां, यह बच्चों के अध्ययन को प्रभावित करता है।

III. हां, छोटे बच्चों को सेक्स और हिंसा दिखाए जाने वाले कुछ कार्यक्रमों से गुमराह किया जाता है।

IV. नहीं, जनता को शिक्षित करने का यही एकमात्र तरीका है।

(*a*) केवल I, II और III प्रबल हैं
(*b*) केवल I प्रबल है
(*c*) केवल I, II और IV प्रबल हैं
(*d*) केवल I और II प्रबल हैं
(*e*) केवल I, III और IV प्रबल हैं

8. कथनः क्या सभी व्यावसायिक पाठ्यक्रमों में प्रवेश परीक्षाओं के बजाय पिछले शैक्षिक प्रदर्शन के आधार पर प्रवेश देना चाहिए? **(Bank P.O. 2003)**

तर्कः I. हां, यह उन उम्मीदवारों के लिए फायदेमंद होगा जो प्रवेश परीक्षा के खर्चों को वहन करने में असमर्थ हैं।

II. हां, शैक्षिक परीक्षाओं में उच्च अंक प्राप्त करने वाले कई योग्य उम्मीदवार ऐसी प्रवेश परीक्षाओं में अच्छा प्रदर्शन नहीं करते हैं।

III. नहीं, विभिन्न बोर्डों और विश्वविद्यालयों द्वारा आयोजित परीक्षाओं और मूल्यांकन का मानक तुलनीय नहीं है और इसलिए उन्हें एक समान मापदंड पर जांचने के लिए प्रवेश परीक्षा आयोजित करने की आवश्यकता है।

(*a*) केवल I और II प्रबल हैं (*b*) केवल II और III प्रबल हैं
(*c*) केवल I और III प्रबल हैं (*d*) केवल III प्रबल है
(*e*) सभी प्रबल हैं

9. कथनः क्या सरकार द्वारा स्थापित उच्च स्तर के प्रौद्योगिकी संस्थानों (आईआईटी) का निजीकरण होना चाहिए?

तर्कः I. हां, निजीकरण, इन संस्थानों को आर्थिक रूप से स्वस्थ, प्रतिस्पर्धी और गुणवत्ता के प्रति जागरूक बनाएगा।

II. हां, निजीकरण नए युग की कुंजी है; क्या हम इसके बिना जीवित रह सकते हैं?

III. नहीं, इन संस्थानों की शिक्षा का मानक गिर जाएगा।

(*a*) कोई भी प्रबल नहीं है (*b*) सभी प्रबल हैं
(*c*) केवल I प्रबल है (*d*) केवल I और III प्रबल हैं
(*e*) केवल II और III प्रबल हैं

10. कथन: क्या भारत में वातित (गैस युक्त) पेय का उपभोग प्रतिबंधित होना चाहिए? **(Bank P.O. 2004)**

तर्क: I. हां, कुछ बीमारियों से लोगों को उजागर करने के जोखिम को कम करने का यही एकमात्र तरीका है।

II. नहीं, प्रत्येक व्यक्ति को वह चुनने का अधिकार होना चाहिए जो वह चाहता है।

III. नहीं, इस बात की कोई पुष्टि नहीं है कि इस तरह के उत्पादों का मानव शरीर पर प्रतिकूल प्रभाव पड़ता है।

IV. हां, यह कई अन्य देशों में भी प्रतिबंधित है।

(*a*) केवल I प्रबल है (*b*) केवल I और II प्रबल हैं
(*c*) केवल III प्रबल है (*d*) केवल I और IV प्रबल हैं
(*e*) सभी प्रबल हैं

11. कथन: क्या भारत को नवीनतम परमाणु हथियारों का अधिग्रहण/निर्माण करना चाहिए?

तर्क: I. हां, भारत के दुश्मन लगातार अपने हथियारों में सुधार कर रहे हैं और देश की संप्रभुता और अखंडता की रक्षा करना अनिवार्य हो जाता है।

II. नहीं, पैसा इसके बजाय विकास गतिविधियों में लगाया जाना चाहिए।

III. नहीं, अंतर्राष्ट्रीय समुदाय भारतीयों को अलग करेगा और इससे भारतीय अर्थव्यवस्था को झटका लगेगा।

IV. नहीं, यह विश्व शांति बनाए रखने की हमारी नीति के खिलाफ होगा।

(*a*) केवल I प्रबल है
(*b*) केवल I और IV प्रबल हैं
(*c*) केवल I, II और IV प्रबल हैं
(*d*) सभी प्रबल हैं
(*e*) इनमें से कोई नहीं

12. कथन: क्या ऐसे छात्र जो किसी भी विषय में स्नातक कर रहे हैं और अपनी पसंद के विषयों में स्नातकोत्तर करने के इच्छुक हैं, उन्हें स्नातकोत्तर पाठ्यक्रमों में नामांकन करने की अनुमति दी जानी चाहिए? **(S.B.I.P.O. 2005)**

तर्क: I. हां, छात्र अपनी क्षमताओं के सबसे अच्छे आकलनकर्ता हैं और स्नातकोत्तर पाठ्यक्रमों में शामिल होने के लिए कोई बंदिश नहीं होनी चाहिए।

II. नहीं, छात्रों को स्नातकोत्तर पाठ्यक्रमों में दाखिला लेने के लिए स्नातक पाठ्यक्रमों में प्रासंगिक विषयों का अध्ययन करने की आवश्यकता है और छात्रों को ऐसी शर्तों को पूरा करना चाहिए।

III. नहीं स्नातकोत्तर पाठ्यक्रम प्रदान करने वाले ऐसे पर्याप्त संस्थान नहीं हैं जो अपनी पसंद की स्नातकोत्तर शिक्षा प्राप्त करने की इच्छा रखने वाले सभी स्नातकों को समायोजित कर सकें।

(*a*) कोई भी प्रबल नहीं है (*b*) केवल I और II प्रबल हैं
(*c*) सभी प्रबल हैं (*d*) केवल I और III प्रबल हैं
(*e*) इनमें से कोई नहीं

13. कथन: क्या भारत में प्रत्येक कॉलेज छात्र के लिए अनिवार्य सैन्य प्रशिक्षण होना चाहिए?

तर्क: I. हां, एक मजबूत और शक्तिशाली राष्ट्र बनाने का यही एकमात्र तरीका है।

II. नहीं, बाध्यता हमेशा नफरत की ओर ले जाती है।

III. हां, युवा पीढ़ी को अनुशासन प्रदान करने का यही एकमात्र तरीका है

IV. नहीं, यह किसी व्यक्ति के अपने स्वयं के कार्य चुनने के मूल लोकतांत्रिक अधिकार के खिलाफ जाता है।

(*a*) केवल I और III प्रबल हैं
(*b*) केवल II और IV प्रबल हैं
(*c*) केवल I और IV प्रबल हैं
(*d*) केवल I, III और IV प्रबल हैं
(*e*) सभी प्रबल हैं

14. कथन: क्या हमारे विद्यालयों में धर्म पढ़ाया जाना चाहिए? **(PGDBM, 2002)**

तर्क: I. नहीं, हमारा राज्य एक धर्मनिरपेक्ष राज्य है।

II. हां, धर्म का शिक्षण नैतिक मूल्यों को बच्चों के मन में बिठाने में मदद करता है

III. नहीं, हम इस तरह के कदम उठाने का सपना कैसे देख सकते हैं जब हम चाहते हैं कि युवा पीढ़ी 21वीं शताब्दी में अपनी भूमिका को कार्यान्वित करें।

(*a*) सभी प्रबल हैं (*b*) कोई भी प्रबल नहीं है
(*c*) केवल I प्रबल है (*d*) केवल II प्रबल है
(*e*) केवल I और III प्रबल हैं

15. कथन: क्या आनुवंशिक रूप से संशोधित आयातित बीज पर पूर्ण प्रतिबंध होना चाहिए?

तर्क: I. हां, यह घरेलू विकसित बीजों की मांग को बढ़ाएगा।

II. नहीं, उत्पादन को काफी हद तक बढ़ाने का यही एकमात्र तरीका है।

III. हां, आनुवंशिक रूप से संशोधित उत्पाद इन उत्पादों का उपभोग करने वालों के स्वास्थ्य पर प्रतिकूल प्रभाव डालेंगे।

(*a*) केवल I और II प्रबल हैं (*b*) केवल II प्रबल है
(*c*) केवल II और III प्रबल हैं (*d*) केवल I और III प्रबल हैं
(*e*) सभी प्रबल हैं

16. कथन: क्या 21 वर्ष से कम उम्र के सभी युवाओं के बियर बार में जाने पर प्रतिबंध होना चाहिए? **(Bank P.O. 2004)**

तर्क: I. नहीं, 18 साल से अधिक उम्र के परिपक्व युवा जो मतदान कर सकते हैं, उनको आनंद उठाने से रोकने के लिए यह सही नहीं है।

II. हां, ऐसे पबों में प्रवेश शुल्क में भी वृद्धि की जानी चाहिए।

III. नहीं, पश्चिमी देशों में ऐसा कोई प्रतिबंध नहीं है।

IV. हां, यह युवाओं को बुरी संगत में पड़ने और बुरी आदतों को ग्रहण करने से रोकने में मदद करेगा।

(*a*) केवल I प्रबल है (*b*) केवल I और III प्रबल हैं
(*c*) केवल III और IV प्रबल हैं (*d*) केवल I और IV प्रबल हैं
(*e*) कोई भी प्रबल नहीं है

17. कथन: क्या महिलाओं को रोजगार के मामले में हर क्षेत्र में समान अवसर दिया जाना चाहिए?

तर्क: I. हां, वे समान रूप से सक्षम हैं।
II. नहीं, उन्हें घरेलू जिम्मेदारियों का निर्वहन करना होता है।
III. हां, उन्हें बाहरी दुनिया में भी जाना चाहिए।
(*a*) केवल I प्रबल है (*b*) केवल I और II प्रबल हैं
(*c*) केवल II और III प्रबल हैं (*d*) केवल I और III प्रबल हैं
(*e*) सभी प्रबल हैं

18. कथन: क्या भारत में कई सारे छोटे बैंकों के स्थान पर केवल कुछ बैंक ही होने चाहिए? **(S.B.I.P.O. 2005)**
तर्क: I. हां, यह निवेशक के पैसे को सुरक्षित रखने में मदद करेगा क्योंकि ये बड़े बैंक अंतर्राष्ट्रीय बाजार से संबंधित झटके का सामना कर पाएंगे।
II. नहीं, विलय के बाद बड़ी संख्या में लोग अपनी नौकरियां खो देंगे क्योंकि कई कर्मचारी अनावश्यक हो जाएंगे।
III. हां, यह पूरे बैंकिंग उद्योग को मजबूत करने में मदद करेगा और स्वस्थ प्रतिस्पर्धा का नेतृत्व करेगा।
(*a*) कोई भी प्रबल नहीं है (*b*) केवल I और II प्रबल हैं
(*c*) केवल II और III प्रबल हैं (*d*) केवल I और III प्रबल हैं
(*e*) सभी प्रबल हैं

19. कथन: क्या भारत में लोक अदालतों और मोबाइल अदालतों की व्यवस्था को प्रोत्साहित किया जाना चाहिए?
तर्क: I. हां, यह जनता को तेजी से न्याय देने में मदद करता है।
II. हां, इस स्तर पर मामूली मामलों के वितरण से उच्च न्यायालयों पर बोझ कम हो जाएगा।
III. नहीं, आमतौर पर ये अदालतें न्याय करने में पक्षपाती होती हैं।
(*a*) केवल I और II प्रबल हैं (*b*) केवल II और III प्रबल हैं
(*c*) केवल I और III प्रबल हैं (*d*) सभी प्रबल हैं
(*e*) केवल I प्रबल है

20. कथन: क्या भारत में सार्वजनिक क्षेत्र के उपक्रमों की तरह ही निजी क्षेत्र के संगठनों में भी नौकरियों में आरक्षण होना चाहिए? **(R.B.I. 2004)**
तर्क: I. हां, यह समाज के कमजोर वर्गों को विकास के अवसर प्रदान करेगा और इस प्रकार भारत में समृद्ध और गरीब लोगों के बीच के अंतर को कम करने में मदद करेगा।
II. नहीं, निजी क्षेत्र को कोई सरकारी सहायता नहीं मिलती है और इसलिए उन्हें ऐसी नीतियों से परेशान नहीं किया जाना चाहिए।
III. नहीं, दुनिया में कहीं और इस तरह का चलन नहीं है।
IV. नहीं, निजी क्षेत्र उपक्रम का प्रबंधन ऐसी बाध्यता पर सहमत नहीं होगा।
(*a*) केवल I प्रबल है
(*b*) केवल I और II प्रबल हैं
(*c*) केवल I, II और IV प्रबल हैं
(*d*) केवल I और IV प्रबल हैं
(*e*) सभी प्रबल हैं

21. कथन: क्या ट्रेनों में कोयला इंजनों को विद्युत इंजनों द्वारा प्रतिस्थापित किया जाना चाहिए?
तर्क: I. हां, कोयला इंजन बहुत प्रदूषण का कारण बनता है।
II. हां, विद्युत इंजन प्रदर्शन पर अच्छे हैं, कार्य करने में आसान हैं और रखरखाव भी आसान हैं।
III. नहीं, भारत अपनी घरेलू जरूरतों तक को पूरा करने के लिए पर्याप्त बिजली का उत्पादन नहीं करता है।
(*a*) सभी प्रबल हैं
(*b*) केवल I और II प्रबल हैं
(*c*) केवल II और III प्रबल हैं
(*d*) केवल I और III प्रबल हैं
(*e*) केवल I प्रबल है

22. कथन: क्या कक्षा IV के बच्चों की बोर्ड परीक्षा होनी चाहिए? **(Bank P.O. 2004)**
तर्क: I. हां, यह बच्चों को अध्ययन करने और उच्च अंक प्राप्त करने के लिए प्रेरित करेगा, और इस प्रकार उन्हें कम उम्र में ही अधिक ज्ञान मिल सकता है।
II. नहीं, बच्चों को अध्ययन करने के लिए मजबूर किया जाएगा और वे प्रक्रिया का आनंद नहीं उठा पाएंगे।
III. हां, आज की प्रतिस्पर्धी दुनिया में बच्चों को शुरुआत से ही ऐसी कठिन परीक्षाओं का सामना करने की जरूरत है।
IV. नहीं, यह छोटी आयु के बच्चों पर दबाव बढ़ाएगा और उनके लिए खेलने के लिए बहुत कम समय बचेगा।
(*a*) सभी प्रबल हैं
(*b*) केवल I, II और IV प्रबल हैं
(*c*) केवल II, III और IV प्रबल हैं
(*d*) केवल I और III प्रबल हैं
(*e*) केवल I और IV प्रबल हैं

23. कथन: क्या हमें विद्यालयों में यौन शिक्षा देना चाहिए?
तर्क: I. हां, सभी प्रगतिशील राष्ट्र ऐसा करते हैं।
II. नहीं, हम इसे सह-शैक्षणिक विद्यालयों में नहीं दे सकते हैं।
III. हां, यह निश्चित रूप से मौजूदा गलतफहमी को खत्म करने और युवा पीढ़ी को शारीरिक और मानसिक रूप से स्वस्थ बनाने में मदद करेगा।
IV. नहीं, यह नैतिक चरित्रबल और अत्यधिक सम्मानित मूल्य प्रणाली को नष्ट कर देगा जो हमें अपने पूर्वजों से विरासत में मिली है।
(*a*) कोई भी प्रबल नहीं है
(*b*) केवल I, III और IV प्रबल हैं
(*c*) केवल II, III और IV प्रबल हैं
(*d*) केवल II और IV प्रबल हैं
(*e*) इनमें से कोई नहीं

24. कथन: क्या कृषि गतिविधियों से अर्जित आय पर कर लगाना चाहिए? **(S.B.I.P.O. 2005)**
तर्क: I. नहीं, किसान प्राकृतिक आपदाओं से पीड़ित हैं और कम उपज के साथ कम उपज मूल्य के कारण उनकी आय पर कर नहीं लगाया जाना चाहिए।
II. हां, अधिकांश आबादी कृषि पर निर्भर है और इसलिए संसाधनों में वृद्धि के लिए उनकी आय पर कर लगाया जाना चाहिए।
III. हां, कई बड़े किसान सेवा वर्ग के कर्मचारियों के बड़े हिस्से की कमाई से ज्यादा कमाते हैं और असमानता को दूर करने के लिए उन पर कर लगाया जाना चाहिए।
(*a*) केवल I प्रबल है (*b*) केवल I और II प्रबल हैं
(*c*) केवल II और III प्रबल हैं (*d*) सभी प्रबल हैं
(*e*) इनमें से कोई नहीं

25. कथनः क्या पटाखों के निर्माण और उपयोग पर पूर्ण प्रतिबंध होना चाहिए?

तर्कः I. नहीं, यह हजारों श्रमिकों को बेरोजगार कर देगा।
II. हां, पटाखा निर्माता बड़े पैमाने पर बाल श्रम का उपयोग करते हैं।
III. हां, शोर और वायु प्रदूषण को कम करने के लिए यह एक ठोस कदम होगा।
IV. नहीं, पटाखों का उपयोग कुछ विशेष अवसरों को अधिक जीवंत और आनंददायक बनाता है।

(*a*) केवल I और II प्रबल हैं
(*b*) केवल I और III प्रबल हैं
(*c*) केवल III और IV प्रबल हैं
(*d*) केवल I, II और III प्रबल हैं
(*e*) केवल I, III और IV प्रबल हैं

26. कथनः क्या आदर्श आवश्यकताओं से अधिक शैक्षिक योग्यता वाले लोगों को नौकरियां मांगने से वंचित कर दिया जाना चाहिए? **(Bank P.O. 2004)**

तर्कः I. नहीं, यह शिक्षित बेरोजगारी की समस्या को आगे बढ़ाएगा।
II. हां, यह कर्मचारियों के बीच जटिलता पैदा करता है और कार्य को प्रतिकूल रूप से प्रभावित करता है।
III. यह व्यक्तियों के मूल अधिकारों के खिलाफ जाता है।
IV. हां, यह उत्पादकता में वृद्धि करेगा।

(*a*) केवल I और III प्रबल हैं (*b*) सभी प्रबल हैं
(*c*) केवल II और IV प्रबल हैं (*d*) केवल III प्रबल है
(*e*) इनमें से कोई नहीं

27. कथनः क्या भारत में मतदाता बनने के लिए न्यूनतम मानदंड "साक्षरता" होना चाहिए?

तर्कः I. नहीं, सिर्फ साक्षरता ही किसी व्यक्ति की राजनीतिक परिपक्वता की कोई गारंटी नहीं है।
II. हां, सही उम्मीदवार या पार्टी के लिए मतदान करने की राजनीतिक रूप से बुद्धिमान निर्णय लेने की संभावना निरक्षर लोगों में कम होती है।
III. नहीं, मतदान प्रत्येक नागरिक का संवैधानिक अधिकार है

(*a*) कोई भी प्रबल नहीं है (*b*) केवल I और II प्रबल हैं
(*c*) केवल III प्रबल है (*d*) केवल II और III प्रबल हैं
(*e*) सभी प्रबल हैं

28. कथनः क्या उन सभी को जिन्हें हत्या या बलात्कार जैसे गंभीर अपराधों के लिए दोषी ठहराया गया है, सभी उचित संदेहों से परे मौत की सजा या मृत्युदंड दिया जाना चाहिए? **(S.B.I.P.O. 2005)**

तर्कः I. नहीं, मृत्युदंड केवल बहुत ही दुर्लभ और असाधारण मामलों में दिया जाना चाहिए।
II. हां, ऐसे लोगों को दंडित करने का यही एकमात्र तरीका है जो दूसरों की जान लेते हैं या अमानवीय गतिविधियों में शामिल होते हैं।
III. हां, केवल इस तरह के गंभीर दंड से ही लोग इस तरह के जघन्य कृत्यों को करने से बचेंगे और समाज सुरक्षित रहेगा।
IV. नहीं, जो लोग अपने अपराध के लिए पश्चाताप कर रहे हैं उन्हें सुधरने और सामान्य जीवन गुजारने का मौका दिया जाना चाहिए।

(*a*) केवल II और IV प्रबल हैं (*b*) सभी प्रबल हैं
(*c*) केवल III प्रबल है (*d*) केवल II और III प्रबल हैं
(*e*) केवल I, II और III प्रबल हैं

29. कथनः क्या सम्पूर्ण भारत में केवल एक विश्वविद्यालय होना चाहिए?

तर्कः I. हां, शैक्षणिक मानकों में समानता लाने का यही एकमात्र तरीका है।
II. नहीं, यह प्रशासनिक रूप से असंभव है।
III. हां, छात्रों द्वारा प्राप्त की गई डिग्रियां नौकरियों की पेशकश के लिए तुलनीय होगी।

(*a*) कोई भी प्रबल नहीं है (*b*) केवल I और II प्रबल हैं
(*c*) केवल II और III प्रबल हैं (*d*) केवल I और III प्रबल हैं
(*e*) सभी प्रबल हैं

30. कथनः क्या दया मृत्यु को वैध बनाना चाहिए, यानी, जो लोग मरणांतक रोगों से पीड़ित हैं उन्हें अपने जीवन को समाप्त करने की इजाजत दी जानी चाहिए, यदि वे ऐसा चाहते हैं तो? **(Bank P.O. 2004)**

तर्कः I. नहीं, किसी को भी अपनी जिंदगी को उसकी इच्छानुसार समाप्त करने की इजाजत नहीं दी जानी चाहिए क्योंकि यह मानवता के मूल सिद्धांतों के खिलाफ है।
II. हां, मरीजों को भयानक पीड़ा से गुजरने और पूरी तरह से ठीक होने का अवसर नहीं होने पर उसे दया मृत्यु के माध्यम से मुक्त कर देना चाहिए।
III. नहीं, यहां तक कि दया मृत्यु भी एक प्रकार की हत्या ही है और हत्या को वैध नहीं किया जा सकता है।

(*a*) कोई भी प्रबल नहीं है (*b*) केवल I और II प्रबल हैं
(*c*) केवल II और III प्रबल हैं (*d*) केवल I और III प्रबल हैं
(*e*) सभी प्रबल हैं

31. कथनः क्या 14 साल की आयु तक के सभी बच्चों के लिए शिक्षा अनिवार्य होनी चाहिए?

तर्कः I. हां, इससे इन बच्चों की जबरन मजदूरी की व्यवस्था को खत्म करने में मदद मिलेगी।
II. हां, यह पूरी आबादी को शिक्षित करने का एक प्रभावी तरीका है।
III. नहीं, पूरी आबादी को शिक्षित करने के लिए हमारे पास पर्याप्त आधारभूत संरचना नहीं है।
IV. हां, इससे जीवन स्तर के मानक में वृद्धि होगी।

(*a*) सभी प्रबल हैं
(*b*) केवल I, II और III प्रबल हैं
(*c*) केवल I, II और IV प्रबल हैं
(*d*) केवल II प्रबल है
(*e*) केवल II और III प्रबल हैं

32. कथनः क्या सार्वजनिक क्षेत्र के उपक्रमों को "रखना और निकालना" (Hire and Fire) की नीति को अपनाने की अनुमति दी जानी चाहिए? **(Bank P.O. 2003)**

तर्कः I. हां, इससे सार्वजनिक क्षेत्र के उपक्रमों को प्रदर्शन नहीं करने वाले कर्मचारियों से छुटकारा पाने और अच्छा प्रदर्शन करने वाले कर्मचारियों को पुरस्कृत करने में मदद मिलेगी।
II. नहीं, यह प्रबंधन को एक अन्यायपूर्ण पकड़ देगा, वे अंधाधुंध तरीके से इसका इस्तेमाल कर सकते हैं।

III. हां, इससे इन संगठनों की दक्षता के स्तर में वृद्धि होगी और ये लाभदायक प्रतिष्ठान बन जाएंगे।

(*a*) कोई भी प्रबल नहीं है (*b*) केवल I और II प्रबल हैं
(*c*) केवल II और III प्रबल हैं (*d*) केवल I और III प्रबल हैं
(*e*) सभी प्रबल हैं

33. कथनः क्या सरकारी कर्मचारियों के अवकाश की संख्या कम होनी चाहिए?

तर्कः I. हां, हमारे सरकारी कर्मचारियों के पास दुनिया के देशों की मुकाबले अवकाश की अधिकतम संख्या है।
II. हां, यह ब्रिटिश विरासत का संकेत है, हमें इसे आगे क्यों ले जाना चाहिए?
III. हां, इससे कार्य में गति आएगी और सभी लंबित कार्यों को अच्छी तरह से समय पर पूरा किया जा सकता है।
IV. नहीं, कर्मचारियों को अपने परिवार के साथ बिताने के लिए पर्याप्त अतिरिक्त समय दिया जाना चाहिए।

(*a*) केवल I और III प्रबल हैं
(*b*) केवल III प्रबल है
(*c*) केवल I, III और IV प्रबल हैं
(*d*) कोई भी प्रबल नहीं है
(*e*) इनमें से कोई नहीं

34. कथनः क्या सभी लाभ अर्जित करने वाली सार्वजनिक क्षेत्र की इकाइयों को निजी कंपनियों को बेचा जाना चाहिए?

तर्कः I. हां, इससे सरकार को विकास कार्यक्रमों को लागू करने के लिए अपने संसाधनों को बढ़ाने में मदद मिलेगी।
II. नहीं, निजी कंपनियां इन इकाइयों को प्रभावी ढंग से चलाने में सक्षम नहीं होंगी।
III. हां, सेवाओं की गुणवत्ता में एक महत्वपूर्ण सुधार होगा।
IV. नहीं, सभी स्तरों के कर्मचारियों के लिए नौकरी की सुरक्षा नहीं होगी।

(*a*) केवल II और III प्रबल हैं
(*b*) सभी प्रबल हैं
(*c*) केवल III और IV प्रबल हैं
(*d*) केवल I, II और III प्रबल हैं
(*e*) केवल II, III और IV प्रबल हैं

35. कथनः क्या प्रशासनिक अधिकारियों को एक या दो साल बाद स्थानांतरित किया जाना चाहिए?

तर्कः I. हां, वे स्थानीय लोगों के साथ मित्रवत हो जाते हैं और वो लोग उनसे चालाकी से अपना काम निकलवा देते हैं।
II. नहीं, जब तक उनकी नीतियां और योजनाएं आकार लेने लगती हैं, उन्हें वहां से जाना पड़ता है।
III. नहीं, यह बहुत सारी प्रशासनिक परेशानी पैदा करेगा और अधिकारियों की बहुत सी असुविधाओं का कारण बन जाएगा।

(*a*) केवल II प्रबल है (*b*) केवल I और II प्रबल हैं
(*c*) केवल II और III प्रबल हैं (*d*) केवल I और III प्रबल है
(*e*) सभी प्रबल हैं

36. कथनः क्या भारत में तम्बाकू उत्पादों और धूम्रपान पर पूर्ण प्रतिबंध होना चाहिए? **(Bank P.O. 2002)**

तर्कः I. हां, लाखों रुपयों को फूंक देना गलत है।
II. नहीं, यह तंबाकू उद्योग में कार्यरत हजारों श्रमिकों के सामने रोजगार का संकट पैदा कर देगा।
III. नहीं, सरकार को भारी मात्रा में धन की हानि होगी क्योंकि इससे इन उत्पादों पर करों के जरिए कमाई नहीं होगी।

(*a*) कोई भी प्रबल नहीं है (*b*) केवल I और II प्रबल हैं
(*c*) केवल II प्रबल है (*d*) केवल II और III प्रबल हैं
(*e*) सभी प्रबल हैं

37. कथनः क्या भारत में सभी अप्रत्यक्ष करों को मिलाकर सभी वस्तुओं पर एक ही कर लगाया जाना चाहिए? **(S.B.I.P.O. 2005)**

तर्कः I. हां, यह कर संग्रह तंत्र को काफी सरल बना देगा और कर एकत्र करने की लागत भी कम हो जाएगी।
II. हां, निर्माताओं और व्यापारियों को इससे फायदा होगा जो बदले में कर संग्रह को बढ़ावा देगा।
III. नहीं, किसी अन्य देश ने इस तरह के तंत्र को नहीं अपनाया है।

(*a*) कोई भी प्रबल नहीं है (*b*) केवल I और III प्रबल हैं
(*c*) केवल II प्रबल है (*d*) केवल II और III प्रबल हैं
(*e*) इनमें से कोई नहीं

38. कथनः क्या वरिष्ठता पदोन्नति के लिए एकमात्र मानदंड होना चाहिए?

तर्कः I. नहीं, यह उन कनिष्ठों के साथ अन्याय होगा जो उनके वरिष्ठ समकक्षों की तुलना में अधिक योग्य और उच्च पदों के लिए उपयुक्त हैं।
II. हां, अन्यथा वरिष्ठ कर्मचारी अपमानित महसूस करते हैं।
III. हां, वरिष्ठ कर्मचारी अधिक अनुभवी होते हैं और उन्हें इसके लिए पुरस्कृत किया जाना चाहिए।

(*a*) कोई भी प्रबल नहीं है (*b*) केवल I प्रबल है
(*c*) केवल I और III प्रबल हैं (*d*) केवल I और II प्रबल हैं
(*e*) सभी प्रबल हैं

39. कथनः क्या श्रमिक संघों को पूरी तरह से प्रतिबंधित किया जाना चाहिए?

तर्कः I. हां, श्रमिक, उत्पादन पर ध्यान केंद्रित कर सकते हैं।
II. नहीं, यह एकमात्र तरीका है जिसके माध्यम से कर्मचारी प्रबंधन के सामने अपनी मांगे रख सकते हैं।
III. हां, कर्मचारी इन संघों के माध्यम से अपनी अवैध मांगें पूरी करवाते हैं।
IV. नहीं, आर्थिक रूप से उन्नत अन्य देशों में श्रमिक संघों पर प्रतिबंध नहीं है।

(*a*) केवल I प्रबल है
(*b*) केवल II प्रबल है
(*c*) केवल I और II प्रबल हैं
(*d*) केवल I, II और III प्रबल हैं
(*e*) इनमें से कोई नहीं

40. कथनः क्या सभी विद्यालयी शिक्षकों को निजी ट्यूशन देने से रोक दिया जाना चाहिए? **(Bank P.O. 2003)**

तर्कः I. नहीं, जरूरतमंद छात्र इन शिक्षकों की विशेषज्ञता से वंचित हो जाएंगे।
II. हां, यह उन बेरोजगार शिक्षित लोगों का अन्याय है जो ट्यूशन पढ़ाकर अपनी आजीविका कमा सकते हैं।
III. हां, केवल तभी विद्यालयों में शिक्षण की गुणवत्ता में सुधार होगा।
IV. हां, अब इन शिक्षकों का वेतन यथोचित है।

(*a*) केवल I और III प्रबल हैं
(*b*) केवल I, II और III प्रबल हैं
(*c*) केवल III और IV प्रबल हैं
(*d*) केवल II, III और IV प्रबल हैं
(*e*) इनमें से कोई नहीं

41. कथन: क्या व्यावसायिक कॉलेजों में जाति-आधारित आरक्षण नीति उचित है?

तर्क: I. हां, वंचित लोगों को विशेषाधिकार प्राप्त लोगों के बराबर लाने के लिए कदम जरूरी है।

II. नहीं, यह एक वर्गहीन समाज की स्थापना में बाधा डालता है।

III. हां, इससे पिछड़ी जातियों और वर्गों के लोगों को उच्च जाति के लोगों द्वारा किये जा रहे उत्पीड़न से बाहर निकलने में मदद मिलेगी।

(*a*) केवल I और II प्रबल हैं (*b*) केवल II प्रबल है
(*c*) केवल II और III प्रबल हैं (*d*) केवल I और III प्रबल हैं
(*e*) सभी प्रबल हैं

42. कथन: क्या एक मोटर बाइक चलाते समय चालक और पीछे की सीट पर सवार व्यक्ति, दोनों के लिए हेलमेट पहनने का नियम सख्ती से लागू किया जाना चाहिए? **(Bank P.O. 2004)**

तर्क: I. हां, यह एक नियम है और नियमों का सख्ती से पालन किया जाना चाहिए।

II. नहीं, प्रत्येक व्यक्ति जानता है कि वह अपने जीवन की रक्षा कैसे करे और इसे उसके विवेक पर छोड़ दिया जाना चाहिए।

III. नहीं, यह सुरक्षा सुनिश्चित नहीं करता है क्योंकि केवल सिर सुरक्षित होता है और शेष शरीर नहीं है।

IV. हां, यह आवश्यक है क्योंकि सबसे संवेदनशील अंग होने के नाते सिर की सुरक्षा आवश्यक है और यह हेलमेट द्वारा प्रदान की जाती है।

(*a*) कोई भी प्रबल नहीं है (*b*) केवल I और III प्रबल हैं
(*c*) केवल I और IV प्रबल हैं (*d*) केवल II और IV प्रबल हैं
(*e*) सभी प्रबल हैं

43. कथन: क्या भारत में श्रमिकों/कर्मचारियों को कारखानों के प्रबंधन में भाग लेने की अनुमति दी जानी चाहिए?

तर्क: I. हां, यह वर्तमान प्रबंधन का सिद्धांत है।

II. नहीं, कई कर्मचारी अशिक्षित हैं और इसलिए उनके योगदान किसी भी उपयोगिता के नहीं होंगे।

III. हां, कर्मचारियों की स्वामित्व वाली कंपनियों में आम तौर पर उच्च उत्पादकता होती है।

IV. नहीं, कर्मचारी-संघ स्वामित्व वेतन और मजदूरी को बढ़ाता है।

(*a*) केवल I और II प्रबल हैं (*b*) कोई भी प्रबल नहीं है
(*c*) केवल II और III प्रबल हैं (*d*) सभी प्रबल हैं
(*e*) इनमें से कोई नहीं

हल-अभ्यास 2(B)

1. (*a*) : स्पष्ट रूप से, आज की आवश्यकता न्यून मानव संसाधनों का बेहतर उपयोग करना है। बेहतर और तेज दक्षता वाले कंप्यूटर इसे पूरा कर सकते हैं। अत: तर्क I प्रबल है, जबकि II प्रबल नहीं है। कम्प्यूटरीकरण एक बहुत ही फायदेमंद परियोजना है और इसमें निवेश बिल्कुल भी बर्बादी नहीं है। अत: III प्रबल नहीं है। इसके अलावा, एक नए क्षेत्र में विकास केवल अन्य देशों का पीछा करने की बात नहीं है। अत: IV भी प्रबल नहीं है।

2. (*b*) : हालांकि कोयले का भंडार सीमित है, फिर भी ऊर्जा के वैकल्पिक स्रोतों की खोज होने तक इसका उपयोग बंद कर देना, इसे संरक्षित करने का कोई समाधान नहीं है। अत: I प्रबल नहीं है। यह सच है कि हमने आज तक ऊर्जा का नवीकरणीय स्रोत नहीं पाया है जो कि काफी मात्रा उपलब्ध है और कोयले को प्रतिस्थापित कर सकता है। अत: II प्रबल है। आगे, कोयला खनन रोकने से निश्चित रूप से इस कार्य में शामिल श्रमिकों के सामने रोजगार की समस्या आ जाएगी। इसलिए III भी प्रबल है।

3. (*d*) : चुनाव प्रक्रिया में अत्यधिक व्यय शामिल है। इसलिए, अक्सर चुनाव आयोजित करना निश्चित रूप से धन और संसाधनों की बर्बादी का कारण बन जाएगा। अत: I प्रबल है। साथ ही, निर्वाचित प्रतिनिधियों को अपनी नीतियों को लागू करने और उनके कामकाज से मतदाताओं को विश्वास दिलाने के लिए काफी समय की आवश्यकता होती है। अत: III प्रबल है जबकि II प्रबल नहीं है।

4. (*a*) : स्पष्ट रूप से, सरकार ऐसे संस्थान चलाने के लिए संसाधनों का एकत्रीकरण कर सकती है अगर इससे नागरिकों को फायदा हो सके। अत: I प्रबल नहीं है। II कोई ठोस कारण प्रदान नहीं करता है। साथ ही, यह अनिवार्य नहीं है कि संस्थानों पर सरकारी नियंत्रण वर्तमान में उससे बेहतर शिक्षा सुनिश्चित करेगा। अत: III और IV दोनों भी प्रबल नहीं है।

5. (*c*) : स्पष्ट रूप से, हड़ताल अनुशासनहीनता का साधन नहीं है बल्कि केवल एक चलन है जिसमें प्रबंधन के अत्याचारों के खिलाफ श्रमिक अपनी आवाज उठाकर विरोध करने के अपने मौलिक अधिकार का प्रयोग करते हैं। अत: तर्क I अस्पष्ट है जबकि II प्रबल है। इसके अलावा, हड़तालों का सहारा लेने का विकल्प अक्सर छोटे मुद्दों को बढ़ा देता है और लंबे समय तक कार्य को बाधित करता है, अत: उत्पादकता को प्रभावित करता है। अत: III भी प्रबल है।

6. (*a*) : स्पष्ट रूप से, किसी भी तर्क में दिए गए कथनों के पक्ष में या उसके खिलाफ पर्याप्त कारण नहीं है। इसलिए, कोई भी तर्क प्रबल नहीं है।

7. (*b*) : स्पष्ट रूप से, टेलीविजन विभिन्न शैक्षणिक कार्यक्रम प्रदान करता है जो छात्रों के लिए बहुत व्यावहारिक उपयोगिता के हैं। इसलिए, यह लोगों को शिक्षित करने के लिए एक साधन के रूप में कार्य करता है (लेकिन 'केवल' यही साधन नहीं है)। अत: I प्रबल है जबकि IV प्रबल नहीं है। इसके अलावा, II और III में उल्लिखित टेलीविजन देखने के अवगुणों को तय समय-सारणी के अनुसार चयनित कार्यक्रम देखने की अनुमति देकर दूर किया जा सकता है। अत: न तो II और न ही III प्रबल है।

8. (*d*) : स्पष्ट रूप से, योग्य उम्मीदवारों का चयन करने की नीति को केवल उस पर होने वाले व्यय के कारण समाप्त नहीं किया जा सकता है। अत: तर्क I प्रबल नहीं है। साथ ही, जो छात्र

अकादमिक परीक्षाओं में अच्छे अंक लाने के लिए पर्याप्त बुद्धिमान हैं, उनके पास प्रवेश परीक्षा में अच्छा प्रदर्शन न करने का कोई कारण नहीं है। अत: II भी प्रबल नहीं है। इसके अलावा, विभिन्न विश्वविद्यालयों से उत्तीर्ण होकर निकले छात्रों का विभिन्न मानदंड पर मूल्यांकन किया जाता है और इसलिए एक समान प्रवेश परीक्षा उम्मीदवारों का एक समान परीक्षण और आकलन करेगी। अत: केवल III प्रबल है।

9. (*c*) : स्पष्ट रूप से, निजीकरण, क्षेत्र में दूसरों से जीतने और अच्छी प्रतिष्ठा और धन और कमाई दोनों करने की ओर अग्रसर करती है। अत: तर्क I प्रबल है। इसके अलावा, निजीकरण को सिर्फ इसलिए नहीं चुना जा सकता क्योंकि यह वर्तमान चलन है। इसके अलावा, निजीकरण, किसी भी तरह से शैक्षणिक मानकों को क्षति नहीं पहुंचाएगा। अत: न तो II और न ही III प्रबल है।

10. (*c*) : 'एकमात्र' का उपयोग I को अमान्य बनाता है। इसके अलावा सरकार का कर्तव्य है कि वह अपने नागरिकों को किसी भी हानिकारक उत्पादों के सेवन से बचाए, भले ही वो उस उत्पाद को पसंद करें। अत: II प्रबल नहीं है। इसके अलावा, जब तक इसके हानिकारक प्रभाव की पुष्टि नहीं होती है, तब तक उत्पाद को प्रतिबंधित नहीं किया जाना चाहिए, इसलिए, III प्रबल है। अंत में, हम अन्य देशों द्वारा किए गए निर्णयों का अंधाधुंध पालन नहीं कर सकते हैं। अत: IV भी प्रबल नहीं है।

11. (*a*) : स्पष्ट रूप से, परमाणु शक्तियों को प्राप्त करने के लिए चल रही अंधी दौड़ में, परमाणु शक्तियों के खतरे से देश की रक्षा करने के लिए परमाणु हथियारों का अधिग्रहण अनिवार्य है। अत: तर्क I प्रबल है। इसके अलावा, देश की रक्षा भी उतनी ही महत्वपूर्ण है जितना कि देश का आंतरिक विकास महत्वपूर्ण है। तो II प्रबल नहीं है। तर्क III अस्पष्ट प्रतीत होता है। इसके अलावा, भारत आत्मरक्षा के लिए परमाणु हथियारों का अधिग्रहण करना चाहता है आक्रमण के लिए नहीं, अत: तर्क IV भी प्रबल नहीं है।

12. (*e*) : केवल तर्क II प्रबल है।

छात्रों को सिर्फ अपनी रुचियों के आधार पर पाठ्यक्रमों में दाखिला नहीं दिया जा सकता है, लेकिन इसके साथ उनकी संगतता भी महत्वपूर्ण है। अत: I प्रबल नहीं है। इसके अलावा, संस्थानों की कमी छात्रों को स्नातकोत्तर पाठ्यक्रमों से अस्वीकार करने का कोई मानदंड नहीं है। अत: तर्क III भी प्रबल नहीं है। II एक वास्तविक कारण प्रदान करता है अत: प्रबल है।

13. (*b*) : इसमें कोई संदेह नहीं है सभी कॉलेज के छात्रों के लिए सैन्य शिक्षा अनिवार्य बनाने से वे भारत की सेनाओं को मजबूत करेंगे और इनके बीच मजबूत अनुशासन भी उत्पन्न करेगी, लेकिन इन सब को हासिल करने का यही एकमात्र साधन नहीं है। अत: न तो I और न ही III प्रबल है। इसके अलावा, जो छात्र वास्तव में सशस्त्र बलों में शामिल होने और राष्ट्र की रक्षा करने के इच्छुक हैं, वो ऐसा करने के लिए मजबूर लोगों की तुलना में बेहतर रक्षा कर सकते हैं। और हर छात्र का अपनी पसंद के करियर में आगे बढ़ने का मौलिक अधिकार है। अत: II के साथ ही IV भी प्रबल है।

14. (*d*) : हमारा एक धर्मनिरपेक्ष राज्य है इसका मतलब यह नहीं है कि धर्म और धार्मिक मूल्यों को उखाड़ देना चाहिए। वास्तव में, ये नैतिक मूल्यों को मन में बिठाने में मदद करते हैं। अत: तर्क I अस्पष्ट है जबकि तर्क II प्रबल है। साथ ही, धर्म की शिक्षा देना 21 वीं शताब्दी की चुनौतियों का सामना करने के लिए छात्र की क्षमता को बाधित नहीं कर सकता है।

15. (*b*) : आनुवंशिक रूप से संशोधित आयातित बीज विशेष रूप से उत्पादन की उपज और गुणवत्ता को बढ़ाने के लिए तैयार किए गए हैं। अत: तर्क II प्रबल है। इसके अलावा, उत्पादन में वृद्धि घरेलू रूप से उत्पादित बीजों की बिक्री की तुलना में अधिक महत्व रखती है। इस प्रकार, तर्क I प्रबल नहीं है। इसके अलावा, आनुवंशिक रूप से संशोधित बीज के परिणामस्वरूप बेहतर गुणवत्ता का उत्पादन होता है जो उपभोक्ता के लिए हानिकारक नहीं है। तो III भी प्रबल नहीं है।

16. (*d*) : स्पष्ट रूप से, हमारा संविधान 18 वर्ष की आयु से ऊपर के युवाओं को मानता है कि वह मतदान के द्वारा सरकार में उनकी निर्णायक शक्ति का उपयोग करने के लिए पर्याप्त परिपक्व होता है। इसका तात्पर्य यह है कि ऐसे व्यक्ति यह भी तय कर सकते हैं कि उनके लिए क्या अच्छा या बुरा है। इस प्रकार, तर्क I प्रबल है। हालांकि, इस तरह के स्थानों पर, युवा कुछ अनुचित लोगों द्वारा भटकाए जा सकते हैं और सही रास्ते से बुरे रास्ते की ओर चले जाते हैं। अत: IV भी प्रबल है। प्रवेश शुल्क में बढ़ोतरी उनको वर्जित करने का कोई तरीका नहीं है और पश्चिमी देशों का अनुकरण करने का विचार कोई प्रासंगिकता नहीं रखता है। तो न तो II और न ही III प्रबल है।

17. (*d*) : वर्तमान समय में, महिलाओं को पुरुषों के समान शिक्षा दी जा रही है और वे सभी व्यवसायों और क्षेत्रों में उनके साथ प्रतिस्पर्धा करने में सक्षम हैं। अत: तर्क I प्रबल है। इसके अलावा, महिलाएं को उनकी इच्छा के बिना उन्हें बाहरी चुनौतियों से दूर कर के घर तक ही सीमित नहीं रखा जा सकता है। उन्हें भी आत्मनिर्भर होने का अधिकार है। इसके अलावा, वर्तमान में महिलाएं घरेलू कार्यों के साथ बाहर जाकर नौकरी भी कर रही हैं। अत: तर्क III प्रबल है जबकि II प्रबल नहीं है।

18. (*a*) : निवेशकों के पैसे की सुरक्षा बैंक के आकार से संबंधित नहीं है। एकीकरण के बाद भी, निवेशकों की संख्या, उनकी रकम और इसलिए कार्य भी एक ही रहेंगे और इसलिए कोई कर्मचारी अनावश्यक नहीं होगा। छोटे बैंकों की संख्या को कम करने से बैंकों के बीच आपसी प्रतिस्पर्धा प्रभावित नहीं होगी। इस प्रकार, कोई भी तर्क मजबूत नहीं है।

19. (*a*) : न्यायालय निष्पक्ष रूप से न्याय करने के लिए हैं। अत: तर्क III अस्पष्ट है। आसान पहुंच और सरलीकृत प्रक्रियाएं प्रदान करके स्थानीय अदालतों की प्रणाली न्याय की गति बढ़ाएगी, और इस प्रकार उच्च न्यायालय के बोझ को कम करेगी। इसलिए I के साथ II भी प्रबल है।

20. (*a*) : निजी क्षेत्र में नौकरियों का आरक्षण भी कमजोर वर्गों के लिए अपनी आर्थिक दुर्दशा में सुधार के अवसरों को बढ़ाएगा। इस प्रकार, तर्क I काफी प्रबल है। इसके अलावा, निजी क्षेत्र की कंपनियां एक अच्छे लाभ अंतर पर काम करती हैं और यदि लागू हो तो वे ऐसी नीति को समायोजित कर सकते हैं और करेंगे। अत: न तो II और न ही IV प्रबल है। इसके अलावा, केवल अन्य देशों का अनुकरण करने में कोई प्रासंगिकता नहीं है। अत: तर्क III भी प्रबल नहीं है।

21. (*b*) : स्पष्ट रूप से, विद्युत इंजन धुंए से मुक्त होंगे और इस प्रकार कोयले के इंजन की तरह प्रदूषण का कारण नहीं बनेंगे। वे भी

उच्च गति से चलते हैं और बेहतर प्रदर्शन करते हैं। इस प्रकार, I और II दोनों प्रबल हैं। तर्क III एक दृढ़ कारण प्रदान नहीं करता है और इसलिए प्रबल नहीं है।

22. (*c*) : कक्षा IV के छोटे बच्चों को व्यावहारिक उदाहरणों और अभ्यास के माध्यम से विषयों के मूलभूत सिद्धांतों को क्रमिक प्रक्रिया से खेल-खेल में पढ़ाया जाना चाहिए। उन्हें बाध्यता से अध्ययन करने की आवश्यकता नहीं है और उनकी आयु तनाव और परीक्षाओं के बोझ को सहन करने जैसी नहीं है।

अतः II और IV दोनों प्रबल हैं। हालांकि, इस चरण में परीक्षाओं का सामना करना उन्हें बाद के जीवन में प्रतियोगिताओं से निपटने के लिए तैयार करेगा। अतः III भी प्रबल है। हालांकि, केवल परीक्षा आयोजित करने से ही ऐसे युवा और अपरिपक्व छात्रों को प्रेरित नहीं किया जा सकता है, न ही उन्हें और सिखाने का एक तरीका है। अतः I प्रबल नहीं है।

23. (*e*) : केवल II और III प्रबल हैं। स्पष्ट रूप से, भारत में एक नीति का अनुसरण करना इस बहस पर आधारित नहीं हो सकता कि इसका अनुसरण अन्य देश भी कर रहे हैं क्योंकि प्रत्येक देश का अपना पर्यावरण और परिस्थितियां होती हैं। अतः तर्क I अस्पष्ट है। साथ ही, सह-शैक्षिक विद्यालयों, जहां लड़के और लड़कियां एकसाथ अध्ययन करते हैं, वहां यौन शिक्षा प्रदान करना वहां के वातावरण को खराब कर सकती हैं और अध्ययन में बाधा डाल सकती हैं। अतः तर्क II मजबूत है। हालांकि, विद्यालयों में यौन शिक्षा छात्रों को उस पड़ाव पर अपनी गलत धारणाओं और संदेहों को दूर करने में मदद कर सकती है, जब अन्यथा वे दूसरों के साथ इसकी चर्चा करने में संकोच करते हैं। इसके अलावा, सेक्स छात्रों के भविष्य के जीवन का एक अभिन्न हिस्सा बनता है और इसके बारे में ज्ञान होने में कुछ भी अपमानजनक और शर्मनाक नहीं है। अतः तर्क III प्रबल है, जबकि IV प्रबल नहीं है।

24. (*c*) : स्पष्ट रूप से, यदि किसानों की आय पर्याप्त नहीं है, तो उन्हें आयकर अधिनियम को नियंत्रित करने वाले नियमों के अनुसार कराधान के अधीन नहीं लाया जा सकता है। अतः I प्रबल नहीं है। इसके अलावा, आबादी का एक बड़ा हिस्सा कृषि पर निर्भर है और इस तरह के एक बड़े वर्ग पर, अगर कुछ रियायतों के साथ भी कर लगाया जाता है, तो यह सरकारी खजाने में धन जुटाने में मददगार होगा। कृषि से काफी अधिक आय करके कई बड़े भू-स्वामी इस का अनुचित लाभ उठा रहे हैं। अतः दोनों तर्क II और III प्रबल हैं।

25. (*b*) : स्पष्ट रूप से, एक उत्पाद पर प्रतिबंध लगाने से इसके विनिर्माण में बड़ी संख्या में शामिल श्रमिकों के सामने निश्चित रूप से बेरोजगारी की समस्या उत्पन्न होगी। इसके अलावा, पटाखे जलाने पर विस्फोटक ध्वनियां और अत्यधिक जहरीला धुंआ उत्पन्न होता है जो वायु और ध्वनि प्रदूषण दोनों का कारण बनते हैं। अतः दोनों तर्क I और III प्रबल हैं। हालांकि, बाल श्रम को रोकने के लिए उद्योग को बंद करना जरूरी नहीं है लेकिन बाल शोषण के खिलाफ सख्त कानून लागू किए जाने चाहिए और कानूनी कार्रवाई की जानी चाहिए। इसी तरह, समारोह को ऊर्जावान और विशेष आयोजनों को आनंददायक बनाने के कई अन्य तरीके भी हैं। इसलिए, II के साथ-साथ IV भी प्रबल नहीं है।

26. (*d*) : कथन में चर्चा की गई समस्या कहीं भी बेरोजगारी में वृद्धि से संबंधित नहीं है, क्योंकि इसमें रिक्तियों की संख्या वही रहेगी। साथ ही, एक कार्यस्थल में, उस व्यक्ति का प्रदर्शन ही है जो मायने रखता है और यही तय करता है कि उसकी आवश्यकता कम है या ज्यादा है, न कि उसकी शैक्षणिक योग्यता। अतः न तो I और न ही II प्रबल है। इसके अलावा, कार्य की आवश्यकता कार्य के लिए वांछित योग्यता में निर्धारित की जाती है। इसलिए, अधिक योग्य लोगों की भर्ती उत्पादकता में वृद्धि नहीं कर सकती है। अतः IV भी प्रबल नहीं है। हालांकि, वह पद पाना किसी व्यक्ति का अधिकार है जिसके लिए वह योग्यता मानदंडों को पूरा करता है, चाहे उसके अतिरिक्त गुण कुछ भी हो। इसलिए, तर्क III प्रबल है।

27. (*e*) : स्पष्ट रूप से, अशिक्षित लोगों के विचारों में इच्छाशक्ति परिपक्वता की कमी होती है। उन्हें आसानी से झूठा विश्वास दिलाकर गुमराह किया जा सकता है या किसी विशेष समूह के लिए वोट देने के लिए प्रलोभनों से फुसलाया जा सकता है। अतः तर्क II प्रबल है। हालांकि, एक व्यक्ति साक्षर है इसका मतलब यह नहीं है कि वह सभी राजनीतिक गतिविधियों के प्रति जागरूक है, जिसके लिए रोजमर्रा की घटनाओं के बारे में व्यावहारिक जागरूकता की आवश्यकता होती है। अतः I भी प्रबल है। इसके अलावा, संविधान ने अपने सभी नागरिकों को समान रूप से मतदान का अधिकार दिया है। इसलिए, III भी प्रबल है।

28. (*c*) : स्पष्ट रूप से, हत्या या बलात्कार जैसे जघन्य अपराध करने वाले व्यक्ति को ऐसा दंड दिया जाना चाहिए ताकि दूसरों के लिए एक उदाहरण स्थापित कर सके और वे भविष्य में ऐसे कृत्यों का प्रयास न करें। अतः तर्क III प्रबल है। तर्क I अस्पष्ट है जबकि तर्क II में 'एकमात्र' शब्द का उपयोग इसे कमजोर बनाता है। साथ ही, यह आश्वासन नहीं दिया जा सकता है कि क्या अपराधी वास्तव में अपने कृत्यों का पश्चाताप करता है या नहीं, या वह सजा से छुटकारा पाने के लिए भी ऐसा प्रदर्शित कर सकता है। अतः तर्क IV भी प्रबल नहीं है।

29. (*c*) : तर्क I में 'एकमात्र' शब्द का उपयोग इसे कमजोर बनाता है। शैक्षणिक मानकों में एकरूपता लाने के लिए, हमारे पास कई विश्वविद्यालय हो सकते हैं जो एक बोर्ड के तहत सभी पा. ठ्यक्रमों और नीतियों का पालन करते हों। एक विश्वविद्यालय होने से पूरे देश में शिक्षा का प्रबंधन लगभग असंभव हो जाएगा। अतः तर्क II प्रबल है। इसके अलावा, यहं विभिन्न विश्वविद्यालयों के पाठ्यक्रम और मूल्यांकन में भिन्नता है जो उनकी डिग्री को अतुलनीय बनाता है, जब इन विश्वविद्यालयों के छात्र एक आम मंच पर नौकरी के लिए प्रतिस्पर्धा करने के लिए एक साथ आते हैं। इस योजना को लागू करके इस समस्या को समाप्त किया जा सकता है। अतः तर्क III भी प्रबल है।

30. (*e*) : स्पष्ट रूप से, दया मृत्यु उन लोगों के लिए मुक्ति के रूप में कार्य करेगी जिनके लिए जीवित रहना काफी अधिक कठिन और दर्दनाक है। लेकिन फिर, यह एक अमानवीय कृत्य है और पसंद नहीं किया जाता है। अतः दोनों तर्क II और III प्रबल हैं। इसके अलावा, यह हमारा नैतिक कर्तव्य बन जाता है कि इस तरह के लोगों को पूरी तरह से अपना जीवन जीने के लिए प्रेरित करें और संकट के समय उनका समर्थन किया जाए, और

यदि वे चाहें तो उन्हें मरने की अनुमति देकर उन्हें निरुत्साहित न करें। इसलिए, तर्क I भी प्रबल है।

31. (*d*) : स्पष्ट रूप से, आज के बच्चे ही देश के भावी नागरिक बनेंगे और इसलिए यह बिल्कुल आवश्यक है कि उन्हें शिक्षा प्रदान करके उन्हें अधिक ज्ञानी, अधिक जिम्मेदार, अधिक अभिनव और आत्मनिर्भर बनाया जाए। इसलिए, तर्क II प्रबल है जबकि I और IV प्रबल नहीं हैं। इसके अलावा, बुनियादी ढांचे की आवश्यकता के लिए साक्षरता का लक्ष्य अस्वीकार नहीं किया जा सकता है। अत: तर्क III भी प्रबल नहीं है।

32. (*d*) : "रखना और निकालना" (Hire and Fire) की नीति का मतलब है 'प्रदर्शन करने वाले कर्मचारियों को रखना और गैर-निष्पादित लोगों को त्यागना'। स्पष्ट रूप से, ऐसी नीति कर्मचारियों को अपनी नौकरियों को बनाए रखने के लिए कड़ी मेहनत और समर्पित रूप से काम करने के लिए प्रोत्साहित करती है और इस प्रकार संगठनों की लाभप्रदता और उत्पादकता में वृद्धि करती है। अत: दोनों तर्क I और III प्रबल हैं। इसके प्रकाश में तर्क II अस्पष्ट प्रतीत होता है।

33. (*b*) : अवकाश की संख्या को कम करना क्योंकि कोई अन्य देश इतने अवकाश नहीं देता है या यह एक निश्चित प्रणाली की एक विशेषता है जिसे हमने अस्वीकार का दिया है, यह समझ में नहीं आता है। अत: न तो I और न ही II प्रबल है। हालांकि, यह कदम निश्चित रूप से लंबित मामलों के संचित कार्य को कम करने और नए मामलों के साथ पहले की तुलना में अधिक तेजी से निपटाने में मदद करेगा। अत: III प्रबल है। यहां तक कि यदि केवल आवश्यक अवकाश में कटौती की जाती हैं तो भी राष्ट्रीय अवकाश अभी भी आनंद लेने के लिए बने रहेंगे। अत: IV भी प्रबल नहीं है।

34. (*c*) : सरकार विकास के लिए धन जुटाने के लिए सार्वजनिक क्षेत्र की इकाइयों को बेच नहीं सकती है। इसके अलावा, यदि ऐसा होता है और इन इकाइयों को निजी कंपनियों को सौंप दिया जाए तो ये इकाइयों को प्रभावी रूप से चलाने के लिए पूरी तरह सुसज्जित हैं। न तो I और न ही II प्रबल है। निजीकरण निश्चित रूप से बेहतर सेवाएं सुनिश्चित करेगा, लेकिन निजी कंपनियां काम पर रखना और निकालने की नीति अपनाती हैं और जब भी वे चाहें तो किसी भी कर्मचारी की सेवाओं को समाप्त करने के लिए स्वतंत्र होती हैं। इस प्रकार, III और IV दोनों प्रबल हैं।

35. (*c*) : स्पष्ट रूप से, स्थानीय लोगों के साथ प्रशासनिक अधिकारियों के परिचित होने से कोई नुकसान नहीं होता है। अत: तर्क I अस्पष्ट है। हालांकि, तर्क II और III दोनों प्रबल हैं, क्योंकि अक्सर स्थानान्तरण करना न तो उन्हें एक नए स्थान पर आराम से बसने के लिए पर्याप्त समय देगा, न ही उन्हें अपनी नीतियों को तैयार करने और लागू करने में सक्षम बनाता है। यह प्रशासनिक रूप से भी असंभव होगा।

36. (*d*) : स्पष्ट रूप से, धूम्रपान को इसलिए समाप्त करने की जरूरत है क्योंकि यह स्वास्थ्य के लिए हानिकारक है और न केवल पैसे बचाने के लिए। अत: तर्क I अस्पष्ट है। एक उत्पाद पर प्रतिबंध लगाने से निश्चित रूप बड़ी संख्या में इसके विनिर्माण में लगे श्रमिकों के सामने रोजगार की समस्या आएगी। अत: तर्क II प्रबल है। इसके अलावा, तंबाकू उत्पाद सरकार के लिए बड़े राजस्व का स्रोत हैं। अत: तर्क III भी प्रबल है।

37. (*e*) : केवल तर्क I और II प्रबल हैं।
स्पष्ट रूप से, I और II दोनों प्रबल हैं, क्योंकि वे बहुत ही विश्वसनीय कारण प्रदान करते हैं, क्योंकि किसी उत्पाद पर एक ही कर प्रणाली विविध करों से छुटकारा पाने में मदद करेगी। इसके अलावा, किसी निश्चित नीति के कार्यान्वयन में अन्य देशों की नकल करने का विचार कोई प्रासंगिकता नहीं रखता है। अत: तर्क III मजबूत नहीं है।

38. (*b*) : एक संगठन में, उत्पादकता ही सबसे अधिक महत्व रखती है और उत्पादकता सुनिश्चित करने के लिए, संगठन को प्रभावी प्रबंधकों और अभिनव, समर्पित एवं कड़े मेहनतकश कर्मचारियों की आवश्यकता होती है। इस प्रकार, व्यक्ति की क्षमता पदोन्नति के लिए एकमात्र मानदंड होना चाहिए। अत: केवल तर्क I प्रबल है जबकि II और III नहीं।

39. (*b*) : स्पष्ट रूप से, ट्रेड यूनियन श्रमिकों के लिए अपनी मांगों और विरोधों को सुनने के लिए एक आम मंच प्रदान करते हैं और इस प्रकार यह सुनिश्चित करते हैं कि वे अधीन या शोषित नहीं हैं। अत: तर्क II प्रबल है, जबकि I और III नहीं, किसी निश्चित नीति के कार्यान्वयन में अन्य देशों की नकल के विचार में कोई प्रासंगिकता नहीं है। अत: तर्क IV भी प्रबल नहीं है।

40. (*e*) : केवल III प्रबल है। निजी शिक्षण द्वारा अर्जन करने का आकर्षण विद्यालय में छात्रों के प्रति शिक्षकों के प्रयासों और निष्ठा को कम करता है। इसलिए यदि ट्यूशन पर प्रतिबंध लगा दिया गया है, तो छात्र स्कूल में अपने शिक्षक के ज्ञान से लाभ उठा सकते हैं। अत: तर्क III प्रबल है जबकि I नहीं है। हालांकि, एक व्यक्ति को सिर्फ इसलिए अधिक कमाई से प्रतिबंधित नहीं किया जा सकता क्योंकि उसके पास पहले से ही एक अच्छा वेतन है। अत: तर्क IV अस्पष्ट है। इसके अलावा, ट्यूशन पर निर्भर बेरोजगार लोग स्कूल शिक्षकों के ट्यूशन पढ़ाने के बावजूद भी अस्तित्व में रह सकते हैं, अगर वे छात्रों का अच्छी तरह से मार्गदर्शन करने में सक्षम हैं। अत: तर्क II भी प्रबल नहीं है।

41. (*b*) : स्पष्ट रूप से, क्षमता एक पेशे के लिए एक आवश्यक मानदंड है और आरक्षण सक्षम श्रमिकों को सुनिश्चित नहीं कर सकता है। अत: न तो तर्क I और न ही तर्क III प्रबल है। हालांकि, आरक्षण के माध्यम से एक जाति का दूसरे से अधिक विशेषाधिकार प्राप्त करना एक वर्गहीन समाज के उद्देश्यों को बाधित करेगा। अत: तर्क II प्रबल है।

42. (*c*) : स्पष्ट रूप से नियम दोपहिया सवारों की सुरक्षा के लिए तैयार किया गया है, क्योंकि दोपहिया दुर्घटनाओं के बहुतायत के परिणामस्वरूप सवार सीधा गिरता है, जिससे सिर में चोट लगती हैं और आखिरकार मौत हो जाती है। और नियम का उद्देश्य तब तक पूरा नहीं किया जा सकता जब तक कि इसका पालन नहीं किया जाता है और इसके लिए सख्त प्रवर्तन की आवश्यकता होती है। इस प्रकार तर्क I और IV दोनों प्रबल हैं, जबकि III नहीं है। इसके अलावा, नागरिकों की सुरक्षा की देखभाल करना सरकार का मूल कर्तव्य है और इसे व्यक्तियों के विवेकानुसार नहीं छोड़ना चाहिए। अत: तर्क II प्रबल नहीं है।

43. (*c*) : समर्थन में दिया गया तर्क I नीति के अनुसरण के लिए एक वैध कारण प्रदान नहीं करता है। अत: यह अस्पष्ट है। तर्क II एक वैध कारण प्रदान करता है, क्योंकि कारखानों के प्रबंधन के संबंध में नीतिगत मामलों पर उचित निर्णय लेने के लिए साक्षरता

एक आवश्यक मानदंड है। इसके अलावा, यदि श्रमिकों को प्रबंधन में शामिल किया जायेगा तो निश्चित रूप से वे अधिक समर्पित रूप से काम करने के लिए प्रेरित होंगे, इस प्रकार उत्पादकता में वृद्धि होगी। अतः II और III दोनों प्रबल हैं। II और III में दिए गए तथ्यों के प्रकाश में IV बहुत कमजोर कारण प्रदान करता है। अतः IV भी प्रबल नहीं है।

हल सहित अतिरिक्त प्रश्न

अभ्यास

दिशानिर्देश (प्रश्न 1 से 5): प्रत्येक प्रश्न के बाद दो तर्कI और II दिए गए हैं। आपको निर्णय लेना है कि कौनसा तर्क प्रबल और कौनसा तर्क निर्बल है। उत्तर चिह्नित करें:

(*a*) यदि तर्क I प्रबल है
(*b*) यदि तर्क II प्रबल है
(*c*) यदि न तो I और न ही II प्रबल है
(*d*) यदि I और II दोनों प्रबल हैं

1. क्या सभी निर्वाचित विधायी सदस्यों को शासन चलाने के लिए अनिवार्य प्रशिक्षण देना चाहिए? **(TANCET MCA Exam, 2005)**

तर्कः I. हां, यह निश्चित रूप से सहायक होगा।
II. नहीं, लोग केवल परिपक्व व्यक्तियों का चुनाव करते हैं जो कार्यालय संभालने में सक्षम होते हैं।

2. क्या भारत में प्राथमिक शिक्षा को निःशुल्क करना चाहिए? **(TANCET MCA Exam, 2005)**

तर्कः I. हां, कल्याणकारी राज्य में, प्राथमिक शिक्षा प्रदान करने के लिए सरकार का कर्तव्य है।
II. नहीं, भारत के पास सभी को समायोजित करने के लिए पर्याप्त प्राथमिक विद्यालय नहीं है।

3. क्या डिग्री को नौकरी से अलग करना चाहिए? **(TANCET MCA Exam, 2005)**

तर्कः I. हां, क्योंकि इस प्रकार का कदम छात्रों को विश्वविद्यालयों में प्रवेश लेने से हतोत्साहित करेगा।
II. नहीं, क्योंकि अच्छे शिक्षक लोकतंत्र की रीढ़ हैं।

4. क्या गठबंधन सरकार लोकतंत्र के लिए उपयुक्त है? **(TANCET MCA Exam, 2005)**

तर्कः I. हां, क्योंकि ऐसी सरकारें तानाशाही नहीं बन सकती हैं।
II. नहीं, क्योंकि ऐसी सरकार स्थिर नहीं हो सकती है।

5. क्या ग्रामीण बैंकों को समाप्त किया जाना चाहिए? **(TANCET MCA Exam, 2005)**

तर्कः I. हां, क्योंकि वे ठीक से नहीं चल रहे हैं।
II. नहीं, क्योंकि वे गांव का विकास करेंगे।

दिशानिर्देश (प्रश्न 6 से 10): महत्वपूर्ण सवालों के बारे में निर्णय लेने में, 'प्रबल' तर्क और 'निर्बल' तर्कों के बीच अंतर करने में सक्षम होना वांछनीय है। 'प्रबल' तर्क वे होते हैं जो सीधे प्रश्न से संबंधित और महत्वपूर्ण होते हैं। 'निर्बल' तर्क वे होते हैं जो साधारण महत्व के हैं और यह सीधे प्रश्न से संबंधित नहीं हो सकते हैं या प्रश्न के एक नगण्य पहलू से संबंधित हो सकते हैं।

नीचे दिए गए प्रत्येक प्रश्न के बाद I और II तर्क दिए गए हैं। आपको यह तय करना होगा कि कौन से तर्क एक प्रबल तर्क हैं और कौनसा तर्क निर्बल तर्क है।

उत्तर दें (*a*) यदि तर्क I प्रबल है ।
उत्तर दें (*b*) यदि केवल तर्क II प्रबल है।
उत्तर दें (*c*) यदि या तो I या फिर II प्रबल है।
उत्तर दें (*d*) यदि न तो I और न ही II प्रबल है।
उत्तर दें (*e*) यदि I और II दोनों प्रबल हैं

6. कथनः क्या राज्य सरकारों को संबंधित राज्यों में एकत्रित केंद्रीय करों का प्रमुख हिस्सा प्रतिधारित करने की अनुमति दी जानी चाहिए? **[Syndicate Bank PO Exam. 2004]**

तर्कः I. नहीं, केंद्र सरकार को प्रमुख हिस्सा प्राप्त करना चाहिए क्योंकि अधिकांश विकास कार्यक्रमों को केंद्र सरकार द्वारा वित्त पोषित किया जाता है।
II. हां, ज्यादातर राज्य सरकारों के पास धन की कमी हैं और उन्हें अधिक धन की आवश्यकता है।

7. कथनः क्या देश में सभी पुलिस स्टेशनों के प्रभारियों का हर दो साल में स्थानांतरित किया जाना चाहिए? **[Syndicate Bank PO Exam. 2004]**

तर्कः I. नहीं, इससे प्रशासनिक असुविधाएं पैदा होंगी और पुलिस अधिकारियों को भी असुविधा होगी।
II. हां, पुलिस अधिकारियों और असामाजिक तत्वों के बीच अन्तर्सम्बन्ध को खत्म करने का यह एकमात्र तरीका है।

8. कथनः क्या तेल कंपनियों को बाजार स्थितियों के आधार पर पेट्रोलियम उत्पादों की कीमत तय करने की अनुमति दी जानी चाहिए? **[Syndicate Bank PO Exam. 2004]**

तर्कः I. हां, तेल कंपनियों को वाणिज्यिक रूप से व्यवहार्य बनाने का यही एकमात्र तरीका है।
II. नहीं, यह आवश्यक वस्तुओं की खुदरा कीमतों पर अतिरिक्त बोझ डालेगा और जनता की बहुत सारी कठिनाइयों का कारण बन जाएगा।

9. कथनः क्या सभी निजी क्षेत्र के बैंकों का तुरंत सार्वजनिक क्षेत्र के बैंकों के साथ विलय किया जाना चाहिए? **[Syndicate Bank PO Exam. 2004]**

तर्कः I. नहीं, निजी क्षेत्र के बैंक लाभ कमाने वाली संस्थाएं हैं और इसलिए उनका विलय नहीं किया जाना चाहिए।
II. हां, यह ग्राहकों के कड़ी मेहनत की धनराशि की रक्षा करेगा और उनके हितों को सुरक्षित किया जाएगा।

10. कथनः क्या भारत में व्यावसायिक पाठ्यक्रमों में प्रवेश केवल छात्रों के किसी विशेष समूह को रियायत के बिना योग्यता के आधार पर दिया जाना चाहिए? **[Syndicate Bank PO Exam. 2004]**

तर्कः I. हां, इससे पेशेवरों की गुणवत्ता में सुधार होगा क्योंकि वे पाठ्यक्रमों को सफलतापूर्वक पूरा करने में सक्षम होंगे।
II. नहीं, यह इससे व्यावसायिक पाठ्यक्रम बड़ी संख्या में सामाजिक और आर्थिक रूप से पिछड़े छात्रों की पहुंच से बाहर हो जाएंगे।

दिशानिर्देश (प्रश्न 11 से 15): महत्वपूर्ण प्रश्नों के बारे में निर्णय लेने में, 'प्रबल' तर्क और 'निर्बल' तर्कों के बीच अंतर करने में सक्षम होना वांछनीय है। 'प्रबल' तर्क वे होते हैं जो सीधे प्रश्न से संबंधित और महत्वपूर्ण होते हैं। 'निर्बल' तर्क वे होते हैं जो साधारण महत्व के हैं और यह सीधे प्रश्न से संबंधित नहीं हो सकते हैं या प्रश्न के एक नगण्य पहलू से संबंधित हो सकते हैं। नीचे दिए गए प्रत्येक प्रश्न के बाद I और II तर्क दिए गए हैं। आपको यह तय करना होगा कि कौन से तर्क एक प्रबल तर्क हैं और कौनसा तर्क निर्बल तर्क है।

उत्तर दें (*a*) यदि केवल तर्क I प्रबल है ।

उत्तर दें (*b*) यदि केवल तर्क II प्रबल है।

उत्तर दें (*c*) यदि या तो तर्क I या फिर तर्क II प्रबल है।

उत्तर दें (*d*) यदि न तो तर्क I और न ही तर्क II प्रबल है।

उत्तर दें (*e*) यदि I और II दोनों तर्क प्रबल हैं

11. क्या डाक विभाग द्वारा संचालित सभी छोटी बचत योजनाओं को तत्काल वापस लेना चाहिए? **(Vijaya Bank PO Exam, 2004)**

तर्क: I. नहीं, निम्न आर्थिक वर्ग के लोग डाक घर के साथ अधिक आरामदायक हैं और वे अपनी अल्प बचत से उच्च लाभ प्राप्त कर सकते हैं।

II. हां, डाक विभाग पर अतिरिक्त कार्य का बोझ नहीं होना चाहिए और सार्वजनिक क्षेत्र के बैंक इस जिम्मेदारी को उठा सकते हैं।

12. क्या आजीवन कारावास की सजा पाने वाले सभी दोषी अपराधी जो कम से कम दस वर्ष जेल में सजा काट चुके है, उन्हें तत्काल रिहा कर दिया जाना चाहिए? **(Vijaya Bank PO Exam, 2004)**

तर्क: I. नहीं, वे कट्टर अपराधी हैं और उन्हें अपना कार्यकाल पूरा करने तक जेल में ही रखना चाहिए।

II. हां, उन्हें पहले से ही दंडित किया जा चुका है और अब वे सामान्य जीवन जीने के लिए तैयार हैं।

13. क्या भारत को तुरंत अपनी सभी खानों से कोयले का खनन बंद कर देना चाहिए? **(Vijaya Bank PO Exam, 2004)**

तर्क: I. हां, अब हमारे पास तुलनात्मक रूप से कम कोयला भंडार हैं और इसलिए इसे भविष्य के लिए संरक्षित करना चाहिए।

II. नहीं, यह लाखों लोगों को नुकसान पहुंचाएगा और उनके जीवन प्रतिकूल रूप से प्रभावित होंगे और उद्योग भी प्रभावित होंगे।

14. क्या भारत में सभी आधारभूत संरचना संबंधी विकास परियोजनाओं को निजी क्षेत्र में सौंप दिया जाना चाहिए? **(Vijaya Bank PO Exam, 2004)**

तर्क: I. नहीं, निजी क्षेत्र की इकाइयां ऐसी परियोजनाओं को संभालने के लिए सुसज्जित नहीं हैं।

II. हां, विकासशील देशों में ऐसी परियोजनाओं को निजी क्षेत्र द्वारा नियंत्रित किया जाता है।

15. क्या भिन्न आय के स्तर के लिए आयकर की कोई भिन्न दर होनी चाहिए? **(Vijaya Bank PO Exam, 2004)**

तर्क: I. हां, यह उचित है और जो कम कमाते हैं उन्हें अधिक कमाई करने वालों की तुलना में कम कर चुकाना होगा।

II. नहीं, यह सभी करदाताओं के बीच समानता के मूल सिद्धांत के विरुद्ध है और आयकर की दर उन सभी के लिए समान होनी चाहिए जो निर्धारित मात्रा से अधिक कमाते हैं।

हल

1. (*a*) : विधायी सदस्यों को अनिवार्य प्रशिक्षण पर रखना सहायक होगा। अत: केवल तर्क I मजबूत है। अत: उत्तर (*a*) है।

2. (*c*) : कोई भी तर्क प्रबल नहीं है। अत: उत्तर (*c*) है।

3. (*c*) : कोई भी तर्क प्रबल नहीं है। अत: उत्तर (*c*) है।

4. (*c*) : कोई भी तर्क प्रबल नहीं है। अत: उत्तर (*c*) है।

5. (*b*) : ग्रामीण बैंक गांवों के विकास में शामिल हैं। अत: तर्क II प्रबल है। अत: उत्तर (*b*) है।

6. (*c*) : या तो I या फिर II प्रबल है।

7. (*e*) : कोई भी तर्क प्रबल नहीं है क्योंकि हर दो साल बाद पुलिस स्टेशनों के प्रभारी का स्थानांतरण प्रशासनिक परेशानी नहीं बढ़ाएंगे और यह पुलिस अधिकारियों और असामाजिक तत्वों के बीच मतभेदों को खत्म करने का एकमात्र तरीका नहीं है।

8. (*a*) : तर्क I प्रबल हैं क्योंकि बाजार स्थितियों के आधार पर पेट्रोलियम उत्पादों की कीमत तय करने से तेल कंपनियां वाणिज्यिक रूप से व्यवहार्य हो जाएंगी।

9. (*b*) : तर्क II प्रबल है क्योंकि सार्वजनिक क्षेत्र के बैंकों के साथ निजी क्षेत्र के बैंकों के विलय से ग्राहकों के पैसे की रक्षा होगी और उनके हितों को सुरक्षित किया जाएगा।

10. (*e*) : दोनों तर्क कथन का समर्थन करने के लिए पर्याप्त रूप से प्रबल हैं।

11. (*d*) : कोई भी तर्क प्रबल नहीं है।

12. (*b*) : हां, अपराधियों को पहले ही दंडित कर दिया गया है और अब उन्हें सामान्य जीवन जीने देना चाहिए। अत: तर्क II प्रबल है।

13. (*d*) : तर्क II प्रबल है क्योंकि खानों से कोयले के खदान से लाखों लोगों और उद्योगों पर प्रतिकूल प्रभाव पड़ेगा।

14. (*c*) : कोई भी तर्क प्रबल नहीं है।

15. (*c*) : कोई भी तर्क प्रबल नहीं है।

3 कथन – धारणाएं (STATEMENT – ASSUMPTIONS)

धारणा एक 'कल्पना या सत्य मान लिया गया एक विचार' है, अर्थात यह एक ऐसा तथ्य है जिसे दिए गए कथनों के आधार पर विचार करने पर सच माना जा सकता है।

प्रकार 1

इस प्रकार के प्रश्नों में, एक कथन दिया जाता है, जिसके बाद दो धारणाएं दी होती हैं। उम्मीदवार को दिए गए कथन का आकलन करना होता है और ज्ञात करना होता है कि इसमें दी गयी धारणाओं में से कौन सी धारणा निहित है।

व्याख्यात्मक उदाहरण

***निर्देश:** नीचे दिए गए प्रत्येक प्रश्न में एक कथन दिया गया है; जिसके बाद दो धारणाएं I और II दी गयी हैं। कथन पर विचार करें और तय करें कि दी गई धारणाओं में से कौन सी धारणा कथन में निहित है।*

उत्तर दें (a) यदि केवल धारणा I निहित है; (b) यदि केवल धारणा II निहित है; (c) यदि या तो I या II निहित है; (d) यदि न तो I और न ही II निहित है और (e) यदि I और II दोनों निहित हैं।

उदा. 1. कथन: दिल्ली से बैंगलौर हवाई जहाज से जाना अधिक तेज है।

धारणाएं: I. दिल्ली और बैंगलौर हवाई यात्रा से जुड़े हुए हैं।

II. दिल्ली से बैंगलौर यात्रा के लिए परिवहन का कोई अन्य साधन उपलब्ध नहीं है। **(S.S.C. 2002)**

हल: कथन इन दो शहरों के बीच हवाई जहाज से यात्रा का परामर्श दे रहा है। अत: इसमें धारणा I निहित है। इसके अतिरिक्त, यह कहता है कि हवाई परिवहन, यात्रा का एक तेज साधन है। जिसका अर्थ यह है कि अन्य परिवहन के साधन, जो कि हवाई परिवहन की तुलना में धीमे हैं, भी उपलब्ध हैं। अत: धारणा II निहित नहीं है। अत:, उत्तर (*a*) होगा।

उदा. 2. कथन: बैंक 'A' ने तत्काल प्रभाव से खुदरा ऋण की ब्याज दर में आधा प्रतिशत की कटौती की है।

धारणाएं: I. अन्य बैंक भी प्रतिस्पर्द्धा में रहने के लिए खुदरा ऋण की ब्याज दरों में कटौती कर सकते हैं।

II. बैंक 'A' खुदरा ऋण के लिए अधिक ग्राहकों को अधिक आकर्षित कर सकेगा। **(Bank P.O. 2003)**

हल: ऋण की ब्याज दरों में कटौती निश्चित रूप से ग्राहकों को आकर्षित करने का कदम है, लेकिन इस कदम का अन्य बैंकों पर प्रभाव पड़ेगा ही, यह निश्चित नहीं है क्योंकि ब्याज दर ग्राहकों को लुभाने का एकमात्र मानदंड नहीं है। अत: केवल धारणा II निहित है। अत: उत्तर (*b*) होगा।

उदा. 3. कथन: भारत में चीनी कारखानों की संख्या में वृद्धि के बावजूद, हम अभी भी चीनी का आयात करना जारी रखते हैं।

धारणाएं: I. भारत में प्रति व्यक्ति चीनी की खपत में वृद्धि हुई है।

II. कई कारखाने अपनी पूरी क्षमता से चीनी का उत्पादन नहीं कर रहे हैं।

हल: स्पष्टत: चीनी का आयात करना या तो खपत बढ़ने या कारखानों के अपनी पूरी क्षमता से चीनी का उत्पादन नहीं कर पाने के कारण हो सकता है। अत: या तो I या II निहित है। अत: उत्तर (*c*) होगा।

उदा. 4. कथन: प्रार्थना से उदित हुए एक बेहतर व्यक्ति की प्रार्थना सुनी जाती है।

धारणाएं: I. प्रार्थना मनुष्य को अधिक मानवीय बनाती है।

II. प्रार्थना हमारे सभी कुकर्मों का प्रायश्चित करती है। **(M.A.T. 2005)**

हल: तथ्य है कि प्रार्थना से उदित हुए एक बेहतर व्यक्ति की प्रार्थना सुनी जाती है, दर्शाता है कि यह आवश्यक नहीं कि प्रार्थना मनुष्य को मानवीय बनाएगी। अत: धारणा I नहीं निहित है। प्रार्थना के फल के सन्दर्भ में भी कुछ उल्लेख नहीं किया गया है। अत: धारणा II नहीं निहित है। अत:, उत्तर (*d*) है।

उदा. 5. कथन: हमें तीन कार्य दिवस में हमारे आपूर्तिकर्ताओं के सभी बिल निपटाने होंगे।

धारणाएं: I. बिलों को निपटाने के लिए हमारे खाते में आवश्यक धन हमेशा रहेगा।

II. हम कम से कम तीन कार्य दिवसों में बिलों को सत्यापित और भुगतान करने में सक्षम हैं।

हल: चूंकि कथन तीन कार्य दिवस में सभी भुगतान निपटाने को कहता है, अत: यह स्पष्ट है कि कंपनी के पास बिलों को निपटाने के लिए आवश्यक धन है और वह तीन कार्य दिवसों में बिलों को सत्यापित और भुगतान करने में सक्षम हैं। अत: इसमें धारणा I और धारणा II दोनों निहित हैं। अत: उत्तर (*e*) होगा।

उदा. 6. कथन: "सभागार के अंदर सेल फोन और पेजर के उपयोग की अनुमति नहीं है। कृपया सभागार के अंदर रहते हुए ऐसे उपकरणों को बंद कर दें।"– एक सूचना।

धारणाएं: I. सभागार में अपनी सीट लेने से पहले वे सभी, जिनके पास ऐसे उपकरण होंगे, उन्हें बंद कर देंगे।

II. आम तौर पर लोग जब सभागार में समारोह में भाग लेने आते हैं, तो ऐसे उपकरण नहीं लाते हैं। **(Bank P.O. 2004)**

हल: यह सूचना स्पष्टत: कहती है कि सेल फोन और पेजर सभागार में अशांति पैदा कर सकते हैं। अत:, धारणा I निहित है। इसी के साथ, ऐसी सूचना देना यह स्पष्ट करता है कि अधिकतर लोग ऐसे उपकरण साथ लाएंगे। अत: धारणा II निहित नहीं है। अत:, उत्तर (*a*) होगा।

उदा. 7. कथन: सरकार ने विकासात्मक गतिविधियों के संचालन में सरकार की मदद करने के लिए सभी नागरिकों से ईमानदारी से आयकर का भुगतान करने और अपने वास्तविक आय स्तर को दर्शाते हुए रिटर्न दाखिल करने की अपील की है।

धारणाएं: I. लोग अब अपील के जवाब में अधिक कर देना शुरू कर सकते हैं।

II. निकट भविष्य में कुल आयकर संग्रह में काफी वृद्धि हो सकती है। **(Bank P.O. 2005)**

हल: स्पष्टत:, लोगों को विकास में योगदान करने के लिए प्रोत्साहित करने के लिए ईमानदारी से करों का भुगतान करने की अपील की गई है। अत: धारणा I और धारणा II दोनों निहित हैं। अत: उत्तर (*e*) होगा।

उदा. 8. कथन: रेलवे अधिकारियों ने दस नई ट्रेनें शुरू की हैं और चौदह रनिंग ट्रेनों की आवृत्ति बढ़ाई है।

धारणाएं: I. मौजूदा ट्रेनें सभी यात्रियों को सुविधा प्रदान करने के लिए पर्याप्त नहीं हैं।

II. नई और अतिरिक्त ट्रेनों में पर्याप्त यात्री होंगे ताकि उनका संचालन आर्थिक रूप से व्यवहार्य होगा। **(I.B.P.S. 2002)**

हल: स्पष्टत: इस तरह के निर्णय हमेशा सार्वजनिक आवश्यकताओं और संबंधित विभाग के लिए उनकी आर्थिक व्यवहार्यता को ध्यान में रखते हुए लिए जाते हैं। अत: धारणा I और धारणा II दोनों निहित हैं। अत:, उत्तर (*e*) होगा।

अभ्यास 3A

निर्देश: नीचे दिए गए प्रत्येक प्रश्न में एक कथन दिया गया है, जिसके बाद दो धारणाएं I और II दी गयी हैं। कथन पर विचार करें और तय करें कि दी गई धारणाओं में से कौन सी धारणा कथन में निहित है।

उत्तर दें (a) यदि केवल धारणा I निहित है; (b) यदि केवल धारणा II निहित है; (c) यदि या तो I या II निहित है; (d) यदि न तो I और न ही II निहित है और (e) यदि I और II दोनों निहित हैं।

1. कथन: यदि आपको कोई समस्या है, तो उसे मेरे समक्ष लाएं।

धारणाएं: I. आपको कुछ समस्याएं हैं।

II. मैं किसी भी समस्या का समाधान कर सकता हूं।

2. कथन: कपड़े साफ करने के लिए डिटर्जेंट का इस्तेमाल करना चाहिए। **(M.A.T. 2004)**

धारणाएं: I. डिटर्जेंट अधिक झाग बनाते हैं।

II. डिटर्जेंट तेल और गंदगी को हटाने में मदद करते हैं।

3. कथन: एक पागल आदमी की तरह, मैंने उसका अनुसरण करने का फैसला किया।

धारणाएं: I. मैं कोई पागल आदमी नहीं हूं।

II. मैं एक पागल आदमी हूं।

4. कथन: सरकार ने रेलवे दुर्घटनाओं में मारे गए लोगों के परिवार के सदस्यों को ₹1 लाख की क्षतिपूर्ति का भुगतान करने का निर्णय लिया है। **(Bank P.O. 2003)**

धारणाएं: I. मुआवजे के खर्चों को पूरा करने के लिए सरकार के पास पर्याप्त धन है।

II. निकट भविष्य में रेलवे दुर्घटनाओं की घटनाओं में कमी आ सकती है।

5. कथन: इससे पहले इस तरह की स्पष्ट किताब इस विषय पर कभी भी उपलब्ध नहीं थी।

धारणाएं: I. इस विषय पर कुछ अन्य पुस्तकें उपलब्ध थीं।

II. आप बहुत कम विषयों पर स्पष्ट किताबें लिख सकते हैं।

6. कथन: "मुझे कई शिकायतों के बावजूद नौ महीनों से टेलीफोन के बिल नहीं मिले हैं" – एक दैनिक पत्र के संपादक को एक टेलीफोन ग्राहक का पत्र। **(Bank P.O. 2000)**

धारणाएं: I. टेलीफोन कंपनी से नियमित रूप से बिल प्राप्त करना हर ग्राहक का अधिकार है।

II. ग्राहक की सेवाओं में दोष की शिकायत के सही होने की उम्मीद है।

7. कथन: XYZ प्राइवेट लिमिटेड कंपनी के प्रबंधन ने श्रमिकों के संघ को तुरंत हड़ताल खत्म करने को कहा अन्यथा प्रबंधन कारखाने को बंद करने के लिए मजबूर हो जाएगा। **(Bank P.O. 1999)**

धारणाएं: I. XYZ प्राइवेट लिमिटेड कंपनी के प्रबंधन के पास कारखाने को बंद करने के अतिरिक्त कोई दूसरा विकल्प नहीं है।

II. इस तरह की धमकियों का श्रमिक संघ पर कुछ प्रभाव हो सकता है।

8. कथन: ज्यादातर लोग जो धूम्रपान करना बंद कर देते हैं, उनका वजन बढ़ जाता है।

धारणाएं: I. अगर कोई धूम्रपान करना छोड़ दे, तो उसका वजन बढ़ जाएगा।

II. यदि कोई धूम्रपान करना बंद नहीं करता है, तो उसका वजन नहीं बढ़ेगा।

9. कथन: विटामिन ई की गोलियां परिसंचरण में सुधार करती हैं और चेहरे के रंग की चमक को बनाए रखती हैं। **(M.A.T. 2005)**

धारणाएं: I. लोग चमकता रंग पसंद करते हैं।

II. परिसंचरण के अभाव में चेहरे की चमक लुप्त हो जाती है।

10. कथन: "कंप्यूटर शिक्षा स्कूलों में ही शुरू हो जानी चाहिए।"

धारणाएं: I. कंप्यूटर सीखना आसान है।

II. कंप्यूटर शिक्षा से आसानी से नौकरी प्राप्त कर सकते हैं।

11. कथनः बच्चे को 5 साल की उम्र में या उसके अंदर स्कूल में डालना वांछनीय है।

धारणाएं: I. इस उम्र में बच्चा विकास के उचित स्तर पर पहुंचता है और सीखने के लिए तैयार होता है।

II. स्कूल बच्चों को छह साल की उम्र के बाद प्रवेश नहीं देते हैं।

12. कथनः यदि नियोक्ता आपको भविष्य निधि योगदान का भुगतान नहीं करता है तो आप अदालत में क्यों नहीं जाते हैं? **(Bank P.O. 2003)**

धारणाएं: I. न्यायालय नियोक्ता और कर्मचारी के बीच विवाद के मामलों में हस्तक्षेप कर सकते हैं।

II. नियोक्ता द्वारा कर्मचारियों को भविष्य निधि योगदान का भुगतान करना अनिवार्य है।

13. कथनः कोई भी भविष्यवाणी नहीं कर सकता कि कब तक हमारा देश दुर्भाग्यपूर्ण और विनाशकारी आतंकवादी गतिविधियों का शिकार होगा।

धारणाएं: I. आतंकवादी गतिविधियों का अंत करना असंभव है।

II. आतंकवादी गतिविधियों को नियंत्रित करने के प्रयास जारी हैं। **(S.B.I.P.O. 2003)**

14. कथनः कंपनी A में उसका वर्तमान का निवेश केवल एक जुआ है। **(R.B.I. 2002)**

धारणाएं: I. उसे अपने निवेश पर नुकसान उठाना पड़ सकता है।

II. वह अपने निवेश से लाभ प्राप्त कर सकता है।

15. कथनः "यदि आप कोई विज्ञापन देना चाहते हैं, तो अखबार X में दो।"- A, B को कहता है।

धारणाएं: I. B अपने उत्पादों को प्रचारित करना चाहता है।

II. समाचार पत्र X का व्यापक प्रसार है।

16. कथनः "जो लोग पहली बार परीक्षा दे रहे हैं, उन्हें फॉर्म भरने में मदद की जानी चाहिए।"- एक जांच कर्मचारी को निर्देश दिया गया है।

धारणाएं: I. फॉर्म कुछ जटिल है।

II. उम्मीदवार एक से अधिक बार परीक्षा दे सकता है।

17. कथनः प्रधानाचार्य ने सभी अध्यापकों को कक्षा में सावधान रहने का निर्देश दिया क्योंकि कुछ छात्र अन्य छात्रों को परेशान कर सकते हैं। **(S.B.I.P.O, 2002)**

धारणाएं: I. शिक्षक स्थिति को ठीक ढंग से संभाल लेंगे और वे शरारती छात्रों की पहचान करेंगे।

II. छात्र प्रधानाचार्य के निर्णय का स्वागत करेंगे।

18. कथनः कुत्तों से सावधान रहें, हमारे कुत्ते भौंकते नहीं हैं, लेकिन उन्हें वास्तविक मेहमानों और घुसपैठियों के बीच भेद करने के लिए प्रशिक्षित किया गया है।

धारणाएं: I. भौंकने वाले कुत्ते शायद ही कभी काटते हैं।

II. हमारे कुत्ते घुसपैठियों के लिए खतरनाक हो सकते हैं।

19. कथनः इस साल ज्यादातर दुकानें और डिपार्टमेंटल स्टोर ग्राहकों को आकर्षित करने के लिए खरीद पर पुरस्कार और छूट दे रहे हैं। **(M.B.A. 2002)**

धारणाएं: I. दुकानों और डिपार्टमेंटल स्टोरर्स ने अब तक बहुत लाभ अर्जित किया है, जिसे अब उन्होंने ग्राहकों के साथ साझा करना शुरू कर दिया है।

II. बहुत सारे सामान उपलब्ध हैं, लेकिन बिक्री नहीं बढ़ रही है। ग्राहकों में उत्साह नहीं है।

20. कथनः प्राथमिक स्कूलों में जाने वाले छात्रों की संख्या में वृद्धि करने के लिए मध्य-दिन भोजन प्रदान करें। **(SIDBI, 2000)**

धारणाएं: I. मध्य दिन का भोजन स्कूलों में बच्चों को आकर्षित करेगा।

II. वे बच्चे जो अच्छे भोजन से वंचित हैं, स्कूल में हाजिर होंगे।

21. कथनः कृपया नीचे जाते समय लिफ्ट का उपयोग न करें - एक पाँच मंजिला इमारत की शीर्ष मंजिल पर एक निर्देश।

धारणाएं: I. नीचे जाते समय लिफ्ट किसी भी भार को ले जाने में असमर्थ है।

II. लिफ्ट का प्रावधान एक सुविधा का मामला है, अधिकार का नहीं।

22. कथनः मानसून के दौरान शहरों में अधिकांश सड़कों पर ट्रैफिक जाम नियमित हो गए हैं। **(R.B.I. 2005)**

धारणाएं: I. सड़क निर्माण के लिए प्रयुक्त सामग्री मानसून का सामना नहीं कर पाती जिससे सड़कों पर असंख्य गढ्ढे हो जाते हैं।

II. अन्य मौसमों की तुलना में मानसून में सड़कों पर आने वाले वाहनों की संख्या बहुत अधिक है।

23. कथनः "निजी संपत्ति, अतिचारी पर मुकदमा चलाया जाएगा"- जमीन के एक भूखंड पर नोटिस। **(S.B.I.P.O. 2001)**

धारणाएं: I. राहगीर इस नोटिस को पढ़ सकता है और उसे पढ़कर अतिचार नहीं करेगा।

II. लोग अभियोजन से डरते हैं।

24. कथनः आज मुझे एक गुलाबी सिर वाले बत्तख को केवल विश्वकोश में देखकर ही खुद को संतुष्ट करना चाहिए।

धारणाएं: I. गुलाबी सिर वाली बत्तखें उतनी अच्छी हैं कि अब विलुप्त हो चुकी हैं।

II. लोग विश्वकोश का प्रयोग केवल उन चीजों के बारे में जानने के लिए करते हैं, जो अब मौजूद नहीं है।

25. कथनः ट्रेन के डिब्बे पर लिखी चेतावनी- "ट्रेन रोकने के लिए, चेन खींचो। अनुचित उपयोग के लिए ₹500 जुर्माना"

धारणाएं: I. कुछ लोग अलार्म चेन का गलत इस्तेमाल करते हैं।

II. कुछ खास मौकों पर लोग एक चलती रेल को रोकना चाहते हैं।

26. कथनः "अपने बच्चे की स्मृति को बेहतर बनाने के लिए हमारे उत्पाद का उपयोग करें। यह प्राकृतिक जड़ी बूटियों पर आधारित है और इसका कोई दुष्प्रभाव साइड इफेक्ट नहीं है।"- एक दवा कंपनी का विज्ञापन। **(Bank P.O. 1999)**

धारणाएं: I. आमतौर पर लोग ऐसे मेडिकल उत्पाद चुनते हैं, जो उपयोगी है और उनका कोई दुष्प्रभाव नहीं है।

II. बच्चे की स्मृति में सुधार को कई माता-पिता द्वारा महत्वपूर्ण माना जाता है।

27. कथनः किसी संगठन को केवल योग्यता के आधार पर कर्मचारी को बढ़ावा देना चाहिए न कि उसकी सेवा की अवधि या वरिष्ठता के आधार पर।

धारणाएं: I. सेवा की अवधि या वरिष्ठता अकेले एक कर्मचारी की योग्यता को नहीं दर्शाते हैं।

II. किसी कर्मचारी की योग्यता का निर्धारण और मापन सम्भव है।

28. कथनः सरकार ने बेहतर राजकोषीय प्रबंधन के लिए कुछ चुनिन्दा सार्वजनिक क्षेत्र के उपक्रमों में अपनी इक्विटी के बड़े हिस्से के विनिवेश का फैसला किया है। **(R.B.I. 2004)**

धारणाएं: I. विनिवेश प्रक्रिया द्वारा प्राप्त राशि काफी हद तक बढ़ते राजकोषीय घाटे को कम कर सकती है।

II. बाजार में इन उपक्रमों के शेयरों के लिए पर्याप्त मांग होगी।

29. कथनः यदि वह बुद्धिमान है, तो वह परीक्षा को उत्तीर्ण कर लेगा। **(S.S.C. 2003)**

धारणाएं: I. परीक्षा उत्तीर्ण करने के लिए, उसे बुद्धिमान होना चाहिए।

II. वह परीक्षा उत्तीर्ण कर लेगा।

30. कथनः 27 वर्ष के कारावास ने नेल्सन मंडेला को राष्ट्रपति बनाया। **(C.B.I. 2003)**

धारणाएं: I. जिसे 27 वर्ष की कैद होगी, केवल वही राष्ट्रपति बन जाएगा।

II. राष्ट्रपति बनने के लिए कारावास एक योग्यता है।

31. कथनः आजकल बच्चे उनके शिक्षकों से अधिक प्रभावित होते हैं।

धारणाएं: I. बच्चे शिक्षकों को उनके मॉडल के रूप में मानते हैं।

II. बच्चों का अधिक समय स्कूल में व्यतीत होता है।

32. कथनः यदि इंजीनियर बनना आसान है, तो मैं इंजीनियर नहीं बनना चाहता। **(M.A.T. 1998)**

धारणाएं: I. एक व्यक्ति पेशेवर होने की आकांक्षा रखता है।

II. व्यक्ति ऐसी चीज प्राप्त करने की इच्छा रखता है, जो मेहनत से कमाया गया हो।

33. कथनः कंपनी X का कॉफी पाउडर कंपनी Y की विज्ञापन में दिखायीं कॉफी से स्वाद में काफी बेहतर है।

धारणाएं: I. यदि आपका उत्पाद अच्छा नहीं है, तो आपको विज्ञापन पर अधिक खर्च करना होगा।

II. विज्ञापन द्वारा कुछ लोगों को उत्पाद खरीदने हेतु लुभाया जाता है।

34. कथनः टेलीविजन के मनोरंजन मूल्य के अतिरिक्त, इसके शैक्षिक मूल्य की अनदेखी नहीं की जा सकती। **(M.A.T. 2004)**

धारणाएं: I. टेलीविजन को लोग केवल मनोरंजन के साधन के लिए लेते हैं।

II. टेलीविजन का शैक्षिक मूल्य ठीक से महसूस नहीं किया गया है।

35. कथनः नागरिक परिषद द्वारा चलाए गए 'अपने शहर को स्वच्छ बनाए रखें' अभियान को नागरिकों से कोई प्रतिक्रिया नहीं मिली।

धारणाएं: I. लोग अपना शहर साफ रखने की इच्छा नहीं रखते हैं।

II. नागरिक परिषद अपने अभियान में विफल रहा है।

36. कथनः वर्तमान परीक्षा प्रणाली को पूर्णतया बदले जाने की जरूरत है।

धारणाएं: I. वर्तमान परीक्षा प्रणाली जीर्ण-शीर्ण हो चुकी है।

II. बदलाव से सुधार होता है।

37. कथनः कार्तिक शुक्रवार को दिल्ली में उसके चाचा के घर पर आयोजित होने वाले एक समारोह में भाग लेने के लिए ट्रेन से मंगलवार को दिल्ली के लिए रवाना हुआ। **(Bank P.O. 2003)**

धारणाएं: I. कार्तिक बुधवार को दिल्ली पहुंच सकता है।

II. कार्तिक शुक्रवार से पहले दिल्ली पहुंच सकता है।

38. कथनः नागरिक प्राधिकरण ने क्षेत्रवासियों को मच्छर मारने की दवा का उपयोग करने के लिए या मच्छरदानी में सोने की सलाह दी है क्योंकि बड़ी संख्या में लोग मलेरिया से पीड़ित हैं। **(Bank P.O. 2002)**

धारणाएं: I. स्थानीय निवासियों के पास मच्छर मारने की दवा का या मच्छरदानी की व्यवस्था करने के लिए पर्याप्त धन है।

II. लोग इस सलाह की अनदेखी कर सकते हैं और मच्छर का काटना जारी रख सकते हैं क्योंकि उनकी अन्य आवश्यकताएं भी हैं।

39. कथनः ऑपरेशन के बाद रोगी की स्थिति में सुधार होगा।

धारणाएं: I. इस हालत में मरीज का ऑपरेशन किया जा सकता है।

II. इस हालत में मरीज का ऑपरेशन नहीं किया जा सकता है।

40. कथनः A की B को एक सलाह-"अमृतसर से होकर जम्मू जाओ - सबसे छोटा मार्ग है"।

धारणाएं: I. B जम्मू जाने की इच्छा रखता है।

II. A हर किसी को सलाह देता है।

41. कथनः कई इतिहासकारों ने कुछ अच्छा करने की जगह सत्य को विकृत करके अधिक नुकसान किया है।

धारणाएं: I. लोग वही मानते हैं जो इतिहासकारों द्वारा रिपोर्ट किया गया है।

II. इतिहासकारों से शायद ही कभी सत्य का चित्रण करने की उम्मीद होती है। **(M.A.T. 2003)**

42. कथनः आप इस साल क्रिसमस पार्टी में एंथनी को आमंत्रित क्यों नहीं करते ?

धारणाएं: I. एंथनी उसी शहर से नहीं है।

II. बिना आमंत्रण के एंथनी पार्टी में हिस्सा नहीं लेगा।

43. कथनः "इस सप्ताह अधिक काम के कारण आपको उसे छुट्टी नहीं देनी चाहिए।"- एक पर्यवेक्षक प्रशासनिक अधिकारी को सलाह देता है।

धारणाएं: I. छुट्टी के लिए अनुरोध को मना भी किया जा सकता है।

II. पर्यवेक्षक ने उक्त अवधि के दौरान जरूरी काम की समीक्षा की है।

44. कथनः "यह पुल 128 करोड़ रु की लगत से बनाया गया था और सिविल बस भी इसका उपयोग नहीं कर रही है, यह देखकर बहुत अफसोस हुआ।" - एक उपनगर के पूर्व और पश्चिम पक्षों को जोड़ने वाले एक नए बने फ्लाईओवर पर एक नागरिक का दृष्टिकोण। **(Bank P.O. 1999)**

धारणाएं: I. ऐसे पुलों का निर्माण किसी भी सार्वजनिक उद्देश्य को पूरा नहीं करता है।

II. सार्वजनिक परियोजनाओं पर खर्च किये गए पैसे और उसकी उपयोगिता पर कुछ जवाबदेही होनी चाहिए।

45. कथनः यह शिक्षा के क्षेत्र में एक महत्वपूर्ण उपलब्धि होगी यदि हमारे देश में प्रत्येक गांव के लिए एक स्कूल प्रदान किया जाता है और उसमें उपस्थिति दर्ज होती है।

धारणाएं: I. गांवों के स्कूल में बच्चे नियमित रूप से उपस्थित नहीं होते।

II. हर गांव को स्कूल प्रदान करना इच्छित है।

46. कथनः जीवन के पहले चार या पांच वर्षों में उत्तेजना की कमी के प्रतिकूल परिणाम हो सकते हैं। **(M.A.T. 2005)**

धारणाएं: I. अवलोकित बुद्धि के एक बड़े हिस्से का विकास जीवन के शुरुआती वर्षों में होता है।

II. 17 साल की उम्र में औसत दर्जे की बुद्धिमत्ता का 50 प्रतिशत शुरुआती चार वर्ष में ही निर्धारित हो जाती है।

47. कथन: 'मेहमानों को दोपहर का भोजन प्रदान किया जाना चाहिए।' —A ने B को कहा।

धारणाएं: I. जब तक बताया नहीं जाता, दोपहर का भोजन प्रदान नहीं किया जा सकता है।

II. मेहमान दोपहर के भोजन के दौरान उपस्थित रहेंगे।

48. कथन: महाविद्यालय स्तर पर एक विद्यार्थी की शिक्षा का खर्च, रख-रखाव के खर्चे के अतिरिक्त, चार सौ रुपये प्रति वर्ष है। इस प्रकार महाविद्यालय स्तर की शिक्षा एक गरीब राष्ट्र के संसाधनों पर बोझिल है। अतः महाविद्यालय स्तर की शिक्षा केवल कुछ तीक्ष्ण बुद्धि वाले छात्रों के लिए ही होनी चाहिए। **(N.M.A.T. 2003)**

धारणाएं: I. हमारे संसाधन बहुत सीमित हैं।

II. केवल कुछ छात्रों को कॉलेजों में प्रवेश मिलना चाहिए।

49. कथन: 'कृपया ध्यान दें कि कंपनी चयनित उम्मीदवारों में से केवल उन्हें आवास प्रदान करेगी जो बाहर के हैं।' एक विज्ञापन में दी गयी शर्त।

धारणाएं: I. स्थानीय उम्मीदवारों के पास उनके ठहरने की कोई अन्य व्यवस्था होगी।

II. कंपनी को केवल स्थानीय उम्मीदवारों को चयन करने की योजना है।

50. कथन: सड़क X पर बहुत अधिक गड्ढे होने के कारण, समय पर हवाईअड्डा पहुंचना मुश्किल है। **(Bank P.O. 2003)**

धारणाएं: I. समय पर एयरपोर्ट पहुंचना हमेशा जरूरी नहीं है।

II. हवाई अड्डे के लिए कोई अन्य सुविधाजनक सड़क नहीं है।

51. कथन: एयरलाइंस X ने यात्री किराया तत्काल प्रभाव से 15 प्रतिशत बढ़ाने का फैसला किया है। **(Management Trainees' 2003)**

धारणाएं: I. किराया बढ़ने के बाद भी एयरलाइंस X की सीटों की मांग अपरिवर्तित रह सकती है।

II. अन्य एयरलाइन कंपनियां भी यात्री किराए में वृद्धि कर सकती हैं।

52. कथन: "यदि मैं ठीक नहीं होता हूँ तो तुम्हें मीटिंग में जाना पड़ेगा।"- एक प्रबंधक अपने अधीनस्थ को बताता है।

धारणाएं: I. यह आवश्यक नहीं है कि केवल प्रबंधक स्तर के कर्मचारी ही मीटिंग में उपस्थित रहें।

II. यदि प्रबंधक स्वस्थ हों, तो वह स्वयं बैठक के लिए जाना पसंद करते हैं।

53. कथन: "हमारे कार्यालय में समय की पाबंदी लाने के लिए हमें हमारे कर्मचारियों को यात्रा भत्ता प्रदान करना चाहिए।" - एक कंपनी का प्रभारी कार्मिक प्रबंधक को बताता है।

धारणाएं: I. यात्रा भत्ता कार्यालय में समय की पाबंदी लाने में मददगार साबित नहीं होगा।

II. अनुशासन और प्रतिफल सदैव साथ-साथ चलते हैं।

54. कथन: आप जानते हैं कि आपका सूट उत्कृष्ट है, क्योंकि लोग आपके दर्जी के बारे में पूछते हैं, जिसने सूट सिला है। **(I.I.T.T.M. 1998)**

धारणाएं: I. अगर आपका सूट अच्छा नहीं है तो लोग आपके दर्जी के बारे में नहीं पूछते।

II. जनता एक उत्कृष्ट सूट की कसौटी जानना चाहती है।

55. कथन: सरकारों की कार्रवाई से या सरकार के क्रांतिकारी परिवर्तन से सभी मौजूदा असमानताएं, अगर पूरी तरह से मिटी नहीं भी, तो कम हो सकती हैं।

धारणाएं: I. असमानता एक मानव निर्मित दृष्टिकोण है।

II. किसी भी व्यक्ति के पास जो कुछ भी है वह उसका स्वेच्छा से भाग नहीं होगा।

56. कथन: अभिभावक शिक्षक संघ (पीटीए) ने एक स्कूल के प्रधानाचार्य को सूचित किया है कि वे तब तक स्कूल में उनके बच्चे नहीं भेजेंगे, जब तक स्कूल प्राधिकरण तत्काल प्रभाव से फीस कम नहीं कर देता है। **(Bank P.O. 2003)**

धारणाएं: I. माता-पिता का बहुमत पीटीए से सहमत हो सकता है और वह अपने बच्चे को स्कूल नहीं भेजेंगे।

II. स्कूल प्राधिकरण पीटीए की मांग को मान सकता है और फीस कम कर सकता है।

57. कथन: राज्य सरकार ने छात्रों को हवाई टिकट पर रियायत प्रदान करने की योजना को समाप्त कर दिया है। **(S.B.I.P.O. 2002)**

धारणाएं: I. छात्र भविष्य में हवाई यात्रा नहीं करेंगे।

II. छात्र जो हवाई यात्रा करते हैं, हवाई टिकट का खर्च वहन कर सकते हैं।

58. कथन: "X मच्छर क्वाइल से आपके परिवार के लिए रात में एक अच्छी, सुरक्षित और प्रभावी नींद सुनिश्चित करें।"- एक विज्ञापन।

धारणाएं: I. X मच्छर क्वाइल अन्य मच्छर क्वाइल से बेहतर है।

II. एक अच्छी रात्रि निद्रा अपेक्षित है।

59. कथन: सरकार ने क्षेत्र में हाल ही में हुई हिंसा के संभावित कारण जानने के लिए एक तथ्य ज्ञात करने का मिशन गठित किया है। **(S.B.I.P.O. 2001)**

धारणाएं: I. मिशन घटनाओं के बारे में विश्वसनीय जानकारी देने के लिए सक्षम हो सकता है।

II. क्षेत्र के लोग घटनाओं से संबंधित जानकारी देने के लिए मिशन के साथ सहयोग के लिए आगे आ सकते हैं।

60. कथन: सिटी बस परिवहन निगम ने आर्थिक रूप से व्यवहार्य बनाने के लिए ए और बी बिंदुओं के बीच चलने वाली तीन बसों के मार्ग को बदलने का फैसला किया है। **(Bank P.O. 2003)**

धारणाएं: I. संशोधित मार्गों पर इन बसों को अधिक यात्री मिल सकते हैं।

II. पुराने मार्ग पर निवास करने वाले कई लोग बस सेवा का लाभ नहीं उठा सकते हैं।

61. कथन: ग्रामीण क्षेत्रों में शराब की मात्रा की बढ़ती खपत के कारण खाद्य विषाक्तता के मामले बढ़ रहे हैं। **(R.B.I. 2005)**

धारणाएं: I. ग्रामीण इलाकों में शराब का उपभोग करने वाले लोगों का प्रतिशत ज्यादा है।

II. ग्रामीण क्षेत्रों में शराब की कई अनधिकृत दुकानें हैं।

62. कथन: विजयी होने के बाद भी विनम्र रहें।

धारणाएं: I. बहुत से लोग विजयी होने के बाद भी विनम्र रहते हैं।

II. आम तौर पर लोग विनम्र नहीं होते।

63. कथन: मैं कार्षिक में आपसे फोन पर संपर्क नहीं कर सकता। **(M.A.T. 2004)**

धारणाएं: I. कार्षिक में फोन सुविधा उपलब्ध नहीं है।

II. आजकल फोन पर संपर्क करना मुश्किल है।

64. कथनः सभी वस्तुओं में से, कंप्यूटर की कीमतों में जून 2005 से दिसंबर 2005 के बीच उच्चतम गिरावट आई है।

धारणाएं: I. जून और दिसंबर 2005 के बीच सभी वस्तुओं की तुलनात्मक कीमतें उपलब्ध थीं।

II. कंप्यूटर की कीमतों में 2005 के पहले छः महीनों में अंतिम छः महीनों की तुलना में वृद्धि अधिक रही।

65. कथनः हमारे स्टोर के इस कैमरे को चुराने की कोशिश करो– एक विभागीय दुकान पर लिखी सूचना।

धारणाएं: I. लोग एक कैमरा खरीदना चाहते हैं।

II. स्टोर में चोरी का पता लगाने के लिए एक वीडियो मॉनिटरिंग सिस्टम है।

66. कथनः कृपया निवेश पर कोई निर्णय लेने से पहले हमसे सलाह लें।

धारणाएं: I. यदि आप हमसे परामर्श नहीं करते हैं, तो आप कोई गलत फैसला ले सकते हैं।

II. सही निर्णय लेना आवश्यक है।

67. कथनः राज्य सरकार ने अगले वित्तीय वर्ष के दौरान चार हजार प्राथमिक स्कूल के शिक्षक नियुक्त करने का निर्णय लिया है। **(Bank P.O. 2005)**

धारणाएं: I. चार हजार अतिरिक्त प्राथमिक स्कूल के शिक्षकों को समायोजित करने के लिए राज्य में पर्याप्त स्कूल हैं।

II. योग्य उम्मीदवारों को इसमें आवेदन के लिए दिलचस्पी नहीं है क्योंकि उन्हें लगता है कि सरकार शायद इतनी बड़ी संख्या में प्राथमिक विद्यालय के शिक्षकों को नियुक्त न करें।

68. कथनः जिला प्रशासन ने अधिकार क्षेत्र के तहत आने वाले सभी किसानों को एक परिपत्र जारी किया है, जिसमें उन्हें कीटनाशकों का अधिक उपयोग नहीं करने सलाह दी गयी है क्योंकि यह अंधाधुंध रूप से भूजल को प्रदूषित कर सकता है। **(R.B.I. 2004)**

धारणाएं: I. यदि किसान कीटनाशकों का अंधाधुंध उपयोग करना जारी रखते हैं तो लोग भूजल का उपयोग करना बंद कर सकते हैं।

II. किसान कीटनाशकों का अंधाधुंध उपयोग करने से बच सकते हैं।

69. कथनः नशेड़ियों के इलाज में पहला कदम उनके खोए हुए संबंधों को फिर से स्थापित करना है, जिसके लिए नशेड़ियों पर निरंतर व्यक्तिगत ध्यान देना चाहिए।

धारणाएं: I. व्यक्तिगत रुचि दिखाए जाने पर उपचार के तहत नशेड़ी बेहतर प्रतिक्रिया दिखाते हैं।

II. लत और तनावपूर्ण रिश्ते आंतरिक रूप से जुड़े हुए हैं।

70. कथनः लोगों के मनोरंजन के लिए फिल्में अपरिहार्य हो गई हैं।

धारणाएं: I. फिल्में मनोरंजन का एकमात्र साधन है।

II. लोग फिल्मों का आनंद लेते हैं।

71. कथनः कंपनी को साक्षात्कार के लिए उम्मीदवारों की सूची निर्धारित करते समय प्रस्तुत किए गए किसी भी आवेदन पत्र को अस्वीकार करने का अधिकार है – रोजगार सूचना में वर्णित एक शर्त। **(Bank P.O. 1999)**

धारणाएं: I. साक्षात्कार के लिए केवल योग्य उम्मीदवारों को बुलाना वांछनीय है।

II. कंपनी अपने सभी कार्यों में इस प्रकार की निष्पक्षता में विश्वास करती है।

72. कथनः शालिनी ने उसके घर को बैंक में गिरवी रखकर ₹1,80,000 के ऋण के लिए बैंक में एक आवेदन किया और इसे पांच साल के अंदर चुकाने का वादा किया।

धारणाएं: I. बैंक ₹1,00,000 और इससे ऊपर के ऋण देता है।

II. इस प्रकार के ऋणों के विरुद्ध सुरक्षा के लिए बैंक घर को गिरवी रखता है।

73. कथनः "एक X – T.V. खरीदने के लिए, Y से संपर्क करें – X – T.V. का एकमात्र एजेंट" – एक विज्ञापन।

धारणाएं: I. आमतौर पर लोग एकमात्र एजेंट के माध्यम से टी.वी. खरीदना पसंद करते हैं।

II. टी.वी. उत्पादक कंपनियों द्वारा अपने उत्पादों को ग्राहकों को सीधे नहीं बेचा जाता।

74. कथनः अच्छे नागरिक प्रशासन के लिए अधिक से अधिक जनभागीदारी आवश्यक है।– शहर A के नगर आयुक्त का बयान। **(Bank P.O. 2000)**

धारणाएं: I. नगर निगम कार्यालय अच्छे नागरिक प्रशासन के लिए शासन प्रबंध करने के लिए सक्षम नहीं है।

II. अच्छा नागरिक प्रशासन लोगों और प्रशासन के सामूहिक इच्छा और प्रयास का मुद्दा है।

75. कथनः उम्मीदवारों को लिखित परीक्षा के लिए प्रवेश पत्र में एक वाक्य – 'यात्रा आदि पर खर्च आपको स्वयं वहन करना होगा'।

धारणाएं: I. यदि सभी उम्मीदवारों को स्पष्ट नहीं किया जाए, तो वे खर्चों की प्रतिपूर्ति का दावा कर सकते हैं।

II. कई संगठन उम्मीदवारों को लिखित परीक्षा के लिए बुलाने पर हुए यात्रा पर खर्च की प्रतिपूर्ति करते हैं।

76. कथनः पार्टी अध्यक्ष ने निर्देशित किया है कि पार्टी का कोई सदस्य सरकारी और निजी टी.वी. चैनल को पार्टी की निर्धारित बैठक में हुई चर्चा के बारे में कोई प्रेस ब्रीफिंग या साक्षात्कार नहीं देगा।

धारणाएं: I. पार्टी के सदस्य अध्यक्ष के निर्देशों पर गौर करेंगे।

II. आम जनता पार्टी की निर्धारित बैठक में हुई घटनाओं के बारे में नहीं जान पाएगी।

77. कथनः सुरक्षा और स्वास्थ्य प्रक्रियाओं में कई भारतीय कंपनियां अंतरराष्ट्रीय मानकों के काफी नीचे हैं। **(PGDBM, 2002)**

धारणाएं: I. स्वास्थ्य और सुरक्षा के अंतर्राष्ट्रीय मानक और आदर्श अव्यवहारिक हैं।

II. भारतीय संगठन सुरक्षा और स्वास्थ्य प्रबंधन को उनके प्रमुख सामाजिक उत्तरदायित्व के रूप में स्वीकार नहीं करते।

78. कथनः सचिन ने बेंगलुरु विश्वविद्यालय से गणित में स्नातक पाठ्यक्रम के लिए आवेदन पत्र को व्यक्तिगत रूप से लाने के लिए अपने भाई को लिखा।

धारणाएं: I. विश्वविद्यालय भावी छात्र के अतिरिक्त अन्य व्यक्तियों को भी आवेदन जारी कर सकता है।

II. सचिन का भाई आवेदन जमा करने की तारीख के अंतिम दिन से पहले आवेदन पत्र प्राप्त कर लेगा।

79. कथनः "कृपया मेरे लिए इंतजार न करें, मुझे देर हो सकती है, मेहमानों के आते ही जल्द से जल्द दोपहर का भोजन करें।"– एक कंपनी के निदेशक द्वारा उनके कार्यालय प्रबंधक को एक संदेश। **(Bank P.O. 2004)**

धारणाएं: I. मेहमानों को इंतजार कराते रहना उचित नहीं है।
II. दोपहर का भोजन समय पर तैयार नहीं हो सकता है।

80. कथन: "घर में मच्छरों का प्रवेश रोकने के लिए खिड़कियों पर जाली लगाएँ।" **(Bank P.O. 2003)**
धारणाएं: I. खिड़कियों के अतिरिक्त अन्य प्रवेश द्वार से मच्छरों का प्रवेश हो सकता है।
II. दरवाजों पर लगाने के लिए जाली उपलब्ध नही है।

81. कथन: "चूंकि कार्यक्रम की अधिक मांग है, अत: प्रत्येक टिकट चाहने वाले व्यक्ति को केवल पांच टिकट दी जाएँगी।"
धारणाएं: I. आयोजक टिकट बेचने के लिए उत्सुक नहीं हैं।
II. पाँच से अधिक टिकट पाने के लिए कोई दिलचस्प नहीं है।

82. कथन: "अगर तुम मुझे परेशान करोगे, तो मैं तुम्हें थप्पड़ मारूँगी।"- एक माँ अपने बच्चे को चेतावनी देती है।
धारणाएं: I. चेतावनी के बाद, बच्चा उसे परेशान करना बंद कर सकता है।
II. सभी बच्चे मूल रूप से नटखट होते हैं।

83. कथन: 'पांच महीने में अपने पैसे को दोगुना करें।'- एक विज्ञापन
धारणाएं: I. आश्वासन वास्तविक नहीं है।
II. लोग अपना पैसा बढ़ाना चाहते हैं।

84. कथन: सफलता इस बात पर निर्भर है कि कोई व्यक्ति जमीन से टकराने के बाद कितना ऊपर उछल पाता है। **(Bank P.O. 2002)**
धारणाएं: I. सफलता के लिए असफलता से बिना निराश हुए सचेत प्रयासों की आवश्यकता होती है।
II. असफलता स्वीकार्य नहीं हो सकती।

85. कथन: मैंने बैंक में खाते के सन्दर्भ में शाखा प्रबंधक को कई पत्र लिखे हैं, लेकिन अभी तक मुझे कोई उत्तर प्राप्त नहीं हुआ है।
धारणाएं: I. शाखा प्रबंधक से अपेक्षा की जाती है कि वह ग्राहकों के पत्र पढ़ें।
II. शाखा प्रबंधक को ग्राहकों के पत्रों का उत्तर देना अपेक्षित है।

86. कथन: सरकार ने गैर-सहायता प्राप्त कॉलेजों को फीस बढ़ाने के लिए अनुमति दी है।
धारणाएं: I. गैर-सहायता प्राप्त कॉलेज वित्तीय संकट में हैं।
II. सहायता प्राप्त कॉलेजों को फीस बढ़ोत्तरी की आवश्यकता नहीं है।

87. कथन: मुंबई में प्रकाशित सभी समाचार पत्रों में से, 'टाइम्स' के पाठक महानगर में सर्वाधिक हैं।
धारणाएं: I. 'टाइम्स' मुफस्सिल क्षेत्रों में लोकप्रिय नहीं है।
II. जटिल सामाजिक और राजनीतिक मुद्दों पर कार्टून बनाना 'टाइम्स' की लोकप्रिय विशेषता है।

88. कथन: सरकार ने सूखा राहत कार्यक्रम के वित्तपोषण के लिए 2 प्रतिशत अतिरिक्त उपकर लगाने का निर्णय लिया है। **(Bank P.O. 2003)**
धारणाएं: I. सरकार के पास सूखा राहत कार्यक्रम की फंडिंग के लिए पर्याप्त पैसा नहीं है।
II. उपकर से प्राप्त धन सूखा राहत कार्यक्रम की फंडिंग के लिए पर्याप्त होगा।

89. कथन: इस मामले में किसी भी प्रकार की कठिनाई होने पर, आप हमारे कंपनी के वकील से संपर्क कर सकते हैं।
धारणाएं: I. प्रत्येक कंपनी के पास अपना एक वकील है।
II. कंपनी के वकील को इस मामले की पूरी जानकारी है।

90. कथन: हिल स्टेशनों की यात्रा के लिए रेल किराए में रियायत को समाप्त कर दिया गया है क्योंकि जो लोग वहां छुट्टियाँ मनाने जा सकते हैं, उन्हें इस तरह की रियायत की आवश्यकता नहीं है।
धारणाएं: I. रेलवे को केवल जरूरतमंद व्यक्तियों को रियायत देनी चाहिए।
II. रेलवे को लोगों को अपनी छुट्टियां हिल स्टेशनों पर बिताने के लिए प्रोत्साहित नहीं करना चाहिए।

91. कथन: नियामक प्राधिकरण ने अस्थिर स्टॉक कीमतों के कारणों का पता लगाने के लिए एक समीक्षा समिति की स्थापना की है। **(I.B.P.S. 2002)**
धारणाएं: I. इस निर्णय से निवेशक स्टॉक मार्किट में विश्वास को पुनर्स्थापित कर सकते हैं।
II. समीक्षा समिति के पास शेयर बाजार में अस्थिरता के कारणों का पता लगाने के लिए विशेषज्ञता है।

92. कथन: भारत में निर्मित सभी रेडियो सेटों में से, 'X' ब्रांड की बिक्री सर्वाधिक है।
धारणाएं: I. भारत में निर्मित सभी रेडियो सेटों की बिक्री ज्ञात है।
II. भारत में 'X' ब्रांड रेडियो जितना बड़ा विनिर्माण अन्य किसी रेडियो सेट का नहीं है।

93. कथन: विस्तृत और व्यापक जानकारी प्राप्त करने के लिए इस पुस्तक को पढ़ें।
धारणाएं: I. जो व्यक्ति यह जानकारी चाहता है, इस पुस्तक को पढ़ सकता है।
II. इस विषय पर अन्य पुस्तकें उपलब्ध हैं।

94. कथन: पूरी प्रशासनिक प्रणाली में सुधार के बिना, हम भ्रष्टाचार और पूर्वाग्रह को समाज से समाप्त नहीं कर सकते। **(Bank P.O. 2002)**
धारणाएं: I. भ्रष्टाचार और पूर्वाग्रह का होना अच्छा है।
II. प्रशासनिक प्रणाली में सुधार की बहुत गुंजाइश है।

95. कथन: "यह पेय या तो ऐसे ही या इसमें बर्फ डालने के बाद पिया जा सकता है।" एक विज्ञापन।
धारणाएं: I. लोगों की पसंद भिन्न होती हैं।
II. कुछ लोग पीने के लिए आकर्षित होंगे क्योंकि इसे ऐसे ही पिया जा सकता है।

96. कथन: "एवन साइकिल - तेज, सवारी करने में आसान, प्रभावशाली, विश्वसनीय, तैयार की गई और अप-टू-डेट ऑटोमेशन।"- एक विज्ञापन।
धारणाएं: I. ऐसी सुविधाओं के साथ कोई अन्य साइकिल नहीं है।
II. लोग मूल्य के विषय में चिंता नहीं करते।

97. कथन: विभिन्न कंपनियों का प्रदर्शन देखने के लिए एक वित्तीय वर्ष का अंत आदर्श समय होता है।
धारणाएं: I. सभी कंपनियां एक वित्तीय वर्ष के अंत में ऐसी समीक्षा करती हैं।
II. विभिन्न कंपनियों का प्रदर्शन डेटा उपलब्ध है।

98. कथन: "आपको यहां एक प्रोग्रामर के रूप में एक वर्ष की परिवीक्षा अवधि के लिए नियुक्त किया गया है और नौकरी की पुष्टि के लिए

इस अवधि के अंत में आपके प्रदर्शन की समीक्षा की जाएगी।"–एक नियुक्ति पत्र में एक पंक्ति।

धारणाएं: I. आमतौर पर नियुक्ति प्रस्ताव के समय किसी व्यक्ति के प्रदर्शन का पता नहीं चलता है।

II. आम तौर पर एक व्यक्ति परिवीक्षा अवधि में अपनी योग्यता साबित करने की कोशिश करता है।

99. कथन: "लेकिन A, B, C और D उत्पादों में से, आपको B खरीदना चाहिए क्योंकि यह अकेला अंतर्राष्ट्रीय प्रौद्योगिकी पर आधारित है।"–एक दुकानदार एक ग्राहक को बताता है।

धारणाएं: I. ग्राहक आमतौर पर दुकानदार की सलाह को स्वीकार करते हैं।

II. अंतर्राष्ट्रीय प्रौद्योगिकी का उपयोग बेहतर गुणवत्ता मानकों को सुनिश्चित करने के लिए किया जाता है।

(Bank P.O. 1999)

100. कथन: 18 वर्ष से अधिक आयु के सभी बेरोजगार भारतीय युवाओं को बेरोजगारी भत्ता दिया जाना चाहिए।

धारणाएं: I. भारत में बेरोजगार युवा हैं जिन्हें मौद्रिक सहायता की आवश्यकता है।

II. सभी बेरोजगार युवाओं को भत्ता प्रदान करने के लिए सरकार के पास पर्याप्त धन है।

हल-अभ्यास 3(A)

1. (*b*) : शब्द 'यदि' दर्शाता है कि 'आपको' जरूरी नहीं कि समस्याएं हों। अत: धारणा I निहित नहीं है। इसी के साथ कथन कहता है कि 'मै' समस्या का समाधान करूंगा। अत: धारणा II निहित है।

2. (*b*) : डिटर्जेंट द्वारा झाग बनाने के बारे में कुछ भी नहीं बताया गया है। अत: धारणा I निहित नहीं है। इसी के साथ डिटर्जेंट का उपयोग किया जाना चाहिए क्योंकि वे कपड़े को बेहतर और अधिक आसानी से साफ करते हैं। अत: धारणा II निहित है।

3. (*c*) : शब्द 'एक पागल आदमी की तरह' यह दिखाते हैं कि या तो कोई व्यक्ति वास्तव में पागल है या वह पागल नहीं है बल्कि पागल की तरह काम करता है। अत: या तो धारणा I या धारणा II निहित है।

4. (*a*) : स्पष्टत:, मुआवजे की राशि सरकार की मौद्रिक स्थिति को ध्यान में रखते हुए तय की गई होगी। अत: धारणा I निहित है। हालाँकि, भविष्य में रेलवे दुर्घटनाओं की आवृत्ति के बारे में कुछ नहीं कहा जा सकता है। अत: धारणा II निहित नहीं है।

5. (*a*) : कथन कहता है कि इस विषय पर पुस्तकें पहले भी उपलब्ध थीं, लेकिन वे 'स्पष्ट' नहीं थीं। अत: धारणा I निहित है। लेकिन धारणा II के रूप में एक सामान्य टिप्पणी, दिए गए कथन से नहीं की जा सकती। अत: धारणा II निहित नहीं है।

6. (*e*) : बिल प्राप्त करने के लिए ग्राहक की उत्सुकता से स्पष्ट है कि धारणा I निहित है। इसके अतिरिक्त, ग्राहक ने विभाग की खराबी को सार्वजनिक संज्ञान में लाने के लिए संपादक को लिखा है। अत: धारणा II भी निहित है।

7. (*b*) : इस तरह की चेतावनी आम तौर पर श्रमिकों को धमकाने के लिए दी जाती है कि अगर वे सही तरीके से काम नहीं करेंगे तो वे अपनी नौकरी और आय हमेशा के लिए खो देंगे। अत: केवल धारणा II निहित है।

8. (*d*) : कथन कहता है 'अधिकतर लोग' न कि 'सभी लोग'। अत: धारणा I अनिवार्य रूप से सत्य नहीं है। अत:, धारणा I निहित नहीं है। यह शर्त कि, 'अगर कोई धूम्रपान बंद नहीं करता है', कथन से निगमित नहीं होती है। अत: धारणा II भी निहित नहीं है।

9. (*e*) : आम तौर पर, केवल एक उत्पाद की अच्छी विशेषता को उजागर किया जाता है, जिसके लिए लोग तरसते हैं। अत: धारणा I निहित है। चूंकि परिसंचरण में सुधार होता है, इसलिए रंग चमकता है, अत: धारणा II भी निहित है।

10. (*a*) : स्पष्टत:, कंप्यूटर शिक्षा स्कूल स्तर पर तभी ही शुरू की जा सकती है यदि यह आसान है। अत: धारणा I निहित है। कथन में, नौकरियों और कंप्यूटर शिक्षा के बीच सम्बन्ध के बारे में कुछ भी उल्लेख नहीं किया गया है। अत: धारणा II निहित नहीं है।

11. (*a*) : चूंकि कथन 5 वर्ष की आयु में बच्चे को स्कूल में रखने की बात करता है, इसका अर्थ है कि बच्चा इस उम्र में स्कूल के लिए मानसिक रूप से तैयार है। अत: धारणा I निहित है। लेकिन कथन में 6 साल की उम्र के बाद प्रवेश के बारे में कुछ भी नहीं बताया गया है। अत: धारणा II निहित नहीं है।

12. (*e*) : स्पष्टत:, यह कथन अदालत में अपने नियोक्ता से अपने भविष्य प्राप्त करने के लिए प्रोत्साहित करता है। इसका तात्पर्य यह है कि यह मुद्दा न्यायालयों के अधिकार क्षेत्र में आता है और यह कर्मचारी का अधिकार है कि वह अपने भविष्य निधि का दावा करे। अत: धारणा I और धारणा II दोनों निहित हैं।

13. (*b*) : कथन इस मुद्दे पर चिंता व्यक्त करता है कि कब हमारा देश आतंकवाद पर पूरी तरह से अंकुश लगाने में सक्षम होगा। इसका अर्थ है कि प्रयास जारी हैं और आतंकवादी गतिविधियों पर विराम लगाना काफी संभव है, हालांकि इसमें और समय लग सकता है। अत: केवल धारणा II निहित है।

14. (*c*) : शब्द 'जुआ' का उपयोग यह दर्शाता है कि वह सौदे में लाभ प्राप्त कर सकता है या हानि प्राप्त कर सकता है।

15. (*b*) : कथन में शब्द 'यदि' दर्शाता है कि B अपने उत्पादों को प्रचारित करना चाह रहा है या नहीं भी चाह सकता। अत: धारणा I निहित नहीं है। यह सलाह दी जाती है कि समाचार पत्र X में विज्ञापन दिए जाएं। इसका अर्थ है कि X बेहतर विज्ञापन देने में मदद करेगा यानी इसका व्यापक प्रसार है। अत: धारणा II निहित है।

16. (*b*) : कथन में उल्लेख किया गया है कि केवल उन छात्रों की मदद की जानी चाहिए जो पहली बार फॉर्म भर रहे हैं। इसका अर्थ यह नहीं है कि फॉर्म जटिल है। अत: धारणा I निहित नहीं है। जबकि, धारणा II कथन से स्पष्ट होती है अत: यह निहित है।

17. (*e*) : स्पष्ट है, शिक्षकों को कक्षा में अनुशासन बनाए रखने और उन शरारती छात्रों की पहचान करने का निर्देश दिया गया है जो अन्य छात्रों को अध्ययन नहीं करने देते। अत: धारणा I निहित है। इसके अतिरिक्त, निर्देशों के कार्यान्वयन से निश्चित

रूप से अच्छे छात्रों को अपनी पढ़ाई पर ध्यान केंद्रित करने में मदद मिलेगी और कक्षा में काम करने का एक अच्छा माहौल सुनिश्चित होगा। अतः धारणा II भी निहित है।

18. (*b*) : कथन स्पष्टतः चेतावनी देता है कि कुत्ते मेहमानों के स्वागत में और घुसपैठियों के बीच भेद करने के लिए प्रशिक्षित हैं। अतः धारणा II निहित है। धारणा I अस्पष्ट है, अतः यह निहित नहीं है।

19. (*b*) : किसी ने बहुत कुछ कमाया है यह कोई कारण नहीं है कि लाभ मार्जिन ग्राहकों के साथ साझा किया जाए। अतः धारणा I निहित नहीं है। स्पष्टतः, यह ऑफर अधिक ग्राहकों को आकर्षित करने और अधिक बिक्री को बढ़ावा देने के लिए दिए गए हैं। अतः धारणा II निहित है।

20. (*a*) : मध्य-दिन का भोजन प्रदान करना एक अतिरिक्त विशेषाधिकार के रूप में अधिक बच्चों को आकर्षित करेगा लेकिन इसका अर्थ यह नहीं कि बच्चे अपने घर पर अच्छे आहार से वंचित हैं। अतः केवल धारणा I निहित है।

21. (*b*) : कथन लोगों से नीचे जाते समय लिफ्ट का उपयोग नहीं करने का अनुरोध करता है। इसका अर्थ है कि लिफ्ट को ऊपर ले जाने के लिए इस्तेमाल किया जा सकता है और अनुरोध इसलिए किया गया है ताकि अधिक लोग नीचे से ऊपर जाने के लिए लिफ्ट का उपयोग कर सकें, जिसमें सीढ़ियों से नीचे जाने की तुलना में शारीरिक श्रम अधिक लगेगा। अतः केवल धारणा II निहित है।

22. (*a*) : स्पष्टतः, ट्रैफिक जाम की समस्या मानसून के दौरान वाहनों की बढ़ी हुई संख्या के कारण नहीं बल्कि मानसून में खराब सड़कों के कारण यातायात की धीमी गति के कारण उत्पन्न होती है। अतः केवल धारणा I निहित है।

23. (*e*) : कोई भी नोटिस यह मानते हुए प्रदर्शित किया जाता है कि लोग नोटिस पढ़ेंगे और उसमें दी गयी सूचना का पालन भी करेंगे। अतः धारणा I निहित है। इसके अतिरिक्त, नोटिस किसी भी अतिचारियों पर मुकदमा चलाने की धमकी देता है। अतः धारणा II भी निहित है।

24. (*a*) : चूंकि वाचक विश्वकोश में एक तस्वीर को देखकर खुद को संतुष्ट करने की बात करता है, इसका अर्थ है कि गुलाबी सिर वाले बत्तख को अब जीवित नहीं देखा जा सकता है। अतः धारणा I निहित है। लेकिन कथन में धारणा II निहित नहीं है।

25. (*e*) : स्पष्टतः, अलार्म चेन के दुरुपयोग से लोगों को रोकने के लिए जुर्माना लगाया जाता है। इसका अर्थ है कि कुछ लोग इसका दुरुपयोग करते हैं। अतः धारणा I निहित है। अलार्म चेन तात्कालिकता के समय चलती ट्रेन को रोकने के लिए प्रदान की जाती है। अतः धारणा II भी निहित है।

26. (*e*) : एक विज्ञापन एक उत्पाद की केवल उन विशेषताओं पर प्रकाश डालता है, जो लोगों द्वारा पसंद की जाती हैं और वांछनीय भी हैं। अतः धारणा I और धारणा II दोनों निहित हैं।

27. (*e*) : कथन में एक ऐसे व्यक्ति को प्रमोशन देने की आवश्यकता पर जोर दिया है जो उल्लेखनीय प्रतिभा और असाधारण प्रतिभा प्रदर्शित कर रहा है, बजाय इसके कि संगठन में लंबे समय से लगातार काम कर रहा है। इस प्रकार, सेवा की अवधि अकेले एक आदमी को योग्य साबित नहीं करते हैं। उनकी प्रतिभा और उनके प्रदर्शन को मानदंड माना जाता है। अतः धारणा I और धारणा II दोनों निहित हैं।

28. (*a*) : धारणा I सीधे कथन में ही निहित है '..... बेहतर राजकोषीय प्रबंधन के लिए'। अतः धारणा I निहित है। हालाँकि, नई नीति पर जनता की प्रतिक्रिया का पता नहीं लगाया जा सकता है। अतः धारणा II निहित नहीं है।

29. (*a*) : कथन कहता है कि यदि वह बुद्धिमान है, तो वह परीक्षा को उत्तीर्ण कर लेगा। अतः धारणा I निहित है। आगे, यह जरूरी नहीं है कि वह पास होगा। अतः II निहित नहीं है।

30. (*d*) : कथन का अर्थ है कि वह वास्तविक कारावास नहीं था, बल्कि नेल्सन मंडेला का राष्ट्र की सेवा के प्रति समर्पण और विभिन्न कठिनाइयों के बावजूद स्वतंत्रता के लिए उनका संघर्ष था, जिसने उन्हें राष्ट्रपति चुने जाने की सार्वजनिक इच्छा बना दिया। अतः न तो धारणा I न ही धारणा II निहित है।

31. (*a*) : स्पष्टतः, बच्चे उनके शिक्षक से अधिक प्रभावित होते हैं। यह इसलिए है क्योंकि बच्चे शिक्षकों को मॉडल के रूप में मानते हैं। अतः धारणा I निहित है। यह आवश्यक नहीं है कि बच्चे शिक्षकों से इसलिए प्रभावित होते हैं क्योंकि वे स्कूल में ज्यादा समय बिताते हैं। अतः धारणा II निहित नहीं है।

32. (*b*) : स्पष्टतः, नौकरी की पेशेवर प्रकृति के बारे में कुछ भी उल्लेख नहीं किया गया है। अतः धारणा I निहित नहीं है। कथन संकेत देता है कि व्यक्ति ऐसी चीज को अस्वीकार करता है जिसे हासिल करना आसान है। अतः धारणा II निहित है।

33. (*b*) : चूंकि कथन में कंपनी X का उत्पाद, Y की तुलना में गुणवत्ता में अधिक श्रेष्ठ है जो कि विज्ञापन पर अधिक खर्च करता है, अतः धारणा I निहित नहीं है। कथन के अनुसार, कंपनी Y का उत्पाद विज्ञापन की वजह से अधिक जाना जाता है। अतः धारणा II निहित है।

34. (*e*) : कथन पहली धारणा को स्पष्ट करता है हालांकि शैक्षिक मूल्य को नजर अंदाज नहीं किया जाना चाहिए। अतः धारणा I निहित है। शैक्षिक मूल्य को नजर अंदाज नहीं किया जाना चाहिए यह दर्शाता है कि शैक्षिक मूल्य को ठीक से महसूस नहीं किया गया है। अतः धारणा II भी निहित है।

35. (*e*) : कथन के अनुसार, अभियान पर नागरिकों से कोई प्रतिक्रिया नहीं मिली। इसका अर्थ है कि लोगों को शहर स्वच्छ रखने में कोई दिलचस्पी नहीं है और अभियान विफल हो गया है। अतः धारणा I और धारणा II दोनों निहित हैं।

36. (*e*) : 'पूर्णतया' शब्द केवल जीर्ण-शीर्ण प्रणाली के लिए ही प्रयुक्त होगा। अतः धारणा I निहित है। बदलाव सुधार के लिए ही किया जाएगा। अतः धारणा II भी निहित है।

37. (*b*) : स्पष्टतः, कार्तिक किस दिन दिल्ली पहुंचेगा, यह कहा नहीं जा सकता है। लेकिन कार्तिक शुक्रवार को होने वाले एक समारोह में शामिल होने के लिए दिल्ली के लिए निकला है। अतः उसने शुक्रवार से पहले दिल्ली पहुँचने के लिए अपनी यात्रा की योजना बनाई होगी। इस प्रकार, केवल धारणा II निहित है।

38. (*a*) : नागरिक प्राधिकरण ने निवासियों को सलाह दी है कि मलेरिया के जोखिम को टालने के लिए मच्छरों से दूर रहें। ऐसी सलाह पर लोगों द्वारा यकीन किया जाएगा। अतः धारणा II निहित नहीं है। इसके अतिरिक्त लोगों को मच्छर मारने की दवा का उपयोग करने के लिए या मच्छरदानी में सोने की सलाह दी है, इसका अर्थ है कि लोग इसका वहन कर सकते हैं। अतः धारणा I निहित है।

39. (*a*) : कथन कि ऑपरेशन के बाद रोगी की स्थिति में सुधार होगा से स्पष्ट है कि इस हालत में मरीज का ऑपरेशन किया जा सकता है। अत: धारणा I निहित है।

40. (*a*) : A ने B को जम्मू जाने का मार्ग सुझाया है। इसका अर्थ है कि B जम्मू जाना चाहता है। अत: धारणा I निहित है। कथन में केवल A की B को सलाह का उल्लेख है। अत: धारणा II निहित नहीं है।

41. (*a*) : तथ्य कि कई इतिहासकारों ने सत्य को विकृत करके नुकसान पहुँचाया है दर्शाता है कि लोग वही मानते हैं जो इतिहासकारों द्वारा रिपोर्ट किया गया है। अत: धारणा I निहित है। धारणा II कथन का अनुसरण नहीं करती, अत: यह निहित नहीं है।

42. (*b*) : एंथनी के रहने की जगह का कथन में उल्लेख नहीं किया गया है। अत: धारणा I निहित नहीं है। धारणा II कथन का अनुसरण करती है, अत: यह निहित है।

43. (*e*) : छुट्टी के अनुरोध को ठुकरा देने की सलाह दी जाती है। अत: धारणा I निहित है। 'काम की अधिकता' का जिक्र स्पष्ट करता है कि धारणा II निहित है।

44. (*b*) : स्पष्टत:, कथन सार्वजनिक रूप से उपयोग नहीं किए जा रहे एक नवनिर्मित फ्लाईओवर पर गंभीर चिंता व्यक्त करता है। इसका तात्पर्य यह है कि इस तरह की परियोजनाओं को उनकी उपयोगिता पर विचार करने के बाद ही पूर्ण करने की आवश्यकता है और ऐसी संरचनाओं के निर्माण पर होने वाला भारी खर्च तभी सार्थक है जब वे जनता के लिए उपयोगी साबित हों। इस प्रकार, केवल धारणा II निहित है।

45. (*e*) : कथन उपस्थिति दर्ज कराने पर जोर देता है। इसका तात्पर्य यह है कि गांवों में बच्चे नियमित रूप से स्कूल नहीं जाते हैं। अत: धारणा I निहित है। इसके अतिरिक्त, कथन में 'प्रत्येक गाँव के लिए एक स्कूल को' उपलब्धि कहा गया है। अत: धारणा II भी निहित है।

46. (*a*) : पहले चार या पांच वर्षों में कमी प्रतिकूल साबित हो सकती है क्योंकि यह विकास की मुख्य अवधि है। अत: धारणा I निहित है। चूँकि बुद्धिमत्ता की भविष्यवाणी के बारे में कुछ भी नहीं बताया गया है, धारणा II निहित नहीं है।

47. (*e*) : चूंकि कथन धारणा I और धारणा II दोनों का अनुसरण करता है, अत: दोनों निहित हैं।

48. (*e*) : कथन में शब्द 'गरीब राष्ट्र' का प्रयोग दर्शाता है कि धारणा I निहित है जबकि 'महाविद्यालय स्तर की शिक्षा केवल कुछ तीक्ष्ण बुद्धि वाले छात्रों के लिए ही होनी चाहिए' बताता है कि धारणा II निहित है।

49. (*a*) : कथन में उल्लेख किया गया है कि कंपनी केवल बाहरी उम्मीदवारों को ही आवास प्रदान करना चाहती है। इसका अर्थ यह है कि स्थानीय उम्मीदवारों को स्वयं ही आवास की व्यवस्था करनी होगी, इसी के साथ कंपनी स्थानीय और बाहरी उम्मीदवारों का भी चयन कर सकती है। इस प्रकार, केवल धारणा I निहित है।

50. (*b*) : यह कथन एक समस्या के रूप में 'समय पर हवाई अड्डे तक नहीं पहुंचने' के मुद्दे को प्रस्तुत करता है। इसका अर्थ है कि समय पर एयरपोर्ट पहुंचना जरूरी है। अत: धारणा I निहित नहीं है। इसके अतिरिक्त, यह उल्लेख किया गया है कि सड़क X में बड़ी संख्या में गड्ढों के कारण समय पर हवाई अड्डे तक पहुंचना मुश्किल हो गया है। इसका अर्थ है कि सड़क X एकमात्र संभव तरीका है। अत: धारणा II निहित है।

51. (*a*) : स्पष्टत: इस तरह के निर्णय यह सुनिश्चित करने के बाद ही लिए जाते हैं कि यह कंपनी के व्यवसाय पर प्रतिकूल प्रभाव नहीं डालेगा। अत: धारणा I निहित है। हालांकि, अन्य एयरलाइंस पर इस वृद्धि के प्रभाव का पता नहीं लगाया जा सकता है। अत: धारणा II निहित नहीं है।

52. (*e*) : स्पष्टत: अधीनस्थ प्रबंधक द्वारा बताई गई मीटिंग में भाग ले सकते हैं, जब कोई अवरोध न हो। अत: धारणा I निहित है। अधीनस्थ को केवल उस स्थिति में जाने के लिए कहा जाता है जब प्रबंधक ठीक नहीं होता है। यह बैठक में भाग लेने के आग्रह को भी दर्शाता है। अत: धारणा II भी निहित है।

53. (*b*) : धारणा I कथन के विपरीत है। अत: यह निहित नहीं है। भत्ता कर्मचारियों के लिए एक इनाम के रूप में काम करेगा और उन्हें समय पर आने के लिए प्रेरित करेगा। अत: धारणा II निहित है।

54. (*a*) : कथन में उल्लेख किया गया है कि यदि लोग दर्जी के बारे में पूछते हैं, तो आपका सूट अच्छा है। इसका अर्थ है कि लोग उस स्थिति में ही पूछते हैं जब बात अच्छी होती है। अत: धारणा I निहित है। एक उत्कृष्ट सूट के मानदंडों का उल्लेख नहीं किया गया है। अत: धारणा II निहित नहीं है।

55. (*a*) : चूंकि असमानता को कम किया जा सकता है, इसका अर्थ है कि यह प्राकृतिक नहीं है बल्कि बनाया गया है। अत: धारणा I निहित है। लोगों की प्रतिक्रिया के बारे में कुछ भी उल्लेख नहीं किया गया है। अत: धारणा II निहित नहीं है।

56. (*e*) : पीटीए एक ऐसा संघ है जो निश्चित रूप से माता-पिता के हितों को दर्शाता है और उन्हें पूरा करने के लिए कार्य करता है। अत: धारणा I और धारणा II दोनों निहित हैं।

57. (*b*) : योजना को समाप्त छात्रों को हवाई यात्रा करने से हतोत्साहित करने के लिए नहीं किया गया है, बल्कि यह ध्यान में रखते हुए किया है कि योजना का उन्मूलन उन्हें हवाई यात्रा से नहीं रोकता है। अत: केवल धारणा II निहित है।

58. (*b*) : कथन में X क्वाइल के अच्छे गुणों का उल्लेख है लेकिन इसका यह अर्थ नहीं है कि यह सबसे अच्छा है। अत: धारणा I निहित नहीं है। इसके अतिरिक्त, एक विज्ञापन उस विशेषता को उजागर करता है जो ग्राहकों द्वारा वांछनीय है और उन्हें लुभा सकता है। अत: धारणा II निहित है।

59. (*e*) : स्पष्टत:, सरकार की योजना हिंसा फैलाने के कारणों का पता लगाने और फिर उन्हें समाप्त के लिए पर्याप्त कदम उठाने की है। अत: धारणा I निहित है। इसके अतिरिक्त, सरकार का यह कदम केवल आम जनता के कल्याण के लिए है। अत: धारणा II भी निहित है।

60. (*a*) : कथन में उल्लेख किया गया है कि मार्गों को बदल दिया गया है ताकि उन्हें आर्थिक रूप से व्यवहार्य बनाया जा सके। इसका अर्थ यह है कि नए स्टॉपेज इस प्रकार चुने गए हैं कि पहले की तुलना में बड़ी संख्या में लोगों को लिया जा सके। अत: धारणा I निहित है। इसके अतिरिक्त, इन बसों से पहले से ही यात्रा करने वाले लोगों को अपने आसपास के क्षेत्र में अन्य बसों सुविधा मिलेगी, अत: वह बस सुविधा से रहित नहीं होंगे। अत: धारणा II निहित नहीं है।

61. (*b*) : कथन शराब की खपत के कारण खाद्य विषाक्तता के मामलों की संख्या की बात करता है, शराब का सेवन करने वाले मामलों की संख्या की बात नहीं करता है। अतः धारणा I निहित नहीं है। इसके अतिरिक्त, कथन से संकेत मिलता है कि ग्रामीण क्षेत्रों में लोगों को खराब गुणवत्ता की शराब मिल रही है और वहां शराब बेचने वाली दुकानों पर कोई रोक नहीं है। अतः धारणा II निहित है।

62. (*b*) : स्पष्टतः, लोगों के स्वभाव के बारे में कुछ भी नहीं बताया गया है। अतः धारणा I निहित नहीं है। इसी के साथ कथन विजयी होने के बाद भी विनम्र रहने की सलाह देता है। इसका अर्थ है कि आमतौर पर लोग विनम्र नहीं होते हैं। अतः धारणा II निहित है।

63. (*a*) : कथन कार्षिक से फोन संपर्क की असंभवता को इंगित करता है। इस प्रकार, धारणा में तथ्य कथन से सम्बन्धित माना जा सकता है। अतः धारणा I निहित है। हालांकि, धारणा II कठिनाई को इंगित करता है, न कि संपर्क की असंभवता को जैसा कि कथन में इंगित किया गया है। अतः धारणा II निहित नहीं है।

64. (*e*) : चूंकि कंप्यूटरों की कीमतें सभी वस्तुओं के बीच सबसे अधिक गिरावट दिखाती हैं, इसका अर्थ यह है कि सभी वस्तुओं के तुलनात्मक मूल्य ज्ञात थे। अतः धारणा I निहित है। इसी के साथ, यह दिया जा रहा है कंप्यूटर की कीमतों में पिछले छह महीने गिरावट आई है, इसका अर्थ है कि वे पहले छह महीनों में अधिक थे। अतः धारणा II निहित है।

65. (*b*) : स्पष्टतः, स्टोर मालिकों ने चेतावनी दी है कि कैमरे को चुराने की कोशिश न करें। अतः धारणा II निहित है जबकि धारणा I निहित नहीं है।

66. (*e*) : स्पष्टतः, यह कथन इस भय के कारण बोला गया था कि दूसरा व्यक्ति गलत निर्णय ले सकता है। अतः धारणा I निहित है। फिर से, कथन इस बात की पुष्टि करता है कि सही निर्णय लेना महत्वपूर्ण है। अतः धारणा II भी निहित है।

67. (*a*) : कथन में दिए गए ऐसे निर्णय मौजूदा रिक्तियों को ध्यान में रखने के बाद ही लिए जाते हैं। अतः धारणा I निहित है जबकि धारणा II निहित नहीं है।

68. (*b*) : जिला प्रशासन ने किसानों को खतरों से अवगत कराने के लिए, कि कीटनाशकों के अंधाधुंध उपयोग से भूजल खराब होता है और उन्हें उससे बचना चाहिए, एक सर्कुलर जारी किया है। अतः धारणा II निहित है। जबकि, धारणा I दिए गए कथन से मानी नहीं जा सकती, अतः यह निहित नहीं है।

69. (*e*) : स्पष्टतः, व्यसन के उपचार के लिए पहले कदम के रूप में व्यक्तिगत रूप से ध्यान रखने की आवश्यकता होती है। अतः धारणा I निहित है। इसी के साथ चूंकि नशेड़ी के इलाज के लिए अंतरंगता और व्यक्तिगत ध्यान की आवश्यकता होती है, इसका अर्थ है कि तनावपूर्ण रिश्तों के कारण निराशा के कारण ही व्यक्ति नशा करता है। अतः धारणा II भी निहित है।

70. (*b*) : 'फिल्में अपरिहार्य हैं' का यह अर्थ नहीं कि यह मनोरंजन का एकमात्र साधन हैं। अतः धारणा I निहित नहीं है। स्पष्टतः, धारणा II कथन से निकलती है, अतः यह निहित है।

71. (*a*) : चूंकि कथन कंपनी द्वारा साक्षात्कार के लिए बुलाए जाने वाले उम्मीदवारों को सूचीबद्ध करने की बात करता है। अतः धारणा I निहित है। हालांकि, कंपनी उम्मीदवारों का पक्षपातपूर्ण या निष्पक्ष चयन करेगी, इस बारे में कुछ नहीं कहा गया है। अतः धारणा II निहित नहीं है।

72. (*e*) : तथ्य कि शालिनी ने ₹1,80,000 के ऋण के लिए आवेदन किया है का तात्पर्य है कि बैंक ₹1,00,000 से ऊपर का ऋण देता है। अतः धारणा I निहित है। कथन में धारणा II भी निहित है।

73. (*d*) : विज्ञापन लोगों को X T.V खरीदने वाले एकमात्र एजेंट Y से मिलने के लिए कहता है। इसका अर्थ है कि लोग एकमात्र एजेंट के माध्यम से टी.वी. खरीदना पसंद करते हैं या कि केवल T-V कंपनियाँ अपने उत्पादों को एकमात्र एजेंटों के माध्यम से बेचते हैं। अतः धारणा I और धारणा II दोनों निहित नहीं हैं।

74. (*b*) : कथन इस तथ्य पर बल देता है कि यद्यपि नागरिक प्रशासन नगरपालिका का कार्य है, लेकिन किए गए सभी कार्य अधिक फलदायी होंगे यदि आम जनता भी उसमें मदद करती है। अतः केवल धारणा II निहित है।.

75. (*e*) : स्पष्टतः, स्थिति का उल्लेख नहीं करने पर सभी उम्मीदवार अपने दावे की माँग कर सकते हैं। अतः धारणा I निहित है। दशा का उल्लेख है क्योंकि कुछ कंपनियां यात्रा के खर्च की प्रतिपूर्ति करती हैं। अतः धारणा II भी निहित है।

76. (*e*) : स्पष्टतः, पार्टी अध्यक्ष उसके सदस्यों के लिए नीतियाँ बनाता है। अतः धारणा I निहित है। इसी के साथ जब कोई भी पार्टी सदस्य बैठक में हुई चर्चा के बारे में सार्वजनिक रूप से प्रकट नहीं करेगा, आम जनता को कुछ ज्ञात नहीं होगा। अतः धारणा II भी निहित है।

77. (*b*) : कथन सुरक्षा और स्वास्थ्य के बारे में कहता है कि भारतीय कंपनियों में यह मानक अंतरराष्ट्रीय मानक से बहुत नीचे हैं। यह स्पष्ट रूप से एक आलोचना है कि भारतीय संगठनों ने इन पहलुओं पर ध्यान नहीं दिया है। अतः धारणा II निहित है। अंतरराष्ट्रीय मानक पूर्णता की मांग करते हैं और, यह किसी भी तरह से प्राप्त करने में असंभव नहीं हैं। अतः धारणा I निहित नहीं है।

78. (*e*) : चूंकि सचिन ने अपने भाई को फॉर्म लेने के लिए कहा है, अतः यह स्पष्ट है कि विश्वविद्यालय किसी को भी फॉर्म जारी कर सकता है और यह भी कि वह सचिन का भाई फॉर्म जमा करने की अंतिम तारीख से पहले फॉर्म प्राप्त कर लेगा। अतः धारणा I तथा धारणा II दोनों निहित हैं।

79. (*a*) : स्पष्टतः, निदेशक अपने प्रबंधकों को निर्देश देता है कि मेहमानों को उसकी वजह से इंतजार नहीं करना पढ़े और उनके आने के तुरंत बाद दोपहर का भोजन किया जाए। इसका तात्पर्य यह है कि दोपहर का भोजन समय पर तैयार हो जाएगा। अतः केवल धारणा I निहित है।

80. (*d*) : कथन में मच्छरों को दूर रखने का तरीका बताया गया है। इसका अर्थ है कि मच्छरों का घर में प्रवेश वांछनीय नहीं है। अतः धारणा I निहित नहीं है। इसके अतिरिक्त, कथन खिडकियों में जाली का उपयोग करने की सलाह देता है। अतः दरवाजे पर जाली के बारे में कुछ नहीं कहा जा सकता है। इस प्रकार, धारणा II भी निहित नहीं है।

81. (*d*) : स्पष्टत:, आयोजक इस नीति को बिक्री को कम करने के लिए नहीं अपना रहे हैं बल्कि बड़ी मांग का सामना करने के लिए अपना रहे हैं ताकि सभी को टिकट मिल सके। अत: I निहित नहीं है। इसी के साथ बड़ी मांग के कारण, एक व्यक्ति अधिकतम पांच टिकट पर सिमट गया है। अत: धारणा II भी निहित नहीं है।

82. (*a*) : माँ अपने बच्चे को इस उम्मीद के साथ चेतावनी देती है कि वह उसे परेशान करना बंद कर देगा। अत: धारणा I निहित है। कथन से बच्चों की सामान्य प्रकृति व्युत्पन्न नहीं की जा सकती। अत: धारणा II निहित नहीं है।

83. (*b*) : कथन से वादे की सच्चाई या झूठ को आंका नहीं जा सकता। अत: धारणा I निहित नहीं है। चूंकि संबंधित फर्म निवेश के पैसे को जल्दी से दोगुना करने के आश्वासन के साथ विज्ञापन करती है। इसलिए धारणा II निहित है।

84. (*a*) : कथन 'सफलता' को 'उछाल' से तुलना करता है। इसका अर्थ है कि मुश्किलों से बिना घबराए कड़ी मेहनत करके चोटी को छू कर सफलता मिल सकती है। अत: धारणा I निहित है। कथन में धारणा II निहित नहीं है।

85. (*e*) : चूंकि धारणा I और धारणा II दोनों कथन का अनुसरण करती हैं, अत: दोनों निहित हैं।

86. (*a*) : गैर-सहायता प्राप्त स्कूलों को फीस बढ़ाने की अनुमति दी गयी है। इसका तात्पर्य है कि वे वित्तीय संकट से गुजर रहे हैं। अत: धारणा I निहित है। सहायता प्राप्त स्कूलों के बारे में कुछ नहीं कहा गया है। अत: धारणा II निहित नहीं है।

87. (*d*) : कथन में न तो मेट्रोपोलिस के अतिरिक्त अन्य क्षेत्रों में 'टाइम्स' के पाठकों की मात्रा का उल्लेख किया गया है, न ही इसके व्यापक पहुंच के कारणों का उल्लेख किया गया है। अत: न तो धारणा I न ही धारणा II निहित है।

88. (*e*) : चूंकि सूखा राहत कार्यक्रमों को निधि देने के लिए अधिभार लगाया गया है, अत: स्पष्ट है कि सरकार के पास पर्याप्त धन नहीं है। अत: धारणा I निहित है। इसके अतिरिक्त, अपेक्षित फण्ड के लिए आवश्यक धनराशि के संबंध में अध्ययन करने के बाद ही अधिभार का प्रतिशत तय किया गया होगा। अत: धारणा II भी निहित है।

89. (*b*) : अन्य कंपनियों के संबंध में कोई निर्णय नहीं किया जा सकता है। अत: धारणा I निहित नहीं है। चूंकि किसी को समस्या के मामले में कंपनी के वकील से संपर्क करने की सलाह दी जाती है, इसका अर्थ है कि वकील मामले से पूरी तरह से परिचित है। अत: धारणा II निहित है।

90. (*a*) : कथन में उल्लेख किया गया है कि रियायत ऐसे लोगों को नहीं दी जानी चाहिए जो हिल स्टेशनों में छुट्टियां बिताने का खर्च उठा सकते हैं। इसका अर्थ है कि उन्हें केवल जरूरतमंद व्यक्तियों को ही दिया जाना चाहिए। अत: धारणा I निहित है। लेकिन, धारणा II कथन का अनुसरण नहीं करती, अत: यह निहित नहीं है।

91. (*e*) : स्पष्टत:, धारणा I उस उद्देश्य का उल्लेख करती है जिसके लिए कथन में कदम उठाने के बारे में बात की गई है, जबकि धारणा II इसके लिए आवश्यक योग्यता का उल्लेख करती है। अत: धारणा I और धारणा II दोनों निहित हैं।

92. (*a*) : स्पष्टत:, सभी रेडियो सेटों की बिक्री को जाने बिना तुलना नहीं की जा सकती थी, अत: धारणा I निहित है। कथन में केवल अधिक बिक्री का उल्लेख किया गया है और निर्माण के बारे में कुछ भी उल्लेख नहीं किया गया है। अत: धारणा II निहित नहीं है।

93. (*e*) : स्पष्टत:, धारणा I सीधे कथन का अनुसरण करती है। अत: धारणा I निहित है। इसी के साथ कथन के अनुसार, यह विशेष पुस्तक समस्या पर 'सबसे व्यापक' जानकारी देती है। अत: यह माना जा सकता है कि इस विषय पर अन्य पुस्तकें भी उपलब्ध हैं। इस प्रकार, धारणा II भी निहित है।

94. (*b*) : कथन समाज से भ्रष्टाचार और पूर्वाग्रह को खत्म करने की बात करता है, जो बताता है कि ये पहलू अवांछनीय हैं। अत: धारणा I निहित नहीं है। इसके अतिरिक्त, कथन में प्रशासनिक प्रणाली में सुधार के बारे में उल्लेख किया गया है। अत: धारणा II निहित है।

95. (*e*) : विज्ञापन विभिन्न तरीकों को बताता है जिसमें पेय को लिया जा सकता है। इसका अर्थ है कि अलग-अलग लोग इसे अलग-अलग तरीके से पसंद करते हैं और कुछ लोग इसे केवल इसलिए पसंद करते हैं क्योंकि इसे एक विशेष तरीके से लिया जा सकता है। अत: धारणा I और धारणा II दोनों निहित हैं।

96. (*d*) : विज्ञापन एवन साइकिलों के लिए है और साइकिल के अन्य ब्रांडों की लागत या सुविधाओं के बारे में कुछ भी उल्लेख नहीं किया गया है। अत: न तो धारणा I न ही धारणा II निहित है।

97. (*e*) : चूंकि धारणा I और धारणा II दोनों कथन का अनुसरण करती हैं, अत: दोनों निहित हैं।

98. (*e*) : कथन में उल्लेख है कि व्यक्ति के प्रदर्शन का समय-समय पर परीक्षण किया जाता है। अत: धारणा I निहित है। कथन में उल्लेख है कि पुष्टि से पहले व्यक्ति के कार्य की समीक्षा की जाएगी (परिवीक्षा अवधि के दौरान)। अत: धारणा II भी निहित है।

99. (*e*) : दुकानदार ग्राहक को विभिन्न उत्पादों की खूबियों और अवगुणों को बताता है, इस प्रकार उसे चुनना आसान हो जाता है। अत: धारणा I निहित है। चूंकि दुकानदार B खरीदने पर जोर देता है क्योंकि यह अंतरराष्ट्रीय तकनीक पर आधारित है, इसलिए धारणा II भी निहित है।

100. (*a*): धारणा I कथन का अनुसरण करती है, अत: यह निहित है। इसी के साथ कथन एक सुझाव है और यह सरकारी नीति या इसके धन की स्थिति के बारे में नहीं बताता है। अत: धारणा II निहित नहीं है।

अभ्यास 3B

***निर्देश:** नीचे दिए गए प्रत्येक प्रश्न में एक कथन दिया गया है, जिसके बाद दो धारणाएं I और II दी गयी हैं। कथन पर विचार करें और तय करें कि दी गई धारणाओं में से कौन सी धारणा कथन में निहित है।*

*उत्तर दें (**a**) यदि केवल धारणा I निहित है; (**b**) यदि केवल धारणा II निहित है; (**c**) यदि या तो I या II निहित है; (**d**) यदि न तो I और न ही II निहित है और (**e**) यदि I और II दोनों निहित हैं।*

1. **कथन:** मैंने शालीन जैसे चालबाज पर भरोसा करके मूर्खता की!

धारणाएं: I. शालीन अविश्वसनीय है।

II मैं एक मूर्ख हूँ।

2. **कथन:** सहकारी हाउसिंग सोसाइटी 'M' ने अपने गेट पर एक नोटिस लगाया है कि विक्रेताओं को इस सोसायटी में आने की अनुमति नहीं है। **(Bank P.O. 2003)**

धारणाएं: I. सभी विक्रेता सहकारी हाउसिंग सोसाइटी 'M' से दूर रहेंगे।

II. गेट पर तैनात सुरक्षा गार्ड विक्रेताओं को सोसायटी में प्रवेश करने से रोकने में सक्षम होगा।

3. **कथन:** "अगर इस महीने में बारिश नहीं होती है, तो इस साल ज्यादातर किसान मुश्किल में पड़ जाएंगे।"

धारणाएं: I. खेती के लिए समय पर बारिश होना जरूरी है।

II. ज्यादातर किसान आमतौर पर बारिश पर निर्भर होते हैं।

4. **कथन:** अगर राम नगर और संत कॉलोनी के बीच चलने वाली सिटी बस को वसंत विहार तक बढ़ाया जाता है, तो यह अधिक सुविधाजनक होगा।-सिटी बस कंपनी को राम नगर के निवासियों की अपील। **(Bank P.O. 2000)**

धारणाएं: I. सिटी बस कंपनी की सुविधा उपभोक्ताओं की जरूरतों से कहीं अधिक महत्वपूर्ण है।

II. सिटी बस कंपनी संत कॉलोनी के निवासियों की आकांक्षाओं के प्रति उदासीन है।

5. **कथन:** जब भी आप सफर करें, तो फ्लाई एक्स एयरवेज का प्रयोग करें, क्योंकि हमारे किराए ट्रेन के किराए से कम हैं।"- एक विज्ञापन **(Bank P.O. 2004)**

धारणाएं: I. जब किराया वाजिब हो, तो लोग हवाई यात्रा करना पसंद करते हैं।

II. अन्य एयरलाइंस के किराए एक्स एयरवेज की तुलना में महंगे हैं।

6. **कथन:** बंबई में, रेल लोगों के लिए उपनगरों के अपने कार्य स्थलों तक समय पर पहुँचने के लिए अपरिहार्य हैं।

धारणाएं: I. रेल बंबई के उपनगर तक पहुँचने का एकमात्र परिवहन का साधन है।

II. केवल रेल ही समय से चलती हैं।

7. **कथन:** "मैं कर्मचारियों की नौकरी की संतुष्टि के लिए वेतन संशोधन के प्रभाव का अध्ययन करना चाहूंगा।"- A, B को कहता है।

धारणाएं: I. नौकरी की संतुष्टि को मापा जा सकता है।

II. A में इस तरह के अध्ययन करने के लिए आवश्यक योग्यता है।

8. **कथन:** "खुद को अप-टू-डेट रखने के लिए, मैं हमेशा सुबह 9.00 बजे रेडियो पर समाचार सुनता हूँ।"- एक उम्मीदवार साक्षात्कार बोर्ड को बताता है। **(R.R.B. 2004)**

धारणाएं: I. उम्मीदवार समाचार पत्र नहीं पढ़ता है।

II. ताजा खबरें केवल रेडियो पर प्रसारित होती हैं।

9. **कथन:** कार्यालय भवन को तत्काल मरम्मत और आंतरिक के साथ ही बाहरी पेंटिंग की जरूरत है।

धारणाएं: I. जब तक कार्यालय भवन की मरम्मत नहीं हो जाती, तब तक कार्यालय में काम करने वाले लोगों की क्षमता में सुधार नहीं किया जा सकता है।

II. कार्यालय भवन की मरम्मत और पेंटिंग के लिए धन की आवश्यकता होती है।

10. **कथन:** भारत में पिछले कुछ वर्षों के दौरान हवाई यातायात में वृद्धि उल्लेखनीय रही है। **(R.B.I. 2005)**

धारणाएं: I. हवाई यात्रा करना अब एक स्टेटस सिम्बल बन गया है।

II. बड़ी संख्या में लोग अब हवाई यात्रा का खर्च वहन करने में सक्षम हैं।

11. **कथन:** कारखाने के इस वर्ष के बजट में कल्याणकारी गतिविधियों के लिए कोई नियमित धनराशि उपलब्ध नहीं कराई गई है।

धारणाएं: I. इस वर्ष कारखाने की कल्याणकारी कार्य करने की इच्छा नहीं है।

II. कल्याणकारी गतिविधियों को करने के लिए बजटीय प्रावधान आवश्यक है।

12. **कथन:** विज्ञान सैद्धांतिक रूप से दूसरे समाचार पत्रों की भांति एक प्रकार की समाचार एजेंसी है। लेकिन यह समाचार एजेंसी हमें ऐसी जानकारी देती है जोकि विस्तृत तकनीकों से सत्यापित होने और सदियों तक सत्य रहने की इसकी क्षमता के कारण असाधारण रूप से विश्वसनीय है। अत: विज्ञान भी अधिक रुचि के साथ पढ़ा जाना चाहिए जैसा कि हम समाचार पढ़ते हैं। **(M.A.T. 2003)**

धारणाएं: I. विज्ञान खोजी प्रवृत्ति को प्रोत्साहित करता है।

II. लोग खबरों को बिना रूचि के पढ़ते हैं।

13. **कथन:** स्कूल अधिकारियों ने आय और व्यय के बीच की खाई को काफी हद तक पाटने के लिए अगले शैक्षणिक सत्र से प्रत्येक कक्षा में छात्रों की संख्या बढ़ाकर सत्तर तक करने का फैसला किया है। **(Bank P.O. 2005)**

धारणाएं: I. अतिरिक्त छात्रों की फीस के माध्यम से उत्पन्न आय इस खाई को पाटने के लिए पर्याप्त होगी।

II. स्कूल को अगले शैक्षणिक सत्र से प्रत्येक कक्षा में अतिरिक्त छात्र मिलेंगे।

14. **कथन:** "मैं आपसे अनुरोध करता हूं कि मेरी अनुपस्थिति में आप हमारी कंपनी की देखभाल करें।"- B, C को कहता है।

धारणाएं: I. C, B के अनुरोध स्वीकार नहीं भी कर सकता है।

II. C के पास कम्पनी को संभालने की विशेषज्ञता है।

15. **कथन:** अपने कीमती सामान को एक अलमारी में बंद कर दो और सबको सज्जन कहो।

धारणाएं: I. अलमारी में बंद मूल्यवान वस्तुएं चोरी नहीं की जा सकती।

II. चोरी करना अपराध है।

16. **कथन:** "दो महीने पहले, केंद्र सरकार द्वारा यह घोषणा की गई थी कि वह पेंशनरों को तत्काल प्रभाव से मंहगाई राहत भत्ता देगी लेकिन आज तक बैंकों ने बकाया राशि क्रेडिट नहीं की है।"- एक पेंशनर्स फोरम द्वारा जारी एक कथन। **(Bank P.O. 1999)**

धारणाएं: I. ज्यादातर बैंक सामान्य रूप से पेंशनर्स का ख्याल रखते हैं।

II. सरकारी तंत्र के लिए पेंशनरों के लिए कदम उठाने और उसे प्रभाव में लाने के लिए दो महीने का समय पर्याप्त है।

17. **कथन:** सभी कर्मचारियों को सूचित किया जाता है कि संगठन, उन लोगों को छोड़कर जिन्हें यात्रा भत्ता प्रदान किया गया है, अन्य लोगों को नजदीकी रेलवे स्टेशन से कार्यालय तक आधी कीमत पर परिवहन सुविधा उपलब्ध कराएगा।

धारणाएं: I. अधिकांश कर्मचारी कार्यालय परिवहन द्वारा यात्रा करेंगे।
II. जिन्हें यात्रा भत्ता प्रदान किया जाता है, वे ऐसे नोटिस नहीं पढ़ेंगे।

18. कथन: "वर्तमान कार्यस्थिति को बनाए रखने के लिए संस्थान के सभी कार्यों का कम्प्यूटरीकरण करना एक आवश्यकता बन गया है।"–XYZ संस्थान के निदेशक का एक कथन। **(SIDBI, 2000)**

धारणाएं: I. जब तक कंप्यूटरीकृत नहीं हो जाता, संस्थान दौड़ में पीछे रह जाएगा।
II. संस्थान के कार्यों को हाथ से करना बहुत जटिल है।

19. कथन: देश की आर्थिक स्थिति बद से बदतर हो गयी है।

धारणाएं: I. सरकार आर्थिक समस्याओं से निपटने में विफल रही है।
II. लोग सरकार के साथ सहयोग नहीं कर रहे हैं।

20. कथन: शहर में निजी बस सेवा अपने कर्मचारियों की चल रही हड़ताल के कारण लगभग ध्वस्त हो गयी है।

धारणाएं: I. हड़ताल पर जाना हर कर्मचारी का अधिकार है।
II. लोगों को निजी बस ऑपरेटरों की सेवाओं की आवश्यकता नहीं है।

21. कथन: उत्पाद X जो आपको चाहिए, वह हमारे पास नहीं है, लेकिन यदि आप निश्चित आर्डर दें तो उसे बनाया जा सकता है। **(M.B.A. 2002)**

धारणाएं: I. उत्पाद X की अधिक मांग नहीं है।
II. उत्पाद X नए मॉडल आ जाने के कारण स्टॉक से बाहर हो गया है।

22. कथन: मंत्रालय ने स्वैच्छिक संगठनों का आर्थिक समर्थन करने के लिए पैकेज की घोषणा की है।–एक आधिकारिक सूचना।

धारणाएं: I. स्वैच्छिक संगठनों को इस तरह के समर्थन की जरूरत नहीं है।
II. इससे पूर्व सरकार स्वैच्छिक संगठनों का समर्थन नहीं कर रही थी।

23. कथन: "X एयर कंडीशनर – एक व्यापक रेंज के साथ सर्वाधिक बिक्री वाला नाम।"–एक विज्ञापन।

धारणाएं: I. X एयर कंडीशनर एकमात्र एयर कंडीशनर है, जिसमें व्यापक रेंज है।
II. बाजार में एयर कंडीशनर की मांग है।

24. कथन: संगठन प्रमुख ने अपने भाषण में पूरे स्टाफ को घाटे को कम करने के उनके ईमानदार प्रयास के लिए बधाई दी और आग्रह किया कि भविष्य में अधिक लाभदायक स्थिति के लिए अपना सर्वश्रेष्ठ दें। **(S.B.I.P.O. 2001)**

धारणाएं: I. कर्मचारी प्रेरित हो सकते हैं और अपने काम के अपने वर्तमान स्तर को बनाए रख सकते हैं और यदि सम्भव हो तो और बढ़ा सकते हैं।
II. कर्मचारी अब आराम कर सकते हैं और तत्काल किसी भारी घाटे का खतरा न होने के कारण दैनिक कार्यों में सुस्ती दिखा सकते हैं।

25. कथन: विद्युत आपूर्ति निगम ने जिले के व्यवसायिक क्षेत्र में कुछ और संग्रह केंद्र खोलने का फैसला किया है।

धारणाएं: I. क्षेत्र के लोग इस निर्णय का स्वागत कर सकते हैं।
II. अतः बिजली बिल का भुगतान करने में ग्राहकों को लगने वाला समय कम हो सकता है।

26. कथन: यदि आप एक इंजीनियर हैं, तो हमारे पास आपके लिए एक चुनौतीपूर्ण कार्य है। **(M.B.A. 1998)**

धारणाएं: I. हमें एक इंजीनियर की आवश्यकता है।
II. आप एक इंजीनियर हैं।

27. कथन: बहुराष्ट्रीय फास्ट फूड चेन भारत के विभिन्न शहरों में बड़ी संख्या में प्लस कॉफी शॉप्स आधुनिक संगीत के साथ खोल रहे हैं और ये कॉफी के साथ नाश्ता (स्नैक्स) जैसी विभिन्न सेवा प्रदान कर रहे हैं। **(I.B.P.S. 2002)**

धारणाएं: I. बड़ी संख्या में व्यक्ति इन कॉफी शॉप्स के नियमित ग्राहक बन सकते हैं।
II. लोगो को आरामदायक वातावरण में स्नैक्स के साथ कॉफी पीना पसंद आएगा।

28. कथन: "यदि आप समय पर कार्य पूरा कराना चाहते हैं, तो स्वतंत्र केबिन प्रदान करें।"– एक कर्मचारी कंपनी के निदेशक को कहता है।

धारणाएं: I. यहाँ पर्याप्त केबिन नहीं हैं।
II. समय पर कार्य पूरा करने में अन्य लोगों की उपस्थिति अवरोध पैदा करती है।

29. कथन: सेवानिवृत्त व्यक्तियों को अन्य संगठनों में कार्यकारी पदों के लिए नियुक्त नहीं किया जाना चाहिए।

धारणाएं: I. सेवानिवृत्त व्यक्तियों में कार्यकारी कार्यों को करने में उत्साह और प्रतिबद्धता में कमी हो सकती है।
II. सेवानिवृत्त व्यक्ति नए संगठन के कार्य और कल्याण में रुचि नहीं लेते हैं।

30. कथन: सरकार ने ऐसे नियोक्ताओं को पकड़ने का निर्णय लिया है जो अपने सभी कर्मचारियों के स्रोत पर कर में कटौती नहीं करते हैं। **(Bank P.O. 2003)**

धारणाएं: I. कर्मचारी अभी भी अपने कर्मचारियों के लिए स्रोत पर कर कटौती की व्यवस्था नहीं कर सकते हैं।
II. कर्मचारी नियोक्ताओं पर स्रोत पर कर कटौती करने के लिए अनुमति नहीं भी दे सकते।

31. कथन: विश्व स्वास्थ्य संगठन ने विभिन्न स्वास्थ्य कार्यक्रमों के लिए दी जाने वाली सहायता को दोगुना करने का निर्णय लिया है क्योंकि भारत में अन्य देशों की तुलना में स्वास्थ्य पर प्रति व्यक्ति व्यय बहुत कम है। **(Management Trainees' 2003)**

धारणाएं: I. बढ़ी हुई सहायता से भारत में स्वास्थ्य पर प्रति व्यक्ति व्यय में काफी वृद्धि हो सकती है और भारत अन्य देशों के बराबर आ सकता है।
II. भारत में सरकारी फंडिंग पर्याप्त चिकित्सा सुविधाएं प्रदान करने के लिए कम है।

32. कथन: एक अखबार में एक विज्ञापन- "मॉडल के लिय अविवाहित, आकर्षक, 18 और 21 के बीच आयु की मैट्रिक पास, धाराप्रवाह अंग्रेजी बोलने में सक्षम लड़कियां चाहिए।"

धारणाएं: I. धाराप्रवाह अंग्रेजी अच्छी मॉडल के प्रदर्शन के लिए आवश्यक शर्त है।
II. मॉडल के प्रदर्शन के लिए उसकी ऊँचाई मायने नहीं रखती।

33. कथन: सरकारी सहायता प्राप्त स्कूलों में विभिन्न फीस चार्ज करने में एकरूपता होनी चाहिए।

धारणाएं: I. सरकार की सब्सिडी लोगों से करों के माध्यम से एकत्रित धन से आती है।

II. सब्सिडी देते समय सरकार फीस के सन्दर्भ में कुछ समान शर्तें निर्धारित कर सकती है।

34. कथन: "समारोह 3 बजे शुरू होगा। आपसे निवेदन है कि आप दोपहर 3 बजे से पहले सीटें ग्रहण कर लें" – निमंत्रण पत्र में लिखा अंतिम वाक्य।

धारणाएं: I. यदि आमंत्रित व्यक्ति 3 P.M. से पहले अपनी सीट पर नहीं है, तो समारोह शुरू नहीं होगा।

II. समारोह अपने निर्धारित समय पर शुरू हो जाएगा।

35. कथन: "स्कूली बच्चों के लिए प्राकृतिक संसाधनों के सन्दर्भ में अपने ज्ञान को बढ़ाने के लिए जंगल की एक यात्रा की व्यवस्था की गई है।"-स्कूल में एक नोटिस।

धारणाएं: I. वन प्राकृतिक संसाधनों से भरपूर हैं।

II. बच्चों के नए वातावरण से पारस्परिक प्रभाव द्वारा सीखने की संभावना अधिक है।

36. कथन: एक विज्ञापन: "हमारे जूते अमीरों के लिए हैं।" **(R.B.I. 2003)**

धारणाएं: I. बहुत से लोग अमीर का लेबल लगाना पसंद करते हैं।

II. तब तक कोई अमीर नहीं बन सकता, जब तक उसके पास जूतों का यह ब्रांड नहीं है।

37. कथन: एक लोकप्रिय टी.वी. प्रोग्राम के मेजबान ने घोषणा की कि चौनल सप्ताह के दिनों में सुबह 9.00 बजे से शाम 6 बजे के बीच दर्शकों से संपर्क करेगा और कुछ भाग्यशाली लोगों को शानदार पुरस्कार दिए जाएंगे। **(Bank P.O. 2000)**

धारणाएं: I. फोन कॉल प्राप्त करने के लिए लोग घर के अंदर रह सकते हैं।

II. अधिक लोग कार्यक्रम को देखना शुरू कर सकते हैं।

38. कथन: "हालांकि उम्मीदवारों को पेंसिल लाने का निर्देश दिया गया है, फिर भी प्रत्येक अन्वेषक को कुछ पेंसिल प्रदान करें।"- परीक्षा प्रशासन के कर्मचारियों के लिए एक निर्देश।

धारणाएं: I. पेंसिलो की आपूर्ति कम है।

II. सभी उम्मीदवार पेन्सिल लाएंगे।

39. कथन: अखबार में विज्ञापन की एक पंक्ति-"आप सच में अपने पैसे का सदुपयोग करते हैं, जब आप हमारी दुकान से सामान खरीदते हैं।" **(M.A.T. 2004)**

धारणाएं: I. अन्य दुकानों के सामान की कीमत उनके मूल्य की तुलना में अधिक होती है।

II. लोग उनके पैसे का पूरा मूल्य चाहते हैं।

40. कथन: दोनों देशों ने नाजुक संधि पर हस्ताक्षर किए हैं, लेकिन संप्रभुता का महत्वपूर्ण मुद्दा अनसुलझा रहता है।

धारणाएं: I. दोनों देशों में स्थायी शांति समझौता नहीं हो सकता है।

II. दोनों देश कुछ समय के बाद फिर से दुश्मन बन सकते हैं।

41. कथन: ईमानदारी की भावना के साथ, गुणवत्तायुक्त शिक्षक समाज को बेहतर बना सकते हैं। **(S.S.C. 1999)**

धारणाएं: I. गुणवत्तायुक्त शिक्षक ईमानदार हैं।

II. शिक्षण में ईमानदारी का मूल्य है।

42. कथन: भारत में जीवन यापन की लागत में वृद्धि हुई है। **(S.S.C. 2001)**

धारणाएं: I. हाल ही में आवश्यक वस्तुओं की कीमतों में वृद्धि हुई है।

II. देश में प्रचुर मात्रा में कई लग्जरी सामान उपलब्ध हैं।

43. कथन: "कृपया काम में देरी नहीं करने के लिए अधिक लोगों को काम पर रखें।"

धारणाएं: I. अधिकांश नौकरियों में विलंब अपरिहार्य है।

II. नौकरी पर लोगों की संख्या अधिक होने पर उत्पादन में वृद्धि होगी।

44. कथन: मैं हमेशा अखबारों में नेशनल टाइम्स पढ़ता हूँ।

धारणाएं: I. नेशनल टाइम्स बहुत व्यापक समाचार देता है।

II. कुछ लोग अन्य समाचार पत्रों को पसंद करते हैं।

45. कथन: बिना हमारी अनुमतिं के हमारे सॉफ्टवेयर को कॉपी न करें- एक सूचना।

धारणाएं: I. सॉफ्टवेयर की कॉपी करना संभव है।

II. ऐसी चेतावनी का कुछ प्रभाव होगा।

46. कथन: छात्रों के आंदोलन के कारण हिंसक स्थिति को देखते हुए राज्य सरकार ने तत्काल प्रभाव से राज्य में सभी शैक्षणिक संस्थानों को दो सप्ताह के लिए बंद करने का फैसला किया है। **(Bank P.O. 2004)**

धारणाएं: I. छात्रों का आंदोलन दो सप्ताह के बाद कम हो सकता है।

II. शिक्षण संस्थानों के बंद होने से छात्रों को आंदोलन आगे जारी रखने का स्थान नहीं मिल सकता है।

47. कथन: नगर निगम ने मुख्य शहर के उप-शहरी क्षेत्र में मुख्य मार्गों पर यातायात की भीड़ से बचने के लिए कुछ मुख्य घंटों में वाहनों के प्रवेश पर प्रतिबंध लगाने फैसला किया है। **(Bank P.O. 2004)**

धारणाएं: I. उप-शहरी क्षेत्रों के लोगों को कुछ मुख्य घंटों में उनके वाहनों को नहीं लाना चाहिए।

II. मुख्य शहर में रहने वाले लोगों के वाहन से द्वारा कोई यातायात भीड़ नहीं होती।

48. कथन: बाजार का रुझान लगातार बदल रहा है और बढ़ती प्रतिस्पर्धा के साथ, कीमतों और गुणवत्ता के सापेक्ष उपभोक्ताओं की मांग धीरे-धीरे बढ़ रही है।

धारणाएं: I. उपभोक्ताओं ने इससे पहले कीमतों और गुणवत्ता की परवाह नहीं की।

II. बाजार की प्रतिस्पर्धा उपभोक्ताओं के प्रति अनुकूल नहीं है।

49. कथन: बेहद शानदार और मेहनती छात्रों में हमेशा लिखित परीक्षा में उत्कृष्टता नहीं होती है। **(Bank P.O. 1999)**

धारणाएं: I. लिखित परीक्षा मुख्य रूप से औसत दर्जे के छात्रों के लिए अच्छी है।

II. शानदार और मेहनती छात्र हमेशा परीक्षा में अच्छे उत्तर नहीं लिख सकते।

50. कथन: "हर कोई एक पर्सनल कंप्यूटर खरीदने की इच्छा रखता है।", एक कॉलेज छात्र का कथन। **(SIDBI, 2000)**

धारणाएं: I. पर्सनल कंप्यूटर आवश्यकता नहीं, बल्कि एक लक्जरी है?

II. पर्सनल कंप्यूटर कौशल की गुणवत्ता में सुधार करता है।

51. कथन: दीपक के पास पुस्तकों का एक बड़ा संग्रह है और वह अपना संग्रह बढ़ाने के लिए नई किताबें खरीदता रहता है। **(M.B.A. 2002)**

धारणाएं: I. दीपक पुस्तकों को प्यार करता है और उनकी परवाह करता है।

II. दीपक ने हर एक किताब को पढ़ा है, जो उसने खरीदी है।

52. कथन: A की B को सलाह-"यदि आप अकाउंट्स पढ़ना चाहते हैं, संस्थान Y में शामिल हों।"

धारणाएं: I. संस्थान Y अकाउंट्स की अच्छी शिक्षा प्रदान करता है।

II. B, A की सलाह को सुनता है।

53. कथन: क्लब में प्रवेश करने से पहले इस नोटिस को पढ़ें।

धारणाएं: I. लोग साक्षर हैं।

II. क्लब में कोई भी अंधा व्यक्ति नहीं आता है।

54. कथन: नागरिक प्राधिकरण ने पानी के उपयोग में कमी के लिए लोगों से अपील की क्योंकि आने वाले हफ्तों के दौरान पानी में कमी हो सकती है।

धारणाएं: I. निकट भविष्य में बारिश नहीं होगी।

II. लोग नागरिक प्राधिकरण की सलाह का पालन करने के लिए तैयार हैं।

55. कथन: किसी समुदाय द्वारा उसके सदस्यों को प्रदान की गयी कुल आय का अधिकतम दोहन करने के लिए समुदाय में आय की सम. ानता आवश्यक शर्त है।

धारणाएं: I. यदि अमीरों की अतिरिक्त आय को उनसे लेकर गरीबों को दिया जाता है, तो समुदाय की कुल उपयोगिता में वृद्धि होगी।

II. समान काम के लिए समान वेतन।

56. कथन: सचिन की माँ ने उन्हें निर्देश दिया कि अगर भारी बारिश हुई तो ट्रेन से घर लौटना। **(Bank P.O. 2000)**

धारणाएं: I. अगर भारी बारिश होती है, तो सचिन स्वयं निर्णय लेने में सक्षम नहीं है।

II. भारी बारिश में भी ट्रेनें चलती हैं।

57. कथन: यह कैसे हो सकता है कि इस जिले के तथाकथित आधिकारिक मानचित्र में गाँव दिखाया नहीं गया है?

धारणाएं: I. आधिकारिक जिले के नक्शे में उस जिले के सभी गांवों को दिखाना अपेक्षित है।

II. यह एक प्रामाणिक और आधिकारिक नक्शा नहीं है।

58. कथन: भारत में एकीकृत इस्पात संयंत्रों को अब निरंतर कास्टिंग अपवर्तक के आयात पर निर्भर नहीं रहना पड़ेगा।

धारणाएं: I. भारत में निरंतर कास्टिंग अपवर्तक की जरूरत है।

II. लगातार कास्टिंग अपवर्तक की मांग अधिक हैं।

59. कथन: "कार्यक्रम शाम 6 बजे शुरू होगा। लेकिन तुम वहाँ शाम 7 बजे तक या उसके बाद भी आ सकते हो, कोई समस्या नहीं है।"

धारणाएं: I. कार्यक्रम शाम 7 बजे के बाद भी जारी रहेगा।

II. कार्यक्रम उस समय तक शुरू नहीं भी हो सकता है।

60. कथन: "नीली टाई हमें हमारे कर्मचारियों की अन्यों से पहचान करने में मदद करेगी।"-कंपनी में दिया गया एक सुझाव।

धारणाएं: I. कंपनी को उसके कर्मचारियों को पहचानने की आवश्यकता है।

II. नीली टाई का नवीनतम फैशन है।

61. कथन: धन एक परिवार में सभी समस्याओं का मूल कारण है।

धारणाएं: I. प्रत्येक समस्या का कुछ कारण होता है।

II. एक परिवार में हमेशा कुछ समस्याएं होती हैं।

62. कथन: "भविष्य के लिए अपने अतीत से छुटकारा पाएं, अपने पुराने फ्रिज के बदले में छूट प्राप्त कर हमारा नई पीढ़ी का फ्रिज प्राप्त करें।"- एक विज्ञापन। **(I.B.P.S. 2002)**

धारणाएं: I. आने वाले महीनों में नए फ्रिज की बिक्री में वृद्धि हो सकती है।

II. लोग अतीत के साथ भविष्य का आदान-प्रदान करना पसंद करते हैं।

63. कथन: एक विज्ञापन: यदि आप एक आदर्श नेता के पदचिन्हों पर चलना चाहते हैं, तो X' ब्रांड के जूते पहनें। **(Bank P.O. 2002)**

धारणाएं: I. ज्यादातर लोग आदर्श नेता बनना पसंद करते हैं।

II. 'X' ब्रांड के जूते पहने बिना कोई आदर्श नेता नहीं बन सकता है।

64. कथन: केंद्र सरकार ने कर संग्रह में वृद्धि के लिए छोटी बचतों योजनाओं पर मौजूदा राहत को चरणबद्ध तरीके से वापस लेने का फैसला किया है। **(Bank P.O. 2003)**

धारणाएं: I. लोग अभी भी छोटी बचत योजनाओं में पैसा रखना और करों का भुगतान करना जारी रख सकते हैं।

II. कुल कर संग्रह में पर्याप्त रूप से वृद्धि हो सकती है।

65. कथन: राष्ट्रपति ने लोगों को आश्वासन दिया है कि हर पांच साल के बाद यहां चुनाव होंगे।

धारणाएं: I. लोगो में डर है कि चुनाव नहीं हो सकते हैं।

II. लोगो में डर है कि पांच साल के बाद चुनाव नहीं हो सकते हैं।

66. कथन: अन्य किसी पाइप की तुलना में 10 वर्ष अधिक जीवन के लिए पीवीसी पाइप का उपयोग करें। **(I.I.T.T.M. 1998)**

धारणाएं: I. लोग केवल उन पाइपों को पसंद करते हैं जो टिकाऊ हैं।

II. अन्य पाइप टिकाऊ नहीं हैं।

67. कथन: मंगल पर जीवन की संभावना तलाशने को खारिज करने का कोई कारण नहीं है। इसलिए, उस ग्रह की खोज किया जाना है।

धारणाएं: I. मंगल पर जीवन है।

II. जीवन की खोज अंतरिक्ष की खोज करने का पर्याप्त कारण है।

68. कथन: एक घोषणा: यात्रियों को उनके अपने हित के लिए सलाह दी जाती है कि रज्जुमार्ग ट्रॉली में बैठने के दौरान अपनी सीट बेल्ट बांधें। **(R.B.I. 2003)**

धारणाएं: I. लोग हमेशा अपनी सुरक्षा के लिए सावधान रहते हैं।

II. जब तक सलाह न दी जाए, यात्रियों द्वारा सीट बेल्ट का उपयोग नहीं किया जाएगा।

69. कथन: सरकार ने एलपीजी पर इसकी सब्सिडी कम करने का फैसला किया है, हालांकि मिट्टी के तेल पर सब्सिडी अपरिवर्तित बनी हुई है। **(R.B.I. 2004)**

धारणाएं: I. वे लोग जो एलपीजी खरीद सकते हैं, एलपीजी खरीदने के उच्चतम मूल्य के खर्च का वहन कर सकते हैं।

II. कई लोग एलपीजी खरीदना बंद कर सकते हैं और इसके बजाय मिट्टी के तेल का उपयोग कर सकते हैं।

70. कथन: मैं आपको मेरी टैक्सी से कानपुर से लखनऊ जल्दी पहुंचा सकता हूं लेकिन तब आपको मुझे सामान्य शुल्क की तुलना में दोगुना भुगतान करना होगा।

धारणाएं: I. आम तौर पर, यह लखनऊ से कानपुर पहुँचने में अधिक समय लेगा।

II. लोग जल्दी पहुंचना चाहते हैं लेकिन वे इसके लिए अतिरिक्त पैसे नहीं देंगे।

71. कथनः सामान्य प्रशासन विभाग ने एक परिपत्र जारीकर अपने सभी कर्मचारियों को सूचित किया है कि इसके बाद कर्मचारी दोपहर 1.00 बजे के बाद और दोपहर 2.30 बजे के बीच में किसी भी समय आधे घंटे के स्लॉट में उनके लंच ब्रेक का लाभ उठा सकते हैं। **(Bank P.O. 2005)**

धारणाएं: I. कर्मचारी इस निर्णय का स्वागत कर सकते हैं और अलग-अलग स्लॉट्स में दोपहर के भोजन का ब्रेक ले सकते हैं।

II. इससे संगठन के कार्य पर कोई विराम नहीं हो सकता है क्योंकि कर्मचारियों लंच ब्रेक अलग स्लॉट्स पर होगा।

72. कथनः मानसून के पहले दो महीनों के दौरान जलग्रहण क्षेत्रों में सामान्य से कम वर्षा के बावजूद जल आपूर्ति प्राधिकरण ने अभी तक शहर को पानी की आपूर्ति करने में कोई कटौती नहीं की है। **(Bank P.O. 2004)**

धारणाएं: I. मानसून के शेष भाग के दौरान सामान्य जल आपूर्ति के लिए पर्याप्त वर्षा हो सकती है।

II. शहर की झीलों में वर्तमान जल स्तर शहर को पानी की सामान्य आपूर्ति करने के लिए पर्याप्त हो सकता है।

73. कथनः संस्थान की परिवर्तित वित्तीय प्राथमिकताओं में अतिरिक्त संकाय शिक्षक नियुक्त करने के लिए कोई बजटीय प्रावधान नहीं किया गया है।

धारणाएं: I. संकाय शिक्षक नियुक्ति के लिए धन की आवश्यकता है।

II. संकाय शिक्षक की नियुक्ति के अतिरिक्त अन्य क्षेत्रों में अधिक वित्तीय ध्यान देने की आवश्यकता है।

74. कथनः नई शिक्षा नीति में शिक्षा व्यवस्था में प्रमुख संशोधनों की परिकल्पना की गई है।

धारणाएं: I. वर्तमान शिक्षा प्रणाली राष्ट्रीय आवश्यकताओं के साथ असंगत है।

II. वर्तमान शिक्षा प्रणाली में परिवर्तन की जरूरत है।

75. कथनः एक आम आदमी से विवाह करके राजकुमारी द्वारा शादी की शाही परंपरा को तोड़ने पर कई लोगों ने आश्चर्य व्यक्त किया है।

धारणाएं: I. लोग शाही परिवारों से अपेक्षा करते हैं कि वे रीति-रिवाजों और परंपराओं का पालन करें।

II. लोग अभी भी 'शाही रक्त की शुद्धता' और स्टेटस को महत्व देते हैं, जब शाही परिवार के सदस्यों के विवाह की बात आती है।

76. कथनः यह सच नहीं है कि ताकतवर महाशक्ति हमेशा युद्ध जीतती है और दूसरे देशों से प्रशंसा पाती है। **(S.B.I.P.O. 2003)**

धारणाएं: I. विजेता कभी-कभी प्रशंसित और सराहनीय होते हैं।

II. विजेताओं की कभी-कभी आलोचना की जाती है।

77. कथनः किसी भी संगठन के उच्च अधिकारी को अवलोकन और सीखने योग्य मॉडल होना चाहिए, आना कि केवल इनाम और दंड के स्रोत के रूप में जाना जाना चाहिए। **(Bank P.O. 1999)**

धारणाएं: I. कर्मचारी के अपने बॉस के व्यवहार का अवलोकन कर सीखने की संवेदनशीलता अधिक होने की संभावना होती है।

II. आम तौर पर मालिकों को इनाम और सजा के स्रोत के रूप में माना जाता है।

78. कथनः बच्चे, जिन्हें प्रोत्साहन मिलता है, आमतौर पर बेहतर प्रदर्शन करते हैं। - माता-पिता को प्रिंसिपल द्वारा एक नोट।

धारणाएं: I. कुछ माता-पिता बच्चे को प्रोत्साहित नहीं करते हैं।

II. माता-पिता प्रिंसिपल की सलाह का अनुसरण कर सकते हैं।

79. कथनः "बढ़ती व्यावसायिक जरूरतों को पूरा करने के लिए बैंकिंग सेवाएं अच्छी हैं।" एक विज्ञापन।

धारणाएं: I. बैंकिंग व्यावसायिक गतिविधियों का एक हिस्सा है।

II. उद्योगपति बेहतर बैंकिंग सेवाएं पसंद करते हैं।

80. कथनः जब भी आपको इस विषय पर किसी तरह का संदेह हो, तो आप एन्न और एन्न द्वारा लिखित पुस्तक को संदर्भित कर सकते हैं।

धारणाएं: I. एन्न और एन्न द्वारा लिखित पुस्तक उपलब्ध है।

II. इस विषय पर कोई अन्य पुस्तक नहीं है।

81. कथनः "मेरे अनुसार, आपको आपके बच्चे की जांच के लिए एक विशेषज्ञ डॉक्टर को दिखाना चाहिए।"- A, B को कहता है।

धारणाएं: I. विशेषज्ञ चिकित्सक साधारण डॉक्टरों से बेहतर निदान करने में सक्षम हैं।

II. B निश्चित रूप से A की सलाह से सहमत नहीं होगा।

82. कथनः टिकट खिड़की पर नोटिस बोर्ड: कृपया कतार में आएं।'

धारणाएं: I. जब तक निर्देश नहीं देंगे, लोग कतार नहीं बनाते।

II. लोग किसी भी तरह से टिकट की खरीदारी करना चाहते हैं।

83. कथनः मेरा विश्वास करो, मैंने यह अखबार X में पढ़ा है। **(S.B.I.P.O. 2001)**

धारणाएं: I. अखबार X विश्वसनीय खबर देता है।

II. मैं बिलकुल वैसे ही रिपोर्ट कर रहा हूं, जैसा अखबार X में दिया गया है।

84. कथनः अमेरिका में न तो फासीवाद और न ही साम्यवाद के सफल होने का कोई अवसर है।

धारणाएं: I. अमेरिकी लोग दृढ़ता से व्यक्ति के अधिकारों के संरक्षण का पक्ष लेते हैं।

II. अमेरिकियों ने अभी तक गरीबी या अभाव नहीं देखा है।

85. कथनः "श्रमिकों के असंतोष की इस समस्या' को हल करने का सबसे अच्छा तरीका उन्हें नकद पुरस्कार प्रदान करना है। यदि इस प्रकार के प्रोत्साहन से सिडको कंपनी में समस्या हल हो सकती है तो यहाँ क्यों नहीं।"- एक कार्मिक प्रबंधक को कंपनी का अध्यक्ष बताता है।

धारणाएं: I. श्रमिकों के असंतोष का कारण दोनों कंपनियों में समान था।

II. मौद्रिक प्रोत्साहन सार्वभौमिक रूप से आकर्षक हैं।

86. कथनः भोजन का स्वाद पोषण ग्रहण करने में योगदान देता है, जोकि मानव के अस्तित्व के लिए आवश्यक है।

धारणाएं: I. मनुष्य इसके स्वाद का आनंद लेने के लिए भोजन ग्रहण करते हैं।

II. मनुष्य खाने के स्वाद का अनुभव करता है।

87. कथनः किसी राष्ट्र की आर्थिक समृद्धि इसके मानव संसाधनों की गुणवत्ता पर निर्भर है।

धारणाएं: I. किसी राष्ट्र के मानव संसाधनों की गुणवत्ता मापना संभव है।

II. आर्थिक समृद्धि की प्राप्ति करना हर राष्ट्र का लक्ष्य है।

88. कथनः हाल ही में थोपे गए युद्ध में, आर्थिक रूप से मजबूत और वैज्ञानिक रूप से उन्नत महाशक्तियों ने वैश्विक जनमत की उपेक्षा की।" **(S.B.I.P.O. 2003)**

द्वितीय। वैश्विक जनमत का होना आवश्यक है के थोपने के खिलाफ था युद्ध।

धारणाएं: I. सुपरपावर को वैश्विक जनमत का ध्यान रखने की आवश्यकता नहीं है।

II. वैश्विक जनमत थोपे गए युद्ध के विरुद्ध होना आवश्यक है।

89. कथन: नौकरियों में चयन के लिए आयोजित साक्षात्कार में उम्मीदवारों के व्यक्तित्व की विशेषताओं का परिक्षण किया जाना चाहिए।

धारणाएं: I. काम का प्रदर्शन व्यक्तित्व की विशेषताओं पर निर्भर करता है।

II. व्यक्तित्व विशेषताएँ साक्षात्कार में मापी जा सकती है।

90. कथन: दिल्ली और पड़ोसी राज्य सहित पूरा उत्तर भारत 19 दिसंबर को पूरा दिन 'ऊर्जाहीन' बना रहा क्योंकि सात राज्यों में बिजली की आपूर्ति करने वाली उत्तरी ग्रिड फिर से खराब हो गयी।

धारणाएं: I. उत्तरी ग्रिड पहले भी खराब हो चुकी है।

II. राज्यों के समूह को बिजली प्रदान करने वाली ग्रिड प्रणाली एक प्रकार की बेअसर आपूर्ति व्यवस्था है।

91. कथन: टी.वी. कार्यक्रमों की गुणवत्ता में सुधार टी.वी. की बिक्री में वृद्धि को प्रोत्साहित करेगा।

धारणाएं: I. टी.वी. एक अच्छा मनोरंजन का साधन है।

II. हाल ही में टी.वी. कार्यक्रमों की गुणवत्ता में सुधार हुआ है।

92. कथन: खराब सेवाओं के बावजूद, कम्यूटेटर ने इसके खिलाफ शिकायत नहीं की है।

धारणाएं: I. आमतौर पर लोग खराब सेवाएं बर्दाश्त नहीं करते हैं।

II. शिकायतें कभी-कभी सेवाएं सुधारती हैं।

93. कथन: एक फ्लैट के इकलौते निवासी की हत्या की जांच करने के लिए, पुलिस ने घरेलू नौकर, बहु मंजिला इमारतों के चौकीदार और लिफ्टमैन से पूछताछ की। **(Bank P.O. 2000)**

धारणाएं: I. घरेलू नौकर, चौकीदार और लिफ्टमैन संदिग्ध हत्या के बारे में कुछ सुराग दे सकता है।

II. आम तौर पर ऐसे मामलों में निवासियों के जानने वाले व्यक्ति प्रत्यक्ष या अप्रत्यक्ष रूप से शामिल हत्या में शामिल होते हैं।

94. कथन: "वर्तमान में शिक्षा प्रणाली ध्वस्त हो गयी है और देश पतन में जा रहा है।"

धारणाएं: I. राष्ट्र की खुशहाली के लिए एक अच्छी शिक्षा प्रणाली आवश्यक है।

II. राष्ट्र की खुशहाली के लिए एक अच्छी शिक्षा प्रणाली अकेले ही पर्याप्त है।

95. कथन: अगर राजन ने निर्देश पढ़ लिए हैं, तो फिर उसे तदनुसार कार्य करने दो।

धारणाएं: I. राजन निर्देशों को समझ लेगा।

II. राजन कार्यों को करने में सक्षम है।

96. कथन: संस्थान के गवर्निंग बोर्ड की अगली बैठक एक वर्ष के बाद होगी।

धारणाएं: I. संस्थान एक वर्ष के बाद भी कार्यशील रहेगा।

II. शासी बोर्ड को एक वर्ष के बाद भंग कर दिया जाएगा।

97. कथन: "यदि आप एक अच्छे लेखक बनना चाहते हैं तो आपको शब्दकोश का संदर्भ लेना सीखना चाहिए।"- A ने B को सलाह दी। **(S.B.I.P.O. 1999)**

धारणाएं: I. केवल लेखक शब्दकोश का उल्लेख करते हैं।

II. सभी लेखक, अच्छे या बुरे, शब्दकोश का संदर्भ देते हैं।

98. कथन: एक अच्छी किताब, भले ही महंगी हो, बिकती है। **(S.S.C. 2001)**

धारणाएं: I. कुछ किताबें दूसरों से बेहतर हैं।

II. ज्यादातर किताबें महंगी होती हैं।

99. कथन: यह अकेले भागीदारी प्रबंधन नीति के माध्यम से है कि हमारे उद्योगों में अनुशासनहीनता हो सकती है और कर्मचारियों के जीवन की गुणवत्ता सुनिश्चित हो सकती है।

धारणाएं: I. हमारे उद्योगों में जीवन की गुणवत्ता बेहतर है।

II. अनुशासनहीनता के परिणामस्वरूप जीवन की गुणवत्ता खराब हो जाती है।

100. कथन: सरकार राज्य X में पर्यटन को बढ़ावा देने के लिए प्रयास कर रही है।

धारणाएं: I. राज्य X में राजनीतिक अशांति के बाद पर्यटन में गिरावट आई है।

II. हवाई किराया में विशेष छूट की घोषणा की गई है।

हल-अभ्यास 3(B)

1. (*e*) : एक व्यक्ति शालीन पर भरोसा करने के लिए स्वयं की निंदा करता है, इसलिए धारणा I निहित है। कथन में उल्लेख किया गया है कि शालीन पर भरोसा करना मूर्खता थी। अत: व्यक्ति मूर्ख है। अत:, धारणा II निहित है।

2. (*e*) : चूंकि दोनों धारणाएं कथन का अनुसरण करती हैं, अत: धारणा I और धारणा II दोनों निहित हैं।

3. (*e*) : यह उल्लेख किया गया है कि बारिश के बिना किसानों को परेशानी होगी। इसका अर्थ है कि समय पर बारिश जरूरी है। साथ ही यह दर्शाता है कि किसान बारिश पर निर्भर हैं। अत: धारणा I और धारणा II दोनों निहित हैं।

4. (*d*) : स्पष्ट है, सिटी बस कंपनी स्थानीय निवासियों की जरूरतों के अनुसार बस सेवा प्रदान करने के लिए है न कि अपनी सुविधा के अनुसार। अत: धारणा I निहित नहीं है। फिर, कथन राम नगर के निवासी की अपील की बात करता है। इसलिए संत कॉलोनी के निवासियों की अपील पर कंपनी की प्रतिक्रिया के बारे में कुछ नहीं कहा जा सकता है। अत: धारणा II भी निहित नहीं है।

5. (*e*) : विज्ञापन में इस तथ्य पर प्रकाश डाला गया है कि X एयरवेज का किराया ट्रेन के किराए से कम है। इसका तात्पर्य यह है कि लोग ट्रेन से जाने के बजाय हवाई यात्रा करना पसंद करेंगे अगर उन्हें इसके लिए अतिरिक्त भुगतान नहीं करना पड़े। तो धारणा I निहित है। इसके अतिरिक्त, इस सुविधा से यह भी पता चलता है कि X एयरवेज का किराया अन्य एयरलाइंस की तुलना में कम है। अत: धारणा II भी निहित है।

6. (*b*) : लोगों को समय पर पहुंचने के लिए रेल अपरिहार्य हैं, इसका अर्थ यह नहीं है कि परिवहन के अन्य साधन नहीं हैं, लेकिन यह दर्शाता है कि अकेले ट्रेनें समय पर चलती हैं। अत: धारणा I निहित नहीं है और केवल धारणा II निहित है।

7. (*e*) : स्पष्टत: A कर्मचारियों की नौकरी की संतुष्टि पर वेतन संशोधन के प्रभाव का अध्ययन करना चाहता है। इसका अर्थ है कि नौकरी से संतुष्टि को मापा जा सकता है और A ऐसा अध्ययन करने में सक्षम है। अत: धारणा I और धारणा II दोनों निहित हैं।

8. (*d*) : उम्मीदवार रेडियो पर समाचारों को सुनता है इसका अर्थ यह नहीं है कि वह अखबार नहीं पढ़ता है या रेडियो हाल की खबरों का एकमात्र स्रोत है। अत: न तो धारणा I न ही धारणा II निहित है।

9. (*d*) : स्पष्टत: दिए गए कथन से, कार्यालय भवन की मरम्मत का श्रमिकों की दक्षता पर प्रभाव या मरम्मत के लिए धन की आवश्यकता के बारे में कुछ भी नहीं कहा जा सकता है। अत: न तो धारणा I न ही धारणा II निहित है।

10. (*b*) : कथन बताता है कि हाल के वर्षों में हवाई यात्रा करने वालों की संख्या में वृद्धि हुई है। इससे स्पष्ट है कि बड़ी संख्या में लोग अब हवाई यात्रा का खर्च उठा सकते हैं। अत: केवल धारणा II निहित है।

11. (*e*) : बजट में कल्याणकारी गतिविधियों के लिए धन का प्रावधान न करने से स्पष्ट है कि यह इस वर्ष में ऐसी गतिविधियों को अंजाम नहीं देने के कारखाने के इरादे को इंगित करता है। अत: धारणा I निहित है। इसके अतिरिक्त, बजट में धनराशि के आवंटन के बिना संगठनों में कल्याणकारी गतिविधियां नहीं की जा सकती हैं। अत: धारणा II भी निहित है।

12. (*e*) : कथन में उल्लेख किया गया है कि विज्ञान विश्वसनीय है क्योंकि तथ्यों को जांच द्वारा सत्यापित किया जा सकता है। अत: धारणा I निहित है। धारणा II कथन में अंतिम वाक्य से सीधे आती है और इसलिए यह भी अंतर्निहित है।

13. (*a*) : स्पष्टत: प्रत्येक कक्षा में बच्चों की संख्या बढ़ने से आय में वृद्धि होगी और प्रति बच्चे खर्च में कमी आएगी। लेकिन स्कूल के निर्णय की प्रतिक्रिया के बारे में कुछ नहीं जा सकता। अत: केवल धारणा I निहित है।

14. (*b*) : B के अनुरोध के लिए C की प्रतिक्रिया के बारे में कुछ नहीं जा सकता। अत: धारणा I निहित नहीं है। इसके अतिरिक्त, B अपनी अनुपस्थिति में कंपनी की देखभाल करने के लिए C को अधिकृत करना चाहता है। इसका अर्थ है कि C मामलों को संभालने में सक्षम है। अत: धारणा II निहित है।

15. (*a*) : कथन इंगित करता है कि एक व्यक्ति को उसकी चीजों को बंद करके रखने से ऐसा महसूस होगा कि हर व्यक्ति अच्छा है क्योंकि उसे उसकी चीजों के लिए कोई खतरा नहीं है। अत: धारणा I निहित है। कथन चोरी करने की वैध प्रकृति के बारे में कुछ भी उल्लेख नहीं किया गया है। अत: धारणा II निहित नहीं है।

16. (*b*) : धारणा I अस्पष्ट है और इसलिए यह निहित नहीं है। कथन पेंशनरों पर गंभीर चिंता व्यक्त करता है कि नीति के कार्यान्वयन के दो महीने बाद भी महंगाई भत्ता नहीं मिला। इसका अर्थ है कि दो महीने का समय पर्याप्त है और पहले ही बहुत देर हो चुकी है। अत: धारणा II निहित है।

17. (*a*) : कार्यालय द्वारा दी गई सुविधा कर्मचारियों के विशेषाधिकार में वृद्धि करेगी और कई कर्मचारी इसका लाभ लेंगे। अत: धारणा I निहित है। इसके अतिरिक्त, कथन 'सभी कर्मचारियों को सूचित किया जाता है .....' का तात्पर्य है कि नोटिस सभी कर्मचारियों के लिए है। अत: धारणा II निहित नहीं है।

18. (*e*) : निदेशक ने कहा कि वर्तमान कार्यों को भविष्य में बनाए रखने के लिए कम्प्यूटरीकरण आवश्यक है। इसका अर्थ है कि कंप्यूटरीकरण के अभाव में संस्थान पिछड़ जाएगा। इसी के साथ संस्थान के कार्य बहुत बोझिल हैं और अधिक समय खपत कर सकते हैं जिसे कंप्यूटर के माध्यम से ही समय में संभाला जा सकता है। अत: धारणा I और धारणा II दोनों निहित हैं।

19. (*a*) : समस्याएं बदतर हो गई हैं। अत: धारणा I निहित है। लोगों के रवैये के बारे में कुछ भी नहीं बताया गया है। अत: धारणा II निहित नहीं है।

20. (*d*) : चूंकि दोनों धारणाएं कथन का पालन नहीं करते हैं, इसलिए न तो धारणा I न ही धारणा II निहित है।

21. (*a*) : कथन में उल्लेख किया गया है कि विक्रेता तैयार स्टॉक में उत्पाद X को नहीं रखता है और ग्राहक द्वारा निश्चित रूप से खरीदे जाने पर ही प्रदान कर सकता है। अत: धारणा I निहित है। हालांकि II इस संदर्भ में अस्पष्ट प्रतीत होता है।

22. (*b*) : चूंकि मंत्रालय ने स्वैच्छिक संगठनों का समर्थन करने का फैसला किया है, यह काफी संभावित है कि उन्हें इसकी जरूरत है। अत: धारणा I निहित नहीं है। इसके अतिरिक्त, हाल ही में स्वैच्छिक संगठनों के लिए आर्थिक पैकेज की घोषणा की गई है, यह माना जा सकता है कि उन्हें पहले से ऐसा कोई समर्थन नहीं दिया जा रहा था। अत: धारणा II निहित है।

23. (*b*) : स्पष्टत:, विज्ञापन में 'केवल' शब्द का उल्लेख नहीं है यानी, अन्य एयर कंडीशनर में भी व्यापक रेंज हो सकती हैं। अत: धारणा I निहित नहीं है। इसके अतिरिक्त, विज्ञापन दिया जाता है ताकि लोग जिस चीज की मांग करते हैं, उसके बारे में जाने। अत: धारणा II निहित है।

24. (*a*) : संस्थान के प्रमुख से मिली सराहना निश्चित रूप से कर्मचारियों को प्रेरित करेगी और वे संगठन की प्रगति हेतु कड़ी मेहनत करने का प्रयास करेंगे। अत: केवल धारणा I निहित है।

25. (*e*) : स्पष्टत:, अधिक संग्रह केंद्र होने से आम लोग आसानी से और जल्दी अपने बिलों का भुगतान करने में सक्षम होंगे, और इसी कारण इस विचार का स्वागत करेंगे। अत: धारणा I और धारणा II दोनों निहित हैं।

26. (*a*) : स्पष्टत:, एक इंजीनियर को नौकरी की पेशकश की जाती है। इसका अर्थ है कि उसकी जरूरत है। अत: धारणा I निहित है। कथन में 'यदि' शब्द का प्रयोग बताता है कि धारणा II निहित नहीं है।

27. (*e*) : प्लस कॉफी शॉप्स की अवधारणा, कि एक शांत, सुखदायक, संगीतमय वातावरण में कई प्रकार के नाश्ते के साथ प्रदान करके, से और अधिक ग्राहकों को आकर्षित किया जाएगा। अत: धारणा I और II दोनों निहित हैं।

28. (*e*) : कथन केबिन की जरूरत पर संकेत देता है। अत: धारणा I निहित है। स्वतंत्र केबिनों के बाद से दक्षता में सुधार की उम्मीद है, इसका अर्थ है दूसरों की उपस्थिति काम करने में बाधा डालती है। अत: धारणा II भी निहित है।

29. (*d*) : चूंकि धारणा I और धारणा II दोनों कथन का अनुसरण नहीं करते हैं, इसलिए उनमें से कोई भी निहित नहीं है।

30. (*d*) : इस तरह के फैसले सरकार द्वारा कानूनों के रूप में लागू किए जाते हैं, जो नियोक्ता और कर्मचारी दोनों पर बाध्यकारी हैं। अत: न तो धारणा I और न ही धारणा II निहित है।

31. (*e*) : तथ्य कि डब्ल्यूएचओ ने अपनी सहायता को बढ़ाया है से तात्पर्य है कि यहां भारत सरकार का वित्त पोषण पर्याप्त नहीं है। अत: धारणा II निहित है। इसके अतिरिक्त, डब्ल्यूएचओ ने भारत में स्वास्थ्य पर प्रति व्यक्ति कम व्यय को ध्यान में रखते हुए स्वास्थ्य कार्यक्रमों को सहायता प्रदान करने का निर्णय लिया है। अत: धारणा I भी निहित है।

32. (*a*) : लड़कियों को मॉडल के रूप में लेने के लिए 'अंग्रेजी में प्रवाह' एक शर्त है जिसका उल्लेख किया गया है। अत: धारणा I निहित है। चूंकि ऊंचाई के बारे में कुछ भी उल्लेख नहीं है, इसलिए धारणा II निहित नहीं है।

33. (*b*) : कथन से सरकार की सब्सिडी के स्रोत के बारे में कुछ भी नहीं कहा जा सकता है। अत: I निहित नहीं है। हालांकि, धारणा II कथन का अनुसरण करती है और इसलिए यह निहित है।

34. (*b*) : यह उल्लेख किया जाता है कि समारोह दोपहर 3 बजे शुरू होगा और यह नहीं कि आमंत्रितों का इंतजार किया जाएगा। अत: धारणा I निहित नहीं है और केवल धारणा II निहित है।

35. (*e*) : प्राकृतिक संसाधनों का ज्ञान बढ़ाने के लिए जंगलों का दौरा किया जाएगा। इसका अर्थ है की वनों में प्राकृतिक संसाधन होते हैं। अत: धारणा I निहित है। बच्चों को जंगलों में व्यावहारिक रूप से सीखने में मदद करने के लिए ले जाया जा रहा है। अत: धारणा II भी निहित है।

36. (*a*) : कथन इस बिंदु पर जोर देता है कि यह विशेष ब्रांड के जूते समृद्ध व्यक्तियों द्वारा पहने जाते हैं, क्योंकि वे अच्छे गुणवत्ता के हैं। और एक विज्ञापन उन विशेषताओं पर प्रकाश डालता है, जो ज्यादातर लोगों की इच्छा है। अत: धारणा I निहित है। लेकिन इसका अर्थ यह नहीं है कि 'अमीर' होने के लिए किसी के पास यह जूते होने ही चाहिए। अत: धारणा II निहित नहीं है।

37. (*e*) : स्पष्टत:, कार्यक्रम के आयोजकों ने दर्शक सहभागिता योजना को अपनाया और कुछ भाग्यशाली दर्शकों के लिए पुरस्कार की घोषणा की, इससे उन्होंनें अधिक लोगों को घर में रहने और कार्यक्रम को देखने के लिए आकर्षित किया है। अत: धारणा I और II दोनों निहित हैं।

38. (*d*) : कथन में पेंसिल की उपलब्धता के बारे में कुछ भी उल्लेख नहीं किया गया है। अत: धारणा I निहित नहीं है। इसके अतिरिक्त, कथन में कर्मचारियों को प्रत्येक अन्वेषक के साथ पेंसिल प्रदान करने के लिए निर्देश दिया गया है। इसका अर्थ है कि निर्देश दिए जाने के बावजूद, सभी उम्मीदवार पेंसिल नहीं ला सकते हैं। अत: धारणा II भी निहित नहीं है।

39. (*b*) : स्पष्टत: विज्ञापन में विभिन्न दुकानों में सामान की कीमतों के बारे में कुछ भी उल्लेख नहीं किया गया है। अत: धारणा I निहित नहीं है। विज्ञापन लोगों की इच्छा को ध्यान में रखते हुए दिया जाता है ताकि उनके पैसे का पूरा मूल्य मिल सके। अत: धारणा II निहित है।

40. (*b*) : इस तथ्य से कि वर्तमान संधि स्थायी नहीं है, एक स्थायी संधि की संभावना से इंकार नहीं किया जा सकता है। अत: धारणा I निहित नहीं है। कथन में उल्लेख किया गया है कि वर्तमान समझौता 'नाजुक' है और महत्वपूर्ण संप्रभुता का मुद्दा अभी भी अनसुलझा है। तो भविष्य में फिर से वही मुद्दा उठ सकता है। इस प्रकार, धारणा II निहित है।

41. (*b*) : कथन में जोर दिया गया है कि गुणवत्ता वाले शिक्षक समाज में सुधार में मदद कर सकते हैं यदि वे शिक्षण में पर्याप्त रूप से ईमानदार हैं। इसका तात्पर्य है कि गुणवत्ता वाले शिक्षक ईमानदार हो सकते हैं या नहीं भी हो सकते। अत: धारणा I निहित नहीं है। हालांकि, धारणा II सीधे कथन से आती है और इसलिए यह निहित है।

42. (*e*) : रहने की लागत सीधे आवश्यक वस्तुओं की कीमतों से जुड़ी हुई है। अत: धारणा I निहित है। धारणा II जीने की लागत में वृद्धि के एक आवश्यक परिणाम को दर्शाता है। अत: धारणा II भी निहित है।

43. (*b*) : तथ्य कि 'काम में देरी नहीं के लिए' यह दर्शाता है कि देरी नहीं करनी है। अत: धारणा I निहित नहीं है। चूंकि लोगों की संख्या में वृद्धि से देरी नहीं होगी, इसका अर्थ है कि संख्या में इस वृद्धि के साथ आउटपुट बढ़ेगा। अत: धारणा II निहित है।

44. (*b*) : कथन में नेशनल टाइम्स की किसी भी गुणवत्ता का उल्लेख नहीं है। अत: धारणा I निहित नहीं है। कथन के अनुसार, सभी समाचार पत्रों के बीच, कथाकार नेशनल टाइम्स पढ़ता है। इसका अर्थ है कि कुछ लोग अन्य समाचार पत्रों को पढ़ते हैं। अत: धारणा II निहित है।

45. (*e*) : चूंकि नोटिस बिना अनुमति के सॉफ्टवेयर कॉपी करने के खिलाफ चेतावनी देता है, इसलिए यह स्पष्ट है कि सॉफ्टवेयर की कॉपी बनाई जा सकती है। अत: धारणा I निहित है। इसके अतिरिक्त, चेतावनी इस मकसद के साथ दी गई है कि कोई भी सॉफ्टवेयर की नकल करने की हिम्मत न करे। अत: धारणा II भी निहित है।

46. (*e*) : स्पष्टत:, ऐसी स्थितियों में, किसी भी अप्रिय घटना को रोकने के लिए बंद का पालन किया जाता है और इस उम्मीद के साथ कि बंद होने का निर्धारित समय आपसी बातचीत से या दबाव की रणनीति अपनाकर आंदोलन को निपटाने के लिए पर्याप्त है, क्योंकि संस्थानों को बंद करने के बाद आंदोलनकारियों के पास अपना गुस्सा निकालने के लिए कोई आधार नहीं है। अत: धारणा I और धारणा II दोनों निहित हैं।

47. (*d*) : यह उल्लेख किया गया है कि केवल मुख्य मार्गों से प्रवेश पर प्रतिबंध लगाया गया है। अत: धारणा I निहित नहीं है। इसके अतिरिक्त, सड़कों पर यातायात की मात्रा को कम करने और भीड़ को कम करने के लिए प्रवेश पर प्रतिबंध लगा दिया गया है। यह केवल शहर के प्रवेश द्वारों पर ही किया जा सकता है और शहर के भीतर नहीं। अत: शहर के वाहनों द्वारा भीड़भाड़ अपरिहार्य है। इसलिंए, धारणा II भी निहित नहीं है।

48. (*d*) : कथन उपभोक्ताओं के 'बढ़ती मांगों' की बात करता है। इसका यह अर्थ नहीं है कि उपभोक्ता पहले मूल्य और गुणवत्ता के प्रति उदासीन थे। अत: धारणा I निहित नहीं है। इसके अतिरिक्त, कथन में उल्लेख किया गया है कि बढ़ती प्रतिस्पर्धा ने उपभोक्ताओं को कई प्रकार के विकल्प उपलब्ध कराए हैं, जो उन्हें चीजों की तुलना करने और अपनी आवश्यकताओं और बजट के अनुरूप सबसे अच्छा विकल्प चुनने के लिए प्रेरित करते हैं। इस प्रकार वे अपने पैसे के लिए बेहतर 'मूल्य' प्राप्त कर रहे हैं। अत: धारणा II भी निहित नहीं है।

49. (*b*) : धारणा II कथन में दिए गए तथ्य की व्याख्या करती है और इसलिए निहित है। औसत छात्रों के बारे में कुछ भी उल्लेख नहीं किया गया है या दिए गए कथन से उनके बारे में कुछ निगमित नहीं किया जा सकता है। अतः धारणा I निहित नहीं है।

50. (*d*) : व्यक्तिगत कंप्यूटर की आवश्यकता या उपयोगिता के बारे में कुछ भी दिए गए कथन से निगमित नहीं किया जा सकता है। अतः न तो धारणा I न ही धारणा II निहित है।

51. (*a*) : कथन स्पष्ट रूप से दीपक की पुस्तकों में असाधारण रुचि को दर्शाता है। अतः धारणा I निहित है। हालांकि, उनके संग्रह की कितनी किताबें वे पढ़ चुके हैं, यह कथन से नहीं निगमित किया जा सकता है। इस प्रकार, धारणा II निहित नहीं है।

52. (*a*) : स्पष्टतः, A, B को Y से जुड़ने की सलाह देता है क्योंकि यह अच्छी अकाउंट शिक्षा प्रदान करता है। अतः धारणा I निहित है। यह उल्लेख नहीं किया गया है कि B, A की सलाह को सुनता है या नहीं। अतः धारणा II निहित नहीं है।

53. (*e*) : नोटिस लगाने का अर्थ है कि लोग इसे पढ़ेंगे। अतः यह माना जाता है कि लोग साक्षर हैं और धारणा I निहित है। चूंकि नोटिस क्लब में प्रवेश करने वाले सभी लोगों द्वारा पढ़ा जाना है, इसलिए यह माना जाता है कि कोई भी नेत्रहीन व्यक्ति क्लब में नहीं आता है। इस प्रकार, धारणा II निहित है।

54. (*b*) : स्पष्टतः, धारणा I सीधे दिए गए कथन में मुद्दे से संबंधित नहीं है और इसलिए यह निहित नहीं है। नागरिक प्राधिकरण लोगों से इस उम्मीद के साथ अपील करता है कि वह निश्चित रूप से लोगों द्वारा किया जाएगा। अतः धारणा II निहित है।

55. (*a*) : सम्पूर्ण उपयोगिता को पूरे समुदाय में आय की समानता द्वारा अधिकतम किया जा सकता है, अर्थात, अमीरों से गरीबों को अतिरिक्त आय देकर। अतः धारणा I निहित है। इसके अतिरिक्त, धारणा II आर्थिक अधिकार से संबंधित है और पूरे समुदाय में आय की समानता से संबंधित नहीं है। अतः यह निहित नहीं है।

56. (*b*) : सचिन की माँ ने उन्हें सावधानी बरतने और अपने बच्चे की देखभाल के लिए निर्देश दिया है, न कि इसलिए कि सचिन खुद फैसला नहीं कर पाएंगे। अतः धारणा I निहित नहीं है। इसके अतिरिक्त, सचिन की माँ ने उसे भारी बारिश होने की स्थिति में ट्रेन की यात्रा करने का निर्देश दिया। अतः धारणा II निहित है।

57. (*e*) : यह कथन एक मानचित्र, जिसे 'आधिकारिक' कहा गया था में गाँव के चित्रण न करने पर संदेह व्यक्त करता है। अतः धारणा I और धारणा II दोनों निहित हैं।

58. (*e*) : कथन में निरंतर कास्टिंग अपवर्तकता में भारत की आत्मनिर्भरता का उल्लेख किया गया है। इसका अर्थ है कि देश में उनकी जरूरत है। अतः धारणा I निहित है। चूंकि एकीकृत इस्पात संयंत्रों में निरंतर कास्टिंग अपवर्तक की आवश्यकता होती है, इसका अर्थ है कि वे मांग में हैं। अतः धारणा II निहित है।

59. (*a*) : कथन में उल्लेख किया गया है कि अगर कोई शाम 7 बजे तक आता है तो कोई समस्या नहीं है। इसका अर्थ है कि कार्यक्रम शाम 7 बजे के बाद भी जारी रहेगा। अतः धारणा I निहित है। इसके अतिरिक्त, यह स्पष्ट है कि कार्यक्रम शाम 6 बजे शुरू होगा। अतः धारणा II निहित नहीं है।

60. (*a*) : स्पष्टतः, सुझाव पहचान की एक विधि प्रदान करने के लिए दिया गया है। इसका अर्थ है कि कर्मचारियों को पहचानने की जरूरत है। अतः धारणा I निहित है। कथन में फैशन के बारे में कुछ भी नहीं बताया गया है। अतः धारणा II निहित नहीं है।

61. (*d*) : कथन में पारिवारिक समस्याओं के कारण का उल्लेख किया गया है, सभी समस्याओं पर चर्चा नहीं की गई है। अतः धारणा I निहित नहीं है। साथ ही, यह उल्लेख किया गया है कि धन पारिवारिक समस्याओं का कारण है। लेकिन इसका अर्थ यह नहीं है कि एक परिवार में समस्याएं हमेशा मौजूद रहती हैं। अतः धारणा II भी निहित नहीं है।

62. (*e*) : स्पष्टतः, यह योजना पुराने फ्रिज को बंद करने के झंझट के बिना एक उचित मूल्य पर एक नए फ्रिज के लिए जाने वालों को प्रोत्साहित करेगी। अतः धारणा I निहित है। इसके अतिरिक्त, एक विज्ञापन उन विशेषताओं पर प्रकाश डालता है जो लोगों को आकर्षित करता है। अतः धारणा II भी निहित है।

63. (*a*) : स्पष्टतः, यहां उल्लिखित विज्ञापन महज एक आकर्षक नारा है, और उत्पाद के प्रति जनता का ध्यान आकर्षित करने के लिए है। इसलिए केवल धारणा I निहित है।

64. (*e*) : कथन में उल्लेख किया गया है कि छोटी बचत योजनाओं पर कर राहत वापस लेने से कर संग्रह बढ़ाने में मदद मिलेगी। तात्पर्य यह है कि सरकार तब छोटी बचत योजनाओं से प्राप्त आय पर कर अर्जित करेगी। अतः धारणा I निहित है। इसके अतिरिक्त, धारणा II कथन से सीधे प्राप्त होती है और इसलिए यह भी निहित है।

65. (*c*) : स्पष्टतः, लोगों के इस डर को कि चुनाव बिल्कुल भी नहीं हो सकते हैं या पांच साल बाद नहीं हो सकते हैं, को खत्म करने के लिए यह कथन दिया गया है। अतः या तो धारणा I या धारणा II निहित है।

66. (*b*) : स्पष्टतः, लोगों की पसंद के बारे में कुछ भी नहीं बताया गया है। यह बस एक सलाह है। अतः धारणा I निहित नहीं है। स्पष्ट रूप से, अन्य पाइप पीवीसी पाइपों की तरह टिकाऊ नहीं हैं। अतः धारणा II निहित है।

67. (*e*) : कथन के अनुसार, मंगल ग्रह पर जीवन की संभावना से इंकार नहीं किया जा सकता है। अतः धारणा I निहित है। साथ ही, इस कथन में उल्लेख है कि ग्रह को किसी भी जीवन की खोज करने के लिए खोजा जाना चाहिए। अतः धारणा II भी निहित है।

68. (*e*) : कथन में 'अपने हित में' पर जोर देना यह दर्शाता है कि लोगों को अपनी सुरक्षा के लिए सीट बेल्ट का उपयोग करना चाहिए। अतः धारणा I निहित है। इसके अतिरिक्त, अगर वे सुरक्षित सवारी का आनंद लेना चाहते हैं तो यात्रियों को सावधान रहने की सलाह दी गई है। अतः धारणा II भी निहित है।

69. (*a*) : स्पष्टतः, निर्णय यह ध्यान में रखते हुए लिया गया है कि एलपीजी का उपयोग करने वाले लोगों का वर्ग थोड़ी अधिक कीमत चुका सकता है। सरकार उन सबसे कमजोर वर्गों को प्रभावित नहीं करना चाहती जो अभी भी मिट्टी के तेल का उपयोग करते हैं। अतः केवल धारणा I निहित है, जबकि धारणा II निहित नहीं है।

70. (*a*) : चूंकि वर्णनकर्ता व्यक्ति को जल्दी से लखनऊ ले जाने के लिए दोहरा शुल्क मांगता है, इसका अर्थ यह है कि आमतौर पर लखनऊ पहुंचने में अधिक समय लगता है। अतः धारणा I निहित है। चूंकि सामान्य समय से पहले गंतव्य तक पहुंचने के लिए अतिरिक्त शुल्क मांगता है, इसलिए जरूरतमंद व्यक्ति को

उसी के अनुसार भुगतान करना होगा। अत: धारणा II निहित नहीं है।

71. (*b*) : नए फैसले पर कर्मचारियों की प्रतिक्रिया कथन से नहीं निकाली जा सकती है। अत: धारणा I निहित नहीं है। हालांकि, धारणा II नए निर्णय के सबसे संभावित परिणाम को दर्शाता है। अत: धारणा II निहित है।

72. (*e*) : कथन से स्पष्ट है कि वर्तमान में झीलों का जल स्तर पर्याप्त है। पानी की आपूर्ति में कटौती के लिए कोई कमी नहीं है और अभी भी मानसून की शेष अवधि के दौरान बारिश के प्रदर्शन का इंतजार करने और देखने का समय है। अत: धारणा I और धारणा II दोनों निहित हैं।

73. (*e*) : वाक्यांश 'अतिरिक्त संकाय की नियुक्ति के उद्देश्य के लिए बजटीय प्रावधान' की धारणा I को निहित करता है। इसके अतिरिक्त, चूंकि कुछ परिवर्तित वित्तीय प्राथमिकताओं के मद्देनजर संकाय की नियुक्ति के लिए कोई बजटीय प्रावधान नहीं किया गया था, इसका अर्थ है कि कुछ अन्य मुद्दों पर अधिक वित्तीय ध्यान देने की आवश्यकता है। अत: धारणा II भी निहित है।

74. (*e*) : स्पष्टत:, वर्तमान व्यवस्था में संशोधन करने से तात्पर्य है कि यह जरूरतों के साथ असंगत था और इसे बदलना आवश्यक था। अत: धारणा I और धारणा II दोनों निहित हैं।

75. (*e*) : चूंकि राजकुमारी के कदम को आश्चर्य से देखा गया है, इसलिए यह स्पष्ट है कि उसके एक सामान्य व्यक्ति से शादी करने की उम्मीद नहीं थी, बल्कि एक समान स्थिति के व्यक्ति से शादी की उम्मीद थी। अत: धारणा I और धारणा II दोनों निहित हैं।

76. (*e*) : कथन में उल्लेख किया गया है कि महाशक्तियों ने युद्ध जीतें हैं लेकिन उनकी जीत की हमेशा सराहना नहीं की जाती है, बल्कि कभी-कभी आलोचना की जाती है कि जीत कमजोर राष्ट्र के उत्पीड़न का एक कार्य है, और एक उचित कारण से समर्थित नहीं है। अत: धारणा I और धारणा II दोनों निहित हैं।

77. (*e*) : यह कथन लोगों को सलाह देता है कि वे अपने मालिकों को केवल 'अपने कृत्यों को नियंत्रित करने वाला और उनका आकलन करने वाला पर्यवेक्षक' के रूप में विचार न करें, बल्कि उनके कामकाज की नकल करने के लिए उन्हें 'मॉडल' के रूप में देखे। अत: धारणा I और धारणा II दोनों निहित हैं।

78. (*e*) : कथन उन बच्चों के प्रदर्शन की बात करता है जिन्हें प्रोत्साहन मिलता है। इसका अर्थ है कि कुछ बच्चे ऐसे हैं जिन्हें प्रोत्साहित नहीं किया जाता है। अत: धारणा I निहित है। इसके अतिरिक्त, प्रधानाचार्य माता-पिता को सूचित करते हैं कि प्रोत्साहन बच्चों को उनके प्रदर्शन को बेहतर बनाने में मदद करता है, इस उम्मीद के साथ कि वे भी अपने बच्चों को प्रोत्साहित करेंगे। अत: धारणा II भी निहित है।

79. (*e*) : कथन के अनुसार, बैंकिंग व्यावसायिक गतिविधि से जुड़ा है। अत: धारणा I निहित है। बैंकिंग को व्यावसायिक जरूरतों को बढ़ावा देने के लिए एक तरह से समायोजित किया जाता है। इसका अर्थ है कि बेहतर बैंकिंग द्वारा व्यवसाय को बढ़ावा दिया जाता है। अत: धारणा II भी निहित है।

80. (*a*) : एन्न और एन्न द्वारा लिखित पुस्तक की सिफारिश का अर्थ है कि यह उपलब्ध है। अत: धारणा I निहित है। इसके अतिरिक्त, पुस्तक को एक अच्छे स्त्रोत के रूप में संदर्भित किया गया है, लेकिन इसका अर्थ यह नहीं है कि इस विषय पर कोई अन्य किताबें उपलब्ध नहीं हैं। अत: धारणा II निहित नहीं है।

81. (*a*) : सलाह में विशेष रूप से 'एक विशेषज्ञ चिकित्सक' का उल्लेख किया गया है, न कि केवल 'डॉक्टर' का। अत: धारणा I निहित है। A की सलाह पर B की प्रतिक्रिया दिए गए कथन से निगमित नही की जा सकती है। अत: धारणा II निहित नहीं है।

82. (*e*) : निर्देश दिए गए हैं ताकि टिकट खरीदने के इच्छुक लोग भीड़ न लगाएँ। अत: धारणा I निहित है। इसके अतिरिक्त, यह स्पष्ट है कि लोग दिए गए निर्देशों का पालन करने के बाद भी टिकट खरीदेंगे। अत: धारणा II भी निहित है।

83. (*b*) : कथन में वर्णनकर्ता, तथ्य की विश्वसनीयता पर इस प्रकार जोर देता है कि उसने जो कहा, वह उसने अखबार X में पढ़ा था, न कि उसकी सच्चाई पर। अत: केवल धारणा II निहित है।

84. (*a*) : स्पष्टत:, फासीवाद और साम्यवाद व्यक्तिगत अधिकारों के संरक्षण के खिलाफ हैं। अत: धारणा I निहित है। अमेरिका की आर्थिक स्थिति के बारे में कुछ नहीं बताया गया है। अत: धारणा II निहित नहीं है।

85. (*e*) : चूंकि नीति के काम करने की उम्मीद इसलिए की जाती है, क्योंकि यह दूसरी कंपनी में फलदायी हो गई है, यह स्पष्ट है कि दोनों कंपनियों में समस्या समान थी और मौद्रिक प्रोत्साहन हमेशा श्रमिकों को प्रेरित करते हैं। अत: धारणा I और धारणा II दोनों निहित हैं।

86. (*b*) : यह उल्लेख है कि अस्तित्व के लिए पोषण आवश्यक है। अत: यह भोजन के सेवन का मूल कारण है। अत:, धारणा I निहित नहीं है। चूंकि भोजन का स्वाद पोषण के सेवन को प्रभावित करता है, इसका अर्थ है कि मनुष्य स्वाद से प्रभावित होता है। अत: धारणा II निहित है।

87. (*a*) : धारणा I कथन का अनुसरण करती है और इसलिए निहित है। लेकिन राष्ट्र के लक्ष्य के रूप में आर्थिक समृद्धि की स्थिति पर कथन में चर्चा नहीं की गई है। अत: धारणा II निहित नहीं है।

88. (*b*) : चूंकि जनमत के पृथक्करण ने चिंता व्यक्त की है, इसका अर्थ है कि महाशक्तियों द्वारा भी जनता की राय लेने की उम्मीद है। अत: धारणा I निहित नहीं है। साथ ही, इस कथन का उल्लेख है कि युद्ध थोपा गया है और जनता की राय की उपेक्षा की गयी। इसका तात्पर्य यह है कि वैश्विक जनमत युद्ध के खिलाफ था। अत: धारणा II निहित है।

89. (*e*) : कथन के अनुसार, नौकरियों के लिए चयन से पहले उम्मीदवारों की व्यक्तित्व विशेषताओं को साक्षात्कार में अनिवार्य रूप से मापा जाना चाहिए। अत: धारणा I और धारणा II दोनों निहित हैं।

90. (*a*) : कथन में उल्लेख किया गया है कि उत्तरी ग्रिड 'फिर से खराब हो गयी है' इसका अर्थ है कि यह पहले भी खराब हो गयी थी। अत: धारणा I निहित है। इसके अतिरिक्त, कथन प्रणाली में एक विशेष गलती की बात करता है लेकिन ग्रिड प्रणाली की निंदा नहीं करता है। अत: धारणा II निहित नहीं है।

91. (*a*) : कार्यक्रमों की गुणवत्ता में सुधार से बिक्री में वृद्धि होगी यह दिखाता है कि यह बहुत उपयोग में है। अत: धारणा I निहित है। हाल के परिवर्तनों का कुछ भी उल्लेख नहीं है। अत: धारणा II निहित नहीं है।

92. (*a*) : कथन में खराब सेवाओं के खिलाफ लोगों से शिकायतों की उम्मीद व्यक्त की गई है। अतः धारणा I निहित है। लेकिन शिकायतों के प्रभाव के बारे में कुछ निगमित नहीं किया जा सकता है। अतः धारणा II निहित नहीं है।

93. (*a*) : स्पष्टतः, ऐसे मामलों में पुलिस घरेलू नौकर, चौकीदार और लिफ्टमैन से पूछताछ करती है ताकि पीड़ित से मिलने आए व्यक्तियों का पता लगाकर हत्या से ठीक पहले किन घटनाओं को अंजाम दिया गया, ज्ञात किया जा सके। अतः धारणा I निहित है। हालांकि, यह मानना गलत है कि पीड़ित व्यक्ति के परिचित व्यक्ति आम तौर पर हत्या में शामिल होते हैं। अतः धारणा II निहित नहीं है।

94. (*a*) : स्पष्टतः, कथन में शिक्षा प्रणाली के व्यवधान के साथ देश के पतन का उल्लेख किया गया है। अतः धारणा I निहित है। हालांकि, इसका अर्थ यह नहीं है कि अकेले शिक्षा पर्याप्त है और कोई अन्य कारक राष्ट्र की भलाई के लिए जिम्मेदार नहीं है। अतः धारणा II निहित नहीं है।

95. (*e*) : कथन के अनुसार, राजन निर्देश के अनुसार कार्य को शुरू कर सकता है। अतः धारणा I और धारणा II दोनों निहित हैं।

96. (*a*) : यह तथ्य कि शासी बोर्ड की बैठक एक वर्ष के बाद आयोजित की जाएगी अर्थात संस्थान उस समय कार्य कर रहा होगा। अतः धारणा I निहित है। बोर्ड उस समय भंग नहीं किया जा सकता जब उसकी बैठक शुरू हो। अतः धारणा II निहित नहीं है।

97. (*d*) : यह कथन केवल लेखक के शब्दकोष को संदर्भित करने और अन्य किसी द्वारा शब्दकोष को संदर्भित न करने का उल्लेख नहीं करता है। साथ ही, बुरे लेखकों के बारे में कुछ भी उल्लेख नहीं किया गया है। अतः न तो धारणा I न ही धारणा II निहित है।

98. (*a*) : कथन एक 'अच्छी' पुस्तक के बारे में बात करता है। इसका अर्थ है कि कुछ किताबें अच्छी नहीं हो सकती हैं। अतः धारणा I निहित है। शब्द 'यदि महंगा' दिखाता है कि अधिकांश पुस्तकें महंगी नहीं हैं। अतः धारणा II निहित नहीं है।

99. (*b*) : कथन में उल्लेख किया गया है कि भागीदारी प्रबंधन नीति श्रमिकों को गुणवत्तापूर्ण जीवन प्रदान करेगी। अतः धारणा I निहित नहीं है। स्पष्ट रूप से, कथन में उल्लेख किया गया है कि भागीदारी प्रबंधन में अनुशासनहीनता होगी और श्रमिकों को गुणवत्तापूर्ण जीवन सुनिश्चित करेगा। अतः धारणा II निहित है।

100.(*d*): पर्यटन को बढ़ावा देने के लिए प्रयास किए जा रहे हैं इसका अर्थ यह नहीं है कि पर्यटन गिर गया है। अतः धारणा I निहित नहीं है। साथ ही, कथन में हवाई किराए में छूट के बारे में कुछ भी उल्लेख नहीं किया गया है। अतः धारणा II भी निहित नहीं है।

प्रकार 2

इस भाग में भी प्रकार 1 के जैसे प्रश्न हैं, बस अंतर केवल इतना है कि अब उम्मीदवार को तीन धारणाएं दी गयी हैं और उम्मीदवार को ज्ञात करना है कि कौन सी धारणाएं दिए गए कथन में निहित हैं।

उदा. 1. कथन: रामबली में एक पुस्तकालय खोलना एक अपव्यय होगा।

धारणाएं: I. रामबली के निवासी अनपढ़ हैं।

II. रामबली के निवासी पढ़ने में रूचि नहीं रखते हैं।

III. रामबली में पहले से ही पर्याप्त संख्या में पुस्तकालय हैं।

(*a*) केवल धारणा I और धारणा II निहित हैं

(*b*) केवल धारणा III निहित है

(*c*) केवल या तो धारणा I या III निहित है

(*d*) केवल धारणा II निहित है

(*e*) केवल या तो धारणा I या धारणा II या III निहित है

हल: स्पष्टतः, एक पुस्तकालय केवल तभी अपव्यय होगा जब या तो जगह के लोग पढ़ नहीं सकते हैं या उन्हें पढ़ने में कोई दिलचस्पी नहीं है या वहां पर्याप्त संख्या में पुस्तकालय हैं। अतः या तो धारणा I या धारणा II या III निहित है। अतः उत्तर (*e*) होगा।

उदा. 2. कथन: 'धूम्रपान स्वास्थ्य के लिए हानिकारक है'। – सिगरेट के पैकेट पर छपी एक चेतावनी। **(M.A.T. 2005)**

धारणाएं: I. लोग सिगरेट के पैकेट पर मुद्रित बाते पढ़ते हैं।

II. लोग चेतावनी का ध्यान रखते हैं।

III. धूम्रपान न करना स्वास्थ्य को बढ़ावा देता है।

(*a*) केवल धारणा I निहित है

(*b*) केवल धारणा I और धारणा II निहित हैं

(*c*) केवल धारणा II निहित है

(*d*) सभी निहित हैं

(*e*) इनमें से कोई नहीं

हल: धूम्रपान के दुष्प्रभावों के प्रति लोगों को सावधान करने के लिए एक विशेष चेतावनी मुद्रित की गई है। अतः धारणा II निहित है। जबकि धारणा I नहीं है। इसके अतिरिक्त, यह तथ्य कि धूम्रपान स्वास्थ्य के लिए हानिकारक है, इसका अर्थ यह नहीं है कि धूम्रपान न करना स्वास्थ्य को बढ़ावा देता है। अतः, उत्तर (*c*) होगा।

उदा. 3. कथन: टेलीफोन कंपनी ने ग्राहकों को एक अधिसूचना के माध्यम से सूचित किया कि जो लोग नियत तारीख तक अपने बिलों का भुगतान नहीं करते हैं, उन्हें हर डिफॉल्ट दिन के लिए जुर्माना लगाया जाएगा। **(M.B.A. 2004)**

धारणाएं: I. दंड से बचने के लिए अधिकांश लोग नियत तारीख तक अपने बिलों का भुगतान कर सकते हैं।

II. जुर्माना के रूप में एकत्र की गई राशि विलंबित भुगतान के कारण होने वाले नुकसान की प्रतिपूर्ति कर सकती है।

III. लोग आम तौर पर इस तरह के नोटिस का ध्यान रखते हैं।

(*a*) सभी निहित हैं

(*b*) केवल धारणा I और धारणा II निहित हैं

(*c*) कोई निहित नहीं है

(*d*) केवल धारणा II और III निहित हैं

(*e*) इनमें से कोई नहीं

हल: स्पष्टतः, बिलों के भुगतान में देरी के खिलाफ लोगों को सावधान करने के लिए अधिसूचना जारी की गई है। अतः I और III दोनों धारणाएं निहित हैं। जुर्माने के रूप में वसूले गए धन का उद्देश्य नहीं बताया गया है। अतः धारणा II निहित नहीं है। इसलिए, इसका उत्तर (*e*) है।

अभ्यास 3C

निर्देश: नीचे दिए गए प्रत्येक प्रश्न में एक कथन दिया गया है, जिसके बाद तीन धारणाएं I, II और III दी गयी हैं। कथन पर विचार करें और तय करें कि दी गई धारणाओं में से कौन सी धारणाएं कथन में निहित है और उसके अनुरूप अपने उत्तर का चयन करें।

1. कथन: "कंपनी X का शुद्ध और प्राकृतिक शहद खरीदें।"–एक अखबार में एक विज्ञापन। **(M.A.T. 2005)**

धारणाएं: I. कृत्रिम शहद तैयार किया जा सकता है।

II. लोग शुद्ध और प्राकृतिक शहद के लिए अधिक भुगतान करने में ज्यादा विचार नहीं करते।

III. कोई अन्य कंपनी शुद्ध शहद की आपूर्ति नहीं करती है।

(*a*) केवल धारणा I निहित है
(*b*) केवल धारणा I और धारणा II निहित हैं
(*c*) केवल धारणा I और III निहित हैं
(*d*) सभी निहित हैं
(*e*) इनमें से कोई नहीं

2. कथन: "घर पर रहते हुए पेशेवर होना एक दुर्लभ अवसर है।"– एक कंप्यूटर कंपनी द्वारा कंप्यूटर साक्षर गृहिणियों के लिए एक विज्ञापन। **(S.B.I.P.O. 2000)**

धारणाएं: I. कुछ गृहिणियाँ साथ साथ पेशेवर बनने की इच्छा रखती हैं।

II. कंप्यूटर उद्योग तेज गति से बढ़ रहा है।

III. गृहिणी होने के साथ-साथ एक पेशेवर होना भी संभव है।

(*a*) केवल धारणा I और धारणा II निहित हैं
(*b*) केवल धारणा II और III निहित हैं
(*c*) केवल धारणा I और III निहित हैं
(*d*) केवल धारणा II निहित है
(*e*) इनमें से कोई नहीं

3. कथन: साहसिक कहानियाँ पढ़ना हर किसी को पसंद होता है।

धारणाएं: I. साहसिक कहानियाँ एकमात्र पाठ्य सामग्री हैं।

II. किसी को भी अन्य किसी सामग्री को पढ़ना पसंद नहीं है।

III. सभी साक्षर हैं।

(*a*) कोई निहित नहीं है
(*b*) केवल धारणा I और धारणा II निहित हैं
(*c*) सभी निहित हैं
(*d*) केवल धारणा II और III निहित हैं
(*e*) इनमें से कोई नहीं

4. कथन: एक विज्ञापन: अब आप महज ₹1,999 प्रति माह में एक नई कार ले सकते हैं। **(Bank P.O. 2003)**

धारणाएं: I. लोग कार के मालिक होने की ख्वाहिश रखते हैं।

II. लोग इस्तेमाल की हुई कार नहीं खरीदना चाहते।

III. अधिकांश लोग नई कार के लिए ₹1,999 प्रति माह का भुगतान कर सकते हैं

(*a*) केवल धारणा I और धारणा II निहित हैं
(*b*) केवल धारणा II और III निहित हैं
(*c*) केवल धारणा I और III निहित हैं
(*d*) सभी निहित हैं
(*e*) इनमें से कोई नहीं।

5. कथन: "परीक्षा में सफल होने के लिए कड़ी मेहनत करें।"- A, B को सलाह देता है।

धारणाएं: I. B, A की सलाह को सुनता है।

II. परीक्षा पास करना वांछनीय है।

III. कठिन अभ्यास से सफलता मिलती है।

(*a*) केवल धारणा I और धारणा II निहित हैं
(*b*) केवल धारणा II और III निहित हैं
(*c*) केवल धारणा I और III निहित हैं
(*d*) सभी निहित हैं
(*e*) इनमें से कोई नहीं

6. कथन: मुख्य बाजार में बड़े शोरूम के उत्पाद छोटी दुकानों में समान उत्पादों की तुलना में महंगे हैं। **(PGDBM, 2002)**

धारणाएं: I. छोटी दुकानों के उत्पाद कभी विश्वसनीय नहीं होते हैं।

II. बड़े शोरूम का प्रबंधन करने वाले व्यक्ति धोखेबाज है।

III. बड़े शोरूम का रखरखाव अपने आप में एक महंगा कार्य है, अत: कीमतें थोड़ी अधिक हैं।

(*a*) कोई निहित नहीं है
(*b*) केवल धारणा I निहित है
(*c*) केवल धारणा II निहित है
(*d*) केवल धारणा III निहित है
(*e*) या तो धारणा II या III निहित है

7. कथन: कंपनी Z के कर्मचारी संघ ने प्रबंधकों से लिपिक संवर्ग के लिए अक्षम व्यक्तियों के चयन को रोकने के लिए भर्ती के दौरान लिखित परीक्षा करने की अपील की है। **(S.B.I.P.O. 1999)**

धारणाएं: I. अब तक कंपनी Z बिना लिखित परीक्षा के उम्मीदवारों का चयन करती है।

II. एक लिखित परीक्षा सक्षम व्यक्तियों की पहचान करने में मदद कर सकती है।

III. उच्च स्तर पर, लिखित परीक्षा बहुत प्रभावी नहीं हो सकती है।

(*a*) केवल धारणा I और धारणा II निहित हैं
(*b*) केवल धारणा II और III निहित हैं
(*c*) केवल धारणा I और III निहित हैं
(*d*) केवल धारणा III निहित है
(*e*) इनमें से कोई नहीं

8. कथन: ये सेब अच्छे होने के लिए बहुत सस्ते हैं।

धारणाएं: I. जब सेब की फसल प्रचुर मात्रा में होती है, कीमतें नीचे जाती हैं।

II. बिक्री मूल्य जितना कम होता है, उत्पाद की गुणवत्ता उतनी ही खराब होती है।

III. बहुत सस्ते सेब भी अच्छे होते हैं।

(*a*) कोई निहित नहीं है
(*b*) केवल धारणा I और III निहित हैं
(*c*) केवल धारणा II निहित है
(*d*) केवल धारणा II और III निहित हैं
(*e*) सभी निहित हैं

9. कथन: भारी बारिश के बावजूद इस वर्ष यातायात बाधित नहीं हुआ है। **(M.A.T. 2003)**

धारणाएं: I. केवल वर्षा ऋतु में यातायात बाधित होता है।
II. बारिश यातायात के आवागमन को प्रभावित नहीं करती है।
III. बरसात के मौसम में यातायात प्रबंधन के लिए पर्याप्त सावधानियां बरती गयीं थीं।

(*a*) केवल धारणा I निहित है।
(*b*) केवल धारणा I और धारणा II निहित हैं।
(*c*) केवल धारणा III निहित है।
(*d*) केवल धारणा II और III निहित हैं।
(*e*) कोई निहित नहीं है।

10. कथनः इस क्षेत्र की स्थिति अभी भी तनावग्रस्त है और नियंत्रण से बाहर है। लोगों से अनुरोध है कि अपने घरों में ही रहें।

धारणाएं: I. वहां कुछ गंभीर घटना घटित हुई है।
II. लोग दफ्तर नहीं जाएंगे।
III. सामान्य स्थिति शीघ्र ही बहाल हो जाएगी।

(*a*) केवल धारणा I निहित है
(*b*) केवल धारणा I और धारणा II निहित हैं
(*c*) कोई निहित नहीं है
(*d*) केवल धारणा I और III निहित हैं
(*e*) सभी निहित हैं

11. कथनः विश्वविद्यालय प्राधिकरण ने टर्मिनल परीक्षा के संचालन को विकेंद्रीकृत करने के लिए निर्णय लिया है और छात्रों को परिणामों की घोषणा की देरी से बचाने के लिए इसकी जिम्मेदारी प्रत्येक कॉलेज को दे दी है। **(Bank P.O. 2004)**

धारणाएं: I. कॉलेज इस जिम्मेदारी को निभाने के लिए सुज्जित हैं।
II. कॉलेजों के मूल्यांकन के मानकों में एकरूपता नहीं हो सकती है।
III. छात्र इस नए कदम का स्वागत कर सकते हैं।

(*a*) कोई निहित नहीं है
(*b*) केवल धारणा I और धारणा II निहित हैं
(*c*) केवल धारणा II और III निहित हैं
(*d*) केवल धारणा I और III निहित हैं
(*e*) इनमें से कोई नहीं

12. कथनः सफल आदमी में खुद को सही तरीके से आंकने की क्षमता होती है।

धारणाएं: I. सही ढंग से न्याय करने में असमर्थता असफलता का कारण बनती है।
II. एक सफल आदमी को दूसरों का न्याय करने से कोई फायदा नहीं है।
III. सफल आदमी गलत निर्णय नहीं ले सकता।

(*a*) कोई निहित नहीं है
(*b*) सभी निहित हैं
(*c*) केवल धारणा I और धारणा II निहित हैं
(*d*) केवल धारणा II और III निहित हैं
(*e*) केवल धारणा I और III निहित हैं

13. कथनः 'X' ब्रांड के जूते का उपयोग करें। यह टिकाऊ हैं और सभी आकार में उपलब्ध हैं।-अखबार A में एक विज्ञापन। **(Bank P.O. 2004)**

धारणाएं: I. आम तौर पर लोग टिकाऊ जूते पसंद करते हैं।
II. बहुत कम लोग समाचार-पत्र में विज्ञापन पढ़ते हैं।
III. बहुत कम लोग अखबार A पढ़ते हैं।

(*a*) कोई निहित नहीं है
(*b*) केवल धारणा I और धारणा II निहित हैं
(*c*) केवल I, और या तो धारणा II या III निहित हैं
(*d*) सभी निहित हैं
(*e*) इनमें से कोई नहीं

14. कथनः "मैं अजय को उसके जन्मदिन पर योग की तकनीक की एक पुस्तक उपहार में देना चाहता हूँ।"- A, B को बताता है।

धारणाएं: I. A को अजय द्वारा जन्मदिन पर आमंत्रित किया जाएगा।
II. वह व्यक्ति जिसे पुस्तक उपहार में दी जाएगी, उसका स्वास्थ्य अच्छा नहीं है।
III. पुस्तक जन्मदिन के लिए एक स्वीकार्य उपहार है।

(*a*) केवल धारणा I और धारणा II निहित हैं
(*b*) केवल धारणा II और III निहित हैं
(*c*) केवल धारणा I और III निहित हैं
(*d*) कोई निहित नहीं है
(*e*) सभी निहित हैं

15. कथनः "अदालत क्षेत्र में तत्काल दो बेडरूम का फ्लैट चाहते हैं?"- एक विज्ञापन।

धारणाएं: I. अदालत क्षेत्र में फ्लैट्स उपलब्ध हैं।
II. कुछ लोग इस विज्ञापन पर प्रतिक्रिया देंगे।
III. इस प्रकार विज्ञापन देना प्रचलित है।

(*a*) सभी निहित हैं (*b*) केवल धारणा II निहित है
(*c*) कोई निहित नहीं है
(*d*) केवल धारणा I और धारणा II निहित हैं
(*e*) इनमें से कोई नहीं

16. कथनः वित्तीय बाधाओं को ध्यान में रखते हुए, प्रबंधन संस्थान ने विभिन्न संगठनों में रोजगार प्रदान करने के समय पर चार्ज करने का फैसला किया है, ₹25000 का एक प्लेसमेंट शुल्क, उन संगठनों से जिसने छात्रों को रोजगार प्रदान किया। **(M.B.A. 2004)**

धारणाएं: I. इससे प्रबंधन संस्थानों से संबंधित छात्रों की माँग बढ़ाने में मदद मिलेगी।
II. इस प्रकार एकत्रित राशि उद्देश्यपूर्ण होगी।
III. यह संभव है कि रोजगार प्रदान करने वाले संगठन भविष्य में छात्रों की कम संख्या का चयन कर सकते हैं।

(*a*) कोई निहित नहीं है
(*b*) केवल धारणा I निहित है
(*c*) केवल धारणा I और धारणा II निहित हैं
(*d*) केवल धारणा II और III निहित हैं
(*e*) इनमें से कोई नहीं

17. कथनः इस पैकेट को मिस्टर X को उनके निवास पर दे दो और तुरंत वापस आओ। अगर तुम्हें देर होने की संभावना हो, तो मुझे सूचित करें- मिस्टर A अपने क्लर्क को कहते हैं। **(Bank P.O. 2004)**

धारणाएं: I. क्लर्क उसके देर से आने के सम्बन्ध में कभी भी सूचित नहीं करता है।
II. लिपिक मिस्टर A के निर्देश का पालन नहीं भी कर सकता है।
III. जब तक निर्देश नहीं दिया जाए, क्लर्क देर से आने की सूचना नहीं देता है।

(*a*) केवल धारणा I और धारणा II निहित हैं
(*b*) केवल धारणा II और III निहित हैं
(*c*) केवल धारणा I और III निहित हैं
(*d*) केवल धारणा III निहित है
(*e*) इनमें से कोई नहीं

18. कथन: युद्धों को दृढ़ता से हतोत्साहित किया जाना चाहिए, यद्यपि पीड़ितों के बहुमत ने शांति चाहने के लिए उपद्रव किया हो। **(S.B.I.P.O. 2003)**

धारणाएं: I. युद्ध में अधिकांश दुष्टों को मार दिया जाता है।
II. युद्धों में निर्दोष लोग भी मारे जाते हैं।
III. युद्धों के विरोध का कुछ वांछनीय प्रभाव पड़ सकता है।

(*a*) केवल धारणा I और धारणा II निहित हैं
(*b*) केवल धारणा III निहित है
(*c*) केवल III, और या तो धारणा I या धारणा II निहित हैं
(*d*) सभी निहित हैं
(*e*) इनमें से कोई नहीं

19. कथन: "हमें हमारी व्यवसायिक श्रेणी में ISO 9002 प्रमाणन प्राप्त करने वाली भारत की एकमात्र कंपनी और दुनिया की दूसरी कंपनी होने का गौरव प्राप्त है।"- X कंपनी के अध्यक्ष का कथन। **(S.B.I.P.O. 2000)**

धारणाएं: I. कंपनी X की व्यवसाय श्रेणी में अधिक कंपनियां नहीं थीं।
II. कंपनी X की व्यवसाय श्रेणी में ISO 9002 प्राप्त करना सरल नहीं है।
III. कंपनी X की अपने व्यवसाय का विस्तार करने की इच्छा है।

(*a*) केवल धारणा I निहित है (*b*) केवल धारणा II निहित है
(*c*) केवल धारणा III निहित है
(*d*) केवल धारणा II और III निहित हैं
(*e*) इनमें से कोई नहीं

20. कथन: वर्तमान वेतन के साथ गुजारा करने में असमर्थता के कारण, अरुण ने दूसरी कंपनी में शामिल होने का फैसला किया है।

धारणाएं: I. नई कंपनी मे बेहतर कार्य माहौल है।
II. वर्तमान कंपनी मध्यम वेतन प्रदान करती है।
III. नई कंपनी अपने सभी कर्मचारियों के लिए उच्च वेतन पेशकश करती है।

(*a*) कोई निहित नहीं है
(*b*) केवल धारणा II निहित है
(*c*) सभी निहित हैं
(*d*) केवल धारणा II और III निहित हैं
(*e*) इनमें से कोई नहीं

21. कथन: बॉम्बे के लोग मंत्रमुग्ध होकर झूमने लगे और पागल हो गए जब उन्होंने प्रसिद्ध पॉप गायक माइकल जैक्सन का हाई टेक स्पंदित मेगा-वाट प्रदर्शन देखा। **(M.B.A. 2002)**

धारणाएं: I. जब कोई शो नवीनतम तकनीक के साथ होता है, उसका एक जादुई प्रभाव होता है।
II. बंबई के लोग कभी भी भारतीय संगीतकारों के प्रदर्शनों से प्रभावित नहीं होते हैं।
III. माइकल जैक्सन एक सुपर गायक है।

(*a*) केवल धारणा I निहित है
(*b*) केवल धारणा II निहित है
(*c*) केवल धारणा I और III निहित हैं
(*d*) या तो धारणा II या III निहित है
(*e*) केवल धारणा II और III निहित हैं

22. कथन: यह पुस्तक इस प्रकार तैयार है कि एक आम आदमी भी शिक्षक की अनुपस्थिति में विज्ञान का अध्ययन कर सकता है।

धारणाएं: I. एक आम आदमी बिना शिक्षक के विज्ञान का अध्ययन करना चाहता है।
II. विज्ञान सिखाने के लिए एक शिक्षक हमेशा उपलब्ध नहीं हो सकता है।
III. आम तौर पर एक आम आदमी खुद से विज्ञान सीखने को कठिन पाता है।

(*a*) केवल धारणा I और धारणा II निहित हैं
(*b*) केवल धारणा II और III निहित हैं
(*c*) केवल धारणा I और III निहित हैं
(*d*) सभी निहित हैं
(*e*) इनमें से कोई नहीं

23. कथन: 'निविदा विनिर्देश उन फर्मों को जारी नहीं होंगे जिनसे पहले खरीद पर आपूर्ति में 25% या अधिक डिफॉल्ट देखा गया था।' - एक कंपनी X द्वारा सामग्री की खरीद के लिए निविदाएं आमंत्रित करने की एक शर्त। **(S.B.I.P.O. 1999)**

धारणाएं: I. कंपनी X अपने आपूर्तिकर्ताओं के कार्य की गुणवत्ता देख रही होगी।
II. इस बार फर्मों को डिफॉल्ट का प्रतिशत जितना संभव हो सके उतना कम रखना चाहिए।
III. कंपनी X अपने आपूर्तिकर्ताओं से गुणवत्ता और पेशेवर दृष्टिकोण की उम्मीद करती है।

(*a*) केवल धारणा I निहित है
(*b*) केवल धारणा II निहित है
(*c*) या तो धारणा II या III निहित है
(*d*) केवल धारणा III निहित है
(*e*) इनमें से कोई नहीं

24. कथन: नागरिक प्राधिकरण ने शहर में प्रदूषण के स्तर को कम करने के लिए शहर के अंदर स्थित सभी कारखानों को शहर की सीमा से बाहर स्थानांतरित करने का फैसला किया है। **(Bank P.O. 2004)**

धारणाएं: I. इन कारखानों को शहर की सीमा के बाहर शिफ्ट करने के बाद भविष्य में शहर में प्रदूषण का स्तर कम हो सकता है।
II. शहर की सीमा के बाहर इन कारखानों के लिए पर्याप्त उपयोगी भूमि उपलब्ध है।
III. इनमें से कई कारखाने लाभदायक बने रहने के लिए अन्य छोटे शहरों में स्थानांतरित हो सकते हैं।

(*a*) केवल धारणा I निहित है
(*b*) केवल धारणा I और धारणा II निहित हैं
(*c*) केवल धारणा II निहित है
(*d*) केवल धारणा II और III निहित हैं
(*e*) इनमें से कोई नहीं

25. कथन: जॉब को डिग्री से अलग करो। फिर, लड़के कॉलेजों में प्रवेश से पहले दो बार सोचेंगे।

धारणाएं: I. लड़के नौकरी के लिए कॉलेज शिक्षा में शामिल होते हैं।
II. नौकरी पाने के लिए डिग्री का कोई फायदा नहीं है।
III. लड़कियां नौकरी के लिए कोशिश नहीं करती हैं।
(*a*) केवल धारणा I निहित है
(*b*) केवल धारणा I और धारणा II निहित हैं
(*c*) केवल धारणा II और III निहित हैं
(*d*) केवल धारणा I और III निहित हैं
(*e*) सभी निहित हैं

26. कथन: "हमारे साथ उड़ान भरें और उड़ान का आनंद लें।"– एक एयरलाइन द्वारा एक विज्ञापन।
धारणाएं: I. विज्ञापन पढ़ने के बाद इस एयरलाइन द्वारा यात्रा करने के लिए अधिक यात्री आकर्षित हो सकते हैं।
II. लोग आम तौर पर एक सुखद उड़ान पसंद कर सकते हैं।
III. अन्य एयरलाइंस वही सुविधाएं पेश नहीं कर सकते है।
(*a*) कोई निहित नहीं है
(*b*) केवल धारणा I निहित है
(*c*) केवल धारणा II निहित है
(*d*) केवल धारणा II और III निहित हैं
(*e*) इनमें से कोई नहीं

27. कथन: हमें घाटा पूरा करने के लिए करों में वृद्धि करने दें।
धारणाएं: I. वर्तमान में कर बहुत कम हैं।
II. बजट घाटा वांछनीय नहीं है।
III. यदि करों में वृद्धि नहीं की जाती है, तो घाटे को पूरा नहीं किया जा सकता है।
(*a*) केवल धारणा I और धारणा II निहित हैं
(*b*) केवल धारणा II और III निहित हैं
(*c*) केवल धारणा I और III निहित हैं
(*d*) सभी निहित हैं
(*e*) इनमें से कोई नहीं

28. कथन: यात्री कार निर्माण कंपनी X ने इसकी लक्जरी कारों की कीमतों में बहुत अधिक कमी की घोषणा की है। **(Bank P.O. 2003)**
धारणाएं: I. कंपनी X की लक्जरी कारों की बिक्री में वृद्धि हो सकती है।
II. ऐसे अन्य कार निर्माता कीमतों में कमी कर सकते हैं।
III. प्रतिस्पर्धी कंपनियां उनकी कीमतों में कमी नहीं कर सकती हैं।
(*a*) केवल धारणा I निहित है
(*b*) केवल धारणा I और धारणा II निहित हैं
(*c*) कोई निहित नहीं है
(*d*) केवल धारणा I और III निहित हैं
(*e*) इनमें से कोई नहीं

29. कथन: एक राज्य सरकार ने दो अतिरिक्त जिला न्यायाधीशों को निलंबित किया। **(M.B.A. 2002)**
धारणाएं: I. वे कर्तव्यों के निर्वहन में लापरवाही कर रहे थे।
II. उनके खिलाफ कदाचार का आरोप था।
III. सरकारी अधिकारी ने उनके खिलाफ पक्षपात किया।
(*a*) कोई निहित नहीं है
(*b*) या तो धारणा I या धारणा II निहित है
(*c*) तीनों में से कोई एक निहित है
(*d*) केवल धारणा I और III निहित हैं
(*e*) या तो धारणा I या III निहित है

30. कथन: "बोर्ड पर एक नोटिस लिखो कि सभी कर्मचारियों को कार्यालय समय पर आना चाहिए।"– एक अधिकारी उसके सहायक को कहता है।
धारणाएं: I. सभी कर्मचारी देर से आते हैं।
II. कर्मचारी बोर्ड पर ऐसे नोटिस को पढ़ते हैं।
III. कर्मचारी निर्देशों का पालन करेंगे।
(*a*) केवल धारणा I और धारणा II निहित हैं
(*b*) केवल धारणा III निहित है
(*c*) केवल धारणा II और III निहित हैं
(*d*) केवल धारणा I और III निहित हैं
(*e*) सभी निहित हैं

31. कथन: बिना उचित कीमत चुकाये स्वयं को ऊपरी तबके में स्थानांतरित करें – हमारे साथ एक शानदार फ्लैट बुक करें। 'अपने एक प्रतिष्ठित प्रोजेक्ट के लिए एक निर्माण कंपनी का विज्ञापन। **(S.B.I.P.O. 1999)**
धारणाएं: I. कड़ी मेहनत से कुछ चयनित अमीर लोगों में शामिल होना संभव है।
II. बिना उचित कीमत के भुगतान के विलासिता में रहना समाज के ऊपरी लोगो का मापदंड है।
III. आलीशान फ्लैट की बुकिंग अब बहुत आसान है।
(*a*) कोई निहित नहीं है
(*b*) केवल धारणा II निहित है
(*c*) केवल धारणा III निहित है
(*d*) केवल धारणा II और III निहित हैं
(*e*) इनमें से कोई नहीं

32. कथन: भारत सरकार ने सभी अंतरराष्ट्रीय हवाई अड्डों पर वन-स्टॉप सुविधा काउंटर स्थापित किये हैं, जो विदेशी पर्यटकों की विभिन्न आवश्यकताओं को पूरा करने के लिए प्रशिक्षित कर्मचारियों द्वारा संचालित हैं। **(Bank P.O. 2004)**
धारणाएं: I. इन काउंटरों पर विभिन्न समय में सेवाएं उपलब्ध करने के लिए पर्याप्त प्रशिक्षित कर्मचारी हैं।
II. इन काउंटर द्वारा दी जाने वाली सेवाएं विदेशी पर्यटकों की आमद बढ़ाने में मदद करेंगे।
III. विदेशी पर्यटकों को भारत पहुँचने पर विभिन्न सेवाओं की जरूरत है।
(*a*) केवल धारणा I और धारणा II निहित हैं
(*b*) केवल धारणा III निहित है
(*c*) केवल धारणा II और III निहित हैं
(*d*) सभी निहित हैं
(*e*) इनमें से कोई नहीं

33. कथन: "अपनी सफलता सुनिश्चित करने के लिए X ट्यूशन कक्षाओं में शामिल हों। उत्कृष्ट शिक्षकों द्वारा उत्कृष्ट शिक्षण हमारी ताकत हैं।" एक विज्ञापन।
धारणाएं: I. निश्चित सफलता वांछनीय है।
II. छात्रों को निश्चित सफलता की उम्मीद होती है, जब वे किसी ट्यूशन में शामिल होते हैं।
III. उत्कृष्ट शिक्षक होना मात्र ही सफलता सुनिश्चित नहीं करता है।

(*a*) केवल धारणा I और धारणा II निहित हैं
(*b*) केवल धारणा II और III निहित हैं
(*c*) केवल धारणा I और III निहित हैं
(*d*) केवल धारणा II निहित है
(*e*) सभी निहित हैं

34. कथन: "Z.T.V., एकमात्र T.V. जो दर्शकों को दो कार्यक्रम एक साथ देखने का मौका देता है।"- एक विज्ञापन।

धारणाएं: I. इस विज्ञापन के कारण Z.T.V. की बिक्री में वृद्धि होगी।
II. कुछ लोग इस विज्ञापन से प्रभावित हो सकते हैं और Z.T.V. खरीद सकते हैं।
III. Z.T.V. की बिक्री गिर भी सकती है।

(*a*) कोई निहित नहीं है
(*b*) सभी निहित हैं
(*c*) केवल धारणा I और धारणा II निहित हैं
(*d*) केवल धारणा II और III निहित हैं
(*e*) इनमें से कोई नहीं

35. कथन: "हम नहीं चाहते कि आप हमारे उत्पाद को अखबार में देखें, पूर्ण दृश्य प्राप्त करने के लिए हमारी दुकान पर आएं।"- एक विज्ञापन। **(M.A.T. 2005)**

धारणाएं: I. लोग आमतौर पर किसी भी उत्पाद का नाम विज्ञापन में देखने पर खरीदारी करने का निर्णय लेते हैं।
II. असामान्य अपील ग्राहकों को आकर्षित कर सकती है।
III. लोग उत्पाद देखने आ सकते हैं।

(*a*) कोई निहित नहीं है
(*b*) केवल धारणा I और धारणा II निहित हैं
(*c*) केवल धारणा II और III निहित हैं
(*d*) सभी निहित हैं
(*e*) इनमें से कोई नहीं

36. कथन: प्रमोद ने जुलाई में मद्रास की यात्रा करने के लिए मई में रेलवे आरक्षण कराने का फैसला किया।

धारणाएं: I. रेलवे दो महीने पहले आरक्षण जारी करता है।
II. मद्रास के लिए एक से अधिक ट्रेनें हैं।
III. वांछित वर्ग में सीट रिक्त होगी।

(*a*) केवल धारणा I निहित है
(*b*) केवल धारणा II और III निहित हैं
(*c*) केवल धारणा I और III निहित हैं
(*d*) सभी निहित हैं
(*e*) इनमें से कोई नहीं

37. कथन: "चलती ट्रेन से नीचे नहीं झुकना।"- रेलवे के डिब्बे में एक चेतावनी। **(N.M.A.T 2005)**

धारणाएं: I. ऐसी चेतावनियों का कुछ प्रभाव होगा।
II. चलती ट्रेन से नीचे झुकना खतरनाक है।
III. यात्रियों की सुरक्षा की देखभाल करना रेलवे अधिकारियों का कर्तव्य है।

(*a*) केवल धारणा I और धारणा II निहित हैं
(*b*) केवल धारणा II और III निहित हैं
(*c*) केवल धारणा II निहित है
(*d*) केवल धारणा I और III निहित हैं
(*e*) सभी निहित हैं

38. कथन: क्षेत्र के निवासियों ने निगम को पीने के पानी की आपूर्ति की सामान्य स्थिति तुरंत बहाल करने का पत्र लिखा है क्योंकि वर्तमान में आपूर्ति पर्याप्त नहीं है।

धारणाएं: I. निगम पत्र पर कोई कार्रवाई नहीं कर सकता है।
II. नगरपालिका के पास मांग को पूरा करने के लिए पर्याप्त पानी है।
III. क्षेत्र में पानी की आपूर्ति अतीत में पर्याप्त थी।

(*a*) केवल धारणा I और III निहित हैं
(*b*) केवल धारणा II निहित है
(*c*) केवल धारणा II और III निहित हैं
(*d*) केवल धारणा III निहित है
(*e*) इनमें से कोई नहीं

39. कथन: "यदि आप बुद्धिमान हैं, तो आपके प्रदर्शन में सुधार के लिए हम सही लोग हैं।"- एक कोचिंग संस्थान का एक विज्ञापन। **(Bank P.O. 2002)**

धारणाएं: I. प्रतिभाशाली छात्र कोचिंग क्लासेस में शामिल होना पसंद करते हैं।
II. कोचिंग कक्षाएं छात्रों को अपने प्रदर्शन में सुधार करने के लिए मदद करती हैं।
III. कोई अन्य संस्थान ऐसी कोचिंग प्रदान नहीं करता है।

(*a*) केवल धारणा I और धारणा II निहित हैं
(*b*) केवल धारणा II और III निहित हैं
(*c*) केवल धारणा I और III निहित हैं
(*d*) सभी निहित हैं
(*e*) इनमें से कोई नहीं

40. कथन: भारत की आर्थिक वृद्धि बढ़ते औद्योगिक और वाहनों के प्रदूषण की एक भयानक कीमत पर हुई है। **(S.B.I.P.O. 2000)**

धारणाएं: I. प्रदूषण औद्योगिक समाज का एक हिस्सा है।
II. भारतीय आर्थिक विकास केवल औद्योगिक विकास पर आधारित है।
III. एक देश प्रबंधनीय दुष्प्रभावों के साथ आर्थिक विकास की इच्छा रखता है।

(*a*) केवल धारणा I निहित है
(*b*) केवल धारणा II निहित है
(*c*) केवल धारणा III निहित है
(*d*) केवल धारणा I और III निहित हैं
(*e*) इनमें से कोई नहीं

41. कथन: बिल क्लिंटन रूजवेल्ट के बाद दूसरे डेमोक्रेट हैं जिन्हें अमेरिका के राष्ट्रपति के रूप में फिर से चुना गया है। **(M.B.A. 2002)**

धारणाएं: I. क्लिंटन में रूजवेल्ट के समान गुण हैं।
II. अमेरिका को अधिकांश लोगों को क्लिंटन पर भरोसा है।
III. क्लिंटन के प्रतिद्वंद्वीयों का चुनाव अभियान प्रभावशाली नहीं था।

(*a*) केवल धारणा I निहित है
(*b*) केवल धारणा II निहित है
(*c*) केवल धारणा III निहित है
(*d*) या तो धारणा I या III निहित हैं
(*e*) या तो धारणा II या III निहित है

42. कथन: प्रोफेसर ने कक्षा में घोषणा की कि अगली आवधिक परीक्षा अगले महीने की 15 तारीख को आयोजित की जाएगी।

धारणाएं: I. सभी छात्र परीक्षा में उपस्थित हो सकते हैं।

II. अगले माह की 15 तारीख तक कॉलेज खुला रहेगा।

III. छात्र परीक्षा पास करने के लिए अगले माह की 15 तारीख तक पढ़ सकते हैं।

(*a*) केवल धारणा I और धारणा II निहित हैं

(*b*) केवल धारणा II निहित है

(*c*) केवल धारणा II और III निहित हैं

(*d*) केवल धारणा III निहित है

(*e*) इनमें से कोई नहीं

43. कथन: हमें किसी भी घटना का सामना करने के लिए तैयार रहना चाहिए और सभी असाइनमेंट को उनकी निर्धारित तिथि के अनुसार पूरा किया जाना चाहिए- निर्देशक संकाय सदस्यों को बताता है।

धारणाएं: I. कोई गंभीर घटना होने की संभावना है।

II. सभी असाइनमेंट के लिए तिथि निर्धारित है।

III. संकाय सदस्यों द्वारा सभी असाइनमेंट को पूरा करना अपेक्षित है।

(*a*) कोई निहित नहीं है

(*b*) केवल धारणा I निहित है

(*c*) केवल धारणा II और III निहित हैं

(*d*) केवल धारणा III निहित है

(*e*) सभी निहित हैं

44. कथन: "गोरा दिखने के लिए रिया कोल्ड क्रीम का इस्तेमाल करें।" - एक विज्ञापन। **(M.A.T. 2005)**

धारणाएं: I. लोग गोरा दिखने के लिए क्रीम का उपयोग करना पसंद करते हैं।

II. लोगों को आसानी से बेवकूफ बनाया जाता है।

III. लोग विज्ञापनों पर प्रतिक्रिया देते हैं।

(*a*) केवल धारणा I निहित है

(*b*) केवल धारणा I और धारणा II निहित हैं

(*c*) केवल धारणा II निहित है

(*d*) केवल धारणा I और III निहित हैं

(*e*) इनमें से कोई नहीं

45. कथन: "यदि आप सुंदर हैं, तो हम आपकी सुन्दरता को कैद कर लेंगे। यदि आप सुन्दर नहीं हैं, तो हम आपको सुंदर बनाएँगे।"- एक फोटो स्टूडियो का विज्ञापन।

धारणाएं: I. किस प्रकार सुंदर दिखें, यह युवाओं की समस्या है।

II. एक तस्वीर खूबसूरत हो सकती है, भले ही व्यक्ति खूबसूरत न हो।

III. लोग सुंदर दिखना पसंद करते हैं

(*a*) केवल धारणा I और धारणा II निहित हैं

(*b*) केवल धारणा II और III निहित हैं

(*c*) केवल धारणा III निहित है

(*d*) केवल धारणा I और III निहित हैं

(*e*) सभी निहित हैं

46. कथन: 'इस राज्य में कई श्रम और औद्योगिक न्यायालयों का उचित परिसर नहीं है। इस कारण न्यायाधीशों और स्टेनो की भर्ती को लंबित रखा जाता है।'-राज्य X के एक सेवानिवृत्त न्यायाधीश का कथन। **(S.B.I.P.O. 1999)**

धारणाएं: I. कर्मचारियों और न्यायाधीशों की पर्याप्त संख्या, औद्योगिक और श्रम न्यायालय के सहजता से कार्य करने में मदद करती है।

II. राज्य श्रम और औद्योगिक न्यायालय की स्थिति के बारे में चिंतित नहीं है।

III. एक कार्यालय की भौतिक सुविधाएं इसके कर्मचारी की दक्षता बढ़ाने में मदद करता है।

(*a*) केवल धारणा I और III निहित हैं

(*b*) केवल धारणा II निहित है

(*c*) केवल धारणा II और III निहित हैं

(*d*) सभी I, धारणा II और III निहित हैं

(*e*) इनमें से कोई नहीं

47. कथन: "सभी को सौहार्दपूर्वक मनोरंजन कार्यक्रम में भाग लेने के लिए आमंत्रित किया जाता है। यह मुफ्त है।"- समाचार पत्र में घोषणा।

धारणाएं: I. लोग आमतौर पर मुफ्त मनोरंजन कार्यक्रम देखने नहीं जाते है।

II. कुछ लोग, हालांकि मनोरंजन कार्यक्रमों में रुचि रखते हैं, टिकट खरीद नहीं सकते।

III. आम तौर पर, एक मुफ्त मनोरंजन कार्यक्रम अच्छी गुणवत्ता के होते है।

(*a*) केवल धारणा I निहित है

(*b*) केवल धारणा I और धारणा II निहित हैं

(*c*) केवल धारणा II निहित है

(*d*) केवल धारणा II और III निहित हैं

(*e*) केवल धारणा I और III निहित हैं

48. कथन: "यदि आप एक मैकेनिकल इंजीनियर हैं, तो हम आपको हमारे पर्यवेक्षक के रूप में चाहते हैं।" कंपनी X द्वारा एक विज्ञापन। **(Bank P.O. 2003)**

धारणाएं: I. कंपनी X द्वारा मैकेनिकल इंजीनियर बेहतर प्रदर्शन करने के लिए अपेक्षित हैं।

II. कंपनी X को पर्यवेक्षकों की आवश्यकता है।

III. मैकेनिकल इंजीनियर आकर्षित हो सकते हैं और कंपनी X के लिए आवेदन कर सकते हैं।

(*a*) केवल धारणा I और धारणा II निहित हैं

(*b*) केवल धारणा II और III निहित हैं

(*c*) केवल धारणा I और III निहित हैं

(*d*) सभी निहित हैं

(*e*) इनमें से कोई नहीं

49. कथन: "क्योंकि हमारे व्यापार का विस्तार हो रहा है, हमें और अधिक कर्मचारियों को नियुक्त करने की आवश्यकता है।" एक कंपनी का मालिक कर्मचारियों को यह सूचना देता है।

धारणाएं: I. वर्तमान कर्मचारी सक्षम नहीं है।

II. अधिक कर्मचारियों से व्यापार का विस्तार होगा।

III. कर्मचारियों के रूप में उपयुक्त कर्मचारी उपलब्ध हो जाएंगे।

(*a*) कोई निहित नहीं है (*b*) केवल धारणा I निहित है

(*c*) केवल धारणा II निहित है (*d*) केवल धारणा III निहित है

(*e*) सभी निहित हैं

50. कथन: भारतीय रिजर्व बैंक ने बैंकों को प्रमुख डिफाल्टर को नए सिरे से ऋण नहीं देने का निर्देश दिया है।

धारणाएं: I. बैंक अभी भी डिफाल्टर को ऋण दे सकते हैं।

II. डिफाल्टर पहले के कर्ज चुकाने के लिए ताजा ऋण प्राप्त कर सकते हैं।

III. बैंक इस तरह के कठोर उपायों के माध्यम से ऋण वसूल सकते हैं।

(*a*) कोई निहित नहीं है
(*b*) केवल धारणा I और धारणा II निहित हैं
(*c*) सभी निहित हैं
(*d*) केवल धारणा II और III निहित हैं
(*e*) इनमें से कोई नहीं

51. कथन: 'अपने घर को अपग्रेड करने का सबसे सरल और सबसे अधिक लागत प्रभावी तरीका-अपने पुराने फर्नीचर को एक्सचेंज करें और नए फर्नीचर पर 25% से 33% की छूट प्राप्त करें।'- एक फर्नीचर कंपनी का विज्ञापन। **(S.B.I.P.O. 1999)**

धारणाएं: I. आजकल, जब तक फर्नीचर उत्पादों के लिए कुछ आकर्षक योजना न पेश की जाए, कोई मांग नहीं होती।
II. कुछ ग्राहक हमेशा सबसे अच्छी गुणवत्ता की इच्छा रखते हैं और इसकी लागत या सुविधा के लिए परेशान नही होते हैं।
III. कुछ ग्राहक अपने घर को उचित लागत और कम बाधाओं के साथ अप टू डेट रखना चाहते हैं।

(*a*) केवल धारणा I निहित है
(*b*) केवल धारणा II निहित है
(*c*) केवल धारणा III निहित है
(*d*) केवल धारणा I और धारणा II निहित हैं
(*e*) इनमें से कोई नहीं

52. कथन: अच्छे फसली मौसम के बावजूद आर्थिक स्थिति का खराब रहना बदस्तूर जारी रह सकता है।

धारणाएं: I. फसली मौसम से पहले आर्थिक स्थिति खराब नहीं थी।
II. अच्छे फसली मौसम के बिना आर्थिक स्थिति में सुधार नहीं हो सकता है
III. अच्छे फसली मौसम के बाद आर्थिक स्थिति में सुधार की उम्मीद है।

(*a*) केवल धारणा I और धारणा II निहित हैं
(*b*) केवल धारणा II निहित है
(*c*) केवल धारणा II और III निहित हैं
(*d*) केवल धारणा III निहित है
(*e*) केवल धारणा I और III निहित हैं

53. कथन: कंपनी ने हाल ही में समय के पाबंद और ईमानदार कर्मचारियों के लिए प्रोत्साहन की एक श्रृंखला घोषणा की है। **(Bank P.O. 2004)**

धारणाएं: I. जो समय के पाबंद नहीं हैं, वे वर्तमान उद्घोषणा से प्रेरित हो सकते हैं।
II. कंपनी की उत्पादकता बढ़ सकती है।
III. कंपनी द्वारा अर्जित लाभ प्रोत्साहन कार्यक्रम के लिए खर्च की जाने वाली राशि से अधिक हो सकता है।

(*a*) केवल धारणा I और धारणा II निहित हैं
(*b*) कोई निहित नहीं है
(*c*) केवल धारणा II और III निहित हैं
(*d*) सभी निहित हैं
(*e*) इनमें से कोई नहीं

54. कथन: शिक्षकों की शिक्षा के लिए राज्य परिषद (एस सी टी ई) ने विश्वविद्यालयों या मान्यता प्राप्त संस्थानों में एक व्यक्ति के शिक्षक के रूप में नियोजित होने के सम्बन्ध में न्यूनतम योग्यता के सबंध में दिशानिर्देश जारी किये हैं।

धारणाएं: I. अधिकारी अब केवल योग्य शिक्षकों की नियुक्ति करेंगे।
II. केवल योग्य लोग ही शिक्षण पद के लिए आवेदन करेंगे।
III. एससीटीई अध्यापन संकाय के लिए शैक्षिक योग्यता के सभी मानदंडों को तय करता है।

(*a*) कोई निहित नहीं है
(*b*) केवल धारणा I निहित है
(*c*) केवल धारणा I और धारणा II निहित हैं
(*d*) केवल धारणा I और III निहित हैं
(*e*) सभी निहित हैं

55. कथन: आय और व्यय के बीच के अंतर को कम करने के लिए, कंपनी ने अगले महीने इसके उत्पाद की कीमत को बढ़ाने का फैसला किया है।

धारणाएं: I. वृद्धि के बाद भी दरें अधिक या कम समान ही बनी रहेगी।
II. निकट भविष्य में व्यय अधिक या कम समान ही बना रहेगा।
III. प्रतिद्वंद्वी कंपनियां भी समान उत्पाद की कीमत में वृद्धि करेंगी।

(*a*) केवल धारणा I और धारणा II निहित हैं
(*b*) केवल धारणा II और III निहित हैं
(*c*) केवल धारणा III निहित है
(*d*) सभी निहित हैं
(*e*) इनमें से कोई नहीं

56. कथन: ड्रग्स कारोबार में बड़ा उछाल आया है और दिल्ली में कई झुग्गी झोपड़ी में रहने वालों को स्मैक और ब्राउन शुगर के छोटे पाउच के साथ पेडलिंग करते देखा जा सकता है। **(M.B.A. 2002)**

धारणाएं: I. देश में, विशेष रूप से राजधानी में मादक पदार्थों की लत बढ़ती जा रही है।
II. ड्रग्स की तस्करी में लगे सभी बड़े डॉन झुग्गी-झोपड़ियों में रहते हैं।
III. अधिकांश झुग्गी झोपड़ियों के निवासी पैसे के लिए कुछ भी कर सकते हैं।

(*a*) केवल धारणा I निहित है
(*b*) केवल धारणा II निहित है
(*c*) केवल धारणा III निहित है
(*d*) केवल धारणा I और III निहित हैं
(*e*) या तो धारणा I या III निहित है

57. कथन: रवि ने बंगलुरू के लिए शाम 6 बजे प्रस्थान करने वाली एक उड़ान पकड़ने के लिए शाम 4.00 बजे ऑफिस छोड़ने का फैसला किया।

धारणाएं: I. बेंगलुरु जाने वाली उड़ान में देर हो सकती है।
II. वह शाम 6.00 बजे से पहले हवाई अड्डे तक पहुंचने में सक्षम हो सकता है।
III. उसे हवाई अड्डा जाने के लिए एक वाहन की खोज के लिए पर्याप्त समय मिल सकता है।

(*a*) कोई निहित नहीं है
(*b*) केवल धारणा II निहित है
(*c*) केवल धारणा II और III निहित हैं
(*d*) सभी निहित हैं
(*e*) इनमें से कोई नहीं

58. कथनः पूर्व खरीफ फसल के मौसम के दौरान, सरकार ने एफसीआई से बड़ी मात्रा में खाद्यान्न निकालने का निर्णय लिया है।

धारणाएंः I. इस मौसम के दौरान बाजार में खाद्यान्न की कमी हो सकती है।

II. खरीफ की फसल एफसीआई के स्टॉक की भरपाई कर सकती है।

III. खरीफ की फसल कटाई के तुरंत बाद खरीद के लिए किसानों से मांग हो सकती है।

(*a*) सभी निहित हैं
(*b*) केवल धारणा II और III निहित हैं
(*c*) कोई निहित नहीं है
(*d*) केवल धारणा I और धारणा II निहित हैं
(*e*) इनमें से कोई नहीं

59. कथनः बैंक X का विज्ञापन- "बैंक में खाता खोलना चाहते हैं! तुरंत हमारी 'होम सेवा' के लिए डायल करें और हम आपके द्वार पर आएंगे।" **(Bank P.O. 2004)**

धारणाएंः I. कोई अन्य बैंक ग्राहकों के दरवाज़े पर सेवा उपलब्ध नहीं कराता है।

II. लोग उनके वित्तीय लेन देन के लिए बैंक X को चुन सकते हैं।

III. आजकल बैंकिंग बहुत प्रतिस्पर्धी हो गई है।

(*a*) केवल धारणा I और धारणा II निहित हैं
(*b*) केवल धारणा II और III निहित हैं
(*c*) केवल धारणा I और III निहित हैं
(*d*) सभी निहित हैं
(*e*) इनमें से कोई नहीं

60. कथनः कंपनी ने अनिश्चित वित्तीय संकट से निपटने के लिए अपने सभी उत्पादों की कीमत बढ़ाने का फैसला किया है।

धारणाएंः I. इस निर्णय से कंपनी इससे पहले हुए पूरे नुकसान की भरपाई में सक्षम हो सकती है।

II. खरीदार बढ़ोत्तरी के बाद इसके उत्पाद खरीदने जारी रख सकते हैं।

III. कंपनी के पास कुछ और महीनों के लिए उत्पादन जारी रखने के लिए पर्याप्त संसाधन हैं।

(*a*) केवल धारणा I और III निहित हैं
(*b*) केवल धारणा II निहित है
(*c*) केवल धारणा II और III निहित हैं
(*d*) कोई निहित नहीं है
(*e*) इनमें से कोई नहीं

61. कथनः दस उम्मीदवार, जो प्रतीक्षा सूची में थे, पाठ्यक्रम के लिए आखिरकार भर्ती हो गए।

धारणाएंः I. प्रतीक्षा सूचीबद्ध उम्मीदवार सामान्य रूप से प्रवेश नहीं पाते हैं।

II. बड़ी संख्या में उम्मीदवार प्रतीक्षा सूची में थे।

III. भर्ती होने वाले उम्मीदवारों की संख्या कम है।

(*a*) कोई निहित नहीं है
(*b*) केवल धारणा I और धारणा II निहित हैं
(*c*) केवल धारणा II और III निहित हैं
(*d*) केवल धारणा I और III निहित हैं
(*e*) सभी निहित हैं

62. कथनः राष्ट्रीय वायु वाहक ने शहर A से शहर B तक एक साप्ताहिक हवाई सेवा शुरू करने का फैसला किया है।

धारणाएंः I. संचालन को आर्थिक रूप से व्यवहार्य के लिए पर्याप्त यात्री होंगे।

II. अन्य वाहक ऐसी सेवा शुरू नहीं कर सकते हैं।

III. इस शहर के आसपास रहने वाले लोग हवाई यात्रा का खर्च उठा सकते हैं।

(*a*) केवल धारणा I निहित है
(*b*) केवल धारणा I और धारणा II निहित हैं
(*c*) केवल धारणा II और III निहित हैं
(*d*) सभी निहित हैं
(*e*) इनमें से कोई नहीं

63. कथनः बाजार में चीनी की कीमतों में हालिया उछाल को देखते हुए, सरकार ने डीलरों को आयातित चीनी की एक बड़ी मात्रा बाजार में जारी करने को कहा है।

धारणाएंः I. डीलर सरकार के निर्देश का अनुसरण करेंगे।

II. चीनी के दाम नीचे आएंगे।

III. स्वदेशी चीनी की कीमत अपरिवर्तित रहेगी।

(*a*) केवल धारणा I और धारणा II निहित हैं
(*b*) केवल धारणा II और III निहित हैं
(*c*) केवल धारणा I और III निहित हैं
(*d*) कोई निहित नहीं है
(*e*) सभी निहित हैं

64. कथनः पिछले सात दिनों के दौरान बेची गई टिकटों को ध्यान में रखते हुए, सर्कस अधिकारियों ने दो सप्ताहांत को शामिल करते हुए एक और पखवाड़े के लिए जारी रखने का फैसला किया है।

धारणाएंः I. लोग साप्ताहिक दिनों में नहीं आ सकते हैं।

II. लोगों की औसत संख्या, जो सर्कस जाएंगे, अधिक या कम पिछले सात दिन के समान हो सकती है।

III. अन्य स्थानों पर पर्याप्त प्रतिक्रिया नहीं हो सकती है।

(*a*) सभी निहित हैं
(*b*) कोई निहित नहीं है
(*c*) केवल धारणा II निहित है
(*d*) केवल धारणा I और धारणा II निहित हैं
(*e*) इनमें से कोई नहीं

65. कथनः "टेलीविजन X - पड़ोसी के लिए ईर्ष्या, मालिक के लिए गौरव"- एक टी.वी. विज्ञापन।

धारणाएंः I. लोग आकर्षक नारे पसंद करते हैं।

II. लोग पड़ोसियों की श्रेष्ठ संपत्ति से ईर्ष्या करते हैं।

III. लोग चाहते हैं कि उनके पड़ोसी उनसे ईर्ष्या करें।

(*a*) केवल धारणा I और धारणा II निहित हैं
(*b*) केवल धारणा II और III निहित हैं
(*c*) केवल धारणा I और III निहित हैं
(*d*) सभी निहित हैं
(*e*) इनमें से कोई नहीं

66. कथनः केंद्र सरकार ने राज्य सरकारों को गंभीर संसाधन संकट के मद्देनजर सरकारी खर्च कम करने का निर्देश दिया है और कहा है कि वह अगले छह महीने तक राज्यों के लिए किसी भी अतिरिक्त अनुदान को मंजूरी देने के लिए सक्षम नहीं है। **(Bank P.O. 2003)**

धारणाएं: I. राज्य सरकारें अपने व्यय के लिए पूरी तरह से केंद्र सरकार पर निर्भर है।
II. केंद्र सरकार ने राज्य सरकार के व्यय खाते की समीक्षा की है।
III. राज्य सरकारें निर्देश का पालन करेंगी।
(*a*) कोई निहित नहीं है
(*b*) केवल धारणा II और III निहित हैं
(*c*) केवल धारणा III निहित है
(*d*) सभी निहित हैं
(*e*) इनमें से कोई नहीं

67. कथन: भारत में रोजगार की स्थिति में सुधार करने के लिए, दैनिक जीवन में वैज्ञानिक खोजों के कार्यान्वयन के लिए वर्तमान शिक्षण प्रणाली में सुधार की आवश्यकता है।
धारणाएं: I. ऐसी शिक्षा पूरी करने के बाद छात्र अपनी आजीविका प्राप्त करने में सक्षम हो सकता है।
II. यह युवाओं को शिक्षा का महत्त्व समझा सकता है।
III. राज्य अधिक राजस्व अर्जित कर सकता है क्योंकि अधिक से अधिक लोग स्व रोजगार के रूप में कार्यरत रहेंगे।
(*a*) कोई निहित नहीं है
(*b*) केवल धारणा I और धारणा II निहित हैं
(*c*) केवल धारणा III निहित है
(*d*) केवल धारणा I और III निहित हैं
(*e*) इनमें से कोई नहीं

68. कथन: स्कूल प्राधिकरण ने इस साल 7-14 वर्ष की आयु के छात्रों के लिए स्कूल परिसर में एक समर स्कूल खोलने का फैसला किया है।
धारणाएं: I. सभी छात्र समर स्कूल में भाग लेंगे।
II. सभी माता-पिता बच्चों को शहर के बाहर भेजने की जगह समर स्कूल में भाग लेने के लिए शहर में रहना पसंद करेंगे।
III. जो लोग बाहर जाने का जोखिम नहीं उठा सकते हैं, वे बच्चों को समर स्कूल में भेज देंगे।
(*a*) कोई निहित नहीं है
(*b*) केवल धारणा II निहित है
(*c*) केवल धारणा II और III निहित हैं
(*d*) केवल धारणा III निहित है
(*e*) सभी निहित हैं

69. कथन: "हमें एमबीए में प्रवेश परीक्षाओं में सुधार करने के लिए वस्तुनिष्ठ प्रकार का टेस्ट लेना चाहिए।"- प्रवेश समिति के चेयरमैन समिति को बताते हैं।
धारणाएं: I. वर्तमान में सीधे साक्षात्कार के माध्यम से प्रवेश होता है।
II. एडमिशन कमेटी प्रवेश परीक्षाओं में सुधार की इच्छुक है।
III. चेयरमैन खुद एक एमबीए है।
(*a*) केवल धारणा I और III निहित हैं
(*b*) केवल धारणा II निहित है
(*c*) केवल धारणा I और धारणा II निहित हैं
(*d*) केवल धारणा I निहित है
(*e*) कोई निहित नहीं है

70. कथन: प्रिंसिपल का अपने छात्रों को संबोधन, "प्रिय छात्रों, अगर आप एक स्वस्थ दिमाग चाहते हैं, तो संगीत सुनें।" **(Bank P.O. 2003)**
धारणाएं: I. आम तौर पर छात्र अच्छी सलाह का अनुसरण करना पसंद करते हैं।
II. स्वस्थ दिमाग विकसित करना वांछनीय है।
III. छात्रों को सलाह देना प्रधानाचार्य का कर्तव्य है।
(*a*) केवल धारणा I और धारणा II निहित हैं
(*b*) केवल धारणा II और III निहित हैं
(*c*) केवल धारणा I और III निहित हैं
(*d*) कोई निहित नहीं है
(*e*) इनमें से कोई नहीं

71. कथन: "कंपनी को वाणिज्यिक रूप से व्यवहार्य बनाने के लिए, कर्मचारियों की संख्या को कम करने और वित्तीय संस्थाओं से पैसा उधार लेने की जरूरत है।"- एक सलाहकार की राय।
धारणाएं: I. वित्तीय संस्थान ऐसे प्रस्तावों के लिए पैसा उधार देते हैं।
II. कंपनी के उत्पादों का एक संभावित बाजार है।
III. कंपनी के कर्मचारी अक्षम हैं।
(*a*) कोई निहित नहीं है
(*b*) सभी निहित हैं
(*c*) केवल धारणा I और धारणा II निहित हैं
(*d*) केवल धारणा II और III निहित हैं
(*e*) केवल धारणा I और III निहित हैं

72. कथन: हाल ही में आयोजित ऑल इंडिया कॉमर्स सत्र में 'भारत में सेवा क्षेत्र का प्रबंधन' विषय ने आश्चर्यजनक रूप से बड़े पैमाने पर प्रतिभागियों की संख्या को आकर्षित किया और अग्रणी समाचार पत्रों में एक बहुत अच्छा मीडिया कवरेज प्राप्त किया।
धारणाएं: I. लोग सेवा क्षेत्र के लिए ऐसी उत्साहजनक प्रतिक्रिया की उम्मीद नहीं कर रहे थे।
II. भारत में सेवा क्षेत्र ठीक से प्रबंधित नहीं है।
III. मीडिया हमेशा सेवा क्षेत्र के प्रति सकारात्मक रहा है।
(*a*) कोई निहित नहीं है
(*b*) केवल धारणा I निहित है
(*c*) सभी निहित हैं
(*d*) केवल धारणा II और III निहित हैं
(*e*) केवल या तो धारणा I या III निहित है

73. कथन: किसी व्यक्ति के जीवन की गुणवत्ता केवल उसके धन पर निर्भर नहीं है।
धारणाएं: I. ज्यादातर लोगों का उद्देश्य सिर्फ अधिक संपत्ति हासिल करना है।
II. धन के अतिरिक्त भी कुछ कारक हैं जो जीवन की गुणवत्ता में योगदान करते हैं।
III. धन जीवन की गुणवत्ता में बिल्कुल भी योगदान नहीं देता है।
(*a*) केवल धारणा I निहित है
(*b*) केवल धारणा I और धारणा II निहित हैं
(*c*) केवल धारणा II निहित है
(*d*) केवल धारणा II और III निहित हैं
(*e*) केवल धारणा I और III निहित हैं

74. कथन: "X-चॉकलेट किसी के लिए एक उपहार के रूप में आदर्श है जिसे आप प्यार करते हैं।"- एक विज्ञापन
धारणाएं: I. लोग आमतौर पर प्रियजनों को उपहार देते हैं।
II. ऐसे विज्ञापन आम तौर पर लोगों को प्रभावित करते हैं।

III. चॉकलेट को एक उपहार देने की वस्तु के रूप में माना जा सकता है।

(*a*) केवल धारणा I और धारणा II निहित हैं
(*b*) केवल धारणा II और III निहित हैं
(*c*) केवल धारणा I और III निहित हैं
(*d*) सभी निहित हैं
(*e*) इनमें से कोई नहीं

75. कथन: केंद्र सरकार की मंजूरी के बिना राज्य सरकार ने राज्य में प्रवेश करने वाली सभी वस्तुओं पर चुंगी में एकतरफा पांच प्रतिशत की वृद्धि की है।

धारणाएं: I. राज्य सरकार अपने निर्णय को लागू करने में सक्षम हो सकती है।

II. केंद्र सरकार राज्य सरकार के फैसले का समर्थन करने के लिए सहमत हो सकती है।

III. राज्य सरकार अतिरिक्त चुंगी के माध्यम से पर्याप्त राशि अर्जित करने में सक्षम हो सकती है।

(*a*) कोई निहित नहीं है
(*b*) केवल धारणा I और धारणा II निहित हैं
(*c*) सभी निहित हैं
(*d*) केवल धारणा II और III निहित हैं
(*e*) इनमें से कोई नहीं

हल-अभ्यास 3(C)

1. (*a*) : कृत्रिम शहद बनाया जा सकता है, क्योंकि विज्ञापन में 'प्राकृतिक' शब्द का उल्लेख किया गया है। अत: धारणा I निहित है। प्राकृतिक और कृत्रिम शहद की कीमतों की कोई तुलना नहीं की गयी है। अत: धारणा II निहित नहीं है। अन्य कंपनियों के शहद की गुणवत्ता के बारे में कुछ भी नहीं कहा जा सकता है। अत: III भी निहित नहीं है।

2. (*c*) : स्पष्टत:, एक कंपनी अपने विज्ञापन में केवल उस विशेषता को उजागर करेगी, जिसके लिए लोग तरसते हैं और जिसे वह संभव बना सकती है। अत: I और III दोनों धारणाएं निहित हैं। कंप्यूटर उद्योग के विकास के बारे में कुछ भी निगमित नहीं किया जा सकता है। अत: धारणा II निहित नहीं है।

3. (*a*) : कथन में उल्लेख किया गया है कि साहसिक कहानियां हर किसी को पसंद आती हैं। इसका अर्थ यह नहीं है कि कोई अन्य पढ़ने की सामग्री नहीं है या कोई भी किसी अन्य सामग्री को पढ़ना पसंद नहीं करता है। अत: न तो धारणा I न ही धारणा II निहित है। इसके अतिरिक्त, कथन में 'सब लोग' सभी 'साक्षर लोगों' के लिए हैं, न कि 'सभी लोगों के लिए'। अत: III भी निहित नहीं है।

4. (*d*) : कारों की मांग को देखते हुए विज्ञापन दिया गया है। अत: धारणा I निहित है। विज्ञापन 'एक नई कार के मालिक' पर बल देता है। इसका तात्पर्य यह है कि लोग एक प्रयुक्त कार के बजाय एक नई कार खरीदना पसंद करेंगे, बशर्ते यह उनके बजट के अनुरूप हो। अत: धारणा II निहित है। कथन में शब्द 'सिर्फ ₹1,999 प्रति माह' से धारणा III निहित है।

5. (*b*) : B, A की सलाह को सुनता है या नहीं, कथन में नहीं दिया गया है। अत: धारणा I निहित नहीं है। सलाह उस व्यवहार पर दी जाती है जिसका परीक्षा उत्तीर्ण करने के लिए पालन किया जाना चाहिए। इससे परीक्षा पास करने की आवश्यकता का पता चलता है। अत: धारणा II निहित है। परीक्षा पास करना कठिन अभ्यास द्वारा प्राप्त की जाने वाली सफलता का एक रूप है। अत: III भी निहित है।

6. (*d*) : स्पष्टत:, केवल III कथन के सही सार को परिभाषित करता है अत: निहित है।

7. (*a*) : लिखित परीक्षा को 'लागू' करने के लिए अपील की गई है। इसका अर्थ है कि अभी तक लिखित परीक्षा आयोजित नहीं की गई थी। अत: धारणा I निहित है। धारणा II कथन से सीधे आती है और इसलिए यह निहित है। हालांकि, उच्च स्तर पर चयन के मोड के बारे में कुछ भी नहीं निगमित किया जा सकता है। अत: III निहित नहीं है।

8. (*c*) : यह उल्लेख किया गया है कि सेब इतने सस्ते हैं कि वे अच्छे नहीं हो सकते। इसका अर्थ है कि अच्छे सेब की कीमतें कभी कम नहीं होती हैं और बहुत सस्ते सेब कभी अच्छे नहीं होते हैं। अत: न तो धारणा I न ही III निहित है। धारणा II स्पष्ट रूप से कथन के अनुसार है कि सेब हीन गुणवत्ता के हैं क्योंकि वे सस्ते हैं। अत: यह निहित है।

9. (*c*) : कथन में बारिश के बाद भी यातायात की स्थिति सामान्य रहने पर आश्चर्य व्यक्त किया गया है। इसका अर्थ है कि बारिश यातायात को प्रभावित करती है। अत: धारणा II निहित नहीं है। लेकिन इसका अर्थ यह नहीं है कि केवल बारिश से यातायात प्रभावित होता है। अत: धारणा I भी निहित नहीं है। चूंकि बारिश के दौरान यातायात अपेक्षित रूप से प्रभावित नहीं हुआ था, इसलिए III निहित है।

10. (*b*) : कथन में उल्लेख किया गया है कि क्षेत्र में स्थिति तनावपूर्ण है। अत: धारणा I निहित है। चूंकि लोगों से अनुरोध किया गया है कि वे सुरक्षा के लिए बाहर न जाएं और घरों में रहें, इसलिए धारणा II निहित है। सामान्य स्थिति बहाल होने पर इसका अनुमान नहीं लगाया जा सकता है। अत: III निहित नहीं है।

11. (*d*) : विश्वविद्यालय ने यह निर्णय कॉलेजों की दक्षता को ध्यान में रखते हुए लिया होगा। अत: धारणा I निहित है। धारणा II अस्पष्ट है और निहित नहीं है। कथन में उल्लेख किया गया है कि नई नीति परिणामों की घोषणा में देरी से बचने में मदद करेगी। अत: III भी निहित है।

12. (*b*) : धारणा I और III सीधे कथन से अनुसरण करते हैं और इसलिए दोनों निहित हैं। साथ ही, एक सफल व्यक्ति का मूल गुण यह है कि वह खुद को आंक सकता है। इसका अर्थ है कि उसे दूसरों को आंकने की जरूरत नहीं है। अत: धारणा II भी निहित है।

13. (*e*) : कोई भी विज्ञापन केवल उत्पाद के वांछनीय गुणों पर प्रकाश डालता है। अत: धारणा I निहित है। अखबार 'X' ब्रांड ने अपने उत्पाद को अखबार A में विज्ञापित किया है। इसका अर्थ है कि लोगों का एक बड़ा वर्ग समाचार पत्रों में विज्ञापन पढ़ता है और उसमें अखबार A का भी व्यापक प्रचलन है। अत: न तो तो धारणा II न ही III निहित है।

14. (*c*) : चूंकि A ने अपने जन्मदिन पर अजय को एक किताब भेंट करने का फैसला किया है, इसलिए यह काफी स्पष्ट है कि

उन्हें अजय द्वारा आमंत्रित किया जाएगा और यह पुस्तक एक स्वीकार्य उपहार है। अत: I और III दोनों धारणाएं निहित हैं। व्यक्ति के स्वास्थ्य की स्थिति के बारे में कथन से कुछ भी नहीं निगमित किया जा सकता है। अत: धारणा II निहित नहीं है।

15. (*b*) : विज्ञापन में केवल आवश्यकता को दर्शाया गया है, न कि न्यायालय क्षेत्र में फ्लैटों की उपलब्धता को। अत: धारणा I निहित नहीं है। इस तरह के विज्ञापन एक प्रतिक्रिया की उम्मीद के साथ दिए जाते हैं जो इस तरह के फ्लैट को उपलब्ध कर सकते हैं। अत: धारणा II निहित है। अनुमान III कथन का पालन नहीं करता है और इसलिए निहित नहीं है।

16. (*d*) : चूंकि प्रबंधन ने संगठन द्वारा प्रत्येक छात्र के रोजगार के लिए ₹25000 का शुल्क लगाया है, इसलिए III निहित है। जबकि धारणा I नहीं है। चूंकि कथन में उल्लेख किया गया है कि वित्तीय बाधा की प्रतिपूर्ति करने के लिए शुल्क लिया जा रहा है, इसलिए धारणा II निहित है।

17. (*d*) : स्पष्टत:, कथन केवल एक अनुस्मारक है। अत: धारणा I निहित नहीं है। इसके अतिरिक्त, क्लर्क से अपने बॉस के आदेश पर अमल करने की उम्मीद की जाती है। अत: धारणा II निहित नहीं है। इसके अतिरिक्त, क्लर्क को अपने देर से आने की सूचना नहीं दे सकता है, इसलिए श्री A ने क्लर्क को ऐसा करने का निर्देश दिया है। अत: III निहित है।

18. (*d*) : कथन में उल्लेख किया गया है कि ..... पीड़ितों में से अधिकांश शांतिप्रिय लोगों के लिए एक उपद्रव हो सकते हैं। तात्पर्य यह है कि पीड़ितों में से अधिकांश दुष्ट लोग हैं, हालांकि कुछ पीड़ित निर्दोष लोग भी हैं। अत: धारणा I और धारणा II दोनों निहित हैं। इसके अतिरिक्त, कथन युद्धों के विरोध का समर्थन करता है। अत: III भी निहित है।

19. (*d*) : कथन में उल्लेख किया गया है कि व्यापार की इस श्रेणी में केवल दो कंपनियां हैं जो ISO 9002 प्रमाणित हैं। लेकिन इस श्रेणी की कुल संख्या के बारे में कुछ भी नहीं निगमित किया जा सकता है। अत: धारणा I निहित नहीं है। इसके अतिरिक्त, ISO 9002 प्रमाणन प्राप्त करना आसान नहीं था, ISO 9002 कंपनियों की एक बड़ी संख्या रही होगी। अत: धारणा II निहित है। इसके अतिरिक्त, कंपनी अपने व्यवसाय की लाइन में अपनी पहचान बनाने के लिए इस तरह के उच्च अंतरराष्ट्रीय मानकों तक पहुंच गई होगी। अत: III भी निहित है।

20. (*b*) : कथन में नई कंपनी के माहौल के बारे में कुछ नहीं बताया गया है। अत: धारणा I निहित नहीं है। चूंकि अरुण वर्तमान वेतन से संतुष्ट नहीं है, इसलिए यह स्पष्ट है कि वर्तमान कंपनी मध्यम वेतन प्रदान करती है। अत: धारणा II निहित है। कथन में केवल अरुण की बात की गयी है और नई कंपनी के सभी कर्मचारियों की बात नहीं है। अत: III निहित नहीं है।

21. (*c*) : कथन में 'हाईटेक स्पंदन मेगावाट परफॉर्मेंस' शब्दों का उपयोग स्पष्ट करता है कि धारणा I निहित है। भारतीय संगीतकारों के प्रदर्शन के बारे में कुछ भी उल्लेख नहीं किया गया है। अत: धारणा II निहित नहीं है। तथ्य यह है कि माइकल जैक्सन एक पॉप गायक हैं और उनके प्रदर्शन ने लोगों को मंत्रमुग्ध कर दिया, जिससे III निहित हो गया।

22. (*b*) : स्पष्टत:, कथन को पुस्तक की उपयोगिता को प्रभावित करने के लिए बनाया गया है। इसमें आम आदमी की इच्छा का उल्लेख नहीं है। अत: धारणा I निहित नहीं है। साथ ही, पुस्तक का उद्देश्य एक शिक्षक के उपलब्ध न होने पर उसका मार्गदर्शन करना है। अत: दोनों धारणा II और III निहित हैं।

23. (*e*) : चूंकि कंपनी X केवल उन कंपनियों से निविदाएं आमंत्रित करने का इरादा रखती है जो पहले डिफॉल्टर्स नहीं रही हैं, इसलिए धारणा I और III दोनों निहित हैं। इसके अतिरिक्त, कंपनी X के साथ दीर्घकालिक व्यापार संबंध रखने के लिए, प्रत्येक फर्म को अपनी आपूर्ति में अच्छा प्रदर्शन करने की आवश्यकता है। अत: धारणा II भी निहित है।

24. (*b*) : धारणा I सीधे कथन का अनुसरण करती है और इसलिए निहित है। शहर की सीमा पर फैक्ट्रियों को शिफ्ट करने का फैसला वहां की जमीन की उपलब्धता को ध्यान में रखकर लिया गया होगा। अत: धारणा II निहित है। कुछ भी निर्धरित नहीं किया जा सकता है कि भविष्य में कारखाने के मालिक क्या रणनीति अपनाएंगे। अत: III निहित नहीं है।

25. (*a*) : कथन में उल्लेख किया गया है कि यदि डिग्री का नौकरियों से कोई संबंध नहीं है, तो लड़के पुनर्विचार करेंगे कि क्या उन्हें कॉलेज में शामिल होना चाहिए। अत: धारणा I निहित है। वर्तमान प्रणाली में, डिग्री का नौकरियों के साथ गैर–जुड़ाव नहीं हैं। इसका अर्थ है कि डिग्री के बिना नौकरी उपलब्ध नहीं है। अत: धारणा II निहित नहीं है। कथन में लड़कियों के बारे में कुछ नहीं बताया गया है। अत: III भी निहित नहीं है।

26. (*e*) : स्पष्ट रूप से, यह विज्ञापन एयरलाइन द्वारा यात्रा करने वाले यात्रियों को लुभाने के लिए है। अत: धारणा I निहित है। इसके अतिरिक्त, विज्ञापन एक आनंददायक उड़ान का वादा करता है। अत: धारणा II भी निहित है। अन्य एयरलाइनों द्वारा दी जाने वाली सुविधाओं का विवरण से पता नहीं लगाया जा सकता है। अत: III निहित नहीं है।

27. (*b*) : स्पष्टत:, कथन से पता चलता है कि वर्तमान कर घाटे को पूरा करने के लिए पर्याप्त नहीं हैं, लेकिन वे अभी भी अधिक हो सकते हैं। अत: धारणा I निहित नहीं है। चूंकि वक्तव्य घाटे को कवर करने की बात करता है, इसलिए धारणा II निहित है। साथ ही, घाटे को पूरा करने के लिए करों में वृद्धि की जाती है। अत: III भी निहित है।

28. (*e*) : कीमतों में कमी स्पष्ट रूप से कंपनी की बिक्री को बढ़ावा देने के लिए एक कदम है। अत: धारणा I निहित है। हालांकि, अन्य कंपनियां उसी खोज का अनुसरण कर सकती हैं या नहीं भी कर सकती हैं। अत: या तो धारणा II या III निहित है।

29. (*b*) : एक व्यक्ति को आम तौर पर कदाचार या कर्तव्य की लापरवाही के आरोप में निलंबित कर दिया जाता है। अत: या तो धारणा I या धारणा II निहित है। III अस्पष्ट प्रतीत होता है और इसलिए यह निहित नहीं है।

30. (*c*) : नोटिस सभी कर्मचारियों को समय पर आने का निर्देश देता है। इसका अर्थ यह नहीं है कि सभी देर से आते हैं। अत: धारणा I निहित नहीं है। चूंकि अधिकारी सहायक को बोर्ड पर नोटिस लगाने का आदेश देता है, यह स्पष्ट है कि कर्मचारी बोर्ड पर इस तरह के नोटिस को पढ़ते हैं। अत: धारणा II निहित है। साथ ही, कर्मचारियों को अधिकारी के आदेशों का पालन करना होता है। अत: III निहित है।

31. (*c*) : कथन में कहा गया है कि एक शानदार, ऊपरी वर्ग के फ्लैट को बुक करने के लिए एक व्यक्ति कम कीमत देकर उच्च जीवन शैली में अपग्रेड कर सकता है। अत: III निहित है।

हालांकि, ऊपरी वर्ग की प्रकृति या अमीर बनने के तरीकों के बारे में कुछ भी दिए गए कथन से नहीं माना जा सकता है। अत: न तो धारणा I न ही धारणा II निहित है।

32. (*d*) : चूंकि सरकार ने पहले ही इस तरह के काउंटर स्थापित किए हैं, इसलिए इसका अर्थ है कि उनके पास सामान संभालने के लिए पर्याप्त कर्मचारी हैं। अत: धारणा I निहित है। इसके अतिरिक्त, ऐसे काउंटरों की स्थापना विदेशी पर्यटकों को अच्छा महसूस करने के लिए की गई है जब वे हमारे देश का दौरा करते हैं। इसलिए यह निश्चित रूप से विदेशी पर्यटकों के लिए एक फायदा होगा। इसका अर्थ यह भी है कि विदेशी पर्यटकों को ऐसी सेवाओं की आवश्यकता होती है। इसलिए, दोनों धारणा II और III भी निहित हैं।

33. (*a*) : विज्ञापन छात्रों को सुनिश्चित सफलता का वादा करके आकर्षित करना चाहता है। अत: धारणा I और धारणा II दोनों निहित हैं। धारणा III कथन का पालन नहीं करता है और इसलिए निहित नहीं है।

34. (*d*) : विज्ञापन का प्रभाव निगमित नहीं किया जा सकता है। अत: धारणा I निहित नहीं है। हालाँकि, लोगों को प्रभावित करने और Z.T.V. खरीदने के लिए प्रोत्साहित करने के लिए विज्ञापन दिया जाता है। अत: धारणा II निहित है। इसके अतिरिक्त, यह काफी संभव है कि Z.T.V. की बिक्री घट रही है, जिसने कंपनी के मालिकों को अपने उत्पादों के लिए विज्ञापन देने के लिए उकसाया है। अत: III निहित है।

35. (*c*) : यह इस कथन से अनुमान लगाया जा सकता है कि लोग खरीदने से पहले एक उत्पाद देखना भी पसंद करते हैं। अत: धारणा I निहित नहीं है। इसके अतिरिक्त, कथन सिर्फ लोगों को उत्तेजित करने और दुकान को देखने का प्रयास है। अत: दोनों धारणाएं II और III निहित हैं।

36. (*a*) : स्पष्टत:, चूंकि प्रमोद जुलाई में यात्रा के लिए मई में आरक्षण पाने का फैसला करता है, इसलिए धारणा I निहित है। मद्रास के लिए गाड़ियों की संख्या या विभिन्न वर्गों में रिक्तियों की स्थिति दिए गए कथन से निगमित नहीं की जा सकती है। अत: न तो तो धारणा II न ही III निहित है।

37. (*e*) : चलती ट्रेन से बाहर झुकने की चेतावनी शामिल खतरों के खिलाफ ध्यान देने योग्य है। अत: धारणा I और धारणा II दोनों निहित हैं। चूंकि चेतावनी रेलवे डिब्बे में लगाई गई है, इसलिए III भी निहित है।

38. (*d*) : पत्र के लिए निगम की प्रतिक्रिया कथन से निगमित नहीं की जा सकती है। अत: धारणा I निहित नहीं है। जल आपूर्ति के संबंध में नगरपालिका की स्थिति का भी उल्लेख नहीं किया गया है। अत: धारणा II भी निहित नहीं है। चूंकि निवासियों ने सामान्य स्थिति बहाल करने की बात की है, इसका अर्थ है कि अतीत में पानी की आपूर्ति पर्याप्त थी। अत: III निहित है।

39. (*a*) : चूंकि विज्ञापन बुद्धिमान छात्रों को उनके असाधारण कोचिंग के माध्यम से बेहतर प्रदर्शन का वादा करके आमंत्रित करता है, इसलिए धारणा I और धारणा II दोनों निहित हैं। हालाँकि, अन्य संस्थानों के बारे में कुछ भी नहीं माना जा सकता है क्योंकि एक केवल किसी विशेष संस्थान द्वारा दिए गए विज्ञापन की बात करता है। अत: III निहित नहीं है।

40. (*d*) : कथन में उल्लेख किया गया है कि भारत को अपनी आर्थिक संवृद्धि हासिल करने के लिए बढ़े हुए प्रदूषण स्तर की कीमत चुकानी पड़ी। अत: I और III दोनों धारणाएं निहित हैं। हालाँकि, इसका अर्थ यह नहीं है कि केवल औद्योगिक विकास से भारत की आर्थिक संवृद्धि हुई है। अत: धारणा II निहित नहीं है।

41. (*b*) : इस कथन में केवल उल्लेख किया गया है कि क्लिंटन और रूजवेल्ट केवल दो व्यक्ति थे जिन्हें अमेरिका के राष्ट्रपति के रूप में फिर से चुना गया था। लेकिन इसका अर्थ यह नहीं है कि उन्हें जनता द्वारा समान कारणों या गुणों के लिए पसंद किया गया था। अत: धारणा I निहित नहीं है। हालांकि, यह स्पष्ट है कि अधिकांश लोग क्लिंटन को मानते हैं। अत: धारणा II निहित है। क्लिंटन की जीत के कारणों या क्लिंटन के प्रतिद्वंद्वियों के चुनाव अभियान के बारे में दिए गए कथन से कुछ भी नहीं माना जा सकता है। अत: III निहित नहीं है।

42. (*c*) : कथन में केवल परीक्षा की तिथि का उल्लेख है। लेकिन यह उस दिन छात्रों की पूर्ण उपस्थिति सुनिश्चित नहीं करता है। हालांकि, इसका तात्पर्य यह है कि परीक्षा आयोजित करने की तिथि पर कॉलेज खुला रहेगा और छात्र परीक्षा पास करने के लिए उस तिथि तक अध्ययन कर सकते हैं। अत: केवल धारणा II और III निहित हैं। जबकि धारणा I निहित नहीं है।

43. (*e*) : चूँकि निर्देशक किसी भी घटना का सामना करने के लिए तैयार रहने की बात करता है, इसलिए धारणा I निहित है। यह उल्लेख किया गया है कि असाइनमेंट पूरा करने का एक शेड्यूल तैयार किया गया है। अत: धारणा II निहित है। यह तथ्य कि यह कथन सभी संकाय सदस्यों के लिए निर्देशित है, III को निहित करता है।

44. (*d*) : धारणा I कथन का अनुसरण करती है और इसलिए यह निहित है। धारणा II अस्पष्ट है और इसलिए यह निहित नहीं है। साथ ही, विज्ञापन इस उम्मीद से दिए जाते हैं कि लोग उत्पाद के गुणों को जानेंगे और उसे खरीदेंगे। अत: III निहित है।

45. (*b*) : स्पष्टत:, विज्ञापन सभी आयु वर्ग के लोगों के लिए है और इसलिए केवल युवाओं के संबंध में मानना अस्पष्ट है। अत: धारणा I निहित नहीं है। इसके अतिरिक्त, स्टूडियो उन लोगों को 'सुंदर' बनाने का वादा करता है जो नहीं हैं। यह धारणा II को निहित करता है। इसके अतिरिक्त, विज्ञापन उन लोगों के लिए है जो सुंदर होने की इच्छा रखते हैं। अत: III निहित है।

46. (*d*) : कथन में उचित परिसर की कमी और श्रम और औद्योगिक न्यायालयों में अपर्याप्त कर्मचारियों पर गंभीर चिंता व्यक्त की गई है। तात्पर्य यह है कि इन न्यायालयों के उद्देश्य की पूर्ति के लिए पर्याप्त कर्मचारी होना आवश्यक है और एक उचित कार्यालय ही उनके सुचारू कामकाज को सुनिश्चित कर सकता है। अत: I और III दोनों धारणाएं निहित हैं। न्यायालयों को सुविधाओं की कमी भी अदालतों की स्थिति के प्रति राज्य के लापरवाह रवैये का संकेत देती है। अत: धारणा II भी निहित है।

47. (*c*) : चूंकि घोषणा, कार्यक्रम में लोगों को यह कहते हुए आमंत्रित करती है कि यह निशुल्क है, इसलिए धारणा I निहित नहीं है जबकि धारणा II अनुसरण करती है। कथन में कार्यक्रम की गुणवत्ता के बारे में बात नहीं की जा रही है। अत: III निहित नहीं है।

48. (*d*) : स्पष्टत:, कंपनी मैकेनिकल इंजीनियरों को अधिक महत्व देती है। इससे पता चलता है कि उन्हें बेहतर प्रदर्शन करने के लिए माना जाता है। अत: धारणा I निहित है। इसके अतिरिक्त, विज्ञापन दिया जाता है क्योंकि कंपनी को पर्यवेक्षकों

की आवश्यकता होती है। अत: धारणा II निहित है। इसके अतिरिक्त, विज्ञापन का अर्थ केवल कंपनी में वैकेंसी के लिए मैकेनिकल इंजीनियरों को आकर्षित करना है। इसलिए, III भी निहित है।

49. (*d*) : कथन में उल्लेख किया गया है कि वर्तमान कर्मचारी अपर्याप्त है, अक्षम नहीं है। अत: धारणा I निहित नहीं है। साथ ही, अधिक कर्मचारियों को नियुक्त करने का उद्देश्य विस्तारित व्यवसाय को नियंत्रित करना है, न कि इसे और विस्तार करना। अत: धारणा II निहित नहीं है। चूंकि कंपनी के मालिक अधिक कर्मचारियों को नियुक्त करने की बात करते हैं, इसलिए III निहित है।

50. (*c*) : स्पष्टत:, केवल प्रमुख डिफॉल्टरों को ऋण देने से इनकार किया जा रहा है। अत: बैंक अभी भी कुछ डिफॉल्टरों को ऋण दे सकते हैं। इस प्रकार, धारणा I निहित है। साथ ही, आरबीआई का निर्णय पिछले ऋणों को वसूलने का एक उपाय है, क्योंकि किसी व्यक्ति को पुराने ऋणों को चुकाना होगा ताकि एक ताजा ऋण प्राप्त किया जा सके। अत: दोनों धारणा II और III भी निहित हैं।

51. (*c*) : विज्ञापन ने एक विनिमय प्रस्ताव को सामने रखा है जिसका अर्थ यह नहीं है कि ऑफर के बिना फर्नीचर उत्पादों की कोई मांग नहीं है। अत: धारणा I निहित नहीं है। चूंकि विज्ञापन सरलतम और लागत प्रभावी दोनों पर प्रकाश डालता है, इसलिए धारणा II निहित नहीं है। इसके अतिरिक्त, विज्ञापन में उल्लेख किया गया है कि लोग पुराने फर्नीचर को हटाने के झंझट के बिना रियायती मूल्य पर नए फर्नीचर खरीद सकते हैं। अत:, केवल III निहित है।

52. (*d*) : यह उल्लेख किया गया है कि 'आर्थिक स्थिति गंभीर बनी हुई है'। इसका अर्थ है कि यह फसली मौसम से पहले भी था। अत: धारणा I निहित नहीं है। इसके अतिरिक्त, कथन का अर्थ यह नहीं है कि केवल एक अच्छी फसल का मौसम आर्थिक स्थिति में सुधार कर सकता है। अत: धारणा II निहित नहीं है। हालांकि, चूंकि अच्छी फसल के मौसम के बाद भी हालत गंभीर होने पर आश्चर्य व्यक्त किया गया है, इसका अर्थ है कि अच्छी फसल के मौसम के बाद इसमें सुधार होने की उम्मीद थी। अत: III निहित है।

53. (*a*) : समयनिष्ठ और ईमानदार कर्मचारियों के लिए प्रोत्साहन की घोषणा निश्चित रूप से अधिक से अधिक कर्मचारियों को समयनिष्ठ होने के लिए प्रेरित करेगी, और इससे उत्पादकता सुनिश्चित होगी। अत: धारणा I और धारणा II दोनों निहित हैं। हालांकि, कथन कंपनी द्वारा अर्जित लाभ के बारे में कोई जानकारी नहीं देता है। अत: III निहित नहीं है।

54. (*e*) : चूंकि SCTE ने सभी विश्वविद्यालयों और संस्थानों में किसी व्यक्ति को शिक्षक के रूप में नियोजित करने के लिए आवश्यक योग्यता निर्धारित की है। सभी निहित हैं।

55. (*e*) : स्पष्टत: कंपनी अपने उत्पाद की कीमत में वृद्धि करके आय और व्यय के बीच अंतर को कम करने का इरादा रखती है, अर्थात व्यय को अनियंत्रित करके और केवल आय में वृद्धि करके। अत: धारणा II निहित है। जबकि धारणा I नहीं है। हालांकि, प्रतिद्वंद्वी कंपनियां उसी खोज का अनुसरण कर सकती हैं या नहीं कर सकती हैं। अत: III निहित नहीं है।

56. (*d*) : कथन ड्रग व्यवसाय में उछाल की बात करता है और राजधानी से उदाहरणों का हवाला देता है। यह धारणा I निहित है। इसके अतिरिक्त, यह दिया जाता है कि ज्यादातर झुग्गी झोपड़ी वासियों को ड्रग पाउच के लेन-देन में लिप्त देखा जाता है। इसका तात्पर्य यह है कि वे अपनी वासना को पैसे के लिए बहुत आसानी से देते हैं और उसी के लिए अवैध गतिविधियों में शामिल होने में संकोच नहीं करते हैं। अत: III निहित है। जबकि धारणा II नहीं है।

57. (*c*) : धारणा I को दिए गए कथन से नहीं माना जा सकता है और इसलिए यह निहित नहीं है। इसके अतिरिक्त, यह जानते हुए कि उनकी उड़ान शाम 6 बजे रवाना होने वाली है, रवि अपने हिसाब से निकलेंगे, ताकि वाहन की खोज करने और हवाई अड्डे तक समय से पहले पहुंचने के लिए पर्याप्त समय मिल सके। अत: दोनों धारणाएं II और III निहित हैं।

58. (*a*) : धारणा I और धारणा II सरकार द्वारा उठाए गए कदम के लिए सबसे संभावित कारण प्रदान करते हैं। अत: धारणा I और धारणा II दोनों निहित हैं। चूंकि खाद्यान्न पूर्व खरीफ सीजन के पहले जारी किया गया है यह स्पष्ट है कि अगली खरीफ फसल, स्टॉक को फिर से भर देगी। अत: III भी निहित है।

59. (*d*) : यह विज्ञापन बैंक X में लोगों को उन्हें अपने दरवाजे पर सेवा का वादा करके आकर्षित करने का प्रयास करता है। चूँकि होम सर्विस का उपयोग ग्राहक की कमाई के लिए एक उपकरण के रूप में किया गया है, इसलिए धारणा I निहित है। साथ ही, विज्ञापन लोगों के दिमाग पर प्रभाव डालना चाहता है कि खाता खोलना कितना सरल हो गया है। यह अधिक खाता धारकों को बैंक X की ओर आकर्षित कर सकता है। अत: धारणा II निहित है। इसके अतिरिक्त, घर पर बैंकिंग सेवाएं प्रदान करने का अर्थ है कि बैंकिंग इतनी प्रतिस्पर्धी हो गई है कि लोगों को आकर्षित करने के लिए बैंक द्वारा दरवाजा से दरवाजा सेवा प्रदान की जा रही है। इसलिए, III भी निहित है।

60. (*a*) : यह उल्लेख किया गया है कि कंपनी ने वित्तीय घाटे पूरे करने के लिए निर्णय लिया है। अत: धारणा I निहित है। बढ़ी हुई कीमतों के लिए खरीदारों की प्रतिक्रिया कथन से निगमित नहीं की जा सकती है। अत: धारणा II निहित नहीं है। चूंकि कंपनी अपने उत्पादों की कीमतों में वृद्धि करके अपनी वित्तीय स्थिति में सुधार करना चाहती है, इसलिए III भी निहित है।

61. (*a*) : चूंकि प्रतीक्षा सूची के उम्मीदवारों को भर्ती किया गया है, इसलिए धारणा I निहित नहीं है। साथ ही, वेटिंग लिस्ट पर उम्मीदवारों की संख्या या भर्ती किए जाने वाले नंबर के बारे में कुछ भी कथन से निगमित नहीं किया जा सकता है। अत: न तो तो धारणा II न ही III निहित है।

62. (*e*) : फर्म ने हवाई सेवा शुरू करने का फैसला किया है। इसका अर्थ यह है कि शहरों A और B में पर्याप्त लोग हैं जो हवाई यात्रा का खर्च वहन कर सकते हैं। इसलिए धारणा I और III निहित हैं। धारणा II अस्पष्ट है और इसलिए यह निहित नहीं है।

63. (*a*) : स्पष्ट है कि सरकार का निर्णय आपूर्ति बढ़ाने और दरों को नियंत्रित करने के लिए एक उपाय है। अत: धारणा I और धारणा II दोनों धारणाएं निहित हैं, जबकि III नहीं है।

64. (*c*) : स्पष्टत:, पखवाड़े में सप्ताह के दिन भी शामिल होंगे। अत: धारणा I निहित नहीं है। साथ ही, अधिकारियों ने इस उम्मीद के साथ शो को जारी रखने का फैसला किया कि लोग सर्कस

में उतनी ही संख्या में जाएंगे, जितना उन्होंने पिछले सात दिनों में किया था। अत: धारणा II निहित है। III अस्पष्ट है और इसलिए निहित नहीं है।

65. (*a*) : स्पष्टत:, दोनों धारणा I और धारणा II कथन का सीधे अनुसरण करते हैं। इसके अतिरिक्त, यह स्पष्ट है कि लोग एक ऐसी चीज खरीदना चाहते हैं जिस पर उन्हें गर्व हो। अत: III निहित नहीं है।

66. (*b*) : कथन में राज्य सरकारों की आय के स्रोतों के बारे में कुछ भी उल्लेख नहीं किया गया है। अत: धारणा I निहित नहीं है। चूंकि केंद्र सरकार ने व्यय को कम करने के लिए राज्य सरकारों को निर्देश दिया है, इसलिए धारणा II निहित है। इसके अतिरिक्त, चूंकि केंद्र सरकार ने अगले छह महीनों के लिए राज्य सरकारों को कोई और अनुदान देने से इनकार कर दिया है, इसलिए यह स्पष्ट है कि ये सरकारें निर्देश का पालन करेंगी। अत: III भी निहित है।

67. (*b*) : कथन में उल्लेख किया गया है कि ऐसी शिक्षा से रोजगार की स्थिति में सुधार हो सकता है। अत: धारणा I और धारणा II दोनों निहित हैं। कथन में राजस्व संग्रह के पहलू के बारे में कुछ भी नहीं बताया गया है। अत: III निहित नहीं है।

68. (*a*) : कथन एक समर स्कूल खोलने की नीति की बात करता है। लेकिन बच्चों और उनके माता-पिता की प्रतिक्रिया को इससे निगमित नहीं किया जा सकता है। अत: कोई भी निहित नहीं है।

69. (*b*) : प्रवेश की वर्तमान पद्धति या अध्यक्ष की योग्यता के बारे में कुछ भी कथन में उल्लेख नहीं किया गया है। अत: न तो धारणा I न ही III निहित है। धारणा II कथन से सीधे आती है। अत: धारणा II निहित है।

70. (*a*) : प्रधानाचार्य ने छात्रों को उनके कल्याण के बारे में सलाह दी है। इसका तात्पर्य यह है कि छात्र अच्छी सलाह का पालन करना पसंद करते हैं। अत: धारणा I निहित है। चूंकि प्रधानाचार्य 'स्वस्थ दिमाग' होने पर जोर देते हैं, इसका अर्थ है कि छात्र उसी की इच्छा रखते हैं। अत: धारणा II निहित है। हालांकि, प्रिंसिपल ने सलाह को अपने छात्रों के लिए गहरी चिंता से बाहर रखा है, न कि इसलिए कि यह उनका कर्तव्य है। अत: III निहित नहीं है।

71. (*c*) : चूंकि सलाहकार वित्तीय संस्थानों से पैसे उधार लेने की बात करता है, इसलिए धारणा I निहित है। मालिक कंपनी को 'व्यावसायिक रूप से व्यवहार्य' बनाने की इच्छा रखते हैं। इसके अतिरिक्त, यह उल्लेख किया गया है कि कंपनी को 'व्यावसायिक रूप से व्यवहार्य' बनाने के लिए कर्मचारियों की संख्या को कम किया जाना है। अत: III निहित नहीं है।

72. (*b*) : चूंकि प्रतिक्रिया 'आश्चर्यजनक' थी, इसलिए धारणा I निहित है। सेवा क्षेत्र के वास्तविक प्रबंधन के बारे में कुछ भी कथन से निगमित नहीं किया जा सकता है। अत: धारणा II निहित नहीं है। साथ ही, कथन केवल सेवा क्षेत्र पर किसी विशेष सत्र के लिए मीडिया की प्रतिक्रिया की बात करता है और सामान्य रूप से सभी के लिए नहीं। अत: III भी निहित नहीं है।

73. (*c*) : स्पष्टत:, धारणा I कथन का पालन नहीं करती। अत: इसमें निहित नहीं है। कथन में उल्लेख किया गया है कि जीवन की गुणवत्ता केवल धन पर निर्भर नहीं करती है। इसका अर्थ यह है कि कुछ अन्य कारक भी हैं, जो जीवन की गुणवत्ता को नियंत्रित करते हैं। लेकिन इसका अर्थ यह नहीं है कि धन का योगदान बिल्कुल नहीं है। अत: धारणा II निहित है। जबकि III नहीं है।

74. (*d*) : स्पष्टत:, तीनों सीधे दिए गए कथन का अनुसरण करते हैं।

75. (*c*) : चूंकि राज्य सरकार ने चुंगी में वृद्धि की है, इसलिए धारणा I निहित है। चूंकि यह निर्णय केंद्र सरकार की मंजूरी के बिना लिया गया है, इसलिए इसका अर्थ है कि केंद्र सरकार नई नीति को सहयोग नहीं करेगी। अत: धारणा II निहित है। चूँकि राज्य द्वारा प्रवेश करने वाली सभी वस्तुओं पर चुंगी राज्य द्वारा एकत्र किया जाता है, इसलिए III भी निहित है।

हल सहित अतिरिक्त प्रश्न

अभ्यास

1. नीचे दिए गए प्रत्येक प्रश्न में एक कथन दिया गया है, जिसके बाद दो धारणाएं I और II दी गयी हैं। सभी धारणाओं में कुछ माना जाता है या दिया गया है। कथन पर विचार करें और तय करें कि दी गई धारणाओं में से कौन सी धारणा कथन में निहित है।

कथन: इस वर्ष अपर्याप्त वर्षा के कारण, गाँव C के किसानों द्वारा प्राप्त की जाने वाली फसल अपेक्षित फसल की 50% थी। परिणामस्वरूप इस वर्ष हम गांव Z से फसल खरीद रहे हैं क्योंकि यह हमारे लिए सुविधाजनक और सस्ता है कि हम अलग-अलग गांवों के किसानों से फसल खरीदने के बजाय इसे एक गांव के किसानों से खरीदें - एक वितरक का कथन।

I. गांव Z में कुछ किसान कम से कम उतनी फसल का उत्पादन करते हैं जितने गाँव C में किसान करते हैं।

II. गाँव Z में फसल उम्मीद से बहुत अधिक थी।

(*a*) धारणा I और धारणा II दोनों निहित हैं।
(*b*) या तो धारणा I या धारणा II निहित है।
(*c*) केवल धारणा I निहित है।
(*d*) न तो तो धारणा I न ही धारणा II निहित है।
(*e*) केवल धारणा II निहित है।

[Andhra Bank (PO) Exam, 2015]

2. नीचे दिए गए प्रत्येक प्रश्न में एक कथन दिया गया है, जिसके बाद दो धारणाएं I और II दी गयी हैं। आपको कथन में दिए गए तथ्यों को सत्य मानना है, चाहे वह सामान्य ज्ञात तथ्यों के विपरीत ही क्यों न हों। कथन पर विचार करें और तय करें कि दी गई धारणाओं में से कौन सी धारणा कथन में निहित है।

[SSC-CGL Tier I Exam, 2016]

कथन: सम्मेलन के लिए केवल अच्छे गायकों को आमंत्रित किया जाता है। मधुर आवाज के बिना कोई अच्छा गायक नहीं होता है।

धारणाएं: I. सम्मेलन में सभी आमंत्रित गायकों की आवाज मधुर है।

II. जिन गायकों की मधुर आवाज नहीं होती है उन्हें सम्मेलन में आमंत्रित नहीं किया जाता है।

(*a*) केवल धारणा I निहित है।
(*b*) न तो तो धारणा I न ही धारणा II निहित है।
(*c*) धारणा I और धारणा II दोनों निहित है।
(*d*) केवल धारणा II निहित है।

निर्देश (प्रश्न 3 से 7): नीचे दिए गए प्रत्येक प्रश्न में एक कथन दिया गया है, जिसके बाद दो धारणाएं I और II दी गयी हैं। सभी धारणाओं में कथन में दिए गए तथ्यों के आधार पर कुछ माना जाता है। कथन पर विचार करें और तय करें कि दी गई धारणाओं में से कौन सी धारणा कथन में निहित है।

उत्तर दें (*a*) if केवल धारणा I निहित है।
उत्तर दें (*b*) if केवल धारणा II निहित है।
उत्तर दें (*c*) if या तो धारणा I या धारणा II निहित है।
उत्तर दें (*d*) if न तो तो धारणा I न ही धारणा II निहित है।
उत्तर दें (*e*) if धारणा I और धारणा II दोनों निहित हैं।

3. कथन: सरल गणनाओं के लिए कैलकुलेटर का उपयोग बच्चों की गणितीय क्षमताओं पर प्रतिकूल प्रभाव डालता है। **[RBI Grade B Exam, 2011]**
I. जटिल गणनाओं के लिए कैलकुलेटर का उपयोग गणितीय क्षमताओं को प्रतिकूल रूप से प्रभावित नहीं कर सकता है।
II. जटिल गणना कैलकुलेटर की मदद के बिना मैन्युअल रूप से नहीं की जा सकती है।

4. कथन: पानी के भीतर की लड़ाई के लिए केवल हथियार X का उपयोग किया जाना चाहिए। **[RBI Grade B Exam, 2011]**
I. सभी हथियार पानी के अंदर लड़ाई में अच्छी तरह से काम नहीं कर सकते हैं।
II. जमीन पर और पानी के अंदर लड़ाई के लिए विभिन्न प्रकार के हथियार उपलब्ध हैं।

5. कथन: ईजी एयर, एक निजी एयरलाइन का एक विज्ञापन – हमारी एयर लाइन से मेरठ की यात्रा करें और बैंकॉक में छुट्टी बिताने के लिए आवश्यक सभी खर्चों को जीतने का मौका प्राप्त करें।
I. बैंकॉक के लिए ईजी एयर उड़ानें उपलब्ध हैं।
II. मेरठ शहर में एक हवाई अड्डा है।
[RBI Grade B Exam, 2011]

6. कथन: पेट्रोल और डीजल की कीमतों में वृद्धि हुई है और अधिक से अधिक लोग इलेक्ट्रिक कारों के उपयोग का सहारा ले रहे हैं। **[RBI Grade B Exam, 2011]**
I. इलेक्ट्रिक कारों का उपयोग करना पेट्रोल या डीजल का उपयोग करने से कम महंगा है।
II. कई लोग पेट्रोल और डीजल की बढ़ी कीमतों का वहन नहीं कर सकते।

7. कथन: आरक्षण सुनिश्चित करने के लिए कम से कम तीन महीने पहले अपने रेलवे टिकट बुक करें। **[RBI Grade B Exam, 2011]**
I. यात्रा की तारीख के तीन महीने से पहले रेलवे द्वारा कोई बुकिंग नहीं ली जाती है।
II. ट्रेन टिकट की तरह हवाई टिकट को भी पहले बुक करना आवश्यक है।

निर्देश (प्रश्न 8 से 9): नीचे दिए गए प्रत्येक प्रश्न में एक कथन दिया गया है, जिसके बाद दो धारणाएं I और II दी गयी हैं। सभी धारणाओं में कुछ माना जाता है या दिया गया है। कथन पर विचार करें और तय करें कि दी गई धारणाओं में से कौन सी धारणा कथन में निहित है।

उत्तर दें:
(*a*) यदि केवल धारणा I निहित है।
(*b*) यदि केवल धारणा II निहित है।
(*c*) यदि या तो धारणा I या धारणा II निहित है।
(*d*) यदि न तो तो धारणा I न ही धारणा II निहित है।
(*e*) यदि धारणा I और धारणा II दोनों निहित हैं।

8. कथन: सरकार ने एक से अधिक यात्रियों वाले यात्री वाहनों के लिए महानगर में एक अलग लेन बनाने का फैसला किया है। **[SBI (PO) Exam, 2010]**
धारणाएं: I. यह कदम महानगर की सड़कों को खराब करने में मदद कर सकता है।
II. कई लोग ट्रैफिक से बचने के लिए कार पूल सिस्टम का सहारा ले सकते हैं।

9. कथन: रेलवे प्राधिकरण ने घोषणा की है कि वह राज्य में दो बड़े शहरों को जोड़ने वाली रेल लाइन की मरम्मत के लिए शनिवार से दो दिनों तक प्रमुख मरम्मत कार्य करेगा। **[SBI (PO) Exam, 2010]**
धारणाएं: I. लोग रेलवे प्राधिकरण के निर्णय के मद्देनजर अपनी यात्रा को पुनर्निर्धारित कर सकते हैं।
II. लोग अभी भी इन दो दिनों में दोनों शहरों के बीच ट्रेन से अपनी यात्रा की योजना बना सकते हैं।

हल

1. (*a*) : धारणा I और धारणा II दोनों निहित हैं। वितरक गाँव Z से फसलें खरीदेगा। इसके अतिरिक्त, गाँव Z में फसल गाँव C से बहुत अधिक थी।

2. (*c*) : धारणा I और धारणा II दोनों निहित है।

3. (*d*) : जटिल गणनाओं के लिए कैलकुलेटर का उपयोग करने को कथन से निगमित नहीं किया जा सकता है। अत: धारणा I निहित नहीं है। तथा धारणा II निहित नहीं है।

4. (*e*) : चूंकि पानी के भीतर की लड़ाई के लिए केवल हथियार X का उपयोग किया जाता है, इसलिए धारणा I और धारणा II दोनों निहित हैं।

5. (*e*) : कथन में कहा गया है कि बैंकॉक के लिए ईजी हवाई उड़ानें उपलब्ध हैं। अत: धारणा I निहित है। साथ ही, ईजी एयर एयरलाइंस द्वारा मेरठ की यात्रा करने का अर्थ है कि मेरठ में हवाई अड्डा है। अत: धारणा II निहित है।

6. (*e*) : पेट्रोल और डीजल की कीमतें बढ़ रही हैं। बिजली सस्ता स्रोत है। इस प्रकार, धारणा I निहित है। इसके अतिरिक्त लोग पेट्रोल और डीजल की बढ़ी कीमतों को वहन नहीं कर सकते। अत: धारणा II निहित है।

7. (*d*) : कथन का अर्थ यह नहीं है कि यात्रा की तारीख के तीन महीने से पहले ही बुकिंग ले ली जाए। अत: धारणा I निहित नहीं है। हम कथन में हवाई टिकट के बारे में बात नहीं की गयी है। अत: धारणा II निहित नहीं है।

8. (*e*) : स्पष्टत:, इस कदम से सड़कों पर यातायात कम होगा और लोग महानगर में कार खरीदेंगे।

9. (*a*) : स्पष्टत:, रेलवे प्राधिकरण की घोषणा के बाद, लोग इन दोनों शहरों के बीच अपनी यात्रा को पुनर्निर्धारित करेंगे।

4 कथन - कार्यवाही
(STATEMENT – COURSES OF ACTION)

कार्रवाई 'एक कदम या प्रशासनिक निर्णय है, जो कथन में दी गई जानकारी के आधार पर समस्या, नीति आदि के संबंध में सुधार, अनुवर्ती या आगे की कार्रवाई के लिए लिया जाएगा।'

इस अनुभाग में दिए गए प्रश्नों के कथन में वर्णित समस्या या नीति पर विचार करते हुए उपयुक्त कार्रवाई खोजना शामिल है।

प्रकार 1

इस प्रकार के प्रश्नों में, एक कथन दिया गया होता है, जिसके बाद दो कार्यवाई I और II दी गयी हैं। उम्मीदवार को कथन को समझने, उस समस्या या नीति का विश्लेषण करने की आवश्यकता होती है जिसका वह कथन उल्लेख करता है और फिर यह तय करना होता है कि तार्किक रूप से कौन सी कार्यवाई की जाएगी।

व्याख्यात्मक उदाहरण

उदा. 1. कथन: एक कंपनी के ऑफिसर इंचार्ज को शक था कि तिजोरी से कुछ पैसे गायब थे। **(M.A.T. 2004)**

कार्यवाई: I. उसे कर्मचारियों की मदद से इसे पुनः गिनना चाहिए और इसे बैलेंस शीट से जांचना चाहिए।

II. उसे पुलिस को सूचित करना चाहिए।

हल: स्पष्ट रूप से, एक संदेह को पहले पुष्टि करने की आवश्यकता है और केवल तब कार्रवाई की जानी चाहिए। जब यह पुष्टि हो जाती है। अत: केवल कार्यवाई I की जानी चाहिए।

उदा. 2. कथन: इलाके में भूजल में आर्सेनिक का उच्च स्तर है, जिसे पीना खतरनाक है। **(Bank P.O. 2004)**

कार्यवाई: I. इस क्षेत्र में रहने वाले लोगों को एक भयावह स्थिति से बचने के लिए दूसरे क्षेत्र में स्थानांतरित किया जाना चाहिए।

II. सरकार को सुरक्षित पेयजल आपूर्ति की व्यवस्था करनी चाहिए।

हल: स्पष्ट रूप से, भूजल का प्रदूषण लोगों कों अन्य क्षेत्रों में स्थानांतरित करने के लिए पर्याप्त आधार प्रदान नहीं करता है। यह समस्या दूषित पानी पीने के खतरों के प्रति लोगों में जागरूकता पैदा करने और उन्हें सुरक्षित पेयजल उपलब्ध कराने की व्यवस्था करने की मांग करती है। इस प्रकार, केवल कार्यवाई II की जानी चाहिए।

उदा. 3. कथन: जापान द्वारा चालू वर्ष के लिए भारत को 500 मिलियन डॉलर के ऋण की मंजूरी देने की संभावना नहीं है।

कार्यवाई: I. भारत को ऋण प्राप्त करने के लिए अन्य देशों से संपर्क करना चाहिए।

II. भारत को विदेशी मुद्रा की अपनी तत्काल मांग को पूरा करने के लिए जापान को ऋण देने के लिए राजी करना चाहिए।

हल: स्पष्ट रूप से, समस्या को हल करने के लिए, भारत या तो अपनी अति-आवश्यकता पर जोर दे सकता है और जापान को राजी कर सकता है या वह उसी उद्देश्य के लिए दूसरे देशों से संपर्क कर सकता है। इस प्रकार, या तो कार्यवाई I या II की जा सकती है।

उदा. 4. कथन: कंपनी की नई भर्ती नीति के विरोध में बड़ी संख्या में कर्मचारी लंबे आकस्मिक अवकाश पर चले गए हैं।

कार्यवाई: I. कंपनी को नई भर्ती कार्रवाई नीति को तुरंत वापस लेना चाहिए।

II. इन सभी कर्मचारियों को तत्काल उनकी सेवा से निलंबित कर दिया जाना चाहिए।

(Agriculture Officers' 2005)

हल: यहां, समस्या आपसी असहमति में से एक है। इसलिए, नीति या कर्मचारियों द्वारा इसके विरोध को रोकने के लिए चरम उपाय से मदद नहीं मिलेगी। इसे आपसी बातचीत के जरिए बीच का रास्ता निकालकर सबसे बेहतर तरीके से हल किया जा सकता है। इस प्रकार, न तो I और न ही II अनुसरण करता है।

उदा. 5. कथन: स्थानीय इस्पात कारखाने के कबाड़खाने में जीवित गोला-बारूद का एक बड़ा भंडार पाया गया है।

(Bank P.O. 2004)

कार्यवाई: I. इस्पात कारखाने को तुरंत बंद कर दिया जाना चाहिए जब तक कि ये सभी गोला-बारूद बरामद नहीं हो जाते हैं और सुरक्षित स्थानों पर नहीं पहुंचा दिए जाते हैं।

II. सरकार को विवरणों का पता लगाने और भविष्य में ऐसी घटनाओं से बचने के लिए और सुधारात्मक उपाय करने के लिए तुरंत एक जांच स्थापित करनी चाहिए।

हल: स्पष्ट रूप से, इस तरह की खोज मामले की जांच के साथ-साथ किसी भी दुर्घटना से बचने के लिए आगे के लिए परिसर की

सीलिंग की मांग करती है। इस प्रकार, दोनों कार्यवाई I और II की जानी चाहिए।

उदा. 6. कथन: लाइब्रेरियन को कुछ ऐसे मामले मिलते हैं जिसमें पुस्तकालय से जारी कुछ पुस्तकों के पृष्ठ फटे हुए हैं।

कार्यवाई: I. लाइब्रेरियन को प्रत्येक छात्र को जारी की गई पुस्तकों का रिकॉर्ड रखना चाहिए, और यदि पन्ने फटे हुए पाए जाते हैं, तो उस बच्चे के खिलाफ सख्त कदम उठाए जाने चाहिए जिसे उस पुस्तक को जारी किया गया था।

II. पुस्तकालय के नवीकरण के लिए बच्चों से सामूहिक रूप से कुछ धनराशि एकत्र की जानी चाहिए।

हल: स्पष्ट रूप से, अगर पुस्तकालय को बनाए रखना है, तो गलत कार्य की जाँच की जानी चाहिए। यह संभव है अगर दोषी व्यक्ति को पकड़ने और अधिनियम के लिए उसे दंडित करने में सावधानी बरती जाए। इस प्रकार, केवल कार्यवाई I की जानी चाहिए ।

उदा. 7. कथन: स्कूल के छात्रों के एक समूह के स्कूल के घंटों के दौरान पिकनिक स्थल पर आनंद लेने की सूचना मिली थी। **(R.R.B. 2004)**

कार्यवाई: I. स्कूल के प्रधानाचार्य को उन छात्रों के माता-पिता से संपर्क करना चाहिए और उन्हें भविष्य के लिए वास्तविक चेतावनी के साथ सूचित करना चाहिए।

II. अन्य सभी छात्रों की जागरूकता के लिए उन छात्रों के खिलाफ कुछ अनुशासनात्मक कार्रवाई की जानी चाहिए।

हल: स्पष्ट रूप से, ऐसे छात्र जो स्कूल बंक करते हैं, उन्हें दंडित किया जाना चाहिए ताकि अन्य छात्र ऐसा न करें। साथ ही, उनके माता-पिता को भी इसके बारे में सूचित किया जाना चाहिए ताकि वे भविष्य में न करें। इस प्रकार, I और II दोनों कार्यवाई की जानी चाहिए।

अभ्यास 4 A

***निर्देश:** नीचे दिए गए प्रश्नों में, एक कथन दिया गया है, जिसके बाद दो कार्यवाई I और II दी गयी हैं। आपको कथन में दी गयी प्रत्येक जानकारी को सत्य मानना है और बताना है कि तार्किक रूप से कौन सी कार्यवाई की जाएगी।*

उत्तर दें (a) यदि केवल I की जानी चाहिए; (b) यदि केवल II की जानी चाहिए; (c) यदि या तो I या II की जानी चाहिए; (d) यदि न तो I न ही II की जानी चाहिए और (e) यदि I और II दोनों कार्यवाई की जानी चाहिए।

1. कथन: शहर में पानी की आपूर्ति करने वाली सभी झीलों के जल स्तर में उल्लेखनीय गिरावट आई है। **(S.B.I.P.O. 2003)**

कार्यवाई: I. जल आपूर्ति प्राधिकरण को स्थिति से निपटने के लिए आपूर्ति में आंशिक कटौती करनी चाहिए।

II. सरकार को पानी के कम से कम उपयोग के लिए मास मीडिया के माध्यम से सभी निवासियों से अपील करनी चाहिए।

2. कथन: रेलवे क्रॉसिंग पार करते हुए रोजाना औसतन 20 लोग ट्रेनों के नीचे आ जाते हैं और मर जाते है।

कार्यवाई: I. रेलवे अधिकारियों को सभी स्तर के क्रॉसिंग को बंद करने का निर्देश दिया जाना चाहिए। **(PGDBM, 2002)**

II. जो फाटक बंद होने पर पटरियों को पार करते पाए जाते हैं, उन पर भारी जुर्माना लगाया जाना चाहिए।

3. कथन: ट्रैफिक सिग्नलों की खराबी के कारण होने वाली दुर्घटनाओं की संख्या में काफी वृद्धि हुई है और गंभीर चोटें आई हैं।

कार्यवाई: I. ट्रैफिक पुलिस को तुरंत जंक्शन पर ट्रैफिक कर्मियों को तैनात करना चाहिए।

II. सिग्नल प्रणाली को तुरंत मरम्मत या प्रतिस्थापित किया जाना चाहिए। **(M.B.A. 2002)**

4. कथन: एक यात्री ट्रेन के दस डिब्बे पटरी से उतर गए और दोनों रेल पटरियों को अवरुद्ध कर दिया। **(Bank P.O. 2003)**

कार्यवाई: I. रेलवे अधिकारियों को रेलवे पटरियों को साफ करने के लिए तुरंत कर्मियों और उपकरणों को मौके पर भेजना चाहिए।

II. दोनों दिशाओं में चलने वाली सभी ट्रेनों को अन्य मार्गों की ओर मोड़ दिया जाना चाहिए।

5. कथन: अधिकांश विकास योजनाएं केवल कागजों में विकसित होती हैं।

कार्यवाई: I. प्रभारियों को क्षेत्र-कार्य की नियमित रूप से निगरानी करने का निर्देश दिया जाना चाहिए।

II. ऐसे विभागों को कागज की आपूर्ति में कटौती की जानी चाहिए।

6. कथन: सभापति ने शिक्षा प्रणाली को और अधिक लचीला बनाने की आवश्यकता पर जोर दिया और खेद व्यक्त किया कि कार्यवाई में परिवर्तन की गति को ध्यान में रखते हुए संशोधित नहीं किया गया है। **(M.A.T. 2005)**

कार्यवाई: I. कार्यवाई की समीक्षा की जानी चाहिए और समय-समय पर संशोधित किया जाना चाहिए।

II. शिक्षा की व्यवस्था को और अधिक लचीला बनाया जाना चाहिए।

7. कथन: शहरी क्षेत्रों में ग्रामीणों के प्रवास में अभूतपूर्व वृद्धि हुई है क्योंकि बार-बार फसल खराब होने से उन्हें अनिश्चित वित्तीय स्थिति में डाल दिया गया है। **(NABARD, 2002)**

कार्यवाई: I. ग्रामीणों को उनके गाँवों में आय के वैकल्पिक स्रोत उपलब्ध कराए जाने चाहिए, जिससे वे रुके रहेंगे।

II. पलायन करने वाले ग्रामीणों को शहरी क्षेत्रों में नौकरियाँ प्रदान की जानी चाहिए ताकि वे जीवित रह सकें।

8. कथन: भारत को अपने पड़ोसी देशों से लगातार सैन्य खतरों का सामना करना पड़ रहा है। **(S.B.I.P.O. 2000)**

कार्यवाई: I. भारत को इस खतरों को रोकने के लिए एक ऑल आउट युद्ध में शामिल होना चाहिए।

II. भारत को अपनी सीमाओं पर तनाव को कम करने के लिए पड़ोसियों से गंभीर बातचीत करनी चाहिए।

9. कथन: हाल के विधानसभा चुनावों में चालीस फीसदी से कम मतदाता उपस्थित हुए हैं। **(Bank P.O. 2004)**

कार्यवाई: I. चुनाव आयोग को पूरी चुनाव प्रक्रिया को रद्द कर देना चाहिए क्योंकि लोगों को प्रतिनिधित्व देने के लिए डाले गए वोट पर्याप्त नहीं हैं।

II. चुनाव आयोग को उन लोगों के वोटिंग अधिकार को छीन लेना चाहिए जिन्होंने अपने अधिकारों का प्रयोग नहीं किया।

10. कथन: केंद्रीय जांच ब्यूरो को एक अधिकारी द्वारा ड्यूटी पर रिश्वत लेने की शिकायत प्राप्त होती है जिसे वह करने वाला है।

कार्यवाई: I. सीबीआई को यह कार्य करने वाले अधिकारी को रंगे हाथों पकड़ने की कोशिश करनी चाहिए और फिर उसके खिलाफ सख्त कार्रवाई करनी चाहिए।

II. मामले के सन्दर्भ में सुनिश्चित होने के लिए सीबीआई को अधिकारी के बारे में कुछ और शिकायतों का इंतजार करना चाहिए।

11. कथन: कई मेडिकल और इंजीनियरिंग स्नातक प्रशासनिक सेवाओं और बैंकों में नौकरी कर रहे हैं। **(Bank P.O. 2004)**

कार्यवाई: I. सभी पेशेवरों को ऐसी नौकरियां लेने से परहेज करने की सलाह दी जानी चाहिए।

II. सरकार को इन पेशेवरों के ऐसे काम करने के कारणों का पता लगाने और उपचारात्मक उपायों का सुझाव देने के लिए एक समिति की नियुक्ति करनी चाहिए।

12. कथन: सिनेमा हॉल को इन दिनों भारी नुकसान हो रहा है क्योंकि लोग सिनेमा हॉल जाने की तुलना में घर पर टीवी देखना पसंद करते हैं। **(R.B.I. 2002)**

कार्यवाई: I. सिनेमा हॉल को ध्वस्त करने की कार्रवाई की जानी चाहिए और वहाँ बहुमंजिला इमारतों का निर्माण किया जाना चाहिए।

II. सिनेमा हॉल को शॉपिंग मॉल में परिवर्तित किया जाना चाहिए।

13. कथन: विभिन्न एयरलाइन सेवाओं द्वारा किराए में पर्याप्त कमी के कारण, अब तक ट्रेनों के ऊपरी वर्गों द्वारा यात्रा करने वाले यात्रियों ने बड़ी संख्या में एयरलाइन सेवाओं पर स्विच किया है।

कार्यवाई: I. रेलवे को अपने यात्रियों को बनाए रखने के लिए उच्च वर्गों के किराए ढांचे को तुरंत कम करना चाहिए।

II. रेलवे को नुकसान से बचने के लिए सभी ट्रेनों में उच्च वर्गों की क्षमता को कम करना चाहिए।

(Bank P.O. 2003)

14. कथन: प्रधानाचार्य के बार-बार चेतावनी के बावजूद, एक बच्चा स्कूल में चुपके से पटाखे फोड़ता पकड़ा गया।

कार्यवाई: I. सभी पटाखे बच्चे से छीन लिए जाने चाहिए और उसे फिर से ऐसा न करने की धमकी दी जानी चाहिए।

II. बच्चे को उसके गलत कृत्य के लिए कड़ी सजा दी जानी चाहिए।

15. कथन: स्वदेशी बाजार में आयातित फलों की उपलब्धता बढ़ी है और इसलिए स्वदेशी फलों की मांग कम हुई है। **(I.B.P.S. 2002)**

कार्यवाई: I. फलों के स्वदेशी उत्पादकों की मदद करने के लिए, सरकार को इन फलों पर उच्च आयात शुल्क लगाना चाहिए, भले ही ये अच्छी गुणवत्ता के न हों।

II. फल विक्रेताओं को आयातित फल बेचना बंद कर देना चाहिए ताकि स्वदेशी फलों की मांग बढ़े।

16. कथन: देश में बड़ी संख्या में इंजीनियरिंग स्नातक वर्तमान में लाभकारी रोजगार पाने की स्थिति में नहीं हैं और भविष्य में ऐसे इंजीनियरों की संख्या बढ़ने की संभावना है। **(Bank P.O. 2004)**

कार्यवाई: I. सरकार को आकर्षक रोजगार सृजन योजनाओं को शुरू करना चाहिए और इन स्नातकों को अपनी विशेषज्ञता और ज्ञान का प्रभावी ढंग से उपयोग करने के लिए ऐसी योजनाओं को चुनने के लिए प्रोत्साहित करना चाहिए।

II. यह देश में इंजीनियरिंग कॉलेजों के प्रसार के कारण हुआ और इसने इंजीनियरिंग स्नातकों की गुणवत्ता को कम कर दिया। जो कॉलेज गुणवत्तापूर्ण शिक्षा देने के लिए सुसज्जित नहीं हैं, उन्हें बंद किया जाना चाहिए।

17. कथन: शहर के वार्ड X में बड़ी संख्या में घातक प्रकार के मलेरिया से पीड़ित लोगों का निदान होता है। **(M.B.A. 2002)**

कार्यवाई: I. शहर के नगरपालिका प्राधिकरण को वार्ड X में व्यापक धूमन करने के लिए तत्काल कदम उठाने चाहिए।

II. क्षेत्र के लोगों को मच्छरों के काटने से बचने के लिए कदम उठाने की सलाह दी जानी चाहिए।

18. कथन: गुजरात में कुछ खनन उद्योग एक ठहराव पर आ सकते हैं क्योंकि पर्यावरण और वन विभाग द्वारा जारी किए गए अधिसूचना के अनुसार, राष्ट्रीय उद्यान, खेल अभयारण्य और आरक्षित वन क्षेत्रों में 25 किलोमीटर के भीतर खनन संचालन और उद्योगों पर प्रतिबंध लगाया गया है।

कार्यवाई: I. विभाग को अधिसूचना को तुरंत वापस लेने के लिए कहा जाना चाहिए।

II. सरकार को पार्कों, अभयारण्यों और आरक्षित वनों को अन्य गैर-खनन क्षेत्रों में स्थानांतरित करने का प्रयास करना चाहिए।

19. कथन: इस वर्ष के स्कूल छोड़ने के प्रमाण पत्र परीक्षा (School Leaving Certificate Examination) में सफल उम्मीदवारों की संख्या में अभूतपूर्व वृद्धि हुई है। **(Bank P.O. 2003)**

कार्यवाई: I. सरकार को मौजूदा कॉलेजों में इंटरमीडिएट पाठ्यक्रमों की सीटों की संख्या बढ़ाने की व्यवस्था करनी चाहिए।

II. सरकार को इन सभी सफल उम्मीदवारों को समायोजित करने के लिए नए कॉलेज खोलने के लिए सक्रिय कदम उठाने चाहिए।

20. कथन: पहाड़ी इलाकों में भूस्खलन के कारण ट्रेनों के पटरी से उतरने के कई उदाहरण सामने आए हैं जिससे कई लोगों की जान चली गई।

कार्यवाई: I. रेलवे प्राधिकरण को किसी भी भूस्खलन के मामले में ट्रेनों को सतर्क करने के लिए पहाड़ी क्षेत्रों में यात्री गाड़ियों की आवाजाही से पहले पायलट इंजनों को तैनात करने की व्यवस्था करनी चाहिए।

II. रेलवे प्राधिकरण को लोहे की जाली लगाकर पहाड़ी ढलानों को मजबूत करना चाहिए ताकि ढीले बोल्डर ट्रैक पर न गिरें। **(Bank P.O. 2004)**

21. कथन: एक व्यस्त सड़क के फुटपाथ सस्ते सामान बेचने वाले विक्रेताओं से भर रहे हैं।

कार्यवाई: I. उन्हें दूर हटाने के लिए पुलिस की मदद लेनी चाहिए।

II. उन्हें कुछ जगह प्रदान की जानी चाहिए, जहां वे बिना फुटपाथ जाम किये अपनी रोटी कमा सकते हैं।

22. कथन: विषयों में से एक में गलत प्रश्नों के कारण हाई स्कूल की अंतिम परीक्षा में बहुत बड़ी संख्या में छात्र फेल हो गए हैं।

कार्यवाई: I. सभी छात्र जो विषय में असफल रहे हैं, उन्हें पूरक परीक्षा देने की अनुमति दी जानी चाहिए।

II. सभी जो त्रुटि के लिए जिम्मेदार हैं, उन्हें निलंबित किया जाना चाहिए और तथ्यों का पता लगाने के लिए एक जांच शुरू की जानी चाहिए। (S.B.I.P.O. 2003)

23. कथन: बैंकों की बढ़ती गैर-निष्पादित परिसंपत्तियों के पिछले अनुभवों से सीखकर बुरे ऋणों की पुनरावृत्ति को रोकने के लिए उपयुक्त उपायों को अपनाना आवश्यक है। (R.B.I. 2002)

कार्यवाई: I. ग्राहकों को ऋण देने से पहले ऋण के लिए उनकी पात्रता का कड़ाई से मूल्यांकन किया जाना चाहिए।

II. ऋण की किस्तों का भुगतान सुनिश्चित करने के लिए, जिस कार्य के लिए ऋण दिया गया था, उसकी नियमित रूप से निगरानी की जानी चाहिए।

24. कथन: किसी विशेष उत्पाद की बिक्री कंपनी के लिए बहुत चिंता का विषय है। (R.R.B. 2004)

कार्यवाई: I. कंपनी को बाजार में प्रतिद्वंद्वी उत्पादों का उचित अध्ययन करना चाहिए।

II. उत्पाद की कीमत कम होनी चाहिए और गुणवत्ता में सुधार होना चाहिए।

25. कथन: राजधानी में निर्यातकों का आरोप है कि वाणिज्यिक बैंक भारतीय रिजर्व बैंक के निर्देश का उल्लंघन करते हुए इस साल जनवरी से अंतरराष्ट्रीय दरों पर विदेशी मुद्रा में पोस्ट शिपमेंट निर्यात क्रेडिट संचालित करने का निर्देश दे रहे हैं। (M.A.T. 2005)

कार्यवाई: I. वाणिज्यिक बैंकों के संबंधित अधिकारियों को निलंबित किया जाना है।

II. आरबीआई को वाणिज्यिक बैंकों को ऐसे निर्देश देने से रोकने के लिए कहा जाना चाहिए।

26. कथन: हाल ही के खुलासे के साथ पुलिस विभाग घेरे में आ गया है कि लगभग दो वरिष्ठ पुलिस अधिकारियों पर राज्य पुलिस के शस्त्रागार से बड़ी मात्रा में हथियारों की अवैध बिक्री में शामिल होने का संदेह है।

कार्यवाई: I. हथियारों की अवैध बिक्री में शामिल सभी लोगों को बाहर लाने के लिए राज्य सरकार द्वारा गहन जांच का आदेश दिया जाना चाहिए।

II. राज्य पुलिस के शस्त्रागार को केंद्र सरकार के नियंत्रण में रखा जाना चाहिए।

27. कथन: यदि एक संस्थान के सेवानिवृत्त प्रोफेसरों को भी संगठन के पुनर्गठन पर विचार-विमर्श के लिए आमंत्रित किया जाता है, तो उनका योगदान संस्थान के लिए फायदेमंद हो सकता हैं। (M.A.T. 2004)

कार्यवाई: I. प्रबंधन सेवानिवृत्त प्रोफेसरों को बुलाने से पहले कर्मचारियों की राय ले सकता है।

II. प्रबंधन को संगठन के व्यवस्थित पुनर्गठन के लिए अनुभवी लोगों को शामिल करना चाहिए।

28. कथन: एक हालिया अध्ययन से पता चलता है कि विकासशील देशों के शहरों में मुख्य रूप से डायरिया और परजीवी आंतों के कीड़े से पांच वर्ष से कम उम्र के बच्चों की मृत्यु हो जाती है।

कार्यवाई: I. विकासशील देशों की सरकारों को शहरों में स्वच्छता की स्थिति में सुधार के लिए पर्याप्त उपाय करने चाहिए।

II. विकासशील देशों के शहरों में पांच साल से कम उम्र के बच्चों की समय-समय पर चिकित्सा जांच की जानी चाहिए।

29. कथन: पर्वत श्रृंखला के शीर्ष पर स्थित तीर्थस्थल पर भीषण ठंड के कारण हर साल बड़ी संख्या में श्रद्धालुओं की मौत हो जाती है।

कार्यवाई: I. भक्तों को उचित गर्म कपड़े और अन्य सुविधाओं के बिना तीर्थ यात्रा करने के लिए हतोत्साहित किया जाना चाहिए।

II. सरकार को तीर्थयात्रा पर जाने वाले सभी भक्तों को गर्म कपड़े और आश्रय देने चाहिए। (Bank P.O. 2004)

30. कथन: नगर निगम के कर्मचारी संघ ने बोनस देने से इनकार करने के प्रबंधन के निर्णय के विरोध में अनिश्चित काल के लिए हड़ताल करने का फैसला किया है। (M.B.A. 2002)

कार्यवाई: I. सरकार को अपने कर्मचारियों को बोनस देने के लिए नगर निगम को तुरंत अनुग्रहपूर्वक अनुदान का भुगतान करना चाहिए।

II. हड़ताली कर्मचारियों को हड़ताल के नोटिस को स्थगित करने के लिए राजी किया जाना चाहिए।

31. कथन: यह सूचित किया गया है कि ताजे फल और सब्जियों में मौजूद विटामिन ई मानव शरीर के लिए फायदेमंद है, लेकिन विटामिन ई के कैप्सूल का मानव शरीर पर समान प्रभाव नहीं पड़ता है। (S.B.I.P.O. 2000)

कार्यवाई: I. विटामिन ई के कैप्सूल की बिक्री पर प्रतिबंध लगा दिया जाना चाहिए।

II. लोगों को शरीर की विटामिन ई की आवश्यकता को पूरा करने के लिए ताजे फल और सब्जियां लेने के लिए प्रोत्साहित किया जाना चाहिए।

32. कथन: देश X से भारत आने वाले लोगों की एक बड़ी संख्या द्वारा एक जानलेवा बीमारी का वायरस लाने की पुष्टि हुई है।

कार्यवाई: I. भारत सरकार को तुरंत देश X से भारत आने वाले लोगों पर पूर्ण प्रतिबंध लगाना चाहिए, जिनमें वे भारतीय भी शामिल हैं जो देश X में बसे हैं।

II. भारत सरकार को तुरंत अपने सभी हवाई अड्डों और बंदरगाहों पर जांच केंद्रों की स्थापना करनी चाहिए, जो परीक्षण में पुष्ट किए गए लोगों की पहचान और उन्हें अलग कर सके। (S.B.I.P.O. 2003)

33. कथन: मंत्री ने कहा कि शिक्षक अभी भी उच्च शिक्षा प्रणाली में जनसंख्या शिक्षा की आवश्यकता, महत्व और अर्थ से परिचित नहीं हैं। वे जनसंख्या शिक्षा कार्यक्रम में अपनी भूमिका और जिम्मेदारियों के बारे में भी स्पष्ट रूप से नहीं जानते हैं। (M.A.T. 2004)

कार्यवाई: I. जनसंख्या शिक्षा कार्यक्रम को कॉलेज की कार्यवाई में शामिल किया जाना चाहिए।

II. जनसंख्या शिक्षा पर शिक्षकों के लिए उन्मुखीकरण कार्यक्रम आयोजित किया जाना चाहिए।

34. कथन: श्री X, संघ के एक सक्रिय सदस्य, अक्सर अपने अशिष्ट व्यवहार के साथ कार्यालय में अपने वरिष्ठों का अपमान करते हैं।

कार्यवाई: I. उसे किसी अन्य विभाग में स्थानांतरित किया जाना चाहिए।

II. इस मामले को संघ को भेजा जाना चाहिए।

35. कथन: हाल की जनगणना रिपोर्ट में कहा गया है कि लिंगानुपात खतरनाक रूप से कम है। (Bank P.O. 2004)

कार्यवाई: I. परिणामों के सत्यापन के लिए सरकार को एक और जनगणना करनी चाहिए।

II. सरकार को तुरंत सभी विभागों को आदेश जारी करना चाहिए कि वे लोगों को अनुपात में सुधार के लिए प्रोत्साहित करें।

36. कथन: हाल कें ओलंपिक खेलों में भारत का प्रदर्शन बहुत खराब था। खिलाड़ियों द्वारा एक भी पदक हासिल नहीं किया जा सका। सरकार ने ओलंपिक खेलों में भाग लेने के लिए खिलाड़ियों की एक टीम के प्रशिक्षण और उन्हें भेजने में 5 करोड़ रुपए खर्च किए।

कार्यवाई: I. भारत को भविष्य के ओलंपिक खेलों में खिलाड़ियों को भेजना बंद करना चाहिए।

II. भारत के निराशाजनक प्रदर्शन का कारण जानने के लिए सरकार को तुरंत एक जांच आयोग का गठन करना चाहिए।

37. कथन: अदालतें विभिन्न विभागों के महत्वपूर्ण विवादों को तय करने में बहुत लंबा समय लेती हैं। **(M.A.T. 2005)**

कार्यवाई: I. मामलों को गति देने के लिए न्यायालयों को आदेश दिया जाना चाहिए।

II. अधिकारियों को अपने विभाग से संबंधित विवादों को निपटाने के लिए विशेष अधिकार दिए जाने चाहिए।

38. कथन: अंतिम वर्ष की डिग्री परीक्षा के दौरान बड़ी संख्या में छात्रों को अनुचित साधनों का उपयोग करते पकड़ा गया है।

(Officers' Exam, 2004)

कार्यवाई: I. इन सभी छात्रों को प्राधिकरण द्वारा आयोजित किसी भी परीक्षा के लिए उपस्थित होने से स्थायी रूप से रोक दिया जाना चाहिए।

II. प्राधिकरण द्वारा इन छात्रों के अभिभावकों को यह सूचित करने के लिए बुलाया जाना चाहिए कि भविष्य में इस तरह के किसी भी व्यवहार को बर्दाश्त नहीं किया जाएगा।

39. कथन: राज्य A के चार जिले पिछले तीन वर्षों से गंभीर सूखे का सामना कर रहे हैं, जिसके परिणामस्वरूप इन जिलों के लोग पलायन कर रहे हैं। **(M.B.A. 2002)**

कार्यवाई: I. सरकार को पलायन को रोकने के लिए जिले में काम के बदले भोजन कार्यक्रम तुरंत शुरू करना चाहिए।

II. सरकार को इन जिलों को पीने योग्य पानी उपलब्ध कराने के प्रयास करने चाहिए।

40. कथन: सब्जी व्यापारियों को लगता है कि राज्य के 'P' में प्याज की कीमतें जल्द ही बढ़ जाएंगी। **(Bank P.O. 1999)**

कार्यवाई: I. 'P' राज्य सरकार को कीमतों को नियंत्रित करने के लिए पहले से पर्याप्त मात्रा में प्याज की खरीद और भंडारण करना चाहिए।

II. 'P' राज्य सरकार को अभाव की अवधि के दौरान प्याज की बिक्री के लिए उचित मूल्य की दुकानों का नेटवर्क उपलब्ध कराना चाहिए।

41. कथन: हाल के महीनों में बड़ी संख्या में इंटरनेट हैकिंग के मामले सामने आए हैं जिससे इंटरनेट उपयोगकर्ता दहशत में हैं।

कार्यवाई: I. सरकारी तंत्र को उन लोगों को पकड़ने का पूरा प्रयास करना चाहिए जो जिम्मेदार हैं और उन्हें सलाखों के पीछे डाल देना चाहिए।

II. इंटरनेट उपयोगकर्ताओं को इंटरनेट का उपयोग करने से दूर रहने की सलाह दी जानी चाहिए जब तक कि अपराधी पकड़े न जाएं। **(Management Trainees' 2003)**

42. कथन: राज्य सरकार ने 'काला अजार' को 'महामारी अधिनियम' के तहत एक उल्लेखनीय बीमारी घोषित करने का निर्णय लिया है। मरीज के परिवार के सदस्य या पड़ोसी राज्य के अधिकारियों को सूचित नहीं करने की स्थिति में दंडित किये जाएंगे।

कार्यवाई: I. अधिनियम को प्रभावी ढंग से लागू करने के लिए प्रयास किए जाने चाहिए।

II. सजा के प्रावधानों को बड़े पैमाने पर मीडिया के माध्यम से प्रचारित किया जाना चाहिए ताकि और अधिक लोग कड़ी कार्रवाई के बारे में जागरूक हों।

43. कथन: खाद्य प्रसंस्करण उद्योग के सामने समस्याओं में से एक कच्चे माल की अनियमित आपूर्ति है। कच्चे माल के उत्पादकों को उचित मूल्य नहीं मिल रहा है। **(M.A.T. 2004)**

कार्यवाई: I. सरकार को अन्य उद्योगों को कच्चे माल की आपूर्ति को भी विनियमित करना चाहिए।

II. खाद्य प्रसंस्करण उद्योग के लिए कच्चे माल की नियमित आपूर्ति सुनिश्चित करने के लिए सरकार को एक आकर्षक पैकेज की घोषणा करनी चाहिए।

44. कथन: एक कारखाने के लेखा अनुभाग में कुछ गंभीर भूलों का पता लगाया गया था। **(R.R.B. 2004)**

कार्यवाई: I. लेखा की जाँच के लिए लेखा परीक्षकों की एक कुशल टीम नियुक्त की जानी चाहिए।

II. अनियमितता में शामिल सभी कर्मचारियों को कारण बताओ नोटिस जारी किया जाना चाहिए।

45. कथन: वित्तीय सखी ने इस साल अप्रैल से राज्य सरकार को अपने कर्मचारियों को वेतन देने से रोक दिया।

कार्यवाई: I. राज्य सरकार को कर्मचारियों की संख्या को लगभग 30% तक कम करना चाहिए।

II. राज्य सरकार को व्यर्थ व्यय को कम करना चाहिए और अपने कर्मचारियों के वेतन का भुगतान करने की व्यवस्था करनी चाहिए।

46. कथन: वर्तमान छुट्टियों के मौसम में लंबी दूरी की अधिकांश ट्रेनों में बर्थ के लिए अनुरोधों की संख्या में अभूतपूर्व वृद्धि हुई है।

(S.B.I.P.O. 2003)

कार्यवाई: I. रेलवे प्राधिकरण को अतिरिक्त कोचों को जोड़कर इन ट्रेनों में से प्रत्येक की क्षमता को तुरंत बढ़ाना चाहिए।

II. सुविधा के इच्छुक लोगों को छुट्टी के बाद अपनी यात्रा की योजना बनाने की सलाह दी जानी चाहिए।

47. कथन: जानलेवा बुखार ने अब तक मध्यप्रदेश के कुछ आदिवासी गाँवों में पिछले तीन हफ्तों के दौरान 100 लोगों की जान ली है।

कार्यवाई: I. इन गांवों के निवासियों को तुरंत गैर-संक्रमित क्षेत्र में स्थानांतरित कर दिया जाना चाहिए।

II. सरकार को जानलेवा बीमारी के प्रसार को रोकने के लिए तुरंत इस क्षेत्र में एक चिकित्सा दल भेजना चाहिए।

48. कथन: भारत में प्रीमियर इंजीनियरिंग कॉलेजों में अध्ययन करने वालों में से अधिकांश अपनी व्यावसायिक गतिविधियों में बेहतर संभावनाओं के लिए विकसित देशों में जाते हैं। **(Bank P.O. 2003)**

कार्यवाई: I. इन कॉलेजों में शामिल होने वाले सभी छात्रों को प्रवेश के समय एक बांड पर हस्ताक्षर करने के लिए कहा जाना चाहिए ताकि वे शिक्षा पूरी करने के बाद कम से कम दस साल तक भारत में बने रहें।

II. उन सभी छात्रों को, जो विकसित देशों में बसने की इच्छा रखते हैं, उन्हें अपनी शिक्षा की पूरी लागत का भुगतान करने के लिए कहा जाना चाहिए, जिन्हें सरकार सब्सिडी देती है।

49. कथनः देश के कई हिस्सों में गंभीर सूखा पड़ा है।

कार्यवाईः I. सरकार को तुरंत प्रभावित लोगों को वित्तीय सहायता प्रदान करने की व्यवस्था करनी चाहिए।

II. लोगों और मवेशियों को बचाने के लिए इन सभी क्षेत्रों में तुरंत भोजन, पानी और चारा भेजा जाना चाहिए।

50. कथनः पहले सेमेस्टर की परीक्षा में एक पेपर में अधिकांश छात्र फेल हो गए हैं। **(M.B.A. 2002)**

कार्यवाईः I. उन सभी छात्रों को जो असफल रहे उन्हें कार्यवाई से बाहर करने के लिए कहा जाना चाहिए।

II. पेपर पढ़ाने वाले संकाय अध्यापक को इस्तीफा देने के लिए कहा जाना चाहिए।

51. कथनः केंद्रीय पर्यटन और नागरिक उड्डयन मंत्रालय ने मौजूदा दशक के अंत तक पर्यटन आय के माध्यम से 10,000 करोड़ रुपये का वार्षिक लक्ष्य निर्धारित किया है।

कार्यवाईः I. लक्ष्य को पूरा करने के लिए और नए पर्यटन स्थलों के विकास की आवश्यकता नहीं है।

II. लक्ष्य को पूरा करने के लिए विदेशी पर्यटकों को लुभाने के लिए मंत्रालय को आकर्षक पैकेज तैयार करना चाहिए।

52. कथनः कार डीलर ने पाया कि नई XYZ की कार-बुकिंग के लिए लोगों की लंबी कतार, जो व्यवसाय के घंटे और व्यवस्थाओं की अवधि के बारे में शिकायत कर रहे थे, के साथ जबरदस्त प्रतिक्रिया थी। **(Bank P.O. 1999)**

कार्यवाईः I. लोग XYZ की बुकिंग के लिए जाते समय दोपहर के भोजन और नाश्ते की अपनी व्यवस्था करें और कई घंटे बिताने के लिए तैयार रहें।

II. कम समय में अधिक लोगों को सेवा उपलब्ध कराने के लिए अधिक बुकिंग डेस्क और व्यवसाय के घंटे बढ़ाने के लिए व्यवस्था की जानी चाहिए।

53. कथनः मौसम विभाग ने पूर्वानुमान लगाया है कि अगले अड़तालीस घंटों में तटीय आंध्र प्रदेश और उड़ीसा में एक भीषण चक्रवाती तूफान आएगा। **(R.B.I. 2003)**

कार्यवाईः I. स्थानीय प्रशासन को मछुआरों को समुद्र में खतरनाक क्षेत्र में नहीं जाने की सलाह देनी चाहिए।

II. स्थानीय प्रशासन को इन दोनों राज्यों के तटीय क्षेत्रों के लोगों को सतर्क करना चाहिए और उन्हें सुरक्षित स्थानों पर स्थानांतरित करने के लिए तैयार रहना चाहिए।

54. कथनः समिति ने कर्मचारियों की संख्या में वृद्धि के बावजूद नियमित कार्यक्रमों में से एक दर्जन को लागू करने में विफलता और अध्ययन और अनुसंधान के लिए एक मजबूत कार्य योजना तैयार नहीं कर पाने के लिए संस्थान की आलोचना की है।

कार्यवाईः I. व्यावहारिक कार्य योजना को लागू करने के लिए संस्थान के व्यापक उद्देश्यों को फिर से परिभाषित किया जाना चाहिए।

II. संस्थान को नियोजित कार्यक्रमों को लागू नहीं करने के कारणों पर एक रिपोर्ट देनी चाहिए।

55. कथनः कई विद्यालयों में अधिकांश छात्र अंतिम परीक्षा में पास नहीं होते हैं। **(NABARD, 2002)**

कार्यवाईः I. इन स्कूलों को बंद कर दिया जाना चाहिए क्योंकि ये अनुत्पादक हो गए हैं।

II. इन स्कूलों के शिक्षकों को तुरंत वापस लिया जाना चाहिए।

56. कथनः जिले में लगातार तीन वर्षों से खरीफ की फसलें कीटों से प्रभावित हुई हैं और इन वर्षों के दौरान किसानों ने उपज का पचास प्रतिशत से कम कटाई की। **(I.B.P.S. 2002)**

कार्यवाईः I. किसानों को अगले साल अपनी फसलों की रक्षा के लिए कीड़ों के हमले को नियंत्रित करने के लिए उपाय करना चाहिए।

II. किसानों के आर्थिक हितों की रक्षा के लिए सरकार को खरीफ फसलों का समर्थन मूल्य काफी बढ़ाना चाहिए।

57. कथनः नए बजट को संसद में पेश किए जाने से एक महीने पहले वित्त मंत्री अपना इस्तीफा सौंप देते हैं।

कार्यवाईः I. इस्तीफा स्वीकार किया जाना चाहिए और एक अन्य व्यक्ति को वित्त मंत्री के रूप में नियुक्त किया जाना चाहिए।

II. इस्तीफा स्वीकार नहीं किया जाना चाहिए।

58. कथनः युवा अक्सर अश्लील पोस्टर को घूरते पाए जाते हैं।

कार्यवाईः I. यदि बच्चे ऐसा करते हुए पाए जाएं तो उन्हें दंडित किया जाना चाहिए।

II. ऐसी सामग्री के किसी भी प्रदर्शन पर रोक लगाई जानी चाहिए। **(M.A.T. 2004)**

59. कथनः शहर में तीन व्यक्ति भारी हथियारों और गोला-बारूद के साथ पकड़े गए। **(S.B.I.P.O. 2002)**

कार्यवाईः I. पुलिस को रात्रि गश्त के लिए निर्देश दिया जाना चाहिए।

II. तीनों व्यक्तियों को स्वतंत्र किया जाना चाहिए और अन्य अपराधियों को पकड़ने के लिए उनकी गतिविधियों को ध्यान से देखा जाना चाहिए।

60. कथनः भारत आज अपने जनसांख्यिकीय संक्रमण के मध्य में है। पिछले 60 वर्षों में मृत्यु दर में लगभग निरंतर गिरावट आई है; जबकि प्रजनन क्षमता में पिछले 20 वर्षों में गिरावट आई है। परिणाम यह है कि पिछले 50 वर्षों में जनसंख्या में तेजी से वृद्धि हुई है।

कार्यवाईः I. भारत को अपने परिवार नियोजन कार्यक्रम को तुरंत पुनर्जीवित करना चाहिए।

II. वर्तमान दर पर जनसंख्या वृद्धि के निहितार्थ पर प्रकाश डालते हुए सरकार को बड़े पैमाने पर मीडिया कार्यक्रम के माध्यम से एक बड़े पैमाने पर शिक्षा कार्यक्रम शुरू करना चाहिए।

61. कथनः शुल्क मुक्त प्रौद्योगिकी पार्क, जहां विदेशी कंपनियां इलेक्ट्रॉनिक हार्डवेयर घटकों का निर्माण कर सकती हैं, देश में विभिन्न स्थानों पर स्थापित किए जाने का प्रस्ताव है।

कार्यवाईः I. सरकार को उत्पादों का निर्यात करके विदेशी मुद्रा रिजर्व को बढ़ाने के प्रस्ताव को तुरंत लागू करना चाहिए।

II. सरकार को इस प्रस्ताव को लागू नहीं करना चाहिए क्योंकि यह हार्डवेयर घटकों के स्वदेशी उत्पादन में बाधा उत्पन्न करेगा।

62. कथनः सरकार ने अगली पंचवर्षीय योजना से स्वैच्छिक संगठनों को वित्तीय सहायता प्रदान नहीं करने का निर्णय लिया है और यह सूचित किया है कि ऐसे सभी संगठनों को अपनी वित्तीय जरूरतों को पूरा करने के लिए स्वयं धन जुटाना चाहिए। **(M.A.T. 2004)**

कार्यवाई: I. स्वैच्छिक संगठनों को विदेशी एजेंसियों के साथ सहयोग करना चाहिए।

II. उन्हें वित्तीय सहायता के अन्य स्रोतों की खोज करनी चाहिए।

63. कथनः एशियाई विकास बैंक ने पारादीप और मद्रास पोर्ट ट्रस्ट द्वारा कोयला बंदरगाहों के निर्माण की एक परियोजना के लिए 285 मिलियन डॉलर के ऋण को मंजूरी दी है।

कार्यवाई: I. भारत को अन्य स्थानों पर ऐसे बंदरगाहों को विकसित करने के लिए अन्य अंतरराष्ट्रीय वित्तीय संगठनों से वित्तीय सहायता का उपयोग करना चाहिए।

II. भारत को अंतरराष्ट्रीय वित्तीय एजेंसियों से ऐसी वित्तीय सहायता नहीं लेनी चाहिए।

64. कथनः सतर्क ग्रामीणों ने खतरनाक हथियारों से लैस खूंखार डकैतों के एक समूह को पकड़ा। **(Asstt. Managers' Exam, 2002)**

कार्यवाई: I. ग्रामीणों को परिष्कृत हथियार प्रदान किए जाने चाहिए।

II. ग्रामीणों को उनके साहस और एकता के लिए पुरस्कृत किया जाना चाहिए।

65. कथनः सचिव ने कहा कि इलेक्ट्रॉनिक मीडिया अपनी विश्वसनीयता खो रहा है और श्रोताओं और दर्शकों के साथ बेहतर संचार स्थापित करके इसे फिर से हासिल करने की कोशिश करनी चाहिए। उन्होंने कामकाज में सुधार के लिए प्रशिक्षण की आवश्यकता पर भी जोर दिया।

कार्यवाई: I. कार्यक्रम पर संगठित फीडबैक प्राप्त करने के लिए प्रयास किया जाना चाहिए।

II. जिन महत्वपूर्ण क्षेत्रों में कर्मचारियों को प्रशिक्षण की आवश्यकता होती है, उनकी पहचान की जानी चाहिए।

66. कथनः गर्मियों के दौरान प्रदूषित पानी पीने से हर साल बड़ी संख्या में लोगों की मौत होती है। **(M.B.A. 2002)**

कार्यवाई: I. सरकार को अपने सभी नागरिकों को सुरक्षित पेयजल उपलब्ध कराने के लिए पर्याप्त व्यवस्था करनी चाहिए।

II. लोगों को प्रदूषित पानी पीने के खतरों के बारे में शिक्षित किया जाना चाहिए।

67. कथनः उड़ीसा और आंध्र प्रदेश कई अंतरराज्यीय बहुउद्देशीय परियोजनाओं के बेहतर नियंत्रण, प्रबंधन और उत्पादकता के लिए एक संयुक्त नियंत्रण बोर्ड स्थापित करने के लिए सैद्धांतिक रूप से सहमत हुए हैं।

कार्यवाई: I. अन्य पड़ोसी राज्यों को भी इस तरह के नियंत्रण बोर्ड स्थापित करना चाहिए।

II. प्रस्तावित नियंत्रण बोर्ड को कार्य करने की अनुमति नहीं दी जानी चाहिए क्योंकि ऐसे संयुक्त बोर्ड हमेशा अप्रभावी होते हैं।

68. कथनः हर साल, मॉनसून की शुरुआत में या अंत में, हमें कंजंक्टिवाइटिस के कुछ मामले प्राप्त होते हैं, लेकिन इस साल यह एक बड़ी महामारी प्रतीत होती है, जो लगभग चार साल बाद देखी गई है। **(M.A.T. 2005)**

कार्यवाई: I. इस महामारी की जाँच के लिए हर चार साल के बाद एहतियाती कदम उठाए जाने चाहिए।

II. लोगों को बरसात के मौसम में उबला हुआ पानी पीने की सलाह दी जानी चाहिए।

69. कथनः शोधकर्ता यह महसूस कर रहे हैं कि आवश्यक प्रारूप में सही समय पर सही उपयोगकर्ताओं को सही जानकारी प्रदान करने के लिए पुस्तकालय सुसज्जित नहीं हैं। यहां तक कि उपयोगकर्ताओं को उनके लिए उपलब्ध विभिन्न सेवाओं के बारे में भी जानकारी नहीं है।

कार्यवाई: I. उपयोगकर्ताओं को तीव्र सेवाएँ प्रदान करने के लिए पुस्तकालयों के लिए उपलब्ध सभी सूचनाओं को कम्प्यूटरीकृत किया जाना चाहिए।

II. लाइब्रेरी स्टाफ को कंप्यूटर संचालन में प्रशिक्षित किया जाना चाहिए।

70. कथनः पश्चिम यूरोपीय बाजारों में आने वाले भारतीय इलेक्ट्रॉनिक घटक उद्योग को जापानियों से कड़ी प्रतिस्पर्धा का सामना करना पड़ता है।

कार्यवाई: I. भारत को अपने उत्पादों के लिए अन्य अंतर्राष्ट्रीय बाजारों की खोज करनी चाहिए।

II. भारत को इन बाजारों पर कब्जा करने में जापानियों के साथ प्रतिस्पर्धा करने के लिए इलेक्ट्रॉनिक उपकरणों की गुणवत्ता में सुधार करना चाहिए।

71. कथनः 1981 में लॉन्च होने के बाद से, वायुदूत को अब तक 153 करोड़ रुपये का नुकसान हुआ है।

कार्यवाई: I. वायुदूत को व्यर्थ व्यय को कम करने और यात्री किराया बढ़ाने के लिए निर्देशित किया जाना चाहिए।

II. एयरलाइन को आर्थिक रूप से व्यावहारिक बनाने के लिए वायुदूत को लगभग 300 करोड़ रुपये की राशि प्रदान की जानी चाहिए।

72. कथनः दूरदर्शन अपने कार्यक्रमों की गुणवत्ता के बारे में चिंतित है, विशेष रूप से स्टार और अन्य उपग्रह टीवी चौनलों से कड़ी प्रतिस्पर्धा का सामना कर रहा है और अपने कार्यक्रमों के लिए प्रतिभा को आकर्षित करने के लिए विभिन्न उपायों पर विचार कर रहा है।

कार्यवाई: I. प्रतिभा को आकर्षित करने के प्रयास में, दूरदर्शन ने कलाकारों के लिए अपनी फीस संरचना को संशोधित करने का निर्णय लिया है।

II. शुल्क संरचना को तब तक संशोधित नहीं किया जाना चाहिए जब तक कि अन्य इलेक्ट्रॉनिक मीडिया भी इसे संशोधित न करें।

हल – अभ्यास 4(A)

1. (*e*) : आपूर्ति में समय-समय पर कटौती और पानी के संरक्षण के लिए लोगों से आग्रह करके स्थिति से निपटा जा सकता है। अत: दोनों कार्यवाई की जानी चाहिए।

2. (*b*) : फाटक बंद होने पर लोगों को पटरियों को पार करने से रोककर दुर्घटनाओं को स्पष्ट रूप से रोका जा सकता है। तो, केवल कार्यवाई II की जानी चाहिए।

3. (*c*) : स्पष्ट रूप से, या तो ट्रैफिक सिग्नल को ठीक से काम करने के लिए बनाया जाना चाहिए या ट्रैफिक कर्मियों को सही तरीके से वाहनों की आवाजाही के लिए तैनात किया जाना चाहिए। अतः, या तो I या II कार्यवाई की जानी चाहिए।

4. (*e*) : स्थिति किसी भी दुर्घटना को रोकने के लिए पहले अन्य ट्रेनों को अलग-अलग मार्गों पर मोड़ने, और फिर जल्द से जल्द पटरियों को साफ करने की मांग करती है। इस प्रकार, दोनों कार्यवाई की जानी चाहिए।

5. (*a*) : स्पष्ट रूप से, उचित पर्यवेक्षण अकेले कार्य में विकास को देख सकता है। तो, केवल कार्यवाई I की जानी चाहिए ।

6. (*e*) : जाहिर है, स्थिति शिक्षा प्रणाली को और अधिक लचीला बनाने और समय की जरूरतों के अनुसार समय-समय पर इसे बदलने की मांग करती है। तो, दोनों कार्यवाई की जानी चाहिए।

7. (*a*) : स्पष्ट रूप से, बढ़ा हुआ प्रवास शहर के बुनियादी ढांचे पर बोझ को बढ़ाएगा। इसलिए, गांवों में ही ग्रामीणों को सहज महसूस कराने के प्रयास किए जाने चाहिए। अतः केवल कार्यवाई I की जानी चाहिए।

8. (*b*) : स्पष्ट रूप से, युद्ध अंतिम उपाय है। विवाद के मुद्दों को निपटाने के लिए सबसे पहले, शांतिपूर्ण बातचीत और वार्ता को शामिल किया जाना चाहिए। तो, केवल कार्यवाई II की जानी चाहिए।

9. (*d*) : पुनः चुनाव दोबारा खर्चों की मांग करेगा और कार्यवाई II के बाद मतदाता आधार स्थायी रूप से कम हो जाएगा। इसके बजाय, लोगों के बीच एक जागरूकता पैदा की जानी चाहिए ताकि वे मतदान के अपने अधिकार का प्रभावी ढंग से उपयोग कर सकें। इसलिए, न तो कार्यवाई I और न ही II अनुसरण करती है।

10. (*a*) : स्पष्ट रूप से, एक शिकायत एक गलत काम के लिए पर्याप्त है। इसकी पुष्टि की जानी चाहिए और दोषी को रंगे हाथ पकड़ कर उसके खिलाफ कड़ी कार्रवाई की जानी चाहिए। तो, केवल कार्यवाई I की जानी चाहिए।

11. (*b*) : कार्यवाई I से स्वतंत्रता के अधिकार का उल्लंघन होगा। हालाँकि, यदि उनके संबंधित क्षेत्रों में कमी पाई जाती है और उन्हें हटा दिया जाता है, तो पेशेवर निश्चित रूप से अन्य नौकरियों के लिए चयन करने का विचार छोड़ देंगे। इसलिये, केवल कार्यवाई II की जानी चाहिए।

12. (*d*) : सिनेमा हॉल से दूर रहना कोई हल नहीं है। इसलिए, कोई भी कार्यवाई अनुसरण नहीं करती है। इसके बजाय, सिनेमा हॉल मालिकों को कुछ प्रोत्साहन और प्रचार योजनाओं से सम्मानित किया जाना चाहिए ताकि वे भीड़ में आकर्षित करने का प्रबंधन कर सकें।

13. (*d*) : एयरलाइंस, परिवहन का सुविधाजनक और तेज साधन होने के नाते, लोग किराए के बीच मामूली अंतर होने पर निश्चित रूप से इसे रेलवे से अधिक पसंद करेंगे। इसलिए, इन किरायों के बीच काफी अंतर होना रेलवे के लिए आवश्यक है। तो, कार्यवाई I की जानी चाहिए । कार्यवाई II के बाद यात्रियों की मात्रा कम होगी। इसलिए, II का अनुसरण नहीं करना चाहिए।

14. (*b*) : चूंकि अधिनियम विभिन्न चेतावनियों के बावजूद दोहराया गया है, इसलिए निश्चित रूप से कार्यवाई I केवल एक और चेतावनी होगी और इससे मदद नहीं मिलेगी। उसके और अन्य लोगों के लिए उदाहरण निर्धारित करने के लिए गंभीर सजा अपरिहार्य है। इस प्रकार, कार्यवाई II अनुसरण करेगा।

15. (*d*) : I और II दोनों में सुझाए गए विचार प्रतिस्पर्धा में कटौती करने के अनुचित साधनों का प्रतिनिधित्व करते हैं। सही तरीकों और तकनीकों को विकसित करना होगा ताकि स्वदेशी उत्पादक बेहतर गुणवत्ता वाले फलों का उत्पादन कर सकें और उन्हें आयातित उत्पादों के साथ तुलनीय कीमतों पर उन्हें बाजार में उपलब्ध करा सकें। इसलिए, न तो I और न ही II अनुसरण करता है।

16. (*b*) : सरकार को सभी इंजीनियरिंग स्नातकों को नौकरी देने के लिए जोर नहीं देना चाहिए, लेकिन ऐसे कॉलेजों पर जो 'डिग्री' धारक नहीं हैं, लेकिन वास्तविक तकनीकी क्षमता रखते हैं और जो लाभकारी रोजगार के लिए प्रतिस्पर्धा कर सकते हैं, उन पर बल देना चाहिए। तो, केवल कार्यवाई II की जानी चाहिए ।

17. (*e*) : स्पष्ट रूप से, मच्छरों से बचाव और मच्छरों का उन्मूलन मलेरिया को रोकने के दो तरीके हैं। तो, दोनों कार्यवाईयाँ की जानी चाहिए।

18. (*d*) : स्पष्ट रूप से, कोई भी कार्रवाई नहीं की जाएगी क्योंकि सबसे पहले, प्राकृतिक पर्यावरण की रक्षा के लिए अधिसूचना जारी की जाती है और इसलिए इसे वापस नहीं लिया जा सकता है और दूसरी बात, अभयारण्य आदि को स्थानांतरित नहीं किया जा सकता है।

19. (*a*) : वृद्धि स्थायी नहीं हो सकती है। इसलिए, नए कॉलेजों को खोलने से बेहतर है कि मौजूदा कॉलेजों में सीटें बढ़ाई जाएं। इसलिए, केवल कार्यवाई I की जानी चाहिए।

20. (*c*) : स्पष्ट रूप से, या तो भूस्खलन के मामले में ट्रेनों को पहले से अच्छी तरह से सचेत करने के लिए कुछ किया जाना चाहिए या भूस्खलन के दौरान पटरियों की ब्लॉकेज को रोकने के लिए कुछ साधनों को अपनाया जाना चाहिए। इस प्रकार, कार्यवाई I या II की जानी चाहिए।

21. (*e*) : फुटपाथों पर भीड़ पैदल चलने वालों के लिए एक बड़ी असुविधा है। इसलिए विक्रेताओं को हटाने के लिए कड़ी कार्रवाई की जरूरत है। लेकिन एक ही समय में इन लोगों को आजीविका के वैकल्पिक साधन प्रदान किए जाने चाहिए। तो, दोनों कार्यवाई की जानी चाहिए।

22. (*e*) : परीक्षा के प्रश्नपत्र में गलत प्रश्न होना स्कूल प्रबंधन की ओर से एक दोष है और छात्रों को इसका खामियाजा नहीं भुगतना चाहिए। इस प्रकार, छात्रों के लिए एक पुनः परीक्षा आयोजित की जानी चाहिए और भविष्य में ऐसी गलती की पुनरावृत्ति को रोकने के लिए त्रुटि के लिए जिम्मेदार लोगों को दंडित किया जाना चाहिए। इसलिए, दोनों कार्यवाई की जानी चाहिए।

23. (*e*) : यह सुनिश्चित करने के लिए कि लिए गए ऋणों को तुरंत चुकाया जाए, ग्राहकों की आवश्यकताओं और भविष्य की संभावनाओं का अध्ययन किया जाना चाहिए और उनके काम की लगातार जाँच की जानी चाहिए। इस प्रकार, दोनों कार्यवाई की जानी चाहिए।

24. (*a*) : जाहिर है, बाजार में प्रतिद्वंद्वी उत्पादों का एक अध्ययन बिक्री के कम होने के कारण का आकलन करने में मदद करेगा और फिर एक उपयुक्त कार्रवाई की जा सकती है। इस प्रकार, केवल कार्यवाई I की जानी चाहिए।

25. (*d*) : इस कथन का उल्लेख है कि वाणिज्यिक बैंक आरबीआई द्वारा जारी किए गए एक निर्देश का उल्लंघन करते हैं। उपाय केवल यह है कि बैंक अधिनियम को लागू करें। इसलिए, कोई भी

कार्यवाई नहीं की जानी चाहिए।

26. (*a*) : स्पष्ट रूप से, स्थिति पहले वास्तविक दोषियों का पता लगाने की मांग करती है। तो, केवल कार्यवाई I की जानी चाहिए।

27. (*b*) : स्पष्ट रूप से, कथन इस बात पर जोर देता है कि सेवानिवृत्त प्रोफेसरों का योगदान फायदेमंद होगा। इसका अर्थ है कि संगठन के काम के बारे में इन लोगों का अनुभव मददगार है। तो, केवल कार्यवाई II की जानी चाहिए।

28. (*e*) : स्पष्ट रूप से, वर्णित दो बीमारियां गंदगी के कारण होती हैं। इसलिए, स्वच्छता में सुधार उनके उन्मूलन की दिशा में एक कदम है। इसके अलावा, समय-समय पर चिकित्सा जांच से बीमारी का समय पर पता लगाने में मदद मिलेगी और इसलिए इसका उचित इलाज होगा। इसलिए, I और II दोनों कार्यवाई की जानी चाहिए।

29. (*a*) : स्पष्ट रूप से, भक्तों को तीर्थ पर अत्यधिक ठंड की चेतावनी देकर समस्या का समाधान किया जा सकता है। तो, केवल कार्यवाई I की जानी चाहिए।

30. (*b*) : कर्मचारियों की मांगों को तुरंत स्वीकार करने से कर्मचारियों को प्रबंधन को बार-बार ब्लैक मेल करने की अनुमति मिल सकती है। बेहतर तरीका यह है कि उनके साथ बातचीत की जाए और उन्हें हड़ताल खत्म करने के लिए राजी किया जाए। तो, केवल कार्यवाई II की जानी चाहिए।

31. (*b*) : इस कथन का तात्पर्य यह है कि विटामिन ई का कैप्सूल प्राकृतिक रूप से विटामिन ई की तुलना में प्रभावी रूप से कार्य नहीं करता है। किन्तु कैप्सूलेटेड विटामिन ई का कोई नकारात्मक प्रभाव नहीं बताया गया है, इसलिए कार्यवाई I नहीं की जा सकती। इसलिए, केवल कार्यवाई II की जानी चाहिए।

32. (*b*) : स्पष्ट रूप से, गैर संक्रमित व्यक्तियों को भारत आने से वंचित नहीं किया जाना चाहिए। तो, केवल कार्यवाई II की जानी चाहिए।

33. (*b*) : स्पष्ट रूप से, यह कथन शिक्षकों की जनसंख्या शिक्षा में जागरूकता और ज्ञान की कमी पर जोर देता है और इसके लिए सबसे अच्छा उपाय उन्हें उन्मुखीकरण कार्यक्रमों के माध्यम से इस क्षेत्र में मार्गदर्शन करना होगा। तो, केवल कार्यवाई II की जानी चाहिए।

34. (*d*) : स्पष्ट रूप से, एकमात्र उपाय किसी भी तरह आदत को बदलने का प्रयास करना है। यदि स्थानांतरित किया जाता है, तो आदत कहीं और समस्या पैदा करेगी। साथ ही, यह संघ को भेजे जाने वाली कोई कानूनी शिकायत नहीं है। इसलिए, किसी भी कार्यवाई का अनुसरण नहीं करना चाहिए।

35. (*b*) : एक जनगणना हमेशा अत्यधिक सटीकता के साथ आयोजित की जाती है, जिसमें केवल नगण्य त्रुटी की संभावना होती है। इसलिए, कार्यवाई I नहीं की जानी चाहिए। इसके अलावा, जनता में जागरूकता पैदा करने और कन्या भ्रूण हत्या को समाप्त करके लिंग अनुपात में सुधार किया जा सकता है। इस प्रकार, केवल कार्यवाई II की जानी चाहिए।

36. (*b*) : स्पष्ट रूप से, एक चुनौती के खिलाफ प्रतिस्पर्धा करने के लिए, पहला कदम यह पता लगाना होगा कि कमी कहां है। तो, केवल कार्यवाई II की जानी चाहिए।

37. (*e*) : स्पष्ट रूप से, या तो अदालत में काम को तेज करने की आवश्यकता है या सिस्टम को पुनर्गठित किया जाना चाहिए ताकि अधिक से अधिक समस्याओं का समाधान निचले स्तरों पर ही हो सके, ताकि लोगों को त्वरित न्याय मिल सके। तो, दोनों कार्यवाई की जानी चाहिए।

38. (*d*) : भविष्य के लिए केवल एक चेतावनी मदद नहीं करेगी, और छात्रों को परीक्षा से स्थायी रूप से बाहर करने की एक अत्यंत कठोर सजा उनके भविष्य को खराब करेगी। इसलिए, कोई भी कार्यवाई नहीं की जा सकती है।

39. (*e*) : लोगों को रहने के लिए अनुकूल परिस्थितियाँ प्रदान करके पलायन को रोका जा सकता है। तो, दोनों कार्यवाई की जानी चाहिए।

40. (*e*) : स्पष्ट रूप से, शोर्टेज के मामले में ब्लैक मार्केटिंग को रोकने के लिए दोनों कार्रवाई उचित लगती है। इसलिए, I और II दोनों कार्यवाई की जानी चाहिए।

41. (*a*) : स्पष्ट रूप से, इंटरनेट उपयोगकर्ताओं को उन कुछ व्यक्तियों के कारण पीड़ित नहीं होना चाहिए जो इंटरनेट हैकिंग में लिप्त हैं। हालांकि, ऐसे गलत करने वालों को दंडित किया जाना चाहिए ताकि इंटरनेट के उपयोग में कोई बाधा न हो। तो, केवल कार्यवाई I की जानी चाहिए।

42. (*e*) : अधिनियम का उद्देश्य रोग के उन्मूलन के लिए है और इसलिए इसे प्रचारित और प्रसारित करने की आवश्यकता है। तो, दोनों कार्यवाई की जानी चाहिए।

43. (*b*) : स्पष्ट रूप से, खाद्य प्रसंस्करण उद्योग की समस्या को दूर करने के लिए, कच्चे माल की नियमित आपूर्ति सुनिश्चित की जानी चाहिए। तो, कार्यवाई II की जानी चाहिए।

44. (*e*) : स्पष्ट रूप से, स्थिति यह मांग करती है कि खातों में दोषों को ठीक से जांचा जाए और इसमें शामिल व्यक्तियों से मामले के बारे में पूछताछ की जाए। तो, दोनों कार्यवाई की जानी चाहिए।

45. (*b*) : स्पष्ट रूप से, कर्मचारियों की संख्या को कम करने से केवल घबराहट और असंतोष बढ़ेगा, और कर्मचारियों की संतुष्टि महत्वपूर्ण है। तो, सरकार को मजदूरी के भुगतान की व्यवस्था करनी चाहिए। इस प्रकार, केवल कार्यवाई II की जानी चाहिए।

46. (*a*) : केवल बर्थ की कमी के कारण लोग एक निश्चित गंतव्य पर जाने से वंचित नहीं रह सकते। इसके बजाय यह रेलवे प्राधिकरण का कर्तव्य है कि वह सभी बुकिंग को हर तरह से समायोजित करे। तो, केवल कार्यवाई I की जानी चाहिए।

47. (*b*) : स्पष्ट रूप से, कार्यवाई I अस्पष्ट है क्योंकि यदि संक्रमित लोगों को गैर-संक्रमित क्षेत्र में स्थानांतरित कर दिया जाता है, तो संक्रमण वहां भी फैल जाएगा। उपाय केवल बीमारी से लड़ने और इसके प्रसार को प्रतिबंधित करना है। तो, केवल कार्यवाई II की जानी चाहिए।

48. (*b*) : जाहिर है, कोई भी छात्र अपनी इच्छा के खिलाफ देश में रहने और काम करने के लिए बाध्य नहीं हो सकता है। इसलिए, कार्यवाई I नहीं की जानी चाहिए। हालांकि, छात्रों को अपने देश की सेवा न करने पर, मिलने वाले अतिरिक्त लाभों की वसूली करना काफी सही है। तो, कार्यवाई II का अनुसरण करना चाहिए।

49. (*b*) : एक प्राकृतिक आपदा के समय में, लोगों और मवेशियों के जीवन को बचाने के लिए आवश्यक बुनियादी सुविधाएं प्रदान करना सरकार का मूल कर्तव्य बन जाता है। सभी को वित्तीय सहायता प्रदान करने से देश के संसाधनों पर अनुचित बोझ

पड़ेगा। तो, केवल कार्यवाई II की जानी चाहिए।

50. (*d*) : अधिकांश छात्रों की असफलता शिक्षण संकाय की ओर से कमी का संकेत देती है, जिसे निरंतर प्रयासों द्वारा इंगित करने और हटाने की आवश्यकता होती है। तो, दी गयी कार्यवाई में से कोई भी कार्रवाई उपयुक्त नहीं है।

51. (*b*) : इस तरह के उच्च लक्ष्य केवल पर्यटकों की संख्या में भारी वृद्धि से प्राप्त किया जा सकता है। पर्यटन स्थलों को देखने लायक विकसित करके और विदेशी पर्यटकों को आकर्षक पैकेज प्रदान करके ही आकर्षित किया जा सकता है। तो, केवल कार्यवाई II की जानी चाहिए।

52. (*b*) : जबरदस्त प्रतिक्रिया को देखते हुए, डीलर को उपयुक्त व्यवस्था करनी चाहिए और ग्राहकों की देखभाल के लिए अधिक कर्मियों को तैनात करना चाहिए ताकि उन्हें बुकिंग के लिए अधिक समय तक इंतजार न करना पड़े। तो, केवल कार्यवाई II की जानी चाहिए।

53. (*e*) : तूफान का पूर्वानुमान स्पष्ट रूप से जीवन के किसी भी नुकसान को रोकने के लिए कदमों की आवश्यकता है। इसलिए, I और II दोनों कार्यवाई की जानी चाहिए।

54. (*e*) : समस्या यह है कि कर्मचारियों की संख्या में वृद्धि के बावजूद, संस्थान अपनी योजना को लागू करने के अपने उद्देश्य में विफल रहा है। इसलिए, या तो कमी की गयी है या योजनाओं में विफलता हैं और यह व्यावहारिक कार्यान्वयन के लिए संशोधित होनी चाहिए। इस प्रकार, दोनों कार्यवाई की जानी चाहिए।

55. (*d*) : स्पष्ट रूप से, स्थिति की मांग है कि शिक्षा की वर्तमान प्रणाली में कमियों को दूर करने के लिए प्रयास किए जाएं और छात्रों के प्रदर्शन में सुधार के लिए पर्याप्त उपाय किए जाएं। I और II में दिए गए कठोर उपाय मदद नहीं करेंगे। इसलिए, दी गयी कार्यवाई में से कोई भी अनुसरण नहीं की जानी चाहिए।

56. (*e*) : स्पष्ट रूप से, समस्या फसलों को कीड़ों से बचाने के लिए अतिरिक्त देखभाल और पर्याप्त सावधानी बरतने की मांग करती है और किसानों को भारी नुकसान से बचाने के लिए किसानों की मदद करती है। इस प्रकार, दोनों कार्यवाई की जानी चाहिए।

57. (*b*) : जाहिर है, पहले से ही कार्यरत वित्त मंत्री सरकार की सभी योजनाओं और संसाधनों को बेहतर ढंग से जानते होंगे और वह अकेले ही एक उपयुक्त बजट पेश कर सकते हैं। तो, कार्यवाई II की जानी चाहिए।

58. (*b*) : बुरी चीजें अधिक आकर्षित करती हैं और कार्य हो जाने के बाद सजा देना कोई उपाय नहीं है। इसलिए कार्य को होने से पहले ही रोका जाना चाहिए। तो, केवल कार्यवाई II की जानी चाहिए।

59. (*a*) : किसी भी अप्रिय घटना को रोकने के लिए पुलिस को सतर्क रहना चाहिए और हाई अलर्ट पर रखना चाहिए। इसके अलावा, एक बार पकड़े जाने के बाद, ऐसे अपराधियों को रिहा नहीं किया जाना चाहिए। अन्य अपराधियों का पता लगाने के लिए उनसे पूछताछ की जा सकती है। तो, केवल कार्यवाई I की जानी चाहिए।

60. (*e*) : स्पष्ट रूप से, बढ़ती जनसंख्या की समस्या का सामना करने के लिए, लोगों के छोटे परिवारों के लिए एक प्रभावी परिवार नियोजन कार्यक्रम आवश्यक है। शिक्षा द्वारा बच्चों की कम संख्या और जनसंख्या में तेज वृद्धि के नुकसानों पर जोर दिया जाएगा। इस प्रकार, दोनों कार्यवाई की जानी चाहिए।

61. (*a*) : कथन में चर्चित कदम निश्चित रूप से हार्डवेयर उद्योग को बढ़ावा देगा और हमारे देश को इस क्षेत्र में अलग खड़ा करने में मदद करेगा। इस प्रकार, केवल कार्यवाई I की जानी चाहिए।

62. (*b*) : उत्पन्न होने वाली समस्या धन की कमी है। इसलिए, वित्तीय सहायता के वैकल्पिक स्रोतों पर पहले काम करने की जरूरत है। इस प्रकार, केवल कार्यवाई II की जानी चाहिए।

63. (*a*) : स्पष्ट रूप से, इस तरह की परियोजनाएं बाद में देश के लिए एक संपत्ति और आय का स्रोत होंगी। इसलिए, कार्यवाई I की जानी चाहिए।

64. (*b*) : स्पष्ट रूप से, कार्यवाई I व्यवहार्य नहीं है। हालांकि, ग्रामीणों को उनके साहस के लिए पुरस्कृत किया जाना चाहिए, ताकि भविष्य में उनके साहस को बनाए रखा जा सके। इस प्रकार, कार्यवाई II का अनुसरण करना चाहिए।

65. (*e*) : स्पष्ट रूप से, दोनों कार्यवाई कथन में उल्लिखित पूर्व-शर्तों से सीधे अनुसरित होती हैं।

66. (*e*) : स्थिति प्रदूषित पानी पीने के खतरों के बारे में लोगों के बीच जागरूकता पैदा करने की मांग करती है ताकि वे खुद उससे बच सकें, और साथ ही सुरक्षित पेयजल प्रदान करने के लिए कदम उठाए जाने चाहिए। तो, दोनों कार्यवाई की जानी चाहिए।

67. (*a*) : इस तरह के नियंत्रण बोर्डों की प्रभावशीलता इस तथ्य से स्थापित होती है कि उड़ीसा और आंध्रप्रदेश ने इसकी बहुउद्देशीय परियोजनाओं के बेहतर नियंत्रण के लिए सहमति व्यक्त की है। तो, केवल कार्यवाई I होनी चाहिए।

68. (*b*) : यह बीमारी हर साल मानसून के अंत में होती है। इसलिए, हर चार साल में एहतियाती उपाय मदद नहीं करेंगे। दूसरी कार्रवाई एक निवारक उपाय होगा। तो, केवल कार्यवाई II होनी चाहिए।

69. (*e*) : स्पष्ट रूप से, लाइब्रेरी को बेहतर सेवाओं के लिए आवश्यक सुविधाओं और प्रशिक्षित कर्मी प्रदान करने की आवश्यकता है। तो, दोनों कार्यवाई की जानी चाहिए।

70. (*b*) : एक पलायनवादी का रवैया ज्यादा मदद नहीं करता है। जरूरत है प्रतिस्पर्धा करने और सफलतापूर्वक उभरने की। तो, केवल कार्यवाई II होनी चाहिए।

71. (*a*) : स्पष्ट रूप से, बेहतर आर्थिक लाभ के लिए, घाटे को कम किया जाना चाहिए और आय में वृद्धि होनी चाहिए। तो, केवल कार्यवाई I होनी चाहिए।

72. (*a*) : स्पष्ट रूप से, कलाकारों के लिए अपनी फीस संरचना को संशोधित करने का निर्णय दूरदर्शन द्वारा उस चुनौतीपूर्ण समस्या के लिए एक उपाय के रूप में लिया गया है जो इससे पहले उत्पन्न हुई थी। यह तब तक इंतजार नहीं कर सकता, जब तक अन्य मीडिया कार्रवाई नहीं करते। तो, केवल कार्यवाई I होनी चाहिए।

अभ्यास 4B

निर्देश: नीचे दिए गए प्रश्नों में, एक कथन दिया गया है, जिसके बाद तीन कार्यवाई I, II और III दी गयी हैं। आपको कथन में दी गयी प्रत्येक जानकारी को सत्य मानना है और बताना है कि तार्किक रूप से कौन सी कार्यवाई की जाएगी।

1. कथनः देश के उत्तरी हिस्से में घने कोहरे के कारण हवाई और रेल सेवा बुरी तरह बाधित हुई है। **(Bank P.O. 2005)**

कार्यवाईः I. क्षेत्र में रेल और हवाई सेवाओं को अस्थायी रूप से निलंबित किया जाना चाहिए।

II. लोगों को सलाह दी जानी चाहिए कि वे संभावित देरी या सेवाओं को रद्द करने के परिणामस्वरूप संभावित व्यवधान को ध्यान में रखते हुए अपनी यात्रा की योजना बनाएं।

III. सरकार को तुरंत आधुनिक मशीनों को स्थापित करना चाहिए जो घने कोहरे के विकसित होने पर भी रेल और हवाई सेवाओं का मार्गदर्शन करने में सक्षम होंगी।

(*a*) केवल कार्यवाई II की जाएंगी।
(*b*) केवल कार्यवाई III की जाएंगी।
(*c*) केवल कार्यवाई II और III की जाएंगी।
(*d*) सभी कार्यवाई की जाएंगी।
(*e*) इनमें से कोई नहीं।

2. कथनः एक ट्रेन पुल के ऊपर से गुजरते समय एक स्टेशन के पास पटरी से उतर गई और नदी में गिर गई, जिससे 65 लोगों की मौत हो गई।

कार्यवाईः I. रेलवे अधिकारियों को सरकार को दुर्घटना के कारण को स्पष्ट करना चाहिए।

II. सरकार को नष्ट होने वाले नुकसान की भरपाई के लिए धन आवंटित करना चाहिए।

III. इस तरह की दुर्घटनाओं से बचने के लिए पुल की सुरक्षा दीवारों को पर्याप्त मजबूत बनाया जाना चाहिए।

(*a*) केवल कार्यवाई I और II की जाएंगी।
(*b*) केवल कार्यवाई II और III की जाएंगी।
(*c*) केवल कार्यवाई III की जाएंगी।
(*d*) सभी कार्यवाई की जाएंगी।
(*e*) इनमें से कोई नहीं।

3. कथनः अनुमान है कि आगामी त्योहार के दौरान लगभग बीस लाख लोग शहर का दौरा करेंगे। **(Bank P.O. 2003)**

कार्यवाईः I. नागरिक प्राधिकरण को भीड़ की निगरानी करनी चाहिए और एक प्रबंधनीय संख्या से परे लोगों के प्रवेश को प्रतिबंधित करना चाहिए।

II. त्योहार के दौरान कानून व्यवस्था बनाए रखने के लिए स्थानीय पुलिस प्राधिकरण को हाई अलर्ट पर रखा जाना चाहिए।

III. किसी भी घटना की स्थिति में शहर के सभी अस्पतालों को हाई अलर्ट पर रखा जाना चाहिए।

(*a*) केवल कार्यवाई I और II की जाएंगी।
(*b*) केवल कार्यवाई II और III की जाएंगी।
(*c*) केवल कार्यवाई I और III की जाएंगी।
(*d*) सभी कार्यवाई की जाएंगी।
(*e*) इनमें से कोई नहीं।

4. कथनः मानसून की अवधि में जल जनित रोगों से प्रभावित व्यक्तियों की संख्या में काफी वृद्धि हुई है।

कार्यवाईः I. विधान सभा में प्रश्न उठाया जाना चाहिए।

II. सरकार को लोगों में शुद्ध पेयजल के बारे में पर्याप्त जानकारी का प्रसार करना चाहिए।

III. मानसून अवधि के दौरान मरीजों के इलाज के लिए शहर के सभी अस्पतालों को ठीक से सुसज्जित किया जाना चाहिए।

(*a*) सभी कार्यवाई की जाएंगी।
(*b*) केवल कार्यवाई I और II की जाएंगी।
(*c*) केवल कार्यवाई II और III की जाएंगी।
(*d*) केवल कार्यवाई I और III की जाएंगी।
(*e*) कोई कार्यवाई नहीं की जाएगी।

5. कथनः मच्छरों के कुछ उपभेद, मलेरिया रोगियों के लिए व्यापक रूप से इस्तेमाल की जाने वाली दवा – क्लोरोक्विन के लिए प्रतिरोधी बन गए हैं।

कार्यवाईः I. क्लोरोक्वीन की बिक्री को रोकना चाहिए।

II. शोधकर्ताओं को ऐसे मच्छरों से प्रभावित रोगियों के लिए एक नई दवा विकसित करनी चाहिए।

III. मच्छर की पहचान के लिए मलेरिया से पीड़ित सभी रोगियों की जाँच की जानी चाहिए।

(*a*) कोई कार्यवाई नहीं की जाएगी।
(*b*) केवल कार्यवाई I और III की जाएंगी।
(*c*) सभी कार्यवाई की जाएंगी।
(*d*) केवल कार्यवाई II और III की जाएंगी।
(*e*) इनमें से कोई नहीं।

6. कथनः गाँवों से शहरों की ओर पलायन दोनों के लिए हानिकारक है। **(M.A.T. 1999)**

कार्यवाईः I. ग्रामीण प्रविष्टि को अनिवार्य किया जाना चाहिए।

II. शहरों को छोटी जगहों से जोड़ने वाली ट्रेनें कम होनी चाहिए।

III. ग्रामीण क्षेत्रों में रोजगार सृजन योजना शुरू की जानी चाहिए।

(*a*) केवल कार्यवाई II की जाएगी।
(*b*) केवल कार्यवाई I और II की जाएंगी।
(*c*) केवल कार्यवाई III की जाएगी।
(*d*) केवल कार्यवाई II और III की जाएंगी।

7. कथनः देश में बड़ी संख्या में छात्रों, जिन्होंने अपनी बारहवीं कक्षा की सत्र परीक्षा पास की है, को कॉलेजों में प्रवेश नहीं मिल सका क्योंकि उपलब्ध सीटों की संख्या सकल रूप से अपर्याप्त है।

कार्यवाईः I. बारहवीं कक्षा की सत्र परीक्षा की मूल्यांकन प्रणाली को और अधिक कठिन बनाया जाना चाहिए ताकि कम छात्र परीक्षा पास कर सकें।

II. सरकार को निजी क्षेत्र को सस्ते दर पर जमीन उपलब्ध कराकर नए कॉलेज खोलने के लिए प्रोत्साहित करना चाहिए।

III. अमीर लोगों को अपने बच्चों को विदेशों में भेजने के लिए कहा जाना चाहिए ताकि उच्च अध्ययन के लिए जरूरतमंद छात्रों को देश के भीतर कॉलेजों में प्रवेश मिल सके।

(*a*) केवल कार्यवाई I की जाएगी।
(*b*) केवल कार्यवाई II की जाएगी।
(*c*) केवल कार्यवाई I और II की जाएंगी।
(*d*) केवल कार्यवाई II और III की जाएंगी।
(*e*) इनमें से कोई नहीं।

8. कथन: औद्योगिक अपशिष्टों और ऑटोमोबाइल निकास के माध्यम से शहर में प्रदूषण के स्तर में किसी भी तरह की वृद्धि से निवासियों के लिए एक गंभीर खतरा पैदा हो जाएगा।

कार्यवाई: I. शहर में सभी कारखानों को तुरंत बंद कर देना चाहिए।
II. ऑटोमोबाइल को दिन में चार घंटे से अधिक सड़क पर रुकने की अनुमति नहीं दी जानी चाहिए।
III. सरकार को कारखानों और ऑटोमोबाइल को नए लाइसेंस के मुद्दे को प्रतिबंधित करना चाहिए।

(*a*) कोई कार्यवाई नहीं की जाएगी।
(*b*) केवल कार्यवाई II की जाएगी।
(*c*) केवल कार्यवाई III की जाएगी।
(*d*) सभी कार्यवाई की जाएंगी।
(*e*) इनमें से कोई नहीं।

9. कथन: हाल ही में त्योहारी सीजन के दौरान शहर में आपराधिक गतिविधियों में तेजी आई थी। **(M.A.T. 2005)**

कार्यवाई: I. पुलिस को इस वृद्धि के कारणों की तुरंत जाँच करनी चाहिए।
II. भविष्य में त्योहार के दौरान ऐसी स्थिति की पुनरावृत्ति से बचने के लिए पुलिस को पर्याप्त सावधानी बरतनी चाहिए।
III. ज्ञात अपराधियों को ऐसे किसी भी मौसम से पहले गिरफ्तार किया जाना चाहिए।

(*a*) कोई कार्यवाई नहीं की जाएगी।
(*b*) केवल कार्यवाई I और II की जाएंगी।
(*c*) केवल कार्यवाई II और III की जाएंगी।
(*d*) सभी कार्यवाई की जाएंगी।
(*e*) इनमें से कोई नहीं।

10. कथन: एक स्थानीय दुकान से नकली शराब के सेवन के बाद बड़ी संख्या में लोग गंभीर रूप से बीमार हो गए हैं।

कार्यवाई: I. सरकार को शराब बेचने वाली सभी दुकानों को तुरंत बंद कर देना चाहिए जब तक कि स्टॉक में विषाक्तता की उपस्थिति की जांच न की जाए।
II. शराब की दुकान के मालिक को शहर छोड़ने और कहीं और दुकान खोलने के लिए कहा जाना चाहिए।
III. शराब की दुकान के मालिक को तुरंत गिरफ्तार किया जाना चाहिए और लापरवाही के लिए आपराधिक मुकदमा चलाना चाहिए।

(*a*) केवल कार्यवाई I और II की जाएंगी।
(*b*) केवल कार्यवाई II और III की जाएंगी।
(*c*) केवल कार्यवाई III की जाएगी।
(*d*) केवल कार्यवाई I और III की जाएंगी।
(*e*) सभी कार्यवाई की जाएंगी।

11. कथन: मध्याह्न भोजन योजना की समाप्ति के बाद नगर निगम के स्कूलों से ड्रॉपआउट की संख्या में काफी वृद्धि हुई है।

कार्यवाई: I. सरकार को मध्याह्न भोजन योजना की समाप्ति के अपने निर्णय पर पुनर्विचार करना चाहिए। **(Bank P.O. 2005)**
II. सरकार को नगर निगम के कुछ स्कूलों को बंद करना चाहिए।
III. सरकार को स्कूल छोड़ने के कारणों का पता लगाने के लिए एक विस्तृत अध्ययन कराना चाहिए।

(*a*) कोई कार्यवाई नहीं की जाएगी।
(*b*) केवल कार्यवाई I की जाएगी।
(*c*) केवल कार्यवाई I और III की जाएंगी।
(*d*) केवल कार्यवाई II और III की जाएंगी।
(*e*) सभी कार्यवाई की जाएंगी।

12. कथन: शहर में, 75 प्रतिशत से अधिक लोग झुग्गी और घटिया घरों में रह रहे हैं जो सरकार की आवास और शहरी विकास नीतियों की वास्तविकता दर्शाता है।

कार्यवाई: I. आवास और शहरी विकास की देखरेख के लिए एक अलग विभाग होना चाहिए।
II. शहरी आवास के संबंध में नीतियों की समीक्षा की जानी चाहिए।
III. ग्रामीण आवास संबंधी नीतियों की भी समीक्षा की जानी चाहिए ताकि ग्रामीण क्षेत्रों में ऐसी समस्याओं से बचा जा सके।

(*a*) केवल कार्यवाई I की जाएगी।
(*b*) केवल कार्यवाई I और II की जाएंगी।
(*c*) केवल कार्यवाई II की जाएगी।
(*d*) या तो कार्यवाई II या III की जाएगी।
(*e*) केवल कार्यवाई II और III की जाएंगी।

13. कथन: दिखावट और वेशभूषा के अलावा, खुद को भीतर से विकसित करना भी महत्वपूर्ण है। **(M.A.T. 1999)**

कार्यवाई: I. किसी को फैशन पर ध्यान नहीं देना चाहिए।
II. फैशन पर ध्यान देना चाहिए।
III. स्व-विकास पर पुस्तकों को प्रोत्साहित किया जाना चाहिए।

(*a*) केवल कार्यवाई I की जाएगी।
(*b*) केवल कार्यवाई II की जाएगी।
(*c*) केवल कार्यवाई III की जाएगी।
(*d*) केवल कार्यवाई I और III की जाएंगी।

14. कथन: हाल के महीनों के दौरान शहरों A और B के बीच सुपर एक्सप्रेसवे पर राजमार्ग डकैती की कुछ घटनाएं हुई हैं।

कार्यवाई: I. स्थानीय प्रशासन को डकैती को रोकने के लिए तुरंत एक्सप्रेसवे पर पुलिस टिकट स्थापित करना चाहिए।
II. स्थानीय प्रशासन को तुरंत एक्सप्रेसवे को बंद कर देना चाहिए जब तक कि लुटेरों को पकड़ नहीं लिया जाता।
III. लुटेरों से निपटने के लिए अधिक से अधिक लोगों को प्रशिक्षण दिया जाना चाहिए। **(R.B.I. 2003)**

(*a*) केवल कार्यवाई I की जाएगी।
(*b*) केवल कार्यवाई I और II की जाएंगी।
(*c*) केवल कार्यवाई I और III की जाएंगी।
(*d*) सभी कार्यवाई की जाएंगी।
(*e*) इनमें से कोई नहीं।

15. कथन: टीवी चौनलों में से एक के द्वारा यह बताया गया है कि एक राज्य की बोर्ड परीक्षा के उत्तर-पुस्तिकाओं का मूल्यांकन उसी कक्षा में अध्ययन करने वाले छात्रों द्वारा परीक्षार्थियों को दिए गए मॉडल उत्तर की सहायता से किया जाता है। **(Bank P.O. 2004)**

कार्यवाई: I. ऐसे सभी परीक्षार्थियों को उनके आधिकारिक पदों से तुरंत निलंबित कर दिया जाना चाहिए।

II. छात्रों द्वारा मूल्यांकन किए गए ऐसे सभी पत्रों को तुरंत जब्त कर लिया जाना चाहिए और योग्य शिक्षकों द्वारा मूल्यांकन किया जाना चाहिए।

III. बोर्ड को कंप्यूटराइज्ड मशीनों द्वारा इस परीक्षा की उत्तरपुस्तिका के मूल्यांकन के बावजूद, इनके दूर पहुँचने की संभावनाओं का पता लगाना चाहिए।

(*a*) केवल कार्यवाई I की जाएगी।
(*b*) केवल कार्यवाई II की जाएगी।
(*c*) केवल कार्यवाई III की जाएगी।
(*d*) केवल कार्यवाई I और II की जाएंगी।
(*e*) सभी कार्यवाई की जाएंगी।

16. कथन: हाल के दिनों में वाहनों का आवागमन इतना बढ़ गया है कि पीक आवर्स के दौरान शहर और हवाई अड्डे के बीच यात्रा करने में कम से कम दो घंटे लगते हैं।

कार्यवाई: I. गैर-हवाई अड्डे जाने वाले वाहनों को शहर और हवाई अड्डे को जोड़ने वाली सड़क पर जाने की अनुमति नहीं दी जानी चाहिए।

II. पीक आवर्स के दौरान विभिन्न लिंक सड़कों के माध्यम से वाहनों के आवागमन का भार डायवर्ट किया जाना चाहिए।

III. उड़ानों के प्रस्थान और आगमन को विनियमित किया जाना चाहिए ताकि पीक आवर्स के दौरान भीड़भाड़ से बचा जा सके।

(*a*) केवल कार्यवाई I की जाएगी।
(*b*) केवल कार्यवाई II की जाएगी।
(*c*) केवल कार्यवाई I और II की जाएंगी।
(*d*) सभी कार्यवाई की जाएंगी।
(*e*) इनमें से कोई नहीं।

17. कथन: रेलवे लेवल क्रॉसिंग में हुए सबसे भीषण हादसों में, पचास लोगों की मौत हो गई जब उन्हें ले जा रही एक बस चलती ट्रेन से टकरा गई। **(M.A.T. 2005)**

कार्यवाई: I. ट्रेन चालक को तत्काल निलंबित कर दिया जाना चाहिए।

II. बस के चालक पर उसकी ओर से लापरवाही के लिए अदालत में मुकदमा चलाना चाहिए।

III. रेलवे प्राधिकरण से कहा जाना चाहिए कि वह अपने सभी लेवल क्रॉसिंगों को व्यक्तियुक्त करे।

(*a*) कोई कार्यवाई नहीं की जाएगी।
(*b*) केवल कार्यवाई I और II की जाएंगी।
(*c*) केवल कार्यवाई III की जाएगी।
(*d*) केवल कार्यवाई II और III की जाएंगी।
(*e*) इनमें से कोई नहीं।

18. कथन: देश के अधिकांश हिस्सों में इस खरीफ सीजन में गेहूं के उत्पादन में अभूतपूर्व वृद्धि हुई है।

कार्यवाई: I. सरकार को गेहूं के खरीद मूल्य को तुरंत कम करना चाहिए।

II. किसानों को कहा जाना चाहिए कि वे पैदा होने वाली अतिरिक्त उपज का भण्डारण करें और भविष्य में उपयोग में लाएं।

III. सरकार को अंतर्राष्ट्रीय बाजार में अपनी उपस्थिति बढ़ाने के लिए गेहूं के निर्यात के लिए अपने सर्वोत्तम प्रयास करने चाहिए।

(*a*) केवल कार्यवाई I और II की जाएंगी।
(*b*) केवल कार्यवाई II और III की जाएंगी।
(*c*) केवल कार्यवाई I और III की जाएंगी।
(*d*) सभी कार्यवाई की जाएंगी।
(*e*) इनमें से कोई नहीं।

19. कथन: कंपनी X ने कंपनी A द्वारा आपूर्ति किए गए वाल्वों की पहली खेप को खारिज कर दिया है और घटिया गुणवत्ता सामग्री और खराब शिल्प कौशल के उपयोग के कारण अपने पूरे बड़े आर्डर को रद्द कर दिया है। **(S.B.I.P.O. 1999)**

कार्यवाई: I. कंपनी A को अपनी खरीद, उत्पादन और गुणवत्ता नियंत्रण विभागों के कामकाज की जांच करने की आवश्यकता है।

II. कंपनी A को कंपनी X द्वारा खारिज किए गए सभी वाल्वों का निरीक्षण करना चाहिए।

III. कंपनी A को कंपनी X को आपूर्ति में सुधार करने को सूचित करना चाहिए और समय सारणी के पुनर्निधारण के लिए कदम उठाने चाहिए।

(*a*) केवल कार्यवाई I और II की जाएंगी।
(*b*) केवल कार्यवाई II की जाएगी।
(*c*) II, और या तो I या III की जाएंगी।
(*d*) तीनों कार्यवाई I, II और III की जाएंगी।
(*e*) इनमें से कोई नहीं।

20. कथन: हर साल हजारों पात्र छात्रों को अपने स्कूल छोड़ने के प्रमाण पत्र परीक्षा पास करने के बाद शहरी और ग्रामीण दोनों क्षेत्रों के कॉलेजों में प्रवेश नहीं मिलता है।

कार्यवाई: I. शहरी और ग्रामीण दोनों क्षेत्रों में और कॉलेज स्थापित किए जाने चाहिए।

II. शहरी और ग्रामीण दोनों क्षेत्रों में स्कूलों की संख्या कम करनी चाहिए।

III. अधिक स्कूलों को अपनी स्कूली शिक्षा पूरी करने के बाद छात्रों को अपना व्यवसाय करने के लिए सुसज्जित पाठ्यक्रम प्रदान करना चाहिए।

(*a*) केवल कार्यवाई I की जाएगी।
(*b*) केवल कार्यवाई II और III की जाएंगी।
(*c*) केवल कार्यवाई I और III की जाएंगी।
(*d*) सभी कार्यवाई की जाएंगी।
(*e*) इनमें से कोई नहीं।

21. कथन: पिछले कुछ दिनों के दौरान बेमौसम भारी बारिश के कारण जिले में रबी की फसल का बड़ा हिस्सा क्षतिग्रस्त हो गया है। **(Bank P.O. 2005)**

कार्यवाई: I. सरकार को प्रभावित किसानों को उनके नुकसान की भरपाई के लिए राहत देनी चाहिए।

II. सरकार को खरीफ सीजन के लिए किसानों को मुफ्त बीज और खाद उपलब्ध कराना चाहिए।

III. सरकार को प्रभावित किसानों द्वारा रबी फसल के लिए, लिए गए सभी ऋणों को माफ कर देना चाहिए।

(a) केवल कार्यवाई I और II की जाएंगी।
(b) केवल कार्यवाई II की जाएगी।
(c) केवल कार्यवाई II और III की जाएंगी।
(d) केवल कार्यवाई III की जाएगी।
(e) सभी कार्यवाई की जाएंगी।

22. कथन: ट्रांसपोर्टर्स एसोसिएशन द्वारा की गई हड़ताल के कारण पिछले कुछ दिनों के दौरान आवश्यक वस्तुओं की कीमतों में अभूतपूर्व वृद्धि हुई है।

कार्यवाई: I. सरकार द्वारा ट्रांसपोर्टर्स एसोसिएशन को तुरंत हड़ताल को वापस लेने का आदेश दिया जाना चाहिए अन्यथा उन्हें गंभीर परिणाम भुगतने होंगे।
II. बाजार में आवश्यक वस्तुओं की पर्याप्त आपूर्ति सुनिश्चित करने के लिए सरकार को तुरंत वैकल्पिक व्यवस्था करनी चाहिए।
III. सरकार को तुरंत हड़ताल को अवैध घोषित करना चाहिए और हड़ताल के लिए जिम्मेदार सभी लोगों को सलाखों के पीछे डालना चाहिए।

(a) केवल कार्यवाई I और II की जाएंगी।
(b) केवल कार्यवाई II और III की जाएंगी।
(c) केवल कार्यवाई I और III की जाएंगी।
(d) सभी कार्यवाई की जाएंगी।
(e) इनमें से कोई नहीं।

23. कथन: विश्वविद्यालय, उसके कॉलेजों और विभिन्न प्राधिकरणों के बीच समन्वय की कमी के परिणामस्वरूप छात्रों को एक कॉलेज से दूसरे में माइग्रेशन की अनुमति नहीं दी गई है। **(M.B.A. 2005)**

कार्यवाई: I. यदि किसी छात्र को किसी कॉलेज से बाहर कर दिया जाता है, तो विश्वविद्यालय के अन्य सभी कॉलेजों को सूचना भेज दी जानी चाहिए।
II. विश्वविद्यालय के सभी कॉलेजों में प्रवेश सीधे विश्वविद्यालय द्वारा ही संभाला जाना चाहिए।
III. असामाजिक गतिविधियों में लिप्त छात्रों के खिलाफ सख्त कार्रवाई करने के लिए एक अलग सेक्शन बनाया जाना चाहिए।

(a) केवल कार्यवाई I की जाएगी।
(b) केवल कार्यवाई II की जाएगी।
(c) केवल कार्यवाई III की जाएगी।
(d) केवल कार्यवाई I और III की जाएंगी।
(e) केवल कार्यवाई II और III की जाएंगी।

24. कथन: गरीबी बढ़ रही है क्योंकि लोग, जो यह तय कर रहे हैं कि इससे कैसे निपटना है, गरीबों के बारे में बिल्कुल कुछ नहीं जानते हैं। **(M.A.T. 1999)**

कार्यवाई: I. निर्णय निर्माताओं को जमीनी स्तर पर जाना चाहिए।
II. निर्णय निर्माताओं को समाज के गरीब वर्गों से आना चाहिए।
III. निर्णय निर्माताओं के नए सेट द्वारा मौजूदा निर्णय निर्माताओं को बदलना चाहिए।

(a) केवल कार्यवाई I की जाएगी।
(b) केवल कार्यवाई II की जाएगी।
(c) केवल या तो कार्यवाई I या III की जाएंगी।
(d) सभी कार्यवाई की जाएंगी।
(e) इनमें से कोई नहीं।

25. कथन: पातालगंगा नदी में कुछ रासायनिक उद्योगों से अपशिष्टों के निर्वहन के कारण प्रदूषण के बाद, महाराष्ट्र प्रदूषण नियंत्रण बोर्ड से अगले आदेश तक न्यू बॉम्बे को पेयजल आपूर्ति निलंबित कर दी गई है।

कार्यवाई: I. नदी में अपशिष्टों के निर्वहन के लिए जिम्मेदार उद्योगों को तुरंत बंद करने के लिए कहा जाना चाहिए।
II. आपूर्ति शुरू करने से पहले नदी के पानी का तुरंत रासायनिक उपचार किया जाना चाहिए।
III. प्रदूषण नियंत्रण बोर्ड को उद्योगों द्वारा नियमित अंतराल पर नदी में छोड़े जा रहे अपशिष्टों की प्रकृति की जाँच करनी चाहिए।

(a) केवल कार्यवाई I की जाएगी।
(b) केवल कार्यवाई II और III की जाएंगी।
(c) केवल कार्यवाई III की जाएगी।
(d) सभी कार्यवाई की जाएंगी।
(e) इनमें से कोई नहीं।

26. कथन: स्कूल M के प्रबंधन ने प्राथमिक कक्षाओं में सभी छात्रों को अगले शैक्षणिक वर्ष से अपने कैंटीन के माध्यम से मुफ्त नाश्ता देने का फैसला किया है, भले ही उन्हें कोई सरकारी अनुदान नहीं मिले।

कार्यवाई: I. स्कूल को कई गरीब छात्रों को स्वीकार करना होगा जो अगले शैक्षणिक वर्ष में प्रवेश चाहते हैं।
II. कैंटीन सुविधाओं और बर्तनों की जांच की जानी चाहिए और इसे ठीक से सुसज्जित करने के लिए नई खरीद की जानी चाहिए।
III. आने वाले वर्षों के लिए इस योजना का समर्थन करने के लिए फंड जुटाना होगा। **(S.B.I.P.O. 1999)**

(a) केवल कार्यवाई I की जाएगी।
(b) केवल या तो कार्यवाई I या II की जाएगी।
(c) केवल कार्यवाई II और III की जाएंगी।
(d) सभी कार्यवाई की जाएंगी।
(e) इनमें से कोई नहीं।

27. कथन: इस गर्मी में दिन का तापमान देश भर में सामान्य तापमान से चार से पांच डिग्री सेल्सियस अधिक रहा है। **(Bank P.O. 2004)**

कार्यवाई: I. सभी जिला मुख्यालयों को सतर्क किया जाना चाहिए कि वे अपने अधिकार क्षेत्र में गर्मी की लहरों के कारण मृत्यु की त्वरित रिपोर्ट भेजें।
II. सरकारी मशीनरी को किसी भी अप्रिय घटना को रोकने के लिए उच्च अलर्ट पर रखा जाना चाहिए और आवश्यक उपकरण प्रदान किये जाने चाहिए।
III. अत्यधिक गर्म हवाओं से प्रभावित सभी क्षेत्रों में पेयजल उपलब्ध कराने के लिए सरकार को आवश्यक व्यवस्था करनी चाहिए।

(a) केवल कार्यवाई I की जाएगी।
(b) केवल कार्यवाई I और II की जाएंगी।
(c) सभी कार्यवाई की जाएंगी।
(d) केवल कार्यवाई III की जाएगी।
(e) केवल कार्यवाई II और III की जाएंगी।

28. कथन: पूरे आंध्र तट पर तालाबों में हाल ही में हुई झींगुरों की एक सामूहिक मृत्यु एक वायरस की उपस्थिति के कारण बताई गई है। **(M.A.T. 2005)**

कार्यवाई: I. वायरस की प्रकृति की पहचान करने के लिए प्रभावित तालाबों के पानी का तुरंत इलाज किया जाना चाहिए।

II. तालाबों से झींगुरों को पकड़ना अस्थायी रूप से रोक दिया जाना चाहिए।

III. प्रकृति में ऐसी घटना की शुरुआत को देखने के लिए मछुआरों को कहा जाना चाहिए।

(*a*) केवल कार्यवाई I की जाएगी।
(*b*) केवल कार्यवाई I और II की जाएंगी।
(*c*) सभी कार्यवाई की जाएंगी।
(*d*) केवल कार्यवाई II और III की जाएंगी।
(*e*) इनमें से कोई नहीं।

29. कथनः कई निजी क्षेत्र के बैंकों ने सार्वजनिक क्षेत्र के बैंकों की तुलना में आवास ऋण पर ब्याज दर कम कर दी है।

कार्यवाई: I. सार्वजनिक क्षेत्र के बैंकों द्वारा जांच के लिए नियामक प्राधिकरण के समक्ष मामला उठाया जाना चाहिए क्योंकि वे इस तरह की कटौती का पालन नहीं कर सकते हैं।

II. सार्वजनिक क्षेत्र के बैंकों को प्रतिस्पर्धा में बने रहने के लिए ऐसी नीति अपनानी चाहिए।

III. सार्वजनिक क्षेत्र के बैंकों को अपने विशेष सुविधा का बार-बार विज्ञापन देना चाहिए ताकि वे अपने भविष्य के ग्राहकों को न खोएं।

(*a*) सभी कार्यवाई की जाएंगी।
(*b*) केवल कार्यवाई I और II की जाएंगी।
(*c*) केवल कार्यवाई I और III की जाएंगी।
(*d*) केवल या तो कार्यवाई II या III की जाएगी।
(*e*) इनमें से कोई नहीं।

30. कथनः पिछले कई दिनों से हो रही लगातार बारिश ने जलभराव और बाढ़ की समस्या उत्पन्न कर दी है क्योंकि नदी का तल गाद और कीचड़ से भरा है।

कार्यवाई: I. नदी के पास रहने वाले लोगों को सुरक्षित स्थान पर स्थानांतरित किया जाना चाहिए।

II. रेडियो/टेलीविजन पर आसन्न खतरे के बारे में लोगों को जागरूक किया जाना चाहिए।

III. नदी के तल से गाद और कीचड़ को जल स्तर की कमी के तुरंत बाद साफ किया जाना चाहिए।

(*a*) कोई कार्यवाई नहीं की जाएगी।
(*b*) केवल कार्यवाई I और II की जाएंगी।
(*c*) केवल कार्यवाई II और III की जाएंगी।
(*d*) केवल कार्यवाई I और III की जाएंगी।
(*e*) सभी कार्यवाई की जाएंगी।

31. कथनः मौसम विभाग ने अगले साल के मानसून के दौरान कम बारिश का पूर्वानुमान जारी किया है। **(NABARD, 2002)**

कार्यवाई: I. सरकार को जल संसाधनों के उचित प्रबंधन के लिए तुरंत एक जल प्राधिकरण की स्थापना करनी चाहिए।

II. जल आपूर्ति अधिकारियों को स्थिति से निपटने के लिए नियमित जल आपूर्ति में कमी करने के लिए कहा जाना चाहिए।

III. किसानों को आने वाले महीनों के दौरान वैकल्पिक फसलों की खेती करने की सलाह दी जानी चाहिए, जिसमें कम पानी की आवश्यकता होती है।

(*a*) केवल कार्यवाई I और II की जाएंगी।
(*b*) केवल कार्यवाई II और III की जाएंगी।
(*c*) केवल कार्यवाई I और III की जाएंगी।
(*d*) सभी कार्यवाई की जाएंगी।
(*e*) इनमें से कोई नहीं।

32. कथनः 27,000 से अधिक बंधुआ मजदूरों की पहचान की गई और उन्हें मुक्त कर दिया गया है।

कार्यवाई: I. बंधुआ मजदूरों के और मामलों की पहचान की जानी चाहिए।

II. जब तक उचित पुनर्वास सुविधाएं उपलब्ध नहीं होती हैं, तब तक बंधुआ मजदूरों को मुक्त नहीं किया जाना चाहिए।

III. बंधुआ मजदूरों के पुनर्वास के रास्ते में आने वाली बाधाओं को शीघ्र और उचित ढंग से दूर किया जाना चाहिए।

(*a*) कोई कार्यवाई नहीं की जाएगी।
(*b*) केवल कार्यवाई I की जाएगी।
(*c*) केवल कार्यवाई II की जाएगी।
(*d*) केवल कार्यवाई III की जाएगी।
(*e*) केवल कार्यवाई II और III की जाएंगी।

33. कथनः सिटी X के नॉर्थ वार्ड के तहत आने वाली मॉडल कॉलोनी के निवासियों ने वार्ड अधिकारी से शिकायत की है कि पिछले तीन दिनों से वार्ड में नल का पानी दूषित है और नगर निगम के कर्मचारियों द्वारा कोई कार्रवाई नहीं की जा रही है।

कार्यवाई: I. उत्तरी वार्ड के वार्ड अधिकारी को उन निवासियों के खिलाफ कार्रवाई शुरू करनी चाहिए जिन्होंने नगरपालिका कर्मचारियों के खिलाफ शिकायतें दर्ज की हैं।

II. वार्ड अधिकारी को अपने कनिष्ठ अधिकारी से अपने कर्मचारियों के साथ पानी की वास्तविक स्थिति का आकलन करने और प्रयोगशालाओं परीक्षण के लिए पानी के नमूने प्राप्त करने के लिए मॉडल कॉलोनी जाने के लिए कहना चाहिए।

III. वार्ड अधिकारी को चाहिए कि वह वार्ड इंजीनियर को मॉडल कॉलोनी क्षेत्र में पानी के प्रतिष्ठानों और पाइपलाइनों की जांच करने के लिए कहे।

(*a*) केवल कार्यवाई I और II की जाएंगी।
(*b*) केवल कार्यवाई II और III की जाएंगी।
(*c*) केवल कार्यवाई I और III की जाएंगी।
(*d*) केवल या तो I या III, और II की जाएंगी।
(*e*) इनमें से कोई नहीं।

34. कथनः अधिकारियों के अनुसार, संगठन के साथ धन की कमी ने इस शानदार वास्तुकला संरचना की दयनीय स्थिति को जन्म दिया है।

कार्यवाई: I. भवन के लिए एक नई वास्तु संरचना तैयार की जानी चाहिए।

II. संरचना की खराब स्थिति के कारणों का पता लगाना चाहिए।

III. संरचना की स्थिति में सुधार के लिए अनुदान दिया जाना चाहिए।

(*a*) केवल कार्यवाई I की जाएगी।
(*b*) केवल कार्यवाई II की जाएगी।
(*c*) केवल कार्यवाई III की जाएगी।
(*d*) केवल कार्यवाई II और III की जाएंगी।
(*e*) केवल कार्यवाई I और III की जाएंगी।

35. कथन: इस वर्ष देश में आयोजित विभिन्न परीक्षाओं के दौरान छात्रों द्वारा कदाचार करने में अभूतपूर्व वृद्धि हुई है। **(Bank P.O. 2004)**

कार्यवाई: I. इन परीक्षाओं का आयोजन करने वाले सभी संबंधित अधिकारियों को तुरंत इसको रोकने के लिए प्रभावी उपाय करने चाहिए।

II. उन सभी छात्रों को, जो अनुचित साधनों का प्रयोग करते पाए गए है, उन्हें अगले तीन वर्षों के लिए इनमें से किसी भी परीक्षा में उपस्थित होने से वंचित किया जाना चाहिए।

III. अनुचित साधनों का उपयोग करने के सन्दर्भ में आवश्यक विधानों को पारित करके तुरंत संज्ञेय अपराध बनाया जाना चाहिए।

(*a*) केवल कार्यवाई I की जाएगी।
(*b*) केवल कार्यवाई I और II की जाएंगी।
(*c*) केवल कार्यवाई II और III की जाएंगी।
(*d*) केवल कार्यवाई I और III की जाएंगी।
(*e*) सभी कार्यवाई की जाएंगी।

36. कथन: संस्थान ने निवेशकों को अपनी कुछ सूचीबद्ध योजनाओं के लिए स्थानांतरण फॉर्म के लिए एक वर्ष की वैधता अवधि तय की है।

कार्यवाई: I. संस्थान को वैधता अवधि को तय करने से पहले निवेशकों से परामर्श करना चाहिए।

II. निवेशकों को वैधता अवधि के बारे में विधिवत जानकारी दी जानी चाहिए।

III. इस वैधता अवधि के अंतर्गत आने वाली योजनाओं की सूची संप्रेषित की जानी चाहिए।

(*a*) केवल कार्यवाई I और II की जाएंगी।
(*b*) केवल कार्यवाई III की जाएगी।
(*c*) केवल कार्यवाई II और III की जाएंगी।
(*d*) केवल कार्यवाई I और III की जाएंगी।
(*e*) सभी कार्यवाई की जाएंगी।

37. कथन: परमाणु ऊर्जा किसी देश को सुरक्षित नहीं बना सकती है। **(M.A.T. 1999)**

कार्यवाई: I. हमें अपनी परमाणु शक्ति को बढ़ाने के आगे के खर्चों को रोकना चाहिए।

II. हमें अपनी परमाणु क्षमता को नष्ट करना चाहिए।

III. हमें अपने राजनयिक संबंधों को सुधारने पर ध्यान केंद्रित करना चाहिए।

(*a*) केवल कार्यवाई I की जाएगी।
(*b*) केवल कार्यवाई II की जाएगी।
(*c*) केवल कार्यवाई III की जाएगी।
(*d*) केवल कार्यवाई I और III की जाएंगी।

38. कथन: मौसम विभाग ने बताया है कि अगले अड़तालीस घंटों के दौरान शहर में भयंकर तूफान आने की संभावना है।

कार्यवाई: I. प्रशासन को सभी व्यावसायिक और शैक्षिक प्रतिष्ठानों को दो दिनों के लिए बंद करने की सलाह देनी चाहिए।

II. प्रशासन को सूचना को सार्वजनिक नहीं करना चाहिए क्योंकि इससे शहर के निवासियों में दहशत पैदा हो सकती है।

III. प्रशासन को किसी भी संभावित आपातकालीन स्थिति से निपटने के लिए अपने आपदा प्रबंधन कार्यक्रम को सक्रिय करना चाहिए।

(*a*) केवल कार्यवाई I और II की जाएंगी।
(*b*) केवल कार्यवाई III की जाएगी।
(*c*) केवल कार्यवाई II और III की जाएंगी।
(*d*) केवल कार्यवाई I और III की जाएंगी।
(*e*) सभी कार्यवाई की जाएंगी।

39. कथन: शहर Z के उप महापौर ने मिनरल वाटर का एक प्लांट लगाने और नागरिकों को 6 रुपये प्रति लीटर की दर से मिनरल वाटर की बोतलें सप्लाई करने का प्रस्ताव दिया है, जोकि स्थानीय निजी कंपनियों द्वारा 10 रुपये प्रति लीटर की दर से बेचा जा रहा है। **(S.B.I.P.O. 1999)**

कार्यवाई: I. शहर Z की स्थानीय निजी कंपनियों को अपना संचालन बंद करना होगा।

II. शहर Z के निगम को अपने बजट में इस परियोजना में नुकसान के लिए धन प्रदान करना होगा।

III. शहर Z की नल जल योजनाओं को बंद करना होगा।

(*a*) केवल कार्यवाई I और II की जाएंगी।
(*b*) केवल कार्यवाई II और III की जाएंगी।
(*c*) केवल कार्यवाई I और III की जाएंगी।
(*d*) सभी कार्यवाई की जाएंगी।
(*e*) इनमें से कोई नहीं।

40. कथन: गांवों में बड़ी संख्या में छात्रों के स्कूल छोड़ने की सूचना मिली है क्योंकि उनके माता-पिता चाहते हैं कि उनके बच्चे खेतों में उनकी मदद करें।

कार्यवाई: I. सरकार को शिक्षा के मूल्य के बारे में किसानों के बीच जागरूकता पैदा करने के लिए तुरंत एक कार्यक्रम शुरू करना चाहिए।

II. सरकार को उन किसानों को प्रोत्साहन देना चाहिए जिनके बच्चे स्कूलों में जाते हैं।

III. 14 वर्ष तक के सभी बच्चों के लिए शिक्षा अनिवार्य कर दी जानी चाहिए और उनके रोजगार पर प्रतिबंध लगा दिया जाना चाहिए।

(*a*) केवल कार्यवाई I और II की जाएंगी।
(*b*) केवल कार्यवाई II और III की जाएंगी।
(*c*) केवल कार्यवाई I और III की जाएंगी।
(*d*) सभी कार्यवाई की जाएंगी।
(*e*) इनमें से कोई नहीं।

41. कथन: बड़ी संख्या में नगरपालिका स्कूलों में पढ़ने वाले छात्र दसवीं कक्षा की बोर्ड परीक्षा पास नहीं कर पाने के कारण छात्रों और उनके माता-पिता को निराशा हुई। **(Bank P.O. 2004)**

कार्यवाई: I. नगरपालिका प्राधिकरण को तुरंत स्थिति की समीक्षा करनी चाहिए और स्थिति को सुधारने के उपाय शुरू करना चाहिए।

II. नगरपालिका प्राधिकरण को नगरपालिका स्कूलों में शिक्षकों के रिक्त पदों को तुरंत भरना चाहिए।

III. नगरपालिका प्राधिकरण को अपने कुछ स्कूलों को बंद करना चाहिए और स्थितियों को सुधारने के लिए शेष स्कूलों पर अपना ध्यान केंद्रित करना चाहिए।

(*a*) केवल कार्यवाई I और II की जाएंगी।
(*b*) केवल कार्यवाई II और III की जाएंगी।
(*c*) केवल कार्यवाई I और III की जाएंगी।
(*d*) सभी कार्यवाई की जाएंगी।
(*e*) इनमें से कोई नहीं।

42. कथन: प्रोपराइटर और मिल के कर्मचारियों के बीच सक्रिय सहयोग के बिना, यह लंबे समय तक लाभप्रद नहीं रह सकता है।

कार्यवाई: I. मिल बंद हो जाना चाहिए।

II. श्रमिकों को मालिकों के साथ सहयोग करने के लिए कहा जाना चाहिए।

III. मालिकों को कर्मचारियों के साथ सहयोग करने के लिए कहा जाना चाहिए।

(*a*) कोई कार्यवाई नहीं की जाएगी।
(*b*) केवल कार्यवाई I और II की जाएंगी।
(*c*) सभी कार्यवाई की जाएंगी।
(*d*) केवल कार्यवाई II और III की जाएंगी।
(*e*) इनमें से कोई नहीं।

43. कथन: कुछ आदिवासी इलाकों में रहने वाले लोग शिक्षा से दूर हैं।

कार्यवाई: I. सरकार को गैर-सरकारी संगठनों को वहाँ स्कूल खोलने के लिए हरसंभव सहायता प्रदान करनी चाहिए।

II. इन क्षेत्रों में एक जन जागरूकता कार्यक्रम शुरू किया जाना चाहिए।

III. सामाजिक कार्यकर्ताओं को उन्हें शिक्षित करने का काम सौंपा जाना चाहिए। **(R.R.B. 2004)**

(*a*) केवल कार्यवाई I और II की जाएंगी।
(*b*) केवल कार्यवाई II और III की जाएंगी।
(*c*) केवल कार्यवाई I और III की जाएंगी।
(*d*) केवल या तो कार्यवाई I या III, और II की जाएंगी।
(*e*) सभी कार्यवाई की जाएंगी।

44. कथन: मौसम विभाग ने हाल के बुलेटिन में अगले सप्ताह के दौरान भारी बारिश का अनुमान लगाया है, जिससे शहर के कई हिस्सों में जल जमाव हो सकता है।

कार्यवाई: I. बुलेटिन को व्यापक मीडिया के माध्यम से व्यापक प्रचार दिया जाना चाहिए।

II. नागरिक प्राधिकरण को इन भागों से पानी निकालने के लिए पंपिंग सिस्टम को तत्परता से रखना चाहिए।

III. लोगों को इस अवधि के दौरान घर के अंदर रहने की सलाह दी जानी चाहिए।

(*a*) कोई कार्यवाई नहीं की जाएगी।
(*b*) केवल कार्यवाई I और II की जाएंगी।
(*c*) केवल कार्यवाई II की जाएगी।
(*d*) केवल कार्यवाई II और III की जाएंगी।
(*e*) इनमें से कोई नहीं।

45. कथन: उत्तर प्रदेश के पहाड़ी क्षेत्र में 200 से अधिक गांव हैं जो चक्रवात के कारण गंभीर रूप से क्षतिग्रस्त हैं और यहां राहत और पुनर्वास कार्य के लिए राज्य सरकार पर 200 करोड़ रुपये का अतिरिक्त बोझ पड़ता है।

कार्यवाई: I. पहाड़ी क्षेत्र के लोगों को अन्य सुरक्षित स्थानों पर स्थानांतरित किया जाना चाहिए।

II. राज्य सरकार को केंद्र सरकार से अधिक वित्तीय सहायता मांगनी चाहिए।

III. सरकार को अतिरिक्त बोझ कम करने के लिए कॉरपोरेट सेक्टर पर राहत कर लगाना चाहिए।

(*a*) कोई कार्यवाई नहीं की जाएगी।
(*b*) केवल कार्यवाई I और II की जाएंगी।
(*c*) केवल कार्यवाई II और III की जाएंगी।
(*d*) केवल कार्यवाई I और III की जाएंगी।
(*e*) इनमें से कोई नहीं।

46. कथन: पिछले दो महीनों के दौरान लगातार बारिश के कारण शहर की सभी प्रमुख सड़कों की हालत खराब हो गई है। **(Bank P.O. 2005)**

कार्यवाई: I. शहर के नागरिक प्राधिकरण को वाहनों के आवागमन को नियंत्रित करने के लिए अतिरिक्त यातायात कर्मचारियों की तैनाती करनी चाहिए।

II. शहर के नागरिक प्राधिकरण को क्षतिग्रस्त सड़कों की मरम्मत के लिए तुरंत व्यवस्था करनी चाहिए।

III. सड़कों के खराब गड्ढों के बारे में साइन बोर्ड लगाकर मोटर चालकों को विभिन्न स्थानों पर सतर्क किया जाना चाहिए ताकि वे तदनुसार अपनी यात्रा की योजना बना सकें।

(*a*) केवल कार्यवाई I और II की जाएंगी।
(*b*) केवल कार्यवाई II और III की जाएंगी।
(*c*) केवल कार्यवाई I और III की जाएंगी।
(*d*) सभी कार्यवाई की जाएंगी।
(*e*) इनमें से कोई नहीं।

हल-अभ्यास 4(B)

1. (*d*) : यात्रियों की सुरक्षा और सुविधा को ध्यान में रखते हुए I और II दोनों कार्यवाई होनी चाहिए। III स्पष्ट रूप से समस्या का एक उपाय बताता है और इसलिए यह भी होनी चाहिए।

2. (*c*) : यात्रियों की सुरक्षा के लिए निवारक उपाय, इस तरह की घटनाओं की पुनरावृत्ति से बचने के लिए कदम और पीड़ितों को पर्याप्त मुआवजे का भुगतान करना आवश्यक है। तो, केवल कार्यवाई III का अनुसरण करना चाहिए।

3. (*b*) : स्पष्ट रूप से, लोग व्यवस्था की कमी के कारण त्योहार का आनंद लेने से वंचित नहीं रह सकते। इसके अलावा, बड़ी भीड़ को नियंत्रित करने और सार्वजनिक समारोहों में किसी भी दुर्घटना को रोकने के लिए पुलिस को तैनात करना आवश्यक हो जाता है। इसके अलावा, इसमें कुछ भी खर्च नहीं होता है, लेकिन किसी भी घटना के मामले में रोगियों को त्वरित चिकित्सा सहायता प्रदान करने के लिए तैयार होने के लिए अस्पतालों को सतर्क करने के लिए उपयोगी साबित हो सकता है। तो, II और III दोनों का अनुसरण करना चाहिए।

4. (*c*) : स्वास्थ्य के किसी भी पहलू से निपटने के लिए दो कारक हैं- रोकथाम और उपचार। रोकथाम में लोगों में जागरूकता पैदा करना शामिल है और उपचार में पर्याप्त चिकित्सा सुविधाएं प्रदान करना शामिल है। तो II और III दोनों का अनुसरण करना चाहिए।

5. (*d*) : स्पष्ट रूप से, क्लोरोक्वीन अभी भी गैर-प्रतिरोधी किस्मों से छुटकारा पाने के लिए इस्तेमाल किया जा सकता है और प्रतिरोधी किस्मों के लिए नई दवाएं विकसित की जाती हैं। तब मच्छर का परीक्षण करके रोगियों को तदनुसार इलाज किया जा सकता है। तो, केवल कार्यवाई II और III की जाएंगी।

6. (*c*) : स्पष्ट रूप से, गाड़ियों की संख्या कम करके पलायन को रोका नहीं जा सकता है। तो, II का अनुसरण नहीं करना चाहिए। पलायन मुख्य रूप से शहरों में रोजगार के बेहतर अवसरों और सुविधाओं के कारण होता है। इसलिए, इसे मजबूरी से नहीं, बल्कि गाँवों में रहने वालों के अनुकूल परिस्थितियों को बनाकर रोका जा सकता है। तो I अनुसरण नहीं करता, जबकि III अनुसरण करता है।

7. (*b*) : स्पष्ट रूप से, महाविद्यालयों में प्रवेश के लिए उम्मीदवारों की संख्या को कम करना या उच्च अध्ययन के लिए अमीर परिवारों के छात्रों को विदेश भेजना, कोई उचित समाधान नहीं है। इसलिए I और III दोनों अनुसरण नहीं करते हैं। सही उपाय है कि कॉलेजों की संख्या बढ़ाई जाए ताकि प्रवेश लेने वालों की बढ़ती संख्या को समायोजित किया जा सके। अत: केवल कार्यवाई II होनी चाहिए।

8. (*c*) : मौजूदा औद्योगिक इकाइयों और ऑटोमोबाइल को प्रदूषण के स्तर की जाँच करनी चाहिए और इसे कम से कम करने के लिए उचित उपकरणों को फिट करना चाहिए। उनके संचालन को प्रतिबंधित करना कोई समाधान नहीं है। इसलिए, न तो I और न ही II अनुसरण करता है। इसके अलावा, नए लाइसेंस केवल उन्हीं वाहनों या कारखानों को दिए जाने चाहिए जो इष्टतम उत्सर्जन स्तर पर काम करते हैं। तो, III अनुसरण करता है।

9. (*b*) : पुलिस को मौजूदा सुरक्षा व्यवस्था में कमी का पता लगाने और इन अपर्याप्तताओं के लिए सुरक्षा को मजबूत करने और इस तरह आगामी त्योहार में आपराधिक गतिविधियों को रोकने के लिए करना चाहिए। इसलिए I और II दोनों कार्यवाई होनी चाहिए। ज्ञात अपराधियों को गिरफ्तार करना सुरक्षा सुनिश्चित नहीं करता है, क्योंकि नौसीखिए भी अपराध में लिप्त हो सकते हैं। तो, III का अनुसरण नहीं करना चाहिए।

10. (*d*) : स्पष्ट रूप से, नकली शराब बेचने के लिए दुकान के मालिक को दंडित किया जाना चाहिए। इसके अलावा, इस तरह के बेईमान शराब विक्रेताओं को छापेमारी करने और विभिन्न दुकानों से एकत्र किए गए नमूनों के परीक्षण का प्रयास करना चाहिए। तो II और III दोनों का अनुसरण करना चाहिए। हालांकि, शराब की दुकान के मालिक को दूसरी जगह भेजने से समस्या कहीं और भी पैदा हो सकती है। अत: II का अनुसरण नहीं करना चाहिए।

11. (*c*) : स्पष्ट रूप से, सरकार को ड्रॉपआउट की संख्या में वृद्धि के पीछे के कारण का पता लगाना चाहिए। और मध्याह्न भोजन योजना की वापसी भी ड्रॉपआउट के लिए जिम्मेदार है। इसलिए I और III दोनों का अनुसरण करना चाहिए। II अस्पष्ट प्रतीत होता है।

12. (*b*) : यह कथन केवल शहरी क्षेत्रों में आवास की स्थिति की बात करता है। तो III का अनुसरण नहीं करना चाहिए। इसके अलावा, बिगड़ती हुई आवास स्थितियों को सुधारने के लिए और कमियों को दूर करने के लिए शहरी आवास नीतियों का अध्ययन करने की आवश्यकता है और इसके लिए कुशल कर्मियों की एक टीम तैनात करनी चाहिए। इसलिए I और II दोनों कार्यवाई होनी चाहिए।

13. (*c*) : कथन किसी व्यक्ति के सर्वांगीण व्यक्तित्व विकास की आवश्यकता पर बल देता है। तो, केवल कार्यवाई III होनी चाहिए।

14. (*a*) : जाहिर है, सुरक्षा व्यवस्था कड़ी करने और पुलिस द्वारा सतर्कता बढ़ाने से ही डकैती की घटनाओं को रोका जा सकता है। तो, केवल I का अनुसरण करना चाहिए। न तो II और न ही III अनुसरण करना चाहिए क्योंकि उनमें से कोई भी व्यवहार्य नहीं है।

15. (*d*) : जो छात्र बोर्ड परीक्षा में अच्छा प्रदर्शन करने के लिए साल भर कड़ी मेहनत करते हैं, वे विशेषज्ञों द्वारा सही ढंग से मूल्यांकन किए जाने के लायक हैं, न कि यंत्रवत् या अनुभवहीन लोगों द्वारा। इसके अलावा, ऐसे परीक्षार्थी जो उत्तर पुस्तिकाओं के मूल्यांकन के अपने कर्तव्य से बचते हैं, उन्हें दंडित किया जाना चाहिए। इसलिए, I और II दोनों का अनुसरण करना चाहिए, जबकि III का नहीं।

16. (*b*) : स्पष्ट रूप से, शहर की यातायात स्थितियों के आधार पर उड़ानों की अनुसूची को निर्धारित नहीं किया जा सकता है। तो, III का अनुसरण नहीं करना चाहिए। समस्या का एकमात्र समाधान ट्रैफिक आंदोलन को विनियमित करना और विभिन्न गंतव्यों के लिए वैकल्पिक मार्ग प्रदान करना प्रतीत होता है ताकि भीड़भाड़ वाली सड़कों से यातायात को दूर किया जा सके। इस प्रकार, II का अनुसरण करना चाहिए। इसके अलावा, हवाई अड्डे और गैर-हवाई अड्डा बाध्य वाहन मालिकों दोनों की सुविधा का ध्यान रखा जाना चाहिए। इसलिए, कार्यवाई I का अनुसरण नहीं करना चाहिए।

17. (*c*) : कथन में चर्चित समस्या वर्तमान दुर्घटना के बारे में नहीं है, लेकिन इस तरह के हादसों को रोकने के लिए कुछ करने के लिए है। जब ट्रेन गुजरती है तो ट्रैफिक को नियंत्रित करने के लिए और यातायात की आवाजाही के लिए अवरोधकों को स्थापित करने के लिए व्यक्तियों को तैनात करके रेलवे क्रॉसिंग पर दुर्घटनाओं को रोका जा सकता है। तो, केवल कार्यवाई III की जाएगी।

18. (*e*) : स्पष्ट रूप से, I और II दोनों कार्यवाई किसानों के लिए व्यावसायिक रूप से व्यवहार्य नहीं हैं। इसलिए, उनमें से किसी का भी अनुसरण नहीं करना चाहिए। सरकार का एकमात्र उपाय गेहूं की अतिरिक्त उपज का निर्यात करने का प्रयास है। इस प्रकार, केवल कार्यवाई III की जाएगी।

19. (*a*) : सबसे पहले, कंपनी A को यह सुनिश्चित करने के लिए अस्वीकृत वाल्व का निरीक्षण करना चाहिए कि क्या वे वास्तव में घटिया हैं। यदि हाँ, तो इसे अपने काम की पूरी तरह से जांच करनी चाहिए और इसकी कमी को दूर करना चाहिए, जैसा कि कच्चे माल या शिल्प कौशल की गुणवत्ता में है। इसलिए, I और II दोनों कार्यवाई होनी चाहिए। III एक दूर की कार्रवाई प्रतीत होती है जिसे पहले दो चरणों के व्यवहार में लाने के बाद ही लागू किया जा सकता है। इस प्रकार, III का अनुसरण नहीं करना चाहिए।

20. (*c*) : स्कूलों से पास होने वाले छात्रों की बढ़ती संख्या को समायोजित करने में समस्या का समाधान निहित है। अत: केवल कार्यवाई I और III की जाएंगी।

21. (*e*) : संकट स्पष्ट रूप से किसानों को यथासंभव राहत देने की मांग करता है। तो, तीनों कार्यवाई I, II और III की जाएंगी।

22. (*a*) : स्पष्ट रूप से, स्थिति यह मांग करती है कि हड़ताल को या तो चेतावनी या बातचीत के माध्यम से समाप्त किया जाए, और तब तक आवश्यक वस्तुओं की आपूर्ति में सामान्य स्थिति बनाए

रखने के लिए वैकल्पिक व्यवस्था की जाए। इसलिए, I और II दोनों कार्यवाई की जानी चाहिए। पहले चरण में अत्यधिक कठोर कदम उठाना (जैसा कि हड़ताली ट्रांसपोर्टरों को गिरफ्तार किया जाना) उचित नहीं है। अत: III का अनुसरण नहीं करना चाहिए।

23. (*a*) : स्पष्ट रूप से, यह मुद्दा इतना बड़ा नहीं है जितना कि महाविद्यालयों में प्रवेश की सभी शक्तियां केवल विश्वविद्यालय को आवंटित की जाएं। तो, II का अनुसरण नहीं करना चाहिए। सभी कॉलेजों को बेदखल करने की छात्रों की जानकारी प्रसारित करके समस्या को हल किया जा सकता है ताकि यह सुनिश्चित हो सके कि ऐसे छात्रों को कहीं और भी प्रवेश न मिले। यह ऐसे छात्रों को सुधारने में उपयोगी साबित हो सकता है। इसलिए, कार्यवाई I का अनुसरण करना चाहिए, जबकि III का नहीं।

24. (*a*) : कथन अप्रत्यक्ष रूप से यह दावा करता है कि निर्णयकर्ता गरीबी को खत्म करने के लिए केवल तभी प्रभावी रूप से काम कर सकते हैं, जब उन्हें गरीब लोगों के साथ बातचीत के माध्यम से बुनियादी समस्याओं का पता चले। तो, केवल कार्यवाई I होनी चाहिए।

25. (*b*) : स्थिति की मांग है कि नदी में अपशिष्टों की प्रकृति की जाँच की जाए और पानी को उसके अनुसार पीने के लायक बनाया जाए। तो, II और III दोनों का अनुसरण करना चाहिए। इसके अलावा, नदी में अपशिष्टों का निर्वहन करने वाले उद्योगों को ऐसा नहीं करने की चेतावनी दी जानी चाहिए और बंद किए जाने के बजाय उचित अपशिष्ट उपचार और निपटान प्रणाली स्थापित करने के लिए कहा जाना चाहिए। इस प्रकार, कार्यवाई I का अनुसरण नहीं करना चाहिए।

26. (*c*) : चूंकि स्कूल ने कोई अनुदान प्राप्त किए बिना योजना शुरू की है, इसलिए उसे इस योजना को चालू रखने के लिए धन जमा करने और पर्याप्त व्यवस्था करने की आवश्यकता है। तो, केवल कार्यवाई II और III की जाएंगी।

27. (*e*) : स्थिति आम लोगों के लिए यथासंभव सहायता और राहत प्रदान करने की मांग करती है, इस प्रकार यह उनके लिए अत्यधिक गर्म मौसम का सामना करना आसान बनाता है। तो, केवल कार्यवाई II और III की जाएंगी।

28. (*a*) : तात्कालिक वायरस को पहचानने की आवश्यकता है और फिर उन्हें खत्म करने के लिए तालाब के पानी का उपचार करना चाहिए। तो, केवल कार्यवाई I की होनी चाहिए।

29. (*d*) : जाहिर है, निजी क्षेत्र के बैंकों ने सार्वजनिक क्षेत्र के बैंकों के अधिक से अधिक ग्राहकों को आकर्षित करने के लिए ऐसा किया है। इस प्रकार, सार्वजनिक क्षेत्र के बैंकों को या तो निजी क्षेत्र के बैंकों के साथ मेल खाने के लिए ब्याज की दर को कम करना चाहिए या उन विशेषताओं को उजागर करना चाहिए जो उन्हें निजी बैंकों से अलग करती हैं। तो, या तो कार्यवाई II या III की जाएंगी।

30. (*e*) : दी गयी सभी तीन कार्यवाई लोगों के जीवन को आने वाले खतरे से बचाने के लिए आदर्श हैं और इसलिए, सभी का अनुसरण करना चाहिए।

31. (*a*) : पहले से अच्छी तरह से जानकारी प्राप्त करने से स्पष्ट रूप से पता चलता है कि पानी की आपूर्ति में उचित प्रबंधन और मध्यम कटौती के द्वारा संकट के लिए पर्याप्त पानी बचाया जा सकता है। वैकल्पिक फसलों की खेती किसानों के लिए व्यवहार्य साबित नहीं हो सकती है। तो, केवल कार्यवाई I और II की जाएगी।

32. (*d*) : यहां चर्चा की गई समस्या बंधुआ मजदूरों के त्वरित पुनर्वास की आवश्यकता पर स्पष्ट संकेत देती है। तो, केवल कार्यवाई III की जाएगी।

33. (*b*) : निवासियों ने अपने अधीनस्थों के कर्तव्य की लापरवाही के बारे में वार्ड अधिकारी से शिकायत की। इसलिए, कार्यवाई I का अनुसरण नहीं करना चाहिए। इसके अलावा, शिकायत को सुनना, कॉलोनी में पानी की गुणवत्ता का पता लगाना और किसी भी क्षति या रिसाव के लिए जाँच की गई सभी पाइपलाइन और कनेक्शन प्राप्त करना अधिकारी का नैतिक कर्तव्य है जो पानी के दूषित होने का रास्ता खोल सकता है। इस प्रकार, II और III दोनों का अनुसरण करना चाहिए।

34. (*c*) : कथन यह दावा करता है कि संरचना मूल रूप से 'शानदार' थी। तो, नए वास्तुशिल्प डिजाइन की कोई आवश्यकता नहीं है, जैसा कि कार्यवाई I में भी उल्लेख किया गया है। यह दिया गया है कि संरचना की जीर्ण स्थिति के लिए धन की कमी जिम्मेदार है। इस प्रकार, केवल कार्यवाई III की जाएगी, जबकि II नहीं की जाएगी।

35. (*b*) : कदाचार का उपयोग परीक्षाओं के मूल सार को समाप्त करता है और इसलिए इसे रोकना चाहिए तो, कार्यवाई I का अनुसरण करना चाहिए। इसके अलावा, कठोर दंड के डर से छात्रों को अनुचित साधनों का उपयोग करने से रोका जा सकेगा। तो, II भी अनुसरण करता है। लेकिन इसे अपराध घोषित करने से अनुचित साधनों का उपयोग करते हुए पकड़े गए छात्रों का करियर खराब हो सकता है। तो, III का अनुसरण नहीं करना चाहिए।

36. (*c*) : स्पष्ट रूप से, संस्थान के लिए यह आवश्यक है कि वह किसी भी नई नीति का विवरण निवेशकों को बताए। तो, केवल कार्यवाई II और III की जाएंगी।

37. (*c*) : कथन यह दावा करता है कि रक्षात्मक शक्ति बढ़ाने से किसी देश की सुरक्षा सुनिश्चित नहीं होती है। अन्य देशों के साथ भी अच्छे संबंध बनाए रखना उतना ही महत्वपूर्ण है। लेकिन इसका अर्थ यह नहीं है कि देश को रक्षात्मक शक्ति बढ़ाने पर ध्यान देना बंद करना चाहिए या मौजूदा शक्ति को नष्ट करना चाहिए। इस प्रकार, केवल कार्यवाई III की जाएगी।

38. (*d*) : प्रशासन को शहर के निवासियों को आगामी खतरे से बचाने के लिए प्रयास करना चाहिए। यह निवासियों को घर के अंदर रहने और काम करने के लिए आपातकालीन राहत ऑपरेशन तंत्र लगाने के लिए राजी करके किया जा सकता है। इस प्रकार, I और III दोनों का अनुसरण करना चाहिए। इसके अलावा, तूफान के आम जनता के जीवन के साथ खिलवाड़ करने की संभावना है अगर यह आश्चर्य के साथ प्रकट होता है। तो, II का अनुसरण नहीं करना चाहिए।

39. (*e*) : निगम ने अपने संयंत्र को स्थापित करने की योजना बनाई है ताकि मिनरल वाटर के लागत प्रभावी उत्पादन को प्राप्त किया जा सके। अगर नुकसान होता, तो यह निजी कंपनियों से भी पानी हासिल कर सकता था। तो, II का अनुसरण नहीं

करना चाहिए। इसके अलावा, स्थानीय निजी कंपनियां लागत में कटौती करके या अन्य शहरों में अपने बिक्री नेटवर्क का विस्तार करके जीवित रह सकती हैं। इस प्रकार, कार्यवाई I का अनुसरण नहीं करना चाहिए। अंत में, निगम निवासियों को स्वस्थ पेयजल उपलब्ध कराना चाहता है। सामान्य उपयोग के लिए पानी अभी भी नल के माध्यम से वितरित किया जाएगा। इसलिए, III भी का अनुसरण नहीं करना चाहिए।

40. (*d*) : अच्छे भविष्य के नागरिकों को तैयार करने के लिए बुनियादी स्तर पर साक्षरता अत्यंत आवश्यक है। इसलिए सभी बच्चों को शिक्षित करने की जरूरत है। यह जागरूकता पैदा करने, प्रोत्साहन प्रदान करने, शिक्षा को लागू करने और बच्चों के रोजगार पर प्रतिबंध लगाकर प्राप्त किया जा सकता है। इस प्रकार, सभी तीनों कार्यवाई करनी चाहिए।

41. (*e*) : मौजूदा सिस्टम में कमियों का पता लगाने और फिर उन्हें दूर करने के लिए पर्याप्त कदम उठाने से ऐसी समस्याओं से सबसे पहले निपटा जा सकता है। तो, केवल कार्यवाई I की जानी चाहिए।

42. (*d*) : स्पष्ट रूप से, II और III दोनों सीधे दिए गए कथन के सार को संदर्भित करते हैं और इसलिए, दोनों का अनुसरण करना चाहिए।

43. (*a*) : जाहिर है, आदिवासी क्षेत्रों के लोगों को शिक्षा की आवश्यकता के बारे में जागरूक किया जाना चाहिए और बच्चों को स्कूलों में भेजने के लिए राजी किया जाना चाहिए। लेकिन साथ ही शिक्षा प्रदान करने के लिए उचित सुविधाएं भी उपलब्ध होनी चाहिए। इसलिए, I और II दोनों कार्यवाई होनी चाहिए हालांकि, सामाजिक कार्यकर्ताओं द्वारा शिक्षा एक अस्थायी उपाय होगा। इस प्रकार, III का अनुसरण नहीं करना चाहिए।

44. (*d*) : यह मुद्दा इतना बड़ा नहीं है कि इसे बड़े पैमाने पर सार्वजनिक किया जाए। इसलिए, कार्यवाई I का अनुसरण नहीं करना चाहिए। इसके अलावा, अधिकारियों को प्रभावी ढंग से समस्या से निपटने के लिए तैयार रहना चाहिए और लोगों को जल-भराव से उत्पन्न होने वाली असुविधा से बचने के लिए घर के अंदर रहने के लिए राजी करना चाहिए। इस प्रकार, II और III दोनों का अनुसरण करना चाहिए।

45. (*e*) : चूंकि चक्रवात से गंभीर क्षति हुई है, इसलिए प्रभावित गांवों के लोगों को सुरक्षित स्थानों पर स्थानांतरित किया जाना चाहिए। इसके अलावा, चूंकि राहत कार्य भारी मात्रा में होता है, इसलिए राज्य सरकार को II और III में दिए गए तरीकों में से किसी भी तरह से धन जमा करना होगा। इसलिए, I और II या III का अनुसरण करना चाहिए।

46. (*d*) : स्पष्टत: सभी कार्यवाईयाँ या तो सड़कों की मरम्मत करने या खराब सड़कों पर यातायात नियंत्रित करने और वाहनों की यात्रा आसान बनाने पर केंद्रित हैं। अत: सभी कार्यवाई की जाएंगी।

हल सहित अतिरिक्त प्रश्न

अभ्यास 1

निर्देश (प्रश्न 1 से 5): नीचे दिए गए प्रश्नों में, एक कथन दिया गया है, जिसके बाद तीन कार्यवाई I, II और III दी गयी हैं। आपको कथन में दी गयी प्रत्येक जानकारी को सत्य मानना है और बताना है कि तार्किक रूप से कौन सी कार्यवाई की जाएगी।

1. कथन: दो स्थानीय क्लबों से संबंधित सदस्य कभी-कभी मुख्य सड़क पर एक-दूसरे के साथ लड़ते हैं और यातायात बाधित करते हैं। **[RBI Grade B Exam, 2009]**

कार्यवाई: I. स्थानीय पुलिस स्टेशन को तुरंत मुख्य सड़क पर चौबीसों घंटे पुलिस कर्मियों को तैनात करना चाहिए।

II. लड़ाई में शामिल लोगों की पहचान की जानी चाहिए और उन्हें सलाखों के पीछे डाला जाना चाहिए।

III. स्थानीय प्रशासन को तत्काल प्रभाव से दोनों क्लबों के प्रबंधन को भंग करना चाहिए।

(*a*) केवल कार्यवाई I और II की जाएंगी।
(*b*) केवल कार्यवाई II और III की जाएंगी।
(*c*) केवल कार्यवाई I और III की जाएंगी।
(*d*) तीनों कार्यवाई I, II और III की जाएगी।
(*e*) इनमें से कोई नहीं

2. कथन: स्कूल कैंटीन द्वारा तैयार किए गए भोजन का सेवन करने के बाद स्थानीय स्कूल के कई छात्र पिछले छ: महीनों में लगातार चौथी बार बीमार पड़ गए। **[RBI Grade B Exam, 2009]**

कार्यवाई: I. स्कूल प्रबंधन को तुरंत कैंटीन के अनुबंध को समाप्त करना चाहिए और मुआवजा मांगना चाहिए।

II. स्कूल प्रबंधन को चाहिए कि वे सभी छात्रों को कैंटीन से भोजन न खाने की सलाह दें।

III. कैंटीन के मालिक को लापरवाही के लिए तुरंत गिरफ्तार किया जाना चाहिए।

(*a*) कोई कार्यवाई नहीं की जाएगी।
(*b*) केवल कार्यवाई II की जाएगी।
(*c*) केवल कार्यवाई III की जाएगी।
(*d*) केवल कार्यवाई I और II की जाएंगी।
(*e*) केवल कार्यवाई II और III की जाएंगी।

3. कथन: कई स्कूल बसों में सुरक्षा दिशानिर्देशों का ठीक से पालन किए बिना सीएनजी किट फिट कर दी गयी है। इसके परिणामस्वरूप इन बसों में शॉर्ट सर्किट के कारण आग लगने और स्कूली बच्चों के जीवन को खतरे में डालने के कुछ उदाहरण हैं। **[RBI Grade B Exam, 2009]**

कार्यवाई: I. क्षेत्रीय परिवहन प्राधिकरण को सीएनजी किट से सुसज्जित सभी स्कूल बसों की जांच तुरंत करनी चाहिए।

II. सभी स्कूलों के प्रबंधन को सीएनजी किट से सुसज्जित बसों को किराए पर लेना बंद कर देना चाहिए।

III. सरकार को सीएनजी किट के उपयोग के लिए स्कूल बसों पर प्रतिबंध लगाने वाली एक अधिसूचना जारी करनी चाहिए।

(*a*) केवल कार्यवाई I की जाएगी।
(*b*) केवल कार्यवाई II की जाएगी।

(*c*) केवल कार्यवाई III की जाएगी।
(*d*) केवल कार्यवाई I और III की जाएंगी।
(*e*) इनमें से कोई नहीं।

4. कथन: द्वीप शहर पर अचानक बादल फटने से अप्रत्याशित वर्षा हुई, जिससे पूरे क्षेत्र में बाढ़ जैसी स्थिति पैदा हो गई। बड़ी संख्या में लोग इससे अनजान थे और सड़क पर फंसे हुए थे। **[RBI Grade B Exam, 2009]**

कार्यवाई: I. स्थानीय प्रशासन को भविष्य में ऐसी स्थिति से बचने के लिए तुरंत एक कार्य योजना बनानी चाहिए।
II. स्थानीय प्रशासन को फंसे हुए लोगों को सुरक्षित स्थानों पर ले जाने में मदद करने के लिए तुरंत कर्मियों को तैनात करना चाहिए।
III. स्थानीय प्रशासन को सभी नागरिकों को सलाह देना चाहिए कि जब तक स्थिति में सुधार न हो, सड़क पर न उतरें।

(*a*) केवल कार्यवाई I की जाएगी।
(*b*) केवल कार्यवाई II की जाएगी।
(*c*) केवल कार्यवाई III की जाएगी।
(*d*) केवल कार्यवाई II और III की जाएंगी।
(*e*) तीनों कार्यवाई I, II और III की जाएंगी।

5. कथन: यह बताया गया है कि पिछले एक पखवाड़े के दौरान शहर के व्यस्त हवाईअड्डे पर दो एयरक्राफ्ट तीन बार निकट आए। इन सभी मामलों में दोनों विमान एक-दूसरे के काफी निकट आ गए और टकराव से बचे क्योंकि पायलटों ने समय रहते ही कार्रवाई कर दी थी। **[RBI Grade B Exam, 2009]**

कार्यवाई: I. इन घटनाओं में शामिल सभी छह एयरक्राफ्ट के पायलटों को तुरंत डी-रोस्टर किया जाना चाहिए।
II. अगले कुछ महीनों के लिए आकाश को भीड़ से बचाने के लिए कुछ उड़ानों को अन्य हवाई अड्डों पर भेजा जाना चाहिए।
III. शहर के हवाई अड्डे के हवाई यातायात नियंत्रकों को ऐसे दबाव की स्थिति से निपटने के लिए खुद को तैयार करने के लिए बैचों में रिफ्रेशर पाठ्यक्रमों के लिए भेजा जाना चाहिए।

(*a*) केवल कार्यवाई I की जाएगी।
(*b*) केवल कार्यवाई II की जाएगी।
(*c*) केवल कार्यवाई III की जाएंगी।
(*d*) केवल कार्यवाई II और III की जाएंगी।
(*e*) इनमें से कोई नहीं।

निर्देश (प्रश्न 6 से 10): नीचे दिए गए प्रश्नों में, एक कथन दिया गया है, जिसके बाद तीन कार्यवाई (a), (b) और (c) दी गयी हैं। आपको कथन में दी गयी प्रत्येक जानकारी को सत्य मानना है और बताना है कि तार्किक रूप से कौन सी कार्यवाई की जाएगी।

6. कथन: कई राजनीतिक कार्यकर्ताओं ने आवश्यक वस्तुओं की कीमतों में वृद्धि के कदम के विरोध में पीक आवर्स के दौरान शहर में प्रदर्शन करने और ट्रैफिक जाम करने का फैसला किया है। **[SBI (PO) Exam, 2010]**

(*a*) सरकार को देश में सभी प्रकार के आंदोलन पर तुरंत प्रतिबंध लगाना चाहिए।
(*b*) शहर के पुलिस प्राधिकरण को शहर में यातायात आंदोलन में मदद करने के लिए पूरे शहर में अतिरिक्त बल तैनात करना चाहिए।
(*c*) राज्य प्रशासन को शहर में रहने वाले ज्ञात अपराधियों की निवारक गिरफ्तारी करनी चाहिए।

(*a*) केवल (*a*) (*b*) केवल (*b*)
(*c*) केवल (*c*) (*d*) केवल (*a*) और (*b*)
(*e*) इनमें से कोई नहीं।

7. कथन: राज्य के कई जिलों में स्कूल छोड़ने की दर में पिछले कुछ वर्षों के दौरान तेजी से वृद्धि हुई है क्योंकि इन बच्चों के माता-पिता दूसरों के स्वामित्व वाले क्षेत्रों में काम करते हैं और एक दिन में केवल एक समय भोजन प्राप्त करने लायक ही कमाई कर पाते हैं। **[SBI (PO) Exam, 2010]**

कार्यवाई: (A) सरकार को जन वितरण प्रणाली के माध्यम से इन जिलों में गरीब लोगों को खाद्यान्न उपलब्ध कराने के लिए एक तंत्र स्थापित करना चाहिए ताकि माता-पिता को अपने बच्चों को स्कूल भेजने के लिए प्रोत्साहित किया जा सके।
(B) सरकार को जिले के इन स्कूलों में से कुछ को बंद करना चाहिए और इन स्कूलों के शिक्षकों को पास के स्कूलों में तैनात करना चाहिए और शेष छात्रों को भी इन स्कूलों में शामिल होने के लिए कहना चाहिए।
(C) सरकार को उन सभी अभिभावकों के लिए गिरफ्तारी वारंट जारी करना चाहिए जो अपने बच्चों को कक्षाओं में भाग लेने के बजाय खेतों में काम करने के लिए मजबूर करते हैं।

(*a*) केवल (A) (*b*) केवल (B)
(*c*) केवल (C) (*d*) केवल (A) और (B)
(*e*) इनमें से कोई नहीं।

8. कथन: एक बड़े निजी बैंक ने पिछली तीन तिमाहियों के दौरान उसके बड़े नुकसान को देखते हुए अपने एक तिहाई कर्मचारियों को वापस लेने का फैसला किया है। **[SBI (PO) Exam, 2010]**

कार्यवाई: (A) सरकार को आम जनता के लिए बैंक के साथ सभी लेन-देन को तुरंत रोकने के लिए एक अधिसूचना जारी करनी चाहिए।
(B) सरकार को बैंक को अपने कर्मचारियों को वापस लेने से बचने के लिए निर्देशित करना चाहिए।
(C) सरकार को देश के केंद्रीय बैंक से बैंक की गतिविधियों की प्रारंभिक जांच करने और अपनी रिपोर्ट प्रस्तुत करने के लिए कहना चाहिए।

(*a*) कोई नहीं (*b*) केवल (A)
(*c*) केवल (B) (*d*) केवल (C)
(*e*) केवल (A) और (C)

9. कथन: पुलिस कांस्टेबलों की भर्ती अभियान में भाग लेने के दौरान भगदड़ मचने के कारण एक अभ्यर्थी की मौत हो गई। **[SBI (PO) Exam, 2010]**

कार्यवाई: (A) भर्ती प्रक्रिया के प्रभारी अधिकारियों को तत्काल निलंबित किया जाना चाहिए।
(B) अधिकारियों की एक टीम को उन परिस्थितियों का पता लगाने के लिए कहा जाना चाहिए जिनके कारण

आभ्यर्थी की मृत्यु हुई और एक सप्ताह के भीतर अपनी रिपोर्ट प्रस्तुत करें।

(C) सरकार को भविष्य में ऐसी घटनाओं से बचने के लिए गृह विभाग से अधिक से अधिक संख्या में उम्मीदवारों की संख्या को कम करने के लिए कहना चाहिए।

(*a*) केवल (*a*) (*b*) केवल (*b*)
(*c*) केवल (*c*) (*d*) केवल (*b*) और (*c*)
(*e*) इनमें से कोई नहीं।

10. कथन: दो दिनों के दौरान भारी बारिश ने राज्य में सामान्य जीवन को पंगु बना दिया है जिसमें पांच व्यक्ति मारे गए थे लेकिन इससे राज्य में तीव्र जल संकट की समस्या से काफी राहत मिली है।

[SBI (PO) Exam, 2010]

कार्रवाई: (A) राज्य सरकार को खतरनाक स्थिति की समीक्षा के लिए एक समिति का गठन करना चाहिए।

(B) राज्य सरकार को राज्य के सभी प्रमुख शहरों में पीने योग्य पानी के उपयोग पर सभी प्रतिबंधों को तुरंत हटा देना चाहिए।

(C) राज्य सरकार को राज्य के सभी प्रभावित क्षेत्रों में राहत आपूर्ति भेजनी चाहिए।

(*a*) कोई नहीं (*b*) केवल (A)
(*c*) केवल (B) और (C) (*d*) केवल (C)
(*e*) सभी (A), (B), (C)

हल

1. (*b*) : विकल्प (*b*) और (*c*) का अनुसरण करना चाहिए। कार्यवाई (*a*) एक तात्कालिक कार्रवाई है जिसका पालन नहीं किया जाएगा।

2. (*e*) : कार्यवाई (*b*) और (*c*) का अनुसरण करना चाहिए।

3. (*e*) : (*b*) और (*c*) कार्रवाई का अनुसरण करना चाहिए।

4. (*e*) : स्थानीय प्रशासन द्वारा कार्रवाई की जानी चाहिए। फंसे हुए लोगों को सुरक्षित स्थानों पर स्थानांतरित करने में मदद करने के लिए कर्मियों को तैनात करना चाहिए।

5. (*b*) : टकराव से बचने के लिए, उड़ानों को अन्य हवाई अड्डों पर शिफ्ट कर दिया जाना चाहिए।

6. (*b*) : शहर में यातायात आंदोलन में प्रदर्शन और अनियमितता को रोकने के लिए पुलिस द्वारा अतिरिक्त बल तैनात किया जाना चाहिए।

7. (*a*) : (*a*) कार्रवाई का सही तरीका है जिसका पालन किया जाना है।

8. (*c*) : देश के केंद्रीय बैंक को बैंक के मामलों की अनदेखी करनी चाहिए।

9. (*d*) : दोनों (*b*) और (*c*) पर्याप्त कार्यवाई हैं। समिति को उन परिस्थितियों से निपटने के लिए बनाया जाना चाहिए जिनके कारण अभ्यर्थी की मृत्यु हुई। इसके अलावा, गृह विभाग को अधिक दिनों तक उम्मीदवारों की भागीदारी को रोकना चाहिए।

10. (*e*) : सभी कार्यवाईयों का अनुसरण करना चाहिए।

5 कथन - निष्कर्ष (STATEMENT—CONCLUSIONS)

'निष्कर्ष' का अर्थ है 'एक ऐसा तथ्य जिसका किसी दिए गए वाक्य या पैसेज की सामग्री से सही मायने में अनुमान लगाया जा सकता है। इस अनुभाग में दिए गए प्रश्नों में कथन या कथनों का एक समूह होता है, इसके बाद दिए गए कथनों में निहित तथ्यों के आधार पर कुछ निश्चित निष्कर्ष होते हैं। उम्मीदवार के लिए आवश्यक है कि दिए गए कथनों का विश्लेषण करें, उनके प्रत्यक्ष/अप्रत्यक्ष निहितार्थ को समझें और फिर तय करें कि दिए गए निष्कर्षों में से कौन सा निष्कर्ष तार्किक और निश्चित रूप से दिए गए कथन का अनुसरण करता है।

प्रकार 1

इस प्रकार के प्रश्नों में, एक कथन के बाद दो निष्कर्ष दिए जाते हैं। उम्मीदवार को यह पता लगाने की आवश्यकता है कि इनमें से कौन सा निष्कर्ष निश्चित रूप से दिए गए कथन का अनुसरण करता है और तदनुसार उत्तर का चयन करना है।

व्याख्यात्मक उदाहरण

निर्देश: *दिए गए प्रत्येक प्रश्न में, एक कथन और उसके बाद दो निष्कर्ष I और II दिए गए हैं:*

(a) यदि केवल निष्कर्ष I निकलता है।;
(b) यदि केवल निष्कर्ष II निकलता है;
(c) यदि या तो निष्कर्ष I या II निकलता है;
(d) यदि न तो निष्कर्ष I न ही II निकलता है;
(e) यदि दोनों निष्कर्ष I और II निकलते हैं।

उदा. 1. कथन: निर्माण कार्य निष्पादित करने में अनुभवी सक्षम ठेकेदारों से बंद निविदाएं आमंत्रित की गयीं हैं। **(M.A.T. 2005)**

निष्कर्ष: I. निविदाएं केवल अनुभवी ठेकेदारों से आमंत्रित की जाती हैं।
II. निर्माण कार्यों में सक्षम निविदाकारों को खोजना मुश्किल है।

हल: कथन के अनुसार, निर्माण कार्य निष्पादित करने में अनुभवी ठेकेदारों से निविदाएं आमंत्रित की जाती हैं। तो, निष्कर्ष I कथन का अनुसरण करता है। निर्माण में सक्षम निविदाकारों की उपलब्धता का उल्लेख नहीं है। तो, निष्कर्ष II कथन का अनुसरण नहीं करता है। अत: उत्तर (*a*) है।

उदा. 2. कथन: 'हम दुनिया भर में अग्रणी संस्थानों द्वारा उपयोग की जाने वाली कुछ सर्वोत्तम और प्रभावी शिक्षण क्रियाओं का अनुसरण करते हैं'। – एम.एन. संस्थान के एक प्रोफेसर का एक कथन। **(Bank P.O. 2000)**

निष्कर्ष: I. एम.एन. संस्थान दुनिया के अग्रणी संस्थानों में से एक है।
II. दुनिया के प्रमुख संस्थानों द्वारा जो भी अनुसरण किया जा रहा है वह निश्चित रूप से अच्छा और उपयोगी होगा।

हल: एम.एन. संस्थान की विशेषता के रूप में अग्रणी संस्थानों द्वारा उपयोग की जाने वाली प्रथाओं का अनुसरण करने पर बल देता है। इसलिए, केवल निष्कर्ष II कथन का अनुसरण करता है जबकि I नहीं करता है। अत: उत्तर (*b*) है।

उदा. 3. कथन: के.एल.एम संस्थान के निदेशक के पद के लिए सूचीबद्ध उम्मीदवारों में श्री X एक संभावित उम्मीदवार हैं। **(S.B.I.P.O. 2001)**

निष्कर्ष: I. श्री X को के.एल.एम संस्थान के निदेशक के रूप में चुना जाएगा।
II. श्री X को के.एल.एम संस्थान के निदेशक के रूप में नहीं चुना जाएगा।

हल: श्री X को पद के लिए सूचीबद्ध किया गया है इस तथ्य से उनके चयन की पुष्टि नहीं होती है। अत: यह तो निष्कर्ष I या II अनुसरण करता है। उत्तर (*c*) है।

उदा. 4. कथन: सुबह की सैर सेहत के लिए अच्छी होती है।

निष्कर्ष: I. सभी स्वस्थ लोग सुबह की सैर के लिए जाते हैं।
II. शाम की सैर हानिकारक हैं। **(M.A.T. 2006)**

हल: कथन में उल्लेख किया गया है कि सुबह की सैर से स्वास्थ्य में सुधार होता है। लेकिन इसका अर्थ यह नहीं है कि सभी स्वस्थ लोग सुबह की सैर के लिए जाते हैं। इसलिए, निष्कर्ष I कथन का अनुसरण नहीं करता है। साथ ही, कथन में शाम की सैर के बारे में कुछ भी नहीं बताया गया है। तो, II भी अनुसरण नहीं करता है। इसलिए, उत्तर (*d*) है।

उदा. 5. कथन: धूम्रपान उन मानवीय कमजोरियों में से एक है जो धूम्रपान करने वाले की इच्छा शक्ति को कगार तक परखते हैं। **(G.B.O. 2006)**

निष्कर्ष: I. धूम्रपान करने वालों के लिए धूम्रपान छोड़ना बहुत मुश्किल है, भले ही वे ऐसा करना चाहते हों।
II. मनुष्य की अन्य कमजोरियाँ भी हैं।

हल: कथन में उल्लेख किया गया है कि धूम्रपान छोड़ने के लिए एक बहुत मजबूत इच्छा शक्ति की आवश्यकता होती है और इसलिए यह बहुत मुश्किल है। इस प्रकार, निष्कर्ष I कथन का अनुसरण करता है। इसके अतिरिक्त, यह उल्लेख किया गया है कि धूम्रपान मानव की कमजोरियों में से एक है। इसका अर्थ यह है कि अन्य मानवीय कमजोरियां भी हैं। तो II भी अनुसरण करता है। इसलिए, उत्तर (*e*) है।

अभ्यास 5A

निर्देश: दिए गए प्रत्येक प्रश्न में एक कथन दिया गया है, और उसके बाद दो निष्कर्षI और II दिए गए हैं। आपको कथन में दिए गए सभी तथ्यों को सत्य मानना है और दिए गए दोनों निष्कर्षों पर एक साथ विचार करना है, और निर्णय करना है कि इनमें से कौन सा निष्कर्ष कथन का तार्किक रूप से अनुसरण करते हैं।

उत्तर दें

(a) यदि केवल निष्कर्षI कथन का अनुसरण करता है ;
(b) यदि केवल निष्कर्षII कथन का अनुसरण करता है;
(c) यदि या तो निष्कर्षI याII कथन का अनुसरण करता है;
(d) यदि न तो निष्कर्षI न हीII कथन का अनुसरण करते हैं
(e) यदि दोनों निष्कर्षI औरII कथन का अनुसरण करते हैं।

1. कथन: बॉम्बे और जाफरा के बीच सड़क मार्ग से 900 किमी की दूरी समुद्र के रास्ते 280 किमी तक कम हो जाएगी। इससे ईंधन पर प्रति वर्ष 7.92 करोड़ रुपये की बचत होगी। **(M.A.T. 2005)**

निष्कर्ष: I. समुद्री परिवहन सड़क परिवहन से सस्ता है।
II. ईंधन को अधिक सीमा तक बचाना चाहिए।

2. कथन: अच्छी आवाज एक प्राकृतिक उपहार है लेकिन किसी को संगीत के क्षेत्र में बेहतर और उत्कृष्ट बनाने के लिए अभ्यास करते रहना पड़ता है।

निष्कर्ष: I. प्राकृतिक उपहार को पोषण और देखभाल की आवश्यकता होती है।
II. भले ही आपकी आवाज अच्छी न हो, लेकिन आप अभ्यास कर सकते हैं।

3. कथन: स्वदेशी कच्चे तेल के उत्पादन की तुलना में घरेलू मांग तेजी से बढ़ रही है।

निष्कर्ष: I. कच्चे तेल का आयात करना चाहिए।
II. घरेलू मांग को कम किया जाना चाहिए।

4. कथन: सभी संगठित व्यक्ति आराम के लिए समय निकालते हैं। सुनीता, अपने बहुत व्यस्त कार्यक्रम के बावजूद, आराम के लिए समय निकालती है।

निष्कर्ष: I. सुनीता एक संगठित व्यक्ति है।
II. सुनीता एक मेहनती इंसान हैं।

5. कथन: यह पुस्तक 'Z' एकमात्र पुस्तक है, जो 1950 और 1980 के बीच भारत में गरीबी की समस्या पर अपना ध्यान केंद्रित करती है। **(I.B.P.S. 2002)**

निष्कर्ष: I. 1950 से पहले गरीबी का कोई प्रश्न नहीं था।
II. 1950 से 1980 के दौरान भारत में गरीबी से संबंधित कोई अन्य पुस्तक नहीं है।

6. कथन: सफलता का रहस्य लक्ष्य की स्थिरता है।

निष्कर्ष: I. रोज के टपके से पत्थर भी घिस जाते हैं।
II. सफलता पाने के लिए एकचित्त निष्ठा आवश्यक है।

7. कथन: भारत में शीर्ष 10 प्रतिशत परिवारों की आय साझा रूप से राष्ट्रीय आय का प्रतिशत 35 है। **(M.B.A. 2006)**

निष्कर्ष: I. जब एक अर्थव्यवस्था तेजी से बढ़ती है, तो आबादी के कुछ हिस्सों में धन का संकेन्द्रण होता है।
II. भारत में राष्ट्रीय आय असमान रूप से वितरित है।

8. कथन: प्रधानमंत्री ने सशक्त रूप से कहा कि उनकी सरकार गरीब किसानों और भूस्वामियों के उत्थान के लिए हर संभव प्रयास करेगी।

निष्कर्ष: I. गरीब किसानों और भूस्वामियों को छोड़कर, अन्य सभी को विकास के फल का लाभ मिला है।
II. समाज के किसी भी वर्ग के उत्थान के लिए अतीत में कोई गंभीर प्रयास नहीं किए गए हैं।

9. कथन: राज्य X के मंत्रिमंडल ने राज्य में दूध की बहुलता से निपटने के लिए कुछ कदम उठाए हैं क्योंकि सहकारी समितियां और सरकारी डेयरियां उपलब्ध दूध का उपयोग करने में विफल रहीं।– एक समाचार रिपोर्ट। **(Bank P.O. 2000)**

निष्कर्ष: I. राज्य X का दुग्ध उत्पादन इसकी आवश्यकता से अधिक है।
II. राज्य X में सरकार और सहकारी डेयरियां ऐसे अतिरिक्त दूध को संभालने के लिए संसाधनों और प्रौद्योगिकी से लैस नहीं हैं।

10. कथन: प्रबंधक ने सचिन को उसके सहयोगियों की उपस्थिति में अपमानित किया। **(M.A.T. 2005)**

निष्कर्ष: I. प्रबंधक को सचिन पसंद नहीं था।
II. सचिन अपने सहयोगियों के बीच लोकप्रिय नहीं थे।

11. कथन: देश X की सरकार ने हाल ही में कई रियायतों की घोषणा की है और विदेशी आगंतुकों के लिए आकर्षक पैकेज टूर की पेशकश की है।

निष्कर्ष: I. अब, देश में अधिक संख्या में विदेशी पर्यटक आएंगे।
II. देश X की सरकार पर्यटकों को आकर्षित करने में गंभीर दिखती है।

12. कथन: शहरी भारत में मुख्य आयु के स्कूल जाने वाले बच्चे अब टीवी के अधिक नियमित दर्शक बन गए हैं, यहाँ तक कि ऐसे बच्चे भी जिनके घरों में टी.वी. नहीं हैं। परिणामस्वरूप समाचार पत्रों की पाठकों की संख्या में भारी गिरावट आई है।

निष्कर्ष: I. समाचार पत्रों की पाठक संख्या बढ़ाने की योजना को तैयार करना चाहिए।
II. समाचार पत्रों के पाठकों पर टीवी के प्रभाव का अध्ययन करने के लिए विशेषज्ञों की एक टीम को अन्य देशों में भेजा जाना चाहिए।

13. कथन: अगले शैक्षणिक वर्ष से, छात्रों के पास अपने 'स्कूल छोड़ने की प्रमाण पत्र परीक्षा' के लिए गणित और विज्ञान छोड़ने का विकल्प होगा।

निष्कर्ष: I. विज्ञान और गणित में कमजोर छात्रों को प्रवेश दिया जाएगा।
II. इससे पहले छात्रों के पास इन विषयों को लिए बिना अपनी शिक्षा जारी रखने का विकल्प नहीं था।

14. कथन: एक हालिया सर्वेक्षण रिपोर्ट में, यह कहा गया है कि जो लोग दिन में कम से कम आधे घंटे के लिए शारीरिक व्यायाम करते हैं, उन्हें दिल की बीमारी होने का खतरा कम होता है।

निष्कर्ष: I. स्वस्थ जीवन जीने के लिए शारीरिक व्यायाम का मध्यम स्तर आवश्यक है।
II. डेस्क जॉब करने वाले सभी लोग निश्चित रूप से दिल की बीमारियों से पीड़ित हैं। **(N.M.A.T. 2003)**

15. कथन: यह दुनिया न तो अच्छी है और न ही बुरी; प्रत्येक आदमी अपने लिए एक दुनिया बनाता है।

निष्कर्षः I. कुछ लोगों को यह दुनिया काफी अच्छी लगती है।
II. कुछ लोगों को यह दुनिया काफी बुरी लगती है।

16. कथनः पांच महीने में अपना पैसा दोगुना करें- एक विज्ञापन।
निष्कर्षः I. आश्वासन वास्तविक नहीं है।
II. लोग चाहते हैं कि उनका पैसा बढ़े।

17. कथनः सम्मेलन में केवल अच्छे गायक आमंत्रित हैं। मधुर आवाज के बिना कोई भी अच्छा गायक नहीं बन सकता है। **(I.A.M. 2003)**
निष्कर्षः I. सम्मेलन में सभी आमंत्रित गायकों की मधुर आवाज है।
II. जिन गायकों की मधुर आवाज नहीं है, उन्हें सम्मेलन में आमंत्रित नहीं किया जाता है।

18. कथनः कंपनी X के पास गुणवत्ता और नवीनतम डिजाइन के कैमरों के निर्माण का रिकॉर्ड है ताकि मौसम की स्थिति के बावजूद आपका एक भी शॉट खराब न हो।
निष्कर्षः I. X को छोड़कर कोई अन्य कंपनी कैमरा उद्योग में प्रतिष्ठित नहीं है।
II. कोई भी व्यक्ति कैमरा X के साथ स्वीकार्य शॉट ले सकता है।

19. कथनः हाल के रुझान यह भी बताते हैं कि बड़े शहरों में बाल प्रवासियों की संख्या बढ़ रही है। ये बच्चे शहरी गरीबों की श्रेणी में शामिल होने के लिए अपने परिवारों को बाजार, कार्यशालाओं, होटलों या सेवा क्षेत्रों में विषम नौकरियों के लिए छोड़ देते हैं।
निष्कर्षः I. बड़े शहरों में प्रवासन को रोका जाना चाहिए।
II. गरीब बच्चों की दुर्दशा का गहन अध्ययन किया जाना चाहिए।

20. कथनः कोई भी देश इन दिनों पूरी तरह से आत्म निर्भर नहीं है।
निष्कर्षः I. किसी देश की आवश्यकता के लिए सब कुछ उगाना और उत्पादन करना असंभव है। **(G.B.O. 2006)**
II. सामान्य तौर पर देशवासी आलसी हो गए हैं।

21. कथनः आज कई हजार मिलियन की दुनिया की आबादी में से अधिकांश पुरुषों को ऐसी सरकारों के अधीन रहना पड़ता है जो उन्हें व्यक्तिगत स्वतंत्रता और असहमति के अधिकार से वंचित रखती हैं।
निष्कर्षः I. लोग व्यक्तिगत स्वतंत्रता और असहमति के अधिकार के प्रति उदासीन हैं।
II. लोग व्यक्तिगत स्वतंत्रता और असहमति के अधिकार की इच्छा रखते हैं।

22. कथनः परीक्षा में असफलता का कारण अनियमितता है। कुछ नियमित छात्र भी परीक्षाओं में असफल होते हैं। **(S.S.C. 2005)**
निष्कर्षः I. सभी असफल छात्र नियमित हैं।
II. सभी सफल छात्र नियमित नहीं होते हैं।

23. कथनः पढ़ने में रुचि पैदा करने के लिए, स्कूल ने इस वर्ष जून से प्रत्येक छात्र को प्रति सप्ताह दो पुस्तकें पढ़ने और पुस्तकों पर एक साप्ताहिक रिपोर्ट प्रस्तुत करना अनिवार्य कर दिया है।
निष्कर्षः I. पढ़ने में रुचि बल द्वारा बनाई जा सकती है।
II. कुछ छात्र अंततः पढ़ने में रुचि विकसित करेंगे।

24. कथनः ऊर्जा के गैर पारंपरिक स्रोतों का उपयोग दुनिया में ऊर्जा संकट को समाप्त करेगा।
निष्कर्षः I. आधुनिक तकनीक धीरे-धीरे ऊर्जा के पारंपरिक स्रोतों की जगह ले रही है।
II. पर्यावरण के अत्यधिक दोहन से ऊर्जा के पारंपरिक स्रोतों का ह्रास हुआ है।

25. कथनः जब तक हमारा देश आर्थिक समानता प्राप्त नहीं करता, तब तक राजनीतिक स्वतंत्रता और लोकतंत्र निरर्थक होगा। **(M.B.A. 2006; M.A.T. 2005)**
निष्कर्षः I. राजनीतिक स्वतंत्रता और लोकतंत्र साथ-साथ चलते हैं।
II. आर्थिक समानता वास्तविक राजनीतिक स्वतंत्रता और लोकतंत्र की ओर ले जाती है।

26. कथनः नेशनल एल्युमिनियम कंपनी ने भारत को धातु की कमी से आत्म-निर्भरता की स्थिति में ला दिया है।
निष्कर्षः I. पहले, भारत एल्युमीनियम का आयात करता था।
II. इस गति के साथ, यह जल्द ही एक विदेशी मुद्रा अर्जक बन सकता है।

27. कथनः 'सरकार अंतर्राष्ट्रीय तेल की कीमतों में और उछाल के मद्देनजर डीजल मूल्य की वर्तमान नीति की समीक्षा करेगी'। - सरकार के एक प्रवक्ता। **(Bank P.O. 2000)**
निष्कर्षः I. अंतर्राष्ट्रीय तेल की कीमतों में आसन्न उछाल के बाद सरकार डीजल की कीमत में वृद्धि करेगी।
II. अंतरराष्ट्रीय तेल की कीमतों में आसन्न उछाल के बाद भी सरकार डीजल की कीमत नहीं बढ़ाएगी।

28. कथनः यदि सभी खिलाड़ी अपनी पूरी क्षमता से खेलते हैं, तो हम मैच जीतेंगे। हमने मैच जीत लिया है। **(M.A.T. 2001)**
निष्कर्षः I. सभी खिलाड़ी अपनी पूरी क्षमता से खेले।
II. कुछ खिलाड़ी अपनी पूरी क्षमता से नहीं खेले।

29. कथनः टीवी स्टाफ बूथ पर कब्जा की गतिविधि दिखाने के लिए सराहनीय है।
निष्कर्षः I. टीवी का उद्देश्य चीजों को उनके वास्तविक परिप्रेक्ष्य में दिखाना है।
II. बूथ कैप्चरिंग में शामिल लोगों को पहचान लिया गया है और कानून द्वारा उन पर मुकदमा चलाया जा रहा है।

30. कथनः राष्ट्रीय मानदंड प्रति हजार जनसंख्या पर 100 बिस्तरों का है, लेकिन इस राज्य में, अस्पतालों में प्रति हजार जनसंख्या पर 150 बिस्तर उपलब्ध हैं।
निष्कर्षः I. हमारा राष्ट्रीय मानक उपयुक्त है।
II. राज्य की स्वास्थ्य प्रणाली इस संबंध में पर्याप्त उपाय कर रही है।

31. कथनः फैशन बदसूरती का एक रूप है जो इतनी असहनीय है कि हमें इसे हर छह महीने में बदलना होता है। **(G.B.O. 2006)**
निष्कर्षः I. फैशन डिजाइनर जनता के दिमाग को अच्छी तरह से नहीं समझते हैं।
II. सार्वजनिक और बड़े लोग नवीनता के लिए अतिसंवेदनशील होते हैं।

32. कथनः राजनीति में पैसा महत्वपूर्ण भूमिका निभाता है।
निष्कर्षः I. गरीब कभी भी राजनेता नहीं बन सकता है।
II. सभी अमीर लोग राजनीति में हिस्सा लेते हैं।

33. कथनः भाग्य बहादुर का पक्षधर है। **(S.S.C. 2003)**
निष्कर्षः I. सफलता के लिए जोखिम आवश्यक हैं।
II. कायर अपनी मृत्यु से पहले कई बार मर जाते हैं।

34. कथनः मैं अपनी अज्ञानता की सच्चाई के अतिरिक्त कुछ नहीं जानता।
निष्कर्षः I. लेखक का ज्ञान बहुत खराब है।

II. किसी एक व्यक्ति द्वारा खोजे जाने के लिए ज्ञान की दुनिया बहुत विशाल है।

35. कथनः एक व्यक्ति को एक अच्छा गणितीय विद्वान होने के लिए बुद्धिमान होना चाहिए। अच्छे गणितीय विद्वान बातूनी और उबाऊ होते हैं।

निष्कर्षः I. सभी बुद्धिमान व्यक्ति उबाऊ हैं।

II. सभी बुद्धिमान व्यक्ति अच्छे गणितीय विद्वान होते हैं।

36. कथनः कोई भी युवक जो शादी के लिए दहेज लेता है, खुद को बदनाम करता है और नारीत्व का अपमान करता है। **(M.A.T. 2005)**

निष्कर्षः I. विवाह में दहेज लेने वालों की समाज द्वारा निंदा की जानी चाहिए।

II. जो लोग विवाह में दहेज़ नहीं लेते हैं वे नारीत्व का सम्मान करते हैं।

37. कथनः सामाजिक विकास कार्यक्रमों की योजना में निगरानी एक अभिन्न अंग बन गया है। यह अनुशंसा की जाती है कि प्रबंधन सूचना प्रणाली को सभी कार्यक्रमों के लिए विकसित किया जाए। इससे पदाधिकारियों के प्रदर्शन और उन सेवाओं की प्रभावकारिता पर प्रतिक्रिया देने की संभावना है जो सेवाएं दी जा रही हैं।

निष्कर्षः I. सभी सामाजिक विकास कार्यक्रमों का मूल्यांकन किया जाना चाहिए।

II. श्रमिकों के प्रदर्शन पर नजर रखने की जरूरत है।

38. कथनः नीतिशास्त्र और नैतिकता का त्याग किए बिना इस दुनिया में जीवित और समृद्ध होना लगभग असंभव है।

निष्कर्षः I. दुनिया कुछ अवधारणाओं की सराहना करती है लेकिन इसे बरकरार नहीं रख सकती है।

II. नीतिशास्त्र और नैतिकता की अवधारणा जीवन में व्यावहारिक नहीं है।

39. कथनः सरकार द्वारा अगले महीने की शुरुआत से रसोई गैस पर सब्सिडी का 33% वापस लेने का निर्णय लिया गया है।– सरकार के एक प्रवक्ता। **(Bank P.O. 2000)**

निष्कर्षः I. लोगों को अब सरकार से ऐसी कोई और इच्छा या सब्सिडी की आवश्यकता नहीं है क्योंकि वे रसोई गैस की बढ़ी हुई कीमत वहन कर सकते हैं।

II. अगले महीने से रसोई गैस की कीमत कम से कम 33% बढ़ जाएगी।

40. कथनः "क्राफ्ट" रंगों का उपयोग करें। वे जीवन के हर पल में रंग जोड़ते हैं।– एक विज्ञापन।

निष्कर्षः I. आकर्षक नारे लोगों को आकर्षित नहीं करते हैं।

II. लोग गहरे रंग पसंद करते हैं।

41. कथनः एक कॉर्पोरेट महाप्रबंधक ने चार प्रबंधकों से कहा कि वे या तो अगले दिन अपना इस्तीफा दें या सेवा से समाप्ति के आदेशों का सामना करें। उस शाम तक उनमें से तीन ने अपना इस्तीफा सौंप दिया था। **(M.B.A. 2006)**

निष्कर्षः I. अगले दिन, शेष प्रबंधक भी इस्तीफा दे देंगे।

II. महाप्रबंधक अगले दिन उनकी सेवाएं समाप्त कर देंगे।

42. कथनः सरकार द्वारा आतंकवाद को रोके जाने के दावे के बावजूद, लोगों का मरना जारी है।

निष्कर्षः I. आतंकवादी सरकार की समझ से परे है।

II. सरकार लगातार झूठ बोल रही है।

43. कथनः आधुनिक मनुष्य अपने भाग्य को अपनी इच्छाओं के अनुसार बनाना चाहता है, जो अतीत के विपरीत है।

निष्कर्षः I. पहले मनुष्य के लिए कम विकल्प उपलब्ध थे।

II. भाग्य को प्रभावित करने की अतीत में कोई इच्छा नहीं थी।

44. कथनः गंभीर दुर्घटना, जिसमें एक व्यक्ति कल कार से बुरी तरह गिर गया, ने फिर से सड़कों की असंतोषजनक स्थिति पर ध्यान केंद्रित किया। **(M.A.T. 2003)**

निष्कर्षः I. जो दुर्घटना हुई वह घातक थी।

II. सड़कों की असंतोषजनक स्थिति के कारण अब तक कई दुर्घटनाएँ हुई हैं।

45. कथनः उत्कृष्ट उम्मीदवारों के मामले में, प्रवेश समिति द्वारा M.A. (सामाजिक कार्य) के लिए सामाजिक कार्य के पिछले अनुभव की शर्त को माफ किया जा सकता है।

निष्कर्षः I. कुछ छात्रों को M.A. (सामाजिक कार्य) के लिए सामाजिक कार्य का पिछला अनुभव होगा।

II. M.A. (सामाजिक कार्य) के लिए कुछ छात्रों को सामाजिक कार्य का पिछला अनुभव नहीं होगा।

46. कथनः मृत्यु की कोई तिथि नहीं है।

निष्कर्षः I. मनुष्य को एक दिन मरना होगा।

II. मौत कभी भी आ सकती है।

47. कथनः शहर के वार्ड ए और बी में पानी की आपूर्ति शुक्रवार को लगभग 50% प्रभावित होगी क्योंकि मुख्य लाइनों की मरम्मत का काम किया जाना है।

निष्कर्षः I. इन वार्डों के निवासियों को शुक्रवार को पानी संभाल कर खर्च करना चाहिए।

II. इन वार्डों के निवासियों को पिछले दिन कुछ पानी जमा करना चाहिए।

48. कथनः माता-पिता अपने बच्चों को एक संभ्रांत शिक्षा के लिए किसी भी कीमत का भुगतान करने के लिए तैयार हैं। **(M.A.T. 2005)**

निष्कर्षः I. सभी माता-पिता इन दिनों बहुत अच्छी स्थिति में हैं।

II. माता-पिता में अच्छी शिक्षा के माध्यम से अपने बच्चों के संपूर्ण विकास के लिए एक जुनून है।

49. कथनः जेड पौधे में मोटी पत्तियां होती हैं और इसके लिए बहुत कम पानी की आवश्यकता होती है।

निष्कर्षः I. मोटी पत्तियों वाले सभी पौधों को थोड़े पानी की आवश्यकता होती है।

II. जेड पौधे उन स्थानों पर उगाए जा सकते हैं जहाँ पानी बहुतायत में नहीं है।

50. कथनः संविधान में इस संशोधन के बाद, 14 वर्ष से कम उम्र के किसी भी बच्चे को किसी कारखाने या खदान में काम करने के लिए या किसी अन्य खतरनाक रोजगार में नहीं लगाया जाएगा।

निष्कर्षः I. इस संशोधन से पहले, 14 वर्ष से कम उम्र के बच्चों को कारखाने या खदान में काम करने के लिए नियोजित किया गया था।

II. इस संविधान संशोधन से नियोक्ता अब दृढ रहेंगे।

51. कथनः तीन दशकों से कंपनी X पूरी तरह से ऊर्जा संरक्षण, इसके कुशल उपयोग और प्रबंधन में शामिल है। **(I.B.P.S. 2002)**

निष्कर्षः I. कंपनी को इस क्षेत्र में अभी बुनियादी चीजों को सीखना और हासिल करना है।

II. यह समर्पण है जो ज्ञान और विशेषज्ञता से अधिक महत्वपूर्ण है।

52. कथन: उन सभी राजनीतिक कैदियों को जमानत पर रिहा किया गया था जो राजनीतिक धरने के अतिरिक्त अन्य कारणों से जेल गए थे। हत्या में शामिल व्यक्तियों को जमानत नहीं दी गई थी।

निष्कर्ष: I. किसी राजनीतिक कैदी ने हत्या नहीं की थी।

II. कुछ राजनेताओं को गिरफ्तार नहीं किया गया था।

53. कथन: भारत के गौरवशाली अतीत का सबसे अच्छा प्रमाण पश्चिम में आयुर्वेदिक दवाओं की बढ़ती लोकप्रियता है।

निष्कर्ष: I. भारत में आयुर्वेदिक दवाएं लोकप्रिय नहीं हैं।

II. एलोपैथिक दवाएं भारत में अधिक लोकप्रिय हैं।

54. कथन: निष्पक्ष तरीके से विभिन्न रिकॉर्ड तोड़ने वाले खिलाड़ियों को विशेष पुरस्कार मिलता है। प्लेयर X ने विश्व रिकॉर्ड तोड़ा, लेकिन एक प्रतिबंधित दवा के प्रभाव में पाया गया।

निष्कर्ष: I. X को विशेष पुरस्कार मिलेगा।

II. X को विशेष पुरस्कार नहीं मिलेगा।

55. कथन: हालांकि हमारे पास क्रिसिल, आईसीआरए जैसी रेटिंग एजेंसियां हैं, लेकिन निवेशकों की सुरक्षा के लिए आईटी कंपनियों के लिए एक अलग रेटिंग एजेंसी होने की मांग है। **(S.B.I.P.O. 2000)**

निष्कर्ष: I. आईटी कंपनियों के वित्तीय मूल्य का आकलन पृथक कौशल, अंतर्दृष्टि और दक्षताओं की बात करता है।

II. अब आईटी कंपनियों में निवेश करने वाले निवेशकों को अपने निवेश का संरक्षण मिलेगा।

56. कथन: एक दिवसीय क्रिकेट मैच में, एक टीम द्वारा बनाए गए कुल रन 200 थे। इनमें से 160 रन स्पिनरों द्वारा बनाए गए थे।

निष्कर्ष: I. टीम में 80% स्पिनर शामिल हैं।

II. शुरुआती बल्लेबाज स्पिनर थे।

57. कथन: अमेरिका के रक्षा सचिव ने दोहराया कि वे पाकिस्तान को हथियारों की आपूर्ति जारी रखेंगे। **(M.B.A. 2006)**

निष्कर्ष: I. पाकिस्तान हथियारों के विनिर्माण में अक्षम है।

II. यह क्षेत्र में शांति सुनिश्चित करेगा।

58. कथन: राष्ट्र X को अपने परीक्षण स्थल पर आठ परमाणु हथियारों के विस्फोट के परिक्षण के लिए अंतरराष्ट्रीय विरोध का सामना करना पड़ा।

निष्कर्ष: I. राष्ट्र के नागरिकों ने निर्णय का समर्थन किया।

II. कुछ शक्तिशाली देश नहीं चाहते हैं कि दूसरे राष्ट्र भी उतने ही शक्तिशाली बनें जितना वे हैं।

59. कथन: प्रतिकूलता मनुष्य को बुद्धिमान बनाती है।

निष्कर्ष: I. गरीब बुद्धिमान हैं।

II. मनुष्य कड़वे अनुभव से सीखता है।

60. कथन: पुलिस आयुक्त ने लोगों से ऐसे बैनर नहीं लगाने की अपील की है जो पैदल या मोटर यातायात में बाधा डालते हैं। **(PGDBM, 2002)**

निष्कर्ष: I. कुछ लोग इस पर प्रतिक्रिया दे सकते हैं और इस तरह के बैनर नहीं लगाएंगे।

II. पुलिसकर्मियों को सड़कों पर लगाए जाने वाले नए बैनरों पर कड़ी नजर रखनी होगी।

61. कथन: उन्होंने वर्तमान परीक्षा प्रणाली को अन्य तरीकों से इसके प्रतिस्थापन करने की आवश्यकता पर जोर दिया जो छात्रों की वास्तविक योग्यता को मापेगा।

निष्कर्ष: I. परीक्षा समाप्त की जानी चाहिए।

II. वर्तमान परीक्षा प्रणाली छात्रों की वास्तविक योग्यता को नहीं मापती है।

62. कथन: भारत में बड़ी संख्या में कार्यबल असंगठित है। उनमें से ज्यादातर या तो न्यूनतम या अनिश्चित मजदूरी कमाते हैं जबकि अन्य विविध नौकरियों में लगे हुए हैं।

निष्कर्ष: I. संगठित क्षेत्र के श्रमिकों को बेहतर सुविधाएं मिलती हैं और वे अपनी नौकरी में लंबे समय तक रहते हैं।

II. कार्य बल के असंगठित क्षेत्र के कुछ श्रमिकों की नियमित और निश्चित आय होती है।

63. कथन: मेरा पहला और सबसे महत्वपूर्ण कार्य इस शहर को संवारना है- अगर शहर X और Y इसे कर सकते हैं- तो हम ऐसा क्यों नहीं कर सकते।- कार्यभार संभालने के बाद शहर Z के नगर आयुक्त का कथन। **(Bank P.O. 2000)**

निष्कर्ष: I. शहर Z के लोग अपने शहर की बदसूरती के बारे में नहीं जानते हैं।

II. वर्तमान आयुक्त ने X और Y शहर में काम किया है और शहरों को सुंदर बनाने का अच्छा अनुभव है।

64. कथन: टीवी कार्यक्रम, विशेष रूप से महिलाओं के लिए टेलीकास्ट विभिन्न प्रकार के व्यंजनों और घरेलू नुस्खों से भरे होते हैं। महिलाओं के लिए पत्रिकाओं के एक प्रमुख हिस्से में ऊपर उल्लिखित आइटम भी हैं।

निष्कर्ष: I. महिलाओं को अन्य चीजों में कोई दिलचस्पी नहीं है।

II. एक औसत महिला की प्राथमिक रुचि घर में और विशेष रूप से रसोई में होती है।

65. कथन: निजी स्कूलों में शिक्षा का मानक नगरपालिका और जिला परिषद द्वारा संचालित स्कूलों से बहुत बेहतर है।

निष्कर्ष: I. नगरपालिका और जिला परिषद को अपने स्कूलों के मानक में सुधार के लिए गंभीर प्रयास करने चाहिए।

II. सभी नगरपालिका और जिला परिषद स्कूलों को तत्काल बंद किया जाना चाहिए।

66. कथन: XYZ पार्टी के अध्यक्ष ने संकेत दिया कि विधान सभा के 25 स्वतंत्र सदस्य (M.L.A.) कुछ राजनीतिक पार्टी में शामिल होने के विभिन्न विकल्पों पर गंभीरता से विचार कर रहे हैं। लेकिन किसी भी मामले में सभी सामूहिक रूप से केवल एक पार्टी में शामिल होंगे। **(Bank P.O. 1999)**

निष्कर्ष: I. 25 स्वतंत्र M.L.A. कुछ ही समय में XYZ पार्टी में शामिल हो जाएंगे।

II. 25 स्वतंत्र M.L.A. कुछ ही समय में किसी अन्य राजनीतिक दल में शामिल हो जाएंगे।

67. कथन: किसी समस्या से बचने का सबसे अच्छा तरीका इसे हल करना है। **(G.B.O. 2006)**

निष्कर्ष: I. यदि आप किसी समस्या का सामना नहीं करेंगे तो आपका जीवन सुस्त हो जाएगा।

II. समस्याओं से बचने के लिए, आपको हमेशा कुछ उपाय करने चाहिए।

68. कथन: कंपनी X ने उत्पाद का विपणन किया है। आगे बढ़ें, इसे खरीदें अगर कीमत और गुणवत्ता आपके अनुसार हैं।

निष्कर्ष: I. उत्पाद गुणवत्ता में अच्छा होना चाहिए।

II. उत्पाद की कीमत उचित होनी चाहिए।

69. कथनः एक मनोविक्षुब्ध एक गैर-मूर्ख व्यक्ति है जो मूर्खतापूर्ण व्यवहार करता है। (M.B.A. 2006)

निष्कर्षः I. मनोविक्षुब्धता और मूर्खता साथ-साथ चलती है।

II. सामान्य व्यक्ति समझदारी से व्यवहार करते हैं।

70. कथनः बाजार में सब्जियों की कीमतें बढ़ रही हैं। (M.A.T. 2005)

निष्कर्षः I. सब्जियां एक दुर्लभ वस्तु बन रही हैं।

II. लोग सब्जियां नहीं खा सकते।

71. कथनः भारत की अर्थव्यवस्था मुख्य रूप से वनों पर निर्भर है।

निष्कर्षः I. पेड़ों को भारतीय अर्थव्यवस्था में सुधार के लिए संरक्षित किया जाना चाहिए।

II. भारत चाहता है कि आर्थिक स्थितियों में सुधार के लिए केवल वनों का रखरखाव हो।

72. कथनः पाठन एक पूर्ण मनुष्य बनाता है, सम्मेलन एक तैयार मनुष्य का निर्माण करता है और लेखन एक सटीक मनुष्य बनाता है।

निष्कर्षः I. इंगित और सटीक अभिव्यक्ति केवल व्यापक लेखन के माध्यम से आती है।

II. व्यापक पाठन एक पूर्ण मनुष्य बनाता है।

73. कथनः हाथ में एक पक्षी, झाड़ी में दो पक्षियों से अधिक श्रेयकर है।

निष्कर्षः I. हमारे पास जो कुछ भी है उससे हमें संतुष्ट रहना चाहिए। (S.S.C. 2003)

II. जो नहीं है उसके लिए हमें तरसना नहीं चाहिए।

74. कथनः औद्योगिक क्रांति जो सबसे पहले यूरोप में शुरू हुई थी, उससे आधुनिक युग की शुरुआत हुई है।

निष्कर्षः I. अमीर और गरीब के बीच असमानता का परिणाम क्रांति थी।

II. क्रांति समाज पर हावी हो गई।

75. कथनः सरकार ने इन संस्थानों के निदेशकों के रूप में नौकरशाहों की नियुक्ति करके कई शीर्ष रैंकिंग वित्तीय संस्थानों को खराब कर दिया है।

निष्कर्षः I. सरकार को वित्त के क्षेत्र में व्यक्ति की विशेषज्ञता को ध्यान में रखते हुए वित्तीय संस्थानों के निदेशकों की नियुक्ति करनी चाहिए।

II. वित्तीय संस्थान के निदेशक को संस्थान द्वारा किए गए वित्तीय कार्यों में विशेषज्ञता प्राप्त होनी चाहिए।

76. कथनः युद्ध के दौरान लाया गया एबीसी सरकार द्वारा अधिनियमित 'आधिकारिक गोपनीयता अधिनियम (OSA)' देश में भ्रष्टाचार के प्रमुख स्रोतों में से एक प्रतीत होता है। (N.M.A.T. 2003)

निष्कर्षः I. देश में भ्रष्टाचार को समाप्त करने के लिए OSA को तत्काल समाप्त कर दिया जाना चाहिए।

II. एबीसी सरकार का सरकारी कार्यालयों में भ्रष्टाचार को बढ़ावा देने का इरादा था।

77. कथनः एक उच्च केंद्रीकृत शक्ति संरचना में, जिसमें वरिष्ठ कैबिनेट मंत्री भी खुद को दयनीय देशों या यसमेन के विचारों के सामने कम करने के लिए तैयार होते हैं, जो मुख्य रूप से प्रधान मंत्री के स्वयं के प्रदर्शन का अनुमान लगाने या उसे प्रतिबिंबित करने के लिए होते हैं, वहां ऐसी किसी भी सर्वसम्मति के लिए कोई जगह नहीं हो सकती है जो नेता के कार्यों के एक अच्छी तरह से प्रचारित समर्थन के माध्यम से व्यक्त की गई वास्तविक या काल्पनिक एकमत से अलग हो।

निष्कर्षः I. सरकार विरोधी विचार न देकर मंत्री जोखिमों से बचते हैं।

II. प्रधानमंत्री अपने सहयोगियों को उनके विचार प्रस्तुत करने के लिए प्रोत्साहित नहीं करते हैं।

78. कथनः कोई भी छात्र जो स्कूल में ठीक से व्यवहार नहीं करता है, वह खुद को और स्कूल को भी बदनाम करता है।

निष्कर्षः I. ऐसे छात्र को स्कूल से निकाल देना चाहिए।

II. कठोर अनुशासन छात्रों के व्यवहार में सुधार नहीं करता है।

79. कथनः उन आवेदकों के आवेदनों को, जो पात्रता मानदंड को पूरा नहीं करते हैं और/या जो अंतिम तिथि से पहले आवेदन जमा नहीं करते हैं उन्हें सरसरी तौर पर खारिज कर दिया जाएगा और लिखित परीक्षा के लिए नहीं बुलाया जाएगा। (I.B.P.S. 2002)

निष्कर्षः I. जिन्हें लिखित परीक्षा के लिए बुलाया गया है वे पात्रता मानदंड को पूरा करते हैं और अंतिम तिथि से पहले अपने आवेदन जमा कर चुके हैं।

II. आवेदनों की जांच के बाद ही लिखित परीक्षा होगी।

80. कथनः हमें अपने सभी अधिकारियों को सूचित करना चाहिए कि कार्यालय समय के दौरान समाचार पत्र न पढ़ें- मुख्य प्रबंधक मुख्य प्रशासक को कहता है।

निष्कर्षः I. कार्यालय समय के दौरान समाचार पत्र पढ़ना वांछनीय है।

II. इसे रोकने से ऑफिस की कार्यक्षमता नहीं बढ़ेगी।

81. कथनः मंत्री ने अंतरिक्ष अनुसंधान कार्यक्रम की उपयोगिता पर सवाल उठाया और महसूस किए गए राष्ट्रीय आवश्यकताओं के अन्य क्षेत्रों द्वारा इसके प्रतिस्थापन का सुझाव दिया। (Bank P.O. 2002)

निष्कर्षः I. अंतरिक्ष की खोज महत्वपूर्ण राष्ट्रीय आवश्यकताओं में योगदान नहीं करती है।

II. अनुसंधान को राष्ट्रीय आवश्यकताओं के लिए उन्मुख होना चाहिए।

82. कथनः गुणवत्ता का एक मूल्य टैग होता है। भारत शिक्षा के लिए बहुत धन आवंटित कर रहा है।

निष्कर्षः I. भारत में शिक्षा की गुणवत्ता में जल्द ही सुधार होगा।

II. अकेले फंडिंग से शिक्षा की गुणवत्ता बढ़ सकती है।

83. कथनः शहरी क्षेत्रों में प्रति घर में व्यक्तियों की औसत संख्या 5 है जबकि ग्रामीण क्षेत्रों में यह 7 है। राष्ट्रीय औसत 6 है।

निष्कर्षः I. ग्रामीण क्षेत्रों में प्रति इकाई क्षेत्रफल में जनसंख्या शहरी क्षेत्रों की तुलना में अधिक है।

II. ग्रामीण क्षेत्रों में शहरी क्षेत्रों के लोगों की तुलना में अधिक व्यक्ति रहते हैं।

84. कथनः घटते संसाधनों के साथ आबादी में वृद्धि आने वाले दिनों में कई विकासशील देशों का परिदृश्य बनने जा रही है। (S.B.I.P.O. 2000)

निष्कर्षः I. विकासशील देशों की जनसंख्या भविष्य में बढ़ती नहीं रहेगी।

II. विकासशील देशों की सरकारों के लिए अपने लोगों को जीवन की सभ्य गुणवत्ता प्रदान करना बहुत मुश्किल होगा।

85. कथनः नेता, जो हिंदी के उपयोग के बारे में बहुत शोर मचाते हैं, आम तौर पर अपने बच्चों को अंग्रेजी माध्यम के स्कूलों में भेजते हैं।

निष्कर्षः I. भारत में अच्छे हिंदी माध्यम के स्कूलों का अभाव है।

II. उपदेश और अभ्यास में अंतर होता है।

86. कथन: साक्षात्कार पैनल एक ऐसे उम्मीदवार का चयन कर सकता है, जिसके पास न तो वांछित योग्यता है और न ही मूल्य और गुण हैं।

निष्कर्ष: I. साक्षात्कार पैनल में विशेषज्ञों का समावेश इस बात की गारंटी नहीं देता है कि चयन उचित होगा।

II. उम्मीदवारों के चयन के मामले में साक्षात्कार परीक्षण की कुछ सीमाएं हैं।

87. कथन: पवन, ऊर्जा का एक अटूट स्रोत है और एक एयरोजेनरेटर इसे बिजली में बदल सकता है। हालांकि इस क्षेत्र में बहुत कुछ नहीं किया गया है, सर्वेक्षण से पता चलता है कि ऊर्जा के वैकल्पिक स्रोत के रूप में हवा को विकसित करने की व्यापक संभावनाएं हैं। **(PGDBM, 2002)**

निष्कर्ष: I. पवन द्वारा ऊर्जा तुलनात्मक रूप से नए उभरते क्षेत्र हैं।

II. एयरोजनरेशन के क्षेत्र में अधिक खोज करके ऊर्जा संकट से निपटा जा सकता है।

88. कथन: भारत में, बुनियादी और शुद्ध विज्ञान के बजाय कृषि, इंजीनियरिंग और प्रौद्योगिकी जैसे क्षेत्रों पर अधिक जोर दिया जाना चाहिए।

निष्कर्ष: I. भारत ने बुनियादी और शुद्ध विज्ञान में पर्याप्त प्रगति हासिल की है।

II. अतीत में, हमारी अर्थव्यवस्था में उत्पादकता कारक की उपेक्षा की गई थी।

89. कथन: पुराने क्रम में परिवर्तन नए स्थान पर लेकर जाता है।

निष्कर्ष: I. परिवर्तन प्रकृति का नियम है।

II. पुराने विचारों को त्यागें क्योंकि वे पुराने हैं।

90. कथन: हमारा प्रतिभूति निवेश बाजार जोखिम उठाता है। निवेश करने से पहले अपने निवेश सलाहकार या एजेंट से सलाह लें।

निष्कर्ष: I. किसी को प्रतिभूतियों में निवेश नहीं करना चाहिए।

II. निवेश सलाहकार निश्चितता के साथ बाजार के जोखिम की गणना करता है।

91. कथन: भारत में महिला संगठनों ने कार्य स्थल पर यौन उत्पीड़न को रोकने के लिए औद्योगिक रोजगार नियम 1946 में संशोधन का स्वागत किया है। **(Bank P.O. 2000)**

निष्कर्ष: I. कार्य स्थल पर महिलाओं का यौन उत्पीड़न अन्य विकसित देशों की तुलना में भारत में अधिक प्रचलित है।

II. भारत में कई संगठन ऐसी समस्याओं से बचने के लिए महिलाओं की भर्ती करना बंद कर देंगे।

92. कथन: 25 मीट्रिक टन सोने की नीलामी के लिए बैंक ऑफ इंग्लैंड ने बहुत सारे बोली लगाने वालों की तलाश की, लेकिन दुनिया भर के प्रमुख सोना उत्पादकों ने इसकी आलोचना की।

निष्कर्ष: I. इंग्लैंड के बैंक को सोने की नीलामी नहीं करनी चाहिए जो कि उसने सोने की अंतर्राष्ट्रीय कीमतों को स्थिर रखने के लिए रखा है।

II. अंतरराष्ट्रीय बाजारों में सोने के वर्तमान मूल्य को बनाए रखने के लिए बोलीदाताओं को सोने की उच्च कीमतों का उद्धरण देना चाहिए।

93. कथन: वीडियो लाइब्रेरी इन दिनों बहुत फल-फूल रही हैं।

निष्कर्ष: I. लोगों में सामान्य रूप से वीडियो का एक क्रेज है।

II. सिनेमा हॉल में जाने के बजाय वीडियो पर पसंदीदा फिल्मों को देखना ज्यादा सस्ता है।

94. कथन: लगभग 50 प्रतिशत पशु उप उत्पाद-बाल, त्वचा, सींग आदि खाद्य प्रोटीन हैं। अमेरिकी रसायनज्ञों ने इस प्रोटीन के 45 प्रतिशत को अलग करने की एक विधि विकसित की है। उन्होंने सोया प्रोटीन को तोड़ने के लिए जापान में विकसित एक एंजाइम का इस्तेमाल किया।

निष्कर्ष: I. अमेरिकी लोग एंजाइम विकसित करने में सक्षम नहीं हैं।

II. पशु उप-उत्पाद प्रोटीन में सोया प्रोटीन के समान संरचना होती है।

95. कथन: XYZ मेडिकल कॉलेज ने एक प्रकोष्ठ शुरू की है जो मरीजों और आम जनता को तनाव प्रबंधन के क्षेत्र में परामर्श कार्यशालाएं आयोजित करेगी। **(M.B.A. 2002)**

निष्कर्ष: I. अस्पताल को ऐसी गतिविधि शुरू करने के लिए संसाधनों की आवश्यकता है।

II. मरीजों और आम जनता को अस्पताल में इस तरह के प्रकोष्ठ की जरूरत महसूस होती है।

96. कथन: हालांकि शिक्षा प्रणाली स्कूलों की संख्या के दृष्टिकोण से आगे बढ़ी है, लेकिन उनमें से ज्यादातर सुसज्जित नहीं हैं और शिक्षा प्रदान करने में उत्कृष्टता हासिल नहीं कर पाए हैं।

निष्कर्ष: I. भविष्य में, हमें इन स्कूलों में अच्छे शिक्षक और उपकरण उपलब्ध कराने चाहिए।

II. हमें भविष्य में और अधिक स्कूल खोलने की आवश्यकता नहीं है।

97. कथन: पाठ्यक्रम में प्रवेश के लिए न्यूनतम पात्रता द्वितीय श्रेणी की मास्टर डिग्री है। हालांकि, वे उम्मीदवार जो मास्टर डिग्री की अंतिम वर्ष की परीक्षा दे चुके हैं, वे भी आवेदन कर सकते हैं।

निष्कर्ष: I. सभी उम्मीदवार जिन्होंने अभी तक मास्टर डिग्री प्राप्त की है, वे चयनित उम्मीदवारों की सूची में होंगे।

II. चयनित उम्मीदवारों की सूची में सभी उम्मीदवार द्वितीय श्रेणी में मास्टर डिग्री प्राप्त करेंगे।

98. कथन: दहेज के खिलाफ बहुत ज्यादा बोलने वाले लोग वे हैं जिन्होंने खुद इसे लिया था।

निष्कर्ष: I. कहना करने की तुलना में आसान है।

II. लोगों के दोहरे मापदंड हैं।

99. कथन: जापान में, पेट के कैंसर की घटनाएं बहुत अधिक हैं, जबकि आंत्र कैंसर बहुत कम है। लेकिन जब जापानी हवाई में जाते हैं, तो यह उलटा है- अगली पीढ़ी में आंत्र कैंसर की दर बढ़ जाती है लेकिन पेट के कैंसर की दर कम हो जाती है। यह सब पोषण से संबंधित है- हवाई में जापानी लोगों का आहार जापान की तुलना में अलग है।

निष्कर्ष: I. हवाई के समान आहार को जापान में भी प्रचारित किया जाना चाहिए।

II. आंत्र कैंसर पेट के कैंसर की तुलना में कम गंभीर है।

100. कथन: सरकार द्वारा संचालित कंपनी ने अपने कर्मचारियों को अपनी आय और संपत्ति की घोषणा करने के लिए कहा था लेकिन कर्मचारियों के संघ द्वारा इसका कड़ा विरोध किया गया है और कोई भी कर्मचारी अपनी आय घोषित नहीं करने वाला है।

निष्कर्ष: I. इस कंपनी के कर्मचारियों की अपने वेतन के अतिरिक्त कोई अघोषित आय प्रतीत नहीं होती है।

II. कर्मचारी संघ चाहता है कि सभी वरिष्ठ अधिकारी पहले अपनी आय घोषित करें।

हल–अभ्यास 5(A)

1. (*b*) : कथन के अनुसार, बॉम्बे से जाफरा तक मार्ग के मामले में सड़क परिवहन की तुलना में समुद्री परिवहन सस्ता है, सभी मामलों में नहीं। इसलिए, निष्कर्ष I अनुसरण नहीं करता है। कथन ईंधन की बचत पर जोर देता है। अतः, निष्कर्ष II का अनुसरण करता है।

2. (*a*) : स्पष्ट रूप से, निष्कर्ष I दिए गए कथन का सीधे अनुसरण करता है। हालाँकि, II दिए गए कथन से संबंधित नहीं है और इसलिए इसका अनुसरण नहीं किया जाता है।

3. (*c*) : कथन में उल्लेख किया गया है कि उत्पादन की तुलना में तेल की मांग तेजी से बढ़ रही है। इसलिए, या तो मांग को कम किया जाना चाहिए या बढ़ती मांग का सामना करने के लिए तेल का आयात किया जाना चाहिए। इस प्रकार, I या II अनुसरण करता है।

4. (*e*) : सुनीता का बहुत व्यस्त कार्यक्रम है। इसका अर्थ है कि वह मेहनती है। लेकिन फिर भी उसे आराम का समय मिल जाता है। इसका अर्थ है कि वह एक संगठित व्यक्ति है। इसलिए, I और II दोनों अनुसरण करते हैं।

5. (*b*) : कथन में वाक्यांश 'केवल पुस्तक' में निष्कर्ष II निहित है। हालाँकि, 1950 से पहले की गरीबी की स्थिति के बारे में कथन से कुछ भी नहीं कहा जा सकता है। इसलिए, निष्कर्ष I अनुसरण नहीं करता है।

6. (*e*) : I और II दोनों दिए गए कथन का सीधे अनुसरण करते हैं।

7. (*b*) : अर्थव्यवस्था की वृद्धि के बारे में कुछ भी कथन में उल्लेख नहीं किया गया है। इसलिए, निष्कर्ष I कथन का अनुसरण नहीं करता है। इसके अतिरिक्त, यह दिया गया है कि 35 प्रतिशत राष्ट्रीय आय 10 प्रतिशत परिवारों द्वारा साझा की जाती है। यह असमान वितरण को इंगित करता है। तो, निष्कर्ष II अनुसरण करता है।

8. (*d*) : किसानों के अतिरिक्त समाज के किसी अन्य वर्ग की बात कथन में नहीं की गई है। इसलिए, न तो I और न ही II अनुसरण करता है।

9. (*e*) : 'दूध की बहुलता' शब्द का उपयोग से निष्कर्ष I निकलता है। इसके अतिरिक्त, यह तथ्य कि सहकारी समितियां और सरकारी डेयरियां उपलब्ध दूध का उपयोग करने में विफल रहीं, यह इंगित करता है कि दूध की इतनी मात्रा को संभालने के लिए उनके पास उचित बुनियादी ढांचे की कमी है। तो, II भी अनुसरण करता है।

10. (*d*) : प्रबंधक ने अपनी नापसंदगी के कारण नहीं, बल्कि उसकी ओर से कुछ लापरवाही या गलती के कारण सचिन को अपमानित किया होगा। इसलिए, निष्कर्ष I कथन का अनुसरण नहीं करता है। साथ ही, कथन द्वारा सचिन के अपने सहयोगियों के साथ सम्बन्ध के बारे में कुछ भी नहीं कहा जा सकता है। तो, II भी अनुसरण नहीं करता है।

11. (*e*) : जाहिर है, सरकार ने अधिक पर्यटकों को आकर्षित करने के लिए कदम उठाया है। इसलिए, निष्कर्ष I और II दोनों अनुसरण करते हैं।

12. (*d*) : यह कथन टी.वी. की बढ़ती दर्शक संख्या पर केंद्रित है और समाचार पत्रों की पाठक संख्या बढ़ाने या उसी के संबंध में अध्ययन करने पर भी जोर नहीं देता है। इसलिए, न तो I और न ही II अनुसरण करता है।

13. (*e*) : चूंकि नई प्रणाली छात्रों को विज्ञान और गणित छोड़ने का विकल्प देती है, इसलिए इन विषयों में कमजोर छात्रों को भी प्रवेश दिया जा सकता है। तो, निष्कर्ष I अनुसरण करता है। इसके अतिरिक्त, यह उल्लेख है कि नई प्रणाली अगले शैक्षणिक वर्ष से लागू होगी। इसका अर्थ है कि यह पहले से मौजूद नहीं था। तो, II भी अनुसरण करता है।

14. (*a*) : कथन में उल्लेख किया गया है कि नियमित आधे घंटे के व्यायाम से हृदय रोगों की संभावना बहुत कम हो जाती है। तो, निष्कर्ष I अनुसरण करता है। हालाँकि, यह केवल संभावना को कम करने की बात करता है जिसका अर्थ यह नहीं है कि गतिहीन नौकरियों में शामिल व्यक्ति निश्चित रूप से हृदय रोगों से पीड़ित होंगे। तो, II अनुसरण नहीं करता है।

15. (*e*) : कथन में उल्लेख किया गया है कि मनुष्य के लिए संसार वैसा ही है जैसा वह स्वयं बनाता है। तो, कुछ लोगों को यह अच्छा लग सकता है और कुछ को काफी बुरा। इस प्रकार, I और II दोनों अनुसरण करते हैं।

16. (*b*) : दिए गए कथन की प्रामाणिकता निगमित नहीं की जा सकती है। इसलिए, निष्कर्ष I कथन का अनुसरण नहीं करता है। चूंकि, विज्ञापन त्वरित रिटर्न की बात करता है, इसका अर्थ है कि लोग चाहते हैं कि उनका पैसा बढ़े, क्योंकि एक विज्ञापन हमेशा उन टिप्पणियों और विशेषताओं का प्रयोग करता है जो लोगों का ध्यान तुरंत आकर्षित करती हैं। तो, II अनुसरण करता है।

17. (*e*) : यह कथन बताता है कि एक अच्छे गायक की हमेशा मधुर आवाज होती है और सम्मेलन में केवल अच्छे गायकों को आमंत्रित किया जाता है। इसका तात्पर्य यह है कि सम्मेलन में आमंत्रित सभी लोगों की मीठी आवाज है और जिनके पास मीठी आवाज नहीं है उन्हें आमंत्रित नहीं किया गया है। इसलिए, I और II दोनों अनुसरण करते हैं।

18. (*b*) : स्पष्ट रूप से, कहाँ केवल कंपनी X की बात करता है, किसी अन्य कंपनी की नहीं। इसलिए, निष्कर्ष I कथन का अनुसरण नहीं करता है। इसके अतिरिक्त, यह उल्लेख किया गया है कि कंपनी X का कैमरा खराब मौसम की स्थिति में भी एक अच्छा शॉट ले सकता है। अतः, II अनुसरण करता है।

19. (*d*) : इस कथन में शहरों में बच्चों के बढ़ते पलायन की समस्या का उल्लेख किया गया है। लेकिन समस्या से निपटने के तरीके इससे निगमित नहीं किये जा सकते। इसलिए, न तो I और न ही II अनुसरण करता है।

20. (*a*) : स्पष्ट रूप से, केवल निष्कर्ष I दिए गए कथन को एक उपयुक्त स्पष्टीकरण प्रदान करता हूं। तो, केवल निष्कर्ष I अनुसरण करता है।

21. (*b*) : इस कथन में उल्लेख किया गया है कि अधिकांश लोग सरकारों के अधीन रहने के लिए मजबूर हैं जो उन्हें व्यक्तिगत स्वतंत्रता और असंतोष के अधिकार से मना करते हैं। इसका अर्थ है कि वे इन अधिकारों के प्रति उदासीन नहीं हैं, लेकिन उनके लिए एक इच्छा है। तो, केवल II अनुसरण करता है।

22. (*d*) : दिए गए कथन से स्पष्ट है कि सभी अनियमित और कुछ नियमित छात्र परीक्षाओं में असफल होते हैं। इसका अर्थ है कि

सभी सफल छात्र नियमित हैं लेकिन सभी नियमित छात्र सफल नहीं हैं। इसलिए, न तो I और न ही II अनुसरण करता है।

23. (*b*) : स्पष्ट रूप से, नई योजना का अभिप्राय अपनी दिनचर्या में पढ़ने की आदत को शामिल करके पढ़ने में रुचि विकसित करना है। इसलिए, केवल II अनुसरण करता है जबकि निष्कर्ष I अनुसरण नहीं करता है।

24. (*e*) : I और II दोनों दिए गए कथन से सीधे अनुसरण करते हैं।

25. (*b*) : राजनीतिक स्वतंत्रता और लोकतंत्र के बीच संबंध के बारे में कुछ भी कथन में उल्लेख नहीं किया गया है। इसलिए, निष्कर्ष I कथन का अनुसरण नहीं करता है। लेकिन II सीधे दिए गए कथन का अनुसरण करता है।

26. (*e*) : कथन के अनुसार, नेशनल एल्युमिनियम कंपनी ने भारत को अतीत में कमी की स्थिति से हटाकर वर्तमान में आत्मनिर्भरता की ओर बढ़ाया है। इसका अर्थ है कि पहले भारत को एल्यूमीनियम का आयात करना पड़ता था। तो, निष्कर्ष I अनुसरण करता है। साथ ही, यह भी कहा जा सकता है कि यदि उत्पादन उसी दर से बढ़ता है, तो भारत भविष्य में इसका निर्यात कर सकता है। तो, II भी अनुसरण करता है।

27. (*c*) : सरकार इस नीति की समीक्षा करना चाहती है ताकि यह निर्धारित किया जा सके कि डीजल की कीमत में वृद्धि की आवश्यकता है या इसे कुछ अन्य कारकों को समायोजित करके स्थिर रखा जा सकता है। इसलिए, कोई भी निर्णय लिया जा सकता है। इस प्रकार, I या II अनुसरण करता है।

28. (*a*) : कथन में कहा गया है कि मैच तभी जीता जा सकता है जब सभी खिलाड़ी अपनी पूरी क्षमता से खेलेंगे। इसलिए, केवल I अनुसरण करता है जबकि II अनुसरण नहीं करता है।

29. (*a*) : स्पष्ट रूप से, निष्कर्ष I सीधे कथन का अनुसरण करता है। हालांकि, II सीधे दिए गए कथन से संबंधित नहीं है और इसलिए इसका अनुसरण नहीं किया जाता है।

30. (*b*) : राष्ट्रीय मानदंड उपयुक्त है या नहीं, यह नहीं कहा जा सकता है। इसलिए, निष्कर्ष I कथन का अनुसरण नहीं करता है। हालांकि, राज्य में प्रति हजार आबादी पर अधिक संख्या में बेड उपलब्ध हैं। तो, II अनुसरण करता है।

31. (*b*) : यह कथन बताता है कि लोग किसी विशेष प्रवृत्ति को लंबे समय तक नहीं रोक सकते हैं और अक्सर बदलाव की तलाश करते हैं। तो, केवल II अनुसरण करता है।

32. (*d*) : न तो गरीब और न ही अमीर, केवल राजनीति में पैसे की भूमिका के बारे में कथन में बात की जा रही है। इसलिए, न तो I और न ही II अनुसरण करता है।

33. (*a*) : कथन के अनुसार, केवल परिस्थितियों से निपटने वाले ही बहादुरी से सफलता प्राप्त करते हैं। तो, निष्कर्ष I अनुसरण करता है। हालांकि, II दिए गए कथन के संबंध में अस्पष्ट है और इसलिए इसका अनुसरण नहीं करता है।

34. (*b*) : कथन एक प्रतीकात्मक है और केवल II इसे सही ढंग से स्पष्ट करता है।

35. (*d*) : कथन के अनुसार, अच्छे योद्धा बुद्धिमान पुरुष होते हैं। लेकिन इसका अर्थ यह नहीं है कि सभी बुद्धिमान लोग अच्छे योद्धा हैं। इसलिए, न तो I और न ही II अनुसरण करता है।

36. (*e*) : स्पष्ट रूप से, कथन दहेज को एक बुरी प्रथा के रूप में घोषित करता है और इसके अवगुणों को दर्शाता है। इस प्रकार, निष्कर्ष I कथन का अनुसरण करता है। इसके अतिरिक्त, यह दिया जाता है कि जो लोग दहेज लेते हैं, वे नारीत्व का अपमान करते हैं। इसका तात्पर्य यह है कि जो लोग दहेज नहीं लेते हैं वे नारीत्व का सम्मान करते हैं। तो, II भी अनुसरण करता है।

37. (*e*) : कथन के अनुसार, सामाजिक विकास कार्यक्रमों की निगरानी और मूल्यांकन - उनका कार्य, प्रदर्शन और दक्षता–पूर्णत: आवश्यक है। इसलिए, I और II दोनों अनुसरण करते हैं।

38. (*b*) : स्पष्ट रूप से, निष्कर्ष I अस्पष्ट है और इसलिए कथन का अनुसरण नहीं करता है। हालांकि, II दिए गए कथन का सीधे अनुसरण करता है।

39. (*d*) : सब्सिडी को वापस लेने का निर्णय स्पष्ट रूप से नुकसान की भरपाई के लिए लिया गया है, न कि इसलिए कि लोग अब रसोई गैस के लिए अधिक भुगतान कर सकते हैं। इसलिए, निष्कर्ष I कथन का अनुसरण नहीं करता है। साथ ही, कथन में प्रचलित सब्सिडी के 33% को वापस लेने की बात की गई है, न कि वास्तविक मूल्य के 33% को कम करने की। तो, II भी अनुसरण नहीं करता है।

40. (*d*) : कथन में दिया गया नारा निश्चित रूप से एक आकर्षक है जो दर्शाता है कि आकर्षक नारे लोगों को आकर्षित करते हैं। इसलिए, निष्कर्ष I कथन का अनुसरण नहीं करता है। रंगों के बारे में लोगों की पसंद के बारे में कुछ भी कथन से नहीं निगमित किया जा सकता है। इस प्रकार, II भी अनुसरण नहीं करता है।

41. (*c*) : यह इस कथन में वर्णित है कि या तो प्रबंधकों को अगले दिन तक इस्तीफा दे देना चाहिए या उनकी सेवाओं को समाप्त कर दिया जाएगा। तो, I या II अनुसरण करता है।

42. (*a*) : इस कथन का अर्थ है कि सरकार आतंकवाद पर अंकुश लगाने के लिए लगातार प्रयास कर रही है, लेकिन यह अभी भी जारी है। इस प्रकार, निष्कर्ष I अनुसरण करता है जबकि II नहीं करता है।

43. (*a*) : स्पष्ट रूप से, निष्कर्ष I सीधे कथन का अनुसरण करता है, जबकि निष्कर्ष II कथन से निगमित नहीं किया जा सकता।

44. (*e*) : चूंकि दुर्घटना ने चिंता पैदा की है, अत: यह घातक होगा। तो, निष्कर्ष I अनुसरण करता है। कथन में 'फिर से' शब्द का उपयोग निष्कर्ष II में वर्णित तथ्य को सही ठहराता है। तो, II भी अनुसरण करता है।

45. (*e*) : कथन के अनुसार, पिछला अनुभव उम्मीदवारों के लिए एक आवश्यक शर्त है लेकिन उत्कृष्ट उम्मीदवारों के मामले में, इस शर्त को माफ कर दिया जाएगा। इसका अर्थ यह है कि कुछ उम्मीदवारों को पिछला अनुभव होगा जबकि कुछ को नहीं होगा। इसलिए, I और II दोनों अनुसरण करते हैं।

46. (*e*) : I और II दोनों कथन का सीधे अनुसरण करते हैं।

47. (*e*) : स्पष्ट रूप से, जानकारी पहले से दी गई है ताकि निवासी पिछले दिन से पानी इकट्ठा कर सकें और शुक्रवार को कम पानी का उपयोग कर सकें। इसलिए, I और II दोनों अनुसरण करते हैं।

48. (*b*) : इस कथन का अर्थ है कि लोगों का झुकाव अपने बच्चों को अच्छी शिक्षा देने की ओर है। इसलिए, केवल II अनुसरण करता है जबकि निष्कर्ष I अनुसरण नहीं करता है।

49. (*b*) : कथन केवल जेड पौधों की बात करता है और 'मोटे पत्ते वाले सभी पौधों' की नहीं। इसलिए, निष्कर्ष I कथन का अनुसरण

नहीं करता है। इसके अतिरिक्त, चूंकि जेड पौधों को बहुत कम पानी की आवश्यकता होती है, इसलिए उन्हें उन जगहों पर उगाया जा सकता है जहां पानी बहुतायत में नहीं है। तो, II अनुसरण करता है।

50. (*e*) : कथन में उल्लेख किया गया है कि संशोधन के बाद 14 साल से कम उम्र का कोई भी बच्चा खतरनाक रोजगार में नहीं लगेगा। इसका अर्थ यह है कि संशोधन से पहले, 14 साल से कम उम्र के बच्चों को रोजगार देने की प्रथा प्रचलन में थी। इसी के साथ इसका अर्थ है कि नियोक्ताओं को संशोधन का पालन करना होगा। इसलिए I और II दोनों अनुसरण करते हैं।

51. (*d*) : चूंकि कंपनी तीन दशकों से इस क्षेत्र में काम कर रही है, इसलिए इस क्षेत्र में आवश्यक विशेषज्ञता और बुनियादी ढांचा होना चाहिए। इसलिए निष्कर्ष I कथन का अनुसरण नहीं करता है। हालांकि, इस क्षेत्र में कंपनी X को सफल बनाने वाले गुणों का उल्लेख कथन में नहीं किया गया है। तो, II भी अनुसरण नहीं करता है।

52. (*a*) : कथन के अनुसार, राजनीतिक कैदियों को दो समूहों में विभाजित किया जा सकता है– वे जिन्हें रिहा किया गया था और जिन्हें राजनीतिक धरने के लिए जेल में डाल दिया गया था। हालांकि, हत्या में शामिल किसी भी व्यक्ति को छोड़ा नहीं गया था। इसका अर्थ है कि किसी भी राजनीतिक कैदी ने हत्या नहीं की थी। तो, निष्कर्ष I अनुसरण करता है। स्पष्ट रूप से, II सीधे कथन से संबंधित नहीं है और इसका अनुसरण नहीं करता है।

53. (*d*) : भारत में आयुर्वेदिक या एलोपैथिक दवाओं की लोकप्रियता पर कथन में बात नहीं की जा रही है। इसलिए, न तो I और न ही II अनुसरण करता है।

54. (*b*) : स्पष्ट रूप से, X को विशेष पुरस्कार नहीं मिलेगा क्योंकि उन्होंने विश्व रिकॉर्ड तो तोड़ दिया था, किन्तु उन्हें अनुचित साधनों का उपयोग करते पाया गया था। तो, II अनुसरण करता है, जबकि निष्कर्ष I अनुसरण नहीं करता है।

55. (*a*) : आईटी कंपनियों के लिए अलग रेटिंग एजेंसी की आवश्यकता स्पष्ट रूप से इंगित करती है कि इस तरह के मूल्यांकन के लिए कौशल के एक अलग सेट की आवश्यकता होती है। तो, निष्कर्ष I अनुसरण करता है। हालांकि, कथन केवल आवश्यकता या मांग को इंगित करता है और कार्रवाई के भविष्य के कदमों और उनके प्रभावों के बारे में कोई अनुमान नहीं लगाया जा सकता है। तो, II अनुसरण नहीं करता है।

56. (*d*) : कथन के अनुसार, कुल रन का 80% स्पिनरों द्वारा बनाया गया था। इसलिए, निष्कर्ष I कथन का अनुसरण नहीं करता है। कथन में शुरुआती बल्लेबाजों के बारे में कुछ नहीं बताया गया है। तो, II भी अनुसरण नहीं करता है।

57. (*d*) : पाकिस्तान में हथियारों के निर्माण की क्षमता के बारे में कथन में बात नहीं की जा रही है। इसलिए, निष्कर्ष I कथन का अनुसरण नहीं करता है। II में दिए गए तथ्य कथन से निगमित नहीं किये जा सकते। तो, II भी अनुसरण नहीं करता है।

58. (*d*) : निर्णय के लिए न तो नागरिकों की प्रतिक्रिया और न ही अन्य देशों द्वारा विरोध का कारण कथन से निगमित किया जा सकता है। इसलिए, न तो I और न ही II अनुसरण करता है।

59. (*b*) : कथन सामान्य रूप से 'विपत्ति' की बात करता है, न कि 'पैसे की कमी' की। इसलिए, निष्कर्ष I कथन का अनुसरण नहीं करता है। II सही ढंग से कथन की व्याख्या करता है और इसलिए यह अनुसरण करता है।

60. (*a*) : स्पष्ट रूप से, अपील इस तथ्य को ध्यान में रखते हुए की गई है कि यह जागरूकता पैदा करे और कुछ प्रभाव डाले। तो, निष्कर्ष I अनुसरण करता है। हालांकि, कथन एक सामान्य अपील की बात करता है और कड़े निर्देश का नहीं। तो, II अनुसरण नहीं करता है।

61. (*b*) : यह कथन परीक्षा की नई पद्धति को अपनाने की आवश्यकता पर बल देता है। इसलिए, निष्कर्ष I कथन का अनुसरण नहीं करता है। हालांकि, II दिए गए कथन से सीधे अनुसरण करता है।

62. (*b*) : संगठित क्षेत्र के श्रमिकों की कथन में बात नहीं की जा रही है। इसलिए, निष्कर्ष I कथन का अनुसरण नहीं करता है। यह उल्लेख किया गया है कि असंगठित क्षेत्र के कुछ श्रमिक विविध रोजगार में लगे हुए हैं। इसका अर्थ है कि उनके पास आमदनी तय है। तो, II अनुसरण करता है।

63. (*d*) : आयुक्त केवल शहरों X और Y के उदाहरणों का हवाला देते हैं और शहर Z को सुशोभित करने की बात करते हैं। इसका अर्थ यह नहीं है कि उन्होंने शहरों X और Y में काम किया है। इसलिए, निष्कर्ष I इसका अनुसरण नहीं करता। साथ ही, शहर की स्थिति के बारे में लोगों की प्रतिक्रिया के बारे में कुछ भी नहीं कहा जा सकता है। इस प्रकार, II भी अनुसरण नहीं करता है।

64. (*b*) : स्पष्ट रूप से, 'अन्य चीजों' के बारे में कुछ भी कथन में उल्लेखित नहीं है। इसलिए, निष्कर्ष I कथन का अनुसरण नहीं करता है। इसके अतिरिक्त, चूंकि यह उल्लेख किया गया है कि महिलाओं के लिए कार्यक्रम और पत्रिकाएं रसोई के व्यंजनों और अन्य घरेलू संकेतों से भरी हुई हैं, इसका अर्थ है कि इन क्षेत्रों में महिलाओं की विशेष रुचि है। तो, II अनुसरण करता है।

65. (*a*) : स्पष्ट रूप से, समस्या का हल नगर और जिला परिषद के स्कूलों को बंद करना नहीं है, बल्कि इन स्कूलों की शिक्षा के स्तर में सुधार के लिए प्रयास करना है। इसलिए, केवल I अनुसरण करता है जबकि II नहीं करता है।

66. (*c*) : कथन में दावा किया गया है कि 25 स्वतंत्र MLA केवल एक पार्टी में शामिल होंगे। इस प्रकार, वे XYZ या किसी अन्य पार्टी में शामिल हो सकते हैं। तो, I या II अनुसरण करता है।

67. (*d*) : स्पष्ट रूप से, I और II दोनों दिए गए कथन का अनुसरण नहीं करते हैं।

68. (*e*) : यह इस कथन में उल्लिखित है कि जो व्यक्ति उत्पाद खरीदने से पहले कीमत और गुणवत्ता पर विचार करता है, उसे कंपनी X का उत्पाद खरीदना चाहिए। इसलिए, I और II दोनों अनुसरण करते हैं।

69. (*a*) : कथन में उल्लेख किया गया है कि एक विक्षिप्त व्यक्ति वह व्यक्ति होता है जो मूर्खतापूर्ण व्यवहार करता है। तो, निष्कर्ष I अनुसरण करता है। सामान्य व्यक्तियों के व्यवहार को दिए गए कथन से निगमित नहीं किया जा सकता है। तो, II अनुसरण नहीं करता है।

70. (*d*) : दिए गए विवरण में सब्जियों की उपलब्धता का उल्लेख नहीं किया गया है। इसलिए, निष्कर्ष I कथन का अनुसरण नहीं करता है। साथ ही, II सीधे कथन से संबंधित नहीं है और इसलिए यह भी अनुसरण नहीं करता है।

71. (*a*) : यह कथन में उल्लिखित है कि भारत की अर्थव्यवस्था मुख्य रूप से वनों पर निर्भर करती है। इसका अर्थ है कि वनों को संरक्षित किया जाना चाहिए। तो, निष्कर्ष I अनुसरण करता है। लेकिन, केवल जंगलों के संरक्षण से अर्थव्यवस्था में सुधार हो सकता है, कहा नहीं जा सकता है। तो, II अनुसरण नहीं करता है।

72. (*e*) : स्पष्ट रूप से, निष्कर्ष I कथन के इस तथ्य से कि लेखन एक सटीक मनुष्य बनाता है, कथन का अनुसरण करता है। निष्कर्ष II भी सीधे कथन का अनुसरण करता है।

73. (*e*) : दिए गए दोनों निष्कर्ष स्पष्ट रूप से कथन में दिए गए वाक्य के केंद्रीय विषय को इंगित करते हैं। इसलिए, I और II दोनों अनुसरण करते हैं।

74. (*b*) : क्रांति का कारण दिए गए कथन से नहीं निगमित किया जा सकता है। इसलिए, निष्कर्ष I कथन का अनुसरण नहीं करता है। हालांकि, इस कथन का उल्लेख है कि औद्योगिक क्रांति ने आधुनिक युग को जन्म दिया। इसका अर्थ है कि क्रांति समाज पर हावी होती है। तो, II अनुसरण करता है।

75. (*e*) : कथन के अनुसार, सरकार ने नौकरशाहों को निदेशकों के रूप में नियुक्त करके वित्तीय संस्थानों को बिगाड़ दिया है। इसका अर्थ यह है कि केवल उन व्यक्तियों को निदेशक के रूप में नियुक्त किया जाना चाहिए जो वित्त में विशेषज्ञ हैं और संस्थान के वित्तीय कार्यों से परिचित हैं। इसलिए, I और II दोनों अनुसरण करते हैं।

76. (*a*) : कथन OSA को भ्रष्टाचार में वृद्धि का प्रत्यक्ष कारण घोषित करता है। तो, निष्कर्ष I कथन का अनुसरण करता है। सरकार द्वारा एक अधिनियम को लागू करना बेहतरी के लिए किया जाता है, न कि भ्रष्टाचार को प्रोत्साहित करने के इरादे से, हालांकि बाद में कुछ भी परिणाम हो सकते हैं। तो, II अनुसरण नहीं करता है।

77. (*a*) : कथन के अनुसार, यहां तक कि वरिष्ठ कैबिनेट मंत्री भी हमेशा प्रधानमंत्री के विचारों के अनुरूप तैयार होते हैं। तो, निष्कर्ष I अनुसरण करता है। हालांकि, II दिए गए कथन का खंडन करता है और इसलिए इसका अनुसरण नहीं करता है।

78. (*d*) : स्पष्ट रूप से, निष्कर्ष I कथन से निगमित नहीं किया जा सकता। साथ ही, कथन में अनुशासन के बारे में कुछ भी नहीं बताया गया है। इसलिए, न तो I और न ही II अनुसरण करता है।

79. (*e*) : कथन में स्पष्ट रूप से उल्लेख किया गया है कि पात्रता मानदंड को पूरा करना और निर्धारित तिथि से पहले आवेदन जमा करना दोनों अस्वीकृति से बचने के लिए आवश्यक हैं। तो, निष्कर्ष I अनुसरण करता है। इसके अतिरिक्त, चूंकि यह दिया जाता है कि जिन उम्मीदवारों के आवेदन खारिज कर दिए गए हैं, उन्हें लिखित परीक्षा के लिए नहीं बुलाया जाएगा, इसलिए II भी अनुसरण करता है।

80. (*d*) : दिए गए कथन के बाद से अधिकारियों को कार्यालय समय के दौरान समाचार पत्रों को पढ़ने नहीं देने की बात की जाती है, इसका अर्थ है कि कार्यालय समय के दौरान समाचार पत्रों को पढ़ना अवांछनीय है। इसलिए, निष्कर्ष I कथन का अनुसरण नहीं करता है। साथ ही, अधिकारियों के अन्य कामों के कारण कार्यालय के काम को नुकसान को रोकने के इरादे से आदेश जारी किया गया है। इस प्रकार, II भी अनुसरण नहीं करता है।

81. (*e*) : स्पष्ट रूप से, इस तथ्य पर जोर दिया गया है कि अंतरिक्ष अनुसंधान कार्यक्रमों की तुलना में राष्ट्रीय जरूरतों को पूरा करना बहुत महत्वपूर्ण है, जो संबंधित अधिकारियों को पूर्व से भटकाता है। इसलिए, I और II दोनों अनुसरण करते हैं।

82. (*a*) : कथन के अनुसार, गुणवत्ता में सुधार के लिए धन आवश्यक है और भारत शिक्षा के लिए धन आवंटित कर रहा है। इसका अर्थ है कि भारत में शिक्षा की गुणवत्ता में सुधार होगा। तो, निष्कर्ष I अनुसरण करता है। लेकिन गुणवत्ता बढ़ाने के लिए अकेले धन पर्याप्त है, सत्य नहीं है। तो, II अनुसरण नहीं करता है।

83. (*b*) : कथन में प्रति घर की आबादी की बात की जा रही है, न कि प्रति इकाई क्षेत्रफल में आबादी की। इसलिए, केवल II अनुसरण करता है जबकि निष्कर्ष I अनुसरण नहीं करता है।

84. (*b*) : I में दिया गया तथ्य दिए गए कथन के बिल्कुल विपरीत है। इसलिए, निष्कर्ष I कथन का अनुसरण नहीं करता है। कथन II में की गई चर्चा राज्य के प्रत्यक्ष निहितार्थों का उल्लेख करता है। इस प्रकार, II अनुसरण करता है।

85. (*c*) : स्पष्ट रूप से, I या II कथन में व्यक्त स्थिति का कारण हो सकता है।

86. (*e*) : स्पष्ट रूप से, I और II दोनों दिए गए कथन को सही ढंग से समझाते हैं। तो, दोनों कथन का अनुसरण करते हैं।

87. (*e*) : वाक्यांश 'इस क्षेत्र में बहुत कुछ नहीं किया गया है' यह दर्शाता है कि पवन ऊर्जा तुलनात्मक रूप से एक नया उभरता हुआ क्षेत्र है। तो, निष्कर्ष I अनुसरण करता है। वाक्यांश 'ऊर्जा के वैकल्पिक स्रोत के रूप में हवा को विकसित करने की व्यापक संभावनाएं हैं' से II सत्य साबित होता है।

88. (*b*) : विज्ञान के बजाय उत्पादकता क्षेत्रों पर अधिक जोर दिया जाना चाहिए, इसका अर्थ यह नहीं है कि देश ने विज्ञान में पर्याप्त प्रगति हासिल की है। लेकिन इसका तात्पर्य यह है कि उत्पादकता कारक को पहले उपेक्षित किया जा रहा था। तो, II अनुसरण करता है, जबकि निष्कर्ष I अनुसरण नहीं करता है।

89. (*a*) : स्पष्ट रूप से, निष्कर्ष I कथन का अनुसरण करता है। इसके अतिरिक्त, यह उल्लेख किया जाता है कि पुराने विचारों को नए लोगों द्वारा प्रतिस्थापित किया जाता है, क्योंकि समय के साथ सोच बदलती है। तो, II अनुसरण नहीं करता है।

90. (*b*) : प्रतिभूतियों में निवेश में जोखिम शामिल है। इसका अर्थ यह नहीं है कि किसी को प्रतिभूतियों में निवेश नहीं करना चाहिए। इसलिए, निष्कर्ष I कथन का अनुसरण नहीं करता है। चूंकि कथन निवेश करने से पहले किसी को निवेश सलाहकार से परामर्श करने की सलाह देता है, इसलिए II अनुसरण करता है।

91. (*d*) : यह तथ्य कि एक निश्चित देश में एक निश्चित नियम का अधिक स्वागत किया गया है, इसका अर्थ यह नहीं है कि समस्या वहां अधिक प्रचलित है। इसलिए, निष्कर्ष I कथन का अनुसरण नहीं करता है। इसके अतिरिक्त, संशोधन महिलाओं के केवल यौन उत्पीड़न को हतोत्साहित करना चाहता है और किसी भी तरह से महिलाओं के रोजगार को हतोत्साहित नहीं करेगा। तो, II भी अनुसरण नहीं करता है।

92. (*d*) : कथन नीलामी के विरुद्ध बात नहीं करता है, लेकिन केवल बोलीदाताओं और स्वर्ण उत्पादकों से मिली प्रतिक्रिया की बात करता है। इसलिए, निष्कर्ष I कथन का अनुसरण नहीं करता

है। वाक्यांश 'दुनिया भर के प्रमुख सोना उत्पादकों ने इसकी आलोचना की' निष्कर्ष II के विपरीत है। तो, II भी अनुसरण नहीं करता है।

93. (*e*) : चूंकि I और II दोनों दिए गए कथन के लिए उपयुक्त स्पष्टीकरण प्रदान करते हैं, इसलिए दोनों अनुसरण करते हैं।

94. (*d*) : अमेरिकी रसायनविदों ने जापान में विकसित एक एंजाइम का इस्तेमाल किया, इसका अर्थ यह नहीं है कि अमेरिकी एंजाइम विकसित करने में सक्षम नहीं हैं। इसलिए, निष्कर्ष I कथन का अनुसरण नहीं करता है। इसके अतिरिक्त, पशु उत्पादों के प्रोटीन और सोया प्रोटीन की संरचना के बारे में कुछ भी कथन में उल्लेख नहीं किया गया है। तो, II भी अनुसरण नहीं करता है।

95. (*e*) : चूंकि अस्पताल ने गतिविधि शुरू कर दी है, यह अच्छी तरह से उसी के लिए सुसज्जित होना चाहिए। तो, निष्कर्ष I अनुसरण करता है। साथ ही, किसी भी नई गतिविधि को इसकी आवश्यकता को ध्यान में रखते हुए शुरू किया जाता है। तो, II भी अनुसरण करता है।

96. (*a*) : स्पष्ट रूप से, कथन स्कूलों में अच्छे शिक्षक और उपकरण प्रदान करने की आवश्यकता पर बल देता है। तो, निष्कर्ष I अनुसरण करता है। हालांकि, यह तथ्य कि भारत में शिक्षा प्रणाली स्कूलों के संबंध में प्रगति कर रही है, इसका अर्थ यह नहीं है कि कोई और स्कूल नहीं खोला जाना चाहिए। तो, II अनुसरण नहीं करता है।

97. (*d*) : इस कथन का उल्लेख है कि जिन उम्मीदवारों ने द्वितीय श्रेणी की मास्टर डिग्री प्राप्त की है या मास्टर डिग्री की अंतिम वर्ष की परीक्षा में शामिल हुए हैं, वे प्रवेश के लिए आवेदन कर सकते हैं। इसका तात्पर्य यह है कि दोनों प्रकार के उम्मीदवारों का चयन कुछ आधारों पर किया जा सकता है। इस प्रकार, प्रत्येक प्रकार के कुछ उम्मीदवारों का चयन किया जा सकता है, किसी एक प्रकार के सभी उम्मीदवारों का नहीं। इसलिए, न तो I और न ही II अनुसरण करता है।

98. (*e*) : कथन से स्पष्ट है कि लोगों द्वारा कुछ करने की तुलना में कहना आसान है। इसलिए, I और II दोनों अनुसरण करते हैं।

99. (*d*) : कथन न तो किसी भी देश के आहार का प्रचार करता है और न ही दो प्रकार के कैंसर की तुलना करता है। इसलिए, न तो I और न ही II अनुसरण करता है।

100.(*d*): कर्मचारियों की आय के विवरण या उनकी आय और संपत्ति की घोषणा से इनकार करने के कारण के बारे में कुछ भी, दिए गए विवरण से निगमित नहीं किया जा सकता है। इसलिए, न तो I और न ही II अनुसरण करता है।

अन्य विविध प्रकार

अभ्यास 5B

निर्देश (प्रश्न 1 से 40): निम्नलिखित प्रत्येक प्रश्न में, कथन/कथनों का समूह दिया गया है, जिसके बाद कुछ निष्कर्ष दिए गए हैं। स्वयं कुछ भी निगमित किए बिना, उस निष्कर्ष को चुनें जो दिए गए कथन/कथनों का तार्किक रूप से अनुसरण करता है।

1. कथन: उस दुकान के ज्यादातर कपड़े महंगे हैं।

निष्कर्ष:

(*a*) उस दुकान में कोई सस्ते कपड़े उपलब्ध नहीं हैं।
(*b*) उस दुकान में हैंडलूम के कपड़े सस्ते हैं।
(*c*) उस दुकान में सस्ते कपड़े भी हैं।
(*d*) उस दुकान के कुछ कपड़े महंगे हैं। **(C.P.O.2006)**

2. कथन: प्रत्येक पुस्तकालय में पुस्तकें हैं।

निष्कर्ष:

(*a*) पुस्तकें केवल पुस्तकालय में होती हैं।
(*b*) पुस्तकालय केवल पुस्तकों के लिए हैं।
(*c*) कोई भी पुस्तकालय पुस्तकों के बिना नहीं है।
(*d*) कुछ पुस्तकालयों में पाठक नहीं हैं।

3. कथन: सरकार जल्द ही एक विधेयक लाने जा रही है, जो बहुत सख्त निर्देश के तहत निजी विश्वविद्यालयों को स्थापित करने की अनुमति देगा।

निष्कर्ष:

(*a*) हमारे देश में अब भी कुछ निजी विश्वविद्यालय हैं।
(*b*) अधिक विश्वविद्यालयों की माँग को आगे बढ़ाया जा रहा है।
(*c*) इस तरह के निर्देश को संसद को सूचित किए बिना भी जारी किया जा सकता है।
(*d*) सरकार निजी क्षेत्र में कुछ भी स्थापित करने का निर्देश देती है।
(*e*) जब तक और निर्देश नहीं दिए जाते हैं, तब तक निजी विश्वविद्यालय अत्यधिक शुल्क ले सकते हैं।

4. कथन: परीक्षा उत्तीर्ण करने के लिए व्यक्ति को कड़ी मेहनत करनी चाहिए।

निष्कर्ष:

(*a*) परीक्षा कड़ी मेहनत से संबंधित है।
(*b*) कड़ी मेहनत करने वाले सभी लोग उत्तीर्ण होते हैं।
(*c*) परीक्षा कुछ चिंता का कारण बनती है और कड़ी मेहनत करने वाले इससे उबर जाते हैं।
(*d*) कड़ी मेहनत के बिना कोई पास नहीं होता है।
(*e*) कठिन परिश्रमी व्यक्ति एक संतुष्ट व्यक्ति है।

5. कथन: विश्वविद्यालय परीक्षा में, अधिकांश उम्मीदवार हिंदी माध्यम में लिखते हैं। **(S.S.C. 2000)**

निष्कर्ष:

(*a*) इस परीक्षा के कुछ उम्मीदवार हिंदी में लिखते हैं।
(*b*) इस परीक्षा में हिंदी माध्यम वाले अधिकांश उम्मीदवार उपस्थित होते हैं।
(*c*) इस परीक्षा में कोई भी अभ्यर्थी हिंदी के अलावा अन्य माध्यमों में उत्तर नहीं लिखता है।
(*d*) इस परीक्षा में बैठने वाले सभी उम्मीदवार हिंदी में उत्तर लिखते हैं।

6. कथन: यह किताब मदद कर सकती है क्योंकि सभी अच्छी किताबें मदद करती हैं।

निष्कर्ष:
(*a*) यह एक अच्छी किताब नहीं है।
(*b*) यह एक अच्छी किताब है।
(*c*) कोई अच्छी किताब मदद नहीं करती है।
(*d*) कुछ अच्छी किताबें मदद करती हैं।

7. कथन: हर चमकती चीज सोना नहीं होती।
निष्कर्ष:
(*a*) गैर-धातुएं भी चमकती हैं।
(*b*) केवल सोना चमकता है।
(*c*) सभी धातुएं चमकती नहीं हैं।
(*d*) चमकीली चीजें भ्रामक हो सकती हैं।

8. कथन: सभी भिखारी गरीब हैं। (C.P.O. 2005)
निष्कर्ष:
(*a*) यदि A भिखारी है, तो A अमीर नहीं है।
(*b*) यदि A धनवान नहीं है, तो A भिखारी नहीं है।
(*c*) जो गरीब हैं वे सभी भिखारी हैं।
(*d*) यदि A धनवान है, तो A भिखारी नहीं है।

9. कथन: सैनिक अपने देश की सेवा करते हैं।
निष्कर्ष:
(*a*) पुरुष आमतौर पर अपने देश की सेवा करते हैं।
(*b*) अपने देश की सेवा करने वाले सैनिक हैं।
(*c*) कुछ पुरुष जो सैनिक हैं, अपने देश की सेवा करते हैं।
(*d*) महिलाएं अपने देश की सेवा नहीं करती हैं क्योंकि वे सैनिक नहीं हैं।

10. कथन: योग्यता गरीब आदमी का धन है।
निष्कर्ष:
(*a*) एक गरीब आदमी हमेशा योग्य होता है।
(*b*) एक गरीब व्यक्ति में धन कमाने की क्षमता होती है।
(*c*) एक धनी व्यक्ति हमेशा सक्षम होता है।
(*d*) एक गरीब आदमी धन कमा सकता है यदि उसके पास योग्यता है।

11. कथन: हितेश ने मोहित को बताया कि गांव के बाहरी इलाके में पीपल के पेड़ के पास एक भूत रहता था।
निष्कर्ष:
(*a*) पीपल के पेड़ गांव के बाहरी इलाके में उगते हैं।
(*b*) भूत पीपल के पेड़ों पर रहते हैं।
(*c*) हितेश को शायद भूतों की कहानियों पर विश्वास था।
(*d*) मोहित को भूतों से डरना चाहिए।

12. कथन: कई रचनात्मक व्यक्ति कलाकार बन जाते हैं। (S.S.C. 2000)
निष्कर्ष:
(*a*) एक रचनात्मक व्यक्ति निश्चित रूप से एक कलाकार बन जाएगा।
(*b*) रचनात्मकता के बिना कलाकार बनना संभव नहीं है।
(*c*) कलाकार बनने के लिए उच्च स्तर की रचनात्मकता की आवश्यकता होती है।
(*d*) कुछ कलाकार रचनात्मक व्यक्ति हैं।

13. कथन: टेलीविजन दर्शकों को आश्वस्त करता है कि उनके हिंसक अपराध का शिकार बनने की संभावना बहुत अधिक है; अपनी इसी प्रकृति से, टीवी दर्शकों को राजी कर लेता है कि उनके साथ जो कुछ भी होता हैं, उसे निष्क्रिय रूप से स्वीकार करें।
निष्कर्ष:
(*a*) टीवी देखने से आपराधिक व्यवहार को बढ़ावा मिलता है।
(*b*) टीवी दर्शकों को दूसरों की तुलना में सबसे अधिक पीड़ित होने की संभावना है।
(*c*) लोगों को टीवी नहीं देखना चाहिए।
(*d*) टीवी, दर्शकों में असहाय भेद्यता की भावना को बढ़ावा देता है।

14. कथन: मेरी कक्षा के सभी छात्र तीव्रबुद्धि हैं। मनीष तीव्रबुद्धि नहीं है। (S.S.C. 2002)
निष्कर्ष:
(*a*) कुछ छात्र तीव्रबुद्धि नहीं हैं।
(*b*) मनीष को कड़ी मेहनत करनी चाहिए।
(*c*) मंद-बुद्धि लोग छात्र नहीं हैं।
(*d*) मनीष मेरी कक्षा का छात्र नहीं है।

15. कथन: 'पूजा के दिनों' के दौरान, लोग उन घरों में जाते हैं जहाँ 'पूजा' की जाती है। वे वहां जाते हैं, भले ही वे आमंत्रित न हों। मनमोहन 'पूजा के दिनों' के दौरान अपने कार्यालय के सहयोगी केशव के घर गए।
निष्कर्ष:
(*a*) केशव ने मनमोहन को किसी अन्य समारोह के लिए आमंत्रित किया था।
(*b*) मनमोहन, एक धार्मिक व्यक्ति होने के नाते, केशव के घर बिन बुलाए चले गए।
(*c*) केशव के घर में, 'पूजा' की गई।
(*d*) मनमोहन को केशव ने आमंत्रित किया था।

16. कथन: एक फैक्ट्री कर्मी के पांच बच्चे हैं। कारखाने में किसी और के पांच बच्चे नहीं हैं।
निष्कर्ष:
(*a*) कारखाने के सभी श्रमिकों में प्रत्येक के पांच बच्चे हैं।
(*b*) कारखाने के प्रत्येक व्यक्ति के बच्चे हैं।
(*c*) कारखाने के कुछ श्रमिकों में पाँच से अधिक बच्चे हैं।
(*d*) कारखाने में केवल एक श्रमिक के ठीक पाँच बच्चे हैं।

17. कथन: अधिकांश राजनेता झूठे हैं। हरीश झूठ बोलता है।
निष्कर्ष:
(*a*) हरीश एक राजनेता हैं।
(*b*) जो झूठ नहीं बोलते वे राजनेता नहीं होते।
(*c*) कुछ राजनेता झूठ नहीं बोलते।
(*d*) आप केवल झूठ बोलकर लाभ उठा सकते हैं।

18. कथन: सभी दोषी राजनेताओं को गिरफ्तार कर लिया गया। गिरफ्तार लोगों में किशन और चंदर शामिल थे। (S.S.C. 2002)
निष्कर्ष:
(*a*) सभी राजनेता दोषी हैं।
(*b*) सभी गिरफ्तार लोग राजनेता हैं।
(*c*) किशन और चंदर राजनेता नहीं थे।
(*d*) किशन और चंदर दोषी थे।

19. कथन: हर आदमी के पास अपना पहचान पत्र होना चाहिए। उस कार्ड में उसका रक्त समूह, संपर्क के लिए पूरा पता और टेलीफोन नंबर का उल्लेख होना चाहिए, ताकि किसी गंभीर दुर्घटना की स्थिति में इनका उपयोग किया जा सके।
निष्कर्ष:
(*a*) जब तक कार्ड में अपने समूह का उल्लेख नहीं किया जाता है तब तक रक्त नहीं दिया जा सकता है।

(*b*) दुर्घटना के घातक होने पर पुलिस को विशेष रूप से इस जानकारी की आवश्यकता होती है।
(*c*) आपातकाल की स्थिति में, वह अपना पता भूल सकता है और अपने घर से संपर्क करने के लिए कार्ड की आवश्यकता हो सकती है।
(*d*) किसी को भी किसी भी परिस्थिति में अपना फोन नंबर नहीं भूलना चाहिए।
(*e*) जब गंभीर रूप से घायल व्यक्ति अपने रक्त समूह को बताने में असहाय होता है, तो यह जानकारी आवश्यक रक्त समूह को इंगित करने के लिए पर्याप्त होगी।

20. कथन: प्रभाकर द्वारा लिखित सभी पुस्तकें पाठ्यपुस्तकें हैं। उनकी कुछ पुस्तकें एबीसी पब्लिशिंग कंपनी द्वारा प्रकाशित की जाती हैं। **(S.S.C. 2000)**

निष्कर्ष:
(*a*) एबीसी पब्लिशिंग कंपनी केवल पाठ्यपुस्तकों का प्रकाशन करती है।
(*b*) प्रभाकर द्वारा लिखित कुछ पाठ्यपुस्तकों को एबीसी प्रकाशन कंपनी के अलावा अन्य प्रकाशकों द्वारा भी प्रकाशित किया जाता है।
(*c*) एबीसी पब्लिशिंग कंपनी प्रभाकर द्वारा लिखित कुछ महत्वपूर्ण निबंध प्रकाशित करती है।
(*d*) एबीसी पब्लिशिंग कंपनी द्वारा प्रकाशित सभी पुस्तकें प्रभाकर द्वारा लिखी गई हैं।

21. कथन: कक्षा VII के तीन-चौथाई छात्र, जिनमें 48 लड़के और 12 लड़कियां हैं, तैरना जानते हैं।

निष्कर्ष:
(*a*) लड़कियां खराब तैराक होती हैं।
(*b*) इस विद्यालय में तैराकी अनिवार्य है।
(*c*) एक-चौथाई लड़के तैरना नहीं जानते।
(*d*) तैराकी जानने वाले लड़कों का प्रतिशत लड़कियों की तुलना में अधिक है।
(*e*) इनमें से कोई नहीं

22. कथन: एक जंगल में उतने ही चंदन के पेड़ हैं जितने में अशोक के पेड़ हैं। तीन-चौथाई पेड़ पुराने हैं और आधे पेड फूलों की अवस्था में हैं।

निष्कर्ष:
(*a*) सभी अशोक वृक्ष फूल अवस्था में हैं।
(*b*) सभी चंदन के पेड़ फूलों की अवस्था में हैं।
(*c*) अशोक के पेड़ों में से कम से कम आधे पुराने है।
(*d*) चंदन के पेड़ों में से आधे फूल अवस्था में हैं।
(*e*) इनमें से कोई नहीं

23. कथन: कई व्यावसायिक कार्यालय दो से आठ मंजिलों वाले भवनों में स्थित हैं। यदि किसी इमारत में तीन से अधिक मंजिलें हैं, तो उसमें एक लिफ्ट है। **(M.A.T. 02003)**

निष्कर्ष:
(*a*) सभी मंजिलों तक लिफ्टों द्वारा पहुंचा जा सकता है।
(*b*) केवल तीसरी मंजिल के ऊपर की मंजिलों में लिफ्ट है।
(*c*) सातवीं मंजिल में लिफ्ट हैं।
(*d*) दूसरी मंजिलों में लिफ्ट नहीं है।

24. कथन: इस कंपनी में 60 फीसदी कर्मचारी पुरुष हैं, 40 फीसदी महिलाएं हैं, 80 फीसदी कर्मचारी ईमानदार हैं और 40 फीसदी कर्मचारी इसी शहर-रावलपुरा से हैं।

निष्कर्ष:
(*a*) सभी पुरुष कर्मचारी शहर के बाहर से हैं।
(*b*) सभी पुरुष कर्मचारी ईमानदार हैं।
(*c*) 20 प्रतिशत महिला कर्मचारी ईमानदार नहीं हैं।
(*d*) सभी महिला कर्मचारी रावलपुरा से हैं।
(*e*) इनमें से कोई नहीं।

25. कथन: एक कक्षा में, तीन-चौथाई लड़के फुटबॉल खेलते हैं, आधे क्रिकेट खेलते हैं, क्रिकेट खेलने वालों में से एक-चौथाई लोग फुटबॉल नहीं खेलते हैं।

निष्कर्ष:
(*a*) दो-तिहाई लड़के केवल फुटबॉल खेलते हैं।
(*b*) एक-चौथाई लड़के न तो क्रिकेट खेलते हैं और न ही फुटबॉल।
(*c*) एक-तिहाई लड़के न तो क्रिकेट खेलते हैं और न ही फुटबॉल।
(*d*) एक-आठवें लड़के न तो क्रिकेट खेलते हैं और न ही फुटबॉल।
(*e*) दो-पाँचवें लड़के केवल फुटबॉल खेलते हैं।

26. कथन: अमेरिकी श्रम मंत्रालय द्वारा दिए गए आंकड़ों से संकेत मिलता है कि वर्ष 2000 तक 1,00,000 प्रोग्रामरों की कमी होगी। उद्योग के एक प्रवक्ता ने कहा, "हमें यह अच्छी तरह से समझना चाहिए कि अमेरिका को भारतीय प्रोग्रामर की जरूरत है। यह न केवल निवेश का सवाल है बल्कि उस प्रतिभा का भी है जिससे भारतीय प्रोग्रामर सुसज्जित हैं।"

निष्कर्ष:
(*a*) अन्य क्षेत्रों में भी, वर्ष 2000 तक प्रतिभाशाली श्रम की कमी होगी।
(*b*) भारतीय प्रोग्रामर दुनिया में सबसे प्रतिभाशाली हैं।
(*c*) भारतीय प्रोग्रामर अन्य देशों के प्रोग्रामरों की तुलना में तुलनात्मक रूप से कम वेतन पर उपलब्ध हैं।
(*d*) सॉफ्टवेयर प्रशिक्षण में बड़ी पूंजी के साथ प्रवेश करने के बावजूद, अमेरिका अपनी आवश्यकताओं को पूर्णत: पूरा करने में सक्षम नहीं हो सका।
(*e*) भारतीय सॉफ्टवेयर बाजार अन्य देशों में प्रोग्रामर भेजने के लिए अच्छी तरह से सुसज्जित है।

27. कथन: एकाधिकार की विशेषता है- प्रतियोगिता की अनुपस्थिति या गिरावट। एबीसी कंपनी को पता चलता है कि इसका संचालन प्रतिस्पर्धी उद्योगों में है। **(M.A.T. 2003)**

निष्कर्ष:
(*a*) एबीसी कंपनी एक सेवा उद्योग में है।
(*b*) एबीसी कंपनी सरकारी-स्वामित्व कंपनी है।
(*c*) एबीसी का बाजार एकाधिकार नहीं है।
(*d*) एबीसी कंपनी का कोई घरेलू प्रतियोगी नहीं है।

28. कथन: 1. कोई नहीं बल्कि अमीर हवाई यात्रा का खर्च उठा सकते हैं।
2. हवाई यात्रा करने वालों में से कुछ बीमार हो जाते हैं।
3. जो बीमार हो जाते हैं उनमें से कुछ को उपचार की आवश्यकता होती है।

निष्कर्ष:

(*a*) सभी अमीर व्यक्ति हवाई यात्रा करते हैं।

(*b*) जो लोग हवाई यात्रा करते हैं वे बीमार हो जाते हैं।

(*c*) सभी अमीर व्यक्ति बीमार हो जाते हैं।

(*d*) हवाई यात्रा करने वाले सभी अमीर हैं।

29. कथन: 1. कोई नहीं, लेकिन छात्र क्लब के सदस्य हैं।

2. क्लब के कुछ सदस्य विवाहित व्यक्ति हैं।

3. सभी विवाहित व्यक्तियों को नृत्य के लिए आमंत्रित किया जाता है।

निष्कर्ष:

(*a*) क्लब के सभी सदस्य विवाहित व्यक्ति हैं।

(*b*) सभी छात्रों को नृत्य के लिए आमंत्रित किया जाता है।

(*c*) क्लब के सभी विवाहित छात्रों को नृत्य के लिए आमंत्रित किया जाता है।

(*d*) क्लब के सभी सदस्यों को नृत्य के लिए आमंत्रित किया जाता है।

30. कथन: 1. प्रोसेस्ड मीट एक खराब होने वाला भोजन है।

2. सभी खराब होने वाले खाद्य पदार्थ सील बंद टिन में पैक किए जाते हैं।

3. सील बंद डिब्बे में कभी-कभी प्रोसेस्ड मीट नहीं होता है।

निष्कर्ष:

(*a*) खराब नहीं होने वाले खाद्य पदार्थ सील बंद डिब्बे में कभी नहीं भरे जाते हैं।

(*b*) प्रोसेस्ड मीट हमेशा सील बंद टिन्स में पैक किया जाता है।

(*c*) प्रोसेस्ड मीट को कभी-कभी सील बंद टिन में पैक नहीं किया जाता है।

(*d*) सील बंद टिंस में हमेशा खराब होने वाला भोजन होता है।

31. कथन: 1. मैं टीवी केवल तभी देखता हूं जब मैं ऊब जाता हूं।

2. जब मैं अपने भाई के साथ होता हूं तो कभी भी ऊबता नहीं।

3. जब भी मैं थिएटर जाता हूं मैं अपने भाई को साथ ले जाता हूं।

निष्कर्ष:

(*a*) यदि मैं ऊब गया हूं, तो मैं अपने भाई का साथ तलाश करता हूं।

(*b*) यदि मैं ऊब नहीं रहा हूं, तो मैं टीवी नहीं देखता हूं।

(*c*) यदि मैं ऊब गया हूं, तो मैं टीवी देखता हूं।

(*d*) यदि मैं अपने भाई के साथ नहीं हूं तो मैं टीवी देखता हूं।

32. कथन: 1. मोहन के परिवार के सभी सदस्य ईमानदार हैं।

2. मोहन के परिवार के कुछ सदस्य नियोजित नहीं हैं।

3. कुछ नियोजित व्यक्ति ईमानदार नहीं होते हैं।

4. कुछ ईमानदार व्यक्ति नियोजित नहीं होते हैं।

निष्कर्ष:

(*a*) मोहन के परिवार के सभी सदस्य नियोजित हैं।

(*b*) मोहन के परिवार के नियोजित सदस्य ईमानदार हैं।

(*c*) मोहन के परिवार के ईमानदार सदस्य नियोजित नहीं हैं।

(*d*) मोहन के परिवार के नियोजित सदस्य ईमानदार नहीं हैं।

33. कथन: अमेरिका में काम करने वाले सभी वैज्ञानिक प्रतिभाशाली हैं। कुछ भारतीय वैज्ञानिक अमेरिका में काम कर रहे हैं।

निष्कर्ष:

1. भारतीय वैज्ञानिकों में से कोई भी प्रतिभाशाली नहीं है।
2. कुछ प्रतिभाशाली भारतीय वैज्ञानिक अमेरिका चले गए हैं।
3. सभी प्रतिभाशाली वैज्ञानिक भारतीय हैं।
4. कुछ भारतीय वैज्ञानिक प्रतिभाशाली हैं।

प्राप्त निष्कर्ष है/हैं

(*a*) केवल 1 (*b*) केवल 2

(*c*) 2 और 3 (*d*) 2 और 4

34. कथन: मंत्री अपनी कारों में सार्वजनिक समारोह में पहुंचे। (S.S.C. 1999)

निष्कर्ष:

1. सभी मंत्री अमीर हैं।
2. मंत्रियों के पास कारें हैं।
3. मंत्री सार्वजनिक समारोह में आए।

प्राप्त निष्कर्ष है/हैं

(*a*) केवल 1 (*b*) 1 और 3

(*c*) 1 और 2 (*d*) 2 और 3

35. कथन: इस सड़क पर कुछ दुकानों में नियॉन लाइट हैं, लेकिन सभी में साइनबोर्ड हैं।

निष्कर्ष:

1. कुछ दुकानों में या तो साइनबोर्ड या नियॉन लाइट हैं।
2. कुछ दुकानों में साइनबोर्ड और नियॉन लाइट दोनों हैं।
3. कुछ दुकानों में कोई नियॉन लाइट नहीं है।
4. कुछ दुकानों में कोई साइनबोर्ड नहीं है।

प्राप्त निष्कर्ष है/हैं

(*a*) केवल 1 (*b*) 1 और 4

(*c*) केवल 2 (*d*) 2 और 3

36. कथन: अमित और सुभाष दोस्त हैं। सुभाष की सभी के साथ दोस्ती है। अमित के कई दुश्मन हैं। राहुल और अमित एक दूसरे को पसंद नहीं करते।

निष्कर्ष:

1. अमित, राहुल और सुभाष का एक समूह है।
2. राहुल और सुभाष दोस्त हैं।
3. सुभाष की अमित के दोस्तों के साथ दोस्ती है।
4. अमित और राहुल दोनों सुभाष के दोस्त हैं।

प्राप्त निष्कर्ष है/हैं

(*a*) 3 और 4 (*b*) 2 और 3

(*c*) 1 और 2 (*d*) 2, 3 और 4

37. कथन: उस दुकान में बेची जाने वाली सभी घड़ियाँ उच्च स्तर की हैं; एचएमटी की कुछ घड़ियाँ उस दुकान में बेची जाती हैं।

निष्कर्ष:

1. उच्च मानक की सभी घड़ियों का निर्माण एचएमटी द्वारा किया गया।
2. एचएमटी की कुछ घड़ियां उच्च स्तर की हैं।
3. एचएमटी घड़ियों में से कोई भी उच्च स्तर की नहीं है।
4. उच्च स्तरीय एचएमटी घड़ियों में से कुछ उस दुकान में बेची जाती हैं।

प्राप्त निष्कर्ष है/हैं

(*a*) 3 और 4 (*b*) 1 और 3

(*c*) 1 और 4 (*d*) 2 और 4

38. कथनः एक बुद्धिमान व्यक्ति बरसाती दिनों के लिए बचाता है। बरसाती दिन मुसीबत के दिनों को दर्शाता है।

निष्कर्षः

1. एक मूर्ख व्यक्ति सब कुछ उड़ा देता है।
2. एक बुद्धिमान व्यक्ति के प्रतिकूल परिस्थितियों में आने की संभावना है।
3. एक स्पष्ट दिन समृद्धि का प्रतीक है।

प्राप्त निष्कर्ष है/हैं

(*a*) केवल 1 (*b*) 1 और 2
(*c*) केवल 2 (*d*) 1 और 3

39. कथनः मच्छर और तिलचट्टे बेगॉन द्वारा मर जाते हैं चाहे वह पाउडर या तरल के रूप में हो। हालांकि, यह पाया गया कि अधिक तिलचट्टे बेगॉन पाउडर खाने से तुरंत मर गए, जबकि अधिक मच्छरों की मृत्यु तब हुई जब बेगॉन तरल का छिड़काव किया गया था।

निष्कर्षः

1. बेगॉन पाउडर से मच्छर नहीं मरते।
2. बेगॉन तरल का कॉकरोच पर बहुत कम प्रभाव होता है।
3. कीड़े को मारने के लिए बेगॉन पाउडर में अधिक सांद्रता होती है।

प्राप्त निष्कर्ष है/हैं

(*a*) 1 और 2 (*b*) 2 और 3
(*c*) केवल 3 (*d*) 1 और 3

40. कथनः जॉर्डन में विदेशियों को बिना वैध कार्य-परमिट के रहने की अनुमति नहीं दी जाएगी। जॉर्डन में निर्माण उद्योग के कुछ भारतीय कर्मचारियों के पास वैध कार्य परमिट नहीं हैं।

निष्कर्षः

1. जॉर्डन में उद्योग निर्माण में लगे सभी भारतीयों को भारत भेज दिया जाएगा।
2. जॉर्डन में उद्योग निर्माण करने वाले कुछ भारंतीयों को निर्वासित किया जाएगा।
3. जॉर्डन में भारतीयों का एक बड़ा हिस्सा भारत भेजा जाएगा।
4. वर्क परमिट के बिना निर्माण उद्योग में भारतीय कर्मचारियों को जॉर्डन से निर्वासित किया जाएगा।

प्राप्त निष्कर्ष है/हैं

(*a*) 1 और 2 (*b*) 1 और 3
(*c*) 2 और 4 (*d*) 3 और 4

निर्देश (प्रश्न 41 से 45): निम्नलिखित प्रश्नों में कथन के बाद कुछ निष्कर्ष दिए गए हैं जो उनसे निकाले जा सकते हैं। उस निष्कर्ष को चुनें जो आपको सबसे सही लगता है।

41. ताज आगरा में है। आगरा भारत में है। इसलिए, ताज भारत में है।

(*a*) सत्य (*b*) संभाव्य असत्य
(*c*) असत्य (*d*) कहा नहीं जा सकता

42. दूध में कैल्शियम की मौजूदगी इसे सफेद बनाती है। चावल भी सफेद है। इसलिए चावल में भी कैल्शियम होता है।

(*a*) असत्य (*b*) संभाव्य सत्य
(*c*) सत्य (*d*) कहा नहीं जा सकता

43. हाइड्रोजन ऑक्सीजन की तुलना में हल्का है। हीलियम की तुलना में हाइड्रोजन हल्का होता है। इसलिए, ऑक्सीजन तीनों गैसों में सबसे भारी है।

(*a*) असत्य (*b*) संभाव्य असत्य
(*c*) सत्य (*d*) कहा नहीं जा सकता

44. गंजे लोग सामान्यतः बौद्धिक प्रकार के होते हैं। अरुण गंजा है। इसलिए, अरुण एक बुद्धिजीवी है।

(*a*) असत्य (*b*) संभाव्य सत्य
(*c*) सत्य (*d*) कहा नहीं जा सकता

45. जतिन, कमल और नवीन तीन पर्वतारोही हैं। जतिन कमल का भाई है। कमल नवीन का भाई है। नवीन जतिन का भाई नहीं है। इसलिए, नवीन जतिन की बहन है।

(*a*) सत्य (*b*) संभाव्य असत्य
(*c*) असत्य (*d*) कहा नहीं जा सकता

निर्देश (प्रश्न 46 से 58): निम्नलिखित प्रत्येक प्रश्न में, उनके आधार पर एक निष्कर्ष के बाद कुछ कथन दिए गए हैं। वह विकल्प चुनें जो दिए गए कथनों और निष्कर्ष के आधार पर सबसे बेहतर हो।

46. कथनः 1. एक त्रिभुज के तीन कोण होते हैं।
2. एक वर्ग के चार कोण होते हैं।

निष्कर्षः एक बहुभुज के कई कोण होते हैं। निष्कर्ष निकलता है

(*a*) निश्चित रूप से सत्य
(*b*) निश्चित रूप से असत्य
(*c*) या तो संभाव्य सत्य या संभाव्य असत्य
(*d*) अप्रासंगिक

47. कथनः 1. कुछ व्यक्ति गणित में कमजोर हैं।
2. वे सभी, जो गणित में कमजोर हैं, संगीतकार हैं।

निष्कर्षः कुछ संगीतकार गणित में कमजोर हैं। निष्कर्ष निकलता है

(*a*) निश्चित रूप से सत्य (*b*) अप्रासंगिक
(*c*) संभाव्य सत्य (*d*) निश्चित रूप से असत्य

48. कथनः 1. मकड़ी के जहर से कुछ बहुत प्रभावी दवाएं बनाई जाती हैं।
2. कुछ बीमारियों के इलाज के लिए सांप के जहर की भी जरूरत होती है।

निष्कर्षः सभी जहर कुछ या अन्य बीमारी का इलाज करते हैं। निष्कर्ष

(*a*) निश्चित रूप से दिए गए कथनों का अनुसरण करता है।
(*b*) दिए गए कथनों का अनुसरण नहीं करता है।
(*c*) संभाव्य सत्य
(*d*) कहा नहीं जा सकता

49. कथनः 1. पानी 100 डिग्री सेल्सियस पर उबलता है।
2. पानी 0 डिग्री सेल्सियस पर जमा देता है।

निष्कर्षः कम दबाव पर, पानी कम तापमान पर उबलता है। निष्कर्ष निकलता है

(*a*) निश्चित रूप से सत्य
(*b*) निश्चित रूप से असत्य
(*c*) या तो संभाव्य सत्य या संभाव्य असत्य
(*d*) अप्रासंगिक

50. कथनः 1. ज्वालामुखी विस्फोट के दौरान, पिघला हुआ लावा एक धारा के रूप में बाहर निकलता है।
2. लावा पृथ्वी की भूपर्पटी के नीचे से आता है।

निष्कर्षः पृथ्वी का अंदरूनी भाग बहुत गर्म होना चाहिए। निष्कर्ष निकलता है

(*a*) निश्चित रूप से सत्य (*b*) संभाव्य सत्य
(*c*) निश्चित रूप से असत्य (*d*) अप्रासंगिक

51. कथन: 1. ऑक्सीजन एक गैस है।
2. इस सिलेंडर में गैस होती है।

निष्कर्ष: इस सिलेंडर में ऑक्सीजन है। दिया गया निष्कर्ष है

(*a*) अप्रासंगिक
(*b*) निश्चित रूप से सत्य
(*c*) या तो संभाव्य सत्य या संभाव्य असत्य
(*d*) निश्चित रूप से असत्य

52. कथन: 1. पिरामिड लगभग 300 ई.पू. से पहले के हैं।
2. उनमें बहुत सारे सोने और अन्य कीमती सामान पाए गए।
3. चीन में कोई पिरामिड नहीं है।

निष्कर्ष: चीन एक समृद्ध अतीत का दावा नहीं कर सकता। दिया गया निष्कर्ष

(*a*) दिए गए कथनों का अनुसरण करता है।
(*b*) दिए गए कथनों का अनुसरण नहीं करता है।
(*c*) संभाव्य सत्य
(*d*) संभाव्य असत्य

53. कथन: 1. शालीन लोग प्रयास करते हैं कि स्वयं का घर हो।
2. चूंकि घर खरीदना या निर्माण एक महंगा मामला है, इसलिए वे हर संभव तरीके से पैसे बचाने की कोशिश करते हैं।
3. बचत के वर्षों के बाद, उन्हें एहसास होता है कि हालांकि उन्होंने जिस राशि को बचाने के लिए योजना बनाई थी, उसे सहेज लिया है, लेकिन अब भी यह घर बनाने के लिए पर्याप्त नहीं है।

निष्कर्ष: भूमि और निर्माण सामग्री की बढ़ती दर उनके सपने को चकनाचूर कर देती है। दिया गया निष्कर्ष

(*a*) दिए गए कथनों का अनुसरण करता है।
(*b*) दिए गए कथनों का अनुसरण नहीं करता है।
(*c*) अप्रासंगिक है
(*d*) संभाव्य असत्य है

54. कथन: 1. स्वतंत्रता सेनानियों को 'ताम्रपात्र' मिलता है।
2. कृष्णा एक स्वतंत्रता सेनानी थे।

निष्कर्ष: उन्हें 'ताम्रपात्र' मिला। दिया गया निष्कर्ष

(*a*) वैध (*b*) अप्रासंगिक
(*c*) अवैध (*d*) संभाव्य असत्य

55. कथन: 1. केवल वही युवा धूम्रपान करते हैं जो कॉलेजों में नहीं जाते हैं।
2. केवल वे युवा कॉलेज जाते हैं जो स्मार्ट नहीं हैं।

निष्कर्ष: स्मार्ट युवा धूम्रपान नहीं करते हैं। दिया गया निष्कर्ष

(*a*) संभाव्य सत्य (*b*) निश्चित रूप से सत्य
(*c*) संभाव्य असत्य (*d*) निश्चित रूप से असत्य

56. कथन: 1. जड़ी बूटियों से प्राप्त औषधियाँ रोगों को ठीक करने में बहुत उपयोगी हैं।
2. कुछ जड़ी बूटियों का उपयोग ब्यूटीशियन भी करते हैं।

निष्कर्ष: हर्बल ड्रग्स लेने वाले मरीज सुंदर हो जाते हैं।
दिया गया निष्कर्ष

(*a*) दिए गए कथनों का अनुसरण करता है।
(*b*) दिए गए कथनों का अनुसरण नहीं करता है।
(*c*) संभाव्य सत्य है।
(*d*) इनमें से कोई नहीं।

57. कथन: 1. कुत्ते परिवार के दोस्तों के आने पर नहीं भौंकते हैं।
2. जब A ने B के घर में प्रवेश किया, तो B के कुत्ते ने भौंकना शुरू कर दिया।

निष्कर्ष: A, B का शत्रु है।
दिया गया निष्कर्ष

(*a*) दिए गए कथनों का अनुसरण करता है।
(*b*) संभाव्य सत्य है।
(*c*) संभाव्य असत्य है।
(*d*) दिए गए कथनों का अनुसरण नहीं करता है।

58. कथन: 1. अविश्वास प्रस्ताव पर अक्सर बहस की अनुमति दी जाती है।
2. पिछले हफ्ते अविश्वास प्रस्ताव आया था।

निष्कर्ष: संबंधित पक्षों द्वारा इस पर बहस की गई।
निष्कर्ष

(*a*) निश्चित रूप से सत्य (*b*) संभाव्य असत्य
(*c*) निश्चित रूप से असत्य (*d*) कहा नहीं जा सकता

निर्देश *(प्रश्न 59 से 63)*: *दिए गए प्रत्येक प्रश्न में, निष्कर्ष के बाद दो कथन A और B दिए गए हैं। उत्तर दें:*

(a) यदि कथन A अकेले निष्कर्ष ज्ञात करने के लिए पर्याप्त है
(b) यदि कथन B अकेले निष्कर्ष ज्ञात करने के लिए पर्याप्त है
(c) यदि दोनों कथन A और B अकेले निष्कर्ष ज्ञात करने के लिए पर्याप्त है
(d) यदि दोनों कथन A और B अकेले निष्कर्ष ज्ञात करने के लिए पर्याप्त नहीं है

59. वह खतरनाक दिखता है।
A: वह दुबला और भूखा लग रहा है।
B: वह बहुत ज्यादा सोचता है।

60. यदि गर्म पानी के साथ कुछ साबुन लगाया जाता है, तो शेविंग आसान है।
A: झाग बनाने के लिए साबुन घिसने से शेविंग करने का समय बढ़ता है।
B: शेव होने पर चेहरा धुलता है।

61. लंबे समय तक उबालने पर मसाले खराब हो जाते हैं।
A: मसाले में आवश्यक तेल आसानी से वाष्पित हो जाते हैं।
B: स्वाद बढ़ाने के लिए अचार में मसाले को डाला जाता है।

62. कभी-कभी एक एकल अवलोकन हमें असंख्य घटनाओं को याद दिलाता है जो अतीत में हुई थीं।
A: मनुष्य के पास स्मृति का उपहार है।
B: मनुष्य मूलत: एक स्वप्नद्रष्टा है।

63. पौधे भी बीमार हो सकते हैं।
A: केवल स्तनधारी बीमार हो सकते हैं।
B: अनुचित पोषण एक पौधे के विकास में विपथन पैदा करेगा।

हल-अभ्यास 5(B)

1. (*c*)	**2.** (*c*)	**3.** (*b*)	**4.** (*d*)	**5.** (*b*)	**6.** (*b*)	**7.** (*d*)	**8.** (*a*)
9. (*c*)	**10.** (*d*)	**11.** (*c*)	**12.** (*d*)	**13.** (*d*)	**14.** (*d*)	**15.** (*c*)	**16.** (*d*)
17. (*c*)	**18.** (*d*)	**19.** (*b*)	**20.** (*b*)	**21.** (*e*)	**22.** (*e*)	**23.** (*c*)	**24.** (*e*)
25. (*d*)	**26.** (*b*)	**27.** (*c*)	**28.** (*d*)	**29.** (*c*)	**30.** (*c*)	**31.** (*b*)	**32.** (*b*)
33. (*d*)	**34.** (*d*)	**35.** (*d*)	**36.** (*d*)	**37.** (*d*)	**38.** (*b*)	**39.** (*b*)	**40.** (*c*)
41. (*a*)	**42.** (*d*)	**43.** (*d*)	**44.** (*b*)	**45.** (*a*)	**46.** (*d*)	**47.** (*a*)	**48.** (*d*)
49. (*d*)	**50.** (*a*)	**51.** (*c*)	**52.** (*b*)	**53.** (*a*)	**54.** (*a*)	**55.** (*d*)	**56.** (*b*)
57. (*d*)	**58.** (*d*)	**59.** (*a*)	**60.** (*a*)	**61.** (*a*)	**62.** (*a*)	**63.** (*b*)	

हल सहित अतिरिक्त प्रश्न

अभ्यास

निर्देश *(प्रश्न 1 से 5): दिए गए प्रश्नों में एक कथन के बाद दो निष्कर्ष दिए गए है। आपको सही निष्कर्ष ज्ञात करना है:*

(*a*) यदि केवल निष्कर्ष (I) सत्य हो।
(*b*) यदि केवल निष्कर्ष (II) सत्य हो।
(*c*) यदि दोनों निष्कर्ष सत्य हों।
(*d*) यदि कोई निष्कर्ष सत्य न हो।

1. कथन: वयस्क साक्षरता में वृद्धि से देश का विकास और प्रगति होगी। **[TANCET-MCA Exam, 2005]**

निष्कर्ष: I. शिक्षित लोग नए नवाचारों के लिए कम प्रतिरोध प्रदान करते हैं।
II. विकसित देशों में साक्षरता दर अधिक है।

2. कथन: अपराध अपराधियों के जैविक बनावट और उनके पारिवारिक संबंधों का एक कृत्य है। **[TANCET-MCA Exam, 2005]**

निष्कर्ष: I. अपराध की घटना भ्रातीय जुड़वाँ की तुलना में समान जुड़वाँ में अधिक होती है।
II. जिन परिवारों में माता-पिता में गर्मजोशी और स्नेह की कमी होती है, वे बच्चों में नैतिक विवेक के निर्माण में असफल होते हैं।

3. कथन: शिक्षा समवर्ती सूची में है। राज्य सरकार केंद्र सरकार की सहमति के बिना शिक्षा में सुधार नहीं ला सकती है। **[TANCET-MCA Exam, 2005]**

निष्कर्ष: I. शिक्षा में त्वरित सुधार लाने के लिए, यह राज्य की सूची में होना चाहिए।
II. राज्य शिक्षा में त्वरित सुधार लाने के लिए तैयार नहीं हैं।

4. कथन: डगलस मेरा कजिन है। कजिन बहन का बेटा या चाचा का बेटा या भाई का बेटा हो सकता है। **[TANCET-MCA Exam, 2005]**

निष्कर्ष: I. डगलस मेरी बहन का बेटा है।
II. डगलस मेरे चाचा का बेटा है।

5. कथन: बातचीत जारी थी। तनाव का माहौल था। पार्टियों ने अपने पुराने पदों को वापस लेना शुरू कर दिया। **[TANCET-MCA Exam, 2005]**

निष्कर्ष: I. वार्ता तनावपूर्ण वातावरण में सफल नहीं हो सकती।
II. यदि वार्ता सफल होती तो वे नए पद ग्रहण कर लेते।

निर्देश: *निम्नलिखित प्रश्न में, तीन कथनों के बाद एक निष्कर्ष दिया गया है। कथन और निष्कर्ष का अध्ययन करें और इंगित करें कि कौन से कथन मिलकर निष्कर्ष बनाते हैं:*

6. कथन:
I. मूल्य वृद्धि प्राकृतिक घटना है।
II. यदि उत्पादन बढ़ता है तो कीमतें गिरती हैं।
III. उच्च कीमतें गरीबों को प्रभावित करती हैं।

निष्कर्ष: यदि उत्पादन बढ़ जाता है तो गरीबों को राहत महसूस होती है।

उत्तर:
(*a*) केवल (I) और (II) (*b*) केवल (I) और (III)
(*c*) केवल (II) और (III) (*d*) डाटा अपर्याप्त

7. निम्नलिखित कथनों पर विचार करें: **[CSAT, 2012]**
I. सभी कलाकार सनकी हैं।
II. कुछ कलाकार ड्रग एडिक्ट हैं।
III. निराश लोग नशा करने वाले होते हैं।

उपरोक्त तीन कथनों से यह निष्कर्ष निकाला जा सकता है कि:
(*a*) कलाकार निराश हैं।
(*b*) कुछ नशा करने वाले सनकी हैं।
(*c*) सभी निराश लोग ड्रग एडिक्ट हैं।
(*d*) सनकी लोग आमतौर पर निराश होते हैं।

8. निम्नलिखित कथनों की जाँच करें: **[CSAT, 2012]**
I. केवल जिनके पास दूरबीन की एक जोड़ी है, वे बर्डवॉचर्स क्लब के सदस्य बन सकते हैं।
II. बर्डवॉचर्स क्लब के कुछ सदस्यों के पास कैमरे हैं।
III. जिन सदस्यों के पास कैमरे हैं वे फोटो-प्रतियोगिता में भाग ले सकते हैं।

उपरोक्त कथनों में से कौन सा निष्कर्ष निकाला जा सकता है?
(*a*) वे सभी जिनके पास दूरबीन की एक जोड़ी है, वे बर्डवॉचर्स क्लब के सदस्य हैं।
(*b*) बर्डवॉचर्स क्लब के सभी सदस्यों के पास दूरबीन की एक जोड़ी है।
(*c*) फोटो-प्रतियोगिता में भाग लेने वाले सभी बर्डवॉचर्स क्लब के सदस्य हैं।
(*d*) कोई निष्कर्ष नहीं निकाला जा सकता है।

9. निम्नलिखित कथनों पर विचार करें: **[CSAT, 2012]**
"काफी महंगा होने के बावजूद, टेलीविजन एक लक्जरी आइटम नहीं है, क्योंकि टेलीविजन के माध्यम से कई चीजें सीख सकते हैं।"

उपरोक्त कथन में से कौन सा एक वैध निष्कर्ष है?
(*a*) सभी महँगी वस्तुओं को लक्जरी माना जाता है।
(*b*) सीखने के लिए सभी आवश्यक चीजें लक्जरी नहीं हैं।
(*c*) टेलीविजन सीखने के लिए आवश्यक है।
(*d*) टेलीविजन एक लक्जरी आइटम नहीं है।

10. निम्नलिखित कथनों की जाँच करें: **[CSAT, 2012]**
I. मैं टीवी तभी देखता हूं जब मैं बोर हो जाता हूं।
II. मेरे भाई के साथ होने पर मैं कभी बोर नहीं होता।
III. जब भी मैं थिएटर जाता हूं, अपने भाई को साथ ले जाता हूं।
उपरोक्त कथनों के संदर्भ में निम्नलिखित में से कौन सा निष्कर्ष मान्य है?
(*a*) यदि मैं बोर हो रहा हूं, तो मैं टीवी देखता हूं।
(*b*) यदि मैं बोर हो गया हूं, तो मैं अपने भाई का साथ तलाश करता हूं।
(*c*) यदि मैं अपने भाई के साथ नहीं हूं, तो मैं टीवी देखता हूं।
(*d*) यदि मैं बोर नहीं हो रहा हूं, तो मैं टीवी नहीं देखता हूं।

11. निम्नलिखित कथनों की जाँच करें:
I. कोई नहीं, लेकिन छात्र क्लब के सदस्य हैं।
II. क्लब के कुछ सदस्य विवाहित व्यक्ति हैं।
III. सभी विवाहित व्यक्तियों को नृत्य के लिए आमंत्रित किया जाता है।
उपरोक्त कथनों से कौन सा निष्कर्ष निकाला जा सकता है?
(*a*) सभी छात्रों को नृत्य के लिए आमंत्रित किया जाता है।
(*b*) क्लब के सभी विवाहित छात्रों को नृत्य के लिए आमंत्रित किया जाता है।
(*c*) क्लब के सभी सदस्य विवाहित व्यक्ति हैं।
(*d*) उपरोक्त निष्कर्षों में से कोई भी निकाला नहीं जा सकता है।

12. निम्नलिखित कथनों पर विचार करें: **[CSAT, 2012]**
I. यहां खड़ी सभी एक्स-ब्रांड कारें सफेद हैं।
II. उनमें से कुछ में रेडियल टायर हैं।
III. 1986 के बाद निर्मित सभी एक्स-ब्रांड कारों में रेडियल टायर हैं।
IV. सभी कारें एक्स-ब्रांड नहीं हैं।
उपरोक्त कथनों में से कौन सा निष्कर्ष निकाला जा सकता है?
(*a*) केवल सफेद कारों को यहां पार्क किया जाता है।
(*b*) रेडियल टायर वाली कुछ सफेद एक्स-ब्रांड की कारें यहाँ पार्क की जाती हैं।
(*c*) एक्स-ब्रांड के अलावा अन्य कारों में रेडियल टायर नहीं हो सकते हैं।
(*d*) अधिकांश एक्स-ब्रांड कारों का निर्माण 1986 से पहले किया गया है।

13. निम्नलिखित कथन पर विचार करें: **[CSAT, 2012]**
तीसरा विश्व युद्ध, यदि कभी प्रारंभ होता है तो सभ्यता के संभावित अंत के साथ बहुत जल्दी समाप्त हो जाएगा। यह केवल परमाणु ऊर्जा का दुरुपयोग है जो इसे प्रेरित करेगा।
उपरोक्त कथन के आधार पर, निम्नलिखित में से कौन सा संदर्भ सही है?
(*a*) तीसरे विश्व युद्ध में परमाणु शक्ति का उपयोग किया जाएगा।
(*b*) तीसरे विश्व युद्ध के बाद कोई सभ्यता नहीं बची होगी।
(*c*) परमाणु ऊर्जा की वृद्धि लंबे समय में सभ्यता को नष्ट कर देगी।
(*d*) तीसरा विश्व युद्ध नहीं होगा।

14. निम्नलिखित कथनों पर विचार करें:
I. सभी मशीनें ऊर्जा की खपत करती हैं।
II. विद्युत ऊर्जा प्रदान करता है।
III. विद्युत संचालित मशीनों का रखरखाव सस्ता है।
IV. विद्युत संचालित मशीनें प्रदूषण का कारण नहीं बनती हैं।
उपर्युक्त कथनों में निम्नलिखित में से कौन सा निष्कर्ष निकाला जा सकता है?
(*a*) सभी मशीनें विद्युत ऊर्जा द्वारा चलाई जाती हैं।
(*b*) विद्युत के अतिरिक्त ऊर्जा का कोई रूप नहीं है।
(*c*) अधिकांश मशीनें विद्युत ऊर्जा पर संचालित होती हैं।
(*d*) विद्युत संचालित मशीनें उपयोग करने के लिए बेहतर हैं।

15. निम्नलिखित कथनों की जाँच करें: **[CSAT, 2012]**
I. कोई नहीं बल्कि अमीर हवाई यात्रा कर सकते हैं।
II. हवाई यात्रा करने वालों में से कुछ बीमार हो जाते हैं।
III. जो बीमार हो जाते हैं उनमें से कुछ को उपचार की आवश्यकता होती है।
उपरोक्त कथनों से कौन सा निष्कर्ष निकाला जा सकता है?
(*a*) सभी अमीर व्यक्ति हवाई यात्रा करते हैं।
(*b*) जो लोग हवाई यात्रा करते हैं वे बीमार हो जाते हैं।
(*c*) सभी अमीर व्यक्ति बीमार हो जाते हैं।
(*d*) हवाई यात्रा करने वाले सभी अमीर हैं।

हल

1. (*c*) : साक्षर लोग नए नवाचारों को आसानी से समझेंगे। इसी के साथ, विकसित देशों में साक्षरता दर अधिक है। तो, दोनों निष्कर्ष सत्य हैं।

2. (*b*) : केवल निष्कर्ष II निकलता है क्योंकि उन बच्चों में जिनके पास नैतिक विवेक की कमी है वे अपराधी बन जाएंगे।

3. (*d*) : कोई निष्कर्ष नहीं निकलता है।

4. (*d*) : न तो निष्कर्ष I न ही निष्कर्ष II निकलता है क्योंकि डगलस भाई का बेटा हो सकता है।

5. (*b*) : केवल निष्कर्ष II निकलता है, क्योंकि बातचीत से नयी स्थिति पर पहुंचा जा सकता है।

6. (*c*) : यदि उत्पादन अधिक होता है तो कीमतें गिरेंगी। गरीबों को कम कीमतों से राहत महसूस होगी।

7. (*b*) : कुछ नशीली दवाओं की लत एक सनक है।

8. (*b*) : विकल्प (*b*) उत्तर है क्योंकि बर्डवॉचर्स क्लब के सभी सदस्यों के पास दूरबीन की एक जोड़ी है।

9. (*d*) : यह कथन में दिया गया है कि टेलीविजन एक लक्जरी आइटम नहीं है।

10. (*d*) : विकल्प (*d*) वैध निष्कर्ष है।

11. (*b*) : दिए गए कथनों से निष्कर्ष के रूप में विकल्प (*b*) निकाला जा सकता है।

12. (*b*) : विकल्प (*b*) वैध निष्कर्ष है क्योंकि रेडियल टायर वाली एक्स-ब्रांड कारें पार्क की गयी हैं।

13. (*a*) : परमाणु शक्ति का उपयोग तीसरे विश्व युद्ध में किया जाएगा यदि यह कभी शुरू होगा।

14. (*d*) : विद्युत से संचालित मशीनें प्रदूषण मुक्त हैं, इसलिए उनका उपयोग किया जाना संभव है।

15. (*d*) : विकल्प (*b*) वैध निष्कर्ष है क्योंकि जो लोग हवाई यात्रा करते हैं वे सभी बीमार हैं।

6 अनुच्छेद से निष्कर्ष निकालना (DERIVING CONCLUSIONS FROM PASSAGES)

तार्किक निगमन के इस खंड में, प्रश्न में एक संक्षिप्त पैसेज दिया होता है (आमतौर पर एक रिपोर्ट जिसमें किसी सामाजिक या आर्थिक समस्या के बारे में कुछ डेटा होते हैं), इसके बाद इस पर आधारित कुछ निश्चित निष्कर्ष दिए होते हैं। उम्मीदवार के लिए आवश्यक है कि पैसेज में दी गयी सामग्री (या डेटा) का विश्लेषण करें और इससे वांछनीय तथ्यों को समझें। फिर, उसे दिए गए पैसेज के संदर्भ में दिए गए प्रत्येक अनुमान पर विचार करना होगा, और इसकी सत्यता या मिथ्या पर निर्णय लेकर तदनुसार सबसे अच्छा विकल्प चुनना होगा।

व्याख्यात्मक उदाहरण

निर्देश: ***दिए गए पैसेज को पढ़ें और इस पैसेज के सन्दर्भ में उसके नीचे दिए गए सभी अनुमानों का परीक्षण करें।***

उत्तर दें:

(a) यदि अनुमान 'निश्चित रूप से सही' है;

(b) यदि अनुमान 'संभावित रूप से सही' है;

(c) यदि प्रदान किया गया 'डेटा अपर्याप्त' है;

(d) यदि अनुमान 'संभावित रूप से गलत' है;

(e) यदि अनुमान 'निश्चित रूप से गलत' है।

उदा. 1. विश्व स्वास्थ्य संगठन ने डेंगू से निपटने के लिए बेहतर निगरानी के लिए कहा है और कहा है कि यदि मच्छरों को प्रजनन से रोकने के लिए और संचरण चक्र को तोड़ने के लिए आवश्यक कदम उठाए जाते हैं तो डेंगू प्रकोप को दो सप्ताह में नियंत्रित किया जा सकता है। डेंगू मनुष्यों में सबसे व्यापक मच्छर जनित बीमारी है। पिछले 15 वर्षों में, दक्षिण और दक्षिण पूर्व एशिया में तेजी से गिरते पर्यावरण और शहरीकरण के दौरान सार्वजनिक स्वास्थ्य मानक कमजोर होने के कारण डेंगू का प्रकोप तेजी से बढ़ रहा है। डब्ल्यूएचओ की रिपोर्ट के अनुसार डेंगू बीमारी के गंभीर रूप जैसे रक्तस्रावी बुखार (DHF) और शॉक सिंड्रोम (DSS) दुनिया भर में हर साल 2.5 मिलियन से अधिक लोगों को जोखिम में डाल रहे हैं। महत्वपूर्ण रूप से, डीएचएफ मामलों में से 95% मामले 15 वर्ष से कम आयु के बच्चो के हैं। इसलिए, यह बीमारी सार्वजनिक स्वास्थ्य और भावी पीढ़ियों पर प्रमुख प्रभाव डालती है।

1. यदि दक्षिण एशिया में शहरीकरण की दर नियंत्रित हो, तो सभी बीमारियों का प्रकोप कम हो सकता है।
2. विश्व स्वास्थ्य संगठन ने अतीत में डेंगू के प्रकोप का डेटा एकत्र नहीं किया है।
3. हाल के दिनों में यूरोपीय देशों में डेंगू का कोई प्रकोप नहीं था।
4. पिछले एक दशक में दक्षिण एशियाई देशों ने डेंगू से निपटने के लिए सफलतापूर्वक कदम नहीं बढ़ाया है।
5. DSS प्रकार का डेंगू वयस्कों को ज्यादातर प्रभावित करता है।

हल:

1. (*b*) : यह पैसेज में उल्लेख किया गया है कि दक्षिण और दक्षिण पूर्वी एशिया में ज्यादातर गिरते पर्यावरण के कारण और शहरीकरण के कारण सार्वजनिक स्वास्थ्य मानक गिरने के कारण प्रकोप तेजी से बढ़ रहा है। इस प्रकार, प्रश्न में दिया गया तथ्य काफी संभावित है। अत:, निष्कर्ष शायद सत्य है।

2. (*e*) : पैसेज पिछले 15 साल के दौरान डेंगू के प्रकोप की बात करता है। यह दिए गए तथ्य का खंडन करता है। इसलिए, दिया गया निष्कर्ष निश्चित रूप से गलत है।

3. (*c*) : पैसेज में डेंगू के केवल एशियाई देशों में प्रकोप का उल्लेख है, यूरोपीय देशों में नहीं। इसलिए, डेटा अपर्याप्त हैं।

4. (*a*) : यह उल्लेख किया गया है कि पिछले 15 वर्षों से दक्षिण एशियाई देशों में डेंगू के प्रकोप के मामलों में तेजी से वृद्धि हो रही है। इसका अर्थ है कि डेंगू से निपटने के लिए पर्याप्त कदम नहीं लिया गया। इसलिए, निष्कर्ष बिलकुल सही है।

5. (*c*) : DSS प्रकार डेंगू के प्रभाव के बारे में कुछ भी पैसेज में उल्लेख नहीं किया गया है। इसलिए, डेटा अपर्याप्त है।

उदा. 2. पर्यावरण और वन मंत्रालय ने सेंट्रल कोल फील्ड्स लिमिटेड की बिहार में करकटला ओपन कास्ट विस्तार परियोजना को पर्यावरणीय मंजूरी दे दी है, जो गैरकोकिंग कोयला भंडार के खनन की परिकल्पना करता है। परियोजना में कोयला भंडार को 67.82 करोड़ की अनुमानित लागत पर प्रति वर्ष 0.8 मिलियन टन के वर्तमान उत्पादन स्तर से बढ़ाकर उसका विस्तार 1.5 मिलियन टन करने का प्रस्ताव है। प्रस्तावित खनन गतिविधियों के लिए कुल लगभग 651 हेक्टेयर भूमि क्षेत्र की आवश्यकता है, जिसका छठा हिस्सा वन भूमि के रूप में शामिल हैं।

1. विस्तार योजना के लिए लगभग 100 हेक्टेयर वन भूमि की आवश्यकता होगी।
2. करकटला ओपन कास्ट देश में गैर कुकिंग कोयले की केवल एकमात्र खदान है।
3. गैर-कॉकिंग कोयले की कोई मांग नहीं है।
4. करकटला खदान से एक टन गैर-कुकिंग कोयले की उत्पादन लागत लगभग ₹450 है।
5. कोयले की आवश्यकता के ऊपर पर्यावरणीय चिंता को कम प्राथमिकता मिलती है।

हल:

1. (*a*) : पैसेज के अनुसार, विस्तार योजना के लिए आवश्यक भूमि = 651 हेक्टेयर

$$\text{वन भूमि} = \left(\frac{1}{6} \times \text{कुल भूमि}\right) = \left(\frac{1}{6} \times 651\right) = 108.5 \text{ हेक्टेयर} = 100 \text{ हेक्टेयर (लगभग)}$$

इसलिए, दिया गया निष्कर्ष निश्चित रूप से सत्य है।

2. (*c*) : यह केवल उल्लेख किया गया है कि करकटला गैर-कुकिंग कोयला भंडार के खनन का समझौता किया गया है। लेकिन, यह नहीं दिया गया है कि यह एकमात्र ऐसी खान है। इसलिए, डेटा अपर्याप्त हैं।

3. (*a*) : गैर-कुकिंग कोयले के लिए करकटला खदान को पर्यावरणीय स्वीकृति प्रदान करने से पता चलता है कि गैर-कुकिंग कोयले की मांग है। इसलिए, निष्कर्ष बिलकुल सही है।

4. (*a*) : कुल अनुमानित उत्पादन = 1.5 मिलियन टन

$= (1.5 \times 10^6)$ टन

कुल अनुमानित लागत = ₹67.82 करोड़ = ₹(67.82×10^7).

प्रति टन कोयले की लागत

$$= ₹\left(\frac{67.82 \times 10^7}{1.5 \times 10^6}\right) = ₹452.13 = ₹450 \text{ लगभग}$$

इसलिए, दिया गया निष्कर्ष निश्चित रूप से सत्य है।

5. (*c*) : दिए गए तथ्य का न तो उल्लेख है और न ही यह पैसेज से प्राप्त होता है। इसलिए, डेटा अपर्याप्त हैं।

उदा. 3. भारतीय कृषि का प्रदर्शन देश भर में वर्षा की मात्रा पर काफी हद तक निर्भर है। खेती योग्य भूमि का एक बड़ा हिस्सा सीधे मानसून से संबंधित सिंचाई पर निर्भर है। हालाँकि, कृषि और संबद्ध गतिविधियों का कुल जीडीपी में एक-चौथाई से भी कम योगदान है। विनिर्माण क्षेत्र, जो मध्यवर्ती आपूर्ति के लिए कृषि पर निर्भर करता है, बहुत अधिक नहीं है, जिससे पता चलता है कि पिछले कुछ वर्षों में औद्योगीकरण की संरचना बदल गई है। बाकी अर्थव्यवस्था की वृद्धि के लिए तृतीयक क्षेत्र के कई घटक अधिक महत्वपूर्ण हैं, जो आईटी और बीपीओ की बदौलत बड़े पैमाने पर विकसित हुए हैं। तो इसकी कम संभावना है कि यदि बारिश कम होती है तो समग्र आर्थिक विकास पर प्रतिकूल प्रभाव पड़ेगा। फिर भी, अगर हम मामले में गहराई से देखें तो कुछ अलग तस्वीर उभरती है। अभी भी, जनसंख्या और कार्य बल का एक बहुत महत्वपूर्ण हिस्सा अपनी आजीविका के लिए कृषि पर निर्भर करता है। कृषि में गिरावट प्रति व्यक्ति भोजन की उपलब्धता को कम करती है, जो जीवन स्तर को नीचे ढकेलता है। **(S.B.I.P.O. 2005)**

1. विनिर्माण क्षेत्र अब कृषि क्षेत्र पर निर्भर नहीं करता है।
2. कमजोर मानसून का जीडीपी पर भी प्रतिकूल प्रभाव पड़ता है, हालांकि गैर कृषि क्षेत्रक गतिविधियां जारी रह सकती हैं।
3. भारत के जीडीपी में कृषि आधारित गतिविधियां 25 प्रतिशत से अधिक योगदान देती हैं।
4. पिछले कुछ वर्षों में औद्योगिकीकरण की प्रक्रिया में महत्वपूर्ण परिवर्तन आया है।
5. पिछले कुछ वर्षों में गैर-औद्योगिक और गैर-कृषि क्षेत्र की गतिविधियों में काफी वृद्धि हुई है।

हल:

1. (*e*) : इस पैसेज में उल्लेख किया गया है कि विनिर्माण क्षेत्र का जो घटक, मध्यवर्ती आपूर्ति के लिए कृषि पर निर्भर करता है, बहुत अधिक नहीं है। इसका अर्थ है कि विनिर्माण क्षेत्र का एक हिस्सा अभी भी कृषि पर निर्भर करता है। इसलिए, दिए गए अनुमान निश्चित रूप से असत्य हैं।

2. (*d*) : वाक्यांश कि 'यह कम संभावना है ..... अगर बारिश कम होती है' का अर्थ है कि यह काफी संभावित है कि कमजोर मानसून जीडीपी पर प्रतिकूल प्रभाव नहीं डालेगा । इसलिए, दिए गए अनुमान शायद असत्य है।

3. (*e*) : पैसेज में स्पष्ट रूप से उल्लेख है कि कृषि और संबद्ध गतिविधियों का कुल जीडीपी के एक-चौथाई (25%) से भी कम योगदान है। यह दिए गए अनुमानों का खंडन करता है। इसलिए दिया गया अनुमान निश्चित रूप से गलत है।

4. (*a*) : वाक्यांश 'पिछले कुछ वर्षों .... संरचना बदल गई है' दिए गए तथ्य को स्पष्ट करता है । इसलिए, दी गई धारणा निश्चित रूप से सही है।

5. (*a*) : वाक्यांश 'तृतीयक क्षेत्र के कई घटक...... बड़े पैमाने पर विकसित हुए हैं' दिए गए तथ्य को स्पष्ट करता है । इसलिए, दी गई धारणा निश्चित रूप से सही है।

उदा. 4. भारत के उत्तर-पश्चिमी राज्यों में गेहूं की खरीद तेजी पर है । जून के अंत तक, सार्वजनिक एजेंसियों के पास खाद्यान्न भंडार के 40 से 42 मिलियन टन के साथ समाप्त होने की संभावना है, जो देश के इतिहास में अब तक का सबसे अधिक भण्डार है। देश में 'खाद्य सुरक्षा' सुनिश्चित करने के लिए यह स्टॉक पर्याप्त से अधिक होना चाहिए और यह स्टॉक खतरे में नहीं है, भले ही भारत को लगातार दो सूखे का सामना करना पड़े। लेकिन यह अजीब है कि, भंडारों के अतिप्रवाह होने के बावजूद किसी अकाल के बिना अभी भी देश व्यापक रूप से भुखमरी का शिकार है। गरीबी के अनुमानों पर बहस हो रही है, लेकिन मोटे तौर पर भारत का एक तिहाई हिस्सा बिना पेट भरे ही सो जाता है। भूख और अनाज के बड़े पैमाने पर सह-अस्तित्व के साथ गंभीर नीति निर्माताओं को सोचना चाहिए और तेजी से आर्थिक विकास करने और गरीबी में कमी सुनिश्चित करने के लिए मौजूदा नीति की जांच करनी चाहिए। **(S.B.I.P.O. 2000)**

1. भारत में नीति निर्माता व्याप्त भूख से अनभिज्ञ हैं।
2. भारत हमेशा दो लगातार सूखे का सामना करने के लिए खाद्य भंडार रखता है ।
3. आम जनता को खाद्यान्न का वितरण भारत के लिए एक समस्या बनी हुई है।
4. पिछले कुछ साल से भारत का खाद्यान्न भंडार संतोषजनक रहा ।
5. भारत में 30 प्रतिशत से अधिक जनसंख्या रोज दो बार का भोजन भी प्राप्त नहीं कर पाती है।
6. देश में गरीबी को कम करने के लिए भारत की वर्तमान नीति को नए सिरे से पुनर्निर्मित करने की जरूरत है।
7. भारत, वर्तमान में, दुनिया के ऐसे देशों में से एक है, जिनके पास अपने लोगों के लिए पर्याप्त भोजन है।

हल:

1. (b) : पैसेज का वाक्यांश 'भंडारों के अतिप्रवाह होने के बावजूद ..... भुखमरी का शिकार है' नीति के निर्माताओं की ओर से कमी का संकेत मिलता है। इसलिए, यह काफी संभावित है कि वे प्रचलित भूख से अनजान हैं। इस प्रकार, दिया गया अनुमान शायद सही है।

2. (*d*) : यह उल्लेख किया गया है कि वर्तमान खाद्यान्न भंडार देश के इतिहास में अब तक का सर्वाधिक देखा गया है । इस प्रकार, यह काफी संभावना है कि इस तरह के स्टॉक हमेशा बनाए नहीं रखे जाते है। इसलिए, दिया गया अनुमान संभवत: गलत है।

3. (*a*) : पैसेज में वाक्यांश 'भूख और अनाज के बड़े पैमाने पर सह-अस्तित्व' से स्पष्ट है कि दिया गया तथ्य सही है। इसलिए, अनुमान निश्चित रूप से सत्य है।

4. (*c*) : देश के पिछले वर्षों के खाद्यान्न भंडार के बारे में कुछ भी उल्लेख नहीं किया गया है। केवल वर्तमान स्थिति पर चर्चा की गई है। इसलिए, डेटा अपर्याप्त हैं।

5. (*a*) : दिया गया तथ्य, वाक्यांश 'मोटे तौर पर भारत का एक तिहाई हिस्सा बिना पेट भरे ही सो जाता है' से स्पष्ट है, इसलिए, अनुमान निश्चित रूप से सत्य है।

6. (*a*) : पैसेज का अंतिम वाक्य स्पष्ट रूप से दिए गए तथ्य को बताता है। इसलिए, दी गई धारणा निश्चित रूप से सही है।

7. (*a*) : कथन "देश में 'खाद्य सुरक्षा' सुनिश्चित करने के लिए यह स्टॉक पर्याप्त से अधिक होना चाहिए और यह स्टॉक खतरे में नहीं है" स्पष्ट रूप से दिए गए अनुमान का समर्थन करता है। इसलिए, दी गई धारणा निश्चित रूप से सही है।

अभ्यास 6A

निर्देश: नीचे दिए गए प्रत्येक प्रश्न में एक पैसेज दिया गया है, जिसके नीचे कुछ अनुमान दिए गए है। आपको दिए गए पैसेज के संदर्भ में दिए गए प्रत्येक अनुमान पर विचार करना होगा, और इसकी सत्यता या मिथ्या पर निर्णय लेकर तदनुसार सबसे अच्छा विकल्प चुनना होगा।

उत्तर दें :

(a) यदि अनुमान 'निश्चित रूप से सत्य' है, अर्थता यह सीधे पैसेज में दिए गए तथ्यों से आता है;

(b) यदि अनुमान 'संभवतः सत्य' है हालांकि यह दिए गए तथ्यों के आलोक में 'निश्चित रूप से सत्य' नहीं है;

(c) यदि आपको लगता है कि आंकड़े अपर्याप्त हैं, अर्थात दिए गए तथ्यों से आप यह नहीं कह सकते हैं कि निष्कर्ष के सही या गलत होने की क्या संभावना है;

(d) यदि आपको लगता है कि अनुमान 'संभवतः असत्य' है, हालांकि यह दिए गए तथ्यों के आलोक में 'निश्चित रूप से असत्य' नहीं है;

(e) यदि आपको लगता है कि अनुमान 'निश्चित रूप से असत्य' है, अर्थात यह दिए गए तथ्यों का खंडन करता है।

प्रश्न 1 से 5 (Bank P.O. 2004)

भारत को बंदरगाह क्षेत्र में उच्च निवेश की आवश्यकता है और यह अभी भी कंटेनर यातायात में अंतरराष्ट्रीय बंदरगाहों से काफी पीछे है, हालांकि पिछले कुछ वर्षों में इस क्षेत्र में काफी वृद्धि हुई है। दुनिया भर में सबसे अच्छे बंदरगाहों के सामने भारतीय बंदरगाहों को लगातार बेंचमार्क करने और नीतिगत प्रयासों में संलग्न रहने की आवश्यकता है ताकि बंदरगाह सेवाओं के प्रति कंटेनर की ऐसी कीमतें प्राप्त हो सकें जो दुनिया में सबसे कम हों। भारत के अधिकांश बंदरगाहों पर डॉकिंग करने वाले जहाजों का चक्कर लगाने का औसत समय पिछले तीन वर्षों से गिर रहा है। हालांकि, पूर्व-बर्थिंग समय में पिछले कुछ वर्षों में मामूली वृद्धि हुई है।

1. दुनिया का सबसे उत्तम बंदरगाह संयुक्त राज्य अमेरिका में स्थित है।

2. भारतीय बंदरगाहों को अब तक अंतरराष्ट्रीय मानक पर वर्गीकृत नहीं किया गया है।

3. भारतीय बंदरगाहों को दुनिया के सर्वश्रेष्ठ बंदरगाहों के साथ मेल खाने के लिए काफी विकास की जरूरत है।

4. पूर्व-बर्थिंग समय वर्षों से धीरे-धीरे कम हो रहा है।

5. भारतीय बंदरगाह सेवा शुल्क के रूप में प्रति कंटेनर सबसे कम कीमत की पेशकश करते हैं।

प्रश्न 6 से 10

अंतरिक्ष अन्वेषण मुख्य रूप से मानव रहित उपग्रहों का उपयोग करके किया जाता है जिन्हें अंतरिक्ष प्रोब कहा जाता है, इनमें नवीनतम वैज्ञानिक उपकरणों की एक व्यापक विविधता होती है। यह अंतरिक्ष प्रोब हमें बाहरी अंतरिक्ष में ग्रहों और अन्य पिंडों के बारे में नजदीकी तस्वीरें और अन्य डेटा प्रदान करते हैं। गहन अमेरिकी अंतरिक्ष कार्यक्रम का चरमोत्कर्ष तब आया जब नील आर्मस्ट्रांग 20 जुलाई 1969 को चंद्रमा पर कदम रखने वाले पहले व्यक्ति बने। मूल रूप से, कृत्रिम उपग्रहों को पृथ्वी के ऊपरी वातावरण का अध्ययन करने के लिए लॉन्च किया गया था।

6. अंतरिक्ष प्रोब ने अंतरिक्ष और इसमें मौजूद पिंडों के बारे में हमारा ज्ञान बढ़ाया है।

7. अंतरिक्ष प्रोब केवल पृथ्वी के ऊपरी वातावरण का अध्ययन करने के लिए होते है।

8. नील आर्मस्ट्रांग अंतरिक्ष में जाने वाले पहले व्यक्ति थे।

9. अंतरिक्ष प्रोब में कंप्यूटर भी उपलब्ध होते हैं।

10. चंद्रमा का अन्वेषण मनुष्य द्वारा किया है।

प्रश्न 11 से 16 (Bank P.O. 2003)

वर्तमान वर्ष के दौरान भारत में कपास की पैदावार में 10% की कमी आई है क्योंकि कपास उत्पादकों ने अन्य नकदी फसलों की खेती की है। यह 11 सितंबर के बाद के विश्व बाजारों में कपास की भरमार और विश्व अर्थव्यवस्था में परिणामी मंदी का परिणाम है। लेकिन इस परिदृश्य के साथ यह उद्योग के एक घटक-यार्न निर्माताओं को लाभ पहुंचाता है, क्योंकि उन्हें अपनी उपज के लिए उच्च मूल्य मिलते हैं। कुछ यार्न निर्माताओं ने पिछले साल कपास की कम कीमत पर स्टॉक बना लिया था। इन सब का संयुक्त प्रभाव यार्न निर्माताओं के शुद्ध लाभ और शुद्ध मार्जिन में वृद्धि है।

11. भारत में कपास उगाने के लिए इस्तेमाल की जाने वाली भूमि अन्य नकदी फसलों को उगाने के लिए अनुकूल है।

12. सूती धागे की बढ़ती कीमत के कारण किसान अगले साल फिर से कपास उगाएंगे।

13. पिछले साल विश्व बाजार में कपास की कमी रही है।

14. चालू वर्ष के दौरान कपास की आपूर्ति में भारी गिरावट आई है।

15. विश्व अर्थव्यवस्था में 11 सितंबर से पहले की अवधि के दौरान तेजी देखी गई।

16. यार्न निर्माताओं को 11 सितंबर की अवधि के बाद मामूली रूप से नुकसान हुआ है।

प्रश्न 17 से 21

एक परिवर्तनवादी नई सर्जरी प्रक्रिया, जो बहुत पहले अस्तित्व में नहीं थी, कार्डियक मायोपैथी या दिल के फैलाव के रोगियों के लिए ताजा उम्मीद जगा रही है। भारत में अब यह तकनीक, मरीजों को ऑपरेशन के दो सप्ताह बाद घर जाने और एक सामान्य के निकट गतिहीन जीवन जीने की अनुमति देता है । कार्डियक मायोपैथी एक ऐसी स्थिति है जिसमें विभिन्न प्रकार के कारक उतरदायी होते हैं। ज्ञात 20 वायरसों में से एक का आक्रमण, परजीवी संक्रमण से हमला, लंबे समय तक अल्कोहल का दुरुपयोग और रक्तचाप आदि से ये हो सकता है, और दुर्लभ मामलों में, यह बच्चे के जन्म के समय और यहाँ तक कि परिवारों में आगे चलने के लिए भी जाना जाता है। स्थिति यह होती है कि दिल के कक्षों के आकार में वृद्धि हो जाती है और पम्पिंग की दक्षता में कमी आ जाती है।

17. कार्डियक मायोपैथी वंशानुगत है।

18. भारत में नई तकनीक का अतीत में कभी प्रयोग नहीं किया गया था।

19. हृदय की धड़कन धीमी हो जाती है।

20. पहले हृदय संबंधी मायोपैथी से पीड़ित रोगियों को इस तरह के ऑपरेशन के लिए विदेश जाने की आवश्यकता थी।

21. हृदय की दक्षता इसके दिल के आकार के विपरीत आनुपातिक है।

प्रश्न 22 से 26

हालांकि राज्य केवल 3.2 लाख टन आम की खेती करता है, किन्तु वे प्रीमियम गुणवत्ता के हैं और दुनिया में अंगूर के बाद आम के दूसरा सबसे अधिक खपत होने वाला फल बन जाने के बाद, सरकार इसे समुद्री मार्ग के जरिए, जोकि सस्ता है, निर्यात करने की कोशिश कर रही है। इस संबंध में एक प्रयोग जो पिछले साल किया गया था सफल साबित हुआ है।

22. आम के निर्यात में गुणवत्ता एक महत्वपूर्ण कारक है।

23. राज्य अच्छी गुणवत्ता वाले अंगूर का भी निर्यात करता है।

24. समुद्री मार्गों से आमों के निर्यात में कुछ समस्याएं हैं ।

25. अधिकांश अन्य निर्यात समुद्री मार्गों से होते हैं, जोकि सस्ता है।

26. राज्य बड़ी संख्या में मध्यम गुणवत्ता के आम की खेती भी करता है।

प्रश्न 27 से 31 (S.B.I.P.O. 2001)

प्रदूषण की मात्रा धीमी गति से मारती है। औद्योगिक और वाहनों के प्रदूषण के नियमित रूप से संपर्क से जीवन को खतरा होने वाले विभिन्न रोग जैसे अस्थमा, हृदय की समस्याएं, कैंसर और विभिन्न प्रकार के अन्य विकार हो जाते हैं। इसलिए, किसी को भी प्रदूषण करने का अधिकार नहीं है, न अमीर न ही गरीब। देश भर में औद्योगिक और वाहन प्रदूषण तेजी से बढ़ रहे हैं। यह सिर्फ महानगर नहीं है, जो आज भारी प्रदूषित हैं बल्कि छोटे और मध्यम शहर भी हैं। प्रदूषण अर्थव्यवस्था से अधिक तेजी से बढ़ रहा है। ऐसा इसलिए है क्योंकि पश्चिमी तकनीकी मॉडल, ऊर्जा और सामग्री के भारी उपयोग पर निर्मित, स्वाभाविक रूप से एक अत्यधिक विषाक्त मॉडल है। यह भारी मात्रा में जहरीले प्रदूषक पैदा करता है, जिसे नियंत्रित किया जा सकता है अगर सावधानी से प्रौद्योगिकी का चुनाव किया जाए और इसके उपयोग में काफी संयम बरता जाए।

27. वे उद्योग जो उच्च स्तर की ऊर्जा का उपयोग करते हैं, अधिक प्रदूषण करते हैं।

28. हाल के अतीत में प्रदूषण के प्रसार ने गति पकड़ ली है।

29. छोटी औद्योगिक इकाइयां आनुपातिक रूप से उच्च प्रदूषण करती हैं।

30. पश्चिमी दुनिया में प्रदूषण का स्तर भारत की तुलना में काफी अधिक है।

31. आधुनिक तकनीक के उपयोग में उचित नियोजन से पर्यावरण प्रदूषण कम होता है।

प्रश्न 32 से 36

सरकार की नीति का मूल जोर किसानों को भोजन का अधिक उत्पादन करने के लिए मूल्य प्रोत्साहन प्रदान करना है। लेकिन क्या एक मूल्य प्रोत्साहन प्रणाली वृद्धिशील पैदावार सुनिश्चित करने में हमेशा दक्ष है? हमारा विवाद यह है कि यह प्रोत्साहन केवल किसानों को एक फसल से दूसरी फसल पर, जो दिए गए मूल्यों पर अधिक लाभदायक हो, खेती शिफ्ट करने के लिए राजी करने का काम करता है। लेकिन सभी फसलों का वृद्धिशील उत्पादन सुनिश्चित करने के लिए यह एक पर्याप्त स्थिति हो, ऐसा आवश्यक नहीं है।

32. यह पैसेज कृषि वित्त पर एक विशेषज्ञ द्वारा लिखे गए लेख से लिया गया है।

33. लेखक विभिन्न फसलों की उपज अधिक करने के लिए वकालत कर रहा है।

34. सरकार फसलों के खरीद मूल्य बढ़ाने के लिए तैयार नहीं है।

35. किसान आय के प्रति जागरूक नहीं हैं।

36. हाल ही में किसानों द्वारा फसलों के खरीद मूल्य में वृद्धि के लिए आंदोलन किया गया था।

प्रश्न 37 से 42

शहरी विस्तार का सामना करने के लिए शहरी सेवाओं का तेजी से विस्तार नहीं हुआ है। कम निवेश आवंटन भी खर्च नहीं हुआ है। दोनों सार्वजनिक (जैसे पानी और मल) और निजी (जैसे कम आय क्षेत्र आवास) बुनियादी ढाँचों की गुणवत्ता में गिरावट आई है। पर्यावरण के इस प्रभाव में जो बच्चे रहते हैं और जब वे बीमार पड़ते हैं तो उन्हें उपलब्ध कराई गयी सहायक सेवाएं स्पष्ट हो जाती हैं। औसत भोजन की उपलब्धता में गिरावट और पूर्ण गरीबी में वृद्धि असंतोषजनक दिशा को इंगित करती है।

37. शहरी सेवाओं के गर्व में घमंड करने की कोई बात नहीं है।

38. सार्वजनिक परिवहन प्रणाली निजी क्षेत्र के हाथों में है।

39. ग्रामीण क्षेत्रों की तुलना में शहरी क्षेत्रों में जन्म दर अधिक है।

40. कम लागत के शहरी आवास प्राथमिकताओं में से एक है।

41. आसपास का वातावरण स्वास्थ्य की स्थिति में महत्वपूर्ण भूमिका निभाता है।

42. हालांकि धन के पर्याप्त प्रावधान किए गए थे लेकिन वे खर्च नहीं हो पाये।

प्रश्न 43 से 46

एक बाघ, जब अपने प्राकृतिक शिकार को मारता है, तो ऐसा वह उसका पीछा करके या उसके इंतजार में लेटकर करता है, उसकी सफलता, उसकी हमले की गति और कुछ हद तक, उसके दांतों और पंजों की स्थिति पर निर्भर होती है। इसलिए, जब एक बाघ एक या अधिक दर्दनाक घावों से पीड़ित है या जब इसके दांत गायब हैं या खराब हो गए हैं और उसके पंजे खराब हो गए हैं, और यह उन जानवरों को पकड़ने में असमर्थ है जिनको खाने के लिए वे आदी हो चुके हैं, तो इसे मानव जैसे अन्य प्राणियों को मारने की आवश्यकता होती है।

43. मानव बाघों का प्राकृतिक शिकार है।

44. जंगल में जानवरों को मारने के लिए बाघों द्वारा तीव्र पंजे की आवश्यकता होती है ।

45. बुढ़ापा बाघों को मानवों को खाने के लिए प्रेरित करता है।

46. बाघ मनुष्य को केवल तब मारता है जब वह घाव के कारण अक्षम हो चुका होता है।

प्रश्न 47 से 54 (Bank P.O. 1999)

भारत में, एस्बेस्टस उद्योग बढ़ रहा है और गुजरात, मध्य प्रदेश, महाराष्ट्र, आंध्र प्रदेश जैसे कई राज्यों में फैली हुई 75 इकाइयों में 15,000 से अधिक लोगों को रोजगार देता है। आश्चर्यजनक रूप से, उन्नत देश कैंसरकारी एस्बेस्टस उत्पादों पर प्रतिबंध लगा रहे हैं, इन देशों की बहुराष्ट्रीय कंपनियां भारत जैसे विकासशील देशों में इकाइयां स्थापित कर रही हैं, इसका एक कारण समाज में जागरूकता की कमी और इन देशों के सरकारी तंत्र की उदासीनता है। एस्बेस्टस की धूल और फाइबर के संपर्क में लंबे समय तक रहने के कारण फेफड़े का कैंसर हो सकता है लेकिन भारत में अधिकांश श्रमिक नौकरी खोने के डर से विरोध करने से बहुत डरते हैं। इनमें से कुछ कारखाने मुंबई में चल रहे हैं। भारत में कुछ कारखाने भी एस्बेस्टस धूल से श्रमिकों की सुरक्षा के लिए पर्याप्त सावधानी बरतने के लिए नहीं जाने जाते है। सरकार श्रमिकों को चिकित्सकीय निरीक्षण प्रदान करने के लिए कई कदम उठा रही है। वास्तव में, इसने उन कारखानों में प्रावधानों का विस्तार करने के लिए जिसमें 10 से कम कर्मचारी हैं, फैक्ट्री अधिनियम में संशोधन किया है।

47. भारत में अभ्रक उद्योग केवल कुछ ही महानगरों में स्थित हैं।

48. अभ्रक श्रमिकों का नियमित चिकित्सा निरीक्षण और उपचार ने उन्नत देशों में स्वास्थ्य की स्थिति में सुधार किया है ।

49. उन्नत देश अपने लोगों के स्वास्थ्य के खतरों की रक्षा करने के प्रति चिंतित और सावधान हैं।

50. भारत में अभ्रक उद्योग सबसे बड़े उद्योगों में से एक है ।

51. भारत में अभ्रक उद्योग अन्य खतरनाक उद्योगों की तुलना में बेहतर वेतन प्रदान करता है।

52. एस्बेस्टस उद्योगों के कर्मचारी स्वास्थ्य खतरों और चिकित्सा सुविधाओं की कमी के खिलाफ विरोध नहीं करते हैं क्योंकि उनमें से अधिकांश एस्बेस्टस धूल से पीड़ित नहीं हैं।

53. विकासशील देशों की सरकारें बहुराष्ट्रीय कंपनियों को देश में उत्पादन इकाइयों की अनुमति देते समय उचित उपाय नहीं करती है।

54. भारत में एस्बेस्टस उत्पादों की मांग बढ़ती प्रतीत हो रही है।

प्रश्न 55 से 60

बिहार में प्राथमिक शिक्षा खराब स्थिति में है। 50 प्रतिशत से अधिक स्कूलों के बच्चे पूरे वर्ष खुले में पढ़ते हैं। कम आय समूह के माता-पिता के छह मिलियन से अधिक बच्चे अनपढ़ रह जाते हैं। 63,000 प्राथमिक विद्यालयों में से एक फीसदी में भी फर्नीचर, शौचालय, पीने का पानी और खेल आदि की सुविधा नहीं है। चालू वित्तीय वर्ष में 3113 नए शिक्षकों को नियुक्त किया गया है जिसमें से 2747 महिलाएं हैं। अब 13,270 प्राथमिक स्कूलों में से प्रत्येक में कम से कम दो शिक्षक हैं।

55. बिहार के 630 प्राथमिक विद्यालयों में फर्नीचर, शौचालय, पेयजल, खेल जैसी सभी सुविधाएं हैं।

56. बिहार में, 90 प्रतिशत प्राथमिक शिक्षक महिलाएं हैं।

57. बिहार में, 50 प्रतिशत बच्चे निरक्षर हैं।

58. बिहार में बड़ी संख्या में प्राथमिक विद्यालयों में केवल एक शिक्षक है। एक शिक्षक विद्यालय हैं।

59. बिहार में छह मिलियन माता-पिता निम्न आय वर्ग से संबंधित हैं।

60. बिहार के अधिकांश प्राथमिक विद्यालयों में कक्षाएं अपर्याप्त हैं।

प्रश्न 61 से 65 (Bank P.O. 2005)

आर्थिक उदारीकरण और वैश्वीकरण ने भारतीय उद्योग पर दबाव डाला है, कम लागत और उच्च गति के साथ गुणवत्ता वाले उत्पादों और सेवाओं की पेशकश करने के लिए विशेषकर सेवा क्षेत्र पर दबाव डाला है। संगठनों को विदेशों के असमान साझेदारों का मुकाबला करना होगा। यह अच्छी तरह से मान्यता प्राप्त है कि भारत जैसे विकासशील देश कई क्षेत्रों में तकनीकी रूप से पहले से ही दूसरे देशों से पीछे हैं, यद्यपि इनमें से कुछ में भारत, विशेष रूप से विशाल वैज्ञानिक और तकनीकी जनशक्ति में गर्व महसूस कर सकता है। इसके अतिरिक्त यदि किसी उद्यमी या उद्योगपति को अपना बहुत सारा समय, पैसा और ऊर्जा अप्रत्याशित सेवाओं से निपटने में और स्थानीय नौकरशाही के साथ बातचीत में खर्च करना पड़ता है, तो इसका व्यापार पर एक महत्वपूर्ण निरुत्साहित प्रभाव पड़ सकता है।

61. भारतीय सेवा उद्योग आर्थिक उदारीकरण से पहले अधिक सहज था।

62. भारत वर्तमान में तकनीकी विकास के मामले में विकसित देशों के साथ कुछ हद तक बराबरी पर है।

63. घरेलू कंपनियों की तुलना में विदेशी कंपनियां अच्छे समय में गुणवत्ता पूर्ण सेवा प्रदान करने के लिए अधिक सुसज्जित हैं।

64. भारत को छोड़कर लगभग सभी देशों में आधिकारिक औपचारिकताएं कम बोझिल हैं।

65. भारत को छोड़कर कोई अन्य विकासशील देश ऐसा दावा नहीं करता है कि उनके पास उच्च प्रशिक्षित तकनीकी जनशक्ति है।

प्रश्न 66 से 70

भारत में एक सर्वेक्षण ने संकेत दिया कि कंपनियों के मुख्य भाग में, जिनका विश्लेषण किया गया था, अधिकारियों के लिए मुआवजा पैकेज को कई अनुषांगिक हितलाभ समूहों में विभाजित किया गया था। इसमें शामिल वस्तुओं की संख्या प्रबंधन पदानुक्रम के बढ़ते क्रम में बढ़ती जाती है। कई कंपनियों में, परिवहन और चिकित्सा और आवास सहायता के लिए प्रावधान किये गए थे। कुछ कंपनियों द्वारा बच्चों की शिक्षा या परिवार के लिए भत्ता भी प्रदान किया गया था। उनमें से कुछ ने अब वेतन निर्धारण में एक विशेष दृष्टिकोण अपनाया है जिसे "कैफेटेरिया दृष्टिकोण" कहा जाता है। यह इच्छा रखता है कि प्रदत्त लाभ एक कार्यकारी की जरूरतों को पूरा करना चाहिए। इसलिए, उनकी सलाह से उसकी जरूरतों के अनुसार लाभ का एक उपयुक्त चयन करना पड़ता है। इस प्रकार, यह दृष्टिकोण सिस्टम को विशिष्ट रूप देगा क्योंकि अंतिम पसंद संबंधित कार्यकारी पर छोड़ दी जाती है।

66. ज्यादातर कंपनियों में अधिकारियों के लिए एक मानक सार्वभौमिक मुआवजा पैकेज होता है।

67. कई कंपनियों द्वारा दिए गए अनुषांगिक लाभ अधिकारियों की अधिकांश बुनियादी शारीरिक जरूरतों का ध्यान रखते हैं।

68. अधिकारियों के लिए मुआवजा पैकेज डिजाइन करते समय, कुछ कंपनियां जरूरतों और लाभों के बीच एक तालमेल स्थापित करने की कोशिश करती हैं।

69. आजकल, भारत में अधिकांश कंपनियां अपना मुआवजा पैकेज विदेशी कंपनियों द्वारा उपलब्ध कराए गए पैकेज की तर्ज पर डिजाइन कर रही हैं।

70. क्षतिपूर्ति पैकेज पर भारत में किये गए सर्वेक्षण में अधिकारियों सहित विभिन्न स्तरों पर काम करने वाले कर्मचारी शामिल थे।

प्रश्न 71 से 75 (R.B.I. 2003)

मामूली बीमारियों के लिए लाक्षणिक राहत प्रदान करने के लिए स्वचिकित्सा पिछले वर्षों में तेजी से विकसित हुई है। कोई सुरक्षित रूप से उत्तरदायी स्वचिकित्सा को, जैसा कि सूचित किया गया हो और उपभोक्ताओं का तार्किक चुनाव हो, खुद का और उनके परिवार के सदस्यों का उचित, सस्ती, स्वीकार्य गुणवत्ता की दवाओं से इलाज करके परिभाषित कर सकता है। उत्तरदायी स्वचिकित्सा उन लक्षणों को रोकने और उनके इलाज में

मदद कर सकते हैं, जिनके लिए चिकित्सा परामर्श की आवश्यकता नहीं है। इसके अलावा, यह मामूली बीमारियों से राहत प्रदान कर चिकित्सा सेवाओं पर बढ़ते दबाव को कम करता है, खासकर जब वित्तीय और मानव संसाधन सीमित हैं। दुनिया भर में, अधिक से अधिक सरकारें स्वचिकित्सा की अवधारणा को स्वीकार कर रही हैं। स्वचिकित्सा जीवन का एक तथ्य है। इसके व्यापक उपयोग और सामाजिक स्वीकृति के साथ, किसी भी स्वास्थ्य नीति को स्वचिकित्सा को नजरअंदाज नहीं करना चाहिए। बल्कि, स्वास्थ्य नीति को यह पूछना चाहिए कि अपने उद्देश्य को प्राप्त करने में मदद करने के लिए इसका लाभ किस प्रकार उठाया जा सकता है।

71. स्वचिकित्सा गंभीर और जटिल बीमारियों का इलाज कर सकती है।

72. सरकारों और समाज द्वारा व्यापक रूप से स्वचिकित्सा का उपयोग स्वीकार नहीं किया गया है।

73. स्वचिकित्सा से किसी भी देश की स्वास्थ्य देखभाल प्रणाली पर दबाव काफी कम हो जाता है।

74. केवल जानकार उपभोक्ताओं को स्वचिकित्सा का अभ्यास करने के लिए प्रोत्साहित किया जाना चाहिए।

75. पश्चिमी देशों में तुलनात्मक रूप से अधिक लोग स्वचिकित्सा को अपनाते हैं।

प्रश्न 76 से 80

अगले कुछ वर्षों में देश में इलेक्ट्रॉनिक हार्डवेयर के लिए घरेलू बाजार के प्रतिवर्ष 1800 करोड़ रु से 6500 करोड़ रु तक बढ़ने की संभावना है। सरकार द्वारा आगे आयात के लिए विदेशी मुद्रा को प्रतिबंधित करने की संभावना है। अब तक, भारत इलेक्ट्रॉनिक्स गैजेट के विनिर्माण के लिए आवश्यक घटकों के लगभग 80 प्रतिशत आयात करता रहा है। देश ने केवल 'निष्क्रिय घटकों का उत्पादन किया जैसे रेसिस्टर्स, कैपेसिटर और कंडक्टर। यहां तक कि एकीकृत सर्किट (IC) का उत्पादन भी छोटे तरीके से अधिक लागत पर किया जा रहा है। सेमीकंडक्टर भारत की कमजोरी बने हुए हैं।

76. सरकार आयात के लिए आवश्यक विदेशी विनिमय को और प्रतिबंधित करने पर विचार कर रही है।

77. भारत में कई निर्माता सेमी कंडक्टर के उत्पादन के लिए अनिच्छुक हैं।

78. भारत के पास निष्क्रिय घटक जैसे प्रतिरोधक, कैपेसिटर आदि का उत्पादन करने में विशेषज्ञता नहीं है।

79. अगले कुछ वर्षों के दौरान भारत के घरेलू इलेक्ट्रॉनिक बाजार में लगभग 250 प्रतिशत की वृद्धि की सम्भावना है।

80. भारत के लिए आवश्यक सभी एकीकृत सर्किट यू.एस.ए. से आयातित हैं।

प्रश्न 81 से 85

हमारे देश को बिजली क्षमता में सालाना नौ से दस फीसदी वृद्धि की जरूरत है। अर्थात् वर्तमान में हमारे पास 86000 मेगावाट है, और हमें हर साल 8000 मेगावाट से 10000 मेगावाट अतिरिक्त बिजली की आवश्यकता है। निजी उद्योग या विदेशी 1000 मेगावाट से 2000 मेगावाट तक का योगदान दे सकते हैं। तो मूल रूप से 90 प्रतिशत क्षमता वृद्धि सार्वजनिक क्षेत्र की कंपनियों द्वारा करनी होगी। लेकिन इसके लिए सरकार लगातार पैसे नहीं दे सकती है। इसका अर्थ है कि टैरिफ को अब पैसे उत्पन्न करने के लिए विनियमित किया जाना चाहिए, न कि 25 साल पहले की लागत के आधार पर। यदि ऐसा होता है, तो ऊर्जा का वैकल्पिक उपयोग होगा। यह बर्बाद नहीं होगी।

81. वर्तमान में टैरिफ के कम होने के कारण कुछ बिजली बर्बाद हो रही है।

82. सार्वजनिक क्षेत्र के उद्यमों ने बिजली उत्पादन में एक सराहनीय काम किया है।

83. निजी उद्योग बिजली पैदा करने के लिए बड़े संयंत्र स्थापित करने के इच्छुक नहीं हैं।

84. भविष्य में बिजली दरों में वृद्धि की संभावना है।

85. एक बार यदि हम कुछ वर्षों के लिए वर्तमान की बिजली क्षमता में 10 प्रतिशत वृद्धि प्राप्त करते हैं, तो हमें कोई समस्या नहीं होगी।

प्रश्न 86 से 90

भारत सरकार ने महिलाओं के लिए अधिक रोजगार के अवसर पैदा करने के लिए राज्य सरकारों से आग्रह किया है। महिलाओं को अधिक प्रशिक्षण सुविधाएं देने के लिए सभी सम्भव प्रयास किए जा रहे हैं ताकि वे आसानी से रोजगार पा सकें। यह सरकार द्वारा महिलाओं को आत्मनिर्भर बनाने के लिए हाल ही में लिए गए नीतिगत फैसलों के अनुसरण में है। राज्यों को नई नौकरियों के सम्बन्ध में निष्पक्ष लिंग के प्रति भेदभाव को समाप्त करने के लिए कहा गया है। महिला श्रमिकों के लिए समान वेतन का भी कड़ाई से पालन पर बल दिया।

86. महिलाओं के बीच की गरीबी मिटाने के लिए अधिक रोजगार के अवसर पैदा हो रहे हैं।

87. सरकार की इस नीति ने महिलाओं को बहुत लाभान्वित किया है।

88. सरकार पुरुषों और महिलाओं की समानता पर जोर देती है।

89. भारत सरकार ने महिलाओं की शिक्षा की उचित व्यवस्था की है ताकि उन्हें अच्छी नौकरी मिल सके।

90. महिलाओं को आत्मनिर्भर बनाने के लिए पुरुषों की तुलना में अधिक वेतन दिया जाना चाहिए।

प्रश्न 91 से 95 **(Bank P.O. 2002)**

सहकारी समितियों को शासित करने वाले कानून सभी राज्यों में एकसमान हैं। ये कानून एक हाउसिंग सोसाइटी के सदस्य को अपने जीवन काल के दौरान नामांकन का अधिकार देते हैं। यह अन्य संपत्ति संबंधी मामलों में नियम के बिल्कुल विपरीत है, जिसमें सदस्य के निधन के बाद नामांकन लागू होता है। फिर सवाल यह उठता है कि क्या नामांकित व्यक्ति केवल इसलिए एक फ्लैट पर पूर्ण मालिकाना अधिकार प्राप्त कर सकता है क्योंकि वह समाज के एक मृत सदस्य द्वारा नामित किया गया है। कई लोगों में गलत धारणा होती हैं कि एक बार एक नामांकन फॉर्म भर दिए गया, तो उनकी जिम्मेदारी खत्म हो गयी और नॉमिनी को संपत्ति अधिग्रहण करने में कोई समस्या नहीं होगी। और सदस्य का कानूनी उत्तराधिकारी नामांकित व्यक्ति के लिए कोई समस्या उत्पन्न नहीं करेगा।

91. वह कानून जो विचार करता है कि कोई व्यक्ति कानूनी वारिस है या नहीं, में कुछ खामियां हैं।

92. संपत्ति के नामांकन के अधिकार के लिए केवल कानूनी उत्तराधिकारी होना आवश्यक नहीं है।

93. लोगों को सहकारी समितियों का संचालन करने वाले कानून के सभी पहलुओं पर शिक्षित करने की आवश्यकता है।

94. सहकारी हाउसिंग सोसाइटीज के साथ सहकारी आंदोलन शुरू हुआ था।

95. संपत्ति संबंधी कानून कमोबेश सभी राज्यों में समान हैं।

प्रश्न 96 से 100

वर्तमान में अमेरिका के पालक, केयर सिस्टम में लगभग 4,40,000 बच्चे हैं, जिनमें से 20,000 गोद लेने के लिए उपलब्ध हैं, उनमें से ज्यादातर 6 से 12 साल के बच्चे हैं। गोद लेने वाले बच्चों में 44% श्वेत हैं और 43% काले हैं। लेकिन गोद लेने के लिए इंतजार कर रहे सभी परिवारों में से 67% श्वेत हैं, और उनमें से कई एक काले बच्चे को लेने के लिए उत्सुक

हैं। हालांकि, बाधाएं अक्सर दुर्जेय होती हैं। हालांकि केवल तीन अमेरिकी राज्यों–अर्कांसस, कैलिफोर्निया और मिनेसोटा–में गोद लेने में नस्ल मिलान को बढ़ावा देने वाले कानून हैं, 40 अन्य प्रचलन के पक्ष में हैं।

96. 12 वर्ष से अधिक आयु के बच्चे गोद लेने के लिए कम उपयुक्त हैं।

97. अधिकांश काले परिवारों द्वारा श्वेत बच्चों को गोद लेने के लिए पसंद किया जा रहा है।

98. अमेरिकी राज्यों के अधिकांश कानूनों में गोद लेने की प्रथा को हतोत्साहित करने वाले कानून हैं।

99. गोद लेने वाले बच्चों में से लगभग 10 प्रतिशत न तो काले हैं और न ही सफेद हैं।

100. दो तिहाई गोरे परिवार काले बच्चे को गोद लेने की प्रतीक्षा कर रहे हैं।

हल-अभ्यास 6(A)

1. (*c*) : पैसेज में ऐसा कोई उल्लेख नहीं है।

2. (*c*) : भारतीय बंदरगाहों के विकास में पिछले प्रयासों के बारे में कुछ भी उल्लेख नहीं किया गया है।

3. (*a*) : दिए गए अनुमान सीधे पैसेज में दिए इस कथन का अनुसरण करते हैं 'दुनिया भर में सबसे अच्छे बंदरगाहों के सामने भारतीय बंदरगाहों को लगातार बेंचमार्क करने और नीतिगत प्रयासों में संलग्न रहने की आवश्यकता है'।

4. (*e*) : गद्यांश का अंतिम वाक्य कथन में दिए गए तथ्य का खंडन करता है।

5. (*e*) : पैसेज में यह उल्लेख किया गया है कि नीतिगत प्रयासों में संलग्न होने की आवश्यकता है ताकि पोर्ट सेवाओं की प्रति कंटेनर ऐसी कीमतें प्राप्त हो सकें जो दुनिया में सबसे कम हैं। यह इंगित करता है कि वर्तमान में ये सेवा शुल्क सबसे कम नहीं हैं।

6. (*a*) : यह उल्लेख किया गया है कि अंतरिक्ष जांच ने बाहरी अंतरिक्ष और खगोलीय पिंडों के चित्र और कुछ डेटा प्रदान किए हैं। इस प्रकार, उन्होंने हमें बाहरी अंतरिक्ष और उसमें मौजूद पिंडों के बारे में जानकारी बढ़ाने में मदद की है।

7. (*e*) : पैसेज के अनुसार, अंतरिक्ष प्रोब सबसे पहले पृथ्वी के ऊपरी वायुमंडल का अध्ययन करने के लिए डिजाईन किये गए थे। लेकिन वर्तमान में, उनका उपयोग बाहरी अन्तरिक्ष का पता लगाने और इसके बारे में अधिक जानकारी प्राप्त करने के लिए भी किया जाता है।

8. (*c*) : यह पैसेज में दिया गया है कि नील आर्मस्ट्रांग चंद्रमा पर पैर रखने वाले पहले व्यक्ति थे। लेकिन अंतरिक्ष में जाने वाले पहले आदमी से बात नहीं की जा रही है।

9. (*b*) : पैसेज के अनुसार, अंतरिक्ष प्रोब को विभिन्न प्रकार के नवीनतम वैज्ञानिक उपकरणों के साथ प्रदान किया जाता है। इस प्रकार, कंप्यूटर भी मौजूद हो सकते हैं।

10. (*a*) : पैसेज में उल्लेखित तथ्य कि नील आर्मस्ट्रांग चंद्रमा पर पैर स्थापित करने वाले पहले व्यक्ति थे, स्पष्ट रूप से साबित करते हैं कि चंद्रमा का अन्वेषण मनुष्य द्वारा किया गया है।

11. (*a*) : यह तथ्य कि कपास उत्पादकों ने अन्य नकदी फसलों की खेती को बंद कर दिया है, स्पष्ट रूप से दिए गए अनुमान को बताता है।

12. (*b*) : यह काफी संभावना है कि यार्न निर्माताओं की लाभप्रदता किसानों को अगले साल फिर से कपास उगाने के लिए मजबूर कर सकती है।

13. (*e*) : वाक्यांश के दूसरे वाक्य 'विश्व बाजारों में कपास की भरमार' में स्पष्ट रूप से संकेत मिलता है कि कपास अधिक मात्रा में उपलब्ध था। यह दिए गए तथ्य का खंडन करता है।

14. (b) : यह तथ्य कि कम लागत वाले कपास का स्टॉक करने वाले यार्न निर्माताओं ने भारी मुनाफा कमाया है, यह दर्शाता है कि कपास की कीमतें बढ़ गई हैं, जो शायद इसकी आपूर्ति में कमी के कारण हो सकता है।

15. (*b*) : यह उल्लेख किया गया है कि विश्व अर्थव्यवस्था 11 सितंबर की अवधि के बाद मंदी के दौर से गुजर रही है। इससे दिए गए तथ्य काफी संभावित लगते हैं।

16. (*e*) : पैसेज का अंतिम वाक्य स्पष्ट रूप से दिए गए तथ्य का खंडन करता है।

17. (*b*) : यह उल्लेख किया गया है कि कुछ मामलों में, कार्डियक मायोपैथी को 'परिवारों में चलने' के लिए जाना जाता है। तो, यह संभव हो सकता है कि यह वंशानुगत है।

18. (*a*) : दिए गए निष्कर्ष को इस लाइन से स्पष्ट रूप से समझा जा सकता है 'तकनीक, अब भारत में, ... ' जिसका स्पष्ट अर्थ है कि तकनीक पहले भारत में नहीं थी।

19. (*a*) : यह स्पष्ट रूप से पैसेज में उल्लेख किया गया है कि कार्डियक मायोपैथी को 'पंपिंग की दक्षता में कमी' द्वारा चिह्नित किया गया है। इसका अर्थ है कि दिल की धड़कन धीमी हो जाती है।

20. (*c*) : नई तकनीक की शुरुआत से पहले के समय के बारे में कुछ भी नहीं बताया गया है।

21. (*a*) : दिए गए अनुमान सीधे पैसेज की अंतिम पंक्ति का अनुसरण करते हैं: 'दिल के कक्षों के आकार में वृद्धि हो जाती है और पम्पिंग की दक्षता में कमी आ जाती है'

22. (*a*) : पैसेज में दिया गया है कि राज्य में आम की खेती अच्छी गुणवत्ता की है और सरकार उन्हें निर्यात करने की कोशिश कर रही है। यह दिए गए तथ्य को स्पष्ट करता है।

23. (*c*) : राज्य द्वारा अंगूर के उत्पादन और निर्यात के बारे में कुछ भी उल्लेख नहीं किया गया है।

24. (*e*) : पैसेज के अनुसार, सरकार समुद्री मार्ग के माध्यम से आम का निर्यात करने की कोशिश कर रही है जो सस्ता है। इसका साफ अर्थ है कि समुद्री मार्ग से आमों का निर्यात किसी भी समस्या का कारण नहीं है।

25. (*b*) : पैसेज के अनुसार, सरकार समुद्री मार्ग को निर्यात का एक सस्ता माध्यम मानती है। शायद समुद्री मार्ग से होने वाले दूसरे निर्यातों ने उन्हें यह अनुभव दिया है।

26. (*e*) : पैसेज के अनुसार, राज्य में 3.2 लाख टन आम की खेती होती है, जो सभी प्रीमियम गुणवत्ता के हैं।

27. (*a*) : कथन 'पश्चिमी तकनीकी मॉडल, ऊर्जा और सामग्री के भारी उपयोग पर निर्मित,..... स्वाभाविक रूप से एक अत्यधिक विषाक्त मॉडल है' ऊर्जा के उपभोग स्तर और प्रदूषण की मात्रा के बीच सीधा अनुपात दर्शाता है।

28. (*a*) : देश भर में 'औद्योगिक और वाहन प्रदूषण तेजी से बढ़ रहे हैं' और 'प्रदूषण अर्थव्यवस्था की तुलना में तेजी से बढ़ रहा है', स्पष्ट रूप से दिए गए तथ्य को बताते है।

29. (*e*) : हल के लिए प्रश्न 27 का संदर्भ लें।

30. (*c*) : भारत और पश्चिमी दुनिया में प्रदूषण के स्तर की तुलना के बारे में कुछ भी, दिए गए पैसेज से नहीं निकाला जा सकता है।

31. (*a*) : पैसेज के अंतिम वाक्य से सीधे यह अनुमान निकलता है।

32. (*a*) : चूंकि पैसेज कृषि से संबंधित सरकार की नई राजकोषीय नीति की खूबियों और अवगुणों का विश्लेषण करता है, इसलिए दिए गए निष्कर्ष अनुसरण करते हैं।

33. (*a*) : यह उल्लेख किया गया है कि नई नीति से खेती में बदलाव आएगा और यह अपने वास्तविक उद्देश्य को पूरा नहीं कर सकेगा, जो किसानों को अधिक भोजन का उत्पादन करने के लिए है। पैसेज का अंतिम वाक्य भी इस तथ्य की पुष्टि करता है।

34. (*e*) : पैसेज के अनुसार, सरकार किसानों को मूल्य प्रोत्साहन प्रदान कर रही है। यह प्रश्न में दिए गए तथ्य का खंडन करता है।

35. (*e*) : पैसेज के अनुसार, किसान वर्तमान फसल की खेती से अधिक लाभदायक फसल की ओर जाएंगे। इसका अर्थ यह है कि वे आय के प्रति सचेत हैं।

36. (*c*) : इस तथ्य का न तो उल्लेख है और न ही इसे पैसेज से निकाला जा सकता है।

37. (*a*) : पैसेज का पहला वाक्य दिए गए निष्कर्ष की पुष्टि करता है।

38. (*c*) : पैसेज में सार्वजनिक परिवहन प्रणाली के बारे में कुछ भी उल्लेख नहीं किया गया है।

39. (*c*) : यह पैसेज शहरी क्षेत्रों में रहने की बिगड़ती परिस्थितियों से संबंधित है। जन्म दर के बारे में कुछ भी उल्लेख नहीं किया गया है।

40. (*b*) : चूंकि पैसेज कम आय क्षेत्र आवास की गुणवत्ता में गिरावट की निंदा करता है, इसलिए यह संभावना है कि यह शहरी सेवाओं का एक महत्वपूर्ण पहलू है।

41. (*a*) : पैसेज में निष्कर्ष सीधे इस कथन से निकलता है कि 'पर्यावरण का प्रभाव ..... स्पष्ट है'।

42. (*e*) : पैसेज में वाक्यांश 'कम निवेश आबंटन' का तात्पर्य है कि प्रदान किए गए धन पर्याप्त नहीं थे।

43. (*e*) : यह पैसेज में दिया गया है कि बाघ मानव को मारने के लिए ले जाते हैं जब वे खाने के लिए उपयोग किए जाने वाले जानवरों को पकड़ने में असमर्थ होते हैं। यह प्रश्न में दिए गए तथ्य का उल्लंघन करता है।

44. (*a*) : पैसेज के अनुसार, अपने शिकार को मारने में एक बाघ की सफलता उसके पंजे की स्थिति पर निर्भर करती है। यह दिए गए तथ्य को स्पष्ट करता है।

45. (*c*) : दिए गए तथ्य का न तो उल्लेख है और न ही दिए गए पैसेज से प्राप्त किया जा सकता है।

46. (*a*) : पैसेज के अनुसार, एक बाघ केवल मनुष्य को मारने के लिए ले जाता है जब कुछ घाव के कारण वह अपने प्राकृतिक शिकार-जंगल में जानवर को मारने में असमर्थ होते हैं।

47. (*e*) : यह उल्लेख किया गया है कि अभ्रक उद्योग गुजरात, म.प्र., महाराष्ट्र, आंध्रप्रदेश आदि जैसे कई राज्यों में फैले हुए हैं। यह दिए गए तथ्य का खंडन करता है।

48. (*e*) : पैसेज के अनुसार, उन्नत देश एस्बेस्टस श्रमिकों को चिकित्सा उपचार प्रदान करने के बजाय हानिकारक एस्बेस्टस उत्पादों पर प्रतिबंध लगा रहे हैं।

49. (*a*) : पैसेज में कथन 'उन्नत देश कैंसरकारी एस्बेस्टस उत्पादों पर प्रतिबंध लगा रहे हैं' से दिए गए तथ्य का अर्थ स्पष्ट होता है।

50. (*d*) : दिए गए आंकड़ों के अनुसार, इस अनुमान को कि इस उद्योग में लगे कर्मचारियों की संख्या और भारत में इस उद्योग की इकाइयों की संख्या को देखते हुए शायद असत्य माना जा सकता है।

51. (*c*) : भारत में अभ्रक श्रमिकों को दिए जा रहे वेतन के बारे में कुछ भी पैसेज से निगमित नहीं किया जा सकता है।

52. (*e*) : यह उल्लेख किया गया है कि श्रमिक नौकरी खोने के डर से शिकायत नहीं करते हैं।

53. (*a*) : 'इन देशों के सरकारी तंत्र की उदासीनता' वाक्यांश स्पष्ट रूप से दिए गए तथ्य को दर्शाता है।

54. (*a*) : पैसेज में कथन 'भारत में एस्बेस्टस उद्योग बढ़ रहा है', स्पष्ट रूप से दिए गए तथ्य का अर्थ स्पष्ट करता है।

55. (*e*) : पैसेज के अनुसार 63,000 प्राथमिक विद्यालयों में से 1 प्रतिशत से भी कम में ये सभी सुविधाएं हैं। इस प्रकार, 630 से कम प्राथमिक स्कूलों में सुविधाएं हैं।

56. (*c*) : दिए गए तथ्य का न तो उल्लेख है और न ही दिए गए पैसेज से प्राप्त किया जा सकता है।

57. (*c*) : दिए गए तथ्य का न तो उल्लेख है और न ही दिए गए पैसेज से प्राप्त किया जा सकता है।

58. (*e*) : यह उल्लेख किया गया है कि 13,270 प्राथमिक स्कूलों में से प्रत्येक में कम से कम दो शिक्षक हैं।

59. (*a*) : पैसेज के अनुसार, लगभग छह मिलियन बच्चे निम्न आय वर्ग के माता-पिता से पैदा होते हैं। इससे स्पष्ट रूप से दिए गए तथ्य का पता चलता है।

60. (*b*) : यह पैसेज में दिया गया है कि 50 प्रतिशत से अधिक स्कूलों में छात्र खुले में पढ़ते हैं। शायद ऐसा इसलिए है क्योंकि प्रदान की गई कक्षाएं अपर्याप्त हैं।

61. (*b*) : यह उल्लेख किया गया है कि आर्थिक उदारीकरण के परिणामस्वरूप विदेशी कंपनियों के प्रवेश ने भारतीय उद्योग पर दबाव डाला है। इस प्रकार, दिए गए तथ्य काफी संभावित है।

62. (*d*) : यह उल्लेख किया गया है कि यद्यपि भारत विशाल तकनीकी जनशक्ति का दावा करता है, फिर भी यह प्रौद्योगिकी में अन्य देशों से पीछे है। इस प्रकार, यह काफी संभावना है कि भारत तकनीकी विकास के मामले में विकसित देशों के बराबर नहीं है।

63. (*a*) : यह तथ्य स्पष्ट रूप से पैसेज के पहले दो वाक्यों से स्पष्ट है।

64. (*c*) : भारत में बोझिल आधिकारिक औपचारिकताओं पर पैसेज का अंतिम वाक्य संकेत करता है, लेकिन अन्य देशों की तुलना में इसके बारे में कुछ भी निगमित नहीं किया जा सकता है।

65. (*e*) : कथन '..... हालांकि उनमें से कुछ, ... तकनीकी जनशक्ति' पैसेज में दिए गए तथ्य का खंडन करते हैं।

66. (*e*) : पैसेज के अनुसार, विभिन्न कंपनियों में मुआवजे के पैकेज में अलग-अलग प्रावधान शामिल हैं।

67. (*a*) : तथ्य सीधे पैसेज का अनुसरण करता है।

68. (*a*) : पैसेज के अनुसार, कुछ कंपनियों ने 'कैफेटेरिया दृष्टिकोण' को अपनाया है जिसमें कार्यकारी की जरूरतों के संदर्भ में लाभ का चयन किया जाता है।

69. (*c*) : विदेश में उपलब्ध कराए गए मुआवजे के पैकेज के बारे में कुछ भी उल्लेख नहीं किया गया है।

70. (*e*) : यह पैसेज के पहले वाक्य में उल्लेख किया गया है कि भारत में किया गया सर्वेक्षण केवल अधिकारियों के लिए मुआवजे के पैकेज पर था न कि सभी स्तरों पर कर्मचारियों के लिए।

71. (*e*) : यह उल्लेख किया गया है कि स्वचिकित्सा छोटी बीमारियों को रोकने और उनका इलाज करने में मदद करती है जिन्हें चिकित्सा की आवश्यकता नहीं होती है।

72. (*e*) : वाक्य 'दुनिया भर में, अधिक से अधिक सरकारें स्वचिकित्सा अवधारणा को स्वीकार कर रही हैं' पैसेज में दिए गए तथ्य का खंडन करता है।

73. (*a*) : दिया गया तथ्य स्पष्ट रूप से पैसेज में कथन से स्पष्ट है, यह मामूली बीमारियों के राहत के लिए चिकित्सा सेवाओं पर बढ़ते दबाव को भी कम करता है।

74. (*e*) : पैसेज का दूसरा वाक्य सभी उपभोक्ताओं द्वारा स्वचिकित्सा के उपयोग की वकालत करता है। यह दिए गए तथ्य का खंडन करता है।

75. (*c*) : पश्चिमी देशों में स्वचिकित्सा के लिए लोगों के रवैये के बारे में पैसेज से कुछ निगमित नहीं किया जा सकता है।

76. (*a*) : यह तथ्य पैसेज में वाक्य से स्पष्ट है कि सरकार द्वारा आयात के लिए आवश्यक विदेशी मुद्रा को और प्रतिबंधित करने की संभावना है।

77. (b) : पैसेज के अनुसार, भारत केवल 'निष्क्रिय घटकों' का निर्माण करता है और अधिकांश इलेक्ट्रॉनिक घटकों का आयात किया जा रहा है। दिए गए तथ्य इस से काफी संभावित लगते हैं।

78. (*e*) : यह पैसेज में दिया गया है कि भारत निष्क्रिय घटकों जैसे प्रतिरोधों, कैपेसिटर आदि का निर्माण करता है। यह दिए गए तथ्य का खंडन करता है।

79. (*a*) : वर्तमान मूल्य = ₹1800 करोड़

वृद्धि = ₹(6500 − 1800) करोड़

= ₹4700 करोड़

$\therefore$ प्रतिशत वृद्धि = $\left(\frac{4700}{1800} \times 100\right)\% = 261\%$

80. (*e*) : यह उल्लेख किया जाता है कि भारत में भी आईसी का उत्पादन किया जा रहा है। इसका अर्थ है कि उनमें से सभी आयातित नहीं हैं।

81. (*c*) : दिए गए तथ्य का न तो उल्लेख किया गया है और न ही पैसेज से निगमित किया जा सकता है।

82. (*d*) : यह उल्लेख किया गया है कि सार्वजनिक क्षेत्र के उद्यमों को बिजली क्षमता की बढ़ती आवश्यकता के लिए आवश्यक धन की कमी है।

83. (*e*) : यह तथ्य कि निजी उद्योग 1000 मेगावाट से 2000 मेगावाट तक बिजली का योगदान कर सकते हैं, प्रश्न में दिए गए तथ्य का खंडन करता है।

84. (*a*) : पैसेज के अनुसार, बिजली उत्पादन की क्षमता को हर साल बढ़ाया जाना चाहिए और इसके अनुसार टैरिफ को विनियमित करके धन एकत्र किया जाना चाहिए। यह दिए गए तथ्य को स्पष्ट करता है।

85. (*a*) : दिए गए तथ्य स्पष्ट रूप से पैसेज में पहले दो वाक्यों से स्पष्ट है।

86. (*e*) : यह उल्लेख किया गया है कि महिलाओं को और अधिक रोजगार के अवसर प्रदान किए जा रहे हैं ताकि उन्हें आत्मनिर्भर बनाया जा सके।

87. (*c*) : पैसेज में केवल सरकार की नीति का उल्लेख किया गया है न कि परिणाम का ।

88. (*a*) : पैसेज के अनुसार केंद्र सरकार ने राज्यों से सेक्स के आधार पर भेदभाव को समाप्त करने के लिए कहा है।

89. (*c*) : महिलाओं की शिक्षा के संबंध में सरकार के प्रयासों के बारे में कुछ भी उल्लेख नहीं किया गया है।

90. (*e*) : यह उल्लेख किया गया है कि पुरुषों और महिलाओं को समान काम के लिए समान वेतन दिया जाना चाहिए।

91. (*b*) : पैसेज के अनुसार, मृतक द्वारा नामांकन फॉर्म भरने के बाद भी, नामित व्यक्ति को कानूनी उत्तराधिकारियों से संपत्ति प्राप्त करने में कठिनाई का सामना करना पड़ता है। तो, दिए गए तथ्य काफी संभावित है।

92. (*a*) : यह उल्लेख किया गया है कि नामित व्यक्ति को संपत्ति प्राप्त करने में कानूनी उत्तराधिकारियों से कुछ समस्या का सामना करना पड़ सकता है। इससे स्पष्ट रूप से दिए गए तथ्य का पता चलता है।

93. (*a*) : स्पष्ट रूप से, लोगों को नामांकन का औचित्य साबित करने और कानूनी उत्तराधिकारियों के सामने आने वाली समस्याओं को दूर करने के लिए ऐसा प्रशिक्षण आवश्यक है।

94. (*c*) : सहकारी आंदोलन कैसे शुरू हुआ, इसके बारे में कुछ भी उल्लेख नहीं है।

95. (*c*) : सभी राज्यों में सहकारी समितियों के कानूनों में समानता की बात की गई है, न कि संपत्ति संबंधी कानूनों की।

96. (*c*) : पैसेज केवल 6 से 12 वर्ष के आयु वर्ग के बच्चों की बात करता है।

97. (*c*) : पैसेज में केवल एक बच्चे को गोद लेने के संबंध में श्वेत पुरुषों के दृष्टिकोण का उल्लेख है, न कि काले परिवारों का।

98. (*e*) : पैसेज के अनुसार, केवल तीन अमेरिकी राज्य गोद लेने में नस्ल मिलान को बढ़ावा देते हैं, जबकि 40 अन्य प्रचलनों का पक्ष लेते हैं। यह प्रश्न में दिए गए तथ्य का खंडन करता है।

99. (*a*) : पैसेज के अनुसार, गोद लेने वाले बच्चों में 44% श्वेत हैं और 43% काले हैं। इस प्रकार, शेष यानी 13% न तो काले हैं और न ही सफेद हैं।

100. (*c*) : यह उल्लेख किया गया है कि एक बच्चा गोद लेने के इच्छुक 67% परिवार श्वेत हैं, लेकिन श्वेत परिवारों द्वारा काला बच्चा गोद लेने के लिए तैयार परिवारों का प्रतिशत बताया नहीं गया है।

अभ्यास 6 B

निर्देश (प्रश्न 1 से 60): नीचे दिए गए प्रत्येक प्रश्न में एक पैसेज दिया गया है, जिसके नीचे कुछ अनुमान दिए गए है। आपको दिए गए पैसेज के संदर्भ में दिए गए प्रत्येक अनुमान पर विचार करना होगा, और इसकी सत्यता या मिथ्या पर निर्णय लेकर तदनुसार सबसे अच्छा विकल्प चुनना होगा।

उत्तर दें:

(a) यदि अनुमान 'निश्चित रूप से सत्य' है,

(b) यदि अनुमान 'संभवतः सत्य' है हालांकि यह दिए गए तथ्यों के आलोक में 'निश्चित रूप से सत्य' नहीं है;

(c) यदि आपको लगता है कि आंकड़े अपर्याप्त हैं, अर्थात दिए गए तथ्यों से आप यह नहीं कह सकते हैं कि निष्कर्ष के सही या गलत होने की क्या संभावना है;

(d) यदि आपको लगता है कि अनुमान 'संभवतः असत्य' है, हालांकि यह दिए गए तथ्यों के आलोक में 'निश्चित रूप से असत्य' नहीं है;

(e) यदि आपको लगता है कि अनुमान 'निश्चित रूप से असत्य' है, अर्थात यह दिए गए तथ्यों का खंडन करता है।

प्रश्न 1 से 5

विशाल अप्रयुक्त निर्यात क्षमता के बावजूद, देश में सेरीकल्चर विकास की फंडिंग एक बहुत बड़ी बाधा है। इसलिए, यह आवश्यक है कि रेशम बुनाई सहित सेरीकल्चर से जुड़े सभी लोगों को मुक्त प्रवाह ऋण प्रदान करने की योजना तैयार की जाए।

इसके अलावा, कोरिया और चीन जैसे वैश्विक खिलाड़ियों से भारतीय रेशम उद्योग के लिए उभरती प्रवृत्तियों को ध्यान में रखते हुए, और बहु – फाइबर समझौते में चल रहे बदलावों और गैट के साथ पूर्ण एकीकरण से उत्पन्न गंभीर चुनौतियों के कारण एक नयी राष्ट्रीय रेशम नीति बनाना आवश्यक है। लंबी अवधि की आयात और निर्यात नीति को विकसित करने के लिए एक अन्य कार्यकारी समूह का गठन किया जाना है।

1. दीर्घकालिक आयात और निर्यात नीति के निर्माण और कार्यान्वयन से केवल भारतीय रेशम उद्योग को मदद मिलेगी।

2. ऋण के मुक्त प्रवाह को बढ़ाने से भारतीय रेशम उद्योग को किसी तरह मदद मिल सकती है।

3. चीन और कोरिया में रेशम उद्योग पूरी तरह से संबंधित सरकारों द्वारा समर्थित हैं।

4. भारतीय रेशम उद्योग को चीन और कोरिया से बहुत कड़ी चुनौती का सामना करना पड़ा था।

5. अभी तक भारत में राष्ट्रीय रेशम नीति नहीं है।

प्रश्न 6 से 10

कंप्यूटर के संदर्भ में, हार्डवेयर विशेषता जैसे मानव कारकों से जुड़े अनुसंधान की प्रवृत्ति, कार्य स्टेशनों के डिजाइन, कीबोर्ड, दृश्य प्रदर्शन आदि को केंद्रित किया जा रहा है, हालांकि इंटरफेस और सॉफ्टवेयर समस्याओं से जुड़ा साहित्य वृद्धि पर है। इसके दो कारण हैं। कंप्यूटर की बढ़ती शक्ति के आलोक में पहला कारण यह है कि डिजाइनरों को उस तकनीक को चुनने और व्यवस्थित करने का अवसर मिला है जिसका उपयोग उपयोगकर्ता संदेश भेजने में करता है। दूसरा कारक यह है कि मानव कारक अनुसंधान संगठन स्व सुधार कार्य-प्रणाली की भौतिक विशिष्टताओं से भटक गए हैं और मानव–मशीन इंटरैक्शन के मनोवैज्ञानिक आयामों पर चले गए हैं।

6. कंप्यूटर के क्षेत्र में, मानव कारक अनुसंधान संगठनों के दृष्टिकोण में परिवर्तन हुआ है।

7. मानव कारक अनुसंधान संगठन सॉफ्टवेयर सिस्टम को डिजाइन करने में मदद नहीं करते हैं। वे केवल अंतिम उत्पादन के मूल्यांकन में मदद करते हैं।

8. बुनियादी कंप्यूटर तकनीक में एक व्यवस्थित प्रगति हुई है।

9. मानव अनुसंधान संगठनों के उपकरण और तरीकों में भी बदलाव आया है।

10. कंप्यूटर के क्षेत्र में मानव अनुसंधान संगठनों को दो दशक पहले शुरू किया गया था।

प्रश्न 11 से 15 **(Management Trainees' Exam, 2005)**

उम्रदार लोगों को जल्दी करनी चाहिए क्योंकि वरिष्ठ नागरिक योजना के नियमों को बदल दिया गया है। इस योजना के नियम कुछ दिन पहले ही बदल दिए गए थे। जिनकी आयु 55 वर्ष से अधिक लेकिन 60 वर्ष से कम है, और सेवानिवृत्ति और अन्यथा के कारण पदमुक्त हुए हैं, पात्र होंगे। प्रमुख शर्त यह है कि यह योजना स्वैच्छिक सेवानिवृत्ति योजना तक सीमित नहीं है, लेकिन सभी प्रकार के सेवानिवृत्त इसके लिए पात्र हैं। इसलिए, बड़ी संख्या में लोग इस योजना से लाभान्वित होने के लिए तैयार हैं, बशर्ते कुछ शर्तें पूरी हों, जैसे सेवानिवृत्ति के लाभों की प्राप्ति के एक महीने के भीतर खाता खोला जाना चाहिए और आवेदन पत्र के साथ नियोक्ता को एक प्रमाण पत्र प्रस्तुत करना होगा। 60 वर्ष पार कर चुके लोगों के लिए, यह योजना निवेश के लिए एक अच्छा अवसर प्रदान करती है क्योंकि इसमें 9 प्रतिशत की ब्याज दर है जो डाकघर की मासिक बचत योजना और अन्य छोटे बचत योजनाओं की प्रभावी दर से मामूली अधिक है।

11. इस योजना से केवल सीमांत लोगों को लाभ होने वाला है।

12. वरिष्ठ नागरिक योजना को बदलने से पहले, शायद ही कोई बचत योजनाएं थी, जो सेवानिवृत्त लोगों को लाभान्वित करती थीं।

13. वरिष्ठ नागरिकों के लिए योजना केवल सीमित अवधि के लिए है।

14. कोई भी अन्य योजना वरिष्ठ नागरिकों की योजना में उतनी रुचि नहीं लेती है।

15. 55 वर्ष से अधिक आयु के सभी लोग इस योजना के लिए पात्र हैं।

प्रश्न 16 से 20

केंद्र सरकार के बजटीय समर्थन में एक दशक से अधिक क्षरण ने भारतीय रेलवे की अपनी योजना व्यय को वित्त की क्षमता को गंभीर रूप से प्रभावित किया है। ऐसी स्थिति आ गई है कि रेलवे को अब अपने निवेश से अधिक लाभ प्राप्त करने के लिए नए तरीकों के बारे में सोचना चाहिए। गौरतलब है कि रेलवे पर संसाधन संकट का गंभीर प्रभाव पड़ा है। नतीजतन, रेलवे आवश्यक उपकरणों की प्राप्ति करने की स्थिति में नहीं होगा और यह भविष्य में अर्थव्यवस्था की जरूरतों को पूरा करने के लिए रेलवे की क्षमता को गंभीरता से प्रभावित करेगा।

16. रेलवे ने अब तक पारंपरिक तरीके से आय को बढ़ावा देने में विश्वास किया था।

17. सरकार ने अपनी प्राथमिकता रेलवे के स्थान पर अन्य क्षेत्रों में स्थानांतरित कर दी है।

18. केंद्र सरकार ने पिछले दशक के दौरान रेलवे को बजटीय सहायता में भारी कमी की है।

19. पहले की योजना अवधि में रेलवे की राजकोषीय स्थिति वर्तमान योजना अवधि की तुलना में बेहतर थी।

20. वर्तमान योजना अवधि के दौरान, रेलवे अपने नेटवर्क का विस्तार करने में सक्षम नहीं होगा।

प्रश्न 21 से 25 **(Bank P.O. 2004)**

यह आमतौर पर स्वीकार किया जाता है कि यदि मानसून किसी भी वर्ष में खराब होता है, तो इसका लाखों लोगों के जीवन पर काफी नकारात्मक प्रभाव पड़ेगा। कुछ जीवन, जैसे कि किसानों का फसल खराब होने के कारण प्रत्यक्ष रूप से प्रभावित होते हैं; जबकि अन्य लोग आर्थिक विकास

धीमा होने से अप्रत्यक्ष रूप से प्रभावित होते हैं। इसी तरह, अच्छे मानसून वाले वर्ष कई लोगों के जीवन में मुस्कान और समृद्धि लाते हैं। उदाहरण के लिए, भारत ने हाल के वर्षों में मानसून के अच्छे प्रदर्शन के बाद अपनी विकास दर में तेज उछाल दर्ज किया। यह दुर्भाग्यपूर्ण चक्र लाखों गरीबों और असहायों के जीवन को प्रभावित करता है। लेकिन यह इस तरह नहीं होना चाहिए। वित्तीय अर्थशास्त्र के शब्दजाल में, मानसून जोखिम एक विविध जोखिम है। दूसरे शब्दों में, यह एक बीमा जोखिम है। हालांकि कोई भी आश्चर्यचकित हो सकता है कि खराब मानसून के समक्ष बीमा कौन प्रदान करेगा जब हर कोई खराब मानसून से प्रतिकूल रूप से प्रभावित हो? जवाब है- अंतर्राष्ट्रीय निवेशक।

21. भारत के बाहर के अधिकांश लोग भारत के खराब मानसून से प्रभावित नहीं हैं।

22. भारत में मानसून पिछले कुछ वर्षों के दौरान केवल वैकल्पिक वर्षों में अच्छा रहा है।

23. हाल के वर्षों के दौरान भारत की अर्थव्यवस्था में काफी वृद्धि हुई है।

24. खराब मॉनसून भारत में केवल गरीब लोगों के जीवन को प्रतिकूल रूप से प्रभावित करता है।

25. दुनिया भर में विविध जोखिम हमेशा बीमा कंपनियों द्वारा कवर किए जाते हैं।

प्रश्न 26 से 30

भारत की समग्र अर्थव्यवस्था में, कृषि आर्थिक गतिविधियों का सबसे बड़ा क्षेत्रक है। यह अपने लोगों को भोजन और उद्योग के लिए कच्चे माल प्रदान करके देश के आर्थिक विकास में एक महत्वपूर्ण भूमिका निभाता है। यह राष्ट्रीय आय का सबसे बड़ा हिस्सा है। आजादी के बाद से विभिन्न कृषि जिंसों, पशुपालन और सहायक गतिविधियों का हिस्सा 40 फीसदी से अधिक है। पचास के दशक के दौरान, वास्तव में इसने राष्ट्रीय उत्पादन में लगभग आधा योगदान दिया।

26. कृषि भारतीय अर्थव्यवस्था का मुख्य आधार है।

27. हाल के वर्षों में कृषि क्षेत्र का योगदान कम हुआ है।

28. भारत में कृषि राष्ट्रीय आय का एकमात्र स्रोत है।

29. स्वतंत्रता के बाद भारतीय अर्थव्यवस्था में कृषि का योगदान काफी बढ़ गया।

30. कृषि राष्ट्रीय आय में अन्य सभी गतिविधियों से अधिक योगदान करती है ।

प्रश्न 31 से 35 (R.B.I. 2002)

तार्किक रूप से ये आचरण के नियम हैं। हर देश ने परस्पर विरोधाभासी अधिकारों और हितों के समाधान के लिए नागरिकों के लिए व्यावहारिक नियमों की व्यापक श्रृंखला बना रखी है। इनमें से अधिकांश नियम सामाजिक गतिविधियों को बनाए रखने के लिए निर्धारित किए गए हैं। उदाहरण के लिए, कई देशों ने चोरी, हमले और हत्या जैसी असामाजिक गतिविधियों के खिलाफ विरोध करने के लिए नियम बनाए हैं। ये नियम न्यायिक प्रणाली और निष्पादक संस्थानों द्वारा समर्थित हैं, जो उन लोगों पर ध्यान देते हैं जो नियमों का पालन करते हैं और जो नियमों का उल्लंघन करते हैं। जहां भी मानव व्यवहार शामिल होते है, वहां ऐसे नियम केवल नाम के लिए नहीं, बल्कि आवश्यक भी हैं।

31. ऐसे देशों में कोई नियम नहीं हैं जहां नागरिकों के हितों और अधिकारों में विरोधाभास नहीं हैं।

32. नागरिकों द्वारा नियमों का कड़ाई से पालन सुनिश्चित करने के लिए किसी भी मशीनरी की आवश्यकता नहीं है।

33. नियमों के बिना, मानव व्यवहार अराजकता में बदल जाता है।

34. यदि व्यक्तियों को एक-दूसरे के साथ बातचीत करने की आवश्यकता न हो, तो किसी नियम की आवश्यकता नहीं है।

35. मनुष्य नियमों का उल्लंघन करने के लिए अतिसंवेदनशील होते हैं।

प्रश्न 36 से 40

विदेशों में अरंडी के तेल की मांग में विस्फोटक वृद्धि गुजरात की अरंडी बीज अर्थव्यवस्था में एक मौन परिवर्तन ला रही है। राज्य अच्छी तरह से एक बड़े व्यापारिक केंद्र की अपनी वर्तमान स्थिति से अरंडी का तेल के लिए एक मजबूत विनिर्माण केंद्र के रूप में उभरने के रास्ते पर है। अरंडी के तेल के निर्यात की व्यावसायिक संभावनाएं, जिन्हें मूल्यवर्द्धित डेरिवेटिव में परिवर्तित किया जाता है, इतनी अच्छी हैं कि अरंडी के बीज की कई पेराई इकाइयाँ पहले ही आ चुकी हैं और अन्य आने पर हैं।

36. गुजरात पूर्व में विनिर्माण इकाइयों को अरंडी के बीज की आपूर्ति करता था।

37. गुजरात भारत का एकमात्र राज्य है जो अरंडी का उत्पादन करता है।

38. भारत घरेलू मांग को पूरा करने के बाद निर्यात करने के लिए पर्याप्त अरंडी तेल का उत्पादन कर सकता है।

39. अरंडी के तेल का उत्पादन एक लाभदायक व्यवसाय प्रस्ताव बन गया है।

40. अरंडी का तेल बनाने वाले अरंडी के बीज बेचने से ज्यादा अधिशेष की गारंटी देते हैं।

प्रश्न 41 से 45

हमारे देश के जल संसाधनों को बहुत कम प्रयुक्त किया गया है। इस कम प्रयुक्ति का मुख्य कारण पूंजी और तकनीक की कमी है। हमारे जल संसाधनों का एक बड़ा हिस्सा बाढ़ के कारण बर्बाद हो जाता है और सिंचाई के साथ-साथ घरेलू उद्देश्यों के लिए इस पानी का उपयोग नहीं हो पाता है। हम अपने जल संसाधनों का पूरा उपयोग नदियों पर बांध बनाकर और लोगों में पानी बर्बाद न करने के लिए जागरूकता की नीति अपनाकर कर सकते हैं।

41. हमारे देश में सिंचाई के लिए बड़े क्षेत्र हैं और बहुत पानी बर्बाद होता है।

42. बांधों का निर्माण जल संसाधनों के संरक्षण में एक आवश्यक कदम है।

43. बाढ़ की घटना जल संसाधनों में वृद्धि करती है।

44. कुछ लोग विवेकपूर्ण तरीके से जल संसाधनों का उपयोग नहीं करते हैं।

45. देश के पास जल संसाधन विकसित करने के लिए पर्याप्त धन नहीं है।

प्रश्न 46 से 50

भारत में छोटे कीटनाशक निर्माण इकाइयां अप्रचलित प्रौद्योगिकी, संचालन के छोटे पैमाने और कच्चे माल के लिए बड़ी इकाइयों पर निर्भरता जैसी भारी बाधाओं के अंतर्गत काम करती हैं। छोटी इकाइयों द्वारा महंगी सामग्री के नुकसान के मद्देनजर अभिनव और टिकाऊ अपशिष्ट न्यूनतम तकनीकों के माध्यम से नुकसान को खत्म करना या कम करना महत्वपूर्ण है।

इकाइयों का परिचालन लाभ मार्जिन बहुत कम है और छोटी प्रतिकूल परिस्थितियां इन कंपनियों को मुश्किल में डालती हैं। इन इकाइयों को होने वाले अधिकतम नुकसान खराब हाउसकीपिंग, उप-वैकल्पिक ऑपरेटिंग प्रथाओं और कचरे को रीसाइक्लिंग के लिए उचित अवसरों की कमी के द्वारा होते हैं।

46. छोटी इकाइयों को नुकसान कम से कम करने के लिए परिचालन आत्मनिर्भर होना चाहिए।

47. आधुनिक तकनीकों के माध्यम से कचरे के पुनर्चक्रण से छोटी इकाइयों द्वारा होने वाले नुकसान के बड़े हिस्से को खत्म किया जा सकता है।

48. कीटनाशक इकाइयों को आर्थिक रूप से व्यवहार्य बनाने के लिए बड़े पैमाने पर स्थापित होना चाहिए।

49. भारत में अपशिष्ट प्रबंधन प्रक्रिया के आधुनिकीकरण की आवश्यकता है।

50. धन की कमी छोटी इकाइयों की हाउस कीपिंग को नजरअंदाज करने के लिए मजबूर करती है।

प्रश्न 51 से 55 (Bank P.O. 2000)

किसी कंपनी का अपने प्रतिद्वंद्वियों के ऊपर सबसे बड़े लाभों में से एक वितरण और उत्पाद समर्थन की प्रणाली, अर्थात डीलर नेटवर्क है। डीलर कंपनी के ग्राहकों के साथ घनिष्ठ संबंध बनाए रखने और ग्राहकों की जरूरतों को पूरा करने के लिए अपने उत्पादों और सेवाओं को बेहतर बनाने में अंतर्दृष्टि प्राप्त करने में मदद करने में महत्वपूर्ण भूमिका निभाते हैं। और एक कंपनी डीलर वफादारी के माध्यम से ग्राहक निष्ठा हासिल कर सकती है। इसलिए, अधिक प्रभावी प्रदर्शन के लिए, उनकी क्षमता के निर्माण के लिए प्रयास करना चाहिए। डीलर जो किसी कंपनी के लंबे समय से स्थापित सदस्य हैं, वे ग्राहकों के करीब पहुंच सकते हैं, लेकिन ऐसे डीलरों की पूरी क्षमता का दोहन करने के लिए, एक कंपनी को उनके साथ बेहद करीबी संबंध बनाने और उन्हें अपने महत्वपूर्ण व्यवसाय प्रणालियों में एकीकृत करना चाहिए। जब इस तरह से व्यवहार किया जाता है, तो डीलर ग्राहकों के लिए बाजार की बुद्धिमत्ता के स्रोत, बाजार सलाहकार और डीलरों के रूप में काम कर सकते हैं। हालांकि ये निवेश सामान्य रूप लेते हैं, लेकिन इसमें प्रशिक्षण और विकास जैसे नरम पहलू भी शामिल हैं।

51. ग्राहक कंपनी या सर्वेयर के कर्मचारियों की तुलना में डीलरों को उत्पाद या सेवा के बारे में अपनी प्रतिक्रिया देने में अधिक स्पष्ट हैं।

52. विश्वसनीय डीलरों का कंपनी और ग्राहकों के बीच सीधा संबंध हैं।

53. एक नया उत्पाद या सेवा शुरू करते समय डीलरों का एक नेटवर्क विकसित करना अधिक उपयोगी है।

54. कंपनी को डीलर की निष्ठा पर इस हद तक जोर देना चाहिए कि डीलर किसी अन्य कंपनी के समान उत्पाद नहीं बेचेगा।

55. एक कंपनी, जिसकी निष्ठावान डीलरों की एक अच्छी श्रृंखला है, को विज्ञापन पर पैसा खर्च करने की आवश्यकता नहीं है।

प्रश्न 56 से 60

चालीस के दशक में, राष्ट्रीयकरण को सभी सामाजिक-आर्थिक बीमारियों के लिए रामबाण माना जाता था। आज, अब एक दशक से अधिक समय से विकसित और विकासशील दुनिया दोनों के लिए निजीकरण एक चर्चा का शब्द बन गया है। भारत में भी यह विचार गति पकड़ रहा है। लेकिन इस विचार को भारत में प्रत्यारोपित करने से पहले, निजीकरण के कई पहलू हैं जिन्हें समझने की आवश्यकता है। इस संदर्भ में, अन्य देशों के अनुभवों को देखना सार्थक होगा।

56. जिन अन्य देशों ने निजीकरण को अपनाया है, वे अब औद्योगीकरण को बदलने के लिए विचार कर रहे हैं।

57. संयुक्त राज्य अमेरिका में लंबे समय से निजीकरण किया जा रहा है।

58. भारत भी निजीकरण के बारे में सोच रहा है।

59. कुछ देशों की सामाजिक-आर्थिक स्थितियों में सुधार करने में राष्ट्रीयकरण विफल रहा है।

60. भारत निजीकरण को अपनाने वाला एशियाई उपमहाद्वीप का पहला देश है।

निर्देश (प्रश्न 61 से 100): नीचे दिए गए प्रत्येक प्रश्न में एक पैसेज दिया गया है, जिसके नीचे कुछ अनुमान दिए गए है। आपको दिए गए पैसेज के संदर्भ में दिए गए प्रत्येक अनुमान पर विचार करना होगा, और इसकी सत्यता या मिथ्या पर निर्णय लेकर तदनुसार सबसे अच्छा विकल्प चुनना होगा।

प्रश्न 61 से 65

पवन, ऊर्जा का एक अक्षय स्रोत है और एक एयरोजेनरेटर इसे बिजली में परिवर्तित कर सकता है। हालांकि इस क्षेत्र में अब तक बहुत कुछ नहीं किया गया है, सर्वेक्षण से पता चलता है कि ऊर्जा के वैकल्पिक स्रोत के रूप में हवा को विकसित करने की एक विशाल क्षमता है। पवन सर्वेक्षण के चार घटक हैं- दिशा, अवधि, गति और वितरण। इस आधार पर यू.पी. के पहाड़ी क्षेत्रों को एयरोजेनरेटर स्थापित करने के लिए एक आदर्श स्थान मिला है। अकेले पहाड़ियों में 58 साइटों की पहचान की गई है।

61. एयरोजेनरेटरों की स्थापना के लिए केवल उ.प्र. के पहाड़ी इलाकों का सर्वेक्षण किया गया था।

(*a*) डाटा अपर्याप्त (*b*) निश्चित रूप से सत्य
(*c*) संभावित रूप से असत्य (*d*) निश्चित रूप से असत्य
(*e*) संभावित रूप से सत्य

62. सर्वेक्षण यूपी सरकार के द्वारा किया गया था।

(*a*) निश्चित रूप से सत्य (*b*) संभावित रूप से सत्य
(*c*) डाटा अपर्याप्त (*d*) निश्चित रूप से असत्य
(*e*) संभावित रूप से असत्य

63. पवन, ऊर्जा के स्रोत के रूप में, ऊर्जा के क्षय स्रोतों को प्रतिस्थापित कर सकता है।

(*a*) निश्चित रूप से असत्य (*b*) डाटा अपर्याप्त
(*c*) संभावित रूप से सत्य (*d*) संभावित रूप से असत्य
(*e*) निश्चित रूप से सत्य

64. पवन ऊर्जा तुलनात्मक रूप से एक नया उभरता हुआ क्षेत्र है।

(*a*) संभावित रूप से सत्य (*b*) संभावित रूप से असत्य
(*c*) निश्चित रूप से सत्य (*d*) डाटा अपर्याप्त
(*e*) निश्चित रूप से असत्य

65. यूपी में 58 चिन्हित स्थलों में बिजली नहीं थी।

(*a*) निश्चित रूप से सत्य (*b*) निश्चित रूप से असत्य
(*c*) डाटा अपर्याप्त (*d*) संभावित रूप से सत्य
(*e*) संभावित रूप से असत्य

प्रश्न 66 से 70

रेबीज एक बीमारी है जो मनुष्य और जानवरों को रेबीज के संक्रमित जानवर के काटने से होती है, जो आमतौर पर कुत्तों द्वारा होती है। यह संक्रमित जानवर की लार में मौजूद एक वायरस के कारण होता है जो काटने वाले पीड़ित के घाव में जमा हो जाता है, फिर वृद्धि कर कई गुना बढ़ता है और मस्तिष्क और रीढ़ की हड्डी की ओर जाता है। यदि इलाज नहीं किया जाता है, तो ऐसे आधे मामलों में रेबीज विकसित होता है। रोग के लक्षण काटने के एक से तीन महीने बाद शुरू होते हैं। भारत में रेबीज के निदान के लिए बहुत कम प्रयोगशाला परीक्षण उपलब्ध हैं। एहतियाती उपायों में कुत्ते के काटने के घाव को साबुन और पानी से धोना शामिल है। घाव का इलाज सिटीविओन:आयोडीन या स्पिरिट के मिश्रण के साथ भी किया जाता है।

66. सरकारों और स्थानीय निकायों को आवारा कुत्तों को रोकने के उपाय के रूप में आवारा कुत्तों को पकड़ने और मारने के उपायों में तेजी लानी चाहिए।

(*a*) निश्चित रूप से असत्य (*b*) निश्चित रूप से सत्य
(*c*) संभावित रूप से असत्य (*d*) संभावित रूप से सत्य
(*e*) डाटा अपर्याप्त

67. रेबीज किसी भी जानवर द्वारा दूसरे को खुले कट और घाव के माध्यम से प्रेषित किया जा सकता है।

(*a*) डाटा अपर्याप्त (*b*) संभावित रूप से सत्य
(*c*) संभावित रूप से असत्य (*d*) निश्चित रूप से सत्य
(*e*) निश्चित रूप से असत्य

68. रेबीज संक्रमित जानवर के काटने से एक स्वस्थ जानवर निश्चित रूप से रेबीज के प्रसार में परिणत होता है।
(*a*) निश्चित रूप से सत्य (*b*) संभावित रूप से सत्य
(*c*) डाटा अपर्याप्त (*d*) निश्चित रूप से असत्य
(*e*) संभावित रूप से असत्य

69. रेबीज का पता लगाने के लिए घर के कुत्तों की लार का समय-समय पर परीक्षण किया जाना चाहिए।
(*a*) संभावित रूप से सत्य (*b*) संभावित रूप से असत्य
(*c*) निश्चित रूप से सत्य (*d*) डाटा अपर्याप्त
(*e*) निश्चित रूप से असत्य

70. पश्चिमी देशों में रेबीज का पता लगाने के लिए प्रयोगशालाएं अच्छी तरह से सुसज्जित हैं।
(*a*) निश्चित रूप से असत्य (*b*) डाटा अपर्याप्त
(*c*) संभावित रूप से सत्य (*d*) निश्चित रूप से सत्य
(*e*) संभावित रूप से असत्य

प्रश्न 71 से 75

पिछले दो वर्षों में केंद्र सरकार की उदारीकरण नीतियों द्वारा जोर दिए जाने के बावजूद, राज्य सरकारों की एक समान नीति के अभाव में भारतीय ग्रेनाइट उद्योग संकट में है। पिछले तीन वर्षों के दौरान क्षेत्र में उल्लेखनीय प्रगति की तुलना में, राज्य सरकारों द्वारा समान नीतियों की अनुपस्थिति ने ग्रेनाइट खदान मालिकों और उद्योग में शामिल अन्य लोगों को अंतर्राष्ट्रीय बाजार में गिरावट के कगार पर खड़ा कर दिया। राज्य की नीतियों में भिन्नता थी, साथ ही लॉयल्टी, अनिवार्य किराया और पट्टे की अवधि के संबंध में भी समस्याएं थीं।

71. ग्रेनाइट का उत्पादन काफी हद तक व्यक्तियों द्वारा नियंत्रित किया जाता है।
(*a*) डाटा अपर्याप्त (*b*) निश्चित रूप से सत्य
(*c*) संभावित रूप से सत्य (*d*) संभावित रूप से असत्य
(*e*) निश्चित रूप से असत्य

72. भारत में उत्पादित ग्रेनाइट अंतर्राष्ट्रीय स्तर की गुणवत्ता से मेल नहीं खाता है।
(*a*) निश्चित रूप से असत्य (*b*) निश्चित रूप से सत्य
(*c*) संभावित रूप से असत्य (*d*) संभावित रूप से सत्य
(*e*) डाटा अपर्याप्त

73. केंद्र सरकार की उदारीकरण नीति केवल पिछले दो वर्षों के दौरान ग्रेनाइट उद्योग पर लागू हुई।
(*a*) निश्चित रूप से सत्य (*b*) संभावित रूप से सत्य
(*c*) डाटा अपर्याप्त (*d*) संभावित रूप से असत्य
(*e*) निश्चित रूप से असत्य

74. ग्रेनाइट उत्खनन वाले प्रत्येक राज्य ने अपने स्वयं के नियम बनाए हैं जो उद्योग के हित के विपरीत हैं।
(*a*) संभावित रूप से सत्य (*b*) डाटा अपर्याप्त
(*c*) संभावित रूप से असत्य (*d*) निश्चित रूप से असत्य
(*e*) निश्चित रूप से सत्य

75. तीन साल पहले तक, भारत में ग्रेनाइट का उत्पादन लाभदायक नहीं था।
(*a*) डाटा अपर्याप्त (*b*) संभावित रूप से सत्य
(*c*) निश्चित रूप से असत्य (*d*) संभावित रूप से असत्य
(*e*) निश्चित रूप से सत्य

प्रश्न 76 से 80 **(Bank P.O. 2004)**

संस्थागत बाजार में ब्याज दरों में काफी कमी आई है और वर्तमान में 5.25 से 5.75 प्रतिशत प्रति वर्ष की सीमा में हैं। हालांकि, छोटी बचत योजनाओं जैसे कि डाकघर बचत योजनाएं, आर.बी.आई. राहत बांड, भविष्य निधि और पी.पी.एफ. पर ब्याज दरें बाजार दरों के संबंध में उच्च स्तर पर जारी रहती हैं। इन योजनाओं में विभिन्न प्रकार के कर प्रोत्साहन भी शामिल हैं, जिसके परिणामस्वरूप बहुत अधिक कर के बाद के रिटर्न और सरकार के लिए फ्लिप पर अधिक देयता होती है। यह विडंबना है कि यह मुख्य रूप से शहरी आबादी (और मुख्यतः उच्च टैक्स ब्रैकेट में लोग) है, जो उच्च दरों और कर लाभ से लाभान्वित हो रही है। छोटी बचत के आकार ने देश में वित्तीय बचत का एक महत्वपूर्ण अनुपात लिया है। इससे केंद्र और राज्य सरकारों दोनों के ऋण सेवा बोझ में नाटकीय रूप से वृद्धि हुई है।

76. पांच साल पहले तक संस्थागत बाजार में ब्याज दर 8 फीसदी से अधिक थी।
(*a*) निश्चित रूप से सत्य (*b*) संभावित रूप से सत्य
(*c*) डाटा अपर्याप्त (*d*) संभावित रूप से असत्य
(*e*) निश्चित रूप से असत्य

77. पिछले कुछ वर्षों के दौरान छोटी बचत पर ब्याज दरों में काफी कमी आई है।
(*a*) निश्चित रूप से असत्य (*b*) निश्चित रूप से सत्य
(*c*) संभावित रूप से असत्य (*d*) संभावित रूप से सत्य
(*e*) डाटा अपर्याप्त

78. कर प्रोत्साहन समाज के सभी वर्गों को लाभ प्रदान करने के लिए प्रदान किए जाते हैं।
(*a*) संभावित रूप से असत्य (b) निश्चित रूप से सत्य
(*c*) निश्चित रूप से असत्य (*d*) डाटा अपर्याप्त
(*e*) संभावित रूप से सत्य

79. विभिन्न सरकारी प्रशासित बचत योजनाओं पर रिटर्न टैक्स भुगतान करने वाले व्यक्तियों के लिए अधिक है।
(*a*) डाटा अपर्याप्त (*b*) निश्चित रूप से सत्य
(*c*) संभावित रूप से असत्य (*d*) संभावित रूप से सत्य
(*e*) निश्चित रूप से असत्य

80. सरकार ने लंबे समय से चली आ रही बचत योजनाओं ने सरकारी खजाने में कमी की।
(*a*) संभावित रूप से सत्य (*b*) संभावित रूप से असत्य
(*c*) निश्चित रूप से सत्य (*d*) निश्चित रूप से असत्य
(*e*) डाटा अपर्याप्त

प्रश्न 81 से 85

तकनीकी परिवर्तन के बल का प्रभाव विनिर्माण उद्योग पर पड़ेगा। लेकिन असली प्रभाव सूचना विकास उद्योग जैसे सॉफ्टवेयर विकास, सेवा उद्योग जैसे एयरलाइंस, बीमा और परामर्श-दोनों तकनीकी और प्रबंधकीय, डिजाइनिंग और निष्पादन नौकरियों पर होगा। सदी के अंत तक तकनीकी परिवर्तन की एक और विशेषता यह होगी कि परिवर्तन का संगठनों के भीतर और बाहर से प्रतिरोध होगा। संतोषजनक पुनरीक्षण के लिए सरकार और उद्योग, उद्योग और उसके उपयोगकर्ताओं, प्रबंधन और यूनियनों के बीच और कार्यों के लिए संगठनों के भीतर आपसी सहयोग के उच्च स्तर की आवश्यकता होगी।

81. विनिर्माण उद्योग की तुलना में सूचना प्रसंस्करण उद्योग तकनीकी परिवर्तन के लिए कम उत्तरदायी है।
(*a*) डाटा अपर्याप्त (*b*) निश्चित रूप से सत्य
(*c*) संभावित रूप से असत्य (*d*) निश्चित रूप से असत्य
(*e*) संभावित रूप से सत्य

82. तकनीकी परिवर्तन एक संगठन में केवल विशिष्ट कार्यों को प्रभावित करेगा जो दूसरों को बिना प्रभावित किये छोड़ देगा।
(*a*) निश्चित रूप से सत्य (*b*) डाटा अपर्याप्त
(*c*) निश्चित रूप से असत्य (*c*) संभावित रूप से सत्य
(*e*) संभावित रूप से असत्य

83. सेवा उद्योग की तुलना में, विनिर्माण उद्योग तकनीकी परिवर्तन से कम प्रभावित होगा।
(*a*) निश्चित रूप से सत्य (*b*) संभावित रूप से सत्य
(*c*) डाटा अपर्याप्त (*d*) संभावित रूप से असत्य
(*e*) निश्चित रूप से असत्य

84. तकनीकी परिवर्तन पहले से ही निर्धारित है।
(*a*) निश्चित रूप से असत्य (*b*) संभावित रूप से असत्य
(*c*) डाटा अपर्याप्त (*d*) संभावित रूप से सत्य
(*e*) निश्चित रूप से सत्य

85. लोग यथास्थिति पसंद करते हैं।
(*a*) संभावित रूप से सत्य (*b*) संभावित रूप से असत्य
(*c*) निश्चित रूप से सत्य (*d*) निश्चित रूप से असत्य
(*e*) डाटा अपर्याप्त

प्रश्न 86 से 90

शुष्क भूमि पर खेती केवल आवर्ती सूखे का मुकाबला करने का एकमात्र तरीका नहीं है, बल्कि भारत की बढ़ती खाद्य आवश्यकताओं को भी पूरा करती है। भारत के कुल फसल उत्पादन का लगभग 45% अब शुष्क भूमि से आता है। इस सदी के अंत तक, यदि भारत को एक अरब की अनुमानित आबादी के लिए पर्याप्त भोजन प्रदान करता है, तो यह 60% तक बढ़ जाएगा।

86. भारत के लिए शुष्क भूमि पर खेती महत्वपूर्ण है।
(*a*) डाटा अपर्याप्त (*b*) निश्चित रूप से सत्य
(*c*) संभावित रूप से सत्य (*d*) संभावित रूप से असत्य
(*e*) निश्चित रूप से असत्य

87. प्रति एकड़ फसल का उत्पादन अन्य की तुलना में शुष्क क्षेत्रों में अधिक होता है।
(*a*) निश्चित रूप से असत्य (*b*) निश्चित रूप से सत्य
(*c*) संभावित रूप से असत्य (*d*) संभावित रूप से सत्य
(*e*) डाटा अपर्याप्त

88. भारत खाद्य उत्पादन में आत्म-निर्भर है।
(*a*) निश्चित रूप से सत्य (*b*) संभावित रूप से सत्य
(*c*) डाटा अपर्याप्त (*d*) संभावित रूप से असत्य
(*e*) निश्चित रूप से असत्य

89. वर्तमान में भारत को आर्द्रभूमि से बड़ा खाद्य उत्पादन प्राप्त होता है।
(*a*) संभावित रूप से सत्य (*b*) डाटा अपर्याप्त
(*c*) संभावित रूप से असत्य (*d*) निश्चित रूप से असत्य
(*e*) निश्चित रूप से सत्य

90. भारत में, जनसंख्या वृद्धि की दर प्रति वर्ष 15 प्रतिशत है।
(*a*) डाटा अपर्याप्त (*b*) संभावित रूप से सत्य
(*c*) निश्चित रूप से सत्य (*c*) संभावित रूप से असत्य
(*e*) निश्चित रूप से असत्य

प्रश्न 91 से 95

भोजन के मोर्चे पर और बुरी खबर है। अब यह निश्चित प्रतीत होता है कि चालू खरीफ मौसम में खाद्यान्न उत्पादन में लगभग 90 लाख टन की कमी होगी, जिसका अर्थ है कि पिछले खरीफ मौसम में प्राप्त उत्पादन की तुलना में पाँच मिलियन टन कम। हालांकि, चावल की खरीद केवल आंशिक रूप से प्रभावित हो सकती है क्योंकि पश्चिम बंगाल और आंध्र प्रदेश में पर्याप्त वर्षा हुई है, जबकि केंद्रीय पूल में प्रमुख योगदान करने वाला पंजाब बारिश पर कम निर्भर है। फिर भी, चावल की कुल उपलब्धता चार मिलियन टन से अधिक तक घट सकती है जो आगे सबसे बुरी खबर हो सकती है।

91. पश्चिम बंगाल और आंध्र प्रदेश में नहर के पानी की सुविधा नहीं है।
(*a*) निश्चित रूप से असत्य (*b*) संभावित रूप से असत्य
(*c*) डाटा अपर्याप्त (*d*) संभावित रूप से सत्य
(*e*) निश्चित रूप से सत्य

92. इस वर्ष चावल का खरीद मूल्य बढ़ेगा।
(*a*) डाटा अपर्याप्त (*b*) निश्चित रूप से सत्य
(*c*) संभावित रूप से सत्य (*d*) निश्चित रूप से असत्य
(*e*) संभावित रूप से असत्य

93. चावल मुख्य रूप से खरीफ मौसम में उत्पादित किया जाता है।
(*a*) निश्चित रूप से सत्य (*b*) संभावित रूप से असत्य
(*c*) निश्चित रूप से असत्य (*d*) डाटा अपर्याप्त
(*e*) संभावित रूप से सत्य

94. पिछले वर्ष में, चावल उत्पादन में कमी पाँच मिलियन टन थी।
(*a*) संभावित रूप से सत्य (*b*) संभावित रूप से असत्य
(*c*) निश्चित रूप से असत्य (*d*) निश्चित रूप से सत्य
(*e*) डाटा अपर्याप्त

95. संभावना है कि अगले वर्ष चावल का उत्पादन सामान्य स्तर से नीचे रहेगा।
(*a*) संभावित रूप से असत्य (*b*) निश्चित रूप से असत्य
(*c*) डाटा अपर्याप्त (*d*) निश्चित रूप से सत्य
(*e*) संभावित रूप से सत्य

प्रश्न 96 से 100

एक सुबह की कॉफी या चाय में कैफीन बहिर्मुखी लोगों की जटिल तर्क क्षमता में सुधार कर सकता है लेकिन अंतर्मुखी लोगों पर इसका विपरीत प्रभाव पड़ता है। 700 से अधिक लोगों को तीन कप से अधिक कॉफी के बराबर कैफीन दिया गया और फिर शब्द उपमाओं, वाक्य पूरा होने, और विलोम की पहचान पर परीक्षण किया गया। शोधकर्ताओं का मानना है कि कैफीन सुबह में बहिर्मुखियों के लिए फायदेमंद था क्योंकि वे जागने में अधिक समय लेते हैं। अंतर्मुखी सुबह में अधिक सतर्क होते हैं और दवा द्वारा उनकी तर्क शक्ति के साथ हस्तक्षेप से अतिरंजित हो जाते हैं ।

96. अंतर्मुखियों की तर्क शक्ति पर प्रतिकूल प्रभाव कैफीन के कारण नहीं है।
(*a*) निश्चित रूप से सत्य (*b*) संभावित रूप से सत्य
(*c*) डाटा अपर्याप्त (*d*) संभावित रूप से असत्य
(*e*) निश्चित रूप से असत्य

97. कैफीन का सुबह जल्दी असर होता है।
(*a*) निश्चित रूप से असत्य (*b*) निश्चित रूप से सत्य
(*c*) संभावित रूप से असत्य (*d*) संभावित रूप से सत्य
(*e*) डाटा अपर्याप्त

98. बहिर्मुखियों को शाम के समय में कैफीन फायदेमंद नहीं लगता है।
(*a*) डाटा अपर्याप्त (*b*) निश्चित रूप से सत्य
(*c*) निश्चित रूप से असत्य (*d*) संभावित रूप से सत्य
(*e*) संभावित रूप से असत्य

99. जटिल तर्क क्षमता शब्द उपमाओं, वाक्य पूर्णता और विलोम की पहचान से बना है।
(*a*) संभावित रूप से असत्य (*b*) संभावित रूप से सत्य
(*c*) निश्चित रूप से सत्य (*d*) डाटा अपर्याप्त
(*e*) निश्चित रूप से असत्य

100. कैफीन चाय या कॉफी पीने वाले लोगों की तर्क क्षमता को प्रभावित करता है।

(a) संभावित रूप से सत्य (b) निश्चित रूप से सत्य
(c) संभावित रूप से असत्य (d) निश्चित रूप से असत्य
(e) डाटा अपर्याप्त

हल-अभ्यास 6(B)

1. (a) : यह उल्लेख किया गया है कि अंतर्राष्ट्रीय स्तर पर बदलावों को ध्यान में रखते हुए, भारत को एक दीर्घकालिक आयात और निर्यात नीति विकसित करनी है। इससे स्पष्ट रूप से दिए गए तथ्य का पता चलता है।

2. (a) : यह पैसेज में दिया गया है कि यह उन सभी को ऋण प्रदान करने के लिए एक योजना है जो सीरीकल्चर में लगे हुए हैं। यह दिए गए तथ्य को स्पष्ट करता है।

3. (c) : चीन और कोरिया में रेशम उद्योगों के प्रबंधन के बारे में कुछ भी उल्लेख नहीं किया गया है।

4. (a) : कथन पैसेज में दिए वाक्य '..... उभरती हुई प्रवृत्तियाँ ..... कोरिया' से स्पष्ट है ।

5. (e) : पैसेज एक 'नई राष्ट्रीय रेशम नीति तैयार करने' की चर्चा करता है। इसका अर्थ है कि यह पहले से ही अस्तित्व में है।

6. (a) : दिए गए तथ्य सीधे पैसेज के अंतिम वाक्य से हैं।

7. (b) : पैसेज के पहले वाक्य में, मानव कारक अनुसंधान संगठनों की एक हार्डवेयर विशेषता का उल्लेख किया गया है। दिए गए तथ्य इस बात के आलोक में संभावित रूप से सत्य प्रतीत होते हैं।

8. (c) : दिए गए तथ्य का न तो उल्लेख किया गया है और न ही दिए गए पैसेज की सामग्री से लिया जा सकता है।

9. (d) : दिए गए तथ्य सीधे पैसेज के अंतिम वाक्य से हैं।

10. (c) : दिए गए तथ्य का न तो उल्लेख किया गया है और न ही दिए गए पैसेज से प्राप्त किया जा सकता है।

11. (e) : पैसेज में यह स्पष्ट रूप से कहा गया है कि 'बड़ी संख्या में लोग इस योजना से लाभान्वित होने के लिए तैयार हैं'। यह दिए गए तथ्य का खंडन करता है।

12. (e) : इस पैसेज के अंतिम वाक्य में 'डाकघर की मासिक बचत योजना' के उल्लेख से स्पष्ट है कि कुछ बचत योजनाएँ पहले भी मौजूद थीं।

13. (c) : दिए गए पैसेज में योजना की अवधि के बारे में कुछ भी उल्लेख नहीं किया गया है।

14. (b) : यह उल्लेख किया गया है कि यह योजना सेवानिवृत्त लोगों के लिए 'निवेश के लिए एक अच्छा अवसर' प्रदान करती है क्योंकि यह एक ऐसा ब्याज दर प्रदान करता है जो पहले की मौजूदा योजनाओं की तुलना में अधिक है। इससे दिए गए तथ्य काफी संभावित लगते हैं।

15. (e) : पैसेज में कथन 'जो ऊपर हैं ..... योग्य हैं' कुछ शर्तों को निर्दिष्ट करते हैं, जो किसी व्यक्ति को योजना का लाभ उठाने के योग्य बनाती हैं। तो, 55 वर्ष से अधिक आयु के सभी लोग योजना के लिए पात्र नहीं हैं।

16. (a) : यह उल्लेख किया गया है कि रेलवे को अब अपने निवेश के लिए बड़ा लाभ पाने के लिए 'नए तरीके' खोजने होंगे। इससे स्पष्ट रूप से दिए गए तथ्य का पता चलता है।

17. (b) : पैसेज के अनुसार, केंद्र सरकार से रेलवे को बजटीय समर्थन में गिरावट आई है। शायद ऐसा इसलिए है क्योंकि सरकार ने अपनी प्राथमिकता कुछ अन्य क्षेत्रों में स्थानांतरित कर दी है।

18. (a) : तथ्य सीधे पैसेज के पहले वाक्य से आता है।

19. (a) : तथ्य कि रेलवे को अपने निवेश से बड़े रिटर्न की जरूरत है, दिए गए तथ्य को स्पष्ट करता है।

20. (a) : दिए गए तथ्य सीधे पैसेज के अंतिम वाक्य से हैं।

21. (b) : पैसेज के अनुसार मानसून विफल होने की स्थिति में, भारतीयों को बीमा जोखिम प्रदान करने के लिए अंतरराष्ट्रीय निवेशक को ही एकमात्र स्त्रोत माना जाता है। इससे यह काफी संभावना है कि वे भारत में खराब मानसून से प्रभावित नहीं हैं।

22. (e) : यह उल्लेख किया गया है कि भारत ने हाल के वर्षों में अच्छे प्रदर्शन के बाद अपनी वृद्धि दर में तेज उछाल दर्ज की है। यह लगातार विकास और अच्छे मानसून को इंगित करता है।

23. (a) : वाक्य 'उदाहरण के लिए ..... हाल के वर्षों में' से तथ्य प्रत्यक्ष रूप से निकलता है।

24. (d) : यह स्पष्ट रूप से पैसेज में दिया जाता है कि डरावना मानसून पूरी अर्थव्यवस्था को प्रतिकूल रूप से प्रभावित करता है, अर्थात, इसका प्रभाव लाखों लोगों द्वारा महसूस किया जाता है, जिनमें से कई शायद गरीब नहीं हैं।

25. (e) : पैसेज का सुझाव है कि कम से कम भारत में विविध जोखिम (मानसून जोखिम) बीमा कंपनियों द्वारा कवर नहीं किया गया है। इसलिए, शब्द 'हमेशा' सही होने की संभावना की उपेक्षा करता है।

26. (a) : दिए गए तथ्य को पैसेज के पहले वाक्य से लिया जा सकता है।

27. (c) : हाल के वर्षों में कृषि क्षेत्र में योगदान के बारे में कुछ भी उल्लेख नहीं किया गया है।

28. (e) : यह पैसेज में दिया गया है कि कृषि राष्ट्रीय आय का सबसे बड़ा हिस्सा है। तात्पर्य यह है कि कुछ अन्य गतिविधियाँ भारत की राष्ट्रीय आय में भी योगदान करती हैं।

29. (a) : यह स्पष्ट रूप से पैसेज में दिया गया है कि अगले दशक के दौरान स्वतंत्रता के समय कृषि क्षेत्र का योगदान 40 प्रतिशत से बढ़कर 50 प्रतिशत हो गया है।

30. (a) : यह पैसेज से स्पष्ट है कि राष्ट्रीय आय में कृषि क्षेत्र का सबसे बड़ा योगदान है। यह प्रश्न में दिए गए तथ्य को स्पष्ट करता है।

31. (e) : यह उल्लेख किया गया है कि प्रत्येक देश ने 'आचरण के नियम' निर्धारित किए हैं। यह कथन में दिए गए तथ्य का खंडन करता है।

32. (e) : यह उल्लेख किया गया है कि नागरिकों के बीच शांति सुनिश्चित करने के लिए आचरण के नियम आवश्यक हैं, साथ ही उन मशीनरी की आवश्यकता पर भी संकेत देता है जो इन नियमों का उल्लंघन करने वाले नागरिकों की जांच कर सकते हैं।

33. (a) : दिए गए निष्कर्ष, पैसेज के अंतिम वाक्य से हैं।

34. (e) : पैसेज चोरी जैसी असामयिक गतिविधियों को रोकने के लिए 'आचरण के नियमों' की आवश्यकता पर जोर देता है, जिसमें मानव संपर्क की आवश्यकता नहीं होती है। इस प्रकार, नियम हर हालत में एक होना चाहिए।

35. (a) : दिए गए निष्कर्ष सीधे पैसेज के अंतिम वाक्य से हैं।

36. (*a*) : यह उल्लेख किया गया है कि गुजरात अभी तक अरंडी के तेल के निर्माण में शामिल नहीं था, लेकिन केवल एक बड़ा व्यापारिक केंद्र था। इसका तात्पर्य यह है कि यह उन्हें प्रसंस्करण के बजाय अरंडी के बीज की आपूर्ति करता था।

37. (*c*) : दिए गए तथ्य का न तो उल्लेख है और न ही दिए गए पैसेज से प्राप्त किया जा सकता है।

38. (*a*) : दिए गए तथ्य सीधे पैसेज के अंतिम वाक्य से हैं।

39. (*a*) : यह उल्लेख किया गया है कि अरंडी के तेल के क्षेत्र में व्यावसायिक संभावनाएं अच्छी हैं और अरंडी बीज प्रसंस्करण इकाइयों की संख्या बढ़ रही है। यह दिए गए तथ्य को स्पष्ट करता है।

40. (*a*) : यह उल्लेख किया गया है कि गुजरात अरंडी के बीज के व्यापार से अरंडी के तेल के निर्माण में स्थानांतरित हो गया है। यह दिए गए तथ्य को स्पष्ट करता है।

41. (*c*) : भारत में सिंचित की जाने वाली भूमि का कोई उल्लेख नहीं है।

42. (*a*) : यह पैसेज में दिया जाता है कि हम बांधों के निर्माण से अपने जल संसाधनों का पूरा उपयोग कर सकते हैं।

43. (*e*) : यह उल्लेख किया गया है कि बाढ़ के कारण हमारे जल संसाधनों का अधिकांश भाग बर्बाद हो गया है।

44. (*a*) : यह उल्लेख है कि पानी का अपव्यय घरेलू उद्देश्यों के लिए उनके अविवेकी उपयोग के कारण होता है।

45. (*a*) : यह पैसेज में दिया जाता है कि हमारे देश के जल संसाधनों का कम उपयोग पूंजी या धन की कमी के कारण है।

46. (*c*) : दिए गए तथ्य का न तो उल्लेख है और न ही दिए गए पैसेज से लिया जा सकता है।

47. (*a*) : यह उल्लेख किया गया है कि छोटी इकाइयों को होने वाले अधिकतम नुकसान कचरे को रीसाइक्लिंग करने के उचित अवसरों की कमी के कारण हैं। इससे स्पष्ट रूप से दिए गए तथ्य का पता चलता है।

48. (*b*) : पैसेज के पहले वाक्य से, यह काफी संभावना है कि बड़े पैमाने पर परिचालन कीटनाशक इकाइयों को आर्थिक रूप से व्यवहार्य बना सकता है।

49. (*d*) : पैसेज में वाक्य 'नुकसान के मद्देनजर ..... अपशिष्ट कम करने की तकनीक' से तथ्य प्रत्यक्ष रूप से निकलता है।

50. (*b*) : यह उल्लेख किया गया है कि छोटी इकाइयों के लाभ मार्जिन कम हैं और इसलिए छोटी प्रतिकूल परिस्थितियां उन्हें परेशानी में डालती हैं। इस प्रकार, यह काफी संभावना है कि धन की कमी इन इकाइयों की हाउस कीपिंग को अनदेखा करने के लिए मजबूर करती है।

51. (*a*) : यह उल्लेख किया गया है कि केवल डीलर ही ग्राहकों के लिए परदे के पीछे से अच्छे से काम कर सकते हैं। यह दिए गए तथ्य को स्पष्ट करता है।

52. (*a*) : दिए गए निष्कर्ष सीधे पैसेज के दूसरे वाक्य से हैं।

53. (b) : यह पैसेज बताता है कि डीलर एक कंपनी को ग्राहकों तक पहुंचने और उनकी प्रतिक्रिया प्राप्त करने में मदद करते हैं। दिए गए अनुमान इस तथ्य के आलोक में संभावित रूप से प्रतीत होते हैं।

54. (*a*) : दिया गया अनुमान पैसेज में सीधे कथन 'एक कंपनी डीलर की वफादारी के माध्यम से ग्राहक निष्ठा हासिल कर सकती है' से निकलता है।

55. (*c*) : किसी कंपनी के लिए डीलरों के महत्व पर चर्चा की गई है। लेकिन पैसेज में विज्ञापनों के महत्व या आवश्यकता का कोई उल्लेख नहीं है।

56. (*e*) : पैसेज में यह स्पष्ट रूप से उल्लेख किया गया है कि निजीकरण का विचार एक दशक से भी अधिक समय से विकसित और विकासशील दुनिया दोनों के लिए व्यापक महत्त्व का है।

57. (*c*) : पैसेज में यू.एस.ए. का कोई उल्लेख नहीं है।

58. (*a*) : यह इस संदर्भ में स्पष्ट रूप से उल्लेखित है कि भारत में निजीकरण का विचार गति पकड़ रहा है।

59. (*a*) : पैसेज का कहना है कि पहले राष्ट्रीयकरण को सामाजिक-आर्थिक समस्याओं का उपाय माना जाता था जबकि वर्तमान में, निजीकरण का विचार कुछ देशों की सामाजिक आर्थिक स्थितियों में सुधार करने में विफल रहा।

60. (*e*) : यह स्पष्ट रूप से उल्लेख किया गया है कि निजीकरण के विचार को दुनिया भर में बढ़ावा दिया जा रहा है और भारत में सफलतापूर्वक इसका प्रत्यारोपण नहीं किया गया है।

61. (*c*) : यह पैसेज में उल्लेख किया गया है कि पवन सर्वेक्षण से पता चला है कि पवन ऊर्जा के दोहन की व्यापक संभावना है। इसका अर्थ यह है कि एक समग्र सर्वेक्षण किया जाना चाहिए और न केवल यूपी के पहाड़ी क्षेत्रों का।

62. (*b*) : यह सत्य हो सकता है कि सर्वेक्षण यू.पी. सरकार के अधीन किया गया, क्योंकि यू.पी. के क्षेत्रों का सर्वेक्षण भी किया गया था।

63. (*e*) : पैसेज के अनुसार, हवा ऊर्जा का एक अक्षय स्रोत है और ऊर्जा के वैकल्पिक स्रोत के रूप में हवा को विकसित करने के प्रयास किए जा रहे हैं। इससे स्पष्ट रूप से दिए गए तथ्य का पता चलता है।

64. (*c*) : पैसेज में, यह दिया गया है कि पवन ऊर्जा के क्षेत्र में बहुत कुछ नहीं किया गया है और प्रयास जारी हैं। इस प्रकार, यह स्पष्ट है कि पवन ऊर्जा एक तुलनात्मक रूप से नया उभरता हुआ क्षेत्र है।

65. (*c*) : पैसेज में, यह उल्लेख नहीं है कि क्या यू.पी. में पहचाने गए 58 स्थलों में बिजली की सुविधा थी या नहीं।

66. (*e*) : यह उल्लेख नहीं किया गया है कि क्या केवल आवारा कुत्तों के काटने से रेबीज होता है। तो, दिए गए तथ्य को पैसेज से नहीं हटाया जा सकता है।

67. (*d*) : तथ्य दिए गए पैसेज से सीधे प्राप्त होता है।

68. (*a*) : दिए गए तथ्य सीधे पैसेज के पहले वाक्य से हैं।

69. (*d*) : दिए गए तथ्य का न तो उल्लेख किया गया है और न ही उसे पैसेज से प्राप्त किया जा सकता है।

70. (*b*) : पश्चिमी देशों में प्रयोगशाला परीक्षणों के बारे में कुछ भी उल्लेख नहीं किया गया है।

71. (*b*) : यह उल्लेख किया गया है कि राज्य सरकारों द्वारा समान नीतियों की अनुपस्थिति ने ग्रेनाइट खदान मालिकों को पतन के कगार पर खड़ा कर दिया है। यह दिए गए तथ्य को स्पष्ट करता है।

72. (*e*) : भारत में उत्पादित ग्रेनाइट की गुणवत्ता के बारे में कुछ भी उल्लेख नहीं किया गया है।

73. (*a*) : यह उल्लेख किया गया है कि पिछले दो वर्षों में केंद्र सरकार की उदारीकरण नीतियों ने ग्रेनाइट उद्योग को एक बल दिया। इससे स्पष्ट रूप से दिए गए तथ्य का पता चलता है।

74. (*e*) : दिए गए तथ्य सीधे पैसेज के अंतिम वाक्य से हैं।

75. (*a*) : तीन साल पहले ग्रेनाइट उद्योग की लाभप्रदता के बारे में कुछ भी पैसेज में उल्लेख नहीं किया गया है।

76. (*c*) : दिए गए तथ्य का न तो उल्लेख है और न ही दिए गए पैसेज से प्राप्त किया जा सकता है।

77. (*a*) : पैसेज के पहले दो वाक्य दिए गए तथ्य का खंडन करते हैं।

78. (*b*) : पैसेज के अनुसार, यह विडंबना है कि उच्च वर्ग की शहरी आबादी छोटी बचत योजनाओं पर कर प्रोत्साहन का अधिकतम लाभ ले रही है। इस प्रकार, उच्च वर्ग लाभ से लाभान्वित हो रहा है, जबकि लेखक निम्न वर्गों को भी उसी से लाभान्वित करना चाहता है। इससे दिया गया निष्कर्ष स्पष्ट है।

79. (*b*) : यह स्पष्ट रूप से पैसेज में उल्लेख किया गया है कि उच्च कर ब्रैकेट में लोग उच्च दरों और कर लाभों से अधिक लाभान्वित हो रहे हैं।

80. (*c*) : दिए गए निष्कर्ष सीधे पैसेज के अंतिम वाक्य से हैं।

81. (*d*) : पैसेज के अनुसार, तकनीकी परिवर्तन से विनिर्माण उद्योग की तुलना में सूचना प्रसंस्करण उद्योग पर अधिक प्रभाव पड़ेगा। यह प्रश्न में दिए गए तथ्य का खंडन करता है।

82. (*b*) : दिए गए तथ्य का न तो उल्लेख है और न ही दिए गए पैसेज से लिया जा सकता है।

83. (*a*) : यह उल्लेख किया गया है कि तकनीकी परिवर्तन का वास्तविक प्रभाव विनिर्माण उद्योग के बजाय सेवा उद्योगों पर होगा। इससे स्पष्ट रूप से दिए गए तथ्य का पता चलता है।

84. (*d*) : सदी के अंत तक तकनीकी परिवर्तन के प्रभाव की बात करती है। तो, यह संभव है कि यह पहले से ही सेट हो गया हो।

85. (*e*) : दिए गए तथ्य का न तो उल्लेख किया गया है और न ही दिए गए पैसेज से प्राप्त किया जा सकता है।

86. (*b*) : दिए गए कथन को पैसेज के पहले वाक्य से लिया जा सकता है।

87. (*e*) : शुष्क भूमि में प्रति एकड़ फसल उत्पादन के बारे में कुछ भी पैसेज का उल्लेख नहीं किया गया है।

88. (*c*) : पैसेज में इस तथ्य का उल्लेख नहीं है।

89. (*e*) : वर्तमान में, भारत को अपने कुल फसल उत्पादन का 45% शुष्क भूमि से मिलता है। जाहिर है, बाकी को आर्द्रभूमि से प्राप्त किया जाता है और वह अधिक है।

90. (*a*) : पैसेज में जनसंख्या वृद्धि की वार्षिक दर का उल्लेख नहीं किया गया है।

91. (*e*) : पैसेज के अनुसार, पश्चिम बंगाल और आंध्र प्रदेश में चावल का उत्पादन प्रभावित नहीं होगा क्योंकि उनके पास पर्याप्त वर्षा थी। इसका तात्पर्य यह है कि वहां खेती मुख्य रूप से वर्षा पर निर्भर है और सिंचाई की कोई अन्य सुविधा उपलब्ध नहीं है।

92. (*c*) : यह उल्लेख किया गया है कि चावल का उत्पादन कम हो गया है। इससे चावल के खरीद मूल्य में वृद्धि हो सकती है।

93. (*a*) : दिए गए पैसेज से तथ्य स्पष्ट रूप से स्पष्ट है।

94. (*c*) : पैसेज के अनुसार, वर्तमान वर्ष में चावल का घाटा पाँच मिलियन टन है।

95. (*e*) : यह पैसेज में कहा जाता है: 'आगे सबसे बुरी खबर हो सकती है' दिए गए तथ्य के बारे में कोई निश्चितता नहीं है। लेकिन यह वर्तमान रुझानों के अनुसार सही प्रतीत होता है।

96. (*e*) : दिए गए तथ्य सीधे पैसेज के अंतिम वाक्य से हैं।

97. (*d*) : पैसेज सुबह-सुबह ही कैफीन के प्रभाव के बारे में बात करता है। तो, दिए गए तथ्य काफी संभावित है।

98. (*a*) : शाम के समय कैफीन के प्रभाव के बारे में कुछ भी नहीं बताया गया है।

99. (*b*) : पैसेज जटिल तर्क क्षमता पर कैफीन के प्रभाव का उल्लेख करता है और फिर शब्द अनुरूपता के परीक्षण, वाक्य पूरा होने और विलोम की पहचान से प्राप्त परिणामों का वर्णन करता है। तो, दिए गए तथ्य संभावित रूप से सत्य है।

100. (*b*) : दिए गए तथ्य सीधे पैसेज के पहले वाक्य से हैं।

7 विषयवस्तु का पता लगाना (THEME DETECTION)

इस प्रकार के प्रश्नों में, एक पैराग्राफ और उसके बाद कुछ कथन दिए जाते हैं, जो उस अनुच्छेद से अनुमानित किए भी जा सकते हैं और नहीं भी किये जा सकते हैं। उम्मीदवार को उस कथन का चयन करना है, जिसमें अनुच्छेद की विषयवस्तु का सार हो अर्थात वह विचार हो जिसे अनुच्छेद कहना चाहता है।

उदा. विज्ञापन के माध्यम से, विनिमाण उपभोक्ता की इच्छाओं पर एक उच्च स्तर का नियंत्रण रखता है। हालांकि, निर्माता इसका अनुमान करने को भारी जोखिम मानता है कि उपभोक्ताओं को क्या चाहिए और कितनी वस्तु का उत्पादन करना है और उपभोक्ताओं द्वारा अंतिम चयन से पहले उसे बाजार में वितरित करना है।

अनुच्छेद इस कथन का सबसे अच्छा समर्थन करता है कि निर्माता–

(*a*) सीधे उपभोक्ताओं को सामान वितरित करें।

(*b*) विज्ञापन द्वारा अतिरेक उत्पादन के जोखिम को समाप्त कर सकते हैं।

(*c*) हमेशा मध्यम और परिकलित जोखिम लें।

(*d*) किसी भी उत्पाद, जिसे बाजार में पहुँचाया गया है, की सफलता का अधिक सटीकता से अनुमान कर सकते हैं।

(*e*) अपने उत्पादों की सफलता के लिए अंतिम उपभोक्ताओं पर निर्भर होना चाहिए।

हल: अनुच्छेद के अनुसार, निर्माता द्वारा उसके उत्पादों के लिए उपभोक्ताओं की प्रतिक्रिया की भविष्यवाणी करना बहुत कठिन है। लेकिन वह विज्ञापन से उपभोक्ताओं को उसके उत्पाद खरीदने के लिए प्रेरित कर सकता है। अत: अनुच्छेद की विषयवस्तु का विकल्प (*b*) में सबसे अच्छा उल्लेख किया गया है। इसलिए, (*b*) इसका उत्तर है।

(*a*) गलत है क्योंकि यह अनुच्छेद में उल्लिखित है कि निर्माता उपभोक्ताओं की मांग के अनुसार अग्रिम में माल वितरित करते हैं, न कि सीधे उपभोक्ताओं को।

(*c*) गलत है क्योंकि अनुच्छेद के अनुसार, निर्माता भारी जोखिम लेते हैं, न कि मध्यम जोखिम ।

(*d*) गलत है क्योंकि यह उस अनुच्छेद में उल्लिखित है कि निर्माता यह अनुमान लगाने में बहुत जोखिम लेते हैं कि उपभोक्ता क्या चाहते हैं।

(*e*) एक सत्य कथन है लेकिन यह अनुच्छेद की विषयवस्तु का पूर्ण चित्रण नहीं करता है।

अभ्यास 7

निर्देश: ***दिए गए प्रत्येक प्रश्न में एक छोटा अनुच्छेद दिया गया है, जिसके बाद एक प्रश्न दिया गया है। आपको उस अनुच्छेद का सावधानीपूर्वक अध्ययन करना है और उसके नीचे दिए गए प्रश्न का उत्तर देना है:***

1. कला का गुण खुद के अलावा किसी अन्य चीज को कार्य में दखल देने की या तुरंत काम करने की अनुमति नहीं देता है। यह जोर देकर कहता है कि कार्य को अस्तित्व में लाने के लिए वह अकेले ही उसे करेगा। कला की आवश्यकता है कि स्वयं कला के अलावा कुछ भी कार्य नहीं करेगा।

अनुच्छेद इस कथन का सबसे अच्छा समर्थन करता है कि:

(*a*) कला बाहरी नियमों और शर्तों द्वारा शासित होती है।

(*b*) कला, कला और जीवन के लिए है।

(*c*) कला, अकेले कला के लिए है।

(*d*) कलाकार अपने सपनों को अपनी कलात्मकता के माध्यम से साकार करता है।

(*e*) कलाकार को समाज के लिए अपनी कला का उपयोग करना चाहिए।

2. हालांकि फैशन पर समय की बर्बादी या खर्च बहुत अधिक है, फिर भी फैशन बने रहने के लिए आते हैं। वे नहीं जायेंगे, चाहे जो हो जाए। जबकि, अब आवश्यकता है कि इन युवाओं के दिमाग से फैशन की अत्यधिक सनक को विस्थापित करने के लिए मजबूत प्रयास किए जाएं।

अनुच्छेद इस कथन का सबसे अच्छा समर्थन करता है कि:

(*a*) फैशन आज की जरूरत है।

(*b*) किसी के व्यक्तित्व के लिए फैशन के प्रति अत्यधिक दीवानगी हानिकारक है।

(*c*) फैशन की लत को दूर किया जाना चाहिए, न कि रचनात्मक विकास को कम होने देना चाहिए।

(*d*) काम और अन्य गतिविधियों को बाहरी दिखावे की तुलना में अधिक महत्व दिया जाना चाहिए।

3. तस्करी में होने वाले भारी मुनाफे के कारण, सैकड़ों व्यक्तियों को इस राष्ट्र विरोधी गतिविधि की ओर आकर्षित किया गया है। उनमें से कुछ रातोंरात करोड़पति बन गए। भारत में पूर्वी और पश्चिमी दोनों ओर, एक विशाल समुद्र तट है। यह तस्करों के लिए एक स्वर्ग है, जो उनके माध्यम से अपनी गतिविधियों को बड़ी शिद्दत से चला रहे हैं। इसमें कोई शंक नहीं है, कि समय-समय पर प्रवर्तन अधिकारियों द्वारा छापे और घात के दौरान कुछ बरामदगी की गयी थी, लेकिन इन नुकसानों के बावजूद भी तस्करों को भारी मुनाफा हुआ।

अनुच्छेद इस कथन का सबसे अच्छा समर्थन करता है कि:

(*a*) तस्करी से एक राष्ट्र का आर्थिक विकास बाधित होता है।

(*b*) तस्करी पर अंकुश लगाया जाना चाहिए।

(*c*) अधिकारियों द्वारा तस्करी पर अंकुश लगाने के लिए कड़े कदम उठाए जा रहे हैं।

(*d*) त्वरित लाभ प्राप्त करने के लिए तस्करी हमारे देश में तेजी से बढ़ रही है।

4. एकमात्र सच्ची शिक्षा बच्चे की शक्तियों के माध्यम से आती है जो उन सामाजिक परिस्थितियों की मांग से उत्तेजित होतीं है जिसमें वह रहता है। इन मांगों के माध्यम से वह एकात्मकता के एक सदस्य के रूप में कार्य करने के लिए, उसके कार्यों और अनुभवों की मूल संकीर्णताओं से उभरने के लिए और खुद को उस समूह, जिससे वह सम्बन्धित है, के कल्याण का विचार करने के लिए प्रेरित होता है।

अनुच्छेद इस कथन का सबसे अच्छा समर्थन करता है कि सच्ची शिक्षा-

(*a*) तभी प्राप्त होगी, यदि बच्चे अपने कार्यों और अनुभवों को आत्मसात करें।

(*b*) तभी प्राप्त होगी, यदि बच्चे शारीरिक रूप से मजबूत होंगे।

(*c*) आज हमारे स्कूलों में उपलब्ध नहीं करायी जाती है।

(*d*) सामाजिक स्थितियों के साथ संवाद के माध्यम से आती है।

(*e*) छात्रों के आत्म-केंद्रित दृष्टिकोण से आती है।

5. इमर्सन ने कहा कि कवि भूमि, समुद्र और हवा का स्वामी था। कल्पना की उड़ान ने कवि को भूमि, समुद्र और हवा का स्वामी बना दिया। लेकिन एक कवि का कल का सपना आज सभी व्यक्तियों के लिए एक वास्तविक उपलब्धि और वास्तविकता बन गया है। यहां तक कि जिन लोगों ने हवाई जहाज का आविष्कार किया, उनमें सुधार किया और उसे परिपूर्ण किया, उनमें भी शायद ही कोई बाहरी अंतरिक्ष में उड़ान की संभावना का सपना देख सकता था।

अनुच्छेद इस कथन का सबसे अच्छा समर्थन करता है कि-

(*a*) प्रतीत होता है असंभव कल्पनाएं किसी व्यक्ति को अच्छा कवि बना देती हैं।

(*b*) सभी कल्पनाएं किसी दिन एक वास्तविकता बन जाती हैं।

(*c*) आदमी ने जो कल्पना की है वह कभी असंभव नहीं रही; उन्होंने हमेशा इसे अपने विचारों की अवधारणा और कठिन श्रम के माध्यम से एक वास्तविकता बना दिया है।

(*d*) मनुष्य बाहरी अंतरिक्ष में उसकी खोज के साथ तकनीकी विकास के चरमोत्कर्ष पर पहुंच गया है।

6. दुर्घटनाओं को रोकने के लिए आवश्यक है कि न केवल उन सुरक्षा उपकरणों का उपयोग मशीनरी को उजागर करने के लिए किया जाना चाहिए बल्कि यांत्रिकी में उन्हें सुरक्षा नियमों के निर्देश भी दिए जाएं, जो उन्हें अपनी सुरक्षा के लिए अपनाने चाहिए, और संयंत्र में प्रकाश पर्याप्त होना चाहिए।

अनुच्छेद इस कथन का सबसे अच्छा समर्थन करता है कि औद्योगिक दुर्घटनाएं -

(*a*) हमेशा टालने योग्य होती हैं।

(*b*) अज्ञानता के कारण हो सकती हैं।

(*c*) पूरी तरह से दूर नहीं की जा सकती हैं।

(*d*) सुरक्षा नियमों की मदद से समाप्त की जा सकती हैं।

(*e*) आमतौर पर अपर्याप्त मशीनरी से उत्पन्न होती हैं।

7. यह हमारी सरकार और योजनाकारों पर निर्भर है कि वे लगभग दस करोड़ कर्मचारियों जिनके परिवार में लगभग चालीस करोड़ पुरुष, महिलाएं और बच्चे हैं, की लामबंदी का उपाय करे। हमारी कृषि अति आबाद है। कृषि में कृषकों की कम संख्या का अर्थ होगा कि प्रत्येक कृषक की क्रय या व्यय क्षमता बढ़ेगी। इससे उत्पन्न समृद्ध कृषि वर्ग द्वारा उत्पन्न एक नई मांग की पूर्ति के लिए आवश्यक वस्तुओं के उत्पादन के लिए श्रमिकों की आवश्यकता होगी। यह आवश्यकता ऊपर सुझाए गए आधिक्य श्रमिकों से पूरी की जा सकेगी।

अनुच्छेद इस कथन का सबसे अच्छा समर्थन करता है कि-

(*a*) कृषि में रोजगार की तुलना में उत्पादन में रोजगार अधिक फलदायी है।

(*b*) व्यक्तियों की क्षमता के अनुचित प्रबंधन के कारण भारतीय अर्थव्यवस्था मूल रूप से खराब स्थिति में है।

(*c*) कृषि क्षेत्र से श्रमिकों को औद्योगिक क्षेत्र की ओर लामबंद करना जीवन स्तर का उत्थान करेगा।

(*d*) हमारे देश में औद्योगिक क्षेत्र में श्रम की कमी है जबकि कृषि क्षेत्र अतिआबाद है।

8. एक क्षति को माफ करने को अक्सर कमजोरी के एक संकेत के रूप में माना जाता है; यह वास्तव में ताकत की निशानी है। अपने आक्रोश और प्रतिशोध के कारण घृणा की दृष्टि से कार्य करना आसान है; लेकिन उन प्राकृतिक जुनून को नियंत्रित एक मजबूत चरित्र ही कर पाता है। क्षति को माफ करने वाला आदमी खुद को क्षति करने वाले आदमी से बेहतर साबित करता है और क्षतिकर्ता को शर्मिंदा करता है।

अनुच्छेद इस कथन का सबसे अच्छा समर्थन करता है कि

(*a*) पीड़ित स्वयं ही अपने कष्टों की तीव्रता को जानता है।

(*b*) लोग उन चीजों को माफ कर देते हैं जो अतीत में घटित हुई थीं।

(*c*) प्राकृतिक जुनून को दबाना मुश्किल है।

(*d*) दया प्रतिशोध का कुलीन रूप है।

(*e*) शांत और सरल स्वभाव वाले व्यक्ति में विचार और दृष्टि की गहराई होती है।

9. निर्यात और आयात, व्यापार, निवेश और बैंक-शेष के उभावदार अनुकूल संतुलन, किसी राष्ट्र की समृद्धि का सूचकांक या बैलेंस शीट नहीं होते हैं। द्वितीय विश्व युद्ध की शुरुआत तक, अंग्रेजों के निर्यात आज की तुलना में काफी अधिक थे। और फिर भी इंग्लैंड में वर्तमान में राष्ट्रीय समृद्धि पहले से कहीं अधिक है। क्योंकि खेत और कारखाने में काम करने वाले एक अंग्रेज, मजदूर, क्लर्क, पुलिसकर्मी, छोटे दुकानदार और दुकान सहायकों, घरेलू कर्मचारियों और अन्य कार्यकर्ताओं की औसत आय बढ़ गयी है।

अनुच्छेद इस कथन का सबसे अच्छा समर्थन करता है कि

(*a*) किसी देश का आर्थिक मानक प्रति व्यक्ति आय से सबसे अच्छा ज्ञात हो सकता है।

(*b*) किसी देश का व्यापार संतुलन अपनी आर्थिक समृद्धि के निर्धारण का मुख्य मापदंड है।

(*c*) एक राष्ट्र की अर्थव्यवस्था निर्यात में वृद्धि के साथ मजबूत होती है।

(*d*) द्वितीय विश्वयुद्ध के बाद से अंग्रेजी व्यापार में लगातार वृद्धि हुई है।

10. सदियों से व्यवसायियों ने सभ्यताओं के महान शहरों का निर्माण करने में, लोगों को कला के साथ विलासिता और संरक्षण प्रदान करने में, और अपने साथी नागरिकों के जीवन स्तर को ऊपर उठाने में मदद की है। पिछली कुछ शताब्दियों में व्यवसायियों ने दुनिया भर में औद्योगिक क्रांति का बीज बोया है।

अनुच्छेद इस कथन का सबसे अच्छा समर्थन करता है कि व्यवसायी व्यक्ति-

(*a*) समाज के प्रति जवाबदेह है।
(*b*) शानदार और आरामदायक जीवन जीते हैं।
(*c*) औद्योगिक क्रांति के लाभार्थी है।
(*d*) अपने जीवन स्तर को ऊपर उठाने में सक्षम है।
(*e*) सभ्यता के विकास में योगदान दिया है।

11. देश की अर्थव्यवस्था में औद्योगिक प्रदर्शनियां महत्वपूर्ण भूमिका निभाती हैं। इस तरह की प्रदर्शनियां, अब दिल्ली में नियमित रूप से आयोजित की जाती हैं, यह हमें हमारी कम उन्नत औद्योगिक प्रगति और पराक्रमी औद्योगिक शक्तियों जैसे यूनाइटेड किंगडम, संयुक्त राज्य अमेरिका और रूस, जिनके मंडप ध्यान और आकर्षण के सबसे बड़े केंद्र है, की प्रगति की मात्रा को मापने के लिए सक्षम बनाती है।

अनुच्छेद इस कथन का सबसे अच्छा समर्थन करता है कि औद्योगिक प्रदर्शनियाँ-

(*a*) गरीब अर्थव्यवस्थाओं पर बहुत कर लगती हैं।
(*b*) यू.एस.ए. जैसे विकसित देशों के लिए अधिक उपयोगी हैं जिनके उत्पाद विकासशील देशों के लिए उत्पाद से बेहतर हैं।
(*c*) औद्योगिक रूप से पिछड़े देशों के लिए बहुत काम के नहीं हैं।
(*d*) विकसित देशों के उत्पादों के साथ किसी देश के उत्पादों के विश्लेषणात्मक तुलना द्वारा गुणात्मक और मात्रात्मक रूप से उत्पादन को बढ़ावा देता है।

12. मजबूत संवृद्धि के साथ सह श्रमिकों के साथ संतुष्टि, पदोन्नति के अवसरों, काम की प्रकृति, और उच्च प्रदर्शन के साथ वेतन वृद्धि आवश्यक है। कमजोर संवृद्धि की जरूरत वालों के बीच, ऐसा कोई संबंध नहीं है - और वास्तव में संतुष्टि के साथ पदोन्नति के अवसर कम प्रदर्शन के साथ चलते हैं।

अनुच्छेद इस कथन का सबसे अच्छा समर्थन करता है कि-

(*a*) संतुष्टि एक अपरिहार्य संगठनात्मक चर है।
(*b*) नौकरी से संतुष्टि और प्रदर्शन सीधे और बारीकी से संबंधित हैं।
(*c*) नौकरी से संतुष्टि और प्रदर्शन के बीच संबंध संवृद्धि की जरूरत से संचालित होता है।
(*d*) हर संगठन में ऐसे कुछ कर्मचारी होते हैं, जिन्हें कमजोर संवृद्धि की जरूरत होती है।
(*e*) उच्च प्रदर्शन संगठनात्मक प्रभावशीलता के लिए आवश्यक है।

13. व्यक्तिगत और संगठनात्मक लक्ष्यों की प्राप्ति परस्पर अन्योन्याश्रित हैं और एक उभयनिष्ठ भाजक द्वारा जुड़े हुए हैं - कर्मचारी की कार्यात्मक प्रेरणा। संगठनात्मक सदस्यों को व्यक्तिगत लक्ष्य को संतुष्ट करने के लिए प्रेरित किया जाता है, और वे इन व्यक्तिगत लक्ष्यों को प्राप्त करने में अपने प्रयासों के द्वारा संगठनात्मक उद्देश्यों की प्राप्ति में योगदान करते हैं।

अनुच्छेद इस कथन का सबसे अच्छा समर्थन करता है कि प्रेरणा

(*a*) संगठनात्मक लक्ष्यों के स्थान पर व्यक्तिगत लक्ष्य को प्राथमिकता देने के लिए एक व्यक्ति को प्रोत्साहित करता है।
(*b*) एक व्यक्ति और संगठन के अस्तित्व के लिए महत्वपूर्ण है।
(*c*) किसी व्यक्ति के भौतिक और मानसिक ऊर्जा का उत्पाद है।
(*d*) बाहरी बल है जो व्यक्ति को अपने प्रयासों द्वारा योगदान करने के लिए प्रेरित करता है।
(*e*) संगठन और समाज को अविभाज्य बनाता है।

14. लोगों द्वारा हानिकारक दवाओं के सेवन को न केवल बाजार में उनकी बिक्री पर प्रतिबंध लगाकर रोका जा सकता है बल्कि उपयोगकर्ताओं को उनको खतरनाक प्रभाव के बारे में निर्देश देकर भी रोका जा सकता है, जिन्हें उन्हें उनकी सुरक्षा के लिए समझना चाहिए। साथ ही नशे के आदी व्यक्तियों को उनके पुनर्वास के लिए उचित चिकित्सा सुविधाओं के साथ नशा मुक्ति केंद्र भी उपलब्ध किए जा सकते हैं। इससे हानिकारक दवाओं के उपयोग को कम करने में मदद मिलेगी।

अनुच्छेद इस कथन का सबसे अच्छा समर्थन करता है कि हानिकारक दवाओं की खपत

(*a*) समाज में वृद्धि पर हैं।
(*b*) हमेशा कम की जा सकती है।
(*c*) चिकित्सा सुविधाओं की कमी के कारण हैं।
(*d*) उनकी बिक्री पर प्रतिबंध लगाकर समाप्त किया जा सकता है।
(*e*) उचित प्रणाली के माध्यम से चैनलाइज किया जा सकता है।

15. भारत में महिलाओं का भविष्य काफी उज्ज्वल है और हमें उम्मीद है कि वे बढ़ते अवसरों के साथ अपनी क्षमताओं का औचित्य साबित करेंगी। नेपोलियन सही था जब उसने घोषित किया कि महिलाओं को शिक्षित करके हम पूरे देश को शिक्षित कर सकते हैं। क्योंकि कोई देश उनकी जनसंख्या के 50% के योगदान के बिना कभी उठ नहीं सकता।

अनुच्छेद इस कथन का सबसे अच्छा समर्थन करता है कि

(*a*) भारत महिलाओं की मुक्ति के लिए कड़ी मेहनत कर रहा है।
(*b*) सभी महिलाओं को अच्छी तरह से शिक्षित होना चाहिए।
(*c*) एक राष्ट्र तभी प्रगति कर सकता है जब महिलाओं को पुरुषों के समान अधिकार और अवसर दिया जाए ।
(*d*) महिलाओं को उनके मूल्य और राष्ट्र की प्रगति में उनके योगदान को साबित करने के लिए पूर्ण स्वतंत्रता प्रदान की जानी चाहिए ।

16. विद्यालय हमेशा परंपरा रुपी धन को अगली पीढ़ी तक स्थानांतरित करने का सबसे महत्वपूर्ण साधन रहे हैं। यह आज भी पूर्व समय की तुलना में कई गुना अधिक लागू होता है जब अर्थव्यवस्था के आधुनिक विकास के कारण, परंपरा और शिक्षा के वाहक के रूप में परिवार कमजोर हो गए हैं।

अनुच्छेद इस कथन का सबसे अच्छा समर्थन करता है कि परंपरा रुपी धन को एक पीढ़ी से अगली पीढ़ी को स्थानांतरित करने के लिए -

(*a*) स्कूल के अलावा अन्य साधन भी हैं।
(*b*) कई अलग-अलग स्रोतों द्वारा कोशिश की जानी चाहिए।
(*c*) आर्थिक विकास एक महत्वपूर्ण भूमिका निभाता है।
(*d*) आधुनिक तकनीक का उपयोग करना होगा।
(*e*) परिवार, हमेशा की तरह, सबसे शक्तिशाली साधन है।

17. प्रौद्योगिकी के महत्वपूर्ण मानवतावादी उत्पादों में से एक, गरिमा और मूल्य है जो यह मानव श्रम को प्रदान करता है। उच्च औद्योगिक समाज में, ब्राह्मण और दलित, मुस्लिम और हिंदू के बीच कोई आवश्यक अंतर नहीं हैं; वे समान रूप से उपयोगी हैं और इसलिए समान रूप से मूल्यवान हैं, क्योंकि औद्योगिक समाज में व्यक्तिगत उत्पादकता उसको दिए जाने वाले वेतन को तय करती है और उसके अनुसार सामाजिक स्थिति को तय करती है।

अनुच्छेद इस कथन का सबसे अच्छा समर्थन करता है कि:

(*a*) प्रौद्योगिकी व्यक्ति की सामाजिक स्थिति को तय करती है।
(*b*) जातियां और धर्म मनुष्य द्वारा बनाए गए हैं।

(*c*) मानव श्रम की गरिमा और मूल्य है।
(*d*) सभी व्यक्ति, चाहे वे किसी भी जाति और पंथ के हों, समान पैदा होते हैं।
(*e*) औद्योगिक समाज में व्यक्तियों का एक महान स्तर है।

18. उपरोक्त अनुच्छेद इस कथन का भी समर्थन करता है कि:
(*a*) औद्योगिक उत्पादकता में व्यक्तिगत अंतर होते हैं।
(*b*) प्रौद्योगिकी के कई दुष्प्रभाव हैं।
(*c*) वेतन का आकार और सामाजिक स्थिति एक दूसरे के विपरीत है।
(*d*) आधुनिक समय के उद्योगों में श्रम शक्ति के साथ अच्छा व्यवहार किया जाता है।
(*e*) जाति पर आधारित श्रम का विभाजन उचित था।

19. समाचार प्रेस को सही और न्यायपूर्ण कारण का समर्थन करने और उसके साथ खड़े होने में डर नहीं होना चाहिए। इसे स्वस्थ तरीके से सरकार की आलोचना करने से नहीं डरना चाहिए। मजदूरों, पिछड़ों और समाज के दबे-कुचले लोगों के अधिकारों की रक्षा के लिए प्रेस को सदा सतर्क रहना पड़ता है। इसमें चीजों का एक संतुलित दृष्टिकोण भी दिया जाना चाहिए ताकि लोगों को एक स्वस्थ सार्वजनिक राय बनाने में मदद मिल सके।

अनुच्छेद इस कथन का सबसे अच्छा समर्थन करता है कि:
(*a*) लोकतंत्र में प्रेस की एक महान भूमिका है।
(*b*) प्रेस सरकार की नीतियों को जनता तक पहुँचाने का एकमात्र साधन है।
(*c*) लोकतंत्र की उचित कार्यप्रणाली के लिए प्रेस की स्वतंत्रता आवश्यक है।
(*d*) प्रेस का उपयोग सरकारों द्वारा समाज के पिछड़े वर्गों के उत्थान के लिए एक प्रभावी मीडिया के रूप में किया जा सकता है।
(*e*) प्रेस द्वारा दी गई सभी जानकारी अच्छी तरह से व्यक्त की जानी चाहिए ताकि सत्ता पक्ष के प्रति अच्छी राय हासिल की जा सके।

20. हमारी अर्थव्यवस्था में विनिर्माण से लेकर सेवा की ओर अभिविन्यास हुआ है। सेवा सेक्टर में वृद्धि से प्रबंधकों को समनुक्रम की वस्तुओं और चीजों के बजाय लोगों के साथ अधिक काम करने की आवश्यकता होगी।

अनुच्छेद इस कथन का सबसे अच्छा समर्थन करता है कि:
(*a*) प्रबंधकों के पास संतुलित दिमाग होना चाहिए।
(*b*) समनुक्रम सेवा संगठनों में मौजूद होगी।
(*c*) भविष्य के कार्यस्थल में पारस्परिक कौशल अधिक महत्वपूर्ण हो जाएगा।
(*d*) विनिर्माण संगठन लोगों के महत्व को अनदेखा करते हैं।
(*e*) सेवा संगठन वस्तुओं और चीजों से नहीं निपटेंगे।

उत्तर

1. (*c*)	**2.** (*c*)	**3.** (*d*)	**4.** (*d*)	**5.** (*c*)	**6.** (*d*)	**7.** (*b*)	**8.** (*d*)	**9.** (*a*)	**10.** (*e*)
11. (*d*)	**12.** (*c*)	**13.** (*a*)	**14.** (*d*)	**15.** (*d*)	**16.** (*c*)	**17.** (*c*)	**18.** (*a*)	**19.** (*c*)	**20.** (*c*)

8 कारण और प्रभाव तर्कशक्ति (CAUSE AND EFFECT REASONING)

घटनाओं की जांच करते समय, लोग स्वाभाविक रूप से इसकी व्याख्या करना चाहते हैं कि घटना क्यों हुई। कारण और प्रभाव तर्कशक्ति इसी खोज का परिणाम है ।

मूल रूप से, कार्य-कारण तब होता है जब एक घटना को दूसरी घटना का कारण कहा जाता है। कारण वह घटना है जो दूसरे को सम्भव को बनाती है; प्रभाव वह घटना है जो कारण से उत्पन्न होती है। इस प्रकार, कारण प्रभाव से पहले होना चाहिए और प्रभाव हमेशा कारण के बाद किसी समय होना चाहिए। कारण और प्रभाव तर्कशक्ति पर आधारित प्रश्न, मुख्य रूप से एक उम्मीदवार की दिए गए कथनों के युग्मों को कारण और प्रभाव में सहसंबंधित करने की विश्लेषण क्षमता का परीक्षण करने के लिए डिजाइन किए गए हैं। पांच संभावनाएं उत्पन्न हो सकती हैं:

I. पहले कथन में तथ्य दूसरे कथन में वर्णित तथ्य का प्रभाव है, अर्थात् दूसरा कथन कारण को व्यक्त करता है; जो पहले में वर्णित स्थिति की ओर ले जाता है।

II. पहले कथन के तथ्य दूसरे कथन में चर्चित परिणाम का प्रत्यक्ष कारण है;

III. दोनों कथन सामान्यीकृत परिणाम व्यक्त करते हैं जो किसी विशिष्ट कारण से समर्थित नहीं हो सकते हैं लेकिन कुछ अन्य कारकों से प्रभावित हो सकते हैं;

IV. दोनों कथन स्वतंत्र हैं और विभिन्न स्वतंत्र कारणों के प्रभाव के रूप में समझाए गए हो सकते हैं;

V. दिए गए दोनों कथनों में प्रभाव किसी तीसरी अवर्णित घटना के कारण हो सकता है, जोकि इस प्रकार आम कारण कहा जा सकता है ।

निम्नलिखित उदाहरण विचारों को स्पष्ट करेंगे।

व्याख्यात्मक उदाहरण

निर्देशः *निम्नलिखित प्रत्येक प्रश्न में, दो कथन I और II दिए गए हैं। इन दोनों कथनों के बीच कारण और प्रभाव का सम्बन्ध हो सकता है। ये दोनों कथन एक समान कारण या स्वतंत्र कारण का प्रभाव हो सकते हैं। ये दोनों कथन बिना किसी सम्बन्ध के स्वतंत्र कारण हो सकते हैं। प्रत्येक प्रश्न में दोनों कथन पढ़ें और उसके अनुसार अपने उत्तर को चिह्नित करें।*

उत्तर दें (a) यदि कथन I कारण है और कथन II इसका प्रभाव है;

उत्तर दें (b) यदि कथन II कारण है और कथन I इसका प्रभाव है;

उत्तर दें (c) यदि दोनों कथन I और II स्वतंत्र कारण हैं;

उत्तर दें (d) यदि दोनों कथन I और II स्वतंत्र कारणों के प्रभाव हैं;

उत्तर दें (e) यदि दोनों कथन I और II कुछ उभयनिष्ठ कारणों के प्रभाव हैं ।

उदा. 1. I. स्थानीय व्यापारी संघ ने उसके सभी सदस्यों से सरकार की नई कर नीति के विरोध में एक दिन के लिए अपनी दुकानें बंद करने का आग्रह किया।

II. कई दुकानदारों ने एक दिन के लिए दुकानें बंद करने का फैसला किया और कर्मचारियों को एक दिन की छुट्टी दी। **(Bank P.O. 2005)**

हलः स्पष्टतः, संघ के सरकार की नई नीति के खिलाफ विरोध करने के लिए बड़े पैमाने पर 'बंद' पर जाने के फैसले ने दुकानदारों को अपनी दुकानें बंद रखने के लिए उकसाया होगा। इस प्रकार, कथन I कथन II में दिए गए प्रभाव का प्रत्यक्ष कारण है। इसलिए, उत्तर *(a)* है।

उदा. 2. I. पिछले हफ्ते पेट्रोलियम उत्पादों के दाम थोड़े गिरे।

II. राज्य सरकार ने पिछले सप्ताह पेट्रोलियम उत्पादों पर कर कम कर दिया। **(Bank P.O. 2007)**

हलः स्पष्टतः, एक निश्चित उत्पाद पर कर या शुल्क में कटौती उत्पाद की कीमत में कमी का कारण बनने के लिए बाध्य है। इस प्रकार, II, I में दिए गए प्रभाव का कारण है। इसलिए, उत्तर *(b)* है।

उदा. 3. I. विश्वविद्यालय प्राधिकरण ने समय के भीतर परिणाम घोषित करने में सक्षम करने के लिए सभी टर्मिनल परीक्षाएं हर साल मार्च/अप्रैल में कराने का निर्णय लिया है।

II. विश्वविद्यालय द्वारा संचालित परीक्षाओं की उत्तर पुस्तिकाओं के मूल्यांकन में शिक्षकों की कमी के कारण अतीत में परिणाम घोषणा करने में काफी देरी हुई है। **(R.B.I. 2004)**

हलः स्पष्टतः, प्रत्येक कथन अपने आप में पर्याप्त है और एक-दूसरे से स्वतंत्र है। इस प्रकार, I और II स्वतंत्र कारण हैं। इसलिए, उत्तर *(c)* है।

उदा. 4. I. हवाईअड्डा प्राधिकरण के कर्मचारियों ने हड़ताल वापिस ली, जो वे निजीकरण के विरोध में कर रहे थे।

II. हवाईअड्डा प्राधिकरण के कर्मचारियों के हड़ताल पर चले जाने से उनकी नौकरियों पर खतरा मंडराने लगा। **(Bank P.O. 2006)**

हलः स्पष्ट रूप से, हड़ताल को बंद करना और हड़ताल पर जाना ऐसी घटनाएं हैं जो एक ही कारण से समर्थित नहीं हो सकती हैं। इस प्रकार, वे अलग-अलग स्वतंत्र कारणों से प्रेरित होने वाले प्रभाव रहे होंगे। इसलिए, उत्तर *(d)* है।

उदा. 5. I. सप्ताहांत में कई लोगों ने धार्मिक स्थल का दौरा किया।

II. सप्ताह के दिनों में कुछ लोगों ने धार्मिक स्थल का दौरा किया। (Specialist Officers' 2006)

हल: स्पष्ट रूप से, सप्ताह के दिनों के दौरान एक जगह पर जाने वाले लोगों की संख्या कम है और सप्ताहांत में यात्रा करने वाले अधिक लोग, दोनों साथ साथ चलने वाली घटनाएं हैं, और एक सामान्य कारण के कारण घटित हुई होंगी, जैसे कि सप्ताहांत के दौरान छुट्टी हो। इसलिए, उत्तर (*e*) है।

अभ्यास 8

निर्देश: *निम्नलिखित प्रत्येक प्रश्न में, दो कथन I और II दिए गए हैं। इन दोनों कथनों के बीच कारण और प्रभाव का सम्बन्ध हो सकता है। ये दोनों कथन एक समान कारण या स्वतंत्र कारण का प्रभाव हो सकते हैं। ये दोनों कथन बिना किसी सम्बन्ध के स्वतंत्र कारण हो सकते हैं। प्रत्येक प्रश्न में दोनों कथन पढ़ें और उसके अनुसार अपने उत्तर को चिह्नित करें।*

उत्तर दें (a) यदि कथन I कारण है और कथन II इसका प्रभाव है;
उत्तर दें (b) यदि कथन II कारण है और कथन I इसका प्रभाव है;
उत्तर दें (c) यदि दोनों कथन I और II स्वतंत्र कारण हैं;
उत्तर दें (d) यदि दोनों कथन I और II स्वतंत्र कारणों के प्रभाव हैं;
उत्तर दें (e) यदि दोनों कथन I और II कुछ उभयनिष्ठ कारणों के प्रभाव हैं।

1. I. इस गर्मी के दौरान सब्जियों की कीमतों में काफी वृद्धि हुई है।
II. इस गर्मी के दौरान तापमान में जबरदस्त वृद्धि हुई, जिससे फसलों को बहुत नुकसान हुआ। (Bank P.O. 2003)

2. I. पुलिस ने बड़ी संख्या में लोगों की गैरकानूनी सभा को तितर-बितर करने के लिए लाठीचार्ज का सहारा लिया।
II. नागरिकों के फोरम ने पुलिस अत्याचारों के विरोध में एक आम हड़ताल की। (S.B.I.P.O. 2005)

3. I. अगले दो महीनों में वायु प्रदूषण को 20% तक कम करना शहर के नागरिक प्राधिकरण का उद्देश्य है।
II. शहर में अस्थमा के मामलों की संख्या लगातार बढ़ रही है। (R.B.I. 2005)

4. I. पुलिस प्राधिकरण ने हाल ही में घर तोड़ने वालों के एक समूह को पकड़ा है।
II. इलाके के नागरिकों के समूह ने इलाके में रात की निगरानी शुरू कर दी है। (Bank P.O. 2006)

5. I. विश्वविद्यालय प्राधिकरण ने अपने अधिकार क्षेत्र के तहत सभी कॉलेजों को कॉलेज परिसर के अंदर सभी फोन के उपयोग पर प्रतिबंध लगाने का निर्देश दिया है।
II. कॉलेजों के शिक्षकों में से अधिकांश ने कक्षाओं के अंदर सेल फोन बजने की गड़बड़ी की शिकायत करते हुए विश्वविद्यालय को एक संयुक्त याचिका दी थी। (Bank P.O. 2005)

6. I. सरकार ने हाल ही में बिना मान्यता प्राप्त संस्थानों द्वारा कराए जाने वाले व्यावसायिक पाठ्यक्रमों की फीस तय की है, जो पिछले साल ली गई फीस से बहुत कम है।
II. आकांक्षी छात्रों के माता-पिता ने पिछले साल एक गंभीर आंदोलन शुरू किया था, जिसमें बिना मान्यता प्राप्त संस्थानों द्वारा लगाए गए उच्च शुल्क का विरोध किया गया था। (Bank P.O. 2004)

7. I. पिछले कुछ दिनों में निचले इलाकों में रहने वाले लोगों की बड़ी संख्या को सुरक्षित स्थानों पर पहुंचाया गया है।
II. सरकार ने प्रभावित इलाकों में रहने वाले लोगों को राहत आपूर्ति की है। (S.B.I.P.O. 2005)

8. I. सरकार द्वारा संचालित स्कूलों में दसवीं कक्षा की अंतिम परीक्षा में अधिकांश छात्रों का प्रदर्शन उत्कृष्ट था।
II. सरकारी स्कूलों के कई शिक्षक स्कूल छोड़कर निजी स्कूलों से जुड़ गए। (Asstt. Manager, 2005)

9. I. इलाके के अधिकांश नागरिक उच्च आय वर्ग के हैं।
II. स्थानीय सुपर मार्केट में बिक्री अन्य इलाकों की तुलना में बहुत अधिक है। (Bank P.O. 2007)

10. I. इस बारिश के मौसम में शहर में जलजनित रोगों से प्रभावित लोगों की संख्या में काफी कमी आई है।
II. सरकार ने साल की शुरुआत में शहर A में चार नए सिविल अस्पताल खोले हैं। (Bank P.O. 2003)

11. I. जिले में साक्षरता दर पिछले चार वर्षों से बढ़ रही है।
II. जिला प्रशासन ने साक्षरता अभियान में शामिल श्रमिकों के लिए व्यापक प्रशिक्षण कार्यक्रम चलाया है। (S.B.I.P.O. 2005)

12. I. देश की अधिकांश इस्पात उत्पादक कंपनियों ने पिछले वित्त वर्ष के दौरान काफी लाभ कमाया है।
II. कई एशियाई देश भारत से भारी मात्रा में स्टील का आयात करते रहे हैं। (Bank P.O. 2005)

13. I. देश में ग्रामीण और अर्ध-शहरी क्षेत्र काफी समय से बिजली की कटौती के कारण पीड़ित हैं।
II. यदि सरकार बिजली संकट को दूर करने में सक्षम नहीं है, तो बिजली की कटौती शहरी क्षेत्रों तक भी विस्तारित हो जाएगी। (Bank P.O. 2006)

14. I. देश के सबसे बड़े बैंक के कर्मचारियों ने अगले महीने की 3 तारिख से शुरू होने वाली अनिश्चितकालीन हड़ताल का आह्वान किया है।
II. केंद्र सरकार के कर्मचारियों ने अपने सप्ताह भर के प्रदर्शनों को वापस ले लिया है। (Specialist Officers' 2006)

15. I. स्कूल अथॉरिटी ने कक्षा-10 छात्रों को रविवार को आयोजित की जाने वाली विशेष कक्षाओं में भाग लेने के लिए कहा है।
II. कक्षा-10 के छात्रों के माता-पिता ने रविवार को आयोजित निजी ट्यूशन में भाग लेने से अपने बच्चों को वापिस ले लिया है। (Bank P.O. 2006)

16. I. किसानों ने अपनी खरीफ फसलों को सरकारी एजेंसियों को बेचने के खिलाफ फैसला किया है।
II. सरकार ने पिछले महीने से शुरू अगले छह महीने तक चलने वाले खरीफ फसलों के खरीद मूल्य को घटा दिया है। (S.B.I.P.O. 2005)

17. I. सरकार ने प्राथमिक शिक्षा से संबंधित सभी जानकारी आम जनता के लिए उपलब्ध कराने का निर्णय लिया है।
II. अतीत में, प्राथमिक शिक्षा से संबंधित इन सभी सूचनाओं तक आम जनता की पहुंच नहीं थी।

18. I. इस वर्ष तेल के बीजों के उत्पादन में भारी गिरावट आई है।

II. सरकार ने खाद्य तेल के आयात की मात्रा बढ़ाने का फैसला किया है। (I.R.M.A. 2005)

19. I. आज जीवन बहुत तेज है, मांग और विभिन्न पहलुओं से भरा हुआ है जो कई बार तनावपूर्ण स्थितियों की ओर ले जाता है। (Bank P.O. 2006)

II. किशोरों में आत्महत्या के मामलों की संख्या बढ़ रही है।

20. I. पिछले वर्ष की तुलना में युवा बेरोजगारों की संख्या में अभूतपूर्व वृद्धि हुई है।

II. एक बैंक द्वारा जारी किए गए प्रबंधक के पद के विज्ञापन के लिए बड़ी संख्या में उम्मीदवारों ने आवेदन जमा किया। (Bank P.O. 2003)

21. I. क्षेत्र के सभी स्कूलों को सप्ताह के अधिकांश भाग के लिए बंद रखा जाना था।

II. कई अभिभावकों ने अपने बच्चों को स्थानीय स्कूलों से निकाल लिया है। (S.B.I.P.O. 2005)

22. I. पिछले कुछ महीनों के दौरान शहर में महिलाओं के खिलाफ अत्याचार की घटनाओं में उच्च वृद्धि हुई है।

II. पुलिस प्राधिकरण महिलाओं के खिलाफ अपराध करने वाले दोषियों को पकड़ने में असमर्थ रहा है। (Bank P.O. 2004)

23. I. घरेलू बाजार में पेट्रोल और डीजल की कीमतें पिछले कुछ महीनों से अपरिवर्तित बनी हुई हैं।

II. अंतरराष्ट्रीय बाजार में कच्चे तेल की कीमतें पिछले कुछ महीनों में काफी बढ़ी हैं। (Bank P.O. 2005)

24. I. स्थानीय सहऑपरेटिव क्रेडिट सोसाइटी ने किसानों को तत्काल प्रभाव से ऋण देना बंद करने का फैसला किया है।

II. बड़ी संख्या में क्रेडिट सोसाइटी के सदस्यों ने अपनी जमा राशि का बड़ा हिस्सा क्रेडिट सोसाइटी से वापस ले लिया है। (M.B.A. 2005)

25. I. सरकार ने अन्य देशों के साथ व्यापार समझौते के अनुसार बड़ी मात्रा में चीनी का आयात किया है।

II. घरेलू बाजार में चीनी की कीमतें हाल के महीनों में तेजी से गिरी हैं। (Specialist Officers* 2006)

26. I. यूरोपीय बाजार में गुणवत्ता वाली चाय की मांग में वृद्धि के कारण भारत ने इस वर्ष पहले के सभी वर्षों में चाय के निर्यात के मूल्य को पार कर लिया है।

II. पिछले दो वर्षों के दौरान घरेलू बाजार में कॉफी की मांग में वृद्धि हुई है। (R.B.I. 2004)

27. I. पिछले एक पखवाड़े के दौरान शहर में पीने के पानी की आपूर्ति करने वाले सभी पानी के टैंकों के जल स्तर में वृद्धि हुई है।

II. पटरियों पर पानी लॉगिंग के कारण पिछले सप्ताह अधिकांश ट्रेनों को रद्द कर दिया गया था। (Bank P.O. 2003)

28. I. कॉलेज के अधिकांश छात्रों ने विश्वविद्यालय से अलग होने और स्वायत्त बनने के कॉलेज प्राधिकरण के फैसले के खिलाफ अपनी राय व्यक्त की। (Bank P.O. 2005)

II. विश्वविद्यालय के अधिकारियों ने अपने घटक कॉलेजों को अनुदान प्रदान करने में असमर्थता व्यक्त की है।

29. I. निजी मेडिकल कॉलेजों ने खर्चों को पूरा करने के लिए पिछले वर्ष की फीस की तुलना में चालू वर्ष में शिक्षण शुल्क में 200 प्रतिशत की वृद्धि की है।

II. सरकारी मेडिकल कॉलेजों ने मूल्य वृद्धि के बावजूद अपनी फीस नहीं बढ़ाई है। (R.B.I. 2004)

30. I. भारतीय रिजर्व बैंक ने हाल ही में देश के कुछ छोटे बैंकों पर प्रतिबंध लगाया है।

II. भारत में निजी और सहऑपरेटिव सेक्टर के छोटे बैंक सार्वजनिक क्षेत्र में बड़े बैंकों की प्रतिस्पर्धाओं को झेलने की स्थिति में नहीं हैं। (S.B.I.P.O. 2005)

हल-अभ्यास 8

1. (*b*) : स्पष्टतः, उच्च तापमान के कारण फसलों को नुकसान होने से सब्जियों की आपूर्ति कम हो सकती है और इसलिए उनकी कीमतों में वृद्धि हो सकती है।

2. (*a*) : स्पष्टतः, भीड़ को तितर-बितर करने के लिए लाठीचार्ज ने पुलिस के खिलाफ लोगों को सामूहिक विरोध करने के लिए उकसाया होगा।

3. (*b*) : अस्थमा के मामलों की संख्या में वृद्धि ने अधिकारियों को सतर्क कर दिया है कि वे बीमारी को फैलाने वाले वायु प्रदूषण को नियंत्रित करने के लिए कार्रवाई करें।

4. (*e*) : दोनों कथन स्पष्ट रूप से एक उभयनिष्ठ कारण द्वारा समर्थित हैं, जिससे स्पष्ट रूप से इलाके में चोरी की संख्या में वृद्धि हुई है।

5. (*b*) : स्पष्टतः, विश्वविद्यालय का निर्णय, कॉलेज परिसर में मोबाइल फोन के उपयोग के खिलाफ कॉलेज के शिक्षकों द्वारा प्राप्त की गई शिकायत की अगली कड़ी के रूप में आया होगा ।

6. (*b*) : संस्थानों द्वारा लगाए जा रहे उच्च शुल्क के खिलाफ अभिभावकों के विरोध ने सरकार को हस्तक्षेप करने के लिए प्रेरित किया और शुल्क को अधिक किफायती स्तर पर तय किया।

7. (*e*) : निचले क्षेत्रों को खाली करना और प्रभावित क्षेत्रों में राहत पहुंचाना यह दर्शाता है कि क्षेत्र में बाढ़ आ गई है।

8. (*d*) : परीक्षाओं में अच्छा प्रदर्शन करने वाले सरकारी स्कूलों के छात्र और निजी स्कूलों में शामिल होने के लिए अपनी नौकरी छोड़ने वाले सरकारी स्कूलों के शिक्षक दो अलग-अलग स्थितियां हैं, जिन्हें स्वतंत्र कारणों से प्रेरित हुआ माना जाना चाहिए।

9. (*b*) : किसी विशेष इलाके में तुलनात्मक रूप से अधिक बिक्री उस इलाके के निवासियों की उच्च भुगतान क्षमता का संकेत है।

10. (*c*) : दिए गए कथन स्वयं में पर्याप्त हैं और स्वतंत्र घटनाओं को चित्रित करते हैं।

11. (*b*) : स्पष्टतः, इस दिशा में साक्षरता दर में वृद्धि को सीधे जिला प्रशासन के कड़े प्रयासों के लिए जिम्मेदार ठहराया जा सकता है।

12. (*b*) : अन्य देशों से स्टील की मांग में वृद्धि व्यापार को बढ़ाने के लिए बाध्य है और इसलिए भारत में स्टील कंपनियों की लाभप्रदता है।

13. (*e*) : दोनों कथनों में दिए गए तथ्य स्पष्ट करते हैं कि बिजली की तीव्र कमी है।

14. (*d*) : एक बैंक के कर्मचारी हड़ताल पर जा रहे हैं और सरकारी कर्मचारियों द्वारा उनका विरोध वापस लेना दो स्वतंत्र घटनाएं हैं जो व्यक्तिगत कारणों से प्रेरित हो सकती हैं।

15. (*a*) : यह काफी स्पष्ट प्रतीत होता है कि अभिभावकों ने अपने बच्चों को रविवार को निजी ट्यूशनों से दूर रहने और स्कूल द्वारा आयोजित विशेष कक्षाओं में भाग लेने का निर्देश दिया है।

16. (*b*) : फसलों के खरीद मूल्य में कमी ने किसानों को सरकारी एजेंसियों को अपनी उपज नहीं बेचने के लिए उकसाया होगा।

17. (*b*) : सरकार ने प्राथमिक शिक्षा कार्यक्रम में सफल नहीं होने के कारण लोगों की अनभिज्ञता को एक मजबूत कारक के रूप में देखा होगा। इस प्रकार, कथन I में बताया गया कदम, उसी के लिए एक उपाय के रूप माना जाना चाहिए।

18. (*a*) : तिलहन उत्पादन में भारी गिरावट तेल आपूर्ति को कम करने के लिए बाध्य है और आवश्यक आपूर्ति को बहाल करने के लिए तेल का आयात एकमात्र साधन है।

19. (*a*) : रोजमर्रा की जिंदगी में तनाव युवाओं में हताशा का एक प्रमुख कारण है और उन्हें आत्महत्या के लिए कठोर कदम उठाने के लिए बाध्य करता है।

20. (*a*) : बेरोजगार युवाओं की संख्या में वृद्धि एक एकल रिक्ति के लिए भारी भीड़ खींचने का कारण है।

21. (*d*) : एक सप्ताह के लिए स्कूलों को बंद करना और माता-पिता द्वारा स्थानीय स्कूलों से अपने बच्चों को वापस लेना स्वतंत्र मुद्दे हैं, जिसे अलग-अलग व्यक्तिगत कारणों से प्रेरित किया जाना चाहिए।

22. (*c*) : महिलाओं पर अत्याचार के मामलों में वृद्धि और पुलिस द्वारा इसमें शामिल दोषियों को पकड़ने में असमर्थ होने के कारण ये स्वयं में स्वतंत्र घटनाएं हैं।

23. (*d*) : घरेलू बाजार में पेट्रोल और डीजल की कीमतों में स्थिरता और अंतर्राष्ट्रीय बाजार में समान वृद्धि स्वतंत्र कारणों से समर्थित होनी चाहिए।

24. (*b*) : स्पष्ट रूप से, समाज के सदस्यों द्वारा धन की निकासी समाज की उधार शक्ति को कम करने के लिए बाध्य है।

25. (*a*) : आपूर्ति में वृद्धि हमेशा कीमतों में कमी को प्रेरित करती है।

26. (*c*) : दो कथन दो अलग सांख्यिकीय और सामान्यीकृत परिणामों पर चर्चा करते हैं।

27. (*e*) : दोनों कथनों में जिन समस्याओं पर चर्चा की गई है, वे स्पष्ट रूप से क्षेत्र में भारी बारिश के परिणाम है।

28. (*b*) : स्पष्टतः, कॉलेजों को अनुदान देने से इनकार करने के विश्वविद्यालय के फैसले ने कॉलेज प्राधिकरण को स्वायत्त होने के लिए प्रेरित किया होगा।

29. (*c*) : निजी कॉलेजों की फीस में वृद्धि और सरकारी कॉलेजों में समान वृद्धि नहीं होना दो अलग स्तरों पर व्यक्तिगत निर्णायक मंडलों द्वारा लिए गए नीतिगत निर्णय है।

30. (*b*) : छोटे बैंकों की बड़े लोगों के साथ प्रतिस्पर्धा करने में असमर्थता ग्राहकों को सुरक्षा और अच्छी सेवा सुनिश्चित नहीं करेगी, जो कि एक आवश्यक सहवर्ती है जिसे रिजर्व बैंक द्वारा देखा जाना चाहिए। कथन I उसी के लिए एक सुधारात्मक कदम लगता है।

हल सहित अतिरिक्त प्रश्न

अभ्यास

1. निम्नलिखित प्रत्येक प्रश्न में, दो कथन I और II दिए गए हैं। इन दोनों कथनों के बीच कारण और प्रभाव का सम्बन्ध हो सकता है। ये दोनों कथन एक समान कारण या स्वतंत्र कारण का प्रभाव हो सकते हैं। ये दोनों कथन बिना किसी सम्बन्ध के स्वतंत्र कारण हो सकते हैं। प्रत्येक प्रश्न में दोनों कथन पढ़ें और उसके अनुसार अपने उत्तर को चिह्नित करें। **[Andhra Bank (PO) Exam, 2015]**

I. अपना सर्वश्रेष्ठ प्रदर्शन देने के बावजूद, XYZ Pvt Ltd. के 100 से अधिक कर्मचारियों को काम से हटा दिया गया।

II. XYZ Pvt Ltd. के 40% से अधिक कर्मचारियों, जिन्होंने 50 वर्ष की आयु पार कर ली है, को अपनी सेवाओं से स्वैच्छिक सेवानिवृत्ति लेने के लिए कहा गया है।

(*a*) यदि कथन I कारण है और कथन II इसका प्रभाव है
(*b*) यदि कथन II कारण है और कथन I इसका प्रभाव है
(*c*) यदि दोनों कथन I और II स्वतंत्र कारणों के प्रभाव हैं
(*d*) यदि दोनों कथन I और II स्वतंत्र कारण हैं
(*e*) यदि दोनों कथन I और II कुछ उभयनिष्ठ कारणों के प्रभाव हैं

2. प्रभाव: सप्ताहांत में स्कूल पिकनिक के लिए जाते समय लगभग बीस स्कूली बच्चे गंभीर रूप से घायल हो गए। **[RBI Grade B Exam, 2009]**

निम्नलिखित में से कौन सा उपरोक्त प्रभाव का एक संभावित कारण हो सकता है?

(*a*) यात्रा के दौरान स्कूली बच्चों के साथ गया शिक्षक बीमार पड़ गया।
(*b*) जिस बस में बच्चे यात्रा कर रहे थे, यात्रा के दौरान उस बस की दुर्घटना हो गयी ।
(*c*) जिस बस में बच्चे यात्रा कर रहे थे, उसके चालक ने यात्रा के दौरान रुकने की जगह पर ब्रेक के बाद सूचना नहीं दी थी।
(*d*) स्कूल प्राधिकरण ने तत्काल प्रभाव से अगले छह महीनों के लिए सभी स्कूल पिकनिक पर प्रतिबंध लगा दिया।
(*e*) इनमें से कोई नहीं।

3. कारण: सरकार ने हाल ही में रबी फसलों के लिए धान के खरीद मूल्य में वृद्धि करने का निर्णय लिया है। **[RBI Grade B Exam, 2009]**

निम्नलिखित में से कौन सा उपरोक्त कारण का संभावित प्रभाव होगा?

(*a*) किसानों को रबी सीजन के लिए धान की खेती के लिए प्रोत्साहित किया जा सकता है।
(*b*) किसान अपने धान के खेतों में अन्य नकदी फसलों की उगाई कर सकते हैं।
(*c*) खरीफ सीजन के दौरान धान के उत्पादन में गिरावट आई थी।
(*d*) सरकार अगले खरीफ मौसम के दौरान धान की खरीद मूल्य में वृद्धि नहीं कर सकती है।
(*e*) सरकार अगले कुछ महीनों के दौरान खुले बाजार से धान खरीदेगी।

हल

1. (*c*) : XYZ Pvt Ltd. के 100 से अधिक कर्मचारियों को नौकरी से निकाल दिया गया है और xyz Pvt Ltd. के 40% से अधिक कर्मचारियों को स्वैच्छिक सेवानिवृत्ति लेने के लिए कहा गया है जो दो अलग-अलग परिस्थितियां हैं जिन्हें स्वतंत्र कारणों से प्रेरित माना जाना चाहिए।

2. (*b*) : विकल्प (*b*) दिए गए प्रभाव का सबसे अच्छा संभावित कारण है।

3. (*c*) : धान की फसलों के उत्पादन में कमी के कारण, सरकार ने इसकी कीमत में बढ़ोतरी का फैसला किया।

खंड – III
विश्लेषणात्मक तर्कशक्ति

विश्लेषणात्मक तर्कशक्ति
(ANALYTICAL REASONING)

1

विश्लेषणात्मक तर्क पर दिए गए इस अध्याय में किसी दी गयी जटिल आकृति में ज्यामितीय आकृतियों की गिनती से संबंधित समस्याएँ शामिल हैं। जटिल आकृति के विश्लेषण द्वारा किसी विशेष प्रकार की आकृति की संख्या निर्धारित करने की व्यवस्थित विधि को आगे दिए गए उदाहरणों से स्पष्ट किया गया है।

व्याख्यात्मक उदाहरण

उदा. 1: निम्नलिखित आकृति में सीधी रेखाओं की संख्या कितनी है?

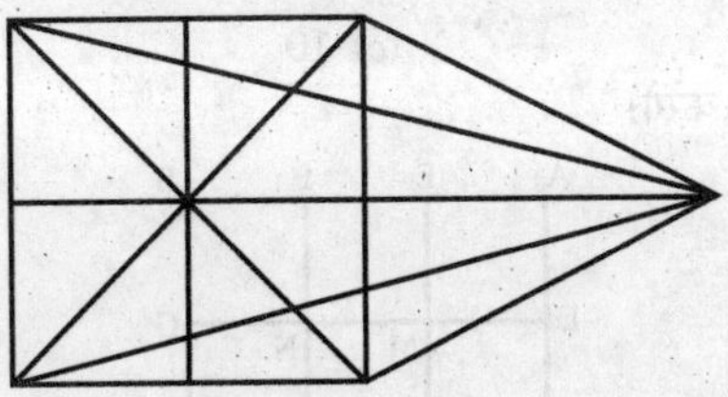

(*a*) 10 (*b*) 12 (*c*) 13 (*d*) 17

हल. हम नीचे दिखाए अनुसार आकृति को अंकित करेंगे:

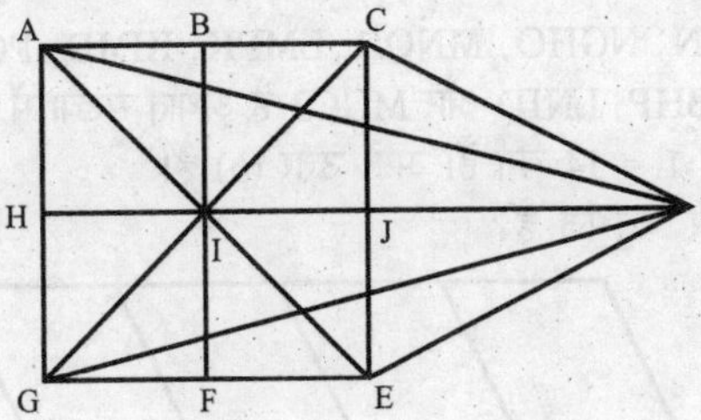

स्पष्ट रूप से, इस आकृति में:
3 क्षैतिज रेखाएँ AG, BF और CE हैं तथा 3 ऊर्ध्वाधर रेखाएँ AC, HD और GE हैं। AD, AE, GC, GD, CD और CE जैसी 6 तिरछी रेखाएँ हैं। इस प्रकार, सभी में 3 + 3 + 6 = 12 सीधी रेखाएँ हैं। अत: उत्तर (*b*) है।

उदा. 2: निम्नलिखित आकृति में कितने त्रिभुज हैं? **(R.R.B. 2004)**

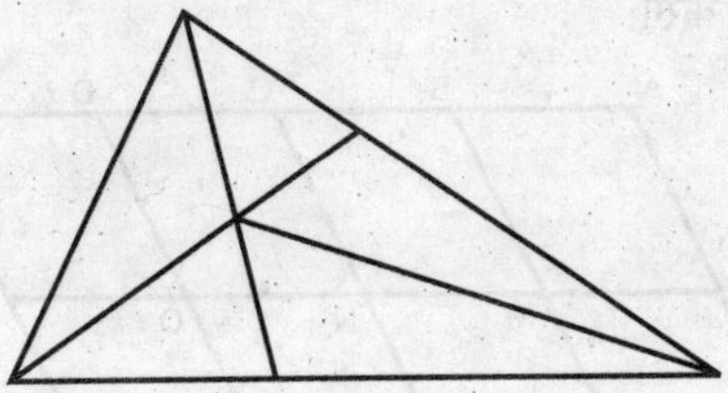

(*a*) 6 (*b*) 10 (*c*) 11 (*d*) 12

हल. हम नीचे दिखाए अनुसार आकृति को अंकित करेंगे:

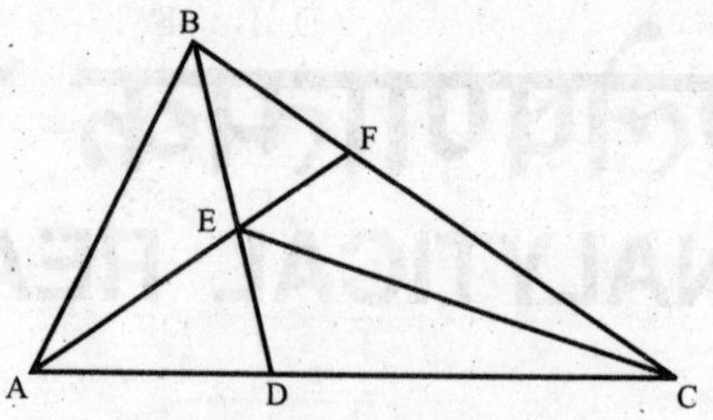

सबसे सरल त्रिभुज ABE, BEF, EFC, CDE और AED हैं अर्थात् संख्या में 5 हैं। त्रिभुज जो दो घटकों से बना है में ABF, BCE, ACE और ABD है अर्थात् संख्या में 4 हैं। त्रिभुज जो तीन घटकों से बना है में AFC और BCD है अर्थात् संख्या में 2 हैं। पाँच घटकों से बना केवल एक त्रिभुज ABC है। इस प्रकार, आकृति में 5 + 4 + 2 + 1 = 12 त्रिभुज हैं। अत: उत्तर (*d*) हैं।

उदा. 3: निम्नलिखित आकृति में वर्गों की संख्या की गणना करें:

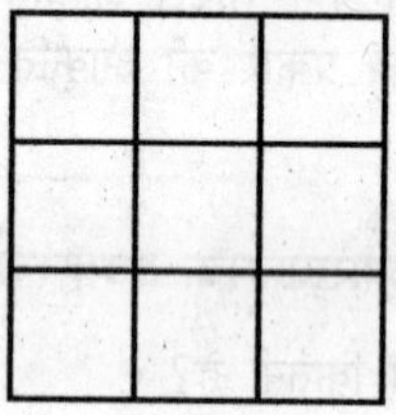

(*a*) 18 (*b*) 14 (*c*) 10 (*d*) 9

हल. हम नीचे दिखाए अनुसार आकृति को अंकित करेंगे:

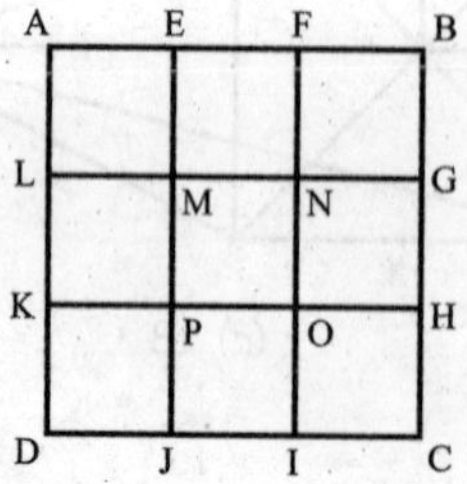

सबसे सरल वर्ग AEML, EFNM, FBGN, NGHO, MNOP, LMPK, KPJD, POIJ और OHCI हैं, अर्थात् संख्या में 9 हैं। चार घटकों में से प्रत्येक से बना वर्ग AFOK, EBHP, LNID और MGCJ है अर्थात् संख्या में 4 हैं। केवल एक वर्ग है अर्थात् ABCD नौ घटकों से बना है। इस प्रकार, आकृति में 9 + 4 + 1 = 14 वर्ग हैं। अत: उत्तर (*b*) है।

उदा. 4: निम्नलिखित आकृति में कितने समांतर चतुर्भुज हैं?

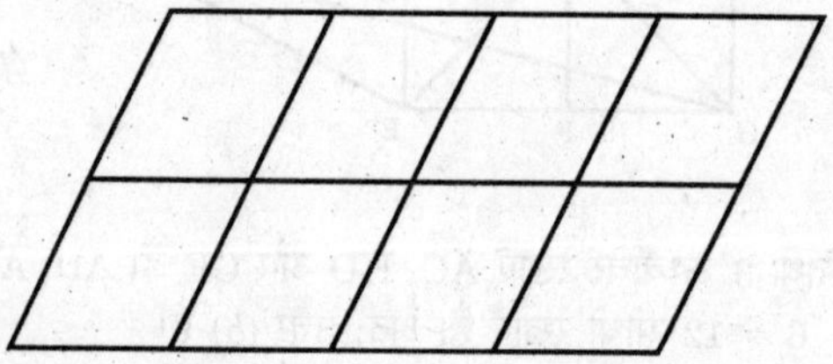

(*a*) 20 (*b*) 24 (*c*) 28 (*d*) 30

हल. हम नीचे दिखाए अनुसार आकृति को अंकित करेंगे:

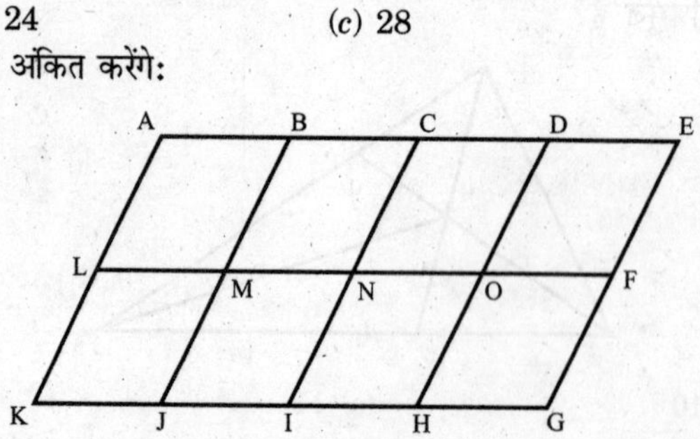

सरलतम समांतर चतुर्भुज ABML, BCNM, CDON, DEFO, OFGH, NOHI, MNIJ और LMJK हैं, यानी संख्या में 8 हैं। समांतर चतुर्भुज जो दो घटकों से बना है ACLN, BDOM, CEFN, LNIK, MOHJ, NFGI, ABJK, BCIJ, CDHI और DEGH अर्थात्

संख्या में 10 हैं। समांतर चतुर्भुज जो प्रत्येक तीन घटकों से बने हैं, ADOL, BEFM, LOHK और MFGJ हैं, अर्थात् संख्या में 4 हैं। समांतर चतुर्भुज जो प्रत्येक चार घटकों से बने हैं, जैसे AEFL, LFGK, ACIK, BDHJ और CEG अर्थात् संख्या में 5 हैं। समांतर चतुर्भुज जो छह घटकों से बने हैं जो ADHK और BEGJ हैं, अर्थात् संख्या में 2 हैं। AEGK आठ घटकों से बना एकमात्र समांतर चतुर्भुज है। चित्र में समांतर चतुर्भुज की कुल संख्या = 8 + 10 + 4 + 5 + 2 + 1 = 30 है। अत: उत्तर (*d*) है।

उदा. 5: निम्नलिखित आकृति में आयतों की संख्या क्या है?

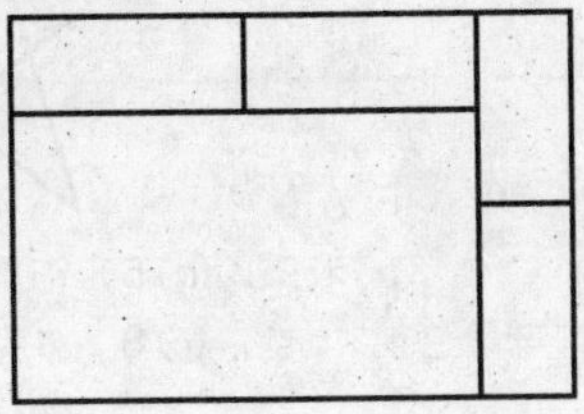

(*a*) 6 (*b*) 7 (*c*) 9 (*d*) 11

हल: दी गयी आकृति को निम्न प्रकार क्रमांकित किया जा सकता है:

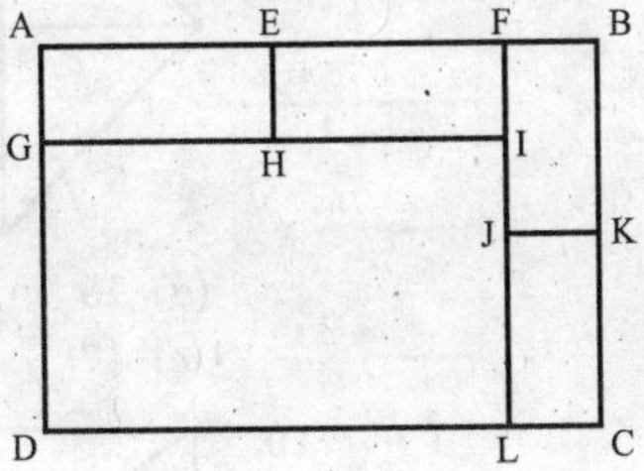

सबसे सरल आयत AEHG, EFJH, FBKJ, JKCL और GILD हैं, यानी संख्या में 5 हैं। दो घटकों से बने आयत AFJG और FBCL हैं, अर्थात् संख्या में 2 हैं। केवल एक आयत अर्थात् AFLD तीन घटकों से बना है और केवल एक आयत अर्थात् ABCD पाँच घटकों से बना है। इस प्रकार, दी गयी आकृति में 5 + 2 + 1 + 1 = 9 आयत हैं। अत: उत्तर (*c*) है।

अभ्यास 4

निर्देश (प्रश्न 1 से 4): निम्नलिखित प्रत्येक प्रश्न में, दी गई आकृति बनाने के लिए आवश्यक सीधी रेखाओं की न्यूनतम संख्या ज्ञात कीजिए।

1.

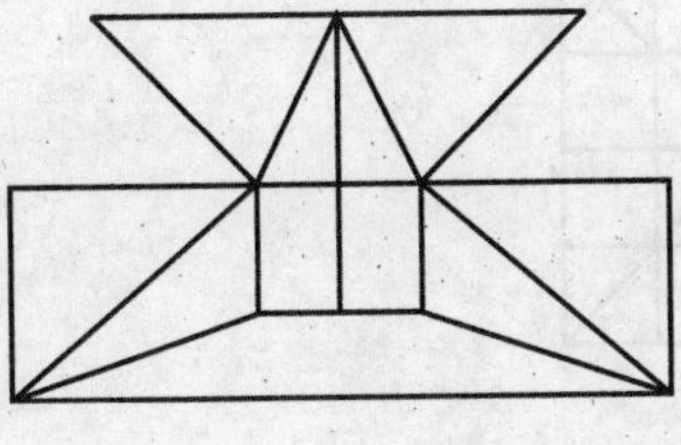

(*a*) 16 (*b*) 17
(*c*) 18 (*d*) 19

2.

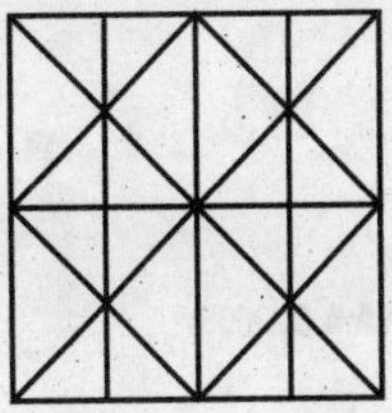

(*a*) 11 (*b*) 14
(*c*) 16 (*d*) 17

3.

(*a*) 9 (*b*) 11
(*c*) 15 (*d*) 16

4.

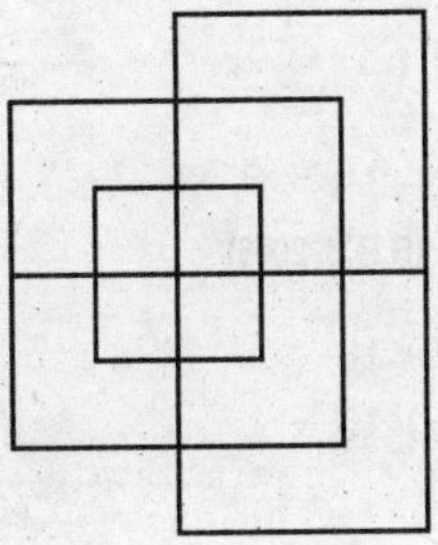

(*a*) 13 (*b*) 15
(*c*) 17 (*d*) 19

निर्देश (प्रश्न 5 से 29): निम्नलिखित प्रत्येक प्रश्न में, दी गयी आकृति में त्रिभुज की संख्या ज्ञात कीजिए।

5.

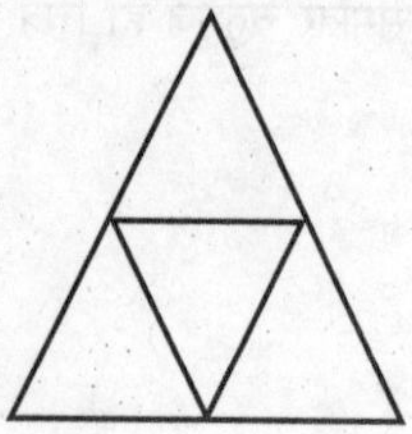

(R.R.B. 2003)

(*a*) 4 (*b*) 5
(*c*) 6 (*d*) 7

6.

(*a*) 5 (*b*) 6
(*c*) 8 (*d*) 10

7.

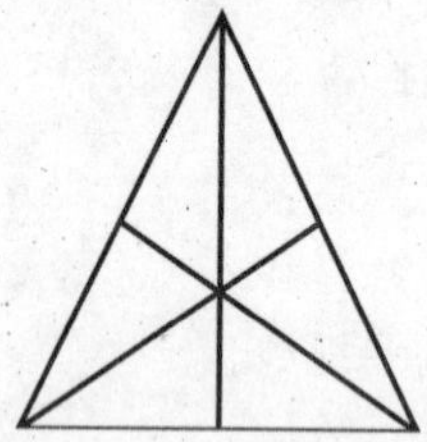

(S.S.C. 2004)

(*a*) 16 (*b*) 13
(*c*) 9 (*d*) 7

8.

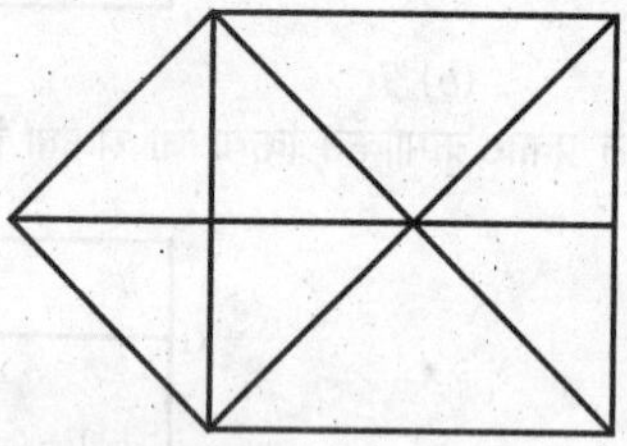

(*a*) 15 (*b*) 16
(*c*) 17 (*d*) 18

9.

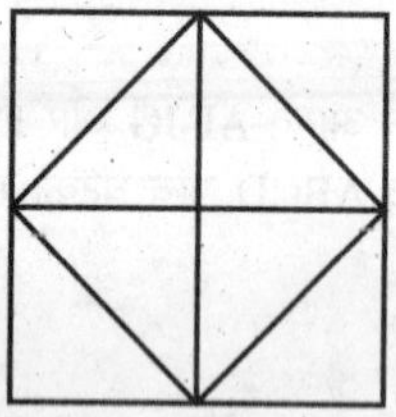

(*a*) 8 (*b*) 10
(*c*) 12 (*d*) 14

10.

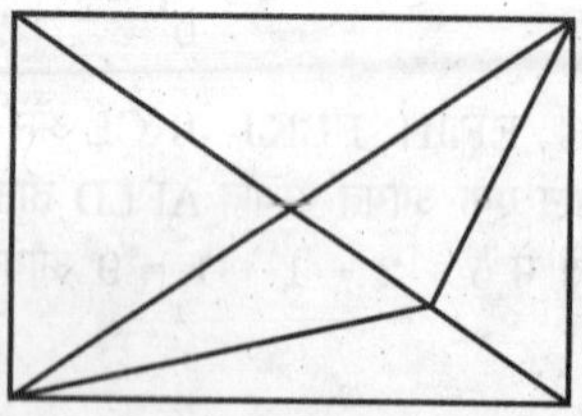

(*a*) 11 (*b*) 13
(*c*) 15 (*d*) 17

11.

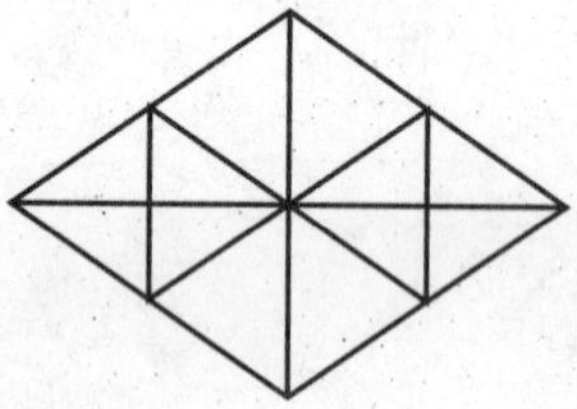

(A.A.O. 2005)

(*a*) 16 (*b*) 22
(*c*) 28 (*d*) 32

12.

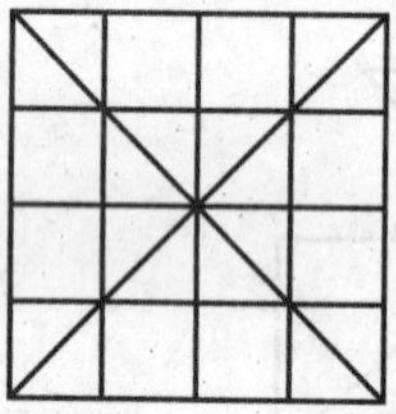

(*a*) 36 (*b*) 40
(*c*) 44 (*d*) 48

13.

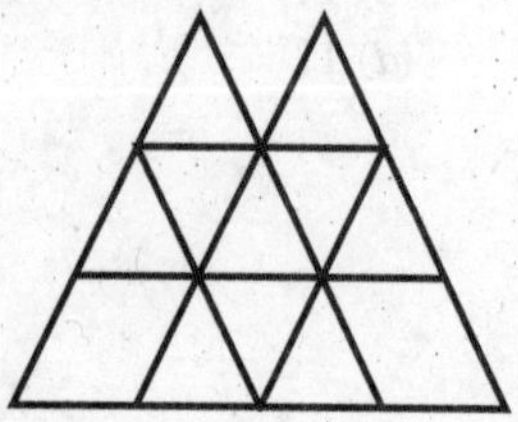

(R.R.B. 2006)

(*a*) 16 (*b*) 18
(*c*) 14 (*d*) 15

14.

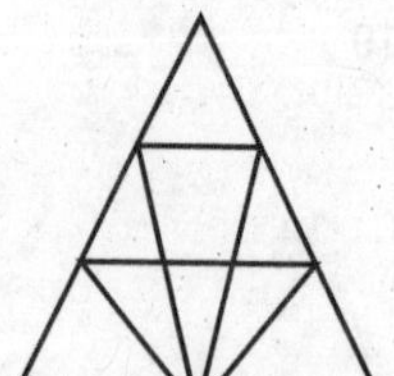

(*a*) 12 (*b*) 18
(*c*) 22 (*d*) 26

15.

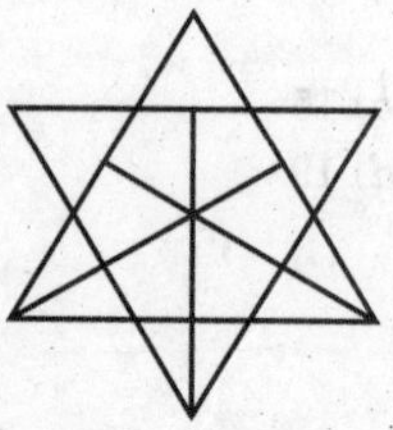

16.

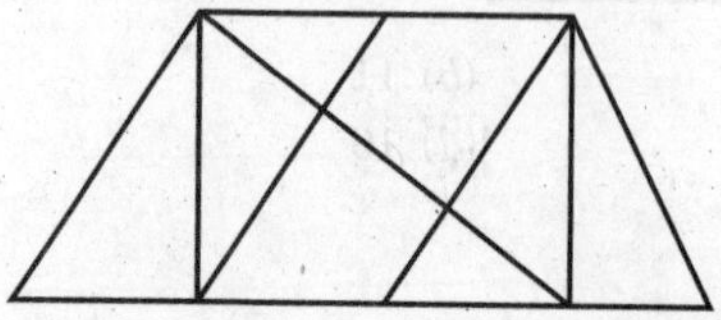

(M.B.A. 2005)

(*a*) 21 (*b*) 23
(*c*) 25 (*d*) 27

17.

(*a*) 22 (*b*) 24
(*c*) 26 (*d*) 28

19.

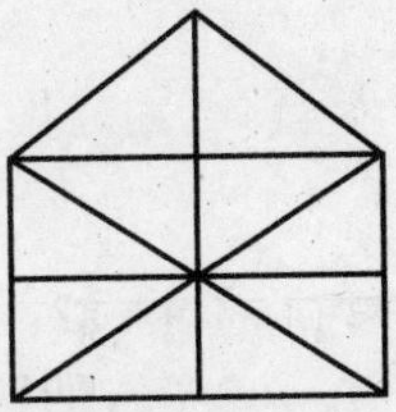

(R.R.B. 2004)

(*a*) 10 (*b*) 19
(*c*) 21 (*d*) 23

21.

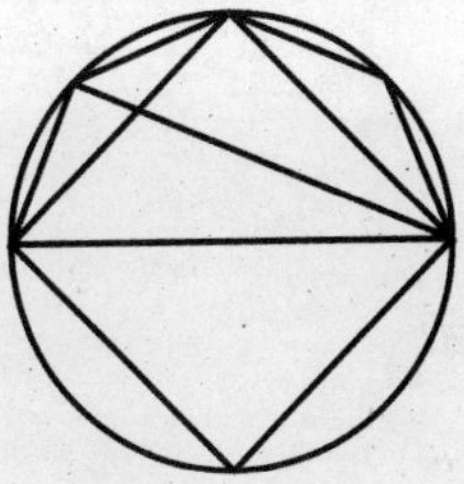

(*a*) 8 (*b*) 10
(*c*) 11 (*d*) 12

23.

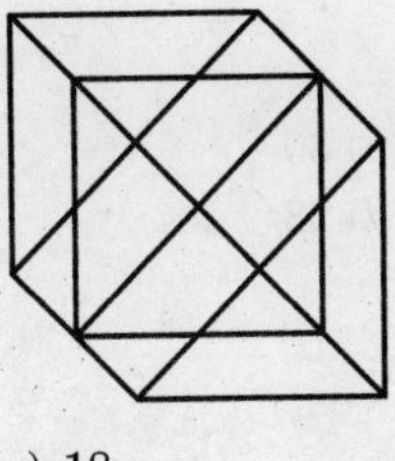

(*a*) 18 (*b*) 20
(*c*) 24 (*d*) 27

25.

(*a*) 16 (*b*) 18
(*c*) 19 (*d*) 21

(*a*) 8 (*b*) 10
(*c*) 12 (*d*) 14

18.

(*a*) 27 (*b*) 25
(*c*) 23 (*d*) 21

20.

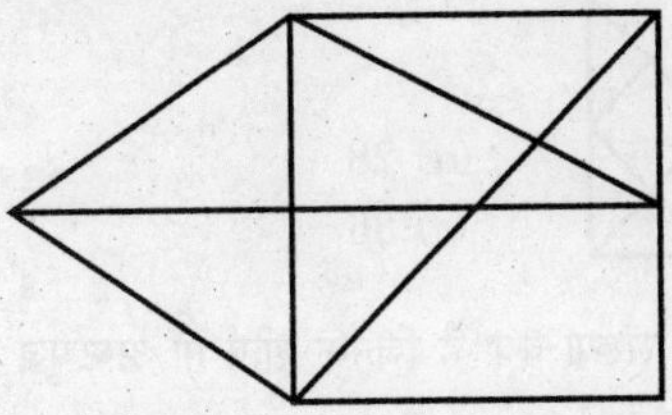

(*a*) 12 (*b*) 13
(*c*) 14 (*d*) 15

22.

(S S.C. 2004)

(*a*) 18 (*b*) 20
(*c*) 28 (*d*) 34

24.

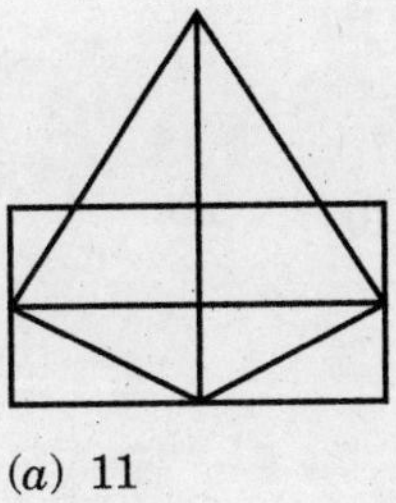

(*a*) 11 (*b*) 13
(*c*) 15 (*d*) 17

26.

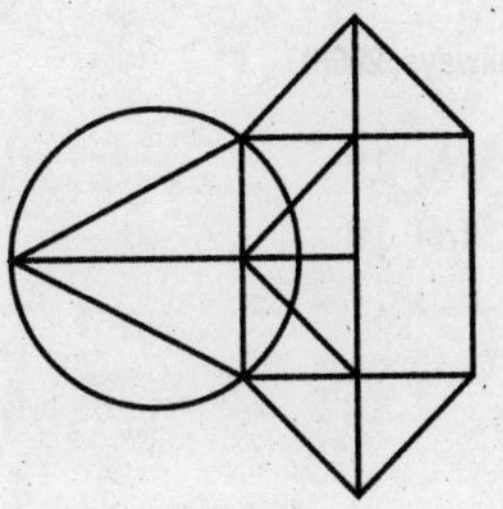

(S.S.C. 2002)

(*a*) 10 (*b*) 12
(*c*) 14 (*d*) 16

27. 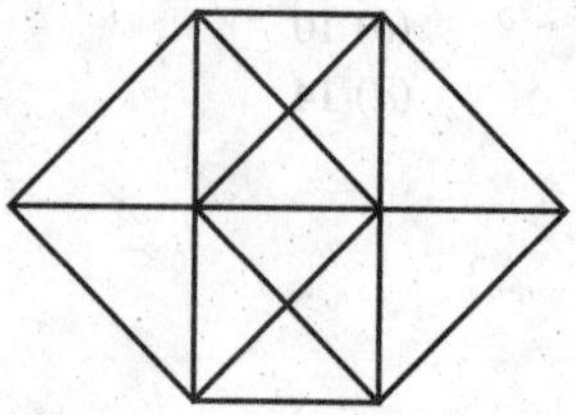

(a) 20 (b) 24
(c) 28 (d) 32

28. 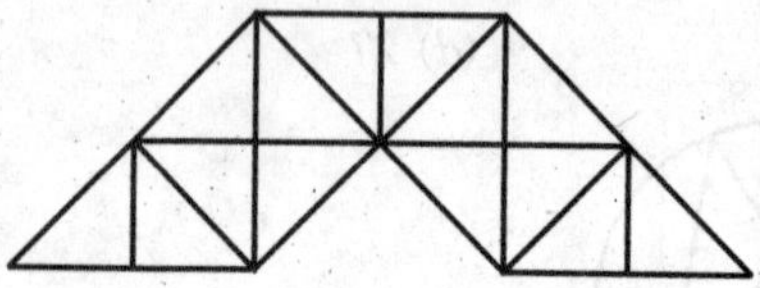

(L.I.C.A.A.O. 2005)

(a) 23 (b) 27
(c) 29 (d) 31

29. 

(a) 28 (b) 32
(c) 36 (d) 40

30. उन त्रिभुजाओं की संख्या क्या है जिनके शीर्ष तो अष्टभुज के शीर्ष हैं किन्तु उनकी केवल एक भुजा ही अष्टभुज की भुजा है?

(U.P.S.C. 2004)

(a) 64 (b) 32
(c) 24 (d) 16

31. दी गई आकृति में सीधी रेखाओं की संख्या और त्रिभुजों की संख्या क्या है?

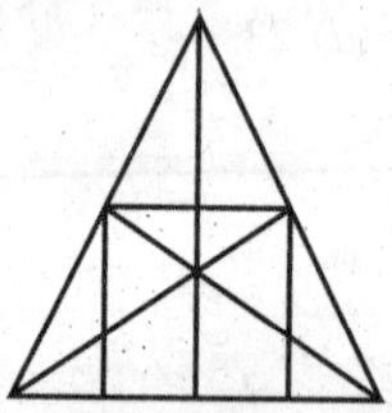

(a) 10 सीधी रेखाएँ और 34 त्रिभुज
(b) 9 सीधी रेखाएँ और 34 त्रिभुज
(c) 9 सीधी रेखाएँ और 36 त्रिभुज
(d) 10 सीधी रेखाएँ और 36 त्रिभुज

निर्देश (प्रश्न 32 से 39): निम्नलिखित प्रत्येक प्रश्न में, दी गयी आकृति में वर्गों की संख्या गिनें।

32. 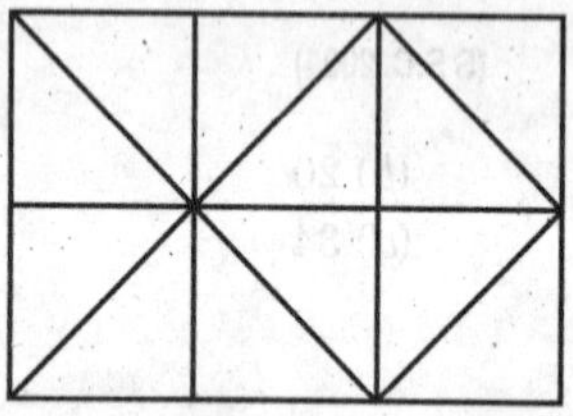

(a) 6 (b) 7
(c) 9 (d) 10

33. 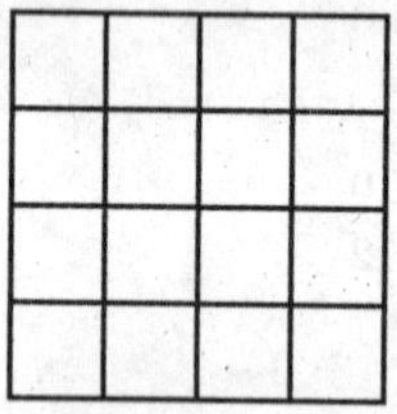

(a) 32 (b) 30
(c) 29 (d) 28

34. 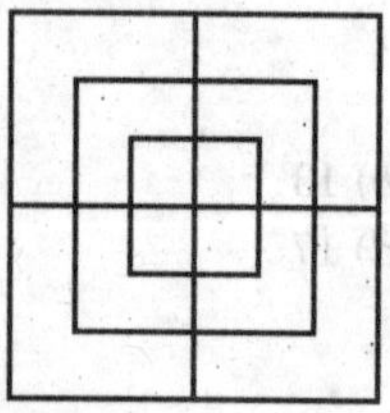

(Railways, 2006)

(a) 8 (b) 12
(c) 15 (d) 18

35. 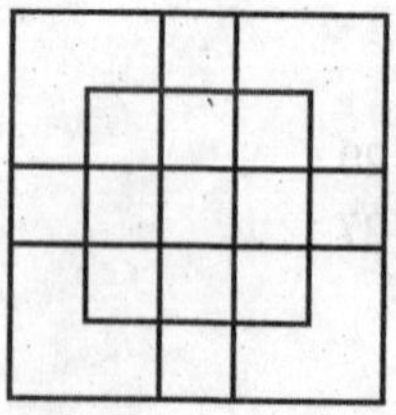

(a) 18 (b) 19
(c) 25 (d) 27

36. 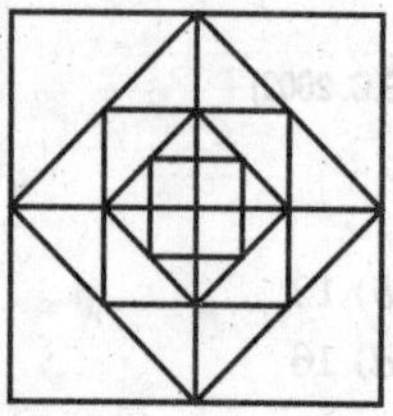

(a) 12 (b) 13
(c) 16 (d) 17

37. 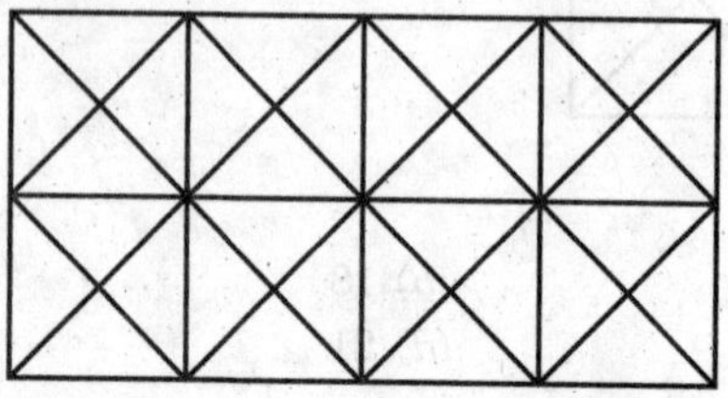

(a) 11 (b) 21
(c) 24 (d) 26

38.

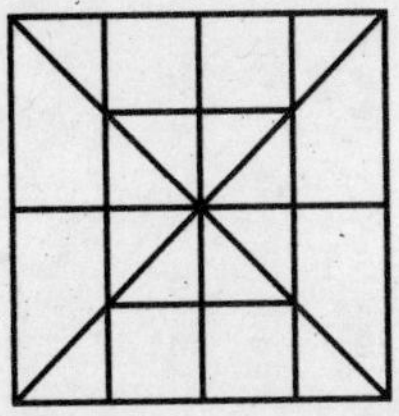

(*a*) 13 (*b*) 16
(*c*) 19 (*d*) 20

39.

(*a*) 22 (*b*) 20
(*c*) 18 (*d*) 14

निर्देश (प्रश्न 40 से 45): निम्नलिखित प्रत्येक प्रश्न में, दी गयी आकृति में त्रिभुजों और वर्गों की संख्या को गिनें।

40.

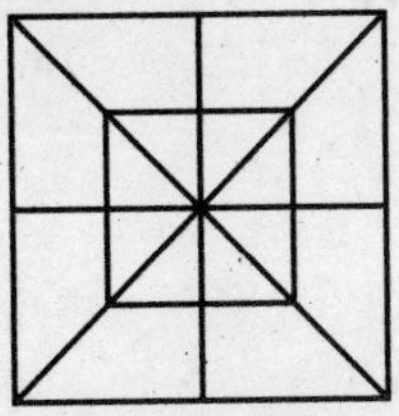

(*a*) 28 त्रिभुज, 10 वर्ग
(*b*) 28 त्रिभुज, 8 वर्ग
(*c*) 32 त्रिभुज, 10 वर्ग
(*d*) 32 त्रिभुज, 8 वर्ग

41.

(*a*) 44 त्रिभुज, 10 वर्ग
(*b*) 14 त्रिभुज, 16 वर्ग
(*c*) 27 त्रिभुज, 6 वर्ग
(*d*) 36 त्रिभुज, 9 वर्ग

42.

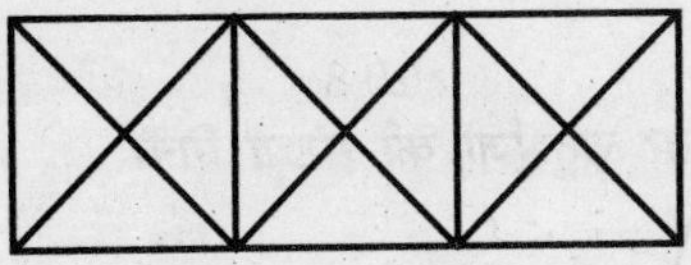

(*a*) 28 त्रिभुज, 3 वर्ग
(*b*) 24 त्रिभुज, 5 वर्ग
(*c*) 28 त्रिभुज, 5 वर्ग
(*d*) 24 त्रिभुज, 3 वर्ग

43.

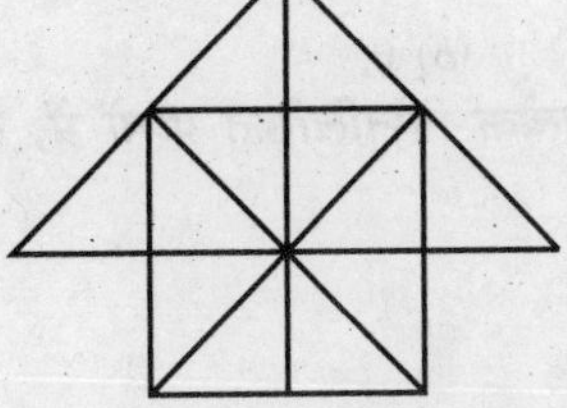

(*a*) 26 त्रिभुज, 5 वर्ग
(*b*) 28 त्रिभुज, 5 वर्ग
(*c*) 26 त्रिभुज, 6 वर्ग
(*d*) 28 त्रिभुज, 6 वर्ग

44.

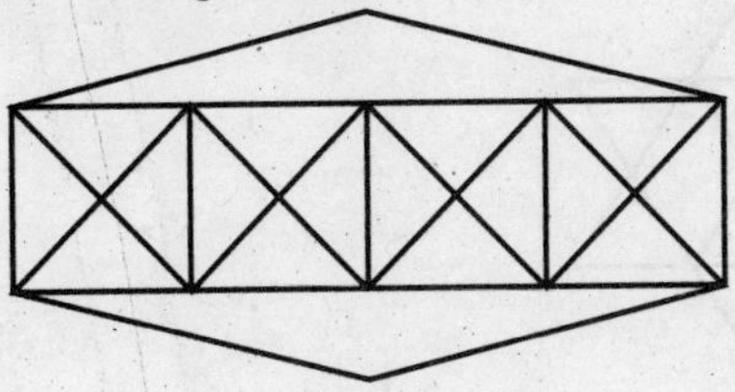

(SSC 2004)

(*a*) 36 त्रिभुज, 7 वर्ग
(*b*) 38 त्रिभुज, 9 वर्ग
(*c*) 40 त्रिभुज, 7 वर्ग
(*d*) 42 त्रिभुज, 9 वर्ग

45.

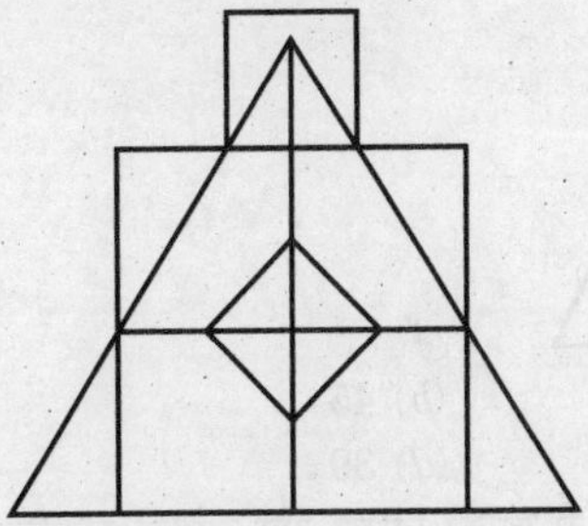

(*a*) 21 त्रिभुज, 7 वर्ग
(*b*) 18 त्रिभुज, 8 वर्ग
(*c*) 20 त्रिभुज, 8 वर्ग
(*d*) 22 त्रिभुज, 7 वर्ग

46. संलग्न आकृति में, यदि सभी वृत्तों के केंद्र को क्षैतिज और ऊर्ध्वाधर रेखाओं से जोड़ा जाता है, तो उस वर्ग की संख्या ज्ञात करें जो बन सकती है।

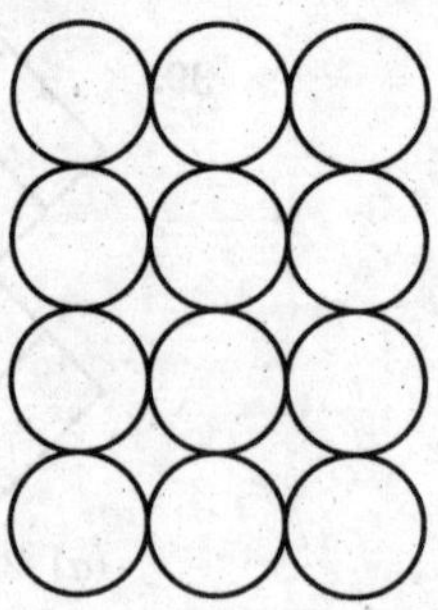

(*a*) 6 (*b*) 7 (*c*) 8 (*d*) 1

निर्देश (प्रश्न 47 से 49): निम्न आकृति का अध्ययन कीजिए और इस आकृति के आधार पर दिए गए प्रश्नों के उत्तर दीजिए।

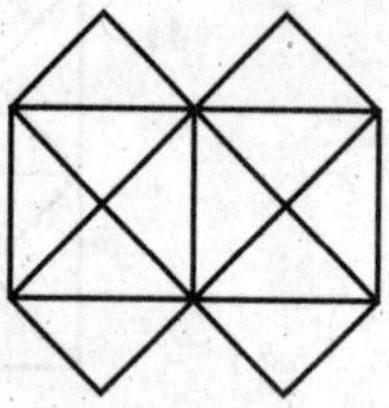

47. आकृति के निर्माण के लिए सीधी रेखाओं की न्यूनतम संख्या क्या है?
(*a*) 11 (*b*) 13 (*c*) 15 (*d*) 21

48. आकृति में त्रिभुजों की संख्या गिनें।
(*a*) 12 (*b*) 20 (*c*) 22 (*d*) 24

49. आकृति में कितने वर्ग हैं?
(*a*) 5 (*b*) 6 (*c*) 7 (*d*) 8

निर्देश (प्रश्न 50 से 53): प्रत्येक निम्नलिखित प्रश्नों में, दी गयी आकृतियों में समांतर चतुर्भुजों की संख्या गिनें।

50.

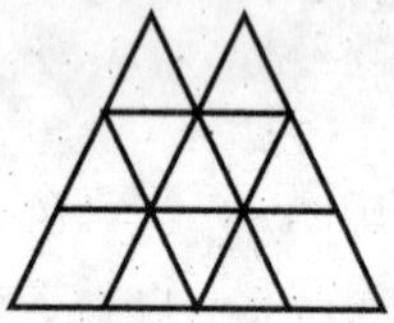

(*a*) 23 (*b*) 22
(*c*) 21 (*d*) 18

51.

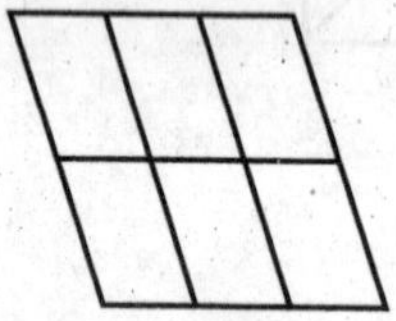

(*a*) 20 (*b*) 18
(*c*) 16 (*d*) 12

52.

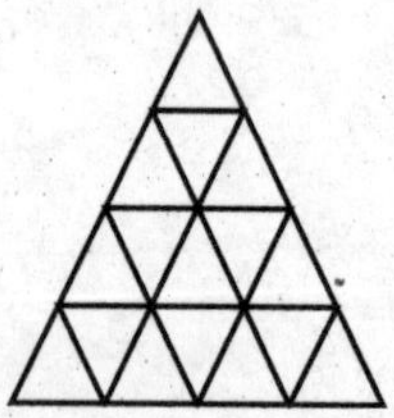

(*a*) 47 (*b*) 45
(*c*) 41 (*d*) 39

53.

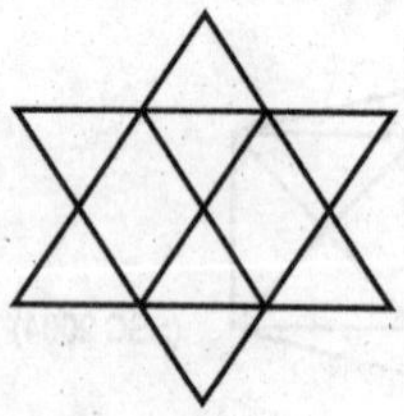

(*a*) 8 (*b*) 11
(*c*) 12 (*d*) 15

54. निम्नलिखित आकृति में कितने त्रिभुज और समांतर चतुर्भुज हैं? **(M.B.A. 2006)**

(*a*) 21, 17 (*b*) 19, 13 (*c*) 21, 15 (*d*) 19, 17

55. निम्नलिखित आकृति में कितने आयत हैं? (S.S.C. 2004)

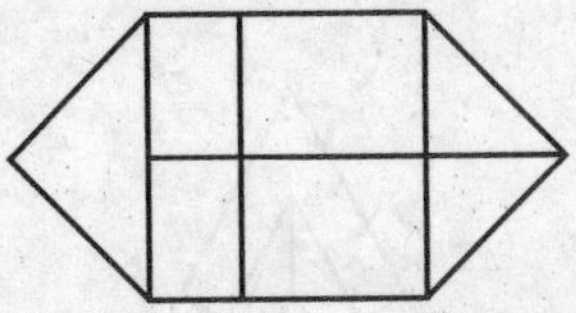

(*a*) 10 (*b*) 9 (*c*) 8 (*d*) 7

निर्देश (प्रश्न 56 और 57): निम्नलिखित प्रत्येक प्रश्न में, दी गयी आकृति में आयतों की संख्या गिनें। (N.M.A.T. 2005)

56.

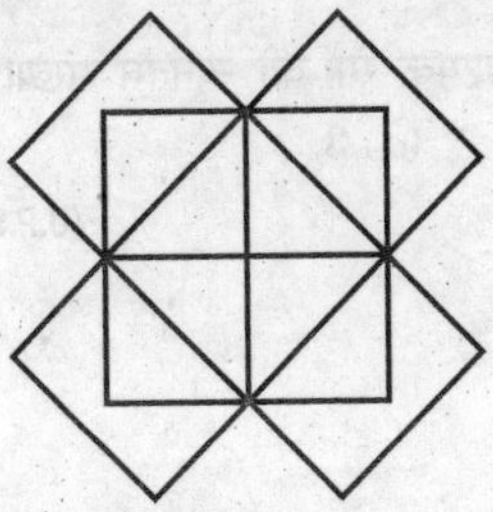

(*a*) 20 (*b*) 18
(*c*) 16 (*d*) 15

57.

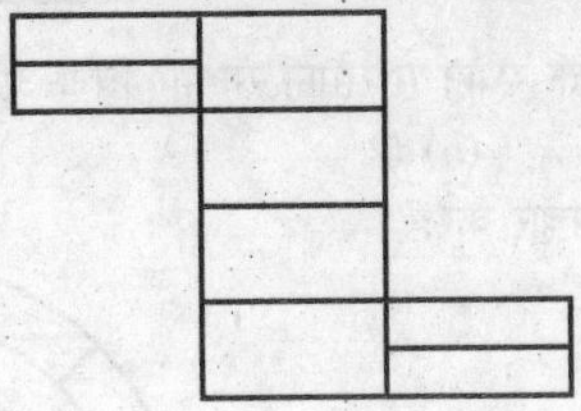

(*a*) 8 (*b*) 17
(*c*) 18 (*d*) 20

58. संलग्न आकृति में पंचभुजों की संख्या गिनें?

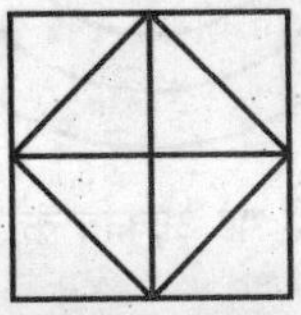

(*a*) 16 (*b*) 12
(*c*) 8 (*d*) 4

निर्देश (प्रश्न 59-60): निम्नलिखित आकृति का विश्लेषण करें और इस आकृति के आधार पर दिए गए प्रश्नों के उत्तर दें।

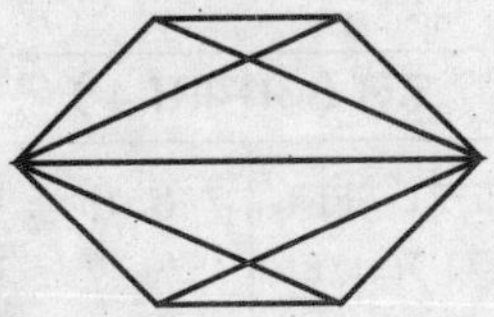

59. दी गयी आकृति में चतुर्भुजों की संख्या ज्ञात कीजिए।

(*a*) 6 (*b*) 7 (*c*) 9 (*d*) 11

60. दी गयी आकृति में पंचभुजों की संख्या क्या है?

(*a*) 2 (*b*) 3 (*c*) 4 (*d*) 6

61. निम्नलिखित आकृति में आयतों और षट्भुजों की संख्या निर्धारित करें।

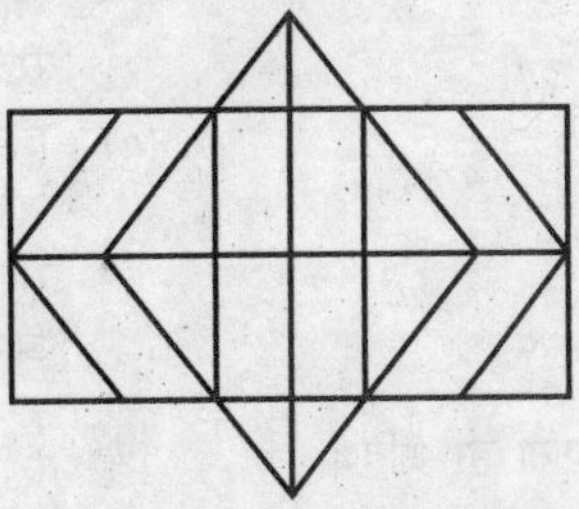

(*a*) 30, 5 (*b*) 32, 3 (*c*) 28, 5 (*d*) 30, 3

62. संलग्न आकृति में कितने वृत्त हैं?

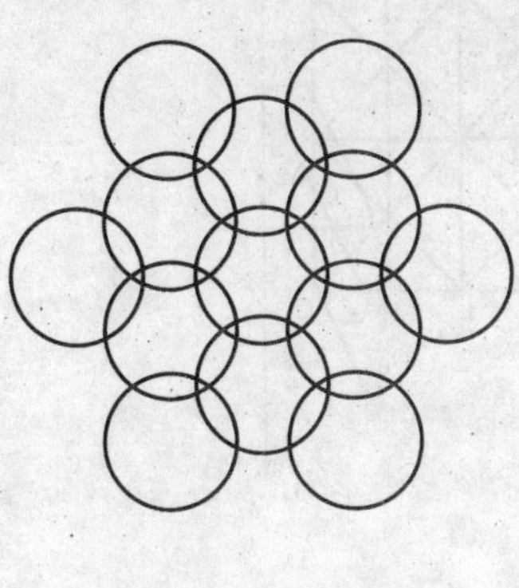

(*a*) 11 (*b*) 12 (*c*) 13 (*d*) 14

63. निम्नलिखित चित्र पर विचार करें:

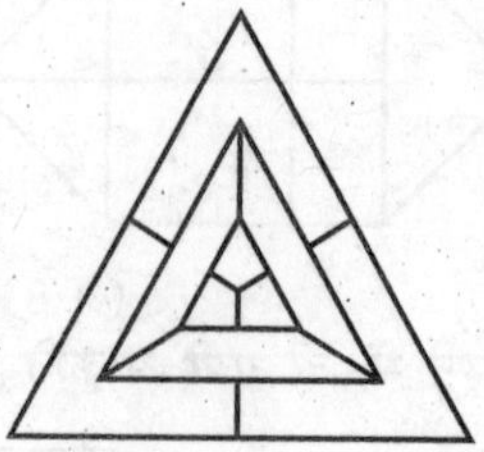

किसी भी दो आसन्न रिक्त स्थान में समान रंग भरे बिना आरेख में रिक्त स्थान को भरने के लिए आवश्यक रंगों की न्यूनतम संख्या क्या है?

(*a*) 6 (*b*) 5 (*c*) 4 (*d*) 3

64. निम्नलिखित चित्र पर विचार करें: **(U.P.S.C. 2005)**

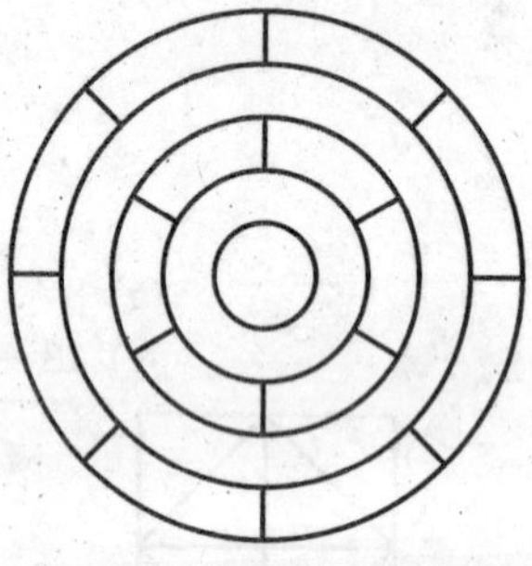

किसी भी दो आसन्न क्षेत्रों में समान रंग भरे बिना ऊपर दी गई आकृति को पेंट करने के लिए आवश्यक विभिन्न रंगों की न्यूनतम संख्या क्या है?

(*a*) 3 (*b*) 4 (*c*) 5 (*d*) 6

हल (अभ्यास 4)

1. (*b*) : चित्र को निम्नानुसार क्रमांकित किया जा सकता है। क्षैतिज रेखाएँ IK, AB, HG और DC हैं, अर्थात् संख्या में 4 हैं। ऊर्ध्वाधर रेखाएँ AD, EH, JM, FG और BC हैं अर्थात् संख्या में 5 हैं। तिरछी रेखाएँ IE, JE, JF, KF, DE, DH, FC और GC हैं अर्थात् संख्या में 8 हैं। इस प्रकार, आकृति में 4 + 5 + 8 = 17 सीधी रेखाएँ हैं।

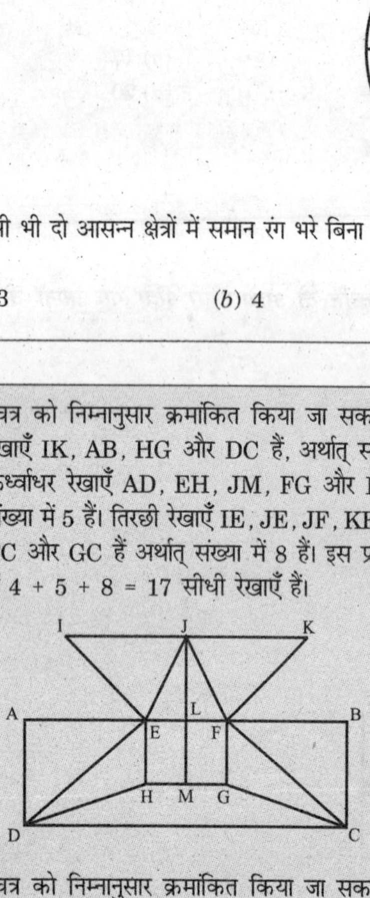

2. (*b*) : चित्र को निम्नानुसार क्रमांकित किया जा सकता है। क्षैतिज रेखाएँ AK, BJ, CI, DH और EG हैं, अर्थात् संख्या में 5 हैं। खड़ी रेखाएँ AE, LF और KG हैं यानी संख्या में 3 हैं। तिरछी रेखाएँ LC, CF, FI, LI, EK और AG अर्थात् संख्या में 6 हैं। इस प्रकार, आकृति में 5 + 3 + 6 = 14 सीधी रेखाएँ हैं।

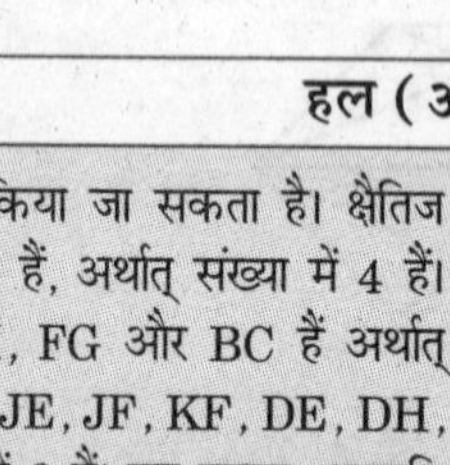

3. (*b*) : चित्र को निम्नानुसार क्रमांकित किया जा सकता है। क्षैतिज रेखाएँ DE, FH, IL और BC हैं, अर्थात् संख्या में 4 हैं। तिरछी रेखाएँ AC, DO, FN, IM, AB, EM और HN हैं अर्थात् संख्या में 7 हैं। इस प्रकार, आकृति में 4 + 7 = 11 सीधी रेखाएँ हैं।

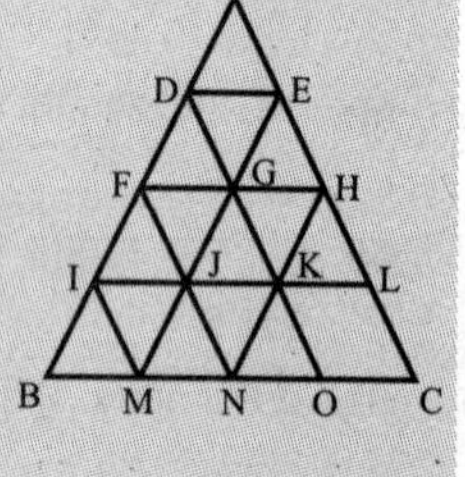

4. (*a*) : चित्र को निम्नानुसार क्रमांकित किया जा सकता है। क्षैतिज रेखाएँ IJ, AB, EF, MN, HG, DC और LK हैं अर्थात् संख्या में 7 हैं। ऊर्ध्वाधर रेखाएँ AD, EH, IL, FG, BC और JK हैं, अर्थात् संख्या में 6 हैं। इस प्रकार, आकृति में 7 + 6 = 13 सीधी रेखाएँ हैं।

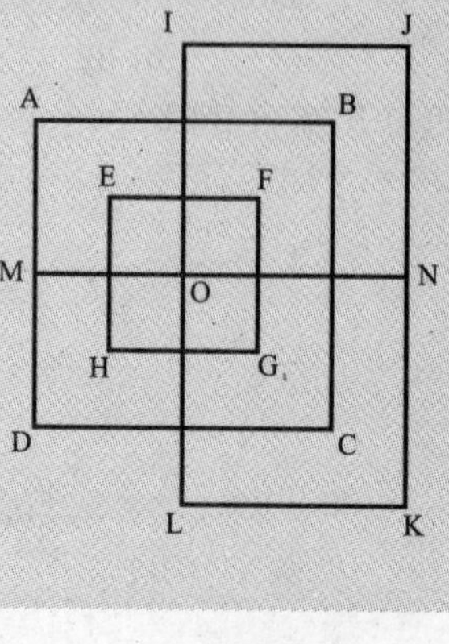

5. (*b*) : चित्र को निम्नानुसार क्रमांकित किया जा सकता है। सबसे सरल त्रिभुज ADE, BDF, DEF और EFC हैं, अर्थात् संख्या में 4, चार घटकों से बना केवल एक त्रिभुज ABC है। इस प्रकार, दिए गए आंकड़े में 4 + 1 = 5 त्रिभुज हैं।

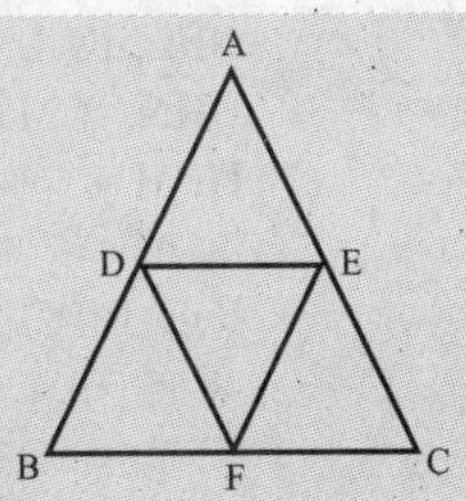

6. (*d*) : चित्र को निम्नानुसार क्रमांकित किया जा सकता है। सबसे सरल त्रिभुज AJF, FBG, GCH, HDI और IEJ हैं अर्थात् संख्या में 5 हैं। तीन घटकों से बने त्रिभुज में EBH, AIC, EFC, ADG और BJD हैं यानी संख्या में 5 हैं। इस प्रकार, आकृति में 5 + 5 = 10 त्रिभुज हैं।

7. (*a*) : चित्र को निम्नानुसार क्रमांकित किया जा सकता है। सबसे सरल त्रिभुज AGE, EGC, GFC, BGF, DGB और ADG हैं, अर्थात् संख्या में 6, दो घटकों से बने त्रिभुज AGC, BGC और ABG हैं यानी संख्या में 3, तीन घटकों से बने त्रिभुज AFC, BEC, BDC, ABF, ABE और DAC हैं यानी संख्या में 6। केवल एक त्रिभुज है यानी, ABC है जो छह घटकों से बना है। इस प्रकार, दी गयी आकृति में 6 + 3 + 6 + 1 = 16 त्रिभुज हैं।

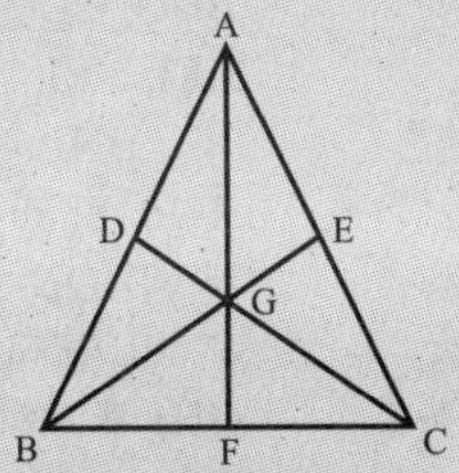

8. (*c*) : चित्र को निम्नानुसार क्रमांकित किया जा सकता है। सबसे सरल त्रिभुज ABF, BFG, BCG, CGH, GHD, GED, EFG और AFE हैं यानी संख्या में 8 हैं। दो घटकों से बने त्रिभुज ABG, BGE, AGE, ABE और GCD हैं यानी संख्या में 5 हैं। तीन घटकों से बने त्रिभुज BCD, CDE, BED और BCE हैं, अर्थात् संख्या में 4 हैं। इस प्रकार, आकृति में 8 + 5 + 4 = 17 त्रिभुज हैं।

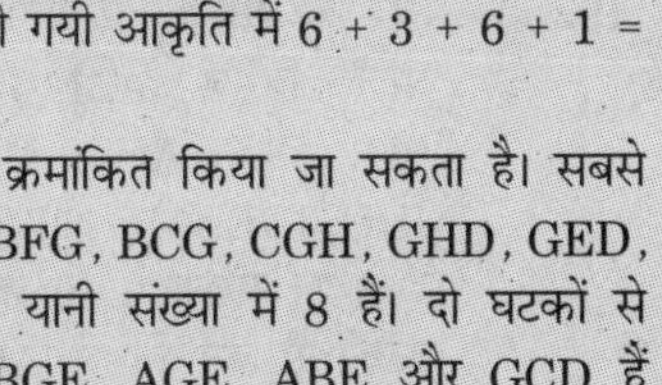

9. (*c*) : चित्र को निम्नानुसार क्रमांकित किया जा सकता है। सबसे सरल त्रिभुज AEH, EHI, EBF, EFI, FGC, IFG, DGH और HIG हैं अर्थात् संख्या में 8 हैं। दो घटकों से बने त्रिभुज HEF, EFG, HFG और EFG हैं यानी संख्या में 4 हैं। इस प्रकार, आकृति में 8 + 4 = 12 त्रिभुज हैं।

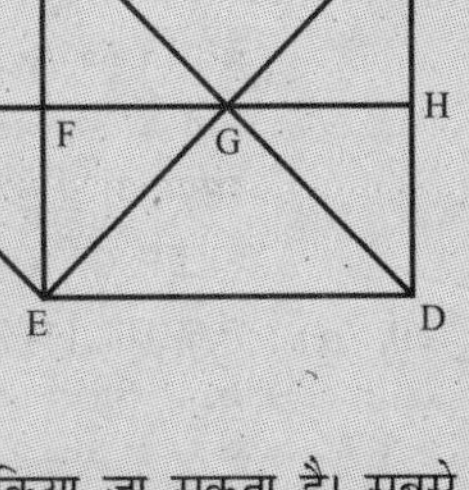

10. (*c*) : चित्र को निम्नानुसार क्रमांकित किया जा सकता है। सबसे सरल त्रिभुज AFB, FEB, EBC, DEC, DFE और AFD हैं अर्थात् संख्या में 6 हैं। दो घटकों से बने त्रिभुज AEB, FBC, DFC, ADE, DBE और ABD हैं अर्थात् संख्या में 6 हैं। तीन घटकों से बने त्रिभुज ADC और ABC हैं अर्थात् संख्या में 2 हैं। केवल एक त्रिभुज DBC चार घटकों से मिलकर बना है। इस प्रकार, आकृति में 6 + 6 + 2 + 1 = 15 त्रिभुज हैं।

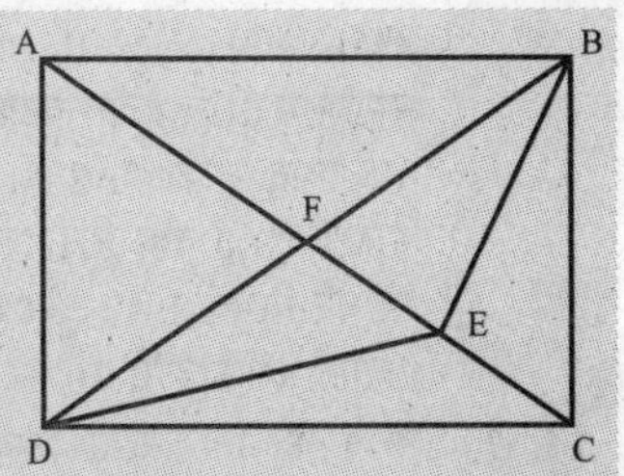

11. (*c*) : हम चित्र को निम्नानुसार क्रमांकित कर सकते हैं। सबसे सरल त्रिभुज AFJ, FJK, FKB, BKG, JKG, JGC, HJC, HIJ, DIH, DEI, EIJ और AEJ हैं अर्थात् संख्या में 12 हैं। दो घटकों से बने त्रिभुज JFB, FBG, BJG, JFG, DEJ, EJH, DJH और DEH हैं अर्थात् संख्या में 8 हैं। तीन घटकों से बने त्रिभुज AJB, JBC, DJC और ADJ हैं अर्थात् संख्या में 4 हैं। छः घटकों से बने त्रिभुज DAB, ABC, BCD और ADC हैं अर्थात् संख्या में 4 हैं। इस प्रकार, आकृति में 12 + 8 + 4 + 4 = 28 त्रिभुज हैं।

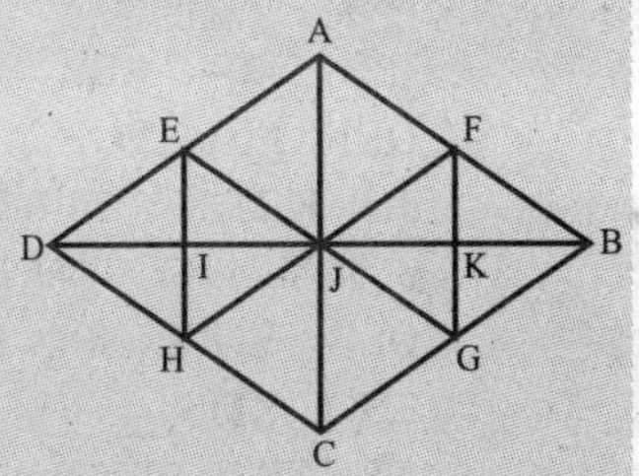

12. (*d*) : हम चित्र को निम्नानुसार क्रमांकित कर सकते हैं। सबसे सरल त्रिभुज APQ, AEQ, QTU, QRU, BGS, BHS, RSU, SUV, TUW, UWX, NWD, WDM, UVY, UXY, JCY और YKC हैं अर्थात् संख्या में 16 हैं। दो घटकों से बने त्रिभुज QUW, QSU, SYU और UWY हैं अर्थात् संख्या में 4 हैं। तीन घटकों से बने त्रिभुज AOU, AFU, FBU, BIU, UIC, ULC, ULD और OUD हैं अर्थात् संख्या में 8 हैं। चार घटकों से बने त्रिभुज QYW, QSW, QSY और SYW हैं अर्थात् संख्या में 4 हैं। छः घटकों से बने त्रिभुज AUD, ABU, BUC और DUC हैं अर्थात् संख्या में 4 हैं। सात घटकों से बने त्रिभुज QMC, ANY, EBW, PSD, CQH, AGY, DSK और BJW हैं अर्थात् संख्या में 8 हैं। बारह घटकों से बने त्रिभुज ABD, ABC, BCD और ACD हैं अर्थात् संख्या में 4 हैं। इस प्रकार, आकृति में 16 + 4 + 8 + 4 + 4 + 8 + 4 = 48 त्रिभुज हैं।

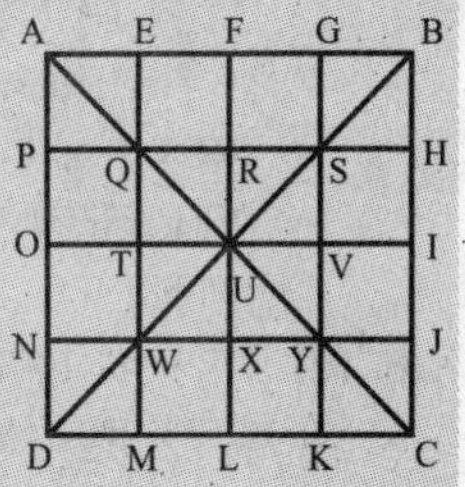

13. (*b*) : हम चित्र को निम्नानुसार क्रमांकित कर सकते हैं। सबसे सरल त्रिभुज BFG, CGH, EFM, FMG,

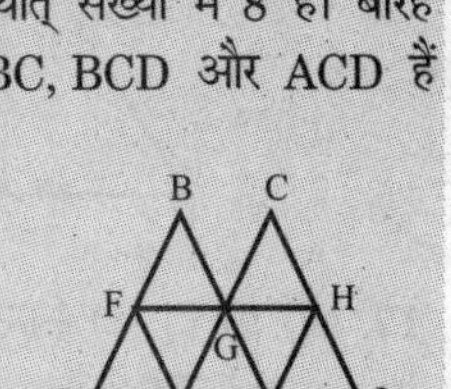

GMN, GHN, HNI, LMK, MNK और KNJ हैं अर्थात् संख्या में 10 हैं। तीन घटकों से बने त्रिभुज FAK और HKD हैं अर्थात् संख्या में 2 हैं। चार घटकों से बने त्रिभुज BEN, CMI, GLJ और FHK हैं अर्थात् संख्या में 4 हैं। आठ घटकों से बने त्रिभुज BAJ और CLD हैं अर्थात् संख्या में 2 हैं। इस प्रकार, आकृति में 10 + 2 + 4 + 2 = 18 त्रिभुज हैं।

14. (*b*) : चित्र को निम्नानुसार क्रमांकित किया जा सकता है। सबसे सरल त्रिभुज AHB, GHI, BJC, GFE, GIE, IJE, CEJ और CDE हैं अर्थात् संख्या में 8 हैं। दो घटकों से बने त्रिभुज HEG, BEC, HBE, JGE और ICE हैं अर्थात् संख्या में 5 हैं। तीन घटकों से बने त्रिभुज FHE, GCE और BED हैं अर्थात् संख्या में 3 हैं। चार घटकों से बना एकमात्र त्रिभुज AGC है। इस प्रकार, आकृति में 8 + 5 + 3 + 1 + 1 = 18 त्रिभुज हैं।

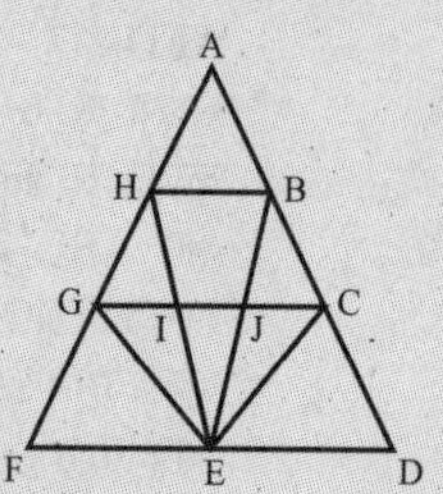

15. (*d*) : चित्र को निम्नानुसार क्रमांकित किया जा सकता है। सबसे सरल त्रिभुज ABL, BCD, DEF, FGP, PGH, QHI, JQI, KRJ हैं अर्थात् संख्या में 9 हैं। दो घटकों से बने त्रिभुज OSG, SGQ, SPI, SRI, KSQ, KMS, FGH, JHI और JKL हैं अर्थात् संख्या में 9 हैं। तीन घटकों से बने त्रिभुज FHE, GCE और BED हैं अर्थात् संख्या में 3 हैं। चार घटकों से बना एकमात्र त्रिभुज KSG है। पांच घटकों से बने त्रिभुज NEI, ANI, MCG और KCO हैं अर्थात् संख्या में 4 हैं। छ: घटकों से बने त्रिभुज GMK और KOG हैं अर्थात् संख्या में 2 हैं। दस घटकों से बना एकमात्र त्रिभुज AEI है। ग्यारह घटकों से बना एकमात्र त्रिभुज KCG है। इस प्रकार, आकृति में 9 + 9 + 1 + 4 + 2 + 1 + 1 = 27 त्रिभुज हैं।

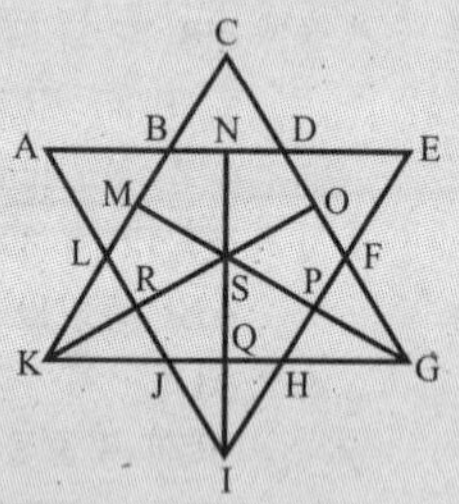

16. (*d*) : चित्र को निम्नानुसार क्रमांकित किया जा सकता है। सबसे सरल त्रिभुज AHG, AIG, AIB, JFE, CJE और CED हैं अर्थात् संख्या में 6 हैं। दो घटकों से बने त्रिभुज ABG, CFE, ACJ और EGI हैं अर्थात् संख्या में 4 हैं। तीन घटकों से बने त्रिभुज ACE, AGE और CFD हैं अर्थात् संख्या में 3 हैं। चार घटकों से बना एकमात्र त्रिभुज AHE है। इस प्रकार, आकृति में 6 + 4 + 3 + 1 = 14 त्रिभुज हैं।

17. (*d*) : चित्र को निम्नानुसार क्रमांकित किया जा सकता है। सबसे सरल त्रिभुज AGH, GFO, LFO, DJK, EKP, PEL और IMN हैं अर्थात् संख्या में 7 हैं। दो घटकों से बने त्रिभुज GFL, KEL, AMO, NDP, BHN, CMJ, NEJ और HFM हैं अर्थात् संख्या में 8 हैं। तीन घटकों से बने त्रिभुज IOE, IFP, BIF और CEI हैं अर्थात् संख्या में 4 हैं। चार घटकों से बने त्रिभुज ANE और DMF हैं अर्थात् संख्या में 2 हैं। पांच घटकों से बने त्रिभुज FCK, BGE और ADL हैं अर्थात् संख्या में 3 हैं। छ: घटकों से बने त्रिभुज BPF, COE, DHF और AJE हैं अर्थात् संख्या में 4 हैं। इस प्रकार, आकृति में 7 + 8 + 4 + 2 + 3 + 4 = 28 त्रिभुज हैं।

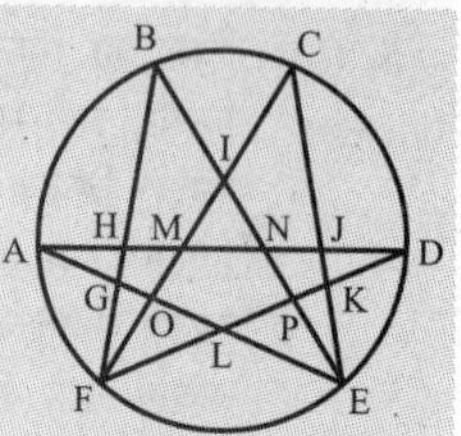

18. (*a*) : चित्र को निम्नानुसार क्रमांकित किया जा सकता है। सबसे सरल त्रिभुज GLK, DLJ, DJM, HMN, QRE, IRA, IPA और FPO हैं अर्थात् संख्या में 8 हैं। दो घटकों से बने त्रिभुज BDO, CDQ, DLM, PRA, KFI, NEI, HJI, GJI, DKI और DNI हैं अर्थात् संख्या में 10 हैं। तीन घटकों से बने त्रिभुज IOE, IFP, BIF और CEI हैं अर्थात् संख्या में 4 हैं। चार घटकों से बने त्रिभुज DIE, DFI, DOA, DQA और GHI हैं अर्थात् संख्या में 5 हैं। छ: घटकों से बने त्रिभुज DCA और DBA हैं अर्थात् संख्या में 2 हैं। आठ घटकों से बना एकमात्र त्रिभुज DEF है। इस प्रकार, आकृति में 8 + 10 + 5 + 2 + 1 + 1 = 27 त्रिभुज हैं।

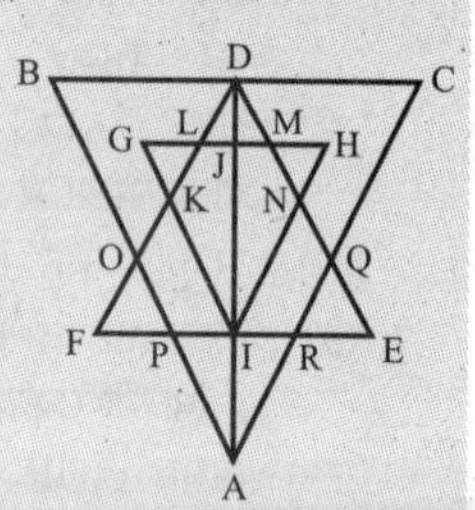

19. (*c*) : चित्र को निम्नानुसार क्रमांकित किया जा सकता है। सबसे सरल त्रिभुज ABI, BIC, AIJ, CIJ, AHJ, CDJ, JHG, JDE, GJF और EJF हैं अर्थात् संख्या में 10 हैं। दो घटकों से बने त्रिभुज ABC, BCJ, ACJ, BAJ, AJG, CJE और GJE हैं अर्थात् संख्या में 7 हैं। चार घटकों से बने त्रिभुज ACG, ACE, CGE और AGE हैं अर्थात् संख्या में 4 हैं। छ: घटकों से बने त्रिभुज DCA और DBA हैं अर्थात् संख्या में 2 हैं। आठ घटकों से बना एकमात्र त्रिभुज DEF है। इस प्रकार, आकृति में 10 + 7 + 4 = 21 त्रिभुज हैं।

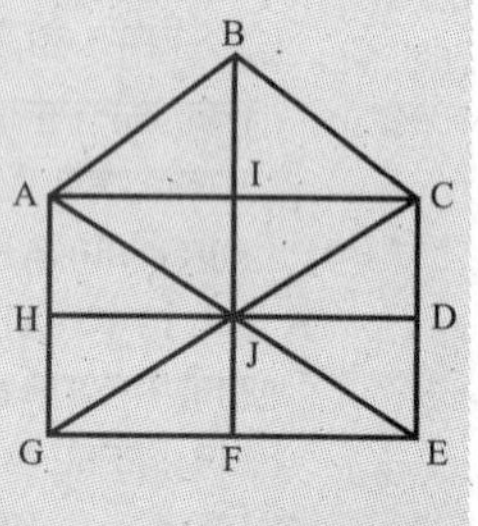

20. (*d*) : चित्र को निम्नानुसार क्रमांकित किया जा सकता है। सबसे सरल त्रिभुज ABF, BIC, CIH, GIH, FGE और AFE हैं अर्थात् संख्या में 6 हैं। दो घटकों से बने त्रिभुज ABE, AGE, BHF, BCH, CGH और BIE हैं अर्थात् संख्या में 6 हैं। तीन घटकों से बने त्रिभुज ABH, BCE और CDE हैं अर्थात् संख्या में 3 हैं। इस प्रकार, आकृ.

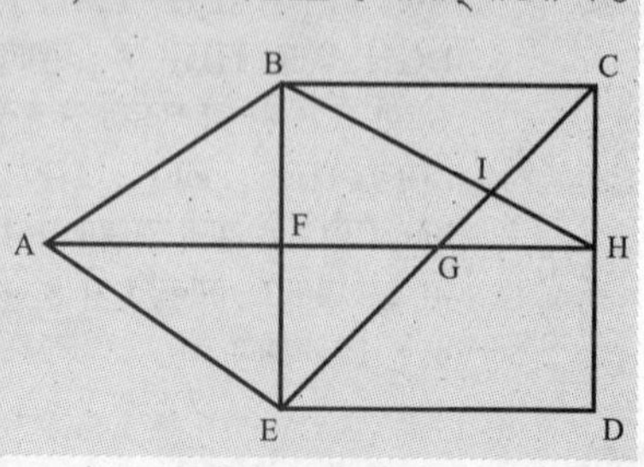

ति में 6 + 6 + 3 = 15 त्रिभुज हैं।

21. (*b*) : चित्र को निम्नानुसार क्रमांकित किया जा सकता है। सबसे सरल त्रिभुज ABG, BCG, CGE, CDE, AGE और AEF हैं अर्थात् संख्या में 6 हैं। दो घटकों से बने त्रिभुज ABE, ABC, BCE और ACE हैं अर्थात् संख्या में 4 हैं। इस प्रकार, आकृति में 6 + 4 = 10 त्रिभुज हैं।

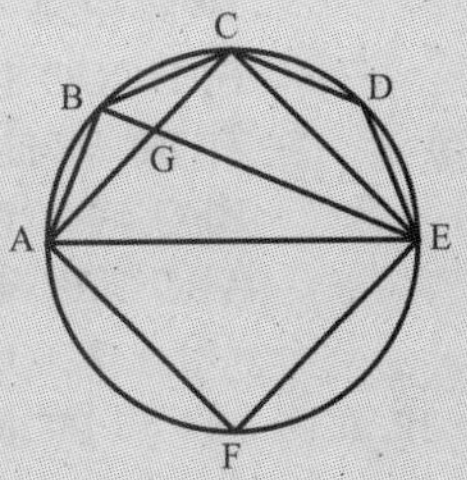

22. (*c*) : चित्र को निम्नानुसार क्रमांकित किया जा सकता है। सबसे सरल त्रिभुज AEI, AIH, BEJ, BJF, CFK, CKG, DGL, DLH, EOJ, FOJ, FOG, LOG, HOL और HOE हैं अर्थात् संख्या में 14 हैं। दो घटकों से बने त्रिभुज EAH, FBE, BEO, EOF, BFO, FCG, GDH, HOD, HOG और GOD हैं अर्थात् संख्या में 10 हैं। तीन घटकों से बने त्रिभुज EFH, EHG, FGH और EFG हैं अर्थात् संख्या में 4 हैं। इस प्रकार, आकृति में 14 + 10 + 4 = 28 त्रिभुज हैं।

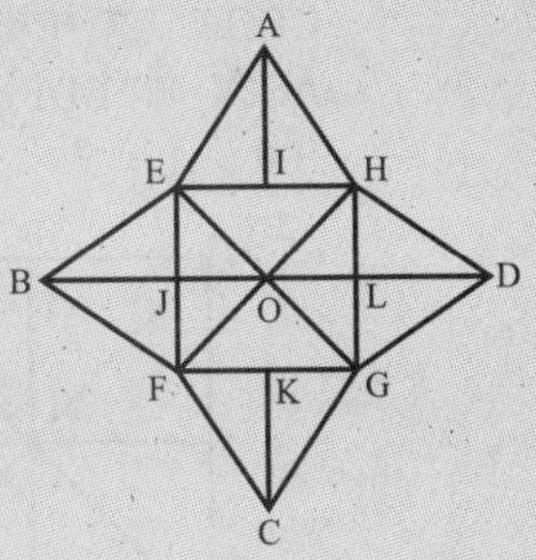

23. (*c*) : चित्र को निम्नानुसार क्रमांकित किया जा सकता है। सबसे सरल त्रिभुज IJO, BCJ, CDK, KQL, MLQ, GFM, GHN और NIO हैं अर्थात् संख्या में 8 हैं। दो घटकों से बने त्रिभुज ABO, AHO, NIJ, IGP, ICP, DEQ, FEQ, KLM, LCP और LGP हैं अर्थात् संख्या में 10 हैं। चार घटकों से बने त्रिभुज HAB, DEF, LGI, GIC, ICL और CLG हैं अर्थात् संख्या में 6 हैं। इस प्रकार, आकृति में 8 + 10 + 6 = 24 त्रिभुज हैं।

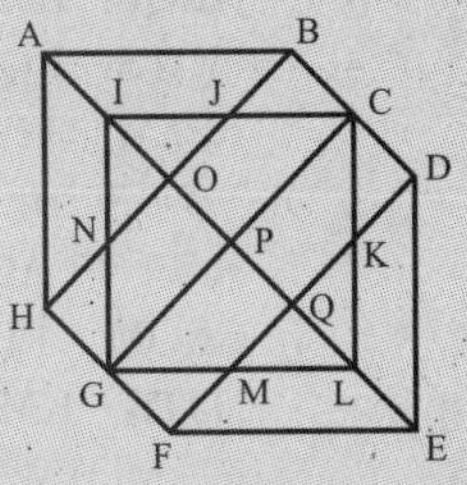

24. (*c*) : चित्र को निम्नानुसार क्रमांकित किया जा सकता है। सबसे सरल त्रिभुज AKI, AIL, EKD, LFB, DJC, BJC, DHC और BCG हैं अर्थात् संख्या में 8 हैं। दो घटकों से बने त्रिभुज AKL, ADJ, AJB और DBC हैं अर्थात् संख्या में 4 हैं। तीन घटकों से बने त्रिभुज ADC और ABC हैं अर्थात् संख्या में 2 हैं। चार घटकों से बना एकमात्र त्रिभुज ADB है। इस प्रकार, आकृति में 8 + 4 + 2 + 1 = 15 त्रिभुज हैं।

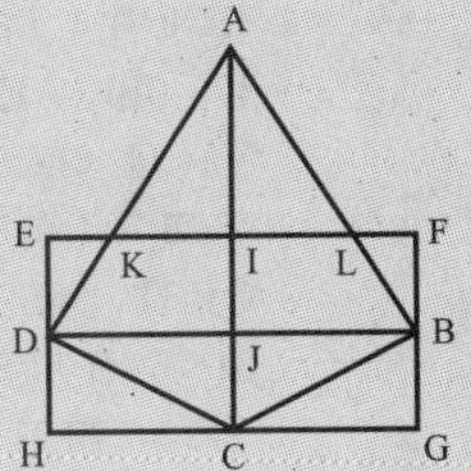

25. (*d*) : चित्र को निम्नानुसार क्रमांकित किया जा सकता है। सबसे सरल त्रिभुज EFH, BIC, GHJ, GIJ, EKD और CKD हैं, अर्थात् संख्या में 6 हैं। दो घटकों से बने त्रिभुज ABJ, AFJ, GCK, GEK, CED और GHI हैं, अर्थात् संख्या में 6 हैं। तीन घटकों से बने त्रिभुज GCD, GED, DJB और DJF हैं, अर्थात् संख्या में 4 हैं। चार घटकों से बने त्रिभुज ABF और GCE है, अर्थात् संख्या में 2 हैं। पांच घटकों से बने त्रिभुज ABD और AFD है, अर्थात् संख्या में 2 हैं। केवल एक त्रिभुज है FBD छह घटकों से बना है। चित्र में त्रिभुज की कुल संख्या = 6 + 6 + 4 + 2 + 2 + 1 = 21 है।

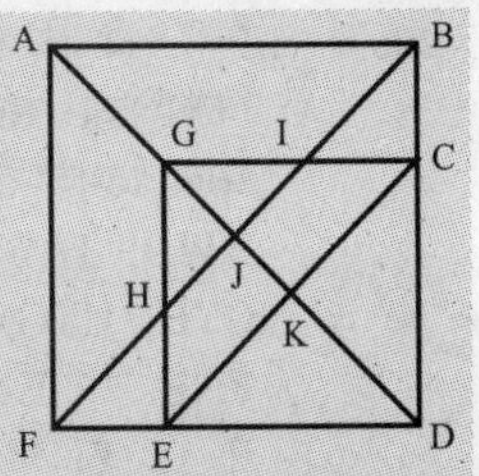

26. (*c*) : चित्र को निम्नानुसार क्रमांकित किया जा सकता है। सबसे सरल त्रिभुज ABJ, ACJ, BDH, DHF, CIE और GIE हैं, अर्थात् संख्या में 6 हैं। दो घटकों से बने त्रिभुज, ABC, BDF, CEG, BHJ, JHK, JKI और CJI यानी संख्या में 7 हैं। केवल एक त्रिभुज JHI है जो चार घटकों से बना है। इस प्रकार, दी गयी आकृति में 6 + 7 + 1 = 14 त्रिभुज हैं।

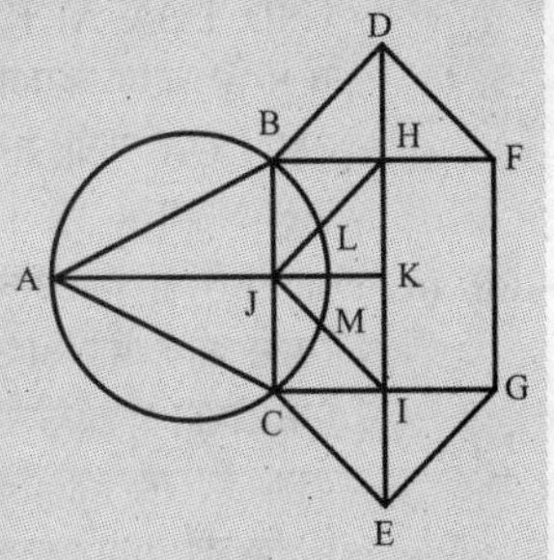

27. (*c*) : चित्र को निम्नानुसार दिखाया गया है। सबसे सरल त्रिभुज ABG, BIG, BIC, CIH, GIH, CDH, HED, GHJ, HJE, FEJ, GFJ और AGF हैं यानी संख्या में 12 हैं। दो घटकों से बने त्रिभुज ABF, CDE, GBC, BCH, CHG, BHG, GHF, GHE, HEF और GEF यानी संख्या में 10 हैं। तीन घटकों से बने त्रिभुज ABH, AFH, CDG और GDE है, अर्थात् संख्या में 4 हैं। चार घटकों से बने त्रिभुज, BHF और CGE हैं, अर्थात् संख्या में 2 हैं। अत: चित्र में त्रिभुजों की कुल संख्या = 12 + 10 + 4 + 2 = 28 है।

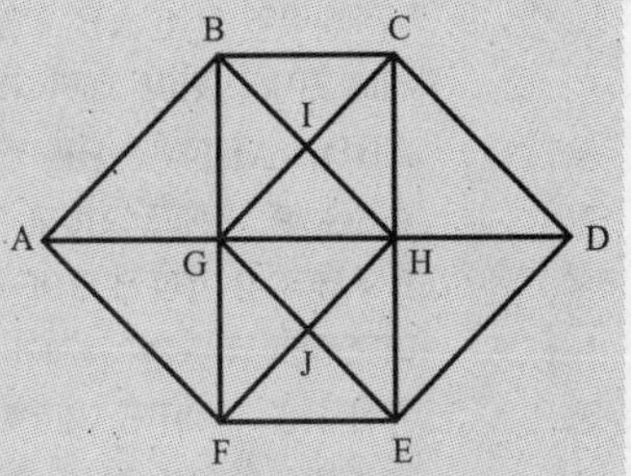

28. (*c*) : चित्र को निम्नानुसार क्रमांकित किया जा सकता है। सबसे सरल त्रिभुज हैं AHL, LHG, GHM, HMB, GMF, BMF, BIF, CIF, FNC, CNJ, FNE, NEJ, EKJ और JKD यानी संख्या में 14 हैं। दो घटकों से बने त्रिभुज AGH, BHG, HBF, BFG, HFG, BCF, CJF, CJE, JEF, CFE और JED हैं, अर्थात् संख्या में 11 हैं। त्रिभुज चार घटकों से बने त्रिभुज ABG, CBG, BCE और CED हैं, अर्थात् संख्या में 4 हैं। अत: दिए गए चित्र में त्रिभुजों की कुल संख्या = 14 + 11 + 4 = 29 है।

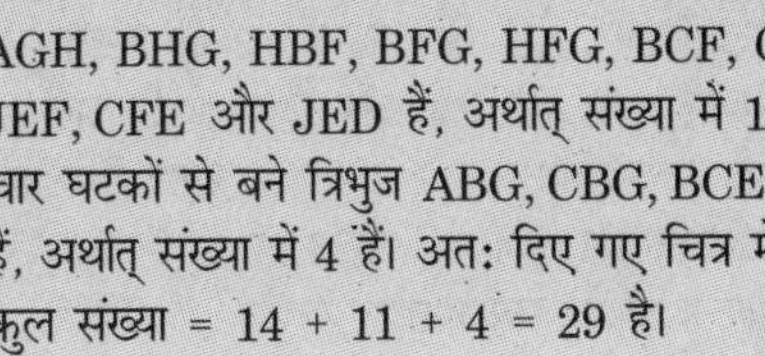

29. (*c*) : चित्र को निम्नानुसार क्रमांकित किया जा सकता है। सबसे सरल त्रिभुज हैं AML, LRK, KWD, DWJ, JXI, IYC, CYH, HTG, GOB, BOF, FNE और EMA यानी संख्या में 12 हैं। दो घटकों से बने त्रिभुज AEL, KDJ, HIC और FBG यानी संख्या में 4 हैं। तीन घटकों से बने त्रिभुज APF, EQB, BQH, GVC, CVJ, IUD, DUL और KPA है, अर्थात् संख्या में 8 हैं। छह घटकों से बने त्रिभुज ASB, BSC, CSD, DSA, AKF, EBH, GCJ और IDL यानी संख्या में 8 हैं। बारह घटकों में से बने त्रिभुज ADB, ABC, BCD और CDA यानी संख्या में 4 हैं। अत: चित्र में त्रिभुजों की कुल संख्या = 12 + 4 + 8 + 8 + 4 = 36 है।

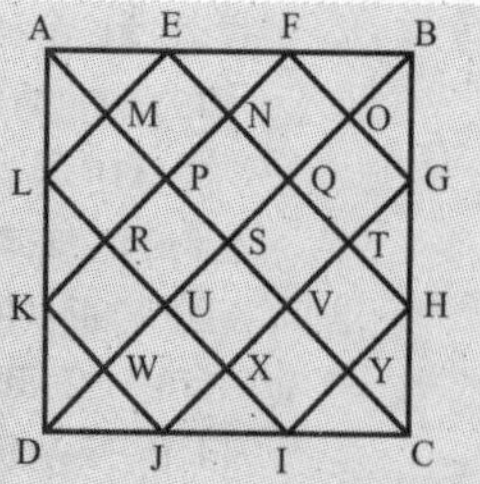

30. (*b*) : जब त्रिभुजों को अष्टकोण के समान शीर्ष और अष्टकोण की एक समान भुजा के साथ खींचा जाता है, तो आकृति चित्र 1 में दिखाई गयी आकृति जैसी होगी। अब, हम पहले त्रिभुज पर विचार करेंगे कि अष्टकोण ABCDEFGH के साथ केवल एक भुजा AB उभनिष्ठ और समान शीर्ष वाले त्रिभुज ABD, ABE, ABF और ABG हैं, अर्थात् संख्या में 4 हैं (चित्र 2 देखें)। इसी तरह, अष्टकोण के साथ केवल एक भुजा BC उभनिष्ठ और समान शीर्ष वाले त्रिभुज BCE, BCF, BCG और BCH यानी, ऐसे 4 त्रिभुज हैं (जैसा कि चित्र 3 में दिखाया गया है।) इस तरह, हमारे पास अष्टकोण के प्रत्येक पक्ष के लिए 4 त्रिभुज हैं। इस प्रकार, 8 × 4 = 32 ऐसे त्रिभुज हैं।

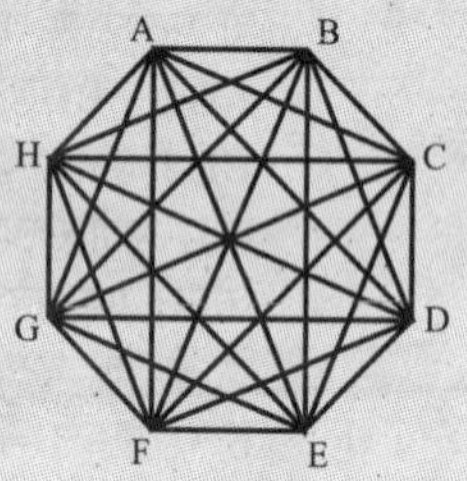

चित्र 1

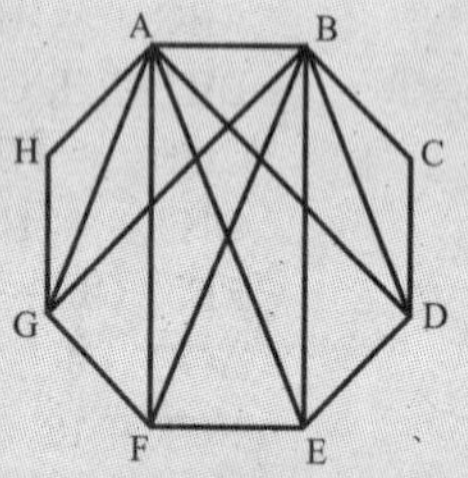

चित्र 2

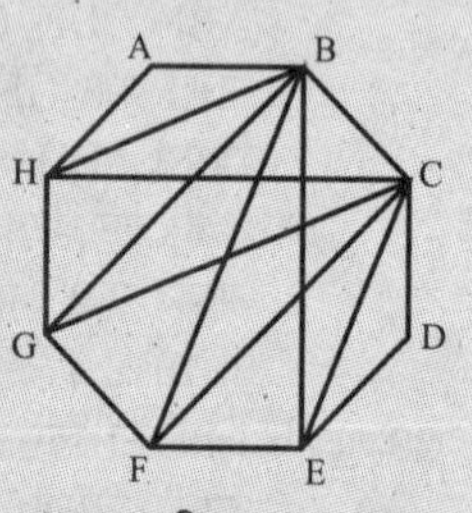

चित्र 3

31. (*c*) : चित्र को निम्नानुसार क्रमांकित किया जा सकता है।

क्षैतिज रेखाएँ DF और BC हैं, अर्थात् संख्या में 2 हैं। लंबवत रेखाएँ DG, AH और FI हैं, अर्थात् संख्या में 3 हैं। तिरछी रेखाएँ AB, AC, BF और DC अर्थात् संख्या में 4 हैं। इस प्रकार, आकृति में 2 + 3 + 4 = 9 सीधी रेखाएँ हैं। अब, हम आकृति में त्रिभुजों की संख्या की गणना करेंगे। सबसे सरल त्रिभुज हैं ADE, AEF, DEK, EFK, DJK, FLK, DJB, FLC, BJG और LIC यानी संख्या में 10 हैं। दो घटकों से बने त्रिभुज ADF, AFK, DFK, ADK, DKB, FCK, BKH, KHC, DGB और FIC यानी संख्या में 10 हैं। तीन घटकों से बने त्रिभुज DFJ और DFL है, अर्थात् संख्या में 2। चार घटकों से बने त्रिभुज ABK, ACK, BFI, CDG, DFB, DFC और BKC हैं, यानी संख्या में 7 हैं। छह घटकों से बने त्रिभुज ABH, ACH, ABF, ACD, BFC और CDB हैं, अर्थात् संख्या में 6, केवल एक त्रिभुज ABC बारह घटकों से बना है। अत: आकृति में 10 + 10 + 2 + 7 + 6 + 1 = 36 त्रिभुज हैं।

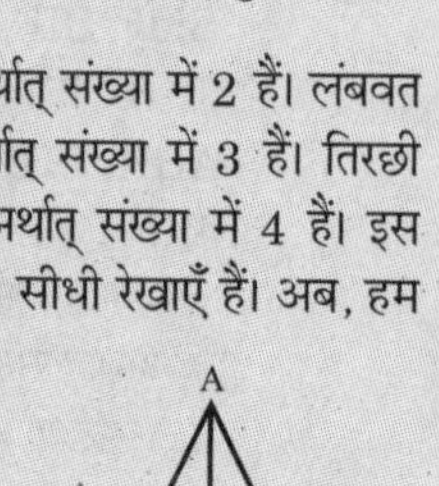

32. (*c*) : चित्र को निम्नानुसार क्रमांकित किया जा सकता है। दो घटकों में से बने वर्ग ABKJ, BCLK, CDEL, LEFG, KLGH और JKHI यानी संख्या में 6 हैं। केवल एक वर्ग है यानी CEGK चार घटकों से बना है। आठ घटकों से बने वर्ग ACGI और BDFH है, अर्थात् संख्या में 2 हैं। अत: आकृति में 6 + 1 + 2 = 9 वर्ग हैं।

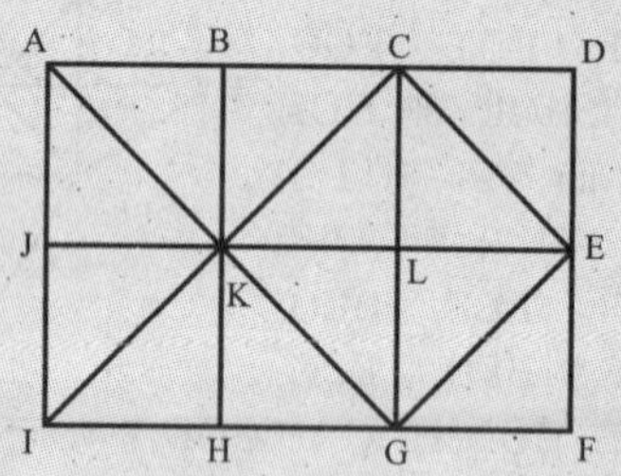

33. (*b*) : चित्र को निम्नानुसार क्रमांकित किया जा सकता है। सबसे सरल वर्ग ABGF, BCHG, CDIH, DEJI, FGLK, GHML, HINM, IJON, KLQP, LMRQ, MNSR, NOTS, PQVU, QRCV, RSXW और STYX यानी, संख्या में 16 हैं। चार घटकों से बने वर्ग ACMK, BDNL, CEOM, FHRP, GISQ, HJTR, KMWU, LNXV और MOYW है, अर्थात् संख्या में 9, नौ घटकों से बने वर्ग ADSP, BETQ, FIXU और GJYV यानी संख्या में 4 हैं। एक वर्ग AEYU है जो सोलह घटकों से बना है। अत: दी गयी आकृति में 16 + 9 + 4 + 1 = 30 वर्ग हैं।

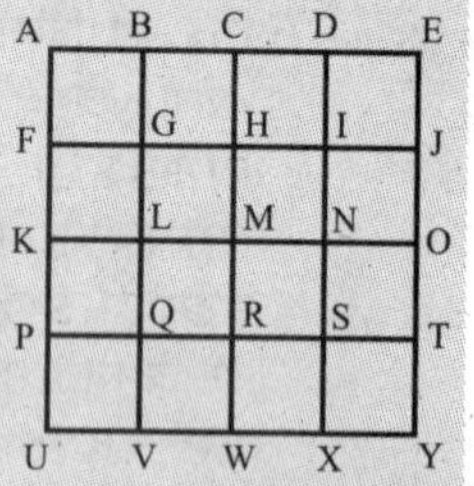

34. (*c*) : हम चित्र को दिखाए गए अनुसार क्रमांकित कर सकते हैं। सबसे सरल वर्ग QUYX, URVY, YVSW और XYWT हैं यानी संख्या में 4 हैं। दो घटकों से बने वर्ग IMYP, MJNY, YNKO और PYOL है अर्थात् संख्या में 4 हैं। तीन घटकों से बने वर्ग AEYH, EBFY, YFCG और HYGD यानी संख्या में 4 हैं। केवल एक वर्ग QRST, चार घटकों से बना है। केवल एक वर्ग IJKL, आठ घटकों से बना है। केवल एक वर्ग ABCD बारह घटकों से बना है। अत: दी गयी आकृति में वर्गों की कुल संख्या = 4 + 4 + 4 + 1 + 1 + 1 = 15 है।

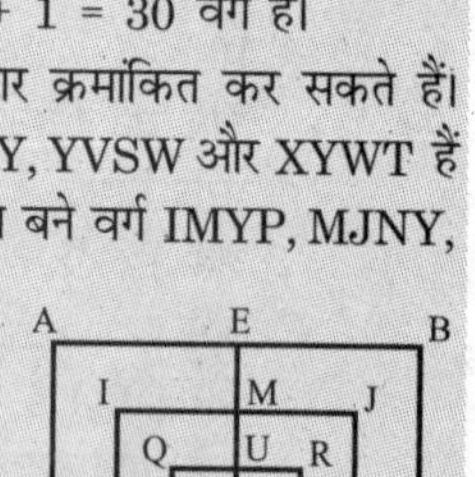

35. (*d*) : चित्र को निम्नानुसार क्रमांकित किया जा सकता है।

सबसे सरल वर्ग EFRQ, MQYX, QRZY, RNSZ, LXWK, XYA1W, YZ-B1A1, ZSTB1, SGHT, WA1VP, A1B1UV, B1TOU और VUIJ हैं, यानी संख्या में 13 हैं। दो घटकों से बने वर्ग AEYL, FBGZ, KA1JD और B1HC हैं यानी संख्या में 4 हैं। चार घटकों से बने वर्ग MRB1W, QNTA1, XZUP और YSOV यानी संख्या में 4 हैं। सात घटकों से बने वर्ग AF-B1K, EBHA1, LZID और YGCJ हैं, अर्थात् संख्या में 4 हैं। केवल एक वर्ग MNOP नौ घटकों से बना है। केवल एक वर्ग ABCD जो सत्रह घटकों से बना है। आकृति में 13 + 4 + 4 + 4 + 1 + 1 = 27 वर्ग हैं।

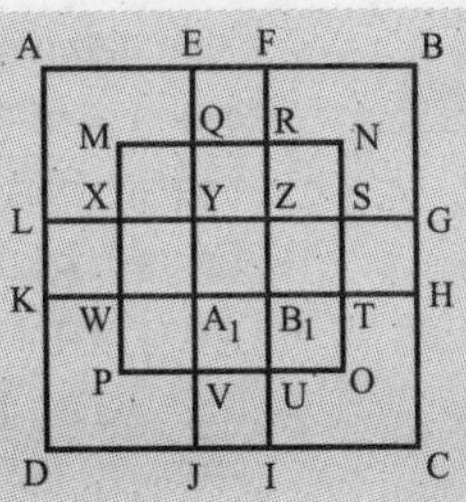

36. (*d*) : चित्र को निम्नानुसार क्रमांकित किया जा सकता है। सबसे सरल वर्ग QVYU, VRWY, YWSX और UYXT हैं, अर्थात् संख्या में 4 हैं। चार घटकों से बने वर्ग IMYP, MJNY, YNKO, PYOL और QRST यानी 5 की संख्या में हैं। सात घटकों से बने वर्ग AEYH, EBFY, YFCG और HYGD यानी संख्या में 4 हैं। बारह घटकों से बना एकमात्र वर्ग MNOP है। केवल एक वर्ग IJKL, सोलह घटकों से बना है। केवल एक वर्ग है यानी, EFGH जो चौबीस घटकों से बना है। केवल एक वर्ग है यानी, ABCD जो 28 घटकों से बना है। इस प्रकार, दी गयी आकृति में 4 + 5 + 4 + 1 + 1 + 1 + 1 = 17 वर्ग हैं।

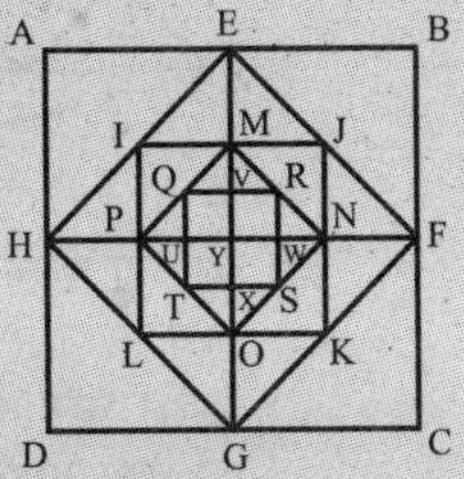

37. (*c*) : हम दिए गए चित्र को दिखाए गए अनुसार क्रमांकित करेंगे। दो घटकों से बना वर्ग BNQM, CORN, DPSO, MQTL, NRUQ, OSVR, PFWS, QUJT, RVIU और SWHV है, अर्थात् संख्या में 10 हैं। चार घटकों से बने वर्ग ABQL, BCRQ, CDSR, DEFS, LQJK, QRIJ, RSHI और SFGH अर्थात् संख्या में 8 हैं। आठ घटकों से बने वर्ग BRJL, CSIQ और DFHR है, अर्थात् संख्या में 3 हैं। सोलह घटकों से बने वर्ग ACIK, BDHJ और CEGI हैं, अर्थात् संख्या में 3 हैं। इस प्रकार, आकृति में 10 + 8 + 3 + 3 = 24 वर्ग हैं।

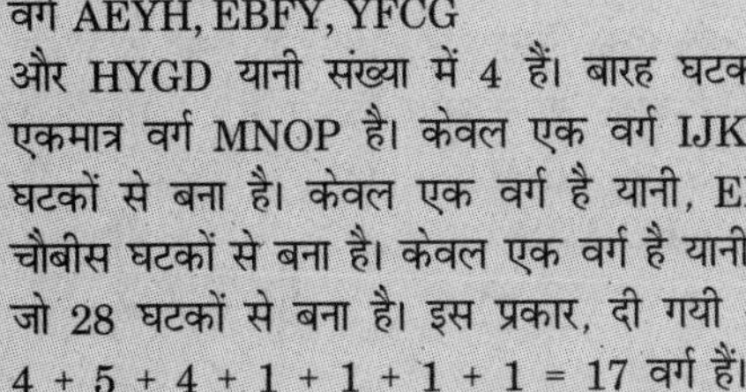

38. (*b*) : हम चित्र को निम्न अनुसार क्रमांकित करेंगे। सबसे सरल वर्ग BCNM, CDON, PQIJ और QRHI हैं, अर्थात् संख्या में 4 हैं। दो घटकों में से बने वर्ग MNTS, NOUT, STQP और TURQ यानी संख्या में 4 हैं। पांच घटकों में से प्रत्येक से बने वर्ग ACTL, CEFT, TFGI और LTIK है, अर्थात् संख्या में 4 हैं। छह घटकों में से प्रत्येक से बना वर्ग BDUS और SUHJ हैं, अर्थात् संख्या में 2 हैं। केवल एक वर्ग MORP आठ घटकों से बना है। केवल एक वर्ग AEGK बीस घटकों से बना है। आकृति में वर्गों की कुल संख्या = 4 + 4 + 4 + 2 + 1 + 1 = 16 है।

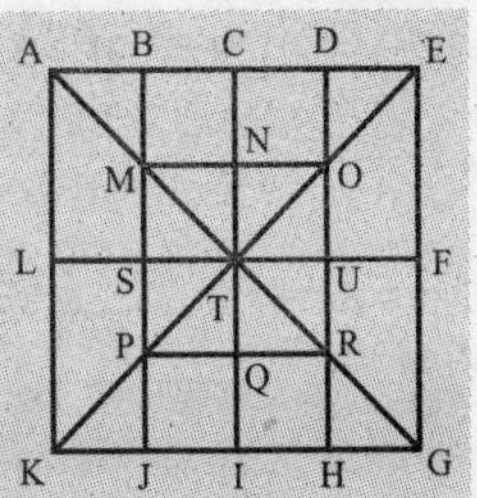

39. (*c*) : चित्र को निम्नानुसार क्रमांकित किया जा सकता है।

दो घटकों से बने वर्ग BJMI, CKMJ, DLMK और AIML यानि 4 की संख्या में हैं। तीन घटकों से बने वर्ग EBMA, BFCM, MCGD और AMDH हैं, अर्थात् संख्या में 4 हैं। चार घटकों से बने वर्ग VWBA, XYCB, ZA1DC और B1C1AD हैं अर्थात् 4 की संख्या में हैं। सात घटकों से बने वर्ग NOJL, PQKI, RSLJ और TUIK है, अर्थात् 4 की संख्या में हैं। केवल एक वर्ग है यानी, BCD आठ घटकों से बना है। केवल एक वर्ग है EFGH जो बारह घटकों से बना है। आकृति में वर्गों की कुल संख्या = 4 + 4 + 4 + 4 + 1 + 1 = 18 है।

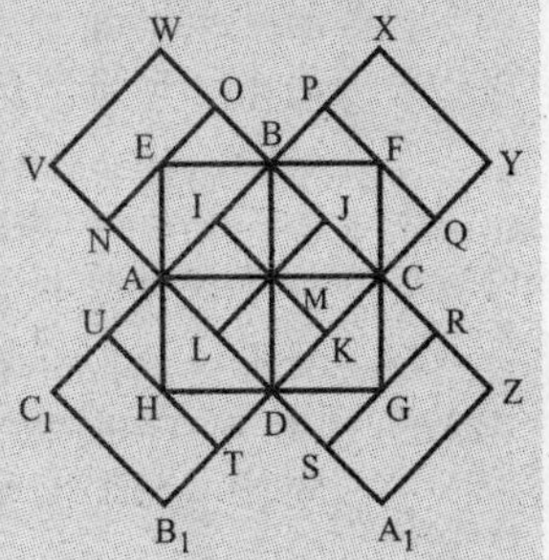

40. (*c*) : हम चित्र को निम्न अनुसार क्रमांकित कर सकते हैं।

त्रिभुज: सबसे सरल त्रिभुज IJQ, JKQ, KLQ, LMQ, MNQ, NOQ, OPQ और PIQ हैं, यानी संख्या में 8 हैं। दो घटकों से बने त्रिभुज ABQ, BCQ, CDQ, DEQ, EFQ, FGQ, GHQ, HAQ, IKQ, KMQ, MOQ और OIQ अर्थात् संख्या में 12 हैं। चार घटकों से बने त्रिभुज ACQ, CEQ, EGQ, GAQ, IKM, KMO, MOI और OIK यानी संख्या में 8 हैं। आठ घटकों से बने त्रिभुज ACE, CEG, EGA और GAC है, अर्थात् संख्या में 4 हैं। अत: चित्र में त्रिभुजों की कुल संख्या = 8 + 12 + 8 + 4 = 32 हैं।

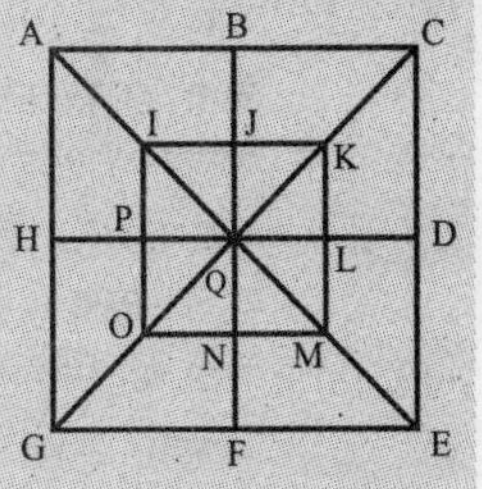

वर्ग: दो घटकों से बने वर्ग IJQP, JKLQ, QLMN और PQNO यानी संख्या में 4 हैं। चार घटकों बने वर्ग ABQH, BCDQ, QDEF और HQFG है अर्थात् संख्या में 4 हैं। केवल एक वर्ग, IKMO आठ घटकों से बना है। केवल एक वर्ग, ACEG सोलह घटकों से बना है। इस प्रकार, दी गयी आकृति में 4 + 4 + 1 + 1 = 10 वर्ग हैं।

41. (*a*) : चित्र को निम्नानुसार क्रमांकित किया जा सकता है।

त्रिभुज: सबसे सरल त्रिभुज हैं AEI, EOI, OHI, HAI, EBJ, BFJ, FOJ, OEJ, HOL, OGL, GDL, DHL, OFK, FCK, CGK और GOK यानी संख्या में 16 हैं। दो

घटकों से बने त्रिभुज, HAE, AEO, EOH, OHA, OEB, EBF, BFO, FOE, DHO, HOG, OGD, GDH, GOF, OFC, FCG और CGO यानी संख्या में 16 हैं। चार घटकों से बने त्रिभुज, HEF, EFG, FGH, GHE, ABO, BCO, CDO और DAO यानी संख्या में 8। आठ घटकों से बने त्रिभुज, DAB, ABC, BCD और CDA यानी 4 की संख्या में हैं। अत: आकृति में त्रिभुजों की कुल संख्या = 16 + 16 + 8 + 4 = 44 है।

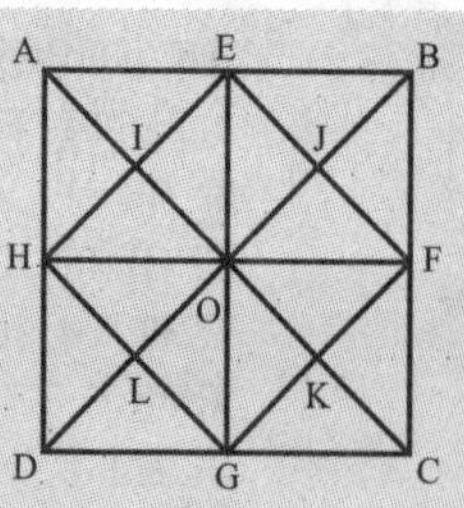

वर्ग: दो घटकों से बने वर्ग HIOL, IEJO, JFKO और KGLO है यानी संख्या में 4 हैं। चार घटकों से बने वर्ग AEOH, EBFO, OFGC और HOGD है, अर्थात् संख्या में 4 हैं। केवल एक वर्ग EFGH है जो आठ घटकों से बना है। केवल एक वर्ग ABCD है जो सोलह घटकों से बना है। आकृति में वर्गों की कुल संख्या = 4 + 4 + 1 + 1 = 10 है।

42. (*c*) : चित्र को निम्नानुसार क्रमांकित किया जा सकता है।

त्रिभुज: सबसे सरल त्रिभुज हैं ABI, BGI, GHI, HAI, BCJ, CFJ, FGJ, GBJ, CDK, DEK, EFK और FCK यानी संख्या में 12 हैं। दो घटकों से बने त्रिभुज ABG, BGH, GHA, HAB, BCF, CFG, FGB, GBC, CDE, DEF, EFC और FCD हैं यानि संख्या में 12 हैं। चार घटकों से बने त्रिभुज AGC, BFD, HBF और GCE यानी संख्या में 4 हैं। इस प्रकार, दी गयी आकृति में 12 + 12 + 4 = 28 त्रिभुज हैं।

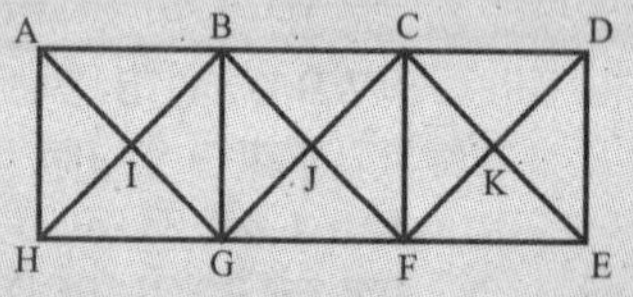

वर्ग: दो घटकों से बने वर्ग BJGI और CKFJ हैं, अर्थात् संख्या में 2 हैं। चार घटकों से बने वर्ग ABGH, BCFG और CDEF है अर्थात् संख्या में 3 हैं। आकृति में वर्गों की कुल संख्या = 2 + 3 = 5 है।

43. (*c*) : चित्र को निम्नानुसार क्रमांकित किया जा सकता है।

त्रिभुज: सबसे सरल त्रिभुज हैं JBO, FGO, GHO, HIO, IJO, ABJ, BCK, CKD और DEF यानी संख्या में 12 हैं। दो घटकों से बने त्रिभुज IBO, BDO, DGO, GIO, ABO, CBD और DEO यानी संख्या में 7 हैं। चार घटकों से बने त्रिभुज में IBD, BDG, DGI, GIB, ACO और COE यानी संख्या में 6 हैं। केवल एक त्रिभुज, ACE आठ घटकों से बना है। इस प्रकार, दी गयी आकृति में 12 + 7 + 6 + 1 = 26 त्रिभुज हैं।

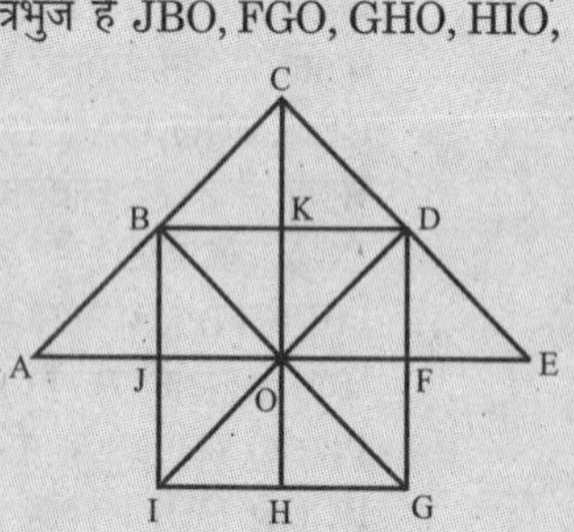

वर्ग: दो घटकों से बने वर्ग BKOJ, KDFO, OFGH और JOHI यानी 4 की संख्या में हैं। केवल एक वर्ग है CDOB जो चार घटकों से बना है। केवल एक वर्ग है BDGI जो आठ घटकों से बना है। इस प्रकार, दी गयी आकृति में 4 + 1 + 1 = 6 वर्ग हैं।

44. (*c*) : चित्र को निम्न प्रकार दिखाया जा सकता है:

त्रिभुज: सबसे सरल त्रिभुज हैं BGM, GHM, HAM, ABM, GIN, IJN, JHN, HGN, IKO, KLO, LJO, JIO, KDP, DEP, ELP, LPP, BCD और AFE यानी संख्या में 18 हैं। दो घटकों से बने त्रिभुज ABG, BGH, GHA, HAB, HGI, GIJ, IJH, JHG, JIK, IKL, KLJ, LJI, LKD, KDE, DEL और ELK यानी 16 की संख्या में हैं। चार घटकों से बने त्रिभुज BHI, GJK, ILD, AGJ, HIL और JKE यानी संख्या में 6 हैं। अत: चित्र में त्रिभुजों की कुल संख्या = 18 + 16 + 6 = 40 है।

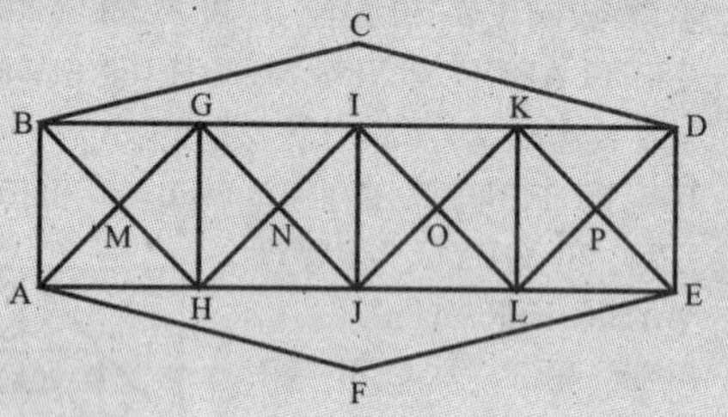

वर्ग: दो घटकों से बने वर्ग MGNH, NIOJ और OKPL यानी संख्या में 3 हैं। चार घटकों से बने वर्ग BGHA, GIJH, IKLJ और KDEL यानी संख्या में 4 हैं। आकृति में वर्गों की कुल संख्या = 3 + 4 = 7 है।

45. (*a*) : चित्र को निम्नानुसार क्रमांकित किया जा सकता है।

त्रिभुज: सबसे सरल त्रिभुज BPN, PNE, ABM, EFG, MLK, GHI, QRO, RSO, STO और QTO हैं, अर्थात् संख्या में 10 हैं। दो घटकों से बने त्रिभुज BPE, TQR, QRS, RST और STQ यानी संख्या में 5 हैं। तीन घटकों से बने त्रिभुज MPO और GPO हैं, अर्थात् संख्या में 2 हैं। छह घटकों से बने त्रिभुज, LPJ, HPJ और MPG यानी संख्या में 3 हैं। बारह घटकों से बना केवल एक त्रिभुज LPH है। चित्र में त्रिभुजों की कुल संख्या = 10 + 5 + 2 + 3 + 1 = 21 है।

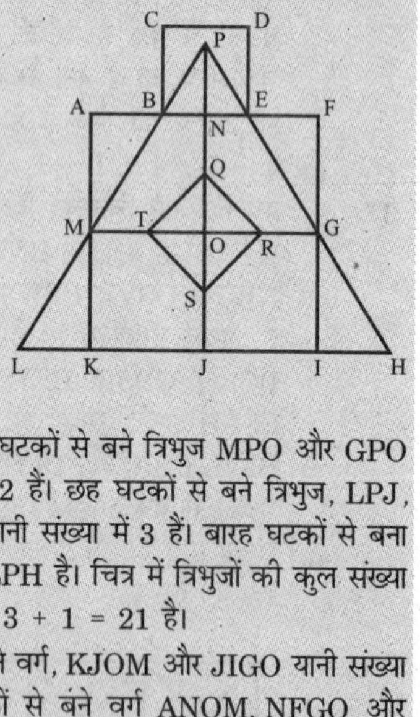

वर्ग: दो घटकों से बने वर्ग, KJOM और JIGO यानी संख्या में 2 हैं। तीन घटकों से बने वर्ग ANOM, NFGO और CDEB है, अर्थात् संख्या में 3 हैं। केवल एक वर्ग QRST, चार घटकों से बना है। केवल एक वर्ग है AFIK जो दस घटकों से बना है। आकृति में वर्गों की कुल संख्या = 2 + 3 + 1 + 1 = 7 है।

46. (*c*) : हम क्षैतिज और ऊर्ध्वाधर रेखाओं द्वारा सभी वृतों के केंद्रों को जोड़ेंगे और फिर दिखाए गए अनुसार परिणामी आकृति को क्रमांकित करेंगे। सबसे सरल वर्ग ABED, BCFE, DEHG, EFIH, GHKJ और HILK हैं, अर्थात् संख्या में 6 हैं। चार

सरल वर्गों से बने वर्गों ACIG और DFLJ है, अर्थात् संख्या में 2 हैं। इस प्रकार, 6 + 2 = 8 वर्गों का गठन किया जाएगा।

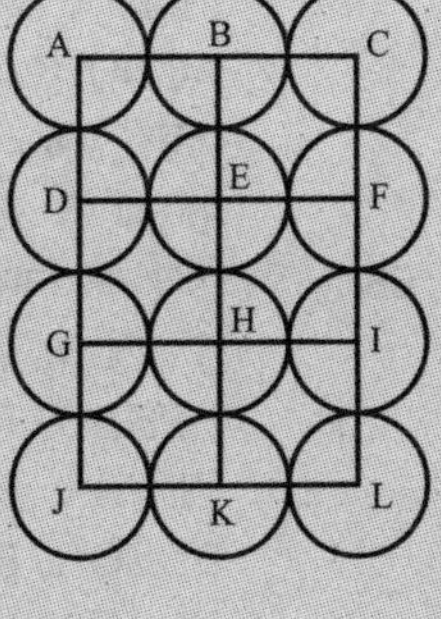

47. (*b*) : चित्र को निम्नानुसार क्रमांकित किया जा सकता है।

क्षैतिज रेखाएँ AE और JF हैं, अर्थात् संख्या में 2 हैं। ऊर्ध्वाधर रेखाएँ AJ, CH और EF हैं, अर्थात् संख्या में 3 है। तिरछी रेखाएं AG, BF, JD, IE, AB, DE, JI और FG है यानी संख्या में 8 हैं। अत: आकृति बनाने के लिए आवश्यक सीधी रेखाओं की कुल संख्या = 2 + 3 + 8 = 13 है।

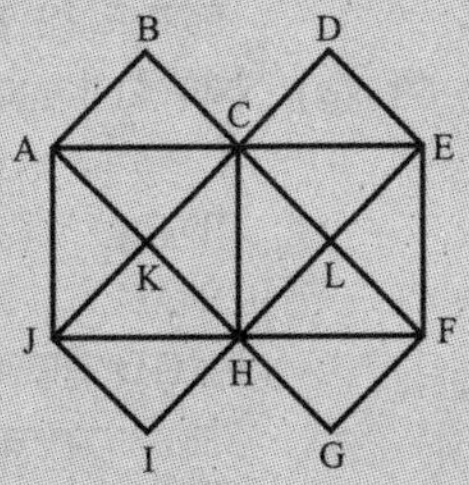

48. (*c*) : प्रश्न 46 के हल में दी गयी आकृति का संदर्भ लें। सबसे सरल त्रिभुज ABC, CDE, JHI, HFG, ACK, CHK, HJK, JAK, CEL, EFL, FHL और HCL हैं यानी संख्या में 12 हैं। दो घटकों से बने त्रिभुज JAC, ACH, CHJ, HJA, HCE, CEF, EFH और FHC हैं यानी संख्या 8 हैं। चार घटकों से बने त्रिभुज AHE और JCF अर्थात् संख्या में 2 हैं। अत: चित्र में त्रिभुजों की कुल संख्या = 12 + 8 + 2 = 22 है।

49. (*c*) : प्रश्न 46 के हल में दी गयी आकृति का संदर्भ लें। दो घटकों से बने वर्ग ABCK, CDEL, JKHI, HLFG और KCLH यानी 5 की संख्या में है। चार घटकों से बने वर्ग ACHJ और CEFH है, अर्थात् संख्या में 2 हैं। आकृति में वर्गों की कुल संख्या = 5 + 2 = 7 है।

50. (*a*) : चित्र को निम्नानुसार क्रमांकित किया जा सकता है।

सरलतम समांतर चतुर्भुज EMLA और NIDJ हैं, अर्थात् संख्या में चतुर्भुज 2 हैं। दो घटकों से मिलकर बने समांतर चतुर्भुज BFMG, CGNH, GMKN, FGME, GHNM, MNKL, FGNM, GHIN और MNJK अर्थात् संख्या में 9 हैं। तीन घटकों से बने समांतर चतुर्भुज FGLA, ENKA, GHDJ और MIDK यानी संख्या में 4 हैं। प्रत्येक चार अवयवों से बने समांतर चतुर्भुज FGJK, GHKL, FBNK, CHKM, EFHN और MFHI यानी संख्या में 6 हैं। सात घटकों से बने समांतर चतुर्भुज, FHKA और FHDK हैं, अर्थात् संख्या में 2 हैं। चित्र में समांतर चतुर्भुजों की कुल संख्या = 2 + 9 + 4 + 6 + 2 = 23 है।

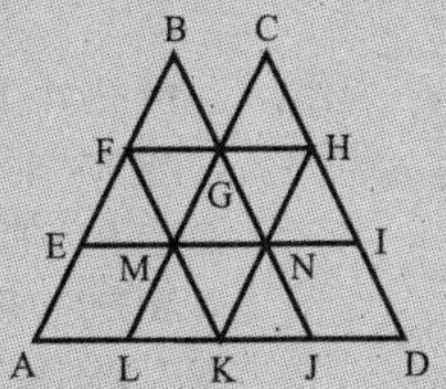

51. : चित्र को निम्नानुसार क्रमांकित किया जा सकता है। सबसे सरल समांतर चतुर्भुज ABFE, BCGF, CDHG, EFJI, FGKJ और GHLK हैं। ये संख्या में 6 हैं। दो घटकों से बने समांतर चतुर्भुज ACGE, BDHF, EGKI, FHLJ, ABJI, BCKJ और CDLK हैं। इस प्रकार, इस तरह के 7 समांतर चतुर्भुज हैं। तीन घटकों से बने समांतर चतुर्भुज ADHE और AHLI हैं, अर्थात् संख्या में 2 हैं। चार घटकों से बने समांतर चतुर्भुज ACKI और BDLJ हैं, अर्थात् संख्या में 2 हैं। छह घटकों से बना एकमात्र समांतर चतुर्भुज ADLI है। इस प्रकार, आकृति में 6 + 7 + 2 + 2 + 1 = 18 समांतर चतुर्भुज हैं।

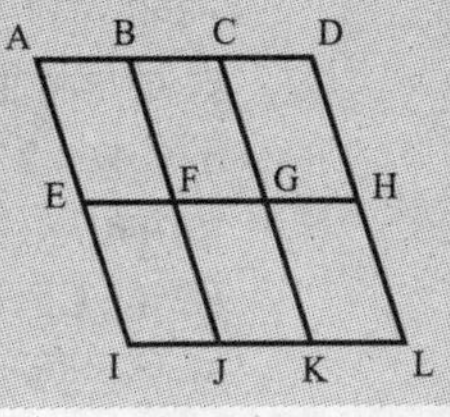

52. (*b*) : चित्र को निम्नानुसार क्रमांकित किया जा सकता है। दो अवयवों से बने समांतर चतुर्भुज ADME, DFNM, EMOG, FHJN, MNKO, GOLI, HBJN, NJKO, OKLI, FHNM, MNOG, DFME, HJKN, NKLO, OLCI, FNOM, MOIG और DMGE हैं, यानी, संख्या में 18 हैं। चार घटकों से बने समांतर चतुर्भुज HOKB, NILJ, FGOH, HOLJ, NICK, FGIN, FMJB, DENH, MGKJ, MGCL, DEIO, FMLK, AENF, AGOD, DMJH, DOKF, EILM और EGKN यानि संख्या में 18 हैं। छह घटकों से बने समांतर चतुर्भुज AEJH, DAIL, DECL, DEJB, HILB और HICJ हैं यानी संख्या में 6 हैं। आठ अवयवों से बने समांतर चतुर्भुज FGKB, FGCK और AGKF हैं, अर्थात् संख्या में 3 हैं।

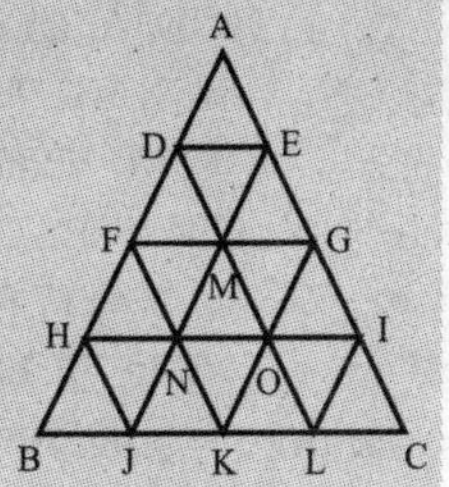

चित्र में समांतर चतुर्भुजो की कुल संख्या = 18 + 18 + 6 + 3 = 45 है।

53. (*d*) : चित्र को निम्नानुसार क्रमांकित किया जा सकता है। सबसे सरल समांतर चतुर्भुज LMHJ और BDFM यानी, संख्या में 2 हैं। दो घटकों से बने समांतर चतुर्भुज ABML और MFGH हैं, अर्थात् संख्या में 2 हैं। तीन घटकों से बने समांतर चतुर्भुज, LBHI, LBEF, BDGH, DFLA, BCFH, KLFH, ABHJ और LFGJ यानी संख्या में 8 हैं। छह घटकों से बने समांतर चतुर्भुज LCFI, KBEH और ADGJ है, अर्थात् संख्या में 3 हैं।

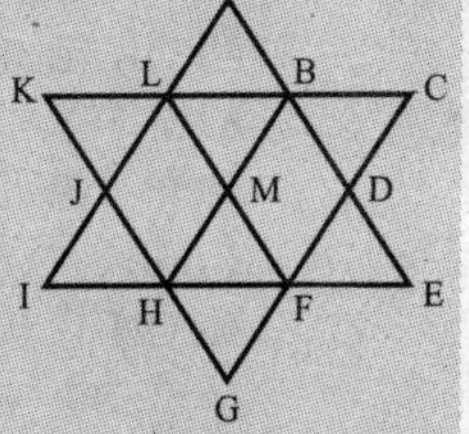

चित्र में समांतर चतुर्भुज की कुल संख्या = 2 + 2 + 8 + 3 = 15 है।

54. (*a*) : चित्र को निम्नानुसार क्रमांकित किया जा सकता है।

त्रिभुज: सबसे सरल त्रिभुज हैं KJN, KJO, CNB, OEF, JIL, JIM, BL और MFG यानी संख्या में 8 हैं। दो घटकों से बने त्रिभुज CDJ, EDJ, NKO, JLM, JAH और JGH यानी संख्या में 6 हैं। तीन घटकों से बने त्रिभुज BKI, FKI, CJA और EJG यानी संख्या में 4 हैं। चार घटकों से बने त्रिभुज CDE और AJG यानी संख्या में 2 हैं। छह घटकों से बना एकमात्र त्रिभुज BKF है। इस प्रकार, दी

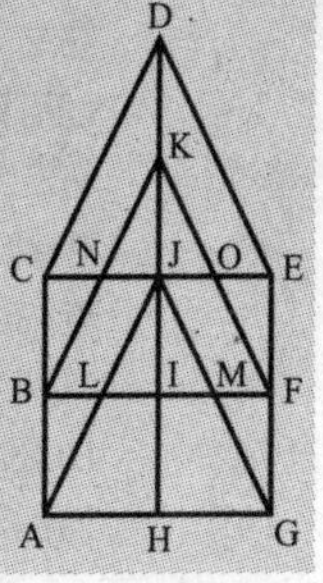

गयी आकृति में 8 + 6 + 4 + 2 + 1 = 21 त्रिभुज हैं।

समानांतर चतुर्भुजः सरलतम समानांतर चतुर्भुज NJLB और JOFM हैं, अर्थात् संख्या में 2 हैं। दो घटकों से बने समानांतर चतुर्भुज CDKB, DEFK, BIHA और IFGH हैं, अर्थात् संख्या में 4 हैं। तीन घटकों से मिलकर बने समानांतर चतुर्भुज BKJA, KFGJ, CJIB और JEFI हैं, अर्थात् संख्या में 4 हैं। केवल एक समानांतर चतुर्भुज, यानी BFGA चार घटकों से बना है। प्रत्येक पाँच घटकों से बने समानांतर चतुर्भुज CDJA, DEGJ, CJHA और JEGH हैं अर्थात् संख्या में 4 हैं। छह घटकों से बना एकमात्र समानांतर चतुर्भुज CEFB है। दस घटकों से बना एकमात्र समानांतर चतुर्भुज CEGA है। इस प्रकार, दी गयी आकृति में 2 + 4 + 4 + 1 + 4 + 1 + 1 = 17 समांतर चतुर्भुज हैं। (यहां ध्यान दें कि वर्ग और आयत को भी समांतर चतुर्भुज में गिना जाता है)।

55. (*b*) : दिए गए चित्र को निम्न प्रकार क्रमांकित किया जा सकता है। सबसे सरल आयत ABJI, BCKJ, IJFG और JKEF हैं, अर्थात् संख्या में 4 हैं। दो घटकों से बने आयत ACKI, BCEF, IKEG और ABFG यानी संख्या में 4 हैं। चार घटकों से बना एकमात्र आयत ACEG है। इस प्रकार, दी गयी आकृति में 4 + 4 + 1 = 9 आयत हैं।

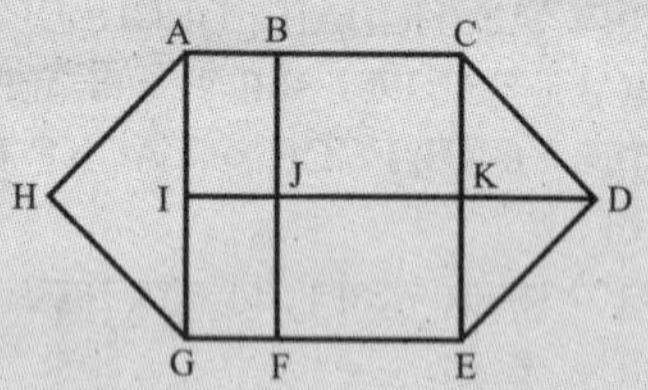

56. (*a*) : चित्र को निम्नानुसार क्रमांकित किया जा सकता है। दो घटकों से बने आयत HIJE, EKLF, FMNG, GPQH, AEOH, EBFO, OFCG और HOGD यानी संख्या में 8 हैं। चार घटकों से बने आयत ABFH, BCGE, CDHF, DAEG और EFGH हैं, यानी संख्या में 5 हैं। छह घटकों से बने आयत IJFG, KLGH, MNHE और PQEF हैं, अर्थात् संख्या में 4 हैं। आठ घटकों से बने आयत IJMN, KLPQ और ABCD हैं, अर्थात् संख्या में 3 हैं। इस प्रकार, दी गयीं आकृति में 8 + 5 + 4 + 3 = 20 आयत हैं। (यहाँ ध्यान दें कि वर्ग को आयतों में भी गिना जाता है)

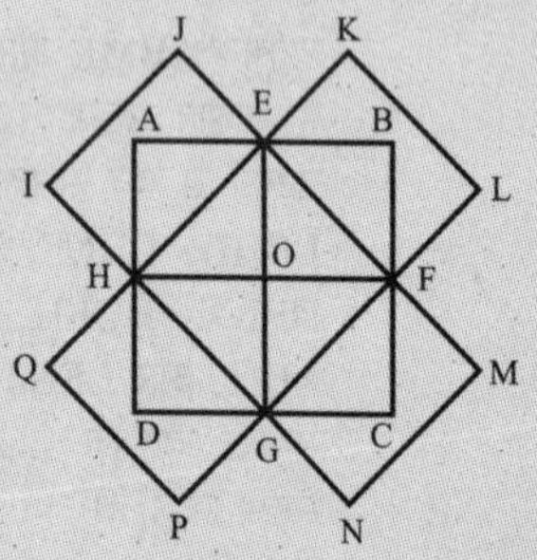

57. (*c*) : चित्र को निम्नानुसार क्रमांकित किया जा सकता है। सबसे सरल आयत ABQP, PQNO, BCDN, NDEM, MEFL, LFJK, FGHR और RHIJ यानी संख्या में 8 हैं। दो घटकों से बने आयत ABNO, BCEM, NDFL, MEJK और FGIJ हैं, अर्थात् संख्या में 5 हैं। तीन घटकों से बने आयत ACDO, BCFL, NDJK और LGIK यानी संख्या में 4 हैं। केवल एक आयत BCJK चार घटकों से बना है। आकृति में आयतों की कुल संख्या = 8 + 5 + 4 + 1 = 18 है।

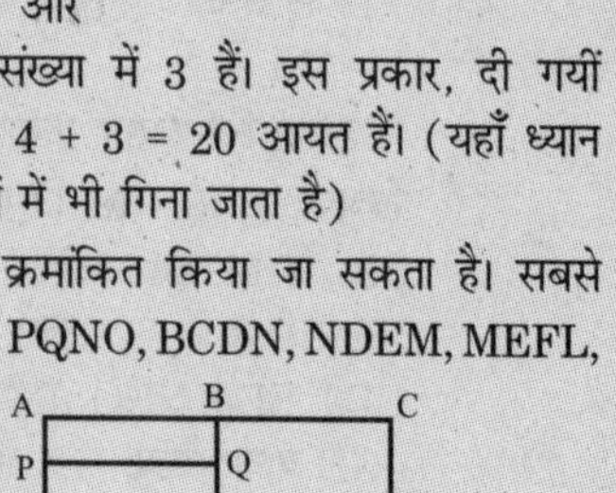

58. (*b*) : चित्र को निम्नानुसार क्रमांकित किया जा सकता है। आकृति में पंचभुज ABDFH, CDFHB, EFHBD, GHBDF, ACDFG, CEFHA, EGHBC, GABDE, BDEGH, DFGAB, FACACD और HBCEF हैं। स्पष्ट रूप से, ये संख्या में 12 हैं।

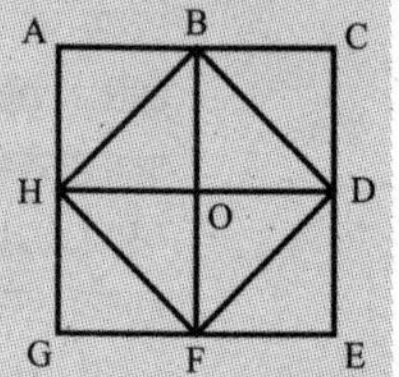

59. (*d*) : चित्र को दिखाए अनुसार क्रमांकित किया जा सकता है। आकृति में चतुर्भुज ABCD, ABDE, ABDF, ABDH, CDHA, CDEA, CDFA, DEAG, DEFA, FAGD और AGDH हैं। आकृति में चतुर्भुजों की संख्या 11 है।

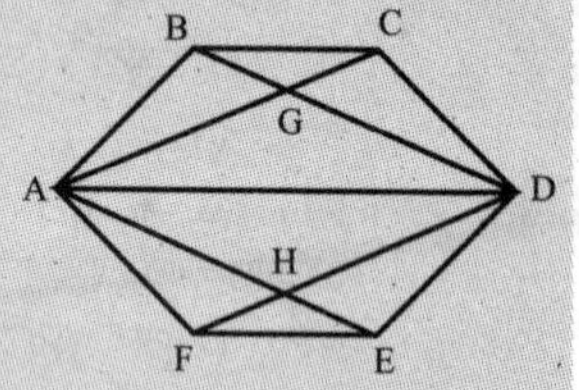

60. (*d*) : Q. 58 के हल में दी गयी आकृति का संदर्भ लें। आकृति में पंचभुज ABCDE, ABCDF, ABCDH, ABDEF, CDEFA और DEFAG हैं। स्पष्ट रूप से, आकृति में छह पंचभुज हैं।

61. (*a*) : चित्र को निम्नानुसार क्रमांकित किया जा सकता है।

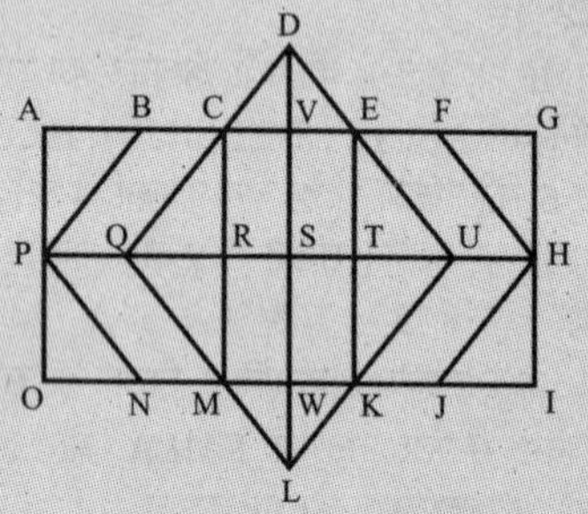

आयतः सबसे सरल आयत CVSR, VETS, RSWM और STKW यानी संख्या में 4 हैं। दो घटकों से बने आयत CETR, VEKW, RTKM और CVWM यानी संख्या में 4 हैं। तीन घटकों से बने आयत ACRP, PRMO, EGHT और THIK यानी संख्या में 4 हैं। चार घटकों से बने आयत CEKM, AVSP, PSWO, VGHS और SHIW यानी संख्या में 5। पांच घटकों से बने आयत AETP, PTKO, CGHR और RHIM यानी संख्या में 4 हैं। छह घटकों से बने आयत ACMO और EGIK है, अर्थात् संख्या में 2 हैं। आठ घटकों से बने आयत AGHP, PHIO, AVWO और VGIW हैं, अर्थात् संख्या में 4 हैं। दस घटकों से बने आयत AEKO और CGIM यानी संख्या में 2 हैं। AGIO सोलह घटकों वाला एकमात्र आयत है।

दी गई आकृति में आयतों की कुल संख्या = 4 + 4 + 4 + 5 + 4 + 2 + 4 + 2 + 1 = 30 है।

षट्भुजः दी गई आकृति में षट्भुज CDEKLM, CEUKMQ, CFHJMQ, BEUKNP और BFHJNP हैं। तो, दी गई आकृति में 5 षट्भुज हैं।

62. (*c*) : दी गयी आकृति में 13 वृत्त हैं। संलंग्न आकृति से यह स्पष्ट है जिसमें सभी वृत्तों के केन्द्रों को 1 से 13 तक संख्या दी गयी है।

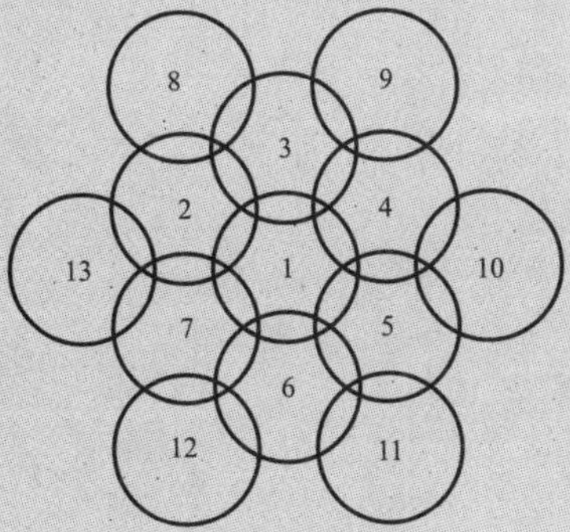

63. (*d*) : चित्र में विभिन्न रिक्त स्थानों को निम्न प्रकार क्रमांकित किया जा सकता है। रिक्त स्थान P, Q और R को तीन अलग-अलग रंगों से छायांकित करना होगा (क्योंकि इन तीन स्थानों में से प्रत्येक दूसरे दो से सटे हुए हैं)। अब, क्रम में किसी भी दो समीपस्थ स्थानों को एक ही रंग से नहीं मिलाया जाना चाहिए, रिक्त स्थानों T, U और S को क्रमशः P, Q और R के रंगों से मिलाया जाना चाहिए। इसके अलावा रिक्त स्थानों X, V और W को क्रमशः S, T और U के रिक्त स्थानों के रंगों के साथ

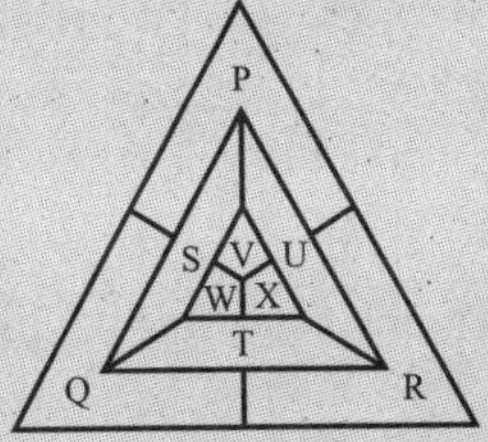

छायांकित किया जाना चाहिए, अर्थात् क्रमशः रिक्त स्थानों R, P और Q के रंगों के साथ। इस प्रकार, न्यूनतम तीन रंगों की आवश्यकता होती है।

64. (*a*) : हम दिए गए चित्र में दिखाए गए अनुसार विभिन्न क्षेत्रों को क्रमांकित करेंगे। क्षेत्र A, C, E और G एक ही रंग के होंगे माना यह रंग 1 है। क्षेत्रों B, D, F और H में एक ही रंग हो सकता है (लेकिन रंग 1 से अलग) इसे रंग 2 कहते हैं। क्षेत्र I, क्षेत्र A, B, C, D, E, F, G और H में से हर एक के निकट स्थित है और इसलिए

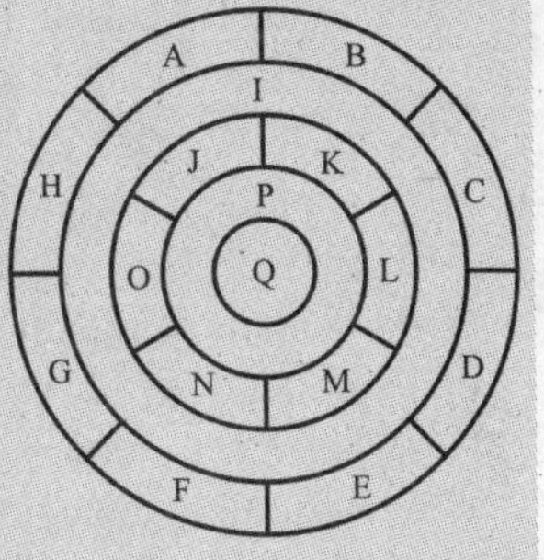

उसका रंग भिन्न होना चाहिए, माना रंग 3 होना चाहिए। क्षेत्रों J, L और N का रंग एक ही हो सकता है (रंग 3 से अलग) माना रंग 1 होगा। K, M और O के क्षेत्र एक ही रंग के हो सकते हैं (रंगों 1 और 3 से अलग)। इस प्रकार, इन क्षेत्रों का रंग 2 होगा। क्षेत्र P का रंग 1 और 2 में से कोई भी नहीं हो सकता है क्योंकि यह क्षेत्र J, K, L, M, N और O में से प्रत्येक के निकट स्थित हैं और इसलिए इसका रंग 3 होगा। क्षेत्र Q में 1 या 2 रंग हो सकते हैं। अतः आवश्यक रंगों की न्यूनतम संख्या 3 है।